D1734573

Battis/Krautzberger/Löhr

Baugesetzbuch

Baugesetzbuch
– BauGB –

Erläutert

von

Dr. Ulrich Battis

Univ. Professor an der Fernuniversität Hagen

Dr. Michael Krautzberger

Ministerialdirigent im Bundesministerium
für Raumordnung, Bauwesen und Städtebau

Dr. Rolf-Peter Löhr

Regierungsdirektor a. D., Mitglied der Institutsleitung
des Deutschen Instituts für Urbanistik

Dritte Auflage

C.H. BECK'SCHE VERLAGSBUCHHANDLUNG
MÜNCHEN 1991

CIP-Titelaufnahme der Deutschen Bibliothek

Baugesetzbuch : BauGB / erl. von Ulrich Battis ; Michael Krautzberger ; Rolf-Peter Löhr. – 3. Aufl. – München : Beck, 1991
ISBN 3-406-34741-X
NE: Battis, Ulrich; Krautzberger, Michael; Löhr, Rolf-Peter

ISBN 3 406 34741 X

1991 C. H. Beck'sche Verlagsbuchhandlung (Oscar Beck), München
Satz: Fotosatz Otto Gutfreund, Darmstadt
Druck: Georg Wagner, Nördlingen

Vorwort zur dritten Auflage

Drei Jahre nach Erscheinen der 2. Auflage wird eine umfassend überarbeitete Neuauflage des Kommentars zum Baugesetzbuch vorgelegt. Unmittelbaren Anlaß dafür gibt das am 1. Juni 1990 in Kraft getretene „Wohnungsbauerleichterungsgesetz", das mit dem „Maßnahmengesetz zum BauGB" für einen Zeitraum von fünf Jahren eine Reihe von Vorschriften des Baugesetzbuchs ersetzt oder ergänzt. Dieses Gesetz verfolgt vor allem das Ziel, zeitlich befristete Erleichterungen des Planungs- und Baurechts zu schaffen, damit Wohnbauland zügig und ausreichend ausgewiesen und die Zulassung von Wohnbauvorhaben erleichtert wird. Die Neuregelungen des „BauGB-Maßnahmengesetzes" werden in der vorliegenden Kommentierung zur Erleichterung einer raschen Orientierung aber auch aus systematischen Gründen im unmittelbaren Zusammenhang mit der jeweils entsprechenden Bestimmung des BauGB erläutert. Der Gesetzestext ist im Anhang abgedruckt.

Mit dem Beitritt der DDR gilt das BauGB auch in den Ländern Brandenburg, Mecklenburg-Vorpommern, Sachsen, Sachsen-Anhalt, und Thüringen sowie in Berlin (Ost), allerdings mit einer Reihe von übergangsweise geltenden Modifizierungen, die sich aus dem Neuaufbau einer kommunal verantworteten, rechtsstaatlichen städtebaulichen Planung erklären. Diese Regelungen sind in § 246a BauGB zusammengefaßt; sie werden im vorliegenden Kommentar bereits erläutert. Seit der 2. Auflage sind auch zwei der wichtigsten Durchführungsverordnungen zum Baugesetzbuch umfassend novelliert und neu bekanntgemacht worden: die Baunutzungsverordnung und die Wertermittlungsverordnung. Beide Verordnungen sind im Anhang abgedruckt und werden im Zusammenhang mit den entsprechenden Regelungen des BauGB erläutert. Wichtige Neuerungen für städtebauliche Planungen und Maßnahmen enthalten auch das am 1. 8. 1990 in Kraft getretene Gesetz über die Umweltverträglichkeitsprüfung sowie das am 1. 1. 1989 in Kraft getretene Strukturhilfegesetz. Auch diese Neuregelungen sind in der vorliegenden Kommentierung berücksichtigt worden.

Eine Würdigung dieser gesetzlichen Neuregelungen zeigt, wie unrealistisch die – freilich durchaus verständliche – Vorstellung ist, das Städtebaurecht ließe sich für längere Zeit aus dem Gesetzgebungsprozeß heraushalten. Gerade weil städtebauliche Planungen und Maßnahmen unmittelbar mit wirtschaftlichen, gesellschaftlichen und ökologischen Sachverhalten verknüpft sind, wirkt die Dynamik dieser

Vorwort

Bereiche auf die künftig im europäischen Binnenmarkt noch stärker EG-rechtlich dirigierte nationale Gesetzgebung zurück.

Hinzu kommt, daß die höchstrichterliche Rechtsprechung, die das Städtebaurecht in besonderem Maße prägt, auch seit Erscheinen der 2. Auflage einer Reihe von Zweifelsfragen geklärt und manchen neuen Akzent gesetzt hat. Die gesetzlichen Neuregelungen und die neueste Rechtsprechung sind in der hiermit vorgelegten Neuauflage innerhalb einer vollständigen und umfassenden Erläuterung des Baugesetzbuchs enthalten.

Der Kommentar will wie bisher zuverlässig und zugleich verständlich über das unterrichten, was „gilt". Weiterhin orientieren sich die Erläuterungen in erster Linie an der höchstrichterlichen Rechtsprechung. Zu berücksichtigen waren u. a. neuere Entscheidungen zur Bauleitplanung und ihrer Sicherung, zur Problematik der sogenannten „Altlasten", zur Zulässigkeit von Vorhaben, zum Nachbarschutz, zu Umlegung und Erschließung sowie zum Sanierungsrecht. Auch die erst in diesem Jahre erfolgte höchstrichterliche Klärung wichtiger Auslegungsfragen zum Baugebot wurde eingearbeitet. Die Auslegung der Vorschriften über die Wirksamkeitsvoraussetzungen (§§ 214 bis 216 BauGB) hat eine weitere Klärung erfahren.

Das Baugesetzbuch ist in der Praxis inzwischen so eingeführt, daß mit dieser Auflage von der Darstellung der mit dem Baugesetzbuch gegenüber dem Bundesbaugesetz und dem Städtebauförderungsgesetz im einzelnen erfolgten Änderungen auch im Interesse der Straffung des Textes und des Erhalts seiner Lesbarkeit abgesehen wurde. Nur wo dies zum Verständnis der Vorschrift und ihrer Auslegung erforderlich ist, werden entsprechende Hinweise gegeben.

Der Kommentar verzichtet bewußt auf vertiefende Darstellungen über die Entstehungsgeschichte der einzelnen Vorschriften und historische Rechtsentwicklungen; hierzu kann auf die Großkommentare und Lehrbücher Bezug genommen werden, insbesondere auf die im selben Verlag erschienenen Werke von Ernst/Zinkahn/Bielenberg sowie von Ernst/Hoppe.

Ein ausführliches Sachverzeichnis erleichtert es, gewünschte Erläuterungen zu finden. Den Erläuterungen der einzelnen Vorschriften ist in der Regel eine Inhaltsübersicht vorangestellt. Um dem Leser die Systematik der verschiedenen Teile und besonders wichtiger Abschnitte des Baugesetzbuchs zu erschließen, gehen ihrer Kommentierung – soweit es zweckmäßig erschien – knapp gehaltene Vorbemerkungen voraus, in denen die interne und externe Systematik der Vorschriften dargestellt wird.

Trotz der gebotenen Kürze der Kommentierung sind die Abkürzungen auf das allgemein Übliche und Bekannte beschränkt worden. Lediglich bei der Standardliteratur zum Baugesetzbuch wurde nicht jeweils der volle Titel angeführt; auf das Verzeichnis der hier verwendeten Abkürzungen auf S. XXI sei daher besonders hingewiesen.

Vorwort

Ermutigt durch die freundliche Aufnahme der Vorauflagen hoffen wir, mit dem Kommentar das Verständnis und die Anwendung des Baugesetzbuchs zu erleichtern. Für Kritik und Anregungen zu Verbesserungen sind wir weiterhin dankbar.

Hagen, Bonn und Berlin, im September 1990

<div align="right">

Ulrich Battis
Michael Krautzberger
Rolf-Peter Löhr

</div>

Inhaltsverzeichnis

Einleitung . 1

Erstes Kapitel. Allgemeines Städtebaurecht

Erster Teil. Bauleitplanung

Erster Abschnitt. Allgemeine Vorschriften

Zweiter Abschnitt. Vorbereitender Bauleitplan (Flächennutzungsplan)

Dritter Abschnitt. Verbindlicher Bauleitplan (Bebauungsplan)

Zweiter Teil. Sicherung der Bauleitplanung

Inhaltsverzeichnis

Inhaltsverzeichnis

Inhaltsverzeichnis

Inhaltsverzeichnis

Inhaltsverzeichnis

Zweites Kapitel. Besonderes Städtebaurecht

Erster Teil. Städtebauliche Sanierungsmaßnahmen

Erster Abschnitt. Allgemeine Vorschriften

Zweiter Abschnitt. Vorbereitung und Durchführung

Dritter Abschnitt. Besondere sanierungsrechtliche Vorschriften

Inhaltsverzeichnis

Inhaltsverzeichnis

Inhaltsverzeichnis

Zweiter Teil. Allgemeine Vorschriften; Zuständigkeiten; Verwaltungsverfahren; Wirksamkeitsvoraussetzungen

Erster Abschnitt. Allgemeine Vorschriften

Zweiter Abschnitt. Zuständigkeiten

Dritter Abschnitt. Verwaltungsverfahren

Vierter Abschnitt. Wirksamkeitsvoraussetzungen

Inhaltsverzeichnis

Inhaltsverzeichnis

Bearbeiter

Zitiervorschlag: z. B. Löhr, in: Battis/Krautzberger/Löhr, BauGB, 3. Aufl., § 9, Rn. 20

XX

Abkürzungen

a. A.	anderer Ansicht
aaO	am angegebenen Ort
AbfG	Abfallgesetz
ABl.	Amtsblatt
ABer.	Ausschußbericht; Beschlußempfehlung und Bericht des Ausschusses für Raumordnung, Bauwesen und Städtebau zum Entwurf eines Gesetzes über das BauGB, BT-Drs. 10/6166
ABer./BauGB-MaßnahmenG	Ausschußbericht; Beschlußempfehlung und Bericht des Ausschusses für Raumordnung, Bauwesen und Städtebau zum Entwurf eines WoBauErlG, BT-Drs. 11/6636
Abs.	Absatz
abw.	abweichend
a. E.	am Ende
AgrarR	Agrarrecht
Änd.	Änderung
ÄndG	Änderungsgesetz
ÄndG 1976	Gesetz zur Änderung des Bundesbaugesetzes vom 18. 8. 1976 (BGBl. I S. 2221)
ÄndG 1979	Gesetz zur Beschleunigung von Verfahren und zur Erleichterung von Investitionsvorhaben im Städtebaurecht vom 6. 7. 1979 (BGBl. I S. 949)
a. F.	alte Fassung
AfK	Archiv für Kommunalwissenschaften
ALR	Allgemeines Landrecht für die Preußischen Staaten vom 1. 6. 1794
a. M.	anderer Meinung
Anh.	Anhang
Anm.	Anmerkung
AO	Abgabenordnung
AöR	Archiv des öffentlichen Rechts
Art.	Artikel
AS	Amtliche Sammlung
Aufl.	Auflage
AusfG	Ausführungsgesetz
AVN	Allgemeine Vermessungs-Nachrichten
AVO	Ausführungsverordnung
AVOWSG	Verordnung zur Ausführung des Gesetzes über die Aufschließung von Wohnsiedlungsgebieten vom 25. 2. 1935 (RGBl. I S. 292)
Az.	Aktenzeichen

Abkürzungen

Abkürzungen

Abkürzungen

XXIV

Abkürzungen

Abkürzungen

rungsgesetz) v. 27. 7. 1971 (BGBl. I S. 1125) i. d. F. der Bek. vom 18. 8. 1976 (BGBl. I S. 2318, ber. S. 3617), zuletzt geändert durch Gesetz vom 5. 11. 1984 (BGBl. I S. 1321)

StGB	Strafgesetzbuch
StPO	Strafprozeßordnung
StVG	Straßenverkehrsgesetz
StVO	Straßenverkehrsordnung
U., Urt.	Urteil
UPR	Umwelt- und Planungsrecht
UVPG	Gesetz über die Umweltverträglichkeitsprüfung
v.	vom
VBlBW	Ba-Wü-Verwaltungsblätter
VersR	Versicherungsrecht
VerwArch	Verwaltungsarchiv
VerwRspr	Verwaltungsrechtsprechung in Deutschland
VG	Verwaltungsgericht
VGH	Verwaltungsgerichtshof
VO	Verordnung
VR	Vermessungswesen und Raumordnung
VWGO	Verwaltungsgerichtsordnung
VwVfG	Verwaltungsverfahrensgesetz
VwZG	Verwaltungszustellungsgesetz
WEG	Gesetz über das Wohnungseigentum und das Dauerwohnrecht (Wohnungseigentumsgesetz)
WertR 76	Richtlinien für die Ermittlung des Verkehrswertes von Grundstücken – Wertermittlungs-Richtlinien 1976 – i. d. F. vom 31. 5. 1976 (Beil. BAnz. Nr. 146 – 21/76, geänd. durch Bek. vom 8. 4. 1981, BAnz. Nr. 81)
WertV	Verordnung über Grundsätze für die Ermittlung der Verkehrswerte von Grundstücken – Wertermittlungsverordnung – vom 6. 12. 1988 (BGBl. I S. 2209)
WHG	Gesetz zur Ordnung des Wasserhaushalts (Wasserhaushaltsgesetz)
WiR	Wirtschaftsrecht
WiVerw	Wirtschaft und Verwaltung
WM	Wertpapier-Mitteilungen
WoBauErlG	Gesetz zur Erleichterung des Wohnungsbaus im Planungs- und Baurecht sowie zur Änderung mietrechtlicher Vorschriften (Wohnungsbau-Erleichterungsgesetz – WoBauErlG) vom 17. 5. 1990 (BGBl. I S. 926)
I. WoBauG	Erstes Wohnungsbaugesetz
II. WoBauG	Zweites Wohnungsbaugesetz (Wohnungsbau- und Familienheimgesetz)
WRV	Weimarer Reichsverfassung
WSG	Gesetz über die Aufschließung von Wohnsiedlungsgebieten (Wohnsiedlungsgesetz)

Abkürzungen

Abkürzung und Zitierweise der häufig
verwendeten Literatur

Battis Ulrich Battis, Öffentliches Baurecht und Raumordnungs-
recht, 2. Aufl., Stuttgart 1987; Zitierweise (z. B.): Battis,
S. 22

BK Berliner Kommentar zum Baugesetzbuch, (Hg.) Otto
Schlichter/Rudolf Stich, Köln u. a. 1988; Zitierweise
(z. B.): Stich, in: BK, § 54, Rn 4

B/K/L Ulrich Battis/Michael Krautzberger/Rolf-Peter Löhr, Bun-
desbaugesetz, Kommentar, 1. Aufl., München 1985;
2. Aufl., München 1987; Zitierweise (z. B.): Löhr, in: B/K/
L, 1. Aufl., § 9, Rn 20

B/K/S Walter Bielenberg/Michael Krautzberger/Wilhelm Söfker,
Baugesetzbuch, Leitfaden und Kommentierung, Mün-
chen/Münster 3. Auflage 1990; Zitierweise (z. B.): Söfker,
in: B/K/S, Rn 109

B/K/K Walter Bielenberg, Klaus-Dieter Koopmann, Michael
Krautzberger, Städtebauförderungsrecht, Kommentar
und Handbuch, Loseblattausgabe, München, Stand Juni
1990; Zitierweise (z. B.): Kleiber, in: B/K/K, Bd. I.C,
§ 154, Rn 20

Driehaus Hans-Joachim Driehaus, Erschließungs- und Ausbaubei-
träge, 2. Aufl., München 1987; Zitierweise (z. B.): Drie-
haus, Rn 50

Dieterich Hartmut Dieterich, Baulandumlegung – Recht und Praxis,
2. Aufl. München 1990; Zitierweise (z. B.): Dieterich,
Rn 37

E/H Werner Ernst/Werner Hoppe, Das öffentliche Bau- und
Bodenrecht, Raumplanungsrecht; 2. Auflage, München
1981; Zitierweise (z. B.): Hoppe, in: E/H, Rn 307

Erbguth Wilfried Erbguth, Bauplanungsrecht, München 1989; Zi-
tierweise (z. B.): Erbguth, S. 137

E/Z/B Werner Ernst/Willy Zinkahn/Walter Bielenberg, Bauge-
setzbuch, Loseblatt-Kommentar, 5. Auflage, München
1987, Stand 1. 5. 1990; Zitierweise (z. B.): Dyong, in: E/Z/
B, § 34, Rn 20
dieselben, Bundesbaugesetz 4. Aufl.; Zitierweise (z. B.):
Brielenberg, in: E/Z/B, § 9 BBauG, Rn 10

F/O Klaus Finkelnburg/Karsten-Michael Ortloff, Öffentliches
Baurecht, 2. Aufl., München 1990; Zitierweise (z. B.):
Finkelnburg, in: F/O, Bd. I, S. 101

Gelzer Konrad Gelzer, Bauplanungsrecht, 4. Auflage, Köln 1984;
Zitierweise (z. B.): Gelzer, Rn 1150

Literatur

Krohn/Löwisch . . . Günter Krohn/Gottfried Löwisch, Eigentumsgarantie, Enteignung, Entschädigung, 3. Auflage, Köln 1984; Zitierweise (z. B.): Krohn/Löwisch, Rn 2

Kohlhammer-
Komm. Hansjochen Dürr/Hans Förster/Horst Friedrich/Gustav Grauvogel/Hans Meyer/Karl-Heinz Neuhausen/Werner Pohl/Konrad Roos/Herbert Schriever/Siegfried Stahnke/ Werner Vogel/Jürgen Ziegler, Baugesetzbuch, Loseblatt-Kommentar, Loseblattausgabe, Stuttgart/Berlin/Köln, Stand August 1989; Zitierweise (z. B.): Dürr, in: Kohlhammer-Komm., § 34, Rn 10

Kohlhammer-
Komm. zum
BBauG dieselben, Bundesbaugesetz; Zitierweise (z. B.): Meyer, in: Kohlhammer-Komm., § 155a BBauG, Rn 10

Maunz/Dürig Theodor Maunz/Günter Dürig, Grundgesetz, Kommentar, 5. Auflage München, Loseblattausgabe; Zitierweise (z. B.): Papier, in: Maunz/Dürig, Art. 14, Rn 10

M/B Hans Meyer/Hermann Borgs-Maciejewski, Verwaltungsverfahrensgesetz, 2. Auflage, Frankfurt 1982; Zitierweise (z. B.): Borgs, in: M/B, § 9 Rn 2

Rothe Karl-Heinz Rothe, Umlegung und Grenzregelung nach dem Bundesbaugesetz, Wiesbaden und Berlin 1984. Zitierweise (z. B.): Rothe, Rn. 180

S/S/K Otto Schlichter/Rudolf Stich/Michael Krautzberger, Städtebauförderungsgesetz, Kommentar, 2. Auflage, Köln 1985; Zitierweise (z. B.): Schlichter, in: S/S/K, § 53, Rn 7

S/S/T Otto Schlichter/Rudolf Stich/Hans-Joachim Tittel, Bundesbaugesetz, Kommentar, 3. Auflage, Köln; Zitierweise (z. B): Schlichter, § 34 BBauG, Rn 10

Schrödter Schrödter, Bundesbaugesetz, Kommentar, 4. Auflage, München 1980; Zitierweise (z. B.): Schmaltz, in: Schrödter, § 39 Rn 5

Weyreuther Felix Weyreuther, Bauen im Außenbereich, Köln 1979; Zitierweise (z. B.) Weyreuther, S. 351

W/B/S Hans J. Wolff/Otto Bachof/Rolf Stober, Verwaltungsrecht II, 5. Auflage, München 1987

Einleitung

Übersicht

I. Baurecht

Der Begriff des Baurechts umfaßt diejenigen Vorschriften des Privat- und Verwaltungsrechts, die sich auf Art und Ausmaß der baulichen Nutzung eines Grundstücks, die Ordnung der Bebauung und die Rechtsverhältnisse der an der Erstellung eines Bauwerks Beteiligten beziehen. Die wichtigsten Rechtsquellen des **öffentlichen Baurechts** sind für das **Städtebaurecht** das Baugesetzbuch, für die bauaufsichtlichen Anforderungen an eine konkrete bauliche Anlage die **Bauordnungen der Länder.** Eine gegenüber dem öffentlichen Baurecht selbständige Rechtsmaterie bildet das **private Baurecht,** insbesondere das private Nachbarrecht.

1. Privates Baurecht. Nach § 903 BGB kann der Eigentümer einer Sache mit ihr nach Belieben verfahren und andere von jeder Einwirkung ausschließen, soweit nicht Gesetz oder Rechte Dritter entgegenstehen. Der bürgerlich-rechtliche Eigentumsbegriff schließt demgemäß das Recht ein, das Grundstück zu bebauen oder sonst zu nutzen („Baufreiheit"; vgl. hierzu im einzelnen § 1, Rn 7–9). Das zivil-rechtliche **Nachbarrecht** regelt den Interessenausgleich zwischen Privaten und begrenzt hierdurch die bürgerlich-rechtliche Baufreiheit. Es ist im BGB (§§ 906–924) und im Nachbarrecht der Länder (Art. 124 EGBGB)

geregelt. Die Nachbarrechte der Länder enthalten z. B. Bestimmungen über zivil-rechtliche Fenster-, Licht-, Tauf-, Hammerschlag- und Leiterrechte, Bestimmungen über die Nachbar- und die Grenzwand oder über Bodenerhöhungen, Einfriedungen und Grenzabstände für Anpflanzungen (zum privaten Baurecht vgl. Palandt/Bassenge, Kommentar zum BGB, 49. Aufl., München 1990, Art. 124 EGBGB). Zum privaten Baurecht zählt auch das **Bauvertragsrecht,** das z. B. die Vergabe von Bauvorhaben und die Haftung für Baumängel und Bauschäden regelt (vgl. hierzu z. B. Locher, Das private Baurecht, 4. Aufl., München 1988). Das **private Baurecht** umfaßt somit die zivil-rechtlichen Rechtsbeziehungen insbesondere hinsichtlich des Baugeschehens und der Nutzung des Eigentums an Grund und Boden; das **öffentliche Baurecht** umfaßt demgegenüber die aus öffentlichem Interesse gebotene Ordnung und Lenkung der Grundstücksnutzung und des Baugeschehens.

3 **2. Öffentliches Baurecht.** Das **öffentliche Baurecht** umfaßt die Gesamtheit der Rechtsvorschriften, die die Zulässigkeit und die Grenzen, die Ordnung und die Förderung der baulichen Nutzung des Bodens, insbesondere durch Errichtung, bestimmungsgemäße Nutzung, wesentliche Veränderung und Beseitigung baulicher Anlagen, betreffen. Die Gesetzgebungskompetenz für das öffentliche Baurecht ist nach dem Grundgesetz zwischen dem Bund und den Ländern aufgeteilt.

4 **a) Bundesrecht.** Das vom Bund geregelte öffentliche Baurecht umfaßt das Städtebaurecht sowie zahlreiche fachgesetzliche Vorschriften über das Baugeschehen (hierzu Rn 5). Die wichtigste Rechtsquelle des **Städtebaurechts** war bis zum 1. 7. 1987 das **Bundesbaugesetz** (vgl. Rn 11 ff.), ergänzt um Sonderregelungen über städtebauliche Sanierungs- und Entwicklungsmaßnahmen durch das **Städtebauförderungsgesetz** (vgl. Rn 15). An ihre Stelle ist seit 1. 7. 1987 das **Baugesetzbuch** getreten. Das am 1. 6. 1990 in Kraft getretene **Maßnahmengesetz zum Baugesetzbuch** enthält auf fünf Jahre befristete Änderungen und Ergänzungen des BauGB (vgl. weiter Rn 36). Zum Städtebaurecht des Bundes zählen weiterhin die aufgrund des BBauG bzw. BauGB und des Städtebauförderungsgesetzes erlassenen Verordnungen, nämlich die **Baunutzungsverordnung,** die **Wertermittlungsverordnung** und die **Planzeichenverordnung;** die aufgrund des Städtebauförderungsgesetzes erlassene **Ausgleichsbetragverordnung** und die **Ordnungsmaßnahmeverordnung** wurden zum 1. 7. 1987 aufgehoben (vgl. im einzelnen Rn 14 u. 19). Zu den **aufgrund des Baugesetzbuchs erlassenen Verordnungen** vgl. Rn 34.

5 Mit dem Städtebaurecht sind die vom Bundesgesetzgeber geregelten Materien des öffentlichen Baurechts keineswegs abschließend beschrieben. Nachfolgend werden beispielhaft **Rechtsbereiche** genannt, die spezialgesetzliche **Regelungen für das Bauen** enthalten, die z. T. für alle Bauvorhaben, z. T. für Bauvorhaben in besonderer örtlicher Lage,

teilweise nur für Sonderbauten gelten: Immissionsschutzrecht, Zivil-
schutzrecht, Naturschutzrecht, Gewerbe- und Arbeitsstättenrecht,
Wasserhaushaltsrecht, Bundesfernstraßenrecht, Fluglärmschutzrecht,
Luftverkehrsrecht, Flurbereinigungsrecht, Gaststättenrecht, Heimar-
beitsrecht, Atomrecht, Wasserstraßenrecht, Waldrecht, Personenbeför-
derungsrecht, Abfallrecht, Lebensmittelrecht, Arzneimittelrecht, Ge-
sundheitsrecht, Tierschutzrecht, Energieeinsparungsrecht sowie Woh-
nungsbauförderungsrecht, Wohnungsbindungsrecht und Steuerrecht
(vgl. die Zusammenstellung in: Runkel/Stumpe, Das „Baunebenrecht
des Bundes", München/Münster 1987).

b) Landesrecht. Die wichtigsten Rechtsquellen für das **öffentliche** **6**
Baurecht der Länder sind die in allen 11 Bundesländern bestehenden
Bauordnungen, die nach dem Vorbild einer von den Ländern unter
Mitwirkung des Bundes gemeinsam erarbeiteten **Musterbauordnung**
erlassen wurden. Das Bauordnungsrecht regelt die Ausführung der
baulichen Anlagen auf dem Grundstück. Das **materielle Bauord-**
nungsrecht umfaßt Vorschriften über die Errichtung, Erhaltung, Än-
derung, Nutzung und den Abbruch von baulichen Anlagen. Es dient
der Abwehr von Gefahren für die öffentliche Sicherheit und Ordnung
(z. B. baukonstruktive Vorschriften), der Verhinderung von Verunstal-
tungen (Baugestaltungsrecht), der Berücksichtigung wohlfahrts- und
sozialpflegerischer Belange (z. B. Vorschriften über Spielplatz-, Gara-
gen- und Grünanlagenbaupflicht). Das **formelle Bauordnungsrecht**
schafft vor allem die Grundlagen für das **bauaufsichtliche Genehmi-**
gungsverfahren. Durch die bauaufsichtlichen Vorschriften über die
Baugenehmigung werden Städtebaurecht und Bauordnungsrecht mit-
einander verknüpft, da eine Baugenehmigung nur erteilt werden darf,
wenn das Vorhaben öffentlich-rechtlichen Vorschriften entspricht (vgl.
hierzu im einzelnen § 29, Rn 1 bis 5).

Auch im Landesrecht bestehen neben dem Bauordnungsrecht zahl- **7**
reiche **weitere für das öffentliche Baurecht bedeutsame Regelungen,**
z. B. in folgenden Bereichen: Denkmalschutz, Naturschutz, Land-
schaftspflege, Wasserrecht, Straßenrecht, Schulrecht, Feuerwehrrecht
und Kommunalabgabenrecht. Aufgrund von Ermächtigungen im
BauGB haben die Länder weiterhin **Ausführungsgesetze oder -ver-**
ordnungen zum BauGB erlassen; vgl. § 9 Abs. 4, § 22 Abs. 1, § 46
Abs. 2, §§ 199, 203, 245 Abs. 11 S. 2, § 246.

c) Satzungen und Verordnungen der Gemeinden. Rechtsquellen **8**
des öffentlichen Baurechts sind weiterhin die **gemeindlichen Satzun-**
gen und **Verordnungen,** wie sie im Baugesetzbuch sowie in den
Bauordnungen (z. B. Stellplätze, Kinderspielplätze, Gestaltungssatzun-
gen) vorgesehen sind.

d) Raumordnungs- und Landesplanungsrecht. Als Rechtsquelle für **9**
das öffentliche Baurecht ist weiterhin die eigenständige Rechtsmaterie
des Raumordnungs- und Landesplanungsrechts zu nennen. Für den
Bereich der Raumordnung als die zusammenfassende und übergeord-

nete Planung und Ordnung des Raumes hat der Bundesgesetzgeber
nach Art. 75 Nr. 4 GG eine Rahmenkompetenz, von der er durch Erlaß
des **Raumordnungsgesetzes (ROG)** Gebrauch gemacht hat. Mit Aus-
nahme der Stadtstaaten (Berlin, Bremen, Hamburg) haben alle Bun-
desländer **Landesplanungsgesetze** erlassen. In den Stadtstaaten erfüllt
der Flächennutzungsplan die Aufgaben der Landesplanung.

10 **3. Gesetzgebungszuständigkeit des Bundes.** Die **Materie des öf-
fentlichen Bau-, Boden- und Planungsrechts** ist im Katalog der Ge-
setzgebungszuständigkeit des Bundes nach Art. 73 bis 75 GG zwar
nicht ausdrücklich aufgeführt, jedoch durch mehrere Ermächtigungen
mit umfaßt: Recht der Enteignung (Art. 74 Nr. 14), Grundstücksver-
kehr, Bodenrecht, landwirtschaftliches Pachtwesen, Wohnungswesen,
Siedlungs- und Heimstättenwesen (Art. 74 Nr. 18), Naturschutz und
Landschaftspflege (Art. 75 Nr. 3) und Raumordnung (Art. 75 Nr. 4).
Die Gesetzgebungszuständigkeit des Bundes für das **Städtebaurecht**
und damit für das Bundesbaugesetz ergibt sich aus **Art. 74 Nr. 18 GG.**
Danach hat der Bund unter den Voraussetzungen des Art. 72 Abs. 2 GG
(„konkurrierende Gesetzgebung") das Gesetzgebungsrecht für das **Bo-
denrecht.** Die Gesetzgebungsbefugnisse des Bundes im Bereich des
Bodenrechts wurden in einem **Rechtsgutachten des Bundesverfas-
sungsgerichts** (§ 97 BVerfGG; diese Bestimmung ist inzwischen aufge-
hoben) geklärt (BVerfGE 3, 407 ff.). Unter Bodenrecht sind danach die
nichtprivatrechtlichen Rechtsnormen zu verstehen, die die rechtlichen
Beziehungen des Menschen zu Grund und Boden regeln. Im einzelnen
ergeben sich hieraus Gesetzgebungszuständigkeiten für folgende Berei-
che: Recht der **städtebaulichen Planung,** Recht der **Grundstücksumle-
gung** und **-zusammenlegung,** Recht der **Bodenbewertung, Erschlie-
ßungsrecht** (vgl. auch die Ermächtigungen für das „Wohnungswesen"
und das „Siedlungswesen" nach Art. 14 Nr. 18 GG) und **Bodenver-
kehrsrecht** (vgl. auch die Ermächtigung für das Recht des „Grund-
stücksverkehrs" nach Art. 74 Nr. 18 GG). Zum Bodenrecht rechnet
dagegen nicht das **Bauordnungsrecht** (Baupolizeirecht) einschließlich
des Baugestaltungsrechts sowie das **überörtliche (regionale) Pla-
nungsrecht** (vgl. hierzu die bundesrechtliche Rahmenkompetenz für
die Raumordnung nach Art. 75 Nr. 4 GG).

II. Bundesbaugesetz

11 **1. Entstehungsgeschichte.** Die **Vorarbeiten am Bundesbaugesetz**
begannen bald nach Entstehung der Bundesrepublik Deutschland. Zur
Entwicklung der Baugesetzgebung in Deutschland bis 1945 vgl. z. B.
Förster, in: Kohlhammer-Komm., Einleitung, Rn 28 ff.; Schmidt-Aß-
mann, Grundfragen des Städtebaurechts, Göttingen 1972, S. 19–61;
Zinkahn, in: E/Z/B, Einleitung, Rn 1–31. Zur älteren Ländergesetzge-
bung, insbesondere zu den Aufbaugesetzen vgl. z. B. Förster aaO,
Rn 5–10; Zinkahn aaO, Rn 32–36. Der Bundestag hat sich seit 1950

wiederholt mit Initiativanträgen für ein Bundesbaugesetz befaßt. Eine Zwischenlösung für das Enteignungsrecht wurde mit dem **Baulandbeschaffungsgesetz** vom 3. 8. 1953 (BGBl. I S. 720) geschaffen. Der Gesetzentwurf, der zur Verabschiedung des Bundesbaugesetzes führte, wurde von der Bundesregierung am 7. 2. 1958 beschlossen (BT-Drs. 3/336) und vom Bundestag mit einem Initiativantrag (BT-Drs. 3/436) verbunden. Der Gesetzentwurf wurde vom Bundestag am 20. 5. 1960 beschlossen. Der Bundesrat hat dem Gesetzentwurf am 10. 6. 1960 zugestimmt. Nach seiner Ausfertigung am 23. 6. 1960 ist das Bundesbaugesetz am 29. 6. 1960 (BGBl. I S. 341) verkündet worden. Zum Inkrafttreten des Bundesbaugesetzes vgl. § 189 BBauG.

2. Änderungen des Bundesbaugesetzes. Abgesehen von zahlreichen **12** kleineren Änderungen wurde das BBauG durch das **Gesetz zur Änderung des Bundesbaugesetzes vom 18. 8. 1976** (BGBl. I S. 2221) erstmals grundlegend geändert sowie neu bekanntgemacht (BGBl. I S. 2256, ber. S. 3617). Wichtige Änderungen brachten insbesondere – zit. im folgenden jeweils BBauG – die Neufassung des § 1, die Neuregelung der Bürgerbeteiligung (§ 2a), die erweiterten Möglichkeiten für Darstellungen im Flächennutzungsplan (§ 5) und für Festsetzungen im Bebauungsplan (§ 9), die Sicherung der Infrastruktur (§ 9a) und der Sozialplan (§ 13a), die Erweiterung und Neuregelung der gesetzlichen Vorkaufsrechte der Gemeinden einschließlich der Möglichkeit der Herabsetzung des Kaufpreises auf den Verkehrswert bei Ausübung des Vorkaufsrechts (§ 28a), die Neuregelung der Vorschriften für die Zulässigkeit von Vorhaben (§§ 29, 34 und 35), die Einfügung eines neuen Abschnittes 1a in den Dritten Teil mit den sog. Planverwirklichungsgeboten und der Erhaltungssatzung. Grundlegend neugestaltet wurden weiterhin die Vorschriften über die Entschädigung für Planungsschäden (§§ 39j–44c). Im Enteignungsrecht wurden u. a. die Bestimmungen über das Enteignungsverfahren geändert, im Erschließungsrecht wurden u. a. die erschließungsbeitragspflichtigen Anlagen in § 127 Abs. 2 erweitert. Neugefaßt wurden die Bestimmungen über die Ermittlung von Grundstückswerten (§§ 136–144). Aus dem StBauFG wurden die Vorschriften über städtebauliche Maßnahmen im Zusammenhang mit Maßnahmen zur Verbesserung der Agrarstruktur übernommen und fortentwickelt (Teil VIIIa). Eine weitere bedeutsame Änderung war die Einführung des § 155a über die Heilung von Fehlern beim Zustandekommen von städtebaulichen Satzungen und Plänen. Weiterhin wurde die Zuständigkeit der Baulandgerichte (§ 157 Abs. 1) erweitert. Die Überleitungsvorschriften der Novelle 1976 enthält Art. 3 des ÄndG 1976.

Eine weitere umfassende Änderung brachte das Gesetz zur Beschleu- **13** nigung von Verfahren und zur Erleichterung von Investitionsvorhaben im Städtebaurecht vom 6. 7. 1979 (BGBl. I S. 949), die sog. **Beschleunigungsnovelle.** Wichtige Änderungen betrafen u. a. die Bürgerbeteiligung und die Beteiligung der Träger öffentlicher Belange sowie das

sog. Parallelverfahren (§ 8 Abs. 3) und die vereinfachte Änderung
(§ 13). Die Vorschriften über den Bodenverkehr wurden auf die Tei-
lungsgenehmigung beschränkt. Geändert wurden weiterhin die Vor-
schriften über die Zulässigkeit von Vorhaben nach §§ 34 und 35 sowie
über die Befreiung nach § 31 Abs. 2. Neben Änderungen der Vorschrif-
ten über die Bodenordnung und die Erschließung ist vor allem auf die
grundlegende Neuregelung der Vorschriften über die Heilung bzw.
Unbeachtlichkeit von Verletzungen von Verfahrens- und Formvor-
schriften bei der Aufstellung von Flächennutzungsplänen und Satzun-
gen sowie bei der Verletzung sonstiger Vorschriften über die Bauleit-
planung (§§ 155a bis 155c BBauG) hinzuweisen.

14 **3. Verordnungen aufgrund des Bundesbaugesetzes.** Das Bundes-
baugesetz enthielt mehrere **Ermächtigungen zum Erlaß von Rechts-
verordnungen** des Bundes. Von diesen Ermächtigungen ist wie folgt
Gebrauch gemacht worden: Aufgrund des § 2 Abs. 8 BBauG ist die
Verordnung über die bauliche Nutzung der Grundstücke **(Baunut-
zungsverordnung)** erlassen worden. Aufgrund dieser Ermächtigung
wurde weiterhin die Verordnung über die Ausarbeitung der Bauleit-
pläne und die Darstellung des Planinhalts erlassen (geltende Fassung:
Planzeichenverordnung 1981 vom 30. 7. 1981, BGBl. I S. 833). Auf-
grund der Ermächtigung des § 141 Abs. 4 BBauG 1960 wurde die
Verordnung über Grundsätze für die Ermittlung des Verkehrswertes
von Grundstücken **(Wertermittlungsverordnung** erlassen. Kein Ge-
brauch wurde von der Ermächtigung des § 39 S. 2 BBauG 1960 sowie
des § 144 Abs. 1 Nr. 2 und 3 BBauG 1976 gemacht. Zu den **Ermächti-
gungen nach BauGB** vgl. Rn 34. Zu den Ermächtigungen zum Erlaß
von **Rechtsverordnungen durch die Landesregierungen** vgl. Rn 7.

III. Städtebauförderungsgesetz

15 Für **städtebauliche Sanierungs- und Entwicklungsmaßnahmen** ent-
hielt das Städtebauförderungsgesetz (StBauFG) Sonderregelungen, die
neben dem Bundesbaugesetz zur Anwendung kamen. Bereits bei der
Erarbeitung des BBauG von 1960 war erkannt worden, daß der
Städtebau bei der Sanierung überalteter Baugebiete, bei der Entwick-
lung in den Randzonen der Verdichtungsgebiete und beim Bau neuer
Orte vor Aufgaben stand, deren Lösung eines über das BBauG hinaus-
gehenden Instrumentariums bedarf. Von wenigen Regelungen abgese-
hen, hat der damalige Gesetzgeber die eingehende Regelung dieser
Fragen einer späteren Gesetzgebung vorbehalten; dies vor allem, um
die Verabschiedung des BBauG nach dessen langjähriger Vorbereitung
nicht noch weiter zu verzögern (vgl. zur Entstehungsgeschichte des
StBauFG Bielenberg und Krautzberger, in: B/K/K, Bd. I B.1, Rn 2ff.
sowie Teil B.2). Schon bald nach Inkrafttreten des BBauG 1960 wurde
daher mit den Vorarbeiten für ein Städtebauförderungsrecht begonnen.

Nach einem langwierigen Gesetzgebungsverfahren wurden die Sonderregelungen für städtebauliche Sanierungs- und Entwicklungsmaßnahmen – das Entwicklungsrecht ist erst im Laufe der Gesetzesarbeiten
hinzugekommen – im **StBauFG vom 27.7. 1971** (BGBl. I S. 1125)
zusammengefaßt. Das Gesetz wurde am 30. 7. 1971 verkündet; es trat
am 1. 8. 1971 in Kraft. Das StBauFG enthielt u. a. besondere Bestimmungen über die Vorbereitung und Durchführung städtebaulicher
Sanierungs- und Entwicklungsmaßnahmen, über besondere bodenrechtliche Bestimmungen in den nach dem StBauFG förmlich festgelegten Gebieten, über die Förderung und Finanzierung der Maßnahmen
sowie über besondere abgaben- und steuerrechtliche Vorschriften.

Das StBauFG hat ein **Sonderrecht** geschaffen: In sachlicher Hinsicht **16**
war es beschränkt auf städtebauliche Sanierungs- und Entwicklungsmaßnahmen; die Anwendung des Gesetzes war damit auch räumlich
auf diese Maßnahmen und zeitlich auf deren Vorbereitung und Durchführung begrenzt. Jedoch enthielt das StBauFG innerhalb des so begrenzten Anwendungsbereichs **keine abschließende bodenrechtliche
Regelung,** so daß im Anwendungsbereich des Gesetzes auch sonstige
bodenrechtliche Vorschriften anderer Gesetze – soweit im StBauFG
nicht ausdrücklich ausgeschlossen – Anwendung fanden. Dies galt vor
allem für die **Anwendung des BBauG,** das in Sanierungs- und Entwicklungsmaßnahmen neben den Vorschriften des StBauFG anzuwenden war, jedoch z. T. erheblich modifiziert oder in Teilbereichen ausgeschlossen wurde. Dieses „Nebeneinander" begründete in der Folge die
rechtspolitische Absicht, BBauG und StBauFG zusammenzufassen.

Mit der **Novelle 1976** wurde dieses Ziel bereits zu einem Teil erreicht: **17**
Eine Reihe bodenrechtlicher Vorschriften des StBauFG wurde in das
BBauG übernommen, wie z. B. die Gebotsregelungen der §§ 19 bis 21
StBauFG (Abbruch-, Bau und Modernisierungsgebot) und der vierte
Teil über „Städtebauliche Maßnahmen im Zusammenhang mit Maßnahmen zur Verbesserung der Agrarstruktur" (§§ 64 bis 70 StBauFG).
Darüber hinaus wurden Regelungen „parallel" zum StBauFG auch im
BBauG aufgenommen, wie z. B. die Bürgerbeteiligung oder der Sozialplan.

Auch die **Novelle 1984 StBauFG** trug mit der Streichung des § 10 **18**
StBauFG über die Verpflichtung zur Aufstellung von qualifizierten
Sanierungsbebauungsplänen und damit einer im BBauG nicht vorgesehenen Planungspflicht zur Harmonisierung der beiden Gesetze bei.
Auch in Sanierungsgebieten bestimmt sich seither die Verpflichtung
zur Aufstellung von Bebauungsplänen – wie in den übrigen Gemeindeteilen – nach § 1 Abs. 3. Durch die Novelle 1984 wurde aber vor allem
ein **„vereinfachtes Verfahren"** (§ 5 Abs. 1 S. 4 StBauFG) eingeführt,
und zwar für solche Fälle, in denen die Anwendung des besonderen
sanierungsrechtlichen Bodenrechts für die Durchführung der Sanierung nicht erforderlich ist. Das „vereinfachte Verfahren" wurde durch
das BauGB weiter entwickelt (vgl. die Erl. zu § 142 Abs. 4 BauGB).

Vgl. zur Novelle 1984 StBauFG weiterhin Krautzberger, in: S/S/K, Einl., Rn 7 bis 10.

19 Aufgrund der Ermächtigung des § 91 StBauFG ist die Verordnung über die Erhebung von Ausgleichsbeträgen nach den §§ 41 und 42 StBauFG (**Ausgleichsbetragverordnung** vom 6. 2. 1976, BGBl. I S. 273) sowie die Verordnung über die Kosten der Ordnungsmaßnahmen nach § 41 Abs. 2 StBauFG (**Ordnungsmaßnahmenverordnung** vom 20. 1. 1976, BGBl. I S. 174, geänd. durch VO vom 27. 11. 1978, BGBl. I S. 1833) erlassen worden. Diese Verordnungen wurden durch das BauGB aufgehoben (vgl. Rn 32). Auch die **Wertermittlungsverordnung** (vgl. Rn 14) enthielt Vorschriften, die aufgrund des § 91 StBauFG erlassen wurden. Zu den Rechtsverordnungen aufgrund des BauGB vgl. Rn 34.

IV. Baugesetzbuch

20 **1. Entstehungsgeschichte.** In der Regierungserklärung vom 4. 5. 1983 kündigte die Bundesregierung die Vorlage von „Leitlinien" für ein neues Städtebaurecht in der 10. Legislaturperiode an. Am 22. 2. 1984 änderte die Bundesregierung diese Ankündigung dahin, daß noch 1985 der Regierungsentwurf eines **Baugesetzbuchs** (BauGB) beschlossen werden sollte; die Bundesregierung äußerte dabei die Erwartung, daß das Gesetzgebungsverfahren noch in der 10. Legislaturperiode abgeschlossen werde. Zur Vorbereitung des BauGB setzte der Bundesminister für Raumordnung, Bauwesen und Städtebau mehrere **Arbeitsgruppen und Arbeitskreise** ein, in denen Sachverständige aus den Ländern sowie aus Städten, Gemeinden und Kreisen mitwirkten. Die Arbeitsergebnisse sind im August 1984 mit einer vorläufigen Stellungnahme des Bundesministers vom 20. 8. 1984 der Öffentlichkeit unterbreitet worden (vgl. „Materialien"). Zur Erörterung spezieller Rechtsfragen wurde ein Arbeitskreis **„Baurechtliche und verwaltungsprozessuale Fragen"** gebildet, dem Richter, Anwälte, Rechtswissenschaftler sowie Vertreter der Länder, der kommunalen Spitzenverbände, des Bundesjustizministers und der BMBau angehörten (vgl. den Bericht im BBauBl. 1985, 359). Zu Fragen der Planungssystematik, vor allem zur Frage einer rechtlichen Verankerung des **städtebaulichen Rahmenplans** wurde ein Expertenkreis aus Architekten und Planern einberufen; vgl. die Ergebnisse in BBauBl. 1986, 210. Zu dem für die Vorbereitung des Gesetzgebungsvorhabens vergebenen zahlreichen **Forschungsaufträgen** vgl. die Übersicht bei Schneider, BBauBl. 1986, 466.

21 Die **Bundesregierung** hat den Regierungsentwurf am **4. 12. 1985** beschlossen. Sie hat dem Bundesrat (BR-Drs. 575/85) den Entwurf gem. Art. 76 Abs. 2 S. 3 GG als besonders eilbedürftige Vorlage zugeleitet, damit verfahrensnotwendige Entscheidungen der Ausschüsse des Deutschen Bundestags unmittelbar zu Beginn des Jahres 1986 getroffen werden konnten; dies sollte es ermöglichen, den Zeitplan für die

Beratungen und die Verabschiedung noch in der 10. Legislaturperiode einzuhalten. Der Regierungsentwurf konnte hierdurch zugleich dem Deutschen Bundestag (BT-Drs. 10/4630) zur Beratung zugeleitet werden. Die **1. Lesung** des Entwurfs hat dort am **17. 1. 1986** stattgefunden (BT, stenogr. Bericht, 188. Sitzung, Plenar-Prot. 10/188, S. 14307). Der Gesetzentwurf wurde an den **Ausschuß für Raumordnung, Bauwesen und Städtebau** als federführendem Ausschuß und zur Mitberatung an den Innen-, Rechts-, Finanz- und Haushaltsausschuß sowie an die Ausschüsse für Wirtschaft, für Ernährung, Landwirtschaft und Forsten, für Verkehr und – nach seiner Konstituierung im Sommer 1986 – an den Ausschuß für Umwelt, Naturschutz und Reaktorsicherheit überwiesen; der Sportausschuß hat sich gutachtlich beteiligt.

Der **Bundesrat** hat am 31. 1. 1986 Stellung genommen (BT-Drs. 10/ **21** 5027). Die **Stellungnahme** wurde am 13. 2. 1986 dem Deutschen Bundestag übermittelt und um die **Gegenäußerung der Bundesregierung** zur Stellungnahme des Bundesrates vom 17. 2. 1986 (BT-Drs. 10/ 5111) ergänzt.

Wie schon vor Erlaß des StBauFG, bei der Novelle 1976 BBauG und **22** einer geplanten StBauFG-Novelle 1980 wurde zur Erprobung der Zwecktauglichkeit und Verständlichkeit der vorgeschlagenen Änderungen ein **Planspiel** durchgeführt. Hierzu wurden 6 Städte und Gemeinden ausgewählt (Essen, Esslingen, Kassel, Peine, Oberhaching und Westerland; weiterhin wirkten der Landkreis Nordfriesland und das Regierungspräsidium Kassel mit); vgl. Planspiel sowie A-Ber., S. 116 f. Die Ergebnisse des Planspiels wurden am 12. 3. 1986 dem federführenden Bundestagsausschuß vorgestellt; die **Anhörung** der Verbände, Wissenschaftler und Praktiker fand vor dem federführenden Ausschuß am 14. 4. 1986 statt (vgl. A-Ber., S. 118 f.).

Die **2. und 3. Lesung** im Deutschen Bundestag fand am **23. 10. 1986** **23** statt. Der Bundestag hat mit den Stimmen der Regierungskoalition (CDU/CSU und FDP) unter Ablehnung der Opposition (SPD, DIE GRÜNEN) das BauGB am 23. 10. 1986 beschlossen (vgl. stenogr. Ber. über die 241. Sitzung des Deutschen Bundestags, Plenar-Prot. 10/241, S. 18566). Der Gesetzesbeschluß des Deutschen Bundestages ist dem Bundesrat am 7. 11. 1986 zugeleitet worden (BR-Drs. 500/86). Der **Bundesrat** hat dem Gesetz am **28. 11. 1986** mit Mehrheit zugestimmt (Bundesrat, stenogr. Bericht über die 571. Sitzung, Plenar-Prot. 571, S. 635, B).

Das Gesetz über das Baugesetzbuch ist am **8. 12. 1986 verkündet** **24** worden (BGBl. I S. 2191). Am 12. 12. 1986 wurde der Wortlaut des neuen Baugesetzbuchs im BGBl. bekanntgemacht (Bekanntmachung des BauGB vom 8. 12. 1986, BGBl. I S. 2253). Das Gesetz ist **am 1. 7. 1987 in Kraft getreten.** Vgl. zum Gesetzgebungsverfahren die Berichte von Bielenberg/Krautzberger/Söfker u. a. in: DVBl. 1985, 1097 ff. und 1281 ff.; 1986, 377 ff. und 1987, 109 ff.; weiterhin Krautzberger/Löhr, NVwZ 1987, 177.

25 **2. Überblick.** Das **BauGB** führte das BBauG und das StBauFG in einem Gesetzbuch zusammen. Gesetzgebungstechnisch ist das BauGB das Ergebnis einer BBauG-Novelle, nicht eine vollständige Neufassung. Dieser Weg ist gewählt worden, um den parlamentarischen Beratungs- und Entscheidungsstoff von jenen Vorschriften zu entlasten, deren Änderung nicht beabsichtigt war. Art. 1 des Gesetzes über das Baugesetzbuch ist im Hinblick auf die sowohl inhaltlich wie dem Aufbau nach weitgehende Neuordnung des Städtebaurechts allerdings nicht als Änderungsgesetz („Novelle"), sondern als **„Erweiterung des Bundesbaugesetzes"** bezeichnet worden. Der Mittelweg zwischen einer konstitutiven Neufassung des Städtebaurechts und einer Novellierung des geltenden Rechts kommt weiterhin besonders deutlich in Art. 1 Nr. 1 des Gesetzes über das Baugesetzbuch zum Ausdruck, der eine Änderung der Überschrift des bisherigen BBauG in „Baugesetzbuch (BauGB)" anordnet. Art. 1 des Gesetzes über das BauGB gliedert das neue Recht in **vier Kapitel.** Das Erste und Dritte Kapitel haben vorwiegend Novellierungscharakter, während das Zweite und Vierte Kapitel Neufassungen des Rechts sind. Die Kapitel sind ihrerseits in Teile und Abschnitte untergegliedert.

26 **Erstes Kapitel: Allgemeines Städtebaurecht.** Das Erste Kapitel enthält bei überwiegend unveränderter Paragraphenzählung den Ersten bis Sechsten Teil des Bundesbaugesetzes (§§ 1 bis 135 BBauG):

– Erster Teil. Bauleitplanung (§§ 1 bis 13),
– Zweiter Teil. Sicherung der Bauleitplanung (§§ 14 bis 28),
– Dritter Teil. Regelung der baulichen und sonstigen Nutzung; Entschädigung (§§ 29 bis 44),
– Vierter Teil. Bodenordnung (§§ 45 bis 84),
– Fünfter Teil. Enteignung (§§ 85 bis 122),
– Sechster Teil. Erschließung (§§ 123 bis 135).

Nicht mehr enthalten sind in den §§ 1 bis 135 die sog. a-Paragraphen, -Abschnitte und -Teile. Diese nach 1960 (vor allem mit der Novelle 1976) eingefügten Bestimmungen sind zum Teil aufgehoben worden, so z. B. die §§ 9a, 25a, 28a BauGB. Andere a-Paragraphen blieben durch redaktionelle Umgestaltung im bisherigen Regelungszusammenhang erhalten, so § 2a BBauG (jetzt § 3 BauGB) und §§ 39j bis 44b BBauG (jetzt §§ 39 bis 44 BauGB). Dies gilt auch für das Vorkaufsrecht zur Sicherung städtebaulicher Erhaltungsziele nach § 24a BBauG, das in das allgemeine Vorkaufsrecht (§ 24 Abs. 1 Nr. 4 BauGB) integriert wurde. Der größte Teil der „a-Regelungen" ist jedoch in das Zweite Kapitel übernommen worden, so z. B. § 13a BBauG über den Sozialplan (jetzt § 180 BauGB), §§ 39a bis 39h BBauG über die städtebaulichen Gebote und die Erhaltungssatzung (jetzt §§ 172 bis 179 BauGB); ein Teil der bisherigen Regelungen wurde auch in andere Vorschriften integriert, z. B. § 39i BBauG (jetzt in § 26 BauGB), §§ 122a, b BBauG über den Härteausgleich (jetzt § 181 BauGB). Die Neugestaltung des Rechts bezieht sich vor allem auf das gesamte in das Baugesetzbuch

übernommene bisherige StBauFG, auf die erwähnten a-Bestimmungen, also auf wesentliche Teile der nach 1960 eingefügten Bestimmungen des bisherigen BBauG, sowie auf die in den §§ 136 ff. BBauG enthaltenen Regelungen über die Wertermittlung.

Zweites Kapitel: Besonderes Städtebaurecht. Das Zweite Kapitel **27** enthält vor allem diejenigen rechtlichen Bestimmungen, die nach 1960 in das Städtebaurecht eingefügt wurden. Der umfangreichste Teil betrifft das **Sanierungs- und Entwicklungsrecht** des **StBauFG**, jedoch ohne die Finanzierungs- und Förderungsbestimmungen dieses Gesetzes. Das Zweite Kapitel setzt sich aus folgenden Teilen zusammen:

– Erster Teil. Städtebauliche Sanierungsmaßnahmen (§§ 136 bis 164), vgl. vor allem §§ 1 bis 52 StBauFG,
– Zweiter Teil. Städtebauliche Entwicklungsmaßnahmen (§§ 165 bis 171); vgl. §§ 53 bis 63 StBauFG,
– Dritter Teil. Erhaltungssatzung und städtebauliche Gebote (§§ 172 bis 179); vgl. §§ 39 a bis 39 h BBauG.
– Vierter Teil. Sozialplan und Härteausgleich (§§ 180 und 181); vgl. §§ 13 a, 122 a, 122 b BBauG, §§ 4 Abs. 2 und 2 a, § 8 Abs. 2, § 85 StBauFG.
– Fünfter Teil. Miet- und Pachtverhältnisse (§§ 182 bis 186); vgl. § 39 g BBauG, §§ 26 bis 31 StBauFG.
– Sechster Teil. Städtebauliche Maßnahmen im Zusammenhang mit Maßnahmen zur Verbesserung der Agrarstruktur (§§ 187 bis 191); vgl. §§ 144 a bis 144 f BBauG.

Der **Neuordnung des Städtebaurechts im Ersten und Zweiten** **28** **Kapitel** lag erkennbar das Ziel zugrunde, den Materien des bisherigen Bundesbaugesetzes die einzufügenden Materien des StBauFG systematisch zuzuordnen. Es sind daher in erster Linie redaktionelle und nicht zwingende dogmatische Gründe, mit denen die Unterscheidung in zwei Kapitel zu erklären ist. Die beiden Kapitel spiegeln dabei – wie bereits erwähnt – eher die historische Entwicklung des Städtebaurechts wider: Das Erste Kapitel enthält die seit längerem eingeführten Instrumente des Städtebaurechts (Bauleitplanung und ihre Sicherung, Zulässigkeit von Vorhaben, Bodenordnung, Enteignung und Erschließung); das Zweite Kapitel enthält vorwiegend solche städtebaulichen Verfahren und Instrumente, die in den zurückliegenden zwei Jahrzehnten entwickelt wurden (vgl. insbes. die Sanierung, die Erhaltungssatzung, die städtebaulichen Gebote). Auch diese Unterscheidung ist jedoch deshalb nur mit Einschränkung kennzeichnend, weil im Ersten Kapitel z. B. das neuartige und erstmals mit dem Bundesbaugesetz eingeführte städtebauliche Instrument der § 22 über die Sicherung von Gebieten mit Fremdenverkehrsfunktionen enthalten ist. Hinzu kommt, daß durch die Zusammenfügung von Bundesbaugesetz und Städtebauförderungsgesetz solche Sonderregelungen des Sanierungsrechts, die bisher im StBauFG enthalten waren, ganz überwiegend in die entspre-

chenden Regelungen des „allgemeinen" Städtebaurechts integriert
wurden; so enthält z. B. das Sanierungsrecht (§§ 136 ff. BauGB) keine
Sonderregelungen mehr über das Vorkaufsrecht (§ 17 StBauFG) oder
über die Enteignung (§ 22 StBauFG). Diese Bestimmungen sind mit
den jeweils allgemeinen Bestimmungen verschmolzen worden (vgl.
§ 24 Abs. 1 Nr. 3, § 28 Abs. 4, § 87 Abs. 3 S. 3, § 88 S. 2 BauGB).

29 **Drittes Kapitel. Sonstige Vorschriften.** Das Dritte Kapitel setzt sich
aus folgenden Teilen zusammen:

– Erster Teil. Wertermittlung (§§ 192 bis 199); bisher §§ 136 bis 144
BBauG,

– Zweiter Teil. Allgemeine Vorschriften; Zuständigkeiten, Verwal-
tungsverfahren; Wirksamkeitsvoraussetzungen (§§ 200 bis 216), bisher
§§ 145 bis 156 BBauG,

– Dritter Teil. Verfahren vor den Kammern (Senaten) für Baulandsa-
chen (§§ 217 bis 232); bisher §§ 157 bis 171a BBauG.

Viertes Kapitel. Überleitungs- und Schlußvorschriften. Das Vierte
Kapitel besteht aus dem

– Ersten Teil mit den Überleitungsvorschriften zum BauGB (§§ 233
bis 245) und dem

– Zweiten Teil mit den Schlußvorschriften (§§ 246 und 247).

30 Art. 3 des Gesetzes über das Baugesetzbuch ermächtigte den Bundes-
minister für Raumordnung, Bauwesen und Städtebau, den Wortlaut
des Baugesetzbuches im Bundesgesetzblatt bekanntzumachen und da-
bei Unstimmigkeiten des Wortlauts zu berichtigen: vgl. **Bekanntma-
chung der Neufassung** vom 8. 12. 1986, BGBl. I S. 2253.

31 **3. Wichtige Änderungen.** Das BauGB enthält zahlreiche Detailände-
rungen, die nahezu alle Bereiche des Städtebaurechts betreffen. Als
wichtigste Änderungen sind zu nennen:

(1) **BBauG und StBauFG** wurden zusammengefaßt. Dabei wurden
diejenigen Bestimmungen des bisherigen StBauFG, die inhaltlich ver-
gleichbare Regelungen zum bisherigen BBauG enthielten, mit den
allgemeinen Regelungen „verschmolzen" (vgl. Rn 28).

(2) Das gesetzgeberische Ziel der Ausrichtung des Städtebaurechts
auf **„neue städtebauliche Aufgaben"** findet seinen Niederschlag –
neben der Eingliederung des Sanierungsrechts – vor allem in einer
Reihe von Neubewertungen bzw. Gewichtungen. Unbeschadet der
politisch umstrittenen Änderungen über die Zulässigkeit des Bauens im
Außenbereich, sind die Änderungen vor allem dadurch gekennzeich-
net, daß sie die Instrumente der „Innenentwicklung" betreffen. Diese
Berücksichtigung von in den 80er Jahren vielfach im Vordergrund
stehenden städtebaulichen Aufgaben gab der Rechtsentwicklung neue
Akzente. Sie knüpfte dabei an eine seit dem StBauFG verfolgte und
Anfang der 80er Jahre verdeutlichte gesetzgeberische Konzeption an,
die Innenentwicklung und Schaffung neuen Baulands als gleichgewich-
tige Aufgabe bewertete (vgl. zuletzt die Konzeption in der sog. „Bau-

landnovelle" aus dem Jahre 1981: Entwurf eines Gesetzes zur Erleichterung der Bereitstellung von Bauland, BT-Drs. 9/746). Der Gesetzgeber hat aber – wie im BBauG – bewußt davon abgesehen, einem bestimmten städtebaulichen Leitbild gesetzlich den Vorrang zu geben. Das BauGB ist insofern ein für unterschiedliche städtebauliche Konzepte offenes Planungsrecht. In den Änderungen des Städtebaurechts spiegeln sich jedoch die zahlreichen aktuellen wirtschaftlichen und sozialen Fragen wider, die für städtebauliche Entscheidungen aus der Sicht des „historischen" Gesetzgebers, also aus der Sicht der 80er Jahre kennzeichnend sind: vgl. die Änderungen zum Denkmal- und Umweltschutz, zur Standortsicherung der Betriebe, zur Sicherung des Mittelstands, zu Sport und Fremdenverkehr, u. a. (vgl. A-Ber., 115 ff.).

(3) Im Verhältnis zwischen **Staat und Gemeinde** ist – neben dem Wegfall einer Reihe von staatlichen Zustimmungserfordernissen bei gemeindlichen Entscheidungen – auf die Neuregelung des bisher durchgehenden Genehmigungserfordernisses bei Bauleitplänen und städtebaulichen Satzungen hinzuweisen. Das BauGB hält am Genehmigungserfordernis nur beim Flächennutzungsplan sowie bei dem nicht aus dem Flächennutzungsplan abgeleiteten Bebauungsplan fest. Für sonstige Bebauungspläne, also für den Regelfall, wird das Genehmigungsverfahren durch ein **„Anzeigeverfahren"** ersetzt. Hierbei hat die höhere Verwaltungsbehörde uneingeschränkt die bestehenden Aufgaben der Rechtskontrolle auszuüben. Die Neuregelung ist zwar von rechtlicher Bedeutung: Die Bebauungspläne bedürfen für ihre Rechtsverbindlichkeit nicht mehr des Mitwirkungsaktes der staatlichen Genehmigung. In tatsächlicher Hinsicht bleiben die Rechte und Pflichten des Staates aber unberührt. Das Genehmigungsverfahren ist auch bei folgenden weiteren Satzungen durch das Anzeigenverfahren ersetzt worden: Innenbereichssatzungen nach § 34 und Sanierungssatzungen; auch für die neueingeführte Satzung für Fremdenverkehrsgebiete (§ 22) gilt das Anzeigenverfahren. Weder der Genehmigung noch der Anzeige bedürfen folgende Satzungen: Veränderungssperre, Vorkaufssatzung und Erhaltungssatzung.

(4) Weitreichende Änderungen enthält das BauGB auch im Verhältnis zwischen **Bund und Ländern.** Dies betrifft in erster Linie den im Zusammenhang mit dem Baugesetzbuch politisch entschiedenen Abbau der Mischfinanzierung im Bereich der Städtebauförderung (vgl. § 245 Abs. 10 und 11). Aufgrund der seit 1988 zwischen dem Bund und Ländern in einer Verwaltungsvereinbarung gem. Art. 104a Abs. 4 GG festgelegten Fortsetzung der Städtebauförderung durch Bundesfinanzhilfen mit der weiteren Anwendung der Förderungs- und Finanzierungsbestimmungen des StBauFG (vgl. § 245 Abs. 11 S. 1) sowie aufgrund des Strukturhilfegesetzes ist diese grundlegende Neuregelung allerdings bis auf weiteres suspendiert worden. Die im Regierungsentwurf (§ 246 Abs. 6) enthaltene Ermächtigung an die Länder, vom Bundesrecht abweichende Regelungen über das Enteignungsverfahren, Teile des Erschließungsbeitragsrechts sowie für die Ausgleichsbetrags-

regelung in der Sanierung zu treffen, ist im Gesetzgebungsverfahren wegen einmütiger Ablehnung der vom federführenden Bundestagsausschuß befragten Verbände und Experten, vor allem der kommunalen Spitzenverbände, verworfen worden (vgl. A.-Ber., S. 166). Weiterer Spielraum für Landesregelungen (vornehmlich im Wege von internen Verwaltungsanordnungen) ergibt sich jedoch aufgrund der Zurücknahme von einigen im Bundesrecht bisher enthaltenen Verfahrensausgestaltungen; vgl. z. B. die entfallenen Regelungen in der Ausgleichsbetrag- und in der Ordnungsmaßnahmenverordnung. Bundesrechtliche Verfahrensregelungen wurden – insbesondere zugunsten von Rechtsverordnungen der Länder – auch im Recht der Wertermittlung (§§ 192 ff., § 199) zurückgenommen.

(5) Was Änderungen im Zusammenhang mit dem vom Gesetz verfolgten Ziel der **Rechts- und Verwaltungsvereinfachung** betrifft, ist insbesondere auf die Zusammenfassung von BBauG und StBauFG sowie auf eine Reihe von Einzeländerungen (z. B. bei den Vorkaufsrechten oder bei den Bestimmungen über die Zulässigkeit von Vorhaben) hinzuweisen. Auch sind eine Reihe von Vorschriften – vornehmlich im Zusammenhang mit der Zusammenfassung von BBauG und StBauFG – aufgehoben worden. Im Gesetzgebungsverfahren hat sich bei allen Beteiligten (Bundesregierung, Bundestag und Bundesrat sowie Verbände und Experten) eine differenzierte Beurteilung des Beitrags des Städtebaurechts für Vereinfachungen und Erleichterungen des Bauens ergeben (vgl. hierzu auch zur Entstehungsgeschichte Bielenberg/Krautzberger/Söfker, DVBl. 1986, S. 379 und DVBl. 1987, S. 109).

(6) Auch wenn das BauGB die Strukturen des bisherigen Städtebaurechts übernimmt, sind in einigen Beziehungen grundsätzlich **neue rechtliche Ansätze** gewählt worden. Dies gilt z. B. für die Neuregelung in § 34 Abs. 3, wonach bisher der Bauleitplanung vorbehaltene Abwägungs- und Kompensationsentscheidungen in die Beurteilung und den Entscheidungsvorgang über ein Vorhaben im Einzelfall einbezogen werden. Neu ist auch die Einführung einer 7-Jahres-Frist für die Geltendmachung von Abwägungsmängeln (§ 215 Abs. 1 Nr. 2). Hiernach sind Mängel der Abwägung, wenn sie nicht innerhalb von sieben Jahren seit Bekanntmachung des Flächennutzungs- und Bebauungsplans oder einer sonstigen Satzung schriftlich gegenüber der Gemeinde geltend gemacht worden sind, als unbeachtlich zu behandeln.

(7) Während vor allem die Novellen 1976 und 1979 in wichtigen Teilbereichen die **Korrektur** der verwaltungsgerichtlichen **Rechtsprechung** beabsichtigten (vgl. Nachweise bei Schlichter, ZfBR 1985, 107), trat ein entsprechendes gesetzgeberisches Motiv beim BauGB eindeutig in den Hintergrund. Eine entsprechende Absicht wurde nur bei wenigen Rechtsbereichen als Änderungsgrund angegeben; so aber insbesondere beim Erschließungsrecht (hierzu Bielenberg, ZfBR 1986, S. 114). Vielmehr ist auffällig, daß der Gesetzgeber unter ausdrücklichem Hinweis auf

Klärungen durch die Rechtsprechung eine Reihe von Änderungswünschen für entbehrlich erklärte (vgl. z. B. ABer., S. 136, 145, 148).

(8) Auffällig ist weiterhin, daß weder die Bundesregierung und die Koalitionsfraktionen noch die Oppositionsfraktionen im Gesetzgebungsverfahren **bodenpolitische Vorschläge** unterbreitet haben, die grundsätzlicher Art waren und über das geltende Recht hinausgingen oder es grundlegend zurücknahmen. Die bodenpolitische Konzeption von BBauG und StBauFG wurde daher im wesentlichen unverändert übernommen. Dies gilt insbesondere für die in der Vergangenheit umstrittene besondere bodenpolitische Konzeption des Sanierungsrechts (vgl. Krautzberger, in: B/K/S, Rn 295 ff.), aber z. B. auch für die noch anläßlich der Baulandnovelle von 1981 umstrittene Erhaltungssatzung und die städtebaulichen Gebote. Bereits wenige Jahre nach Verabschiedung des BauGB erlangten die bodenpolitischen Aufgabenstellungen des Städtebaurechts erneut Aufmerksamkeit, und zwar im Zusammenhang mit dem BauGBMaßnahmenG (vgl. Rn 36); vgl. hierzu weiterhin Dieterich, ZfBR 1990, 61; ders., GuG 1990, 16 ff.; Krautzberger, GuG 1990, 5 ff.

(9) Die von der Bundesregierung und den Fraktionen der CDU/CSU und F.D.P. im Deutschen Bundestag verfolgten **politischen Ziele** und die entsprechenden Regelungen im BauGB wurden von den Fraktionen der SPD und DIE GRÜNEN **unterschiedlich bewertet** (vgl. hierzu im einzelnen Krautzberger/Löhr, NVwZ 1987, 177). Diese zum Teil unterschiedliche Beurteilung von Zielen und Einzelregelungen spiegelte sich auch im Abstimmungsverhalten der Länder im Bundesrat wider. Eine eingehende Darstellung der unterschiedlichen Positionen der Fraktionen enthält der **Ausschußbericht** (A.-Ber., S. 126 ff). Die unterschiedlichen Bewertungen bezogen sich u. a. auf den Zeitplan der Beratungen, den Umfang der Änderungen, das Änderungsbedürfnis, die Berücksichtigung der Umweltbelange, den Abbau der Mischfinanzierung, die Zulässigkeitsregelungen bei Vorhaben. Im federführenden 16. Bundestagsausschuß sind dagegen u. a. die folgenden Änderungen einvernehmlich vorgeschlagen worden: die Vorschriften zur Verbesserung der Bestandskraft der Bauleitpläne, die Regelung des vereinfachten Sanierungsverfahrens, die Vorschriften über die Wertermittlung, die Regelungen zur Sicherung der verbrauchernahen Versorgung der Bevölkerung, die Bestimmungen zugunsten des Sports, die Regelungen zur Sicherung der gefährdeten Fremdenverkehrsfunktionen und die Abschaffung der Erschließungsbeitragspflicht für Kinderspielplätze. Einvernehmen bestand auch in der Ablehnung der im Regierungsentwurf ursprünglich vorgesehenen Verlagerung von Gesetzgebungskompetenzen auf die Länder.

Mit Inkrafttreten des BauGB wurden **Ausgleichsbetragsverordnung, Ordnungsmaßnahmenverordnung** und **Reichsgaragenordnung** (Art. 2 Nr. 1, 25 bis 27 des Gesetzes über das BauGB) aufgehoben. Vgl. hierzu Rn 14. **32**

33 **4. Änderungen des BauGB.** Aufgrund des Art. 21 § 5 Abs. 5 des
Steuerreformgesetzes 1990 vom 25. 7. 1988 (BGBl. I S. 1093) ist § 158
Abs. 3 mit Wirkung vom 1. 1. 1990 geändert worden. Die frühere
Fassung sah eine Sonderregelung für die Anerkennung von solchen
Sanierungsträgern vor, die Organe der staatlichen Wohnungspolitik
waren. Infolge der Neuregelung der Wohnungsgemeinnützigkeit durch
das vorgenannte Gesetz ist diese Sonderregelung entfallen. Vgl. weiter-
hin Rn 39.

V. Verordnungen aufgrund des Baugesetzbuchs

34 Aufgrund des § 2 Abs. 5 Nr. 1 bis 3 BauGB wurde die **Baunutzungs-
verordnung** (vgl. Rn 14) novelliert: Vierte Verordnung zur Änderung
der Baunutzungsverordnung vom 23. 1. 1990 (BGBl. I S. 127). Die
Neufassung der BauNVO wurde am 23. 1. 1990 bekanntgemacht
(BGBl. I S. 133). Die BauNVO ist im **Anhang** abgedruckt.
 Aufgrund des § 199 Abs. 1 BauGB wurde die **Wertermittlungsver-
ordnung** (vgl. Rn 14) neugefaßt: Verordnung über Grundsätze für die
Ermittlung der Verkehrswerte von Grundstücken (Wertermittlungs-
verordnung – WertV) vom 6. 12. 1988 (BGBl. I S. 2209). Die WertV ist
im **Anhang** abgedruckt.
 Zur **Planzeichenverordnung** vgl. Rn 14.

35 Zu den Ermächtigungen zum Erlaß von **Rechtsvorschriften der
Länder** vgl. Rn 7.

VI. Maßnahmengesetz zum Baugesetzbuch

36 Am 1. 6. 1990 ist das „Wohnungsbau-Erleichterungsgesetz – WoBau-
ErlG" vom 17. 5. 1990 in Kraft getreten (BGBl. I S. 926). Artikel 2 des
WoBauErlG enthält das **„Maßnahmengesetz zum Baugesetzbuch
(BauGB-MaßnahmenG)".** Zum gesetzgeberischen Motiv für den Er-
laß des WoBauErlG führt der A-Ber./BauGB-MaßnahmenG folgendes
aus: „Zur Überwindung der Engpaßsituation auf dem Wohnungsmarkt
haben Bundesregierung und Bundestag eine Reihe von Maßnahmen
auf den Weg gebracht. Hierzu zählen u. a. die Aufstockung der Förde-
rungsmittel für den sozialen Wohnungsbau, Steuererleichterungen für
den Neubau, Aus- und Umbau von Mietwohnungen sowie Bauspar-
hilfen und Kreditprogramme. Diese Maßnahmen können nur dann
vollständig und rasch genug wirksam werden, wenn bestehende Hin-
dernisse bei der Beschaffung und Ausweisung von Wohnbauland, bei
der Genehmigung von Wohnbauten und bei der Schaffung von Wohn-
raum im Bestand ausgeräumt werden." Vgl. hierzu im einzelnen die
Einführungen in B/K/S sowie z. B. Krautzberger, GuG 1990, 5. ff. Das
BauGB-MaßnahmenG gilt gemäß Artikel 1 WoBauErlG bis zum
31. 5. 1995, also für einen Zeitraum von insgesamt 5 Jahren. Die Vor-
schriften des BauGB-MaßnahmenG finden im Rahmen ihres jeweiligen
Anwendungsbereichs als Änderungen oder Ergänzungen zu den ent-

sprechenden Vorschriften des BauGB Anwendung. Im einzelnen enthält das BauGB-MaßnahmenG Vorschriften zu den Grundsätzen der Bauleitplanung, zum Flächennutzungs- und Bebauungsplan (§ 1 BauGB-MaßnahmenG), zum Verfahren der Bauleitplanung (§ 2 BauGB-MaßnahmenG), zum Vorkaufsrecht der Gemeinde (§ 3 BauGB-MaßnahmenG), zur Zulässigkeit von Vorhaben (§ 4 BauGB-MaßnahmenG), zu Fristen bei der Erteilung von Genehmigungen (§ 5 BauGB-MaßnahmenG), zu städtebaulichen Entwicklungsmaßnahmen (§§ 6 und 7 BauGB-MaßnahmenG), zum Baugebot (§ 8 BauGB-MaßnahmenG), zur Unbeachtlichkeit der Verletzung von Vorschriften (§ 9 BauGB-MaßnahmenG) sowie Allgemeine Vorschriften (§ 10 BauGB-MaßnahmenG); vgl. insbesondere § 10 Abs. 2 BauGB-MaßnahmenG, wonach Widerspruch und Anfechtungsklage eines Dritten gegen die bauaufsichtliche Genehmigung eines Vorhabens, das ausschließlich Wohnzwecken dient, keine aufschiebende Wirkung haben. §§ 11–19 BauGB-MaßnahmenG enthalten Überleitungsvorschriften sowie die übliche Berlin-Klausel.

Die Bestimmungen des BauGB-MaßnahmenG sind im vorliegenden **37**
Kommentar im unmittelbaren sachlichen Zusammenhang mit der jeweils berührten Vorschrift des BauGB kommentiert. Das Gesetz ist im **Anhang** abgedruckt.

VII. Sonderregelungen in den Ländern der früheren DDR

Mit der **„Bauplanungs- und Zulassungsverordnung (BauZVO)"** **38**
vom 20. 6. 1990 (GBl. der DDR I Nr. 45, S. 739) wurden in der DDR bereits wichtige Teilbereiche des Städtebaurechts eingeführt. Die BauZVO geht zurück auf den Staatsvertrag vom 18. 5. 1990 über die Schaffung einer Währungs-, Wirtschafts- und Sozialunion zwischen der Bundesrepublik Deutschland und der Deutschen Demokratischen Republik (vgl. zur BauZVO Bielenberg/Krautzberger/Söfker, Das neue Städtebaurecht der DDR, Berlin 1990). Die BauZVO enthält – in Anlehnung an das BauGB – die wesentlichen Regelungen zur Bauleitplanung, zur Zulässigkeit von Vorhaben sowie u. a. zur städtebaulichen Sanierung.

Mit dem Beitritt der DDR zur Bundesrepublik Deutschland gilt das **39**
BauGB auch in den Ländern Brandenburg, Mecklenburg-Vorpommern, Sachsen, Sachsen-Anhalt und Thüringen sowie im bisherigen Berlin (Ost). In **§ 246a BauGB** (eingefügt durch Gesetz vom 23. 9. 1990, BGBl. II S. 885, 1122) sind diejenigen Modifizierungen des BauGB enthalten, die übergangsweise in diesen Ländern gelten. Diese Sonderregelungen sollen vor allem dem Umstand Rechnung tragen, daß der Neuaufbau einer kommunal verantworteten, rechtsstaatlichen städtebaulichen Planung eine gewisse Zeit erfordert.

VII. Sonderregelungen in den Ländern der früheren DDR

Erstes Kapitel.
Allgemeines Städtebaurecht

Erster Teil. Bauleitplanung

Erster Abschnitt. Allgemeine Vorschriften

§ 1 Aufgabe, Begriff und Grundsätze der Bauleitplanung

(1) Aufgabe der Bauleitplanung ist es, die bauliche und sonstige Nutzung der Grundstücke in der Gemeinde nach Maßgabe dieses Gesetzbuchs vorzubereiten und zu leiten.

(2) Bauleitpläne sind der Flächennutzungsplan (vorbereitender Bauleitplan) und der Bebauungsplan (verbindlicher Bauleitplan).

(3) Die Gemeinden haben die Bauleitpläne aufzustellen, sobald und soweit es für die städtebauliche Entwicklung und Ordnung erforderlich ist.

(4) Die Bauleitpläne sind den Zielen der Raumordnung und Landesplanung anzupassen.

(5) Die Bauleitpläne sollen eine geordnete städtebauliche Entwicklung und eine dem Wohl der Allgemeinheit entsprechende sozialgerechte Bodennutzung gewährleisten und dazu beitragen, eine menschenwürdige Umwelt zu sichern und die natürlichen Lebensgrundlagen zu schützen und zu entwickeln. Bei der Aufstellung der Bauleitpläne sind insbesondere zu berücksichtigen

1. die allgemeinen Anforderungen an gesunde Wohn- und Arbeitsverhältnisse und die Sicherheit der Wohn- und Arbeitsbevölkerung,

2. die Wohnbedürfnisse der Bevölkerung bei Vermeidung einseitiger Bevölkerungsstrukturen, die Eigentumsbildung weiter Kreise der Bevölkerung und die Bevölkerungsentwicklung,

3. die sozialen und kulturellen Bedürfnisse der Bevölkerung, insbesondere die Bedürfnisse der Familien, der jungen und alten Menschen und der Behinderten, die Belange des Bildungswesens und von Sport, Freizeit und Erholung,

4. die Erhaltung, Erneuerung und Fortentwicklung vorhandener Ortsteile sowie die Gestaltung des Orts- und Landschaftsbilds,

5. die Belange des Denkmalschutzes und der Denkmalpflege sowie

die erhaltenswerten Ortsteile, Straßen und Plätze von geschichtlicher, künstlerischer oder städtebaulicher Bedeutung,

6. die von den Kirchen und Religionsgesellschaften des öffentlichen Rechts festgestellten Erfordernisse für Gottesdienst und Seelsorge,

7. die Belange des Umweltschutzes, des Naturschutzes und der Landschaftspflege, insbesondere des Naturhaushalts, des Wassers, der Luft und des Bodens einschließlich seiner Rohstoffvorkommen, sowie das Klima,

8. die Belange der Wirtschaft, auch ihrer mittelständischen Struktur im Interesse einer verbrauchernahen Versorgung der Bevölkerung, der Land- und Forstwirtschaft, des Verkehrs einschließlich des öffentlichen Personennahverkehrs, des Post- und Fernmeldewesens, der Versorgung, insbesondere mit Energie und Wasser, der Abfallentsorgung und der Abwasserbeseitigung sowie die Sicherung von Rohstoffvorkommen und die Erhaltung, Sicherung und Schaffung von Arbeitsplätzen,

9. die Belange der Verteidigung und des Zivilschutzes.

Mit Grund und Boden soll sparsam und schonend umgegangen werden. Landwirtschaftlich, als Wald oder für Wohnzwecke genutzte Flächen sollen nur im notwendigen Umfang für andere Nutzungsarten vorgesehen und in Anspruch genommen werden.

(6) Bei der Aufstellung der Bauleitpläne sind die öffentlichen und privaten Belange gegeneinander und untereinander gerecht abzuwägen.

Übersicht

I. Allgemeines

1 **1. Bedeutung der Bauleitplanung innerhalb des BauGB.** Die Bau-
leitplanung ist im BauGB als **das zentrale Instrument des Städtebau-
rechts** ausgeformt. Dies zeigt bereits der Aufbau des Ersten Kapitels
des BauGB, das im Ersten Teil (§§ 1–13) das Institut der Bauleitpla-
nung selbst und im Zweiten Teil (§§ 14–28) die Sicherung der Bauleit-
planung regelt. Auch zahlreiche weitere im BauGB geregelten Institute
des Städtebaurechts knüpfen ausschließlich oder überwiegend an die
Bauleitplanung an: z. B. die Umlegung (§ 45), die Enteignung (§ 85)
und die Erschließung (§ 125). Die Bauleitplanung wird deshalb als ein
„Kernstück des modernen Städtebaurechts" gekennzeichnet (Schmidt-
Aßmann, BauR 1978, 99). Dem BauGB liegt weithin die gesetzgeberi-

sche Konzeption zugrunde, daß die geordnete städtebauliche Entwicklung überwiegend auf der Grundlage der Bauleitplanung stattfindet. Vgl. aber auch die seit dem StBauFG 1971, der Novelle 1976 und der Zusammenfassung von BBauG und StBauFG (BauGB) zunehmende Bedeutung der nicht-bebauungsplanakzessorischen Instrumente vor allem für die bestandsbezogene städtebauliche Ordnung und Entwicklung, insbesondere die Sanierung (§§ 136 ff.) und die Erhaltungssatzung (§§ 172 ff.), die sich zunehmend zu eigenständigen Instrumenten entwickeln. Zum Grundsatz der **Planmäßigkeit** vgl. im einzelnen Rn 14–23. Zu den Änderungen von § 1 durch das **BauGB** vgl. Voraufl., § 1, Rn 1. Zum **BauGB-MaßnahmenG** vgl. Rn 86 a.

2. Aufbau der Vorschrift. Im **Ersten Abschnitt des Ersten Teils** sind 2 allgemeine Vorschriften zusammengefaßt, die für beide Arten der Bauleitplanung, also Flächennutzungsplan und Bebauungsplan (vgl. Abs. 2) gelten, nämlich die zentralen **materiellen Vorschriften** über die Bauleitplanung (§ 1) sowie **kompetenz-, verfahrens-** und **organisationsrechtliche Bestimmungen** (§§ 2–4). In **Abs. 1** sind die Aufgaben der Bauleitplanung und damit – wegen der zentralen Bedeutung der Bauleitplanung innerhalb des Städtebaurechts – Grundprinzipien der städtebaulichen Ordnung und Entwicklung definiert. In **Abs. 2** werden die beiden Arten der Bauleitplanung eingeführt: der Flächennutzungsplan als vorbereitender Bauleitplan (hierzu im einzelnen §§ 5–7) und der Bebauungsplan als verbindlicher Bauleitplan (hierzu im einzelnen §§ 8–13). **Abs. 3** ordnet die Bauleitplanung – gemeinsam mit § 2 Abs. 1 – den Gemeinden als Aufgabe zu und begründet darüber hinaus eine gemeindliche Verpflichtung zur Bauleitplanung. Durch die Verpflichtung des **Abs. 4,** Bauleitpläne den Zielen der Raumordnung und Landesplanung anzupassen, wird die Bauleitplanung in die überörtliche Raumplanung eingefügt. In **Abs. 5** sind die Grundsätze einer geordneten städtebaulichen Entwicklung konkretisiert. In **Abs. 6** ist mit dem Abwägungsgebot die rechtliche Struktur der planerischen Entscheidung vorgegeben.

3. Die Bauleitplanung innerhalb der hoheitlichen Planungen. Die 3 Bauleitpläne sind nach § 2 Abs. 1 S. 1 von der Gemeinde in eigener Verantwortung aufzustellen. Die Bauleitplanung ist ein Kernbestandteil der **kommunalen Planungshoheit** und damit des verfassungsrechtlich garantierten Selbstverwaltungsrechts der Gemeinde für die Angelegenheit der örtlichen Gemeinschaft (Art. 28 Abs. 2 GG; vgl. hierzu im einzelnen § 2). Die gemeindliche Bauleitplanung ist dabei eingebettet in übergreifende örtliche Planungen sowie in überörtliche Gesamt- und Fachplanungen. Auf **gemeindlicher Ebene** selbst steht die Bauleitplanung („horizontal") in Beziehung zu anderen gemeindlichen Planungen, auch soweit diese nicht – wie die Bauleitplanung – gesetzlich vorgegeben und geregelt sind; **§ 1 Abs. 5 BBauG,** der mit dem BauGB entfallen ist, hat von den sonstigen gemeindlichen Planungen die **Entwicklungsplanung** besonders hervorgehoben. Das BauGB er-

wähnt demgegenüber in § 140 Nr. 4 die **Rahmenplanung**; vgl. weiterhin Rn 44–54.

4 Das Gemeindegebiet ist nicht nur Gegenstand der Bauleitplanung und sonstiger gemeindlicher Planungen, sondern es ist auch durch **überörtliche Planungen** erfaßt: **Raumordnung** und **Landesplanung** einschließlich der **Regionalplanung** beplanen denselben Raum wie die Bauleitplanung. Wie bei der Bauleitplanung handelt es sich dabei um räumliche Gesamtplanungen, die jedoch ein überörtliches Gesamtkonzept verfolgen. Die Umsetzung und Konkretisierung dieser überörtlichen Planungen geschieht über die Anpassungspflicht der Bauleitpläne an die Ziele der Raumordnung und Landesplanung gem. Abs. 4 (vgl. hierzu Rn 32–43).

5 Gegenstand der gemeindlichen Bauleitplanung sind alle Flächen des jeweiligen Gemeindegebiets. Im Verhältnis zu **benachbarten Gemeinden** ergibt sich hieraus ein horizontaler **Abstimmungsbedarf**. Nach § 2 Abs. 2 sollen daher die Bauleitpläne benachbarter Gemeinden aufeinander abgestimmt werden. Das Abstimmungsverfahren bestimmt sich nach § 3, wonach die Nachbargemeinde als Träger öffentlicher Belange bei der Aufstellung von Bauleitplänen möglichst frühzeitig zu beteiligen ist. Gegenstand der Bauleitplanung ist aber auch **nur** das Gemeindegebiet, die Gemeinde kann daher keine Flächen außerhalb des Gemeindegebiets überplanen, auch keine benachbarten, unbewohnten gemeindefreien Flächen.

6 Das Gemeindegebiet ist aber nicht nur Gegenstand örtlicher und überörtlicher Gesamtplanungen, sondern ist auch von **sonstigen raumbedeutsamen Planungen und Maßnahmen anderer Hoheitsträger** betroffen. Das Raumplanungs- und Städtebaurecht trägt dieser Überlagerung von hoheitlichen Planungen und Maßnahmen insbesondere durch Abstimmungs-, Konkurrenz- und Ausnahmeregelungen Rechnung. Den Abstimmungsbedarf berücksichtigt bereits **§ 4 Abs. 5 ROG,** wonach die Behörden des Bundes und der Länder, die Gemeinden und Gemeindeverbände, die öffentlichen Planungsträger sowie die bundesunmittelbaren und die der Aufsicht des Landes unterstehenden Körperschaften, Anstalten und Stiftungen des öffentlichen Rechts ihre **Planungen und Maßnahmen** aufeinander und untereinander **abzustimmen** haben. Innerhalb der **Bauleitplanung** ist die Abstimmung mit den öffentlichen Planungsträgern dadurch gewährleistet, daß sie als Träger öffentlicher Belange bei der Aufstellung von Bauleitplänen gem. § 3 möglichst frühzeitig beteiligt werden. Nach § 7 S. 1 haben sie ihre Planungen dem Flächennutzungsplan insoweit anzupassen, als sie diesem Plan nicht widersprochen haben. Vgl. weiterhin zu den Begriffen **Gesamtplanung** und **Fachplanung** sowie zum Verhältnis von Bauleitplanung und Fachplanung die Erl. zu § 38. Im Verhältnis zur Bauleitplanung ist den in § 38 bezeichneten **Fachplanungen** ein Vorrang eingeräumt. Dieser **Vorrang** bezieht sich zum einen auf die materielle Freistellung des Fachplanungsträgers von den Vorschriften über die

Zulässigkeit von Vorhaben (§§ 29 ff.). Sie bezieht sich zum anderen auch auf einen Vorrang gegenüber der Bauleitplanung und ihrer Bindungswirkungen. Eine weitere Kollisionsregelung enthält **§ 29 S. 4,** wonach neben dem Bauordnungsrecht auch **andere öffentlich-rechtliche Vorschriften** bei der Beurteilung der bauplanungsrechtlichen Zulässigkeit von Vorhaben unberührt bleiben. Sofern daher nach anderen öffentlich-rechtlichen Vorschriften die Bebaubarkeit eines Grundstücks ausgeschlossen ist (z. B. durch Festlegung eines Landschaftsschutzgebiets), ist die Gemeinde daran gehindert, die Bebaubarkeit durch Bauleitplanung durchzusetzen. Diese Regelung hat z. B. auch Bedeutung für das Denkmal- und Wasserrecht, für Anbaubeschränkungen nach den Straßen- und Wegegesetzen, für ortsrechtliche Gestaltungssatzungen und für das Bundesimmissionsschutzrecht (vgl. im einzelnen die Erl. zu §§ 29 und 30).

4. Bauleitplanung und Eigentum. Zum Inhalt des durch **Art. 14 GG** 7 geschützten Eigentums an Grund und Boden gehört auch das Recht zur baulichen Nutzung, also die sog. **Baufreiheit** („Recht zum Bauen"; zum Begriff der Baufreiheit vgl. z. B. Badura, Eigentum im Verfassungsrecht der Gegenwart, Sitzungsberichte T 27 f. zum 49. Deutschen Juristentag, München 1972; Battis, DÖV 1978, 113 ff.; Breuer, Die Bodennutzung im Konflikt zwischen Städtebau und Eigentumsgarantie, München 1976, S. 162 ff.; Hoppe, DVBl. 1964, 165 ff.; ders., in: E/H, Rn 159 ff.; Papier, in: M/D, Art. 14, Rn 59; Schmidt-Aßmann, Grundfragen des Städtebaurechts, Göttingen 1972, S. 89 ff.). Die Baufreiheit i. S. der baulichen Nutzbarkeit eines Grundstücks beruht daher nicht auf einer öffentlich-rechtlichen Verleihung (z. B. durch die Bauleitplanung), sondern ist Bestandteil des Eigentumsrechts (vgl. z. B. Hoppe, in: E/H, Rn 162; Papier aaO; zur Gegenauffassung vgl. insbesondere Breuer aaO). **Inhalt und Schranken der eigentumsrechtlichen Baufreiheit** werden gem. Art. 14 Abs. 1 S. 2 GG durch die Gesetze bestimmt. Für den durch das BauGB gegenüber der baulichen und sonstigen Nutzung des Grundeigentums begründeten Planungsvorbehalt besagt dies folgendes: Das durch Art. 14 Abs. 1 S. 1 GG geschützte Nutzungsrecht wird durch die Bauleitplanung inhaltlich ausgeformt und beschränkt. Soweit die Zulässigkeit der baulichen oder sonstigen Nutzung nicht durch gemeindliche Bauleitplanung geregelt ist, bestimmt sie sich für den Innenbereich nach der „planersetzenden" Regelung des § 34 (vgl. § 34, Rn 1) und für den Außenbereich nach der gesetzlichen „Ersatzplanung" des § 35 (vgl. § 35, Rn 1). Ausgestaltung und Schranken der Baufreiheit durch das BauGB, insbesondere durch die Bauleitplanung, kommen damit „eine Art eigentumsverteilende Wirkung" zu (H. Schrödter, in: Schrödter, § 1, Rn 1; vgl. auch Papier aaO, Rn 60, der von einer „Zuteilungsfunktion" durch die Bauleitplanung spricht).

Besteht die Baufreiheit somit zwar nur „nach Maßgabe der Planung" 8 (Hoppe aaO, Rn 61 – „potentielle Baufreiheit" –; ders., DVBl. 1964,

165/167), so sind der Ausgestaltung des Eigentums durch die Bauleit-
planung durch den gebotenen Schutz des Wesensgehalts des Eigen-
tumsrechts Schranken gesetzt. Überschreiten Inhalt und Schranken der
eigentumsbestimmenden Festsetzungen des verbindlichen Bauleit-
plans, also des Bebauungsplans, die durch die Sozialpflichtigkeit des
Eigentums (Art. 14 Abs. 2 GG) gezogene Grenze, so hat der Bebau-
ungsplan **enteignende Wirkung.** Zur Abgrenzung dessen, was noch als
Ausformung der Sozialbindung des Eigentums zulässige Bestimmung
von Inhalt und Schranken des Eigentums oder aber bereits ein enteig-
nender Eingriff ist (zur Abgrenzung vgl. insbesondere BVerfGE 58,
300), ist von der bauplanungsrechtlichen Rspr. vornehmlich auf den
Begriff der **„Situationsgebundenheit"** zurückgegriffen worden. Die
konkrete Lage und damit die Eingebundenheit in vorgegebene, „natür-
liche" Situationen ist für die Inhaltsbestimmung des Grundeigentums
besonders kennzeichnend. Hieraus können sich situationsgebundene
Belastungen und damit – gegenüber anderen Grundstücken – beson-
dere und noch im Rahmen der Sozialbindung bleibende Einschränkun-
gen ergeben (vgl. z. B. die Deich-Urteile in BVerfGE 24, 367 und 25,
112; das Grünflächen-Urteil in BGHZ 23, 30; das Kölner-Hinterhof-
Urteil in BGHZ 48, 193; die Immissionsschutz-Rechtsprechung zur
plangebundenen Vorbelastung, z. B. BVerwG NJW 1976, 1760; der
gänzliche Ausschluß der Bebaubarkeit im Außenbereich und insbeson-
dere in Natur- und Landschaftsschutzgebieten, BVerwGE 4, 57 sowie –
grundsätzlich – BVerfGE 58, 300 zur „Naßauskiesung"; vgl. weiterhin
Papier, in: Maunz/Dürig, Art. 14, Rn 324 ff., und – krit. zur Formel von
der „Pflichtigkeit" kraft Situationsgebundenheit – Rn 335 sowie –
zusammenfassend – Weyreuther, Die Situationsgebundenheit des Ei-
gentums, Köln u. a. 1983, S. 137 ff. u. passim). Aus der Situa-
tionsgebundenheit kann sich aber auch eine besondere **eigentums-
rechtliche Anspruchsposition** gegenüber ansonsten im Rahmen der
Sozialbindung hinzunehmenden Einschränkungen ergeben (vgl. hierzu
insbesondere die Rspr. zum planungsrechtlichen Bestandsschutz, zum
„überwirkenden" Bestandsschutz sowie zum Nachbarschutz wegen
einer „schweren und unerträglichen Belastung" des Grundstücks;
Nachweis in den Erl. zu §§ 31 und 35 sowie bei Papier, aaO, Rn 336 ff.,
342 f.

9 Für die planerische Entscheidung ergibt sich aus dieser Verschrän-
kung von Baufreiheit und Planungsvorbehalt das Gebot der Berück-
sichtigung des Eigentumsschutzes als **abwägungserheblicher privater
Belang.** Bei der **Abwägung nach Abs. 6** muß daher z. B. berücksichtigt
werden, welche Folgen sich aus einer bestimmten planerischen Festset-
zung für das Grundeigentum und seine Nutzungsmöglichkeiten erge-
ben. Der Eigentumsschutz, die entschädigungslos hinzunehmende So-
zialbindung, die voraussehbar enteignend wirkende Verwirklichung
der Bauleitplanung oder die unmittelbar enteignend wirkenden Festset-
zungen sind daher als Belange in die planerische Abwägung einzubezie-

hen (vgl. zusammenfassend BVerwGE 47, 144/153 ff. und Weyreuther, DÖV 1977, 419 sowie Rn 123–125).

II. Aufgabe der Bauleitplanung (Abs. 1)

1. Städtebauliche Entwicklung und Ordnung. Abs. 1 bezeichnet als **10** Aufgabe der Bauleitplanung die **Vorbereitung und Leitung der baulichen und sonstigen Nutzung der Grundstücke** in der Gemeinde. Die sich hieraus ergebende **Entwicklungs- und Ordnungsfunktion der Bauleitplanung** wird in Abs. 3 dadurch verdeutlicht, daß Maßstab für die Befugnis wie für die Pflicht zur Aufstellung von Bauleitplänen die städtebauliche Entwicklung und Ordnung sind (vgl. Rn 11 sowie 25–27). Weiterhin wird in Abs. 5 S. 1 die Gewährleistung einer geordneten städtebaulichen Entwicklung als Leitbegriff der Bauleitplanung hervorgehoben (vgl. Rn 56). Der Bauleitplanung kommt danach einerseits die Aufgabe zu, den **ordnenden Rahmen** für die bauliche und sonstige Nutzung der Grundstücke zu setzen. Die Bauleitplanung soll andererseits auch eine **Entwicklung** der baulichen und sonstigen Nutzung vorbereiten und leiten, wie sie nach dem städtebaulichen Konzept der Gemeinde angestrebt wird. Gegenüber einer autonomen städtebaulichen Entwicklung als Ergebnis der sich jeweils verwirklichenden Grundstücksnutzungen hat die Bauleitplanung also sowohl die Aufgabe, zur geordneten städtebaulichen Entwicklung den planerischen Rahmen für die autonome Entwicklung zu setzen, als auch die Aufgabe der Verwirklichung städtebaulicher Entwicklungsvorstellungen. Entwicklungs- und Ordnungsfunktion der Bauleitplanung stehen damit in einem Wechselspiel zur sich selbst steuernden städtebaulichen Ordnung und Entwicklung. Die Bauleitplanung verwirklicht ihren Entwicklungs- und Ordnungsauftrag vor allem durch die Schaffung eines bestimmten „Angebots" für die Nutzung der Grundstücke (**„Angebotsplanung"**) wie z. B. durch Bereitstellung neuer Baugebiete, weiterhin durch rechtliche Absicherung und Einbindung einer voraussichtlichen städtebaulichen Entwicklung (**„Auffangplanung"**), durch Begrenzung der autonomen Entwicklung insbesondere durch planerische Aktualisierung und Konkretisierung der sich aus der **Situationsgebundenheit** des Grundeigentums (vgl. Rn 8) ergebenden Schranken der Baufreiheit sowie durch räumliche und sachliche Lenkung der Grundstücksnutzung in eine mit den Zielvorstellungen über die Entwicklung des örtlichen Gemeinwesens abgestimmte Richtung (**„Entwicklungsplanung"**). Der durch die Novelle 1976 neu gefaßte und unverändert in das BauGB übernommene Abs. 1 hat die Entwicklungs- und Ordnungsfunktion der Bauleitplanung im Zusammenspiel mit Abs. 3 und 5 gegenüber der ursprünglichen Fassung des Abs. 1 verdeutlicht; Abs. 1 i. d. F. des BBauG 1960 lautet: „Um die **städtebauliche Entwicklung** in Stadt und Land **zu ordnen,** ist die bauliche und sonstige Nutzung der Grundstücke nach Maßgabe dieses Gesetzes durch Bauleitpläne vorzu-

bereiten und zu leiten." Der **Entwicklungsauftrag der städtebaulichen Planung,** insbesondere als Aufgabe der positiven („physischen") Gestaltung der Städte und Gemeinden durch das Gemeinwesen und die Schaffung der erforderlichen infrastrukturellen, funktionellen Vorkehrungen ist allerdings keineswegs etwas Neues, sondern so alt wie der Städtebau selbst (vgl. für viele Brohm, Art. „Städtebau" III, Staatslexikon, 6. Aufl., Freiburg 1970, Dritter Ergänzungsband, Sp. 339–351; Schmidt-Aßmann, Grundfragen des Städtebaurechts, Göttingen 1972, S. 1 ff., 8 ff.; C. Sitte, Der Städtebau nach seinen künstlerischen Grundsätzen, 3. Aufl., Wien 1901).

11 Aus der Entwicklungs- und Ordnungsaufgabe der Bauleitplanung ergeben sich auch unmittelbar die der **Bauleitplanung immanenten Schranken.** Die Bauleitplanung dient der geordneten städtebaulichen Entwicklung. Im Verhältnis zwischen Bauleitplanung und Eigentumsrecht (vgl. im einzelnen Rn 7–9) besteht das **Erfordernis einer Rechtfertigung** der Bauleitplanung **als Inhalts- und Schrankenbestimmung des Eigentums.** Die Bauleitplanung ist daher unzulässig, soweit sie zur geordneten städtebaulichen Entwicklung nicht in Beziehung steht (BVerwGE 45, 309/312): „Wo es von vornherein an allen zur Rechtfertigung eines Bauleitplanes geeigneten, d. h. an solchen öffentlichen Belangen fehlt, die als bodenrechtlich relevant Elemente einer Ordnung der städtebaulichen Entwicklung sind, ist nach § 1 Abs. 1 BBauG für eine Bauleitplanung kein Raum" (BVerwG aaO; vgl. auch BVerwGE 34, 301/305). Das BVerwG beschreibt das Verhältnis zwischen den Bauleitplänen einerseits und der Ordnung der städtebaulichen Entwicklung andererseits als einen **„objektiven funktionellen Zusammenhang"** (BVerwGE 45, 309/314; vgl. auch David, DVBl. 1972, 692, der die immanenten Grenzen der Bauleitplanung insoweit mit dem „finalen Bezug" zwischen Bauleitplanung und städtebaulicher Entwicklung und Ordnung kennzeichnet; vgl. weiterhin – zu Abs. 3 – Rn 25). Die Aufstellung eines Bebauungsplans für ein Grundstück wäre daher gem. Abs. 1 z. B. unzulässig, wenn das Grundstück ausschließlich deshalb beplant werden soll, weil der Eigentümer aus wirtschaftlichen Gründen am Verkauf interessiert ist (BVerwGE 34, 301/305).

12 **2. Vorbereitung und Leitung der baulichen und sonstigen Nutzung.** Gegenstand der Bauleitplanung ist gem. Abs. 1 die Vorbereitung und Leitung der **baulichen und sonstigen Nutzung der Grundstücke.** Zu den Darstellungen im Flächennutzungsplan und den Festsetzungen des Bebauungsplans vgl. im einzelnen §§ 5 und 9. Die bauliche Nutzung der Grundstücke kann danach u. a. durch die Darstellung der für die Bebauung vorgesehenen Flächen nach der allgemeinen Art ihrer baulichen Nutzung (Bauflächen) sowie nach der besonderen Art und dem allgemeinen Maß ihrer baulichen Nutzung (Baugebiete), durch die Festsetzung von Art und Maß der baulichen Nutzung, durch Bestimmung der Zwecke der baulichen Nutzung, durch Festsetzung der freizuhaltenden Flächen usw. vorbereitet und geleitet werden. Zur

„sonstigen Nutzung" der Grundstücke vgl. z. B. die Darstellungen und Festsetzungen über Grünflächen, Kleingärten, land- und forstwirtschaftliche Flächen, Verkehrsflächen usw.

Die Aufgabe der Bauleitplanung als **Vorbereitung und Leitung** der 13 Grundstücksnutzung bezieht sich weniger auf die Unterscheidung zwischen dem Flächennutzungsplan als dem vorbereitenden Bauleitplan und dem Bebauungsplan als dem verbindlichen Bauleitplan (Abs. 2), sondern umschreibt vor allem die Entwicklungs- und Ordnungsfunktion der Bauleitplanung (hierzu Rn 10; Söfker, in: E/Z/B, § 1, Rn 15 ff.). Auch der verbindliche Bauleitplan (**Bebauungsplan**) hat i. d. R. die Aufgabe, die Grundstücksnutzung „vorzubereiten"; zugleich „leitet er" die Grundstücksnutzung in die planerisch festgesetzte Richtung. Aber auch der **Flächennutzungsplan** hat eine Leitungsfunktion, die sich z. B. aus der Darstellung der beabsichtigten städtebaulichen Entwicklung (§ 5 Abs. 1) oder z. B. aus dem Entwicklungsgebot des § 8 Abs. 2 ergibt.

3. Planmäßigkeit der städtebaulichen Entwicklung und Ordnung. 14 Die Vorbereitung und Leitung der Grundstücksnutzung, soweit sie städtebaulich relevant ist (hierzu Rn 11), soll gem. Abs. 1 **durch die Bauleitplanung** erfolgen. Zur zentralen Bedeutung der Bauleitplanung für das BauGB vgl. bereits Rn 1. Dieser als **„Planmäßigkeitsprinzip"** bezeichnete Grundsatz des BBauG (vgl. Hoppe, in: E/H, Rn 248; Schmidt-Aßmann, BauR 1978, 99/100; Söfker, in: E/Z/B, § 1, Rn 19 ff.) wird durch die Verpflichtung der Gemeinden zur Aufstellung von Bauleitplänen „sobald und soweit es für die städtebauliche Entwicklung und Ordnung erforderlich ist" (Abs. 3) hervorgehoben und zugleich abgesichert. Für die Aufgaben der Bauleitplanung ergibt sich aus diesem Grundsatz im einzelnen folgendes (siehe dazu insbesondere Hoppe aaO, Rn 246–253; Söfker aaO):

a) Die Vorbereitung und Leitung der baulichen und sonstigen Nut- 15 zung erfolgt **in allen Gemeinden,** also in Stadt und Land, durch Bauleitpläne.

Das Institut der Bauleitplanung selbst ist durch das BauGB **abschlie-** 16 **ßend geregelt.** Dies gilt insbesondere für die Arten der Bauleitpläne, nämlich den Flächennutzungsplan und den Bebauungsplan (Abs. 2), die Inhalte der Bauleitpläne (vgl. §§ 5 und 9), die Rechtsform der Bauleitpläne und das Bauleitplanverfahren (vgl. §§ 2 ff., 5 ff. und 8 ff.). Die planakzessorischen Instrumente (z. B. Umlegung, Erschließung, bestimmte Enteignungen, Bau-, Pflanz- und Abbruchgebot) setzen eine Bauleitplanung i. S. des BauGB voraus.

Für die Gemeinde ergibt sich unmittelbar aus Abs. 1 (und abgesichert 17 durch Abs. 3) die **Verpflichtung zur Planung** („Gebot positiver Planung") und damit das Verbot, die geordnete städtebauliche Entwicklung ausschließlich durch fallweise Einzelentscheidungen zu verwirklichen. Diese Aufgabenzuweisung der Bauleitplanung schließt nicht aus,

daß die geordnete Entwicklung auch anders als auf der Grundlage von
Bauleitplänen erfolgen kann; vgl. hierzu auch Rn 21 ff.

18 Der Grundsatz der Planmäßigkeit „nach Maßgabe dieses Gesetzes"
läßt es jedoch nicht zu, die bauliche und sonstige Nutzung der Grund-
stücke durch andere Mittel als die der Bauleitplanung vorzubereiten
und zu leiten. **Andere Formen der gemeindlichen Planung** sind des-
wegen zwar keineswegs unzulässig (vgl. hierzu auch Rn 21). Das
gleiche gilt für **vertragliche Gestaltungen** im Zusammenhang mit der
Bauleitplanung (vgl. hierzu Rn 113, 116, 123). Solche Formen oder
Mittel dürfen jedoch weder an die Stelle der Entwicklungs- und
Ordnungsfunktion der Bauleitplanung treten, noch dürfen sie die
Bauleitplanung zu einer lediglich formalen Hülse werden lassen. Der
städtebauliche Entwicklungs- und Ordnungsauftrag darf nicht etwa
allein mit den Mitteln des Privatrechts erfüllt werden (BGH, NJW
1985, 1892). Die bodenrechtliche Vorbereitung und Leitung der
Grundstücksnutzung hat vielmehr ausschließlich durch die Bauleitpla-
nung zu erfolgen.

19 Diesem Regelungsvorbehalt zugunsten der Bauleitplanung wird im
übrigen nur entsprochen, wenn die Bauleitpläne **konkrete planerische
Aussagen** für den jeweiligen Planbereich treffen und es nicht bei
allgemeinen, generell-abstrakten Regelungen belassen. Die sich hieraus
ergebenden inhaltlichen und die Struktur der Planung betreffenden
Anforderungen an die Bauleitplanung hat das BVerwG wie folgt
gekennzeichnet: „Baurechtliche Pläne und baurechtliche Vorschriften
unterscheiden sich typischerweise darin, daß die Vorschriften eine
abstrakt-allgemeine Regelung treffen, während der Plan seine Rege-
lung **konkret-individuell** und damit sozusagen im Angesicht der kon-
kreten Sachlage trifft... Planerischen Festsetzungen ist der Übergang
zu abstrakt-allgemeinen Vorschriften nur im Ausmaß gestattet, in dem
dies erforderlich oder doch über die in die entgegengesetzte Richtung
deutenden §§ 1 und 2 *BBauG* hinweg sachentsprechend ist" (BVerwGE
50, 114, 119/121; vgl. auch BVerwGE 40, 268/272).

20 Aus dem Planmäßigkeitsgrundsatz ergibt sich weiterhin das Gebot,
die städtebaulichen Entwicklungs- und Ordnungsregelungen für ein
bestimmtes Gebiet auf jeder Planungsstufe (Flächennutzungsplan, Be-
bauungsplan) stets in einem eine rechtliche Einheit bildenden Plan
niederzulegen (**„Gebot äußerer Planeinheit"**; vgl. auch BVerwGE 50,
114/122 f.).

21 **b)** Der Grundsatz der Planmäßigkeit der städtebaulichen Entwick-
lung und Ordnung schließt – wie erwähnt (Rn 18) – nicht aus, daß sich
die Gemeinde, soweit sie dies für erforderlich hält, **anderer planeri-
scher Formen** bedient, wie z. B. städtebauliche Rahmenpläne, Struk-
turpläne, Sanierungskonzepte, Stadtteilentwicklungspläne (vgl. die
Übersicht in Dolde/Keinath, Städtebauliche Entwicklungsplanung in
der Praxis, Wiesbaden und Berlin 1981, S. 11 ff.). Solche Planungen

haben in der städtebaulichen Praxis u. a. die Funktion der Konkretisierung allgemeiner oder übergreifender gemeindlicher Entwicklungsvorstellungen, der Vorbereitung der gemeindlichen Willensbildung oder der Integration unmittelbar städtebaulicher mit z. B. sozialen, wirtschaftlichen, stadtgestalterischen und denkmalpflegerischen Vorstellungen. § 1 Abs. 5 BBauG, der mit dem BauGB entfallen ist, hat hiervon die **Entwicklungsplanung** besonders hervorgehoben; vgl. jetzt § 140 Nr. 4 zur Rahmenplanung; hierzu im einzelnen Rn 44 ff. Auch auf **städtebauliche Programme,** wie z. B. Programme zur Baulandbeschaffung und –bereitstellung oder zur planmäßigen Schließung von Baulücken („Baulückenschließungsprogramme") ist in diesem Zusammenhang hinzuweisen. Ihnen ist das Bedürfnis gemeinsam, die städtebaulichen Aktivitäten der Gemeinden in Plänen oder Programmen zielgerichtet zusammenzufassen. Sie haben nicht (vgl. Rn 18) die der Bauleitplanung vorbehaltene bodenrechtliche Entwicklungs- und Ordnungsfunktion. Solche Pläne oder Programme dienen aber häufig der Vorbereitung einer Bauleitplanung oder ihrer Verwirklichung oder – außerhalb der bodenrechtlich relevanten Regelungen – ihrer Ergänzung. Das Städtebaurecht selbst hat im Anwendungsbereich des **Sanierungsrechts** eine Form nicht-formeller Planung besonders hervorgehoben: Maßstab für die Planung und Steuerung der Sanierung insgesamt und insbesondere auch für die Genehmigung der in § 144 bezeichneten Vorhaben und Rechtsvorgänge ist der **„Sanierungszweck",** wie er sich aus dem von der Gemeinde zu entwickelnden **Sanierungskonzept** ergibt (vgl. jetzt § 140 Nr. 3 sowie die Rspr. zu § 15 StBauFG, z. B. BVerwG, DÖV 1979, 217).

Im übrigen ist vom Grundsatz der Planmäßigkeit die – zu verneinende – Frage zu unterscheiden, ob dem BBauG die explizite Vorstellung einer **lückenlosen „Überplanung" des Gemeindegebiets** mit Bauleitplänen zugrunde liegt. Das Gesetz bestimmt dies lediglich für den **Flächennutzungsplan,** der nach § 5 Abs. 1 für das ganze Gemeindegebiet aufzustellen ist. Jedoch berücksichtigt das Gesetz in § 8 Abs. 2 S. 2 auch den Fall, daß die Aufstellung eines Flächennutzungsplans nicht erforderlich ist. Vor allem die Regelungen über die Zulässigkeit von Vorhaben im **Innenbereich nach § 34** und im **Außenbereich nach § 35** berücksichtigen Gebiete, in denen die Grundstücknutzung nicht oder jedenfalls derzeit nicht einer Bauleitplanung bedürfen (vgl. auch Birk, NVwZ 1984, 1/5). Die geordnete städtebauliche Entwicklung ohne bzw. ohne qualifizierten Bebauungsplan wird in diesen Gebieten vielmehr unmittelbar durch die planersetzenden (§ 34) oder ersatzplanerischen (§ 35) Regelungen geleitet. Vgl. weiterhin die Klarstellungs-, Entwicklungs- und Abrundungssatzung nach § 34 Abs. 4 sowie auch die Satzungen nach § 22 für Fremdenverkehrsgebiete. Auch das **Sicherungs- und Vollzugsinstrumentarium** des Gesetzes trägt diesem Umstand Rechnung; vgl. vor allem § 19 Abs. 1 Nr. 2 und 3 (hierzu auch ausdrücklich § 20 Abs. 1 Nr. 3), § 22, § 24, Abs. 1 Nr. 3 und 4, § 25

Abs. 1 S. 1 Nr. 2, 85 Abs. 1 Nr. 2–6, §§ 136 ff., 172 ff., 176 Abs. 2, § 177.

23 Vorbereitung und Leitung der Grundstücksnutzung **„nach Maßgabe dieses Gesetzes"** (Abs. 1) durch Bauleitplanung bezeichnet also den Primat der Bauleitplanung innerhalb des Städtebaurechts und die Unzulässigkeit anderer als der im BauGB geregelten Formen der Bauleitplanung. Es schließt aber den Einsatz anderer städtebaulicher Verfahren oder Mittel nicht aus, soweit hierdurch die der Bauleitplanung vorbehaltenen Aufgaben nicht ersetzt oder gar auf Bauleitplanung überhaupt (ganz oder teilweise) verzichtet wird (**„Kodifikationsprinzip"**; vgl. Schmidt-Aßmann, BauR 1978, 99/101).

III. Flächennutzungsplan und Bebauungsplan (Abs. 2)

24 Die Arten der Bauleitpläne werden in Abs. 2 geregelt, nämlich der als **vorbereitender Bauleitplan** bezeichnete Flächennutzungsplan und der als **verbindlicher Bauleitplan** bezeichnete Bebauungsplan. Die Bauleitplanung ist also eine zweistufige Planung. Der **Flächennutzungsplan** stellt als vorbereitender Plan für das ganze Gemeindegebiet die beabsichtigte Art der Bodennutzung nach den voraussehbaren Bedürfnissen der Gemeinde in den **Grundzügen** dar (§ 5 Abs. 1). Er stellt nicht das schon im einzelnen bestimmte „Bauland" oder die genauen Verkehrsflächen dar, sondern nur – „grobmaschig" – Bauflächen, Baugebiete, Verkehrsflächen usw. (vgl. BVerwGE 26, 287/292; 48, 70/73). Der **Bebauungsplan** enthält demgegenüber die **rechtsverbindlichen Festsetzungen** für die städtebauliche Ordnung und bietet die Grundlage für weitere zum Vollzug des BauGB erforderliche Maßnahmen (§ 8 Abs. 1). Der Bebauungsplan hat als Satzung Rechtsnormcharakter (§ 10). Zu den Funktionen des Flächennutzungs- und Bebauungsplans und zum Gebot des „Entwickelns" des Bebauungsplanes aus dem Flächennutzungsplan vgl. im einzelnen die Erläuterungen zu §§ 5, 8 und 9. Als Mittel der Darstellung bzw. Festsetzung im Bauleitplan kommen **Zeichnung, Farbe, Schrift** oder **Text** in Betracht (so noch ausdrücklich § 9 Abs. 1 BBauG).

IV. Planungsbefugnis und Planungspflicht (Abs. 3)

25 **1. Allgemeines.** Die Bauleitpläne sind nach § 2 Abs. 1 S. 1 von der Gemeinde in eigener Verantwortung aufzustellen (vgl. auch Rn 3). Diese auf der kommunalen Selbstverwaltungsgarantie beruhende kompetenzrechtliche Regelung wird durch Abs. 3 inhaltlich aufgefüllt. Die Gemeinden haben danach Bauleitpläne aufzustellen, **sobald** (:Zeitpunkt) und **soweit** (:sachlicher und räumlicher Umfang) es für die städtebauliche Entwicklung und Ordnung **erforderlich** ist. Hieraus ergibt sich für die gemeindliche Entscheidungsbefugnis über die Auf-

stellung von Bauleitplänen eine gesetzliche Vorgabe in zweierlei Richtung: Die Aufstellung von Bauleitplänen ist einerseits **verboten,** wenn sie nicht i. S. des Abs. 3 erforderlich ist (hierzu Rn 26). Sie ist andererseits **geboten,** sofern sie unter den Voraussetzungen des Abs. 3 erforderlich ist (hierzu Rn 27; vgl. auch Weyreuther, DVBl. 1981, 371). Abs. 3 bezieht das Erforderlichkeitsmerkmal zwar ausdrücklich nur auf die **Aufstellung** von Bauleitplänen; es gilt aber ebenso für die **Änderung** und **Ergänzung** (BVerwG, DÖV 1971, 633) oder **Aufhebung** eines Bebauungsplans.

2. Planungsbefugnis. Die Bauleitplanung ist nach Abs. 1 ein Instrument zur städtebaulichen Entwicklung und Ordnung (vgl. Rn 10). Steht eine Bauleitplanung **zur städtebaulichen Entwicklung und Ordnung in Beziehung,** so ist sie generell zulässig (BVerwGE 34, 301/305; 45, 309/312). Ob für die **konkrete** Planung (einschließlich Dimensionierung) ein Bedarf besteht, ist dagegen nicht auf der Ebene des Abs. 3, sondern im Rahmen der Abwägung zu ermitteln und zu gewichten (BVerwG, NVwZ 1984, 718/721; DVBl. 1985, 901; Dolde, NJW 1986, 815/816). Ist die Planung nicht „erforderlich" i. S. des Abs. 3, handelt es sich nicht um eine Bauleitplanung i. S. des Gesetzes (BVerwGE aaO sowie Rn 11). Das BVerwG hat demgemäß z. B. einen Bebauungsplan **mangels Erforderlichkeit** für **nichtig** erklärt, der Flächen für land- und forstwirtschaftliche Nutzung nicht im Interesse einer Förderung der Land- und Forstwirtschaft, sondern deshalb festsetzt, weil er durch das damit weitgehend erreichte Bauverbot außerhalb der Land- und Forstwirtschaft liegende Ziele fördern will (BVerwGE 40, 258/262f.). An der Planungsbefugnis der Gemeinde fehlt es z. B. auch, wenn die Aufstellung eines Bebauungsplanes nur deshalb erfolgt, um dem Eigentümer aus wirtschaftlichen Gründen den Verkauf von Baugrundstücken zu ermöglichen (BVerwGE 34, 301/305; VGH Mannheim, DVBl 1966, 827); vgl. auch OVG Koblenz, BauR 1986, 412: Abs. 3 ist verletzt, wenn eine Bebauungsplanänderung im wesentlichen nur dazu dient, eine vom ursprünglichen Plan abweichende Fehlentwicklung im **privaten Interesse** der betroffenen Bauherren zu legalisieren, ohne daß gleichzeitig städtebauliche Gründe für eine solche Änderung sprechen. Auch eine Planung, die nur der Arbeitsbeschaffung oder dem Prestigebedürfnis dient, ist gleichfalls nicht „erforderlich" (BVerwG, DVBl. 1985, 901). Dies bedeutet aber nicht, daß nur diejenigen Gesichtspunkte eine Planung erforderlich machen, die einen bodenrechtlichen Bezug haben bzw. die dem Schutz vor Störungen dienen, die sich aus typischen baulichen oder sonstigen Nutzungen ergeben (so aber OVG Münster, BauR 1984, 490). Ausnahmsweise kann die Aufstellung eines Bebauungsplans i. S. des § 1 Abs. 3 auch für eine Alternativtrasse einer **Bundesfernstraße** erforderlich sein, für die bereits ein Planfeststellungsverfahren betrieben oder bereits ein Planfeststellungsbeschluß vorhanden ist; dies kann dann in Betracht kommen, wenn hierdurch die Flächen gesichert werden sollen, für die die Gemeinde eine alterna-

tive Planung in Betracht zieht (BVerwG, ZfBR 1986, 41; Gaentzsch, WiVerw. 1985, 235/245).

27 **3. Planungspflicht.** Die Gemeinde ist nach Abs. 3 zur Aufstellung von Bauleitplänen **verpflichtet,** sobald und soweit es für die städtebauliche Entwicklung und Ordnung erforderlich ist. Die Planungspflicht bezieht sich sowohl auf den Beginn ("Ob") als auch auf den Umfang ("Wie") der Planung. Die Planungspflicht der Gemeinde kann **kommunalaufsichtlich** durchgesetzt werden. Die Planungspflicht besteht jedoch ausschließlich im öffentlichen Interesse; ein Rechtsanspruch auf die Aufstellung, Änderung, Ergänzung oder Aufhebung von Bauleitplänen besteht gem. § 2 Abs. 3 nicht (zur vertraglichen Verpflichtung der Gemeinde zur Aufstellung von Bauleitplänen vgl. § 2, Rn 10).

28 Die Planungspflicht i. S. des Abs. 3 besteht, wenn Bauleitpläne nach der **planerischen Konzeption der Gemeinde** erforderlich sind (BVerwG, DÖV 1971, 633). Zur Auslegung des Begriffs „Erforderlichkeit" sind für den Einzelfall die Entwicklungs- und Ordnungsfunktion der Bauleitplanung (vgl. Rn 10), die sich aus dem Planmäßigkeitsgebot ergebenden Pflichten (vgl. Rn 14–20) unter Berücksichtigung der Planungsgrundsätze des Abs. 5 (vgl. Rn 56) heranzuziehen (vgl. auch Hoppe, in: E/H, Rn 254; Gaentzsch, in: BK, § 1, Rn 18, 20). Das Planungserfordernis (ebenso wie die Planungsbefugnis) kann auch hinsichtlich nur eines Grundstücks oder weniger Grundstücke bestehen (BVerwG, NJW 1969, 1076).

29 Eine **besondere Rechtspflicht** zur Aufstellung von Bebauungsplänen bestand bis 31. 12. 1984 (Inkrafttreten der Novelle StBauFG) gem. § 10 StBauFG innerhalb der förmlich festgelegten Sanierungsgebiete. Im BauGB besteht die Rechtspflicht zur Aufstellung von Bebauungsplänen nur innerhalb der förmlich festgelegten **städtebaulichen Entwicklungsbereiche** nach BauGB (§ 166 Abs. 1 S. 2); ebenso § 7 Abs. 1 Nr. 11 BauGB-MaßnahmenG. Zur Verpflichtung der Gemeinde zur Aufstellung von Bauleitplänen bei **Flurbereinigungsmaßnahmen** vgl. § 188 Abs. 1. Zum **Planungserfordernis** als ein der Zulässigkeit von Vorhaben im Innenbereich nach- und im Außenbereich entgegenstehender **öffentlicher Belang** vgl. die Erl. zu §§ 34 und 35. Zum Anpassungsgebot des Abs. 4 vgl. Rn 32 ff.

30 **4. Zur Abgrenzung der Planungspflicht.** Von der Frage der Erforderlichkeit der Bauleitplanung i. S. einer Planungspflicht ist weiterhin die Frage zu unterscheiden, was im einzelnen in die **planerische Abwägung** einzustellen ist. Zwar bezieht sich das Erforderlichkeitsgebot des Abs. 3 auch auf den Umfang („soweit") der Planung; dies bezieht sich jedoch auf die generelle Erforderlichkeit der Planung und nicht auf die Rechtmäßigkeit der konkreten planerischen Lösung, wie sie in Erfüllung der Planungspflicht gefunden wird. Auf einen weiteren, ansonsten für das **Abwägungsgebot** bedeutsamen Zusammenhang ist einzugehen: Die Bauleitplanung hat im Verhältnis zu **Fachgesetzen** und zum **Verfahren der Baugenehmigung** eine spezifische Funktion. Bauleit-

pläne sind Gesamtpläne, aber keine „Totalpläne" (Schmidt-Aßmann, Die Berücksichtigung situationsbestimmter Abwägungselemente bei der Bauleitplanung, Köln u. a. 1981, S. 126). Sie stehen an einer bestimmten Stelle eines mehrstufigen Planungs- und Entscheidungssystems (Gierke, DVBl. 1984, 149/150). Der (inhaltliche) **Umfang der Planungspflicht** ist daher im Zusammenhang mit höherstufigen Planungen, Fachplanungen, spezialgesetzlichen Genehmigungsverfahren (wie z. B. nach §§ 4 ff. BImSchG) und dem bauordnungsrechtlichen Genehmigungsverfahren zu sehen. Die Planungspflicht kann demgemäß nicht über das hinaus bezogen werden, was der Bauleitplanung in ihrer spezifischen städtebaulichen Entwicklungs- und Ordnungsfunktion eigen ist.

Das BVerwG hat diesen Gesichtspunkt, der auch als **planerische** 31 **Selbstbeschränkung** bezeichnet werden kann (vgl. auch BVerwG, DVBl. 1984, 143/144 zur „planerischen Zurückhaltung"), neuerdings wiederholt zur Geltung gebracht: Bereits in Entscheidungen zu §§ 34 und 35 über die Zulässigkeit von „Windenergieanlagen" (BVerwG, ZfBR 1983, 193; NVwZ 1983, 2716; vgl. auch § 34, Rn 38) hat das BVerwG – insoweit auch ausdrücklich Fälle nach § 30 BBauG (jetzt § 30 Abs. 1), also bei Vorliegen qualifizierter Bebauungspläne, einschließend (BVerwG, ZfBR 1983, 193/195) – davon abgesehen, der Ebene der planungsrechtlichen Beurteilung eines Vorhabens das zuzurechnen, was hinsichtlich des Standorts, der Dimensionierung oder der Immissionen auch in der **nachbarlichen Abstimmung** ausgeräumt oder durch **Auflagen im Baugenehmigungsverfahren** durchgesetzt werden kann. Zur Bauleitplanung selbst hat das BVerwG darüber hinaus – ohne in dem zugrundeliegenden Fall hierüber abschließend entscheiden zu können (BVerwG, DVBl. 1984, 343) – in Zweifel gezogen, daß es Aufgabe der Bauleitplanung sei, Entscheidungen zu treffen, die z. B. nach den Bestimmungen des BImSchG oder auch des AtomG dem jeweiligen Genehmigungs-, Vorbescheids- oder Anordnungsverfahren vorbehalten sind. Diese Zusammenhänge zwischen Bauleitplanung einerseits und spezifischen Planungs- und Entscheidungsverfahren andererseits haben zunächst unmittelbar Bedeutung für das, was – innerhalb der Bauleitplanung – in die planerische Abwägung einzustellen und was planerisch zu entscheiden ist (hierzu Rn 119). Für diese Beurteilung ist es jedoch auch maßgeblich, daß bereits auf der vorhergehenden Entscheidungsebene, nämlich der Prüfung der Planungspflicht und der Planungsbefugnis, die Möglichkeit genehmigungsrechtlicher Regelungen und spezialgesetzlicher Vorbehalte die **Planungspflicht inhaltlich reduzieren** kann. Zur Frage, ob z. B. im Hinblick auf das immissionsschutzrechtliche Genehmigungsverfahren eine Bauleitplanung, die nicht ausschließlich spezifisch städtebauliche, sondern darüber hinaus immissionsschutzrechtliche Belange verfolgt, überhaupt zulässig ist („Planungsbefugnis") vgl. – verneinend – Gierke aaO, 151 f.

V. Anpassung an die Ziele der Raumordnung und Landesplanung (Abs. 4)

32 **1. Allgemeines.** Die Bauleitplanung ist Teil eines vertikalen und horizontalen Geflechts raumbezogener Planungen. Zu den Verfahrens- und Konkurrenzregelungen insbesondere gegenüber den Fachplanungen vgl. bereits Rn 3 ff., 6. Nach Abs. 4 sind die Bauleitpläne an die Ziele der Raumordnung und Landesplanung anzupassen. Die **Anpassungspflicht** bezieht sich auf den **aufzustellenden Plan,** seine **Änderung, Ergänzung** oder **Aufhebung.** Bauleitpläne sind also auch an zeitlich nachfolgende Ziele der Raumordnung und Landesplanung nachträglich anzupassen (OVG Lüneburg, BRS 30 Nr. 10; VGH Mannheim BRS 36 Nr. 1; Gaentzsch, WiVerw 1985, 235/246 sieht in Abs. 4 kein Gebot in dem Sinne, die Bauleitplanung stets auf dem aktuellen Stand der Ziele der Raumordnung und Landesplanung zu halten). Aus Abs. 4 ergibt sich weiterhin die Pflicht, Bauleitpläne **erstmals aufzustellen** (Bielenberg/Erbguth/Söfker, Raumordnungs- und Landesplanungsrecht des Bundes und der Länder, Loseblattkommentar, Bielefeld, § 5, Rn 108 f.; Ernst, in: E/H, Rn 73; a. A. z. B. Schlarmann, DVBl. 1980, 275; Gaentzsch, aaO leitet die Planungspflicht auch insoweit aus Abs. 3 ab; ebenso Goppel, BayVBl. 1984, 229/231).

33 Eine Parallelvorschrift zu Abs. 4 enthält **§ 5 Abs. 4 ROG.** Danach sind die in § 4 Abs. 5 ROG genannten Planungsträger (u. a. die Gemeinden) verpflichtet, die Ziele der Raumordnung und Landesplanung „bei Planungen und allen sonstigen Maßnahmen, durch die Grund und Boden in Anspruch genommen oder die räumliche Entwicklung eines Gebietes beeinflußt wird, zu beachten" (vgl. hierzu z. B. Goppel, aaO; Höhnberg, ZfBR 1986, 214). Die sich hieraus für die Bauleitplanung ergebende **Beachtenspflicht** des § 5 Abs. 4 ROG deckt sich materiell mit der Anpassungspflicht des Abs. 4.

34 Die Anpassungspflicht nach Abs. 4 widerspricht nicht der **Garantie der gemeindlichen Selbstverwaltung** nach Art. 28 Abs. 2 GG. Die Garantie der gemeindlichen Selbstverwaltung gilt nur „im Rahmen der Gesetze". Der selbstverantwortlich zu erledigende Aufgabenbereich der Gemeinde kann durch gesetzliche Regelungen eingeschränkt werden, wenn der Wesensgehalt der gemeindlichen Selbstverwaltung dabei unangetastet bleibt und nicht innerlich ausgehöhlt wird (BVerfGE 1, 167/175; BVerwGE 6, 19). Der gemeindlichen Planung kann daher ein bestimmter Rahmen gesetzt werden, der sich aus überörtlichen Gesichtspunkten ergibt (BVerwGE 6, 342/345). Vgl. hierzu vertiefend z. B. Brohm, DVBl. 1980, 656; Schmidt-Aßmann, Grundfragen des Städtebaurechts, Göttingen 1972, S. 140 ff., 153 ff.; ders., VerwArch 1980, 117; Wahl, Rechtsfragen der Landesplanung und Landesentwicklung, Bd. 1, Berlin 1978, S. 132 ff., 139 ff.; zu den sich aus Abs. 4 ergebenden Anforderungen an die Ziele der Raumordnung und Landesplanung vgl. Rn 39.

Die durch Abs. 4 ausgelöste Planungspflicht begründet eine Bindung \quad 35
des gemeindlichen Planungsermessens, deren Einhaltung **kommunal-
aufsichtlich** durchgesetzt werden kann (BVerwGE 34, 301). Die An-
passungspflicht nach Abs. 4 begründet kein subjektiv-öffentliches
Recht auf Einhaltung. Zur Nichtigkeit einer Bauleitplanung wegen
Verstoßes gegen die Anpassungspflicht nach Abs. 4 und der sich hieraus
ergebenden inzidenten Überprüfung im Rahmen eines Rechtsstreits
vgl. Rn 43.

Zu den Zielen der Raumordnung und Landesplanung als ein der \quad 36
Zulässigkeit von Außenbereichsvorhaben (§ 35) entgegenstehender
öffentlicher Belang vgl. § 35 Abs. 3 (§ 35, Rn 74). Einem sonst nach
§ 34 Abs. 1 zulässigen Bauvorhaben stehen die Ziele der Raumordnung
und Landesplanung nicht entgegen (vgl. § 34 Abs. 1 BBauG: kein
„sonstiger öffentlicher Belang"; BGH, ZfBR 1984, 42; hierzu auch
§ 34, Rn 29).

2. Ziele der Raumordnung und Landesplanung. Raumordnung ist \quad 37
die zusammenfassende und übergeordnete Planung und Ordnung des
Raumes (BVerfGE 3, 407/425). Zur weitgehenden Gleichbedeutung des
Begriffs der **Landesplanung** vgl. z. B. Ernst, in: E/H, Rn 1 ff.;
Gaentzsch, in: BK, § 1, Rn 14). Auch die **Regionalplanung** (vgl. § 5
Abs. 3 ROG) ist Landesplanung, bezogen auf eine Teilfläche eines
Landes, die größer ist als eine der Bauleitplanung unterliegende Einheit
(vgl. Wahl aaO, S. 18 m. w. N.). Raumordnung und Landesplanung
sind überörtliche („übergeordnete") Planungen. Sie sind Gesamtpla-
nungen („zusammenfassende Planungen"), die sich nicht – wie die
Bauleitplanung – auf die Planung der Grundstücksnutzung beschrän-
ken, sondern auch die sonstigen raumbedeutsamen Bereiche (wie z. B.
Wirtschaft, Verkehr, Umwelt, Bevölkerung) erfassen. Dem Bund steht
für die Raumordnung gem. Art. 75 Nr. 4 die Rahmenkompetenz zu,
von der er durch das ROG Gebrauch gemacht hat. Zu den Landespla-
nungsgesetzen vgl. Bielenberg/Erbguth/Söfker, Raumordnungs- und
Landesplanungsrecht des Bundes und der Länder, Loseblattkommen-
tar, Bielefeld; Cholewa/Dyong/v. d. Heide, Raumordnung in Bund und
Ländern, Loseblattkommentar, Stuttgart, u. a.

Die **Grundsätze der Raumordnung** sind in § 2 Abs. 1 ROG festge- \quad 38
legt; die Länder können gem. § 2 Abs. 3 ROG weitere Grundsätze
festlegen. Die Konkretisierung der Grundsätze der Raumordnung ob-
liegt den Ländern. Sie stellen für ihr Gebiet übergeordnete und zusam-
menfassende Programme oder Pläne auf (§ 5 Abs. 1 S. 1 ROG). In den
Programmen und Plänen der Länder müssen nach § 5 Abs. 2 S. 1 ROG
diejenigen **Ziele der Raumordnung und Landesplanung** bestimmt
werden, die räumlich und sachlich zur Verwirklichung der Grundsätze
der Raumordnung erforderlich sind. Bei der **Aufstellung der Ziele** der
Raumordnung und Landesplanung sind die Gemeinden, für die eine
Anpassungspflicht begründet wird, zu beteiligen (§ 5 Abs. 2 S. 2
ROG).

39 An die hiernach festgelegten Ziele der Raumordnung und Landespla-
nung sind die Gemeinden nach Abs. 4 gebunden (vgl. auch § 5 Abs. 4
ROG; hierzu Rn 33). **Voraussetzung für eine Anpassungs- bzw. Pla-
nungspflicht** ist allerdings, daß die Ziele der Raumordnung und Lan-
desplanung hinreichend **konkretisiert** sind (BVerwGE 6, 342/346;
OVG Lüneburg, DVBl. 1967, 391; VGH Mannheim, BRS 36 Nr. 1;
OVG Saarbrücken BRS 24 Nr. 7). Die Ziele der Raumordnung und
Landesplanung müssen daher verbindliche Festlegungen als **Mindest-
anforderungen** an die Bauleitplanung enthalten, die der Abwägung
nach Abs. 7 als Planungspflicht vorgegeben sind (VGH Mannheim
aaO; vgl. hierzu auch Rn 91). Bindende Wirkung kommt den Zielen
der Raumordnung und Landesplanung im Rahmen des Abs. 4 nur zu,
soweit sie sich **auf den Sachbereich der Raumordnung und Landes-
planung beschränken,** also nicht rein städtebauliche oder ortsplaneri-
sche Grundsätze zur Reglementierung einzelner planerischer Festset-
zungen enthalten (OVG Lüneburg BRS 18 Nr. 1; OVG Saarbrücken
aaO). Sie müssen ordnungsgemäß in dem nach dem jeweiligen Landes-
planungsgesetz vorgesehenen Verfahren zustande gekommen sein
(Gaentzsch, in: BK, § 1, Rn 30). Ziele der Raumordnung und Landes-
planung in Programmen und Plänen, die erst in der Aufstellung,
Änderung und Ergänzung begriffen sind, entfalten noch keine unmit-
telbaren Rechtswirkungen nach Abs. 4 (VG Oldenburg, DVBl. 1967,
393; H. Schrödter aaO, Rn 7). Auch landesplanerische Gutachten oder
Bewertungen in Landesplanungsberichten sind keine Ziele i. S. des
Abs. 4. Das gleiche gilt für die Ergebnisse eines **Raumordnungsver-
fahrens;** es dient nicht der Aufstellung von Zielen der Raumordnung
und Landesplanung, sondern der Prüfung der Raumverträglichkeit
(BVerwG, NVwZ 1984, 367). Vgl. zu Einzelfällen VG Ansbach,
BayVBl. 1984, 602 (Erhaltung der Wälder); VGH München, BayVBl.
1986, 114 (Vorbehalt großflächiger Einzelhandelsbetriebe für Mittel-
und Oberzentren). Zur **gerichtlichen Überprüfung** der Ziele im Wege
der Normenkontrolle vgl. VGH München aaO; Weidemann, DVBl.
1984, 767/772).

40 **3. Anpassung der Bauleitpläne.** Die **überörtliche Gesamtplanung**
durch Raumordnung und Landesplanung wird hinsichtlich der städte-
baulichen Entwicklung und Ordnung **über die Bauleitplanung wirk-
sam.** Durch die gemeindliche Bauleitplanung entfaltet sie Außenwir-
kung (vgl. auch Rn 34). Durch die Anpassungspflicht des Abs. 4 wird
diese Transformationsfunktion der Bauleitplanung (vgl. Hoppe, in: E/
H, Rn 233) sichergestellt. Zum Umfang der Anpassungspflicht vgl.
Rn 32.

41 Die Ziele der Raumordnung und Landesplanung setzen der ge-
meindlichen Bauleitplanung zwar einen verbindlichen Rahmen, der –
um die Anpassungspflicht nach Abs. 4 auslösen zu können – auch
hinreichend konkret sein muß (vgl. Rn 39). Andererseits können sich
auch innerhalb dieses Rahmens nicht vermeidbare **Kollisionen und**

Zielkonflikte ergeben. Die Ziele der Raumordnung und Landesplanung sind dabei der Abwägung nach Abs. 6 als Planungsvorgaben entzogen (vgl. Rn 39 sowie Rn 91). Zielkonflikte, die sich innerhalb des hierdurch vorgegebenen Rahmens in Ausnahmefällen ergeben können, sind durch eine Abwägung der widerstreitenden überörtlichen und örtlichen Zielsetzungen so zu bewältigen, daß sowohl die Ziele der Raumordnung und Landesplanung als auch die Aufgaben der Bauleitplanung optimal verwirklicht werden können (VGH Mannheim aaO; vgl. auch Brohm, Staatliche Straßenplanung und gemeindliche Bauleitplanung, Hamburg 1979, S. 37 m. w. N.).

Ein Bauleitplan, der der Anpassungspflicht des Abs. 4 nicht entspricht, ist **nichtig** (VGH Kassel ESVGH 29, 132; OVG Lüneburg BRS 30 Nr. 10; Schlichter aaO, Rn 10; H. Schrödter aaO, Rn 7a); er darf nicht genehmigt werden (OVG Lüneburg BRS 23 Nr. 11). **42**

Die Planungspflicht der Gemeinde kann kommunalaufsichtlich durchgesetzt werden (BVerwGE 34, 301; vgl. Rn 35). Das Raumordnungs- und Landesplanungsrecht enthält weiterhin Regelungen zur **Untersagung raumordnungswidriger Planungen und Maßnahmen** (vgl. §7 Abs. 1 ROG) sowie **Anpassungs- und Planungsgebote** (vgl. hierzu z. B. Bielenberg, in: E/Z/B, §1, Rn 49; Ernst, in: E/H, Rn 85; zum Ersatzanspruch der Gemeinden für Aufwendungen, die durch Anpassung der Bauleitpläne entstehen, vgl. Bielenberg aaO, Rn 83a). Zur **Veränderungssperre** nach §14 vgl. §14, Rn 7. **43**

VI. Entwicklungsplanung, Rahmenplanung

1. Allgemeines. §1 Abs. 5 BBauG über die städtebauliche Entwicklungsplanung ist durch die Novelle 1976 in das Städtebaurecht eingeführt worden. Das **BauGB** hat die Vorschrift **nicht übernommen**. §1 Abs. 5 BBauG hat wie folgt gelautet: **44**

„(5) Ist eine von der Gemeinde beschlossene Entwicklungsplanung vorhanden, so sind deren Ergebnisse, soweit sie städtebaulich von Bedeutung sind, bei der Aufstellung der Bauleitpläne zu berücksichtigen. Wird eine Entwicklungsplanung geändert, so soll die Gemeinde prüfen, ob und inwieweit Auswirkungen für Bauleitpläne in Betracht kommen. Weicht die Gemeinde bei der Aufstellung eines Bauleitplans von einer Entwicklungsplanung ab, so hat sie die Gründe dafür in dem Erläuterungsbericht des Flächennutzungsplans oder in der Begründung des Bebauungsplans darzulegen."

Mit der Streichung der Entwicklungsplanung hat der Gesetzgeber allerdings weder der Entwicklungsplanung noch anderen „informellen" Planformen eine Absage erteilen wollen. Der maßgebliche Gesichtspunkt für die Streichung war, daß eine ausdrückliche Regelung der Entwicklungsplanung nicht erforderlich sei, daß andererseits der Umstand ihrer Regelung mit beschränkten Rechtsfolgen den Vorzug der Flexibilität solcher „informeller" Planungen in der Praxis zuweilen in Frage stellte (vgl. A-Ber., 146; Bielenberg, in: B/K/S, Rn 6;

Gaentzsch, in: BK, § 1, Rn 3). Das BauGB erwähnt jedoch in § 140 **Nr. 4** eine andere „informelle" Planungsart, nämlich den **Rahmenplan**. Zum Verhältnis der formellen städtebaulichen Planung in Form der Bauleitplanung und der informellen städtebaulichen Planungen vgl. im einzelnen Rn 3, 18 und 21.

45 Der Begriff der **Entwicklungsplanung** ist in § 1 Abs. 5 BBauG ebenso wenig geregelt worden wie der Begriff der Rahmenplanung in § 140 Nr. 4 BauGB. Die Begriffe werden in beiden Vorschriften jeweils vorausgesetzt. Als Entwicklungsplanung wird im allgemeinen eine gemeindliche Planung bezeichnet, die Zielvorstellungen für den Gesamtbereich gemeindlicher Tätigkeiten oder für Teilbereiche aufzeigt und aufeinander abstimmt. Die Entwicklungsplanung hat die Aufgabe, den Rahmen zu setzen für eine den sozialen, kulturellen und wirtschaftlichen Erfordernissen dienende städtebauliche Entwicklung und Ordnung des Gemeindegebiets einschließlich der raumwirksamen Investitionen der Gemeinde und deren Zeit- und Rangfolge (vgl. Battis, DVBl. 1976, 144; Göb, DÖV 1974, 86 sowie B/K/L, 1. Aufl., § 1 Rn 44). Die Entwicklungsplanung ist eine auf das Gemeindegebiet insgesamt oder auf Teile des Gemeindegebiets bezogene **Gesamtplanung**. Entwicklungsplanerische Elemente i. S. dieser Definition enthält insbesondere auch der Flächennutzungsplan (vgl. § 5 Abs. 1 und 3; vgl. weiterhin Löhr, Die kommunale Flächennutzungsplanung, Siegburg 1977, S. 57).

46 Der städtebauliche **Rahmenplan** ist in der Praxis seit längerem eingeführt; zur Bedeutung der städtebaulichen Rahmenplanung vgl. den Bericht eines zur Vorbereitung des BauGB vom BMBau eingesetzten Expertenkreises in BBauBl. 1986, 210. Der Rahmenplan ist eine **Form der städtebaulichen Entwicklungsplanung.** Er wird jedoch in der Regel nur auf der Ebene eines Stadt- oder Ortsteils aufgestellt; er stellt eine Verbindung zwischen dem Flächennutzungsplan, der das ganze Gemeindegebiet umgreift, dar und dem meist kleinräumlichen Bebauungsplan. Unter Rahmenplanung werden Plantypen verstanden, welche die gemeindliche Entwicklungsplanung und den Flächennutzungsplan für **Teilräume** (Stadtteilpläne, Pläne für zusammenhängende Teilbereiche mit gleicher Planungsproblematik) oder **sachliche Teilbereiche** (Nutzungs-, Verkehrs-, Versorgungs-, Freiflächen- oder Gestaltungspläne) differenzieren und präzisieren. Sie verdeutlichen vor allem für die nicht durch Bebauungspläne erfaßten Gebiete städtebauliche Entwicklungs-, Gestaltungs- und Ordnungskonzeptionen.

47 Aus der Aufnahme der Rahmenplanung in § 140 **Nr. 4 BauGB** ergibt sich – unbeschadet der Streichung des § 1 Abs. 5 BBauG über die Entwicklungsplanung –, daß der Gesetzgeber informellen Planungsformen für die städtebauliche Praxis insgesamt hohe Bedeutung beimißt, wenngleich er ihre Anforderungen oder Rechtsfolgen nicht regelt. Das BauGB vermeidet damit die gesetzliche Normierung einer **dritten,** rechtlich ausgeformten **Planungsebene** zwischen Flächennutzungsplan

und Bebauungsplan. Aus dem BauGB ergibt sich aber zugleich, daß das Gesetz von der Vorstellung ausgeht, daß die Bauleitplanung in ein Geflecht informeller Planungen eingebettet ist. Hierfür bestehen zwar keine im Gesetz festgelegten formellen und inhaltlichen Anforderungen. Jedoch hebt das Gesetz – auch i. S. einer Legitimierung – damit die faktisch z. T. mindestens ebenbürtige Bedeutung der Rahmenplanung bei der städtebaulichen Ordnung und Entwicklung in weitgehend bebauten Gebieten ausdrücklich hervor (vgl. weiterhin Dolde/Keinath, Städtebauliche Entwicklungsplanung in der Praxis, Wiesbaden und Berlin 1981, 50 ff.; Farenholtz/Krautzberger, AfK 1985, 1; Köhler/Krautzberger, IzR 1985, 819).

2. Rechtswirkungen der Entwicklungs- und Rahmenplanung. Die **48** Entwicklungsplanung i. S. des § 1 Abs. 5 BBauG hatte folgende Rechtswirkungen:

Die Gemeinde hat die Ergebnisse einer Entwicklungsplanung bei der **Aufstellung der Bauleitpläne** zu **berücksichtigen gehabt**; § 1 Abs. 5 S. 1 BBauG. Hieraus ergab sich vor allem die Verpflichtung, die Ergebnisse der Entwicklungsplanung in die Abwägung der Belange einzustellen.

Wich die Gemeinde bei der Aufstellung, Änderung, Ergänzung oder Aufhebung eines Flächennutzungsplanes oder eines Bebauungsplanes **von einer Entwicklungsplanung** i. S. des Abs. 5 **ab**, so hatte sie gem. **§ 1 Abs. 5 S. 3** die **Gründe** dafür in dem Erläuterungsbericht des Flächennutzungsplans oder in der Begründung des Bebauungsplans **darzulegen.**

Änderte die Gemeinde eine beschlossene **Entwicklungsplanung,** so sollte sie gem. **§ 1 Abs. 5 S. 2 prüfen,** ob und inwieweit eine Änderung des Flächennutzungsplanes oder die Aufstellung, Änderung, Ergänzung oder Aufhebung von Bebauungsplänen in Betracht kommt.

Mit dem **BauGB** sind diese Rechtswirkungen entfallen.

Auch die **Rahmenplanung** löst keine unmittelbaren rechtlichen Wir- **49** kungen aus. Ihre Bedeutung liegt vor allem in der Vorbereitung formeller Planungen oder sonstiger Maßnahmen i. S. des BauGB, weiterhin kann sie Entscheidungen nach dem BauGB ersetzen oder begründen. Ihre hauptsächliche faktische Bedeutung liegt nicht in der unmittelbaren externen Verbindlichkeit, sondern in der **internen Bindungswirkung** (z. B. hinsichtlich des Erfordernisses der Bauleitplanung, der Erneuerungsziele, der städtebaulichen Leitvorstellungen, der Baulandentwicklung u. a.). Im einzelnen ist auf folgende sich hieraus ergebende **Wirkungen informeller Planungen** (Rahmenplanung; ebenso bisher Entwicklungsplanung) hinzuweisen:

Vorhandene Rahmenpläne lösen zwar keine formelle Bindungen mehr i. S. des § 1 Abs. 5 BBauG aus. Sie gehen jedoch als von der Gemeindevertretung beschlossen oder zustimmend zur Kenntnis ge-

nommene Planwerke als **Abwägungsmaterial** in die Abwägung bei
den Bauleitplänen ein (Bielenberg, in: B/K/S, Rn 6).

Die Rahmenplanung ist in rechtlicher Hinsicht auch wegen der
Modifikation der **vorgezogenen Bürgerbeteiligung** nach § 3 von be-
sonderer Bedeutung: Nach § 3 **Abs. 1 S. 2 Nr. 3** kann von der vorgezo-
genen Bürgerbeteiligung abgesehen werden, wenn die Unterrichtung
und Erörterung über die allgemeinen Ziele und Zwecke der Planung
bereits zuvor auf anderer planerischer Grundlage erfolgt sind. Das
BauGB bezieht sich damit in erster Linie auf die in der Praxis vieler
Städte und Gemeinden eingeführte Bürgerbeteiligung auf der Grund-
lage einer Rahmenplanung.

Eine vorhandene Rahmenplanung kann auch bei der Beurteilung von
Einzelfragen im Verhältnis zwischen Flächennutzungsplan und Bebau-
ungsplan i. S. des **§ 8 Abs. 2 bis 4** herangezogen werden.

50 Auf folgende weitere externe Wirkungen der Rahmenplanung i. V.
mit anderen Rechtsvorschriften ist besonders hinzuweisen:

Die **Vorkaufssatzung** nach **§ 25 Abs. 1 S. 1 Nr. 2** kann für Gebiete
erlassen werden, in denen die Gemeinde städtebauliche Maßnahmen
beabsichtigt. Anders als in § 25 Abs. 1 BBauG wird die Entwicklungs-
planung als Konkretisierung dieser Entwicklungsvorstellungen zwar
nicht mehr ausdrücklich bezeichnet; hierin liegt aber nur eine redaktio-
nelle, nicht eine sachliche Änderung.

Auch bei der Beurteilung der **Zulässigkeit von Vorhaben** kann eine
informelle Planung mittelbar, nämlich i. S. der **Ausformung unbe-
stimmter Rechtsbegriffe** von Bedeutung sein. Hier ist insbesondere
auf die Regelung des § 33 Abs. 2 oder auch auf die Beurteilung des
städtebaulich Vertretbaren i. S. des **§ 34 Abs. 3** hinzuweisen. Rechtli-
che Bedeutung kann der städtebauliche Rahmenplan insoweit auch bei
der Zulassung von Ausnahmen oder Befreiungen von den Festsetzun-
gen des Bebauungsplans nach § 31 haben. Das gleiche gilt für die
Beurteilung der Frage, ob städtebauliche Gründe für die Anordnung
von **Erhaltungssatzungen** i. S. des **§ 172** oder zur Anordnung von
städtebaulichen Geboten gem. **§§ 175 ff.** vorliegen.

51 Besonders ausgeprägt ist die Bedeutung städtebaulicher Rahmen-
pläne (und ähnlicher nicht-formeller Planwerke) im Rahmen der **städ-
tebaulichen Sanierung** (§§ 136 ff.). Rahmenpläne dienen in der Praxis
häufig der Konkretisierung des gemeindlichen Sanierungskonzepts,
also der Ausformung der Ziele und Zwecke der Sanierung (vgl. § 140
Nr. 3). In dieser Beziehung hat die städtebauliche Rahmenplanung
mittelbar rechtliche Auswirkungen, soweit nämlich darin der **Sanie-
rungszweck** i. S. des **§ 145 Abs. 2** konkretisiert wird. Sind die Aussagen
eines städtebaulichen Rahmenplans über den Sanierungszweck i. S. von
§ 145 Abs. 2 hinreichend konkret, können sie einem Vorhaben wie eine
Veränderungssperre entgegengehalten werden. Ob der städtebauliche
Rahmenplan oder eine vergleichbare „informelle" städtebauliche Pla-

nung Eingang in einen Sanierungsbebauungsplan gefunden hat, ist dabei unerheblich (OVG Lüneburg, ZfBR 1986, 84 und 246).

Die vorerwähnten Wirkungen (Selbstbindung, mittelbare Wirkung) **52** treten entsprechend dem Sinngehalt der jeweils betroffenen städtebaurechtlichen Vorschriften nur bei Wahrung bestimmter **materieller und formeller Voraussetzungen** ein. In formeller Hinsicht kann dem Rahmenplan i. S. eines Surrogats einer sonst ausdrücklichen gemeindlichen Entscheidung im Hinblick auf ein bestimmtes Verfahren nur Wirkung zukommen, wenn er **vom Gemeinderat beschlossen** ist. Im Hinblick auf die einem Rahmenplan zugrundeliegende planerische Abwägung (§1 Abs. 6) ist es daher insbesondere angezeigt, daß die Gemeinde bei der Beschlußfassung über die Bauleitpläne auch dazu Stellung nimmt, daß sie vorhandene informelle Planungen in die Willensbildung der Gemeindevertretung aufgenommen hat, so daß diese Abwägungsmaterial sein können (Bielenberg, aaO). Unbeschadet der gesetzlichen Vorschriften ist bei der Vorbereitung einer Rahmenplanung die **Bürgerbeteiligung** geboten, um die o. a. Wirkungen und damit die erforderliche Verbindlichkeit zu erlangen; vgl. im übrigen die Bedeutung der Rahmenplanung im Hinblick auf §3 Abs. 1 S. 2 Nr. 3 (Rn 49). Entsprechendes gilt für die **Beteiligung der Träger öffentlicher Belange** gem. §4.

Im Hinblick auf eine von der Gemeinde angestrebte Bindungswir- **53** kung dieser Planungsart ist auch eine **öffentliche Bekanntmachung** der Rahmenplanung erforderlich. Allerdings sind die Gemeinden bereits nach den meisten Gemeindeordnungen verpflichtet, die Einwohner über alle wichtigen entwicklungsbedeutsamen Planungen möglichst frühzeitig zu unterrichten.

In **materieller Hinsicht** setzt die (mittelbare) Verbindlichkeit des Rahmenplans voraus, daß die **Ziele und Grundsätze der Bauleitplanung (Abs. 5)** auch im Rahmen der informellen Planungsart gewahrt werden.

3. Überleitung. Die Rechtswirkungen der Entwicklungsplanung **54** i. S. des §1 Abs. 5 BBauG (hierzu Rn 48) sind mit Inkrafttreten des BauGB (1. Juli 1987) entfallen. Somit besteht keine förmliche Rechtspflicht der Gemeinde mehr, die Ergebnisse einer Entwicklungsplanung bei der Aufstellung der Bauleitpläne zu berücksichtigen (§1 Abs. 5 S. 1 BBauG), bei einer Abweichung der Bauleitplanung von einer Entwicklungsplanung die Gründe hierfür darzulegen (§1 Abs. 5 S. 3 BBauG) oder bei Änderung einer beschlossenen Entwicklungsplanung zu prüfen, ob und inwieweit eine Bauleitplanung erforderlich ist (§1 Abs. 5 S. 2). Da die Entwicklungsplanung jedoch für die Bauleitplanung maßgebliches Abwägungsmaterial beinhaltet (vgl. Rn 52), haben Entwicklungs- und Rahmenpläne – auch ohne formelle rechtliche Verbindlichkeit – nach altem wie nach neuem Recht materielle Bedeutung für die Bauleitplanung. Insoweit verdeutlichte §1 Abs. 5 BBauG ein (jetzt ungeschriebenes) **Prinzip der Planungsoptimierung.**

VII. Ziele und Grundsätze der Bauleitplanung (Abs. 5)

55 **1. Überblick.** In Abs. 5 sind in Form von **Planungsleitlinien** die Ziele und die Grundsätze der Bauleitplanung zusammengefaßt. Abs. 5 entspricht § 1 Abs. 6 BBauG. Die Vorschrift ist jedoch insgesamt neu gefaßt und zum Teil geändert worden. Eine ergänzende Regelung enthält für Fälle eines dringenden Wohnungsbedarfs § 1 Abs. 1 BauGB-MaßnahmenG (vgl. Rn 86 a).

Abs. 5 S. 1 nennt als **allgemeine Ziele** der Bauleitplanung die Gewährleistung einer **geordneten städtebaulichen Entwicklung** und einer dem Wohl der Allgemeinheit entsprechenden **sozialgerechten Bodennutzung**. Weiterhin soll die Bauleitplanung dazu beitragen, eine **menschenwürdige Umwelt** zu sichern und die **natürlichen Lebensgrundlagen** zu schützen und zu entwickeln. In **Abs. 5 S. 2** werden die Planungsleitlinien beispielhaft („insbesondere") konkretisiert. **Abs. 5 S. 3** verpflichtet zum **sparsamen** und **schonenden Umgang mit Grund und Boden. Abs. 5 S. 4** enthält eine (überwindbare) Sperrklausel gegen die Umwidmung von landwirtschaftlich, als Wald oder für Wohnzwecke genutzte Flächen.

56 **2. Allgemeine Ziele (Abs. 5, S. 1).** Durch die Bauleitplanung werden **Inhalt und Schranken des Eigentums** bestimmt (vgl. Rn 7). Hierfür setzt Abs. 5 S. 1 den Art. 14 GG entsprechenden Rahmen, der die planende Gemeinde bindet. Aus dem **„übergeordneten allgemeinen Leitbegriff"** einer **geordneten städtebaulichen Entwicklung** (BT-Drs. 7/5059 S. 2; zur Terminologie – Planungsziele, Planungsleitsätze, Planungsleitlinien, Richtpunkte – vgl. Hoppe, in: E/H, Rn 256) ergibt sich einerseits die wesentliche Funktion der Bauleitplanung, nämlich die Entwicklungs- und Ordnungsfunktion (vgl. Rn 10). Hierin liegt andererseits zugleich eine gesetzliche Begrenzung der Bauleitplanung: Ein Bauleitplan, der andere Funktionen als die der städtebaulichen Entwicklung und Ordnung erfüllen soll, ist keine Inhalts- und Schrankenbestimmung i. S. des Art. 14 Abs. 1 S. 2 GG. Der Gesetzgeber hat den Plantyp „Bauleitplanung" **ausschließlich für die Erfüllung städtebaulicher Aufgaben** geschaffen; den Gemeinden ist es daher verwehrt, diesen Plantyp für andere als städtebauliche Zwecke zu verwenden (vgl. auch Rn 26). Als **Gesamtplan** (vgl. Rn 6) hat der Bauleitplan zwar vielfältige Bezüge zu anderen städtebaulichen Belangen, die sich insbesondere aus dem Katalog des Abs. 5 S. 2 ergeben. Soweit die Gemeinde hinsichtlich dieser Belange überhaupt – kompetenzrechtlich – regelungsbefugt ist, steht ihr hierfür das Instrument der Bauleitplanung aber nicht zur Verfügung (vgl. Hoppe aaO, Rn 257; Söfker, in: E/Z/B, § 1, Rn 101 ff.).

57 Die weiteren in Abs. 5 S. 1 genannten Ziele der Bauleitplanung, nämlich die Gewährleistung einer dem Wohl der Allgemeinheit entsprechenden **sozialgerechten Bodennutzung** sowie der Beitrag der Bauleitplanung zur Sicherung einer **menschenwürdigen Umwelt** so-

wie zum Schutz und zur Entwicklung der **natürlichen Lebensgrundlagen** sind eine Konkretisierung des Leitbegriffs einer geordneten städtebaulichen Entwicklung. Sie sind zugleich als Oberbegriffe des in Abs. 5 S. 2 enthaltenen Katalogs von Planungsleitlinien zu verstehen. Das Ziel der Bauleitplanung, die natürlichen Lebensgrundlagen zu schützen und zu entwickeln ist durch das BauGB eingefügt worden (vgl. Söfker, in: B/K/S, Rn 12; vgl. aber schon bisher § 1 Abs. 6 S. 2, 13. Spiegelstrich BBauG). Zur geordneten städtebaulichen Entwicklung gehören danach nicht nur die Sicherung einer menschenwürdigen Umwelt (z. B. Immissionsschutz), sondern auch der vorsorgende Umweltschutz in bezug auf die natürlichen Lebensgrundlagen, also vor allem im Hinblick auf Naturschutz und Landschaftspflege. Hierin liegt eine originäre Aufgabe der Bauleitplanung, und zwar unbeschadet der neben ihr bestehenden oder der integrierten Landschaftsplanung (vgl. § 6 BNatSchG sowie die Erl. zu § 9 Abs. 1 Nr. 20). Die **natürlichen Lebensgrundlagen** sind die Gesamtheit der Elemente von Natur und Landschaft; vgl. § 1 Abs. 1 BNatSchG: insbesondere die Leistungsfähigkeit des Naturhaushalts, die Nutzungsfähigkeit der Naturgüter, die Pflanzen- und Tierwelt sowie die Vielfalt, Eigenart und Schönheit von Natur und Landschaft als Lebensgrundlagen des Menschen und als Voraussetzung für seine Erholung in Natur und Landschaft. Schutz dieser Grundlagen bedeutet Erhaltung von Natur und Landschaft und Vermeidung von Eingriffen in diese; Entwicklung der natürlichen Lebensgrundlagen bedeutet die Durchführung von Maßnahmen zur Erreichung der in § 1 BNatSchG festgelegten Ziele des Naturschutzes und der Landschaftspflege einschließlich notwendiger Ausgleichsmaßnahmen. Die Bauleitplanung wird durch diese Zielbestimmung nicht zu einem Primärinstrument des Umweltschutzes; vielmehr hat sie, soweit es jeweils städtebaulich veranlaßt ist, zum Schutz und zur Entwicklung der natürlichen Lebensgrundlagen **beizutragen.**

3. Planungsleitlinien (Abs. 5 S. 2). a) Bedeutung. Die „**Planungsleitlinien**" (vgl. Hoppe, in: E/H, Rn 258) des Abs. 5 S. 2 **konkretisieren die allgemeinen Ziele** der Bauleitplanung (Abs. 5 S. 1). Die Bedeutung des Katalogs liegt weiterhin in der Zusammenstellung wichtiger öffentlicher und privater **Belange,** die in die Abwägung nach Abs. 6 einzustellen sind (vgl. hierzu Rn 100). Als Konkretisierung des Begriffs der **geordneten städtebaulichen Entwicklung** sind diese Belange auch für städtebauliche Bewertungen und Entscheidungen **außerhalb der eigentlichen Bauleitplanung** auslegungsrelevant; vgl. z. B. § 20 Abs. 1 Nr. 3, § 25 Abs. 1 S. 1 Nr. 2, § 31 Abs. 2 Nr. 2, § 34 Abs. 3 S. 1 Nr. 2, § 35 Abs. 3 sowie weiterhin z. B. § 87 Abs. 1, § 88 Abs. 1, § 133 Abs. 1 S. 2, § 136 Abs. 1 und 4, § 140 Nr. 3 und 4, § 175 Abs. 2 BauGB sowie § 15 BauNVO. **58**

Der Katalog des Abs. 5 S. 2 enthält eine **beispielhafte,** also **keine abschließende** Aufzählung der Planungsleitlinien bzw. der städtebaulichen Belange. Die jetzige ins einzelne gehende Aufzählung ist zunächst **59**

durch die Novelle 1976 in das BBauG eingefügt und durch das BauGB
zwar redaktionell gestrafft, aber inhaltlich noch weiter ausgefächert
worden. Die entsprechende Regelung in § 1 Abs. 4 und 5 BBauG 1960
enthielt – abgesehen von der unterschiedlichen gesetzgebungstechni-
schen Systematik (hierzu kritisch und zugleich klarstellend vor allem
BVerwGE 34, 301) – nur einen Ausschnitt der im geltenden Recht
aufgeführten Belange. Wegen der jeweils vorgeschalteten Generalklau-
seln und der beispielhaften Aufzählung der Belange stellen die jeweili-
gen Neufassungen gleichwohl keine sachliche Änderung dar und si-
chern damit weitgehend die Kontinuität gegenüber dem früheren
Recht. **§ 1 Abs. 4 und 5 i. d. F. des BBauG 1960 lauteten:**

„(4) Die Bauleitpläne haben sich nach den sozialen und kulturellen Bedürfnis-
sen der Bevölkerung, ihrer Sicherheit und Gesundheit zu richten. Dabei sind die
öffentlichen und privaten Belange gegeneinander und untereinander gerecht
abzuwägen. Die Bauleitpläne sollen den Wohnbedürfnissen dienen und die Eigen-
tumsbildung im Wohnungswesen fördern.

(5) Die Bauleitpläne haben die von den Kirchen und Religionsgesellschaften
des öffentlichen Rechts festgestellten Erfordernisse für Gottesdienst und Seel-
sorge zu berücksichtigen, die Bedürfnisse der Wirtschaft, der Land- und Forst-
wirtschaft, der Jugendfürsorge, der Verkehrs und der Verteidigung zu beachten
sowie den Belangen des Natur- und Landschaftsschutzes und der Gestaltung des
Orts- und Landschaftsbildes zu dienen. Land- und forstwirtschaftlich genutzte
Flächen sollen nur in dem notwendigen Umfang für andere Nutzungsarten
vorgesehen und in Anspruch genommen werden."

60 Inwieweit die in Abs. 5 S. 2 enthaltenen Planungsleitlinien jeweils zu
berücksichtigen sind, bestimmt sich nach den Erfordernissen des Ein-
zelfalls. Die in der Bestimmung getroffene **Reihenfolge** hat ausschließ-
lich redaktionelle Bedeutung und stellt **keine Gewichtung** der Pla-
nungsleitlinien dar (vgl. z. B. Gaentzsch, in: BK, § 1, Rn 47). Innerhalb
des Katalogs der einzelnen Planungsleitlinien bestehen auch vielfach
sachliche Überschneidungen; vgl. z. B. die allgemeinen Anforderun-
gen an gesunde Wohn- und Arbeitsverhältnisse und die Sicherheit der
Wohn- und Arbeitsbevölkerung (Nr. 1) einerseits und die Belange der
Wohnbedürfnisse, der Eigentumsbildung (Nr. 2) oder des Umwelt-
schutzes (Nr. 7) andererseits; vgl. auch die Belange des Denkmalschut-
zes und der erhaltenswerten Ortsteile (Nr. 5) gegenüber den Belangen
der Erhaltung vorhandener Ortsteile (Nr. 4). Gegenüber dem nicht
näher strukturierten Belange-Katalog des § 1 Abs. 6 S. 2 Novelle 1976
verdeutlicht die Neufassung demgegenüber (u. a. durch die Bünde-
lung) die hinter den einzelnen Belangen stehende städtebaupolitische
Programmatik des Gesetzgebers.

61 Bei den in Abs. 5 S. 2 aufgeführten Planungsleitsätzen handelt es sich
um **unbestimmte Rechtsbegriffe** (BVerwGE 34, 301/308; vgl. z. B.
Gaentzsch aaO, Rn 47; Söfker aaO, Rn 110). Die Ansicht der planenden
Gemeinde zum Inhalt der einzelnen Planungsleitlinien und den darin
enthaltenen planerischen Bedürfnissen unterliegt ebenso der aufsicht-
lichen (§ 6 Abs. 2) und der gerichtlichen Überprüfung wie ihre Ansicht,

daß eine bestimmte Planung diesen Bedürfnissen diene. Von der Auslegung und Anwendung der Planungsleitlinien ist jedoch der Akt des planerischen Ermessens, nämlich die **Gewichtung der einzelnen Belange innerhalb der Abwägung** nach Abs. 6 zu unterscheiden. Insoweit steht – innerhalb des durch das Gebot der gerechten Abwägung vorgegebenen Rahmens – der Gemeinde ein planerischer Ermessensbereich zu (BVerwGE aaO, 308 f.; hierzu im einzelnen Rn 89, 102 ff.; vgl. weiterhin – auch mit Nachweisen der z. T. abw. Auffassungen – Hoppe aaO, Rn 261; vgl. weiterhin Rn 91).

Die in Abs. 5 S. 2 genannten Planungsleitlinien beziehen sich überwiegend auf Materien, die nicht der Regelungskompetenz der Gemeinde unterliegen; hierzu bereits Rn 56. Die inhaltliche Ausformung erfahren diese Begriffe vielfach in **Fachgesetzen**, wie z. B. dem Wohnungsbauförderungs-, Immissionsschutz-, Denkmalschutz-, Naturschutzrecht usw., durch **Entscheidungen anderer Verwaltungsträger** und insbesondere durch **landesplanerische Vorgaben** (vgl. hierzu Rn 91). **62**

b) Die einzelnen Planungsleitlinien. aa) Die allgemeinen Anforderungen an gesunde Wohn- und Arbeitsverhältnisse und die Sicherheit der Wohn- und Arbeitsbevölkerung (Nr. 1). Diese Planungsleitlinie bezeichnet eine der zentralen Aufgaben des Städtebaus. Im **Sanierungsrecht** (früher StBauFG; jetzt §§ 136 ff.) ist dieser Belang in die Legaldefinition der **städtebaulichen Sanierungsmaßnahmen** eingeflossen: Nach § 136 Abs. 2 sind Sanierungsmaßnahmen „Maßnahmen, durch die ein Gebiet zur Behebung städtebaulicher Mißstände ... wesentlich verbessert oder umgestaltet wird". Nach § 136 Abs. 2 S. 2 Nr. 1 liegen städtebauliche Mißstände vor, „wenn das Gebiet nach seiner vorhandenen Bebauung oder nach seiner sonstigen Beschaffenheit **den allgemeinen Anforderungen an gesunde Wohn- und Arbeitsverhältnisse oder an die Sicherheit der in ihm wohnenden und arbeitenden Menschen nicht entspricht ...".** § 136 Abs. 3 Nr. 1 enthält beispielhafte Beurteilungsmaßstäbe für die Auslegung dieser Begriffe, nämlich: die Belichtung, Besonnung und Belüftung der Wohnungen und Arbeitsstätten; die bauliche Beschaffenheit von Gebäuden, Wohnungen und Arbeitsstätten; die Zugänglichkeit der Grundstücke; die Auswirkungen einer vorhandenen Mischung von Wohn- und Arbeitsstätten; die Nutzung von bebauten und unbebauten Flächen nach Art, Maß und Zustand; die Einwirkungen, die von Grundstücken, Betrieben, Einrichtungen oder Verkehrsanlagen ausgehen, insbesondere durch Lärm, Verunreinigungen und Erschütterungen; die vorhandene Erschließung. **63**

Während das Sanierungsrecht bei Vorliegen von Zuständen, die im Widerspruch zu dieser Planungsleitlinie stehen, die Anwendung eines besonderen städtebaulichen Maßnahmerechts rechtfertigt, knüpft § 44 **Abs. 4 Nr. 1** hieran mit einer besonderen **entschädigungsrechtlichen Bestimmung** an. Danach sind Bodenwerte nicht zu entschädigen, soweit sie darauf beruhen, daß die zulässige Nutzung auf dem Grund- **64**

stück den allgemeinen Anforderungen an gesunde Wohn- und Arbeits-
verhältnisse oder an die Sicherheit der auf dem Grundstück oder im
umliegenden Gebiet wohnenden oder arbeitenden Menschen nicht
entspricht. Beide Ermächtigungen, nämlich die Ermächtigung zu be-
sonderen eigentumsrechtlichen Eingriffen nach dem Sanierungsrecht
und zum Entschädigungsausschluß nach § 44 Abs. 4 Nr. 1, finden in der
Sozialpflichtigkeit des Eigentums (Art. 14 Abs. 2 GG) in ihrer beson-
deren Ausprägung als **Situationsgebundenheit** (vgl. hierzu Rn 8) ihre
Begründung und Rechtfertigung (vgl. im einzelnen die Erl. zu § 44).

65 Die Planungsdirektive des Abs. 5 S. 2 hat also im Zusammenhang
mit diesen (Rn 63 u. 64) und anderen Regelungen (vgl. § 34 Abs. 1,
§ 177 Abs. 2) eine **„repressive" Funktion** i. S. der Konkretisierung der
Sozialpflichtigkeit des Eigentums und damit der – grundsätzlich ent-
schädigungslos hinzunehmenden – Ausformung von Schranken des
Eigentumsrechts. Für die **Bauleitplanung** ergibt sich hierüber hinaus
als **„präventive" Aufgabe** die Vorbereitung und Leitung der Grund-
stücksnutzung in einer Weise, die dem Entstehen städtebaulicher Miß-
stände vorbeugt und damit (positiv) zur Sicherung einer **menschen-
würdigen Umwelt** (vgl. Abs. 5 S. 1) beiträgt. Zu den konkreten An-
forderungen, die sich hieraus für eine gerechte Abwägung konfligie-
render Nutzungen ergeben, vgl. im einzelnen Rn 110–112; zur Altla-
stenproblematik vgl. Rn 112a.

66 **bb) Die Wohnbedürfnisse, bei Vermeidung einseitiger Bevölke-
rungsstrukturen, die Eigentumsbildung weiter Kreise der Bevölke-
rung und die Bevölkerungsentwicklung (Nr. 2).** Die Berücksichti-
gung der **Wohnbedürfnisse** bei der Aufstellung der Bauleitpläne ist eine
allgemein gehaltene Planungsleitlinie, die auch in anderen Planungsleit-
linien weitere Ausprägungen findet, insbesondere in den allgemeinen
Anforderungen an gesunde Wohnverhältnisse (Nr. 1) und den sozialen
Bedürfnissen der Bevölkerung (Nr. 3). Für die Bauleitplanung ergibt
sich hieraus insbesondere die Aufgabe, in ausreichendem Maße **Flächen
auszuweisen,** die für **Wohnzwecke** genutzt werden können. Vgl.
hierzu weiterhin § 1 Abs. 1 BauGB-MaßnahmenG (Rn 86a). Hiermit
steht auch die relative **Umwidmungssperre** des **Abs. 5 S. 4** in Zusam-
menhang. Durch entsprechende Ausweisungen hat die Bauleitplanung
weiterhin die Voraussetzungen für eine **Ausstattung der Wohngebiete**
mit der erforderlichen Infrastruktur, mit Versorgungs- und Gemeinbe-
darfseinrichtungen zu sorgen. Bei der Aufstellung der Bauleitpläne
sollen **einseitige Bevölkerungsstrukturen vermieden** werden. Hierin
ist nicht ein verpflichtender städtebaulicher Grundsatz zur Schaffung
durchgehender sozialer, altersmäßiger oder ethnischer Homogenität
(„der Mischung") der Wohngebiete zu sehen. Vielmehr ist damit eine
städtebauliche Aufgabe für solche Gebiete beschrieben, in denen durch
einseitige Bevölkerungsstrukturen städtebauliche Nachteile eingetreten
sind oder zu entstehen drohen. Durch planerische Festsetzungen (vgl.
z. B. § 9 Abs. 1 Nr. 6–8) kann die Bevölkerungsstruktur jedoch ggf.

mittelbar beeinflußt werden. Ein Instrument zur **Erhaltung der Zu-
sammensetzung der Wohnbevölkerung,** wenn dies aus besonderen
städtebaulichen Gründen erforderlich ist, ist die Erhaltungssatzung
nach § 172 Abs. 1 S. 1 Nr. 2, Abs. 4. Vgl. weiterhin § 22 über die
Sicherung von Fremdenverkehrsgemeinden.

Die Planungsleitlinie der **Eigentumsbildung weiter Kreise der Be-** 67
völkerung entspricht einem ordnungspolitischen Grundsatz des Städ-
tebaurechts. Er hat in den **Reprivatisierungsbestimmungen** des Geset-
zes eine besondere Ausprägung erfahren; vgl. §§ 89, 169 Abs. 5 sowie
§ 7 Abs. 1 Nr. 15 BauGB-MaßnahmenG. Das **II. WoBauG** enthält eine
besondere Verpflichtung u. a. der Gemeinden zur **Beschaffung von
Bauland:** Nach § 89 Abs. 1 II. WoBauG haben u. a. die Gemeinden zur
Förderung des Wohnungsbaues die Aufgabe, geeignete ihnen gehö-
rende Grundstücke als Bauland für den Wohnungsbau zu angemesse-
nen Preisen zu Eigentum oder in Erbbaurecht zu überlassen oder als
Austauschflächen bereitzustellen. Nach § 89 Abs. 2 II. WoBauG haben
die Gemeinden „darüber hinaus die Aufgabe, für den Wohnungsbau,
namentlich für eine Bebauung mit Familienheimen, geeignete Grund-
stücke zu beschaffen, im Rahmen der landesrechtlichen Bestimmungen
baureif zu machen und als Bauland Bauwilligen zu Eigentum oder in
Erbbaurecht zu überlassen". Nach § 89 Abs. 3 II. WoBauG haben die
Gemeinden „im Rahmen einer geordneten Entwicklung des Gemein-
degebietes in ihren rechtsverbindlichen städtebaulichen Plänen für eine
Bebauung mit Familienheimen geeignete Flächen in einem so ausrei-
chenden Umfange auszuweisen, daß die vorrangige Förderung des
Baues von Familienheimen" durchgeführt werden kann.

Im Zusammenhang mit den Wohnbedürfnissen der Bevölkerung
und der Eigentumsbildung ist auch der durch das BauGB neu einge-
führte Belang der **Bevölkerungsentwicklung** zu sehen. Aus der künfti-
gen Bevölkerungsentwicklung (demographische Entwicklung, Wande-
rungsgewinne und -verluste innerörtlich, örtlich oder regional) können
sich z. T. sehr unterschiedliche Aufgaben für die geordnete städtebauli-
che Entwicklung durch Bauleitplanung ergeben (z. B. Erfordernis zu-
sätzlichen Wohnbaulandes, Umplanungen, Planung eines teilweisen
„Rückbaus").

cc) Die sozialen und kulturellen Bedürfnisse der Bevölkerung, 68
**insbesondere die Bedürfnisse der Familien, der jungen und alten
Menschen und der Behinderten, die Belange des Bildungswesens und
von Sport, Freizeit und Erholung (Nr. 3).** Auch diese Planungsleitli-
nien stehen mit anderen Planungsleitlinien des Abs. 5 S. 2 in engem
Zusammenhang, wie z. B. mit den Belangen nach Nr. 2 (Wohnbedürf-
nisse) oder auch mit den Belangen nach Nr. 1 (Wohn- und Arbeitsver-
hältnisse) und Nr. 8 (u. a. Sicherung und Schaffung von Arbeitsplät-
zen). Für die Berücksichtigung der **sozialen und kulturellen Bedürf-
nisse** kommt z. B. in Betracht: die Ausweisung von Flächen für Anla-
gen des **Gesundheitswesens** (Krankenhäuser, Sanatorien), **soziale Ein-**

richtungen, von **Theatern, Konzertsälen** und anderen **kulturellen Begegnungsstätten.** Zur Absicherung sozialer Belange vgl. auch die Vorschriften über den Sozialplan (§ 180) und den Härteausgleich (§ 181).

69 Bei der Aufstellung von Bauleitplänen kommt der Berücksichtigung der **Bedürfnisse bestimmter Bevölkerungsgruppen** besondere Bedeutung zu, insbesondere der Familien, junger und alter Menschen, Behinderter und anderer Personen, die nach ihren persönlichen Lebensumständen besonderer Hilfe und Einrichtungen bedürfen. Diesen Belangen kann durch die Bauleitplanung insbesondere durch die Ausweisung von Gemeinbedarfsflächen entsprochen werden (§ 5 Abs. 2 Nr. 2, § 9 Abs. 1 Nr. 5), wie z. B. Altenheime, Kinderheime, Kindergärten, Erziehungsanstalten, Sanatorien, Spielplätze (§ 9 Abs. 1 Nr. 4 und 11), verkehrsberuhigte Straßen (§ 9 Abs. 1 Nr. 11). Für die Berücksichtigung der Belange von Familien und jungen Menschen kommen z. B. Ausweisungen für **Anlagen und Einrichtungen des Gemeinbedarfs** und von **Grünflächen** in Betracht (§ 5 Abs. 2 Nr. 2 u. 5; § 9 Abs. 1 Nr. 5 u. 15): z. B. für Kindergärten, Kinderspielplätze, Jugendzentren, Jugendherbergen, Jugendheime.

Die Berücksichtigung der **Belange des Bildungswesens ist** eine Konkretisierung der Planungsleitlinie der Berücksichtigung der **kulturellen Bedürfnisse** der Bevölkerung. Durch die Bauleitplanung sollen die erforderlichen Gemeinbedarfsflächen (§ 5 Abs. 2 Nr. 2, § 9 Abs. 1 Nr. 5) ausgewiesen werden, z. B. für das Schul- und Hochschulwesen, für Museen und Büchereien oder für Rundfunk- und Fernseheinrichtungen.

70 Den Belangen von **Sport, Freizeit** und **Erholung** dient insbesondere die Ausweisung von Grünflächen und Gemeinbedarfsflächen (§ 5 Abs. 2 Nr. 2 u. 5; § 9 Abs. 1 Nr. 5 u. 15): z. B. Kinderspielplätze, Freizeiteinrichtungen, Sport-, Spiel-, Zelt- und Badeplätze, Sportstadien, Schwimmhallen u. a. Konkurrierende Belange können sich im Einzelfall aus dem Naturschutz und der Landschaftspflege, der Gestaltung des Landschaftsbildes und der Erhaltung der natürlichen Lebensgrundlagen ergeben. In § 5 Abs. 1 Nr. 2 und § 9 Abs. 1 Nr. 5 sind die Flächen für **Sport- und Spielanlagen** durch das BauGB nunmehr auch ausdrücklich aufgenommen worden. Bei der Bauleitplanung soll zur Sicherung der Erholung auch die **Erholungsfunktion der Landschaft** berücksichtigt werden (vgl. auch die Belange in Nr. 4 und 7).

71 **dd) Die Erhaltung, Erneuerung und Fortentwicklung vorhandener Ortsteile sowie die Gestaltung des Orts- und Landschaftsbildes (Nr. 4).** Die in Nr. 4 (mit dem BauGB neu) aufgenommenen Gesichtspunkte der **Erhaltung, Erneuerung und Fortentwicklung vorhandener Ortsteile** heben das Erfordernis der Ausrichtung der Bauleitplanung auch auf die innerörtliche Entwicklung und Erneuerung unbeschadet der „Neuplanung" (Ausweisung neuer Bauflächen) hervor. Weiter ist hinzuweisen auf die Aufgaben bei der Überplanung von gewachsenen

städtebaulichen Strukturen (z. B. Gemengelage-Situationen – Nebeneinander von emittierenden Anlagen und schutzwürdigen Nutzungen), somit auch das in die Abwägung einzustellende Gewicht der vorhandenen Verhältnisse. Aus der gesetzgeberischen Akzentuierung der vorhandenen städtebaulichen Strukturen und den jeweiligen örtlichen Verhältnissen ergeben sich für die Abwägung gesetzlich abgesicherte Möglichkeiten situationsgemäßer Planung unter Vermeidung schematischer Übernahme allgemeiner Regeln (Söfker, in: B/K/S, Rn 13). Vgl. hierzu auch die Erläut. zu **§ 34 Abs. 3**; insbesondere Rn 64. Die in Nr. 4 genannten Belange überschneiden sich z. T. mit Nr. 5 und hinsichtlich der Belange des **Orts- und Landschaftsbilds** z. T. auch mit Nr. 7.

Zum **Begriff des Landschafts- und Ortsbilds** vgl. auch § 35 Abs. 3 **72** (§ 35, Rn 63). Eine spezielle Schutzvorschrift zum Erhalt baulicher Anlagen, die allein oder im Zusammenhang mit anderen baulichen Anlagen das Ortsbild und die Stadtgestalt prägt, enthält **§ 172** über die Erhaltungssatzung. Eine besondere Zulässigkeitsvorschrift für die Änderung oder Nutzungsänderung von erhaltenswerten, das Bild der Kulturlandschaft prägenden Gebäuden enthält **§ 35 Abs. 4 S. 1 Nr. 4.** Die unmittelbare **Baugestaltung** obliegt nicht dem Planungsrecht, sondern ist in den Landesbauordnungen geregelt. Die Belange des Ortsbilds (und des Denkmalschutzes, Nr. 5) können z. B. im Hinblick auf andere oder innerörtliche Entwicklungsmöglichkeiten der Ausweisung eines neuen Baugebiets in optisch exponierter Lage entgegenstehen (VG Koblenz, NVwZ 1986, 244). Als **bauplanerische** Festsetzungen zur Gestaltung des Orts- und Landschaftsbildes kommen z. B. in Betracht: Die Bauweise, die überbaubaren und die nicht überbaubaren Grundstücksflächen sowie die Stellung der baulichen Anlagen (§ 9 Abs. 1 Nr. 2); die Mindestgröße, die Mindestbreite und die Mindesttiefe der Baugrundstücke sowie (bei Wohnbaugrundstücken) auch die Höchstmaße (§ 9 Abs. 1 Nr. 3); die Flächen, die von der Bebauung freizuhalten sind (§ 9 Abs. 1 Nr. 10); die öffentlichen und privaten Grünflächen (§ 9 Abs. 1 Nr. 15); Flächen und Maßnahmen zum Schutz, zur Pflege und zur Entwicklung der Landschaft (§ 9 Abs. 1 Nr. 20); das Anpflanzen von Bäumen, Sträuchern und sonstigen Bepflanzungen sowie die Bindung für Bepflanzungen und für die Erhaltung von Bäumen, Sträuchern und sonstigen Bepflanzungen sowie von Gewässern (§ 9 Abs. 1 Nr. 25).

 ee) Die Belange des Denkmalschutzes und der Denkmalpflege **73** **sowie die erhaltenswerten Ortsteile, Straßen und Plätze von geschichtlicher, künstlerischer oder städtebaulicher Bedeutung (Nr. 5).** Durch diese Planungsleitlinie wird vor allem die Berücksichtigung der **Belange des Denkmalschutzes** innerhalb der Bauleitplanung sichergestellt. Die Begriffe „Denkmalschutz" und „Denkmalpflege" sind in den Katalog der planerischen Leitziele erstmals ausdrücklich mit dem BauGB eingeführt worden. Mit der ausdrücklichen Erwähnung des Denkmalschutzes und der Denkmalpflege sind keine im Rahmen der

Abwägung zu berücksichtigende Prioritäten eingeführt worden (VGH
München, UPR 1984, 342, für eine Gewichtungsvorgabe Moench,
ZfBR 1985, 163/166 m. w. N.); die Bedeutung dieser Ergänzungen
kann aber darin gesehen werden, daß sie dem Bürger Aufschlüsse über
die wesentlichen bei der Bauleitplanung zu beachtenden Teilaspekte
vermitteln und den Trägern öffentlicher Belange eine ausdrückliche
Grundlage für ihre Beteiligung am Verfahren geben (vgl. Kleiber, in:
Die Alte Stadt 1986, 305/309 mit einem Überblick über sonstige für den
Denkmalschutz bedeutsamen Regelungen im BauGB, insbesondere § 5
Abs. 4, § 9 Abs. 4, § 22, § 35 Abs. 3, Abs. 4 S. 1 Nr. 4, § 136 Abs. 4
Nr. 4, §§ 172, 177). In die Bauleitplanung sind die Belange des Denk-
malschutzes und der Denkmalpflege sowohl zur Erhaltung der Denk-
mäler als auch zur angemessenen Gestaltung ihrer Umgebung einzube-
ziehen (vgl. z. B. Moench, NJW 1983, 1998/2005). In die **planerische
Abwägung** sind die Belange des Denkmalschutzes einzubeziehen
(Abs. 6; hierzu z. B. VGH Mannheim, BRS 35 Nr. 8; VGH München,
BayVBl. 1982, 497). Die Planungsleitlinie beschränkt sich aber nicht
auf die Berücksichtigung der Belange solcher Denkmäler, die bereits
unmittelbar durch die Landesdenkmalschutzgesetze unter Schutz ge-
stellt sind; vgl. hierzu auch die Aufnahme in den Bebauungsplan nach
§ 9 Abs. 4. Zu berücksichtigen sind vielmehr auch die **denkmalschutz-
rechtlich nicht erfaßten** und hierüber ggf. hinausgehenden Belange der
Erhaltenswürdigkeit von **Ensembles,** Bauten, Straßen und Plätzen aus
städtebaulichen Gründen. Eine spezielle Schutzvorschrift hierfür ent-
hält § 172 Abs. 1 S. 1 Nr. 1; vgl. dort – Rn 30 – zum sog. „stadtebauli-
chen Denkmalschutz". Vgl. weiterhin die Planungsleitlinie der Gestal-
tung des **Orts- und Landschaftsbilds** (Nr. 4). Zu den planerischen
Festsetzungen zum Schutz des Denkmals selbst und zur Einbettung des
Denkmals in seine Umgebung vgl. z. B. Gaentzsch, Landkreis 1975,
278; Moench aaO). Für **städtebauliche Sanierungsgebiete** nach dem
StBauFG bestimmte § 10 Abs. 1 S. 2 u. 3 StBauFG im Zusammenhang
mit der gebotenen Rücksichtnahme auf die Erhaltung von Bauten,
Straßen, Plätzen oder Ortsteilen von geschichtlicher, künstlerischer oder
städtebaulicher Bedeutung die Kenntlichmachung von Gebäuden und
sonstigen baulichen Anlagen im Bebauungsplan, die aus den vorgenann-
ten Gründen erhalten bleiben sollen; die Vorschrift über den Sanierungs-
bebauungsplan ist mit der Novelle 1984 StBauFG aufgehoben worden.

74 ff) **Die von den Kirchen und Religionsgesellschaften des öffentli-
chen Rechts festgestellten Erfordernisse für Gottesdienst und Seel-
sorge (Nr. 6).** In Betracht kommen Ausweisungen für Kirchen, Pfarr-
häuser, kirchliche Gemeindezentren, konfessionelle Kindergärten und
Schulen, konfessionelle Altenheime, kirchliche Friedhöfe und sonstige
seelsorgerische Einrichtungen. Die **Feststellung,** welche grundstücks-
bezogenen **Erfordernisse** für Gottesdienst und Seelsorge bestehen,
**obliegt den Kirchen und Religionsgesellschaften des öffentlichen
Rechts,** nicht aber der Gemeinde. Die **Gemeinde** ist an deren Feststel-

lung **gebunden** (Söfker, in E/Z/B, § 1, Rn 143; vgl. auch OVG Bremen ZfBR 1981, 194). Dieses Recht der Kirchen und Religionsgesellschaften des öffentlichen Rechts bezieht sich in erster Linie auf die **autonome Feststellung des Bedarfs** für eine entsprechende Einrichtung im Gemeindegebiet, nicht jedoch auf die genaue **Festlegung des Standorts**, bei der jedoch bei der Ausübung des Planungsermessens die kirchlichen Belange zu berücksichtigen sind (Gaentzsch, in: BK, § 1, Rn 54; Söfker aaO). Zum **Begriff der Kirchen** vgl. Art. 140 GG i. V. m. Art. 137 Abs. 5 der Deutschen Verfassung vom 11. Aug. 1919 (WRV) hierzu zählen insbesondere die evangelische und die katholische Kirche, die jüdischen Kultusgemeinden und sonstige Religionsgesellschaften, die Körperschaften des öffentlichen Rechts waren oder denen dieses Recht verliehen wird (vgl. Maunz, in: M/D, Art. 140, Rn 25 ff.). Die **Beschränkung des Rechts** der autonomen Bedarfsfeststellung auf Kirchen und Religionsgesellschaften des öffentlichen Rechts ist – gegenüber privatrechtlich organisierten Religionsgesellschaften und Weltanschauungsgemeinschaften – **kein Verstoß gegen Art. 3 GG**, weil hierdurch sachgerecht dem besonderen verfassungsrechtlichen Status Rechnung getragen wird.

gg) Die Belange des Umweltschutzes, des Naturschutzes und der Landschaftspflege, insbesondere des Naturhaushalts, des Wassers, der Luft und des Bodens einschließlich seiner Rohstoffvorkommen, sowie des Klimas (Nr. 7). Nr. 7 faßt die für die Bauleitplanung bedeutsamen **umweltrelevanten Belange** zusammen. Die Berücksichtigung der Umweltschutzbelange im BauGB war im Gesetzgebungsverfahren über das BauGB eine besonders intensiv und kontrovers erörterte Materie (vgl. A-Ber., 139 ff.). Die Neufassung der Umweltbelange steht im Zusammenhang mit einer Reihe weiterer Änderungen im BauGB; innerhalb des Abs. 5 ist vor allem auf die Erweiterung der allgemeinen Ziele der Bauleitplanung in Abs. 5 S. 1 um den **Schutz** und die **Entwicklung der natürlichen Lebensgrundlagen** hinzuweisen; vgl. weiterhin den mit dem BauGB neu eingefügten Abs. 5 S. 3 über den **sparsamen und schonenden Umgang mit Grund und Boden.** Unter Umweltschutzgesichtspunkten sind mit dem BauGB u. a. folgende weitere Neuerungen eingeführt worden: die Möglichkeit, Höchstgrenzen von Wohngrundstücken aus Gründen des flächensparenden Bauens festzusetzen (§ 9 Abs. 1 Nr. 3); Darstellung bzw. Ausweisung von Flächen für Maßnahmen zum Schutz, zur Pflege und zur Entwicklung von Natur und Landschaft in den Bauleitplänen (§ 5 Abs. 1 Nr. 10, § 9 Abs. 1 Nr. 20); Verpflichtung zur Darlegung der Auswirkungen der Planung in der Begründung zum Bebauungsplan, damit insbesondere auch der Auswirkungen auf die Umwelt (§ 9 Abs. 8); Kennzeichnung der Flächen mit sog. Altlasten in den Bauleitplänen (§ 5 Abs. 3 Nr. 3, § 9 Abs. 5 Nr. 3; vgl. hierzu auch Rn 112a); Vermeidung der Baulandausweisung in landschaftlich wertvollen Fremdenverkehrsgebieten durch die Neuregelung des § 22; Verpflich-

Krautzberger 53

tung zu einer den Außenbereich schonenden Bauweise (§ 35 Abs. 5);
Aufnahme des Umweltschutzes als Sanierungsziel (§ 136 Abs. 4 S. 2
Nr. 3).

75 a Das BauGB enthält keine (klarstellende oder ergänzende) Regelung
über die **Umweltverträglichkeitsprüfung** (UVP). Der BauGB-Gesetzgeber ist von der Vorstellung ausgegangen, daß die Durchführung
der UVP (vgl. die **EG-Richtlinie** über die UVP vom 27. 6. 1985
[Amtsbl. der EG Nr. L 175/40 v. 5. 7. 1985]) im Rahmen der Bauleitplanung erfolgt (vgl. A-Ber., 139): Als ein Verfahren zur Ermittlung
und Bewertung der Auswirkungen einer behördlichen Entscheidung
(hier: der Bauleitplanung) auf die Umwelt unter Beteiligung der Behörden und der Öffentlichkeit, ist es nach der Konzeption des Gesetzgebers (vgl. A-Ber. aaO) in seinen tragenden Elementen **in den Vorschriften zur Aufstellung der Bauleitpläne enthalten.** Die Verpflichtung zur Ermittlung und Bewertung der Auswirkungen der Planungen
auf die Umwelt ergibt sich unmittelbar aus § 1 Abs. 5 und Abs. 6. Das
Abwägungsgebot verlangt u. a., daß in die Abwägung das an Belangen
einzustellen ist, was nach Lage der Dinge in sie eingestellt werden muß,
und daß der Ausgleich zwischen den von der Planung berührten
öffentlichen Belangen in einer Weise vorgenommen wird, der zur
objektiven Gewichtigkeit einzelner Belange nicht außer Verhältnis steht
(BVerwGE 34, 301, 309; vgl. hierzu im einzelnen Rn 93 ff.; 110 ff.).
Auch die Verfahrensausgestaltung (Behördenbeteiligung nach § 4; Bürgerbeteiligung in einem zweistufigen Verfahren nach § 3) entspricht
den Anforderungen bzw. gibt den Rahmen für eine UVP (vgl. Ronellenfitsch, Einführung in das Planungsrecht, Darmstadt 1986, S. 108;
Salzwedel, Umweltverträglichkeitsuntersuchungen bei Verkehrsplanungen, Hg. Bundesminister für Verkehr, Bonn 1981). Im Verhältnis
zur EG-Richtlinie über die UVP ist mit der Bauleitplanung den Anforderungen nach Art. 4 der Richtlinie Rechnung getragen; nach Art. 2
Abs. 2 der Richtlinie ist die Integration der UVP in die vorhandenen
Verfahren zulässig (vgl. weiterführend Söfker, in: B/K/S, Rn 18).

75 b Das 1990 in Kraft getretene **UVPG** hat die Auffassung des BauGB-
Gesetzgebers bestätigt, wonach die UVP im Rahmen der Aufstellung
der Bauleitpläne nach den Vorschriften des BauGB durchzuführen ist;
dies übrigens auch unabhängig davon, ob Bebauungspläne Grundlage
für die Genehmigung der im UVPG bezeichneten Vorhaben sind (vgl.
hierzu im einzelnen Krautzberger, UPR 1989, 161/163; Söfker, in:
E/Z/B, § 1, Rn 239 ff., 249). Die „Verzahnung" von Bauleitplanung und
UVP ist in § 17 UVPG geregelt. Die Vorschrift lautet wie folgt:

„§ 17 Aufstellung von Bebauungsplänen
 Werden Bebauungspläne im Sinne des § 2 Abs. 3 Nr. 3 aufgestellt, geändert
oder ergänzt, wird die Umweltverträglichkeitsprüfung nach § 2 Abs. 1 Satz 1 bis
3 im Bauleitplanverfahren nach den Vorschriften des Baugesetzbuchs durchgeführt; der Umfang der Prüfung bestimmt sich dabei nach den für die Aufstellung,

Änderung oder Ergänzung des Bebauungsplans anzuwendenden Vorschriften. § 8
ist entsprechend anzuwenden. "

Die in § 17 UVPG in bezug genommenen Vorschriften regeln den
Begriff der UVP (§ 2 Abs. 1) sowie die grenzüberschreitende Behör-
denbeteiligung (§ 8). § 2 Abs. 3 Nr. 3 UVPG bestimmt, daß Entschei-
dungen über die Zuverlässigkeit von Vorhaben, für die eine UVP
durchgeführt wird, auch sind:

„Beschluß über die Aufstellung, Änderung oder Ergänzung von Bebauungs-
plänen, die die Grundlage für Entscheidungen über die Zulässigkeit von Vorha-
ben im Sinne der Anlage zu § 3 sein können sowie Beschlüsse über Bebauungs-
pläne, die Planfeststellungsbeschlüsse für Vorhaben im Sinne der Anlage zu § 3
ersetzen. "

Umweltschutz kann als Oberbegriff für die **Aufgaben der Erhaltung** **76**
und des Schutzes der natürlichen Lebensbedingungen verstanden
werden. Zum Umweltschutz im engeren Sinne gehören u. a. die
Abfall- und Abwasserbeseitigung; vgl. hierzu das Abfallgesetz sowie
folgende Festsetzungen in Bebauungsplänen: Flächen für die Verwer-
tung oder Beseitigung von Abwasser und festen Abfallstoffen sowie
für Ablagerungen (§ 9 Abs. 1 Nr. 14); Wasserflächen (§ 9 Abs. 1
Nr. 16); von der Bebauung freizuhaltende Schutzflächen (§ 9 Abs. 1
Nr. 24). Die Belange des Umweltschutzes erfordern bei der Bauleitpla-
nung insbesondere eine hinreichende **Berücksichtigung von Emissio-**
nen, die von gewerblichen Flächen oder Anlagen ausgehen, und von
Immissionen, die auf schutzwürdige und schutzbedürftige Nutzungen
einwirken. § 50 BImSchG konkretisiert das Gebot zur Berücksichti-
gung der Belange des Immissionsschutzes folgendermaßen: „Bei
raumbedeutsamen Planungen und Maßnahmen sind die für eine be-
stimmte Nutzung vorgesehenen Flächen einander so zuzuordnen, daß
schädliche Umwelteinwirkungen auf die ausschließlich oder überwie-
gend dem Wohnen dienenden Gebieten sowie auf sonstige schutzbe-
dürftige Gebiete soweit wie möglich vermieden werden. " Zum Ne-
beneinander von Wohnen und Gewerbe vgl. allgemein BVerwGE 45,
306 sowie im einzelnen Rn 110–112.

Der Bauleitplanung kommt vor allem eine erhebliche Bedeutung für **76a**
den **vorsorgenden Immissionsschutz** zu. Die für die Berücksichtigung
des Immissionsschutzes in der Bauleitplanung entwickelten Pla-
nungsgrundsätze werden wesentlich bestimmt durch die Anforderun-
gen des Abwägungsgebots (Abs. 6) sowie die Regelungsmöglichkeiten
in den Bauleitplänen nach den §§ 5 und 9 und der BauNVO (Söfker
aaO, Rn 250). Sie werden ergänzt durch immissionsschutzrechtliche
Regelungen: Neben § 50 BImSchG ist auf die materiellen **Anforderun-**
gen an genehmigungsbedürftige Anlagen nach den §§ 4ff. **BImSchG**
sowie den zugehörigen Verwaltungsvorschriften „Technische Anlei-
tung zum Schutz gegen Lärm **(TA-Lärm)**" und die „Technische Anlei-
tung zur Reinhaltung der Luft **(TA-Luft)**" hinzuweisen. Speziell für
die Berücksichtigung der von Straßen und Schienenwegen ausgehen-

den Verkehrsgeräusche sind die **§§ 41 bis 43 BImSchG** von Bedeutung. Spezielle Vorschriften zum Schutz von Gefahren, Nachteilen und Belästigungen durch Fluglärm in der Umgebung von Flugplätzen enthält das **FluglärmG.**

76 b Grenzwerte für die Berücksichtigung des Immissionsschutzes in der Bauleitplanung sind allerdings gesetzlich nicht festgelegt. Das BVerwG hat Grenz- und Orientierungswerte, die in Verwaltungsvorschriften, DIN-Normen, VDI-Richtlinien usw. festgelegt sind, als für die Planung nicht maßgeblich angesehen (vgl. BVerwG, ZfBR 1987, 290; ZfBR 1989, 127). Für die Beurteilung dessen, was im jeweiligen Planungsfall dem Betroffenen zuzumuten ist, ist unter Würdigung aller Umstände des Einzelfalls und der Schutzbedürftigkeit eines jeden Baugebiets zu bestimmen (vgl. BGH, NJW 1986, 2421). Die Berücksichtigung unzutreffender Orientierungswerte kann zur Fehlerhaftigkeit des Plans führen. Bestimmte städtebauliche Standards ergeben sich darüber hinaus aus der unterschiedlichen Schutzwürdigkeit der Baugebiete der BauNVO (vgl. Söfker aaO, Rn 150, 253). Zur **Beachtung der Belange des Immissionsschutzes innerhalb der Bauleitplanung** sollte auf die z. T. sehr eingehenden Durchführungsbestimmungen der Länder zum BauGB zurückgegriffen werden. Hinzuweisen ist auch auf die **DIN 18 005** (Schallschutz im Städtebau), insbesondere soweit sie in Ländererlassen eingeführt ist. Vgl. auch den vom Minister für Arbeit, Gesundheit und Soziales des Landes NW herausgegebenen **„Abstandserlaß"** (wiedergegeben in der 2. Aufl., § 1, Rn 76), der Grundlage für eine einheitliche Stellungnahme der bei der Bauleitplanung beteiligten Gewerbeaufsichtsbehörden im Hinblick auf die unter Immissionsschutzgesichtspunkten gebotenen Schutzabstände ist. Auch wenn derartige Verwaltungsvorschriften keine Rechtsnormen sind, so enthalten sie gleichwohl Erfahrungswerte, die die Belange des Immissionsschutzes konkretisieren; insoweit können sie abwägungsbeachtliche Belange darstellen (so OVG Lüneburg, ZfBR 1986, 196).

77 Die **Belange des Naturschutzes und der Landschaftspflege** ergeben sich im einzelnen aus dem **Bundesnaturschutzgesetz** (vgl. § 1 Abs. 1 BNatschG), dem **Bundeswaldgesetz** sowie aus den **landesrechtlichen Naturschutz-, Landschaftsschutz-** und **Waldgesetzen** bzw. **-verordnungen.** Diese gesetzlichen Regelungen enthalten insbesondere Ziele und Grundsätze des Naturschutzes und der Landschaftspflege, Regelungen über Landschaftsprogramme, Landschaftsrahmenpläne oder Landschafts- und Grünordnungspläne. Ein Bebauungsplan, dessen Festsetzungen den Regelungen einer Landschaftsschutzverordnung widersprechen, verstößt gegen bindendes Recht (vgl. § 6 Abs. 2, § 11 Abs. 2, 3 S. 1; BVerwG, ZfBR 1989, 77). Zum Verhältnis von Bauleitplanung und Naturschutz und Landschaftsplanung vgl. § 6 Abs. 2 BNatschG sowie weiterhin Söfker, in: E/Z/B, § 1, Rn 285–300, dort insbesondere zum Verhältnis von Bauleitplanung und Eingriffsregelung nach § 8 NatschG (aaO, Rn 298 ff.): Bauvorhaben nach §§ 30 und

34 sind hinsichtlich ihrer Zulässigkeit bodenrechtlich abschließend geregelt, so daß für zusätzliche bodenrechtliche Anforderungen kein Raum ist; dagegen kommen Vorhaben nach § 35 keine den §§ 30 und 34 entsprechende Rechtsposition zu (str.); vgl. auch § 34, Rn 31. Zur Festsetzung von Maßnahmen zum Schutz, zur Pflege und zur Entwicklung von Natur und Landschaft sowie von Flächen für solche Maßnahmen nach § 9 Abs. 1 Nr. 20 und zum Verhältnis zu den landesrechtlichen Vorschriften vgl. im einzelnen § 9, Rn 70–73. Zur nachrichtlichen Übernahme der nach dem Landesnaturschutz- und Landschaftspflegerecht getroffenen Festsetzungen vgl. § 9 Abs. 6. Natur- und landschaftsschutzgebiete können auch in die **Pläne der Raumordnung und Landesplanung** aufgenommen werden (vgl. auch § 2 Abs. 1 Nr. 7 ROG); in diesem Fall besteht – unbeschadet der Verpflichtung zur Berücksichtigung der Belange des Naturschutzes und der Landschaftspflege – die **Anpassungspflicht** an die **Ziele der Raumordnung und Landesplanung** gem. Abs. 4.

Das Gesetz hebt besonders die Belange des Naturhaushaltes, des **78** Wassers, der Luft und des Bodens einschließlich seiner Rohstoffvorkommen, sowie das Klima hervor. Die Aufnahme des Begriffs **Naturhaushalt** hebt die Notwendigkeit eines die verschiedenen Umweltbereiche umfassenden Umweltschutzes auch für die Bauleitplanung hervor. Die Leistungsfähigkeit des Naturhaushalts ist danach auch ein für den Städtebau bedeutsamer Belang. Der Belang Naturhaushalt (vgl. § 1 Abs. 1 Nr. 1 BNatSchG) bedeutet den Schutz seines Wirkungsgefüges und den Schutz seiner einzelnen Bestandteile. Je nach den örtlichen Verhältnissen und Eingriffen in die Natur müssen daher die Auswirkungen der Bestandteile Boden, Wasser und Luft untereinander sowie die Tier- und Pflanzenwelt berücksichtigt werden.

Für das **Klima** ist neben Immissionsschutzmaßnahmen die Erhaltung von Wald- und Grünzonen im Umkreis und innerhalb der Städte und Gemeinden und die Freihaltung von Luftschneisen von Bedeutung. Zu den vielfältigen, für die Erhaltung und Sicherung der natürlichen Lebensgrundlagen in Betracht kommenden **planerischen Festsetzungen** vgl. Rn 76 und 77. Der Erhaltung und Sicherung der natürlichen Lebensgrundlagen dient insbesondere die Bestimmung des **§ 35** über das Bauen im **Außenbereich**, die vom Grundsatz geprägt ist, den Außenbereich von baulichen Anlagen freizuhalten, soweit diese nicht ihrem Wesen nach in den Außenbereich gehören (BVerwGE 28, 148; vgl. § 35, Rn. 1). Zum Schutz des **Bodens** vgl. auch die Erl. zu Abs. 5 S. 3 (Rn 85).

hh) Die Belange der Wirtschaft, auch ihrer mittelständischen **79** **Struktur im Interesse einer verbrauchernahen Versorgung der Bevölkerung, der Land- und Forstwirtschaft, des Verkehrs einschließlich des öffentlichen Personennahverkehrs, des Post- und Fernmeldewesens, der Versorgung, insbesondere mit Energie und Wasser, der Abfallentsorgung und der Abwasserbeseitigung sowie die Sicherung**

von Rohstoffvorkommen und die Erhaltung, Sicherung und Schaffung von Arbeitsplätzen (Nr. 8). Bei der Bauleitplanung sind die **wirtschaftlichen Belange** vor allem durch ein ausreichendes, den wirtschaftlichen Bedürfnissen entsprechendes Flächenangebot zu berücksichtigen. Dabei muß die Bauleitplanung einen **Ausgleich zwischen konkurrierenden Bodennutzungsansprüchen** schaffen, wie z. B. zwischen Wirtschaft und Wohnen (vgl. hierzu im einzelnen Rn 110–112) oder zwischen konkurrierenden Wirtschaftsbereichen (vgl. z. B. die Steuerung der Standorte von Verbrauchermärkten nach § 11 Abs. 3 BauNVO; vgl. hierzu Rn 80). Dabei darf die Bauleitplanung jedoch nicht zu einem **Instrument der Wirtschaftsplanung** werden (vgl. hierzu bereits Rn 56), sondern muß sich auf die Berücksichtigung wirtschaftlicher Belange innerhalb der geordneten städtebaulichen Entwicklung beschränken. Zu den in den Baugebieten nach der BauNVO zulässigen Anlagen für wirtschaftliche Nutzungen vgl. im einzelnen §§ 2 bis 14 BauNVO. Zu den **Belangen der Wirtschaft** gehören u. a. die Interessen der Allgemeinheit an der Versorgung mit Rohstoffen, Gütern und Dienstleistungen, das Interesse an der Schaffung, Erhaltung und Sicherung von Arbeitsplätzen, die Standortinteressen der Unternehmen, insbesondere an der weiteren Ausnutzung des vorhandenen Bestandes sowie das Bedürfnis nach Betriebserweiterung und Modernisierung und das Interesse am ungehinderten Abbau der gewinnbaren Bodenschätze. Das BauGB hebt u. a. die **Sicherung von Rohstoffvorkommen** als einen den Belangen der Wirtschaft zugeordneten Belang besonders hervor. Der Belang meint vor allem oberflächennahe mineralische Rohstoffvorkommen, aber auch andere für die geordnete städtebauliche Entwicklung bedeutsame Vorkommen, wie z. B. Steinkohle und Erdöl. Die Rohstoffsicherung ist weiterhin auch als Belang des Umweltschutzes (Bodenschutz) zu berücksichtigen (Nr. 7). Auch die Aufnahme der Belange der **Abfallentsorgung** in Nr. 8 hebt ihre Stellung in der Bauleitplanung vor; vgl. hierzu das Abfallgesetz. Im BauGB ist weiterhin die **Erhaltung, Sicherung und Schaffung von Arbeitsplätzen** als Belang ausdrücklich aufgenommen. Dies entspricht der Bedeutung dieses Belangs innerhalb des Oberbegriffs der wirtschaftlichen Belange. Im Rahmen der Bauleitplanung kommt hierbei insbesondere die Ausweisung von Gewerbeflächen und die Sicherung von Gewerbestandorten bei Überplanung von bebauten Gebieten in Betracht ("Gemengelage-Situationen"; vgl. hierzu auch Rn 110–112; vgl. auch BVerwG, DVBl. 1971, 746 zur Bedeutung betrieblicher Investitionen als abwägungsbeachtliche private Belange sowie als öffentliche Belange im Hinblick auf die örtliche Arbeitsplatzsituation; vgl. weiterhin Söfker, in: B/K/S, Rn 16).

80 In die Nr. 8 ist mit dem BauGB als Belang der Wirtschaft auch ihre **„mittelständische Struktur im Interesse einer verbrauchernahen Versorgung der Bevölkerung"** aufgenommen worden. Dadurch soll erreicht werden, daß im Rahmen der Bauleitplanung die Interessen der

Verbraucher an gut erreichbaren und ihren Bedürfnissen entsprechenden privaten Versorgungseinrichtungen angemessen berücksichtigt werden. Hierin liegt ein unmittelbarer städtebaulicher Bezug, z. B. um der Verödung bestimmter Stadtviertel oder ländlicher Gemeinden wegen einer fehlenden verbrauchernahen Versorgung entgegenzuwirken. Die **verbrauchernahe Versorgung** durch Ansiedlung der Betriebe des Einzelhandels an städtebaulich integrierten Standorten kann ein wesentliches Anliegen einer geordneten städtebaulichen Entwicklung sein. Der Belang hebt die Verpflichtung der Gemeinden hervor, die vorhandenen planungsrechtlichen Instrumente zu nutzen. In Betracht kommt insbesondere die Aufstellung oder Änderung von Bebauungsplänen nach **§ 11 Abs. 3 BauNVO**; auch weitergehende Festsetzungen i. S. des **§ 1 Abs. 9 BauNVO** kommen in Betracht (vgl. Bielenberg und Söfker in: E/Z/B, § 1 BauNVO, Rn 3 ff.; § 11 BauNVO, Rn 102). Zur Sicherung dieses Belangs hat in ländlichen Gebieten sowie im Verhältnis zwischen Stadt und Umland die Verpflichtung benachbarter Gemeinden zur Abstimmung der Bauleitpläne besondere Bedeutung; **§ 2 Abs. 2**. Zur Beachtung von **Zielen der Landesplanung und Raumordnung** i. S. des Vorbehalts großflächiger Einzelhandelsbetriebe für Mittel- und Oberzentren vgl. Rn 39 m. w. N. **Verbrauchernahe Versorgung** der Bevölkerung bedeutet, daß die Einzelhandelsbetriebe an gut erreichbaren Standorten errichtet werden, insbesondere an Standorten in Übereinstimmung mit der Entwicklung zentraler Versorgungsbereiche in der Gemeinde (Söfker, in: B/K/S, Rn 15). Das Gesetz geht davon aus, daß vor allem die **mittelständischen Betriebsformen des Einzelhandels** die verbrauchernahe Versorgung der Bevölkerung gewährleisten können. Auch **§ 11 Abs. 3 BauNVO** (i. d. F. der Dritten Änderungsverordnung v. 19. 12. 1986, BGBl. I S. 2665) dient diesem Belang. Danach ist die Regelgröße von großflächigen Einzelhandelsbetrieben außerhalb von Kern- und Sondergebieten (bis 1. 1. 1987: 1 500 m²) mit 1200 m² Geschoßfläche bestimmt worden; § 11 Abs. 3 S. 3 BauNVO; vgl. weiterhin § 11 Abs. 3 S. 4 BauNVO mit einer Regelung über die Voraussetzungen und Maßstäbe für eine von dieser Regelgröße abweichende Beurteilung (vgl. zur Regelung für Einkaufszentren, großflächige Einzelhandelsbetriebe und sonstige großflächige Handelsbetriebe im einzelnen Söfker, in: E/Z/B, § 11 BauNVO, Rn 39 ff. Zum Schutz der verbrauchernahen Versorgung vgl. auch **§ 34 Abs. 3 S. 2.**

Zu den Belangen der Wirtschaft – als Oberbegriff – gehören auch die **81** Belange der **Energie-, Wärme- und Wasserversorgung**; den Begriff Wärmeversorgung verwendet das BauGB nicht mehr ausdrücklich, weil er im Begriff der Energieversorgung enthalten ist. Im Bebauungsplan können hierzu u. a. festgesetzt werden: Die Versorgungsflächen (§ 9 Abs. 1 Nr. 12); die Führung von Versorgungsanlagen und -leitungen (§ 9 Abs. 1 Nr. 13); die Flächen für die Verwertung oder Beseitigung von Abwasser und festen Abfallstoffen sowie für Ablagerungen (§ 9

Abs. 1 Nr. 14); die Wasserflächen sowie die Flächen für Aufschüttungen, Abgrabungen oder für die Gewinnung von Steinen, Erden und anderen Bodenschätzen (§ 9 Abs. 1 Nr. 17); die mit Geh-, Fahr- und Leitungsrechten zugunsten der Allgemeinheit, eines Erschließungsträgers oder eines beschränkten Personenkreises zu belastenden Flächen (§ 9 Abs. 1 Nr. 21).

82 Zum Begriff der **Landwirtschaft** vgl. die Legaldefinition in § 201. Zum Begriff der **Forstwirtschaft** vgl. § 35, Rn 12. Zur Darstellung von Flächen für die Landwirtschaft und den Wald im Flächennutzungsplan vgl. § 5 Abs. 2 Nr. 9; zur Festsetzung von entsprechenden Flächen im Bebauungsplan vgl. § 9 Abs. 1 Nr. 18. Das Städtebaurecht enthält eine Reihe weiterer Bestimmungen, die dem Schutz land- und forstwirtschaftlicher Belange dienen; vgl. z. B. die Umwidmungssperre des Abs. 5 S. 4 sowie § 35 Abs. 1 Nr. 1 bis 3, § 100, § 135 Abs. 4, § 136 Abs. 4 S. 1 Nr. 2, § 145 Abs. 5, § 168 Abs. 1 S. 2, § 169 Abs. 4 sowie §§ 187–191. Die Konkretisierung der sich auf die Land- und Forstwirtschaft beziehenden Grundsätze der Raumordnung (vgl. § 2 Abs. 1 Nr. 5 ROG) in **Zielen der Raumordnung und Landesplanung** löst die Anpassungspflicht der Bauleitplanung gem. Abs. 4 aus.

83 Die **Belange des Verkehrs** haben innerhalb der Bauleitplanung eine **herausgehobene Bedeutung**. Dies ergibt sich bereits daraus, daß die Sicherung der **Erschließung** im Innen- wie im Außenbereich Voraussetzung für die Zulässigkeit von Vorhaben ist; vgl. § 30 Abs. 1, § 33 Abs. 1 Nr. 4, § 34 Abs. 1 S. 1 und § 35 Abs. 1 u. 2. Zu den Mindestanforderungen an die gesicherte Erschließung gehören insbesondere ausreichende Zufahrtsmöglichkeiten und damit der Anschluß an die Verkehrsflächen. Auch die sachgerechte Nutzung der Grundstücke setzt vielfach den Anschluß an Verkehrsflächen voraus. Zum Begriff des **Verkehrs** gehören der (fließende und ruhende) Straßenverkehr einschließlich des Fußgänger- und Radverkehrs, der schienengebundene Verkehr (Eisenbahnen, Straßen-, U- oder S-Bahnen) sowie der Luft- und Schiffahrtsverkehr. Der Stellenwert der verkehrlichen Belange ergibt sich weiterhin daraus, daß die Stadtentwicklung, die räumliche Zuordnung von Nutzungen, die Entwicklungschancen und -beeinträchtigungen und damit die städtebauliche Entwicklung und Ordnung des Gemeindegebietes in besonders hohem Maße von der verkehrlichen Infrastruktur geprägt werden. Die Belange des Verkehrs sind Gegenstand zahlreicher **bundes- und landesgesetzlicher Regelungen**. Auch die in § 38 S. 1 aufgeführten privilegierten Fachplanungsgesetze beziehen sich u. a. auf Bundesgesetze mit besonderer Berücksichtigung verkehrlicher Belange. § 38 S. 2 privilegiert in gleicher Weise Planfeststellungsverfahren für überörtliche Planungen u. a. aus dem Gebieten des Verkehrs- und Wegerechts nach landesrechtlichen Vorschriften. Die Belange des Verkehrs können im **Flächennutzungsplan** durch Darstellungen der Flächen für den überörtlichen Verkehr und für die örtlichen Hauptverkehrszüge (§ 5 Abs. 2 Nr. 3) sowie der Wasserflächen und

Häfen (§ 5 Abs. 2 Nr. 7) berücksichtigt werden. Im **Bebauungsplan** können hierzu u. a. die Verkehrsflächen sowie Verkehrsflächen besonderer Zweckbestimmung sowie der Anschluß anderer Flächen an die Verkehrsflächen (§ 9 Abs. 1 Nr. 11), die Wasserflächen (§ 9 Abs. 1 Nr. 16), die mit Geh-, Fahr- und Leitungsrechten zugunsten der Allgemeinheit, eines Erschließungsträgers oder eines beschränkten Personenkreises zu belastenden Flächen (§ 9 Abs. 1 Nr. 21) festgesetzt werden; vgl. auch die Festsetzungen nach § 9 Abs. 1 Nr. 24–26. Zu den **Nutzungskonflikten** zwischen verkehrlichen und anderen Belangen, insbesondere im Hinblick auf schädliche **Umwelteinwirkungen** durch Verkehrseinrichtungen vgl. Rn 106. Das Gesetz hat – unter dem Oberbegriff der verkehrlichen Belange – den Belang einer mit der angestrebten Entwicklung abgestimmten Verkehrsbedienung durch den **öffentlichen Personennahverkehr** im Hinblick auf die Bedeutung dieser Verkehrsart besonders hervorgehoben.

ii) Die Belange der Verteidigung und des Zivilschutzes (Nr. 9). Zu **84** den spezialgesetzlichen Regelungen über die Belange der Verteidigung und des Schutzes der Zivilbevölkerung, die bei der Aufstellung der Bauleitpläne zu berücksichtigen sind, vgl. vor allem das **Landbeschaffungsgesetz** (LBG) und das **Schutzbereichsgesetz**. Eine Sonderregelung für Vorhaben, die der Landesverteidigung und dem zivilen Bevölkerungsschutz dienen, enthält **§ 37 Abs. 2**; vgl. weiterhin **§ 26 Nr. 2a, § 139 Abs. 4, § 174** und **§ 175 Abs. 4.**

4. Bodenschutzklausel (Abs. 5 S. 3). Abs. 5 S. 3 enthält eine Ver- **85** pflichtung, **mit Grund und Boden sparsam und schonend umzugehen;** die Bestimmung ist durch das BauGB in das Städtebaurecht eingeführt worden. Die Bestimmung verdeutlicht die umweltpolitischen Ziele der Bauleitplanung, wie sie auch im allgemeinen Ziel der Bauleitplanung (Schutz und Entwicklung der natürlichen Lebensgrundlagen; Abs. 5 S. 1) sowie im Umweltbelang nach Abs. 5 S. 2 Nr. 7 zum Ausdruck kommt. Im Rahmen der Bauleitplanung wird über die Inanspruchnahme von Flächen für bauliche und sonstige Zwecke entschieden. Innerhalb dieser Befugnis obliegen der Gemeinde die Aufgaben des Bodenschutzes. Abs. 5 S. 3 hebt diese Aufgabe besonders hervor. Nach ihrer Stellung im Gesetz ist die Regelung gegenüber den einzelnen Planungsleitlinien der Nrn. 1–9 hervorgehoben. Gegenüber Abs. 5 S. 2 Nr. 7 enthält er zwar keinen zusätzlichen sachlichen Gesichtspunkt, da im Begriff der Umweltbelange jene des Bodenschutzes eingeschlossen sind. Auch die allgemeinen Ziele in Abs. 5 S. 1 umfassen bereits das Ziel des Bodenschutzes. S. 3 hat demgegenüber die Funktion eines besonders hervorgehobenen Planungsziels i. S. eines – bei allen Belangen zusätzlich zu berücksichtigenden – **Optimierungsgebots** (vgl. Bielenberg, ZfBR 1988, 55; Söfker, in: B/K/S, Rn 17; vgl. hierzu auch Rn 110 sowie BVerwG, DVBl. 1985, 899). Abs. 5 S. 3 ist in diesem Sinne eine die planerische Gestaltungsfreiheit einschränkende Gewichtungsvorgabe; im Konflikt mit anderen Zielen kann das Boden-

schutzziel im konkreten Planungsfall aufgrund einer Abwägung übernommen werden („Berücksichtigung soweit wie möglich"). Dies setzt ein zu begründendes (§ 9 Abs. 8) besonderes Gewicht der anderen Belange voraus (vgl. Gaentzsch, in: BK, § 1, Rn 65).

Sparsamer Umgang mit Grund und Boden bedeutet vor allem Zurückhaltung bei der Ausweisung neuer Baugebiete. Insoweit ist – je nach der örtlichen und städtebaulichen Situation – anstelle der Neuausweisung von Bauflächen die Möglichkeit der innerörtlichen Entwicklung zu nutzen. **Schonender Umgang** mit Grund und Boden bedeutet vor allem die Berücksichtigung übergreifender ökologischer Zusammenhänge, den Schutz von Vernetzungsfunktionen insbesondere des Naturhaushalts, die Einbeziehung von Landschaft unter Schutz des Mutterbodens (hierzu § 202). Zu den Möglichkeiten entsprechender Darstellungen und Festsetzungen in den Bauleitplänen vgl. z. B. die Festsetzung von Höchstmaßen für Wohnbaugrundstücke (§ 9 Abs. 1 Nr. 3), Flächen für Maßnahmen zum Schutz, zur Pflege und zur Entwicklung von Natur und Landschaft (§ 5 Abs. 2 Nr. 10, § 9 Abs. 1 Nr. 20), Festsetzung von Bepflanzungen (§ 9 Abs. 1 Nr. 25).

86 **5. Umwidmungssperre (Abs. 5 S. 4).** Nach Abs. 5 S. 4 sollen **landwirtschaftlich**, als **Wald** oder für **Wohnzwecke** genutzte Flächen nur im notwendigen Umfang für andere Nutzungsarten vorgesehen und in Anspruch genommen werden. Durch diese **Schutzgebote** werden die Planungsleitlinien „Wohnbedürfnisse" (Rn 66) und „Belange der Land- und Forstwirtschaft" (Rn 82) besonders hervorgehoben. Die Inanspruchnahme dieser Flächen für andere Nutzungsarten ist jedoch nicht ausgeschlossen, sondern auf den „notwendigen Umfang" beschränkt. Die Umwidmung bedarf daher in diesen Fällen einer **besonderen Abwägungs- und Begründungspflicht.**

86a **6. Dringender Wohnbedarf (§ 1 Abs. 1 BauGB-MaßnahmenG).** Nach § 1 Abs. 1 BauGB-MaßnahmenG soll bei „der Aufstellung, Änderung, Ergänzung und Aufhebung von Bauleitplänen . . . einem dringenden Wohnbedarf der Bevölkerung besonders Rechnung getragen werden." Der Begriff „Wohnbedarf" ist ein eigenständiger städtebaurechtlicher Begriff; vgl. aber auch § 26 Abs. 2 S. 1 Nr. 1 II. WoBauG („erhöhter Wohnbedarf"). „Wohnbedarf" stellt auf das Fehlen eines angemessenen Angebots von Wohnungen in der jeweiligen Gemeinde ab. Der Begriff ist enger als jener der „Wohnbedürfnisse" i. S. des Abs. 5 S. 2 Nr. 2; die Wohnbedürfnisse gehen über die reine Bedarfsbefriedigung hinaus und umfassen die Gesamtheit der Anforderungen an das Wohnen. Ein Wohnbedarf ist „dringend", wenn ein unmittelbarer Handlungsbedarf besteht, insbesondere was die zügige Ausweisung von Wohnbauflächen betrifft.

86b Die allgemeine **Planungspflicht** der Gemeinde **nach § 1 Abs. 3** wird durch diese Regelung nicht berührt, sondern vielmehr im Hinblick auf aktuelle wohnungs- und baulandpolitische Situationen gesetzgeberisch besonders akzentuiert. Im Hinblick auf die Situation auf den Bauland-

märkten hat der Gesetzgeber die Befriedigung des dringenden Wohn-
bedarfs im Rahmen der Bauleitplanung besonders hervorgehoben,
ohne daß er hierdurch einen gesetzlichen Vorrang zugunsten von
Wohnbauvorhaben eingeräumt hat. Aufgrund der Regelung des §1
Abs. 1 BauGB-MaßnahmenG können daher z. B. nicht die allgemeinen
Anforderungen an gesunde Wohnverhältnisse, die Belange des Natur-
schutzes und der Landschaftspflege, die Bodenschutzklausel und andere
städtebaurechtliche Belange zurückgesetzt werden. Die Neuregelung
des BauGB-MaßnahmenG hat im Ergebnis daher vornehmlich „pro-
grammatische" Bedeutung.

VII. Abwägungsgebot (Abs. 6)

1. Rechtsstaatliche Planung. Gem. Abs. 6 sind bei der Aufstellung 87
der Bauleitpläne die öffentlichen und privaten Belange gegeneinander
und untereinander gerecht abzuwägen. **§1 Abs. 6 BauGB** entspricht
wörtlich **§1 Abs. 7 BBauG.** Das Abwägungsgebot ist das **zentrale
Gebot rechtsstaatlicher Planung.** Es ist gleichermaßen bestimmend
für den planerischen Entscheidungsvorgang wie auch für die Beurtei-
lung des Ergebnisses der Planung (hierzu im einzelnen Rn 95). Mit der
Entwicklung der **Rechtsfigur des Abwägungsgebotes** ist von Recht-
sprechung und Wissenschaft der zunehmenden Bedeutung des Planens
als öffentlich-rechtlicher Handlungsform im Sozialstaat und der unter-
schiedlichen rechtlichen Struktur des Planungsrechts gegenüber ande-
ren verwaltungsrechtlichen Normen Rechnung getragen worden.

Der (herkömmliche) Verwaltungsrechtssatz enthält eine **abstrakt-** 88
generelle Regelung, die – abstrakt – die Einzelfallentscheidung der
Verwaltung vorwegnimmt und damit programmiert („**Konditional-
programm"** – „Wenn-Dann-Schema"–; vgl. – für viele – Wahl, Rechts-
fragen der Landesplanung und Landesentwicklung, Bd. 1, Berlin 1978,
S. 45ff., 48ff.; vgl. weiterhin Hoppe, in: E/H, Rn 186; Luhmann,
Zweckbegriff und Systemrationalität, Tübingen 1968, S. 58ff., 68ff.;
Söfker, in: E/Z/B, §1, Rn 181 unter Hinweis auf die Erläut. von
Schmidt-Aßmann in der Voraufl. in: E/Z/B, §1, Rn 305). Ob z. B. ein
Vorhaben im Außenbereich zulässig ist, stellt die Baugenehmigungsbe-
hörde aufgrund einer **Subsumtion** fest, also durch eine Prüfung, ob das
konkrete Vorhaben unter einen der gesetzlichen Zulässigkeitstatbe-
stände des §35 fällt und daher planungsrechtlich zuzulassen ist oder
nicht. Durch die Aufnahme von generalklauselartigen **unbestimmten
Rechtsbegriffen** oder durch die Einräumung von **Ermessensspielräu-
men** kann der tatsächliche Anwendungsbereich der „Konditionalpro-
gramme" zwar erweitert werden, ohne daß jedoch die grundsätzliche
gesetzliche Programmierung der Verwaltungsentscheidung dabei auf-
gegeben wird (vgl. Wahl aaO, S. 84f.).

Bei den **Planungsrechtsnormen** fehlt es an einer vergleichbaren 89
gesetzlichen Programmierung. Die **Bauleitplanung** hat nach Abs. 1, 3

u. 5 die allgemeine Aufgabe der städtebaulichen Entwickung und Ordnung der Grundstücksnutzung. Welche Nutzungen wo und wann durch Planung ermöglicht oder unterbunden werden und damit der eigentliche Gestaltungsakt der Planung, ist jedoch gesetzlich nicht oder nur in allgemeinen Aufgaben- und Zielbeschreibungen vorgegeben. Es kennzeichnet gerade die Planung gegenüber dem Verwaltungsakt, daß eine derartige gesetzliche Programmierung nicht möglich ist. „Planung ist Gestaltung komplexer Situationen in die Zukunft hinein" (Schmidt-Aßmann aaO). Das BauGB programmiert die Bauleitplanung durch Planungsgrundsätze, durch Verfahrens- und Organisationsregelungen. Die Entscheidungen über den Inhalt der Bauleitplanung trifft es jedoch nicht. Der Inhalt der Planung kommt erst in der planerischen Zielkonkretisierung und in den Abstimmungsvorgängen der Planung zur Entscheidung (Wahl aaO, S. 87). Die Planungsrechtsnormen steuern daher das Verwaltungshandeln weniger konditional als vielmehr instrumental und final („**Finalprogramme**"; vgl. Hoppe aaO, Rn 186, 312a; Wahl aaO, S. 86). Die Bauleitplanung wird vom Gesetz – neben den erwähnten allgemeinen Zielaussagen sowie den Verfahrens- und Organisationsregelungen – vor allem durch das **Gebot zur gerechten Abwägung** „final" programmiert. Das **Planungsermessen** der Gemeinde i. S. der der Planung eigenen autonomen Ziel- und Inhaltsfindung innerhalb der konkreten Bauleitung wird durch das Abwägungsgebot **rechtlich gebunden.** Ohne gerechte Abwägung ist (rechtsstaatliche) Planung daher nicht möglich. Das Gebot gerechter Abwägung hat dementsprechend über die Bauleitplanung hinaus für öffentliche Planungen insgesamt prägende Bedeutung (vgl. BVerwGE 34, 301/309 sowie z. B. Hoppe aaO, Rn 283; Wahl aaO, S. 157 ff.).

90 **2. Abwägungsgrundsätze; Struktur des Abwägungsvorgangs. a) Rechtsprechung des BVerwG.** Die konkreten Anforderungen, die sich für die Gemeinde aufgrund des Abwägungsgebots des Abs. 6 ergeben, sind vom **BVerwG** in mehreren Entscheidungen grundsätzlich geklärt worden (BVerwGE 34, 301/308 ff.; 45, 309/312 ff.; 47, 144/146; 59, 87/98):

91 **aa)** Das BVerwG hat hierzu zunächst den Unterschied zwischen der Rechtsnatur der **Ziele und Grundsätze der Bauleitplanung nach Abs. 5** einerseits und der **Abwägung nach Abs. 6** andererseits wie folgt bezeichnet (BVerwGE 34, 301/308): Bei den Planungsgrundsätzen des Abs. 5 („Planungsleitsätze", „Planungsleitlinien") handelt es sich um **unbestimmte Rechtsbegriffe.** Der planenden Gemeinde steht daher kein Beurteilungsspielraum darüber zu, was z. B. zu den Bedürfnissen der Wirtschaft, des Wohnens oder des Verkehrs (vgl. Rn 66, 81, 84) gehört. Die Inhaltsbestimmung dieser Belange erfolgt also nicht durch die Planung, sondern ist dieser vorgegeben (vgl. auch Rn 61). Hierzu ist ergänzend darauf hinzuweisen, daß Entsprechendes für die der gemeindlichen Bauleitplanung vorgesehenen **Ziele der Raumordnung und Landesplanung** (hierzu auch Rn 41 u. 104) und für Festsetzungen

nach anderen gesetzlichen Vorschriften (vor allem nach den Fachplanungen, vgl. § 38; vgl. weiterhin § 5 Abs. 4 u. § 9 Abs. 6) gilt. Zur Berücksichtigung einer gemeindlichen Entwicklungs- und Rahmenplanung vgl. Rn 44–54.

bb) Im Unterschied zur Auslegung und Anwendung der Planungsleitlinien ist die Frage, ob der jeweiligen Planung eine **gerechte Interessenabwägung** zugrundeliegt, der aufsichtlichen und gerichtlichen **Kontrolle** nur **eingeschränkt** zugänglich (BVerwG aaO). Die Planung ist sowohl ein „Vorgang des Abwägens" als auch „eine Bestimmung der (relativen) Gewichtigkeit der abzuwägenden Belange" (BVerwGE 34, 301, 308 f.). Sie ist ein Vorgang des **Ausgleichens** („Kompromiß") zwischen den verschiedenen, der Planung vorgegebenen Belangen. Der rechtliche Begriff der Abwägung ist also – im Gegensatz zum unbestimmten Rechtsbegriff – dadurch gekennzeichnet, daß nicht – wie bei der Bestimmung der planerischen Belange – unter vorgegebene gesetzliche Tatbestände subsumiert wird (vgl. bereits Rn 89); vielmehr muß der **Vorgang des Abwägens** und das **Ergebnis der Abwägung** dem Gebot der gerechten Abwägung entsprechen. Insoweit unterliegt die Abwägung der aufsichtlichen und gerichtlichen Kontrolle. 92

cc) Die rechtlichen (und überprüfbaren) **Anforderungen** an das Gebot der gerechten Abwägung hat das **BVerwG wie folgt zusammengefaßt** (BVerwGE 34, 301, 309): 93
(1) Das Gebot gerechter Abwägung ist verletzt, wenn eine (sachgerechte) Abwägung überhaupt nicht stattfindet.
(2) Es ist verletzt, wenn in die Abwägung an Belangen nicht eingestellt wird, was nach Lage der Dinge in sie eingestellt werden muß.
(3) Es ist ferner verletzt, wenn die Bedeutung der betroffenen privaten Belange verkannt oder
(4) wenn der Ausgleich zwischen den von der Planung berührten öffentlichen Belangen in einer Weise vorgenommen wird, der zur objektiven Gewichtigkeit einzelner Belange außer Verhältnis steht.

dd) Das Abwägungsgebot wird jedoch nicht verletzt, wenn sich die Gemeinde innerhalb dieses Rahmens (Rn 93) in der **Kollision zwischen verschiedenen Belangen** für die **Bevorzugung** des einen und damit notwendig für die **Zurückstellung** eines anderen entscheidet. Das Vorziehen und Zurücksetzen bestimmter Belange innerhalb des vorgegebenen Rahmens ist die „elementare planerische Entschließung" der Gemeinde über die städtebauliche Entwicklung und Ordnung und kein aufsichtlich oder gerichtlich nachvollziehbarer Vorgang (BVerwG aaO). 94

ee) Das Gebot der gerechten Abwägung richtet sich sowohl an das **Planen als Vorgang** als auch an den Plan als **Produkt dieses Vorgangs** (so BVerwGE 45, 309/312 ff.). Das BVerwG hat in diesem Zusammenhang darauf hingewiesen, daß sich der Gesetzgeber zwar darauf beschränken könne, lediglich das Ergebnis eines Planungsvorgangs einer 95

bestimmten Bindung zu unterwerfen und damit nur das Ergebnis der Planung (Planinhalt), nicht aber den Planungsvorgang am Abwägungsgebot zu messen. Abs. 6 (vgl. auch die insoweit entsprechende Regelung in § 1 Abs. 4 S. 2 BBauG 1960) schließt in das Abwägungsgebot jedoch eindeutig auch den Vorgang des Abwägens ein. Die Abwägungsgrundsätze (vgl. Rn 93) richten sich daher sowohl an den **Abwägungsvorgang** als auch an das **Abwägungsergebnis** (BVerwG aaO, 315).

96 **b) Anforderungen im einzelnen (Überblick). aa)** Das Abwägungsgebot verlangt zunächst die Ermittlung und Feststellung des abwägungserheblichen Materials. Die **Zusammenstellung des Abwägungsmaterials** ist bereits ein Vorgang des planerischen Abwägens: Die Gemeinde muß darüber entscheiden, welche Belange für die Abwägung überhaupt in Betracht kommen können und sie muß weiterhin entscheiden, inwieweit das Abwägungsmaterial aufgrund der konkreten Umstände von Bedeutung, also abwägungserheblich ist (vgl. Rn 93 (2)). Zum Begriff der Belange vgl. Rn 100 f. Hierzu bedarf es weiterhin der Entscheidung, welche Belange von der Planung allenfalls **geringfügig betroffen** sind und daher ggf. bei der Abwägung außer Betracht bleiben können (vgl. hierzu Rn 116) und welche Belange in absehbarer Zeit betroffen werden können („**Prognose**"; hierzu Rn 117).

97 **bb)** Die Gemeinde muß zur planerischen Abwägung bereit sein. Das Abwägungsgebot umfaßt nicht nur eine **Ermächtigung zur Abwägung** (BVerwGE 48, 56/59), sondern es begründet zugleich eine **Abwägungspflicht** (BVerwGE 34, 301/309). Unterbleibt die Abwägung oder ist sie unvollständig, so ist die Planung fehlerhaft; vgl. zur **Bindung** der Abwägung durch **Vorentscheidungen** Rn 113.

98 **cc)** Grundsätze für die planerische **Bewertung des Abwägungsmaterials** und die Entscheidung darüber, welche **Belange vorgezogen,** bzw. **zurückgestellt** werden sollen, also für die Abwägung i. e. S., sind durch Rspr. und Lehre vielfältig konkretisiert worden. Vgl. hierzu vor allem **Hoppe,** in: E/H, Rn 300–310, insbesondere zum Gebot der **planerischen Konfliktbewältigung** (Rn 302–305) und zum **Gebot der Rücksichtnahme** (Rn 305–308). Vgl. weiterhin die Systematisierung bei **Schmidt-Aßmann,** in: E/Z/B, BBauG, § 1, Rn 324–337: Gebot der Abwägungsbereitschaft; Gebot differenzierter Abwägung; Gebot individualisierender Abwägung; Gebot zielgerechter Abwägung; Gebot distanzierter Abwägung; Gebot gegensteuernder Abwägung; Gebot fachlich-optimaler Abwägung; Gebot möglichster Lastengleichheit; Gebot der Rücksichtnahme; Verbot unverhältnismäßiger Eigenbegünstigung.

99 **dd)** Die wichtigsten **Anforderungen an das Abwägungsgebot,** wie sie sich vor allem aufgrund der Rechtsprechung darstellen, sind in **Ziff. 4 (Rn 102–130)** zusammengefaßt.

100 **3. Öffentliche und private Belange.** Abs. 6 verpflichtet zur Abwä-

gung der **öffentlichen** und privaten Belange. Bei der **Zusammenstellung des Abwägungsmaterials** sind die von der Bauleitplanung berührten Belange zu ermitteln (vgl. hierzu Rn 96). Die Verpflichtung zur Abwägung erstreckt sich auf die Abwägung der öffentlichen Belange gegeneinander und untereinander, der privaten Belange untereinander und gegeneinander und der öffentlichen und privaten Belange untereinander und gegeneinander. Die Belange sind **„gegeneinander"** abzuwägen, d. h. die ohne Rangordnung vorgegebenen Belange sind nach den konkreten Gegebenheiten zu gewichten; sie sind **„untereinander"** abzuwägen, d. h. die in den Belangen enthaltenen unterschiedlichen Gesichtspunkte sind zu gewichten. Das Gesetz hebt weder die öffentlichen Belange insgesamt noch einzelne öffentliche oder einzelne private Belange derart hervor, daß sie einen automatischen **Vorrang** beanspruchen können (BVerwGE 47, 144/148; Hoppe, DVBl. 1964, 165/170). „Im Falle des Widerstreits öffentlicher mit privaten Belangen ist vielmehr, nicht anders als im Falle des Widerstreits öffentlicher und privater Belange untereinander, i. S. der von § 1 Abs. 4 S. 2 BBauG (jetzt: § 1 Abs. 6 BauGB) geforderten gerechten Abwägung zu prüfen, ob sachgerechte, d. h. an den Planungssätzen orientierte und hinreichend gewichtige Gründe es rechtfertigen, den einen Belang hinter den anderen zurücktreten zu lassen" (BVerwG aaO).

Der Begriff **„Belange"** ist weit auszulegen. Er ist im allgemeinen mit dem Begriff des **Interesses** gleichzusetzen (Hoppe, in: E/H, Rn 295). Er schließt geschützte Rechtspositionen ein, ist aber nicht darauf beschränkt. Die **öffentlichen Belange** beziehen sich auf alle öffentlichen Interessen, die im Zusammenhang mit der Bodenausnutzung und damit mit der städtebaulichen Entwicklung und Ordnung stehen. Wesentliche Anhaltspunkte für öffentliche Belange ergeben sich aus den allgemeinen Zielen der Bauleitplanung (Abs. 5 S. 1) und aus den Planungsleitlinien (Abs. 5 S. 2). Abs. 5 enthält aber keine abschließende Regelung der relevanten öffentlichen Belange. Darüber hinaus ergibt sich aus diesem Katalog, daß sich **öffentliche und private Belange überlagern können:** Die Planungsleitlinie „allgemeine Anforderungen an gesunde Wohn- und Arbeitsverhältnisse" z. B. beinhaltet sowohl ein öffentliches wie privates Interesse (vgl. Weyreuther, DÖV 1977, 421 zur Mehrdimensionalität und Ambivalenz der privaten und öffentlichen Belange). Der Begriff der **privaten Belange** ist gleichfalls weit auszulegen. Er umfaßt insbesondere die verfassungsrechtlich geschützten Rechte, wie z. B. Grundeigentum und grundstücksgleiche Rechte, Bestandsschutz, Recht am eingerichteten und ausgeübten Gewerbebetrieb, dingliche (z. B. Grunddienstbarkeit) und obligatorische (z. B. Miete und Pacht) Rechte zur Bodennutzung. Er umfaßt auch sonstige Interessen, die über das Interesse an der Erhaltung einer Rechtsposition hinausgehen, wie z. B. das Interesse des Unternehmens an einer Erweiterung, Umstellung oder anderweitigen Änderung des Gewerbebetriebes (vgl. Rn 109).

102 **4. Gerechte Abwägung. a) Abwägung der öffentlichen und priva-
ten Belange gegeneinander und untereinander. aa) Grundsatz.** Die
öffentlichen und privaten Belange sind gem. Abs. 6 gegeneinander und
untereinander gerecht abzuwägen. **Welche Belange** dabei **bevorzugt**
und welche Belange dementsprechend **zurückgestellt** werden, ist Ge-
genstand der Abwägung und ist nicht (abstrakt) vom Gesetz vorgege-
ben.

Die Vorstellung, den öffentlichen Belangen insgesamt oder einzelnen
öffentlichen Belangen komme wegen ihres besonderen Gewichts vor-
weg ein Vorrang zu, ist fehlerhaft. Vielmehr ist **für jede Bauleitpla-
nung** die jeweils **objektive Gewichtigkeit** der von der Planung berühr-
ten Belange zu ermitteln (BVerwGE 34, 301/309; 45, 309/325 f.; 47, 144/
148; vgl. hierzu auch Rn 90 ff., 100 f.). Zum Begriff der öffentlichen
und privaten Belange vgl. Rn 101.

103 **bb) Öffentliche Belange gegeneinander und untereinander.** Die
für die städtebauliche Entwicklung und Ordnung maßgebenden und
bei der Bauleitplanung zu berücksichtigenden **öffentlichen Belange
können im konkreten Planungsfall** konfligieren. **Beispiele:** Die Be-
lange des **Verkehrs** (Abs. 5 S. 2 Nr. 8) können den Belangen des Denk-
malschutzes (§ 5 S. 2 Nr. 5) oder der Ortsbildgestaltung (Abs. 5 S. 2
Nr. 4) widerstreiten, wenn die Verbreiterung von Straßen, die Bildung
von Schneisen im Gebäudebestand oder die Anlage von Parkflächen
den Abbruch erhaltenswerter Gebäude, die Beeinträchtigung des ge-
schlossenen Ortsbilds u. a. zur Folge haben. Die Befriedigung der
Wohnbedürfnisse (Abs. 5 S. 2 Nr. 2) als öffentlicher Belang (vgl. II.
WoBauG) kann die Inanspruchnahme des Außenbereichs zu Lasten des
Landschaftsbilds (Abs. 5 S. 2 Nr. 4) erfordern. Vgl. dabei aber die
„Gewichtungsvorgabe" der Abs. 5 S. 3 (Rn 85) einerseits und § 1 Abs. 1
BauGB-MaßnahmenG (Rn 86 a) andererseits. Die Belange der **Wirt-
schaft** (Abs. 5 S. 2 Nr. 8) können als öffentliche Belange die Erhaltung
oder Schaffung von Arbeitsplätzen, die Verfestigung oder Erweiterung
bestehender Gemengelagen (vgl. hierzu Rn 110 ff.) erfordern und da-
durch im Widerstreit z. B. zu den Belangen des Umweltschutzes
(Abs. 5 S. 2 Nr. 7) stehen. Die Gemeinde muß durch Abwägung ent-
scheiden, welche der widerstreitenden öffentlichen Belange vorzuzie-
hen sind. Die Entscheidung ist fehlerfrei, wenn sie sachgerecht, also **an
den Planungszielen orientiert** ist und **hinreichend gewichtige Gründe**
das Zurücktreten des einen Belangs hinter den anderen rechtfertigen
(BVerwGE 47, 144/148). Die von der Gemeinde vorzunehmende Ge-
wichtung verletzt das Abwägungsgebot nur dann, wenn ein **Belang
unverhältnismäßig und unvertretbar zurückgesetzt** wird. Fehlerhaft
ist die Abwägung weiterhin dann, wenn einem öffentlichen Belang nur
deshalb der Vorzug gegeben wird, weil der betreffende öffentliche
Planungsträger zuerst mit seiner Planung oder mit einer Änderung
früherer Planungen begonnen hat und dadurch **anderen Planungsträ-
gern** gewissermaßen **zuvorkommt.** Die Gemeinde kann sich in diesem

Fall nicht auf formelle Gesichtspunkte zu Lasten einer Berücksichtigung des objektiven Gewichts der widerstreitenden öffentlichen Belange berufen (BVerwG, DVBl. 1971, 187). Auch die städtebaulichen Belange der **Nachbargemeinde** sind – unbeschadet der Abstimmungspflicht nach § 2 Abs. 2 – in die Abwägung einzustellen (BVerwG, DÖV 1973, 200).

Der Abwägung unterliegen nicht die der Bauleitplanung vorgegebenen **Ziele der Raumordnung und Landesplanung** (Abs. 4; vgl. **104** Rn 40–43) und die durch **Fachgesetze** ausgeformten Gesichtspunkte öffentlicher Belange (vgl. Rn 62; die in Abs. 5 bezeichneten Planungsziele und Planungsleitlinien sind im übrigen als unbestimmte Rechtsbegriffe vorgegeben, ihre Inhaltsbestimmung ist daher nicht Gegenstand der Abwägung, vgl. BVerwGE 34, 301/308 sowie Rn 61 u. 91). Soweit **Belange der Raumordnung und Landesplanung** zwar nicht in Zielen konkretisiert und damit der Bauleitplanung zur Anpassung vorgegeben sind, jedoch für die Anwendung durch die Gemeinde ausreichend bestimmt sind, sind sie als öffentliche Belange zu berücksichtigen (Bielenberg, in: E/Z/B, § 1, Rn 83b).

Die Abwägung hinsichtlich der in **einem** bestimmten öffentlichen **105** **Belang** (z. B. Wohnbedürfnisse) erhaltenen unterschiedlichen Gesichtspunkte, Ziele und damit unterschiedlicher Gestaltungsmöglichkeiten (**„Abwägung untereinander"**) ist vor allem erforderlich, weil Belangen z. T. mit unterschiedlichen planerischen Lösungen entsprochen werden kann; vgl. z. B. verkehrliche Belange (: Fußgängerzone oder verkehrsberuhigte Straße; vgl. Brohm, Rechtsfragen im Verhältnis von städtebaulichem Planungsrecht zu Straßen- und Straßenverkehrsrecht; Gutachten i. A. des BMBau, 1982, S. 68ff.), Anforderungen an gesunde Wohn- und Arbeitsverhältnisse (: Abbruch oder behutsame Entkernung) oder Wohnbedürfnisse (: verdichtetes Bauen oder lockere Einfamilienhausbebauung).

cc) Öffentliche und private Belange gegeneinander. Bei der **Ab**- **106** **wägung öffentlicher und private Belange** gegeneinander kommt den öffentlichen Belangen von vornherein **kein Vorrang** gegenüber entgegenstehenden privaten Belangen zu (hierzu Rn 101, 102). Konfliktsituationen ergeben sich häufig bei **Verkehrsplanungen.** Die **Ausweisung neuer Baugebiete** („Wohnbedürfnisse" als – auch – privater Belang) kann z. B. in folgender Hinsicht **verkehrlichen Belangen** widerstreiten: Die Verkehrslage auf einer Straße kann durch das erhöhte Verkehrsaufkommen beeinträchtigt werden; umgekehrt kann eine Verkehrsplanung die Wohnbedürfnisse der Bevölkerung oder auch die Anforderungen an gesunde Wohnverhältnisse infolge von Lärm- und Luftbeeinträchtigungen oder erhöhter Gefahren beeinträchtigen (vgl. BVerwGE 34, 301/310ff.) Zur Zumutbarkeitsgrenze von **Verkehrslärm** vgl. BVerwG, NJW 1985, 3034: Es bezeichnet als Maßstab § 41 Abs. 1 BImSchG. Eine Straße kann zur Trennung einer Siedlung vom vorhandenen Ortsteil führen, der zur Bedarfsdeckung der Siedlungsbewohner

dient und damit die „Wohnbedürfnisse der Bevölkerung" und die „sozialen Bedürfnisse" beeinträchtigen (BVerwG aaO). Die Hintansetzung der privaten Belange ist in einem solchen Fall nur dann fehlerfrei, wenn die verkehrlichen Belange nach objektiven Gesichtspunkten gewichtiger und die Nachteile z. B. durch flankierende planerische oder sonstige Maßnahmen ausgeglichen werden (vgl. BVerwGE 47, 144/ 155 f.). Auch die Betroffenheit von **Grundstücken**, die **außerhalb des Geltungsbereichs des Bebauungsplans** liegen, durch den Verkehrslärm gehört zu den abwägungsbeachtlichen Belangen (BVerwG, ZfBR 1989, 276). Das Bedürfnis nach Anlage eines **öffentlichen Parkplatzes** und der von ihm ausgehenden schädlichen Umwelteinwirkungen auf Wohngebiete ist gegenüber den schutzwürdigen Wohnbedürfnissen abzuwägen (BVerwG aaO). Auch der **Anliegergebrauch** ist als privater Belang gegenüber verkehrlichen Belangen zu berücksichtigen. Der Anliegergebrauch sichert als Rechtsposition zwar nur das, was zur angemessenen Nutzung des Grundeigentums an Straßenbenutzung erforderlich ist, kann sich aber nicht gegenüber einer Verschlechterung der vor dem Grundstück bisher bestehenden Verkehrsverhältnisse auswirken. Als privater Belang können jedoch die Interessen von Anliegern an der Aufrechterhaltung einer gegebenen Verkehrslage nicht unberücksichtigt bleiben (BVerwG BauR 1980, 36/39). Vgl. zur umfangreichen Rspr. zu Konflikten zwischen verkehrlichen Belangen und Wohnraumnutzung Dolde, NJW 1979, 889/891; 1980, 1657/1658 f.; 1982, 1785/1788; 1986, 815/819. Bei der Ausweisung von **Gemeinbedarfsflächen** z. B. Schulen, Schulturnhallen, Kindergärten, Gemeindezentren (VGH Mannheim ZfBR 1981, 248) oder eines Tierparks (BVerwGE 47, 144) **neben Wohngebieten** können sich Konflikte hinsichtlich der Lärmbeeinträchtigung oder der zugelassenen Baumasse für die Gemeinbedarfseinrichtungen ergeben. Bei der Abwägung der berührten Belange hat die planende Behörde darauf Bedacht zu nehmen, daß dem **Gemeinbedarf** zu widmende Flächen **nur dann auf privaten Grundstücken** ausgewiesen werden, wenn für diesen Zweck geeignete **Grundstücke der öffentlichen Hand nicht zur Verfügung stehen** (BGH DÖV 1979, 225). Zur Zulässigkeit eines **Schulsport- und Bolzplatzes** neben einer Wohnbebauung vgl. VGH Mannheim BauR 1984, 151. Die von einem herkömmlichen **Kinderspielplatz** ausgehenden Immissionen müssen grundsätzlich hingenommen werden; ein Kinderspielplatz in einem Wohngebiet ist nicht nur zulässig, sondern geboten, um den Kindern gefahrlose Spielmöglichkeiten in zumutbarer Entfernung ihrer Wohnungen zu schaffen und daher bei der Abwägung entsprechend zu gewichten (OVG Koblenz, BauR 1985, 657/659). Besondere Konflikte treten zunehmend zwischen **Sport** und Wohnen auf (vgl. Birk, NVwZ 1985, 689; Dolde, NJW 1986, 815/819; Gelzer, in: Umwelteinwirkungen durch Sportanlagen, Düsseldorf 1984, 82; dort auch Papier, 19). Ob eine Sportstätte gebietstypisch und damit planungsrechtlich zulässig ist und ob ihr im Einzelfall § 15 BauNVO entgegensteht, ist im Baugenehmigungsverfahren zu entscheiden

(Gaentzsch, UPR 1985, 206; Gelzer, aaO). Zur Beurteilung von **Tennislärm** vgl. BVerwG, BauR 1985, 652; zur Unzulässigkeit der von einem Tennisplatz ausgehenden Lärmeinwirkung BGH, NJW 1983, 751. Zum Nebeneinander eines allgemeinen **Wohngebiets** und **größeren Sportanlagen** vgl. OVG Münster, NVwZ 1983, 618; OVG Koblenz, BauR 1985, 655. Beim Nebeneinander eines **Wohngebietes** und eines **Friedhofs** gebieten die privaten Belange aus „hygienischen und psychohygienischen" Gründen grundsätzlich nicht die Einhaltung eines Mindestabstandes (so OVG Koblenz, BauR 1983, 340).

Bei der **Änderung, Ergänzung oder Aufhebung eines Bauleitplans** 107 sind die Abwägungsgrundsätze des Abs. 6 gleichfalls zu beachten; vgl. § 2 Abs. 4. Dabei ist zu berücksichtigen, daß sich eine Abweichung von dem bisherigen Plan insbesondere gegenüber Eigentümern, die auf ihren Grundstücken gem. den in Kraft gewesenen Plänen Bauten errichtet haben, nachteilig auswirken kann. Das **Vertrauen eines Eigentümers** auf das **Weiterbestehen eines Bebauungsplanes** ist daher als privater Belang bei der Abwägung zu berücksichtigen (VGH Mannheim, ZfBR 1981, 248/250).

dd) Private Belange gegeneinander und untereinander. Nach 108 Abs. 6 sind auch die **privaten Belange gegeneinander und untereinander** abzuwägen. Die Bauleitplanung muß die sich aus widerstreitenden privaten Belangen ergebenden Konflikte bewältigen. Die privaten Belange können **untereinander** divergieren, weil die Eigentümer z. B. unterschiedliche Vorstellungen über die Planung eines Wohngebietes haben („Wohnbedürfnisse", Abs. 5 S. 2 Nr. 2; Rn 66); z. B.: Einfamilienhaus-Bebauung oder Mietwohnungen oder Erhalt einer vorhandenen Nutzung. Bei den Eigentümern können unterschiedliche wirtschaftliche Interessenlagen hinsichtlich der künftigen Nutzung eines Gebietes bestehen, die eine planerische Abwägung und Entscheidung zugunsten der in Kerngebieten, Gewerbegebieten oder Industriegebieten zulässigen Nutzung erfordern (§§ 7–9 BauNVO). Private Belange können **gegeneinander** widerstreiten, z. B. wenn ein Teil der Eigentümer in einem Gebiet die ausgeübte Nutzung (z. B. Landwirtschaft) fortführen will, andere Eigentümer jedoch die Ausweisung eines Wohngebietes anstreben. Für eine gerechte Abwägung ergeben sich besondere Schwierigkeiten bei einem **Nebeneinander** von unterschiedlichen und sich ggf. **gegenseitig beeinträchtigenden Nutzungen,** insbesondere bei einem Nebeneinander von Wohnungen einerseits und Industrie, Handel, Gewerbe oder Landwirtschaft andererseits. Zu den Anforderungen an die Planung in diesen sog. **Gemengelagen** vgl. im einzelnen Rn 110–112.

Die Abwägung der privaten Belange gegeneinander und untereinan- 109 der muß darauf zielen, einen **Interessenausgleich** herzustellen. Die berührten privaten Belange dürfen daher nicht ohne sachliche Rechtfertigung **ungleich** behandelt werden (vgl. BGH, NJW 1977, 388/390; VGH Mannheim, DÖV 1963, 760/763). Das verfassungsrechtliche

Gebot der **Gleichbehandlung** (Art. 3 Abs. 1 GG), das auch bei der
Inhaltsbestimmung des Eigentums (Art. 14 Abs. 1 S. 2 GG) zur Gel-
tung kommt, ist zu beachten (BVerfGE 21, 73/82 ff.; BGH aaO; vgl.
hierzu im einzelnen Rn 123 ff.). Der **Begriff der privaten Belange** ist
weit zu fassen (vgl. hierzu Rn 101). Er umfaßt alle Interessen, die durch
den Bebauungsplan oder durch dessen Anwendung gegenwärtig oder
in absehbarer Zeit getroffen werden (BVerwGE 59, 87/101): „Die als
Abwägungsmaterial beachtlichen privaten Interessen beschränken sich
im Bauplanungsrecht nicht auf subjektive öffentliche Rechte oder auf
das, was nach Art. 14 oder Art. 2 Abs. 2 GG verfassungsrechtlich gegen
(entschädigungslose) Eingriffe geschützt ist" (vgl. auch BVerwG 48,
56/65). Auch wenn eine Grundstücksnutzung nur aufgrund eines **Miet-
vertrages** oder eines **Pachtvertrages** geschieht, sind die damit zusam-
menhängenden Interessen bei der planerischen Abwägung zu berück-
sichtigen (BVerwGE 59 aaO). Was die im Rahmen der Abwägung
beachtlichen privaten Interessen eines **Gewerbebetriebs** betrifft, ist das
Recht am **eingerichteten und ausgeübten Gewerbebetrieb** bereits als
Eigentum i. S. des Art. 14 GG zu beachten (BVerfGE 1, 264/276 ff.).
Der Eigentumsschutz für den Gewerbebetrieb bezieht sich nicht nur
auf den Gewerbebetrieb i. S. der Gewerbeordnung, sondern auf **jedes
auf Erwerb ausgerichtete Unternehmen.** Einbezogen sind daher auch
die Betriebe der Urproduktion (z. B. Landwirtschaft, Fischerei) sowie
die freiberuflichen Tätigkeiten, soweit sie einen durch die Zusammen-
fügung sachlicher und persönlicher Mittel geschaffenen Gewerbebe-
trieb aufweisen (z. B. Arzt- oder Anwaltspraxis; Papier, in: M/D,
Art. 14, Rn 98 m. w. N.). Aber auch die nicht bereits unmittelbar
verfassungsrechtlich geschützten Positionen eines Gewerbebetriebs
können abwägungsbeachtlich sein. Dies gilt z. B. für das **Erweite-
rungsinteresse** eines vorhandenen Gewerbebetriebes oder für das Inter-
esse an der Erhaltung oder Nutzung von Erwerbschancen (BVerwGE
59, 87/101 f.). Abwägungsbeachtlich ist nicht nur das Interesse an der
weiteren Ausnutzung des vorhandenen Betriebszustandes, sondern
auch das Bedürfnis nach einer **künftigen Betriebsausweitung** (z. B.
Erweiterung der Kapazitäten, der Modernisierung der Anlagen u. a.
zur Erhaltung der Konkurrenzfähigkeit; BVerwG DVBl. 1971, 746/
749). Dabei ist die „normale Betriebsentwicklung" in Rechnung zu
stellen; das Interesse des Betriebs, sich alle **Entwicklungsmöglichkei-
ten offenzuhalten,** ist nur beachtlich, wenn die durch den Bebauungs-
plan negativ betroffene Entwicklung des Betriebs entweder bereits
konkret ins Auge gefaßt ist oder bei realistischer Betrachtung der
Entwicklungsmöglichkeiten naheliegt (OVG Lüneburg, ZfBR 1983,
281).

110 **ee) Insbesondere: Nutzungskonflikte in sog. Gemengelagen.** Be-
sondere Abwägungsprobleme ergeben sich bei dem **Nebeneinander
bestimmter Nutzungen in sog. Gemengelagen;** zum Begriff vgl.
Rn 108 m. w. N. Die hiermit umschriebenen Nutzungskonflikte bezie-

hen sich weniger auf konkurrierende Nutzungsansprüche auf ein und dieselbe Fläche als vielmehr auf Konflikte aufgrund der räumlichen Nähe unterschiedlicher Nutzungen und der sich hieraus ergebenden gegenseitigen Beeinträchtigungen. Die sich hierbei ergebenden Abwägungsprobleme sind nicht auf das Nebeneinander privater Nutzungen beschränkt, sondern bestehen z. B. auch für das Verhältnis öffentlicher Verkehrsflächen oder von Sportanlagen zur Wohnbebauung (vgl. z. B. Dolde, NJW 1982, 1785/1788 m. w. N.; hierzu auch Rn 106). In der Praxis ergeben sich aber besonders häufig Konflikte aus dem Nebeneinander von Wohnen einerseits und Industrie, Gewerbe oder Landwirtschaft andererseits. Die Rspr. hat hierzu den Grundsatz der **Trennung von unverträglichen Nutzungen** entwickelt: Ein wesentliches Element geordneter städtebaulicher Entwicklung und damit ein „elementarer Grundsatz städtebaulicher Planung" ist danach darin zu sehen, „daß Wohngebiete und die nach ihrem Wesen umgebungsbelastenden Industriegebiete möglichst nicht nebeneinander liegen sollten" (BVerwGE 45, 309/327). Dieser Grundsatz wird durch die verbindliche Planungsdirektive des § 50 BImSchG bestätigt, wonach bei raumbedeutsamen Planungen und Maßnahmen die für eine bestimmte Nutzung vorgesehenen Flächen einander so zuzuordnen sind, daß schädliche Umwelteinwirkungen auf die ausschließlich oder überwiegend dem Wohnen dienenden Gebiete sowie auf sonstige schutzbedürftige Gebiete soweit wie möglich vermieden werden (vgl. hierzu Rn 76). Vgl. hierzu auch BVerwG, DVBl. 1985, 899, das in § 50 BImSchG eine die planerische Gestaltungsfreiheit einschränkende Gewichtungsvorgabe sieht, das im Konflikt mit anderen Zielen zumindest teilweise zurücktreten kann (**„Optimierungsgebot"**).

Dieser **Grundsatz der möglichsten Trennung** unverträglicher Nutzungen **gilt allerdings nicht uneingeschränkt.** Dies ergibt sich schon daraus, daß das Planungsrecht nicht von vornherein dem einen oder dem anderen Belang einen Vorrang einräumt (vgl. hierzu Rn 100 ff.). Eine Einschränkung ergibt sich aber vor allem aus den unterschiedlichen Anforderungen an eine **situationsbestimmte Planung** bei der **Neuansiedlung** z. B. eines Industriebetriebs neben einer Wohnbebauung oder der Neuausweisung eines Wohngebiets neben einem **vorhandenen Betrieb** oder der Beplanung einer bereits vorhandenen Gemengelage von Industrie, Handwerk oder Landwirtschaft und Wohnbebauung (BVerwG ZfBR 1980, 146/147; vgl. weiterhin z. B. Dolde, DVBl. 1983, 732; Hoppe, in: FS-Ernst, München 1980, 215; von Holleben, GewArch. 1978, 41; Menke, Bauleitplanung in städtebaulichen Gemengelagen, Münster 1984; Roters, DÖV 1980, 701; Schmidt-Aßmann, Die Berücksichtigung situationsbestimmter Abwägungselemente bei der Bauleitplanung, Köln u. a. 1981, S. 78 ff.; Söfker, in: E/Z/B, § 1, Rn 261 ff.); vgl. auch Rn 77. Zur **Lösung von Nutzungskonflikten,** wie sie sich danach vor allem in (weitgehend) bebauten Bereichen stellen vgl. Schmidt-Aßmann aaO, zum Grundsatz einer

111

„situationsbestimmten" Abwägung als Ausformung des **Gebots der Rücksichtnahme**" (hierzu im einzelnen Rn 122): Das Gebot der Rücksichtnahme gestattet differenzierende planerische Lösungen bei gewachsenen städtebaulichen Strukturen. Es stellt daher nicht von vornherein ein Abwägungsdefizit dar, wenn bei vorhandenen Gemengelagen die Grundsätze „optimaler" Planung (insbesondere durch räumliche Trennung der sich gegenseitig beeinträchtigenden Nutzungen) weniger verwirklicht werden können, als bei der Beplanung neuer Baugebiete. Das BauGB hat mit der **Bodenschutzklausel des Abs. 5 S. 3** den Vorrang der Möglichkeiten innerörtlicher Entwicklungen hervorgehoben (vgl. Rn 85; gleichfalls ein **„Optimierungsgebot"**). Die ökologischen Nachteile einer Ausweisung neuer Baugebiete sind den Entwicklungsmöglichkeiten in einem (vorbelasteten) Bestand gegenüberzustellen und zu gewichten; vgl. so bereits zur Planung eines Wohngebiets in innerörtlicher Lage neben landwirtschaftlichen Betrieben anstelle einer Inanspruchnahme des Außenbereichs VGH München, ZfBR 1986, 248. Für die Gemeinde stellt sich hier jedoch als Aufgabe, durch **kompensatorische Maßnahmen** die **Konflikte zu mildern,** z. B. durch Ausschöpfung der differenzierenden Festsetzungsmöglichkeiten nach § 9 und nach der BauNVO. Zu den Anforderungen an die planerische Bestandsaufnahme vgl. im einzelnen Rn 76; dort insbesondere zur Berücksichtigung der **Vorbelastung** (vgl. hierzu weiterhin BVerwG, DVBl. 1976, 779; DVBl. 1980, 301). Zum Gebot der **Konfliktbewältigung** vgl. Rn 115 ff.

112 Zur **umfangreichen Rechtsprechung** zur Gemengelagenproblematik vgl. Stich/Porger/Steinebach, Planen und Bauen in immissionsbelasteten Gemengelagen, Berlin 1983, S. 166–178; weiterhin z. B. Dolde, NJW 1982, 1785/1788 f.; ders., NJW 1986, 815/818 ff.; Menke, aaO; Schmidt-Aßmann aaO, S. 56 ff. sowie die in Rn 110 u. 111 nachgewiesene Rspr. des BVerwG. **Einzelfälle: BVerwGE 50, 49/54:** „In den Bereichen, in denen Gebiete von unterschiedlicher Qualität und unterschiedlicher Schutzwürdigkeit zusammentreffen, ist die Grundstücksnutzung mit einer spezifischen gegenseitigen Pflicht zur Rücksichtnahme belastet. Das führt nicht nur zur Pflichtigkeit dessen, der Belästigungen verbreitet, sondern auch – i. S. der **,Bildung einer Art von Mittelwert'** . . . – zu einer die Tatsachen respektierenden Duldungspflicht derer, die sich in der Nähe von – als solchen legalen – Belästigungsquellen ansiedeln." Vgl. auch BVerwG, UPR 1985, 29: keine schematische, mathematische Bildung des Mittelwerts. Zur sog. „Mittelwert"-Rspr. des BVerwG vgl. weiterhin Hoppe aaO, Rn 309 b. Eine tatsächliche oder plangegebene **Vorbelastung** haftet dem Grundstück kraft seiner Situationsgebundenheit an; **BVerwG, NJW 1985, 3034. OVG Lüneburg NJW 1982, 843:** „Das planungsrechtliche Gebot der Rücksichtnahme verbietet es, einen **Kurhauskomplex** mit Restaurants, Hotel und Nebeneinrichtungen unmittelbar neben ein reines **Wohngebiet** zu planen, ohne die Konfliktlage durch geeignete Einzel-

festsetzungen im Bebauungsplan selbst zu bewältigen", z. B. durch ausreichende Schutzzonen durch differenzierte Planung für das Sondergebiet selbst (Standort, Zufahrten und Stellplätze). **OVG Lüneburg, ZfBR 1983, 281:** „Der dinglich gesicherte **Verzicht** der Grundstückseigentümer des Wohngebietes auf Abwehransprüche gegen **Immissionen landwirtschaftlicher Betriebe** ist als Mittel der Konfliktbewältigung nicht geeignet" (vgl. hierzu auch Rn 116 u. 121). **OVG Münster BRS 36 Nr. 3:** Wird die gebotene **Verringerung der Emissionen** wie der Immissionen im Bebauungsplan nur „**gewünscht**", nicht aber durch planerische Lösungen vorgesehen, dann „wird keine Bauleitplanung (mehr) betrieben, sondern die Lösung des Konflikts aus dem direkten Nebeneinander von wohn- und gewerblicher Nutzung in das jeweils anstehende Baugenehmigungsverfahren verlagert" (vgl. hierzu auch Rn 118). **VGH Mannheim, BaWüVBl. 1982, 138:** Ein **Industriegebiet** kann neben einem **Wohngebiet** ausgewiesen werden, wenn die räumliche Trennung an den bereits bestehenden Verhältnissen scheitert oder nur gegen Entschädigung der zurückgedrängten Nutzungsart erreicht werden könnte (vgl. aber **OVG Münster, DVBl. 1981,** 410; Dolde, NJW 1982, 1785/1788 f.). Zum Erfordernis planerischer Vorkehrungen gegenüber **Geruchsbelästigungen** und **Lärmimmissionen** vgl. z. B. **OVG Lüneburg, ZfBR 1981, 196/198:** Heranrücken von Wohnbebauung an einen **Tischlereibetrieb** ist ohne planerische Vorkehrungen gegen den Lärm unzulässig; **VGH München, BauR 1983, 336/339:** Ein (schmaler) Grünstreifen reicht zur **Abschirmung eines Wohngebiets** von den Lärm- und Geruchsbelästigungen eines Industriewerks nicht aus, erforderlich ist z. B. die Festsetzung eines Lärmschutzwalles oder einer Schutzanpflanzung; **VGH München, BauR 1981, 172:** Die Festsetzung eines Wohngebietes in der Nähe eines Gewerbegebietes führt nicht regelmäßig zu einem Abwägungsfehler, weil das **Gewerbegebiet nach § 1 Abs. 5 BauNVO gegliedert** werden könnte und weil in kleinen Gemeinden sonst zu viele Betriebe in den Außenbereich abgedrängt werden müßten (vgl. aber **VGH Mannheim, ZfBR 1979, 124;** hierzu auch Dolde aaO m. w. N.).

ff) Insbesondere: Altlasten. Flächen mit umweltgefährdenden Stoffen (**„Altlasten"**) sind im Hinblick auf die in der Bauleitplanung zu berücksichtigenden allgemeinen Anforderungen an gesunde Wohn- und Arbeitsverhältnisse, die Sicherheit der Wohn- und Arbeitsbevölkerung und die Belange des Umweltschutzes (§ 1 Abs. 5 S. 2 Nr. 1 und 7) **abwägungsrelevant;** vgl. hierzu weiterhin die Erl. zu § 5 Abs. 3 Nr. 3 und § 9 Abs. 5 Nr. 3 zur „Kennzeichnungspflicht" von Altlasten in Bauleitplänen. Der **BGH** (ZfBR 1989, 119; ZfBR 1989, 261) hat hinsichtlich der an die Abwägung zu stellenden Anforderungen auf den „Trennungsgrundsatz" des § 50 BImSchG zurückgegriffen: Wenn es schon Aufgabe der plangebenden Gemeinde sei, die Zuordnung der einzelnen Gebiete zueinander so vorzunehmen, daß der Wohnbevölkerung durch die Nutzung benachbarter Gebiete keine Gefahren drohen,

112a

so muß es um so mehr Aufgabe der Planungsträger sein, Beeinträchtigungen der Bewohner eines Planungsgebiets durch die von dem Grund und Boden des Planungsgebiets selbst ausgehenden Gefahren zu verhindern, zumal die vom Planungsgebiet selbst ausgehenden Beeinträchtigungen der angestrebten Nutzung sich intensiver auswirken können als die von außen eindringenden Belastungen. Liegen also Anhaltspunkte für Altlasten vor, so ist die Gemeinde bei der städtebaulichen Planung verpflichtet, die Belastungen zu erfassen und die erforderlichen Untersuchungen über Art und Umfang der Schadstoffbelastungen des Bodens einzuleiten. Ein Verstoß gegen das Abwägungsgebot hätte die **Nichtigkeit** des Bauleitplans zur Folge. Die Kennzeichnung einer Fläche (§ 5 Abs. 3 Nr. 3, § 9 Abs. 5 Nr. 3) kann dies nicht ersetzen. Was den **Umfang der Untersuchungspflichten** der Gemeinde betrifft, stellt der BGH (ZfBR 1989, 119) darauf ab, daß diejenigen Gefahrenpotentiale zu berücksichtigen sind, die der Gemeinde im Zeitpunkt der Beschlußfassung über den Bebauungsplan bekannt waren oder hätten bekannt sein müssen. Solche der Gemeinde zurechenbaren Kenntnisse können sich aufgrund vorangehender Verwaltungs- oder Gerichtsverfahren ergeben, aus der Gemeinde bekannten Kaufverträgen oder auch aus Hinweisen aus der Bevölkerung. Eine allgemeine Verpflichtung, im Rahmen der Bauleitplanung Bodenanalysen durchzuführen, auch wenn keine Anhaltspunkte für einen Altlastenverdacht bestehen, ergibt sich hieraus zwar nicht. Die Prüfungspflicht geht jedoch um so weiter, je mehr die Vorbenutzung der Fläche die Möglichkeit einer gefährlichen Bodenverunreinigung nahelegt. Kommt die Gemeinde diesen Pflichten nicht nach, so kann sich – unbeschadet der Nichtigkeit des Bebauungsplans – hieraus eine **Amtspflichtverletzung** der Gemeinde ergeben (vgl. Art. 34 GG, § 839 BGB). Was die Verschuldensfrage der an der Beschlußfassung beteiligten Ratsmitglieder und der mit der Vorbereitung des Plans befaßten Bediensteten der Gemeinde betrifft, kommt es nach BGH aaO auf die Kenntnisse und Einsichten an, „die für die Führung des übernommenen Amts im Durchschnitt erforderlich sind, nicht auf die Fähigkeiten über die der Beamte tatsächlich verfügt. Jeder Beamte muß die zur Verfügung seines Amtes notwendigen Rechts- und Verwaltungskenntnisse besitzen oder sich verschaffen". Für die Mitglieder kommunaler Vertretungskörperschaften gilt kein anderer, insbesondere kein milderer Sorgfaltsmaßstab. Die Amtspflicht besteht auch gegenüber dem durch einen verbindlichen Bauleitplan betroffenen Grundeigentümer oder sonstigen Nutzungsberechtigten. Schadensersatzansprüche können sich im Hinblick auf Gesundheitsschäden, aber auch wegen Vermögensverlusten ergeben (zur Bestimmung des Kreises der geschützten „Dritten" sowie zur Frage eines Mitverschuldens vgl. BGH, ZfBR 1989, 261). Vgl. zur Altlastenproblematik weiterhin z. B. Henkel, Altlasten als Rechtsproblem, DIFU, Berlin 1987; Kleiber, ZfBR 1988, 168; Krautzberger, UPR 1989, 14; Söfker aaO, § 1, Rn 274 ff.

b) Bindung der Abwägung durch Vorentscheidungen. Dem Gebot 113
der gerechten Abwägung widerspricht es, wenn der abschließende
Abwägungsvorgang durch **vorherige Bindungen** der Gemeinde **sach-
widrig verkürzt** wird. Zur Bindung der Abwägung durch Vorent-
scheidungen vgl. **grundlegend BVerwGE 45, 309, 316ff.:** Der einen
Bauleitplan tragende Abwägungsvorgang findet zwar nicht „auf sozu-
sagen planerisch freiem Feld" statt. Der für den Abwägungsvorgang
entscheidende Zeitpunkt (vgl. hierzu Rn 130), der erst am Ende des
Planungsverfahrens liegt, wird vielmehr „sehr häufig mehr von Bin-
dung als von Freiheit beherrscht". Bereits die auf ein bestimmtes Ziel
gerichtete Einleitung des Planverfahrens und sein Ablauf, insbesondere
die Einbeziehung der Stellungnahmen der Träger öffentlicher Belange
(§ 4) und der Bürgerbeteiligung (§ 3) führen „durchweg zu einer mehr
oder weniger starken Präjudizierung des Verfahrensergebnisses". Be-
sonders bei Projekten einer bestimmten Größenordnung können nicht
alle Entscheidungen bis zur abschließenden Abwägung zurückgestellt
werden. Das BVerwG hebt ausdrücklich hervor, daß es zu einer
notwendigen Wechselwirkung zwischen der planerischen Festsetzung
und ihrer konkreten Verwirklichung kommt, je umfangreicher und je
komplizierter ein planerisches Vorhaben ist. Das führe zu mehr oder
weniger endgültigen Festlegungen, die eine entsprechende Schmäle-
rung des abschließenden Abwägungsvorganges bewirken und auch
bewirken sollen: „Dem Planverfahren vorgeschaltete **Besprechungen,
Abstimmungen, Zusagen, Verträge** u. a. m. können geradezu unerläß-
lich sein, um überhaupt sachgerecht planen und eine angemessene
effektive Realisierung dieser Planung gewährleisten zu können"
(BVerwG aaO, 317). Den sich hieraus ergebenden **Konflikt zwischen
der Effektivität** einer Planung mit Hilfe von Vorentscheidungen und
dem nach Abs. 6 gebotenen **umfassenden und ungebundenen Abwä-
gungsvorgang** hat das BVerwG grundsätzlich zugunsten des Grundsat-
zes einer von Bindungen **freien Abwägungsentscheidung** entschieden
(aaO, 319ff.). Eine sachliche Verkürzung des abschließenden Abwä-
gungsvorganges bedarf danach einer **besonderen Rechtfertigung.**
Diese ergibt sich zunächst für die erwähnten verfahrensimmanenten
Präjudizierungen der Abwägungsentscheidung (Einleitung des Plan-
verfahrens, Berücksichtigung von Stellungnahmen der zu Beteiligen-
den u. a.). Demgegenüber ist eine Abwägung grundsätzlich unvoll-
ständig (**„Abwägungsdefizit"**), wenn ihr sich aus rechtlichen oder
tatsächlichen Gründen bindend auswirkende Festlegungen vorangegan-
gen sind (z. B. durch **Ansiedlungsverträge**). Ein auf diese Weise entste-
hendes Abwägungsdefizit kann jedoch unter folgenden (kumulativen)
Voraussetzungen **ausgeglichen werden:** (1) Die Vorwegnahme der
Entscheidung muß **sachlich gerechtfertigt** sein. (2) Bei der Vorweg-
nahme muß die **planungsrechtliche Zuständigkeitsordnung gewahrt**
bleiben, d. h. es muß, soweit die Planung dem Gemeinderat obliegt,
dessen Mitwirkung an den Vorentscheidungen in einer Weise gesichert
sein, die es gestattet, die Vorentscheidung (auch) dem Rat zuzurechnen.

(3) Die vorgezogene Entscheidung muß **inhaltlich** den **Anforderungen genügen,** die an sie zu richten wären, wenn sie als Bestandteil des **abschließenden Abwägungsvorgangs** getroffen würde (BVerwG aaO, 321). Unter diesen Voraussetzungen kann auch der auf der Grundlage eines vom **künftigen Bauherren** vorgelegten Projektentwurfs aufgestellte Bebauungsplan unbedenklich sein (BVerwG, ZfBR 1988, 44; dort auch zur Frage ggf. erforderlicher alternativer Entwürfe; hierzu auch Hoppe/Beckmann, DVBl. 1987, 1249).

114 Diese Auslegung des BVerwG hat sich auch in der übrigen Rspr. und in der Literatur durchgesetzt. Vgl. z. B. BHG NJW 1976, 1745/1746; OVG Lüneburg ZfBR 1983, 34/37; Dolde NJW 1979, 889/890; Hoppe, in: E/H, Rn 290. Zur Frage, ob die Ausübung des planerischen Ermessens und die mit dem Erlaß von Bauleitplänen zusammenhängende planerische Gestaltungsfreiheit unter dem Einfluß eines **Folgekostenvertrages** fehlerhaft werden kann, vgl. BVerwG, NJW 1973, 1895/1897 sowie im einzelnen die Erl. zu § 124. Zur Frage, ob die **vertragliche Vereinbarung von „Infrastrukturhilfen"** zwischen Gemeinde und Industriebetrieb vor der Aufstellung eines Bebauungsplanes für den Industriebetrieb zu einem Abwägungsdefizit führen kann, wenn die „Infrastrukturhilfe" in ihrer Höhe weit über die möglichen Folgekosten und auch über das Haushaltsvolumen der Gemeinde hinausgeht, vgl. OVG Lüneburg, ZfBR 1983, 34/37. Daß ein **Vorhaben,** für das ein Bebauungsplan Festsetzungen trifft, **bereits ausgeführt** ist, begründet noch keine das Abwägungsgebot verletzende und daher unzulässige Vorabbindung (VGH München, BauR 1982, 37): Es kann das sachgerechte Ziel eines Bebauungsplanes sein, für das, was ohne förmliche Planung entstanden und nunmehr vorhanden ist, nachträglich eine Rechtsgrundlage zu schaffen. Das Abwägungsgebot wird durch eine solche (nachträgliche) Planung nur verletzt, wenn gebotene planerische Erwägungen und Entscheidungen im Hinblick auf den bereits vorhandenen Bestand unterlassen werden (VGH München aaO, 38 f.). Vgl. aber OVG Münster, BauR 1984, 489: Wirkt eine Gemeinde in rechtlich bedenklicher Weise an der Schaffung „vollendeter Tatsachen" mit, die die planerische Gestaltungsfreiheit einschränken, so kann die im nachfolgenden Planaufstellungsverfahren vorzunehmende Abwägung fehlerhaft sein; sie ist es jedenfalls dann, wenn andere Möglichkeiten zur Konfliktlösung nicht erwogen worden sind. Zum **Anspruch auf Erlaß eines Bebauungsplanes** vgl. die Erl. zu § 2 Abs. 3; vgl. auch VGH Kassel, UPR 1985, 430 (Unzulässigkeit auch der vertraglichen Verpflichtung zur **Nichtplanung.**).

115 **c) Gebot der planerischen Konfliktbewältigung. aa) Grundsatz.** Von jedem **Bauleitplan** muß verlangt werden, daß er **die ihm zuzurechnenden Konflikte bewältigt,** also die betroffenen Belange untereinander zu einem gerechten Ausgleich bringt. Das gilt sowohl für die bereits bestehenden als auch für die durch die Planung neu aufgeworfenen Konflikte (vgl. grundlegend Weyreuther, BauR 1975, 1/5; DÖV

1980, 389/391 sowie Hoppe, in: E/H, Rn 302 ff.; FS-Ernst, München 1980, S. 215/222; Sendler, UPR 1985, 211 ff. hebt die Anforderungen des Abwägungsvorgangs und -ergebnis hervor und warnt davor, das planerisch Mögliche zu überschätzen und das Gebot der Konfliktbewältigung mit störanfälligem Planungsperfektionismus mißzuverstehen). Der Bauleitplan darf aber der **Plandurchführung** nur das überlassen, was diese an zusätzlichem Interessenausgleich tatsächlich zu leisten vermag. Die Festsetzungen eines Bebauungsplanes müssen „konkret-individuell" sein, also Regelungen „sozusagen im Angesicht der konkreten Sachlage" treffen (so BVerwGE 50, 114/119). Das bedeutet, daß die konkrete Situation der Grundstücke und auch ihr Verhältnis zur Nachbarschaft zu sehen und etwaige Konflikte zu lösen sind (BVerwG, DVBl. 1984, 143/144). Das Gebot der Konfliktbewältigung ist, soweit es zum Begriff der sachgerechten Abwägung und zum Wesen der Bauleitplanung rechnet, einfach-gesetzlich (Abs. 6) begründet. Es ergibt sich darüber hinaus aus dem **Verfassungsrecht,** weil der Bauleitplan durch Einwirkungen auf Nachbargrundstücke enteignend wirken kann (Art. 14 GG) oder durch ihn Gesundheitsgefahren (Art. 2 Abs. 2 GG) bewirkt werden können (vgl. z.B. BVerwG, BRS 28 Nr. 6; Gierke DVBl. 1984, 149/153; Schmidt-Aßmann, Die Berücksichtigung situationsbestimmter Abwägungselemente bei der Bauleitplanung, Köln u.a. 1981, S. 106 f.; vgl. auch Rn 8, 123 ff.).

bb) Sachgerechte Beschränkung des Abwägungsmaterials. Zum 116 Gebot der **sachgerechten Auswahl des Abwägungsmaterials** vgl. bereits Rn 96. Das notwendige Abwägungsmaterial einer planerischen Abwägung muß eher weit als eng abgegrenzt werden (vgl. BVerwGE 59, 87/102). Der Planer muß jedoch nicht „alles" berücksichtigen. Aus der **sachgerechten Beschränkung** des zu berücksichtigenden Abwägungsmaterials ergeben sich dementsprechend Schranken für die Reichweite des Gebots der planerischen Konfliktbewältigung (zum folgenden vgl. BVerwG aaO, 102/104): Bei der planerischen Konfliktbewältigung können zunächst solche Interessen unbeachtet bleiben, die von der Planung zwar betroffen, aber objektiv **geringwertig** sind (vgl. z.B. VGH Kassel, UPR 1985, 220). Weiterhin können solche Interessen unbeachtet bleiben, die nicht schutzwürdig sind. Nicht schutzwürdig sind Interessen z.B. auch dann, wenn sich der Interessenträger vernünftigerweise darauf einstellen muß, daß „so etwas geschieht", und wenn deshalb dem Vertrauen in den Bestand oder Fortbestand einer bestimmten Markt- oder Verkehrslage die Schutzwürdigkeit fehlt (BVerwG aaO, 103). Für die Abwägung sind weiterhin nur solche Interessen beachtlich, die durch den Bauleitplan **mehr als geringfügig** und zumindest **wahrscheinlich** betroffen sind. Die Betroffenheit muß darüber hinaus für die planende Stelle bei der Entscheidung über den Plan als **abwägungsbeachtlich erkennbar** sein. „Was die planende Stelle nicht ‚sieht', und was sie nach den gegebenen Umständen auch nicht zu ‚sehen' braucht, kann von ihr bei der Abwägung nicht berücksichtigt

werden und braucht von ihr auch nicht berücksichtigt zu werden"
(BVerwG aaO). Das BVerwG hat in diesem Zusammenhang auf die
Bedeutung der Bürgerbeteiligung hingewiesen, die auch die Aufgabe
hat, der planenden Stelle die zu beachtenden und betroffenen Interessen
sichtbar zu machen. Unterläßt es ein Betroffener, seine **Betroffenheit**
im Zuge der Bürgerbeteiligung **vorzutragen,** dann ist diese nur dann
abwägungsbeachtlich, „wenn sich der planenden Stelle die Tatsache
dieser Betroffenheit aufdrängen mußte" (BVerwG aaO, 104). Vgl. jetzt
auch § 2 Abs. 4 S. 3 BauGB-MaßnahmenG, worin sich dieser Rechts-
gedanke – bezogen auf die Beteiligungen nach § 4 BauGB – nieder-
schlägt. Beruht ein Fehler bei der Zusammenstellung des Abwägungs-
materials auf unrichtigen Angaben des von der Planung betroffenen
Grundstückseigentümers, so kann sich dieser im Normenkontrollver-
fahren nicht mit Erfolg auf diese Unrichtigkeit und einen daraus
folgenden Fehler berufen (VGH Mannheim, BauR 1986, 414). Nichts
anderes gilt dann, wenn ein Betroffener seine Belange zwar vorbringt,
jedoch später nicht weiterverfolgt, sondern vielmehr einen **Einspruch
gegen den Planentwurf später zurücknimmt.** In einem solchen Fall
darf die Gemeinde davon ausgehen, daß keine besonders gewichtigen
Eigentümerinteressen auf dem Spiel stehen und das Abwägungsmate-
rial entsprechend beschränken (BGH, NVwZ 1983, 309/310). Das
Gebot der planerischen Konfliktbewältigung kann demgegenüber ver-
letzt sein, wenn die Gemeinde einen der planerischen Bewältigung
bedürftigen Konflikt einer **privatrechtlichen Regelung** überläßt. OVG
Lüneburg (ZfBR 1983, 281/282) hat einen dinglich gesicherten **Verzicht
der Erwerber von Wohngrundstücken** im Plangebiet auf Abwehran-
sprüche gegen Immissionen eines benachbarten landwirtschaftlichen
Betriebes als nicht geeignet angesehen, den Konflikt zwischen Land-
wirtschaft und Wohnbebauung zu bewältigen: Die Unverträglichkeit
der unterschiedlichen Nutzungen werde durch den Verzicht auf Ab-
wehransprüche nicht behoben; der Bauleitplan verfehle daher seine
Aufgabe, die bauliche Nutzung entsprechend den Anforderungen der
städtebaulichen Entwicklung und Ordnung vorzubereiten, wenn er
den künftigen Konflikt vorprogrammiert, anstatt den Konflikten vor-
zubeugen (zur Rspr. des BVerwG zum Verzicht auf öffentliche Belange
durch den von der Schutzwirkung Begünstigten bei Außenbereichs-
vorhaben vgl. die Erl. zu § 35; vgl. weiterhin Rn 121). Die Beschrän-
kung des Abwägungsmaterials ist auch dann nicht sachgerecht, wenn
eine zur Konfliktbewältigung gebotene Aufhebung oder Zurückstu-
fung der baulichen Nutzung im Hinblick auf **fehlende finanzielle
Mittel** der Gemeinde für Entschädigungsleistungen unterbleibt (VGH
München, BauR 1983, 336/338).

117 Das Gebot der Konfliktbewältigung erfordert auch eine **Prognose**
der Auswirkungen der Planung. Die Prognose ist unter Berücksichti-
gung aller verfügbaren Erkenntnismittel in einer dem Gegenstand der
Planung angemessenen und methodisch einwandfreien Weise zu erar-

beiten (BVerwG, NJW 1979, 64/66f.; NVwZ 1984, 718/721; Dolde, NJW 1980, 1657/1658; ders., NJW 1986, 815/816; Hoppe, in: E/H, Rn 285b). Planerische Entscheidungen, die aufgrund einer prognostischen Einschätzung zukünftiger tatsächlicher Entwicklungen getroffen werden müssen, sind hinsichtlich ihrer Prognose daher ggf. auch dann rechtmäßig, wenn sich die **Prognosen aus späterer Sicht als unrichtig erweisen.** Entscheidend ist aber die Frage, ob die Prognose seinerzeit einwandfrei erstellt worden ist (BVerwG aaO; Kopp, VwGO, 7. Aufl. München 1986, § 114, Rn 37; vgl. auch Schmidt-Aßmann aaO, S. 127). Die Gemeinde hat auch insoweit die Prüfungspflicht, was „nach Lage der Dinge" und „nach den gegebenen Umständen" zu veranlassen ist. Sie hat ggf. **sachverständige Untersuchungen** zu veranlassen. Unrichtige Stellungnahmen von Fachbehörden gehen zu ihren Lasten (OVG Koblenz, BRS 47 Nr. 8). Die Gemeinde kann sich nicht auf Unkenntnis oder fehlenden Sachverstand berufen (Söfker aaO, Rn 194; vgl. aber auch oben Rn 116).

cc) Verlagerung der Konfliktbewältigung. Das Gebot der Konfliktbewältigung kann auch dadurch verletzt werden, daß die durch die Planung mögliche Konfliktlösung in das **Baugenehmigungsverfahren,** in **spezialgesetzliche Verfahren** (vgl. hierzu auch Rn 31) oder in **privat-rechtliche Vereinbarungen** (vgl. hierzu auch Rn 116) verlagert wird. Die Rspr. hat sich mit dieser Frage vor allem bei der Berücksichtigung der Belange des Umweltschutzes und bei dem Nebeneinander sich gegenseitig beeinträchtigender Nutzungen (vgl. hierzu Rn 110–112) befaßt. Vor Verlagerung der Lösungen des Konflikts aus dem Nebeneinander von wohn- und gewerblicher Nutzung in das jeweils anstehende **Baugenehmigungsverfahren** vgl. OVG Münster BRS 36 Nr. 3, wonach keine Bauleitplanung mehr betrieben werde, wenn der gebotene Schutz der Wohngebiete im Bebauungsplan nur als gewünschtes Ergebnis geregelt, nicht aber die hierzu erforderlichen planerischen Vorkehrungen getroffen werden (vgl. auch Rn 112). Vgl. weiterhin OVG Berlin, ZfBR 1986, 290/292 und OVG Lüneburg, ZfBR 1986, 293/294: kein Verstoß gegen das Gebot der Konfliktbewältigung, wenn die planerische Festsetzung nicht zwangsläufig zu einem untragbaren Ergebnis führt, vielmehr ein Ausgleich noch im Baugenehmigungsverfahren nach **§ 15 Abs. 1 BauNVO** möglich ist; entsprechend (OVG Berlin aaO) wenn Standort und Ausgestaltung einer Gemeindebedarfsfläche noch im Baugenehmigungsverfahren unter Berücksichtigung der Anwohner nach § 15 Abs. 1 BauNVO beantwortet und durch **Auflagen** geregelt werden kann.

In der **Rspr.** werden an die Lösung immissionsschutzrechtlicher Konflikte **zum Teil hohe Anforderungen** gestellt; vgl. z. B. **OVG Berlin, DVBl. 1984, 147** zu den im Bebauungsplan zu treffenden Vorkehrungen zur Vermeidung oder Minderung schädlicher Umwelteinwirkungen, zur Festsetzung von Emissionsgrenzwerten für die wichtigsten Schadstoffe, zum Ausschluß der Verwendung bestimmter

118

Heizstoffe und zur Regelung der Stellung der baulichen Anlagen bei
der planungsrechtlichen Zulassung eines weiteren Heizkraftwerks in
einem bereits belasteten Gebiet: Die Verlagerung aller immissions-
schutzrechtlichen Probleme in das Genehmigungsverfahren nach dem
BImSchG sei abwägungsfehlerhaft; der Plangeber habe **nicht nur die
durch die Planung selbst veranlaßten**, sondern auch **alle vorgefunde-
nen Probleme** zu sehen und zu bewältigen und dürfe sie daher nicht zur
Verlagerung auf das immissionsschutzrechtliche Genehmigungsverfah-
ren ausklammern. Auch die **Zusage des Plangebers** bei einer Straßen-
planung, die erforderlichen Lärmschutzvorkehrungen herzustellen,
befreie ihn nicht davon, die mit der Planung aufgeworfenen Konflikte
im Bebauungsplan zu lösen (so OVG Berlin NVwZ 1983, 416/418;
ähnlich OVG Berlin NVwZ 1982, 442). Dagegen reiche der ausdrück-
liche **Vorbehalt im Bebauungsplan** für eine ergänzende Planfeststel-
lung nach § 17 Abs. 3 S. 2 FStrG aus. Vgl. auch **OVG Lüneburg** (Urt.
v. 24. 5. 1984 – 6 C 37/83 –): Der Bebauungsplan muß die nach § 9
Abs. 1 erforderlichen Festsetzungen enthalten, z. B. die Festsetzung
passiver Lärmschutzmaßnahmen (Lärmschutzfenster); die Bereitschaft,
diese Maßnahmen durchzuführen, ersetzt nicht die planerische Festset-
zung.

119 Das **BVerwG** hat das Gebot der Konfliktbewältigung in seiner
neueren Rspr. im Hinblick auf das Zusammenspiel der unterschiedli-
chen Planungs- und Vollzugsschritte praxisnah ausgelegt (vor allem seit
BVerwG, DVBl. 1984, 343–345). Das BVerwG hat u. a. auf die gebo-
tene **umfassende Konfliktbewältigung bei straßenrechtlichen Plan-
feststellungen** hingewiesen (vgl. BVerwGE 48, 56/68; 51, 15/27), die
nämlich zu einer abschließenden und alle sonstigen Genehmigungen
ersetzenden Entscheidung über die Zulässigkeit des Vorhabens führt.
Es hat weiterhin den **Trennungsgrundsatz** (vgl. BVerwGE 45, 309),
also die räumliche Trennung von sich gegenseitig beeinträchtigenden
Nutzungen auf die planerische Festlegung des **Standortes** hin präzisiert
und hiervon die Frage unterschieden, ob und in welchem Unfang in
einem anlagebezogenen Bebauungsplan z. B. **Festsetzungen i. S. des § 9
Abs. 1 Nr. 23 u. 24** zu treffen sind. Enthält der **Bebauungsplan** keine
weiteren immissionsschutzrechtlichen Festsetzungen, sondern **überläßt
die Regelung der Immissionsprobleme** dem nachfolgenden **immis-
sionsschutzrechtlichen Verfahren**, so muß hierin nicht von vornherein
ein Verstoß gegen das Gebot der planerischen Konfliktbewältigung
gesehen werden: „Es spricht einiges dafür, daß es nicht Aufgabe der
Bauleitplanung ist, Entscheidungen zu treffen, die nach den Bestim-
mungen des BImSchG (oder auch des AtomG) dem jeweiligen Geneh-
migungs-, Vorbescheids- oder Anordnungsverfahren vorbehalten
sind . . ., daß eine zu starke Verfeinerung der planerischen Aussagen das
Planungsverfahren übermäßig – ggf. bis zur Grenze, an der die Aufstel-
lung des Bebauungsplanes scheitern muß – belastet und daß die
Ratsmitglieder, die für die Abwägung des Planes verantwortlich sind,

überfordert werden, wenn sie bereits im Bebauungsplan Festsetzungen treffen müssen, die den Regelungen entsprechen, die die Fachbehörde auf der Grundlage umfangreicher wissenschaftlicher Erhebungen und Begutachtungen im Rahmen des Genehmigungsverfahrens nach dem BImSchG (oder nach dem AtomG) zu treffen haben" (BVerwG, DVBl. 1984, 344 f.). Das BVerwG läßt dabei offen, ob **im immissionsschutzrechtlichen Verfahren höhere** als die im Bebauungsplan festgesetzten **immissionsschutzrechtlichen Anforderungen** gestellt werden dürfen; es weist jedoch darauf hin, daß es nicht Aufgabe der Bauleitplanung sein kann, **Änderungen des Standes der Technik** fortlaufend **durch Änderungen des Bebauungsplanes** Rechnung zu tragen. Vgl. hierzu weiterhin Gierke, DVBl. 1984, 149/151, der für eine autonome Rechtsetzung der Gemeinde aufgrund von § 9 Abs. 1 Nr. 24 keine Kompetenz für die **Unterschreitung der immissionsschutzrechtlichen Anforderungen** sieht; da der Bebauungsplan nur aus besonderen städtebaulichen Gründen „schärfere Anforderungen" als nach dem BImSchG festsetzen kann, entfällt das Erfordernis im Bebauungsplan diese Anforderungen selbst festzusetzen; vgl. hierzu weiterhin die Erl. zu § 9 Abs. 1 Nr. 24.

Die Reichweite des Gebots der Konfliktlösung steht damit im Zusammenhang mit der **Reichweite der Regelbefugnisse** (vgl. zum folgenden Söfker, in: E/Z/B, § 1, Rn 219 ff., 222 ff.). Die Zuordnung der auf der Ebene des Bebauungsplans (vgl. § 9 sowie die BauNVO) zu treffenden Entscheidungen sind im Zusammenhang mit den hieran anschließenden oder ihnen zugeordneten Planungs- und Genehmigungsverfahren zu sehen. Hierzu gehört die überörtliche Planung ebenso wie das einzelne Genehmigungsverfahren. Die Lösung der durch die Planung ausgelösten Probleme sind nur insoweit notwendiger Gegenstand von Festsetzungen im Bebauungsplan, als sie zu den Aufgaben und Regelungsmöglichkeiten der Bauleitplanung gehören. Die nicht durch Festsetzungen im Bebauungsplan zu lösenden Probleme können dem **nachfolgenden Genehmigungsverfahren** überlassen werden, wenn nach den anzuwendenden fachgesetzlichen Vorschriften entsprechende Verpflichtungen bestehen oder in sonstiger Weise die sachgerechten Lösungen sichergestellt sind. Insbesondere ermöglicht **§ 15 BauNVO** Spielraum für eine „Nachsteuerung" im Baugenehmigungsverfahren (so BVerwG, ZfBR 1989, 129). Das **BVerwG** hat hierzu u. a. auf die unterschiedlichen Aufgabenstellungen eines Planfeststellungsbeschlusses einerseits (vgl. hierzu auch Gaentzsch, in: BK, § 1, Rn 70) und des Bebauungsplans andererseits hingewiesen. Der Bebauungsplan regelt typischerweise nicht bereits die Zulässigkeit eines einzelnen Vorhabens, sondern schafft nur einen verbindlichen Rahmen für seine rechtliche Beurteilung im Baugenehmigungsverfahren. Der Bebauungsplan darf deshalb – gegenüber der **Planfeststellung** – grundsätzlich auch weniger konkrete Festsetzungen treffen. Davon ist grundsätzlich auch im Hinblick auf Interessenkon-

119a

flikte, die auf der Grundlage der Festsetzungen des Bebauungsplans im
Einzelfall auftreten können, auszugehen. Für sie genügt es, daß ein
Ausgleich noch im Baugenehmigungsverfahren gefunden werden
kann, wobei dem in § 15 BauNVO enthaltenen Rücksichtsnahmegebot
eine besondere Bedeutung zukommt. Über § 15 BauNVO kann daher
eine Ergänzung der Festsetzungen des Bebauungsplans erreicht wer-
den. Voraussetzung hierfür ist allerdings, daß der Bebauungsplan für
eine Konfliktlösung im Baugenehmigungsverfahren noch offen ist. Je
konkreter eine Festsetzung ist, um so geringer ist die Gestaltungsfrei-
heit für den Betroffenen und damit auch der Spielraum für die Anwen-
dung des § 15 BauNVO. Nur soweit der Bebauungsplan selbst noch
keine abschließende planerische Entscheidung hält, ermöglicht § 15
BauNVO eine „Nachsteuerung" im Baugenehmigungsverfahren. § 15
BauNVO rechtfertigt also eine planerische Zurückhaltung, nicht aber
planerische Fehleinschätzungen (BVerwG aaO; vgl. weiterhin
BVerwG, DVBl. 1988, 845).

120 Die Frage einer Verlagerung der Konfliktbewältigung in andere
Verfahren ist im Zusammenhang mit dem Grundsatz der „planerischen
Zurückhaltung" zu sehen (Rn 30, 31) (BVerwG, DVBl. 1984, 143/
144). Die Planung kann den von ihr Betroffenen ein gesteigertes Maß
an Gestaltungsmöglichkeiten belassen. Die Gemeinde kann sich bei der
Abwägung z. B. von der Erwägung leiten lassen, daß eine Planung mit
zu hoher Regelungsdichte den weiteren Vollzug eher erschwert als
erleichtert. Enthält sich daher eine Gemeinde einer Planung mit zu
hoher Regelungsdichte, so liegt dies grundsätzlich im Rahmen ihres
Planungsermessens, solange nicht die Grenzen des Abwägungsspiel-
raums überschritten werden (vgl. hierzu weiterhin Rn 30 f.).

121 Zu Verlagerung der Konfliktbewältigung bei sich gegenseitig beein-
trächtigenden Nutzungen auf privat-rechtliche Vereinbarungen (z. B.
Verzicht auf Abwehransprüche) vgl. Rn 116. Privat-rechtliche Mittel
kommen zur Erreichung des Ziels einer geordneten städtebaulichen
Entwicklung z. B. dann in Betracht, wenn dafür die rechtliche Mög-
lichkeit einer hoheitlichen Anordnung nicht oder nicht ohne weiteres
besteht, wenn also der Gemeinde die Mittel des Privatrechts zur
Befriedigung eines öffentlichen Interesses am besten geeignet erschei-
nen und keine öffentlich-rechtlichen Normen und Rechtsgrundsätze
entgegenstehen (BGH, NJW 1981, 916; NJW 1984, 924; NJW 1985,
1892; vgl. weiterhin Rn 18 sowie die Erl. zum städtebaulichen Vertrag,
§ 124). Der BGH (NJW 1981, 916) hat u. a. die Rechtmäßigkeit einer
durch Dienstbarkeit gesicherten Verpflichtung im Grundstückskauf-
vertrag bejaht, wonach der Käufer die Errichtung und den Betrieb von
Verkaufsständen und Läden jeglicher Art und jeglichen Umfanges,
einer öffentlichen Tankstelle oder einer Gaststätte zu unterlassen habe.
Die hierin liegende Beschränkung der nach dem Bebauungsplan zu-
lässigen Arten der gewerblichen Nutzung durch privatrechtliche Ver-
einbarungen, auch anstelle einer Regelung nach § 1 Abs. 5 BauNVO,

kann einem schutzwürdigen öffentlichen Bedürfnis dienen. Vgl. auch
BayOLG, NJW 1986, 2485 zur Zulässigkeit einer **„Fremdenverkehrs-
dienstbarkeit"**; hierzu auch § 22, Rn 1.

d) Rücksichtnahmegebot. Das **Gebot der Rücksichtnahme** ist 122
durch die **Rspr. des BVerwG** zu einem allgemein das Baurecht beherr-
schenden Gebot ausgeformt worden. Bei der Beurteilung der **Zulässig-
keit von Vorhaben** hat es eine **objektiv-rechtliche Bedeutung.** In
subjektiv-rechtlicher Hinsicht umschreibt es nachbarliche Abwehr-
rechte (vgl. im einzelnen die Erl. zu §§ 30, 34 und 35 sowie z. B. Dürr,
NVwZ 1985, 719; Redeker, DVBl. 1984, 870; Schlichter, NVwZ 1983,
641). Für die **Bauleitplanung** bezeichnet das Rücksichtnahmegebot
sowohl den Sachgehalt von Planung als auch ihre verfassungsrechtli-
chen Schranken: Die planerische Abwägung wird durch das Rücksicht-
nahmegebot insofern gekennzeichnet, als die abwägende Planung
„weiterhin gar nichts anderes" ist „als ein Versuch, planerische Ent-
scheidungen in ihre Umgebung einzubetten und auf diese Weise das
eine den anderen angemessen ‚zuzuordnen'" (Weyreuther, BauR 1975,
1/3). Die durch die Planung vorgenommene Um- und Ausformung der
vorgegebenen Situation wird durch das Gebot der Rücksichtnahme
gesteuert (Weyreuther aaO; vgl. weiterhin Hoppe, in: E/H, Rn 306;
Söfker, in: E/Z/B, § 1, Rn 214). Das Rücksichtnahmegebot hat seine
Wurzeln im verfassungsrechtlichen **Verhältnismäßigkeitsprinzip.** Die
aus dem Rücksichtnahmegebot folgenden Rücksichtnahmepflichten
der Eigentümer sind aus der **Situationsgebundenheit** des Grundstücks
im Rahmen der **Sozialpflichtigkeit** (Art. 14 Abs. 2 GG) grundsätzlich
abgedeckt (vgl. BGHZ 23, 30; Schmidt-Aßmann, Die Berücksichti-
gung situationsbestimmter Abwägungselemente bei der Bauleitpla-
nung, Köln u. a. 1981, S. 83 ff.). Zur Bedeutung des Rücksichtnahme-
gebots bei der Inhalts- und Schrankenbestimmung des Eigentums
sowie bei der Enteignung vgl. Hoppe aaO, Rn 308; vgl. weiterhin die
Erläuterungen in Rn 7–9 sowie Rn 123 ff.). Zu den Ausprägungen des
Rücksichtnahmegebots in einzelnen Abwägungsgrundsätzen vgl. vor
allem Hoppe aaO, Rn 307: Grundsätze der Differenzierung und Scho-
nung, der Trennung von unverträglicher Nutzung, der planerischen
Vorbeugung, der Beherrschbarkeit von Emissionen und des Vorranges
der Konfliktvermeidung.

e) Eigentumsgarantie. In einem vom Prinzip der Planmäßigkeit 123
bestimmten Recht (vgl. im einzelnen Rn 14 ff.) kommt der Bauleitpla-
nung maßgeblich die Aufgabe zu, die dem Eigentumsrecht immanente
Baufreiheit zur Realisierung zu bringen (vgl. im einzelnen Rn 7–9). Die
verbindliche Bauleitplanung ist zugleich eine **Inhalts- und Schranken-
bestimmung des Eigentums** (BGH, DVBl. 1976, 173; NJW 1977, 388;
BVerwGE 47, 144/153; Bartlsperger, DVBl. 1976, 367; Schmidt-Aß-
mann, Grundfragen des Städtebaurechts, Göttingen 1972, S. 161). Der
verbindliche Bauleitplan kann darüber hinaus **enteignend wirken,** und
zwar sowohl hinsichtlich der außerhalb des Plangebiets gelegenen

Grundstücke (vgl. BVerwGE aaO, 153; Sendler, WiR 1972, 473) als
auch hinsichtlich der innerhalb des Plangebiets liegenden Grundstücke.
In die **Abwägung** nach Abs. 6 ist daher der Eigentumsschutz einzube-
ziehen. Abwägungsgegenstand ist sowohl die Inhalts- und Schranken-
bestimmung des Eigentums als auch eine darüber hinausgehende ent-
eignende Wirkung. Zum Verhältnis von **Bauleitplanung und Enteig-
nung** vgl. weiterhin § 87, Rn 3.

124 Eine über die Inhalts- und Schrankenbestimmung des Eigentums
hinausgehende und damit **enteignende Wirkung des Bebauungsplans**
ist dann gegeben, wenn er die situationsbestimmte, von der Natur der
Sache her gegebene tatsächliche und rechtliche Möglichkeit der Bebau-
ung eines Grundstücks, also eine Möglichkeit, die sich nach der Be-
schaffenheit und Lage eines Grundstücks objektiv anbietet, untersagt
oder in einer ins Gewicht fallenden Weise einschränkt (BGH, DVBl.
1976, 173; vgl. auch BGH, NJW 1958, 380; 1962, 307; 1967, 1062;
BGHZ 30, 338/343 f.; 48, 193/195 f.). Die Schwelle zur Enteignung ist
daher z. B. überschritten, wenn der Bebauungsplan Grundstücke Pri-
vater als Baugrundstücke für den **Gemeinbedarf** oder für **Verkehrsflä-
chen** in Anspruch nimmt (vgl. § 40). Enteignende Wirkungen hat der
Bebauungsplan weiterhin dort, wo er Nutzungen vorsieht, die **schädli-
che Einwirkungen** von dem einen Grundstück auf ein anderes ermög-
lichen oder voraussetzen, die vorgegebene **Grundstückssituation** damit
nachhaltig verändern und hierdurch Nachbargrundstücke **schwer
oder unerträglich treffen** (BVerwGE 47, 144/155). Zur entschädi-
gungs- und schadensersatzrechtlichen Beurteilung der an **emittierende
Betriebe** auf Grund eines Bebauungsplanes **heranrückenden Wohnbe-
bauung** vgl. BGH, NJW 1984, 2516; hierzu krit. Dolde, NVwZ 1985,
250. Für die Planung ergibt sich in solchen Fällen das Gebot, die hierin
liegenden **Interessenkonflikte zu bewältigen,** namentlich durch hinrei-
chend wirksame und planerisch abgesicherte Maßnahmen z. B. zur
angemessenen räumlichen Trennung der widerstreitenden Nutzungen
oder, wenn dies aus tatsächlichen Gründen oder mit Rücksicht auf die
Verwirklichung der Planziele nicht möglich ist, dadurch, daß die
betroffenen Grundstücke durch Aufhebung oder Änderung ihrer bishe-
rigen Nutzung ausdrücklich in Anspruch genommen und damit die
Voraussetzungen für eine Entschädigung des Eigentümers nach den
§§ 39 ff. geschaffen werden (BVerwGE 47, 155 f.; BGH, DVBl. 1976,
173/174). Die Einbeziehung der die Enteignung präjudizierenden Wir-
kung des Bebauungsplans ist damit zwar abwägungserheblich. Dies
bedeutet aber nicht, daß die für die **Zulässigkeit einer Enteignung
geltenden Grundsätze** auch auf die der Enteignung vorangehende
Planung anzuwenden sind, also insbesondere auch nicht der Grundsatz,
daß eine Enteignung nur als letztes Mittel zulässig ist (BVerwG, NJW
1969, 1868/1869). Die Gewichtung im Rahmen der Abwägung muß
daher nicht den Anforderungen des Art. 14 Abs. 3 GG entsprechen. Bei
der Planung geht es durchweg um die planerische Abwägung ange-

sichts vielzähliger, unterschiedlicher Belange und in ihrem Verhältnis zueinander komplexer Interessen und nicht nur – wie im Enteignungsverfahren – um zwei einander widerstreitende öffentliche und private Interessen. Für die planerische Abwägung ist jedoch – wie erwähnt – maßgeblich, auch diesen Interessenkonflikt in die Abwägung einzustellen und gerecht zu lösen (BVerwG aaO; vgl. hierzu auch Rn 126 zum Grundsatz der Verhältnismäßigkeit). Auch im Verhältnis zwischen **Bauleitplanung und Umlegung** sind schon bei der Bestimmung der planerischen Festsetzungen die Möglichkeiten und Ergebnisse der nachfolgenden bodenordnenden Maßnahmen einzubeziehen (BGH, NJW 1977, 388/390; DVBl. 1976, 173/174; VGH Mannheim, ZfBR 1982, 48/49). Hat z. B. ein Eigentümer ein schutzwürdiges und nicht nur geringwertiges Interesse an dem möglichst ungeschmälerten Erhalt bestimmter Grundstücksflächen, dem bei der Zuteilung voraussehbar nicht Rechnung getragen werden kann, oder kann einem Eigentümer eines nach Größe und Zuschnitt bebaubaren Grundstücks wegen der Besonderheiten des Plans voraussehbar kein bebaubares Grundstück zugeteilt werden, so daß er durch einen Ausgleich in Geld abgefunden werden muß (§ 59 Abs. 2), so sind diese **sich aus dem Planvollzug ergebenden Beeinträchtigungen** in die Abwägung einzustellen (VGH Mannheim aaO).

Die Eigentumsgarantie gebietet weiterhin, daß bei der Abwägung **125** der **privaten Belange untereinander** die berührten privaten Belange **nicht ohne sachliche Rechtfertigung ungleich behandelt** werden dürfen (vgl. hierzu Rn 109). Bei der planerischen Festsetzung von **Verkehrsflächen für Erschließungszwecke** erfordert daher z. B. das Gebot der gerechten Abwägung die möglichst gleichmäßige Belastung der beteiligten privaten Rechtsträger (BGH NJW 1977, 388/390). Schon auf der Stufe der Bauleitplanung ist darauf Bedacht zu nehmen, daß die **Lastengleichheit** durch die Art und Weise der Festsetzungen gewährleistet wird. Auch wenn sachliche Gründe bestehen, für die Erschließungsanlage nur einige oder wenige Grundstücke in Anspruch zu nehmen (z. B. wegen der natürlichen Geländeverhältnisse), soll der Bebauungsplan auch die Grundlage dafür schaffen, daß die bestehenden natürlichen Hindernisse gegenüber einer gleichmäßigen Belastung aller Eigentümer „gestaltend" beseitigt werden (BGH aaO). Diesem Ziel dient vor allem die **Umlegung** nach §§ 45 ff. Können hiernach die natürlichen Zufälligkeiten, die einer gleichmäßigen Belastung aller Eigentümer entgegenstehen, durch bodenordnende Maßnahmen ausgeräumt werden und kann dem Gebot der Lastengleichheit im Einzelfall nur durch eine solche Gestaltung entsprochen werden, so ist die Gemeinde gehalten, ihre Planung auf die Ergebnisse einer derartigen Bodenordnung einzustellen (BGH aaO).

f) Verhältnismäßigkeit, Erforderlichkeit, Bestimmtheit. Mit den **126** Grundsätzen der **Verhältnismäßigkeit** und **Erforderlichkeit** sind verfassungsrechtliche Schranken für die öffentliche Gewalt bezeichnet, die

auch für die Bauleitplanung verbindlich sind (vgl. grundlegend Lerche, Übermaß und Verfassungsrecht, Köln u. a. 1961, S. 19 ff.). Das **Gebot der Rücksichtnahme** ist eine Ausformung dieser Rechtsgrundsätze (vgl. hierzu Rn 122). Der **Grundsatz der Verhältnismäßigkeit** verlangt einen verfassungslegitimen Grund für den hoheitlichen Eingriff, die Eignung des gewählten Eingriffsmittels, seine Erforderlichkeit i. S. der Wahl des schonenden Mittels, sowie ein ausgewogenes Verhältnis zwischen der Eingriffsschwere und dem Eingriffsnutzen (Papier, in: M/D, Art. 14, Rn 258). Eine Planung ist rechtswidrig, wenn der Grundsatz der Verhältnismäßigkeit verletzt worden ist (BVerwG, DVBl. 1971, 746/750). Der Grundsatz der Verhältnismäßigkeit verlangt eine differenzierte Abwägung ("Güterabwägung"). Erschwert z. B. eine Planung die Ausnutzung des vorhandenen Bestandes nachhaltig, dann sind die Grenzen der Verhältnismäßigkeit schneller erreicht, als wenn es darum geht, die Erweiterungsfähigkeit des vorhandenen Bestandes zu sichern (BVerwG aaO).

127 Vom verfassungsrechtlichen Grundsatz der Erforderlichkeit (Rn 126) sind die planungsrechtlichen Grundsätze der **Erforderlichkeit einer Bauleitplanung** zu unterscheiden. Diese beziehen sich zum einen auf die **Planungsbefugnis** (vgl. hierzu Rn 26). Eine reine „**Gefälligkeitsplanung**" zugunsten eines Eigentümers, also eine Bauleitplanung, die nicht oder jedenfalls nicht ausschlaggebend auf städtebauliche Überlegungen beruht, ist unzulässig (OVG Lüneburg, ZfBR 1983, 281/282). Sie beziehen sich weiterhin auf die **Planungspflicht,** also auf die Verpflichtung der Gemeinde nach Abs. 3 Bauleitpläne aufzustellen (vgl. hierzu Rn 27–31). Mit dem Gebot der Erforderlichkeit ist weiterhin die Verpflichtung der Gemeinde bezeichnet, von den Möglichkeiten von Darstellungen im Flächennutzungsplan und Festsetzungen im Bebauungsplan nur Gebrauch zu machen, soweit es „erforderlich" ist. Weiterhin besteht ein Zusammenhang mit dem Gebot der planerischen Konfliktbewältigung (vgl. Rn 115).

128 Das verfassungsrechtliche Rechtsstaatsprinzip (Art. 20 Abs. 3 GG) verlangt die hinreichende **Bestimmtheit** der Regelungen im Bauleitplan. Das Gebot gerechter Abwägung der von der Planung berührten öffentlichen und privaten Belange setzt ein solches Maß an Bestimmtheit der Festsetzungen eines Bebauungsplanes voraus, daß hinreichend sicher abschätzbar ist, inwieweit private Belange von der nach dem Bebauungsplan zulässigen Nutzung des Plangebiets berührt werden (VGH Mannheim, BauR 1983, 550). Ein Bebauungsplan, der für ein Gelände lediglich die Festsetzung „öffentliche Grünfläche mit Spiel-, Sport- und Freizeitanlagen" enthält, ohne zu regeln, was für Sportanlagen an welcher Stelle des Plangebiets errichtet werden können, kann mangels Bestimmtheit der sachlichen Festsetzungen ungültig sein (VGH Mannheim aaO; vgl. auch VGH Mannheim, BRS 32 Nr. 6 sowie Hoppe, in: E/H, Rn 250). Das gleiche gilt, wenn der Bebauungsplan wegen des gewählten **Maßstabs** die Grenzen der festgesetzten

unterschiedlichen Nutzungsarten nicht eindeutig erkennen läßt (VGH München, BayVBl. 1984, 82/83).

g) Wirtschaftlichkeit. Zweifel an der **Wirtschaftlichkeit** einer im Bebauungsplan festgesetzten Nutzung können einen Abwägungsfehler begründen (BVerwG, DÖV 1979, 214). Ob eine Nutzung wirtschaftlich ist, läßt sich vorausschauend, also durch **Prognosen** (vgl. hierzu Rn 117), oft nur schwer bestimmen. Die Wirtschaftlichkeit von Grundstücksnutzungen ist darüber hinaus **Schwankungen** unterworfen. Die sich daraus ergebenden Risiken sind im Grundsatz Lasten des Eigentums und nicht Lasten der Bauleitplanung (BVerwG aaO). Kann eine Wirtschaftlichkeit auch **auf Dauer** nicht erwartet werden, so ist die Abwägung fehlerhaft: Von einem bestimmten Punkt an schlägt eine unwirtschaftliche Festsetzung praktisch in eine totale Veränderungssperre um, weil dann die einzig zulässige Nutzung des Grundstücks an ihrer unzureichenden Wirtschaftlichkeit scheitert und in der planerischen Festsetzung im Ergebnis ein unzumutbares Bauverbot auf Dauer liegt (so BVerwG aaO, 216 f.). Mit dem Gebot der Wirtschaftlichkeit der planerischen Regelung steht auch das Verbot im Zusammenhang, in die Abwägung **objektiv nicht realisierbare Belange** und die Verfolgung **wirtschaftlich ungeeignete Maßnahmen** einzustellen (vgl. Hoppe, in: E/H, Rn 291). Zur fehlerhaften Abwägung, weil die Gemeinde eine nach Sachlage gebotene planerische Festsetzung im Hinblick auf **fehlende finanzielle Mittel** für Entschädigungsleistungen nicht trifft, vgl. VGH München BauR 1983, 336/338 sowie Rn 116.

h) Maßgeblicher Zeitpunkt für die Abwägung. Für die Abwägung ist gem. **§ 214 Abs. 3** die Sach- und Rechtslage im **Zeitpunkt der Beschlußfassung** über den Bauleitplan maßgebend. Vgl. hierzu die Erläuterungen zu § 214.

5. Rechtsfolgen einer fehlerhaften Abwägung; Rechtsschutz. Die fehlerhafte Abwägung führt zur **Nichtigkeit des Bauleitplans.** Zur Frage der **Teilnichtigkeit** vgl. z. B. OVG Bremen, ZfBR 1980, 49 und BRS 38 Nr. 35: Teilnichtigkeit, wenn der Plangeber, wäre ihm die Unwirksamkeit des für nichtig erklärten Teils bekannt gewesen, den verbleibenden Teil der Festsetzung auch für sich getroffen hätte; ähnlich OVG Lüneburg, BauR 1979, 399 und OVG Berlin, BauR 1980, 239. Dagegen kommt Teilnichtigkeitserklärung regelmäßig nicht in Betracht, wenn der festgestellte Mangel den Plan insgesamt erfaßt (OVG Saarland, DÖV 1986, 708), insbesondere weil die Regelung ohne den nichtigen Teil nicht sinnvoll bestehen kann (BVerwGE 40, 268/274; UPR 1989, 451). Zur **Beschränkung der gerichtlichen Kontrolle** bei Verfahrensfehlern und bei materiellen Fehlern vgl. die Erläuterungen zu §§ 214 und 215. Zum **Rechtsschutz** gegenüber Bauleitplänen vgl. § 5, Rn 36 (Flächennutzungsplan) und § 10, Rn 13 ff. (Bebauungsplan).

129

130

131

§ 2 Aufstellung der Bauleitpläne, Verordnungsermächtigung

(1) **Die Bauleitpläne sind von der Gemeinde in eigener Verantwortung aufzustellen. Der Beschluß, einen Bauleitplan aufzustellen, ist ortsüblich bekanntzumachen.**

(2) **Die Bauleitpläne benachbarter Gemeinden sind aufeinander abzustimmen.**

(3) **Auf die Aufstellung von Bauleitplänen besteht kein Anspruch.**

(4) **Die Vorschriften dieses Gesetzbuchs über die Aufstellung von Bauleitplänen gelten auch für ihre Änderung, Ergänzung und Aufhebung.**

(5) **Der Bundesminister für Raumordnung, Bauwesen und Städtebau wird ermächtigt, mit Zustimmung des Bundesrates durch Rechtsverordnung Vorschriften zu erlassen über**

1. Darstellungen und Festsetzungen in den Bauleitplänen über

 a) die Art der baulichen Nutzung,
 b) das Maß der baulichen Nutzung und seine Berechnung,
 c) die Bauweise sowie die überbaubaren und die nicht überbaubaren Grundstücksflächen;

2. die in den Baugebieten zulässigen baulichen und sonstigen Anlagen;

3. die Zulässigkeit der Festsetzung nach Maßgabe des § 9 Abs. 3 über verschiedenartige Baugebiete oder verschiedenartige in den Baugebieten zulässige bauliche und sonstige Anlagen;

4. die Ausarbeitung der Bauleitpläne einschließlich der dazugehörigen Unterlagen sowie über die Darstellung des Planinhalts, insbesondere über die dabei zu verwendenden Planzeichen und ihre Bedeutung.

Übersicht

1. a) § 2 trifft Organisations-, Verfahrens-, aber auch materielle Regelungen über die Bauleitplanung. Abs. 1 S. 1 bestimmt die Zuständigkeit der Gemeinde für die Bauleitplanung und klassifiziert die eigenverantwortliche Aufstellung der Bauleitpläne als weisungsfreie Selbstverwaltungsaufgabe, die die von Art. 28 Abs. 2 GG garantierte kommunale Planungshoheit verwirklicht. Seit der Novelle 1976 regelt nicht mehr § 2 Abs. 1 sondern § 1 Abs. 3 die Befugnis und die Pflicht zur Bauleitplanung. Trotz der Planungspflicht des § 1 Abs. 3 schließt § 2 Abs. 3 einen Rechtsanspruch auf Aufstellung eines Bauleitplans aus. Abs. 2 regelt die gegenüber den §§ 203–205 schwächste Form interkommunaler Zusammenarbeit bei der Bauleitplanung, indem er benachbarte Gemeinden verpflichtet, ihre Bauleitpläne aufeinander abzustimmen. Abs. 1 S. 2 läßt mit dem ortsüblich bekanntzumachenden Beschluß, einen Bauleitplan aufzustellen, das förmliche Planaufstellungsverfahren beginnen. Nachdem bereits die Novelle 1976 der Beteiligung der Bürger aus § 2 ausgegliedert und verselbständigt hatte (§ 2a BBauG = § 3 BauGB), hat das BauGB für das Parallelinstitut der Beteiligung der Träger öffentlicher Belange Gleiches in § 4 (= § 2 Abs. 5 BBauG) getan. Abs. 4 stellt klar, daß die Vorschriften über die Aufstellung von Bauleitplänen auch für ihre Änderung, Ergänzung und Aufhebung gelten. Abs. 5 ermächtigt den Bundesminister für Raumordnung, Bauwesen und Städtebau, ergänzende Rechtsverordnungen zu erlassen, wie die BauNVO, die PlanzeichenVO. Das BauGB hat den in § 2 Abs. 2 BBauG geregelten selbständigen Bebauungsplan als Ausnahme vom Entwicklungsgebot des § 8 Abs. 2 S. 1 systematisch zutreffender in § 8 Abs. 2 S. 2 plaziert. Zu weiteren Neuregelungen durch das BauGB s. Voraufl.

b) aa) Das Verfahren der Aufstellung der Bauleitpläne ist außer in § 2 in § 3, § 4, §§ 204, 205, § 6, das der Aufstellung des Bebauungsplanes zusätzlich in den §§ 10–13 geregelt. Die §§ 3, 4 werden zeitlich befristet ergänzt durch Sonderregelungen des BauGB-MaßnahmeG (s. Einl., Rn 36 f.). Aufgrund von Vorprüfungen der Verwaltung, von Ersuchen des Gemeinderates, des Planungsausschusses oder von Anregungen Dritter, z. B. von Bürgern, beginnt das **Verfahren der Planaufstellung** mit dem ortsüblich bekanntzumachenden Aufstellungsbeschluß (§ 2 Abs. 1 S. 2). Gleichzeitig kann das nach jeweiligem Kommunalverfassungsrecht zuständige Gemeindeorgan über die Form der frühzeitigen Bürgerbeteiligung (§ 3 Abs. 1) beschließen. Die frühzeitige Bürgerbeteiligung kann jedoch auch früher oder später stattfinden (s. § 3, Rn 7). Der Planentwurf kann von der Gemeindeverwaltung oder auch nach dem Wegfall einer § 2 Abs. 3 BBauG entsprechenden Regelung von beauftragten Dritten erarbeitet werden. Die Träger öffentlicher Belange (§ 4) sind möglichst frühzeitig zu beteiligen. Ggf. ist der Entwurf auch mit benachbarten Gemeinden abzustimmen (§ 2 Abs. 2) und an die Ziele der Raumordnung und Landesplanung anzupassen (§ 1 Abs. 4). Hat sich das Planungsverfahren zu beschlußfähigen Planent-

würfen nebst Erläuterungsbericht (Flächennutzungsplan) oder Begrün-
dung (Bebauungsplan) verfestigt, so beginnt mit dem ortsüblich be-
kanntzumachenden Auslegungsbeschluß das mit Fristen und Verfah-
rensvorschriften streng formalisierte Auslegungsverfahren (§ 3 Abs. 2,
3). Über den ggf. aufgrund von im Auslegungsverfahren vorgebrach-
ten Bedenken und Anregungen geänderten Plan nebst Erläuterungsbe-
richt bzw. Begründung beschließt der nach jeweiligem Kommunalver-
fassungsrecht zuständige Gemeinderat, beim Flächennutzungsplan
durch einfachen Beschluß nach Maßgabe des jeweiligen Kommunal-
rechts, beim Bebauungsplan in Form eines Satzungsbeschlusses (§ 10).
Flächennutzungspläne bedürfen gem. § 6 der von der Gemeinde zu
beantragenden Genehmigung durch die höhere Verwaltungsbehörde.
Bebauungspläne sind nach der Neuregelung des § 11 im Regelfall nur
anzuzeigen. Sowohl bei Flächennutzungs- wie bei Bebauungsplänen ist
die Aufsichtsbehörde auf die Kontrolle der Rechtmäßigkeit der Pla-
nung beschränkt (Rechtsaufsicht). Die Genehmigung des Flächennut-
zungsplans oder des Bebauungsplans oder die Durchführung des An-
zeigeverfahrens ist ortsüblich bekanntzumachen (§§ 6 Abs. 5 S. 1, 12
S. 1). Mit der Bekanntmachung werden die Bauleitpläne wirksam.
Verstöße gegen die nach dem BauGB für das Planaufstellungsverfahren
geltenden Form- und Verfahrensvorschriften können gem. den nur das
Verhältnis Bürger-Gemeinde betreffenden Wirksamkeitsvorschriften
der §§ 214, 215 „geheilt" werden bzw. unbeachtlich sein. Zusammen-
stellung der Rechts- und Verwaltungsvorschriften der Länder zu § 2
und zum gesamten Bauleitplanverfahren bei Bielenberg, in: E/Z/B, § 2,
Rn 135–138.

3 **bb)** Soweit die Verfahrensvorschriften des BauGB ergänzungsbe-
dürftig sind, gelten die Vorschriften des **Kommunalverfassungsrechts**
(GO), z. B. über die Mitwirkung intrakommunaler Orts- und Bezirks-
räte (§§ 13, 13a nwGO), vor allem aber über die Beschlußfassung des
Gemeinderates und die Veröffentlichung von Beschlüssen. Zur Erhö-
hung der Rechtssicherheit der Bauleitpläne legt das BauGB wie in § 2
Abs. 1 S. 2 bundesrechtlich nicht fest, welches Gemeindeorgan im
Verfahren der Bauleitplanung tätig werden muß. Um unnötige Fehler-
quellen zu vermeiden, bleibt die innergemeindliche Kompetenzvertei-
lung dem Kommunalverfassungsrecht überlassen (s. v. Mutius, DVBl.
1987, 455; s. a. Rn 6). Ein Bebauungsplan wird nicht deshalb bundes-
rechtlich nichtig, weil Ratsbeschlüsse, die vor dem Satzungsbeschluß
i. S. v. § 10 gefaßt worden sind, infolge der Mitwirkung befangener
Gemeinderäte nach Landesrecht rechtswidrig sind (BVerwG, NVwZ
1988, 916; OVG Koblenz, NVwZ 1989, 674; Ley, VR 1989, 326). Zur
im einzelnen widersprüchlichen kommunalverfassungsrechtlichen
Rechtsprechung s. Grauvogel, in Kohlhammer Komm., § 2, Rn 16–27;
Bielenberg, in: E/Z/B, § 2 Rn 49–62. Die Rechtsprechung unterscheidet
zwischen den ein Mitwirkungsverbot auslösenden massiven Interessen-
kollisionen (OVG Lüneburg, BRS 22 Nr. 21) und den unschädlichen,

völlig untergeordneten oder ganz entfernten Interessenkollisionen (BVerwG, DVBl. 1971, 757 m. Anm. v. Schrödter/Schmaltz, S. 764; verschärfend OVG Münster, DVBl. 1980, 68; zust. Krebs, VerwArch 1980, 181; s. a. Creutz, Baurecht 1979, 470; Röper, VR 1982, 334; Dolde, NJW 1984, 1713/1719; Müller, BauR 1984, 437; Hassel, DVBl. 1988, 711). Verstöße gegen kommunalverfassungsrechtliche Verfahrensvorschriften können zwar nicht nach §§ 214, 215, wohl aber nach entsprechenden kommunalverfassungsrechtlichen Vorschriften wie § 4 Abs. 6 nwGO unbeachtlich sein oder „geheilt" werden (Hill, DVBl. 1983, 1; Wilhelm, NVwZ 1984, 424; krit. Schmidt-Aßmann, VR 1978, 85; s. a. Vorbem. §§ 214–216, Rn 2, 4, § 214, Rn 3).

2. a) Die Zuständigkeitsregelung des Abs. 1 S. 1 konkretisiert mit **4** den Worten „in eigener Verantwortung" das von Art. 28 Abs. 2 GG geschützte Recht der Gemeinde zur örtlichen Planung – **kommunale Planungshoheit.** Entsprechend der Garantie des Art. 28 Abs. 2 GG ist die kommunale Planungshoheit gegenständlich beschränkt auf die Angelegenheiten der örtlichen Gemeinschaft und findet „im Rahmen der Gesetze" ihre Grenze. Die Gesetzesbindung der gemeindlichen Planungshoheit wird durch die Kommunalaufsicht in Form der Rechtsaufsicht kontrolliert (§ 6 Abs. 1, § 11 S. 1). Die Ausübung der aus der kommunalen Planungshoheit fließenden planerischen Gestaltungsfreiheit (BVerwGE 48, 56/59) wird durch das Abwägungsgebot des § 1 Abs. 6 gesetzlich umschrieben und rechtlich strukturiert. Darüber hinaus schreibt § 1 Abs. 5 der Gemeinde in Form von Planungsleitlinien Handlungsmaßstäbe für die Ausübung der planerischen Gestaltungsfreiheit vor (s. § 1, Rn 55–86). Externe materielle Grenzen der in das Geflecht hoheitlicher Planungen eingebundenen Bauleitplanung folgen aus § 1 Abs. 4 – Anpassung der Bauleitpläne an die Ziele der Raumordnung und Landesplanung –, § 2 Abs. 2 – nachbargemeindliche Abstimmungspflicht –, § 204 Abs. 1 – gemeinsamer Flächennutzungsplan benachbarter Gemeinden –, §§ 37, 38 – Privilegierung bestimmter Fachplanungen und hoheitlicher Baumaßnahmen (s. Brohm, DÖV 1989, 429; Langer, VerwArch 1989, 352; Birk, NVwZ 1989, 905). Zur internen, nicht zwingenden Selbstbindung der Gemeinde durch eine Entwicklungs- oder Rahmenplanung s. § 1, Rn 44 ff. Bis zum Ende des 2. Weltkrieges wurde die Bauleitplanung durchweg als polizeirechtliche Aufgabe des Staates angesehen. Erst das Bundesbaugesetz hat bundesweit und in diesem Umfang die Bauleitplanung den Gemeinden als weisungsfreie Selbstverwaltungsaufgabe zugewiesen (BVerfGE 56, 298/312 m. w. N.). Der Gesetzgeber wollte die Stellung der Gemeinden auf dem Gebiet der Bauleitplanung bewußt stärken, um die demokratische Willensbildung auf der örtlichen Ebene zu intensivieren (Ernst, in: E/H, Rn 790). Durch die weitgehende Ersetzung des Genehmigungsverfahrens durch das Anzeigeverfahren beim Bebauungsplan (§ 11) und sonstigen städtebaulichen Satzungen (z. B. § 16 Abs. 2) hat das BauGB diese Linie ausgezogen. Das BVerfG (E 56, 298, E 76, 107, 118) läßt

zumindest offen, ob und inwieweit die Planungshoheit zum unantastbaren Kernbereich kommunaler Selbstverwaltung gehört (verneinend Clemens, NVwZ 1990, 834, 838 unter Berufung auf BVerfGE 79, 127; dazu auch Schoch, VerwArch 1990, 18). Laut BVerfGE 79, 127 gehört zum Wesensgehalt der gemeindlichen Selbstverwaltung kein gegenständlich bestimmter Aufgabenbereich, wohl aber der auch gegenüber dem Kreis wehrfähige Grundsatz der Allzuständigkeit für alle Angelegenheiten der örtlichen Gemeinschaft, die nicht durch Gesetz bereits anderen Trägern öffentlicher Verwaltung (zulässigerweise) übertragen worden sind. Zur etwaigen Hochzonung des Flächennutzungsplans s. Hoppe, in: E/H, Rn 170; Battis, S. 55 ff., Giegerich, JA 1988, 367. § 2 Abs. 1 S. 1 ist zwingendes Bundesrecht. Eine hiervon abweichende landesgesetzliche Regelung ist unwirksam, wenn sie nicht bundesrechtlich ausdrücklich zugelassen ist (VG Saarlouis, UPR 1985, 104; s. a. § 203, Rn 7).

5 **b)** Die Planungshoheit als das grundgesetzlich fundierte Recht der Gemeinde zu eigenverantwortlicher Bauleitplanung im Rahmen der Gesetze ist die Basis der planerischen Gestaltungsfreiheit (s. Finkelnburg, in: F/O, Bd. I, S. 20). Trotz der Bindung der Gemeinde gem. § 1 bleibt es weitgehend ihrer demokratisch legitimierten Entscheidung überlassen, wie sie ihre Planungshoheit handhabt und welche Konzeption sie ihr zugrundelegt. Daher ist die staatliche Aufsicht auf die Rechtsaufsicht begrenzt, ebenso wie die Abwägung nach § 1 Abs. 6 nur beschränkt gerichtlich überprüfbar ist (BVerwGE 34, 309; 45, 314). Die Planungshoheit dient als Auslegungsgrundsatz für die Interpretation des Rechts der Bauleitplanung (Hoppe, in: E/H, Rn 174). Sie schützt die Gemeinde vor gesetzlichen Regelungen, die den Wesensgehalt der Selbstverwaltungsgarantie (dazu Blümel, Festgabe von Unruh, 1983, S. 265 m. w. N.) aushöhlen (s. bawü StGH, DÖV 1976, 595, 599), z. B. durch einen sachlich nach Maßgabe des Verhältnismäßigkeitsgrundsatzes ungerechtfertigten Aufgabenentzug (BVerwG DVBl. 1983, 1152; s. a. v. Mutius, Festgabe von Unruh, 1983, S. 227/252). Art. 28 Abs. 2 S. 1 GG erlaubt dem Staat eine gesetzliche Einschränkung der Planungshoheit einzelner Gemeinden nur, wenn und soweit sich bei der vorzunehmenden Güterabwägung ergibt, daß schutzwürdige überörtliche Interessen diese Einschränkung erfordern (BVerfGE 56, 298; dazu Blümel, VerwArch 1982, 329; Steinberg, JuS 1982, 578; s. a. BVerfG, NVwZ 1987, 123 u. 124, NVwZ 1988, 47). Die Planungshoheit ist gerichtlich wehrfähig gegenüber jedem anderen Planungsträger, z. B. auch einer Nachbargemeinde, die sie durch rechtswidrige Planungen beeinträchtigt (BVerwGE 40, 323/329; DVBl. 1990, 427 – Nachbargemeinde; 45, 207/221 – Plangenehmigungsbehörde; BVerfGE 56, 298 – Lärmschutzbereich; BVerwGE 51, 6 – straßenrechtliches Planfeststellungsverfahren; VGH München, NVwZ 1986, 679 – bundesbahnrechtliche Planfeststellung; OVG Saarlouis, NuR 1988, 157; VGH Kassel, NVwZ 1989, 484 – abfallrechtlicher Planfeststel

lungsbeschluß; BVerwGE 74, 124 – Bezeichnung eines Verteidigungs-
vorhabens (§ 1 Abs. 3 LBG); BVerwG, ZfBR 1986, 186 – nach § 37
privilegierte, nicht in einem förmlichen Planfeststellungsverfahren er-
gehende großräumige Verteidigungsvorhaben; BVerwGE 69, 256 –
luftverkehrsrechtliches Planfeststellungsverfahren; BVerwG, DÖV
1985, 113 – bundesbahnrechtliches Planfeststellungsverfahren; ein-
schränkend VGH München, DÖV 1986, 208 – nicht allein wegen
befürchteter Störung des Orts- und Landschaftsbildes). Gleiches gilt
für rechtswidrige Einzelgenehmigungen, die die Planungshoheit ver-
letzen, z. B. gewerberechtliche Genehmigung (OVG Lüneburg,
OVGE 22, 325; BVerwG, BBauBl. 1982, 212 – rechtswidrige Geneh-
migung von Stellplätzen durch die einem anderen Rechtsträger ange-
hörende Widerspruchsbehörde; OVG Koblenz, UPR 1986, 396 – Kern-
kraftwerk). Gegen verkehrsregelnde Maßnahmen einer Nachbarge-
meinde, die die Gemeinde nicht in den eigenen Angelegenheiten der
örtlichen Gemeinschaft, sondern in ihrem übertragenen Wirkungskreis
betreffen, gewährt Art. 28 Abs. 2 S. 1 GG nicht die Klagebefugnis
(BVerwG, NVwZ 1983, 610; NJW 1976, 2175). Schließlich ist die
Planungshoheit die Rechtsgrundlage, aus der Beteiligungsrechte der
Gemeinde an sie betreffende Planungen anderer Planträger herzuleiten
sind (z. B. BVerwGE 77, 128 u. 134 – Planfeststellungsverfahren nach
dem TelWG). Dem trägt § 36 für die Fälle Rechnung, in denen eine
Gemeinde nicht selbst Baugenehmigungsbehörde ist (BVerwGE 22,
343). Art. 28 Abs. 2 S. 1 GG berechtigt eine Gemeinde aber nicht dazu,
Interessen ihrer Bürger gerichtlich geltend zu machen (VGH München,
DVBl. 1975, 199; a. A. Pfaff, VerwArch 1979, 1). Zur Anspruchskon-
kurrenz von planbetroffenem Bürger und planbetroffener Gemeinde s.
BVerwG, NVwZ 1989, 253.

3. Der Beschluß, einen Bauleitplan aufzustellen, setzt das förmliche **6**
Planaufstellungsverfahren in Gang. Der **Aufstellungsbeschluß** ist für
den späteren Bauleitplan keine Wirksamkeitsvoraussetzung (BVerwG,
NVwZ 1988, 916; OVG Koblenz, NVwZ 1989, 674; Ley, VR 1989,
326; s. a. Rn 3). Ein Auslegungsbeschluß (§ 3 Abs. 2 S. 1) kann konklu-
dent den Aufstellungsbeschluß einschließen (s. § 3 Rn 12). Von wel-
chem Gemeindeorgan der Aufstellungsbeschluß zu fassen ist (s. Rn 1,
3) und in welcher Art und Weise er ortsüblich bekanntzumachen ist,
richtet sich nach Landesrecht (GO) und Ortsrecht. Der Aufstellungsbe-
schluß muß den Planbereich bezeichnen, jedoch keine Aussage über
den Inhalt der beabsichtigten Planung enthalten (BVerwGE 51, 121/
127; BGH, WM 1982, 455; anders noch BGHZ 58, 124/128). Der
bekanntgemachte Aufstellungsbeschluß ist bundesrechtlich nur Vor-
aussetzung für den Beschluß einer Veränderungssperre (§ 14 – zur
zulässigen gleichzeitigen Beschlußfassung BVerwG, BauR 1989, 432),
die Zurückstellung von Baugesuchen (§ 15) und die vorgezogene Zu-
lässigkeit von Vorhaben gem. § 33. Nur bei hinreichender Konkretheit
kann er Basis zur Durchsetzung dieser Instrumentarien sein. Fehlt es

daran oder haben sich die dem Aufstellungsbeschluß zugrundeliegen-
den Verhältnisse wesentlich verändert, so sollte der Beschluß aufgeho-
ben werden (s. a. Gaentzsch, in: BK, § 2, Rn 13). Abs. 1 S. 1 gilt auch
für den Beschluß, einen Bauleitplan zu ändern, zu ergänzen oder
aufzuheben (Abs. 4) z. B. wegen nach § 215 Abs. 3 nicht behebbarer
Fehler (BVerwGE 75, 142). Art und Form der **ortsüblichen Bekannt-
machung** richten sich nach Landes- und Ortsrecht; dazu z. B. Kohl,
VBlBW 1988, 351; Ziegler, VBlBW 1989, 201.

7 **4. a)** Abs. 2 verpflichtet benachbarte Gemeinden, ihre Bauleitpläne
aufeinander abzustimmen. Abs. 2 betrifft das materielle Verhältnis der
Bauleitpläne benachbarter Gemeinden zueinander, das Abgestimmtsein
des Plans (BVerwGE 40, 328; DVBl. 1990, 427). Das Abstimmungs-
verfahren regelt sich nach § 4, weil auch Nachbargemeinden zu den
Trägern öffentlicher Belange zählen. Benachbarte Gemeinden sind
angrenzende Gemeinden und jede Gemeinde, deren örtliche, private
oder öffentliche Belange durch die Bauleitplanung einer anderen Ge-
meinde berührt werden. Abs. 2 wird von BVerwGE 40, 328 „vor dem
Hintergrund der Planungshoheit" ausgelegt. Die benachbarte Ge-
meinde hat einen Anspruch auf Beteiligung (überholt VGH Kassel,
ESVGH 21, 21). Wird der vom BauGB klarstellend als zwingende
Vorschrift formulierte Abs. 2 (Rn 1) mißachtet, so wird zugleich das
interkommunale Abwägungsgebot des § 1 Abs. 6 verletzt. Dieser ma-
terielle Fehler führt zur Nichtigkeit (Hoppe, in: E/H, Rn 312; ders., in:
FS für H. J. Wolff, 1973, S. 307; zur möglichen gleichzeitigen Verlet-
zung der Finanzhoheit s. OVG Münster, DÖV 1988, 843). Daher kann
die Verletzung des Abstimmungsgebotes bereits dann zur Nichtigkeit
eines Bebauungsplanes führen, wenn sich der planenden Gemeinde die
Notwendigkeit der Beteiligung der Nachbargemeinde wegen der Aus-
wirkungen auf deren Bauleitplanung aufdrängen muß (OVG Münster,
VR 1979, 434). Der Anspruch auf Abstimmung ist nicht notwendig
davon abhängig, daß in dem betroffenen Gebiet ein Bauleitplan be-
steht. Es genügt, daß die Gemeinde durch Auswirkungen der benach-
barten Bauleitplanung unmittelbar und in gewichtiger Weise betroffen
wird (VGH Mannheim, NJW 1977, 1465; BRS 32 Nr. 22 – Verbrau-
chermarkt). Fehlt aber eine hinreichend konkrete Planung, die eine
materielle Abstimmung mit der Nachbargemeinde ermöglicht und
erfordert, scheidet eine Verletzung der Planungshoheit aus (VGH
Mannheim, NVwZ 1987, 1088). Zum Anspruch auf Berücksichtigung
von Folgekosten OVG Lüneburg, BRS 29 Nr. 18; zur Abstimmungs-
pflicht bei der Planung gewerblicher Flächen in der Nachbarschaft von
Erholungsgebieten OVG Lüneburg, UPR 1986, 315. Für einen An-
spruch auf Anpassung der alten sachgem. abgewogenen Bauleitpla-
nung, wenn sich aufgrund neuerer Erkenntnisse die Planung unzumut-
bar auswirkt Fingerhut, DVBl. 1979, 142/145; für einen Anspruch auf
Förderung der Belange der Nachbargemeinde Brosche, DVBl. 1980,
213/218. Zum gebietskörperschaftlichen Gemeindenachbarrecht bereits

Halstenberg, Der Städtetag 1960, 625. Formelle Mängel der Planung
können nicht mit dem Anspruch aus Abs. 2 durchgesetzt werden
(OVG Lüneburg, DVBl. 1971, 322). Materielle Verstöße gegen Abs. 2
sind weder nach §§ 214, 215 unbeachtlich noch heilbar.

b) Werden Gemeinden durch „unmittelbare Auswirkungen gewichti- **8**
ger Art betroffen", so kann der aus dem objektivrechtlichen Abwägungs-
gebot des Abs. 2 von BVerwGE 40, 323 (dazu Pappermann, JuS 1973, 689;
s. a. BVerwG, DVBl. 1990, 427) abgeleitete subjektivrechtliche An-
spruch auf materielle Überprüfung der Planung einer mit der Aufstellung
befaßten Nachbargemeinde gerichtlich durch eine **Gemeindenachbar-
klage** durchgesetzt werden, und zwar im Wege der vorbeugenden
Unterlassungsklage, z. B. gegen eine mit § 1 Abs. 5, 6 unvereinbaren
Planung (VGH München, NVwZ 1985, 837), der vorbeugenden Feststel-
lungsklage (OVG Lüneburg, DVBl. 1971, 322 ; UPR 1986, 315) oder
gegen einen veröffentlichten Bebauungsplan ein Normenkontrollantrag
(§ 47 VwGO); Zusammenstellung bei Schneider, VR 1989, 17. Die
Antragsbefugnis gem. § 47 Abs. 1 Nr. 2 VwGO hat die Gemeinde stets,
wenn sie als Behörde die angegriffene Rechtsvorschrift zu beachten hat.
Auf die Verletzung ihrer Selbstverwaltungshoheit kommt es insoweit
nicht an (BVerwG, NVwZ 1989, 654 gegen VGH Mannheim, NuR 1984,
274 u. NVwZ 1987, 1088). Liegen die Voraussetzungen des vorbeugen-
den Rechtsschutzes vor, so braucht die beeinträchtigte Gemeinde kein
Normenkontrollverfahren gegen den verkündeten Plan abzuwarten
(eingehend Fingerhut, Die planungsrechtliche Gemeindenachbarklage,
1976; gegen vorbeugenden Rechtsschutz aber Kriener, BayVBl. 1984, 97/
101; ebenso VGH München, BRS 42, 28, soweit anderweitig ausreichen-
der Rechtsschutz gewährleistet ist). Zulässig kann auch eine Anfech-
tungsklage sein gegen die Genehmigung einer nicht abgestimmten
nachbargemeindlichen Planung durch die Aufsichtsbehörde (Gaentzsch,
BK, Rn 15; Rauch, BayVBl. 1980, 617; krit. H. Schrödter, in: Schrödter,
§ 2, Rn 4) oder gegen eine Baugenehmigung, die von der Nachbarge-
meinde einem Einzelvorhaben ohne (abgestimmte) Planung erteilt
worden ist (OVG Münster, BauR 1979, 208 u. DÖV 1988, 843; letztere
auch zum einstweiligen Rechtsschutz und zur Unbegründetheit, falls der
Adressat der Genehmigung einen Anspruch gegen die genehmigende
Gemeinde hat).

5. Die formellen (Rn 2, 3) und materiellen (§ 1) Vorschriften über die **9**
Aufstellung von Bauleitplänen gelten gem. dem vom BauGB neu
gefaßten Abs. 4 auch für die Änderung, Ergänzung und Aufhebung
von Bauleitplänen, mit Ausnahme der Fälle, in denen Änderungen oder
Ergänzungen die Grundzüge der Planung nicht berühren und daher das
vereinfachte Verfahren nach § 13 zulässig ist. Eine **Änderung** eines
Bebauungsplanes, die im wesentlichen nur dazu dient, eine vom ur-
sprünglichen Bebauungsplan abweichende Fehlentwicklung in priva-
tem Interesse zu legalisieren, ist wegen des Verstoßes gegen § 1 Abs. 1,

3 nichtig (OVG Koblenz, BauR 1986, 412). Eine **Ergänzung** geschieht
in der Weise, daß einem bereits vorhandenen gültigen Bauleitplan ein
weiterer, möglicherweise nur eine Festsetzungsart enthaltender, z. B.
Baumsatzung, hinzugefügt wird und so ein einziger Plan entsteht. Ist
sich die Gemeinde des vorhandenen Plans nicht bewußt, so kann darin
ein Verstoß gegen das Abwägungsgebot des § 1 Abs. 6 liegen
(BVerwGE 50, 114/118). Eines gesonderten Aufhebungsverfahrens be-
darf es nur bei der ersatzlosen **Aufhebung** eines Planes. Wird der
bestehende Plan vollständig durch einen neuen Plan ersetzt, so löst
dieser Plan als neues Ortsrecht den bisher bestehenden ab, ohne daß
jener ausdrücklich aufgehoben werden müßte. Im Verfahren der Auf-
stellung des neuen Plans sollte aber auf die Aufhebung des alten Planes
hingewiesen werden (Bielenberg, in: E/Z/B, § 2, Rn 86). Ohne Aufhe-
bungsverfahren können Darstellungen oder Festsetzungen eines Bau-
leitplans wegen **Funktionslosigkeit** (BVerwGE 54, 5; 67, 334; ZfBR
1990, 40; BGH, BauR 1983, 231 – Bebauungsplan) oder kraft Gewohn-
heitsrecht (BVerwGE 26, 282 – Bebauungsplan) außer Kraft treten (s.
§ 10, Rn 8, 9; ausf. U. Grooterhorst, Der Geltungsverlust von Bebau-
ungsplänen durch die nachträgliche Veränderung der tatsächlichen
Verhältnisse, 1988; teilweise krit. dazu Degenhart, BayVBl 1990, 71).
Zum vollständigen Außerkrafttreten eines Bebauungsplanes, wenn
wesentliche, nach der ursprünglichen Konzeption erforderliche Festset-
zungen endgültig nicht vollzogen werden, OVG Berlin, BRS 35 Nr. 6.
Eine **Verwerfungskompetenz** der Gemeinde außerhalb des Verfahrens
nach § 2 Abs. 4 hat das BauGB vor allem aus systematischen Gründen –
Aufhebung nur durch den actus contrarius – und wegen fehlender
Bürgerbeteiligung nicht eingeführt (BT Drs. 10/5027 Nr. 84). Stattdes-
sen regelt § 47 Abs. 7 VwGO die Nichtvorlagebeschwerde. Zur Ver-
werfung Jung, NVwZ 1985, 790; Gerschlauer, DÖV 1984, 493;
Gierke, ZfBR 1985, 14 u. 62; Pietzcker, DVBl. 1986, 806; Jäde,
BayVBl. 1988, 5; VGH München, BayVBl. 1982, 654; OVG Münster,
BauR 1982, 342; v. Mutius/Hill aaO, S. 59 ff.; Spiri, Die Verwerfung
von Bebauungsplänen durch Verwaltung und Gemeinde, 1985; OVG
Saarlouis, NVwZ 1990, 172. Die höhere Verwaltungsbehörde hat nach
Bundesrecht nicht die Befugnis als Plangenehmigungsbehörde, die
Nichtigkeit eines Planes oder seiner Genehmigung verbindlich festzu-
stellen BVerwGE 75, 142, m. Anm. v. Steiner, DVBl. 1987, 483 u.
Söfker, ZfBR 1987, 100. Sie ist auch nicht befugt, die rechtswidrig
erteilte aber gem. § 12 ortsüblich bekanntgemachte Genehmigung zu-
rückzunehmen (BVerwG aaO). Ein an die Gemeinde gerichteter Be-
scheid der höheren Verwaltungsbehörde, ein genehmigter und be-
kanntgemachter Bebauungsplan sei nichtig, hat auch nach Unanfecht-
barkeit keine Bindungswirkung gegenüber Dritten (BVerwG, ZfBR
1987, 99). Zur Befugnis der Gemeinde, einen Fehler nach § 215 Abs. 3
zu beheben und den Plan rückwirkend in Kraft zu setzen oder stattdes-
sen einen neuen Plan im Verfahren nach §§ 2, 3, 4, 10–12 zu erlassen
oder ein bloßes Aufhebungsverfahren nach § 2 zu betreiben, s. § 215,

Rn 10; zum Verfahren der Feststellung der Nichtigkeit von Bebauungs-
plänen s. § 10, Rn 10.

6. Nach Abs. 3 hat niemand einen **Anspruch auf Aufstellung** eines 10
Bauleitplans. I. V. m. Abs. 4 besteht auch kein Anspruch auf Ände-
rung, Ergänzung oder Aufhebung. Der Planungspflicht der Gemeinde
gem. § 1 Abs. 3 entspricht kein subjektives Recht des Bürgers. Auch
in Fällen, in denen objektivrechtlich die Aufstellung eines Bauleitplans
geboten ist, gibt es keinen Anspruch auf Planaufstellung (BVerwG,
DVBl. 1982, 1096). Abs. 3 nimmt nach h. M. einer Klage auf Aufstel-
lung eines Bebauungsplanes bereits das Rechtsschutzbedürfnis. Das
weite Planungsermessen der Gemeinde, die gesetzlich vorgeschrie-
bene, gerichtlich nicht substituierbare Abwägung und die unzulässige
Umgehung des Anhörungs- und Auslegungsverfahrens schlössen
einen derartigen Anspruch aus (BVerwG, DVBl. 1977, 529; OVG
Lüneburg, DVBl. 1978, 178; Gaentzsch, in: BK, § 2, Rn 16; H.
Schrödter, in: Schrödter, § 2, Rn 9; Bielenberg, in: E/Z/B, § 2, Rn 76;
Grauvogel, in: Kohlhammer Komm., § 2, Rn 60). Darüber hinaus
schließt Abs. 3 nach h. M. sowohl einen Anspruch auf Fortführung eines
eingelegten Planungsverfahrens wie einen Anspruch auf Fortbestand
eines Bauleitplanes aus – kein Plangewährleistungsanspruch (BVerwG,
NJW 1970, 626; einschr. Schrödter aaO, Rn 10). Zur Plangewährlei-
stung im Planungsschadensrecht s. Vorb. §§ 39–44, Rn 4. Allerdings
kann die Wirksamkeit eines Bebauungsplanes davon abhängig sein, ob
er ein Grundstück, das durch Emissionen planungsbedingter Nutzun-
gen eines Nachbargrundstückes schwer und unerträglich betroffen
wird, mit einbezieht oder nicht (BVerwGE 47, 144). Nach h. M. kann
ein Anspruch auf Änderung eines Bebauungsplanes auch durch Ver-
trag nicht begründet werden (BVerwG, NJW 1980, 2538; OLG Mün-
chen, BayVBl. 1980, 505; VGH München, BayVBl. 1980, 296; OVG
Lüneburg, NuR 1989, 89; Krebs, VerwArch 1981, 49; Gusy, BauR
1981, 164). Eine Verpflichtungserklärung einer Gemeinde, innerhalb
einer bestimmten Frist einen Bebauungsplan aufzustellen, ist nichtig
(BGHZ 76, 16; NJW 1990, 245). Trotz einer unwirksamen Verpflich-
tung zur Aufstellung eines bestimmten Bebauungsplans kann der
Bauträger gegen die Gemeinde einen Schadensersatzanspruch aus
culpa in contrahendo, wegen nicht notwendig erklärter vertraglicher
Risikoübernahme, aus Amtshaftung oder einen Aufwendungsersatz-
anspruch haben (BGHZ 71, 386; DVBl. 1986, 409; NJW 1990, 245;
zust. Dolde, NJW 1986, 815/816; Dolde/Üchtritz, DVBl. 1987, 446;
abl. Ebsen, JZ 1985, 57; gegen einen Ausgleich über Gewährleistungs-
recht bei Nichtigkeit BVerwG NJW 1980, 2538); für verschuldensun-
abhängige Haftung aus vorangegangenem Verhalten Krebs, Verw-
Arch 1981, 59. Der trotz des öffentlich-rechtlichen Charakters des
Vertrages (a. A. BGH, NJW 1990, 245) gem. § 40 Abs. 2 S. 1 VwGO
vor den Zivilgerichten geltend zu machende Anspruch (a. A. Meyer/
Borgs, VwVfG, § 97, Rn 10) ist z. B. gegeben, wenn die Gemeinde

unrichtige Vorstellungen vom Stand der Bauleitplanung vermittelt hat, nicht aber, weil sie das Planungskonzept ändert. Zulässig sind auch nach h. M. vertragliche Vereinbarungen in Aufschließungs- und Folgekostenverträgen (Bielenberg aaO, Rn 133 f.; s. § 123, Rn 19 ff.). Die Gegenmeinung bejaht in Ausnahmefällen – insoweit wie BVerwG, NJW 1975, 79 u. 221 zu dem ebenfalls einen Anspruch ausschließenden § 123 Abs. 3; s. § 123, Rn 4 ff. – bei Wahrung der Anforderungen des Abwägungsgebotes (dazu VGH Mannheim, Verwaltungspraxis 1978, 223) einen verfassungsrechtlich oder vertraglich begründeten Anspruch auf eine bestimmte Bauleitplanung (s. Battis, S. 276; Dolde, NJW 1979, 889/890 f. m. w. N.; ders., NJW 1980, 1657; Zuck, Das Recht des Bebauungsplans, 2. A., 1980, S. 87; Degenhart, BayVBl. 1979, 289; gesetzgeberischen Regelungsbedarf bejaht Krebs, DÖV 1989, 969/973; w. N. bei W. Karehnke, Die rechtsgeschäftliche Bindung der kommunalen Bauleitplanung, 1983, S. 80 ff.). Für einen Anspruch auf vorbeugende Normenkontrolle gegen eine bevorstehende Planung, die ein Grundstück schwer und unerträglich trifft, Schrödter aaO. Die neuere zivilgerichtliche Judikatur, die eine Amtspflicht zur fehlerfreien Abwägung bejaht, wenn in qualifizierter und individualisierter Weise auf schutzwürdige Interessen eines erkennbar abgegrenzten Kreises Rücksicht zu nehmen ist (BGHZ 92, 34; 106, 323; NJW 1990, 381, 1038, 1042; ZfBR 1990, 88; zust. Ossenbühl, JZ 1989, 1125; Papier, DVBl. 1989, 508; Rehbinder, JuS 1989, 885; Schink, NJW 1990, 351) ist geeignet, einen Anspruch auf Erlaß eines Bebauungsplanes unter bestimmten Voraussetzungen zu begründen (s. a. Degenhart, NJW 1981, 2666). Zum umstrittenen subjektiven Recht auf Abwägung s. Dolde, NJW 1986, 817; zu den umstrittenen, durch die Diskussion um den Grundrechtsschutz durch Verfahren gestützten Versuchen, Rechtsschutz zu gewähren gegen die Umgehung der objektiv erforderlichen förmlichen Planung durch Erteilung von Baugenehmigungen s. § 3, Rn 23.

11 **7. a)** Von der Ermächtigung nach Abs. 5 Nr. 1, 2 (= Abs. 10 Nr. 1, 2 BBauG a. F.) hat der Bundesminister für Raumordnung, Bauwesen und Städtebau durch Erlaß der Verordnung über die bauliche Nutzung der Grundstücke – **BaunutzungsVO** vom 26. 6. 1962, BGBl. I S. 429, geändert durch VO vom 26. 11. 1968, BGBl. I S. 1237, BGBl. I 1969, S. 11, VO vom 15. 9. 1977, BGBl. I S. 1763, VO v. 19. 12. 1986, BGBl. I 2665 und VO v. 23. 1. 1990, BGBl. I S. 127. Die BauNVO 1962 gilt für die nach dem 1. 8. 1962, die BauNVO 1968 für die nach dem 1. 1. 1968, die BauNVO 1977 für die nach dem 1. 10. 1977 und die BauNVO 1990 für die nach dem 27. 1. 1990 (Überleitungsvorschrift S 25 c BauNVO) ausgelegten oder in Kraft getretenen Bauleitpläne. Zu den ersten drei BauNVO Stich, DÖV 1978, 537; Göb/Schuster, Reform der BauNVO, 1988; zur BauNVO 1990 Bielenberg/Söfker, DVBl. 1988, 987; Pietzcker, NVwZ 1989, 601; Lenz, ZfBR 1989, 193; Scholtissek, BauR 1989, 683 u. UPR 1989, 287; Bunzel, DÖV 1990,

230; Söfker, GewA 1990, 81; Jahn, BayVBl. 1990, 390; Stock, NVwZ 1990, 518; ders. ZfBR 1990, 123; Heintz, BauR 1990, 166 – Maßvorschriften; Lenz, BauR 1990, 157 u. Fickert, BauR 1990, 257 – Art der baulichen Nutzung. Die BauNVO ergänzt als für die Gemeinden verbindliches Bauplanungsrecht den Ersten Teil (Bauleitplanung) und den Ersten Abschnitt des Dritten Teils (Regelung der baulichen und sonstigen Nutzung) des BauGB. Die Art der baulichen Nutzung (Abs. 5 Nr. 1a) regelt die BauNVO in den §§ 1–15, das Maß der baulichen Nutzung und seine Berechnung (Abs. 5 Nr. 1b) in den §§ 16–21a, die Bauweise und die überbaubaren Grundstücksflächen (Abs. 5 Nr. 1c) in den §§ 22 u. 23. Von der Ermächtigung des Abs. 8 Nr. 1d BBauG – Mindestgröße der Baugrundstücke – hat der Verordnungsgeber keinen Gebrauch gemacht. Die Regelung wird hinreichend durch § 9 Abs. 1 Nr. 3 getroffen. Die in den Baugebieten zulässigen und sonstigen Anlagen (Abs. 5 Nr. 2) sind in den §§ 1–23 jeweils mitgeregelt. Abs. 5 Nr. 3 ermöglicht es, die nach § 9 Abs. 3 möglichen differenzierten Festsetzungsmöglichkeiten in der BauNVO (§ 1 Abs. 7) auszugestalten. Ausführlich zur BauNVO 1990: Roesch, 1990; Gaentzsch, 1990; Müller/Weiß, BauNVO, 6. Aufl. 1990; B/K/S, Teil D.

b) Aufgrund der Ermächtigung des § 2 Abs. 10 Nr. 4 BBauG = § 2 Abs. 5 Nr. 4 BauGB ist die PlanzeichenVO vom 19. 1. 1965, BGBl. I S. 21 erlassen und durch VO vom 30. 7. 1981, BGBl. I S. 883 neu gefaßt worden. Dazu Bielenberg, in: E/Z/B, Bd. III. **12**

§ 3 Beteiligung der Bürger

(1) **Die Bürger sind möglichst frühzeitig über die allgemeinen Ziele und Zwecke der Planung, sich wesentlich unterscheidende Lösungen, die für die Neugestaltung oder Entwicklung eines Gebiets in Betracht kommen, und die voraussichtlichen Auswirkungen der Planung öffentlich zu unterrichten; ihnen ist Gelegenheit zur Äußerung und Erörterung zu geben. Von der Unterrichtung und Erörterung kann abgesehen werden, wenn**

1. **der Flächennutzungsplan geändert oder ergänzt wird und dadurch die Grundzüge nicht berührt werden,**

2. **ein Bebauungsplan aufgestellt, geändert, ergänzt oder aufgehoben wird und sich dies auf das Plangebiet und die Nachbargebiete nur unwesentlich auswirkt oder**

3. **die Unterrichtung und Erörterung bereits zuvor auf anderer planerischer Grundlage erfolgt sind.**

An die Unterrichtung und Erörterung schließt sich das Verfahren nach Absatz 2 auch an, wenn die Erörterung zu einer Änderung der Planung führt.

(2) **Die Entwürfe der Bauleitpläne sind mit dem Erläuterungsbericht oder der Begründung auf die Dauer eines Monats öffentlich auszulegen. Ort und Dauer der Auslegung sind mindestens eine**

Woche vorher ortsüblich bekanntzumachen mit dem Hinweis dar-
auf, daß Bedenken und Anregungen während der Auslegungsfrist
vorgebracht werden können. Die nach § 4 Abs. 1 Beteiligten sollen
von der Auslegung benachrichtigt werden. Die fristgemäß vorge-
brachten Bedenken und Anregungen sind zu prüfen; das Ergebnis ist
mitzuteilen. Haben mehr als hundert Personen Bedenken und Anre-
gungen mit im wesentlichen gleichem Inhalt vorgebracht, kann die
Mitteilung des Ergebnisses der Prüfung dadurch ersetzt werden, daß
diesen Personen die Einsicht in das Ergebnis ermöglicht wird; die
Stelle, bei der das Ergebnis der Prüfung während der Dienststunden
eingesehen werden kann, ist ortsüblich bekanntzumachen. Bei der
Vorlage der Bauleitpläne nach § 6 oder § 11 sind die nicht berücksich-
tigten Bedenken und Anregungen mit einer Stellungnahme der Ge-
meinde beizufügen.

(3) Wird der Entwurf des Bauleitplans nach der Auslegung geän-
dert oder ergänzt, ist er erneut nach Absatz 2 auszulegen; bei der
erneuten Auslegung kann bestimmt werden, daß Bedenken und
Anregungen nur zu den geänderten oder ergänzten Teilen vorge-
bracht werden können. Werden durch die Änderung oder Ergänzung
des Entwurfs eines Bebauungsplans die Grundzüge der Planung
nicht berührt oder sind Änderungen oder Ergänzungen von Flächen
oder sonstigen Darstellungen im Entwurf des Flächennutzungsplans
im Umfang geringfügig oder von geringer Bedeutung, kann von
einer erneuten öffentlichen Auslegung abgesehen werden; § 13 Abs. 1
Satz 2 ist entsprechend anzuwenden.

Übersicht

1. a) Das Verfahren der Bauleitplanung (s. §2, Rn 2, 3) durchläuft **1** zwei in §3 geregelte Phasen der Bürgerbeteiligung. Die **1. Phase,** die in Abs. 1 geregelte frühzeitige (vorgezogene) Bürgerbeteiligung, die auch vor einem Planaufstellungsbeschluß i. S. v. §2 Abs. 1 S. 1 möglich ist, umfaßt die öffentliche Unterrichtung über die Ziele, Zwecke, Auswirkungen der Planung und etwaige Alternativen (Abs. 1 S. 1 Hs. 1) und die Anhörung der Bürger (Abs. 1 S. 1 Hs. 2). In der zeitlich und sachlich selbständigen **2. Phase** werden die ausgearbeiteten Entwürfe der Bauleitpläne mit dem Erläuterungsbericht (§5 Abs. 5) oder der Begründung (§9 Abs. 8) öffentlich ausgelegt, um den Bürgern Gelegenheit zu geben, Bedenken und Anregungen vorzubringen (Abs. 2, 3). Für die **1. Phase** schreibt das Gesetz außer den beiden Verfahrensstrukturen in Abs. 1 S. 1 – Darlegung und Anhörung – nur die das Verfahren charakterisierende Frühzeitigkeit der Beteiligung und die Vorlage von Planungsalternativen vor. Im übrigen überläßt es das BauGB der Gemeinde, die Art und Weise der frühzeitigen Bürgerbeteiligung zu bestimmen. Abs. 1 S. 2 erlaubt es für Ausnahmefälle, die frühzeitige Bürgerbeteiligung auszuschließen. Abs. 1 S. 3 schließt eine zweite Anhörung nach einer durch die erste Anhörung bewirkten Planänderung aus. Die **2. Phase** der Beteiligung der Bürger an der Bauleitplanung, das Auslegungsverfahren nach Abs. 2, 3, ist ein rechtsförmliches Verfahren mit verbindlichen Vorschriften über die Dauer der öffentlichen Auslegung (Abs. 2 S. 1), die ortsübliche Bekanntmachung der Auslegung (Abs. 2 S. 2), die Benachrichtigung der Träger öffentlicher Belange (Abs. 2 S. 3), die mitzuteilende Prüfung der vorgebrachten Bedenken und Anregungen (Abs. 2 S. 4), die Vorlage der nicht berücksichtigten Bedenken und Anregungen an die Plangenehmigungsbehörde (Abs. 2 S. 6) nach der endgültigen Beschlußfassung über den Bauleitplan, die Behandlung von Massenverfahren (Abs. 2 S. 5) und ein vereinfachtes Beteiligungsverfahren bei unwesentlichen Änderungen eines Bebauungsplanes aufgrund von Bedenken und Anregungen (Abs. 3). In den Fällen der **vereinfachten Änderung** des Bebauungsplanes nach §13 sind beide Phasen der Bürgerbeteiligung nicht erforderlich. Das **BauGB-MaßnahmeG** = Art. 2 WoBauErlG (s. Einl. Rn 36 f.; Anhang) erlaubt zeitlich befristet zum Zwecke der Verfahrensbeschleunigung beide Phasen der Bürgerbeteiligung, die nach Abs. 1 und die nach Abs. 2 einschließlich des vereinfachten Verfahrens nach Abs. 3 miteinander zu verbinden (Rn 22) sowie die Auslegungsfrist nach Abs. 2 auf 2 Wochen zu verkürzen (Rn 22). Das Seitenstück der Beteiligung der Bürger nach §3, die **Beteiligung der Träger öffentlicher Belange** (§4) hat das BauGB-MaßnahmeG ebenso im Interesse der Verfahrensbeschleunigung modifiziert wie die vereinfachte Ände-

rung und Ergänzung nach § 13. Für die **Rechtswirksamkeit** eines Bauleitplanes sind von den Regelungen des § 3 nur die Absätze 2 und 3 beachtlich (§ 214 Abs. 1 Nr. 1; s. § 214, Rn 3 f.), vorausgesetzt ihre Verletzung wird innerhalb der Jahresfrist des § 215 Abs. 1 Nr. 1 geltend gemacht und nicht nach § 215 Abs. 3 geheilt und eine befristete Ausnahmeregelung nach dem WoBauErlG (s. Vorb. §§ 214–216, Rn 6) greift nicht ein. Eine spezielle Regelung für städtebauliche **Sanierungen** und **städtebauliche Entwicklungsmaßnahmen** (§ 169 Abs. 1 Nr. 3) trifft § 137 für die Beteiligung und Mitwirkung der Betroffenen. Für die **städtebaulichen Gebote** trifft § 175 Abs. 1 S. 2 eine entsprechende auf einen engeren Kreis beschränkte Regelung. Die Beteiligung der jeweils betroffenen Bürger ist auch vorgeschrieben bei dem Erlaß der Satzungen nach § 34 Abs. 4 (**§ 34 Abs. 5 S. 1**) und der Satzung nach § 22 Abs. 2 (**§ 22 Abs. 10 S. 2**) **sowie der Zulassung von Vorhaben während der Planaufstellung** (§ 33 Abs. 2 S. 2). Zum Verhältnis der frühzeitigen Bürgerbeteiligung zum **Sozialplan** s. Vorb. §§ 180, 181, Rn 3.

2 **b)** Die Novelle 1976 hat die frühzeitige Bürgerbeteiligung nach dem Vorbild der Regelung von § 1 Abs. 4 S. 4, § 4, § 9 StBauFG in modifizierter Form ins allgemeine Städtebaurecht eingeführt und mit dem zuvor in § 2 Abs. 6 BBauG a. F. geregelten Auslegungsverfahren in § 2a BBauG zusammengefaßt. Zugleich wurde das Auslegungsverfahren um die Sonderregelungen für Massenverfahren erweitert und die Unbeachtlichkeit der Verletzung der Vorschriften über die frühzeitige Bürgerbeteiligung für die Rechtswirksamkeit eines Bebauungsplanes angeordnet (§ 155a S. 4 BBauG a. F.). Mit der Beschleunigungsnovelle wurde das Auslegungsverfahren um das vereinfachte Verfahren ergänzt, das Auslegungsverfahren der Heilungsvorschrft des § 155a Abs. 5 BBauG und die Beachtlichkeit der Verletzung des Auslegungsverfahrens der Jahresfrist des § 155a Abs. 1 BBauG unterstellt sowie die Unbeachtlichkeit der Verletzung der Vorschriften über die frühzeitige Bürgerbeteiligung für die Wirksamkeit des Flächennutzungsplans nachgetragen. Zum **Überleitungsrecht** für vor dem 1. 1. 1977 beschlossene oder nach § 2 Abs. 5a BBauG a. F. begonnene Planungsverfahren gem. Art. 3 § 1 Abs. 2 ÄndG BBauG 1976 s. 1. Aufl. nach § 189 Art. 3 § 1, Rn 3. Zum Überleitungsrecht für den das Verfahren nach § 2a BBauG ausschließenden § 13 (vereinfachte Änderung) s. 1. Aufl. § 183 Rn 5. Das **BauGB** hat die frühzeitige Bürgerbeteiligung vielfach modifiziert aber im Regelungsstandard unverändert im allgemeinen Städtebaurecht belassen, außerhalb des Verfahrens der Bauleitplanung als Pendant zur Aufwertung der Innenentwicklung nach § 34 in § 34 Abs. 5 S. 1 aufgewertet und um regelungsextensive Vorschriften im besonderen Städtebaurecht (§ 137, § 175 Abs. 1) ergänzt (dazu Voraufl.). Zu den Änderungen des im wesentlichen gleichgebliebenen Auslegungsverfahrens durch das BauGB s. Voraufl. Zu den zeitlich befristeten Änderungen durch das WoBauErlG s. Rn. 1. Zum **Überleitungsrecht** zum BBauG s. § 233.

c) Die wechselvolle Entstehungsgeschichte der Vorschriften über die 3
frühzeitige Bürgerbeteiligung veranschaulicht die zwischen hochge-
spannten Erwartungen und prinzipieller Ablehnung ausschlagende
Einschätzung dieses noch nicht konsolidierten neuartigen Rechtsinsti-
tutes. Überwiegend krit. zur **kommunalen Praxis** Göb, AfK 1980, 26;
Bückmann/Oel, Bürgerbeteiligung bei kommunalen Planungen, 1981;
A. Evers u. a., Praxis der Gemeinden bei der Beteiligung der Bürger an
der Bauleitplanung, 1982, Schriftenreihe des Bundesministers für
Raumordnung, Bauwesen und Städtebau Nr. 0206; Schäfer/Schmidt-
Eichstaedt, Praktische Erfahrungen mit dem BBauG, 1984, S. 110; s. a.
die kontroverse Debatte im BT: Plen. Prot. 10/241 S. 18571 (Conradi);
S. 18573 (Grünbeck); S. 18576 (Werner); S. 18592 (Magin); S. 18596
(Schmitt). Da das Auslegungsverfahren nach Abs. 2 erst beginnt, wenn
der Planentwurf als Ergebnis eines langwierigen Planungsprozesses
vorliegt und daher i. d. R. nur marginale Änderungen bewirken kann,
soll die frühzeitige Bürgerbeteiligung in der noch nicht verfestigten
und damit besser beeinflußbaren Frühphase der Bauleitplanung einset-
zen. Das Vorbild des Abs. 1, die frühzeitige Bürgerbeteiligung nach
dem StBauFG (Rn 2), ist unter dem Leitwort „Demokratisierung der
Planung" eingeführt worden. Die **Funktionen** der frühzeitigen Bürger-
beteiligung nach dem BauGB und ihre **verfassungsrechtliche Einord-
nung** sind bis heute umstritten (dazu m. w. N. Battis, Partizipation im
Städtebaurecht, 1976, S. 60; Hendler, Die bürgerschaftliche Mitbestim-
mung an der städtebaulichen Planung, 1977; Blümel, in: Blümel
(Hrsg.), Frühzeitige Bürgerbeteiligung bei Planungen, 1982, S. 23/
25 ff.; allgemeiner Schmitt Glaeser, in: Lerche/Schmitt Glaeser/Schmidt-
Aßmann, Verfahren als staats- und verwaltungsrechtliche Kategorie,
1984, S. 35 ff.). Einerseits soll die frühzeitige Bürgerbeteiligung ein
Mittel sein zur besseren Information der planenden Gemeinde über die
Wünsche und Befürchtungen der planungsbetroffenen und/oder pla-
nungsinteressierten Bürger, insbesondere der bisher häufig nicht betei-
ligten Gruppen und der von ihnen vertretenen Belange, z. B. Umwelt-
schutz – Informationsfunktion (BVerwG, NVwZ 1988, 822;
Gaentzsch, in: BK, § 3, Rn 3; darauf wird sie z. B. von Söfker, in:
Blümel (Hrsg.), Frühzeitige Bürgerbeteiligung, S. 98 begrenzt; s. a.
Erbguth, S. 49). Andererseits bildet sie wie z. B. auch die Sozialpla-
nung nach § 180 ein Gegengewicht zu den erweiterten Planungsbefug-
nissen und Eingriffsrechten der Gemeinde. Sie ermöglicht den Bürgern
kontrollierende Einflußnahme auf den allein entscheidungsbefugten
und verantwortlichen Gemeinderat – demokratische Funktion;
Gaentzsch aaO; s. a. BVerwG aaO; dagegen Schmitt Glaeser,
VVDStRL 31, 214/227. In diesem Sinne stellt BVerfGE 77, 288/300 fest,
daß die Bürgerbeteiligung den Bauleitplänen eine spezifische Legitima-
tion verleiht; s. a. Finkelnburg, in: F/O, Bd. I, S. 28: „Vorform unmit-
telbarer Demokratie". Schließlich kann die Bürgerbeteiligung während
der Planentwicklung den Rechtsschutz verbessern, da die Planungs-
und Abwägungsentscheidungen von den regelmäßig zu spät angerufe-

nen Gerichten nicht voll überprüft werden können – Rechtsschutzfunktion; Gaentzsch aaO; BVerwG aaO u. NVwZ-RR 1990, 286/287; dagegen Finkelnburg aaO. Die frühzeitige Bürgerbeteiligung und das Auslegungsverfahren erhöhen den Verwaltungsaufwand und verlängern das Planungsverfahren. Die frühzeitige Bürgerbeteiligung kann zudem wegen ihrer Frühzeitigkeit die Bodenspekulation anheizen und eine kommunale Bodenvorratspolitik erschweren, insbesondere, weil anders als bei städtebaulichen Sanierungen keine Ausgleichsbeiträge erhoben werden können. Der als ein Hauptanliegen der Novelle 1976 ausgegebene § 2a BBauG war das Ergebnis eines „Kompromißverfahrens zwischen Bundestag, Bundesrat und Interessenverbänden" (so Türke, IfR 1982, 45). Vornehmlich aus Sorge um die Verwaltungseffizienz erklärte daher § 155a BBauG a. F. einen Verstoß gegen § 2a Abs. 2–5 BBauG für weitgehend sanktionslos. Die durch die Beschleunigungsnovelle ausgeweitete und offen gegen die verwaltungsgerichtliche Kontrolle des Verfahrens der Bauleitplanung gerichtete (s. Vorbem. §§ 214–216, Rn 4) Abwertung des Verfahrensrechts, die in einem größeren Zusammenhang steht und auch in anderen Gesetzen ihren Niederschlag gefunden hat (z. B. § 44a VwGO, § 46 VwVfG, § 6b Abs. 2 S. 4 nwGO; dazu Vorbem. §§ 214–216, Rn 6; Wahl/Pietzcker, VVDStRL 41, 151 ff.) hat das BauGB entgegen weitergehenden Vorschlägen zwar nicht fortgeführt, aber auch nicht zurückgenommen (s. Vorbem. §§ 214–216, Rn 5). Das BauGB-MaßnahmeG hingegen setzt diese Linie, wenn auch zeitlich und sachlich begrenzt, erneut fort.

4 **d)** Die neuere Rechtsprechung des BVerfG, insbesondere E 53, 30 – Mülheim-Kärlich – zum **Grundrechtsschutz im Verwaltungsverfahren** (dazu Blümel, in: Blümel (Hrsg.), Frühzeitige Bürgerbeteiligung, S. 23/29 ff.; Redeker, NJW 1980, 1593; Gerhardt/Jacob, DÖV 1986, 258; einschr. Dolde, NVwZ 1982, 65; Goerlich, DÖV 1982, 631/633 ff. jeweils m. w. N.) läuft der Abwertung der Verfahrensvorschriften zuwider und wertet die Rechtsschutzfunktion der frühzeitigen Bürgerbeteiligung, aber auch des Auslegungsverfahrens auf. Wenn der Gesetzgeber in einem Sachbereich, für den er eine Schutzpflicht hat, ein Beteiligungsverfahren einrichtet, dann haben diese Vorschriften für die materiell Betroffenen grundrechtsschützende und damit subjektiv-rechtliche Wirkung. Derartige Vorschriften dienen daher nicht, wie früher allgemein angenommen, nur oder in erster Linie der Information des Planträgers (BVerfGE 53, 30/63; s. a. Battis, DÖV 1981, 433/436; Wahl, in: Blümel (Hrsg.) aaO, s. 113/133; ders., VVDStRL 41, 151/168; Blümel aaO, S. 41). Auf dieser verfehlten Position verharrt jedoch der 4. Senat des BVerwG, DVBl. 1982, 1096 (ebenso Schlichter, NVwZ 1983, 641/647), wenn unter unzutreffender Entgegensetzung von Gemeinwohlverpflichtung und individueller Schutzpflicht und unter ebenso verfehltem Rückschluß von § 2 Abs. 7 BBauG = § 2 Abs. 3 BauGB auf das Recht auf Verfahrensteilhabe (zutr. bereits OVG Hamburg, NJW 1978, 658) in Abgrenzung zu BVerfGE 53, 30 behauptet

wird, die Bürgerbeteiligung nach § 2a BBauG = § 3 BauGB habe keine grundrechtsschützende Wirkung (zust. Grauvogel, in: Kohlhammer Komm., §3, Rn 8; Gaentzsch, BK, §2, Rn 16; im Ergebnis ebenso BVerwG, NJW 1981, 239 zur Öffentlichkeitsbeteiligung nach dem FStrG; anders aber Steinberg, Das Nachbarrecht der öffentlichen Anlagen, 1989 II, Rn 54 ff.; Kühling, Fachplanungsrecht, 1989, Rn 480; BVerwG, NJW 1981, 2769 zum wasserrechtlichen Planfeststellungsverfahren; dazu Blümel aaO, S. 74 f.). Zutreffend hat hingegen der 7. Senat des BVerwG, NJW 1983, 1507 unter Rückgriff auf BVerfGE 53, 30; BVerwGE 61, 256/275 (s. a. E 60, 297/306; VG Arnsberg, NJW 1981, 1572) das Verfahren der Öffentlichkeitsbeteiligung nach den §§ 5, 10 BImSchG als vorgezogenes Rechtsschutzverfahren klassifiziert. Die Verletzung dieser Vorschriften begründe zwar nicht sozusagen im Umkehrschluß die Klagebefugnis des eine solche Verletzung rügenden Dritten. Vielmehr müsse der Dritte seinerseits dartun, inwieweit sich die Nichtbeachtung der Verfahrensvorschriften auf seine Rechtsposition ausgewirkt haben könne. Auch wenn § 3 Abs. 1 als Grundmodell frühzeitiger Bürgerbeteiligung verstanden werden kann (so Söfker, in: Blümel aaO, S. 97/99) ist es verfehlt, den Grundrechten ein allgemeines verfassungsrechtliches Gebot zum Erlaß von Beteiligungsvorschriften für alle (Raum-)Planungsverfahren zu entnehmen (s. BVerfGE 53, 30/ 65). Vielmehr ist entspr. der materiellen Schutzwürdigkeit der Betroffenen zwischen den verschiedenen Planungsverfahren zu unterscheiden (Wahl, in: Blümel aaO, S. 133 ff.; Battis, DÖV 1981, 433/438; Schmidt-Aßmann, in: Lerche/Schmitt Glaeser/Schmidt-Aßmann, Verfahren als staats- und verwaltungsrechtliche Kategorie, S. 1/26 ff.; weitergehend Blümel aaO, S. 42 ff.). Darüber hinaus ist entspr. bei der Auslegung bestehender Beteiligungsvorschriften zu differenzieren (Blümel aaO, S. 50 ff.; Battis, Partizipation im Städtebaurecht, S. 267). Da § 3 sowohl für die frühzeitige Bürgerbeteiligung als auch für das Auslegungsverfahren die Beteiligung jedermanns zuläßt, sich also anders als § 4 Abs. 2, § 9 StBauFG nicht auf die unmittelbar Betroffenen oder wie § 137, § 175 auf die Betroffenen beschränkt, ist auch innerhalb dieser Regelungen entsprechend der materiellen Schutzwürdigkeit zu differenzieren, aber nicht in dem Sinne, daß nur das eine oder das andere Verfahren grundrechtsschützend ist (so noch Battis, Partizipation, S. 95 ff.), sondern indem innerhalb beider Beteiligungsformen nach dem Grad der individuellen Betroffenheit differenziert wird.

e) Nach dem Grad der grundrechtlichen Betroffenheit differenziert 5 und im Sinne der praktischen Konkordanz ist das Spannungsverhältnis zwischen Bürgerbeteiligung und **Datenschutz** zu lösen. Weder vermag das von BVerfGE 65, 1 kreierte Untergrundrecht auf informationelle Selbstbestimmung die Bürgerbeteiligung auszuschließen noch die Bürgerbeteiligung den Datenschutz. Mit § 3 hat der Gesetzgeber zulässigerweise die grundsätzliche Entscheidung des Vorrangs der Bürgerbeteiligung vor dem Datenschutz getroffen (s. Berkemann, ZfBR 1986,

155; Grauvogel aaO, Rn 12). Über die spezielle Vorschrift des § 138 hinaus kann im Einzelfall auch im allgemeinen Städtebaurecht der Schutz personenbezogener Daten die Anwendung des § 3 einschränken, so dürfen Unterlagen mit personenbezogenen Daten nicht nach Abs. 2 S. 1 ausgelegt werden (Gaentzsch, BK, § 3, Rn 21; s. a. BVerfGE 77, 121).

6 f) Abs. 1 **verpflichtet** die Gemeinde, beide Phasen der Bürgerbeteiligung, die frühzeitige (Abs. 1) und das Auslegungsverfahren (Abs. 2, 3) zu ermöglichen. Befreiungen von dieser Pflicht sind möglich hinsichtlich beider Phasen bei der vereinfachten Änderung des Bebauungsplanes (§ 13) und hinsichtlich der frühzeitigen Bürgerbeteiligung nach Abs. 1 S. 2 (s. Rn 10), Einschränkungen hinsichtlich des Auslegungsverfahrens nach Abs. 3 (s. Rn 21) für den Flächennutzungsplan und den Bebauungsplan. Zur Verbindung beider Phasen nach dem BauGB-MaßnahmeG s. Rn 1, 22. Die Pflicht zur frühzeitigen Bürgerbeteiligung entsteht nach einer Änderung aufgrund einer Anhörung nicht erneut (Abs. 1 S. 3) (s. Rn 11). Bürger i. S. v. Abs. 1 ist **jedermann,** d. h. jede natürliche oder juristische Person, die von der Bauleitplanung betroffen ist oder ein sonstiges Interesse an ihr hat. § 3 ist nicht beschränkt auf Bürger i. S. d. Gemeindeordnung (z. B. § 6 Abs. 2 nwGO) noch auf Einwohner (§ 6 Abs. 1 nwGO), die z. B. nach § 6b nwGO, § 20 bawüGO im Rahmen der Einwohnerbeteiligung an wichtigen Planungen und Vorhaben der Gemeinde ein Recht auf Unterrichtung, Äußerung und Erörterung haben (dazu Kromer, DVBl. 1985, 143), noch auf betroffene Bürger wie in § 22 Abs. 10 S. 2, § 33 Abs. 2 S. 2, § 34 Abs. 5 S. 1, noch auf (Eigentümer, Mieter, Pächter und sonstige) Betroffene wie in § 137 und § 175, noch auf unmittelbar Betroffene wie in § 4 Abs. 2, § 9 StBauFG. Abs. 1 erfaßt nicht Personen aus Nachbargemeinden, die nicht zur örtlichen Gemeinschaft der die Bauleitplanung betreibenden Gemeinde gehören (s. a. Grauvogel aaO, Rn 19, BVerfGE 77, 288/300). Die Experimentierklausel des § 2a Abs. 3 BBauG ermächtigte die Gemeinde ausdrücklich, den Kreis der Beteiligungsberechtigten bei der frühzeitigen Bürgerbeteiligung einzuschränken. Trotz des Wegfalls einer entsprechenden Vorschrift im BauGB ist dieses weiterhin zulässig. Das BauGB soll den Handlungsrahmen der Gemeinde insoweit nicht verkleinern, sondern nur unnötige Verfahrensvorschriften beseitigen. Die Verweisung des Abs. 1 Satz 2 Nr. 3 auf die Unterrichtung oder Erörterung auf anderer planerischer Grundlage eröffnet zugleich die Möglichkeit einer Beteiligung eines sachgerecht reduzierten Beteiligtenkreises. Entsprechend dem Grundgedanken des § 2a Abs. 3 BBauG soll die Gemeinde über die Art der Durchführung im Rahmen ihrer planerischen Verantwortung entscheiden (BR-Drs. 575/85).

7 2. a) Für das Verfahren der frühzeitigen Bürgerbeteiligung schreibt Abs. 1 S. 1 verbindlich als erste Verfahrensstufe vor die öffentliche **Unterrichtung** über die allgemeinen Ziele und Zwecke der Planung,

sich wesentlich unterscheidende Lösungen, die für die Neugestaltung oder Entwicklung eines Gebiets in Betracht kommen, und die voraussichtlichen Auswirkungen der Planung und als zweite Verfahrensstufe die **Anhörung,** durch die allgemein Gelegenheit zur Äußerung und zur Erörterung zu geben ist. Zu Ausnahmen nach Abs. 1 s. Rn 10. Ebenso wie § 2a Abs. 2 S. 1 BBauG beschränkt sich das BauGB nicht darauf, lediglich eine generelle Pflicht zur Unterrichtung und zur Gewährung einer Äußerungsgelegenheit vorzusehen. Vielmehr enthält Abs. 1 S. 1 eine qualitative Erweiterung der Unterrichtungspflicht und des Anhörungsrechtes dahingehend, daß die Gemeinde ihre Planvorstellungen – nicht unbedingt einen ausgearbeiteten Planentwurf – zu erläutern und mit den Bürgern, soweit erwünscht, durchzusprechen hat (s. a. BT-Drs. 7/4793, S. 26). **Gegenstand** der Unterrichtung und Anhörung sind die allgemeinen, aber diskussionsfähigen Ziele und Zwecke der Planung, deren von der Gemeinde für das Gebiet aufzuzeigenden voraussichtlichen Auswirkungen, z. B. hinsichtlich Wohnungsbestand, Gewerbe-, Grünflächen, Immissionen, überhaupt Umweltrelevanz und die von der Gemeinde aufzuzeigenden sich wesentlich unterscheidenden Lösungen, die für die Neugestaltung oder Entwicklung eines Gebiets in Betracht kommen. Die Verpflichtung, über die voraussichtlichen Auswirkungen der erst nach ihren allgemeinen Zielen und Zwecken festgelegten Planung und wesentlichen Planungsalternativen zu unterrichten, um den Bürgern anschließend Gelegenheit zur Äußerung und Erörterung zu geben, verbietet es, daß die Ziele und Zwecke der Planung so allgemein und unverbindlich sind, daß die frühzeitige Bürgerbeteiligung ungeeignet ist, die planerische Abwägung der öffentlichen und privaten Belange i. S. v. § 1 Abs. 5, 6 vorzubereiten (s. a. Söfker, in: Blümel (Hrsg.), Frühzeitige Bürgerbeteiligung, S. 97/102 ff.).

b) Unterrichtung und Anhörung sollen **möglichst frühzeitig** erfolgen. Die Beteiligung darf nicht erst dann einsetzen, wenn die Planung so verfestigt ist, daß die Bürgerbeteiligung zur Farce wird. Andererseits begrenzt die Notwendigkeit des Vorliegens zwar allgemeiner, aber diskussionsfähiger Planungsziele den Zeitpunkt der Bürgerbeteiligung „nach vorne". Meistens findet die frühzeitige Bürgerbeteiligung erst nach dem Aufstellungsbeschluß (§ 2 Abs. 1 S. 2) statt (Türke, IfR 1982, 49/51). Aber der Gesetzgeber hat den Beginn der frühzeitigen Bürgerbeteiligung bewußt nicht an den Aufstellungsbeschluß gekoppelt. Sofern darlegungs- und erörterungsfähige Ziele und Zwecke der Planung vorliegen, können Unterrichtung und Erörterung „zuvor auf anderer planerischer Grundlage" (Abs. 1 S. 2 Nr. 3) stattfinden, z. B. anläßlich einer vorgeschalteten nicht förmlichen Rahmenplanung i. S. v. § 140 Nr. 4, (s. BT-Drs. 10/6166 S. 146) einer ebenfalls freiwilligen und informellen Stadt(teil)entwicklungsplanung oder auch eines von der Gemeinde als Planträger betriebenen fachplanerischen Planungsverfahrens unter der Voraussetzung, daß die dargelegten Ziele und Zwecke

8

dieser informellen (s. a. BR-Drs. 575/85 S. 60, 64) oder formellen
Planungen den allgemeinen Zielen und Zwecken der anschließenden
Bauleitplanung hinsichtlich Diskussionsfähigkeit und Brauchbarkeit
für die Vorbereitung der planerischen Abwägung nach § 1 Abs. 5, 6
gleichstehen. Eine Verpflichtung zur i. d. R. zweckmäßigen, frühzeiti-
gen Bürgerbeteiligung an einer Entwicklungsplanung oder Rahmen-
planung besteht grundsätzlich nicht. Nur wenn die Gemeinde beab-
sichtigt, im Wege der vorweggenommenen Entscheidung nach § 1
Abs. 5, 6 gewonnene, städtebaulich bedeutsame Ergebnisse dieser in-
formellen Planung in die Bauleitplanung zu übernehmen, ohne darüber
in eine (erneute) Abwägung nach § 1 Abs. 6 einzutreten, besteht eine
Pflicht zur frühzeitigen Bürgerbeteiligung an der Entwicklungspla-
nung (s. a. Söfker, in: Blümel (Hrsg.), Frühzeitige Bürgerbeteiligung,
S. 97/103). In diesem Fall gelten die von der Rechtsprechung entwickel-
ten Grundsätze über die Bindung der Abwägung durch Vorentschei-
dung (s. § 1, Rn 113).

9 c) Anders als § 2a Abs. 2 BBauG verpflichtet das BauGB hinsichtlich
der **Art und Weise** der frühzeitigen Bürgerbeteiligung nicht mehr
ausdrücklich auf das Geeignetheitsgebot. Dieser ausdrückliche Hinweis
ist angesichts des Wegfalls der Experimentierklausel des § 2a Abs. 3
BBauG entbehrlich, befreit die Gemeinde jedoch nicht von der Ver-
pflichtung, Unterrichtung und Erörterung in geeigneter Weise durch-
zuführen. Auch nach Wegfall der Experimentierklausel bleibt es der
Gemeinde im Rahmen des Geeignetheitsgebots nach Maßgabe ihrer
planerischen Verantwortung (Rn 6) für alle Fälle oder für bestimmte
Gruppen typischer Bauleitpläne oder im Einzelfall, d. h. für einen
bestimmten Bauleitplan zu bestimmen, in welcher Art und Weise, in
welchem räumlichen Bereich, z. B. Ortsbezirk oder eigentlichem Plan-
gebiet einschließlich des Gebiets, auf das sich die Planung nicht unwe-
sentlich auswirkt, und innerhalb welcher Frist die Bürger zu beteiligen
sind. Es ist weiterhin zulässig, die frühzeitige Bürgerbeteiligung von
der Beteiligung jedermanns in eine Betroffenenbeteiligung wie z. B. in
§ 137, § 175 (s. Rn 6) zu verwandeln. Dies kann sich bei Bauleitplanun-
gen empfehlen, die in ihren Auswirkungen städtebaulichen Sanierungs-
maßnahmen i. S. v. § 136 nahekommen. Möglich ist auch, z. B.
i. V. m. einer Rahmenplanung die Begrenzung auf die in einem Ortsbe-
zirk Wohnenden und Arbeitenden sowie die Grundeigentümer und
Nutzungsberechtigten. In jedem Fall muß aber die **Unterrichtung**
gem. Abs. 1 S. 1 **öffentlich** sein. Die Ermächtigung, eine **Frist** zu
bestimmen, wird in besonderem Maße vom Geeignetheitsgebot limi-
tiert. Die Frist muß so bemessen sein, daß die Beteiligungsberechtigten
in der Lage sind, sich in die von der Gemeinde dargelegten allgemeinen
Ziele und Zwecke der Planung, ihre voraussichtlichen Auswirkungen
und möglichen Alternativen so einzuarbeiten, daß sie imstande sind,
diese mit der Gemeinde zu erörtern, d. h. also einen Dialog zu führen.
Die öffentliche Darlegung kann durch Amtsblatt, Aushang, Zeitung,
Plakate, Flugblätter, Hauswurfsendungen, Informationsausstellungen

angekündigt werden. Üblichste Form öffentlicher Unterrichtung und anschließender Erörterung ist die Bürgerversammlung mit dem Bauleitplanentwurf nebst voraussichtlichen Auswirkungen als Diskussionsgrundlage. Zu weiteren Organisationsformen wie Beiräten, Bürgerforum, Anwaltsplanung, Gemeinwesenarbeit, Planungszelle, Bürgergutachten s. Hendler, Städtetag 1980, 402; Dienel, in: Blümel (Hrsg.), Frühzeitige Bürgerbeteiligung, S. 191; Curdes, Bürgerbeteiligung, Stadtraum, Umwelt, 1985; Volz, VR 1986, 366 sowie die vom deutschen Ausschuß für die Europäische Kampagne zur Stadterneuerung 1981 herausgegebene und im Selbstverlag erschienene Schrift, Planen mit dem Bürger, 1982.

d) Abs. 1 S. 2 erlaubt es der Gemeinde, durch Beschluß des nach 10 Kommunalrecht zuständigen Organs, die frühzeitige Bürgerbeteiligung in Bagatellfällen oder wegen vorangehender Durchführung auf anderer planerischer Grundlage (Rn 8) **auszuschließen.** Bei der Aufstellung oder Aufhebung eines Flächennutzungsplans kann die frühzeitige Bürgerbeteiligung nicht ausgeschlossen werden. Abs. 1 S. 2 **Nr. 1** setzt voraus, daß durch die Änderung oder Ergänzung des Flächennutzungsplans Grundzüge der Planung nicht berührt werden. Diese sollen berührt sein, wenn die planerischen Leitgedanken in ihrer Grundkonzeption geändert werden, wenn eine Planänderung zum Verlust des planerischen Leitgedankens führt (so Grauvogel, in: Kohlhammer-Komm., § 3, Rn 40 u. Hinw. auf OVG Saarlouis, BRS 30 Nr. 18). Bei einem Bebauungsplan kann die frühzeitige Bürgerbeteiligung durch Beschluß der Gemeinde nach Abs. 1 S. 2 **Nr. 2** ausgeschlossen werden, wenn die Aufstellung, Änderung, Ergänzung oder Aufhebung sich auf das Plangebiet und die Nachbargebiete nur unwesentlich auswirkt. Das soll der Fall sein, wenn der Bebauungsplan nicht die städtebauliche Grundstruktur ändert, in seiner Funktion auf das Plangebiet beschränkt ist, seine Ausweisungen sich nach Nutzungsart und Höhenentwicklung nicht wesentlich vom bisher planungsrechtlich Zulässigen unterscheiden, das bisherige Stadtbild erhalten bleibt und bei Verwirklichung des Bebauungsplans keine nennenswerten nachteiligen Auswirkungen auf die persönlichen Lebensumstände der im Gebiet wohnenden und arbeitenden Menschen zu erwarten sind (so Bielenberg, in: E/Z/B, § 3, Rn 19). Im Vergleich zur **vereinfachten Änderung** des Bebauungsplanes nach § 13 erfaßt Abs. 1 S. 2 Nr. 2 eine größere Fläche, nämlich ein Plangebiet und Nachbargebiete, während § 13 auf betroffene Grundstücke und benachbarte Grundstücke beschränkt ist. Von der Unterrichtung und Erörterung i. S. v. Abs. 1 Satz 1 kann schließlich gemäß Abs. 1 Satz 2 **Nr. 3** abgesehen werden, wenn Unterrichtung und Erörterung bereits zuvor auf anderer planerischer Grundlage erfolgt sind. Nr. 3 verlangt kein verbindlich vorgeschriebenes formalisiertes Planungsverfahren. „Auf anderer planerischer Grundlage" in diesem Sinne sind gerade auch informelle Planungen wie eine Rahmenplanung, wie sie § 140 Nr. 4 anläßlich der städtebaulichen Sanierung erwähnt (siehe BT-Drs. 10/6166 S. 146). Derartige informelle Rahmenplanungen kön-

nen auch als Stadtteil- oder Strukturpläne aus anderen Anlässen als im
Zuge einer Sanierung aufgestellt werden. In Betracht kommen auch
Unterrichtung und Erörterung anläßlich des Satzungserlasses zur Be-
zeichnung von Vorkaufsrechten i. S. v. § 25 Abs. 1 Nr. 2, anläßlich der
Abstimmung städtebaulicher Planungen mit agrarstrukturellen Maß-
nahmen (§§ 187 ff.; BR-Drs. 575/85 S. 60/64), anläßlich des Erlasses
einer Erhaltungssatzung (§ 172) oder des Erlasses einer formellen von
der Gemeinde (nicht von einem Dritten) betriebenen Fachplanung,
z. B. einer großflächigen Unterstellung nach einem Landesdenkmal-
schutzgesetz. In jedem Fall müssen Unterrichtung und Erörterung
innerhalb dieser informellen oder formellen Planungen nach Gegen-
stand und Art und Weise einer frühzeitigen Bürgerbeteiligung nach
Abs. 1 Satz 1 gleichwertig sein (siehe auch Rn 8).

11 **e)** Abs. 1 S. 3 stellt klar, daß eine aufgrund der frühzeitigen Bürger-
beteiligung erfolgte Änderung der Planung im Interesse der Verfah-
rensbeschleunigung **keine zweite Anhörung** i. S. v. Abs. 1 S. 1 auslöst.
Soweit Bürger mit der aufgrund der Anhörung geänderten Planung
nicht einverstanden sind, bleibt ihnen die Möglichkeit, bei der öffentli-
chen Anhörung Bedenken und Anregungen vorzutragen. Aus der
Formulierung des lediglich ergänzenden Abs. 1 S. 3 – „schließt sich an"
– zu folgern, die frühzeitige Bürgerbeteiligung habe regelmäßig erst
unmittelbar vor dem Auslegungsverfahren nach Abs. 3 stattzufinden,
widerspricht dem in der Hauptvorschrift (Abs. 1 S. 1) eindeutig –
„möglichst frühzeitig" – zum Ausdruck gebrachten Sinn der frühzeiti-
gen Bürgerbeteiligung.

12 **3. a)** Wenn das Planungsverfahren (§ 2, Rn 2, 3) zu beschlußfähigen
Planentwürfen nebst Erläuterungsbericht (Flächennutzungsplan) oder
Begründung (Bebauungsplan) gediehen ist, beginnt die **zweite Phase**
der Bürgerbeteiligung. Gegenüber § 2a Abs. 6 S. 1 BBauG hat das
BauGB im entsprechenden Abs. 2 S. 1 den Begriff Gemeinde gestri-
chen. Damit soll herausgestellt werden, daß ebenso wie in § 2 Abs. 1
S. 2 (s. § 2, Rn 3) nach dem Bundesrecht keine Verpflichtung zur
Beschlußfassung durch die Gemeinde besteht. Welches Gemeindeorgan
in welcher Weise den im Gesetz nicht vorgeschriebenen, aber in der
Praxis üblichen **Auslegungsbeschluß** trifft, richtet sich allein nach
Landesrecht (BVerwG, NVwZ 1988, 916/917; OVG Koblenz, NVwZ
1989, 674; Ley, VR 1989, 326; früher str. s. Voraufl.).

13 **b)** Der Entwurf und sein Erläuterungsbericht (§ 5 Abs. 5) oder seine
Begründung (§ 9 Abs. 8) sind **öffentlich,** also zu jedermanns Einsicht
auszulegen (Abs. 2 S. 1). Zu den Mindestanforderungen an den Inhalt
von Erläuterungsbericht und Begründung s. § 5, Rn 8, § 9, Rn 4. Zur
Auskunftspflicht der Gemeinde bei unvollständigem Erläuterungsbe-
richt/Begründung s. § 214 Abs. 1 S. 2. Zur (Un)beachtlichkeit der
Verletzung von § 3 Abs. 2 s. § 214 Abs. 1 S. 1 Nr. 1, 2. Ein Anspruch
auf Aushändigung von Kopien besteht nicht (VGH Kassel, BRS 33
Nr. 13; 28 Nr. 18; VGH München, BRS 30 Nr. 16). Die Gemeinde ist

nicht zur Erläuterung der ausgelegten Unterlagen verpflichtet, wohl aber zur Auskunft über die nach § 3 Abs. 2 bestehenden Rechte (§ 25 VwVfG). Die Auslegung erfolgt auf die **Dauer** eines Monats, wobei gem. § 187 Abs. 2 BGB der erste Tag der Auslegung mitzählt (GmS-OGB 2/71 BVerwG 40, 363). Das Ende der Frist ist nach § 188 Abs. 1, § 193 BGB zu berechnen. Entgegen der früher h. M. (s. Dolde, NJW 1981, 1929/1931) gebietet Bundesrecht nicht, daß der Entwurf während der gesamten Dienstzeit der Gemeindeverwaltung ausgelegt wird, sofern der Bürger während der allgemeinen Zeit des Publikumsverkehrs hinreichend Gelegenheit zur Einsichtnahme erhält (BVerwG, NJW 1981, 594; Auslegung von 33 Stunden die Woche genügt; a. A. OVG Koblenz, AS 15, 61; OVG Münster, BauR 1978, 285; VGH München, BayVBl. 1980, 691; gegen Beschränkung auf Kernarbeitszeit bei gleitender Arbeitszeit Bussmann, BauR 1978, 447; Gelzer, Rn 320). Während noch VGH München, NJW 1974, 1670 uneingeschränkt die Monatsfrist als verletzt ansah, weil die Zeit zur Einsichtnahme auf die Behördensprechstunden Montag, Dienstag, Donnerstag und Freitag von 8–12 Uhr beschränkt worden war, läßt es VGH München, BayVBl. 1981, 691 für Kleingemeinden, die ausschließlich von ehrenamtlichem Personal verwaltet werden, genügen, wenn während der Amtsstunden Montag und Donnerstag 18–20 Uhr und Samstag 8–16 Uhr ausgelegt wird. Es ist unschädlich, wenn während der einmonatigen Auslegung die Auslegungsbehörde für den Publikumsverkehr an einem Werktag (Silvester) geschlossen war (BVerwGE 71, 150).

c) Gem. Abs. 2 S. 2 sind Ort und Dauer der Auslegung mindestens **14** eine Woche vorher **ortsüblich bekanntzumachen** mit dem Hinweis darauf, daß Bedenken und Anregungen während der Auslegungsfrist vorgebracht werden können. Die Bekanntmachung der Planentwürfe soll **Anstoßwirkung** haben (BVerwGE 55, 369). Sie fordert dazu heraus, mit Bedenken und Anregungen zur Wahrung eigener Rechte im Interesse einer gerechten Abwägung (§ 1 Abs. 6) zur Planung beizutragen. Die Bekanntmachung hat in einer Weise zu erfolgen, welche geeignet ist, dem an der beabsichtigten Bauleitplanung interessierten Bürger sein Interesse an Information und Beteiligung durch Anregungen und Bedenken bewußt zu machen und dadurch gemeindliche Öffentlichkeit herzustellen (BVerwGE 69, 344). Großzügiger als nach der bisherigen Rechtsprechung soll es genügen, wenn die Bekanntmachung zur Kennzeichnung des Plangebiets an geläufige geographische Bezeichnungen anknüpft. Gibt es keine ortsübliche geographische Bezeichnung, soll eine Bezeichnung anhand von Straßen, Bauwerken, Flurnamen genügen. Nicht ausreichend sei die Aufzählung von Flurnummern. Zusätze, die geeignet sind, das Recht, Bedenken und Anregungen vorzubringen, einzuschränken, machen die Bekanntmachung fehlerhaft (OVG Münster, BRS 32 Nr. 14; BVerwG, BRS 33 Nr. 15); ebenso eine falsche oder irreführende Bezeichnung des Plangebiets

(BVerwG, Buchholz 406.11 § 2 BBauG Nr. 24). Eine Bekanntmachung verfehlt die Anstoßwirkung, wenn sie so gefaßt ist, daß ein möglicherweise Betroffener sich durch den Hinweis gehindert sieht, von sich aus auf die Planung zu reagieren (VGH München, NJW 1983, 297 zu einem Hinweis, der den Eindruck erwecken konnte, persönliches Erscheinen sei erforderlich). Eine unzulässige psychologische Hemmschwelle wird errichtet, wenn die Verwaltung Name und Anschrift der Einsichtnehmenden notiert (F/O, S. 42). Wie ortsüblich bekanntzumachen ist, richtet sich nach Landesrecht einschließlich örtlichem Recht. Bei einer ortsüblichen Bekanntmachung durch Aushang wird die **Wochenfrist** mit Beginn des Aushangs in Lauf gesetzt (BVerwG, DVBl. 1971, 759 m. Anm. v. Schrödter). Der Beginn der Wochenfrist berechnet sich nach § 187 Abs. 1 BGB (BVerwGE 40, 363). Wird die Auslegung so spät bekanntgemacht, daß die Wochenfrist (oder die kommunale Bekanntmachungsfrist) erst nach Beginn der Auslegung endet, ist dies mit Abs. 2 S. 2 nur vereinbar, wenn die Auslegung des Entwurfs ensprechend verlängert wird und wenn dies aus der Bekanntmachung hervorgeht (OVG Lüneburg, BauR 1984, 368; Beninde, BauR 1984, 433; Dolde, NJW 1986, 815/823 gegen BVerwG, BRS 39 Nr. 12, wonach es genügen soll, wenn die Auslegungsfrist tatsächlich nach Ablauf der Wochenfrist noch einen vollen Monat umfaßt; dagegen zutr. Gelzer, Bauplanungsrecht, Rn 311, Fn 92). Bekanntzumachen ist der Ort, d. h. die Dienststelle, in der die Unterlagen ausliegen. Die Gemeinde soll an den in ihrer Hauptsatzung festgelegten **Auslegungsort** gebunden sein (VGH Kassel, BRS 22 Nr. 22; a. A. zu Recht Gelzer aaO, Rn 321). Die auszulegenden Unterlagen müssen an dem bezeichneten Ort vollständig, sichtbar, griffbereit und als zusammengehörig erkennbar der Öffentlichkeit zugänglich sein (VGH Mannheim, BauR 1974, 40). Ein Planentwurf liegt auch dann zur Einsichtnahme aus, wenn er bei beschränkten Raumverhältnissen in einem Aktenordner bereitgehalten wird (OVG Lüneburg, AS 34, 348). Die bekanntzumachende Dauer der Auslegung betrifft nicht die Tagesstunden, an denen der Plan ausliegt, sondern nur die Auslegungsfrist (BVerwGE 44, 244/249; NJW 1981, 594). Der Bürger muß der Bekanntmachung entnehmen können, wann die Frist beginnt und wann sie endet. Dazu ist zumindest die Bekanntgabe des Anfangstags der Frist erforderlich (VGH Kassel, BRS 20 Nr. 15). Während VGH Kassel, DVBl. 1968, 948 zusätzlich die Bekanntmachung des Endes der Monatsfrist verlangt, soll es nach VGH Mannheim, BBauBl. 1973, 270 weder erforderlich sein, den Beginn noch das Ende der Monatsfrist als Datum anzugeben, sofern nur Angaben anderer Art eindeutige Schlüsse auf Beginn und Ende der Frist zulassen. Ein Verstoß gegen Abs. 2 S. 2 führt zur Nichtigkeit des Bauleitplans (BVerwG, DÖV 1968, 325; E 55, 369; DVBl. 1980, 231), sofern der Verfahrensverstoß gem. § 215 Abs. 1 Nr. 1 schriftlich innerhalb eines Jahres nach Bekanntmachung des Bauleitplans gegenüber der Gemeinde geltend gemacht worden ist (s. § 215, Rn 5 ff.). Die Gemeinde kann den Fehler aber gem. § 215 Abs. 3 rückwirkend beheben

und den Bauleitplan mit Rückwirkung erneut in Kraft setzen (s. §215 Rn 10ff.).

d) Zusätzlich zur öffentlichen Bekanntmachung nach Abs. 2 S. 1, 2 **15** sollen die nach §4 Abs. 1 beteiligten **Träger öffentlicher Belange** gesondert von der Auslegung benachrichtigt werden (Abs. 2 S. 3). Die Träger öffentlicher Belange sollen in dieser inner halb des Regelverfahrens des §4 Abs. 1 **zweiten Stufe** der Beteiligung der Träger öffentlicher Belange überprüfen können, ob die von ihnen vertretenen Belange im Entwurf berücksichtigt sind und erforderlichenfalls Bedenken und Anregungen vorbringen können. Ein Verstoß gegen Abs. 2 S. 3 führt bei fristgerechter Rüge (§215 Abs. 1 Nr. 1) gem. §214 Abs. 1 Nr. 1 zur Nichtigkeit des Bauleitplans. Gem. §214 Abs. 1 Nr. 1 ist nur noch unbeachtlich, wenn einzelne berührte Träger öffentlicher Belange nicht beteiligt worden sind.

e) Die **Bedenken und Anregungen** können schriftlich, mündlich **16** oder zur Niederschrift der Gemeindeverwaltung einzeln oder als Sammeleingabe **vorgebracht** werden. Ein Recht zum mündlichen Vortrag vor dem entscheidungsbefugten Gemeinderat besteht nicht. Zur Unzulässigkeit gesetzlich nicht geregelter Bürgerbeteiligung s. a. Wohlfahrth, VR 1983, 181. Eine Pflicht, Bedenken und Anregungen vorzubringen, besteht nicht. Hat ein Betroffener es aber unterlassen, seine Betroffenheit im Auslegungsverfahren vorzutragen, dann ist dieses Interesse nur dann **abwägungsbeachtlich** (§1 Abs. 5, 6), wenn sich der Gemeinde die Tatsache dieser Betroffenheit aufdrängen mußte (BVerwGE 59, 87/103; BauR 1986, 59). Die Bürgerbeteiligung nach §3 Abs. 2 kann insoweit erheblichen Einfluß auf die Beachtlichkeit eines Belanges für die Abwägung und damit für die Antragsbefugnis nach §47 Abs. 2 VwGO haben (s. a. Weyreuther, DÖV 1980, 389; Söfker, EPlaR I 2b BVerwG 11.79/15; abl. zu dieser beschränkten Präklusionswirkung Becker, NJW 1980, 1036; Grauvogel, in: Kohlhammer-Komm., §3, Rn 84; zust. Bielenberg, in: E/Z/B, §3 Rn 48). Die damit vom BVerwG aus §2a Abs. 6 i. V. m. §1 Abs. 6, 7 BBauG = §3 Abs. 2 i. V. m. §1 Abs. 5, 6 BauGB kreierte Obliegenheit zur Wahrung der eigenen Interessen kann statt im Auslegungsverfahren auch bereits im Verfahren der frühzeitigen Bürgerbeteiligung erfüllt werden (Söfker, in: Blümel (Hrsg.), Frühzeitige Bürgerbeteiligung, S. 97/106). Das BauGB hat nicht, wie erwogen, eine (volle) Präklusion der Berücksichtigung von Vorbringen mit Abschluß des Auslegungsverfahrens eingeführt (dazu Bielenberg u. a., DVBl. 1985, 1097/1100).

f) Abs. 2 S. 4 hebt nach Streichung des Wortes „Gemeinde" ebenso **17** wie in Abs. 2 S. 1 hervor, daß das BauGB nicht bestimmt, welches Organ der Gemeinde verpflichtet ist, die fristgemäß vorgebrachten Bedenken und Anregungen **öffentlich zu prüfen.** Im Interesse der Rechtssicherheit (s. §2, Rn 3) ist diese Frage allein nach Kommunalverfassungsrecht zu entscheiden. Anders als §2a Abs. 6 S. 4 BBauG bestimmt Abs. 2 S. 4 nicht eine Prüfungspflicht des Gemeinderates. Die

Entscheidung über die Bedenken und Anregungen fällt mit der verbindlichen Entscheidung über die endgültige Fassung des Bauleitplans. Ein vorhergehender zusätzlicher Beschluß über die Bedenken und Anregungen ist zulässig. Verspätet eingegangene Bedenken und Anregungen können, müssen aber nicht geprüft werden. Das Ergebnis der Prüfung ist dem jeweiligen Betroffenen mündlich (VGH Mannheim, BRS 22 Nr. 28), möglichst aber schriftlich **mitzuteilen.** Die Mitteilung ist mangels Regelung kein Verwaltungsakt. Sie sollte, muß m. E. aber nicht begründet sein (VGH Mannheim, BRS 22 Nr. 28; a. A. Bielenberg aaO, Rn 54). Der Betroffene hat nur einen klagbaren Anspruch auf die Mitteilung (Bielenberg aaO, Rn 34; a. A. Grauvogel, in: Kohlhammer-Komm., § 3, Rn 110). Unterläßt es die Gemeinde, bis zur Genehmigung des Plans durch die höhere Verwaltungsbehörde das Ergebnis der Prüfung den Betroffenen mitzuteilen, so wird der Plan wegen dieses unwesentlichen Verfahrensfehlers nicht ungültig (VGH Mannheim, BRS 18 Nr. 5).

18 **g)** Bei **Massenverfahren,** in denen mehr als 100 Personen Bedenken und Anregungen mit im wesentlichen gleichem Inhalt vorgebracht haben, kann die Gemeinde aus Gründen der Verwaltungseffizienz die individuelle Mitteilung des Ergebnisses der Prüfung dadurch ersetzen, daß sie diesen Personen die individuelle Einsicht in das Ergebnis ermöglicht. Die Gemeinde hat ortsüblich bekanntzumachen (Rn 14), bei welcher Stelle das Ergebnis der Prüfung während der Dienststunden (Rn 13) eingesehen werden kann (Abs. 2 S. 5). Das von Blümel, Frühzeitige Bürgerbeteiligung, S. 53 ff. auf den auf den Grad der individuellen Betroffenheit abstellenden Differenzierungsgebot (Rn 5) abgeleitete Verdikt der Verfassungswidrigkeit der öffentlichen Bekanntmachung der Zustellung des Planfeststellungsbeschlusses oder des Genehmigungsbescheids für Massenverfahren nach anderen Gesetzen (z. B. § 69 Abs. 2, § 74 Abs. 5 VwVfG, § 10 Abs. 8 BImSchG), gilt für die Mitteilung nach Abs. 2 S. 4, 5 nicht (s. a. BVerwGE 67, 206/ 209). Allgemein zum Massenverfahren Ule/Laubinger, Verwaltungsverfahrensrecht, 3. A., 1986, § 45; Schmel, Massenverfahren vor den Verwaltungsbehörden und den Verwaltungsgerichten, 1982; Bambey, DVBl. 1984, 374.

19 **h)** Die nicht berücksichtigten Bedenken und Anregungen sind versehen mit einer Stellungnahme der Gemeinde zusammen mit dem beschlossenen Bauleitplan der **höheren Verwaltungsbehörde** im Zuge des Genehmigungs- oder Anzeigeverfahrens (§ 6, § 11) **vorzulegen** (Abs. 2 S. 6). Legt die Gemeinde die nicht berücksichtigten Bedenken und Anregungen der Aufsichtsbehörde nicht vor, so ist der Bauleitplan nichtig (VGH Mannheim, VerwRspr. 22, 811), sofern der Fehler fristgemäß nach § 215 Abs. 1 Nr. 1 gerügt und nicht nach § 215 Abs. 3 behoben worden ist.

20 **i)** Wird der Entwurf des Flächennutzungsplans oder des Bebauungsplans nach der Auslegung i. S. v. Abs. 2 geändert oder ergänzt, sei es

aufgrund von Bedenken und Anregungen von Bürgern oder von Trägern öffentlicher Belange, findet als Regelfall eine **erneute Auslegung** statt (Abs. 3 Satz 1 Hs. 1). Hat eine Ergänzung einer Festsetzung nur klarstellende Bedeutung, z. B. festgesetztes Leitungsrecht diene der Wasserver- und der Abwasserentsorgung, so besteht kein Anlaß zu einer erneuten Auslegung, auch nicht im vereinfachten Verfahren i. V. m. § 13 Abs. 1 S. 2 (BVerwG, NVwZ 1988, 822). Abs. 3 stellt in Satz 1 Hs. 2 klar, daß bei zwingend vorgeschriebener erneuter Auslegung des vollständigen Planentwurfs Bedenken und Anregungen nur zu den geänderten und ergänzten Teilen vorgebracht werden können (anders noch OVG Münster, BauR 1980, 532), sofern dies ermessensfehlerfrei bei der öffentlichen Bekanntmachung der erneuten Auslegung bestimmt worden ist. Die Beschränkung des Vorbringens von Bedenken und Anregungen auf die geänderten oder ergänzten Teile ist dann ermessensfehlerhaft, wenn durch die Änderung oder Ergänzung eines Teils des Bauleitplans auch solche privaten oder öffentlichen Belange in einer abwägungsrelevanten Weise (§ 1 Abs. 6) berührt werden, daß sie von den durch die Änderung oder Ergänzung gezogenen Interessengeflechten nicht abgeschichtet werden dürfen. Die Teilbereiche müssen räumlich und funktional voneinander abtrennbar sein, damit Auswirkungen von dem einen Teilbereich auf den anderen ausgeschlossen sind (s. BVerwG, NVwZ-RR 1990, 286/287). Abs. 3 Satz 1 verpflichtet nur zur erneuten Auslegung nach Abs. 2, nicht zu einer erneuten frühzeitigen Bürgerbeteiligung nach Abs. 1. Das Verfahren der erneuten Auslegung nach Abs. 3 Satz 1 ist auch dann abzuwickeln, wenn die Änderung oder Ergänzung des Planentwurfs durch die Aufsichtsbehörde veranlaßt worden ist (OVG Lüneburg, NVwZ 1983, 479; Gaentzsch, in: BK, § 3, Rn 29; a. A. Bielenberg, in: E/Z/B, § 3, Rn 32) oder wenn sie zwar anläßlich der Prüfung von Bedenken und Anregungen vorgenommen worden ist, aber in der Sache nicht vorgebrachte Bedenken oder Anregungen betrifft. Ein Verstoß gegen § 3 Abs. 3 S. 1 kann zur **Nichtigkeit** des Bauleitplans führen, wenn dieser Fehler fristgerecht gerügt worden ist (§ 215 Abs. 1 Nr. 1) und die Gemeinde den Fehler nicht nach § 215 Abs. 3 geheilt hat. Allerdings ist zu prüfen, ob das Unterbleiben der Beteiligung nur zur **Teilnichtigkeit** führt. Voraussetzung dafür ist, daß nach den tatsächlichen Umständen des Einzelfalles vernünftigerweise ausgeschlossen werden kann, bei Vermeidung des Fehlers hätte der Plan auch in seinen übrigen Teilen einen anderen Inhalt bekommen (BVerwG, DVBl. 1989, 1100). Verfahrensfehler, die abtrennbare Teilbereiche betreffen, führen regelmäßig nicht zur Nichtigkeit des gesamten Planes (BVerwG, NVwZ-RR 1990, 286). Unbeachtlich ist, wenn einzelne berührte Träger öffentlicher Belange nicht beteiligt worden sind (§ 214 Abs. 1 Satz 1 Nr. 1 Hs. 2).

j) Werden durch die Änderung oder Ergänzung des Entwurfs eines 21 Bebauungsplans die Grundzüge der Planung nicht berührt (siehe Rn 10 und § 13 Rn 2), kann von einer erneuten öffentlichen Auslegung abgesehen werden. Gleiches bestimmt der neugefaßte (BT-Drs. 10/6661

S. 133) Abs. 3 Satz 2 für den Fall, daß Änderungen oder Ergänzungen
von Flächen oder sonstigen Darstellungen des Flächennutzungsplans
im Umfang geringfügig oder von geringer Bedeutung sind (dazu § 13
Rn 7). Eines förmlichen Ratsbeschlusses bedarf es dazu ebensowenig
wie nach altem Recht (dazu OVG Lüneburg, ZfBR 1986, 293). Die
Tatbestandsvoraussetzungen „Änderung oder Ergänzung von Flächen
oder sonstigen Darstellungen von geringfügigem Umfang oder gering-
fügiger Bedeutung" sind bei weiträumigen, Bebauungspläne program-
mierenden Flächennutzungsplänen deutlich enger als die entsprechen-
den bei den kleinräumigeren Bebauungsplänen. Wäre beim Flächennut-
zungsplan die erneute Auslegung erst verbindlich vorgeschrieben,
wenn wie beim Bebauungsplan die Grundzüge der Planung berührt
werden, so könnte das Auslegungsverfahren nach Abs. 2 ausgehöhlt
werden. Die geringfügige Bedeutung i. S. v. Abs. 3 Satz 2 Hs. 1 bezieht
sich auf die bei der Änderung oder Ergänzung jeweils unterschiedlich
betroffene Steuerungs-, Ausführungs- und Koordinations- und Alloka-
tionsfunktion des Flächennutzungsplans (siehe § 5 Rn 4 ff.). Auch wenn
die gerichtlich voll überprüfbaren unbestimmten Tatbestandsvoraus-
setzungen des Abs. 3 Satz 2 Hs. 1 vorliegen, steht es im Ermessen der
Gemeinde, ob sie von einer erneuten öffentlichen Auslegung nach
Abs. 2 absieht oder nicht. Wird von einer erneuten Auslegung abgese-
hen, so ist **entsprechend § 13 Abs. 1 S. 2** den Eigentümern der von den
Änderungen oder Ergänzungen betroffenen Grundstücke und den von
den Änderungen oder Ergänzungen berührten Trägern öffentlicher
Belange innerhalb angemessener Frist Gelegenheit zur Stellungnahme
zu geben. Abs. 3 S. 2 Hs. 2 verweist nur auf § 13 Abs. 1 S. 2, also auf die
Gelegenheit zur Stellungnahme innerhalb angemessener Frist. Welche
Rechtsfolgen etwaige fristgerecht eingehende Bedenken und Anregun-
gen haben, regelt § 13 Abs. 1 S. 2 nicht. Sie sind jedoch, wie sich aus
dem Gesamtzusammenhang ergibt und wie es § 13 Abs. 1 S. 4 nur
klarstellt, als Bedenken und Anregungen i. S. v. § 3 Abs. 2 Satz 4–6 zu
behandeln. Nach dem gegenüber § 2a Abs. 7 S. 2 BBauG engeren
Wortlaut des § 13 Abs. 1 S. 2 sind nur die **Eigentümer** der von den
Änderungen und Ergänzungen betroffenen Grundstücke sowie die
diesen gleichgestellten Inhaber grundstücksgleicher Rechte (§ 200
Abs. 2) und die von den Änderungen und Ergänzungen berührten
Träger öffentlicher Belange zur Stellungnahme berechtigt (dazu § 13
Rn 13). Betroffene Grundstücke i. S. v. § 13 Abs. 1 sind auch Grund-
stücke, auf die sich Änderungen und Ergänzungen auswirken und die
§ 2a Abs. 7 S. 2 BBauG als benachbarte Grundstücke bezeichnete (BT-
Drs. 8/2885 S. 41). Insoweit hat das Baugesetzbuch also den Kreis der
Betroffenen nicht verengt. Anders als es bei § 2a Abs. 7 S. 2 BBauG
zulässig war (Gubelt, NJW 1979, 271/272), erlaubt es Abs. 3 S. 2 Hs. 2
nicht, unter seinen Tatbestand auch andere Nutzungsberechtigte zu
subsumieren (Gaentzsch, BK, § 3, Rn 33; a. A. Bielenberg, in: E/Z/B,
§ 3, Rn 68; für einen „ins Auge fallenden" Gewerbebetrieb auch Grau-
vogel aaO, Rn 125). Dies hat zur Folge, daß, wenn durch die Änderung

oder Ergänzung abwägungserhebliche Belange (§ 1 Abs. 5, 6) sonstiger Nutzungsberechtigter in solchem Umfang berührt werden, daß ihr Nichteinbringen in das Verfahren der Bauleitplanung den materiellen und verfahrensrechtlichen Anforderungen des Abwägungsgebotes widerspräche, das Verfahren analog § 13 Abs. 1 S. 2 unzulässig ist. Ein solcher Fall kann auch vorliegen, wenn die Grundzüge der Planung bei einem Bebauungsplan nicht berührt sind. Beim Flächennutzungsplan hingegen fehlt es in diesem Fall bereits am vorgehenden Tatbestandsmerkmal der Änderung oder Ergänzung von geringer Bedeutung. Die erneute öffentliche Auslegung ist der alternativen Lösung der analogen Anwendung des § 13 Abs. 1 S. 2 auf sonstige Nutzungsberechtigte, deren Interessen in einem abwägungserheblichen Umfang berührt werden, vorzuziehen. Abs. 3 S. 2 Hs. 2 soll gerade eingedenk der früheren uneinheitlichen Praxis nach seinem Sinn und Zweck Verfahrenssicherheit gewährleisten. Zum weiteren Verfahren, insbesondere angemessener Frist nach § 13 Abs. 1 S. 2 siehe § 13 Rn 3. Werden bei der Anwendung von Abs. 3 S. 2 die Voraussetzungen für die Durchführung dieses eingeschränkten Beteiligungsverfahrens verkannt, so ist dieser Fehler für die Bestandskraft des Bauleitplans **unbeachtlich** (§ 214 Abs. 1 S. 1 Nr. 1 Hs. 2). Die Prüfungspflicht der Aufsichtsbehörde im Genehmigungs- oder Anzeigeverfahren wird dadurch nicht berührt (§ 216). Anders als beim Verfahren nach § 13 Abs. 1 S. 1 (Ausnahme S. 3) wird die nach § 3 Abs. 2 S. 6 bestehende Prüfungspflicht der Aufsichtsbehörde beim (erneuten) eingeschränkten Auslegungsverfahren nicht ausgeschlossen. Dies gilt auch dann, wenn die Änderung oder Ergänzung durch die Aufsichtsbehörde veranlaßt worden ist.

4. § 2 Abs. 2 S. 1 **BauGB-MaßnahmeG** = Art. 2 WoBauErlG (s. Einl. Rn 36 f.) ermächtigt, auf 5 Jahre befristet, die Gemeinde bei der Aufstellung, Änderung oder Ergänzung eines Bebauungsplans, der einen dringenden Wohnbedarf der Bevölkerung decken soll (§ 2 Abs. 1 BauGB-MaßnahmeG, dazu § 1 Rn 86 a) von der Anwendung des Verfahrens der frühzeitigen Bürgerbeteiligung gem. § 3 Abs. 1 abzusehen. Ob die Gemeinde vom Verfahren der frühzeitigen Bürgerbeteiligung absieht, steht in ihrem Ermessen. § 2 Abs. 1 BauGB-MaßnahmeG verpflichtet die Gemeinde allerdings dazu, bei der Aufstellung, Änderung oder Ergänzung von Bebauungsplänen, die einen dringenden Wohnbedarf der Bevölkerung decken sollen, zu prüfen, ob im Interesse der Verfahrensbeschleunigung und zur Überwindung der „Engpaßsituation auf dem Wohnungsmarkt" (BT-Drs. 11/6636, S. 1) von der Anwendung des § 3 Abs. 1 BauGB abgesehen wird. Ohne Vorliegen eines dringenden Wohnbedarfs der Bevölkerung darf die Gemeinde § 2 Abs. 2 S. 1 BauGB-MaßnahmeG nicht anwenden. Sieht die Gemeinde von der Anwendung des Verfahrens der frühzeitigen Bürgerbeteiligung ab, so ist sie verpflichtet, den Bürgern im Rahmen des Auslegungsverfahrens nach § 3 Abs. 2 BauGB (s. Rn 12–21) auch **Gelegenheit zur Erörterung** zu geben. Die frühzeitige Bürgerbeteiligung soll mit der

22

öffentlichen Auslegung des Planentwurfs verbunden werden (BT.-Drs. 11/5972, S. 9). Im Unterschied zum Regelverfahren nach § 3 Abs. 1 BauGB ist in § 2 Abs. 2 S. 2 BauGB-MaßnahmeG weder von der ersten Stufe der frühzeitigen Bürgerbeteiligung, der Unterrichtung der Bürger über die allgemeinen Ziele und Zwecke der Planung, sich wesentlich unterscheidende Lösungen, die für die Neugestaltung oder Entwicklung eines Gebietes in Betracht kommen, und die voraussichtlichen Auswirkungen der Planung die Rede noch vom ersten Teil der zweiten Stufe der Gelegenheit zur Äußerung (§ 3 Abs. 2 S. 1 BBauG). Dadurch wird der Handlungsspielraum der Gemeinde zur Verfahrensgestaltung im Interesse der Beschleunigung erweitert. Da jedoch die frühzeitige Bürgerbeteiligung nach dem Willen des Gesetzgebers nicht entfallen, sondern nur mit dem Anhörungsverfahren verbunden werden soll, wird die Gemeinde nicht von der Unterrichtspflicht befreit. Ohne eine nach Planungsumfang und -intensität unterschiedlich detaillierte Unterrichtung ist eine sinnvolle Erörterung, der notwendigerweise die Gelegenheit zur Äußerung vorangehen muß, nicht möglich. Wenn dies bei der Verbindung der frühzeitigen Bürgerbeteiligung mit dem Auslegungsverfahren berücksichtigt wird, führt die Neuregelung nicht zu einer von Sachverständigen und Opposition behaupteten (BT.-Drs. 11/6636, S. 21 u. 24) unvertretbaren Verkürzung der Beteiligungsvorschriften. Gem. § 2 Abs. 2 S. 3 Hs. 2 BauGB-MaßnahmeG ist in der **ortsüblichen Bekanntmachung** über Ort und Dauer der Auslegung (§ 3 Abs. 2 S. 2 BauGB, s. Rn 14) darauf hinzuweisen, daß von der Anwendung des § 3 Abs. 1 BauGB abgesehen wird und den Bürgern im Rahmen des Auslegungsverfahrens nach § 3 Abs. 2 BauGB Gelegenheit zur Erörterung gegeben wird. Zur Überwindung der „Engpaßsituation auf dem Wohnungsmarkt" dient auch die weitere Beschleunigungsvorschrift des § 2 Abs. 3 BauGB-MaßnahmeG: Die Gemeinde ist berechtigt, nach Ermessen die Monatfrist für die Dauer der Auslegung des Planentwurfs nach § 3 Abs. 2 BauGB auf bis zu zwei Wochen zu verkürzen. Diese **Fristverkürzung** besteht auch für das Verfahren der erneuten Auslegung nach § 3 Abs. 3 S. 1 BauGB (dazu Rn 20). Der Vorschrift des § 2 Abs. 3 BauGB-MaßnahmeG entspricht für die Beteiligung der Träger öffentlicher Belange die Fristverkürzung nach § 2 Abs. 4 S. 1 BauGB-MaßnahmeG (s. § 4, Rn 8). Gem. der **Überleitungsvorschrift** des § 10 Abs. 2 S. 1 BauGB-MaßnahmeG ist § 2 Abs. 2, 3 BauGB-MaßnahmeG auch auf Bebauungsplanverfahren anzuwenden, die vor dem 1. Mai 1990 eingeleitet worden sind, soweit jeweils mit dem Verfahren der frühzeitigen Bürgerbeteiligung oder der ortsüblichen Bekanntmachung nach § 3 Abs. 2 oder § 3 Abs. 3 S. 1 BauGB vor dem 1. Mai 1990 noch nicht begonnen worden ist. Die Überleitungsvorschrift ändert nichts an dem Ermessen der Gemeinde, darüber zu entscheiden, ob und wie sie die jeweilige Beteiligungsvorschrift anwendet. Gemäß § 10 Abs. 2 S. 2 BauGB-MaßnahmeG ist nach dem 30. April 1995 § 2 BauGB-MaßnahmeG weiter anzuwenden auf Verfahren, in denen vor dem 1. Mai 1995 der Entwurf des Bebauungsplans

nach § 3 Abs. 2 BauGB öffentlich ausgelegt oder mit der Beteiligung der Betroffenen nach § 3 Abs. 1 BauGB i. V. m. § 2 BauGB-MaßnahmeG begonnen worden ist. § 10 Abs. 3 BauGB-MaßnahmeG stellt klar, daß das Recht der Gemeinde, das Bauleitplanungsverfahren erneut einzuleiten, unberührt bleibt. Zu den Folgen der Verletzung des § 2 Abs. 2, 3 BauGB-MaßnahmeG s. Vorb. §§ 214–216, Rn 6, § 214, Rn 18, 19.

5. Der an die Verletzung der Verfahrensvorschriften des § 3 anknüpfende verwaltungsgerichtliche **Rechtsschutz** ist durch §§ 214, 215 im Interesse der Bestandskraft der Bauleitpläne bewußt eingeschränkt worden. Dazu und zu den Vorgängervorschriften s. Vorb. §§ 214, 215, Rn 3 ff. Zur von BVerfGE 53, 30 markierten verfassungsrechtlichen Gegenposition s. o. Rn 4. Versuche, gegen die Umgehung der objektiv erforderlichen förmlichen Planung durch die Erteilung von Baugenehmigungen Rechtsschutz zu gewähren (Groth, DVBl. 1979, 179; OVG Hamburg, NJW 1978, 658; BRS 32 Nr. 162, VG Bremen, GewArch 1981, 38; VG München, BayVBl. 1981, 218; VG Berlin, DVBl. 1977, 353; Birk, NuR 1982, 1; Schenke, NuR 1983, 81/86; Kühling, Fachplanungsrecht, 1989, Rn 480; Erbguth, S. 154; Ortloff, in: F/O II, S. 193; für subjektives Recht auf Durchführung eines förmlichen Planungsverfahrens, allerdings von anderem Ausgangspunkt aus, auch Ladeur, UPR 1985, 149) haben durch BVerwG, DVBl. 1982, 1096 (ebenso OVG Saarlouis, NJW 1982, 2086; krit. dazu aber Degenhart, NJW 1984, 187; zust. zum BVerwG Schlichter, NVwZ 1983, 641/647; Dolde, NJW 1982, 1785/1795; anders noch NJW 1980, 1657/1660, Fn 67) einen Rückschlag erlitten, obwohl sie durch die Diskussion über den Grundrechtsschutz durch Verfahren – und durch BVerwG, NJW 1983, 1507 (s. Rn 4) – an Substanz gewonnen haben (so ausdrückl. Dolde, NJW 1982, 1785/1795). Ebenfalls bisher nicht durchgesetzt hat sich die Ansicht, beide (s. Rn 3) Beteiligungsformen des § 3 bei hinreichender Betroffenheit als grundrechtlich geschützte, planungsbegleitende Mitwirkungsrechte zu verstehen, die als isolierte Klagmöglichkeit gegen Verletzung von Mitwirkungsrechten vor Verfahrensabschluß gerichtlich durchsetzbar sind (so Battis, Partizipation im Städtebaurecht; zust. Wolff/Bachof, III, § 158, Rn 14; Schäfer, NJW 1978, 1296; s. a. Scholz, VVDStRL 34, 207; Gestefeld, Rechtsschutz im Städtebauförderungsgesetz, 1978, S. 171; ablehn. Bielenberg, StBauFG, § 4, Rn 54a; v. Mutius, in: Bartlsperger/Blümel/Schroeter, Ein Vierteljahrhundert Straßenrechtsgesetzgebung, 1980, S. 271/294, die beide die, durch BVerfGE 53, 30 verdeutlichte, verfassungsrechtliche Determinante ignorieren).

§ 4 Beteiligung der Träger öffentlicher Belange

(1) **Bei der Aufstellung von Bauleitplänen sollen die Behörden und Stellen, die Träger öffentlicher Belange sind und von der Planung berührt werden können, möglichst frühzeitig beteiligt werden. In ihrer Stellungnahme haben sie der Gemeinde auch Aufschluß über von ihnen beabsichtigte oder bereits eingeleitete Planungen und**

sonstige Maßnahmen sowie deren zeitliche Abwicklung zu geben, die für die städtebauliche Entwicklung und Ordnung des Gebiets bedeutsam sein können. Diesen Beteiligten soll für die Abgabe ihrer Stellungnahmen eine angemessene Frist gesetzt werden; äußern sie sich nicht fristgemäß, kann die Gemeinde davon ausgehen, daß die von diesen Beteiligten wahrzunehmenden öffentlichen Belange durch den Bauleitplan nicht berührt werden.

(2) Die Beteiligung nach Absatz 1 kann gleichzeitig mit dem Verfahren nach § 3 Abs. 2 durchgeführt werden.

1 **1. a)** § 4 regelt die Beteiligung der Träger öffentlicher Belange am Verfahren der Bauleitplanung. Die Vorschrift dient der Erkenntnis der konkret gemäß § 1 Abs. 5, 6 abwägungsrelevanten Belange und der beschleunigten Abstimmung zwischen den im Geflecht öffentlicher Planungen (s. § 1, Rn 3) Beteiligten, einschließlich der die Bauleitplanung tragenden Gemeinde. Abs. 1 S. 1 bestimmt, welche Träger öffentlicher Belange zu welchem Zeitpunkt beteiligt werden sollen. Abs. 1 S. 2 bestimmt den Inhalt der von den Trägern abzugebenden Stellungnahme. Abs. 1 S. 3 verpflichtet die Gemeinde im Interesse der Beschleunigung zur Fristsetzung für die Abgabe der Stellungnahme und regelt die Folgen der Fristversäumnis. § 2 Abs. 4 S. 1, 2 **BauGB-MaßnahmeG** = Art. 2 Wohnungsbau-ErleichterungsG (s. Einl., Rn 36 f., Anhang) erlaubt zeitlich befristet zum Zwecke der Verfahrensbeschleunigung die Frist auf einen Monat festzulegen, mit Verlängerungsmöglichkeit aus wichtigem Grund. § 2 Abs. 4 S. 3–5 BauGB-MaßnahmeG regelt Verfahren und Folgen der Nichtbeachtung der Frist. Anstelle des Verfahrens nach § 2 Abs. 4 BauGB-MaßnahmeG und § 4 Abs. 1 BauGB kann die Gemeinde ebenfalls befristet nach § 2 Abs. 4a BauGB-MaßnahmeG einen verbindlichen Anhörungstermin festsetzen. Abs. 2 erlaubt für einfach gelagerte Fälle abweichend vom Regelverfahren nach Abs. 1 die Parallelisierung der förmlichen Auslegung nach § 3 Abs. 2 und der Beteiligung der Träger öffentlicher Belange.

2 **b)** Innerhalb des Verfahrens der Bauleitplanung (siehe § 2 Rn 2, 3) ist § 4 das Seitenstück zu § 3, der **Beteiligung der Bürger,** ohne daß aus

der aus Gründen der Übersichtlichkeit gewählten Reihenfolge der beiden aus § 2 BBauG a. F. ausgegliederten Vorschriften eine gesetzliche Rangfolge der Beteiligungen entnommen werden kann (BR-Drs. 575/85 S. 62). Die **Gleichrangigkeit** beider Beteiligungsverfahren im Hinblick auf die Erkenntnis der abwägungsrelevanten Belange entspricht der im Abwägungsgebot zum Ausdruck kommenden prinzipiellen Gleichrangigkeit der gegen- und untereinander gerecht abzuwägenden öffentlichen und privaten Belange (§ 1 Abs. 6). Die enge Verbindung zwischen beiden Formen der Beteiligung zeigt sich darin, daß § 3 Abs. 2 S. 3 im Rahmen der öffentlichen Auslegung für den Regelfall des § 4 Abs. 1 mit der **Benachrichtigung** der Träger öffentlicher Belange eine **zweite Stufe** der Beteiligung der Träger öffentlicher Belange regelt (siehe § 3 Rn 15). Das sich ergänzende Zwillingsverhältnis von § 4 und § 3 zeigt sich auch darin, daß beide Beteiligungsformen bei der vereinfachten Änderung und Ergänzung der Bauleitpläne nach § 13 gleichbehandelt, in modifizierter Form in den §§ 22 Abs. 10 – Beteiligung am Erlaß einer Sicherungssatzung–, 33 Abs. 2 S. 2 – Beteiligung bei vorzeitiger Zulässigkeit eines Vorhabens–, § 34 Abs. 5 S. 1 – Beteiligung vor Erlaß einer Fortentwicklungs- oder Abrundungssatzung – zusammengefaßt und bei städtebaulichen Sanierungs- und Entwicklungsmaßnahmen in § 137 und § 139 Abs. 2 sowie § 169 Abs. 1 Nr. 3, 4 parallel geregelt werden. Auch das BauGB-MaßnahmeG hat sowohl § 4 wie § 3 befristet modifiziert (s. Einl., Rn 36 f; Anhang). Die dem § 4 innewohnende **Koordinationsfunktion** trägt der die Träger öffentlicher Belange gegenüber Bürgern auszeichnenden Besonderheit Rechnung, daß Träger öffentlicher Belange in der Regel kraft Hoheitsakt Daten setzen können, die für die planende Gemeinde im Gefüge öffentlicher Planungen verbindlich sind. Zur andersartigen, auf dem Eigentum basierenden Datensetzung Privater siehe § 1 Rn 7 ff. Die Koordinationsfunktion der Beteiligung der Träger öffentlicher Belange setzt sich fort in § 7, der an die Beteiligung nach § 4 eine vom Baugesetzbuch verstärkte, aber überwindbare Anpassungspflicht der Träger öffentlicher Belange an den Flächennutzungsplan anordnet. Die Grenzen der Koordinationsfunktion des Flächennutzungsplans (siehe § 5 Rn 8) zeigen sich insoweit am deutlichsten in den §§ 37, 38 und 29 S. 4. Zum Schutz der kommunalen Planungshoheit gegenüber den Planungen Dritter siehe § 2 Rn 4, 5. Gegenüber bestimmten Trägern öffentlicher Belange, nämlich den Bauleitpläne aufstellenden, ergänzenden oder aufhebenden **benachbarten Gemeinden** regelt § 4 das Abstimmungs**verfahren** für die weitreichende materielle Abstimmungspflicht des § 2 Abs. 2 (siehe § 2 Rn 7). Weitere Formen interkommunaler Abstimmung regeln §§ 204, 205. Zum **Überleitungsrecht** siehe § 233.

2. a) Beteiligungsberechtigte an der ersten Stufe (siehe Rn 2) des **3** Regelverfahrens (siehe Rn 1) nach Abs. 1 sind solche Behörden (§ 1 Abs. 4 VwVfG) und Stellen, die **Träger öffentlicher Belange** sind und von der Planung berührt werden. Von dem weitgefaßten Begriff des

Trägers öffentlicher Belange, z. B. Nachbargemeinden, Träger der
Straßenbaulast, Industrie- und Handelskammern, Kirchen (s. Über-
blick bei Grauvogel, in: Kohlhammer-Komm., § 4, Rn 20), sind zu
unterscheiden private Rechtsträger, die ihre privaten Belange nach § 3
geltend machen können. In der Regel sind Träger öffentlicher Belange
öffentlich-rechtliche Rechtsträger. Private Rechtsträger können nur
dann Träger öffentlicher Belange sein, wenn ihnen durch Gesetz oder
aufgrund eines Gesetzes die Wahrnehmung öffentlicher Belange über-
tragen wird, z. B. private Elektrizitätsunternehmen. Die nach § 29
BNatSchG anerkannten Verbände sind im Verfahren der Bauleitpla-
nung keine Träger öffentlicher Belange (OVG Koblenz, BauR 1985,
426). Sie sind auf das Verfahren nach § 3 angewiesen. Der vom BauGB
eingefügte einengende Zusatz „die von der Planung berührt werden
können" dient der Verfahrensvereinfachung, gewährleistet aber zu-
gleich bei sachgerechter Handhabung, daß die Beteiligung so umfas-
send ist, daß alle abwägungsrelevanten Belange ermittelt werden kön-
nen (BR-Drs. 565/85 S. 66). Welche Stellen jeweils zu beteiligen sind,
hängt im Einzelfall von den zu erwartenden unterschiedlichen Auswir-
kungen des Bauleitplanes ab. Im Einzelfall kann es möglich sein, daß
nur ein oder kein Träger öffentlicher Belange zu beteiligen ist
(BVerwG, ZfBR 1988, 91).

4 **b)** Im Interesse der Verfahrensbeschleunigung, aber auch der effekti-
ven Einflußnahme der Träger öffentlicher Belange sowie der umfassen-
den und rechtzeitigen Unterrichtung der Gemeinde soll die Beteiligung
möglichst frühzeitig sein. Sie darf also nicht erst einsetzen, wenn die
Planung so verfestigt ist, daß die Belange der von der Planung berühr-
ten Träger nicht mehr in einer dem Abwägungsgebot (§ 1 Abs. 6)
genügenden Weise berücksichtigt werden können. Anders als die früh-
zeitige Bürgerbeteiligung nach § 3 Abs. 1 (siehe § 3, Rn 8) kann die
erste Stufe der Beteiligung nach § 4 Abs. 1 S. 1 nicht durch eine
Beteiligung an einem anderen Verfahren ersetzt werden. Eine § 3 Abs. 1
S. 2 Nr. 3 entsprechende Regelung, die dazu ermächtigt, die Beteili-
gung zuvor auf anderer planerischer Grundlage durchzuführen (§ 3,
Rn 10), gibt es für die Beteiligung nach § 4 nicht. Eine analoge Anwen-
dung ist wegen der zusätzlichen Koordinierungsfunktion der Beteili-
gung nach § 4 ausgeschlossen. Auch wenn § 4 Abs. 1 S. 1 von der
Aufstellung von Bauleitplänen spricht, ist es möglich, wenn auch nicht
im Regelfall, daß die Gemeinde die Träger öffentlicher Belange bei
hinreichend konkretisierten Planungsabsichten schon vor dem förmli-
chen Aufstellungsbeschluß (§ 2 Abs. 1 S. 2) beteiligt.

5 **c)** Die nach Absatz 1 S. 1 Beteiligungsberechtigten haben in ihrer
Stellungnahme ihre zustimmenden, ablehnenden oder ergänzenden
Vorstellungen zu der beabsichtigten Planung darzulegen, damit jeweils
alle abwägungsrelevanten Belange in die Abwägung eingestellt werden
können. Zusätzlich haben die Beteiligungsberechtigten der Gemeinde
auch Aufschluß zu geben über von ihnen beabsichtigte oder bereits

eingeleitete Planungen und sonstige Maßnahmen, sowie deren zeitliche Abwicklung, soweit diese für die städtebauliche Entwicklung und Ordnung des Planungsgebietes bedeutsam sein können (Abs. 1 S. 2). Im Interesse einer wirkungsvollen Koordination öffentlicher Planungen ist diese Äußerungspflicht weit auszulegen. Um eine überwindbare Bindung ihrer Planung nach § 7 zu vermeiden (dazu § 7, Rn 2) müssen die Träger öffentlicher Belange in der ersten oder zweiten Stufe der Beteiligung dem Entwurf eines Flächennutzungsplans **widersprechen,** wenn er mit ihren beabsichtigten Planungen unvereinbar ist.

d) Den Trägern öffentlicher Belange, die über beabsichtigte oder **6** eingeleitete Maßnahmen, die für die städtebauliche Entwicklung und Ordnung des Plangebietes bedeutsam sein können, Aufschluß zu geben haben (Abs. 1 S. 2), hat die Gemeinde nach Abs. 1 S. 3 im Interesse der Verfahrensbeschleunigung für die Abgabe ihrer Stellungnahmen eine angemessene **Frist** zu setzen. Die Dauer der Frist bemißt sich nach dem Umfang der beabsichtigten Bauleitplanung und dem Umfang der jeweiligen beabsichtigten oder eingeleiteten Maßnahmen des Trägers öffentlicher Belange.

e) Äußert sich der Träger öffentlicher Belange nicht fristgerecht, so **7** kann die Gemeinde grundsätzlich davon ausgehen, daß Belange, die dieser Beteiligte wahrzunehmen hat, von dem Bauleitplanungsverfahren nicht berührt werden, es sei denn, der Gemeinde ist Gegenteiliges anderweitig, z. B. durch Äußerungen anderer Beteiligter nach § 4 Abs. 1 oder § 3 Abs. 1, 2 S. 3 bekannt. Darüber hinaus muß die Gemeinde nicht fristgerecht vorgebrachte Belange, die sich ihr hätten aufdrängen müssen (BVerwGE 59, 87/103; dazu § 3, Rn 16) stets in die Abwägung nach § 1 Abs. 6 einstellen. Die Stellungnahmen der Träger öffentlicher Belange sind ebenso wie die Ergebnisse der Verfahren nach § 3 Teil des Abwägungsmaterials i. S. v. § 1 Abs. 6. Von einem Träger öffentlicher Belange vorgetragene Bedenken binden als solche also die Gemeinde nicht. Andererseits wird die Gemeinde von ihrer Verpflichtung, sich selbst Gewißheit über die abwägungserheblichen Belange zu verschaffen, grundsätzlich nicht durch zustimmende Stellungnahmen der Träger öffentlicher Belange entbunden (BVerwG, NVwZ-RR 1990, 122); s. a. BVerwGE 59, 87/103 zu den abwägungsbeachtlichen „sich aufdrängenden" Belangen; dazu § 3, Rn 16. Zur Limitierung der Bauleitplanung durch bestimmte **Fachplanungen** und Baumaßnahmen siehe §§ 37, 38, 29 S. 4. Zur überwindbaren Anpassungspflicht eines Trägers öffentlicher Belange, der dem Verfahren der Aufstellung, Änderung oder Ergänzung eines Flächennutzungsplans nicht widersprochen hat, siehe § 7.

f) § 2 Abs. 4 S. 1 **BauGB-MaßnahmeG** (= Art. 2 WoBauErlG, dazu **8** Einl. Rn 36 f.) ermächtigt, auf 5 Jahre befristet, die Gemeinde, den Trägern öffentlicher Belange (Rn 3) bei der Aufstellung, Änderung oder Ergänzung eines Bebauungsplans, der einen dringenden Wohnbedarf der Bevölkerung decken soll (§ 2 Abs. 1 BauGB-MaßnahmeG,

dazu § 1, Rn 86 a) im Verfahren nach § 4 Abs. 1 BauGB die (angemessene) **Frist** i. S. v. § 4 Abs. 1 S. 3 BauGB auf **einen Monat** festzulegen. Die Ermächtigung zur Fristbestimmung dient der Verfahrensbeschleunigung entsprechend den Zielsetzungen des WoBauErlG, verstärkt stark und schneller als im Regelverfahren Wohnbauland ausweisen zu können. Ob die Gemeinde ihre Kompetenz zur Fristsetzung ausübt, steht in ihrem Ermessen. § 2 Abs. 1 BauGB-MaßnahmeG verpflichtet sie dazu, die Fristverkürzung zu prüfen (s. § 3 Rn 22). § 2 Abs. 4 S. 2 BauGB-MaßnahmeG verpflichtet die Gemeinde für den Regelfall, auf Verlangen eines Trägers öffentlicher Belange, die Frist angemessen zu verlängern, wenn ein wichtiger Grund dafür vorliegt. In Ausnahmefällen (Soll-Vorschrift), z. B. bei besonderer Dringlichkeit des Verfahrens der Bauleitplanung darf die Gemeinde trotz Vorliegens eines dringenden Grundes die Fristverlängerung verweigern. Die Gemeinde hat die Träger öffentlicher Belange gem. § 2 Abs. 4 S. 4 BauGB-MaßnahmeG darauf hinzuweisen, daß Belange, die von dem jeweiligen Träger öffentlicher Belange nicht fristgerecht vorgetragen worden sind, gem. § 2 Abs. 4 S. 3 BauGB-MaßnahmeG grundsätzlich nicht in der Abwägung nach § 1 Abs. 6 BauGB berücksichtigt werden. § 2 Abs. 4 S. 3 BauGB-MaßnahmeG schließt also nicht rechtzeitig vorgetragene Anregungen eines Trägers öffentlicher Belange aus, auch wenn dieses Vorbringen abwägungsrechtlich von Belang sein sollte. Diese **Präklusionswirkung** läßt sich mit dem zeitlich befristeten Ausnahmecharakter der Vorschrift grundsätzlich rechtfertigen. Für § 2 Abs. 4 S. 3 BauGB-MaßnahmeG gilt ebenso wie für jede Präklusionsvorschrift, daß ihre Anwendung nicht nur der schleunigen, sondern auch der gerechten Entscheidung dienen muß (s. BGHZ 86, 218). Dem entspricht, daß, wie im unmodifizierten Regelverfahren nach § 4 Abs. 1 S. 3 BauGB (Rn 7), gem. § 2 Abs. 4 S. 3 HS. 2 BauGB-MaßnahmeG nicht fristgerecht vorgetragen Bedenken und Anregungen eines Trägers öffentlicher Belange auch ohne dessen Vorbringen in die Abwägung einzustellen sind, wenn sie der Gemeinde bekannt sind oder hätten bekannt sein müssen (dazu BVerwGE 59, 87/103, s. § 3 Rn 16). Die vom federführenden 16. Bundestagsausschuß eingefügte Ergänzung ergibt sich inhaltlich ohnehin aus dem Abwägungsgebot. Ebenfalls nur ergänzender Natur ist § 2 Abs. 4 S. 5 BauGB-MaßnahmeG: Wird der Entwurf eines Bebauungsplanes, der einen dringenden Wohnbedarf der Bevölkerung decken soll, nachträglich geändert oder ergänzt und werden dadurch Träger öffentlicher Belange berührt, so sind auf diese Änderung oder Ergänzung die Vorschriften des § 2 Abs. 4 S. 1–4 BauGB-MaßnahmeG entsprechend anzuwenden. Im Ausschußbericht heißt es schließlich, daß der Ausschuß davon ausgehe, „daß bei Berührung von Grundrechten die Gemeinden durch verfassungskonformen Gesetzesvollzug rechtsstaatliche Anforderungen wahren werden" (BT.-Drs. 11/6636, S. 29), d. h. solche öffentliche Belange, deren Vorbringen aufgrund des Verhaltens des entsprechenden Trägers öffentlicher Belange zulässigerweise präkludiert sind, müssen gleichwohl in die Abwägung eingestellt

werden, wenn sie zugleich private (dazu Battis, BauR, S. 103), noch
dazu grundrechtlich geschützte Belange sind, die solches Gewicht
haben, daß ihre Nichtberücksichtigung mit den Anforderungen des
Abwägungsgebotes (§ 1 Abs. 6) unvereinbar wäre, z. B. gesundheitsge-
fährdende Kontaminierung des Bodens (s. a. Bielenberg, in: B/K/S,
Rn 61 a). Insoweit zeigt sich, daß die Ausnahmeregelung des § 2 Abs. 4
S. 3–5 BauGB-MaßnahmeG von der Anwendung der Planungsgrund-
sätze des § 1 BauGB nicht befreit (s. a. BT.-Drs. 11/6636, S. 24). Gem.
der **Überleitungsvorschrift** des § 10 Abs. 2 S. 1 BauGB-MaßnahmeG
ist § 2 Abs. 4 BauGB-MaßnahmeG auch auf Bebauungsplanverfahren
anzuwenden, die vor dem 1. Mai 1990 eingeleitet worden sind, soweit
mit dem Verfahren der Fristsetzung nach § 4 Abs. 1 S. 3 BauGB vor
dem 1. Mai 1990 noch nicht begonnen worden ist. Die Überleitungs-
vorschrift ändert nichts am Ermessen der Gemeinde, darüber zu ent-
scheiden, ob sie von der Ermächtigung des § 2 Abs. 3 BauGB-Maßnah-
meG zur Fristsetzung mit Präklusion Gebrauch macht. Gem. § 10
Abs. 2 S. 2 BauGB-MaßnahmeG ist § 2 Abs. 4 BauGB-MaßnahmeG
nach dem 30. April 1995 weiter anzuwenden auf Verfahren, in denen
vor dem 1. Mai 1995 der Entwurf des Bebauungsplans nach § 3 Abs. 2
des BauGB öffentlich ausgelegt oder mit der Beteiligung der Betroffe-
nen nach § 13 Abs. 1 BauGB i. V. m. § 2 BauGB-MaßnahmeG begon-
nen worden ist. Zu den Folgen der Verletzung des § 2 Abs. 4 BauGB-
MaßnahmeG s. Vorb. §§ 214–216, Rn 6, § 214, Rn 18 f.

3. § 2 Abs. 5 BauGB-MaßnahmeG ermächtigt die Gemeinde, auf **9**
5 Jahre befristet, die Präklusion von Belangen mit einem **Anhörungs-
termin** zu verbinden. Die Gemeinde ist berechtigt, für Träger öffentli-
cher Belange (Rn 3) bei der Aufstellung, Änderung oder Ergänzung
eines Bebauungsplans, der einen dringen Wohnbedarf der Bevölkerung
decken soll, anstelle der Festlegung einer Monatsfrist im Verfahren
nach § 2 Abs. 4 S. 1, 2 BauGB-MaßnahmeG und § 4 Abs. 1 BauGB,
einen Anhörungstermin festzulegen. Die Träger öffentlicher Belange
sind verpflichtet, in diesem nach Ermessen festzulegenden Anhörungs-
termin ihre Belange geltend zu machen. Der für alle Träger öffentlicher
Belange verbindliche einheitliche Anhörungstermin dient der gestei-
gerten Verfahrensbeschleunigung entsprechend den Zielsetzungen des
WoBauErlG, verstärkt und schneller als in dem mit der Monatsfrist
versehenen Regelverfahren Wohnbauland ausweisen zu können. Be-
sondere Anforderungen für dieses zum Verfahren nach § 2 Abs. 4
BauGB-MaßnahmeG alternative Verfahren nennt das Gesetz nicht. Es
kommt insbesondere dann in Betracht, wenn zu erwarten ist, daß der
Anhörungstermin dazu genutzt werden kann, den wechselseitigen
(rückfragenden) Erörterungsbedarf zwischen der Gemeinde und den
verschiedenen Trägern öffentlicher Belange zu befriedigen. Stellt sich
im Verlauf des Anhörungstermins heraus, daß dies nicht möglich ist, so
ist dem betreffenden Träger öffentlicher Belange auf dessen im Anhö-
rungstermin zu stellenden Antrag hin eine angemessene Frist zur
Gelegenheit für eine abschließende Stellungnahme zu geben (§ 2

Abs. 5 S. 2 BauGB-MaßnahmeG). Versäumt es ein Träger öffentlicher
Belange im Anhörungstermin oder in der ihm eingeräumten abschlie-
ßenden Stellungsnahme Belange vorzutragen, so müssen diese grund-
sätzlich nicht in der Abwägung nach § 1 Abs. 6 BauGB berücksichtigt
werden (§ 2 Abs. 5 S. 3 i. V. m. § 2 Abs. 4 S. 3 HS. 1 BauGB-Maßnah-
meG). Übereinstimmend mit den allgemeinen aus dem Abwägungsge-
bot folgenden Grundsätze (s. § 3, Rn 16) gilt dies gem. § 2 Abs. 5 S. 3
i. V. m. Abs. 4 S. 3 HS. 2 BauGB-MaßnahmeG nicht, wenn später von
einem Träger öffentlicher Belange vorgebrachte Belange der Gemeinde
auch ohne sein Vorbringen bekannt sind oder hätten bekannt sein
müssen. § 2 Abs. 5 S. 4 i. V. m. Abs. 4 S. 4 BauGB-MaßnahmeG ver-
pflichtet die Gemeinde, die Träger öffentlicher Belange bei der Ände-
rung des Anhörungstermins nach § 2 Abs. 4 S. 1 BauGB-MaßnahmeG
und/oder der Gewährung der Gelegenheit zur abschließenden Stel-
lungsnahme nach § 2 Abs. 5 S. 2 BauGB-MaßnahmeG darauf hinzu-
weisen, daß nicht rechtzeitig vorgetragene Belange grundsätzlich nicht
in der Abwägung berücksichtigt werden müssen. Wird der, einen
dringenden Wohnbedarf der Bevölkerung deckende Bebauungsplan
nachträglich geändert oder ergänzt und werden dadurch Träger öffent-
licher Belange berührt, so sind auf diese Änderung oder Ergänzung
gem. § 2 Abs. 5 S. 4 i. V. m. Abs. 4 S. 5 BauGB-MaßnahmeG die
Vorschriften über den Anhörungstermin nach § 2 Abs. 5 S. 1–3
BauGB-MaßnahmeG entsprechend anzuwenden. Zu den Folgen der
Verletzung des § 2 Abs. 5 BauGB-MaßnahmeG s. Vorb. §§ 214–216,
Rn 6, § 214, Rn 18 f. Die **Überleitungsvorschrift** des § 10 Abs. 2 S. 3
BauGB-MaßnahmeG ordnet für das Verfahren der Verbindung der
Präklusion mit einem Anhörungstermin gem. § 2 Abs. 5 BauGB-
MaßnahmeG Entsprechendes an wie für die Fristsetzung und Präklu-
sion nach § 2 Abs. 4 BauGB-MaßnahmeG (dazu Rn 8 a. E.).

10 **4.** Absatz 2 ermächtigt abweichend vom Regelverfahren gemäß der
im Regelfall bindenden Sollvorschrift des Abs. 1 S. 1 die Gemeinde,
nach Ermessen die Beteiligung der Träger öffentlicher Belange gleich-
zeitig mit dem Verfahren der öffentlichen Auslegung der Planentwürfe
nach § 3 Abs. 2 durchzuführen. Die **Ausnahmevorschrift** dient der
Erleichterung und Beschleunigung des Verfahrens der Planaufstellung
in einfach gelagerten Fällen mit nur wenigen beteiligten Trägern öffent-
licher Belange (BR-Drs. 575/85 S. 66). Durch die Parallelisierung mit
dem Verfahren der öffentlichen Auslegung verschiebt sich der Zeit-
punkt der Beteiligung nach Abs. 1. Dadurch fallen die erste und die
zweite Stufe (§ 3 Abs. 2 S. 3) der Beteiligung der Träger öffentlicher
Belange zusammen. Die Rechte und beiderseitigen Pflichten nach
Abs. 1 (Rn 3, 5, 6) und die Rechtsfolgen (Rn 7) sind die selben wie im
Regelverfahren.

11 **5.** Während die Vorgängervorschrift des § 4, der § 2 Abs. 5 BBauG,
herkömmlicherweise als Ordnungsvorschrift klassifiziert wurde
(BVerwG, DVBl. 1971, 446) erklärt § 214 Abs. 1 S. 1 Nr. 1 ausdrücklich

einen Verstoß gegen § 4 zu einem für die Wirksamkeit des Planes beachtlichen Fehler, der zur **Nichtigkeit des Plans** führen kann, wenn die Rügefrist nach § 215 Abs. 1 Nr. 1 gewahrt wird und die Gemeinde den Fehler nicht nach § 215 Abs. 3 geheilt hat. Für die Rechtswirksamkeit des Bauleitplans ist es aber unbeachtlich, wenn bei Anwendung der §§ 3, 4 einzelne berührte Träger öffentlicher Belange nicht beteiligt (BVerwG, ZfBR 1988, 91) oder bei Anwendung des § 3 Abs. 3 S. 2 oder des § 13 die Voraussetzungen für die Durchführung der Beteiligung nach diesen Vorschriften verkannt worden sind (s. a. § 3, Rn 23). Zur Klage und zum vorläufigen Rechtsschutz einer benachbarten Gemeinde s. § 2, Rn 8.

Zweiter Abschnitt. Vorbereitender Bauleitplan (Flächennutzungsplan)

§ 5 Inhalt des Flächennutzungsplans

(1) Im Flächennutzungsplan ist für das ganze Gemeindegebiet die sich aus der beabsichtigten städtebaulichen Entwicklung ergebende Art der Bodennutzung nach den voraussehbaren Bedürfnissen der Gemeinde in den Grundzügen darzustellen. Aus dem Flächennutzungsplan können Flächen und sonstige Darstellungen ausgenommen werden, wenn dadurch die nach Satz 1 darzustellenden Grundzüge nicht berührt werden und die Gemeinde beabsichtigt, die Darstellung zu einem späteren Zeitpunkt vorzunehmen; im Erläuterungsbericht sind die Gründe hierfür darzulegen.

(2) Im Flächennutzungsplan können insbesondere dargestellt werden:

1. die für die Bebauung vorgesehenen Flächen nach der allgemeinen Art ihrer baulichen Nutzung (Bauflächen), nach der besonderen Art ihrer baulichen Nutzung (Baugebiete) sowie nach dem allgemeinen Maß der baulichen Nutzung; Bauflächen, für die eine zentrale Abwasserbeseitigung nicht vorgesehen ist, sind zu kennzeichnen;

2. die Ausstattung des Gemeindegebiets mit Einrichtungen und Anlagen zur Versorgung mit Gütern und Dienstleistungen des öffentlichen und privaten Bereichs, insbesondere mit den der Allgemeinheit dienenden baulichen Anlagen und Einrichtungen des Gemeinbedarfs, wie mit Schulen und Kirchen sowie mit sonstigen kirchlichen und mit sozialen, gesundheitlichen und kulturellen Zwecken dienenden Gebäuden und Einrichtungen, sowie die Flächen für Sport- und Spielanlagen;

3. die Flächen für den überörtlichen Verkehr und für die örtlichen Hauptverkehrszüge;

4. die Flächen für Versorgungsanlagen, für die Abfallentsorgung und Abwasserbeseitigung, für Ablagerungen sowie für Hauptversorgungs- und Hauptabwasserleitungen;

5. die Grünflächen, wie Parkanlagen, Dauerkleingärten, Sport-, Spiel-, Zelt- und Badeplätze, Friedhöfe;

6. die Flächen für Nutzungsbeschränkungen oder für Vorkehrungen zum Schutz gegen schädliche Umwelteinwirkungen im Sinne des Bundes-Immissionsschutzgesetzes;

7. die Wasserflächen, Häfen und die für die Wasserwirtschaft vorgesehenen Flächen sowie die Flächen, die im Interesse des Hochwasserschutzes und der Regelung des Wasserabflusses freizuhalten sind;

8. die Flächen für Aufschüttungen, Abgrabungen oder für die Gewinnung von Steinen, Erden und anderen Bodenschätzen;

9. a) die Flächen für die Landwirtschaft und
 b) Wald;

10. die Flächen für Maßnahmen zum Schutz, zur Pflege und zur Entwicklung von Natur und Landschaft.

(3) Im Flächennutzungsplan sollen gekennzeichnet werden:

1. Flächen, bei deren Bebauung besondere bauliche Vorkehrungen gegen äußere Einwirkungen oder bei denen besondere bauliche Sicherungsmaßnahmen gegen Naturgewalten erforderlich sind;

2. Flächen, unter denen der Bergbau umgeht oder die für den Abbau von Mineralien bestimmt sind;

3. Flächen, deren Böden erheblich mit umweltgefährdenden Stoffen belastet sind.

(4) Planungen und sonstige Nutzungsregelungen, die nach anderen gesetzlichen Vorschriften festgesetzt sind, sowie nach Landesrecht denkmalgeschützte Mehrheiten von baulichen Anlagen sollen nachrichtlich übernommen werden. Sind derartige Festsetzungen in Aussicht genommen, sollen sie im Flächennutzungsplan vermerkt werden.

(5) Dem Flächennutzungsplan ist ein Erläuterungsbericht beizufügen.

Übersicht

I. 1. Der das Planmäßigkeitsprinzip (hierzu § 1, Rn 1, 14 ff.) prä-　**1**
gende Bauleitplan ist der **Bebauungsplan.** Er bestimmt unmittelbar die
rechtliche Qualität des Bodens, an ihn knüpfen die planakzessorischen
städtebaulichen Instrumente des BauGB in der Regel an (z. B. §§ 14,
30). Auf Grund dieser rechtlichen Verbindlichkeit und seiner Vollzugs-
eignung kann der Bebauungsplan jedoch nur kleinräumig angelegt
sein. Er vermag damit allein die städtebauliche Entwicklung und
Ordnung der gesamten Gemeinde nicht zu lenken und sicherzustellen.
Abs. 1 Satz 1 sieht daher zwingend vor, daß für das gesamte Gemeinde-
gebiet ein Flächennutzungsplan aufzustellen ist. Die Bebauungspläne
sind aus diesem zu entwickeln (§ 8 Abs. 2). Insoweit kommt dem
Flächennutzungsplan **Programmierungsfunktion** zu. Das Baugesetz-
buch setzt einen doppelten inhaltlichen Rahmen hierfür, nämlich zum
einen durch die Orientierung an der **beabsichtigten städtebaulichen
Entwicklung,** d. h. an der auf der Planungshoheit beruhenden entwick-
lungsplanerischen Konzeption der Gemeinde, und zum anderen durch die
Beschränkung auf die **voraussehbaren Bedürfnisse** der Gemeinde, was
im allgemeinen einen Prognose- und damit Planungshorizont von 10 bis
15 Jahren bedingt (hierzu Gaentzsch, in: BK, § 5, Rn 6 ff.).

　　Aus der Programmierungsfunktion sowie aus der Pflicht des Satz 1,　**2**
mit dem Flächennutzungsplan das gesamte Gemeindegebiet zu umfas-
sen, folgt auch die Begrenzung für die Ermächtigung in **Satz 2,**
vorübergehend auf die Darstellung bestimmter Flächen oder sonstiger
Inhalte nach Abs. 2 zu verzichten. Das Gesetz stellt hierfür zwei Vor-

aussetzungen auf, nämlich daß durch die **Ausnahme von Darstellungen** die Grundzüge der beabsichtigten Art der Bodennutzung (hierzu unten, Rn 8) nicht berührt werden und die Gemeinde die Darstellung später nachholt (vgl. auch unten, Rn 9 f.). Hierdurch soll eine zeitliche Verzögerung bei der Aufstellung des Flächennutzungsplans vermieden werden, die sich daraus ergibt, daß etwa für bestimmte Flächen – z. B. im Hinblick auf die Kennzeichnung wegen möglicher Bodenkontaminationen (vgl. Abs. 3 Nr. 3; hierzu Henkel, UPR 1988, 367/372 f.; auch unten, Rn 40 ff.) – noch Untersuchungen erforderlich sind oder Fachplanungen nach anderen gesetzlichen Vorschriften sich noch in einem solchen Stadium befinden, das weder eine nachträgliche Übernahme noch einen Vermerk nach Abs. 4 erlaubt oder als zweckmäßig erscheinen läßt. Von der Ermächtigung des Satz 2 kann jedoch nicht Gebrauch gemacht werden, um eine notwendige planungsrechtliche Konfliktbewältigung zu umgehen (vgl. BT-Drs. 10/4630, S. 67; vgl. auch Pfeifer, Der Grundsatz der Konfliktbewältigung in der Bauleitplanung, 1989, S. 57 ff.). Dies würde der Programmierungsfunktion des Flächennutzungsplans widersprechen. Die Befugnis der Genehmigungsbehörde nach § 6 Abs. 3, Teile des Flächennutzungsplans von der Genehmigung auszunehmen, bleibt von dieser Regelung unberührt (vgl. § 6, Rn 11 f.).

3 Auf der anderen Seite hat der Flächennutzungsplan die Vorgaben aufzunehmen, die ihm durch eine gemeindliche Entwicklungsplanung, Ziele der Raumordnung und Landesplanung (§ 1 Abs. 4; zum Flächennutzungsplan als Instrument der Landesplanung vgl. Bunse, DVBl. 1984, 420 ff.) oder aber vorrangige Fachplanungen (Abs. 4 S. 1) gesetzt wurden. In dieser Hinsicht kommt dem Flächennutzungsplan **Programmausführungsfunktion** zu.

4 2. a) Der Flächennutzungsplan hat also eine **doppelte Aufgabe:** Umsetzung übergeordneter Planungen und Steuerung nachfolgender Planungen, ggf. aber auch Steuerung nachfolgender Bodennutzungen etwa im Rahmen des § 35 (hierzu unten, Rn 47). Dabei ist der Flächennutzungsplan **Gesamtplan** insoweit, als er auf die Bodennutzung bezogen ist. In dieser Hinsicht konzentriert der Flächennutzungsplan in sich die Aussagen zahlreicher Fachplanungen der Gemeinde, wie z. B. der Verkehrsplanung oder der Ver- und Entsorgungsplanung. **Fachplan** dagegen ist der Flächennutzungsplan insoweit, als er zwar andere Fachplanungen zusammenfassend darstellt, aber eben nur unter dem fachlichen Gesichtspunkt ihres Boden- oder Raumbezugs; andere Aspekte wie vor allem die Investitionsplanung bleiben beim Flächennutzungsplan außer Betracht (vgl. Löhr, Die kommunale Flächennutzungsplanung, 1977, S. 57). Eine Gesamtplanung in diesem umfassenden Sinn ist die gemeindliche Entwicklungsplanung, wie sie in § 1 Abs. 5 BBauG ansatzweise geregelt war. Fehlt in der Gemeinde jedoch eine solche Planung, so muß der Flächennutzungsplan selbst die beabsichtigte städtebauliche Entwicklung der Gemeinde umreißen. In die-

sem Fall kommt dem Erläuterungsbericht (**Abs. 5** – vgl. Rn 9 –) für die Erfüllung dieser Anforderung des Abs. 1 besondere Bedeutung zu. Auch insoweit kann jedoch der Flächennutzungsplan **keine Investitionsplanung** enthalten.

b) Der frühere Absatz 3, der die Darstellung der beabsichtigten 5 Reihenfolge für die Verwirklichung der Planung vorsah, ist im Baugesetzbuch nicht mehr enthalten. Erschwernisse bei der Planaufstellung und unnötige Änderungen des Flächennutzungsplans sollen damit vermieden werden (BT-Drs. 10/4630, S. 68). Die Gemeinde ist aber auch in Zukunft nicht gehindert, **zeitliche Angaben** in den Flächennutzungsplan aufzunehmen, da der Katalog der möglichen Darstellungen in Abs. 2 nicht abschließend ist. Durch die Einbeziehung des Zeitfaktors wird der statische Charakter des Flächennutzungsplans aufgebrochen (näher hierzu 2. Aufl., Rn 5). Wenn die Gemeinde zeitliche Festlegungen trifft, so müssen diese mit ihrer finanziellen Leistungsfähigkeit zu dem genannten Zeitpunkt, soweit diese vorhersehbar und geplant ist, übereinstimmen. Liegt eine Zeitbestimmung vor, so ist die Gemeinde bei der Aufstellung von Bebauungsplänen daran gebunden, sofern sie nicht im Parallelverfahren den Flächennutzungsplan insoweit ändert (§ 8 Abs. 2 und 3).

c) Bei der Ausführung der vorhergehenden Pläne ist die Gemeinde 6 bei der Flächennutzungsplanung nicht auf bloßen Vollzug beschränkt. Zum einen erfüllt der Flächennutzungsplan insoweit eine **Koordinationsfunktion.** Die vielfältigen, sich alle auf dasselbe Gemeindegebiet beziehenden Planungen werden bei der Flächennutzungsplanung zusammengeführt und müssen gegebenenfalls miteinander in Einklang gebracht werden. Hier wird sich oftmals die Notwendigkeit ergeben, bislang unausgetragene Zielkonflikte abzuarbeiten. Der Gemeinde erwächst so ein nicht geringer eigener Gestaltungsspielraum. Soweit vorrangige Planungen sich räumlich auf die Festlegung der Gemeinde oder eines Gemeindeteils beschränken, erfüllt der Flächennutzungsplan auch eine **Allokationsfunktion,** indem er den genauen Standort bestimmter Anlagen oder Flächen innerhalb der Gemeinde bestimmt. Soweit solcher Gestaltungsspielraum nicht vorhanden ist, etwa weil eine parzellenscharfe Planung lediglich zu übernehmen ist, kommt dem Flächennutzungsplan immerhin noch **Informationsfunktion** zu.

d) Aus dieser komplexen Aufgabenstellung des Flächennutzungs- 7 plans folgt, daß er zwar auf die Bodennutzung beschränkt ist, in seinen Wirkungen jedoch weit über Bodennutzungsaspekte hinaus in den kommunalpolitischen und wirtschaftlichen Bereich hinein Folgewirkungen auslöst. Dementsprechend fordert Abs. 1 Satz 1, daß der Flächennutzungsplan „nach den voraussehbaren Bedürfnissen der Gemeinde" aufzustellen ist. Es wird also nicht nur eine planerisch optimale Lösung verlangt, sondern eine **Einbettung des Flächennutzungsplans in die absehbare und gewünschte gemeindliche Entwicklung** (Schimanke, DVBl. 1979, 616/618 f.; Ringler, BBauBl. 1982, 684 ff.).

Diese Einbindung in und Ausrichtung auf die Entwicklung der Gemeinde in ihren verschiedensten Bereichen erfordert, wenn sie nicht inhaltsleere Formel bleiben soll, einen Prozeß der Planaufstellung, in den sowohl die planerischen Vorstellungen der gemeindlichen Fachbehörden als auch die politischen Entwicklungsvorstellungen des Rates (zu Befangenheitsproblemen, die allenfalls bei gebietlich begrenzter Änderung des Flächennutzungsplans zu einem **Mitwirkungsverbot** führen können, vgl. OVG Münster, NJW 1979, 2632 f.; hierzu Krebs, VerwArch 1980, 181 ff.; allgemein vgl. § 10, Rn 4 ff.) Eingang finden müssen (Ringler, Der Städtetag 1982, 716 ff.). Analyse der Lage, Prognose der Entwicklung und Programmierung der anzustrebenden Ziele sind daher zentrale Elemente bei der Aufstellung eines Flächennutzungsplans (hierzu Löhr, Die kommunale Flächennutzungsplanung, 1977). Die **Programmierungsfunktion** des Flächennutzungsplans, sein Charakter als Zweckprogramm, treten hier deutlich hervor (dazu § 8, Rn 2 ff.).

8 Aus dieser Funktion folgt auch die Beschränkung des Flächennutzungsplans auf bloße **„Grundzüge"** und die Bedeutung des Erläuterungsberichts (vgl. Rn 9). Der Begriff „Grundzüge" ist sehr unbestimmt und inhaltlich schwer zu fassen. Nach § 3 Abs. 1 Satz 2 Nr. 1 kann sich der Gesetzgeber vorstellen, daß ein Flächennutzungsplan geändert wird und gleichwohl die Grundzüge der Planung nicht berührt werden. Dies ist nur scheinbar ein Widerspruch. Die **zeichnerische Darstellung** von Flächen im Flächennutzungsplan hat gewissermaßen eine **überschießende Genauigkeit,** weil sie – technisch bedingt – exakte und grundstücksscharf nachzuvollziehende Grenzen enthalten muß, obwohl nur der vorherrschende Charakter eines Bereichs und nur seine ungefähre Umgrenzung festgelegt werden sollen und können. Erst der außenwirksame Bebauungsplan erreicht Parzellenschärfe. Zeichnerische Änderungen des Flächennutzungsplans können also der Aussagenverdeutlichung dienen und die Grundzüge der Planung unberührt lassen. Es ist die Aufgabe des Erläuterungsberichts, die überschießende Genauigkeit der zeichnerischen Darstellung zurückzunehmen und durch die Angabe der gemeindlichen Entwicklungsabsicht für alle Teile des Gemeindegebiets die Grundzüge der Flächennutzungsplanung deutlich zu machen: **Bereichs- und Entwicklungscharakterisierung, nicht aber exakte Grenzziehung ist danach die Aufgabe des Flächennutzungsplans.** Nur so bleibt auch für die Entwicklung des Bebauungsplans nach § 8 Abs. 2 genügend Raum. Diese relative Unschärfe – und damit das Offenlassen der Detailprobleme – ist Voraussetzung auch dafür, daß im Flächennutzungsplan die Wechselbeziehungen zwischen einem einzelnen Baugebiet und dem übrigen Gemeindegebiet aufgedeckt und abgeklärt werden können.

9 **3.** Dem **Erläuterungsbericht** nach Abs. 5 kommt nach dem Baugesetzbuch eine gestiegene Bedeutung zu, obwohl die entsprechende Vorschrift nicht geändert wurde. Zunächst behält der Erläuterungsbe-

richt seine Funktion, die wesentlichen Elemente und Aussagen des Flächennutzungsplans, seine Ziele und ihre Begründung verständlich und nachvollziehbar darzulegen (vgl. auch unten, Rn 29, 31). Auch die Einbettung des Plans in die allgemeinen Entwicklungsvorstellungen oder einen – nach Streichung des § 1 Abs. 5 BBauG nunmehr **infor-mellen – Entwicklungsplan** der Gemeinde, der nach wie vor faktisch und rechtlich für den Flächennutzungsplan bedeutsam ist (vgl. Bielenberg, ZfBR 1988, 55/57), ist ebenso zu erläutern wie etwa die Abstimmung des Flächennutzungsplans mit einer gemeindlichen Investitionsplanung (vgl. auch Rn 5). Eine gestiegene Bedeutung für den Erläuterungsbericht ergibt sich insbesondere aber daraus, daß der Gesetzgeber keine institutionalisierte **Umweltverträglichkeitsprüfung (UVP)** eingeführt hat, sondern davon ausgegangen ist, daß diese Prüfung in die Bauleitplanung **integriert** durchzuführen ist (BT–Drs. 10/6166, S. 139). So sind z. B. die Bürger nach § 3 Abs. 1 möglichst frühzeitig u. a. auch über die voraussichtlichen Auswirkungen der Planung – z. B. auf die Umwelt – öffentlich zu unterrichten. Es gehört daher zum notwendigen Inhalt des Erläuterungsberichts, die Auswirkungen des Plans auf die Umwelt, aber auch auf andere öffentliche und private Belange, in der für die Planstufe des Flächennutzungsplans angemessenen Ausführlichkeit und Genauigkeit darzulegen. Dabei können sich diese Ausführungen nicht auf Vermutungen beschränken, sondern sie bedürfen fachlich korrekter und genügender Grundlagen. Das **UVP-Gesetz** v. 12. 2. 1990 (BGBl. I, S. 205) erkennt in seinem § 17 an, daß im Rahmen der Bauleitplanung eine den Anforderungen des Gesetzes genügende UVP durchgeführt wird. § 4 UVP-Gesetz, nach dem das UVP-Gesetz bei unzureichenden Vorschriften über die UVP andere Fachgesetze ergänzt, kommt daher gegenüber dem BauGB nicht zur Anwendung. Gleichwohl wird das Gesetz mit seiner Formalisierung Maßstäbe auch für die Durchführung der UVP bei der Bauleitplanung setzen (vgl. auch § 1, Rn 75 a).

9a Macht die Gemeinde von der Möglichkeit des Abs. 1 Satz 2 Gebrauch, Flächen oder sonstige **Darstellungen** aus dem Flächennutzungsplan **auszunehmen** (vgl. oben, Rn 2), so hat sie nach Abs. 1 Satz 2 Halbsatz 2 die Gründe hierfür im Erläuterungsbericht darzulegen. Dabei wird auch deutlich werden müssen, daß die ausgenommenen Darstellungen und Flächen ohne Auswirkungen auf die übrigen Darstellungen und Flächen sind oder bleiben werden, etwa weil diese auf die hier noch offenen alternativen Entwicklungsmöglichkeiten in jedem Fall hinlänglich abgestimmt sind. Auch wird die Gemeinde darzulegen haben, **wann** sie den Flächennutzungsplan vervollständigen will. Dabei ist nicht notwendig ein bestimmter Zeitpunkt zu nennen; es kann auch die Angabe eines Ereignisses (z. B. Abschluß einer fremden Planung) genügen, nach dem die Gemeinde unverzüglich die ausgenommenen Darstellungen nachholen wird (vgl. hierzu näher Gaentzsch, in: BK, § 5, Rn 11 ff.).

10 **II. 1.** Bestimmen die Absätze 1 und 5 Stellung und Aufgabe des Flächennutzungsplans im Planungssystem des BauGB, so regeln die Absätze 2 bis 4 den **zulässigen Inhalt** des Flächennutzungsplans. Ergänzt wird diese Regelung durch die Vorschriften der im Anhang abgedruckten **Baunutzungsverordnung** (vgl. etwa § 1 Abs. 1, § 16 Abs. 1 BauNVO) und der Planzeichenverordnung. Der Flächennutzungsplan kann Darstellungen, Kennzeichnungen, nachrichtliche Übernahmen und Vermerke enthalten. In den **Darstellungen** verwirklicht sich neben der Ordnungs- vor allem die Gestaltungsfunktion des Flächennutzungsplans. Hier kann die Gemeinde ihre Entwicklungsabsichten zum Ausdruck bringen. Der übrige Inhalt des Flächennutzungsplans entzieht sich dem unmittelbaren Einfluß der Gemeinde. Zu **kennzeichnen** sind Flächen, bei deren Bebauung besondere Probleme zu beachten sind (Abs. 2 Nr. 1 Halbsatz 2; Abs. 3). Mit der **nachrichtlichen Übernahme** (Abs. 4 Satz 1) informiert die Gemeinde über rechtsverbindliche Bodennutzungen, deren Regelung nicht im Bauleitplanverfahren getroffen wurde. Diese Planungen sind zu **vermerken** (Abs. 4 Satz 2), wenn sie noch nicht festgestellt, sondern erst beabsichtigt sind. Hier sind vor allem die in § 38 genannten Fachplanungen bedeutsam. Deren Festsetzungen werden nicht Bestandteil des Flächennutzungsplans; ihre Aufnahme dient nur dazu, die Nutzungsregelung im Plangebiet lückenlos darstellen zu können.

11 **2.** Bei den **Darstellungen** eröffnet **Abs. 2** der Gemeinde im Rahmen der Erfordernisse, die sich aus § 1 ergeben, einen **weiten Gestaltungsspielraum.** Daß der Katalog des Abs. 2 der planerischen Freiheit der Gemeinde keine inhaltliche Grenze zieht, erweist sich in der Verwendung des Wortes „insbesondere" in der einleitenden Formulierung. Die Gemeinde kann also weitere Darstellungen als im Katalog vorgesehen treffen, sie kann vor allem auch die Darstellungen weitergehend differenzieren. Die Baunutzungsverordnung eröffnet der Gemeinde hier zahlreiche Möglichkeiten hinsichtlich Art und Maß der baulichen Nutzung. Aber auch eigenständige Differenzierungen je nach den spezifischen örtlichen Erfordernissen sind möglich. Jedoch kann im Flächennutzungsplan nicht etwas dargestellt werden, was nach dem abschließenden Katalog des § 9 Abs. 1 nicht in einem Bebauungsplan festgesetzt werden kann; dem Entwicklungsgebot des § 8 Abs. 2 (hierzu § 8, Rn 2 ff.) könnte dann insoweit nicht Genüge getan werden.

12 Aus der Zweistufigkeit der Bauleitplanung ergeben sich darüber hinaus auch inhaltliche **Grenzen** hinsichtlich der Genauigkeit der Planaussage. Denn nach § 8 Abs. 2 Satz 1 werden die Bebauungspläne aus dem Flächennutzungsplan „entwickelt". Dies bedeutet, daß die Gemeinde im Flächennutzungsplan Raum für eine weitere inhaltliche Konkretisierung der Darstellungen lassen muß. Das Gesetz verdeutlicht mit dem Wort „können" das **planerische Ermessen** der Gemeinde bei der Planausgestaltung. Welche Darstellungen erforderlich sind, ergibt sich allein aus § 1 und aus der Planungskonzeption der Gemeinde

(BVerwG, DVBl. 1971, 759/762). Das Baugesetzbuch läßt den Gemeinden **auch Spielraum hinsichtlich eines Weniger an Darstellungen,** je nach der Funktion, die die Gemeinde dem Flächennutzungsplan beimißt. Die **Darstellungsschärfe** kann auch innerhalb eines Flächennutzungsplans **unterschiedlich** sein, je nachdem, wie konkret oder noch vorläufig die gemeindlichen Nutzungsvorstellungen für ein Gebiet bereits entwickelt sind. Von Bedeutung kann auch sein, ob sich noch ein Verwaltungsverfahren anschließt, dem eine weitere Konkretisierung überlassen bleiben kann, z. B. eine Planfeststellung für den Bau einer Straße (a. A. wohl OVG Berlin, ZfBR 1983, 245; Bedenken zu diesem Urteil auch bei Finkelnburg, in: F/O, Bd. I, S. 61, Fn 12). Jedenfalls aber haben sich die Darstellungen im Flächennutzungsplan auf die Grundzüge zu beschränken (vgl. Rn 8). Diese Darstellungen müssen in ihrer Aussage **eindeutig** sein, da sie nach § 8 Abs. 2 Satz 1 Grundlage für die Bebauungsplanung sind und von ihnen **rechtliche Wirkungen** ausgehen können (vgl. Gaentzsch, in: BK, § 5, Rn 21). So ist bei der Zulassung eines Bauvorhabens im Außenbereich zu prüfen, ob dieses den Darstellungen des Flächennutzungsplans nicht widerspricht (§ 35 Abs. 3 Satz 1). Auch bei der Frage, ob eine Teilung eines Grundstücks im Außenbereich nach § 19 Abs. 1 Nr. 3 genehmigt werden kann, ist nach § 20 Abs. 1 Nr. 3 zu prüfen, ob die Teilung oder die mit ihr bezweckte Nutzung mit einer geordneten städtebaulichen Entwicklung vereinbar wäre. Ob die Teilung einer solchen geordneten städtebaulichen Entwicklung entspricht, kann sich auch aus der Übereinstimmung der beabsichtigten Nutzung mit den Darstellungen eines Flächennutzungsplans ergeben. Ein Offenlassen der Nutzung, die Darstellung von über die voraussehbaren Bedürfnisse der Gemeinde hinausgehenden Reserveflächen oder eine alternative Nutzungsdarstellung ist daher nicht zulässig (vgl. hierzu Bielenberg, in: E/Z/B, BBauG, § 5, Rn 6, 10 f.; zur städtebaulichen Bedeutung und u. U. Notwendigkeit einer **Freihalteplanung** vgl. aber Birk, NVwZ 1989, 905 ff. und unten, Rn 31).

a) Nach **Nr. 1** können die für die Bebauung vorgesehenen Flächen **13** sowohl nach der allgemeinen Art ihrer baulichen Nutzung (Bauflächen) als auch nach der besonderen Art ihrer baulichen Nutzung (Baugebiete) dargestellt werden. **Bauflächen** sind nach § 1 Abs. 1 BauNVO Wohnbauflächen, gemischte und gewerbliche Bauflächen sowie Sonderbauflächen. Die **Baugebiete** sind nach § 1 Abs. 2 BauNVO besondere Ausprägungen dieser Bauflächen. Es ist zulässig, die Baugebiete – sofern ihre Darstellung erforderlich ist – nur nach der besonderen Art der baulichen Nutzung darzustellen und das allgemeine Maß der baulichen Nutzung offenzulassen (so bereits die 1. Auflage, Rn 13). Mit der Neuformulierung der Nr. 1 durch das BauGB wurde dies zur Vermeidung eines nach der Planungskonzeption einer Gemeinde ggf. sachlich unnötigen Darstellungsumfangs ausdrücklich klargestellt. Dies entspricht auch der Baunutzungsverordnung, da sie

eine notwendige Verbindung der besonderen Art und des allgemeinen Maßes der baulichen Nutzung nicht vorsieht (vgl. § 16 Abs. 1 BauNVO).

14 Darstellungen entsprechend diesem Rahmen der Baunutzungsverordnung sind jedoch bei der **Überplanung bereits bebauter Bereiche** oftmals ungenügend. Dieser Problematik ist durch die Einfügung des besonderen Wohngebiets (§ 4a BauNVO) nur teilweise Rechnung getragen. In Gebieten mit sich gegenseitig beeinträchtigender Nutzung hilft die Darstellung als besonderes Wohngebiet oftmals nicht weiter. Für die planerische Bewältigung des klassischen Konflikts von aneinander angrenzenden Gewerbe- und Wohngebieten kann zwar auf Seiten des Gewerbegebiets eine Darstellung nach Nr. 6 helfen, doch auf Seiten des Wohngebiets fehlt es an einer in Gesetz oder Baunutzungsverordnung ausgeprägten Darstellungsmöglichkeit. Hier kann eine eigene Weiterentwicklung der Gemeinde helfen, indem sie z. B. ein „vorbelastetes Wohngebiet" darstellt (vgl. Flagge, Der Städtetag 1981, 453; Reiß-Schmidt, Stadtbauwelt 1982, 183/186 f.).

15 **b)** Kern der Darstellungen nach **Nr. 2** sind die Anlagen und Einrichtungen des **Gemeinbedarfs.** Diese sind gekennzeichnet durch die Erfüllung einer öffentlichen Aufgabe, Zugänglichkeit für die Allgemeinheit, Fehlen privatwirtschaftlichen Gewinnstrebens; es ist nicht erforderlich, daß an ihnen Gemeingebrauch besteht, es sich also um öffentliche Sachen handelt (hierzu etwa Pappermann/Löhr/Andriske, Recht der öffentlichen Sachen, 1987, S. 65 ff.); auch einer öffentlichen Trägerschaft bedarf es nicht. Solche Einrichtungen sind z. B. Schulen, Kindergärten, Kirchen, Theater, Krankenhäuser, Schwimmbäder. Darüber hinaus können jedoch **auch weitere Infrastruktureinrichtungen und -anlagen** wie z. B. Ärztehäuser, private Jugendzentren, freie Bildungseinrichtungen dargestellt werden, ohne daß es darauf ankommt, ob die Voraussetzungen des Gemeinbedarfs im einzelnen erfüllt sind (vgl. Begründung des Regierungsentwurfs der BBauG-Novelle 1976, BT-Drs. 7/2496, S. 38). Nach Nr. 2 können also allgemein Versorgungseinrichtungen dargestellt werden, von denen die Einrichtungen des Gemeinbedarfs lediglich ein Unterfall sind (so Schlichter, in: S/S/T, § 5, Rn 11; vgl. auch Bielenberg, in: E/Z/B, BBauG § 5, Rn 13 f.) Soweit also an anderer Stelle des Gesetzes der Begriff „Gemeinbedarf" aufgegriffen wird (vor allem in § 9 Abs. 1 Nr. 5 und § 40 Abs. 1 Satz 1 Nr. 1), werden damit nicht alle Versorgungseinrichtungen i. S. der Nr. 2 in Bezug genommen, sondern nur die Einrichtungen und Anlagen des Gemeinbedarfs.

16 Um die öffentliche Bedeutung des Sports zu verdeutlichen, ist mit dem Baugesetzbuch in Nr. 2 gesondert die Möglichkeit zur Darstellung von Flächen für **selbständige Sport- und Spielanlagen** aufgenommen worden. Solche Flächen können daher künftig unabhängig davon dargestellt werden, ob es sich um Gemeinbedarfsanlagen oder um Grünflächen handelt. Es sind also auch private Sportanlagen und auch

solche darstellungsfähig, die nicht begrünte Anlagen sind. Auch bedarf es keiner Sonderbaufläche für die Zulässigkeit von Sportanlagen. Eine entsprechende Regelung wurde in § 9 Abs. 1 Nr. 5 aufgenommen (vgl. § 9, Rn 28). Nr. 2 unterscheidet nicht zwischen privaten und öffentlichen Sport- und Spielanlagen. Wie bei Grünanlagen (vgl. Rn 22) wird es aber auch hier zweckmäßig und oft sogar geboten sein, eine Entscheidung dieser Frage bereits im Flächennutzungsplan zu treffen, da andernfalls die städtebauliche Rechtfertigung der Darstellung unklar bleibt. Mit der Aufnahme selbständiger Sport- und Spielanlagen in den Katalog der Darstellungsmöglichkeiten verbindet der Gesetzgeber die Hoffnung, daß die Gemeinden nun auch wohngebietsnahe Sport- und Spielflächen festlegen und sichern und Konflikten damit vorbeugen können (vgl. BT-Drs. 10/6166, S. 142).

Im Gegensatz zu § 9 Abs. 1 Nr. 5 erfordert Nr. 2 nicht die Darstellung von Flächen für den Gemeinbedarf und sonstige Versorgungseinrichtungen, sondern nur die Darstellung der **Ausstattung des Gemeindegebiets** mit Versorgungseinrichtungen. Es genügt daher, durch die Verwendung von Symbolen den **Standort** der Versorgungseinrichtung zu verdeutlichen; eine **Darstellung der Fläche ist nicht erforderlich,** selbstverständlich aber möglich. Symbole für die Darstellung von Versorgungseinrichtungen enthält die Planzeichenverordnung unter Nr. 4 der Anlage. Da die Planzeichenverordnung jedoch nur Symbole für Gemeinbedarfsanlagen enthält, ist bei der Darstellung von sonstigen Versorgungseinrichtungen auf der Grundlage von § 2 Abs. 2 Planzeichenverordnung von der Gemeinde eine Entwicklung eigener Planzeichen erforderlich. Sollen derartige Anlagen und Einrichtungen im Bebauungsplan festgesetzt werden, so ist auf die Festsetzungsmöglichkeit nach § 9 Abs. 1 Nr. 9 zurückzugreifen (vgl. Schlichter in: S/S/T, § 5, Rn 11); § 9 Abs. 1 Nr. 5 erfaßt nur die Flächen für den Gemeinbedarf ohne die sonstigen Versorgungsanlagen. **17**

c) Neben den Bauflächen sind die **Verkehrsflächen** nach **Nr. 3** die den Flächennutzungsplan prägenden Darstellungen. Dabei meint Verkehr i. S. der Nr. 3 **nicht nur den Straßenverkehr, sondern auch alle anderen Verkehrsarten mit Ausnahme des Wasserverkehrs,** für den in Nr. 7 eine eigene Darstellungsmöglichkeit vorgesehen ist. Bei den überörtlichen Verkehrsflächen, die nicht nur Verkehrszüge erfassen, sondern auch Verkehrsflächen, wie z. B. Flughäfen, ist der Gemeinde die planerische Entscheidungskompetenz weitgehend entzogen. Gleichwohl kann sie solche Fachplanungen als eigene Darstellungen übernehmen; sie kann sich aber auch auf die nachrichtliche Übernahme nach Abs. 4 beschränken. Da der Flächennutzungsplan nur die Grundzüge der gemeindlichen Entwicklung aufzeigen soll, beschränkt Nr. 3 die Darstellungsmöglichkeit bei den örtlichen Verkehrsflächen auf die besonders bedeutsamen und hier nur auf die Verkehrszüge; natürlich können auch größere Plätze dazu gehören. **18**

19 **d)** Nach **Nr. 4** können die Flächen, Anlagen und Hauptleitungen für die Versorgung der Bevölkerung mit Elektrizität, Gas, Wasser und Wärme sowie die Abwasserbeseitigung und die Abfallentsorgung dargestellt werden. Die Versorgung der Bevölkerung mit diesen Gütern und ihre schadlose Beseitigung ist eine Aufgabe der Daseinsvorsorge. Nr. 4 erfaßt daher nur die **öffentliche Ver- und Entsorgung.** Dient eine Versorgungsanlage nur der Eigenversorgung, so kann sie nicht nach Nr. 4 dargestellt werden. Versorgen jedoch Anlage und Leitung einen abgegrenzten größeren Personenkreis, etwa die Bewohner einer Zechensiedlung, mit z. B. Wärme aus einem Zechenbetrieb, so handelt es sich hierbei auch um öffentliche Versorgung.

20 **e)** Die **Grünflächen** nach **Nr. 5** sind abzugrenzen vor allem gegen die Flächen für die Landwirtschaft und für Wald nach Nr. 9 sowie gegen die Flächen für Sport- und Spielanlagen nach Nr. 2. Bei den Flächen nach Nr. 5 sind, wie aus der beispielhaften Aufzählung deutlich wird, solche Grünflächen gemeint, die in bebaute Gebiete eingegliedert oder ihnen zugeordnet sind und daher **unmittelbar städtebauliche Bedeutung** haben. Sie sollen vor allem der Naherholung der Bewohner, der Verbesserung des Kleinklimas oder der Auflockerung und Gliederung der Bebauung dienen. Wenn diese städtebauliche Funktion erfüllt wird, ist es unerheblich, ob die Grünflächen auch überörtliche Bedeutung besitzen. Im Gegensatz zu der Darstellung von Flächen nach Nr. 9, die in der Regel einen vorhandenen Bestand wiedergibt, kann die Darstellung von Flächen nach Nr. 5 letztlich zu einer Entschädigungsverpflichtung nach § 40 Abs. 1 Satz 1 Nr. 8 führen. Sind Sport- oder Spielanlagen in Grünanlagen integriert, so können sie trotz Nr. 2 auch weiterhin als – unselbständige – Bestandteile von Grünanlagen dargestellt werden; die Aufzählung in Nr. 5 ist mit der Ergänzung der Nr. 2 nicht geändert worden.

21 Aus Gründen der vollständigen Information der Bürger bei deren Beteiligung, aber auch zur Verdeutlichung der planerischen Konzeption und möglicher Folgewirkungen für die Erschließung ist es bereits im Flächennutzungsplan geboten, die **vorgesehene Nutzung** der Grünfläche weiter zu **konkretisieren** (vgl. auch Gelzer, Rn 69). Dabei genügt es im Flächennutzungsplan, die **Grundrichtung der angestrebten Nutzung** zu bezeichnen, z. B. Fläche für Sport- oder Spielplatz. Im Bebauungsplan kann dann hieraus etwa ein Abenteuerspielplatz werden, nicht aber ein Friedhof. Auch kann aus einer lediglich als „Grünfläche" dargestellten Fläche keine Nutzung als Dauerkleingarten hergeleitet werden (vgl. Mainczyk, BBauBl. 1988, 62/64 f.).

22 Obwohl in Nr. 5 nicht wie in § 9 Abs. 1 Nr. 15 zwischen **öffentlichen und privaten Grünflächen** unterschieden wird, ist es schon bei der Darstellung im Flächennutzungsplan möglich, eine solche Bestimmung zu treffen; dies wird in der Regel zur Klarstellung der planerischen Konzeption sogar geboten sein. So können etwa **Dauerkleingärten** (hierzu § 9, Rn 57) nur als private Grünflächen dargestellt werden

(Bielenberg, in: E/Z/B, BBauG, § 5, Rn 27 b). Im übrigen wird es auf die besondere Interessenlage der Gemeinde und potentieller Benutzer oder Betreiber ankommen.

f) Mit der 1976 eingeführten Darstellungsmöglichkeit nach **Nr. 6** soll **23** Umweltschutzgesichtspunkten bei der Flächennutzungsplanung über das Leitziel nach § 1 Abs. 5 Satz 1 hinaus ausdrücklich Raum gegeben werden. Nr. 6 stellt der Gemeinde zur Vermeidung – bei Neuplanungen – oder zur Milderung – bei Umplanungen – von sich gegenseitig beeinträchtigenden Nutzungen (Gemengelagen) zwei Darstellungsarten zur Verfügung, nämlich die Darstellung von Flächen für **Nutzungsbeschränkungen** und die Darstellung von Flächen für **bestimmte Vorkehrungen zum Schutz gegen schädliche Umwelteinwirkungen** i. S. von § 3 Abs. 1 bis 4 BImSchG.

Mit der Darstellung von **Nutzungsbeschränkungen** kann z. B. er- **24** reicht werden, daß auf einer als Gewerbegebiet ausgewiesenen Fläche auf dem Teil, der an ein Wohngebiet angrenzt, keine emittierenden Anlagen errichtet werden dürfen. Weil eine solche Darstellung bei ihrer Übernahme und Fortentwicklung durch Festsetzungen nach § 9 Abs. 1 Nr. 24 in Verbindung mit § 1 Abs. 4 BauNVO in einem Bebauungsplan einen davon betroffenen Gewerbebetrieb zu innerbetrieblichen Umstrukturierungen zwingen kann, setzt die Darstellung solcher Nutzungsbeschränkungen eine eingehende **Erörterung mit den Betroffenen** voraus. Ansonsten kann die Darstellung von vornherein sinnlos oder gar unmöglich und damit Augenwischerei oder rechtswidrig sein.

Während die Darstellung von Flächen für Nutzungsbeschränkungen **25** stets die Darstellung anderer Nutzungen wie z. B. Gewerbegebiet oder Grünfläche überlagert, kann die Darstellung von **Vorkehrungen** sowohl als selbständige Darstellung als auch als überlagernde Darstellung einer anderen Nutzungsart erfolgen. So kann etwa auf einer Fläche allein dargestellt werden, daß hier Vorkehrungen gegen Immissionen getroffen werden müssen. Welche Vorkehrungen im einzelnen dies sind, etwa die Errichtung eines Lärmschutzwalls oder einer Lärmschutzwand, bleibt wegen der Beschränkung des Flächennutzungsplans auf die Darstellung der Grundzüge der beabsichtigten Bodennutzung der Festsetzung im Bebauungsplan überlassen. Die Darstellung von Vorkehrungen kann aber auch die Darstellung einer anderen Nutzung überlagern. So können etwa für ein dargestelltes Wohngebiet Lärmschutzvorkehrungen dargestellt werden. Dies kann für dieses dann bedeuten, daß gegen den Lärm etwa einer nahen Fernverkehrsstraße passive Lärmschutzmaßnahmen wie der Einbau von Lärmschutzfenstern vorzusehen sind.

g) Wasserflächen nach **Nr. 7** sind Seen und Teiche, soweit sie nicht **26** im Rahmen von Grünflächen einer gesonderten Darstellung entbehren, sowie in Ergänzung der Darstellungen für den Verkehr nach Nr. 3 die natürlichen oder künstlichen **Wasserstraßen**. Wegen ihrer besonderen wirtschaftlichen und städtebaulichen Bedeutung können **größere Hä-**

fen gesondert dargestellt werden. Flächen für die Versorgung mit Wasser und für die Beseitigung des Abwassers gehören zu den Darstellungen nach Nr. 4. Dem **Hochwasserschutz** dienen Deiche und Dämme, dem Wasserabfluß Kanäle, Vorfluter und Gräben, aber auch freie Flächen daneben zum Hochwasserabfluß. Flächen für die Wasserwirtschaft sichern die Erfüllung der Aufgaben nach dem Wasserhaushaltsgesetz des Bundes und den Landeswassergesetzen.

27　　Planungen auf dem Gebiet des Wasserstraßen- und Wasserhaushaltsrechts sind weitgehend der gemeindlichen Planungshoheit entzogen. Hier sind Planfeststellungen nach dem Bundeswasserstraßengesetz, nach dem Wasserhaushaltsgesetz und den Landeswassergesetzen vorgesehen. Solche Planungen hat die Gemeinde nach Abs. 4 nachrichtlich zu übernehmen oder zu vermerken. Dies hindert jedoch nicht eine eigene Darstellung der Gemeinde im Flächennutzungsplan; im Bebauungsplan können solche Flächen dagegen nur festgesetzt werden, soweit nicht andere Gesetze einschlägig sind (vgl. § 9 Abs. 1 Nr. 16).

28　　**h)** Die Möglichkeit zu Darstellungen nach **Nr. 8** ist in doppelter Hinsicht einschränkend auszulegen (zu den Begriffen § 9, Rn 60 f.). Zum einen werden nicht erfaßt solche **Aufschüttungen** und **Abgrabungen,** die im Rahmen einer anderen Darstellung ohne weiteres zulässig sind. So können etwa die Aufschüttungen, die für die Errichtung einer Straße erforderlich sind, auf der Grundlage einer Darstellung nach Nr. 3 ohne weiteres vorgenommen werden. Zum anderen unterliegen nach § 29 Satz 3 nur Aufschüttungen und Abgrabungen, die einen größeren Umfang erreichen, den Vorschriften über die Zulässigkeit von Vorhaben. Nur die Darstellung solcher Aufschüttungen oder Abgrabungen kann daher in der Bauleitplanung erfolgen. Dabei stehen das planerische Ermessen bei der Darstellung nach Abs. 2 (vgl. Rn 12) und das Erfordernis „größeren Umfangs" nach § 29 Satz 3 in einer Wechselbeziehung zueinander: Nur die Darstellung von Anlagen größeren Umfangs kann planerisch ermessensfehlerfrei sein, nur bei planungsrechtlicher Relevanz kann eine Anlage „größeren Umfangs" sein. In beider Hinsicht entscheidend ist also die **städtebauliche Bedeutung** einer Aufschüttung oder Abgrabung, nicht so sehr ihr quantitativer Umfang; dieser kann je nach Lage des Vorhabens sehr unterschiedlich sein und doch eine ähnliche städtebauliche Bedeutung haben.

29　　Keineswegs dagegen sind die Darstellungen auf die Wiedergabe eines vorhandenen Bestands beschränkt (so aber H. Schrödter, in: Schrödter, § 5, Rn 11). Flächen etwa für die künftige Gewinnung von **Bodenschätzen** können bereits im Rahmen der Raumordnung und Landesplanung festgelegt werden. Dann müssen solche Flächen auch in einem Flächennutzungsplan dargestellt werden können. Diese Darstellung hat für die Genehmigung von Vorhaben nach § 35 im Gegenteil sogar u. U. ausschlaggebende Bedeutung (vgl. § 35, Rn 54 ff.). Dabei kann der Darstellung von Abgrabungsflächen nicht nur eine **positive,** Abgrabungen erlaubende, sondern auch eine **negative,** Abgrabungen an

anderer Stelle als öffentlicher Belang im Sinne des § 35 Abs. 3 (vgl. unten, Rn 47) entgegenstehende **Bedeutung** zukommen; diese Funktion der Darstellung muß aber im Erläuterungsbericht eindeutig ihren Niederschlag finden (BVerwG, U. v. 22. 5. 1987, DVBl. 1987, 1008/1010; Berkemann, DVBl. 1989, 625/629, 632).

Wird für die Gewinnung von Steinen usw. die Erdoberfläche nicht in Anspruch genommen, so sind solche Flächen lediglich nach Abs. 3 zu kennzeichnen. Führt die Lagerung von Abfällen zu Aufschüttungen, so ist hierfür die Darstellung nach Nr. 4 zu verwenden. **30**

i) Nach **Nr. 9a** können Flächen für die **Landwirtschaft** in den Flächennutzungsplan aufgenommen werden. Der Begriff der Landwirtschaft ergibt sich aus der Legaldefinition in § 201. Dementsprechend ist es auch im Flächennutzungsplan bereits möglich, Flächen für eine bestimmte der in § 201 genannten Arten der Landwirtschaft gesondert darzustellen. Bei der Darstellung von Flächen für die Landwirtschaft ist deren besondere Bedeutung für die Erhaltung und Sicherung der natürlichen Lebensgrundlagen der Bevölkerung zu beachten (vgl. zur Bedeutung entsprechender Ausführungen im Erläuterungsbericht zur Abwehr anderer Nutzungen BVerwG, U. v. 22. 5. 1987, DVBl. 1987, 1008/1009) und das Gebot nach § 1 Abs. 5 Satz 4 zu bedenken, solche Flächen nur im notwendigen Umfang für andere Nutzungsarten vorzusehen. Die Darstellung von Flächen für die Landwirtschaft hat große Bedeutung für die Steuerung der Bebauung im Sinne einer geordneten städtebaulichen Entwicklung, da ihr für die Teilungsgenehmigung und die Genehmigung von Bauvorhaben im Außenbereich nach §§ 20 und 35 große Bedeutung zukommt. Die Darstellung einer Fläche als Fläche für die Landwirtschaft kann auch einem städtebaulich motivierten **„Freihalteinteresse"** der Gemeinde entsprechen, bestimmte dafür besonders geeignete Flächen für eine augenblicklich nicht absehbare spätere Nutzung offenzuhalten (vgl. etwa Birk, NVwZ 1989, 905 ff.). Rechtliche Bedeutung – etwa im Rahmen des § 35 – kommt einer solchen Darstellung aber nur dann zu, wenn das dahinterstehende planerische Entwicklungskonzept im Erläuterungsbericht konkret flächenbezogen Ausdruck gefunden hat; die Darstellung allein reicht nicht (BVerwG, U. v. 6. 10. 1989, ZfBR 1990, 41/42 f.). **31**

Nach **Nr. 9b** können Flächen für **Wald** festgesetzt werden. Damit folgt der Sprachgebrauch des BauGB zum einen den Waldgesetzen des Bundes und der Länder und verdeutlicht zum anderen, daß Wald auch dann als solcher dargestellt werden kann, wenn er primär Erholungszwecken oder der Klimaregulierung und nicht der Forstwirtschaft dient. Da das BauGB keine unterschiedlichen Rechtsfolgen an die Darstellung von Flächen für die Landwirtschaft oder für Wald knüpft (vgl. etwa § 1 Abs. 5 Satz 4, § 135 Abs. 4), kann die Darstellung auch alternativ, also nicht nach Landwirtschaft und Wald getrennt, erfolgen. **32**

j) Mit dem Baugesetzbuch neu eingefügt wurde die Möglichkeit nach **Nr. 10, Flächen für Maßnahmen zum Schutz, zur Pflege und zur** **33**

Entwicklung von Natur und Landschaft darzustellen. Diese Regelung hat eine doppelte Funktion. Zum einen ist sie eine originär **städtebaurechtliche Bestimmung.** Sie ermöglicht der Gemeinde, nach eigenem planerischen Ermessen die Flächen für landschaftsschützende Maßnahmen darzustellen, die zum Ausgleich von geplanten baulichen Eingriffen in Natur und Landschaft erforderlich sind (vgl. Rn 35). Die Darstellung solcher Flächen gehört daher zu den Ergebnissen der Berücksichtigung des Naturhaushalts, des Schutzes und der Entwicklung der natürlichen Lebensgrundlagen nach § 1 Abs. 5. Sie setzt voraus, daß der **Zustand von Natur und Landschaft** im Gemeindegebiet **vorher ermittelt und bewertet** wurde, wie dies für den **Grundlagenteil eines Landschaftsplans** nach § 6 Abs. 2 Nr. 1 Bundesnaturschutzgesetz erforderlich ist. Das Baugesetzbuch überläßt es hier dem Landesrecht, zu bestimmen, wer diese Analyse und Bewertung des Gemeindegebiets im Hinblick auf die Ziele des Naturschutzes und der Landschaftspflege vornimmt (zur Landschaftsplanung näher Hoppe/Beckmann, Umweltrecht, 1989, § 18, Rn 25 ff.; Kloepfer, Umweltrecht, 1989, § 10, Rn 19 ff.; vgl. auch Stich, ZfBR 1986, 111; Schmidt-Aßmann, NVwZ 1987, 265/273).

34 Zum anderen kommt der Nr. 10 die Funktion zu, das Städtebaurecht auch formellrechtlich für die **Integration von Darstellungen der Landschaftspläne** in den Flächennutzungsplan zu öffnen. § 6 Abs. 4 Bundesnaturschutzgesetz ermächtigt lediglich die Länder, eine mögliche Integration der Darstellungen des Landschaftsplans in den Flächennutzungsplan zu bestimmen, kann aber selbst als rahmenrechtliche Bestimmung nicht die erforderliche Umsetzungsnorm für das Städtebaurecht sein (vgl. Hofherr, UPR 1987, 88/91; hierzu Dolde, Der Städtetag 1981, 466/467; Stich, ZfBR 1986, 61/63 f.; Erbguth, 1989, Rn 84; Pfeifer, Landschaftsplanung und Bauleitplanung 1989, bes. S. 48 ff.; ders./Wagner, DVBl. 1989, 789 ff.). Hiernach kann also der flächenbezogene Entwicklungs- oder **Planungsteil der Landschaftspläne** nach § 6 Abs. 2 Nr. 2 Bundesnaturschutzgesetz Eingang in den Flächennutzungsplan finden. Wie die hiernach rechtlich ermöglichte Integration der Landschaftsplanung in die Bauleitplanung erfolgt, bleibt dem Naturschutzrecht der Länder überlassen (vgl. auch BT-Drs. 10/6166, S. 147 f.). In jedem Fall können im Flächennutzungsplan **nur die Flächen** für Schutz-, Pflege- oder Entwicklungsmaßnahmen dargestellt werden, **nicht** aber, wie ggf. nach § 9 Abs. 1 Nr. 20 im Bebauungsplan, auch die **Maßnahmen** selbst. Insoweit bleibt nur der Weg über Abs. 4 (vgl. unten, Rn 44). Das BauGB legt damit das die Eigenständigkeit der Landschaftsplanung betonende Modell der sog. Sekundärintegration oder der mitlaufenden Landschaftsplanung (hierzu Hoppe/Beckmann, Umweltrecht, 1989, § 18, Rn 47; Pfeifer, ebd.) nahe (vgl. auch Erbguth, ebd.).

35 Einschränkend ist daher zu beachten, daß Nr. 10 die Integration der Landschaftsplanung in den Flächennutzungsplan ermöglichen, **nicht**

aber neben der Landschaftsplanung eine **eigenständige landschaftsbezogene Planung der Gemeinde** unabhängig von der Landschaftsplanung nach den Naturschutzgesetzen der Länder etablieren will und kann. Die nach Nr. 10 darzustellenden Flächen können daher ihre Legitimation nicht aus allgemeinen Erwägungen des Naturschutzes finden, sondern müssen stets – sofern sie nicht auf einer integrierten Landschaftsplanung beruhen – einen **inneren Rechtfertigungszusammenhang mit anderen Flächendarstellungen** aufweisen, also zum Beispiel dem Ausgleich anderweitiger Eingriffe oder besonderer Belastungen etwa der Luft, des Klimas oder des Bodens dienen. Eine andere Auslegung würde der nur rahmenrechtlichen Gesetzgebungskompetenz des Bundes nach Art. 75 Nr. 3 GG für Naturschutz und Landschaftspflege widersprechen. So können zum Beispiel im Außenbereich keine Flächen nach Nr. 10 mit dem alleinigen Ziel dargestellt werden, die hier wild wachsenden und lebenden Pflanzen und Tiere zu schützen; dies ist Aufgabe der Landschaftsplanung oder der Schutzgebietsfestsetzung. Solche Gebiete können in den Flächennutzungsplan nur nach Abs. 4 (vgl. Rn 44) nachrichtlich übernommen wurde. Hier wird es im übrigen mit der Flächensicherung nicht getan sein, sondern es werden konkrete und differenzierte Maßnahmen festgelegt werden müssen (hierzu Hofherr, UPR 1987, 88/93f.) Es wird hier also stets einer engen **Kooperation zwischen Naturschutzbehörde und der Bauleitplanung bedürfen** (vgl. Schmidt-Aßmann, NVwZ 1987, 265/273).

3. Nach **Abs. 3** sind Flächen, deren bauliche Nutzung nur unter Beachtung besonderer Umstände möglich ist, zu **kennzeichnen.** Kennzeichnungen unterscheiden sich von Darstellungen dadurch, daß sie nicht wie diese die Nutzbarkeit der Grundstücksoberfläche bestimmen, sondern **Hinweise** auf Einwirkungen geben, die aus dem Untergrund oder der Nachbarschaft des Grundstücks kommen können. Kennzeichnungen dienen also der **Schutz** künftiger baulicher oder sonstiger Nutzungen des Grundstücks, indem sie den späteren Nutzer auf mögliche Gefährdungen der planerisch vorgesehenen Nutzung hinweisen und so die Möglichkeit eröffnen, vor der Planverwirklichung entsprechende Vorkehrungen zu treffen. **36**

Das Vorhandensein solcher Gefahren schließt also grundsätzlich die Darstellung einer Fläche für eine bestimmte Nutzung nicht aus. Insbesondere ist aus der Möglichkeit der Kennzeichnung zu folgern, daß die **Gefährdung** der vorgesehenen Nutzung bei Erlaß des Bauleitplans **noch nicht beseitigt** zu sein braucht: Die Kennzeichnung soll ja gerade auf eine – noch – bestehende Gefahr hinweisen. Allerdings muß die Gemeinde im Rahmen der planerischen Abwägung nach § 1 ermitteln, ob die Gefahren durch bauliche oder technische Maßnahmen beseitigt werden können (hierzu bereits Bielenberg, in: E/Z/B, BBauG, § 5, Rn 43). Ist dies nicht der Fall, so wird die Fläche nur für eine der Gefährdung entsprechende Nutzung vorzusehen und ggf. mit Nutzungsbeschränkungen nach Nr. 6 zu belegen sein. Um die Abwägung **37**

fehlerfrei vornehmen und eine korrekte Entscheidung treffen zu kön-
nen, werden hier in vielen Fällen, insbesondere bei den Flächen nach
Nr. 3, **Bodenuntersuchungen** erforderlich sein.

38 **a)** Abs. 3 sieht drei verschiedene Fallgestaltungen vor, die Kennzeich-
nungen zum Schutz künftiger Nutzungen erfordern. Nach **Nr. 1** sollen
Flächen gekennzeichnet werden, bei denen die Gebäude gegen **äußere
Einwirkungen** gesichert werden müssen. Dabei sind unter äußeren
Einwirkungen nicht Immissionen im Sinne des Bundes-Immissions-
schutzgesetzes zu verstehen. Zum Schutz gegen derartige Immissionen
hat die Gemeinde die Darstellungsmöglichkeit nach Abs. 2 Nr. 6. Dort
ist auch ausdrücklich von schädlichen Umwelteinwirkungen im Sinne
des Bundes-Immissionsschutzgesetzes die Rede, hier dagegen von äu-
ßeren Einwirkungen; den Begriff „äußere Einwirkungen" kennt das
Bundes-Immissionsschutzgesetz jedoch nicht. Hier sind gemeint solche
**Einwirkungen, die den Bestand oder die Standsicherheit des Gebäu-
des beeinträchtigen können,** wie z. B. die Gefahr des Bergrutsches bei
steileren Hängen (Bielenberg, in: E/Z/B, BBauG, § 5, Rn 42); auch die
Begründung des Regierungsentwurfs zur BBauG-Novelle 1976, bei
der die Worte „gegen äußere Einwirkungen" eingefügt wurden, macht
deutlich, daß diese Einfügung lediglich der Unterscheidung zu den
besonderen Naturgewalten der zweiten Alternative der Nummer 1
dienen sollte, was die Annahme einer vergleichbaren Einwirkung
nahelegt (BT-Drs. 7/2496, S. 39). Die zweite Fallvariante, die Kenn-
zeichnungen nach Nr. 1 erforderlich machen kann, ist der **Schutz
gegen Naturgewalten** wie Hochwasser, Lawinen oder Steinschlag.

39 **b)** Nach **Nr. 2** sollen Flächen gekennzeichnet werden, bei denen im
Untertagebau Kohle oder Mineralien gewonnen werden. Hier besteht
die Gefahr der sogenannten **Bergsenkung,** so daß besondere Grün-
dungs- und Stabilisierungsmaßnahmen erforderlich sind. Für vorbeu-
gende Maßnahmen gegen Senkungsschäden besteht in der Regel ein
Ersatzanspruch nach dem Bundesberggesetz (vgl. §§ 110 f. BBergG).
Diese Kennzeichnung ist insbesondere von der Darstellung nach Abs. 2
Nr. 8 zu unterscheiden. Während bei der Gewinnung von Bodenschät-
zen nach Abs. 2 Nr. 8 auch die Oberfläche in Anspruch genommen
wird, geht es bei den Flächen, die nach Nr. 2 zu kennzeichnen sind,
lediglich um den unterirdischen Abbau von Mineralien, der eine z. B.
bauliche Oberflächennutzung nicht grundsätzlich ausschließt.

40 **c)** Nach der mit dem Baugesetzbuch eingefügten **Nr. 3** sollen solche
Flächen gekennzeichnet werden, in denen sich **umweltgefährdende
Stoffe** befinden. Nach dem Regierungsentwurf besteht in diesen Fällen
eine Kennzeichnungspflicht, „wenn die Belastung nach Art, Beschaf-
fenheit oder Menge gesundheits-, boden-, luft- oder wassergefährdend
ist" (BT-Drs. 10/4630, S. 68). Mit umweltgefährdenden Stoffen, die in
irgendeiner Weise Fauna und Flora beeinträchtigen und Boden, Wasser
oder Luft gefährden, dürfte in der Bundesrepublik Deutschland wohl
jede Fläche belastet sein (vgl. etwa Kloepfer, Umweltrecht, 1989, § 14,

Rn 5 m. w. N.). Wenn die Kennzeichnungspflicht also handhabbar und damit wirksam sein soll, muß ihr Anwendungsbereich entsprechend ihrem Normzweck eingegrenzt werden. Das Gesetz gibt hierzu mit dem Erfordernis der **Erheblichkeit** eine Hilfe. Dabei darf aber die Erheblichkeit nach Nr. 3 nicht ohne weiteres mit der Erheblichkeit für die Abwägung nach § 1 Abs. 6 gleichgesetzt werden. Für die Abwägung erheblich mag auch etwas sein, was nach Nr. 3 nicht erheblich ist. Dagegen ist bei Erheblichkeit nach Nr. 3 immer auch eine Abwägungserheblichkeit gegeben (vgl. auch Söfker, in: E/Z/B, § 1, Rn 279 ff.). Hieraus wird vielfach geschlossen, daß nur Flächen mit sog. **Altlasten** kennzeichnungspflichtig sind, ohne daß die Art und die Wirkungen dieser Altlasten näher bestimmt werden (vgl. etwa Söfker, in: B/K/S, Rn 27). Altlasten sind Altablagerungen und Altstandorte, von denen eine konkrete Gefährdung der menschlichen Gesundheit und/oder der Umwelt ausgeht (so Antwort der Bundesregierung auf die Große Anfrage der SPD-Fraktion „Altlasten" vom 1. 3. 1989, BT-Drs. 11/4104, S. 2; im übrigen vgl. ausführlich Henkel, Altlasten als Rechtsproblem, Deutsches Institut für Urbanistik, Berlin 1987; Projektgruppe der ARGEBAU, Altlasten im Städtebau, Köln 1989; zur Grenzwertbestimmung vgl. Schrader, NuR 1989, 288 ff.). Altablagerungen sind genehmigte oder „wilde" Deponien, Altstandorte sind Betriebsflächen ehemaliger Industrie- oder Gewerbebetriebe, die mit gefährlichen Stoffen umgegangen sind. Eine Beschränkung der Kennzeichnungspflicht auf solche Altlasten ist aber **zu eng**, da z. B. auch landwirtschaftlich und kleingärtnerisch genutzte sowie Eigenheim-Grundstücke derart mit Dünge- und sog. Pflanzenschutzmitteln verseucht sein können, daß von ihnen erhebliche Gefahren jedenfalls für die Umwelt ausgehen. Von der Art und Weise des Gefahrstoffeintrags und vom Verursacher her läßt sich die Erheblichkeitsschwelle für die Kennzeichnungspflicht daher nicht trennscharf bestimmen: Jede Bodennutzung durch Menschen hat für die Umwelt, d. h. für Wasser und Luft, vor allem für den Boden mit Fauna und Flora erhebliche Auswirkungen. Die nur für **besondere** Gefährdungen einzusetzende Kennzeichnungspflicht kann hieran aber nicht anknüpfen (so aber die überwiegende Meinung, vgl. etwa Henkel, UPR 1988, 367/374 f. m. w. N., der allerdings im Ergebnis über die Beschränkung der Kennzeichnungspflicht auf solche Bodenverunreinigungen, die die auf dem Grundstück vorgesehene Nutzung beeinflussen können, zum einen doch wieder anthropozentrisch argumentiert und zum anderen die Kennzeichnungspflicht sehr weitgehend einschränkt, vor allem grundstücksüberschreitende Wirkungen von Kontaminationen unberücksichtigt läßt. Die dadurch sehr eingeschränkte Schutz- und Warnfunktion der Kennzeichnungen wird so der allgemeinen, gesetzlich noch gar nicht geregelten Bodenschutzpolitik (vgl. etwa Bodenschutzkonzeption der Bundesregierung vom 7. 3. 1985, BT-Drs. 10/2977; näher zum gesamten Problemkreis Kloepfer, Umweltrecht, 1989, § 14) überlassen.

41 Die in der Begründung des Regierungsentwurfs zum BauGB aufge-
zählten Gefährdungen können in ihrer Wertigkeit dabei nicht gleichbe-
deutend sein. Denn Normzweck ist – wie bei den anderen Kennzeich-
nungen auch –, die Sicherheit und Gesundheit der Menschen zu ge-
währleisten, die den Boden planentsprechend nutzen. Es handelt sich,
wie auch bei Abs. 2 Nr. 10 (vgl. oben, Rn 33), um eine originär boden-
und städtebaurechtliche, nicht um eine naturschutzrechtliche Bestim-
mung. **Allein maßgeblich** für die Kennzeichnungspflicht muß daher
die **mögliche Gesundheitsgefährdung** sein, wobei es unerheblich ist,
wie sich die Gesundheitsgefährdung realisiert, also z. B. durch Verzehr
von auf dem Boden gezogenen Gemüse oder durch Einatmen von
Stäuben oder Gasen oder durch Trinken von Grundwasser, ob die
Gefährdung durch im Boden lagernde Gifte, an die Luft tretende Gase
oder ins Grundwasser sickernde Stoffe verursacht wird (vgl. auch
Cronauge, Städte- und Gemeindebund 1987, 38/39). Auch kann es
nicht darauf ankommen, ob die Gesundheitsgefährdung auf dem
Grundstück selbst oder in seiner Nachbarschaft oder – wie bei Grund-
wasser nicht selten möglich – weit entfernt eintritt (vgl. auch Winkler/
Schneider, Der Landkreis 1987, 306/307 f.). Beim Flächennutzungsplan
ist die Kennzeichnungspflicht auf Flächen, die für bauliche Nutzungen
vorgesehen sind, beschränkt (zur – auch amtshaftungsrechtlichen –
Problematik beim Bebauungsplan vgl. § 9, Rn 113 ff.). Dabei wird eine
Fläche bereits dann als erheblich im Sinne der Nr. 3 mit umweltgefähr-
denden Stoffen belastet anzusehen sein, wenn diese die Gesundheit von
Menschen **auch nur geringfügig** beeinträchtigen **können**, d. h. wenn
eine Gesundheitsgefährdung nicht mit Sicherheit ausgeschlossen wer-
den kann. Sind andere Nutzungen vorgesehen, so hindert dies die
Darstellung im Flächennutzungsplan ohne besondere Kennzeichnung
nicht; im Bebauungsplan sind dagegen nach § 9 Abs. 5 Nr. 3 alle
Flächen mit Altlasten zu kennzeichnen, auch wenn sie nicht für eine
bauliche Nutzung vorgesehen sind.

42 Schließlich ist auf einen wesentlichen **Unterschied** der Kennzeich-
nung nach Nr. 3 von denen nach Nr. 1 und 2 hinzuweisen. Während
eine Kennzeichnung nach Nr. 1 und 2 in aller Regel vor einer Nutzung
nicht eine Beseitigung der Gefahr erfordert, sondern nur entsprechende
bauliche Sicherungsmaßnahmen, wird bei Flächen nach Nr. 3 in aller
Regel eine **Beseitigung der Gefahr vor einer planentsprechenden
Nutzung erforderlich** sein. Anders als bei Nr. 1 und 2, die eher
„traditionelle" Gefahren betreffen, bei denen die notwendigen bauli-
chen Vorkehrungen bekannt sind, bezieht sich die Kennzeichnung nach
Nr. 3 auf eine Gefahr, der nur äußerst selten mit baulichen Maßnahmen
begegnet werden kann. Hier hat daher deutlicher noch als bei Nr. 1 und
2 eine Abwägung dahingehend stattzufinden, ob die Fläche überhaupt
für eine bauliche Nutzung – und damit in der Regel für eine Dauer-
nutzung durch Menschen – vorgesehen werden kann (vgl. Söfker, in:
B/K/S, Rn 27). Dies wird nur möglich sein, wenn entweder die gesund-

heitliche Ungefährlichkeit der vorhandenen umweltgefährdenden Stoffe erwiesen ist oder wenn die gegebene Bodenkontamination mit Maßnahmen nach dem Stand der Technik beseitigt werden **kann**. Dabei braucht sich **bei der Aufstellung des Flächennutzungsplans** die hier erforderliche Prüfung ebenenspezifisch noch nicht auf die konkrete Grundstückssituation zu beziehen, sondern kann sich auf eine **abstrakte Gefährdungsabschätzung** beschränken. Allerdings muß der Boden soweit untersucht sein, daß bekannt ist, um welche Art von umweltgefährdenden Stoffen es sich handelt. Eine detaillierte grundstücksspezifische Untersuchung ist erst im Rahmen der Bebauungsplanung erforderlich. Für die im Rahmen der Abwägung notwendige Gefährdungsabschätzung wird der Stellungnahme der örtlich zuständigen Gesundheitsbehörde und gegebenenfalls eingeholten externen Gutachten besonderes Gewicht zukommen. Bei der planerischen Abwägung nach § 1 Abs. 5 und nicht bei der Frage nach der Kennzeichnungspflicht liegt daher das Schwergewicht bei der Behandlung von Bodenverunreinigungen im Rahmen der Bauleitplanung (vgl. auch Dieckmann, Der Städtetag 1989, 30/32; Baden, ZfBR 1988, 108 ff.; Wiegandt, Altlasten und Stadtentwicklung, 1989, S. 107 ff.).

Nicht unter Nr. 3 zu subsumieren sind solche Altlasten, die zwar die **43** Nutzbarkeit des Grundstücks deutlich einschränken können, die aber in keiner Weise gesundheitsgefährdend sind. Dies gilt etwa für im Boden vorhandene **alte Fundamente.** Diese werden zwar auch als umweltgefährdend anzusehen sein, da sie zumindest die Funktionen des Bodens, in oder auf dem sie ruhen, z. B. durch Verdichtung erheblich beeinträchtigen. Das Vorfinden von alten Fundamenten ist aber gerade beim Bauen in städtischen Gebieten nicht ungewöhnlich und unter anderem oft Anlaß für Baugrunduntersuchungen vor der Errichtung von Bauwerken. Sie beeinflussen zwar den Bodenwert, stellen aber keine Gesundheitsgefährdung dar, wie sie für die Kennzeichnungspflicht nach Nr. 3 vorauszusetzen ist.

4. Nach **Abs. 4** sollen **nach anderen Gesetzen festgelegte Planungen** **44** **und Nutzungsregelungen** in den Flächennutzungsplan **nachrichtlich übernommen** werden; ein Vermerk soll erfolgen, wenn solche Regelungen beabsichtigt sind. Hier kommt die Funktion des Flächennutzungsplans zum Tragen, für das gesamte Gemeindegebiet die rechtlichen Nutzungsmöglichkeiten darzustellen unabhängig davon, auf welchen Gesetzen sie beruhen. Die Soll-Vorschrift ist daher **im Regelfall als zwingende Verpflichtung** zu verstehen. In Betracht kommen über die in § 38 genannten Fachplanungen hinaus insbesondere Festsetzungen nach dem Luftverkehrsgesetz und Nutzungsregelungen nach dem Wasserhaushaltsgesetz und dem Natur- und Landschaftsschutzrecht. Mit dem Baugesetzbuch ausdrücklich aufgenommen wurde die grundsätzliche Verpflichtung, nach dem Landesdenkmalrecht unter Schutz stehenden Mehrheiten von baulichen Anlagen, also sog. **Ensembles** oder Denkmalbereiche, nachrichtlich zu übernehmen. Hierin kommt

die besondere Bedeutung, die dem Denkmalschutz heute für den
Städtebau beigemessen wird, zum Ausdruck (vgl. auch § 1, Rn 73).
Auf eine besondere landesrechtliche Festsetzung kommt es nicht an
(vgl. Kleiber, Die alte Stadt 1986, 305/311). Im übrigen vgl. zum
Verhältnis der Bauleitplanung zu den Fachplanungen Anmerkungen zu
§§ 7 und 38; ferner vgl. zu § 9 Abs. 6.

45 **III. 1.** Nach der ganz überwiegenden Meinung in Rechtsprechung
und Literatur ist der Flächennutzungsplan als **hoheitliche Maßnahme
eigener Art** anzusehen, der keine Rechtsnormqualität zukommt. Nach
der Plansystematik des BauGB kommt ihm nur verwaltungsinterne
Bedeutung als Vorbereitung für den allein außerverbindlichen Bebau-
ungsplan zu (Übersicht über den Meinungsstand bei Löhr, Die kom-
munale Flächennutzungsplanung, 1977, S. 133 ff.).

46 **2.** Unmittelbarer **Rechtsschutz** für den Bürger gegen Darstellungen
eines Flächennutzungsplans ist daher, anders als bei den Festsetzungen
eines Bebauungsplans, nicht möglich. Lediglich eine Nachbargemeinde
kann wegen der Darstellungen eines Flächennutzungsplans Feststel-
lungsklage erheben, soweit sie die aus § 2 Abs. 2 begründete Pflicht zur
Abstimmung verletzt sieht (vgl. § 2, Rn 8).

47 **3.** Gleichwohl äußert auch der Flächennutzungsplan **Wirkungen von
erheblicher Reichweite.** So wertet der Grundstücksmarkt die Auswei-
sung von Grund und Boden als Bauland in einem Flächennutzungsplan
als Qualitätssteigerung des etwa vorhandenen Ackerlands und bewertet
die Grundfläche als Bauerwartungsland erheblich höher als vordem
(vgl. etwa § 4 Abs. 2 Wert V, Text im Anhang). Andere Folgerungen
aus den Darstellungen eines Flächennutzungsplans zieht das BauGB
selbst. Neben dem bereits erwähnten Erfordernis der Entwicklung von
Bebauungsplänen aus einem Flächennutzungsplan (§ 8 Abs. 2) sind hier
folgende Wirkungen zu nennen:
– Insbesondere erzeugt der Flächennutzungsplan **Anpassungspflichten
nach § 7.**
– Nach **§ 34 Abs. 4 Satz 1 Nr. 2** setzt der Erlaß einer Entwicklungssat-
zung die Darstellung des betroffenen Gebiets im Flächennutzungsplan
voraus. Nach **§ 4 Abs. 4 Satz 1 BauGB-MaßnahmenG** jedoch können
Darstellungen im Flächennutzungsplan über Flächen für die Landwirt-
schaft oder Wald (nicht andere Darstellungen) Wohnzwecken dienen-
den Vorhaben nicht entgegengehalten werden, wenn die Gemeinde dies
durch eine Satzung bestimmt. Zulässig ist eine solche das Planungssy-
stem des BauGB durchbrechende Satzung nur für bebaute Bereiche im
Außenbereich, die nicht überwiegend (aber teilweise u. U. eben doch)
landwirtschaftlich geprägt sind und bereits eine Wohnbebauung von
städtebaulicher Relevanz aufweisen.
– Nach **§ 35 Abs. 3 Satz 1** beeinträchtigt ein Vorhaben **öffentliche
Belange** u. a. dann, wenn es den Darstellungen des Flächennutzungs-
plans widerspricht. Dabei ist es unerheblich, ob es sich um ein privile-
giertes Vorhaben nach § 35 Abs. 1 oder um ein nicht privilegiertes

sonstiges Vorhaben nach § 35 Abs. 2 handelt. Voraussetzung für eine Beachtlichkeit von Darstellungen – die übrigen Inhalte des Flächennutzungsplans sind als solche keine öffentlichen Belange im Sinne des § 35 Abs. 3 – ist jedoch, daß sie „konkrete standortbezogene Aussagen" enthalten und nicht nur allgemeine Funktionszuweisungen des Gesetzes wiederholen (so BVerwG, BauR 1984, 269/270 f. OVG Münster, UPR 1985, 297 ff.; VGH Mannheim, NVwZ 1986, 53. Hierzu näher oben, Rn 29 und 31, sowie § 35, Rn 54 ff.).

– Der Flächennutzungsplan gibt einen Anhalt für den zeitlichen und inhaltlichen Rahmen, der der Gemeinde bei der **Veräußerung** von Grundstücken nach § 89 gesetzt ist. Aus ihm ist z. B. mit zu entnehmen, welche städtebaulichen Maßnahmen die Gemeinde beabsichtigt, für die sie Austauschland benötigt (vgl. Frenzel, Das öffentliche Interesse als Voraussetzung der Enteignung, 1978, S. 170).

– Schließlich kann der Flächennutzungsplan von Bedeutung sein für die inhaltliche Auffüllung des Erfordernisses der **geordneten städtebaulichen Entwicklung** in **§ 20 Abs. 1 Nr. 3** und in **§ 34 Abs. 4 Satz 2.**

§ 6 Genehmigung des Flächennutzungsplans

(1) **Der Flächennutzungsplan bedarf der Genehmigung der höheren Verwaltungsbehörde.**

(2) **Die Genehmigung darf nur versagt werden, wenn der Flächennutzungsplan nicht ordnungsgemäß zustande gekommen ist oder diesem Gesetzbuch, den aufgrund dieses Gesetzbuchs erlassenen oder sonstigen Rechtsvorschriften widerspricht.**

(3) **Können Versagungsgründe nicht ausgeräumt werden, kann die höhere Verwaltungsbehörde räumliche oder sachliche Teile des Flächennutzungsplans von der Genehmigung ausnehmen.**

(4) **Über die Genehmigung ist binnen drei Monaten zu entscheiden; die höhere Verwaltungsbehörde kann räumliche und sachliche Teile des Flächennutzungsplans vorweg genehmigen. Aus wichtigen Gründen kann die Frist auf Antrag der Genehmigungsbehörde von der zuständigen Behörde verlängert werden, in der Regel jedoch nur bis zu drei Monaten. Die Gemeinde ist von der Fristverlängerung in Kenntnis zu setzen. Die Genehmigung gilt als erteilt, wenn sie nicht innerhalb der Frist unter Angabe von Gründen abgelehnt wird.**

(5) **Die Erteilung der Genehmigung ist ortsüblich bekanntzumachen. Mit der Bekanntmachung wird der Flächennutzungsplan wirksam. Jedermann kann den Flächennutzungsplan und den Erläuterungsbericht einsehen und über deren Inhalt Auskunft verlangen.**

(6) **Mit dem Beschluß über eine Änderung oder Ergänzung des Flächennutzungsplans kann die Gemeinde auch bestimmen, daß der Flächennutzungsplan in der Fassung, die er durch die Änderung oder Ergänzung erfahren hat, neu bekanntzumachen ist.**

1 **1.** Die Befugnis zur Aufstellung von Bauleitplänen gehört zur **Planungshoheit der Gemeinden,** die nach Art. 28 Abs. 2 GG als Bestandteil des kommunalen Selbstverwaltungsrechts garantiert ist (Hoppe, in: E/H, Rn 167 ff.). Die Selbstverwaltungsgarantie des Art. 28 Abs. 2 GG ist jedoch nur „im Rahmen der Gesetze" gewährleistet. Dies bedeutet, daß der Gesetzgeber die Inhalte der Selbstverwaltungsaufgaben regeln und eine **Genehmigungspflicht** für bestimmte Akte der kommunalen Selbstverwaltung einführen kann, sofern er dadurch nicht den Kern der Selbstverwaltung verletzt (BVerfGE 26, 228/238). Das BauGB insgesamt stellt in dieser Hinsicht eine Inhaltsbestimmung der kommunalen Selbstverwaltungsaufgabe „Planung der Gemeindeentwicklung und ihre Verwirklichung" dar. § 6 nun unterwirft die Flächennutzungspläne sowie selbständige und vorzeitige Bebauungspläne – § 6 Abs. 2 und 4 gilt nach § 11 Abs. 2 auch für diese Bebauungspläne – der Pflicht zur Genehmigung durch die höhere Verwaltungsbehörde **(Abs. 1).**

2 Die Genehmigungspflicht ist nach **Abs. 2** als reine **Rechtsaufsicht** ausgestaltet. Dies bedeutet, daß die Aufsichtsbehörde den Plan lediglich auf seine Rechtmäßigkeit, nicht aber auf seine Zweckmäßigkeit hin überprüfen darf. Die Rechtskontrolle erstreckt sich auf das Zustandekommen des Flächennutzungsplans, d. h. auf das Verfahren, und auf seine Übereinstimmung mit materiellen gesetzlichen Anforderungen. Diese Anforderungen können enthalten sein nicht nur im Baugesetzbuch, etwa im Abwägungsgebot des § 1 Abs. 6 (hierzu bei einem Bebauungsplan im Hinblick auf Belange des Denkmalschutzes OVG Koblenz, NVwZ 1988, 371 ff.), sondern vor allem auch in den auf der Grundlage des Gesetzes erlassenen Rechtsverordnungen wie der Baunutzungsverordnung und der Planzeichenverordnung, aber auch in landesrechtlichen Vorschriften wie den Landesbauordnungen, einer Landschaftsschutzverordnung (vgl. BVerwG, ZfBR 1989, 77) oder im Grundgesetz, wie z. B. dem Gleichheitsgebot, dem Übermaßverbot und insbesondere dem Art. 14 GG.

3 Die Rechtskontrolle erstreckt sich auch auf solche Vorschriften, deren Verletzung sich nach den §§ 214 und 215 auf die Rechtswirksamkeit eines Bauleitplans nicht auswirkt (§ 216). Die Einschränkungen der Wirksamkeitsvoraussetzungen bewirken also keine Kürzung der Rechtsaufsicht.

4 Die Grenze von der Rechtsaufsicht zur – auch die Zweckmäßigkeit einbeziehenden – Fachaufsicht sind insbesondere fließend bei der Überprüfung der **Einhaltung des Abwägungsgebots** nach § 1 Abs. 6 (zum

Abwägungsgebot und seinem Inhalt vgl. § 1, Rn 87 ff.). Die Genehmigungsbehörde hat hier zu bedenken, daß der Gemeinde entsprechend ihrer Planungshoheit ein Planungsermessen zusteht (BVerwGE 34, 301/304). Ein Rechtsverstoß kann beim Abwägungsgebot also nur festgestellt werden, wenn der **Abwägungsvorgang** fehlerhaft ist oder das **Abwägungsergebnis** unter keinen Umständen den Anforderungen des § 1 entspricht. Es reicht nicht aus, wenn ein anderes Ergebnis nach der Auffassung der Genehmigungsbehörde den Anforderungen des Abwägungsgebots eindeutig besser entsprechen würde. In keinem Fall darf die Genehmigungsbehörde ihr Ermessen an die Stelle des Ermessens der Gemeinde setzen. Sie hat vielmehr in diesem Fall ggf. dem Plan insoweit die Genehmigung zu versagen. Zum Sonderproblem der Nebenbestimmungen vgl. Rn 13 ff.

Die Genehmigung ist ein Akt der Kommunalaufsicht, teilt also die **5** Rechtsnatur dieser Akte. Sie ist daher **für die Gemeinde** ein selbständiger **Verwaltungsakt**, der von ihr im Wege der Verpflichtungsklage erstritten oder – im Hinblick auf beigefügte Nebenbestimmungen – durch Anfechtungsklage angegriffen werden kann (BVerwGE 34, 301/303; NVwZ 1984, 366; hierzu kritisch Stelkens, NVwZ 1985, 469 ff.; allgemein zur isolierten Anfechtbarkeit von Nebenbestimmungen Kopp, VwVfG, 4. Aufl. 1986, § 36, Rn 46). **Für den Bürger** dagegen handelt es sich bei der Plangenehmigung lediglich um einen **Teil des Rechtsetzungsvorgangs** etwa zur Aufstellung eines Bebauungsplans, der nur durch Rechtsmittel gegen die Norm selbst, deren Mängel durch die Genehmigung nicht geheilt werden, angegriffen werden kann (hierzu Bielenberg, in: E/Z/B, BBauGB, § 6, Rn 24).

Die genannten Grundsätze für die Genehmigung gelten nicht nur für **6** den Flächennutzungsplan, sondern nach § 11 Abs. 2 auch für den **Bebauungsplan**, soweit er der Genehmigung unterliegt. **Zuständig** für die Genehmigung ist die **höhere Verwaltungsbehörde.** Dies ist in den meisten Ländern der Regierungspräsident oder die Bezirksregierung. Den Ländern ist jedoch nach § 203 Abs. 3 die Befugnis eingeräumt, die den höheren Verwaltungsbehörden zugewiesenen Aufgaben auf andere staatliche Behörden, **Landkreise** oder kreisfreie Gemeinden zu übertragen. Hiervon ist in vielen Fällen Gebrauch gemacht worden.

2. Die Absätze 3 und 4 enthalten bestimmte Modalitäten der Geneh- **7** migung. § 6 Abs. 5 BBauG über die Genehmigung gemeinsamer Flächennutzungspläne ist mit dem Baugesetzbuch in § 203 Abs. 4 übernommen worden.

a) Die Regelungen der **Absätze 3 und 4** sind im Zusammenhang zu **8** sehen. Nach **Abs. 4 Satz 1** ist die Genehmigung innerhalb von drei Monaten zu erteilen oder zu versagen. In besonderen Fällen kann die **Frist** nach **Abs. 4 Satz 2** von der übergeordneten Behörde um weitere drei Monate verlängert werden; hiervon ist die Gemeinde zu unterrichten **(Abs. 4 Satz 3)**. **Abs. 4 Satz 4** enthält eine **Genehmigungsfiktion**:

Wird über die Genehmigung nicht innerhalb der Frist entschieden, so gilt der Bauleitplan als genehmigt.

9 Die Frist **beginnt** mit Eingang des Bauleitplanentwurfs und des Genehmigungsantrages bei der höheren Verwaltungsbehörde. Die Dauer der Frist berechnet sich nach § 187 Abs. 1 BGB, so daß der Tag des Antragseingangs nicht mitzurechnen ist (vgl. zu dem vergleichbaren Fall der Genehmigungsfiktion nach § 19 Abs. 3 Zinkahn, in: E/Z/B, § 19, Rn 85).

10 Der Planentwurf ist **auf dem Dienstweg** der Genehmigungsbehörde einzureichen. Dies bedeutet, daß kreisangehörige Gemeinden den Plan über den Kreis vorzulegen haben. Die Zeit, in der der Planentwurf beim Kreis liegt, ist in den Fristablauf nicht einzuberechnen.

11 Die Genehmigungsfiktion tritt auch dann ein, wenn die Genehmigungsbehörde räumliche oder sachliche Teile des Bauleitplans vorweg genehmigt hat, wie nach **Abs. 4 Satz 1 Halbsatz 2** vorgesehen ist. Die Genehmigungsfiktion gilt dann für die noch verbliebenen Teile. Hieraus folgt, daß die Befugnis zur Vorweggenehmigung angesichts der Genehmigungsfiktion nur noch eine geringe praktische Bedeutung hat. Daher ist der höheren Verwaltungsbehörde in **Abs. 3** die Befugnis eingeräumt worden, **räumliche oder sachliche Teile** des Flächennutzungsplans **von der Genehmigung auszunehmen,** sofern, wie sich jetzt aus einer sinngemäßen Anwendung des § 5 Abs. 1 Satz 2 ergibt, hierdurch keine Rückwirkungen auf die übrigen Teile des Plans entstehen. Für die nach dieser Regelung ausgenommenen Teile des Plans entfaltet die Genehmigungsfiktion also keine Wirkung. Mit dem Baugesetzbuch ist das Erfordernis eines Antrags der Gemeinde entfallen, so daß die Genehmigungsbehörde nun – wie die Gemeinde bei der Planaufstellung (vgl. § 5 Abs. 1 Satz 2) – selbständig über das Ausnehmen von Teilen des Flächennutzungsplans aus der Genehmigung entscheiden kann. Ein inhaltlicher Unterschied folgt aus dem abweichenden Sprachgebrauch in § 5 Abs. 1 Satz 2 und § 6 Abs. 3 nicht (vgl. BT-Drs. 10/4630, S. 69). Allerdings ist eine nur teilweise Genehmigung ohne entsprechenden Antrag der Gemeinde ein belastender Verwaltungsakt, vor dessen Erlaß die Gemeinde gehört werden muß (§ 28 VwVfG) und gegen den sie mit der Verpflichtungsklage auf uneingeschränkte Genehmigung vorgehen kann.

12 Um eine Durchbrechung des Grundsatzes aus § 5 Abs. 1, wonach der Flächennutzungsplan für das „ganze Gemeindegebiet" aufzustellen ist, zu vermeiden, war in § 6 Abs. 3 Satz 2 Halbsatz 2 BBauG bestimmt, daß die Gemeinde bei nur teilweiser Genehmigung ihres Flächennutzungsplans **verpflichtet** bleibt, den **Flächennutzungsplan für das ganze Gemeindegebiet aufzustellen.** An dieser bereits aus § 5 Abs. 1 Satz 1 folgenden Verpflichtung sollte durch die Neufassung des Abs. 3 im BauGB nichts geändert werden (vgl. BT-Drs. 10/4630, S. 69). Kommt die Gemeinde dieser Verpflichtung nicht oder nur schleppend nach, so enthält das BauGB keine weiteren Sanktionsmöglichkeiten.

Der höheren Verwaltungsbehörde bleiben in diesem Fall nur die Mittel der Kommunalaufsicht.

b) § 6 Abs. 3 Satz 1 BBauG sah ausdrücklich vor, daß die Aufsichts- **13** behörde die Genehmigung unter Auflagen erteilen kann. Diese Vorschrift wurde nicht in das Baugesetzbuch übernommen, da sich bereits aus den einschlägigen Vorschriften der Verwaltungsverfahrensgesetze die Zulässigkeit von Auflagen ergebe. Es sollte hierdurch an der materiellen Rechtslage nichts geändert werden (vgl. BT-Drs. 10/4630, S. 69). Diese Inbezugnahme des Verwaltungsverfahrensrechts sollte dazu genutzt werden, auch im Baurecht die Begrifflichkeit und Dogmatik des allgemeinen Verwaltungsverfahrensrechts über **Nebenbestimmungen** zu Verwaltungsakten insoweit zur Anwendung zu bringen (vgl. etwa die Darstellung bei Gaentzsch, in: BK, § 6, Rn 9 ff., der am Begriff der Auflage festhält, ihn meist aber nur in Anführungszeichen gesetzt verwendet, wohl um die Atypik der Begriffsverwendung anzudeuten; vgl. auch Ziegler, BWVPr 1989, 196/200). Dies ist um so leichter möglich, als die Grundlage für den Umkehrschluß – da das Gesetz ausdrücklich nur Auflagen für zulässig erkläre, dürften andere Nebenbestimmungen wie z. B. Bedingungen oder Befristungen der Genehmigung nicht beigefügt werden (vgl. etwa Dolde, BauR 1974, 382/383 f.; OVG Münster, DÖV 1983, 824) – durch die Aufhebung des § 6 Abs. 3 Satz 1 BBauG entfallen ist. Aus der **Anwendung des allgemeinen Verwaltungsverfahrensrechts** ergibt sich folgende Rechtslage:

Die Rechtsgrundlage dafür, der Genehmigung eine Nebenbestim- **14** mung beizufügen, ist **§ 36 Abs. 1 VwVfG** (gemäß § 1 Abs. 3 Bundes-VwVfG jeweils der Verwaltungsverfahrensgesetze der Länder). Denn die Erteilung der Genehmigung liegt nicht im Ermessen der Genehmigungsbehörde – dann würde § 36 Abs. 2 VwVfG zur Anwendung kommen –, sondern die Gemeinden haben bei Vorliegen der gesetzlichen Voraussetzungen einen **Anspruch** auf die Erteilung der Genehmigung. Da eine gesetzliche Zulassung einer Nebenbestimmung nicht mehr besteht, sind Nebenbestimmungen nur noch zulässig, wenn sie sicherstellen sollen, daß die **gesetzlichen Voraussetzungen** des Verwaltungsakts erfüllt werden. Dabei ist es unerheblich, ob es sich um formelle oder um materielle Voraussetzungen handelt. Allerdings ist zu beachten, daß die Genehmigungsbehörde nicht das planerische Ermessen der Gemeinde durch ihr eigenes ersetzen darf. Auf den Inhalt des Plans kann sich eine Nebenbestimmung daher nur dann beziehen, wenn – was freilich nur äußerst selten der Fall sein wird – nur eine einzige planerische Darstellung rechtlich zulässig ist (so bereits zum früheren Recht, allerdings bezogen auf Maßgaben, Bielenberg, in: E/Z/ B, BBauG, § 6, Rn 22). In der Regel aber wird sich die Nebenbestimmung nur auf untergeordnete und die planerische Aussage des Bauleitplans nicht berührende Punkte beziehen: Ausräumung von mißverständlichen Begriffen oder Zuordnungen, also eher redaktionelle Änderungen. Ist nach Auffassung der Genehmigungsbehörde der Flächen-

nutzungsplan inhaltlich zu beanstanden, wird nur eine Versagung der
Genehmigung oder aber die Ausnahme von räumlichen oder sachlichen
Teilen des Flächennutzungsplans nach Abs. 3 in Betracht kommen.
Durch eine Teilgenehmigung kann dann auch die Unbilligkeit vermie-
den werden, daß wegen eines eng begrenzten Mangels der gesamte
Plan nicht genehmigt werden könnte; beim **Bebauungsplan** besteht die
Möglichkeit des „Ausnehmens" allerdings nicht mehr, doch bleiben
Teilversagung und Vorweggenehmigung möglich (vgl. § 11, Rn 2;
Bielenberg, in: B/K/S, Rn 66 f.).

15 Als Nebenbestimmungen sieht das Verwaltungsverfahrensgesetz Befri-
stungen, Bedingungen, Widerrufsvorbehalte, Auflagen und den Vor-
behalt nachträglicher Auflagen vor. Eine **Befristung** kommt als Neben-
bestimmung bei Bauleitplänen **nicht in Betracht** (a. A. Gierke, in:
Kohlhammer-Komm., § 6, Rn 90). Denn die Genehmigung bezieht
sich auf Bauleitpläne, die ihrem Wesen oder ihrer Rechtsnatur nach in
Kraft bleiben, bis sie in dem dafür vorgesehenen Verfahren aufgehoben
oder von dem dafür zuständigen Gericht für nichtig erklärt werden
(vgl. § 9, Rn 7). Diese nach dem Gesetz unbefristete Geltung der
Bauleitpläne kann nicht durch eine befristete Genehmigung unterlaufen
oder beseitigt werden. **Dasselbe** gilt für den **Widerrufsvorbehalt**, da
auch er die zeitlich unbeschränkte Geltung der Bauleitpläne in Frage
stellen würde. Besteht aus anderen Gründen die Notwendigkeit, die
Genehmigung zu widerrufen, so kann dies etwa auf der Grundlage des
§ 49 Abs. 2 Nr. 2 VwVfG erfolgen (hierzu vgl. Kopp, VwVfG, 4. Aufl.
1986, § 49, Rn 32). Zulässig ist danach aber die Beifügung einer **Auf-
lage**, wobei hier die dargestellten Einschränkungen (oben Rn 14) zu
beachten sind.

16 Die Genehmigung kann auch mit einer **aufschiebenden Bedingung**
versehen werden. Die Genehmigung mit einer Maßgabe oder die
„antizipierte" Genehmigung ist nichts anderes als eine Genehmigung
unter einer aufschiebenden Bedingung (vgl. bereits Grauvogel, in:
Kohlhammer-Komm. zum BBauG, § 6, Anm. 14; anders jetzt Gierke,
in: Kohlhammer-Komm., § 6, Rn 98 – vgl. aber auch Rn 103 –; vgl.
aber Erichsen/Martens, in: dies. (Hrsg.), Allgemeines Verwaltungs-
recht, 7. Aufl. 1986, § 14 I 1, wo als Beispiel für eine aufschiebende
Bedingung eine Baugenehmigung mit einer Maßgabe genannt wird).

17 Die **Abgrenzung zwischen aufschiebender Bedingung und Auflage**
ist nicht leicht zu ziehen. Der wesentliche Unterschied besteht darin,
daß die Beifügung einer aufschiebenden Bedingung die Gemeinde nicht
verpflichtet, die aufgestellten Voraussetzungen zu erfüllen, damit aber
auch die Genehmigung nicht wirksam wird. Wird die Genehmigung
dagegen mit einer Auflage verbunden, so ist die Genehmigung sofort
wirksam, die Gemeinde aber auch verpflichtet, das in der Auflage
vorgeschriebene Tun, Dulden oder Unterlassen vorzunehmen. Ent-
scheidend ist die Auslegung nach dem **Zweck der getroffenen Rege-
lung.** Ist die geforderte Änderung so erheblich, daß nicht davon

ausgegangen werden kann, daß die Genehmigung ohne Erfüllung dieser Voraussetzungen wirksam werden soll, so ist eine aufschiebende Bedingung anzunehmen. Ergibt die Auslegung kein klares Ergebnis, so ist im Zweifel zugunsten der Gemeinde von der weniger belastenden Möglichkeit, also der Auflage, auszugehen (vgl. Erichsen/Martens, aaO, § 141 2b; Kopp, aaO, § 36, Rn 23).

Eine Grenze für die Anwendung der aufschiebenden Bedingung **18** ergibt sich aus dem Charakter der Genehmigung, die der Natur der Sache nach eine **nachträgliche Rechtskontrolle** ist. Sie kann daher grundsätzlich nicht im vorhinein ergehen, weil dann die Ordnungsgemäßheit des zu genehmigenden Aktes nicht sichergestellt ist. Ist die Genehmigungsbehörde der Auffassung, daß schon die Grundzüge der Planung nicht den rechtlichen Anforderungen genügen, so hat sie die Genehmigung des Bauleitplans zu versagen. Raum für eine aufschiebende Bedingung ist nur bei notwendigen Änderungen in einzelnen Beziehungen, die nicht Grundlagen oder wesentliche Bestandteile des Bauleitplans berühren (ähnlich bereits zur Genehmigung mit „Maßgabe" Bielenberg, in: E/Z/B, BBauG, § 6, Rn 22).

Will die Gemeinde den Eintritt der aufschiebenden Bedingung her- **19** beiführen oder die Auflage erfüllen, so hat dies in dem **Verfahren** zu erfolgen, das für eine entsprechende Planänderung während des Aufstellungsverfahrens erforderlich ist. So hat etwa bei Änderungen oder Ergänzungen des Bauleitplans eine **erneute Auslegung** nach § 3 Abs. 2 oder 3 stattzufinden. Da hier der von der Gemeinde bereits beschlossene Bauleitplan inhaltlich geändert wird, hat die Gemeinde über die geänderten oder ergänzten Teile erneut einen Beschluß zu fassen (sogenannter **Beitrittsbeschluß**, wie er aus dem kommunalen Satzungsrecht bekannt ist, vgl. etwa § 2 Abs. 1 Satz 3 BekanntmachungsVO NRW vom 7. 4. 1981, GV NRW S. 224; vgl. auch OVG Münster, NVwZ 1983, 162 f.; BVerwG, U. v. 5. 12. 1986, NJW 1987, 1346 ff.; Beschl. v. 14. 8. 1989, ZfBR 1989, 264). Fehlt der Beitrittsbeschluß, wird der Bebauungsplan nicht wirksam (vgl. BVerwG, ZfBR 1987, 101/102). Bei nur formellen oder redaktionellen Änderungen wie etwa der Ersetzung von nicht der PlanzeichenVO entsprechenden Planzeichen durch richtige ist ein besonderes Verfahren nicht erforderlich (hierzu BVerwG, Beschl. v. 14. 8. 1989, DVBl. 1989, 1105; OVG Lüneburg, ZfBR 1985, 97/98).

Keine Nebenbestimmung im Sinne des § 36 VwVfG, sondern eine **20** **Inhaltsbestimmung** ist die „**modifizierende" Auflage.** Denn durch diese wird die Rechtsfolge der beantragten Genehmigung geändert und nicht, wie bei der Auflage, unverändert gelassen oder, wie bei der aufschiebenden Bedingung, vom Eintritt eines zukünftigen Ereignisses abhängig gemacht. Die Grenze ist aber fließend und hat nur geringe praktische Bedeutung, da § 36 VwVfG entsprechend anwendbar ist (vgl. Kopp, aaO, § 36, Rn 38 f.). Die modifizierende Auflage dürfte bei der Genehmigung eines Bauleitplans in aller Regel unzulässig sein, da

hier die Genehmigungsbehörde selbst die inhaltliche Änderung vor-
nimmt und sie nicht der Gemeinde anheimstellt. Hier läge also ein
rechtswidriger Eingriff in die kommunale Selbstverwaltung vor.

21 **3.** Hat die Gemeinde Planentwurf und Genehmigung zurückerhal-
ten, so hat sie die Genehmigung nach **Abs. 5 Satz 1 ortsüblich bekannt-
zumachen** (hierzu vgl. § 3, Rn 14). Nebenbestimmungen sollten in
jedem Fall mit bekanntgemacht werden, damit der Bürger Änderungen
gegenüber dem Gemeinderatsbeschluß nachvollziehen kann (vgl. z. B.
die nds. Verwaltungsvorschriften zum BBauG v. 10. 2. 1983, Nds.
MBl., S. 317 ff., Nr. 37.1.1.) Es führt jedoch nicht zur Ungültigkeit des
Plans, wenn bei der Bekanntmachung nicht auf mit der Genehmigung
verbundene Nebenbestimmungen hingewiesen wurde (BVerwG,
ZfBR 1987, 105 f.; vgl. auch BVerwG, NJW 1985, 1569/1570).

22 Die Bekanntmachung ist Wirksamkeitsvoraussetzung für Rechtsnor-
men. Nun ist der Flächennutzungsplan nach allgemeiner Auffassung
keine Rechtsnorm, wäre insofern also nicht bekanntmachungsbedürf-
tig. **Abs. 5 Satz 2** bestimmt aber, daß der Flächennutzungsplan gleich-
wohl erst mit seiner Bekanntmachung wirksam, insofern also einer
Rechtsnorm gleichgestellt wird.

23 Eine Veröffentlichung des Flächennutzungsplans ist nicht vorgese-
hen, da dies zu umständlich und aufwendig wäre. Stattdessen wird
nach **Abs. 5 Satz 3** jedermann das Recht eingeräumt, den Flächennut-
zungsplan und den Erläuterungsbericht **einzusehen** und über deren
Inhalt **Auskunft zu verlangen.**

24 Nach § 246 Abs. 1 entfällt das Genehmigungserfordernis in den
Ländern Berlin und Hamburg; das Land Bremen kann bestimmen, daß
eine Genehmigung nicht erforderlich ist.

25 Der neue **Abs. 6** stellt klar, daß die Gemeinde mit dem Beschluß über
eine Planänderung auch die **Neubekanntmachung** des Flächennut-
zungsplans in der neuen Fassung bestimmen kann. Dies erscheint
zweckmäßig, da Flächennutzungspläne, die in der Regel auf eine
Geltungsdauer von 10 bis 15 Jahren angelegt sind (vgl. § 5, Rn 1), in
diesem Zeitraum oftmals zahlreiche Änderungen erfahren; mehr als 50
sind keine Seltenheit. Für den Bürger, aber auch für viele Gemeinde-
stellen ist es daher oftmals sehr schwer, sich einen Überblick über den
aktuellen Stand des Flächennutzungsplans zu verschaffen. Ist eine sol-
che Situation erreicht, kann es zweckmäßig sein, den Flächennutzungs-
plan in der nach einer wiederholten Änderung geltenden Fassung neu
bekanntzumachen. Für die Rechtslage maßgeblich bleiben aber im Falle
von etwaigen Diskrepanzen die jeweiligen beschlossenen Einzelände-
rungen: Die Neubekanntmachung hat nur **deklaratorische Funktion,**
sie ist **nicht konstitutiver Natur** (vgl. Bielenberg, in: B/K/S, Rn 65).

§7 Anpassung an den Flächennutzungsplan

Öffentliche Planungsträger, die nach §4 Abs. 1 und §13 Abs. 2 beteiligt sind, haben ihre Planungen dem Flächennutzungsplan insoweit anzupassen, als sie diesem Plan nicht widersprochen haben. Macht eine Veränderung der Sachlage eine abweichende Planung erforderlich, haben sie sich unverzüglich mit der Gemeinde ins Benehmen zu setzen. Kann ein Einvernehmen zwischen der Gemeinde und dem öffentlichen Planungsträger nicht erreicht werden, kann der öffentliche Planungsträger nachträglich widersprechen. Der Widerspruch ist nur zulässig, wenn die für die abweichende Planung geltend gemachten Belange die sich aus dem Flächennutzungsplan ergebenden städtebaulichen Belange nicht nur unwesentlich überwiegen. Im Fall einer abweichenden Planung ist §37 Abs. 3 auf die durch die Änderung oder Ergänzung des Flächennutzungsplans oder eines Bebauungsplans, der aus dem Flächennutzungsplan entwickelt worden ist und geändert, ergänzt oder aufgehoben werden mußte, entstehenden Aufwendungen und Kosten entsprechend anzuwenden; §38 Satz 3 bleibt unberührt.

Übersicht

1. Nach §1 Abs. 1 ist es Aufgabe der Gemeinden bei der Bauleitpla- **1** nung, die bauliche und sonstige Nutzung der Grundstücke in der Gemeinde vorzubereiten und zu leiten. Die Gemeinde ist allerdings nicht der einzige Träger hoheitlicher Verwaltung, der befugt ist, rechtsverbindliche Bodennutzungsregelungen vorzunehmen. Daneben gibt es vielmehr eine **Reihe weiterer Planungsträger,** denen gesetzlich das Recht zuerkannt ist, für die Durchführung ihrer Verwaltungszwecke **rechtsverbindliche Planungen für raumbeanspruchende Maßnahmen** durchzuführen. Nur solche Rechtsträger fallen – wie auch bei §205 Abs. 1 Satz 1 (früher §4 BBauG) – unter den Begriff „öffentliche Planungsträger" (Zinkahn, in: E/Z/B, §205, Rn 6). Öffentliche Planungsträger sind danach also insbesondere die Träger der in §38 genannten Fachplanungen (hierzu §38, Rn 9 ff.), aber zum Beispiel

auch die Träger der Flurbereinigung bei Aufstellung des Wege- und
Gewässerplans nach § 41 FlurbG und Träger des Natur- und Land-
schaftsschutzes z. B. bei Ausweisung eines Schutzgebiets (vgl. VGH
Mannheim, UPR 1987, 392).

2 Zweck des § 7 ist nun, eine **Harmonisierung der von verschiedenen
Seiten beabsichtigten Bodennutzung** herbeizuführen. Er enthält über
die Verfahrensregelung des § 4 – nach der die Träger öffentlicher
Belange, zu denen auch alle öffentlichen Planungsträger gehören, zu
beteiligen sind – hinausgehende Ansätze zu einer **materiellen Koordi-
nation** der beabsichtigten Planungen. Zusammen mit der Vorrangrege-
lung in § 38 führt die Regelung in § 7 aufgrund der Einräumung der
Widerspruchsmöglichkeit letztlich jedoch weniger zu einer gleichbe-
rechtigten Koordination der verschiedenen Planungen als zu einem
Vorrang der Fachplanungen vor der Bauleitplanung (hierzu Schlar-
mann, Das Verhältnis der privilegierten Fachplanungen zur kommuna-
len Bauleitplanung, 1980). Hieran ändert auch die Einfügung der Sätze
3 bis 5 nur wenig, wenngleich sie einen ersten Schritt zur Aufwertung
des Flächennutzungsplans gegenüber den Fachplanungen darstellt. Da
der Flächennutzungsplan keine Rechtsnorm ist und daher aus sich
heraus keine Rechtsbindung erzeugt, ist die ausdrückliche Bestimmung
der Anpassungspflicht in § 7 erforderlich.

3 2. Hat der Planungsträger dem Flächennutzungsplan nicht wider-
sprochen, so unterliegt er nach **Satz 1** der **Anpassungspflicht.** Wie aus
der Verwendung des Worts „insoweit" hervorgeht, kann der Pla-
nungsträger dem Flächennutzungsplan auch nur teilweise widerspre-
chen; seine Anpassungspflicht beschränkt sich dann auf den Teil des
Flächennutzungsplans, dem er nicht widersprochen hat. Die Anpas-
sungspflicht beginnt mit der Bekanntmachung, d. h. mit Wirksamwer-
den des Flächennutzungsplans. Sie bedeutet, daß der Planungsträger
den Flächennutzungsplan im Planfeststellungsverfahren ebenso zu be-
achten hat wie die Gemeinde bei Aufstellung eines Bebauungsplans.
Die für das Entwickeln eines Bebauungsplans aus dem Flächennut-
zungsplan nach § 8 Abs. 2 aufgestellten Grundsätze sind daher in ent-
sprechender Weise anzuwenden.

4 Die Anpassungspflicht erstreckt sich vor allem auf **beabsichtigte
oder noch nicht abgeschlossene Planungsvorhaben** des Planungsträ-
gers. Allerdings ist es nicht ausgeschlossen, daß der Planungsträger
auch rechtsverbindlich abgeschlossene Planungsverfahren nur entspre-
chend dem Flächennutzungsplan verwirklichen kann, wenn er den
Widerspruch unterlassen hat. Dies kann Bedeutung gewinnen, wenn
der festgestellte Plan von dem Planungsträger einer Änderung unterzo-
gen werden soll (so auch Grauvogel, in: Kohlhammer-Komm. zum
BBauG, § 7, Anm. III.3.).

5 Voraussetzung für das Entstehen der Anpassungspflicht ist grund-
sätzlich ein fehlerfreier, **wirksamer Flächennutzungsplan.** Entspre-
chend der nur teilweisen Anpassungspflicht bei nur teilweisem Wider-

spruch bleibt eine teilweise Anpassungspflicht bestehen, wenn die Unwirksamkeit des Flächennutzungsplans sich nur auf bestimmte Teile bezieht und der Bestand des Flächennutzungsplans im übrigen hiervon nicht berührt wird. Wird der Flächennutzungsplan aus formellen Gründen unwirksam, so entsteht die Anpassungspflicht nicht; die materiell fehlerfreien Darstellungen des Flächennutzungsplans sind jedoch von dem Planungsträger bei der Aufstellung seines Fachplanes unabhängig vom Bestehen der Anpassungspflicht als **öffentlicher Belang** zu berücksichtigen. Diese Pflicht kann sich **auch vor Wirksamwerden** des Flächennutzungsplans bereits ergeben (hierzu Bielenberg, in: E/Z/B, BBauG, § 7, Rn 33 f.).

Die Anpassungspflicht begründet keinen Anspruch darauf, daß die entsprechende Fachplanung auch tatsächlich durchgeführt wird. Erst in dem Falle, in dem tatsächlich geplant wird, ist die Einhaltung der Anpassungspflicht **gerichtlich erzwingbar.** Ihre Nichtbeachtung stellt eine Verletzung der kommunalen Planungshoheit dar, die mit Anfechtungs- oder Verpflichtungsklage gegenüber dem planfeststellenden Verwaltungsakt durchgesetzt werden kann. Der entsprechende Fachplanungsakt ist rechtswidrig. **6**

3. a) Sieht der Planungsträger einen Widerspruch zwischen den beabsichtigten Darstellungen im Flächennutzungsplan und den von ihm selbst beabsichtigten Planungen, die sich im Planaufstellungsverfahren nicht ausräumen ließen, so muß er dem Flächennutzungsplan oder einzelnen seiner Darstellungen **widersprechen,** wenn er nicht an diese Darstellungen gebunden sein will. Da die Anpassungspflicht nur die Planungen des Planungsträgers erfaßt, **kann der Widerspruch auch nur aus Gründen erfolgen, die sich aus diesen Planungen ergeben.** Keinesfalls kann er aus allgemeinen Erwägungen, die mit seiner besonderen Planungsaufgabe in keinem Zusammenhang stehen, dem Flächennutzungsplan widersprechen. Insoweit ist er darauf beschränkt, wie andere Behörden oder Bürger bei der Auslegung des Flächennutzungsplanentwurfs nach § 3 Abs. 2 Bedenken und Anregungen geltend zu machen (so auch Bielenberg, in: E/Z/B, § 7, Rn 17). **7**

b) Der Widerspruch nach § 7 ist mangels Regelungsgehalt **kein Verwaltungsakt,** sondern eine bloße empfangsbedürftige Willenserklärung. Die Form, in der dem Flächennutzungsplan gegebenenfalls zu widersprechen ist, läßt sich daher nicht aus allgemeinen Regelungen etwa des Verwaltungsverfahrensgesetzes ableiten, sondern ist aus der Funktion des Widerspruchs heraus zu bestimmen. Danach ist es tunlich, in **schriftlicher Form** zu widersprechen, da andernfalls das Vorliegen einer Anpassungspflicht nicht einwandfrei bejaht oder verneint werden kann, auch der genaue Inhalt des Widerspruchs mit der erforderlichen Präzision nicht nachzuvollziehen ist. **8**

Der Widerspruch ist notwendig zu **begründen.** Da ein Widerspruch nur beachtlich ist, wenn er aus dem Funktionskreis des Planungsträgers heraus begründet ist und dessen Planungsabsichten z. B. nicht gegen **9**

Ziele der Raumordnung und Landesplanung verstoßen, kann die Gemeinde den Charakter einer sich gegen Darstellungen des Flächennutzungsplans wendenden Äußerung eines Planungsträgers nur dann zweifelsfrei als Widerspruch oder als bloße Bedenken im Sinne des § 3 Abs. 2 einstufen, wenn der Widerspruch begründet ist. Für das weitere Verfahren der Gemeinde wie auch für die Entscheidung der Genehmigungsbehörde ist aber die eindeutige Zuordnung einer solchen Äußerung von wesentlicher Bedeutung. Ein unbegründeter „Widerspruch" ist daher unbeachtlich (ähnlich Bielenberg, in: E/Z/B, § 7, Rn 16: Begründung ist nicht rechtliche Wirksamkeitsvoraussetzung, sondern aus Gründen sachgerechter Planung der Gemeinde und wirksamer Planungskoordination sachliche Verpflichtung des Planungsträgers; vgl. auch Grauvogel, in: Kohlhammer-Komm. zum BBauG, § 7, Anm. II. 2a). Allerdings kann sich der Planungsträger als Begründung auf seine Stellungnahme berufen, die er bereits bei seiner Beteiligung als Träger öffentlicher Belange nach § 4 Abs. 1 abgegeben hat. In jedem Fall ist es für die Gemeinde ratsam, sich um eine Begründung für eine ablehnende Äußerung zu ihrem Flächennutzungsplanentwurf zu bemühen; ansonsten läuft sie Gefahr, in den Abwägungsprozeß nicht alle Belange mit dem ihnen zukommenden Gewicht eingestellt zu haben.

10 **c)** Das Gesetz enthält keine Regelung darüber, ab und bis wann dem Flächennutzungsplan gegebenenfalls zu widersprechen ist. Dieser **Zeitpunkt** ist daher aus der Funktion und Bedeutung des Widerspruchs zu gewinnen. Durch seinen Widerspruch macht der Planungsträger eine gravierende Meinungsverschiedenheit zwischen ihm und der Gemeinde über die Nutzung eines bestimmten Teils des Gemeindegebiets deutlich. Daraus folgt, daß bei Bestehenbleiben dieser Situation der Koordinierungszweck des § 7 nicht erfüllt wird. Aus dieser Zweckrichtung des Widerspruchs einerseits und des § 7 andererseits folgt, daß der Widerspruch zu einem Zeitpunkt ergehen muß, zu dem die Planung der Gemeinde sich bereits so verfestigt hat, daß die **endgültige Planfassung absehbar** ist, daß aber andererseits die Gemeinde noch Herrin des Verfahrens ist, also noch die beabsichtigten Darstellungen im Flächennutzungsplan ändern kann. Daraus folgt, daß ein Widerspruch im Sinne des § 7 **frühestens mit Planreife** (hierzu § 33, Rn 7 f.) erfolgen kann. Bei der Beteiligung nach § 4 Abs. 1 kann daher noch nicht wirksam im Sinne von § 7 Widerspruch eingelegt werden (a. A. Gaentzsch, in: BK, § 7, Rn 9, der die hier vertretene Auffassung als zu formal einstuft; Bielenberg, in: E/Z/B, § 7, Rn 19). Dies schließt nicht aus, sondern erfordert es im Gegenteil, daß der Planungsträger bereits bei seiner Beteiligung nach § 4 Abs. 1 seinen Widerspruch bei Bestand der beabsichtigten Planung **ankündigt.** Nur dann kann die Gemeinde diesen Belang mit seinem wirklichen Gewicht bei der Abwägung berücksichtigen und in der Bürgerbeteiligung zur Diskussion stellen. Planreife im Sinne des § 7 kann bereits gegeben sein, wenn die Gemeinde bei der Beteiligung der Träger öffentlicher Belange bestimmte

planerische Absichten für unverzichtbar erklärt und damit dokumentiert, daß sie bestimmte Darstellungen auf jeden Fall zu treffen gedenkt. Spätestens ist sie gegeben nach der Auslegung gem. § 3 Abs. 2, wenn die Gemeinde mit ihrem fertigen Entwurf an die Öffentlichkeit getreten ist und über die vorgebrachten Bedenken entschieden hat.

Entsprechend dem Koordinierungszweck des § 7 wird die Auslegung des Planentwurfs regelmäßig der gegebene Zeitraum sein, um den Widerspruch zu bekunden. Dies allein entspricht dem Bestreben des Gesetzes, gerade die Beteiligung der Träger öffentlicher Belange möglichst zu straffen, wie sich aus § 4 Abs. 1 Satz 3 ergibt. Allerdings hat der Gesetzgeber dieses Beschleunigungsziel nur für die Stellungnahme der Träger öffentlicher Belange, nicht aber für den Widerspruch öffentlicher Planungsträger konsequent durchgeführt. Die Aufwertung der Koordinierungsfunktion des § 7 durch seine Neufassung im Baugesetzbuch (vgl. oben, Rn 2) läßt es aber als gerechtfertigt erscheinen, den **Abschluß der Auslegung nach § 3 Abs. 2** als letzten Termin für das Einlegen des Widerspruchs anzusehen. Nur so kann die Gemeinde die Bedeutung des Widerspruchs als abwägungserheblichen Belang rechtzeitig und mit dem nötigen Gewicht in ihren Entscheidungsprozeß einbeziehen (ebenso Bielenberg, in: E/Z/B, § 7, Rn 21; Gaentzsch, in: BK, § 7, Rn 9; anders noch 2. Aufl., Rn 11; a. A. Grauvogel, in: Kohlhammer-Komm. zum BBauG, § 7, Anm. II, 2c, der die Erhebung des Widerspruchs bis zur Bekanntmachung des Flächennutzungsplans für möglich hält; H. Schrödter, in: Schrödter, § 7, Rn 2). **11**

4. a) Hat ein Planungsträger dem Flächennutzungsplan widersprochen, so kann dies unterschiedliche **Auswirkungen auf die Genehmigungsfähigkeit des Flächennutzungsplans** haben. Zunächst ist es Aufgabe der Genehmigungsbehörde, in dem fraglichen Punkt doch noch eine Übereinkunft zwischen Gemeinde und Planungsträger herbeizuführen zu suchen. Ein Widerspruch beeinträchtigt in dem betreffenden Bereich die Steuerungsfähigkeit des Flächennutzungsplans, so daß die weitere städtebauliche Entwicklung hier unsicher ist. Die Entwicklung eines Bebauungsplans ist in diesem Gebiet kaum möglich; die Wirkung des Flächennutzungsplans z. B. nach § 34 Abs. 4 und § 35 Abs. 3 ist zweifelhaft. **12**

Ist eine Einigung nicht herbeizuführen, so ist zunächst die ordnungsgemäße Abwägung der zu berücksichtigenden Belange vor allem im Hinblick auf den Widerspruch zu prüfen. War die Abwägung sachgerecht, so kann die Genehmigungsbehörde gleichwohl den Plan genehmigen, wenn die sachlichen Unterschiede in der Auffassung von Gemeinde und Planungsträger für die weitere Entwicklung des Gemeindegebiets von eher untergeordneter Bedeutung sind. Bestehen gravierende Differenzen, so daß der Flächennutzungsplan die ihm zugedachte Funktion einer Leitung der weiteren städtebaulichen Entwicklung nicht erfüllen kann, so ist dem Flächennutzungsplan insoweit die **Genehmigung** zu **versagen** und damit der Vorrang der Fachpla- **13**

nung vor der Bauleitplanung anzuerkennen. Gaentzsch (in: BK, § 9, Rn 13) weist allerdings zurecht darauf hin, daß der Flächennutzungsplan gleichwohl genehmigt werden könne, wenn die widersprechende Fachplanung die Belange der Bauleitplanung nicht hinreichend berücksichtigt habe oder wenn die Ziele der Fachplanung noch nicht hinreichend konkretisiert sind, die planerische Abwägung im Flächennutzungsplan aber den Anforderungen entspricht. Auch kann die vom Widerspruch betroffene Fläche oder Darstellung nach § 6 Abs. 3 von der Genehmigung ausgenommen werden, soweit die Gemeinde nicht bereits nach § 5 Abs. 1 Satz 2 vorgeht.

14 Wird der Flächennutzungsplan mit einem Widerspruch belastet genehmigt, so wird die Entscheidung des Konflikts zwischen Fach- und Bauleitplanung auf die später erfolgende **Planfeststellung** verschoben. Bei dieser Planfeststellung kann die Gemeinde ihre Auffassung erneut geltend machen, gegebenenfalls die Planfeststellung aus diesem Grunde anfechten und eventuell ihre Planungsabsichten doch noch durchsetzen. Um diese Unsicherheiten zu vermeiden, ist es für beide Seiten angeraten, den Konflikt bereits bei der Aufstellung des Flächennutzungsplans zu bereinigen.

15 **b)** Hat der öffentliche Planungsträger wirksam Widerspruch eingelegt, so ist er bei seiner Fachplanung **nicht** an den Flächennutzungsplan **gebunden. Gleichwohl** hat er bei seiner Planung die **städtebaulichen Belange der Gemeinde zu beachten.** Hatte die Gemeinde bereits vorher einen Bebauungsplan rechtswirksam aufgestellt, so kann der Planungsträger dagegen seine Planung nur durchsetzen, wenn er nach § 38 privilegiert ist (hierzu im einzelnen Anmerkungen zu § 38).

16 **5.** Eine zwischen Gemeinde und Planungsträger getroffene Koordinierungsentscheidung, die eine Anpassungspflicht des Trägers begründet hat, kann nicht unabhängig davon Bestand haben, ob sich maßgebliche Umstände, die der Fachplanung zugrunde liegen, geändert haben. Wird hierdurch eine andere Planung erforderlich als bei der Aufstellung des Flächennutzungsplans angenommen, kann der Planungsträger nach **Satz 3 nachträglich widersprechen** und damit unter der Voraussetzung eine **Freistellung von seiner Anpassungspflicht** erreichen, daß die Sachlage sich objektiv verändert hat, eine Einigung mit der Gemeinde nicht erreicht werden konnte (Satz 2 und 3) und die fachplanerischen Belange die städtebaulichen nicht nur unwesentlich überwiegen (Satz 4).

17 Entscheidend ist zunächst eine **Änderung der objektiven Umstände,** nicht der subjektiven Bewertung eines unveränderten Sachverhalts (Grauvogel, in: Kohlhammer-Komm. zum BBauG, § 7, Anm. IV. 1.; vgl. auch Bielenberg, in: E/Z/B, § 7, Rn 44 f.). Es ist als eine objektive Veränderung der Sachlage anzusehen, wenn Belange, die zu einem früheren Zeitpunkt nur als eher geringwertig eingestuft werden konnten, in der Zwischenzeit ein Gewicht erlangt haben, das ihre besondere

Berücksichtigung fordert. Auch in diesem Fall kann eine abweichende Planung „erforderlich" werden.

Tritt der Fall des Erfordernisses einer abweichenden Planung ein, so **18** ist der Planungsträger verpflichtet, sich nach **Satz 2** vor einem nachträglichen Widerspruch mit dem **Ziel einer Einigung mit der Gemeinde** in Verbindung zu setzen. Kommt eine solche Einigung nicht zustande, kann der Planungsträger nur dann nach **Satz 3** nachträglich widersprechen und sich damit von der Bindung an den Flächennutzungsplan befreien, wenn den von ihm geltend gemachten Belangen ein **„nicht nur unwesentliches" Übergewicht** gegenüber den städtebaulichen Belangen zukommt (**Satz 4**). Wenn hierdurch auch nicht ein Vorrang der örtlichen Planung – und sei es auch nur im Hinblick auf die örtliche Ausfüllung des überörtlich vorgegebenen Planungsrahmens – geschaffen wird, so wird doch immerhin die Position der gemeindlichen Bauleitplanung gegenüber den Fachplanungsträgern, auch soweit sie nach § 38 privilegiert sind (vgl. BT-Drs. 10/6166, S. 147), gestärkt. Wann ein fachplanerischer Belang nicht nur unwesentlich überwiegt, ist nicht einfach zu bestimmen. In einem anderen Zusammenhang, im Hinblick auf voneinander abweichende Grundstückswerte bei § 59 Abs. 2, wird zur Erläuterung des Bedeutungsgehalts einer „mehr als nur unwesentlichen" Abweichung als Richtlinie eine Abweichung von 10 % angegeben (vgl. BT-Drs. 10/4630, S. 101). Überträgt man diese Quantifizierung auf die hier erforderliche qualitative Abwägung, so wird man sagen müssen, daß ein fachplanerischer Belang nur dann die städtebaulichen Belange „nicht nur unwesentlich" überwiegt, wenn er **im konkreten Fall eindeutig und deutlich,** also **zweifelsfrei** gewichtiger ist. Es ist allerdings nicht erforderlich, daß die fachplanerischen die städtebaulichen Belange wesentlich überwiegen, ein Zurücktreten der fachplanerischen Belange bei unabhängiger Betrachtung also ernsthaft nicht in Erwägung zu ziehen ist. Darauf, ob das Ergebnis der fachplanerischen Abwägung fehlerhaft ist, kommt es nicht an (vgl. Gaentzsch, in: BK, § 7, Rn 21).

Ist aufgrund einer abweichenden Planung eine Änderung des Flä- **19** chennutzungsplans oder eines aus ihm entwickelten Bebauungsplans erforderlich, so hat der Planungsträger nach **Satz 5 Halbsatz 1** die der Gemeinde hierdurch entstehenden **Planungskosten** zu ersetzen. Der Entschädigungsanspruch der Gemeinde nach § 38 Satz 3 bei notwendigen Planänderungen aufgrund privilegierter Planfeststellungen wird, wie Satz 5 **Halbsatz 2** klarstellt, hierdurch nicht berührt, bleibt also bestehen.

Dritter Abschnitt. Verbindlicher Bauleitplan (Bebauungsplan)

§ 8 Zweck des Bebauungsplans

(1) Der Bebauungsplan enthält die rechtsverbindlichen Festsetzungen für die städtebauliche Ordnung. Er bildet die Grundlage für weitere zum Vollzug dieses Gesetzbuchs erforderliche Maßnahmen.

(2) Bebauungspläne sind aus dem Flächennutzungsplan zu entwickeln. Ein Flächennutzungsplan ist nicht erforderlich, wenn der Bebauungsplan ausreicht, um die städtebauliche Entwicklung zu ordnen.

(3) Mit der Aufstellung, Änderung, Ergänzung oder Aufhebung eines Bebauungsplans kann gleichzeitig auch der Flächennutzungsplan aufgestellt, geändert oder ergänzt werden (Parallelverfahren). Der Bebauungsplan kann vor dem Flächennutzungsplan angezeigt und bekanntgemacht werden, wenn nach dem Stand der Planungsarbeiten anzunehmen ist, daß der Bebauungsplan aus den künftigen Darstellungen des Flächennutzungsplans entwickelt sein wird.

(4) Ein Bebauungsplan kann aufgestellt, geändert, ergänzt oder aufgehoben werden, bevor der Flächennutzungsplan aufgestellt ist, wenn dringende Gründe es erfordern und wenn der Bebauungsplan der beabsichtigten städtebaulichen Entwicklung des Gemeindegebiets nicht entgegenstehen wird (vorzeitiger Bebauungsplan). Gilt bei Gebiets- oder Bestandsänderungen von Gemeinden oder anderen Veränderungen der Zuständigkeit für die Aufstellung von Flächennutzungsplänen ein Flächennutzungsplan fort, kann ein vorzeitiger Bebauungsplan auch aufgestellt werden, bevor der Flächennutzungsplan ergänzt oder geändert ist.

Übersicht

1 **1. Abs. 1 Satz 1** stellt in Ausführung von § 1 Abs. 2 klar, daß der Bebauungsplan rechtsverbindlich festsetzt, welche städtebaurelevanten Maßnahmen auf einem Grundstück zulässig sind. Diese Funktion des Bebauungsplans gebietet es auch, daß die Gemeinde den Festsetzungen eine **„positive" planerische Entscheidung** zugrunde legt und nicht

„negativ" eine nur freihaltende Festsetzung, z. B. einer Grünfläche, vornimmt und damit ihre wahren Nutzungsabsichten für die Fläche verdeckt (grundlegend BVerwGE 40, 258 ff.; anders u. U. beim Flächennutzungsplan, vgl. §5, Rn 29, 31). **Satz 2** bekräftigt das dem BauGB in weiten Teilen zugrunde liegende Prinzip, daß der öffentliche Plan lediglich einen **Rahmen** setzt, **dessen Ausfüllung der Privatinitiative des Grundstückseigentümers obliegt.** In ihm ist nämlich bestimmt, daß der Bebauungsplan lediglich die **Grundlage für den Vollzug** des Bebauungsplans bildet, daß also nicht der Bebauungsplan selbst schon zum Vollzug seiner Festsetzungen zwingt. Dabei ist unter Vollzug sowohl die Plansicherung als auch die Plandurchführung zu verstehen. Der Sicherung des Vollzugs dienen Entscheidungen wie die Teilungsgenehmigung nach §19 Abs. 1, die Ausübung des Vorkaufsrechts nach §§24 ff., die Entscheidung über die Zulassung von Bauvorhaben nach §§29 ff. Zur Durchführung des Plans dienen der Erlaß eines Gebots nach §§175 ff., der Erlaß einer Erhaltungssatzung nach §172 ff., die Durchführung einer Umlegung nach §§45 ff. oder einer Grenzregelung nach §§80 ff., die Enteignung nach §§85 ff., die Erschließung nach §§123 ff. Schließlich kann der Bebauungsplan aufgrund seiner verbindlichen Festsetzungen auch unmittelbar in Rechte Dritter eingreifen, so daß an ihn – und nicht an den nur vorbereitenden Flächennutzungsplan – auch die Entscheidung über Planungsschäden nach §§39 ff. anknüpft.

Zum **Inhalt** des Bebauungsplans siehe im einzelnen Anmerkungen zu §9.

2. a) Abs. 2 Satz 1 bringt die Vorstellung des Gesetzes von der 2 grundsätzlichen **planerischen Priorität des Flächennutzungsplans** gegenüber dem Bebauungsplan zum Ausdruck. Der Gesetzgeber geht also im Grundsatz von einer **Stufenfolge der Planung** aus, die sich vom jeweils größeren Raum stufenweise bis zur Nutzungsregelung für das einzelne Grundstück konkretisiert. Daß dieses Idealbild der Raumplanung den Bedürfnissen und Erfordernissen der Planungspraxis nicht entspricht und daher auch gesetzgeberisch nicht durchzuhalten war, wird besonders an dem in Abs. 3 legalisierten Parallelverfahren deutlich, mit dem die Priorität des Flächennutzungsplans insoweit nur noch der Form, nicht aber dem Inhalt nach aufrechterhalten wird.

Entsprechend diesen gesetzgeberischen Vorstellungen von der **stu- 3 fenweisen Konkretisierung der zulässigen Raumnutzung** sind nach der Rechtsprechung des Bundesverwaltungsgerichts Bebauungspläne so aus dem Flächennutzungsplan zu entwickeln, „daß durch ihre Festsetzungen die zugrunde liegenden **Darstellungen des Flächennutzungsplans konkreter ausgestaltet und damit zugleich verdeutlicht werden**" (BVerwGE 48, 70 ff.; 56, 283/285 f.). Da dem Flächennutzungsplan der Charakter eines Zweckprogramms beikommt, dessen zeichnerische Darstellungen einen überschießenden Genauigkeitsgrad entfalten (vgl. §5, Rn 8), liegt es durchaus im Rahmen der möglichen

Entwicklung eines Bebauungsplans aus dem Flächennutzungsplan, wenn dieser von den im Flächennutzungsplan gezogenen Grenzen der Darstellungen abweicht. Dies kann im Extremfall dazu führen, daß ein Bebauungsplan für seinen gesamten Geltungsbereich eine andere Nutzung festsetzt, als sie im Flächennutzungsplan vorgesehen ist (BVerwG, BauR 1979, 206/207 f.). Voraussetzung für eine solche abweichende Konkretisierung ist allerdings, daß hierdurch die Grundkonzeption des Flächennutzungsplans nicht berührt wird. Der Gestaltungsrahmen wird daher überschritten, wenn an exponierter Stelle des Gemeindegebiets aus einer öffentlichen Parkfläche im Bebauungsplan private Gartenflächen werden (vgl. VGH München, BayVBl. 1983, 565/566).

4 Maßgeblich für eine normgerechte Entwicklung des Bebauungsplans aus dem Flächennutzungsplan sind **objektive Gründe,** nicht etwa subjektive Vorstellungen (BVerwG, BayVBl. 1976, 440/441). Ein solches objektives Kriterium kann etwa die gegenüber der Aufstellung des Flächennutzungsplans fortgeschrittene bauliche Entwicklung in einem Gebiet sein, die es nahelegt, im Rahmen einer dargestellten Wohnbaufläche ein Kerngebiet oder auch andere als die im Flächennutzungsplan dargestellten Gemeinbedarfseinrichtungen festzusetzen (VGH Mannheim, BRS 32, Nr. 11; vgl. aber zu den Grenzen solcher Entwicklung, wenn die Begründung des Flächennutzungsplans eine bestimmte planerische Konzeption erkennen läßt, VGH Kassel, UPR 1989, 394 f.).

5 Für die Beurteilung, ob ein Bebauungsplan aus dem Flächennutzungsplan entwickelt ist, muß – vorbehaltlich der Möglichkeit des Parallelverfahrens nach Abs. 3 – auf den **Zeitpunkt des Inkrafttretens des Bebauungsplans** (vgl. § 12) abgestellt werden. Der Bebauungsplan muß sich zu diesem Zeitpunkt als aus einem **gültigen Flächennutzungsplan** entwickelt darstellen (BVerwG, BauR 1978, 449/450 f.)

6 Ein Bebauungsplan, der nicht in diesem Sinne aus dem Flächennutzungsplan entwickelt ist, ist ungültig (BVerwGE 48, 70/72 ff.), wenn hierbei die sich aus dem Flächennutzungsplan ergebende geordnete städtebauliche Entwicklung beeinträchtigt worden ist. Andernfalls ist diese Rechtsverletzung für die Rechtswirksamkeit des Bebauungsplans nach § 214 Abs. 2 Nr. 2 unbeachtlich. Hat sich nach Bekanntmachung des Bebauungsplans herausgestellt, daß der Flächennutzungsplan an einem formellen Fehler leidet und deswegen unwirksam ist, so ist auch dies nach § 214 Abs. 2 Nr. 3 auf die Wirksamkeit des Bebauungsplans ohne Einfluß.

7 **b)** Eine Ausnahme von der grundsätzlichen Zweistufigkeit der Bauleitplanung nach dem Baugesetzbuch enthält **Abs. 2 Satz 2.** Hiernach kann eine Gemeinde auf die Aufstellung eines Flächennutzungsplans verzichten, wenn es für die Ordnung der städtebaulichen Entwicklung ausreicht, Bebauungspläne aufzustellen (sogenannter **selbständiger Bebauungsplan**). Der selbständige Bebauungsplan – oder mehrere Bebauungspläne – müssen dabei nicht wie der Flächennutzungsplan das

gesamte Gemeindegebiet abdecken; sie müssen aber ausreichen, die städtebauliche Entwicklung für das gesamte Gemeindegebiet zu ordnen. Denn an dem Erfordernis, die städtebauliche Entwicklung im gesamten Gemeindegebiet zu ordnen, will Abs. 2 Satz 2 nicht rütteln (im einzelnen hierzu Bielenberg, in: E/Z/B, § 2, Rn 62a; § 8, Rn 3 mit zahlreichen Nachweisen von Einzelfällen). Allerdings dürfte angesichts der Komplexität der städtebaulichen Entwicklung eines Gemeindegebiets auch im ländlichen Raum und auch bei kleinen Gemeinden der selbständige Bebauungsplan, jedenfalls soweit er nicht das gesamte Gemeindegebiet abdeckt, immer mehr an Bedeutung verlieren. Zwar ist es nach § 214 Abs. 2 Nr. 1 für die Rechtswirksamkeit eines selbständigen Bebauungsplans unbeachtlich, wenn die Anforderungen des Abs. 2 Satz 2 nicht richtig beurteilt worden sind. Gerade in diesen Fällen wird jedoch das Planungserfordernis und damit die Planungspflicht nach § 1 Abs. 3 besonders deutlich werden und die Kommunalaufsicht bei der nach wie vor erforderlichen Genehmigung eines selbständigen Bebauungsplans (vgl. § 11 Abs. 1 Halbsatz 1) auf die Erfüllung der Planungspflicht drängen. Ggf. kann allerdings auch eine informelle Planung, etwa ein **städtebaulicher Rahmenplan** (hierzu § 1, Rn 46), ausreichen, die städtebauliche Entwicklung zu ordnen (vgl. Bielenberg, aaO, § 2, Rn 62a).

 c) Wird für den Zeitpunkt des „Entwickeltseins" auf den Zeitpunkt **8** des Inkrafttretens des Bebauungsplans und der Wirksamkeit des Flächennutzungsplans, d. h. auf deren Bekanntmachung, abgestellt, und **nicht auf ein zeitliches Nacheinander der Planerarbeitung von Flächennutzungsplan und Bebauungsplan,** so ist damit der Weg für ein **Parallelverfahren** eröffnet. Hierbei können Flächennutzungsplan und Bebauungsplan gleichzeitig aufgestellt, geändert, ergänzt oder aufgehoben werden (**Abs. 3 Satz 1**). Die inhaltlichen Anforderungen an den Bebauungsplan hinsichtlich seines „Entwickeltseins" aus dem Flächennutzungsplan werden dadurch allerdings nicht berührt (vgl. auch Finkelnburg, in: F/O, Bd. I, S. 69 f.). Ebenso bleibt es dabei, daß der Flächennutzungsplan die städtebauliche Gesamtkonzeption der Gemeinde enthält und damit die Einzelnutzung in den einzelnen Gebieten aufeinander abstimmt. Kennzeichnend für das Parallelverfahren, vor allem auch in Abgrenzung zum vorzeitigen Bebauungsplan nach Abs. 4, ist es, daß die Aufstellung von Flächennutzungs- und Bebauungsplan derart aufeinander bezogen ist, daß für das Gebiet des Bebauungsplans und die hier zu lösenden Konflikte – auch mit den angrenzenden Gebieten – eine Gleichzeitigkeit der Planerarbeitung und eine inhaltliche Abstimmung beider Planungen gegeben ist (BVerwG, NVwZ 1985, 485/486 f.; ZfBR 1985, 140; zum Parallelverfahren ausführlich Seewald, DÖV 1981, 849 ff.).

 Mit dem Baugesetzbuch wurde aus der Rechtsprechung des Bundes- **9** verwaltungsgerichts (vgl. Rn 8 a. E.) die Konsequenz gezogen und in **Abs. 3 Satz 2** ausdrücklich zugelassen, daß der **Bebauungsplan bereits**

vor dem Flächennutzungsplan angezeigt und bekanntgemacht werden kann. Voraussetzung für die vorherige Inkraftsetzung des Bebauungsplans ist aber die auf das Gebiet des Bebauungsplans bezogene **zeitliche und inhaltliche Abstimmung** der Aufstellung von Bebauungs- und Flächennutzungsplan. Nur wenn für das Gebiet des Bebauungsplans diese Voraussetzungen gegeben sind, kann angenommen werden, wie es Satz 2 voraussetzt, daß der Bebauungsplan aus den künftigen Darstellungen des Flächennutzungsplans entwickelt sein wird. Unter Umständen kann auch hier eine informelle Planung Aufschluß über die zu erwartende inhaltliche Ausgestaltung des Flächennutzungsplans, seine Planreife, und damit das zu erwartende „Entwickeltsein" des Bebauungsplans geben (vgl. Bielenberg, ZfBR 1988, 55/57). Nach wie vor ist ein Verstoß gegen Abs. 3 nach § 214 Abs. 2 Nr. 4 unbeachtlich, wenn die geordnete städtebauliche Entwicklung hierdurch nicht beeinträchtigt wird.

10 **3.** Eine Ausnahme von dem Grundsatz der planerischen Vorrangigkeit des Flächennutzungsplans gegenüber dem Bebauungsplan enthält **Abs. 4,** nach dem die Aufstellung eines **vorzeitigen Bebauungsplans** zulässig sein kann. Voraussetzung hierfür ist nach **Satz 1,** daß dringende Gründe dies erfordern und zu erwarten ist, daß der Bebauungsplan der beabsichtigten städtebaulichen Entwicklung des Gemeindegebiets nicht entgegenstehen wird.

11 Zunächst einmal ist also Voraussetzung, daß ein **wirksamer Flächennutzungsplan nicht vorliegt,** wobei unerheblich ist, ob ein solcher noch nicht aufgestellt oder aber wegen Rechtsmängeln unwirksam ist oder geworden ist. In diesem Fall können objektive Gründe dafür sprechen, einen Bebauungsplan aufzustellen, bevor ein Flächennutzungsplan aufgestellt oder genehmigt werden kann. Liegt es im öffentlichen Interesse, z. B. an einer organischen baulichen Entwicklung im Gemeindegebiet, so kann durch einen vorzeitigen Bebauungsplan die Rechtsgrundlage z. B. für gewichtige Investitionen, die Durchführung einer Sanierung oder die Beschaffung wichtiger Gemeindebedarfsflächen (hierzu BVerwG, DVBl. 1969, 276/277; OVG Koblenz, NVwZ 1985, 501 f.; VGH Kassel, BRS 30, Nr. 194; VGH Mannheim, BRS 25, Nr. 18; VGH Saarlouis, Mitt. DST 1981, 450 f.) geschaffen werden: Ein vorzeitiger Bebauungsplan wird dann durch **dringende Gründe** erfordert (vgl. grundlegend BVerwG, U. v. 14.12. 1984, NVwZ 1985, 745 f., wo auch Wohnungsnot bereits als dringender Grund für einen vorzeitigen Bebauungsplan anerkannt – aber nicht gefordert – wurde).

11a Liegt ein wirksamer Flächennutzungsplan vor, ist das Instrument des vorzeitigen Bebauungsplans nach dem BauGB nicht einsetzbar; es bleibt nur der Weg des Parallelverfahrens (vgl. oben, Rn 8 f.). Um die zeitgleiche Änderung oder Ergänzung des Flächennutzungsplans zu erübrigen und damit das Aufstellungsverfahren auf den Bebauungsplan zu beschränken und damit zu beschleunigen, sieht **§ 1 Abs. 2 BauGB-MaßnahmenG** das Instrument des vorzeitigen Bebauungsplans nicht

mehr nur gegenüber der – erstmaligen – Aufstellung, sondern auch gegenüber einer Änderung oder Ergänzung des Flächennutzungsplans vor. Voraussetzung hierfür ist, ähnlich den dringenden Gründen bei § 8 Abs. 4 Satz 1, daß der Bebauungsplan der Deckung eines dringenden Wohnbedarfs der Bevölkerung dient. Der Flächennutzungsplan ist zu einem späteren Zeitpunkt zu berichtigen. Die geordnete städtebauliche Entwicklung des Gemeindegebiets darf durch den vorzeitigen Bebauungsplan nicht beeinträchtigt werden (hierzu vgl. sogleich Rn 12 und § 34, Rn 82 zu sprachlich verschiedenen, aber – abgesehen vom Bezug auf den Flächennutzungsplan – inhaltlich gleichbedeutenden Begriffen).

Für die Beurteilung, ob der vorzeitige Bebauungsplans **nicht der** **12** **beabsichtigten städtebaulichen Entwicklung des Gemeindegebiets entgegenstehen** wird, kann auf eine vorliegende gemeindliche Entwicklungsplanung, eine sonstige informelle Planung (Bielenberg, ZfBR 1988, 55/57) oder auch auf einen vorliegenden Entwurf eines Flächennutzungsplans abgestellt werden (OVG Saarlouis, Mitt. DST. 1981, 450 f.). Im übrigen sind hier die Ziele und Planungsleitsätze nach § 1 Abs. 5 heranzuziehen.

Umstritten ist, ob die Gründe, die die vorherige Aufstellung des **13** Flächennutzungsplans ausschließen, **von der Gemeinde nicht zu vertreten** sein dürfen. **Das Gesetz läßt für solche auf subjektive Gegebenheiten abstellende Überlegungen keinen Raum** (vgl. auch Finkelnburg, in: F/O, Bd. I, S. 71). Entscheidend ist allein, ob die Aufstellung des Bebauungsplans dringend ist. Hierfür kann es keine Rolle spielen, aus welchen Gründen der Flächennutzungsplan noch nicht aufgestellt ist. Fügt sich etwa das Vorhaben, für das der Bebauungsplan aufgestellt werden soll, nicht in eine geordnete städtebauliche Entwicklung ein – und hat etwa die Gemeinde deswegen die Aufstellung des Flächennutzungsplans absichtlich verzögert –, so scheitert die Zulässigkeit eines solchen Bebauungsplans am zweiten Erfordernis eines vorzeitigen Bebauungsplans, nämlich daran, daß er nicht der beabsichtigten städtebaulichen Entwicklung des Gemeindegebiets entgegenstehen darf (hierzu ausführlich Bielenberg, in: E/Z/B, BBauG, § 8, Rn 9).

Wegen des sachlichen Zusammenhangs mit Satz 1 übernimmt **Satz 2** **14** die Regelung des § 4a Abs. 3 BBauG. Der Grundsatz des Satzes 1, daß ein vorzeitiger Bebauungsplan unzulässig ist, wenn ein wirksamer Flächennutzungsplan besteht (vgl. Rn 11), wird hier für den Fall durchbrochen, daß bei einer **Gebiets- oder Bestandsänderung** einer Gemeinde oder einer sonstigen **Veränderung der Zuständigkeit für die Aufstellung des Flächennutzungsplans** der bestehende Flächennutzungsplan fortbesteht. In diesem Fall ist die Aufstellung eines Bebauungsplans auch dann zulässig, wenn der Flächennutzungsplan noch nicht entsprechend der geänderten Situation ergänzt oder geändert wurde. Auf das Erfordernis „zwingender" Gründe, wie es § 4a Abs. 3 BBauG vorsah, ist in Satz 2 verzichtet worden. Auch für den vorzeiti-

gen Bebauungsplan nach Satz 2 sind, wie sich aus dem Wort „auch"
ergibt, nur **dringende Gründe** im Sinne des Satzes 1 (vgl. oben Rn 11)
erforderlich. Satz 2 gilt nur für nach dem 1. 1. 1977 vorgenommene
Bestands-, Gebiets- oder Zuständigkeitsänderungen, nicht aber, wenn
nach dem bis zu diesem Zeitpunkt geltenden Recht entsprechend der
Rechtsprechung des Bundesverwaltungsgerichts Flächennutzungspläne
der eingegliederten Gemeinde fortgegolten haben (so Battis, in: B/K/L,
1. Aufl., § 4a, Rn 5). Nach § 214 Abs. 2 Nr. 1 ist es jedoch für die
Rechtswirksamkeit des Bebauungsplans unbeachtlich, wenn das Vor-
liegen dringender Gründe nicht richtig beurteilt wurde.

§ 9 Inhalt des Bebauungsplans

(1) **Im Bebauungsplan können festgesetzt werden:**

1. **die Art und das Maß der baulichen Nutzung;**
2. **die Bauweise, die überbaubaren und die nicht überbaubaren
 Grundstücksflächen sowie die Stellung der baulichen Anlagen;**
3. **für die Größe, Breite und Tiefe der Baugrundstücke Mindest-
 maße und aus Gründen des sparsamen und schonenden Umgangs
 mit Grund und Boden für Wohnbaugrundstücke auch Höchst-
 maße;**
4. **die Flächen für Nebenanlagen, die aufgrund anderer Vorschrif-
 ten für die Nutzung von Grundstücken erforderlich sind, wie
 Spiel-, Freizeit- und Erholungsflächen sowie die Flächen für
 Stellplätze und Garagen mit ihren Einfahrten;**
5. **die Flächen für den Gemeinbedarf sowie für Sport- und Spielan-
 lagen;**
6. **aus besonderen städtebaulichen Gründen die höchstzulässige
 Zahl der Wohnungen in Wohngebäuden;**
7. **die Flächen, auf denen ganz oder teilweise nur Wohngebäude, die
 mit Mitteln des sozialen Wohnungsbaus gefördert werden könn-
 ten, errichtet werden dürfen;**
8. **einzelne Flächen, auf denen ganz oder teilweise nur Wohnge-
 bäude errichtet werden dürfen, die für Personengruppen mit
 besonderem Wohnbedarf bestimmt sind;**
9. **der besondere Nutzungszweck von Flächen, der durch beson-
 dere städtebauliche Gründe erfordert wird;**
10. **die Flächen, die von der Bebauung freizuhalten sind, und ihre
 Nutzung;**
11. **die Verkehrsflächen sowie Verkehrsflächen besonderer Zweck-
 bestimmung, wie Fußgängerbereiche, Flächen für das Parken
 von Fahrzeugen sowie den Anschluß anderer Flächen an die
 Verkehrsflächen;**
12. **die Versorgungsflächen;**
13. **die Führung von Versorgungsanlagen und -leitungen;**

14. die Flächen für die Abfallentsorgung und Abwasserbeseitigung sowie für Ablagerungen;

15. die öffentlichen und privaten Grünflächen, wie Parkanlagen, Dauerkleingärten, Sport-, Spiel-, Zelt- und Badeplätze, Friedhöfe;

16. die Wasserflächen sowie die Flächen für die Wasserwirtschaft, für Hochwasserschutzanlagen und für die Regelung des Wasserabflusses, soweit diese Festsetzungen nicht nach anderen Vorschriften getroffen werden können;

17. die Flächen für Aufschüttungen, Abgrabungen oder für die Gewinnung von Steinen, Erden und anderen Bodenschätzen;

18. a) die Flächen für die Landwirtschaft und
 b) Wald;

19. die Flächen für die Errichtung von Anlagen für die Kleintierhaltung wie Ausstellungs- und Zuchtanlagen, Zwinger, Koppeln und dergleichen;

20. Maßnahmen zum Schutz, zur Pflege und zur Entwicklung der Landschaft, soweit solche Festsetzungen nicht nach anderen Vorschriften getroffen werden können, sowie die Flächen für Maßnahmen zum Schutz, zur Pflege und zur Entwicklung von Natur und Landschaft;

21. die mit Geh-, Fahr- und Leitungsrechten zugunsten der Allgemeinheit, eines Erschließungsträgers oder eines beschränkten Personenkreises zu belastenden Flächen;

22. die Flächen für Gemeinschaftsanlagen für bestimmte räumliche Bereiche wie Kinderspielplätze, Freizeiteinrichtungen, Stellplätze und Garagen;

23. Gebiete, in denen aus besonderen städtebaulichen Gründen oder zum Schutz vor schädlichen Umwelteinwirkungen im Sinne des Bundes-Immissionsschutzgesetzes bestimmte luftverunreinigende Stoffe nicht oder nur beschränkt verwendet werden dürfen;

24. die von der Bebauung freizuhaltenden Schutzflächen und ihre Nutzung, die Flächen für besondere Anlagen und Vorkehrungen zum Schutz vor schädlichen Umwelteinwirkungen im Sinne des Bundes-Immissionsschutzgesetzes sowie die zum Schutz vor solchen Einwirkungen oder zur Vermeidung oder Minderung solcher Einwirkungen zu treffenden baulichen und sonstigen technischen Vorkehrungen;

25. für einzelne Flächen oder für ein Bebauungsplangebiet oder Teile davon sowie für Teile baulicher Anlagen mit Ausnahme der für landwirtschaftliche Nutzungen oder Wald festgesetzten Flächen
 a) das Anpflanzen von Bäumen, Sträuchern und sonstigen Bepflanzungen,
 b) Bindungen für Bepflanzungen und für die Erhaltung von Bäumen, Sträuchern und sonstigen Bepflanzungen sowie von Gewässern;

Löhr 173

26. **die Flächen für Aufschüttungen, Abgrabungen und Stützmauern, soweit sie zur Herstellung des Straßenkörpers erforderlich sind.**

(2) **Bei Festsetzungen nach Absatz 1 kann auch die Höhenlage festgesetzt werden.**

(3) **Wenn besondere städtebauliche Gründe dies rechtfertigen, können Festsetzungen nach Absatz 1 für übereinanderliegende Geschosse und Ebenen und sonstige Teile baulicher Anlagen gesondert getroffen werden; dies gilt auch, soweit Geschosse, Ebenen und sonstige Teile baulicher Anlagen unterhalb der Geländeoberfläche vorgesehen sind.**

(4) **Die Länder können durch Rechtsvorschriften bestimmen, daß auf Landesrecht beruhende Regelungen in den Bebauungsplan als Festsetzungen aufgenommen werden können und inwieweit auf diese Festsetzungen die Vorschriften dieses Gesetzbuchs Anwendung finden.**

(5) **Im Bebauungsplan sollen gekennzeichnet werden:**
1. **Flächen, bei deren Bebauung besondere bauliche Vorkehrungen gegen äußere Einwirkungen oder bei denen besondere bauliche Sicherungsmaßnahmen gegen Naturgewalten erforderlich sind;**
2. **Flächen, unter denen der Bergbau umgeht oder die für den Abbau von Mineralien bestimmt sind;**
3. **Flächen, deren Böden erheblich mit umweltgefährdenden Stoffen belastet sind.**

(6) **Nach anderen gesetzlichen Vorschriften getroffene Festsetzungen sowie Denkmäler nach Landesrecht sollen in den Bebauungsplan nachrichtlich übernommen werden, soweit sie zu seinem Verständnis oder für die städtebauliche Beurteilung von Baugesuchen notwendig oder zweckmäßig sind.**

(7) **Der Bebauungsplan setzt die Grenzen seines räumlichen Geltungsbereichs fest.**

(8) **Dem Bebauungsplan ist eine Begründung beizufügen. In ihr sind die Ziele, Zwecke und wesentlichen Auswirkungen des Bebauungsplans darzulegen.**

Übersicht

I. 1. § 9 in der Fassung des Baugesetzbuchs enthält keine Bestim- **1** mung mehr darüber, auf welche Art und Weise die Festsetzungen getroffen werden können. Wenn sich hierfür auch weder im Regie-

rungsentwurf noch im Ausschußbericht eine Begründung findet, so wird man doch davon ausgehen können, daß an der Rechtslage hierdurch nichts geändert werden sollte (vgl. auch Bielenberg, in: B/K/S, Rn 30).

2 **a)** Als geeignete **Festsetzungsmittel** kommen Zeichnung, Farbe, Schrift oder Text in Betracht. Dabei ist es den Gemeinden im Grundsatz, freigestellt, welches Festsetzungsmittel sie wählen. Der Bebauungsplan muß daher nicht ein Plan im zeichnerischen Sinne sein, sondern kann sich auch auf textliche Festsetzungen beschränken. Dies kann etwa bei Änderungen bestehender Bebauungspläne zweckmäßig sein, z. B. um Festsetzungen nach § 1 Abs. 6 oder 9 BauNVO (hierzu unten, Rn 8 f.) nachträglich einzufügen (vgl. z. B. für Vergnügungsstätten Dolde/Schlarmann, BauR 1984, 121 ff.). Die allgemeinen Anforderungen an Bebauungspläne, insbesondere an die erforderliche Abwägung, müssen auch hierbei erfüllt sein. Ebenso muß der Bebauungsplan allein oder zusammen mit einem geänderten Plan seiner Aufgabe nach § 8 Abs. 1 Satz 1, die rechtsverbindlichen Festsetzungen für die städtebauliche Ordnung zu treffen, gerecht werden. Dies bedeutet insbesondere, daß die **Planaussagen klar und unmißverständlich erkennbar** sein müssen (VGH München, BayVBl. 1984, 82/82 f.; BVerwGE 42, 5/6 f.; OVG Münster, BRS 27, Nr. 6) und nicht erst mündlicher Erläuterung oder konkretisierender Festsetzungen in einem späteren Bebauungsplan bedürfen.

3 Am förderlichsten für die Klarheit des Planinhalts hat sich eine **Kombination aller vier Festsetzungsmittel** erwiesen. Benutzt die Gemeinde das Festsetzungsmittel der Zeichnung, so ist sie an die auf der Grundlage des § 2 Abs. 5 Nr. 4 erlassene **Planzeichenverordnung** gebunden. Nur für solche Festsetzungen, für die in der Planzeichenverordnung kein Planzeichen vorhanden ist, kann die Gemeinde eigene Zeichen entwickeln. Diese und alle anderen **verwendeten Planzeichen hat die Gemeinde auf dem Plan zu erläutern,** so daß der Plan aus sich heraus verständlich ist.

4 **b)** Nach § 1 Abs. 3 hat die Gemeinde Bauleitpläne aufzustellen, sobald und soweit dies für die städtebauliche Entwicklung und Ordnung erforderlich ist. Wie auch bei § 5 Abs. 2 (vgl. § 5, Rn 12) ist mit dem Baugesetzbuch im Einleitungssatz zum Inhalt des Bebauungsplans der erneute Hinweis auf die Erforderlichkeit gestrichen worden, um – durch die Verwendung des Worts „können" – deutlich zu machen, daß der Gemeinde ein **planerisches Ermessen** bei der Ausgestaltung des Bebauungsplans zukommt. Die **Gemeinde muß** also in einem Bebauungsplan **nicht alle im Katalog aufgeführten Festsetzungen treffen,** sondern kann und soll sich auf die Festsetzungen beschränken, die für die Beplanung des ausgewählten Gebiets **nach ihrer Planungskonzeption** erforderlich sind (BGH NJW 1967, 1566; vgl. auch BVerwG, DVBl. 1971, 759/761 f.). Abs. 1 Satz 1 regelt dagegen nicht, welchen inhaltlichen Anforderungen die Festsetzungen in einem Bebauungsplan

genügen müssen. Dies bestimmt sich vielmehr allein nach **Maßgabe des § 1**, vor allem nach dem Abwägungsgebot mit seinen verschiedenen Ausprägungen (hierzu § 1, Rn 87 ff.). Dabei ist die **phasenspezifische Funktion** der Ebene des Bebauungsplans zwischen z. B. Flächennutzungsplan und Bau- oder Anlagengenehmigung zu beachten. Insbesondere **sind die dem Bebauungsplan zuzurechnenden Konflikte planerisch zu bewältigen** und nicht z. B. einem nachfolgenden Genehmigungsverfahren nach dem Bundes-Immissionsschutzgesetz zu überlassen (hierzu ausführlich Pfeifer, Der Grundsatz der Konfliktbewältigung in der Bauleitplanung, 1989). Dies bedeutet umgekehrt aber auch, daß z. B. betriebliche Vorkehrungen im einzelnen nicht im Bebauungsplan geregelt werden müssen (hierzu BVerwG, Beschl. v. 28. 8. 1987, DVBl. 1987, 1273/1275 f.; U. v. 11. 3. 1988, DVBl. 1988, 845 ff. und vom 4. 5. 1988, DVBl. 1988, 848 ff.; kritisch hierzu Kleinlein, DVBl. 1989, 184 ff.; ferner unten, Rn 89, und z. B. – mit sehr strengen Anforderungen an den Bebauungsplan – OVG Berlin, DVBl. 1984, 147 ff. m. abl. Anm. von Gierke). Zu Problemen der Überplanung einer sog. **Gemengelage** vgl. Dolde, DVBl. 1983, 732 ff.; Vogel BauR 1983, 330 ff.; von Holleben, UPR 1983, 76 ff.; Menke, UPR 1985, 111 ff.; Boeddinghaus, UPR 1986, 3 ff.; Drosdzol, NVwZ 1985, 785 ff.; Lenz, BauR 1990, 15 ff.; sehr bemerkenswert Sendler, UPR 1983, 73/74 f.; im einzelnen vgl. § 1, Rn 76, 108, 110 ff., 115. Zur Möglichkeit der **planerischen Zurückhaltung** vor allem im Hinblick auf das Rücksichtnahmegebot des § 15 BauNVO vgl. BVerwG, Beschl. v. 17. 2. 1984, NJW 1984, 138 ff.; Beschl. v. 6. 3. 1989, NVwZ 1989, 960 f.; hierzu auch Gaentzsch, in: BK, § 9, Rn 8 ff.

Anders als nach § 5 Abs. 2, wo der Gemeinde durch die Verwendung des Wortes „insbesondere" Raum für Darstellungen über den Katalog des § 5 Abs. 2 hinaus gegeben wird, ist der **Katalog** möglicher Festsetzungen in § 9 Abs. 1 **abschließend** (BVerwG, BRS 23, Nr. 6). Hieran hat sich auch durch die Neufassung des Einleitungssatzes nichts geändert. Eine Ausnahme von dieser strikten Festlegung des möglichen Inhalts macht jedoch Abs. 4, wonach die Länder weitere Festsetzungsmöglichkeiten eröffnen können (hierzu unten, Rn 107 ff.). 5

Aus § 30 Abs. 1 und nicht aus § 9 ergibt sich, welche Festsetzungen in einem Bebauungsplan mindestens getroffen werden müssen, wenn die Gemeinde mit dem Bebauungsplan allein die Zulässigkeit von Vorhaben steuern will (sog. **qualifizierter Bebauungsplan**). Enthält ein Bebauungsplan nicht die in § 30 Abs. 1 vorgesehenen Festsetzungen über die Art und das Maß baulicher Nutzung, über die überbaubaren Grundstücksflächen und über die örtlichen Verkehrsflächen (sog. **einfacher Bebauungsplan** nach § 30 Abs. 2), so bestimmt sich die Zulässigkeit eines Vorhabens in einem solchermaßen beplanten Gebiet nicht nach § 30, sondern nach § 34 oder § 35. Allerdings ist auch in diesem Fall für die Zulässigkeit des Vorhabens Voraussetzung, daß es u. a. den Festsetzungen eines (einfachen) Bebauungsplans nicht widerspricht. 6

7 c) Das Baugesetzbuch enthält keine Vorschriften über den **zeitlichen Geltungshorizont** der Bauleitpläne. Während sich bei Flächennutzungsplänen die Auffassung gebildet hat, daß ein solcher umfassender Plan etwa für einen Zeitraum von 10 bis 15 Jahren aufzustellen ist und dann einer Neukonzipierung bedarf, hat sich eine ähnliche Übung für den Bebauungsplan nicht herausgebildet. Bei ihm ist daher **im Grundsatz** davon auszugehen, daß er **zeitlich unbegrenzt** Geltung entfaltet. Auch hier kann jedoch die tatsächliche Entwicklung über den Bebauungsplan hinweggehen (vgl. § 10, Rn 8 ff.).

8 **2. a)** Nach **Nr. 1** können im Bebauungsplan die Art und das Maß der baulichen Nutzung festgesetzt werden (zur Wirkung der Festsetzungen für die Zulässigkeit von Vorhaben vgl. § 29, Rn 2, § 30, Rn 8 ff.). Für die **Art der baulichen Nutzung** enthalten die §§ 1 bis 15 der **Baunutzungsverordnung** (vgl. **Text im Anhang**; die Begründung des Regierungsentwurfs zur 4. ÄnderungsVO v. 23. 1. 1990 enthält BR-Drs. 354/89 v. 30. 6. 1989; zu den Schwerpunkten der Novelle vgl. Stock, ZfBR 1990, 123 ff., zu den neuen Bestimmungen über die Art der baulichen Nutzung vgl. Fickert, BauR 1990, 263 ff.; Lenz, BauR 1990, 157 ff.) in ihrer – zeitlich nacheinander – jeweils gültigen Fassung (§§ 25, 25 a, 25 b und 25 c BauNVO) ergänzende Regelungen. So bestimmt § 1 Abs. 3 BauNVO, daß im Bebauungsplan im Rahmen der Erforderlichkeit die in § 1 Abs. 2 BauNVO genannten **Baugebiete** festzusetzen sind. Setzt die Gemeinde eines dieser Gebiete fest, wird die entsprechende Vorschrift der BauNVO, in der zu diesem Gebiet besondere Bestimmungen getroffen sind, **Bestandteil des Bebauungsplans.** Allerdings steht es der Gemeinde frei, nach **§ 1 Abs. 4 bis 10 BauNVO** abweichende Bestimmungen zu treffen. Die BauNVO enthält in ihren **§§ 2 bis 11** Umschreibungen von zehn **Baugebieten** nach der Art ihrer baulichen Nutzung. Dabei ist in jedem Abs. 1 die allgemeine Zweckbestimmung des Baugebietes enthalten (Schutzbestimmung), in jedem Abs. 2 die in diesem Gebiet zulässige bauliche Nutzung aufgeführt (Regelbestimmung), in jedem Abs. 3 die Möglichkeit von Ausnahmen hiervon eingeräumt (Ausnahmebestimmung) und bei besonderen Wohngebieten sowie bei Kerngebieten im jeweiligen Abs. 4 die Möglichkeit besonders differenzierter Festsetzungen eröffnet. Nach Urteilen des VGH Mannheim vom 17. und 19. 5. 1989 sind Altenpflegeheime (NVwZ 1989, 2278 ff.) und Gemeinschaftsunterkünfte für Asylbewerber (NVwZ 1989, 2282 f.) im reinen Wohngebiet nicht zulässig. Die Bundesregierung hat durch eine Ergänzung der 4. Novelle zur BauNVO in § 3 Abs. 4 BauNVO klargestellt, daß in reinen Wohngebieten auch Altenpflegeheime zulässig sind. Der gesetzlichen Systematik über die Gebietsregelung folgen nicht die Vorschriften über Sondergebiete, die der Erholung dienen, und sonstige Sondergebiete, z. B. für Einkaufszentren (§ 11 Abs. 3 BauNVO, hierzu Hüttenbrink, DVBl. 1983, 530 ff. und die Urteile des BVerwG vom 3. 2. 1984, UPR 1984, 225 ff. mit Erläuterungen von Schlichter, UPR 1984, 209 ff., Schenke,

UPR 1986, 281 ff., sowie die Novelle vom 19. 12. 1986, BGBl. I S. 2665; die Begründung des Regierungsentwurfs enthält BR-Drs. 541/ 86 vom 7. 11. 1986; vgl. jüngst BVerwG, Beschl. v. 28. 7. 1989, ZfBR 1989, 266 f.; Beschl. v. 1. 9. 1989, ZfBR 1989, 267 f.). Ergänzende Regelungen sind in den **§§ 12 bis 14** enthalten, die bestimmen, daß **Stellplätze und Garagen**, untergeordnete Nebenanlagen und Einrichtungen unter besonderen Voraussetzungen in allen genannten Gebieten zulässig sind und daß in bestimmten Baugebieten Räume, in anderen auch Gebäude für freie Berufe unabhängig von der jeweiligen Zweckbestimmung des Gebietes zulässig sind. **§ 15** (hierzu § 31, Rn 65 ff.). schließlich enthält allgemeine Voraussetzungen für die Zulässigkeit baulicher und sonstiger Anlagen; er ist insbesondere eine Ausprägung des Gedankens der **Rücksichtnahme** im Städtebaurecht (BVerwG, ZfBR 1983, 243 ff.). Durch ihn können aber Festsetzungen eines Bebauungsplans nur ergänzt, nicht aber ersetzt werden; wenn der Bebauungsplan schon selbst eine Konfliktlösung enthält, die den Anforderungen des Abwägungsgebots nicht genügt, kann er durch § 15 nicht korrigiert werden: § 15 rechtfertigt eine planerische Zurückhaltung (vgl. oben, Rn 4), nicht aber eine planerische Fehleinschätzung (BVerwG, Beschl. v. 6. 3. 1989, NVwZ 1989, 960 f.).

§ 1 Abs. 4 bis 10 BauNVO erlaubt der Gemeinde gegenüber der 9 grundsätzlichen Typisierung der Baugebiete in den einschlägigen Vorschriften der BauNVO aus städtebaulichen Gründen eine **situationsgerechte Differenzierung** (vgl. hierzu immer noch beispielhaft den Planungserlaß NRW vom 8. 7. 1982, MBl. NRW, S. 1366 ff. unter I. 6. 4, auch abgedruckt in NVwZ 1984, 631 ff.). Voraussetzung hierfür ist jedoch stets, daß die allgemeine Zweckbestimmung des jeweiligen Baugebiets, der ja auch eine Schutzfunktion für die zulässige Regelbebauung zukommt (vgl. oben, Rn 8), gewahrt bleibt (OVG Münster, BauR 1984, 47/48). Trifft die Gemeinde solche Differenzierungen, so steigert das die Anforderungen an die Planung, insbesondere an die sachgerechte Abwägung, erheblich. So kann die Gemeinde etwa nach § 1 Abs. 4 Satz 1 Nr. 2 BauNVO z. B. in Gewerbe- oder Industriegebieten die Zulässigkeit von Betrieben nach ihrem Emissionsverhalten oder anderen Eigenschaften gliedern oder nach § 1 Abs. 5 BauNVO bestimmen, daß im Grundsatz allgemein zulässige Arten von Nutzungen im Bebauungsplangebiet nicht oder nur ausnahmsweise zulässig sein sollen. Umgekehrt kann sie z. B. nach § 1 Abs. 6 Nr. 2 BauNVO festsetzen, daß vorgesehene Ausnahmen in dem Gebiet allgemein zulässig sein sollen. Ferner kann sie nach § 1 Abs. 7 BauNVO Festsetzungen in bestimmten Gebieten nach Geschossen, Ebenen oder sonstigen Teilen baulicher Anlagen differenzieren oder nach § 1 Abs. 9 BauNVO innerhalb der in den Baugebieten zulässigen Anlagen die Zulässigkeit für bestimmte Arten von Anlagen unterschiedlich regeln. Dies hat etwa Bedeutung für den Ausschluß von Spielhallen und Vergnügungsstätten (vgl. hierzu Jahn, BauR 1990, 280 ff.; BVerwG, NVwZ 1987, 1072; OVG

Münster, NVwZ 1990, 85 f.; allgemein Scharmer, Spielhallen in der Diskussion, Deutsches Institut für Urbanistik, 1987). Nach dem neu eingeführten § 1 Abs. 10 BauNVO kann die Gemeinde bei der Beplanung überwiegend bebauter Gebiete gebietsfremden Nutzungen einen Rahmen für ihre Bestandssicherung und Fortentwicklung setzen.

10 Über das **Maß der baulichen Nutzung** enthält die BauNVO Regelungen in den §§ 16 bis 21 a. Für die Angabe des Maßes der baulichen Nutzung im Bebauungsplan stellt die BauNVO die Festsetzung durch die **Zahl der Vollgeschosse**, **Geschoßflächenzahl** (GFZ = Geschoßfläche geteilt durch die Grundstücksfläche) oder Geschoßfläche (§ 20), durch **Baumassenzahl** (BMZ = Baumasse in m³ geteilt durch die Grundstücksfläche) oder Baumasse (§ 21), durch **Grundflächenzahl** (GRZ = Grundfläche des Gebäudes geteilt durch die Grundstücksfläche) oder zulässige Grundfläche (§ 19) oder durch Angabe der Höhe baulicher Anlagen (§ 18) zur Verfügung (vgl. hierzu illustrativ Boeddinghaus/Dieckmann, BauNVO, 2. Aufl. 1990, Anm. zu §§ 18 bis 21; ferner Bielenberg, in: E/Z/B, §§ 18 ff. BauNVO; zur 4. Novelle vgl. Bielenberg/Söfker, DVBl. 1988, 987 ff.; Heintz, BauR 1990, 166 ff.). Bei der Festsetzung des zulässigen Maßes der baulichen Nutzung hat die Gemeinde die Bestimmungen des § 17 BauNVO einzuhalten. Dieser enthält für die jeweiligen Baugebiete Maximalwerte der Verdichtung. Diese Koppelung von Gebietsart und Maß der zulässigen Nutzung ist vielfach dahingehend kritisiert worden, daß sie ein **flächensparendes Bauen** nicht ermögliche. Dem ist jedoch entgegenzuhalten, daß § 17 auf der einen Seite eine historisch nur zu begründete Schutzfunktion gegen zu große Verdichtung beikommt und daß auf der anderen Seite die zulässige bauliche Verdichtung in den meisten Gebieten der Bundesrepublik Deutschland bei weitem noch nicht erreicht ist (vgl. Baulandbericht 1986, Schriftenreihe „Städtebauliche Forschung" des BMBau, Heft 03.116, 1986, S. 110 ff.). Mit der 4. Novelle sind die Obergrenzen im übrigen zum Teil angehoben worden, so vor allem in Wohn- und Mischgebieten. Allerdings dürfen die Maßfestsetzungen denen über die Art der baulichen Nutzung nicht zuwiderlaufen (vgl. BVerwG, U. v. 18. 8. 1989, NVwZ 1990, 362 ff.).

11 Die Möglichkeit, nach § 3 Abs. 4 und § 4 Abs. 4 die **Zahl der Wohnungen** festzusetzen, ist mit der 4. ÄnderungsVO zur BauNVO **entfallen**. Es bleibt hier nur die Festsetzung nach Abs. 1 Nr. 6 (vgl. unten, Rn 29).

12 **b)** Vorschriften über die nach **Nr. 2** festzusetzende Bauweise enthält § 22 BauNVO, über die überbaubaren und die nicht überbaubaren Grundstücksflächen § 23 BauNVO. Über die Stellung der baulichen Anlagen enthält die BauNVO keine näheren Bestimmungen. Als **Bauweisen** nennt § 22 BauNVO die offene und die geschlossene. Bei der **offenen Bauweise** ist ein seitlicher Grenzabstand (Abstandfläche) einzuhalten, der sich grundsätzlich aus dem Bauordnungsrecht der Länder ergibt (hierzu etwa Bork/Köster, LBO NRW, 2. Aufl. 1988, Anm. zu

§ 6). Kollidiert aber das Landesrecht insoweit mit einer planerischen Festsetzung, so geht letztere nach § 6 Abs. 15 BauO NRW vor (vgl. BVerwG, Beschl. v. 22. 9. 1989, NVwZ 1990, 361 f.). Ist **geschlossene Bauweise** festgesetzt, so sind die Häuser bis zu den seitlichen Grundstücksgrenzen, d. h. unmittelbar aneinander zu bauen. Werden die Gebäude hierbei nicht von demselben Bauträger errichtet, so wird es zweckmäßig sein, durch gestalterische oder sonstige Festsetzungen, etwa von Baulinien nach § 23 Abs. 2 BauNVO, dafür zu sorgen, daß die Häuser optisch befriedigend aneinander anschließen. Doppelhäuser und Hausgruppen, deren Länge nicht mehr als 50 m beträgt, gehören nach § 22 Abs. 2 Satz 2 BauNVO zur offenen Bauweise.

§ 22 Abs. 4 BauNVO erlaubt der Gemeinde, auch abweichende **13** Bauweisen festzusetzen. Hierzu gehört etwa die **Kettenbauweise,** bei der nur die Erdgeschosse aneinander angrenzen, nicht aber die Obergeschosse. Nicht zur Kettenbauweise, sondern zur offenen Bauweise gehören dagegen Häuser mit seitlich errichteten, aneinander angrenzenden Garagen, da nach den Länderbauordnungen Garagen in der Abstandfläche errichtet werden dürfen. Eine abweichende Bauweise im Sinne des § 22 Abs. 4 BauNVO stellt auch die Errichtung von **Gartenhof- und Atriumhäusern** dar. Die besondere Regelung in § 17 Abs. 2 BauNVO ist mit der 4. BauNVO-Novelle entfallen, da sie durch die Neufassung des § 17 Abs. 1 BauNVO mit der Anhebung der Obergrenze des Maßes der baulichen Nutzung sowie die Möglichkeit ihrer Überschreitung nach § 17 Abs. 2 BauNVO entbehrlich geworden ist. Häufiger anzutreffen ist auch die **halboffene Bauweise,** bei der nur auf einer Seite der Gebäude eine Abstandfläche freizuhalten ist.

Nach § 23 BauNVO können zur Bestimmung der **überbaubaren 14 Grundstücksfläche** Baulinien, Baugrenzen oder Bebauungstiefen festgesetzt werden. Diese Festsetzungen sind für jedes Geschoß zulässig. Eine **Baulinie** ist dadurch gekennzeichnet, daß bis an sie herangebaut werden **muß.** Geringfügige Abweichungen können im Einzelfall zugelassen werden. Im Bebauungsplan können jedoch generell Ausnahmen vorgesehen werden, die nach Art und Umfang bestimmt sein müssen. Die Festsetzung einer **Baugrenze** bedeutet, daß nicht über sie hinaus gebaut werden **darf,** daß das Gebäude aber durchaus dahinter zurückbleiben kann. Dasselbe gilt für die Festsetzung der **Bebauungstiefe,** die im Grundsatz von der Straßengrenze ab zu ermitteln ist.

Die nicht von diesen Festsetzungen erfaßten Grundstücksteile sind **15** die **nicht überbaubaren Grundstücksflächen.** Auf ihnen ist jedoch, sofern dies im Bebauungsplan nicht ausgeschlossen ist, die Errichtung von Nebenanlagen im Sinne des § 14 BauNVO (z. B. Ställe zur Kleintierhaltung; OVG Lüneburg, ZfBR 1981, 98) sowie solcher Anlagen zulässig, die nach den Landesbauordnungen in der Abstandfläche zulässig sind, z. B. Garagen (vgl. § 6 Abs. 12 Nr. 1 BauO NRW).

Eine Festsetzung über die überbaubare Grundstücksfläche, nicht **16** dagegen die Festsetzung der Bauweise oder der Stellung der Anlagen ist

erforderlich, wenn der Bebauungsplan die besonderen Wirkungen des § 30 Abs. 1 BauGB (qualifizierter Bebauungsplan) ausstrahlen soll. Durch die Festsetzung der überbaubaren Grundstücksfläche kann die Gemeinde auch auf flächensparende Bauweisen hinwirken. In diesem Fall ist jedoch stets zu beachten, daß detailliertere Vorgaben im Bebauungsplan höhere Anforderungen an die Planung stellen und eine Abstimmung mit dem vorgesehenen Investor geraten erscheinen lassen.

17 Die **Stellung der baulichen Anlagen** im Bebauungsplan festzusetzen, kann sich aus drei Gründen empfehlen, nämlich aus Gründen der nachbarlichen **Rücksichtnahme** hinsichtlich Immissionsreduzierung oder Besonnung und Belüftung, der Gestaltung des **Stadt- und Ortsbildes** und der Sicherstellung eines ungestörten **Rundfunk- und Fernsehempfangs.** Wird die Stellung der baulichen Anlage aus Gründen der Gestaltung des Stadt- und Ortsbildes getroffen, so ist auf die Unterscheidung zu ortsrechtlichen Gestaltungssatzungen zu achten. Bundesrechtlich kann aus städtebaulichen Gründen nur ein über das einzelne Gebäude hinausgehender Gesamtzusammenhang beeinflußt werden. Ähnliche Gedanken liegen § 172 Abs. 3 zugrunde. Festsetzungen, die sich auf das einzelne Gebäude beziehen, bleiben dem Landesrecht vorbehalten. Zu Problemen bei der Festsetzung der Stellung der baulichen Anlagen vgl. Kuhn, DVBl. 1968, 497 ff..

18 Die Festsetzung der überbaubare Grundstücksflächen verpflichtet die Gemeinde, bei der Planung ihrer eigenen Versorgungs- und Entsorgungsanlagen diesen Festsetzungen Rechnung zu tragen.

19 Zur Festsetzung der Bauweise und Überbaubarkeit vgl. illustrativ Boeddinghaus/Dieckmann, BauNVO, 2. Aufl. 1990, Anm. zu §§ 22 und 23.

20 **c)** Nach **Nr. 3** kann **für Größe, Breite und Tiefe** eines Baugrundstücks ein **Minimum** festgesetzt werden. Hiermit kann einer zu großen Verdichtung entgegengesteuert oder auch – vor allem im ländlichen Raum ohne zentrale Abwasserbeseitigung – eine ordnungsgemäße Erschließung im Hinblick auf die Abwasserbeseitigung sichergestellt werden (a. A. VGH München, BayVBl. 1986, 245 f. mit abl. Anm. Jäde). Bedeutung hat diese Festsetzungsmöglichkeit daher insbesondere in Sanierungsgebieten, in denen sehr kleinteiliger Grundbesitz herrscht und z. B. eine Neuordnungsumlegung (hierzu unten § 45, Rn 8) vorgesehen ist.

21 Mit dem Baugesetzbuch wurde die Möglichkeit eingeführt, **für Wohnbaugrundstücke auch Höchstmaße** festzusetzen. Damit soll eine rechtliche Umsetzungsmöglichkeit für das Gebot des § 1 Abs. 5 Satz 3 zum sparsamen und schonenden Umgang mit Grund und Boden, hier durch flächensparendes Bauen, geschaffen werden (vgl. BT-Drs. 10/4630, S. 71). Hierbei ist zum einen zu beachten, daß ab einer Geschoßflächendichte von 0,7 GFZ Wohnbauland nicht mehr nennenswert eingespart und die ökologische Situation eines Gebiets unnötig nachtei-

lig beeinflußt werden kann (vgl. Baulandbericht 1986, oben Rn 10, S. 113f.). Zum anderen ist zu sparsamer Flächenverbrauch wegen des dann bewerkstelligten hohen Versiegelungsgrads nicht bodenschonend. Eine Festsetzung nach Nr. 3 bedarf daher einer sehr sorgfältigen Abwägung der im konkreten Fall gegebenen Vor- und Nachteile flächensparenden Bauens.

Festsetzungen dieser Art lassen die **rechtlichen Grundstücksgrenzen** **22** **unberührt.** Sie besagen weder etwas über die absolute Größe eines Grundstücks noch über den Grenzverlauf. Da stets nur Untergrenzen genannt werden, bleibt es jedem Eigentümer unbenommen, sein Bauvorhaben auf größeren Grundstücken zu verwirklichen. Im Interesse flächensparenden Bauens ist daher gefordert worden, daß auch die entsprechenden Höchstmaße für das Baugrundstück festgesetzt werden können. Zum Begriff des Baugrundstücks im Planungsrecht vgl. Anm. zu § 200, Rn 5; zum Grundstücksbegriff im Erschließungsbeitragsrecht vgl. § 131, Rn 3ff. Unmittelbare Auswirkungen haben Festsetzungen nach Nr. 3 im **Bodenverkehrsrecht,** wo sie unter Umständen der Teilungsgenehmigung entgegenstehen können, und bei der **Bodenordnung,** wo sie bestimmte Vorgaben für das Umlegungsverfahren enthalten. Sind die Grundstücke in einem Bebauungsplangebiet kleiner als nach den Festsetzungen mindestens erforderlich, so schafft in solchen Fällen erst die Bodenordnung die Möglichkeit, hier zu bauen.

d) Nr. 4 erlaubt zunächst die Festsetzung von Flächen für **Nebenan-** **23** **lagen,** wenn diese aufgrund landesrechtlicher Vorschriften errichtet werden müssen. Diese Festsetzungsmöglichkeit ist zum einen von der nach Nr. 15, zum anderen von der nach Nr. 22 abzugrenzen. Bei Anlagen nach Nr. 15 handelt es sich nicht um Nebenanlagen, sondern um den eigentlichen Nutzungszweck dieser Fläche. Bei Festsetzungen nach Nr. 22 handelt es sich darüber hinaus um Flächen für Gemeinschaftsanlagen. Bei der Festsetzung von Flächen nach Nr. 4 ist eine doppelte Erforderlichkeitsprüfung durchzuführen: Zunächst ist zu prüfen, ob die Flächen für Nebenanlagen wirklich aufgrund anderer Vorschriften „erforderlich" sind. In einem zweiten Schritt ist dann zu untersuchen, ob eine entsprechende Festsetzung im planungsrechtlichen Sinne erforderlich ist. Bei der Festsetzung von Nebenanlagen ist zudem die Vorschrift des § 14 BauNVO zu berücksichtigen, der allgemeine Bestimmungen über die Zulässigkeit von Nebenanlagen enthält.

Daneben enthält Nr. 4 die Festsetzungsmöglichkeit für **Stellplätze** **24** **und Garagen.** Diese Festsetzungsmöglichkeit ist abzugrenzen von der nach Nr. 11, nach der Verkehrsflächen u. a. auch für das Parken von Fahrzeugen zulässig sind, sowie wiederum von der nach Nr. 22, nach der Gemeinschaftsanlagen, u. a. Stellplätze und Garagen, festgesetzt werden können. Aus dieser Gegenüberstellung folgt, daß die Festsetzungsmöglichkeit nach Nr. 4 sich gerade nicht auf Gemeinschaftsanlagen bezieht und auch nicht auf verkehrsbedingte Parkflächen für Fahrzeuge, sondern auf solche für Garagen und Stellplätze, die aus der

Nutzung eines Grundstücks folgen (z. B. Stellplätze für Bankkunden). Es handelt sich also letztlich um Stellplätze und Garagen im Sinne von § 12 Abs. 1 BauNVO, nicht z. B. um gewerblich betriebene Parkhäuser oder -plätze. Während aber diese Vorschrift nur die Frage der Zulässigkeit regelt, erlaubt die Festsetzungsmöglichkeit nach Nr. 4 auch die räumliche Verortung dieser Flächen. Weder Baugesetzbuch noch Baunutzungsverordnung legen die Begriffe Garage und Stellplatz fest; hier ist vielmehr Raum für den Landesgesetzgeber und ggf. auch für eigene Inhaltsbestimmungen der Gemeinde im Bebauungsplan (vgl. BVerwG, Beschl. v. 31. 8. 1989, ZfBR 1990, 40/41; BVerwG, ZfBR 1985, 291).

25 Da der Gesetzgeber in der BBauG-Novelle 1976 die Beschränkung der Festsetzungsmöglichkeit auf das betreffende Baugrundstück (hierzu noch BVerwG, BRS 23, Nr. 6) aufgehoben hat, können solche Festsetzungen **auch auf anderen Grundstücken als denen der verursachenden Hauptnutzung** festgesetzt werden (so Bielenberg, in: E/Z/B, BBauG, § 9, Rn 27). Trifft die Gemeinde eine solche Festsetzung, muß sie allerdings eines Entschädigungsanspruchs nach § 42 gewärtig sein. Will die Gemeinde – etwa zur Vermeidung übermäßiger Bodenversiegelung (zu diesem Problem vgl. Städtebaulicher Bericht „Umwelt und Gewerbe in der Städtebaupolitik" vom 9. 9. 1986, BT-Drs. 10/5999, S. 47 ff.) – verhindern, daß die entsprechenden Stellplätze und Garagen auf den Baugrundstücken im Bereich der Abstandflächen errichtet werden, was nach Maßgabe des Landesbauordnungsrechts unter Umständen zulässig ist, muß sie nach § 23 Abs. 5 Satz 2 BauNVO die Zulässigkeit solcher Vorgehensweisen durch Festsetzung im Bebauungsplan ausschließen.

26 e) Nach **Nr. 5** können die Flächen für den **Gemeinbedarf** festgesetzt werden. Es handelt sich hierbei um einen Ausschnitt der Darstellungsmöglichkeiten nach § 5 Abs. 2 Nr. 2, der umfassender die Darstellung der Ausstattung des Gemeindegebiets mit Einrichtungen der Infrastruktur erlaubt (vgl. § 5, Rn 15). Die Darstellungen, die nicht zu Festsetzungen nach Nr. 5 entwickelt werden können, sind als Festsetzungen nach Nr. 9 aufzunehmen. Eine Festsetzung für den Gemeinbedarf eröffnet der Gemeinde das Vorkaufsrecht nach § 24 Abs. 1 Nr. 1 und verpflichtet sie unter Umständen zur Entschädigung nach § 40 Abs. 1 Satz 1 Nr. 1.

27 Bei der Festsetzung von Flächen für den Gemeinbedarf kommt es nicht auf eine ins Einzelne gehende Darstellung der Nutzung und des Bedarfsträgers an (hierzu grundsätzlich BVerwG, U. v. 11. 3. 1988, UPR 1988, 268 ff.). Dies ist oftmals bei Planaufstellung, wenn – aus anderen Gründen problematische – vorherige Festlegungen vermieden werden sollen, gar nicht möglich. Entscheidend, auch für die Schaffung von Grundlagen für eine spätere Enteignung nach § 85 oder eine Entschädigung nach §§ 39 ff., ist dagegen die **exakte Zweckbestimmung** der jeweils ausgewiesenen Fläche. Es kann also nicht für eine

Fläche die Verwirklichung verschiedenartiger Zwecke in Aussicht gestellt werden; dagegen reicht es aus, wenn ein übergeordneter Zweck bestimmt wird, der den Rahmen für den dann später zu verwirklichenden Zweck angibt. In diesen Fällen ist es jedoch zu empfehlen, nähere Ausführungen hierzu in die Begründung zum Bebauungsplan aufzunehmen.

Mit dem Baugesetzbuch neu geschaffen wurde die Möglichkeit, im **28** Bebauungsplan unabhängig von Nr. 5 im übrigen und von Nr. 15 Flächen **für selbständige Sport- und Spielanlagen** festzusetzen. Diese Bestimmung entspricht der in § 5 Abs. 2 Nr. 2 (vgl. § 5, Rn 16). Maßgeblich für die Entscheidung des Konflikts zwischen Wohnen und Sport (vor allem Bolz- und Tennisplätze), um den es hier primär geht, ist aber nicht das Baugesetzbuch, sondern sind §§ 3 und 4 sowie 14 und 15 BauNVO. Danach war in **reinen Wohngebieten** die Zulassung von Sportanlagen generell ausgeschlossen und konnte nur als untergeordnete Nebenanlage auf einem großen Wohngrundstück dann zulässig sein, wenn die Nutzung der Anlage nicht zu Störungen der Wohnruhe der Nachbarn führt (hierzu BVerwG, BauR 1985, 652/654; vgl. auch OVG Hamburg, UPR 1986, 360, und nunmehr BVerwG, U. v. 19. 1. 1989, NJW 1989, 1291 ff.; hierzu Schwerdtner, NVwZ 1989, 936 ff.). Nach der **4. ÄnderungsVO zur BauNVO** können jetzt auch in reinen Wohngebieten Anlagen für kirchliche, kulturelle, gesundheitliche und auch sportliche Zwecke ausnahmsweise zugelassen werden, wenn sie den Bedürfnissen der Bewohner des Gebiets dienen. Anlagen für soziale Zwecke unterliegen dieser Beschränkung nicht. Herkömmliche Spielplätze sind in reinen Wohngebieten im allgemeinen zulässig (VGH Mannheim, ZfBR 1987, 167 f.). In **allgemeinen Wohngebieten** konnten vor der 4. Novelle zur BauNVO Anlagen für sportliche Zwecke nach Abs. 3 **nur ausnahmsweise** zugelassen werden; Sport- und Spielplätze konnten hier aber als untergeordnete Nebenanlage nach § 14 Abs. 1 BauNVO zulässig sein, wenn sie planerisch so angeordnet sind, daß von ihnen keine nach § 15 Abs. 1 Satz 2 BauNVO unzulässigen Belästigungen oder Störungen ausgehen können (hierzu VG Berlin, NVwZ 1985, 134 ff.; OVG Münster, Städte- und Gemeindebund 1987, 24; Schwarze, DVBl. 1986, 1050 ff.; a. A. noch OVG Münster, NVwZ 1984, 530 f.). Grenzt ein Sportgelände an ein allgemeines Wohngebiet an, so ist etwa durch Immissionsschutzmaßnahmen und eine geeignete Verkehrsführung für die Zu- und Abfahrt zum Gelände für eine möglichst geringe Störung der Wohnnutzung zu sorgen. Geschieht dies, kann ein solches Nebeneinander von Sport und Wohnen durchaus zulässig sein (vgl. etwa OVG Koblenz, NVwZ 1985, 766; OVG Lüneburg, BauR 1985, 659 ff.; vgl. auch OVG Bremen, UPR 1985, 141 f.). Einen guten Überblick über die Rechtsproblematik der Umwelteinwirkungen durch Sportanlagen vermittelt Birk, NVwZ 1985, 689 ff. mit umfassenden Nachweisen von Rechtsprechung und Literatur. Vgl. auch Pikart/Gelzer/Papier, Umweltein-

wirkungen durch Sportanlagen, 1984. Zu Fragen des Nachbarschutzes vgl. § 31, Rn 51 ff. Mit der **4. Novelle zur BauNVO** sind Sportanlagen in allgemeinen Wohngebieten den in § 4 Abs. 2 Nr. 3 bereits genannten Infrastruktureinrichtungen gleichgestellt worden und damit in diesen Gebieten **nunmehr allgemein zulässig.** Die Sportanlagen müssen sich aber der Gebietseigenart anpassen und dürfen den hier zulässigen Störgrad genausowenig überschreiten wie die anderen Infrastruktureinrichtungen (vgl. BR-Drs. 354/89 v. 30. 6. 1989, S. 30 f., 45).

29 f) Nach **Nr. 6** kann festgesetzt werden, **wieviel Wohnungen** in Wohngebäuden **höchstens** eingerichtet werden dürfen. Voraussetzung hierfür ist allerdings, daß die Festsetzung aus **„besonderen städtebaulichen Gründen"** zweckmäßig ist. Der Bedeutungsgehalt dieser Begriffsbildung, den das Gesetzbuch an mehreren Stellen verwendet (vgl. § 9 Abs. 1 Nr. 9, 23, Abs. 3, § 172 Abs. 4), ist aus dem jeweiligen Regelungszusammenhang zu erschließen (vgl. auch Bielenberg, in: E/Z/B, BBauG, § 9, Rn 84c). Allgemein bedeutet er jedoch, daß der bloße Hinweis auf die allgemeinen städtebaulichen Leitsätze in § 1 Abs. 5, etwa die Berücksichtigung der Wohnbedürfnisse und der sozialen und kulturellen Bedürfnisse der Bevölkerung, zur Begründung einer Festsetzung nach Nr. 6 nicht ausreicht. Erforderlich ist vielmehr, die Zweckmäßigkeit der Festsetzung aus der spezifischen städtebaulichen Problematik des Gebiets abzuleiten, für das die Festsetzung gelten soll (vgl. hierzu Löhr, NVwZ 1982, 19/20 f.; OVG Lüneburg, NJW 1984, 2905/2908; VGH Kassel, DVBl. 1986, 693/694 f.), und aus der Abschätzung der städtebaulichen Auswirkungen einer Veränderung in dem Gebiet selbst oder in anderen Gebieten, die mit der Festsetzung verhindert werden sollen. Nach der Begründung des Regierungsentwurfs ist hier insbesondere an solche Gebiete zu denken, in denen unerwünschte Umstrukturierungen der städtebaulichen Eigenart des Gebiets verhindert werden sollen, ohne das zulässige Maß der baulichen Nutzung einzuschränken. Ausdrücklich erwähnt werden in der Begründung des Regierungsentwurfs Fremdenverkehrs- und Dorfgebiete (vgl. BT-Drs. 10/4630, S. 72). Die Festsetzung kann auch der Ergänzung einer Erhaltungssatzung nach § 172 dienen, wenn diese etwa das Ziel verfolgt, zur Erhaltung der Zusammensetzung der Wohnbevölkerung den Bestand an großen Wohnungen in einem Gebiet zu sichern. In der Begründung zur 4. ÄnderungsVO zur BauNVO ist klargestellt worden, daß der Festsetzungszweck nach den **früheren § 3 Abs. 4 und § 4 Abs. 4 BauNVO** auch mit einer Festsetzung nach Nr. 6 erreicht werden kann (vgl. BR-Drs. 354/89 v. 30. 6. 1989, S. 44, 46).

30 g) Nach **Nr. 7** können **nicht etwa Flächen für den sozialen Wohnungsbau** festgesetzt werden. Zulässig sind in nach Nr. 7 festgesetzten Flächen vielmehr alle **baulichen Vorhaben, die mit Mitteln des sozialen Wohnungsbaus gefördert werden „könnten";** es kommt also nicht

darauf an, ob sie tatsächlich mit Mitteln des sozialen Wohnungsbaus gefördert werden. Umgekehrt ergibt sich aus einer Festsetzung nach Nr. 7 auch nicht eine Verpflichtung, Mittel des sozialen Wohnungsbaus tatsächlich bereitzustellen. Mittel des sozialen Wohnungsbaus meint dabei die direkte öffentliche Förderung nach § 6 II. WoBauG, nicht aber die Steuervergünstigung nach §§ 82 ff. II. WoBauG. Praktisch bedeutet eine Festsetzung nach Nr. 7, daß die hier zu errichtenden oder umzubauenden Wohnungen nicht die in § 39 II. WoBauG vorgesehene Wohnungsgröße überschreiten dürfen; da diese sehr großzügig und durchaus allgemeinen Ansprüchen an Wohnungsgrößen entsprechend bemessen ist, begründet eine solche Festsetzung auch keinerlei Entschädigungsansprüche.

h) Die Ermächtigung nach **Nr. 8,** einzelne Flächen für die Errichtung 31
von Gebäuden für **Personengruppen mit besonderem Wohnbedarf** festzusetzen, fällt aus dem Rahmen der übrigen Festsetzungsmöglichkeiten heraus. Es handelt sich hierbei um den einzigen Fall, in dem die Nutzbarkeit von Flächen durch den **Bedarf von Personengruppen** umschrieben wird. Ansonsten werden die Flächen nur hinsichtlich ihrer abstrakten städtebaulichen Funktion benannt; dies gilt auch für die Festsetzungsmöglichkeit nach Nr. 21, wo lediglich zur näheren Umschreibung der gemeinten Art von belastenden Rechten der jeweils begünstigte Personenkreis benannt ist. Diese Besonderheit ist für die Ausdeutung des zulässigen Inhalts dieser Festsetzung erheblich.

Bei einer Festsetzung nach Nr. 8 muß der **begünstigte Personenkreis** 32
genau bezeichnet werden. Zu denken ist hierbei an Alte, Ausländer, Studenten oder Behinderte. Auch an Aus- und Übersiedler sowie Asylsuchende ist hier zu denken. Dabei ist darauf zu achten, daß entsprechend dem Planungsleitsatz des § 1 Abs. 5 Satz 2 Nr. 2 einseitige Bevölkerungsstrukturen zu vermeiden sind. Dieser Leitsatz wird von Nr. 8 insofern unmittelbar aufgegriffen, als sich die Festsetzungsmöglichkeit lediglich auf „einzelne" Flächen erstreckt; es kann sich also nicht um ein geschlossenes Gebiet handeln, sondern lediglich um **eingestreute Flächen innerhalb eines Baugebiets.** Auch kann – wie sich aus der Verwendung des Wortes „teilweise" ergibt – ein bestimmter Prozentsatz zugunsten der jeweiligen Bevölkerungsgruppe festgesetzt werden (Bielenberg, in: E/Z/B, BBauG, § 9, Rn 37 c).

Da die Festsetzung nach Nr. 8 einen besonderen Wohnbedarf von 33
Personengruppen voraussetzt, muß es auch möglich sein, im Bebauungsplan die Voraussetzungen anzugeben, unter denen dieser Wohnbedarf befriedigt werden kann. Dies bezieht sich zum einen auf die **bauliche Gestaltung der Wohngebäude,** d. h. auf Raumzahl, Ausstattung und besonders Innengestaltung – etwa für Behinderte – der Wohnungen; zum anderen kann aber auch die **Rechtsform** festgesetzt werden, die erforderlich erscheint, um den Wohnbedarf zu decken. Nach Nr. 8 kann daher auch festgesetzt werden, daß auf den betreffen-

den Flächen nur Mietwohnungen errichtet werden dürfen, wenn anders der Wohnbedarf nicht zu decken ist.

34 Wie bei der Festsetzungsmöglichkeit nach Nr. 7 ist hier unter dem „Errichten" von Wohngebäuden auch deren Umbau oder Änderung zu verstehen.

35 Trifft die Gemeinde eine Festsetzung nach Nr. 8, so muß sie sich der **besonderen Vollzugsprobleme,** die hiermit verbunden sind, bewußt sein. Die Umsetzung der getroffenen Festsetzungen nach Nr. 8 erfolgt – wie auch bei den übrigen Festsetzungen in einem Bebauungsplan – durch die Baugenehmigung. Diese kann mit Auflagen versehen oder unter Bedingungen erteilt werden, die die vorgesehene Nutzung der Flächen sicherstellen. Allerdings wird die Gemeinde gerade bei der Verwirklichung einer solchen Festsetzung eine **besondere Betreuungs- und Beratungsaufgabe** gegenüber den betroffenen Grundstückseigentümern wahrnehmen müssen. Auch wird es sich empfehlen, bereits vor einer solchen Festsetzung mit den Eigentümern entsprechende Vereinbarungen zu treffen, die gegebenenfalls durch eine Vertragsstrafe oder eine beschränkte persönliche Dienstbarkeit (zu deren Problematik BayObLG, MDR 1981, 52; Joost, in: Münchener Kommentar zum BGB, Bd. 4, 1981, § 1090, Rn 5) abzusichern sind. Dies ist auch angeraten in Anbetracht der Entschädigungsforderung, die ansonsten nach § 40 Abs. 1 Satz 1 Nr. 2 auf die Gemeinde zukommen kann.

36 **i) Nr. 9** enthält eine Festsetzungsmöglichkeit, mit der dem **städtebaulich begründeten Nutzungszusammenhang zwischen zwei Flächen** Rechnung getragen werden kann, wenn keine der speziellen Festsetzungsmöglichkeiten des § 9 eingreift. Die hier notwendigen besonderen städtebaulichen Gründe (hierzu oben, Rn 29) liegen z. B. vor, wenn auf bestimmten Flächen die Errichtung von Häusern zugelassen wird und auf anderen der Verkehr zu diesen Häusern und deren Ver- und Entsorgung erfolgen muß. Da solche Festsetzungsmöglichkeiten für öffentliche Anlagen hinreichend zur Verfügung stehen, werden von Nr. 9 in erster Linie private Anlagen erfaßt.

37 Als Beispiele werden u. a. angeführt Parkhäuser, Tankstellen, Aussichtstürme, Erholungsheime, Ausflugslokale (Bielenberg, in: E/Z/B, BBauG, § 9, Rn 39; Gaentzsch, in: BK, § 9, Rn 29). Entscheidend für eine solche Festsetzung ist stets, daß eine bestimmte Nutzung einer Fläche aus städtebaulichen Gründen in der konkreten Situation auf einer anderen Fläche eine Folgenutzung oder komplementäre Nutzung erfordert, also stets ein enger räumlicher Zusammenhang zwischen den verschiedenen Nutzungen besteht.

38 Stellt sich die Festsetzung des besonderen Nutzungszwecks als Belastung eines Grundstücks dar, so ist bei der Abwägung genau zu prüfen, ob nicht die Flächen, die von der belastenden Festsetzung Vorteile haben, auch für die Belastung selbst in Anspruch genommen werden können. Die Festsetzung einer solchen Fläche kann nach § 40 Abs. 1

Satz 1 Nr. 3 einen Entschädigungsanspruch gegen die Gemeinde nach sich ziehen.

j) Der Katalog des § 9 enthält eine Reihe von Festsetzungsmöglich- **39**
keiten, die eine bauliche Nutzung ausschließen, z. B. Verkehrsflächen
nach Nr. 11, Grünflächen nach Nr. 15, Landschaftsschutzflächen nach
Nr. 20 und Schutzflächen nach Nr. 24. Daneben kann durch die Festsetzung überbaubarer und nicht überbaubarer Flächen sichergestellt werden, daß ein bestimmter Anteil an Fläche nicht bebaut wird. Solche Festsetzungen können also in **Nr. 10 nicht** gemeint sein.

Nr. 10 erfaßt daher außerhalb dieser Festsetzungsmöglichkeiten alle **40**
Fälle, in denen aus sonstigen städtebaulichen Gründen die **Bebauung einer Fläche verhindert** werden soll. Dies kann insbesondere zum **Schutz eines besonderen Ortsbilds**, eines **Kulturdenkmals** oder bestimmter städtebaulich **typischer Blickverbindungen** etwa zwischen einem Bauwerk und einem Platz oder einer Landschaftsstelle, erforderlich sein. Ergänzend kann die Nutzung dieser Fläche positiv – etwa gärtnerische Nutzung – oder negativ – Ausschluß von z. B. Lagerplätzen – festgesetzt werden.

k) Nr. 11 enthält drei voneinander zu unterscheidende Festsetzungs- **41**
möglichkeiten, nämlich die Verkehrsflächen, sodann die Verkehrsflächen besonderer Zweckbestimmung und schließlich den Anschluß anderer Flächen an die Verkehrsflächen. Zu den **Verkehrsflächen** zählen insbesondere die privaten und öffentlichen Flächen für den fließenden und ruhenden Straßenverkehr (zu den allgemeinen Anforderungen an die Festsetzung von Straßenflächen vgl. etwa BVerwG, Beschl. v. 18. 12. 1987, UPR 1988, 187/188; im Hinblick auf **Verkehrslärmimmissionen** BVerfG, Beschl. v. 30. 11. 1988, NJW 1989, 1271 ff.; hierzu Broß, VerwArch 1989, 395 ff.; Stich, ZfBR 1990, 10/12 f.; vgl. auch Kühling, DVBl. 1989, 221/225 ff.; vgl. zur Berücksichtigung von Verkehrslärm bei der Bebauungsplanung ferner BVerwG, Beschl. v. 21. 7. 1989, NVwZ 1990, 256 f.; OVG Münster, UPR 1989, 455 ff.). Dies gilt **auch für Bundesfernstraßen**, obwohl für deren Errichtung ein Planfeststellungsverfahren nach §§ 17 ff. FStrG vorgesehen ist. Da § 17 Abs. 3 Satz 1 FStrG aber ausdrücklich bestimmt, daß die Planfeststellung durch einen Bebauungsplan nach § 9 ersetzt werden kann, bestehen gegen die Festsetzung einer Bundesfernstraße in einem Bebauungsplan keinerlei Bedenken, selbst dann nicht, wenn sich der Bebauungsplan auf die Festsetzung einer Bundesfernstraße beschränkt (sog. **isolierte Straßenplanung;** hierzu BVerwGE 38, 152/155 ff.; BGH, NJW 1978, 2093/2094; vgl. aber OVG Berlin, ZfBR 1983, 245, zur eventuellen Erforderlichkeit begleitender Festsetzungen zum Landschaftsschutz. Kritisch zur isolierten Straßenplanung ohne einbindende städtebauliche Festsetzungen aus Gründen der Enteignungszuständigkeit Zimmer, BayVBl. 1984, 327/329 ff.). Eine zusätzliche oder besondere **Umweltverträglichkeitsprüfung** nach Nr. 8 der Anlage zu § 3 des UVP-Gesetzes ist im Rahmen der Bauleitplanung nach § 17 UVP-

Gesetz nicht erforderlich (vgl. näher § 5, Rn 9, und § 1, Rn 75 a). Auch
bei Land- und Kreisstraßen ist eine gesonderte Planfeststellung ent-
behrlich, wenn das Straßenbauvorhaben im Geltungsbereich eines Be-
bauungsplans liegt (vgl. z. B. § 38 Abs. 4 Straßen- und WegeG NRW).
In einem solchen Bebauungsplanverfahren wird der Beteiligung des
Trägers der Straßenbaulast besondere Bedeutung zukommen.

42 Ähnliches gilt für die Festsetzung von **Trassen für Straßenbahnanla-
gen,** da auch hier die grundsätzlich vorgesehene Planfeststellung nach
§ 28 Abs. 3 Personenbeförderungsgesetz durch einen Bebauungsplan
ersetzt werden kann. Als Straßenbahnen gelten nach § 4 Abs. 2 Perso-
nenbeförderungsgesetz auch Untergrundbahnen und Schwebebahnen.
In diesen Fällen stehen die Verfahren der Aufstellung eines Bebauungs-
plans und der Planfeststellung **wahlweise** nebeneinander (BVerwG,
ebd.; Breuer, DVBl. 1981, 971/973). Bei der **Umweltverträglichkeits-
prüfung,** wie sie in Nr. 11 der Anlage zu § 3 UVP-Gesetz vorgesehen
ist, gilt dasselbe wie bei Bundesfernstraßen (vgl. oben, Rn 41).

43 **Bergbahnen und sonstige Eisenbahnen** unterfallen dagegen nicht
dem Personenbeförderungsgesetz, so daß **keine Wahlmöglichkeit** zwi-
schen der Bebauungsplanung und der Planfeststellung, wie sie in den
Landeseisenbahngesetzen vorgesehen ist, besteht. Hier muß daher die
Planfeststellung durchgeführt werden. Auch kann nur sie zur Durch-
führung enteignender Maßnahmen zu ihrer Verwirklichung berechti-
gen (BVerwGE 56, 249ff. – Dürkheimer Gondelbahn –; Brohm, DÖV
1983, 525/529; unentschieden Breuer, DVBl. 1981, 971/973 f.; vgl. auch
Fromm, UPR 1983, 46ff.). Allerdings ist die Gemeinde nicht nur
befugt, im Bebauungsplan die Trasse für die Eisenbahn „freizuhalten"
(so aber BVerwG, aaO, S. 265); dies wäre unzulässig, da eine bloße
Negativplanung mit der Funktion des Bebauungsplans, die baurecht-
lich zulässige Nutzung des Bodens zu bestimmen, nicht vereinbar wäre
(hierzu § 8, Rn 1). Sie kann vielmehr durch eine Festsetzung nach Nr. 11
die Trasse festlegen und damit eine abweichende Linienführung in der
nachfolgenden Planfeststellung verhindern. Einzelheiten des Baus, vor
allem, ob die Eisenbahn überhaupt errichtet werden soll, bleiben dem
Fachplanungsträger und dem von diesem durchzuführenden Planfest-
stellungsverfahren überlassen (vgl. Brohm, aaO, S. 530 f.; vgl. auch
§ 38, Rn 30).

44 Die Gemeinde kann in ihrem Bebauungsplan auch Verkehrsflächen
für die **Bundesbahn** oder für den **Luftverkehr** festsetzen, obwohl für
die Errichtung solcher Anlagen ein Planfeststellungs- und – bei Luft-
verkehrsflächen – unter Umständen ein Genehmigungsverfahren erfor-
derlich ist und nicht durch einen Bebauungsplan ersetzt werden kann.
Es kann aber erforderlich sein, solche Flächen vorsorglich festzusetzen,
um sie für die geplante Verkehrsnutzung freizuhalten und zugleich ihre
städtebauliche Einbindung in die bauliche Nutzung eines bestimmten
Gebiets sicherzustellen (so auch Bielenberg, in: E/Z/B, BBauG, § 9,
Rn 47; a. A. Gelzer, Rn 131). Es ist u. U. sogar zulässig, eine andere als

die durch eine Planfeststellung bereits bestimmte Trasse festzusetzen, solange die Realisierung des Projekts noch ungewiß ist und durch die Festlegung einer der Gemeinde genehmeren Streckenführung eine Alternative offengehalten werden soll (so zur Fernstraßenplanung in Eltville BVerwG, BRS 44, Nr. 96). Vor der Errichtung entsprechender Anlagen hat dann jedoch stets ein Planfeststellungsverfahren zu erfolgen. Werden umgekehrt z. B. durch Planfeststellung gesicherte Betriebsflächen der Bundesbahn wegen endgültiger **Aufgabe des Eisenbahnbetriebs** funktionslos, kann die Gemeinde **nicht** zur Sicherung einer städtebaulich ordnungsgemäßen Nutzung dieser Brachfläche hierfür bereits vor Aufhebung der Planfeststellung – gewissermaßen **subsidiär** – einen Bebauungsplan aufstellen (vgl. Brohm, NVwZ 1985, 1 ff.). Es muß vielmehr eindeutig feststehen, daß ehemalige Bahnanlagen nicht mehr für Zwecke des Bahnbetriebs benötigt werden und damit der Vorrang des § 38 entfallen ist, bevor die Gemeinde für diese Fläche einen Bebauungsplan aufstellen kann; auf eine entsprechende **hoheitliche Willensäußerung der Bundesbahn** hat die Gemeinde einen Anspruch (vgl. BVerwG, U. v. 16. 12. 1988, ZfBR 1989, 123/125). Planerische Aussagen dagegen, die mit der Zweckbestimmung einer Fläche als Bahnanlage übereinstimmen, sind zulässig (BVerwG, aaO, S. 124). Gleichermaßen sind auf einem Bahngelände Vorhaben nur zulässig, wenn sie mit der fachplanerischen Zweckbindung der Fläche im Einklang stehen (BVerwG, aaO, S. 125).

Ein **ergänzendes Planfeststellungsverfahren** kann auch bei der Fest- **45** setzung von Bundesfernstraßen oder Straßenbahnanlagen dem Bebauungsplan nachfolgen, wenn dieser nicht alle notwendigen Festsetzungen für die Errichtung der Anlage treffen kann.

Nicht zu den Verkehrsflächen im Sinne der Nr. 11 zählen die **Wasser-** **46** **verkehrsflächen.** Hierfür sind in Nr. 16 eigene Festsetzungsmöglichkeiten geschaffen.

Neben diesen Verkehrsflächen im herkömmlichen Sinn können im **47** Bebauungsplan auch **Verkehrsflächen besonderer Zweckbestimmung** festgesetzt werden. Zur Erläuterung sind im Gesetz die Fußgängerbereiche – zu denen auch nicht befahrbare Wohnwege zu rechnen sind – und Parkflächen aufgeführt. Ergänzend sind hier vor allem zu nennen die **verkehrsberuhigten Straßen,** die beim Neubau oder Umbau von Wohngebieten zunehmend Bedeutung erlangen (vgl. etwa Verkehrsberuhigung in der Praxis, 1987, sowie die Besprechung von Löhr, Die Verwaltung 1988, 516 ff.). Unter verkehrsberuhigten Straßen oder auch Wohnstraßen sind solche Straßen zu verstehen, die neben der Fortbewegung gleichrangig auch der Kommunikation, dem Aufenthalt und dem Spiel dienen. Mit dieser Funktionsvielfalt kommt Wohnstraßen eine eminent städtebauliche Funktion im Rahmen von Stadterneuerung und Neuplanung von attraktiven Wohngebieten zu. Ihre Festsetzung im Bebauungsplan als Verkehrsfläche besonderer Zweckbestimmung ist daher ohne weiteres zulässig (Steiner, NVwZ 1984, 201/202). Die

Verwirklichung einer solchen Festsetzung hat durch eine entsprechende **straßenrechtliche Widmung** oder teilweise Entwidmung zu erfolgen (bei einem zumeist notwendigen Umbau im Ergebnis auch Steiner, aaO, S. 203 f., der allerdings für die Einrichtung „als solche" eine widmungsrechtliche Verfügung für entbehrlich hält), wobei diese Widmung auch durch die In-Verkehrstellung der Straße erfolgen kann. **Straßenverkehrsrechtlich** ist die so erfolgte Widmung schließlich zu kennzeichnen, z. B. mit den Zeichen 325 und 326 nach § 42 Abs. 4a StVO (Verkehrsberuhigte Bereiche). Zu diesem Problembereich ausführlich Brohm, Verkehrsberuhigung in Städten, 1985; zum Verhältnis von straßenrechtlicher Widmung und Festsetzungen eines Bebauungsplans vgl. BVerwG, DÖV 1975, 101 ff.).

48 Schließlich kann die Gemeinde nach Nr. 11 festsetzen, auf welche Art und Weise und an welcher Stelle andere Flächen als Verkehrsflächen an diese **anzuschließen** sind. Hierzu werden häufig auch textliche Festsetzungen erforderlich sein.

49 Sind Verkehrsflächen in einem Planfeststellungsverfahren festgelegt worden, soll die Gemeinde diese Flächen nach Abs. 6 nachrichtlich übernehmen (hierzu BVerwG, DÖV 1977, 325).

50 l) Nach **Nr. 12** können Flächen festgesetzt werden, auf denen Anlagen für die **Versorgung** der Bevölkerung mit Strom, Wasser, Gas, Fernwärme zulässig sind. Hierzu gehören z. B. auch Heizkraftwerke und Windenergieanlagen. **Heizkraftwerke** sind in den Baugebieten nicht nach § 14 Abs. 2 BauNVO zulässig, da sie nicht den Charakter von Nebenanlagen haben (Gelzer, Rn 134 f.; OVG Berlin, ZfBR 1982, 45, das zusätzlich auf die Genehmigungsbedürftigkeit nach § 4 BImSchG abstellt; im übrigen Söfker, ZfBR 1983, S. 184 ff., auch zu der Frage, ob solche Anlagen in Bereichen nach § 34 zulässig sind). Private **Windenergieanlagen** dagegen können als untergeordnete Nebenanlagen nach § 14 Abs. 1 BauNVO in einem Bebauungsplangebiet zulässig sein, wenn sie der Eigenart des Gebiets nicht widersprechen. Das kann bei einem aufgelockert bebauten oder bebaubaren Gebiet durchaus der Fall sein; in einem Reihenhausgebiet z. B. mit relativ dichter Bebauung dürften dagegen Windenergieanlagen regelmäßig mit dem Gebietscharakter nicht zu vereinbaren sein und daher ggf. einer besonderen Festsetzung nach Nr. 12 bedürfen (BVerwG, NJW 1983, 2713/2714; hierzu Ronellenfitsch, VerwArch 75 (1984), 407 ff.; Pöttinger, DÖV 1984, 100 ff.; Söfker, BBauBl. 1983, 486 f.).

51 Die Festsetzung von Versorgungsflächen kann für die Gemeinde Entschädigungsansprüche nach § 40 Abs. 1 Satz 1 Nr. 6 zur Folge haben.

52 m) In engem Zusammenhang mit der Festsetzungsmöglichkeit nach Nr. 12 steht die Möglichkeit nach **Nr. 13,** die **Führung von Versorgungsanlagen und -leitungen** festzusetzen. Gegenüber den anderen Festsetzungsmöglichkeiten fällt hierbei auf, daß **nicht Flächen** festge-

setzt werden können. Dies folgt daraus, daß hier lediglich die Führung von „Leitungen" (auch Anlagen müssen aus diesem Grund „Leitungscharakter" haben, z. B. Schächte, Pumpen und ähnliches) bestimmt werden kann, die aber jeweils nicht ganze Grundstücksflächen in Anspruch nehmen.

Werden solche Leitungen nicht über gemeindeeigene oder versorgungsträgereigene Grundstücke geführt (z. B. entlang von Straßen oder Wegen), so müssen mit dem Eigentümer entsprechende **vertragliche Vereinbarungen** getroffen werden. Ist hierfür eine dingliche Sicherung erforderlich, so bedarf es der Festsetzung nach Nr. 21 (hierzu OVG Koblenz, NVwZ 1986, 57; ferner vgl. unten, Rn 74 ff.). In jedem Fall ist die Begründung dieses Rechts nicht mit der Festsetzung im Bebauungsplan erfolgt, sondern bedarf entsprechender zusätzlicher Vereinbarung. **53**

Unter Versorgungsleitungen oder -anlagen sind **auch Entsorgungsleitungen** wie z. B. Abwasserkanäle zu verstehen, da eine andere Festsetzungsmöglichkeit hierfür, auch nach Nr. 14, nicht vorgesehen ist. **54**

Hierbei ist auf den mit der 4. ÄnderungsVO um fernmeldetechnische Nebenanlagen ergänzten § 14 Abs. 2 BauNVO hinzuweisen, der Nebenanlagen zur Ver- und Entsorgung in den Baugebieten auch ohne entsprechende planerische Festsetzung für zulässig erklärt, wenn sie als Ausnahme zugelassen sind. Die von Nr. 13 erfaßten Versorgungsanlagen und -leitungen dürften hiernach in aller Regel zulässig sein. **55**

n) Nach **Nr. 14** können Flächen für Anlagen festgesetzt werden, die der **Beseitigung von Abwasser oder Entsorgung von festen Abfallstoffen** dienen. Ebenso können Flächen für **Ablagerungen,** die nach der Bestimmung in § 29 Satz 3 baulichen Vorhaben gleichgestellt sind, festgesetzt werden. Nicht hierunter fallen die Entsorgungsleitungen, da diese nicht ganze Grundstücke beanspruchen und ihre Sicherung durch beschränkte dingliche oder schuldrechtliche Rechte ausreicht (vgl. Rn 54). Zu den auf solchen Flächen zulässigen Anlagen werden z. B. gerechnet Kläranlagen, Rieselfelder, Schutthalden, Schrottplätze, Müllkippen, Müllverwertungsanlagen (Aufzählung bei Gelzer, Rn 137). Problematisch ist die Zuordnung von **Pumpstationen,** da sie in der Regel zu den Entsorgungsanlagen gehören werden, die nach Nr. 13 festzusetzen sind; sie können aber auch als Nebenanlagen im Sinne des § 14 Abs. 2 BauNVO ohne planerische Festsetzung zulässig sein (letzterem zustimmend auch Gelzer, ebd.; vgl. aber OVG Berlin, ZfBR 1983, 245, nach dem Pumpstationen u. U. sogar im Flächennutzungsplan dargestellt werden müssen). **56**

o) Nach **Nr. 15** können in einem Bebauungsplan die **Grünflächen** festgesetzt werden, wobei festzusetzen ist, ob es sich um eine öffentliche oder private Grünfläche handelt (VGH München, BayVBl. 1984, 339 f.). Bei der Festsetzung einer Grünfläche muß, ähnlich wie bei der **57**

Festsetzung von Flächen für den Gemeinbedarf, der **Verwendungs-zweck bereits im einzelnen konkretisiert** sein. So ist z. B. anzugeben, wenn einer der in Nr. 15 genannten Zwecke (Parkanlagen, Dauerklein-gärten usw.) verwirklicht werden soll. Ist im Bebauungsplan nur „Grünfläche" angegeben, so kann auch nur eine eingegrünte Fläche ohne weitere Spezifizierung durchgeführt werden, nicht aber ist die Errichtung eines Spielplatzes gestattet (BVerwGE 42, 5 ff.). Allerdings kann die Festsetzung als Grünfläche – anders als bei bloßer „Negativ-planung" (vgl. unten, Rn 61, 64) – auch ein zulässiges planerisches Gestaltungsmittel für eine **„Auffangplanung"** bei einer nicht sicher vorhersehbaren Entwicklung etwa einer nicht mehr benötigten Be-triebsfläche der Bundesbahn sein (vgl. BVerwG, Beschl. v. 16. 12. 1988, ZfBR 1989, 123/126 f.). Bei der Festsetzung von Flächen für **Dauerkleingärten** muß tatsächlich beabsichtigt sein, auf die Dauer Kleingärten im Sinne des § 1 Kleingartengesetz (hierzu Mainczyk, Bundeskleingartengesetz, 3. Aufl. 1989; Otte, in: E/Z/B, Teile N–P) zu errichten und zuzulassen. Dies fordert die Nutzung eines fremden Grundstücks auf z. B. Pachtbasis; Eigentümergärten sind daher keine Dauerkleingärten im Sinne der Nr. 15 (BVerwG, NVwZ 1984, 581 f.). Für Vereinsheime, Parkplätze und ähnliche bauliche Anlagen sind eigene Festsetzungen erforderlich, nicht dagegen für Gartenlauben im Sinne des § 3 Abs. 2 Bundeskleingartengesetz mit einer Grundfläche bis zu 24 m² (vgl. hierzu auch BVerwG, U. v. 18. 8. 1989, ZfBR 1990, 38/40).

58 **p) Nr. 16** enthält lediglich eine sehr eingeschränkte Festsetzungsmög-lichkeit für **Flächen für den Wasserverkehr und die Wasserwirtschaft.** Zulässig sind solche Festsetzungen nur, soweit sie nicht nach anderen Vorschriften getroffen werden „können". Dies bedeutet, daß es nicht darauf ankommt, ob solche Festsetzungen bereits getroffen sind, son-dern lediglich darauf, ob sie möglich sind. Im Wasserrecht sind aber praktisch alle Regelungserfordernisse durch einschlägige Vorschriften des Bundeswasserstraßengesetzes und des Wasserhaushaltsgesetzes so-wie der Wassergesetze der Länder abgedeckt.

59 Nr. 16 ist aber von Bedeutung für **kleine Wasserflächen, die keine besondere wasserverkehrliche oder wasserwirtschaftliche Bedeutung haben.** Vor allem kann bei Wasserflächen festgesetzt werden, daß sie von einer Bebauung (vgl. hierzu § 29, Rn 10) freizuhalten sind, sofern nicht das Bundeswasserstraßengesetz auch insofern eine abschließende Regelung getroffen hat (Grauvogel, in: Kohlhammer-Komm. zum BBauG, § 9, Anm. II 16 b; BVerwG, DVBl. 1974, 200 und 814). Vgl. dazu, daß Nr. 16 nichts an der wasserrechtlichen Natur der Abwasser-beseitigungspflicht ändert und damit die durch die Ausweisung von Wohngebieten verursachte Bodenversiegelung nicht zur Haftung der Gemeinde für **Überschwemmungsschäden** an anderer Stelle führt, BGH, U. v. 14. 5. 1987, UPR 1988, 139 ff.

q) **Aufschüttungen** nach **Nr. 17** sind insbesondere Abraumhalden **60** und die Lagerung von überschüssigem Boden. Müllablagerungen sind nach Nr. 14 festzusetzen; Erdaufschüttungen für die Anlage von Straßen fallen unter Nr. 26. Bei den Aufschüttungen muß es sich um **selbständige Vorhaben** handeln, die nicht im Zusammenhang z. B. mit einem Bauvorhaben stehen; in diesem Fall ist eine Festsetzung der zulässigen baulichen Nutzung, evtl. mit einer Angabe der Höhenlage nach Abs. 2, erforderlich.

Für **Abgrabungen,** d. h. Senkungen des vorgefundenen Bodenni- **61** veaus, gilt dasselbe wie für Aufschüttungen. Sie werden aber kaum einmal selbständige Bedeutung erlangen, sondern in der Regel mit der **Gewinnung von Bodenschätzen** wie z. B. Sand oder Kies (hierzu BVerwG, BauR 1984, 54/55) verbunden sein. Entscheidend ist aber, daß die hiernach zulässige Nutzung stets mit einer **Inanspruchnahme der Erdoberfläche** verbunden ist. Erfolgt die Gewinnung der Bodenschätze im Untertagebau, so ist lediglich eine Kennzeichnung nach Abs. 5 Nr. 2 möglich. Solche Abgrabungen unterfallen nach § 29 Satz 3 den Vorschriften über die Zulässigkeit von Vorhaben der §§ 30 ff. Da sie **regelmäßig im Außenbereich** stattfinden werden, gilt für sie § 35. Durch einen – in der Regel einfachen – Bebauungsplan mit Festsetzungen nach Nr. 17 kann die Gemeinde die Zulässigkeit entsprechender Vorhaben im Außenbereich sicherstellen. Sie kann damit aber nicht verhindern, daß bei Vorliegen der Voraussetzungen des § 35 solche Vorhaben auch an anderen Stellen durchgeführt werden (zur Bedeutung des Flächennutzungsplans hierfür vgl. § 5, Rn 28–31). Die Gemeinde kann dies nur verhindern, wenn sie einen Bebauungsplan mit anderen Festsetzungen, z. B. nach Nr. 18, für solche Gebiete beschließt, in denen sie Abgrabungen verhindern will. Allerdings geht dies nur, wenn für solche Pläne die Erforderlichkeit für die städtebauliche Entwicklung und Ordnung nach § 1 Abs. 3 zu bejahen ist. Nicht aber können umgekehrt nach Nr. 18 a Flächen für die Landwirtschaft festgesetzt werden, nur um eine spätere Nutzung dieser Flächen für die Gewinnung von Bodenschätzen zu sichern oder eine solche auszuschließen; eine solche **reine Negativplanung** wäre **unzulässig** (BVerwGE 40, 258 ff.; Berkemann, DVBl. 1989, 625/628 f.; a. A. Bielenberg, in: E/Z/B, BBauG, § 9, Rn 57 a, der eine solche Festsetzung als Ermöglichung einer sinnvollen Zwischennutzung für zulässig hält).

Eine Festsetzung nach Nr. 17 läßt die gegenwärtige Nutzung der **62** Fläche bis zur Inangriffnahme des Vorhabens unberührt. Da es sich hierbei in der Regel um Land- oder Forstwirtschaft handelt, ist eine Festsetzung eines solchen Bestandes auch nicht erforderlich. Im übrigen ist ausdrücklich nur für Festsetzungen nach Nr. 17, nicht aber für Festsetzungen nach Nr. 18 eine Entschädigung in § 40 Abs. 1 Satz 1 Nr. 9 vorgesehen (vgl. aber Rn 65).

Im übrigen sind bei Abgrabungen etwaige **Abgrabungsgesetze der** **63** **Länder,** das Naturschutzrecht und insbesondere die **Ziele der**

Raumordnung und Landesplanung zu beachten; letztere sind oftmals in fachlichen Teilplänen für die Sicherung von Flächen für die Gewinnung von Bodenschätzen enthalten (hierzu Berkemann, aaO, S. 630ff.; zu dieser Problematik auch § 35, Rn 38).

64 **r) Landwirtschaft und Wald,** für die nach **Nr. 18a und 18b** Flächen festgesetzt werden können (zu den Begriffen vgl. bereits § 5, Rn 31 f.), sind im Außenbereich ohne weiteres zulässig; auch die Errichtung von hierzu erforderlichen Wohn- oder Betriebsgebäuden ist als privilegiertes Vorhaben nach § 35 Abs. 1 ohne Planung zulässig. Setzt die Gemeinde gleichwohl Flächen für die Landwirtschaft und Wald fest, so muß dies in besonderem Maße einer Erforderlichkeitsprüfung standhalten. Die Erforderlichkeit einer Festsetzung für Wald kann sich zum Beispiel aus dessen Funktion für die Klimaverbesserung oder als Naherholungsgebiet ergeben (vgl. auch BT-Drs. 10/4630, S. 72, 68). Keinesfalls darf die Gemeinde hiermit lediglich versuchen, Teile ihres Gebiets von einer Bebauung freizuhalten (BVerwGE 40, 258ff.; vgl. oben, Rn 61).

65 Andererseits ist gerade die **Freihaltung des Außenbereichs von Gebäuden** ein wesentliches Mittel zur Förderung der Land- und Forstwirtschaft und zur Erhaltung des Waldes, die eine Festsetzung von Flächen nach Nr. 18 erlaubt (Schlichter, in: S/S/T, § 9, Rn 22; Bielenberg, in: E/Z/B, BBauG, § 9, Rn 59 Gaentzsch, in: BK, § 9, Rn 42). Eine solche Festsetzung kann sich insbesondere dann als sinnvoll und notwendig erweisen, wenn der Außenbereich bereits zum Teil zersiedelt ist und eine Ablehnung weiterer Gebäude daher sehr schwierig würde; durch eine Festsetzung nach Nr. 18 wird die Zulässigkeit aller nicht der Landwirtschaft oder dem Wald dienenden Vorhaben ausgeschlossen (Gelzer, Rn 161); hier kann unter Umständen aber ein Entschädigungsanspruch nach § 42 entstehen. Auch hat die Gemeinde durch den Beschluß eines Bebauungsplans größeren Einfluß auf die Genehmigung von Vorhaben als bei einer Genehmigung nach § 35, wo ihr unter Umständen nur ein Mitwirkungsrecht nach § 36 zusteht.

66 Zum Begriff der Landwirtschaft enthält das Gesetzbuch in § 201 eine Legaldefinition. Es ist zulässig, daß die Gemeinde bei der Festsetzung nur eine dort genannten möglichen Formen der Landwirtschaft für zulässig erklärt. Zum Begriff der Forstwirtschaft vgl. § 35, Rn 12.

67 **s) Die Anlagen für die Kleintierhaltung,** die auf den nach **Nr. 19** festzusetzenden Flächen zulässig sind, können in der Regel nach § 14 Abs. 1 Satz 2 BauNVO als untergeordnete Nebenanlagen und Einrichtungen in jedem Baugebiet zugelassen werden. Darüber hinaus sind sie in allgemeinen Wohngebieten und in Mischgebieten ausnahmsweise zugelassen. Der Zulässigkeit solcher Anlagen setzt jedoch § 15 BauNVO mit seiner Normierung des Gebots der Rücksichtnahme in Abs. 1 Satz 2 Grenzen. Größere Anlagen etwa zur Hundezucht sind daher in den Wohnbaugebieten in der Regel nicht zulässig. Andererseits können solche auch im Außenbereich meist nur als nicht privilegierte

Vorhaben ausnahmsweise zugelassen werden, da es sich bei der Kleintierhaltung in der Regel nicht um Landwirtschaft im Sinne des § 201 handelt (hierzu § 35, Rn 11). Allenfalls kann eine – rechtlich unsichere – Privilegierung nach § 35 Abs. 1 Nr. 5 in Betracht kommen. Hier kann also eine Festsetzung nach Nr. 19 einerseits Rechtssicherheit für den Kleintierhalter und andererseits die Voraussetzungen für die notwendige Einbindung der Anlage in die Umgebung schaffen.

Der **Begriff des Kleintiers** läßt sich aus den Vorschriften der BauNVO bis zum Inkrafttreten der 4. Änderungsverordnung näher bestimmen. Da nach § 4 Abs. 3 Nr. 6, § 6 Abs. 3 BauNVO 1977 bauliche Anlagen zur Kleintierhaltung als Zubehör zu Kleinsiedlungen und landwirtschaftlichen Nebenerwerbsstellen umschrieben wurden, sind als Kleintiere solche Tiere anzusehen, die herkömmlicherweise zum **Schutz**, zur **Ernährung** oder zur **Unterhaltung** in Kleinsiedlungen gehalten wurden. Hierzu gehören dann etwa Hunde und Katzen, Hühner, Gänse und Tauben, Kaninchen, Ziegen, Schweine, Schafe und vergleichbare Tiere. Nicht hierher gehören z. B. Löwen (VGH München, BayVBl. 1983, 212/215 f.), Tiger (VG Berlin, NJW 1984, 140 f.), Pumas (OVG Koblenz, U. v. 10. 11. 1983, 8 A 77/83) oder auch Ponys (OVG Lüneburg, NJW 1980, 1408). **68**

Zulässig auf den nach Nr. 19 festgesetzten Flächen sind die für das Halten der Tiere erforderlichen Anlagen wie z. B. **Stallungen**, aber auch Gebäude für die Unterbringung des erforderlichen Personals; hiervon allerdings kaum abgrenzbare **Wohngebäude sind unzulässig.** **69**

t) Nr. 20 sieht zusätzlich zu den zahlreichen Schutz- und Entwicklungsmaßnahmen zum Umweltschutz ergänzende Festsetzungen für **Maßnahmen zum Schutz, zur Pflege und zur Entwicklung** von Natur und Landschaft, d. h. insbesondere **des Umweltmediums Boden** sowie für **Flächen für solche Maßnahmen** vor. Allerdings können Festsetzungen für die Maßnahmen selbst nur getroffen werden, soweit nicht Festsetzungen dieser Art nach anderen Gesetzen möglich sind. Da das Landschaftspflegerecht durch Bundesnaturschutzgesetz und die Landschaftsgesetze der Länder zu einer Fachplanung ausgestaltet worden ist, eröffnet Nr. 20 vor allem die Möglichkeit der Integration eigenständig aufgestellter Landschaftspläne (vgl. § 5, Rn 33 f.). Keinesfalls soll sich der Bebauungsplan zu einem den Landschaftsplan verdrängenden Instrument entwickeln (vgl. auch Erbguth, Bauplanungsrecht 1989, Rn 84; Hoppe/Beckmann, Umweltrecht 1989, § 18, Rn 45–48; anders wohl Louis/Klatt, NuR 1987, 347/361 ff.). In Rechtsverordnungen oder anderen Vorschriften enthaltene Naturschutzmaßnahmen nach § 8 Abs. 4, § 13–18, 20–20g BNatSchG können nur nach Abs. 6 nachrichtlich übernommen werden. Vor allem in NRW, wo Landschafts- und Bebauungsplanung nach § 16 Abs. 1 Satz 1 Landschaftsgesetz grundsätzlich noch strikt voneinander getrennt sind, kommt dieser Festsetzungsmöglichkeit größere Bedeutung zu. Dasselbe gilt in den Fällen vollständiger Integration der Landschafts- in die **70**

Bebauungsplanung (vgl. Hofherr, UPR 1987, 88/92; im übrigen vgl. zur Landschaftsplanung eingehend Kloepfer, Umweltrecht, § 10, Rn 19 ff.; Stich/Porger/Steinebach, Örtliche Landschaftsplanung und kommunale Bauleitplanung, 1986, bes. S. 177 ff.).

71 Mit dem Baugesetzbuch neu eingeführt wurde die Möglichkeit, neben den Maßnahmen auch **Flächen für Maßnahmen zum Schutz, zur Pflege und zur Entwicklung von Natur und Landschaft** festzusetzen. Diese Festsetzungsmöglichkeit besteht, anders als die für Maßnahmen, nicht subsidiär, sondern erlaubt der Gemeinde, unabhängig von anderen Vorschriften etwa im Naturschutzrecht auf der Grundlage ihrer planerischen Abwägung entsprechende Flächenfestsetzungen vorzunehmen. Der Ergänzung der Nr. 20 kommt wie der entsprechenden Regelung in § 5 Abs. 2 Nr. 10 eine **doppelte Funktion** zu: Zum einen handelt es sich um eine originär **städtebaurechtliche Vorschrift,** die der Gemeinde ausdrücklich ermöglicht, städtebaulich begründete Flächen für landschaftspflegerische Maßnahmen festzusetzen. Das kann etwa für sog. Durchschnittsflächen bedeutsam sein, denen ökologisch keine besondere Wertigkeit zukommt, die aber im städtebaulichen Zusammenhang etwa eines Wohngebiets erhaltungs- und entwicklungswürdig sind (vgl. Louis/Klatt, NuR 1987, 347/351 f.). Zum anderen eröffnet die Vorschrift die Möglichkeit, Flächen zum **Ausgleich für bauliche Eingriffe an anderer Stelle**, etwa auf Nachbargrundstücken, festzusetzen und damit zu sichern, bevor die Maßnahmen im einzelnen bestimmt werden können (vgl. Gaentzsch, in: BK, § 9, Rn 48). Dabei ist die unterschiedliche Funktion von Bebauungs- und Landschaftsplan zu beachten: Während der Bebauungsplan rechtsbegründend wirkt und daher auf Beständigkeit angelegt ist, muß sich der Landschaftsplan als Ressourcenmanagement leichter wechselnden Anforderungen anpassen können.

72 Wie bei § 5 Abs. 2 Nr. 10 ist auch beim Bebauungsplan die Festsetzungsmöglichkeit **beschränkt auf städtebaulich begründete Ausgleichsflächen,** sofern die Festsetzungen nicht auf einer integrierten Landschaftsplanung beruhen (vgl. § 5, Rn 35).

73 Die entscheidende Ebene für die Integration der Landschaftsplanung in die Bauleitplanung ist der Flächennutzungsplan (vgl. auch Stich, ZfBR 1986, 111). Auf dieser Ebene fallen die wichtigen Entscheidungen über die künftige Nutzung des Gemeindegebiets und die Lösung der regelmäßig gegebenen Konflikte zwischen Landschafts- und Naturschutz auf der einen sowie der Wirtschafts- und Siedlungsentwicklung auf der anderen Seite. Allerdings darf nicht außer acht gelassen werden, daß Naturschutz und Landschaftspflege nach § 1 Abs. 1 Bundesnaturschutzgesetz nicht nur im unbesiedelten, sondern besonders auch im besiedelten Bereich erforderlich sind. Gerade unter dem Gebot des schonenden Umgangs mit Grund und Boden nach § 1 Abs. 5 Satz 3 kann der Festsetzung von Flächen nach Nr. 20 besondere Bedeutung zukommen. So muß es als zulässig angesehen werden, daß solche

Flächen nicht nur selbständig festgesetzt werden, sondern auch andere Festsetzungen überlagern, z. B. Verkehrsflächen oder Wohnbauflächen. Dabei ist allerdings, wie bei anderen Festsetzungen auch, stets das Gebot der Erforderlichkeit nach § 1 Abs. 3 zu berücksichtigen. Werden Flächen nach Nr. 20 selbständig festgesetzt, so ist hier wie auch bei Flächen für die Landwirtschaft und Wald ein positiver Regelungszweck erforderlich. Keineswegs kann die Festsetzungsmöglichkeit für ein bloßes Freihalten von Flächen eingesetzt werden (vgl. oben Rn 64, 61, 57).

u) Die Möglichkeit, nach **Nr. 21 Geh-, Fahr- und Leitungsrechte** **74** festzusetzen, muß nach zwei Seiten hin eingeschränkt werden. Zum einen ist die Begründung solcher Rechte **nur aus städtebaulichen Gründen** möglich, nicht als privaten. Rein privatrechtliche Geh- und Fahrrechte können erheblich weitergehen als solche nach Nr. 21. Die hiernach zulässige **Nutzung** kann aber sowohl öffentlich als auch privat sein (vgl. unten, Rn 77). Zum anderen bedarf die Festsetzung solcher Rechte der **dinglichen Umsetzung.** Keineswegs begründet die Festsetzung im Bebauungsplan bereits das entsprechende dingliche Recht. Als solche dinglichen Rechte kommen in Betracht, soweit dies in den Landesbauordnungen (z. B. § 78 BauO NRW) vorgesehen ist, die Baulasten; ansonsten bedarf es beschränkter persönlicher Dienstbarkeiten oder Grunddienstbarkeiten nach §§ 1018 ff. und 1090 ff. des Bürgerlichen Gesetzbuches. Da diese Rechte dem Eigentümer ein bestimmtes Tun, Dulden oder Unterlassen aufgeben, müssen sie **in ihrem Inhalt genau bestimmt** sein. Dies bedeutet für die planerische Festsetzung, daß schon sie so präzise sein muß, daß hieraus unmittelbar das entsprechende dingliche Recht abgeleitet werden kann.

Diese inhaltliche Genauigkeit bezieht sich zum einen auf das **festge-** **75** **setzte Recht.** Wenn die Festsetzung nach Nr. 21 eine Ergänzung der Festsetzung von Verkehrsflächen darstellt, muß sie also exakt angeben, welcher Verkehr an welcher Stelle und zu welchem Zweck zulässig sein soll. Dies kann die Festsetzung der Breite des von dem Recht erfaßten Grundstücksstreifens erforderlich machen, die Höhenlage, das Geschoß (z. B. bei sog. Arkadenwegen), die erforderliche Höhe eines Durchgangs oder die freizuhaltende Tiefe, z. B. bei Kanälen.

Würde die Belastung jedoch eine solche Intensität erreichen, daß der **76** Eigentümer außer seiner formalen Rechtsposition von seinem Recht – jedenfalls in dem betroffenen Bereich – nichts übrig behält, wird regelmäßig die vollständige Inanspruchnahme der Fläche und damit ihre Festsetzung als Verkehrsfläche erforderlich sein (OLG Düsseldorf, BauR 1976, 266/267 f. zur Problematik bei einer „aufgeständerten" Straße; vgl. auch VGH Mannheim, Beschluß vom 26. 7. 1983, 5 S 2322/82). Umgekehrt ist vor der Festsetzung einer Verkehrsfläche zu prüfen, ob nicht auch die Belastung dieser Fläche mit Geh- und Fahrrechten ausreicht (hierzu Bielenberg, in: E/Z/B, BBauG, § 9, Rn 49, 62).

77 Zum anderen muß die Festsetzung nach dem **Kreis der Begünstigten** präzisiert sein. Dabei ist grundsätzlich sowohl eine Festsetzung zugunsten privater als auch zugunsten öffentlicher Nutzungen zulässig. So können für die Allgemeinheit bestimmte Zugangsrechte z. B. zu einem See geschaffen werden, es kann den Anwohnern von Hinterliegergrundstücken der Zugang ermöglicht werden, oder es kann einer Versorgungsgesellschaft die Verlegung von Leitungen oder Kanälen gesichert werden. Im letzten Fall korrespondiert die Festsetzung nach Nr. 21 mit der nach Nr. 13. Festsetzungen für einen beschränkten Personenkreis fallen häufig mit Festsetzungen nach Nr. 22 (Gemeinschaftsanlagen) zusammen.

78 Die Festsetzung von Geh-, Fahr- und Leitungsrechten kann Entschädigungsansprüche nach § 41 Abs. 1 nach sich ziehen, die sich sowohl auf die belasteten Flächen als auch auf die für die Leitungsführungen erforderlichen beiderseitigen Schutzstreifen erstrecken (vgl. zum inhaltlich unverändert in § 41 Abs. 1 übernommenen § 42 BBauG BVerwG, ZfBR 1985, 144f.).

79 **v)** Nach **Nr. 22** können für in der Festsetzung näher zu bestimmende räumliche Bereiche Flächen für **Gemeinschaftsanlagen** festgesetzt werden (zur notwendigen Konkretisierung von Festsetzungen nach Nr. 22 und ihres räumlichen Einzugsbereichs vgl. BVerwG, Beschl. v. 13. 2. 1989, UPR 1989, 274f.). Die angegebenen Gemeinschaftsanlagen (Kinderspielplätze, Freizeiteinrichtungen, Stellplätze und Garagen) sind nur beispielhaft zu verstehen. Da aber die Festsetzungen **dem Gebot der Erforderlichkeit genügen** müssen, sind weitere Anwendungsfälle dieser Festsetzungsmöglichkeit kaum gegeben. In Betracht kommt etwa noch die Festsetzung von Plätzen für Abfallbehälter (Bielenberg, in: E/Z/B, BBauG, § 9, Rn 66). Allerdings sind die Gemeinschaftsanlagen nicht mehr wie früher auf die aus Gründen der Sicherheit und der Gesundheit erforderlichen Anlagen beschränkt. Dies zeigt sich an der Festsetzungsmöglichkeit von Freizeiteinrichtungen, die z. B. aus einer gemeinsam zu nutzenden Hoffläche mit Bänken und Tischen bestehen kann.

80 Zu den Problemen bei der **Errichtung und Unterhaltung von Gemeinschaftsanlagen,** die in der Vergangenheit dazu geführt haben, daß nur sehr selten solche Anlagen festgesetzt wurden, vgl. Schmidt-Aßmann, Rechtsinstrumente für Gemeinschaftsanlagen in Gemeinschaftsverantwortung, Schriftenreihe „Städtebauliche Forschung" des BMBau, Heft 03.078, 1979.

81 **w)** Die Festsetzungsmöglichkeit nach **Nr. 23 (Verwendungsverbot für luftverunreinigende Stoffe)** ist durch das Baugesetzbuch entsprechend ihrer ursprünglichen Zielsetzung konkretisiert worden (vgl. BT-Drs. 10/4630, S. 72; kritisch gegenüber der Neufassung, vor allem wegen der restriktiven Anwendungsbeispiele in der Begründung des Regierungsentwurfs, die nicht zur Interpretationsleitlinie werden sollten, Schmidt-Aßmann, NVwZ 1987, 265/271; gerade dafür Selmer,

Umweltschutz im Bebauungsplan, BB, Beilage 15 zu Heft 30/1988, S. 12). Danach kann das Verwendungsverbot zum einen **aus besonderen städtebaulichen Gründen** (zu dieser Begriffsbildung vgl. oben, Rn 29) festgesetzt werden. Diese können etwa gegeben sein in Gebieten, die in besonderem Maße gegen Luftverunreinigungen geschützt werden sollen. Zu denken ist hier etwa an Kurgebiete, an Gebiete mit Krankenhäusern, an Naherholungsgebiete, unter Umständen aber auch an Gewerbegebiete, wenn hier besonders immissionsempfindliche Betriebe angesiedelt sind oder werden sollen (a. A. Selmer, aaO, S. 13, soweit es sich nicht um eine vom Bebauungsplan vorgefundene, sondern von ihm verursachte Problematik handelt; damit aber würden die „besonderen" städtebaulichen Gründe auf den Bestand eingeengt und für eine vorausschauende Planung, wie sie doch wesentlich [auch] Aufgabe der Bauleitplanung ist, nicht anwendbar). Zum anderen kann eine Festsetzung nach Nr. 23 getroffen werden, um ein Gebiet **vor schädlichen Umwelteinwirkungen im Sinne des Bundes-Immissionsschutzgesetzes zu schützen.** Dieses Umweltschutzziel kann die Gemeinde im gesamten Gemeindegebiet verfolgen, ohne hierfür jeweils besondere städtebauliche Gründe anführen zu müssen. Allerdings handelt es sich auch insoweit selbstverständlich um eine städtebau-, nicht um eine umweltrechtliche Vorschrift (vgl. Gierke, in: Kohlhammer-Komm., § 9, Rn 371, wo am Ende der 7. Zeile wohl ein „nicht" fehlt). Auch dient die Vorschrift speziell dem **Immissionsschutz auf örtlicher Ebene**, nicht dem Umweltschutz allgemein. So kann sie etwa nicht dazu eingesetzt werden, um die Energieeinsparung zu fördern und die mit den Emissionen von Großkraftwerken verbundenen Umweltbelastungen zu reduzieren. Auch ein von der Gemeinde für sinnvoll gehaltener „Ausstieg" aus dem Öl und eine Bevorzugung nicht fossiler Energieträger kann mit der Nr. 23 nicht betrieben werden. Auch darf die Festsetzung nicht getroffen werden, um die Absatzmöglichkeiten eines gemeindeeigenen Energieversorgungsunternehmens zu verbessern. Eingriffe in die Wettbewerbssituation können zwar die Nebenwirkung von Bebauungsplänen, dürfen aber nicht der eigentliche Regelungszweck sein. Dermaßen begründete Festsetzungen wären nichtig. Dagegen kommt es nicht darauf an, ob die schädlichen Umwelteinwirkungen in dem Gebiet mit der Festsetzung nach Nr. 23 selbst vermieden oder verringert werden sollen oder ob der hauptsächliche Nutzen dieser Festsetzung in einem anderen Gebiet eintreten soll; dies kann sogar außerhalb des Gemeindegebiets liegen (vgl. hierzu auch Stich, DÖV 1981, 645/651 f.), wenn sich mehrere Gemeinden zu einem abgestimmten Vorgehen beim Immissionsschutz entschließen (vgl. auch Selmer, aaO, S. 11 f.). **Schädliche Umwelteinwirkungen** im Sinne der Nr. 23 sind „Immissionen, die nach Art, Ausmaß oder Dauer geeignet sind, Gefahren, erhebliche Nachteile oder erhebliche Belästigungen für die Allgemeinheit oder für die Nachbarschaft herbeizuführen" (§ 3 Abs. 1 BImSchG). Dabei macht das Gesetz keinen Unterschied zwischen nach dem Bundesimmissionsschutzgesetz genehmi-

gungsbedürftigen und nichtgenehmigungsbedürftigen Anlagen; es wird vielmehr allein auf den Stoffeintrag abgestellt. **Luftverunreinigende Stoffe** sind danach entsprechend § 3 Abs. 4 BImSchG „Veränderungen der natürlichen Zusammensetzung der Luft, insbesondere durch Rauch, Ruß, Staub, Gase, Aerosole, Dämpfe oder Geruchsstoffe". Um ihre Reduzierung und Vermeidung geht es in Nr. 23 aus letztlich städtebaulichen Gründen. Auf die Genehmigungsbedürftigkeit der Anlage nach dem Bundesimmissionsschutzgesetz – und die daran geknüpften unterschiedlichen Anforderungen an die Luftreinhaltung (vgl. § 5 Abs. 1 und § 22 Abs. 1 BImSchG) – kann es daher nicht ankommen (a. A. Selmer, aaO, S. 9 f.). Im übrigen genießen alle vorhandenen Anlagen auch gegenüber einer Festsetzung nach Nr. 23 Bestandsschutz (vgl. unten, Rn 86). Erhöhte Anforderungen an die Abwägung ergeben sich hieraus im Regelfall nicht (BVerwG, Beschl. v. 16. 12. 1988, ZfBR 1988, 74/76).

82 Durch eine Festsetzung nach Nr. 23 werden die betroffenen Gebiete nicht zu Luftreinhaltegebieten im Sinne der §§ 44 ff. BImSchG. Luftreinhaltegebiete sind danach durch Rechtsverordnung der Landesregierung festgesetzte Gebiete, die bereits erhebliche Belastungen durch Luftverunreinigungen aufweisen. Die Festsetzungsmöglichkeit nach Nr. 23 soll aber **auch vorbeugenden Umweltschutz** ermöglichen (vgl. BVerwG, Beschl. v. 16. 12. 1988, ZfBR 1989, 74/75; auch Schmidt-Aßmann, NVwZ 1987, 265/271) und so den Eintritt von derartigen Belastungen gerade vermeiden helfen. Ähnliches gilt für die Möglichkeit, in bestimmten Gebieten die Verwendung bestimmter Brennstoffe nach § 49 BImSchG zu untersagen. Auch hierfür ist eine Rechtsverordnung der Landesregierung sowie eine bereits vorhandene erhebliche Belastung des Gebietes erforderlich.

83 Wenn die Festsetzung nach Nr. 23 auch allgemein die Verwendung von Stoffen erfaßt, die die Luft verunreinigen können (z. B. durch bestimmte gewerbliche oder industrielle Produktionsprozesse), so ist ihr **Hauptanwendungsgebiet** doch die **Untersagung der Verwendung von Heizstoffen** wie z. B. Kohle oder Heizöl, unter Umständen auch Holz. Bei leichtem Heizöl ergeben sich aber unter Umständen Probleme im Hinblick auf die Richtlinie des Rates der EG über den Schwefelgehalt flüssiger Brennstoffe (75/716 EWG) v. 24. 11. 1975 (ABl. EG Nr. L 307/22 v. 27. 11. 1975), da nach Art. 4 der Richtlinie das Inverkehrbringen von Ölen, die den Anforderungen der Richtlinie entsprechen, nicht behindert werden darf (skeptisch zur Anwendbarkeit der Richtlinie auf Festsetzungen nach Nr. 23 VGH Mannheim, Beschl. v. 8. 10. 1987, 8 S 568/87, S. 11 ff.). Die Möglichkeit, die Verwendung bestimmter Heizstoffe zu untersagen, besteht bereits nach einigen Landesbauordnungen (z. B. § 86 Abs. 4 Nr. 3 BauO Rheinland-Pfalz). Diese landesrechtlichen Regelungen werden durch die Festsetzungsmöglichkeit nach Nr. 23 nicht berührt (Bielenberg, in: E/Z/B, BBauG, § 9, Rn 80a). Daneben steht die in manchen **Gemeindeord-**

nungen vorgesehene Möglichkeit, zur Vermeidung von Luftverunreinigungen einen **Anschluß- und Benutzungszwang** für die Fernwärmeversorgung einzuführen (z. B. § 19 Abs. 2 GO NRW; vgl. hierzu Löhr, in: Pappermann/Löhr/Andriske, Recht der öffentlichen Sachen, 1987, S. 151 f.). Nr. 23 will den Gemeinden unabhängig von diesen Regelungsmöglichkeiten der Landesregierungen oder auch der Gemeinden nach einigen Landesbauordnungen und Gemeindeordnungen eine **bundeseinheitliche Rechtsgrundlage** zur Verfügung stellen, nach der in diesem wichtigen Bereich städtebaulich veranlaßter Umweltschutz betrieben werden kann.

Anwendbar ist diese Festsetzungsmöglichkeit **nicht nur in Neubaugebieten,** wenngleich es sich hierbei auch um den hauptsächlichen Anwendungsfall handeln dürfte. Die Festsetzungsmöglichkeit nach Nr. 23 ist aber nicht auf die Umweltschutzvorsorge beschränkt, sondern **erlaubt** im Interesse des Umweltschutzes auch **eine schrittweise Verbesserung von Immissionssituationen in belasteten Gebieten.** Bei einer Festsetzung für bebaute Gebiete wird aber der Erforderlichkeit und der Abwägung der betroffenen Belange besonderes Gewicht zukommen (vgl. hierzu BVerwG, Beschl. v. 16. 12. 1988, ZfBR 1989, 74 ff., gegen VGH Mannheim, Beschl. v. 8. 10. 1987, 8 S 568/87; eingehend vor allem im Hinblick auf die Berücksichtigung privater Belange Selmer, aaO, S. 13 ff.). **84**

Nimmt die Gemeinde eine Festsetzung nach Nr. 23 in einen Bebauungsplan auf, so hat sie auch Vorsorge dafür zu treffen, daß andere als die verbotenen Brennstoffe den Haushalten zur Verfügung gestellt werden, und dies zu zumutbaren Bedingungen und Kosten. Auch muß eine nach allgemeiner Einschätzung **gleiche Versorgungssicherheit gewährleistet** werden. Für den Energieversorgungsträger in einem Gebiet mit Festsetzungen nach Nr. 23 besteht aufgrund dieser Festsetzung in jedem Fall ein sog. **Kontrahierungszwang:** Unabhängig davon, ob dieser Träger eine Gemeinde oder ein privates Versorgungsunternehmen ist, ist er verpflichtet, mit dem von der Festsetzung Betroffenen einen Heizenergielieferungsvertrag abzuschließen (hierzu Stich, DÖV 1981, 645 ff.). **85**

Trifft die Gemeinde eine solche Festsetzung für ein bebautes Gebiet, so muß sie dabei ein **langfristiges Konzept** im Auge haben. Denn wie alle Festsetzungen eines Bebauungsplans lassen auch die Festsetzungen nach Nr. 23 die Weiterverwendung anderer als der erlaubten Brennstoffe bei vorhandenen Anlagen (und ggf. sogar deren begrenzte Erweiterung) aus Gründen des **Bestandsschutzes** zu (vgl. BVerwG, Beschl. v. 16. 12. 1988, ZfBR 1989, 74/76; § 30, Rn 10). **86**

x) Nach **Nr. 24** sind der Gemeinde vier Festsetzungsalternativen geboten, mit denen sie die sich aus dem Nebeneinander verschiedener Nutzungen ergebenden einseitigen oder gegenseitigen Störungen mindern kann. An erster Stelle nennt das Gesetz die schon traditionell mögliche Festsetzung von **Schutzflächen (1. Alternative).** Zwar ist **87**

hier nicht mehr wie früher bereits im Wortlaut der Bezug zu einer
konkreten Anlage hergestellt, doch ergibt sich der Bezug zu einer
bestimmten Anlage aus dem Sinn und Zweck der Festsetzungsmög-
lichkeit. Durch Schutzflächen soll zwischen einer **gefährlichen Ein-
richtung** und einer anderen Nutzung, etwa Wohnbebauung, ein Ab-
stand geschaffen werden, in dem sich Menschen zumindest nicht
dauerhaft aufhalten. Solche Anlagen können chemische Fabriken sein,
Munitionslager oder ähnliches. Umgekehrt können auch **empfindliche
Anlagen** wie z. B. Meßstationen oder Hochpräzisionsfertigungsanla-
gen gegen äußere Einflüsse abgeschirmt werden. Dabei handelt es
sich nur dann um Schutzflächen im Sinne der Nr. 24, wenn diese **außerhalb
der Betriebsfläche** ausgewiesen werden. Die zusätzliche innerbetrieb-
liche Absicherung gegen schädliche Auswirkungen nach außen durch
eine entsprechende Anordnung der Baulichkeiten oder der Produk-
tionsstätten in beträchtlichem Abstand zur Grenze der Betriebsfläche
bleibt von der Festsetzungsmöglichkeit nach Nr. 24 unberührt. Neben
der Festsetzung der Schutzfläche kann auch ihre Nutzung, z. B. als
Grünfläche, festgesetzt werden.

88 Des weiteren erlaubt das Gesetz die Festsetzung von **Flächen für
besondere Anlagen (2. Alternative)** oder für **Vorkehrungen zum
Schutz gegen schädliche Umwelteinwirkungen (3. Alternative).** Zur
inhaltlichen Bestimmung des Begriffs der schädlichen Umwelteinwir-
kung verweist Nr. 24 auf das Bundes-Immissionsschutzgesetz und
damit auf dessen § 3 Abs. 1 bis 4. Danach sind schädliche Umwelt-
einwirkungen gefährliche, nachteilige oder nur belästigende Umwelt-
einwirkungen (Immissionen) wie Luftverunreinigungen, Geräusche, Er-
schütterungen, Licht, Wärme, Strahlen und ähnliches (näher zum
Begriff der schädlichen Umwelteinwirkungen Jarass, DVBl. 1983,
725 ff.). Eine solche Festsetzung kann sich etwa als sinnvoll erweisen,
um ein Wohngebiet gegen eine Hauptverkehrsstraße oder gegen einen
lauten Betrieb abzuschirmen. Festgesetzt werden können daher z. B.
Lärmschutzanlagen wie etwa Lärmschutzwälle oder -wände (hierzu
OVG Lüneburg, ZfBR 1981, 294) oder – als nichtbauliche Anlagen –
Vorkehrungen zum Schutz gegen z. B. Lärm wie etwa **Anpflanzun-
gen.** Die beiden Festsetzungsmöglichkeiten können auch miteinander
kombiniert werden, also Anpflanzungen auf Wällen.

89 Von den genannten Vorkehrungen sind die in der **4. Alternative** der
Nr. 24 gemeinten Vorkehrungen zu unterscheiden, die vor solchen
Immissionen schützen, d. h. sie vermeiden oder verhindern sollen. Hier
sind gemeint **bauliche Vorkehrungen an den Anlagen selbst** (sog.
aktiver Schutz) **oder Vorkehrungen an den von den Immissionen
betroffenen Anlagen** wie z. B. Wohngebäuden (sog. passiver Schutz;
hierzu etwa BVerwG, Beschl. v. 7. 9. 1988, ZfBR 1989, 35 ff.; zu einem
weiteren Anwendungsfall vgl. Kadioglu, Bauverwaltung 1987, 24 ff.).
Zwar ist die Festsetzungsmöglichkeit hier nicht wie bei den anderen
Alternativen auf die Festsetzung von Flächen beschränkt, sondern es

können die erforderlichen Vorkehrungen **unmittelbar festgesetzt** werden. Dabei darf jedoch nicht dem Verfahren zur Genehmigung der Anlage oder zur nachträglichen Festsetzung bestimmter Auflagen nach dem BImSchG oder nach Fachplanungsrecht vorgegriffen werden (hierzu illustrativ OVG Berlin einerseits, Gierke in der Urteilsanmerkung andererseits, DVBl. 1984, 147 ff.; die Nichtvorlage des OVG nach § 47 Abs. 5 VwGO rügend und die Trennung von Planung und Genehmigung betonend BVerwG, DVBl. 1984, 343 ff.; vgl. auch Kraft, Immissionsschutz und Bauleitplanung, 1988, S. 42 ff. Klärend zum Verhältnis des Bebauungsplans zur Baugenehmigung Wahl, DVBl. 1982, 51/56 f.). Auch darf bei den zu schützenden Anlagen nicht in die bauordnungsrechtlichen Fragen eingegriffen werden. Die Festsetzung kann nicht allein auf eine konkrete Anlage zugeschnitten werden, sondern muß unter Berücksichtigung der konkreten Grundstückssituation hinreichend abstrakt gehalten werden (vgl. etwa BVerwG, BauR 1983, 547), z. B. Anordnung von Doppelfenstern, lärmisolierenden Außenwänden, die Verwendung von Filtern gegen die Immission von Luftverunreinigungen. Ob dagegen bauplanungsrechtlich unmittelbare **Nutzungsbeschränkungen** bei emittierenden Anlagen vorgesehen werden können (so Bielenberg, in: E/Z/B, BBauG, § 9, Rn 82), erscheint **zweifelhaft**; solche Anordnungen sind nach den Vorschriften des BImSchG zu treffen (so auch Gelzer, Rn 181), wenn nicht der Bebauungsplan überfordert werden soll (vgl. etwa Schmidt-Aßmann, Die Berücksichtigung situationsbestimmter Abwägungselemente bei der Bauleitplanung, 1981, S. 132 ff.). Vorkehrungen im Sinne der Nr. 24 sind lediglich **bau**technische, nicht aber **produktions**technische Vorgaben. Will die Gemeinde die Nutzungsmöglichkeit beschränken, muß sie entsprechende Festsetzungen über die zulässige Art der Nutzung treffen.

Nach dem **Bundesbaugesetz** war es umstritten, ob die Gemeinde – **90** ohne dem immissionsschutzrechtlichen Genehmigungsverfahren vorzugreifen – bauliche Vorkehrungen allgemein derart verlangen konnte, daß durch sie bestimmte, im Bebauungsplan festzusetzende **Emissions- oder Immissionsgrenzwerte** (hierzu Steinebach, Lärm- und Luftgrenzwerte, 1987), die von **schalltechnischen Orientierungswerten** z. B. nach DIN 18005 „Schallschutz im Städtebau", Teil 1, Mai 1987, **Immissionsrichtwerten** z. B. nach der TA Lärm v. 16. 7. 1968, Beilage zum Bundesanzeiger Nr. 137 v. 26. 7. 1968, oder **Emissions- und Immisionswerten** z. B. nach der TA Luft v. 27. 2. 1986, Bundesanzeiger Nr. 58 a v. 25. 3. 1986, zu unterscheiden sind, nicht überschritten werden dürfen. Zum Streitstand bei der Zulässigkeit und der Handhabung der Festsetzung von Grenzwerten im Bebauungsplan nach dem **Bundesbaugesetz** vgl. 2. Aufl., Rn 90. Eine Grenzwertfestsetzung auch nach Inkrafttreten des BauGB bejahend Finkelnburg, in: F/O, Bd. I, S. 129; vgl. auch Pfeifer, Der Grundsatz der Konfliktbewältigung in der Bauleitplanung, 1989, S. 147 f. Nr. 24 wurde im **Baugesetzbuch** mit der Begründung geändert, Vorkehrungen zum Schutz

vor schädlichen Umwelteinwirkungen für die nach § 4 Bundes-Immissionsschutzgesetz und der Vierten Verordnung zur Durchführung des Bundes-Immissionsschutzgesetzes der Genehmigung unterliegenden Anlagen könnten von den Genehmigungsbehörden angeordnet werden und seien daher regelmäßig als Festsetzungen in Bebauungsplänen nicht erforderlich (vgl. BT-Drs. 10/4630, S. 72). Insbesondere müßten die immissionsschutzbezogenen Festsetzungen hinreichend bestimmt sein, damit ihnen die konkret zu treffenden Maßnahmen entnommen werden könnten (vgl. BT-Drs. 10/4630, ebd., und BT-Drs. 10/6166, S. 140). Um also die **Bestimmtheit** der Festsetzung von Vorkehrungen zu gewährleisten und die **ebenenspezifische Funktion** des Bebauungsplans gegenüber der Anlagengenehmigung klarzustellen, wurde der Begriff der Vorkehrungen im Baugesetzbuch dahingehend näher bestimmt, daß es sich um – unmittelbar im Bebauungsplan bestimmte – **bauliche und sonstige technische Vorkehrungen** handeln müsse. Damit ist nach dem politischen Willen des Gesetzgebers die – **isolierte** – **Festsetzung von Emissions- oder Immissionsgrenzwerten ausgeschlossen** (vgl. obiter dictum des BVerwG, Beschl. v. 14. 4. 1989, ZfBR 1989, 225/226; vgl. aber unten, Rn 92 a. E.).

91 Dieser gesetzgeberische Wille ist zu respektieren (kritisch zu der Änderung Schmidt-Aßmann, NVwZ 1987, 265/272). Bei der Auslegung des Gesetzes ist jedoch im Hinblick auf die Bestimmtheit der Festsetzungen nach Nr. 24 (vgl. unten, Rn 92) und die Aufgabenabgrenzung zwischen Bauleitplanung und Gewerbeaufsicht folgendes zu bedenken: Die Aufgabenteilung ist grundsätzlich so vorzunehmen, daß die **Bauleitplanung** die **gebietsbezogenen Aspekte** erfaßt und regelt, die **Gewerbeaufsicht** als Anlagengenehmigungsbehörde die konkreten Erfordernisse für die **Anlage** bestimmt. Erfordert die gebietsbezogene Betrachtung konkrete Eigenschaften von Betrieben, kann sich die Bauleitplanung – wie in § 1 Abs. 4 Satz 1 Nr. 2 BauNVO ausdrücklich vorgesehen – auch hierauf erstrecken. Umgekehrt wirken sich die anlagenbezogenen Anordnungen der Genehmigungsbehörde auch auf die Umgebung des Betriebs aus. In sehr vielen Fällen wird daher eine klare Grenzziehung der Kompetenzbereiche beider Ebenen nicht möglich und auch nicht sinnvoll sein (vgl. aber dazu, daß die Zuordnung verschiedener Nutzungen zueinander gerade im Hinblick auf die Emissions- und Immissionssituation eine originär planerische und nicht gewerbeaufsichtliche Aufgabe ist und sich dies auch im Planungs- und Immissionsschutzrecht niederschlagen müßte, Boeddinghaus, UPR 1985, 1 ff.). Hier wird es vielmehr auf ein kooperatives, abgestimmtes Verhalten bei der Konfliktbewältigung ankommen (hierzu illustrativ Boeddinghaus, UPR 1986, 3/4 f.); schematische Lösungen gehen hier an der Rechtswirklichkeit vorbei. Die **Eigenart des Bebauungsplans** gegenüber dem Genehmigungsverfahren zwingt also gerade nicht zur Festsetzung der konkreten Vorkehrungen, sondern spricht umgekehrt dafür, die Bestimmung dieser Vorkehrungen im einzelnen der Investi-

tionsentscheidung des Anlagenbetreibers und dem Genehmigungsverfahren zu überlassen, wo sie oftmals allein erst getroffen werden können. Daher haben auch z. B. die vom federführenden 16. Bundestagsausschuß am 14. April 1986 angehörten Verbände der Industrie, des Gewerbes und des Handwerks die Festsetzung technischer Vorkehrungen im Bebauungsplan als Eingriff in die Investitionsentscheidung des Betriebs einmütig abgelehnt (vgl. Ausschußdrucksache Nr. 20 vom 8. 4. 1986, S. 241, 257, 764).

Auch die – in jedem Fall notwendige – **Bestimmtheit** der Festsetzungen im Bebauungsplan zwingt nicht zu einer Festsetzung der baulichen oder sonstigen technischen Vorkehrungen bereits im Plan. Dies mag ein Vergleich zeigen: Die höchsten Anforderungen an die Bestimmtheit einer Regelung werden traditionell an die Polizeiverfügung gestellt. Bereits das Preußische Oberverwaltungsgericht verlangte, daß der von einer Polizeiverfügung Betroffene aus dem hier ausgesprochenen Gebot oder Verbot sicher und klar erkennen können muß, welches Verhalten von ihm verlangt wird (PrOVGE 88, 209/213). Dabei ist eine Polizeiverfügung dann als hinreichend bestimmt anzusehen, wenn sie aus sich heraus hinreichende Grundlage für eine Zwangsvollstreckung sein kann (hierzu Drews/Wacke/Vogel/Martens, Gefahrenabwehr, 9. Aufl. 1986, S. 435 f.). Gerade hier aber lassen es die Gerichte in ständiger und übereinstimmender Rechtsprechung ausreichen, wenn etwa zur Eingrenzung ruhestörenden Lärms nicht bauliche oder technische Maßnahmen in der Verfügung genannt werden, sondern eine genaue Phonzahl angegeben wird, über die die Geräusche nicht hinausgehen dürfen (vgl. z. B. BVerwGE 31, 15/18). Daher wird in der Begründung des Regierungsentwurfs (vgl. BT-Drs. 10/4630, S. 72) und im Ausschußbericht (vgl. BT-Drs. 10/6166, S. 140) ausdrücklich auf die Möglichkeit hingewiesen, zur Bestimmung der **Eigenschaften** baulicher und sonstiger technischer Vorkehrungen – also etwa Fenster oder Wände – Emissions- und Immissionsgrenzwerte festzusetzen.

Ein solches Vorgehen wird oftmals auch allein dem verfassungsrechtlichen **Übermaßverbot** genügen. Hiernach ist von mehreren geeigneten das erforderliche Mittel, d. h. das den Betroffenen am geringsten belastende, zu wählen. Dabei kommt es zumindest auf der Ebene des Gesetzesvollzugs nicht darauf an, welches Mittel **objektiv** am wenigsten beeinträchtigt, sondern welches der Betroffene **subjektiv** als am wenigsten belastend empfindet (Drews/Wacke/Vogel/Martens, aaO, S. 426 ff.; Herzog, in: Maunz/Dürig, Grundgesetz, Stand 1989, Art. 20, VII, Rn 75, der vor allem für die Ebene der Gesetzgebung zurecht objektive statt subjektiver Maßstäbe für entscheidend hält). Der von einer solchen Festsetzung betroffene Eigentümer hat – wegen deren Charakter als Einzelfallregelung (vgl. § 10 Rn 1) – wie im Polizei- oder Ordnungsbehördenrecht (vgl. etwa § 21 Satz 2 OrdnungsbehördenG NRW) das Recht, anstelle der festgesetzten Vorkehrung **eine ebenso wirksame andere Vorkehrung** zu treffen, wenn hierdurch die Allge-

meinheit nicht stärker beeinträchtigt wird (**Austausch- oder Ersetzungsbefugnis;** hierzu Drews (Wacke/Vogel/Martens, aaO, S. 428 ff.). Dies wird vor allem in solchen Situationen Bedeutung gewinnen, in denen die Gemeinde den Investor, der sich z. B. in einem Gewerbegebiet ansiedelt, bei Planaufstellung noch gar nicht kennt. Die Gemeinden, die an dem Planspiel zum Baugesetzbuch teilgenommen haben, haben daher auch die Notwendigkeit der Festsetzung zumindest solcher Emissions- und Immissionswerte im Baugesetzbuch betont (vgl. Schäfer/Scharmer/Schmidt-Eichstaedt, Planspiel zum Baugesetzbuch, Deutsches Institut für Urbanistik 1986, S. 42, 144 f.). **Nicht umstritten** ist dagegen auf der Grundlage des § 1 Abs. 4 BauNVO die Zulässigkeit der **Gliederung von Baugebieten** nach §§ 4 bis 9 und 11 BauNVO nach dem Emissionsverhalten von Betrieben (vgl. Planungserlaß NRW v. 8. 7. 1982, MBl. NRW, S. 1366, unter 1.6.4.3, auch abgedruckt in NVwZ 1984, 631 ff.; Gierke, DVBl. 1987, S. 152; Nds. Verwaltungsvorschriften zum BBauG v. 10. 2. 1983, Nds. MBl., S. 317 ff., unter 20.4.2; auch BT-Drs. 10/4630, S. 72; Bielenberg, in: B/K/S, Rn 36).

93 Nicht berührt durch die Festsetzungsmöglichkeiten nach Nr. 24 werden Schutzgebietsfestsetzungen nach anderen Gesetzen, z. B. Lärmschutzbereiche für Flughäfen, Wasserschutzgebiete usw. (hierzu Anmerkungen zu § 29, Rn 30 ff.). Die Anlagen zum Schutz vor schädlichen Umwelteinwirkungen nach der zweiten Alternative sind auch Erschließungsanlagen im Sinne des Erschließungsbeitragsrechts (§ 127 Abs. 2 Nr. 5). Zur Problematik dieser Regelung vergleiche die Anmerkungen hierzu (§ 127, Rn 37 ff.). Festsetzungen nach Nr. 24 können Entschädigungsansprüche gegen die Gemeinde nach § 40 Abs. 1 Satz 1 Nr. 4 nach sich ziehen. Dies gilt allerdings nur für die flächenbezogenen Festsetzungen der ersten drei Alternativen, nicht für die objektbezogenen Vorkehrungen der vierten Festsetzungsmöglichkeit.

94 y) Nach **Nr. 25** kann zum einen die **Neubepflanzung** mit Bäumen und Sträuchern sowie **sonstigen Bepflanzungen** wie z. B. Gras oder Rankgewächsen etwa für die **Dach- oder Fassadenbegrünung,** zum anderen die **Sicherung eines vorhandenen Aufwuchses oder kleinerer,** nicht unter die Wassergesetze fallender **Gewässer** als Pflicht des Grundstückseigentümers festgesetzt werden. Die Einleitung der Nr. 25 macht zweierlei deutlich: Festsetzungen nach Nr. 25 können **nicht für z. B. das ganze Gemeindegebiet** getroffen werden (hierzu BVerwG, NJW 1976, 1329 ff.), sondern müssen sich auf das Gebiet des Bebauungsplans, auf Teile davon oder auf einzelne Flächen beschränken; sie müssen nicht für ein ganzes Gebäude getroffen, sondern können auf **Teile baulicher Anlagen** beschränkt werden, so z. B., wenn nur eine Seite eines Gebäudes berankt oder nur die Hälfte eines Daches begrünt werden soll. Andererseits sind Festsetzungen nach Nr. 25 nicht nur als Ergänzung zur Festsetzung einer baulichen Nutzung (sog. Annexfestsetzung), sondern **auch als selbständige Festsetzung zulässig.** Maßgeblich ist, daß die Festsetzung in den Abwägungszusammenhang des

Bebauungsplans eingefügt ist und den Abwägungserfordernissen entspricht (OVG Lüneburg, BauR 1981, 543 f.). Insofern kann sie ohne weiteres auch einem bestehenden Bebauungsplan später hinzugefügt werden; es handelt sich dann um eine Ergänzung nach § 2 Abs. 4 (hierzu BVerwG, aaO, S. 1330).

Ausgenommen von der Festsetzungsmöglichkeit nach Nr. 25 sind **95** die Flächen, für die eine landwirtschaftliche Nutzung oder Wald festgesetzt ist. Dies verdeutlicht, daß Festsetzungen nach Nr. 25 nicht aus Gründen des Naturschutzes oder des Landschaftsschutzes getroffen werden können, sondern **allein aus städtebaulichen Gründen** (hierzu vgl. ausführlich Steinberg, NJW 1981, 550 ff.). Für natur- und landschaftspflegerische Maßnahmen steht allein die Festsetzung nach Nr. 20 zur Verfügung. Städtebauliche Gründe können z. B. gegeben sein, wenn ein bestimmtes **Ortsbild,** eine im übrigen zum Teil bebaubare **Landschaft** in ihrer Eigenart oder ein besonderer Übergang von der Bebauung zur umgebenden Landschaft geschützt werden soll, aber auch, wenn die Festsetzung die Verbesserung des städtischen **Klimas** bezweckt und damit die natürlichen Lebensgrundlagen und gesunde Wohn- und Arbeitsverhältnisse in dem Gebiet entsprechend § 1 Abs. 5 gefördert werden sollen. Aus dieser städtebaulichen Ausrichtung ergibt sich eine gewichtige inhaltliche Begrenzung der Festsetzungsmöglichkeit und damit eine Abgrenzung zum Bauordnungsrecht der Länder. So können z. B. bloße **Vorgartengestaltungen nicht im Bebauungsplan** nach Nr. 25 festgesetzt werden; hierfür sind die Vorschriften der Bauordnungen, die die Gestaltung des einzelnen Grundstücks regeln, maßgeblich (z. B. § 9 Abs. 1 Satz 2 BauO NRW, nach dem „die Bepflanzung mit Bäumen und Sträuchern sowie deren Erhaltung" verlangt werden kann).

Die Festsetzung von Bepflanzungen kann durch das **Pflanzgebot 96** nach § 178 oder ggf. durch eine Nebenbestimmung in der Baugenehmigung durchgesetzt werden. Das Pflanzgebot ist das am häufigsten angeordnete (wenn auch wohl selten mit Zwangsmitteln durchgesetzte) Planverwirklichungsgebot der – früheren – §§ 39 a ff. BBauG (vgl. Schäfer, Planverwirklichungsgebote in der kommunalen Praxis, Deutsches Institut für Urbanistik 1983, S. 27, 64). Für etwaige Aufwendungen oder Wertminderungen infolge einer Festsetzung nach Nr. 25 kann der Eigentümer nach § 41 Abs. 2 von der Gemeinde eine **Entschädigung** verlangen.

z) Für die Herstellung von Straßen kann oft die Anlegung von **97** Böschungen als **Aufschüttung** oder **Abgrabung** oder von **Stützmauern** erforderlich sein. Im Regelfall werden solche Flächen als Verkehrsflächen nach Nr. 11 festzusetzen sein. Es kann jedoch im Einzelfall tunlich sein, diese Flächen nach **Nr. 26** festzusetzen und im Eigentum der bisherigen Eigentümer zu belassen, um z. B. die **Ausnutzbarkeit eines Grundstücks,** die von der Grundstücksfläche abhängt, nicht zu mindern: Die Böschung kann in diesem Fall bei der Ermittlung z. B.

der GFZ (vgl. oben, Rn 10) der Grundstücksfläche zugerechnet werden und so eine umfangreichere Bebauung ermöglichen. Bei der Umlegung wäre in diesem Fall die Böschung dementsprechend als privat nutzbare Fläche zu behandeln (vgl. § 55, Rn 21). Es ist also eine Frage der Abwägung der verkehrlichen und der privaten Belange der Anlieger sowie eine Frage der möglichst geringfügigen Belastung privaten Eigentums durch die Anlage von Straßen, inwieweit eine Fläche als Verkehrsfläche oder als Fläche nach Nr. 26 festgesetzt wird.

98 Eine ausdrückliche **Entschädigungsregelung** für eine Festsetzung nach Nr. 26 ist im Gesetz nicht enthalten. Zwar ist in § 40 Abs. 1 Satz 1 Nr. 9 eine Entschädigungsregelung vorgesehen, wenn Flächen für Aufschüttungen und Abgrabungen festgesetzt sind. Aus dem Wortlaut dieser Entschädigungsregelung ergibt sich jedoch, daß hiermit zumindest unmittelbar nur die Flächen gemeint sind, die nach Nr. 17 festgesetzt sind. Da es sich aber bei den Flächen nach Nr. 26 ebenfalls um Flächen für Aufschüttungen und Abgrabungen handelt (die Festsetzung von Flächen für Stützmauern wird ohnehin nur im extremen Ausnahmefall nach Nr. 26 erfolgen), ist § 40 Abs. 1 Satz 1 Nr. 9 direkt (so wohl H. Schrödter, in: Schrödter, § 9, Rn 32) oder zumindest entsprechend (so wohl Gelzer, Rn 191; Schlichter, in: S/S/T, § 9, Rn 30; Bielenberg, in: E/Z/B, BBauG, § 9, Rn 84a, der aber auch eine Entschädigung über § 42 – früher § 44 BBauG – für möglich hält) anzuwenden.

99 **3. a)** Zeichnet sich ein Baugebiet durch besondere topographische Gegebenheiten aus, besteht für es eine Hochwassergefahr oder sind sonstige städtebauliche Gründe vorhanden, kann die Gemeinde nach **Abs. 2** auch die **Höhenlage** der auf Grund von Festsetzungen nach Abs. 1 zulässigen Nutzung festsetzen. Die Festsetzung der Höhenlage hat Bedeutung einmal für den **Zugang zu den öffentlichen Verkehrsanlagen** und die **Zuleitung zu Versorgungsleitungen oder Abwasserkanälen**. Im Regelfall ist daher die Bezugsgröße für die Festsetzung der Höhenlage im Bebauungsplan die Höhenlage der Verkehrsflächen. Hiervon gehen auch die Landesbauordnungen aus, die ebenfalls eine Bestimmung der Höhenlage, allerdings aus bauordnungsrechtlichen Gründen, vorsehen (z. B. § 2 Abs. 4 BauO NRW).

100 Ferner hat die Festsetzung der Höhenlage Bedeutung für die **Berechnung der Zahl der Vollgeschosse.** § 20 Abs. 1 BauNVO verweist für den Begriff des Vollgeschosses auf landesrechtliche Vorschriften. Diese sehen (so z. B. § 2 Abs. 5 BauO NRW) als Vollgeschoß ein Geschoß an, das entweder ganz oder zu einem bestimmten Anteil über der festgelegten Geländeoberfläche liegt. Hierzu näher Boeddinghaus/Dieckmann, BauNVO, 2. Aufl. 1990, § 20, Rn 18 ff.

101 Die Festsetzung der Höhenlage kann sich vor allem dann anbieten, wenn im Bebauungsplan die **Höhe baulicher Anlagen** aus Gründen der **Sicherung eines bestimmten Stadtbildes** zwingend oder als Höchstgrenze festgesetzt werden soll (§ 16 Abs. 3 und 4 BauNVO). Durch die Festsetzung der Höhenlage kann dann sichergestellt werden, daß nicht

durch bestimmte Anordnungen des Gebäudes eine unerwünschte Höhe der baulichen Anlage erreicht wird. Dies kann auch aus Gründen des **Nachbarschutzes** Bedeutung erlangen. Bauvorhaben, die sich nicht an die gegebene Höhenlage halten, sind nicht genehmigungsfähig (hierzu Gelzer, Rn 193; Schlichter, in: S/S/T, § 9, Rn 31).

Zu beachten bleibt jedoch stets, daß die Festsetzung der Höhenlage im Bebauungsplan nur aus städtebaulichen und planungsrechtlichen, nicht aus rein bauordnungsrechtlichen Gründen möglich ist (hierzu OVG Saarlouis, BauR 1980, 158). **102**

Die Höhenlage im Sinne des Abs. 2 ist nicht notwendig identisch mit der **Geländeoberfläche.** Während mit Geländeoberfläche eine in der Natur vorgefundene Erdbodenhöhe über dem Meeresspiegel (Höhenlinie) gemeint ist, kann die Festsetzung der Höhenlage hiervon abweichen und nach städtebaulichen Erfordernissen die Höhenlage der baulichen Anlagen oberhalb oder unterhalb der Geländeoberfläche ansiedeln. Vor allem kann somit in Zweifelsfällen, z. B. bei Hanglagen, ein eindeutiger Wert vorgegeben werden (zur Abgrenzungsproblematik vgl. Boeddinghaus/Dieckmann, BauNVO, 2. Aufl. 1990, § 20, Rn 23). **103**

b) Nach **Abs. 3** können die Festsetzungen, die nach Abs. 1 zulässig sind, nicht nur für ein Grundstück insgesamt getroffen werden, sondern auch für einzelne Geschosse oder Teile baulicher Anlagen, und zwar unabhängig davon, ob diese Teile oberhalb oder unterhalb der Geländeoberfläche liegen. So kann z. B. im Zusammenhang mit U-Bahnbauten im Kellergeschoß oder noch darunter eine Verkehrsfläche festgesetzt werden, ihr zugeordnet gewerbliche Nutzung, im Erdgeschoß wieder eine Verkehrsnutzung oder gewerbliche Nutzung, in den Stockwerken darüber z. B. Wohnnutzung. **104**

Voraussetzung hierfür sind **besondere städtebauliche Gründe.** Dieser unbestimmte Gesetzesbegriff (hierzu vgl. oben, Rn 29) soll im vorliegenden Zusammenhang zum Ausdruck bringen, daß eine solche differenzierte Nutzungsfestsetzung nicht die Regel sein kann. Sie ist vielmehr beschränkt auf besondere städtebauliche Situationen wie z. B. in innerstädtischen Kerngebieten (Gaentzsch, in: BK, § 9, Rn 66). **105**

Die Festsetzung muß ferner durch die genannten Gründe **gerechtfertigt** sein. Dies bedeutet einerseits, daß die differenzierte Festsetzung nicht unbedingt erforderlich sein muß, daß es aber andererseits auch nicht genügend ist, wenn lediglich keine anderweitigen Belange entgegenstehen (so Bielenberg, in: E/Z/B, BBauG, § 9, Rn 84 c). Von Bedeutung ist insoweit nur, daß der Gemeinde durch das Abgehen vom Erfordernis der Erforderlichkeit hinreichend **planerischer Spielraum** eingeräumt ist, der ihr die nach ihrem städtebaulichen Konzept zweckmäßig erscheinende Festsetzungsdifferenzierung ermöglicht. Sind besondere städtebauliche Gründe für eine differenzierte Festsetzung gegeben, so ist nicht zu sehen, daß eine ihnen entsprechende Festsetzung nicht gerechtfertigt sein sollte. Will die Gemeinde in ihrer Innenstadt **106**

also eine Verödung vor allem am Abend und an Wochenenden vermei-
den und Wohn- und Gewerbenutzung nicht nur horizontal, sondern
auch vertikal vermischen, so kann sie dies. Die Baunutzungsverord-
nung sieht in § 1 Abs. 7 sowie in den Absätzen 4 der §§ 4a und 7 vor,
daß entsprechende Festsetzungen vorgenommen werden können.

107 **c) Abs. 4** erweitert die Festsetzungsmöglichkeiten um **Regelungen,
die auf Landesrecht beruhen.** Voraussetzung hierfür ist zum einen, daß
die Länder die Aufnahme solcher Regelungen in den Bebauungsplan
rechtlich zulassen und daß **die für die Anordnung dieser Regelungen
zuständige Stelle zugleich auch für die Beschlußfassung über den
Bebauungsplan zuständig** ist. **Nicht erforderlich** ist dagegen, daß die
Gemeinde vor oder zugleich mit dem Bebauungsplan die für die
Regelung, würde sie außerhalb eines Bebauungsplans getroffen, etwa
erforderliche **Satzung zusätzlich** beschließt. Es reicht aus, wenn die
Gemeinde diese Regelungen auf der Grundlage der landesrechtlichen
Ermächtigung unmittelbar als Festsetzung in den Bebauungsplan auf-
nimmt (Bielenberg, in: E/Z/B, BBauG, § 9, Rn 87b; a. A. Gelzer,
Rn 200 ff., der dafür die Identität der Satzungsgeber nicht für erforder-
lich hält). Die auf dieser Grundlage getroffenen Festsetzungen **behalten
jedoch materiell ihren landesrechtlichen Charakter.**

108 Ferner können die Länder bestimmen, welche der Vorschriften des
Baugesetzbuchs auf diese Festsetzungen Anwendung finden. Dies be-
deutet, daß auf landesrechtlichen Bestimmungen beruhende Festset-
zungen wie der Bebauungsplan im übrigen das für diesen vorgeschrie-
bene **Aufstellungs- und Verkündungsverfahren** zu durchlaufen haben.
Die Ermächtigung bezieht sich darüber hinaus auf den Bereich der
Sicherung der Bauleitplanung, hier insbesondere auf die Veränd-
erungssperre und den Bodenverkehr, und auf die Vorschriften über die
Zulässigkeit von Vorhaben, soweit sie das Vorliegen eines Bebauungs-
plans voraussetzen, hier insbesondere auf die Möglichkeit der Erteilung
von Ausnahmen und Befreiungen (hierzu Bielenberg, in: E/Z/B,
BBauG, § 9, Rn 87a). Ferner können auch die Wirksamkeitsbestim-
mungen der §§ 214 bis 216 für anwendbar erklärt werden (vgl. z. B.
§ 81 Abs. 4 BauO NRW).

109 Abs. 4 enthält **keine Beschränkung auf einen bestimmten Rechts-
bereich.** Die Länder können daher die Aufnahme auf Landesrecht
beruhender Regelungen als Festsetzungen in einen Bebauungsplan
nicht nur auf den Gebieten des Bauordnungsrechts und des Denkmal-
schutzrechts ermöglichen. Voraussetzung ist lediglich, daß ein **inhaltli-
cher Zusammenhang mit den Festsetzungen eines Bebauungsplans**
besteht und die Gemeinden auch für die entsprechenden Regelungen
nach dem Landesrecht zuständig sind. Aus diesem Grunde wird der
Schwerpunkt der landesrechtlichen Ermächtigungen nach Abs. 4 wie
auch früher schon auf dem Gebiet der äußeren **Gestaltung baulicher
Anlagen** und des **Umgebungsschutzes von Bau- und Naturdenkmä-
lern** liegen.

110 Die **Länder haben** durchweg von der Möglichkeit nach Abs. 4 **Gebrauch gemacht.** Die unter Geltung des § 9 Abs. 2 BBauG 1960 erlassenen Rechtsvorschriften haben durch die Änderung der Ermächtigungsgrundlage in der BBauG-Novelle 1976 nicht ihre Geltung eingebüßt. Als Beispiel sei die **Rechtslage in Nordrhein-Westfalen** zum Bundesbaugesetz angeführt, die sich materiell durch das Baugesetzbuch nicht verändert hat. Hier ist in den Gemeinden auf der Grundlage von § 81 Abs. 4 BauO NRW die Möglichkeit eingeräumt, Vorschriften über die äußere Gestaltung baulicher Anlagen und weitere örtliche Bauvorschriften nach § 84 Abs. 1 und 2 BauO NRW (hierzu etwa Bork/Köster, BauO NRW, 2. Aufl. 1988, Anm. zu § 84) in einen Bebauungsplan aufzunehmen. Dabei können zum einen allgemeine Anforderungen an die äußere Gestaltung baulicher Anlagen sowie vom Werbeanlagen und Warenautomaten festgesetzt werden; zum anderen können aber auch besondere Anforderungen an die Gestaltung dieser Anlagen festgesetzt werden, die zum Schutz geschichtlich, künstlerisch oder städtebaulich bedeutsamer Bauten, Straßen, Plätze und Ortsteile oder zum Schutz von Bau- und Naturdenkmälern erforderlich sind. Schließlich kann auch die bauliche Gestaltung von Gemeinschaftsanlagen, Lagerplätzen, Einfriedigungen festgesetzt werden. Nach der BauO NRW können auch Vorschriften über die Lage und Beschaffenheit von Kinderspielplätzen in einen Bebauungsplan aufgenommen werden. §§ 1 bis 13, 214 bis 216 BauGB werden für anwendbar erklärt; Ausnahmen oder Befreiungen sind dagegen nach den Vorschriften der BauO NRW zu erteilen.

111 Da die Festsetzungen nach Abs. 4 ihren landesrechtlichen Charakter trotz Aufnahme in einen Bebauungsplan behalten, unterliegen sie zwar den Verfahrensvorschriften für die Aufstellung eines Bebauungsplans, **bleiben jedoch der Fachaufsicht unterworfen** (so ausdrücklich z. B. Nds. Verwaltungsvorschriften zum BBauG v. 10. 2. 1983, Nds. MBl. S. 317 ff., unter 20.34.1.c). Dies bedeutet, daß die Genehmigungsbehörde bei der Prüfung von Festsetzungen nach Abs. 4 nicht nur eine Rechtskontrolle, sondern auch eine Zweckmäßigkeitsüberprüfung vorzunehmen hat.

112 **4. a)** Nach **Abs. 5,** der fast wort- und sinngleich mit § 5 Abs. 3 ist, sind Flächen, deren bauliche Nutzung nur unter Beachtung besonderer Umstände möglich ist, zu **kennzeichnen.** Kennzeichnungen haben im Gegensatz zu Festsetzungen **keinen rechtsverbindlichen Charakter;** ihr Fehlen berührt die Wirksamkeit des Bebauungsplans nicht (VGH Mannheim, DÖV 1972, 821). Das Fehlen einer Kennzeichnung **kann jedoch auf einen Fehler in der Abwägung hindeuten,** wenn sich die Gemeinde nicht hinreichend Gedanken darüber gemacht hat, ob und wie bestimmte Beeinträchtigungen planerisch bewältigt werden sollen.

113 Wegen des identischen Wortlauts bei **Nr. 1 und 2** kann insoweit auf die Erläuterungen zu § 5 Abs. 3 verwiesen werden (vgl. § 5, Rn 36–39). Auch zu **Nr. 3** gelten die Anmerkungen oben (vgl. § 5, Rn 40–42).

Dabei sind allerdings zwei Modifikationen anzubringen: Zunächst sind im Bebauungsplan nicht nur die für bauliche Nutzungen vorgesehenen, sondern **alle Flächen** zu kennzeichnen, wenn sie erheblich mit umweltgefährdenden Stoffen belastet sind. Dies bedeutet nicht nur eine Ausweitung auf Flächen anderer Nutzung, sondern kann auch eine unterschiedliche Gewichtung und damit eine unterschiedliche Kennzeichnungspflicht für Altlasten bewirken. Entscheidend für die Entstehung der Kennzeichnungspflicht ist nach der hier vertretenen Auffassung (vgl. § 5, Rn 40 f.) die **mögliche Gesundheitsgefährdung.** Diese aber hängt nicht nur von der Bodenbelastung ab, sondern z. B. auch von der Zeitdauer, während derer Menschen ihren Auswirkungen ausgesetzt sind. So ist daher vorstellbar, daß Flächen, die nur zu einem kurzzeitigen Aufenthalt von Menschen vorgesehen sind, wie z. B. Verkehrsanlagen, Parkplätze, aber z. B. auch betriebliche Grünflächen, keiner Kennzeichnung nach Nr. 3 bedürfen, während Wohnbauflächen bei derselben Bodenbelastung gekennzeichnet werden müssen. Der Untersuchungsaufwand für die Gemeinde ist allerdings gleich, denn die Kenntnis über die Art und das Ausmaß der Bodenbelastung sowie über ihre Auswirkungen auf Menschen sind Voraussetzung einer fehlerfreien planerischen Abwägung nach § 1 Abs. 6. Ohne eine sich auch hierauf erstreckende Abwägung kann eine entsprechende Flächenausweisung nicht erfolgen. Wenn die Gemeinde aber ohnehin die für eine Kennzeichnung notwendigen Informationen besitzt, wird in der Regel viel dafür sprechen, schon aus Gründen der vollständigen Information der Bürger belastete Flächen auch entsprechend zu kennzeichnen. Im übrigen kann sich zu einem späteren Zeitpunkt herausstellen, daß bestimmte Stoffe doch gefährlicher für die Gesundheit des Menschen sind, als bei Aufstellung des Plans angenommen. Bei den jetzt bekannt gewordenen Fällen einer Überbauung kontaminierter Flächen ist ja das Vorhandensein der Altlast in der Regel auch bekannt gewesen und nur ihre Gefährlichkeit für den Menschen falsch eingeschätzt worden (vgl. die Sachverhaltsschilderung im Urteil des LG Bielefeld, DWW 1985, 318).

113a Der BGH hat in zwei Urteilen geklärt, daß die Aufstellung oder Änderung eines Bebauungsplans ohne hinreichende Beachtung möglicher Gesundheitsgefährdungen durch Bodenkontaminationen zu **Amtshaftungsansprüchen** aus § 839 BGB, Art. 34 GG führt (BGH, U. v. 26. 1. 1989, III Z R 194/87, DVBl. 1989, 504 ff. m. Anm. Papier = JZ 1989, 1122 ff. m. Anm. Ossenbühl; U. v. 6. 7. 1989, III Z R 251/87, ZfBR 1989, 261 ff.; vgl. hierzu Bericht über die 11. Sitzung des Arbeitskreises „Öffentliches Baurecht" der Deutschen Gesellschaft für Baurecht, ZfBR 1990, 44 ff.). Er hat dabei herausgestellt, daß die für **legislatives Unrecht** entwickelte – haftungsausschließende – Rechtsprechung **für kommunale Satzungen nicht** anwendbar ist, daß **Gemeinderäte Beamte** im haftungsrechtlichen Sinne sind, daß aus § 1 Abs. 5 Satz 2 Nr. 1 BauGB eine drittgerichtete **Amtspflicht** abzuleiten

ist, bei der Aufstellung von Bauleitplänen das Leben und die **Gesundheit** der Bevölkerung zu schützen. Dies gelte vor allem bei der Planung eines Nebeneinander, aber auch eines **Nacheinander von gewerblicher und wohnbaulicher Nutzung**. Amtshaftung setzt **Verschulden** voraus, d. h. ein zumindest fahrlässiges Verhalten der Amtsträger. Da aber für jeden Beamten die Verpflichtung gilt, sich die für die Führung seines Amtes erforderlichen Kenntnisse zu verschaffen, ist der Fahrlässigkeitsbegriff erheblich **objektiviert** worden und nicht mehr vom subjektiven Kenntnisstand des handelnden Beamten abhängig. Der Verschuldensnachweis ist daher nur noch „ein geringes Hindernis bei der gerichtlichen Durchsetzung von Staatshaftungsansprüchen" (Papier, DVBl. 1989, 508). Haftungsbegründend wirkt eine Amtspflicht nur, wenn sie nicht allein gegenüber der Allgemeinheit, sondern auch gegenüber einem abgrenzbaren **Kreis geschützter Dritter** besteht. Wer zu diesem Kreis gehört, hat der BGH nicht abschließend entschieden. Die zu entscheidenden Fälle boten nur Anlaß zu klären, daß jedenfalls die Grundeigentümer und dinglich Nutzungsberechtigten zu diesem geschützten Personenkreis gehören. Dabei ist es belanglos, ob sie ihre Rechtsstellung bei Inkrafttreten des Bebauungsplans bereits innehatten oder erst später erwarben und ob sie selbst in dem Plangebiet wohnen oder etwa die Grundstücke nach Bebauung weiterveräußern wollen (BGH, U. v. 6. 7. 1989, aaO, S. 262 f.). Nach dem vom BGH entwickelten Schutzzweck der Amtspflicht werden ggf. **auch Mieter** zum Kreis der geschützten Dritten gehören (vgl. Bielfeldt, DÖV 1989, 67/72 f.; Dörr/Schönfelder, NVwZ 1989, 933/936; Papier, DVBl. 1989, 508/509; Rehbinder, JuS 1989, 885/888; enger zur Drittbetroffenheit der Amtspflicht als der BGH Schink, DÖV 1988, 529/534 ff. Vgl. – auch zu weiteren Fragen – besonders Boujong, nach Bericht über die 11. Sitzung des AK „Öffentliches Baurecht", aaO, S. 45). Die gemeindliche **Ersatzpflicht** beschränkt sich nicht auf **Gesundheitsschäden**, sondern umfaßt auch einen **Vermögensschaden**. Zu ersetzen ist allerdings nur das **negative Interesse**, d. h. die fehlgeschlagenen Aufwendungen für den Grundstückserwerb. Außerdem ist ein **mitwirkendes Verschulden** des Grundstückserwerbers nach § 254 BGB zu prüfen, wenn er das Grundstück trotz erheblichen Altlastverdachts ohne gesetzliche Prüfung möglicher Gesundheitsgefahren erworben hat (BGH, aaO, S. 264). Vermögensnachteile, die dadurch entstehen, daß ein Grundstück in der **Nachbarschaft** kontaminierter Grundstücke oder emittierender Betriebe liegt, sind nicht ersatzfähig, da insoweit die auf Gesundheitsschutz ausgerichtete Amtspflicht aus § 1 Abs. 5 Satz 2 nicht gegenüber dem Eigentümer eines solchen Grundstücks besteht; der Schutzzweck des Gebots, gesunde Wohn- und Arbeitsverhältnisse zu schaffen, „beschränkt sich vielmehr auf diejenigen Personen, die selbst Gesundheitsgefahren ausgesetzt sind oder die für die gesunden Wohnverhältnisse in sonstiger Weise verantwortlich sind" (BGH, Urteile v. 21. 12. 1989, NJW 1990, 1038/1040 und 1042/1044). Zu den privatrechtlichen Folgen des Erwerbs eines kontaminierten Grundstücks vgl. LG

Bochum, BB 1989, 651 f. m. Anm. Reuter. Zur Altlastenproblematik
ferner § 1, Rn 112a; Schink, NJW 1990, 351 ff.; Papier, Jura 1990,
505 ff.; Stich, Krautzberger und Kleiber, in: Wirtschaft und Verwaltung
1990, 163 ff., 180 ff., 200 ff.

114 Als weiterer Unterschied gegenüber der Kennzeichnung nach § 5
Abs. 3 muß bei Aufstellung des Bebauungsplans eine weit **präzisere
Analyse des Bodenzustands** erfolgen. Aus ihr muß einwandfrei her-
vorgehen, daß eine Beseitigung der Bodenbelastung insoweit tatsäch-
lich möglich ist und eine anschließende **Gesundheitsgefährdung ausge-
schlossen** werden kann. Auch hier braucht allerdings die Altlast noch
nicht bei Planaufstellung beseitigt zu sein.

115 Eine **Entschädigung** nach dem Baugesetzbuch kommt bei zu kenn-
zeichnenden Flächen **nicht** in Betracht. Bei Schäden infolge Bergsen-
kung besteht in der Regel ein Ersatzanspruch nach §§ 110 f. BBergG.
Anders verhält es sich bei einer Festsetzung nach Abs. 1 Nr. 17, die in
der Regel dann erfolgen wird, wenn eine Fläche auch oberirdisch
vollständig für die Gewinnung von Bodenschätzen oder ähnliches in
Anspruch genommen wird. Hier ist in § 40 Abs. 1 Satz 1 Nr. 9 eine
Entschädigungsregelung vorhanden.

116 **b)** Damit der Bebauungsplan die für das von ihm erfaßte Gebiet
geltenden Nutzungsregelungen vollständig wiedergeben kann, können
nach **Abs. 6** solche **Festsetzungen** in den Bebauungsplan übernommen
werden, die **nach anderen Vorschriften** getroffen worden sind. Hierbei
handelt es sich in der Regel um **Planfeststellungen,** die dem Bebau-
ungsplan zeitlich vorangegangen sind und von ihm daher nicht abgeän-
dert werden können (zum Verhältnis des Bebauungsplans zu vorange-
henden Planfeststellungen § 38, Rn 3 ff.). Da die in den Bebauungsplan
übernommenen Festsetzungen einer Planfeststellung ihren Rechts-
grund nicht im Bebauungsplan, sondern in dem entsprechenden Fach-
planungsgesetz finden, erfolgt die Übernahme lediglich **nachricht-
lich.**

117 Das Fehlen der nachrichtlichen Übernahme einer bestehenden Plan-
feststellung berührt die Wirksamkeit des Bebauungsplans im Grundsatz
ebensowenig wie das Fehlen von Kennzeichnungen nach Abs. 5. Doch
ist das **Fehlen nicht unproblematisch:** Zwar können Festsetzungen, die
einer bestehenden Planfeststellung zuwiderlaufen, nicht wirksam wer-
den. Doch wenn die Gemeinde sich der bestehenden Planfeststellung
gar nicht bewußt war, so hat sie entweder den entsprechenden Träger
öffentlicher Belange nicht beteiligt oder seine Belange nicht mit dem
ihnen zukommenden Gewicht in die Abwägung eingestellt. Hat sie die
Planung berücksichtigt, aber die nachrichtliche Übernahme nicht für
notwendig erachtet, so besteht die Gefahr, daß später beim Vollzug des
Bebauungsplans etwa durch die Erteilung von Befreiungen doch Bau-
vorhaben genehmigt werden, die die Verwirklichung der Planfeststel-
lung beeinträchtigen. Die Gemeinde kann dann Amtshaftungsansprü-
chen ausgesetzt sein (vgl. Bielenberg, in: E/Z/B, BBauG, § 9, Rn 89).

Nachrichtlich übernommen werden können nur bereits getroffene, **118** nicht aber nur beabsichtigte Festsetzungen (a. A. Grauvogel, in Kohlhammer-Komm. zum BBauG, § 9, Anm. V. 2). Hierfür spricht neben dem Wortlaut der Umkehrschluß zu § 5 Abs. 4 Satz 2, wonach erst in Aussicht genommene Festsetzungen im Flächennutzungsplan vermerkt werden sollen, sowie die Funktion des Bebauungsplans, (nur) die rechtsverbindliche Bodennutzung in einem Gebiet umfassend wiederzugeben (wie hier Gaentzsch, in: BK, § 9, Rn 80; Bielenberg, in: E/Z/B, BBauG § 9, Rn 90).

Werden nach Inkrafttreten des Bebauungsplans Planfeststellungen **119** rechtskräftig, so ist der Bebauungsplan gegebenenfalls anzupassen (hierzu § 38, Rn 12).

c) Nach **Abs. 7** muß aus einem Bebauungsplan genau hervorgehen, **120** in welchem Bereich er gilt. Enthält der Bebauungsplan eine zeichnerische Darstellung auf einer Karte mit großem Maßstab, so wird sich in der Regel die Grenze des Geltungsbereichs aus der Karte ergeben. Ergänzend kann durch Bezeichnung der das Plangebiet begrenzenden Straßen oder durch Aufzählung der vom Plan erfaßten Flurstücke der **Geltungsbereich des Bebauungsplans** exakt bestimmt werden. Auf die zuletzt genannten Art und Weisen kann auch der räumliche Geltungsbereich eines Bebauungsplans, der nur sprachliche Festsetzungen enthält, bestimmt werden.

Neben der Bestimmtheit und Eindeutigkeit der Grenzen des räumli- **121** chen Geltungsbereichs kommt es außerdem auf deren **Unveränderlichkeit** an. Keineswegs können daher bestimmte Festsetzungen mehr genereller Art wie z. B. Bindungen für Bepflanzungen oder das Erhalten von Bäumen schon im vorhinein auf etwaige Erweiterungen eines Bebauungsplans oder gar auf neu aufzustellende Bebauungspläne erstreckt werden (hierzu BVerwG, NJW 1976, 1329/1331). Für die Erstreckung der Geltung von Festsetzungen über das bei ihrem Inkrafttreten erfaßte Gebiet hinaus ist das Verfahren zur Aufstellung, Änderung oder Ergänzung eines Bebauungsplans durchzuführen. Nur so ist die rechtlich gebotene Anhörung Betroffener im Hinblick auf diese Festsetzung gewährleistet (BVerwG, ebd.).

Abs. 7 bestimmt, daß der Bebauungsplan seine Grenzen festsetzt; er **122** **regelt aber nicht, wie weit diese Grenzen gezogen sein müssen.** So besagt er z. B. nichts über die Mindestanzahl der zu beplanenden Grundstücke oder darüber, ob der Bebauungsplan einen kleineren Geltungsbereich haben muß als der das gesamte Gemeindegebiet erfassende Flächennutzungsplan. Dies ist eine Frage des städtebaulichen Erfordernisses und der sachgerechten Planung. So kann sich ein Bebauungsplan durchaus auf ein einzelnes Grundstück beschränken, wenn dieses von einer bestimmten Größe oder besonderer städtebaulicher Bedeutsamkeit ist (BVerwG, DVBl. 1969, 276/277).

123 **II. 1.** Nicht Bestandteil des Bebauungsplans im eigentlichen Sinne, sondern diesem lediglich beizufügen ist nach **Abs. 8 Satz 1** die **Begründung des Bebauungsplans.** Sie nimmt nicht teil am Rechtscharakter des Bebauungsplans, wird vor allem **nicht rechtsverbindlich** (vgl. § 12 Satz 3, nach dem lediglich „der Bebauungsplan" rechtsverbindlich wird, während nach § 12 Satz 2 der Bebauungsplan „mit Begründung" zur Einsicht bereitzuhalten ist).

124 Gleichwohl hat die Begründung eine eminent wichtige Funktion für den Bebauungsplan, sowohl für sein Verständnis als auch für seine Wirksamkeit. Fehlt eine Begründung, so ist der Bebauungsplan nicht rechtswirksam; ist die Begründung unvollständig, so hat dies zwar auf die Rechtswirksamkeit eines Bebauungsplans keinen Einfluß (hierzu Rn 133 ff.), doch kann dies zur Versagung der Genehmigung des Bebauungsplans führen.

125 **2.** Wesentliche Funktion der Begründung ist es, die im Bebauungsplan getroffenen Entscheidungen zu rechtfertigen. Dabei kann und sollte sich die Begründung **auf die den Bebauungsplan prägenden Festsetzungen, seine Grundgedanken und Leitziele, beschränken** (vgl. etwa VGH München, BayVBl. 1984, 82). So kommt es nicht darauf an, die Festsetzung für jedes einzelne Grundstück zu begründen (vgl. BVerwG, BRS 27, Nr. 8), sondern kann es ausreichen, die tragenden Gründe für die Wahl des Gebietscharakters oder für die Abgrenzung und Zuordnung verschiedener Nutzungen anzugeben (hierzu etwa BVerwG, NJW 1971, 1626).

126 Die Funktion, eine Entscheidung zu begründen, unterscheidet die Begründung des Bebauungsplans nach Abs. 8 von der **Begründung des Planentwurfs** nach § 3 Abs. 2 Satz 1 (zu dem materiell inhaltsgleichen § 2a Abs. 6 Satz 1 BBauG vgl. BVerwG, DVBl. 1974, 767/777). Bei der Entwurfsbegründung sind eher die Gründe anzugeben, die für und die gegen eine bestimmte Festsetzung sprechen, während die Begründung des Plans selbst vor allem die tragenden Gründe für diese Entscheidung wiederzugeben hat. Im übrigen muß die Begründung des Bebauungsplans gegenüber der Entwurfsbegründung ergänzt werden, wenn sich während der Auslegung des Bebauungsplanentwurfs neue Gesichtspunkte oder auch nur neue Sichtweisen und damit Gewichtungen eines Problems ergeben haben. War dies dagegen nicht der Fall, so kann die Entwurfsbegründung als Begründung des Bebauungsplans übernommen werden (hierzu Gelzer, Rn 252; Pawelzyk, Die Bauverwaltung 1981, 313 ff.).

127 Die Begründung sollte vor allem auf zwei **Ziele** hin ausgerichtet sein: Zum einen sollte sie eine **Nachprüfung** der von der Gemeinde vorgenommenen planerischen Abwägung vor allem **für den Bürger** (VGH Mannheim, BRS 27, Nr. 10) – auch unter dem Gesichtspunkt des **Nachbarschutzes** (hierzu § 31, Rn 62 ff.) – ermöglichen; zum anderen sollte sie im Hinblick auf später etwa notwendig werdende **Enteignungen** möglichst konkret gefaßt werden. Daher wird es sich besonders

anbieten, solche Festsetzungen näher zu begründen, die für die davon betroffenen Grundstücke Nutzungsbeschränkungen enthalten. Hierzu gehören etwa die Festsetzungen nach Abs. 1 Nr. 8, 9, 23, 24 sowie nach Abs. 3. Im übrigen wird die Zuordnung der verschiedenen Bau- und Verkehrsflächen zueinander einer Begründung bedürfen.

Folgt die Begründung diesen Grundsätzen, so ergeben sich aus ihr **128** ohne weiteres die nach **Abs. 8 Satz 2** in die Begründung aufzunehmenden **Ziele und Zwecke** des Bebauungsplans (nach Bielenberg, in: E/Z/B, BBauG, § 9, Rn 93 a. E., geben die Ziele an, was angestrebt wird, und die Zwecke, wozu das Angestrebte dienen soll).

Auf eine detaillierte Regelung des **Inhalts der Begründung** ist mit **129** dem Baugesetzbuch verzichtet worden. Hiermit soll vermieden werden, daß die Begründung auch dann zu den im Gesetz angeführten Punkten Ausführungen enthält, wenn es auf sie bei dem konkreten Bebauungsplan gar nicht ankommt und andere wesentliche Punkte des jeweiligen Bebauungsplans, die im Gesetz nicht genannt sind, keine oder zu geringe Beachtung finden. Der Gemeinde ist daher nunmehr umfassend aufgegeben, zu den **wesentlichen Auswirkungen** des Bebauungsplans Hinweise zu geben. Dabei werden zum einen die im Bundesbaugesetz früher aufgezählten Begründungspflichten ihre Bedeutung behalten. Besteht dazu ein Anlaß, so ist insbesondere zu den Festsetzungen nach Abs. 1 Nr. 6 bis 9, deren Anwendung und Vollziehung nicht unproblematisch ist, zu den Maßnahmen, mit denen der Bebauungsplan verwirklicht werden soll, zu den überschlägig ermittelten Kosten der Vollziehung und ihrer Finanzierung sowie zu den Maßnahmen, die wie die Umlegung, die Erschließung, die städtebaulichen Gebote und die Enteignung an den Bebauungsplan anknüpfen, eine erläuternde Darstellung in die Begründung aufzunehmen.

Der Begriff der wesentlichen Auswirkungen reicht aber weiter. Zum **130** einen erfaßt er auch die Auswirkungen auf die **sozialen Verhältnisse** der in dem Plangebiet lebenden Menschen. Zwar ist mit dem Entfallen der Grundsätze für soziale Maßnahmen auch die Verpflichtung des § 13a Abs. 1 BBauG entfallen, in die Begründung allgemeine Vorstellungen über die Vermeidung oder Milderung nachteiliger Auswirkungen aufzunehmen; doch ergibt sich die Notwendigkeit zu diesbezüglichen Ausführungen nunmehr aus der Verpflichtung, die wesentlichen Auswirkungen des Bebauungsplans darzulegen. Im übrigen ist die Pflicht, ggf. einen **Sozialplan** aufzustellen, in § 180 erhalten geblieben.

Zum anderen kann der Bebauungsplan, vor allem wenn er für eine **131** Gemengelage oder ein Gewerbegebiet aufgestellt wird, beträchtliche Auswirkungen auf die in dem Gebiet ansässigen Betriebe ausüben. Er kann Entwicklungsmöglichkeiten einschränken oder sicherstellen oder auch erweitern, er kann eine Umstrukturierung zum Ziel haben oder aber eine Bestandssicherung. In einem solchen Fall kommt der Darlegung der wesentlichen Auswirkungen auf die **Wirtschaft** besondere Bedeutung für die Vollständigkeit der Begründung zu.

132 Nach dem Gewicht, daß das Baugesetzbuch dem **Umweltschutz** und der **Umweltvorsorge** beimißt, kommt in der Begründung den Ausführungen zu den Auswirkungen auf die Umwelt bei wohl fast allen Bebauungsplänen besondere Bedeutung zu (vgl. hierzu wie zu den vorstehenden Aussagen über den Inhalt der Begründung BT-Drs. 10/4630, S. 73; BT-Drs. 10/6166, S. 139). Da das Baugesetzbuch nicht eine institutionalisierte Umweltverträglichkeitsprüfung vorsieht, sondern dem der Integrationsaufgabe der städtebaulichen Planung besser entsprechenden Konzept der **integrierten Umweltverträglichkeitsprüfung** den Vorzug gegeben hat (hierzu vgl. Löhr, NVwZ 1987, 361/365; § 1, Rn 75), ist die Begründung des Bebauungsplans der Ort, an dem die Ergebnisse einer solchen integrierten Umweltverträglichkeitsprüfung niederzulegen sind (vgl. für den Erläuterungsbericht zum Flächennutzungsplan § 5, Rn 9, hier auch näher zum Verhältnis von Bauleitplanung und dem UVP-Gesetz vom 12. 2. 1990; vgl. auch § 1, Rn 75 a).

133 **3.** Das **Fehlen** einer Begründung zum Bebauungsplan hat grundsätzlich die **Nichtigkeit** des Bebauungsplans zur Folge. Das Bundesverwaltungsgericht sieht in der Begründung nach Abs. 8 eine zwingende Verfahrensvorschrift, deren Verletzung zur Nichtigkeit des Bebauungsplans führt (BVerwG, NJW 1971, 1626). Als ein Fehlen der Begründung ist es auch anzusehen, wenn lediglich der Gesetzeswortlaut wiederholt wird, völlig nichtssagende Leerformeln ohne Bezug zu dem konkreten Plan verwendet werden oder eine bloße Planbeschreibung erfolgt (BGH, NVwZ 1982, 210; VGH München, BayVBl. 1984, 82; BVerwG, NJW 1986, 224 f.; U. v. 30. 6. 1989, NVwZ 1990, 364).

134 Nach § 214 **Abs. 1 Satz 1 Nr. 2 Halbsatz 2** ist jedoch die **Unvollständigkeit** der Begründung für die Rechtswirksamkeit eines Bebauungsplans **unbeachtlich.** Dabei ist es unerheblich, ob zu zentralen Regelungen jegliche Begründung fehlt oder ob nur wichtige Gesichtspunkte hierzu nicht erwähnt sind (BGH, NVwZ 1982, 210; OVG Berlin, DÖV 1984, 309). In gravierenden Fällen besteht dann nach § 214 Abs. 1 Satz 2 eine Auskunftspflicht der Gemeinde. Eine Unvollständigkeit in diesem Sinne ist nicht gegeben, wenn nur Darlegungen zu weniger zentralen Festsetzungen des Bebauungsplans fehlen; hierzu muß auch eine „vollständige" Begründung nach den oben dargelegten Grundsätzen keine Ausführungen enthalten. Fehlt eine den Anforderungen des Abs. 8 genügende Begründung vollständig, so ist dies nach § 214 **Abs. 1 Satz 1 Nr. 2 Halbsatz 1** ein für die Rechtswirksamkeit **beachtlicher Verfahrensfehler, sofern** er nach § 215 Abs. 1 Nr. 1 innerhalb eines Jahres **gerügt** wird (so bereits zu den Heilungsvorschriften des BBauG BVerwG, NJW 1986, 2720 f.; OVG Münster, UPR 1986, 224 f.).

135 Umstritten ist, welche Folgen es nach sich zieht, wenn die **Gemeindevertretung die Begründung des Bebauungsplans nicht mitbeschlossen hat.** Bei den Oberverwaltungsgerichten besteht hierzu keine einheitliche Auffassung. In unveröffentlichten Entscheidungen hält das

OVG Lüneburg einen Beschluß des Rates über die Begründung für erforderlich, während das OVG Münster ihn als entbehrlich erachtet. Das Gesetz enthält zu dieser Streitfrage keinen direkten Hinweis. Immerhin ist aber zu bemerken, daß nach § 10 die Gemeinde „den Bebauungsplan" zu beschließen hat, daß sie aber nach § 12 Satz 2 zur Einsicht bereitzuhalten hat „den Bebauungsplan mit Begründung". Ebenso kann aus der Verwendung des Wortes „beifügen" in Abs. 8 Satz 1 geschlossen werden, daß die Begründung nicht nur nicht an der Rechtsnatur des Bebauungsplans teilhat, sondern auch nicht notwendig an seinem Verfahrensgang, soweit dies nicht ausdrücklich im Gesetz vorgeschrieben ist (so auch BVerwG, NJW 1986, 2720, das ausdrücklich feststellt, daß die Begründung nicht als materiellrechtlicher Bestandteil des Bebauungsplans angesehen werden kann). Demnach **kommt es also nicht darauf an, daß die Gemeindevertretung die Begründung ausdrücklich mitbeschließt. Entscheidend** ist letztlich allein, daß die Gemeinde eine den gesetzlichen Anforderungen entsprechende Begründung mit Wirksamwerden der Bekanntmachung der Genehmigung des Bebauungsplans **zu jedermanns Einsicht bereithält.** Dies entspricht auch der Funktion der Begründung: Diese soll vor allem für den betroffenen Bürger die Entscheidungsfindung der Gemeinde verdeutlichen und so seinen Informationsbedarf befriedigen (vgl. oben, Rn 127). Für die gerichtliche Abwägungskontrolle stehen auch andere Beweismittel als die Begründung (z. B. Ratsprotokolle u. ä.) zur Verfügung (BVerwG, NJW 1971, 1626; NJW 1986, 2720; a. A. Gelzer, Rn 256). Die Ratsprotokolle u. ä. ersetzen allerdings nicht eine fehlende Begründung (vgl. BVerwG, U. v. 30. 6. 1989, NVwZ 1990, 364 f.; oben, Rn 133). Es kommt letztlich also nicht auf das Beifügen, sondern auf das **nachweisbare Vorhandensein** einer Begründung beim Beschluß über den Bebauungsplan an; im Gerichtsverfahren können nicht mehr Gründe mit heilender Wirkung nachgeschoben werden (vgl. auch Gubelt, NVwZ 1982, 176/178; im Ergebnis wie hier Bielenberg, in: E/Z/B, BBauG, § 9, Rn 92 c; a. A. wohl Gelzer, Rn 258).

§ 10 Beschluß über den Bebauungsplan

Die Gemeinde beschließt den Bebauungsplan als Satzung.

Übersicht

1 **1.** Der Gesetzgeber des Bundesbaugesetzes hat den Streit um die
Rechtsnatur des Bebauungsplans jedenfalls für die Praxis dadurch
entschieden, daß er in § 10 bestimmte, daß der **Bebauungsplan als
Satzung zu beschließen** sei. Darauf, ob der Bebauungsplan materiell
Einzelfallregelungen, also Verwaltungsakte, enthält, kommt es nicht
an. Der damalige Hintergrund des Streits, nämlich ob gegen einen
Bebauungsplan Rechtsschutz zu gewähren sei, besteht heute nicht
mehr. Unabhängig davon, ob der Plan nun als Verwaltungsakt oder als
Satzung zu qualifizieren ist, besteht gegen ihn effektiver Rechtsschutz,
entweder nach § 42 oder aber nach § 47 VwGO. Heute ist umgekehrt
die Frage, ob nicht infolge des ausgedehnten und zeitlich prinzipiell
unbegrenzten Rechtsschutzes gegen Rechtsnormen die Bestandssicher-
heit der Bebauungspläne leidet. Der Gesetzgeber hat diesem Problem
durch die §§ 214 bis 216 Rechnung zu tragen gesucht. In der Literatur
finden sich dagegen bereits wieder Stimmen, die dafür plädieren, den
Bebauungsplan als Verwaltungsakt anzusehen (Breuer, NVwZ 1982,
273/280).

2 **2. a)** Das Baugesetzbuch enthält grundsätzlich keine Bestimmung
darüber, welches Organ innerhalb der Gemeinde für bestimmte Verfah-
rensakte zuständig ist. Es wird sogar ausdrücklich darauf verzichtet,
Regelungen über Beschlüsse „der Gemeinde" zu treffen, abgesehen von
den abschließenden materiell-rechtlichen Beschlüssen etwa über Flä-
chennutzungs- und Bebauungsplan (vgl. BT-Drs. 10/4630, S. 63). Die
Bestimmung der Organzuständigkeit wird dem Gemeindeverfassungs-
recht der Länder überlassen. Die **wesentlichen Beschlüsse**, die im
Verfahren zum Erlaß einer Satzung erforderlich sind, sind nach den
Regelungen in den meisten Ländern **stets dem Gemeinderat vorbehal-
ten** (vgl. OVG Koblenz, NVwZ 1982, 124, zur Notwendigkeit eines
Ratsbeschlusses für die Auslegung des Bebauungsplans); sie können
grundsätzlich nicht auf Ausschüsse, auch nicht auf beschließende Aus-
schüsse, übertragen werden (v. Mutius, DVBl. 1987, 455/458; vgl. aber
Bielenberg, ZfBR 1988, 55/56f. unter Hinweis auf die Rechtslage in
Baden-Württemberg). Lediglich nach § 205 Abs. 1 Satz 2 ist vorgese-
hen, daß bei Bildung eines Planungsverbandes dieser an die Stelle der
Gemeinden tritt. In diesem Fall tritt das beschließende Organ des
Planungsverbandes für den Beschluß über den Bebauungsplan an die
Stelle des Gemeinderates.

b) Auch das Verfahren bei dem Beschluß über die Satzung richtet 3
sich nach dem Kommunalverfassungsrecht der Länder. Danach hat die
Beschlußfassung in öffentlicher Sitzung zu erfolgen (hierzu OVG
Lüneburg, NVwZ 1983, 484 f.). Damit sind Beschlüsse in nicht öffent-
licher Sitzung oder im Umlaufverfahren ausgeschlossen (hierzu Grau-
vogel/Dürr, in: Kohlhammer-Komm. zum BBauG, § 10, Rn 7, 9).

c) Nach Kommunalverfassungsrecht dürfen an der Beschlußfassung 4
über einen Bebauungsplan **wegen Interessenkonflikts Ratsmitglieder
nicht mitwirken,** wenn sie selbst oder eine ihnen wirtschaftlich oder
familiär nahestehende Person aus den Festsetzungen des Bebauungs-
plans einen unmittelbaren materiellen oder immateriellen Vorteil ziehen
oder einen entsprechenden Nachteil erleiden können (vgl. OVG Mün-
ster, NJW 1979, 2632 f.; Krebs, VerwArch 1979, 181 ff.). Ausgeschlos-
sen ist das Ratsmitglied auch, wenn der Vor- oder Nachteil ein Unter-
nehmen oder einen Betrieb betrifft, in dem das betroffene Ratsmitglied
arbeitet oder sonstige Funktionen wahrnimmt (z. B. § 30 Abs. 2, § 23
GO NRW; hierzu näher Dolde, BauR 1973, 350 ff.; von Mutius,
VerwArch 1974, 429 ff.). Dieser Ausschluß bezieht sich nicht nur auf
den das Bebauungsplanverfahren abschließenden Satzungsbeschluß,
sondern auch auf **alle wesentlichen Beschlüsse während des Aufstel-
lungsverfahrens,** wie z. B. den Beschluß über die Auslegung des
Bebauungsplans oder den Beschluß, in dem zu den vorgebrachten
Bedenken und Anregungen der Bürger Stellung genommen wird (§ 3
Abs. 2 Satz 4): Der Ausschluß wegen Befangenheit ist nur dann wirk-
sam, wenn das befangene Ratsmitglied nicht nur bei der abschließen-
den Beschlußfassung ausgeschlossen ist, in der in der Regel ohnehin
keine gravierenden neuen Entscheidungen mehr fallen, sondern an der
maßgeblichen Mitwirkung während des gesamten Planaufstellungsver-
fahrens gehindert ist (vgl. OVG Münster, NVwZ 1984, 667 ff.; OVG
Koblenz, NVwZ 1984, 670; Hoppe, in: E/H, Rn 328).

Folge der Mitwirkung eines befangenen Ratsmitglieds **beim Sat-** 5
zungsbeschluß ist die **Nichtigkeit** der Satzung, und zwar unabhängig
davon, ob die Stimmabgabe des befangenen Ratsmitglieds für das
Abstimmungsergebnis entscheidend war (so aber Art. 49 Abs. 3
BayGO und seit dem Gesetz zur Änderung der Gemeindeordnung v.
7. 3. 1990 [GVBl NRW 1990, S. 141] auch § 29 Abs. 6 GO NRW; wie
hier: VGH Mannheim, BauR 1973, 370 ff.; OVG Münster, BRS 24,
Nr. 21; NVwZ 1984, 667/669). Das Bundesverwaltungsgericht hat
entschieden, daß eine Mitwirkung eines befangenen Ratsmitglieds nur
bei den verfahrensleitenden Beschlüssen zur Aufstellung eines Bebau-
ungsplans jedenfalls dann nicht zur Nichtigkeit des Bebauungsplans
führt, wenn keine Anhaltspunkte dafür vorliegen, daß die Mitwirkung
des befangenen Ratsmitglieds auf Abwägungsvorgang und -ergebnis
eingewirkt hat (vgl. BVerwG, Beschl. v. 15. 4. 1988, NVwZ 1988,
916 f.). An einer etwaigen Unwirksamkeit dieser Beschlüsse nach
Landesrecht ändert dies aber nichts.

6 **d)** Die Befangenheitsvorschriften sollen also dazu dienen, daß der Rat völlig unvoreingenommen und ohne Rücksicht auf besondere Interessen seinen Satzungsbeschluß fassen kann. Dem entspricht es, daß der **Satzungsbeschluß nicht durch andere Umstände unzulässig beeinflußt werden darf.** Der Gemeinde ist es daher untersagt, vertraglich die Aufstellung eines Bebauungsplans mit einem bestimmten Inhalt zu vereinbaren (BVerwG, DÖV 1981, 878 f.; OVG Lüneburg, NuR 1989, 89 f. Vgl. aber BGH, NJW 1980, 679/681, zum als zulässig angesehenen Verkauf von Bauerwartungsland durch die Gemeinde mit der Zusicherung baldiger Baulandeigenschaft; der BGH sah hierin nicht das Eingehen einer Planungsverpflichtung, sondern eine Risikoübernahme für den Fall des Scheiterns der beabsichtigten Planung. Ebenso BGH, ZfBR 1984, 146 f.; Dolde, NJW 1979, 889/891; vgl. auch § 2, Rn 10).

7 **3. a)** Aus der Bestimmung, daß ein Bebauungsplan als Satzung zu beschließen ist, folgt, daß ein **Bebauungsplan nicht durch Gewohnheitsrecht** entstehen kann. Auch die langjährige Anwendung z. B. eines unerkannt nichtigen Bebauungsplans kann diesem nicht zur Rechtswirksamkeit verhelfen (hierzu BVerwGE 55, 369/377 f.).

8 Allerdings ist es möglich, daß sich die tatsächlichen Verhältnisse in dem Gebiet eines Bebauungsplans so entwickeln, daß seine Festsetzungen ihre Funktion verlieren. Entwickelt sich diese **Funktionslosigkeit des Bebauungsplans** so offenkundig, daß ein Bürger auf die Festsetzungen des Bebauungsplans kein schutzwürdiges Vertrauen mehr setzen kann, so wird der Bebauungsplan obsolet, d. h. er tritt wegen „Funktionslosigkeit" außer Kraft (BVerwGE 54, 5/7 ff.; BGH, ZMR 1984, 177/178). Diese Grundsätze gelten auch für Sanierungsbebauungspläne (BVerwG, Beschl. v. 31. 8. 1989, ZfBR 1990, 40 f.). In diesem Sinne obsolet können jedoch **nur einzelne Festsetzungen** eines Bebauungsplanes werden, nicht ohne weiteres der gesamte Plan. Denn nach den Grundsätzen über die Teilnichtigkeit, die in § 139 BGB festgelegt sind und die auch für Rechtsnormen sinngemäß herangezogen werden können, bleibt ein Plan auch bei Nichtigkeit von einzelnen Festsetzungen grundsätzlich wirksam, sofern der wirksame Bestandteil für sich einen dem § 1 genügenden Sinn ergibt und angenommen werden kann, daß dieser Teil auch ohne den nichtigen Teil wirksam bleiben soll (hierzu BVerwG, U. v. 6. 7. 1984, DVBl. 1985, 112 ff.; OVG Münster, BRS 29, Nr. 17; vgl. allgemein zur **Teilnichtigkeit** von Satzungen Gern, NVwZ 1987, 851 ff. Zum Problem der Teilnichtigkeit aufgrund von Verfahrensfehlern vgl. – ablehnend – OVG Münster, UPR 1988, 114 ff. –, bei Abgrenzbarkeit des Fehlers in Einzelfällen bejahend BVerwG, Beschl. v. 18. 7. 1989, NVwZ 1990, 157 ff.; Beschl. v. 31. 10. 1989, ZfBR 1990, 32/33 f.). Bleibt aber infolge der Nichtigkeit einzelner Festsetzungen von dem gemeindlichen Planungskonzept nur noch ein Torso übrig, der nicht geeignet ist, die städtebauliche Entwicklung im Plangebiet zu ordnen, so sind auch die übrigen Festsetzun-

gen des Bebauungsplans nichtig. Dies gilt etwa für einen qualifizierten Bebauungsplan, bei dem die das Planungskonzept tragenden Festsetzungen der Gebietsart nichtig ist (BVerwG, Beschl. v. 8.8.1989, NVwZ 1990, 159/160 f.).

Festsetzungen eines Bebauungsplans können schließlich auch dann **9** außerhalb des dafür vorgesehenen Verfahrens außer Kraft treten, wenn sich **entgegenstehendes Gewohnheitsrecht** gebildet hat. Dies kann etwa der Fall sein, wenn von bestimmten Festsetzungen ständig in einer bestimmten Hinsicht Befreiungen erteilt worden sind (hierzu BVerwGE 26, 282 ff.; allgemein zum Geltungsverlust von Bebauungsplänen Gronemeyer, DVBl. 1977, 756 ff.).

b) Umstritten ist, ob der Gemeinde die **Kompetenz** zusteht, **einen** **10** **Bebauungsplan zu verwerfen,** wenn sie zu der Auffassung gelangt ist, dieser Bebauungsplan sei nichtig. Nach Art. 20 Abs. 3 GG ist die **Verwaltung** an Recht und Gesetz gebunden. Sie kann daher nicht verpflichtet sein, nichtige Rechtssätze anzuwenden. Ihr muß daher auf jeden Fall eine **Normprüfungskompetenz** zustehen. Eine eigenständige **Normverwerfungskompetenz** dagegen steht ihr **nicht** zu (VGH München, Bay VBl. 1982, 654 f. m. abl. Anm. Renck, BayVBl. 1983, 86 f.; OVG Saarlouis, NVwZ 1990, 172 ff.; Dolde, BauR 1978, 153/155 ff.; vgl. auch BVerwG, Beschl. v. 15.3.1989, DVBl. 1989, 662 f.). Verwaltungsbehörden haben daher nicht das Recht, ohne weiteres einen Bebauungsplan nicht anzuwenden und ihrer Entscheidung einen früheren Bebauungsplan oder §§ 34 oder 35 zugrundezulegen. Halten sie einen Bebauungsplan für nichtig, steht ihnen nach § 47 Abs. 2 VwGO der Weg der **prinzipalen Normenkontrolle** offen (BVerwG, Beschl. v. 11.8.1989, ZfBR 1989, 272 f.). Nur auf diesem Weg läßt sich **Rechtssicherheit** erreichen (so zutreffend Jung, NVwZ 1985, 790/794; Pietzcker, DVBl. 1986, 806/808 f., der allerdings eine Befugnis jeder Behörde zur Inzidentverwerfung annimmt). Nur dies wird auch der Planungshoheit der Gemeinde gerecht. Hält eine Vollzugsbehörde, z. B. die Baugenehmigungsbehörde beim Kreis, einen Bebauungsplan für unwirksam, so sollte sie vor Einleitung einer Normenkontrolle mit der Gemeinde **Einvernehmen** zu erreichen suchen, schon um eine einheitliche Behandlung des fraglichen Bebauungsplans sicherzustellen. In diesem Fall muß der Gemeinderat von seinen Möglichkeiten (hierzu Rn 11) Gebrauch machen und die Rechtslage klären. Kommt ein Einvernehmen nicht zustande, kann die Baugenehmigungsbehörde die Normenkontrolle einleiten. In diesen Fällen liegt auch keine eindeutige Nichtigkeit vor, so daß schon deswegen eine gerichtliche Klärung herbeigeführt werden sollte. In den Ländern wird allerdings zum Teil die Auffassung vertreten, die Vollzugsbehörden könnten in „eindeutigen" Fällen (klarer Form- oder Verfahrensfehler oder offensichtlicher Rechtsverstoß) Bebauungspläne bereits dann nicht anwenden, nachdem sie der Gemeinde „Gelegenheit zur Stellungnahme" gegeben haben (vgl. etwa die Verfahrenshinweise des früheren Ministers für

Landes- und Stadtentwicklung NRW, Mitt. DST 1984, S. 207 ff.; ausführlich zu diesem Problemkreis Kopp, DVBl. 1983, 821 ff.). Kopp hält es bei Meinungsverschiedenheiten über die Nichtigkeit einer Norm für mindestens zweckmäßig und ein „nobile officium" der Verwaltungsbehörde, in solchen Fällen eine Normenkontrolle anzustrengen (aaO, S. 829; Jung hält den Weg über den Antrag nach § 47 VwGO – m. E. zutreffend – für zwingend). Im übrigen ist jeder Plan einmal von einer Aufsichtsbehörde genehmigt und damit für rechtmäßig gehalten worden, so daß „offensichtliche" Rechtsverstöße eigentlich nicht vorliegen dürften. Eine **Rücknahme** der Genehmigung, die im Verhältnis zur Gemeinde als Verwaltungsakt ergeht, kommt **nicht** in Betracht. Denn entweder ist der Bebauungsplan wirksam, dann muß die Genehmigung erteilt werden; oder er ist nichtig, dann ist auch die Genehmigung nichtig und damit nicht rücknehmbar. Auch kann nicht nach § 44 Abs. 5 VwVfG die Nichtigkeit der Genehmigung festgestellt werden, da dieser Weg bei Verwaltungsakten, die Bestandteil eines Gesetzgebungsverfahrens sind, ausscheidet (Pietzcker, DVBl. 1986, 806/807; Jung, NVwZ 1985, 790/792; a. A. Gierke, ZfBR 1985, 14/24).

11 Auch dem **Gemeinderat** selbst steht **keine Verwerfungsbefugnis** zu. Der Gesetzgeber des Baugesetzbuchs hat die Aufnahme einer entsprechenden Regelung abgelehnt (vgl. BT-Drs. 10/6166, S. 135), obwohl der Bundesrat einen entsprechenden Prüfungsvorschlag eingebracht und die Bundesregierung diese Prüfung in Richtung auf eine Regelung, „nach der die Gemeinden in einem förmlichen Verfahren die Fehlerhaftigkeit und Nichtigkeit eines Bebauungsplans feststellen können" (vgl. BT-Drs. 10/5111, S. 16) aufgenommen hatte (vgl. auch Bericht des Arbeitskreises zum BauGB „Baurechtliche und verwaltungsprozessuale Fragen", BBauBl. 1985, 359/363). Der Gesetzgeber ließ sich dabei von zwei grundsätzlichen Bedenken leiten: Zum einen kenne die Rechtsordnung nur eine Aufhebung von nichtigen Normen durch Gerichte, nicht aber durch die Verwaltung, zu der auch der Gemeinderat als Träger der kommunalen Selbstverwaltung zu rechnen ist. Zum anderen könnten durch die geforderte, gegenüber § 3 Abs. 2 einfachere Verfahrensgestaltung Rechte der auf den Bestand des Plans Vertrauenden verletzt werden, so daß für sie Beteiligung und Rechtsschutz vorzusehen gewesen wären. Der federführende Ausschuß für Raumordnung, Bauwesen und Städtebau folgte vielmehr dem von den Planspielgemeinden vorgetragenen Konzept: Danach sollte die Gemeinde **bei Form- und Verfahrensfehlern** diese Fehler nachträglich nach § 215 Abs. 3 **beheben** und **bei Abwägungsfehlern** ggfs. einen **neuen Bebauungsplan** aufstellen (vgl. BT-Drs. 10/5111, ebd.; so auch BVerwG, ZfBR 1987, 96/97).

12 Danach ergibt sich folgendes Bild:

– Besteht ein **Bedürfnis für Bauleitplanung,** hat der Gemeinderat den Fehler durch Wiederholung des Verfahrens oder durch Neuaufstellung des Bebauungsplans zu beseitigen.

– Ist das **Bedürfnis** für eine Bauleitplanung **entfallen,** hat die Gemeinde den Plan im Verfahren nach § 3 Abs. 2, ggfs. nach § 13 Abs. 1, aufzuheben (hierzu Jung, NVwZ 1985, 790/794 f.).

– Halten **andere Behörden** einen Bebauungsplan für nichtig, haben sie sich mit der Gemeinde ins **Benehmen** zu setzen, um sie zur Beseitigung des Fehlers auf den genannten Wegen zu bewegen. Kommt eine Einigung hierüber nicht zustande, hat die Behörde eine **prinzipale Normenkontrolle** (hierzu unten, Rn 13 ff.) einzuleiten, wozu sie nach § 47 Abs. 2 VwGO befugt ist.

– Ggfs. ist auch die **Gemeinde selbst** befugt, die prinzipale Normenkontrolle zu beantragen. Auch der normsetzenden Behörde kommt nach § 47 Abs. 2 die Antragsbefugnis zu, weil es sich bei der prinzipalen Normenkontrolle primär nicht um ein auf subjektiven Rechtsschutz als vielmehr auf objektive Rechtmäßigkeitskontrolle gerichtetes Verfahren (vgl. unten Rn 15) handelt (str., wie hier Pietzcker, DVBl. 1986, 806/808 f. mit weiteren Nachweisen). Eine eigenständige Verwerfungskompetenz des Gemeinderats (hierzu BVerwG, DVBl. 1977, 897/898; Dolde, BauR 1978, 153; Kröner, ZfBR 1984, 20/21; OVG Münster, BauR 1982, 346 f.; von Mutius/Hill, Die Behandlung fehlerhafter Bebauungspläne durch die Gemeinde, 1983, S. 59 ff.) besteht nicht. Ein Verfahren zur Fehlerbehebung oder die Neuaufstellung eines Bebauungsplans kann sinnvoll sein, wenn ein Plan von einem Obergericht inzident verworfen wurde oder von einer Reihe gleichgelagerter Bebauungspläne ein einzelner in einem Normenkontrollverfahren für nichtig erklärt worden ist und offenkundig ist, daß sich die Nichtigkeit auch auf die übrigen Pläne erstreckt (z. B. bei den sog. „Nummernplänen"; hierzu § 12, Rn 5, und Klapdor, BauR 1982, 409 ff.). Da zudem Ersatz des Vertrauensschadens nach § 39 nur bei Vertrauen auf den Bestand eines gültigen Bebauungsplans gewährt wird (BGH, BauR 1982, 457 f.) und auch die Aufhebung eines nichtigen Bebauungsplans keinen Entschädigungsanspruch begründet (vgl. Jung, NVwZ 1985, 790/795), kann die rasche Klärung der Rechtslage durch die Gemeinde wesentlich zur **Rechtssicherheit** beitragen (vgl. auch Kröner, ZfBR 1984, 20/21; kritisch Lenz, BauR 1982, 546 ff.). **Nicht antragsbefugt** in diesem Zusammenhang ist dagegen eine **Nachbargemeinde**, da sie den Plan nicht anzuwenden hat (vgl. VGH Mannheim, NVwZ 1987, 1088 f.; vgl. aber unten, Rn 25; zum behördlichen Antragsrecht vgl. unten, Rn 15).

4. a) Die **hauptsächliche Rechtsschutzmöglichkeit** gegenüber einem Bebauungsplan bietet das verwaltungsgerichtliche **Normenkontrollverfahren nach § 47 VwGO** (vgl. hierzu den Überblick bei v. Mutius, Jura 1989, 297 ff.; auch Stüer, DVBl. 1989, 810 ff.). Danach entscheidet das Oberverwaltungsgericht auf Antrag über die Gültigkeit u. a. von Bebauungsplänen. Wenn es etwa zur Abwehr schwerer Nachteile dringend geboten ist, kann das Oberverwaltungsgericht auch

13

eine **einstweilige Anordnung** erlassen (§ 47 Abs. 8 VwGO). Bei Rechtssachen von grundsätzlicher Bedeutung oder bei beabsichtigter abweichender Entscheidung hat das OVG die Sache nach § 47 Abs. 5 VwGO dem BVerwG vorzulegen. Legt das OVG nicht vor, besteht gegen diese Entscheidung nach § 47 Abs. 7 VwGO die **Nichtvorlage-beschwerde** zum BVerwG (zum Hintergrund vgl. 2. Aufl., Rn 13).

14 **Gegenstand der Normenkontrolle** nach § 47 VwGO können immer **nur in Kraft getretene Bebauungspläne** sein. Dies gilt auch für die einstweilige Anordnung. Ein Verfahren nach § 47 VwGO kann also erst dann angestrengt werden, wenn der in Frage stehende Bebauungsplan nach § 12 Satz 3 rechtsverbindlich geworden ist, also seine Genehmigung oder die Durchführung des Anzeigeverfahrens nach § 11 bekanntgemacht wurde und der Plan zur Einsichtnahme bereitgehalten wird. **Vorbeugender Rechtsschutz** etwa auf Unterlassung einer beabsichtigten Normsetzung oder auf Feststellung von deren sicher zu erwartender Nichtigkeit ist im sehr ausgefeilten Rechtsschutzsystem der Bundesrepublik Deutschland **nicht vorgesehen** (vgl. Kopp, VwGO, 8. Aufl. 1989, § 47, Rn 9 f.). Auch ein Bebauungsplan, der nach § 33 Rechtsgrundlage einer Baugenehmigung war, ist erst mit seinem Inkrafttreten normenkontrollfähig, da vor diesem Zeitpunkt eine Bindung der Gemeinde an den Inhalt des Plans nicht erfolgt (VGH München, BayVBl. 1986, 497 ff. m. abl. Anm. Jäde, S. 499; vgl. auch Jäde, BayVBl. 1985, 225/226). Nach § 173 Abs. 3 BBauG übergeleitete Bebauungspläne können nicht Gegenstand einer Normenkontrolle sein, da sie nicht, wie § 47 Abs. 1 Nr. 1 voraussetzt, „nach den Vorschriften des Bundesbaugesetzes" erlassen worden sind (OVG Berlin, ZfBR 1980, 51). Auch eine vorbeugende Unterlassungsklage gegenüber der Plangenehmigung ist nicht möglich. Zwar ist die Genehmigung des Bebauungsplans ein Verwaltungsakt, aber nur im Verhältnis zwischen Genehmigungsbehörde und Gemeinde. Gegenüber dem Bürger wirkt sie lediglich als Bestandteil des einheitlichen Normsetzungsverfahrens, dessen mögliche Mängel nur durch Rechtsmittel gegenüber der Norm selbst geltend gemacht werden können (hierzu § 6, Rn 5).

15 **Antragsbefugt** ist jede natürliche oder juristische Person, die geltend machen kann, durch den Bebauungsplan oder durch seine Anwendung einen **Nachteil erlitten oder zu erwarten** zu haben. Damit ist die Möglichkeit, eine Normenkontrolle zu erheben, deutlich weiter als die Möglichkeit einer Anfechtungs- oder Verpflichtungsklage gegenüber einem planvollziehenden Verwaltungsakt; für eine solche Klage verlangt § 42 VwGO, daß der Kläger geltend machen muß, „in seinen Rechten" verletzt zu sein. Eine Verletzung solcher subjektiven Rechte setzt § 47 VwGO nicht voraus. **Einen Nachteil in diesem Sinne kann geltend machen, wer vorträgt, Träger eines schutzwürdigen Interesses zu sein, das bei der Bebauungsplanung hätte berücksichtigt werden müssen, aber nicht oder nicht genügend berücksichtigt worden ist** (hierzu ausführlich BVerwG, NJW 1980, 1061/1062). Sie brauchen

keinen Nachteil geltend zu machen; (es genügt, wenn sie die Norm anzuwenden haben (vgl. BVerwG, Beschl. v. 15. 3. 1989, BayVBl. 1989, 602 f.). Danach kann also jeder, dessen rechtlich geschützte Interessen bei der Abwägung nach § 1 Abs. 6 planerisch zu berücksichtigen sind, eine Normenkontrolle erheben. Dies kann auch ein Mieter sein, der erst nach Inkrafttreten des Bebauungsplans Räume im Plangebiet mietet (BVerwG, Beschl. v. 11. 11. 1988, DVBl. 1989, 359 ff. m. zust. Anm. von Dürr). Daneben ist allerdings auch das allgemeine Rechtsschutzbedürfnis zu prüfen (vgl. BVerwG, Beschl. v. 28. 8. 1987, 839/841). Bloße wirtschaftliche Interessen etwa an der Verbesserung von Marktchancen begründen dagegen keinen relevanten Nachteil im Sinne des § 47 VwGO (BVerwG, Beschl. v. 16. 1. 1990, Baur 1990, 183; kritisch zu dieser herrschenden Rechtsprechung Ipsen, Die Verwaltung 1987, 477 ff., der hierdurch wichtige Planungsbereiche gerichtlicher Kontrolle entzogen sieht). Daneben ist allerdings auch das allgemeine Rechtsschutzbedürfnis zu prüfen (vgl. BVerwG, Beschl. v. 28. 8. 1987, 839/841). Darüber hinaus sind nach § 47 Abs. 2 VwGO auch **Behörden,** wozu ggf. die planaufstellende **Gemeinde** selbst gehört (vgl. hierzu oben, Rn 11), antragsbefugt; kritisch hierzu Groß, DVBl. 1989, 1076 ff. Aus diesem weiten Kreis der Antragsberechtigten wird deutlich, daß die Normenkontrolle nach § 47 VwGO nicht nur ein Rechtsschutzverfahren ist, das dem subjektiven Rechtsschutz dient, sondern auch ein **Rechtsbeanstandungsverfahren** zur objektiven Rechtskontrolle. Dementsprechend sind die **Gerichte** bei ihrer Überprüfung der Bebauungspläne **nicht an das Vorbringen der Antragsteller gebunden.** Das Bundesverwaltungsgericht hat aber deutlich gemacht, daß es vor allem bei schon länger angewendeten Bebauungsplänen nicht Aufgabe der Gerichte in einem Normenkontrollverfahren sein könne, nach bereits lange zurückliegenden Verfahrensfehlern zu fahnden und daraufhin den Plan für nichtig zu erklären (BVerwG, BauR 1980, 40/43 f.).

Der Antrag auf Normenkontrolle nach § 47 VwGO ist an **keine** **16** **Fristen** gebunden. Auch nach Jahren noch kann also ein Bebauungsplan gerichtlich angegriffen werden. Die hierin liegende fortwährende Rechtsunsicherheit über den Bestand eines Bebauungsplans hat der Gesetzgeber zum Anlaß genommen, die Frist für die Rüge bestimmter Verfahrens- oder Formmängel auf den Zeitraum eines Jahres und materieller Mängel auf den Zeitraum von 7 Jahren nach Bekanntmachung des Bebauungsplans einzuschränken (§§ 214, 215).

Maßstab für die richterliche Kontrolle von Bebauungsplänen sind **17** die verfahrensrechtlichen und die materiellrechtlichen Vorschriften vor allem des Baugesetzbuchs. **Verfahrensrechtlich** sind besonders von Bedeutung die Vorschriften über die Aufstellung von Bebauungsplänen (§§ 2 bis 4), über die Genehmigung und Bekanntmachung (§§ 6, 11, 12) und die Bestimmungen des Kommunalverfassungsrechts (z. B. Ausschluß wegen Befangenheit, Öffentlichkeit der Sitzungen). Inso-

weit sind § 214 Abs. 1 und § 215 zu berücksichtigen, nach denen eine Reihe von Verfahrensfehlern, die auf die Verletzung **bundesrechtlicher Vorschriften** zurückgehen (hierzu OVG Koblenz, NVwZ 1982, 124 f.), nur befristet gerügt und im übrigen nachträglich geheilt werden können.

18 Die **materiellrechtliche Prüfung** der Gerichte wird durch § 214 Abs. 2 und 3 sowie § 215 Abs. 1 eingeschränkt, nach denen der Verstoß gegen eine Reihe von Vorschriften für die verwaltungsgerichtliche Kontrolle unbeachtlich ist und Abwägungsmängel nur befristet gerügt werden können. Der Prüfungsumfang auf seiten der Genehmigungsbehörde ist allerdings dadurch nicht eingeschränkt (§ 216).

19 Uneingeschränkter gerichtlicher Kontrolle unterliegt die Gemeinde bei der Anwendung und Auslegung der im Gesetz verwendeten **unbestimmten Rechtsbegriffe**, wie sie vor allem in **§ 1 Abs. 5** verwandt worden sind. Der eigentliche planerische Vorgang dagegen, die Gewichtung und Abwägung der betroffenen Belange, unterliegt nur eingeschränkter Überprüfung. Hier steht der Gemeinde ein **planerisches Ermessen** zu. Überprüft werden kann jedoch, ob überhaupt ein sachgerechter **Abwägungsvorgang** stattgefunden hat (ggf. **Abwägungsausfall**), ob in die Abwägung alles erforderliche Abwägungsmaterial eingegangen ist (ggf. **Abwägungsdefizit**) und ob die Abwägung grob fehlerhaft (ggf. **Abwägungsfehleinschätzung**) ist. Auch das **Abwägungsergebnis** darf nur daraufhin überprüft werden, ob die Anpassungspflicht nach § 1 Abs. 4 und das Entwicklungsgebot des § 8 Abs. 2 beachtet worden sind (hierzu ausführlich BVerwGE 34, 301/309; 45, 310/314; Hoppe, in: E/H, Rn 327 ff.; Erbguth, Bauplanungsrecht, 1989, Rn 180 ff.). Welchen Belangen die Gemeinde Vorrang einräumt, wie und wieweit sie eine Konfliktlösung herbeiführt – dies alles ist Gegenstand der planerischen Freiheit der Gemeinde und vom Gericht nicht zu überprüfen (im einzelnen zu Abwägungsvorgang und Abwägungsergebnis Anmerkungen zu § 1, Rn 87 ff.).

20 Kommt das Gericht zu der Überzeugung, daß der **Bebauungsplan wirksam** ist, so gilt seine entsprechende Entscheidung nach § 121 VwGO nur **unter den Beteiligten.** Dagegen hat die **Verwerfung des Bebauungsplans,** d. h. seine Nichtigerklärung nach § 47 Abs. 6 Satz 2 VwGO, **allgemeinverbindliche Wirkung** und ist demzufolge auf demselben Weg wie der Bebauungsplan zu veröffentlichen.

21 Aus § 183 VwGO, auf den in § 47 Abs. 6 VwGO verwiesen ist, sowie aus § 79 Abs. 2 BVerfGG ergibt sich der Rechtsgedanke, daß aus Gründen des Vertrauensschutzes nicht nur **rechtskräftige Gerichtsentscheidungen unberührt** bleiben, sondern **auch alle bestandskräftigen Verwaltungsakte,** die aufgrund des für nichtig erklärten Bebauungsplans erlassen wurden (Rasch, BauR 1981, 409/418; Kerbusch, BlGBW 1981, 121/122 f.). Dasselbe gilt im Fall einer einstweiligen Anordnung (vgl. OVG Koblenz, DÖV 1983, 646 f.; Rasch, ebd.). **Allerdings kann der Vollzug eines bestandskräftigen belastenden Verwaltungsakts**

(etwa einer Abrißverfügung) **nicht mehr verfügt werden** (Finkeln-burg, in: F/O, Bd. I, S. 146). Hat die Baugenehmigungsbehörde einen **begünstigenden Verwaltungsakt** erlassen, also etwa eine Baugenehmigung erteilt, so steht es in ihrem **Ermessen, ob sie diese Genehmigung widerruft** (OVG Koblenz, DÖV 1983, 646f.; zu den allgemeinen Widerrufsvoraussetzungen Kopp, VwVfG, 4. Aufl. 1986, §49, Rn 11 ff.). Für diesen Widerruf gelten aufgrund der Subsidiarität der Landesverwaltungsverfahrensgesetze die speziellen bauordnungsrechtlichen Widerrufsregeln, sofern vorhanden.

Bei neu eingehenden oder noch nicht abschließend bearbeiteten 22 Anträgen z. B. auf Baugenehmigung ist für das Gebiet des angegriffenen Bebauungsplans die Zulässigkeit von Bauvorhaben nach §§34 oder 35 zu beurteilen, sofern nicht ein ursprünglicher Bebauungsplan wieder auflebt (vgl. hierzu etwa Schreiben des Innenministeriums Baden-Württemberg v. 3. 5. 1989, BWGZ 1989, 394).

b) Wer den Vollzug eines Bebauungsplans vor seiner Nichtigerklä- 23 rung verhindern will, muß entweder die nur unter engen Voraussetzungen mögliche einstweilige Anordnung im Normenkontrollverfahren beantragen, weil der Antrag auf Normenkontrolle selbst keine aufschiebende Wirkung hat, oder aber er muß erlassene Vollzugsakte, wie z. B. eine erteilte Baugenehmigung, unmittelbar mit der planungsrechtlichen Nachbarklage (hierzu §31, Rn 88ff.) angreifen. Hierfür ist jedoch vorausgesetzt, daß er noch durch die Verletzung nachbarschützender Normen (hierzu §31, Rn 57ff.) in seinen Rechten berührt ist. Im Rahmen einer solchen Klage wird inzident auch der Bebauungsplan auf seine Rechtswirksamkeit hin überprüft. Dies ist das häufigste Verfahren, in dem Bebauungspläne gerichtlicher Kontrolle unterliegen. Zu einer solchen **Inzidentkontrolle** von Bebauungsplänen ist jedes Gericht im Rahmen seiner Gerichtsbarkeit zuständig: Ist die Wirksamkeit eines Verwaltungsakts zu prüfen, so ist auch zu untersuchen, ob er auf einer gültigen Ermächtigungsgrundlage beruht. Ist dies ein Bebauungsplan, ist also dessen Gültigkeit zu prüfen. Zum Zusammenhang und Nebeneinander von prinzipaler uind inzidenter Normenkontrolle vgl. Dageförde, VerwArch 1988, 123ff.

c) Das Bundesverfassungsgericht hat seine Auffassung, daß gegen 24 einen Bebauungsplan selbst keine Verfassungsbeschwerde nach Art. 93 Abs. 1 Nr. 4a GG eingelegt werden könne (BVerfGE 31, 364/368ff.) modifiziert (vgl. BVerfG, NJW 1985, 2315f.). Anders als nach seiner früheren Rechtsprechung erkennt das Bundesverfassungsgericht nunmehr an, daß eine **Verfassungsbeschwerde gegen einen Bebauungsplan zulässig** sein könne, weil bereits die **Festsetzungen des Bebauungsplans selbst den Bürger unmittelbar in seinen Rechten betreffen** könnten und nicht erst der Vollzug durch eine Baugenehmigung oder durch die Ablehnung eines Bauantrags den unmittelbaren Rechtseingriff bewirke. Das Eigentum eines Planbetroffenen werde von den Festsetzungen eines Bebauungsplans unmittelbar berührt, weil sie ihm

„gewissermaßen eine **neue Qualität** verleihen, ohne daß es dazu eines
auf der Grundlage des jeweiligen Bebauungsplans ergehenden Voll-
zugsakts bedürfte" (BVerfG, aaO, S. 2316). Vor allem aber wird bereits
durch den Bebauungsplan selbst die **Dispositionsbefugnis des Eigen-
tümers** eingeschränkt, da er seinem Grundstück einen bestimmten
rechtlichen Status verleihe, ohne daß es hierzu eines weiteren Vollzu-
gaktes bedürfe. Dementsprechend reagiere auch der Grundstücksver-
kehr bereits unmittelbar auf den Bebauungsplan und bestimme den
wirtschaftlichen Wert der betroffenen Grundstücke nach den dort
getroffenen Festsetzungen. Allerdings muß auch in diesem Fall wie bei
jeder Verfassungsbeschwerde **zuvor** der Rechtsweg ausgeschöpft, hier
also eine **prinzipale Normenkontrolle** nach § 47 VwGO durchgeführt
worden sein. Dies gelte auch bei den Bebauungsplangesetzen in Ham-
burg, da diese nach § 47 VwGO aus Gleichheitsgründen als Satzung
anzusehen seien (vgl. hierzu das ablehnende Sondervotum des Richters
Steinberger, NJW 1985, 2317 ff.; vgl. auch die Anmerkung von
Schenke zu diesem Urteil in DVBl. 1985, 1367). In Bayern kann ein
Bebauungsplan auch mit der Popularklage nach Art. 98 Satz 4 der Bay.
Verfassung angegriffen werden (BayVerfGH, NJW 1984, 226 ff.).

25 **d)** In einer besseren Rechtsschutzsituation gegenüber Planungen ei-
ner Gemeinde befindet sich die **Nachbargemeinde.** Sie kann durch
Planungen der benachbarten Gemeinde in ihrer Planungshoheit verletzt
werden. Diese Planungshoheit gibt ihr das Recht, nachbargemeindliche
Bebauungspläne mit der Normenkontrolle anzugreifen, eine einstwei-
lige Anordnung zu beantragen oder sogar vorbeugenden Rechtsschutz
zu begehren, wenn ihr aus dem Bebauungsplan ein Nachteil im Sinne
des § 47 Abs. 2 VwGO erwächst (BVerwGE 40, 323 ff.; U. v. 15. 12.
1989, ZfBR 1990, 154 ff.; VGH Mannheim, NVwZ 1987, 1088 f.;
BauR 1976, 348 ff.; VGH München, BauR 1976, 182 ff.; OVG Ko-
blenz, NVwZ 1989, 983 f.; Hoppe, in: Wolff-FS, 1973, S. 307 ff.;
Pappermann, JuS 1973, 689 ff.; Fingerhut, Die planungsrechtliche Ge-
meindenachbarklage, 1976; Kriener, BayVBl. 1984, 97 ff.).

§ 11 Genehmigung und Anzeige des Bebauungsplans

(1) **Bebauungspläne nach § 8 Abs. 2 Satz 2 und Abs. 4 bedürfen der
Genehmigung der höheren Verwaltungsbehörde; andere Bebauungs-
pläne sind der höheren Verwaltungsbehörde anzuzeigen.**

(2) **Für die Genehmigung von Bebauungsplänen ist § 6 Abs. 2 und 4
entsprechend anzuwenden.**

(3) **Ist ein Bebauungsplan anzuzeigen, hat die höhere Verwaltungs-
behörde die Verletzung von Rechtsvorschriften, die eine Versagung
der Genehmigung nach § 6 Abs. 2 rechtfertigen würde, innerhalb von
drei Monaten nach Eingang der Anzeige geltend zu machen. Der
Bebauungsplan darf nur in Kraft gesetzt werden, wenn die höhere**

Verwaltungsbehörde die Verletzung von Rechtsvorschriften nicht innerhalb der in Satz 1 bezeichneten Frist geltend gemacht oder wenn sie vor Ablauf der Frist erklärt hat, daß sie keine Verletzung von Rechtsvorschriften geltend macht.

Bebauungspläne unterliegen nach **Abs. 1** der **Rechtskontrolle** durch 1 die höhere Verwaltungsbehörde (ausführlich hierzu Gierke, in: Kohlhammer-Komm., § 11, Rn 1 ff. Hieran ändert auch die Einführung des **Anzeigeverfahrens** in **Halbsatz 2** für „andere", d. h. aus einem Flächennutzungsplan entwickelte Bebauungspläne mit dem Baugesetzbuch nichts (vgl. BT-Drs. 10/6166, S. 134, wo es allerdings im zweiten Absatz der linken Spalte richtig heißen muß, daß es bei der **Rechts**aufsicht und nicht, wie dort ausgeführt, bei der **Fach**aufsicht verbleibt). Für Bebauungspläne nach § 8 Abs. 2 Satz 2 und Abs. 4, die also nicht aus einem wirksamen Flächennutzungsplan abgeleitet sind, ist nach **Halbsatz 1** an dem Erfordernis einer **Genehmigung** festgehalten worden. Wählt die Gemeinde das **falsche Verfahren**, stellt also einen nur anzeigepflichtigen Bebauungsplan zur Genehmigung oder zeigt einen genehmigungspflichtigen Bebauungsplan nur an, kann die höhere Verwaltungsbehörde – nach vergeblicher Beratung der Gemeinde – von sich aus die richtige Verfahrensform wählen. Ein im falschen Verfahren ergangener Akt der höheren Verwaltungsbehörde ist wegen der materiellen Gleichwertigkeit der beiden Verfahren umdeutungsfähig (vgl. Jäde, BauR 1988, 163 ff.).

Abs. 2 verweist für das Genehmigungsverfahren auf die Absätze 2 2 und 4 des § 6 (vgl. hierzu § 6, Rn 2 ff., 8 ff.). Die im Bundesbaugesetz enthaltene Verweisung auch auf § 6 Abs. 3, der ermöglichte, räumliche oder sachliche Teile des Bebauungsplans von der Genehmigung auszunehmen, ist mit dem Baugesetzbuch entfallen. Ein Bebauungsplan kann aber zu einem sachlichen oder räumlichen Teil vorweg genehmigt werden, da die Verweisung in Abs. 2 auch § 6 Abs. 4 Satz 1 Halbsatz 2 umfaßt. Unter Umständen kommt auch eine nur teilweise Genehmigung (mit entsprechender Teilversagung) des Bebauungsplans in Betracht, wenn hierdurch der Bestand des Plans nicht gefährdet wird (vgl. BVerwG, U. v. 6. 7. 1984, DVBl. 1985, 112 ff.). Die Gemeinde muß, wenn sie den Bebauungsplan in der genehmigten Form in Kraft setzen will, einen Beitrittsbeschluß (vgl. § 6, Rn 19) fassen, da der Plan durch die bloße Teilgenehmigung materiell geändert wurde (vgl. z. B. BVerwG, Beschl. v. 14. 8. 1989, ZfBR 1989, 264).

Das für das Bauplanungsrecht neue **Anzeigeverfahren** regelt **Abs. 3**. 3 Danach ist für die Rechtswirksamkeit eines Bebauungsplans, der aus einem Flächennutzungsplan entwickelt ist, nicht ein positiver Mitwirkungsakt der Genehmigungsbehörde erforderlich, sondern es genügt deren bloßes Untätigbleiben gegenüber der Gemeinde über einen Zeitraum von drei Monaten. Mit Ablauf dieser Frist kann die Gemeinde den Bebauungsplan nach § 12 bekanntmachen und damit in Kraft

setzen (**Satz 2 Halbsatz 1**). Im praktischen Ergebnis entspricht diese Regelung daher der des § 6 Abs. 4 Satz 4, nach dem nach Ablauf von drei Monaten eine Genehmigungsfiktion eintritt. Allerdings kann die Genehmigungsbehörde nach **Satz 2 Halbsatz 2** bereits vor Ablauf der Frist erklären, daß sie keine Rechtsmängel geltend machen wird.

4 Der Fristablauf beim Anzeigeverfahren oder der vorzeitige Verzicht auf die Geltendmachung von Rechtsvorschriften hat **dieselbe Legalisierungswirkung wie die Genehmigung.** Die nur anzeigepflichtigen Bebauungspläne werden also gerade nicht von einer Genehmigung im rechtstechnischen Sinne freigestellt oder einer nur eingeschränkten Rechtmäßigkeitsprüfung – wie etwa bei dem vereinfachten Genehmigungsverfahren nach § 64 BauO NRW oder § 65 BauO Rh-Pf – unterzogen. Die Anzeigepflicht des Bauplanungsrechts ist daher nicht mit einer Meldepflicht, mit der ein tatsächlicher Vorgang der Behörde angezeigt wird, zu vergleichen; mit ihr wird vielmehr der Bebauungsplan nach wie vor einer **uneingeschränkten Rechtskontrolle** durch die höhere Verwaltungsbehörde unterworfen.

5 Stellt die höhere Verwaltungsbehörde nach **Abs. 3 Satz 1** die Verletzung von Rechtsvorschriften fest, so kann sie dies innerhalb von drei Monaten **geltend machen,** wenn die Rechtsverletzung sie dazu berechtigen würde, eine Genehmigung zu versagen. Das Baugesetzbuch enthält keine rechtliche Einordnung dieser „Geltendmachung" von Rechtsverletzungen. Da die Geltendmachung nach **Abs. 3 Satz 2** dazu führt, daß die Gemeinde den Bebauungsplan nicht in Kraft setzen kann, ist diese Geltendmachung als eine **Untersagung** der Bekanntmachung des Bebauungsplans zu verstehen. Die Untersagung ist als Verbot ein typischer Fall eines Verwaltungsakts und von der Gemeinde daher mit der **Anfechtungsklage** anzugreifen (wie hier Finkelnburg, in: F/O, Bd. I, S. 36; vgl. zu der Rechtslage im Bauanzeigeverfahren nach der hessischen Bauordnung Ortloff, in: F/O, Bd. II, S. 65).

5a Ist in der Anzeige erklärt worden, daß der Bebauungsplan der **Deckung eines dringenden Wohnbedürfnisses** dient, verkürzt sich die Frist für die Geltendmachung von Rechtsverletzungen nach **§ 2 Abs. 5 BauGB-MaßnahmenG auf einen Monat;** sie kann abweichend von § 6 Abs. 4 Satz 2 und 3 um höchstens zwei Monate verlängert werden.

6 Da die Untersagung absolut wirkt, kann sie nicht – wie die Genehmigung – mit einer **Nebenbestimmung** versehen werden, die ihren Bestand unberührt läßt. Eine Untersagung, der eine Auflage, eine Befristung oder eine aufschiebende Bedingung beigefügt ist, ist daher nicht vorstellbar. Dagegen kann die Untersagung mit einer **auflösenden Bedingung** versehen werden. Damit bestimmt die höhere Verwaltungsbehörde, daß die Untersagung in dem Augenblick erlischt, in dem die von ihr genannten Bedingungen erfüllt werden. Es handelt sich hier also um den der Genehmigung unter einer aufschiebenden Bedingung entsprechenden Fall unter den Bedingungen des Anzeigeverfahrens (vgl. auch BT-Drs. 10/4630, S. 74, wo allerdings mit dem

Begriff der Maßgabe operiert wird). Ist die Gemeinde der Auffassung, daß zwar Rechtsverletzungen vorliegen, die von der Genehmigungsbehörde aufgestellte **Bedingung** jedoch **nicht angemessen** oder nicht erforderlich ist, hält sie also die auflösende Bedingung für rechtswidrig, kann sie **Verpflichtungsklage** auf Erlaß eines – nur – mit einer rechtmäßigen Nebenbestimmung versehenen Verwaltungsakts erheben (vgl. hierzu auch Kopp, VwVfG, 4. Aufl. 1986, § 36, Rn 46).

§12 Inkrafttreten des Bebauungsplans

Die Erteilung der Genehmigung (§ 11 Abs. 2) oder die Durchführung des Anzeigeverfahrens (§ 11 Abs. 3) ist ortsüblich bekanntzumachen. Der Bebauungsplan ist mit der Begründung zu jedermanns Einsicht bereitzuhalten; über den Inhalt ist auf Verlangen Auskunft zu geben. In der Bekanntmachung ist darauf hinzuweisen, wo der Bebauungsplan eingesehen werden kann. Mit der Bekanntmachung tritt der Bebauungsplan in Kraft. Die Bekanntmachung tritt an die Stelle der sonst für Satzungen vorgeschriebenen Veröffentlichung.

Übersicht

1. a) Äußerungen der Staatsgewalt, Äußerungen hoheitlicher Gewalt, die dem Bürger gegenüber Verbindlichkeit beanspruchen, bedürfen aufgrund des Rechtsstaatsprinzips notwendig der **Verkündung.** Verwaltungsakte müssen dem Betroffenen bekanntgegeben werden (§ 41 VwVfG), Rechtsnormen wie z. B. Satzungen müssen grundsätzlich in einem dafür vorgesehenen Publikationsorgan bekanntgemacht werden. Die Verkündung kann also **nicht** als eher formaler und **unwichtiger Annex des Gesetzgebungsverfahrens** betrachtet werden, sondern ist ein wesentlicher Bestandteil dieses Verfahrens und mit der

entsprechenden Sorgfalt zu betreiben. Dieser Bedeutung der Veröffent-
lichung entspricht es, wenn § 214 Abs. 1 Nr. 3 die **Verletzung von
Vorschriften über die Bekanntmachung** insoweit **von einer Heilungs-
möglichkeit ausnimmt,** als der Zweck, den Bürger auf das neue Recht
hinzuweisen, nicht erreicht wurde. In diesem Fall muß die Gemeinde
den Fehler beheben, indem sie das Verfahren insoweit wiederholt; dann
allerdings kann sie den entsprechenden Plan nach § 215 Abs. 3 rückwir-
kend erneut in Kraft setzen.

2　　**b)** Das normale Verfahren der Veröffentlichung von Rechtssätzen
wie z. B. die ortsübliche Bekanntmachung von Satzungen ist das ihrer
Veröffentlichung in dafür vorgesehenen Gesetzblättern wie z. B. dem
Amtsblatt einer Gemeinde oder aber in Tageszeitungen, soweit dies in
der Hauptsatzung bestimmt ist (vgl. z. B. § 4 der Bekanntma-
chungsVO NRW v. 7. 4. 1981, GV NRW S. 224). Die Veröffentli-
chung eines Bebauungsplans aber ist auf diese Weise oftmals nicht
möglich (z. B. kann ein farbig gehaltener Bebauungsplan in den mei-
sten Tageszeitungen nicht entsprechend abgebildet werden), oder aber
seine Publikation ist technisch und finanziell sehr aufwendig. Auch
könnte ein solches Verfahren zur Unübersichtlichkeit des betreffenden
Publikationsorgans führen und würde damit gerade nicht der Rechtssi-
cherheit dienen, zu deren Zweck die Veröffentlichung vorgeschrieben
ist.

3　　Aus diesem Grund hat der Gesetzgeber für den Bebauungsplan eine
Form der **Ersatzverkündung** gewählt, die den Anforderungen des
Rechtsstaatsprinzips entspricht und den Bedürfnissen der Bürger nach
hinreichender Aufklärung über das für sie geltende Ortsrecht ausrei-
chend Rechnung trägt. Danach ist für die Verkündung von Bebauungs-
plänen – abgesehen von landesrechtlichen Bekanntmachungsvorschrif-
ten, die zu beachten sind (vgl. VGH Kassel, Urteile vom 14. 3. 1986,
IV OE 42/82, und vom 31. 1. 1986, IV OE 47/81 – ein **zweiteiliges
Verfahren** einzuhalten: Nach **Satz 1** hat die Gemeinde die **Genehmi-
gung des Bebauungsplans** oder die **Durchführung des Anzeigever-
fahrens,** also nicht den Bebauungsplan selbst, **ortsüblich bekanntzu-
machen;** nach **Satz 2** hat sie den **Bebauungsplan selbst nebst Begründung**
jedermann **zur Einsicht bereitzuhalten.** Diese Form der Verkündung
ist inzwischen allgemein anerkannt, so daß Schmidt-Aßmann (Die
kommunale Rechtsetzung im Gefüge der administrativen Handlungs-
formen und Rechtsquellen, 1981, S. 14) dieses Rechtsgebiet „als befrie-
det" ansieht. Auch das Bundesverfassungsgericht hält in seinem auf
Vorlage des VGH Kassel (BauR 1981, 450 ff.) ergangenen Beschluß
§ 12 für verfassungsmäßig, weil er der Öffentlichkeit die verläßliche
Kenntnisnahme des geltenden Bebauungsplans ermöglicht und den
Rechtsschutz des Bürgers in keiner Weise verkürzt (BVerfG, NVwZ
1984, 430 f.).

4　　**2. a)** Nach **Satz 1** hat die Gemeinde durch das nach Kommunalrecht
zuständige Organ „die Genehmigung" oder „die Durchführung des

Anzeigeverfahrens" bekanntzumachen. Dies ist nicht so zu verstehen, daß ggf. das gesamte Genehmigungsschreiben zu veröffentlichen ist; vielmehr ist **lediglich die Tatsache der Genehmigung** bekanntzumachen. Ist die Genehmigung mit Nebenbestimmungen (hierzu § 6, Rn 13 ff.) erteilt worden, so sollte in der Bekanntmachung der Genehmigung **auch auf diese Nebenbestimmungen hingewiesen werden:** Der Bürger, der das Planaufstellungsverfahren verfolgt hat, sollte darüber informiert werden, ob durch die Genehmigung der ihm bekannte Inhalt des Bebauungsplans noch eine Änderung erfahren hat; für die Wirksamkeit des Plans ist dies allerdings **nicht erforderlich** (vgl. § 6, Rn 21). Ferner ist nach § 215 Abs. 2 auf den möglichen **Verlust des Rügerechts nach Ablauf eines Jahres hinzuweisen.** Auch auf ein mögliches Erlöschen von Entschädigungsansprüchen nach den §§ 39 ff. nach Ablauf von 3 Kalenderjahren nach Eintritt der Vermögensnachteile ist in der Bekanntmachung gemäß § 44 Abs. 5 hinzuweisen.

b) Durch die Bekanntmachung der Genehmigung eines Bebauungs- 5 plans soll dem hiervon unter Umständen betroffenen Bürger deutlich gemacht werden, daß für sein Grundstück eine neue bodenrechtliche Regelung in Kraft getreten ist und er sich über deren Inhalt bei der auslegenden Stelle informieren kann. Eine **Anstoßwirkung** wie bei der Auslegung des Planentwurfs nach § 3 Abs. 2 Satz 1 (BVerwGE 55, 369/375 ff.; BGH, NJW 1981, 2060/2061) muß von der Bekanntmachung nach § 12 **nicht** ausgehen. Es **genügt** vielmehr eine **schlagwortartige Kennzeichnung** des Plangebiets etwa durch Angabe einer hierfür bestimmenden Straße oder einer geographischen Bezeichnung, die unzweifelhaft deutlich macht, welcher Bebauungsplan in Kraft gesetzt werden soll; den rechtsstaatlichen Verkündungserfordernissen wird entsprochen, wenn sich der genaue Geltungsbereich des Plans aus dem Gesamtvorgang der Ersatzverkündung einschließlich des ausgelegten Plans ergibt (BVerwG, NJW 1985, 1570/1571 und 1569; ähnlich bereits BGH, NJW 1981, 2060/2061). Die Bezeichnung des Bebauungsplans mit einer Ordnungsnummer (vgl. BVerwG, Beschl. v. 13. 1. 1989, BauR 1989, 303 f.) und etwa einem historischen Flurnamen reicht hierzu allerdings nicht aus (vgl. OVG Münster, OVGE 35, 100 f.) Nicht erforderlich hingegen ist, die einzelnen betroffenen Grundstücke in der Bekanntmachung genau zu bezeichnen.

c) Darüber hinaus ist nach **Satz 3** in der Bekanntmachung anzuführ- 6 ren, wo der Bebauungsplan eingesehen werden kann. Hier sollte nicht nur die **zuständige Behörde** angegeben werden, sondern auch der **Ortsteil** und die **Anschrift** der auslegenden Stelle sowie – trotz des gestrichenen Hinweises hierauf – die **Dienststunden** (vgl. unten, Rn 10). Fehlt der Hinweis auf die Stelle, wo der Plan eingesehen werden kann, wird der Verkündungszweck (vgl. oben, Rn 3) nicht erreicht, so daß der Bebauungsplan nichtig ist (vgl. VGH Mannheim, BWGZ 1989, 534).

7 **3. a)** Neben der Bekanntmachung sieht **Satz 2** als zweiten Teil der
Verkündung des Bebauungsplans das **Bereithalten** des Bebauungsplans
und seiner Begründung für jedermann vor. Ferner ist dem Einsichtneh-
menden **Auskunft** über den Inhalt des Bebauungsplans zu geben,
sofern er dies wünscht. Wenn Satz 2 lediglich vorschreibt, daß „der
Bebauungsplan" bereitzuhalten ist, dann ist hierunter zu verstehen, daß
entweder das ausgefertigte Original oder aber eine diesem genau
entsprechende Kopie auszulegen ist (hierzu BVerwG, Beschl. v.
24. 5. 1989, NVwZ 1990, 258). **Ausfertigung** bedeutet, daß der Bebau-
ungsplan nebst einem die Authentizität des Plans und die Legalität des
Verfahrens kurz bestätigenden Text von dem hierfür zuständigen Or-
ganwalter handschriftlich **unterschrieben, nicht nur abgezeichnet,** ist.
Hierdurch wird bezeugt, daß der vorliegende Plan dem Willen (Be-
schluß) des Gemeinderats als dem rechtsetzenden Organ entspricht und
daß nach durch Prüfung gewonnener Auffassung des Unterzeichnen-
den das Rechtsetzungsverfahren ordnungsgemäß abgelaufen ist (zur –
noch – wirksamen Ausfertigung bei Fertigung des Verfahrensvermerks
auf einem getrennten Blatt VGH Mannheim, BWGZ 1990, 63). Ferner
muß die Ausfertigung das **Datum des Ratsbeschlusses,** die Tatsache
und das **Datum der Genehmigung** durch die höhere Verwaltungsbe-
hörde und das **Datum der Ausfertigung** enthalten. Besteht der Be-
bauungsplan aus textlichen und zeichnerischen Festsetzungen, bedür-
fen beide Teile der Ausfertigung (VGH Mannheim, ZfBR 1984, 294/
295; insoweit a. A. Ziegler, DVBl. 1987, 280 ff., beide instruktiv zu
den allgemeinen Anforderungen an die Ausfertigung; vgl. auch VGH
Mannheim, ZfBR 1989, 228). Fehlt es an einer Ausfertigung, liegt
ein „sonstiger Verfahrens- und Formfehler nach Landesrecht" im
Sinne des § 215 Abs. 3 vor. Diesen Fehler kann die Gemeinde durch
erneute Bekanntmachung beheben; eines erneuten Gemeinderatsbe-
schlusses bedarf es hierzu jedenfalls im Normalfall nicht (vgl.
BVerwG, ebd.).

8 **b)** Eine genaue Regelung über **Beginn und Dauer der Auslegung**
sowie darüber, zu welchen Stunden der Plan bereitgehalten werden
muß, enthält das Baugesetzbuch nicht. Wenn das Baugesetzbuch auch
eine ausdrückliche Verklammerung zwischen Bekanntmachung und
Auslegung vermeidet, um bei unbeabsichtigter Verzögerung eine Feh-
lerquelle auszuschalten (vgl. BT-Drs. 10/4630, S. 75), so bleibt hiervon
doch die prinzipielle Forderung der **Zeitgleichheit von Bekanntma-
chung und Auslegung** unberührt (hiervon geht auch BVerfG, NVwZ
1984, 430/431, aus). Andernfalls würde für eine bestimmte Zeit für den
Bürger ein Recht gelten, das er nicht kennen kann. Dies aber wäre ein
Verstoß gegen das aus dem Rechtsstaatsgedanken fließende Prinzip der
Rechtssicherheit. Einen Zeitraum von elf Tagen zwischen Bekannt-
chung und Auslegung hält das Bundesverwaltungsgericht aber noch
für vertretbar (so BVerwG, ZfBR 1987, 106, zu dem insoweit ver-
gleichbaren § 12 BBauG 1960).

Der **Zeitraum,** während dessen der Bebauungsplan von der Ge- 9
meinde bereitzuhalten ist, ist im Gesetz nicht ausdrücklich angegeben.
Aus dem Fehlen einer zeitlichen Beschränkung ist jedoch im Umkehr-
schluß zu folgern, daß der **Bebauungsplan auf Dauer auszulegen** oder
jedenfalls bereitzuhalten ist (so bereits BVerwGE 44, 244/250). Nur so
wird dem Bürger ein Äquivalent dafür geboten, daß er den Bebauungs-
plan nicht, wie etwa ein Verkündungsblatt oder ein Gesetzblatt, käuf-
lich erwerben kann und somit das ihn interessierende Recht jederzeit
präsent hat.

Da der Plan von der Gemeindeverwaltung, also einer Behörde, 10
bereitzuhalten ist, kann sich dieses Erfordernis auch nur auf die **Dienst-
stunden dieser Behörde** erstrecken. Allerdings wird dabei zu fordern
sein, daß die Dienststunden mindestens einmal in der Woche – etwa am
Dienstleistungsabend an den Donnerstagen – so gestaltet sind, daß auch
ein berufstätiger Bürger Gelegenheit hat, den Plan einzusehen. Nur so
kann das Bereithalten seine Funktion, die allgemeine Zugänglichkeit
des Bebauungsplans zu sichern, erfüllen.

c) Über die **Art und Weise des Bereithaltens** ist im Gesetz keine 11
Regelung getroffen. Hier kann daher **pragmatisch** vorgegangen wer-
den. Dies bedeutet, daß es nicht erforderlich ist, den Plan etwa in einem
Schaukasten oder in der Art einer Ausstellung bereitzuhalten. Es
genügt vielmehr, ihn z. B. in Schubladen oder einer Art Hängeregistra-
tur aufzubewahren und auf Wunsch vorzulegen. **Einsichtberechtigt** ist
ohne jegliche Einschränkung **jedermann.** Da das Bereithalten wesentli-
cher Bestandteil der Normverkündung ist, kann für die Einsichtnahme
keine Gebühr verlangt werden (hierzu insbesondere BGHZ 55, 289/
292; BVerwGE 44, 244/249 f.).

d) Nicht zum Verkündungsvorgang gehört die in **Satz 2 Halbsatz 2** 12
ebenfalls ausgesprochene Verpflichtung der Gemeinde, auf Wunsch
über den Inhalt des Bebauungsplans **Auskunft** zu erteilen. Hierfür
gelten die allgemein für das Erteilen einer Auskunft entwickelten
Grundsätze, wie sie etwa in dem Urteil des Bundesgerichtshofs in
DVBl. 1977, 576 ff. niedergelegt sind. Danach muß die Auskunft
eindeutig und vollständig sein und auch **bevorstehende mögliche
Rechtsänderungen umfassen.** Entsprechen Auskünfte diesen Anforde-
rungen nicht, können Ersatzansprüche wegen einer Amtspflichtverlet-
zung nach § 839 BGB entstehen. Die Auskunft ist **kein Verwaltungs-
akt,** da sie nicht selbst etwas regelt, sondern nur über Geregeltes
berichtet. Die Durchsetzung eines berechtigten Auskunftbegehrens
kann daher nicht im Wege der Verpflichtungsklage, wohl aber durch
eine allgemeine Leistungsklage vor dem Verwaltungsgericht erreicht
werden.

4. a) Satz 4 bestimmt, daß der Bebauungsplan **mit der Bekanntma-** 13
chung rechtsverbindlich wird. Vorausgesetzt wird dabei, daß gleich-
zeitig mit der Bekanntmachung die Auslegung des Plans begonnen hat
(vgl. auch Finkelnburg, in: F/O, Bd. I, S. 38). Satz 4 macht zudem

deutlich, daß es sich bei der Bekanntmachung um eine Ersatzverkün-
dung handelt, also ein übliches Bekanntmachungsverfahren wie sonst
bei Satzungen nicht durchgeführt zu werden braucht, aber auch nicht
durchgeführt werden darf (so zutreffend VGH Kassel, BauR 1981,
450), sofern nicht auf Satz 2 bis 5 verwiesen wird (z. B. in § 16 Abs. 2).

14 **b)** Dieser zwingende Charakter des Satzes 4 **schließt auch aus, daß
andere Zeitpunkte für das Inkrafttreten des Bebauungsplans be-
stimmt werden.** Regelungen, wie sie etwa in den Gemeindeordnungen
enthalten sind, nach denen Satzungen einen Tag oder einen bestimmten
sonstigen Zeitraum nach Verkündung in Kraft treten, können also für
Bebauungspläne nicht in Anwendung gebracht werden (so auch Grau-
vogel, in: Kohlhammer-Komm. zum BBauG, § 12, Anm. IV 2).

§ 13 Vereinfachte Änderung oder Ergänzung des Bauleitplans

(1) **Werden durch Änderungen oder Ergänzungen eines Bebau-
ungsplans die Grundzüge der Planung nicht berührt, bedarf es des
Verfahrens nach den §§ 3 und 4 sowie der Genehmigung oder der
Anzeige nach § 11 nicht; § 2 Abs. 1 Satz 2 findet keine Anwendung.
Den Eigentümern der von den Änderungen oder Ergänzungen be-
troffenen Grundstücke und den von den Änderungen oder Ergän-
zungen berührten Trägern öffentlicher Belange ist Gelegenheit zur
Stellungnahme innerhalb angemessener Frist zu geben. Widerspre-
chen die Beteiligten innerhalb der Frist den Änderungen oder Ergän-
zungen, bedarf der Bebauungsplan der Genehmigung oder der An-
zeige nach § 11. Die Stellungnahmen der Beteiligten sind als Beden-
ken und Anregungen nach § 3 Abs. 2 Satz 4 und 6 zu behandeln.**

(2) **Bei Änderungen oder Ergänzungen von Flächen oder sonstigen
Darstellungen des Flächennutzungsplans, die im Umfang geringfü-
gig oder von geringer Bedeutung sind, bedarf es des Verfahrens nach
den §§ 3 und 4 nicht; § 2 Abs. 1 Satz 2 findet keine Anwendung. Auf
die Beteiligung der Eigentümer und Träger öffentlicher Belange und
auf die Behandlung ihrer Stellungnahmen ist Absatz 1 Satz 2 und 4
entsprechend anzuwenden.**

Übersicht
 Rn

1. Die Gemeinde muß einen von ihr beabsichtigten Bebauungsplan 1
im Regelfall vierfach nach außen vertreten: Bei der vorgezogenen
Bürgerbeteiligung (§ 3 Abs. 1), bei der öffentlichen Auslegung (§ 3
Abs. 2), bei der Beteiligung der Träger öffentlicher Belange (§ 4) und
schließlich bei der Genehmigung oder Anzeige (§ 11). **Abs. 1** sieht nun
vor, daß **bei einem eingeschränkten Änderungsprogramm** einige
dieser zeitraubenden **Verfahrensstationen ganz eingespart oder aber in
nur begrenztem Umfang durchgeführt werden können.** Auch ein
Aufstellungsbeschluß ist **nach Satz 1 Halbsatz 2 entbehrlich.** Hierzu
stellt das Gesetz eine materielle und eine verfahrensrechtliche Voraus-
setzung auf.

a) Materiellrechtlich setzt die Regelung voraus, daß die **Grundzüge** 2
der Planung durch die beabsichtigte Änderung **nicht berührt** werden
(Satz 1). Unklar ist dabei, ob mit „Grundzügen der Planung" die im
Flächennutzungsplan enthaltenen Grundzüge (vgl. § 5 Abs. 1 Satz 1)
oder aber die Grundzüge des zu ändernden Bebauungsplans gemeint
sind, obwohl der Bebauungsplan die beabsichtigte städtebauliche Ord-
nung nicht nur in den Grundzügen enthält, sondern detaillierte rechts-
verbindliche Festsetzungen trifft. Da aber der Flächennutzungsplan
gerade wegen seiner Beschränkung auf die Grundzüge einer Vielzahl
ganz verschiedener Ausprägungen im Bebauungsplan Raum läßt,
würde eine Auslegung dahin, daß mit den „Grundzügen der Planung"
die im Flächennutzungsplan enthaltenen Grundzüge gemeint sind, auch
eine sehr weitreichende Änderung des Bebauungsplans im Verfahren
nach Abs. 1 ermöglichen. Damit aber würden das grundsätzliche Ver-
fahren der Planaufstellung nach § 3 und das Anzeige- oder Genehmi-
gungserfordernis ausgehöhlt. Satz 1 kann daher nur so verstanden
werden, daß die **Grundzüge der Bebauungsplanung** gemeint sind
(Bielenberg, in: E/Z/B, BBauG, § 13, Rn 11). Es ist daher anhand der
Festsetzungen des Bebauungsplans und seiner Begründung eine plane-
rische Grundkonzeption herauszuarbeiten, der der Bebauungsplan auch
nach seiner Änderung im vereinfachten Verfahren noch entsprechen
muß. Es kann sich also nur um solche Planänderungen handeln, die
zwar für einzelne Grundstücke von erheblicher Auswirkung sein mö-
gen – die früher im Gesetz enthaltene Beschränkung auf Änderungen
von nur unerheblicher Bedeutung ist in der Novelle 1979 fortgefal-
len –, die aber **die dem Bebauungsplan insgesamt zugrundeliegende
planerische Konzeption nicht ändern.** So kann z. B. die Grund-
stücksausnutzbarkeit leicht erhöht oder verringert werden, oder es
können weitere Ausnahmen nach § 31 Abs. 1 vorgesehen werden.
Eine Änderung der Art der Nutzung dürfte aber bereits zu weit gehen
(vgl. Finkelnburg, in: F/O, Bd. I, S. 39). Auch die **rückwirkende
Inkraftsetzung** eines Bebauungsplans nach § 215 Abs. 3 Satz 2 kann
nach § 13 erfolgen (OVG Lüneburg, NJW 1981, 1853/1854 f.). Das
Verfahren nach Abs. 1 kann – bei Vorliegen seiner Voraussetzungen –
auch dazu benutzt werden, inhaltliche Mängel eines Bebauungsplans

zu heilen (vgl. BVerwG, Beschl. v. 22. 9. 1989, NVwZ 1990, 361/ 362).

2a Nach **§ 2 Abs. 6 BauGB-MaßnahmenG** kann eine vereinfachte Änderung auch durchgeführt werden, wenn die **Grundzüge der Planung berührt** werden. Voraussetzung ist, daß die Änderung der Deckung eines dringenden Wohnbedarfs dient. Diese Möglichkeit dürfte im Ergebnis aber nur dann eröffnet oder jedenfalls praktikabel sein, wenn es sich nur um räumlich geringfügige Änderungen handelt. Ansonsten ist der Aufwand zur Ermittlung der betroffenen Eigentümer und Träger öffentlicher Belange größer als die Durchführung einer öffentlichen Auslegung, da von der frühzeitigen Bürgerbeteiligung nach § 3 Abs. 1 aufgrund § 2 Abs. 2 BauGB-MaßnahmenG ohnehin abgesehen werden kann.

3 **b) Verfahrensrechtlich** muß ein Ersatz dafür geschaffen werden, daß auf die vorgezogene Bürgerbeteiligung und die Auslegung des Planentwurfes nach § 3 Abs. 1 und 2 verzichtet wird. Statt dessen ist nach **Abs. 1 Satz 2** den **Betroffenen**, d. h. den Trägern öffentlicher Belange, den Eigentümern der Grundstücke, für die andere Festsetzungen getroffen werden, sowie – obwohl im Gesetz nicht mehr ausdrücklich aufgeführt – in der Regel auch den Eigentümern der benachbarten Grundstücke, d. h. der Grundstücke, auf die sich die beabsichtigten Änderungen oder Ergänzungen auswirken können, **Gelegenheit zur Stellungnahme** zu geben. Darunter ist im Hinblick auf die Eigentümer eine **Anhörung im Sinne von § 28 VwVfG** zu verstehen, so daß die hierfür entwickelten Grundsätze auch für die Anhörung nach Satz 2 Anwendung finden können. Dies bedeutet vor allem, daß die Anhörung nicht notwendig mündlich erfolgen muß (hierzu Kopp, VwVfG, 4. Aufl. 1986, § 28, Rn 28). Lassen sich dagegen die beabsichtigte Planungsänderung und vor allem ihre Auswirkungen auf andere Grundstücke nur mündlich hinreichend verständlich machen, oder ist umgekehrt dem Bürger nicht zumutbar, seine Bemerkungen zu Planänderungen schriftlich niederzulegen, so ist den betroffenen Eigentümern auch Gelegenheit zu mündlicher Stellungnahme zu geben.

4 Die Träger öffentlicher Belange sind im Ergebnis nicht anders zu beteiligen, als dies auch nach § 4 – vor allem nach der dort erfolgten Begrenzung auf die Beteiligung nur der möglicherweise von der Planung berührten Träger – vorgesehen ist. Jedoch kann der Kreis noch enger sein.

5 Satz 2 räumt der Gemeinde auch die Möglichkeit ein, den Beteiligten eine **Frist** zu setzen, innerhalb derer sie ihre Stellungnahme abgeben können. Welche Frist als angemessen anzusehen ist, läßt sich nicht ohne Ansehung des konkreten Falls bestimmen. Es mag viel dafür sprechen, die Monatsfrist für die Auslegung nach § 3 Abs. 2 Satz 1 zu halbieren. Es kann aber auch Fälle geben, in denen die beabsichtigte Änderung für einzelne Eigentümer gravierende Folgen hat, so daß ihnen, schon um einen eventuellen Widerspruch im Sinne des Satzes 3 zu vermeiden,

auch die in § 3 Abs. 2 Satz 1 vorgesehene Bedenkzeit belassen werden sollte. Die Vereinfachung bei dem Verfahren nach § 13 liegt weniger in der Verkürzung dieser Frist als vielmehr in der Beschränkung der Zahl der zu Beteiligenden und der Erübrigung einiger zeitaufwendiger Verfahrensschritte wie z. B. der vorgezogenen Bürgerbeteiligung und vor allem der Genehmigung oder des Anzeigeverfahrens.

2. Die Änderung eines Bebauungsplans entspricht nach § 2 Abs. 4 **6** seiner Aufstellung. Dies bedeutet, daß auch die vereinfachte Änderung eines Bebauungsplans **als Satzung nach § 10 zu beschließen** ist. Während aber die Änderung eines Bebauungsplans im Normalfall ebenfalls der Genehmigung durch die höhere Verwaltungsbehörde oder der Durchführung des Anzeigeverfahrens nach § 11 bedarf, ergibt sich aus **Abs. 1 Satz 1** in Verbindung mit **Satz 3,** daß eine vereinfachte Änderung des Bebauungsplans **keiner Genehmigung** oder Anzeige **bedarf, wenn alle Beteiligten mit der Änderung einverstanden sind.** Nur in dem Fall, daß ein Beteiligter mit der geplanten Änderung oder Ergänzung des Bebauungsplans nicht einverstanden ist und ihr insofern „widerspricht", bedarf die Bebauungsplanänderung nach Satz 3 der Rechtskontrolle durch die höhere Verwaltungsbehörde. **Satz 4** bestimmt, daß in diesem Fall die Stellungnahmen der Beteiligten als Bedenken und Anregungen nach § 3 Abs. 2 Satz 4 und 6 zu behandeln sind. Dies bedeutet, daß die Gemeinde die Stellungnahmen zu prüfen und das Ergebnis mitzuteilen hat und bei der Einreichung des Plans zur Genehmigung oder bei der Anzeige ihrerseits zu den nicht berücksichtigten Bedenken und Anregungen Stellung zu nehmen hat.

Ferner bezieht sich die Regelung des § 13 lediglich auf die Änderung **7** **rechtsgültiger Bebauungspläne** und erfaßt nicht die Änderung von Bebauungsplanentwürfen. Hierfür bleibt es bei der Regelung in § 3 Abs. 3. Andernfalls wäre das Absehen vom Genehmigungserfordernis, das nach der Systematik des BauGB für jeden Bauleitplan gilt, nicht zu vertreten: Jeder Bebauungsplan muß mindestens einmal genehmigt worden sein, bevor ein vereinfachtes Verfahren seine Änderung ohne Genehmigung herbeiführen kann.

3. Nach dem mit dem Baugesetzbuch eingefügten **Abs. 2** kann nun- **8** mehr auch bei Änderungen oder Ergänzungen eines **Flächennutzungsplans** ein vereinfachtes Verfahren durchgeführt werden. Wie beim Bebauungsplan kann auch hier das Verfahren der Beteiligung der Bürger und der Träger öffentlicher Belange durch die eingeschränkte Beteiligung nach Abs. 1 Satz 2 und 4 (hierzu oben, Rn 3 ff.) ersetzt werden. Anders allerdings als beim Bebauungsplan bedarf auch die vereinfachte Änderung oder Ergänzung eines Flächennutzungsplans der **Genehmigung** nach § 6. Da der Flächennutzungsplan ohnehin nur Grundzüge enthält, sind die materiellrechtlich Voraussetzungen für die Durchführung des vereinfachten Verfahrens hier anders bestimmt worden als nach Abs. 1 Satz 1 beim Bebauungsplan. Nach **Satz 1** kann das vereinfachte Verfahren durchgeführt werden, wenn die Änderung ent-

weder **im Umfang geringfügig** und **von geringer Bedeutung** ist. Die beiden Voraussetzungen sind im Gesetz zwar alternativ aufgeführt, dürften ihrem Sinngehalt nach aber **nicht ohne wechselseitige Einschränkung** auszulegen sein. So kann eine Änderung z. B. durchaus im Umfang geringfügig sein, also z. B. nur einen kleinen Planbereich unmittelbar betreffen, in ihrer Auswirkung aber auf die gesamte planerische Konzeption von erheblicher Bedeutung sein. In diesem Fall ist die Durchführung eines vereinfachten Verfahrens nicht zulässig. Auch in dem Fall, daß eine Änderung zwar für sich genommen von geringer Bedeutung ist, insgesamt aber einen erheblichen Umfang annimmt, dürfte ein vereinfachtes Verfahren unzulässig sein. Ist eine Änderung dagegen nur für wenige Grundstücke von erheblicher Bedeutung, also im Umfang geringfügig, bleibt die Anwendung des Abs. 2 möglich. Als Orientierungsgröße kann der Spielraum dienen, den das Entwicklungsgebot nach § 8 Abs. 2 Satz 1 für die Abweichungen eines Bebauungsplans vom Flächennutzungsplan offenläßt (Bielenberg, in: B/K/S, Rn 73).

Zweiter Teil. Sicherung der Bauleitplanung

Vorbemerkung zu den §§ 14 bis 23

Im Zweiten Teil (§§ 14–28) sind mehrere, in ihrer Funktion unter- **1**
schiedliche Rechtsinstitute zusammengefaßt, die eine städtebauliche
Planung sowohl im Vorbereitungsstadium, als auch nach ihrem förm-
lichen Abschluß **sichern** sowie die **Plandurchführung erleichtern** sol-
len, nämlich die Veränderungssperre (§§ 14, 16–18), die Zurückstellung
von Baugesuchen (§ 15), die Teilungsgenehmigung (§§ 19–23) und die
gesetzlichen Vorkaufsrechte der Gemeinde (§§ 24–28). Zu den Ände-
rungen durch das **BauGB** vgl. die Erl. in der Vorauflage. Die Bezeich-
nung des Zweiten Teils „**Sicherung der Bauleitplanung**" trifft den
Regelungsgehalt der Vorschriften nur teilweise; darüber hinaus enthält
der zweite Teil weitere Instrumente der **Sicherung der geordneten
städtebaulichen Entwicklung**, die durch spezielle Regelungen im Um-
legungs- und Sanierungsrecht (vgl. Rn 6, 7) ergänzt werden. Aus-
schließlich der Sicherung der Bauleitplanung dienen die Bestimmungen
der §§ 14–21 und 23. § 22 über die Sicherung von Gebieten mit
Fremdenverkehrsfunktionen hat eine eigenständige Sicherungsfunk-
tion. Die Vorkaufsrechte dienen neben der Sicherung der Bauleitpla-
nung auch der Sicherung sonstiger städtebaulicher Planungen und
Maßnahmen.

Die Bauleitplanung kann dadurch erschwert werden, daß während **2**
der Aufstellung eines Bebauungsplans tatsächliche Veränderungen ein-
treten, die dem künftigen Bebauungsplan widersprechen. Hierdurch
kann die Verwirklichung der Planung behindert oder unmöglich ge-
macht werden, insbesondere können auch Entschädigungsansprüche
nach §§ 39–44 begründet oder erhöht werden. Durch Erlaß einer
Satzung über eine **Veränderungssperre** hat die Gemeinde deshalb die
Möglichkeit, zur Sicherung der mit einem Aufstellungsbeschluß einge-
leiteten Bebauungsplanung Veränderungen der Grundstücke sowie die
Errichtung, Änderung, Nutzungsänderung oder Beseitigung baulicher
Anlagen zu untersagen.

Liegen die Voraussetzungen für den Erlaß einer Veränderungssperre **3**
vor, kann die Gemeinde durch Antrag bei der Baugenehmigungsbe-
hörde im Einzelfall auch ohne Erlaß einer Satzung die **Zurückstellung
von Vorhaben** für den Zeitraum bis zu zwölf Monaten veranlassen.

Die Vorbereitung oder Durchführung des Bebauungsplans kann **4**
auch durch die Entstehung von Grundstückszuschnitten erschwert
werden, die mit den Festsetzungen des Bebauungsplans nicht vereinbar
wären. Dies soll durch die **Teilungsgenehmigung** verhindert werden,
die für die rechtswirksame Teilung eines Grundstücks im Geltungsbe-

reich eines qualifizierten Bebauungsplans sowie im Geltungsbereich einer Veränderungssperre erforderlich ist. Darüber hinaus soll durch die Teilungsgenehmigung auch im nicht beplanten Innenbereich (§ 34) eine geordnete städtebauliche Entwicklung gesichert werden. Dieser Aufgabe dient die Teilungsgenehmigung auch im Außenbereich, dort vor allem auch mit dem Ziele, die Vorbereitung einer unzulässigen Bebauung oder kleingärtnerischen Nutzung zu verhindern.

5 Zu den **Vorkaufsrechten** vgl. Vorbem. zu den §§ 24—28.

6 In den nach dem **Städtebauförderungsgesetz** förmlich festgelegten Gebieten (Sanierungsgebiete, Entwicklungsbereiche, Ersatz- und Ergänzungsgebiete, Anpassungsgebiete; vgl. jetzt § 142 Abs. 1 und 2, § 165 und § 170 BauGB) waren bis zur Novelle 1984 StBauFG die Vorschriften über die Veränderungssperre, das Zurückstellen von Baugesuchen sowie über die Teilungsgenehmigung nicht anzuwenden: §§ 6 Abs. 2, 57 Abs. 1 Nr. 2 StBauFG; vgl. hierzu statt dessen die Genehmigungspflicht nach § 15 StBauFG. Seit 1. 1. 1985 (Inkrafttreten der Novelle 1984 StBauFG) konnten Gemeinden Sanierungsgebiete im **vereinfachten Verfahren** förmlich festlegen; § 5 Abs. 1 S. 4 StBauFG. In diesen Fällen entfiel u. a. die Anwendung der §§ 6 und 15 StBauFG, d. h. die Vorschriften über die Veränderungssperre, das Zurückstellen von Baugesuchen sowie über die Teilungsgenehmigung waren anzuwenden. Für die bis zum 1. 7. 1987 (Inkrafttreten des BauGB) im „herkömmlichen" oder im „vereinfachten" Verfahren nach StBauFG förmlich festgelegten Gebiete verblieb es bei dieser Rechtslage; vgl. § 245 Abs. 2 (für die Entwicklungsbereiche und Anpassungsgebiete auch ausdrücklich §§ 165, 169 Abs. 1 Nr. 1 und 5).

Das **BauGB** hat das **vereinfachte Verfahren** grundlegend neu geregelt (vgl. Vorbem. zu den §§ 136–164). Für das Verhältnis zu den §§ 14–21, 23 gilt seither folgendes: Im förmlich festgelegten Sanierungsgebiet (entsprechend in den Ersatz- und Ergänzungsgebieten) sind die Vorschriften über die Veränderungssperre, die Zurückstellung von Baugesuchen und die Teilungsgenehmigung nicht anzuwenden, wenn eine Genehmigungspflicht nach § 144 Abs. 1 besteht; diese Vorschrift enthält für die in § 14 bezeichneten Vorhaben und sonstigen Maßnahmen und die Grundstücksteilung (sowie für schuldrechtliche Vereinbarungen) eine spezielle sanierungsrechtliche Genehmigungspflicht. Diese „sanierungsrechtliche Veränderungssperre" kommt nach BauGB in allen Sanierungsverfahren zur Anwendung, sofern die Gemeinde ihre Anwendung in den Fällen des vereinfachten Verfahrens in der Sanierungssatzung nicht ausschließt (vgl. § 142 Abs. 4). Zum gesetzlichen Vorkaufsrecht der Gemeinde in den Sanierungsgebieten vgl. § 24 Abs. 1 Nr. 3.

7 In **Umlegungsgebieten** besteht zusäzlich eine umlegungsrechtliche Verfügungs- und Veränderungssperre nach § 51. Zum gesetzlichen Vorkaufsrecht der Gemeinde im Umlegungsgebiet vgl. § 24 Abs. 1 Nr. 2.

Erster Abschnitt. Veränderungssperre und Zurückstellung von Baugesuchen

§ 14 Veränderungssperre

(1) Ist ein Beschluß über die Aufstellung eines Bebauungsplans gefaßt, kann die Gemeinde zur Sicherung der Planung für den künftigen Planbereich eine Veränderungssperre mit dem Hinhalt beschließen, daß

1. Vorhaben im Sinne des § 29 nicht durchgeführt oder bauliche Anlagen nicht beseitigt werden dürfen;
2. erhebliche oder wesentlich wertsteigernde Veränderungen von Grundstücken und baulichen Anlagen, deren Veränderungen nicht genehmigungs-, zustimmungs- oder anzeigepflichtig sind, nicht vorgenommen werden dürfen.

(2) Wenn überwiegende öffentliche Belange nicht entgegenstehen, kann von der Veränderungssperre eine Ausnahme zugelassen werden. Die Entscheidung über Ausnahmen trifft die Baugenehmigungsbehörde im Einvernehmen mit der Gemeinde.

(3) Vorhaben, die vor dem Inkrafttreten der Veränderungssperre baurechtlich genehmigt worden sind, Unterhaltungsarbeiten und die Fortführung einer bisher ausgeübten Nutzung werden von der Veränderungssperre nicht berührt.

(4) Soweit für Vorhaben im förmlich festgelegten Sanierungsgebiet eine Genehmigungspflicht nach § 144 Abs. 1 besteht, sind die Vorschriften über die Veränderungssperre nicht anzuwenden.

1. Allgemeines; Regelungszweck. Durch eine Veränderungssperre 1
kann die Gemeinde während des Verfahrens der **Aufstellung, Änderung, Ergänzung** oder **Aufhebung eines Bebauungsplans** untersagen, daß Vorhaben im Sinne des § 29 durchgeführt oder bauliche Anlagen beseitigt werden dürfen (Abs. 1 Nr. 1), Grundstücke erheblich oder wesentlich wertsteigernd verändert, nicht genehmigungs-, zustim-

mungs- oder anzeigebedürftige, aber wertsteigernde bauliche Anlagen
errichtet oder wertsteigernde Änderungen solcher Anlagen vorgenom-
men (Abs. 1 Nr. 2) werden. Die Veränderungssperre dient somit der
Sicherung der planerischen Ziele der Gemeinde. Während des Plan-
verfahrens und bis zur Schaffung einer neuen planungsrechtlichen
Grundlage gelten für die Beurteilung der Zulässigkeit von Vorhaben
weiterhin die jeweils maßgeblichen Bestimmungen der §§ 30, 34 oder
35. Da die Gemeinde mit dem Aufstellungsbeschluß ihre Absicht zur
Veränderung der planungsrechtlichen Grundlagen in dem Gebiet be-
reits qualifiziert bekundet, räumt ihr das Gesetz durch die Verände-
rungssperre die Möglichkeit ein, Grundstücksveränderungen und Vor-
haben zu verbieten, die der künftigen Planung zuwiderlaufen und ihre
Verwirklichung erschweren oder verhindern werden. Zur Zulässigkeit
einer **privatrechtlichen Vereinbarung** zwischen Gemeinde und Erwer-
ber eines gemeindeeigenen Grundstücks mit dem Ziel, die Sperr- bzw.
Steuerungswirkung („anstelle") einer Veränderungssperre zu erzielen
vgl. (bejahend) BGHZ, 93, 372, 375f.

2 Dieser Sicherungszweck wird insbesondere nicht durch die **Wirkun-
gen des § 33** erreicht: § 33 ist keine Bestimmung zur Sicherung der
Bauleitplanung, sondern begründet ausschließlich eine ausnahmsweise,
trotz Entgegenstehens der für das Gebiet maßgeblichen planungsrecht-
lichen Vorschriften positive planungsrechtliche Beurteilung des Vorha-
bens im Hinblick auf den Stand der Planung (vgl. hierzu § 33, Rn 1).

Die (rechtmäßige) Veränderungssperre ist vom Eigentümer im
Rahmen der **Sozialbindung** des Eigentums nach Art. 14 Abs. 1 S. 2,
Abs. 2 GG hinzunehmen. Für den Charakter der Sperre als Inhaltsbe-
stimmung des Eigentums oder als Enteignung ist grundsätzlich ihre
Zeitdauer entscheidend (BVerwGE 4, 120; BGH, NJW 1979, 653/655;
vgl. hierzu im einzelnen die Erl. zu § 18).

3 § 14 nennt folgende **Voraussetzungen** für die Anordnung einer Ver-
änderungssperre: Zum einen muß die Gemeinde den Beschluß gefaßt
haben, einen Bebauungsplan aufzustellen oder (vgl. § 2 Abs. 4) zu
ändern, zu ergänzen oder aufzuheben (hierzu Rn 6); zum anderen muß
die Veränderungssperre zur Sicherung der Planung erforderlich sein
(hierzu Rn 9). Nach § 16 wird die Veränderungssperre von der Ge-
meinde als Satzung beschlossen (hierzu § 16, Rn 1).

4 Die **Veränderungssperre** begründet für den gesamten künftigen
Planbereich eine **Sperrwirkung.** Sie kann erlassen werden, ohne daß
konkrete Veränderungs- oder Bauabsichten von Eigentümern vorlie-
gen. Demgegenüber bezieht sich die **Zurückstellung** von Baugesuchen
nach § 15 nur auf konkret bestehende Vorhaben.

5 Gemeinsam sind diesen Instrumenten der Plansicherung die **sachli-
chen Voraussetzungen**, unter denen von ihnen Gebrauch gemacht
werden kann sowie der sachliche Umfang der **Sperrwirkung**, also die
Wirkungen nach Abs. 1 Nr. 1 bis 3. Die Instrumente unterscheiden sich

hinsichtlich der Form, mit der ihre Wirkung begründet wird (Satzung bzw. Verwaltungsakt) sowie hinsichtlich des Zeitraumes, für den eine Sperrwirkung erreicht wird (vgl. im einzelnen die Erl. zu § 15).

2. Voraussetzungen für die Anordnung einer Veränderungssperre. 6
Voraussetzung für die Anordnung einer Veränderungssperre ist, daß die Gemeinde beschlossen hat, einen Bebauungsplan aufzustellen oder (vgl. § 2 Abs. 4) zu ändern, zu ergänzen oder aufzuheben **(Aufstellungsbeschluß)**. Die Gemeinde hat nach § 2 Abs. 1 S. 2 den Aufstellungsbeschluß **ortsüblich bekanntzumachen**. Mangelt es an der ortsüblichen Bekanntmachung, so wird der Aufstellungsbeschluß nicht wirksam, mit der Folge, daß die hieran anknüpfenden Rechtsfolgen nicht eintreten und somit eine Veränderungssperre nicht wirksam erlassen werden kann (OVG Koblenz, BRS 36 Nr. 108). Der Aufstellungsbeschluß muß den Planbereich so bezeichnen, daß er eindeutig bestimmbar ist (BGHZ 58, 124/128; ZfBR 1982, 131; Hoppe, in: E/H, Rn 317). Es ist nicht erforderlich, daß der im Aufstellungsbeschluß bezeichnete Planbereich mit dem endgültigen Plangebiet identisch ist, zumal bei der Planung auch die räumlichen Grenzen des Plangebiets Änderungen unterliegen und sich somit der Aufstellungsbeschluß auf ein mit dem späteren Plangebiet häufig nicht identisches Untersuchungsgebiet bezieht (BGH, ZfBR 1982, 131/132). Es ist auch nicht erforderlich, daß der Planaufstellungsbeschluß selbst bereits Aussagen über den **Inhalt der beabsichtigten Planung** macht (BVerwG, NJW 1977, 406; BGH ZfBR 1982, 131/132 unter Aufgabe der früheren Rechtsprechung des BGH, vgl. z. B. BGHZ 58, 124/128); vgl. hierzu jedoch Rn 9. Der Beschluß über die Aufstellung des Bebauungsplans und der Beschluß über die Veränderungssperre können in derselben Gemeinderatssitzung gefaßt werden (BVerwG, NVwZ 1989, 661).

Der Aufstellungsbeschluß kann sich auch auf die Aufstellung, Änderung, Ergänzung oder Aufhebung eines **einfachen Bebauungsplans** 7
(§ 30 Abs. 2) beziehen, nicht jedoch auf einen **Flächennutzungsplan**. Auch zur Sicherung der Landesplanung und der Raumordnung oder einer sonstigen „fremden" Planung (z. B. einer Bundesfernstraße) ist der Erlaß einer Veränderungssperre nicht zulässig. Dagegen ist der Erlaß einer Veränderungssperre dann zulässig, wenn die Gemeinde (nach Maßgabe des § 1 Abs. 3; vgl. Erl. hierzu) ein Bebauungsplanverfahren zur Sicherung der Trasse einer **Bundesfernstraße** einleitet, die sie als Alternative zu einer im straßenrechtlichen Planfeststellungsverfahren in Aussicht genommenen oder festgestellten Trasse bevorzugt (BVerwG, BRS 44 Nr. 96).

Auch ein Beschluß, der sich ausschließlich auf die **Aufhebung eines** 8
Bebauungsplans richtet, kann durch den Erlaß einer Veränderungssperre gesichert werden. Dies kommt z. B. in Betracht, wenn es das Ergebnis der Planaufhebung sein soll, das betroffene Gebiet „gewissermaßen in den Außenbereich zurückzuversetzen" (BVerwG, NJW 1977, 405). Der Beschluß, einen bestehenden Bebauungsplan aufzuheben,

kann die Wirkungen des § 14 jedoch dann nicht begründen, wenn die Gemeinde tatsächlich nicht die Aufhebung, sondern die Änderung des Bebauungsplans beabsichtigt; die bloße Absicht, zugleich einen neuen Bebauungsplan zu erlassen, ersetzt nicht die erforderliche ausdrückliche Bekundung dieser Absicht durch einen Aufstellungsbeschluß (BVerwG aaO).

9 Die Anordnung der Veränderungssperre muß zur Sicherung der Planung **erforderlich** sein. Die Zulässigkeit einer Veränderungssperre setzt zwar nicht voraus, daß der ihr zugrundeliegende Aufstellungsbeschluß über den Inhalt der angestrebten Planung Aufschluß gibt (BVerwG, NJW 1977, 400; hierzu Rn 6). Jedoch ist eine Veränderungssperre dann unzulässig, wenn zur Zeit ihres Erlasses der Inhalt der beabsichtigten Planung noch in keiner Weise abzusehen ist (BVerwG aaO; NJW 1977, 405/406; VGH Mannheim, NJW 1986, 149). Der **künftige Planinhalt** muß daher bereis in einem Mindestmaß bestimmt und absehbar sein. Diese **Konkretisierung** muß zwar nicht offengelegt sein, z. B. als Begründung der Veränderungssperre; sie muß jedoch so verläßlich festgelegt sein, daß die Gemeinde ggf. einen entsprechenden Nachweis führen kann (BVerwG aaO; BGH, ZfBR 1982, 131/132; Lemmel, in: BK, § 14, Rn 8). Ist z. B. die zukünftige Nutzungsart des Gebiets im wesentlichen festgelegt, so ist der künftige Planinhalt i. d. R. ausreichend konkretisiert. Eine nachträgliche Konkretisierung der Planung vermag eine nichtige Veränderungssperre nicht zu heilen (OVG Berlin, ZfBR 1989, 173). Das Fehlen eines **Flächennutzungsplans** oder die diese Bebauungsplanänderung entgegenstehenden Darstellungen schließen es im Regelfall nicht aus, daß eine Veränderungssperre gleichwohl beschlossen werden kann (VGH Mannheim, BRS 38 Nr. 108). Die Erforderlichkeit einer Veränderungssperre läßt sich auch nicht mit der Behauptung in Frage stellen, der beabsichtigten Bebauungsplanung mangele es an der wirtschaftlichen Tragfähigkeit (VGH Mannheim aaO). Rechtliche Beednken gegen die im Bebauungsplan-Entwurf vorgesehenen Regelungen führen nicht zur Unwirksamkeit einer Veränderungssperre, sofern eine rechtlich zulässige Regelung zur Verwirklichung der Planabsichten der Gemeinde möglich ist (VGH Mannheim, ZfBR 1989, 172). Die Anordnung der Veränderungssperre kann auch erforderlich sein, wenn die durch sie gesicherte Planung auf **gesamtstädtische** oder **überörtliche Gesichtspunkte** zurückgeht, solange in einer mit § 1 übereinstimmenden Weise gesichert ist, daß die Planung die Zulässigkeit der baulichen oder sonstigen Nutzung in dem von ihr erfaßten Gebiet regeln soll (BVerwG, NJW 1977, 400/402).

10 Die Veränderungssperre ist zwar räumlich auf den Plan- bzw. Untersuchungsbereich begrenzt; vgl. auch Rn 6. Jedoch kann die Veränderungssperre auf einen **Teilbereich** hiervon beschränkt werden. Weiterhin kann eine Veränderungssperre auch für nur wenige Grundstücke oder für nur **ein einziges Grundstück** erlassen werden (BVerwG, NJW 1977, 400/401). Ebenso wie ein Bebauungsplan nicht schon deshalb

Bedenken unterliegt, weil sein Geltungsbereich nur wenige Grundstücke oder nur ein einziges Grundstück umfaßt (BVerwG, NJW 1969, 1076), kann auch eine „Individualsperre" zulässig sein; jedoch darf eine derartige individuelle Regelung nicht auf einer nicht pflichtgemäßen Ausübung des Planungsermessens der Gemeinde beruhen (vgl. BVerwG, NJW 1977, 400/401; hierzu auch Rn 11).

Die Entscheidung über den Erlaß einer Veränderungssperre obliegt **11** der Gemeinde und ergibt sich aus ihrer Planungshoheit. Es liegt daher im **Planungsermessen** der Gemeinde, ob, zu welchem Zeitpunkt und für welchen Teil des Planungsbereichs die Veränderungssperre erlassen wird.

3. Inhalt der Veränderungssperre. Der mögliche Inhalt der Verän- **12** derungssperre ergibt sich abschließend aus **Abs. 1.** Für darüber hinausgehende Verbote fehlt die erforderliche gesetzliche Grundlage. In der Veränderungssperre können alle in Abs. 1 Nr. 1 und 2 enthaltenen Verbote oder auch nur **einzelne Verbote** ausgesprochen werden. Es hängt vom konkreten Sicherungszweck der Veränderungssperre ab, in welchem Umfang die Gemeinde die Verbotsmöglichkeit ausschöpft, wobei i. d. R. wegen des sachlichen Zusammenhangs von allen Ermächtigungen Gebrauch gemacht wird. Da die Veränderungssperre nicht nur der Verhinderung von Vorhaben dient, denen die Festsetzungen des zu erwartenden Bebauungsplans entgegenstehen, sondern der Sicherung der Planung als Vorgang, ist es zulässig, in die Satzung die Verbotstatbestände des § 14 Abs. 1 ohne Einschränkung zu übernehmen (VGH Mannheim, NJW 1986, 149). Für die Festlegung, welche der Verbote des Abs. 1 im Planbereich gelten sollen, genügt die Verweisung auf den entsprechenden Fall des Abs. 1.

Nach **Abs. 1 Nr. 1** können durch die Veränderungssperre Vorhaben **13** im Sinne des § 29 verboten werden. Während §§ 14 Abs. 1 Nr. 3 **BBauG** nur die Errichtung, Änderung oder Beseitigung genehmigungsbedürftiger baulicher Anlagen erfaßte, bezieht § 14 Abs. 1 Nr. 1 **BauGB** durch die Verweisung auf § 29 auch die **Nutzungsänderung** baulicher Anlagen ein. Dies gibt der Gemeinde z. B. die Möglichkeit, Nutzungsänderungen von Ladenraum in Spielhallen, Sexkinos usw. zu unterbinden und damit einen künftigen Bebauungsplan zu sichern, der diese Nutzungen gem. § 1 Abs. 5 und 9 BauNVO ausschließt (vgl. auch OVG Lüneburg, ZfBR 1987, 50). Das BauGB hat die Nutzungsänderung auch in den Anwendungsbereich der **sanierungsrechtlichen Veränderungssperre** (§ 144 Abs. 1 Nr. 1) und der **Erhaltungssatzung** (§ 172 Abs. 1 S. 1) einbezogen. Zum Begriff der genehmigungsbedürftigen baulichen Anlagen vgl. die Erläut. zu § 29. Die Veränderungssperre bezieht sich danach auf Vorhaben, die die Errichtung, Änderung oder Nutzungsänderung zum Inhalt haben und einer bauaufsichtlichen Genehmigung oder Zustimmung bedürfen oder der Bauaufsichtsbehörde anzuzeigen sind (§ 29 S. 1 Hs. 1). Entsprechend § 29 S. 1 Hs. 2 gilt dies auch, wenn in einem anderen Verfahren über die Zulässigkeit

entschieden wird (vgl. B/K/S, Rn 98). Die frühere Fassung (§ 14 Abs. 1 Nr. 3 BBauG) hat die Sperre dagegen nur auf genehmigungsbedürftige bauliche Anlagen bezogen; ob die Errichtung, Änderung oder Beseitigung selbst genehmigungsbedürftig sind, war für die Anwendung der Vorschrift unbeachtlich (B/K/L, 1. Aufl., Rn 15). Gemäß Abs. 1 Nr. 1 i. V. m. § 29 erstreckt sich die Veränderungssperre auch auf Vorhaben i. S. des § 29 S. 3 (Aufschüttungen und Abgrabungen größeren Umfangs usw.). Der Veränderungssperre nach Abs. 1 Nr. 1 unterliegt weiterhin die **Beseitigung baulicher Anlagen,** und zwar unabhängig davon, ob ein solches Vorhaben einem bauaufsichtlichen oder sonstigen Verfahren unterliegt.

14 **§ 14 Abs. 1 Nr. 2** enthält zwei Verbote: erhebliche oder wesentlich wertsteigernde Änderungen von Grundstücken (1. Fall) und baulichen Anlagen, deren Veränderungen nicht genehmigungs-, zustimmungs- oder anzeigepflichtig sind (2. Fall); früher § 14 Abs. 1 Nr. 1 und 2 BBauG.

Nach **Abs. 1 Nr. 2 (1. Fall)** kann durch die Veränderungssperre die erhebliche oder wesentliche wertsteigernde Veränderung des Grundstücks verboten werden. Bei der **erheblichen** Veränderung des Grundstücks kommt es nicht darauf an, ob die Veränderung wertsteigernd oder wertmindernd ist; **wertsteigernd** kann auch eine nicht erhebliche Veränderung sein. Die Sperre bezieht sich auf die Veränderung des **Grundstücks** einschließlich seiner wesentlichen Bestandteile i. S. der §§ 93, 94 BGB; Veränderungen der baulichen Anlagen sind jedoch ausschließlich nach Abs. 1 Nr. 2 (2. Fall) bzw. nach Nr. 1 zu beurteilen. **Veränderungen** i. S. der Nr. 2 sind nur Maßnahmen tatsächlicher Art (BVerwG, NJW 1973, 1711/1712), also z. B. Aufschüttungen und Abgrabungen größeren Umfangs sowie Ausschachtungen, Ablagerungen einschließlich Lagerstätten (vgl. § 29 S. 3). Die Sperre umfaßt dagegen nicht **Veränderungen rechtlicher Art** wie z. B. die Veräußerung oder Belastung des Grundstücks; vgl. demgegenüber jedoch die Wirkungen der Verfügungs- und Veränderungssperre im Umlegungsgebiet nach § 51 Abs. 1 Nr. 1 sowie § 144 Abs. 2 über die Genehmigungspflicht in Sanierungsgebieten und Entwicklungsbereichen (§ 169 Abs. 1 Nr. 5); hierzu Rn 24. Die **Teilung** eines Grundstücks bedarf innerhalb des räumlichen Geltungsbereichs einer Veränderungssperre der Teilungsgenehmigung nach § 19 Abs. 1 Nr. 4 (vgl. § 19, Rn 16).

15 Nach **Abs. 1 Nr. 2 (2. Fall)** kann durch die Veränderungssperre die erhebliche oder wesentlich wertsteigernde Veränderung nicht genehmigungs-, zustimmungs- oder anzeigebedürftiger baulicher Anlagen verboten werden. Zum Begriff der **baulichen Anlagen** sowie zum Genehmigungsbedürfnis vgl. § 29 S. 1. Die Sperre bezieht sich auf die erhebliche oder wesentlich wertsteigernde Veränderung baulicher Anlagen. Da Abs. 1 Nr. 2 den Inhalt der Veränderungssperre hinsichtlich nicht genehmigungs-, zustimmungs- oder anzeigebedürftiger Veränderungen baulicher Anlagen abschließend regelt, unterliegt die **nicht erhebli-**

che oder **nicht wesentlich wertsteigernde Veränderung** einer nicht genehmigungs-, zustimmungs- oder anzeigepflichtigen baulichen Anlage nicht der Sperrwirkung des §14. Die **Beseitigung** einer nicht genehmigungs-, zustimmungs- oder anzeigebedürftigen baulichen Anlage fällt nicht unter Abs. 1 Nr. 2; vgl. aber Abs. 1 Nr. 1.

4. Wirkungen der Veränderungssperre; Rechtsfolgen. Mit Erlaß **16** der Veränderungssperre sind die in Abs. 1 Nr. 1 und 2 bezeichneten **Vorhaben und Veränderungen unzulässig.** Eine **bauaufsichtliche Genehmigung ist zu versagen.** Soweit ein bauaufsichtliches oder sonstiges Verfahren nicht erforderlich ist, sind die Vorhaben oder Veränderungen materiell baurechtswidrig und können bauordnungsrechtlich untersagt werden, insbesondere durch Stillegung des Baus. Die bauordnungsrechtliche **Beseitungsanordnung** ist zulässig, wenn nach Inkrafttreten des Bebauungsplans der Widerspruch zu dessen Festsetzungen feststeht; im Einzelfall kann die Beseitigung bereits vor Rechtskraft des Bebauungsplans angeordnet werden, wenn sich die materielle Baurechtswidrigkeit nach dem Stand der Planungsarbeiten ergibt.

Nach §95 Abs. 2 Nr. 4 bleiben bei der Festsetzung der Enteignungs- **17** entschädigung wertsteigernde Veränderungen unberücksichtigt, die während einer Veränderungssperre ohne Genehmigung der Baugenehmigungsbehörde vorgenommen worden sind. Nach §43 Abs. 2 S. 2 gilt dies entsprechend bei einer Entschädigung nach §§39ff.

5. Ausnahmen. Nach **Abs. 2** kann die Baugenehmigungsbehörde im **18** Einvernehmen mit der Gemeinde von der Veränderungssperre eine **Ausnahme** zulassen. Damit soll der Besonderheit von Einzelfällen innerhalb des räumlichen Geltungsbereichs einer Veränderungssperre Rechnung getragen werden, für die ausnahmsweise der auf das Gebiet bezogene und den Erlaß der Veränderungssperre rechtfertigende Sicherungszweck ein Verbot nicht erfordert.

Eine Ausnahme von der Veränderungssperre darf nach **Abs. 2 S. 1** **19** nur zugelassen werden, wenn **überwiegende öffentliche Belange** nicht entgegenstehen. Das Vorhaben ist in diesen Fällen nach den bis zum Inkrafttreten des Bebauungsplans maßgeblichen planungsrechtlichen Zulässigkeitsvoraussetzungen zu beurteilen, soweit nicht bereits §33 Anwendung findet. Maßstab für das Entgegenstehen **öffentlicher Belange** ist der konkrete Sicherungszweck der Veränderungssperre. Ist ein Vorhaben bereits nach §33 zulässig, so stehen ihm öffentliche Belange nicht entgegen. Ob der Zulassung einer Ausnahme **überwiegende** öffentliche Belange nicht entgegenstehen, ist aufgrund einer Interessenabwägung der öffentlichen und privaten Belange festzustellen (Lemmel, in: BK, §14, Rn 30). Ist zu befürchten, daß durch die Zulassung die Durchführung der Planung unmöglich gemacht oder wesentlich erschwert werden würde (vgl. §15, Rn 3), ist die Ausnahme zu verweigern. Berührt ein Vorhaben die Planungsabsichten der Gemeinde, so fehlt es am Vorliegen der Tatbestandsvoraussetzungen der Zulassung einer Ausnahme (BVerwG, ZfBR 1989, 171/172). Stehen keine öffentli-

chen Belange entgegen, so **kann** eine Ausnahme zugelassen werden. Das nach Abs. 2 S. 1 eingeräumte Ermessen ist dann auf Null reduziert, wenn die Baugenehmigungsbehörde vor Inkrafttreten der Veränderungssperre die Baugenehmigung rechtswidrig versagt hat (BVerwG, NJW 1968, 2350). Eine Ausnahme wird regelmäßig zuzulassen sein, wenn die durch die Veränderungssperre gesicherte Planung „Planreife" i. S. von § 33 Abs. 1 erreicht hat (vgl. VGH Mannheim, NJW 1986, 149).

20 Über die Zulassung der Ausnahme entscheidet nach **Abs. 2 S. 2** die Baugenehmigungsbehörde im Einvernehmen mit der Gemeinde; vgl. hierzu die Erl. zu § 36 Abs. 1 S. 1; § 36 Rn 5 ff.).

21 **6. Bestandsschutz.** Die in **Abs. 3** genannten Vorhaben werden von der Veränderungssperre nicht berührt. Dies bezieht sich zunächst auf Vorhaben, die vor dem Inkrafttreten der Veränderungssperre **baurechtlich genehmigt worden** sind. Für Vorhaben, die vor Erlaß der Veränderungssperre hätten genehmigt werden müssen, greift diese „Bestandsschutz"-Regelung somit nicht (BVerwG, BRS 18 Nr. 60). Ist die Baugenehmigung jedoch vor Erlaß der Veränderungssperre rechtswidrig versagt worden, so besteht ein Anspruch auf Zulassung einer Ausnahme nach Abs. 2 S. 1 (vgl. Rn 19). Die Baugenehmigung muß im übrigen unanfechtbar erteilt und muß noch gültig sein. Abs. 3 erfaßt die Baugenehmigung selbst (BVerwG, BRS 16 Nr. 45) sowie den **Bauvorbescheid,** soweit er nach Landesrecht ein vorweggenommener Teil der Baugenehmigung ist (Bebauungsgenehmigung; vgl. § 21, Rn 4; BVerwG, BauR 1984, 384). Der Vorbescheid setzt sich wie die Baugenehmigung auch gegen das Inkrafttreten des Bebauungsplans durch (BVerwG aaO; BGH, BauR 1986, 319); zum ggfl. in Betracht kommenden Widerruf des Vorbescheids vgl. § 49 Abs. 2 Nr. 4 VwVfG sowie § 49 Abs. 5 zum Anspruch auf Entschädigung (Weidemann, BauR 1987, 9; a. A. Ortloff, NVwZ 1983, 705/708, der in Abs. 3 eine auch gegenüber der Möglichkeit des Widerrufs abschließende Regelung sieht). Etwas anderes gilt, wenn der Bauvorbescheid landesrechtlich nur die Wirkung einer unter dem Vorbehalt gleichbleibender Rechtslage stehenden Zusage hat (hierzu BVerwG, BRS 16 Nr. 45; BGHZ 73, 161). Abs. 3 umfaßt auch nicht die Bodenverkehrsgenehmigung (BVerwG, DÖV 1968, 885).

22 Von der Veränderungssperre werden weiterhin **Unterhaltungsarbeiten** nicht berührt, also die Reparatur und Erhaltung des baulichen Zustandes (Gelzer, Rn 1343). Die darüber hinausgehende Anpassung des Bauwerkes an zeitgemäße Wohn- oder sonstige Nutzungsbedürfnisse (Modernisierung) wird vom Bestandsschutz dagegen nicht gedeckt.

23 Auch die Fortführung einer **bisher ausgeübten Nutzung** wird von der Veränderungssperre nicht berührt. Voraussetzung ist, daß auf dem von der Veränderungssperre betroffenen Grundstück vor Erlaß der Veränderungssperre eine solche Nutzung stattgefunden hat (BGH,

BRS 22 Nr. 96). Ist die Änderung der Benutzung einer baulichen Anlage als Nutzungsänderung i. S. von § 29 S. 1, § 14 Abs. 1 Nr. 1 zu qualifizieren, so liegt keine Fortführung einer bisher ausgeübten Nutzung i. S. Abs. 3 vor (BVerwG, NVwZ 1989, 666: Umwandlung eines Kinos in eine Spielhalle). Die Regelung hat auch für die Fälle des Abs. 1 Nr. 2 Bedeutung (z. B. Fortführung von Auskiesungsarbeiten; vgl. BGH, BRS 22 Nr. 96).

7. Sanierungsgebiete, städtebauliche Entwicklungsbereiche. Nach **24** § 14 Abs. 4 sind die Vorschriften über die Veränderungssperre für Vorhaben im förmlich festgelegten **Sanierungsgebiet** nicht anzuwenden, soweit eine Genehmigungspflicht nach § 144 Abs. 1 besteht. Die Vorschrift ist an die Stelle des § 6 Abs. 2 StBauFG über das Verhältnis der Veränderungssperre nach BBauG zum Sanierungs- und Entwicklungsrecht nach StBauFG getreten. Die **Neuregelung des vereinfachten Verfahrens** hat darüber hinaus zu einer Neubestimmung des Verhältnisses der sanierungsrechtlichen Veränderungssperre zur „allgemeinen" Veränderungssperre geführt; vgl. hierzu auch Vorbem. zu den §§ 14–23, Rn 6. Soweit die Gemeinde in der Sanierungssatzung die Anwendung des § 144 Abs. 1 ausgeschlossen hat (vgl. § 142 Abs. 4), sind im Sanierungsgebiet die Vorschriften über die Veränderungssperre (§ 14) anzuwenden. Was den Gegenstand der sanierungsrechtlichen „Sperre" betrifft, ist durch die Verweisung in § 144 Abs. 1 Nr. 1 auf § 14 Abs. 1 die inhaltliche Deckungsgleichheit mit der Veränderungssperre erreicht. In der Struktur unterscheiden sich beide Instrumente vor allem dadurch, daß §§ 144, 145 einen Genehmigungsvorbehalt (präventives Verbot mit Erlaubnisvorbehalt; **keine Ermessensentscheidung**) beinhalten, während § 14 eine echte Sperre enthält, von der nur in den engen Grenzen des § 14 Abs. 3 Ausnahmen zugelassen werden **können**.

Im **städtebaulichen Entwicklungsbereich nach BauGB** findet § 144 stets Anwendung (§ 169 Abs. 1 Nr. 5). Dementsprechend bestimmt § 169 Abs. 1 Nr. 1 die Anwendung des § 14 Abs. 4 und damit den Ausschluß der Vorschriften über die Veränderungssperre im städtebaulichen Entwicklungsbereich. Entsprechendes ist für den **städtebaulichen Entwicklungsbereich nach BauGB-MaßnahmenG** geregelt; vgl. § 7 Abs. 1 Nrn. 1 und 5 BauGB-MaßnahmenG.

8. Rechtsschutz. Die von der Gemeinde nach § 16 als Satzung **25** beschlossene Veränderungssperre kann im Wege der **Normenkontrolle** (§ 47 VwGO) überprüft werden. Tritt eine Veränderungssperre während der Anhängigkeit eines nach § 47 Abs. 2 S. 1 VwGO zulässigen Antrags außer Kraft, kann der Antragsteller die Feststellung begehren, daß die Veränderungssperre ungültig war, weil diese Feststellung präjudizielle Wirkung für die Frage der Rechtsmäßigkeit oder Rechtswidrigkeit z. B. der Versagung einer Baugenehmigung und damit für in Aussicht genommene Entschädigungs- oder Schadensersatzansprüche haben kann (BVerwG, NJW 1984, 881). Darüber hinaus kommt eine

inzidente Überprüfung der Veränderungssperre im Rahmen einer
Anfechtung der Entscheidung der Baugenehmigungsbehörde über einen Bauantrag in Betracht. Die Veränderungssperre ist **nicht nachbarschützend**; ein Nachbar kann sich nicht darauf berufen, daß eine
Veränderungssperre nicht hätte erlassen werden dürfen; dies gilt auch,
wenn der spätere Bebauungsplan zu seinen Gunsten nachbarschützende
Festsetzungen enthält (BVerwG, ZfBR 1989, 79).

26 **9. Überleitungsrecht.** Durch das **ÄndG 1976** wurde der Inhalt der
Veränderungssperre um das Verbot der Beseitigung genehmigungsbedürftiger baulicher Anlagen erweitert (§ 14 Abs. 1 Nr. 3 BBauG); die
Überleitungsvorschrift (Art. 3 § 2 ÄndG 1976) ist in das BauGB nicht
übernommen worden; sie dürfte wegen Zeitablaufs bedeutungslos
geworden sein (vgl. hierzu im übrigen B/K/L, 1. Aufl, Art. 3 § 2 ÄndG
1976, Rn 1 und 2 (nach § 189)).

Zur Überleitung des **BauGB** bestimmt § **234 Abs. 1,** daß die Gemeinde für vor dem Inkrafttreten des BauGB (1. 7. 1987) bekanntgemachte Veränderungssperren durch Satzungsänderung bestimmen
kann, daß der in § 14 Abs. 1 erweiterte sachliche Anwendungsbereich –
insbesondere: Nutzungsänderung – zur Anwendung kommt.

§ 15 Zurückstellung von Baugesuchen

(1) **Wird eine Veränderungssperre nach § 14 nicht beschlossen, obwohl die Voraussetzungen gegeben sind, oder ist eine beschlossene
Veränderungssperre noch nicht in Kraft getreten, so hat die Baugenehmigungsbehörde auf Antrag der Gemeinde die Entscheidung
über die Zulässigkeit von Vorhaben im Einzelfall für einen Zeitraum
bis zu zwölf Monaten auszusetzen, wenn zu befürchten ist, daß die
Durchführung der Planung durch das Vorhaben unmöglich gemacht
oder wesentlich erschwert werden würde.**

(2) **Bei Anträgen auf Erteilung einer Teilungsgenehmigung nach
§ 19 gilt Absatz 1 entsprechend.**

(3) **Soweit für Vorhaben im förmlich festgelegten Sanierungsgebiet eine Genehmigungspflicht nach § 144 Abs. 1 besteht, sind die
Vorschriften über die Zurückstellung von Baugesuchen nicht anzuwenden; mit der förmlichen Festlegung des Sanierungsgebiets wird
ein Bescheid über die Zurückstellung des Baugesuchs nach Absatz 1
unwirksam.**

Übersicht

1. Regelungszweck; Verhältnis zu §14 BauGB. Die Zurückstel- 1
lung von Baugesuchen nach §15 ist wie die Veränderungssperre nach
§14 ein Instrument der Gemeinde zur **Sicherung der Bauleitplanung.**
Ihre praktische Bedeutung liegt vor allem im folgenden: Während die
Veränderungssperre nach §16 erst mit der Rechtsverbindlichkeit der
Satzung nach §16 wirksam wird, kann die Gemeinde Bauvorhaben
nach §15 unmittelbar unterbinden. Dadurch kann insbesondere die
Zeit überbrückt werden, die der Erlaß einer Veränderungssperre erfor-
dert. Die Zurückstellung von Baugesuchen ist nur zulässig, wenn die
sachlichen Voraussetzungen für den Erlaß einer Veränderungssperre
gegeben sind (hierzu Rn 3; vgl. auch §14, Rn 6 ff). Die wichtigsten
Unterschiede gegenüber der Veränderungssperre sind: Das Zurückstel-
len eines Baugesuchs ist ein **Verwaltungsakt** (Rn 9); die Veränderungs-
sperre begründet ein baurechtliches Verbot und ist daher ein materieller
Versagungsgrund für eine Baugenehmigung, während §15 eine **for-
melle Baurechtsvorschrift** ist, die zur Aussetzung der Entscheidung
über die Zulässigkeit von Vorhaben führt (hierzu Rn 5; dort auch zur
Besonderheit bei **anzeigepflichtigen Vorhaben**); **inhaltlich** erfaßt §15
nur Vorhaben, über die im Baugenehmigungsverfahren zu entscheiden
ist; in **zeitlicher** Hinsicht ist die Möglichkeit der Zurückstellung auf
höchstens zwölf Monate befristet (vgl. demgegenüber §16 sowie
Rn 6).

2. Voraussetzungen. Ein Baugesuch kann nach §15 nur zurückge- 2
stellt werden, wenn die **Voraussetzungen für den Erlaß einer Verände-
rungssperre** vorliegen. Die Gemeinde muß also die Aufstellung, Ände-
rung, Ergänzung oder Aufhebung eines Bebauungsplans beschlossen
haben (vgl. §14, Rn 6); weiterhin muß die Sicherung der künftigen
Bauleitplanung erforderlich sein (vgl. §14, Rn 9). Die Zurückstellung
nach §15 ist (i. S. eines eigenständigen Plansicherungsinstruments)
auch zulässig, wenn ein Baugesuch bereits aus bauordnungsrechtlichen
Gründen abzulehnen wäre (BVerwG, BRS 44, Nr. 96). Besteht bereits
eine rechtsverbindliche Veränderungssperre, so ist daneben die Anwen-
dung von §15 ausgeschlossen. §15 ist aber dann anwendbar, wenn eine
beschlossene Veränderungssperre noch nicht in Kraft getreten ist. §15
kann weiterhin auch nach dem Außerkrafttreten einer Veränderungs-
sperre zur Überbrückung des Zeitraums bis zum Inkrafttreten der
erneuten Veränderungssperre (vgl. §17 Abs. 3) angewandt werden
(OVG Lüneburg, ZfBR 1981, 297/298).

Die Zurückstellung ist nach Abs. 1 nur zulässig, wenn zu befürchten 3
ist, daß die **Durchführung der Planung** durch das Vorhaben **unmög-
lich gemacht** oder **wesentlich erschwert** werden würde. Der Ge-
meinde steht bei der Feststellung dieser Voraussetzungen unbestimmter

Rechtsbegriffe kein Beurteilungsspielraum zu (vgl. Lemmel, in: BK, § 15, Rn 5). Nach dem Stand der sich abzeichnenden Planung muß das konkrete Vorhaben danach die Durchführung der Planung gefährden können. Auch wenn hierin eine „Prognose" (Lemmel aaO) liegt, muß die Planung zur Begründung dieser Befürchtung hinreichend konkretisiert sein. Dies kann der Fall sein, wenn die Planung in bezug auf das fragliche Grundstück noch nicht feststeht, das beantragte Vorhaben aber nach seiner Eigenart eine in andere Richtung gehende Planung unmöglich machen oder erschweren würde.

4 Ein Vorhaben kann nur auf **Antrag der Gemeinde** zurückgestellt werden. Das Antragsrecht der Gemeinde ist Ausfluß ihrer Planungshoheit; seine Auübung steht in ihrem pflichtgemäßen Ermessen. Die Baugenehmigungsbehörde ist an den Antrag der Gemeinde gebunden, es sei denn, die Voraussetzungen des § 15 liegen nicht vor (BVerwG, BRS 44 Nr. 96). Ohne Antrag der Gemeinde kann die Baugenehmigungsbehörde Baugesuche nicht nach § 15 zurückstellen.

5 **3. Wirkungen.** Nach Abs. 1 kann die Entscheidung über die **Zulässigkeit von Vorhaben** zurückgestellt werden; zum Begriff des Vorhabens vgl. § 29 (BVerwG, DÖV 1972, 496). Zur Rechtslage nach BBauG ist z. T. die Auffassung vertreten worden, § 15 Abs. 1 beziehe nur die in § 14 Abs. 1 Nr. 3 BBauG bezeichneten Vorhaben (Errichtung, Änderung oder Beseitigung genehmigungsbedürftiger baulicher Anlagen) ein (z. B. Hoppe, in: E/H, Rn 484). Da aber § 14 Abs. 1 Nr. 1 nunmehr alle dem Vorhabenbegriff des § 29 entsprechende Vorhaben in den Anwendungsbereich der Veränderungssperre einbezieht, ist auch in Fällen des § 15 Abs. 1 eine einengende Interpretation nicht veranlaßt (vgl. zum früheren Recht bereits B/K/L, 1. Aufl., § 15, Rn 5; BVerwG aaO; VGH Mannheim, BRS 44 Nr. 95). Es besteht volle Indentität mit dem Vorhabenbegriff des § 29, d. h. auch die **Nutzungsänderung** sowie **Abgrabungen, Aufschüttungen** u. a. i. S. d. § 29 Satz 3 gehören dazu. § 15 begründet dabei – anders als die Veränderungssperre – kein materielles baurechtliches Verbot. Es handelt sich vielmehr um eine Vorschrift des **formellen** Baurechts (BVerwG, DÖV 1972, 497/498). Die Zurückstellung kommt sowohl bei Entscheidungen über einen **Baugenehmigungsantrag,** als auch bei **Vorbescheiden** zur Anwendung (BVerwG, NJW 1971, 445). Auch bei **anzeigepflichtigen Vorhaben** kommt § 15 zur Anwendung; die nach den Bauordnungen bestimmte Frist, vor deren Ablauf mit der Ausführung des anzeigepflichtigen Vorhabens nicht begonnen werden darf, verlängert sich entsprechend (BVerwG aaO). Nach **Abs. 2** können auch Anträge auf Erteilung einer **Teilgenehmigung nach § 19** in entsprechender Anwendung von Abs. 1 zurückgestellt werden.

6 **4. Zeitpunkt, Dauer.** Baugesuche können nur bis Rechtskraft einer Veränderungssperre nach § 15 zurückgestellt werden (vgl. Rn 2). Die Baugenehmigungsbehörde kann eine ursprüngliche Ablehnung der Bebauungsgenehmigung auch noch im gerichtlichen Verfahren durch

die Aussetzung der Entscheidung nach §15 ersetzen (OVG Münster, BRS 29 Nr. 69; OVG Lüneburg, ZfBR 1981, 297; a. A. Gelzer, Rn 1404). Ein Baugesuch kann für einen Zeitraum bis zu **zwölf Monaten** ausgesetzt werden. Dabei handelt es sich um eine **Höchstfrist,** die nicht voll ausgeschöpft werden muß, jedoch weder überschritten noch verlängert werden darf. Der Zeitraum, für den die Entscheidung ausgesetzt ist, ist **im Bescheid genau anzugeben** (OVG Münster, BauR 1982, 50; Gelzer, Rn 1412; Lemmel aaO, Rn 11). Die Frist beginnt mit der Zustellung des Bescheides der Baugenehmigungsbehörde über die Zurückstellung des Baugesuches; Zeiten einer faktischen Bausperre (vgl. hierzu §18, Rn 5 ff.) sind anzurechnen (Lemmel aaO, Rn 12; a. A. Gelzer, Rn 1412, wonach die Frist – stets – vom Zeitpunkt des Eingangs des Bauantrages bei der Baugenehmigungsbehörde an beginnt).

Entfallen während der Dauer der Zurückstellung **die Voraussetzun-** **7** **gen** hierfür, so ist der Bauantrag weiter zu bearbeiten und es ist hierüber zu entscheiden (vgl. auch BVerwG, DÖV 1972, 497/498).

Tritt während der Dauer der Zurückstellung **eine Veränderungs-** **8** **sperre in Kraft,** so bleibt die Zurückstellung zunächst wirksam (Gelzer, Rn 1417 unter Hinweis auf BVerwG aaO). Das bis dahin nur formellrechtlich unzulässige Vorhaben ist dann aber auch materiell-rechtlich unzulässig. Der Bescheid über die Zurückstellung kann deshalb durch eine Ablehnung des Bauantrags gem. §14 Abs. 1 ersetzt werden.

5. Rechtsschutz. Der **Antrag der Gemeinde** gegenüber der Bauge- **9** nehmigungsbehörde auf Zurückstellung eines Baugesuchs ist ein verwaltungsinterner Vorgang und kein Verwaltungsakt. Der Antragsteller kann den Antrag daher nicht anfechten. Dagegen ist der **Bescheid der** **Baugenehmigungsbehörde** über die Aussetzung der Entscheidung ein **Verwaltungsakt** und vom Antragsteller nach der VwGO anfechtbar (BVerwG, DÖV 1972, 496). Die Gemeinde ist im verwaltungsgerichtlichen Verfahren nach §65 VwGO beizuladen.

Lehnt die Baugenehmigungsbehörde den Antrag der Gemeinde auf **10** Zurückstellung des Baugesuchs ab, so kann die **Gemeinde** Verpflichtungsklage nach §42 VwGO erheben (Lemmel aaO, Rn 16). Wird die Baugenehmigung trotz eines Antrags der Gemeinde auf Zurückstellung des Baugesuches erteilt, so kann die Gemeinde die Baugenehmigung anfechten (VGH Mannheim, BRS 44 Nr. 95).

6. Sanierungsgebiete, städtebauliche Entwicklungsbereiche. Nach **11** **Abs. 3** ist §15 bei Vorhaben im förmlichen festgelegten **Sanierungsge-** **biet** nicht anzuwenden, soweit eine Genehmigungspflicht nach §144 Abs. 1 besteht (vgl. früher §6 Abs. 2 StBauFG); vgl. hierzu im einzelnen die entsprechende Regelung des §14 Abs. 4 bei der Veränderungssperre (§14, Rn 24). Mit der förmlichen Festlegung wird ein Bescheid über die Zurückstellung unwirksam (vgl. früher §6 Abs. 4 S. 2 StBauFG). Im **städtebaulichen Entwicklungsbereich nach BauGB** findet §144 stets Anwendung (§169 Abs. 1 Nr. 5); §15 ist demgemäß

stets ausgeschlossen (§ 169 Abs. 1). Entsprechendes ist für den **städtebaulichen Entwicklungsbereich nach BauGB-MaßnehmenG** geregelt; vgl. § 7 Abs. 1 Nrn. 1 und 5 BauGB-MaßnahmenG.

12　　**7. Überleitungsrecht.** Abs. 2 über die Zurückstellung von Anträgen auf Erteilung einer Bodenverkehrsgenehmigung (seit der Novelle 1979: „Teilungsgenehmigung") ist durch das ÄndG 1976 eingefügt worden; zur Überleitung vgl. B/K/L, 1. Aufl, Art. 3 § 3 ÄndG 1976 (nach § 189). Diese Vorschrift ist wegen Zeitablaufs bedeutungslos und nicht in das BauGB übernommen worden.

§ 16 Beschluß über die Veränderungssperre

(1) **Die Veränderungssperre wird von der Gemeinde als Satzung beschlossen.**

(2) **Die Gemeinde hat die Veränderungssperre ortsüblich bekanntzumachen. Sie kann auch ortsüblich bekanntmachen, daß eine Veränderungssperre beschlossen worden ist; § 12 Satz 2 bis 5 ist entsprechend anzuwenden.**

Übersicht

1　　**1. Satzung.** Der Beschluß der Gemeinde, eine Veränderungssperre anzuordnen, wird nach Abs. 1 als **Satzung** erlassen. In der Satzung ist das **Gebiet** eindeutig zu bezeichnen, das einer Veränderungssperre unterworfen werden soll. Weiterhin ist festzulegen, welche der **Verbote** des § 14 Abs. 1 gelten sollen, wobei die Verweisung auf § 14 Abs. 1 Nr. 1, 2 oder 3 ausreicht. Die **Geltungsdauer** ist nur anzugeben, wenn ein kürzerer Zeitraum als die im § 17 Abs. 1 vorgesehene Zweijahresfrist festgesetzt wird (vgl. § 17, Rn 1; BVerwG, NJW 1977, 400/404). Hinsichtlich der Verletzung von Verfahrens- und Formvorschriften findet § 214 Anwendung.

2　　Die Veränderungssperre bedarf **nicht der Genehmigung** der höheren Verwaltungsbehörde (vgl. dagegen § 16 Abs. 1 Satz 2 BBauG). Auch eine präventive Rechtskontrolle durch ein **Anzeigeverfahren** – wie bei Bebauungsplänen i. S. d. § 11 Abs. 3 – ist nicht vorgesehen. Damit entfällt insgesamt die präventive Rechtskontrolle bei Veränderungssperren. Es verbleiben – neben dem Individualrechtsschutz (Rn 6) – die rechtsaufsichtlichen Instrumente nach den Gemeindeordnungen.

2. Bekanntmachung, Rechtsverbindlichkeit. Abs. 2 regelt die Be- 3
kanntmachung der Veränderungssperre. Nach **S. 1** hat die Gemeinde
die Veränderungssperre **ortsüblich bekanntzumachen.** Nach **S. 2** kann
sie auch eine **Ersatzverkündung** in der Weise vornehmen, daß sie
ortsüblich bekanntmacht, daß eine Veränderungssperre beschlossen
worden ist. In der ortsüblichen Bekanntmachung der Tatsache der
Beschlußfassung über die Veränderungssperre liegt der Unterschied zur
Bekanntmachung der Erteilung der Genehmigung bzw. Durchführung
des Anzeigeverfahrens bei solchen Satzungen, für die eine (präventive)
Rechtsaufsicht vorgesehen ist (vgl. § 12 Satz 1). Im übrigen sind die
Sätze 2 bis 5 des § 12 bei einer Ersatzverkündung entsprechend anzu-
wenden: Bereithalten der Veränderungssperre zu jedermanns Einsicht,
Auskunftspflicht über ihren Inhalt, Hinweis in der Bekanntmachung
über den Ort der Einsichtsmöglichkeit, Rechtsfolge der Bekanntma-
chung (Inkrafttreten der Veränderungssperre); vgl. B/K/S, Rn 100.

Auf die Bekanntmachungsregeln des **§ 16 Abs. 2** verweisen die Vor- 4
schriften über die weiteren Satzungen, für die gleichfalls weder eine
Genehmigungspflicht noch ein Anzeigeverfahren vorgesehen ist (Vor-
kaufsrechtssatzung nach § 25 Abs. 1 S. 2 und Erhaltungssatzung nach
§ 172 Abs. 1 S. 3).

Die Veränderungssperre wird mit der Bekanntmachung **rechtsver-** 5
bindlich. Gem. **§ 18 Abs. 3 S. 2** ist in der Bekanntmachung auf § 18
Abs. 2 S. 2 u. 3 über die Geltendmachung einer Entschädigung hinzu-
weisen.

3. Rechtsschutz. Die Gültigkeit einer Veränderungssperre kann im 6
Wege der **Normenkontrolle** nach § 47 VwGO unmittelbar überprüft
werden. Zum Rechtsschutz gegenüber der Versagung z. B. einer Bau-
genehmigung aufgrund der Veränderungssperre und damit deren **inzi-**
denter Überprüfung sowie zu weiteren Rechtsschutzfragen vgl. § 14,
Rn 24; zur **Heilung** von Verfahrens- und Formvorschriften vgl. Rn 1.

4. Stadtstaatenklausel; Überleitungsrecht. Zu Sonderregelungen in 7
den Ländern **Berlin, Hamburg** und **Bremen** über die Bestimmung der
Form der Rechtssetzung an Stelle der Satzung vgl. § 246 Abs. 2 S. 1 und
2. Die Stadtstaaten können auch eine von § 16 Abs. 2 abweichende
Regelung treffen; § 246 Abs. 2 S. 3.

Zur **Überleitung** des durch das ÄndG 1976 geänderten Abs. 2 vgl. 8
B/K/L, 1. Aufl., Art. 3 § 2 ÄndG 1976 (dort Rn 2). Die Regelung ist
wegen Zeitablaufs bedeutungslos und nicht in das BauGB übernom-
men worden. Eine Überleitungsbestimmung zum Wegfall der Gene-
migungspflicht und zur geänderten Bekanntmachungsregelung im
Hinblick auf zum Inkrafttreten des BauGB (1. 7. 1987) noch nicht
abgeschlossene Verfahren enthält **§ 234 Abs. 2:** Fortgeltung alten
Rechts.

§ 17 Geltungsdauer der Veränderungssperre

(1) **Die Veränderungssperre tritt nach Ablauf von zwei Jahren außer Kraft. Auf die Zweijahresfrist ist der seit der Zustellung der ersten Zurückstellung eines Baugesuchs nach § 15 Abs. 1 abgelaufene Zeitraum anzurechnen. Die Gemeinde kann die Frist um ein Jahr verlängern.**

(2) **Wenn besondere Umstände es erfordern, kann die Gemeinde mit Zustimmung der nach Landesrecht zuständigen Behörde die Frist bis zu einem weiteren Jahr nochmals verlängern.**

(3) **Die Gemeinde kann mit Zustimmung der höheren Verwaltungsbehörde eine außer Kraft getretene Veränderungssperre ganz oder teilweise erneut beschließen, wenn die Voraussetzungen für ihren Erlaß fortbestehen.**

(4) **Die Veränderungssperre ist vor Fristablauf ganz oder teilweise außer Kraft zu setzen, sobald die Voraussetzungen für ihren Erlaß weggefallen sind.**

(5) **Die Veränderungssperre tritt in jedem Fall außer Kraft, sobald und soweit die Bauleitplanung rechtsverbindlich abgeschlossen ist.**

(6) **Mit der förmlichen Festlegung des Sanierungsgebiets tritt eine bestehende Veränderungssperre nach § 14 außer Kraft. Dies gilt nicht, wenn in der Sanierungssatzung die Genehmigungspflicht nach § 144 Abs. 1 ausgeschlossen ist.**

Übersicht

1 **1. Erstmaliger Erlaß.** Nach **Abs. 1 Nr. 1** tritt eine Veränderungssperre **nach Ablauf von zwei Jahren** außer Kraft, wenn die Gemeinde in der Satzung nicht einen kürzeren Zeitraum festgelegt hat (vgl. § 16, Rn 1). Zum Außerkrafttreten wegen des Wegfalls der Voraussetzungen für den Erlaß der Veränderungssperre (Abs. 4) und beim rechtsverbindlichen Abschluß der Bauleitplanung (Abs. 5) vgl. Rn 7 f.

2 Nach **Abs. 1 S. 2** ist auf die Zweijahresfrist des Abs. 1 S. 1 der seit der Zustellung der ersten **Zurückstellung** eines Baugesuchs nach § 15 Abs. 1 abgelaufene Zeitraum anzurechnen. Werden Anträge auf Erteilung von Baugenehmigungen verzögerlich behandelt oder rechtswidrig abgelehnt – „**faktisch Zurückstellung**" – so ist dieser Zeitraum auf eine nachträglich angeordnete Veränderungssperre in entsprechender Anwendung von Abs. 1 S. 2 gleichfalls anzurechnen (BVerwG, NJW 1971, 445). Dies gilt entsprechend für Bauvoranfragen, also für An-

träge auf Erteilung einer Bebauungsgenehmigung. In den Fällen der „faktischen Zurückstellung" beginnt die anrechenbare Zeit in dem Zeitpunkt, in dem die zuständige Behörde über den Bauantrag hätte entscheiden müssen (BVerwG aaO; BVerwG, NJW 1977, 400/404). Sowohl in den Fällen der einer Veränderungssperre vorangegangenen förmlichen Zurückstellung nach § 15 sowie einer faktischen Zurückstellung ist die hierdurch vergangene Zeit jedoch nur zu Gunsten desjenigen anzurechnen, der von der Zurückstellung betroffen ist. Die Dauer der Veränderungssperre insgesamt, also hinsichtlich jener, die von einer Zurückstellung nicht betroffen waren, bleibt hiervon unberührt. Bei vorangegangenen Zurückstellungen ergeben sich also **individuell unterschiedliche Laufzeiten** der Veränderungssperre (BVerwG, NJW 1977, 400/404).

2. Verlängerungen. Nach **Abs. 1 S. 3** kann die Gemeinde die Zwei- 3 jahresfrist über die Geltungsdauer der Veränderungssperre um **ein Jahr** verlängern. Die Verlängerung erfordert die Form der Satzung und deren Verkündung (vgl. § 16). Die Verlängerung ist zulässig, wenn die Voraussetzungen für den Erlaß der Veränderungssperre selbst weiterhin gegeben sind (vgl. hierzu § 16). Das Gesetz geht damit für den Regelfall davon aus, daß eine Bebauungsplanung nach drei Jahren abgeschlossen werden kann (BVerwG, NJW 1977, 400/403; Reisnecker, BayVBl. 1975, 157/161; jeweils unter Hinweis auf die besonderen Voraussetzungen der Abs. 2 und 3 für eine mehr als 3-jährige Laufzeit der Veränderungssperre). Die Verlängerung bedarf – anders als noch § 16 Abs. 1 S. 3 BBauG – **nicht der Zustimmung der höheren Verwaltungsbehörde.** Die nochmalige Verlängerung sowie der erneute Erlaß sind dagegen (wie bereits nach BBauG) zustimmungsbedürftig (Abs. 2 und 3). Die Verlängerung der Veränderungssperre muß wirksam werden (vgl. hierzu § 16, Rn 4), bevor die erstmalig beschlossene Veränderungssperre außer Kraft getreten ist (OVG Lüneburg, DÖV 1968, 328). Die Gemeinde hat jedoch auch die Möglichkeit, z. B. wenn die erstmalige Veränderungssperre bereits außer Kraft getreten ist, die Veränderungssperre gem. Abs. 3 erneut zu beschließen. Eine die (erstmalige) Verlängerung nach Abs. 1 S. 3 ersetzende Erneuerung der Veränderungssperre (Abs. 3) ist unter den gleichen Voraussetzungen zulässig, wie eine entsprechende Verlängerung (BVerwG, NJW 1977, 400/403).

Nach **Abs. 2** ist eine Verlängerung der Geltungsdauer der Verände- 4 rungssperre um ein weiteres Jahr – **Vierjahresfrist** – zulässig. Voraussetzung ist, daß **besondere Umstände** vorliegen, die eine nochmalige Verlängerung **erfordern.** Das BVerwG (NJW 1977, 400/403) hat diese unbestimmten Rechtsbegriffe wie folgt ausgelegt: Besondere Umstände liegen zunächst nur dann vor, wenn ein Planverfahren durch eine „Ungewöhnlichkeit" gekennzeichnet wird, sei es wegen der Besonderheiten des Umfanges, des Schwierigkeitsgrades oder des Verfahrensablaufes. Weiterhin ist ein ursächlicher Zusammenhang zwischen der

„Ungewöhnlichkeit" des Falls und der für die Aufstellung des Planes
mehr als üblichen Zeit erforderlich. Die besonderen Umstände und die
Ursachen der Verzögerung dürfen darüber hinaus nicht in einem der
Gemeinde vorwerfbaren Fehlverhalten begründet sein (wie z. B. Über-
forderung der mit der Planung beschäftigten Dienstkräfte oder ein sich
als zu umfangreich erweisender Zuschnitt des Plangebietes). Die Ver-
längerung muß als **Satzung** beschlossen werden. Sie bedarf der **Zu-
stimmung** der nach Landesrecht zuständigen Behörde. Die Zustim-
mung kann von der Gemeinde vor dem Satzungsbeschluß über die
(erneute) Verlängerung beantragt werden. Anstelle der nochmaligen
Verlängerung kann die Gemeinde gem. Abs. 3 die Veränderungssperre
unter den Voraussetzungen des Abs. 2 erneut beschließen (BVerwG
aaO sowie Rn 3 a. E.).

5 **3. Erneuter Erlaß.** Mit **Zustimmung** der höheren Verwaltungsbe-
hörde (vgl. hierzu Rn 3) kann die Gemeinde eine außer Kraft getretene
Veränderungssperre ganz oder teilweise **erneut beschließen.** Die er-
neute Veränderungssperre wird als **Satzung** beschlossen (vgl. hierzu
§ 16). Voraussetzung ist, daß die vorausgehende Veränderungssperre
außer Kraft getreten ist; der Satzungsbeschluß kann jedoch schon
vorher gefaßt und die erforderliche Zustimmung kann schon vorher
eingeholt werden. Von der Möglichkeit des Abs. 3 kann die Gemeinde
auch wiederholt Gebrauch machen.

6 Ein **erneuter Erlaß** nach Abs. 3 kann auch dann in Betracht kom-
men, wenn die Gemeinde die Verlängerung der Veränderungssperre
nach Abs. 1 S. 3 oder Abs. 2 nicht vorgenommen (z. B. **versäumt**) hat;
in diesen Fällen ist die Erneuerung unter den Voraussetzungen zulässig,
unter denen auch eine entsprechende Verlängerung zulässig wäre
(BVerwG, NJW 1977, 400/403; vgl. hierzu auch Rn 3 u. 4). Die Erneue-
rung einer Veränderungssperre, die bereits vier Jahre dauert, ist nur
zulässig, wenn dies **besondere Umstände** erfordern. Dies ergibt sich –
unbeschadet einer Entschädigung nach § 18 – bereits daraus, daß auch
die über drei Jahre hinausgehende Verlängerung nach Abs. 2 nur bei
Vorliegen dieser Voraussetzungen (vgl. hierzu Rn 4) zulässig ist
(BVerwG aaO). Sofern der erneute Erlaß der Veränderungssperre in
diesen Fällen noch innerhalb einer nicht enteignenden Bestimmung des
Eigentumsinhaltes liegt, ist eine solche gesteigerte Zulässigkeitsvoraus-
setzung im übrigen durch Art. 14 Abs. 1 S. 2 GG geboten; liegt hierin
bereits eine Enteignung, bedarf es einer besonderen Begründung we-
gen der nach Art. 14 Abs. 3 S. 1 nur zum Wohle der Allgemeinheit
zulässigen Enteignung (BVerwG aaO; Lemmel, in: BK, § 17, Rn 11).
Besteht das Erfordernis „besonderer Umstände" somit bereits mit dem
Ablauf des dritten Jahres, so steigern sich die Anforderungen an das,
was an „besonderen Umständen" verlangt werden muß, mit der
weiteren Dauer der Sperre (BVerwG aaO, 404).

7 **4. Außer Kraft treten.** Die Veränderungssperre tritt nach **Abs. 1 S. 1**
„automatisch" **nach Ablauf von zwei Jahren** außer Kraft, sofern die

Gemeinde nicht eine kürzere Geltungsdauer bestimmt hat (vgl. hierzu Rn 1); in diesem Fall tritt sie zu dem in der Satzung bestimmten Zeitpunkt außer Kraft. Die **Verlängerung** der Veränderungssperre tritt nach dem dritten (Abs. 1 S. 3) oder vierten Jahr (Abs. 2) außer Kraft. Nach **Abs. 5** tritt die Veränderungssperre auch dann „automatisch" außer Kraft, wenn die **Bauleitplanung rechtsverbindlich abgeschlossen** ist, also mit der das Planungsverfahren abschließenden Bekanntmachung des Bebauungsplanes (BVerwG, ZfBR 1990, 158) oder mit der bestandskräftigen Versagung der Genehmigung. Ist die Bauleitplanung nur für einen Teil des räumlichen Geltungsbereichs einer Veränderungssperre abgeschlossen, so bleibt sie für den übrigen Geltungsbereich bestehen. Zur Außerkraftsetzung der Veränderungssperre wegen Wegfalls der Voraussetzungen nach **Abs. 4** vgl. Rn 29.

Abs. 6 regelt das Außerkrafttreten der Veränderungssperre, wenn **8** während der Dauer einer Veränderungssperre ein **Sanierungsgebiet** förmlich festgelegt wird; vgl. früher § 6 Abs. 4 S. 1 StBauFG. Soweit mit der förmlichen Festlegung des Sanierungsgebiets die Genehmigungspflicht nach § 144 Abs. 1 nicht ausgeschlossen ist, tritt mit der förmlichen Festlegung des Sanierungsgebiets eine bestehende Veränderungssperre außer Kraft; vgl. hierzu im einzelnen (entsprechend) Vorbem. zu den §§ 14–23, Rn 6; § 14, Rn 24 und § 15, Rn 11. Mit der förmlichen Festlegung zum **städtebaulichen Entwicklungsbereich nach BauGB** tritt eine Veränderungssperre stets außer Kraft; § 169 Abs. 1 Nr. 1. Da mit Inkrafttreten des BauGB keine („neuen") Entwicklungsbereiche nach BauGB festgelegt werden können (vgl. § 165), liegt die Bedeutung dieser Regelung in den Fällen der (nachträglichen) Änderung des Geltungsbereiches der Entwicklungsverordnung; vgl. § 245 Abs. 9. Auch mit der förmlichen Festlegung zum **städtebaulichen Entwicklungsbereich nach BauGB-MaßnahmenG** tritt eine Veränderungssperre außer Kraft; § 7 Abs. 1 Nr. 1 BauGB-MaßnahmenG.

Fallen während der Geltungsdauer der Veränderungssperre (nach- **9** träglich) **die Voraussetzungen** für ihren Erlaß **weg**, so tritt die Veränderungssperre nicht automatisch außer Kraft. Die Gemeinde hat die Veränderungssperre dann jedoch durch Aufhebungssatzung außer Kraft zu setzen. Sind die Voraussetzungen nur für einen Teil des räumlichen Geltungsbereichs oder nur für einzelne der in § 14 Abs. 1 genannten Verbote weggefallen, so beschränkt sich die Verpflichtung nach **Abs. 4** hierauf. Ein Rechtsanspruch auf Aufhebung der Sperre besteht für den hiervon Betroffenen nicht, jedoch kann die Gültigkeit der Veränderungssperre in einem Normenkontrollverfahren nach § 47 VwGO überprüft oder in einem sonstigen Verwaltungsrechtsstreit inzidenter festgestellt werden.

5. Überleitungsrecht; Stadtstaatenklausel. Eine Überleitungsvor- **10** schrift zum Wegfall des Zustimmungserfordernisses bei der („erstmaligen") Verlängerung erlassener Veränderungssperren (vgl. Rn 3) enthält **§ 234 Abs. 2.** Danach gilt die bisherige Vorschrift über die Zustimmung

(§ 17 Abs. 1 S. 3 BBauG) fort, wenn die Zustimmung vor dem 1. 7. 1985 (Inkrafttreten BauGB) beantragt worden ist.

11 In den Ländern **Berlin** und **Hamburg** entfällt die in § 17 Abs. 2 und 3 vorgesehene Zustimmung; vgl. bisher § 188 Abs. 1 S. 1 Hs. 1 BBauG. Das Land **Bremen** kann entsprechendes bestimmen (Hs. 2). **§ 246 Abs. 1 BauGB** ist dementsprechend auszulegen (offensichtliches Redaktionsversehen).

§ 18 Entschädigung bei Veränderungssperre

(1) **Dauert die Veränderungssperre länger als vier Jahre über den Zeitpunkt ihres Beginns oder der ersten Zurückstellung eines Baugesuchs nach § 15 Abs. 1 hinaus, ist den Betroffenen für dadurch entstandene Vermögensnachteile eine angemessene Entschädigung in Geld zu leisten. Die Vorschriften über die Entschädigung im Zweiten Abschnitt des Fünften Teils sowie § 121 gelten entsprechend; dabei ist der Grundstückswert zugrunde zu legen, der nach den Vorschriften des Zweiten Abschnitts des Dritten Teils zu entschädigen wäre.**

(2) **Zur Entschädigung ist die Gemeinde verpflichtet. Der Entschädigungsberechtigte kann Entschädigung verlangen, wenn die in Absatz 1 Satz 1 bezeichneten Vermögensnachteile eingetreten sind. Er kann die Fälligkeit des Anspruchs dadurch herbeiführen, daß er die Leistung der Entschädigung schriftlich bei dem Entschädigungspflichtigen beantragt. Kommt eine Einigung über die Entschädigung nicht zustande, entscheidet die höhere Verwaltungsbehörde. Für den Bescheid über die Festsetzung der Entschädigung gilt § 122 entsprechend.**

(3) **Auf das Erlöschen des Entschädigungsanspruchs findet § 44 Abs. 4 mit der Maßgabe Anwendung, daß bei einer Veränderungssperre, die die Sicherung einer Festsetzung nach § 40 Abs. 1 oder § 41 Abs. 1 zum Gegenstand hat, die Erlöschensfrist frühestens ab Rechtsverbindlichkeit des Bebauungsplans beginnt. In der Bekanntmachung nach § 16 Abs. 2 ist auf die Vorschriften des Absatzes 2 Satz 2 und 3 hinzuweisen.**

Übersicht

1. a) In Vollzug der Junktimklausel des Art. 14 Abs. 3 S. 2 GG **1** gewährt Abs. 1 S. 1 einen Entschädigungsanspruch, wenn die Veränderungssperre länger als vier Jahre über den Zeitpunkt ihres Beginns oder der ersten Zurückstellung eines Baugesuchs (§ 15 Abs. 1) hinaus dauert. Gem. Abs. 1 S. 2 Halbs. 1 gelten – wie auch in zahlreichen anderen Entschädigungsfällen des Gesetzes (s. Vorbem. §§ 85–122, Rn 12) – die Vorschriften über die Entschädigung für Enteignungen durch Verwaltungsakt (§§ 93–103) einschließlich der Kostenvorschrift des § 121 entsprechend. Abs. 1 S. 2 Hs. 2 überträgt zur Harmonisierung des Entschädigungsrechts die Grundsätze des Planungsschadensrechts (§§ 39–44) auf § 18, der einen besonderen Planungsschadensanspruch regelt. Abs. 2 bestimmt den Entschädigungspflichtigen (Gemeinde), in Anlehnung an § 44 Abs. 3 S. 1, 2 Entstehung und Fälligkeit des Entschädigungsanspruchs, das Entschädigungsverfahren bei Nichteinigung und die Vollstreckung des Anspruchs. Abs. 3 überträgt mit einer Modifikation die Erlöschensregelung des § 44 Abs. 4 auf den Anspruch aus § 18 Abs. 1. Zur Novellierung des § 18 durch das Baugesetzbuch s. Vorauflage Rn 1; zur Novelle 1976 s. 1. Aufl. Rn 1. Entschädigungsansprüche nach § 18, die vor der förmlichen Festlegung entstanden sind, bleiben unberührt. § 18 gilt nicht für die anders ausgestaltete, als Eigentumsbindung konzipierte Veränderungssperre i. S. v. § 51 (Umlegung). Zum Zusammentreffen der (vom BauGB aufgehobenen) höchstens 6-jährigen Infrastruktursperre nach § 9 a BBauG mit einer Veränderungssperre – bei insgesamt nur 6-jähriger entschädigungsloser Sozialbindung – s. Schmidt-Aßmann, NJW 1976, 1915; H. Schrödter, in: Schrödter, § 18, Rn 7; Nüßgens/Boujong, Eigentum, Sozialbindung, Enteignung, 1987, Rn 172; a. A. Bielenberg/Söfker, in: E/Z/B, § 9 a, Rn 48; Ziegler, Der Städtetag 1977, 96. Die Veränderungssperre nach § 2 Hamb. HafenerweiterungsG ist mit der nach § 18 nicht vergleichbar (BGH, LM GG Art. 14 (Ge) Nr. 61). Zum Übergangsrecht für vor dem 1. 1. 1977 entstandene Ansprüche s. 1. Aufl. Rn 2.

b) Im förmlich festgelegten Sanierungsgebiet sind die Vorschriften **2** über die Veränderungssperre nicht anzuwenden, soweit eine Genehmigungspflicht nach § 144 Abs. 1 besteht (§ 14 Abs. 4). Wird im vereinfachten Verfahren gemäß § 142 Abs. 4 Hs. 2 die Genehmigungspflicht nach § 144 Abs. 1 ausgeschlossen, so können im förmlich festgelegten

Sanierungsgebiet, in Ersatz- und in Ergänzungsgebieten (§ 142 Abs. 2) Entschädigungsansprüche nach § 18 entstehen (s. a. Vorb. §§ 14–18, Rn 6). Soweit im förmlich festgelegten Sanierungsgebiet und in Ersatz- und Ergänzungsgebieten die Genehmigungspflicht nach § 144 Abs. 1 gilt, kann statt der Entschädigung nach § 18 ein Übernahmeanspruch nach § 145 Abs. 5 entstehen (siehe § 145, Rn 11; Köhler, DÖV 1980, 820). Im Entwicklungsbereich (§ 169 Abs. 1 Nr. 5) sind stets die §§ 144 Abs. 1 und 145 Abs. 5 anwendbar. Zur faktischen Bausperre im Sanierungsgebiet BGH, ZfBR 1982, 133 m. Anm. v. Krautzberger; zur Rechtslage vor Inkrafttreten des Baugesetzbuchs s. 1. Aufl. Rn 1.

3 **2. a)** Veränderungssperre und Zurückstellung beschränken zur Sicherung eines begonnenen Bebauungsplanverfahrens vorübergehend die Bodennutzung. Für diesen besonderen Planungsschaden hat der Gesetzgeber in Ausübung seiner Direktionsbefugnis aus Art. 14 Abs. 1 S. 2 GG zulässigerweise (s. Breuer, Die Bodennutzung im Konflikt zwischen Städtebau und Eigentumsgarantie, 1976, S. 249; Papier, in: M/D, Art. 14, Rn 380) pauschalierend und typisierend die Grenze zwischen entschädigungslos zu duldender Sozialbindung und **entschädigungspflichtiger Enteignung** mit der **4-Jahres-Frist** gezogen, sofern die übrigen Voraussetzungen für eine Entschädigung von Vermögensschäden durch Grundstückswertminderung vorliegen. Im Ansatz ist der Gesetzgeber der Rechtsprechung des Bundesverwaltungsgerichtes (E 4, 122; 5, 143) gefolgt. BGHZ 73, 161 hat die 4-Jahres-Frist als verfassungsmäßig gebilligt und ist damit von den früheren Kriterien des Bundesgerichtshofes – 3-Jahres-Frist und Differenzierung zwischen örtlicher und überörtlicher Teilplanung (BGHZ 30, 338 – Freiburger Bausperren-Urteil; 15, 268 – Stuttgarter Bausperren-Urteil) – abgerückt. Übersicht über die höchstrichterliche Rechtsprechung bis zum Bundesbaugesetz bei Bielenberg, in: E/Z/B, § 18, Rn 2–4; Breuer aaO.

4 **b) aa)** Aus der verfassungsrechtlichen Grundlage der Entschädigung für Veränderungssperren folgert der BGH, daß die 4-Jahres-Frist nur die äußerste Frist darstellt. § 18 schließe nicht aus, daß eine Sperre schon früher **rechtswidrig** werde und daher den Charakter der entschädigungslos zu duldenden rechtmäßigen Eigentumsbindung verliere. Dementsprechend gewährt BGHZ 57, 359/362 einen Anspruch wegen **enteignungsgleichen Eingriffs,** wenn sich die Planung aus sachwidrigen Gründen unerheblich verzögert. Wegen enteignungsgleichen Eingriffs entschädigt der BGH auch faktische Veränderungs- und Bausperren (BGHZ 73, 161; 58, 124) und faktische Zurückstellungen von Vorhaben (BGH NJW 1972, 1946; BGHZ 78, 152). Anknüpfend an die Neukonzeption des Eigentumsschutzes durch das BVerfG (E 58, 300; s. Vorbem. §§ 85–122, Rn 1 ff), die bei rechtswidrigem hoheitlichen Verhalten dem Bürger anders als der BGH kein Wahlrecht zwischen Entschädigung oder verwaltungsgerichtlichem Rechtsschutz gewährt, sondern von ihm verlangt, sich vor den Verwaltungsgerichten zu wehren, ist zunächst die Existenz eines zivilgerichtlich durchsetzbaren

Entschädigungsanspruches wegen faktischer Bausperre vielfach verneint worden (LG München I, NVwZ 1983, 635; Bender, BauR 1983, 1/9; Dolde, NJW 1982, 1785/1797; Schrödter, DVBl. 1982, 328; Bielenberg, in: E/Z/B, § 18, Rn 13; § 39 j, Rn 16; Aust/Jacobs, Die Enteignungsentschädigung, 2. A., 1984, S. 68, 162; Birk, NVwZ 1984, 1/7; offengelassen von BVerwG BayVBl. 1984, 154f). BVerfGE 58, 300 macht keine ausdrückliche Aussage zur Zulässigkeit des enteignungsgleichen Eingriffs. Im Ergebnis übereinstimmend mit der inzwischen überwiegenden Literaturmeinung (s. Vorbem. §§ 85–122, Rn 8) setzt BGHZ 90, 17/29, 92, 34/36; NJW 1984, 1878 seine Rechtsprechung zum enteignungsgleichen Eingriff fort, der nunmehr als richterrechtliche Ausformung der bundesweit gewohnheitsrechtlich geltenden Aufopferung verstanden wird. Damit ist auch in Zukunft ein aus dem enteignungsgleichen Eingriff abgeleiteter Entschädigungsanspruch wegen rechtswidriger faktischer Bausperre möglich (s. a. Kröner, ZfBR 1984, 20/22; Boujong, UPR 1984, 137/141; Dolde, NJW 1984, 1713/1729; Nüßgens/Boujong (aaO Rn 2), Rn 165; Lemmel, in: BK § 18, Rn 14; a. A. Krohn/Löwisch Rn 234; Bender, VBlBW 1984, 225/227); allerdings mit einer weitgehenden Einschränkung: es ist stets zu prüfen, ob der Betroffene durch die zumutbare Inanspruchnahme des Verwaltungsgerichtsschutzes die Schäden hätte ausschließen oder mindern können (BGH aaO – „Verschulden gegen sich selbst" [§ 254 BGB]). Wegen mitwirkenden Verschuldens bei der Verwirklichung des Schädigungstatbestandes kann insoweit kein Anspruch aus enteignungsgleichem Eingriff mehr entstehen. Andernfalls bliebe, wenn auch nicht in jedem Fall, das vom BVerfG inkriminierte Wahlrecht des Betroffenen auch bei der faktischen Sperre bestehen (a. A. Ossenbühl, NJW 1983, 1/4f). Überwiegend als eine Frage der Auslegung des einfachen Rechts und nicht des Verfassungsrechts wird angesehen, ob sogen. dauernde Bausperren nach § 18 zu entschädigen sind (dazu Rn 12).

bb) Eine förmlich beschlossene Veränderungssperre kann formell **5** rechtswidrig, z. B. wegen Verstoßes gegen die Verfahrensvorschrift des § 16 – sofern dieser nicht nach § 215 Abs. 3 rückwirkend behoben worden ist –, oder materiell rechtswidrig sein, z. B. wegen Verstoßes gegen die Anforderungen der §§ 14, 17 (BGHZ 58, 124 – fehlender Beschluß, einen Bebauungsplan aufzustellen; BGH WM 1980, 658/660 – unerkannt nichtiger Bebauungsplan) oder weil die Planung sachwidrig verzögert wird oder weil die Gemeinde die Sperre aufrechterhält, obwohl ihre Voraussetzungen weggefallen sind. Wegen des durch die rechtswidrige und als Rechtssatz damit nichtige, aber **faktisch** wirkende **Veränderungssperre** ausgelösten enteignungsgleichen Eingriffs kann der in fühlbarer Weise Betroffene Entschädigung verlangen, wenn er willens und in der Lage war, das betroffene Grundstück während der Zeit der Sperre zulässigerweise (BGHZ 78, 152) zu bebauen oder wenn er es durch Veräußerung einer baulichen Nutzung hätte zuführen wollen und können. Bei einem materiellen Fehler kommt es auf die

Dauer der Sperre nicht an. Hätte hingegen eine förmliche Veränderungssperre rechtmäßig ergehen können, so ist die nur formell rechtswidrige Sperre zwei Jahre entschädigungslos hinzunehmen (BGHZ 73, 161/182; 78, 152/160; Gelzer/Busse, Der Umfang des Entschädigungsanspruchs aus Enteignung und enteignungsgleichem Eingriff, 2. A., 1980, Rn 578; Aust/Jacobs aaO, S. 159; Bielenberg, in: E/Z/B, § 18, Rn 23, 23 a, b; Nüßgens/Boujong, Rn 166; a. A. Hoppe, in: E/H, Rn 480; Schrödter, § 18, Rn 5 f; Dolde, NJW 1981, 1929/1938; Schrödter/Schmaltz, DVBl. 1973, 243; Ossenbühl, Staatshaftungsrecht, 3. Aufl., S. 126 f.; Krohn/Löwisch, Rn 188). Ist die Gemeinde nach Ablauf der zweijährigen faktischen Veränderungssperre nicht zu dem vorgeschriebenen Verfahren übergegangen, so ist sie nunmehr entschädigungspflichtig. Anders als bei einer förmlichen Sperre braucht der Betroffene eine faktische, aber rechtmäßige Veränderungssperre höchstens drei Jahre hinzunehmen (BGHZ 58, 124/130; a. A. Aust/Jacobs, S. 160: 4 Jahre). Keiner Prüfung der materiellen Voraussetzungen einer Veränderungssperre bedarf es, wenn sie ein im Außenbereich gelegenes Grundstück betrifft, dessen nichtprivilegierter Nutzung die bereits hinreichend verfestigte Planung einer Fernstraße als öffentlicher Belang entgegensteht (BGHZ 78, 152/156). Mangels schutzwerten Eingriffsobjektes scheidet dann ein enteignungsgleicher Eingriff aus.

6 **cc)** Die Anforderungen zur Veränderungssperre gelten sinngemäß auch für formell oder materiell rechtswidrige befristete **Zurückstellungen** von Baugesuchen nach § 15 (Bielenberg, in: E/Z/B, § 18, Rn 20). Auf die förmliche Zurückstellung eines Baugesuchs ist die Zeit, in der das Baugesuch durch verzögerliche Bearbeitung bereits faktisch zurückgestellt wurde, anzurechnen (BGHZ 78, 152/158). Entsprechend § 15 ist eine faktische Zurückstellung für höchstens ein Jahr zulässig (Bielenberg aaO, Rn 23 b).

7 **dd)** Eine **faktische Bausperre** liegt vor, wenn der Betroffene mit Rücksicht auf die Erklärung der Behörde in vernünftiger Weise überhaupt davon absieht, ein förmliches Gesuch um Erteilung einer Erlaubnis einzureichen; dabei ist ein eindeutiges Verhalten der Behörde zu fordern, das als Ausdruck ihrer in dieser Form verbindlichen Haltung aufgefaßt werden kann (BGHZ 58, 124/129; 73, 161/180; BauR 1982, 247/249). Es kommt nicht darauf an, ob eine Behörde eine erbetene Erlaubnis oder die Entscheidung über die Erteilung einer Erlaubnis förmlich verweigert. Auch auf die faktische Bausperre kann das zur Veränderungssperre Gesagte übertragen werden. Selbst wenn eine Gemeinde bereits einen Aufstellungsbeschluß gefaßt hat, kann es ohne förmlichen Bauantrag zu einer faktischen und wegen Rechtswidrigkeit zu entschädigenden Bausperre kommen (BGH NJW 1972, 1713; a. A. Bielenberg aaO, Rn 25, nunmehr u. Hinw. auf BVerfGE 58, 300; s. Rn 3). Eine entschädigungspflichtige faktische Bausperre liegt auch vor, wenn die Behörde schuldlos einen genehmigungsfähigen Antrag abgewiesen hat (a. A. Hoppe, in: E/H, Rn 479). Kein Anspruch wegen

faktischer Bausperre besteht, wenn der Betroffene trotz des Erlasses einer rechtswidrigen Teilbaugenehmigung unter Berücksichtigung aller Umstände des Genehmigungsverfahrens nicht darauf vertrauen durfte, daß die rechtliche Zulässigkeit des Bauvorhabens für die Behörde außer Frage stand (BGH NVwZ 1983, 500). Ist eine förmliche Veränderungssperre nicht verlängert worden, so bedarf es für einen Anspruch wegen faktischer Bausperre der Darlegung und ggf. des Beweises von Tatsachen, aus denen sich ergibt, daß der Betroffene nach Ablauf der Veränderungssperre wegen eines bestimmten baulichen Vorhabens bei der Behörde angefragt hat und wiederum auf eindeutige Ablehnung gestoßen ist (BGH BauR 1982, 247/250). Zur faktischen Bausperre im Sanierungsgebiet s. Rn 2.

ee) Wenn sich an eine materiell rechtswidrige Bau- oder Verände- **8** rungssperre eine rechtmäßige Veränderungssperre anschließt, so kann der Betroffene für die Zeit der rückwirkenden Sperre Entschädigung verlangen. Darüber hinaus ist nach BGHZ 73, 161/181 f die Zeit der rechtswidrigen Sperre auf die rechtmäßige anzurechnen (a. A. H. Schrödter, in: Schrödter, § 18, Rn 7; Schrödter/Schmaltz, DVBl. 1973, 144; s. a. Reisnecker, BayVBl. 1975, 162; Trauten/Krier, DVBl. 1971, 302). Die faktische Bausperre, die sich an die rechtmäßige Veränderungssperre anschließt, braucht der Betroffene ebenfalls nicht entschädigungslos zu dulden (BGH aaO).

3. Dauert eine **rechtmäßig** angeordnete und fortbestehende **Verän-** **9** **derungssperre** länger als vier Jahre über den Zeitpunkt ihres Beginns oder der ersten Zurückstellung eines Baugesuchs nach § 15 Abs. 1 hinaus, so ist dem Betroffenen für dadurch entstandene Vermögensnachteile eine angemessene Entschädigung in Geld zu leisten (Abs. 1 S. 1). Zur Rechtmäßigkeit der Anordnung des Fortbestehens und der Verlängerung oder Wiederholung einer Veränderungssperre s. §§ 14–17. Zur Entschädigung vor Ablauf der 4-Jahres-Frist bei rechtswidriger faktischer Veränderungs- oder Bausperre s. Rn 4–7. Zur Anrechnung faktischer oder nach anderen Vorschriften ergangener Sperren oder Zurückstellungen auf die 4-Jahres-Frist s. Rn 8 und 1. Durch die Veränderungssperre muß dem Betroffenen ein fühlbarer Vermögensnachteil, z. B. durch erheblich höhere Baukosten, entstanden sein. Er muß das Grundstück während der Zeit der Sperre selbst bebauen oder durch Veräußerung einer baulichen Nutzung zuführen wollen und können (BGHZ 58, 124). Hat das Grundstück vor Inkrafttreten der Sperre keine Baulandqualität gehabt, so fehlt es am Vermögensnachteil (Lemmel, in: BK § 18, Rn 6; BGHZ 78, 152 zu einem Außenbereichsgrundstück; dazu Rn 5).

4. Die angemessene **Entschädigung** bemißt sich nach dem Unter- **10** schied des Wertes, den das Grundstück hätte, wenn es sofort bebaubar gewesen wäre und dem Wert, den es hat, weil es durch die Sperre vorübergehend nicht bebaut werden kann. Als Enteignungsentschädigung gewährt § 18 Abs. 1 S. 2 Ausgleich für den Substanzverlust am

Eingriffsobjekt selbst, jedoch keinen Schadensersatz (s. § 93, Rn 4).
Gem. der das Entschädigungsrecht harmonisierenden Regelung des
Abs. 1 S. 2 Hs. 2 ist der Grundstückswert zugrundezulegen, der nach
den §§ 39 bis 44 für Planungsschäden, insbesondere hinsichtlich der
Grundstücksqualität (§ 42, § 43 Abs. 4, 5) maßgeblich ist. Ist der Eigen-
tümer an der Verwirklichung eines der zulässigen Nutzung entspre-
chenden Vorhabens vor Ablauf der 7-Jahres-Frist des § 42 Abs. 2 durch
eine Veränderungssperre oder eine Zurückstellung nach § 15 Abs. 1
gehindert worden, so trifft § 42 Abs. 5 eine Sonderregelung; s. § 42,
Rn 10. § 42 Abs. 5 ist auch auf faktische Sperren anzuwenden (Bielen-
berg, in: E/Z/B, § 18, Rn 30). Gem. Abs. 1 S. 2 Hs. 1 gelten insbeson-
dere auch die Vorschriften über Folgeschäden (§ 96), Vorteilsausgleich
und Mitverschulden (§ 93 Abs. 3) entsprechend; s. BGH, NJW 1989,
2117: Wird durch rechtswidrige faktische Bausperre die beabsichtigte
Veräußerung des Grundstücks verzögert, so muß der Eigentümer sich
auf die Entschädigung die Wertsteigerung des Grundstücks anrechnen
lassen, die er durch die Verzögerung erlangt hat. Gleiches gilt für
ersparte Verluste bei verhinderter Vermietung. Entsprechend § 99
Abs. 1 S. 2 kann eine jährliche Geldrente in Betracht kommen, wenn
die Aufhebung der Sperre noch nicht absehbar ist (Lemmel, in: BK
§ 18, Rn 7). BGHZ 73, 161/183 hat offengelassen, ob eine Verände-
rungssperre statt einer Geldentschädigung einen Übernahmeanspruch
i. S. v. § 40 Abs. 2 auslösen kann. In Ausnahmefällen kann die Ent-
schädigung höher als die Bodenrente sein, wenn der konkrete Wert, in
den eingegriffen worden ist, den Wert des „nackten Grund und Bo-
dens" übersteigt, z. B. wenn die Sperre den Eigentümer hindert,
vermietbare Behelfsbauten zu errichten (BGH WM 1958, 1161; s. a.
Pagendarm, WM 1965, Sonderbeilage Nr. 5, S. 17). Greift eine Sperre
zugleich in einen auf dem Grundstück unterhaltenen **Gewerbebetrieb**
ein (dazu ausführlich § 96, Rn 4–7), so sind die dadurch entgangenen
Nutzungen zu entschädigen. Allerdings muß es sich um einen Eingriff
in bereits vorhandene konkrete, im Rahmen des Betriebes bereits
wirkende Werte handeln. Das von der Sperre betroffene Grundstück
muß bereits dergestalt in die Organisation des Betriebes einbezogen
sein, daß es mit zu der den Betrieb bildenden Einheit sachlicher und
anderer Mittel gehört. Bloße Entwicklungsmöglichkeiten, Chancen
und Aussichten sind noch keine konkreten Werte (BGHZ 30, 338;
BRS 19 Nr. 132). Die Entschädigung für eine vorübergehende Sperre
umfaßt nicht den Ausgleich eines Schadens, der aus der verlorener Markt-
anteil darin bestehen soll, daß der Betrieb infolge des Eingriffs, aber
nach dessen Beendigung, nur Umsätze erzielt, die hinter den ohne
Eingriff erzielbaren zurückbleiben (BGH NJW 1972, 1574). S. dort
auch zur vereinfachten Bestimmung der Entschädigung bei vorüber-
gehenden Eingriffen in Gewerbebetriebe anhand der Ertragseinbuße;
dazu auch § 96, Rn 5. Die Entschädigungspflicht beginnt mit der ohne
Sperre möglichen Realisierung des Nutzens, wenn die Erträge also
hätten „fließen" können (Bielenberg aaO, Rn 30; s. a. Reisnecker,

BayVBl. 1975, 157/160). Sie endet nicht schon mit der Aufhebung der Sperre, sondern erst nach der faktischen Beseitigung der der Bebauung entgegenstehenden Hindernisse (BGHZ 78, 152; 77, 338). **Anspruchsberechtigt** sind die durch die Sperre Betroffenen, also Eigentümer, Mieter, Pächter oder sonstige dinglich oder obligatorisch Berechtigte (s. a § 96, Rn 7, § 94, Rn 2).

5. Gem. Abs. 2 S. 1 ist die Gemeinde zur **Entschädigung verpflichtet**, auch wenn sie zugunsten eines Dritten geplant hat. Der Entschädigungsanspruch entsteht, wenn die Vermögensnachteile i. S. v. Abs. 1 S. 1 eingetreten sind (Abs. 2 S. 2; s. § 44, Rn 2). Er wird dadurch **fällig**, daß der Anspruchsberechtigte die Leistung der Entschädigung schriftlich bei der entschädigungspflichtigen Gemeinde beantragt (Abs. 2 S. 3; vgl. § 44, Rn 6). Ab Fälligkeit ist der Anspruch mit 2 % über dem jeweiligen Diskontsatz der Deutschen Bundesbank jährlich zu **verzinsen** (Abs. 1 S. 2 i. V. m. § 99 Abs. 3; vgl. § 99, Rn 5, 6). Einigen sich die Gemeinde und der Antragsteller nicht über die Entschädigung, so entscheidet die höhere Verwaltungsbehörde. Abs. 2 S. 4 beschränkt anders als § 18 Abs. 2 S. 4 BBauG die Kompetenz der höheren Verwaltungsbehörde nicht darauf, nur die Höhe der Entschädigung festzusetzen. Im Streitfall ist es häufig notwendig, aus der Frage der Höhe andere damit zusammenhängende Fragen wie die der Anspruchsvoraussetzungen und der Modalitäten der Zahlungen durch Verwaltungsakt zu entscheiden. Für die Entscheidung der höheren Verwaltungsbehörde gilt die Kostenvorschrift des § 121 entsprechend (Abs. 1 S. 2). Der Bescheid kann nach § 217 Abs. 1 vor den Baulandgerichten angefochten werden. Der nicht mehr anfechtbare Bescheid ist Vollstreckungstitel i. S. v. § 122 (Abs. 2 S. 5). Stellt der Entschädigungsberechtigte nicht innerhalb von drei Jahren nach Ablauf des Kalenderjahres, in dem der Entschädigungsanspruch entstanden ist, bei der entschädigungspflichtigen Gemeinde den schriftlichen Antrag auf Leistung der Entschädigung, so **erlischt** der Anspruch aus § 18 Abs. 1 (Abs. 3 S. 1 i. V. m. § 44 Abs. 4; vgl. § 44, Rn 8). Handelt es sich jedoch um eine Veränderungssperre, die die Festsetzungen nach § 40 Abs. 1, z. B. Flächen für den Gemeinbedarf, Verkehrsflächen (§ 40, Rn 6) oder nach § 41 – Flächen für Geh-, Fahr- und Leitungsrechte und Bindungen für Bepflanzungen – sichern soll, so beginnt die 3-Jahres-Frist frühestens mit Rechtsverbindlichkeit des Bebauungsplanes, der diese Festsetzungen verbindlich trifft. Dadurch ist es dem Betroffenen möglich, bei Inkrafttreten des Bebauungsplanes den Übernahmeanspruch nach § 40 Abs. 2 und zugleich einen Entschädigungsanspruch nach § 18 Abs. 1 geltend zu machen. Zum **Hinweis** nach Abs. 3 S. 2, der dem Hinweis des § 44 Abs. 5 für die Geltendmachung und das Erlöschen der Ansprüche nach §§ 40 ff nachgebildet ist, s. § 16 Abs. 2; § 44, Rn 6, 8.

6. Nach den vom BGH vor Inkrafttreten des BBauG entwickelten Grundsätzen für ein vorwirkendes endgültiges Bauverbot stellt sich eine Bausperre, die eine in dem verbindlichen Plan endgültig ausge-

sprochene Unbebaubarkeit des Grundstücks sichert, rückwirkend be-
trachtet innerhalb des als Einheit zu begreifenden Enteignungsprozes-
ses als **dauerndes Bauverbot** dar, dessen Folgen bei der einheitlich zu
bemessenden Enteignungsentschädigung mit auszugleichen sind; et-
waige frühere Zahlungen sind anzurechnen (BGHZ 37, 269/273; NJW
1975, 1783 – faktische Bausperre; BGH NJW 1980, 888/889; Nüßgens/
Boujong aaO, Rn 409). Ob diese Grundsätze auch auf eine nach § 18
ergehende Veränderungssperre, die sich im Nachhinein als ein vorwir-
kendes endgültiges Bauverbot darstellt, anwendbar sind, hat der BGH
ausdrücklich offengelassen (E 78, 152/164 u. Hinw. auf E 73, 161/174).
Teilweise wird im Schrifttum die Meinung vertreten, der grundsätzlich
vierjährige Ausschluß der Entschädigung in § 18 werde durch das
spätere Schicksal des Grundstücks nicht mehr berührt (z. B. Aust/
Jacobs aaO, S. 244f; Ziegler, BBauBl. 1979, 546/530, der zudem zu
Unrecht ebenso wie B/D, Rn 242c, behauptet, der Gesetzgeber habe
mit der Novelle 1976 klargestellt, daß § 18 auch die Veränderungs-
sperre zur Sicherung von Festsetzungen mit dauernden Bauverboten
enthalte; unentschieden Bielenberg aaO, Rn 37d einerseits, Rn 38 ande-
rerseits). Die Gegenmeinung (H. Schrödter, in: Schrödter, § 18, Rn 7;
Gelzer/Busse aaO, Rn 176) macht geltend, daß bei Anwendung des § 18
eine Gleichbehandlung aller betroffenen Eigentümer nicht gewährlei-
stet sei, weil in Fällen, in denen die Sperre eine Vorwirkung der
Enteignung darstelle und zugleich das betroffene Grundstück von jeder
konjunkturellen weiteren Entwicklung ausgeschlossen habe, die Ent-
schädigung nach der früheren, meist niedrigeren Grundstücksqualität
bemessen werde.

Zweiter Abschnitt. Teilungsgenehmigung

§ 19 Teilungsgenehmigung

(1) **Die Teilung eines Grundstücks bedarf zu ihrer Wirksamkeit der
Genehmigung**

1. **innerhalb des räumlichen Geltungsbereichs eines Bebauungsplans
im Sinne des § 30 Abs. 1;**

2. **innerhalb der im Zusammenhang bebauten Ortsteile (§ 34);**

3. **außerhalb der in den Nummern 1 und 2 bezeichnete Gebiete
(Außenbereich, § 35), wenn das Grundstück bebaut oder seine
Bebauung genehmigt ist oder wenn die Teilung zum Zweck der
Bebauung oder der kleingärtnerischen Dauernutzung vorgenom-
men wird oder nach den Angaben der Beteiligten der Vorberei-
tung einer Bebauung oder kleingärtnerischen Dauernutzung
dient;**

4. **innerhalb des räumlichen Geltungsbereichs einer Veränderungssperre (§ 14).**

(2) **Teilung ist die dem Grundbuchamt gegenüber abgegebene oder sonstwie erkennbar gemachte Erklärung des Eigentümers, daß ein Grundstücksteil grundbuchmäßig abgeschrieben und als selbständiges Grundstück oder als ein Grundstück zusammen mit anderen Grundstücken oder mit Teilen anderer Grundstücke eingetragen werden soll.**

(3) **Die Genehmigung wird durch die Gemeinde erteilt, wenn sie für die Erteilung der Baugenehmigung zuständig ist, im übrigen durch die Baugenehmigungsbehörde im Einvernehmen mit der Gemeinde (Genehmigungsbehörde). Im Falle des Absatzes 1 Nr. 3 darf die Genehmigung nur mit Zustimmung der höheren Verwaltungsbehörde erteilt werden, soweit die Teilung der Vorbereitung eines in § 36 bezeichneten Vorhabens dient. Über die Genehmigung ist binnen drei Monaten nach Eingang des Antrags bei der Genehmigungsbehörde zu entscheiden. Kann die Prüfung des Antrags in dieser Zeit nicht abgeschlossen werden, ist die Frist vor ihrem Ablauf in einem dem Antragsteller mitzuteilenden Zwischenbescheid um den Zeitraum zu verlängern, der notwendig ist, um die Prüfung abschließen zu können. Die Verlängerung der in Satz 3 bezeichneten Frist darf höchstens drei Monate betragen. Die Genehmigung gilt als erteilt, wenn sie nicht innerhalb der Frist versagt wird. Das Einvernehmen der Gemeinde und die Zustimmung der höheren Verwaltungsbehörde gelten als erteilt, wenn sie nicht binnen zwei Monaten nach Eingang des Ersuchens der Genehmigungsbehörde verweigert werden.**

(4) **Die Teilung bedarf der Genehmigung nicht, wenn**

1. **sie in einem Verfahren zur Enteignung oder während eines Verfahrens zur Bodenordnung nach diesem Gesetzbuch oder anderen bundes- oder landesrechtlichen Vorschriften oder für ein Unternehmen, für das die Enteignung für zulässig erklärt wurde, oder in einem bergbaulichen Grundabtretungsverfahren vorgenommen wird,**

2. **sie in einem förmlich festgelegten Sanierungsgebiet vorgenommen wird und in der Sanierungssatzung die Genehmigungspflicht nach § 144 Abs. 1 nicht ausgeschlossen ist,**

3. **der Bund, ein Land, eine Gemeinde oder ein Gemeindeverband als Erwerber, Eigentümer oder Verwalter beteiligt ist,**

4. **eine ausschließlich kirchlichen, wissenschaftlichen, gemeinnützigen oder mildtätigen Zwecken dienende öffentlich-rechtliche Körperschaft, Anstalt oder Stiftung, eine mit den Rechten einer Körperschaft des öffentlichen Rechts ausgestattete Religionsgesellschaft oder eine den Aufgaben einer solchen Religionsgesell-**

schaft dienende rechtsfähige Anstalt, Stiftung oder Personenvereinigung als Erwerber oder Eigentümer beteiligt ist oder

5. sie die Errichtung von Anlagen der öffentlichen Versorgung mit Elektrizität, Gas, Wärme und Wasser sowie von Anlagen der Abwasserwirtschaft dient.

§ 191 bleibt unberührt.

(5) Die Landesregierungen können für Gebiete, in denen es wegen der geringen Wohnsiedlungstätigkeit nicht erforderlich ist, den Bodenverkehr zu überwachen, durch Rechtsverordnung vorschreiben, daß es einer Genehmigung nicht bedarf.

Übersicht

1 **1. Allgemeines.** Die Vorschriften über den Bodenverkehr nach §§ 19–21, 23 dienen der **Sicherung der Bauleitplanung:** Durch die Teilungsgenehmigung soll bereits in einem frühen Zeitpunkt der Vorbereitung einer baulichen oder sonstigen Nutzung eines Grundstücks die Einhaltung des städtebaulichen Planungsrechts gesichert werden (BVerwGE 18, 242/244). Vor allem seit Einführung der „Mißbrauchsaufsicht" (§ 20 Abs. 2; Novelle 1979) ist die in erster Linie im öffentlichen Interesse liegende **Sicherungsfunktion** hervorgehoben worden (BVerwG, NJW 1985, 1354/1355). Soweit die Erteilung der Teilungsgenehmigung eine Vorwegbeurteilung in planungsrechtlicher Hinsicht enthält, bindet sie nach Maßgabe des § 21 in einem späteren Baugenehmigungsverfahren und hat insoweit auch eine **Schutzfunktion.** Weiterhin wird der Erwerber davor geschützt, ein nicht bebaubares Grundstück zu erwerben (BVerwG aaO). Dem Schutz der Vertragsparteien diente auch der mit der Novelle 1979 aufgehobene Genehmigungsvorbehalt für die **Auflassung** eines Grundstücks im Außenbereich; § 19

Abs. 2 Nr. 1 BBauG 1960 (vgl. hierzu sowie zur jetzigen Ausgestaltung der §§ 19 ff. und zur Beurteilung des Regelungsbedürfnisses z. B. Dürr, NVwZ 1983, 73; Taegen, in: BK, § 19, Rn 1; Zinkahn, in: E/Z/B, § 19, Rn 16); zum Überleitungsrecht vgl. B/K/L, 1. Aufl., § 183a Abs. 1 sowie Rn 31.

Zur Anwendung der Teilungsgenehmigung in **Sanierungsgebieten** und **Entwicklungsbereichen** vgl. Rn 19. Zur Anwendung von § 23 bei der sanierungs- und entwicklungsrechtlichen Teilungsgenehmigung vgl. § 23, Rn 7. Bei der **Umlegung** besteht nach § 51 Abs. 1 S. 1 Nr. 1 ein besonderer (umlegungsrechtlicher) Genehmigungsvorbehalt. In den Landesbauordnungen bestehen zusätzliche **bauordnungsrechtliche** Bestimmungen über die Grundstücksteilung; vgl. auch § 20, Rn 10 zur Zulässigkeit einer landesrechtlichen, auf das Bauordnungsrecht bezogenen Teilungsgenehmigung. Das **BauGB** hat das Recht der Teilungsgenehmigung nur geringfügig geändert; vgl. § 19 Abs. 4 S. 1 Nr. 1 und 2, S. 2. Zu den Änderungen bzw. Ergänzungen durch das WoBauErlG vgl. § 5 Abs. 2 und 3 **BauGB-MaßnahmenG** (vgl. Rn 26a und 27a). 2

2. Teilung eines Grundstücks. Der Genehmigungspflicht unterliegt in den in Abs. 1 Nr. 1 bis 4 bezeichneten Gebieten (hierzu Rn 8–16) die Teilung (Rn 4) eines Grundstücks (Rn 3).

a) Begriff des Grundstücks. Grundstück i. S. des § 19 ist das **Grundstück im grundbuchrechtlichen Sinne** (BVerwGE 44, 250/251; 50, 311/317). Ein Grundstück ist danach ein räumlich abgegrenzter Teil der Erdoberfläche, der auf einem besonderen Grundbuchblatt unter einer besonderen Nummer im Verzeichnis der Grundstücke gebucht ist (vgl. im einzelnen § 200, Rn 3). Ein Grundstück im Rechtssinne liegt daher auch dann vor, wenn es aus mehreren Flächen besteht, die zwar tatsächlich (räumlich) getrennt liegen, jedoch nach ihrer Eintragung im Grundbuch Teile desselben Buchgrundstücks sind (BVerwGE 44, 250/251: Fall eines mit anderen Flächen eines landwirtschaftlichen Hofes nicht zusammenhängenden Flurstücks, das mit den Gesamtflächen im Bestandsverzeichnis des Grundbuchs unter einer einzigen Nummer eingetragen ist). Die Festlegung auf den grundbuchrechtlichen Begriff schließt jedoch nicht aus, daß in Ausnahmefällen von diesem Begriff abgegangen wird, wenn bei Verwendung dieses Begriffs die Gefahr entstünde, daß der Sinn der Regelung „handgreiflich verfehlt würde" (BVerwGE aaO, 252). 3

b) Begriff der Teilung. Nach **Abs. 2** ist unter Teilung eines Grundstücks die gegenüber dem Grundbuchamt abgegebene oder sonstige erkennbar gemachte **Erklärung des Eigentümers** zu verstehen, daß ein Grundstücksteil grundbuchmäßig abgeschrieben oder als selbständiges Grundstück oder als ein Grundstück zusammen mit anderen Grundstücken oder mit Teilen anderer Grundstücke eingetragen werden soll (vgl. **§ 890 Abs. 1 und 2 BGB**). Genehmigungspflichtig ist nicht die Teilung im rechtlichen Sinne, sondern die vorhergehende Erklärung des Eigentümers. Ohne Genehmigung der Teilungserklärung darf das 4

Grundbuchamt nach § 23 Abs. 1 eine Eintragung in das Grundbuch
nicht vornehmen. Eine Grundstücksteilung i. S. des Abs. 2 liegt auch
dann vor, wenn grundbuchmäßig solche Flächen getrennt werden
sollen, die räumlich getrennt liegen, jedoch nach ihrer Eintragung im
Grundbuch Teile desselben Buchgrundstücks sind (BVerwGE 44, 250/
251). **Keine Teilung** ist die Belastung des Grundstücks mit einem Recht
(z. B. Dienstbarkeit, Erbbaurecht); soll jedoch nur ein Teil eines
Grundstücks belastet werden und ist deshalb ein selbständiges Grund-
stück einzutragen, so liegt hierin eine Teilung i. S. des Abs. 2. Die
Teilung nach § 8 WEG zur Bildung von **Wohneigentum** ist keine
Teilung i. S. des Abs. 2.

5 Die Teilungsgenehmigung ist zunächst erforderlich, wenn der
Eigentümer dem **Grundbuchamt** gegenüber eine Erklärung i. S. des
Abs. 2 abgegeben hat. Die Erklärung kann nur vom **Eigentümer**
abgegeben werden (BVerwGE 48, 87/95; 50, 311/315). Ein an der
Teilung interessierter Dritter, z. B. der **Käufer** im Falle eines Teilungs-
verkaufs, kann diese Erklärung nicht bodenverkehrsrechtlich wirksam
abgeben (BVerwGE 48 aaO); vgl. aber zum Antragsrecht des Teilungs-
käufers bei bereits vorliegender Erklärung i. S. des Abs 2 Rn 7 und 23.
Die Teilungserklärung kann durch einen **Vertretungsberechtigten** im
Namen des Eigentümers abgegeben werden (BVerwG, BRS 30 Nr. 84;
NJW 1980, 1120; Dürr, in: Kohlhammer-Komm., § 19, Rn 29; Zin-
kahn aaO, Rn 46).

6 Genehmigungspflichtig ist darüber hinaus die nicht dem Grund-
buchamt gegenüber abgegebene, aber **„sonstwie erkennbar ge-
machte" Teilungserklärung** des Eigentümers. Voraussetzung ist, daß
die Teilung des Grundstücks vom Eigentümer ernstlich und erkennbar
beabsichtigt ist. Der Antrag auf Vermessung eines Grundstücksteils ist
daher nicht als Teilungserklärung i. S. des Abs. 2 anzusehen, wenn der
Eigentümer gleichzeitig zu erkennen gibt, daß er nicht beabsichtigt,
den Grundstücksteil grundbuchmäßig abschreiben zu lassen (OVG
Lüneburg, OVGE 17, 455). Hiervon ist zu unterscheiden, daß die
Teilung eines Grundstücks auch ohne Eigentumsveränderung der Ge-
nehmigungspflicht unterliegt (Dürr aaO, Rn 30). Auch die bloße Vor-
anfrage über die etwaige Bebauungsfähigkeit eines Grundstücksteils
oder die Voranfrage, ob der Erteilung der Genehmigung für eine in
Aussicht genommene Teilung Versagungsgründe entgegenstehen, rei-
chen für eine Erklärung i. S. des Abs. 2 nicht aus (BVerwGE 19, 82;
Taegen, in: BK, Rn 5). Die Teilung muß **schriftlich** erklärt werden
(BVerwG, DÖV 1968, 885). Die mündliche (nicht protokollierte)
Erklärung reicht nicht aus (BVerwG, NJW 1984, 2481). Die Grund-
stücksteilung muß **eindeutig** bezeichnet sein. Die Erklärung der Ab-
sicht irgendeiner Teilung des Grundstücks ohne konkrete Bezeichnung
der hierfür in Aussicht genommenen Teile reicht nicht aus (Gelzer, Rn
1439; Zinkahn aaO, Rn 39). Die Vorlage von zwei unterschiedlichen
Teilungsplänen für ein Grundstück zur beliebigen Auswahl ist kein

ausreichend bestimmter Antrag (BVerwG, NJW 1984, 2481). Hat der Eigentümer gegenüber dem Grundbuchamt bisher keine Teilungserklärung abgegeben, stellt er jedoch einen Antrag an die Genehmigungsbehörde auf Erteilung der Genehmigung nach Abs. 3, so ist die Teilungsabsicht erkennbar erklärt (BVerwGE 19, 82). Auch der Antrag gegenüber **Vermessungs-** oder **Katasterbehörden** oder an einen öffentlich bestellten **Vermessungsingenieur** beinhaltet eine Erklärung i. S. des Abs. 2, wenn die Vermessung eindeutig zum Zwecke einer grundbuchmäßigen Abschreibung vorgenommen werden soll (OVG Lüneburg aaO; Dürr aaO, Rn 32). Die Verpflichtung zur Grundstücksteilung in einem notariellen Kaufvertrag ist eine „sonstwie erkennbar gemachte" Teilungserklärung, wenn der Kaufvertrag der Genehmigungsbehörde vorgelegt wird (BGH, NJW 1974, 1654; Taegen aaO).

Von der ausschließlich dem Eigentümer vorbehaltenen Befugnis, die Teilung i. S. des Abs. 2 zu erklären, ist die **Antragsberechtigung** auf Einleitung des bodenverkehrsrechtlichen Genehmigungsverfahrens zu unterscheiden. Diese Berechtigung hat bei einem Teilungskauf auch der Käufer (BVerwGE 50, 311/314ff.; vgl. hierzu auch Rn 23). **7**

3. Anwendungsbereich. a) Im Gebiet eines Bebauungsplans i. S. des § 30 Abs. 1. Innerhalb des räumlichen Geltungsbereichs eines Bebauungsplans i. S. des § 30 Abs. 1 („qualifizierter" Bebauungsplan) bedarf nach **Abs. 1 Nr. 1** jede Teilung eines Grundstücks der Genehmigung. Enthält ein Bebauungsplan nicht die Mindestfestsetzungen nach § 30 Abs. 1 (einfacher Bebauungsplan nach § 30 Abs. 2) so ergibt sich das Genehmigungsbedürfnis für die Grundstücksteilung je nach Zugehörigkeit des Grundstücks zum nicht-qualifiziert beplanten Innenbereich nach § 34 oder zum Außenbereich nach § 35 (vgl. im einzelnen die Erläut. zu § 30 Abs. 2) aus Abs. 1 Nr. 2 oder 3. Der Zweck der Teilung, insbesondere eine Bebauungsabsicht, ist nicht für die Genehmigungsbedürftigkeit der Teilung, wohl aber im Rahmen des § 20 Abs. 1 Nr. 1 (vgl. § 20, Rn 6) für die Genehmigungsfähigkeit von Bedeutung. Zu den **Versagungsgründen** vgl. § 20 Abs. 1 Nr. 1. **8**

b) Innerhalb der im Zusammenhang bebauten Ortsteile (§ 34). Innerhalb der im Zusammenhang bebauten Ortsteile (§ 34) bedarf nach **Abs. 1 Nr. 2** jede Teilung eines Grundstücks der Genehmigung. Für die Genehmigungsbedürftigkeit einer Grundstücksteilung vgl. sinngemäß Rn 8 über Grundstücke innerhalb des räumlichen Geltungsbereichs eines Bebauungsplans i. S. des § 30. Zu den **Versagungsgründen** vgl. § 20 Abs. 1 Nr. 2. **9**

c) Im Außenbereich (§ 35). Außerhalb der qualifiziert beplanten Gebiete (Abs. 1 Nr. 1) und der im Zusammenhang bebauten Ortsteile (Abs. 1 Nr. 2) bestimmt sich das Genehmigungsbedürfnis einer Grundstücksteilung nach **Abs. 1 Nr. 3.** Die hierin enthaltene **Definition des Außenbereichs** ist für das BauGB, insbesondere auch für § 35 maßgeblich. Anders als in den Fällen des Abs. 1 Nr. 1 und 2 ist im Außenbereich die Teilung eines Grundstücks nicht schlechthin genehmigungs- **10**

bedürftig, sondern nur in folgenden **5 Fällen:** Das Grundstück ist bebaut (Rn 11) oder seine Bebauung ist genehmigt (Rn 12), die Teilung wird zum Zwecke der Bebauung (Rn 13) oder der kleingärtnerischen Dauernutzung (Rn 14) vorgenommen oder sie dient der Vorbereitung einer Bebauung oder kleingärtnerischen Nutzung (Rn 15). Zu den **Versagungsgründen** vgl. § 20 Abs. 1 Nr. 3.

11 Ist das von dem Teilungsvorgang betroffene Grundstück **bebaut,** so bedarf die Teilung der Genehmigung **(1. Fall).** Dies gilt auch dann, wenn der abzuschreibende Grundstücksteil zwar unbebaut, aber Teil eines bebauten Buchgrundstücks ist (BVerwGE 50, 311/317; vgl. auch Rn 4). Ob ein Grundstück „bebaut" ist, bestimmt sich danach, ob die baulichen Anlagen die **Voraussetzungen des § 29 S. 1** erfüllen. Ob eine **baurechtliche Genehmigung** vorliegt, ist für die Beurteilung des Merkmals „bebaut" unerheblich (BVerwGE 58, 20). Ein Genehmigungsvorbehalt besteht demgegenüber nicht, wenn die auf dem Grundstück befindlichen baulichen Anlagen i. S. des § 29 S. 1 nach den bauordnungsrechtlichen Bestimmungen keiner Genehmigung, Anzeige oder Zustimmung bedürfen (BVerwGE 35, 187). Das gleiche gilt für Vorhaben i. S. des § 29 S. 3.

12 Die Genehmigungspflicht besteht auch, wenn das zu teilende Grundstück zwar unbebaut, aber seine Bebauung **genehmigt ist (2. Fall).** Die Baugenehmigung muß noch gültig sein, sie darf also insbesondere nicht durch Zeitablauf oder Rücknahme erloschen sein. Bei anzeigepflichtigen Vorhaben besteht die Genehmigungspflicht, wenn aufgrund der Bauanzeige die Ausführung nicht innerhalb der nach dem maßgeblichen Landesbauordnungsrecht bestehenden Frist untersagt worden ist. Die Genehmigungspflicht besteht weiterhin, wenn ein **Vorbescheid** oder eine **Bebauungsgenehmigung** (vgl. hierzu §§ 21, Rn 4) erteilt wurde.

13 Die Teilung eines Grundstücks bedarf weiterhin der Genehmigung, wenn sie zum **Zweck der Bebauung** vorgenommen wird **(3. Fall).** Ob sie zum Zweck der Bebauung vorgenommen wird, bestimmte sich nach der **bis zur Novelle 1979 h. M.** allein nach dem Willen des Eigentümers (BVerwGE 50, 311/318 ff.). Die Bauabsicht mußte daher nach dem **Willen des Eigentümers** Gegenstand der Prüfung im Genehmigungsverfahren sein (BVerwG, NJW 1978, 1339). Das BVerwG hat diese Auslegung unter Hinweis auf die primäre Sicherungsfunktion der Teilungsgenehmigung nicht aufrechterhalten (BVerwG, NJW 1985, 1354; NJW 1985, 1354/1355): Danach korrespondiere der (mit der Novelle 1979 eingeführte) Versagungsgrund des § 20 Abs. 2 der Regelung des § 19 Abs. 1 Nr. 3 über die genehmigungsbedürftigen Tatbestände. Demzufolge erfasse § 19 Abs. 1 Nr. 3 auch die Sachverhalte, denen nach § 20 Abs. 2 die Genehmigung versagt werden kann. Ein Teilungskauf im Außenbereich, der **offensichtlich** – etwa auf Grund von Angaben des Käufers – eine Bebauung bezweckt oder vorbereitet, wird danach – i. S. des Abs. 1 Nr. 3 – „zum Zwecke der Bebauung"

vorgenommen; die Teilung ist – unbeschadet der Erklärungen des Eigentümers – genehmigungsbedürftig (vgl. – zugl. krit. zur Gesetzesdogmatik – Mühl-Jäckel, DVBl. 1986, 545/48; zur neuen Rspr. krit. Dürr, NJW 1985, 1310; Schmaltz, DVBl. 1984, 1128). Vgl. hierzu weiterhin Rn 15.

Die Teilung bedarf im Hinblick auf die bezweckte Nutzung dann keiner Genehmigung nach § 19 Abs. 1 Nr. 3, wenn die Nutzung nicht den Zulässigkeitsvoraussetzungen des § 35 unterliegt (BVerwG, NJW 1986, 2774: Autowrackplatz nach §§ 5 und 7 AbfG; gemäß § 38 findet hierbei § 35 keine Anwendung).

Die Grundstücksteilung ist auch genehmigungspflichtig, wenn sie **14** zum **Zweck der kleingärtnerischen Dauernutzung** vorgenommen wird (**4. Fall**).

Der Genehmigung bedarf die Teilung eines Außenbereichsgrundstücks zum Zwecke der **kleingärtnerischen Dauernutzung.** Der Begriff der „kleingärtnerischen Nutzung ist in § 1 Abs. 1 Nr. 1 BKleinG definiert. Eine kleingärtnerische Dauernutzung liegt vor, wenn das Grundstück nicht nur vorübergehend kleingärtnerisch genutzt werden soll, z. B. bei auf unbestimmte Dauer geschlossenen Pachtverträgen. Kleingärtnerisch genutzt wird **nicht nur der Kleingarten i. S. des BKleingG,** der ein Pachtgarten ist und in einer Anlage liegt, in der mehrere Einzelgärten mit gemeinschaftlichen Einrichtungen, z. B. Spielflächen und Vereinshäusern, zusammengefaßt sind (Kleingartenanlage). Auch andere Gartenarten, die keine Kleingärten nach § 1 Abs. 1 BKleinG sind, können kleingärtnerisch genutzt werden (Aufgabe der in der Vorauſl. vertretenen Meinung; vgl. hierzu auch Dürr aaO, Rn 19; Taegen aaO, Rn 11; dagegen [wie Vorauſl.] OVG Bremen, ZfBR 1988, 98 – nur Leitsatz: Der Begriff entspricht dem auch in § 5 Abs. 2 Nr. 5, § 9 Abs. 1 Nr. 15 BauGB verwendeten Begriff des Dauerkleingartens). Sie unterscheiden sich von den Kleingärten i. S. des BKleingG lediglich dadurch, daß auf diese die (Schutz-)Vorschriften des BKleingG keine Anwendung finden. Nach § 1 Abs. 2 BKleingG gehören hierzu: ein Garten, den vom Eigentümer oder seinen Familienangehörigen genutzt wird (**Eigentümergarten**), ein Garten, der einem zur Nutzung einer Wohnung Berechtigten im Zusammenhang mit der Wohnung überlassen ist (**Wohnungsgarten**) sowie ein Garten, der einem Arbeitnehmer im Zusammenhang mit dem Arbeitsvertrag überlassen ist (**Arbeitnehmergarten**). Grundstücke, auf denen vertraglich nur bestimmte Gartenbauerzeugnisse angebaut werden dürfen (z. B. Obstplantagen), sind nicht kleingärtnerisch genutzt. Wesentliches Merkmal der kleingärtnerischen Nutzung ist der Anbau verschiedener Kulturen. Die Nutzung von Grundstücken als Grabeland ist keine kleingärtnerische Nutzung. Bei **Grabeland** handelt es sich um eine gärtnerische Nutzung von nur kurzer und vorübergehender Dauer, und zwar in der Art, daß Bepflanzung und Ernte im gleichen Jahr erfolgen. Zur Problematik der kleingärtnerischen Nutzung und der

Abgrenzung des Kleingartens von anderen ähnlichen Nutzungsarten vgl. Mainczyk, Das neue Kleingartenrecht, 2. Aufl., München 1985, § 1 Rn 1 ff. und 12 ff.

15 Die Genehmigungspflicht besteht ferner, wenn die Teilung nach den Angaben der Beteiligten der **Vorbereitung einer Bebauung oder kleingärtnerischen Dauernutzung** dient (**5. Fall**). Der Unterschied zur Genehmigungspflicht wegen einer „zum Zwecke der Bebauung" (oder der kleingärtnerischen Dauernutzung) vorgenommenen Teilung (Abs. 1 Nr. 3, 3. bzw. 4. Fall; hierzu Rn 13 sowie 14) besteht darin, daß hier die Genehmigungspflicht nicht nur durch eine eindeutige Erklärung des Eigentümers begründet wird. **„Beteiligter"** ist nämlich nicht nur der Eigentümer – insoweit kommt diesem Genehmigungstatbestand keine Bedeutung bei –, sondern (beim Teilungskauf) der **Käufer**. Der Käufer kann in diesen Fällen – und unbeschadet einer Genehmigungspflicht aus § 19 Abs. 1 Nr. 3 (3. Fall) – durch entsprechende „Angaben" erreichen, daß die durch die Bindungswirkung des § 21 Abs. 1 bewirkte Schutzfunktion der Teilungsgenehmigung auch dann eintritt, wenn der Eigentümer die erforderliche Erklärung (vgl. Rn 13) nicht abgibt. Maßgebend sind die **Angaben** der Beteiligten, aber – in Konsequenz der neuen Rspr. des BVerwG (vgl. Rn 13) – auch die sich aus den Gesamtumständen ergebenden „offensichtlichen" Absichten. Die Bedeutung dieses Genehmigungsfalls erschließt sich daher im übrigen vor allem aus dem Zusammenspiel mit der Mißbrauchsaufsicht nach § 20 Abs. 2 (vgl. hierzu auch Rn 13 sowie § 20, Rn 20).

16 **d) Im Bereich einer Veränderungssperre (§ 14).** Innerhalb des räumlichen Geltungsbereichs einer Veränderungssperre nach § 14 bedarf nach **Abs. 1 Nr. 4** jede Teilung eines Grundstücks der Genehmigung. Für die Genehmigungspflicht gilt im übrigen das gleiche wie für die Teilung eines Grundstücks innerhalb des räumlichen Geltungsbereichs eines Bebauungsplans i. S. des § 30 Abs. 1 (vgl. Rn 8). Zu den **Versagungsgründen** vgl. § 20 Abs. 1 Nr. 4.

17 **4. Genehmigungsfreie Vorgänge.** Keiner Genehmigung bedarf die Teilung in den in **Abs. 4 und 5** bezeichneten Fällen.

18 Nach **Abs. 4** bedarf die Teilung der Genehmigung nicht, wenn sie in einem **bestimmten Verfahren** vorgenommen wird. Nach **Abs. 4 S. 1 Nr. 1** gilt dies für Verfahren zur Enteignung oder Bodenordnung nach den Bestimmungen des Vierten und Fünften Teils des Gesetzes oder anderen bundes- oder landesrechtlichen Vorschriften oder für ein Unternehmen, für das die Enteignung für zulässig erklärt wurde, oder wenn die Teilung in einem bergbaulichen Grundabtretungsverfahren vorgenommen wird. Die Genehmigungsfreiheit bestand nach § 19 Abs. 4 Nr. 1 BBauG nur für die zur Durchführung der Verfahren selbst erforderlichen Rechtsvorgänge, nicht aber auf die während des Verfahrens z. B. vom Eigentümer vorgenommene Teilung. Nach Nr. 1 i. d. F. BauGB sind nunmehr nicht nur die Neuaufteilung in einem Umlegungsgebiet, sondern auch die in einem Umlegungsgebiet privatrecht-

lich vorgenommenen Teilungen von der Genehmigungspflicht nach
§ 19 Abs. 1 ausgenommen; für solche Teilungen findet nunmehr allein
§ 51 Anwendung. Die Umlegungsstelle beteiligt verwaltungsintern die
für die Teilungsgenehmigung nach § 19 zuständige Stelle.

Nach **Abs. 4 S. 1 Nr. 2** (vgl. früher § 6 Abs. 2 S. 1 StBauFG) bedarf **19**
die Teilung der Genehmigung nicht in einem förmlich festgelegten
Sanierungsgebiet, wenn in der Sanierungssatzung die Genehmigungs-
pflicht nach § 144 Abs. 1 nicht ausgeschlossen ist. Findet § 144 Abs. 1
Anwendung, dann besteht nämlich bereits nach §§ 144 Abs. 1 Nr. 2
eine sanierungsrechtliche Genehmigungspflicht. Zum Ausschluß des
§ 144 Abs. 1 im vereinfachten Verfahren und zur Rechtslage hinsicht-
lich der zum 1. 7. 1987 nach StBauFG förmlich festgelegten Gebiete,
vgl. Vorbem. zu den §§ 14–23, Rn 6. Im **städtebaulichen Entwick-
lungsbereich nach BauGB** ist stets § 144 Abs. 1 anzuwenden (§ 169
Abs. 1 Nr. 5) und damit die Teilungsgenehmigung nach § 19 ausge-
schlossen (§ 169 Abs. 1 Nr. 1). Das gleiche gilt für den 1990 neu
eingeführten städtebaulichen Entwicklungsbereich nach dem **BauGB-
MaßnahmenG** (vgl. dort § 7 Abs. 1 Nrn. 1 und 5).

Die Teilung bedarf der Genehmigung weiterhin dann nicht, wenn **20**
bestimmte Personen beteiligt sind: **Abs. 4 S. 1 Nr. 3 und 4** (insbeson-
dere Gebietskörperschaften und bestimmte öffentlich-rechtliche Kör-
perschaften, Anstalten oder Stifungen und Religionsgesellschaften).
Nach **Abs. 4 S. 1 Nr. 5** bedarf die Teilung der Genehmigung nicht,
wenn sie der Errichtung der dort bezeichneten Anlagen der öffentlichen
Versorgung sowie von Anlagen der Abwasserwirtschaft dient. Für
Gebiete, in denen wegen der geringen Wohnsiedlungstätigkeit die
Überwachung des Bodenverkehrs nicht erforderlich ist, können die
Landesregierungen nach **Abs. 5** durch **Rechtsverordnung** vorschrei-
ben, daß es einer Genehmigung nicht bedarf.

§ 22 BBauG über das Verhältnis der Teilungsgenehmigung zur **21**
Genehmigung nach dem Grundstücksverkehrsgesetz ist in **§ 191
BauGB** aufgegangen. **Abs. 4 S. 2** enthält einen klarstellenden Hinweis
auf diese Sonderregelung, vgl. im einzelnen die Erl. zu § 191.

5. Genehmigung. a) Bedeutung. Ohne die erforderliche Teilungs- **22**
genehmigung nach § 19 wird die Teilung eines Grundstücks rechtlich
nicht wirksam. Die **zivilrechtliche** Bedeutung der Teilungsgenehmi-
gung liegt somit darin, daß das Grundbuchamt nach § 23 Abs. 1 die
Eintragung einer nach § 19 genehmigungsbedürftigen Teilung erst
vornehmen kann, wenn der Genehmigungsbescheid vorgelegt ist.
Wird die Teilung ohne die erforderliche Teilungsgenehmigung einge-
tragen, so ist das Grundbuch unrichtig; vgl. § 23 Abs. 3 (§ 23, Rn 5). Im
Unterschied zur Auflassungsgenehmigung des § 19 Abs. 2 Nr. 1
BBauG 1960 (aufgehoben durch ÄndG 1979) kommt einer Teilungsge-
nehmigung keine privatrechtsgestaltende Wirkung zu, und zwar selbst
dann nicht, wenn der zur Genehmigung stehende Teilungsvorgang mit
einem Teilungskauf zusammenhängt (so BVerwG, NJW 1978, 338/339;

Taegen aaO, Rn 13; Zinkahn aaO, Rn 77; a. A. Dürr aaO, Rn 47). Ist die Teilung Gegenstand eines schuldrechtlichen Vertrags (insbesondere Teilungsverkauf), so hat die Versagung der Genehmigung hierauf keine unmittelbare Auswirkung. Zu den zivilrechtlichen Folgen (Gewährleistungsansprüche, Rücktritt) vgl. Zinkahn aaO. Zur **öffentlich-rechtlichen Bedeutung** der Teilungsgenehmigung vgl. die Bindungswirkung nach § 21 Abs. 1.

23 **b) Genehmigungsantrag.** Die Teilungsgenehmigung wird nur auf Antrag erteilt; vgl. Abs. 3 S. 3. Die **Antragsberechtigung** ist in § 19 nicht ausdrücklich geregelt. Wie sich aus § 23 Abs. 2 S. 1 ergibt, steht das Antragsrecht und damit der Genehmigungsanspruch den jeweils „Beteiligten" zu (BVerwGE 50, 311/315). Antragsbefugt ist daher der **Eigentümer.** Bei einem Teilungskauf steht auch dem **Käufer** das Antragsrecht und der Genehmigungsanspruch zu (BVerwG aaO). Die Befugnis, ein Genehmigungsverfahren zu beantragen, ist zu unterscheiden von der Teilungserklärung, die nur vom Eigentümer abgegeben werden kann (vgl. Rn 5; vgl. weiterhin die Maßgeblichkeit von Angaben der „Beteiligten" über die Vornahme der Teilung zur Vorbereitung einer Bebauung oder kleingärtnerischen Dauernutzung nach Abs. 1 Nr. 3; hierzu Rn 13 und 15). Zum Antrag auf Ausstellung eines Negativattests vgl. § 23 Abs. 2 (§ 23, Rn 3). Der Antrag muß **schriftlich** gestellt werden (BVerwG, DÖV 1971, 636). Er kann auch durch einen hierzu ausdrücklich **Bevollmächtigten** (z. B. Notar) gestellt werden (vgl. auch Rn 5). Die Fristen des Abs. 3 S. 3 und 6 werden auch ohne Nachweise der Vollmacht in Lauf gesetzt (BVerwG, NJW 1980, 1120). Der Antrag ist nur genehmigungsfähig, wenn sich auch aus ihm der Teilungsvorgang und seine Genehmigungsbedürftigkeit **eindeutig erkennen lassen** (BVerwGE 19, 82; NJW 1980, 304). Insbesondere sind das zu teilende Grundstück und die Art der vorgesehenen Teilung anzugeben (vgl. weiterhin die Erläuterungen in Rn 6). In den Fällen des Abs. 1 Nr. 3 ist weiterhin das Vorliegen eines der dort bezeichneten Genehmigungsbedürfnisse anzugeben. Der Antrag kann jederzeit, jedoch nicht nach Unanfechtbarkeit der Entscheidung **zurückgenommen** werden (BVerwG, NJW 1980, 304 u. 1120). Dies gilt auch für den Fall des Eintritts der Fiktionswirkung des Abs. 3 S. 6 (BVerwG, NJW 1988, 275).

24 **c) Genehmigungsbehörde; Beteiligungen. Genehmigungsbehörde** (Abs. 3 S. 1) ist die **Gemeinde,** wenn sie für die Erteilung der Baugenehmigung zuständig ist. Andernfalls wird die Genehmigung durch die **Baugenehmigungsbehörde** erteilt; in diesem Fall kann die Genehmigung nur im **Einvernehmen mit der Gemeinde** erteilt werden. Zur Bedeutung des gemeindlichen Einvernehmens vgl. die Erläuterungen zu § 36. Nach **Abs. 3 S. 7** gilt das Einvernehmen der Gemeinde als erteilt, wenn es nicht binnen zwei Monaten nach Eingang des Ersuchens der Genehmigungsbehörde verweigert wird; vgl. jedoch die

Fristverkürzung auf einen Monat in den Fällen des § 5 Abs. 3 BauGB-MaßnahmenG (vgl. Rn 27 a).

Bei Grundstücksteilungen im **Außenbereich** bedarf die Genehmigung nach **Abs. 3 S. 2** auch der **Zustimmung der höheren Verwaltungsbehörde,** wenn die Teilung der Vorbereitung eines nach §§ 33 und 35 Abs. 2, 4 und 5 zu beurteilenden Vorhabens dient. Eine entsprechende Anwendung von § 36 Abs. 2 S. 2 ist nicht zulässig (vgl. hierzu § 36). Nach **Abs. 3 S. 7** gilt die Zustimmung der höheren Verwaltungsbehörde als erteilt, wenn sie nicht binnen zwei Monaten nach Eingang des Ersuchens der Genehmigungsbehörde verweigert wird. 25

d) Frist für die Genehmigung. Nach **Abs. 3 S. 3** ist über die Genehmigung **binnen drei Monaten** nach Eingang des Antrags bei der Genehmigungsbehörde zu entscheiden. Die rechtliche Bedeutung dieser Frist ergibt sich aus Abs. 3 S. 6, wonach die Genehmigung bei einer nicht fristgemäßen Versagung als erteilt gilt (hierzu Rn 27). Durch einen Antrag auf Erteilung eines Negativtests nach § 23 Abs. 2 wird die Frist nicht in Lauf gesetzt (BVerwG, NJW 1975, 1240; Dürr aaO, Rn 41; vgl. aber auch § 23, Rn 4). Die Frist kann nach **Abs. 3 S. 4 u. 5** durch einen Zwischenbescheid an den Antragsteller vor Fristablauf um höchstens **drei Monate verlängert** werden, wenn die Prüfung des Antrags innerhalb der Drei-Monatsfrist des Abs. 3 S. 3 nicht abgeschlossen werden kann. Eine weitere Verlängerung der Frist sieht das Gesetz nicht vor; vgl. aber Rn 27 zum Verzicht des Antragstellers auf Einhaltung der Bearbeitungsfristen. Zur Zurückstellung eines Antrags auf Erteilung einer Teilungsgenehmigung nach § 15 Abs. 2 vgl. § 15, Rn 5. 26

Eine Sonderregelung bei Genehmigungen für ausschließlich **Wohnzwecken** dienenden Vorhaben enthält **§ 5 BauGB-MaßnahmenG,** und zwar für die Fälle der Teilungsgenehmigung nach § 19 Abs. 1 Nr. 1 BauGB, außer für Gewerbe-, Industrie- und Sondergebiete (§ 5 Abs. 1 BauGB-MaßnahmenG). Danach ist über den Teilungsantrag – abweichend von § 19 Abs. 3 S. 3 BauGB – **innerhalb eines Monats** zu entscheiden; § 19 Abs. 3 S. 4 und 5 BauGB ist entsprechend anzuwenden (§ 5 Abs. 2 BauGB-MaßnahmenG). 26a

Nach **Abs. 3 S. 6** gilt die Teilungsgenehmigung als erteilt, wenn sie nicht innerhalb der Frist des Abs. 3 S. 3 bzw. der Verlängerung nach Abs. 3 S. 4 u. 5 versagt wird. Voraussetzung für die **Fiktion der Teilungsgenehmigung durch Fristablauf** ist, daß ein genehmigungsfähiger Antrag vorgelegt wird (BVerwGE 35; 187; vgl. hierzu Rn 23). Auf die Einhaltung dieser gesetzlichen Höchstbearbeitungsfrist kann der Antragsteller wirksam verzichten (VGH Mannheim, BauR 1986, 678; ggf. auch dann, wenn dem Antragsteller die an den Ablauf der Frist geknüpfte gesetzliche Genehmigungsfiktion unbekannt war; das spätere Berufen auf die Unverzichtbarkeit der Fristvorschriften und die fehlende Kenntnis der Genehmigungsfunktion kann treuwidrig sein). Das Anlaufen der Frist setzt für den Fall der Antragstellung durch einen 27

Bevollmächtigten (vgl. Rn 23) nicht voraus, daß die Vollmacht schrift-
lich nachgewiesen wird (BVerwG, NJW 1980, 1120). Bei mehreren
Antragstellern wird die Frist nur gewahrt, wenn die Versagung allen
Antragstellern rechtzeitig zugestellt wird (BVerwG, NJW 1970, 345).
Bei einer für das Genehmigungsbedürfnis maßgeblichen Änderung des
Nutzungszwecks (vgl. Abs. 1 Nr. 3) löst erst der dann erforderliche
neue Antrag die Frist aus (BVerwG, DÖV 1971, 637). Die Frist wird
nicht ausgelöst, wenn der Antragsteller in der irrigen Annahme, daß
die Teilungsgenehmigung bereits durch Fristablauf als erteilt gelte,
nicht um die Genehmigung, sondern um die Ausstellung eines Zeug-
nisses über die Tatsache der Genehmigung nachsucht (BVerwG, NJW
1975, 1240; vgl. auch § 23, Rn 4). Wurde die Teilungsgenehmigung
innerhalb der Frist des Abs. 3 S. 3 bis 5 erteilt, später aber zurückge-
nommen, so hat dies nicht die Wirkung, daß nunmehr die Genehmi-
gung nach Abs. 3 S. 6 als erteilt gälte, weil sie „nicht innerhalb der Frist
versagt" worden ist (VGH Kassel, UPR 1986, 71). Hinsichtlich der
Bindungswirkung des § 21 Abs. 1 steht die fingierte Genehmigung der
ausdrücklich erteilten Genehmigung in jeder Hinsicht gleich
(BVerwGE 31, 274/276; vgl. Taegen, in: BK, Rn 27 zur im übrigen
„minderen Rechtsqualität" der fingierten gegenüber der ausdrücklichen
Genehmigung).

27a Für Genehmigungen nach § 19 Abs. 1 Nr. 1 für Vorhaben, die aus-
schließlich **Wohnzwecken** dienen (vgl. zu den weiteren Vorausset-
zungen § 5 Abs. 1 BauGB-MaßnahmenG; hierzu Rn 26a) bestimmt **§ 5
Abs. 3 S. 1 BauGB-MaßnahmenG,** daß das **Einvernehmen der Ge-
meinde** als erteilt gilt, wenn es nicht innerhalb **eines Monats** verweigert
wird. Aus wichtigem Grund kann die Frist von der Gemeinde durch
Mitteilung an die Genehmigungsbehörde bis zu einem Monat verlän-
gert werden; vgl. **§ 5 Abs. 3 S. 2 BauGB-MaßnahmenG.**

28 **e) Versagungsgründe; Rücknahme.** Zu den in Abs. 1 bezeichneten
vier Fällen genehmigungsbedürftiger Teilungen enthält § 20 eine **ab-
schließende Regelung** der für die jeweiligen Fälle maßgeblichen Versa-
gungsgründe (BVerwGE 18, 242; vgl. im einzelnen die Erläuterungen
zu § 20).

29 Eine rechtswidrig erteilte Teilungsgenehmigung kann nach den Vor-
schriften der Verwaltungsverfahrensgesetze (vgl. § 48 VwVfG) **zurück-
genommen** werden. Dies gilt auch für die durch Fristablauf nach
Abs. 3 S. 6 als erteilt geltende Teilungsgenehmigung. Die Rücknahme
ist eine **Ermessensentscheidung.** Aus dem Gebot des Vertrauensschut-
zes ergeben sich hierbei für die Rücknahme der Teilungsgenehmigung
gewisse **Besonderheiten** (BVerwG, NJW 1975, 1240; vgl. allgemein
zum Gebot des Vertrauensschutzes bei der Rücknahme rechtswidriger
begünstigender Verwaltungsakte BVerwGE 38, 290/294). Der Ent-
scheidung über die Rücknahme hat danach eine Interessenabwägung
zwischen den berührten privaten und öffentlichen Belangen zugrunde
zu liegen (BVerwG, NJW 1975, 1240). Eine Rücknahme der rechtswid-

rigen Teilungsgenehmigung ist daher nicht schon dann stets zulässig, wenn die Beteiligten noch keine Vermögensdispositionen getroffen haben. Für einen Vertrauensschutz ist dagegen dann kein Raum, wenn der Betroffene auf den Bestand der zurückzunehmenden Genehmigung nicht vertraut hat oder sein Vertrauen nach Lage der Dinge nicht schutzwürdig ist, z. B. wenn er von vornherein die Rechtswidrigkeit der Genehmigung kennt oder sie durch unrichtige oder unvollständige Angaben erwirkt hat (BVerwG aaO). Auch schutzwürdige Interessen Dritter sind zu berücksichtigen (BVerwG, NJW 1978, 340). Bei der Abwägung ist auch die Bedeutung der beeinträchtigten städtebaulichen Belange zu berücksichtigen (BVerwG, NJW 1975, 1240). Die Rücknahme kann nicht mit Wirkung „von jetzt an" (ex nunc), sondern nur mit Wirkung zum Zeitpunkt der Erteilung (**ex tunc**) ausgesprochen werden (BVerwG, NJW 1978, 340). Der Rücknahme eines **Zeugnisses,** das über eine nur vermeintlich als erteilt geltende Teilungsgenehmigung ausgestellt wurde, können keine Vertrauensinteressen entgegengehalten werden, die mit der Bindungswirkung der nur vermeintlich als erteilt geltenden Teilungsgenehmigung zusammenhängen (BVerwG, NJW 1975, 1240; vgl. § 23, Rn 4). Ein verspätet (vgl. Abs. 3 S. 6) zugestellter Versagungsbescheid kann nicht in die Rücknahme der fiktiven Genehmigung umgedeutet werden, weil es insoweit an der erforderlichen Ermessensausübung über die Rücknahme fehlen würde (BVerwG, NJW 1975, 2309/2310).

6. Rechtsschutz. Wird die beantragte Teilungsgenehmigung versagt, 30 so kann dieser **Verwaltungsakt** von dem Antragsteller (vgl. hierzu Rn 23) nach der VwGO angefochten werden, also vom Eigentümer sowie in den Fällen eines Teilungskaufs auch vom Teilungskäufer (BVerwG, NJW 1977, 210). Da die Bindungswirkung der Teilungsgenehmigung nach § 21 Abs. 1 auch im Verhältnis zu einem **Nachbarn** wirkt, kann auch dieser die Teilungsgenehmigung anfechten (BVerwG, NJW 1969, 1786; ZfBR 1982, 42), und zwar auch in den Fällen einer fiktiven Teilungsgenehmigung. Dagegen werden durch die einen Miteigentümer erteilte Teilungsgenehmigung Rechte der **anderen Miteigentümer** nicht verletzt (BVerwG, BauR 1988, 453).

7. Überleitungsrecht. Für das **BauGB** ergeben sich keine Überlei- 31 tungsprobleme. Die Überleitungsvorschriften zur Novelle 1979 sind wegen Zeitablaufs nicht übernommen worden: Durch die **Novelle 1979** ist die nach § 19 Abs. 2 Nr. 1 BBauG 1960 bestehende Genehmigungspflicht für eine Auflassung oder eine Einigung über die Bestellung eines Erbbaurechts aufgehoben worden. Nach den Überleitungsbestimmungen des § **183a Abs. 1 BBauG** sind eingeleitete Verfahren einzustellen, soweit sie zum Zeitpunkt des Inkrafttretens des ÄndG 1979 (1. Aug. 1979) noch nicht unanfechtbar abgeschlossen waren (vgl. hierzu B/K/L, 1. Aufl., § 183a, Rn 1 sowie BVerwG, NJW 1980, 1537).

Für das **BauGB-MaßnahmenG,** das für die Erteilung von Genehmi- 32 gungen für ausschließlich Wohnzwecken dienende Vorhaben in Gebie-

ten mit Bebauungsplänen i. S. d. § 30 Abs. 1 BauGB Änderungen der
Fristen nach § 19 Abs. 3 S. 3 und S. 7 BauGB regelt (vgl. § 5 Abs. 2 und
3 BauGB-MaßnahmenG; hierzu Rn 26a und 27a), ist zur Überleitung
in § 14 BauGB-MaßnahmenG folgendes bestimmt: § 5 BauGB-Maß-
nahmenG ist auf Anträge und Ersuchen anzuwenden, die nach dem
31. Mai 1990 und vor dem 1. Juni 1995 (vgl. Art. 1 WoBauErlG) bei der
zuständigen Behörde eingehen.

§ 20 Versagungsgründe

(1) Die Genehmigung ist zu versagen, wenn

1. in den Fällen des § 19 Abs. 1 Nr. 1 die Teilung oder die mit ihr
 bezweckte Nutzung mit den Festsetzungen des Bebauungsplans
 nicht vereinbar wäre;

2. in den Fällen des § 19 Abs. 1 Nr. 2 infolge der Teilung ein Grund-
 stück entstehen würde, auf dem die mit der Teilung bezweckte
 Nutzung den Festsetzungen eines Bebauungsplans widersprechen
 oder sich im Sinne des § 34 Abs. 1 und 2 nicht in die Umgebung
 einfügen würde; wird keine Nutzung bezweckt, darf infolge der
 Teilung kein Grundstück entstehen, auf dem Vorhaben aus den
 genannten Gründen unzulässig wären;

3. in den Fällen des § 19 Abs. 1 Nr. 3 die Teilung oder die mit ihr
 bezweckte Nutzung mit einer geordneten städtebaulichen Ent-
 wicklung nicht vereinbar wäre oder wenn die Teilung dazu dient,
 eine unzulässige Bebauung oder kleingärtnerische Dauernutzung
 vorzubereiten;

4. in den Fällen des § 19 Abs. 1 Nr. 4 die Voraussetzungen für die
 Zulassung einer Ausnahme nach § 14 Abs. 2 Satz 1 nicht vorliegen.

(2) Die Genehmigung kann auch versagt werden, wenn mit der
Teilung

1. offensichtlich eine andere als die angegebene Nutzung bezweckt
 wird oder

2. keine Nutzung angegeben wird, aber offensichtlich eine nach
 Absatz 1 rechtserhebliche Nutzung bezweckt wird.

In den Fällen, in denen die Beteiligten nicht angegeben haben, daß
die Teilung der Vorbereitung einer Bebauung oder kleingärtneri-
schen Dauernutzung dient, kann die Genehmigung auch versagt
werden, wenn offensichtlich die Vorbereitung einer solchen unzulä-
sigen Nutzung beabsichtigt ist. Den Beteiligten ist vor Versagung
der Genehmigung Gelegenheit zu geben, sich zu den für die Ent-
scheidung erheblichen Tatsachen zu äußern.

1. Allgemeines. Den in § 19 Abs. 1 Nr. 1 bis 4 bezeichneten Grund- **1**
fällen, die eine **Genehmigungspflicht** der Teilung begründen, stehen in
§ 20 Abs. 1 Nr. 1 bis 4 die jeweiligen **Versagungsgründe** gegenüber;
Abs. 2 S. 1 u. 2 enthält weitere, und zwar für Teilungen im Außenbe-
reich (§ 19 Abs. 1 Nr. 3) maßgebliche Versagungsgründe (vgl. hierzu
Rn 20–22). § 20 enthält eine **abschließende Regelung** der **Versagungs-
gründe** (vgl. bereits § 19, Rn 28). Voraussetzung für die Entscheidung
über den Antrag ist, daß die Teilung **genehmigungsbedürftig** ist
(hierzu § 19, Rn 8–21) und daß der Antrag **genehmigungsfähig** ist (vgl.
hierzu § 19, Rn 23).

Die Versagungsgründe nach Abs. 1 bestimmen zugleich den Umfang **2**
der **Bindungswirkung der Teilungsgenehmigung** nach § 21 Abs. 1.
Dagegen nehmen die in Abs. 2 S. 1 u. 2 bezeichneten Versagungs-
gründe an der Bindungswirkung nicht teil, und zwar insbesondere
auch dann nicht, wenn sie von der Genehmigungsbehörde nicht ge-
prüft werden (vgl. Rn 21 und § 21, Rn 6 sowie Taegen, in: BK, § 20,
Rn 1; Zinkahn, in: E/Z/B, § 21, Rn 7).

Die Genehmigung ist zu erteilen, wenn kein Versagungsgrund nach **3**
§ 20 vorliegt. Auf die Genehmigung besteht also ein **Rechtsanspruch;**
zur Antragsbefugnis und zum Rechtsschutz vgl. § 19, Rn 23 und Rn 30.
Der Genehmigungsbehörde steht kein **Ermessen** zu, wenn Versagungs-
gründe nach Abs. 1 vorliegen; sie hat die Genehmigung bei Vorliegen
von Gründen nach Abs. 1 zu versagen. Etwas anderes gilt in den Fällen
der Mißbrauchsaufsicht nach Abs. 2: Die Gemeinde „kann" die Geneh-
migung, muß sie jedoch nicht versagen (vgl. Rn 21). Zur Ermessensbe-
tätigung bei einer möglichen Ausnahme von den Festsetzungen eines
Bebauungsplans oder einer Befreiung sowie bei einer Ausnahme von
der Veränderungssperre vgl. Rn 8 sowie Rn 18.

2. Versagungsgründe. a) Im Gebiet eines Bebauungsplans i. S. des **4**
§ 30 Abs. 1; § 19 Abs. 1 Nr. 1. Die Teilung eines Grundstücks, das
innerhalb des räumlichen Geltungsbereichs eines qualifizierten Bebau-
ungsplans (vgl. § 30 Abs. 1) liegt, bedarf **stets** der Genehmigung, und
zwar unabhängig davon, ob es bebaut oder unbebaut ist. Anders als in

Fällen der Teilung eines im Außenbereich gelegenen Grundstücks (vgl.
§ 19 Abs. 1 Nr. 3, dort Fälle 3 bis 5), kommt es für die Genehmigungs-
pflicht der Teilung nicht auf den Zweck an, der mit der Teilung
verfolgt wird. Die mit der Teilung **bezweckte Nutzung** kann jedoch
die Versagung der Genehmigung begründen (hierzu Rn 6).

5 Nach Abs. 1 Nr. 1 ist die Teilung zu versagen, wenn sie mit den
Festsetzungen des Bebauungsplans nicht vereinbar wäre (1. Fall). Der
Bebauungsplan setzt zwar keine Grundstücksgrenzen verbindlich fest.
Jedoch kann durch die Teilung die Verwirklichung des Bebauungsplans
erschwert oder unmöglich werden, z. B. durch Teilung eines durch
Baulinien festgesetzten Baukörpers oder durch eine Teilung, die den im
Bebauungsplan nach § 9 Abs. 1 Nr. 3 enthaltenen Festsetzungen über
eine Mindestgröße, Mindestbreite oder Mindesttiefe widersprechen
würde (vgl. weitere Beispiele bei Zinkahn aaO, Rn 9). Führt die
Teilung zu einem den Festsetzungen des Bebauungsplanes widerspre-
chenden Zustand, kann dieser Versagungsgrund durch eine **Vereini-
gungsbaulast** (oder eine Dienstbarkeit) ausgeräumt werden; sie be-
wirkt, daß die davon erfaßten Grundstücke bauordnungs- und bau-
planungsrechtlich als **ein** Grundstück zu behandeln sind (OVG Lüne-
burg, NJW 1985, 1796). Versagungsgründe können sich dabei aus allen
in einem Bebauungsplan nach § 30 Abs. 1 enthaltenen bodenrechtlichen
Festsetzungen ergeben (vgl. § 9 Abs. 1). Das gleiche gilt für Festsetzun-
gen, die aufgrund landesrechtlicher Regelungen in den Bebauungsplan
aufgenommen werden können (§ 9 Abs. 4); allerdings nur dann, wenn
die Anwendung der Bestimmungen der §§ 19 ff. hierfür landesrechtlich
angeordnet ist (Dürr, in: Kohlhammer-Komm. § 20, Rn 7; Zinkahn
aaO, Rn 8). Die nach § 9 Abs. 6 nachrichtlich übernommenen Festset-
zungen begründen demgegenüber keine Versagung.

6 Die Teilungsgenehmigung ist auch zu versagen, wenn die mit der
Teilung **bezweckte Nutzung** mit den Festsetzungen des Bebauungs-
plans nicht vereinbar wäre (2. Fall). Die mit der Teilung bezweckte
Nutzung ist jedoch weder Grund für das Genehmigungsbedürfnis nach
§ 19 Abs. 1 Nr. 1 (vgl. Rn 4), noch ist der Eigentümer zur Angabe der
bezweckten Nutzung verpflichtet. Macht er diese jedoch eindeutig zum
Gegenstand der Teilungsgenehmigung, so erstreckt sich hierauf die
Bindungswirkung des § 21 Abs. 1 (vgl. hierzu § 21, Rn 6). Die Tei-
lungsgenehmigung kann dabei allerdings nicht versagt werden, wenn
die Verwirklichung dieses Zwecks keiner bauaufsichtlichen Genehmi-
gung oder Zustimmung i. S. von § 29 S. 1 bedarf (BVerwG, NJW
1968, 1690). Gibt der Antragsteller jedoch z. B. eindeutig an, daß er ein
auf dem Teilgrundstück bereits vorhandenes, mit den Festsetzungen
des Bebauungsplans nicht vereinbares Bauwerk bestehen lassen und
weiterhin nutzen will, so steht dies der Angabe des Nutzungszwecks
gleich (BVerwG, BBauBl. 1965, 596; Weyreuther, 69).

7 Die **Sicherung der Erschließung** wird nicht im Bodenverkehrsge-
nehmigungsverfahren, sondern erst in einem nachfolgenden Bauge-

nehmigungsverfahren geprüft. Das gleiche gilt für die Prüfung der Frage, ob die Erschließung **möglich** ist (BVerwG, NJW 1982, 1060; ZfBR 1982, 42; Zinkahn aaO, Rn 16f.). Das BVerwG (aaO) hat – in Entscheidungen zu § 20 Abs. 1 Nr. 2 – allerdings offengelassen, ob ausnahmsweise eine Teilungsgenehmigung dann versagt werden darf, wenn bereits im Zeitpunkt der Stellung eines Teilungsantrags offensichtlich des Trenngrundstück „schlechterdings und unter keinen Umständen jemals erschließungsfähig sein wird". Wird ein bereits bebautes Grundstück so geteilt, daß eine bestehende und bisher zulässige Bebauung gerade infolge der Teilung wegen Wegfall der Erschließung für das abgeteilte Grundstück rechtswidrig wird, hat das BVerwG (ZfBR 1982, 42 sowie bereits NJW 1981, 2426) hierin einen Versagungsgrund für die Teilungsgenehmigung anerkannt. Diese zu Abs. 1 Nr. 2 ergangene Entscheidung kann sinngemäß für die Fälle nach Abs. 1 Nr. 1 und 3 herangezogen werden; so auch ausdrücklich OVG Hamburg (U. v. 26. 9. 1985 – Bf II 54/83) und VGH München (U. v. 7. 10. 1985 – 15 B 84 A. 237)

Liegen die Voraussetzungen für die Zulassung einer **Ausnahme** oder die Erteilung einer **Befreiung** nach § 31 Abs. 1 u. 2 vor, so kann dies bereits im Verfahren der Teilungsgenehmigung berücksichtigt werden (BVerwG 40, 268; Zinkahn aaO, Rn 13). Eine Verpflichtung der Genehmigungsbehörde hierzu besteht jedoch nicht (BVerwG aaO). Ein ausdrücklicher Antrag ist nicht erforderlich (Zinkahn aaO, Rn 14). **8**

Hat die Gemeinde beschlossen, einen Bebauungsplan aufzustellen, zu ändern oder zu ergänzen und liegen die Voraussetzungen des § 33 **Abs. 1** vor, so **ist** die Teilungsgenehmigung auch dann zu erteilen, wenn die Teilung oder die mit ihr bezweckte Nutzung mit den Festsetzungen des („noch geltenden") Bebauungsplanes nicht vereinbar wäre. Liegen die Voraussetzungen des § 33 **Abs. 2** vor, so **kann** dies bereits im Verfahren der Teilungsgenehmigung berücksichtigt werden. **9**

Da für die Beurteilung, ob Versagungsgründe vorliegen, nur die Festsetzungen des Bebauungsplans maßgeblich sind, sind Gründe, die sich aus dem **Bauordnungsrecht** ergeben unbeachtlich; zu den in Landesbauordnungen enthaltenen besonderen Regelungen über Grundstücksteilungen vgl. bereits § 19, Rn 2. Auch ein Anbauverbot nach § 9 FstrG rechtfertigt nicht die Versagung der Bodenverkehrsgenehmigung (BVerwG, DÖV 1968, 881). **10**

b) Innerhalb der im Zusammenhang bebauten Ortsteile (§ 34); § 19 Abs. 1 Nr. 2. Innerhalb der im Zusammenhang bebauten Ortsteile nach § 34 bedarf die Teilung eines Grundstücks nach § 19 Abs. 1 Nr. 2 stets der Genehmigung; ob das Grundstück bebaut oder unbebaut ist oder zu welchem Zweck die Teilung vorgenommen wird, ist für das Genehmigungsbedürfnis ohne Bedeutung (vgl. auch Rn 4). Abs. 2 Nr. 2 enthält **drei** selbständige **Versagungsgründe:** Infolge der Teilung entsteht ein Grundstück, auf dem die mit der Teilung bezweckte Nutzung den Festsetzungen eines Bebauungsplans widersprechen würde (1. Fall, Rn **11**

12) oder sich i. S. des § 34 Abs. 1 und 2 nicht in die Umgebung einfügen würde (2. Fall, Rn 13) oder es würde – ohne daß eine bestimmte Nutzung bezweckt ist – durch die Teilung ein Grundstück entstehen, auf dem Vorhaben wegen Widerspruchs zu den Festsetzungen eines Bebauungsplans oder weil sie sich nicht in die Umgebung einfügen würden unzulässig wären (3. Fall, Rn 14). Zum Begriff des Innenbereichs vgl. § 19, Rn 9 sowie § 34, Rn 2–9; auch Grundstücksteilungen in Satzungsgebieten nach § 34 Abs. 4 und 5 sind nach Abs. 1 Nr. 2 zu beurteilen (Taegen, in: BK, § 20, Rn 4; Ziegler/Zinkahn, Das Bodenverkehrsrecht nach dem Bundesbaugesetz, Siegburg 1979, Rn 181 ff.). Satzungsgebiete nach § 4 Abs. 4 BauGB-MaßnahmenG sind dagegen nach §§ 35, 20 Abs. 1 Nr. 3 BauGB (Außenbereich) zu beurteilen.

12　　Die Genehmigung der Grundstücksteilung ist zu versagen, wenn infolge der Teilung ein Grundstück entstehen würde, auf dem die mit der Teilung bezweckte **Nutzung den Festsetzungen eines Bebauungsplans widersprechen** würde **(1. Fall)**. Nach § 34 ist ein Vorhaben im Innenbereich u. a. unzulässig, wenn es den Festsetzungen eines **einfachen Bebauungsplans** widerspricht (vgl. hierzu § 30 Abs. 2 sowie § 34, Rn 10–12). Wegen der Versagungsgründe im einzelnen wird im übrigen auf die Erläuterungen zu Abs. 1 Nr. 1 Bezug genommen, insbesondere zu den Anforderungen an die Angabe des Nutzungszwecks durch den Eigentümer (vgl. Rn 4 u. 6), zur Sicherung der Möglichkeit der Erschließung (vgl. Rn 7), zur Zulassung von Ausnahmen oder Erteilung von Befreiungen (vgl. Rn 8), zur Zulässigkeit von Vorhaben während der Planaufstellung nach § 33 (vgl. Rn 9) sowie zur Bedeutung bauordnungsrechtlicher Hindernisse (vgl. Rn 10).

13　　Die Genehmigung ist weiterhin zu versagen, wenn durch die Teilung ein Grundstück entstehen würde, auf dem die mit der Teilung bezweckte Nutzung sich i. S. des § 34 Abs. 1 und 3 **nicht in die Umgebung einfügen** würde **(2. Fall)**. Zum Begriff des Einfügens in die Eigenart der näheren Umgebung vgl. die Erl. zu § 34.

14　　Die Genehmigung ist auch zu versagen, wenn infolge der Teilung **ein Grundstück entsteht, auf dem Vorhaben** deshalb **unzulässig wären**, weil sie den Festsetzungen eines einfachen Bebauungsplans widersprechen oder sich i. S. des § 34 Abs. 1 und 2 nicht in die Umgebung einfügen würden **(3. Fall)**. Beispiel: Durch die Teilung entstehen Grundstücke, deren bauliche Nutzung sich unter keinem Gesichtspunkt in den vorhandenen Rahmen einfügen könnte (Taegen aaO, Rn 8). Die Teilung des Grundstücks darf insbesondere nicht zu einem rechtswidrigen Zustand führen, auch wenn eine zukünftige Heilung möglich erscheint (BVerwG NJW 1981, 2426; ZfBR 1982, 42). Wird daher ein bereits bebautes Grundstück so geteilt, daß eine bestehende und bisher zulässige Bebauung gerade infolge der Teilung rechtswidrig wird, so ist auch in diesem Fall die Genehmigung zu versagen (vgl. zur Sicherung der Erschließung im einzelnen Rn 7).

c) Im Außenbereich (§ 35); § 19 Abs. 1 Nr. 3. Teilungen im Außen- **15**
bereich sind nach § 19 Abs. 1 Nr. 3 nicht schlechterdings, sondern nur
in den dort bezeichneten fünf Fällen genehmigungsbedürftig (vgl. im
einzelnen § 19, Rn 10–15). Die Genehmigung ist nach **Abs. 1 Nr. 3** zu
versagen, wenn die Teilung oder die mit ihr bezweckte Nutzung mit
einer **geordneten städtebaulichen Entwicklung** nicht vereinbar wäre
(Rn 16). Diese Versagungsgründe beziehen sich auf die Fälle 1 bis 4 des
§ 19 Abs. 1 Nr. 3 (vgl. § 19, Rn 10–14), nämlich der Teilung eines
Grundstücks, das bebaut ist oder dessen Bebauung genehmigt ist oder
der Teilung zum Zwecke der Bebauung oder der kleingärtnerischen
Dauernutzung. Die Genehmigung ist weiterhin zu versagen, wenn die
Teilung dazu dient, eine **unzulässige Bebauung** oder **kleingärtnerische
Dauernutzung vorzubereiten** (Rn 17). Dieser Versagungsgrund be-
zieht sich auf den 5. Fall des § 19 Abs. 1 Nr. 3 (vgl. § 19, Rn 15), wonach
die Teilung im Außenbereich der Genehmigung bedarf, wenn sie nach
den Angaben der Beteiligten der Vorbereitung einer Bebauung oder
kleingärtnerischen Nutzung dient.

Ob die Teilung oder die mit ihr bezweckte Nutzung mit einer **16**
geordneten städtebaulichen Entwicklung vereinbar wäre, beurteilt
sich nach der Beeinträchtigung öffentlicher Belange i. S. des § 35 Abs. 3
(BVerwGE 18, 243/245; NJW 1968, 1690/1691); vgl. hierzu die Erläut.
zu § 35 Abs. 3. Aus der Übereinstimmung der Beurteilungsmaßstäbe
des Abs. 1 Nr. 3 sowie des § 35 Abs. 3 ergibt sich weiterhin, daß eine
Teilungsgenehmigung wegen der mit ihr bezweckten Nutzung nicht
versagt werden darf, wenn die Verwirklichung dieses Zwecks keiner
bauaufsichtlichen Genehmigung oder Zustimmung i. S. des § 29 S. 1
bedarf (BVerwG, NJW 1968 aaO). Für die Teilung in Fällen einer
kleingärtnerischen Dauernutzung ergibt sich hieraus folgendes: Da
die kleingärtnerische Dauernutzung nicht nach § 29 S. 1 zu beurteilen
ist, also insbesondere keiner Baugenehmigung bedarf, ist für eine
Versagung der Teilungsgenehmigung nur dort Raum, wo der Eigentü-
mer den Teilungszweck ausdrücklich zum Gegenstand des Genehmi-
gungsantrags macht (Zinkahn aaO, Rn 42); die Versagung nach § 20
Abs. 2 („Mißbrauchsaufsicht") bleibt jedoch als eigenständiger Versa-
gungsgrund unberührt (vgl. im einzelnen Rn 20. Widerspricht die
Teilung oder die mit ihr bezweckte Nutzung den Festsetzungen eines
einfachen Bebauungsplans, so ist die Genehmigung gleichfalls zu
versagen (Zinkahn aaO, Rn 30; vgl. hierzu auch § 30 Abs. 2, sowie
§ 35, Rn 8). Zur Versagung der Genehmigung wegen unzureichender
Erschließung vgl. Rn 7 (in diesen Fällen bejahen einen Versagungs-
grund auch Dürr aaO, Rn 22; Zinkahn aaO, Rn 17).

Dient die Teilung dazu, eine **unzulässige Bebauung** oder **kleingärt-** **17**
nerische Dauernutzung vorzubereiten (vgl. § 19, Rn 15), so ist die
Genehmigung gleichfalls zu versagen. Das Merkmal „unzulässig" ent-
spricht dem der Nutzung, die mit einer geordneten städtebaulichen
Entwicklung nicht vereinbar wäre (Dürr, NVwZ 1983, 73/75; Zinkahn

aaO, Rn 44); auf die Erläuterungen in Rn 16 wird Bezug genommen. Zur Versagung nach Abs. 2 („Mißbrauchsaufsicht"), wenn in diesen Fällen der wahre Nutzungszweck verschwiegen oder unzutreffend angegeben wird, vgl. Rn 20.

18 **d) Im Bereich einer Veränderungssperre (§ 14); § 19 Abs. 1 Nr. 4.** Innerhalb des räumlichen Geltungsbereichs einer Veränderungssperre i. S. des § 14 ist die Genehmigung zu versagen, wenn die Voraussetzungen für die Zulassung einer **Ausnahme von der Veränderungssperre** nicht vorliegen (§ 14 Abs. 2 S. 1; vgl. hierzu § 14, Rn 18–20). Liegen die Voraussetzungen für die Zurückstellung von Baugesuchen nach § 15 vor, so kann auch ein Antrag auf Teilungsgenehmigung im Einzelfall nach **§ 15 Abs. 2** bis zu zwölf Monate **ausgesetzt** werden (§ 15, Rn 5).

19 **3. Auflagen.** Die Teilungsgenehmigung kann unter **Auflagen** erteilt werden (so ausdrücklich § 20 Abs. 2 BBauG 1960; vgl. inzwischen die entsprechenden Bestimmungen in den Verwaltungsverfahrensgesetzen z. B. § 36 Abs. 2 Nr. 4 VwVfG). Die Auflage ist als Nebenbestimmung dann **zulässig,** wenn die Voraussetzungen für eine Versagung der Genehmigung nach § 20 vorliegen und durch die Auflage die Versagungsgründe ausgeräumt werden können. Als Auflagen kommen Gebote oder Verbote an den Käufer in Betracht, die sich auf die Durchführung des Bauvorhabens beziehen. Die **befristete** oder **bedingte** Erteilung der Genehmigung ist dagegen unzulässig. Dies gilt z. B. für eine „Auflage", die die Genehmigung selbst in Frage stellt und von weiteren Ereignissen oder Vorgängen abhängig macht; hierdurch würde der Grundstücksverkehr unzumutbar beeinträchtigt und die Schutzfunktion des § 21 Abs. 1 (vgl. § 19, Rn 1 sowie § 21, Rn 1) im Ergebnis vereitelt (BVerwG, NJW 1966, 1830/1831). Eine Teilungsgenehmigung, die mit der Einschränkung erteilt wird, daß die Bebaubarkeit des zum Zwecke der Bebauung erworbenen Grundstücks vom Zuerwerb einer weiteren Fläche abhänge, ist keine (selbständig anfechtbare) Auflage, sondern eine zumindest vorläufige Ablehnung des Genehmigungsantrages und damit keine Nebenbestimmung des Verwaltungsaktes (BVerwG aaO). Das gleiche gilt z. B. für Bestimmungen, das Grundstück in anderer als in der beantragten Weise zu teilen oder das zum Zwecke der Bebauung zu teilende Grundstück nicht zu bebauen.

20 **4. Mißbrauchsaufsicht.** Nach **Abs. 2 kann** eine Teilungsgenehmigung weiterhin in folgenden drei Fällen versagt werden: Offensichtlich ist eine andere als die angegebene Nutzung bezweckt (Abs. 2 S. 1 Nr. 1); mit der Teilung wird offensichtlich eine nach Abs. 1 rechtserhebliche Nutzung bezweckt, jedoch nicht angegeben (Abs. 2 S. 1 Nr. 2); ein Nutzungszweck wird nicht angegeben, jedoch dient die Teilung offensichtlich der Vorbereitung einer unzulässigen Bebauung oder kleingärtnerischen Dauernutzung (Abs. 2 S. 2). Die Bedeutung der Vorschrift liegt in folgendem: Sofern ein Außenbereichsgrundstück nicht bebaut oder seine Bebauung genehmigt ist, bedarf die Teilung nach § 19 Abs. 1 Nr. 3 nur dann der Genehmigung, wenn der Nut-

zungszweck zum Gegenstand des Teilungsantrags gemacht wird oder sich nach den Angaben der Beteiligten ergibt (vgl. § 19, Rn 13 u. 15); hieran schließt auch der Versagungsgrund nach Abs. 1 Nr. 3 an (vgl. Rn 15 u. 17). Bei der Teilung eines Innenbereichsgrundstücks (§ 19 Abs. 1 Nr. 1 und 2) begründet die mit der Teilung bezweckte Nutzung nur dann einen Versagungsgrund, wenn der Nutzungszweck vom Eigentümer zum Gegenstand des Teilungsantrags gemacht wurde (Abs. 1 Nr. 1 u. 2; vgl. Rn 6). Wird der Nutzungszweck verschwiegen oder unzutreffend angegeben, können sich **Zweifel** hinsichtlich der Bindungswirkung des § 21 Abs. 1 ergeben (vgl. BVerwGE 50, 311). Vor allem aber würde die mit dem Institut der Teilungsgenehmigung bezweckte **Sicherungsfunktion** (vgl. § 19, Rn 1) bei solchen Fallgestaltungen beeinträchtigt. Nach der neueren Rechtsprechung des BVerwG (vgl. zum folgenden BVerwG, NJW 1985, 1354/1355) ist die „Mißbrauchsaufsicht" ein **eigenständiger Versagungsgrund**: Mit der Einführung des § 20 Abs. 2 (durch die Novelle 1979) hat der Gesetzgeber entschieden, daß die Genehmigungsbedürftigkeit von Grundstücksteilungen nicht in erster Linie dem Schutz privater Interessen dienen und deshalb nicht mehr zur Disposition der Beteiligten eines Teilungskaufs stehen soll. Der Teilungsgenehmigung wurde damit eine in erster Linie im öffentlichen Interesse der städtebaulichen Ordnung liegende **Sicherungsfunktion** beigemessen. Abs. 2 überläßt es nicht mehr den Vertragspartnern allein, durch ihre Erklärungen den Umfang der Bindungswirkung festzulegen (vgl. demgegenüber noch BVerwGE 50, 311). Der Vorrang der Sicherungsfunktion zeigt sich vor allem in den Fällen des § 19 Abs. 1 Nr. 3, d. h. zugunsten des Schutzes des Außenbereichs, der neben der Erholung für die Allgemeinheit vor allem der land- und forstwirtschaftlichen Nutzung dienen soll: So kann die Teilung eines bisher landwirtschaftlich genutzten Grundstücks in Teilgrundstücke von der Größe von Baugrundstücken zur Brache oder zu einer unwirtschaftlichen Verkleinerung führen; die Gefahr von Schwarzbauten wird erhöht; der Druck auf die Gemeinde wächst, den Bauwünschen schließlich Rechnung zu tragen; Fehlentwicklungen, die eine Planung erforderlich machen, die aber häufig schwer durchzusetzen ist, werden damit verstärkt (BVerwG, NJW 1985, 1354/1355).

Abs. 2 stellt die Versagung der Teilungsgenehmigung dabei in das **Ermessen** (hierzu Rn 21) der Behörde unter der Voraussetzung, daß mit der Teilung **offensichtlich** (hierzu Rn 22) eine nach Abs. 1 unzulässige Nutzung bezweckt oder ihre Vorbereitung beabsichtigt ist. Das löst die Genehmigungsbehörde von der Beschränkung auf die Angaben des Eigentümers und der anderen Beteiligten (BVerwG aaO). Zur Bindungswirkung des § 21 Abs. 1 im Hinblick auf die Versagungsgründe nach § 20 Abs. 2 vgl. § 21, Rn 12.

Die Genehmigung **kann, muß** aber nicht versagt werden. Wird die 21 Genehmigung erteilt oder das Negativattest ausgestellt, obwohl die Voraussetzungen für eine Versagung nach Abs. 2 vorliegen, so nimmt

die nicht oder unzutreffend angegebene Nutzung nicht an der **Bindungswirkung** des § 21 Abs. 1 teil (vgl. auch § 21, Rn 6; Taegen aaO, Rn 1; Zinkahn aaO, Rn 68). Die „Mißbrauchsaufsicht" des Abs. 2 begründet insbesondere **keine Pflicht**, von Amts wegen Ermittlungen über etwaige nicht offenbarte und nicht offensichtliche unzulässige Teilungszwecke anzustellen (BVerwG aaO). Vielmehr wird es in das Ermessen der Genehmigungsbehörde gestellt, Mißbräuche zu unterbinden, die sich daraus ergeben, daß ein Genehmigungsgrund (§ 19 Abs. 1 Nr. 3) oder ein Versagungsgrund (Abs. 1 Nr. 1 bis 3) maßgeblich von den Angaben des Eigentümers bzw. der Beteiligten (vgl. § 19, Rn 13 u. 15) begründet wird (vgl. z. B. Zinkahn aaO, Rn 67).

22 Die Genehmigung kann versagt werden, wenn **offensichtlich** die „wahre" Nutzungsabsicht verschwiegen oder unzutreffend angegeben wird. Der Behörde müssen also Tatsachen bekannt sein, aus denen sich nach den Umständen des Einzelfalls der Mißbrauch evident ergibt. Die Beschränkung der Versagungsgründe auf „offensichtlich" unwichtige oder verschwiegene Fälle, räumt der Behörde einen gewissen **Spielraum** ein, innerhalb dessen die Genehmigung versagt werden kann. Umstände eines unzulässigerweise verfolgten Bebauungszwecks können sich aus den Einzelheiten des Teilungskaufs und sonstigen Anzeichen ergeben, wie z. B.: Höhe des Kaufpreises (z. B. in der Nähe des Baulandpreises), Zuschnitt und Größe des Teilgrundstücks oder seine besondere örtliche Lage (z. B. in einem durch Streu- oder Splittersiedlungen geprägten Bereich, in der Randlage zu bebauten Ortslagen, in einer begehrten Erholungslandschaft oder an einem Weg), der auswärtige Wohnsitz des Erwerbers, dessen landwirtschaftsfremder Beruf oder die Werbung für den Kauf des Teilgrundstücks für Wohn- oder Wochenendnutzung in Zeitungen oder über Makler (BVerwG, NJW 1985, 1354/1355). Eine **Nachforschungspflicht,** aber auch ein **Nachforschungsrecht** bestehen nicht (vgl. hierzu bereits Rn 21; so auch Zinkahn aaO, Rn 65). Die Vermutung eines Mißbrauchs reicht nicht aus.

23 Zur Klärung des Sachverhalts ist die Behörde nach **Abs. 2 S. 3** verpflichtet, den Beteiligten (vgl. hierzu § 19, Rn 15 u. 23) vor Versagung der Genehmigung Gelegenheit zu geben, sich zu den für die Entscheidung erheblichen Tatsachen zu äußern. Unterbleibt die Anhörung, so ist die Versagung – unbeschadet ihrer materiellen Begründetheit – rechtswidrig (Taegen aaO, Rn 11; Zinkahn aaO, Rn 66).

24 **5. Überleitungsrecht.** Die Überleitungsvorschrift zur Novelle 1979 – § 183a BBauG – ist nur z. T. übernommen worden: **§ 234 Abs. 3** entspricht § 183a Abs. 3 BBauG; vgl. hierzu die Erl. zu § 243. Zu § 183a Abs. 1 und 2 vgl. B/K/L, 1. Aufl., § 183a, Rn 1 und 2; dort auch zur maßgeblichen BVerwG-Entscheidung v. 6. 7. 1984, DVBl. 1984, 1126. Zum **BauGB** besteht keine besondere Überleitungsvorschrift.

§21 Inhalt der Genehmigung

(1) Ist die Genehmigung nach § 19 erteilt, so darf auf einen Antrag, der innerhalb von drei Jahren seit der Erteilung der Genehmigung gestellt wurde, eine Baugenehmigung nicht aus den Gründen versagt werden, die nach § 20 Abs. 1 rechtserheblich waren.

(2) Absatz 1 gilt nicht, wenn sich die für die Erteilung der Genehmigung maßgebenden rechtlichen oder tatsächlichen Voraussetzungen geändert haben. Jedoch ist alsdann bei Versagung der Baugenehmigung aus dem in § 20 Abs. 1 Nr. 1 bis 3 genannten Gründen dem Eigentümer oder dem Erbbauberechtigten eine angemessene Entschädigung in Geld insoweit zu leisten, als durch die Versagung

1. der Wert des Grundstücks gemindert wird,

2. Aufwendungen an Wert verlieren, die der Eigentümer oder Erbbauberechtigte für Vorbereitungen zur Nutzung des Grundstücks im Vertrauen auf die Genehmigung nach § 19 bereits gemacht hat.

(3) Zur Entschädigung ist die Gemeinde verpflichtet; ist ein Begünstigter vorhanden, ist § 44 Abs. 1 Satz 1 und 3 sowie Abs. 2 entsprechend anzuwenden. Auf die Entschädigung und das Verfahren ist § 43 Abs. 2 mit der Maßgabe entsprechend anzuwenden, daß im Falle des Absatzes 2 Satz 2 Nr. 1 die Höhe der Entschädigung den Unterschied zwischen dem aufgewandten Entgelt und dem Verkehrswert, der sich nach Versagung der Baugenehmigung ergibt, nicht übersteigen darf. Der Entschädigungsberechtigte kann Entschädigung verlangen, wenn die in Absatz 2 Satz 2 Nr. 1 und 2 bezeichneten Vermögensnachteile eingetreten sind; für die Fälligkeit und die Verzinsung sowie das Erlöschen des Entschädigungsanspruchs gilt § 44 Abs. 3 Satz 2 und 3 sowie Abs. 4 entsprechend.

Übersicht

1. Allgemeines; Bindungswirkung. Aus der Teilungsgenehmigung erwächst nach **Abs. 1** für **drei Jahre** eine Bindungswirkung für eine künftige Entscheidung über einen Antrag auf Erteilung der **Baugenehmigung.** Eine Baugenehmigung kann danach nicht aus den Gründen des § 20 Abs. 1 versagt werden. Die sich hieraus ergebende **Schutzfunktion** der Teilungsgenehmigung (vgl. auch § 19, Rn 1) kommt insbesondere dem Teilungskäufer zugute, der das zu teilende Grundstück zum Zwecke der baulichen oder sonstigen Nutzung erwirbt. Die Bindungswirkung kann aber auch einem späteren Erwerber zugute

kommen (vgl. Rn 5 u. 9) und sich auch auf den Nachbarn erstrecken
(vgl. Rn 16). Zum sachlichen Umfang der Bindungswirkung vgl. Rn
6–9); zum Fortfall der Bindungswirkung vgl. Rn 10–15.

2 Auch die **„fiktive Teilungsgenehmigung",** also die nach § 19 Abs. 3
S. 6 als erteilt geltende Teilungsgenehmigung (vgl. hierzu § 19, Rn 27)
bindet im Rahmen des § 21 die Baugenehmigungsbehörde bei der
Entscheidung über eine Baugenehmigung (BVerwG, NJW 1969, 1869;
Taegen, in: BK, § 21, Rn 4; Zinkahn, in: E/Z/B, § 21, Rn 4). Auch die
fehlerhafte Teilungsgenehmigung, solange sie Bestand hat, bindet die
Baugenehmigungsbehörde, so daß Versagungsgründe nach § 20 Abs. 1
nicht erneut geprüft werden dürfen (BVerwGE 29, 357; so auch
BVerwG, DÖV 1968, 880 in einem Fall der Rechtswidrigkeit der
Teilungsgenehmigung wegen Verstoßes gegen das Erfordernis der
Zustimmung der höheren Verwaltungsbehörde nach § 19 Abs. 3 S. 2;
vgl. auch Taegen aaO, Rn 3); vgl. aber zur Rücknahme der rechtswidri-
gen Teilungsgenehmigung Rn 15 sowie § 19, Rn 29. Vgl. weiterhin
BVerwG, NJW 1986, 2775: Bindung auch, wenn die Behörde sowohl
die Lage des zu teilenden Grundstücks im Innen- oder Außenbereich als
auch die Genehmigungsbedürftigkeit wegen der nur vom Käufer er-
klärten Bebauungsabsicht (vgl. hierzu § 20, Rn 13) falsch einschätzt
(**„Irrtum"**); die Beeinträchtigung öffentlicher Belange i. S. des § 35
Abs. 3 können dann einem Vorhaben wegen der Bindungswirkung des
§ 21 Abs. 1 nicht entgegengehalten werden. **Keine Bindungswirkung**
tritt dagegen ein, wenn die Teilungsgenehmigung **nichtig** ist
(BVerwG, DÖV 1968, 880; Zinkahn aaO, Rn 3). Keine Bindungswir-
kung kommt dem **Negativattest** nach § 23 Abs. 2 zu, also der Beschei-
nigung über die bodenverkehrsrechtliche Genehmigungsfreiheit
(BVerwGE 31, 22; Taegen aaO, Rn 4; Zinkahn aaO, Rn 5). Dies gilt
sowohl für das Zeugnis, daß eine Teilungsgenehmigung nicht erforder-
lich ist, als auch für das Zeugnis, daß eine Genehmigung i. S. des § 19
Abs. 3 S. 6 als erteilt gilt; im letzteren Fall ergibt sich die Bindungswir-
kung nicht aus dem Negativattest, sondern aus der gesetzlichen Fiktion
der Erteilung nach Fristablauf (BVerwGE NJW 1969, 1869; vgl. hierzu
auch § 23, Rn 4).

3 Die Bindungswirkung des Abs. 1 tritt für eine spätere **Baugenehmi-
gung** ein. Der Teilungsgenehmigung kommt also eine „Zusagewir-
kung kraft Gesetzes" zu (BVerwG, BRS 18 Nr. 66). Bezogen auf die
Versagungsgründe des § 20 Abs. 1 wird somit die Entscheidung über
die Baugenehmigung auf die Teilungsgenehmigung **vorverlagert.** Die
Baugenehmigung ist in den landesrechtlichen Bauordnungen geregelt.
Sie ist eine hoheitliche Erklärung, daß dem beabsichtigten Bauvorha-
ben Hindernisse aufgrund des im Zeitpunkt der Erteilung der Geneh-
migung geltenden öffentlichen Rechts nicht entgegenstehen. Für den
Bauherrn ist die Baugenehmigung ein begünstigender Verwaltungsakt,
sofern sie gemäß Antrag erteilt wird. Wird dem Antrag nicht voll
entsprochen oder wird der Umfang der Genehmigung durch Nebenbe-

stimmungen eingeschränkt, so kann sie auch für den Bauherrn zugleich ein belastender Verwaltungsakt sein. Die Baugenehmigung hat darüber hinaus in aller Regel eine **Doppelwirkung,** nämlich eine begünstigende Wirkung auf den Bauherrn und eine belastende Wirkung für den Nachbarn; zu der sich hieraus ergebenden Anfechtungsmöglichkeit des Nachbarn gegen eine Teilungsgenehmigung vgl. Rn 16. Die Bindungswirkung tritt auch bei Vorhaben ein, die zwar keiner Baugenehmigung bedürfen, aber **anzeigepflichtig** sind (Zinkahn aaO, Rn 9). Für die nach den Landesbauordnungen bei baulichen Anlagen des Bundes oder der Länder an die Stelle der Baugenehmigung tretende **Zustimmung** hat die Bindungswirkung keine Bedeutung, da die Teilung nach § 19 Abs. 4 Nr. 2 keiner Genehmigung bedarf, wenn der Bund oder ein Land als Erwerber, Eigentümer oder Verwalter beteiligt sind.

Die Bindungswirkung des Abs. 1 tritt auch für Anträge ein, mit **4** denen die Erteilung einer **Bebauungsgenehmigung** (bzw. **Bauvorbescheid**) begehrt wird. Die Bebauungsgenehmigung ist ein **Vorbescheid,** in dem die Bebauungsfähigkeit des Grundstücks als mit dem öffentlichen Recht übereinstimmend verbindlich festgestellt wird. Sie ist keine auf bestimmte Ablehnungsgründe bezogene Zusage einer späteren Baugenehmigung, „sondern ein vorweggenommener Teil unmittelbar der Baugenehmigung selbst" (BVerwG, DÖV 1969, 143; vgl. weiterhin BVerwG, NJW 1984, 1473 und 1474; a. A. Dürr, JuS 1984, 770 [„Zusage"]). Sie setzt sich gegenüber nachfolgenden Rechtsänderungen (z. B. durch das Inkrafttreten einer Veränderungssperre oder eines Bebauungsplans) durch. Auch für die in den Landesbauordnungen geregelte **Teilbaugenehmigung,** wonach vor allem bei größeren Bauvorhaben nach Bauantrag die Bauarbeiten für die Baugrube oder für einzelne Bauteile oder Bauabschnitte auf schriftlichen Antrag schon vor Erteilung der Baugenehmigung gestattet werden, ist die Bindungswirkung des Abs. 1 maßgeblich.

Die Bindungswirkung des Abs. 1 ist auch für eine **weitere Teilungs-** **5** **genehmigung** des Grundstücks maßgeblich, sofern diese innerhalb der 3-Jahres-Frist des Abs. 1 vorgenommen wird (BVerwGE 29; 357; H. Schrödter aaO, Rn 5; Taegen aaO, Rn 1). Die Bindungsfrist des Abs. 1 verlängert sich hierzu jedoch nicht (BVerwG aaO; Zinkahn aaO, Rn 24). Wird die genehmigungsbedürftige Teilung vom Teilungskäufer vorgenommen, so kommt auch diesem die Bindungswirkung der ersten Teilungsgenehmigung zugute (vgl. hierzu im einzelnen Rn 9). Ergeben sich jedoch aufgrund der erneuten Teilung, insbesondere aufgrund der weiteren Verkleinerung des Grundstücks infolge der Teilung, zusätzliche Versagungsgründe i. S. des § 20 Abs. 1, so kann sich hierauf die Bindungswirkung nicht erstrecken, so daß insoweit selbständige Versagungsgründe entstehen können.

2. Umfang der Bindungswirkung. Der **sachliche Umfang der Bin-** **6** **dungswirkung** ergibt sich unmittelbar aus dem, was die Genehmigungsbehörde bei der Teilungsgenehmigung zu prüfen hat. Hat der

Eigentümer daher in den Fällen der Teilungsgenehmigung im **Innenbereich** (§ 19 Abs. 1 Nr. 1 und 2) den **Nutzungszweck** nicht offenbart, wozu er nicht verpflichtet ist (vgl. § 20, Rn 6), so kann auf die tatsächliche Nutzungsabsicht auch nicht ein Versagungsgrund nach § 20 Abs. 1 Nr. 1 und 2 gestützt werden. Allenfalls käme eine Versagung nach **§ 20 Abs. 2** in Betracht. Macht die Behörde von der Versagungsmöglichkeit des § 20 Abs. 2 jedoch keinen Gebrauch (vgl. hierzu § 20, Rn 21), so erstreckt sich die Bindungswirkung des § 21 Abs. 1 nicht auf den tatsächlich verfolgten, aber vom Antragsteller unzutreffend angegebenen oder verschwiegenen Nutzungszweck (vgl. § 20, Rn 21) sowie BVerwG, NJW 1985, 1354/1355): Da **§ 21 Abs. 1** nach erteilter Teilungsgenehmigung die Versagung der innerhalb dreier Jahre beantragten Baugenehmigung nur bezüglich der Gründe verbietet, die nach **§ 20 Abs. 1** rechtserheblich waren, **nicht** aber aus den Versagungsgründen des **§ 20 Abs. 2,** schafft eine erteilte Genehmigung bezüglich § 20 Abs. 2 **keine Bindungswirkung;** z. B. Genehmigung der Teilung im Außenbereich in Unkenntnis der Behörde über (obwohl offensichtliche) Bebauungsabsichten; dann kann eine anschließende beantragte Baugenehmigung noch aus den in § 20 Abs. 2 angeführten Gründen versagt werden; insoweit steht § 20 Abs. 2 außerhalb der Reichweite der Bindungswirkung des § 21 Abs. 1 (Mühl/Jaeckel, DVBl. 1986, 545). Macht der Antragsteller den (rechtlich unzulässigen) Nutzungszweck jedoch zum Gegenstand seines Teilungsantrags und wird die Genehmigung nach § 20 Abs. 1 nicht versagt, so tritt die Bindungswirkung des § 21 Abs. 1 auch insoweit ein (BVerwGE 29, 357; BRS 25 Nr. 93; DVBl. 1978, 610; Taegen aaO, Rn 2; Zinkahn aaO, Rn 7); vgl. weiterhin Rn 2 zur Frage irrtümlicher Entscheidungen.

7 Gründe, die zwar für die Beurteilung der planungsrechtlichen Zulässigkeit eines Vorhabens maßgeblich sind, jedoch nicht die Versagung der Teilungsgenehmigung rechtfertigen, können gleichfalls nicht in die Bindungswirkung des Abs. 1 hineinwachsen (BVerwGE 31, 22; NJW 1976, 141); vgl. aber zur Frage der **Erschließung** § 20, Rn 7, zu **anderen öffentlich-rechtlichen Vorschriften** § 20, Rn 10.

8 Die Bindungswirkung der Teilungsgenehmigung betrifft in erster Linie die Zulässigkeit von Vorhaben auf der **abgeschriebenen Teilfläche** (OVG Bremen, ZfBR 1983, 291). Etwas anderes gilt jedoch dann, wenn der Antragsteller einen bestimmten Nutzungszweck, d. h. vor allem die beabsichtigte Bebauung, hinsichtlich aller Teilflächen zum Gegenstand seines Teilungsantrags erklärt (Zinkahn aaO, Rn 16).

9 Wird ein mit Teilungsgenehmigung abgeschriebenes (Teil-Grundstück) innerhalb der 3-Jahres-Frist des Abs. 1 **erneut geteilt,** so bedarf die Teilung nach Maßgabe des § 19 Abs. 1 der Genehmigung. Zur Bindungswirkung hinsichtlich weiterer Teilungen vgl. bereits Rn 5. Wird in den Fällen des § 19 Abs. 1 Nr. 3 z. B. nicht angegeben, daß die Teilung zum Zwecke der Bebauung erfolgt, so entfällt allerdings die Genehmigungspflicht (vgl. aber im Hinblick auf „Mißbrauchsaufsicht"

– § 20 Abs. 2 – Rn 7 sowie § 19, Rn 13). Ist die weitere Teilung genehmigungspflichtig, so kommt die Bindungswirkung des Abs. 1 nicht nur dem ursprünglichen Antragsteller zu, sondern ggf. auch seinem Rechtsnachfolger, also insbesondere dem Teilungskäufer. Die Teilungsgenehmigung hat also eine grundstücksbezogene („dingliche") Wirkung (Zinkahn aaO, Rn 22–24). Etwas anderes gilt, wenn die maßgebliche Vorschrift über die planungsrechtliche Zulässigkeit des Vorhabens auf bestimmte Voraussetzungen in der Person des Antragstellers abstellen (vgl. z. B. § 35 Abs. 1 Nr. 1 und 2) und diese beim Rechtsnachfolger nicht vorliegen (Zinkahn aaO, Rn 22).

3. Fortfall der Bindungswirkung. Die Bindungswirkung nach **10** Abs. 1 ist auf **drei Jahre befristet.** Die Frist beginnt mit der Erteilung der Teilungsgenehmigung, im Falle der fiktiven Teilungsgenehmigung nach § 19 Abs. 3 S. 6 mit Ablauf der für die Fiktion maßgeblichen Frist (vgl. hierzu § 19, Rn 27). Innerhalb dieser 3-Jahres-Frist ist der **Antrag auf Baugenehmigung** zu stellen (vgl. hierzu Rn 3–5). Ist der Baugenehmigungsantrag bereits vor Erteilung der Teilungsgenehmigung gestellt worden und wird die Teilungsgenehmigung vor Entscheidung über die Baugenehmigung (ggf. nach § 19 Abs. 3 S. 6 fiktiv) erteilt, so ist die Baugenehmigungsbehörde im weiteren Verfahren gleichfalls an die Bindungswirkung des Abs. 1 gebunden (BVerwG, DÖV 1972, 823). Wird die 3-Jahres-Frist vom Eigentümer **versäumt,** so kommt eine **Wiedereinsetzung** in den vorigen Stand nicht in Betracht (BVerwG, DVBl. 1968, 808). Die Entscheidung der Baugenehmigungsbehörde kann auch nach Ablauf der 3-Jahres-Frist des Abs. 1 erfolgen: Die Bindungswirkung tritt stets ein, wenn der Baugenehmigungsantrag innerhalb der 3-Jahres-Frist gestellt wurde (Zinkahn aaO, Rn 21). Wird der **Nutzungszweck,** der für eine Teilungsgenehmigung maßgeblich ist, **nachträglich geändert,** so kann sich für den geänderten Nutzungszweck keine Bindungswirkung ergeben; in der nachträglichen Änderung des Nutzungszwecks liegt vielmehr die Rücknahme des zunächst gestellten und die Stellung eines neuen Antrages (BVerwG, DÖV 1971, 637).

Nach **Abs. 2 S. 1** entfällt die Bindungswirkung des Abs. 1, wenn sich **11** die für die Erteilung der Genehmigung maßgebenden **rechtlichen** oder **tatsächlichen Voraussetzungen geändert** haben. Änderungen der für die Erteilung einer Teilungsgenehmigung maßgebenden rechtlichen oder tatsächlichen Voraussetzungen können der Bindungswirkung dieser Genehmigung für spätere Baugenehmigungsanträge auch dann entgegenstehen, wenn sie erst nach Stellung des Antrags auf Baugenehmigung eintreten (BVerwG, ZfBR 1990, 95 unter Aufgabe der bisherigen Rspr.; vgl. BVerwG, DÖV 1972, 499; so schon bisher Franßen, BauR 1976, 305, der auf den Zusagecharakter der Bindungswirkung abstellt – vgl. hierzu Rn 3 – und damit auf den Grundsatz, daß öffentlich-rechtliche Zusagen unter dem Vorbehalt einer unveränderten Sach- und Rechtslage stehen, vgl. § 38 Abs. 3 VwVfG).

12 Eine Änderung der maßgebenden **rechtlichen Voraussetzungen** liegt
vor, wenn eine Änderung hinsichtlich der in § 20 Abs. 1 enthaltenen
maßgebenden Versagungsgründe eintritt. Die Änderung muß somit
bodenrechtlichen Bezug haben, d. h. sich auf die im Rahmen des § 20
Abs. 1 maßgebende planungsrechtliche Zulässigkeit der baulichen Nut-
zung des Grundstücks beziehen. Eine Änderung der rechtlichen Vor-
aussetzungen liegt daher insbesondere vor, wenn ein Bebauungsplan
aufgestellt, geändert, ergänzt oder aufgehoben wird und sich hieraus
(nunmehr) ein Versagungsgrund i. S. des § 20 Abs. 1 ergäbe. Eine
Normenkontrollentscheidung, mit der ein Bebauungsplan für nichtig
erklärt wird, bewirkt keine Änderung der Rechtslage i. S. des Abs. 2,
auch wenn die Teilungsgenehmigung auf der Grundlage des – uner-
kannt unwirksamen – Bebauungsplans erteilt worden ist. Sie stellt die
Unwirksamkeit des Bebauungsplans nur deklatorisch – wenn auch
allgemein verbindlich – fest und nimmt ihm lediglich den Rechtsschein
seiner Gültigkeit (OVG Lüneburg, NVwZ 1984, 595; a. A. OVG
Münster, BRS 35 Nr. 30). Bei Außenbereichsvorhaben sind auch
(spätere) Darstellungen in einem **Flächenutzungsplan,** die der Zuläs-
sigkeit des Vorhabens entgegenstehen bei nichtprivilegierten Vorhaben
(§ 35 Abs. 2) als Änderung der maßgebenden rechtlichen Voraussetzun-
gen anzusehen (vgl. Taegen aaO, Rn 7; Zinkahn aaO, Rn 41; offenge-
lassen von BVerwG, NJW 1969, 68). Auch durch den Erlaß einer
Veränderungssperre nach Erteilung der Teilungsgenehmigung verän-
dern sich die maßgebenden rechtlichen Voraussetzungen (Zinkahn
aaO, Rn 42). Nach **§§ 6 Abs. 3 S. 1, 57 Abs. 1 Nr. 2 StBauFG** galt die
förmliche Festlegung eines Gebietes als **Sanierungsgebiet, städtebauli-
cher Entwicklungsbereich** oder als **Ersatz- und Ergänzungsgebiet**
(§ 11 StBauFG) als eine Änderung der rechtlichen oder tatsächlichen
Voraussetzungen i. S. des Abs. 2 S. 1. Das BauGB hat eine entspre-
chende Regelung nicht ausdrücklich übernommen, jedoch ändert dies
nichts an der Rechtslage: Sofern die Gemeinde in der Sanierungssat-
zung die Anwendung des § 144 nicht ausschließt (vgl. § 142 Abs. 4),
verändern sich die für die Teilungsgenehmigung maßgebenden rechtli-
chen Voraussetzungen stets. Auch bei Ausschluß des § 144 **können** sich
aber die rechtlichen Voraussetzungen infolge der förmlichen Festlegung
nachträglich geändert haben. Entsprechend dem Rechtsgedanken des
§ 57 Abs. 1 Nr. 2 StBauFG (vgl. oben) ist auch die förmliche Festle-
gung eines städtebaulichen Entwicklungsbereichs nach §§ 6, 7 Abs.
Nr. 5 **BauGB-MaßnahmenG** als eine Änderung der rechtlichen (und
tatsächlichen) Voraussetzungen anzusehen.

13 Eine Änderung der maßgebenden **tatsächlichen Voraussetzungen**
liegt vor, wenn sich die für die planungsrechtliche Beurteilung eines
Vorhabens maßgeblichen Verhältnisse verändern. Beispiele: Änderun-
gen, die sich in den Fällen des § 20 Abs. 1 Nr. 2 (§ 34-Bereich) hinsicht-
lich der für das Einfügen maßgeblichen Umgebung ergeben oder
Änderungen in der Verkehrssituation oder tatsächliche Veränderungen

auf dem Grundstück (z. B. Senkungen, Überschwemmungen), soweit
hierin nicht nur (behebbare) wirtschaftliche Probleme liegen (vgl.
Zinkahn aaO, Rn 44). **Maßgebend** sind tatsächliche Veränderungen
dann, wenn sie – rückbezogen auf den Zeitpunkt der Entscheidung
über den Teilungsantrag – die Versagung des Teilungsantrags begründet
hätten. Auch die förmliche Festlegung als Sanierungsgebiet kann
eine Änderung der maßgebenden tatsächlichen Voraussetzungen sein;
so noch ausdrücklich § 6 Abs. 3 S. 1 StBauFG (vgl. Rn 12).

Entfällt die Bindungswirkung nach Abs. 2 S. 1 wegen Änderung der **14**
maßgebenden rechtlichen oder tatsächlichen Voraussetzungen, so ist
dem Eigentümer oder dem Erbbauberechtigten für die **Wertminderung**
des Grundstücks nach **Abs. 2 S. 2** eine **angemessene Entschädigung**
in Geld zu leisten; das gleiche gilt für den Wertverlust von
Aufwendungen, die der Eigentümer oder Erbbauberechtigte für Vorbereitungen
zur Nutzung des Grundstücks im Vertrauen auf die Genehmigung
nach § 19 bereits gemacht hat. Die Entschädigung ist als
Vertrauensschaden unbeschadet des Vorliegens der Voraussetzungen
für einen Entschädigungsanspruch wegen Enteignung zu gewähren
(Taegen aaO, Rn 8). Die Entschädigung wird nur für eine Versagung
der Baugenehmigung aus den in § 20 Abs. 1 Nr. 1 bis 3 genannten
Gründen gewährt, also nicht für den Fall einer **Veränderungssperre**
nach § 20 Abs. 1 Nr. 4; die Entschädigung bestimmt sich in diesen
Fällen nach § 18. Zur Entschädigung ist nach **Abs. 3 S. 1 die Gemeinde**
verpflichtet. Ist ein **Begünstigter** vorhanden, so ist § 44 Abs. 1 S. 1 und
3 sowie Abs. 2 über die Verpflichtung zur Entschädigung durch einen
Begünstigten entsprechend anzuwenden. Die **Entschädigungshöhe** ist
nach **Abs. 3 S. 2** im Falle der Wertminderung des Grundstücks (Abs. 2
S. 2 Nr. 1) auf den Unterschied zwischen dem aufgewandten Entgelt
und dem Verkehrswert (vgl. § 194) begrenzt, der sich nach Versagung
der Baugenehmigung ergibt. Die Entschädigung kann nach **Abs. 3 S. 3**
vom Entschädigungsberechtigten verlangt werden; wenn die Vermögensnachteile
eingetreten sind, also tatsächlich geltend gemacht werden
können (vgl. auch § 44 Abs. 3 S. 1). Der Entschädigungsberechtigte
kann die **Fälligkeit** des Anspruchs in entsprechender Anwendung
des § 44 Abs. 3 S. 2 auch dadurch herbeiführen, daß er die Entschädigungsleistung
schriftlich beantragt. Zur Verzinsung vgl. § 44 Abs. 3
S. 3. Der Entschädigungsanspruch erlischt entsprechend § 44 Abs. 4,
wenn die Fälligkeit des Anspruchs nicht innerhalb von drei Jahren
herbeigeführt wird. Zum Rechtsweg vgl. **§ 217 Abs. 1 S. 1.** Ein **Entschädigungsanspruch**
nach **§§ 39–44** bleibt im übrigen von der Entschädigungsregelung
des § 21 unberührt (Zinkahn aaO, Rn 50).

Die Bindungswirkung des Abs. 1 kann weiterhin durch die **Rück-** **15**
nahme der Teilungsgenehmigung fortfallen; vgl. hierzu § 19, Rn 29.

4. Nachbarschutz. Die Teilungsgenehmigung ist – soweit die Bin- **16**
dungswirkung des Abs. 1 reicht – eine zeitlich vorverlagerte Entscheidung
über die Baugenehmigung (vgl. Rn 3). Die **Bindungswirkung**

einer Bodenverkehrsgenehmigung nach Abs. 1 erstreckt sich insoweit auch auf den **Nachbarn.** Ein Nachbar kann die Teilungsgenehmigung daher unter denselben Voraussetzungen anfechten, unter denen er eine Baugenehmigung anfechten kann. Er muß dies auch grundsätzlich tun, wenn nicht die Bindungswirkung der Teilungsgenehmigung auch ihm gegenüber bestandskräftig werden soll (BVerwG, DÖV 1969, 683). Für die Bindungswirkung gegenüber dem Nachbarn und demgemäß für seinen Rechtsschutz gilt nichts anderes als für die Bindungswirkung der Teilungsgenehmigung im übrigen; dies gilt insbesondere für die Fälle der fiktiven oder rechtswidrigen Teilungsgenehmigung (vgl. Rn 2).

17 **5. Überleitungsrecht.** Zur Überleitung vgl. § 177 BBauG für das BBauG 1960 (in das BauGB nicht übernommen, da wegen Zeitablaufs ohne Bedeutung) sowie § 183 a Abs. 3 BBauG für die Novelle 1979 (im Hinblick auf möglicherweise nicht abgeschlossene Vorgänge in **§ 234 Abs. 3 BauGB** übernommen).

§ 22 Sicherung von Gebieten mit Fremdenverkehrsfunktionen

(1) **Die Landesregierungen können durch Rechtsverordnung Gemeinden oder Teile von Gemeinden, die überwiegend durch den Fremdenverkehr geprägt sind, bezeichnen, für die die Gemeinden bestimmen können, daß zur Sicherung der Zweckbestimmung von Gebieten mit Fremdenverkehrsfunktionen die Begründung oder Teilung von Wohnungseigentum oder Teileigentum (§ 1 des Wohnungseigentumsgesetzes) der Genehmigung unterliegt. Dies gilt entsprechend für die in den §§ 30 und 31 des Wohnungseigentumsgesetzes bezeichneten Rechte.**

(2) **Soweit die Gemeinde oder Teile der Gemeinde in der Verordnung bezeichnet sind, kann die Gemeinde in einem Bebauungsplan oder durch eine sonstige Satzung bestimmen, daß für in dem Gebiet des Bebauungsplans oder der sonstigen Satzung gelegene Grundstücke der Genehmigungsvorbehalt nach Abs. 1 besteht. Voraussetzung für die Bestimmung ist, daß durch die Begründung oder Teilung der Rechte die vorhandene oder vorgesehene Zweckbestimmung des Gebiets für den Fremdenverkehr und dadurch die geordnete städtebauliche Entwicklung beeinträchtigt werden kann. Die Zweckbestimmung eines Gebiets für den Fremdenverkehr ist anzunehmen bei Kurgebieten, Gebieten für die Fremdenbeherbergung, Wochenend- und Ferienhausgebieten, die im Bebauungsplan festgesetzt sind, und bei im Zusammenhang bebauten Ortsteilen, deren Eigenart solchen Gebieten entspricht, sowie bei sonstigen Gebieten mit Fremdenverkehrsfunktionen, die durch Beherbergungsbetriebe und Wohngebäude mit Fremdenbeherbergung geprägt sind.**

(3) **Die sonstige Satzung nach Abs. 2 ist der höheren Verwaltungsbehörde anzuzeigen. § 11 Abs. 3 ist entsprechend anzuwenden. Die**

Gemeinde hat die Satzung und die Durchführung des Anzeigeverfahrens ortsüblich bekanntzumachen. Sie kann die Bekanntmachung auch in entsprechender Anwendung des § 12 vornehmen.

(4) Die Genehmigung ist nicht erforderlich wenn

1. vor dem Wirksamwerden des Genehmigungsvorbehalts und, wenn ein Genehmigungsvorbehalt vor Ablauf einer Zurückstellung nach Abs. 7 S. 3 wirksam geworden ist, vor Bekanntmachung des Beschlusses nach Abs. 7 S. 3 der Eintragungsantrag beim Grundbuchamt eingegangen ist oder

2. vor dem Wirksamwerden des Genehmigungsvorbehalts ein Zeugnis, daß eine Genehmigung nicht erforderlich ist, erteilt worden ist.

(5) Die Genehmigung darf nur versagt werden, wenn durch die Begründung oder Teilung der Rechte die Zweckbestimmung des Gebiets für den Fremdenverkehr und dadurch die städtebauliche Entwicklung und Ordnung beeinträchtigt wird. Die Genehmigung ist zu erteilen, wenn sie erforderlich ist, damit Ansprüche Dritter erfüllt werden können, zu deren Sicherung vor dem Zeitpunkt, der im Falle des Abs. 4 Nr. 1 maßgebend wäre, eine Vormerkung im Grundbuch eingetragen oder der Antrag auf Eintragung einer Vormerkung beim Grundbuchamt eingegangen ist; die Genehmigung kann auch von dem Dritten beantragt werden. Die Genehmigung kann erteilt werden, um wirtschaftliche Nachteile zu vermeiden, die für den Eigentümer eine besondere Härte bedeuten.

(6) Über die Genehmigung entscheidet die Baugenehmigungsbehörde im Einvernehmen mit der Gemeinde. § 19 Abs. 3 S. 3 bis 7 ist entsprechend anzuwenden.

(7) Bei einem Grundstück, das in einer in der Verordnung bezeichneten Gemeinde oder in einem in der Verordnung bezeichneten Gemeindeteil liegt, darf das Grundbuchamt die von Abs. 1 erfaßten Eintragungen in das Grundbuch nur vornehmen, wenn der Genehmigungsbescheid oder ein Zeugnis, daß eine Genehmigung als erteilt gilt oder nicht erforderlich ist, vorgelegt wird. § 23 Abs. 2 bis 4 ist entsprechend anzuwenden. Ist ein Beschluß über die Aufstellung eines Bebauungsplans oder einer sonstigen Satzung nach Abs. 2 gefaßt und ortsüblich bekanntgemacht, hat die Baugenehmigungsbehörde auf Antrag der Gemeinde die Erteilung eines Zeugnisses, daß eine Genehmigung nicht erforderlich ist, für einen Zeitraum bis zu 12 Monaten auszusetzen, wenn zu befürchten ist, daß der Sicherungszweck des Genehmigungsvorbehalts durch eine Eintragung unmöglich gemacht oder wesentlich erschwert würde.

(8) Wird die Genehmigung versagt, kann der Eigentümer von der Gemeinde unter den Voraussetzungen des § 40 Abs. 2 die Übernahme des Grundstücks verlangen. § 43 Abs. 1, 4 und 5 sowie § 44 Abs. 3 und 4 sind entsprechend anzuwenden.

(9) **Die Gemeinde hat den Genehmigungsvorbehalt aufzuheben oder im Einzelfall einzelne Grundstücke durch Erklärung gegenüber dem Eigentümer von Genehmigungsvorbehalt freizustellen, wenn die Voraussetzungen für den Genehmigungsvorbehalt entfallen sind.**

(10) **In der sonstigen Satzung nach Abs. 2 kann neben der Bestimmung des Genehmigungsvorbehalts die höchstzulässige Zahl der Wohnungen in Wohngebäuden nach Maßgabe des § 9 Abs. 1 Nr. 6 festgesetzt werden. Vor der Festsetzung nach S. 1 ist den betroffenen Bürgern und berührten Trägern öffentlicher Belange Gelegenheit zur Stellungnahme innerhalb angemessener Frist zu geben.**

(11) **Der sonstigen Satzung nach Abs. 2 ist eine Begründung beizufügen. In der Begründung zum Bebauungsplan (§ 9 Abs. 8) oder zur sonstigen Satzung ist darzulegen, daß die in Abs. 2 bezeichneten Voraussetzungen für die Festlegung des Gebiets vorliegen.**

Übersicht

1 **1. Allgemeines.** § 22 ist eine durch das **BauGB** neu eingeführte Vorschrift. **§§ 22 BBauG** hatte das Verhältnis der Teilungsgenehmigung zur Genehmigung nach dem Grundstücksverkehrsgesetz geregelt. Die Vorschrift ist – zusammengefaßt mit der entsprechenden sanierungsrechtlichen Regelung des § 6 Abs. 1 StBauFG – in § 191 BauGB aufgegangen. **§ 22 BauGB** dient dem Schutz der Sicherung von Gebieten mit Fremdenverkehrsfunktionen. § 22 ermächtigt die Gemeinden, zur Sicherung ihrer Fremdenverkehrsfunktion einen **Genehmigungsvorbehalt** bei Begründung oder Teilung von **Rechten nach dem WEG** einzuführen. Die Vorschrift regelt also nicht die bauliche und sonstige Nutzung; vgl. hierzu Rn 2 über die maßgeblichen und von § 22 unberührt bleibenden Vorschriften. Der Gesetzgeber ging bei der Schaffung der Vorschrift davon aus, daß die städtebauliche Funktion von Kur- und Fremdenverkehrsorten durch ein Überhandnehmen von Zweitwohnungen beeinträchtigt werden kann, nämlich vor allem durch Umwandlung von Beherbergungsbetrieben oder Wohngebäuden in Eigentumswohnungen, die als Zweitwohnungen genutzt werden. Der Regelung liegt die Beobachtung zugrunde, daß die Bildung von Woh-

nungseigentum in der Praxis vielfach der Einstieg zur Nutzung der Wohnungen als Zweitwohnungen ist; damit werden Unterkunftsmöglichkeiten für den Fremdenverkehr dem Markt entzogen (vgl. Söfker, in: E/Z/B, § 22, Rn 7).

Die mit § 22 bezweckte Kontrolle über die Entwicklung des Zweit- **2** wohnungsmarkts verfolgt **städtebauliche Ziele:** Sicherung der Funktion von Kur- und Fremdenverkehrsgebieten und Schutz der Landschaft vor andernfalls notwendigen Neuausweisungen von Bauland sowohl für Einheimische als auch für Fremdenbeherbergungszwecke. Vgl. als weitere für den Schutz der Fremdenverkehrsfunktion bedeutsame und gleichfalls mit dem BauGB neu eingeführte Vorschrift § 9 Abs. 1 Nr. 6 über die Festsetzung der höchstzulässigen Zahl der Wohnungen in Wohngebäuden. Ein wichtiges Planungsinstrument ist weiter § 172 über die Erhaltungssatzung; vgl. hierzu vor allem OVG Lüneburg, ZfBR 1983, 238, m. Anm. Krautzberger zum Fall einer Erhaltungssatzung zum Schutz der Zusammensetzung der Wohnbevölkerung vor Verdrängung durch die Errichtung von Zweitwohnungen und Ferienappartements; die Entscheidung des OVG Lüneburg ist in verfassungsrechtlicher Hinsicht bestätigt worden von BVerfG DVBl. 1987, 465 (vgl. hierzu weiterhin die Erl. zu § 172). § 7 Abs. 4 WEG über die Abgeschlossenheitsbescheinigung als Voraussetzung für die Eintragung von Rechten nach dem WEG kann dagegen das mit § 22 BauGB angestrebte Ziel nicht erreichen, weil insoweit keine Vereinbarkeit mit den bauplanungsrechtlichen Zulässigkeitsvorschriften zu prüfen ist (BVerwG, DSt 1986, 287; VGH München, BayVBl. 1984, 693; hierzu auch Bielenberg, ZfBR 1982, 7/11 ff.; Söfker aaO, Rn 10). Vgl. demgegenüber die Möglichkeit, durch Festsetzung nach **§ 11 Abs. 1 und 2 BauNVO** (also beschränkt auf Sondergebiete) die Ausstattungsmerkmale der Zimmer von Beherbergungsbetrieben so zu bestimmen, daß dadurch die Voraussetzungen für die Erteilung von Abgeschlossenheitsbescheinigungen nach § 7 Abs. 4 WEG nicht gegeben sind (BVerwG, DVBl. 1979, 151; ZfBR 1985, 44 mit Anm. Rösch) sowie zur Möglichkeit, durch beschränkte persönliche **Dienstbarkeit** (§§ 1018, 1090 BGB) zu verbieten, ein Grundstück (Wohnungseigentum) „nicht länger als sechs Wochen im Jahr selbst zu bewohnen oder durch ein und denselben Dritten bewohnen zu lasssen" oder es zu anderen Zwecken als denen eines „fremdenverkehrsgewerblichen Beherbergungsgewerbes mit ständig wechselnder Belegung zu nutzen" (bejahend BayObLG, NJW 1986, 2485).

 2. Rechtsverordnung der Landesregierung (Abs. 1). Die Einfüh- **3** rung des Genehmigungsvorbehalts durch die Gemeinde setzt den Erlaß einer VO der Landesregierung voraus; **Abs. 1 S. 1.** Die VO ist Voraussetzung für die Einführung des Genehmigungsvorbehalts durch gemeindliche Satzung (Abs. 2). Diese Satzung ist wiederum Rechtsgrundlage zur Ausübung des Genehmigungsvorbehalts (Abs. 5). Das **„Ablaufprogramm"** des § 22 sieht somit drei Stufen (VO, Satzung,

Verwaltungsakt) mit (i. d. R.) drei unterschiedlichen Instanzen (Land, Gemeinde, Baugenehmigungsbehörde) vor. Die VO hat eine Doppelfunktion: Sie ermächtigt die Gemeinde zur Begründung des Genehmigungsvorbehalts; die Gemeinde kann, muß aber nicht von dieser Einschränkung Gebrauch machen. Weiterhin löst die VO die **Grundbuchsperre** gem. Abs. 7 unbeschadet des Erlasses einer gemeindlichen Satzung i. S. des Abs. 2. Will die Gemeinde von der Ermächtigung ersichtlich und nicht nur vorübergehend keinen Gebrauch machen, sollte die VO insoweit aufgehoben werden. Eine ausdrückliche Verpflichtung hierzu fehlt zwar im Gesetz. Sie ergibt sich jedoch letztlich aus allgemeinen rechtsstaatlichen Grundsätzen und in Analogie zu § 22 Abs. 9 und §§ 162, 171.

4 In der VO sind die Gemeinden oder Teile von Gemeinden, die überwiegend durch den Fremdenverkehr geprägt sind, zu bezeichnen. Eine **überwiegende Prägung durch den Fremdenverkehr** liegt vor allem bei solchen Orten vor, deren öffentliche und private Infrastruktur auf die Fremdenverkehrsbedürfnisse ausgerichtet ist. Anhaltspunkte für eine überwiegende Prägung von Gemeinden durch den Fremdenverkehr können sich z. B. aus der Darstellung der Fremdenverkehrsräume in Landesraumordnungsplänen und Regionalplänen ergeben; vgl. auch die landesrechtlich anerkannten Kur-, Erholungs- und sonstigen Ferienorte (Söfker aaO, Rn 18). Eine sich bereits abzeichnende Fehlentwicklung in der Gemeinde ist für die Bezeichnung nach Abs. 1 nicht erforderlich (Taegen, in: BK, § 22, Rn 3), vielmehr ist dies erst bei der Einführung des Genehmigungsvorbehalts durch die Satzung zu prüfen (Söfker aaO, Rn 20). Liegt die Voraussetzung der Prägung durch den Fremdenverkehr nur für einen **Gemeindeteil** vor (z. B. Fälle von großflächigen „Neugliederungsgemeinden"), so kann die VO nur für diesen Gemeindeteil ergehen.

5 Mit Erlaß der VO ist die darin bezeichnete **Gemeinde ermächtigt,** durch Satzung (Abs. 2) folgende Bestimmung zu treffen: Die Begründung oder Teilung von Wohnungseigentum oder Teileigentum (§ 1 WEG) unterliegt der Genehmigung; **Abs. 1 S. 1.** Nach **Abs. 1 S. 2** gilt dies entsprechend für Wohnungs- und Teilerbbaurechte (§ 30 WEG) und Dauerwohnrechte sowie Dauernutzungsrechte (§ 31 WEG). Mit Rechtswirksamkeit der VO tritt weiterhin die Grundbuchsperre des **Abs. 7** in Kraft: Bei allen Grundstücken, die in einer in der VO bezeichneten Gemeinde oder in einem in der VO bezeichneten Gemeindeteil liegen, darf das Grundbuchamt die in Abs. 1 bezeichneten Rechte nach dem WEG nur vornehmen, wenn der Genehmigungsbescheid oder ein „Negativzeugnis" vorgelegt werden (vgl. hierzu im einzelnen Rn 18). Die Eintragung eines entsprechenden Grundbuchvermerks ist nach § 22 nicht vorgesehen; vgl. demgegenüber die (für die Rechtswirkungen nicht konstitutiven, sondern zur Information des Rechtsverkehrs bestimmten) sog. Achtungsvermerke in der Umlegung (§ 54 Abs. 1 S. 2), in der Enteignung (§ 108 Abs. 6 S. 1) oder in der Sanierung

(§ 143 Abs. 4) und im städtebaulichen Entwicklungsbereich (§ 53 Abs. 5 StBauFG; § 6 Abs. 9 BauGB-MaßnahmenG).

3. Einführung des Genehmigungsvorbehalts (Abs. 2). Abs. 2 S. 1 **6** ermächtigt die Gemeinden, durch Satzung den Genehmigungsvorbehalt einzuführen. Die Gemeinde kann die Bestimmung in einem Bebauungsplan oder durch eine sonstige Satzung treffen; vgl. die entsprechende Regelung in § 172 Abs. 1 S. 1. Nach Maßgabe der VO kann der Genehmigungsvorbehalt für die Gemeinde oder nur für den Gemeindeteil begründet werden. Innerhalb dieses von der VO vorgegebenen räumlichen Anwendungsbereichs kann die Gemeinde den Genehmigungsvorbehalt nach den jeweiligen Erfordernissen für alle oder nur einzelne Grundstücke festsetzen.

Abs. 2 S. 2 und 3 enthalten materielle Voraussetzungen für die Be- **7** gründung des Genehmigungsvorbehalts. Die sich hieraus ergebende materielle Prüfungspflicht der Gemeinde wird in **Abs. 11** durch eine formelle Pflicht zur Begründung der Satzung ergänzt (vgl. hierzu Rn 12). Nach **Abs. 2 S. 2** ist Voraussetzung für eine entsprechende Satzungsbestimmung die Möglichkeit der Beeinträchtigung der geordneten städtebaulichen Entwicklung durch die Begründung oder Teilung von Rechten nach dem WEG. Insoweit kommt es auf die konkrete städtebauliche Situation und die Entwicklungsvorstellungen der Gemeinde an (hierzu weiterhin Rn 9).

Abs. 2 S. 3 konkretisiert die Zweckbestimmung eines Gebiets für den **8** Fremdenverkehr im Wege einer **Legaldefinition:** Die Zweckbestimmung ist danach anzunehmen, wenn

– das Gebiet in einem Bebauungsplan als Kurgebiet oder Gebiet für die Fremdenbeherbergung nach § 11 Abs. 2 BauNVO oder als Wochenend- oder Ferienhausgebiet nach § 10 Abs. 1 BauNVO festgesetzt ist,
– innerhalb der im Zusammenhang bebauten Ortsteile (§ 34 BauGB) die Eigenart eines Gebiets einem festgesetzten Kurgebiet, Gebiet für die Fremdenbeherbergung, Wochenend- oder Ferienhausgebiet entspricht,
– sonstige (beplante oder unbeplante) Gebiete mit Fremdenverkehrsfunktionen durch Beherbergungsbetriebe und Wohngebäude mit Fremdenbeherbergung geprägt sind. Dabei ist nicht entscheidend, ob es sich um gewerbliche oder private Fremdenbeherbergung handelt.

Durch die Begründung oder Teilung von Rechten nach dem WEG **9** muß diese Zweckbestimmung des Gebiets **beeinträchtigt werden können.** Diese Voraussetzung kann in Fremdenverkehrsgebieten nach den vorliegenden Erfahrungen in der Regel angenommen werden; insoweit bezeichnet Abs. 2 S. 2 vor allem das gesetzgeberische Motiv für die Schaffung des § 22. Für die Beurteilung, ob durch die Bildung von Rechten i. S. des Abs. 1 bzw. von Zweitwohnungen die geordnete städtebauliche Entwicklung beeinträchtigt sein kann sind insbesondere

von Bedeutung die Vorstellungen der Gemeinde darüber, ob sie das betreffende Gebiet unter Berücksichtigung der städtebaulichen Entwicklung in der Gemeinde in seiner Fremdenverkehrsfunktion beibehalten oder entwickeln will. **Anhaltspunkte** dafür können Ausweisungen in Bauleitplänen, informelle Planungen oder die Eigenart der Umgebung geben. In der Regel kann diese Voraussetzung angenommen werden, wenn die Gemeinde zur Wahrung ihrer Fremdenverkehrsfunktion auf das Gebiet angewiesen ist, z. B. weil Standortalternativen und Möglichkeiten der Neuausweisung solcher Gebiete nicht vorhanden sind, andere Gemeindeteile die Funktion nicht übernehmen können oder das Gebiet bereits durch einen erheblichen Anteil an Zweitwohnungen in seiner Funktion beeinträchtigt ist. Maßgeblich sind allein städtebauliche Gründe. Die Vorschrift ermächtigt also nicht zu einem allgemeinen Verbot z. B. für den Bau oder die Errichtung von Eigentumswohnungen in Gebieten mit Fremdenverkehrsfunktionen.

10 **4. Satzung (Abs. 3 und 11).** Abs. 3 regelt das Anzeigeverfahren und die Bekanntmachung für die Fälle, in denen die Gemeinde den Genehmigungsvorbehalt nicht durch **Bebauungsplan**, sondern durch eine **sonstige Satzung** begründet. Die „sonstige" Satzung i. S. des Abs. 2 ist der höheren Verwaltungsbehörde **anzuzeigen (Abs. 3 S. 1).** Auf das Anzeigeverfahren ist nach **Abs. 3 S. 2** § 11 Abs. 3 entsprechend anzuwenden; vgl. hierzu die Erl. zu § 11. Die Gemeinde hat die Satzung und die Durchführung des Anzeigeverfahrens ortsüblich bekanntzumachen; **Abs. 3 S. 3.** Mit der Bekanntmachung wird die Satzung rechtsverbindlich. Die Gemeinde kann nach **Abs. 3 S. 4** auch entsprechend § 12 verfahren; vgl. die Erl. zu § 12.

11 Sofern die Gemeinde die Bestimmungen nach Abs. 2 nicht in einer „sonstigen" Satzung, sondern in einem **Bebauungsplan** trifft, bestimmt sich das Satzungsverfahren nach den für den Bebauungsplan geltenden Vorschriften. Der Bebauungsplan ist danach anzuzeigen; nur Bebauungspläne nach § 8 Abs. 2 S. 2 und Abs. 4 bedürfen der Genehmigung der höheren Verwaltungsbehörde; vgl. § 11 Abs. 1.

12 Nach **Abs. 11 S. 1** ist der sonstigen Satzung eine **Begründung** beizufügen. Für den Bebauungsplan, der den Genehmigungsvorbehalt begründet, ergibt sich die Begründungpflicht (auch für die Bestimmung nach Abs. 2) unmittelbar aus § 9 Abs. 8. **Abs. 11 S. 2** enthält inhaltliche Anforderungen an die **Begründung,** die sowohl für den Bebauungsplan (§ 9 Abs. 8) als auch für die sonstige Satzung (Abs. 11 S. 2) gelten: In der Begründung ist dazulegen, daß die in Abs. 2 bezeichneten Voraussetzungen für die Festlegung des Gebiets vorliegen. Diese Begründungspflicht auch für sonstige Satzungen ist dem BauGB ansonsten fremd; so sieht das Gesetz keine förmliche Begründung (wie bei § 9 Abs. 8) beim Erlaß von Veränderungssperren nach § 14, Vorkaufssatzungen nach § 25, Innenbereichssatzungen nach § 34 Abs. 4, Sanierungssatzungen nach § 142 oder Erhaltungssatzungen nach § 172 vor. Ein **Aufstellungsbeschluß** ist nicht erforderlich, es sei denn, die Ge-

meinde will die Rechtswirkungen des **Abs. 7 S. 3** herbeiführen (vgl. hierzu Rn 20).

5. Genehmigung (Abs. 4 bis 6). Mit der Rechtsverbindlichkeit der **13** Satzung unterliegen die in Abs. 1 bezeichneten wohnungseigentumsrechtlichen Vorgänge der gemeindlichen Genehmigung. Eine **Ausnahme von der Genehmigungspflicht** enthält **Abs. 4**.

Danach entfällt die Genehmigungspflicht, wenn vor dem Wirksamwerden des Genehmigungsvorbehalts, also vor Rechtsverbindlichkeit der Satzung, ein Antrag auf Eintragung eines Rechts beim Grundbuchamt eingegangen ist; vgl. auch § 878 BGB **(Abs. 4 Nr. 1, 1. Fall)**.

Eine Genehmigung ist weiterhin in folgendem Fall nicht erforderlich **(Abs. 4 Nr. 1, 2. Fall):** Nach **Abs. 7 S. 3** hat die Baugenehmigungsbehörde bereits vor Rechtsverbindlichkeit des Genehmigungsvorbehalts auf Antrag der Gemeinde die nach **Abs. 7 S. 1** erforderliche Erteilung eines Zeugnisses für die Eintragung in das Grundbuchamt auszusetzen. Ist der Genehmigungsvorbehalt vor Ablauf der Zurückstellung nach Abs. 7 S. 3 wegen Rechtsverbindlichkeit der Satzung wirksam geworden und ist der Eintragungsantrag beim Grundbuchamt vor der Bekanntmachung des Aufstellungsbeschlusses (Bebauungsplan oder sonstige Satzung) eingegangen, so ist eine Genehmigung nicht erforderlich. Das Gesetz mißt insofern der Reihenfolge des Eingangs von Eintragungsanträgen und der Mitteilung von Aufstellungsbeschlüssen rechtserhebliche Bedeutung zu; vgl. entsprechend § 17 GBO.

Die Genehmigung nach **Abs. 4 Nr. 2** entfällt auch, wenn vor dem Wirksamwerden des Genehmigungsvorbehalts (Rechtsverbindlichkeit von Bebauungsplan bzw. Satzung) ein Negativattest (vgl. Abs. 7 S. 2) erteilt worden ist.

Abs. 5 S. 1 enthält eine abschließende Regelung der **Versagungs- 14 gründe**. In den in Abs. 5 bezeichneten Fällen **ist** die Genehmigung zu versagen, aus anderen Gründen darf sie nicht versagt werden. Der Genehmigungsbehörde (Rn 17) ist somit **kein Ermessen** eingeräumt. Die Versagung der Genehmigung kommt danach in Betracht, wenn durch die Begründung oder Teilung der Rechte i. S. des Abs. 1 die Zweckbestimmung des Gebiets für den Fremdenverkehr und dadurch die städtebauliche Entwicklung und Ordnung beeinträchtigt wird. Da § 22 auf die Versagung in solchen Fällen zielt, in denen Zweitwohnungen gebildet werden, kommt die Versagung damit nur in Betracht, wenn mit der Begründung oder Teilung der Rechte i. S. des Abs. 1 eine **Wohnung dem Fremdenverkehr** entzogen würde. Die Beeinträchtigung der Fremdenverkehrsfunktion durch die Bildung solcher Zweitwohnungen kann entsprechend der Grundüberlegung, die zur Einführung des § 22 führte, im allgemeinen angenommen werden. Wird die Eigentumswohnung dagegen weiterhin als Fremdenverkehrswohnung zur Verfügung gestellt, dann kann ein Versagungsgrund im Sinne des Abs. 5 S. 1 im Einzelfall ggfs. wie folgt ausgeräumt werden: Im

Rahmen der Genehmigung (Abs. 6) kann die Gemeinde die städtebaulichen Ziele durch privatrechtliche Sicherungen (Dienstbarkeiten; vgl. BayObLG, NJW 1986, 2485; vgl. im übrigen zur Möglichkeit der privatrechtlichen Zweckbindung eines Grundstückes für Kurzwecke BGH, MDR 1985, 217) erreichen. Die Versagung kommt nicht nur in Fällen in Betracht, in denen in der Gemeinde bereits wiederholt Ferienwohnungen durch Bildung von Zweitwohnungen einem wechselnden Personenkreis innerhalb des Fremdenverkehrs entzogen wurden. Die Gemeinde kann vielmehr das Instrument auch **präventiv** einsetzen. In diesem Fall kann sie den ersten „Umwandlungsfällen" die Genehmigung z. B. deshalb versagen, weil andernfalls Berufungsfälle für weitere Begründungen oder Teilungen und damit einer realen Beeinträchtigung der Fremdenverkehrsfunktion eintreten würden (vgl. entsprechend zur Erhaltungssatzung die Erl. zu § 172; Krautzberger, ZfBR 1983, 241; Söfker aaO unter Hinweis auf BVerwG 1981, 100 zur sog. negativen **Vorbildwirkung** von baulichen Vorhaben im Innenbereich nach § 34; Taegen aaO, Rn 8).

15 Auch wenn ein Versagungsgrund nach Abs. 5 S. 1 vorliegt, ist nach **Abs. 5 S. 2** die Genehmigung gleichwohl unter dem Gesichtspunkt des **Vormerkungsschutzes** (vgl. § 883 BGB) zu erteilen. Dies kommt in Betracht, wenn vor dem Wirksamwerden des Genehmigungsvorbehalts (Rechtsverbindlichkeit von Bebauungsplan oder Satzung) und vor dem Wirksamwerden der vorläufigen Sicherung nach Abs. 7 S. 3 eine Vormerkung für die Begründung oder Teilung von Rechten i. S. des Abs. 1 im Grundbuch eingetragen oder der Antrag auf Eintragung einer Vormerkung beim Grundbuchamt eingegangen ist.

16 Eine **Ausnahme** von der Verpflichtung der Gemeinde, bei Vorliegen der Voraussetzungen die Genehmigung zu versagen (Abs. 5 S. 1), enthält **Abs. 5 S. 3**. Die Regelung betrifft i. S. einer **Härteregelung** Fallgestaltungen, in denen die an sich zulässige Genehmigung für den Eigentümer eine besondere Härte bedeuten würde. Die Genehmigung kann zur Vermeidung **wirtschaftlicher Nachteile** erteilt werden. Als wirtschaftliche Nachteile kommen Beeinträchtigungen der Fortführung des Beherbergungsbetriebes oder der Lebensführung des Eigentümers in Betracht, die ihre Ursache in der Versagung der Genehmigung haben würden, z. B. im Hinblick auf die Verwertung eines Grundstückes. Diese Genehmigungsmöglichkeit setzt weiter eine besondere Härte voraus, d. h. nicht jeder wirtschaftliche Nachteil kann berücksichtigt werden, so z. B. wenn durch die Begründung oder Teilung der Rechte lediglich eine finanziell günstigere Verwertungsmöglichkeit des Grundstückes ausgenützt werden soll. Es müssen ungewollte und unverhältnismäßige Belastungen des Eigentümers vorliegen. Dabei müssen die besonderen Umstände des Einzelfalles und der Sicherungszweck, der zur Einführung des Genehmigungsvorbehaltes geführt hat, berücksichtigt werden.

Genehmigungsbehörde ist nach **Abs. 6 S. 1** die Baugenehmigungs- **17**
behörde. Sie entscheidet im Einvernehmen mit der Gemeinde. Nach
Abs. 6 S. 2 ist auf das Genehmigungsverfahren § 19 Abs. 3 S. 3 bis 7
entsprechend anzuwenden. Über die Genehmigung ist danach binnen
drei Monaten zu entscheiden; vgl. weiterhin die Verlängerungsmög-
lichkeit bis um höchstens 3 Monate sowie die Genehmigungsfiktion
wegen Zeitablaufs nach § 19 Abs. 3 S. 6.

6. Grundbuchamt (Abs. 7). Abs. 7 enthält Regelungen zur Siche- **18**
rung des Genehmigungsvorbehalts im Grundstücksverkehr. Der Ge-
setzgeber hat hierzu eine § 23 Abs. 1 vergleichbare Regelung einge-
führt, wonach das Genehmigungserfordernis vom Grundbuch zu be-
achten. Zur Eintragung von Begründungen oder Teilungen der
Rechte i. S. des Abs. 1 bedarf es insbesondere eines **Negativattests.** Die
Regelung enthält dagegen keine Ermächtigung, in die vom Genehmi-
gungsvorbehalt betroffenen Grundstück – wie z. B. in der Umlegung
und in der Sanierung – einen Grundbuchvermerk einzutragen.

Nach **Abs. 7 S. 1** darf das Grundbuchamt bei einem Grundstück, das **19**
in einem in der VO bezeichneten Gebiet liegt, Eintragungen von
Rechtsänderungen i. S. des Abs. 1 nur vornehmen, wenn ein Genehmi-
gungsbescheid oder ein Negativattest vorliegt; vgl. § 23 Abs. 2 bis 4,
der gem. **Abs. 7 S. 2** entsprechend anzuwenden ist; vgl. die Erl. zu § 23.
Mit der Rechtsverbindlichkeit der VO tritt somit eine **Grundbuch-
sperre** ein. Entsprechend § 23 Abs. 2 besteht ein Rechtsanspruch auf
Erteilung des Negativattests; dies gilt auch für die Fälle der wegen
Zeitablaufs gem. Abs. 6 S. 2 i. V. m. § 19 Abs. 3 S. 6 fiktiv erteilten
Genehmigung. Gem. § 23 Abs. 3 kann die Baugenehmigungsbehörde
das Grundbuchamt um die Eintragung eines **Widerspruchs** ersuchen,
wenn die Eintragung in das Grundbuch ohne die erforderliche Geneh-
migung vorgenommen wurde.

Die Grundbuchsperre nach Abs. 7 S. 1 gilt ab Rechtsverbindlichkeit **20**
der VO i. S. des Abs. 1. Solange die Gemeinde den Genehmigungsvor-
behalt jedoch nicht wirksam eingeführt hat, also den Bebauungsplan
oder die sonstige Satzung (Abs. 2 S. 1) nicht rechtsverbindlich wurde,
ist die Eintragung der Rechte i. S. des Abs. 1 vorzunehmen. Das Gesetz
enthält insoweit eine rein vorsorgliche Sperre; auf die Erteilung des
Negativattests besteht in diesen Fällen ein Rechtsanspruch (Rn 18).
Abs. 7 S. 3 ermächtigt die Gemeinde jedoch dazu, die beabsichtigte
Einführung des Genehmigungsvorbehalts vorzeitig zu sichern. Voraus-
setzung ist ein **Aufstellungsbeschluß** für einen Bebauungsplan oder
eine sonstige Satzung i. S. des Abs. 2 S. 1. Ist in diesem Fall zu befürch-
ten, daß der Sicherungszweck des Genehmigungsvorbehalts durch eine
Eintragung unmöglich oder wesentlich erschwert würde, so kann die
Gemeinde nach Abs. 7 S. 3 bei der Baugenehmigungsbehörde beantra-
gen, die Erteilung eines Negativattests für einen Zeitraum von bis zu 12
Monaten auszusetzen. Die Baugenehmigungsbehörde ist hierzu ver-
pflichtet. Abs. 7 S. 3 ist § 15 über die Zurückstellung von Baugesuchen

nachgebildet; vgl. zum **Rechtsschutz** des Antragstellers sowie der Gemeinde entsprechend die Erl. in § 15, Rn 9, 10.

21 **7. Übernahmeanspruch (Abs. 8). Abs. 8** enthält einen Übernahmeanspruch des Eigentümers gegenüber der Gemeinde, wenn die Genehmigung versagt wird. Die Übernahme kann unter den Voraussetzungen des § 40 Abs. 2 verlangt werden: fehlende wirtschaftliche Zumutbarkeit (vgl. die Erl. zu § 40). Der Übernahmeanspruch ist der Regelung in § 39h Abs. 6 S. 1 BBauG – jetzt § 173 Abs. 2 – für die Fälle der Versagung der Genehmigung im Gebiet einer Erhaltungssatzung nachgebildet; vgl. die Erl. zu § 173.

22 **8. Aufhebung des Genehmigungsvorbehalts (Abs. 9).** Das Gesetz enthält in **Abs. 9** eine ausdrückliche Regelung über die Verpflichtung zur Aufhebung des Genehmigungsvorbehalts, wenn seine Voraussetzungen entfallen sind. Der Genehmigungsvorbehalt ist danach für das gesamte Gebiet (Gemeinde oder Gemeindeteil) aufzuheben. Liegen die Voraussetzungen hierfür dagegen nur für einzelne Grundstücke vor, so sind diese vom Genehmigungsvorbehalt freizustellen. Die Freistellung erfolgt durch Erklärung der Gemeinde gegenüber dem Eigentümer. Die Erklärung muß im Hinblick auf das Grundbuchamt den Anforderungen des Zeugnisses nach Abs. 7 S. 1 entsprechen. Bei Vorliegen der Voraussetzungen hat der Eigentümer einen **Anspruch** auf Freistellung; vgl. entsprechend § 163 Abs. 1.

23 **9. Festsetzung der höchstzulässigen Zahl von Wohnungen (Abs. 10). § 9 Abs. 1 Nr. 6** über die Festsetzung der höchstzulässigen Zahl der Wohnungen ist – wie § 22 – mit dem BauGB eingeführt worden, und zwar insbesondere auch zum Schutz von Gebieten mit Fremdenverkehrsfunktion, in denen durch das Überhandnehmen von vor allem als Zweitwohnungen genutzten Wohnungen die städtebauliche Eigenart des Gebiets beeinträchtigt wird. Sofern die Gemeinde den Genehmigungsvorbehalt in einem Bebauungsplan nach Abs. 2 S. 1 begründet, kann sie hierin eine Festsetzung nach § 9 Abs. 1 Nr. 6 treffen. **Abs. 10 S. 1** ermächtigt die Gemeinde darüber hinaus zu einer entsprechenden Festsetzung auch in den Fällen der Bestimmung des Genehmigungsvorbehalts **durch eine sonstige Satzung** i. S. des Abs. 2 S. 1. Das Gesetz enthält für diesen Fall keine ausdrücklichen materiellen Bindungen. Da jedoch eine bebauungsplanrechtliche Festsetzung getroffen wird, müssen hierfür auch die Voraussetzungen des § 1 (vor allem Berücksichtigung der Ziele des § 1 Abs. 5 und Vornahme einer Abwägung gemäß § 1 Abs. 6) erfüllt sein. Das Bebauungsplanverfahren entfällt; **Abs. 10 S. 2** regelt jedoch eine Mindestbeteiligung vor der Festsetzung in einer sonstigen Satzung: Den betroffenen Bürgern und den berührten Trägern öffentlicher Belange ist innerhalb angemessener Frist Gelegenheit zur Stellungnahme zu geben; vgl. entsprechend die Erl. zu § 34 Abs. 4 und 5. Die Festsetzung über die höchstzulässige Zahl von Wohnungen nach Abs. 10 S. 1 steht in den Wirkungen der Festset-

zung in einen Bebauungsplan gleich. Die Festsetzung ist damit insbesondere i. S. des § 30 zu beachten.

10. Rechtsschutz. Der Erlaß der VO steht im Ermessen der Landes- 24 regierung. Einen gerichtlich durchsetzbaren **Anspruch** auf Erlaß einer VO nach § 22 Abs. 1 haben weder die Gemeinde noch die Bürger; dies ergibt sich bereits daraus, daß es grundsätzlich einen Anspruch auf Rechtsetzung nicht gibt. Da § 22 ein im Interesse der Gemeinde bestehendes Steuerungsinstrument begründet, ist es andererseits der Gemeinde unbenommen, bei der Landesregierung den Erlaß einer entsprechenden VO zu beantragen. Insoweit hat die Gemeinde einen Anspruch darauf, daß ein von ihr bei der Landesregierung gestellter Antrag auf Erlaß der VO nach Abs. 1 einer ermessensfehlerfreien Prüfung zu unterziehen ist (vgl. entsprechend zum Anspruch der Gemeinde auf Erlaß einer Entwicklungsbereichsverordnung nach § 53 StBauFG Bielenberg, StBauFG, § 53 Rn 28; Schlichter, in: S/S/K, § 53, Rn 19). Trifft die Landesregierung die beantragte Entscheidung nicht oder ermessensfehlerhaft, so kommt nur eine Verpflichtung zur bisher unterlassenen Ermessensentscheidung oder eine Aufhebung der ermessensfehlerhaften Entscheidung in Betracht, nicht aber eine Verurteilung zum Erlaß der VO (vgl. Schlichter aaO).

Durch die VO kann ein Eigentümer in der darin bezeichneten 25 Gemeinde (im Gemeindeteil) bereits Nachteile i. S. des § 47 VwGO erleiden; vgl. die mit Rechtsverbindlichkeit der VO eintretende Grundbuchsperre des Abs. 7 S. 1. Die VO kann im Wege der **Normenkontrolle** überprüft werden, soweit die Normenkontrolle nach Landesrecht zugelassen ist; § 47 Abs. 1 Nr. 2 VwGO.

Bebauungsplan und sonstige Satzung (Abs. 2 S. 1) können im Wege 26 der **Normenkontrolle** (§ 47 Abs. 1 VwGO) überprüft werden. Zur Frist für die Geltendmachung des Fehlers einer Begründung i. S. des Abs. 11 vgl. § 215 Abs. 1 Nr. 1 i. V. m. § 214 Abs. 1 S. 1 Nr. 2. Zur Verletzung der Beteiligungsvorschrift des Abs. 10 S. 2 vgl. § 214 Abs. 1 S. 1 Nr. 1. Unbeachtlich ist es, wenn die Begründung (Abs. 11) unvollständig ist; vgl. § 214 Abs. 1 S. 1 Nr. 2 und S. 2. Zum Rechtsanspruch auf Erteilung des Negativattests vgl. Rn 18, zum Rechtsanspruch auf Freistellung vgl. Rn 22; die Ansprüche können im Wege der Verpflichtungsklage durchgesetzt werden. Zum Rechtsschutz in den Fällen des Abs. 7 S. 2 vgl. Rn 20.

§ 23 Sicherung der Vorschriften über die Teilung

(1) **Das Grundbuchamt darf aufgrund einer nach § 19 genehmigungsbedürftigen Teilung eine Eintragung in das Grundbuch erst vornehmen, wenn der Genehmigungsbescheid vorgelegt ist.**

(2) **Ist für eine Teilung eine Genehmigung nach § 19 nicht erforderlich oder gilt sie als erteilt, so hat die Genehmigungsbehörde auf**

Antrag eines Beteiligten darüber ein Zeugnis auszustellen. Das Zeugnis steht der Genehmigung gleich.

(3) **Ist aufgrund einer nicht genehmigten Teilung eine Eintragung in das Grundbuch vorgenommen worden, so kann die Genehmigungsbehörde, falls die Genehmigung erforderlich war, das Grundbuchamt um die Eintragung eines Widerspruchs ersuchen; § 53 Abs. 1 der Grundbuchordnung bleibt unberührt.**

(4) **Ein nach Absatz 3 eingetragener Widerspruch ist zu löschen, wenn die Genehmigungsbehörde darum ersucht oder wenn die Genehmigung erteilt ist.**

Übersicht

1 **1. Grundbuchsperre.** Die Sicherungsfunktion der Teilungsgenehmigung (vgl. § 19, Rn 1) wird durch **Abs. 1** dadurch gewährleistet, daß das **Grundbuchamt** eine nach § 19 Abs. 1 genehmigungsbedürftige Teilung erst dann in das **Grundbuch eintragen** darf, wenn der Genehmigungsbescheid vorgelegt ist. Bedarf eine Teilung nicht der Genehmigung und wird ein Zeugnis nach **Abs. 2 (Negativattest)** vorgelegt, so reicht dies als Eintragungsvoraussetzung aus. Wird weder der Genehmigungsbescheid noch ein Negativattest vorgelegt, so kann das Grundbuchamt die Eintragung jedoch dann vornehmen, wenn es aufgrund **eigener Prüfung** zum Ergebnis kommt, daß die Teilung der Genehmigung offenkundig nicht bedarf. Die gesetzliche **Grundbuchsperre** des Abs. 1 besteht nämlich nicht für genehmigungsfreie Teilungen. Wird jedoch ein Genehmigungsbescheid oder ein Negativattest vorgelegt, so ist das Grundbuchamt hieran gebunden. Etwas anderes gilt dann, wenn z. B. der Genehmigungsbescheid offensichtlich nichtig ist (Taegen, in: BK, § 23, Rn 1; Zinkahn, in: E/Z/B, § 23, Rn 2; vgl. auch BayObLG, MDR 1972, 950; NJW 1974, 2004). Enthält der Genehmigungsbescheid über die Teilungsgenehmigung **Auflagen,** so ist das Grundbuchamt weder verpflichtet noch berechtigt, die Eintragung in das Grundbuch von deren Erfüllung abhängig zu machen, da die Auflage die Wirksamkeit der für das Grundbuchamt maßgeblichen Teilungsgenehmigung nicht berührt (vgl. § 20, Rn 19 sowie Taegen aaO, Rn 1; Zinkahn aaO, Rn 2). Dagegen sind die Eintragungsvoraussetzungen nicht erfüllt, wenn der Genehmigungsbescheid z. B. wegen **Anfechtung** durch den Nachbarn (vgl. § 20, Rn 16) nicht wirksam ist (Zinkahn aaO, Rn 2). In Zweifelsfällen kann das Grundbuchamt dem Antragsteller den Nachweis der Genehmigung oder eines Negativattestes aufgeben (vgl. § 18 GBO; Zinkahn aaO, Rn 3). Zu den Rechtsfol-

gen der Eintragung einer nicht genehmigten, aber genehmigungsbe-
dürftigen Teilung vgl. Abs. 3 (Rn 5).

2. Negativattest. Ist die Teilung eines Grundstücks nicht nach § 19 **2**
Abs. 1 genehmigungsbedürftig, so hat die **Genehmigungsbehörde**
nach **Abs. 2 S. 1** auf Antrag eines Beteiligten darüber ein Zeugnis
(Negativattest) auszustellen. Das gleiche gilt für die Fälle, daß eine
Teilung zwar genehmigungsbedürftig ist, jedoch nach § 19 Abs. 3 S. 6
als erteilt gilt. Das nach Abs. 2 S. 1 erteilte Negativattest steht der
Genehmigung gleich; **Abs. 2 S. 2.** Das Grundbuchamt ist daher bei
Vorlage des Negativzeugnisses verpflichtet, die Eintragung nach Abs. 1
vorzunehmen; dies gilt auch dann, wenn ein Negativattest über die
Genehmigungsfreiheit einer Teilung ausgestellt wird und das Grund-
buchamt die Teilung für genehmigungsbedürftig hält.

Das Negativattest wird auf **Antrag eines Beteiligten** ausgestellt. **3**
Antragsberechtigt ist derjenige, der auch zur Stellung eines Teilungsan-
trags berechtigt wäre (vgl. hierzu § 19, Rn 23). Aus dem Antrag muß
sich eindeutig ergeben, daß die Teilung genehmigungsfrei ist (vgl.
entsprechend zu den Anforderungen an den Antrag auf Teilungsgeneh-
migung § 19, Rn 23) oder daß die Wirkung des § 19 Abs. 6 S. 3 einge-
treten ist.

Das Negativattest ist ein **Verwaltungsakt** („feststellender" Verwal- **4**
tungsakt; vgl. Taegen aaO, Rn 3; Zinkahn aaO, Rn 6). Die Versagung
der beantragten Ausstellung des Negativattests kann daher nach der
VwGO angefochten werden. Weiterhin ist die Feststellungsklage mit
dem Begehren zulässig, die Teilung bedürfe keiner Genehmigung
(BVerwG Buchholz 406, 11 § 23 Nr. 2). Die **Wirkung des Negativat-
tests** besteht zunächst darin, daß die Voraussetzungen für die Eintra-
gung der Teilung in das Grundbuch nach Abs. 1 geschaffen wird. Für
die **Bindungswirkung** des § 21 Abs. 1 hat das Negativattest folgende
Bedeutung: Gilt die Teilungsgenehmigung nach § 19 Abs. 3 S. 6 als
erteilt, so ergibt sich die Bindungswirkung des § 21 Abs. 1 bereits
unmittelbar hieraus (vgl. § 21, Rn 2). Wird in diesem Fall jedoch ein
Negativattest antragsgemäß dahingehend ausgestellt, daß eine Tei-
lungsgenehmigung nicht erforderlich sei, so nimmt die Feststellungs-
wirkung des Zeugnisses dem Antragsteller die Möglichkeit, sich auf
die Tatsache des Genehmigungseintritts und damit auf die Rechtsfolgen
des § 21 Abs. 1 zu berufen (BVerwG, DÖV 1974, 201/202). Bedurfte
die Grundstücksteilung mangels erklärter Bebauungsabsicht nicht der
Genehmigung, so kann eine Bindungswirkung nach § 21 Abs. 1 auch
dann nicht eintreten, wenn die Behörde das Zeugnis ausstellt, die
Genehmigung gelte als erteilt (BVerwG, ZfBR 1984, 204). Ist ein
Teilungsantrag demgegenüber nicht genehmigungsfähig gewesen, so
daß die Wirkungen des § 19 Abs. 3 S. 6 nicht eintreten konnten (vgl.
§ 19, Rn 27) und wird gleichwohl ein Zeugnis darüber ausgestellt, daß
die Genehmigung nach dieser Bestimmung als erteilt gelte, so ist das
Negativattest zwar inhaltlich unrichtig; gleichwohl tritt in diesem Fall

die Bindungswirkung des § 21 Abs. 1 ein (BVerwG, DÖV 1972, 499; vgl. hierzu auch § 21, Rn 2). Das Negativattest mit dem Inahlt, daß ein genehmigungsbedürftiger Teilungsvorgang nicht vorläge, löst also die Bindungswirkung des § 21 Abs. 1 nicht aus (BVerwG, DVBl. 1970, 72; vgl. auch § 21, Rn 6). Stellt der Antragsteller – zusätzlich zum Antrag auf Erteilung des Negativattests – „hilfsweise" den Antrag auf Erteilung der Teilungsgenehmigung, so unterbricht das Negativattest die Frist nach § 19 Abs. 3 S. 6. Wird jedoch das Negativattest wegen angeblichen Eintritts der Fiktion des § 19 Abs. 3 S. 6, erteilt, so bindet dies wiederum nach § 21 Abs. 1 (BVerwGE 31, 274/276; vgl. Taegen aaO, Rn 2). Für die **Rücknahme** eines Negativattests, das über eine nur vermeintlich als nach § 19 Abs. 3 S. 6 als erteilt geltende Bodenverkehrsgenehmigung ausgestellt wurde, gilt das zur Rücknahme der Teilungsgenehmigung selbst Ausgeführte entsprechend (vgl. hierzu § 19, Rn 29; vgl. auch Taegen aaO, Rn 4).

5 **5. Eintragung eines Widerspruchs.** Trägt das Grundbuchamt die Teilung in das Grundbuch ein, obwohl die erforderliche Genehmigung nicht erteilt wurde, so ist das Grundbuch unrichtig. Die Genehmigungsbehörde **kann** das Grundbuchamt nach **Abs. 3 S. 1** in diesem Fall um Eintragung eines **Widerspruchs** ersuchen. Dadurch soll vor allem ein Erwerber des geteilten Grundstücks geschützt werden, da eine ohne die erforderliche Teilungsgenehmigung im Grundbuch vollzogene Teilung materiell unwirksam ist (BGH, NJW 1980, 1691; Dürr, NVwZ 1983, 73/76; das Grundbuch ist nach BGH aaO auch dann unrichtig, wenn die genehmigungsbedürftige Teilung aufgrund eines zu Unrecht erteilten Negativattests im Grundbuch eingetragen wurde). Die Eintragung eines Widerspruchs durch das Grundbuchamt nach § 53 Abs. 1 der Grundbuchordnung („Widerspruch von Amts wegen" wegen der Vornahme einer Eintragung unter Verletzung gesetzlicher Vorschriften) bleibt hierdurch unberührt; **Abs. 3 S. 2.**

6 Nach **Abs. 4** ist der auf Ersuchen der Genehmigungsbehörde nach Abs. 3 eingetragene Widerspruch auf Ersuchen der Genehmigungsbehörde zu löschen. Der Widerspruch ist – auch ohne Ersuchen der Genehmigungsbehörde – von Amts wegen zu löschen, wenn die Teilungsgenehmigung (nachträglich) erteilt wurde. Bei dieser Rechtslage bleibt es für die bis Inkafttreten des **BauGB** festgelegten Gebiete; vgl. § 245 Abs. 1.

7 **4. Sanierungsgebiete; städtebauliche Entwicklungsbereiche.** Soweit in der Sanierungssatzung die Anwendung des § 144 nicht ausgeschlossen ist (§ 142 Abs. 4), finden die Vorschriften über die Teilungsgenehmigung keine Anwendung. Auf die sanierungsrechtliche Genehmigung gem. § 144 Abs. 1 Nr. 2 und Abs. 2 ist in diesen Fällen **§ 23** entsprechend anzuwenden; **§ 145 Abs. 6.** Entsprechendes gilt für städtebauliche Entwicklungsbereiche; §§ 144, 145 sind hier stets anzuwenden (vgl. § 169 Abs. 1 Nr. 5 BauGB; § 7 Abs. 1 Nr. 5 BauGB-MaßnahmenG). Soweit die Sanierungssatzung die Anwendung des § 144 ausge-

schlossen hat, finden §§ 19 ff., 23 unmittelbar Anwendung; vgl. § 19 Abs. 4 S. 1 Nr. 2.

Dritter Abschnitt.
Gesetzliche Vorkaufsrechte der Gemeinde
Vorbemerkung zu den §§ 24 bis 28

Übersicht

1. Sicherung der Bauleitplanung. Das gemeindliche Vorkaufsrecht **1** dient wie die Veränderungssperre (§§ 14 ff.), die Zurückstellung von Baugesuchen (§ 15) und die Teilungsgenehmigung (§ 19 ff.) der Sicherung der Bauleitplanung. Das Vorkaufsrecht dient jedoch darüber hinaus noch anderen Zwecken, nämlich der Sicherung von städtebaulichen Maßnahmen unbeschadet einer beabsichtigten Bauleitplanung. Durch das BauGB werden die Vorkaufs-Tatbestände in sachlicher und räumlicher Hinsicht eingeschränkt; vgl. im einzelnen Voraufl., Vorb. zu §§ 24–28, Rn 2. Mit dem **BauGB** ist u. a. ein Vorkaufsrecht beim Kauf von Rechten nach dem WEG und von Erbbaurechten entfallen; **§ 24 Abs. 2.** Auch das Vorkaufsrecht zum Erwerb von **Austausch- oder Ersatzland** (§ 25 a BBauG) ist nicht übernommen worden; hiervon unberührt bleibt die Möglichkeit, Ersatzland- und Austauschzwecke auch mit den übrigen Vorkaufsrechten in ihren gebietlichen Geltungsbereichen zu verfolgen; § 25 a BBauG bezog sich nur auf die Fälle des Erwerbs von Austausch- oder Ersatzland außerhalb der von §§ 24 und 25 BBauG erfaßten Gemeindegebiete (B/K/L, 1. Aufl., § 25 a, Rn 1). Mit dem **BauGB-MaßnahmenG** wurde ein gesetzliches Vorkaufsrecht für Außenbereichsflächen eingeführt, soweit für sie nach dem Flächennutzungsplan eine Nutzung als Wohnbaufläche oder Wohngebiet dargestellt ist.

2. Überblick über die Vorschriften. Das allgemeine (kraft Gesetzes **2** bestehende) Vorkaufsrecht der Gemeinde enthält **24 BauGB.**

Das Vorkaufsrecht nach **Abs. 1 Nr. 1** (Vorkaufsrecht im Geltungsbereich eines Bebauungsplans) ist auf die Flächen begrenzt, für die nach dem Bebauungsplan eine Nutzung für öffentliche Zwecke festgesetzt ist. Das Vorkaufsrecht nach § 24 Abs. 1 Nr. 1 BBauG bestand demge-

genüber für alle Flächen im Geltungsbereich eines Bebauungsplans. Das Vorkaufsrecht nach § 24 Abs. 1 Nr. 2 BBauG (Vorkaufsrecht in Gebieten, für die die Gemeinde die Aufstellung eines Bebauungsplans beschlossen hat) wurde in das BauGB nicht übernommen.

In **Abs. 1 Nr. 2** ist das Vorkaufsrecht in einem Umlegungsgebiet geregelt.

Abs. 1 Nr. 3 enthält das Vorkaufsrecht in einem förmlich festgelegten Sanierungsgebiet und im städtebaulichen Entwicklungsbereich.

Das Vorkaufsrecht im Geltungsbereich einer Erhaltungssatzung ist in **Abs. 1 Nr. 4** geregelt.

Das Vorkaufsrecht für den Außenbereich, soweit der Flächennutzungsplan eine Wohnnutzung vorsieht, ist in **§ 3 BauGB-MaßnahmenG** geregelt.

3 § 25 faßt die Satzungsvorkaufsrechte zusammen, also diejenigen Vorkaufsrechte, die nicht bereits unmittelbar durch gesetzliche Anordnung bestehen, sondern die von der Gemeinde durch eine spezifische Vorkaufssatzung begründet werden. („Besonderes Vorkaufsrecht"). Das Gesetz sieht hierzu zwei Möglichkeiten vor:

– Die Gemeinde kann nach **Abs. 1 S. 1 Nr. 1** im Geltungsbereich eines Bebauungsplans das als gesetzliches Vorkaufsrecht auf Flächen für öffentliche Zwecke beschränkte Vorkaufsrecht (§ 24 Abs. 1 Nr. 1) durch Satzung auch an („sonstigen") unbebauten Grundstücken begründen.

– Sie kann weiterhin ein Satzungsvorkaufsrecht für Gebiete begründen, in denen sie städtebauliche Maßnahmen in Betracht zieht; **Abs. 1 S. 1 Nr. 2.**

4 In **§§ 26 bis 28** sind die Bestimmungen über den Ausschluß des Vorkaufsrechts (vgl. aber auch § 24 Abs. 2 BauGB), die Abwendung sowie das Verfahren und die Entschädigung geregelt. Die Veräußerungspflicht der Gemeinde (vgl. früher § 26 BBauG) ist mit den übrigen Veräußerungspflichten in § 89 BauGB zusammenfassend geregelt. Für das „Außenbereichs-Vorkaufsrecht" vgl. hierzu **§ 3 Abs. 2 bis 4 BauGB-MaßnahmenG.**

5 **3. Vorkaufsrecht und Enteignung.** Die Ausübung des gemeindlichen Vorkaufsrechts verwirklicht keinen enteignenden Tatbestand und enthält auch keinen unzulässigen Eingriff in die durch Art. 2 GG geschützte Vertragsfreiheit. Die Rechtsprechung hat die gesetzlichen Vorkaufsrechte seit längerem gegenüber der Enteignung abgegrenzt (vgl. BGHZ 29, 113; 36, 155; BVerwG, DÖV 1958, 956; BGH, NJW 1989, 37). In den Hauptanwendungsfällen der Ausübung des Vorkaufsrechts, nämlich dem Erwerb von (Teil)flächen in Bebauungsgebieten mit öffentlicher Zweckbestimmung (vgl. § 24 Abs. 1 Nr. 1; Rn 2) wird eine ansonsten erforderlich werdende Enteignung vermieden („milderes Mittel"); hieraus ergibt sich auch die innere Begründung der Abänderung eines vereinbarten Kaufpreises gem. **§ 28 Abs. 3** („Ent-

schädigungswert") sowie §3 Abs. 3 BauGB-MaßnahmenG ("Verkehrswert").

Ein **entschädigungspflichtiger Enteignungstatbestand** kann jedoch 6
vorliegen, wenn durch die Ausübung des Vorkaufsrechts in ein vorher
begründetes vertragliches Grunderwerbsrecht eingegriffen wird und
der Inhaber des älteren Rechts somit aus seiner Rechtsposition verdrängt wird. §28 Abs. 6 sieht in diesen Fällen für dadurch entstandene
Vermögensnachteile eine Entschädigung vor.

4. Rechtsweg. Das Vorkaufsrecht wird nach §28 Abs. 2 S. 1 durch 7
Verwaltungsakt ausgeübt. Für die Anfechtung der Ausübung des Vorkaufsrechts steht daher der Rechtsweg nach der VwGO offen
(BVerwG, Buchholz 406.11, §25 a BBauG Nr. 1; OVG Münster, NJW
1981, 1467). Bestimmt die Gemeinde den zu zahlenden Betrag in dem
Bescheid über die Ausübung des Vorkaufsrechts gemäß §28 Abs. 3
("Entschädigungswert") oder §3 Abs. 3 BauGB-MaßnahmenG ("Verkehrswert"), ist der Verwaltungsakt insgesamt gemäß §217 Abs. 1 S. 1
durch Antrag auf gerichtliche Entscheidung bei den Baulandgerichten
anzufechten.

5. Überleitungsrecht. Die Überleitungsvorschrift des **§178 BBauG** 8
1960 wurde mit dem BauGB aufgehoben. Sie hat infolge Zeitablaufs
keine praktische Bedeutung mehr. Das gleiche gilt für die Überleitungsvorschrift des **Art. 3 §4 Abs. 1 Novelle 1976;** vgl. zu beiden
Vorschriften die Erl. in B/K/L, 1. Aufl. Die Überleitungsvorschriften
zum **BauGB** sind in §235 geregelt; vgl. dort die Erl. Die Überleitung
zum "Außenbereichs"-Vorkaufsrecht ist in §12 **BauGB-MaßnahmenG**
geregelt.

§24 Allgemeines Vorkaufsrecht

(1) **Der Gemeinde steht ein Vorkaufsrecht zu beim Kauf von
Grundstücken**

1. **im Geltungsbereich eines Bebauungsplans, soweit es sich um
 Flächen handelt, für die nach dem Bebauungsplan eine Nutzung
 für öffentliche Zwecke festgesetzt ist,**
2. **in einem Umlegungsgebiet,**
3. **in einem förmlich festgelegten Sanierungsgebiet und städtebaulichen Entwicklungsbereich sowie**
4. **im Geltungsbereich einer Erhaltungssatzung.**

(2) **Das Vorkaufsrecht steht der Gemeinde nicht zu beim Kauf von
Rechten nach dem Wohnungseigentumsgesetz und von Erbbaurechten.**

(3) **Das Vorkaufsrecht darf nur ausgeübt werden, wenn das Wohl
der Allgemeinheit dies rechtfertigt. Bei der Ausübung des Vorkaufsrechts hat die Gemeinde den Verwendungszweck des Grundstücks
anzugeben.**

Übersicht

1 **1. Anwendungsbereich (Abs. 1).** Das allgemeine Vorkaufsrecht der Gemeinde nach § 24 ist ein gesetzliches Vorkaufsrecht. Es ruht als öffentlich-rechtliche Belastung auf den von ihm erfaßten Grundstücken (Hoppe, in: E/H, Rn 501). Das Vorkaufsrecht **entsteht** nach Maßgabe der in Nr. 1–4 enthaltenen Voraussetzungen; es wird **ausgeübt** im Wege einer Willenserklärung der Gemeinde (§ 28 Abs. 2 S. 1).

2 **1. Die belasteten Grundstücke. a) Im Geltungsbereich eines Bebauungsplans (Abs. 1 Nr. 1).** Der Gemeinde steht nach **Abs. 1 Nr. 1** ein gesetzliches Vorkaufsrecht im **Geltungsbereich eines Bebauungsplans** zu, und zwar sowohl für bebaute als auch für unbebaute Grundstücke. Voraussetzung ist die Rechtsverbindlichkeit des Bebauungsplans, wobei es keinen Unterschied macht, ob der Bebauungsplan i. S. des § 30 Abs. 1 „qualifiziert" ist oder ob es sich um einen „einfachen" Bebauungsplan (§ 30 Abs. 2) handelt. Während nach § 24 Abs. 1 Nr. 1 BBauG das Vorkaufsrecht für **alle** Grundstücke im Geltungsbereich eines Bebauungsplans bestand, ist der Anwendungsbereich in der Neuregelung des BauGB auf Flächen begrenzt, für die nach dem Bebauungsplan eine **Nutzung für öffentliche Zwecke festgesetzt** ist. Zu den Flächen, für

die nach dem Bebauungsplan eine Nutzung für öffentliche Zwecke festgesetzt ist, zählen z. B. Verkehrs-, Grün-, Gemeinbedarfs-, Versorgungs- und Entsorgungsflächen sowie Flächen für Anlagen und Vorkehrungen zum Schutz gegen schädliche Umwelteinwirkungen i. S. des BImSchG. Maßgeblich ist der **öffentliche Zweck,** der die Einrichtung dient, nicht die Rechtsform, in der sie betrieben wird (Stock, ZfBR 1987, 10/12). Das Gesetz verwendet diesen Oberbegriff für bestimmte Nutzungen auch an anderer Stelle; vgl. § 55 Abs. 5 und § 169 Abs. 5.

Das Gesetz hat diesen Fall der Ausübung des Vorkaufsrechts, also bei **3** Flächen, für die nach dem Bebauungsplan eine Nutzung für öffentliche Zwecke festgesetzt ist, in mehrfacher Hinsicht **privilegiert ausgestaltet:** Hinzuweisen ist insbesondere auf § 27 Abs. 1 Satz 1, wonach der Käufer die Ausübung des Vorkaufsrechts in den Fällen des § 24 Abs. 1 Nr. 1 nicht abwenden kann. Nach § 28 Abs. 3 bemißt sich in den Fällen des § 24 Abs. 1 Nr. 1 der von der Gemeinde zu zahlende Betrag nach dem Entschädigungswert des Grundstücks, also nicht notwendigerweise nach dem Kaufpreis (vgl. im einzelnen § 28, Rn 9–17). Vgl. weiterhin § 28 Abs. 4 über die Ausübung des Vorkaufsrechts in den Fällen des § 24 Abs. 1 Nr. 1 zugunsten eines öffentlichen Bedarfs- oder Erschließungsträgers. Die privilegierte Ausgestaltung dieses rechtstatsächlich zentralen Vorkaufsrechts dient der Vermeidung sonst erforderlicher Enteignungen (Krautzberger, in: B/K/S, Rn 132).

Die Gemeinde kann für Bebauungsplangebiete darüber hinaus durch **4** Satzung gem. § 25 Abs. 1 S. 1 Nr. 1 ein Satzungsvorkaufsrecht begründen, und zwar für **unbebaute Grundstücke.** Das gesetzliche Vorkaufsrecht für **Planaufstellungsgebiete** (§ 24 Abs. 1 Nr. 2 BBauG) ist entfallen. Die Gemeinde kann für diese Gebiete jedoch ein Satzungsvorkaufsrecht gem. § 25 Abs. 1 S. 1 Nr. 2 beschließen; zum Vorkaufsrecht nach § 24 Abs. 1 Nr. 2 BBauG vgl. B/K/L, 1. Aufl., § 24, Rn 3 und 4.

b) In einem Umlegungsgebiet (Abs. 1 Nr. 2). Nach **Abs. 1 Nr. 2 5** steht der Gemeinde ein Vorkaufsrecht zu beim Kauf von Grundstücken in einem **Umlegungsgebiet.** Die Vorschrift entspricht § 24 Abs. 1 Nr. 3 BBauG. Danach stand der Gemeinde ein Vorkaufsrecht für Grundstücke zu, die in ein Verfahren zur Bodenordnung einbezogen sind. Nach dem Wortlaut wäre danach auch für die **Grenzregelung** das Vorkaufsrecht begründet. In der Literatur bestand jedoch weitgehend Übereinstimmung, daß der Anwendungsbereich dieses gesetzlichen Vorkaufsrechts auf die gesetzliche Umlegung beschränkt ist (vgl. B/K/L, 1. Aufl., § 24, Rn 5; E/Z/B § 24 Rn 6).

Ein Grundstück ist in ein Umlegungsverfahren **einbezogen,** wenn es **6** im Umlegungsgebiet (§ 52) liegt. Das Vorkaufsrecht entsteht in diesen Fällen mit Bekanntmachung des Umlegungsbeschlusses (§ 50 Abs. 1), also ggf. auch vor Aufstellung eines Bebauungsplans oder vor einem Aufstellungsbeschluß; vgl. § 45 Abs. 2 S. 1. Ist gegen den Umlegungsbeschluß ein **Rechtsbehelf** mit aufschiebender Wirkung (§ 80 Abs. 1

S. 2 VwGO) eingelegt worden, beurteilt sich das Bestehen des Umlegungsvorkaufsrechts entsprechend dem Rechtsgedanken des § 71 Abs. 2 (vgl. Stock aaO). Die Gemeinde kann das Vorkaufsrecht im übrigen ggf. auch auf das Vorkaufsrecht nach Abs. 1 Nr. 1 oder Nr. 3 stützen. Zur „Konkurrenz" von Vorkaufsrechten vgl. im übrigen Rn. 23. Das Vorkaufsrecht nach Abs. 1 Nr. 2 **entfällt**, wenn das Grundstück nicht mehr in eine Umlegung einbezogen ist (§§ 71, 76).

7 **c) In einem Sanierungsgebiet und Entwicklungsbereich (Abs. 1 Nr. 3).** Nach Abs. 1 Nr. 3 steht der Gemeinde ein gesetzliches Vorkaufsrecht zu beim Kauf von Grundstücken in einem förmlich festgelegten Sanierungsgebiet sowie in einem städtebaulichen Entwicklungsbereich. Bis zum Inkrafttreten des BauGB war das gesetzliche Vorkaufsrecht in diesen Gebieten im StBauFG geregelt, und zwar in **§ 17 StBauFG** für die Sanierung und in **§ 57 Abs. 1 Nr. 4 i. V. mit § 17 StBauFG** für den Entwicklungsbereich. Auch im Entwicklungsbereich nach **§ 6 BauGB-MaßnahmenG** steht der Gemeinde das Vorkaufsrecht zu; § 7 Abs. 1 Nr. 2 BauGB-MaßnahmenG.

8 Das gesetzliche Vorkaufsrecht steht der Gemeinde im Sanierungsgebiet auch dann zu, wenn sie die Sanierung im **„vereinfachten Verfahren"** durchführt; das Vorkaufsrecht steht der Gemeinde also in den förmlich festgelegten Sanierungsgebieten ausnahmslos zu. Im „vereinfachten Verfahren" der Sanierung gemäß § 5 Abs. 1 Satz 4 StBauFG **(Novelle 1984 StBauFG)** war dagegen u. a. die Anwendung des § 17 StBauFG über das Vorkaufsrecht ausgeschlossen. Gem. **§ 235 Abs. 2** steht der Gemeinde das Vorkaufsrecht des Abs. 1 Nr. 3 auch in Sanierungsgebieten zu, die vor dem Inkrafttreten des BauGB im vereinfachten Verfahren nach § 5 Abs. 1 S. 4 StBauFG förmlich festgelegt worden sind. Die Gemeinde kann den durch die Novelle des StBauFG 1984 geschaffenen Rechtszustand, also der Sanierung ohne Vorkaufsrecht, ggf. dadurch weitgehend herstellen, indem sie von den Möglichkeiten des Verzichts auf die Ausübung des Vorkaufsrechts Gebrauch macht (vgl. § 28 Abs. 5) oder durch vorweg erteilte Negativzeugnisse von den Vorkaufsrechten absieht (vgl. die Erl. zu § 28 Abs. 5).

9 Während nach § 5 Abs. 3 S. 2 StBauFG bei der **Bekanntmachung** der Sanierungssatzung und ihrer Genehmigung u. a. auf die Geltung des § 17 StBauFG über das Vorkaufsrecht im Sanierungsgebiet hinzuweisen war, fehlt eine entsprechende Bestimmung im BauGB. Die Hinweispflicht bei der Bekanntmachung der Sanierungssatzung (vgl. § 143 Abs. 2 S. 2) bezieht sich nur auf die Vorschriften der §§ 152 bis 156 (vor allem Ausgleichsbetrag, Entschädigungsregelung). Sie besteht damit nur hinsichtlich von Rechtsvorschriften, die im vereinfachten Verfahren keine Anwendung finden, nicht dagegen hinsichtlich der stets anwendbaren besonderen vorkaufs- und enteignungsrechtlichen Vorschriften (§ 24 Abs. 1 Nr. 3; § 87 Abs. 3 S. 3, § 89 S. 2) und der Verfügungs- und Veränderungssperre (§ 144).

In diesem Zusammenhang ist auf die Streichung des §18 StBauFG 10
über das gemeindliche Grunderwerbsrecht hinzuweisen. Diese Vor-
schrift hatte für das Sanierungsrecht eine „Lücke" für den Fall geschlos-
sen, daß die Gemeinde (z. B. wegen eines überhöhten Preises, §15
Abs. 3 S. 2 StBauFG; jetzt §153 Abs. 2 BauGB) die Genehmigung für
die rechtsgeschäftliche Veräußerung eines Grundstücks versagt; die
Gemeinde entzieht sich hierdurch nämlich auch die Grundlage für die
Ausübung eines ihr ggf. zustehenden Vorkaufsrechts, dessen Voraus-
setzung ein wirksamer Kaufvertrag ist. Die Streichung des §18
StBauFG hat die vorerwähnte Folge allerdings nur für jene Fälle, in
denen die Gemeinde die Sanierung nicht im vereinfachten Verfahren
durchführt, d. h. nur für die Fälle des sog. „klassischen Verfahrens"
(§§152 bis 156 BauGB; die Preisprüfung des bisherigen §15 Abs. 3
Satz 2 StBauFG ist jetzt in §153 Abs. 2 BauGB geregelt). In allen
Fallgestaltungen des „vereinfachten Verfahrens" findet die Vorschrift
über die Preisprüfung dagegen keine Anwendung. In diesen Fällen
hinterläßt die Streichung des §18 StBauFG also keine „Lücke"; ggf.
kommt darüber hinaus als Möglichkeit in Betracht, den Kaufpreis
gemäß §28 Abs. 3 BauGB – abweichend vom vereinfachten Kaufpreis
– nach dem Entschädigungswert des Grundstücks zu bestimmen. Für
die verbleibenden Fälle des „klassischen Verfahrens" kommt u. U. die
Enteignung in Betracht (zum Verhältnis des gemeindlichen Grunder-
werbsrechts nach §18 StBauFG zur Enteignung vgl. Bielenberg,
StBauFG §18 Rn 9; Stich, in: S/S/K, §18, Rn 3 f.)

d) Im Geltungsbereich einer Erhaltungssatzung (Abs. 1 Nr. 4). Der 11
Gemeinde steht nach Abs. 1 Nr. 4 ein Vorkaufsrecht zu beim Kauf von
Grundstücken im Geltungsbereich einer Erhaltungssatzung. Die Vor-
schrift entspricht **§24 a BBauG.** Die Neufassung beschränkt jedoch das
Vorkaufsrecht zur Sicherung von städtebaulichen Erhaltungszielen auf
die durch die Erhaltungssatzung (jetzt §172 BauGB) festgesetzten
Gebiete. Allerdings wurde bereits unter der Geltung des §24 a BBauG
in Rechtsprechung und Literatur die Frage des Anwendungsbereichs
dieses Vorkaufsrechts kontrovers beurteilt. In der Literatur überwog
die Auffassung, daß das Vorkaufsrecht nach §24 a BBauG innerhalb
und außerhalb von förmlich festgelegten Erhaltungsgebieten nach
§39 h BBauG ausgeübt werden konnte, und zwar vor allem im Hin-
blick auf den Wortlaut der Vorschrift (vgl. B/K/L, 1. Aufl., §24 a, Rn 1;
Dyong, in: E/Z/B, BBauG, §24 a, Rn 8 – jeweils mit Nachweisen der
Rechtsprechung). Die faktische Bedeutung dieses Vorkaufsrechts lag
allerdings auch früher im wesentlichen in den Satzungsgebieten. Der
Gesetzgeber ist der – sachlich durchaus erwägenswerten – Erweiterung
des Anwendungsbereichs auf die Gebiete, für die gemäß §172 Abs. 2
ein Beschluß über die Aufstellung einer Erhaltungssatzung ortsüblich
gefaßt und bekanntgemacht ist, nicht näher getreten; eine solche Rege-
lung hätte als inkonsequent bezeichnet werden können, weil auch das
sog. Planaufstellungsbeschluß-Vorkaufsrecht des §24 Abs. 1 Nr. 2

BBauG nicht in das BauGB übernommen wurde. Die Gemeinde kann die Erhaltungsziele in so gelagerten Fällen jedoch ggf. durch das **Satzungsvorkaufsrecht** gem. § 25 Abs. 1 S. 1 Nr. 2 sichern.

12 Das Vorkaufsrecht nach Abs. 1 Nr. 3 findet sowohl auf **bebauten** als auch auf **unbebauten** Grundstücken Anwendung, § 24 a BBauG bezog sich dagegen nur auf bebaute Grundstücke. Dies ist im Zusammenhang mit der im BauGB erfolgten Erweiterung des Rechts der Erhaltungssatzung um einen Genehmigungsvorbehalt für die Errichtung baulicher Anlagen aus stadtgestalterischen Gründen (§ 172 Abs. 1 S. 2, Abs. 3 S. 2) zu sehen. Eine Beschränkung des Vorkaufsrechts an unbebauten Grundstücken auf die Fälle des § 172 Abs. 1, S. 2, Abs. 3 S. 2 kann angesichts des eindeutigen Gesetzeswortlauts gleichwohl nicht angenommen werden. In den Fällen des § 172 Abs. 1 S. 1 Nr. 2 und 3 („Milieuschutz"- bzw. Umstrukturierungssatzung) wird die Ausübung des Vorkaufsrechts wegen § 26 Nr. 4 BauGB allerdings deshalb kaum jemals in Frage kommen, weil die Ziele und Zwecke dieser Erhaltungssatzungen nur auf bebauten Grundstücken verwirklicht werden können (vgl. Stock, ZfBR 1987, 10/12).

13 **2. Kauf von Grundstücken. a) Kauf.** Das Vorkaufsrecht besteht nur bei Kaufverträgen i. S. von § 433 BGB. Das Vorkaufsrecht besteht daher **nicht** in folgenden Fällen: Schenkung, gemischte Schenkung, Tausch, Ringtausch, Bestellung eines Erbbaurechts, Erbauauseinandersetzungsvertrag, Erbteilverkauf, Einbringung eines Grundstücks in eine Gesellschaft, Übertragung von Anteilen einer Gesellschaft, Veräußerung eines ideellen Bruchteils an einem Grundstück an einen Miteigentümer (Bay ObLG, Rpfleger 1986, 52), Veräußerung im Wege der Zwangsversteigerung oder im Konkurs; zum Kauf von Rechten nach dem Wohnungseigentumsgesetz sowie von Erbbaurechten vgl. Abs. 2 (Rn 16).

14 **b) Wirksamer Vertrag.** Der Kaufvertrag muß wirksam sein; vorher kann das Vorkaufsrecht nicht wirksam ausgeübt werden. Vor Wirksamkeit des Kaufvertrags beginnt daher die Ausübungsfrist für das Vorkaufsrecht (§ 28 Abs. 2 S. 1) nicht zu laufen; auch die Anzeigepflicht des Verkäufers über den Vertragsabschluß (§ 28 Abs. 1 S. 1) besteht bis dahin nicht.

Für die Wirksamkeit eines Kaufvertrags können **zivilrechtliche und öffentlich-rechtliche** Genehmigungen erforderlich sein, zum Beispiel nach § 144 Abs. 2 Nr. 1 für Grundstücke in Sanierungsgebieten oder nach Landwirtschaftsrecht (Grundstücksverkehrsgesetz) oder nach § 51 Abs. 1 S. 1 Nr. 1 für Grundstücke im Umlegungsgebiet, **nicht** aber die Teilungsgenehmigung nach § 19.

Wirksam sind (bis zu ihrer Anfechtung) auch **anfechtbare Kaufverträge** (§§ 119, 123 BGB). Die Nichtigkeit des Vertrags infolge einer Anfechtung entzieht jedoch dem Vorkaufsrecht die Grundlage (vgl. weiterhin Dyong, in: E/Z/B, § 24, Rn 33).

c) Grundstück. Der Grundstücksbegriff bestimmt sich nach dem 15
bürgerlichen Recht; vgl. im übrigen die Erläuterungen zu §200. Liegt
ein Grundstück nur **teilweise** im Geltungsbereich eines Bebauungs-
plans, so ist auch nur die entsprechende Teilfläche mit dem Vorkaufs-
recht belastet. Der Eigentümer kann aber in diesem Fall nach §28
Abs. 2 S. 2 i. V. mit §508 S. 2 BGB den Vorkauf des gesamten Grund-
stücks durch die Gemeinde verlangen, wenn eine Teilung des Grund-
stücks für ihn nicht ohne Nachteil, insbesondere der vom Vorkaufs-
recht betroffene Teil nicht mehr angemessen zu nutzen ist (vgl. weiter-
hin Mayer, NJW 1984, 100). Zum Kaufpreis bei Ausübung des Vor-
kaufsrechts nur für eine Teilfläche vgl. die Erl. zu §28 Abs. 2 und 3
(§28, Rn 6 und 11).

II. Rechte nach dem Wohnungseigentumsgesetz und Erbbaurechte (Abs. 2)

Nach §24 Abs. 2 steht der Gemeinde das Vorkaufsrecht beim Kauf 16
von **Rechten nach dem Wohnungseigentumsgesetz** sowie von **Erb-
baurechten** nicht zu. Diese Einschränkung ist erst durch das BauGB
begründet worden. Ob sich das Vorkaufsrecht nach BBauG auch auf
Rechte nach dem Wohnungseigentumsgesetz erstreckt, wurde im
Schrifttum zwar überwiegend ablehnend beurteilt (Bielenberg/Krautz-
berger, DVBl. 1985, 1281, 1284). Der BGH hatte jedoch das gemeind-
liche Vorkaufsrecht auch für diese Fälle anerkannt (BGHZ 90, 174 =
ZfBR 84, 150; vgl. auch E/Z/B, §24, Rn 10). Für den Grundstücksver-
kehr haben Veräußerungen von Rechten nach dem Wohnungseigen-
tumsgesetz erhebliche Bedeutung. In größeren Städten machen Kauf-
verträge über Wohnungseigentum nahezu die Hälfte aller Kaufverträge
aus; in der Praxis sind dagegen nur wenige Fälle denkbar, in denen hier
ein Vorkaufsrecht ausgeübt werden kann, (vgl. Krautzberger, in: B/K/S,
Rn 146 m. w. N.). Aufgrund der Bestimmung des Abs. 2 bedarf es bei
der Veräußerung von Rechten nach dem Wohnungseigentumsgesetz
oder von Erbbaurechten nicht der Vorlage eines Negativattests (vgl.
§28 Abs. 1 Satz 2 bis 4 BauGB).

III. Ausübungsvoraussetzungen (Abs. 3)

Die Ausübung des Vorkaufsrechts muß durch das **Wohl der Allge-** 17
meinheit gerechtfertigt sein; Abs. 3 S. 1. Gegenüber der **Enteignung,**
deren Ausübung vom Wohl der Allgemeinheit **erfordert** sein muß (§87
Abs. 1), werden damit geringere Anforderungen gestellt. Diese Vor-
aussetzung für die Ausübung des Vorkaufsrechts ist daher erfüllt, wenn
im Hinblick auf eine bestimmte Aufgabe überwiegende Vorteile für die
Öffentlichkeit angestrebt werden (BVerwGE 4, 185). Als vom Wohl
der Allgemeinheit gerechtfertigt kann der Erwerb eines Grundstücks

daher vornehmlich dann angesehen werden, wenn hierdurch den mit den Vorkaufsrechten verfolgten, das Vorkaufsrecht rechtfertigenden und vom Gesetzgeber mit § 24 Abs. 1 gebilligten städtebaulichen Zwecken gedient werden soll. § 26 (vor allem § 26 Nr. 2) enthält dagegen Fälle, für die bereits das Gesetz festlegt, daß ein Ausübung des Vorkaufsrechts **nicht gerechtfertigt** ist. Auf die in § 1 Abs. 5 S. 2 aufgeführten öffentlichen Belange kann als Hinweis auf die vom Gesetzgeber gebilligten Zwecke zurückgegriffen werden. Das Wohl der Allgemeinheit rechtfertigt die Ausübung des Vorkaufsrechts nur, wenn im **Einzelfall** dem mit dem jeweiligen Vorkaufsrecht nach § 24 Abs. 1 verfolgten Zweck entsprochen wird (VGH München, BayVBl. 1986, 181). Es kommt also entscheidend auf den jeweiligen Verwendungszweck an (vgl. Abs. 3 S. 2).

18 Ob diese **gerichtlich voll nachprüfbare** Voraussetzung vorliegt, hängt somit vom konkreten **Verwendungszweck** ab. Diesen Verwendungszweck hat die Gemeinde nach Abs. 3 S. 2 bei der Ausübung des Vorkaufsrechts abzugeben (vgl. Rn 19).

19 Die Anforderungen, die an die Angaben der Gemeinde dabei zu stellen sind, bestimmen sich nach den besonderen Verhältnissen des Einzelfalls, wobei den Festsetzungen eines Bebauungsplans oder der künftigen Planung maßgebliche Bedeutung zukommt: Wird das Vorkaufsrecht zum Beispiel an einem Grundstück im Geltungsbereich eines **Bebauungsplans** i. S. des § 24 Abs. 1 Nr. 1 ausgeübt, der also Flächen für den Gemeinbedarf, Verkehrs-, Versorgungs-, Grünflächen oder ähnliche Flächen festsetzt, so ist die Ausübung des Vorkaufsrechts regelmäßig als vom Wohl der Allgemeinheit gerechtfertigt anzusehen (OVG Lüneburg, BauR 1981, 262 und BWGZ 1985, 287; Lemmel, in: BK, § 24, Rn 14).

20 Wird das Vorkaufsrecht an einem Grundstück in einem **Umlegungs-** oder **Sanierungsgebiet, Entwicklungsbereich** oder im Gebiet einer **Erhaltungssatzung** ausgeübt, so ist die Ausübung gerechtfertigt, wenn die städtebaulichen Gründe hierfür jenen entsprechen, die mit der jeweiligen Maßnahme bzw. Gebietsfestsetzung verfolgt werden.

Ein weiterer Verwendungszweck, der vom Wohl der Allgemeinheit in der Regel gerechtfertigt wird, ist der Erwerb von Grundstücken als **Austausch- oder Ersatzland,** insbesondere zum Zwecke der Entschädigung in Land; vgl. auch § 25 Abs. 1 S. 1 Nr. 2 sowie (bis BauGB) § 25 a BBauG. Ein die Ausübung des Vorkaufsrechts rechtfertigender städtebaulicher Grund kann somit auch vorliegen, wenn der konkrete Ausübungszweck nicht auf das Gebiet bezogen ist, in dem das Vorkaufsrecht ausgeübt wird. So kann Austausch- oder Ersatzland, das z. B. zur Ausführung der Umlegung gemäß § 59 Abs. 5 BauGB benötigt wird, auch in einem anderen Umlegungsgebiet in der Gemeinde beschafft werden. Fraglich ist aber, ob die Beschaffung auch in einem zu einem anderen Zweck festgelegten Gebiet zulässig ist; dies dürfte jedenfalls dann ausgeschlossen sein, wenn der spezielle, in dem in Frage kom-

menden Gebiet verfolgte Zweck des Vorkaufsrechts einer Ausübung zu
Austauschzwecken für andere Gebiete entgegensteht (Stock, ZfBR
1987, 10/14). **Allgemeine bodenpolitische Erwägungen** der Ge-
meinde, auch wenn diese Erwägungen im öffentlichen Interesse durch
den Gesetzgeber im Einzelfall gebilligt werden, reichen demgegenüber
nicht aus (VGH München, BayVBl. 1986, 181).

Bei Grundstücken, für die **keine öffentliche Zweckbestimmung** 21
festgesetzt oder vorgesehen ist, ist der den Vorkauf rechtfertigende
Verwendungszweck z. B. dann erfüllt, wenn das Grundstück auch
enteignet werden könnte. Auch hier ist die sich aus dem Bebauungs-
plan – auch wenn dieser nicht den Anforderungen des § 24 Abs. 1 Nr. 1
(„öffentliche Zwecke") entspricht – ergebende oder die ausreichend
bestimmbare zukünftige Festsetzung ein wichtiges Indiz, etwa bei
Festsetzungen nach § 9 Abs. 1 Nr. 7 oder Nr. 9; ebenso wenn zur
Verwirklichung städtebaulicher Baupflichten (§§ 175 ff.) durch Aus-
übung des Vorkaufsrechts z. B. die Enteignung vermieden wird. Ist ein
Grundstück **unbebaut,** aber entsprechend dem Bebauungsplan oder
Zielen und Zwecken einer städtebaulichen Maßnahme **genutzt** (z. B.
private Gartenfläche), dann ist die Ausübung des Vorkaufsrechts nicht
gerechtfertigt (im Ergebnis ebenso Stock, ZfBR 1987, 10/15 unter
Hinweis auf § 26 Nr. 4).

Für die Ausübung des Vorkaufsrechts bei Grundstücken im Gel- 22
tungsbereich einer **Erhaltungssatzung** (Abs. 1 Nr. 4) ist die Ausübung
des Vorkaufsrechts gerechtfertigt, wenn mit dem Erwerb des Grund-
stücks und den damit verfolgten Zwecken die in § 172 bezeichneten
Belange beeinträchtigt werden. In § 24 a S. 1 BBauG wurde diese die
Ausübung des Vorkaufsrechts rechtfertigende Voraussetzung aus-
drücklich genannt. Sie ist in das BauGB zwar nicht ausdrücklich
übernommen worden. Als Konkretisierung des zulässigen Ausübungs-
grundes i. S. des § 24 Abs. 3 S. 1 BauGB sind jedoch die zu § 24 a S. 1
BBauG entwickelten Rechtsgrundsätze auch in den Fällen des § 24
Abs. 1 Nr. 4 BauGB zu beachten (im Ergebnis ebenso Stock aaO). Aus
Gründen des Allgemeinwohls ist die Ausübung des Vorkaufsrechts
danach gerechtfertigt, wenn durch Kauf und den damit verfolgten
Zweck die Schutzziele des § 172 beeinträchtigt, also insbesondere bauli-
che Anlagen entgegen den Zielen und Zwecken der Erhaltungssatzung
abgebrochen, geändert oder hinsichtlich ihrer Nutzung geändert wer-
den sollen.

Wie bereits nach § 24 a S. 2 BBauG ist die Ausübung des Vorkaufs-
rechts dabei nur gerechtfertigt, wenn **Tatsachen** die Annahme einer
Beeinträchtigung der Belange des § 172 rechtfertigen. Die bloße Ver-
mutung einer solchen Verwertungsabsicht des Erwerbers reicht nicht
aus. Eine entsprechende Verwertungsabsicht kann sich z. B. aus dem
Kaufvertrag ergeben, etwa durch Hinweise auf Abbruch- oder Um-
bauvorhaben oder Umnutzung des Gebäudes, aber z. B. auch aus

Äußerungen gegenüber den Mietern oder Aufträgen an Handwerker. Als Tatsachen kommen auch sonstige Anhaltspunkte in Betracht wie zum Beispiel Bauvoranfragen des zukünftigen Erwerbers. Entsprechende Verwertungsabsichten aus wirtschaftlichen Gründen dürfen von der Gemeinde nur dann herangezogen werden, wenn die Gesamtumstände bei objektiver Würdigung eine die Belange des § 172 beeinträchtigende bauliche Maßnahme erwarten lassen. Der Beruf des Erwerbers reicht für eine solche Annahme nicht aus, jedoch können als „Tatsachen" die wiederholte oder geschäftsmäßige Verwertung von Gebäuden durch Maßnahmen i. S. des § 172 Abs. 1 in Betracht gezogen werden (vgl. auch VG Ansbach, Urt. v. 19. 12. 1984 – AN 3 K 83 A. 1986 – sowie LG Nürnberg, Urt. v. 30. 12 1982 – O 726/81 (Baul.).

IV. Verhältnis der Vorkaufsrechte zueinander

23 Über das Verhältnis der Vorkaufsrechte nach § 24 zueinander trifft das Gesetz keine ausdrückliche Bestimmung. Das gleiche gilt im Verhältnis zu den Vorkaufsrechten nach § 25; vgl. demgegenüber die ausdrückliche Konkurrenzregel des (aufgehobenen) Vorkaufsrechts nach § 24 Abs. 1 Nr. 2 BBauG („Planaufstellungs-Gebiet") gegenüber dem Satzungsvorkaufsrecht des § 25 BBauG (B/K/L, 1. Aufl., § 124, Rn 4); auch § 25 a S. 1 BBauG über das (mit dem BauGB gleichfalls aufgehobene) besondere Vorkaufsrecht zum Erwerb von Austausch- und Ersatzland enthielt eine gesetzliche Konkurrenzregelung im Verhältnis zu den Vorkaufsrechten nach §§ 24 und 25 (vgl. B/K/L, 1. Aufl., § 25 a, Rn 1). Vgl. für das „Außenbereichs"-Vorkaufsrecht jetzt auch § 3 Abs. 2 S. 2 BauGB-MaßnahmenG (hierzu Rn 29). Konkurrenzsituationen können z. B. im Verhältnis zwischen Bebauungsplanflächen mit öffentlicher Zweckbestimmung (§ 24 Abs. 1 Nr. 1) zu Grundstücken in Umlegungsgebieten (§ 24 Abs. 1 Nr. 2) oder in Sanierungsgebieten (§ 24 Abs. 1 Nr. 3) bestehen oder im Verhältnis zwischen dem Umlegungs- und dem Sanierungsvorkaufsrecht usw. Hierbei ist – unbeschadet der von der Gemeinde im Ausübungsbescheid über das Vorkaufsrecht (§ 28 Abs. 2 S. 1) angegebenen Vorkaufstatbestands – darauf abzustellen, aus welchem **tatsächlichen** und die Ausübung des Vorkaufsrechts **rechtfertigenden Grund** („Verwendungszweck") die Gemeinde von dem Vorkaufsrecht Gebrauch gemacht hat. Hierfür ist der angegebene Verwendungszweck zugrundezulegen (§ 24 Abs. 3 S. 2). Die Konkurrenzfrage ist rechtlich insoweit erheblich, als für einzelne Vorkaufsrechte Sonderreglungen vorgesehen sind; vgl. z. B. § 27 Abs. 2 Nr. 2 für das Umlegungsvorkaufsrecht; vgl. weiterhin die auf den jeweiligen Vorkaufszweck abstellenden Bestimmungen nach § 27 Abs. 1, Abs. 2 Nr. 1 sowie § 28 Abs. 4. Vor allem im Hinblick auf die Sonderregelung des § 28 Abs. 3 über die Ausübung des Vorkaufsrechts zum Entschädigungswert und die sich hieraus ergebende besondere

Rechtswegefolge (§ 217 Abs. 1 S. 1: ordentlicher Rechtsweg anstelle des Verwaltungsrechtswegs) ist die Klärung der Konkurrenzfrage von besonderem rechtlichen Gewicht: Liegen die Voraussetzungen kumulativ vor (z. B. Grundstück im Geltungsbereich eines Sanierungsbebauungsplans mit öffentlicher Zweckbestimmung), so geht das speziellere Vorkaufsrecht des § 24 Abs. 1 Nr. 1 vor; diese Auslegung ist auch im Hinblick auf Gleichbehandlung derjenigen Vorkaufsfälle geboten, in denen gem. § 28 Abs. 3 ggf. der sich von der Gemeinde zu zahlende Betrag nach dem Entschädigungswert bestimmt. Ist jedoch nach den Zielen und Zwecken der Sanierung eine Änderung dieses Bebauungsplans mit dem Ziel einer privatnützigen Nutzung der Fläche vorgesehen, so geht das Sanierungsvorkaufsrecht (§ 24 Abs. 1 Nr. 3) vor; § 28 Abs. 3 findet in diesem Fall keine Anwendung.

V. § 3 BauGB-MaßnahmenG

1. Überblick. § 3 BauGB-MaßnahmenG hat die gesetzlichen Vor- 24
kaufsrechte der Gemeinde nach den §§ 24 bis 26 BauGB um ein
allgemeines Vorkaufsrecht für Grundstücke **im Außenbereich**, für die
nach dem Flächennutzungsplan eine Nutzung als **Wohnbaufläche** oder
Wohngebiete dargestellt ist, erweitert; das BauGB-MaßnahmenG ist
im **Anhang** abgedruckt. Nach den Vorstellungen des Gesetzgebers
(vgl. ABer/BauGB-MaßnahmenG S. 27) soll mit Hilfe dieses Vorkaufs-
rechts die Vorbereitung und Durchführung von Wohnbauvorhaben in
Gebieten, die die Gemeinde durch Bebauungspläne entwickeln will,
erleichtert werden.

2. Ausgestaltung im einzelnen. a) Anwendungsbereich. Nach § 3 25
Abs. 1 BauGB-MaßnahmenG bezieht sich das Vorkaufsrecht auf fol-
gende Flächen im Außenbereich: Flächen, für die der Flächennutzungs-
plan eine Nutzung als Wohnbaufläche (vgl. § 1 Abs. 1 BauNVO) oder
als Wohngebiet (vgl. § 1 Abs. 2 BauNVO) darstellt. Das Vorkaufsrecht
bezieht sich damit auf Außenbereichsflächen, die nach der beabsichtig-
ten städtebaulichen Entwicklung entsprechend den voraussehbaren
Bedürfnissen der Gemeinde für Wohnnutzungen vorgesehen sind; vgl.
§ 5 Abs. 1 und Abs. 2 Nr. 1 BauGB. Es bezieht sich auf **alle** Grund-
stücke der dargestellten Wohnbauflächen oder Wohngebiete, also auch
auf solche Grundstücke, die der künftigen infrastrukturellen Ausstat-
tung des zu entwickelnden Wohngebiets dienen sollen.

b) Ausübungsvoraussetzungen. Für die Ausübung des Vorkaufs- 26
rechts sind eine Reihe von Vorschriften des Vorkaufsrechts nach
BauGB für entsprechend anwendbar erklärt worden; vgl. **§ 3 Abs. 2 S. 1
BauGB.** Insbesondere darf auch das Vorkaufsrecht nach dem BauGB-
MaßnahmenG nur ausgeübt werden, wenn das **Wohl der Allgemein-
heit** dies rechtfertigt; vgl. § 25 Abs. 2 S. 1 i. V. mit § 24 Abs. 3 S. 1
BauGB. Dies kann z. B. dann gegeben sein, wenn die Gemeinde
beabsichtigt, für die Fläche in absehbarer Zeit einen Bebauungsplan

aufzustellen, oder wenn sie das Grundstück als Tauschland benötigt, damit an anderer Stelle Wohnbauvorhaben verwirklicht werden können; in der Regel wird die Gemeinde ihre Planungsabsichten bereits durch informelle Planungen oder Planentwürfe konkretisiert haben (so ABer/BauGB-MaßnahmenG, S. 27). Auch die Vorschriften über den Ausschluß des Vorkaufsrechts – Fälle des **§ 26 BauGB** und der Abwendung des Vorkaufsrechts – Fälle des **§ 27 BauGB** – sind entsprechend anzuwenden.

27 **c) Verfahren.** Für das **Verfahren** ist § 28 Abs. 1 und 2 BauGB entsprechend anzuwenden; dies gilt auch für die Veräußerungspflicht nach § 89 BauGB. Auch § 28 Abs. 6 BauGB über die Entschädigung in den Fällen vertraglicher Rechte von Dritten ist entsprechend anzuwenden.

28 **d) Verzicht.** Nach § 3 Abs. 2 S. 1 BauGB-MaßnahmenG ist § 28 Abs. 5 BauGB über den **Verzicht** der Gemeinde auf die Ausübung des Vorkaufsrechts – für das Gemeindegebiet oder für sämtliche Grundstücke einer Gemarkung – entsprechend anzuwenden. § 3 Abs. 2 S. 3 BauGB-MaßnahmenG stellt hierzu sicher, daß sich ein von der Gemeinde nach § 28 Abs. 5 S. 1 BauGB bereits ausgesprochener Verzicht auch auf die Ausübung des Vorkaufsrechts nach BauGB-MaßnahmenG erstreckt. Will die Gemeinde das Vorkaufsrecht dennoch ausüben, kann sie den Verzicht nach § 28 Abs. 5 S. 2 BauGB widerrufen. Verzicht und Widerruf sollen sich jedoch stets auf die Vorkaufsrechte nach BauGB und nach BauGB-MaßnahmenG insgesamt erstrecken.

29 **e) Verhältnis zu anderen Vorkaufsrechten.** Was das Verhältnis des Vorkaufsrechts nach BauGB-MaßnahmenG zu den gesetzlichen Vorkaufsrechten der Gemeinde nach dem BauGB betrifft, bestimmt **§ 3 Abs. 2 S. 2** folgendes: Die gesetzlichen Vorkaufsrechte nach den §§ 24 und 25 BauGB bleiben unberührt, d. h. sie finden neben dem neu eingeführten Vorkaufsrecht Anwendung. Eine Ausnahme gilt lediglich für das Vorkaufsrecht in einem städtebaulichen Entwicklungsbereich (vgl. § 24 Abs. 1 Nr. 3 BauGB), und zwar sowohl für die Entwicklungsbereiche nach BauGB als auch nach BauGB-MaßnahmenG: Im Hinblick auf das Vorkaufsrecht nach § 24 Abs. 1 Nr. 3 BauGB, das auch im städtebaulichen Entwicklungsbereich nach BauGB-MaßnahmenG gilt (vgl. § 7 Abs. 1 Nr. 2 BauGB-MaßnahmenG), ist das neu eingeführte Außenbereichs-Vorkaufsrecht im städtebaulichen Entwicklungsbereich ausgeschlossen. Diese Regelung ist damit begründet, daß im städtebaulichen Entwicklungsbereich wegen der Preisprüfung nach § 153 Abs. 2 BauGB (vgl. § 7 Abs. 1 Nr. 8 BauGB-MaßnahmenG) Sonderregelungen gelten.

30 **3. Ausübung zum Verkehrswert. a) Voraussetzungen.** In bodenpolitischer Hinsicht ist – neben der räumlichen Ausweitung des gesetzlichen Vorkaufsrechts der Gemeinde – vor allem die Regelung des **§ 3 Abs. 3 BauGB-MaßnahmenG** über die Ausführung des Vorkaufsrechts zum Verkehrswert bedeutsam. Nach § 3 Abs. 3 S. 1 BauGB-MaßnahmenG bemißt sich der von der Gemeinde zu zahlende Betrag abwei-

chend von § 28 Abs. 2 S. 2 BauGB nach dem **Verkehrswert** des Grundstücks im Zeitpunkt des Verkaufsfalls; vgl. § 194 BauGB. Diese Regelung findet allerdings nur dann Anwendung, wenn der vereinbarte Kaufpreis den Verkehrswert **in einer dem Rechtsverkehr erkennbaren Weise deutlich überschreitet.** Diese gesetzliche Maßgabe knüpft an eine Rechtsprechung des BVerwG zur sog. Preisprüfung bei Genehmigungen im Sanierungsgebiet an (BVerwG, NJW 1979, 2578; NJW 1982, 398). Danach liegt – für die Zwecke der sanierungsrechtlichen Genehmigung; vgl. § 153 Abs. 2 BauGB – der vereinbarte Kaufpreis so lange nicht über dem Verkehrswert, wie nicht Werte vereinbart oder zugrunde gelegt werden, die in einer dem Rechtsverkehr erkennbaren Weise deutlich verfehlen, was auch sonst, nämlich im gewöhnlichen Geschäftsverkehr, ohne Rücksicht auf ungewöhnliche oder persönliche Verhältnisse zu erzielen wäre.

Die Neuregelung greift auf eine Ausgestaltung des Vorkaufsrechts **31** zurück, wie sie in § 28a BBauG – „preislimitierendes Vorkaufsrecht" – enthalten war und wie sie – beschränkt für die Fälle des Kaufs von Grundstücken im Geltungsbereich eines Bebauungsplans, für die eine Nutzung für öffentliche Zwecke festgesetzt ist – in **§ 28 Abs. 3 BauGB** enthalten ist. § 28a Abs. 2 BBauG bestimmte, daß der bei Ausübung des Vorkaufsrechts zu zahlende Betrag nach dem **Verkehrswert** des Grundstücks im Zeitpunkt des Verkaufsfalls zu bestimmen ist. § 28 Abs. 3 BauGB stellt demgegenüber auf den **Entschädigungswert** nach den Vorschriften des Zweiten Abschnitts des Fünften Teils des BauGB ab. Auch dieser stellt auf den Verkehrswert ab (vgl. § 95 Abs. 1 BauGB); jedoch sind insoweit darüber hinaus die entschädigungsrechtlichen Besonderheiten zu berücksichtigen. Ein Unterschied zu den Regelungen nach § 28a BBauG und § 28 Abs. 3 BauGB besteht weiterhin darin, daß – wie erwähnt – die Herabsetzung des zu zahlenden Betrags nur bei „deutlicher Überschreitung" des Verkaufswerts in Betracht kommt.

Liegen die Voraussetzungen für die Herabsetzung des Kaufpreises **32** vor, so **hat** die Gemeinde entsprechend zu verfahren: Die Gemeinde ist nicht lediglich berechtigt, sondern sie ist verpflichtet, den Betrag, der sich nach dem Verkehrswert ergibt, zu zahlen. Es besteht also kein „Wahlrecht" der Gemeinde, den Betrag entsprechend dem Verkehrswert oder den vereinbarten Kaufpreis zu zahlen. Dies gilt allerdings nur für die Fälle der deutlichen Überschreitung, nicht für die Fälle der Abweichung „nach unten".

b) Rücktrittsrecht. Anders als in den Fällen des § 28 Abs. 3 **33** BauGB ist der Verkäufer berechtigt, in den Fällen der Ausübung des Vorkaufsrechts zum Verkehrswert bis zum Ablauf eines Monats nach Unanfechtbarkeit des Verwaltungsaktes über die Ausübung des Vorkaufsrechts (vgl. § 28 Abs. 2 S. 1 BauGB) vom Kaufvertrag zurückzutreten; **§ 3 Abs. 3 S. 2 BauGB-MaßnahmenG.** Auf das **Rücktrittsrecht** sind die §§ 346 bis 354 und § 356 BGB entsprechend anzuwenden. Die Gemeinde hat in diesem Falle die Kosten des Kaufvertrags – allerdings

beschränkt auf den Verkehrswert – zu tragen; § 3 Abs. 3 S. 4 BauGB-MaßnahmenG.

34 **c) Nachzahlungspflicht.** Für die Fälle der Ausübung des Vor-
kaufsrechts zum Verkehrswert enthalten **§ 3 Abs. 3 S. 6 und 7 BauGB-
MaßnahmenG** folgende Modifikationen: Für den Fall, daß die Ge-
meinde das Grundstück nicht innerhalb angemessener Frist dem für die
Ausübung des Vorkaufsrechts maßgeblichen Zweck zuführt, ist ein
Anspruch des Verkäufers gegen die Gemeinde auf **Nachzahlung der
Differenz** zwischen dem Verkehrswert und dem vereinbarten Kauf-
preis vorgesehen. Die Frist der Zuführung zum Ausübungszweck ist
wie die Frist beim Anwendungrecht des Käufers nach § 27 Abs. 2
BauGB „großzügig" (ABer/BauGB-MaßnahmenG, S. 30) zu bemes-
sen. Der Gemeinde wird ein ausreichender Planungsvorlauf, eine aus-
reichende Planungszeit und Zeit für Veräußerungsverhandlungen mit
bauwilligen Investoren nach § 89 BauGB zuzubilligen sein. Der Ver-
käufer kann die Fälligkeit des Anspruchs entsprechend § 44 Abs. 3 S. 2
BauGB herbeiführen. Kommt keine Einigung mit der Gemeinde zu-
stande, so entscheidet die höhere Verwaltungsbehörde entsprechend
§ 43 Abs. 2 S. 1 BauGB. Ab Fälligkeit des Zahlungsanspruchs ist dieser
zu verzinsen; vgl. § 44 Abs. 3 S. 2 BauGB.

35 **d) Rechtsweg.** Verwaltungsakte über die Ausübung des Vorkaufs-
rechts zum Verkehrswert (§ 3 BauGB-MaßnahmenG) können – wie die
Verwaltungsakte nach § 28 Abs. 3 BauGB – nur vor den **Kammern
(Senaten) für Baulandsachen** angefochten werden; vgl. **§ 3 Abs. 4
BauGB-MaßnahmenG,** § 217 Abs. 1 BauGB.

§ 25 Besonderes Vorkaufsrecht

(1) **Die Gemeinde kann**
1. **im Geltungsbereich eines Bebauungsplans durch Satzung ihr Vor-
kaufsrecht an unbebauten Grundstücken begründen;**
2. **in Gebieten, in denen sie städtebauliche Maßnahmen in Betracht
zieht, zur Sicherung einer geordneten städtebaulichen Entwick-
lung durch Satzung Flächen bezeichnen, an denen ihr ein Vor-
kaufsrecht an den Grundstücken zusteht.**
Auf die Satzung ist § 16 Abs. 2 entsprechend anzuwenden.

(2) **§ 24 Abs. 2 und 3 Satz 1 ist anzuwenden. Der Verwendungs-
zweck des Grundstücks ist anzugeben, soweit das bereits zum Zeit-
punkt der Ausübung des Vorkaufsrechts möglich ist.**

Übersicht

1. Allgemeines. Das der Gemeinde kraft Gesetzes zustehende allge- 1
meine Vorkaufsrecht nach § 24 wird durch das („besondere") Satzungs-
vorkaufsrecht nach § 25 ergänzt. Die Vorschrift faßt **zwei eigenstän-
dige Vorkaufstatbestände** – Abs. 1 S. 1 Nr. 1 und 2 – zusammen, die zu
ihrer Entstehung einer besonderen **Satzung der Gemeinde** bedürfen.
Das Vorkaufsrecht nach Abs. 1 S. 1 Nr. 2 entspricht dem bisherigen
§ 25 BBauG; das Vorkaufsrecht für unbebaute Grundstücke nach Abs. 1
S. 1 Nr. 1 war vom gesetzlichen Vorkaufsrecht gem. § 24 Abs. 1 Nr. 1
BBauG mitumfaßt.

2. Unbebaute Grundstücke im Geltungsbereich eines Bebauungs- 2
plans (Abs. 1 S. 1 Nr. 1) Während die in § 24 Abs. 1 enthaltenen Vor-
kaufsrechte bereits unmittelbar kraft Gesetzes in den jeweiligen Ge-
bietstypen bestehen, bedarf es für die Begründung des Vorkaufsrechts
in den in § 25 bezeichneten Fällen des Erlasses einer besonderen **Vor-
kaufssatzung. Abs. 1 S. 1 Nr. 1** enthält eine Ermächtigung der Ge-
meinde zur Begründung von Vorkaufsrechten in Bebauungsplangebie-
ten, und zwar über die in **§ 24 Abs. 1 Nr. 1** bezeichneten Fälle hinaus:
Während gem. § 24 Abs. 1 Nr. 1 ein Vorkaufsrecht kraft Gesetzes an
Flächen besteht, für die nach dem Bebauungsplan eine Nutzung für
öffentliche Zwecke festgesetzt ist, zielt das besondere Vorkaufsrecht
des § 25 Abs. 1 S. 1 Nr. 1 auf unbebaute Grundstücke im Geltungsbe-
reich eines Bebauungsplans. Wie in den Fällen des § 24 Abs. 1 Nr. 1
kann das Vorkaufsrecht sowohl in Gebieten mit einem „qualifizierten"
(§ 30 Abs. 1) als auch mit einem „einfachen" (§ 30 Abs. 2) B-Plan
begründet werden.

Abs. 1 S. 1 Nr. 1 beschränkt das Vorkaufsrecht auf **unbebaute Flä-** 3
chen im Geltungsbereich eines Bebauungsplans. Daraus kann jedoch
nicht im Umkehrschluß gefolgert werden, daß sich das Vorkaufsrecht
nach § 24 Abs. 1 Nr. 1 nur auf bebaute Grundstücke bezieht. Dies
würde sowohl dem Wortlaut als auch dem Regelungszusammenhang
des § 24 Abs. 1 widersprechen: Das allgemeine Vorkaufsrecht des § 24
Abs. 1 begründet – für Bebauungsplangebiete wie auch für die sonsti-
gen Vorkaufstatbestände – ein Vorkaufsrecht an bebauten und **unbe-
bauten Grundstücken.** § 24 Abs. 1 Nr. 1 stellt ausschließlich auf die
durch den Bebauungsplan vorgesehene (in der Regel: künftige) **Nut-
zung** ab und nicht – wie § 25 Abs. 1 S. 1 Nr. 1 – auf den Grundstückszu-
stand („unbebaut"). Das Gesetz geht davon aus, daß in Bodenord-
nungs-, Sanierungsgebieten und Entwicklungsbereichen sowie in Er-
haltungsgebieten (§ 24 Abs. 1 Nr. 2 bis 4) stets ein Bedürfnis zum
Erwerb auch bebauter Grundstücke bestehen kann (vgl. Krautzberger,

in: B/K/S, Rn 140; Stock, ZfBR 1987, 10/12). Bei entsprechend dem Bebauungsplan und ohne öffentliche Zweckbestimmung bebauten Grundstücken könnte der Eigentümer die Ausübung des Vorkaufsrechts dagegen regelmäßig abwenden; vgl. § 27 Abs. 1 S. 1.

4 **3. Das besondere Satzungsvorkaufsrecht (Abs. 1 S. 1 Nr. 2).** Das Vorkaufsrecht nach Abs. 1 S. 1 Nr. 2 entspricht **§ 25 BBauG,** enthält jedoch eine allgemeine Beschreibung des sachlichen Anwendungsbereiches. Es ruht als gesetzliches Vorkaufsrecht auf den **bebauten** und **unbebauten** Grundstücken im Geltungsbereich einer nach Maßgabe des **Abs. 1 S. 1 Nr. 2 von der Gemeinde beschlossenen Satzung.**

5 Eine Vorkaufssatzung nach Abs. 1 S. 1 Nr. 2 kann von der Gemeinde für Gebiete erlassen werden, für die sie **städtebauliche Maßnahmen** in Betracht zieht. Der Begriff der städtebaulichen Maßnahmen bezieht sich auf den Gesamtbereich der einer Gemeinde zur städtebaulichen Ordnung und Entwicklung des Gemeindegebiets obliegenden Aufgaben, insbesondere – ohne hierauf beschränkt zu sein – auf die Vorbereitung, Planung und Durchführung von städtebaulichen Maßnahmen, zu deren Durchführung die Gemeinde das Städtebaurecht anwendet; z. B. Ausweisung und Erschließung neuer Baugebiete: Erwerb von Flächen für künftige Straßen, Gemeinbedarfsflächen, Grünflächen usw.; Erneuerung von Stadtquartieren: z. B. Sicherung der für die Wohnumfeldverbesserung oder den Ersatzwohnungsbau benötigten Flächen, Erhaltungsziele, soweit nicht schon eine Erhaltungssatzung besteht (§ 24 Abs. 1 S. 1 Nr. 4, § 172). Zum Begriff der **geordneten städtebaulichen** Entwicklung vgl. § 1, Rn 10 ff.

6 Die Gemeinde muß städtebauliche Maßnahmen **in Betracht** ziehen. Dies schließt die rein vorsorgliche Bodenbevorratung im Hinblick auf eine mögliche Entwicklung aus. Andererseits verlangt Abs. 1 S. 1 Nr. 2 nicht bereits eine konkrete, in die Einzelheiten gehende Ziel- und Zeitvorstellung über die beabsichtigte Entwicklung des Gebiets. Dies bestätigt im übrigen auch Abs. 2 S. 2: Diese Bestimmung geht von einer zulässigen Ausübung des Vorkaufsrechts an einem Grundstück aus, für das ein konkreter Verwendungszweck zu diesem Zeitpunkt noch nicht angegeben werden kann. Die Absicht der Gemeinde zur Durchführung von im einzelnen erst noch zu konkretisierenden städtebaulichen Maßnahmen muß jedoch bereits so verdichtet sein, daß bei vernünftiger Betrachtung der Grunderwerb zur Sicherung der für die Entwicklung benötigten Flächen einzuleiten ist.

7 Das Gesetz läßt es offen, woraus die **Entwicklungsabsicht** der Gemeinde erkennbar werden muß. Hier können die in § 25 Abs. 1 S. 1 BBauG enthaltenen Konkretisierungen beispielhaft herausgezogen werden:

Die Entwicklungsabsicht der Gemeinde kann sich z. B. erkennbar aus den Zielen der Raumordnung und Landesplanung, den städtebaulichen Entwicklungszielen des Flächennutzungsplans oder einer Entwicklungsplanung der Gemeinde ergeben: **Ziele der Raumordnung**

und Landesplanung (vgl. § 1, Rn 37 ff.) kommen hierbei nur in Betracht, wenn sie fachlich und räumlich so konkretisiert sind, daß sie bestimmten Flächen im Gemeindegebiet bereits Funktionen zuweisen. Entsprechende Konkretheit muß auch eine zugrundegelegte **Entwicklungsplanung der Gemeinde** (vgl. § 1 Abs. 5 BBauG) aufweisen. Ein **Flächennutzungsplan** wird entsprechend § 5 Abs. 1 diesen Anforderungen an Konkretisierung i. d. R. genügen. Aufgabe des Satzungsvorkaufsrechts kann auch die Sicherung einer **städtebaulichen Rahmenplanung** (vgl. Krautzberger, BBauBl. 1986, 210) sein. Hier kommen auch Stadt- und Dorferneuerungsplanungen ohne oder vor förmlicher Festsetzung eines Sanierungsgebiets (§§ 136, 142) oder z. B. Grünflächenplanungen, Baulückenschließungsprogramme, Verkehrsrahmenplanungen u. a. „informelle" Planungen (vgl. hierzu auch § 1, Rn 44 ff.) in Betracht.

4. Satzung (Abs. 1 S. 2). Das besondere Vorkaufsrecht des § 25 **8** Abs. 1 S. 1 Nr. 1 besteht nur an den Flächen, die in der Vorkaufssatzung bezeichnet sind. Die **Bezeichnung des Gebiets** kann textlich (Angabe der parzellengenauen Begrenzung) oder zeichnerisch (Verweisung auf eine Karte) geschehen.

Nach der BBauG-Regelung (§ 25 Abs. 2 BBauG) bedurfte die Sat- **9** zung der Genehmigung durch die höhere Verwaltungsbehörde, der die **Überprüfung** der formellen und materiellen Rechtmäßigkeit oblag. Nach der nun in **Abs. 1 S. 2** vorgesehenen entsprechenden Anwendung des § 16 Abs. 2 bedarf die Vorkaufssatzung **weder der Genehmigung noch der Anzeige.**

Was den Beschluß über das Satzungsvorkaufsrecht nach S. 1 Nr. 1 **10** betrifft, wie weiterhin auf die Möglichkeit hinzuweisen, daß der Beschluß **mit dem Beschluß über den Bebauungsplan verbunden** werden kann. Die Satzung über den Bebauungsplan hat in diesem Fall unabhängig von der Wirksamkeit der Satzung über das Vorkaufsrecht Bestand, während umgekehrt die Satzung über das Vorkaufsrecht ohne die wirksame Satzung über den Bebauungsplan nicht bestehen bleiben kann. Im Hinblick auf die Freistellung der Vorkaufssatzung von Anzeige oder Genehmigung stellt sich im Falle der Verbindung der Beschlüsse über den Bebauungsplan und über das Vorkaufsrecht nach S. 1 Nr. 1 die Frage, ob insoweit nur hinsichtlich des Beschlusses über den Bebauungsplan oder für die ganze Satzung (Bebauungsplan- **und** Vorkaufssatzung) eine Anzeigepflicht, ggf. eine Genehmigungspflicht (vgl. § 1) besteht. Letzteres ist dann zu bejahen, wenn die Gemeinde beide Beschlüsse in einem formal einheitlichen Rechtsetzungsakt (also in **einer** Satzung mit einem sbeide Fälle umfassenden Regelungsinhalt) faßt. Die **selbständige Vorkaufssatzung** nach Abs. 1 S. 1 Nr. 1 nach bedarf dagegen weder der Anzeige noch der Genehmigung.

5. Ausübungsvoraussetzungen. a) Rechtfertigung durch das Wohl **11** **der Allgemeinheit.** Das Vorkaufsrecht nach § 25 darf nur ausgeübt werden, wenn das Wohl der Allgemeinheit dies rechtfertigt, **Abs. 2 S. 1**

i. V. mit § 24 Abs. 3 S. 1. Neben der Bezeichnung einer Fläche in der
Vorkaufssatzung bedarf es also einer zusätzlichen Rechtfertigung für
die Ausübung des Vorkaufsrechts. In den Fällen des **Abs. 1 S. 1 Nr. 1,** in
denen es um die Schließung von Baulücken geht, ist diese Vorausset-
zung beim Vorliegen städtebaulicher Gründe i. S. des § 175 Abs. 2
erfüllt. Das Erfordernis der „alsbaldigen Durchführung" (vgl. § 175
Abs. 2) braucht dagegen nicht erfüllt sein, weil nicht die Anordnung
einer Bauverpflichtung zu rechtfertigen ist, sondern die eines zur
Sicherung der späteren Bebauung beabsichtigten Grunderwerbs.

12 In den Fällen des **Abs. 1 S. 1 Nr. 2** ist wie beim Vorkaufsrecht nach
§ 24 Abs. 1 Nr. 1 (vgl. § 24, Rn 19) die Ausübung i. d. R. als durch das
Wohl der Allgemeinheit gerechtfertigt anzusehen, wenn der **Verwen-
dungszweck,** der einen Erwerb durch die Gemeinde rechtfertigt, be-
reits konkretisiert ist; z. B. die beabsichtigte Verwendung für **öffentli-
che** oder sonstige **besondere städtebauliche Zwecke** wie Erschlie-
ßungsanlagen, Gemeinbedarfseinrichtungen, eine beabsichtigte Sanie-
rung (§ 24 Abs. 1 Nr. 3 greift erst ab förmlicher Festlegung), Satzungs-
gebiete nach § 34 Abs. 4 oder § 172, Flächen für den sozialen Woh-
nungsbau oder z. B. für eine Grün- oder Freiflächenplanung. Auch
ohne entsprechende Konkretisierung ist der Erwerb von Grundstücken
als **Austauschland** oder zu **Entschädigungszwecken** gerechtfertigt,
wenn dies nach den jeweiligen örtlichen Verhältnissen und den beab-
sichtigten städtebaulichen Maßnahmen erforderlich ist. (Dyong, in:
E/Z/B, § 25, Rn 9). Bei der Ausübung des Vorkaufsrechts ist von
Bedeutung, ob die Gemeinde in dem Satzungsgebiet noch nicht ausrei-
chende Flächen besitzt, um die beabsichtigte städtebauliche Maßnahme
durchzuführen. Nicht mehr vom Wohl der Allgemeinheit gerechtfer-
tigt ist die Ausübung des Vorkaufsrechts ausschließlich zu Vorrats-
zwecken, zur Bodenhortung oder aus rein fiskalischen Interessen.

13 **b) Angabe des Verwendungszwecks.** Der Verwendungszweck ist
nur anzugeben, soweit er zum Zeitpunkt der Ausübung des Vorkaufs-
rechts bereits feststeht, **Abs. 2 S. 2.** Dies wird in den Fällen des vorsor-
genden Grunderwerbs nach Abs. 1 S. 1 Nr. 2 häufig noch nicht möglich
sein. Damit hat der Gesetzgeber der besonderen Bedeutung eines
vorsorgenden Bodenerwerbs gerade im Frühstadium städtebaulicher
Planungen Rechnung getragen und die Sicherungsfunktion der Vor-
kaufsrechte im Sinne der Ermöglichung und Erleichterung anlaufender
Planungen anerkannt. In den Fällen des Abs. 1 S. 1 Nr. 1 ergibt sich der
Verwendungszweck dagegen aus dem Bebauungsplan; er ist daher –
entsprechend § 24 Abs. 2 S. 2 – stets anzugeben.

14 **c) Sonstige Voraussetzungen.** Wegen der allgemeinen Vorausset-
zungen für die Ausübung des Vorkaufsrechts vgl. die Erl. zu § 24,
insbesondere Rn 13 bis 15. Gem. **Abs. 2 S. 1** i. V. mit § 24 Abs. 2 steht
der Gemeinde das besondere Vorkaufsrecht nicht beim Kauf von
Rechten nach dem Wohnungseigentumsgesetz und von Erbbaurechten

zu. Was das **Verhältnis zu anderen Vorkaufsrechten** betrifft vgl. die Erl. in § 24, Rn 23.

§ 26 Ausschluß des Vorkaufsrechts

Die Ausübung des Vorkaufrechts ist ausgeschlossen, wenn

1. **der Eigentümer das Grundstück an seinen Ehegatten oder an eine Person verkauft, die mit ihm in gerader Linie verwandt oder verschwägert oder in der Seitenlinie bis zum dritten Grad verwandt ist,**

2. **das Grundstück**

 a) **von einem öffentlichen Bedarfsträger für Zwecke der Landesverteidigung, des Bundesgrenzschutzes, oder Zollverwaltung, der Polizei, des Zivilschutzes oder des Post- und Fernmeldewesens oder**

 b) **von Kirchen und Religionsgesellschaften des öffentlichen Rechts für Zwecke des Gottesdienstes oder der Seelsorge**

 gekauft wird,

3. **sich auf dem Grundstück Anlagen befinden, die den in § 38 genannten Vorschriften unterliegen oder für die ein Verfahren nach diesen Vorschriften eingeleitet worden ist, oder**

4. **das Grundstück entsprechend den Festsetzungen des Bebauungsplans oder den Zielen und Zwecken der städtebaulichen Maßnahme bebaut ist und genutzt wird und eine auf ihm errichtete bauliche Anlage keine Mißstände oder Mängel im Sinne des § 177 Abs. 2 und 3 Satz 1 aufweist.**

Übersicht

1. Allgemeines. § 26 über den Ausschluß des Vorkaufsrechts tritt an 1
die Stelle von § 24 Abs. 2 S. 2 Nr. 1 und 2, S. 3, Hs 1 und Abs. 3
BBauG. Nach der Systematik des **BauGB** sind der Ausschluß (§ 26)
und die Abwendung (§ 27) des Vorkaufsrechts klar voneinander abgehoben. Während das Abwendungsrecht nach § 27 als subjektives öffentliches Recht des Käufers ausgestaltet ist und voraussetzt, daß die
Gemeinde von ihrem Vorkaufsrecht Gebrauch macht, enthalten die
Ausschlußtatbestände des § 26 **„negative" Ausübungsvoraussetzungen** (Stock, ZfBR 1987, 10/14). Die Gemeinde kann bei Vorliegen der
in § 26 bezeichneten Tatbestände das Vorkaufsrecht nicht ausüben. § 26
gilt für alle Vorkaufsrechte nach §§ 24 und 25 BauGB sowie für das

Vorkaufsrecht nach § 3 BauGB-MaßnahmenG (vgl. dort § 3 Abs. 2
S. 1). Die Ausschlußtatbestände konkretisieren Fälle, in denen das Wohl
der Allgemeinheit die Ausübung des Vorkaufsrechts nicht rechtfertigt
(vgl. § 24 Abs. 3 S. 1). Insoweit enthält § 26 keine abschließende Auf-
zählung der Ausschlußgründe; weitere Ausschlußgründe ergeben sich
im Einzelfall aus § 24 Abs. 3 S. 1. Aus dieser Systematik erklärt sich
auch, daß **§ 24 Abs. 2** nicht als Ausschlußgrund geregelt ist; das Gesetz
nimmt den Kauf von Rechten nach dem Wohnungseigentumsgesetz
und von Erbbaurechten nicht aus den Gründen des § 24 Abs. 3 S. 1,
sondern aus Gründen der Verwaltungsökonomie aus dem Anwen-
dungsbereich der gesetzlichen Vorkaufsrechte heraus.

2 **2. Ausschluß bei Verwandten (Nr. 1).** Nr. 1 entspricht § 24 Abs. 3
BBauG (**„Verwandtenprivileg"**). Das Vorkaufsrecht ist danach allge-
mein ausgeschlossen, wenn der Eigentümer das Grundstück an seinen
Ehegatten oder in gerader Linie Verwandten (§ 1589 BGB; z. B. Kin-
der, Enkel, Eltern und Großeltern) oder an Verschwägerte (§ 1590
BGB; z. B. Schwiegereltern, Geschwister des Ehegatten) oder in der
Seitenlinie bis zum dritten Grad Verwandte (§ 1589 BGB; z. B. Bruder
oder Schwester, Onkel oder Tante, Neffe oder Nichte) veräußert. Nach
§ 24 Abs. 3 BBauG bestand die sog. Verwandten- bzw. Familienprivi-
leg nur, soweit „die Grundstücke nicht als Flächen für den Gemeinbe-
darf oder als Flächen für die Verwertung oder Beseitigung von Abwas-
ser und festen Abfallstoffen, als Verkehrs-, Versorgungs- oder Grünflä-
chen benötigt werden". Das BauGB hat diese Einengung nicht über-
nommen. Das Gesetz trägt damit dem Umstand Rechnung, daß unter
engen Verwandten und Verschwägerten sehr häufig Preise unterhalb
des Verkehrswerts des Grundstücks vereinbart werden; im übrigen
kommen Verkäufe unter den in Nr. 1 bezeichneten Personen häufig
aufgrund besonderer, in der persönlichen Beziehung bestehenden Um-
stände zustande, so daß das Eingreifen mit dem Vorkaufsrecht generell
als unangemessen bewertet werden kann.

3 **3. Privilegierte Bedarfsträger; § 38 (Nrn. 2 und 3).** Die in § 39i
Abs. 1 BBauG bezeichneten Zwecke sind nunmehr in **Nr. 2** geregelt:
Nr. 2a entspricht § 24 Abs. 2 S. 2 Nr. 2 BBauG mit Ausnahme der in
Nr. 2b erfaßten Kirchen und Religionsgesellschaften (jetzt in Nr. 2b).
Die Aufzählung der privilegierten öffentlichen Bedarfsträger (**Nr. 2a**)
ist abschließend: Für alle sonstigen Grundstücke der öffentlichen Hand
findet § 26 daher keine Anwendung; je nach den Umständen des
Einzelfalls kann das Vorkaufsrecht in einem solchen Fall aus Gründen
des § 24 Abs. 3 S. 1 nicht ausgeübt werden. Der Kreis der privilegierten
öffentlichen Bedarfsträger wurde gegenüber § 24 Abs. 2 S. 2 Nr. 2 i. V.
mit § 39i Abs. 1 BBauG um die Zollverwaltung und das Post- und
Fernmeldewesen erweitert.

4 **Nr. 2b** entspricht § 24 Abs. 2 S. 2 Nr. 2 i. V. mit § 39i Abs. 1 Nr. 4
BBauG. Zum Begriff der Kirchen und Religionsgesellschaften vgl. die
Erl. zu § 1 Abs. 5 S. 2 Nr. 6.

Nr. 3 entspricht § 24 Abs. 2 S. 2 Nr. 2 i. V. mit § 39 i Abs. 1 Nr. 3 5
BBauG. Zum gemeindlichen Vorkaufsrecht ist danach der Verkauf von
Grundstücken ausgeschlossen, auf denen sich Anlagen befinden, die
den in § 38 genannten Vorschriften unterliegen. Das Vorkaufsrecht
greift weiterhin in solchen Fällen nicht, in denen ein Verfahren nach den
in § 38 genannten Vorschriften eingeleitet worden ist.

4. Sonstige Ausschlußgründe (Nr. 4): Nr. 4 entspricht § 24 Abs. 2 6
S. 2 Nr. 1 und S. 3, Hs. 1 BBauG, § 17 Abs. 1 S. 3 StBauFG; der
Anwendungsbereich des Ausschlußgrundes wird zugleich erweitert.
Die Regelung unterscheidet zwischen Grundstücken in und außerhalb
von Bebauungsplangebieten, wobei zwischen dem einfachen und dem
qualifizierten Bebauungsplan (§ 30 Abs. 1 und 2) nicht unterschieden
wird (Rn 7). Unbeschadet der planungsrechtlichen Situation des
Grundstücks stellt der Ausschlußgrund weiterhin auf die Bebauung
entsprechend den Zielen und Zwecken einer städtebaulichen Maß-
nahme (Rn 8) und weiterhin auf den Zustand „Mißstände oder Män-
gel" (Rn 9) ab.

Liegt ein Grundstück **im Geltungsbereich eines Bebauungsplans** 7
und ist das Grundstück entsprechend dessen Festsetzung bebaut, so ist
die Ausübung des Vorkaufsrechts ausgeschlossen. Anders als § 24
Abs. 2 S. 2 Nr. 1 BBauG hat dieser Ausschlußgrund nicht mehr nur
Bedeutung für die Fälle des § 24 Abs. 1 Nr. 1, was mit der Einengung
des gesetzlichen Vorkaufsrechts in Bebauungsplangebieten auf Flächen
mit öffentlicher Zweckbestimmung im Zusammenhang steht. Im An-
wendungsbereich des § 24 Abs. 1 Nr. 1 BauGB wird dieser Ausschluß-
grund vielmehr selten in Betracht kommen. In Bebauungsplangebieten
i. S. des § 25 Abs. 1 S. 1 Nr. 1 scheidet die Anwendung bereits deshalb
aus, weil dieses Satzungsvorkaufsrecht nur für unbebaute Grundstücke
in Betracht kommt. Die praktische Bedeutung dieses Ausschlußgrunds
liegt daher in den Fällen des § 24 Abs. 1 Nr. 2 bis 4, soweit in diesen
Gebieten für das Kaufgrundstück ein Bebauungsplan besteht; auch die
Fälle des § 25 Abs. 1 S. 1 Nr. 2 können in Betracht kommen.

Das Vorkaufsrecht ist weiterhin ausgeschlossen, wenn das Grund- 8
stück entsprechend den **Zielen und Zwecken der städtebaulichen
Maßnahme** bebaut ist. Auch insoweit wird – wie bei der Bebauung
entsprechend den Festsetzungen eines Bebauungsplans – das Vorkaufs-
recht in jenen Fällen ausgeschlossen, in denen das Kaufgrundstück
bereits entsprechend den städtebaulichen Entwicklungsvorstellungen
der Gemeinde verwendet wird. Diese Vorschrift hat insbesondere
Bedeutung für Sanierungsgebiete und städtebauliche Entwicklungsbe-
reiche (§ 24 Abs. 1 Nr. 3). Aber auch Umlegungs- und Erhaltungsge-
biete (§ 24 Abs. 1 Nr. 2 und 4) kommen in Betracht. In den Fällen des
Satzungsvorkaufsrechts nach § 25 Abs. 1 S. 1 Nr. 2 kann der Ausschluß
nur greifen, wenn sich die Ziele und Zwecke der in Betracht gezogenen
Maßnahme für das verkaufte Grundstück bereits konkretisiert haben.
Steht der Verwendungszweck für die Fläche dagegen noch nicht fest,

Krautzberger 341

entfällt der Ausschlußgrund; vgl. § 25 Abs. 2 S. 2. Dies entspricht dem mit dem Satzungsvorkaufsrecht verfolgten Ziel, der Gemeinde eine vorausschauende Bodenpolitik zu ermöglichen. Zu Besonderheiten beim Vorkaufsrecht in Gebieten nach § 172 (Erhaltungssatzung) vgl. § 24, Rn 22.

9 Ist das Grundstück zwar plan- oder maßnahmegerecht bebaut oder wird es entsprechend genutzt, weist jedoch die auf dem Grundstück errichtete bauliche Anlage **Mißstände oder Mängel** im Sinne des § 177 Abs. 2 und 3 S. 1 auf, so ist das Vorkaufsrecht nicht ausgeschlossen. In diesem Fall kann der Käufer jedoch die Ausübung des Vorkaufsrechts nach § 27 Abs. 1 S. 2 **abwenden,** wenn er sich zur Beseitigung der Mißstände oder Mängel verpflichtet.

§ 27 Abwendung des Vorkaufsrechts

(1) **Der Käufer kann die Ausübung des Vorkaufsrechts abwenden, wenn die Verwendung des Grundstücks nach den baurechtlichen Vorschriften oder den Zielen und Zwecken der städtebaulichen Maßnahme bestimmt oder mit ausreichender Sicherheit bestimmbar ist, der Käufer in der Lage ist, das Grundstück binnen angemessener Frist dementsprechend zu nutzen, und er sich vor Ablauf der Frist nach § 28 Abs. 2 Satz 1 hierzu verpflichtet. Weist eine auf dem Grundstück befindliche bauliche Anlage Mißstände oder Mängel im Sinne des § 177 Abs. 2 und 3 Satz 1 auf, kann der Käufer die Ausübung des Vorkaufsrechts abwenden, wenn er diese Mißstände oder Mängel binnen angemessener Frist beseitigen kann und er sich vor Ablauf der Frist nach § 28 Abs. 2 Satz 1 zur Beseitigung verpflichtet. Die Gemeinde hat die Frist nach § 28 Abs. 2 Satz 1 auf Antrag des Käufers um zwei Monate zu verlängern, wenn der Käufer vor Ablauf dieser Frist glaubhaft macht, daß er in der Lage ist, die in Satz 1 oder 2 genannten Voraussetzungen zu erfüllen.**

(2) **Ein Abwendungsrecht besteht nicht**

1. **in den Fällen des § 24 Abs. 1 Nr. 1 und**

2. **in einem Umlegungsgebiet, wenn das Grundstück für Zwecke der Umlegung (§ 45) benötigt wird.**

Übersicht

1. Allgemeines. Der Käufer hat nach § 27 das Recht, unter den dort 1
genannten Voraussetzungen die **Ausübung des Vorkaufsrechts** durch
die Gemeinde **abzuwenden.** Macht der Käufer von diesem Recht
Gebrauch, kann der zwischen Eigentümer und Käufer vereinbarte
Vertrag vollzogen werden. Mit der Abwendung nach § 27 entfallen die
Rechtswirkungen des von der Gemeinde nach Maßgabe des § 28 ausge-
übten Vorkaufsrechts. Eine Sonderregelung für das Vorkaufsrecht in
Bebauungsplangebieten (§ 24 Abs. 1 Nr. 1) und in der Umlegung (§ 24
Abs. 1 Nr. 2) enthält Abs. 2.

2. Voraussetzungen (Abs. 1). a) Plan- oder maßnahmegerechte 2
Nutzung (Abs. 1 S. 1). Nach Abs. 1 S. 1 kann der Käufer die Ausübung
des Vorkaufsrechts unter folgenden Voraussetzungen abwenden: Die
Verwendung des Grundstücks muß nach den **baurechtlichen Vor-**
schriften oder nach den **Zielen und Zwecken der städtebaulichen**
Maßnahme bestimmt oder mit ausreichender Sicherheit bestimmbar
sein. Diese Voraussetzung wird nur beim Satzungsvorkaufsrecht für
unbebaute Grundstücke in Bebauungsplangebieten (§ 25 Abs. 1 S. 1
Nr. 1) regelmäßig vorliegen. Beim Satzungsvorkaufsrecht nach § 25
Abs. 1 S. 1 Nr. 2 wird dagegen der Verwendungszweck des Grund-
stücks in vielen Fällen noch nicht feststehen; vgl. auch § 25 Abs. 2 S. 2.
In derartigen Fällen kann auch das Abwendungsrecht nicht greifen.
Vgl. entsprechend die Vorkaufsfälle nach § 3 Abs. 1, 2 S. 1 BauGB-
MaßnahmenG. In den Fällen des § 24 Abs. 1 Nr. 2 bis 4 (zum Vorkaufs-
recht nach § 24 Abs. 1 Nr. 1 vgl. § 27 Abs. 2 Nr. 1) muß bei der
Ausübung des Vorkaufsrechts zwar der Verwendungszweck des
Grundstücks angegeben werden; vgl. § 24 Abs. 3 S. 2. Da das Vor-
kaufsrecht auch allgemein zur Förderung der jeweiligen Maßnahme
(z. B. Sanierung und Umlegung; insoweit auch vorsorgender Grunder-
werb) ausgeübt werden kann (vgl. § 24, Rn 21), muß jedoch zu diesem
Zeitpunkt die endgültige Verwendung des Grundstücks i. S. des § 27
Abs. 1 Nr. 1 noch nicht bestimmt oder mit ausreichender Sicherheit
bestimmbar sein mit der Folge, daß auch insoweit das Abwendungs-
recht nicht greifen kann.

Voraussetzung für die Abwendung des Vorkaufsrechts ist, daß der 3
Käufer in der Lage ist, das Grundstück binnen angemessener Frist **plan-**
oder maßnahmeentsprechend zu nutzen. Darüber hinaus muß er sich
vor Ablauf der Zwei-Monatsfrist des § 28 Abs. 2 S. 1 hierzu **verpflich-**
ten. Der Käufer muß also nicht nur (so noch § 24 Abs. 2 S. 2 Nr. 3
BBauG) in einer formlosen Erklärung seine Absicht **glaubhaft ma-**
chen, die Grundstücke plan- und maßnahmegemäß zu nutzen. Er muß
sich vielmehr hierzu verpflichten. Die Verpflichtung erfolgt durch
Erklärung gegenüber der Gemeinde. Zwischen Käufer und Gemeinde
kommt ein **öffentlich-rechtlicher Vertrag** zustande. Nach dem Wort-
laut des Abs. 1 S. 1 hängt die Geltendmachung des Abwendungsrechts
zwar ausschließlich von der Erklärung des Käufers ab, so daß es
zweifelhaft erscheint, ob zur Wirksamkeit der Erklärung die Annahme

oder Zustimmung der Gemeinde erforderlich ist. Eine Vereinbarung
zwischen Käufer und Gemeinde ist jedoch im Regelfall deshalb erfor-
derlich, weil in der Abwendungserklärung eine der Gemeinde einge-
räumte Bauverpflichtung des Käufers zu begründen ist. Die Gemeinde
muß u. a. die Möglichkeit haben, die Bauverpflichtung zivilrechtlich
(auch grundbuchlich) sichern zu können. Die Gemeinde ist in Wahr-
nehmung ihrer städtebaulichen Aufgaben auch gehalten, für eine Aus-
gestaltung der Bauverpflichtung entsprechend den Zielen und Zwek-
ken der städtebaulichen Maßnahme Sorge zu tragen. Eine einseitige
Käuferverpflichtung könnte allenfalls dann ausreichen, wenn der Käu-
fer – nach genauer Absprache mit der Gemeinde – die Vorstellung der
Gemeinde in seiner Erklärung übernimmt und ihr (ggf. auch grund-
buchlich abgesichert) die erforderlichen rechtlichen Sicherungen ein-
räumt (z. B. unwiderrufliches Angebot an die Gemeinde zum Erwerb
des Grundstücks, sofern dieses nicht entsprechend der Verpflichtungs-
erklärung fristgerecht genutzt wird).

4 Der **Zeitpunkt** zu dem das Abwendungsrecht ausgeübt werden
kann, ist im Gesetz nicht geregelt. Als frühester Zeitpunkt kommt die
Ausübung des Vorkaufsrechts (§ 28 Abs. 2 S. 1) in Betracht. Dies
schließt nicht aus, daß die Gemeinde im Vorfeld der Ausübung (inner-
halb der Zwei-Monatsfrist des § 28 Abs. 2 S. 1 oder auch vorher) im
Hinblick auf die Möglichkeit der Ausübung des Vorkaufsrechts mit
dem späteren Erwerber eine Abwendungsvereinbarung schließt. Die
Abwendung kann auch während einer Anfechtung der Ausübungser-
klärung erfolgen; Anfechtung und Abwendung sind wegen der unter-
schiedlichen Zielrichtung grundsätzlich nebeneinander zulässig. Ist die
Ausübung des Vorkaufsrechts für den Erwerber unanfechtbar, kann das
Abwendungsrecht nicht mehr ausgeübt werden. Die Gemeinde kann
auch nach Unanfechtbarkeit der Ausübungserklärung die Abwendung
des Vorkaufsrechts vereinbaren.

5 **b) Beseitigung von Mißständen oder Mängeln (Abs. 1 S. 2).** Weist
eine auf dem Grundstück befindliche bauliche Anlage **Mißstände oder
Mängel i. S. des § 177 Abs. 2 und 3 S. 1** auf, enthält das Gesetz einen
weiteren Abwendungstatbestand. Der Käufer kann die Ausübung des
Vorkaufsrechts abwenden, wenn er sich innerhalb der Zwei-Monats-
frist des § 28 Abs. 2 S. 1 zur Beseitigung der Mißstände oder Mängel
verpflichtet. Zu den Anforderungen an die Verpflichtung vgl. entspre-
chend die Erl. in Rn 3. Die Regelung ist im Zusammenhang mit dem
Ausschlußtatbestand des § 26 Nr. 4 zu sehen: Das plan- oder maßnah-
mengemäß bebaute und genutzte Grundstück ist von der Ausübung
des Vorkaufsrechts ausgeschlossen, es sei denn eine auf ihm errichtete
bauliche Anlage weist Mißstände oder Mängel auf. Auch wenn der
Ausschlußgrund des § 26 Nr. 4 somit nicht greift, kann der Käufer ggf.
durch die Verpflichtung nach § 27 Abs. 1 S. 2 die Ausübung des Vor-
kaufsrechts abwenden.

c) Fristverlängerung (Abs. 1 S. 3). Der Käufer kann nach **Abs. 1 S. 3** 6
von der Gemeinde verlangen, daß die Frist nach § 28 Abs. 2 S. 1 über
die Ausübung des Vorkaufsrechts (Zwei-Monatsfrist) **um zwei Mo-**
nate zu verlängern ist. Hierdurch kann der Käufer erreichen, daß sich
dementsprechend die Fristen nach § 27 Abs. 1 S. 1 und 2, also die
Fristen, innerhalb derer er die Verpflichtung zur Abwendung des
Vorkaufsrechts eingehen kann, verlängern. Die gesetzliche Verlänge-
rungsmöglichkeit soll die mit der Bauverpflichtung nach S. 1 und 2 in
Einzelfällen denkbaren praktischen Schwierigkeiten ausräumen, z. B.
weil weitere Vorklärungen der Baumaßnahmen erforderlich sind oder
weil die Bauverpflichtung der Konkretisierung und zivilrechtlichen
Sicherung bedarf. Voraussetzung für die Verlängerung ist ein **Antrag**
des Käufers gegenüber der Gemeinde. Der Antrag muß innerhalb der
Zwei-Monatsfrist des § 28 Abs. 2 S. 1 abgegeben werden; vgl. entspre-
chend die Erl. zu Rn 4 über die Frist zur Abgabe der Bauverpflichtung
nach Abs. 1 S. 1. Der Antrag kann formlos (schriftlich oder mündlich)
erfolgen. Voraussetzung ist, daß der Käufer darin **glaubhaft macht,**
daß er die Voraussetzungen des einschlägigen Abwendungstatbestands
(Abs. 1 Satz 1 oder 2) erfüllen kann. Für das „Glaubhaftmachen" ge-
nügt ein Sachvortrag, der die Erfüllung der gesetzlichen Voraussetzun-
gen als überwiegend wahrscheinlich erscheinen läßt. Die Anforderun-
gen brauchen insbesondere noch nicht so detailliert sein, wie es bei der
(späteren) Abwendungserklärung zu verlangen ist.

Erfüllt der Antrag die Voraussetzungen des Abs. 1 S. 3, muß die 7
Gemeinde die Fristverlängerung gewähren (**Rechtsanspruch** des Käu-
fers). Versagt die Gemeinde rechtswidrig die beantragte Fristverlänge-
rung, kann der Käufer hiergegen mit den **Rechtsbehelfen** der VwGO
vorgehen: Er kann unmittelbar die Versagung des Antrags anfechten.
Er kann die Rechtsverletzung aber auch durch Anfechtung des Aus-
übungsbescheids der Gemeinde (§ 28 Abs. 2 S. 1) geltend machen.

3. Ausnahmen (Abs. 2). Das Abwendungsrecht des Abs. 1 besteht 8
gem. Abs. 2 in zwei Fällen nicht: Beim Kauf von Flächen, für die nach
dem **Bebauungsplan eine Nutzung für öffentliche Zwecke** festgesetzt
ist (also in den Fällen des § 24 Abs. 1 Nr. 1) besteht kein Abwendungs-
recht. Das Abwendungsrecht ist weiterhin in **Umlegungsgebieten,**
also in den Fällen des § 24 Abs. 1 Nr. 2, ausgeschlossen, wenn das
Grundstück für Zwecke der Umlegung benötigt wird. Hierbei ist vor
allem an Fälle zu denken, in denen es der Erwerb von Grundstücken
durch die Gemeinde ermöglicht, auch solchen Eigentümern zu einem
Grundstück im Umlegungsgebiet zu verhelfen, die wegen eines kleinen
Einwurfsgrundstücks u. U. kein Baugrundstück zugeteilt bekommen
könnten. Die Beschränkung des Abwendungsrechts soll auch die
zweckmäßige Neugestaltung der Grundstücke erleichtern.

§ 28 Verfahren und Entschädigung

(1) Der Verkäufer hat der Gemeinde den Inhalt des Kaufvertrags unverzüglich mitzuteilen; die Mitteilung des Verkäufers wird durch die Mitteilung des Käufers ersetzt. Das Grundbuchamt darf bei Kaufverträgen den Käufer als Eigentümer in das Grundbuch nur eintragen, wenn ihm die Nichtausübung oder das Nichtbestehen des Vorkaufsrechts nachgewiesen ist. Besteht ein Vorkaufsrecht nicht oder wird es nicht ausgeübt, hat die Gemeinde auf Antrag eines Beteiligten darüber unverzüglich ein Zeugnis auszustellen. Das Zeugnis gilt als Verzicht auf die Ausübung des Vorkaufsrechts.

(2) Das Vorkaufsrecht kann nur binnen zwei Monaten nach Mitteilung des Kaufvertrags durch Verwaltungsakt gegenüber dem Verkäufer ausgeübt werden. Die §§ 504, 505 Abs. 2, §§ 506 bis 509 und 512 des Bürgerlichen Gesetzbuchs sind anzuwenden. Nach Mitteilung des Kaufvertrags ist auf Ersuchen der Gemeinde zur Sicherung ihres Anspruchs auf Übereignung des Grundstücks eine Vormerkung in das Grundbuch einzutragen; die Gemeinde trägt die Kosten der Eintragung der Vormerkung und ihrer Löschung. Das Vorkaufsrecht ist nicht übertragbar. Bei einem Eigentumserwerb aufgrund der Ausübung des Vorkaufsrecht erlöschen rechtsgeschäftliche Vorkaufsrechte. Wird die Gemeinde nach Ausübung des Vorkaufsrechts im Grundbuch als Eigentümerin eingetragen, kann sie das Grundbuchamt ersuchen, eine zur Sicherung des Übereignungsanspruchs des Käufers im Grundbuch eingetragene Vormerkung zu löschen; sie darf das Ersuchen nur stellen, wenn die Ausübung des Vorkaufsrechts für den Käufer unanfechtbar ist.

(3) Abweichend von Absatz 2 bestimmt die Gemeinde in den Fällen des § 24 Abs. 1 Nr. 1 den zu zahlenden Betrag nach den Vorschriften des Zweiten Abschnitts des Fünften Teils, wenn der Erwerb des Grundstücks für die Durchführung des Bebauungsplans erforderlich ist und es nach dem festgesetzten Verwendungszweck enteignet werden könnte. Mit der Unanfechtbarkeit des Bescheids über die Ausübung des Vorkaufsrechts erlöschen die Pflichten des Verkäufers aus dem Kaufvertrag mit Ausnahme der Pflichten aus § 444 des Bürgerlichen Gesetzbuchs. Das Eigentum an dem Grundstück geht auf die Gemeinde über, wenn der Bescheid über die Ausübung des Vorkaufsrechts unanfechtbar geworden und der Übergang des Eigentums in das Grundbuch eingetragen worden ist. Die Eintragung in das Grundbuch erfolgt auf Ersuchen der Gemeinde.

(4) Die Gemeinde kann das ihr nach § 24 Abs. 1 Nr. 1 zustehende Vorkaufsrecht zugunsten eines öffentlichen Bedarfs- oder Erschließungsträgers sowie das ihr nach § 24 Abs. 1 Nr. 3 zustehende Vorkaufsrecht zugunsten eines Sanierungs- oder Entwicklungsträgers ausüben, wenn der Träger einverstanden ist. Mit der Ausübung des Vorkaufsrechts kommt der Kaufvertrag zwischen dem Begünstigten und dem Verkäufer zustande. Die Gemeinde haftet für die Verpflich-

tungen aus dem Kaufvertrag neben dem Begünstigten als Gesamtschuldnerin.

(5) Die Gemeinde kann für das Gemeindegebiet oder für sämtliche Grundstücke einer Gemarkung auf die Ausübung der ihr nach diesem Abschnitt zustehenden Rechte verzichten. Sie kann den Verzicht jederzeit für zukünftig abzuschließende Kaufverträge widerrufen. Der Verzicht und sein Widerruf sind ortsüblich bekanntzumachen. Die Gemeinde teilt dem Grundbuchamt den Wortlaut ihrer Erklärung mit. Hat die Gemeinde auf die Ausübung ihrer Rechte verzichtet, bedarf es eines Zeugnisses nach Absatz 2 Satz 3 nicht, soweit nicht ein Widerruf erklärt ist.

(6) Hat die Gemeinde das Vorkaufsrecht ausgeübt und sind einem Dritten dadurch Vermögensnachteile entstanden, hat sie dafür Entschädigung zu leisten, soweit dem Dritten ein vertragliches Recht zum Erwerb des Grundstücks zustand, bevor ein gesetzliches Vorkaufsrecht der Gemeinde aufgrund dieses Gesetzbuchs oder solcher landesrechtlicher Vorschriften, die durch § 186 des Bundesbaugesetzes aufgehoben worden sind, begründet worden ist. Die Vorschriften über die Entschädigung im Zweiten Abschnitt des Fünften Teils sind entsprechend anzuwenden. Kommt eine Einigung über die Entschädigung nicht zustande, entscheidet die höhere Verwaltungsbehörde.

Übersicht

1. Allgemeines. § 28 enthält mehrere Regelungen über die **Ausübung des Vorkaufsrechts** und deren **rechtliche Folgen.** Abs. 1 und 2 regeln die Ausübung des Vorkaufsrechts und deren rechtliche Wirkungen. Abs. 3 enthält in Sonderregelung für die Ausübung des Vorkaufsrechts gem. § 24 Abs. 1 Nr. 1. Abs. 4 enthält eine Sonderregelung über die Ausübung des Vorkaufsrechts zugunsten Dritter. Abs. 5 enthält eine Regelung über den Verzicht auf die Ausübung des Vorkaufsrechts. **1**

Abs. 6 regelt Entschädigungsfragen im Hinblick auf ältere vertragliche Vorkaufsrechte.

1a § 28 Abs. 1, 2, 5 und 6 ist auf das Vorkaufsrecht nach § 3 Abs. 1, 2 S. 2 **BauGB-MaßnahmenG** entsprechend anzuwenden; zur Ausübung dieses „Außenbereichs"-Vorkaufsrechts zum Verkehrswert vgl. § 3 Abs. 3 BauGB-MaßnahmenG (hierzu im einzelnen § 24, Rn 24 ff., 30 ff.).

2 **2. Ausübung des Vorkaufsrechts.** Das Vorkaufsrecht wird nach **Abs. 2 S. 1** durch Verwaltungsakt gegenüber dem Veräußerer ausgeübt. Die Ausübungserklärung muß nach § 211 eine Rechtsbehelfserklärung enthalten. Das Vorkaufsrecht kann nur binnen **zwei Monaten** nach Mitteilung des Kaufvertrags ausgeübt werden. Zur Verlängerung der Frist auf Grund Antrags des Käufers vgl. § 27 Abs. 1 S. 3. Zur **unverzüglichen Mitteilung** des Inhalts des geschlossenen Vertrags an die Gemeinde ist der Verkäufer verpflichtet **(Abs. 1 S. 1, Hs. 1)**; die Mitteilung des Verkäufers kann durch die Mitteilung des Käufers ersetzt werden **(Abs. 1 S. 1, Hs. 2)**. Die Frist beginnt erst mit Rechtswirksamkeit des Kaufvertrags zu laufen.

3 Die Entscheidung über die Ausübung des Vorkaufsrechts ist jedenfalls in kleinen und mittleren Gemeinden kein Geschäft der laufenden Verwaltung (BGH, NJW 1960, 1805) und daher (nach Maßgabe des jeweiligen Landes-Kommunalrechts) von der **Gemeindevertretung** zu beschließen. Das Vorkaufsrecht der Gemeinde ist **nicht übertragbar** **(Abs. 2 S. 4)**; es kann jedoch nach Abs. 4 zugunsten anderer ausgeübt werden.

4 Eine **Verpflichtung** der Gemeinde **zur Ausübung des Vorkaufsrechts** besteht nicht. Übt die Gemeinde das Vorkaufsrecht trotz Vorliegens der Ausübungsvoraussetzung nicht aus, führt dies zu keinem **Verbrauch** des Vorkaufsrechts in späteren Verkaufsfällen. Die Gemeinde kann sich aber gegenüber dem Eigentümer oder gegenüber einem Kaufinteressenten bindend zum **Verzicht** auf die Ausübung des Vorkaufsrechts verpflichten. Hiervon sind die Fälle des vom Gesetz fingierten Ausübungsverzichts bei Ausstellung eines sog. **Negativattests** (Abs. 1 S. 4) zu unterscheiden. Möglich ist auch ein aus verwaltungsökonomischen Gründen ausgesprochener genereller, jedoch jederzeit für die Zukunft widerrufbarer Verzicht der Gemeinde auf die Ausübung des Vorkaufsrechts gem. Abs. 5.

5 Bis zur wirksamen Ausübung des Vorkaufrechts können die Vertragspartner auch eine **Vertragsänderung**, also auch die Aufhebung des Vertrags vereinbaren; vgl. aber § 506 BGB (Rn 6). Maßgebend für den Inhalt des Vorkaufs ist der Vertrag zum Zeitpunkt der Ausübung des Vorkaufsrechts.

6 **3. Wirkungen der Ausübung des Vorkaufsrechts. a) Anwendung von Vorschriften des BGB.** Mit der Ausübung des Vorkaufsrechts kommt der Kaufvertrag zwischen dem „Verpflichteten" (Verkäufer)

und der Gemeinde zustande (§ 505 Abs. 2 BGB); §§ 504, 505 Abs. 2,
§§ 506 bis 509 und 512 BGB sind anzuwenden (**Abs. 2 S. 2**). Diese
Vorschriften lauten:

„**§ 504. [Voraussetzung der Ausübung]** Wer in Ansehung eines Gegenstandes
zum Vorkaufe berechtigt ist, kann das Vorkaufsrecht ausüben, sobald der Ver-
pflichtete mit einem Dritten einen Kaufvertrag über den Gegenstand geschlossen
hat.

§ 505. (2) Mit der Ausübung des Vorkaufsrechts kommt der Kauf zwischen dem
Berechtigten und dem Verpflichteten unter den Bestimmungen zustande, welche
der Verpflichtete mit dem Dritten vereinbart hat.

§ 506. [Relative Unwirksamkeit] Eine Vereinbarung des Verpflichteten mit
dem Dritten, durch welche der Kauf von der Nichtausübung des Vorkaufsrechts
abhängig gemacht oder dem Verpflichteten für den Fall der Ausübung des
Vorkaufsrechts der Rücktritt vorbehalten wird, ist dem Vorkaufsberechtigten
gegenüber unwirksam.

§ 507. [Nebenleistungen] Hat sich der Dritte in dem Vertrage zu einer Nebenlei-
stung verpflichtet, die der Vorkaufsberechtigte zu bewirken außerstande ist, so
hat der Vorkaufsberechtigte statt der Nebenleistung ihren Wert zu entrichten.
Läßt sich die Nebenleistung nicht in Geld schätzen, so ist die Ausübung des
Vorkaufsrechts ausgeschlossen; die Vereinbarung der Nebenleistung kommt je-
doch nicht in Betracht, wenn der Vertrag mit dem Dritten auch ohne sie
geschlossen sein würde.

§ 508. [Gesamtpreis] Hat der Dritte den Gegenstand, auf den sich das Vorkaufs-
recht bezieht, mit anderen Gegenständen zu einem Gesamtpreise gekauft, so hat
der Vorkaufsberechtigte einen verhältnismäßigen Teil des Gesamtpreises zu ent-
richten. Der Verpflichtete kann verlangen, daß der Vorkauf auf alle Sachen
erstreckt wird, die nicht ohne Nachteil für ihn getrennt werden können.

§ 509. [Stundung des Kaufpreises] (1) Ist dem Dritten in dem Vertrage der
Kaufpreis gestundet worden, so kann der Vorkaufsberechtigte die Stundung nur
in Anspruch nehmen, wenn er für den gestundeten Betrag Sicherheit leistet.

(2) Ist ein Grundstück Gegenstand des Vorkaufs, so bedarf es der Sicherheitslei-
stung insoweit nicht, als für den gestundeten Kaufpreis die Bestellung einer
Hypothek an dem Grundstücke vereinbart oder in Anrechnung auf den Kaufpreis
eine Schuld, für die eine Hypothek an dem Grundstücke besteht, übernommen
worden ist. Entsprechendes gilt, wenn ein eingetragenes Schiff oder Schiffsbau-
werk Gegenstand des Vorkaufs ist.

§ 512. Das Vorkaufsrecht ist ausgeschlossen, wenn der Verkauf im Wege der
Zwangsvollstreckung oder durch den Konkursverwalter erfolgt."

Bei Ausübung des Vorkaufsrechts für einen **Teil des Grundstücks**,
z. B. für Straßenbauzwecke, ist die Gemeinde nicht an den entspre-
chenden Teilbetrag des Gesamtpreises gebunden. Der Wert der Teilflä-
che ist vielmehr gesondert zu ermitteln und kann demgemäß unter dem
anteiligen Wert des Gesamtgrundstücks liegen (BGH, MDR 1970,
221); vgl. weiterhin Rn 11.

b) Vorrang gegenüber privatrechtlichen Vorkaufsrechten. Das ge- 7
setzliche Vorkaufsrecht der Gemeinde hat Vorrang gegenüber einem an
dem Grundstück bestehenden privatrechtlichen Vorkaufsrecht. Dies
gilt auch, wenn das privatrechtliche Vorkaufsrecht dinglich gesichert
ist. Dieser Vorrang ist durch Abs. 1 S. 2 (vgl. Rn 8) gesichert. Ist die
Gemeinde aufgrund der Ausübung des Vorkaufsrechts Eigentümerin

geworden, erlöschen darüber hinaus privatrechtliche Vorkaufsrechte
(Abs. 2 S. 5).

8 **4. Sicherung des Vorkaufsrechts.** Das gesetzliche Vorkaufsrecht der
Gemeinde hat keine dingliche Wirkung, es ist auch nicht im Grundbuch
eingetragen. Zur Sicherung des Vorkaufsrechts besteht die Verpflich-
tung des Verkäufers nach **Abs. 1 S. 1,** den Kauf unverzüglich der
Gemeinde mitzuteilen. Die Gemeinde ist weiterhin berechtigt, nach
Mitteilung des Kaufvertrags zur Sicherung ihres Anspruchs auf Über-
eignung des Grundstücks eine **Vormerkung** in das Grundbuch eintra-
gen zu lassen, **Abs. 2 S. 3.** Ist der Käufer bereits im Grundbuch eingetra-
gen worden, kann die Vormerkung nicht mehr eingetragen werden.
Die Gemeinde kann ihre Ansprüche aus dem Kaufvertrag dann gegen
den Veräußerer geltend machen (BayObLG, NJW 1983, 1567). Dar-
über hinaus darf das Grundbuchamt nach **Abs. 1 S. 2** bei allen Eigen-
tumsveränderungen aufgrund Kaufvertrags den Erwerber als Eigentü-
mer nur bei Nachweis der Nichtausübung oder des Nichtbestehens des
Vorkaufsrechts eintragen. Für diesen Nachweis hat die Gemeinde auf
Antrag eines Beteiligten (Käufer, Verkäufer) unverzüglich ein Zeugnis
(Negativattest) auszustellen, **Abs. 1 S. 3.** Die Gemeinde kann die Ertei-
lung des Negativattests z. B. auf Anfrage auch schon vor Abschluß
eines Vertrags in Aussicht stellen. Zur Wirkung des Negativattests als
Verzicht auf die Ausübung des Vorkaufsrechts (**Abs. 1 S. 4**) vgl. auch
Rn 3. Ob für Erteilung des Negativattests eine **Gebühr** erhoben werden
kann, bestimmt sich nach den gebührenrechtlichen Bestimmungen der
Länder und Gemeinden. Sieht die gemeindliche Gebührenordnung
hierfür einen Gebührenrahmen vor, so ist in den Fällen des gesetzlichen
Ausschlusses des Vorkaufsrechts (§ 26) der **vergleichsweise geringe
Verwaltungsaufwand** bei der Bemessung der Gebühr wertmindernd
zu berücksichtigen (OVG Münster, Urt. v. 24. 6. 1986 – 12 A 793/85 –).

9 **5. Erwerb von Flächen für öffentliche Zwecke (Abs. 3). a) Allge-
meines.** Abs. 3 enthält eine **Sonderregelung** für die Fälle der Ausübung
des Vorkaufsrechts gemäß **§ 24 Abs. 1 Nr. 1,** also für den Kauf von
Grundstücken im Geltungsbereich eines Bebauungsplans, für die eine
Nutzung für öffentliche Zwecke festgesetzt ist. § 28 Abs. 3 bestimmt
hierzu, daß die Gemeinde in diesen Fällen den Kaufpreis nach dem sog.
Entschädigungswert bestimmen kann, also nach dem Betrag, der sich
nach den Vorschriften des Zweiten Abschnitts des Fünften Teils ergibt.
Die Regelung enthält also eine Abweichung vom Grundsatz des § 28
Abs. 2 Satz 2 BauGB i. V. mit § 505 Abs. 2 BGB, wonach mit der
Ausübung des Vorkaufsrechts der Kauf zwischen dem Berechtigten
(Gemeinde) und dem Verpflichteten (Verkäufer) so zustande kommt,
wie es dieser mit dem Dritten (Käufer) vereinbart hat. Die Regelung
ersetzt für einen wichtigen Bereich das zum **Verkehrswert** „preisli-
mitierende" Vorkaufsrecht des früheren **§ 28a BBauG,** schränkt jedoch
die Fälle erheblich ein, nach denen die Gemeinde den Kaufpreis einsei-
tig verändern kann und vereinfacht die Regelung zugleich (vgl. zur

Entstehungsgeschichte Krautzberger, in: B/K/S, Rn 155). Vgl. jetzt auch das ggf. zum **Verkehrswert** ausgeübte Vorkaufsrecht nach §3 **Abs. 3 BauGB-MaßnahmenG** (hierzu § 24, Rn 30 ff.).

§ 28 Abs. 3 BauGB entspricht vom **sachlichen Anwendungsbereich** her den Fällen des **§ 28a Abs. 3 BBauG.** Die Neuregelung ist jedoch insofern enger, als sie nur die Fälle des Bebauungsplans-Vorkaufsrechts erfaßt (bisher auch im Planaufstellungsgebiet sowie im Umlegungsgebiet anwendbar). Weiterhin bezieht sich die Regelung nur auf den Erwerb von **Flächen mit öffentlicher Zweckbestimmung,** also nicht auf sonstige Flächen im Bebauungsplangebiet. Die Regelung ist daher nicht anwendbar in den Fällen des gleichfalls auf Bebauungsplangebiete beschränkten Satzungsvorkaufsrechte nach § 25 Abs. 1 S. 1 Nr. 1. Wie in § 28a Abs. 3 ist mangels einer Ermächtigung hierfür kein Rücktrittsrecht eingeräumt. Dem entspricht die Überlegung, daß es hierbei um die Fälle geht, in denen das Grundstück auch enteignet werden könnte.

Die in § 28a Abs. 2 Satz 3 bis 5 BBauG enthaltene Regelung über die 10 Möglichkeit der **Einschaltung des Gutachterausschusses** wurde nicht übernommen. Diese Regelung hätte die Frist für die Ausübung des Vorkaufsrechts (jetzt § 28 Abs. 2 Satz 1) bis zum Eingang des Gutachtens bei der Gemeinde unterbrochen. Maßgeblich dafür, diese Regelung nicht in das BauGB zu übernehmen, war die Überlegung, daß durch die Einschaltung des Gutachterausschusses die Abwicklung des Kaufvertrags auf Monate blockiert werden kann. Hierbei ist auch zu berücksichtigen, daß die Gemeinde nicht verpflichtet ist, nach Eingang des Gutachtens das Vorkaufsrecht auszuüben, so daß durch die bisherige Regelung der private Grundstücksverkehr erheblich behindert werden konnte (vgl. Krautzberger aaO, Rn 157).

Trotz der erheblichen sachlichen Einschränkung der Neuregelung 11 gegenüber dem früheren preislimitierenden Vorkaufsrecht des § 28a BBauG, dürfte die Neuregelung für die in der Praxis bedeutsamen Fälle den **bisherigen Rechtszustand** wahren: Nach rechtstatsächlichen Erhebungen betrafen auch unter BBauG 80 bis 90 % der Fälle, in denen die Gemeinde ein Vorkaufsrecht ausübt, Bebauungsplangebiete, und hier wiederum nahezu ausschließlich Flächen mit öffentlicher Zweckbestimmung. Weiterhin geht es hier in vielen Fällen um die Ausübung des Vorkaufsrechts bezüglich einer **Teilfläche** (z. B. Grün- oder Straßenfläche); insoweit enthält die Regelung des § 28 Abs. 3 BauGB die gesetzliche Klarstellung eines durch die Rechtsprechung entsprechend vorgeklärten Bereichs, wonach sich der von der Gemeinde zu zahlende Preis bei der Teilausübung des Vorkaufsrechts nach dem Verkehrswert bzw. nach dem Entschädigungswert bestimmt (vgl. BGH, MDR 1970, 221 sowie Rn 6). Darüber hinaus besteht jetzt nach **§ 3 BauGB-MaßnahmenG** das preislimitierende Vorkaufsrecht für Außenbereichsflächen, die nach dem Flächennutzungsplan für eine Wohnnutzung vorgesehen sind.

12 Die Formulierung in Abs. 3 Satz 1 stellt weiterhin klar, daß die Gemeinde bei Vorliegen der übrigen Tatbestandsvoraussetzungen **verpflichtet und nicht lediglich berechtigt ist,** den zu zahlenden Betrag nach Maßgabe des Enteignungsentschädigungsrechts festzulegen. Es besteht also kein „Wahlrecht" der Gemeinde, bei Ausübung des Vorkaufsrechts in den Fällen des § 24 Abs. 1 Nr. 1 einen von § 28 Abs. 3 abweichenden Betrag zu zahlen. Sofern der tatsächlich vereinbarte Kaufpreis dem Entschädigungswert nicht entspricht, **muß** die Gemeinde den Kaufpreis durch Verwaltungsakt gemäß Abs. 3 S. 1 bestimmen. Eine solche Verfahrensweise ist insbesondere aus Gründen der Gleichbehandlung geboten; die Ausübung des Vorkaufsrechts in den Fällen des § 24 Abs. 1 Nr. 1 geschieht i. d. R. im Vorfeld bzw. zur Vermeidung einer zulässigen Enteignung. Diese Verpflichtung hat besondere Bedeutung für Fälle **konkurrierender Vorkaufstatbestände** (vgl. zur Konkurrenz von Vorkaufsrechten auch § 24, Rn 23). Dies gilt z. B. für die in der Praxis denkbaren Fälle der Ausübung des Vorkaufsrechts für Flächen mit öffentlicher Zweckbestimmung in einem **Umlegungsgebiet** oder in einem **Sanierungsgebiet.** Liegen die Voraussetzungen des § 24 Abs. 1 Nr. 1 in Verbindung mit § 28 Abs. 3 BauGB vor, so ist diese Sonderregelung auch in diesen Fällen ausnahmslos anzuwenden, und zwar auch dann, wenn die Gemeinde im Verwaltungsakt über die Ausübung des Vorkaufsrechts (§ 28 Abs. 2 S. 1) auf das Vorliegen der Voraussetzungen (auch) des § 24 Abs. 1 Nr. 1 BBauG nicht ausdrücklich hinweist, sondern das Vorkaufsrecht (nur) nach § 24 Abs. 1 Nr. 2 oder 3 ausübt. Was das **Sanierungsverfahren** betrifft, hat Abs. 3 nur im „vereinfachten Verfahren" Bedeutung; vgl. § 142 Abs. 4. Wendet die Gemeinde dagegen die besonderen sanierungsrechtlichen Vorschriften des Dritten Abschnitts des Sanierungsrechts (§§ 152 ff.) an, so führt aus folgenden Gründen kein Weg zur Anwendung des Abs. 3: In diesen Fällen des sog. „klassischen Sanierungsverfahrens" findet die **Preisprüfung** statt. Nach § 153 Abs. 2 i. V. mit § 145 Abs. 2 ist danach die Genehmigung für die rechtsgeschäftliche Veräußerung eines Grundstücks zu versagen, wenn der vereinbarte Gegenwert für das Grundstück über dem Wert liegt, der sich in Anwendung des § 153 Abs. 1 ergibt. § 153 Abs. 1 bestimmt den für das Sanierungsrecht maßgeblichen Entschädigungswert. Liegt ein vereinbarter Kaufpreis daher über dem Entschädigungswert, ist die Genehmigung zu versagen. Der Kaufvertrag ist damit unwirksam, so daß für die Möglichkeit der Herabsetzung des Kaufpreises nach § 28 Abs. 3 BauGB kein Raum mehr ist; zur Streichung des gemeindlichen Grunderwerbsrechts nach § 18 StBauFG vgl. § 24, Rn 10 sowie Krautzberger, in: B/K/S, Rn 137, 161.

13 **b) Verfahren; Rechtswirkungen.** Die Ausübung des Vorkaufsrechts und die Herabsetzung des Preises erfolgen in **einem** Bescheid. Der Entschädigungswert ist darin genau zu beziffern. Die zum Eigentumsübergang nach bürgerlichem Recht grundsätzlich erforderliche **Auflas-**

sung wird durch den unanfechtbaren Ausübungsbescheid ersetzt **(Abs. 3 S. 3)**. Der Ausübungsbescheid regelt anstelle einer entsprechenden Erklärung des Eigentümers hoheitlich auch die Teilung des Grundstücks, wenn das Vorkaufsrecht von der Gemeinde nicht für das gesamte Grundstück in Anspruch genommen wird. Nach **Abs. 3 S. 2** erlöschen mit der Unanfechtbarkeit des Bescheids über die Ausübung des Vorkaufsrechts die Pflichten des Verkäufers aus dem Kaufvertrag mit Ausnahme der Auskunftspflicht nach § 444 BGB. Die Gemeinde hat nach diesem Zeitpunkt unverzüglich den Betrag gem. S. 1 zu zahlen oder ggf. zu hinterlegen. Entsprechend § 99 Abs. 3 ist der nach S. 1 zu zahlende Betrag mit 2 vom Hundert über dem Diskontsatz der Deutschen Bundesbank jährlich zu verzinsen. Die Verzinsung beginnt, wenn die Ausübung des Vorkaufsrechts angefochten wird (§ 217 Abs. 1 S. 1) mit dem Zeitpunkt der ersten gerichtlichen Entscheidung, in allen sonstigen Fällen mit dem Zeitpunkt der Unanfechtbarkeit des Bescheids (so BGH, ZfBR 1986, 238).

Die Eintragung in das Grundbuch erfolgt auf Ersuchen der Gemeinde **(Abs. 3 S. 4)**. Das Ersuchen ersetzt die Bewilligung des bisherigen Eigentümers und erstreckt sich in gegebenem Fall auch auf die grundbuchliche Durchführung der angeordneten Grundstücksteilung. Nach dem gesetzlichen Modell wirkt der bisherige Eigentümer bei der dinglichen Rechtsänderung und ihrem grundbuchlichen Vollzug demnach nicht mit. **14**

6. Ausübung des Vorkaufsrechts zugunsten anderer (Abs. 4): Abs. 4 begründet die Möglichkeit der Ausübung des Vorkaufsrechts zugunsten eines Dritten; vgl. § 27 BBauG; §§ 17 Abs. 2 und 57 Abs. 1 Nr. 4 StBauFG. Abs. 4 beschränkt die Fälle der Ausübung des Vorkaufsrechts zugunsten Dritter auf folgende Fälle: Die Gemeinde kann das Vorkaufsrecht nach § 24 Abs. 1 Nr. 1 zugunsten eines öffentlichen Bedarfs- oder Erschließungsträgers, das Vorkaufsrecht nach § 24 Abs. 1 Nr. 3 zugunsten eines Sanierungs- oder Entwicklungsträgers ausüben **(Abs. 4 S. 1)**. Die Vorschrift bezweckt, einen Durchgangserwerb bei der Gemeinde zu vermeiden, wenn das Grundstück in das Eigentum des mit der Verwirklichung einer Planung oder Maßnahme betrauten Trägers übergehen soll. **15**

Die Ausübung des Vorkaufsrechts zugunsten eines Dritten steht im **Ermessen der Gemeinde.** Von den früheren Regelungen in BBauG und StBauFG sind u. a. die Vorschriften über die Verwendungsfrist (§ 27 Abs. 3 S. 1 BBauG) und die Sicherheitsleistung für die Verpflichtung der Gemeinde (§ 27 Abs. 2 BBauG) nicht übernommen worden; die Gemeinde kann jedoch die Ausübung des Vorkaufsrechts von entsprechenden Verpflichtungen des Begünstigten abhängig machen oder die Verwendungsfrist und die Stellung von Sicherheiten zum Gegenstand von Bedingungen und Auflagen des Verwaltungsakts machen (Stock, ZfBR 1987, 10/17). Der **Verwendungszweck** des Grundstücks ergibt sich entweder unmittelbar aus den planerischen Festsetzungen (§ 24 **16**

Abs. 1 Nr. 1) oder aus den Zielen und Zwecken der Sanierungs- oder Entwicklungsmaßnahme, also aus dem städtebaulichen Konzept, das die Gemeinde bei der Maßnahme verfolgt (§ 24 Abs. 1 Nr. 3).

17 Mit der Ausübung des Vorkaufsrechts kommt der Kaufvertrag zwischen dem Begünstigten und dem Verkäufer zustande; **Abs. 4 S. 2.** Liegen die Voraussetzungen für die Bestimmung des Verkehrswerts zum Entschädigungswert nach **Abs. 3** vor, so ist die Vorschrift auch in den Fällen des Abs. 4 anzuwenden. Die Gemeinde kann aus dem Kaufvertrag gegenüber dem Verkäufer im übrigen keine Rechte ableiten. Sie haftet jedoch zu seiner Sicherheit für die Verpflichtung aus dem Kauf gesamtschuldnerisch; **Abs. 4 S. 3.** Für die Ausgestaltung des Rechtsverhältnisses zwischen Gemeinde und Dritten wird sich eine besondere vertragliche Regelung anbieten, in der u. a. die Verpflichtung des Begünstigten, Verwendungsfristen einschl. einer Reprivatisierungspflicht entsprechend § 89 geregelt werden kann (vgl. auch § 124 Abs. 2).

18 **Verzicht auf die Ausübung des Vorkaufsrechts (Abs. 5). Abs. 5** regelt die Möglichkeit des Verzichts der Gemeinde auf die Ausübung des Vorkaufsrechts für das **Gemeindegebiet** oder für sämtliche Grundstücke einer **Gemarkung.** Ein Verzicht der Gemeinde erstreckt sich auch auf das Vorkaufsrecht nach § 3 Abs. 1 **BauGB-MaßnahmenG.** Verzichtet die Gemeinde gemäß Abs. 5 auf das Vorkaufsrecht, so bedarf es keines Negativattests; **Abs. 5 S. 5.** Die Gemeinde kann den Verzicht jederzeit und ohne Begründung widerrufen; **Abs. 5 S. 2** (vgl. § 39 Abs. 1 Nr. 5 VwVfG). Widerruft sie den Verzicht, so entsteht das Erfordernis zur Vorlage eines Negativattests (§ 28 Abs. 1 S. 2), jedoch nur für die „zukünftig" abzuschließenden Kaufverträge. In räumlicher Hinsicht sieht das Gesetz für den Verzicht zwei Möglichkeiten vor: Er kann entweder das gesamte Gemeindegebiet oder eine Gemarkung betreffen (**Abs. 5 S. 1**). Mit dieser Einschränkung wird sichergestellt, daß die Grundbuchämter keine gesonderte Prüfung darüber einleiten müssen, ob das Kaufgrundstück im Gebiet einer städtebaulichen Maßnahme liegt. Daher ist der auf ein Bebauungsplan- oder Sanierungsgebiet beschränkte Verzicht in der Praxis allenfalls dann möglich, wenn deren Grenzen („zufällig") mit der Gemarkung (oder dem Gemeindegebiet) identisch sind. Hingegen ist es zulässig, den Verzicht auf bestimmte Kaufgegenstände (z. B. einzelne oder alle grundstücksgleichen Rechte) zu beschränken (Stock, ZfBR 1987, 10/19).

19 **8. Entschädigung für ältere Erwerbsrechte (Abs. 6).** Nach Ausübung des Vorkaufsrechts durch die Gemeinde ist für dadurch entstandene Vermögensnachteile nach Maßgabe des **Abs. 6** demjenigen eine Entschädigung zu zahlen, dem ein älteres vertragliches Erwerbsrecht zustand. Das Erwerbsrecht muß entstanden sein, bevor ein gesetzliches Vorkaufsrecht nach den §§ 24 ff. BBauG und § 24 f. BauGB oder aufgrund solcher landesrechtlicher Vorschriften, die durch § 186 BBauG – die Vorschrift ist in das BauGB nicht übernommen worden – aufgeho-

ben worden sind, begründet worden war **(Abs. 6 S. 1)**. Für die Entschä-
digung gelten die Vorschriften des Zweiten Abschnitts des Fünften
Teils sinngemäß **(Abs. 6 S. 2)**. Sofern über die Entschädigung eine
Einigung nicht zustande kommt, entscheidet die höhere Verwaltungs-
behörde **(Abs. 6 S. 3)**. Entfallen ist die Regelung des § 28 S. 5 BBauG,
wonach die Gemeinde bei der Ausübung des Vorkaufsrechts zugunsten
eines anderen (jetzt § 28 Abs. 4) von diesem die Erstattung des Entschä-
digungsbetrags verlangen kann. Die Möglichkeit, daß sich die Ge-
meinde einen solchen Erstattungsanspruch bei Ausübung des Vor-
kaufsrechts vertraglich einräumen läßt, bleibt jedoch unbeschadet der
Streichung dieser Vorschrift möglich.

9. Rechtsschutz. Der Verwaltungsakt, durch den das Vorkaufsrecht **20**
ausgeübt wird, kann vom **Verkäufer** und vom **Käufer** angefochten
werden. Wird einem Widerspruch nicht abgeholfen, kann die Anfech-
tungsklage vor dem **Verwaltungsgericht** erhoben werden. Wegen der
Widerspruchs- bzw. Klageberechtigung des Käufers empfiehlt sich für
die Gemeinde die Zustellung des Verwaltungsaktes auch an diesen; vgl.
auch § 28 Abs. 2 S. 5, letzter Hs., wonach die Gemeinde erst bei
Unanfechtbarkeit des Verwaltungsakts für den Käufer eine zu dessen
Gunsten eingetragene Auflassungsvormerkung löschen lassen und da-
mit das Grundstück weiter veräußerbar kann.

Hat die Gemeinde den zu zahlenden Betrag nach **§ 28 Abs. 3 BauGB** **21**
oder nach **§ 3 Abs. 3 BauGB-MaßnahmenG** abweichend vom Kaufpreis
bestimmt, richtet sich die gerichtliche Zuständigkeit für die Anfechtung
des Bescheids nach **§ 217** (vgl. auch § 3 Abs. 4 BauGB-MaßnahmenG).
Danach wird der Verwaltungsakt nicht durch Widerspruch, sondern
ausschließlich durch Antrag auf gerichtliche Entscheidung angefochten.
Über den Antrag entscheidet das Landgericht, Kammer für Bauland-
sachen; § 217 Abs. 1 S. 4. Diese Zuständigkeitsregelung für die Anfech-
tung des Bescheids gilt auch dann, wenn im Einzelfall nicht nur die
Voraussetzungen nach § 24 Abs. 1 Nr. 1, sondern – kumulativ – auch die
Voraussetzungen eines anderen Vorkaufsrechts vorliegen (vgl. Rn 12
sowie § 24, Rn 23). Auch für eine Entscheidung nach **§ 28 Abs. 6**
bestimmt sich die gerichtliche Zuständigkeit nach § 217.

In den Fällen der Vorkaufssatzung nach § 25 kann die Satzung im **22**
Wege der **Normenkontrolle** (§ 47 VwGO) überprüft werden. Vgl.
hierzu auch die Erl. zu §§ 214, 215 zu den Wirksamkeitsvoraussetzun-
gen städtebaulicher Satzungen. Zum Verhältnis der Satzung nach § 25
Abs. 1 S. 1 Nr. 1 zu dem Bebauungsplan vgl. § 25, Rn 10.

10. Überleitung; Veräußerungspflicht der Gemeinde. Die Überlei- **23**
tungsvorschriften für das Vorkaufsrecht sind in **§ 235** geregelt. **§ 26
BBauG** über die Veräußerungspflicht der Gemeinde ist mit der Rege-
lung über die Veräußerungspflichten in den Fällen der Enteignung
zusammenfassend geregelt; vgl. § 89 Abs. 1 S. 1 Nr. 1. § 89 BauGB ist
auch beim Vorkaufsrecht nach § 3 BauGB-MaßnahmenG entsprechend
anzuwenden.

Dritter Teil. Regelung der baulichen und sonstigen Nutzung; Entschädigung

Erster Abschnitt. Zulässigkeit von Vorhaben

Vorbemerkung zu den §§ 29 bis 38

Übersicht

1. Entsprechend der deutschen baupolizeilichen Tradition bedarf **1**
jedes bauliche Vorhaben von einigem Gewicht der **Baugenehmigung.**
Die Baugenehmigung umfaßt dabei sowohl den das einzelne Bauvor-
haben für sich nehmenden Bereich des **Bauordnungsrechts** als auch den
das Vorhaben in seiner städtebaulichen Einbindung betrachtenden Be-
reich des **Bauplanungsrechts.** Diese doppelte Funktion der Baugeneh-
migung wird durch § 29 begründet. Die für die bauordnungsrechtliche
Prüfung maßgeblichen Vorschriften enthalten die Landesbauordnungen
der Länder, die für die bauplanungsrechtliche Prüfung des beantragten
Vorhabens maßgeblichen Vorschriften enthalten die §§ 30 ff.

Nachdem schon das Baugesetzbuch zum Teil tiefgreifende Änderun- **2**
gen des Rechts der Zulässigkeit von Vorhaben gebracht hat (vgl. hierzu
Schmidt-Eichstaedt, Einführung in das neue Städtebaurecht, 1987,
S. 159 ff.), setzt nun auch das **BauGB-MaßnahmenG** hier an, um die
Erteilung von Baugenehmigungen planungsrechtlich zu erleichtern und
zu beschleunigen (vgl. bereits den Überblick in der Einleitung, Rn 36;
kritisch zu dieser Schwächung des Planmäßigkeitsprinzips vgl. Arbeits-
kreis für Umweltrecht, NVwZ 1990, 746 f.). § 31 Abs. 2, §§ 34 und 35
werden erheblich modifiziert, um in Fällen eines dringenden Wohn-
bedarfs der Bevölkerung die Zulässigkeit von Vorhaben in allen drei
Plangebieten (vgl. Rn 4 bis 6) zu erweitern und zu erleichtern (im
einzelnen vgl. § 31, Rn 31 a ff., § 34, Rn 52 a, 62 a, 67 a, § 35, Rn 79 a f.,
101 a, 102 a ff.).

3 **2.** Die Vorschriften dieses Abschnitts über die Zulässigkeit von
Vorhaben schaffen einen **Ausgleich zwischen Planvorbehalt und Bau-
freiheit,** städtebaulicher Einbindung und Schutz des Außenbereichs.
Dabei ist davon auszugehen, daß das Bauen – unbeschadet seiner
prinzipiellen Genehmigungspflichtigkeit – im Grundsatz erlaubt ist,
soweit es nicht durch das Gesetz selbst oder durch planerische Festset-
zungen der Gemeinde eingeschränkt oder untersagt ist (zum verfas-
sungsrechtlichen Rahmen vgl. Erbguth, Rn 16 ff.; Finkelnburg, in:
F/O, Bd. I, S. 10 ff.; eine systematische Einführung in das Recht der
Zulässigkeit von Vorhaben bietete v. Mutius, Jura 1989, 245 ff.).

4 **a)** Eine grundsätzliche Unbebaubarkeit statuiert § 35 Abs. 2 für den
Außenbereich. Dieser erste der drei großen Bereiche, in die das Bauge-
setzbuch das Gemeindegebiet planungsrechtlich einteilt, unterliegt ei-
nem prinzipiellen Schutz gegen bauliche Inanspruchnahme ohne vor-
gängige Planung der Gemeinde. Nur in dem seltenen Fall, daß öffentli-
che Belange nicht beeinträchtigt werden, muß ausnahmsweise ein
Vorhaben genehmigt werden. Diese Beschränkung gilt allerdings nicht
für die eng umgrenzten privilegierten Vorhaben nach § 35 Abs. 1, die
regelmäßig zulässig sind, wenn öffentliche Belange nicht entgegenste-
hen.

5 **b)** Der zweite planungsrechtliche Bereich, in den das Gemeindege-
biet einzuteilen ist, ist der (nicht beplante) **Innenbereich,** der aus den im
Zusammenhang bebauten Ortsteilen gebildet wird. Für ihn läßt § 34
bauliche Vorhaben grundsätzlich zu, wenn sie sich in die Gebietseigen-
art einfügen. Wie also der Außenbereich durch seine natürliche Funk-
tion prinzipiell dazu bestimmt ist, von einer Bebauung freigehalten zu
werden, ist es die Funktion des Innenbereichs, entsprechend seiner
bisher vorhandenen Eigenart weiter bebaut zu werden.

6 **c)** Es obliegt der Entscheidung der Gemeinde im Rahmen ihrer
Planungshoheit und Planungspflicht, durch die Aufstellung von **quali-
fizierten Bebauungsplänen** im Sinne des § 30 Abs. 1 die planersetzen-
den Vorschriften der §§ 34 und 35 für das Plangebiet außer Kraft zu
setzen und damit den dritten planungsrechtlichen Bereich des Gemein-
degebiets zu schaffen, nämlich den **qualifiziert beplanten Bereich** im
Sinne des § 30 Abs. 1. In einem dieser drei planungsrechtlichen Berei-
che muß jedes Grundstück im Gemeindegebiet liegen, wobei insbeson-
dere die Abgrenzung zwischen Innen- und Außenbereich häufig sehr
schwierig ist. Werden somit durch die Aufstellung eines qualifizierten
Bebauungsplans einerseits die sich aus dem Gebietscharakter ergeben-
den Baubeschränkungen aufgehoben, so unterliegt andererseits die
bauliche Nutzbarkeit eines Grundstücks nunmehr den Festsetzungen
des Bebauungsplans, die die Nutzungsmöglichkeiten gegenüber §§ 34
und 35 erweitern, aber auch einschränken können. Zu dann möglichen
Entschädigungsansprüchen vgl. die Anmerkungen zu §§ 39 ff.

7 **3. a)** Ein **einfacher Bebauungsplan** nach § 30 Abs. 2, der nicht die
Anforderungen des § 30 Abs. 1 erfüllt, vermag die vorgegebene Zuord-

nung eines Gebiets zum Innen- oder zum Außenbereich nicht zu ändern. Die sich aus den §§ 34 und 35 ergebenden Baubeschränkungen bleiben daher voll wirksam; zu ihnen treten jedoch die aus den Festsetzungen des Bebauungsplans sich ergebenden Beschränkungen – ergänzend oder ersetzend – hinzu.

b) Auch § 33 ändert nicht die Zuordnung eines Grundstücks zum Innen- oder Außenbereich; er räumt einem Bauherrn jedoch bei Vorliegen seiner Voraussetzungen das Recht ein, sein Bauvorhaben nach den ihm günstigeren Zulässigkeitsvoraussetzungen – dies mag z. B. der für das Grundstück noch geltende § 34, das kann aber auch ein bald rechtskräftiger Bebauungsplan sein – auszurichten. 8

c) Nach § 32 dürfen auf **künftigen Gemeinbedarfs- oder Verkehrs-, Versorgungs- und Grünflächen** keine Maßnahmen genehmigt werden, die zu einer Werterhöhung des Grundstücks führen, sofern nicht auf Entschädigung dafür verzichtet wird. 9

4. Über die Genehmigung des Vorhabens entscheidet die **Baugenehmigungsbehörde.** Sie hat grundsätzlich im **Einvernehmen mit der Gemeinde** zu entscheiden (§ 36). Des Einvernehmens der Gemeinde bedarf es lediglich nicht bei Entscheidungen nach § 30, da hier der Bebauungsplan die Vorstellungen der Gemeinde mit hinreichender Deutlichkeit enthält. 10

5. Diese Systematik bei der Regelung der Zulässigkeit von Vorhaben wird an zwei Stellen durchbrochen. Nach § 37 können **bauliche Anlagen des Bundes oder eines Landes** bei Bedarf auch abweichend von den Bestimmungen der §§ 30ff. errichtet werden; das Einvernehmen der Gemeinde kann evtl. durch die Zustimmung der höheren Verwaltungsbehörde ersetzt werden. 11

6. Bedeutsamer ist die Regelung in § 38, wonach die in den genannten Gesetzen enthaltenen **Planfeststellungen** unabhängig von den Regelungen in §§ 30ff. getroffen werden können. Auch das Einvernehmen der Gemeinde nach § 36 ist nicht erforderlich. In beiden Fällen müssen jedoch die städtebaulichen Belange mit dem ihnen zukommenden Gewicht bei der Entscheidung über das Bauvorhaben berücksichtigt werden. 12

§ 29 Begriff des Vorhabens

Für Vorhaben, die die Errichtung, Änderung oder Nutzungsänderung von baulichen Anlagen zum Inhalt haben und die einer bauaufsichtlichen Genehmigung oder Zustimmung bedürfen oder der Bauaufsichtsbehörde angezeigt werden müssen, gelten die §§ 30 bis 37; die §§ 30 bis 37 gelten auch, wenn in einem anderen Verfahren über die Zulässigkeit entschieden wird. Dies gilt auch für Vorhaben, die der Landesverteidigung dienen. Für Aufschüttungen und Abgrabungen größeren Umfangs, sowie für Ausschachtungen, Ablagerun-

gen einschließlich Lagerstätten, auf die Satz 1 keine Anwendung findet, gelten die §§ 30 bis 37 entsprechend. Die Vorschriften des Bauordnungsrechts und andere öffentlich-rechtliche Vorschriften bleiben unberührt.

1 **I. 1.** § 29 enthält zunächst eine Bestimmung des bauplanungs-
rechtlichen **Begriffs des Vorhabens.** Hierdurch wird deutlich, daß das
Planungsrecht das Vorhaben aus städtebaulicher Sicht betrachtet, wo-
hingegen das Bauordnungsrecht der Länder, das ebenfalls einen Vorha-
benbegriff kennt, das Vorhaben aus der Sicht des Einzelprojekts sowie
eher der Gefahrenabwehr ansieht. Die Bedeutung des § 29 erschöpft
sich jedoch nicht in dieser Begriffsbestimmung. Vielmehr kommen
ihm besonders folgende drei Funktionen zu:

2 § 29 hat **Anknüpfungsfunktion.** Die Regelung über die im Einzelfall
zulässige Grundstücksnutzung in den §§ 30 bis 38 setzt stets das Vorlie-
gen eines Vorhabens im Sinne des § 29 voraus; fehlt es an einem
derartigen Vorhaben, so sind die § 30 ff. grundsätzlich nicht anzuwen-
den. Dies gilt allerdings nicht, soweit die Negativfunktion oder **Stopp-
Funktion des Bebauungsplans** (hierzu Schlichter, in: S/S/T, § 1, Rn 5)
reicht: Danach ist eine planwidrige Grundstücksnutzung, auch wenn es
sich nicht um eine bauliche Nutzung im Sinne des § 29 handelt,
rechtswidrig und kann untersagt werden (BVerwGE 25, 243/248; 42,
30/33 ff.; DÖV 1974, 812/813; DÖV 1982, 118/119 f.; vgl. bei genehmi-
gungsfreien Vorhaben etwa nach § 62 BauO NRW Bork/Köster, BauO
NRW, 2. Aufl. 1988, § 62, Rn 2; bei dem vereinfachten Genehmi-
gungsverfahren nach § 64 BauO NRW gehören die §§ 29 bis 38 BauGB
in der Regel zum Prüfungsprogramm). Diese Ausschlußwirkung ent-
faltet der Bebauungsplan jedoch nicht gegenüber abweichenden Zwi-
schennutzungen, sondern nur gegenüber solchen Nutzungen, die die
Verwirklichung des Plans verhindern oder wesentlich erschweren wür-

den oder dem Gebietscharakter widersprechen und daher situationswidrig sind (BVerwG, ebd.). So ist zum Beispiel die Anlage eines Kinderspielplatzes auf einem nur als Grünfläche festgesetzten Grundstück unzulässig, da sie die Verwirklichung der plangemäßen Nutzung verhindert (BVerwG, DÖV 1974, 812/813). Der Betrieb eines Gebrauchtwagenhandels auf einem als Bauland festgesetzten Grundstück kann dagegen zulässig sein, wenn er sich in den Charakter des festgesetzten Gebiets einfügt (hierzu BVerwGE 42, 30/39). Auch für einen nicht plangemäßen Straßenausbau kommt es darauf an, ob er eine situations- und umgebungsgemäße Zwischennutzung ermöglicht, auch wenn er später zumindest teilweise wieder beseitigt werden muß (BVerwG, DÖV 1982, 118/120).

Neben dieser grundsätzlichen Anknüpfungsfunktion kommt § 29 3 eine **Verknüpfungsfunktion** zu. Wie bereits erwähnt, kennen sowohl das Bauplanungsrecht als auch das Bauordnungsrecht der Länder den Begriff des Vorhabens (hierzu Ortloff, in: F/O, Bd. II, S. 10ff.; zur Entwicklung des Bauordnungsrechts insgesamt ders., NVwZ 1987, 374ff.). Dieser bauordnungsrechtliche Vorhabenbegriff ist weder von Land zu Land identisch (wenngleich nur verhältnismäßig geringe Abweichungen bestehen) noch deckt er sich völlig mit dem bauplanungsrechtlichen Vorhabenbegriff. Beide Begriffe verhalten sich vielmehr zueinander wie zwei sich schneidende Kreise, die sich größtenteils überlagern, aber in Randbereichen nicht völlig deckungsgleich sind (hierzu BVerwGE 44, 59/61). Diese prinzipielle Unterschiedlichkeit der beiden Vorhabenbegriffe rührt aus dem unterschiedlichen Regelungsbedarf des Städtebaurechts und des Bauordnungsrechts her (hierzu unten, Rn 14). § 29 Satz 1 verknüpft nun diese beiden nicht ganz deckungsgleichen Vorhabenbegriffe miteinander. Liegt ein Vorhaben im bauplanungsrechtlichen Sinne vor, so gelten gleichwohl die §§ 30 bis 37 nur dann, wenn es sich zugleich um ein Vorhaben im bauordnungsrechtlichen Sinne handelt. Die bauplanungsrechtliche Zulässigkeitsprüfung wird also von einem bauordnungsrechtlichen Genehmigungs-, Zustimmungs- oder Anzeigeerfordernis abhängig gemacht.

Es ist daher auch die für die bauordnungsrechtliche Genehmigung 4 zuständige Behörde, die zugleich über die planungsrechtliche Zulässigkeit des Vorhabens entscheidet. Diese Entscheidung über die planungsrechtliche Zulässigkeit kann auch in einer sog. **Bebauungsgenehmigung,** die im Rahmen eines Vorbescheids (z. B. nach § 66 BauO NRW) als vorweggenommener Teil der Baugenehmigung, nicht als bloße Zusage ergeht, selbständig getroffen werden (vgl. BVerwG, NJW 1969, 73; U. v. 17. 3. 1989, NVwZ 1989, 863f.; Ortloff, in: F/O, Bd. II, S. 104ff.; zu der vom Baugesetzbuch nicht aufgegriffenen Figur einer bundesrechtlichen Bebauungsgenehmigung vgl. Zinkahn, ZfBR 1985, 212ff.). Diese Einordnung der Bebauungsgenehmigung als vorweggenommener Teil der Baugenehmigung erlaubt es, auf sie die Bindungswirkung nach § 21 Abs. 1 (hierzu § 21, Rn 6ff.) zu erstrecken

(BVerwG, NJW 1969, 73; OVG Lüneburg, BauR 1982, 363 f.). Ist der
Vorbescheid jedoch noch nicht bestandskräftig, wenn die Baugenehmi-
gung erteilt wird, und wird auch die Baugenehmigung von dem
Nachbarn angefochten, so ist in diesem Zusammenhang auch die
bebauungsrechtliche Zulässigkeit des Vorhabens Gegenstand gerichtli-
cher Kontrolle (BVerwG, U. v. 17. 3. 1989, ebd., auch zur Bindungs-
wirkung der Bebauungsgenehmigung gegenüber dem Bauherrn und
dem Nachbarn bei der Erteilung der Baugenehmigung). Spätere Rechts-
änderungen dagegen berühren Bestand und Wirksamkeit der Bebau-
ungsgenehmigung nicht (BVerwG, NJW 1984, 1473 f.). Bei der Ent-
scheidung über die planungsrechtliche Zulässigkeit hat die Genehmi-
gungsbehörde in den Fällen des § 36 Abs. 1 das Einvernehmen der für
die Planung zuständigen Gemeinde einzuholen. Liegt dagegen ein
Vorhaben im bauordnungsrechtlichen Sinne, nicht aber im baupla-
nungsrechtlichen Sinne vor, so gelten die §§ 30 bis 37 nicht. In diesem
Fall braucht die Baugenehmigungsbehörde das Einvernehmen der Ge-
meinde nicht herbeizuführen.

4a Mit **§ 5 Abs. 4 BauGB-MaßnahmenG** wird eine zeitliche Begren-
zung in das Genehmigungsverfahren hineingetragen, um das oftmals
sehr langwierige Verfahren zu beschleunigen. Dient ein Vorhaben
ausschließlich Wohnzwecken, darf der Genehmigungsantrag nach Ab-
lauf von drei Monaten nicht mehr aus Gründen der §§ 30 und 31
abgelehnt werden. Dies bedeutet, daß dann ein Vorhaben genehmigt
werden muß, auch wenn es den Festsetzungen eines Bebauungsplans
widerspricht und die Voraussetzungen für eine Ausnahme oder Befrei-
ung nicht vorliegen. Der Bundesrat hat hierzu Bedenken im Hinblick
auf Art. 14 Abs. 1 GG und mögliche gerichtliche Verfahren, die den
Beschleunigungseffekt in Frage stellten, geäußert (vgl. BR-Drs. 20/90 –
Beschluß – v. 16. 2. 1990, S. 13). Der Bundestag hat diese Bedenken
nicht geteilt, da die Klagemöglichkeiten des Nachbarn ebenso erhalten
blieben wie die Möglichkeit der Rücknahme, sollte die Baugenehmi-
gung rechtswidrig sein (vgl. ABer./BauGB-MaßnahmenG, S. 22).
Zweck der Regelung ist nicht, rechtswidrige Baugenehmigungen zu
ermöglichen oder zu erzwingen, sondern **Druck auf die Baugenehmi-
gungsbehörde** dahingehend auszuüben, Anträge auf Genehmigung
von Vorhaben, die allein Wohnzwecken dienen, angesichts der drän-
genden Probleme auf dem Wohnungsmarkt mit hoher **Priorität** zu
behandeln. Hierzu gehört auch eine geeignete **Organisation** des Ver-
fahrensablaufs, die etwa darin bestehen kann, entscheidungsbefugte
Mitarbeiter aller zu beteiligenden Ämter einmal pro Woche an einen
Tisch zu bringen, um Bauanträge zu beraten. Wenn dies geschieht,
dürfte die gesetzte Frist von drei Monaten ausreichen, eine abge-
stimmte und fachlich fundierte Entscheidung zu treffen.

4b Voraussetzung für den Beginn des Fristlaufs ist allerdings, daß der
Antrag vollständig ist, die Behörde also in die umfassende Prüfung
sofort eintreten kann (vgl. Stellungnahme des Bundesrats, BR-Drs. 20/

90 – Beschluß – v. 16. 2. 1990, S. 13; Stellungnahme des Deutschen Instituts für Urbanistik, Stenographisches Protokoll der 62. Sitzung des 16. Ausschusses, S. 225). Der Begriff „Antrag" in § 5 Abs. 4 BauGB-MaßnahmenG ist daher als „vollständiger Antrag" zu lesen. Es soll Druck auf die Genehmigungsbehörden ausgeübt, nicht aber die Nachlässigkeit oder Arglist von Bauherren honoriert werden. Die Sonderregelung gilt für Anträge, die nach dem 31. 5. 1990 und vor dem 1. 6. 1995 bei der zuständigen Behörde eingehen (§ 14 BauGB-MaßnahmenG).

Anknüpfungs- und Verknüpfungsfunktion machen bereits die **Begrenzungsfunktion** des § 29 deutlich. Die Baufreiheit wird durch die §§ 29 ff. im Grundsatz nur soweit eingeschränkt, als es sich bei der beabsichtigten Grundstücksnutzung um ein Vorhaben im Sinne des § 29 handelt. Andere Nutzungen, soweit sie nicht durch die Negativfunktion des Bebauungsplans ausgeschlossen sind (vgl. oben, Rn 2), bleiben daher zulässig (BVerwGE 42, 30/38). Insoweit besteht auch für nicht plangemäße Nutzungen ein Anspruch auf Genehmigung oder Duldung (Gelzer, Rn 449). 5

2. Die inhaltliche Umschreibung und Umgrenzung des **Vorhabens**, 6 dessen Genehmigung er begehrt, obliegt dem **Antragsteller** (BVerwG, NJW 1981, 776). Dabei kann der Antragsteller durchaus mehrere an sich selbständige Gebäude zu einem einheitlichen baulichen Vorhaben zusammenfassen, wenn die Verwirklichung der Gebäude für ihn nur in dieser Zusammenfassung von Bedeutung ist (hierzu BVerwG, Buchholz 406.11 § 35 BBauG Nr. 109). Dieser subjektiven Bestimmungsbefugnis des Antragstellers sind allerdings objektive Grenzen gesetzt (BVerwG, NJW 1981, 776). Es muß sich immer um ein **einzelnes und ganzes Vorhaben** handeln. Dies bedeutet, daß nicht mehrere Häuser z. B. unter dem Aspekt eines „Ensembles" zu einem Vorhaben zusammengefaßt werden können. Sind diese Gebäude jedoch in ihren Funktionen unterschiedlich und aufeinander bezogen, so daß bei Wegfall eines Gebäudes auch die anderen Gebäude in ihrer Funktion beeinträchtigt sind, so kann es sich sehr wohl um ein einzelnes Vorhaben handeln. Umgekehrt muß ein Vorhaben in sich geschlossen sein und auch auf Dauer für sich allein bestehen können. Andernfalls könnten durch die Genehmigung eines Teils eines gesamten Vorhabens für weitere Genehmigungen präjudizierende Tatsachen geschaffen werden (hierzu auch OVG Münster, VerwRspr. 30, S. 577 ff.).

II. § 29 unterscheidet zwischen drei verschiedenen **Arten von Vor-** 7 **haben,** die sich durch ihre Zweckbestimmung (Satz 2: Landesverteidigung) oder durch ihren Gegenstand (Satz 3: Aufschüttung, Abgrabung usw.) von den baulichen Anlagen, die ein Vorhaben nach Satz 1 zum Gegenstand hat, abheben. Diesen materiellen Unterschieden enspricht eine verschiedene Ausgestaltung des Tatbestands und der Rechtsfolgen.

1. Ein Vorhaben nach **Satz 1** ist durch drei Elemente gekennzeichnet: 8 Es muß sich darum handeln, eine bauliche Anlage (hierzu Rn 9 ff.) zu

errichten oder in ihrer baulichen Substanz oder Nutzung zu ändern (hierzu Rn 17 ff.); ferner muß nach dem Bauordnungsrecht der Länder die Mitwirkung der Bauaufsichtsbehörde erforderlich sein (hierzu Rn 21 ff.) oder statt dessen die Genehmigung in einem anderen als dem bauaufsichtlichen Verfahren (Satz 1 Halbsatz 2) erfolgen (hierzu Rn 23).

9 **a)** Eine **bauliche Anlage** im Sinne des § 29 ist nach der Rechtsprechung des BVerwG gekennzeichnet durch das verhältnismäßig weite Merkmal des „Bauens" und durch das einschränkende Merkmal „(möglicher) bodenrechtlicher Relevanz" (BVerwGE 44, 59/61).

10 **aa)** Das Merkmal des Bauens erfüllen alle Anlagen, „die in einer auf Dauer gedachten Weise künstlich **mit dem Erdboden verbunden** sind" (BVerwGE 44, 59/62). Entscheidend hierbei ist das Element der **Dauerhaftigkeit.** Ohne Belang sind dagegen das Material, die Art der Verbindung mit dem Boden, die konstruktive Beschaffenheit oder die Größe der Anlage. Ob eine Anlage auf Dauer angelegt ist, damit ortsfest wird und der Geltung der §§ 29 ff. unterliegt, bestimmt sich wesentlich nach der **Funktion, die der Anlage von ihrem Eigentümer beigemessen wird.** So kann ein Wohnwagen eine bauliche Anlage im Sinne des § 29 sein, wenn er ein ortsfestes Wochenendhaus ersetzen, also die Funktion eines Wochenendhauses erfüllen soll (BVerwG, BRS 23, Nr. 129; vgl. zu für Büro- und Sanitärzwecke genutzten Containern als baulichen Anlagen auch BFH, U. v. 23. 9. 1988, StZBl. Bln. 1988, S. 473 ff.). Dagegen ist ein auf der Straße abgestellter Wohnwagen, der nur für den Urlaub benutzt werden soll, keine Anlage im Sinne des § 29. Den Anlagenbegriff erfüllen kann dagegen ein auf einem Weiher schwimmendes und im Teichboden verankertes Wohnboot (BVerwGE 44, 59/63).

11 Maßgeblich für das Element der Dauerhaftigkeit ist die beabsichtigte **Dauerhaftigkeit der Anlage, nicht** die beabsichtigte oder tatsächliche Dauer **ihrer Benutzung** (BVerwG, ebd.). Die vorübergehende Entfernung eines als Wochenendhaus genutzten Wohnwagens von seinem üblichen Standort vermag ihm den Charakter der baulichen Anlage nicht zu nehmen. Dies gilt selbst für eine Tragluftschwimmhalle, die nur vorübergehend aufgeblasen wird (BVerwG, BRS 30, Nr. 117).

12 Fehlt es dagegen an jeglichem baulichen Element, so wenn etwa ein Grundstück ohne jede Befestigung (Betonplatte, Einfriedung) als Einstellplatz genutzt wird, liegt keine bauliche Anlage vor (Schlichter, in: BK, § 29, Rn 7). So kann z. B. auch ein auf Dauer angelegter Zeltplatz, der keinerlei Befestigung oder Eingrenzung aufweist, nicht eine bauliche Anlage im Sinne des § 29 darstellen. Es ist dabei unerheblich, daß er z. B. nach § 2 Abs. 1 Satz 3 Nr. 3 BauO NRW als bauliche Anlage gilt. Hier geht also der landesrechtliche Begriff der baulichen Anlage weiter als der bundesrechtliche.

13 Denselben Kriterien unterliegen auch **Werbeanlagen,** für die das Bundesverwaltungsgericht klargestellt hat, daß sie unter den je spezifi-

schen Zielsetzungen sowohl einer bauplanungsrechtlichen als auch einer bauordnungsrechtlichen Regelung zugänglich sind (BVerwG, Buchholz 406.11 § 29 BBauG Nr. 12). Bei ihnen ist also ebenfalls wie bei anderen Anlagen zu prüfen, ob die Kriterien des Bauens und der – nachfolgend zu behandelnden – planungsrechtlichen Relevanz erfüllt sind. Das Element des „Bauens" ist in jedem Fall erfüllt bei selbständigen Werbeanlagen, die unmittelbar mit dem Erdboden verbunden sind wie z. B. Schaukästen oder freistehende Werbetafeln. Dies gilt im Prinzip jedoch auch für Werbeanlagen, die an Hauswänden angebracht sind. Bei ihnen wird aber in der Regel das Merkmal der planungsrechtlichen Relevanz (hierzu Rn 15) entscheidend sein (vgl. auch OVG Lüneburg, ZfBR 1987, 217 f.).

bb) In dem Merkmal des Bauens erschöpft sich der bauordnungs- **14** rechtliche Begriff der baulichen Anlage (z. B. § 2 Abs. 1 BauO NRW). Der bundesrechtliche Begriff des Vorhabens kann jedoch nur soweit gehen, wie die Gesetzgebungskompetenz des Bundes reicht. Da diese nach Art. 74 Nr. 18 GG auf das Bodenrecht beschränkt ist, bedarf der durch das Element des Bauens sehr weit gefaßte Begriff der baulichen Anlage im Sinne des § 29 der **Einschränkung durch das Merkmal der bodenrechtlichen Relevanz.** Diese ist gegeben, wenn das Vorhaben die in § 1 Abs. 5 genannten Belange in einer Weise berührt oder betroffen kann, „die geeignet ist, das Bedürfnis nach einer ihre Zulässigkeit regelnden verbindlichen Bauleitplanung hervorzurufen" (BVerwGE 44, 59/62). Ist daher z. B. ein Wohnboot nicht auf einem Weiher, sondern auf einer Bundeswasserstraße verankert, so fehlt es an der planungsrechtlichen Relevanz. Denn diese setzt voraus, daß das entsprechende Grundstück überhaupt einer Planung durch Bebauungsplan zugänglich ist; dies ist bei Bundeswasserstraßen jedoch nicht der Fall (vgl. § 9, Rn 58). Es liegt daher keine bauliche Anlage vor (BVerwG, Buchholz 406.11 § 35 BBauG Nr. 112 a. E.).

Dieses Kriterium der planungsrechtlichen oder bodenrechtlichen **15** Relevanz wird auch dazu führen, daß zahlreiche **Werbeanlagen** nicht unter den bundesrechtlichen Begriff des Vorhabens fallen. Sind sie unmittelbar an der Stätte der Leistung angebracht und weisen auf diese hin, oder handelt es sich um kleinere Schilder, so dürfte häufig kein derartiger Bezug zu städtebaulichen Belangen gegeben sein, der ein Planungsbedürfnis hervorruft (hierzu Sendler, BBauBl. 1968, 12/14 ff.; Weyreuther, BauR 1972, 1/3 ff.). Großflächige Werbetafeln dagegen sind regelmäßig als planungsrechtlich bedeutsame bauliche Anlage zu werten (vgl. BVerwG, BRS 20, Nr. 127; VGH Mannheim, Urteil v. 12. 3. 1986, 5 S 2976/85; hierzu auch v. Mutius, Jura 1989, 245/246).

Bei der Beurteilung der planungsrechtlichen Relevanz ist nicht die **16** bauliche Anlage allein zu betrachten, sondern auch **die ihr zugedachte Funktion einzubeziehen** (z. B. BVerwG, U. v. 11. 11. 1988, ZfBR 1989, 72/73 f.) Werden daher einige Bretter auf einem Grundstück ohne eine besondere Verwendungsabsicht gelagert, so erfüllt dies nicht den

Begriff der baulichen Anlage. Sind solche Bretter jedoch zu einem Podest mit einer Balkenunterlage, die die Unebenheiten des Geländes ausgleicht, zusammengefügt, und sollen diese Podeste auf Dauer auf dem Grundstück bleiben, so ist bereits das Merkmal des „Bauens" der baulichen Anlage erfüllt. Für sich allein genommen wären diese Podeste jedoch nicht von planungsrechtlicher Relevanz; bezieht man jedoch ihre Funktion als Zeltunterlage mit ein, so ergibt sich im Bezug zu dem städtebaulichen Belang des Landschaftsschutzes und damit ihre bodenrechtliche Relevanz (BVerwG, Buchholz 406.11 § 29 BBauG Nr. 18).

17 **b)** Planungsrechtlich genehmigungsbedürftig wird ein Vorhaben, wenn es die Errichtung, die Änderung oder die Nutzungsänderung einer baulichen Anlage zum Gegenstand hat. Dabei ist unter **Errichtung** der Neubau eines Gebäudes, die erstmalige Herstellung einer Anlage oder deren Aufstellung zu verstehen.

18 Unter **Änderung** ist die Änderung der Substanz der baulichen Anlage zu verstehen, d. h. der Umbau, der Ausbau oder die Erweiterung. Instandsetzung oder Modernisierung ändern zumindest in geringem Umfang auch die Substanz und unterfallen daher ebenfalls dem Begriff der Änderung.

19 Die Änderung einer baulichen Anlage setzt voraus, daß die bauliche Anlage im Grundsatz erhalten bleibt. Die vollständige **Beseitigung** der baulichen Anlage fällt daher nicht unter § 29 (Zinkahn, in: E/Z/B, § 29, Rn 14; Dürr, in: Kohlhammer-Komm., § 29, Rn 6).

20 Neben der Änderung der baulichen Substanz ist auch die **Änderung der Nutzung** ein Vorgang, den § 29 der Beurteilung nach den § 30 ff. unterwirft. Auch hier ist jedoch nicht jede beliebige Nutzungsänderung von Bedeutung, sondern nur eine solche, die planungsrechtliche Belange im Sinne des § 1 berührt (BVerwG, Buchholz 406.11 § 29 BBauG Nr. 21). Von Bedeutung sind daher in der Regel solche Nutzungsänderungen, die die Funktion, die **rechtliche Qualität der bisher zulässigen Nutzung ändern** und damit in bodenrechtlicher Hinsicht die Genehmigungsfrage neu aufwerfen (BVerwG, BRS 42, Nr. 138; U. v. 11. 11. 1988, ZfBR 1989, 72 ff.), z. B. Gewerbe statt Wohnen, Einzelhandel statt Großhandel (hierzu BVerwG, BRS 42, Nr. 138), Spielhalle statt Kino (BVerwG, Beschl. v. 1. 3. 1989, BauR 1989, 308 f.), störender Betrieb statt nicht störender Betrieb, nicht privilegiertes Vorhaben im Außenbereich statt privilegiertes Vorhaben. So kann auch die Nutzungsänderung eines Wochenendhauses in ein dauernder Unterkunft dienendes Wohnhaus eine erneute Genehmigungspflicht hervorrufen (BVerwG, U. v. 28. 10. 1983, Informationsdienst des Deutschen Volksheimstättenwerks 1984, 53). Auch die Umwandlung von Wohnungen für Aufsichtspersonal in frei verfügbare Wohnungen stellt eine genehmigungspflichtige Nutzungsänderung dar (BVerwG, BBauBl. 1983, 762 f.), ebenso die Umwandlung einer Gaststätte in eine Spielhalle (VGH Mannheim, Urteil v. 24. 6. 1985, 3 S 937/85, Mitt. DSt 1985, S. 555 f.). Zu den Implikationen der Bejahung einer Nutzungsän-

derung bei der Anpassung eines Betriebs an neue Anforderungen der Produktion (erneute Überprüfung der **gesamten** Anlage statt nur der Änderungen) und der hierdurch für den Bestandsschutz (hierzu § 30, Rn 10) aufgeworfenen Probleme Weyreuther, DÖV 1983, 575/581 f.; BVerwGE 47, 185/188; 42, 8/14 f.; 61, 112/120.

c) Nur solche Vorhaben im Sinne von a) und b) unterliegen nach **21** **Satz 1 Halbsatz 1** der Geltung der §§ 30 bis 37, die nach Bestimmungen des Landesrechts einer **Genehmigung oder Zustimmung der Bauaufsichtsbehörde** bedürfen oder die ihr **angezeigt** werden müssen. Damit ist zwar der Vorhabenbegriff bundesrechtlich, doch bestimmt sich die Anwendung der §§ 30 bis 37 letztlich nach landesrechtlichen Verfahrensvorschriften. Da im Rahmen der **Entbürokratisierungsbestrebungen** die Bauordnungen der Länder eine Reihe von kleineren Vorhaben auch von einer Anzeigepflicht entbunden haben, ist das Problem entstanden, ob der Bundesgesetzgeber hier nicht bundesrechtliche Planungsbelange in bedenklicher Weise bauordnungsrechtlichen Verfahrenserleichterungen unterworfen hat. In Anbetracht der langen Liste von genehmigungs- und anzeigefreien Vorhaben (§ 81 BauO NRW a. F. zählte 29 solcher Vorhaben auf, nach § 62 BauO NRW 1984 sind es 34 Vorhaben) stellt sich durchaus die Frage, ob hierdurch nicht z. B. der Schutz des Außenbereichs über Gebühr zurücktritt; die Länder werden diese Konsequenzen bei der Freistellung baulicher Vorhaben von der Genehmigungspflicht zu bedenken haben (so auch BVerwG, NVwZ 1986, 208/214 f.; Beschl. v. 22. 2. 1988, NVwZ 1988, 1019; vgl. Labbé/ Wölfel, BayVBl. 1990, 161 ff. zu Strommasten; unten Rn 25 ff.).

Ist **Bauherr der Bund oder ein Land** und sind Entwurf und Bauüber **22** wachung einem Beamten des höheren bautechnischen Verwaltungsdienstes übertragen, so wird die Genehmigung durch die **Zustimmung** ersetzt (z. B. § 75 Abs. 1 BauO NRW). Eine bautechnische Prüfung findet im Zustimmungsverfahren nicht statt (vgl. z. B. § 75 Abs. 3 BauO NRW). Im übrigen vgl. zu baulichen Maßnahmen des Bundes und der Länder die Anmerkungen zu § 37.

d) Satz 1 Halbsatz 2 erklärt **bundesgesetzlich** die §§ 30 bis 37 aus **23** drücklich als unmittelbar geltend, wenn in einem **anderen als dem bauaufsichtlichen Verfahren** über die Zulässigkeit eines Vorhabens entschieden wird (vgl. BT-Drs. 10/5111, S. 5; 10/6166, S. 154; vgl. auch Erbguth, Rn 264; zum Verständnis der Norm als Ermächtigung für die Länder vgl. Söfker, in: E/Z/B, § 29, Rn 27). Damit sind der Geltung der §§ 30 bis 37 vor allem auch **andere** als solche Vorhaben unterworfen, die einer Genehmigung nach z. B. § 4 BImSchG unterliegen, da deren Genehmigung nach § 13 BImSchG bereits vor dem BauGB u. a. auch die Baugenehmigung einschloß (vgl. BVerwG, NVwZ 1986, 208/215). Auch nach Bauordnungsrecht freigestellte Vorhaben, die einer landesrechtlichen **Genehmigung nach Denkmalschutzrecht** unterliegen, werden durch Satz 1 Halbsatz 2 der Geltung der §§ 30 ff. unterworfen (vgl. BT-Drs. 10/5027, S. 8). Zur Bedeutung des Halbsatzes 2 für die

Errichtung von **Hochspannungsfreileitungen** vgl. Langer, BayVBl. 1989, 641 ff.; siehe auch Rn 29.

24 **2.** Durch **Satz 2** soll sichergestellt werden, daß auch **Vorhaben der Landesverteidigung** in jedem Fall der Geltung der §§ 30 bis 37 unterworfen sind. Auch sie müssen sich in die städtebauliche Ordnung einfügen. Da eine Reihe von Landesbauordnungen Vorhaben, die unmittelbar der Landesverteidigung dienen, von einem Genehmigungs- oder Zustimmungserfordernis freistellt (nach § 75 Abs. 5 BauO NRW z. B. sind solche Anlagen lediglich der oberen Bauaufsichtsbehörde „in geeigneter Weise zur Kenntnis zu bringen"), werden sie in diesem Fall nicht von Satz 1 erfaßt. Dann greift Satz 2 ein, der auch Vorhaben, die der Landesverteidigung dienen, der Rechtsfolge des Satzes 1, nämlich der Geltung der §§ 30 bis 37, unterwirft.

25 **3.** Durch Satz 1 und 2 werden nur bauliche Anlagen erfaßt. Es gibt jedoch auch andere Vorhaben, die wegen ihrer städtebaulichen Bedeutsamkeit der planungsrechtlichen Prüfung bedürfen. **Satz 3** unterwirft auch größere **Aufschüttungen und Abgrabungen, Ausschachtungen** und **Ablagerungen** einschließlich **Lagerstätten,** soweit es sich nicht bereits um bauliche Anlagen nach Satz 1 handelt, allgemein der Geltung der §§ 30 bis 37.

26 Da es sich hierbei also nicht um bauliche Anlagen handelt und auch sonst die in den §§ 30 bis 37 vorgesehenen Voraussetzungen und Rechtsfolgen für sie nicht in jedem Fall zutreffen, ist nur eine **entsprechende Geltung** angeordnet. Dies bedeutet, daß die anzuwendenden Vorschriften nicht unbesehen auch für Ausschachtungen usw. herangezogen werden können, sondern daß jeweils im Einzelfall zu prüfen ist, welche der Voraussetzungen und Rechtsfolgen ihrem Sinne nach auch auf Ausschachtungen usw. anzuwenden sind.

27 Zum Begriff der Aufschüttungen und Abgrabungen vgl. § 9, Rn 60 f. Da sie sowie Ausschachtungen, Ablagerungen und Lagerstätten in Satz 3 eigens aufgeführt sind, ist davon auszugehen, daß es sich bei diesen nicht um bauliche Anlagen handelt, da sie sonst unter Satz 1 fallen würden (vgl. hierzu BVerwGE 39, 154/158 f.). Auch **einfache Lagerplätze,** die in keiner Weise befestigt und damit keine bauliche Anlage im Sinne des Satzes 1 sind, **sind Lagerstätten** nach Satz 3 (hierzu BVerwG, Buchholz 406.11 § 19 BBauG Nr. 38; DÖV 1980, 175). Die gesonderte Aufführung von **Ausschachtungen** hat ihren Sinn verloren, seit die Landesbauordnungen Ausschachtungen, also den Baugrubenaushub, nicht mehr vor Baubeginn zulassen (vgl. § 88 Abs. 8 BauO NRW a. F. im Unterschied zu § 70 Abs. 5 BauO NRW). Dienen Ausschachtungen nicht der Erstellung eines baulichen Vorhabens, sondern sind sie selbständige Vorhaben, unterfallen sie dem Begriff der Abgrabung (vgl. Zinkahn, in: E/Z/B, § 29, Rn 34). Zu Problemen der planerischen Lenkung des Abbaus von oberflächennahen Bodenschätzen wie etwa **Kies** und **Sand,** die nicht dem Bergrecht (vgl. Rn 28) unterfallen, vgl. instruktiv Berkemann, DVBl. 1989, 625 ff.

Unterliegt die Abgrabung der **Bergaufsicht**, so ist nach § 36 Abs. 1 **28** Satz 2 Halbsatz 2 ein **Einvernehmen der Gemeinde nicht erforderlich.** Dies findet seine Begründung darin, daß bergrechtliche Vorhaben ohnehin einer umfassenden Prüfung unterworfen sind, bei der auch die Gemeinde und die höhere Verwaltungsbehörde zu beteiligen sind (vgl. § 15 Bundesberggesetz). Bei Durchführung eines **Planfeststellungsverfahrens** zur Zulassung eines Rahmenbetriebsplans nach §§ 57 a f. BBergG i. d. F. des Änderungsgesetzes vom 12. 2. 1990 (BGBl. I S. 215) ist ebenfalls das **Einvernehmen nicht erforderlich.** Der Ausschuß für Wirtschaft hat eine im Regierungsentwurf vorgesehene Regelung mit der Begründung gestrichen, daß in die Planungshoheit der Gemeinde nicht eingegriffen werde, da die Planfeststellungsbehörde an die einschlägigen gesetzlichen Vorschriften gebunden sei und ihr der „sonst übliche zusätzliche Entscheidungsspielraum" fehle; im übrigen sei die Gemeinde am Verfahren beteiligt (vgl. BT-Drs. 11/5601 vom 8. 11. 1989, S. 16).

Darauf hinzuweisen ist, daß nach Landesrecht Aufschüttungen und **29** Abgrabungen zumeist den baulichen Anlagen gleichgestellt sind und damit der bauordnungsrechtlichen Genehmigungspflicht unterworfen sind (vgl. z. B. § 2 Abs. 1 Satz 3 BauO NRW). Zur Abgrenzung der Prüfungs- und Entscheidungsbefugnis von Bergbehörde und Baugenehmigungsbehörde vgl. BVerwG, DVBl. 1986, 1273 ff. m. Anm. Seibert = NJW 1987, 1713; dazu Ortloff, NJW 1987, 1665 ff.

III. Satz 4 stellt klar, daß die bodenrechtlichen Vorschriften der §§ 30 **30** bis 37 die **Geltung anderer öffentlich-rechtlicher Vorschriften,** die sich auf die Zulässigkeit von Bauvorhaben beziehen, nicht beeinflussen. Sie bleiben also neben dem Bauplanungsrecht bestehen und können daher weitere Voraussetzungen für die Zulässigkeit von Vorhaben aufstellen und damit diese weiter einschränken. Allerdings ist dem Landesgesetzgeber verwehrt, weitere bodenrechtliche Vorschriften zusätzlich zu §§ 30 bis 37 aufzustellen, da diese eine abschließende Regelung darstellen (hierzu BVerwGE 55, 272/277 f.). So kann etwa das AbgrabungsG NRW die bodenrechtlichen Zulässigkeitsvoraussetzungen für Abgrabungen gegenüber z. B. § 35 nicht verändern (BVerwG, NVwZ 1984, 303). Zur Konkurrenz zwischen den Festsetzungen eines Bebauungsplans und bauordnungsrechtlichen Anforderungen vgl. § 30, Rn 11. Daß andere öffentlich-rechtliche Vorschriften unberührt bleiben, heißt im übrigen in diesem Zusammenhang nicht, daß diese positiv die Zulässigkeit eines Vorhabens abschließend bestimmen können, wie dies bei den nach § 38 unberührt bleibenden Vorschriften der Fall ist; die in Satz 4 erwähnten Bestimmungen können nur baurechtsbeschränkend, nicht baurechtsbegründend wirken (hierzu Breuer, Die hoheitliche raumgestaltende Planung, 1968, S. 203; Kuchler, DVBl. 1989, 973/981).

Aus den öffentlich-rechtlichen Vorschriften, die unberührt bleiben, **31** hebt das Gesetz das **Bauordnungsrecht** heraus. Dies ist zum einen eine

Selbstverständlichkeit, da sich die Gesetzgebungskompetenz des Bundes nach dem Gutachten des BVerfG aus dem Jahr 1954 (BVerfGE 3, 407/430 ff.) nicht auch auf das Bauordnungsrecht erstreckt. Hierdurch wird aber die Zweispurigkeit der Prüfung bei der Baugenehmigung, nämlich im Hinblick auf das Bauplanungsrecht und auf das Bauordnungsrecht, deutlich gemacht.

32 Zum anderen aber dient die Heraushebung des Bauordnungsrechts auch dazu, den Charakter der sonstigen öffentlich-rechtlichen Vorschriften im Sinne des Satz 4 zu verdeutlichen. Sie müssen ebenfalls dem Bauordnungsrecht vergleichbar sein (BVerwGE 55, 272/278). Als Beispiele werden angeführt das Denkmal- und Naturschutzrecht (hierzu eingehend Kuchler, DVBl. 1989, 973 ff.), das Wasserrecht (hierzu § 38, Rn 28 ff.), Anbaubeschränkungen nach den Straßen- und Wegegesetzen, ortsrechtliche Gestaltungssatzungen (hierzu etwa OVG Münster, NVwZ 1984, 319 ff.) und vor allem das Bundesimmissionsschutzrecht (hierzu § 9, Rn 89).

§ 30 Zulässigkeit von Vorhaben im Geltungsbereich eines Bebauungsplans

(1) **Im Geltungsbereich eines Bebauungsplans, der allein oder gemeinsam mit sonstigen baurechtlichen Vorschriften mindestens Festsetzungen über die Art und das Maß der baulichen Nutzung, die überbaubaren Grundstücksflächen und die örtlichen Verkehrsflächen enthält, ist ein Vorhaben zulässig, wenn es diesen Festsetzungen nicht widerspricht und die Erschließung gesichert ist.**

(2) **Im Geltungsbereich eines Bebauungsplans, der die Voraussetzungen des Absatzes 1 nicht erfüllt (einfacher Bebauungsplan), richtet sich die Zulässigkeit von Vorhaben im übrigen nach § 34 oder § 35.**

Übersicht

I. 1. a) Abs. 1 findet Anwendung im **Geltungsbereich eines Bebau-** 1
ungsplans, der nach den Bestimmungen des BauGB oder des BBauG
aufgestellt worden ist. Da dieser die Grenzen seines Geltungsbereiches
genau festlegen muß (vgl. § 9 Abs. 7, hierzu § 9, Rn 120 f.), ist daher die
Abgrenzung des Planbereichs nach Abs. 1 zu den beiden anderen
planungsrechtlichen Bereichen nach § 34 und § 35 stets genau zu be-
stimmen. Dabei kommt es nicht darauf an, daß für das Gebiet nur ein
einziger Plan besteht. Es können auch mehrere einander ergänzende
Pläne existieren, die dann jedoch im Ergebnis eine einheitliche rechtli-
che Nutzungsregelung für das Gebiet enthalten müssen. Diese Mög-
lichkeit der Ergänzung eines vorhandenen Bebauungsplans durch einen
anderen ist in § 2 Abs. 4 ausdrücklich vorgesehen (hierzu § 9, Rn 94;
BVerwG, NJW 1976, 1329/1330).

b) Die Rechtsfolge des Abs. 1, die Bestimmung der Zulässigkeit 2
eines Vorhabens ausschließlich nach den Festsetzungen eines Bebau-
ungsplans, tritt nur ein, wenn dieser Bebauungsplan einen bestimmten
Mindestumfang an Festsetzungen enthält (hierzu unten, Rn 4 ff.). Das
Gesetz stellt klar, daß der Bebauungsplan selbst, der den Anwendungs-
bereich des Abs. 1 räumlich festlegt, nicht alle erforderlichen Festset-
zungen enthalten muß. Durch den Hinweis auf die sonstigen baurecht-
lichen Vorschriften, in denen auch Festsetzungen enthalten sein kön-
nen, verweist es auf § 173 Abs. 3 BBauG und die hiernach 1960 auf das
BBauG übergeleiteten bestehenden baurechtlichen Vorschriften und
festgestellten städtebaulichen Pläne (hierzu B/K/L, 1. Aufl. 1985, § 173,
Rn 5 ff.; Bielenberg, in: B/K/S, Rn 92). Die nach solchen Vorschriften
oder Plänen getroffenen Festsetzungen können also ergänzend zu den
Festsetzungen eines Bebauungsplans hinzutreten und so gemeinsam die
Wirkung des Abs. 1 herbeiführen. Dasselbe gilt für zwei einander
ergänzende Bebauungspläne.

2. Durch die Rechtsfolge des Abs. 1, nämlich durch den vollständi- 3
gen Ausschluß der Geltung der §§ 34 und 35, ist ein Bebauungsplan nur
dann qualifiziert, wenn er – im Gegensatz zu einem dahinter zurück-
bleibenden einfachen Bebauungsplan (vgl. Abs. 2, unten Rn 7) – die in
Abs. 1 genannten Mindestfestsetzungen enthält. Ein so **qualifizierter**
Bebauungsplan ist dadurch gekennzeichnet, daß er Festsetzungen über
die Art und das Maß der baulichen Nutzung, über die überbaubaren
Grundstücksflächen und über die örtlichen Verkehrsflächen enthält.

a) Die **Art und das Maß der baulichen Nutzung** werden nach § 9 4
Abs. 1 Nr. 1 festgesetzt (hierzu § 9, Rn 8 ff.).

b) Die **überbaubaren Grundstücksflächen** werden nach § 23 5
BauNVO durch Baulinien, Baugrenzen oder Bebauungstiefen be-
stimmt (hierzu § 9, Rn 14 ff.). Hierbei ist besonders auf die Formulie-
rung in Abs. 1 aufmerksam zu machen, nach der nicht die Festsetzung
„der" überbaubaren Grundstücksflächen gefordert ist, sondern daß
Festsetzungen „über" die überbaubaren Grundstücksflächen in aller
Regel ausreichen. Dies bedeutet, daß nicht die überbaubare Grund-

stücksfläche nach allen vier Seiten abgegrenzt sein muß, sondern daß die Gemeinde nach ihrer planerischen Konzeption sich damit begnügen kann, z. B. nur die vordere Baugrenze oder eine Baulinie festzusetzen (BVerwGE 29, 49/51).

6 c) Die **örtlichen Verkehrsflächen** werden nach § 9 Abs. 1 Nr. 11 festgesetzt (hierzu § 9, Rn 41 ff.). Auch hier gilt, daß die Gemeinde durchaus noch Freiraum lassen kann (OVG Münster, OVGE 20, 102 f.).

7 **II.** Das BauGB schreibt an keiner Stelle einen bestimmten Mindestinhalt von Bebauungsplänen vor. Es obliegt jeweils dem planerischen Ermessen der Gemeinde, die für die städtebauliche Entwicklung und Ordnung nach ihrer planerischen Konzeption erforderlichen Festsetzungen in einem Bebauungsplan zu treffen (vgl. BVerwG, Beschl. v. 13. 7. 1989, ZfBR 1990, 44). Alle Bebauungspläne, die rechtmäßig zustandegekommen sind und die Grundsätze der Bauleitplanung und die Anforderung an die Abwägung nach § 1 Abs. 5 und 6 erfüllen, sind wirksame Rechtsnormen; ihre Festsetzungen sind daher in jedem Fall zu beachten (BVerwGE 19, 164/167). Allerdings sind hier ergänzend, nämlich insoweit keine Festsetzungen vorhanden sind, die Bestimmungen der §§ 34 oder – je nach Lage des Falles – 35 heranzuziehen (BVerwG, aaO, S. 168 f.). Diese Rechtslage beim **einfachen Bebauungsplan** stellt **Abs. 2** ausdrücklich klar (vgl. BT-Drs. 10/4630, S. 84 f.).

8 **III.** Über die Zulässigkeit des Vorhabens entscheidet die nach Bauordnungsrecht zuständige Baugenehmigungsbehörde (vgl. § 29, Rn 4). Sie braucht bei einer Entscheidung nach **Abs. 1** das **Einvernehmen** der Gemeinde **nicht** herbeizuführen, da hier der planerische Wille der Gemeinde im Bebauungsplan, an den die Baugenehmigungsbehörde gebunden ist, zum Ausdruck kommt. Liegt jedoch nur ein einfacher Bebauungsplan nach **Abs. 2** vor, so ist das **Einvernehmen** nach § 36, obwohl dort § 30 nicht erwähnt ist, gleichwohl **erforderlich**, soweit §§ 34 oder 35 ergänzend zur Anwendung kommen.

9 **1.** Ein Vorhaben kann nur zulässig sein, wenn es **den Festsetzungen des Bebauungsplans nicht widerspricht** (zur Ausschlußwirkung des Bebauungsplans vgl. auch § 29, Rn 2). Da die Festsetzungen im Bebauungsplan oftmals nur einen Rahmen sowohl für die Art als auch für das Maß der Nutzung angeben, bleibt dem Bauherrn auch im Geltungsbereich eines Bebauungsplans meist ein weiter Spielraum für die Grundstücksnutzung. Das Gebot des „Nicht-Widersprechens" ist daher wörtlich zu nehmen: So kann z. B. im Bebauungsplan die Höhe baulicher Anlagen nach § 16 Abs. 3 und 4 BauNVO zwingend als Höchstgrenze oder als Mindestgrenze festgesetzt werden. Setzt nun der Bebauungsplan die Höhe baulicher Anlagen als Höchstgrenze fest, so ist jedes Vorhaben zulässig, das unterhalb dieser Höchstgrenze bleibt; ist die Höhe zwingend festgesetzt, so ist ein Vorhaben nur zulässig, wenn es genau dieser Höhe entspricht. Ähnliches gilt für die Festsetzung des zulässigen Maßes der baulichen Nutzung durch Angabe einer Geschoß-

flächenzahl (gebietsbezogene Höchstwerte nach §17 BauNVO) oder der Zahl der Vollgeschosse, die nach §16 Abs. 4 BauNVO zwingend oder als Höchstgrenze festgesetzt werden kann. Auch können z. B. auf einer Verkehrsfläche nach §9 Abs. 1 Nr. 11 keine baulichen Anlagen errichtet werden, die nicht in einem funktionalen Zusammenhang mit der Verkehrsfläche stehen; dies gilt auch für eine nur vorübergehende bauliche Nutzung (vgl. OVG Berlin, BauR 1986, 307 ff., für einen Imbißstand). Zum Inhalt des Bebauungsplans gehört stets auch §15 BauNVO, so daß auch ein Vorhaben, das dem darin zum Ausdruck kommenden Gebot der Rücksichtnahme widerspricht, unzulässig ist (vgl. Schlichter, in: BK, §30, Rn 6; unten, Rn 22 f.).

Der Bebauungsplan hat **nur Wirkung für die Zukunft.** Nach vorherigem Recht **legal errichtete Bauwerke bleiben** daher von einem Bebauungsplan **unberührt;** sie genießen **Bestandsschutz,** auch wenn sie seinen Festsetzungen nunmehr widersprechen. Sie dürfen in ihrem bisherigen Umfang weiter genutzt werden und für diese Nutzung auch instandgehalten und repariert werden; auch ihre Modernisierung ist zulässig, selbst wenn sie von kleineren baulichen Änderungen begleitet ist (BVerwGE 25, 161/162 f.; 27, 341/343 f.). Erforderlich ist bei solchen Instandhaltungen, Reparaturen oder Modernisierungen stets, daß die Identität der baulichen Anlage erhalten bleibt (BVerwGE 36, 296/300; DVBl. 1975, 501/502). Weitergehende grundsätzliche Veränderungen eines Gebäudes im Widerspruch zu den Festsetzungen eines Bebauungsplans werden vom Bestandsschutz ebensowenig gedeckt wie der Wiederaufbau eines zerstörten Gebäudes. Letzterer kann jedoch nach der vom Bundesverwaltungsgericht entwickelten Rechtsfigur der „eigentumskräftig verfestigten Anspruchsposition" zulässig sein (hierzu BVerwG, DVBl. 1975, 501/503 f.): War das Gebäude zu irgendeinem Zeitpunkt rechtmäßig errichtet, hätte also ein Anspruch auf Zulassung des Gebäudes bestanden, und hat sich dieser Anspruch zu einer Eigentumsposition verfestigt, so kann der Wiederaufbau des Gebäudes auch entgegen den Festsetzungen eines Bebauungsplans auf der Grundlage von Art. 14 Abs. 1 GG zulässig sein. Diese Verfestigung eines Zulassungsanspruches zu einer Eigentumsposition sieht das Bundesverwaltungsgericht dann als gegeben an, wenn sich nach der Verkehrsauffassung eine Bebauung des Grundstücks in der früheren Weise geradezu „aufdrängt" (BVerwG, ebd.; ausführlich zum Bestandsschutz vgl. §35, Rn 103 ff.; im übrigen vgl. Friauf, Wirtschaft und Verwaltung 1986, 87 ff.; Sollondz, NuR 1989, 417 ff.).

Die **Festsetzungen des Bebauungsplans** sind für die Zulässigkeit eines Vorhabens **auch dann maßgeblich, wenn die Landesbauordnung abweichende Anforderungen stellt.** Grundsätzlich bleiben nach der Regelung des §29 Satz 4 die Vorschriften des Bauordnungsrechts der Länder zwar unberührt. Dies gilt jedoch nur soweit, als nicht abweichende planerische Festsetzungen im Bebauungsplan vorhanden sind (OVG Koblenz, ZfBR 1980, 249 f.; Gelzer, Rn 83 und 88). Entspre-

chende Kollisionsregelungen enthalten die Bauordnungen der Länder
(vgl. z. B. § 6 Abs. 1 BauO NRW). Von Bedeutung ist dieser Konflikt
vor allem im Verhältnis der Festsetzungen nach § 9 Abs. 1 Nr. 2 über die
Bauweise, die überbaubaren Grundstücksflächen und die Stellung der
baulichen Anlagen zu den **Bestimmungen über die Abstandflächen.**
Nach letzteren ist grundsätzlich ein Grenzabstand einzuhalten, wohin-
gegen durch die Festsetzung einer geschlossenen Bauweise, von Bauli-
nien auf der Grundstücksgrenze oder eine an die Grundstücksgrenze
heranreichende Bestimmung der Stellung des Gebäudes eine Grenzbe-
bauung vorgeschrieben oder zugelassen werden kann. Ist die Grenzbe-
bauung vorgeschrieben, treten die Abstandflächenbestimmungen der
Länder zurück. Wenn dagegen die Grenzbebauung planungsrechtlich
nur zugelassen ist, bleiben die Abstandflächenregelungen gültig; es
kann dann nur an die Grenze gebaut werden, wenn die Abstandfläche
auf ein Nachbargrundstück übernommen (vgl. z. B. § 7 BauO NRW)
oder eine bauordnungsrechtliche Befreiung erteilt wird (vgl. z. B. § 68
BauO NRW; zu nachbarrechtlichen Folgerungen vgl. § 31, Rn 71). Der
Vorrang des Bebauungsplans reicht also nur so weit wie seine Festset-
zungen. Ist z. B. über eine in der geschlossenen Bauweise festgesetzte
Bebauungstiefe hinaus die Errichtung von Gebäudeteilen zulässig, so
müssen diese die Abstandflächen einhalten, da insoweit keine planeri-
sche Bestimmung der Grenzbebauung mehr vorliegt (OVG Berlin,
NJW 1981, 1284).

12 Die Festsetzungen des Bebauungsplans sind auch maßgebend gegen-
über etwa abweichenden Darstellungen eines Flächennutzungsplans,
sofern der Bebauungsplan wirksam aus einem damals geltenden Flä-
chennutzungsplan entwickelt worden ist (vgl. z. B. BVerwG, BRS 15,
Nr. 50). Eine solche Situation kann sich z. B. ergeben, wenn der
Flächennutzungsplan nachträglich geändert und der Bebauungsplan
noch nicht angepaßt worden ist.

13 2. Weitere Voraussetzung für die Zulässigkeit eines Vorhabens im
Geltungsbereich eines qualifizierten Bebauungsplans ist die **gesicherte
Erschließung.** Von diesem Erfordernis gibt es **keine Befreiung** (vgl.
§ 31, Rn 6). Es handelt sich um einen **bundesrechtlichen Begriff,** der
nicht durch Landesrecht ausgefüllt wird. Allerdings können landes-
rechtliche Anforderungen nach § 29 Satz 4 das bundesrechtliche Erfor-
dernis der gesicherten Erschließung ergänzen (vgl. BVerwG, U. v.
3. 5. 1988, NVwZ 1989, 353). Beide Tatbestandsmerkmale, sowohl die
Erschließung als auch die Tatsache ihres Gesichertseins, sind nicht ohne
Probleme.

14 Das **BauGB** verwendet den Begriff der **Erschließung** an verschiede-
nen Stellen und enthält sogar einen eigenen Teil über die Erschließung,
jedoch keine inhaltliche Bestimmung dieses Begriffs. Seine Verwen-
dung erfolgt auch nicht einheitlich, sondern entsprechend den Erfor-
dernissen des jeweiligen Regelungszusammenhangs (vgl. den Über-
blick in Vorbemerkung zu den §§ 123 bis 135, Rn 1 ff.). Aus diesem

sachlichen Zusammenhang heraus muß daher jeweils der besondere Gehalt des Begriffs der Erschließung ermittelt werden. In § 30 soll das Erfordernis der gesicherten Erschließung gewährleisten, daß die Nutzung des zu genehmigenden Bauvorhabens sowohl für den Nutzer als auch für die Allgemeinheit ohne negative Folgen geschehen kann. Hier ist daher – anders als im Erschließungsrecht – nicht ein gebiets-, sondern ein **grundstücksbezogener Erschließungsbegriff** zugrundezulegen (Hanisch, BauR 1978, 341/342f.; Hoppe, in: E/H, Rn 358; Söfker, in: E/Z/B, § 30, Rn 40).

Als für die Erschließung im Sinne des § 30 erforderlich kann einerseits nicht mehr verlangt werden, als – soweit er erschließungsrelevante Festsetzungen enthält – **im Bebauungsplan festgesetzt** ist. Diese Festsetzungen können deutlich hinter dem zurückbleiben, was nach § 127 als beitragsfähige Erschließungsanlagen bestimmt ist. Dies kann z. B. bedeuten, daß der Bebauungsplan für die Erschließung des Gebiets mit Wärme oder mit Gas keinerlei Festsetzungen enthält, weil die Gemeinde davon ausgeht, daß sich die Bürger selbst mit Heizenergie versorgen (hierzu Schmidt-Aßmann, Die Verwaltung 1983, 277ff.) – in Betracht kommen z. B. Öl- oder Kohlefeuerungsanlagen – oder weil als Heizenergieträger Strom vorgesehen ist. Die Versorgung mit Gas und Wärme kann daher nicht generell im Rahmen der gesicherten Erschließung als Genehmigungsvoraussetzung angesehen werden (so auch Gelzer, Rn 500). Auch führt eine vom Bebauungsplan abweichende, etwa privat erstellte, Zufahrt zu einem Grundstück nicht zur Herstellung der Erschließung im Sinne des § 30 (vgl. BVerwG, ZfBR 1986, 183f.). Andererseits können aber auch die **Festsetzungen** eines Bebauungsplans **nicht stets maßgebend** für die nach § 30 zu verlangende Erschließung sein. So kann z. B. ein Bebauungsplan, mit dem ein bereits teilweise bebautes Gebiet überplant wird, breitere Straßen festsetzen, als bereits vorhanden sind. Gleichwohl können die vorhandenen Straßen auch für die Erschließung nach § 30 genügen. Sie müssen jedoch die Planverwirklichung gestatten und dürfen den Festsetzungen des Bebauungsplans – etwa über den Anschluß der Grundstücke an die Straße – nicht widersprechen (Weyreuther, DVBl. 1970, 3/6; Hanisch, BauR 1978, 341/342; zur Negativfunktion des Bebauungsplans vgl. auch § 29, Rn 2, und oben, Rn 9). **15**

Die Erschließung im Sinne des § 30 muß **mindestens** den Anschluß der Baugrundstücke an das **öffentliche Straßennetz,** die Versorgung mit **Elektrizität und Wasser** und die **Abwasserbeseitigung** umfassen. Wann die Erschließung im Hinblick auf die Ver- und Entsorgung des Grundstücks, vor allem bei Wasser und Abwasser, gesichert ist, läßt sich nicht dem BauGB entnehmen. Hier sind vielmehr landesrechtliche Bestimmungen und **örtliche Gegebenheiten** maßgebend (VGH München, BayVBl. 1983, 336/338). Von Bedeutung sind vor allem die Vorschriften der Landeswassergesetze über die Abwasserbeseitigung (vgl. z. B. § 53a Wassergesetz NRW). **16**

17 Weiterhin ist erforderlich, daß die Erschließung **gesichert** ist. Davon
ist auszugehen, wenn nach objektiven Kriterien erwartet werden kann,
daß die Erschließungsanlagen entsprechend der Zielsetzung des § 123
Abs. 2 spätestens **bis zur Fertigstellung der anzuschließenden bauli-
chen Anlagen benutzbar** sind. Dazu reicht es nicht aus, wenn die
Mittel für die erforderliche Erschließung im Haushalt der Gemeinde
ausgewiesen sind (Gelzer, Rn 509). Dies ist jedoch, neben der Bereit-
stellung der erforderlichen Flächen, eine wesentliche Voraussetzung.
Darüber hinaus ist notwendig, daß aus **Stand und Fortgang der
Erschließungsarbeiten** nach aller Erfahrung darauf geschlossen werden
kann, daß diese Arbeiten bis zur Fertigstellung der baulichen Anlagen
abgeschlossen sein werden. Es kann auch ausreichen, insbesondere bei
kleineren Anlagen, daß mit der Herstellung der Erschließungsarbeiten
alsbald begonnen wird, wenn noch genügend Zeit bleibt, um die
Anlagen bis zur Fertigstellung der baulichen Anlage benutzbar zu
machen (VGH Mannheim, BRS 15, Nr. 70). Nicht gesichert ist die
Erschließung dagegen, wenn erst der Bebauungsplan aufgestellt ist.
Zwar kann dies zur Verdichtung der gemeindlichen Erschließungs-
pflicht führen (vgl. § 123, Rn 5), doch ist die Pflicht allein hierdurch
noch nicht „fällig" (BVerwG, NJW 1977, 405/407; ZfBR 1986, 183/
184). Besteht jedoch ein Anspruch auf sofortige Erschließung (vgl.
§ 123, Rn 7 f.), so kann die Erschließung als im Sinne des § 30 gesichert
angesehen werden (weitere Einzelheiten bei Dürr, in: Kohlhammer-
Komm., § 30, Rn 19 ff.).

18 Das Merkmal der gesicherten Erschließung ist in doppelter Hinsicht
einschränkend auszulegen. Zum einen bezieht es sich nur auf die
bauplanungsrechtliche, nicht auch auf die bauordnungsrechtliche Er-
schließung. Dies bedeutet, daß die **Erschließung im Sinne des § 30
gesichert oder vorhanden ist, wenn sie bis an die Grundstücksgrenze
heranreicht.** Der Anschluß der baulichen Anlage an diese Erschließung
ist nicht eine Frage des Bauplanungsrechts, sondern des Bauordnungs-
rechts (hierzu Gelzer, Rn 501; Creutz, BauR 1977, 237/239).

19 Zum anderen muß die Erschließung nicht für den gesamten Gel-
tungsbereich des Bebauungsplans gesichert sein, sondern **nur für das
einzelne bauliche Vorhaben.** § 30 regelt nicht gemeindliche Hand-
lungserfordernisse bei der Erschließung (diese finden sich in §§ 123 ff.),
sondern Zulässigkeitsvoraussetzungen für das einzelne Vorhaben. Nur
hierauf kann sich daher die gesicherte Erschließung beziehen.

20 Im übrigen ist es unerheblich, ob die Erschließung von der Ge-
meinde oder aufgrund eines Erschließungsvertrags nach § 124 Abs. 1
durch einen Privaten erstellt wird. Die Erschließung muß auch **recht-
lich dauerhaft** gesichert sein, wenn das Grundstück nicht an eine
öffentliche Straße grenzt (vgl. BVerwG, U. v. 3. 5. 1988, NVwZ 1989,
353/354).

21 Ein **Anspruch auf Erschließung** besteht nach § 123 Abs. 3 **nicht;**
jedoch kann sich die allgemeine Erschließungspflicht der Gemeinde

durch die Erteilung von Baugenehmigungen, die Erhebung von Vorausleistungen oder durch die von vorhandenen baulichen Anlagen ausgehenden Erschließungserfordernisse zu einer ein konkretes Gebiet betreffenden und aktuellen Erschließungspflicht verdichten (vgl. BVerwG, NJW 1975, 402 f.; 1977, 405/407; vgl. auch BVerfGE 33, 265/291). Hierzu im einzelnen die Anmerkungen zu § 123, Rn 5 ff.

3. § 30 nennt als planerische Zulässigkeitsvoraussetzung nur, daß das **22** Vorhaben den Festsetzungen des Bebauungsplans – in Verbindung mit der BauNVO (vgl. § 9, Rn 8 ff.) – nicht widerspricht. Ergänzend ist hierbei insbesondere die Vorschrift des § 15 BauNVO heranzuziehen, nach der an sich zulässige Vorhaben gleichwohl unzulässig sein können, wenn sie der **Eigenart des Gebiets** widersprechen oder in ihrer Umgebung unzumutbare Belästigungen hervorrufen. Sicherlich kann diese Vorschrift nicht dazu führen, daß hiermit die planerische Absicht für den Regelfall außer Kraft gesetzt wird (hierzu VGH Mannheim, BauR 1982, 238 f.). Es kann sich vielmehr, wie auch aus dem Wortlaut des § 15 Abs. 1 Satz 1 BauNVO hervorgeht, nur um eine Unzulässigkeit „im Einzelfall" handeln. Die Funktion des § 15 BauNVO liegt darin, die abstrakte Prüfung der Zulässigkeit eines Vorhabens nach den Gebietstypen der BauNVO durch **eine am konkreten Gebiet orientierte Prüfung** zu ergänzen. Damit können Unzuträglichkeiten, die sich angesichts der nur abstrakten Regelung der Zulässigkeit in der BauNVO im konkreten Fall ergeben mögen, im Baugenehmigungsverfahren ausgeräumt werden (vgl. auch Boeddinghaus/Dieckmann, BauNVO, 2. Aufl. 1990, § 15, Rn 13 ff.). Umgekehrt bestimmt sich nach der sog. **„Typisierungslehre"** des BVerwG (etwa zu Vergnügungsstätten BVerwG, DVBl. 1984, 340/342), daß bestimmte Arten von Vorhaben unabhängig von ihren konkreten Eigenschaften „typischerweise" in ein bestimmtes Baugebiet gehören, so insbesondere Gewerbebetriebe, die einer Genehmigung nach § 4 BImSchG bedürfen, in ein Industriegebiet, weil von ihnen Störungen ausgehen **können.** Auf tatsächliche Störungen kommt es also nicht an; hier kann allenfalls durch eine Befreiung nach § 31 Abs. 2 geholfen werden (grundlegend BVerwG, DÖV 1975, 103/104 – Fallhammer –; hierzu etwa Schlichter, ZfBR 1979, 53/54 f.; kritisch Vierling, NuR 1983, 300 ff. m. w. N. unter Hinweis auf die nach § 15 BauNVO zulässige und gebotene konkrete Betrachtungsweise). Einen **Schutz gegen störende Eingriffe in Natur und Landschaft** bietet § 30 in den Fällen vor allem älterer Bebauungspläne, die dem Umweltschutz nach heutigen Maßstäben oft nur sehr unzureichend Rechnung tragen, **nicht**; hierzu bedürfte es der Erweiterung des Rücksichtnahmegebots auch auf die natürliche Umwelt (vgl. hierzu Scharmer/Hinzen, Umweltschutz im Baugenehmigungsverfahren, Deutsches Institut für Urbanistik 1990, S. 86 ff., 220 f.).

§ 15 Abs. 1 BauNVO stellt sich (auch) als Ausprägung des baurecht- **23** lichen **Gebots der Rücksichtnahme** dar und teilt daher dessen Rechtsfolgen (hierzu im einzelnen § 31, Rn 64 ff.).

24 4. Grundsätzlich führt das Vorliegen eines Bebauungsplans, der den Anforderungen des Abs. 1 entspricht, dazu, daß die Geltung der §§ 34 und 35 ausgeschlossen ist. Nun ist es aber denkbar, daß ein Bebauungsplan in Teilbereichen den Anforderungen des Abs. 1 genügt, in anderen Bereichen aber dahinter zurückbleibt. Hier wird bei Plänen, die unter der Geltung des Bundesbaugesetzes oder des Baugesetzbuchs aufgestellt sind, in aller Regel davon auszugehen sein, daß der Plan insgesamt die Wirkung des Abs. 1 hat, daß also der Wille des Plangebers der gesetzgeberischen in §§ 34 und 35 niedergelegten Vorstellung vorgeht. Ist der qualifizierte Bebauungsplan daher rechtswirksam, so bleibt für eine partielle **Ergänzung durch die Grundsätze der §§ 34 oder 35 kein Raum** (vgl. aber auch Söfker, in: E/Z/B, § 30, Rn 12).

25 Es ist vielmehr umgekehrt zu fordern, daß die Gemeinde bei der Aufstellung eines Bebauungsplans – anders als bei einem Flächennutzungsplan (vgl. § 5, Rn 12) – eine **einheitliche Festsetzungsdichte** einhält. Dies bedeutet, daß ein Bebauungsplan entweder im Ganzen als qualifizierter oder im Ganzen als einfacher Bebauungsplan anzusehen ist. Entscheidend für diese Beurteilung ist, ob nach dem Willen des Planungsträgers die Festsetzungen als eine erschöpfende Regelung im Sinne des Abs. 1 gewollt sind (vgl. Söfker, in: E/Z/B, § 30, Rn 12, der auf den Sachzusammenhang der Festsetzungen und ggf. die Begründung des Bebauungsplans abstellt). Erreicht ein Bebauungsplan daher an einer Stelle – eher zufällig – die Anforderungen des Abs. 1, bleibt er aber in seinem hauptsächlichen Teil dahinter zurück, so wird davon auszugehen sein, daß die Gemeinde insgesamt einen nichtqualifizierten Bebauungsplan aufstellen wollte. Im umgekehrten Fall, in dem die Festsetzungen für einzelne Grundstücke nicht die Anforderungen des Abs. 1 erreichen, ist bei Bebauungsplänen, die unter der Geltung des Bundesbaugesetzes oder des Baugesetzbuchs aufgestellt wurden, in der Regel von einem insgesamt qualifizierten Bebauungsplan auszugehen (zu diesen Grundsätzen bei der Beurteilung eines Bebauungsplans vgl. auch BVerwGE 29, 49/51 f.). Nur diese Auslegung entspricht auch der Dreiteilung des Gemeindegebiets in Planbereich, Innen- und Außenbereich. Andernfalls wäre eine klare Dreiteilung durchbrochen und der ihr zugrunde liegende und für die Rechtssicherheit und Rechtsklarheit notwendige Ordnungsgedanke bedenklich aufgeweicht.

26 **IV.** § 30 ist selbst **nicht nachbarschützend.** Jedoch können die Festsetzungen des Bebauungsplans und auch § 15 Abs. 1 BauNVO drittschützenden Charakter haben (hierzu BVerwG, NJW 1983, 138 ff.; zu Einzelheiten des Nachbarschutzes vgl. § 31, Rn 51 ff.).

§ 31 Ausnahmen und Befreiungen

(1) **Von den Festsetzungen des Bebauungsplans können solche Ausnahmen zugelassen werden, die in dem Bebauungsplan nach Art und Umfang ausdrücklich vorgesehen sind.**

(2) **Von den Festsetzungen des Bebauungsplans kann im Einzelfall befreit werden, wenn**

1. **Gründe des Wohls der Allgemeinheit die Befreiung erfordern oder**

2. **die Abweichung städtebaulich vertretbar ist und die Grundzüge der Planung nicht berührt werden oder**

3. **die Durchführung des Bebauungsplans zu einer offenbar nicht beabsichtigten Härte führen würde**

und wenn die Abweichung auch unter Würdigung nachbarlicher Interessen mit den öffentlichen Belangen vereinbar ist.

Übersicht

1 **A. I. 1.** Die Baugenehmigung ist im Grundsatz ein **gebundener Verwaltungsakt:** Sie ist zu erteilen, wenn das Bauvorhaben den öffentlich-rechtlichen Vorschriften entspricht (vgl. § 70 Abs. 1 Satz 1 BauO NRW). Diese strikte Bindung ist bei der Genehmigung eines so komplexen Vorgangs wie der Errichtung einer baulichen Anlage innerhalb eines städtebaulichen Gesamtzusammenhangs nur deshalb möglich, weil diese Einfügung in die städtebauliche Ordnung bereits auf der planerischen Ebene, sei es durch Bebauungsplan, sei es durch die planersetzenden Normen der §§ 34 und 35, erfolgt ist. Der Bebauungsplan kann jedoch trotz des Gebots zu möglichst konkret-individuellen Festsetzungen (so BVerwG, NJW 1976, 1329/1330 f.) die für ein konkretes Bauvorhaben maßgebliche Rechtslage häufig nicht in die letzte Einzelheit und Besonderheit des jeweiligen Falls hinein determinieren. Um hier einen unerträglichen Rechtsschematismus zu vermeiden, sieht das Baurecht traditionell die Möglichkeit vor, bei der Erteilung einer Baugenehmigung unter bestimmten Voraussetzungen von den Festsetzungen eines Bebauungsplans abzuweichen (hierzu Schmidt-Aßmann, Grundfragen des Städtebaurechts, 1972, S. 171 ff.). Die Einräumung eines **Abweichungsvorbehalts** dient also in erster Linie der **Einzelfallgerechtigkeit** und damit dem rechtsstaatlichen Übermaßverbot (vgl. Dürr, in: Kohlhammer-Komm., § 31, Rn 3). Im übrigen stellt sie die

Flexibilität planerischer Festsetzungen her, die ohne einen solchen Abweichungsvorbehalt einem ständigen Änderungsdruck ausgesetzt wären.

2. Die Herstellung von Flexibilität und Einzelfallgerechtigkeit wirft auf der anderen Seite jedoch rechtsstaatliche Probleme auf. 2

a) Eines der wichtigsten Elemente der Rechtsstaatsgarantie des Art. 20 GG ist die **Rechtssicherheit,** d. h. die Voraussehbarkeit und Bestimmtheit der Rechtslage (hierzu Herzog, in: Maunz/Dürig, GG, Art. 20, Anm. VII, Rn 26, 57 ff.). Hierzu aber ist eine beständige und gleichmäßige, von besonderen Umständen des Einzelfalls absehende Rechtsanwendung erforderlich. Beständigkeit und Flexibilität des Rechts in ihrer jeweils reinen Form sind daher miteinander unvereinbar. § 31 sucht einen tragbaren Kompromiß zwischen diesen beiden Anforderungen herzustellen, indem zum einen die Zulassung von Ausnahmen an ihre vorherige Bestimmung im Bebauungsplan geknüpft wird. Hier ist zwar nicht vorhersehbar, daß von den Ausnahmen Gebrauch gemacht wird, aber immerhin ist vorhersehbar, daß die Möglichkeit zu solchen Ausnahmen besteht; jeder kann sich darauf einrichten. Die Zulassung von Befreiungen zum anderen ist allerdings für den betroffenen Bürger, sowohl den Begünstigten als auch den unter Umständen Belasteten, nicht vorhersehbar und einkalkulierbar. Ihre Zulässigkeit ist daher an enge Voraussetzungen geknüpft, die die in der Befreiungsmöglichkeit liegende Unsicherheit auf ein Mindestmaß beschränken soll. Insbesondere ist den Belangen des betroffenen Nachbarn besondere Aufmerksamkeit zu schenken.

b) Da die Befreiung und in eingeschränktem Maße auch die Ausnahme zugunsten des Bauherrn von den Festsetzungen des als Satzung ergehenden Bebauungsplans abweicht, bedarf es hierzu nach dem Grundsatz des **Vorrangs des Gesetzes,** der ebenfalls dem Rechtsstaatsprinzip zugehörig ist, einer gesetzlichen Legitimierung. Da Ausnahme und Befreiung den Nachbarn belasten können (Verwaltungsakte mit Doppelwirkung), bedürfen sie nach dem **Vorbehalt des Gesetzes** auch einer Ermächtigungsgrundlage. Diese gesetzliche Grundlage enthält § 31. 3

c) Die Sicherung von Flexibilität und Einzelfallgerechtigkeit bei der einzelnen Entscheidung erfordert **Ermessen.** Dies ist daher der Baugenehmigungsbehörde in § 31 sowohl für die Ausnahmeerteilung als auch für die Befreiung eingeräumt. Zwar ist Ermessen stets rechtlich gebunden, doch unterliegt seine rechtmäßige Ausübung nur in den besonders gelagerten Fällen der Beeinträchtigung von Nachbarrechten der gerichtlichen Überprüfung. Durch den starken Ausbau des Nachbarschutzes, vor allem durch die Rechtsprechung, kann die Ermessensausübung jedoch in den praktisch bedeutenden Fällen einer gerichtlichen Kontrolle zugeführt werden. Im übrigen ist darauf hinzuweisen, daß auch die Verwaltung eine demokratisch legitimierte Einrichtung ist; bei ihr kann für den Regelfall von einer rechtmäßigen Ermessensausübung 4

ausgegangen werden, ohne daß allerdings hierfür eine – rechtlich bedeutsame – Vermutung spräche.

5 3. Die Möglichkeit, nach § 31 Ausnahmen und Befreiungen zu erteilen, ist auf den **Bereich des Bauplanungsrechts** beschränkt. Für den Bereich des Bauordnungsrechts sehen die Bauordnungen der Länder eigene Befreiungsregelungen vor (z. B. § 68 BauO NRW). Auch die Befreiung von Festsetzungen nach § 9 Abs. 4 (hierzu § 9, Rn 107 ff.) folgt landesrechtlichen Bestimmungen. Dies ist eine Folge der Beschränkung der Gesetzgebungskompetenz des Bundes auf das Bauplanungsrecht.

6 Ebenfalls ermächtigt § 31 nicht zu Abweichungen von dem **Erschließungserfordernis** (vgl. BVerwG, U. v. 21. 2. 1986, NVwZ 1986, 646). Es geht bei Ausnahmen und Befreiungen nur darum, den Besonderheiten des konkreten Bauvorhabens im Verhältnis zu den abstrakten planerischen Festsetzungen gerecht zu werden; die verkehrliche Erschließung des Grundstücks sowie seine Ver- und Entsorgung müssen in jedem Fall gewährleistet sein.

7 Auch im Innenbereich nach § 34 und im Außenbereich nach § 35 (zur Abgrenzung vgl. Vorbemerkung zu den §§ 29–38, Rn 3 ff.) ist für die Erteilung von Ausnahmen und Befreiungen im Sinne des § 31 grundsätzlich kein Raum. Diese Vorschriften erhalten durch das Gebot des Einfügens in die Eigenart der näheren Umgebung und der Berücksichtigung öffentlicher Belange genügend Ansatzpunkte, um einer flexiblen und dem Einzelfall gerecht werdenden Genehmigungspraxis Raum zu verleihen (BVerwG, DÖV 1975, 103/104; 1979, 67 ff.). Im übrigen bietet nunmehr § 34 Abs. 3 Möglichkeiten auch für die Zulassung von Vorhaben, die sich nicht einfügen. Kommt jedoch § 34 Abs. 2 zur Anwendung, so ist § 31 wie bei einem Bebauungsplan, der ein Baugebiet nach der Baunutzungsverordnung festsetzt, **anzuwenden** (§ 34 Abs. 2 Halbs. 2).

8 Ebensowenig kann von der Beachtung des § 15 BauNVO abgesehen werden. Auch er erfordert gerade eine Einzelfallbetrachtung bei der Genehmigung, so daß nach Sinn und Zweck des Abweichungsvorbehalts Einzelfallgerechtigkeit und Normflexibilität gerade durch den Anwendung dieser Vorschrift erreicht werden können (VGH Mannheim, BRS 17, Nr. 20).

9 **Anwendbar** ist § 31 bei **allen Bebauungsplänen,** unabhängig davon, ob es sich um qualifizierte Bebauungspläne im Sinne des § 30 Abs. 1 oder um einfache Bebauungspläne nach § 30 Abs. 2 handelt (BVerwGE 19, 164/170 f.). Bei einfachen Bebauungsplänen besteht ebenso wie bei qualifizierten Bebauungsplänen das Bedürfnis, von den vorhandenen Festsetzungen abweichen zu können, um einem besonders gelagerten Einzelfall gerecht werden zu können. Ein einfacher Bebauungsplan kann nicht eine weitergehende Verbindlichkeit beanspruchen als ein qualifizierter. Ebenso kann es keine Rolle spielen, ob es sich um einen

übergeleiteten Bebauungsplan oder um einen Bebauungsplan handelt, der unter der Geltung des Bundesbaugesetzes oder des Baugesetzbuchs aufgestellt wurde (vgl. Dürr, in: Kohlhammer-Komm., § 31, Rn 5).

Abs. 1 kann unstreitig **auch in den Fällen des § 33** zur Anwendung **10** gelangen (Schlichter, in: BK, § 31, Rn 12). Die Ausnahme muß ja im Bebauungsplan ausdrücklich vorgesehen sein. Umstritten ist die Zulässigkeit einer Befreiung nach Abs. 2. Da § 33 dem Bauherrn erlaubt, sein Bauvorhaben an den zu erwartenden Festsetzungen eines künftigen Bebauungsplans auszurichten, müssen auch die der Einzelfallgerechtigkeit dienenden Abweichungsmöglichkeiten bestehen. Es kann insoweit daher auch nach Abs. 2 abgewichen werden (ablehnend zur Möglichkeit der Befreiung im Rahmen der Vorweggenehmigung nach § 33 Schlichter, ebd.; Dürr, aaO, Rn 11; befürwortend Dyong, in: Cholewa/David/Dyong/von der Heide, Das neue BauGB, 1987, § 31, Rn 1; Finkelnburg, in: F/O, Bd. I, S. 246; Erbguth, Rn 27 m. Fußn. 19). Darauf, daß ein Vorhaben nach § 33 nur zulässig ist, wenn es den Festsetzungen eines Bebauungsplans nicht entgegenstehen wird, kann es hier nicht ankommen. Denn auch nach § 30 ist ein Vorhaben nur zulässig, wenn es den Festsetzungen eines Bebauungsplans nicht widerspricht. § 33 will keinen weiteren planungsrechtlichen Bereich über §§ 30, 34 und 35 hinaus schaffen (vgl. § 33, Rn 1), sondern lediglich – bei Wahrung des Gedankens der Planmäßigkeit – eine zeitliche Vorverlagerung der Baugenehmigung ermöglichen (vgl. Hoppe, in: E/H, Rn 368). Dann kann § 33 aber auch keine über § 30 hinausreichende Planbindung begründen, steht also wie dieser unter dem Vorbehalt rechtsstaatlich erforderlicher Befreiungen (vgl. auch unten, Rn 45 f.).

II. 1. a) Nach **Abs. 1** kann bei der Baugenehmigung von den Festset- **11** zungen eines Bebauungsplans abgewichen werden, soweit der Bebauungsplan einen **Ausnahmevorbehalt** enthält. Ein solcher Ausnahmevorbehalt im Sinne des Abs. 1 liegt nur dann vor, wenn er **Bestandteil des Bebauungsplans** selbst, also auch er als Satzung beschlossen und von der Aufsichtsbehörde genehmigt oder im Anzeigeverfahren nicht beanstandet worden ist. Geht dagegen die Möglichkeit der Zulassung von „Ausnahmen" nur aus der Begründung des Bebauungsplans hervor, so rechtfertigt dies nicht die Anwendung des Abs. 1 (Dyong, in: E/Z/B, BBauG, § 31, Rn 17 f.).

Weiterhin ist für das Vorliegen eines wirksamen Ausnahmevorbe- **12** halts erforderlich, daß die Ausnahme sowohl **nach Art als auch nach Umfang bestimmt** ist (Schlichter, in: BK, § 31, Rn 13; a. A. Dürr, in: Kohlhammer-Komm., § 31, Rn 15). Dabei ist unter Art der Ausnahme zu verstehen, von welchen Festsetzungen die Gemeinde Ausnahmen zulassen will; unter dem Umfang der Ausnahme ist zu verstehen, wie weit die Ausnahme gehen darf. Fehlt es an dieser inhaltlichen Umgrenzung des Ausnahmevorbehalts, so ist er unwirksam.

13 Der Ausnahmevorbehalt ist ferner nur dann wirksam, wenn die
Ausnahme im Bebauungsplan **ausdrücklich vorgesehen** ist. Dies be-
stärkt noch einmal die Notwendigkeit, die Zulässigkeit von Ausnah-
men als Festsetzung in den Bebauungsplan selbst aufzunehmen. Dabei
ist allerdings zu beachten, daß nach § 1 Abs. 3 Satz 2 BauNVO die
Vorschriften der §§ 2 bis 14 durch eine entsprechende Festsetzung im
Bebauungsplan Bestandteil des Bebauungsplans werden. Die in den
Abs. 3 der §§ 2 bis 9 BauNVO jeweils vorgesehenen Ausnahmen sind
daher unmittelbar Gegenstand der planerischen Festsetzung. Will die
Gemeinde ihre Geltung ausschließen, so muß sie dies nach § 1 Abs. 6
BauNVO im Bebauungsplan eigens festsetzen.

14 Die Zulassung von Ausnahmen durch die Gemeinde ist nicht unbe-
grenzt möglich. Wenn die Ordnungsfunktion des Bebauungsplans
nicht aufgegeben werden soll, **muß das Regel–Ausnahme–Verhältnis
gewahrt bleiben.** Die Ausnahmemöglichkeit kann also nicht soweit
reichen, daß sie die eigentliche planerische Festsetzung in ihr Gegenteil
verkehrt. So können z. B. nach § 1 Abs. 6 Nr. 2 BauNVO in einem
Baugebiet nur ausnahmsweise zulässige Nutzungen nicht derart allge-
mein für zulässig erklärt werden, daß sich hierdurch die allgemeine
Zweckbestimmung des Gebiets völlig ändert (vgl. OVG Münster,
NVwZ 1983, 618, zu dem entsprechenden § 1 Abs. 5 BauNVO 1968).
Dies folgt auch aus der Geltung des § 15 BauNVO, von dem weder
Ausnahmen noch Befreiungen zulässig sind. § 15 BauNVO aber ver-
bietet Anlagen, die der Eigenart des Baugebiets widersprechen oder
von denen unzumutbare Belästigungen oder Störungen ausgehen kön-
nen. Hieran ist auch die Gemeinde bei der Einräumung von Ausnah-
memöglichkeiten gebunden. Unbenommen ist ihr lediglich, über § 15
BauNVO hinausgehende Anforderungen für ausnahmsweise zulässige
Anlagen aufzustellen (hierzu auch Dyong, in: E/Z/B, BBauG, § 31,
Rn 23).

15 **Keine Ausnahme** im Sinne des Abs. 1 wird in § 23 Abs. 2 bis 4
BauNVO eingeräumt, obwohl auch hier „Ausnahmen" vorgesehen
werden. Hierbei handelt es sich nicht um Ausnahmen von einer im
Normalfall geltenden Regel, sondern hier ist bereits der Regelfall mit
einer gewissen Flexibilität ausgestattet: Die Festsetzung z. B. einer
Baulinie bedeutet eben nicht, daß „ausnahmslos" auf dieser Linie
gebaut werden muß; ein **geringfügiges Vor- oder Zurücktreten** von
Gebäudeteilen ist vielmehr **stets erlaubt.** Dasselbe gilt bei einem ge-
ringfügigen Vortreten von Gebäudeteilen bei Baugrenzen und Bebau-
ungstiefen. Dabei handelt es sich um ein geringfügiges Vortreten nur
dann, wenn es sich um das Vortreten eines unwesentlichen Gebäude-
teils handelt, nicht dagegen, wenn ein wesentlicher Gebäudeteil oder
gar das gesamte Gebäude vortreten (hierzu BVerwG, DVBl. 1975, 895/
896 f.; Dyong, in: E/Z/B, BBauG, § 31, Rn 19).

16 **b)** Durch die Aufnahme eines Ausnahmevorbehalts ist insofern die
letztendliche planerische Entscheidung noch offen. Die Entscheidung

über die Ausnahme hat also **Planungscharakter.** Da die Baugenehmigungsbehörde diese planerische Entscheidung der Gemeinde im Baugenehmigungsverfahren angesichts der Planungshoheit der Gemeinde nicht ersetzen kann, schreibt § 36 Abs. 1 Satz 1 vor, daß in diesen Fällen das – nur verwaltungsintern bedeutsame und nur im Falle der Versagung für die Genehmigungsbehörde verbindliche – **Einvernehmen der Gemeinde** herbeizuführen ist. Das Einvernehmen der Gemeinde gilt nach § 36 Abs. 2 Satz 2 nach zwei Monaten als erteilt, sofern es bis dahin nicht verweigert ist. Die Zustimmung der höheren Verwaltungsbehörde ist nicht erforderlich (vgl. § 36 Abs. 1 Satz 1 und 3).

2. Die Entscheidung der Baugenehmigungsbehörde über die Gewährung einer Ausnahme, die zusätzlich zum Antrag auf Baugenehmigung **keines Antrags** bedarf (Schlichter, in: BK, § 31, Rn 41), ist in das **Ermessen** der Baugenehmigungsbehörde gestellt. **17**

a) Die Entscheidung über die Ausnahme konkretisiert und individualisiert die planerischen Festsetzungen des Bebauungsplans, die für den Bereich der Ausnahme gewissermaßen in der Schwebe gehalten sind. Kommt der Entscheidung über die Ausnahme daher bauleitplanerischer Charakter zu, muß sie auch den für die Bauleitplanung geltenden Prinzipien unterworfen sein. Sie muß daher insbesondere den an die Planung allgemein zu stellenden Anforderungen insbesondere der **Abwägung** nach § 1 Abs. 5 und 6 genügen (Schmidt-Aßmann, Grundfragen des Städtebaurechts, 1972, S. 173). **18**

Im übrigen unterliegt sie den **Bindungen,** denen jegliche Ermessensentscheidung unterworfen ist. Sie darf also die gesetzlichen Grenzen des Ermessens nicht überschreiten oder von dem Ermessen in einer dem Zweck der Ermächtigung nicht entsprechenden Weise Gebrauch machen (vgl. § 114 VwGO; § 40 VwVfG). Zu den rechtlichen Bindungen, denen Ermessensausübung allgemein unterliegt, vgl. W/B, § 31 II d, und Kopp, VwGO, 8. Aufl. 1989, § 114, Rn 7 ff.; ders., VwVfG, 4. Aufl. 1986, § 40, Rn 1 ff.). Besonders hinzuweisen ist auf das Gebot, bei der Ermessensausübung den Grundsatz der **Gleichbehandlung** zu wahren und der Ermessensentscheidung nur solche Gesichtspunkte zugrunde zu legen, die aus **Sinn und Zweck der Ermächtigungsgrundlage** folgen. Es können daher nur städtebauliche Gründe, nicht aber z. B. wettbewerbspolitische oder sozialpolitische Gesichtspunkte für die Entscheidung maßgeblich sein. Vor allem ist die Zulassung von Ausnahmen **an den Zweck des Bebauungsplans rückgebunden.** Seine Zielsetzung darf durch die Gewährung von Ausnahmen nicht berührt werden. **19**

b) Da die Entscheidung über die Erteilung einer Ausnahme im Ermessen der Baugenehmigungsbehörde liegt, kann ihr nach § 36 Abs. 2 VwVfG eine **Nebenbestimmung** (hierzu allgemein Kopp, VwVfG, 4. Aufl. 1986, § 36, Rn 1 ff.) beigefügt werden. Häufig sind Bedingungen oder – für den Betroffenen weniger belastend – Auflagen. So kann z. B. die Gewährung einer Ausnahme davon abhängig ge- **20**

macht werden, daß zuvor entsprechend mehr Stellplätze geschaffen
werden (aufschiebende Bedingung). In diesem Fall wird die Genehmi-
gung vor Eintritt der Bedingung (Schaffung der Stellplätze) nicht
wirksam. Eine Auflage dagegen läßt die zugrundeliegende Entschei-
dung in ihrem Bestand unberührt und kann selbständig durchgesetzt
oder angefochten werden (vgl. auch § 6, Rn 15 ff.).

21 3. Abs. 1 räumt Vorschriften, die nicht ihrerseits nachbarschützend
sind, keine nachbarschützenden Wirkungen ein (vgl. BVerwG, NJW
1983, 1574). Auch die mehrfache rechtswidrige Erteilung von Ausnah-
megenehmigungen bei nicht nachbarschützenden Festsetzungen eines
Bebauungsplans begründet keine Rechtsverletzung des Nachbarn,
selbst wenn dadurch der Gebietscharakter verändert wurde (BVerwG,
NJW 1983, 1574). Für den **Nachbarschutz** entscheidend ist also stets
die jeweilige Festsetzung im Bebauungsplan und ihr Schutzzweck
(hierzu unten, Rn 61 ff.).

22 Steht umgekehrt eine **Festsetzung unter Ausnahmevorbehalt,** so
spricht eine **Vermutung für ihren nicht nachbarschützenden Charak-
ter** (vgl. Schmidt-Aßmann, Grundfragen des Städtebaurechts, 1972,
S. 174). Denn durch die Festsetzung eines Ausnahmevorbehalts ist für
die betroffene Festsetzung keine endgültige Entscheidung getroffen,
sondern, wie ausgeführt, eine planerische Entscheidung noch offen.
Hier hat also insgesamt eine Abwägung der planerischen Belange noch
stattzufinden, so daß im Zweifel davon auszugehen ist, daß die zugrun-
deliegende Festsetzung nicht nachbarschützenden Charakter haben soll.
Nach der Rechtsprechung des BVerwG ist dieser Schluß jedoch nicht in
jedem Fall zwingend und kann nur für den Regelfall angenommen
werden (vgl. Sendler, BBauBl. 1968, 63 f. unter Hinweis auf eine
unveröffentlichte Entscheidung des BVerwG vom 6. 10. 1967).

23 **III. 1.** Die Landesbauordnungen unterscheiden **Ausnahmen und Be-
freiungen** danach, ob eine Abweichung von zwingenden oder von
nicht zwingenden Vorschriften gestattet werden soll; als nicht zwin-
gend werden dabei Sollvorschriften oder Vorschriften verstanden, bei
denen die Zulässigkeit von Ausnahmen ausdrücklich vorgesehen ist
(vgl. z. B. § 68 Abs. 1 und 3 BauO NRW).

24 Diese Unterscheidung kann auf das Verhältnis von Ausnahme und
Befreiung im Bauplanungsrecht nicht übertragen werden. Ausnahme
und Befreiung beziehen sich jeweils auf Festsetzungen eines Bebau-
ungsplans, die alle gleichermaßen verbindlich sind. „Soll-Festsetzun-
gen“ eines Bebauungsplans gibt es nicht (Dyong, in: E/Z/B, BBauG,
§ 31, Rn 4). Mag daher auch rechtstheoretisch kein Unterschied zwi-
schen Ausnahme und Befreiung zu erkennen sein (Sendler, BBauBl.
1968, 63; ihm folgend Dyong, ebd.), so bestehen zumindest rechts-
praktisch doch erhebliche Unterschiede. Dabei ist nicht die verfah-
rensrechtliche Frage entscheidend, daß die Gewährung von Ausnah-
men dem örtlichen Satzungsgeber obliegt, wohingegen die Möglich-
keit von Befreiungen bundesgesetzlich eingeräumt ist. Entscheidend

sind vielmehr zwei Momente: Die **Ausnahmemöglichkeit** geht aus dem Plan selbst hervor (Ausnahme als **planimmanentes Institut**) und ist also für jedermann klar ersichtlich und daher berechenbar; dagegen ist die Möglichkeit der **Befreiung** nicht von einer planerischen Bestimmung abhängig **(planexternes Institut),** daher prinzipiell stets möglich und somit nicht vorhersehbar und berechenbar. Wegen dieser unterschiedlichen Relativierung der betroffenen Festsetzungen sind Ausnahme und Befreiung auch materiell deutlich unterschieden und unterliegen daher verschieden strengen Zulässigkeitsvoraussetzungen (hierzu bereits Schmidt-Aßmann, Grundfragen des Städtebaurechts, 1972, S. 172 f.).

Funktion der Befreiung ist nach alledem, **in atypischen Sonderfäl-** **25** **len,** die allerdings in den drei Fallgruppen der Befreiung jeweils anders gelagert sind (vgl. Schlichter, in: BK, § 31, Rn 17; Bielenberg, ZfBR 1988, 55/58), von der Anwendung einer auf einer gewissen Verallgemeinerung beruhenden Festsetzung in einem Bebauungsplan zu befreien. Damit kann den Besonderheiten eines Einzelfalls nach Sinn und Zweck der getroffenen Festsetzung entsprochen werden, obwohl die Festsetzung formal dem beantragten Vorhaben entgegensteht (BVerwGE 40, 268/271 f.; 56, 71/74).

2. a) Neben den gesetzlichen Voraussetzungen muß eine Befreiung **26** in negativer Hinsicht auch zwei allgemeinen Voraussetzungen entsprechen; sie darf nicht den **Eigentumsschutz** des Nachbarn berühren und keine Umgehung einer erforderlichen **Planänderung** darstellen.

aa) Der Bebauungsplan hat zwischen den Interessen von Grund- **27** stücksnachbarn einen Ausgleich zu schaffen. Auch dieser Interessenausgleich kann grundsätzlich durch eine Befreiung verändert werden; hat der Nachbar jedoch im Vertrauen auf die getroffene Regelung erhebliche Investitionen getätigt, die durch eine Befreiung in nicht unbeträchtlichem Maße wertlos würden, kann der Nachbar diese Befreiung wegen Verletzung seines Eigentumsrechts aus **Art. 14 GG** abwehren (Sendler, BauR 1970, 4/6 f.). Zu der hier in der Regel vorauszusetzenden schweren und unerträglichen Beeinträchtigung vgl. unten, Rn 82 ff. Durch die inzwischen erreichte Verfeinerung des Nachbarschutzes kommt diesem Abwehranspruch allenfalls noch marginale Bedeutung zu. Der Eigentumsschutz geht vielmehr in die Auslegung der einfachgesetzlichen Bestimmungen ein.

bb) Die Befreiung ist ein Instrument zur Lösung von Konflikten **28** zwischen der gerechten Behandlung eines konkreten, von der Regel abweichenden Einzelfalls und einer abstrakten Festsetzung im Bebauungsplan. Entsteht das Bedürfnis für eine Befreiung nicht mehr im Einzel-, sondern im Regelfall, so sind die Voraussetzungen für eine Änderung oder für die Nichtigkeit des Bebauungsplans gegeben. Die Befreiung kann nicht die Planänderung mit dem dafür im Gesetz vorgesehenen Verfahren ersetzen (BVerwG, Beschl. v. 20. 11. 1988, ZfBR 1990, 148/150; BVerwGE 56, 71/74 f.; Bielenberg, ebd.; vgl. auch

unten, Rn 36). Durch Befreiungen dürfen daher – nicht nur im Rahmen der Befreiung nach Nr. 2 – die **Grundzüge der Planung** (hierzu § 13, Rn 2) nicht berührt werden (vgl. auch Schlichter, in: BK, § 31, Rn 23).

29 **b) aa) Nr. 1** ermöglicht eine Befreiung, wenn Gründe des **Wohls der Allgemeinheit** sie erfordern. Sowohl der Begriff des Allgemeinwohls als auch der des Erforderns sind weit auszulegen. Unter Allgemeinwohl sind zu verstehen **alle öffentlichen Interessen, wie sie beispielhaft etwa in § 1 Abs. 5 aufgeführt sind** (BVerwGE 56, 71/76; Buchholz 406.11 § 31 BBauG Nr. 20). Hierunter können also Befreiungen für soziale, kulturelle oder sportliche Einrichtungen (Krankenhäuser, Kindergärten, Theater, Schulen, Badeanstalten, Turnhallen) oder Sicherheits-, Umweltschutz-, Verkehrs-, Versorgungs- oder Entsorgungseinrichtungen (Polizeiwachen, Kläranlagen, Heizkraftwerke) fallen. Erforderlich ist jedoch stets die Konkretisierung für den Einzelfall.

30 **Erfordert** wird die Befreiung bereits dann, wenn es „**vernünftigerweise geboten**" ist, das beabsichtigte Vorhaben an der vorgesehenen Stelle trotz entgegenstehender Festsetzung im Bebauungsplan durchzuführen. Es reicht daher nicht aus, wenn die Befreiung dem Allgemeinwohl lediglich nützlich ist; es ist aber nicht erforderlich, daß die Befreiung das einzige in Frage kommende Mittel ist, um das im jeweiligen Fall verfolgte öffentliche Interesse zu verwirklichen (BVerwG, ebd.).

31 Die nach alledem verhältnismäßig großzügig zu beurteilende Möglichkeit der Befreiung nach Nr. 1 ist vertretbar, da sie durch die Beachtlichkeit der öffentlichen Belange und die Würdigung nachbarlicher Interessen (hierzu unten, Rn 41) sowie die hierdurch vorgegebenen Bindungen des Ermessens der Baugenehmigungsbehörde auf ihre Funktion, in – hier durch das Wohl der Allgemeinheit charakterisierten – atypischen Sonderfällen eine mit den Nachbarinteressen verträgliche Abweichung von den Festsetzungen eines Bebauungsplans zu ermöglichen, reduziert wird. Eine Planänderung kann hierdurch, wie bereits ausgeführt, nicht ersetzt werden.

31a Das **BauGB-MaßnahmenG** enthält in **§ 4 Abs. 1 Satz 1** folgende Änderung der Befreiungsregelung der Nr. 1: „Gründe des Wohls der Allgemeinheit im Sinne des § 31 Abs. 2 Nr. 1 des Baugesetzbuchs liegen bei dringendem Wohnbedarf, auch zur vorübergehenden Unterbringung und zum vorübergehenden Wohnen, vor; bei vorübergehender Unterbringung und bei vorübergehendem Wohnen ist die Befreiung nicht auf Einzelfälle beschränkt." Dadurch soll klargestellt werden, daß bei dringendem Wohnbedarf – auch Einzelner – Gründe des Wohls der Allgemeinheit vorliegen (vgl. ABer./BauGB-MaßnahmenG, zu Artikel 2, § 4, S. 36). Die Voraussetzung des **Erforderns** wird hierdurch allerdings **nicht ersetzt** (vgl. oben, Rn 30), ebensowenig die Vereinbarkeit mit den öffentlichen Belangen unter Würdigung nachbarlicher Interessen (ABer./BauGB-MaßnahmenG, ebd.; vgl. unten, Rn 38 ff., 41). Gegenüber dem ohnehin schon weiten Begriff des Wohls der

Allgemeinheit bringt diese Regelung eine Erleichterung dadurch, daß der dringende Wohnbedarf auch in einem bloßen Bedarf nach vorübergehender Unterbringung oder vorübergehendem Wohnen bestehen kann und daß – vor dem Hintergrund allgemeiner Wohnraumknappheit – ein individueller Wohnbedarf ausreicht.

In dem **Verzicht auf Atypik und Einzelfall**, wie ihn der zweite Halbsatz zum Ausdruck bringt, ist ein erheblicher Eingriff in das Planungssystem des BauGB zu sehen. Hierdurch wird der Verwaltung nicht nur für engumgrenzte Ausnahmefälle, sondern – nur durch die Zweckbindung beschränkt – generell die Befugnis erteilt, von dem als Satzung erlassenen Bebauungsplan abzuweichen. Das Deutsche Institut für Urbanistik hat in seiner Stellungnahme im Rahmen der öffentlichen Anhörung daher die Frage aufgeworfen, ob diese Normdurchbrechungskompetenz der Verwaltung noch mit dem rechtsstaatlichen Prinzip der Gesetzmäßigkeit der Verwaltung zu vereinbaren ist (vgl. Protokoll Nr. 62 zur Sitzung des 16. Ausschusses am 17. 1. 1990, S. 223). Um diesen Bedenken zu begegnen, ist die Vorschrift eng auszulegen und nur für befristete Genehmigungen anwendbar, die sicherstellen, daß mit vorübergehenden Maßnahmen einem vorübergehenden Wohnungsnotstand entgegengewirkt wird. Als Beispiel für eine solche nicht auf einen Einzelfall beschränkte Maßnahme nennt die Begründung zum Gesetzentwurf die Nutzungsänderung eines Ferienhausgebiets in ein entgegen § 10 Abs. 4 BauNVO für einen festen Personenkreis dem – erst einmal – dauerhaften Wohnen dienenden Gebiet (BT-Drs. 11/5972, S. 13). Eine vorübergehende Unterbringung liegt vor, wenn die Gemeinde Aus- oder Übersiedler in eine Wohnung einweist; um vorübergehendes Wohnen handelt es sich, wenn ein Eigentümer von sich aus Wohnraum zur Deckung des dringenden Wohnbedarfs bereitstellt. **31 b**

Die Sonderregelung gilt nach **§ 13 Abs. 1 BauGB-MaßnahmenG** für Vorhaben, für die ein Genehmigungsantrag nach dem 1. 5. 1990 und vor dem 1. 6. 1995 gestellt wurde. Sie gilt ferner für Vorhaben, über die schon vor dem 1. 6. 1990 entschieden wurde, die Entscheidung über die Zulässigkeit aber noch nicht unanfechtbar ist. Hier kann also durch Widerspruch oder Klage noch das Sonderrecht zugunsten des Bauherrn zur Anwendung gebracht werden. **31 c**

bb) Die Befreiungsmöglichkeit nach **Nr. 2** ist durch die Novelle 1979 eingeführt und durch das Baugesetzbuch erweitert worden. Durch die Neuregelung sollten die Anforderungen an die Atypik herabgesetzt, nicht aber die allgemeine Struktur der Befreiungstatbestände geändert werden (vgl. Söfker, in: B/K/S, Rn 176ff.; Schlichter, in: BK, § 31, Rn 28, 30; Hüttenbrink, DVBl. 1989, 69/71; anders Schmidt-Eichstaedt, DVBl. 1989, 1/6ff., der mit beachtlichen Gründen auf die Atypik verzichten will). Auch das Bundesverwaltungsgericht verlangt weiterhin, daß eine Befreiung nach Nr. 2 nur aufgrund der besonderen Umstände eines Einzelfalls, d. h. bei einem atypischen Sachverhalt, **32**

erfolgen dürfe (vgl. BVerwG, Beschl. v. 20. 11. 1989, ZfBR 1990, 148/
149 f.; Beschl. v. 8. 5. 1989, ZfBR 1989, 225; Beschl. v. 31. 8. 1989,
ZfBR 1990, 40/41).

33 Die Voraussetzung der städtebaulichen Vertretbarkeit (hierzu unten,
Rn 35) einer Befreiung läßt die Befreiungsmöglichkeit nach Nr. 2 wie
bisher **vor allem für Bebauungspläne in bereits länger bebauten
Gebieten, besonders in Stadterhaltungs- oder Stadterneuerungsge-
bieten** als geeignet erscheinen (hierauf weist insbesondere Schlichter,
in: S/S/T, § 31, Rn 8 hin; vgl. jetzt ders., in: BK, § 31, Rn 32). Damit
können bei Umbauten oder Wiederaufbauten eines übernommenen
baulichen Bestands historisch gewachsene Arten oder Maße der bauli-
chen Nutzung oder bestimmte Bauweisen, die im Einzelfall den plane-
rischen Festsetzung widersprechen, berücksichtigt werden, auch wenn
eine Befreiung nicht als „erforderlich" im Sinn der Nr. 1 erscheint (vgl.
auch die Beispiele bei Gelzer, Rn 776, 784, 784 c).

34 Eingrenzungen erfährt auch diese Befreiungsmöglichkeit durch das
Erfordernis, die Grundzüge der Planung zu wahren, was jedoch trotz
der besonderen Hervorhebung in Nr. 2 für alle Befreiungsmöglichkei-
ten gilt (hierzu oben, Rn 28 und unten, Rn 35) sowie durch das Erfor-
dernis der Vereinbarkeit mit den öffentlichen Belangen unter Würdi-
gung nachbarlicher Interessen (hierzu unten, Rn 38 ff.).

35 Dabei reicht es aus, wenn die Abweichung **städtebaulich vertretbar**
ist (vgl. auch § 34 Abs. 3 Satz 1 Nr. 2). Anders als bei der sehr weit
gefaßten Befreiungsmöglichkeit nach Nr. 1, die durch das verhältnis-
mäßig strenge Merkmal des „Erforderns" eingeschränkt wird, ist hier
umgekehrt ein verhältnismäßig enger Tatbestand durch das sehr weite
Merkmal der „Vertretbarkeit" kaum eingeengt. Es genügt, wenn sich –
im Rahmen der Grundzüge der vorhandenen Planung (vgl. BVerwG,
Beschl. v. 20. 11. 1989, ZfBR 1990, 148/150) – die Abweichung als **ein
nach § 1 zulässiger Inhalt eines Bebauungsplans** darstellt (vgl. BT-
Drs. 10/4630, S. 85; vgl. auch BVerwG, U. v. 15. 2. 1990, ZfBR 1990,
198/200; § 34, Rn 64). Es ist daher für eine Befreiung nach Nr. 2 nicht
erforderlich, daß sie städtebaulichen Zielen nützlicher ist als die vor-
handene Festsetzung und diese im konkreten Fall nicht mehr als ange-
messenes Abwägungsergebnis erscheint. Auch eine lediglich gleich-
rangige oder sogar eine schlechtere, aber durch Ausgleichsmaßnahmen
aufgefangene andere städtebauliche Lösung kann die Abweichung nach
Nr. 2 rechtfertigen (anders zum bisherigen Recht 1. Auflage, Rn 35,
unter Hinweis auf OVG Lüneburg, NJW 1980, 1408/1409, das den
Anlaß für die Gesetzesänderung bot; vgl. BT-Drs. 10/4630, ebd.;
Söfker, in: B/K/S, Rn 178; Bielenberg, ZfBR 1988, 55/58). Hier kommt
daher dem – qualitativen – Gebot, die **Grundzüge der Planung** nicht
anzutasten, besonderes Gewicht zu: Nr. 2 erlaubt nur „Randkorrektu-
ren der Planung" (Bielenberg, ebd.; Schlichter, in: BK, § 31, Rn 31, 33;
Schmidt-Eichstaedt, DVBl. 1989, 1/6 f.). Im übrigen darf es sich nur
um einen **Einzelfall** und nicht praktisch um eine Planänderung durch

eine Vielzahl von Einzelfällen handeln (vgl. BT-Drs. 10/4630, ebd.).
Für diesen Einzelfall aber wird durch Nr. 2 die planerische Entscheidung – wie dies sonst nur bei Ausnahmen vorgesehen ist (vgl. oben, Rn 16 ff.) – von dem Gemeinderat auf die Baugenehmigungsbehörde verlagert (vgl. auch unten, Rn 39).

cc) Enthalten Nr. 1 und wenigstens zum Teil auch Nr. 2 Befreiungen 36
aus Gründen des öffentlichen Wohls, so ermöglicht **Nr. 3** eine rein
privatnützige Befreiung. Hier wird das Gefüge des abgewogenen,
interessenausgleichenden Plans durchbrochen und einem einzelnen
Grundstückseigentümer mehr oder anderes erlaubt als allen übrigen
Grundstückseigentümern. Wenn also das ordnende System und die
befriedende Funktion der Bauleitplanung nicht aufgegeben werden
soll, muß die Befreiungsmöglichkeit nach Nr. 3 **sehr eng gehandhabt**
werden. Sie kann nur dann zum Tragen kommen, wenn die Festsetzungen eines Bebauungsplans auf einem Grundstück wegen dessen ungewöhnlicher Gestaltung bei Betrachtung dieses Einzelfalls so nicht getroffen worden wären; die Festsetzungen bedeuten dann für dieses
Grundstück eine vom Plangesetzgeber **offenbar nicht beabsichtigte
Härte** (hierzu Gelzer, Rn 785). Dies kann sich z. B. bei Eckgrundstücken oder besonders schmal geschnittenen Grundstücken ergeben. Erweisen sich dagegen die Festsetzungen eines Bebauungsplans generell
als Härte für die betroffenen Grundstücke, so kann dem nicht mit Hilfe
einer Befreiung abgeholfen werden (BVerwGE 40, 268/271 ff.; Buchholz 406.11 § 31 BBauG Nr. 15). War eine solche generelle Härte vom
Plangesetzgeber nicht beabsichtigt, so ist die Abwägung nach § 1
Abs. 6 kaum fehlerfrei und damit die Gültigkeit des gesamten Bebauungsplans in Zweifel zu ziehen (BVerwGE 40, 268/271 f.; Hoppe,
DVBl. 1983, 1077/1080). Dasselbe gilt, wenn die Festsetzung gerade in
Ansehung eines bestimmten Grundstücks erfolgte: Hier ist für eine
Befreiung kein Raum; vielmehr ist der Bebauungsplan selbst wegen
eines Abwägungsfehlers nichtig (BVerwGE 40, 268/273).

Die Härte, d. h. das Atypische des Falls muß daher immer **mit der** 37
baulichen Nutzung gestalterisch oder technisch zusammenhängen;
eine wirtschaftlich höhere Ausnutzbarkeit begründet nicht die Voraussetzungen einer Befreiung (Schmidt-Aßmann, Grundfragen des Städtebaurechts, 1972, S. 179 mit Fußn. 51; Gelzer, Rn 785). Es ist gerade
Aufgabe der Planung, eine maximale Ausnutzung einzelner Grundstücke zugunsten eines nachbarschaftlichen Interessenausgleichs zu verhindern (OVG Saarlouis, BauR 1971, 111/112). Selbstverständlich vermag es auch keine Härte zu begründen, wenn sich der Eigentümer durch
einen ungenehmigten Bau selbst in die Lage gebracht hat, eine Befreiung
für dessen Genehmigung – und damit zur Vermeidung des Abbruchs –
zu benötigen (BVerwG, Buchholz 406.11 § 31 BBauG Nr. 17).

c) Eine Befreiung darf nur erteilt werden, wenn sie **mit den öffentli-** 38
chen Belangen vereinbar ist. Dieses Erfordernis deckt sich mit dem
Wohl der Allgemeinheit in Nr. 1 (vgl. oben, Rn 29) und bringt gegen-

über den Grundzügen der Planung (hierzu oben, Rn 28) oder der
städtebaulichen Vertretbarkeit (oben, Rn 35) einen erweiterten Kreis
von zu berücksichtigenden Belangen. Vor allem aber gewinnt dieses
Merkmal **Bedeutung gegenüber der privatnützigen Befreiung nach
Nr. 3.** Fiskalische Interessen allerdings sind hier nicht zu berücksichti-
gen (a. A. Gelzer, Rn 790). Sie können aber im Rahmen des Ermessens
Gewicht erlangen (vgl. unten, Rn 44).

39 Je mehr eine Befreiung in das Interessengeflecht des Bebauungsplans
eingreifen würde, desto mehr stehen öffentliche Belange einer Befrei-
ung entgegen (hierzu BVerwGE 56, 71/78). Setzt die Befreiung ihrer-
seits eine vom Bebauungsplan grundsätzlich – und nicht nur, wie nach
Nr. 2 jetzt zulässig, im Einzelfall – abweichende Abwägung und Saldie-
rung widerstreitender Interessen voraus, so wird sie ein Planungsakt.
Dies aber erfordert eine planerische Gestaltungsfreiheit, die der Bauge-
nehmigungsbehörde, auch wenn das notwendige Einvernehmen der
Gemeinde hier ein Korrektiv sein kann, nicht zukommt. Als Faustregel
für die Grenzen einer Befreiung, die ihr aus der notwendigen Verein-
barkeit mit öffentlichen Belangen gesetzt sind, verweist das Bundes-
verwaltungsgericht auf § 34: **Dürfte das Vorhaben bei Anwendbarkeit
des § 34 Abs. 1 nicht genehmigt werden, weil es sich in seine Umge-
bung nicht einfügt, so kann es auch nicht im Wege der Befreiung von
den Festsetzungen eines Bebauungsplans genehmigt werden.** Dann
ist vielmehr eine Umplanung erforderlich (BVerwG, ebd.). Hieran ist
auch im Hinblick auf die neue Nr. 2 festzuhalten (vgl. auch Schlichter,
in: BK, § 31, Rn 37).

40 Die öffentlichen Belange sind insbesondere auch **Aufhänger für die
Beachtung des Gebots der Rücksichtnahme,** insofern ähnlich wie bei
§ 35 Abs. 3 (hierzu unten, Rn 78). Auf diesem Wege und nur soweit,
wie das Gebot der Rücksichtnahme reicht, muß auch Abs. 2 nachbar-
schützende Wirkung beigemessen werden (Schlichter, NVwZ 1983,
641/645; BVerwG, ZfBR 1987, 47/48, das die Geltung des Rücksicht-
nahmegebots aus der Verpflichtung zur Würdigung nachbarlicher In-
teressen ableitet; ferner vgl. unten, Rn 76 und – zu § 34 – 77 ff.).

41 **d)** Bei der Erteilung einer Befreiung sind besonders die **nachbarli-
chen Interessen zu würdigen,** da ja der Plan gerade unter ihnen einen
Ausgleich erbracht hat, von dem nun zumindest teilweise abgewichen
werden soll. Die Würdigung nachbarlicher Interessen hat unabhängig
davon zu erfolgen, ob diese Interessen sich auf nachbarschützende
Vorschriften stützen können oder nicht (vgl. BVerwG, ZfBR 1987, 47/
48; vgl. auch Brohm, AöR 113 (1988), S. 660/662, der hier mit guten
Gründen einen Anspruch des Nachbarn auf ermessensfehlerfreie Ent-
scheidung annimmt, der grundsätzlich auch dann bestehe, wenn nach-
barliche Interessen, die sich nicht auf nachbarschützende Vorschriften
stützen können, in eine planungsrechtliche Abwägung, wie sie auch die
Erteilung einer Befreiung darstellt, eingingen). Allerdings sind nur in
diesem letzteren Falle, nämlich daß nachbarschützende Vorschriften

berührt sind, prozessuale Abwehrrechte gegeben. Dagegen begründet Abs. 2 – abgesehen von der Geltung des Gebots der Rücksichtnahme (vgl. oben, Rn 40) – bei Vorschriften, die nicht ihrerseits nachbarschützend sind, selbst keine nachbarschützenden Wirkungen (BVerwG, BayVBl. 1969, 432; BRS 17, Nr. 117). Soll von nachbarschützenden Vorschriften mit einigem Gewicht – besonders über die Art der baulichen Nutzung – und in spürbarem Umfang abgewichen werden, so sind in der Regel die Voraussetzungen für eine Befreiung nicht mehr gegeben. Hier wird nur mit einer Umplanung geholfen werden können (BVerwGE 56, 71/79; Schlichter, in: BK, § 31, Rn 36). Es gilt daher dieselbe **Wesentlichkeitsschwelle** wie bei der Frage, ob die Befreiung mit öffentlichen Belangen vereinbar ist (vgl. BVerwG, ZfBR 1987, 47/48; auch oben, Rn 39).

e) Die Befreiung greift in das Gefüge des von der Gemeinde beschlossenen Bebauungsplans ein. Die Baugenehmigungsbehörde, die über die Befreiung entscheidet, hat daher nach § 36 Abs. 1 Satz 1 das **Einvernehmen** der plangebenden Gemeinde einzuholen. Die **Zustimmung der höheren Verwaltungsbehörde** ist **nicht** erforderlich (vgl. oben, Rn 16). 42

3. a) Die Entscheidung über die Erteilung oder Versagung einer Befreiung liegt, wie sich aus der Verwendung des Wortes „kann" ergibt, im **Ermessen** der Baugenehmigungsbehörde. Allerdings wird für eine Ausübung des Ermessens, wenn die recht detailliert bestimmten Voraussetzungen für die Erteilung einer Befreiung gegeben sind, wenig Raum bestehen. Räumt ein Gesetz bestimmten Vorhaben eine Vorrangstellung ein, reduziert sich das Ermessen auf Null, wenn dem Vorhaben nicht zumindest gleichgewichtige Belange entgegenstehen. Dies kann etwa bei der Rohstoffsicherungsklausel des § 48 Abs. 1 Satz 2 BBergG der Fall sein (vgl. BVerwG, DVBl. 1986, 1273/1274 m. Anm. Seibert). Einer **Abgrenzung** bedarf das Ermessen insbesondere **gegenüber den öffentlichen Belangen,** die als Voraussetzung für die Befreiung aufgeführt sind. Zweckmäßig erscheint, die städtebaulichen öffentlichen Belange, wie sie in § 1 Abs. 5 niedergelegt sind, den Tatbestandsvoraussetzungen für die Erteilung der Befreiung zuzurechnen; alle übrigen öffentlichen Belange gehen im Rahmen der Bindungen des Ermessens in die Ermessenserwägungen ein. Insoweit können z. B. auch **fiskalische Interessen** der Gemeinde dazu führen, eine Befreiung zu versagen (vgl. auch BVerwGE 56, 71/77). 43

Will sich die Gemeinde durch die Erteilung einer Befreiung – oder durch die Erteilung ihres Einvernehmens zu einer Befreiung – nicht zu weiteren **Aufwendungen** hinsichtlich Erschließung oder sonstiger Infrastruktur genötigt sehen, die sie nicht leisten kann oder will, so kann die Erteilung einer Befreiung oder der Erteilung des Einvernehmens zu ihr aus diesem Grund abgelehnt werden (im Ergebnis ebenso Sendler, BBauBl. 1968, 63/64 mit dem allerdings wenig überzeugenden Beispiel der Krawallvermeidung als Ermessensgrund; ihm folgend Dyong, in: 44

E/Z/B, BBauG § 31, Rn 62). Allerdings kann sich der Antragsteller durch einen Erschließungs- oder einen Folgekostenvertrag verpflichten, diese Aufwendungen ganz oder teilweise selbst zu übernehmen und so die Voraussetzungen für eine Befreiung schaffen (vgl. § 124, Rn 3 ff., und unten, Rn 49 f.). Zu **Baudispensverträgen** allgemein Schlichter, in: BK, § 31, Rn 46 ff.

45 Sehr häufig stellt sich das Problem der Befreiung im Zusammenhang mit einem in Aufstellung begriffenen neuen Bebauungsplan. Hier sind mehrere Problemschichten zu unterscheiden. Hat der neue Bebauungsplan **Planreife** erlangt, so ist für eine Anwendung von Abs. 2 hinsichtlich des bestehenden Bebauungsplans kein Raum mehr. Hierfür enthält § 33 eine eigenständige und für den Antragsteller zumeist günstigere Rechtsgrundlage, da ihm hier bei Vorliegen der Voraussetzungen ein Rechtsanspruch eingeräumt ist. Allerdings kann auch von den Festsetzungen des künftigen Bebauungsplans befreit werden (vgl. oben, Rn 10). Soweit das Vorhaben auch dann nicht genehmigungsfähig ist und nach dem bestehenden Bebauungsplan eine Befreiung erforderlich wäre, steht dem der künftige Bebauungsplan als öffentlicher Belang entgegen.

46 Hat der Plan zwar noch **nicht Planreife** erlangt, ist jedoch gleichwohl mit seiner Aufstellung oder jedenfalls mit den für die Befreiung bedeutsamen Festsetzungen zu rechnen, so stellt der Planentwurf einen städtebaulichen öffentlichen Belang dar. Widerspricht also die begehrte Befreiung diesem Planentwurf und wäre von den zu erwartenden Festsetzungen auch eine Befreiung nicht möglich, so sind die Voraussetzungen für die Erteilung einer Befreiung gar nicht gegeben; für eine Ermessensbetätigung ist dann kein Raum mehr. Ist es jedoch noch **völlig ungewiß,** ob der Plan in dieser der Befreiung entgegenstehenden Form in Kraft treten wird, stellt er auch keinen öffentlichen Belang dar. Dann kann auf ihn auch keine Ermessensentscheidung gestützt werden. Eine dermaßen ungewisse Planungsabsicht reicht als sachlicher Grund für eine Ermessensentscheidung nicht aus, da sie der Willkür Tür und Tor öffnen würde (anders Dyong, in: E/Z/B, BBauG, § 31, Rn 62, der hier eine Ermessensentscheidung für möglich hält).

47 Da die Befreiung im Gegensatz zur Ausnahme nicht im Bebauungsplan gewissermaßen vorweggenommen ist, können bei ihr – wie ausgeführt – auch andere als unmittelbar städtebauliche Gründe in die Ermessensentscheidung einbezogen werden. Allerdings müssen sie **stets einen städtebaulichen Bezug** aufweisen. Auch die Erteilung oder Versagung einer Befreiung ist kein Mittel z. B. der Wettbewerbs- oder der Sozialpolitik.

48 **b)** Da es sich bei der Entscheidung über die Befreiung um eine Ermessensentscheidung handelt, kann sie wie die Ausnahme mit **Nebenbestimmungen** versehen werden (hierzu oben, Rn 20).

4. Nach § 54 VwVfG kann die Behörde stets, anstatt einen Verwal- 49
tungsakt zu erlassen, mit dem Adressaten einen öffentlich-rechtlichen
Vertrag schließen. § 124 Abs. 2 stellt dies für das Städtebaurecht aus-
drücklich klar. In diesem Vertrag können auch Leistung und Gegenlei-
stung miteinander verknüpft werden (Austauschvertrag nach § 56
VwVfG). Ein solcher Austauschvertrag ist zulässig, wenn die Gegen-
leistung für die Leistung der Behörde angemessen ist, im sachlichen
Zusammenhang mit der vertraglichen Leistung der Behörde steht und
der Behörde zur Erfüllung ihrer Aufgaben dient. Besteht dagegen ein
Anspruch auf die behördliche Leistung – und sei es auch nur infolge
einer Ermessensreduzierung auf Null – so kann als Gegenleistung nur
vereinbart werden, was bei Erlaß eines Verwaltungsakts Inhalt einer
Nebenbestimmung sein könnte (§ 56 Abs. 2 VwVfG; hierzu Kopp,
VwVfG, 4. Aufl. 1986, § 56, Rn 21 ff.).

Diesen Anforderungen muß auch der als öffentlich-rechtlicher Ver- 50
trag einzustufende (BVerwGE 42, 331/334; DVBl. 1967, 40/41) **Baudis-
pensvertrag** genügen. So darf sich z. B. die Gemeinde nicht die Ertei-
lung einer Befreiung „bezahlen" lassen, d. h. wirtschaftliche Leistungen
des Antragstellers verlangen, die über den sachlichen Zusammenhang
mit der Befreiungserteilung hinausgehen (sog. **Koppelungsverbot**).
Dagegen kann z. B. eine nur durch Befreiung mögliche Betriebserwei-
terung gegen besondere Anpflanzungen und Schallschutzmaßnahmen
in einem Baudispensvertrag vereinbart werden. Auch darf die Ge-
meinde finanzielle Aufwendungen, die die Erteilung einer Befreiung
nach sich zieht, dem Antragsteller als dem Nutznießer aufbürden.
Bekanntestes Beispiel hierfür ist die allerdings dem Gebiet des
Bauordnungsrechts zuzurechnenden Garagenablösungsverträge: Auf
die Erstellung des an sich erforderlichen Garageneinstellplatzes auf dem
Grundstück wird verzichtet, wenn der Eigentümer einen finanziellen
Beitrag zur Schaffung öffentlicher Stellplätze in dem Gebiet leistet
(hierzu Ortloff, in: F/O, Bd. II, S. 44 ff.; zur Vergleichbarkeit von
Garagenablösungs- und Dispensverträgen bei § 31 vgl. Sendler,
BBauBl. 1968, 63/64). Verwandt sind auch Folgekostenverträge (hierzu
§ 124, Rn 3 ff., und oben, Rn 44; grundlegend BVerwGE 42, 331 ff.).

B. I. Ein **öffentlich-rechtlicher Nachbarschutz** hat sich erst unter 51
der Geltung des Grundgesetzes mit seiner besonderen Gewährleistung
einerseits von Eigentum und Gesundheit, andererseits eines Rechts-
wegs herausgebildet. Das Preußische Oberverwaltungsgericht, das in
vielerlei Hinsicht die Rechtsprechung der anderen Gerichte seiner Zeit,
aber auch die Verwaltungsrechtsprechung der Nachkriegszeit geprägt
hat, lehnte eine Nachbarklage gegen eine erteilte oder nicht erteilte
Baugenehmigung stets mit dem Begründen ab, die öffentlichen Bau-
vorschriften dienten im wesentlichen dem gemeinen Wohl und verlie-
hen den Nachbarn keine besonderen Rechte; im übrigen seien Streitig-
keiten unter Nachbarn über die Ausnutzung ihrer Grundstücke vor den
ordentlichen Gerichten nach den Grundsätzen des zivilrechtlichen

Nachbarschutzes auszutragen (vgl. z. B. PrOVGE 2, 351/354). Heute
stehen öffentlich-rechtlicher und zivilrechtlicher Nachbarschutz neben-
einander. Das Baugesetzbuch hat hieran nichts geändert (zu Reformer-
örterungen im Vorfeld des BauGB vgl. Krautzberger/Löhr, NVwZ
1987, 177/183). Zum baurechtlichen Nachbarschutz vgl. insbesondere
die Darstellungen bei Schlichter, in: BK, Vorbemerkung zu den
§§ 29–38, Rn 1 ff.; Erbguth, Rn 391 ff.; Ortloff, in: F/O, Bd. II,
S. 162 ff.; v. Mutius, Jura 1989, 297/300 ff.; Schwarzer, UPR 1989,
201 ff.; Kleinlein, Das System des Nachbarrechts, 1986. Zum Span-
nungsverhältnis und notwendigen Ausgleich des öffentlichen und pri-
vaten Umwelt- und insbesondere Nachbarrechts vgl. instruktiv Ger-
lach, JZ 1988, 161 ff.

52 Der **privatrechtliche Nachbarschutz** findet seine Grundlage zum
einen in **§§ 1004, 823 Abs. 1 BGB,** nach denen der **Inhaber eines
absoluten Rechts** Beeinträchtigungen dieses Rechts abwehren kann
(negatorischer Anspruch). Hierdurch sind vor allem das Eigentum und
ferner z. B. das allgemeine Persönlichkeitsrecht und das Recht am
eingerichteten und ausgeübten Gewerbebetrieb geschützt. Nach § 862
BGB bestehen ähnliche Abwehransprüche zugunsten des Besitzers.
Der quasinegatorische Anspruch aus einer entsprechenden Anwendung
des § 1004 BGB – im Baurecht besonders wichtig – umfaßt auch die
von Schutznormen im Sinne des § 823 Abs. 2 BGB erfaßten Rechtsgü-
ter und rechtlich geschützten Interessen. Darüber hinaus bestimmt
§ 124 EGBGB, daß landesrechtliche Vorschriften, die das Eigentum an
Grundstücken zugunsten des Nachbarn noch weiteren Beschränkun-
gen unterwerfen, als sie im BGB vorgesehen sind, unberührt bleiben.
Auf diese Vorschrift gründen sich die **Nachbarrechtsgesetze der Län-
der,** die z. B. Vorschriften über das Fenster- und Lichtrecht, die Nach-
barwand, die Grenzwand, das Hammerschlag- und Leiterrecht, Ein-
friedigungen und Grenzabstände für Pflanzen enthalten (vgl. z. B.
NachbarrechtsG NRW vom 15. April 1969, GV NRW S. 190).

53 Zum anderen findet der zivilrechtliche Nachbarschutz seine Rechts-
grundlage in **§ 906 BGB.** Dieser bestimmt **Inhalt und Grenzen des
Abwehranspruchs des Grundstückseigentümers.** Danach kann der
Eigentümer die Zuführung von Immissionen **nicht** untersagen, soweit
hierdurch die Benutzung des Grundstücks nur unwesentlich beein-
trächtigt wird oder aber die Immissionen zwar eine wesentliche Beein-
trächtigung verursachen, aber auf eine „ortsübliche" Benutzung des
Grundstücks zurückgehen. Erfährt der Eigentümer hierdurch eine
unzumutbare Beeinträchtigung in der Nutzung seines Grundstücks, so
kann er von dem Nachbarn einen Geldausgleich verlangen. Der zivil-
rechtliche Nachbarschutz ist daher vom Gegenstand her begrenzt und
erfaßt nicht solche Beeinträchtigungen, die nicht in der Zuführung von
Immissionen liegen, wie z. B. Verschattung, Wertminderung oder ähn-
liches (zum zivilrechtlichen Nachbarschutz ausführlich Meisner/Stern/
Hodes/Dehner, Nachbarrecht im Bundesgebiet, 6. Aufl. 1982).

Im übrigen entfaltet im Verhältnis zwischen Nachbarn die **Bauge-** 54
nehmigung, unter Umständen unter Gewährung einer Befreiung,
sogenannte **Tatbestandswirkung.** Dies bedeutet, daß der Zivilrichter
an die in der Baugenehmigung enthaltene Erklärung, daß das Bauvor-
haben mit den Vorschriften des öffentlichen Rechts übereinstimmt,
gebunden ist. **Mit dem negatorischen Anspruch aus §§ 1004, 906 BGB
kann daher einem Nachbarn die Ausnutzung einer Baugenehmigung
oder einer Befreiung nicht untersagt werden.** Selbstverständlich ver-
mag sich die Baugenehmigung nicht gegenüber den einem Bauvorha-
ben entgegenstehenden vereinbarten dinglichen oder auch obligatori-
schen Rechten Dritter durchzusetzen (z. B. § 70 Abs. 3 Satz 1 BauO
NRW; vgl. etwa den Fall des OVG Bremen, NVwZ 1984, 594;
insgesamt ist hier noch vieles unklar und streitig, vgl. etwa Marburger,
Gutachten C zum 56. DJT, 1986, S. C 38 ff.; v. Mutius, Jura 1989, 297/
306 ff.). Der Bebauungsplan allein verleiht diese sichere Rechtsposition
nicht, da er nach der Rechtsprechung des Bundesgerichtshofs das durch
die tatsächliche Situation, die Ortsüblichkeit, geprägte Nachbarschafts-
verhältnis nicht verändert und damit die zivilrechtlichen Nachbar-
schutzansprüche nicht berührt (vgl. BGH, BauR 1983, 181 f.; kritisch
zum Ansatz des BGH Johlen, BauR 1984, 134 ff.; Trzaskalik, DVBl.
1981, 71/72 f.; Mühl, in: F. Baur-FS, 1983, 83 ff.; Ortloff, in: F/O,
Bd. II, S. 166).

Anzumerken ist schließlich, daß sich der zivilrechtliche Nachbar- 55
schutz **auf das zweipolige Verhältnis zwischen Eigentümer und
Nachbar beschränkt.** Den vielfach – vor allem beim Immissionsschutz
– anzutreffenden mehrpoligen Rechtsverhältnissen, die eine exakte
Zuordnung und Zurechnung von Störungen des Nachbarschaftsver-
hältnisses nicht mehr ermöglichen, kann der zivilrechtliche Nachbar-
schutz nicht gerecht werden (hierzu Steinberg, NJW 1984, 457 ff.; zum
zweipoligen Nachbarrechtsverhältnis – hier besonders zum Verhältnis
von zivil- und öffentlich-rechtlichem Nachbarschutz – instruktiv Kon-
rad, BayVBl. 1984, 33 ff., 70 ff.). Auf der anderen Seite ergeht die
Baugenehmigung „unbeschadet privater Rechte Dritter" (vgl. z. B.
§ 70 Abs. 3 BauO NRW). Die Baugenehmigung befreit also nicht von
der Beachtung vertraglicher oder sonstiger zivilrechtlicher Verpflich-
tungen (vgl. oben, Rn 54). Allerdings ist es der Baugenehmigungsbe-
hörde unbenommen, gleichwohl einem Vorhaben entgegenstehende
private Rechte zu berücksichtigen und aus diesem Grunde die Bauge-
nehmigung zu versagen (BVerwG, NJW 1965, 551/552). Es ist also
festzuhalten, daß sich öffentlich-rechtlicher und privatrechtlicher
Nachbarschutz **wechselseitig ergänzen** und erst im Zusammenwirken
das Nachbarschaftsverhältnis umfassend regeln sowie dem Eigentümer
eine dem Art. 19 Abs. 4 GG genügende Rechtsposition verleihen. Zum
Meinungsstand beim baurechtlichen Nachbarschutz vgl. ausführlich
Marburger, Ausbau des Individualschutzes gegen Umweltbelastungen
als Aufgabe des bürgerlichen und öffentlichen Rechts, Gutachten C

zum 56. Deutschen Juristentag, 1986, S. C 16 ff., C 101 ff.; kritisch zu einem überzogenen Ausbau des öffentlich-rechtlichen Nachbarschutzes Schmidt-Aßmann, DVBl. 1987, 216/220 f.

56 **II. 1.** Eine gegen einen Verwaltungsakt oder auf Erlaß eines Verwaltungsakts gerichtete Klage (hierzu unten, Rn 88 ff.) hat nur dann Erfolg, wenn der Verwaltungsakt oder seine Unterlassung objektiv rechtswidrig sind und hierdurch der Kläger in seinen subjektiven Rechten verletzt wird (vgl. § 113 Abs. 1 und 4 VwGO). Für eine erfolgreiche Nachbarschutzklage genügt mithin eine erkannte Rechtswidrigkeit einer erteilten Baugenehmigung. Dies zu vermeiden oder zu korrigieren ist allein Aufgabe der Aufsichtsbehörde. Hinzu kommen muß vielmehr, daß die getroffene Entscheidung eine Vorschrift verletzt, die dem Nachbarn ein **subjektives öffentliches Recht** verleiht. Solche Normen enthält das materielle öffentliche Baurecht. Allerdings ist nicht jede Norm des materiellen öffentlichen Baurechts, obwohl dessen Zweck letztlich wesentlich darin begründet ist, einen Ausgleich nachbarlicher Interessen zu treffen, potentiell nachbarschützend (so aber OVG Münster, NVwZ 1983, 414; Schröer, DVBl. 1984, 426 f.). Denn zahlreiche Normen dieses Rechtskreises dienen ausschließlich der Durchsetzung öffentlicher und in keiner Weise auch dem Schutz individueller Interessen (so gegen OVG Münster BVerwG, ZfBR 1983, 290; 1987, 47 f.; vgl. hierzu Goerlich, JZ 1988, 406 f.). Maßgeblich ist vielmehr, wie aus den angeführten Entscheidungen des Bundesverwaltungsgerichts hervorgeht, der in jedem einzelnen Falle zu ermittelnde **Schutzzweck der Norm** (Schutznormtheorie, ähnlich den Grundsätzen zu § 823 Abs. 2 BGB als – u. a. – Ausdruck des zivilrechtlichen Nachbarschutzes; hierzu Schlichter, NVwZ 1983, 641 ff.). Ein subjektives Nachbarrecht begründet eine Norm des Baurechts danach dann, wenn sie nicht ausschließlich dem öffentlichen Interesse an der städtebaulichen Ordnung, sondern – zumindest auch – dem Schutz des Nachbarn dienen soll. Wann dies der Fall ist, muß anhand der üblichen Auslegungsregeln (Wortlaut, systematischer Zusammenhang, Absicht des Gesetzgebers usw.) ermittelt werden. Auf eine **tatsächliche Beeinträchtigung** des Nachbarn kommt es – sofern nicht bereits in der Norm selbst die tatsächliche Beeinträchtigung als Tatbestandsmerkmal genannt ist, wie etwa bei dem Erfordernis nicht störender Anordnung von Garagen nach § 47 Abs. 7 BauO NRW – grundsätzlich für die Verletzung einer Schutzvorschrift **nicht** an (kritisch hierzu Wahl, JuS 1984, 577 ff.; wie hier BVerwG, NVwZ 1985, 39; Marburger, Gutachten C zum 56. DJT, S. C 21). Der Nachbar hat Anspruch auf korrekte Beachtung der ihn schützenden Vorschriften; keineswegs setzt der Nachbarschutz – soweit nicht die Beeinträchtigung wie bei den Immissionsschutzvorschriften tatbestandlich vorausgesetzt ist – erst ab einem – ohnehin nicht zu bestimmenden – gewissen Grad der Rechtsverletzungen ein (vgl. Sendler, BauR 1970, 4/11). Allerdings erfordert in den umrissenen Fällen die Prüfung der Rechtsverletzung häufig auch die

Feststellung einer tatsächlichen Betroffenheit, so etwa, wenn der Bauherr die Abstandfläche auf der dem klagenden Nachbarn abgewandten Seite nicht einhält (vgl. Schlichter, in: S/S/T, § 31, Rn 17). Bei Bagatellverletzungen kann die Zulässigkeit einer Nachbarklage am Fehlen des allgemeinen Rechtsschutzbedürfnisses scheitern (vgl. zu Fragen der tatsächlichen Beeinträchtigung ausführlich Jacob, BauR 1984, 1 ff.). Soweit Nachbarschutz mit dem Gebot der Rücksichtnahme oder aus Art. 2 Abs. 2 oder Art. 14 GG begründet wird (vgl. unten, Rn 78 ff., 82 ff., 87), kommt einer über das Zumutbare hinausgehenden tatsächlichen Beeinträchtigung dagegen entscheidendes Gewicht zu (BVerwG, NVwZ 1985, 38, 652 f.; ZfBR 1984, 147; 1987, 47/48; vgl. auch Ortloff, in: F/O, Bd. II, S. 175). Weiter eingeengt wird dieser noch unabsehbare Kreis von Schutznormen durch das Erfordernis, daß der **Kreis der geschützten Nachbarn von der Norm her bestimmbar und abgrenzbar** ist (BVerwGE 27, 29/33; 41, 59/63; NVwZ 1985, 38). Auf eine erkennbare zahlenmäßige Begrenzung der Berechtigten kommt es unmittelbar nicht an; die notwendige Eingrenzung der Anspruchsberechtigten ist vielmehr aus dem Normzweck und der spezifischen Situation abzuleiten (vgl. Marburger, Gutachten C zum 56. DJT, S. C 34 ff.; vgl. auch unten, Rn 65). Hierdurch wird erreicht, daß der Bauherr nicht einer unübersehbaren Vielzahl von möglichen, unter Umständen ganz entlegenen Abwehransprüchen ausgesetzt ist; dies würde seiner aus Art. 14 GG begründeten Rechtsposition nicht gerecht. Die Weite des Kreises der Nachbarn in diesem Sinne kann von Norm zu Norm variieren; gleiches gilt für den Umfang des Nachbarschutzes (hierzu BVerwGE 45, 309/315).

Als in diesem Sinn klageberechtigter, weil geschützter Nachbar **57** kommt auch die **Gemeinde** – oder eine sonstige juristische Person des öffentlichen Rechts – in Betracht, wenn sie als Grundeigentümerin betroffen wird (Jarass, DVBl. 1976, 732/737; Bambey, DVBl. 1983, 936/938 f.). Dabei ist die Nutzung des Grundstücks – etwa für öffentliche oder nur fiskalische Zwecke – unerheblich; die Gemeinde unterscheidet sich insoweit nicht von einem Privaten. Allerdings ist der Gemeinde der Nachbarschutz aus Art. 14 GG (hierzu unten, Rn 82 ff.) verwehrt, da Gemeinden generell nicht grundrechtsfähig sind (BVerwGE 61, 82/108 f.; hierzu Bambey, aaO, m. w. N.; vgl. auch Badura, JZ 1984, 14 ff.).

Hat die Behörde einem Nachbarn eine **Zusage** (§ 38 VwVfG) dahin- **58** gehend erteilt, von bestimmten Normen bei einer eventuell später zu erteilenden Baugenehmigung nicht abzuweichen, so kann der Nachbar hierauf einen Abwehranspruch stützen. In diesem Fall ist es unerheblich, ob die verletzte Norm nachbarschützend ist oder nicht. Allerdings richtet sich dieser Anspruch nicht unmittelbar gegen die zusagewidrig erteilte Baugenehmigung, sondern auf **Rücknahme** dieser Baugenehmigung durch die Genehmigungsbehörde. Dies bedeutet, daß nicht eine Anfechtungsklage (wie sie gegen die Baugenehmigung zu erheben

wäre), sondern eine **Verpflichtungsklage** zu erheben ist. Zum anderen aber bedeutet dies, daß die Klage nur dann und nur insoweit Erfolg haben kann, als eine Rücknahme des begünstigenden Verwaltungsakts nach § 48 VwVfG möglich ist. Trotz des nicht ganz klaren Wortlauts des § 48 VwVfG kann auch bei einem rechtswidrigen Verwaltungsakt, der nicht auf eine Geldleistung gerichtet ist und auf dessen Bestand der Bürger vertrauen durfte, eine Rücknahme des Verwaltungsakts ausscheiden (hierzu Kopp, VwVfG, 4. Aufl. 1986, § 48, Rn 85; im übrigen vgl. BVerwG, DVBl. 1976, 220/222).

59 Entsprechend diesem Erfordernis, bei jeder einzelnen Norm zu prüfen, ob sie Nachbarschutz vermittelt oder nicht, hat sich eine breite **kasuistische Einzelnorm-Rechtsprechung** (zu gegenläufigen Tendenzen vgl. unten, Rn 75 ff.) entwickelt, die – vor allem allerdings im Bereich des Bauordnungsrechts – zum Teil von Land zu Land unterschiedlich ist. Mit dem **Baugesetzbuch** wurde kein Versuch gemacht, den baurechtlichen Nachbarschutz auf eine einheitliche Grundlage zu stellen; die Fortentwicklung wurde vielmehr der Rechtsprechung überlassen (vgl. Krautzberger/Löhr, NVwZ 1987, 177/183; einen gesetzgeberischen Handlungsbedarf ablehnend auch Marburger, Gutachten C zum 56. DJT, S. C 93).

60 **2. Keinen** Nachbarschutz vermitteln die städtebaulichen Ziele und Planungsleitlinien des **§ 1 Abs. 5** und das Abwägungsgebot des **§ 1 Abs. 6** (Schlichter, in: BK, Vorbemerkung zu den §§ 29–38, Rn 70; Dyong, in: E/Z/B, BBauG, § 31, Rn 127). Das Bundesverwaltungsgericht hat diese Frage zwar offengelassen (vgl. BVerwGE 28, 268/276 f.; 32, 173/177), jedoch klargestellt, daß diese Vorschriften nicht geeignet sind, Regelungen, die ihrerseits keinen Nachbarschutz vermitteln, um nachbarschützende Elemente anzureichern. Die Vorschriften richten sich nur an den Plangeber und begründen keine subjektiv-öffentlichen Rechte auf eine bestimmte Planung oder auf Planbefolgung, auch wenn objektiv-rechtlich die Aufstellung eines Bebauungsplans erforderlich ist (BVerwG, ZfBR 1982, 226 f.; Dolde, NVwZ 1984, 158 f.; vgl. auch BVerwGE 32, 173/177; 54, 211/217, in dem entschieden wird, daß aus § 1 keine subjektiven öffentlichen Rechte auf angemessene Abwägung bestimmter – eigener – Belange abzuleiten sind). Dasselbe gilt für den allgemeinen Planungsgrundsatz des § 50 BImSchG (BVerwG, NJW 1983, 348; Jarass, BImSchG, 1983, § 50, Rn 11. Zum Verhältnis des § 50 BImSchG zu § 1 Abs. 6 und 7 BBauG ausführlich Schmidt-Aßmann. Die Berücksichtigung situationsbestimmter Abwägungselemente bei der Bauleitplanung, 1981, S. 38 ff.; vgl. auch § 1, Rn 110). Das Erfordernis, private und öffentliche Belange untereinander und gegeneinander gerecht abzuwägen, kann und muß aber dazu führen, dem Nachbarn durch bestimmte Festsetzungen im Bebauungsplan, die gerade seinem Schutz dienen sollen, entsprechende Abwehrrechte einzuräumen (vgl. Sendler, BauR 1970, 4/8).

Auch die Verfahrensvorschriften des § 3 einschließlich der Verpflich- **61** tung zur Bürgerbeteiligung nach § 3 Abs. 2 enthalten nur objektives Recht und schaffen aus sich heraus keine Nachbarschutz begründenden subjektiv-öffentlichen Rechte etwa auf Planfeststellung oder -fortführung (BVerwG, ZfBR 1982, 226/227; vgl. auch Schlichter, in: BK, Vorbemerkung zu den §§ 29–38, Rn 75 ff.; kritisch hierzu Ortloff, in: F/O, Bd. II, S. 176, 191 ff.).

3. Nachbarschützender Charakter kann den **Festsetzungen eines Be-** **62** **bauungsplans** zukommen. Zwar dient ein Bebauungsplan zunächst öffentlichen Interessen, da er für ein bestimmtes Gebiet eine städtebauliche Ordnung aufstellt. Da die hiervon betroffenen Grundstücke jedoch in einer „bau- und bodenrechtlichen Schicksalsgemeinschaft zusammengeschlossen" sind (BVerwG, DVBl. 1974, 358/361), sind **alle** **die Festsetzungen in einem Bebauungsplan, die ein bestimmtes Austauschverhältnis der Grundstücksnutzungen gewährleisten, nachbarschützend** (Sendler, BauR 1970, 4/8 f.). Der nachbarschützende Charakter der Festsetzungen eines Bebauungsplans kann sich unmittelbar aus der Festsetzung selbst ergeben, er kann aber ggf. auch erst aus der Planbegründung ersichtlich sein (vgl. etwa VGH Mannheim, BauR 1984, 52/54). Festsetzungen eines Bebauungsplans sind daher nicht generell nachbarschützend, sondern nur insoweit, als sie diesen nachbarlichen Interessenausgleich gewährleisten sollen. So sind Festsetzungen nach § 9 Abs. 1 Nr. 24, die einem Wohngebiet Schutz gegen den von einer Straße ausgehenden Lärm bieten sollen, nachbarschützend (BVerwG, Beschl. v. 7. 9. 1988, BayVBl. 1989, 87 ff. m. kritischer Anm. von Geiger).

Im übrigen ist darauf hinzuweisen, daß sich die nachbarschützende Wirkung von Festsetzungen als eine **Auslegung von Ortsrecht,** nämlich des Bebauungsplans, darstellt. Diese Auslegung unterliegt daher nicht der revisionsrechtlichen Überprüfung durch das Bundesverwaltungsgericht, wohl aber ihr Ergebnis (hierzu BVerwG, NVwZ 1985, 748; DVBl. 1981, 928; DVBl. 1971, 754/755). Die Rechtsprechung der Oberverwaltungsgerichte und Verwaltungsgerichtshöfe zum bauplanungs- und vor allem zum bauordnungsrechtlich begründeten Nachbarschutz sind sehr ausführlich wiedergegeben in den jeweiligen Bänden der Baurechtssammlung unter dem Stichwort „Nachbarschutz".

Typischerweise findet der Interessenausgleich **innerhalb des Plange-** **63** **biets** statt. Allerdings kann den Festsetzungen eines Bebauungsplans und ihrer Begründung zu entnehmen sein, daß sie **auch gebietsüberschreitenden Nachbarschutz** begründen, also auch nicht im Plangebiet gelegenen Nachbarn Abwehrrechte einräumen wollen (hierzu BVerwG, DVBl. 1974, 358/361; vgl. auch BVerwGE 50, 49/54 f.). Soweit unterschiedlich schutzwürdige Gebiete zusammentreffen, ist eine Art „Mittelwert" zu bilden, der die Rücksichtnahmepflicht des Emittenten mildert und die Duldungspflicht des Nachbarn ausweitet

(vgl. auch Schlichter, in: BK, Vorbemerkung zu den §§ 29–38, Rn 55;
Lenz, BauR 1990, 15 ff.; unten, Rn 78).

64 **a)** Allgemein bejaht wird der nachbarschützende Charakter von
Festsetzungen der **Art der baulichen Nutzung** (vgl. insbesondere
BVerwGE 45, 309/327; NJW 1967, 1770/1771; ferner die Nachweise bei
Dyong, in: E/Z/B, BBauG, § 31, Rn 135). So kann z. B. der Eigentümer
eines in einem reinen Wohngebiet liegenden Grundstücks die Zulas-
sung eines die Nutzung seines Grundstücks störenden Gewerbebetriebs
oder die Zulassung von Gebäuden, deren äußeres Erscheinungsbild
dem Wohncharakter des festgesetzten Gebiets widersprechen, verhin-
dern (zu letzterem OVG Bremen, DVBl. 1966, 287; ihm zustimmend
Sendler, BauR 1970, 4/9). Umgekehrt kann sich aber auch der Inhaber
eines Gewerbebetriebs in einem Gewerbe- oder Industriegebiet (VGH
Kassel, NVwZ 1986, 315/316) oder ein Landwirt sowie ein privilegier-
ter Betrieb im Außenbereich durch eine sog. störungspräventive Bau-
nachbarklage gegen eine heranrückende Wohnbebauung wehren, die
später die Fortführung des Betriebs gefährden könnte (vgl. BVerwG,
DVBl. 1971, 746/747; NJW 1983, 2460; Dyong, in: E/Z/B, BBauG,
§ 31, Rn 137). Auch Festsetzungen über die Zahl der Wohnungen nach
§ 3 Abs. 4 oder § 4 Abs. 4 BauNVO beziehen sich auf die Art der
baulichen Nutzung und sind somit grundsätzlich nachbarschützend
(vgl. OVG Berlin, BauR 1988, 454 ff.; vgl. aber – unter Hinweis auf die
Begründung des Bebauungsplans – abweichend OVG Bremen, ZfBR
1989, 176 f.). Zu den besonderen Problemen der Zulässigkeit von
Sportanlagen in reinen oder allgemeinen Wohngebieten vgl. Lang,
Hagen, Gaentzsch und Salzwedel in UPR 1985, 185 ff.; § 9, Rn 28; vgl.
zu den Neuerungen in der BauNVO Stock, ZfBR 1990, 123/126 f.).
Hier kommt insbesondere § 15 Abs. 1 BauNVO und dem ihm imma-
nenten **Gebot der Rücksichtnahme** Bedeutung zu (vgl. Rn 65, 78).
Hierzu jetzt grundlegend BVerwG, U. v. 19. 1. 1989, 7 C 77.87, JZ
1989 m. zust. Anm. von Peine; vgl. auch den Bericht über das Urteil
von Murswiek, JuS 1989, 845 ff. Danach ist bei der Beurteilung der
Zumutbarkeit von Sportlärm wie auch bei anderem Lärm von den
Besonderheiten des jeweiligen Einzelfalls und den Maßstäben von § 3
Abs. 1 und § 22 Abs. 1 BImSchG auszugehen. Auf dieser Grundlage ist
ein Ausgleich zwischen der Ruhebedürftigkeit der Anlieger und der
Benutzbarkeit wohnnaher Sportanlagen herzustellen.

65 **b)** Nachbarschützende Wirkung kann nach der Rechtsprechung des
Bundesverwaltungsgerichts auch **§ 15 Abs. 1 BauNVO** zukommen,
„soweit in qualifizierter und zugleich individualisierter Weise auf
schutzwürdige Interessen eines erkennbar abgegrenzten Kreises Dritter
Rücksicht zu nehmen ist" (BVerwG, NJW 1984, 138/139). § 15 Abs. 1
BauNVO stellt sich so als eine besondere Ausprägung des Rücksicht-
nahmegebots für den Fall der Anwendung von Bebauungsplänen dar.
Nachbarschützende Wirkung kommt ihm aber nur dann zu, wenn der
Kreis der Rücksichtnahmeberechtigten klar ersichtlich ist und der

Betroffene eine **besondere Rechtsposition,** eine „besondere rechtliche Schutzwürdigkeit" (BVerwG, ebd.) geltend machen kann (so schon BVerwGE 52, 120/130 f.). Entscheidend ist dabei die „Schutzwürdigkeit der Rechtsposition des oder der betroffenen Nachbarn" (Schlichter, in: BK, Vorbemerkung zu den §§ 29–38, Rn 40); es kommt nach der neueren Rechtsprechung des Bundesverwaltungsgerichts (vgl. U. v. 19. 9. 1986, NVwZ 1987, 409 f.) nicht mehr auf die Bezeichnung eines genau abgegrenzten Kreises von Betroffenen in der Schutznorm an, sondern darauf, daß sich in der konkreten Situation aufdrängt, auf wessen Rechte bei der Durchführung eines Vorhabens Rücksicht zu nehmen ist (Schlichter, aaO, Rn 39 f.). Eine solche Rechtsposition kann im eingerichteten und ausgeübten Gewerbebetrieb liegen, im Wohnen in einem dafür besonders vorgesehenen Gebiet, in der Privilegierung nach § 35 Abs. 1 oder auch in einem Eigentum an einem formell und materiell baurechtsgemäßen Wohnhaus (so Schlichter, NVwZ 1983, 641/644). Allerdings bietet § 15 BauNVO nur eine Handhabe gegen einzelne Vorhaben, nicht gegen eine planerisch beabsichtigte Änderung der Eigenart eines Gebiets (vgl. VGH Mannheim, BauR 1982, 238/239).

Ein solcher Nachbarschutz wird sich bei einer den Festsetzungen eines rechtswirksamen Bebauungsplans entsprechenden Baugenehmigung nur selten ergeben, da der nachbarliche Interessenausgleich – und damit die gegenseitige Rücksichtnahme – bereits in den Festsetzungen des Bebauungsplans enthalten ist. Raum für eine Anwendung des nachbarschützenden Gedankens in § 15 Abs. 1 BauNVO kann sich vor allem dann eröffnen, wenn die Baugenehmigung von einer Ausnahmemöglichkeit im Bebauungsplan Gebrauch macht (BVerwG, NJW 1984, 138/139) oder auf einer Befreiung beruht. Da, wie oben ausgeführt (Rn 22), unter Ausnahmevorbehalt stehende Festsetzungen in der Regel keinen Nachbarschutz vermitteln können, schließt § 15 Abs. 1 BauNVO als Ausprägung des Rücksichtnahmegebots diese nachbarschutzrechtliche Lücke. Ergeht die Baugenehmigung dagegen unter Verstoß gegen § 30 BauGB und nicht nachbarschützende Festsetzungen eines Bebauungsplans, kann § 15 Abs. 1 BauNVO unter Berücksichtigung der Interessenbewertung des § 31 Abs. 2, der eigentlich hätte zur Anwendung kommen müssen, in entsprechender Anwendung Nachbarschutz begründen (BVerwG, U. v. 6. 10. 1989, NJW 1990, 1192 ff.). 66

Auch der Nachbarschutz auf der Grundlage von § 15 Abs. 1 BauNVO ist **nicht auf das jeweilige Gebiet beschränkt,** sondern kann bei entsprechender Individualisierung und Abgrenzung des Kreises der Berechtigten gebietsübergreifend wirken, wie § 15 Abs. 1 Satz 2 BauNVO deutlich macht. 67

c) Inwieweit Festsetzungen über das **Maß der baulichen Nutzung** nachbarschützender Charakter zukommt, ist umstritten. Zum Teil wird ihnen allein **in der Regel ausschließlich städtebauliche und keinerlei individuelle Bedeutung** beigemessen (so z. B. Dyong, in: 68

E/Z/B, BBauG, § 31, Rn 143 bis 146; Nachbarschutz für möglich halten dagegen H. Schrödter, in: Schrödter, § 31, Rn 6, und Gelzer, Rn 854 ff.). Eine Übersicht der divergierenden Rechtsprechung der Oberverwaltungsgerichte und Verwaltungsgerichtshöfe zum Maß der baulichen Nutzung bringt Schlichter, in: BK, Vorbemerkung zu den §§ 29–38, Rn 57.

69 Im Grundsatz dürften Festsetzungen über das Maß der baulichen Nutzung keine nachbarschützende Wirkung haben. Aus ihrer Festsetzung allein ist über das nachbarschaftliche Austauschverhältnis nur sehr wenig zu entnehmen, da sie die Nutzung des Grundstücks im einzelnen und auch die räumliche Lage der Nutzung nur sehr unvollkommen festlegen. Allerdings kann **im Einzelfall** die Abweichung von den Festsetzungen über das Maß der baulichen Nutzung so gravierend sein, daß **Nachbarschutz gewährt** werden muß. Dies kann z. B. dann der Fall sein, wenn ein Verstoß gegen solche Festsetzungen zu einem Gebäude führt, das dem Gebietscharakter in keiner Weise angemessen ist und die Gefahr heraufbeschwört, daß **sich der Gebietscharakter wandelt** (vgl. Sendler, BauR 1970, 4/11). Das kann anzunehmen sein, wenn anstelle von vorgesehenen 6 Geschossen 11 Geschosse zugelassen werden (so der Fall des BVerwG, DVBl. 1981, 928 ff.). Auch kann eine Festsetzung über das Maß der baulichen Nutzung in einem Gartenhofhaus-Gebiet nach dem mit der Novelle 1990 entfallenen § 17 Abs. 2 BauNVO, nicht § 17 Abs. 2 BauNVO selbst, drittschützenden Charakter haben (vgl. BVerwG, NVwZ 1985, 748).

70 d) Den Vorschriften über die **offene Bauweise** kommt nachbarschützender Charakter zu (Sendler, BauR 1970, 4/11 f.; Dyong, in: E/Z/B, BBauG, § 31, Rn 147). Allerdings ist hier die nachbarschützende Wirkung auf den unmittelbaren Nachbarn beschränkt.

71 Bei der **geschlossenen Bauweise** ist dagegen die nachbarschützende Wirkung umstritten (dagegen – in der Regel – Gelzer, Rn 857; eher dafür Dyong, in: E/Z/B, BBauG, § 31, Rn 148). Auch hier besteht ein enges Austauschverhältnis zwischen unmittelbaren Grundstücksnachbarn, da ein Nachbar, der sich nicht an die geschlossene Bauweise hält, auch dem angrenzenden Nachbarn den Anspruch auf eine Grenzbebauung nimmt. Denn nach den Landesbauordnungen (z. B. § 6 Abs. 1 Satz 4 BauO NRW) kann die Baugenehmigungsbehörde in diesen Fällen verlangen, daß auf dem Nachbargrundstück ebenfalls ein Grenzabstand eingehalten wird. Auch hier ist also ein nachbarschützender Charakter anzunehmen.

72 e) Die Festsetzungen über die **Überbaubarkeit der Grundstücksfläche** nach §§ 22 und 23 BauNVO durch Baulinien, Baugrenzen oder Bebauungstiefen sind in der Regel nachbarschützend. Dies ergibt sich für den einzuhaltenden seitlichen Grenzabstand aus der unstreitig nachbarschützenden Funktion der bauordnungsrechtlichen Abstandflächen (vgl. etwa VGH München, BayVBl. 1986, 143/145 f., mit Anm. von Allesch und König; OVG Münster, NVwZ 1986, 317, auch zu der

streitigen Frage, ob hier eine tatsächliche Beeinträchtigung vorauszusetzen ist). Durch planerisch festgesetzte seitliche Grenzabstände wird z. T. derselbe Zweck verfolgt wie mit den Abstandflächenbestimmungen in den Landesbauordnungen, nämlich Gewährleistung von hinreichender Licht- und Luftzufuhr (vgl. BVerwG, NVwZ 1985, 653; VGH Mannheim, BauR 1984, 52/54). Auch die hinteren Abstandflächen haben weniger eine städtebauliche als eine nachbarschützende Bedeutung, da sie ebenfalls die gleiche Besonnung und Belüftung der Grundstücke sicherstellen sollen (hierzu Dyong, in: E/Z/B, BBauG, § 31, Rn 149 bis 152).

Eine andere Beurteilung ist jedoch angebracht, wenn durch planeri- **73** sche Festsetzungen eine Abstandfläche einzuhalten ist, die über das für die Licht- und Luftzufuhr Erforderliche und damit über die entsprechenden Regelungen der Landesbauordnungen hinausgeht. In diesem Fall können allenfalls städtebauliche Gründe für die Festsetzung sprechen, so daß ihre Verletzung keine nachbarlichen Abwehrrechte begründet (hierzu Dyong, in: E/Z/B, BBauG, § 31, Rn 153). Auch hier kann also nicht generalisierend vorgegangen werden, sondern es ist stets auf die besondere Funktion der Festsetzung und eine eventuelle Betroffenheit des nachbarlichen Austauschverhältnisses abzustellen. Dasselbe gilt für eventuelle Vorschriften über die **Stellung der baulichen Anlagen.**

f) Gewähren die Festsetzungen über die überbaubare Grundstücks- **74** fläche und die Stellung der baulichen Anlage oder auch über das Maß der baulichen Nutzung eine **schöne Aussicht,** etwa auf eine bestimmte reizvolle Landschaft, so begründet eine Abweichung von diesen Festsetzungen, die die Aussicht beeinträchtigt, gleichwohl nicht ohne weiteres subjektive Abwehrrechte. Auch hier kommt es vielmehr darauf an, ob die Festsetzungen gerade zu dem Zweck getroffen worden sind, einem bestimmten Kreis von Grundstücken eine bestimmte Aussicht zu erhalten. Nur in diesem Fall haben Festsetzungen, die eine schöne Aussicht ermöglichen, nachbarschützenden Charakter (BVerwG, DVBl. 1971, 754/755f.; Sendler, BauR 1970, 4/12; Dyong, in: E/Z/B, BBauG, § 31, Rn 153ff.).

4. Ebenso wie eine Baugenehmigung ist auch eine **Teilungsgeneh-** **75** **migung** nach §19 angreifbar, soweit sie unter Verletzung nachbarschützender Vorschriften ergangen ist. Denn nach § 21 Abs. 1 kommt einer Teilungsgenehmigung Bindungswirkung für eine nachfolgend beantragte Baugenehmigung hinsichtlich der planungsrechtlichen Voraussetzungen (Bebauungsgenehmigung; hierzu § 29, Rn 4) zu. Ein Nachbar kann daher eine spätere Baugenehmigung nicht mehr mit den Gründen angreifen, die die Genehmigungsbehörde bereits bei Erteilung der Teilungsgenehmigung berücksichtigt hat und an die sie nunmehr gebunden ist. Der Nachbar muß daher bereits gegenüber der Teilungsgenehmigung abwehrberechtigt sein (hierzu Dyong, in: E/Z/B, BBauG, § 31, Rn 167). Dagegen dient die **Veränderungssperre** nach

§ 14 ausschließlich öffentlichen Interessen und ist daher aus sich heraus nicht nachbarschützend (BVerwG, Beschl. v. 5. 12. 1988, NVwZ 1989, 453).

76 **5.** Kommt es im Bereich eines Bebauungsplans allein oder im Zusammenhang mit § 15 BauNVO auf die einzelne Festsetzung an, können die Vorschriften der §§ 29 bis 33 aus sich heraus grundsätzlich nicht nachbarschützend sein. Eine Ausnahme gilt jedoch für § 31 Abs. 2, soweit hier über die Beachtung der öffentlichen Belange und die Würdigung nachbarlicher Interessen das Gebot der Rücksichtnahme in die Anwendung einfließt (vgl. oben, Rn 40). Eine selbständige Bedeutung als nachbarschutzbegründend – wie Art. 14 Abs. 1 GG (dazu unten, Rn 82 ff.) – kommt dem Gebot der Rücksichtnahme damit nicht zu (hierzu unten, Rn 78).

77 **6.** Nach der früheren Rechtsprechung des Bundesverwaltungsgerichts kam § 34 keinerlei nachbarschützende Funktion zu (BVerwGE 32, 173 ff., und Müller, DVBl. 1978, 80 f.). Begründet wurde die Ablehnung mit der Unmöglichkeit einer paktikablen Abgrenzung eines berechtigten Personenkreises sowie der grundsätzlichen Unvergleichbarkeit der durch § 34 erfaßten Ortsteile mit einem konkreten Plangebiet. § 34 habe nicht, wie § 35 Abs. 1, den Charakter eines Ersatzplans, sondern sei lediglich Planersatz für ein nicht klar umgrenztes Gebiet mit einer nur mangelhaften Steuerung der baulichen Nutzung. Ein Anknüpfungspunkt für die Gewährung eines subjektiven Rechts sei daher nicht vorhanden.

78 Eine Wende in dieser Rechtsprechung markiert die Entscheidung des Bundesverwaltungsgerichts vom 25. Februar 1977 (BVerwGE 52, 122 ff. = NJW 1978, 62 ff. = DVBl. 1977, 722 ff. mit Anm. Schrödter, S. 726 ff., und Müller, DVBl. 1978, 80 f.). Die Grundsätze dieses zu § 35 Abs. 2 ergangenen Urteils hat das Bundesverwaltungsgericht später (vgl. BVerwG, Buchholz 406.19 Nr. 33 und 43; ZfBR 1981, 149) auf § 34 übertragen. Danach kann das grundsätzlich objektiv-rechtlich zu verstehende **Gebot der Rücksichtnahme** (hierzu vgl. nur Breuer, DVBl. 1982, 1065 ff.; ders., DVBl. 1983, 431/436 ff.; Schlichter, NVwZ 1983, 641 ff.; Alexy, DÖV 1984, 953 ff.; Peine, DÖV 1984, 963 ff.; Marburger, Gutachten C zum 56. DJT, S. C 29 ff.) dann Nachbarschutz verleihen, wenn „die tatsächlichen Umstände geradezu handgreiflich ergeben, welcher – enge – Kreis von Betroffenen als Adressaten der Rücksichtnahme in Betracht kommt" (BVerwGE 52, 122/130). Dieses Kriterium ist aber auch bei der Beurteilung, ob Festsetzungen eines Bebauungsplans nachbarschützende Wirkung zukommt, anzuwenden. Daher ist auf dem Umweg über das Gebot der Rücksichtnahme die von der Rechtsprechung bis 1969 angenommene nachbarschützende Wirkung des § 34 wiederhergestellt worden (vgl. Schlichter, NVwZ 1983, 641/644 mit Fußn. 39; Weyreuther, DÖV 1983, 575/588; Breuer, DVBl. 1982, 1065/1073; Ziegert, BauR 1984, 15/19 ff.; Marburger, Gutachten C zum 56. DJT, S. C 33 ff.). Bei Konfliktsituationen innerhalb des Innenbereichs ist das Gebot der Rücksichtnahme als Bestandteil des

Begriffs des „Einfügens in die Eigenart der näheren Umgebung"
anzusehen (vgl. etwa BVerwG, NJW 1986, 1703). Bei innenbereichs-
überschreitenden Konflikten hat das Bundesverwaltungsgericht bisher
das Gebot der Rücksichtnahme in den zu beachtenden öffentlichen
Belangen angesiedelt, da z. B. der Außenbereich nicht zu der näheren
Umgegung im Sinne des § 34 gehört und der Nutzungskonflikt daher
nicht über das Merkmal des Einfügens gelöst werden kann (hierzu
BVerwG, NJW 1983, 2460 f.). Mit dem Baugesetzbuch ist jedoch der
Bezug auf die öffentlichen Belange in § 34 entfallen, so daß dieser Weg
versperrt ist. Hier können dann als Anknüpfungspunkt, wenn man ihn
denn benötigt, die öffentlichen Belange nach § 35 Abs. 2 oder die
jeweilige Festsetzung des angrenzenden Bebauungsplans dienen; diese
bilden zusammen mit dem Gebot des Einfügens eine gemeinsame
Grundlage für das Rücksichtnahmegebot in gebietsübergreifenden Fall-
konstellationen. Das Gebot der Rücksichtnahme erweist sich damit als
ein Topos, mit dessen Hilfe das Bundesverwaltungsgericht überall dort
in angemessenem Umfang nachbarliche Abwehrrechte einführt, wo
dies nach dem Normzweck der jeweiligen Regelung geboten erscheint
(vgl. schon oben zu § 15 Abs. 1 BauNVO, Rn 64 ff., und unten zu § 35
Abs. 2 und 3, Rn 79). Das Gebot der Rücksichtnahme ist damit nicht
eine außergesetzliche, Nachbarschutz begründende Rechtsfigur, son-
dern dient der Verdeutlichung des nachbarbezogenen Gehalts einfach-
gesetzlicher Normen (vgl. Mühl-Jäckel, DVBl. 1986, 545/547; Schlich-
ter, in: BK, Vorbemerkung zu den §§ 29–38, Rn 32 ff.). Damit gewährt
§ 34 nicht generell Nachbarschutz, sondern nur unter den einge-
schränkten Voraussetzungen des Gebots der Rücksichtnahme. Dies
erfordert eine besonders **geschützte Rechtsposition,** die jedoch schon
im Eigentum an einem genehmigten Gebäude liegen kann (vgl. OVG
Münster, DÖV 1983, 1020/1022 f.) und die damit eine Individualisie-
rung des Kreises der Abwehrberechtigten ermöglicht, sowie eine **tat-
sächliche Beeinträchtigung,** die über das **Zumutbare** hinausgeht (vgl.
BVerwG, NVwZ 1985, 37/38; ZfBR 1987, 47/48; Schlichter, NVwZ
1983, 641/644; vgl. auch oben, Rn 56). Hier gewinnt daher die tatsächli-
che Beeinträchtigung konstitutive Bedeutung für die Rechtsverletzung
(zum Problem vgl. oben, Rn 56). Fügt sich ein Bauvorhaben nach Art
und Maß der baulichen Nutzung, nach Bauweise oder nach überbauba-
rer Grundstücksfläche nicht ein – und ist deshalb rücksichtslos –, so ist
es ohne Belang, ob es die bauordnungsrechtlichen Anforderungen etwa
an den Gebäudeabstand erfüllt; das Rücksichtnahmegebot des § 34
Abs. 1 ist allein bundesrechtlicher Natur (BVerwG, NVwZ 1987, 128/
129). Immissionen, die sich im Rahmen des § 5 Abs. 1 Nr. 1
BImSchG Zulässigen halten, verletzen das Gebot der Rücksichtnahme
nicht; dieses ist bei der Abwehr von Immissionen gerade am BImSchG
ausgerichtet (BVerwG, NJW 1984, 250). Im übrigen ist bei einem
Nebeneinander von Gewerbe- und Wohnnutzung das Gewerbe zur
Minderung, das Wohnen zu erhöhter Hinnahme von Immissionen
entsprechend der Vorbelastung des Gebiets verpflichtet. Das Gebot der

Rücksichtnahme führt hier daher zu einer sog. Bildung von „Mittel-
werten" (grundlegend BVerwGE 50, 49/54 f.; ebenso im Falle hinzu-
kommender Wohnnutzung zu bereits vorhandenen Wohnungen
BVerwG, ZfBR 1984, 147 f.; vgl. auch BVerwG, ZfBR 1984, 148/149;
vgl. auch oben, Rn 63). Eine weitere Verbindungslinie besteht zum
nachbarlichen Gemeinschaftsverhältnis, zur Ortsüblichkeit von Grund-
stücksnutzungen nach § 906 BGB und damit zum privaten Nachbar-
recht (hierauf hat Mühl in F. Baur-FS, 1983, S. 83 ff., aufmerksam
gemacht). Bereits der von Sendler (BauR 1970, 4/8 f.) als für den
Nachbarschutz hervorgehobene Gedanke des nachbarli-
chen Austauschverhältnisses (hierzu oben, Rn 62) weist in diese Rich-
tung. Zur inhaltlichen Bestimmung der gebotenen Rücksichtnahme
kann daher auch auf die Wertungen des zivilrechtlichen Nachbarschut-
zes zurückgegriffen werden (zur Abgrenzung der Unzumutbarkeit im
Rahmen des Gebots der Rücksichtnahme zur enteignungsrechtlich
bedeutsamen Unzumutbarkeit, die einen selbständigen Abwehran-
spruch aus Art. 14 GG begründet, vgl. unten, Rn 82 ff.).

79 7. Dieselben Erwägungen gelten für die Gewährung von Nachbar-
schutz im Rahmen des § 35 Abs. 2 und 3 (vgl. grundlegend BVerwGE
52, 122 ff.). Das Gebot der Rücksichtnahme findet hier Eingang in die
Anwendung des § 35 Abs. 2 als Bestandteil der nach Abs. 3 zu berück-
sichtigenden Belange (vgl. auch BVerwG, NVwZ 1983, 609/610; OVG
Münster, BauR 1984, 148 ff.).

80 § 35 Abs. 1 hat das Bundesverwaltungsgericht dagegen – im Gegen-
satz zu § 34 – stets als einen dem Bebauungsplan nach § 30 in seiner
Struktur und Funktion vergleichbaren Ersatzplan angesehen. Daher hat
es dem durch die „generelle Planung" des § 35 Abs. 1 Begünstigten
hinsichtlich des Nachbarschutzes ähnliche Rechte eingeräumt wie den
Grundstückseigentümern in einem Plangebiet (BVerwG, DVBl. 1969,
263 ff.). Demgemäß kann der Eigentümer, der im Außenbereich sein
Grundstück privilegiert nutzt, solche Vorhaben in seiner Nachbarschaft
verhindern, die die weitere Ausnutzung seiner Privilegierung und
seines privilegierten Baubestandes praktisch in Frage stellen oder erheb-
lich beeinträchtigen würden. So kann z. B. ein landwirtschaftlicher
Betrieb, der nach § 35 Abs. 1 Nr. 1 privilegiert ist, eine heranrückende,
die weitere Ausnutzung der Privilegierung störende Bebauung abweh-
ren (BVerwG, NJW 1983, 2460 f.).

81 8. Nach den Grundsätzen zum Gebot der Rücksichtnahme muß
nunmehr auch der Vorschrift des § 12 BauNVO, für die auch § 15
BauNVO gilt, in dem aufgezeigten Rahmen nachbarschützende Wir-
kung zukommen (vgl. schon Schrödter, DVBl. 1977, 726/727; anders
noch BVerwG, DVBl. 1974, 358/362). Auch hier ist also stets zu
prüfen, ob ein Kreis von Betroffenen eine besonders geschützte eigene
Rechtsposition einbringen kann. Zu § 11 Abs. 2 und den übrigen
städtebaulichen Vorschriften der **Reichsgaragenordnung,** die durch

Art. 2 Nr. 27 des Gesetzes über das Baugesetzbuch **aufgehoben** wurden (BGBl. I, S. 2191/2236), vgl. 1. Auflage, Rn 81.

9. Vermittelt das Gebot der Rücksichtnahme auf einfachrechtlicher **82** Ebene – jeweils als Ausprägung eines bestimmten Tatbestandsmerkmals wie z. B. „Einfügen" in §34, öffentliche Belange in §31 Abs. 2 und §35 Abs. 2 und 3, §15 Abs. 1 BauNVO – unter bestimmten Voraussetzungen Nachbarschutz, wenn in unzumutbarer Weise die Nutzung eines Grundstücks beeinträchtigt wird, so besteht daneben noch verfassungsrechtlich abgesicherter Nachbarschutz aus **Art. 14 GG** (grundlegend BVerwGE 32, 173/178 f.; 50, 282/286 ff. Zu dieser Rechtsprechung vgl. Schwerdtfeger, NVwZ 1982, 5 ff.; Schlichter, ZfBR 1978, 12/14 f.; kritisch Wasmuth, NVwZ 1988, 322 f., und Ortloff, in: F/O, Bd. II, S. 189 f., die mit guten Gründen die Entbehrlichkeit dieses Abwehrrechts annehmen; vgl. auch Brohm, AöR 113 [1988], S. 660/662). Der aus dem Gebot der Rücksichtnahme in seiner jeweiligen einfachgesetzlichen Ausprägung rührende Abwehranspruch greift – bei Vorliegen seiner Voraussetzungen – bereits im Vorfeld des aus Art. 14 GG abzuleitenden Nachbarschutzes ein. Die dafür maßgebliche Schwelle der Zumutbarkeit liegt deutlich unter der enteignungsrechtlichen Zumutbarkeitsschwelle, die für Nachbarschutz aus Art. 14 GG vorausgesetzt wird (vgl. Schwerdtfeger, aaO, S. 6). Nachbarschutz unmittelbar aus Art. 14 Abs. 1 GG dürfte daher nur in seltenen Ausnahmefällen zum Zuge kommen (vgl. auch BVerfG, Beschl. v. 30. 11. 1988, NJW 1989, 1271 ff.).

Voraussetzung für einen Nachbarschutz aus Art. 14 Abs. 1 GG ist, **83** daß eine Baugenehmigung oder ihre Ausnutzung „die vorgegebene Grundstückssituation nachhaltig verändern und dadurch den Nachbarn **schwer und unerträglich** treffen" würde (BVerwGE 32, 173/179). Grundlage für diesen Nachbarschutz ist die Situationsgebundenheit des Grundstücks, die nicht nur zu einer aus der Umgebung begründeten Belastung, sondern auch zu einer situationsbedingten Berechtigung führen kann. Wird in dieses so geprägte Eigentum schwer und unerträglich eingegriffen, so kann der Nachbar einen solchen Eingriff auch dann abwehren, wenn nicht gegen einfachgesetzliche nachbarschützende Normen verstoßen worden ist. Schwer ist ein solcher Eingriff, wenn er von dem Betroffenen **deutlich fühlbar** ist, also ein beträchtliches Gewicht erreicht. Unerträglich ist ein solcher schwerer Eingriff, wenn er den Rahmen der situationsgeprägten Sozialgebundenheit des Eigentums überschreitet und also **unzumutbar** ist (BVerwG, DÖV 1974, 812/813; NJW 1975, 70/75) und auch nicht mit zumutbaren Mitteln für Abhilfe gesorgt werden kann (BVerwG, DVBl. 1974, 358/359 f.). Ebenso ist – schutzmindernd – von Bedeutung, ob der durch den Rechtsverstoß entstandene Nachteil nicht durch eine bestimmte Situation auf dem eigenen Grundstück des Nachbarn mitverursacht wurde (hierzu Pietzcker, UPR 1985, 33 ff.).

84 Nach alledem kommt ein Abwehranspruch aus Art. 14 GG nur dann in Betracht, wenn es sich bei der Baugenehmigung um einen **„groben Mißgriff"** (BVerwGE 32, 173/179) handelt, **der auch für den Bauherrn ohne weiteres erkennbar ist.** Eine rechtswidrige Erteilung einer Baugenehmigung allein führt daher nicht zu einem Abwehranspruch aus Art. 14 GG. Erst recht vermittelt solchen Nachbarschutz nicht eine Genehmigung, die dem geltenden Recht entspricht.

85 Ein **Indiz** für einen schweren und unerträglichen Eingriff in das Grundstückseigentum kann die verursachte **Wertminderung** des Grundstücks darstellen. Keineswegs aber ist eine Wertminderung als solche bereits ausreichend, um einen Abwehranspruch aus Art. 14 Abs. 1 GG zu begründen (BVerwG, NJW 1979, 995/996; anders noch BVerwGE 52, 122/124 f.). Die Wertminderung ist nämlich nur eine Folge des Eingriffs, nicht aber selbst der Eingriff.

86 Die genannten Grundsätze für den Nachbarschutz aus Art. 14 GG gelten für **mittelbare Eingriffe,** d. h. wenn durch die Bebauung eines anderen Grundstückes die vorgegebene Situation in der Umgebung nachhaltig geändert wird und sich erst dadurch als Eingriff in fremdes Eigentum darstellt. Solche Auswirkungen müssen im Grundsatz hingenommen und können nur bei einem schweren und unerträglichen Getroffensein abgewehrt werden. Dieser besonderen Qualifikation des Eingriffs bedarf es aber bei **unmittelbaren Eingriffen** nicht (vgl. Schlichter, ZfBR 1978, 12/14). Wird das Grundstück eines Nachbarn direkt in Anspruch genommen, also in die Substanz des von § 903 BGB umschriebenen Eigentums eingegriffen, so **kann ein solcher Eingriff unabhängig von seiner tatsächlichen Schwere auf jeden Fall abgewehrt werden.** Beispiel ist die Errichtung eines Gebäudes auf fremdem Grundstück. Ein solcher unmittelbarer Eingriff ist aber z. B. auch dann gegeben, wenn die Ausnutzung einer Baugenehmigung dem Nachbarn die Duldung eines Notwegs unabhängig von den Voraussetzungen des § 917 Abs. 1 BGB aufzwingt (BVerwGE 50, 282/288 ff.; vgl. auch BVerwGE 44, 236/242 – Zuführung von Wasser).

87 **10.** Der auf Art. 14 GG gestützte Nachbarschutz folgt einem **objekt**bezogenen Regelungsmodell. Daneben tritt als **personen**bezogenes Modell der auf **Art. 2 Abs. 2 GG** gestützte Nachbarschutz (hierzu Schmidt-Aßmann, AöR 1981, 205 ff.; Schwerdtfeger, NVwZ 1982, 5/9 f.; Schlichter, ZfBR 1978, 12/16; Marburger, Gutachten C zum 56. DJT, S. C 28 f.; vgl. auch BVerfG, Beschl. v. 30. 11. 1988, NJW 1989, 1271/1274 f.). Einen solchen auf die Verletzung der körperlichen Unversehrtheit (Gesundheit) abstellenden Nachbarschutz hat auch das Bundesverwaltungsgericht in einem obiter dictum grundsätzlich anerkannt (BVerwGE 54, 211/222 f.). Die für einen solchen Nachbarschutzanspruch erforderlichen Strukturen sind freilich noch nicht herausgearbeitet. Da dieser Nachbarschutz jedoch personen- und nicht objektbezogen ist, wird auf jeden Fall der **Kreis der Klageberechtigten weiter** als beim eigentumsrechtlichen Nachbarschutz sein. Auch Mieter eines

Wohnhauses oder Arbeitnehmer eines Betriebs können sich auf diesen Nachbarschutz berufen (OVG Münster, UPR 1984, 131 f.). Schwierig wird dagegen sein, das **Rechtsgut Gesundheit** in seinem Schutzumfang zu konkretisieren, die Wesensgehaltsgrenze für gesetzgeberische Eingriffe zu bestimmen und den Eingriff zu lokalisieren (Ansätze hierzu bei OVG Hamburg, NVwZ 1984, 48/50 f.). Im übrigen spricht viel dafür, es nicht bei dieser äußersten grundrechtlichen Schutzgrenze zu belassen, sondern die hierdurch geschützten Güter ebenso wie das Eigentum bereits im Rahmen des Gebots der Rücksichtnahme wehrfähig zu machen (vgl. auch Ortloff, in: F/O, Bd. II, S. 191). Zur Bedeutung des Rechtsguts der Gesundheit für die Amtshaftung bei der Überplanung von Altlasten vgl. § 9, Rn 113 a.

III. 1. Im Regelfall richtet sich eine **Nachbarklage** (Einzelheiten bei **88** Ortloff, aaO, S. 210 ff., zum Rechtsschutz des Bauherrn S. 204 ff.) gegen die einem Eigentümer erteilte Baugenehmigung. Der Nachbar begehrt in diesem Fall die Aufhebung oder teilweise Aufhebung dieses Verwaltungsakts. Die richtige **Klageform** hierfür ist nach § 42 Abs. 1 VwGO die **Anfechtungsklage** vor den Verwaltungsgerichten (BVerwGE 22, 129/130). Nur ganz ausnahmsweise kommt gegen die drohende Erteilung einer Baugenehmigung auch eine **vorbeugende Unterlassungsklage** in Betracht (BVerwG, DVBl. 1971, 746/747). Zur **Verwirkung** von Nachbarrechten im öffentlichen Baurecht vgl. Bauer, Die Verwaltung 1990, 211 ff.

In besonderen Fallgestaltungen kann jedoch auch die **Verpflich-** **89** **tungsklage** in Betracht kommen. Bereits erwähnt wurde, daß dies dann gilt, wenn die Baugenehmigung unter Verletzung einer dem Nachbarn erteilten **Zusicherung** erlassen wurde. In diesem Fall ist Klageziel die Rücknahme der Baugenehmigung nach § 48 VwVfG, also die Verpflichtung zum Erlaß eines Verwaltungsakts (vgl. oben, Rn 58). Fehlt es an einer Baugenehmigung und errichtet ein Eigentümer gleichwohl ein Gebäude unter Verletzung nachbarschützender Vorschriften, so richtet sich das Klageziel auf ein **Einschreiten** der Bauaufsichtsbehörde durch Beseitigungsverfügung. Auch hier wird also der Erlaß eines Verwaltungsakts begehrt, so daß die Verpflichtungsklage die richtige Klageform ist (BVerwGE 11, 95/96). Voraussetzung für den Erfolg einer solchen Klage ist freilich, daß der errichtete Bau oder Bauteil nicht zu einer Zeit – wenn auch nur vorübergehend – schon einmal dem materiellen Baurecht entsprochen hat (z. B. wenn der Bau den Anforderungen des § 34 vor Inkrafttreten eines qualifizierten Bebauungsplans entsprochen hatte, BVerwGE 3, 351 ff.; hätte die Aufsichtsbehörde in dieser Zeit aber einen Bauantrag nach § 15 zurückstellen können, so kann gleichwohl eine Beseitigungsverfügung erlassen werden, BVerwG, NJW 1971, 1624/1625).

2. Anfechtungs- und Verpflichtungsklage sind nur zulässig, wenn **90** zuvor ein **Widerspruchsverfahren** durchgeführt wurde. Ist dem Nachbarn die Baugenehmigung mit Rechtsbehelfsbelehrung bekanntgege-

ben worden, so beträgt nach § 70 Abs. 1 Satz 1 VwGO die **Widerspruchsfrist** einen Monat; fehlt die Rechtsbehelfsbelehrung, so hat der Nachbar für die Einlegung des Widerspruchs nach § 58 Abs. 2 VwGO ein Jahr Zeit (BVerwG, DÖV 1973, 350). Ist dem Nachbarn auch die Baugenehmigung selbst nicht bekanntgegeben worden, so läuft eine Widerspruchsfrist von einem Jahr ab dem Zeitpunkt, von dem an er von der Erteilung der Baugenehmigung oder der Errichtung des Baus wissen mußte (BVerwGE 44, 294/298 ff.; Beschl. v. 28. 8. 1987, NJW 1988, 839 f.).

91 Wird der Widerspruch **nach Ablauf der Frist** eingelegt, so **darf über ihn nicht mehr sachlich entschieden werden** (BVerwG, NVwZ 1983, 285). Zwar ist grundsätzlich die Behörde bei einem Widerspruch befugt, auch nach Ablauf der Frist in der Sache zu entscheiden, und damit den Weg zu den Verwaltungsgerichten freizumachen. Dies gilt aber nur bei einem zweiseitigen Rechtsverhältnis zwischen Behörde und Bürger. Bei der Nachbarklage liegt aber ein **dreipoliges Verwaltungsverhältnis** vor, nämlich zwischen Behörde, Bauwilligem und Nachbarn. Die von der Behörde erlassene Baugenehmigung ist daher ein Verwaltungsakt mit Doppelwirkung, der den Bauwilligen begünstigt und den Nachbarn unter Umständen belastet. Mit Ablauf der Widerspruchsfrist erwächst dieser Verwaltungsakt in **Bestandskraft** und verschafft dem Begünstigten eine „gesicherte Rechtsposition", auf deren Bestand er vertrauen darf. Diese Bestandkraft kann nur unter besonderen Voraussetzungen beseitigt werden, nämlich bei der Wiedereinsetzung in den vorigen Stand nach § 60 VwGO oder durch Rücknahme des Verwaltungsakts nach § 48 VwVfG.

92 Der Widerspruch ist bei der Behörde **einzulegen,** die den Verwaltungsakt erlassen hat (§ 70 Abs. 1 Satz 1 VwGO). Für den Erfolg eines Widerspruchsverfahrens gelten im übrigen dieselben Voraussetzungen wie bei einer Nachbarklage.

93 **3.** Zulässig und begründet ist die Nachbarklage (und der Widerspruch), wenn die Klagebefugnis zu bejahen und die erteilte Baugenehmigung rechtswidrig und der Nachbar dadurch in seinen subjektiven Rechten verletzt ist. Die Voraussetzungen für letzteres wurden oben (Rn 56 ff.) dargestellt. Daraus ergibt sich vor allem, daß eine generelle Bestimmung des Nachbarn nicht möglich ist. Vielmehr ist in jedem einzelnen Fall zu bestimmen, in welchem Umkreis ein Bau oder eine Baugenehmigung beeinträchtigend wirken kann. Dieser **Kreis der Nachbarn** kann sich auf die Eigentümer der unmittelbar angrenzenden Grundstücke beschränken (so in der Regel bei Festsetzungen über die Bauweise), er kann aber auch über das Plangebiet hinausreichen (vgl. oben, Rn 62, 66). In jedem Fall wird sich aber eine **räumliche Beschränkung** des Kreises der Nachbarn ergeben müssen, weil es andernfalls an der Individualisierung des Kreises der Betroffenen fehlt und damit ein Nachbarschutz überhaupt nicht eingeräumt werden kann.

Neben dieser gebiets- oder objektbezogenen Bestimmung des Krei- **94** ses der einwendungsberechtigten Nachbarn ist der Kreis der Nachbarn auch **noch personenbezogen einzugrenzen.** Klageberechtigt ist sicherlich der **Eigentümer** eines Nachbargrundstücks, ebenso wie die ihm gleichgestellten dinglich Berechtigten wie Erbbauberechtigte, Nießbraucher, Mit- oder Wohnungseigentümer (vgl. Schlichter, NVwZ 1983, 641/646). Führt die Beeinträchtigung zu einer Wertminderung des Grundstücks, können auch **Hypothekengläubiger** klageberechtigt sein (vgl. Gelzer, Rn 864). Auch der **Käufer** eines Grundstücks kann als Nachbar eine Beeinträchtigung abwehren, wenn zu seinen Gunsten eine Auflassungsvormerkung im Grundbuch eingetragen und auf ihn bereits Besitz, Nutzungen und Lasten des Grundstücks übergegangen sind (BVerwG, NJW 1983, 1626; a. A. Gelzer, ebd.). Zur fehlenden Klagebefugnis für eine Nachbarklage unter **Wohnungseigentümern** vgl. BVerwG, Beschl. v. 28. 2. 1990, NVwZ 1990, 655 f.

Mieter und **Pächter** sind wegen der grundstücksbezogenen Ausrich- **95** tung des Nachbarschutzes grundsätzlich nicht klageberechtigt (vgl. OVG Berlin, UPR 1986, 358). Sie sind darauf verwiesen, etwaige Nutzungseinschränkungen gegenüber dem Eigentümer geltend zu machen, dem öffentlichrechtliche Abwehrrechte zustehen (vgl. BVerwG, Beschl. v. 11. 7. 1989, NJW 1989, 2766 f.; auch Ziekow, NVwZ 1989, 231 ff.). Machen sie jedoch die **Verletzung ihrer Gesundheit** nach Art. 2 Abs. 2 GG geltend – etwa wegen Lärm- oder Abgasimmissionen –, so kann auch ihnen, ebenso wie **Arbeitnehmern** eines Betriebs, eine Klagebefugnis im Nachbarstreit zustehen (vgl. oben, Rn 87; OVG Hamburg, NVwZ 1990, 379/380). Im übrigen kann die Gemeinde durch bestimmte Festsetzungen in einem Bebauungsplan und eine entsprechende Begründung dazu auch Mietern oder Arbeitnehmern auf bestimmten Grundstücken wehrfähige Nachbarrechte zuerkennen (Sendler, BauR 1970, 4/14; vgl. auch Schwerdtfeger, NVwZ 1982, 5/9; besonders Schlichter, NVwZ 1983, 641/646).

Ist die Nachbarklage als **Anfechtungsklage** erhoben, so ist **maßgeb- 96 licher Zeitpunkt für die Beurteilung der Rechtslage** die letzte behördliche Entscheidung, in der Regel also die Entscheidung über den Widerspruch. Hat sich nach rechtmäßiger Erteilung der Baugenehmigung die Rechtslage geändert, so ist dies nur von Bedeutung, soweit die Änderung dem Bauherrn günstig ist. Denn der Eigentumsschutz des Art. 14 Abs. 1 GG gebietet, daß dem Eigentümer ein rechtmäßiger Bestand erhalten bleibt; ist ein früher rechtmäßiges Vorhaben in der Zwischenzeit bis zur gerichtlichen Entscheidung rechtswidrig geworden, so kann nunmehr aus eben diesen Gründen des Eigentumsschutzes nicht dessen Beseitigung verlangt werden (BVerwG, DVBl. 1970, 62/63; BRS 22, Nr. 174). Ebenso bleibt die Nachbarklage erfolglos, wenn sich bis zur letzten mündlichen Verhandlung des Gerichts die Rechtslage zugunsten des Bauherrn ändert und ein vorher rechtswidriges Vorhaben nach neuem Recht zulässig ist (vgl. OVG Saarlouis, BRS 30,

Nr. 158). Bei einer **Verpflichtungsklage** ist zwar grundsätzlich die Rechtslage im Zeitpunkt der letzten mündlichen Verhandlung des Gerichts maßgebend. Da hier jedoch Klagegegenstand ein Verwaltungsakt mit Doppelwirkung ist (vgl. oben, Rn 3, 91), wirken sich nachträgliche Rechtsänderungen nicht zu Lasten des Begünstigten aus (BVerwG, DÖV 1976, 782/784). Im Ergebnis gilt also **jeweils die für den Bauherrn günstigere Rechtslage.**

97 **4.** Bei einem Nachbarstreitverfahren wird der Bauherr ein Interesse daran haben, vor Beendigung des Prozesses bereits seinen Bau durchführen zu können; gleichermaßen wird der Nachbar alles daran setzen, eben dies zu verhindern. Daher gewinnt bei Nachbarstreitigkeiten der **vorläufige Rechtsschutz** (hierzu allgemein Finkelnburg/Jank, Vorläufiger Rechtsschutz im Verwaltungsstreitverfahren, 3. Aufl. 1986, vor allem Rn 876 ff.) besondere Bedeutung. Er ist bei Anfechtungsklagen nach § 80 VwGO, bei Verpflichtungsklagen nach § 123 VwGO zu gewähren (hierzu Kopp, VwGO, 8. Aufl. 1989, Anmerkungen zu §§ 80 und 123).

98 Grundsätzlich haben Widerspruch und Anfechtungsklage gegen eine Baugenehmigung **aufschiebende Wirkung** (str., a. A. etwa OVG Lüneburg, DVBl. 1983, 184; OVG Münster, NJW 1966, 2181; VGH Kassel, BRS 39, Nr. 124; OVG Berlin, BRS 17, Nr. 127; vgl. hierzu v. Mutius, Jura 1989, 297/303 f.; Ortloff, in: F/O, Bd. II, S. 220 ff.; Finkelnburg/Jank, aaO, Rn 880 ff.). Der Bauherr hat dann die Möglichkeit, nach § 80 Abs. 2 Nr. 4 VwGO die **sofortige Vollziehbarkeit** der Baugenehmigung bei der Genehmigungsbehörde zu beantragen (entbehrlich, wenn man der Ansicht des OVG Lüneburg folgt). Hiergegen kann sich der Nachbar zur Wehr setzen, indem er bei der Behörde nach § 80 Abs. 4 VwGO oder beim Gericht nach § 80 Abs. 5 VwGO die **Wiederherstellung der aufschiebenden Wirkung** seines Rechtsbehelfs beantragt (hierzu ausführlich BVerwG, DVBl. 1969, 269 ff.).

99 Läßt der Bauherr die aufschiebende Wirkung eines Rechtsbehelfs gegen eine Baugenehmigung unberücksichtigt und baut gleichwohl, so kann der Nachbar durch **einstweilige Anordnung** nach § 123 VwGO erreichen, daß dem Bauherrn die Fortführung seines Baus untersagt wird (Ortloff, aaO, S. 221 f.; Gelzer, Rn 881; kritisch zu dieser Vermischung der Verfahren nach §§ 80 und 123 VwGO Papier, BauR 1981, 151 ff.).

99a Das **BauGB-MaßnahmenG** bestimmt in seinem § 10 Abs. 2, daß Widerspruch und Anfechtungsklage zur Beschleunigung von Bauvorhaben, die ausschließlich Wohnzwecken dienen, **keine aufschiebende Wirkung** haben. Der Nachbar ist hier auf den Weg nach § 80 Abs. 4 oder 5 VwGO (vgl. oben, Rn 98) oder nach § 123 VwGO (vgl. oben, Rn 99) verwiesen. Die Regelung gilt nach § 15 a BauGB-MaßnahmenG für Genehmigungen, die nach dem 31. 5. 1990 und vor dem 1. 6. 1995 erteilt wurden.

100 Zu Ungereimtheiten hat die Regelung des **§ 80 Abs. 6 Satz 2 VwGO**

geführt, nach der Beschlüsse des Verwaltungsgerichts nach § 80 Abs. 5 VwGO, mit denen die aufschiebende Wirkung eines Rechtsbehelfs wiederhergestellt wurde, unanfechtbar waren. Diese Regelung war zugeschnitten auf das zweiseitige Verhältnis zwischen Behörde und Adressaten eines Verwaltungsakts. In dem dreiseitigen Verhältnis jedoch zwischen Behörde, Bauherrn und Nachbar würde durch sie dem Bauherrn die Möglichkeit abgeschnitten, gegen die Wiederherstellung der aufschiebenden Wirkung durch das Verwaltungsgericht vorzugehen. § 80 Abs. 6 Satz 2 VwGO ist daher durch Gesetz vom 20. 12. 1982 (BGBl. I, S. 1834) **aufgehoben** worden, so daß die prozessuale Waffengleichheit zwischen Bauherr und Nachbar auch nach dem Gesetzeswortlaut wiederhergestellt ist (vgl. schon BVerwGE 35, 263/277 ff.; BVerwG, NJW 1969, 202 f.).

5. Ausschlaggebend für die Wirksamkeit des Nachbarschutzes ist es, **101** ob nach erfolgreicher Nachbarklage ein etwa gleichwohl errichtetes Gebäude, soweit es den Nachbarschutz verletzt, beseitigt werden muß. Grundlage für einen solchen **Folgenbeseitigungsanspruch** ist § 113 Abs. 2 Satz 2 VwGO, nach dem eine Behörde verpflichtet werden kann, die Vollziehung eines Verwaltungsakts rückgängig zu machen. Zwar hat die Genehmigungsbehörde die Baugenehmigung nicht vollstreckt, doch hat sie durch die Erteilung der Baugenehmigung die Grundlage dafür geschaffen, daß ein nachbarrechtswidriger Zustand entstanden ist. Sie hat daher dafür zu sorgen, daß der entstandene illegale Zustand beseitigt wird (hierzu Dyong, in: E/Z/B, BBauG, § 31, Rn 188; Ortloff, in: F/O, Bd. II, S. 197 ff.; zum Folgenbeseitigungsanspruch gegen die rechtswidrige Nutzung eines Grundstücks für eine gemeindliche Baukolonne vgl. OVG Münster, UPR 1984, 96). Maßgebliches Kriterium wird der **Grundsatz der Verhältnismäßigkeit** sein müssen: Ist die Nachbarrechtsverletzung geringfügig, aber der Beseitigungsaufwand sehr groß, so wird eine fehlerfreie Ermessensausübung zugunsten des Bauherrn ausfallen. Im übrigen aber wird die Ermessensausübung in der Regel zugunsten des erfolgreichen Nachbarn ausfallen müssen.

Ist der Nachbar mit seiner Klage nicht erfolgreich, so kann unter **102** Umständen dem Bauherrn ein erheblicher Verzögerungsschaden entstanden sein. Eine **Schadensersatzpflicht** trifft den **Nachbarn** jedoch nicht, da § 80 VwGO eine solche, anders als § 945 ZPO, nicht vorsieht. Dies wird auch gelten müssen, wenn es zu einer Anwendung des § 123 VwGO gekommen ist, obwohl dieser in seinem Abs. 3 unter anderem auf § 945 ZPO verweist (Dyong, in: E/Z/B, BBauG, § 31, Rn 191); es kann nicht von der Zufälligkeit der Begründung des vorläufigen Rechtsschutzes aus § 80 oder aus § 123 VwGO abhängen, ob eine Schadensersatzpflicht besteht oder nicht. Allerdings kann die **Baugenehmigungsbehörde** gegenüber dem Bauherrn schadensersatzpflichtig sein, wenn eine Amtspflichtverletzung nach § 839 BGB vorliegt (BGH, MDR 1969, 205).

Übersicht

1. Anwendungsbereich. Die Vorschrift bezieht sich auf folgende **1** Fallgestaltungen:

S. 1: Ein Grundstück ist im Bebauungsplan als **Baugrundstück für den Gemeinbedarf** oder als **Verkehrs-, Versorgungs- oder Grünfläche** festgesetzt (vgl. Rn 4); das Grundstück ist jedoch bereits anderweitig bebaut. Die Änderung der vorhandenen baulichen Anlage ist daher planungsrechtlich ein unzulässiges Vorhaben (vgl. §29 S. 1). Da die Verwirklichung der in S. 1 bezeichneten Festsetzungen u. U. längere Zeit in Anspruch nimmt, z. B. wegen eines erst abzuschließenden umfangreichen Grunderwerbs, könnte das Vorhaben im Wege einer Befreiung nach §31 Abs. 2 zugelassen werden (vgl. hierzu Rn 5). Da eine wertsteigernde Änderung der baulichen Anlage jedoch eine später vom Bedarfs- oder Erschließungsträger zu zahlende Entschädigung – sei es aufgrund eines Übernahmeverlangens oder als Enteignungsentschädigung – erhöhen kann, ist nach S. 1 ein entsprechendes Vorhaben nur zulässig und kann eine Befreiung nur erteilt werden, wenn der Bedarfs- oder Erschließungsträger zustimmt (vgl. hierzu Rn 8 f.) oder der Eigentümer für sich und seine Rechtsnachfolger für den Fall der Durchführung des Bebauungsplans auf Ersatz der Werterhöhung schriftlich verzichtet (vgl. hierzu Rn 10 ff.).

S. 2: S. 2 betrifft den Fall, daß die in S. 1 genannten Voraussetzungen **2** nur für **Teile einer baulichen Anlage** zutreffen, während die übrigen Teile dem Bebauungsplan nicht widersprechen. Eine wertsteigernde Änderung dieser dem Bebauungsplan nicht widersprechenden Teile wäre daher planungsrechtlich zwar zulässig. Sofern sie für sich allein nicht wirtschaftlich verwertbar sind oder wenn bei ihrer Durchführung die Übernahme der Flächen verlangt werden kann (vgl. §93 Abs. 3), könnte ihre Durchführung jedoch für den Fall der späteren Durchführung des Bebauungsplans gleichfalls die zu leistende Entschädigung erhöhen. Nach S. 2 ist daher auch für die Zulässigkeit dieser Vorhaben Voraussetzung, daß der Bedarfs- oder Erschließungsträger zustimmt oder der Eigentümer für sich und seine Rechtsnachfolger auf Ersatz der Werterhöhung schriftlich verzichtet.

S. 1 betrifft somit Fälle, in denen ein Vorhaben nur aufgrund einer **3** Befreiuung nach §31 zugelassen werden kann; **S. 2** betrifft demgegenüber Fälle, in denen ein Rechtsanspruch auf planungsrechtliche Genehmigung des Vorhabens wegen des Zusammenhangs mit den in S. 1 genannten Festsetzungen des Bebauungsplans eingeschränkt wird.

4 **2. Festsetzungen des Bebauungsplans.** § 32 kommt bei Vorhaben auf überbauten Flächen zur Anwendung, für die Festsetzungen der in S. 1 genannten Art bestehen. Die Vorschrift gilt sowohl für einfache Bebauungspläne als auch für qualifizierte Bebauungspläne; vgl. § 30 Abs. 1 und 2. Folgende Festsetzungen kommen in Betracht:

Baugrundstücke für den Gemeinbedarf: vgl. § 9 Abs. 1 Nr. 5.

Verkehrsflächen: vgl. § 9 Abs. 1 Nr. 11.

Versorgungsflächen: vgl. § 9 Abs. 1 Nr. 12.

Grünflächen: vgl. § 9 Abs. 1 Nr. 15.

5 In den Fällen des S. 1 ist § 32 nur anwendbar, wenn ein den Festsetzungen eines Bebauungsplans widersprechendes und daher grundsätzlich unzulässiges Vorhaben im Wege der **Befreiung** zugelassen werden kann. Befreiungen können nach § 31 Abs. 2 erteilt werden. S. 1 erwähnt zwar nicht die in § 31 Abs. 1 geregelte **Ausnahme** von den Festsetzungen des Bebauungsplans; sieht ein Bebauungsplan bei Festsetzungen von Gemeinbedarfs-, Versorgungs-, Verkehrs- oder Grünflächen ggf. die Zulassung von Ausnahmen vor, so ist S. 1 auch für diese Fälle entsprechend heranzuziehen.

6 **3. Wertsteigernde Änderung baulicher Anlagen.** § 32 betrifft Vorhaben, die eine wertsteigernde Änderung baulicher Anlagen zur Folge haben. Die Vorschrift bezieht sich also, und zwar sowohl in den Fällen des S. 1 als auch des S. 2, nicht schlechthin auf alle Vorhaben i. S. des § 29 S. 1: Sofern ein Vorhaben, das die Errichtung, Änderung oder Nutzungsänderung einer baulichen Anlage zum Gegenstand hat, nicht zugleich eine wertsteigernde Änderung der (vorhandenen) baulichen Anlage zur Folge hat, findet § 32 keine Anwendung.

7 Die Änderung der baulichen Anlage muß **wertsteigernd** sein, also zu einer Erhöhung des Grundstückswerts führen. Da der Regelungszweck des § 32 die Vermeidung einer erhöhten Entschädigung im Falle der späteren Durchführung des Bebauungsplans ist, muß beim Wertvergleich ggf. auch in Rechnung gestellt werden, wann der Bebauungsplan durchgeführt wird, da die Wertsteigerung durch Zeitablauf wieder aufgezehrt sein kann.

8 **4. Zustimmung des Bedarfs- oder Erschließungsträgers.** Ein nach § 32 zu beurteilendes Vorhaben kann – sowohl in den Fällen des S. 1 als auch in den Fällen des S. 2 – nur zugelassen werden, wenn der Bedarfs- oder Erschließungsträger zustimmt. Stimmt der Erschließungs- oder Bedarfsträger nicht zu, so kann das Vorhaben jedoch gleichwohl zugelassen werden, wenn der Eigentümer auf Ersatz der Werterhöhung verzichtet (hierzu Rn 10). **Bedarfs- und Erschließungsträger** ist in aller Regel die Gemeinde. Jedoch kann nach § 124 Abs. 1 die Erschließung auf einen Dritten, also auf einen Privaten, übertragen werden. Bedarfsträger kann neben der Gemeinde auch eine andere Gebietskörperschaft (insbesondere bei Verkehrsflächen) oder auch ein privater Rechtsträger (z. B. ein Versorgungsunternehmen) sein.

Die **Zustimmung** i. S. des § 32 ist ein interner Vorgang im Verhältnis **9**
zwischen Baugenehmigungsbehörde einerseits und Bedarfs- oder Er-
schließungsträger andererseits. Die Zustimmung kann nicht willkür-
lich erteilt oder versagt werden. Wird sie versagt, so ist die Baugeneh-
migungsbehörde hieran gebunden; der Antragsteller kann ggf. die
Versagung der Baugenehmigung anfechten, sofern er nicht den Weg
über die Mehrwertsverzichtserklärung (vgl. Rn 10) beschreitet; die
Versagung der (internen) Zustimmung kann von ihm hingegen nicht
angefochten werden. Wird die Baugenehmigung erteilt, obwohl der
Bedarfs- oder Erschließungsträger nicht zugestimmt hat, so kann
dieser die Genehmigung anfechten, weil er hierdurch in seinen Rechten
beeinträchtigt sein kann.

5. Mehrwertsverzichtserklärung. Stimmt der Bedarfs- oder Er- **10**
schließungsträger nicht zu, so kann das Vorhaben in den Fällen des § 32
dann genehmigt werden, wenn der Eigentümer für sich und seine
Rechtsnachfolger auf Ersatz der Werterhöhung für den Fall der Durch-
führung des Bebauungsplans schriftlich verzichtet. Der **Verzicht des
Eigentümers** ist eine einseitige empfangsbedürftige öffentlich-rechtli-
che Willenserklärung (Bielenberg, DVBl. 1965, 265). Der Verzicht des
Eigentümers bewirkt, daß ein Entschädigungsanspruch, der durch die
wertsteigernde Änderung der baulichen Anlage bewirkt wurde, nicht
entstehen kann. Sonstige Entschädigungsansprüche bleiben hiervon
also unberührt.

Die Mehrwertsverzichtserklärung muß vom Eigentümer sowohl für **11**
sich als auch für seine **Rechtsnachfolger** abgegeben werden. Die Ver-
zichtserklärung hat also eine dingliche Wirkung wie sie z. B. öffentliche
Lasten haben können; vgl. zu dieser rechtlich ungewöhnlichen Figur
Bielenberg aaO, Schlichter, in: BK, § 32, Rn 8.

Der Eigentümer hat die Mehrwertsverzichtserklärung **schriftlich** **12**
(vgl. § 126 BGB) gegenüber der Baugenehmigungsbehörde abzuge-
ben.

§ 33 Zulässigkeit von Vorhaben während der Planaufstellung

(1) **In Gebieten, für die ein Beschluß über die Aufstellung eines
Bebauungsplans gefaßt ist, ist ein Vorhaben zulässig, wenn**

1. **die öffentliche Auslegung (§ 3 Abs. 2 und 3) durchgeführt und die
Träger öffentlicher Belange (§ 4 Abs. 1) beteiligt worden sind,**

2. **anzunehmen ist, daß das Vorhaben den künftigen Festsetzungen
des Bebauungsplans nicht entgegensteht,**

3. **der Antragsteller diese Festsetzungen für sich und seine Rechts-
nachfolger schriftlich anerkennt und**

4. **die Erschließung gesichert ist.**

(2) **Vor Durchführung der öffentlichen Auslegung und Beteili-
gung der Träger öffentlicher Belange kann ein Vorhaben zugelassen**

werden, wenn die in Absatz 1 Nr. 2 bis 4 bezeichneten Voraussetzungen erfüllt sind. Den betroffenen Bürgern und berührten Trägern öffentlicher Belange ist vor Erteilung der Genehmigung Gelegenheit zur Stellungnahme innerhalb angemessener Frist zu geben, soweit sie dazu nicht bereits zuvor Gelegenheit hatten.

Übersicht

1 **1. Anwendungsbereich.** § 33 findet für Vorhaben Anwendung, die nach der für das Gebiet jeweils maßgeblichen planungsrechtlichen Zulässigkeitsregelung (§§ 30, 34 oder 35) nicht zulässig sind, von denen jedoch nach dem Stand der Arbeiten an einem in Aufstellung befindlichen Bebauungsplan anzunehmen ist, daß sie den künftigen Festsetzungen des Bebauungsplans nicht entgegenstehen werden. § 33 schafft also **keinen zusätzlichen,** neben §§ 30, 34 oder 35 bestehenden **planungsrechtlichen Bereich** (vgl. hierzu Vorbem. zu den §§ 29 bis 39, Rn 3 bis 7), vielmehr gehören die in § 33 genannten Gebiete stets zu einem dieser drei Bereiche (BVerwGE 20, 127/130). § 33 ist insofern eine Ausnahmeregelung, als danach Vorhaben trotz Unzulässigkeit nach den jeweils anzuwendenden planungsrechtlichen Vorschriften im Hinblick auf ihre Übereinstimmung mit den vorgesehenen Festsetzungen eines künftigen Bebauungsplans zulässig sind. § 33 enthält also ausschließlich einen die (zunächst) negative Beurteilung nach §§ 30, 34 oder 35 aufhebenden **positiven Zulässigkeitstatbestand** (BVerwG aaO, 131).

2 § 33 findet daher keine Anwendung für solche Vorhaben, die bereits gem. §§ 30, 34 oder 35 zulässig sind. Insbesondere ergibt sich aus § 33 keine die Zulässigkeit eines Vorhabens **negativ** berührende Wirkung. Dies folgt bereits daraus, daß § 33 andernfalls die Wirkung eines Instruments zur Sicherung der Bauleitplanung hätte, was bereits nach der Einordnung der Bestimmung in den Dritten Teil, aber auch wegen der unterschiedlichen Voraussetzungen, wie sie bei der Veränderungssperre bestehen, ausscheidet (BVerwG aaO, 133). Zur Sicherung einer (künftigen) Planung kann die Gemeinde ggf. eine Veränderungssperre

erlassen, jedoch kann eine negative Entscheidung nicht auf § 33 gestützt werden (vgl. auch BVerwG aaO, 134f.).

§ 33 findet nicht nur für die erstmalige **Aufstellung,** sondern auch für **3** die **Änderung** oder **Ergänzung** eines bereits bestehenden Bebauungsplanes Anwendung (BVerwG aaO, 132; Schlichter, in: BK, § 33, Rn 2).

§ 33 erhielt durch das **BauGB** eine neue Fassung. **Abs. 1** entspricht **4** § 33 BBauG. Er regelt die Zulässigkeit von Vorhaben während der Aufstellung von Bebauungsplänen als **Rechtsanspruch.** Die neue Fassung entspricht den in § 33 S. 1 BBauG enthaltenen Anforderungen (jetzt Abs. 1 Nr. 2, 3 und 4). Die in der Rechtsprechung entwickelten Anforderungen hinsichtlich des Verfahrensstandes („formelle Planreife") sind in Abs. 1 Nr. 1 berücksichtigt. Eine **Abs. 2** entsprechende Genehmigungsmöglichkeit war dagegen im BBauG nicht enthalten. Nach Abs. 2 **können** Vorhaben zugelassen werden, wenn zwar nicht die Voraussetzungen der „förmlichen Planreife" (Abs. 1 Nr. 1), wohl aber jene der „materiellen Planreife" (Abs. 1 Nr. 2 bis 4) vorliegen. Auch für diese Fälle ist eine Mindestbeteiligung der betroffenen Bürger und der berührten Träger öffentlicher Belange vorgesehen (**Abs. 2 S. 2**).

2. Rechtsanspruch nach Abs. 1. a) Allgemeines. Sind die Vorausset **5** zungen des **Abs. 1** erfüllt, so hat der Antragsteller einen **Rechtsanspruch** darauf, daß sein Bauantrag so behandelt wird, als ob die zu erwartenden Festsetzungen des Bebauungsplanes schon rechtswirksam wären (BVerwG aaO, 131).

b) Planaufstellungsbeschluß. § 33 ist nur in Gebieten anwendbar, **6** für die die Gemeinde die **Aufstellung eines Bebauungsplans beschlossen** hat; vgl. hierzu § 2 Abs. 1 S. 1.

c) Formelle Planreife (Abs. 1 Nr. 1). Nr. 1 bestimmt hinsichtlich des **7** Verfahrensstandes, der den Rechtsanspruch nach Abs. 1 begründet, folgende Voraussetzungen: Die öffentliche Auslegung nach § 3 Abs. 2 und 3 muß durchgeführt und die Träger öffentlicher Belange müssen gem. § 4 Abs. 1 beteiligt worden sein. Die bisherige Rspr. zu § 33 BBauG wird damit aufgegriffen, jedoch zugleich im Hinblick auf das strikte Erfordernis der Durchführung der Verfahren nach § 3 Abs. 2 und 3 sowie § 4 Abs. 1 eingeengt. Die Rspr. stellte – ausgehend vom Stand der Planungsarbeiten (jetzt Nr. 2) – als Voraussetzung der Planreife auf die voraussehbare Übereinstimmung mit dem Bebauungsplan. Hierfür reiche der Planaufstellungsbeschluß zwar regelmäßig nicht aus, um eine derart sichere Prognose zu stellen (BVerwG, BRS 15 Nr. 13 und 15; BRS 33 Nr. 34; OVG Berlin, BRS 36 Nr. 52). Für Ausnahmefälle wurde jedoch die Übereinstimmung mit der künftigen Festsetzung des Bebauungsplans (vgl. Nr. 2) bereits zum Zeitpunkt des Planaufstellungsbeschlusses bejaht (BVerwG aaO; OVG Berlin aaO).

d) Stand der Planungsarbeiten (Abs. 1 Nr. 2). Nach Nr. 2 ist weitere **8** Voraussetzung für die Zulässigkeit von Vorhaben während der Planaufstellung, daß die Planungsarbeiten einen Stand erreicht haben, der die

Annahme rechtfertigt, daß das Vorhaben den künftigen Festsetzungen des Bebauungsplans nicht entgegenstehen wird („**materielle**" **Baureife** i. e. S.). Die Zulassung eines Vorhabens nach § 33 setzt also voraus, daß der Planungsstand einen hinreichend sicheren Schluß darauf zulassen muß, daß das Vorhaben mit den zukünftigen Festsetzungen des Bebauungsplans übereinstimmen wird. Die **Planreife** muß also inhaltlich und zeitlich so weit fortgeschritten sein, daß hinreichend voraussehbar ist, sie werde in dieser Form als Bebauungsplan förmlich festgesetzt werden (BVerwG, BRS 15 Nr. 13 und 15; BRS 33 Nr. 34; OVG Berlin, BRS 36 Nr. 52). Insbesondere muß der Inhalt des Bebauungsplansentwurfs **den in § 1 gestellten Anforderungen** genügen. Die sichere Erwartung der Genehmigung des Bebauungsplans (§ 11 Abs. 1) oder ein ohne Geltendmachung der Verletzung von Rechtsvorschriften durchgeführtes Anzeigeverfahren (§ 11 Abs. 3) muß anzunehmen sein (vgl. zu §§ 33 BBauG BVerwG aaO; OVG Berlin aaO). Ein nach Nr. 1 an sich bereits ausreichender Verfahrensstand genügt also allein nicht für die Zulässigkeit nach Abs. 1. Die für die Anwendung des Abs. 1 erforderliche Planreife liegt daher nicht vor, wenn Zweifel bestehen, ob der Plan in materieller Hinsicht, aber auch wegen erheblicher Mängel beim Verfahren zur Aufstellung des Bebauungsplanes wirksam werden kann (VGH München, BRS 33 Nr. 35). Insbesondere dürfen im Zeitpunkt der Genehmigung nach § 11 Abs. 1 bzw. der Durchführung des Anzeigeverfahrens nach § 11 Abs. 3 die künftigen Festsetzungen des Bebauungsplans, die das Vorhaben betreffen, im Hinblick auf Bedenken von Trägern öffentlicher Belange oder von Bürgern nicht streitig sein.

9 Auch bei Anwendung des Abs. 1 können **Ausnahmen** zugelassen oder **Befreiungen** erteilt werden (§ 31 Abs. 1 und 2; vgl. Schlichter aaO, Rn 8).

10 Die Voraussetzungen des Abs. 1 können auch (nur) für einen **Teil des Plangebietes** vorliegen („Teilplanreife"), wenn der betreffende Teil des Gebiets, etwa aufgrund des Standorts und der besonderen Funktion eines einzelnen Bauvorhabens, einer isolierten planungsrechtlichen Beurteilung innerhalb der planerischen Gesamtkonzeption zugänglich ist (OVG Lüneburg, DVBl. 1964, 151; OVG Berlin, BRS 36 Nr. 52).

11 **e) Anerkenntnis der künftigen Festsetzungen (Abs. 1 Nr. 3).** Voraussetzung für die Zulässigkeit eines Vorhabens nach Abs. 1 ist weiterhin, daß der Antragsteller die künftigen Festsetzungen des Bebauungsplans für sich und seine Rechtsnachfolger anerkennt. Das **Anerkenntnis** ist gegenüber der Baugenehmigungsbehörde **schriftlich** (vgl. § 126 BGB) abzugeben. Das Anerkenntnis kann ausnahmsweise von einem anderen als dem Eigentümer (z. B. durch den Käufer oder Bauherren) ausgesprochen werden (BVerwG, NJW 1973, 1518); der Eigentümer muß aber im Hinblick auf die dingliche Wirkung des Anerkenntnisses zustimmen (Schlichter aaO, Rn 9). Zur Rechtsnatur des Anerkenntnisses vgl. auch die insoweit vergleichbare Rechtsfigur des „Verzichts"

nach § 32 S. 1 (§ 32, Rn 8 ff. sowie Schlichter aaO, Rn 5). Das Anerkenntnis bewirkt, daß der Antragsteller die vorgesehenen Festsetzungen für sich und seine Rechtsnachfolger hinnimmt. Es dient jedoch nur der Sicherung der „Geschäftsgrundlage" (so Schlichter aaO) mit der Folge, daß sich der Antragsteller damit nicht solchen künftigen Festsetzungen unterwirft, die gänzlich unvorhersehbar waren. Das Anerkenntnis beinhaltet insbesondere auch keinen Verzicht auf Entschädigungsansprüche aus den §§ 39 bis 44 oder auf eine Normenkontrollklage gegen den in Kraft getretenen Bebauungsplan (vgl. aber einschränkend VGH Mannheim, BRS 28 Nr. 17).

f) Gesicherte Erschließung (Abs. 1 Nr. 4). Voraussetzung für die Zulässigkeit nach § 33 ist weiterhin, daß – wie in den Fällen des § 30 – die Erschließung gesichert ist. 12

3. Zulässigkeit nach Abs. 2. a) Anwendungsvoraussetzungen (Abs. 2 S. 1). Abs. 2 regelt eine Genehmigungsmöglichkeit vor der „förmlichen Planreife" i. S. des Abs. 1 Nr. 1. Die Vorschrift erweitert die Möglichkeiten der Vorweggenehmigung von Vorhaben während der Planfeststellung. In Betracht kommen vor allem einfach gelagerte, unproblematische Fälle (ebenso im Erg. Schlichter aaO, Rn 11). Abs. 2 stellt die Genehmigung in das **Ermessen** der Baugenehmigungsbehörde („Kann"-Bestimmung). Voraussetzung ist wie in den Fällen des Abs. 1 die materielle Planreife des Vorhabens (vgl. Abs. 1 Nr. 2), das Anerkenntnis der künftigen Festsetzungen des Bebauungsplans (Abs. 1 Nr. 3) und die gesicherte Erschließung (Abs. 1 Nr. 4). Weitere Voraussetzung ist das Vorliegen eines **Planaufstellungs**beschlusses (nicht ausdrücklich aufgeführt, ergibt sich aber aus Regelungszusammenhang). 13

b) Beteiligungsvorschriften (Abs. 2 S. 2). Die Voraussetzungen für den Rechtsanspruch i. S. des § 33 BBauG sind in der Nachfolgeregelung des Abs. 1 enger gefaßt (vgl. Rn 8). Die Ermessensregelung des Abs. 2 über die Erteilung der Baugenehmigung während des Planaufstellungsverfahrens schafft demgegenüber – im Vergleich zur Rechtsprechung zu § 33 BBauG – weitergehende Genehmigungsmöglichkeiten. Die Regelung sieht jedoch einen bestimmten Verfahrensstand, insbesondere eine Mindestbeteiligung der **Bürger** und der **Träger öffentlicher Belange** vor: Nach **Abs. 2 S. 2** muß den betroffenen Bürgern und den berührten Trägern öffentlicher Belange vor Erteilung der Genehmigung Gelegenheit zur Stellungnahme innerhalb angemessener Frist zu geben sein. Welche Bürger betroffen und welche Träger berührt sein können, richtet sich nach den künftigen Festsetzungen des Bebauungsplans entsprechend denen das Vorhaben genehmigt werden soll. Beteiligt müssen jene Bürger sein, die durch die künftigen Festsetzungen in ihren Rechten oder sonstigen für die Abwägung relevanten Belange (§ 1 Abs. 6) berührt sind. Die Träger öffentlicher Belange sind vorher zu hören, wenn die künftigen Festsetzungen ihre Grundstücke und die ihnen obliegenden Aufgaben berühren (vgl. Söfker, in: B/K/S, Rn 181). 14

15 Den zu beteiligenden Bürger und Träger öffentlicher Belange muß in
geeigneter Weise **Gelegenheit zur Stellungnahme** gegeben werden,
insbesondere durch schriftliche oder mündliche Unterrichtung sowie
Anhörung. Die zu gewährende Frist richtet sich nach dem jeweiligen
Einzelfall. Vgl. hierzu sinngemäß die Erl. zu § 13 Abs. 1 S. 2. Das
Beteiligungserfordernis nach Abs. 2 S. 2 **entfällt**, soweit die Bürger
und Träger öffentlicher Belange bereits zuvor Gelegenheit zur Stellung-
nahme hatten. In Betracht kommen vor allem Beteiligungen vor oder
während des Planaufstellungsverfahrens (z. B. vorgezogene Bürgerbe-
teiligung nach § 3 Abs. 1; Beteiligung von Trägern öffentlicher Belange
aus Anlaß einer Rahmenplanung (vgl. entsprechend § 3 Abs. 1 S. 1
Nr. 3). Voraussetzung ist, daß diese Beteiligung in sachlicher und
zeitlicher Hinsicht diejenigen künftigen Festsetzungen des Bebauungs-
plans zum Gegenstand hat, die Grundlage für die Genehmigung nach
Abs. 2 sind (Söfker aaO).

16 **4. Verfahren; Rechtsschutz.** Über die Zulässigkeit von Vorhaben
nach § 33 wird gem. § 36 Abs. 1 S. 1 von der Baugenehmigungsbe-
hörde im Einvernehmen mit der Gemeinde entschieden. Nach § 36
Abs. 1 S. 3 ist auch die Zustimmung der höheren Verwaltungsbehörde
erforderlich.

Zum **Nachbarschutz** vgl. die Erl. zu § 31. Vgl. auch VGH München
(BayVBl. 1968, 497): Die **Normenkontralle** nach § 47 VwGO ist
gegen den Bebauungsplanentwurf im Verfahrensstand des § 33 Abs. 1
nicht zulässig.

17 **5. Überleitung.** Die Überleitung des § 33 ist in § 236 Abs. 1 geregelt.
Die Überleitungsvorschrift des § 183 b BBauG für den durch die No-
velle 1979 geänderten § 33 BBauG ist nicht übernommen worden.
Nach der Überleitungsvorschrift des § 236 Abs. 1 ist das neue Recht
anzuwenden, wenn vor Inkrafttreten des BauGB (1. Juli 1987) über die
Zulässigkeit eines Vorhabens noch nicht unanfechtbar entschieden
worden ist.

§ 34 Zulässigkeit von Vorhaben innerhalb der im Zusammen- hang bebauten Ortsteile

(1) **Innerhalb der im Zusammenhang bebauten Ortsteile ist ein
Vorhaben zulässig, wenn es sich nach Art und Maß der baulichen
Nutzung, der Bauweise und der Grundstücksfläche, die überbaut
werden soll, in die Eigenart der näheren Umgebung einfügt und die
Erschließung gesichert ist. Die Anforderungen an gesunde Wohn-
und Arbeitsverhältnisse müssen gewahrt bleiben; das Ortsbild darf
nicht beeinträchtigt werden.**

(2) **Entspricht die Eigenart der näheren Umgebung einem der
Baugebiete, die in der aufgrund des § 2 Abs. 5 erlassenen Verordnung
bezeichnet sind, beurteilt sich die Zulässigkeit des Vorhabens nach**

seiner Art allein danach, ob es nach der Verordnung in dem Baugebiet allgemein zulässig wäre; auf die nach der Verordnung ausnahmsweise zulässigen Vorhaben ist § 31 Abs. 1, im übrigen ist § 31 Abs. 2 entsprechend anzuwenden.

(3) Nach den Absätzen 1 und 2 unzulässige Erweiterungen, Änderungen, Nutzungsänderungen und Erneuerungen von zulässigerweise errichteten baulichen und sonstigen Anlagen können im Einzelfall zugelassen werden, wenn

1. die Zulässigkeit aus Gründen des Wohls der Allgemeinheit erforderlich ist oder

2. das Vorhaben einem Betrieb dient und städtebaulich vertretbar ist

und wenn die Abweichung auch unter Würdigung nachbarlicher Interessen mit den öffentlichen Belangen vereinbar und die Erschließung gesichert ist. Satz 1 findet keine Anwendung auf Einzelhandelsbetriebe, die die verbrauchernahe Versorgung der Bevölkerung beeinträchtigen können.

(4) Die Gemeinde kann durch Satzung

1. die Grenzen für im Zusammenhang bebaute Ortsteile festlegen,

2. bebaute Bereiche im Außenbereich als im Zusammenhang bebaute Ortsteile festlegen, wenn die Flächen im Flächennutzungsplan als Baufläche dargestellt sind,

3. einzelne Außenbereichsgrundstücke zur Abrundung der Gebiete nach den Nummern 1 und 2 einbeziehen.

Die Satzung nach Satz 1 Nr. 2 und 3 muß mit einer geordneten städtebaulichen Entwicklung vereinbar sein. In ihr können einzelne Festsetzungen nach § 9 Abs. 1, 2 und 4 getroffen werden. § 9 Abs. 6 ist entsprechend anzuwenden.

(5) Vor dem Erlaß der Satzung nach Absatz 4 Satz 1 Nr. 2 und 3 ist den betroffenen Bürgern und berührten Trägern öffentlicher Belange Gelegenheit zur Stellungnahme innerhalb angemessener Frist zu geben. Auf die Satzung ist § 22 Abs. 3 entsprechend anzuwenden.

Übersicht

I. Anwendungsbereich

1. Allgemeines. Die Vorbereitung und Leitung der baulichen und 1
sonstigen Nutzung ist nach § 1 Abs. 1 der gemeindlichen Bauleitplanung aufgegeben. Für die Zulässigkeit von Vorhaben bestimmt demgemäß § 30 Abs. 1, daß innerhalb des räumlichen Geltungsbereichs eines
qualifizierten Bebauungsplans Vorhaben zulässig sind, wenn sie den
Festsetzungen des Bebauungsplans nicht widersprechen. Zur Berücksichtigung der Festsetzungen eines **einfachen Bebauungsplans** (§ 30
Abs. 2) vgl. Rn 10. Soweit für Gemeindegebiete Bebauungspläne i. S.
des § 30 Abs. 1 nicht vorhanden sind, hat der Gesetzgeber mit §§ 34
und 35 Regelungen geschaffen, die das Anliegen der geordneten städtebaulichen Entwicklung auch in allen übrigen Gemeindegebieten verwirklichen; zum Verhältnis der Planbereiche der §§ 30, 34 und 35 vgl.
Vorbem. zu §§ 29 bis 39, Rn 3–6; zur Einordnung von § 35 in das
Regelungssystem des BBauG über die Zulässigkeit von Vorhaben vgl.
§ 35, Rn 1. Während der Gesetzgeber für den **Außenbereich** (§ 35) eine
gesetzliche Planungsregelung getroffen hat, nach der die sog. privilegierten Vorhaben (§ 35 Abs. 1) in planähnlicher Weise dem Außenbereich zugewiesen sind (BVerwGE 28, 48/151; vgl. auch § 35, Rn 1 und
6) und der Außenbereich von sonstigen, d. h. nicht privilegierten
Vorhaben (§ 35 Abs. 2) grundsätzlich freigehalten werden soll
(BVerwG aaO), fehlt es für die Zulässigkeit von Vorhaben im (nichtqualifiziert beplanten) **Innenbereich** an einer vergleichsweise positiven
gesetzlichen Ersatzplanung (vgl. Sendler, BBauBl. 1968, 12/13; Hoppe,
in: E/H, Rn 377). Das Fehlen positiver gesetzlicher oder gemeindlicher
Planungsvorstellungen wird mit § 34 durch eine planersetzende Regelung ausgeglichen (Sendler aaO): Vorhaben sind innerhalb der im
Zusammenhang bebauten Ortsteile, für die kein Bebauungsplan i. S.
des § 30 Abs. 1 vorhanden ist, zulässig, wenn sie sich in die Eigenart der
näheren Umgebung einfügen. Anderfalls sind sie unzulässig. Dieser
Grundsatz ist jedoch in zweifacher Hinsicht modifiziert: Nach **Abs. 3**
kann im Einzelfall ein sonst unzulässiges Vorhaben im Wege einer der
Bauleitplanung ähnlichen Abwägungs- und Kompensationsentscheidung zugelassen werden. Nach **Abs. 4** (insbesondere Abs. 4 S. 1 Nr. 2
und S. 3) können Ortsteile zu Baugebieten fortentwickelt und in der
Satzung einzelne Festsetzungen nach § 9 getroffen werden.

2. Im Zusammenhang bebaute Ortsteile. § 34 findet für Vorhaben
im Innenbereich Anwendung, d. h. „innerhalb" der im Zusammenhang bebauten Ortsteile (Abs. 1 S. 1; vgl. auch § 19 Abs. 1 Nr. 2). Ein
Grundstück liegt danach im Innenbereich, wenn es in einem **Bebau-**

ungszusammenhang (a) liegt, der einem **Ortsteil** (b) angehört. Grundstücke, für die diese Voraussetzungen gegeben sind, sind „tendenziell einer Bebauung zugänglich" (BVerwG, ZfBR 1980, 294/295).

2 **a) Bebauungszusammenhang.** Bei der Beurteilung, ob ein Grundstück in einem Bebauungszusammenhang liegt, ist maßgebend, ob eine **tatsächlich aufeinanderfolgende, zusammenhängende Bebauung** besteht (BVerwGE 31, 20 = MDR 1969, 247). Abgrenzungsschwierigkeiten treten dabei auf, wenn die Aufeinanderfolge von Baulichkeiten unterbrochen ist, sei es durch Baulücken oder durch größere freie Flächen. In diesen Fällen ist ausschlaggebend, inwieweit die aufeinanderfolgende Bebauung den Eindruck der Geschlossenheit vermittelt. Maßgebend, ob noch ein Bebauungszusammenhang besteht, ist dabei letzlich die Verkehrsauffassung (BVerwG aaO; E 28, 268; BRS 20 Nr. 67). Ob eine Unterbrechung des Zusammenhanges vorliegt oder nicht, läßt sich daher nicht unter Anwendung von geographisch-mathematischen Maßstäben bestimmen. So kann es für die Bejahung des Bebauungszusammenhanges unbeachtlich sein, wenn eine Baulücke zwischen großzügig bemessenen, mit Einfamilienhäusern bebauten Grundstücken liegt (BVerwG, BRS 20 Nr. 34), während bei einer eng aneinandergereihten Bebauung schon eine kleinere Lücke den Bebauungszusammenhang unterbrechen kann. Ein **bebautes Grundstück** unterbricht den Bebauungszusammenhang allenfalls dann, wenn die Bebauung im Verhältnis zur Größe des Grundstücks nur von ganz untergeordneter Bedeutung ist (BVerwG, ZfBR 1987, 44). „Zusammengehörigkeit" erfordert aber ein einheitliches Gesamtbild. Auch eine sich in den Bebauungszusammenhang in keiner Weise einpassende Bebauung (Fremdkörper, der die Eigenart des Gebiets folglich nicht prägt) unterbricht nicht den Bebauungszusammenhang (BVerwG aaO; Fall eines Hotels in einem parkartigen Grundstück). Auch größere Freiflächen, die wegen ihrer natürlichen Beschaffenheit (z. B. Flüsse oder Gräben; vgl. auch BVerwG, DÖV 1988, 840: Felsen, der einen bebauten Uferstreifen unterbricht) oder wegen ihrer besonderen Zweckbestimmung (z. B. Sportplätze, Erholungsflächen) einer Bebauung entzogen sind, können im Einzelfall unbeachtlich sein (BVerwGE 31, 22; 44, 250). Eine von Bebauung umgebene **Innenstadtfläche** liegt nicht innerhalb des Bebauungszusammenhangs, wenn sie so groß ist, daß sich ihre Bebauung nicht als zwanglose Fortsetzung der vorhandenen Bebauung aufdrängt (BVerwG, NJW 1984, 1576); „Außenbereichsinsel" im Innenbereich. Auch bei der Unterbrechung des Bebauungszusammenhanges durch eine Straße (vgl. Rn 6) ist die Verkehrsauffassung nach Lage des Einzelfalls für die Beurteilung maßgebend, ob die aufeinanderfolgende Bebauung den Eindruck der Geschlossenheit vermittelt (BVerwG, DVBl. 1973, 321; Schlichter, in: BK, § 34, Rn 11).

3 Ob ein Grundstück im Bebauungszusammenhang liegt, ist andererseits nicht ausschließlich danach zu beurteilen, ob es von Bebauung

umgeben ist. Erforderlich ist vielmehr weiter, daß das Grundstück selbst einen **Bestandteil des Zusammenhanges** bildet (BVerwGE 41, 227; vgl. auch Schlichter aaO). Andererseits kann auch eine **Randlage** unter besonderen Umständen die Einbeziehung in den Bebauungszusammenhang rechtfertigen (BVerwG, DÖV 1972, 827; Buchholz 406.11 § 35 Nr. 123; ZfBR 1980, 294/295). Ein landwirtschaftliches Nebengebäude kann den im übrigen durch Wohnbebauung gebildeten Bebauungszusammenhang abrunden (VGH Mannheim, BRS 42, Nr. 153). Der Umstand, daß ein unbebautes Grundstück im Falle einer Bebauung einen vorhandenen Bebauungszusammenhang abrunden würde, rechtfertigt dagegen seine Zuordnung zum Innenbereich nicht (OVG Bremen, BauR 1986, 184). Die Beseitigung des letzten zum Bebauungszusammenhang gehörenden Gebäudes zum Zwecke der alsbaldigen (zum Merkmal „alsbald" vgl. auch § 35 Abs. 4 S. 1 Nr. 3) Errichtung eines Ersatzbauwerks bewirkt nicht, daß das Grundstück seine Innenbereichsqualität einbüßt und zu einem Außenbereichsgrundstück wird. Als Innenbereichsgrundstücke sind sie vielmehr einer Bebauung und damit auch der Errichtung von Ersatzbauwerken grundsätzlich zugänglich. Diese rechtliche Qualität verlieren sie solange nicht, wie sie an dem „Eindruck der Zusammengehörigkeit" mit den benachbarten, bebauten Grundstücken teilnehmen. Ob und wie lange sie dem Bebauungszusammenhang nach Abbruch des letzten zum Bebauungszusammenhang gehörenden Grundstückes noch zuzurechnen sind, entscheidet sich nach der Verkehrsauffassung (BVerwG, ZfBR 1980, 294/295 unter Hinweis auf die Rechtsprechung zum eigentumsrechtlich verfestigten Bestandschutz zu § 35; vgl. BVerwGE 47, 126/131 f. sowie die Erl. zu § 35; vgl. auch BVerwG, ZfBR 1987, 44/45 f.: Berücksichtigung der besonderen Größe eines Grundstücks und jahrelanger erfolgloser Verhandlungen mit Gemeinde und Bauaufsichtsbehörde über Art und Weise der Bebauung). Da § 35 den Schutz des Außenbereichs vor einer unangemessenen Inanspruchnahme für Bauzwecke schützt und damit einer Verringerung der Außenbereichsfläche vorbeugt, entspricht es seinem Regelungszweck nicht, eine „Vergrößerung" des Außenbereichs zu erreichen; dies müßte ggf. durch Planung geschehen (BVerwG, ZfBR 1980, 294/295).

Für die Frage, ob ein Bebauungszusammenhang vorliegt, kommt es **4** auf die **tatsächlich vorhandene Bebauung** an, jedoch grundsätzlich nicht darauf, ob die bestehende Bebauung genehmigt worden ist. Dies ist jedenfalls dann anzunehmen, wenn die weder formell noch materiell baurechtmäßige Bebauung in einer Weise geduldet wird, die keinen Zweifel daran läßt, daß sich die zuständige Behörde mit ihrem Vorhandensein abgefunden hat (BVerwGE 31, 22/26). Wenn dagegen das Verhalten der zuständigen Behörden, insbesondere durch den Erlaß von Beseitigungsverfügungen, hinreichend klar ergibt, daß ihre Beseitigung absehbar ist, sind diese Gebäude für die Beurteilung eines Bebauungszusammenhangs außer Betracht zu lassen (BVerwG aaO).

5 Auf die (lediglich formalen) **Grundstücksgrenzen** kommt es dagegen für die Ausdehnung eines im Zusammenhang bebauten Ortsteiles nicht entscheidend an. In den Bebauungszusammenhang kann daher z. B. auch nur ein Teil des Grundstückes hineingezogen werden (BVerwG, Buchholz 406.11 § 19 Nr. 20). Weiterhin sind bebaute Grundstücke der **angrenzenden Gemeinde** bei der Beurteilung der Geschlossenheit des Bebauungszusammenhangs nicht zu berücksichtigen; § 34 bezieht sich nur auf das der Planungshoheit der jeweiligen Gemeinde unterstehende Gebiet (BVerwGE 27, 137; Schlichter aaO, Rn 14). **Unbebaute Grundstücke** sind bei der Beurteilung des Vorliegens eines Bebauungszusammenhangs nicht deshalb wie bebaut zu behandeln, weil ihre Bebauung beabsichtigt und auch schon genehmigt ist (BVerwG, NJW 1977, 1978).

6 **Straßen** zwischen einer zusammenhängenden Bebauung unterbrechen den Bebauungszusammenhang i. d. R. nicht (vgl. Rn 2). Besteht jedoch nur an einer Straßenseite ein Bebauungszusammenhang, so liegen die Grundstücke auf der anderen Straßenseite, sofern nicht andere Umstände hinzukommen, im Außenbereich (vgl. BVerwG, BauR 1988: Die „Regelvermutung" für eine trennende Wirkung einseitig bebauter Straßen zwischen Innen- und Außenbereich macht die Berücksichtigung der konkreten örtlichen Gegebenheiten nicht überflüssig). (Unbebaute) Grundstücke, die an das letzte zum Bebauungszusammenhang gehörende Gebäude anschließen, liegen im Außenbereich, wenn weder auf der gegenüberliegenden Straßenseite noch in der zweiten Reihe eine Bebauung besteht (BVerwGE 28, 268).

7 **b) Ortsteil.** Der Bebauungszusammenhang (Rn 2–6) muß einem Ortsteil angehören. Diese Anforderung schließt das ein, was im Gegensatz zur unerwünschten **Splittersiedlung** (§ 35 Abs. 3 S. 1) steht und sichert damit den Regelungszweck des § 34, „nämlich die nach der Siedlungsstruktur angemessene Fortentwicklung der Bebauung innerhalb des gegebenen Bereiches" (BVerwGE 31, 22/27). Demgemäß ist für die Beurteilung, ob ein Ortsteil i. S. des Abs. 1 S. 1 vorliegt, nicht auf die Entstehungsweise der vorhandenen Bebauung oder darauf abzustellen, daß die Bebauung einem bestimmten städtebaulichen Ordnungsbild entspricht, eine bestimmte städtebauliche Ordnung verkörpert oder als eine städtebauliche Einheit in Erscheinung tritt (so: BVerwG aaO; vgl.). Orteil ist vielmehr jeder Bebauungskomplex im Gebiet einer Gemeinde, der nach der Zahl der vorhandenen Bauten ein gewisses Gewicht besitzt und Ausdruck einer organischen Siedlungsstruktur ist (BVerwGE 31, 22/26). Das „gewisse Gebiet" ist nach den siedlungstrukturellen Gegebenheiten im Gebiet der jeweiligen Gemeinde zu beurteilen (BVerwG, BauR 1984, 493). Auch hinsichtlich des Merkmals der **„organischen Siedlungsstruktur"** ist nach der Rspr. des BVerwG nicht darauf abzustellen, daß es sich hierbei um eine nach Art und Zweckbestimmung einheitliche Bebauung handeln muß; auch eine unterschiedliche oder eine in ihrer Art und Zweckbestimmung

gegensätzliche Bebauung kann einen Ortsteil bilden. Der Ortsteil braucht sich auch nicht als ein Schwerpunkt der städtebaulichen Entwicklung oder als eine Bebauung mit einem eigenständigen Leben darzustellen (BVerwG aaO, 27; vgl. aber BVerwG, ZfBR 1986, 193: Sind die Voraussetzungen und Ziele einer früheren Moorkultivierung entfallen, so kann sich eine im Rückblick „organisch" gewachsene **Moorsiedlung** heute als unorganische Splittersiedlung darstellen). Jedoch kann eine völlig regellose und in dieser Anordnung funktionslose Bebauung oder eine Anhäufung von behelfsmäßigen Bauten (z. B. ungenehmigte **Behelfsheime;** OVG Bremen, DWW 1986, 23) nicht mehr der von § 34 beabsichtigten angemessenen Fortentwicklung einer vorhandenen Bebauung entsprechen. Auch ein **Kleingartengebiet** bildet (unbeschadet einer durchgehenden Laubenbebauung) keinen Ortsteil, jedenfalls wenn die Gebäude (Gartenhäuser) nicht für den dauernden Aufenthalt von Menschen bestimmt sind (BVerwG, NJW 1984, 1576). Demgegenüber kann aber auch eine **bandartige, einzeilige Bebauung** den Anforderungen an eine organische Siedlungsstruktur dann entsprechen, wenn sie auf die Funktion und den Nutzungszweck der Bebauung zurückgeht und darin ihre Rechtfertigung findet, wie z. B. bei einer Bebauung an einem Seeufer (BVerwGE 31, 22; 41, 227; Schlichter, in: BK, § 34, Rn 10).

Die **Zahl der vorhandenen Bauten,** die erforderlich sind, um das **8** Vorliegen eines Ortsteils bejahen zu können, läßt sich **nicht generell** festlegen. Sind in der jeweiligen Gegend entsprechende Siedlungsformen typisch, so kann im Einzelfall auch ein Bestand von nur sechs Häusern ausreichen (BVerwG, BRS 22 Nr. 76). Vgl. dagegen z. B. VGH München, BayVBl. 1983, 628, wonach im Einzelfall die Ansiedlung von elf Gutsgebäuden keinen Ortsteil darstellt; sieben im Durchschnitt zweigeschossigen Wohngebäuden mit einigen wenigen Wohngebäuden fehlt bereits von der Anzahl der Baulichkeiten her das für einen Ortsteil zu fordernde hinreichende Gewicht; OVG Bremen, BauR 1984, 495. Dagegen VGH Mannheim, BauR 1984, 496: Fünf Wohnhäuser und fünf landwirtschaftliche Nebengebäude können einen Ortsteil bilden; unter Hinweis auf § 4 Hessische Bauordnung v. 6. 7. 1957 (GVBl. I, S. 101): mindestens einen, bei Gemeinden mit weniger als 1000 Einwohnern mindestens fünf genehmigte Gebäude. Aber auch wenn die Anzahl der vorhandenen Bauten nicht unbeträchtlich hinter anderen Ansiedlungen dieser Gegend zurückbleibt, ist ein rein quantitativer Vergleich unangemessen; vielmehr ist auch hier (vgl. Rn 7) der Gegenvergleich mit einer unerwünschten Splittersiedlung durchzuführen (BVerwG, BRS 25 Nr. 41). Ebenso wie beim Tatbestandsmerkmal des Bebauungszusammenhangs, ist es im übrigen unbeachtlich, ob die vorhandenen Gebäude genehmigt wurden (vgl. aber auch Rn 4).

Zur Abgrenzung und Abrundung eines Innenbereichs oder zur Fort- **9** entwicklung eines Gebiets zum Innenbereich durch **Satzungen** vgl. Abs. 4 und 5.

II. Zulässigkeitsvoraussetzungen gem. Abs. 1

10 **1. Festsetzungen eines einfachen Bebauungsplans.** § 34 findet für
Vorhaben innerhalb der im Zusammenhang bebauten Ortsteile nur
Anwendung, sofern „qualifizierte" Bebauungspläne (§ 30 Abs. 1) nicht
vorliegen. Sofern jedoch das Vorhaben im Geltungsbereich eines **einfa-
chen (nicht-qualifizierten) Bebauungsplans** liegt, ist die Übereinstim-
mung des Vorhabens mit den Festsetzungen dieses Bebauungsplans zu
prüfen; § 30 Abs. 2. Dies gilt auch für einen nach § 173 Abs. 3 BBauG
1960 übergeleiteten einfachen Bebauungsplan (BVerwGE 19, 164).
Widerspricht ein Vorhaben den Festsetzungen eines einfachen Bebau-
ungsplans, so ist es im Innenbereich unzulässig. Dies gilt auch dann,
wenn das Vorhaben im übrigen den Voraussetzungen des § 34 Abs. 1
entspricht, sich also insbesondere in die Eigenart der Umgebung
einfügt. Sofern die Voraussetzungen hierfür vorliegen, bleibt in diesen
Fällen die Möglichkeit unbenommen, eine Befreiung nach § 31 Abs. 2
zu erteilen.

11 Neben dieser „negativen", also die Unzulässigkeit eines Vorhabens
begründenden Wirkung eines einfachen Bebauungsplans im Innenbe-
reich (Rn 10), kommen dem einfachen Bebauungsplan im Innenbereich
auch „positive", also **die Zulässigkeit begründende Wirkungen** zu:
Entspricht ein Vorhaben den Festsetzungen eines einfachen Bebauungs-
plans, so ist es auch dann planungsrechtlich zulässig, wenn es im
Widerspruch zur Eigenart der näheren Umgebung steht. Dies setzt
jedoch voraus, daß der einfache Bebauungsplan insofern eindeutige
„positive" Festsetzungen enthält. Entspricht daher z. B. ein Vorhaben
nach Art und Maß der baulichen Nutzung den Festsetzungen eines
einfachen Bebauungsplans, so ist es auch dann zulässig, wenn es sich
insoweit in die Eigenart der näheren Umgebung nicht einfügen würde.
Die – ohne Vorhandensein eines einfachen Bebauungsplans – maßgebli-
chen Zulässigkeitsvoraussetzungen des § 34 behalten jedoch subsidiäre
Bedeutung: Es ist daher im Einzelfall festzustellen, ob der einfache
Bebauungsplan eine abschließende Aussage enthält (Hoppe, in: E/H,
Rn 339). Trotz Vorliegens eines einfachen Bebauungsplans ist die Ei-
genart der näheren Umgebung somit immer dann („subsidiär") für die
Zulässigkeit eines Vorhabens maßgeblich, soweit der planerische Wille
der Gemeinde im einfachen Bebauungsplan nicht niedergelegt ist
(Hoppe aaO).

12 Ist ein Vorhaben im Innenbereich nach den Festsetzungen eines
einfachen Bebauungsplans zulässig, obwohl es sich in die Eigenart der
näheren Umgebung nicht einfügt, so müssen gleichwohl die **sonstigen
Zulässigkeitsvoraussetzungen** nach Abs. 1 erfüllt sein, insbesondere
muß die Erschließung gesichert sein.

2. Eigenart der näheren Umgebung. Sofern ein Vorhaben den Fest-
setzungen eines (einfachen) Bebauungsplans nicht widerspricht (§ 30
Abs. 2; vgl. Rn 10–12), ist seine Zulässigkeit nach Abs. 1 S. 1 weiterhin

danach zu beurteilen, ob es sich in die **Eigenart der näheren Umgebung** (Rn 13, 14) nach Art und Maß der baulichen Nutzung, Bauweise und der Grundstücksfläche, die überbaut werden soll, **einfügt** (Rn 15–31).

a) Nähere Umgebung. Maßstab für die Zulässigkeit eines Vorhabens ist die Eigenart der näheren Umgebung. Als **„nähere Umgebung"** kommen nicht nur die unmittelbaren Nachbargrundstücke in Betracht (BVerwG, NJW 1975, 460). Vielmehr muß die nähere Umgebung insoweit berücksichtigt werden, als sich die Ausführung des Vorhabens auf sie auswirken kann und soweit die Umgebung ihrerseits den bodenrechtlichen Charakter des Baugrundstücks prägt oder doch beeinflußt (BVerwGE 55, 369/380).

b) Eigenart. Die **„Eigenart"** der näheren Umgebung wird vor allem durch die vorhandene Bebauung geprägt (BVerwG aaO). Was die vorhandene Bebauung nicht prägt oder ihr gar als Fremdkörper erscheint, muß außer acht gelassen werden. Zwar hat die größere räumliche Nähe i. d. R. eine stärker prägende Wirkung für die Eigenart der näheren Umgebung. Sie ist jedoch allein nicht maßgeblich, wenn auch die Bebauung der weiteren Umgebung des Grundstücks auf dieses noch prägend einwirkt (BVerwG aaO). Es ist somit auf die städtebauliche Eigenheit abzustellen, durch die die Umgebung gekennzeichnet ist, also auf alles „Vorhandene", sofern es nur prägende Wirkung hat. Die prägende Wirkung des **Altbestands** entfällt mit seiner **Beseitigung** oder auch nur mit der Aufgabe der bisherigen bestandsgeschützten Nutzung nicht von selbst; sie besteht vielmehr so lange fort wie sich eine neue Bebauung oder veränderte Nutzung nach der Verkehrsauffassung geradezu aufdrängt (BVerwG, ZfBR 1987, 44/46; BauR 1988, 574; OVG Lüneburg, ZfBR 1987, 49; vgl. auch BVerwGE 68, 360/368). Eine **Straße** kann für die Prägung trennende oder verbindende Funktion haben; dabei ist jedenfalls dann nicht auf den optischen Eindruck allein abzustellen, wenn die Bebauung diesseits und jenseits der Straße jeweils unterschiedliche Nutzungen aufweist (BVerwG, NJW 1985, 1569). Auf künftige bauliche Entwicklungen ist nur dann abzustellen, wenn sich diese bereits in der vorhandenen Bebauung niederschlagen (BVerwG, DVBl. 1975, 508; BVerwGE 55, 369/38). Wann die Bebauung entstanden ist, die die Eigenart der näheren Umgebung prägt und ob diese gleichfalls nach § 34 oder aber nach § 31 Abs. 1 zu beurteilen ist, bleibt dabei außer Betracht (BVerwG, DÖV 1976, 381). Materiell baurechtswidrige Vorhaben scheiden jedoch als Maßstab aus (vgl. hierzu auch sinngemäß die Ausführungen zum Begriff des „Ortsteils" in Rn 4).

3. Einfügen. a) Allgemeines. Aus der Eigenart der näheren Umgebung sind nach Abs. 1 S. 1 die Maßstäbe dafür zu finden, ob sich ein Vorhaben einfügt und damit baurechtlich zulässig sein kann. Hält sich ein Vorhaben in jeder Hinsicht innerhalb des aus seiner Umgebung hervorgehenden Rahmens, so fügt es sich i. d. R. seiner Umgebung ein (BVerwGE 55, 369/385). Aus der näheren Umgebung sind die Maß-

stäbe für das Einfügen eines Vorhabens sowohl hinsichtlich der Art und des Maßes der baulichen Nutzung, als auch hinsichtlich der Bauweise und der überbauten Grundstücksfläche zu gewinnen. Die Bestimmung des Rahmens, in den sich ein Vorhaben nach Abs. 1 einfügen muß, richtet sich grundsätzlich nach den in der BauNVO für die einzelnen Baugebiete typisierten Nutzungsarten, soweit diese in der näheren Umgebung tatsächlich vorhanden sind (BVerwG, NVwZ 1987, 884). **Beispiele** (nach BVerwGE 55, 369, 384 f.): Sind in der als Maßstab beachtlichen Umgebung Wohngebäude, Gewerbebetriebe ohne erhebliche Nachteile für die Umgebung, aber auch Gewerbebetriebe von stärker emittierender Art vorhanden, so reicht in der **Art der Bebauung** der Rahmen vom „Mischgebiet" bis zum „Industriegebiet". Sind in der als Maßstab beachtlichen Umgebung die Grundstücke mindestens zu einem Viertel, höchstens aber zur Hälfte bebaut, so reicht im **Maß der Bebauung** der Rahmen von der Grundflächenzahl 0,25 bis zur Grundflächenzahl 0,5. Haben die Häuser in der als Maßstab beachtlichen Umgebung zwei, drei oder vier Vollgeschosse, so schließt der Rahmen in dieser Richtung zwei bis vier Vollgeschosse ein. Liegen die bebauten Grundstücksflächen jeweils an der Straße oder bis zu 12 m von ihr entfernt, so ist damit in bezug auf die **überbaubaren Grundstücksflächen** der Rahmen gegeben. Der von der Umgebung vorgegebene Rahmen wird dabei um so enger, je einheitlicher die das Grundstück in bodenrechtlicher Hinsicht prägende Umgebung ist (BVerwG aaO, 385; vgl. auch BVerwG, BRS 46, Nr. 64: Die Zulässigkeit eines Bauvorhabens im **Blockinnern** bestimmt sich nicht nur danach, ob und in welcher Tiefe Gebäude im Blockinnern bereits vorhanden sind und ob es sich dabei um Haupt- oder Nebengebäude handelt, sondern auch vorrangig danach, welche Art der baulichen Nutzung die im Blockinnern vorhandene Bebauung aufweist). Für den Begriff der überbaubaren „Grundstücksfläche" kommt es auf die konkrete Größe und Lage innerhalb der vorhandenen Bebauung und nicht auf die Grenzen des Baugrundstücks an (BVerwG, NVwZ 1989, 354).

16 **b) Rücksichtnahmegebot.** Der für die Beurteilung der baurechtlichen Zulässigkeit im Innenbereich maßgebliche Rahmen kann ggf. auch durch städtebaulich an sich unbefriedigende Faktoren mitbestimmt werden. Will die Gemeinde eine solche durch die planersetzende Wirkung des § 34 bestimmte Entwicklung korrigieren, kann dies nicht innerhalb von Entscheidungen nach Abs. 1, sondern ggf. im Einzelfall nach Abs. 3, im übrigen aber nur durch einen Bebauungsplan erfolgen (vgl. im übrigen zum Planungserfordernis Rn 20). Jedenfalls fügt sich ein Vorhaben dann nicht in seine Umgebung ein, obwohl es sich in jeder Hinsicht innerhalb des aus seiner Umgebung hervorgehenden Rahmens hält, wenn es das Vorhaben an der **gebotenen Rücksichtnahme** auf die sonstige, d. h. vor allem auf die in seiner unmittelbaren Nähe vorhandene Bebauung fehlen läßt (BVerwG aaO, 386; NJW 1981, 139; ZfBR 1981, 187). Das Gebot der Rücksichtnahme ist

Bestandteil des **Tatbestandsmerkmals des Einfügens**. Die Bedeutung dieses Grundsatzes liegt vor allem darin, daß die den jeweiligen Rahmen prägende Nutzung i. d. R. nicht gleichmäßig über die beachtliche Umgebung verteilt ist; vielmehr wird zumeist eine ungleichmäßige Verteilung der Nutzungen, die insgesamt den Maßstab für die Beurteilung des Vorhabens geben, festzustellen sein. Für die Zulässigkeit eines Vorhabens kann deshalb nicht allein auf den insgesamt maßgebenden Rahmen abgestellt werden, wenn „seine unmittelbare Umgebung oder seine Umgebung in bestimmter (Himmels-)Richtung gesteigert schutzwürdig ist" (BVerwGE 55, 369/385). Durch das Gebot der Rücksichtnahme wird also vor allem dem Umstand Rechnung getragen, daß der für die Beurteilung des Vorhabens maßgebliche Rahmen aus der näheren Umgebung und nicht nur aus der in unmittelbarer Nähe vorhandenen Bebauung gewonnen wird. Insofern ist er für das Merkmal des Einfügens ein verschärfendes Korrektiv (Hoppe, in: E/H, Rn 388). Zu Einzelfällen vgl. Rn 33 ff.; zum Rücksichtnahmegebot als öffentlicher Belang nach § 35 Abs. 3 vgl. § 35, Rn 58; zur subjektiv-rechtlichen Bedeutung des Rücksichtnahmegebots vgl. Rn 90; zur Bedeutung des Rücksichtnahmegebots für die planerische Abwägung vgl. § 1, Rn 122.

c) „Harmonie". Das Erfordernis des Einfügens schließt jedoch nicht **17** schlechthin aus, etwas zu verwirklichen, was es bisher in der Umgebung noch nicht gibt: Auch Vorhaben, die den aus ihrer Umgebung ableitbaren Rahmen überschreiten, können sich dennoch dieser Umgebung ‚einfügen'. Bei der ‚Einfügung' geht es weniger um ‚Einheitlichkeit' als um ‚Harmonie'. Vorhaben fügen sich also auch dann in die Eigenart der näheren Umgebung ein, wenn sie zwar den vorhandenen Rahmen überschreiten, im übrigen aber keine nur durch eine Bauleitplanung zu bewältigende bodenrechtliche Spannung in das Gebiet hineintragen. Das Gebot des „Einfügens" zwingt nicht zur „Uniformität" (so BVerwGE 55, 369/386). **Beispiele** (nach BVerwG aaO): Ist die **Art der baulichen Nutzung** bisher ausschließlich vom Wohnen bestimmt, so kann sich u. U. z. B. ein Kurheim gleichwohl einfügen; auch vom **Maß der baulichen Nutzung** kann je nach den Umständen des Einzelfalls nach oben oder nach unten abgewichen werden; erfordert ein Jugendheim einen größeren Freiplatz, so kann ggf. von der in der Umgebung vorhandenen **Überbauung der Grundstücksfläche** abgewichen werden.

d) Bodenrechtliche Spannungen. Ein Vorhaben, das den vorgege- **18** benen Rahmen überschreitet (Rn 17) ist jedoch dann unzulässig, wenn es im Verhältnis zu seiner Umgebung **bewältigungsbedürftige Spannungen** begründet oder erhöht. Ein Vorhaben, das zu einer Verschlechterung, Störung oder Belastung der Umwelt führt und damit „Unruhe" stiftet (so BVerwGE 55, 369/387), ist planungsbedürftig (vgl. hierzu Rn 20) und fügt sich in seine Umgebung nicht ein (BVerwG aaO; genauer: fügt sich nicht ein und bedarf deshalb zur Verwirkli-

chung einer planerischen Konfliktbewältigung, insbesondere kompen-
satorischer Vorkehrungen). Die abstrakte und nur entfernt gegebene
Möglichkeit, daß ein Vorhaben Konflikte im Hinblick auf die zukünf-
tige Nutzung benachbarter Grundstücke auslöst, schließt die Zulässig-
keit des Vorhabens nach Abs. 1 jedoch nicht aus (BVerwG, ZfBR 1983,
193/195). Die bodenrechtlichen Spannungen, die ein Vorhaben erzeugt,
müssen sich vielmehr auf die konkreten Wirkungen des Vorhabens in
der konkreten Umgebung beziehen, in der es verwirklicht werden soll
(BVerwG aaO). Solche Spannungen können auch darin bestehen, daß
das Vorhaben, auch wenn es selbst zu keiner Verschlechterung der
gegenwärtigen Situation führt, aufgrund seiner **Vorbildwirkung** in
naheliegender Zukunft eine solche Verschlechterung nach sich ziehen
kann (BVerwGE 44, 302/305; 55, 369/386f.; ZfBR 1986, 47). Vgl.
hierzu auch Rn 39 zur Zulässigkeit der Hinterlandbebauung. Der Prü-
fungsmaßstab der negativen Vorbildwirkung kann u. a. auch bei der
Beurteilung von Vorhaben in Erhaltungsgebieten von Bedeutung sein
(vgl. § 172, Rn 34). Maßgeblich sind die in § 1 Abs. 5 angeführten
städtebaulichen Belange (BVerwGE 55, 369/387). Die an das Rücksicht-
nahmegebot zu stellenden Anforderungen hängen wesentlich von den
Umständen des Einzelfalls ab; die vorzunehmende **Interessenabwä-
gung** hat sich daran auszurichten, was einerseits dem Rücksichtnahme-
begünstigten und andererseits dem Rücksichtnahmepflichtigen nach
Lage der Dinge billigerweise zuzumuten ist (BVerwG, BauR 1986,
542f.).

19 **e) Abwägung.** Der Umstand, daß ein im übrigen zulässiges Vorha-
ben einen städtebaulichen Belang negativ berührt, bedeutet somit
nicht, daß das Vorhaben stets unzulässig ist und somit jeder entgegen-
stehende städtebauliche Belang zu einem nicht lösbaren Konflikt und
damit zur Unzulässigkeit einer Bebauung führt. Da das Gesetz von der
grundsätzlichen Bebaubarkeit der Innenbereichsgrundstücke ausgeht,
haben die Eigentümerbelange ein besonderes Gewicht. Das BVerwG
(NJW 1979, 327f.) hat hierzu die zur Bedeutung entgegenstehender
öffentlicher Belange bei privilegierten Außenbereichsvorhaben nach
§ 35 Abs. 1 entwickelten Grundsätze für entsprechend anwendbar er-
klärt (vgl. § 35, Rn 6, 49 und 50). Hierzu bedarf es einer **Abwägung**
aller Interessen (Eigentümer-, Nachbarinteressen und sonstige berührte
städtebauliche Belange); vgl. BVerwG aaO unter Hinweis auf
BVerwGE 28, 148/151. Die widerstreitenden öffentlichen und privaten
Belange sind im Hinblick darauf zu prüfen, ob auch ohne (planeri-
schen) Ausgleich oder ggf. durch die Bauausführung bodenrechtliche
Konflikte vermeidbar oder hinnehmbar sind. Da der für Außenbe-
reichsvorhaben geltende Grundsatz des Freihaltens des Außenbereichs
von einer Bebauung für Innenbereichsgrundstücke gerade nicht gilt,
diese vielmehr grundsätzlich bebaubar sind, kommt den Eigentümer-
belangen insoweit noch stärkeres Gewicht zu als bei den Vorhaben nach
§ 35 Abs. 1. Die Abwägung ist – wie bei § 35 – eine Gewichtung

zwischen den eigentumsrechtlich geschützten Bauwünschen des Antragstellers und den hiervon berührten öffentlichen Belangen. Eine planerische Konfliktbewältigung i. S. einer **Kompensation,** also einer Saldierung von Vor- und Nachteilen, ist als ermessenbestimmte, gestaltende Abwägung hingegen im Rahmen von Abs. 1 nicht zulässig; diese ist der **planerischen Abwägung** i. S. des § 1 Abs. 6 vorbehalten, sofern nicht eine Konfliktlösung **im Einzelfall** durch eine Entscheidung gem. **Abs. 3** möglich ist (vgl. auch § 35, Rn 50).

 f) Planungserfordernis. Die Erforderlichkeit einer Bebauungsplanung hat für die Frage des Einfügens nur **indizielle Bedeutung** (BVerwG, ZfBR 1987, 44/46; vgl. bereits BVerwG, NJW 1981, 2426 f.). Zwar kann ein Innenbereichsvorhaben deshalb unzulässig sein, weil es bodenrechtlich beachtliche Spannungen begründet oder vorhandene Spannungen erhöht, die nur durch eine Bauleitplanung gelöst werden können; in diesen Fällen fügt sich ein Vorhaben nicht i. S. des Abs. 1 in seine Umgebung ein (BVerwGE 55, 369/387 sowie Rn 18). Der Zulässigkeit eines solchen Vorhabens steht dann ggf. das Gebot der Rücksichtnahme entgegen (vgl. Rn 16). Ob ein Vorhaben „um seiner Wirkung willen" (BVerwG aaO) planungsbedürftig ist, kann jedoch nur auf Grund einer konkreten Betrachtung der Beziehung des Vorhabens zu seiner Umgebung, also der Wirkungen eines Vorhabens in der konkreten Umgebung beurteilt werden (BVerwG, ZfBR 1983, 193/195 zur Errichtung einer privaten Windenergieanlage für den Eigenbedarf eines Einfamilienhauses; vgl. auch BVerwG, ZfBR 1987, 44/46; vgl. hierzu auch Rn 45). Auch wenn das Vorhaben die durch den vorhandenen Rahmen und das Gebot der Rücksichtnahme gezogenen Grenzen überschreitet, schließt dies die Anwendbarkeit von § 34 nicht von vornherein aus: Aus dem Rücksichtnahmegebot ergibt sich vielmehr auch die Pflicht der nachbarlichen Abstimmung zur Ausräumung von Konflikten; auch durch Maßnahmen an der Anlage selbst oder durch eine geeignete Anordnung des Standorts können sich im Einzelfall Konflikte im Rahmen des § 34 ausräumen lassen (so BVerwG, ZfBR 1983, 193/195; Söfker, BBauBl. 1983, 486 f.). Nach der Rspr. des BVerwG kann ein Vorhaben also auch dann nach § 34 planungsrechtlich zulässig sein, wenn auch eine Bebauungsplanung i. S. des **§ 1 Abs. 3** planungsrechtlich erforderlich ist. Die planungsrechtliche Erforderlichkeit einer Bebauungsplanung hat somit nicht die Folge, daß ohne sie eine Bebauung unterbleiben müßte. Ein Bebauungsplan würde in diesen Fällen vielmehr gerade darauf abzielen, eine nach Abs. 1 an sich zulässige Bebauung aus besonderen Gründen nicht zuzulassen oder die Entwicklung in eine andere Richtung zu lenken (so BVerwG, NJW 1981, 2426 f.; vgl. auch die Urteile des BVerwG v. 3. 2. 1984 zur Beurteilung von großflächigen Einzelhandelsbetrieben – Verbrauchermärkten – im § 34-Bereich: BVerwG, ZfBR 1984, 137, und ZfBR 1984, 139; vgl. auch die Erl. zu Abs. 2 sowie Rn 41). **Zusammenfassend** ist also festzuhalten, daß die für ein „Planungserfordernis" maßge-

20

benden Gesichtspunkte bei der Prüfung zu berücksichtigen sind, ob
sich ein Vorhaben in die Umgebung einfügt.

21 **4. Sicherung der Erschließung.** Ein nach Abs. 1 zu beurteilendes
Vorhaben ist nur zulässig, wenn die Erschließung gesichert ist (**Abs. 1
S. 1**). Der Begriff der gesicherten Erschließung i. S. des § 34 ist ein
bundesrechtlicher Begriff, der nicht durch Landesrecht konkretisiert
wird (BVerwG, NVwZ 1989, 353). Auch bei §§ 30 Abs. 1, 33 und 35
ist die Sicherung der Erschließung Voraussetzung der planungsrechtli-
chen Zulässigkeit eines Vorhabens. Die sich hieraus ergebenden Anfor-
derungen sind jedoch für jede Zulässigkeitsregelung aus dem besonde-
ren Regelungszweck her abzuleiten.

22 Für § 34 reicht hierbei grundsätzlich die **Erschließung** aus, die der
jeweilige Innenbereich aufweist. Vorhaben, die im unbeplanten In-
nenbereich ausgeführt werden, müssen sich grundsätzlich mit dem
Erschließungszustand abfinden, den der jeweilige Innenbereich auf-
weist (BVerwG, BRS 33 Nr. 36; Weyreuther, DVBl. 1970, 3/7). Die
Erschließung muß **gesichert** sein; ist sie im Zeitpunkt der Erteilung der
Baugenehmigung noch nicht vorhanden, so reicht es aus, wenn sie
spätestens im Zeitpunkt der Fertigstellung oder Ingebrauchnahme des
Vorhabens vorhanden ist. Die Sicherung der Erschließung ist auch in
den Genehmigungsfällen der **Abs. 2 bis 5** Zulässigkeitsvoraussetzung.

23 **5. Weitere Anforderungen (Abs. 1 S. 2). a) Allgemeines.** Abs. 1 S. 2
enthält weitere Zulässigkeitsvoraussetzungen, die zusätzlich zu den in
Abs. 1 S. 1 genannten Voraussetzungen gewahrt sein müssen. Die
Anforderungen an **gesunde Wohn- und Arbeitsverhältnisse** werden im
Regelfall erfüllt sein, wenn sich ein Vorhaben i. S. des Abs. 1 S. 1
einfügt. Ein Vorhaben fügt sich i. d. R. ohne bodenrechtliche Spannun-
gen dann nicht ein, wenn es das **Ortsbild** beeinträchtigt. Das Gesetz
hebt jedoch diese beiden Belange (letztlich nur klarstellend) wegen
ihrer elementaren städtebaulichen Bedeutung hervor. Vgl. auch
Rn 26 ff. zu den in § 34 Abs. 1 BBauG noch weiterhin bezeichneten
Zulässigkeitsvoraussetzungen der „Berücksichtigung der für die Land-
schaft charakteristischen Siedlungsstruktur" sowie „sonstiger öffentli-
cher Belange".

24 **b) Anforderungen an gesunde Wohn- und Arbeitsverhältnisse.** Die
Wahrung der Anforderungen an **gesunde Wohn- und Arbeitsverhält-
nisse** als ein gem. Abs. 1 S. 2 bei der Beurteilung von Innenbereichsvor-
haben maßgeblicher Belang ergibt sich bereits unmittelbar aus den
planungsrechtlichen Grundsätzen des § 1 Abs. 5 S. 2 Nr. 1 (vgl. § 1,
Rn 63); vgl. zum Begriff der „ungesunden Wohn- und Arbeitsverhält-
nisse" auch die Erläuterungen zu § 136 Abs. 2 und 3, § 177 Abs. 2. Ein
Vorhaben kann danach z. B. unzulässig sein, wenn das Vorhaben in
einem Gebiet mit ungesunden Wohn- und Arbeitsverhältnissen errich-
tet werden soll, also z. B. Immissionen ausgesetzt ist (OVG Münster,
BRS 32 Nr. 49). Werden dagegen die „gesunden" Wohn- und Arbeits-
verhältnisse in der näheren Umgebung erst durch das beabsichtigte

Vorhaben selbst verschlechtert, so fügt sich das Vorhaben nicht ein und ist schon deshalb unzulässig (vgl. auch Rn 18 und 19).

c) Ortsbild. Auch der in Abs. 1 S. 2 beispielhaft angeführte Belang 25 des **„Ortsbildes"** ist in den planungsrechtlichen Grundsätzen des § 1 Abs. 5 S. 2 Nr. 4 bereits ausdrücklich genannt (§ 1, Rn 71); vgl. auch § 35 Abs. 3 S. 1. Die Beeinträchtigung des Ortsbildes ist dabei nur unter städtebaulichen Gesichtspunkten zu beurteilen, nicht aber z. B. im Hinblick auf die ästhetische Wirkung des beabsichtigten Vorhabens oder seine Beurteilung in sonstiger baugestalterischer Hinsicht. Entsprechende Anforderung sind ggf. auf der Grundlage des Bauordnungsrechts an die Ausführung des Vorhabens zu richten. Vgl. weiterhin die Erl. zu § 172 Abs. 1 Nr. 1, Abs. 3. Der Schutz des Ortsbilds ist jedoch i. d. R. nicht von einem solchen Gewicht, daß er die vollständige Freihaltung eines Baugrundstücks im Innenbereich bewirken kann (BVerwG, NJW 1981, 474); sofern ein so weitgehender Schutz des Ortsbildes erreicht werden soll, muß dies erforderlichenfalls durch einen Bebauungsplan oder durch eine Erhaltungssatzung (§ 172 Abs. 1 S. 2) erreicht werden (vgl. weiterhin Moench, ZfBR 1985, 163/167).

d) Weitere öffentliche Belange. aa) Berücksichtigung der für die 26 **Landschaft charakteristischen Siedlungsstruktur.** Der Begriff des „Einfügens in die Eigenart der näheren Umgebung" wurde in § 34 Abs. 1 BBauG durch den Begriff **„unter Berücksichtigung der für die Landschaft charakteristischen Siedlungsstruktur"** ergänzt. Das BauGB hat diesen Begriff nicht übernommen, da er nach der Rspr. im Begriff des **„Einfügens"** enthalten ist; zu dessen Auslegung kann die alte Gesetzesfassung daher auch weiterhin herangezogen werden. Unter **„Landschaft"** ist dabei ein über die „nähere Umgebung" hinausgehender räumlicher Bereich zu verstehen, der sich in der Art seiner Besiedlung von anderen Bereichen abgrenzen läßt (BVerwG, NJW 1982, 196). Mit **„Siedlungsstruktur"** ist die besondere Siedlungsform bezeichnet, die für den Bereich des Vorhabens kennzeichnend ist; z. B. lockere Einzelhausbebauung auf großen Grundstücken, Streubebauung, Bandbebauung, eine bestimmte Mischung von Wohngebäuden und gewerblichen Anlagen, eine bestimmte systematische Gebäudenanordnung auf den Grundstücken (BVerwG aaO; BVerwG, NJW 1981, 2770). Entspricht die Eigenart der näheren Umgebung zugleich der für die Landschaft charakteristischen Siedlungsstruktur, so hat dieses ergänzende Tatbestandsmerkmal **keine zusätzliche Bedeutung.** Entscheidend ist allein, ob sich das neue Vorhaben in diese nähere Umgebung **einfügt** (BVerwG aaO). Entspricht das Vorhaben demgegenüber zwar dem Rahmen der „näheren Umgebung", nicht aber der für die Landschaft charakteristischen Siedlungsstruktur, so ist es unzulässig (BVerwG aaO). Die Tatbestandsmerkmale „nähere Umgebung" und „charakteristische Siedlungsstruktur" stimmen dann nicht überein, wenn der von der näheren Umgebung gebildete Rahmen (zulässigerweise) auch von solchen Bauten mitbestimmt wird, die der für die

Landschaft charakteristischen Siedlungsstruktur fremd sind und ihr damit nicht entsprechen.

27 **bb) Sonstige öffentliche Belange.** Sonstige öffentliche Belange, die für die Beurteilung der Zulässigkeit eines Innenbereichs-Vorhabens von Bedeutung sein können, werden in Abs. 1 (anders als noch in § 34 Abs. 1 BBauG) nicht aufgeführt. Wie bereits die in Abs. 1 S. 2 ausdrücklich genannten Belange (Anforderungen an gesunde Wohn- und Arbeitsverhältnisse sowie der Belang des Ortsbilds) und der in § 34 Abs. 1 BBauG ausdrücklich bezeichnete siedlungsstrukturelle Belang (vgl. Rn 26), sind auch alle sonstigen im Hinblick auf das konkrete Vorhaben beachtlichen öffentlichen Belange bei der Beurteilung der Zulässigkeit von Vorhaben nach Abs. 1 festzustellen, zu prüfen und im Hinblick auf die Zulässigkeit des Vorhabens zu gewichten. Sie haben jedoch **keine selbständige Bedeutung** in dem Sinne, daß sie ein Vorhaben sperren können. Sie haben vielmehr Bedeutung bei der Beurteilung der Frage, ob das Vorhaben sich **einfügt**, ob also unter dem Gesichtspunkt der gebotenen Rücksichtnahme auf die vorhandene städtebauliche Situation und unter Vermeidung bodenrechtlicher Spannungen das Vorhaben auch ohne eine kompensatorische Planung oder eine Einzelfallentscheidung gem. Abs. 3 zulässig ist; vgl. zur Beurteilungs- und Entscheidungsstruktur bei der Beurteilung von Innenbereichsvorhaben Rn 19. Für die Beurteilung des Einfügens sind alle **in der konkreten städtebaulichen Situation beachtlichen öffentlichen Belange** zu berücksichtigen. Abs. 1 S. 2 nennt solche öffentlichen Belange beispielhaft. Anhaltspunkte ergeben sich im übrigen aus dem städtebaulichen Zielkatalog des § 1 Abs. 5. Die für die Beurteilung der Zulässigkeit des Vorhabens zu beurteilenden sonstigen öffentlichen Belange können einem Innenbereichsvorhaben **nicht i. S. einer „Sperre"** entgegengehalten werden; ihr Gewicht fließt vielmehr in die Beurteilung ein, ob sich das Vorhaben in die Umgebung einfügt.

28 So können die Darstellungen eines **Flächennutzungsplans** einem Innenbereichsvorhaben nicht entgegengesetzt werden (BVerwG, NJW 1981, 2770). Ist im Flächennutzungsplan daher z. B. ein Bereich als landwirtschaftliche Nutzfläche ausgewiesen, so steht dies (allein) der Errichtung z. B. eines Wohngebäudes nicht entgegen. Da das Gesetz von der grundsätzlichen Bebaubarkeit des Innenbereichs ausgeht, ist der Flächennutzungsplan als lediglich vorbereitender Bauleitplan (vgl. § 1 Abs. 2) nicht geeignet, ein Bauvorhaben auszuschließen (BVerwG aaO, 2771). Vgl. demgegenüber die neuere Rspr. des BVerwG zur Beachtlichkeit des Flächennutzungsplans auch bei privilegierten Außenbereichsvorhaben nach § 35 Abs. 1 (vgl. auch Rn 29).

29 Auch die **Ziele der Raumordnung und Landesplanung** (zum Begriff vgl. die Erl. zu § 1 Abs. 4) können einem sonst nach Abs. 1 zulässigen Vorhaben nicht unmittelbar i. S. einer Sperre entgegenstehen (BGH, DÖV 1984, 213; vgl. demgegenüber Grooterhorst, DÖV 1986, 420/428 zur Beachtlichkeit der Ziele der Raumordnung und Landesplanung

als „sonstige öffentliche Belange" i. S. des § 34 Abs. 1 BBauG). Zum
einen sind die Ziele der Landesplanung und Raumordnung i. d. R. zu
unbestimmt, um bauliche Nutzungsbefugnisse im unbeplanten Innen-
bereich beschränken oder gar beseitigen zu können (BGH aaO). Zum
anderen haben die Ziele der Raumordnung und Landesplanung im
Hinblick auf die unmittelbar vom Gesetzgeber vorgesehene grundsätz-
liche Bebaubarkeit von Innenbereichsgrundstücken nicht das genü-
gende Gewicht, um sich gegen die Belange des Eigentums durchzuset-
zen. Wie beim qualifizierten Bebauungsplan (§ 30 Abs. 1) ist auch im
Falle des § 34 die Standortfrage, d. h. was jeweils wo gebaut werden
darf, verbindlich entschieden, nämlich – bei § 34 – durch das Vorhan-
densein des Ortsteils und durch die vorhandene Bebauung als Maßstab
für die konkrete Bebaubarkeit (BVerwG, NVwZ 1984, 367). Vgl. § 35,
Rn 74 zur Beachtlichkeit von Zielen der Raumordnung und Landespla-
nung auch bei privilegierten Außenbereichsvorhaben. Allerdings ist im
Einzelfall auch bei der Anwendung des § 34 nicht von vornherein und
generell auzuschließen, daß verbindliche, insbesondere standortbezo-
gene raumordnerische Ziele als städtebauliche Belange i. S. des § 1
Abs. 5 ein solches Gewicht erlangen, daß ein in Widerspruch hierzu
zugelassenes Vorhaben bodenrechtliche Spannungen auslöst. Dies ist
bei der Abwägung i. S. der Beurteilung des Einfügens zu berücksichten
(vgl. Rn 19).

Das Interesse der Gemeinde, **Planungsmöglichkeiten offenzuhalten** 30
ist **kein** die Zulässigkeit eines Innenbereichsvorhabens hindernder Ge-
sichtspunkt (BVerwG, ZfBR 1983, 193/195 unter Hinweis auf die
Parallele bei Außenbereichsvorhaben; BVerwG, NJW 1980; vgl. hierzu
auch § 35, Rn 71).

Auch aus **anderen öffentlich-rechtlichen Vorschriften** ergeben sich 31
keine unmittelbaren Sperren für die Zulässigkeit eines Innenbereichs-
vorhabens, sondern ggf. Gesichtspunkte für die Beurteilung des Einfü-
gens. So kann eine **Landschaftsschutzverordnung** wie auch ein landes-
naturschutzrechtliches **Uferbauverbot** einem Grundstück innerhalb ei-
nes in Zusammenhang bebauten Ortsteils nicht die Bebaubarkeit neh-
men (BVerwG, NJW 1970, 1939). Landschaftsschutzrechtliche Rege-
lungen können jedoch z. B. die Einzelheiten der Ausführung eines
Bauvorhabens beeinflussen. Entsprechendes gilt für die naturschutz-
rechtlichen Eingriffsregelungen; vgl. § 8 Abs. 3 BNatSchG. Auch bei
der dabei anzustellenden Abwägung ist zu berücksichten, daß § 34
BauGB der Bebauung in bereits zusammenhängend bebauten Ortstei-
len den Vorrang einräumt. Die naturschutzrechtliche Eingriffsregelung
ist daher im bebauten Innenbereich zwar nicht unbeachtlich, sie wirkt
sich jedoch insbesondere auf die Ausführung des Vorhabens im einzel-
nen, etwa das Maß der Versiegelung der Grundstücksfläche, die Tiefe
der Fundamente, die Bepflanzung des Grundstücks als Ausgleich usw.
aus (so Gaentzsch, NuR 1986, 89; vgl. hierzu durch die Erl. zu § 1,
Rn 77).

32 **6. Befreiung.** Eine **Befreiung** von den Prüfungsmaßstäben nach Abs. 1 (vgl. § 31 Abs. 2) sieht das Gesetz nicht vor. Abs. 1 enthält vielmehr einen weit gefaßten Maßstab, der bereits unmittelbar das umfaßt, was bei Bebauungsplänen erst durch eine Befreiung ermöglicht werden könnte (BVerwG, NJW 1980, 605 f.). Da Abs. 1 sich auf die Regelung des Mindestmaßes dessen beschränkt, was von einem Vorhaben im unbeplanten Innenbereich verlangt werden muß, würde eine Befreiung von diesem Maßstab dazu führen, daß auch dieses Mindestmaß noch unterschritten wird (BVerwG aaO). Soweit eine **Konfliktbewältigung** im Einzelfall (ggf. mit Kompensation) in Betracht kommt vgl. **Abs. 3.** Vgl. weiterhin die im Rahmen des **Abs. 2** zulässigen Ausnahmen und Befreiungen von den Festsetzungen eines Bebauungsplans Rn 10; vgl. weiterhin § 4 Abs. 1 und 2 BauGB-MaßnahmenG.

33 **7. Einzelfälle.** Im folgenden wird ein Überblick über wichtige **Fallgestaltungen** gegeben, wie sie sich in Rspr. und Praxis bei der Ausformung des zentralen Zulässigkeitsmaßstabs des § 34 Abs. 1, nämlich dem **Einfügen in die Eigenart der näheren Umgebung,** ergeben. Die Entwicklung der Rspr. spiegelt dabei die sich veränderten städtebaulichen Problemsituationen wider: Die größte Zahl der Rechtsstreitigkeiten bezieht sich auf **Umweltprobleme,** genauer: Beeinträchtigungen durch Immissionen, die entweder vom Bestand oder durch das beabsichtigte Vorhaben ausgehen. Neben der Gemengelageproblematik im engeren Sinne (vgl. Rn 34–37) treten in den vergangenen Jahren zunehmend Konflikte im Zusammenhang mit Spiel-, Freizeit- oder Vergnügungseinrichtungen auf (vgl. Rn 44).

34 In Gebieten mit sog. **Gemengelagen** ist der für das Einfügen vorgegebene Rahmen häufig weit. Zur Gemegenlagenproblematik innerhalb der Bauleitplanung vgl. § 1, Rn 108–112. Als Gebiet mit Gemengelage werden Gebiete mit einem engen, gemischten Nebeneinander von unterschiedlicher, sich ggf. gegenseitig beeinträchtigender Nutzung bezeichnet, insbesondere das Nebeneinander von Wohnungen einerseits und Industrie, Handel, Gewerbe, Landwirtschaft, Freizeitgelände oder Verkehr andererseits. Wegen des in diesen Gebieten weitem Beurteilungsrahmens kommt der möglichen Beeinträchtigung schutzwürdiger Belange und damit dem Gebot der Rücksichtnahme große Bedeutung zu (vgl. hierzu im einzelnen Rn 16 ff. sowie zusammenfassend Zoubek/Menke, UPR 1984, 249).

35 Zugunsten eines (neuen) Vorhabens ist dabei die **Vorbelastung** durch bereits vorhandene Anlagen in der näheren Umgebung, insbesondere die Vorbelastung durch Immissionen zu berücksichtigen (BVerwGE 50, 49; 52, 122; ZfBR 1983, 95 f.). Der für das Vorhaben maßgebliche Rahmen und auch die vorhandenen Vorbelastungen sind „in wertfrei-feststellender Würdigung der gegebenen Situation" zu bestimmen (BVerwG, NJW 1975, 460; NJW 1981, 139). In Bereichen, in denen Nutzungen unterschiedlicher Art und mit unterschiedlicher

Schutzwürdigkeit zusammentreffen, (z. B. gewerbliche Nutzung mit Lärmbelastung und Wohnnutzung), ist die Grundstücksnutzung mit einer spezifischen Pflicht zur Rücksichtnahme belastet, und zwar in der Weise, daß die gewerbliche Nutzung die von ihr ausgehende Belästigung in Grenzen hält und daß die benachbarte Wohnnutzung die Tatsache, daß sie in der Nähe einer Belästigungsquelle angesiedelt ist, im Sinne der Bildung einer Art **Mittelwert** respektiert (BVerwGE 50, 49/54 f.; vgl. auch die weiteren Nachweise in § 1, Rn 112). Ein Wohnungsbauvorhaben fügt sich, was die von ihm hinzunehmenden gewerblichen Immissionen angeht, in die derart **„vorbelastete" Eigenart der näheren Umgebung** ein, wenn es nicht stärkeren Belästigungen ausgesetzt sein wird, als die bereits vorhandene Wohnbebauung. Die gewerbliche Nutzung braucht folglich gegenüber der hinzukommenden Wohnnutzung nicht mehr Rücksicht zu nehmen als gegenüber der bereits vorhandenen Wohnnutzung. Halten sich die von dem Gewerbebetrieb ausgehenden Belästigungen in den Grenzen des der Wohnnutzung im Sinne eines „Mittelwerts" Zumutbaren, so hat der Gewerbebetrieb keine immissionsschutzrechtlichen Beschränkungen seines Betriebs infolge der hinzukommenden Wohnbebauung zu befürchten. Überschreiten die Belastungen diese Grenze, so hat der Betrieb Einschränkungen bereits wegen der vorhandenen und nicht erst wegen der hinzukommenden Wohnbebauung zu befürchten (BVerwG, ZfBR 1984, 147). Besteht in der maßgeblichen Umgebung eine **städtebaulich intakte Situation,** die durch das hinzutretende Vorhaben verschlechtert würde, so fügt sich dieses nicht ein. Ist der maßgebliche Rahmen dagegen bereits von städtebaulich unbefriedigenden Faktoren bestimmt, so kann dies allein dem Vorhaben nicht entgegengehalten werden (vgl. Rn 16). Entscheidend ist, ob sich das Vorhaben und die mit ihm verbundenen Emissionen im Rahmen der gegebenen Vorbelastung halten. Ist dies zu bejahen, so verpflichtet dies umgekehrt auch die Umgebung, bestimmte Einwirkungen i. S. der Vorbelastung hinzunehmen; dem Vorhaben steht dann auch das Gebot der Rücksichtnahme nicht entgegen (vgl. Rn 16). Auch die Überschreitung des vorgegebenen Rahmens muß jedoch nicht zur Unzulässigkeit des Vorhabens führen (vgl. Rn 17), es sei denn, Art und Ausmaß der Auswirkungen begründen oder erhöhen bewältigungsbedürftige Spannungen (vgl. Rn 18). Die allgemeinen Anforderungen an **gesunde Wohn- und Arbeitsverhältnisse** (vgl. Rn 24) müssen jedoch gewahrt sein.

Weitere **Beispiele:** Schließen die tatsächlich verwirklichten Nutzungsarten in dem maßgebenden Bereich z. B. geruchsemittierende Betriebe ein (z. B. **Schweinemast),** so fügt sich ein Vorhaben (z. B. ein weiterer Schweinestall) nicht nur in die Umgebung ein, sondern kann die Zulässigkeit eines solchen Vorhabens unter dem Gesichtspunkt des Rücksichtnahmegebots nur ausnahmsweise scheitern (BVerwG, NJW 1981, 139). In **dörflicher Lage** können z. B. Wohnhäuser in unmittelba-

36

rer Nachbarschaft eines Schweinezuchtbetriebs zulässig sein (OVG Lüneburg, BauR 1981, 52); vgl. auch Rn 38. Ggf. können Konflikte – innerhalb des bestehenden Rahmens – durch eine andere **Ausführung des Vorhabens** ausgeräumt werden (vgl. BVerwGE 45, 309). Wohnungen für Aufsichts- und Bereitschaftspersonal oder für Betriebsinhaber und -leiter haben sich in einem durch industrielle Nutzung geprägten unbeplanten Innenbereich ohne Abwehransprüche mit der Immissionslage abzufinden, die legalerweise von den in diesem Bereich vorhandenen emittierenden Betrieben verursacht wird. Eine der allgemeinen Wohnnutzung entsprechende Schutzwürdigkeit kommt derartigen **betriebsbezogenen Wohnungen** auch unter dem Gesichtspunkt des Rücksichtnahmegebots nicht zu (BVerwG, BauR 1983, 443f.; BVerwG, ZfBR 1984, 148). In einem durch gewerbliche und industrielle Nutzung geprägten Gebiet fügt sich die **allgemeine Wohnnutzung** in die Eigenart der näheren Umgebung jedoch trotz dort vorhandener Wohnungen für Betriebsleiter und Aufsichtspersonen i. d. R. nicht ein (vgl. § 8 Abs. 3 Nr. 1, § 9 Abs. 3 Nr. 1 BauNVO). Eine solche betriebsgebundene Wohnung verändert die Prägung eines Gebietes nicht in einer auf die allgemeine Wohnnutzung hindeutenden Weise. Die **Umwandlung von Wohnungen** dieses Personenkreises für ein „allgemeines" Wohnen mit frei vermittelbaren Wohnungen ist daher nach Abs. 1 unzulässig (BVerwG, BauR 1983, 443f.).

37 Der erleichterten Zulassung von Vorhaben in Bereichen mit städtebaulichen Gemengelageproblemen sollen der mit den BauGB eingeführte § 34 Abs. 3 sowie § 4 Abs. 2 BauGB-MaßnahmenG dienen. Zum **Planungserfordernis** in diesen Fällen vgl. weiterhin Rn 16, 18 und 20. Zum **Nachbarschutz** in den Fällen eines schweren und unerträglichen Eingriffs durch die Errichtung des Vorhabens vgl. Rn 89.

38 **b) Benachbarte Außenbereichsbebauung.** Bei der Feststellung, ob sich ein Bauvorhaben im Innenbereich in die Eigenart der näheren Umgebung einfügt, wird der zu findende „Rahmen" von einer **benachbarten Außenbereichsbebauung** nicht mitbestimmt. Das Gebot der Rücksichtnahme ist aber auch bei der Genehmigung eines Vorhabens im Innenbereich zu beachten, dem ein privilegiertes, emittierendes Außenbereichsvorhaben (z. B. Schweinemast) benachbart ist. Der im Außenbereich privilegiert Ansässige kann zwar die Bebauung eines benachbarten Grundstück mit Baulandqualität i. S. des § 34 nicht generell verhindern. Aber hinsichtlich der Nutzungsart kann er z. B. erwarten, daß – innerhalb der Bandbreite der im jeweiligen Innenbereich zulässigen Vorhaben – die Bebauung eines den Außenbereichsbetrieb ähnlichen oder mit ihm **harmonisierenden Vorhabens** in Betracht kommt (BVerwG, ZfBR 1983, 95). Ggf. ist dem Rücksichtnahmegebot dadurch zu entsprechen, daß durch Lage und Stellung des Gebäudes oder auf sonstige Weise immissionsverbessernde Ergebnisse erzielt werden können. Ist auf dem Innenbereichsgrundstück dagegen eine andere Art der baulichen Nutzung nicht zulässig, so muß die Rück-

sichtnahme auf die Außenbereichsbebauung zurückstehen; andernfalls reichte sie weiter als das, was das Gebot des Einfügens unzulässiger Art der Nutzung hergibt (BVerwG aaO; UPR 1985, 340).

c) Hinterlandbebauung. Ein zweites Gebäude im rückwärtigen **39** Grundstücksteil – sog. **Hinterlandbebauung** – kann auch dann zulässig sein, wenn in dem betreffenden Bereich das Hintergelände nicht in vergleichbarer Weise bebaut ist. Auch wenn sich das Vorhaben in solchen Fällen im allgemeinen nicht in dem vorgegebenen Rahmen hält, wäre es nur dann unzulässig, wenn es bodenrechtlich beachtliche und erst noch ausgleichsbedürftige Spannungen begründet oder die vorhandenen Spannungen erhöht (BVerwG, ZfBR 1981, 36/37; vgl. auch Rn 17 und 18). Dem Vorhaben kann auch nicht eine zu weiteren Genehmigungen zwingende **Vorbildwirkung** (vgl. hierzu auch Rn 18) entgegengehalten werden, daß nachfolgende Vorhaben die vorhandene Freifläche unangemessen vermindern würden; würde sich ein nachfolgendes Vorhaben so auswirken, so wäre es unzulässig, und zwar auch dann, wenn in diesen Bereich vorher andere Vorhaben zu einer (noch) nicht unangemessenen Verminderung der Freifläche führten (BVerwG aaO). Etwas anderes kann dann gelten, wenn durch das Vorhaben eine „Unruhe" (BVerwGE 55, 369/387) gerade dadurch entsteht, daß nachfolgende Vorhaben deshalb unzulässig würden, weil die Freiflächen durch das erste Vorhaben bereits ausgeschöpft sind; die sich damit ergebende zeitliche Differenzierung ist zu mißbilligen, weil sie zur Bevorzugung eines Eigentümers führt, obwohl sich ein Grundstück und sein Vorhaben von den Grundstücken und Vorhaben anderer Eigentümer nicht wesentlich unterscheidet (so BVerwG ZfBR 1981 aaO; vgl. auch BVerwG, DVBl. 1975, 509 zu § 34 BBauG 1960).

d) Zahl der Wohnungen. Die **Zahl** der in Wohngebäuden vorhande- **40** nen **Wohnungen** ist in Zusammenhang mit der Anwendung des § 34 kein bodenrechtlich relevanter Gesichtspunkt (BVerwG, NVwZ 1989, 1060; so bereits zu § 34 BBauG 1960 BVerwG, DVBl. 1981, 197 unter Hinweis auf die Möglichkeit entsprechender Regelungen durch eine Bebauungsplanung; vgl. jetzt § 9 Abs. 1 Nr. 6).

e) Großflächiger Einzelhandelsbetrieb. Großflächige Einzelhan- **41** delsbetriebe können erhebliche Auswirkungen auf die städtebauliche Entwicklung sowohl in ihrer näheren Umgebung, in anderen Bereichen der Gemeinde oder in Nachbargemeinden haben. Vgl. hierzu auch die Erl. zu **§ 1 Abs. 5 S. 2 Nr. 8**; dort auch zu **§ 11 Abs. 3 BauNVO.** Vgl. weiterhin Rn 20 sowie die Erl. zu **Abs. 2** und **Abs. 3 S. 2.** Bei falscher Standortwahl können großflächige Einzelhandelsbetriebe zu nachteiligen Strukturveränderungen in den Innenbereichen führen. Entspricht die Eigenart der näheren Umgebung nach der vorhandenen Bebauung einem der Baugebiete der BauNVO, so ist gem. **Abs. 2** § 11 Abs. 3 BauNVO unmittelbar anzuwenden (BVerwG, NJW 1984, 1768 = ZfBR 1986, 135). Hinsichtlich der **zulässigen Nutzungsart** ist in diesen Fällen nicht mehr auf den Maßstab des Abs. 1 zurückzugreifen.

Liegen die Voraussetzungen des Abs. 2 i. V. mit § 11 Abs. 3 BauNVO
nicht vor, so gilt für die **Zulässigkeit nach Abs. 1** folgendes: Ein
großflächiger Einzelhandelsbetrieb hält sich innerhalb des sich aus
seiner Umgebung ergebenden **Rahmens** nur, wenn in der näheren
Umgebung mindestens ein Betrieb i. S. des § 11 Abs. 3 S. 1 Nrn. 1 und
3 vorhanden ist (BVerwG, NJW 1984, 1771 = ZfBR 1984, 139). Bei
der Bestimmung der **„Eigenart der näheren Umgebung"** sind hin-
sichtlich der Reichweite die in § 11 Abs. 3 S. 1 Nr. 2 und S. 2 bezeichne-
ten städtebaulichen Auswirkungen des Betriebs nicht mit zu berück-
sichtigen; die nähere Umgebung umfaßt nicht den Bereich, auf den sich
ein großflächiger Einzelhandelsbetrieb städtebaulich auswirken kann,
also z. B. bis zu einem Stadtzentrum oder in die Nachbargemeinde
hinein (BVerwG, NVwZ 1987, 1078). Die in Abs. 1 genannten städte-
baulichen Merkmale prägen demgegenüber nur einen begrenzten Be-
reich (BVerwG, NJW 1984 aaO; Söfker, in: E/Z/B, § 11 BauNVO,
Rn 96). Die in der BauNVO in typisierender Weise vorgenommene
Unterscheidung von großflächigen Einzelhandelsbetrieben i. S. des
§ 11 Abs. 3 von der allgemeinen Nutzungsart „Gewerbebetrieb" ist
auch für die Bestimmung des aus der vorhandenen Bebauung in der
näheren Umgebung abzuleitenden Rahmens zu beachten; in der Um-
gebung vorhandene **produzierende Betriebe,** aber auch Großhandels-
betriebe, begründen daher nicht die Annahme, ein großflächiger Ein-
zelhandelsbetrieb entspreche dem vorgegebenen Rahmen und füge sich
ein (BVerwG aaO).

42 Hält sich der großflächige Einzelhandelsbetrieb in dem sich aus
seiner Umgebung hervorgehenden Rahmen, kann er gleichwohl unzu-
lässig sein, wenn er die gebotene **Rücksichtnahme** (vgl. Rn 16) insbe-
sondere auf die in seiner unmittelbaren Nähe vorhandene Bebauung
vermissen läßt. Ein Vorhaben kann hiernach insbesondere im Hinblick
auf den durch den Betrieb bedingten stärkeren **Zu- und Abfahrtsver-
kehr** unzulässig sein, und zwar im Hinblick auf die höhere Belastung
benachbarter Wohngebiete durch Lärm und Abgase (BVerwG aaO;
vgl. auch BVerwG, ZfBR 1986, 47: Unzulässigkeit eines Einzelhan-
delsbetriebs mit nur 940 m² Verkaufsfläche wegen verstärkter Immis-
sionsbelastung benachbarter Wohnbebauung durch Kundenverkehr;
BVerwG, NVwZ 1987, 1078). Durch den Betrieb kann auch das
vorhandene **Straßennetz überlastet** werden; dies auch durch den **ru-
henden Verkehr** der Kundenfahrzeuge. Zu Immissionen von **Stellplät-
zen** vgl. auch OVG Lüneburg, BauR 1987, 58. Unbeachtlich sind
negative Auswirkungen auf die Versorgung der Bevölkerung im Ein-
zugsbereich der Betriebe sowie Beeinträchtigungen der Wettbewerbs-
fähigkeit vorhandener Einzelhandelsbetriebe (BVerwG, NJW 1984,
1771 = ZfBR 1984, 139). Diese noch zum BBauG ergangene Rspr. ist –
für den Anwendungsbereich des Abs. 2 – auch nicht im Hinblick auf
Abs. 3 S. 2 zu korrigieren: Abs. 3 regelt einen Fall, der mit einer
städtebaulichen „planerischen Entscheidung für den Einzelfall" (ähnlich

der Erteilung einer Befreiung) gleichzusetzen ist (vgl. BVerwG, ZfBR 1990, 148); für diesen Fall sichert Abs. 3 S. 2 einen besonderen städtebaulichen Belang (vgl. entsprechend für die Bauleitplanung § 1 Abs. 5 S. 2 Nr. 8).

Entspricht ein großflächiger Einzelhandelsbetrieb **nicht** dem in der **43** Umgebung vorhandenen Rahmen, kann er sich dennoch einfügen; Voraussetzung ist, daß das Vorhaben weder selbst noch infolge einer nicht auszuschließenden **Vorbildwirkung** (vgl. Rn 39) geeignet ist, bodenrechtlich beachtliche Spannungen zu begründen oder vorhandene Spannungen zu erhöhen (BVerwG NJW 1984, 1771; ZfBR 1986, 47); vgl. zu den Anforderungen im einzelnen Rn 17 und 18.

f) Sport-, Spiel- und Freizeitanlagen. Die Rspr. wird zunehmend **44** auch im „unbeplanten" Innenbereich mit Rechtsstreitigkeiten im Zusammenhang mit Sport-, Spiel und Freizeitanlagen und deren Umwelteinwirkungen beschäftigt (vgl. bereits Birk, NVwZ 1985, 698). Soweit die Eigenart der näheren Umgebung gem. **Abs. 2** einem der Baugebiete der BauNVO entspricht, vgl. die Erl. zu Abs. 2. Zu öffentlichen Sportanlagen und anderen Gemeinbedarfsflächen vgl. **Abs. 3 S. 1 Nr. 2.** Zur Lösung von Nutzungskonflikten im Rahmen der Bauleitplanung vgl. die Erl. in § 1, Rn 106. Ein privater **Tennisplatz** ist in einem durch Wohnbebauung gekennzeichneten unbeplanten Innenbereich grundsätzlich zulässig (BVerwG, NJW 1986, 393). Voraussetzung ist, daß sich der Tennisplatz im Verhältnis zum Wohngebäude und zur Grundstücksgröße als untergeordnete Nebenanlage darstellt. Führt ein Tennisplatz zur Störung der Wohnruhe, so widerspricht er der Eigenart des maßgebenden Bereichs. Über die vorhandene Vorbelastung hinausgehende zusätzliche Immissionsbelastungen stellen sich in aller Regel auch als ein Vorstoß gegen das Rücksichtnahmegebot dar. Insoweit indiziert die **Lage eines Tennisplatzes** unmittelbar an der Nachbargrenze oder in der Nähe zum Wohnhaus des Nachbarn eine Mißachtung des Rücksichtnahmegebots (BVerwG aaO). Eine schematische Anwendung der **Immissionsrichtwerte der TA-Lärm** oder anderer technischer Richtlinien (z. B. **VDI-Richtlinie 2058**) kann der Beurteilung der Störwirkungen, die von Sportanlagen im Nahbereich der Wohnbebauung ausgehen, nicht gerecht werden. Vielmehr ist eine Bewertung im Einzelfall angebracht, die den jeweiligen Gegebenheiten Rechnung trägt (OVG Lüneburg, BauR 1985, 659; OVG Saarlouis, NVwZ 1985, 770). Zur im Rahmen des Abs. 1 zulässigen Lösung von Konflikten zwischen Sportanlagen und angrenzenden Wohnbereichen kann insbesondere die **Bauausführung** und der **Standort** beitragen (vgl. auch OVG Lüneburg aaO zur erforderlichen „Kooperation" der Nachbarn). Zur Unzulässigkeit von einem Tennisplatz ausgehenden Lärmeinwirkungen vgl. auch BGH, NJW 1983, 751. **Öffentliche Kinderspielplätze** („herkömmlicher Art"; vgl. dagegen sog. Abenteuerspielplätze oder Bolzplätze) sind in einem **reinen Wohngebiet** grundsätzlich zulässig (VGH Mannheim, BauR 1985, 535). Sie sind mit dem

ein reines Wohngebiet (vgl. § 3 BauNVO) prägenden Element der
Wohnruhe zu vereinbaren. Zu den Voraussetzungen, unter denen ein
Bolzplatz in einem reinen Wohngebiet gegen das Rücksichtnahmege-
bot verstößt vgl. VGH Mannheim, ZfBR 1985, 96. Vgl. weiterhin
OVG Münster, BauR 1987, 46/48: Bolzplätze für Kinder bis 15 Jahren
sind auch in (allgemeinen) Wohngebieten zulässig („Junge Menschen
müssen sich austoben können"; wer **„Kinderlärm** als lästig empfindet,
hat selbst eine falsche Einstellung zu Kindern, die als selbst gesetzte
Ursache rechtlich nicht relevant ist"); jedoch Verstoß gegen die Rück-
sichtnahme, wenn die Baugenehmigung keine Nebenbestimmungen
zum Schutz der benachbarten Anlieger enthält (z. B. Begrenzung des
Personenkreises, Regelung der Öffnungszeiten; OVG Münster aaO,
49).

45 **g) Weitere Fälle.** Ein **Pumazwinger** fügt sich i. S. des Abs. 1 in die
Eigenart einer fast ausschließlich durch Wohnbebauung geprägten nä-
heren Umgebung nicht ein (BVerwG, NVwZ 1984, 647). Eine private
Windenergieanlage für den Eigenbedarf eines Einfamilienhauses kann
sich je nach den konkreten Umständen des Einzelfalls in die Eigenart
der näheren Umgebung einfügen, auch wenn es bisher vergleichbare
Anlagen dort nicht gibt (BVerwG, ZfBR 1983, 193/195; vgl. zusam-
menfassend Ronellenfitsch, VerwArch 1985, 411). Vgl. auch Rn 17, 18
und 20. Die Umwandlung einer Gaststätte in eine **Diskothek** ist
planungsrechtlich unzulässig, wenn das Gebot der Rücksichtnahme auf
eine umliegende Wohnbebauung, insbesondere wegen erhöhter Lärm-
immissionen durch den von Gästen ausgelösten Kfz-Verkehr verletzt
wird (OVG Münster, NVwZ 1983, 685; vgl. auch BVerwG, NVwZ
1982, 312 f.).

III. Anwendung der BauNVO (Abs. 2)

46 **1. Allgemeines.** Entspricht die Eigenart der näheren Umgebung
einem der Baugebiete der BauNVO, so ist ein Vorhaben gem. Abs. 2
nach seiner **Art** nur zulässig, wenn es nach der BauNVO in dem
Baugebiet zulässig wäre. Abs. 2 entspricht § 34 Abs. 3 BBauG, jedoch
mit folgenden Änderungen: Die Anwendung der BauNVO gilt nur in
bezug auf die **Art der Nutzung.** Auf das **Maß der zulässigen Nutzung**
ist im BauGB mit Rücksicht auf die vielgestaltigen, erschöpfenden
gesetzlichen Regelungen nicht zugänglichen Fallgestaltungen in den
Gebieten des § 34 verzichtet worden (Söfker, in: B/K/S, Rn 183 unter
Hinweis auf die in den § 34–Gebieten zu wenig flexiblen Abweichungs-
möglichkeiten von den Maßbestimmungen gem. § 34 Abs. 3 S. 2 und 3
BBauG). Liegen die Voraussetzungen des Abs. 2 vor, ist nunmehr die
Art der Nutzung ausschließlich nach der BauNVO, das Maß der Nut-
zung nach Abs. 1 (Einfügen in die Eigenart der näheren Umgebung) zu
beurteilen. Ist ein Vorhaben nach der Art der Nutzung gem. BauNVO
zulässig, so bedarf es hierfür **keiner Prüfung mehr,** ob sich das Vorha-

ben i. S. des Abs. 1 **einfügt.** Insoweit verdrängt Abs. 2 die Zulässig-
keitsbestimmung nach Abs. 1 und ergänzt sie nicht nur (vgl. BVerwG,
ZfBR 1990, 157; anders noch § 34 Abs. 3 BBauG; vgl. BVerwG, NJW
1980, 605; allerdings hatte die Rspr. in den Fällen des § 34 Abs. 3
BBauG bereits zunehmend der Prüfung des „Einfügens" neben der
BauNVO nur noch geringe Bedeutung beigemessen; vgl. BVerwG,
ZfBR 1986, 44). Hinsichtlich der **Sicherung der Erschließung** bestim-
men sich die Anforderungen nach Abs. 1 S. 1; vgl. hierzu Rn 21.

2. Einzelfragen. Läßt sich die Eigenart der näheren Umgegung **47**
eindeutig in eine der Gebietskategorien einordnen, die in der BauNVO
enthalten sind, so ergibt sich die Zulässigkeit des Vorhabens seiner Art
nach ausschließlich daraus, ob es in dem betreffenden Gebiet nach der
BauNVO zulässig ist. Soweit die nähere Umgebung **keinem in der**
BauNVO bezeichneten Baugebiet zugeordnet werden kann, ist die
Zulässigkeit **ausschließlich nach Abs. 1** zu beurteilen. Zur BauNVO
vgl. die Ermächtigung in § 2 Abs. 5; die BauNVO ist im **Anhang**
abgedruckt. Zu den Baugebieten nach der BauNVO vgl. § 1 Abs. 2,
§§ 2–11 BauNVO. Bei der Prüfung, welches Baugebiet i. S. der
BauNVO in Betracht kommt, darf im Hinblick auf die „wild gewach-
senen" § 34-Gebiete keine schematische Beurteilung vorgenommen
werden; die Prüfung nach Abs. 2 darf nicht dazu führen, „eine vorhan-
dene Bebauung in Zielrichtung auf eine scharfe Trennung von Gebiets-
charakter und zulässiger Bebauung geradezu gewaltsam in eine der
Alternativen des Gebietskatalogs in § 1 Abs. 2 BauNVO zu pressen,
um dann in einer zweiten Stufe mehr oder weniger schematisch die
Zulässigkeitsregeln der §§ 2 ff. BauNVO anzuwenden" (so BVerwG,
BRS 22 Nr. 42). Weist die nähere Umgebung die **Merkmale zweier**
Baugebiete der BauNVO auf, so findet Abs. 2 **keine Anwendung.** Das
Vorhaben beurteilt sich in diesem Fall ausschließlich nach Abs. 1. Die
BauNVO kann aber auch in diesem sowie in sonstigen nach Abs. 1 zu
beurteilenden Fällen i. S. einer Sachverständigenkonkretisierung mo-
derner Planungsgrundsätze **hilfsweise** herangezogen werden (Dyong
aaO, Rn 34).

Was das **Maß der Nutzung** betrifft, findet die BauNVO keine **48**
Anwendung, und zwar auch dann nicht, wenn sich die nähere Umge-
bung eindeutig in eine der Gebietskategorien der BauNVO einordnen
ließe (vgl. Rn 46). Für das Maß der Nutzung gilt **ausschließlich Abs. 1.**
Das bedeutet z. B., daß die Höchstmaße der BauNVO überschritten
werden können, wenn sich das Vorhaben nur einfügt (Lenz, BauR
1987, 1/5).

Die BauNVO kann im Rahmen des Abs. 2 auch zur Anwendung **49**
kommen, wenn es sich um die Zulässigkeit von **großflächigen Einzel-**
handelsbetrieben handelt; vgl. § 11 Abs. 3 BauNVO. Zur Beurteilung
der Zulässigkeit solcher Vorhaben im Rahmen des Abs. 1 vgl.
Rn 41–43. Was die „Reichweite" der in § 11 Abs. 3 S. 1 Nr. 2 und S. 2
bezeichneten städtebaulichen Auswirkungen insbesondere auf die Ver-

sorgung der Bevölkerung und die Entwicklung zentraler Versorgungsbereiche im Hinblick auf die **Abgrenzung der näheren „Umgebung"** betrifft, gilt das zu Rn 42 Ausgeführte: Die in § 11 Abs. 3 S. 1 Nr. 2 und S. 2 bezeichneten städtebaulichen Fernwirkungen finden nicht auf der Tatbestandsseite des Abs. 2 Berücksichtigung (BVerwG, NJW 1984, 1771 = ZfBR 1984, 139). Diese „Fernwirkungen" sind jedoch auf der Rechtsfolgeseite des Abs. 2 i. V. m. § 11 Abs. 3 zu berücksichtigen: Ist ein Gebiet einem Kerngebiet oder einem Sondergebiet i. S. des § 11 Abs. 3 vergleichbar, so sind Vorhaben gem. Abs. 2 dort zulässig. In diesen Fällen fügt sich das Vorhaben i. d. R. auch in die Eigenart der näheren Umgebung i. S. des Abs. 1 ein (Schlichter, UPR 1984, 209; Söfker, in E/Z/B, § 11 BauNVO, Rn 99). Die **Rechtsfolge der Anwendung des § 11 Abs. 3 BauNVO** ist die gleiche wie in Gebieten mit Bebauungsplänen. Anders als in den Fällen des Abs. 1 sind in den Fällen des Abs. 2 nach Maßgabe des § 11 Abs. 3 BauNVO auch die **Ziele der Raumordnung und Landesplanung** maßgeblich. Zur Unzulässigkeit eines Verbrauchermarkts in einer Verkaufsfläche von 1942 m², mit einem Warenangebot von 70 v. H. Lebensmittel und einem Einzugsbereich von 70000 Einwohnern gem. § 34 Abs. 3 BBauG i. V. m. § 11 Abs. 3 BauNVO, vgl. BVerwG, NJW 1984, 1768 = ZfBR 1984, 135.

50 Auch hinsichtlich der Zulässigkeit von **Sport-, Spiel- und Freizeitanlagen** ergibt sich die Zulässigkeit aus den Regelungen der BauNVO über das jeweilige Baugebiet. Zur Beurteilung in den Fällen des Abs. 1 vgl. Rn 44. Zu Sportanlagen vgl. Birk, NVwZ 1985, 690/692ff., 695.

51 **3. Ausnahmsweise zulässige Vorhaben.** Nach Abs. 2, Hs. 1 sind die nach den Baugebotsvorschriften der BauNVO **allgemein zulässigen** Vorhaben auch im Innenbereich i. S. des Abs. 2 zulässig. Zulässig sind weiterhin gem. **Abs. 2, Hs. 2** die nach der BauNVO **ausnahmsweise zulässigen Vorhaben.** Der nichtqualifiziert beplante Innenbereich wird hierdurch den beplanten Gebieten gleichgestellt, wenn die Eigenart der näheren Umgebung einem Baugebiet der BauNVO entspricht. Aus der entsprechenden Anwendung der BauNVO folgt, daß die in den Baugebietsvorschriften ausnahmsweise zulässigen Vorhaben (vgl. §§ 2–4a, 6–9, jeweils Abs. 3) auch nur ausnahmsweise zulässig sind. Dies wird durch die entsprechende Anwendung des § 31 Abs. 1 („Kann"-Bestimmung) verdeutlicht (vgl. Söfker, in: B/K/S, Rn 183). Entspricht z. B. die Eigenart der näheren Umgebung einem Allgemeinen Wohngebiet i. S. des § 4 BauNVO, dann kann die Errichtung einer Tankstelle (vgl. § 4 Abs. 3 Nr. 5 BauNVO) gem. Abs. 2, Hs. 2 i. V. m. § 31 Abs. 1 zugelassen werden.

52 **4. Befreiung.** Nach **Abs. 2, Hs. 2** ist weiterhin § 31 Abs. 2 über die Befreiung entsprechend anzuwenden. Auch wenn ein Vorhaben nach der BauNVO weder allgemein noch ausnahmsweise zulässig ist, kann es durch entsprechende Anwendung der Befreiungsvorschrift des § 31 Abs. 2 unter den dort bezeichneten Voraussetzungen zugelassen werden. Auch insofern wird der nichtbeplante Innenbereich **dem beplan-**

ten Bereich gleichgestellt (vgl. Söfker aaO). Durch die Regelung wird erreicht, daß auch im nichtbeplanten Innenbereich das durchsetzbar ist, was in einem entsprechend beplanten Bereich durchsetzbar wäre (Lenz aaO). Zur Befreiung in den Fällen des Abs. 1 vgl. Rn 32. Weitergehende Möglichkeiten zur Abweichung von dem nach Abs. 2 Zulässigen können sich im übrigen nach **Abs. 3** ergeben.

Vgl. weiterhin **§ 4 Abs. 1 S. 2 BauGB-MaßnahmenG:** Auf die Befreiung nach § 34 Abs. 2, Hs. 2 BauGB ist § 4 Abs. 1 S. 1 BauGB-MaßnahmenG entsprechend anzuwenden. Danach liegen Gründe des Wohls der Allgemeinheit i. S. des § 31 Abs. 2 Nr. 1 bei **dringendem Wohnbedarf,** auch zur vorübergehenden Unterbringung und zum vorübergehenden Wohnen, vor. Bei vorübergehender Unterbringung und bei vorübergehendem Wohnen ist die Befreiung nicht auf Einzelfälle beschränkt. **52a**

5. Rücksichtnahmegebot. Ein Vorhaben fügt sich i. S. des **Abs. 1** nur dann in seine Umgebung ein, wenn es das Vorhaben an der **gebotenen Rücksichtnahme** auf die sonstige Bebauung nicht fehlen läßt (vgl. hierzu Rn 16). Trotz Fehlens des Tatbestandsmerkmals „Einfügen" findet das Gebot der gegenseitigen Rücksichtnahme auch in den Fällen des **Abs. 2** Anwendung. Dies ergibt sich aus **§ 15 Abs. 1 BauNVO,** der eine Ausprägung des baurechtlichen Gebots der Rücksichtnahme ist (BVerwGE 67, 334; DÖV 1986, 571). **53**

IV. Weiterentwicklung des Bestands (Abs. 3)

1. Allgemeines. Abs. 3 ist durch das BauGB neu eingeführt worden. Es enthält einen als „Kann"-Bestimmung ausgestalteten **zusätzlichen Genehmigungstatbestand** für Vorhaben im Zusammenhang mit vorhandenen, zulässigerweise errichteten baulichen und sonstigen Anlagen. **Der Gesetzgeber** hat mit der Einfügung des Abs. 3 das Ziel verfolgt, **Problemlösungen in Gemengelagen** und sonstigen Konfliktbereichen zu erleichtern (vgl. Lenz, BauR 1987, 1/5; Söfker, in: B/K/S, Rn 184). Die Einfügung des neuen Genehmigungstatbestandes reflektiert gewissermaßen die praktischen Schwierigkeiten bei der Anwendung des § 34 in Gemengelagen-Situationen (vgl. hierzu Rn 34–37) sowie bei der Aufstellung von Bauleitplänen in entsprechenden Problemgebieten (vgl. hierzu § 1, Rn 110–112). **54**

Eine Genehmigung nach Abs. 3 kommt in solchen Fällen in Betracht, die **nach Abs. 1 und 2 unzulässig** sind, die jedoch aus qualifizierten Gründen im Einzelfall gleichwohl zugelassen werden sollen, und zwar entweder aus Gründen des Wohls der Allgemeinheit oder weil das Vorhaben einem Betrieb dient. Für die Genehmigung kommen nur Maßnahmen in Betracht, die an einen **vorhandenen Bestand** anknüpfen: Erweiterungen, Änderungen, Nutzungsänderungen und Erneuerungen von zulässigerweise errichteten baulichen oder sonstigen Anlagen. Die Vorschrift dient also sowohl der Erhaltung als auch der **55**

Weiterentwicklung einer vorhandenen und baurechtlich billigenswerten Situation.

56 Abs. 3 bezieht sich somit auf Fälle, in denen vor allem die Maßstäbe des „Einfügens" (Abs. 1) bzw. der Rahmen der Gebietskategorien der BauNVO (einschl. der Möglichkeit von Befreiungen; Abs. 2) der Zulässigkeit eines Vorhabens entgegenstehen. Dabei knüpft Abs. 3 an solche Situationen an, in denen eine **Abwägung** i. S. des § 1 Abs. 6 **möglich und erforderlich wäre** (vgl. zum Nachfolgebereich die inzwischen ergangene klärende Entscheidung des BVerwG, ZfBR 1990, 198. Ein planerischer Ausgleich zwischen den berührten Belangen i. S. einer **Kompensation,** also ein Ausgleich von beeinträchtigten Belangen durch Maßnahmen in anderer Weise, läßt jedoch das Erfordernis des **Einfügens** nicht zu (BVerwGE 55, 369/387; vgl. weiterhin Rn 19, dort auch zur hiervon zu unterscheidenden Frage der gebotenen Abwägung im Rahmen der Prüfung des Einfügens i. S. der Beurteilung und Gewichtung widerstreitender öffentlicher und privater Belange). Abs. 3 eröffnet für diese Fälle die Möglichkeit einer ansonsten der Bauleitplanung vorbehaltenen **Abwägungs- und Kompensationsentscheidung** im Rahmen der Beurteilung und Entscheidung über ein Vorhaben im Einzelfall (vgl. Krautzberger/Löhr, NVwZ 1987, 177/182). Abs. 3 bezieht auf diese Weise ein **planerisches Element** in die Baugenehmigung ein, weshalb auch der verfahrensrechtlichen Beteiligung der Gemeinde als Trägerin der Planungshoheit nach § 36 besondere Bedeutung zukommt (Söfker aaO). Die Entscheidung nach Abs. 3 entspricht ihrer Struktur nach der **Befreiung** (§ 31 Abs. 2; vgl. Bielenberg, ZfBR 1988, 55/59; Dyong, in: E/Z/B, § 34, Rn 27; Schlichter, in: BK, § 34, Rn 52). **Gegenüber der Bauleitplanung** sind der Anwendung des Abs. 3 jedoch mehrere **Grenzen** gesetzt. Insbesondere kommt Abs. 3 nur **bei bestimmten Maßnahmen** (S. 1 Nr. 1 oder Nr. 2) der Fortentwicklung des Bestands im Innenbereich, und zwar nur in **Einzelfällen** in Betracht. Die Belange können – anders als bei der Bauleitplanung – nur durch Maßnahmen vor Vorhaben selbst, in unmittelbarer Umgebung des Standorts des Vorhabens oder sonst **im Zusammenhang mit dem Vorhaben ausgeglichen** werden. Bei der Bauleitplanung ist dagegen ein gebietsbezogener, damit umfangreicher und ggf. auch vorsorgender Ausgleich möglich (Söfker aaO; zur Struktur der auf Ausgleich und Kompensation gerichteten Planungsentscheidung vgl. § 1, Rn 87 bis 99; vgl. auch Bielenberg/Söfker in: E/Z/B, § 9, Rn 5 c).

57 **2. Vorhaben.** Nach Abs. 3 **können** Vorhaben zugelassen werden, die nach Abs. 1 oder 2 **unzulässig** sind. Abs. 3 setzt also Vorhaben im **Innenbereich** i. S. des Abs. 1 voraus. Für die Satzungsgebiete nach **Abs. 4** kann Abs. 3 daher nur Anwendung finden, wenn für ein Vorhaben zugleich die Voraussetzungen nach Abs. 1 und 2 vorliegen (im wesentlichen Fälle der Klarstellungssatzung nach Abs. 4 S. 1 Nr. 1).

Nach Abs. 3 S. 1 können bestimmte Vorhaben (vgl. Rn 59) im Zu- **58**
sammenhang mit **baulichen und sonstigen Anlagen** zugelassen wer-
den. Zum Begriff der baulichen und sonstigen Anlagen vgl. § 29 S. 1.
Hierzu zählen neben Gebäuden auch Plätze oder Aufschüttungen. Die
baulichen und sonstigen Anlagen müssen **zulässigerweise errichtet**
sein, also dem Bauaufsichtsrecht entsprechen. Auch die ungenehmigte
Errichtung reicht jedoch aus, wenn sie im Zeitpunkt der Errichtung
oder später während eines nennenswerten Zeitpunkts hätte genehmigt
werden müssen (Söfker aaO; vgl. auch die Erl. zu § 35 Abs. 4 S. 1
Nr. 2).

Erweiterungen von baulichen und sonstigen Anlagen sind Baumaß- **59**
nahmen, die den vorhandenen Bestand ergänzen; vgl. auch § 35 Abs. 4
Nr. 5 und 6. Unter **Änderung** ist die Änderung der Substanz einer
vorhandenen baulichen Anlage zu verstehen, insbesondere der Umbau,
der Ausbau oder die Modernisierung, und zwar sowohl im Inneren wie
im Äußeren der Anlage. Unter **Nutzungsänderung** ist die Änderung
der Zweckbestimmung zu verstehen, d. h. die Änderung der rechtli-
chen Qualität der bisherigen Nutzung, soweit dies bodenrechtliche
Bedeutung hat. **Erneuerung** i. S. des Abs. 3 S. 1 ist die Beseitigung
einer vorhandenen Anlage mit anschließender Neuerrichtung an glei-
cher Stelle. Die in Abs. 3 S. 1 bezeichneten Vorhabenbegriffe sind zum
Teil nicht trennscharf; so kann die Änderung einer baulichen Anlage
auch deren Erweiterung zum Gegenstand haben. Im übrigen können
die Vorhaben miteinander verbunden werden (z. B. Änderung und
Nutzungsänderung, Erneuerung und Erweiterung).

Die Genehmigung nach Abs. 3 S. 1 kommt nur im **Einzelfall** in **60**
Betracht. Vgl. hierzu auch die entsprechende Beschränkung auf Einzel-
fälle in § 31 Abs. 2 über die **Befreiung** von den Festsetzungen eines
Bebauungsplans. Die Beschränkung auf Genehmigungen im Einzelfall
bezieht sich jedoch nicht auf das Gemeindegebiet insgesamt oder auf
Gemeindeteile, sondern ausschließlich auf die i. S. des Abs. 1 und 2
prägende **nähere Umgebung**. Genehmigungen nach Abs. 3 scheiden
daher aus, wenn in einem Gebiet wiederholt (also bei „mehr als nur
wenigen Vorhaben"; Söfker aaO, Rn 185) und in kurzen Abständen
Vorhaben nach Abs. 3 genehmigt werden sollen. Hierdurch soll sicher-
gestellt werden, daß über Abs. 3 nicht planerische Entscheidungen für
ein Gebiet, d. h. über Einzelfälle hinaus, getroffen werden. Insoweit
bestimmt sich die Anwendungsmöglichkeit der Genehmigung nach
Abs. 3 ggf. nach der Zahl von Genehmigungsanträgen und deren
zeitlicher Abfolge.

3. Wohl der Allgemeinheit (S. 1 Nr. 1). Nach Abs. 3 S. 1 Nr. 1 **61**
können (sonst unzulässige) Vorhaben zugelassen werden, wenn Gründe
des Wohls der Allgemeinheit dies erforderlich machen. Zum Begriff
des **Erfordernisses aus Gründen des Wohls der Allgemeinheit** vgl. die
entsprechende Begriffsbestimmung in § 31 Abs. 2 Nr. 1. Entsprechend
den zu **§ 31 Abs. 2 Nr. 1** entwickelten Grundsätzen (vgl. vor allem

BVerwGE 56, 71/76), kann ein Vorhaben i. S. des Abs. 3 S. 1 zugelassen werden, wenn es zur Erfüllung oder Wahrnehmung öffentlicher Interessen oder Aufgaben „vernünftigerweise geboten" ist. Es reicht daher nicht aus, wenn die Zulassung des Vorhabens dem Allgemeinwohl lediglich nützlich ist. Andererseits ist nicht erforderlich, daß die Verwirklichung des beabsichtigten Vorhabens an der vorgesehenen Stelle das einzige in Frage kommende Mittel ist, um das im jeweiligen Fall verfolgte öffentliche Interesse zu verwirklichen (BVerwG aaO).

62 Unter **Allgemeinwohl** sind dabei **alle öffentlichen Interessen** zu verstehen, wie sie beispielhaft in **§ 1 Abs. 5** aufgeführt sind (BVerwG aaO). Als bauliche oder sonstige Anlagen kommen danach insbesondere in Betracht: soziale, kulturelle oder sportliche Einrichtungen (z. B. Krankenhäuser, Kindergärten, Altenheime, Schulen, Universitäten, Museen, Theater), sportliche Einrichtungen (Sportplätze, Badeanstalten, Turnhallen), Einrichtungen für Erholung und Gesundheit (Spielplätze, Grünanlagen), Einrichtungen, die der Sicherheit der Bevölkerung dienen (Polizei- oder Feuerwehrwachen), Umweltschutzeinrichtungen (Kläranlagen, Immissionsschutzanlagen), Verkehrs-, Versorgungs- und Entsorgungseinrichtungen (einschl. Kraftwerke); vgl. im einzelnen BVerwG aaO. Gegenüber den Fällen des **Abs. 3 S. 1 Nr. 2** kann es im Einzelfall auch **Überschneidungen** geben: Der Gesichtspunkt der Arbeitsplatzsicherung oder der Schaffung neuer Arbeitsplätze kann auch aus Gründen des Wohls der Allgemeinheit erforderlich sein (vgl. § 1 Abs. 5 S. 2 Nr. 8; so auch Lenz aaO). Was aus Gründen des Wohls der Allgemeinheit erforderlich ist, ist auch **städtebaulich vertretbar**; die Allgemeinwohlgründe ergeben sich (vgl. oben) ebenso wie die Maßstäbe für das städtebaulich Vertretbare (vgl. Rn 64) vor allem aus den nach § 1 Abs. 5 zu berücksichtigenden Belangen. Dies erklärt, warum das Gesetz den Maßstab des städtebaulich Vertretbaren nur im Fall nach Nr. 2 nennt.

62a Zur Erweiterung des § 34 Abs. 3 S. 1 Nr. 1 auf Vorhaben, die **Wohnzwecken** dienen, durch **§ 4 Abs. 2 BauGB-MaßnahmenG** vgl. Rn 67a. § 4 Abs. 2 S. 1 BauGB-MaßnahmenG fordert für diese Fälle folgerichtig gleichfalls die städtebauliche Vertretbarkeit als eine der Zulässigkeitsvoraussetzungen.

63 **4. Betriebliche Vorhaben (S. 1 Nr. 2).** Nach Abs. 3 S. 1 Nr. 2 können sonst unzulässige Vorhaben zugelassen werden, wenn sie einem Betrieb dienen und städtebaulich vertretbar sind. Ein Vorhaben **dient einem Betrieb**, wenn es dem Betrieb oder der Anlage unmittelbar zugeordnet und vom vorhandenen Bestand an baulichen oder sonstigen Nutzungen geprägt ist (Lenz aaO). Zum Begriff des Dienens kann die Rspr. zu § 35 Abs. 1 Nr. 1 herangezogen werden; vgl. insbesondere BVerwG, DVBl. 1973, 643 (hierzu § 35, Rn 19). Die bauliche Maßnahme muß eine Verbundenheit zu einem vorhandenen Unternehmen haben; die bauliche Maßnahme muß ein **„vernünftiger Betriebsinhaber"** nach betrieblichen Gesichtspunkten für erforderlich halten.

Das Vorhaben muß weiterhin **städtebaulich vertretbar** sein. Zu 64
entsprechenden Anforderungen in den Fällen der Nr. 1 vgl. Rn 62.
Städtebaulich vertretbar bedeutet, daß das Vorhaben **mit den Grundsätzen des § 1 Abs. 5 und 6 vereinbar** ist (vgl. hierzu BVerwG, ZfBR
1990, 198). Dabei sind insbesondere die **planerische Konzeption** der
Gemeinde (z. B. die Ergebnisse einer städtebaulichen Rahmenplanung
und die nach § 1 Abs. 5 zu berücksichtigenden Belange zugrundezulegen (so auch Schlichter, in: BK, § 34, Rn 55). Bei der Zulässigkeitsentscheidung sind, soweit dies im Rahmen einer Einzelfallentscheidung
möglich ist, die zum **Abwägungsgebot nach § 1 Abs. 6** entwickelten
Grundsätze einzubeziehen (vgl. hierzu im einzelnen § 1, Rn 87 ff.). Vgl.
weiterhin sinngemäß die insoweit vergleichbare Regelung der Befreiung von Festsetzungen eines Bebauungsplanes nach § 31 Abs. 2 Nr. 2
BauGB. Für die Beurteilung, ob eine Maßnahme städtebaulich vertretbar ist, kann z. B. von Bedeutung sein, ob und in welchem Maße eine
Minderung oder ein **Ausgleich vorhandener Belastungen** oder die
Vermeidung zusätzlicher Belastungen erreicht werden kann. Eine
Verminderung von Belastungen kann z. B. durch eine Gestaltung der
Bauvorhaben und durch technische Maßnahmen zugunsten des Immissionsschutzes erreicht werden (Söfker aaO, Rn 187). Weiterhin können
Ausgleichsmaßnahmen für vorhandene und nicht verminderbare Belastungen (z. B. Verbesserungen der Wohnverhältnisse in der Umgebung
des Standorts) in Betracht kommen (Söfker aaO). **Äußerste Grenze** für
die Zulässigkeit eines an sich unzulässigen Vorhabens ist die Konfliktlösung im Rahmen der Bauleitplanung (a. A. Lenz aaO: für die Zulässigkeit auch der nichtplanbaren Vorhaben, sofern sie städtebaulich vertretbar sind; nach der hier vertretenen Auffassung muß das städtebaulich
Vertretbare auch i. S. des § 1 planbar sein). Eine Genehmigung nach
Nr. 2 kommt daher nicht in Betracht, wenn das Vorhaben Belange
berührt, die nach dem Abwägungsgebot ausgleichsbedürftig sind, aber
weder im Rahmen der Baugenehmigung, auch nicht durch **Nebenbestimmungen der Baugenehmigungen** noch auf sonstige Weise (z. B.
durch **vertragliche Vereinbarungen**, § 124 Abs. 2 oder im Rahmen
einer **Sozialplanung**, § 180) ausgeglichen werden können (Söfker
aaO). Ein Vorhaben ist insbesondere dann nicht zulässig, wenn es zu
einer Verschlechterung der Situation führt (**Verschlecherungsverbot**).
BVerwG aaO läßt es offen, ob ein Verschlechterungs- oder Verbesserungsgebot (so Söfker aaO) zu verlangen ist und stellt allgemein auf die
Maßstäbe nach § 1 Abs. 6 ab. Insoweit sind die auch sonst bei der
Zulässigkeit von Vorhaben in Gemengelagesituationen beachtlichen
Maßstäbe heranzuziehen (vgl. z. B. die Grundsätze der **Vorbelastung**
und der **Mittelwert-Rspr.**; hierzu Rn 34–37). Soweit möglich müssen
das Vorhaben selbst oder hiermit im Zusammenhang stehende kompensatorische Maßnahmen die Verschlechterung verhindern und soweit möglich **die Situation verbessern** (dagegen Lenz aaO; jedoch
zust., daß über die Kompensation eine unzumutbare Verschlechterung
in jedem Fall zu verhindern und auch verhinderbar ist).

65 **5. Nachbarliche Interessen; Vereinbarkeit mit öffentlichen Belangen.** Vorhaben i. S. des Abs. 3 S. 1 sind (und zwar in den Fällen der Nr. 1 wie der Nr. 2) darüber hinaus nur dann zulässig, wenn sie auch unter **Würdigung nachbarlicher Interessen** mit den **öffentlichen Belangen vereinbar** sind. Auch diese Rechtsbegriffe sind dem Befreiungstatbestand nachgebildet; vgl. **§ 31 Abs. 2**. Das Erfordernis der Vereinbarkeit mit den **öffentlichen Belangen** deckt sich mit dem Wohl der Allgemeinheit in Nr. 1. Auch für die Fälle der Nr. 2 ergeben sich hieraus keine zusätzlichen Anforderungen, da die zu berücksichtigenden öffentlichen Belange bereits im Begriff des städtebaulich Vertretbaren (Nr. 2; zu den Fällen nach Nr. 1 vgl. Rn 62) abgedeckt sind. Da ein Vorhaben nur städtebaulich vertretbar ist, wenn **öffentliche und private Belange** gegeneinander und untereinander abgewogen wurden, ergibt sich auch aus dem Merkmal der **Berücksichtigung nachbarlicher Interessen** keine zusätzliche Anforderung; entsprechendes gilt für die Fälle nach Nr. 1 (vgl. Rn 62: die Erfordernisse des Allgemeinwohls schließen das ein, was städtebaulich vertretbar ist). Für die Beurteilung, inwieweit ihr **nachbarschützende Wirkung** zukommt, kann auf die zu § 31 Abs. 2 entwickelten Grundsätze zurückgegriffen werden; vgl. im einzelnen die Erl. zu § 31. Der Begriff der **„Abweichung"** meint im übrigen die Zulassung des Vorhabens abweichend von Abs. 1 und 2 (Söfker aaO). Die Verwendung dieses Begriffs ist nur aus sprachlichen Gründen zu erklären; die Entscheidung nach Abs. 3 wird hierdurch nicht als ein eigenständiges Rechtsinstitut neben der sonstigen Zulässigkeit oder aber (wie in den Fällen des § 34 Abs. 3 S. 2 BBauG) als ein eigenständiges Institut neben der Ausnahme und der Befreiung i. S. des § 31 (vgl. B/K/L, 1. Aufl., § 34, Rn 30) ausgestaltet. Will man den **nachbarlichen Interessen** und **öffentlichen Belangen,** die insoweit gegenüber Nr. 1 und Nr. 2 im wesentlichen leerlaufen, eine darüber hinausgehende Bedeutung geben, so kann dies in der Bezeichnung eines die Zulässigkeitsbestimmung des Abs. 3 kennzeichnenden **Verfahrensprinzips** liegen: Die Regelung setzt in besonders hohem Maße die **Kooperation** aller Beteiligten, der Gemeinde, der sonstigen Träger öffentlicher Belange einerseits und des Eigentümers, seiner Nachbarn und sonstiger Betroffener andererseits voraus. Auf die Bedeutung städtebaulicher Verträge (vgl. § 124 Abs. 2) in Zusammenhang mit kompensatorischen Maßnahmen und auf Maßnahmen der Sozialplanung (§ 180; im Verhältnis zu Betroffenen; vgl. Rn 64) ist hierbei hinzuweisen.

66 **6. Sonstige Anforderungen.** Für die Beurteilung der Zulässigkeit von Vorhaben nach Abs. 3 gelten, soweit dies nicht Gegenstand der „Abweichung" ist, die sonstigen Anforderungen nach Abs. 1 und 2. In jedem Fall muß die **Erschließung** gesichert sein (vgl. Rn 21). Die Festsetzungen eines **einfachen Bebauungsplans** (§ 30 Abs. 2) sind zu beachten (Rn 10; dort auch zur Möglichkeit der Gewährung einer Befreiung nach § 31 Abs. 2).

7. Einzelhandelsbetriebe (Abs. 3 S. 2). Nach Abs. 3 S. 2 wird der **67** **Anwendungsbereich** des Abs. 3 **eingeschränkt:** Er findet auf Einzelhandelsbetriebe, die die verbrauchernahe Versorgung der Bevölkerung beeinträchtigen können, keine Anwendung. Die Vorschrift soll verhindern, daß insbesondere über Nutzungsänderungen oder Erweiterungen **großflächige Einzelhandelsbetriebe** angesiedelt oder bestehende Betriebe erweitert werden. Die Vorschrift dient in erster Linie der verbrauchernahen Versorgung und – als hauptsächlichem Träger dieser Versorgung – mittelständischen Einzelhandelsbetrieben; vgl. die entsprechende Regelung in $\S\,1$ Abs. 5 S. 2 Nr. 8. Da im Rahmen der Prüfung des städtebaulich Vertretbaren (Nr. 2; entsprechend innerhalb des Erfordernisses des Allgemeinwohls nach Nr. 2) die städtebaulichen Belange i. S. des $\S\,1$ Abs. 5 ohnehin zu berücksichtigen sind, ergibt sich aus der Hervorhebung dieses Belangs in Abs. 3 S. 2, daß er für die Anwendung des Abs. 3 **vorrangige Bedeutung** hat, also insbesondere nicht in der Abwägung mit anderen Belangen zurückgestellt werden darf. Die Anwendung des Abs. 3 ist danach ausgeschlossen, wenn in der näheren Umgebung des beabsichtigten Vorhabens vorhandene Betriebe, die der verbrauchernahen Versorgung dienen, bestehen und durch die beabsichtigte Maßnahme beeinträchtigt werden können. Die Anwendung des Abs. 3 ist damit für alle Einzelhandelsbetriebe ausgeschlossen, die für einen Bereich vorgesehen sind, in dem die Bevölkerung auch ohne diesen Betrieb versorgt wird (Lenz aaO, 7).

8. $\S\,4$ Abs. 2 BauGB-MaßnahmenG. Durch $\S\,4$ Abs. 2 BauGB-Maß- **67a** nahmenG ist der Anwendungsbereich des $\S\,34$ Abs. 3 S. 1 Nr. 1 BauGB erweitert worden: Nach $\S\,34$ Abs. 1 und 2 BauGB unzulässige Erweiterungen, Änderungen, Nutzungsänderungen und Erneuerungen von zulässigerweise errichteten baulichen und sonstigen Anlagen können danach zugelassen weden, wenn das Vorhaben **Wohnzwecken dient.** $\S\,4$ Abs. 2 BauGB-MaßnahmenG ordnet diese Befreiung den Fällen des $\S\,34$ Abs. 3 S. 1 Nr. 1 – Gründe des Wohls der Allgemeinheit – zu. Wie in den Fällen des $\S\,34$ Abs. 3 S. 1 Nr. 2 wird die städtebauliche Vertretbarkeit verlangt (vgl. Rn 62a, 64). Wie in beiden Grundfällen des $\S\,34$ Abs. 3 S. 1 sind weitere Voraussetzungen die Vereinbarkeit mit den öffentlichen Belangen unter Würdigung nachbarlicher Interessen (Rn 65) und die Sicherung der Erschließung (Rn 66).

V. Satzungen Abs. 4 und 5

1. Allgemeines. Die Abgrenzung der im Zusammenhang bebauten **68** Ortsteile nach $\S\,34$ vom Außenbereich nach $\S\,35$ führt in der Praxis häufig zu Schwierigkeiten. Da die Zuordnung zum Innenbereich die grundsätzliche Bebaubarkeit eines Grundstücks begründet, während der Außenbereich von der Bebauung grundsätzlich freizuhalten ist, besteht ein Bedürfnis nach eindeutiger Abgrenzung beider Bereiche (**Klarstellungssatzung,** Abs. 4 S. 1 Nr. 1). Die Satzung nach Abs. 4 S. 1

Nr. 2 **(Entwicklungssatzung)** ermöglicht es darüber hinaus, bebaute Bereiche im Außenbereich zum Ortsteil i. S. des Abs. 1 festzulegen. Die Satzung nach Abs. 4 S. 1 Nr. 3 **(Abrundungssatzung)** ermöglicht weiterhin die Einbeziehung einzelner Außenbereichsgrundstücke in die Satzungsgebiete nach Nr. 1 und 2 zum Zwecke der Abrundung der Gebiete.

69 Die Satzungen dienen damit – neben den Fällen der **Klarstellung der Rechtslage** – vor allem auch dem erleichterten **Fortentwickeln und Abrunden vorhandener Siedlungsansätze.** Gesetzgebungspolitisch vermeidet das Gesetz damit eine weitere Ausweitung der Genehmigungsfälle nach § 35 zugunsten einer zum Teil erleichterten Inanspruchnahme des § 34, jedoch eingebunden in eine geordnete städtebauliche Entwicklung (vgl. Abs. 4 S. 2; hierzu Rn 84; so ausdrücklich A-Ber., S. 131. Die Erweiterung des Rechts der Innenbereichssatzung durch das BauGB, insbesondere hinsichtlich der Fälle der Erweiterungssatzung – bisher § 34 Abs. 2a BBauG – diene dem Ziel, die Anwendbarkeit der Satzungen insbesondere im ländlichen Raum als ein zwischen § 35 und dem Bebauungsplan angesiedeltes Instrument insgesamt funktionstüchtiger zu machen).

70 Die **Rechtsfolgen** der Satzungen nach Abs. 4 S. 1 sind unterschiedlich: Die **Klarstellungssatzung** nach Nr. 1 legt die Grenzen eines im Zusammenhang bebauten Ortsteils **deklaratorisch** fest. Durch die **Entwicklungssatzung** nach Nr. 2 wird ein im Zusammenhang bebauter Ortsteil dagegen **konstitutiv** vom Außenbereich i. S. des § 35 zum im Zusammenhang bebauten Ortsteil i. S. des § 34 festgelegt. Das gleiche gilt für die Fälle der **Abrundungssatzung** nach Nr. 3, also der Abrundung des Ortsteils im Zusammenhang mit Satzungen nach Nr. 1 und 2. In den nach Abs. 4 S. 1 festgelegten Satzungen finden die Zuverlässigkeitsvorschriften des **Abs. 1 bis 3** Anwendung (zu Abs. 3 vgl. Rn 57); vgl. insbesondere die **Sicherung der Erschließung** (hierzu Rn 21) und die Beachtung der Festsetzungen eines **einfachen Bebauungsplans** (hierzu Rn 10 ff.). Zu den ergänzenden Festsetzungen nach § 9 Abs. 1, 2 und 4 (Abs. 4 S. 3) vgl. Rn 84.

70a Die Satzungen nach Abs. 4 sind von den „Außenbereichssatzungen" nach **§ 4 Abs. 4 BauGB-MaßnahmenG** zu unterscheiden; vgl. hierzu § 35, Rn 102a.

71 Satzungen nach Abs. 4 haben keine Vorauswirkung, wie sie in **§ 33** für Bebauungspläne angeordnet sind. § 33 enthält weder einen allgemeinen Rechtsgedanken, noch ist er analog anwendbar (BVerwG, Buchholz 406.11, § 34 BBauG Nr. 85; VGH Kassel, UPR 1985, 430; Weyreuther, S. 415).

72 **2. Klarstellungssatzung (Abs. 4 S. 1 Nr. 1).** Die Satzung nach Abs. 4 S. 1 Nr. 1 entspricht der Satzung nach § 34 Abs. 2 S. 1 BBauG. Durch die Satzung nach Nr. 1 kann die Gemeinde die Grenzen für die im Zusammenhang bebauten Ortsteile oder Teile davon festlegen. Die

Satzung hat nur **deklaratorische Bedeutung.** Für jedes Grundstück, das in die Satzung einbezogen wird, muß deshalb die Innenbereichsqualität bestehen (vgl. hierzu im einzelnen Rn 2–9). Die Gemeinde kann daher auf dem Wege über eine Klarstellungssatzung kein planerisches Ermessen etwa in der Richtung ausüben, daß die Einbeziehung eines Grundstücks in den Innenbereich städtebaulich wünschenswert wäre. In der Satzung wird vielmehr ausschließlich die Rechtsfrage entschieden, ob ein Grundstück zum Innenbereich gehört (Weyreuther, S. 408 f.). Zu den Besonderheiten in den Fällern einer **Abrundungssatzung** (Nr. 3) vgl. Rn 79.

3. Entwicklungssatzung (Abs. 4 S. 1 Nr. 2). Abs. 4 S. 1 Nr. 2 regelt 73
die Entwicklungssatzung, durch die Außenbereichsflächen zum Ortsteil i. S. des Abs. 1 festgelegt werden können. Gegenüber § 34 Abs. 2a BBauG ist die Satzung eindeutig als eine Außenbereichsgrundstücke konstitutiv zum Innenbereich erklärende Satzung ausgestaltet worden. § 34 Abs. 2a S. 1 BBauG unterschied demgegenüber zwischen Fällen, in denen die Zuordnung zum Innenbereich zweifelhaft ist („Klarstellungssatzung") einerseits und Fällen, in denen nicht alle Voraussetzungen eines im Zusammenhang bebauten Ortsteils erfüllt sind („Entwicklungssatzung"); allerdings schließt auch die Neufassung der Entwicklungssatzung in Abs. 3 S. 1 Nr. 2 keineswegs Fallgestaltungen aus, in denen die Zuordnung zum Innenbereich besteht, aber rechtlich zweifelhaft ist. Schon aus Gründen der Zweckmäßigkeit des Gebietszuschnitts steht der Einbeziehung von Grundstücken, die Innenbereichsqualität haben, nichts entgegen. Im Hinblick auf den Wortlaut – „Außenbereich" – in Nr. 2 ist der (einheitliche) Satzung in diesen Fällen hinsichtlich der Innenbereichsgrundstücke durch Nr. 1 abgedeckt. Der **Unterschied der Satzungen nach Nr. 1 und Nr. 2** besteht darin, daß die Satzung nach Nr. 1 Gebiete, die rechtlich den im Zusammenhang bebauten Ortsteilen zuzuordnen sind, deklaratorisch als Innenbereich festlegt; die Zuordnung zum Innenbereich ist also in diesen Fällen jeweils eindeutig. Die Satzung nach Nr. 2 betrifft demgegenüber Fälle, in denen die Zuordnung zum Innenbereich eindeutig zu verneinen oder ggf. rechtlich zweifelhaft ist. Sowohl für die Klarstellungs- wie für die Entwicklungssatzung besteht die Ermächtigung nach Nr. 3, einzelne Außenbereichsgrundstücke zur Abrundung der jeweiligen Gebiete einzubeziehen **(Abrundungssatzung).**

Die Satzung nach Nr. 2 kann – anders als die Satzung nach § 34 74
Abs. 2a BBauG – grundsätzlich für jeden Gebietstyp erlassen werden. Die Satzung nach § 34 Abs. 2a BBauG konnte dagegen nur für Gebiete mit **besonderer Wohnsiedlungsstruktur** erlassen werden (vgl. B/K/L, 1. Aufl., § 34, Rn 46). Voraussetzung für den Erlaß einer Entwicklungssatzung nach Nr. 2 ist, daß **bebaute Bereiche** im Außenbereich vorliegen. In Betracht kommen insbesondere **Splitter- und Streusiedlungen.** Es müssen Siedlungsansätze vorhanden sein, die geeignet sind, die „Eigenart der näheren Umgebung" i. S. des Abs. 1 in hinreichender

Weise zu **prägen**. Nur soweit sich aus der vorhandenen Bebauung die Eigenart der näheren Umgebung bestimmen läßt, in die sich Vorhaben einfügen müssen, sind die Voraussetzungen für eine Anwendung der Innenbereichsvorschrift zu bejahen (Söfker, in: B/K/S, Rn 191). Eine entsprechende Voraussetzung muß erfüllt sein, um zur Anwendung der BauNVO gem. Abs. 2 kommen zu können.

75 Nr. 2 erfordert nicht, daß das Gebiet mit den Baugebieten der **BauNVO** übereinstimmt. Enthält die vorhandene Bebauung eine entsprechende Prägung gleichwohl, so findet **Abs. 2** Anwendung. Im übrigen setzt die Entwicklungssatzung keine einheitliche Nutzung voraus. In Betracht kommen Gebiete mit dem Charakter von Wohn-, Dorf- oder Mischgebieten, aber auch Mischcharakter aller Art (Söfker aaO).

76 Was die **Größe** des Satzungsgebiets nach Nr. 2 betrifft, ergeben sich die Anforderungen aus dem Begriff des Ortsteils i. S. des Abs. 1; vgl. hierzu Rn 7 sowie die Beispiele in Rn 8. Dabei sind sowohl die unbebauten aber bebaubaren als auch die bereits bebauten Grundstücke zu berücksichtigen. Das gleiche gilt für Grundstücke die im Wege der **Abrundung** nach Nr. 3 in die Satzung einbezogen werden können.

77 Erforderlich ist weiterhin, daß die in der Satzung bezeichnete Fläche im **Flächennutzungsplan** als Baufläche dargestellt ist; vgl. § 1 Abs. 1 BauNVO. In Betracht kommt insbesondere die Darstellung des Gebiets als **Wohnbaufläche** oder als **gemischte Baufläche** (§ 1 Abs. 1 Nr. 1 und 2 BauNVO). Nicht erforderlich (aber wie auch nach § 34 Abs. 2a S. 2 BBauG ausreichend) ist die Darstellung von **Baugebieten** gem. § 1 Abs. 2 BauNVO. Die Satzungsfläche nach Nr. 2 muß jedoch nicht auch ihrerseits im Flächennutzungsplan dargestellt sein (Söfker aaO). Durch die Bindung der Satzung an eine Darstellung der Fläche als Baufläche im Flächennutzungsplan ist insbesondere die **Einordnung in die gemeindliche Entwicklung** (§ 5 Abs. 1 S. 1) gewährleistet. Vgl. darüber hinaus Abs. 4 S. 2 über die Vereinbarkeit mit einer geordneten städtebaulichen Entwicklung. Das Gesetz enthält keine § 34 Abs. 2a S. 2 BBauG entsprechende Regelung, wonach eine Satzung ausnahmsweise **auch ohne verbindlichen Flächennutzungsplan** erlassen werden kann; Voraussetzung war weiterhin, daß die Gemeinde entsprechend § 8 Abs. 3 über das Parallelverfahren und § 8 Abs. 4 über den vorzeitigen Bebauungsplan die Aufstellung des Flächennutzungsplans beschlossen hat und nach dem Stand der Planungsarbeiten anzunehmen ist, daß die Festlegung der Satzung den künftigen Darstellungen des Flächennutzungsplans entsprechen wird. Entsprechend dem gesetzgeberischen Ziel einer Erweiterung des Anwendungsbereichs von Entwicklungssatzungen und im Hinblick auf die Sicherung gegenüber möglichen Fehlentwicklungen durch die Vereinbarkeit mit der geordneten städtebaulichen Entwicklung (Abs. 4 S. 2), ist gegen eine **entsprechende Anwendung von §§ 8 Abs. 3 und 4** auf die Entwicklungssatzung nichts einzuwenden.

4. Abrundungssatzung (Abs. 4 S. 1 Nr. 3). Durch die Abrundungs- 78
satzung nach Nr. 3 können einzelne Außenbereichsgrundstücke in die
Satzungsgebiete nach Nr. 1 und Nr. 2 einbezogen werden. Eine ent-
sprechende Regelung enthielt § 34 Abs. 2 S. 2 BBauG für die Fälle der
Klarstellungssatzung; die Entwicklungssatzung nach § 34 Abs. 2a
konnte ihrerseits zugleich eine Klarstellungssatzung sein (vgl. Rn 73).
Die Abrundungssatzung nach Nr. 3 kann nur Teilregelung innerhalb
einer Klarstellungssatzung (Nr. 1) oder einer Entwicklungssatzung
(Nr. 2) sein. Dies schließt eine **„selbständige" Abrundungssatzung**
aus.

In den Fällen der Satzung nach **Nr. 3** kann die Gemeinde in den 79
Geltungsbereich der Satzung Grundstücke einbeziehen, die nach Abs. 1
nicht bebaubar sind. Dies ist für die im wesentlichen Außenbereichs-
grundstücke betreffende Entwicklungssatzung nach **Nr. 2** keine Beson-
derheit; die Abrundung dient insoweit insbesondere der Schaffung
einer Gebietsgröße, die den Anforderungen eines Ortsteils i. S. des
Abs. 1 entspricht. Für die Klarstellungssatzung nach **Nr. 1**, die nur
Grundstücke mit (rechtlich) Innenbereichsqualität deklaratorisch be-
zeichnet, ist dagegen i. V. m. der Abrundungssatzung die Einbeziehung
von Grundstücken eröffnet, deren planungsrechtliche Zulässigkeit erst
durch die Abrundungssatzung begründet wird. Die Einbeziehung eines
Grundstücks in den Innenbereich ist nur gerechtfertigt, wenn dies mit
einer geordneten städtebaulichen Entwicklung vereinbar ist (Abs. 4
S. 2; hierzu Rn 82). Dies sind insbesondere Fälle der **Begradigung** der
bebauten Bereiche (Nr. 1) oder des zu entwickelnden Ortsteils (Nr. 2).

Die Einbeziehung von Grundstücken nach Nr. 3 in den Innenbereich 80
ist nur im Zusammenhang mit dem **„Hauptzweck"** der nach Nr. 1
oder Nr. 2 erlassenen Satzung zulässig. Dies ist vor allem für die Fälle
der Klarstellungssatzung nach Nr. 1 von Bedeutung, deren Zweck die
eindeutige Festlegung der Grenzen des Innenbereichs ist. Zwar dient
die Abrundungssatzung in Verbindung mit einer **Klarstellungssatzung**
nicht nur der Beseitigung von Zweifeln, ob ein Grundstück dem
Innenbereich oder dem Außenbereich zuzuordnen ist; die Abrundungs-
satzung stellt demgegenüber auf die mit der geordneten städtebaulichen
Entwicklung vereinbare Abrundung im Zusammenhang bebauten
Ortsteile ab. Jedoch ermächtigt Nr. 3 i. V. m. Nr. 1 nicht zum Erlaß
von Satzungen, deren **alleiniger Zweck** darin liegt, **im Zusammen-
hang bebaute Ortsteile in den Außenbereich hinein zu erweitern**
(VGH Kassel, UPR 1985, 430/431; DÖV 1986, 705; VGH München,
BayVBl. 1981, 340). Satzungen zur ausschließlichen Ausweitung des
Innenbereichs in den Außenbereich sind in den Fällen der Abrundung
einer Klarstellungssatzung daher unzulässig. Dies ergibt sich im übri-
gen auch daraus, daß die auf solchen Grundstücken zulässige Nutzung
nach den Maßstäben des Abs. 1 oder Abs. 2 ggf. nicht bestimmbar
wäre.

81 Für die Einbeziehung in die Abrundungssatzung kommen z. B. **größere Baulücken** oder dem Bebauungszusammenhang **benachbarte** (vor allem Fälle nach Nr. 1) oder den Siedlungsansätzen benachbarte (vor allem Nr. 2) **Grundstücke** in Betracht (vgl. auch OVG Bremen, BauR 1986, 184). Die Abrundung nach Nr. 3 dient sowohl bei der Klarstellungs- wie auch bei der Entwicklungssatzung der Abrundung eines **Ortsteils**. Dies setzt voraus, daß der Ortsteil auf dem Gebiet der planenden Gemeinde vorhanden ist; ein Bebauungszusammenhang i. S. des Abs. 1 S. 1 und damit auch für die Satzung nach Abs. 4 S. 1 endet stets an der **Gemeindegrenze** (BVerwGE 27, 137; vgl. hierzu Rn 5). Eine Abrundungssatzung kann demgemäß keinen Ortsteil „abrunden" der auf dem Hoheitsgebiet einer anderen als der zum Erlaß der Satzung zuständigen Gemeinde liegt (VGH München, BauR 1986, 184).

82 **5. Geordnete städtebauliche Entwicklung (Abs. 4 S. 2).** Die Entwicklungssatzung nach Nr. 2 und die Abrundungssatzung nach Nr. 3 verleihen den bezeichneten Flächen konstitutiv die Qualität als Innenbereichsgrundstücke. Dies setzt die Vereinbarkeit mit einer **geordneten städtebaulichen Entwicklung** voraus; Abs. 4 S. 2. Zum Begriff der geordneten städtebaulichen Entwicklung vgl. insbesondere die Erl. zu § 1 Abs. 5 S. 1 (insbesondere Rn 55–58; VGH München, BauR 1989, 310; vgl. demgegenüber Lenz, BauR 1987, 1/8, der einen Vergleich zur städtebaulichen Vertretbarkeit i. S. des § 31 Abs. 2 Nr. 2 sieht). Dabei ist zu berücksichtigen, daß die Grundsatzfrage der Entwicklung des bebauten Bereichs im Außenbereich zum Ortsteil i. S. des Abs. 1 in den Fällen der **Entwicklungssatzung** durch die Darstellung der Fläche **im Flächennutzungsplan** als Baufläche bereits beantwortet ist. Sofern die Abrundungsgrundstücke (was nach dem Wortlaut der Nr. 3 zulässig ist) nicht ebenso als Baufläche dargestellt sind (entsprechendes gilt für die Fälle der Nr. 1, für die entsprechende Darstellungen im Flächennutzungsplan nicht erforderlich sind), so gilt im Hinblick auf sonstige Darstellungen im Flächennutzungsplan folgendes: Mit einer geordneten städtebaulichen Entwicklung ist es auch nicht vereinbar, wenn für die betreffenden Grundstücke im **Flächennutzungsplan** eine mit der Einbeziehung in den Innenbereich nicht zu vereinbarende städtebaulich bedeutsame Funktion dargestellt ist, wie z. B. Darstellungen für Anlagen und Einrichtungen des Gemeinbedarfs oder des überörtlichen Verkehrs, die durch die Einbeziehung des Grundstücks in den Innenbereich zunichte gemacht würden. Sofern der Flächennutzungsplan jedoch andere Nutzungsmöglichkeiten nicht gezielt ausschließt – wie z. B. bei der bloßen Darstellung von Flächen für die Landwirtschaft –, steht dies der Einbeziehung in eine Satzung nach Abs. 2 S. 2 nicht entgegen (Weyreuther, S. 412). Die Vereinbarkeit der Einbeziehung von Außenbereichsgrundstücken in Satzungen nach Abs. 2 S. 2 mit einer **geordneten städtebaulichen Entwicklung** (vgl. hierzu § 1, Rn 58) schließt darüber hinaus die Einbeziehung solcher Bereiche aus, für welche die Zuordnung zum Innenbereich weitere städtebauliche

Regelungen (z. B. **Umweltschutzauflagen**) erforderlich macht, die allein innerhalb der Bauleitplanung zu erreichen sind (OVG Saarlouis, NVwZ 1982, 125). Auch die Einbeziehung größerer Flächen des Außenbereichs wird regelmäßig deshalb ausscheiden, weil hierfür das Erfordernis nach einer Bauleitplanung besteht. Satzungen nach Nr. 2 und 3 können im Hinblick auf die geordnete städtebauliche Entwicklung weiterhin z. B. dann nicht in Betracht kommen, wenn wegen eines **diffusen Gebietscharakters** eine geordnete städtebauliche Entwicklung bei Anwendung der Maßstäbe des Abs. 1 nicht sichergestellt ist. Soweit sich Probleme nur auf Teilfragen beziehen, kommen ggf. ergänzende Festsetzungen nach Abs. 4 S. 3 in Betracht.

Während die Klarstellungssatzung rechtlich gesehen ein **Subsum-** **83** **tionsvorgang** ist oder einem Subsumtionsvorgang gleich kommt, liegt der Entwicklungssatzung sowie der Abrundungssatzung eine **bodenrechtliche Planung** zugrunde. Den Satzungen muß daher eine **sachgerechte Abwägung** zugrunde liegen. Das Gebot der gerechten Abwägung der von einer Planung berührten öffentlichen und privaten Belange, wie es sich für die Bauleitplanung des § 1 Abs. 6 ergibt, gilt als Grundsatz jeder rechtsstaatlichen Planung allgemein, also auch für die Satzung nach Nr. 2 und Nr. 3 (so VGH München, BayVBl. 1985, 690 zur Abrundungssatzung nach § 34 Abs. 2 S. 2 BBauG; zum Abwägungsgebot als Grundsatz rechtsstaatlicher Planung vgl. weiterhin BVerwGE 34, 301/308). Die Einbeziehung einer Teilfläche zu dem Zwecke, sie bebaubar und damit beitragspflichtig für die Herstellung einer Einrichtung zur Abwasserbeseitigung zu machen, ist im Interesse der Belange des Umweltschutzes (§ 1 Abs. 5 S. 2 Nr. 7) eine sachgerechte Erwägung (VGH München aaO).

6. Festsetzungen und nachrichtliche Übernahmen (Abs. 4 S. 3). **84** Nach Abs. 4 S. 3 sind in einer Satzung nach Abs. 2 und 3 auch einzelne Festsetzungen nach § 9 Abs. 1, 2 und 4 zulässig. Zulässig sind nur **einzelne** Festsetzungen. In Betracht kommen z. B. einzelne Festsetzungen über Grünflächen, Verkehrsflächen oder Baulinien. Mehr als nur wenige Festsetzungen sind dagegen unzulässig (Söfker aaO, Rn 194). Sie sind der Aufstellung eines Bebauungsplans vorbehalten. Inhaltlich können die Festsetzungen einem **einfachen Bebauungsplan** gleichgestellt werden (§ 30 Abs. 2); aus der Beschränkung auf einzelne Festsetzungen, aber auch aus der Zugehörigkeit dieser Bestimmung zu § 34 verbieten sich Festsetzungen i. S. des § 30 Abs. 1. Nach Abs. 4 S. 4 i. V. m. § 9 Abs. 6 können auch die nach anderen gesetzlichen Vorschriften getroffenen Festsetzungen sowie Denkmäler nach Landesrecht in die Satzung nachrichtlich aufgenommen werden. In **materiell-rechtlicher Hinsicht** sind die Anforderungen, die an Festsetzungen i. S. des Abs. 4 S. 3 zu stellen sind, inhaltsgleich mit den sich aus § 1 für den Bebauungsplan ergebenden Anforderungen. Dies bezieht sich insbesondere auf die Aufgabe solcher Festsetzungen, **zur geordneten städtebaulichen Entwicklung beizutragen;** so bereits Abs. 4 S. 2. Vgl. ent-

sprechend die Erl. zu § 1 Abs. 5 über die Ziele und Grundsätze der
Bauleitplanung sowie zu § 1 Abs. 6 über das Abwägungsgebot. **Inhalt-
lich** sind den Festsetzungen gem. Abs. 4 S. 3 der jeweilige Zweck der
„Hauptsatzung" vorgegeben. Abs. 4 S. 3 begründet also keinen „zwei-
ten Weg" bauplanerischer Festsetzungen neben § 9. Die Festsetzungen
dienen vielmehr ausschließlich der **Ergänzung der Satzungsbestim-
mungen.** Sie haben insbesondere die Aufgabe, aus Gründen der geord-
neten städtebaulichen Entwicklung die Zulässigkeitsvoraussetzungen
i. S. des Abs. 1 zu präzisieren oder nach den Vorstellungen der Ge-
meinde (§ 1 Abs. 3) zu ergänzen.

85 **7. Verfahren (Abs. 5).** Nach **Abs. 5 S. 1** sind vor dem Erlaß einer
Entwicklungs- oder Abrundungssatzung **die betroffenen Bürger** und
die berührten **Träger öffentlicher Belange** zu beteiligen. Bei der Klar-
stellungssatzung nach Nr. 1 ist eine entsprechende Beteiligung nur
erforderlich, wenn mit ihr zugleich eine Abrundung gem. Abs. 4 S. 1
Nr. 3 verbunden ist. Die Beteiligung ist rechtsstaatlich insbesondere im
Hinblick auf die Möglichkeit geboten, gem. Abs. 4 S. 3 in der Satzung
einzelne Festsetzungen nach § 9 treffen zu können. Zu den betroffenen
Bürgern gehören insbesondere solche, die durch die Festlegung des
Ortsteils i. S. des Abs. 1 oder durch die Festsetzungen i. S. des Abs. 4
S. 3 betroffen sind (insbesondere Eigentümer und Nachbarn). Die
Träger der öffentlichen Belange sind zu beteiligen, wenn sie in ihren
Aufgaben und den von ihnen wahrzunehmenden öffentlichen Belangen
berührt sind. Den betroffenen Bürgern und den berührten Trägern
öffentlicher Belange ist Gelegenheit zur Stellungnahme (aufgrund einer
Unterrichtung; mündliche oder schriftliche Anhörung) innerhalb ange-
messener Frist zu geben.

86 Zur Aufstellung der Satzung bedarf es im übrigen keines förmlichen
Verfahrens wie bei den Bauleitplänen. Die Satzungen sind jedoch gem.
Abs. 5 S. 3 i. V. m. § 22 Abs. 3 der höheren Verwaltungsbehörde **an-
zuzeigen.** § 22 Abs. 3 gilt auch für die **Bekanntmachung** der Satzung.
Das Anzeigeverfahren gilt für alle Satzungen i. S. des Abs. 4 S. 1.

VI. Nachbarschutz

87 § 34 kommt nach der Rspr. des BVerwG im Grundsatz **keine nach-
barschützende Wirkung** zu (BVerwGE 32, 173; NJW 1981, 149): Die
dehnbare und nicht personenbezogene Formulierung des § 34, die auf
die vorhandene Bebauung in einem nicht näher bezeichneten und im
Einzelfall häufig nur mit Schwierigkeiten feststellbaren Gebiet abstellt,
ermöglicht nicht die praktikable Abgrenzung eines berechtigten Perso-
nenkreises. Hätte § 34 nachbarschützende Wirkung, so würde diese
Vorschrift einen nicht mehr übersehbaren Kreis von angeblich Berech-
tigten schützen, der keineswegs auf die Nachbarn im eigentlichen Sinne
beschränkt ist. Der Bauherr wäre damit einem nicht übersehbaren
Risiko ausgesetzt. Vgl. allgemein zum baurechtlichen Nachbarschutz

§ 31, Rn 76; vgl. zur Kritik an dieser Rspr. z. B. Erbguth, FS Ernst, 1980, 89 ff. Drittschutz vermitteln nur solche öffentlich-rechtlichen Vorschriften, die auch der Rücksichtnahme auf individuelle Interessen und deren Ausgleich untereinander dienen und nicht ausschließlich der Durchsetzung des öffentlichen Interesses (BVerwG, ZfBR 1987, 47). Auch wenn § 34 – generell – keine nachbarschützende Wirkung hat, so kann er doch partiell Drittschutz vermitteln. So kommt eine Nachbarklage dann in Betracht, wenn der Nachbar durch eine Genehmigung **in subjektiven Rechten verletzt** wird; vgl. hierzu die in Rn 51, 52 und 53 behandelten wichtigsten Fallgruppen. Zur Entwicklung der Rspr. des BVerwG vgl. § 31, Rn 76 f. Zum Nachbarschutz in den Fällen des **Abs. 3** vgl. Rn 65.

Sofern im Innenbereich die Festsetzungen eines **einfachen Bebau-** **88** **ungsplans** zu berücksichtigen sind (vgl. Rn 10 ff.), besteht insoweit ein Nachbarschutz nach den allgemeinen planungsrechtlichen Grundsätzen (BVerwG, BauR 1978, 387; Schmidt-Aßmann, JuS 1981, 731/736; vgl. hierzu auch allgemein § 30, Rn 26, sowie § 31 Rn 51 ff.). Auch aus **Art. 2 Abs. 2 GG** kann sich ein Nachbarschutz aus dem Gesichtspunkt der Abwehr gesundheitsschädigender Immissionen ergeben (BVerwGE 54, 211; Schlichter aaO, Rn 19). Der Nachbar kann sich gegen die Rechtmäßigkeit einer Baugenehmigung auch dann wenden, wenn sich die Behörde ihm gegenüber im Wege der **Zusage** dazu verpflichtet hat, auf dem angrenzenden Grundstück nur ein nach § 34 zulässiges Bauvorhaben zu gestatten (BVerwG, BRS 22 Nr. 186).

Ein Nachbarschutz kann sich weiterhin unmittelbar aus **Art. 14** **89** **Abs. 1 GG** ergeben: Durch eine gegen § 34 verstoßende Baugenehmigung kann ein Dritter in seinem Eigentumsrecht verletzt sein, wenn die Genehmigung bzw. ihre Ausnutzung die vorgegebene Grundstückssituation nachhaltig verändert und dadurch den Nachbarn **schwer und unerträglich trifft** (so BVerwGE 32, 173/179; 44, 244); vgl. hierzu im einzelnen § 31, Rn 82 ff.).

Eine Verletzung subjektiver Rechte des Nachbarn kommt darüber **90** hinaus in solchen Fällen in Betracht, in denen ihre Rechtsposition „rücksichtslos" beeinträchtigt wird, also in den Fällen des Verstoßes gegen das planungsrechtliche **Gebot der Rücksichtnahme.** Zwar ist das Rücksichtnahmegebot ein objektiv-rechtlicher Grundsatz, aus dem sich im allgemeinen keine subjektiven Rechte ergeben. Im unbeplanten Innenbereich geht das Gebot der Rücksichtnahme in dem Begriff des „Einfügens" i. S. des Abs. 1 auf (vgl. hierzu Rn 16 m. w. N. sowie z. B. BVerwG, ZfBR 1983, 243 f.). In bestimmten Ausnahmefällen kommt jedoch dem Gebot der Rücksichtnahme eine drittschützende Wirkung zu, soweit über den objektiv-rechtlichen Verstoß in „qualifizierter und zugleich individualisierter" Weise auf schutzwürdige Interessen eines erkennbar abgegrenzten Kreises Dritter Rücksicht zu nehmen ist (BVerwGE 52, 122/126; DÖV 1981, 672); zur subjektiv-rechtlichen Bedeutung des Gebots der Rücksichtnahme bei Außenbereichsvorha-

ben vgl. § 35, Rn 110 f.; zur Bedeutung für Vorhaben in qualifiziert
geplanten Gebieten vgl. § 30, Rn 26. Das Gebot der Rücksichtnahme
kann auch zu Gunsten eines im angrenzenden Außenbereich vorhande-
nen Industriebetriebs drittschützende Wirkung entfalten, wenn sich
dessen durch § 35 Abs. 1 als besonders schutzwürdig anerkannte und
gesicherte Rechtsposition in „qualifizierter und zugleich individuali-
sierter Weise aus der Anonymität der nur allgemeinen Umgebung
heraushebt (gebietsüberschreitender Nachbarschutz)" (so BVerwG,
ZfBR 1981, 190).

91 Zur **umfangreichen Rspr.** und ihrer Entwicklung vgl. die Erl. zu
§ 31. Vgl. z. B. BVerwG NVwZ 1985, 38: Das baurechtliche Rück-
sichtnahmegebot vermittelt Drittschutz nicht gegen die Genehmigung
einer Anlage im Außenbereich, die nur allgemein zu einer **Erhöhung
der Verkehrsbelastung** in einem Wohngebiet führen wird, das im
weiteren Umkreis der Anlage liegt. Das Merkmal der Individualisie-
rung, also der Bezug auf einen erkennbar eingrenzbaren Kreis von
Betroffenen, ist nicht erfüllt. BVerwG aaO: Das Rücksichtnahmegebot
vermittelt Drittschutz nicht gegen die Genehmigung eines Parkhauses
in einem durch **verkehrsauslösende Gemeinbedarfsanlagen** bereits
vorbelasteten Wohngebiet, wenn der zu erwartende Zu- und Abfahrts-
verkehr nicht zu unzumutbaren Belästigungen über die durch die
Vorbelastung begründete Duldungspflicht hinausführen wird. In bezug
auf die hinreichende **Belichtung, Besonnung oder Belüftung** ist für
das drittschützende Rücksichtnahmegebot kein Raum, wenn ein Vor-
haben die nach Landesrecht zur Sicherung dieser Belange gebotenen
Abstandsflächen einhält (BVerwG, NVwZ 1985, 653). Nichts anderes
gilt, wenn der Landesgesetzgeber geregelt hat, daß **Garagen** nur so
errichtet werden dürfen, daß sie nicht zu unzumutbaren Störungen
oder gar zu einer Gesundheitsschädigung führen dürfen; sind diese
landesrechtlichen Voraussetzungen erfüllt, so ist das Garagenbauvorha-
ben auch nicht i. S. des Abs. 1 rücksichtslos (BVerwG ZfBR 1986, 86).
Auch **Abs. 2** hat keine drittschützende Funktion. Soweit durch die
Verweisung dieser Vorschrift auf **§ 15 Abs. 1 BauNVO** in Ausnahmefäl-
len Drittschutz gewährt werden kann, reicht dieser nicht weiter als der
Drittschutz, den § 34 Abs. 1 dadurch vermittelt, daß der Begriff des
„Einfügens" das Rücksichtnahmegebot erfüllt (BVerwG ZfBR 1986,
44). Zu **Abs. 3** vgl. Rn 65 sowie VGH Mannheim, BauR 1989, 186
(nachbarschützende Wirkung wie § 31 Abs. 2).

VII. Verfahrens- und Überleitungsrecht

92 **1. Verfahrensrecht.** Über die Zulässigkeit von Vorhaben nach § 34
entscheidet nach § 36 Abs. 1 S. 1 die Baugenehmigungsbehörde im
Einvernehmen mit der Gemeinde. In den Fällen des § 34 Abs. 3 ist auch
die Zustimmung der höheren Verwaltungsbehörde erforderlich; § 36
Abs. 1 S. 3. Die nach § 31 Abs. 2 und 3 BBauG erforderliche Zustim-

mung der höheren Verwaltungsbehörde bei der Erteilung von Befreiungen ist mit dem BauGB entfallen; dies hat für die Fälle der Erteilung einer Befreiung nach § 34 Abs. 2, Hs 2 Bedeutung. Das Einvernehmen der Gemeinde und die Zustimmung der höheren Verwaltungsbehörde dürfen nur aus den sich aus den §§ 31, 33, 34 und 35 ergebenden Gründen versagt werden; § 36 Abs. 2 S. 1. Zum **Anzeigeverfahren** bei den Innenbereichssatzungen nach Abs. 4 vgl. Rn 85 und 86.

2. Überleitung. § 34 findet mit dem Inkrafttreten des BauGB **93** (1. 7. 1987) Anwendung. Das gilt auch, wenn vor dem 1. 7. 1987 über die Zulässigkeit eines Vorhabens noch nicht unanfechtbar entschieden worden ist, wenn also gegen eine Entscheidung der Baugenehmigungsbehörde aus der Zeit vor Inkrafttreten des BauGB Rechtsmittel eingelegt und hierüber noch nicht unanfechtbar entschieden wurde; § 236 Abs. 1.

Auch die geänderten Vorschriften über die **Satzungen nach** § 34 **94** Abs. 4 und 5 sind ab 1. 7. 1987 anzuwenden. Die auf der Grundlage des **§ 34 Abs. 2 oder 2a BBauG** (vor dem 1. 7. 1987) aufgestellten Satzungen werden durch § 236 Abs. 2 und 3 übergeleitet. **§ 236 Abs. 2** leitet anhängige Satzungsverfahren über. Sofern für die Satzungen vor dem 1. 7. 1987 die Genehmigung beantragt worden ist (§ 34 Abs. 2 S. 3 BBauG), sind die bisherigen Vorschriften weiter anzuwenden. Gem. **§ 236 Abs. 3** sind die Zulässigkeitsvorschriften des § 34 Abs. 1 bis 3 BauGB auf die auf der Grundlage des § 34 Abs. 2 und 2a BBauG erlassenen Satzungen anzuwenden. Durch diese Überleitungsregelung ändern sich die Zulässigkeitsvoraussetzungen in den (alten) Satzungsgebieten wie folgt: Keine Veränderung hinsichtlich des Grundfalls des Abs. 1, der materiell der Regelung des BBauG entspricht. Sofern der Satzungsbereich einem Gebietstyp der BauNVO entspricht, sind nunmehr die (veränderten) Anforderungen des BauGB maßgeblich. Im Satzungsgebiet kann weiterhin von der Bestimmung über die ausnahmsweise Zulässigkeit von Vorhaben gem. Abs. 3 Gebrauch gemacht werden. Vgl. weiterhin die Erl. zu § 236.

Die Ergänzungen des § 34 Abs. 2 und Abs. 3 durch **§ 4 Abs. 1 S. 2,** **94a** **Abs. 2 BauGB-MaßnahmenG** werden durch **§ 13 Abs. 1 BauGB-MaßnahmenG** übergeleitet: Die Neuregelungen sind auf Vorhaben anzuwenden, über deren Zulässigkeit vor dem 1. Juni 1990 entschieden worden und die Entscheidung noch nicht unanfechtbar geworden ist. Die Vorschriften sind im übrigen für Anträge bis 31. Mai 1995 anzuwenden.

3. Entschädigungsregelung. Durch § 34 BBauG 1976 sind die Zu **95** lässigkeitsvoraussetzungen gegenüber § 34 BBauG 1960 eingeengt worden. Die Überleitung dieser Neuregelung in Art. 3 § 10 Abs. 2 ÄndG 1976 sah für die sich hierbei ergebenden Fälle eines entschädigungspflichtigen Eingriffs eine Entschädigungsregelung vor. Diese Entschädigung ist nunmehr in § 238 geregelt.

§ 35 Bauen im Außenbereich

(1) Im Außenbereich ist ein Vorhaben nur zulässig, wenn öffentliche Belange nicht entgegenstehen, die ausreichende Erschließung gesichert ist und wenn es

1. einem land- oder forstwirtschaftlichen Betrieb dient und nur einen untergeordneten Teil der Betriebsfläche einnimmt,

2. einem Landwirt zu Wohnzwecken dient, dessen Betrieb nach Übergabe zum Zweck der Vorwegnahme der Erbfolge später aufgegeben worden ist, und

 a) vor der Übergabe des Betriebs die Errichtung eines Altenteilerhauses nach Nummer 1 zulässig gewesen wäre,

 b) im Übergabevertrag die Errichtung eines Altenteilerhauses vereinbart worden ist,

 c) das Vorhaben in unmittelbarer Nähe der Hofstelle errichtet wird und

 d) rechtlich gesichert ist, daß die Fläche, auf der das Altenteilerhaus errichtet werden soll, nicht ohne das Hofgrundstück veräußert wird,

3. einer Landarbeiterstelle dient,

4. dem Fernmeldewesen, der öffentlichen Versorgung mit Elektrizität, Gas, Wärme und Wasser, der Abwasserwirtschaft oder einem ortsgebundenen gewerblichen Betrieb dient,

5. wegen seiner besonderen Anforderungen an die Umgebung, wegen seiner nachteiligen Wirkung auf die Umgebung oder wegen seiner besonderen Zweckbestimmung nur im Außenbereich ausgeführt werden soll oder

6. der Erforschung, Entwicklung oder Nutzung der Kernenergie zu friedlichen Zwecken oder der Entsorgung radioaktiver Abfälle dient.

(2) Sonstige Vorhaben können im Einzelfall zugelassen werden, wenn ihre Ausführung oder Benutzung öffentliche Belange nicht beeinträchtigt.

(3) Eine Beeinträchtigung öffentlicher Belange liegt insbesondere vor, wenn das Vorhaben

– den Darstellungen des Flächennutzungsplans widerspricht,

– schädliche Umwelteinwirkungen hervorrufen kann oder ihnen ausgesetzt wird,

– unwirtschaftliche Aufwendungen für Straßen und andere Verkehrseinrichtungen, für Anlagen der Versorgung, der Abfallentsorgung und Abwasserbeseitigung, für die Sicherheit oder Gesundheit oder für sonstige Aufgaben erfordert,

– die Wasserwirtschaft gefährdet,

- Belange des Naturschutzes und der Landschaftspflege oder des Denkmalschutzes beeinträchtigt,

- das Orts- und Landschaftsbild verunstaltet,

- die natürliche Eigenart der Landschaft oder ihre Aufgabe als Erholungsgebiet beeinträchtigt oder

- die Entstehung, Verfestigung oder Erweiterung einer Splittersiedlung befürchten läßt.

Auf Maßnahmen zur Verbesserung der Agrarstruktur ist besonders Rücksicht zu nehmen. Raumbedeutsame Vorhaben nach den Absätzen 1 und 2 dürfen den Zielen der Raumordnung und Landesplanung nicht widersprechen; öffentliche Belange stehen raumbedeutsamen Vorhaben nach Absatz 1 nicht entgegen, soweit die Belange bei der Darstellung dieser Vorhaben als Ziele der Raumordnung und Landesplanung in Programmen und Plänen im Sinne des §5 des Raumordnungsgesetzes abgewogen worden sind.

(4) Den nachfolgend bezeichneten sonstigen Vorhaben im Sinne des Absatzes 2 kann nicht entgegengehalten werden, daß sie Darstellungen des Flächennutzungsplans oder eines Landschaftsplans widersprechen, die natürliche Eigenart der Landschaft beeinträchtigen oder die Entstehung, Verfestigung oder Erweiterung einer Splittersiedlung befürchten lassen:

1. die Änderung der bisherigen Nutzung ohne wesentliche Änderung einer baulichen Anlage im Sinne des Absatzes 1 Nr. 1 bis 3,

2. die Neuerrichtung eines gleichartigen, zulässigerweise errichteten Wohngebäudes an gleicher Stelle, wenn das vorhandene Gebäude durch wirtschaftlich vertretbare Modernisierungsmaßnahmen den allgemeinen Anforderungen an gesunde Wohnverhältnisse nicht angepaßt werden kann, es seit längerer Zeit von dem Eigentümer selbst genutzt wird und Tatsachen die Annahme rechtfertigen, daß das neu errichtete Wohngebäude für den Eigenbedarf des bisherigen Eigentümers oder seiner Familie genutzt wird,

3. die alsbaldige Neuerrichtung eines zulässigerweise errichteten, durch Brand, Naturereignisse oder andere außergewöhnliche Ereignisse zerstörten, gleichartigen Gebäudes an gleicher Stelle,

4. die Änderung oder Nutzungsänderung von erhaltenswerten, das Bild der Kulturlandschaft prägenden Gebäuden, auch wenn sie aufgegeben sind, wenn das Vorhaben einer zweckmäßigen Verwendung der Gebäude und der Erhaltung des Gestaltwerts dient,

5. die Erweiterung von zulässigerweise errichteten Wohngebäuden, wenn die Erweiterung im Verhältnis zum vorhandenen Wohngebäude und unter Berücksichtigung der Wohnbedürfnisse angemessen ist.

6. die bauliche Erweiterung eines zulässigerweise errichteten ge-

**werblichen Betriebs, wenn die Erweiterung im Verhältnis zum
vorhandenen Gebäude und Betrieb angemessen ist.**
In den Fällen des Satzes 1 Nr. 2 und 3 sind geringfügige Erweiterun-
gen des neuen Gebäudes gegenüber dem beseitigten oder zerstörten
Gebäude sowie geringfügige Abweichungen vom bisherigen Stand-
ort des Gebäudes zulässig. Bei Anwendung des Satzes 1 Nr. 1 und 5
sind in Wohngebäuden höchstens zwei Wohnungen zulässig; die Ein-
richtung einer zweiten Wohnung setzt weiter voraus, daß Tatsachen
die Annahme rechtfertigen, daß das Wohngebäude vom bisherigen
Eigentümer oder seiner Familie selbst genutzt wird.

(5) Die nach den Absätzen 1 bis 4 zulässigen Vorhaben sind in einer
flächensparenden und den Außenbereich schonenden Weise auszu-
führen.

(6) Unbeschadet des Landesrechts soll die für die Erteilung der
Genehmigung zuständige Behörde in den Fällen des Absatzes 1 Nr. 2
und des Absatzes 4 bei der Erteilung der Genehmigung in geeigneter
Weise sicherstellen, daß die bauliche oder sonstige Anlage nach
Durchführung des Vorhabens nur in der vorgesehenen Art genutzt
wird. Zur rechtlichen Sicherung nach Absatz 1 Nr. 2 Buchstabe d
kann sie auch anordnen, daß die Veräußerung des Grundstücks nur
mit ihrer Genehmigung zulässig ist. Diese Anordnung wird mit der
Eintragung im Grundbuch wirksam; die Eintragung erfolgt auf
Ersuchen der für die Erteilung der Genehmigung zuständigen Be-
hörde.

Übersicht

Krautzberger

I. Allgemeines

1 **1. Grundzüge.** Die Regelungen des BauGB über die Zulässigkeit von Vorhaben sind vom **Grundsatz der Planmäßigkeit** bestimmt. Nach § 1 Abs. 1 ist es Aufgabe der Bauleitplanung, die bauliche und sonstige Nutzung der Grundstücke vorzubereiten und zu leiten. Innerhalb des räumlichen Geltungsbereichs eines qualifizierten Bebauungsplans (§ 30 Abs. 1) sind Vorhaben daher zulässig, wenn sie den Festsetzungen des Bebauungsplans nicht widersprechen. Soweit für ein Gebiet qualifizierte Bebauungspläne nicht vorliegen, hat der Gesetzgeber dem Grundsatz der planmäßigen städtebaulichen Entwicklung durch die planersetzenden Zulässigkeitsregelungen Rechnung getragen. Über die Wirkungsweise der planersetzenden Zulässigkeitsregelungen nach § 34 vgl. § 34 Rn 1. Für den Außenbereich (Rn 2) hat der Gesetzgeber eine generelle gesetzliche Planungsregelung (vgl. BVerwGE 28, 148) getroffen (gesetzlicher „Ersatzplan“; vgl. hierzu Sendler, BBauBl. 1968, 12). Die im Außenbereich zulässigen Vorhaben hat der Gesetzgeber in **Abs. 1** enumerativ und abschließend geregelt („privilegierte“ Vorhaben). Für sonstige Vorhaben im Außenbereich **(Abs. 2)** hat der Gesetzgeber ein grundsätzliches Bauverbot mit Ausnahmevorbehalt ausgesprochen, das er für bestimmte Vorhaben der Nutzungsänderung, der Ersatzbauten, des Wiederaufbaus oder der Erweiterung sowie der Änderung oder Nutzungsänderung erhaltenswerter Gebäude **(Abs. 4)** modifiziert hat. Die städtebauliche Leitvorstellung des Gesetzgebers für die Beurteilung der Zulässigkeit eines Vorhabens im Außenbereich ist dabei vom Grundsatz geprägt, den Außenbereich von baulichen Anlagen freizuhalten, soweit diese nicht ihrem Wesen nach in den Außenbereich gehören (BVerwGE aaO; Taegen, in: BK, § 35, Rn 1).

2 **2. Außenbereich.** Das Gesetz hat in **§ 19 Abs. 1 Nr. 3** i. V. mit § 19 Abs. 1 Nr. 1 und 2 den Außenbereich als diejenigen Gebiete bestimmt, die weder innerhalb des räumlichen Geltungsbereichs eines Bebauungsplans i. S. des § 30 Abs. 1, noch innerhalb der im Zusammenhang bebauten Ortsteile (§ 34) liegen. Diese auch für § 35 maßgebliche Legaldefinition des Außenbereichs stellt somit nicht auf inhaltliche („positive“) Maßstäbe ab. Der Außenbereich ist vielmehr „negativ“ definiert. Daher verbietet es sich (so BVerwGE 41, 227/232 f.), diese Begriffsbestimmung mit Vorstellungen zu verbinden, die dem Außenbereich – anknüpfend an den Wortlaut ‚Außen‘ – ganz bestimmte Vorstellungsbilder zuordnen, etwa die der ‚freien Natur‘, der ‚Stadtferne‘, der ‚Einsamkeit‘ o. ä. m.“ (so auch Hoppe, in: E/H, Rn 342; Taegen aaO, Rn 3; Weyreuther, S. 48; Zinkahn, in: E/Z/B, § 19, Rn 31). Der Außenbereich ist daher „nicht mehr und nicht weniger als die Gesamtheit der von den §§ 30 und 34 nicht erfaßten Flächen. Daß diese Flächen in einem naturalistisch-geographischen Sinne ‚außen‘ liegen, wird mit dem Rechtsbegriff des Außenbereichs nicht festgelegt“ (BVerwG aaO).

Aus § 19 Abs. 1 Nr. 1 und 3 ergibt sich – im Umkehrschluß – **3**
weiterhin, daß es der Zuordnung eines Gebiets zum Außenbereich
nicht entgegensteht, wenn das Gebiet im Geltungsbereich eines **einfa-
chen Bebauungsplans** liegt, also eines Bebauungsplans i. S. des § 30
Abs. 2. Liegt ein Gebiet im Geltungsbereich eines Bebauungsplans,
scheidet die Zuordnung im Außenbereich somit nur dann aus, wenn
das Gebiet qualifiziert i. S. des § 30 Abs. 1 beplant ist. Für die Beurtei-
lung der Zulässigkeit eines Vorhabens können daher auch einfache
Bebauungspläne maßgeblich sein (vgl. Rn 10).

II. Die privilegierten Vorhaben (Abs. 1)

1. Allgemeine Zulässigkeitsvoraussetzungen. a) Bedeutung. Die **4**
in Abs. 1 genannten Vorhaben sind im Außenbereich bevorzugt („pri-
vilegiert") zulässig. Für die privilegierten Vorhaben hat der Gesetzge-
ber „sozusagen generell geplant" (BVerwGE 28, 148/150). Die in Abs. 1
aufgeführten Vorhaben hat der Gesetzgeber selbst dem Außenbereich
zugeordnet und damit den Gemeinden die sonst ggf. erforderliche
Planung i. S. des § 30 Abs. 1 abgenommen. Im Ergebnis rückt dies die
gesetzgeberische Entscheidung über privilegierte Vorhaben deshalb in
die Nähe planerischer Festsetzungen der Gemeinde. Vor allem räumt
diese Regelung dem Bürger für die Errichtung privilegierter Bauten
keine grundsätzlich geringeren Rechte ein als sie der Bauwillige hat, der
ein in einem nach § 30 Abs. 1 endgültig verplanten Gebiet gelegenes
Grundstück nutzen will (BVerwGE aaO, 151). Einschränkend ist je-
doch zu sehen, daß der Gesetzgeber mit Abs. 1 keine Entscheidung
über den **konkreten Standort** der privilegierten Vorhaben getroffen hat
(vgl. hierzu Rn 74 m. w. N.). Auch für Vorhaben nach Abs. 1 gilt das
Gebot der größtmöglichen Schonung des Außenbereichs (BVerwGE
41, 138); vgl. auch Abs. 5.

Bei der Entscheidung nach Abs. 1 steht der Genehmigungsbehörde **5**
demgemäß kein Ermessen zu. Es besteht ein **Rechtsanspruch** auf
Zulassung des Vorhabens, sofern die sonstigen in Abs. 1 genannten
Voraussetzungen erfüllt sind, nämlich wenn öffentliche Belange nicht
entgegenstehen (Rn 6), die Erschließung gesichert ist (Rn 7) und das
Vorhaben den Festsetzungen eines vorhandenen einfachen Bebauungs-
plans nicht widerspricht (Rn 10). Da die Bestimmung über die Zuläs-
sigkeit von Vorhaben im Außenbereich vom Grundsatz bestimmt ist,
daß das Bauen im Außenbereich grundsätzlich unterbleiben und nur in
Ausnahmefällen zulässig sein soll (BVerwG, DVBl. 1967, 286/287;
VGH München, BayVbl. 1986, 339; vgl. auch Rn 44), sind die Privile-
gierungstatbestände eng auszulegen.

b) Entgegenstehen öffentlicher Belange. Ein privilegiertes Vorha- **6**
ben (Abs. 1) ist nur zulässig, wenn öffentliche Belange nicht entgegen-
stehen. **Abs. 3** führt Beispiele der Beeinträchtigung öffentlicher Belange
auf (vgl. hierzu Rn 49 ff.). In den Fällen der sonstigen Vorhaben im

Außenbereich nach Abs. 2 dürfen öffentliche Belange nicht nur – wie in
den Fällen der privilegierten Vorhaben nach Abs. 1 – nicht entgegenste-
hen, sondern sie dürfen durch das Vorhaben nicht beeinträchtigt wer-
den. Hieraus ergibt sich ein unterschiedliches Gewicht, dem die von
einem Vorhaben berührten öffentlichen Belange bei der Beurteilung
der Zulässigkeit von Vorhaben nach Abs. 1 und Abs. 2 zukommen. Bei
der **Abwägung**, die zwischen den privaten Interessen des Bauwilligen
und den öffentlichen Belangen vorzunehmen ist (vgl. BVerwG, DVBl.
1969, 256), ist der vom Gesetzgeber vorgenommenen Privilegierung
der Vorhaben nach Abs. 1 entsprechendes Gewicht beizumessen. Bei
der Abwägung zwischen dem beabsichtigten Vorhaben und den von
ihm berührten öffentlichen Belangen ist daher in Rechnung zu stellen,
daß der Gesetzgeber die Vorhaben nach Abs. 1 in planähnlicher Weise
dem Außenbereich zugewiesen und ihnen damit Vorrang eingeräumt
hat (BVerwGE 28, 148/151). Der Unterschied der Auswirkung öffentli-
cher Belange im Rahmen der Abs. 1 und 2 ist daher weniger ein
„quantitativer", sondern vor allem ein „qualitativer"; er ist durch das
jeweilige Verhältnis zwischen dem Vorhaben und dem öffentlichen
Belang begründet (BVerwG aaO); vgl. im einzelnen zur Reichweite der
öffentlichen Belange i. S. des Abs. 3 Rn 49–53. Bei der Prüfung der
Zulässigkeit eines Vorhabens im Außenbereich bedarf es daher stets der
Abwägung. Hierbei ist das Gewicht der Entscheidung des Gesetzge-
bers zu Gunsten privilegierter Vorhaben im Einzelfall mit entgegenste-
henden öffentlichen Belangen zu vergleichen. Es handelt sich um eine
„nachvollziehende Abwägung", nicht aber um eine „gestaltende" Ab-
wägung i. S. etwa einer planerischen Entscheidung der Genehmigungs-
behörde. Diese Art der Abwägung gestattet es daher nicht, die Beein-
trächtigung öffentlicher Belange gegenüber Vorzügen des Vorhabens
i. S. der **Kompensation** hinzunehmen (Hoppe, in: E/H, Rn 395; Wey-
reuther, S. 18). Eine Aufrechnung von Vor- und Nachteilen i. S. einer
Kompensation der öffentlichen Belange ist daher nicht zulässig
(BVerwG 42, 8); zu den insoweit vergleichbaren Anforderungen an
eine gewichtende Abwägung bei Innenbereichsvorhaben nach § 34 vgl.
§ 34, Rn 19.

Die demgegenüber vorzunehmende **besondere Gewichtung privile-
gierter Vorhaben** kommt u. a. darin zum Ausdruck, daß ihnen z. B.
der Flächennutzungsplan und die darin zum Ausdruck kommende
planerische Vorstellung der Gemeinde wegen des generell planenden
Charakters des Abs. 1 nur bei konkreten standortbezogenen Aussagen
(vgl. Rn 54 m. w. N.) entgegengesetzt werden kann. Dagegen kann
z. B. die Eigenart der Landschaft (BVerwG, DVBl. 1972, 685) oder die
Vermeidung schädlicher Umwelteinwirkungen (BVerwGE 28, 148/
153) bei der Abwägung überwiegen. Zu Einzelfällen des Abs. 3 vgl. im
übrigen unten Rn 54–74.

7 **c) Sicherung der Erschließung.** Weitere Voraussetzung für die Zu-
lässigkeit eines privilegierten Vorhabens im Außenbereich ist die Siche-

rung einer ausreichenden Erschließung. Das Gesetz nennt diese Voraussetzung ausdrücklich nur für die Fälle der privilegierten Vorhaben des Abs. 1; jedoch gilt diese Voraussetzung auch für die sonstigen Vorhaben des Abs. 2 (Weyreuther, S. 430). Der Begriff der gesicherten Erschließung i. S. des § 35 ist ein **bundesrechtlicher Begriff,** der nicht durch Landesrecht konkretisiert wird (BVerwG, ZfBR 1988, 283). Die Erschließung ist **gesichert,** wenn damit gerechnet werden kann, daß sie bis zur Herstellung des Bauwerks, spätestens bis zur Gebrauchsabnahme funktionsfähig angelegt ist und wenn ferner damit zu rechnen ist, daß sie auf Dauer zur Verfügung stehen wird (BVerwG, BauR 1985, 661/664). Die Anforderungen an die ausreichende Erschließung richten sich nach den jeweiligen Gegebenheiten, also nach den Auswirkungen und Bedürfnissen des jeweiligen Vorhabens (BVerwG, BauR 76, 185). Gegenüber den Anforderungen an die Erschließung in den Fällen der Beurteilung der Zulässigkeit von Vorhaben nach §§ 30 Abs. 1, 33 und 34 kommt es „nur" auf die Sicherung der **ausreichenden Erschließung** an, also nicht auf die Sicherung einer dem Bebauungsplan entsprechenden oder sonst vorhandenen Erschließung. Das Gesetz stellt also auf Mindesterfordernisse zur Befriedigung des durch das Einzelvorhaben ausgelösten Erschließungsbedürfnisses ab. Zu den Mindestanforderungen gehört insbesondere die Art der Abwasserbeseitigung, die im Einklang mit den wasserrechtlichen Vorschriften stehen muß. Die Trink- und Betriebswasserversorgung muß gesichert sein.

Das Grundstück muß eine ausreichende **Zufahrtsmöglichkeit** auf-　**8** weisen (BVerwG, NJW 1967, 74; BauR 1976, 185). Die Mindestanforderungen, die dabei z. B. für die Errichtung eines landwirtschaftlichen Betriebs im Außenbereich gelten, der weit ab von sonstiger Bebauung liegt, unterscheiden sich von den Mindestanforderungen, die etwa an die Errichtung einer größeren Anzahl von Gebäuden oder für einen größeren gewerblichen Betrieb i. S. des Abs. 1 Nr. 4 oder 5 mit starkem An- und Abfahrverkehr zu stellen sind. Die Anforderungen an die Erschließung sind daher abzustellen auf die **konkreten Umstände,** insbesondere die Betriebsgröße und den Umfang der Wohnnutzung. Bei Kleinbetrieben, die herkömmlich durch Wirtschafts-, Feld- oder Waldwege erschlossen werden, kann daher nicht allgemein ein betonierter oder asphaltierter Weg gefordert werden; derart hohe Mindestanforderungen widersprächen der vom Gesetz gewollten Privilegierung (BVerwG, BauR 1985, 661/662 f.).

Die Erschließung ist eine der Gemeinde kraft Gesetzes aufgelegte　**9** Aufgabe; ein Verzicht des Eigentümers auf die Erschließung ist daher unbeachtlich (BVerwG, DÖV 1972, 827). Etwas anderes gilt jedoch, wenn sich der Bauwillige zur Übernahme der Aufwendungen für die Herstellung der Erschließung verpflichtet (BVerwG, DÖV 1972, 827). Ebenso wie eine Gemeinde das Angebot eines Dritten, die in einem qualifizierten Bebauungsplan (§ 30 Abs. 1) vorgesehene Erschließung

vorzunehmen nur ablehnen darf, wenn ihr die Annahme des Angebots nicht zugemutet werden kann (BVerwG, NJW 1977, 405; vgl. § 123, Rn 8), hat die Gemeinde auch im Außenbereich ein **zumutbares Angebot des Bauherrn anzunehmen,** selbst sein Grundstück zu erschließen. Wegen der privilegierten Zulassung land- und forstwirtschaftlicher Betriebe im Außenbereich kann die Gemeinde verpflichtet sein, sich mit der Herstellung der Straße oder des Weges durch den Land- oder Forstwirt jedenfalls dann abzufinden, wenn der Gemeinde nach dem Ausbau des Weges keine weiteren unwirtschaftlichen Aufwendungen (vgl. § 35 Abs. 3 S. 1, Spiegelstrich 3) entstehen werden und ihr die Annahme des Angebots nicht aus sonstigen Gründen (z. B. weil der Wegeausbau als solcher gegen öffentliche Belange verstößt) unzumutbar ist (BVerwG, BauR 1985, 661/663; Franke, AgrarR 1987, 1/7).

10 **d) Einfache Bebauungspläne.** Der Außenbereich ist nach § 19 Abs. 1 Nr. 1 u. a. – negativ – dadurch definiert, daß er die Gebiete außerhalb des räumlichen Geltungsbereichs eines Bebauungsplans i. S. des § 30 Abs. 1 umfaßt. Das Vorliegen eines einfachen Bebauungsplans i. S. d. § 30 Abs. 2 hindert dagegen nicht die Zuordnung zum Außenbereich (vgl. oben Rn 3). Der einfache Bebauungsplan ist – wie der qualifizierte Bebauungsplan i. S. des § 30 Abs. 1 – eine Rechtsnorm (vgl. § 10). Er ist somit auch im Außenbereich verbindlich und besitzt Vorrang gegenüber den sonstigen Maßstäben i. S. § 35 (Weyreuther, S. 149). Insbesondere ist insoweit kein Raum für eine Gewichtung, wie sie (vgl. oben Rn 6) zwischen öffentlichen Belangen und den privaten Vorhaben zulässig ist. Für den einfachen Bebauungsplan kommt (auch im Außenbereich) § 31 über die Gewährung von Ausnahmen und Befreiungen zur Anwendung.

11 **2. Land- oder forstwirtschaftliche Betriebe (Abs. 1 Nr. 1). a) Landwirtschaft.** Zum Begriff „Landwirtschaft" enthält § 201 eine **Legaldefinition** (vgl. zum folgenden im Einzelnen die Erl. § 201, Rn 1 ff.). Danach ist Landwirtschaft i. S. des BauGB „insbesondere der Ackerbau, die Wiesen- und Weidewirtschaft einschließlich Pensionstierhaltung auf überwiegend eigener Futtergrundlage, die gartenbauliche Erzeugung, der Erwerbsobstbau, der Weinbau, die berufsmäßige Imkerei und die berufsmäßige Binnenfischerei". Die in § 201 enthaltene Aufzählung ist nicht abschließend, so daß im Einzelfall zu prüfen ist, ob die jeweilige Nutzung dem Begriff der Landwirtschaft zuzuordnen ist. Das BVerwG hat hierzu folgende Maßstäbe entwickelt (BVerwG, DVBl. 1975, 505; NJW 1981, 139 f.): Es muß sich zunächst um eine **unmittelbare Bodenertragsnutzung** handeln. Hinzukommen muß, daß der Boden zum Zwecke der Nutzung seines Ertrages **planmäßig** und **eigenverantwortlich bewirtschaftet** wird. Der Gesetzgeber hat in § 201 die Imkerei und Binnenfischerei sowie die gartenbauliche Erzeugung ausdrücklich als „Landwirtschaft" i. S. des BBauG erklärt, weil sie im Hinblick auf die vorerwähnte Begriffsbestimmung („unmittelbare Bodenertragsnutzung") andernfalls – jedenfalls für den Regelfall –

aus dem Begriff der Landwirtschaft ausgeschieden wären (vgl. BVerwG NJW 1981, 139f.; ZfBR 1985, 93; sowie § 201, Rn 2). Auch die Pensionstierhaltung (vgl. § 201 BauGB; § 585 BGB) ist im engeren Sinne nicht Landwirtschaft i. S. unmittelbarer Bodenertragsnutzung und –bewirtschaftung, sondern Dienstleistung (BVerwG, NVwZ 1986, 200). Zu den Merkmalen **„Erwerbsmäßigkeit"** und **„Berufsmäßigkeit"** vgl. die Erl. zu § 201. Zu Einzelfällen vgl. die **Übersicht** in Rn 48.

b) Forstwirtschaft. Die Privilegierung des Abs. 1 Nr. 1 bezieht sich weiterhin auf die **Forstwirtschaft.** Sie rechnet nach § 201 nicht zur Landwirtschaft; das Gesetz enthält auch sonst keine entsprechende Definition der Forstwirtschaft. Unter Forstwirtschaft ist die planmäßige Bewirtschaftung des Waldes zu verstehen (vgl. Dyong, in: E/Z/B, § 35, Rn 16; Weyreuther, S. 234). **12**

c) Betrieb. Im Außenbereich sind nach Abs. 1 Nr. 1 Vorhaben privilegiert zulässig, wenn sie einem land- oder forstwirtschaftlichen Betrieb dienen. Ein landwirtschaftlicher Betrieb i. S. dieser Bestimmung liegt vor, wenn der Betrieb auf die Erzeugung landwirtschaftlicher Produkte nicht unerheblichen Ausmaßes gerichtet ist. Ob der Betrieb hauptberuflich oder nebenberuflich bewirtschaftet wird, ist demgegenüber nicht ausschlaggebend (vgl. Rn 10 und 16 sowie § 201). Als Betrieb wird eine land- oder forstwirtschaftliche Tätigkeit nur dann ausgeübt, wenn eine bestimmte **Organisation** (BVerwGE 41, 138) vorliegt. Es muß sich um ein auf **Dauer** gedachtes und auch lebensfähiges Unternehmen handeln (BVerwGE 26, 121; BauR 1983, 343/345). Das Unternehmen muß auf eine lange, in der Regelfall für mehrere Generationen bemessene Dauer angelegt sein (BVerwGE 41, 138/143). **Lebensfähigkeit** und **Nachhaltigkeit** setzen dabei ein Mindestmaß an Umfang der landwirtschaftlichen Betätigung voraus (BVerwGE 41, aaO). Der Betrieb muß daher insbesondere auf Ertragserzielung ausgerichtet sein; vgl. aber Rn 16 zum Nebenerwerbslandwirt. Die bloße Freizeitbeschäftigung oder Liebhaberei erfüllt diese Voraussetzung nicht (BVerwGE 18, 242). Dementsprechend muß die land- oder forstwirtschaftliche Tätigkeit **ernsthaft** betrieben werden. Die vorgenannten Anforderungen sollen vor allem sicherstellen, daß die Privilegierung baulicher Vorhaben zu Gunsten der Land- oder Forstwirtschaft auf Betriebe begrenzt bleibt und damit auf Fälle, die wegen ihrer besonderen Zweckbestimmung nur im Außenbereich ausgeführt werden können. Weiterhin soll hierdurch dem **Mißbrauch** entgegengetreten werden, also insbesondere den Fällen einer nur „zum Schein" ausgeführten landwirtschaftlichen Tätigkeit, die eine andere tatsächliche Nutzungsabsicht – etwa die Errichtung eines Wohngebäudes im Außenbereich – tarnen soll. Demgegenüber kommt die Privilegierung nach Abs. 1 Nr. 1 auch dann zur Anwendung, wenn der landwirtschaftliche Betrieb, dem das Vorhaben zugeordnet wird, erst geschaffen werden soll. Bei der Prüfung der Zulässigkeit des Vorhabens wird dabei vor allem darauf abzustellen sein, ob an der Ernsthaftigkeit **13**

der eigenverantwortlichen Bewirtschaftung keine Zweifel bestehen (vgl. BVerwG, DVBl. 1967, 287 sowie Dyong, in E/Z/B, § 35, Rn 31).

14 Wird einem landwirtschaftlichen Betrieb ein **nicht landwirtschaftlicher Betriebsteil** angegliedert, so ist für dessen Teilnahme an der Privilegierung nicht allein die wirtschaftliche Zweckmäßigkeit der betrieblichen Erweiterung maßgebend; vgl. hierzu im einzelnen auch Rn 19. Die Privilegierung ist in einem solchen Fall nicht deshalb ausgeschlossen, weil der landwirtschaftliche Betrieb sich auch ohne den zusätzlichen Betriebsteil noch sachgerecht, also betriebswirtschaftlich sinnvoll führen läßt. Der Gedanke des „**Dienens**" (vgl. Rn 19) ist insoweit verallgemeinerungsfähig (BVerwG, NVwZ 1986, 203/204). Innerhalb einer Bandbreite hindert das Gesetz den Eigentümer nicht, zu bauplanungsrechtlich hinzunehmenden Umstrukturierungen zu gelangen und neue Betriebsweisen zu entwickeln; z. B. betriebliche Erweiterungen im Hinblick auf den Absatz der mit Bodenertragsnutzung erzeugten Güter pflanzlicher oder tierischer Art. Zum marktfähigen Absatz können dabei im Einzelfall auch **Dienstleistungen** zählen. Im Erwerbsgartenbau (z. B. bei der Aufzucht von Bäumen und anderen Pflanzen, die in fremden Gärten angepflanzt werden sollen) sind derartige Leistungen nicht ungewöhnlich, weil der Endabnehmer sie z. T. ausdrücklich verlangt und damit die Form des marktmäßigen Absatzes der erzeugten Güter mitbestimmt. Entscheidend ist, daß derartige Absatzformen von den Ergebnissen der eigenen Bodenertragsnutzung geprägt sind (BVerwG aaO zur Einrichtung eines Aufenthaltsraums im Schuppen einer Baumschule und Landschaftsgärtnerei; hierzu auch Franke, AgrarR 1987, 1/7).

15 Zur Anerkennung als **forstwirtschaftlicher Betrieb** ist die auf Dauer angelegte und lebensfähige Bewirtschaftung (BVerwG, BauR 1983, 343/345) durch forstwirtschaftliche Nutzung größerer Waldflächen Voraussetzung. Welche Anforderungen an die Betriebsintensität und an die Betriebsgröße zu stellen sind, bestimmt sich nach den jeweiligen Verhältnissen entsprechend der Verkehrsauffassung (BVerwG, DVBl. 1967, 287; Gelzer, Rn 1123, 1125).

16 **d) Nebenerwerbsstellen, Kleinsiedlungen.** Die Privilegierung von Vorhaben nach Abs. 1 Nr. 1 setzt nicht voraus, daß es sich bei den Betrieben um Vollerwerbsstellen handelt. Zwar geben Vollerwerbsstellen in besonderem Maße die Gewähr dafür, daß sie auf Dauer- und zwar für Generationen – angelegt und ganz auf ihren Zweck ausgerichtet sind. Andererseits kann das Gesetz nicht an der Tatsache vorbeigehen, daß in den vergangenen Jahrzehnten in immer größerem Umfang der landwirtschaftliche Nebenerwerbsbetrieb an Bedeutung gewonnen hat (so BVerwGE, 26, 121/123). Auch **landwirtschaftliche Nebenerwerbsstellen** können daher landwirtschaftliche Betriebe i. S. von Abs. 1 Nr. 1 sein. Bei der Prüfung, ob die Nebenerwerbsstelle den Anforderungen an einen landwirtschaftlichen Betrieb entspricht, ist nach den von der Rechtsprechung hierfür entwickelten Maßstäben

vorzugehen (Rn 13 ff.); insbesondere kommt es auf den Umfang der landwirtschaftlichen Betätigung, auf die Verkehrsüblichkeit der Betriebsform, auf die Ernsthaftigkeit des Vorhabens und die Sicherung seiner Beständigkeit auch im Hinblick auf die Eignung des Betriebsführers und seine wirtschaftlichen Verhältnisse an. Dabei ist abzuwägen, ob es sich um „ehrliche, auf die Dauer berechnete und auf die Dauer lebensfähige Planungen handelt, bei denen ein vernünftiges Verhältnis der ihnen zugeordneten Bauten zum Umfang und zur Betriebsform des mit ihnen verbundenen Vorhabens gewahrt bleibt" (BVerwGE aaO). Die Mißbrauchsmöglichkeit (vgl. Rn 13) ist hier besonders groß (wenn im Vordergrund der Wunsch steht, im Außenbereich zu wohnen; die Landwirtschaft ist ein vorgeschobener Grund). Deshalb sind hier an die Betriebseigenschaft strenge Anforderungen zu stellen. Die **Gewinnerzielungsabsicht** ist dabei für die Beurteilung der Nachhaltigkeit ein wichtiges Indiz. Wird ein Gewinn bisher und ggf. auch in absehbarer Zeit noch nicht erzielt, können folgende **andere Umstände** die Ernsthaftigkeit und Nachhaltigkeit der Betriebsführung indizieren (BVerwG, BauR 1986, 419/420): die Größe der landwirtschaftlichen Nutzflächen, die Betriebsform und -organisation, das aufgewendete Kapital, der Bestand an Tieren und Maschinen oder die Anzahl der Arbeitnehmer; im Vordergrund muß stets die landwirtschaftliche Nutzung und nicht der Wunsch, im Außenbereich zu wohnen, stehen. Zur Bedeutung des Pachtlandes vgl. BVerwG, UPR 1989, 425. Auch **forstwirtschaftliche Nebenerwerbsbetriebe** können forstwirtschaftliche Betriebe im Sinne des Abs. 1 Nr. 1 sein (BVerwG, BBauBl. 1984, 200).

Kleinsiedlungen (vgl. § 10 des II. WoBauG; § 2 BauNVO) zählen demgegenüber nicht zu den landwirtschaftlichen Betrieben (VGH München, BayVBl. 1964, 408; Weyreuther, S. 114). Jedoch können landwirtschaftliche Nebenerwerbsstellen in Kleinsiedlungen liegen, ohne daß sich dies auf die Privilegierung der betriebsbezogenen Vorhaben auswirkt (vgl. Dyong, in: E/Z/B, § 35, Rn 26). **17**

e) **Eigentumsverhältnisse.** Für die Beurteilung der Zulässigkeit eines Vorhabens nach Abs. 1 Nr. 1 kommt es im übrigen nicht entscheiden darauf an, wer **Eigentümer** des Grundstücks ist, auf dem das privilegierte Vorhaben ausgeführt werden soll oder welche Rechtsform der Betriebsinhaber hat (natürliche, juristische Person). Die Voraussetzung einer Privilegierung für einen landwirtschaftlichen Betrieb kann ein Vorhaben auch dann erfüllen, wenn der Bauherr nicht Eigentümer des Grundstücks oder Eigentümer des landwirtschaftlichen Betriebs ist (BVerwG, BRS 33 Nr. 59). Auch ein Bauvorhaben, das von einem anderen als dem Inhaber des landwirtschaftlichen Betriebs errichtet wird und das auch nicht in das Eigentum des Betriebsführers fällt, kann einem landwirtschaftlichen Betrieb „dienen" (vgl. Rn 19). Zur Zulässigkeit von Vorhaben auf Pachtland vgl. weiterhin Rn 21. **18**

19 **f) „Dienen".** Für die Zulässigkeit eines nach Abs. 1 Nr. 1 privilegier-
ten Vorhabens kommt es weiterhin darauf an, daß es dem land- oder
forstwirtschaftlichen Betrieb „dient". Bei der Auslegung des Begriffs
„Dienen" ist auf den Grundgedanken des § 35 abzustellen, wonach im
Außenbereich das Bauen grundsätzlich unterbleiben soll. Die Zulässig-
keit des Vorhabens kann daher nicht allein von der Behauptung des
Bauherrn abhängen, die Benutzung des Vorhabens erleichtere oder
fördere die Bewirtschaftung des land- oder forstwirtschaftlichen Besit-
zes (BVerwGE 19, 75). Es bedarf vielmehr der Feststellung im Einzel-
fall, inwieweit die Angaben des Bauherrn über die beabsichtigte künf-
tige Verwendung des Vorhabens mit den konkreten tatsächlichen Ver-
hältnissen im Einklang stehen (BVerwGE aaO). Dabei kommt es nicht
auf die Beurteilung der **Zweckmäßigkeit** der land- oder forstwirt-
schaftlichen Betriebsweise des Bauherrn an, sondern auf die tatsächli-
che Bodenbewirtschaftung und Bodennutzung des konkreten Betriebes
und darauf, in welchem Zusammenhang das Vorhaben mit ihr stehen
würde. Die Zulassung eines Vorhabens kann deshalb nicht auf die
Voraussetzung beschränkt werden, daß es für den ihm zugeordneten
Betrieb schlechthin unentbehrlich ist, so daß die Aufrechterhaltung des
Betriebes mit dem Vorhaben „steht und fällt" (BVerwG, DVBl. 1967,
287 f.). Daher kann auch ein Vorhaben zulässig sein, das zwar unter
betriebswirtschaftlichen Gesichtspunkten nicht zwingend für den Be-
trieb erforderlich ist, „aber nach der individuellen Betriebsweise tat-
sächlich dem Betrieb gewidmet und durch diese Widmung auch ge-
kennzeichnet ist" (BVerwG, DVBl. 1967 aaO). Es kommt also wesent-
lich auf die Verkehrsauffassung an, ob ein Vorhaben einem Betrieb
dient. Dabei ist insbesondere darauf abzustellen, ob ein **„vernünftiger
Landwirt"** unter Berücksichtigung des Gebots größtmöglicher Scho-
nung des Außenbereichs dieses Vorhaben mit etwa gleichem Verwen-
dungszweck und mit etwa gleicher Gestaltung und Ausstattung für
einen entsprechenden Betrieb errichten würde und das Vorhaben durch
die Zuordnung zu dem konkreten Betrieb auch äußerlich erkennbar
geprägt wird (BVerwG, DVBl. 1973, 643). Bei **Betriebsgebäuden** wie
Ställen oder Scheunen oder auch bei den **Wohngebäuden** des Landwirts
ist dies zu bejahen, aber auch z. B. bei einem in unmittelbarer Nähe der
Wirtschafts- und Wohngebäude eines landwirtschaftlichen Betriebes
errichteten Bauwerk, das dem Bauern und seinen Angehörigen wäh-
rend ihrer freien Zeit zur Verfügung stehen soll (OVG Münster, DÖV
1970, 791); dagegen zu verneinen bei einem Freizeitgebäude außerhalb
der Hofstelle (Fischerhütte; OVG Lüneburg, BauR 1988, 316). An
dieser Voraussetzung, einem land- oder forstwirtschaftlichen Betrieb
zu dienen, kann es demgegenüber fehlen, wenn das Vorhaben nach
seiner Beschaffenheit, Gestaltung oder Ausstattung nicht durch diesen
Verwendungszweck erschöpfend geprägt wird. Vgl. z. B. Wohnhaus
eines Imkers und seiner Familie vgl. Rn 48 (Übersicht-Bienenhäuser).
Ein Indiz dafür, daß ein Vorhaben durch die Zuordnung zu einem land-
oder forstwirtschaftlichen Betrieb geprägt ist, wird in aller Regel dann

gegeben sein, „wenn das Vorhaben objektiv so beschaffen ist, daß – möglichst weitgehend – seine Verwendung zu nicht-privilegierten Zwecken eine ihrerseits erneute genehmigungsbedürftige Nutzungsänderung erfordert" (BVerwG, DVBl. 1973, 643/644).

Zu den Merkmalen, die das Vorhaben als dem landwirtschaftlichen Betrieb dienend prägen müssen, gehört (wie erwähnt) auch dessen **räumliche Zuordnung** zu den **landwirtschaftlichen Betriebsflächen.** Das Gesetz läßt Bauvorhaben, die einem landwirtschaftlichen Betrieb dienen, nicht deshalb bevorzugt im Außenbereich zu, weil es die Landwirte als Personengruppen begünstigen will, sondern weil Landwirtschaft Bodenertragsnutzung auf – typischerweise – Außenbereichsflächen ist und damit die möglichst nahe räumliche Zuordnung der Hofstelle zu den Betriebsflächen der landwirtschaftlichen Betriebsweise in besonderer Weise dienlich und für den Betriebserfolg im allgemeinen von Bedeutung ist (BVerwG, NVwZ 1986, 644/645). Am Erfordernis des „Dienens" scheitern dagegen Vorhaben, deren Standort nicht durch die betrieblichen Erfordernisse bestimmt wird, sondern bei denen (beim Landwirt) erkennbar der Wunsch im Vordergrund steht, ein Gebäude in landschaftlich reizvoller Lage zu errichten (VGH Mannheim, RdL 1985, 121/122). Das Erfordernis einer **prägenden Zuordnung** der baulichen Anlagen zum landwirtschaftlichen Betrieb setzt nicht stets voraus, daß die Gebäude inmitten oder in unmittelbarer Nähe der Betriebsflächen liegen. Dies mag zur Schonung des Außenbereichs erwünscht sein und mag auch dann noch erreichbar sein, wenn sich in die jeweilige bebaute Ortslage noch Wirtschaftsstellen landwirtschaftlicher Betriebe einfügen lassen (vgl. § 34 Abs. 1 und 2) oder wenn die Gemeinde durch den Bebauungsplan ein Dorfgebiet (vgl. § 5 BauNVO) festgesetzt hat. Unmittelbare Nähe der landwirtschaftlichen Betriebsstelle zu den Betriebsflächen würde jedoch den Erfordernissen landwirtschaftlicher Betriebe mit **verstreuten Betriebsflächen** nicht gerecht (BVerwG aaO). Auch bei einem **Winzerbetrieb** mit häufig verstreut liegenden Anbauflächen müssen die Betriebsgebäude in einer noch angemessenen Entfernung zu den Betriebsflächen liegen (BVerwG aaO; vgl. auch OVG Koblenz, RdL 1985, 292/293; Franke, AgrarR 1987, 1/9). **19a**

An der erforderlichen **„Prägung"** kann es z. B. bei **gewerblichen Bauanlagen** fehlen, auch wenn sie dem Vertrieb und der Reparatur von Landmaschinen dienen oder wenn ein offenkundig als Wochenendhaus errichtetes Gebäude als Lagerraum zur Genehmigung gestellt wird (OVG Lüneburg, BRS 23 Nr. 118; OVG Münster, BRS 23 Nr. 65). Auch Altenteilerwohnungen oder betriebseigene Wohnungen für Arbeitskräfte können dem land- oder forstwirtschaftlichen Betrieb dienen (vgl. Rn 22 f.). **19b**

g) Untergeordneter Teil der Betriebsfläche. Die Privilegierung nach Abs. 1 Nr. 1 ist weiterhin dadurch eingeschränkt, daß ein Vorhaben nur zulässig ist, wenn es einen **untergeordneten Teil** der Betriebs- **20**

fläche einnimmt. Die von dem Vorhaben in Anspruch genommene
Fläche darf im Verhältnis zur Gesamtfläche des Betriebs, d. h. der
unmittelbar der Bodennutzung dienenden Fläche, nur geringfügig ins
Gewicht fallen. Die Betriebsfläche muß also in wirtschaftlicher Hin-
sicht gegenüber dem Vorhaben eindeutig den Schwerpunkt bilden
(Dyong, in: E/Z/B, § 35, Rn 28). Allgemein verbindliche Angaben über
das Verhältnis von Betriebsfläche und Fläche für das Vorhaben lassen
sich nicht machen; vielmehr ist auf die Umstände des Einzelfalls
abzustellen, also z. B. auf übliche Größen oder auf die Art des Betriebs.
So werden bei einem forstwirtschaftlichen oder bei einem dem Acker-
bau dienenden Betrieb sehr strenge Maßstäbe anzulegen sein, während
z. B. bei Erwerbsgartenbau Betriebsflächen von vornherein relativ
klein sein können.

21 **h) Pachtland.** Die Ausübung der land- oder forstwirtschaftlichen
Tätigkeit auf **Pachtland** kann in mehrfacher Hinsicht bedeutsam sein:
Für die Privilegierung des Betriebs schlechthin (vgl. Rn 18; BVerwG,
BRS 33 Nr. 59) oder für die Frage, ob Pachtland zur Feststellung
herangezogen werden kann, daß das Vorhaben auf einem „untergeord-
neten Teil" der Betriebsfläche ausgeführt wird (vgl. Rn 20). Hierbei ist
allgemein darauf abzustellen, daß zur Betriebsfläche alle im Rahmen
des Betriebs bewirtschafteten Flächen, also auch das Pachtland zu
rechnen sind. Ein landwirtschaftlicher Betrieb kann jedoch in aller
Regel nicht ausschließlich auf Pachtland betrieben werden (vgl. weiter-
hin BVerwG, UPR 1989, 425). Soweit hinzugepachtete Flächen für die
Prüfung im Einzelfall maßgeblich sind, ist darauf abzustellen, ob die
Flächen bindend langfristig gepachtet sind (Dyong aaO, Rn 22).

22 **i) Altenteilerwohnungen; Wohnungen für Arbeitskräfte.** Zu den
dem Betrieb dienenden Vorhaben können auch **Altenteilerwohnungen**
(Altenteilerhäuser) gehören (BVerwG, DÖV 1981, 184). Sie dienen
dem Betrieb insbesondere dadurch, daß hierdurch beim Generations-
wechsel dem jeweiligen Altenteiler eine Wohnung bzw. ein Haus zur
Verfügung steht. Voraussetzung für die Privilegierung ist nach der
Rechtsprechung des BVerwG, daß das Altenteilerhaus für die beson-
dere Zweckverwendung verfügbar und damit die freie Veräußerlichkeit
in rechtlich gesicherter Weise ausgeschlossen ist (BVerwG, BSR 24
Nr. 57). Die freie Veräußerlichkeit muß insbesondere durch eine Bau-
last oder auf ähnliche Weise ausgeschlossen werden (BVerwG aaO). Bei
landwirtschaftlichen **Nebenerwerbsbetrieben** ist – insbesondere im
Hinblick auf das Gebot größtmöglicher Schonung des Außenbereichs –
diese Voraussetzung in aller Regel nicht erfüllt (BVerwG, DÖV 1981,
184); hierbei ist insbesondere auf die Größe der Nebenerwerbsstelle
und auf das Verhältnis zur Einrichtung eines Altersitzes abzustellen.
Ein Altenteilerhaus „dient" nicht einem Gartenbaubetrieb, der – im
Vergleich mit herkömmlichen landwirtschaftlichen Betrieben – auf
verhältnismäßig kleiner Betriebsfläche (ca. 6200 qm) überwiegend
unter Glas anbaut (BVerwG, NVwZ 1985, 183 unter Hinweis darauf,

daß es unter diesen Umständen an den typischen Besonderheiten der landwirtschaftlichen Betriebsweise fehle, bei der die Mitarbeit des Altenteilers zeitlich nicht einteilbar sei). Soll das Altenteilerhaus **auf einem anderen Grundstück** errichtet werden, ist eine spätere Abtrennung auf andere Weise zu sichern, z. B. durch eine Baulast (OVG Lüneburg, BVG Lüneburg, BauR 1986, 191; hierzu Loriz, BauR 1986, 165; vgl. auch Rn 31). Der Tatbestand des **Abs. 1 Nr. 2** ist insoweit nicht einschlägig: Er betrifft nicht die zum Betrieb gehörenden Altenteilerhäuser, sondern schafft eine zusätzliche Privilegierung für solche Vorhaben, die nicht (mehr) einem Betrieb zuzuordnen sind (vgl. Rn 24 ff.).

Auch betriebseigene **Wohnungen für Arbeitskräfte** können zu den **23** dem Betrieb dienenden Vorhaben gehören. Solche Wohnungen („Heuerlingswohnungen") können daher – bei Vorliegen der übrigen Voraussetzungen – unter die Privilegierung des Abs. 1 Nr. 1 fallen; vgl. demgegenüber die nach **Abs. 1 Nr. 3** privilegierten **Landarbeiterstellen** (Rn 32).

3. Wohnungen für ehemalige Landwirte (Abs. 1 Nr. 2). a) Abgren- **24** **zung zu Abs. 1 Nr. 1.** Altenteilerhäuser bzw. Austragshäuser dienen in der Landwirtschaft dazu, dem „Altbauern", der den landwirtschaftlichen Betrieb in Vorwegnahme der Erbfolge übergibt, eine Wohnmöglichkeit im Bereich des Hofs einzuräumen. Sofern das Altenteilerhaus insoweit dem konkreten landwirtschaftlichen Betrieb zugeordnet und auch äußerlich erkennbar von ihm geprägt wird, kann es nach Abs. 1 Nr. 1 im Außenbereich privilegiert zulässig sein; vgl. Rn 22. Voraussetzung der Privilegierung nach Abs. 1 Nr. 1 ist somit, daß der landwirtschaftliche Betrieb besteht und das Altenteilerhaus diesem Betrieb insbesondere dadurch dient, daß es zum Wechsel der Generationen zur Verfügung steht. Diese Privilegierung entfällt jedoch in den Fällen, in denen der in der vorweggenommenen Erbfolge übergebene Hof aufgegeben wurde: Das Altenteilerhaus kann in diesen Fällen nicht mehr einem landwirtschaftlichen Betrieb gem. Abs. 1 Nr. 1 „dienen". **Abs. 1 Nr. 2** sieht für diese Fälle einer „nachträglichen" Errichtung eines Altenteilerhauses eine Privilegierung vor, die im Kern darauf zielt, dem „Altbauern" die zunächst bestehende Privilegierung nach Abs. 1 Nr. 1 auch für die Fälle der späteren Betriebsaufgabe zu erhalten.

b) Voraussetzungen. Voraussetzung für die privilegierte Zulassung **25** eines Vorhabens nach Abs. 1 Nr. 2 ist zunächst, daß das Vorhaben einem **Landwirt** zu Wohnzwecken dient. Wie sich aus dem Zusammenhang der Vorschrift ergibt, ist hierbei nicht an den noch im landwirtschaftlichen Erwerbsprozeß stehenden Landwirt, also den selbständig bewirtschaftenden Landwirt gedacht, sondern an den „Altbauern".

Das Vorhaben muß dem Landwirt zu Wohnzwecken **dienen**. Vorha- **26** ben, die zur Vermietung oder Veräußerung errichtet werden, fallen daher nicht unter diese Privilegierung. Die gelegentliche Vermietung steht dieser Privilegierung nicht entgegen (Weyreuther, S. 27).

27 Eine weitere Voraussetzung für die Privilegierung ist, daß der Landwirt seinen Betrieb zum Zwecke der Vorwegnahme der Erbfolge **übergeben** hat. Insoweit müssen zu einem früheren Zeitpunkt die Voraussetzungen für die privilegierte Errichtung eines Altenteilerhauses nach Abs. 1 Nr. 1 erfüllt gewesen sein; vgl. Nr. 2a (Rn 28). Die Privilegierung schließt jedoch auch die Fälle ein, in denen der Übernehmer den landwirtschaftlichen Betrieb später aufgibt.

28 Nach Abs. 1 Nr. 2a besteht diese Privilegierung weiterhin nur dann, wenn die **Errichtung eines Altenteilerhauses** nach Abs. 1 Nr. 1 (vgl. Rn 22) vor Übergabe des Betriebes zulässig gewesen war.

29 Nach Abs. 1 Nr. 2b muß im **Übergabevertrag** die Errichtung eines Altenteilerhauses vereinbart worden sein. Diese Vereinbarung muß also zeitlich vor der Übergabe zum Zwecke der Vorwegnahme der Erbfolge und damit auch vor einer späteren Aufgabe des Betriebes geschlossen worden sein. Dies hat zur Folge, daß die Privilegierung für Wohnbauten ehemaliger Landwirte auf die Fälle einer „Besitzstandswahrung" beschränkt wird. Im Ergebnis können durch die Vorschrift also nur solche Vorhaben privilegiert werden, bei denen aus jeweiligen Gründen des Einzelfalls ein an sich nach Abs. 1 Nr. 1 zulässiges und im Übergabevertrag bereits vereinbartes Vorhaben erst „verspätet", nämlich nach Aufgabe des landwirtschaftlichen Betriebs verwirklicht werden soll.

30 Die damit ohnehin bereits auf Ausnahmefälle beschränkte Privilegierung wird gegenüber denkbaren Mißbrauchsfällen weiterhin dadurch abgesichert, daß nach Abs. 1 Nr. 2c Vorhaben nur dann privilegiert sind, wenn sie in **unmittelbarer Nähe der Hofstelle** des aufgegebenen Betriebes errichtet werden sollen. Unter Hofstelle ist in diesem Zusammenhang der Bereich anzusehen, auf dem die landwirtschaftlichen Wohn- und Wirtschaftsgebäude des früheren Betriebes errichtet sind. Das Wohnhaus des ehemaligen Landwirts soll damit den Eindruck der Zusammengehörigkeit mit der ehemaligen Hofstelle vermitteln (Weyreuther, S. 29).

31 Nach Abs. 1 Nr. 2d muß darüber hinaus **rechtlich gesichert** sein, daß die Fläche, auf der die Wohnungen des ehemaligen Landwirts errichtet werden sollen, nicht ohne das Hofgrundstück veräußert wird. Die rechtliche Sicherung kann gem. **Abs. 6 S. 2** und **3** durch eine Grundbucheintragung erfolgen, wonach die Veräußerung des Grundstücks nur mit Zustimmung der Genehmigungsbehörde zulässig ist. Soweit landesrechtliche Regelungen über Baulasten bestehen, kann die Sicherung auch hierdurch erfolgen.

32 **4. Landarbeiterstellen (Abs. 1 Nr. 3). a) Abgrenzung zu Abs. 1 Nr. 1.** Zu den nach Abs. 1 Nr. 1 privilegierten Vorhaben rechnen auch die Wohnungen für Arbeitskräfte („Heuerlingswohnungen", vgl. Rn 23). Hierbei handelt es sich um Wohnungen, die dem land- oder forstwirtschaftlichen Betrieb zugeordnet sind und ihm i. S. des Abs. 1

Nr. 1 dienen. Die nach Abs. 1 Nr. 3 privilegierten Landarbeiterstellen sind demgegenüber Anwesen, die im **Eigentum des Landarbeiters** stehen. Jedoch kann die Privilegierung auch durch die Arbeit des **Ehegatten** in der Landwirtschaft begründet werden (OVG Lüneburg, BRS 36 Nr. 87 sowie BRS 46 Nr. 79). Dem steht nicht entgegen, daß solche Vorhaben häufig nach kurzer Zeit wieder entprivilegiert werden; dieses Risiko hat der Gesetzgeber (auch) bei diesem Privilegierungstatbestand in Kauf genommen (vgl. OVG Lüneburg, BRS 46 Nr. 79 sowie BRS 30 Nr. 95).

Von **Nebenerwerbsstellen,** die gleichfalls nach Abs. 1 Nr. 1 privilegiert sind (vgl. Rn 16 f.) unterscheidet sich die Landarbeiterstelle durch ihre dienende Zuordnung zu einem fremden Betrieb. Demgegenüber ruhen die Nebenerwerbsbetriebe „als Betriebe gleichsam in sich" (BVerwG, DÖV 1979, 905). Die privilegierten Vorhaben von Nebenerwerbslandwirten dienen dem eigenen, nicht einem fremden Betrieb. Die **nebenberufliche Tätigkeit** in der Landwirtschaft reicht für die Privilegierung nicht aus; andernfalls würde eine jederzeit beendbare Beschäftigung als Hilfskraft in der Landwirtschaft eine vom Gesetz grundsätzlich nicht gewollte Bebauung des Außenbereichs ermöglichen (BVerwG aaO). **33**

b) Voraussetzungen. Privilegiert sind nach Abs. 1 Nr. 3 Vorhaben eines **Landarbeiters.** Die Regelung dient dazu, Arbeitskräfte für die Landwirtschaft durch Errichtung eigener Wohngebäude zu gewinnen oder zu erhalten. Dem Landarbeiter soll hierdurch ein enger Bezug seiner Arbeitsstätte geboten werden (BVerwG aaO; VGH Mannheim, DÖV 1981, 185). Voraussetzung ist daher die berufsmäßige Tätigkeit in der Landwirtschaft und damit eine überwiegende wirtschaftliche Abhängigkeit von der privilegierten Nutzung des Außenbereichs; die nur gelegentliche Tätigkeit in der Landwirtschaft, die für den Familienunterhalt nur unwesentlich ist, reicht daher für die Privilegierung nach Abs. 1 Nr. 3 nicht aus (vgl. auch Rn 33 sowie VGH Mannheim aaO). Das Landarbeiterhaus muß in angemessener Entfernung zum bäuerlichen Anwesen stehen, damit die Gewähr dafür gegeben ist, daß die Arbeitsstätte auch bei ungünstigen Witterungs- oder Wegeverhältnisse ohne übermäßigen Zeitaufwand erreicht werden kann (OVG Lüneburg, BRS 46 Nr. 79). Landarbeiter können aber Arbeitnehmer mehrerer Landwirte sein. Sie können auch – ohne Beeinträchtigung der Privilegierung – den Arbeitgeber wechseln. **Maschinenringe** unterstützen zwar die landwirtschaftliche Tätigkeit, sind jedoch keine landwirtschaftlichen Betriebe; ihre Mitarbeiter sind auch nicht wie Landarbeiter an einem oder allenfalls wenigen Höfen beschäftigt und können an der Privilegierung des Abs. 1 Nr. 3 deshalb nicht teilhaben. **Forstarbeiterstellen** fallen gleichfalls nicht unter die Privilegierung des Abs. 1 Nr. 1; demgegenüber sind Werkswohnungen auch bei forstwirtschaftlichen Betrieben gem. Abs. 1 Nr. 1 privilegiert (OVG Koblenz, BRS 29 Nr. 50). **34**

35 Das Vorhaben muß einer Landarbeiterstelle **dienen**. Der Begriff des
„Dienens" hat dabei dieselbe Bedeutung wie in Abs. 1 Nr. 1 (BVerwG,
DÖV 1979, 905); vgl. hierzu Rn 19. Die Privilegierung eines Vorhabens
ist daher nur gerechtfertigt, wenn die konkrete Zweckbestimmung als
Landarbeiterstelle auf Dauer bestehen wird (BVerwG aaO). Eine er-
kennbar nur vorübergehende insbesondere nur zum Zwecke der privi-
legierten Zulassung des Vorhabens aufgenommene Tätigkeit als Land-
arbeiter reicht daher nicht aus (Dyong aaO, Rn 54). Für die Beurteilung
des Einzelfalls kann hierfür z. B. die Lage des geplanten Wohngebäudes
maßgeblich sein, wenn dieses am Ortsrand und nach seiner Ausfüh-
rung als Bestandteil der im Zusammenhang bebauten Ortslage, also als
„normales" Wohnhaus errichtet werden soll (BVerwG aaO).

36 **5. Fernmeldewesen; öffentliche Versorgung; Abwasserwirtschaft;
ortsgebundene Betriebe (Abs. 1 Nr. 4).** Nach Abs. 1 Nr. 4 sind im
Außenbereich Vorhaben privilegiert, die dem Fernmeldewesen, der
öffentlichen Versorgung mit Elektrizität, Gas, Wärme und Wasser, der
Abwasserwirtschaft oder einem ortsgebundenen gewerblichen Betrieb
dienen. Nach Nr. 4 sind also Vorhaben privilegiert, die nicht einem
land- oder forstwirtschaftlichen Betrieb dienen (Nr. 1) oder mit dieser
Privilegierung in Zusammenhang stehen (Nr. 2 und 3). Bei den in Nr. 4
genannten Anlagen des Fernmeldewesens, der öffentlichen Versorgung
und der Abwasserwirtschaft geht das Gesetz davon aus, daß diese in der
Regel (etwa aus technischen Gründen) an den Außenbereich gebunden
sind. Bei den in Nr. 4 weiterhin genannten gewerblichen Betrieben ist
demgegenüber die **Ortsgebundenheit** ausdrücklich als maßgeblicher
Grund für die privilegierte Zulassung von Vorhaben im Außenbereich
genannt. Ob die Ortsgebundenheit, die das Gesetz nur für gewerbliche
Betriebe ausdrücklich als Zulässigkeitsvoraussetzung aufführt, auch bei
den erstgenannten Vorhaben des Fernmeldewesens, der öffentlichen
Versorgung und der Abwasserwirtschaft vorzuliegen hat, ist str.; beja-
hend vor allem Taegen, in: BK, § 35, Rn 25; verneinend vor allem
Dolde, NJW 1983, 792 sowie Dyong, in: E/Z/B, § 35, Rn 55. Der
Gesetzestext spricht für die letztgenannte Auslegung; für die dem
Fernmeldewesen, der öffentlichen Versorgung und der Abwasserwirt-
schaft dienenden Vorhaben hat der Gesetzgeber die Angewiesenheit auf
den Außenbereich unterstellt, während er für sonstige gewerbliche
Betriebe dieses Merkmal ausdrücklich genannt hat. Jedoch gilt auch
insoweit der für die Zulässigkeit von Vorhaben im Außenbereich
maßgebliche Grundsatz der größtmöglichen **Schonung des Außenbe-
reichs** (vgl. auch Rn 19), so daß auch bei der Zulässigkeit dieser
Vorhaben im Einzelfall die Gebundenheit an den Außenbereich zu
prüfen ist (vgl. BVerwG, NVwZ 1985, 42 zur Unzulässigkeit einer –
privilegierten – **Abgrabung** wegen eines landschaftsschutzrechtlichen
Abgrabungsverbots sowie BVerwG, DVBl. 1977, 526, worin auf die
Erforderlichkeit des Außenbereichsvorhabens – Fernmeldewesen – aus
technischen Gründen abgestellt wird).

Als privilegierte Vorhaben des **Fernmeldewesens** kommen z. B. 37
Rundfunk- und Fernsehtürme oder Verstärkeranlagen in Betracht. Als
privilegierte Vorhaben der **öffentlichen Versorgung** kommen z. B.
Leitungsmasten, Gas-, Wärme- oder Wasserleitungen, Talsperren oder
Kraftwerke, nicht aber z. B. private Windenergieanlagen (BVerwG,
ZfBR 1983, 196) in Betracht. Privilegierte Vorhaben der **Abwasser-
wirtschaft** sind z. B. Kläranlagen oder Klärteiche.

Privilegiert i. S. des Abs. 1 Nr. 4 ist ein **gewerblicher Betrieb** dann, 38
wenn er nach seinem Gegenstand und seinem Wesen „hier und so nur
an der fraglichen Stelle betrieben werden kann" (BVerwG, DÖV 1974,
814). Voraussetzung ist also, daß der Betrieb, wenn er nicht seinen
Zweck verfehlen soll, auf die geographische oder geologische Eigenart
dieser Stelle angewiesen ist (BVerwG aaO). Es reicht demgegenüber
nicht aus, daß der Betrieb an der fraglichen Stelle, insbesondere aus
Gründen der Rentabilität besonders gut zu betreiben oder zweckmäßig
unterzubringen ist (BVerwG aaO; Taegen aaO). Als privilegierte Vor-
haben kommen daher z. B. in Betracht: Bergwerksanlagen, Bohr-
türme, Kiesgruben, Steinbrüche, Torfstechereien, Windmühlen, Zie-
geleien (vgl. weiterhin Dyong aaO, Rn 57; Taegen aaO). Als nicht
privilegierte Vorhaben sind demgegenüber z. B. Konservenfabriken,
Sägewerke oder Zuckerfabriken zu nennen, die zwar möglicherweise
aus Zweckmäßigkeitsgründen, nicht aber ihrem Wesen nach auf den
Außenbereich angewiesen sind. Zu kerntechnischen Anlagen vgl. die
Privilegierung nach Abs. Nr. 6 (Rn 43).

Der **Begriff „gewerblich"** ist nicht im gewerberechtlichen Sinne 39
auszulegen. Insbesondere ist die Urproduktion, also die Gewinnung
von Naturerzeugnissen hierbei nicht ausgeschlossen. Daher fällt z. B.
der Gesteinsabbau oder der Torfabbau unter den Begriff des „Gewer-
bes" i. S. des Abs. 1 Nr. 4. Wegen der Anforderungen an die **Betriebs-
eigenschaft** ist – wie auch in den Fällen der nach Abs. 1 Nr. 1 privile-
gierten land- oder forstwirtschaftlichen Betriebe (vgl. Rn 13–15) – vor
allem darauf abzustellen, daß das Vorhaben nachhaltig und ernsthaft
betrieben wird. Zur Erweiterung von gewerblichen Betrieben vgl.
Abs. 4 S. 1 Nr. 6.

Das Vorhaben muß den privilegierten Anlagen **dienen;** vgl. zum 40
Begriff des „Dienens" Rn 19. Es reicht daher nicht aus, wenn ein
Vorhaben für die Anlage, z. B. den gewerblichen Betrieb, nur „förder-
lich" ist. Andererseits ist auch nur Voraussetzung, daß das Vorhaben
für die Anlage „unentbehrlich" oder für seine Fortführung „notwen-
dig" ist. Vielmehr ist darauf abzustellen, ob das Vorhaben einem
Betrieb zu- und untergeordnet ist und angenommen werden kann, daß
ein vernünftiger Unternehmer das Vorhaben mit etwa gleichem Ver-
wendungszweck und mit etwa gleicher Gestaltung und Ausstattung für
einen entsprechenden Betrieb erreichen würde (BVerwGE 50, 346).
Dabei ist insbesondere darauf abzustellen, daß ein vernünftiger Be-

triebsinhaber ein Vorhaben unter Beachtung des Gebots größtmöglicher Schonung des Außenbereichs durchführen würde (BVerwG aaO).

41 **6. Sonstige privilegierte Vorhaben (Abs. 1 Nr. 5).** Nach Abs. 1 Nr. 5 sind im Außenbereich sonstige, also nicht schon bereits nach den Nr. 1 bis 4 zulässige Vorhaben privilegiert, die wegen ihrer besonderen Anforderungen an die Umgebung, wegen ihrer nachteiligen Wirkung auf die Umgebung oder wegen ihrer besonderen Zweckbestimmung **nur im Außenbereich** ausgeführt werden sollen. Ob ein Vorhaben nur im Außenbereich ausgeführt werden soll, hängt also zunächst davon ab, ob es nicht auch im Innenbereich (§ 34) oder im Geltungsbereich eines Bebauungsplans (§ 30) ausgeführt werden kann. Bei der Beurteilung der privilegierten Zulässigkeit sonstiger Vorhaben ist somit darauf abzustellen, ob sie nicht in einem Baugebiet untergebracht werden könnten (BVerwG, DÖV 1964, 744). Diese Frage ist nicht abstrakt zu beantworten, also nicht danach, ob ein Vorhaben „im allgemeinen" im Innenbereich ausgeführt werden kann. Vielmehr ist auf die konkreten örtlichen Gegebenheiten abzustellen, also darauf, ob das Vorhaben „hier und so" nur im Außenbereich untergebracht werden kann (BVerwG, NJW 1977, 119). Für die Zulässigkeit ist daher entscheidend, ob das Vorhaben nach den konkreten Umständen wegen der besonderen Zweckbestimmung des Vorhabens sinnvoll nur im Außenbereich zu errichten ist (vgl. auch BVerwGE 34, 1; BVerwGE 48, 109). Für die Zulässigkeit kommt es deshalb auch nicht darauf an, ob ein Vorhaben generell auch im Wege der Bebauungsplanung ermöglicht werden könnte.

42 Sonstige Vorhaben sind jedoch nicht bereits deshalb privilegiert zulässig, wenn sie nach den konkreten Umständen zweckmäßigerweise oder vernünftigerweise im Außenbereich untergebracht werden können. Es muß hinzukommen, daß das betreffende Vorhaben nach Lage der Dinge **notwendigerweise im Außenbereich** auszuführen ist. Es muß also einer der folgenden drei in Abs. 1 Nr. 5 genannten Gründe erfüllt sein:

42a (1) Das Vorhaben kann wegen seiner **besonderen Anforderungen an die Umgebung** nur im Außenbereich ausgeführt werden. Ein Vorhaben ist danach privilegiert zulässig, wenn es seine Funktion nur im Zusammenhang mit bestimmten Eigenschaften der Umgebung erfüllen kann, die in einem beplanten bzw. bebauten Bereich nicht vorzufinden sind (Dyong, in: E/Z/B, § 35, Rn 59; Taegen, in: BK, § 35 Rn 27). Solche Vorhaben sind z. B.: Aussichtstürme, Freilichttheater oder Wetterstationen; vgl. im einzelnen (z. B. zu Sanatorien) die Übersicht in Rn 48.

42b (2) Das Vorhaben kann wegen seiner **nachteiligen Wirkung auf die Umgebung** nur im Außenbereich ausgeführt werden. Hierunter können insbesondere Vorhaben fallen, die wegen der von ihnen ausgehenden Emissionen (z. B. Schweinemästereien, Intensiv-Hühnerhaltung, Tierkörperbeseitigungsanstalten, Zementfabriken) oder wegen beson-

derer Gefahren (z. B. Sprengstoffabriken oder Sprengstofflager) nicht im Innenbereich untergebracht werden sollen; vgl. zu weiteren Beispielen die Übersicht in Rn 48. Die von den privilegierten Anlagen ausgehenden Umwelteinwirkungen müssen jedoch auf das Unvermeidbare beschränkt werden. Läßt sich ein Vorhaben sowohl mit mehr als auch mit weniger Emissionen betreiben, so ist nur die umweltfreundlichere Anlage privilegiert; läßt sich das Vorhaben auch mit weniger Emissionen betreiben und kann es danach auch im Innenbereich untergebracht werden, so entfällt die Privilegierung nach Abs. 1 Nr. 5 (BVerwG, NJW 1978, 1818). Zur Zulässigkeit **kerntechnischer Anlagen** vgl. Rn 43.

(3) Das Vorhaben kann wegen seiner **besonderen Zweckbestim-** **42c** **mung** nur im Außenbereich ausgeführt werden. Danach sind z. B. Vorhaben privilegiert, die von ihrem Zweck her der Funktion des Außenbereichs als Erholungslandschaft für die Allgemeinheit entsprechen, wie z. B. Schutzhütten, der Allgemeinheit zur Verfügung stehende Berg- und Skihütten oder Badehütten. Nicht erforderlich i. S. des Abs. 1 Nr. 5 zur Unterbringung im Außenbereich sind demgegenüber Vorhaben, die eine der Allgemeinheit zur Verfügung stehende Nutzung ausschließen, wie z. B. private Berghütten oder der Gewinnerzielung dienen (z. B. Gaststätten, Motels, Campingplätze); vgl. im einzelnen die Übersicht in Rn 48. Auch Vorhaben von **Kirchen** und Religionsgesellschaften (Kirchen, Gemeindehaus) sind nicht nach Abs. 1 Nr. 5 privilegiert. Ein **privates Wochenendhaus** ist z. B. kein bevorrechtigtes Vorhaben i. S. des Abs. 1 Nr. 5, da sich diese Nutzungsart nicht grundsätzlich von der Bebauung mit Wohngebäuden allgemeiner Art unterscheidet und daher grundsätzlich nur in den für diese Art der Nutzung bestimmten Teilen des Gemeindegebiets zulässig ist (BVerwGE 18, 247). Dagegen sind z. B. **Jagdhütten** privilegiert zulässig, weil ohne sie die auch den Interessen der Allgemeinheit dienende Jagdausübung nicht möglich ist; die Privilegierung einer Jagdhütte setzt jedoch i. d. R. voraus, daß diese in dem zu bejagenden Bezirk liegt (BVerwG, NVwZ 1983, 472). Wohnt der Jagdausübungsberechtigte hingegen im Jagdrevier selbst oder so in dessen Nähe, daß er die Jagd von seinem Wohnort aus in angemessen kurzer Zeit erreichen kann, so hat die Außenbereichsschonung Vorrang (BVerwG, ZfBR 1986, 48: 6 km Entfernung zwischen Wohnsitz und Jagd). Auch **Fischerhütten** können zu den nach Abs. 1 Nr. 5 privilegierten Vorhaben gehören, soweit sie zur ordnungsgemäßen Ausübung der Fischzucht erforderlich sind (BVerwG, BRS 25 Nr. 64); soweit ein Vorhaben einem Betrieb der berufsmäßigen Binnenfischerei dient, kommt eine Privilegierung nach Abs. 1 Nr. 1 in Betracht. Zur Frage einer Privilegierung von **Sportanlagen** vgl. die Übersicht in Rn 48 (u. a. Go-Kart-Bahn, Golf, Tennis, Schießsport) sowie Birk, NVwZ 1985, 689/696. Betriebe, die lediglich mit einem **Betriebsteil** die Voraussetzungen einer Privilegierung nach Abs. 1 Nr. 5 erfüllen, sind nur dann insgesamt

privilegiert, wenn sie als Folge nicht nur wirtschaftlicher Zweckmäßigkeit, sondern technischer Erfordernisse dem typischen Erscheinungsbild eines Betriebs dieser Art entsprechen und der privilegierte Betriebszweig den gesamten Betrieb prägt (so BVerwG, BauR 1976, 344).

43 **7. Kerntechnische Anlagen (Abs. 1 Nr. 6).** Der Privilegierungstatbestand des Abs. 1 Nr. 6 ist durch das **BauGB** eingefügt worden, und zwar ausdrücklich als „Klarstellung" (A-Ber., 155). Die Zulässigkeit kerntechnischer Anlagen im Außenbereich ergibt sich bereits aus **Abs. 1 Nr. 5. Kernkraftwerke** sind Vorhaben, die wegen des ihnen eigenen Gefahrenpotentials und im Hinblick auf die mit ihrem Betrieb verbundenen Emissionen radioaktiver Stoffe grundsätzlich nur im Außenbereich in Betracht kommen; hierfür spricht auch das schon bei der Standortprüfung nach § 7 Abs. 2 Nr. 6 AtomG zu beachtende Strahlenminimierungsgebot (BVerwG, NVwZ 1986, 208/215). Das BVerwG (aaO) läßt es dabei offen, ob sich die Privilegierung auch schon aus **Abs. 1 Nr. 4** ergibt; vgl. auch VGH München, BayVBl. 1984, 659 zur privilegierten Zulässigkeit einer Sammelstelle für schwach- und mittelradioaktive Abfälle im Außenbereich. Aufgrund der ausdrücklichen Bezeichnung kerntechnischer Anlagen in Abs. 1 Nr. 6 beurteilt sich deren Zulässigkeit seit BauGB allenfalls hilfsweise nach Abs. 1 Nr. 4 oder Nr. 5. Privilegiert sind durch Abs. 1 Nr. 6 Vorhaben, die der Erforschung, Entwicklung oder Nutzung der Kernenergie zu friedlichen Zwecken dienen; vgl. § 1 Nr. 1 AtomG. Dazu gehören Kernkraftwerke, Forschungsreaktoren, Prototypanlagen oder Wiederaufbereitungsanlagen. Privilegiert sind weiterhin Vorhaben, die der Entsorgung radioaktiver Abfälle dienen; hierzu gehören Landessammelstellen für radioaktive Abfälle, Zwischen- und Endlager.

III. Zulässigkeit sonstiger Vorhaben (Abs. 2)

44 Vorhaben, die nicht nach **Abs. 1** privilegiert sind – „**sonstige Vorhaben**"–, können nach **Abs. 2** im Einzelfall zugelassen werden. Auch die in **Abs. 4** genannten („begünstigten") Vorhaben sind „sonstige Vorhaben" i. S. des Abs. 2; das gilt auch für die in § **4 Abs. 4 und 4 BauGB-MaßnahmenG** bezeichneten Fälle (hierzu Rn 47a, 79a, 101a, 102aff.). Der maßgebliche Unterschied bei der Beurteilung der Zulässigkeit sonstiger Vorhaben (Abs. 2 und 4) gegenüber der Zulässigkeit privilegierter Vorhaben (Abs. 1) ist, daß sonstige Vorhaben nur zugelassen werden, wenn ihre Ausführung oder Benutzung **öffentliche Belange nicht beeinträchtigt;** vgl. hierzu im einzelnen die Erläuterungen zu Abs. 3 (Rn 49–53). Privilegierte Vorhaben sind demgegenüber bereits zulässig, wenn ihnen **öffentliche Belange nicht entgegenstehen** (vgl. hierzu Rn 6). Diese unterschiedliche Bewertung der öffentlichen Belange trägt dem Umstand Rechnung, daß der Gesetzgeber hinsichtlich der privilegierten Vorhaben für den Außenbereich bereits „generell geplant" hat (vgl. Rn 1). Die bloße Beeinträchtigung öffentlicher Be-

lange macht ein privilegiertes Vorhaben daher nicht schon unzulässig; der Privilegierung entspricht ein „stärkeres Durchsetzungsvermögen" (Weyreuther, S. 439) gegenüber öffentlichen Belangen. Da sonstige Vorhaben nach Abs. 2 demgegenüber nur „im Einzelfall" zulässig sind, muß bei der Abwägung zwischen dem beabsichtigten Vorhaben und den hierbei möglicherweise berührten öffentlichen Belangen darauf abgestellt werden, daß öffentliche Belange nicht beeinträchtigt werden. Mit dieser Regelung soll sichergestellt werden, den Außenbereich weitestgehend von baulichen Anlagen freizuhalten, sofern diese nicht ihrem Wesen nach in den Außenbereich gehören und deswegen privilegiert zulässig sind (BVerwGE 28, 268/274). Die **Vorhaben nach Abs. 4** unterscheiden sich von den nach Abs. 2 zu beurteilenden Vorhaben insoweit lediglich dadurch, daß diesen Vorhaben bestimmte öffentliche Belange nicht entgegengehalten werden können.

Sonstige Vorhaben sind weiterhin nur dann zulässig, wenn die **45** **ausreichende Erschließung gesichert** ist. Diese vom Gesetz nur für die Fälle privilegierter Vorhaben nach Abs. 1 ausdrücklich genannte Zulässigkeitsvoraussetzung gilt ebenso für die Fälle der sonstigen Vorhaben, zumal sie ein öffentlicher Belang ist (BVerwGE 26, 111); vgl. zur Sicherung der ausreichenden Erschließung die Erläuterungen zu Abs. 1 (Rn 7). Das **Erschließungsangebot eines Bauwilligen** ist in den Fällen des Abs. 2 anders zu beurteilen als bei privilegierten Vorhaben (vgl. Rn 9). Die Gemeinde ist, selbst wenn ihr keine finanziellen Lasten aus der von einem Bauwilligen übernommenen Herstellung und Unterhaltung von Erschließungsanlagen entstehen würden, und wenn die Herstellung der Erschließungsanlagen selbst keine öffentlichen Belange i. S. des Abs. 3 beeinträchtigen würde, nicht zur Annahme eines Erschließungsangebots verpflichtet. § 123 Abs. 3 schließt ausdrücklich einen Rechtsanspruch auf Erschließung aus. Eine **Verpflichtung** der Gemeinde zur **Annahme eines Erschließungsangebots** kann nur **ausnahmsweise** in Betracht kommen, wenn andernfalls eine vom Gesetz eingeräumte Rechtsposition vereitelt oder eine vom Gesetz getroffene Wertung außer acht bliebe. Diese Voraussetzungen sind im Außenbereich bei einem nichtprivilegierten Vorhaben nicht schon dann gegeben, wenn es öffentliche Belange i. S. des Abs. 3 nicht beeinträchtigt. Auch die **Erschließung** selbst ist ein Instrument in der Hand der Gemeinde, das eine geordnete städtebauliche Entwicklung gewährleisten soll, insbesondere durch **Lenkung der städtebaulichen Entwicklung** und Verhinderung einer unerwünschten Zersiedlung (BVerwG, NJW 1986, 2775).

Sonstige Vorhaben sind nur **„im Einzelfall"** zulässig. Dies bedeutet, **46** daß sonstige Vorhaben nur ausnahmsweise im Außenbereich zugelassen werden; vgl. Rn 44. Durch den Begriff „Einzelfall" wird demgegenüber nicht ausgeschlossen, daß auch mehrere Vorhaben an einer Stelle im Außenbereich genehmigt werden können (Taegen, in: BK, § 35, Rn 38).

47 Werden durch die Ausführung oder Benutzung eines Vorhabens
öffentliche Belange nicht beeinträchtigt, so besteht auf die Zulassung
des Vorhabens ein **Rechtsanspruch** (BVerwGE 18, 247; BGH, MDR
1981, 652). Diese vom Wortlaut ("können") abweichende Auslegung
wird von der Rspr. und Lehre damit begründet, daß die Prüfung der
Beeinträchtigung öffentlicher Belange die Entscheidung über einen
unbestimmten Rechtsbegriff zum Gegenstand hat: Sofern öffentliche
Belange dem Vorhaben nicht entgegenstehen, sei nach dem Gesetz kein
Raum für weitere rechtliche Erwägungen, die eine Ablehnung zur
Folge haben könnten. Ein Ermessensspielraum stehe der Baugenehmigungsbehörde daher dann nicht mehr zu, weil andernfalls die Behörde
den Inhalt des Eigentums bestimmen würde; die Inhaltsbestimmung
des Eigentums ist aber nach Art. 14 Abs. 1 S. 2 GG dem Gesetzgeber
vorbehalten (BVerwGE 18, 247/250 sowie Dyong, in: E/Z/B, § 35,
Rn 75; Taegen, in: BK, § 35 Rn 37; Weyreuther, S. 437; a. A. Ortloff,
NVwZ 1988, 320; Schmidt-Eichstaedt, AöR Bd. 98 [1973], 173).

47a Vgl. weiterhin **§ 4 Abs. 4 BauGB-MaßnahmenG** zur sog. „Außenbereichssatzung" für Wohnzwecken dienenden Vorhaben; hierzu im einzelnen Rn 102 a ff.

IV. Übersicht

48 Die folgende Zusammenstellung soll – in alphabetischer Ordnung –
eine Übersicht über die vornehmlich in der Rechtsprechung behandelten Fälle von nach Abs. 1 oder Abs. 2 zu beurteilenden Vorhaben
geben.

Abgrabungen, vgl. Abs. 1 Nr. 4 (Rn 36)

Almhütten, vgl. Gaststätten.

Altenteilerhäuser sind nach Abs. 1 Nr. 1 privilegiert (vgl. Rn 22).
Bei landwirtschaftlichen Nebenerwerbsstellen erfüllen Altenteilerhäuser in aller Regel nicht die Voraussetzungen einer Privilegierung nach
Abs. 1 Nr. 1 (BVerwG, DÖV 1981, 184). Keine Privilegierung (kein
„Dienen"; vgl. Rn 19) bei einem Gartenbaubetrieb, der auf – verglichen
mit herkömmlichen landwirtschaftlichen Betrieben – verhältnismäßig
kleiner Betriebsfläche überwiegend unter Glas anbaut (BVerwG,
NVwZ 1985, 183; vgl. Rn 22). Zur privilegierten Zulässigkeit von
Wohnungen für ehemalige Landwirte (Abs. 1 Nr. 2) vgl. Rn 24, 25.

Altenheime gehören schon wegen der notwendigen Integration alter
Menschen in die Gesellschaft in der Regel nicht (privilegiert) in den
Außenbereich (BGH, NVwZ 1982, 145/146; NVwZ 1989, 667/668).

Anglerhütten, vgl. Fischerhütte.

Atelier eines Landschaftsmalers ist nicht privilegiert; OVG Lüneburg, RdL 1972, 49/50.

Atomkraftwerke sind nach Abs. 1 Nr. 6 privilegiert; vgl. Kernkraftwerke und Rn 43.

Ausflugslokal, vgl. Gaststätte.

Aussichtsturm ist nach Abs. 1 Nr. 5 als privilegiertes Vorhaben zulässig (Taegen, in: BK, § 35, Rn 27; Weyreuther, S. 48).

Autokino ist nach Abs. 1 Nr. 5 privilegiert (BVerwGE 29, 286; vgl. aber einschränkend Weyreuther, S. 48/49).

Badehütten sind nach Abs. 1 Nr. 5 privilegiert, wenn sie der Allgemeinheit dienen, d. h. nicht nur für die private Benutzung durch den Bauherrn selbst, seine Familie oder einen sonst eng begrenzten Personenkreis bestimmt sind (OVG Lüneburg, BRS 23 Nr. 80; VGH München, BRS 15 Nr. 72).

Berghütten, die der individuellen Erholung dienen, sind nach Abs. 2 zu beurteilen. Nach Abs. 1 Nr. 5 sind sie jedoch als privilegierte Vorhaben zulässig, wenn sie der Allgemeinheit zur Verfügung stehen und damit von ihrem Zweck her der Funktion des Außenbereichs als Erholungslandschaft für die Allgemeinheit entsprechen (BVerwG, BRS 15 Nr. 31; vgl. auch Rn 42).

Bergwerksanlagen sind nach Abs. 1 Nr. 4 privilegiert; Rn 38.

Bienenhäuser sind nach Abs. 1 Nr. 5 als privilegierte Vorhaben zulässig (BVerwG, DVBl. 1975, 504). Vorhaben, die einer berufsmäßigen Imkerei dienen (vgl. § 201), sind nach Abs. 1 Nr. 1 privilegiert zulässig. Ein Wohnhaus kann i. d. R. nicht einer ihm angegliederten Bienenzucht dienen (OVG Lüneburg, BauR 1983, 559; für einen Einzelfall abgelehnt VGH München, BayVBl. 1985, 212; offengelassen vom BVerwG, UPR 1984, 163/164), jedoch verneint bei einer nebenberuflich betriebenen Imkerei mit 120 Bienenvölkern; insoweit nach Abs. 2 zu beurteilen).

Bildungszentren sind nicht privilegiert zulässig (OVG Münster, BauR 1971, 32).

Bohrtürme sind nach Abs. 1 Nr. 4 als privilegierte Vorhaben zulässig (vgl. Rn 39).

Bootshäuser sind nach Abs. 1 Nr. 5 als privilegierte Vorhaben zulässig, sofern sie der Allgemeinheit zur Verfügung stehen (OVG Lüneburg, BRS 20 Nr. 46; OVG Münster, BRS 26 Nr. 29); dienen sie nur der individuellen Erholung, sind sie als sonstige Vorhaben nach Abs. 2 zu beurteilen.

Brennereien sind nicht nach Abs. 1 Nr. 4 privilegiert (Dyong aaO, Rn 57); sie können jedoch als Nebenbetrieb zulässig sein (BVerwG, DVBl. 1975, 506).

Campingplätze; Bauvorhaben sind in aller Regel nicht privilegiert (BVerwGE 48, 109); wesensfremde Bauwerke sind auch nach Abs. 2 unzulässig. Solche Plätze bedürfen daher jedenfalls dann einer förmlichen Planung, wenn sie mit einer baulichen Verfestigung verbunden

sind, wie z. B. der Errichtung eines Wasch- und Toilettengebäudes (BVerwGE 48, 109; vgl. § 10 Abs. 1 BauNVO.

Champignonzucht kann nach Abs. 1 Nr. 1 als privilegiertes Vorhaben zulässig sein, wenn den Anforderungen entsprochen wird, die das Gesetz an einen landwirtschaftlichen Betrieb stellt (vgl. Rn 13 ff.). Dies ist z. B. zu bejahen, wenn auf einem landwirtschaftlichen Gehöft Champignonzucht unter Verwendung wesentlicher Teile landwirtschaftlicher Erzeugnisse (Stroh, Getreide, Pferdemist) betrieben wird, und zwar auch dann, wenn die Champignonzucht selbst in überdachten Hallen stattfindet und zahlreiche Arbeitskräfte erfordert (OVG Lüneburg, BRS 39 Nr. 59). Die Champignonzucht im Keller eines Wohnvorhabens ist dagegen kein landwirtschaftlicher Betrieb, weil es an einer Betriebsfläche fehlt, von der das Haus einen untergeordneten Teil darstellen müßte (OVG Münster, BRS 24 Nr. 59; Taegen aaO, Rn 35; Weyreuther, S. 291 f.).

Damtierhaltung, ein Wohnhaus für den Damtierhalter und seine Familie dient nicht dem Betrieb i. S. des Abs. 1 Nr. 1; nicht privilegiert (OVG Koblenz BRS 24 Nr. 59).

Dirnenwohnheim ist nicht privilegiert (VGH München, BRS 30 Nr. 125).

Düngemittelfabriken können nach Abs. 1 Nr. 5 als privilegierte Vorhaben zulässig sein (Weyreuther, S. 142).

Einfriedungen, vgl. Zäune.

Erholungsanlagen, die zur allgemeinen Erholung bestimmt sind, können nach Abs. 1 Nr. 5 privilegiert zulässig sein, wenn und soweit sie zur Erfüllung der vorgesehenen Erholungsfunktion erforderlich sind (BVerwG, NJW 1976, 2226; ZfBR 1979, 259).

Erholungsheime können nach Abs. 1 Nr. 5 als privilegierte Vorhaben zulässig sein. Dies ist z. B. bei Lungenheilstätten zu bejahen, wenn sie ihrer Funktion in einem Kurviertel nicht gerecht würden (Weyreuther, S. 257); keine Privilegierung, wenn Sanatorien auch in einem Kurviertel oder Sondergebiet ihrer Funktion gerecht würden (BGH, NVwZ 1982, 145/146; Taegen aaO, Rn 27). Lagert ein im Innenbereich liegendes Sanatorium den für Heilzwecke benutzten Moorschlamm auf dem nahen Gelände in Gruben zur Regeneration ab, so sind diese **„Moorschlammtaschen"** als Nebenanlagen des Sanatoriums nicht nach Abs. 1 privilegiert (BVerwG, NVwZ 1984, 510).

Erwerbsgartenbau ist Landwirtschaft (§ 201); Vorhaben sind nach Abs. 1 Nr. 1 privilegiert.

Erwerbsobstbau ist Landwirtschaft; Vorhaben sind nach Abs. 1 Nr. 1 privilegiert.

Fasanerie (Fasanenzucht) ist nach Abs. 1 Nr. 1 privilegiert (OVG Lüneburg, BRS 20 Nr. 42).

Ferienhaus vgl. Wochenendhäuser.

Ferienwohnungen können an der Privilegierung nach Abs. 1 Nr. 1 teilhaben; sie können im Einzelfall auch nach Abs. 4 S. 1 Nrn. 1, 4, 5 oder 6 zu beurteilen sein (vgl. eingehend Bielenberg und Söfker, in: ZfBR 1989, 49 und 91).

Fernheizwerke sind nach Abs. 1 Nr. 4 privilegiert (Weyreuther, S. 230).

Fernmeldetürme sind nach Abs. 1 Nr. 4 privilegiert.

Fischerei ist nach § 201 Landwirtschaft, wenn sie als berufsmäßige Binnenfischerei betrieben wird. Vorhaben, die der Fischerei dienen, sind nach Abs. 1 Nr. 1 privilegiert. Kleinere, private Fischerhütten („Hobbyfischerei") nehmen an der Privilegierung dagegen nicht teil (BVerwGE 34, 1). Vorhaben der nicht-landwirtschaftlichen Fischzucht können nach Abs. 1 Nr. 5 privilegiert zulässig sein; vgl. hierzu **Fischerhütten.**

Fischerhütten sind nach Abs. 1 Nr. 5 als privilegierte Vorhaben zulässig, wenn z. B. auf der Grundlage einer landesrechtlichen Vorschrift eine gesetzliche Pflicht begründet ist, einen der Größe und Beschaffenheit des Gewässers entsprechenden Fischbestand, soweit erforderlich durch künstlichen Besatz, zu erhalten und zu hegen (BVerwG, BauR 1978, 118; vgl. auch Rn 42). Soweit die Fischerhütte einem Betrieb der berufsmäßigen Binnenfischerei (vgl. Fischerei) dient, kann sie auch unter die Privilegierung nach Abs. 1 Nr. 1 fallen.

Fischteich kann als Vorhaben gem. Abs. 1 privilegiert zulässig sein (BVerwG, NVwZ 1985, 340).

Forellenproduktion in Stahlmastbehältern ist nicht privilegiert (OVG Lüneburg, BRS 42 Nr. 88).

Forstarbeiterstellen gehören nicht zu den nach Abs. 1 Nr. 3 privilegiert zulässigen Vorhaben (vgl. Rn 34). Soweit Wohnungen für Forstarbeiter jedoch einem forstwirtschaftlichen Betrieb dienen, sind sie nach Abs. 1 Nr. 1 als privilegierte Vorhaben zulässig.

Freibäder (an einem See oder Fluß) können privilegiert sein (Dyong aaO, Rn 66).

Freikörperkulturanlagen gehören nicht zu den nach Abs. 1 Nr. 5 privilegierten Vorhaben (BVerwG, DÖV 1979, 213).

Freileitungen sind nach Abs. 1 Nr. 4 als privilegierte Vorhaben zulässig.

Freilichtbühnen können nach Abs. 1 Nr. 5 als privilegierte Vorhaben zulässig sein (Dyong aaO, Rn 59; Weyreuther, S. 237).

Friedhöfe sind nach Abs. 2 zu beurteilen (Weyreuther, S. 237; für Privilegierung Dyong aaO, Rn 72).

Gaststätten sind i. d. R. keine privilegierten Vorhaben und somit nach Abs. 2 zu beurteilen (OVG Münster, BRS 20 Nr. 47; Weyreuther, S. 239). Eine Privilegierung nach Abs. 1 Nr. 5 kann im Einzelfall in

Betracht kommen, wenn der Gesichtspunkt einer für die Allgemeinheit notwendigen Versorgung in den Vordergrund tritt (Dyong aaO, Rn 65). Dies kann z. B. der Fall sein bei Autobahnraststätten oder einem für die Allgemeinheit im Hinblick auf die Erholungsfunktion wichtigen Ausflugziel; vgl. auch Berghütten.

Geflügelzuchtbetriebe sind nach Abs. 1 Nr. 1 als privilegierte Vorhaben zulässig, wenn sie Teil eines landwirtschaftlichen Betriebs sind. Die Geflügelzucht ist auch im Rahmen einer landwirtschaftlichen Nebenerwerbsstelle (vgl. Rn 16) zulässig (VGH Mannheim, BRS 17 Nr. 41). Sofern die Privilegierung nach Abs. 1 Nr. 1 ausscheidet, weil wegen einer überwiegend fremden Futterbasis die unmittelbare Bodenertragsnutzung fehlt, können Geflügelzuchtbetriebe wegen der von ihnen ausgehenden Emissionen nach Abs. 1 Nr. 5 im Außenbereich privilegiert zulässig sein (BVerwG, ZfBR 1983, 284; Taegen, § 35, Rn 29; Weyreuther, S. 247).

Golfplätze sind – vorbehaltlich besonderer Umstände (Organisation, Anlagen, Zugänglichkeit) – nicht gem. Abs. 1 Nr. 5 privilegiert (a. A. Vorauflage); vgl. sinngemäß zu „Campingplätze"; vgl. weiterhin OVG Lüneburg, BauR 1988, 317; Erbguth, Rn 309; Taegen aaO, Rn 35.

Go-Kart-Bahn, ist gem. Abs. 1 Nr. 5 zu beurteilen (Birk, NVwZ 1985, 689/696; a. A. VG Mannheim, Urt. v. 21. 9. 1983 – 3 S 1705/83).

Hafenbetrieb und ihm dienende Vorhaben sind nach Abs. 1 Nr. 4 als ortsgebundene gewerbliche Betriebe privilegiert zulässig.

Heilstätte, vgl. Erholungsheime.

Hochbehälter für Wasser können nach Abs. 1 Nr. 4 als ortsgebundene Anlagen privilegiert zulässig sein.

Hochspannungsmasten: Abs. 1 Nr. 4.

Holzlagerung (Langzeitlagerung zum Zwecke der Naßkonservierung) ist grundsätzlich nach Abs. 1 Nr. 1 zu beurteilen, wenn sie in Ausübung eines land- oder forstwirtschaftlichen Betriebs vorgenommen wird; ggf. kommt auch Abs. 1 Nr. 5 in Betracht.

Hotel, vgl. Gaststätten.

Hühnerzucht, vgl. Geflügelzuchtbetriebe.

Hundezucht und -pension, Hundezwinger (einschließlich des damit verbundenen Wohn- und Betriebsgebäudes) können gem. Abs. 1 Nr. 5 zulässig sein, wenn die durch die Tiere ausgehenden Geräuschemissionen auch die Unterbringung im Gewerbegebiet (§ 8 BauNVO) ausschließen (VGH Mannheim, BRS 40 Nr. 77; vgl. auch Taegen, in: BK, § 35, Rn 29; BVerwG, BRS 30 Nr. 63).

Imkerei, vgl. Bienenhäuser.

Jagdhütten sind nach Abs. 1 Nr. 5 als privilegierte Vorhaben zulässig. Voraussetzung für die Privilegierung ist, daß es sich um einen mög-

lichst einfachen Bau handelt, dessen Errichtung örtliche Lage, Größe und äußere Gestaltung, innere Einteilung und innere Ausstattung ausschließlich nach Gesichtspunkten ausgerichtet sind, die sich allein aus den konkreten Erfordernissen einer ordnungsgemäßen Jagdausübung ergeben (BVerwG, NVwZ 1983, 472). Das Erfordernis einer funktionellen Zuordnung des Bauwerks zur Ausübung einer ordnungsgemäßen Jagd erstreckt sich auch auf die räumliche Zuordnung der Hütte zum jeweiligen Jagdbezirk. Die Privilegierung einer Jagdhütte setzt daher i. d. R. voraus, daß sie in dem zu bejagenden Bezirk liegt (BVerwG aaO); sie scheidet bei Wohnung des Jagdberechtigten in oder nahe dem Jagdrevier aus (BVerwG, ZfBR 1986, 48); vgl. auch Rn 42).

Jugendherbergen können nach Abs. 1 Nr. 5 als privilegierte Vorhaben zulässig sein (BVerwG, BauR 1976, 347).

Justizvollzugsanstalten sind keine nach Abs. 1 Nr. 5 privilegierten Vorhaben; ihre Zulässigkeit ist daher nach Abs. 2 zu beurteilen (VGH München, BRS 39 Nr. 75).

Kernkraftwerke sind nach Abs. 1 Nr. 6 (neu durch BauGB eingeführt) privilegiert; vgl. auch BVerwG, NVwZ 1986, 208/215 zu BBauG: Privilegierung gem. Abs. 1 Nr. 5; vgl. Rn 43.

Kiesgruben sind ortsgebundene gewerbliche Betriebe; Vorhaben, die den Betrieben dienen, sind nach Abs. 1 Nr. 4 als privilegierte Vorhaben zulässig (BVerwG, BRS 30 Nr. 56; vgl. auch BVerwG, BauR 1984, 54 sowie Rn 63).

Kindergärten sind als nicht privilegierte Vorhaben nach Abs. 2 zu beurteilen (OVG Münster, BRS 30 Nr. 59).

Kinderheime, vgl. Erholungsheime sowie Kindergärten.

Kirchliche Einrichtungen sind nach Abs. 2 zu beurteilen (BVerwG, DÖV 1974, 566; Dyong aaO, Rn 67).

Kläranlagen sind nach Abs. 1 Nr. 4 privilegiert.

Kleingärten sind nach Abs. 2 zu beurteilen; Lauben, die größer sind, als für die kleingärtnerische Nutzung erforderlich, sind nach Abs. 2 und 3 unzulässig, weil sie die Entstehung einer Splittersiedlung befürchten lassen (BVerwG, NJW 1984, 1576).

Kraftwerke, die der öffentlichen Versorgung mit Elektrizität dienen, sind nach Abs. 1 Nr. 4 privilegiert. Sie können darüber hinaus nach Abs. 1 Nr. 5 privilegiert sein (Rn 39; Dolde, NJW 1983, 792); vgl. auch Kernkraftwerke (Abs. 1 Nr. 6).

Lagerhallen (z. B. für einen Speditionsbetrieb) sind keine privilegierten Vorhaben und daher nach Abs. 2 zu beurteilen (BVerwG, BRS 28 Nr. 43).

Landhandel ist nicht nach Abs. 1 Nr. 1 privilegiert zulässig und daher nach Abs. 2 zu beurteilen (OVG Münster, BRS 23 Nr. 65).

Landarbeiterstellen sind nach Abs. 1 Nr. 3 privilegiert zulässig (Rn 32 ff.). Hat die Ehefrau des Landarbeiters bereits ein Wohnhaus im Außenbereich, so entfällt i. d. R. die Privilegierung nach Abs. 1 Nr. 3 (OVG Lüneburg, ZfBR 1981, 101).

Landmaschinenwerkstätten sind nicht privilegiert zulässig und daher nach Abs. 2 zu beurteilen (OVG Münster, DÖV 1975, 721); vgl. auch Rn 35 zu den Landmaschinenringen.

Liebhaberei schließt die Anerkennung als privilegierte Nutzung aus. Vorhaben, die nur der Liebhaberei dienen, sind im Außenbereich nicht erforderlich und daher nicht privilegiert zulässig (vgl. auch Rn 13 und 19); dies hat Bedeutung für die als Liebhaberei betriebene Landwirtschaft, aber auch für die Einrichtungen zur individuellen Erholung (vgl. z. B. BVerwGE 34, 1; VGH München, BRS 38 Nr. 86 sowie Rn 13).

Luftschutzbunker sind keine nach Abs. 1 privilegierten Vorhaben und daher nach Abs. 2 zu beurteilen.

Minigolfanlagen sind keine nach Abs. 1 privilegierten Vorhaben und daher nach Abs. 2 zu beurteilen (BVerwG, DVBl. 1972, 684).

Motel, vgl. Gaststätten.

Mülldeponien sind nach Abs. 1 Nr. 5 als privilegierte Vorhaben zulässig; jedoch findet hier § 35 wegen § 38 S. 1 i. d. R. keine Anwendung; vgl. vielmehr das erforderliche Planfeststellungsverfahren nach dem AbfallbesG.

Mühlen (Wind- oder Wassermühlen) sind als ortsgebundene Anlagen nach Abs. 1 Nr. 4 privilegiert zulässig.

Nebenerwerbslandwirte: vgl. zu den Anforderungen für die Privilegierung Rn 16.

Nerzzucht ist wegen der nachteiligen Wirkung auf die Umgebung (Gerüche) nach Abs. 1 Nr. 5 privilegiert.

Obdachlosenunterkunft ist nicht privilegiert (OVG Münster, BauR 1983, 151).

Pensionsbetriebe sind als Teil eines land- oder forstwirtschaftlichen Betriebs nach Abs. 1 Nr. 1 privilegiert zulässig (vgl. vertiefend Bielenberg und Söfker, ZfBR 1989, 49 und 91); vgl. auch zu Gaststätten.

Pensionspferdehaltung, wenn sie auf eigener Futtergrundlage betrieben wird, ist Landwirtschaft i. S. des § 201; vgl. demgegenüber (ablehnend) BVerwG, NVwZ 1986, 200 zu § 146 BBauG (Privilegierung nur im Rahmen eines vorhandenen landwirtschaftlichen Betriebs).

Pferdezucht ist als Landwirtschaft (§ 201) anzusehen, wenn eine unmittelbare Bodenertragsnutzung gegeben ist und der Boden zum Zwecke der Nutzung seines Ertrags planmäßig und eigenverantwortlich bewirtschaftet werden muß (BVerwG, BRS 44, Nr. 79); eine landwirtschaftliche Pferdehaltung liegt mithin nur dann vor, wenn die

Pferdehaltung als Wiesen- und Weidewirtschaft oder als Teil des Akkerbaus, also auf der Grundlage von überwiegend selbsterzeugtem Stroh sowie Heu, Getreide u. ä. Pferdefutter betrieben wird (VGH Mannheim, BRS 39 Nr. 76). Zur Pferdezucht kann auch die **reiterliche Erstausbildung** der Jungpferde, ggf. auch eine Bewegungs- und Reithalle für die selbst gezogenen Tiere gehören (BVerwG, BauR 1986, 541). Eine **Pferdebewegungs-** und **-ausbildungshalle** kann privilegiert sein (BVerwG, NVwZ 1986, 201); jedoch nicht, wenn sie Reitsportzwecken u. a. landwirtschaftsfremden Zwecken dient (OVG Münster, BauR 1984, 272).

Pilzzucht, vgl. Champignonzucht.

Pumpstationen sind als Anlagen der öffentlichen Versorung mit Wasser nach Abs. 1 Nr. 4 als privilegierte Vorhaben zulässig.

Raststätten, vgl. Gaststätten.

Reithallen vgl. Pferdezucht.

Richtstrahleranlagen sind als Anlagen des Fernmeldewesens nach Abs. 1 Nr. 4 als privilegierte Vorhaben zulässig.

Ruderhäuser, vgl. Bootshäuser.

Rundfunktürme und andere einem Rundfunksender dienende Vorhaben sind als Vorhaben des Fernmeldewesens nach Abs. 1 Nr. 4 als privilegierte Vorhaben zulässig.

Sägewerke sind keine forstwirtschaftlichen Betriebe und daher nicht nach Abs. 1 Nr. 1 privilegiert. Auch eine Privilegierung nach Abs. 1 Nr. 4 scheidet i. d. R. aus, da sie keine ortsgebundenen gewerblichen Betriebe sind; Rentabilitätserwägungen reichen für die entsprechende Privilegierung nicht aus (vgl. Rn 38 ff.). Lediglich ein wassergetriebenes Sägewerk kann als ortsgebundener gewerblicher Betrieb i. S. des Abs. 1 Nr. 4 angesehen werden.

Sanatorien, vgl. Erholungsheime.

Schafhaltung kann als Landwirtschaft i. S. des § 201 zur privilegierten Zulässigkeit von Vorhaben nach Abs. 1 Nr. 1 führen. Schafhaltung ist als Weidewirtschaft auf unmittelbare Bodenertragsnutzung ausgerichtet. Der Privilegierung nach Abs. 1 Nr. 1 steht auch nicht entgegen, wenn der überwiegende Teil der Weideflächen (langfristig) gepachtet (vgl. Rn 21) ist. Auch der Zukauf von Futter für den Winter steht dieser Beurteilung nicht entgegen (BVerwGE 41, 138; BVerwG, DÖV 1983, 816). Das BVerwG hat in einem Einzelfall bei 1,5 ha Eigenland, 1,8 ha Nießbrauchsfläche und 5,7 ha langfristig angepachtetem Grünland die Privilegierung bejaht (BVerwG, DÖV 1983, 816). Die Privilegierung nach Abs. 1 Nr. 1 entfällt jedoch dann, wenn die Schafhaltung nicht den Anforderungen entspricht, die an einen landwirtschaftlichen Betrieb zu stellen sind (vgl. hierzu Rn 13–15). Einzelfälle: Bei 61 Schafen auf 30 Morgen Weideland liegt kein landwirtschaftlicher Betrieb vor (VGH Kassel, BRS 27 Nr. 62); bei 280 Alt- und Jungtieren kann demgegen-

über ein landwirtschaftlicher Betrieb angenommen werden (BVerwG, DÖV 1983, 816). Privilegiert zulässig sind danach insbesondere Schafställe oder Futtersilos.

Schießplätze sind wegen der von ihnen ausgehenden Gefahren nach Abs. 1 Nr. 5 als privilegierte Vorhaben im Außenbereich zulässig. Auch ein privater Schießplatz, der an mehrere Vereine vermietet werden soll, kann nach Abs. 1 Nr. 5 privilegiert sein (BVerwG, DÖV 1978, 774).

Schleusen können im Außenbereich nach Abs. 1 Nr. 4 oder 5 privilegiert zulässig sein (Weyreuther, S. 422).

Schneckenzucht ist kein landwirtschaftlicher Betrieb; Vorhaben sind nach Abs. 2 zu beurteilen (OVG Münster, BRS 16 Nr. 32).

Schrottplätze (z. B. zum Ausschlachten von Kraftfahrzeugen) sind nach Abs. 2 als sonstige Vorhaben zu beurteilen (BVerwG, BRS 38 Nr. 89).

Schulungsheime sind als sonstige Vorhaben nach Abs. 2 zu beurteilen (BVerwG, Buchholz 406.11 § 35 Nr. 109).

Schutzhütten, vgl. Berghütten und Jugendherbergen.

Schweinemastbetriebe sind, sofern sie nicht einem damit zusammenhängenden landwirtschaftlichen Betrieb zuzurechnen sind, nicht als Landwirtschaft i. S. des § 201 anzusehen, da es an den Merkmalen der unmittelbaren Bodenertragsnutzung und der eigenverantwortlichen Bodenbewirtschaftung (vgl. hierzu Rn 9) fehlt (BVerwG, NJW 1981, 139/140). Schweinemästereien sind jedoch wegen der von ihnen ausgehenden Wirkungen (insbesondere der Geruchsbelästigung) nach Abs. 1 Nr. 5 im Außenbereich als privilegierte Vorhaben zulässig.

Schwimmbäder, vgl. Freibäder.

Seilbahnen können nach Abs. 1 Nr. 4 als ortsgebundene gewerbliche Betriebe oder nach Abs. 1 Nr. 5 als Vorhaben mit besonderen Anforderungen an die Umgebung als nur im Außenbereich ausführbare Vorhaben privilegiert zulässig sein (Gelzer, Rn 1179; Weyreuther, S. 423); vgl. aber § 38 S. 1: Keine Anwendung von § 35, sofern ein landesrechtliches Planaufstellungsverfahren vorgesehen ist.

Sendemasten sind als Vorhaben, die dem Fernmeldewesen dienen, nach Abs. 1 Nr. 4 als privilegierte Vorhaben zulässig.

Skihütten, vgl. Berghütten.

Sportanlagen sind i. d. R. nach Abs. 2 zu beurteilen; vgl. Golfplätze, Freibäder, Schießstände und Tennisplätze.

Sportboothafen (privater) ist nach Abs. 2 und nicht nach Abs. 1 Nr. 5 zu beurteilen (BVerwG, UPR 1990, 63).

Sprengstoffabriken sind als Vorhaben mit nachteiliger Wirkung auf die Umgebung nach Abs. 1 Nr. 5 zu beurteilen.

Stallgebäude, vgl. Pferdezucht.

Staumauern sind nach Abs. 1 Nr. 4 oder 5 zu beurteilen.

Steinbrüche, die gewerbsmäßig betrieben werden, sind nach Abs. 1 Nr. 4 zu beurteilen.

Sternwarten können als Vorhaben mit besonderen Anforderungen an die Umgebung nach Abs. 1 Nr. 5 zu beurteilen sein.

Talsperren, vgl. Staumauern.

Tankstellen sind i. d. R. nach Abs. 2 zu beurteilen. Jedoch kann ein besonderer Bedarf für eine Tankstelle die Privilegierung nach Abs. 1 Nr. 5 rechtfertigen (z. B. an Bundesautobahnen oder Ausflugsgaststätten; Taegen aaO, Rn 35; Weyreuther, S. 449).

Taubenzucht ist keine Landwirtschaft i. S. des §201; Vorhaben sind nach Abs. 2 zu beurteilen.

Tennisplätze sind als sonstige Vorhaben nach Abs. 2 zu beurteilen. Eine Tennisanlage im Außenbereich kann unzulässig sein, wenn sie im Widerspruch zur Darstellung einer „Fläche für den Gemeinbedarf" im Flächennutzungsplan steht (OVG Münster, BauR 1984, 148).

Telefonmasten dienen dem Fernmeldewesen und sind daher nach Abs. 1 Nr. 4 als privilegierte Vorhaben zulässig.

Tierheime können nach Abs. 1 Nr. 5 als privilegierte Vorhaben zulässig sein (OVG Münster, DÖV 1970, 791).

Tierkörperbeseitigungsanstalten sind wegen ihrer nachteiligen Wirkung auf die Umgebung für den Außenbereich bestimmt und daher nach Abs. 1 Nr. 5 privilegiert zulässig.

Tierparks können im Hinblick auf ihre Erholungsfunktion zu Gunsten der Allgemeinheit nach Abs. 1 Nr. 4 privilegiert sein.

Torfstechereien sind nach Abs. 1 Nr. 4 als ortsgebundene gewerbliche Betriebe zu beurteilen (vgl. Rn 38).

Transportbetonanlagen sind auch als Nebenanlagen einer privilegierten Kiesgrube nach Abs. 2 und nicht nach Abs. 1 Nr. 4 zu beurteilen, da sie diesen nur aus Gründen wirtschaftlicher Zweckmäßigkeit, nicht aber wegen technischer Erfordernisse zugeordnet sind (BVerwG, DVBl. 1977, 526).

Transformatorenhäuser dienen der öffentlichen Versorgung mit Elektrizität und sind daher nach Abs. 1 Nr. 4 privilegiert zulässig.

Verstärkeranlagen dienen dem Fernmeldewesen und sind daher nach Abs. 1 Nr. 4 privilegiert zulässig.

Viehunterstände landwirtschaftlicher Betriebe sind nach Abs. 1 Nr. 1 privilegiert.

Wassertürme dienen der öffentlichen Versorgung mit Wasser und sind daher nach Abs. 1 Nr. 4 privilegiert zulässig.

Weidewirtschaft ist Landwirtschaft i. S. des §201 vgl. auch Pferdezucht und Schafhaltung.

Weinbau ist Landwirtschaft i. S. des §201. Zum Erfordernis der

betriebsflächennahen Lage der Betriebsgebäude vgl. BVerwG, NVwZ 1986, 644 sowie Rn 19.

Weinbergschneckenzucht, vgl. Schneckenzucht.

Werkstätten, vgl. Landmaschinenwerkstätten.

Wetterwarten können im Außenbereich nach Abs. 1 Nr. 5 privilegiert zulässig sein.

Wiederaufbereitungsanlagen sind gem. Abs. 1 Nr. 6 privilegiert; vgl. Rn 43.

Wiesenwirtschaft ist Landwirtschaft i. S. des § 201.

Wildgehege, vgl. Tierparks; nicht notwendig nach Abs. 1 Nr. 5 privilegiert bei Tierhaltung aus Liebhaberei (BVerwG, ZfBR 1987, 297).

Windenergieanlage, die der Versorgung eines einzelnen privaten Betriebes dient, ist nicht nach Abs. 1 Nr. 4 privilegiert, weil sie nicht der öffentlichen Versorgung dient (BVerwG, ZfBR 1983, 198). BVerwG aaO lehnt auch die Privilegierung nach Abs. 1 Nr. 5 ab. Auch als Nebenanlagen eines im Innenbereich gelegenen Betriebs sollen sie nicht im Außenbereich durchgeführt werden. Jedoch kann die private Windenergieanlage für die Versorgung eines nach Abs. 1 Nr. 1 privilegierten Betriebes als untergeordnete Nebenanlage von der Privilegierung des Betriebes gedeckt sein (BVerwG, ZfBR 1983, 198; vgl. vertiefend Söfker, ZfBR 1989, 91).

Wochenendhäuser gehören nicht zu den privilegierten Vorhaben. Sie brauchen weder wegen der besonderen Anforderungen an die Umgebung, noch wegen ihrer besonderen Zweckbestimmung nur im Außenbereich ausgeführt werden. Ihre Zulässigkeit richtet sich daher nach Abs. 2 (vgl. z. B. BVerwGE 18, 247; vgl. weiterhin Rn 42 und 68).

Wohnhäuser sind nach Abs. 2 zu beurteilen, soweit sie nicht von einem privilegierten Vorhaben nach Abs. 1 gedeckt sind (vgl. Rn 19 sowie Abs. 1 Nr. 2 u. 3).

Wohnwagen sind, sofern sie bauliche Anlagen i. S. des § 29 S. 1 sind, wie Wochenendhäuser nach Abs. 2 zu beurteilen; vgl. aber auch BVerwG, NVwZ 1988, 144.

Zäune sind planungsrechtlich i. d. R. so zu beurteilen, wie das Vorhaben, dem sie dienen.

Zeltplätze, vgl. Campingplätze.

Zementfabriken sind wegen der Staubemissionen nach Abs. 1 Nr. 5 zu beurteilen.

Ziegeleien sind als ortsgebundene gewerbliche Betriebe nach Abs. 1 Nr. 4 zu beurteilen (Rn 38; Weyreuther, S. 510).

Zuckerfabriken sind keine ortsgebundenen gewerblichen Betriebe und daher im Außenbereich nach Abs. 2 zu beurteilen (Dyong aaO, Rn 57).

Zwischen- und Endlager für radioaktive Abfälle: privilegiert gem. Abs. 1 Nr. 6; Rn 43.

V. Die „öffentlichen Belange" (Abs. 3)

1. Bedeutung der Regelung für privilegierte und sonstige Vorha- 49
ben. Öffentliche Belange sind für die Beurteilung der Zulässigkeit von Vorhaben im Außenbereich sowohl für die privilegierten Vorhaben nach Abs. 1 als auch für die sonstigen Vorhaben nach Abs. 2 maßgeblich: Ein privilegiertes Vorhaben ist nur zulässig, wenn öffentliche Belange **nicht entgegenstehen;** ein sonstiges Vorhaben ist nur zulässig, wenn öffentliche Belange **nicht beeinträchtigt** werden. Die Privilegierung nach **Abs. 1** bewirkt also ein grundsätzlich stärkeres Durchsetzungsvermögen gegenüber den von Vorhaben berührten öffentlichen Belangen (BVerwGE 48, 109/114). Durch die generelle Verweisung dieser Vorhaben in den Außenbereich hat der Gesetzgeber insofern selbst eine planerische Entscheidung zu Gunsten dieser Vorhaben getroffen und damit auch Fälle negativer Berührung mit öffentlichen Belangen im Einzelfall in Kauf genommen (hierzu bereits Rn 6). Die Bevorzugung von Vorhaben nach Abs. 1 führt also bei Beeinträchtigung öffentlicher Belange – anders als bei den Vorhaben nach Abs. 2 – nicht bereits zur Unzulässigkeit. Es muß vielmehr eine **Abwägung** zwischen den jeweils berührten öffentlichen Belangen und dem Vorhaben stattfinden, wobei zu dessen Gunsten die Privilegierung ins Gewicht fällt (vgl. BVerwGE 28, 148/151; 48, 109/114; DÖV 1979, 905 f.).

Bei sonstigen Vorhaben nach **Abs. 2** ist demgegenüber in Rechnung 50 zu stellen, daß der Gesetzgeber für sie dann keine Rechtfertigung vorsieht, wenn öffentliche Belange beeinträchtigt werden. Ob eine Beeinträchtigung öffentlicher Belange durch sonstige Vorhaben vorliegt, hängt von den Umständen des Einzelfalles ab und ist der auch in diesen Fällen vorzunehmenden Abwägung zu berücksichtigen (BVerwGE 28, 148/151; Dyong, in: E/Z/B, § 35, Rn 154; Taegen, in: BK, § 35, Rn 39).

Der hiernach gebotenen Abwägung zwischen den Interessen an der 51 Durchführung des (privilegierten oder sonstigen) Vorhabens und der negativen Berührung mit öffentlichen Belangen ist jedoch dort eine Grenze gesetzt, wo die zu erwartenden Nachteile nur noch durch sonstige Vorteile aufgerechnet werden könnten. Eine planerische Konfliktbewältigung i. S. einer **Kompensation,** also eine Saldierung von Vor- und Nachteilen, käme im Ergebnis einer gestaltenden Abwägung gleich. Diese ist kennzeichnend für die planerische Abwägung und Konfliktbewältigung (vgl. hierzu die Erläuterungen zu § 1 Abs. 6). Bei Entscheidungen nach § 35 ist sie jedoch nicht erlaubt (BVerwGE 42, 8/ 14 ff.; Weyreuther, S. 18). Die bei der Feststellung, ob öffentliche Belange einem Vorhaben entgegenstehen (Abs. 1) oder durch dieses beeinträchtigt werden (Abs. 2) vorzunehmende Abwägung hat also

ausschließlich zum Gegenstand, **ob** überhaupt eine negative Berührung mit öffentlichen Belangen vorliegt. Insofern kann ein öffentlicher Belang **unterschiedlich bewertet** werden, je nachdem was für ein Vorhaben ihm gegenübersteht. Eine wertende Abwägung öffentlicher und privater Belange oder eine Kompensation bestimmter öffentlicher Belange gegenüber anderen öffentlichen Belangen ist dagegen im Rahmen des § 35 nicht zugelassen.

52 Auf öffentliche Belange kann auch nicht „**verzichtet**" werden, und zwar weder von der Gemeinde noch von einem von der Schutzwirkung öffentlicher Belange begünstigten Dritten (BVerwG, DÖV 1978, 774; Weyreuther, S. 327). Ruft ein Vorhaben z. B. schädliche Umwelteinwirkungen hervor und stimmt der von diesen Einwirkungen Betroffene dem Vorhaben zu, dann hat das für die Beurteilung des Vorhabens nur Bedeutung, wenn und soweit die „Zustimmung" dazu führt, daß rechtlich beachtliche Umwelteinwirkungen – etwa weil die „Zustimmung" Einfluß darauf nimmt, ob eine Belästigung „erheblich" ist (vgl. § 3 Abs. 1 BImSchG) – nicht mehr vorliegen. Einer Verzichterklärung sind aber die öffentlichen Belange – auch insoweit – nicht zugänglich (BVerwG aaO).

53 **2. Begriff der öffentlichen Belange.** Der Begriff der öffentlichen Belange ist in Abs. 3 nicht generell definiert, vielmehr wird er durch einen nicht abschließenden Katalog wichtiger öffentlicher Belange erläutert. Es handelt sich dabei um einen **unbestimmten Rechtsbegriff.** Unter ihn fallen alle Gesichtspunkte, die für das Bauen im Außenbereich rechtserheblich sein können. Neben den in Abs. 3 beispielhaft aufgeführten öffentlichen Belangen sind daher auch andere öffentliche Belange rechtserheblich, sofern sie in einer konkreten Beziehung zur städtebaulichen Ordnung stehen und damit von dem in § 1 einer geordneten städtebaulichen Entwicklung vorgegebenen Leitgedanken unter Berücksichtigung der konkreten örtlichen Verhältnisse mitumfaßt sind (vgl. BVerwGE 18, 247/250; 25, 161/163; 28, 268/277 sowie Dyong aaO, Rn 79; Taegen aaO, Rn 39; Weyreuther, S. 325).

54 **3. Die einzelnen öffentlichen Belange. a) Darstellungen des Flächennutzungsplans.** Die im Flächennutzungsplan zum Ausdruck gebrachten planerischen Vorstellungen der Gemeinde gehören als Konkretisierung dessen, was im Einzelfall als die geordnete städtebauliche Entwicklung anzusehen ist, zu den öffentlichen Belangen. Der Flächennutzungsplan ist zwar nur ein vorbereitender Bauleitplan, er ist jedoch mehr als eine nur unverbindliche Äußerung der Gemeinde. Vielmehr bringt die Gemeinde durch den Flächennutzungsplan in einem gesetzlich geregelten Verfahren ihren planerischen Willen über die weitere städtebauliche Entwicklung zum Ausdruck. Die Darstellungen des Flächennutzungsplans haben für die Zulässigkeit **privilegierter und sonstiger Vorhaben** unterschiedliches Gewicht. Das BVerwG hat seine frühere Rspr. (vgl. vor allem BVerwGE 28, 148) modifiziert, wonach dem Flächenutzungsplan für die Feststellung von öffentlichen Belangen

gegenüber **privilegierten Vorhaben** im Außenbereich keine entscheidungserhebliche Aussagekraft zukomme (vgl. jetzt BVerwG, NVwZ 1984, 367). Der Gesetzgeber hat zwar die privilegierten Vorhaben in planähnlicher Weise dem Außenbereich zugewiesen. Diese § 30 Abs. 1 und § 34 nahekommende Privilegierung kommt jedoch dort nicht zum Tragen, wo der Flächennutzungsplan eine konkrete, der Zulässigkeit des Vorhabens entgegenstehende standortbezogene Aussage enthält. Vgl. entsprechend und in einzelnen zu den **Zielen der Raumordnung und Landesplanung** Rn 74. Keine in diesem Sinne beachtliche Aussage ist daher z. B. die Darstellung aller für eine landwirtschaftliche Nutzung zur Verfügung stehenden Außenbereichsflächen als Fläche für die Landwirtschaft, da sie im allgemeinen keine qualifizierten Standortzuweisungen sind (BVerwG, ZfBR 1990, 41 zu einem Vorhaben gem. Abs. 1 Nr. 4; vgl. auch OVG Münster, UPR 1985, 297); vgl. dagegen die (mit dem BauGB 1987 eingeführte) Darstellungsmöglichkeit von Schutzflächen gem. § 5 Abs. 2 Nr. 10 (ablehnend zur Darstellung als Landschaftsschutzgebiet im Flächennutzungsplan, allenfalls Vermerk gem. § 5 Abs. 6 S. 2, zu § 5 BBauG VGH Mannheim, NVwZ 1986, 53). Vgl. weiterhin BVerwG, NVwZ 1988, 54: Ist der Kiesabbau im Außenbereich einer Gemeinde überwiegend möglich und hat die Gemeinde daher zur räumlichen Konzentration Kiesabbauflächen im Flächennutzungsplan ("Auskiesungskonzept") dargestellt, kann dies (auch als **„negative"** Aussage) als öffentlicher Belang einem nach § 35 Abs. 1 Nr. 4 privilegierten Kiesabbau auf einer anderen Gemeindefläche entgegenstehen, die im Flächennutzungsplan als Landwirtschaftsfläche dargestellt ist. Eine standortbezogene Aussage in einem Flächennutzungsplan vermag aber – schon mangels einer dem § 42 entsprechenden Entschädigungsregelung – nicht die Zulässigkeit eines privilegierten Vorhabens überwinden, die sich bereits vor der Planung **eigentumskräftig verfestigt** hat. Beispiel: Vorhaben, die einem landwirtschaftlichen Betrieb dienen (Abs. 1 Nr. 1), wenn die standortbezogene Planung die bereits vorhandene Hofstelle eines landwirtschaftlichen Betriebs erfaßt (BVerwG aaO sowie Rn 74).

Bei der Entscheidung über die Zulässigkeit eines **sonstigen Vorhabens** im Außenbereich sind demgegenüber die Darstellungen des Flächennutzungsplans grundsätzlich zu berücksichtigen. Daher entsprechen die Wirkungen des Flächennutzungsplans gegenüber sonstigen Vorhaben den Wirkungen, die auch ein Bebauungsplan hat (grundlegend BVerwGE 18, 247). Diese Wirkungen können die Darstellungen des Flächennutzungsplans aber nur haben, wenn der Planungswille der Gemeinde hierin hinreichend konkretisiert ist, wenn also der Plan mit seinen Darstellungen positiv eine mit dem Vorhaben nicht zu vereinbarende Bestimmung trifft bzw. ein „negativer Planungswille" mit der erforderlichen Deutlichkeit entnommen werden kann (BVerwG, DÖV 1969, 645; vgl. z. B. Taegen aaO, Rn 42). Entscheidend sind dabei die konkreten Umstände des Einzelfalles; so kann sich der Flächennut- 55

zungsplan z. B. dann nicht gegenüber einem Vorhaben auswirken,
wenn die örtlichen Gegebenheiten (z. B. die natürliche Beschaffenheit
des Geländes) seiner Verwirklichung von vornherein entgegenstehen
(BVerwGE 48, 81; Taegen aaO, Rn 41).

56 Die Darstellungen des Flächennutzungsplans sind nach Abs. 3 nur
geeignet, die Unzulässigkeit eines sonstigen Vorhabens nach Abs. 2 zu
begründen. Die **Zulässigkeit** eines nach Abs. 2 zu beurteilenden Vorha-
bens können Flächennutzungspläne demgegenüber nicht herbeiführen.
Wenn das Vorhaben andere öffentliche Belange beeinträchtigt, kann
dies durch die Vereinbarkeit mit den Darstellungen des Flächennut-
zungsplans nicht ausgeräumt werden (BVerwG, NJW 1969, 68).

57 **b) Schädliche Umwelteinwirkungen, Gebot der Rücksichtnahme.**
Öffentliche Belange werden beeinträchtigt, wenn das Vorhaben **schäd-
liche Umwelteinwirkungen** hervorrufen kann oder ihnen ausgesetzt
ist. Der Begriff der schädlichen Umwelteinwirkungen ist in § 3
BImSchG definiert, der hierfür herangezogen werden kann (BVerwGE
52, 122/126; ZfBR 1983, 95). Schädliche Umwelteinwirkungen sind
danach alle Immissionen, die nach Art, Ausmaß oder Dauer geeignet
sind. Gefahren, erhebliche Nachteile oder erhebliche Belästigungen für
die Allgemeinheit oder die Nachbarschaft hervorzurufen. Derartige
Einwirkungen sind den davon Betroffenen grundsätzlich nicht zumut-
bar (BVerwGE 52, 122/127). Der Begriff der „Unzumutbarkeit" ist
dabei nicht identisch mit dem enteignungsrechtlichen Begriff; vielmehr
bezeichnet er – noch im Vorfeld dessen, was der Eigentumsschutz nach
Art. 14 unter enteignungsrechtlichen Gesichtspunkten fordert – die
Grenze, von der ab dem Betroffenen eine nachteilige Einwirkung nach
den konkreten tatsächlichen Verhältnissen billigerweise nicht mehr
zugemutet werden soll (so BVerwGE 51, 15/29). Daß dieser öffentliche
Belang vor allem dem Schutz der Bevölkerung dient, bedeutet jedoch
nicht, daß private Betroffene auf die Einhaltung dieses öffentlichen
Belangs wirksam verzichten können (vgl. Rn 52).

58 Die Bedeutung schädlicher Umwelteinwirkungen für das Vorliegen
eines öffentlichen Belangs ist nach der Rspr. des BVerwG nichts
anderes als die gesetzliche Ausformung des allgemeinen baurechtlichen
Gebotes der Rücksichtnahme für eine besondere Konfliktsituation.
Zur Bedeutung des Rücksichtnahmegebots zur Beurteilung von Bau-
vorhaben im unbeplanten Innenbereich vgl. § 34, Rn 16. Zum Gebot
der Rücksichtnahme vgl. grundlegend BVerwGE 52, 122/125–127.
Welche Anforderungen das Gebot der Rücksichtnahme begründet,
hängt wesentlich von den jeweiligen Umständen ab. Je empfindlicher
und schutzwürdiger die Stellung derer ist, denen die Rücksichtnahme
im gegebenen Zusammenhang zugute kommt, um so mehr kann an
Rücksichtnahme verlangt werden; je verständlicher und unabweisbarer
die mit dem Vorhaben verfolgten Interessen sind, um so weniger
braucht derjenige, der das Vorhaben verwirklichen will, Rücksicht zu
nehmen. Danach kommt es wesentlich auf eine Abwägung zwischen

dem an, was dem Rücksichtnahmebegünstigten einerseits und dem Rücksichtnahmepflichtigen andererseits nach Lage der Dinge zuzumuten ist (so BVerwGE aaO; NVwZ 1983, 609 f.). Da bei den Begriffsbestimmungen auf das BImSchG zurückgegriffen werden kann (vgl. Rn 57) ergibt sich aus dem **Immissionsschutzrecht** auch die Grenze für die Verletzung des Gebotes der Rücksichtnahme. Werden schädliche Umwelteinwirkungen i. S. des BImSchG nicht hervorgerufen, so kann auch insoweit eine Verletzung des Gebotes der Rücksichtnahme nicht in Betracht kommen. Das Rücksichtnahmegebot geht – als allgemeines baurechtliches Gebot – zwar über das hinaus, was durch den Begriff der „schädlichen Umwelteinwirkungen" erfaßt wird (BVerwG, NVwZ 1983, 609 f.): Während die schädlichen Umwelteinwirkungen auf das abheben, was an Immissionen insbesondere vom BImSchG erfaßt werden, betrifft das Gebot der Rücksichtnahme auch solche Fälle, in denen nicht Immissionsbelastungen, sondern sonstige nachteilige Wirkungen zur Rede stehen (BVerwG, Buchholz 406.19 Nachbarschutz Nr. 44); soweit es jedoch um die Beurteilung von Immissionen nach dem BImSchG geht, können Immissionen, die das hiernach zulässige Maß nicht überschreiten, weder unter dem Gesichtspunkt schädlicher Umwelteinwirkungen noch unter dem Gesichtspunkt einer Verletzung des baurechtlichen Rücksichtnahmegebotes zur Unzulässigkeit des Vorhabens führen (BVerwG, NJW 1984, 250).

Einzelfälle: Außenbereichsvorhaben, die an sich privilegiert sind, 59 aber schädliche Umwelteinwirkungen hervorrufen oder ihnen ausgesetzt werden oder sonst auf die Interessen Dritter nicht genügend Rücksicht nehmen, können deshalb genehmigungsunfähig sein (BVerwGE 52, 122). Als entgegenstehender öffentlicher Belang kann z. B. das Interesse der Bewohner einer angrenzenden im Zusammenhang bebauten Wohnsiedlung an der Freihaltung der Nutzung dieser Siedlung von Verkehrslärm (Zu- und Abgang von Besucherkraftwagen) angesehen werden (BVerwGE 29, 286 – **Autokino**–; vgl. auch BVerwG, DVBl. 1972, 684 – **Minigolfanlage**–; BVerwG, DÖV 1978, 774 – Schießplatz–; BVerwGE 28, 148 – **Geruchsbelästigung** durch ein privilegiertes landwirtschaftliches Vorhaben im Außenbereich in der Nähe bereits erschlossener bebauter Wohngebiete–; BVerwGE 52, 122 – **Schweinemaststall** in der Nähe von Wohngebäuden–; BVerwG, ZfBR 1983, 139 – Errichtung von **Lagerhallen** eines im Außenbereich vorhandenen Stahlbaubetriebs, die einer Wohnbebauung gegenüber liegen würden). Zur Bedeutung des Rücksichtnahmegebotes, das für die Beurteilung der Zulässigkeit in objektivrechtlicher Hinsicht maßgeblich ist, als auch nachbarschützende Norm (subjektivrechtlich) vgl. Rn 110.

c) Unwirtschaftliche Aufwendungen. Öffentliche Belange werden 60 beeinträchtigt oder stehen einem Vorhaben entgegen, wenn das Vorhaben unwirtschaftliche Aufwendungen für Straßen und andere Verkehrseinrichtungen, für Anlagen der Versorgung, der Abwasser- und

Abfallbeseitigung, für die Sicherheit oder Gesundheit oder für sonstige
Aufgaben erfordert. Unwirtschaftliche Aufwendungen werden durch
ein Vorhaben ausgelöst, wenn seine Genehmigung Erschließungsanla-
gen oder neue Ausgaben zur Folge hätten, deren Herstellung oder
Übernahme zum Aufgabenkreis der Gemeinde oder anderer öffentli-
cher Träger gehören würde. Die Aufwendungen sind unwirtschaftlich,
wenn sie in einem Mißverhältnis zu dem erzielbaren Nutzen stehen
oder wenn sie den Haushalt des Erschließungsträgers in unzumutbarer
Weise oder in einem nach der Finanzplanung ungeeigneten Zeitpunkt
belasten (BVerwG, DÖV 1972, 827). Hierbei sind nicht nur die Kosten
für die Fertigstellung einer Erschließungsanlage, sondern auch die
Kosten der laufenden Unterhaltung zu berücksichtigen. Verpflichtet
sich jedoch der Bauherr in einer rechtlich einwandfrei abgesicherten
Weise zur **Übernahme der Aufwendungen,** so ist dies zu seinen
Gunsten zu berücksichtigen (Taegen aaO, Rn 10 und 44). Vgl. hierzu
auch Rn 7 und 45 zur Sicherung der Erschließung als Zulässigkeitsvor-
aussetzung. Zum (unzulässigen) Verzicht des Bauherrn auf eine ausrei-
chende Erschließung vgl. allgemein Rn 52.

61 **d) Gefährdung der Wasserwirtschaft.** Eine Gefährdung der Wasser-
wirtschaft kann vor allem durch die Abwasserbeseitigung, die Beseiti-
gung von Abfall und Müll oder durch die Lagerung von Öl oder
anderen Stoffen, die das Grundwasser verseuchen oder einen Wasser-
lauf verunreinigen können, hervorgerufen werden (Weyreuther,
S. 245). Die in Abs. 3 enthaltene Anordnung, daß durch Vorhaben im
Außenbereich die Wasserwirtschaft nicht gefährdet werden darf, hat
bundesrechtlich einen eigenständigen Regelungswert (BVerwG, DÖV
1973, 203); sie findet unbeschadet der landesrechtlichen Wasserschutz-
bestimmungen Anwendung (BVerwG aaO; Taegen aaO, Rn 45).

62 **e) Belange des Natur- und Landschaftschutzes; Denkmalschutz.**
Belange des Natur- und Landschaftschutzes sind bei Vorhaben beein-
trächtigt, die in den durch Naturschutz- oder Landschaftschutzbestim-
mungen geschützten Gebieten oder Objekten liegen (Landschaftsrah-
menpläne und Landschaftspläne). Belange des Natur- und Landschaft-
schutzes können jedoch auch dann beeinträchtigt werden, wenn Ge-
biete nicht oder noch nicht förmlich unter Natur- und Landschaft-
schutz gestellt sind (BVerwG, DVBl. 1969, 261). Insoweit enthält
Abs. 3 S. 1 eine eigenständige bundesrechtliche Regelung des Natur-
und Landschaftsschutzes (vgl. hierzu auch Rn 61 zum Wasserschutz).
Belange des Natur- und Landschaftsschutzes zielen darauf, die Lei-
stungsfähigkeit des Naturhaushalts, die Nutzfähigkeit der Naturgüter,
die Tier- und Pflanzenwelt sowie die Vielfalt, Eigenart und Schönheit
von Natur und Landschaft als Lebensgrundlagen des Menschen nach-
haltig zu sichern; vgl. die Ziele und Grundsätze des Naturschutzes und
der Landschaftspflege i. S. der **§§ 1 und 2 BNatSchG.** Belange des
Natur- und Landschaftsschutzes stehen auch privilegierten Vorhaben
(Abs. 1) entgegen, wenn dieses landschaftsschutzrechtlich unzulässig ist

(BVerwG, DÖV 1979, 212); vgl. auch BVerwG, BauR 1984, 54: Eine im Außenbereich privilegierte **Abgrabung** (Auskiesung) größeren Umfangs, die nach dem Landschaftsschutzrecht in einer durch Ausnahmegewährung nicht zu behebenden Weise unzulässig ist, ist auch bebauungsrechtlich nicht genehmigungsfähig.

Auch Belange des **Denkmalschutzes** können einem Vorhaben im Außenbereich entgegenstehen; zur städtebaulichen Bedeutung des Denkmalschutzes vgl. die Erl. zu § 1 Abs. 5 S. 2 Nr. 5; vgl. weiterhin Rn 63. Die Berücksichtigung der Belange des Denkmalschutzes (in seinem bodenrechtlichen Bezug; so zutreffend Erbguth, Rn 320) ist durch das BauGB ausdrücklich eingeführt worden; der Denkmalschutz war jedoch bereits nach BBauG als öffentlicher Belang zu beachten (vgl. VGH München, BRS 39 Nr. 81 für den Fall eines sonstigen Vorhabens). Der Denkmalschutz kann aus der Zulässigkeit **privilegierter Vorhaben** (Abs. 1) entgegenstehen.

f) Verunstaltung des Orts- und Landschaftsbildes. Das **Landschaftsbild** (vgl. auch § 1 Abs. 5 S. 2 Nr. 4 sowie § 172 Abs. 3 S. 1) wird verunstaltet, wenn mit der Schaffung der Anlage der städtebauliche und landschaftliche Gesamteindruck erheblich gestört würde. Geschützt ist insbesondere der ästhetische Wert der Landschaft. Der Schutz des Landschaftsbilds kann auch der Zulässigkeit privilegierter Vorhaben (Abs. 1) entgegenstehen (Weyreuther, S. 488). Ist dagegen ein Landschaftsbild bereits nachhaltig zerstört, so fehlt es in jeder Beziehung an einem Schutzgut, das weiteren Eingriffen in die Landschaft entgegenstehen könnte (BVerwG, Buchholz 406.11 § 35 BBauG Nr. 131). Eine nur vorübergehende Verunstaltung des Landschaftsbildes z. B. durch eine Abgrabung kann – jedenfalls bei privilegierten Vorhaben – der Zulässigkeit des Vorhabens nicht entgegenstehen; wenn Abgrabungen nach Abs. 1 Nr. 4 vom Gesetzgeber planartig dem Außenbereich zugewiesen sind, kann das Landschaftsbild im Rahmen der gebotenen Abwägung nicht ein solches Gewicht haben, daß selbst eine nur vorübergehende Verunstaltung des Landschaftsbildes der Abgrabung entgegenstünde (BVerwG, ZfBR 1983, 199). 63

Das **Ortsbild** (vgl. auch § 1 Abs. 5 S. 2 Nr. 4 sowie § 172 Abs. 3 S. 1) kann verunstaltet sein, wenn der Gegensatz zwischen der baulichen Anlage und dem Ortsbild „von dem für ästhetische Eindrücke offenen Betrachter als belastend oder Unlust erregend empfunden wird" (BVerwGE 2, 172). Das Ortsbild kann durch den Standort, die Art und die Größe des Vorhabens oder durch die Verunstaltung dr Ortssilhouette verunstaltet werden (OVG Münster, BRS 30 Nr. 70). Entscheidend ist der städtebauliche Gesamteindruck, also die Wirkung auf das Ortsbild, nicht aber die ästhetische Wirkung des beabsichtigten Vorhabens selbst. Der Schutz des Ortsbilds kann auch einem privilegierten Vorhaben (Abs. 1) entgegenstehen. 64

g) Beeinträchtigung der natürlichen Eigenart der Landschaft. Der Begriff der natürlichen Eigenart der Landschaft umfaßt den Schutz des 65

Außenbereichs vor einer wesensfremden Nutzung und den Schutz einer im Einzelfall schutzwürdigen Landschaft vor ästhetischer Beeinträchtigung (BVerwG, DVBl. 1972, 865). Ob durch ein Vorhaben die natürliche Eigenart der Landschaft beeinträchtigt wird, hängt von der betreffenden Landschaft und Lage, Gestaltung und Benutzung des in Frage stehenden Vorhabens ab. Hat das Vorhaben im Zusammenhang mit einer Umgebung nur unerhebliche Auswirkungen auf die Landschaft, ist noch keine Beeinträchtigung dieses öffentlichen Belangs anzunehmen (BVerwG, DÖV 1964, 332). Eine Verletzung der natürlichen Eigenart der Landschaft liegt nicht nur bei einer der jeweiligen Landschaft wesensfremden Bebauung vor, sondern auch dann, wenn ein Vorhaben einem schutzwürdigen Landschaftsbild in ästhetischer Hinsicht grob unangemessen ist (BVerwG, DVBl. 1969, 261). Weicht ein Außenbereichsvorhaben vom herkömmlichen Baustil kraß ab, kann es die natürliche Eigenart der Landschaft beeinträchtigen (BVerwG, BRS 33, 159). Die Eigenart einer Landschaft kann dabei durch die bereits vorhandenen Anlagen mitgeprägt sein. Die Beeinträchtigung der natürlichen Eigenart der Landschaft kann auch einem **privilegierten Vorhaben** entgegengesetzt werden (BVerwG, NVwZ 1986, 644). Dabei ist der vom Gesetzgeber vorgenommenen Zuweisung dieser Vorhaben in den Außenbereich innerhalb der vorzunehmenden Abwägung (Rn 51) angemessen Rechnung zu tragen. Nicht zu vermeidende Beeinträchtigungen der natürlichen Eigenart der Landschaft – z. B. bei Kraftwerken oder bei Abgrabungen (insbesondere bei einer Rekultivierungspflicht des Unternehmens; vgl. BVerwG, ZfBR 1983, 199) – sind daher zu Gunsten der privilegierten Vorhaben in Rechnung zu stellen. Auch eine – nicht durch Bebauungsplanung angeordnete – **Ausweitung** eines im Zusammenhang bebauten Ortsteils **in den Außenbereich** hinein ist ein Vorgang der städtebaulich unerwünschten, unorganischen Siedlungsweise. Sie kann insbesondere geeignet sein, **Nachfolgebebauung** nach sich zu ziehen und damit zur Zersiedelung zu führen (BVerwG, NVwZ 1985, 747). Auch vorhandene Verkehrsverbindungen allein sind noch keine Verknüftungselemente, die eine „organische Beziehung" zu einer bebauten Ortslage i. S. siedlungsstruktureller Unbedenklichkeit herstellen. Auch Darstellungen eines **Flächennutzungsplans** können solche Wirkungen nicht ausschließen (BVerwG aaO).

66 **h) Beeinträchtigung der Aufgabe der Landschaft als Erholungsgebiet.** Der Außenbereich soll als Erholungslandschaft für die Allgemeinheit möglichst von Bebauung freigehalten werden (BVerwG, BauR 1977, 403). Der Außenbereich ist daher grundsätzlich gegenüber einer wesensfremden Benutzung zu schützen, insbesondere gegenüber der Wohnnutzung (BVerwGE 27, 137). Dieser Belang kann sich auch grundsätzlich gegen privilegierte Vorhaben durchsetzen; der Zuweisung der privilegierten Vorhaben in den Außenbereich durch den Gesetzgeber ist bei der Abwägung (vgl. Rn 51) entsprechend den

Umständen des Einzelfalles Rechnung zu tragen (BVerwGE, DVBl. 1972, 685).

i) Splittersiedlung, Landschaftszersiedlung. Eine Beeinträchtigung 67 öffentlicher Belange liegt vor, wenn das Vorhaben die Entstehung, Verfestigung oder Erweiterung einer **Splittersiedlung** befürchten läßt. Dadurch soll die Entwicklung unorganischer Siedlungsstrukturen und damit die **Zersiedelung** des Außenbereichs verhindert werden (BVerwG, BRS 22 Nr. 72). Den Begriff der Splittersiedlung i. S. einer zusammenhanglosen oder aus anderen Gründen unorganischen Streubebauung können alle baulichen Anlagen erfüllen, die zum – wenn auch evtl. nur gelegentlichen – Aufenthalt von Menschen bestimmt sind (BVerwG, BauR 1976, 344). Entstehung, Verfestigung oder Erweiterung von Splittersiedlungen sind – abgesehen vom Aspekt einer mehr oder weniger willkürlichen und zusammenhanglosen Verteilung und Inanspruchnahme des Außenbereichs – vor allem unerwünscht wegen der mit dem (hinzutretenden) Vorhaben verbundenen Ansprüche, die sich in einer Splittersiedlung nicht befriedigen lassen, der weitreichenden oder nicht übersehbaren „Vorbildwirkung" des Vorhabens, keiner Unterordnung im Verhältnis zur bereits vorhandenen Splittersiedlung oder der Eignung, weitere Spannungen zu begründen oder die vorhandenen zu erhöhen, insbesondere im Hinblick auf schädliche Umwelteinwirkungen (BVerwG, DÖV 1977, 830). Eine von der geschlossenen Ortslage abgesetzte Streubebauung ist grundsätzlich unorganisch und verstößt gegen die Anforderungen an eine geordnete Siedlungsstruktur und damit gegen öffentliche Belange (BVerwG aaO; vgl. aber auch zu Fällen siedlungsstruktureller „Unbedenklichkeit" BVerwG, ZfBR 1983, 31). Der Belang, die Entstehung einer Splittersiedlung zu vermeiden, kann auch einem privilegierten Vorhaben entgegenstehen (BVerwG, NVwZ 1986, 644); vgl. aber zur Abwägung gegenüber der gesetzlichen Privilegierung Rn 51. Eine der Zulässigkeit entgegenstehende bodenrechtliche „Spannung" kann ggf. verneint werden, wenn bei Zugrundelegung der Vorstellungen der BauNVO das Vorhaben nicht zu mißbilligen wäre (vgl. Dyong, in: E/Z/B, § 35, Rn 129).

Einem Vorhaben steht der Belang des **Entstehens** einer Splittersied- 68 lung dann entgegen, wenn das Vorhaben zum Bestehen einer **unerwünschten** Splittersiedlung führte. Unerwünscht in diesem Sinne ist eine Splittersiedlung, wenn mit ihr ein Vorgang der Zersiedelung eingeleitet wird (BVerwGE 25, 161). Dies wird bei der Errichtung von Wohnbauten regelmäßig der Fall sein, sofern die Streubebauung nicht die im Außenbereich herkömmliche Siedlungsform darstellt oder ein Vorhaben in eine durchaus organische Beziehung zu einer bereits vorhandenen, nicht selbst zu mißbilligenden Splittersiedlung tritt (BVerwG, BRS 32 Nr. 75). Bereits die erste Errichtung eines Wohngebäudes im Außenbereich kann den Vorgang der Zersiedelung einleiten und damit die Befürchtung begründen, daß eine Splittersiedlung ent-

stehen wird (BVerwGE 27, 137; vgl. auch BVerwG, NVwZ 1985, 747). Auch Lauben, die größer sind als für die kleingärtnerische Nutzung erforderlich, lassen das Entstehen einer Splittersiedlung befürchten (BVerwG, NJW 1984, 1576). Die **Erweiterung** einer Splittersiedlung ist die räumliche Ausdehnung des bisher in Anspruch genommenen Bereichs. Auch die Änderung der Nutzung eines im Außenbereich gelegenen Wochenendhauses in eine dauerhafte Wohnnutzung kann die Erweiterung einer Splittersiedlung befürchten lassen (BVerwG, NVwZ 1984, 510). Die **Verfestigung** einer Splittersiedlung ist die Auffüllung des bereits bisher in Anspruch genommenen räumlichen Bereichs, also die Vergrößerung des Baubestands ohne zusätzliche Ausdehnung in den Außenbereich. Das Hinzutreten weiterer Bauvorhaben zu einer unerwünschten, aber bereits verfestigten Splittersiedlung braucht nicht stets eine weitere Zersiedlung darzustellen (BVerwG, BauR 1973, 36). Als Grund für eine Mißbilligung kommt jedoch in Betracht, wenn das hinzutretende Vorhaben mit Ansprüchen verbunden ist, die sich in der vorhandenen Splittersiedlung nicht befriedigen lassen (BVerwGE 54, 73). Wird eine weitgehend aus Streu- und Splittersiedlungen bestehende Gemeinde in eine anders strukturierte Gemeinde eingegliedert, so kann dies zur bebauungsrechtlichen Unzulässigkeit des eine vorhandene Splittersiedlung erweiternden nicht-privilegierten Vorhabens führen, selbst wenn es vor der Gemeindeneugliederung genehmigungsfähig gewesen wäre (BVerwG, NVwZ 1984, 434). Auch wenn Splittersiedlungen städtebaulich grundsätzlich zu mißbilligen sind, ist ein Vorhaben ausnahmsweise zulässig, wenn sich die Streusiedlung (z. B. auch eine bandartige Bebauung) als die im Außenbereich organische, **herkömmliche Siedlungsform** darstellt. Die Beibehaltung dieser Siedlungsform kann in diesen Fällen nicht als ein Vorgang der Zersiedlung gewertet werden (BVerwGE 18, 242; BRS 20 Nr. 36; BauR 1977, 398).

69 **j) Planungserfordernis.** Als ein in Abs. 3 S. 1 nicht ausdrücklich benannter öffentlicher Belang wird in Rechtsprechung und Literatur das **Planungserfordernis** eines Vorhabens behandelt. Öffentliche Belange stehen der Zulässigkeit eines Außenbereichsvorhabens danach entgegen, wenn der Umfang des Vorhabens eine spezifisch planerische und für das Ergebnis „auch gleichsam amtlich einstehende Planung" erfordert (BVerwGE 41, 227; NJW 1977, 1978; ZfBR 1983, 196). Das Planungserfordernis ergibt sich hierbei nicht aus der besonderen Größe eines im Außenbereich liegenden Grundstücks (BVerwG, NJW 1977, 1979). Einem Vorhaben kann das Planungserfordernis vielmehr nur dann entgegenstehen, wenn es seines Umfangs wegen der Koordinierung der in seinem Gebiet potentiell betroffenen Interessen durch Planung bedarf (BVerwG, NJW 1977, 1978). Das BVerwG legt den Begriff inzwischen wie folgt aus: „Die Planungsbedürftigkeit ist erst eine Folge des Umstands, daß ein Vorhaben in bezug auf die Einordnung in seine Umgebung bestimmte – zu benennende – Probleme

aufwirft, gibt also ohne Benennung solcher Probleme nichts her" (NVwZ 1988, 144/145).

Bei der Beurteilung der Reichweite des Planungserfordernisses als **70** öffentlicher Belang sind zunächst folgende Problemlagen zu unterscheiden: Die Planungsbedürftigkeit eines Vorhabens kann sich im Hinblick auf die Einbettung des Vorhabens in die Umgebung **(Außenkoordination)** ergeben. Ein Koordinierungsbedürfnis „nach außen" könnte dann als öffentlicher Belang angesehen werden, wenn in der Umgebung des Vorhabens nicht nur die abstrakte Möglichkeit künftiger konkurrierender Bodennutzungsinteressen besteht, sondern wenn konkret solche konkurrierenden Interessen und Belange vorhanden sind oder entgegenstehen können, die nur durch einen planerischen Abwägungsvorgang zu einem gerechten Ausgleich gebracht werden könnten. Was die Zulässigkeit **privilegierten Vorhaben** (Abs. 1) betrifft, hat das BVerwG das Planungserfordernis wegen einer notwendigen Außenkoordination nicht als öffentlichen Belang anerkannt (BVerwG, ZfBR 1983, 196; ZfBR 1983, 284 f.): Da privilegierte Vorhaben vom Gesetzgeber planartig im Außenbereich zugewiesen sind, ist es ausgeschlossen, einem privilegierten Vorhaben als solchem ein Planungsbedürfnis „nach außen" entgegenzuhalten. Die Außenkoordination ist bei privilegierten Vorhaben vielmehr im Genehmigungsverfahren zu gewährleisten, nämlich mit der Prüfung, ob dem Vorhaben konkrete öffentliche Belange, wie z. B. das Hervorrufen schädlicher Umwelteinwirkungen oder das Entstehen unwirtschaftlicher Aufwendungen für Versorgungs- und Entsorgungseinrichtungen, entgegenstehen (BVerwG aaO). Ob das Planungserfordernis wegen einer Koordination „nach außen" als Beeinträchtigung öffentlicher Belange **sonstigen Vorhaben** (Abs. 2) entgegenstehen kann, hat das BVerwG bisher offengelassen (ZfBR 1983, 196 = E 67, 33); vgl. demgegenüber (überzeugend) Dyong aaO, Rn 144a und Taegen, in: BK, § 35, Rn 56, die sich im Hinblick auf weitreichende Umweltauswirkungen privilegierter Vorhaben gegen eine differenzierende Beurteilung von Vorhaben nach Abs. 1 und Abs. 2 wenden. Hierfür spricht u. a. die neuere Rspr. des BVerwG, die den Grundsatz der „planartigen Zuweisung" privilegierter Vorhaben in den Außenbereich deutlich abgeschwächt hat (vgl. vor allem BVerwG, NJW 1984, 1367; hierzu im einzelnen Rn 74).

Ein Planungserfordernis als öffentlicher Belang i. S. des Abs. 3 kann **71** in einer erforderlichen Koordinierung „nach innen" **(Binnenkoordination)** liegen, wenn nämlich zur Koordination der im Gebiet des Vorhabens potentiell betroffenen Interessen eine Bauleitplanung erforderlich ist (BVerwG, NJW 1977, 1978). Ein öffentlicher Belang ist dabei nicht deshalb negativ berührt, weil die Gemeinden sich insoweit **Planungsmöglichkeiten** offenhalten wollen; auch die Planungshoheit als solche ist kein öffentlicher Belang i. S. des Abs. 3 (BVerwG, NJW 1980, 1537; ZfBR 1983, 199; Weyreuther, S. 353). Von dem als öffentlicher Belang nicht geschützten Offenhalten von Planungsmöglichkeiten

sind jedoch die Fälle eines bereits angelaufenen Planungsverfahrens zu unterscheiden, wenn eine Planung der Gemeinde nämlich bereits inhaltlich konkretisiert ist, insbesondere dann, wenn Planreife i. S. des § 33 erreicht ist (BVerwG, DVBl. 1974, 781; insoweit kann ein beeinträchtigter öffentlicher Belang auch noch nach Anhängigwerden einer Verpflichtungsklage entstehen; BVerwG aaO). Das **BVerwG** hat das Planungserfordernis „nach innen" (bisher) nur für Vorhaben nach **Abs. 2** anerkannt (ZfBR 1983, 284, 285).

72 **k) Weitere öffentliche Belange.** Als weitere öffentliche Belange, die ein Vorhaben negativ berühren können, sind z. B. zu nennen: **Überörtliche Planungen,** soweit sie nicht bereits der Raumordnung und Landesplanung zuzuordnen sind (hierzu Rn 74), also Fachplanungen. Sie können als öffentliche Belange berücksichtigt werden, sofern die Planung genügend verfestigt, insbesondere inhaltlich hinreichend konkretisiert ist und damit ein Stadium erreicht hat, das hinreichend verläßliche Schlüsse auf ihre Verwirklichung gestattet (BVerwGE 34, 146; NJW 1980, 1537). Es muß also abzusehen sein, daß das private Vorhaben die angelaufene Planung unmöglich macht oder wesentlich erschweren würde (Weyreuther, S. 331 m. w. N.). Dieser öffentliche Belang kann sowohl privilegierten als auch sonstigen Vorhaben entgegenstehen (Dyong aaO, Rn 86). Beispiel: Die hinreichend verfestigte (vorbereitende) Planung einer Bundesfernstraße kann der Zulässigkeit eines Vorhabens als öffentlicher Belang entgegenstehen (BVerwG, UPR 1985, 292). Zu den Aufgaben der **Landesverteidigung** als öffentlicher Belang vgl. BVerwG DVBl. 1969.

73 **l) Verbesserung der Agrarstruktur.** Nach **Abs. 3 S. 2** ist auf Maßnahmen zur Verbesserung der Agrarstruktur besonders Rücksicht zu nehmen. Ein Vorhaben darf daher z. B. nicht die Durchführung einer Flurbereinigung gefährden (Taegen aaO, Rn 53). Zum Begriff der Maßnahmen zur Verbesserung der Agrarstruktur vgl. § 187, Rn 4.

74 **h) Ziele der Raumordnung und Landesplanung. Abs. 3 S. 3** regelt die „negative" (Hs. 1) und „positive" (Hs. 2) Wirkung von Zielen der Raumordnung und Landesplanung. Zum **Begriff** der Ziele der Raumordnung und Landesplanung als die in den Raumordnungsplänen enthaltenen verbindlichen Festlegungen vgl. § 1, Rn 37 bis 39. Nach **S. 3, Hs. 1** dürfen raumbedeutsame Vorhaben nach den Abs. 1 und Abs. 2 den Zielen der Raumordnung und Landesplanung nicht widersprechen. Ein **sonstiges Vorhaben (Abs. 2)** beeinträchtigt öffentliche Belange, wenn es den nach den Zielen der Raumordnung und Landesplanung vorgesehenen Nutzungsvorstellungen widerspricht. Voraussetzung ist, daß die Ziele der Raumordnung und Landesplanung im Hinblick auf das Vorhaben hinreichend konkretisiert, insbesondere eindeutig sachlich und räumlich festgelegt und für eine gerichtliche Nachprüfung zugänglich sind (BVerwGE 6, 342). **Beispiel:** Ausweisung als regionaler Grünzug in einem regionalen Raumordnungsplan (VGH Kassel BRS 42 Nr. 92. Auch gegenüber **privilegierten Vorha-**

ben (Abs. 1) können sich Ziele der Raumordnung und Landesplanung durchsetzen (vgl. zum folgenden BVerwG, NVwZ 1984, 367). Zwar hat der Gesetzgeber die in Abs. 1 genannten Vorhaben in einer der Rechtslage im beplanten (§ 30) und unbeplanten (§ 34) Innenbereich vergleichbarer Weise allgemein zugelassen. Das Gesetz enthält jedoch in Abs. 1 noch **keine Entscheidung über den konkreten Standort der** im Außenbereich grundsätzlich für zulässig erklärten Vorhaben. Ob das Vorhaben einschließlich des Standorts mit öffentlichen Belangen vereinbar ist, ist vielmehr im konkreten bauaufsichtlichen Verfahren zu prüfen. Beim **qualifizierten Bebauungsplan** (§ 30 Abs. 1) ist dagegen die Standortfrage, nämlich was jeweils wo gebaut werden darf, bereits verbindlich entschieden; das gleiche gilt für die Fälle des **§ 34**, nämlich das Vorhandensein des Ortsteils und der vorhandenen Bebauung als Maßstab für die konkrete Bebaubarkeit des Grundstücks. **Beispiel:** Anweisung von Grundwasserschonbereichen in einem Regionalplan zum Schutz der künftigen Trinkwasserversorgung (VGH Mannheim, Urt. v. 9. 8. 1984–5 S. 1251/83 = NVwZ 1986, 233 – nur Leitsatz) oder Darstellung einer Kiesabbaufläche. Ziele der Raumordnung und Landesplanung, die demgegenüber über den Aussagegehalt des Abs. 3 nicht hinausgehen, haben keine Bedeutung als öffentlicher Belang. Dies ist z. B. der Fall, wenn das landesplanerische Ziel nur allgemein den Schutz der Landschaft vor Zersiedelung, das Verbot der durchgehenden Besiedelung von Gebirgstälern oder schützenswerten Flußtälern enthält (BVerwG, NJW 1984, 1367; zur Berücksichtigung der Ziele der Raumordnung und Landesplanung bei § 35 vgl. zusammenfassend Paßlik, Die Ziele der Raumordnung und Landesplanung, Münster 1986). Aber auch eine standortbezogene Aussage vermag – schon mangels einer dem § 42 entsprechenden Entschädigungsregelung – nicht die Zulässigkeit eines privilegierten Vorhabens zu überwinden, die sich bereits vor dieser Planung **eigentumskräftig verfestigt** hat. Beispiel: Zulässigkeit von Vorhaben, die einem landwirtschaftlichen Betrieb i. S. des Abs. 1 Nr. 1 dienen, wenn die standortbezogene Planung die bereits vorhandene Hofstelle eines landwirtschaftlichen Betriebs erfaßt (BVerwG, NVwZ 1984, 367; vgl. hierzu zusammenfassend Schlichter, AgrarR 1985, 245/247). Da (auch die standortscharfen) Ziele der Landesplanung und Raumordnung somit den einmal vorhandenen und eigentumsgeschützten Betrieb nicht (entschädigungslos) „wegplanen" können, erklärt es sich, daß die Ziele der Raumordnung und Landesplanung nicht den „bestandsschützenden" Vorhaben nach Abs. 4 entgegengehalten werden können.

S. 3, Hs. 2 enthält eine Sonderregelung für raumbedeutsame **privile- 75 gierte Vorhaben** (Abs. 1). Ihnen können öffentliche Belange nicht entgegengehalten werden, soweit diese Belange bereits bei Aufnahme der Vorhaben als Ziele der Raumordnung und Landesplanung in den Raumordnungsplänen **abgewogen** worden sind. Soweit die für die Beurteilung des Vorhabens maßgeblichen öffentlichen Belange nicht

bei der Aufnahme des Vorhabens in den Raumordnungsplänen abge-
wogen worden sind oder eine solche Abwägung, weil es an entspre-
chenden Zielen fehlt, überhaupt nicht stattgefunden hat, bleibt es bei
der uneingeschränkten Prüfung der öffentlichen Belange (Söfker, in: B/
K/S, Rn 199). In Betracht kommen nur Belange, die aus der Sicht der
Raumordnung und Landesplanung abzuwägen sind. Dazu können
auch solche Belange gehören, die die Gemeinde im Rahmen ihrer
Beteiligung an der Aufstellung der Raumordnungsprogramme vorge-
tragen hat. Es bedarf der nachprüfbaren Feststellung, ob und inwieweit
durch Aufnahme des Vorhabens oder Standorts als Ziel der Raumord-
nung und Landesplanung durch Darstellung in den Raumordnungsplä-
nen (vgl. § 5 ROG) eine Berücksichtigung der hiervon berührten
öffentlichen Belange und ihre **Einbeziehung in die Abwägung** erfolgt
ist. Vgl. hierzu z. B. die überörtlich bedeutsamen Standortfragen des
Umweltschutzes (Wasservorratsgebiete; Grünzüge) oder die Bezeich-
nung von Kiesabbauflächen. Die (mit dem BauGB eingeführte) Rege-
lung in S. 3, Hs. 2 dient damit vor allem der Verwaltungsvereinfachung
bei Entscheidungen für überörtlich bedeutsame Standortfragen (Söfker
aaO; ders., DStGB 1982, 256), aber zugleich einer Verstärkung von
Raumordnungszielen (Erbguth, Rn 344).

VI. Begünstigte Vorhaben (Abs. 4)

76 **1. Allgemeines.** Abs. 4 faßt die in § 35 Abs. **4 und 5 BBauG** enthalte-
nen Vorschriften über begünstigte Vorhaben (Nutzungsänderungen,
Ersatzbauten, Erweiterungen) zusammen. Die begünstigten Vorhaben
i. S. des Abs. 4 sind **sonstige Vorhaben** (Abs. 2), deren Durchführung
durch Abs. 4 begünstigt werden soll. Die Begünstigung besteht darin,
daß den in Abs. 4 bezeichneten Vorhaben folgende öffentliche Belange
nicht entgegengehalten werden können: Widerspruch zu den Darstel-
lungen des Flächennutzungsplans (vgl. Rn 54) oder eines Landschafts-
plans (vgl. Rn 62), Beeinträchtigung der natürlichen Eigenart der
Landschaft (vgl. Rn 65) oder Befürchtung der Entstehung, Verfesti-
gung oder Erweiterung einer Splittersiedlung (vgl. Rn 67). Alle übri-
gen in Abs. 4 nicht ausdrücklich genannten öffentlichen Belange sind
demgegenüber zu prüfen. Da die begünstigten Vorhaben i. S. des
Abs. 4 den sonstigen Vorhaben (Abs. 2) zuzurechnen sind, gilt für das
Gewicht der (sonstigen) öffentlichen Belange, das zu Abs. 2 ausge-
führte: Die Vorhaben dürfen öffentliche Belange nicht beeinträchtigen;
vgl. Rn 44. Den begünstigten Vorhaben nach Abs. 4 liegt als gesetzge-
berische Erwägung der Rechtsgedanke des **Bestandsschutzes** zu-
grunde. Die (engeren) Voraussetzungen der eigentumskräftig befestig-
ten Anspruchsposition auf Bestandsschutz müssen dabei nicht erfüllt
sein (vgl. hierzu Rn 103ff.).

77 **2. Nutzungsänderung (Abs. 4 S. 1 Nr. 1).** Die Nutzungsänderung
baulicher Anlagen, die einer bauaufsichtlichen Genehmigung oder

Zustimmung bedarf, ist ein Vorhaben i. S. des § 29 S. 1. Ob die Nutzungsänderung eines baulichen Vorhabens zulässig ist, beurteilt sich im Außenbereich daher nach § 35; daß ein Vorhaben („ursprünglich") zulässig war, kommt somit der Nutzungsänderung grundsätzlich nicht zugute; vgl. aber zum Bestandschutz nach Art. 14 GG Rn 103 ff.; **Abs. 4 S. 1 Nr. 1** enthält hierzu für die nach Abs. 1 S. 3 privilegierten Vorhaben eine Sonderregelung. Damit soll der **Strukturwandel der Landwirtschaft** erleichtert werden. Den Landwirten, Altenteilern und Landarbeitern soll ermöglicht werden, von der bisher privilegierten Nutzung zu einer neuen, und zwar einer nicht privilegierten Nutzung zu wechseln (BVerwG, ZfBR 1982, 268). Die Vorschrift will den besonderen wirtschaftlichen Problemen landwirtschaftlicher Betriebe entsprechen; durch die begünstigte Nutzungsänderung soll ein Verlust des in die Gebäude investierten Kapitals und zugleich ein Verfall der Bausubstanz verhindert werden (BVerwG aaO, DÖV 1985, 831; DVBl. 1986, 679). Für die Nutzungsänderung von („ursprünglich") nach Abs. 1 Nr. 4 und 5 privilegierten Vorhaben besteht eine entsprechende Sonderregelung nicht. Eine Sonderregelung für Fälle der Nutzungsänderung enthält **Abs. 4 S. 1 Nr. 4** für Gebäude, die nicht nach Abs. 1 Nr. 1 bis 3 privilegiert, jedoch erhaltenswert sind und das Bild der Kulturlandschaft prägen (vgl. hierzu Rn 92).

Die **Nutzungsänderung** nach Abs. 4 S. 1 Nr. 1 ist der Wechsel von einer bisher ausgeübten Nutzung zu einer neuen, andersartigen Nutzung. Beendigung der bisherigen und Beginn der neuen Nutzung stellen sich dabei als einheitlicher Lebensvorgang dar (BVerwG, ZfBR 1982, 268). Die „Aufgabe" einer Nutzung und erst spätere Nutzungsänderung ist vom Regelungszweck der Privilegierung des Abs. 4, nämlich der Ermöglichung eines Wechsels von einer bisher im Zusammenhang mit der Landwirtschaft privilegierten Nutzung zu einer neuen Nutzung, nicht gedeckt. Die Erleichterung des Abs. 4 S. 1 Nr. 1 kommt daher z. B. nicht der Nutzungsänderung eines seit Jahren nicht mehr genutzten, ehemals der Landwirtschaft dienenden Gebäudes zugute. Das gilt erst recht, wenn bereits eine andere Nutzung aufgenommen worden ist (BVerw aaO). Die erleichterte Nutzungsänderung kann somit „nur einmal" stattfinden (Taegen aaO, Rn 61; vgl. auch BVerwG, ZfBR 1988, 285 und 1989, 72). Eine nur vorübergehende Einstellung der landwirtschaftlichen Tätigkeit z. B. in Todesfällen, bei Eigentümerwechsel, in Fällen vorübergehender wirtschaftlicher Schwierigkeiten steht der Anwendung des Abs. 4 Nr. 1 nicht entgegen; ebenso ist eine gewisse Übergangszeit, deren Dauer von den konkreten Umständen des Einzelfalls abhängt, einzuräumen (BVerwG aaO). Abs. 4 S. 1 Nr. 1 ist auch auf solche landwirtschaftliche Gebäude anzuwenden, die in der Vergangenheit privilegiert genutzt worden sind und sich anschließend in einem (ebenfalls für landwirtschaftliche Zwecke genehmigten) **Umbau** befunden haben, dann aber nicht mehr landwirtschaftlich genutzt wurden, weil der landwirtschaftliche Betrieb wäh-

78

rend des Umbaus aufgegeben wurde; es widerspräche dem Sinn des Abs. 4 S. 1 Nr. 1, das auch während des Umbaues noch der Landwirtschaft zugeordnete Gebäude verfallen zu lassen und ihm die Erleichterung der Nutzungsänderung mangels tatsächlicher privilegierter Nutzung des Umbaues zu versagen (BVerwG, DÖV 1985, 831). Abs. 4 S. 1 Nr. 1 erleichtert die Nutzungsänderung nur für solche bauliche Anlagen, die bisher **tatsächlich** im Sinne des Abs. 1 Nr. 1 bis 3 **genutzt** worden sind; fehlt es hieran (weil z. B. ein Geflügelstall mit Betriebsinhaberwohnung nach seiner Fertigstellung als Lager- und Produktionshalle für gewerbliche Zwecke sowie als Büro genutzt wurde), so genügt es nicht, daß die bauliche Anlage für eine privilegierte Nutzung lediglich genehmigt worden ist (BVerwG, DÖV 1984, 293).

79 Die Nutzungsänderung nach Abs. 4 S. 1 Nr. 1 darf nicht mit einer **wesentlichen Änderung der baulichen Anlage** verbunden sein; vgl. aber die Sonderregelung in § 4 Abs. 3 S. 1 BauGB-MaßnahmenG (Rn 79 a). Eine Änderung ist dann nicht mehr unwesentlich, wenn sie nach der jeweiligen Situation und der auf sie reagierenden Verkehrsauffassung den von der Nutzungsänderung ausgehenden Eingriff in die in Abs. 4 genannten Belange (z. B. in die natürliche Eigenart der Landschaft) mehr als nur geringfügig verstärkt (BVerwG, NJW 1981, 2143). Da eine Nutzungsänderung häufig nur durch eine gleichzeitige bauliche Änderung sinnvoll durchgeführt werden kann, geht Abs. 4 grundsätzlich davon aus, daß auch die für die Nutzungsänderung erforderliche (unwesentliche) Änderung der baulichen Anlage erleichtert zulässig ist. Ob bauliche Änderungen die betroffenen öffentlichen Belange rechtserheblich berühren, ist nicht eine Frage des quantitativen Umfangs der Änderungen, sondern eine qualitative Frage (BVerwG aaO). Eine wesentliche Änderung wird jedenfalls dann vorliegen, wenn die Identität mit dem ursprünglichen Bauwerk nicht mehr vorhanden ist (OVG Lüneburg, DÖV 1978, 219). Für die Entscheidung, ob die Nutzungsänderung ohne **wesentliche Änderung** vorgenommen wird, ist zwischen dem Gebäude in dem Zustand zu vergleichen, in dem es vor dem Umbau tatsächlich privilegiert genutzt worden ist, und dem für die neue Nutzung vorgesehenen Zustand (BVerwG, DÖV 1985, 831). Der Umbau einer **Scheune zu einem Wohnhaus** ist eine Nutzungsänderung unter wesentlicher Änderung der baulichen Anlage, und zwar auch dann, wenn das äußere Erscheinungsbild der Scheune im wesentlichen unverändert bleibt. Abs. 4 S. 1 Nr. 1 soll es nicht ermöglichen, bauliche Anlagen, die nach ihrer baulichen Konstruktion und Substanz für bestimmte Nutzungen (etwa die Wohnnutzung) gar nicht geeignet sind, gleichsam als äußere Hülle für eine Baumaßnahme zu verwenden, die einem Neubau gleichkommt (BVerwG, DVBl. 1986, 679). Zur Abgrenzung von baulichen Änderungen i. S. des Abs. 4 S. 1 Nr. 1 von Reparatur- und Instandsetzungsarbeiten, die vom Bestandsschutz gedeckt sind, vgl. BVerwG aaO; Dyong, NVwZ 1982, 354/355 sowie Rn 104. In das **BauGB** wurde das in § 35 Abs. 4 BBauG enthaltene

Merkmal der **„beabsichtigten"** Nutzungsänderung nicht übernommen. Die Nutzungsänderung nach Abs. 4 S. 1 Nr. 1 verliert ihre Begünstigung also nicht dadurch, daß die neue Nutzung im Zeitpunkt der Antragsstellung bereits aufgenommen worden ist (so aber BVerwG, ZfBR 1981, 2143; Schlichter; AgrarR 1982, 85/88; korrigiert durch BVerwG, DVBl. 1986, 680/682: Das Wort „beabsichtigt" sei keine Durchbrechung des Grundsatzes der Trennung von materieller und formeller Baurechtsmäßigkeit). Wird die nach Bauordnungsrecht genehmigungspflichtige **Nutzungsänderung ohne Genehmigung** durchgeführt, so bleibt die Begünstigung nach Abs. 4 S. 1 Nr. 1 erhalten und ist bei einem nachträglichen Genehmigungsantrag zu berücksichtigen.

Zur Sicherung der Nutzung vgl. **Abs. 6** (Rn 102).

Zur Zahl der zulässigen **Wohnungen** vgl. Rn 79b, 101, 101a.

2. a. § 4 Abs. 3 BauGB-MaßnahmenG, § 4 Abs. 3 S. 1 BauGB-MaßnahmenG modifiziert den Begünstigungs-Tatbestand des § 35 Abs. 4 S. 1 Nr. 1 BauGB zugunsten solcher Vorhaben, die **Wohnzwecken** dienen: Nach § 4 Abs. 3 S. 1 BauGB-MaßnahmenG ist § 35 Abs. 4 S. 1 Nr. 1 BauGB in diesen Fällen auch dann anzuwenden, wenn mit der Nutzungsänderung eine **wesentliche Änderung** der baulichen Anlage verbunden ist; vgl. hierzu im einzelnen Rn 79. Voraussetzung ist, daß die Änderung an einem **Gebäude der Hofstelle** erfolgt. Die Änderung kann nur im Rahmen des am **1. Mai 1990** vorhandenen **Gebäudebestands** vorgenommen werden. Das Gebäude, in dem die Änderung vorgenommen wird, muß in einem **räumlich-funktionalen Zusammenhang** mit dem land- oder forstwirtschaftlichen **Wohngebäude** stehen. Dies setzt eine unmittelbare bauliche Einheit oder eine funktionale Zuordnung voraus. Ausgeschlossen sind daher z. B. im Außenbereich verstreut liegende landwirtschaftliche Gebäude (z. B. einzelstehende Ställe und Scheunen). Die **äußere Gestalt des Gebäudes** muß im wesentlichen gewahrt bleiben.

§ 4 Abs. 3 S. 2 BauGB-MaßnahmenG enthält eine Neuregelung hinsichtlich der **Zahl zulässiger Wohnungen** bei entsprechend begünstigten Vorhaben. Die Regelung des § 35 Abs. 4 S. 3 BauGB (hierzu Rn 101), nach der höchstens zwei Wohnungen zulässig sind, wobei die zweite der Versorgung von Familienangehörigen dienen muß, findet – soweit es um Fälle der Nutzungsänderung land- oder forstwirtschaftlicher Gebäude geht – insoweit keine Anwendung mehr. Nach § 4 Abs. 3 S. 2 BauGB-MaßnahmenG dürfen sowohl bei Anwendung des § 4 Abs. 3 S. 1 BauGB-MaßnahmenG („mit wesentlicher Änderung") also auch des § 35 Abs. 4 S. 1 Nr. 1 BauGB („ohne wesentliche Änderung") höchstens **drei Wohnungen** eingerichtet werden. Voraussetzung ist im übrigen das Vorhandensein der erforderlichen Anlagen der Versorgung und Entsorgung oder ihrer voraussichtlichen Sicherung; vgl. weiterhin Rn 101a.

79a

79b

80 **3. Ersatzbau für ein Wohngebäude (Abs. 4 S. 1 Nr. 2).** Die in Abs. 4
genannten öffentlichen Belange (vgl. hierzu Rn 76) können in den
Fällen des **Abs. 4 S. 1 Nr. 2** auch dem Ersatzbau nicht entgegengehalten
werden. Die Regelung geht über das hinaus, was sich unter dem
Gesichtspunkt des Bestandschutzes gem. Art. 14 GG ergäbe (hierzu Rn
107); der Bestandschutz erstreckt sich nämlich im Grundsatz nicht auf
die Ersetzung eines Gebäudes durch ein neues (BVerwG, DVBl. 1973,
452). Die erleichterte Zulässigkeit des Ersatzbaus kommt **nicht nur** bei
solchen Wohngebäuden in Betracht, die nach **Abs. 1 Nr. 1 bis 3** zulässig
waren; so aber bis zur Neuregelung im **BauGB;** die Einengung gem.
§ 35 Abs. 5 S. 1 Nr. 1 BBauG im folgenden: Ein derartiges
Wohngebäude mußte früher einmal land- oder forstwirtschaftlichen
Zwecken gedient haben. Dabei kam es nicht darauf an, wann oder wie
lange das zu ersetzende Gebäude der privilegierten Nutzung diente;
entscheidend war nach BBauG vielmehr, daß das Gebäude irgendwann
wegen seiner landwirtschaftlichen Zweckbestimmung im Außenbe-
reich bevorzugt zulässig gewesen ist (BVerwG, NJW 1980, 1010; NJW
1981, 2143; OVG Münster, NJW 1978, 236). **Abs. 4 S. 1 Nr. 1** stellt
demgegenüber ausschließlich darauf ab, daß der Bau **zulässigerweise
errichtet** worden ist. Dazu reicht die bauaufsichtliche Genehmigung
aus, unabhängig davon, ob sie dem damaligen materiellen Recht
entsprach (BVerwG, DVBl. 1979, 626). Andererseits reicht auch die
ungenehmigte Errichtung aus, wenn sie – im Zeitpunkt der Errichtung
bzw. später während eines nennenswerten Zeitraums – hätte geneh-
migt werden müssen, aber keine Errichtung „zulässigerweise" bei
mehr als geringfügiger Abweichung von einer erteilten Genehmigung
und materieller Baurechtswidrigkeit (OVG Lüneburg, BRS 33 Nr. 78;
Söfker, in: B/K/S, Rn 202).

81 Erleichtert wird durch Nr. 2 der Ersatzbau für ein **Wohngebäude.**
Daß einzelne Räume in dem Gebäude anderen, z. B. gewerblichen
Zwecken dienen, beeinträchtigt nicht den Charakter als Wohngebäude.
Das zu ersetzende Wohngebäude muß von dem Eigentümer **eigen-
nutzt** sein. Eigennutzung steht im Gegensatz zur Fremdnutzung; es
geht also um den eigenen Gebrauch des Gebäudes zum Wohnen
(BVerwG, NJW 1981, 2143; Weyreuther, S. 197). Die Errichtung eines
Ersatzbaues für ein Ferien- oder Wochenendhaus wird hierdurch jedoch
nicht erleichtert; Ferien- oder Wochenendhäuser sind zwar „Wohnge-
bäude", jedoch dienen sie nicht dem ständigen Wohnen (BVerwG,
ZfBR 1982, 129).

82 Das Wohngebäude muß seit **längerer Zeit** vom Eigentümer eigenge-
nutzt sein. Ein Zeitraum von weniger als zwei Jahren reicht nicht aus
(Gelzer, Rn 1255: ab vier Jahren). Die Wohnzeiten eines Voreigentü-
mers können hierbei nicht angerechnet werden; etwas anderes ist
anzunehmen, wenn der Eigentümer das Wohngebäude mit seiner Fami-
lie über viele Jahre bewohnt und erst alsdann zu Eigentum erworben
hat oder wenn das Wohngebäude zunächst von einem Abkömmling des

Eigentümers bewohnt und dann auf ihn im Wege der Erbfolge, der vorweggenommenen Erbfolge, der Schenkung oder auf andere Weise zu Eigentum übertragen worden ist (BVerwG, NJW 1981, 2143). Die Eigennutzung eines langjährigen Mieters muß bis zum Eigentumsübergang andauern (BVerwG, NVwZ 1989, 355).

Weitere Voraussetzung ist, daß das zu beseitigende Gebäude „abgängig" ist, weil es den allgemeinen Anforderungen an **gesunde Wohnverhältnisse** nicht entspricht und durch wirtschaftlich vertretbare Modernisierungsmaßnahmen nicht diesen Anforderungen angepaßt werden kann. Bei den Anforderungen an das gesunde Wohnen ist vom allgemein anerkannten Wohnstandard auszugehen; weicht das Gebäude seiner Beschaffenheit, seinem Zustand oder seiner baulichen Ausgestaltung nach (vgl. hierzu im Einzelnen die Erl. zu § 177 m. w. N.) hiervon deutlich ab, so sind diese Voraussetzungen erfüllt. Eine Modernisierungsmaßnahme ist wirtschaftlich nicht vertretbar, wenn die hierfür aufzuwendenden Kosten in keinem angemessenen Verhältnis zur erzielten Verbesserung der Wohnverhältnisse stehen. Auf die Vermögensverhältnisse des Eigentümers kann dabei allerdings nicht abgestellt werden (Dyong aaO, Rn 183).

Die Erleichterung nach Nr. 2 steht dem Antragsteller nur zu, wenn Tatsachen rechtfertigen, daß das neue Wohngebäude für den **Eigenbedarf** des bisherigen Eigentümers oder seiner Familie genutzt werden wird; zur Sicherstellung der vorgesehenen Nutzung durch die Baugenehmigungsbehörde vgl. Abs. 6. Wer zur „Familie" des Eigentümers zu zählen ist, bestimmt sich nach § 8 Abs. 2 des II. WoBauG (BVerwGE 61, 285 in einer Entscheidung zu § 35 Abs. 5 S. 1 Nr. 4a BBauG).

Der Ersatzbau muß an der **„gleichen Stelle"** errichtet werden, also auf dem Standort des bisherigen Gebäudes. Eine geringfügige Abweichung vom Standort des bisherigen Gebäudes ist nach Abs. 4 S. 2 zulässig. Ob eine **geringfügige Abweichung** zulässig ist, hängt davon ab, daß die in Abs. 4 genannten Belange durch die Standortverschiebung zusätzlich nicht mehr als geringfügig betroffen werden (BVerwGE 61, 290). Dabei ist nicht so sehr auf die quantitative, metrische Abweichung abzustellen, wenn auch bei jeder Standortverschiebung die Wahrscheinlichkeit einer mehr als nur geringfügigen zusätzlichen Berührung der öffentlichen Belange nach Abs. 4 wahrscheinlich ist. So kann auch eine nur geringe Standortverschiebung z. B. den Eingriff in die Landschaft in spürbarer Weise verstärken, wenn das neue Gebäude an einer noch exponierteren Stelle liegen würde (BVerwG aaO).

Das neue Gebäude muß dem zu ersetzenden Gebäude **„gleichartig"** sein. §35 Abs. 5 S. 1 Nr. 1 BBauG verwendete statt dessen den Begriff „vergleichbar". Das BVerwG hatte diesen Begriff jedoch bereits entsprechend der Neuregelung interpretiert (vgl. BVerwGE 58, 125; 61, 290). Das neue Gebäude muß danach im Bauvolumen, in der Nutzung

83

84

85

86

und Funktion dem bisherigen Gebäude gleichartig sein. Nach **Abs. 4 S. 2** sind jedoch **geringfügige Erweiterungen** des neuen Gebäudes gegenüber dem beseitigten Gebäude zulässig (zum Begriff der Geringfügigkeit vgl. auch Rn 85).

87 Abs. 4 S. 1 Nr. 2 enthält (wie in den Fällen der Nr. 1; vgl. Rn 79) nicht mehr das in § 35 Abs. 5 S. 1 Nr. 1 BBauG enthaltene Merkmal der **„beabsichtigten"** Neuerrichtung. Werden z. B. bei Durchführung von Reparatur- und Modernisierungsmaßnahmen notwendige Baumaßnahmen am Wohngebäude in einem Umfang vorgenommen, die den Charakter einer Neueinrichtung tragen, geht die Begünstigung nach Nr. 2 nicht verloren (vgl. Söfker, in: B/K/S, Rn 202).

88 **4. Ersatzbau für ein zerstörtes Gebäude (Abs. 4 S. 1 Nr. 3).** Die in Abs. 4 genannten öffentlichen Belange können in den Fällen des **Abs. 4 S. 1 Nr. 3** auch dem Ersatzbau für ein zerstörtes Gebäude nicht entgegengehalten werden; zu den öffentlichen Belangen i. S. des Abs. 4 vgl. Rn 76. Erleichtert zulässig ist der Wiederaufbau eines **zulässigerweise errichteten Gebäudes,** also nicht nur eines Wohngebäudes. Ein Gebäude ist zulässigerweise errichtet worden, wenn es bauaufsichtlich genehmigt war. Dies ist auch dann zu bejahen, wenn das Gebäude zwar tatsächlich genehmigt worden ist, jedoch bei rückschauender Beurteilung mit dem damaligen materiellen Recht nicht vereinbar war (OVG Lüneburg, DÖV 1978, 217). Ist das Gebäude bauaufsichtlich nicht genehmigt worden, obwohl nach materiellem Recht die Voraussetzungen hierfür vorlagen oder hätte es zu einem späteren Zeitpunkt genehmigt werden müssen, sind die Voraussetzungen der Nr. 3 gleichfalls erfüllt (Dyong, NVwZ 1982, 354/356). Wich ein zerstörtes Gebäude hingegen mehr als geringfügig von einer erteilten Baugenehmigung ab und war materiell baurechtswidrig, so war es nicht zulässigerweise errichtet (OVG Lüneburg, BRS 33 Nr. 78).

89 Das Gebäude muß durch **Brand, Naturereignisse oder andere außergewöhnliche Ereignisse zerstört** worden sein. Die Zerstörung darf also nicht vom Eigentümer bewirkt worden sein. Als **Brand** kommt auch die von einem Dritten verübte Brandstiftung in Betracht. **Naturereignisse** sind z. B. Sturmschäden, Erdbeben, Erdrutsch oder Überschwemmungen. Die Zerstörung durch **andere außergewöhnliche Ereignisse** ist im Hinblick auf die im Gesetz ausdrücklich genannten Fälle des Brandes und der Naturereignisse eng auszulegen (vgl. Taegen aaO, Rn 69; Gasexplosion, Einwirkung durch militärische Manöver, Flugzeugabsturz). Der allmähliche Verfall eines alten Hauses, der z. B. bei Reparaturarbeiten offenkundig geworden ist und zur Zerstörung des Hauses geführt hat, ist kein außergewöhnliches Ereignis, sondern findet seine Ursache in dem vorausgegangenen langsamen Verfall des Gebäudes (BVerwGE 61, 290; Taegen aaO). Hingegen kann die Zerstörung eines Gebäudes durch den rechtswidrigen Eingriff eines Dritten, den der Eigentümer nicht selbst veranlaßt oder in einer Weise verursacht hat, die dem Veranlassen gleichzusetzen ist, ein außerge-

wöhnliches Ereignis darstellen (BVerwG, DÖV 1983, 424). Steht die Beseitigung eines Gebäudes in Folge einer Planung und möglicherweise anschließenden Enteignung bevor, ist hierin kein außergewöhnliches Ereignis zu sehen; dies schon deshalb nicht, weil die Planung und die Enteignung noch nicht zur Zerstörung des Gebäudes führen (BVerwG, NVwZ 1982, 374).

Der Wiederaufbau des Gebäudes muß „alsbald" erfolgen. Der Wiederaufbau muß sich zeitlich so eng an das vorherige Bestehen des zerstörten Bauwerks anschließen, daß er in der durch die Umgebung und nachwirkend auch noch durch das zerstörte Gebäude geprägten Situation „nicht als etwas fremdartiges Neues, sondern als Ersatz und Fortführung des zerstörten Gebäudes erscheint" (BVerwG, NJW 1982, 400/401). Das Merkmal der alsbald **beabsichtigten** Neuerrichtung enthält Abs. 4 S. 1 Nr. 3 (wie auch Nr. 1 und Nr. 2) – anders als die entsprechende Regelung in § 35 Abs. 5 S. 1 Nr. 2 BBauG – nicht mehr (vgl. hierzu entsprechend Rn 79 und Rn 87). Für die Beurteilung des Zeitpunkts **(„alsbald")** ist aber weiterhin auf die Bauabsicht (Bauantrag, Bauvoranfrage) abzustellen. Für den Zeitpunkt bis zu dem die Bauabsicht als „alsbald" geäußert angesehen werden kann, hat das BVerwG folgende Richtlinien gegeben, die sich an dem Zeitraum orientieren, den ein Bauherr für die Planung des Wiederaufbaus bis zur ernsthaften Bekundung seiner Bauabsicht üblicherweise braucht (BVerwG aaO): Wird die Bauabsicht innerhalb eines Jahres nach Zerstörung des Gebäudes ernsthaft bekundet (z. B. durch einen Bauantrag oder durch eine Bauvoranfrage), dann ist die Voraussetzung des alsbald beabsichtigten Wiederaufbaus stets, also auch ohne Prüfung der Verhältnisse des Einzelfalls, anzunehmen. Für das folgende zweite Jahr ist dies jedenfalls im Regelfall gleichfalls anzunehmen, wenn sich die Verkehrsauffassung unter den besonderen Umständen des jeweiligen Einzelfalls nicht schon vor Ablauf von zwei Jahren auf die in Folge der Zerstörung des Gebäudes veränderte Grundstückssituation eingestellt hat. Nach Ablauf von zwei Jahren ist in aller Regel davon auszugehen, daß sich die Verkehrsauffassung auf den Wandel der Grundstückssituation eingestellt hat, es sei denn, der Bauherr kann darlegen, daß die bodenrechtliche Situation des Grundstücks für den Wiederaufbau noch offen ist und der Wiederaufbau von der Verkehrsauffassung erwartet wird (BVerwG aaO). Unanfechtbar abgelehnte Bauanträge für den Ersatzbau eines zerstörten Gebäudes haben dabei keine der Unterbrechung einer Frist vergleichbare Wirkung (OVG Lüneburg, ZfBR 1981, 100).

Erleichtert zulässig ist ein **„gleichartiges"** neues Gebäude; es muß im Bauvorhaben, in der Nutzung und Funktion dem zerstörten Gebäude vergleichbar sein (vgl. im einzelnen sinngemäß die Erläut. zu Nr. 2; Rn 86). Weicht das neue Gebäude von dem zerstörten Gebäude in seiner objektiven Zweckbestimmung wesentlich ab, z. B. wenn ein früherer Jagdpächter nach der Zerstörung der Jagdhütte durch Brand die Jagd-

90

91

pacht aufgegeben hat und das Gebäude nunmehr als Wochenendhaus oder als Wohnhaus wieder aufbauen will (BVerwGE 58, 124), fehlt es an dieser Voraussetzung. Wegen der weiteren Zulässigkeitsvoraussetzungen wird auf die Erläuterungen zu Abs. 4 S. 1 Nr. 2 verwiesen: Zulässigkeit **geringfügiger Erweiterungen** des neuen Wohngebäudes gegenüber dem zerstörten Gebäude sowie **geringfügige Abweichungen** vom bisherigen Standort des Gebäudes (Abs. 4 S. 2; vgl. Rn 85; vgl. weiterhin entsprechend die Erl. in Rn 87); zur Zulässigkeit des Wiederaufbaus eines zerstörten Gebäudes unter dem Gesichtspunkt des eigentumsrechtlichen **Bestandsschutzes** vgl. BVerwGE 47, 126/131 sowie Rn 107.

92 **5. Änderung oder Nutzungsänderung bei erhaltenswerten Gebäuden (Abs. 4 S. 1 Nr. 4).** Der Änderung oder Nutzungsänderung von erhaltenswerten, das Bild der Kulturlandschaft prägenden Gebäuden des Außenbereichs können nach **Abs. 4 S. 1 Nr. 4** die in Abs. 4 bezeichneten öffentlichen Belange nicht entgegengehalten werden; zu den öffentlichen Belangen i. S. des Abs. 4 vgl. Rn 76. Die Erleichterung bezieht sich auf Gebäude jeder Art, also nicht nur auf Wohngebäude und auch auf solche Gebäude, die nie der Privilegierung des Abs. 1 unterfielen. Die Änderungen können auch mehr als nur unwesentlich sein; vgl. demgegenüber die engeren Anforderungen in Nr. 1 (Rn 79). Der wesentlichen Änderung sind jedoch dadurch Grenzen gesetzt, daß der neue Verwendungszweck die landschaftsprägende Wirkung des Gebäudes nicht beeinträchtigen darf. Als Gebäude, die das Bild der Kulturlandschaft prägen, kommen z. B. in Betracht; Burgen, Türme, Fachwerkhäuser, Wind- und Wassermühlen (Dyong, in: E/Z/B, § 35, Rn 192; Taegen, in: BK, § 35, Rn 71).

93 Das Gebäude kann auch „**aufgegeben**" sein, braucht also seiner ursprünglichen Funktion nicht mehr zu dienen und kann auch unbenutzt sein. Die bauliche Anlage als solche muß aber in ihrer Substanz noch vorhanden sein. Es darf sich daher nicht schon um eine funktionslose Ruine handeln (OVG Koblenz, NVwZ 1983, 682; vgl. auch OVG Lüneburg, NuR 1984, 61). Nr. 4 erleichtert „Änderung" von Gebäuden, nicht aber den Wiederaufbau eines zur Ruine verfallenen Gebäudes (BVerwG, NVwZ 1985, 184). Die bauliche Anlage muß daher als ein noch überhaupt funktionsfähiges Gebäude vorhanden sein (Weyreuther, S. 191). Der Wiederaufbau eines weitgehend verfallenen Gebäudes nach alten Plänen ist hiernach nicht zulässig (OVG Koblenz aaO). Zur Sicherung der zweckmäßigen Verwendung des Gebäudes aufgrund der Änderung oder Nutzungsänderung vgl. Abs. 6.

94 **6. Erweiterung von Wohngebäuden (Abs. 4 S. 1 Nr. 5).** Nr. 5 begünstigt die Erweiterung von zulässigerweise errichteten Wohngebäuden, sofern die Erweiterung angemessen ist. Der Erweiterung können die in Abs. 4 bezeichneten öffentlichen Belange nicht entgegengehalten werden; zu den öffentlichen Belangen i. S. des Abs. 4 vgl. Rn 76. Zum **Ersatzbau** für ein Wohngebäude vgl. Abs. 4 S. 1 Nr. 4 (Rn 80). Das

Wohngebäude muß **zulässigerweise errichtet** worden sein (vgl. hierzu Rn 88).

Die Begünstigung nach Abs. 4 S. 1 Nr. 5 tritt an die Stelle der **95** Begünstigung nach § 35 **Abs. 5 S. 1 Nr. 4 BBauG.** Diese Regelung unterschied zwischen der Erweiterung eines Wohngebäudes, das vom Eigentümer seit längerer Zeit als Dauerwohnung eigengenutzt worden ist (Nr. 4a), Wohngebäuden, die durch Modernisierung verbessert und in diesem Zusammenhang erweitert werden sollen (Nr. 4b, Hs 1), sowie der Erweiterung eines Gebäudes, das der Fremdenbeherbergung, insbesondere der gewerblichen Zimmervermietung dient (Nr. 4b, Hs 2). Die beiden erstgenannten Fälle (Nr. 4a und Nr. 4b, Hs 1 BBauG) sind in die Neufassung der Nr. 5 (BauGB) aufgegangen; Nr. 4b, Hs 2 (BBauG) ist in Nr. 6 (BauGB; Erweiterung gewerblicher Betriebe) aufgegangen. Entfallen sind die (allerdings nur für die Fälle der Nr. 4a maßgeblichen) Voraussetzungen, daß das Gebäude vom Eigentümer selbst **seit längerer Zeit eigengenutzt** worden ist. Die jetzige Regelung stellt ausschließlich auf das Merkmal der **Angemessenheit** der Erweiterung ab. Die Erweiterung muß in **zweifacher Hinsicht** angemessen sein: Im Verhältnis zum vorhandenen Wohngebäude (Rn 96) und unter Berücksichtigung der Wohnbedürfnisse (Rn 97). Die Begünstigung setzt voraus, daß auch der erweiterte Teil vom bisherigen Eigentümer und seiner Familie bewohnt werden soll (BVerwG, NVwZ 1989, 355).

Die Erweiterung des Wohngebäudes muß **im Verhältnis zum vor- 96 handenen Wohngebäude** angemessen sein. Die der Wohnraumversorgung dienende **Erweiterung** kann dabei mehr als nur geringfügig sein. Erweiterung bedeutet aber, daß ein bestehendes Wohnhaus lediglich vergrößert werden darf, ohne daß dadurch sein durch seine bisherige Funktion als selbstgenutztes Wohngebäude bestimmter Charakter verändert wird; unzulässig ist z. B. die Erweiterung eines Kleinsiedlungshauses in ein villenähnliches, komfortables Einfamilienhaus oder der Bau eines mit dem bisherigen Einfamilienhaus durch einen Zwischentrakt verbundenes neues Gebäude oder die Einrichtung einer zusätzlichen selbständigen Wohnung (BVerwG, NJW 1981, 2143).

Die Erweiterung muß auch **unter Berücksichtigung der Wohnbe- 97 dürfnisse** angemessen sein. Angemessen ist eine Wohnhauserweiterung, wenn sie der angemessenen Wohnraumversorgung der Familienangehörigen dient. Hierbei können die **Maßstäbe des II. WoBauG** herangezogen werden (BVerwG aaO; Söfker, in: B/K/S, Rn 205). Die individuellen Bedürfnisse des Eigentümers und seiner Familie sind nach den objektiven Maßstäben des II. WoBauG zu messen, nicht nach den selbstbestimmten Bedürfnissen der Bewohner (BVerwG, NVwZ 1989, 355: Orientierung an § 39 Abs. 1 und 2 II. WoBauG).

Die Erweiterung muß **in jeder Beziehung,** also sowohl im Hinblick **98** auf das Verhältnis zum vorhandenen Wohngebäude als auch unter Berücksichtigung der Wohnbedürfnisse, **angemessen** sein. Zwischen den Anforderungen, die sich aus den Wohnbedürfnissen einerseits und

der Verhältnismäßigkeit der Erweiterung des Baukörpers andererseits
ergeben, können sich Unterschiede ergeben. Die Wohnbedürfnisse
einer **großen Familie** sind daher im Hinblick auf das Verhältnis des
Baukörpers zum Bestand angemessen zu berücksichtigen. Jedoch sind
hierbei z. B. auch die Möglichkeiten der Raumaufteilung im Inneren
des Gebäudes zu berücksichtigen. Vorrangiges gesetzgeberisches Motiv
ist, daß die angemessenen Wohnbedürfnisse der Familie stets zu berück-
sichtigen sind (Söfker aaO). **Mehrmalige Erweiterungen,** die zusam-
mengenommen nicht mehr angemessen wären, sind nach Nr. 5 nicht
begünstigt. Maßstab für spätere Erweiterungen ist also die Prägung,
die vom ursprünglichen begünstigten Vorhaben ausging.

99 **7. Erweiterung von gewerblichen Betrieben (Abs. 4 S. 1 Nr. 6).** Die
in Abs. 4 bezeichneten öffentlichen Belange (vgl. hierzu Rn 76) können
nach Abs. 4 S. 1 Nr. 4 auch einer **angemessenen baulichen Erweite-
rung von gewerblichen Betrieben** nicht entgegengehalten werden.
Die Begünstigung nach Nr. 6 ist daher nicht anzuwenden, wenn ein
landwirtschaftlicher Betrieb i. S. des § 35 Abs. 1 Nr. 1 um einen
landwirtschaftsfremden Betriebsteil (z. B. Reithalle für Reitschule) er-
weitert werden soll (BVerwG, NVwZ 1986, 201/203; vgl. auch Über-
sicht in Rn 48). Zum Begriff des gewerblichen Betriebs vgl. Rn 39
sowie Weyreuther, 369 ff. Der Betrieb muß **zulässigerweise** errichtet
worden sein (vgl. hierzu Rn 88). Die Erweiterung muß im Verhältnis
zum **vorhandenen Gebäude** und **Betrieb** angemessen sein. Vgl. dem-
gegenüber § 35 Abs. 5 S. 1 Nr. 5 BBauG: Die Neuregelung verzichtet
auf den Nachweis, daß die Erweiterung notwendig ist, um die Fortfüh-
rung des Betriebs zu sichern; die Änderung wurde damit begründet,
daß diese Voraussetzung unpraktikabel und der Sache nicht dienlich sei
(BT-Drs. 10/4630, 90; Söfker, in: B/K/S, Rn 206).

100 Wie in den Fällen der Nr. 6 setzt die Begünstigung nach Nr. 6 die
Angemessenheit in zweierlei Beziehung voraus: Die Erweiterung muß
im Verhältnis zum **vorhandenen Gebäude** angemessen sein. Maßstab
hierfür ist das Verhältnis von vorhandenem und hinzutretendem Bau-
bestand (OVG Lüneburg, BRS 38 Nr. 103). Die Erweiterung darf also
nicht unverhältnismäßig sein und zu einer erheblichen zusätzlichen
Beeinträchtigung von Außenbereichsbelangen führen (z. B. „Vergröße-
rungen um mehr als die Hälfte"; Söfker aaO; vgl. im übrigen entspre-
chend die Erl. zu Nr. 5). Die Erweiterung muß darüber hinaus im
Verhältnis **zum Betrieb** angemessen sein. Die Erweiterung muß den
betrieblichen Erfordernissen entsprechen und darf insofern nicht unan-
gemessen sein. Während der bauliche Bestandsschutz (vgl. hierzu
Rn 104 f.) allenfalls untergeordnete Erweiterungen, nicht aber eine
wesentliche Kapazitätserweiterung gestattet (Taegen, in: BK, § 35,
Rn 75), stellt Nr. 6 auf **angemessene Erweiterungen** ab. Dabei ist
i. d. R. von der bisherigen Struktur und Größenordnung des Betriebs
auszugehen. Angemessen sind z. B. Erweiterungen, die der Ersatz
vorhandener Maschinen durch neue mit anderem Raumbedarf erfor-

dert oder die Erweiterung um eine Lagerhalle zum Schutz von Witterungseinflüssen ausgesetztem Gerät (OVG Lüneburg BRS 38 Nr. 103). Die Strukturumwandlung eines Unternehmens (z. B. von einem Handwerks- zu einem Industriebetrieb oder von einem kleinen Ladengeschäft zu einem Einkaufszentrum oder Verbrauchermarkt) ist von Nr. 6 nicht gedeckt. Der Begriff der Angemessenheit in bezug auf den Betrieb ist in Anlehnung an den Begriff des **„Dienens"** i. S. des Abs. 1 Nr. 1 auszulegen; vgl. hierzu im einzelnen Rn 19. Es kommt also wesentlich auf die Verkehrsauffassung an, ob eine Erweiterung einem Betrieb dient. Abzustellen ist darauf, ob ein **„vernünftiger Betriebsinhaber"** unter Berücksichtigung des Gebots zu größtmöglicher Schonung des Außenbereichs dieses Vorhaben mit etwa gleichem Verwendungszweck und mit etwa gleicher Gestaltung und Ausstattung für einen entsprechenden Betrieb errichten würde und das Vorhaben durch die Zuordnung zu dem konkreten Betrieb auch äußerlich erkennbar geprägt wird (so zum Begriff des „Dienens" i. S. des Abs. 1 Nr. 1 BVerwG, DVBl. 1973, 643). Schon bei den privilegierten Vorhaben reicht die **bloße „Förderlichkeit"** für den Betrieb nicht aus; im Rahmen der begünstigten Vorhaben nach Abs. 4 S. 1 Nr. 6 ist daher hinsichtlich der Frage, was vernünftigerweise geboten ist, ein noch strengerer Maßstab anzulegen (VGH München, BayVBl. 1986, 653; Weyreuther, 387). Das nicht-privilegierte, dem Außenbereich also wesensfremde Vorhaben muß sich eine enge Beurteilung gefallen lassen und in seiner Nutzung auf das beschränkt sein, was im Hinblick auf den Betrieb nicht entbehrt werden kann (VGH München aaO). Insoweit verbleibt es bei der Beurteilung der Angemessenheit bei dem, was § 35 Abs. 5 S. 1 Nr. 5 BBauG mit der Notwendigkeit der betrieblichen Erweiterung und der Sicherung der Fortführung des Betriebs umschrieben hat, ohne daß sich hieraus eine – bei der alten Formulierung allerdings naheliegende – spezifische Nachweispflicht ergibt. Unangemessen sind im übrigen – wie in den Fällen der Nr. 5 – **mehrmalige Erweiterungen,** die zusammengenommen nicht angemessen wären; Maßstab für die Prägung bleibt also der ursprünglich begünstigte Betrieb. Da Nr. 6 nicht auf das **Gebäude,** sondern auf einen **Betrieb** abstellt, ist auch im Hinblick auf spätere Erweiterungen eine Strukturumwandlung von Nr. 6 nicht gedeckt; vgl. hierzu auch Rn. 99.

8. Einrichtung einer zweiten Wohnung (Abs. 4 S. 3). Abs. 4 S. 3 läßt **101** die Einrichtung einer zweiten Wohnung in den Fällen der begünstigten Nutzungsänderung von ehemals der Landwirtschaft dienenden Gebäuden (Abs. 4 S. 1 Nr. 1) sowie in den Fällen der begünstigten Erweiterung von Wohngebäuden (Abs. 4 S. 1 Nr. 5) zu. Vgl. demgegenüber die im Hinblick auf das Tatbestandsmerkmal „zum Haushalt gehörende Familienangehörige mit Wohnraum" einengende Rspr. zu § 35 Abs. 5 S. 1 Nr. 4 a BBauG, die der Regelung einer zweiten Wohnung entgegenstand: BVerwG, NJW 1981, 2143; OVG Münster, BauR 1986, 317. Nach S. 3, Hs 1 sind im Rahmen der zulässigen Nutzungsänderung und

Erweiterung von Wohngebäuden nach Abs. 4 S. 1 Nr. 1 und 4 **höchstens zwei Wohnungen** zulässig. Darüber hinaus müssen Tatsachen die Annahme rechtfertigen, daß das Wohngebäude vom bisherigen Eigentümer oder von seiner Familie selbst genutzt wird (S. 3, Hs 2); vgl. die entsprechende Voraussetzung in Abs. 4 S. 1 Nr. 2 (vgl. hierzu Rn 84). Wer zur Familie des Eigentümers zu zählen ist, bestimmt sich nach § 8 Abs. 2 des II. WoBauG (BVerwGE 61, 285). Die Einrichtung einer zweiten Wohnung zur Unterbringung von **Pflegepersonal** oder einer Familie, die die pflegebedürftigen Eigentümer versorgt, ist daher nicht gem. Abs. 4 S. 3 begünstigt.

101a **8. a. Einrichtung von höchstens drei Wohnungen (§ 4 Abs. 3 S. 2 BauGB-MaßnahmenG).** Die Regelung des Abs. 4 S. 3 hat aufgrund des § 4 Abs. 3 S. 2 BauGB-MaßnahmenG nur noch Bedeutung für die Fälle des § 35 Abs. 4 S. 1 Nr. 5 BauGB. Für die Fälle des § 35 Abs. 4 S. 1 Nr. 1 BauGB enthält das BauGB-MaßnahmenG insoweit eine Sonderregelung, nach der die Einrichtung von höchstens drei Wohnungen zulässig ist; vgl. hierzu im einzelnen Rn 79a, 79b.

102 **9. Sicherung der Nutzung (Abs. 6).** Nach Abs. 6 soll die Baugenehmigungsbehörde unbeschadet landesrechtlicher Bestimmungen über **Baulasten,** soweit diese in den Landesbauordnungen geregelt sind, sicherstellen, daß die bauliche oder sonstige Anlage in den Fällen des Abs. 1 Nr. 2 und des Abs. 4 nur in der vorgesehenen Art genutzt wird. Die hiernach vorgesehene Sicherstellung der Nutzungsart soll den Mißbrauch in bestimmten Fällen privilegierter oder begünstigter Zulässigkeit von Vorhaben vermeiden. In den Fällen privilegierter Vorhaben für Wohnungen ehemaliger Landwirte ist bereits nach **Abs. 1 Nr. 2 d** der rechtliche Sicherung vorausgesetzt, daß die Fläche, auf der das Altenteilerhaus errichtet werden soll, nicht ohne das Hofgrundstück veräußert wird (vgl. Rn 31). Zur rechtlichen Sicherung kann die Baugenehmigungsbehörde in den Fällen des Abs. 1 Nr. 2 nach Abs. 6 S. 2 und 3 ein Veräußerungsverbot, das im Grundbuch eingetragen ist, begründen. Als weitere Sicherungsmittel kommen – sowohl in den Fällen des Abs. 1 Nr. 2 als auch in den Fällen des Abs. 4 – Nebenbestimmungen der Baugenehmigung (insbesondere durch eine Auflage; vgl. § 36 Abs. 2 Nr. 4 VwVfG), vertragliche Vereinbarungen oder eine beschränkte persönliche Dienstbarkeit (§ 1090 BGB; vgl. Weyreuther, S. 426) in Betracht. In den Fällen der **Abs. 4 Nr. 2** soll durch Abs. 6 S. 1 sichergestellt werden, daß nur der bisherige Eigentümer oder seine Familienangehörigen begünstigt werden; entsprechendes gilt für die Fälle des **Abs. 4 S. 3.** Das Veräußerungsverbot nach Abs. 6 S. 2 und 3 findet jedoch in beiden Fällen keine Anwendung. Es bezieht sich nur auf die Fälle nach Abs. 1 Nr. 2. Für die übrigen Fälle der erleichterten Zulassung von Vorhaben nach Abs. 4 hat Abs. 6 keine Bedeutung, weil keine besonderen Personengruppen begünstigt sind bzw. eine Nutzungsänderung nach § 29 zu beurteilen ist.

10. Außenbereichssatzung (§ 4 Abs. 4 BauGB-MaßnahmenG). § 4 102 a
Abs. 4 BauGB-MaßnahmenG enthält eine Ermächtigung der Gemein-
den zum **Erlaß von Satzungen** für bestimmte bebaute Bereiche im
Außenbereich; vgl. den im Anhang wiedergegebenen Gesetzestext.
Durch die Satzung können Vorhaben nach § 35 Abs. 2 („sonstige
Vorhaben") dadurch begünstigt werden, daß ihnen bestimmte Belange
i. S. des § 35 Abs. 3 nicht entgegengehalten werden können. Die
Rechtsfolgeseite der Satzung ist daher systematisch den begünstigten
Vorhaben des § 35 Abs. 4 zuzuordnen (so zutreffend Söfker, in: B/K/S,
Rn 210).

Die Satzung nach § 4 Abs. 4 BauGB-MaßnahmenG ist von den 102 b
Satzungen nach § 34 Abs. 4 BauGB zu unterscheiden, die Baurechte
i. S. des § 34 Abs. 1 bis 3 begründen (bzw. klarstellen). Die Satzung
nach § 4 Abs. 4 BauGB-MaßnahmenG begründet dagegen ausschließ-
lich eine Begünstigung von im übrigen nach § 35 Abs. 2 zu beurteilen-
den Vorhaben. Die Satzung ändert insbesondere nichts an der Zuord-
nung zum Außenbereich; sie modifiziert ausschließlich die Zulässig-
keitsvoraussetzungen sonstiger Vorhaben.

Der Erlaß einer Satzung i. S. des § 4 Abs. 4 BauGB-MaßnahmenG 102 c
setzt voraus, daß **bebaute Bereiche** vorliegen, die nicht überwiegend
landwirtschaftlich geprägt sind und in denen eine Wohnbebauung von
einigem Gewicht vorhanden ist. Eine Darstellung der Flächen als
Bauflächen im Flächennutzungsplan ist nicht erforderlich. Die Berei-
che müssen bereits wesentliche Ansätze für die Entwicklung in Rich-
tung eines Wohnorts haben (vgl. Söfker aaO).

Begünstigt werden Vorhaben, die Wohnzwecken dienen. Nach § 4 102 d
Abs. 4 S. 2 BauGB-MaßnahmenG kann die Satzung jedoch auch auf
Vorhaben erstreckt werden, die **kleinen Handwerks- und Gewerbebe-
trieben** dienen. Der Begriff „klein" ist städtebaulich-strukturell zu
verstehen, d. h. es muß sich um solche Betriebe handeln, die der
kleinteiligen Baustruktur von Außenbereichssiedlungen (z. B. Splitter-
siedlungen, Weilern) entsprechen (so Söfker, aaO).

Nach § 4 Abs. 4 S. 3 BauGB-MaßnahmenG können in der Satzung 102 e
nähere Bestimmungen über die Zulässigkeit getroffen werden.
Hierzu gehören insbesondere Beschränkungen über Art und Umfang
der baulichen Maßnahmen, wie z. B. Beschränkung auf bestimmte
Neubaufälle, Zahl der Wohnungen und Bestimmungen über die Er-
schließung.

Die Satzung muß mit einer geordneten **städtebaulichen Entwick-** 102 f
lung vereinbar sein; § 4 Abs. 4 S. 4 BauGB-MaßnahmenG (vgl. ent-
sprechend § 34 Abs. 4 S. 2 BauGB). Was das **Satzungsverfahren** be-
trifft, ist im übrigen § 34 Abs. 5 BauGB entsprechend anzuwenden,
insbesondere sind die betroffenen Bürger und die berührten Träger
öffentlicher Belange zu beteiligen; die Satzung ist der höheren Verwal-
tungsbehörde anzuzeigen.

102g Einem Wohnzwecken dienenden Vorhaben im Geltungsbereich einer Außenbereichssatzung nach § 4 Abs. 4 BauGB-MaßnahmenG kann nicht entgegengehalten werden, daß es einer **Darstellung im Flächennutzungsplan** über **Flächen für die Landwirtschaft oder Wald** widerspricht oder die **Entstehung oder Verfestigung einer Splittersiedlung** befürchten läßt; § 4 Abs. 4 S. 1 BauGB-MaßnahmenG. Nach § 4 Abs. 4 S. 5 BauGB-MaßnahmenG bleibt die Anwendung der Begünstigungstatbestände des § 4 Abs. 3 BauGB-MaßnahmenG sowie des § 35 Abs. 4 BauGB unberührt. Unberührt bleibt im übrigen die Anwendbarkeit des § 35 Abs. 1 BauGB; § 4 Abs. 4 BauGB-MaßnahmenG bezieht sich ausschließlich auf Vorhaben i. S. des § 35 Abs. 2 BauGB.

VII. Bestandsschutz; eigentumskräftig verfestigte Anspruchsposition

103 Die Rechtsprechung (vgl. zusammenfassend BVerwGE 47, 126) hat unter den Gesichtspunkten des Bestandsschutzes und der eigentumskräftig verfestigten Anspruchsposition Grundsätze für die Zulässigkeit von Vorhaben entwickelt, die sich unmittelbar aus **Art. 14 Abs. 1 GG** ergeben (vgl. weiterführend z. B. Dyong, in: E/Z/B, § 35, Rn 222 ff.; Taegen, in: BK, § 35, Rn 57 f.). Danach kann ein Vorhaben auch dann zulässig sein, wenn die Voraussetzungen des § 35 nicht vorliegen, d. h. insbesondere dann, wenn dem Vorhaben öffentliche Belange entgegenstehen (Abs. 1) oder wenn es öffentliche Belange beeinträchtigt (Abs. 2). Diese Grundsätze gelten im übrigen auch für Bereiche, in denen sich die Zulässigkeit eines Vorhabens ansonsten nach §§ 30 oder 34 beurteilt.

104 Der aus Art. 14 Abs. 1 GG hergeleitete **Bestandsschutz** für ein Bauwerk bezieht sich auf folgende Fälle: Ein Vorhaben wurde seinerzeit im Einklang mit dem damals geltenden Baurecht errichtet; nach den inzwischen geltenden Rechtsvorschriften wäre es nicht mehr zulässig. Der Grundsatz eines baurechtlichen Bestandsschutzes bedeutet für diese Fälle zunächst, daß das bestehende Bauwerk eigentumsrechtlich, also in seinem Bestand geschützt ist. Der Bestandsschutz gewährleistet damit das Recht, das Bauwerk weiterhin so zu unterhalten und zu nutzen, wie es seinerzeit errichtet wurde (BVerwGE 47, 126/128). Der Bestandsschutz **beginnt**, sobald das Vorhaben fertiggestellt ist und in formeller und materieller Hinsicht rechtmäßig ist; die Rechtmäßigkeit kann auch nachträglich eingetreten sein (BVerwG, NJW 1971, 1624). Der Bestandsschutz beschränkt sich auf die vorhandene Bausubstanz und schließt damit nicht bauliche Erweiterungen (wie z. B. Anbauten; BVerwGE 25, 161) oder einen Ersatzbau anstelle des bestandsgeschützten Bauwerks ein (BVerwGE 42, 8/13; 47, 126/128). Dagegen sind **Reparatur- und Wiederherstellungsarbeiten**, die nur die weitere Nutzung des bisherigen Bestandes in der bisherigen Weise ermöglichen und auch nicht zu einer Nutzungsänderung führen, vom Bestandsschutz

gedeckt (BVerwGE 47, 126/128). Der Bestandsschutz erfaßt weiterhin auch solche bauliche Veränderungen oder auch Erweiterungen, die erforderlich sind, um den vorhandenen Bestand weiterhin funktionsgerecht nutzen zu können, z. B. zur Anpassung eines Altbaus an gewandelte Lebensverhältnisse (z. B. Einbau neuzeitlicher sanitärer Anlagen oder Garagenbau; BVerwGE 25, 161;, NJW 1986, 2126; vgl. auch Rn 105). Zur Abgrenzung von Reparatur- und Instandsetzungsarbeiten von darüber hinausgehenden Maßnahmen ist darauf abzustellen, ob die Identität des wiederhergestellten mit dem ursprünglichen Bauwerk besteht oder aber ob ein wesentlich neues Bauwerk geschaffen wird. Der Bestandsschutz scheitert nicht daran, daß das Gebäude von außen einem Neubau gleicht (z. B. infolge Verblendmauerwerks oder neuen Dachgestühls); entscheidend ist, daß hierdurch das Volumen des Gebäudes nicht wesentlich erweitert wird (BVerwG, NJW 1986, 2126). Auch die Aufteilung des Gebäudes z. B. in drei statt bisher zwei Wohnungen berührt den Bestandsschutz nicht (BVerwG aaO). Ist der mit Reparatur- und Instandsetzungsmaßnahmen verbundene Eingriff in den Bestand z. B. so intensiv, daß er die Standfestigkeit des gesamten Bauwerks berührt und eine statistische Nachrechnung der gesamten Anlage notwendig macht, oder erreicht der für die Instandsetzung notwendige Arbeitsaufwand den für einen Neubau, so sind diese Maßnahmen vom Bestandsschutz nicht mehr gedeckt (BVerwGE 47, 126/129). Der Bestandsschutz für die in einem Gebäude ausgeübte Nutzung **endet** mit dem tatsächlichen Beginn einer andersartigen Nutzung, sofern diese erkennbar nicht nur vorübergehend ausgeübt werden soll (BVerwG, NVwZ 1989, 667).

In Ausnahmefällen kann sich der Bestandsschutz auch auf andere **105** Baulichkeiten erstrecken; sog. **überwirkender Bestandsschutz.** Danach kann aus eigentumsrechtlichen Gründen ein Bestandsschutz auch dergestalt geboten sein, daß wegen des Schutzes, den eine vorhandene bauliche Anlage genießt, auch ein damit zusammenhängendes weiteres bauliches Vorhaben gestattet werden muß (BVerwGE 50, 49/56). Ein Bestandsschutz kann allerdings nur dann „überwirken", wenn zwischen dem vorhandenen Bestand und den seinem Schutz dienenden Maßnahmen ein untrennbarer Funktionszusammenhang besteht und deshalb der Schutz des Bestands ohne die Zubilligung von Änderungs- oder auch Erweiterungsmaßnahmen letztlich gegenstandslos würde (BVerwGE 49, 365/369); z. B. Errichtung einer Garage an einer anderen Stelle des Grundstücks (BVerwG, BRS 28, Nr. 37); weitere Einzelfälle: Bestandserweiterung, soweit eine „zeitgemäß funktionsgerechte Nutzung" dies erfordert (BVerwG, NJW 1986, 2126: drei Garagen, zwei Geräteräume); eine Schwimmhalle rechnet dagegen nicht zum bestandsgeschützten erweiterten Wohnerfordernis (BVerwG, B. v. 6. 4. 1979 – 4 B 191.78).

Der Bestandsschutz setzt voraus, daß der vorhandene Bestand noch **106** **funktionsgerecht nutzbar ist.** Er endet, sobald die geschützte Anlage

nicht mehr besteht oder nur noch aus nicht mehr nutzbaren, irreparablen Teilen besteht (BVerwGE, 36, 296; BRS 25 Nr. 155). Da sich der Bestandsschutz nur auf das vorhandene Gebäude für die Dauer des Bestandes erstreckt, rechtfertigt er nicht den **Ersatzbau** eines zerstörten oder beseitigten Bauwerks (BVerwGE 25, 161/162; 27, 341/343; 42, 8/13). Vgl. aber Abs. 4 S. 1 Nr. 2 und 3. Auch die mit baulichen Maßnahmen verbundene Nutzungsänderung ist vom Bestandsschutz nicht gedeckt (BVerwGE 47, 185/188).

107 Die Zulässigkeit eines Vorhabens aufgrund einer **eigentumskräftig verfestigten Anspruchsposition** schützt – im Unterschied zum Bestandsschutz – nicht einen vorhandenen Bestand gegenüber nachteiligen Rechtsänderungen. Er bezeichnet vielmehr eine Grundstücksqualität „die eine bestimmte Bebaubarkeit des Grundstücks gleichsam in sich trägt" (BVerwGE 47, 126/130). Eine eigentumskräftig verfestigte Anspruchsposition kann entstehen, wenn irgendwann ein Anspruch auf die Zulassung der Bebauung entstanden ist und darüber hinaus dieser Anspruch nach Art. 14 Abs. 1 GG geschützt ist, also insbesondere nicht entschädigungslos entzogen werden kann (BVerwG NJW 1967, 1099). Ist ein Grundstück z. B. weder erschlossen noch in seiner Erschließung gesichert, so fehlt es bereits an der erstgenannten Voraussetzung (BVerwG aaO). Hinsichtlich der zweitgenannten Voraussetzung ist auf die Lage des Grundstücks und auf die hierauf reagierende Verkehrsauffassung abzustellen. Entscheidend ist, ob sich nach der Verkehrsauffassung aus der gegebenen Situation die Bebaubarkeit eines Grundstücks aufdrängt (BVerwGE 47, 126/131). Anhaltspunkte hierfür können z. B. das Alter eines (zerstörten oder vernünftigerweise freiwillig beseitigten) Bauwerks oder die Beschaffenheit der Umgebung geben. Der Wiederaufbau eines Gebäudes kann daher unter dem Gesichtspunkt der eigentumskräftig verfestigten Anspruchsposition auch dann begründet sein, wenn die aus § 35 folgende Unzulässigkeit des Vorhabens „in der gegebenen Situation nicht vorgezeichnet ist", „dieser Situation vielmehr (auch) der Wiederaufbau des Bauwerks entspricht" und „die Verkehrsauffassung bei Berücksichtigung der vorhanden gewesenen und vorzeitig zerstörten Bebauung diese Bebauung geradezu vermißt" und sich „damit insgesamt die Angemessenheit des Wiederaufbaues aufdrängt" (BVerwGE 47, 126/132).

VIII. Ausführung der Vorhaben (Abs. 5)

108 Abs. 5 enthält eine (mit dem BauGB neu eingeführte) Bestimmung über die **Ausführung** von Vorhaben. Abs. 5 **verpflichtet** dazu, die nach Abs. 1 bis 4 zulässigen Vorhaben in einer **flächensparenden** und **den Außenbereich schonenden Weise** auszuführen. Die Verpflichtung gilt auch für die Bestandsschutzfälle (vgl. Rn 103–107). Die Vorschrift steht in sachlichem Zusammenhang mit dem in § 1 Abs. 5 S. 3 geregelten „Optimierungsgebot" für die Bauleitplanung, wonach mit Grund und

Boden sparsam und schonend umgegangen werden soll. Vgl. weiterhin § 9 Abs. 1 Nr. 3 über die Festsetzung von Höchstmaßen von Wohngrundstücken aus Gründen des sparsamen und schonenden Umgangs mit Grund und Boden. Die flächensparende Bauweise verpflichtet den Bauherrn insbesondere zur Begrenzung der zu bebauenden Fläche auf ein Maß, das die Flächenbeanspruchung im Außenbereich in angemessener Weise begrenzt. Die Schonung des Außenbereichs darf durch die Ausführung des Vorhabens nicht in unangemessener Weise berührt werden. Dies gilt sowohl für die Inanspruchnahme der für das Vorhaben benötigten Fläche wie auch für die äußere Gestaltung des Gebäudes (z. B. im Hinblick auf das Landschaftsbild; vgl. Söfker, in: B/K/S, Rn 209).

IX. Nachbarschutz

Zum Nachbarschutz vgl. allgemein die Erläuterungen zu § 31, **109** Rn 78 ff; vgl. dort insbesondere Rn 82 ff. zum Abwehranspruch unmittelbar aus Art. 14 GG, wenn die vorgegebene Grundstückssituation durch ein Vorhaben nachhaltig verändert würde und der Eigentümer dadurch schwer und unerträglich getroffen würde (vgl. auch BVerwGE 52, 122/130).

Für die Beurteilung, ob ein Vorhaben **subjektive Rechte des Nach- 110 barn** verletzt (vgl. § 113 Abs. 1 S. 1 VwGO), ist maßgebend, ob „der betreffende Rechtssatz nicht nur öffentlichen Interessen, sondern – zumindest auch – Individualinteressen zu dienen bestimmt ist" (BVerwGE 27, 297/307). Im Hinblick auf den Nachbarschutz unterscheidet sich die Rechtsposition des Eigentümers eines privilegierten (Abs. 1) und eines sonstigen (Abs. 2) Vorhabens. Hinsichtlich der **privilegierten Vorhaben** ist dabei von der Entscheidung des Gesetzgebers auszugehen, daß die nach Abs. 1 privilegierten Vorhaben grundsätzlich in den Außenbereich gehören (vgl. allgemein Rn 4). Diese Privilegierung räumt dem Eigentümer ein ähnliches Recht ein, wie es auch dem Eigentümer eines im qualifizierten Planbereich (§ 30) gelegenen Grundstücks zusteht (BVerwGE 28, 148). Die Rechtsposition des Eigentümers eines privilegierten Vorhabens besteht hierbei im Kern in der ungehinderten Ausnutzung des privilegierten Bestandes (BVerwG, DVBl. 1969, 263). Die Eigentümer privilegierter Vorhaben können sich danach (nur) auf diejenigen öffentlichen Belange berufen, deren Nichtbeachtung in Verbindung mit der darauf folgenden Zulassung eines neuen Vorhabens die weitere Ausnutzung der Privilegierung und insbesondere des privilegierten Baubestandes in Frage stellen oder gewichtig beeinträchtigen würde. (BVerwG aaO). In seinen subjektiven Rechten kann ein Eigentümer daher sowohl durch ein beabsichtigtes privilegiertes oder sonstiges Vorhaben verletzt werden. Das BVerwG stellt allein auf den „Störungseffekt" für den privilegierten

Bestand ab, also auf die Frage, ob der privilegierte Bestand und das beabsichtigte Vorhaben unvereinbar sind.

111 Abs. 2 über die **sonstigen Vorhaben** hat hingegen grundsätzlich keine nachbarschützende Funktion (BVerwGE 28, 269; zu den hiervon zu unterscheidenden Fragen des Bestandsschutzes vgl. Rn 103 ff.). Auch die nach **Abs. 4** und **§ 4 Abs. 3 und 4 BauGB-MaßnahmenG** begünstigten Vorgaben sind „sonstige" Vorhaben i. S. des Abs. 2 (vgl. Rn 76). Die einem Vorhaben entgegenstehenden bzw. sie beeinträchtigenden öffentlichen Belange (Abs. 3) haben eine objektiv-rechtliche Funktion. Subjektive Rechte können daher z. B. nicht verletzt werden, wenn der öffentliche Belang des Planungserfordernisses berührt ist (OVG Lüneburg, ZfBR 1983, 37/39), wenn das erforderliche gemeindliche Einvernehmen nach § 36 fehlt (BVerwGE 28, 268/270), oder bei der Gefahr unwirtschaftlicher Aufwendungen (BVerwGE 52, 122/128). Auch aus dem öffentlichen Belang des **Gebotes der Rücksichtnahme** (vgl. Rn 57 ff.) ergeben sich im allgemeinen keine subjektiven Rechte. Eine drittschützende Wirkung kommt dem Gebot der Rücksichtnahme – auch zu Gunsten der Eigentümer sonstiger Vorhaben, und zwar auch gegenüber an sich privilegierten Außenbereichsvorhaben – daher nur zu, „soweit in dadurch qualifizierter und zugleich individualisierter Weise auf besondere Rechtspositionen Rücksicht zu nehmen ist" und „wenn unabhängig von der besonderen rechtlichen Schutzwürdigkeit der Betroffenen ihr Betroffensein wegen der gegebenen Umstände so handgreiflich ist, daß dies die notwendige Qualifizierung, Individualisierung und Eingrenzung bewirkt" (BVerwGE 52, 122/131). Zur **Rücksichtnahme** von Außenbereichsvorhaben **gegenüber der Innenbereichsbebauung** vgl. § 34, Rn 90; so ist die Anfechtungsklage eines Lärm und Gerüche emittierenden Gewerbebetriebs gegen die Baugenehmigung für ein Wohnbauvorhaben im angrenzenden Außenbereich wegen Verletzung des Gebots der Rücksichtnahme auch dann begründet, wenn der Standort des Vorhabens hinsichtlich der zu erwartenden Immission nur geringfügig ungünstiger liegt als eine bestehende, dem Innenbereich zuzurechnende Wohnbebauung (VGH München, UPR, 1986, 32; bestätigt durch BVerwG, ZfBR 1986, 46).

X. Verfahren; Übergangsrecht

112 Über die Zulässigkeit von Vorhaben nach § 35 entscheidet gem. § 36 Abs. 1 S. 1 die Baugenehmigungsbehörde im **Einvernehmen mit der Gemeinde.** Die **Zustimmung der höheren Verwaltungsbehörde** ist nach § 36 Abs. 1 S. 3 in den Fällen des § 35 Abs. 2 und 4, also nicht in den Fällen privilegierter Vorhaben nach Abs. 1, erforderlich. Nach § 36 Abs. 2 S. 1 darf das Einvernehmen der Gemeinde und die Zustimmung der höheren Verwaltungsbehörde nur aus den sich aus § 35 ergebenden Gründen versagt werden.

Zur **Überleitung** bestimmt § 236 Abs. 1 folgendes: Für die vor dem **113**
1. Juli 1987 (Zeitpunkt des Inkrafttretens des BauGB) entschiedenen
Fälle ist die Neuregelung des § 35 anzuwenden, sofern die Entschei-
dung noch nicht unanfechtbar geworden ist. Die Überleitungsvor-
schriften zum BBauG 1960 (§ 175 BBauG), zur Novelle 1976 (Art. 3 § 5
ÄndG) und zur Novelle 1979 (§ 183b BBauG) haben sich wegen
Zeitablaufs erledigt; sie sind in das BauGB nicht übernommen worden.

§ 4 Abs. 3 **BauGB-MaßnahmenG** wird durch § 13 Abs. 1 BauGB- **114**
MaßnahmenG, § 4 Abs. 4 BauGB-MaßnahmenG wird durch § 13
Abs. 1 BauGB-MaßnahmenG übergeleitet.

§ 36 Beteiligung der Gemeinde und der höheren Verwaltungs-
behörde

(1) **Über die Zulässigkeit von Vorhaben nach den §§ 31, 33 bis 35
wird im bauaufsichtlichen Verfahren von der Baugenehmigungsbe-
hörde im Einvernehmen mit der Gemeinde entschieden. Das Einver-
nehmen der Gemeinde ist auch erforderlich, wenn in einem anderen
Verfahren über die Zulässigkeit nach den in Satz 1 bezeichneten
Vorschriften entschieden wird; dies gilt nicht für Vorhaben der in
§ 29 Satz 3 bezeichneten Art, die der Bergaufsicht unterliegen, sowie
für Vorhaben, für die gesetzliche Planfeststellungsverfahren vorge-
sehen sind. In den Fällen der §§ 33, 34 Abs. 3 und des § 35 Abs. 2 und 4
ist auch die Zustimmung der höheren Verwaltungsbehörde erforder-
lich.**

(2) **Das Einvernehmen der Gemeinde und die Zustimmung der
höheren Verwaltungsbehörde dürfen nur aus den sich aus den §§ 31,
33, 34 und 35 ergebenden Gründen versagt werden. Das Einverneh-
men der Gemeinde und die Zustimmung der höheren Verwaltungs-
behörde gelten als erteilt, wenn sie nicht binnen zwei Monaten nach
Eingang des Ersuchens der Genehmigungsbehörde verweigert wer-
den. Die höhere Verwaltungsbehörde kann für bestimmte Fälle all-
gemein festlegen, daß ihre Zustimmung nicht erforderlich ist.**

Übersicht

1. Anwendungsbereich; BauGB. Über die Genehmigung des Vor- **1**
habens entscheidet die Baugenehmigungsbehörde. Das **Baugenehmi-
gungsverfahren** ist in den Landesbauordnungen geregelt. Nach Abs. 1

S. 1 ist über die Zulässigkeit von Vorhaben nach den §§ 31, 33, 34 und 35 im Einvernehmen mit der Gemeinde zu entscheiden. Die Mitwirkungsbefugnis der Gemeinden nach § 36 beruht auf deren **Planungshoheit**, die sich aus dem Selbstverwaltungsrecht der Gemeinden ergibt (Art. 28 Abs. 2 GG; vgl. BVerwGE 22, 342/346). Aus der Planungshoheit der Gemeinde ergibt sich ihr Recht zur Beteiligung an Vorhaben, die ihre Planungsfreiheit berühren oder sich auf den örtlichen Bereich auswirken (Schlichter, in: BK, § 36, Rn 3; Zeitler, BayVGH-FS (1979), 51/52 f.). Da in der Zulassung von Vorhaben nach den §§ 33 bis 35 eine Präjudizierung gemeindlicher Planung liegen kann, stellt Abs. 1 S. 1 letztlich ein sich unmittelbar aus der verfassungsrechtlichen Stellung der Gemeinden ergebendes Beteiligungsrecht dar. Bei Entscheidungen nach § 30 bedarf es des Einvernehmens der Gemeinde dagegen nicht, da der Maßstab für die Zulässigkeit von Vorhaben in diesen Fällen durch den gemeindlichen Bebauungsplan bereits vorgegeben ist. Dagegen greifen Ausnahmen und Befreiungen (**§ 31**) in das Gefüge des von der Gemeinde beschlossenen Bebauungsplans ein. Durch die Aufnahme eines **Ausnahmevorbehalts** ist insoweit die letztendliche planerische Entscheidung noch offen; die Entscheidung über die Ausnahme hat also Planungscharakter. Da die Baugenehmigungsbehörde diese planerische Entscheidung der Gemeinde im Baugenehmigungsverfahren angesichts der Planungshoheit der Gemeinde nicht ersetzen kann, schreibt das Gesetz auch in diesen Fällen das Einvernehmen der Gemeinde vor; vgl. **§ 31 Abs. 3 BBauG**. Entsprechendes gilt für die Entscheidung der Baugenehmigungsbehörde über eine **Befreiung**.

2 § 36 findet auf Entscheidungen über die Erteilung oder Versagung einer **Baugenehmigung** Anwendung. Zur Baugenehmigung vgl. § 21, Rn 3. Auch für die **Bebauungsgenehmigung** (Vorbescheid) und die **Teilbaugenehmigung** (vgl. hierzu § 21, Rn 4) ist § 36 anzuwenden (vgl. BGH, BRS 36 Nr. 160; zu den Begriffen vgl. auch Dyong, in: E/Z/B, § 36, Rn 9; Schlichter aaO, Rn 8).

3 Wird über die Zulässigkeit eines Vorhabens nach den §§ 31, 33, 34 und 35 in einem **anderen Verfahren,** also nicht im Baugenehmigungsverfahren, entschieden (vgl. insbesondere das immissionsschutzrechtliche Genehmigungsverfahren nach §§ 4 ff. BImSchG oder die atomrechtliche Genehmigung nach § 8 AtomG), so ist die Gemeinde nach **Abs. 1 S. 2 Halbsatz 1** ebenfalls zu beteiligen. Das gemeindliche Einvernehmen ist also auch in diesen Fällen Voraussetzung für die Genehmigung.

4 Nach **Abs. 1 S. 2 Halbsatz 2** findet § 36 dagegen keine Anwendung auf Vorhaben i. S. des § 29 S. 3, also auf Ausschachtungen, Ablagerungen und Lagerstätten, die der **Bergaufsicht** unterliegen. Zur Beteiligung der Gemeinde im bergrechtlichen Verfahren vgl. § 29, Rn 28; das Planfeststellungsverfahren des § 57 a des Bundesberggesetzes sieht ein gemeindliches Einvernehmen nicht vor. Die Vorschrift ist weiterhin nicht anzuwenden, wenn in einem **Planfeststellungsverfahren** über die

Zulässigkeit eines Vorhabens entschieden wird (vgl. hierzu § 38, Rn 6). § 38 S. 1 und 2 enthalten eine Ausnahme von dem bebauungsrechtlichen Grundsatz, wonach über die materielle Zulässigkeit aller Vorhaben, die von der Regelung des § 29 erfaßt werden, nach den Vorschriften der §§ 30 bis 37 zu entscheiden ist. Damit wird der dem Recht der Planfeststellung eigentümlichen Konzentrationswirkung Rechnung getragen und eine einheitliche und umfassende planerische Sachentscheidung ermöglicht (BVerwG, ZfBR 1981, 188/189).

2. Einvernehmen der Gemeinde. Nach Abs. 1 S. 1 kann ein nach 5 den §§ 31, 33 bis 35 zu beurteilendes Vorhaben nur im Einvernehmen mit der Gemeinde, also mit ihrer **Zustimmung** entschieden werden. Des Einvernehmens der Gemeinde bedarf es auch in den Fällen des § 34 Abs. 2, Hs. 2 i. V. mit § 31 Abs. 1 oder 2. Die Erklärung des Einvernehmens durch die Gemeinde oder ihre Verweigerung ist kein Verwaltungsakt, sondern ein verwaltungsinterner Rechtsvorgang. Der Erteilung oder Versagung des Einvernehmens kommt also keine Außenwirkung zu. Die Versagung des Einvernehmens kann vom Bauwilligen daher nicht mit Rechtsmitteln angefochten werden. Nach außen tritt nur der Verwaltungsakt der Baugenehmigungsbehörde hervor (BVerwG, NJW 1966, 513; NJW 1968, 905; BGH, DÖV 1970, 784; Schlichter aaO, Rn 11; Zeitler aaO [Rn 1] 58 f.).

Die Mitwirkung der Gemeinde im Baugenehmigungsverfahren nach 6 Abs. 1 beruht zwar auf der gemeindlichen Planungshoheit. Hieraus folgt jedoch nicht, daß der Gemeinde in diesem Zusammenhang ein Ermessen oder eine sonstige Entscheidungsfreiheit zusteht. **Abs. 2 S. 1** stellt dies ausdrücklich klar; gegenüber dem BBauG hat sich **rechtlich** hierdurch keine Änderung ergeben. Soweit nach den §§ 31,33 bis 35 ein Rechtsanspruch auf Zulassung des Vorhabens besteht, ist die Gemeinde vielmehr **zur Erteilung ihres Einvernehmens verpflichtet.** Das gleiche gilt für die Fälle des **§ 4 BauGB–MaßnahmenG;** vgl. § 4 Abs. 5 BauGB-MaßnahmenG. Sie hat also nur zu entscheiden, ob das Vorhaben in Anwendung der genannten Vorschriften zulässig ist oder nicht (so bereits BVerwG, DÖV 1970, 349; vgl. auch BGH NJW 1976, 184 Schlichter aaO, Rn 5). Insbesondere ist es der Gemeinde verwehrt, ihr Einvernehmen deshalb zu versagen, weil das Vorhaben ihren Planungsvorstellungen nicht entspricht. Jedoch soll die Beteiligung an der Entscheidung der Baugenehmigungsbehörde der Gemeinde auch die tatsächliche und rechtliche Möglichkeit sichern, ihren Planungswillen zu betätigen (so BVerwG, DVBl. 1966, 181; NJW 1966, 513).

Soweit Zulässigkeitsbestimmungen eine **planerische Entscheidung** „im Einzelfall" erfordern – so **§ 31 Abs. 2 Nr. 2** und **§ 34 Abs. 3** – obliegt es im Verhältnis zur Baugenehmigungsbehörde der Gemeinde, den dabei bestehenden planerischen Ermessensspielraum auszuschöpfen; da § 36 insoweit die Planungshoheit der Gemeinde im Baugenehmigungsverfahren sicherstellt, sind planerische Abwägungen innerhalb des nach § 31 Abs. 2 Nr. 2, § 34 Abs. 3 vorgegebenen Rahmens Gründe

i. S. des § 36 Abs. 2 S. 1 (wie hier – im Ergebnis – Schlichter, in: BK, § 34, Rn 58; dagegen Hoppe, in: FS Lukes, Köln 1989, 687, wonach auch insoweit die Sachentscheidungsbefugnis ausschließlich bei der Baugenehmigungsbehörde liegt).

Die Gemeinde kann die Erteilung des Einvernehmens auch nicht von einer bestimmten **Gegenleistung** oder **Vereinbarung** des Antragstellers abhängig machen. Zwar können Vereinbarungen mit dem Antragsteller im Einzelfall zulässig sein, soweit hierdurch Gründe ausgeräumt werden können, die einer Genehmigung im Wege stehen (Dyong aaO, Rn 26: z. B. Einrichtung eines Schutzwalles um eine störende Anlage, damit die Wohnruhe der benachbarten Wohngebäude nicht beeinträchtigt wird). Sofern der Antragsteller aus den §§ 31, 33 bis 35 einen Rechtsanspruch herleiten kann, kann eine entsprechende einvernehmliche Regelung zwischen Gemeinde und Antragsteller zwar getroffen werden, jedoch kann die Gemeinde vom Abschluß einer entsprechenden Vereinbarung die Erteilung des Einvernehmens nicht abhängig machen (BVerwG, NJW 1981, 1747 zu einem von der Gemeinde geforderten Abschluß eines Folgekostenvertrages).

7 Verweigert die Gemeinde rechtswidrig das Einvernehmen, so kann dieses im Wege der **Rechtsaufsicht** ersetzt werden (BVerwG, NJW 1966, 513). In der unberechtigten Verweigerung des Einvernehmens kann darüber hinaus eine Verletzung der der Gemeinde gegenüber dem Bauwilligen obliegenden Amtspflichten liegen (BGH, BRS 35 Nr. 149); vgl. auch BGH, NJW 1980, 387 (enteignungsgleicher Eingriff in einen Gewerbebetrieb); BGH, NJW 1987, 1320 (keine Haftung der Gemeinde aus enteignungsgleichem Eingriff für die rechtswidrige Erteilung des Einvernehmens).

8 Aus der Rechtsnatur des Einvernehmens als lediglich verwaltungsinterne Mitwirkung der Gemeinde ergibt sich, daß die Gemeinde ihr Einvernehmen bis zur Erteilung der Baugenehmigung durch die Baugenehmigungsbehörde **zurücknehmen** kann. Erst mit der Erteilung der Baugenehmigung ist sie an das von ihr erklärte Einvernehmen gebunden (BGH, DÖV 1971, 319; BRS 36, Nr. 160; Gelzer, Rn 798). Die Gemeinde ist im (späteren) Baugenehmigungsverfahren an das Einvernehmen gebunden, das sie bei einer Teilbaugenehmigung erteilt hat (BGH, BRS 36, Nr. 160).

9 Hat die Gemeinde ihr **Einvernehmen erteilt,** so ergibt sich hieraus für die Baugenehmigungsbehörde kein Hindernis, die beantragte Baugenehmigung dennoch zu versagen. Die Baugenehmigungsbehörde hat in eigener Verantwortung über die Baugenehmigung zu entscheiden. Sie kann insbesondere die Versagung auch auf Gründe stützen, die sich aus Anwendung der §§ 31, 33 bis 35 ergeben. Die Erteilung des Einvernehmens durch die Gemeinde bindet also die Baugenehmigungsbehörde nicht (BVerwG, DÖV 1970, 349; Schlichter, in: BK, § 36, Rn 14; vgl. weiterhin BGH, NJW 1987, 1320 zur enteignungs-

rechtlichen Haftung der Gemeinde bei rechtswidriger Erteilung des Einvernehmens).

Versagt die Gemeinde das Einvernehmen, so ist die Baugenehmi- **10** gungsbehörde jedoch daran gehindert, eine Baugenehmigung zu erteilen (BVerwG, NJW 1966, 513; NVwZ 1986, 556). Ohne das nach Abs. 1 erforderliche Einvernehmen der Gemeinde kann die Baugenehmigungsbehörde ein Vorhaben nach §§ 31, 33 bis 35 auch dann nicht genehmigen, wenn das Einvernehmen der Gemeinde rechtswidrig versagt wird (BVerwG, NJW 1966, 513; NVwZ 1986, 556; Dyong aaO, Rn 20); zu den Folgen der rechtswidrigen Versagung des Einvernehmens vgl. Rn 7. Zum Umfang der Amtspflicht der Beamten der Gemeinde vgl. BGH ZfBR 1984, 298; NJW 1985, 2817. Das fehlende gemeindliche Einvernehmen bindet im übrigen auch die Widerspruchsbehörde, so daß sich – im Falle der Anfechtung der versagten Baugenehmigung – hierüber erst das Verwaltungsgericht hinwegsetzen kann.

Die Einvernehmensregelung des Abs. 1 ist auf den Fall zugeschnit- **11** ten, daß es sich bei der Baugenehmigungsbehörde nicht um eine Behörde der Gemeinde handelt. Ist die **Gemeinde** daher selbst **zugleich Baugenehmigungsbehörde,** so ist die Erteilung eines (förmlichen) Einvernehmens entbehrlich (BVerwGE 28, 268; 45, 207; a. A. Gern, VBl. BW 1986, 451).

3. Zustimmung der höheren Verwaltungsbehörde. Nach **Abs. 1** **12** **S. 3** ist in den Fällen der §§ 33, 34 Abs. 3 und des § 35 Abs. 2 und 4 auch die Zustimmung der höheren Verwaltungsbehörde erforderlich. Dies Zustimmungserfordernis des § 31 Abs. 3 BBauG bei Befreiungen ist in das BauGB nicht übernommen worden. Bei der Zustimmung handelt es sich – wie beim gemeindlichen Einvernehmen – um ein Verwaltungsinternum und nicht um einen selbständig anfechtbaren Verwaltungsakt. Wird die Zustimmung nicht erteilt, so ist die Baugenehmigungsbehörde hieran gebunden. Die Voraussetzungen, unter denen die höhere Verwaltungsbehörde die Zustimmung versagen darf, sind – ebenso wie für die Gemeinde – klarstellend in **Abs. 2 S. 1** geregelt (hierzu sinngemäß Rn 6); das gleiche gilt für die Fälle des **§ 4 BauGB-MaßnahmenG** (vgl. § 4 Abs. 5 BauGB-MaßnahmenG).

Nach **Abs. 2 S. 3** kann die höhere Verwaltungsbehörde für bestimmte **13** Fälle allgemein festlegen, daß ihre Zustimmung nicht erforderlich ist. Die höhere Verwaltungsbehörde kann diese Festlegung nur „allgemein" treffen, nicht also im Hinblick auf konkret anstehende Zustimmungsfälle. Beispiel: Verzicht auf die Zustimmung für bestimmte Gemeindegebiete (Dyong aaO, Rn 42); Verzicht hinsichtlich bestimmter Genehmigungstatbestände (Schlichter aaO, Rn 31). Die höhere Verwaltungsbehörde kann diese allgemeine Festlegung wieder aufheben (Schlichter aaO, Rn 32).

4. Fiktion des Einvernehmens und der Zustimmung. Abs. 2 S. 2 **14** bestimmt eine Frist für die Erteilung des Einvernehmens der Gemeinde

(Abs. 1 S. 1 und 2) und der Zustimmung der höheren Verwaltungsbehörde (Abs. 1 S. 3). Das Einvernehmen bzw. die Zustimmung gelten als erteilt, wenn sie nicht binnen **zwei Monaten** nach Eingang des Ersuchens der Baugenehmigungsbehörde verweigert werden. Diese Fiktion dient der Beschleunigung des Baugenehmigungsverfahrens. Für die Berechnung der Frist vgl. §§ 188 Abs. 2, 187 Abs. 1 BGB. Eine Verlängerung der Frist ist nicht möglich (Dyong aaO, Rn 32 d).

14a Im Verfahren über die Erteilung von Genehmigungen für **ausschließlich Wohnzwecken dienenden Vorhaben** in Gebieten mit Bebauungsplänen i. S. § 30 Abs. 1 (außer Gewerbe-, Industrie- und Sondergebiete) gilt das Einvernehmen der Gemeinde (abweichend von Abs. 2 S. 2) als erteilt, wenn es nicht innerhalb **eines Monats** verweigert wird; vgl. **§ 5 Abs. 3 BauGB-MaßnahmenG**.

15 **5. Prozessuale Fragen.** Entscheidet die Baugenehmigungsbehörde über die Baugenehmigung ohne Beteiligung der Gemeinde oder erteilt sie die Baugenehmigung trotz Versagung des Einvernehmens durch die Gemeinde, so ist die Gemeinde in ihrer **Planungshoheit verletzt** und kann die Baugenehmigung anfechten (BVerwGE 31, 263) und die Einstellung der Bauarbeiten an dem genehmigten Vorhaben verlangen (VGH Kassel NVwZ 1984, 738).

16 In einem Rechtsstreit über eine Baugenehmigung, an der die Gemeinde gem. Abs. 1 zu beteiligen ist, ist die Gemeinde im verwaltungsgerichtlichen Verfahren gem. § 65 Abs. 2 VwGO **beizuladen.** Ist die Baugenehmigung nach §§ 33, 34 Abs. 3 oder § 35 Abs. 2 oder 4 erteilt worden (vgl. Abs. 1 S. 3), so ist auch die höhere Verwaltungsbehörde beizuladen (BVerwG, NJW 1975, 550).

17 **6. Überleitungsvorschrift.** Das BauGB enthält keine Überleitungsvorschrift zu § 36. § 183 c BBauG zur Überleitung der mit der Novelle 1979 eingeführten Fiktion des gemeindlichen Einvernehmens und der Zustimmung der höheren Verwaltungsbehörde (Abs. 2 S. 2) ist mangels praktischer Bedeutung infolge Zeitablaufs nicht übernommen worden. Zur Überleitung des § 5 Abs. 3 BauGB-MaßnahmenG (hierzu Rn 14 a) vgl. **§ 14 BauGB-MaßnahmenG**.

§ 37 Bauliche Maßnahmen des Bundes und der Länder

(1) **Macht die besondere öffentliche Zweckbestimmung für bauliche Anlagen des Bundes oder eines Landes erforderlich, von den Vorschriften dieses Gesetzbuchs oder den aufgrund dieses Gesetzbuchs erlassenen Vorschriften abzuweichen oder ist das Einvernehmen mit der Gemeinde nach § 14 oder 36 nicht erreicht worden, so entscheidet die höhere Verwaltungsbehörde.**

(2) **Handelt es sich dabei um Vorhaben, die der Landesverteidigung, dienstlichen Zwecken des Bundesgrenzschutzes oder dem zi-**

vilen Bevölkerungsschutz dienen, ist nur die Zustimmung der höheren Verwaltungsbehörde erforderlich. Vor Erteilung der Zustimmung hat diese die Gemeinde zu hören. Versagt die höhere Verwaltungsbehörde ihre Zustimmung oder widerspricht die Gemeinde dem beabsichtigten Bauvorhaben, so entscheidet der zuständige Bundesminister im Einvernehmen mit den beteiligten Bundesministern und im Benehmen mit der zuständigen Obersten Landesbehörde.

(3) Entstehen der Gemeinde infolge der Durchführung von Maßnahmen nach den Absätzen 1 und 2 Aufwendungen für Entschädigungen nach diesem Gesetzbuch, so sind sie ihr vom Träger der Maßnahmen zu ersetzen. Muß infolge dieser Maßnahmen ein Bebauungsplan aufgestellt, geändert, ergänzt oder aufgehoben werden, so sind ihr auch die dadurch entstandenen Kosten zu ersetzen.

(4) Sollen bauliche Anlagen auf Grundstücken errichtet werden, die nach dem Landesbeschaffungsgesetz beschafft werden, sind in dem Verfahren nach § 1 Abs. 2 des Landesbeschaffungsgesetzes alle von der Gemeinde oder der höheren Verwaltungsbehörde nach den Absätzen 1 und 2 zulässigen Einwendungen abschließend zu erörtern. Eines Verfahrens nach Absatz 2 bedarf es in diesem Fall nicht.

Übersicht

1 **1. Anwendungsbereich.** Die Vorschriften der §§ 29 ff. gelten auch für **Vorhaben des Bundes und der Länder.** Dies ergibt sich auch aus der Hervorhebung in § 29 Abs. 1 S. 2 für Vorhaben der Landesverteidigung (zur sonstigen Bedeutung von § 29 S. 2 vgl. die Erl. zu § 29). Abs. 1 enthält Verfahrens- und Zuständigkeitsregelungen sowie materiellrechtliche Regelungen für Vorhaben des Bundes oder eines Landes wegen einer besonderen öffentlichen Zweckbestimmung. Abs. 2 enthält eine besondere Verfahrens- und Zuständigkeitsregelung für Vorhaben, die der Landesverteidigung, dienstlichen Zwecken des Bundesgrenzschutzes oder dem zivilen Bevölkerungsschutz dienen. Die Zustimmung nach Abs. 1 und 2 bezieht sich auf die materiell-rechtlichen Abweichungen von städtebaulichen Vorschriften. Die Bestimmung über die nach den **Landesbauordnungen** zu erteilenden Baugenehmigungen bleiben hiervon unberührt; vgl. hierzu die in Landesbauordnungen für Vorhaben des Bundes oder des Landes enthaltenen besonderen Verfahrensregelungen über das „Zustimmungsverfahren" (Schlichter, in: BK, § 37, Rn 1; Zinkahn, in: E/Z/B, § 37, Rn 1 sowie Rn 19a für Vorhaben, die unmittelbar der Landesverteidigung dienen).

2 Die **materiell-rechtliche Bedeutung** des Abs. 1 liegt darin, daß für Vorhaben des Bundes oder eines Landes mit besonderer öffentlicher Zweckbestimmung eine Abweichung von städtebaulichen Vorschriften ermöglicht wird. Dies soll dem Umstand Rechnung tragen, daß die Atypik bestimmter öffentlicher Vorhaben zu Schwierigkeiten führen kann, wenn hierauf die städtebaulichen Vorschriften einschränkungslos anzuwenden wären (BVerwG, ZfBR 1981, 243). Dies gilt auch für Befreiungen, die nach § 31 Abs. 2 nur im Planbereich und unter engen Voraussetzungen zulässig sind, aber auch bei Anwendung der §§ 34 oder 35 (BVerwG aaO; Zinkahn, in: E/Z/B, § 37, Rn 7; Schlichter, in: BK, § 37, Rn 6). Auch von den Festsetzungen eines Bebauungsplans kann – über § 31 hinaus – nach Abs. 1 abgewichen werden. Trotz des insoweit nicht eindeutigen Wortlauts sollte § 37 auch dann anwendbar sein, wenn eine Abweichung zwar materiell nicht erforderlich ist, jedoch die örtlichen Stellen, insbesondere die Gemeinde, widersprochen haben.

3 Die **Vorschrift** bezieht sich auf Vorhaben des **Bundes** oder eines **Landes.** Diese müssen „Bauherr" (Zinkahn aaO, § 37, Rn 5) sein. Nach § 37 sind z. B. zu beurteilen die Vorhaben der Deutschen Bundesbahn, der Deutschen Bundespost, aber auch die Vorhaben von nicht rechtsfähigen Bundesanstalten, nicht hingegen die Vorhaben von Körperschaften, Anstalten oder Stiftungen des öffentlichen Rechts, die auf Bundes- oder Landesebene bestehen, wie z. B. die Bundesversicherungsanstalt für Angestellte (Schlichter aaO, Rn 4; Zinkahn aaO, Rn 5).

4 Abs. 1 bezieht sich auf Vorhaben von **besonderer öffentlicher Zweckbestimmung.** Vorhaben die dem Finanzvermögen, und damit nur mittelbar öffentlichen Verwaltungszwecken dienen, fallen nicht hierunter (BVerwG aaO). Es muß sich weiterhin um eine **besondere** Zweckbestimmung handeln, also um ein Vorhaben, das sich wegen seiner Aufgabenstellung nach Standort, Art, Ausführung oder Auswirkung von sonstigen Verwaltungsbauten unterscheidet, wie z. B. technische Anlagen der Daseinsvorsorge oder die in Abs. 2 bezeichneten Anlagen (BVerwG aaO). Ein Abweichen von den städtebaulichen Vorschriften wird **erfordert,** wenn dies zur Erfüllung oder Wahrung der öffentlichen Zweckbestimmung vernünftigerweise geboten ist (BVerwG aaO unter Hinweis auf den Begriff „erfordern" in § 31 Abs. 2 Nr. 1, auf den wegen vergleichbarer Zielrichtung bei der Auslegung zurückgegriffen werden kann; vgl. hierzu im einzelnen die Erl. zu § 31); vgl. z. B. OVG Lüneburg, BBauBl. 1984: Der Bau eines Fernmeldeturms ist i. S. von § 37 Abs. 1 nicht erforderlich, wenn er Belange des Denkmalschutzes und der Stadtbildpflege schwerwiegend beeinträchtigen würde.

5 **2. Verfahren. Verweigert die Gemeinde** bei Vorhaben, die nach Abs. 1 zu beurteilen sind, **die Erteilung des Einvernehmens** nach §§ 14 oder 36, so kann dies durch die Entscheidung der höheren Verwaltungsbehörde überwunden werden. Auch die Entscheidung über das

Abweichen von den in Abs. 1 genannten städtebaulichen Vorschriften obliegt – unbeschadet der Erteilung des Einvernehmens durch die Gemeinde (BVerwG aaO) – der höheren Verwaltungsbehörde.

Für Vorhaben, die der **Landesverteidigung, dienstlichen Zwecken** **6** **des Bundesgrenzschutzes** oder dem **zivilen Bevölkerungsschutz** dienen, enthält **Abs. 2** eine Sonderregelung: Sind die tatbestandsmäßigen Voraussetzungen des Abs. 1, insbesondere die Erforderlichkeit einer Abweichung von den städtebaulichen Vorschriften, erfüllt, so bedarf es nicht des nach §§ 14 oder 36 erforderlichen gemeindlichen Einvernehmens. Es reicht also die auch in den Fällen des Abs. 1 erforderliche Zustimmung der höheren Verwaltungsbehörde zur Abweichung von den städtebaulichen Vorschriften aus. Nach Abs. 2 S. 2 ist die Gemeinde vor Erteilung der Zustimmung zu hören. Die Entscheidung über die Zustimmung geht auf den zuständigen Bundesminister über, wenn entweder die Gemeinde dem beabsichtigten Vorhaben widerspricht oder die höhere Verwaltungsbehörde ihre Zustimmung versagt. Der Bundesminister hat nach Abs. 2 S. 3 im Einvernehmen mit den beteiligten Bundesministern und im Benehmen mit der zuständigen Obersten Landesbehörde zu entscheiden.

Abs. 2 findet gem. Abs. 1 nur auf Vorhaben der Landesverteidigung **7** Anwendung, die bauliche Maßnahmen des Bundes (also der Bundeswehr) sind, nicht auf **Vorhaben ausländischer Streitkräfte**. Für die Durchführung solcher Vorhaben durch deutsche Behörden gelten dagegen die Regelungen wie bei Vorhaben der Bundeswehr (vgl. Art. 49 Abs. 2 des Zusatzabkommens zum NATO-Truppenstatut v. 3. 8. 1959 [BGBl. II 1961, 1183, 1218]). Zu den für diese auf Grund internationaler Vereinbarungen bestehenden Verpflichtungen zur Achtung bzw. Beachtung des inländischen Rechts vgl. v. Hesler, BayVBl. 1984, 161. Zum Rechtsschutz bei Baumaßnahmen der Stationierungskräfte vgl. Ronellenfitsch, VerwArch 1985, 317.

3. Ansprüche der Gemeinden. Aufwendungen für Entschädigun- **8** gen, die der Gemeinde infolge der Durchführung von Vorhaben nach den Abs. 1 und 2 entstehen sowie Kosten, die der Gemeinde durch die Aufstellung, Änderung, Ergänzung oder Aufhebung eines Bebauungsplans infolge solcher Vorhaben entstehen, sind ihr vom Träger zu ersetzen. **Abs. 3** begründet für diese Fälle einen öffentlich-rechtlichen Ersatzanspruch der Gemeinde.

4. Verfahren nach § 1 Abs. 2 LBG. Im Verfahren der Landbeschaf- **9** fung sind nach § 1 Abs. 2 S. 1 LBG die betroffene Gemeinde sowie die Landesregierung zu hören. Im Hinblick auf die nach dem LBG vorgesehene Entscheidungsbefugnis des Bundesministers der Verteidigung enthält **Abs. 4** eine Verfahrensvereinfachung: In dem Verfahren nach § 1 Abs. 2 LBG sind alle von der Gemeinde oder der höheren Verwaltungsbehörde nach den Abs. 1 und 2 zulässigen Einwendungen abschließend zu erörtern. Nach Abs. 4 S. 2 entfällt deshalb auch das bei Einwendungen der Gemeinde oder der höheren Verwaltungsbehörde erforderliche

Verfahren nach Abs. 2 S. 3. Im übrigen ist durch Abs. 4 sichergestellt, daß auch in den Fällen des LBG die Gemeinden zu beteiligen sind. Insbesondere sind ihre Bedenken und Anregungen dem zuständigen Bundesminister vorzulegen und von diesem bei seiner Entscheidung zu berücksichtigen. Insofern wird § 1 Abs. 2 LBG durch § 37 Abs. 4 BauGB ergänzt (BVerwG, DVBl 1986, 1003/1004).

§ 38 Bauliche Maßnahmen aufgrund von anderen Gesetzen

Die Vorschriften des Bundesfernstraßengesetzes, des Bundesbahngesetzes, des Telegraphenwegegesetzes, des Luftverkehrsgesetzes, des Personenbeförderungsgesetzes und des Abfallgesetzes sowie des Gesetzes über den Bau und den Betrieb von Versuchsanlagen zur Erprobung von Techniken für den spurgeführten Verkehr bleiben von den Vorschriften des Dritten Teils unberührt. Das gleiche gilt bei Planfeststellungsverfahren für überörtliche Planungen auf den Gebieten des Verkehrs-, Wege- und Wasserrechts nach landesrechtlichen Vorschriften, wenn die Gemeinde beteiligt worden ist. § 37 Abs. 3 ist anzuwenden.

Übersicht

1 **1. a)** Die Bauleitplanung wird herkömmlich der **Gesamtplanung** im Gegensatz zur **Fachplanung** zugeordnet. Grundlage für diese Einordnung ist die Tatsache, daß in der Bauleitplanung Nutzungsregelungen jeweils für ein gesamtes Gebiet getroffen werden und daß die Fachplanung jeweils die Planung und Errichtung eines konkreten Objekts zum

Gegenstand hat (vgl. Forsthoff, Lehrbuch des Verwaltungsrechts, Erster Band, 10. Aufl. 1973, S. 304). Für die Erfassung des Regelungsgehalts von § 38 ist diese Gegenüberstellung hinreichend. Im übrigen aber ist die traditionelle Unterscheidung heute nur noch bedingt brauchbar, da es sehr viele Arten von Planungen gibt, bei denen fließende Übergänge von der in diesem herkömmlichen Sinne Gesamt- zur Fachplanung zu beobachten sind, so etwa die Landschaftsplanung als „querschnittsorientierte Fachplanung" oder fachliche Pläne im Rahmen der Gesamtplanung „Raumordnung und Landesplanung" (hierzu Wahl, Rechtsfragen der Landesplanung und Landesentwicklung, Bd. 1, 1978, S. 274ff.; anders Schlarmann, Das Verhältnis der privilegierten Fachplanungen zur kommunalen Bauleitplanung, 1980, S. 5ff. Zum Eigentumsschutz bei Fachplanungen ausführlich Bender, DVBl. 1984, 301ff.; zur Entwicklung des Fachplanungsrechts seit 1985 vgl. systematisierend und generalisierend Wahl, NVwZ 1990, 426ff.; ferner Kühling, Fachplanungsrecht, 1988).

Die Bezeichnung einer Planungsart als Gesamt- oder als Fachplanung **2** kann im übrigen nur begrifflicher Klärung dienen. Rechtliche Konsequenzen, etwa bestimmte Vorrangverhältnisse, erwachsen aus einer solchen Zuordnung nicht. Das Verhältnis der verschiedenen Planungen zueinander ist jeweils im Einzelfall zu bestimmen und unabhängig davon, ob es sich um eine Gesamt- oder eine Fachplanung handelt. Eine wichtige Vorschrift zur **Bestimmung des Rangverhältnisses** verschiedener Planungen ist **§ 38** (neben §§ 7, 29 Satz 4, § 37). Das **Baugesetzbuch** hat hier unmittelbar **keine Änderung** gebracht; die Erhöhung der Bindungswirkung des Flächennutzungsplans nach § 7 (vgl. § 7, Rn 16ff.) gilt allerdings auch für die nach § 38 privilegierten Fachplanungen (vgl. BT-Drs. 10/6166, S. 147).

b) Für das Verhältnis der Bauleitplanung zu anderen Planungen **3** öffentlicher Planungsträger gilt zunächst der **Grundsatz, daß ranghöheres das rangniedere Recht verdrängt** (Brohm, DÖV 1989, 429/433). Erfolgt also die Planung in Form z. B. einer Rechtsverordnung, so geht diese Planung einem Bauleitplan, der in der rangniederen Form der Satzung ergeht, vor: Der Bebauungsplan ist, soweit er von den Bestimmungen der Rechtsverordnung abweicht, obsolet. Breuer (Die hoheitliche raumgestaltende Planung, 1968, S. 209) kommt zu diesem Ergebnis auf der Grundlage einer Auslegung des § 29 Satz 5 BBauG, dem jetzigen § 29 Satz 4 (hierzu § 29, Rn 30ff.). In Betracht kommt diese Konstellation insbesondere für Wasserschutzgebiete nach § 19 WHG (BVerwGE 29, 207ff.).

Beim Zusammentreffen gleichstufiger Planungen, etwa bei zwei **4** Planfeststellungen, gilt der **Grundsatz der zeitlichen Priorität:** Der später kommende Planungsträger muß seine Planung an der vorliegenden Planung des anderen Trägers, sei es nun die Bauleitplanung oder die Fachplanung, ausrichten (Breuer, aaO, S. 206). Der öffentliche Planungsträger hat jedoch eine etwa bestehende Anpassungspflicht

nach § 7 an einen vorliegenden Flächennutzungsplan, obwohl diesem
nicht die Rechtsqualität einer Satzung oder eines Verwaltungsakts
zukommt, zu beachten; abweichen kann er von ihm nur, wenn sich die
Sachlage objektiv geändert hat (hierzu § 7, Rn 16 ff.).

5 **c)** Nicht entscheidend für die Bestimmung des Rangverhältnisses
zwischen Bauleitplanung und Fachplanung ist, ob die Planung durch
Satzung oder durch Verwaltungsakt erfolgt; auch ist unerheblich, ob
der planfeststellende Verwaltungsakt auf ein Bundesgesetz und damit
eine gegenüber der Satzung höherrangige Norm gegründet werden
kann. Das dargelegte allgemeine Rangverhältnis kann nur durchbro-
chen werden, wenn dies sondergesetzlich geregelt ist. Eine solche
Sonderregelung enthält § 38. Bei einer Kollision von Fachplanungen,
die nicht in § 38 privilegiert sind, mit der Bauleitplanung, ist abzuwä-
gen, welcher Planung materiell der Vorrang gebührt (vgl. Schlichter,
in: BK, § 38, Rn 10).

6 **2. a)** Der Regelungsgehalt des § 38 erschließt sich nur sehr unvoll-
ständig aus seinem Wortlaut; er ist nach einhelliger Auffassung **redak-
tionell mißlungen** (vgl. BVerwG, U. v. 16. 12. 1988, ZfBR 1989,
123 f.) Sein Bedeutungsgehalt ergibt sich aber mit hinreichender Deut-
lichkeit aus **Sinn und Zweck der Regelung.** Durch die Formulierung,
daß Vorschriften bestimmter Fachplanungsgesetze von den Vorschrif-
ten des Dritten Teils – im Ersten Kapitel – des Baugesetzbuchs „unbe-
rührt" bleiben, soll zum Ausdruck gebracht werden, daß sich die
Verwirklichung der Bauvorhaben, die nach den in **Satz 1** genannten
Fachplanungsgesetzen betrieben wird, ausschließlich nach den Bestim-
mungen des jeweils einschlägigen Fachplanungsgesetzes und nicht nach
den §§ 29 ff. richtet. Hiermit wird der sogenannten **Konzentrations-
wirkung der Planfeststellungen** (vgl. den Grundsatz in § 75 Abs. 1
VwVfG), die in allen in Satz 1 genannten Fachplanungsgesetzen Grund-
lage für die Durchführung der jeweiligen Bauvorhaben sind, Rechnung
getragen: Die Planfeststellung ersetzt alle übrigen behördlichen Ent-
scheidungen, die ansonsten für die Durchführung des Projekts erfor-
derlich wären. Diese Rechtswirkung der Planfeststellung verbietet eine
gesonderte Baugenehmigung auf der Grundlage der §§ 29 ff. Auch für
ein Einvernehmen der Gemeinde nach § 36 ist hier kein Raum (vgl.
BVerwG, DVBl. 1981, 930; auch § 36 Abs. 1 Satz 2 Halbsatz 2).

7 **b)** Die Verlagerung der Entscheidungskompetenz über die Zulässig-
keit eines Bauvorhabens von der Gemeinde auf den Fachplanungsträger
hat den Zweck, überörtlich bedeutsame Vorhaben aus dem Verantwor-
tungsbereich der Gemeinde herauszunehmen, um einerseits die Durch-
führung des Vorhabens sicherzustellen und andererseits eine rechtliche
oder politische Überforderung der Gemeinde zu vermeiden. Diesem
Zweck würde eine bloß formale Kompetenzverlagerung nicht genü-
gen. Erforderlich ist vielmehr auch die materielle Freistellung des
Fachplanungsträgers von Festsetzungen in einem gemeindlichen Be-
bauungsplan. Hieraus folgt, daß § 38 **nicht nur einen Vorrang der**

genannten Fachplanungen vor den Vorschriften des Dritten Teils, sondern auch vor entgegenstehenden Festsetzungen eines Bebauungsplans begründet (Schlichter, in: BK, § 38, Rn 11; Bielenberg, in E/Z/B, BBauG, § 38, Rn 9; abweichend Grauvogel, in: Kohlhammer-Komm. zum BBauG, § 38, Anm. III 3).

Die Bedeutung der Konzentrationswirkung ist nicht unumstritten **8** (hierzu die Zusammenstellung bei Hoppe/Schlarmann, Rechtsschutz bei der Planung von Straßen und anderen Verkehrsanlagen, 2. Aufl. 1981, S. 29 ff.). Im vorliegenden Zusammenhang ist jedoch davon auszugehen, daß die Planfeststellungsbehörde die **ortsplanerischen Belange und Anforderungen als wesentlichen öffentlichen Belang in ihre Planungsentscheidung einzustellen** hat. Die Entscheidungsbefugnis der Planfeststellungsbehörde über die Zulässigkeit von Vorhaben ihres Aufgabenbereiches kann also nicht dazu führen, ortsplanerische Belange zu negieren. Städtebauliche Gesichtspunkte sind vielmehr nach Maßgabe des jeweiligen Fachplanungsgesetzes im Rahmen der fachplanerischen Abwägung zu beachten (BVerwG, U. v. 4. 5. 1988, NJW 1989, 242/243). Eine Fachplanung, die die Planungshoheit einer Gemeinde nach Art. 28 Abs. 2 GG verletzt, kann von dieser mit einer **Anfechtungsklage** angegriffen werden (vgl. VGH Mannheim, NVwZ 1990, 287 ff.).

3. a) Die **Fernstraßenplanung** (hierzu Löhr, in: Pappermann/Löhr/ **9** Andriske, Das Recht der öffentlichen Sachen, 1987, S. 46 ff.) erfolgt zweistufig: Zunächst setzt der Bundesminister für Verkehr nach § 16 FStrG die Linienführung fest; sodann wird diese Linienbestimmung in einem Planfeststellungsverfahren nach §§ 17 ff. FStrG im einzelnen durchgeführt. Für das Verhältnis der **Linienbestimmung** zum Flächennutzungsplan gilt § 7, d. h. eine Bindung des Verkehrsministers besteht nur, wenn und soweit er dem Flächennutzungsplan nicht widersprochen hat (so z. B. Bielenberg, in: E/Z/B, BBauG, § 38, Rn 37). Gegenüber einem Bebauungsplan gilt im Prinzip dasselbe. Zwar ist die Linienbestimmung kein Verwaltungsakt und weder für Gemeinden noch für Bürger verbindlich, doch ist der die Linienbestimmung verwirklichende Planfeststellungsbeschluß nach § 38 dem Bebauungsplan vorgeordnet, so daß auch schon bei der Linienbestimmung auf bestehende Bebauungspläne nicht unbedingt Rücksicht genommen werden muß. Allerdings sind die städtebaulichen Belange sowohl bei der Linienbestimmung als auch bei der **Planfeststellung** nach §§ 17 ff. FStrG als die planerische Gestaltungsfreiheit einschränkende Zielvorgabe (hierzu grundsätzlich BVerwG, U. v. 22. 3. 1985, BVerwGE 71, 163/165) zu beachten. Solange allerdings diese Planfeststellung nicht durchgeführt ist, bleibt es bei der Geltung der Festsetzungen des Bebauungsplans (H. Schrödter, in: Schrödter, § 38, Rn 4).

Nach § 17 Abs. 3 FStrG kann eine **Planfeststellung durch einen** **10** **Bebauungsplan ersetzt** werden. Dies ist auch dann zulässig, wenn der Bebauungsplan keine weiteren Festsetzungen enthält (vgl. § 9, Rn 41).

Sind ergänzende Regelungen notwendig, die nicht im Wege der Festsetzungen eines Bebauungsplans getroffen werden können, so kann insoweit eine **ergänzende Planfeststellung** nach § 17 Abs. 3 Satz 2 FStrG hinzutreten.

11 Je nachdem, welcher Weg zur planerischen Grundlegung des Baus einer Bundesfernstraße gewählt wurde, ist auch das **entsprechende Sicherungsinstrumentarium** anzuwenden: Zur Sicherung eines Bebauungsplans ist eine Veränderungssperre nach § 14 einzusetzen, zur Sicherung eines Planfeststellungsbeschlusses gegebenenfalls die Veränderungssperre nach § 9a FStrG (hierzu BVerwGE 38, 152/158 f.).

12 Sind bei der Planfeststellung abweichende Festsetzungen gegenüber einem geltenden Bebauungsplan oder – bei Nichteingreifen der Bindung nach § 7 – gegenüber den Darstellungen in einem Flächennutzungsplan getroffen worden, so sind diese städtebaulichen Pläne **anzupassen** (Bielenberg, in: E/Z/B, BBauG, § 38, Rn 60 a). Entstehen der Gemeinde dadurch Kosten, so sind ihr diese nach **Satz 3** in Anwendung von § 37 Abs. 3 zu ersetzen.

13 Fühlt sich die Gemeinde durch die Regelung in der Planfeststellung in ihrer **Planungshoheit verletzt,** so kann sie gegen den Verwaltungsakt mit der Anfechtungs- oder Verpflichtungsklage nach § 42 VwGO vorgehen (BVerwGE 51, 6/13 ff). Dabei ist es nicht erforderlich, daß die Gemeinde die Verletzung bestehender Pläne oder Planentwürfe geltend machen kann (BVerwG, aaO, S. 14), doch muß die Planung hinreichend bestimmt sein und durch den Fachplan „nachhaltig" gestört werden (BVerwG, NVwZ 1984, 584). Ebenso ist die Gemeinde befugt, die Aufnahme von Auflagen in den Planfeststellungsbeschluß mit einer Verpflichtungsklage zu erstreiten, wenn dies zum Schutz ihrer Planungshoheit erforderlich ist; in diesem Fall ist eine solche Klage allerdings nur begründet, wenn die Gemeinde durch das Fehlen der Auflage in einer konkreten Planung rechtswidrig beeinträchtigt ist (BVerwG, aaO, S. 15; näher zur Klagebefugnis der Gemeinden gegenüber Planfeststellungen Hoppe/Schlarmann, Rechtsschutz bei der Planung von Straßen und anderen Verkehrsanlagen, 2. Aufl. 1981, Rn 129 ff.). Zu Planfeststellungen nach dem Fernstraßengesetz im einzelnen Fickert, Planfeststellung für den Straßenbau, 1978; Marschall/Schroeter/Kastner, Fernstraßengesetz, 4. Aufl. 1977; vgl. auch Michler, DVBl. 1986, 278 ff.

14 **b)** Ebenfalls nach eigenem Recht vollzieht sich die Errichtung von **Betriebsanlagen der Deutschen Bundesbahn.** Nach § 36 Bundesbahngesetz ist hierfür ein Planfeststellungsverfahren vorgesehen. Insoweit besteht, anders als nach dem Fernstraßengesetz, **keine Ersetzungsmöglichkeit durch den Bebauungsplan** (vgl. aber § 9, Rn 44). Wie bei allen Planfeststellungsverfahren ist auch hier nach der ausdrücklichen Regelung in § 36 Abs. 3 Satz 2 Bundesbahngesetz vorgeschrieben, daß die Stellungnahme der beteiligten Gemeinde herbeizuführen ist. Die Auffassung der Gemeinde ist im Rahmen der Abwägung gebührend zu

berücksichtigen (Finger, Kommentar zum Allgemeinen Eisenbahngesetz und Bundesbahngesetz, 1982, S. 221 f.).

Die Privilegierung nach § 38 genießt aber lediglich die Errichtung **15** von Betriebsanlagen, **nicht** auch von **sonstigen Anlagen der Bundesbahn.** Dies ist aus Sinn und Zweck der Privilegierung des § 38 sowie aus dem Sinngehalt des Bundesbahngesetzes zu entnehmen, obwohl letzteres einen uneinheitlichen Sprachgebrauch aufweist: Dort ist die Rede von Anlagen (§ 36 Abs. 1 Satz 1), von Betriebsanlagen (§ 36 Abs. 3 Satz 1) oder von Eisenbahnanlagen (§ 38 Satz 2). Aus dem Zusammenhang ist jedoch zu entnehmen, daß es sich bei allen Anlagen nach dem Bundesbahngesetz um Betriebsanlagen handelt. Betriebsanlagen in diesem Sinne sind „alle im Bahnbereich liegenden Bauten, Grundstücke und festen technischen Anlagen, die unmittelbar oder mittelbar der Abwicklung oder Sicherung des äußeren Eisenbahndienstes dienen"; hierzu gehören z. B. „Park-and-Ride"-Parkplätze und auch dem Bahngelände zugehörige Lagerplätze, die der Abwicklung des Güterumschlags auf die Schienenfahrzeuge der Bundesbahn dienen (OVG Münster, DÖV 1974, 564/565; vgl. auch BVerwGE 31, 263 ff.; DÖV 1978, 49 ff.; Finger, aaO, S. 218 mit weiteren Beispielen). Keine Betriebsanlagen sind die Bahnhofsvorplätze sowie reine Verwaltungs- und Wohngebäude der Bundesbahn (Finger, aaO, S. 219 f.). Benötigt die Bundesbahn eine Betriebsfläche nicht mehr, so wechselt die Planungshoheit erst mit der **Bekanntmachung einer Freigabeerklärung** durch die Bundesbahn auf die Gemeinde über; auf eine solche eindeutige Willenserklärung hat die Gemeinde aufgrund ihrer Planungshoheit einen **Anspruch** (vgl. BVerwG, U. v. 16. 12. 1988, ZfBR 1989, 123/ 125; vgl. auch VGH Mannheim, NVwZ 1987, 1091). Zur Planfeststellung nach dem Bundesbahngesetz näher BVerwGE 31, 263 ff.; 59, 253 ff.; Finger, aaO, S. 215 ff. Die Klagemöglichkeiten der Gemeinden entsprechen denen bei der fernstraßenrechtlichen Planfeststellung (vgl. oben, Rn 13).

c) Die Errichtung eines **Flughafens** oder Landeplatzes mit einem **16** beschränkten Bauschutzbereich (§ 17 Luftverkehrsgesetz) setzt ein zweistufiges Verwaltungsverfahren voraus: Der **Planfeststellung** nach §§ 9 und 10 Luftverkehrsgesetz hat eine **Genehmigung** nach § 6 Luftverkehrsgesetz voranzugehen (hierzu BVerwG, DÖV 1982, 199 ff.). Wird ein solcher beschränkter Bauschutzbereich nach § 17 Luftverkehrsgesetz bei der Erteilung der Genehmigung nicht bestimmt, so ist ein nachfolgendes Planfeststellungsverfahren nicht nur nicht erforderlich, sondern unzulässig; die luftverkehrsrechtliche Zulassung des Vorhabens erfolgt dann in dem einstufigen Verwaltungsverfahren der Erteilung der Unternehmergenehmigung (BVerwG, aaO). Eine Ersetzung durch Bebauungsplan ist nicht vorgesehen (vgl. aber § 9, Rn 44).

Die Planfeststellung nach dem Luftverkehrsgesetz unterscheidet sich **17** in ihren Anforderungen und Wirkungen sowie in den Beteiligungs- und Klagerechten der Gemeinde nicht von der Planfeststellung nach

dem Fernstraßengesetz. Ähnliches gilt auch für die Genehmigung nach § 6 Luftverkehrsgesetz. Obwohl § 38 seinem Sinne nach nur Planfeststellungen gegenüber den Regelungen des BauGB privilegiert, **nimmt auch die Genehmigung nach § 6 Luftverkehrsgesetz an dieser Privilegierung teil.** Die Begründung dafür liegt darin, daß bereits die Genehmigung eine starke Bindung für die spätere Planfeststellung enthält (BVerwGE 56, 110/135 ff; zur Unübersichtlichkeit der Regelung von luftverkehrsrechtlicher Genehmigung und nachfolgender Planfeststellung Wahl, DVBl. 1982, 51/58 ff.). Hieraus folgt auch, daß den **Gemeinden** schon **bei dem Verfahren der Genehmigung ein Beteiligungsrecht zusteht,** obwohl das Gesetz dies erst beim Planfeststellungsverfahren vorsieht (vgl. Schlichter, in: BK, § 38, Rn 19). Folgt der Genehmigung ein Planfeststellungsverfahren nach, handelt es sich hierbei um ein nur formelles Recht, so daß die Gemeinden in diesem Fall die inhaltliche Rechtmäßigkeit der Genehmigung erst im nachfolgenden Planfeststellungsverfahren überprüfen lassen können (BVerwGE 56, 110/137). Bei der isolierten Genehmigung freilich ist diese im vollen Umfang angreifbar.

18 Ergänzend ist darauf hinzuweisen, daß zusätzlich zu den Baubeschränkungen, die für einen beschränkten Bauschutzbereich nach § 17 Luftverkehrsgesetz von den Luftfahrtbehörden veranlaßt werden können, nach dem Gesetz zum Schutz gegen Fluglärm vom 30. März 1971 (BGBl. I S. 282, zuletzt geändert durch Gesetz v. 16. 12. 1986, BGBl. I S. 2441) durch Rechtsverordnung des Bundesinnenministers **Lärmschutzbereiche** festgesetzt werden können. Beim Erlaß dieser Lärmschutzverordnungen steht den in ihrer Planungshoheit betroffenen Gemeinden ein Anhörungsrecht zu (BVerfG, DÖV 1982, 193 ff.; kritisch hierzu Weyreuther, DÖV 1982, 173 ff.). Die Festsetzung eines Lärmschutzbereichs enthebt die Gemeinden nicht der Verpflichtung, in der Umgebung von Flughäfen planerisch alles zu tun, damit mögliche Belastungen für die Bewohner in zumutbaren Grenzen gehalten werden. § 16 Fluglärmgesetz läßt dies ausdrücklich zu.

19 d) Auch die Errichtung oder Änderung von **Fernmeldeleitungen** der Deutschen Bundespost richten sich nicht nach dem Baugesetzbuch, sondern nach besonderen Fachgesetzen. Zu beachten ist hier neben dem in § 38 angeführten Telegraphenwegegesetz vor allem das Gesetz zur Vereinfachung des Planverfahrens für Fernmeldelinien vom 24. September 1935 (RGBl. I S. 1177). Zuständig für die Planfeststellung sind die Fernmeldeämter. Zu Problemen der Anwendung des Telegraphenwegegesetzes auf Planung, Errichtung und Betrieb von Breitbandverteilanlagen, sei es durch die Post selbst, sei es durch private Unternehmen, vgl. Eidenmüller, DÖV 1984, 225 ff. Das BVerwG hat am 18. 3. 1987 entschieden, daß auch die Verlegung von Breitbandkabeln durch das Telegraphenwegegesetz vom 18. Dezember 1899 (RGBl. S. 705) gedeckt ist (NJW 1987, 2096 ff.; hierzu Wichmann/Maier, DVBl. 1987,

814 ff.). Zum Streitstand vgl. auch Pappermann/Löhr/Andriske, Das Recht der öffentlichen Sachen, 1987, S. 92.

Die Planfeststellung ist nur vorgeschrieben, wenn für die Fernmelde- 20
leitung ein **öffentlicher Verkehrsweg** benutzt werden soll. Die **Über-spannung von Grundstücken** ist der Post nach § 12 Telegraphenwege-gesetz **ohne weiteres gestattet,** wenn nicht hierdurch die Benutzung des Grundstücks wesentlich beeinträchtigt wird. Entstehende Schäden sind allerdings zu ersetzen. Da die Planfeststellung auf den Bereich öffentlicher Verkehrswege beschränkt ist, findet ein vorheriges allge-meines Anhörungsverfahren nicht statt. Lediglich die betroffenen Un-terhaltspflichtigen der Verkehrswege – die Gemeinden sind nach den allgemeinen Grundsätzen der Planfeststellung unabhängig von einer bestimmten Unterhaltspflicht in jedem Fall zu beteiligen – werden vorher unterrichtet; ferner ist der Plan vier Wochen lang auszulegen. Gleichwohl hat die Planfeststellungsbehörde wie auch in allen anderen Fällen sämtliche öffentlichen Belange, auch die des Städtebaus, zu beachten (BVerwGE 27, 253/255 f.). Im übrigen steht Betroffenen das gegen Verwaltungsakte allgemein eingeräumte Widerspruchs- und Kla-gerecht zu. Das **Widerspruchsverfahren** richtet sich allerdings nicht nach § 8 Abs. 1 Telegraphenwegegesetz, sondern gemäß § 77 Abs. 1 VwGO nach §§ 68 ff. VwGO.

e) In der Praxis weniger bedeutsam ist die Privilegierung der Plan- 21
feststellung nach dem **Personenbeförderungsgesetz.** In Betracht kom-men zum einen nur Planfeststellungen für Straßenbahnen, worunter nach § 4 Personenbeförderungsgesetz auch Hochbahnen, Untergrund-bahnen und Schwebebahnen zu verstehen sind. Zum anderen wird die Planfeststellung für Straßenbahnanlagen i. d. R. durch Festsetzungen in Bebauungsplänen ersetzt; § 28 Abs. 3 Satz 1 Personenbeförderungsge-setz läßt dies ausdrücklich zu (vgl. auch § 9, Rn 42). Die Planfeststel-lung nach dem Personenbeförderungsgesetz hat dann nach dessen § 28 Abs. 3 Satz 2 lediglich ergänzenden Charakter.

Auch das Gesetz über den Bau und den Betrieb von **Versuchsanlagen** 22
zur Erprobung von Techniken für den **spurgeführten Verkehr** sieht eine Planfeststellung für den Bau solcher Anlagen vor. Für das Verfah-ren verweist § 5 im wesentlichen auf die Vorschriften des Bundesfern-straßengesetzes. Eine Ersetzungsmöglichkeit durch Bebauungsplan be-steht allerdings – wie bei Bundesbahnanlagen – nicht.

f) Obwohl im Flächennutzungsplan und Bebauungsplan Flächen für 23
die Abfallentsorgung vorgesehen werden können (§ 5 Abs. 2 Nr. 4, § 9 Abs. 1 Nr. 14), richtet sich die Zulassung von **Abfallentsorgungsanla-gen** nach dem Abfallgesetz des Bundes und des jeweiligen Landes. In § 6 AbfG ist vorgesehen, daß die Länder Abfallentsorgungspläne nach überörtlichen Gesichtspunkten aufstellen und hierin geeignete Stand-orte für Abfallentsorgungsanlagen festlegen. § 7 AbfG sieht vor, daß die Errichtung und der Betrieb von ortsfesten Abfallentsorgungsanla-gen grundsätzlich der Planfeststellung bedürfen. Lediglich in den Fäl-

len, in denen es sich um unbedeutende Anlagen handelt oder mit Einwendungen nicht zu rechnen ist, reicht die Genehmigung der zuständigen Behörde aus (Abs. 2). Auch die nur genehmigungsbedürftige Errichtung oder Änderung von Abfallentsorgungsanlagen geht der Zulassung nach BauGB vor, da die Genehmigung nach dem Abfallgesetz lediglich eine einfachere Form der privilegierten Planfeststellung ist (vgl. hierzu BVerwG, NVwZ 1985, 414).

24 Da nach § 2 Abs. 1 Satz 2 Nr. 5 Abfallgesetz die Abfallentsorgung an den **Grundsatz** gebunden ist, **daß Belange des Städtebaus gewahrt bleiben müssen,** kommt der gemeindlichen Bauleitplanung eine sehr starke Stellung zu (zu den Anforderungen des Abwägungsgebots bei der abfallrechtlichen Planfeststellung vgl. VGH Mannheim, NVwZ 1990, 487/488 ff.). Die Planfeststellung oder Genehmigung von Abfallentsorgungsanlagen wird in der Regel nur auf solchen Flächen stattfinden können, die bereits in einem Flächennutzungsplan oder Bebauungsplan entsprechend ausgewiesen sind. Fehlt es an der Festsetzung geeigneter Flächen, so kann sich die Fachplanungsbehörde aufgrund der Regelung des § 38 gegenüber der Gemeinde durchsetzen, muß dabei aber städtebauliche Belange gleichwohl wahren. Auch bei der Prüfung einer etwaigen Betriebsuntersagung einer Abfallentsorgungsanlage nach § 9 Satz 2 AbfG sind städtebauliche Belange einschließlich der gesetzgeberischen Wertungen in den §§ 29 ff. mitzuberücksichtigen, auch wenn sie sich erst nach Genehmigung der Anlage herausgebildet haben (vgl. BVerwG, Beschl. v. 8. 3. 1989, UPR 1989, 229 f.).

25 Das Verfahren der Planfeststellung zur Errichtung oder Änderung ortsfester Abfallentsorgungsanlagen richtet sich nach §§ 72 ff. VwVfG (hierzu Kloepfer, Umweltrecht, § 12, Rn 122). Die Länder haben in Ergänzung des Bundesrechts eigene **Landesabfallgesetze** aufgestellt, in denen vor allem die Möglichkeit der Veränderungssperre zur Sicherung einer Planfeststellung (z. B. § 11 Landesabfallgesetz NRW) und die Möglichkeit der Enteignung nach Planfeststellung (z. B. § 12 Landesabfallgesetz NRW) vorgesehen sind.

26 **g) Bundeswasserrechtliche Planfeststellungen** sind in Satz 1 nicht als privilegiert erwähnt. Vorrang gegenüber der Bauleitplanung ist dagegen landeswasserrechtlichen Planfeststellungen für überörtliche Planungen eingeräumt. Die hierin liegende Unstimmigkeit kann wie folgt ausgeräumt werden:

27 – Das **Bundeswasserstraßengesetz** entspricht seiner Funktion nach dem Fernstraßengesetz. Entsprechend ist auch in ihm geregelt, daß die **vorbereitende Bundesplanung** nach § 13 Abs. 1 Bundeswasserstraßengesetz – ähnlich dem § 16 FStrG – der Orts- und Landesplanung vorgeht. Für das Verhältnis zur Bauleitplanung kann daher auf die Ausführungen oben, Rn 9 ff., verwiesen werden. Die **Planfeststellung** für den Bau von Bundeswasserstraßen nach §§ 13 f. Bundeswasserstraßengesetz geht aufgrund dieser Parallele zum Fernstraßengesetz und infolge eines „Erst-recht-Schlusses" auf der Grundlage

von Satz 2, nach dem landeswasserrechtliche Planfeststellungen privilegiert sind, der Bauleitplanung vor (so im Ergebnis Schlichter, in: BK, § 38, Rn 26; Bielenberg, in: E/Z/B, BBauG, § 38, Rn 170).

– Auch das **Wasserhaushaltsgesetz,** das nicht die Wasserstraßen als **28**
Verkehrswege zum Regelungsgegenstand hat, sondern die Bewirtschaftung der Gewässer, sieht in § 31 ein **Planfeststellungsverfahren** vor. Für den Wasserhaushalt kommt dem Bund jedoch nach Art. 75 Nr. 4 GG nur eine Rahmenkompetenz zu. § 31 WHG stellt daher **nur den Rahmen für eine landeswasserrechtliche Planfeststellung** bereit. Dementsprechend haben die Länder ausfüllende Vorschriften zu diesem Rahmenrecht erlassen (z. B. §§ 100 ff. Landeswassergesetz NRW; zur Neufassung des Landeswassergesetzes NRW vgl. Lindemann, NVwZ 1990, 243 ff.; Fritsch, DVBl. 1989, 908 ff.). Planfeststellungen nach § 31 WHG kommt daher nur Vorrang unter den besonderen Voraussetzungen des § 38 Satz 2 zu (hierzu Rn 30). Dabei sind städtebauliche Belange zu beachten, aber §§ 29 und 35 stehen einem Vorhaben nicht als „zwingende Versagungsgründe" entgegen (BVerwG, U. v. 4. 5. 1988, NJW 1989, 242/243; vgl. auch Uechtritz, NVwZ 1988, 316 ff.).

– Als dem Bundesrecht zugehörig wird die **Erste Wasserverbandsverordnung** vom 3. September 1937 (RGBl. I S. 933) angesehen **29**
(BVerwGE 7, 17 ff.; 10, 238 ff.). In dieser Verordnung ist vorgesehen, daß die Wasser- und Bodenverbände (in Nordrhein-Westfalen z. B. die auf jeweils besonderen Gesetzen beruhenden Verbände wie etwa der Ruhrverband, die Emschergenossenschaft oder der Große Erftverband) zur Durchführung ihrer Aufgaben Planungen vornehmen können. Diese Planungen sind zwar nur interner Natur und bedürfen daher grundsätzlich nach ihrer aufsichtsbehördlichen Genehmigung (hierzu etwa § 170 Landeswassergesetz NRW) noch einer Ausbauplanfeststellung nach § 31 WHG (Breuer, Die hoheitliche raumgestaltende Planung, 1968, S. 80), doch kann gerade bei den Planungen der Wasser- und Bodenverbände häufig der Fall eintreten, daß ein Planfeststellungsverfahren nicht erforderlich ist (§ 31 Abs. 1 Satz 3 WHG). Im Verhältnis zum Baugesetzbuch ist dann die Bestimmung des Vorrangverhältnisses von besonderer Bedeutung. Der Sache nach entsprechen die Planungen der Wasser- und Bodenverbände landeswasserrechtlichen Planfeststellungen zum Ausbau von Gewässern. Auf sie ist daher § 38 Satz 2 (hierzu Rn 30) entsprechend anzuwenden (im Ergebnis ebenso Bielenberg, in: E/Z/B, BBauG, § 38, Rn 169).

4. Nach **Satz 2** sind ebenfalls privilegiert **landesrechtliche Planfest-** **30**
stellungen auf den Gebieten des Verkehrs-, Wege- und Wasserrechts. Dies gilt jedoch nur, wenn es sich um **überörtliche Planungen,** d. h. um Planungen für überörtlich bedeutsame Vorhaben handelt. Überörtlichkeit in diesem Sinne nimmt das Bundesverwaltungsgericht an, wenn eine Gemeinde vermutlich nicht in der Lage ist, den durch ein Vorhaben ausgelösten Koordinationsbedarf planerisch zu bewältigen.

Diese Überforderung einer Gemeinde sieht das BVerwG regelmäßig dann als gegeben an, wenn ein Vorhaben das Gebiet von zwei oder mehr Gemeinden berührt (BVerwG, U. v. 4. 5. 1988, NJW 1989, 242; kritisch hierzu Jäde, BayVBl. 1989, 459 ff., der mit guten Gründen statt der einzelfallbezogenen eine fachplanungsrechtlich-typisierende Abgrenzung vorschlägt). Liegen nur örtlich bedeutsame Vorhaben vor, besteht kein Vorrangverhältnis; vielmehr stehen die Ortsplanungskompetenz der Gemeinde und die Fachplanungskompetenz des Landes nebeneinander. Im Sinne einer „praktischen Konkordanz" sind hier die Kompetenzen jeweils so wahrzunehmen, daß die jeweils andere Kompetenz möglichst wenig beeinträchtigt wird. So kann die Gemeinde die Fläche und die städtebauliche Einbindung durch Festsetzungen im Bebauungsplan bestimmen, die Entscheidung über „Ob" und „Wie" der Vorhabenverwirklichung bleibt dem Fachplanungträger und der Planfeststellung vorbehalten (hierzu Brohm, DÖV 1983, 525 ff.; im übrigen § 9, Rn 43, zu Landeseisenbahnen). Im Bereich des Verkehrs- und Wegerechts kommen hier in Betracht Planfeststellungen nach den Landeseisenbahn- und Landesstraßengesetzen. Die Landesstraßengesetze sehen Planfeststellungen in der Regel vor für den Bau neuer oder die wesentliche Änderung bestehender Landstraßen und Kreisstraßen, ermöglichen in der Regel aber die **Ersetzung der Planfeststellung durch einen Bebauungsplan,** der mindestens die Festsetzung der Verkehrsflächen enthält und unter Mitwirkung des Trägers der Straßenbaulast zustandegekommen ist (so § 38 Abs. 4 Satz 1 Straßen- und Wegegesetz NRW). Muster für die landesrechtlichen Verfahren ist das Fernstraßengesetz, so daß die hierzu gemachten Ausführungen (oben, Rn 9 ff.) entsprechend gelten.

31 Zu den landeswasserrechtlichen Planfeststellungen für den Bereich des Wasserhaushaltsrechts ist bereits oben, Rn 28 f., Näheres ausgeführt. Nicht von Bedeutung im Rahmen des § 38 sind die Festsetzungen von Wasserschutzgebieten auf der Grundlage des § 19 WHG und von Überschwemmungsgebieten auf der Grundlage von § 32 WHG. Hierbei handelt es sich um fachliche Nutzungsregelungen, deren Verhältnis zum Bebauungsplan in § 29 Satz 4 geregelt ist (Breuer, Die hoheitliche raumgestaltende Planung, 1968, S. 206 ff.; oben, Rn 3). Ebenfalls nicht von Bedeutung im Rahmen des § 38 sind die wasserwirtschaftlichen Rahmenpläne nach § 38 WHG. Sie können allerdings einen öffentlichen Belang im Sinne des § 35 darstellen und sind im Rahmen der Abwägung bei der Bauleitplanung zu beachten (Bielenberg, in: E/Z/B, BBauG, § 38, Rn 167).

32 **5.** Entstehen der Gemeinde durch die Aufstellung oder Änderung von Bauleitplänen oder durch Entschädigungsforderungen **Aufwendungen,** die durch die nach § 38 privilegierte Fachplanung verursacht worden sind, so sind ihr diese Kosten von dem Fachplanungträger **zu ersetzen.** Dies bestimmt **Satz 3,** indem er auf § 37 Abs. 3 verweist (hierzu vgl. § 37, Rn 8).

Zweiter Abschnitt. Entschädigung

Vorbemerkungen zu den §§ 39 bis 44

Übersicht

1. a) Die unter der Abschnittsüberschrift „Entschädigung" zusam- **1**
mengefaßten §§ 39—44 regeln die Folgen planerischer Eingriffe in die
Bodennutzbarkeit. Dieses sog. **Planungsschadensrecht** gewährt Ent-
schädigung für bestimmte Fälle, in denen durch Änderung oder Aufhe-
bung der Festsetzung eines Bebauungsplans die Bebaubarkeit eines
Grundstücks eingeschränkt oder der Berechtigte hinsichtlich sonstiger
Nutzungsmöglichkeiten beschnitten wird. Das Planungsschadensrecht
soll in erster Linie den Wertverlust ausgleichen, der in der Differenz
zwischen dem Grundstückswert vor und nach der Planung besteht
(Oldiges, in: Steiner (Hrsg.), Besonderes Verwaltungsrecht, 3. A.,
1988, Rn 114; s. a. BGH, ZfBR 1987, 107). In die Berechnung des
Grundstückswertes fließen auch ein schon realisierte Nutzungen (§ 42
Abs. 3, 4) und unter bestimmten Voraussetzungen bloße Nutzungs-
möglichkeiten (§ 42 Abs. 2, 5—7). Zusätzlich zum Ausgleich der Minde-
rung der Bodennutzungsmöglichkeit (§§ 40, 41 Abs. 1, 42) entschädigt
das Planungsschadensrecht auch bestimmte Aufwendungen (§ 39, 41
Abs. 2). Die Entschädigung wird geleistet in **Geld** oder im Falle des
§ 40 Abs. 2 durch **Übernahme des Grundstücks** gegen Entschädigung
sowie des § 41 Abs. 1 grundsätzlich durch **Begründung eines dingli-
chen Rechts** am Grundstück gegen Entschädigung i. V. m. § 43 Abs. 1
S. 3, § 92 Abs. 2 S. 2 auch durch Übernahme des Grundstücks.

b) Nach seiner **internen Systematik** gliedert sich das Planungsscha- **2**
densrecht in eine Generalnorm für Vertrauensschaden wegen getätigter
Aufwendungen (§ 39); Entschädigungsregelungen für nachteilige Fest-
setzungen für öffentliche Flächen, Belastungen und Bindungen im

Bebauungsplan (§§ 40, 41) und eine Generalnorm für Entschädigung bei Änderung oder Aufhebung einer zulässigen Nutzung (§ 42). Hinzu kommen Vorschriften über den Entschädigungspflichtigen (§ 44 Abs. 1, 2), das Entschädigungsverfahren, **Konkurrenz-** und Ausschlußklauseln (§ 43) sowie über Fälligkeit und Erlöschen der Entschädigungsansprüche (§ 44 Abs. 3–5). Liegen die Voraussetzungen der §§ 40 oder 41 vor, so ist der Rückgriff auf die Generalnorm des § 42 ausgeschlossen wie § 43 Abs. 3 S. 1 klarstellt. Zwischen § 41 Abs. 2 und § 42 ist eine Konkurrenz nicht denkbar. Hinsichtlich der Abgrenzung von § 39 zu den Tatbeständen der §§ 40–42 ist zu differenzieren (ebenso Bielenberg, in: E/Z/B, BBauG, § 39j, Rn 5 f.; ungenau, da Überschneidungen gänzlich leugnend Breuer, in: Schrödter, § 44b, Rn 16 bzw. gänzlich zulassend F/O, S. 83). § 39 S. 1 erfaßt nur solche Aufwendungen, die sich nicht in der Substanz des Grundstückes niedergeschlagen haben. Überschneidungen mit den §§ 40–42 sind daher ausgeschlossen. Hinsichtlich der in § 39 S. 2 geregelten Abgaben sind Überschneidungen mit den §§ 40–42 möglich. Eine Doppelentschädigung ist jedoch unzulässig.

3 c) Das unter der Abschnittsüberschrift „Entschädigung" zusammengefaßte Planungsschadensrecht, das sich allein auf **planerische Eingriffe** in die Bodennutzbarkeit bezieht, ist von den mit derselben Abschnittsüberschrift betitelten §§ 93–103 zu unterscheiden. Die §§ 93–103 regeln unmittelbar nur die Entschädigung für Administrativenteignungen, die überwiegend planakzessorisch als städtebauliches Instrument durch Verwaltungsakt auf der Grundlage der §§ 85–92 und nach dem Verfahren der §§ 104–122 betrieben werden. Gem. § 43 Abs. 2 S. 3 sind die §§ 93–103 analog auf die für planerische Eingriffe in die Bodennutzbarkeit zu gewährende **Geldentschädigung** anzuwenden. Entsprechende Verweisungen auf die Entschädigungsregelungen der §§ 93–103 finden sich auch in zahlreichen anderen Entschädigungstatbeständen des Gesetzes, z. B. § 59 Abs. 5 – Umlegung, s. Vorbem. §§ 85–122, Rn 12. Andererseits verweist § 95 Abs. 2 Nr. 7 mit umstrittener Rechtsfolge (s. § 95, Rn 10) bei der Bemessung der Entschädigung für sanierungsanfällige Bodenwerte auf §§ 40–42 zurück. Einzelne Vorschriften der §§ 43 und 44 gelten analog für die Entschädigung von Veränderungssperren (§ 18 Abs. 3), Verzögerungen der Teilungsgenehmigung (§ 21 Abs. 3), der Genehmigung nach § 22 in Gebieten mit Fremdenverkehrsfunktion (§ 22 Abs. 8), der Anordnung der Erhaltungssatzung (§ 172 Abs. 2), der Entschädigung wegen eines Bau- oder Abbruchgebotes (§ 176 Abs. 4, 5, § 179 Abs. 3) und für die Überleitungsvorschrift des § 238. Über die Weiterverweisung des § 95 Abs. 1 S. 1 gilt die **Verkehrswertbestimmung** des § 194 auch für das Planungsschadensrecht der §§ 39–44.

4 c) Das BauGB hat das Planungsschadensrecht in geänderter Paragraphenfolge (§ 39j BBauG = § 39; § 44 BBauG = § 42; § 44b BBauG = § 43; §§ 44a und c BBauG = § 44) im wesentlichen nur redaktionell

überarbeitet; dazu Voraufl., Vorb. §§ 39–44, Rn 2. Als Überleitungs-
vorschrift in § 238 gilt weiterhin die von der Novelle 1976 eingeführte
Überleitungsvorschrift des § 10 Abs. 2 S. 1 des Art. 3 des Gesetzes zur
Änderung des BBauG vom 18. 8. 1976. Zu Art. 3 § 10 Abs. 1 Ände-
rungsG BBauG 1976, demzufolge die für Ansprüche nach § 44, aber
auch §§ 40, 42, 43 BBauG maßgebliche 7-Jahres-Frist von § 44 Abs. 2
BBauG = § 42 Abs. 2 für eine am 1. 1. 1977 zulässige Nutzung erst am
31. 12. 1983 abgelaufen ist s. 1. Aufl. Vorb. 39j–44c, Rn 6 und nach
§ 189 Art. 3 § 10, Rn 1. Im Fortgelten des Art. 3 § 10 Abs. 2 Ände-
rungsG BBauG 1976 als § 238 äußert sich die auch eigentumsdogma-
tisch grundlegende Umgestaltung des Planungsschadensrechts durch
die **Novelle 1976** (dazu ausf. Bielenberg, in: E/Z/B, Vorb. § 39–44,
Rn 49–63). Die Reform von 1976 ist in zweierlei Hinsicht von bleiben-
der Bedeutung. Zum einen wurde der Entschädigungsanspruch wegen
Vertrauensschadens in § 39j als gesetzliche Ausgestaltung eines Plange-
währleistungsanspruchs (dazu m. w. N. Brohm, Jura 1986, 617; Ossen-
bühl, Staatshaftungsrecht, S. 180 ff.) verselbständigt. Zum anderen
wurde der Entschädigungsanspruch wegen Aufhebung oder Änderung
einer bisher zulässigen Nutzung einschneidend eingeschränkt: absolu-
ter Schutz einschließlch nicht verwirklichter oder ausgeübter Nutzun-
gen nur innerhalb von 7 Jahren (§ 44 Abs. 2 BBauG = § 42 Abs. 2
BauGB), nach Ablauf der 7-Jahres-Frist Schutz nur noch für ausgeübte
oder verwirklichte Nutzungen. Während nach altem Recht einmal
gewährte bauliche Nutzungsmöglichkeiten unbefristet und ohne Rück-
sicht darauf entschädigungsrechtlich geschützt waren, ob der Eigentü-
mer von der Nutzungsmöglichkeit Gebrauch gemacht hatte, wird seit
der Novelle 1976 eine sieben Jahre lang zulässige, aber nicht ausgeübte
Nutzungsmöglichkeit nicht mehr entschädigt. Die großzügigere Ent-
schädigungsregelung des § 44 BBauG a. F. beruhte im wesentlichen auf
der entschädigungsrechtlichen Judikatur des Bundesgerichtshofes. Die
1976 eingeführte Regelung bringt entsprechend den städtebaulichen
Bedürfnissen die Sozialbindung des Grundeigentums stärker zum Aus-
druck. S. Regierungsentwurf (BT–Drs. 7/2496, S. 29, 55) unter Hin-
weis auf BVerfG E 21, 73; E 25, 112. Während die Neufassung des § 44
BBauG = § 42 BauGB einer Erstarrung der Bauleitplanung entgegen-
wirken sollte, stärkte § 39j BBauG = § 39 BauGB die Stellung der
Eigentümer und sonstigen Nutzungsberechtigten, indem sie vor un-
vorhersehbaren Entwertungen getroffener Vermögensdispositionen
geschützt wurden.

2. a) Planerische Eingriffe in die Bodennutzbarkeit, die durch Erlaß, 5
Änderung oder Aufhebung von Festsetzungen eines Bebauungsplans
die Bebaubarkeit eines Grundstücks einschränken, verwirklichen nicht
den Tatbestand einer Legalenteignung i. S. v. Art. 14 Abs. 3 S. 2,
1. Altern. GG (so aber Pohl, in: Kohlhammer–Komm., Vorb. § 39,
Rn 1; B/B, § 39j, Rn 1). Legalenteignungen sind nur durch formelles
Gesetz möglich (BVerfGE 46, 268/296; Vorb. §§ 85–122, Rn 3). Der als

kommunale Satzung ergehende Bebauungsplan ist zwar ein materielles Gesetz i. S. v. Art. 14 Abs. 2 S. 2 GG (BVerwGE 45, 309; E 48, 271), jedoch kein formelles. Umzonungen und Herabzonungen wie die i. S. der §§ 40–44 gelten ebenso wie z. B. Schutzbereichsbestimmungen nach dem Natur- und DenkmalSchR als typische Erscheinungsform der Aufopferungsenteignung (Schmidt-Aßmann, in: Handbuch des AgrarR I, 1981, Sp. 504/506), also als Form der Eigentumsbeeinträchtigung, bei der aus Gründen öffentlichen Wohls jemand in seiner vermögensrechtlichen Position in besonderem Maße beeinträchtigt wird, ohne daß nur eine generelle gesetzliche Bestimmung des Eigentumsinhalts ausgedrückt würde (s. W. Weber, in: Die Grundrechte II, 1954, S. 350; Schmidt-Aßmann, JuS 1986, 833/834). Die als Gegentypus zum engeren formalisierten sog. klassischen Enteignungbegriff (s. Vorb. §§ 85–122, Rn 6) konzipierte, folgenorientierte Aufopferungsenteignung kann in beiden Rechtsformen ergehen, die Art. 14 Abs. 3 S. 2 GG für eine rechtmäßige Enteignung vorschreibt, also auch als Legalenteignung i. S. d. ersten oder als Administrativenteignung i. S. d. 2. Altern. (BVerfGE 24, 367/404; ebenso, wenn auch mißverständlich E 52, 1/27; Bender, BauR 1983, I/7; Hendler, DVBl. 1983, 873/878; Schwabe, JZ 1983, 273/277; Weyreuther, Die Situationsgebundenheit des Grundeigentums, 1983, S. 81; Nüßgens/Boujong, Eigentum, Sozialbindung und Enteignung, 1987, Rn 325, 333; Bielenberg, in: E/Z/B Vorb. §§ 39–44, Rn 92). Die vom BVerfG (E 52, 1) stärker betonte handlungsbezogene Formalisierung des verfassungsrechtlichen Enteignungsbegriffs (s. Vorb. §§ 85–122, Rn 1–4) steht einer Einordnung herab- oder umzonender planerischer Eingriffe in die Bodennutzbarkeit als Administrativenteignung nicht entgegen (Papier, in: M/D, Art. 14 GG, Rn 475; Bryde, in: v. Münch, GG, Art. 14, Rn 75; Schmidt-Aßmann, JuS 1986, 833/836/839; Koch/Hosch, Baurecht, Raumordnungsrecht, Landesplanungsrecht, 1988, S. 194 ff.; a. A. Battis, NVwZ 1982, 589 f.; Maurer, F. S. f. Dürig, 1990, S. 293/304). Festsetzungen eines Bebauungsplans, die gem. §§ 40–44 Entschädigungsansprüche auslösen, erfüllen daher den Tatbestand der Administrativenteignung i. S. v. Art. 14 Abs. 3 S. 2 2. Altern. GG (a. A. 1. Aufl., Vorb. §§ 39 j–44 c, Rn 2, Vorb. §§ 85–122, Rn 12). Anders als im Regelfall der Administrativenteignung wird die Enteignung nicht aufgrund eines Gesetzes durch Verwaltungsakt, sondern aufgrund eines Gesetzes (= BauGB) durch eine andere genuin administrative Handlungsform, nämlich durch Satzung verwirklicht. Durch die Entschädigungstatbestände der §§ 40–44 erfüllt das BauGB die Junktimklausel des Art. 14 Abs. 3 S. 2 GG. Als gesetzliche Entschädigung für rechtmäßige Administrativenteignungen leistet das Planungsschadensrecht keine Haftung für Staatsunrecht.

6 **b) aa)** Die Einordnung des Planungsschadensrechts als Teil der gesetzlichen Regelung der Administrativenteignung durch Bebauungsplan hat bisher vernachlässigte Konsequenzen für die verfassungsrecht-

lich vorgegebene **Zulässigkeit der Planenteignung** (s. a. Bielenberg, in: E/Z/B, § 42, Rn 134–137). Die §§ 39–44 regeln die Zulässigkeit der Planenteignung nicht, sie setzen diese voraus. Sie beschränken sich entsprechend der früher herrschenden, von der Rechtsprechung des BGH geprägten Sicht des Eigentumsrechts, darauf sicherzustellen, daß, wenn eine Enteignung vorliegt, der Betroffene angemessen entschädigt wird (s. a. Vorbem. §§ 85–122, Rn 5). Eine solche Betrachtungsweise ist jedoch im Lichte der auf den Bestandsschutz ausgerichteten, das Eigentumsgrundrecht als Abwehrrecht aktivierenden und die Anforderungen an den formalisierten Rechtsvorgang der Enteignung verschärfenden und zugleich die der Eigentumsgarantie innewohnende Gewährleistung eines eigentumssichernden Verfahrens (BVerfGE 37, 132/142; E 49, 252/257; Papier, in: M/D, Art. 14, Rn 43 ff.) betonenden Rechtsprechung des BVerfG defizitär (s. a. Berkemann, in: BK, § 83, Rn 83; Vorb. §§ 85–122, Rn 1–4).

bb) Dies verdeutlicht ein **Vergleich** mit anderen typischen Erscheinungen der **Administrativenteignung in Planungszusammenhängen** (dazu Frenzel, Das öffentliche Interesse als Voraussetzung der Enteignung, 1978, S. 141 ff., 193 ff.; Schmidt-Aßmann, JuS 1986, 833/837 ff.), nämlich der (vornehmlich) planakzessorischen Enteignung nach §§ 85 ff. und der ebenfalls planakzessorischen Enteignung in Vollzug eines fachplanerischen Planfeststellungsbeschlusses. Planakzessorische Enteignungen nach §§ 85 ff. verwirklichen in einem hochentwickelten gesonderten Enteignungsverfahren (§§ 104–122) die Festsetzungen eines Bebauungsplans, die den Anforderungen des planungsrechtlichen Erforderlichkeitsgebotes (§ 1 Abs. 3) und des Abwägungsgebotes des § 1 Abs. 6 genügen müssen. Diese planerischen Gebote sind von dem ebenfalls das Allgemeinwohl verwirklichenden enteignungsrechtlichen Erforderlichkeitsgebot gem. Art. 14 Abs. 3 S. 1 GG, § 87 Abs. 1 BauGB – Enteignung als ultima ratio – (s. § 87, Rn 3 f.) zu unterscheiden (dazu auch BVerfGE 74, 264 – Boxberg). Das enteignungsrechtliche Erforderlichkeitsgebot zieht aus den übergreifenden, das städtebauliche Interessengeflecht gestaltenden Planfestsetzungen für den Einzelfall nach Zeit, Raum und Art und Weise des Eigentumsentzugs die rechtlichen Konsequenzen. „Mit den Festsetzungen im Bebauungsplan ist für die einzelnen vom Plan erfaßten Grundstücke nur die zulässige Benutzungsart bestimmt; damit steht noch nicht fest, daß das Wohl der Allgemeinheit es gebietet, ein bestimmtes Grundstück diesem Zweck zwangsweise durch Enteignung gerade im jetzigen Zeitpunkt zuzuführen" (BGHZ 68, 101/102; § 87, Rn 3). Eine strukturell gleichartige zweite Verfahrensstufe kennzeichnet auch die einen **Planfeststellungsbeschluß** (§§ 72 ff. VwVfG) verwirklichende Enteignung. Allerdings wird diese Enteignung intensiver durch den Planfeststellungsbeschluß determiniert als dies i. d. R. durch Festsetzungen eines Bebauungsplans geschieht (Ausnahme z. B. auf Straßenplanung beschränkter Bebauungsplan). Der Planfeststellungsbeschluß stellt parzellenscharf und ver-

7

bindlich die Zulässigkeit eines konkreten, im öffentlichen Interesse bestehenden, zur Verwirklichung anstehenden Vorhabens und alle von ihm berührten öffentlichen Belange fest. Das nachfolgende Enteignungsverfahren ist beschränkt auf nachrangige Fragen, wie Vollenteignung und ggf. Zeitpunkt (anders bei Fachplanungen ohne förmliches Planfeststellungsverfahren, s. BVerwGE 72, 365). Die neuere Rechtsprechung trägt der die Enteignung intensiver determinierenden Eigenart des enteignungsrechtlich vorwirkenden Planfeststellungsbeschlusses durch die Figur der **Planrechtfertigung** Rechnung (Niehues, WiV 1985, 262; Kühling, DVBl. 1989, 223 f.; Steinberg, Nachbarrecht der öffentlichen Anlagen, 1988, S. 139 ff.). Es genügt nicht, daß die Planung an den Zielsetzungen des Planungsgesetzes ausgerichtet ist. Sie muß „bezogen auf das konkrete Planungsvorhaben erforderlich, d. h. vernüftigerweise geboten sein" (BVerwGE 56, 110/119; 75, 214; s. a. BVerfGE 74, 264). Die Planrechtfertigung dient der Vergewisserung, ob es für ein Vorhaben, das enteignungsrechtliche Vorwirkung entfaltet, eine den Anforderungen des Art. 14 Abs. 3 GG genügende gesetzliche Grundlage gibt. Zur plausibilitätsorientierten Prüfung der Zielkonformität eines Vorhabens – „vernüftigerweise geboten" – kommt die Prüfung, „ob die für das Vorhaben streitenden Belange generell geeignet sind, etwa entgegenstehende Eigentumsrechte zu überwinden" (Kühling aaO). Diese noch entwicklungsbedürftigen Grundsätze über die Vorverlagerung der enteignungsrechtlichen Zulässigkeitsprüfung ist die erste Stufe – eine Vorverlagerung, die wegen enteignungsrechtlicher Vorwirkung und nach Maßgabe deren Intensität stattzufinden hat – sind auf planakzessorische Enteignungen nach den §§ 85 ff., soweit sie enteignungsrechtliche Vorwirkungen haben (dazu § 87, Rn 3), zu übertragen (s. a. VGH Mannheim ESVGH 33, 21 – Boxberg; Dolde, NJW 1986, 815/816; Schmidt-Aßmann, JuS 1986, 833/839; Erbguth, S. 101); allerdings nur, wenn die planakzessorische Enteignung nach § 85 überhaupt zulässig ist. Also z. B. nicht, wenn wie bei BVerfGE 74, 264 ein nach dem BauGB unzulässiger Enteignungszweck verwirklicht werden soll; zudem mit Vorwirkung im Flurbereinigungsverfahren. Bei beiden Arten der planakzessorischen Enteignung wird nicht nur der jeweils verfassungsrechtlich gebotene Teil der Erforderlichkeitsprüfung in das Planungsverfahren eingelagert, sondern auch die gerichtliche Kontrolle setzt früher ein (dazu Hoppe/Schlarmann, Rechtsschutz bei der Planung von Straßen und anderen Verkehrsanlagen, 2. A., 1981, Rn 173 ff.; Schmidt-Aßmann, in: M/D, Art. 19 IV, Rn 208 m. w. N.).

8 cc) Die vom Planungsschadensrecht der §§ 40–44 auszugleichende Planenteignung kennt weder eine der planakzessorischen Enteignung strukturell vergleichbare zweite Stufe noch das Problem der Verlagerung eines Teils der Erforderlichkeitsprüfung der zweiten Stufe in die erste. Der enteignende Zugriff erfolgt bei entsprechender Reaktion des Bodenverkehrs bereits durch die Festsetzungen des Bebauungsplans oder spätestens beim tatsächlichen Vollzug der Festsetzung. Entspre-

chend der folgenorientierten entschädigungszentrierten Rechtsprechung des BGH (dazu Vorbem. §§ 85—122, Rn 5—9) setzt § 43 Abs. 1 S. 1 voraus, daß eine Enteignung stattgefunden hat und die Einigung über die Entschädigung für die vom Betroffenen wegen stattgefundener Enteignung verlangte Übernahme nicht möglich ist. Gleiches gilt für die Geldentschädigung, auch wenn § 43 Abs. 2 S. 1 die noch engere frühere Fassung „Höhe der Geldentschädigung" erweitert hat. Im Verfahren vor der Enteignungsbehörde ist die (als rechtmäßig verstandene) Planenteignung vorgegeben. Die Situation des Betroffenen ist vergleichbar der eines Eigentümers eines Drittgrundstücks bei Planfeststellungen. Bei mittelbar enteignenden Einwirkungen eines Planfeststellungsbeschlusses auf Drittgrundstücke tritt der enteignungsrechtliche Verlust ebenfalls schon mit der verbindlichen Planung und ihrer tatsächlichen Ausführung ein (s. Papier, JZ, 1986, 183 f.). Zutreffend wird daher verlangt, daß der Planfeststellungsbeschluß selbst – im Rahmen des durch Art. 14 Abs. 3 GG Gebotenen – eine Entscheidung über die Zulässigkeit des Eingriffs und die Entschädigung dem Grund nach sowie über mögliche physisch reale Kompensationsmöglichkeiten trifft (BGHZ 95, 28 m. Anm. v. Papier aaO; Numberger, BayVBl 1986, 540). Letzteres gewinnt angesichts der Ausweitung enteignender Festsetzungsmöglichkeiten in § 9 Abs. 1 Nr. 24 und vor dem Hintergrund der vom BVerfG betonten abwehrrechtlichen Bestandsschutzfunktion der Eigentumsgarantie sowie der ihr innewohnenden Gewährleistung eines eigentumssichernden Verfahrens gerade für den Erlaß von Bebauungsplänen mit enteignender Wirkung an Bedeutung, und zwar sowohl für die planakzessorische Enteignung wie für die Planenteignung (s. a. Bender, DVBl. 1984, 301, 316 f.; Schmidt-Aßmann, aaO, S. 839; zu pauschal insoweit BVerfGE 74, 264, wo fixiert auf die planakzessorische [unzulässige] Enteignung nach § 85 Abs. 1, die Planenteignung gar nicht in Betracht gezogen wird; s. a. § 87, Rn 3 – enteignende Vorwirkung). Festsetzungen eines Bebauungsplans, die enteignende Wirkung haben und deshalb nach den §§ 40—44 zu entschädigen sind, bedürfen prinzipiell derselben **Planrechtfertigung** wie diese für fachplanerische Planfeststellungen mit enteignender Vorwirkung bereits entwickelt worden ist. Eine besondere Rechtfertigung fordert auch Bielenberg, in: E/Z/B, § 42, Rn 136; zur Planrechtfertigung bei Bauleitplänen bereits BVerwGE 34, 301/305; 45, 309/312. Wegen der typischerweise unterschiedlichen Vollzugsorientierung von fachplanerischen Planfeststellungsbeschlüssen und Bebauungsplänen müssen für die Planenteignung durch Bebauungsplan spezifische Regeln entwikkelt werden, die dem enteignungsrechtlichen Grundsatz der Erforderlichkeit Rechnung tragen und bei Erlaß des Bebauungsplans in die Abwägung nach § 1 Abs. 6 einfließen. Es ist mit der Bestandsgarantie des Art. 14 GG unvereinbar, die enteignende Vorwirkung der Planfestsetzung nur auf der Entschädigungsseite anzuerkennen (so Gaentzsch, in: Berliner Komm. § 40, Rn 2), sie auf der eigentumsbeeinträchtigenden Eingriffsseite hingegen auszublenden.

9 **dd)** Der von einer Planenteignung betroffene Eigentümer hat ein „umfassendes subjektives Recht, nicht objektiv fehlerhaft enteignet zu werden" (Bender aaO, S. 309). Er kann in der gerichtlichen Überprüfung des Plans die Fehlgewichtung seines Interesses am Eigentumsbestand, aber auch die Fehlgewichtung objektiver Belange geltend machen (Schmidt-Aßmann: JuS 1986, 839; Bielenberg, in: E/Z/B, § 42, Rn 135). Dem Eigentümer, dem eine Planenteignung droht, steht m. E. ein subjektives Recht auf fehlerfreie Abwägung zu. Gleiches gilt für ein Recht auf Ergänzung eines Bebauungsplans um kompensierende Festsetzungen. Die vom BVerwGE 54, 217 im Unterschied zur Fachplanung (E 48, 56; E 67, 74) mit dem Rechtssatzcharakter des Bebauungsplans begründete Ablehnung trägt m. E. bei der Planenteignung nicht, soweit die Festsetzungen eines Bebauungsplans individuell und konkret enteignen. Dem hier vertretenen Ansatz entspricht eher die neuere Rspr. des BGH zur Amtshaftung wegen amtspflichtwidrigen Planfestsetzungen (BGHZ 92, 34; 106, 323; ZfBR 1989, 261; ZfBR 1990, 88 u. 92; s. w. N. § 2, Rn 10).

§ 39 Vertrauensschaden

Haben Eigentümer oder in Ausübung ihrer Nutzungsrechte sonstige Nutzungsberechtigte im berechtigten Vertrauen auf den Bestand eines rechtsverbindlichen Bebauungsplans Vorbereitungen für die Verwirklichung von Nutzungsmöglichkeiten getroffen, die sich aus dem Bebauungsplan ergeben, können sie angemessene Entschädigung in Geld verlangen, soweit die Aufwendungen durch die Änderung, Ergänzung oder Aufhebung des Bebauungsplans an Wert verlieren. Dies gilt auch für Abgaben nach bundes- oder landesrechtlichen Vorschriften, die für die Erschließung des Grundstücks erhoben wurden.

Übersicht

1. Die Vorschrift (zur Entstehungsgeschichte s. Vorbem. §§ 39–44, Rn 4) gewährt dem Eigentümer oder sonstigen Nutzungsberechtigten als Vertrauensschutz Entschädigung für wertlos gewordene Aufwendungen, einschließlich der Erschließungsabgaben (Satz 2), die im Vertrauen auf den Bestand eines verbindlichen Bebauungsplanes zur Vorbereitung der plangemäßen Nutzung gemacht und durch eine Planänderung, -ergänzung oder -aufhebung entwertet worden sind. § 39 schützt auch in den Fällen des Satz 2 (dazu Rn 4) im **Unterschied zu den §§ 40–42** keine Werte, die sich in der Substanz des Grundstücks niedergeschlagen haben, sondern nur Aufwendungen aufgrund von Vorbereitungen zur Verwirklichung des Bebauungsplans. Zur Abgrenzung des § 39 von den §§ 40–42 s. Vorbem. §§ 39–44, Rn 2. Die Kontroverse um die **verfassungsrechtliche Einordnung** des § 39j BBauG = § 39 – anders als die §§ 40–44 keine enteignungsrechtliche, Art. 14 GG zuzuordnende Substanzentschädigung, sondern besonderer Vertrauenstatbestand (so Bielenberg, in: E/Z/B, § 39, Rn 4; Gaentzsch, in: Berliner Komm. § 39, Rn 2) oder Vertrauensschutz und Plangewährleistung verwirklichender, Art. 14 Abs. 3 GG zuzuordnender Enteignungstatbestand (so Breuer, in: Schrödter, § 39j, Rn 7–10) – kann offenbleiben (zust. Erbguth, S. 99). Der Gesetzgeber hat nach der Rechtsprechung des BVerfG bei der Umgestaltung von Nutzungen und Nutzungsmöglichkeiten ein Wahlrecht, ob er diese als rechtmäßige Inhaltsbestimmung mit Übergangs- und Härteregelungen oder als Enteignung ausgestaltet (BVerfGE 58, 137/148; 58, 300/351; 79, 174/192; BVerwG, DVBl. 1987, 490; Schmidt-Aßmann, JuS 1986, 833/836; s. a. Vorbem. §§ 85–122, Rn 4). § 39j BBauG ist am 1. 1. 1977 in Kraft getreten. Nur vor dem 1. 1. 1977 entstandene Ansprüche wegen Vertrauensschadens sind nach § 44 Abs. 2 a. F. zu beurteilen.

2. Entschädigungsberechtigter ist der Eigentümer, der die nutzungsvorbereitenden Aufwendungen gemacht hat oder ein sonstiger Nutzungsberechtigter, der die nutzungsvorbereitenden Aufwendungen in berechtigter Ausübung seines dinglichen, z. B. Erbbaurecht, Grunddienstbarkeit oder obligatorischen, z. B. Miete, Pacht, Nutzungsrechtes gemacht hat. Der **Entschädigungsverpflichtete** folgt aus § 44 (ganz h. M., Gaentzsch, in: BK, § 39, Rn 16; a. A. B/B, § 39j, Rn 4: nur die Gemeinde, da die Anwendbarkeit des § 44 bezweifelt wird).

3. a) Gem. Satz 1 sind solche **Aufwendungen** zu entschädigen, die in unmittelbarem Zusammenhang stehen mit Vorbereitungen für die Verwirklichung von Nutzungsmöglichkeiten, die sich aus dem geänderten, ergänzten oder aufgehobenen Bebauungsplan ergeben. Auf-

wendungen i. S. v. Satz 1 sind z. B. Kosten für Grundstücksteilungen,
-vermessungen, Bodenuntersuchungen, Architekten- und Ingenieurhonorare für Planentwürfe, Wirtschaftlichkeitsberechnungen, Bauund Finanzierungskosten, einschl. Bereitstellungszinsen, Baugenehmigungsgebühren, Schadensersatzzahlungen wegen Auftragsannullierung. **Nicht** zu den Aufwendungen i. S. v. Satz 1 gehören Gegenleistungen für den Erwerb des Grundstücks oder die Einräumung von
Nutzungsrechten, insbesondere der Kaufpreis. Die Kosten können nur
nach den §§ 40–42 entschädigt werden. Ebenfalls nicht zu den Aufwendungen i. S. v. Satz 1 zählen die Kosten für eine Befreiung (z. B. § 31
Abs. 2), außer wenn sie wirksam zugesagt worden ist. Kosten für
Ausnahmen, die der Bebauungsplan vorsieht, sind nur dann nach Satz 1
zu entschädigen, wenn sie zugesagt worden sind oder wenn im Einzelfall das Ermessen der Baugenehmigungsbehörde ausnahmsweise auf
Null geschrumpft ist (so Breuer, in: Schrödter, § 39j, Rn 13; a. A. nur
bei Zusage Bielenberg, in: E/Z/B, § 39, Rn 9; grundsätzlich bejahend
aber Gaentzsch aaO, Rn 9, 11). Wird eine Zusage widerrufen, so kann
der Anspruch aus § 39 konkurrieren mit einem Aufwendungsanspruch
wegen Widerrufs einer Zusage – wie in NRW nach dem LVwVfG (§ 49
Abs. 5) –.

4 **b)** Zu den für die Erschließung des Grundstücks erhobenen **Abgaben** i. S. v. Satz 2 zählen die bundesrechtlichen Erschließungsbeiträge
i. S. v. §§ 127 ff. einschl. der Beiträge für Immissionsschutzanlagen, die
Straßenkostenbeiträge nach den Kommunalabgabengesetzen der Länder, die Anschlußbeiträge für Abwasserbeseitigungsanlagen, Gebühren
und Beiträge für die Versorgung mit Strom, Gas, Wärme und Wasser.
Auf privatrechtlicher Basis erbrachte Leistungen für die genannten
Anlagen werden nach Satz 1 entschädigt (Bielenberg, in: E/Z/B, § 39,
Rn 11). Satz 2 schützt nur solche Abgaben, die in unmittelbarem Zusammenhang stehen mit Vorbereitungen für die Verwirklichung von
Nutzungsmöglichkeiten, die sich aus dem geänderten, ergänzten oder
aufgehobenen Bebauungsplan ergeben. Das kann die Entschädigung
weit zurückliegender Abgaben ausschließen, obwohl für § 39 die 7-
Jahres-Frist des § 42 Abs. 2, 3 nicht gilt. Satz 2 schützt ebenso wie Satz 1
keine Werte, die sich in der Substanz des Grundstücks niedergeschlagen
haben. Eine geleistete Erschließungsabgabe wird sich regelmäßig im
Bodenwert niederschlagen, so daß sie dann allein nach den §§ 40–42 zu
entschädigen ist. In diesem Fall unterliegt sie auch der 7-Jahres-Frist des
§ 42 Abs. 2, 3. Ist eine zulässige Nutzungsmöglichkeit nicht genutzt
worden, so wird also nach Fristablauf eine geleistete, im Bodenwert
sich niederschlagende Abgabe gem. § 42 Abs. 3 nicht entschädigt (s. a.
Bielenberg, in: E/Z/B, § 39, Rn 11).

5 **4. a)** Grundlage des geschützten Vertrauens muß der Bestand der
bisherigen **Festsetzungen eines rechtsverbindlichen Bebauungsplans**
sein. Darstellungen eines Flächennutzungsplanes sind keine hinreichende Vertrauensgrundlage. Der Bebauungsplan muß zum Zeitpunkt

der Aufwendungen wirksam sein. Rechtsverbindlichkeit ist ein fehlerhafter Bebauungsplan, der gem. §§ 214, 215 „geheilt" worden ist. Ein Anspruch aus § 39 entfällt nicht, wenn der Betroffene in Kenntnis und vor „Heilung" des Fehlers nutzungsvorbereitende Aufwendungen gemacht hat (Bielenberg, in: E/Z/B, § 39, Rn 16).

b) Ein Anspruch nach § 39 ist ausgeschlossen, wenn der Nutzungs- **6** berechtigte auf die Festsetzungen eines **Bebauungsplans** vertraut hat, der formell oder materiell **rechtswidrig** und nicht nach §§ 214, 215 „geheilt" worden ist, oder vor den fraglichen Aufwendungen durch gegenläufiges Gewohnheitsrecht oder Funktionsverlust **außer Kraft getreten** ist (BGHZ 84, 292/295; ebenso Breuer, in: Schrödter, § 39j, Rn 17; Gaentzsch, in: BK, § 39, Rn 3, 5, 10; Bielenberg, in: E/Z/B, § 39, Rn 16; Koch/Hosch, Baurecht, Raumordnungsrecht und Landesplanungsrecht 1988 S. 192; a. A. Lenz, BauR 1981, 215; Heinze, § 39j, Rn 4; B/B, § 39j, Rn 3). Der BGH lehnt ausdrücklich auch einen Entschädigungsanspruch aus entsprechender Anwendung des eine abschließende, nicht erweiterungsfähige Regelung enthaltenen § 39 (s. a. Korbmacher, WiVerw 1979, 37/45) oder aus einem ungeschriebenen Plangewährleistungsanspruch ab. Ein Schadensersatzanspruch aus Amtshaftung (§ 839 BGB, Art. 34 GG; dazu Müller, BauR 1983, 193) kommt nur in Betracht, wenn der Gemeinderat bei der Aufstellung des unwirksamen Bebauungsplanes eine drittschützende Amtspflicht verletzt hat und der Nutzungsberechtigte, der im Vertrauen auf die Wirksamkeit des Bebauungsplanes nutzungsvorbereitende Aufwendungen gemacht hat, zum geschützten Personenkreis zählt. Eine drittschützende Amtspflicht kann sich im Einzelfall aus § 1 Abs. 5, 6 ergeben (BGH, NJW 1984, 2516; NJW 1989, 976; a. A. Müller, BauR 1983, 193; weitergehend Johlen, BauR 1983, 196). Die Pflicht, den Bebauungsplan aus dem Flächennutzungsplan zu entwickeln (§ 8 Abs. 2), obliegt den Gemeinderatsmitgliedern nur gegenüber der Allgemeinheit, nicht gegenüber dem einzelnen Bürger. Auch eine Amtspflicht der Gemeinderatsmitglieder gegenüber dem planunterworfenen, auf die Wirksamkeit des Plans vertrauenden Bürgers mit dem Inhalt, daß der Bürger vor wertlose Aufwendungen im Hinblick auf einen nichtigen Bebauungsplan bewahrt werde, wie sie von Breuer, in: Schrödter, § 39j, Rn 18, angenommen wird, lehnt BGHZ 84, 292/295 ausdrücklich ab. Ein Anspruch aus enteignungsgleichem Eingriff scheidet aus. Die Last des rechtswidrigen und damit unwirksamen Bebauungsplans hat dem Bürger nichts genommen, ist also kein Eingriff in sein Eigentum. Der Schaden ist erst durch Nutzungsvorbereitungen entstanden, die der Bürger im Vertrauen auf die Wirksamkeit des Bebauungsplanes gemacht hat. Dieses Vertrauen schützt § 39 aber gerade nicht. Vielmehr hatte der Bürger die Möglichkeit, die Wirksamkeit des Bebauungsplanes verwaltungsgerichtlich überprüfen zu lassen. Nach BVerfGE 58, 300/324 hat der Bürger gerade kein Wahlrecht mehr zwischen verwaltungsgerichtlicher Überprüfung und zivilrechtlicher Entschädigung

aus enteignungsgleichem Eingriff. Ist der nichtige Plan durch **Baugenehmigung** oder Vorbescheid „vollzogen" worden, so ist nicht § 39 analog (so Birk, NVwZ 1984, 1/6; Kröner, ZfBR 1984, 20/21), sondern zusätzlich zu einem etwaigen Amtshaftungsanspruch § 48 Abs. 3 VwVfG anwendbar.

7 c) Sind Aufwendungen, die im Vertrauen auf den Fortbestand einer gesetzlichen (also nicht auf einfachem Bebauungsplan i. S. v. § 30 Abs. 2 beruhenden) **Bodennutzbarkeit nach § 34 oder § 35** gemacht worden sind, durch die planerische Aufhebung oder Einschränkung der gesetzlichen Nutzbarkeit entwertet worden, so ist str., ob ein Anspruch nach § 39 direkt oder analog eingreift. Gegen (analoge) Anwendbarkeit 1. Auflage; Breuer, in: Schrödter, § 39j, Rn 19; Bielenberg, in: E/Z/B, § 39, Rn 17; Gaentzsch aaO, Rn 4; Koch/Hosch aaO, S. 193; für Analogie eindringlich Schenke, DÖV 1987, 45; Pohl, in: Kohlhammer-Komm., BBauG § 39j, Anm. III 2; Birk, NVwZ 1984, 1/5). Nach seinem klaren Wortlaut – „berechtigtes Vertrauen auf den Fortbestand eines rechtsverbindlichen Bebauungsplanes" – kommt nur eine Analogie in Betracht. Im Außenbereich fehlt eine spezifisch planerische Gewährleistungsgrundlage (Bielenberg, Gutachten 48. DJT B 48 f.) und damit die Gleichheit der Interessenlage. Gleiches gilt m. E. auch für § 34 BBauG (s. 1. Auflage). Die Aufwertung der Innenentwicklung nach § 34 BauGB kann jedoch im Einzelfall die Analogie rechtfertigen.

8 d) Da § 39 eine insoweit abschließende, nicht erweiterungsfähige Regelung enthält (BGHZ 84, 292/295; s. a. Korbmacher WiVerw 1979, 37/45) scheidet seine analoge Anwendung auf Sachverhalte aus, in denen ein rechtsverbindlicher Bebauungsplan die Inanspruchnahme eines Grundstücks für **Gemeinbedarfszwecke festgesetzt** hat, der Eigentümer oder sonstige Nutzungsberechtigte daraufhin Vermögensdispositionen in berechtigtem Vertrauen auf den Bestand des Bebauungsplanes getroffen hat – aber nicht zur Verwirklichung von durch den Bebauungsplan eröffneten Nutzungsmöglichkeiten – und die Vermögensdispositionen durch die Aufhebung der betreffenden Festsetzung im Bebauungsplan an Wert verlieren (a. A. B/B, § 39j, Rn 8, die als Beispiel den Fall anführen, daß ein Bebauungsplan ein bebautes Grundstück als Verkehrsfläche bestimmt hatte, der Eigentümer auf Drängen der Gemeinde Verhandlungen über eine einvernehmliche Übertragung des Grundstücks unter Inanspruchnahme von Sachverständigen- und Rechtsrat geführt, sich ein Ersatzgrundstück zur Verlagerung des Betriebs gesichert hat und dann der Bebauungsplan wegen Änderung der Verkehrsplanung dahin abgeändert wird, daß die Festsetzung als Gemeinbedarfsfläche entfällt).

9 5. a) Außer der Vertrauensgrundlage eines rechtsverbindlichen Bebauungsplans setzt der Anspruch nach § 39 voraus, daß der Nutzungsberechtigte im **berechtigten Vertrauen** auf den Bestand des Planes Aufwendungen gemacht hat. Grundsätzlich darf der Bürger auf den

Planfortbestand vertrauen. Das Vertrauen ist jedoch nicht mehr berechtigt, wenn erkennbar ist, daß der Bebauungsplan in absehbarer Zeit geändert, ergänzt oder aufgehoben wird und diese Umplanung für die beabsichtigte Nutzung bedeutsam sein kann. Das ist immer der Fall, wenn die Gemeinde das Grundstück des Nutzungsberechtigten in eine Veränderungssperre (§ 14) einbezieht oder ein Baugesuch zurückstellt (§ 15). Wenn nicht ausnahmsweise besondere Umstände vorliegen, ist bei einem förmlichen, nach § 2 Abs. 4, 1 S. 2 ortsüblich bekanntzumachenden Beschluß, den Bebauungsplan aufzuheben oder zu ändern, davon auszugehen, daß die Umplanung für ein im Plangebiet liegendes Grundstück bedeutsam sein kann, auch wenn konkrete Auswirkungen erst im Laufe des Planungsverfahrens, z. B. durch Anregungen zum Planentwurf, eintreten (Bielenberg, in: E/Z/B, § 39, Rn 21; Gaentzsch, in: BK, § 39, Rn 10; a. A. Pohl, in: Kohlhammer-Komm., BBauG § 39j, Anm. V 2a, c). Soll ein Bebauungsplan nur ergänzt werden, so zerstört der förmliche Beschluß allein noch nicht das berechtigte Vertrauen. Zusätzlich bedarf es konkreter Umstände, die es erwarten lassen, daß die Umplanung das betreffende Grundstück erfassen wird. Ein solcher, das berechtigte Vertrauen beseitigender Umstand kann sich auch erst aus der öffentlichen Auslegung des Änderungsentwurfs (§ 3 Abs. 2) ergeben. Angesichts der längeren Handlungsketten und der größeren Zeiträume bedarf es auch bei höherstufigen Planungen besonderen Nachweises, daß ein Grundstück in absehbarer Zeit von der durch die höherstufige Planung ausgelösten (nur ausnahmsweise) unmittelbar bevorstehenden Änderung, Aufhebung oder Ergänzung des Bebauungsplans betroffen sein wird. Dies gilt insbesondere für Darstellungen des Flächennutzungsplanes, den Inhalt einer Stadtentwicklungsplanung oder Ziele der Raumordnung und Landesplanung. Ob eine vorgezogene Bürgerbeteiligung (§ 1 Abs. 1) das berechtigte Vertrauen beseitigt, ist entsprechend den dargelegten Grundsätzen danach zu entscheiden, welchem Planungsverfahren (Flächennutzungsplan, Stadtentwicklungsplan, Bebauungsplan) sie vorangeht (ähnlich wohl auch Breuer, in: Schrödter, § 39j, Rn 21; abweichend mit jeweils unterschiedlichem Regel-Ausnahme-Verhältnis Bielenberg, in: E/Z/B, § 39, Rn 21; Pohl aaO, Anm. V 2d; Gaentzsch aaO, Rn 10). In besonderen Fällen kann das berechtigte Vertrauen des Nutzungsberechtigten dadurch beseitigt werden, daß ein Bebauungsplan zwar nicht funktionslos und unwirksam, wohl aber in einen funktionswidrigen Gegensatz zur faktischen Entwicklung des Gebietes geraten ist, so daß die Gemeinde gem. § 1 Abs. 3 verpflichtet ist, den Bebauungsplan zu ändern, zu ergänzen oder aufzuheben. Solch tatsächliche Umstände werden aber nur ausnahmsweise so eindeutig und klar erkennbar sein, daß sie geeignet sind, das berechtigte Vertrauen zu beseitigen (ebenso Breuer aaO). Eine bestehende privatrechtliche Baubeschränkung (z. B. Dienstbarkeit zugunsten eines Nachbarn) schließt den Vertrauensschutz aus, auch wenn der Betroffene darauf vertraut hat, die Beschränkung beseitigen zu können. Eine öffentlich-rechtliche Beschränkung liegt

vor, wenn die **Erschließung** i. S. v. § 30 Abs. 1 weder geschaffen noch gesichert ist. Die weitergehende Auffassung, es genüge, daß mit der Schaffung der Erschließungsanlagen nach den Umständen sicher gerechnet werden konnte (so Breuer, in: Schrödter, § 39j, Rn 12; Oldiges aaO, Rn 117), verkennt, daß das Bestehen oder Nichtbestehen einer Vertrauensgrundlage allein objektiv zu bestimmen ist. Ist die Erschließung noch nicht gesichert, liegen gerade noch keine Nutzungsmöglichkeiten vor, die sich aus dem Bebauungsplan ergeben (dazu ausf. Bielenberg, in: E/Z/B, § 39, Rn 14 f.). Im Einzelfall, z. B. bei einer unrichtigen Auskunft über die Sicherung der Erschließung, kommt ein Amtshaftungsanspruch (§ 839 BGB, Art. 34 GG) in Betracht.

10 **b)** Das Tatbestandsmerkmal „berechtigtes Vertrauen" umfaßt außer den dargelegten objektiven auch **subjektive Elemente** (Bielenberg, in: E/Z/B, § 39, Rn 28–32; Birk, NVwZ 1984, 1/7). Kennt der Nutzungsberechtigte die rechtlichen oder tatsächlichen Umstände, die den Bestand der Festsetzungen ernsthaft in Frage stellen, so entfällt das berechtigte Vertrauen. Dies gilt aber auch, wenn der Nutzungsberechtigte die vertrauensbeseitigenden Umstände zwar nicht positiv kannte, aber kennen mußte. Ob dem Nutzungsberechtigten Unkenntnis zuzurechnen ist, hängt m. E. davon ab, ob die vertrauensbeeinträchtigenden Umstände auf förmlichen oder öffentlich bekanntgemachten Planverfahrensakten beruhen oder nicht.

11 **6. a)** Die zu entschädigenden Aufwendungen müssen durch die Änderung, Ergänzung oder Aufhebung des Bebauungsplanes an Wert verlieren. Entschädigt wird also nur der **Wertverlust.** Dieser liegt auch schon bei einer teilweisen Entwertung vor. Verwertet der Berechtigte nutzungsvorbereitende Maßnahmen ganz oder teilweise für ein anderes Vorhaben, so tritt kein oder nur ein teilweiser Wertverlust ein. Die Darlegungslast für die Aufwendungen und ihre (teilweise) Wertlosigkeit obliegt dem Berechtigten.

12 **b)** Die **Kausalität** zwischen Veränderung der Festsetzungen des Bebauungsplanes und dem Wertverlust der Aufwendungen wird nicht dadurch unterbrochen, daß der Berechtigte seine Nutzungsvorbereitungen abbricht, bevor die Gemeinde das Planänderungsverfahren für das betroffene Grundstück abgeschlossen hat. Ein Anspruch nach § 39 ist aber mangels Planänderung ausgeschlossen, wenn die Gemeinde die Planänderungsabsicht aufgibt, sei es auch, weil der Berechtigte mit Rücksicht auf die beabsichtigte Planänderung seine Nutzungsabsicht aufgegeben hat. Nach der Aufgabe der Planänderung kann der Berechtigte seine ursprünglichen Nutzungsabsichten weiterverfolgen. In Betracht kommt nur ein Ausgleich des Verzögerungsschadens nach § 839 BGB, Art. 34 GG und nach der Rspr. des BGH wegen enteignungsgleichen Eingriffs infolge faktischer Bausperre.

13 **c)** Die Höhe der angemessenen, in Geld zu leistenden **Entschädigung** bemißt sich gem. § 43 Abs. 2 S. 3 nach den §§ 93 ff. Zur Fälligkeit und zum Erlöschen des Entschädigungsanspruchs s. § 44. Die Ent-

scheidung der höheren Verwaltungsbehörde über die Entschädigung
(§ 43 Abs. 2 S. 1) kann durch Antrag auf **gerichtliche Entscheidung**
nach § 217 angefochten werden.

§ 40 Entschädigung in Geld oder durch Übernahme

(1) Sind im Bebauungsplan

1. **Flächen für den Gemeinbedarf sowie für Sport- und Spielanlagen,**
2. **Flächen für Personengruppen mit besonderem Wohnbedarf,**
3. **Flächen mit besonderem Nutzungszweck,**
4. **von der Bebauung freizuhaltende Schutzflächen und Flächen für besondere Anlagen und Vorkehrungen zum Schutz vor Einwirkungen,**
5. **Verkehrsflächen,**
6. **Versorgungsflächen,**
7. **Flächen für die Abfallentsorgung und Abwasserbeseitigung sowie für Ablagerungen,**
8. **Grünflächen,**
9. **Flächen für Aufschüttungen, Abgrabungen oder für die Gewinnung von Steinen, Erden und anderen Bodenschätzen,**
10. **Flächen für Gemeinschaftsstellplätze und Gemeinschaftsgaragen,**
11. **Flächen für Gemeinschaftsanlagen,**
12. **von der Bebauung freizuhaltende Flächen,**
13. **Wasserflächen, Flächen für die Wasserwirtschaft, Flächen für Hochwasserschutzanlagen und Flächen für die Regelung des Wasserabflusses, soweit Festsetzungen nicht nach anderen Vorschriften getroffen werden können,**
14. **Flächen für Maßnahmen zum Schutz, zur Pflege und zur Entwicklung von Natur und Landschaft**

festgesetzt, so ist der Eigentümer nach Maßgabe der folgenden Absätze zu entschädigen, soweit ihm Vermögensnachteile entstehen.
Dies gilt in den Fällen des Satzes 1 Nr. 1 in bezug auf Flächen für
Sport- und Spielanlagen sowie des Satzes 1 Nr. 4 und 10 bis 14 nicht,
soweit die Festsetzungen oder ihre Durchführung den Interessen des
Eigentümers oder der Erfüllung einer ihm obliegenden Rechtspflicht dienen.

(2) Der Eigentümer kann die Übernahme der Flächen verlangen,

1. **wenn und soweit es ihm mit Rücksicht auf die Festsetzung oder Durchführung des Bebauungsplans wirtschaftlich nicht mehr zuzumuten ist, das Grundstück zu behalten oder es in der bisherigen oder einer anderen zulässigen Art zu nutzen, oder**
2. **wenn Vorhaben nach § 32 nicht ausgeführt werden dürfen und**

dadurch die bisherige Nutzung einer baulichen Anlage aufgehoben oder wesentlich herabgesetzt wird.

Der Eigentümer kann anstelle der Übernahme die Begründung von Miteigentum oder eines geeigneten Rechts verlangen, wenn die Verwirklichung des Bebauungsplans nicht die Entziehung des Eigentums erfordert.

(3) Dem Eigentümer ist eine angemessene Entschädigung in Geld zu leisten, wenn und soweit Vorhaben nach § 32 nicht ausgeführt werden dürfen und dadurch die bisherige Nutzung eines Grundstücks wirtschaftlich erschwert wird. Sind die Voraussetzungen des Übernahmeanspruchs nach Absatz 2 gegeben, kann nur dieser Anspruch geltend gemacht werden. Der zur Entschädigung Verpflichtete kann den Entschädigungsberechtigten auf den Übernahmeanspruch verweisen, wenn das Grundstück für den im Bebauungsplan festgesetzten Zweck alsbald benötigt wird.

1 **1. a)** § 40 regelt die Entschädigung des Grundeigentümers für Planungsschäden, die dadurch entstehen, daß der Bebauungsplan gegenüber dem Eigentümer des betroffenen Grundstücks **fremdnützige**, insbesondere im Interesse der Allgemeinheit ergehende **Festsetzungen** enthält. Auf der Basis der Festsetzungsmöglichkeiten des § 9 statuiert S. 1 als Grundsatz die Entschädigung für Festsetzungsschäden. S. 2 enthält Ausnahmen von der Entschädigungspflicht für bestimmte sozialbindende, im Einzelfall nicht fremdnützige Festsetzungen. Gem. Abs. 2 S. 1 sind Festsetzungsschäden vorrangig zunächst durch Übernahme der belasteten Flächen zu entschädigen, und zwar bei Vorliegen einer der drei Alternativen des Abs. 1 S. 1 Nr. 1 oder 2, nämlich wirtschaftliche Unzumutbarkeit, das Grundstück zu behalten (Abs. 2 S. 1 Nr. 1 1. Altern.) oder in der bisherigen oder einer anderen zulässi-

gen Art zu nutzen (Abs. 2 S. 1 Nr. 1 2. Altern.) oder bei Versagung der Genehmigung für ein Vorhaben nach § 32 mit der Folge, daß die bisherige Nutzung einer vorhandenen baulichen Anlage aufgehoben oder wesentlich herabgesetzt wird (Abs. 2 S. 1 Nr. 2). Gleiches gilt gem. Abs. 3 S. 1 und 3 bei der Versagung der Genehmigung für ein Vorhaben nach § 32 mit der Folge, daß die bisherige Nutzung eines Grundstücks wirtschaftlich erschwert wird und das Grundstück für den im Bebauungsplan festgesetzten Zweck alsbald benötigt wird. Wenn die Verwirklichung des Bebauungsplanes nicht die Entziehung des Eigentums erfordert, kann der Eigentümer gem. Abs. 2 S. 2 zwischen dem Übernahmeanspruch und einem Anspruch auf Begründung von Miteigentum oder eines geeigneten Rechts wählen. Führt die Versagung der Genehmigung für ein Vorhaben nach § 32 nur dazu, daß die bisherige Nutzung eines Grundstücks wirtschaftlich erschwert wird, greifen also weder Abs. 3 S. 2 oder 3, so ist dem Eigentümer eine angemessene Entschädigung in Geld zu leisten (Abs. 3 S. 1). Nach der grundlegenden Umgestaltung der Vorschrift durch die Novelle 1976 (dazu 1. Aufl., Rn 3) hat das BauGB § 40 nur an die geänderten Festsetzungsmöglichkeiten des § 9 angepaßt (dazu Voraufl., Rn 3).

b) Weitere Fälle der Entschädigung für Festsetzungsschäden regelt 2
§ 41 – Festsetzung von Geh-, Fahr- und Leitungsrechten und bei Bindungen für Bepflanzungen. Den nach § 40 Entschädigungspflichtigen bestimmt § 44 Abs. 1. Entschädigungsverfahren, **Konkurrenz-** und Ausschlußklauseln sowie Fälligkeit und Erlöschen der Entschädigungsansprüche regeln die §§ 43, 44 Abs. 2–5 (s. a. Vorbem. §§ 39–44, Rn 1). Das Verhältnis zwischen § 40 und § 42 stellt § 43 Abs. 3 klar: liegen die Voraussetzungen des § 40 vor, so ist über eine Entschädigung nur nach dieser Vorschrift zu entscheiden. Auf den bei positiver wie bei negativer Entscheidung bestehenden Vorrang des § 40 vor dem § 42 hatte bereits BGHZ 50, 93 für das vor der Novelle 1976 geltende Recht erkannt. Liegen die Voraussetzungen des § 40 vor, so kann der Berechtigte Ausgleich des Planungsschadens unabhängig davon verlangen, ob aufgrund der den Schaden auslösenden Festsetzung eine (planakzessorische) Enteignung gem. §§ 85 ff. oder ein Umlegungsverfahren gem. § 45 ff. betrieben wird oder werden soll.

c) Die Entschädigung solcher fremdnütziger Festsetzungen, die dem 3
Eigentümer fühlbare, nicht nur unerhebliche Vermögensnachteile zufügen, verwirklichen den Tatbestand einer die Grenzen der Sozialbindung überschreitenden Enteignung (BGHZ 50, 93; 63, 240). Die Entschädigung nach § 40 ist also verfassungsrechtlich geboten (s. a. Vorbem. §§ 39–44, Rn 3). BGHZ 50, 93; 93, 165; NJW 1986, 2253 haben es für mit Art. 14 vereinbar erklärt, daß § 40 dem Eigentümer im Regelfall statt einer Entschädigung in Geld einen **Anspruch auf Übernahme** der Fläche gewährt. Die Gewährung des Übernahmeanspruchs habe seine innere Stütze darin, daß die öffentliche Hand oder der aus der speziellen privaten Festsetzung Begünstigte zur Verwirklichung der Festsetzung

in der Regel ohnehin letztlich das Eigentum erwerben müsse und dem Eigentümer unzumutbare Wartezeiten erspart blieben. Als Rechtsinstitut ist der Übernahmeanspruch dem Entschädigungsrecht seit langem vertraut, und zwar sowohl als ausschließlich eigentumsfreundliches wie z. B. in § 92 Abs. 2–5 BauGB oder auch wie in § 40 als entschädigungsbeschränkendes Instrument. Zur Geschichte des Übernahmenanspruches Schmidt-Aßmann, BauR 1976, 145. Zu seiner verfassungsrechtlichen Einordnung s. Vorb. §§ 39–44, Rn 8; Bielenberg, in: E/Z/B, § 40, Rn 14–16c. Verfassungsrechtlich geboten ist die Regelung der Entschädigung mit Hilfe des Übernahmeanspruchs nicht (a. A. Breuer, in: Schrödter, § 40, Rn 8). Der Übernahmeanspruch des § 40 bewirkt ebenso wie der „Quasiübernahmeanspruch" des § 41 Abs. 1, daß der Eigentümer keine Nutzungsentschädigung für die Zeit der Herabzonung bis zur Planverwirklichung erhält. Hätte der Gesetzgeber statt des Übernahmeanspruches eine Geldentschädigung für den Nutzungsausfall festgesetzt, so müßte der Entschädigungspflichtige den Grundstückswert ganz oder teilweise bezahlen, ohne bereits das von ihm später aufgrund der Planfestsetzung ohnehin benötigte Grundeigentum zu erhalten. Der Übernahmeanspruch vermeidet eine später u. U. erforderlich werdende Administrativenteignung. Für den Eigentümer stellt der Übernahmeanspruch keine optimale Ausgleichsmöglichkeit dar, weil er ihm nur die Wahl läßt, sich sozusagen von seinem Grundstück zu trennen oder aber die eigentumsbeeinträchtigenden Wirkungen des Bebauungsplanes hinzunehmen (Schmidt-Aßmann, BauR 1976, 145/148). Die grundsätzliche Verweisung auf den Übernahmeanspruch und der Ausschluß der Geldentschädigung ist auch dann verfassungsrechtlich unbedenklich, wenn im Einzelfall ein Interesse des Eigentümers besteht, z. B. wenn das Grundstück Baulandqualität hat, neben dem Übernahmeanspruch einen Geldausgleich als Nutzungsentschädigung zu erhalten (BGH, BBauBl. 1972, 28; Breuer, in: Schrödter, § 40, Rn 10).

4 d) § 40 bestimmt ausdrücklich jeweils nur den Eigentümer als **Anspruchsberechtigten.** Gem. § 200 Abs. 2 steht mangels entgegenstehender Vorschrift der Erbbauberechtigte als Inhaber eines grundstücksgleichen Rechts dem Eigentümer gleich. Ihm steht aber kein Übernahmeanspruch zu. Vielmehr ist er analog § 40 Abs. 3 in Geld zu entschädigen (BGH, NJW 1978, 2199; Bielenberg, in: E/Z/B, § 40, Rn 53, 73; krit. aber zust. Gaentzsch, in: BK, § 40, Rn 32; a. A. OLG Hamburg, NJW 1974, 801 – auch Übernahmeanspruch). Auch die ersatzweise Einräumung eines geeigneten Rechts nach Abs. 2 S. 2 (s. Rn 12) kann in Frage kommen. Inhaber anderer als grundstücksgleicher Rechte, z. B. Mieter, Pächter, haben in analoger Anwendung des § 97 Abs. 3 i. V. m. § 96, die über § 43 Abs. 2 S. 2 eröffnet und im Wege verfassungskonformer Auslegung geboten ist, einen Anspruch auf Geldentschädigung, wenn sie das betroffene Grundstück tatsächlich nutzen und durch die Festsetzung gem. Abs. 1 oder deren Durch-

führung fühlbare Vermögensnachteile (Rn 7) erleiden (Bielenberg aaO, Rn 73; Breuer, in: Schrödter, § 40, Rn 33; a. A. Pohl, in: Kohlhammer-Komm., BBauG, § 40, Anm. 4 d). Zur Wertermittlung s. insoweit § 97, Rn 5.

2. Abs. 1 S. 1 bestimmt von den nach § 9 möglichen Festsetzungen 5
einen abschließenden Katalog solcher **entschädigungspflichtiger Festsetzungen,** die der Eigentümer selbst nicht durchzuführen vermag oder die ihm nicht zuzumuten sind. Die Fremdnützigkeit kann im Gemeininteresse oder im Interesse Privater erfolgen, was gem. § 44 Abs. 1 für den Entschädigungspflichtigen von Bedeutung ist. Unerheblich ist, ob die Festsetzung erstmals oder anstelle früherer Festsetzungen erfolgt (BGHZ 50, 93; BauR 1970, 41). Nr. 1 betrifft Flächen für den Gemeinbedarf sowie Sport- und Spielanlagen (§ 9 Abs. 1 Nr. 5), Nr. 2 Flächen für Personengruppen mit besonderem Wohnbedarf (§ 9 Abs. 1 Nr. 8), Nr. 3 Flächen mit besonderem Nutzungszweck (§ 9 Abs. 1 Nr. 9), Nr. 4 von der Bebauung freizuhaltende Schutzflächen und Flächen für besondere Anlagen und Vorkehrungen zum Schutz vor Einwirkungen (§ 9 Abs. 1 Nr. 24), Nr. 5 Verkehrsflächen (§ 9 Abs. 1 Nr. 11), Nr. 6 Versorgungsflächen (§ 9 Abs. 1 Nr. 12), Nr. 7 Flächen für die Abfallentsorgung und Abwasserbeseitigung sowie für Ablagerungen (§ 9 Abs. 1 Nr. 14), Nr. 8 Grünflächen (§ 9 Abs. 1 Nr. 15), Nr. 9 Flächen für Aufschüttungen, Abgrabungen oder für die Gewinnung von Steinen, Erden und anderen Bodenschätzen (§ 9 Abs. 1 Nr. 17), Nr. 10 Flächen für Gemeinschaftsstellplätze und -garagen (§ 9 Abs. 1 Nr. 22), Nr. 12 von der Bebauung freizuhaltende Flächen (§ 9 Abs. 1 Nr. 10), Nr. 13 Wasserflächen, Flächen für die Wasserwirtschaft, Flächen für Hochwasserschutzanlagen und Flächen für die Regelung des Wasserabflusses, soweit Festsetzungen nicht nach anderen Vorschriften getroffen werden können (§ 9 Abs. 1 Nr. 16) und Nr. 14 Flächen für Maßnahmen zum Schutz, zur Pflege und zur Entwicklung von Natur und Landschaft (§ 9 Abs. 1 Nr. 20). Zur Erläuterung dieser Festsetzungsmöglichkeiten s. § 9. Auch wenn § 40 dies anders als § 39 (s. dort Rn 6) nicht ausdrücklich verlangt, müssen die entschädigungsauslösenden Festsetzungen in einem **rechtsverbindlichen Bebauungsplan** enthalten sein, a. A. offenbar Lenz, BauR 1981, 215/218, der ein neues Planungsschadensersatzsystem entwirft (so Bielenberg, in: E/Z/B, § 39, Rn 16), indem er dieses um die bisher nicht darin enthaltene Komponente der Haftung für Staatsunrecht erweitert (s. Vorbem. §§ 39–44, Rn 5). Ist der Bebauungsplan unwirksam, so fehlt der Grund für das Übernahmeverlangen des Eigentümers. Zwar kann die fremdnützige Festsetzung vorübergehend nachteilige Auswirkungen auf den Wert des Grundstücks gehabt haben, aber angesichts der Offenheit des Planungsprozesses sind künftig den Eigentümer nicht beeinträchtigende Festsetzungen möglich. Hinsichtlich solcher Vermögenseinbußen, die während der noch unerkannten Unwirksamkeit des Bebauungsplanes eintreten, z. B. Mindererlös im Verkaufsfall, geringere Belastbarkeit oder geringere Ertrags-

kraft, kommt nur ein Amtshaftungsanspruch in Betracht. Wegen der
Rechtsschutzmöglichkeiten gegen rechtswidrige Bebauungspläne
scheidet ein Anspruch aus enteignungsgleichem Eingriff aus (BVerfGE
58, 300/331, dazu § 39, Rn 6). Für Darstellungen eines Flächennut-
zungsplanes oder nur ausdrücklich übernommene Festsetzungen (§ 9
Abs. 6), die auf anderen gesetzlichen Vorschriften beruhen, gilt § 40
nicht.

6 **3.** Die fremdnützige Festsetzung führt grundsätzlich nur dann zu
einem Entschädigungsanspruch, wenn und soweit der Eigentümer
durch die Festsetzung einen **Vermögensnachteil** erlitten hat (Abs. 1 S. 1
Halbs. 2), der fühlbar und nicht unerheblich ist (BGHZ 63, 240; krit.
Gaentzsch, in: Berliner Komm. § 40, Rn 7, 22). Der Vermögensnachteil
kann mit dem Inkrafttreten des Bebauungsplanes oder auch erst später
eintreten (BGHZ 50, 93). Die fremdnützige Festsetzung kann insbeson-
dere zur Minderung des Verkehrswertes führen, die im Verkaufsfall
oder anläßlich der Bestellung eines Grundstücksrechtes zutage treten
kann (s. a. BGH, BBauBl. 1972, 82). Typische Vermögensnachteile
i. S. v. Abs. 1 S. 1 sind auch sinkende Nutzungsentgelte, z. B. wenn
Wohnungen oder Geschäftsräume wegen der drohenden Verwirkli-
chung der Festsetzung gar nicht mehr oder nur noch zu schlechteren
Bedingungen vermietet oder verpachtet werden können. Vermögens-
nachteile können auch dadurch eintreten, daß wegen der fremdnützi-
gen Festsetzung wirtschaftlich notwendige Investitionen unterbleiben
oder eingeschränkt werden oder anstelle der ausgeübten eine beabsich-
tigte neue Nutzung nicht mehr aufgenommen wird.

7 **4.** Ausnahmsweise besteht gem. Abs. 1 S. 2 **keine Entschädigungs-
pflicht** nach § 40, wenn Festsetzungen nach Abs. 1 S. 1 Nr. 1 – diese
allerdings nur in bezug auf Flächen für Sport- und Spielanlagen –,
Nr. 4, 10, 11, 12, 13 oder 14 oder deren Durchführung den **Interessen
des Eigentümers** oder der Erfüllung einer ihm obliegenden Rechts-
pflicht dienen. Es handelt sich um sozialbindende Inhaltsbestimmun-
gen, so daß verfassungsrechtlich keine Entschädigung geboten ist. Ob
die Durchführung einer Festsetzung den Interessen des Eigentümers
entspricht, ist nach objektiven Gesichtspunkten zu entscheiden, nicht
nach der persönlichen Ansicht des Eigentümers oder nach seinen
persönlichen Verhältnissen. Die **Rechtspflicht zur Durchführung der
Festsetzung** kann dem Eigentümer im Falle des Abs. 1 S. 1 Ziff. 4 – von
der Bebauung freizuhaltende Schutzflächen und Flächen für besondere
Anlagen und Vorkehrungen zum Schutze von Einwirkungen – insbe-
sondere aus dem Immissionsschutzrecht (z. B. § 50 BImSchG,
LImSchG) und dem Bauordnungsrecht (z. B. § 18 nwBauO), z. B. zur
Abwehr schädlicher Umwelteinwirkungen aus einer benachbarten
emittierenden Anlage erwachsen. Die Festsetzung oder ihre Durchfüh-
rung kann sich im Falle des Abs. 1 S. 1 Ziff. 10 – Flächen für Gemein-
schaftsstellplätze und -garagen – zur Erfüllung einer dem Eigentümer
aus den Bauordnungen, z. B. §§ 11, 47 nwBauO, obliegenden Rechts-

pflicht ergeben. Entsprechendes gilt für die Festsetzung von Flächen für sonstige Gemeinschaftsanlagen (Abs. 1 Nr. 1 Ziff. 11), z. B. §9, 11 nwBauO – Kinderspielplätze, s. a. schlesw.-holst. KinderspielplatzG, und für die relativ seltene Festsetzung von Flächen, die i. S. v. Abs. 1 S. 1 Ziff. 12 von der Bebauung freizuhalten sind (s. §9, Rn 50), z. B. Sichtdreiecke aus Gründen der Verkehrssicherheit (§19 nwBauO), Freihaltung der Sicht auf ein Baudenkmal, Blocköffnung aus Gründen der Gesundheit. Die gegenüber den in wasserrechtlichen Verfahren getroffenen Festsetzungen subsidiäre (s. §9, Rn 58) Festsetzung von Wasserflächen, von Flächen für die Wasserwirtschaft, Flächen für Hochwasserschutzanlagen und von Flächen für die Regelung des Wasserabflusses dient ebenso wie ihre Durchführung der Rechtspflicht, die dem Eigentümer zur Wahrung des Wohls der Allgemeinheit im Rahmen des wasserwirtschaftlichen Bewirtschaftungssystems obliegt (§1a Abs. 3, §2ff. WHG sowie LWG).

5. a) Nach der ersten der drei in Abs. 2 S. 1 geregelten Alternativen **8** (s. Rn 1) kann der Eigentümer, der fühlbare Vermögensnachteile durch Festsetzungen i. S. v. Abs. 1 S. 1 erlitten hat, die **Übernahme** der Flächen **verlangen**, wenn und soweit es ihm mit Rücksicht auf Festsetzung oder Durchführung des Bebauungsplanes wirtschaftlich nicht mehr zuzumuten ist, das Grundstück zu behalten **(Abs. 2 S. 1 Nr. 1, 1. Altern.).** Bei der Entscheidung, ob eine Vermögensbeeinträchtigung es dem Eigentümer aus wirtschaftlicher Sicht unzumutbar macht, das Grundstück zu behalten, ist allein auf die Person des Eigentümers abzustellen – **subjektiver Maßstab.** Den Maßstab für das dem Eigentümer Zumutbare gibt die durch die Planungsmaßnahme eintretende Verminderung der wirtschaftlichen Verhältnisse des Eigentümers, gemessen an seiner gesamten wirtschaftlichen Lage und seinen wirtschaftlichen Interessen. Die Opfergrenze kann im Einzelfall verschieden sein, je nach der Art des Eingriffs und der Verhältnisse des konkret betroffenen Eigentümers (BGHZ 63, 240/249; 93, 165/167; NJW 1986, 2253/2254). Das Gesetz knüpft den Übernahmeanspruch daran, daß es gerade dem Eigentümer, der sich des Grundstückes durch das faktische Angebot der Übernahme entäußern will, nicht zugemutet werden kann, das Gelände noch länger zu behalten. Es reicht nicht aus, daß die wirtschaftliche Unzumutbarkeit nur in der Person eines Rechtsvorgängers vorlag (BGHZ 93, 165). Sämtliche Anspruchsvoraussetzungen müssen in der Person des Eigentümers im Zeitpunkt der letzten mündlichen Verhandlung gegeben sein. Der Anspruch kann nicht mehr geltend gemacht werden, wenn die Festsetzung funktionslos geworden ist oder wenn eine von der Gemeinde betriebene Planänderung „Planreife" erreicht hat (BGH, NJW 1986, 2253). Ein Planaufstellungsbeschluß reicht regelmäßig für eine diesbezügliche sichere Prognose ebensowenig aus wie die Erklärung der Gemeinde, das Grundstück abweichend vom gültigen Bebauungsplan nicht mehr nutzen zu wollen (BGH aaO S. 2255; dort auch zu unzumutbaren Vermietungsversu-

chen). Gegenüber der in ihren Ergebnissen zwar gebilligten, wegen
ihrer mangelnden Vorhersehbarkeit aber kritisierten Rechtsprechung
betont Schmidt-Aßmann, BauR 1976, 145/152 f. objektivierende Krite-
rien, und zwar, daß eine geschützte Rechtsposition betroffen sein muß
(dazu § 93, Rn 3), und daß nicht auf die allgemeinen persönlichen
Verhältnisse des Eigentümers, auch nicht auf seine allgemeinen Vermö-
gensverhältnisse, wohl aber auf seinen Beruf und sein Alter abzustellen
sei. Es ist dem Eigentümer nicht zuzumuten, das Grundstück generell
vier Jahre über den Zeitpunkt des Wirksamwerdens des Bebauungs-
plans behalten zu müssen (BGHZ 63, 240/250 gegen OLG München,
DVBl. 1974, 434 mit abl. Anm. von Schrödter). Wirtschaftliche Unzu-
mutbarkeit liegt nicht erst vor, wenn der Eigentümer für den Fall, daß
er die Fläche behielte, schwere wirtschaftliche Nachteile erlitte. Viel-
mehr genügen fühlbare, nicht notwendig besonders schwere Beein-
trächtigungen (BGHZ 50, 93/98), z. B. auch, wenn der Eigentümer, der
die Flächen nach den für Bauerwartungsland geltenden Preisen gekauft
und den Kaufpreis finanziert hat, die durch die Festsetzung für eine
private Nutzung wertlos gewordenen Flächen behalten und gleichzeitig
den Wert nach der vor der Herabzonung bestehenden Qualität weiter
verzinsen muß (BGHZ 63, 240/250). Obwohl dem Eigentümer das
Risiko der Festsetzung beim Kauf bekannt war, lehnt BGHZ 63, 240/
254 es ab, den Rechtsgedanken des Mitverschuldens (§ 254 BGB) oder
den vor Einleitung eines förmlichen Enteignungsverfahrens unan-
wendbaren § 95 Abs. 2 Nr. 2–4 auf diesen **Spekulationsfall** zu übertra-
gen (a. A. OLG München, DVBl. 1974, 434). Führt die Festsetzung in
einem solchen Spekulationsfall nur zu einer Minderung des Verkehrs-
werts, nicht aber zur Unveräußer- und Unbeleihbarkeit, so ist es dem
Eigentümer zuzumuten, das Verlustgeschäft bis zur ordnungsgemäßen
Durchführung des Bebauungsplanes zu tragen (Breuer, in: Schrödter,
§ 40, Rn 22 u. Hinw. auf die in dieser Variante fortbestehende Privat-
nützigkeit des Grundstücks). Bewirken Festsetzungen nur für einen
Teil der Fläche eines Eigentümers fühlbare Vermögenseinbußen, für
einen anderen Teil hingegen Vermögensgewinne, so schließen diese
Planungsgewinne den Übernahmeanspruch nicht aus (BGH, BauR
1975, 325; krit. Gaentzsch, in: BK, § 40, Rn 22). Das BauGB regelt
gerade keinen allgemeinen Planwertausgleich, was die spezielle Rege-
lung des Abs. 1 S. 2 unterstreicht. Zur späteren Berücksichtigung des
Vorteilsausgleichs bei der Festsetzung des Übernahmepreises s. § 43,
Rn 2). Keine fühlbare Beeinträchtigung eines Vermögenswertes und
damit auch keine wirtschaftliche Unzumutbarkeit liegt vor, wenn die
Festsetzung einer Grünfläche zwar eine Minderung des Verkehrswerts
bewirkt, aber der Eigentümer das Grundstück weder baulich nutzen
noch veräußern noch beleihen will oder beliehen hat (BGHZ 50, 93/97;
BauR 1970, 41; WM 1973, 1299/1301; BGHZ 63, 240/248). Die ver-
meintliche Vermögenseinbuße ist jedoch fühlbar und führt damit zur
wirtschaftlichen Unzumutbarkeit, sobald der Eigentümer das durch die
Festsetzung in seinem Verkehrswert nicht nur unbedeutend oder unwe-

sentlich geminderte Grundstück verkaufen oder behalten will. Es kommt grundsätzlich nicht darauf an, ob der Eigentümer aus wirtschaftlichen Gründen auf die Veräußerung angewiesen ist (BGH, NJW 1986, 2253/2255).

b) Nach der **zweiten** der drei in Abs. 2 S. 1 geregelten **Alternativen** 9 (Rn 1) kann der Eigentümer, der fühlbare Vermögensnachteile durch die Festsetzung i. S. v. Abs. 1 S. 1 erlitten hat, die Übernahme der Fläche verlangen, wenn und soweit es ihm mit Rücksicht auf die Festsetzung und die Durchführung des Bebauungsplans wirtschaftlich nicht zuzumuten ist, das Grundstück in der bisherigen oder einer anderen zulässigen Art zu nutzen. Das ist z. B. der Fall, wenn wegen der Festsetzungen Mieter oder Pächter ausziehen und neue gar nicht oder nur zu nicht unerheblich niedrigerem Miet- oder Pachtzins wieder einziehen oder wenn wirtschaftlich sinnvolle Investitionen in dem auf dem Grundstück befindlichen Betrieb wegen der Festsetzung oder ihrer Durchführung keine angemessene Amortisation erwarten lassen. Da die fremdnützige Festsetzung keine dem Grundstück immanente Sozialbindung verwirklicht, ist es nicht erforderlich, daß die Nutzung des Grundstücks unrentabel wird. Der Übernahmeanspruch nach Abs. 2 S. 1 Nr. 1 2. Altern. entsteht aber nur, wenn zusätzlich zur wirtschaftlichen Unzumutbarkeit der bisherigen Nutzung hinzukommt, daß dem Eigentümer auch die Aufnahme einer anderen zulässigen Nutzung anstelle der bisher ausgeübten Nutzung nicht zugemutet werden kann. Dies wird jedoch angesichts des Risikos, das auf diesbezüglichen Investitionen lastet, regelmäßig der Fall sein. Hinsichtlich des Mitverschuldens und des Vorteilsausgleichs gilt das unter Rn 8 Gesagte.

c) Nach der **3. Altern.** des Abs. 2 S. 1, nämlich der in Nr. 2 geregel- 10 ten, ist ein Übernahmeanspruch zunächst einmal beschränkt auf die tatbestandlichen Voraussetzungen einer **Nutzungsbeschränkung nach §32.** Die Nutzungsbeschränkungen nach § 32 sollen verhindern, daß bei einem bereits bebauten Grundstück nach Inkrafttreten eines Bebauungsplanes wertsteigernde Änderungen des Bauwerks vorgenommen werden, obwohl das Grundstück nach den Planfestsetzungen als Gemeinbedarfs-, Verkehrs-, Versorgungs- oder Grünfläche ausgewiesen ist und infolgedessen bei Plandurchführung für diese Zwecke in Anspruch genommen werden wird (dazu im einzelnen § 32). Abs. 2 S. 1 Nr. 2 betrifft also nur bebaute Grundstücke, die von einer der vier genannten Festsetzungen betroffen werden und an denen wertsteigernde, nicht bloß werterhaltende Änderungen vorgenommen werden. Bei unbebauten Grundstücken oder anderen als den in § 32 genannten Festsetzungen kann aber ein Übernahmeanspruch nach § 40 Abs. 2 S. 1 entstehen (s. Rn 8/9). Zusätzlich zu den Voraussetzungen nach § 32 setzt ein Übernahmeanspruch nach Abs. 2 S. 1 Nr. 2 voraus, daß durch die Nutzungsbeschränkung die bisherige Nutzung einer baulichen Anlage aufgehoben oder wesentlich herabgesetzt wird. Wird die bisherige Nutzung des Grundstücks nur wirtschaftlich erschwert,

so kommt lediglich ein Entschädigungsanspruch nach Abs. 3 S. 1 in
Betracht (Rn 12). Abs. 2 S. 1 Nr. 2 stellt wie Nr. 1 auf eine individuelle
Bestimmung der Opfergrenze ab (s. Rn 8). Die bisherige Nutzung
einer baulichen Anlage wird aufgehoben, wenn sie infolge der Nut-
zungsbeschränkung nach § 32 aus rechtlichen oder tatsächlichen Grün-
den unmöglich wird. Die der Aufhebung gleichgestellte wesentliche
Herabsetzung der bisherigen Nutzung liegt vor, wenn die bisherige
Nutzung ohne werterhöhende Änderungen auf Dauer unrentabel und
damit in ihrer Existenz gefährdet wird. Darauf, ob eine andere als die
bisherige Nutzung trotz der Nutzungsbeschränkung nach § 32 möglich
ist, kommt es nicht an.

6. Wenn die Voraussetzungen des Abs. 2 S. 1 vorliegen (s. Rn 8–10) **11**
und die Verwirklichung des Bebauungsplanes nicht die Entziehung des
Eigentums erfordert, kann der Eigentümer gem. Abs. 2 S. 2 anstelle
der grundsätzlich vorgesehen Übernahme des vollen Eigentums an
der gesamten oder an einem Teil der Fläche die **Begründung von
Miteigentum** oder eines geeigneten Rechts, z. B. einer Dienstbarkeit
i. S. v. §§ 1018 ff. BGB, verlangen. Dieses dem Grundsatz der Verhält-
nismäßigkeit entsprechende beschränkte Übernahmeverlangen soll die
Eigentumsbildung weiter Bevölkerungskreise fördern (s. § 1 Abs. 5
S. 2 Nr. 2), z. B. wenn gem. § 9 Abs. 3 für bestimmte Geschosse eine
besondere Nutzung festgesetzt worden ist.

7. a) Abs. 3 S. 1 gewährt dem Eigentümer für eine Festsetzung nach **12**
Abs. 1 einen Anspruch auf angemessene **Entschädigung in Geld** nur
dann, wenn und soweit die Voraussetzungen einer Nutzungsbeschrän-
kung nach § 32 erfüllt sind (s. Rn 10) und dadurch die bisherige
Nutzung des Grundstücks wirtschaftlich erschwert wird. Abs. 3 S. 2
stellt das Verhältnis von **Übernahmeanspruch** (Abs. 2) und Geldent-
schädigung (Abs. 3 S. 1) klar. Liegen die qualifizierten Voraussetzungen
des Abs. 2 S. 1 Nr. 2 vor – Aufhebung oder wesentliche Herabsetzung
der bisherigen Nutzung einer baulichen Anlage (Rn 10) –, so hat der
Eigentümer nur einen Übernahmeanspruch. Der Anspruch auf Geld-
entschädigung greift also nur, wenn die minderschwere Folge eines
Nutzungsverbotes nach § 32 vorliegt, nämlich, wenn die bisherige
Nutzung des Grundstückes dadurch nur erschwert wird. Das ist z. B.
der Fall, wenn die bisherige Nutzung ohne werterhöhende Änderung
zwar auf Dauer nicht unrentabel, aber fühlbar (Rn 8) weniger rentabel
ist.

b) Abs. 3 S. 3 ermächtigt den Entschädigungspflichtigen (§ 44 **13**
Abs. 1, 2), den Eigentümer trotz Vorliegens der Voraussetzungen des
Anspruchs auf Geldentschädigung (Abs. 3 S. 1) ausnahmsweise **auf den
Übernahmenanspruch zu verweisen.** Voraussetzung ist, daß das
Grundstück für den plangemäßen Zweck alsbald benötigt wird. S. 3
soll es dem Entschädigungspflichtigen ersparen, zunächst eine Geldent-
schädigung zu zahlen, obwohl das Grundstück alsbald benötigt wird
und notfalls enteignet werden könnte. Auch im Ausnahmefall des

Abs. 3 S. 3 ist jedoch Abs. 2 S. 2 anwendbar (s. Rn 11). Der Eigentümer kann also anstelle der Übernahme die Begründung von Miteigentum oder eines anderen geeigneten Rechts verlangen, wenn die Verwirklichung des Bebauungsplans nicht die Entziehung des Grundstücks erfordert.

§ 41 Entschädigung bei Begründung von Geh-, Fahr- und Leitungsrechten und bei Bindungen für Bepflanzungen

(1) Sind im Bebauungsplan Flächen festgesetzt, die mit Geh-, Fahr- und Leitungsrechten zu belasten sind, kann der Eigentümer unter den Voraussetzungen des § 40 Abs. 2 verlangen, daß an diesen Flächen einschließlich der für die Leitungsführungen erforderlichen Schutzstreifen das Recht zugunsten des in § 44 Abs. 1 und 2 Bezeichneten begründet wird. Dies gilt nicht nur für die Verpflichtung zur Duldung solcher örtlichen Leitungen, die der Erschließung und Versorgung des Grundstücks dienen. Weitergehende Rechtsvorschriften, nach denen der Eigentümer zur Duldung von Versorgungsleitungen verpflichtet ist, bleiben unberührt.

(2) Sind im Bebauungsplan Bedingungen für Bepflanzungen und für die Erhaltung von Bäumen, Sträuchern, sonstigen Bepflanzungen und Gewässern sowie das Anpflanzen von Bäumen, Sträuchern und sonstigen Bepflanzungen festgesetzt, ist dem Eigentümer eine angemessene Entschädigung in Geld zu leisten, wenn und soweit infolge dieser Festsetzungen

1. besondere Aufwendungen notwendig sind, die über das bei ordnungsgemäßer Bewirtschaftung erforderliche Maß hinausgehen, oder

2. eine wesentliche Wertminderung des Grundstücks eintritt.

Übersicht

1 **1. a)** Die Vorschrift faßt die bisherigen §§ 42, 43 BBauG zusammen, inhaltlich unverändert, aber redaktionell angepaßt. Trifft ein Bebauungsplan gem. § 9 Abs. 1 Nr. 21 Festsetzungen über Geh-, Fahr- und Leitungsrechte, so kann der Eigentümer einer betroffenen Fläche, dem es aufgrund der Festsetzung oder ihrer Durchführung wirtschaftlich nicht zuzumuten ist, ein Grundstück entschädigungslos zu nutzen, gem. Abs. 1 S. 1 vom Entschädigungspflichtigen (§ 44 Abs. 1, 2) die entschädigungspflichtige **Begründung von Dienstbarkeiten** (§§ 1018, 1090 BGB) verlangen. Der Anspruch aus Abs. 1 S. 1 besteht nicht, wenn die Leitungen der örtlichen Erschließung und Versorgung des Grundstücks dienen (Abs. 1 S. 2) oder wenn besondere Rechtsvorschriften, wie die des Energiewirtschaftsgesetzes, den Eigentümer in zulässiger Weise zu entschädigungslosen oder entschädigungspflichtigen Duldungen von Versorgungsleitungen verpflichten (Abs. 1 S. 3). Nach § 9 Abs. 1 Nr. 25 kann der Bebauungsplan **Festsetzungen über die Bepflanzung** enthalten. Wenn und soweit infolge dieser Festsetzungen ausnahmsweise besondere Aufwendungen notwendig werden (Abs. 2 Nr. 1) oder eine wesentliche Wertminderung des Grundstücks eintritt (Abs. 2 Nr. 2), hat der Eigentümer einen Anspruch auf angemessene Entschädigung in Geld. Die Ansprüche nach Abs. 1 u. 2 werden ergänzt durch die allgemeinen Vorschriften über den Entschädigungspflichtigen (§ 44 Abs. 1), das Entschädigungsverfahren, Konkurrenz- und Ausschlußklauseln (§ 43) sowie die Fälligkeit und das Erlöschen des Entschädigungsanspruchs (§ 44 Abs. 3–5). Entschädigungsberechtigter ist grundsätzlich der Eigentümer. Aus § 43 Abs. 1 S. 1 folgt, daß im Falle der Nichteinigung der Inhaber eines Anspruchs nach Abs. 1 bei der Enteignungsbehörde (§ 104) die Begründung des Rechts im Enteignungsverfahren beantragen kann. Aufgrund der Verweisung des § 43 Abs. 2 S. 2 auf den 2. Abschn. des 5. Teils kann der Anspruchsberechtigte nach Abs. 1 die **Entziehung des Eigentums verlangen,** wenn die Belastung mit der Dienstbarkeit für ihn unbillig ist (§ 92 Abs. 2 S. 2 analog; a. A. Gaentzsch, in: BK, § 41, Rn 2). Mangels entgegenstehender Vorschrift kann gem. § 200 Abs. 2 auch der Inhaber eines grundstücksgleichen Rechts, z. B. der Erbbauberechtigte, die Ansprüche nach Abs. 1 oder 2 geltend machen (str. s. § 40, Rn 5). In analoger Anwendung des § 97 Abs. 3 i. V. m. § 96, die über § 43 Abs. 2 S. 2 eröffnet und im Wege der verfassungskonformen Auslegung geboten ist, können darüber hinaus Mieter, Pächter oder sonstige Inhaber anderer als grundstücksgleicher Rechte einen Anspruch auf Geldentschädigung haben, wenn sie das betroffene Grundstück tatsächlich nutzen und durch die Festsetzung oder deren Durchführung einen fühlbaren, wirtschaftlich unzumutbaren Vermögensnachteil erleiden (Breuer, in: Schrödter, § 42, Rn 3; § 43, Rn 9; Bielenberg, in: E/Z/B, § 41, Rn 17; s. a. § 40, Rn 5).

2 **b)** § 41 gewährt dem Eigentümer Enteignungsentschädigung für fremdnützige Belastungen seines Grundstücks, die diesem im Unter-

schied zu den in § 40 geregelten Fällen grundsätzlich zwar nicht die
Privatnützigkeit nehmen, sie aber doch so sehr einschränken, daß ihre
entschädigungslose Hinnahme wirtschaftlich unzumutbar ist (s. a. Vor-
bem. §§ 39–44, Rn 5). Wie im Falle des Übernahmeanspruches nach
§ 40 erhält der Eigentümer durch den Anspruch auf Begründung der
Dienstbarkeit – Quasiübernahmeanspruch nach Abs. 1 – die Möglich-
keit, die durch die Festsetzung eingetretene Schwebelage zu beenden.
Die Regelung des nicht nur eigentümerfreundlichen, sondern auch der
Rechtsklarheit und der Verwaltungspraktikabilität dienenden **Quasi-
übernahmeanspruchs** ist aus denselben Gründen gerechtfertigt, die
dem insoweit gleichartigen Übernahmeanspruch nach § 40 zugrunde
liegen (Schmidt-Aßmann, BauR 1976, 145/149; § 40, Rn 3). Die Aus-
nahmeregelung des Abs. 1 S. 2 – keine Entschädigung für Leitungen,
die der örtlichen Erschließung des belasteten Grundstücks selbst dienen
– ist verfassungsrechtlich gerechtfertigt, da eine solche Festsetzung für
den Eigentümer keine fremd-, sondern gerade eine privatnützige In-
haltsbestimmung des Eigentums i. S. v. Art. 14 Abs. 1 S. 2 GG dar-
stellt. Verfassungsrechtlich ebenfalls nicht geboten ist die Entschädi-
gung solcher fremdnütziger Festsetzungen, die den Eigentümer nicht
fühlbar, sondern nur unerheblich beeinträchtigen, also unterhalb der
Opfergrenze liegen (§ 40, Rn 3, 5). Außer in dem § 41 zugrundeliegen-
den Fall der fühlbaren fremdnützigen Beeinträchtigung eines gleich-
wohl weiterhin privatnützig verwendbaren Grundstücks gebietet es
Art. 14 Abs. 1 S. 1 GG auch, in dem atypischen Fall zu entschädigen, in
dem eine Festsetzung nach Abs. 1 S. 1 die privatnützige Verwendung
des ganzen Grundstücks unmöglich machen oder in wirtschaftlich un-
zumutbarer Weise belasten würde. Dem trägt die analoge Anwendung
von § 92 Abs. 2 S. 2 Rechnung (s. Rn 1; Breuer, in: Schrödter, § 42,
Rn 2). Die Festsetzungen nach § 9 Abs. 1 Nr. 25 verpflichten den Eigen-
tümer zu positivem Handeln, das nach § 178 durch Erlaß eines Planzge-
botes durchgesetzt werden kann. Gleichwohl löst diese mit der ent-
wicklungsplanerischen Komponente der Bauleitplanung korrelierende
Handlungspflicht typischerweise keinen Entschädigungsanspruch aus.
Die Festsetzung nach § 9 Abs. 1 Nr. 25 legt nämlich typischerweise eine
für den Eigentümer privatnützige, das Grundstück nur peripher betref-
fende Verwendung fest. Daher liegt sie grundsätzlich innerhalb der
**entschädigungslos hinzunehmenden sozialbindenden Inhaltsbestim-
mung** des Eigentums i. S. v. Art. 14 Abs. 1 S. 2 GG (s. a. Breuer, in:
Schrödter, § 43, Rn 1, 3). Nur in den von **Abs. 2 Nr. 1 u. 2 geregelten
Ausnahmen** ist die individuelle Opfergrenze überschritten, die Ent-
schädigung also auch **verfassungsrechtlich geboten.** Dieses umge-
kehrte Regel-Ausnahme-Verhältnis unterscheidet Abs. 2 von den §§ 40,
41 Abs. 1. Der Wertung des Abs. 2 entspricht auch, daß die in den
BauO (z. B. § 9 Abs. 1 nwBauO) zur Verwirklichung der sozialen
Funktion des Grundeigentums enthaltenen, an den jeweiligen pla-
nungsrechtlichen Gebietscharakter anknüpfenden, ordnungsbehördlich
vollstreckbaren Vorschriften für die Bepflanzung unbebauter Grund-

stücksteile als entschädigungslos zu duldende Inhaltsbestimmung des Eigentums verstanden werden.

3 **2. a)** Der **Anspruch** auf die entschädigungspflichtige Begründung einer Dienstbarkeit (§§ 1018, 1090 BGB) nach Abs. 1 **setzt** erstens **voraus,** daß der wirksame (s. § 40, Rn 5) Bebauungsplan **fremdnützige Festsetzungen** über Geh-, Fahr- oder Leitungsrechte zugunsten der Allgemeinheit, eines Erschließungsträgers oder eines beschränkten Personenkreises trifft. Da der Anspruch nur „unter den Voraussetzungen des § 40 Abs. 2" eingreift, müssen die Festsetzungen oder deren Durchführung zweitens den Eigentümer so belasten, daß es ihm **wirtschaftlich nicht zumutbar** ist, die fremdnützige Einschränkung seiner Grundstücksnutzung entschädigungslos hinzunehmen. Im Unterschied zu den in § 40 Abs. 2 geregelten Fällen muß die Festsetzung oder deren spätere Durchführung dem Grundstück nicht die Privatnützigkeit nehmen. Es kommt also nicht wie in § 40 Abs. 2 S. 1 Nr. 1 darauf an, ob es dem Eigentümer „wirtschaftlich nicht mehr zuzumuten ist, das Grundstück zu behalten oder es in der bisherigen oder einer anderen zulässigen Art zu nutzen". Wann eine fühlbare (§ 40, Rn 6) Belastung die Opfergrenze überschreitet, ist wie bei § 40 nach einem subjektiven Maßstab zu bestimmen (§ 40, Rn 8). Eine unzumutbare fremdnützige Beeinträchtigung kann auch dann vorliegen, wenn mit Rücksicht auf Festsetzungen von Geh-, Fahr- und Leitungsrechten eine Baugenehmigung gem. § 30 und eine Befreiung gem. § 31 Abs. 2 für die wertsteigernde Erweiterung einer baulichen Anlage versagt werden. Der Streit darüber, ob die Verweisung auf § 40 Abs. 2 nur Abs. 2 S. 1 Nr. 1 (so Pohl, in: Kohlhammer-Komm., BBauG, § 42, Anm. 2; Breuer, in: Schrödter, § 40, Rn 3) oder auch Abs. 2 S. 1 Nr. 2 erfaßt (so Bielenberg, in: E/Z/B, § 41, Rn 11) ist daher überflüssig. Auch § 40 Abs. 2 S. 1 Nr. 1 ist nicht direkt anwendbar.

4 **b)** Der „Quasiübernahmeanspruch" nach Abs. 1 ist grundsätzlich darauf gerichtet, daß an dem betroffenen Grundstück hinsichtlich der belasteten Fläche einschließlich des benötigten Schutzstreifens eine **Grunddienstbarkeit** (§§ 1018 ff. BGB) oder eine **beschränkte persönliche Dienstbarkeit** (§§ 1090 ff. BGB) für den durch die Festsetzung Begünstigten (§ 44 Abs. 1) bestellt wird. Als Ausgleich für die Bestellung der Dienstbarkeit ist der Eigentümer analog §§ 93 ff. zu **entschädigen.** Anders als in § 40 Abs. 3 besteht in keinem Fall ein Entschädigungsanspruch in Geld ohne Quasiübernahme. Ist die Belastung mit der Dienstbarkeit ausnahmsweise dem Eigentümer wirtschaftlich nicht zuzumuten, z. B. weil die Festsetzung eines Leitungsrechtes die für die Rentabilität seines Betriebes erforderliche Erweiterung ausschließt, so besteht in analoger Anwendung von § 92 Abs. 2 S. 2 (Rn 1, 2) ein **Anspruch auf Übernahme** des ganzen Grundstücks.

5 **c) aa) Örtliche Leitungen,** die der Erschließung und Versorgung des Grundstücks des Eigentümers dienen, hat der Eigentümer gem. Abs. 1 S. 2 entschädigungslos zu dulden. In Übereinstimmung mit der verfas-

sungsrechtlichen Wertung (Rn 2) und der entsprechenden gesetzlichen Wertung in § 40 Abs. 1 S. 2 (§ 40, Rn 7) sowie in § 93 Abs. 3 – Vorteilsausgleichung – hat der Eigentümer in diesem Fall keinen Anspruch darauf, daß auf seinem Grundstück eine entsprechende Grunddienstbarkeit bestellt und er dafür entschädigt wird. Abs. 1 S. 2 greift nicht nur ein, wenn die Leitung nur dem Grundstück des Eigentümers dient. Eine für den Eigentümer privatnützige Festsetzung liegt vielmehr auch dann vor, wenn die Leitung als Teil des örtlichen Erschließungs- und Versorgungsnetzes neben anderen auch dem Grundstück des Eigentümers dient. Insoweit diese Festsetzung für den Eigentümer fremdnützig ist, liegt sie wegen der gleichzeitigen Privatnützigkeit innerhalb der entschädigungslos hinzunehmenden Inhaltsbestimmung des Eigentums. Zu entschädigen sind aber als ausschließlich fremdnützige Festsetzungen solche, die Leitungen mit überörtlicher Bedeutung betreffen, von denen der Eigentümer keinen unmittelbaren Erschließungs- und Versorgungsvorteil hat. In jedem Fall setzt Abs. 1 S. 2 voraus, daß das Leitungsrecht durch Bebauungsplan festgesetzt ist. Abs. 1 S. 2 begründet keine allgemeine Verpflichtung des Grundeigentümers zur Duldung bestimmter Versorgungsleitungen (BVerwG, DVBl. 1985, 798; a. A. OLG Celle, NJW 1973, 1505; zust. Breuer, in: Schrödter, § 42, Rn 8; – Freileitungen ohne Bebauungsplan; OVG Münster, NVwZ 1982, 446 – Kanalisations- und Wasserleitung). Zur Duldungspflicht nach anderen Vorschriften s. Rn 6.

bb) Abs. 1 S. 3 stellt klar, daß ebenfalls kein Entschädigungsanspruch nach Abs. 1 S. 1 besteht, wenn **weitergehende Rechtsvorschriften** den Eigentümer zur Duldung von Versorgungsleitungen verpflichten. Besteht eine **Duldungspflicht nach anderen Rechtsvorschriften,** so bedarf es keiner Festsetzung nach § 9 Abs. 1 Nr. 21, sondern allenfalls einer Festsetzung über die Linienführung. Der planungsschadensrechtliche Tatbestand des Anspruchs aus Abs. 1 S. 1 wird also nicht erfüllt. Duldungspflichten ergeben sich z. B. aus § 12 TelegraphenwegeG, vor allem aber aus Abschn. III Nr. 3 der bis zum 1. 4. 1980 geltenden allgemeinen Bedingungen für die Versorgung mit elektrischer Arbeit aus dem Niederspannungsnetz der Elektrizitätsversorgungsunternehmen (AVB) und der Nachfolgeregelung, der VO über Allgemeine Bedingungen für die Elektrizitätsversorgung von Tarifkunden v. 21. 6. 1979, BGBl. I 684 sowie der entsprechenden VO für Gas (v. 21. 6. 1979, BGBl. I 676), Fernwärme (v. 20. 6. 1980, BGBl. I 742) und Wasser (v. 20. 6. 1980, BGBl. I 750) (dazu Hermann/Recknagel/Schmitt-Salzer, Kommentar zu den Allgemeinen Versorgungsbedingungen I, 1981, II, 1983; Eiser/Riederer/Obernolte/Danner, Energiewirtschaftsrecht, 4. Aufl. 1985). Nach den AVB ist der Abnehmer elektrischer Energie zur Duldung von örtlichen Niederspannungsleitungen (BGHZ 66, 62) entschädigungslos, von örtlichen Hoch- und Mittelspannungsleitungen gegen Entschädigung verpflichtet. Davon zu trennen ist das Verfahren zur Genehmigung von Hochspannungs-

6

freileitungen; dazu krit. Wanger, BayVBl. 1989, 641; Labbé/Wölfel,
BayVBl. 1990, 161. BGHZ 60, 119 gewährt dem Erwerber eines
Grundstücks, der Nichtabnehmer ist, bei Beschränkung des Eigentums
durch Hochspannungsleitungen mangels hoheitlichen Eingriffs einen
Entschädigungsanspruch aus bürgerlich-rechtlicher Aufopferung
(ebenso BGH, MDR 1982, 731 für Mittelspannungsanlagen; a. A.:
entschädigungslose Sozialbindung Kimminich, NJW 1973, 1479; NJW
1983, 2785). Zu den Voraussetzungen der unentgeltlichen Duldung des
Anbringens eines der örtlichen Versorgung dienenden Transformators
BGH, DVBl. 1981, 632. Wenn eine nach anderen Rechtsvorschriften
entschädigungslos angeordnete Duldungspflicht in einem atypischen
Fall den Eigentümer unzumutbar belasten, also die Grenzen der ent-
schädigungslos zu duldenden Inhaltsbestimmung des Eigentums über-
schreiten würde, so entfällt mit Rücksicht auf Art. 14 Abs. 1 S. 1 GG in
verfassungskonformer Auslegung der Rechtsvorschrift die Duldungs-
pflicht. In diesem Fall ist eine Festsetzung nach § 9 Abs. 1 Nr. 21
möglich, so daß dann auch der Tatbestand des § 42 S. 1 verwirklicht
werden kann. Soweit es sich in diesen Fällen um vorkonstitutionelle,
unter der Geltung von Art. 153 WRV erlassene Gesetze handelt, kön-
nen sie auf der Grundlage des unter der WRV praktizierten erweiterten
Enteignungsbegriffes durch Art. 153 Abs. 2 S. 2 WRV – Garantie der
angemessenen Entschädigung für Enteignungen – ergänzt werden,
soweit nicht das Gesetz ausdrücklich eine angemessene Entschädigung
ausschließt (BVerfGE 4, 219/236; Breuer, in: Schrödter, § 42, Rn 12).

7 **3. a)** Der **Entschädigungsanspruch bei Bindungen für Bepflanzun-
gen** entsteht nur, wenn ein wirksamer Bebauungsplan **Festsetzungen
nach § 9 Abs. 1 Nr. 25** enthält, also für einzelne Flächen innerhalb des
Plangebietes oder für das gesamte Plangebiet oder (seit der Neufassung
der Nr. 25 durch das BauGB) für Teile baulicher Anlagen das Anpflan-
zen von Bäumen und Sträuchern oder Bindungen für Bepflanzungen
oder die Erhaltung von Bäumen, Sträuchern und Gewässern festsetzt.
Insoweit ist die Überschrift des § 41 zu eng. Andere, die Begrünung
betreffende Festsetzungen, wie die von Grünflächen (§ 9 Abs. 1 Nr. 15),
von Flächen für die Landwirtschaft und Wald (§ 9 Abs. 1 Nr. 18) oder
von unbebaubaren Flächen innerhalb der Baugebiete (§ 9 Abs. 1 Nr. 10)
können keinen Anspruch nach § 41, sondern allenfalls einen nach § 40
auslösen.

8 **b)** Der Entschädigungsanspruch setzt zusätzlich voraus, daß durch
die Festsetzung oder ihre Durchführung **besondere Aufwendungen**
notwendig sind, die über das bei ordnungsgemäßer Bewirtschaftung
(dazu Bielenberg, in: E/Z/B § 41, Rn 60) erforderliche Maß hinausgehen
(Nr. 1). Die Aufwendungen für die Bepflanzung, die im Rahmen der
ordnungsgemäßen Bewirtschaftung liegen, werden nicht entschädigt.
Ebensowenig solche Aufwendungen, die nur unerheblich über das bei
ordnungsgemäßer Bewirtschaftung erforderliche Maß hinausgehen,
die also den Eigentümer nicht fühlbar belasten (§ 40, Rn 6). Dabei ist

ein subjektiver Maßstab zugrundezulegen (§ 40, Rn 8). Aufwendungen, die durch wirksame **andere Gesetze,** Rechtsverordnungen oder Satzungen geboten sind, z. B. nach den Bepflanzungsvorschriften der BauO (z. B. § 9 Abs. 1 nwBauO) und etwaigen diese konkretisierenden Gemeindesatzungen (§ 81 Abs. 1 Nr. 4 nwBauO), können als entschädigungslos zu duldende Inhaltsbestimmung des Eigentums keinen Anspruch nach § 41 Abs. 2 auslösen.

c) Der Entschädigungsanspruch entsteht auch, wenn durch die Festsetzung nach § 9 Abs. 1 Nr. 25 oder ihre Durchführung eine **wesentliche Wertminderung** eintritt (Nr. 2). Das ist der Fall, wenn und soweit allein durch die Festsetzung nach § 9 Abs. 1 Nr. 25 oder ihre Durchführung der Verkehrswert des Grundstücks fühlbar, also nicht nur unerheblich (§ 40, Rn 6), gemindert wird. Soweit der Verkehrswert durch gleichzeitig ergangene andere Festsetzungen gemindert wird, z. B. nach § 9 Abs. 1 Nr. 10, greift der Anspruch nach § 41 Abs. 2 nicht. Die Minderung des Verkehrswerts ist nach einem objektiven Maßstab zu beurteilen. **9**

d) Der Anspruch auf angemessene Entschädigung nach Abs. 2 geht nur auf **Geld,** nicht wie in § 40 u. § 41 Abs. 1 primär auf Übernahme bzw. Belastung mit einem Recht. Zur Bemessung des Entschädigungsanspruchs und zum Verfahren s. § 43. **10**

§ 42 Entschädigung bei Änderung oder Aufhebung einer zulässigen Nutzung

(1) **Wird die zulässige Nutzung eines Grundstücks aufgehoben oder geändert und tritt dadurch eine nicht nur unwesentliche Wertminderung des Grundstücks ein, kann der Eigentümer nach Maßgabe der folgenden Absätze eine angemessene Entschädigung in Geld verlangen.**

(2) **Wird die zulässige Nutzung eines Grundstücks innerhalb einer Frist von sieben Jahren ab Zulässigkeit aufgehoben oder geändert, so bemißt sich die Entschädigung nach dem Unterschied zwischen dem Wert des Grundstücks aufgrund der zulässigen Nutzung und seinem Wert, der sich infolge der Aufhebung oder Änderung ergibt.**

(3) **Wird die zulässige Nutzung eines Grundstücks nach Ablauf der in Absatz 2 bezeichneten Frist aufgehoben oder geändert, kann der Eigentümer nur eine Entschädigung für Eingriffe in die ausgeübte Nutzung verlangen, insbesondere wenn infolge der Aufhebung oder Änderung der zulässigen Nutzung die Ausübung der verwirklichten Nutzung oder die sonstigen Möglichkeiten der wirtschaftlichen Verwertung des Grundstücks, die sich aus der verwirklichten Nutzung ergeben, unmöglich gemacht oder wesentlich erschwert werden. Die Höhe der Entschädigung hinsichtlich der Beeinträchtigung des Grundstückswerts bemißt sich nach dem Unterschied zwischen dem**

Wert des Grundstücks aufgrund der ausgeübten Nutzung und seinem Wert, der sich infolge der in Satz 1 bezeichneten Beschränkungen ergibt.

(4) Entschädigungen für Eingriffe in ausgeübte Nutzungen bleiben unberührt.

(5) Abweichend von Absatz 3 bemißt sich die Entschädigung nach Absatz 2, wenn der Eigentümer an der Verwirklichung eines der zulässigen Nutzung entsprechenden Vorhabens vor Ablauf der in Absatz 2 bezeichneten Frist durch eine Veränderungssperre oder eine befristete Zurückstellung seines Vorhabens gehindert worden ist und er das Vorhaben infolge der Aufhebung oder Änderung der zulässigen Nutzung des Grundstücks nicht mehr verwirklichen kann.

(6) Ist vor Ablauf der in Absatz 2 bezeichneten Frist eine Baugenehmigung oder über die bodenrechtliche Zulässigkeit eines Vorhabens ein Vorbescheid nach Bauaufsichtsrecht erteilt worden und kann der Eigentümer das Vorhaben infolge der Aufhebung oder Änderung der zulässigen Nutzung des Grundstücks nach Ablauf der Frist nicht mehr verwirklichen oder ist die Verwirklichung dadurch für ihn wirtschaftlich unzumutbar geworden, kann der Eigentümer in Höhe des Unterschieds zwischen dem Wert des Grundstücks unter Zugrundelegung der nach der Genehmigung vorgesehenen Nutzung und dem Wert des Grundstücks, der sich infolge der Aufhebung oder Änderung der zulässigen Nutzung ergibt, Entschädigung verlangen.

(7) Ist vor Ablauf der in Absatz 2 bezeichneten Frist ein Antrag auf Erteilung einer Baugenehmigung oder eines Vorbescheids nach Bauaufsichtsrecht, der die bodenrechtliche Zulässigkeit eines Vorhabens zum Gegenstand hat, rechtswidrig abgelehnt worden und kann nach dem Ergebnis eines Rechtsmittelverfahrens die Genehmigung oder der Vorbescheid mit dem beantragten Inhalt nicht erteilt werden, weil die im Zeitpunkt der Antragstellung zulässige Nutzung aufgehoben oder geändert worden ist, bemißt sich die Entschädigung nach Absatz 6. Entsprechend findet Absatz 6 auch Anwendung, wenn über einen den gesetzlichen Vorschriften entsprechenden und zu genehmigenden Bauantrag oder einen Vorbescheid nach Bauaufsichtsrecht, der die bodenrechtliche Zulässigkeit eines Vorhabens zum Gegenstand hat, innerhalb der in Absatz 2 bezeichneten Frist nicht entschieden wurde, obwohl der Antrag so rechtzeitig gestellt wurde, daß eine Genehmigung innerhalb der Frist hätte erteilt werden können.

(8) In den Fällen der Absätze 5 bis 7 besteht der Anspruch auf Entschädigung nicht, wenn der Eigentümer nicht bereit oder nicht in der Lage war, das beabsichtigte Vorhaben zu verwirklichen. Der Eigentümer hat die Tatsachen darzulegen, die seine Bereitschaft und Möglichkeiten, das Vorhaben zu verwirklichen, aufzeigen.

(9) **Wird die zulässige Nutzung eines Grundstücks aufgehoben, besteht auch der Übernahmeanspruch nach § 40 Abs. 2 Satz 1 Nr. 1.**

(10) **Die Gemeinde hat dem Eigentümer auf Verlangen Auskunft zu erteilen, ob ein sich aus Absatz 2 ergebender vermögensrechtlicher Schutz der zulässigen Nutzung für sein Grundstück besteht und wann dieser durch Ablauf der in Absatz 2 bezeichneten Frist endet.**

Übersicht

1. a) Die Vorschrift bildet innerhalb des Planungsschadensrechts die **1** **Generalnorm** für die Entschädigung wegen Änderung oder Aufhebung einer zulässigen Nutzung (s. a. Vorbem. §§ 39–44, Rn 2). Abs. 1, der gegenüber den Sondertatbeständen der §§ 40, 41 einen **subsidiären Auffangtatbestand** bildet, was § 43 Abs. 3 S. 1 klarstellt, enthält die Grundvoraussetzungen des in den Abs. 2–9 ausgestalteten Entschädigungsanspruchs wegen Aufhebung oder Änderung einer nach §§ 30, 34 oder 35 zulässigen Nutzung. Abs. 2 bestimmt die Entschädigung bei planerischen Eingriffen innerhalb der 7-Jahres-Frist ab Zulässigkeit der Nutzung, Abs. 3 nach Ablauf der 7-Jahres-Frist. Abs. 4 soll den Umfang des Entschädigungsanspruchs nach Abs. 3 klarstellen. Die Abs. 5–8 regeln besondere Vertrauenstatbestände, die nach Abs. 2 entschädigt werden, obwohl die zulässige Nutzung nicht innerhalb der 7-Jahres-Frist ausgeübt worden ist, Abs. 5 Veränderungssperre, Abs. 6 erteilte(r) aber nicht verwirklichte(r) Baugenehmigung bzw. Vorbescheid, Abs. 7 rechtswidrige oder verspätete Entscheidung über Bauantrag oder Voranfrage, Abs. 8 Ausschluß wegen Nichterfüllung von Nachweispflichten. Abs. 9 gewährt anstelle des grundsätzlichen Geldanspruchs bei der Aufhebung von Nutzungen einen Übernahmeanspruch. Abs. 10 verpflichtet die Gemeinde zur Auskunft über Beginn

und Ende der 7-Jahres-Frist. § 42 wird ergänzt durch § 44 Abs. 1, 2 –
Entschädigungspflichtiger –, § 43 – Entschädigungsverfahren, Konkur-
renz- und Ausschlußklausel – und § 44 Abs. 3–5 – Fälligkeit und
Erlöschen des Entschädigungsanspruchs. Zur Abgrenzung des § 42
von § 39, der Generalnorm für Vertrauensschaden, s. Vorbem.
§§ 39–44, Rn 2. Zum Verhältnis des Planungsschadensrechts zur Ent-
schädigung wegen Administrativenteignung durch Verwaltungsakt
gem. den §§ 93–103 s. Vorbem. §§ 39–44, Rn 5.

2 **b)** Kernstück der Neukonzeption des Planungsschadensrechts durch
die **Novelle 1976** (Vorbem. §§ 39–44, Rn 4) war die überflüssig weit-
schweifige (Redeker, DVBl. 1982, 130/133) Umgestaltung des § 44
BBauG a. F. § 44 BBauG Abs. 2 a. F. wurde in § 39j BBauG zur
Generalnorm für Vertrauensschaden verallgemeinert. Die Reduktions-
klausel des § 44 Abs. 1 S. 2 BBauG a. F. wurde in erweiterter Fassung in
den für das gesamte Planungsschadensrecht geltenden § 44b BBauG =
§ 43 Abs. 3–5 BauGB übertragen. Statt wie § 44 BBauG a. F. für
Schäden durch Umplanungen unbefristet und umfassend einschließlich
nicht ausgeübter oder verwirklichter Nutzungen Entschädigung zu
gewähren, beschränkte Abs. 2 n. F. den Schutz zulässiger Nutzungen
unabhängig davon, ob sie ausgeübt oder verwirklicht wurden oder nur
latent vorhanden waren, auf die Dauer von 7 Jahren ab Begründung der
Zulässigkeit. Nach Ablauf von 7 Jahren kann nach Abs. 3 ein Entschä-
digungsanspruch nur noch entstehen, wenn und soweit der Eigentü-
mer die Nutzung ausgeübt hat. Zum **Überleitungsrecht** wegen Ände-
rung des § 34 BBauG durch die Novelle 1976 s. § 238. Das BauGB hat
§ 42 nicht geändert.

3 **c)** Die Neuregelung v. 1976 ist als umwälzende Neubestimmung des
Verhältnisses von Grundeigentum und Bauleitplanung begrüßt (z. B.
Breuer, in: Schrödter, Rn 7–10; ders, DÖV 1978, 175; Ziegler, ZfBR
1983, 169/171 f.), aber auch kritisiert worden (Papier, BauR 1976, 299;
ders., in: Maunz/Düring, Art. 14, Rn 360; billigend Bryde, in:
v. Münch, GG, 3. A., Art. 14, Rn 64; Nüßgens/Boujong, Eigentum,
Sozialbindung, Enteignung, 1987, Rn 152; Koch/Hosch, Baurecht,
Raumordnungsrecht und Landesplanungsrecht, 1988, S. 194). Die
Kontroverse, die zugleich als Streit um die Baufreiheit (dazu positiv
BGHZ 88, 51/59; BayVerfGH, NVwZ 1986, 551 f.; Brohm, in:
Münchner Gutachten, Neue und modifizierte Rechtsformen der Bo-
dennutzung, 1977, S. 43; Broy-Bülow, Baufreiheit und baurechtlicher
Bestandsschutz, 1982; Wendt, Eigentum und Gesetzgebung, 1985,
S. 170ff. m. w. N.; Peine, Raumplanungsrecht, 1987, S. 101; ablehnend
Schulte, DVBl. 1979, 133) auftritt, erschwert die **verfassungsrechtli-
che Einordnung** des § 42 und seine Auslegung. Auszugehen ist von der
lange, auch z. B. von Breuer aaO, Rn 47, unterschätzten, in jüngster
Zeit (E 52, 1, E 58, 137, E 58, 300, E 56, 249; E 70, 191; 71, 137; NJW
1987 1251 – Boxberg; dazu Vorb. §§ 39–44, Rn 67) verdeutlichten
Rechtsprechung des Bundesverfassungsgerichts zu Art. 14 GG. Der

Naßentkiesungsbeschluß des BVerfG, der den verfassungsrechtlichen Eigentumsbegriff präzisiert und vom privatrechtlichen an, § 903 BGB orientierten Eigentumsbegriff des BGH abgesetzt hat (E 58, 300, 334; s. a. Vorbem. §§ 85–122, Rn 1 ff.) gibt keine Veranlassung dazu, die Baufreiheit ebenso wie wasserrechtliche Nutzungsbefugnisse als eine die Sozialbindung des Art. 14 Abs. 2 GG verwirklichende öffentlich-rechtliche Verleihung zu qualifizieren (so aber Schulte, JZ 1984, 297/302; dagegen Grooterhorst, Die Wirkung der Ziele der Raumordnung und Landesplanung gegenüber Bauvorhaben nach § 34 BBauG, 1985, S. 125). Die zu den Strukturprinzipien der Eigentumsgarantie zählende Privatnützigkeit des Eigentums, und die ihm eigene grundsätzliche Verfügungsbefugnis (BVerfGE 37, 132/140; E 52, 1/31), äußert sich bei Grundstücken gerade darin, daß sie das Recht einschließen, das Grundstück nach Maßgabe der öffentlich-rechtlichen Bindungen zu nutzen (s. a. Götz, Bauleitplanung und Eigentum, 1969, S. 39 ff.). Die zur Institutsgarantie des Eigentums zählende Baufreiheit wird durch das öffentliche Baurecht und im Innenbereich regelmäßig auch durch einen Bebauungsplan ausgeformt. Der als Satzung ergehende Bebauungsplan ist eine auch die Sozialbindung des Art. 14 GG nicht zuletzt wegen der infrastrukturellen Vorleistungen der Allgemeinheit verwirklichende Inhalts- und Schrankenbestimmung des Eigentums i. S. v. Art. 14 Abs. 1 S. 2 GG (BVerwGE 45, 309; 48, 271; BVerfGE 52, 1/29). Beim Erlaß dieser Inhalts- und Schrankenbestimmung ist die Gemeinde außer an das einfache Gesetzesrecht ebenso wie der parlamentarische Gesetzgeber an die verfassungsrechtlichen Schranken gebunden, die das Grundgesetz dafür setzt, nämlich die Instituts- und Bestandsgarantie des Art. 14 Abs. 1 S. 1 GG, den Grundsatz der Verhältnismäßigkeit, den Gleichheitsgrundsatz und die Wesensgehaltsgarantie (Art. 19 II GG). Die das Grundeigentum ausformenden bauleitplanerischen Inhalts- und Schrankenbestimmungen müssen daher vom geregelten Sachbereich her geboten sein und dürfen nicht weitergehen als der Schutzzweck reicht, dem sie dienen (s. BVerfGE 50, 290/341). Mit der vom BVerfG betonten, durch Privatnützigkeit gekennzeichneten Eigenart des Grundrechts auf Eigentum wäre es unvereinbar, die grundsätzliche Verfügungsbefugnis des Grundeigentümers als hoheitlich verliehene Nutzungschance abzuwerten, die Baufreiheit also zu verneinen. Der insbesondere wegen der infrastrukturellen Vorleistungen evidente Sozialbezug von Bauland erlaubt es jedoch dem Gesetzgeber, mit Rücksicht auf die Flexibilität der Bauleitplanung den Eigentumsinhalt dahingehend zu bestimmen, daß dieser eine nach Ablauf einer 7-Jahres-Frist nicht ausgeübte Nutzungsmöglichkeit nicht umfaßt. Ein Bebauungsplan, der diese abstrakt-generelle Inhaltsbestimmung des Eigentums verwirklicht, greift nicht in Eigentum i. S. v. Art. 14 Abs. 1 S. 1 GG ein. Aus der Beschränkung des grundrechtlichen Bestandsschutzes auf ausgeübte Befugnisse (BVerfGE 58, 300/352; dazu krit. Leisner, DVBl. 1983, 61/67; Papier, in: M/D, Art. 14 GG, Rn 358) könnte man sogar, ohne die Baufreiheit in Frage zu stellen, folgern, daß auch die 7-Jahres-

Frist für die Nutzungsbefugnis nach Art. 14 Abs. 1 S. 1 GG nicht geboten ist. Angesichts der vom geregelten Sachbereich her gebotenen wesentlichen Unterschiede zwischen Wasser- und Baurecht, die das Gericht in diesem Zusammenhang ausdrücklich hervorhebt (E 58, 300, 332/348) ist es jedoch unangebracht, die auf eine wasserrechtliche Bewilligung gemünzte Aussage auf das Baurecht zu übertragen.

4 **2. a)** Als erste **allgemeine Voraussetzung** für alle durch die Abs. 2–9 ausgestalteten Ansprüche ordnet Abs. 1 an, daß die **zulässige Nutzung** eines Grundstücks aufgehoben oder geändert wird. Die Änderung muß die Bodennutzbarkeit betreffen, und zwar mit den Mitteln des BauGB. Maßnahmen des Immissions-, Landschafts- oder Denkmalschutzes scheiden aus (BGH, ZfBR 1987, 107). Die bisherige bauliche oder sonstige Nutzung ist zulässig, wenn auf ihre Ausübung oder Verwirklichung nach einem der bauplanungsrechtlichen Zulässigkeitstatbestände – § 30, § 34, § 35 oder § 33 – ein Anspruch besteht (dazu Bielenberg, in: E/Z/B, § 42, Rn 30–39), insbesondere also auch die **Erschließung gesichert** ist (speziell zum Entzug eines Baurechts nach § 33 durch Planänderung Bötsch, BayVBl. 1978, 133). Darüber hinaus liegt auch dann eine zulässige Nutzung in den Ausnahmefällen vor, in denen sich die Erschließungspflicht der Gemeinde zu einem Erschließungsanspruch verdichtet hat (BVerwG, NJW 1975, 402; dazu § 123, Rn 4; ebenso Breuer, in: Schrödter, § 44, Rn 49; Uechtritz, BauR 1983, 523/527) oder in denen eine bauliche oder sonstige Nutzung aufgrund einer eigentumskräftig verfestigten Anspruchsposition (BVerwGE 26, 117; E 49, 371; Bielenberg aaO, Rn 36) oder wegen überwirkenden Bestandsschutzes (BVerwGE 50, 55; Bielenberg aaO, Rn 38; krit. zu beiden Rechtsschöpfungen Ziegler, ZfBR 1982, 146) entgegen den bauplanungsrechtlichen Zulässigkeitstatbeständen zuzulassen ist (Breuer aaO, Rn 50). Durch die Festsetzungen eines Leitungsrechtes nach § 9 Abs. 1 Nr. 21 zugunsten der Anlieger ist die für die zulässige Nutzung erforderliche Erschließung noch nicht gesichert (LG Stuttgart, VBlBW 1983, 329). Zur gesicherten Erschließung aufgrund einer Verpflichtung der Gemeinde, einen Erschließungsvertrag abzuschließen für ein an nicht angelegter Straße gelegenes Grundstück, dessen Straßenbegrenzungs- und Baulinien nach Münchner Baurecht festgesetzt worden sind, s. BGH, DWW 1981, 175. Keine zulässige Nutzung i. S. v. Abs. 1 liegt vor, wenn ein Vorhaben nach Bauordnungsrecht (OLG Düsseldorf, BauR 1973, 40) oder nach anderen öffentlich-rechtlichen Vorschriften (§ 29 S. 4) unzulässig ist (Breuer aaO, Rn 51).

5 **b)** Die zulässige Nutzung muß zum zweiten **aufgehoben oder geändert** werden. Regelmäßig geschieht dies durch einen Bebauungsplan. Dieser muß die vorhandenen privaten Nutzungsrechte bei der planerischen Abwägung (§ 1 Abs. 6) berücksichtigen; u. U. kann der Bestandsschutz vorhandener Nutzungen eine Änderung ausschließen (Söfker, BBauBl. 1983, 735 gegen Heinze, BB 1983, 1375; s. a. Gormsen, in: Forum für Stadtentwicklungs- und Kommunalpraxis, Pla-

nungsschaden, 1983, S. 19/31). Enthält dieser die in den §§ 40, 41 genannten Festsetzungen, so gehen diese Spezialregelungen, wie § 43 Abs. 3 S. 1 klarstellt, dem § 42 vor. Eine Aufhebung oder Änderung i. S. v. Abs. 1 kann auch erfolgen durch eine Erhaltungssatzung (§ 172), eine Satzung nach § 34 Abs. 4, die eine durch eine entsprechende frühere Satzung zulässige Nutzung entzieht oder ändert (Gaentzsch, in: BK, § 42 Rn 5; unzutr. Voraufl.) oder eine Änderung der BNVO, die zu einer Änderung bestehender Bebauungspläne führt (Pietzcker, NVwZ 1989, 606); laut BGHZ 64, 366; 81, 374; OVG Münster, DÖV 1981, 347; Schmidt-Aßmann, DVBl. 1976, 171; B/D, Rn 235; Söfker, BBauBl. 1983, 735; Bielenberg aaO, Rn 66–69; Koch/Hosch, Baurecht S. 189; a. A. Breuer aaO, Rn 55–56; Pohl, in: Kohlhammer-Komm., BBauG, § 44, Rn 38, 57; Menger, VerwArch. 1968, 383; Kühling, DVBl. 1969, 214; Papier, in: Maunz/Dürig, Art. 14, Rn 364; Gaentzsch aaO, Rn 7; Schmaltz, DVBl. 1982, 1060; Uechtritz, BauR 1983, 523/526) soll dies auch gelten für eine Baugenehmigung, die nach § 34 Nutzungen ermöglicht, die die vorhandenen Bestände planungsrechtlich unzulässig machen. Die Gegenmeinung überspannt für den Regelfall die Anforderungen an den Nachbarn. Nach Ansicht des BGH liegt keine bloße faktische Umstrukturierung vor, wenn die Aussetzung der Baugenehmigung infolge der Anknüpfung des § 34 an die tatsächlich vorhandene Bebauung planersetzende Wirkung hat. Keine Aufhebung erfolgt durch deklaratorische Satzungen nach § 34 Abs. 4 Nr. 1 (Bielenberg aaO, Rn 58), Flächennutzungspläne (Bielenberg aaO, Rn 54–57), Ziele und andere Maßnahmen der Raumordnung und Landesplanung (Bielenberg aaO, Rn 65). § 44 Abs. 1 greift grundsätzlich nur ein, wenn das in seinem Wert geminderte Grundstück selbst von der Aufhebung oder Änderung der bisher zulässigen Nutzung betroffen ist (BGHZ 99, 262 m. Anm. v. Ronellenfitsch, JZ 1987, 674). Wenn die Nutzbarkeit eines Grundstücks schwer und unerträglich vermindert wird, weil ein Bebauungsplan ausdrücklich nur die Nutzbarkeit eines Nachbargrundstückes verändert hat, so müssen entweder die nachbarschädlichen Auswirkungen einer Festsetzung auf ein zumutbares Maß reduziert werden oder die Planung muß das betroffene Grundstück durch ausdrückliche Aufhebung oder Änderung der Nutzung einbeziehen und damit die Anwendung des Planungsschadensrechts eröffnen (OVG Münster, DÖV 1981, 347; OVG Lüneburg, BRS 33 Nr. 8). Geschieht keines von beiden, ist der Plan nichtig (im Ergebnis ebenso Breuer aaO, Rn 57–71; Bielenberg aaO, Rn 72–77).

c) Drittens muß durch die Änderung oder Aufhebung – Kausalität – **6** der zulässigen Nutzung eines Grundstücks eine **nicht nur unwesentliche Wertminderung** eingetreten sein. Diese Einschränkung gilt für jede Entschädigung aus Art. 14 GG (s. § 40, Rn 6). Die Unwesentlichkeit ist grundstücksbezogen, also objektiv, nicht nach den persönlichen Verhältnissen des Eigentümers zu beurteilen. Sie kann aus dem Verhältnis des Gesamtwerts zum Schaden oder aus der geringen abstrakten Höhe des Schadens erfolgen. Wertminderungen bis zu 3,6 % sollen unwe-

sentlich sein (Bielenberg aaO, Rn 89 unter Hinweis auf die Rechtsprechung). Abgesehen von Bagatellschäden dürften mehr als 10 % Wertminderung stets nicht unwesentlich sein.

7 **3. a) Spezielle Voraussetzung** eines Entschädigungsanspruchs nach Abs. 2 ist, daß die zulässige Nutzung eines Grundstücks **innerhalb einer Frist von 7 Jahren** zulässigerweise (s. Rn 5) aufgehoben oder geändert wird. Zur verfassungsrechtlichen Einordnung dieser Schlüsselvorschrift des novellierten Planungsschadensrechts s. Rn 3. Die 7jährige Plangewährleistung wirkt Umplanungen während der 7-Jahres-Frist entgegen, so daß das Planungsgeschehen insgesamt verstetigt wird (F/O, S. 87). Nur während der mit der Zulässigkeit beginnenden 7-Jahres-Frist werden zulässige, aber nicht ausgeübte oder nicht verwirklichte Nutzungsmöglichkeiten entschädigt. Die Entschädigung bemißt sich nach dem Unterschied zwischen dem Wert, den das Grundstück aufgrund der zulässigen Nutzung (Rn 4) hat und dem Wert, der sich infolge der Aufhebung oder Änderung (Rn 5) für das Grundstück ergibt. Die 7-Jahres-Frist galt auch für vor dem Inkrafttreten der Novelle 1976, also vor dem 1. 1. 1977 begründete Nutzbarkeiten. Für diese begann die Frist am 1. 1. 1977 (Art. 3 § 10 Abs. 1 S. 1 ÄnderungsG BBauG 1976). Sie ist damit am 31. 12. 1983 abgelaufen (dazu Uechtritz, BauR 1983, 522; Söfker, BBauBl. 1983, 735; Heinze, BB 1983, 1375; Bröll, BayVBl. 1984, 424). Für Nutzbarkeiten kann daher grundsätzlich nur noch Planungsentschädigung wegen Eingriffs in ausgeübte Nutzbarkeiten nach Abs. 3 verlangt werden. Zu Ausnahmen s. Rn 9–13. Bereits mit Ablauf des 31. 12. 1979 sind die Entschädigungsansprüche erloschen, die durch eine Planänderung vor dem 1. 1. 1977 entstanden sind (Art. 3 § 10 Abs. 1 S. 2 ÄnderungsG BBauG 1976). Zum Auskunftsanspruch über Beginn und Ende der 7-Jahres-Frist s. Rn 15.

8 **b) Nach Ablauf der 7jährigen Plangewährleistung** (Rn 7) kann der Eigentümer gem. Abs. 3 nur eine Entschädigung für **Eingriffe in die ausgeübte Nutzung** verlangen, sofern dadurch eine nicht unwesentliche Wertminderung des Grundstücks eintritt (Rn 6). Zur verfassungsrechtlichen Zulässigkeit dieser einschneidenden Änderung des Planungsschadensrechts s. Rn 3. Ausgeübte Nutzung i. S. v. Abs. 3 ist die bei der Änderung oder Aufhebung der zulässigen Nutzung (Rn 4, 5) tatsächlich vorhandene oder rechtlich zulässige Nutzung. In Betracht kommt insbesondere eine bauliche Anlage, aber wie Abs. 4 klarstellen soll (BT-Drs. 7/4793, S. 40) auch ein eingerichteter und ausgeübter Gewerbebetrieb (dazu § 96, Rn 4). Im übrigen verweist Abs. 4 auf andere Anspruchsgrundlagen, z. B. wegen enteignenden Eingriffs oder nach § 21 BImSchG (Oldiges, in: Steiner (Hrsg.), BesVwR, 3. A., Rn 125), ohne diese an planungsschadensrechtliche Besonderheiten zu binden (a. A. Bielenberg aaO, Rn 120). Entschädigt werden nach Abs. 3 aber auch (nicht nur – so Gaentzsch, in: BK, § 42, Rn 22), wie S. 2 über die Höhe der Entschädigung hinzufügt, Beieinträchtigungen

von Grundstückswerten, also planerische Eingriffe in die zugrundeliegende Bodennutzbarkeit. Trotz der restriktiven Fassung des Abs. 3 S. 2 ist der Entschädigungsanspruch nach Abs. 3 also nicht auf den Gebäude- oder Betriebswert beschränkt (s. a. Breuer, in: Schrödter, §44, Rn 82 f.). Noch zu §44 Abs. 1 S. 1 BBauG a. F. hat OLG Stuttgart, NJW 1976, 1696 festgestellt, daß eine Wertminderung des Grundstücks auch dann vorliegt, wenn allein der Wert des auf ihm stehenden Gebäudes wesentlich vermindert worden ist. Die **Höhe der Entschädigung** bemißt sich hinsichtlich des Grundstückswertes nach dem Unterschied zwischen dem Wert des Grundstücks aufgrund der ausgeübten Nutzung und seinem Wert, der sich infolge der Aufhebung oder Änderung der Nutzbarkeit ergibt. Wird z. B. die zulässige Nutzung von 10-geschossiger auf eine 3-geschossige Bebauung herabgesetzt, so ist der Eigentümer eines 5-geschossigen Hauses nur für die Herabzonung von 5 auf 3 Geschosse zu entschädigen, sofern, was möglich ist, durch die bloße Planungsmaßnahme bereits eine nicht nur unwesentliche Wertminderung des Grundstücks eingetreten ist. Wird ein Gebiet vom Mischgebiet zum Gewerbegebiet umgezont, so kann für ein Miethaus trotz des Bestandsschutzes wegen der schlechteren Wohnqualität in dem sich entwickelnden Gewerbegebiet ein Entschädigungsanspruch entstehen, der einen Mietabschlag ausgleicht. Die voraussichtliche Benutzungsdauer des Gebäudes ist in Rechnung zu stellen, um eine Doppelentschädigung zu vermeiden. §42 entschädigt also auch Minderungen der aufstehenden Gebäude, wenn sie trotz des Bestandsschutzes spürbar eintreten (Bielenberg aaO, Rn 79; a. A. Gaentzsch aaO, Rn 12). Wird die bisher zulässige bauliche Nutzung eines bebauten Grundstücks dadurch geändert, daß die im Bebauungsplan neu festgesetzte Baugrenze mitten durch das Gebäude verläuft und einen an sich möglichen Ausbau ausschließt, so bedeutet dies nach OLG Stuttgart, NJW 1976, 1696 (noch zu §44 BBauG a. F.) eine wesentliche Verkaufswertminderung, die als Verringerung der Vermögenssubstanz sofort mit Inkrafttreten des Bebauungsplanes spürbar werde, so daß es auf konkrete Absichten des Betroffenen zum Ausbau oder zur Veräußerung des Grundstücks nicht ankomme (tendenziell zutreffende, aber zu weitgehende Kritik dazu bei Wagner, NJW 1977, 2046; s. a. Müller, NJW 1973, 2177; Ziegler, ZfBR 1983, 169/170, der die weitgehende Abschirmung des Grundstückswerts durch den von ihm in ZfBR 1982, 146 aber eingeschränkten Bestandsschutz des Gebäudes betont; Kröner, ZfBR 1984, 117/120). Von der Entschädigung wegen eines Planungsschadens nach Abs. 3 ist zu unterscheiden die Entschädigung für den Entzug der ausgeübten Nutzung, also z. B. Schließung eines Gewerbebetriebes nach einer Administrativenteignung (§§ 85 ff.), die eine Umplanung, z. B. eine neue Straßentrasse, verwirklicht (s. a. Pohl, in: Kohlhammer-Komm. BBauG, §44, Rn 63).

4. a) Die **besonderen Vertrauenstatbestände** der Abs. 5–7 lösen ei- **9**

nen Entschädigungsanspruch aus, obwohl die zulässige Nutzung nicht
innerhalb der 7jährigen Plangewährleistungspflicht des Abs. 2 (Rn 7)
verwirklicht worden ist. Der federführende Bundestagsausschuß hat
sie als verfassungsrechtlich nicht gebotenen, die generalisierenden Re-
gelungen der Abs. 2 und 3 abfedernden Härteausgleich eingefügt (BT-
Drs. 7/4793, S. 40). Demgegenüber hält Breuer, in: Schrödter, § 44,
Rn 86, 88 f., (s. a. Gaentzsch, in: BK, § 42, Rn 26, 32) die Regelung des
Abs. 5 aufgrund des rechtsstaatlichen Grundsatzes der Konsequenz für
verfassungsrechtlich geboten, während Abs. 7 S. 1 u. 2 als enteignungs-
gleicher Eingriff zwar verfassungsrechtlich vorgegeben, aber nicht
speziell regelungsbedürftig seien.

10 **b)** Gem. Abs. 5 entsteht ein Entschädigungsanspruch nach Abs. 2,
wenn der Eigentümer an der Verwirklichung eines der zulässigen
Nutzung entsprechenden Vorhabens vor Ablauf der 7-Jahres-Frist
durch eine **Veränderungssperre** (§§ 14, 16–18) oder durch eine befri-
stete **Zurückstellung** seines Vorhabens (§ 15) gehindert worden ist, das
Vorhaben später aber infolge der Aufhebung oder Änderung der zuläs-
sigen Nutzung des Grundstücks nicht mehr verwirklicht werden kann.
Abs. 5 ist nicht erfüllt, wenn die Veränderungssperre oder die Zurück-
stellung des Baugesuchs ganz oder teilweise in die 7-Jahres-Frist fällt,
der Eigentümer dadurch an der Verwirklichung seines Vorhabens
gehindert wird, die zulässige Nutzung danach aber weder aufgehoben
noch geändert wird (Breuer, in: Schrödter, § 44, Rn 96). Zur Anwen-
dung von Abs. 2 auf befristete übergeleitete Bebauungspläne (Münche-
ner Staffelbauordnung) Hauth, BayVBl. 1980, 645. Abs. 5 ist analog
anzuwenden auf eine Veränderungssperre in der Umlegung (§ 51) oder
in Sanierungsgebieten und Entwicklungsbereichen, in denen § 144 gilt
(s. Gaentzsch aaO, Rn 29).

11 **c)** Gem. Abs. 6 1. Altern. entsteht ein Entschädigungsanspruch,
wenn vor Ablauf der 7-Jahres-Frist eine wirksame, insbesondere noch
nicht abgelaufene **Baugenehmigung** oder ein ebensolcher **Vorbescheid**
(Bebauungsgenehmigung) **erteilt** worden ist, der Eigentümer das be-
treffende Vorhaben jedoch wegen eines im Hinblick auf die Aufhebung
oder Änderung der zulässigen Nutzung des Grundstücks ausgespro-
chenen **Widerrufs** (Gaentzsch aaO, Rn 30) nicht mehr verwirklichen
darf. Die 2. Altern. des Abs. 6 liegt auch ohne Widerruf bei sonst
übereinstimmenden Voraussetzungen vor, wenn durch die Aufhebung
oder Änderung der zulässigen Nutzung die Verwirklichung der Bauge-
nehmigung bzw. des Vorbescheids für den Eigentümer wirtschaftlich
unzumutbar geworden ist. Die Entschädigung bemißt sich in beiden
Fällen nach dem Unterschied zwischen dem Wert, den das Grundstück
aufgrund der durch die Baugenehmigung oder den Vorbescheid bewil-
ligten Nutzung hatte – sie kann höher oder niedriger als die zulässig
gewesene sein – und dem Wert des Grundstücks, der sich infolge der
Aufhebung oder Änderung der zulässigen Nutzung ergibt. Wegen der
Entschädigung für Vorbereitungskosten s. § 39. Abs. 6 ist nicht (ana-

log) anwendbar auf den ähnlichen Fall der Teilungsgenehmigung mit dreijähriger Bindungsfrist (Gaentzsch aaO, Rn 32; a. A. Bielenberg, in: E/Z/B § 42, Rn 108).

d) Gem. Abs. 7 S. 1 entsteht ein in der Höhe nach Abs. 6 (Rn 11) zu **12** bemessender Entschädigungsanspruch, wenn vor Ablauf der 7-Jahres-Frist ein Antrag auf Erteilung einer **Baugenehmigung** oder eines **Vorbescheids** (Bebauungsgenehmigung) **rechtswidrig abgelehnt** worden ist, die zulässige Nutzung während des laufenden Rechtsmittelverfahrens aufgehoben oder geändert worden ist und deswegen die Baugenehmigung oder der Vorbescheid nach dem Ergebnis des Rechtsmittelverfahrens (Widerspruch, Klage) nicht mehr erteilt werden darf. Wegen des rechtswidrigen Verwaltungsverhaltens stellt Abs. 7 S. 1 den Antragsteller dem Inhaber einer Genehmigung (Abs. 6) gleich. Eine ebenfalls nach Abs. 6 zu bemessende Entschädigung ist gem. Abs. 7 S. 2 zu leisten, wenn der Eigentümer einen den gesetzlichen Vorschriften entsprechenden und daher positiv zu bescheidenden Antrag auf Erteilung einer Baugenehmigung oder eines Vorbescheids (Bebauungsgenehmigung) so rechtzeitig gestellt hat, daß die Genehmigung innerhalb der 7-Jahres-Frist hätte erteilt werden können, die Behörde jedoch über den Antrag innerhalb dieser Frist **nicht entschieden** hat, die zulässige Nutzung des Grundstücks nach Ablauf der Frist aufgehoben oder geändert worden ist und deswegen die Genehmigung nicht mehr erteilt werden darf. Die Rechtzeitigkeit des Antrags hängt vom erforderlichen Prüfungsumfang ab. Die bauordnungsrechtlichen Vorschriften über die Behandlung von Bauanträgen sind insoweit eine Richtschnur.

e) Ein Anspruch aufgrund der besonderen Tatbestände der Abs. 5–7 **13** entfällt gem. Abs. 8 S. 1, wenn der Eigentümer nicht bereit oder nicht in der Lage war, das beabsichtigte Vorhaben zu verwirklichen. Die **Ausschlußklausel** soll verhindern, daß schutzunwürdiges Vertrauen entschädigt wird, nachdem Anträge ohne ernsthaften Willen zur Verwirklichung und zur Umgehung von Abs. 3 gestellt worden sind. Nach BT-Drs. 7/4793, S. 40 soll ein schutzwürdiges Vertrauen nur vorliegen, wenn der Eigentümer in eigener Person das Vorhaben verwirklichen wollte und konnte. Diese enge, vom Wortlaut nicht gebotene Auslegung des Abs. 8 S. 1 widerspricht der vom Gesetzgeber beabsichtigten Anlehnung an die Rechtsprechung zur Bausperre (BGHZ 58, 124), die auch drittseitige Nutzungsmöglichkeiten entschädigt, vor allem aber der Eigentumsgarantie des Art. 14 Abs. 1 S. 1 GG, die die grundsätzliche Verfügungsfähigkeit des Eigentums umfaßt (BVerfGE 37, 132/140; E 52, 1/31). Die Ausschlußklausel greift daher auch nicht, wenn die beabsichtigte Nutzung durch einen Dritten verwirklicht werden sollte (Breuer, in: Schrödter, § 44, Rn 91; zust. Hoppe, in: E/H, Rn 536). Der Eigentümer hat die Tatsachen vorzulegen, die seine oder des Dritten Bereitschaft und Möglichkeiten, das Vorhaben zu verwirklichen, aufzeigen (Abs. 8 S. 2). Er trägt insoweit die Darlegungslast und die objektive Beweislast.

14 **5.** Ein Entschädigungsanspruch nach § 42 ist grundsätzlich auf **Geldentschädigung** gerichtet (s. a. § 43 Abs. 2). Zur Höhe des Entschädigungsanspruchs aus Abs. 2 s. Rn 7, aus Abs. 3 s. Rn 8, aus Abs. 5 s. Rn 10 u. 7, aus Abs. 6 s. Rn 11, aus Abs. 7 s. Rn 12, 11. Abs. 9 gewährt dem Eigentümer für den Fall, daß die zulässige Nutzung eines Grundstücks aufgehoben wird, das Recht, statt der Geldentschädigung einen **Übernahmeanspruch** zu wählen. Aufgrund der Verweisung auf § 40 Abs. 2 S. 1 Nr. 1 entsteht der Übernahmeanspruch nur, wenn es dem Eigentümer mit Rücksicht auf die Fristsetzung oder Durchführung des Bebauungsplanes wirtschaftlich nicht mehr zuzumuten ist, das Grundstück zu behalten oder es in der bisherigen oder einer anderen zulässigen Art zu nutzen (dazu § 40, Rn 8, 9). Wenn eine der beiden Alternativen des § 40 Abs. 2 S. 1 Nr. 1 erfüllt ist, so liegt darin für das betroffene Grundstück stets eine Aufhebung der bisherigen Nutzung, auch wenn für benachbarte Grundstücke nur eine Änderung verwirklicht wird.

15 **6.** Da Beginn und Ende der 7-Jahres-Frist für den Eigentümer oft nicht eindeutig erkennbar sind, ist die Gemeinde gem. Abs. 10 verpflichtet, ihm auf Verlangen **Auskunft** darüber zu erteilen, ob ein sich aus Abs. 2 ergebender vermögensrechtlicher Schutz der zulässigen Nutzung für sein Grundstück besteht und wann diese Schutz durch Ablauf der 7-Jahres-Frist endet. Der Auskunftsanspruch wird insbesondere in Betracht kommen hinsichtlich der auf den §§ 34 oder 35 beruhenden Nutzbarkeiten und im Falle des § 30 hinsichtlich der Sicherung der Erschließung (s. Rn 4). Um spätere Beweisschwierigkeiten zu vermeiden, sollte die Gemeinde die gesicherte Erschließung durch Beschluß mindestens eines Ratsausschusses schriftlich festlegen (Pohl, in: Kohlhammer-Komm., BBauG, § 44, Rn 60). Mangels Regelung ist die Auskunft kein Verwaltungsakt. Sie kann mit einem Feststellungsantrag gem. § 217 **gerichtlich überprüft** werden (LG Stuttgart, VBlBW 1981, 329). Daneben besteht nicht die Möglichkeit, die früheren Nutzungsmöglichkeiten eines Grundstücks einzeln durch verwaltungsgerichtliche Feststellungsklage oder Fortsetzungsfeststellungsklage klären zu lassen (OVG Münster, NJW 1980, 1069). Eine fehlerhafte Auskunft kann einen Schadensersatzanspruch aus Amtshaftung (§ 839 BGB, Abs. 34 GG) auslösen. Die Auskunft ist weder für ein späteres Baugenehmigungsverfahren noch für ein späteres Entschädigungsverfahren bindend (Breuer, in: Schrödter, § 44, Rn 99; Dittus, Städte- und Gemeindebund 1977, 176; a. A. hinsichtlich der Entschädigung Rothe, JZ 1978, 173).

§ 43 Entschädigung und Verfahren

(1) **Ist die Entschädigung durch Übernahme des Grundstücks oder durch Begründung eines Rechts zu leisten und kommt eine Einigung nicht zustande, kann der Eigentümer die Entziehung des Eigentums oder die Begründung des Rechts verlangen. Der Eigentümer kann den Antrag auf Entziehung des Eigentums oder auf Begründung des**

Rechts bei der Enteignungsbehörde stellen. Auf die Entziehung des Eigentums oder die Begründung des Rechts finden die Vorschriften des Fünften Teils entsprechend Anwendung.

(2) Ist die Entschädigung in Geld zu leisten und kommt eine Einigung über die Geldentschädigung nicht zustande, entscheidet die höhere Verwaltungsbehörde. Die Vorschriften über die Entschädigung im Zweiten Abschnitt des Fünften Teils sowie § 121 gelten entsprechend. Für Bescheide über die Festsetzung der zu zahlenden Geldentschädigung gilt § 122 entsprechend.

(3) Liegen die Voraussetzungen der §§ 40 und 41 Abs. 1 vor, ist eine Entschädigung nur nach diesen Vorschriften zu gewähren. In den Fällen der §§ 40 und 41 sind solche Wertminderungen nicht zu berücksichtigen, die bei Anwendung des § 42 nicht zu entschädigen wären.

(4) Bodenwerte sind nicht zu entschädigen, soweit sie darauf beruhen, daß

1. die zulässige Nutzung auf dem Grundstück den allgemeinen Anforderungen an gesunde Wohn- und Arbeitsverhältnisse oder an die Sicherheit der auf dem Grundstück oder im umliegenden Gebiet wohnenden oder arbeitenden Menschen nicht entspricht oder

2. in einem Gebiet städtebauliche Mißstände im Sinne des § 136 Abs. 2 und 3 bestehen und die Nutzung des Grundstücks zu diesen Mißständen wesentlich beiträgt.

(5) Nach Vorliegen der Entschädigungsvoraussetzungen bleiben Werterhöhungen unberücksichtigt, die eingetreten sind, nachdem der Entschädigungsberechtigte in der Lage war, den Antrag auf Festsetzung der Entschädigung in Geld zu stellen, oder ein Angebot des Entschädigungspflichtigen, die Entschädigung in Geld in angemessener Höhe zu leisten, abgelehnt hat. Hat der Entschädigungsberechtigte den Antrag auf Übernahme des Grundstücks oder Begründung eines geeigneten Rechts gestellt und hat der Entschädigungspflichtige daraufhin ein Angebot auf Übernahme des Grundstücks oder Begründung des Rechts zu angemessenen Bedingungen gemacht, gilt § 95 Abs. 2 Nr. 3 entsprechend.

1 **1. Die Vorschrift** besteht aus drei verschiedenartigen übergreifenden Regelungskomplexen: **Entschädigungsverfahren, Konkurrenz- und Ausschlußklauseln.** Die Abs. 1 u. 2 regeln das Entschädigungsverfahren **für alle Tatbestände des Planungsschadensrechts**, und zwar Abs. 1 für die Entschädigung durch Übernahme eines Grundstücks oder Begründung eines Rechts, Abs. 2 für die Entschädigung in Geld. Abs. 3 S. 1 stellt das Verhältnis der entschädigungsrechtlichen Tatbestände der §§ 40 und 41 Abs. 1 zu denen des § 42 klar. Abs. 3 S. 2, Abs. 4 u. Abs. 5 verdeutlichen ebenso wie § 42 Abs. 2, 3 entsprechend den städtebaulichen Bedürfnissen die Sozialbindung des Grundeigentums (s. a. Vorbem. §§ 39–44, Rn 4). Abs. 3 S. 2 harmonisiert für alle Tatbestände durch eine Reduktionsklausel die Bemessung der Entschädigung. Abs. 4 schließt in Abstimmung mit dem Recht der städtebaulichen Sanierung bei bestimmten Mißständen Bodenwerte von der Entschädigung aus. Unter Rückgriff auf § 95 Abs. 2 Nr. 3 – Ausschluß des Verzögerungsgewinns – verpflichtet Abs. 5 dazu, bestimmte zeitlich bedingte Wertsteigerungen bei der Entschädigung nicht zu berücksichtigen. Zur Übertragbarkeit von Abs. 3 S. 2 und Abs. 4 auf die Enteignung durch Verwaltungsakt gem. §§ 85 ff. s. § 95, Rn 10. Zur entsprechenden Geltung einzelner Vorschriften des § 43 in zahlreichen anderen Entschädigungsfällen des BauGB s. Vorbem. §§ 39–44, Rn 3. Zur im wesentlichen redaktionellen Änderung der Vorschrift durch das BauGB und zur Entstehung der Vorgängervorschrift (§ 44b BBauG) s. Voraufl., Rn 1.

2 **2. Kommt es,** nachdem der Entschädigungsberechtigte seinen Anspruch gem. § 44 Abs. 3 rechtzeitig geltend gemacht hat, zu keiner Einigung zwischen den Beteiligten über die Entschädigung durch **Übernahme** des von einer Festsetzung (z. B. § 40 Abs. 2) oder einem Baugebot (§ 176 Abs. 4) betroffenen Grundstücks oder über die Entschädigung durch die **Begründung eines Rechts** (z. B. § 41 Abs. 1), so kann der Eigentümer die Entziehung des Eigentums oder die Begründung des Rechts verlangen (Abs. 1 S. 1). Der dahingehende Antrag ist bei der Enteignungsbehörde (§ 104) zu stellen (Abs. 1 S. 2). Gem. Abs. 1 S. 3 finden dann auf die Entziehung des Eigentums oder die Begründung des Rechts die für die Enteignung durch Verwaltungsakt gem. § 85 geltenden Vorschriften Anwendung, insbesondere die Entschädigungs- (§§ 93–103) und Verfahrensregelungen (§§ 104–122). Es findet dann „gewissermaßen ein Enteignungsverfahren mit umgekehrten Vorzeichen" statt mit dem Ziel, dem Entschädigungspflichtigen das Eigentum oder das Recht einzuräumen und ihm die dafür zu zahlende Entschädigung aufzuerlegen.

3. Kommt es, nachdem der Entschädigungsberechtigte seinen An- 3
spruch gem. § 44 Abs. 3 rechtzeitig geltend gemacht hat, zu keiner
Einigung zwischen den Beteiligten über die in **Geld** zu leistende
Entschädigung, so entscheidet die höhere Verwaltungsbehörde. Abs. 2
S. 1 beschränkt anders als § 44b Abs. 2 S. 1 BBauG die Kompetenz der
höheren Verwaltungsbehörde nicht darauf, nur die Höhe der Entschä-
digung festzusetzen. Im Streitfall ist es häufig notwendig, außer der
Frage der Höhe andere damit zusammenhängende Fragen, wie die der
Anspruchsvoraussetzungen und der Modalitäten der Zahlungen, durch
Verwaltungsakt zu entscheiden. Für die Entscheidung der höheren
Verwaltungsbehörde gilt die Kostenvorschrift des § 121 entsprechend
(Abs. 2 S. 2). Ebenfalls gelten für die Entscheidung der höheren Ver-
waltungsbehörde die Vorschriften über die Entschädigung durch Eig-
nungen durch Verwaltungsakt gem. § 85 (§§ 93–103). Wer höhere
Verwaltungsbehörde ist, bestimmt das Landesrecht (s. § 104, Rn 1,
§ 203, Rn 8). Aus einem unanfechtbaren zusprechenden Bescheid kann
gem. Abs. 2 S. 3 i. V. m. § 122 die Zwangsvollstreckung betrieben
werden. Die Anrufung der höheren Verwaltungsbehörde vor der Be-
schreitung des Rechtswegs stellt eine Sachurteilsvoraussetzung dar
(BGH, NJW 1976, 1264). Die Beteiligten haben es also nicht in der
Hand, auf die Anrufung der höheren Verwaltungsbehörde zu verzich-
ten oder diese durch Erlaß eines Widerspruchsbescheides der Gemeinde
zu ersetzen (OLG Frankfurt, NVwZ 1989, 398) und unmittelbar die
Baulandkammer anzurufen.

4. a) Deutlicher als § 44 Abs. 1 S. 1 Halbs. 1 BBauG a. F (dazu 4
BGHZ 50, 93) stellt Abs. 3 S. 1 klar, daß bei Vorliegen den tatbestand-
lichen Voraussetzungen des § 40 oder des § 41 Abs. 1 allein hieraus,
nicht aber aus dem insoweit **subsidiären** § 42 zu entschädigen ist.
Änderungen der Baugrenze, der Geschoß- und der Grundflächenzahl
können nach § 42 zu entschädigen sein (OLG Stuttgart, NJW 1976,
1696). Mangels Überschneidung bedurfte es keiner Klarstellung des
Verhältnisses von §§ 41 Abs. 2 u. 42. Zur Abgrenzung zu § 39 s.
Vorbem. §§ 39–44, Rn 2. Außerhalb des Planungsschadensrechts gere-
gelte Entschädigungsansprüche, z. B. § 21 Abs. 2, 3 oder landesgesetz-
liche Regelungen, z. B. bei Rücknahme oder Widerruf einer Baugeneh-
migung (z. B. §§ 48, 49 nwVwVfG, § 88 Abs. 1 rhpfBauO) bleiben
unberührt.

b) Abs. 3 S. 2 **harmonisiert** für alle Tatbestände des Planungsscha- 5
densrechts die Bemessung der Entschädigung. Aus Gründen der
Gleichbehandlung sind Wertminderungen, die in den Fällen des § 42
nicht zu entschädigen wären, auch in den Fällen der §§ 40, 41 nicht zu
berücksichtigen. Dadurch wird sichergestellt, daß die entschädigungs-
rechtliche Grundentscheidung des § 42 Abs. 2, 3 – Schutz nicht ausge-
übter Nutzungen nur innerhalb der 7-Jahres-Frist – auch innerhalb der
§§ 40, 41 gilt (s. a. Rn 1, § 42, Rn 2, 3).

6 **5. a)** Gem. Abs. 4 Nr. 1 sind **Bodenwerte nicht zu entschädigen,**
soweit sie darauf beruhen, daß die zulässige Nutzung auf dem Grund-
stück den **allgemeinen Anforderungen an gesunde Wohn- und Ar-
beitsverhältnisse** oder an die **Sicherheit** der auf dem Grundstück oder
im umliegenden Gebiet wohnenden oder arbeitenden Menschen nicht
entspricht. Die die Sozialpflichtigkeit (Art. 14 Abs. 2 GG) in ihrer
besonderen Ausprägung als Situationsgebundenheit zum Ausdruck
bringende Vorschrift erweitert die Regelung des § 44 Abs. 1 S. 2
BBauG a. F. (dazu BGHZ 64, 366; E 81, 374; E 48, 193) auf alle
planungsschadensrechtlichen Tatbestände. Die Schwelle bis zu der die
Nutzung den allgemeinen Anforderungen an gesunde Wohn- und
Arbeitsverhältnisse noch entspricht, ist „nicht allzuweit unterhalb der
Grenze zur Polizeigefahr anzusetzen" (BGHZ 81, 374/381; E 64, 366/
381; Rechtsgutachten Gewos, Zum Entschädigungsausschluß nach § 44
I 2 BBauG, 1965, Rn 76; s. a. Stich, GewArch 1979, 44; Schmidt-
Aßmann, DVBl. 1976, 172). Eine Nutzung entspricht den allgemeinen
Anforderungen auch, wenn den Wohn- und Arbeitsverhältnissen in
bescheidenerem Maße genügt ist, als das BauGB der Bauleitplanung
zum Ziele gesetzt hat (BGHZ 64, 366/380). Darauf, ob die zulässige
Nutzung aufgehoben oder nur geändert wird (dazu BGHZ 64, 366/
381), kommt es nicht mehr an. Bei der Prüfung, ob die zulässige
Nutzung den allgemeinen Anforderungen entsprach, sind die tatsächli-
chen Verhältnisse zugrundezulegen, wie sie sich nach den pla-
nungsrechtlichen Vorschriften zulässigerweise entwickelt haben. Miß-
stände, die unter Verletzung planungs- oder bauordnungsrechtlicher
Vorschriften entstanden sind, haben grundsätzlich außer Betracht zu
bleiben, es sei denn, daß sie mit Planungsmaßnahmen behoben werden
können (BGHZ 64, 366/378; Bielenberg aaO, Rn 65; Gewos-Gutach-
ten, Rn 68–70). Maßgeblicher Zeitpunkt für die Bestimmung der allge-
meinen Anforderungen ist der der Änderung der bisherigen Nutzung
(BGHZ 64, 366/379). Nach BGHZ 81, 379 liegt ein städtebaulicher
Mißstand i. S. v. Nr. 1 vor, wenn ein Sägewerk trotz seiner baulichen
Priorität schon bei seiner Ansiedlung gleichsam als „latenter" Störer
wegen seiner an die Schwelle der Polizeigefahr fast heranreichenden,
schädlichen Auswirkungen auf benachbarte Grundstücke mit der in
einem alten Mischgebiet zugelassenen gleichrangigen und gleichwerti-
gen Nutzung zu Wohnzwecken grundsätzlich unverträglich, gewisser-
maßen „fehl am Platze" war (s. a. Gewos-Gutachten, Rn 80).

7 **b)** Gem. Abs. 4 Nr. 2 sind Bodenwerte bei allen Tatbeständen des
Planungsschadensrechts nicht zu entschädigen, soweit sie darauf beru-
hen, daß in einem Gebiet **städtebauliche Mißstände** i. S. v. § 136 Abs. 2
und 3 bestehen und die Nutzung des Grundstücks zu diesen Mißstän-
den wesentlich beiträgt. § 136 Abs. 2, 3 unterscheiden ebenso wie
schon § 3 StBauFG zwei sich in der Praxis häufig überschneidende
städtebauliche Mißstände, die eine sogenannte **Substanzsanierung** aus-
lösenden ungesunden Wohn- und Arbeitsverhältnisse und die eine

sogen. **Funktionsschwächensanierung** auslösende mangelnde Funktionsfähigkeit eines Gebietes. Der erste Mißstand ist die eine städtebauliche Sanierungsmaßnahme, also die kostenintensivere Anwendung eines zeitlich und örtlich begrenzten Sonderrechts rechtfertigende, gebietsbezogene Fortentwicklung des § 44 Abs. 1 S. 2 BBauG a. F. = § 43 Abs. 4 Nr. 1. Diese Ausrichtung unterscheidet diesen Mißstand von dem des § 43 Abs. 4 Nr. 2, auch wenn dieser von einem grundstücksbezogenen Ausgangspunkt aus die Auswirkungen auf die im umliegenden Gebiet wohnenden oder arbeitenden Menschen einbezieht. Auch wenn ein eine Substanzsanierung rechtfertigender Mißstand in dem betreffenden Gebiet besteht, so ist der Entschädigungsausschluß nach Abs. 4 Nr. 2 nur gerechtfertigt, wenn zusätzlich die Nutzung des betroffenen Grundstücks zu diesem Mißstand wesentlich beiträgt. Diese, den Entschädigungsausschluß rechtfertigende, die Sozialpflichtigkeit (Art. 14 Abs. 2 GG) in ihrer besonderen Ausprägung als Situationsgebundenheit zum Ausdruck bringende Kausalität zwischen der bisherigen Nutzung und dem städtebaulichen Mißstand ist von noch größerer Bedeutung beim städtebaulichen Mißstand i. S. v. § 136 Abs. 2 Nr. 2, Abs. 3 Nr. 2 (dazu BVerwG, NVwZ 1985, 184; s. a. Krautzberger, BayVBl. 1972, 231). Denn die Feststellung der Funktionsfähigkeit des Gebietes, insbesondere im Bezug auf den fließenden und ruhenden Verkehr, die wirtschaftliche Situation und die Entwicklungsfähigkeit des Gebietes unter Berücksichtigung seiner Versorgungsfunktion im Verflechtungsbereich, die infrastrukturelle Erschließung des Gebiets, seine Ausstattung mit Grünflächen, Spiel- und Sportplätzen mit Anlagen des Gemeinbedarfs, insbesondere unter Berücksichtigung der sozialen und kulturellen Aufgaben im Verflechtungsbereich allein rechtfertigt den Entschädigungsausschluß für ein konkretes Grundstück nicht. Hinzu kommen muß die die Sozialpflichtigkeit in Gestalt der Situationsgebundenheit des konkreten Grundstücks verwirklichende, qualifizierte Kausalität: der wesentliche Beitrag des Grundstücks zu diesem Mißstand. Wegen dieses spezifisch grundstücksbezogenen Tatbestandsmerkmals ist es unzutreffend, den Entschädigungsausschluß im Fall der städtebaulichen Funktionsschwäche als einen exogen bestimmten eigentumsrechtlichen Sonderfall und als Gegenstück zur endogenen Situationsgebundenheit zu deklarieren (so aber Breuer, in: Schrödter, § 44b, Rn 20).

6. a) Um spekulative **Verzögerungsgewinne auszuschließen** (BT-Drs. 7/4793, S. 41, 99), bleiben nach Abs. 5 S. 1 Werterhöhungen unberücksichtigt, die nach dem Zeitpunkt eingetreten sind, in dem die Entschädigungsvoraussetzungen vorlagen, und der Entschädigungsberechtigte entweder in der Lage war, den Antrag auf Festsetzung der Entschädigung in Geld zu stellen oder ein angemessenes Angebot des Entschädigungspflichtigen abgelehnt hat. Maßgeblich ist also nicht der Zeitpunkt, in dem der Entschädigungsberechtigte seinen Antrag geltend macht.

8

9 **b)** Dasselbe Ziel wie S. 1 soll auch Abs. 5 S. 2 unter Verweisung auf
die Reduktionsklausel des § 95 Abs. 2 Nr. 3 für den Fall verwirklichen,
daß die Entschädigung statt in Geld durch **Übernahme eines Grund-
stücks** oder durch **Begründung eines Rechts** zu leisten ist. Wenn der
Entschädigungsberechtigte den Antrag auf Übernahme des Grund-
stücks oder Begründung eines geeigneten Rechts gestellt und der
Entschädigungspflichtige daraufhin ein angemessenes Angebot ge-
macht hat, so bleiben Werterhöhungen unberücksichtigt, die nach dem
Zeitpunkt eingetreten sind, in dem der Entschädigungsberechtigte das
Angebot hätte annehmen können, es sei denn, daß er Kapital oder
Arbeit für die Werterhöhungen aufgewendet hat (s. a. § 95, Rn 6).

§ 44 Entschädigungspflichtige, Fälligkeit und Erlöschen der Entschädigungsansprüche

(1) **Zur Entschädigung ist der Begünstigte verpflichtet, wenn er
mit der Festsetzung zu seinen Gunsten einverstanden ist. Ist ein
Begünstigter nicht bestimmt oder liegt sein Einverständnis nicht
vor, ist die Gemeinde zur Entschädigung verpflichtet. Erfüllt der
Begünstigte seine Verpflichtung nicht, ist dem Eigentümer gegen-
über auch die Gemeinde verpflichtet; der Begünstigte hat der Ge-
meinde Ersatz zu leisten.**

(2) **Dient die Festsetzung der Beseitigung oder Minderung von
Auswirkungen, die von der Nutzung eines Grundstücks ausgehen, ist
der Eigentümer zur Entschädigung verpflichtet, wenn er mit der
Festsetzung einverstanden war. Ist der Eigentümer aufgrund anderer
gesetzlicher Vorschriften verpflichtet, Auswirkungen, die von der
Nutzung seines Grundstücks ausgehen, zu beseitigen oder zu min-
dern, ist er auch ohne Einverständnis zur Entschädigung verpflich-
tet, soweit er durch die Festsetzung Aufwendungen erspart. Erfüllt
der Eigentümer seine Verpflichtungen nicht, gilt Absatz 1 Satz 3
entsprechend. Die Gemeinde soll den Eigentümer anhören, bevor sie
Festsetzungen trifft, die zu einer Entschädigung nach Satz 1 oder 2
führen können.**

(3) **Der Entschädigungsberechtigte kann Entschädigung verlan-
gen, wenn die in den §§ 39 bis 42 bezeichneten Vermögensnachteile
eingetreten sind. Er kann die Fälligkeit des Anspruchs dadurch her-
beiführen, daß er die Leistung der Entschädigung schriftlich bei dem
Entschädigungspflichtigen beantragt. Entschädigungsleistungen in
Geld sind ab Fälligkeit mit 2 vom Hundert über dem Diskontsatz der
Deutschen Bundesbank jährlich zu verzinsen. Ist Entschädigung
durch Übernahme des Grundstücks zu leisten, findet auf die Verzin-
sung § 99 Abs. 3 Anwendung.**

(4) **Ein Entschädigungsanspruch erlischt, wenn nicht innerhalb
von drei Jahren nach Ablauf des Kalenderjahrs, in dem die in Ab-**

satz 3 Satz 1 bezeichneten Vermögensnachteile eingetreten sind, die
Fälligkeit des Anspruchs herbeigeführt wird.

(5) In der Bekanntmachung nach § 12 ist auf die Vorschriften des
Absatzes 3 Satz 1 und 2 sowie des Absatzes 4 hinzuweisen.

1. Die Absätze 1 u. 2 bestimmen wie vormals § 44a BBauG für alle **1**
Tatbestände des Planungsschadensrechts den **Entschädigungspflichti-
gen. Primär Entschädigungspflichtiger** ist die ihre Planungshoheit
ausübende Gemeinde – Abs. 1 S. 1 –, wenn nicht aufgrund besonderer
Regelung – Abs. 1 S. 1, Abs. 2 – die Entschädigungspflicht den Begün-
stigten trifft. Für den Sonderfall der Festsetzungen zur Beseitigung oder
Minderung von Emissionen führt Abs. 2 das Veranlasserprinzip ein.
Nach den primär Entschädigungspflichtigen ist die Gemeinde immer
sekundär Entschädigungspflichtiger (Abs. 1 S. 3, Abs. 2 S. 3). Die
differenzierte Regelung des Entschädigungspflichtigen trägt den Be-
sonderheiten der verschiedenen Tatbestände des Planungsschadens-
rechts Rechnung. Die Abs. 3 und 4 regeln wie vormals § 44c Abs. 1, 2
BBauG für **alle Tatbestände des Planungsschadensrechts** im Interesse
der Rechtssicherheit Entstehung, Fälligkeit und Verzinsung (Abs. 3)
sowie Erlöschen (Abs. 4) der Entschädigungsansprüche. Zum Schutz
der Anspruchsberechtigten verpflichtet Abs. 5 die Gemeinde, anläßlich
der Bekanntmachung der Genehmigung des Bebauungsplanes auf Ent-
stehung, Fälligkeit und Erlöschen von Entschädigungsansprüchen hin-
zuweisen. Zur analogen Anwendung von § 44 auf andere Entschädi-
gungstatbestände s. Vorbem. §§ 39–44, Rn 3.

2. a) Die Entschädigungspflicht des **Begünstigten** entsteht, wenn **2**
eine ändernde oder aufhebende Festsetzung i. S. d. §§ 39, 40, 41, 42 eine
natürliche oder juristische Person begünstigt, diese Person als Begün-
stigter bestimmt ist und sich mit der Festsetzung zu ihren Gunsten
einverstanden erklärt hat (Abs. 1 S. 1; s. a. § 94 Abs. 2). Erfolgt eine
Festsetzung allein im Interesse der Allgemeinheit, wie z. B. i. d. R. in
den Fällen des § 40 Abs. 1 Nr. 1, 2, 5–7, 13, 14 oder des § 42, so ist kein
Begünstigter bestimmt, selbst wenn eine Person durch die Festsetzung
tatsächlich wirtschaftliche Vorteile hat. Begünstigter kann auch ein

Mieter oder Pächter sein (Pohl, in: Kohlhammer-Komm., § 44a, Rn 13). Das Einverständnis des Begünstigten muß nicht ausdrücklich, sondern kann konkludent, z. B. während des Planaufstellungsverfahrens oder in Vollzug der Festsetzungen erteilt werden (Gaentzsch, in: BK, § 44, Rn 3; a. A. Breuer, in: Schrödter, § 44a, Rn 4; Bielenberg, in: E/Z/B, § 44, Rn 10; Voraufl.).

3 **b)** Wenn weder der Begünstigte nach Abs. 1 S. 1 (Rn 2) noch der Veranlasser nach Abs. 2 (Rn 4) zur Entschädigung verpflichtet ist, so ist die **Gemeinde** Entschädigungspflichtiger (Abs. 1 S. 2). Außer dieser primären und alleinigen Entschädigungspflicht obliegt der Gemeinde eine zusätzliche sekundäre Entschädigungspflicht nach Abs. 1 S. 3 bzw. Abs. 2 S. 3, wenn der primär verpflichtete Begünstigte (Abs. 1 S. 1) oder der primär verpflichtete Veranlasser (Abs. 2 S. 1) ihre Verpflichtung nicht erfüllen. Das ist der Fall, wenn die primär Verpflichteten sich ernsthaft und nachhaltig weigern, die Entschädigung zu leisten. Einer Klage des Enteignungsbegünstigten bedarf es nicht. Leistet die Gemeinde für den primär Verpflichteten die Entschädigung, so hat sie gegen diesen einen vor dem Baulandgericht (§ 217) einklagbaren Erstattungsanspruch.

4 **c)** Wenn die einen Tatbestand des Planungsschadensrechts verwirklichende Festsetzung der Beseitigung oder Minderung von Auswirkungen dient, die von der Nutzung eines Grundstücks ausgehen, z. B. § 9 Abs. 1 Nr. 24, so ist der Eigentümer dieses Grundstücks als **Veranlasser** primär entschädigungspflichtig, wenn er mit der Festsetzung einverstanden war (Abs. 2 S. 1). Es genügt ein Einverständnis nach Festsetzung (Bielenberg, in: E/Z/B, § 44, Rn 20; a. A. Gaentzsch, aaO, Rn 6). Auch ohne Einverständnis ist der veranlassende Eigentümer primär Entschädigungspflichtiger, wenn er aufgrund anderer gesetzlicher Vorschriften, z. B. §§ 4 ff. BImSchG, verpflichtet ist, Auswirkungen, die von der Nutzung eines Grundstücks ausgehen, zu beseitigen oder zu mindern, und zwar bis zu der Höhe, in der er durch die Festsetzung Aufwendungen erspart (Abs. 2 S. 2). Für einen etwaigen Rest ist die Gemeinde nach Abs. 1 S. 2 primär entschädigungspflichtig. Nach Abs. 2 kann nur der Eigentümer entschädigungspflichtig sein, nicht ein Mieter oder Pächter, der die emittierende Nutzung ausübt. Erfüllt der den Tatbestand des Abs. 2 S. 1 oder 2 verwirklichende Eigentümer seine Entschädigungspflicht nicht, so ist zusätzlich die Gemeinde sekundär entschädigungspflichtig (Abs. 2 S. 3). Zu den Voraussetzungen und zur Erstattung s. Rn 3.

5 **3.** Abs. 3 S. 1 stellt lediglich die **Entstehung** (= „kann verlangen") **eines Entschädigungsanspruchs** klar. Der Anspruch entsteht nur, wenn die in den einzelnen Tatbeständen des Planungsschadensrechts geregelten Voraussetzungen erfüllt sind. Im Normalfall der Entstehung eines Planungsschadens – zu Ausnahmen wie der Änderung oder Aufhebung einer Nutzung durch einen Verwaltungsakt s. § 42, Rn 5 – können Vermögensnachteile frühestens mit Inkrafttreten des Bebauungsplanes

entstehen. Möglich ist aber auch, daß die Auswirkungen erst später spürbar werden (s. z. B. § 42, Rn 8).

4. Der entstandene Anspruch wird gem. Abs. 3 S. 2 dadurch **fällig**, **6** daß der Entschädigungsberechtigte die Leistung der Entschädigung schriftlich (analog § 126 BGB) beim Entschädigungspflichtigen (Rn 1–3) beantragt. Kommt es zu keiner Einigung, ist nach § 43 Abs. 1 u. 2 zu verfahren. Hat der Entschädigungsberechtigte statt beim Entschädigungpflichtigen z. B. bei der Enteignungsbehörde die Entschädigung beantragt, so ist der Antrag unzulässig, es sei denn, der Entschädigungspflichtige hat ausdrücklich eine Entschädigung bereits abgelehnt (Gaentzsch, in: Berliner Komm., § 44, Rn 16). Die Verpflichtung der Behörde, den Antragsteller darauf hinzuweisen (§ 25 VwVfG), daß er den Antrag an den Entschädigungspflichtigen zu richten hat, darf nicht zu einer Umgehung der Einigung zwischen den Beteiligten mißdeutet werden.

5. Ab Fälligkeit sind Entschädigungsleistungen in Geld mit 2 % über **7** dem jeweiligen Diskontsatz der Deutschen Bundesbank jährlich zu **verzinsen** (Abs. 3 S. 3). Ist die Entschädigung durch Übernahme eines Grundstücks zu leisten, so ist gem. Abs. 3 S. 4 i. V. m. § 99 Abs. 3 S. 1 die Verzinsung von dem Zeitpunkt an zu gewähren, ab dem die Enteignungsbehörde über den Übernahmeantrag bzw. den Antrag auf Belastung des Grundstücks entscheidet (Gaentzsch aaO, Rn 17; Bielenberg, in: E/Z/B, § 44, Rn 42; a. A. Breuer, in: Schrödter, § 44, Rn 3). Im insoweit praktisch seltenen Fall einer vorzeitigen Besitzeinweisung ist anstelle des Zeitpunkts der Entscheidung der Enteignungsbehörde der Zeitpunkt maßgebend, in dem die Besitzeinweisung wirksam wird (§ 99 Abs. 3 S. 2).

6. Stellt der Entschädigungsberechtigte nicht innerhalb von drei **8** Jahren nach Ablauf des Kalenderjahres, in dem ein Entschädigungsanspruch wegen Planungsschadens entstanden ist (s. Rn 5), beim Entschädigungspflichtigen den schriftlichen Antrag auf Leistung der Entschädigung (Rn 6), so erlischt der Entschädigungsanspruch (Abs. 4). Das **Erlöschen** des Anspruchs gem. Abs. 4 ist anders als eine Verjährung im Verfahren vor der Enteignungsbehörde oder dem Baulandgericht von Amts wegen, also nicht erst aufgrund einer Einrede zu beachten. Die 3-Jahres-Frist setzt ein, sobald ein Tatbestand des Planungsschadensrechts erfüllt ist. Sie läuft auch dann ab, wenn der Schaden Dauerwirkung hat. Tritt bei laufender Frist ein zusätzlicher Planungsschaden ein, so entspricht es dem von Abs. 4 bezweckten Schutz der Gemeinde vor unkalkulierbaren Forderungen wegen Planungsschäden, daß nur für diesen Mehrschadensanspruch eine neue Frist läuft. Hat der Entschädigungsberechtigte den Antrag gegenüber dem primär Entschädigungspflichtigen gestellt (Rn 1), so erlischt nach Ablauf der 3-Jahres-Frist der Anspruch gegenüber der sekundär entschädigungspflichtigen Gemeinde (Rn 3) nicht. Gegenüber der Gemeinde läuft aber in analoger Anwendung des Abs. 4 die 3-Jahres-Frist ab Ablauf des Kalenderjahres,

in dem die Nichterfüllung seitens des primär Entschädigungspflichtigen bei verständiger Würdigung erkennbar war (Breuer, in: Schrödter, § 44 c, Rn 7). Ist ein Übernahmeanspruch (§ 40) nach Abs. 4 erloschen, so bedeutet dies nur, daß der Eigentümer nicht mehr die Entziehung des Eigentums verlangen kann. Bei einer späteren, ggf. zwangsweisen Verwirklichung der Planfestsetzungen können die Entschädigungsansprüche voll durchgesetzt werden (Reisnecker, BayVBl. 1981, 489). Die Frist des Abs. 4 gilt nicht für den beantragten und fällig gewordenen Entschädigungsanspruch. Dieser verjährt analog § 195 BGB nach 30 Jahren.

9 **7.** Im Hinblick auf die „sehr differenzierten Regelungen des Planungsschadensrechts" hielt es der Bundestagsausschuß für Raumordnung, Bauwesen und Städtebau zum Schutze der Bürger für erforderlich, die **Hinweispflicht** des Abs. 5 einzufügen (BT-Drs. 7/4793, S. 41). Die Gemeinde ist verpflichtet, in der Bekanntmachung der Genehmigung des Bebauungsplans (§ 12) auf die Vorschriften des Abs. 3 S. 1 u. 2 sowie des Abs. 4 hinzuweisen. Dem Schutzzweck des Abs. 5 genügt es nicht, lediglich auf die genannten Vorschriften hinzuweisen. Die Fassung – Auf die Vorschriften des § 44 Abs. 3 Sätze 1 u. 2 des BauGB über die Geltendmachung von Planungsentschädigungsansprüchen durch Antrag an den Entschädigungspflichtigen (vgl. § 43 BauGB) im Falle der in den §§ 39–42 BauGB bezeichneten Vermögensnachteile und auf das nach § 44 Abs. 4 mögliche Erlöschen der Ansprüche, wenn der Antrag nicht innerhalb der Frist von drei Jahren gestellt ist, wird hingewiesen. – genügt (so Pohl, in: Kohlhammer-Komm., BBauG, § 44 c, Rn 13). Unterbleibt der Hinweis, so beginnt die Erlöschensfrist des Abs. 4 nicht zu laufen. Der Verfahrensfehler berührt die Wirksamkeit des Bebauungsplans hingegen nicht.

Vierter Teil. Bodenordnung

Vorbemerkung zu den §§ 45 bis 84

I. Der Bebauungsplan setzt die zulässige Nutzung unabhängig von **1** den vorgegebenen Grundstücksgrenzen fest. Sein Inkrafttreten ändert die Grundstücksgrenzen nicht, so daß eine Planverwirklichung nicht möglich ist, wenn nicht die Grundstücke mehr oder weniger zufällig den Festsetzungen des Bebauungsplans entsprechen. Häufig ist es daher erforderlich, den Zuschnitt der Grundstücke so zu ändern, daß eine planentsprechende Bebauung und Erschließung möglich wird. Dies ist **Aufgabe** der im Vierten Teil des Ersten Kapitels geregelten Verfahren zur Bodenordnung. Die Vorschriften sind bewährt und in der Praxis wenig streitbefangen. Das Baugesetzbuch hat keine grundlegenden Änderungen vorgenommen (vgl. Überblick in der 2. Aufl., Rn 2).

1. Das vom Baugesetzbuch hauptsächlich für die Bodenordnung **2** vorgesehene Verfahren ist die **Umlegung**. Bei ihr werden unter der Verfahrensherrschaft der Gemeinde die Grundstücke in einem Bebauungsplangebiet so gestaltet und unter den Eigentümern getauscht, daß Grundstücke entstehen, die nach den Festsetzungen des Bebauungsplans genutzt werden können. Für örtliche Verkehrs- und Grünanlagen sowie für vergleichbare Zwecke festgesetzte Flächen werden vorab der Gemeinde oder dem sonstigen Erschließungsträger zugeteilt. Sonstige Flächen, die für öffentliche Zwecke vorgesehen sind, können dem Bedarfsträger dagegen nur dann vorab zugeteilt werden, wenn entsprechendes Ersatzland in das Umlegungsverfahren eingebracht wird.

3 2. Sind nur kleinere Grenzkorrekturen erforderlich, um eine ordnungsgemäße Bebauung zu ermöglichen oder baurechtswidrige Zustände zu beseitigen, so bedarf es hierzu nicht einer Umlegung. Die Gemeinde kann vielmehr durch einfachen Beschluß eine **Grenzregelung** nach §§ 80 bis 84 herbeiführen.

4 3. Aufgrund der rein ordnenden Funktion der Umlegung auf der Grundlage von Verteilungsentscheidungen, die bereits im Bebauungsplan enthalten sind, leistet die Umlegung einen „**phasenspezifischen Beitrag**" (so Schmidt-Aßmann, DVBl. 1982, 152/153) **zur Planverwirklichung**. Prägend für das Verfahren sind folgende Gesichtspunkte:

5 **a)** Zwar wird die Umlegung durch einen Verwaltungsakt, also durch eine einseitige hoheitliche Regelung, abgeschlossen, doch kann das Verfahren nur dann erfolgreich durchgeführt werden, wenn eine **intensive Betroffenenbeteiligung** durchgeführt wird. Auf diese vertrauensvolle Zusammenarbeit zwischen Gemeinde oder einem von ihr gebildeten selbständigen Umlegungsausschuß und den im Umlegungsgebiet zusammengeschlossenen Eigentümern kommt es letztlich für das Gelingen einer Umlegung entscheidend an. Solcherlei Partizipation wurde daher bei der Umlegung schon immer praktiziert, obwohl sie im Gesetz gar nicht ausdrücklich geregelt ist.

6 **b)** Weitere Voraussetzung für eine zügige Durchführung der Umlegung ist die auf dem Gedanken der **Solidargemeinschaft** beruhende **Gleichbehandlung und Gleichbelastung** aller Eigentümer im Umlegungsgebiet. Nur die Gewährleistung dieses Prinzips erhält die Mitwirkungsbereitschaft aller Eigentümer. Im übrigen verdeutlicht der Gedanke der Solidargemeinschaft, daß bei der Umlegung noch im Sinne des alten Nachbarrechts private und öffentliche Interessen nicht voneinander geschieden und für die Bebauung notwendige Maßnahmen nicht als hoheitliche Eingriffe verstanden werden, sondern als selbstverständliche und von allen getragene Korrektive (Schmidt-Aßmann, DVBl. 1982, 152/156).

7 **c)** Weiter wird das Wesen der Umlegung bestimmt durch den Gedanken der **Bestandserhaltung und -verbesserung.** Alle Eigentümer erhalten nach Abschluß der Umlegung im Grundsatz zumindest Land im Wert des von ihnen eingebrachten Lands; in der Regel erhalten sie jedoch – gegen Leistung eines Vorteilsausgleichs – sogar wertvolleres Land, da sie in der Regel eine größere Fläche z. B. vormaligen Ackerlands gegen eine – wenn auch kleinere – Fläche Bauland tauschen. Rechtsbegrifflich setzt sich ihr Eigentum ohne förmlichen Rechtsübergang an den neuen Grundstücken fort (Prinzip der **Surrogation**), so daß zum Beispiel dingliche Rechte im Prinzip aufrechterhalten bleiben.

8 **d)** Insofern die Umlegung dazu dient, eine plangemäße Bebauung zu ermöglichen, liegt sie im öffentlichen Interesse. Da jedoch die Eigentümer durch die Umlegung wertvolleres Land, nämlich Bauland statt bisher nicht oder nur schlecht zu bebauenden Lands, erhalten, liegt

eine Interessengleichrichtung zwischen der öffentlichen Hand und den privaten Grundstückseigentümern vor: Letztlich wird also die Umlegung geprägt durch das Element der **Privatnützigkeit** (Schmidt-Aßmann, DVBl. 1982, 152/155).

4. Bei der Umlegung verliert der Eigentümer in der Regel sein **9** konkretes Stück Land und erhält dafür ein anderes oder zumindest anders geschnittenes Grundstück zurück. Gleichwohl regelt das BauGB das Institut der Umlegung in zulässiger Weise als **Inhaltsbestimmung des Eigentums** nach Art. 14 Abs. 1 Satz 2 GG (BGH, NVwZ 1982, 148; vgl. schon BVerwGE 1, 225/227 f.; Nachweise auch gegenteiliger Auffassungen in BVerwG, U. v. 22. 3. 1990, NVwZ 1990, 2399). In der Umlegung liegt deswegen prinzipiell keine Enteignung, weil sie, wie dargestellt, letztlich eigentümernützig ist und daher der Privatnützigkeit des Eigentums korrespondiert. Die Umlegung greift damit zwar in den Eigentumsbestand ein, formt ihn aber im Interesse des Eigentümers um. Sie ist daher ein vorrangig einzusetzendes Instrument der Planverwirklichung. Gegenüber der Enteignung ist sie in der Regel das wesentlich mildere Mittel, da sie auf Kooperation und Bestandserhaltung statt auf Konfrontation und Wegnahme gegen Entschädigung wie die Enteignung gerichtet ist. Einzelne Eingriffe mit enteignender Wirkung im Rahmen der Umlegung verändern den Charakter des Instituts der Umlegung als eigentumsinhaltsbestimmende Maßnahme nicht (hierzu BGHZ 27, 15/24 f.).

5. Auf der anderen Seite greift die Gemeinde mit der gesetzlichen **10** Umlegung in die Verfügungsbefugnis und Verfügungsfreiheit der Grundstückseigentümer des Umlegungsgebiets ein, da sie ihnen für den notwendigen Grundstückstausch die Verfahrensherrschaft nimmt. Grundsätzlich aber überläßt das BauGB die Initiative für die Planverwirklichung den privaten Grunstückseigentümern. Auch die Umlegung darf daher nur dann angeordnet werden, wenn sie **erforderlich** ist. Daran fehlt es z. B., wenn die Eigentümer sich freiwillig auf eine den Planerfordernissen entsprechende Bodenordnung einigen (freiwillige Umlegung; hierzu § 46, Rn 5 f.).

6. Der gesetzlichen Umlegung und – vor allem in Baden-Württem- **11** berg – der freiwilligen Umlegung kommt für die Bereitstellung von Bauland eine **erhebliche Bedeutung** zu. Nähere Angaben hierzu im Baulandbericht des Bundesministers für Raumordnung, Bauwesen und Städtebau (Schriftenreihe „Städtebauliche Forschung" des BMBau, 1983, Heft 03.100, S. 63 f., 77 ff.). Zur historischen Entwicklung des Umlegungsrechts vgl. Ernst/Otte, in: E/Z/B, Vorb. §§ 45 bis 84, Rn 2 ff.

II. Die gesetzliche Regelung der Umlegung und entsprechend auch **12** das **Verfahren der Umlegung** lassen sich in **drei Abschnitte** einteilen: Am Anfang stehen **Anordnung und Einleitung** der Umlegung (**Einleitungsverfahren;** hierzu unten, Rn 13). Danach folgt die eigentliche **Durchführung** des Grundstückstauschs auf der Grundlage der gesetzli-

chen Regelung der Verteilungsgrundsätze (**Verteilungsverfahren;** dazu unten, Rn 14, und § 55, Rn 1 ff.). Ihren Abschluß findet die Umlegung im **Umlegungsplan** und der durch ihn bewirkten Änderung des alten Rechtszustands (**Abschlußverfahren;** vgl. unten, Rn 15, und § 66, Rn 1 ff.).

13 1. Die Umlegung wird **von der Gemeinde angeordnet,** wenn sonst ein Bebauungsplan nicht oder nur schleppend verwirklicht werden kann. **Durchgeführt** wird die Umlegung nach dem Sprachgebrauch des BauGB von der **Umlegungsstelle,** in der Regel einer gegenüber der Gemeinde unabhängigen Stelle. Dies ist zumeist ein bei der Gemeinde gebildeter Umlegungsausschuß, kann aber auch eine sonstige geeignete Behörde, z. B. die Flurbereinigungsbehörde sein (§ 46 Abs. 2 Nr. 5 und Abs. 4). In Hessen und Bremen führen die Gemeinden die Umlegung selbst durch. Der die Durchführung einleitende **Umlegungbeschluß** (§ 47) ist ortsüblich bekanntzumachen (§ 50). Er hat das Umlegungsgebiet zweckmäßig zu begrenzen (§ 52). Die Eigentümer und die Inhaber von Rechten an Grundstücken im Umlegungsgebiet sowie die Gemeinde und die Bedarfs- und Erschließungsträger für das Umlegungsgebiet sowie ihre Rechtsnachfolger sind an der Umlegung zu beteiligen (§§ 48 und 49). Die im einzelnen im Umlegungsgebiet bestehenden Rechtsverhältnisse werden in einer **Bestandskarte** und einem **Bestandsverzeichnis** umfassend aufgeführt (§ 53). In die Grundbücher der umzulegenden Grundstücke wird zur Sicherung der im Umlegungsgebiet bestehenden **Verfügungs- und Veränderungssperre** (§ 51) und allgemein zum Schutz des Rechtsverkehrs ein **Umlegungsvermerk** (§ 54) eingetragen.

14 2. Nach welchen Grundsätzen die **Grundstücke** und sonstigen Rechte im Umlegungsgebiet unter den Berechtigten zu **verteilen** und welche **Geldleistungen** zum Ausgleich von den durch die Umlegung bewirkten Vorteilen oder auch Nachteilen zu erbringen sind, regelt das Gesetz in §§ 55 bis 65 (hierzu den **Überblick bei § 55,** Rn 1 ff.).

15 3. Schließlich sind in §§ 66 bis 79 die zum **Abschluß der Umlegung** führenden Verfahrensschritte geregelt (hierzu **Überblick bei § 66,** Rn 1 ff.). Dies ist insbesondere die Aufstellung und Bekanntmachung der Unanfechtbarkeit des **Umlegungsplans,** die Art und Weise des Eintritts des neuen Rechtszustands sowie Möglichkeiten **vorzeitiger Entscheidungen** und **Kostenregelungen.** Umfassende Darstellungen des Umlegungsrechts finden sich bei Dieterich und Rothe (hierzu anhand aktueller Probleme des Umlegungsrechts etwa Kirchberg, VBlBW 1986, 401 ff., 1987, 81 ff.); vgl. auch die Darstellung von Numberger, BayVBl. 1988, 737 ff.

Erster Abschnitt. Umlegung

§ 45 Zweck der Umlegung

(1) **Im Geltungsbereich eines Bebauungsplans können zur Erschließung oder Neugestaltung bestimmter Gebiete bebaute und unbebaute Grundstücke durch Umlegung in der Weise neugeordnet werden, daß nach Lage, Form und Größe für die bauliche oder sonstige Nutzung zweckmäßig gestaltete Grundstücke entstehen.**

(2) **Das Umlegungsverfahren kann eingeleitet werden, auch wenn ein Bebauungsplan noch nicht aufgestellt ist. In diesem Fall muß der Bebauungsplan vor dem Beschluß über die Aufstellung des Umlegungsplans (§ 66 Abs. 1) in Kraft getreten sein.**

Übersicht

1. a) Eine Umlegung kann – vorbehaltlich der vorzeitigen Einleitung nach Abs. 2 – nicht nur im **Geltungsbereich eines qualifizierten Bebauungsplans** im Sinne des § 30 Abs. 1 durchgeführt werden, sondern **auch im Geltungsbereich eines einfachen Bebauungsplans** nach § 30 Abs. 2 (hierzu Numberger, BayVBl. 1988, 737 f.). In unbeplanten Gebieten nach §§ 34 oder 35 bleibt die Umlegung allerdings ausgeschlossen (hierzu Mainczyk, DÖV 1986, 995/996). Grund für diese Beschränkung ist die Auffassung des Gesetzgebers, daß nur ein Bebauungsplan hinreichend genaue Festlegungen enthält, um eine Basis für eine Neugestaltung der Grundstücke und Neubestimmung der erforderlichen Rechte abzugeben. Die Umlegung ist damit ein Stück weit an die Grenzregelung und Enteignung, der sie als milderes Mittel im Regelfall vorgehen soll, angeglichen worden, die beide ebenfalls in Gebieten eines einfachen Bebauungsplans, darüber hinaus aber auch in Gebieten nach § 34 zulässig sind. 1

Die Umlegung dient der **Verwirklichung eines Bebauungsplans.** Das ist aber nicht schematisch im Sinne einer einseitigen Abhängigkeit der Umlegung vom Bebauungsplan zu verstehen. Vielmehr besteht 2

eine **Wechselwirkung zwischen Planung und Planverwirklichung.**
Daher hat die Gemeinde bereits bei ihrer Planung mögliche Ergebnisse
einer Bodenordnung zu berücksichtigen (vgl. auch BGH, U. v.
12. 3. 1987, DVBl. 1987, 898/900). So ist vor allem im Rahmen der
Abwägung der privaten Belange untereinander schon bei der Planung
darauf Bedacht zu nehmen, daß bei der Festsetzung von Verkehrsflä-
chen für Erschließungszwecke die beteiligten Eigentümer möglichst
gleich belastet werden. So darf z. B. ein notwendiger Wendehammer
nicht ohne weiteres allein zu Lasten eines einzelnen Grundstücks festge-
setzt werden. Vielmehr ist die Möglichkeit der Umlegung – hier
entsprechend den Prinzipien einer sog. Unternehmensflurbereinigung
nach §§ 87 ff. FlurbereinigungsG – bei der planerischen Abwägung
mitzubedenken (BGHZ 67, 320/327 f.; vgl. Kröner, ZfBR 1979, 5 f.;
auch VGH Mannheim, BauR 1982, 160 f.).

3 **b)** Dieser Wechselwirkung zwischen Umlegung und planerischer
Abwägung bei der Aufstellung des Bebauungsplans kann am besten
entsprochen werden, wenn während der Umlegung der Bebauungs-
plan noch nicht rechtskräftig ist (hierzu Dieterich, Rn 90 f.). **Abs. 2
Satz 1** sieht daher eine sog. **vorzeitige Anordnung und Einleitung** des
Umlegungsverfahrens vor, nämlich bereits dann, wenn der Bebau-
ungsplan noch nicht aufgestellt ist. Zwar wird in Abs. 2 Satz 1 das Wort
„einleiten" verwendet, das bei strenger Auslegung auf die Einleitung
der Umlegung durch den Umlegungsbeschluß nach § 47 verweist.
Doch folgt aus der Stellung der Vorschrift vor der Anordnung der
Umlegung durch die Gemeinde nach § 46 Abs. 1 und aus ihrem Sinn-
gehalt, mit einer Umlegung bereits vor Aufstellung des Bebauungs-
plans beginnen zu können, daß hier sowohl Anordnung als auch
Einleitung der Umlegung gemeint sind. Erforderlich ist jedoch nach
Satz 2, daß der Bebauungsplan vor dem Beschluß über die Aufstellung
des Umlegungsplans nach § 66 Abs. 1 in Kraft tritt. Daraus folgt, daß
nicht nur Anordnung und Einleitung, sondern **auch die übrigen Ver-
fahrensschritte** außer dem das Verfahren abschließenden Beschluß nach
§ 66 Abs. 1 vor der Aufstellung des Bebauungsplans erfolgen können
(vgl. auch Ernst/Otte, in: E/Z/B, § 45, Rn 17).

4 Abs. 2 Satz 2 bestimmt nur, daß die Umlegung „eingeleitet" werden
kann, bevor ein rechtskräftiger Bebauungsplan vorliegt; er regelt aber
nicht, zu welchem **frühesten Zeitpunkt** mit der Umlegung begonnen
werden kann. Da die Umlegung der Verwirklichung des Bebauungs-
plans dient (vgl. oben, Rn 2), also planakzessorisch ist, kann nicht
bereits eine Umlegung angeordnet werden, wenn mit der Aufstellung
eines Bebauungsplans noch nicht begonnen wurde. Die Anordnung
der Umlegung setzt daher das Vorliegen zumindest eines **Aufstellungs-
beschlusses** für den Bebauungsplan voraus. Da dieser ebenso wie die
Anordnung der Umlegung von der Gemeinde zu erlassen ist, können
Aufstellungsbeschluß und Anordnung der Umlegung zeitlich zusam-
mengefaßt werden (vgl. auch Stahnke/Schriever, in: Kohlhammer-

Komm. zum BBauG, § 52, Rn 6). Wegen der Wechselbezüglichkeit von Bebauungsplan und Umlegung (vgl. oben, Rn 2) ist nicht erforderlich, daß bereits bei Beginn der Umlegung ein Planentwurf vorhanden ist. Es genügt regelmäßig, wenn verläßlich festgelegte planerische Vorstellungen bestehen, die hinreichend sicher erkennen lassen, daß eine Umlegung erforderlich ist (BGH, U. v. 12. 3. 1987, DVBl. 1987, 898/899 f.; kritisch hierzu Numberger, BayVBl. 1988, 737/738 f.). Gefährdet die Umlegung aber die Existenz eines landwirtschaftlichen Betriebes, so ist ihm gegenüber die Einleitung der Umlegung erst zulässig, wenn Grenzen und Nutzung der zuzuteilenden Grundstücke annähernd erkennbar sind (BGH, aaO, S. 900 f.; zurückhaltend hierzu Otte, ZfBR 1987, 263/264).

Da maßgeblicher Zeitpunkt für das Vorliegen eines rechtskräftigen **5** Bebauungsplans der Beschluß über die Aufstellung des Umlegungsplans nach § 66 Abs. 1 ist, scheitert die Umlegung auch nicht daran, daß sie auf der Grundlage eines **unwirksamen Bebauungsplans angeordnet oder eingeleitet** worden ist, wenn nur bis zu dem genannten Zeitpunkt die Heilung der Fehler durchgeführt oder unter Umständen ein neuer Bebauungsplan aufgestellt worden ist. Die Umlegung ist also nicht von einem bestimmten Bebauungsplan, sondern nur davon abhängig, daß **ein** Bebauungsplan bis zur Auslegung der Umlegungskarte wirksam ist (BGHZ 49, 317/322; NJW 1974, 947 f.; BRS 34, Nr. 106; BayVBl. 1984, 505 f. m. krit. Anm. Jäde, der die Einleitung der Umlegung nur dann für rechtmäßig hält, wenn zumindest ein städtebauliches Konzept vorliegt, das die Verfügungs- und Veränderungssperre des § 51 trägt).

Beruht der **Umlegungsplan** dagegen auf einem **unwirksamen Be-** **6** **bauungsplan,** so ist auch er unwirksam (BGHZ 66, 322/331; BauR 1981, 540/541, und 1982, 236/237). Ist aber der Umlegungsplan, der als Verwaltungsakt ergeht, bestandskräftig geworden, so führt die Nichtigerklärung eines Bebauungsplans zwar zu seiner Fehlerhaftigkeit, nicht aber notwendig zu seiner Nichtigkeit. Diese träte nur ein bei einem besonders schwerwiegenden und offenkundigen Fehler, § 44 VwVfG (VGH Mannheim, BauR 1982, 348/350).

2. a) Hauptfall der Umlegung ist die sog. **Erschließungsumlegung.** **7** Sie wird in einem bisher unbebauten Gebiet durchgeführt und dient dazu, dieses Land für die Erschließung und **Neubebauung** zu ordnen.

b) Die Umlegung kann aber auch als sog. **Neuordnungsumlegung** **8** bereits bebaute Gebiete erfassen. Dies hat besonders Bedeutung für förmliche **Sanierungsmaßnahmen** nach dem Ersten Teil des Zweiten Kapitels oder für sonstige **Erneuerungsmaßnahmen,** in denen z. B. ein kleinteiliger Grundstückszuschnitt so neugeordnet werden soll, daß eine modernen Bedürfnissen entsprechende Bebauung möglich wird.

Erschließungs- und Neuordnungsumlegung folgen nach dem **9** BauGB **denselben Grundsätzen.** Wird jedoch eine Neuordnungsumle-

gung im förmlichen festgelegten Sanierungsgebiet durchgeführt, so ist
die Flächenumlegung nach § 58 ausgeschlossen und gelten für die
Wertermittlung die sich aus den besonderen sanierungsrechtlichen Vor-
schriften der §§ 152 bis 156, sofern sie zur Anwendung kommen
(hierzu Anmerkungen zu § 142 Abs. 4) ergebenden Besonderheiten
(hierzu § 57, Rn 33 ff.).

10 **3. a)** Die Umlegung ist nur zulässig, wenn sie zumindest in der
Hauptsache das Ziel verfolgt, die **Grundstücke** für eine planentspre-
chende Nutzung nach Lage, Form und Größe **zweckmäßig zu gestal-
ten.** Geht es der Gemeinde lediglich darum, die Rechte an den Grund-
stücken neu zu ordnen, ohne die Grundstücksgrenzen selbst zu verän-
dern **(reine Rechtsumlegung),** oder geht es der Gemeinde letztlich nur
darum, unentgeltlich Verkehrsflächen und Grünflächen zu erhalten
(reine Wertumlegung), ist eine solche Umlegung rechtswidrig (BGH,
BBauBl. 1967, 352; Bielenberg, DÖV 1973, 833).

11 Für die Beurteilung der Frage, ob die Umlegung ein zulässiges Ziel
verfolgt, ist nicht auf ein einzelnes Grundstück abzustellen, sondern auf
das **gesamte Umlegungsgebiet.** So kann z. B. durchaus ein einzelnes
Grundstück nur zu dem Zweck in die Umlegung einbezogen werden,
um zur Ermöglichung einer besseren Neuordnung des Umlegungsge-
biets Straßenland zu gewinnen (BGH, BBauBl. 1967, 352). Ebenso ist
es aus diesem Grund möglich, wie die Neufassung des § 52 Abs. 2 jetzt
verdeutlicht, daß die Grenzen eines Grundstücks in der Umlegung
nicht verändert werden (vgl. BGHZ 72, 51/54 f.; BauR 1982, 236/238);
allerdings darf es nicht zu einer bloßen Rechtsumlegung (hierzu oben,
Rn 10) kommen.

12 Ob ein Grundstück durch die Umlegung zweckmäßig gestaltet
wurde, ist nicht nach den subjektiven Vorstellungen des Eigentümers,
sondern **nach objektiven Gegebenheiten** zu beurteilen. Entscheidend
ist, ob die im Bebauungsplan festgesetzte Nutzung baurechtlich und
wirtschaftlich auf dem zugeteilten Grundstück gut zu verwirklichen ist
(BGH, MDR 1966, 917; BGHZ 66, 322/332). Diesen Anforderungen
wird auch genügt, wenn im Einzelfall eine **Befreiung** nach § 31 Abs. 2
erforderlich ist (vgl. § 59, Rn 4; Ernst/Otte, in: E/Z/B, § 45, Rn 6; a. A.
Stich, in: BK, § 45, Rn 21).

13 **b)** Die Umlegung dient nicht nur dazu, eine Bebauung, sondern
generell die **Planverwirklichung zu ermöglichen.** Nach Abs. 1 sind
nämlich die Grundstücke für eine bauliche oder auch für eine **sonstige
Nutzung** zweckmäßig zu gestalten. Dies bedeutet, daß z. B. auch
landwirtschaftlich nutzbare Grundstücke in der Umlegung geschaffen
werden können. So wie die Flurbereinigung auch zur Bereitstellung
von Bauland dienen kann (vgl. Baulandbericht des Bundesministers für
Raumordnung, Bauwesen und Städtebau, Schriftenreihe „Städtebauli-
che Forschung" des BMBau, Heft 03.100, 1983, S. 86 f.), kann also
umgekehrt auch die Umlegung Aufgaben der Flurbereinigung miter-
füllen, sofern dies sinnvoll ist. Vor allem für Dauerkleingärten oder

Erholungsflächen kann sich eine Umlegung als zweckmäßig erweisen. Aus dieser Planverwirklichungsfunktion der Umlegung folgt zwar nicht zwingend, aber doch im Regelfall eine Verdichtung der Pflicht der Gemeinde, die Erschließung des Umlegungsgebiets durchzuführen oder zu veranlassen (vgl. § 123, Rn 5).

4. Für Verwaltungsakte, die im Rahmen der Umlegung ergehen, **14** wie z. B. der Umlegungsbeschluß nach § 47, der Umlegungsplan nach § 66, die Vorwegnahme der Entscheidung nach § 76 und die vorzeitige Besitzeinweisung nach § 77, steht der **Rechtsweg** zu den Kammern (Senaten) für Baulandsachen nach §§ 217 ff. offen. Ggf. ist vorher aufgrund landesrechtlicher Vorschriften ein Vorverfahren gem. § 212 durchzuführen.

Dabei ist zu beachten, daß die Umlegung sich als **mehrstufiges** **15** **Verfahren** darstellt und eine höhere Stufe des Verfahrens in ihrer Wirksamkeit von der Bestandskraft vorheriger Verwaltungsakte abhängt (BGH, DVBl. 1984, 337). Ob dagegen ein wirksamer Bebauungsplan vorliegt, kann noch im Rahmen der Überprüfung des Umlegungsplans untersucht werden, da erst in diesem Verfahrensstadium ein wirksamer Bebauungsplan vorliegen muß (BGH, aaO, S. 337 f.).

5. Das Gesetz enthält keine Regelung darüber, wie zu verfahren ist, **16** wenn die **Umlegung nicht zu Ende geführt wird oder werden kann.** Dieser Fall kann z. B. eintreten, wenn während des Verfahrens durch privatrechtlichen Grundstückstausch oder umfassenden Grundstückserwerb die Erforderlichkeit einer Umlegung entfällt (vgl. aber § 46, Rn 5). Auch kann die Umlegung durch gerichtliche Entscheidung für unzulässig erklärt werden, etwa weil die Verwirklichung des Bebauungsplans einer Enteignung bedarf und nicht mit den Mitteln und im Rahmen einer Umlegung ermöglicht werden kann (allerdings ist die Einleitung eines Umlegungsverfahrens nicht allein deswegen unrechtmäßig, weil in seinem Verlauf auch enteignende Maßnahmen vorkommen können, OLG Hamm, Urteil v. 15. 2. 1985, 16 U (Baul) 6/84, MittDST v. 6. 12. 1985, S. 559). In diesem Fall ist in Anlehnung an die Grundsätze bei Abschluß der Sanierung nach § 162 ff. das Verfahren der Einleitung und Anordnung der Umlegung mit umgekehrter Zielrichtung zu wiederholen. Die Gemeinde hat also die Anordnung der Umlegung und die Umlegungsstelle hat den Umlegungsbeschluß aufzuheben. Auch die Aufhebung des Umlegungsbeschlusses ist ortsüblich bekanntzumachen; das Grundbuchamt ist zu ersuchen, die eingetragenen Umlegungsvermerke zu löschen. Die Verfügungs- und Veränderungssperre nach § 51 erlischt mit Bekanntmachung des Aufhebungsbeschlusses.

§ 46 Zuständigkeit und Voraussetzungen

(1) **Die Umlegung ist von der Gemeinde (Umlegungsstelle) in eigener Verantwortung anzuordnen und durchzuführen, wenn und sobald sie zur Verwirklichung eines Bebauungsplans erforderlich ist.**

(2) **Die Landesregierungen können durch Rechtsverordnung bestimmen,**

1. **daß von der Gemeinde Umlegungsausschüsse mit selbständigen Entscheidungsbefugnissen für die Durchführumg der Umlegung gebildet werden,**
2. **in welcher Weise die Umlegungsausschüsse zusammenzusetzen und mit welchen Befugnissen sie auszustatten sind,**
3. **daß der Umlegungsausschuß die Entscheidung über Vorgänge nach § 51 von geringer Bedeutung einer Stelle übertragen kann, die seine Entscheidungen vorbereitet,**
4. **daß zur Entscheidung über einen Rechtsbehelf im Umlegungsverfahren Obere Umlegungsausschüsse gebildet werden und wie diese Ausschüsse zusammenzusetzen sind,**
5. **daß die Flurbereinigungsbehörde oder eine andere geeignete Behörde verpflichtet ist, auf Antrag der Gemeinde (Umlegungsstelle) die im Umlegungsverfahren zu treffenden Entscheidungen vorzubereiten.**

(3) **Auf die Anordnung und Durchführung einer Umlegung besteht kein Anspruch.**

(4) **Die Gemeinde kann ihre Befugnis zur Durchführung der Umlegung auf die Flurbereinigungsbehörde oder eine andere geeignete Behörde für das Gemeindegebiet oder Teile des Gemeindegebiets übertragen. Die Einzelheiten der Übertragung einschließlich der Mitwirkungsrechte der Gemeinde können in einer Vereinbarung zwischen ihr und der die Umlegung durchführenden Behörde geregelt werden.**

(5) **Die Gemeinde kann dem Umlegungsausschuß für einzelne Fälle oder bestimmte Gebiete die Befugnis zur Ausübung eines ihr nach § 24 Abs. 1 Nr. 2 zustehenden Vorkaufsrechts übertragen; die Gemeinde kann die Übertragung jederzeit widerrufen. Das Recht der Gemeinde, nach der Übertragung ein Vorkaufsrecht zu anderen als Umlegungszwecken auszuüben, bleibt unberührt. Ansprüche Dritter werden durch die Sätze 1 und 2 nicht begründet.**

1. Die Umlegung ist nach dem BauGB eine **Selbstverwaltungsangelegenheit der Gemeinde** (hierzu Dieterich, Rn 48 ff.). Sie gehört jedoch nicht zum historischen Bestand der Selbstverwaltungsaufgaben. Zwar ist die Umlegung aus der kommunalen Praxis und Notwendigkeit zur Bereitstellung von Bauland Ende des vorigen Jahrhunderts entstanden, doch fand sie ihre Regelung zumeist nicht in gemeindlichen Satzungen, sondern in staatlichen Gesetzen. Musterbeispiel hierfür ist die „lex Adickes", die zwar auf Frankfurter Probleme und das Betreiben des Frankfurter Oberbürgermeisters Adickes zurückgeht, doch ihre rechtliche Ausprägung fand in einem preußischen Gesetz (vom 28. Juli 1902, GS S. 273; hierzu und zur geschichtlichen Entwicklung der Umlegung Rohleder, Kommentar lex Adickes, 2. Aufl. 1931, S. 1 ff.). Nach der lex Adickes wurde die Umlegung vom Regierungspräsidenten eingeleitet und einer von ihm ernannten Kommission durchgeführt. Auch die Aufbaugesetze der Länder regelten die Umlegung nicht als Selbstverwaltungsangelegenheit (vgl. z. B. die ausführliche Darstellung der Rechtsentwicklung in BGHZ 54, 364/370 ff.). Erst das Bundesbaugesetz bestimmte 1960, daß die Umlegung von der Gemeinde „in eigener Verantwortung" anzuordnen und durchzuführen ist (vgl. auch BGHZ 54, 364/375). **1**

Entsprechend diesem historischen Befund war der Gesetzgeber des Bundesbaugesetzes befugt – der des Baugesetzbuchs hat insoweit nichts geändert –, für die Durchführung sowie die Rechtskontrolle der Umlegung **Besonderheiten gegenüber der üblichen Ausführung von Selbstverwaltungsangelegenheiten** durch die Gemeinden zu normieren. So ist auch zu erklären, daß die die Umlegung durchführende Stelle im Gesetz als „Umlegungsstelle" bezeichnet wird. Im übrigen ist hier auf die Regelung über die Umlegungsausschüsse und die Oberen Umlegungsausschüsse hinzuweisen (vgl. Rn 12 ff. und 20 ff.). Über das „Ob" einer Umlegung, über ihre **Anordnung** also, entscheidet aber **in jedem Fall die Gemeinde** selbst. **2**

Im Einvernehmen mit der Gemeinde kann nach § 203 eine **andere Zuständigkeitsregelung,** etwa zugunsten von Verbandsgemeinden **3**

u. ä. getroffen werden. Auch kann ein Planungsverband nach § 205 notwendige bodenordnende Maßnahmen selbst durchführen. Er tritt dann an die Stelle der Gemeinde und ist selbst die Umlegungsstelle.

4 **2. Abs. 1** greift die Bestimmung in § 45 Abs. 1, daß eine Umlegung nur im Geltungsbereich eines Bebauungsplans zulässig ist, wieder auf und schränkt sie weiter ein: Eine Umlegung ist nur zulässig, wenn sie zur Verwirklichung eines Bebauungsplans **erforderlich** ist, also keine weniger eingreifenden Mittel zur Verfügung stehen, um die Voraussetzungen für eine plangemäße Nutzung der Grundstücke des Bebauungsplangebiets zu ermöglichen (BGH, DVBl. 1984, 337/338). Bei Anordnung oder Einleitung müssen daher die planerischen Überlegungen der Gemeinde die Beantwortung dieser Frage verläßlich erlauben (vgl. hierzu § 45, Rn 4). Dies bedeutet einmal den Ausschluß einer reinen Wertumlegung (vgl. oben § 45, Rn 10), da hier der Bebauungsplan auch ohne Umlegung verwirklicht werden kann.

5 Vor allem aber ist eine Umlegung nicht erforderlich, wenn die Grundstückseigentümer auf freiwilliger Basis bereit und in der Lage sind, eine dem Bebauungsplan entsprechende Grundstücksneuordnung herbeizuführen (zur sog. **freiwilligen Umlegung** ausführlich Dieterich, Rn 426 ff.). Allerdings muß bei einem solchen freiwilligen Verfahren, das jedenfalls bei Beteiligung der Gemeinde durch **öffentlich-rechtlichen Vertrag** abgeschlossen wird (BVerwG, NJW 1985, 989; zu diesem Urteil Otte, ZfBR 1984, 211 ff.), auch gewährleistet sein, daß die örtlichen Verkehrs- und Grünflächen im Sinne des § 55 Abs. 2 bereitgestellt werden. Ist dies und auch eine entsprechende Neuordnung der jeweiligen Rechte an den Grundstücken gewährleistet, so muß u. U. sogar die Gemeinde sich an einem solchen Verfahren beteiligen. Auch das Ziel, den Flächenbeitrag von 30 % nach § 58 zu erhalten, rechtfertigt für sich allein nicht die Anordnung einer gesetzlichen Umlegung (BGH, NJW 1981, 2124/2125). Allerdings muß sich die Gemeinde nicht jeder privaten Grundstücksneuordnung anschließen. So kann sie z. B. durchaus darauf achten, ob die getroffenen Vereinbarungen nicht einzelne Grundstückseigentümer unangemessen benachteiligen (BGH, ebd.). Auch ist eine „freiwillige" Umlegung **unzulässig,** wenn diese **kurz vor Abschluß der amtlichen Umlegung** auf der Grundlage der hier herbeigeführten Einigung über die Grundstücksverteilung mit dem ausschließlichen Zweck erfolgt, die Aufbringung des Vorteilsausgleichs zu umgehen. Dies läßt die Erforderlichkeit einer Umlegung nicht entfallen. Entsprechende Verträge sind nach § 51 nicht genehmigungsfähig (vgl. § 51, Rn 31).

6 Es ist vielfach eine Frage der örtlichen, bei Gemeinde und Grundstückseigentümern eingeführten Praxis, ob und wie eine freiwillige Umlegung durchgeführt wird. Einen Überblick über die Verfahrensmodalitäten und Praktiken bei der freiwilligen Umlegung enthält der (erste) **Baulandbericht** (Schriftenreihe „Städtebauliche Forschung" des BMBau, Heft 03.100, 1983, S. 77 ff.).

Keine Voraussetzung für die Anordnung der Umlegung ist es, daß in **7**
der Begründung zum Bebauungsplan nach §9 Abs. 8 die Umlegung
angekündigt wurde. Zwar können zu den wesentlichen Auswirkungen
eines Bebauungsplans, zu denen die Begründung Ausführungen ent-
halten muß, auch die Auswirkungen auf die Grundstücksstruktur
gehören (Bielenberg, in: B/K/S, Rn 41), doch kommt diesen Ausfüh-
rungen ebenso wie ihrem Fehlen keinerlei Bindungswirkung zu.

3. Ähnlich wie §2 Abs. 3 und §123 Abs. 3 schließt auch **Abs. 3** **8**
ausdrücklich einen **Rechtsanspruch** auf Anordnung und Durchführung
einer Umlegung aus. Wie sich allerdings auch bei der Erschließung
u. U. ein Rechtsanspruch auf Erschließung ergeben kann (vgl. §123,
Rn 4 ff.), so ist auch bei der Umlegung denkbar, daß in einer besonde-
ren Fallgestaltung die Gemeinde verpflichtet ist, eine Umlegung durch-
zuführen. Dies kann z. B. bei einer Situation, wie sie dem sog. Wende-
hammer-Urteil des BGH zugrunde lag (vgl. BGHZ 67, 320 ff.), der
Fall sein (hierzu Dieterich, Rn 60 f.; Ernst/Otte, in: E/Z/B, § 46 Rn 57).

4. Abs. 1 unterscheidet zwischen der Anordnung und der Durchfüh- **9**
rung der Umlegung. Die **Anordnung der Umlegung** obliegt dem
zuständigen Gemeindeorgan, in aller Regel wegen der politischen
Bedeutung dieses Vorgangs dem **Gemeinderat** (vgl. hierzu Rothe,
Rn 25 ff.). Dagegen ist die **Durchführung der Umlegung** wegen der
hierbei auftretenden Interessenkonflikte, vor allem wenn die Gemeinde
mit eigenen Grundstücken an der Umlegung beteiligt ist, in den
meisten Ländern dem **Umlegungsausschuß** (hierzu unten, Rn 12) zuge-
wiesen. Diese Unterscheidung zwischen dem interessegebundenen Ge-
meindeorgan und der selbständigen, lediglich fachlich interessierten
Durchführungsstelle bleibt oftmals innergemeindlich nicht ohne Kon-
flikt (vgl. hierzu den interessanten Briefwechsel zwischen einer Ge-
meinde und dem Deutschen Städtetag, abgedruckt bei Rauball, Der
Umlegungsausschuß in den Ländern Baden-Württemberg, Bayern,
Niedersachsen und Nordrhein-Westfalen, 1982, S. 191 ff.); doch hat sie
sich für die zügige und erfolgreiche Durchführung von Umlegungsver-
fahren als sehr hilfreich herausgestellt.

Die **Durchführung der Umlegung** beginnt bereits mit dem **Umle-** **10**
gungsbeschluß, durch den die Umlegung nach §47 Satz 1 eingeleitet
wird. Wenn §45 Abs. 2 Satz 1 ebenfalls von der Einleitung des Umle-
gungsverfahrens spricht, so ist dies nicht ganz korrekt. Gemeint ist
dort offenbar die Anordnung der Umlegung. In jedem Fall geht die
Anordnung der Umlegung ihrer Einleitung voraus, so daß §45 Abs. 2
Satz 1 auch hierfür gilt (vgl. auch §45, Rn 3).

Die **Anordnung der Umlegung** ist im praktischen Ergebnis lediglich **11**
ein innergemeindlicher Auftrag an den Umlegungsausschuß oder die
sonst für die Umlegung zuständige Stelle, eine Umlegung durchzufüh-
ren. Weder bestimmt er die Grenze des Umlegungsgebiets noch setzt er
bestimmte Ziele für die Umlegung. Dies alles ist, soweit es nicht aus
dem Bebauungsplan hervorgeht, der Durchführung der Umlegung

vorbehalten. Aus diesem Grunde ist die Anordnung mangels Regelung
kein rechtlich angreifbarer **Verwaltungsakt** (vgl. auch Ernst/Otte, in:
E/Z/B, § 46, Rn 13 ff.). Sie kann nur zusammen mit dem Umlegungsbe-
schluß nach § 47 gerichtlich angegriffen werden (BGH, U. v.
12. 3. 1987, DVBl. 1987, 898).

12 **5. a)** Nach **Abs. 2 Nr. 1** können die Landesregierungen durch Rechts-
verordnung die Gemeinden verpflichten oder ermächtigen, zur Durch-
führung der Umlegung **Umlegungsausschüsse** (zu ihnen ausführlich
Dieterich, Rn 65 ff.; Rothe, Rn 31 ff.) zu bilden (so die Länder Baden-
Württemberg, Bayern, Berlin, Niedersachsen, Nordrhein-Westfalen,
Rheinland-Pfalz, Saarland, Schleswig-Holstein). In Hamburg ist die
Baubehörde selbst Umlegungsstelle, wobei eine unabhängige Kom-
mission für Bodenordnung über die festzusetzenden Geldleistungen
und Entschädigungen entscheidet. Die Länder Bremen und Hessen
haben von dieser Ermächtigung keinen Gebrauch gemacht, so daß hier
die Durchführung der Umlegung der Gemeinde obliegt.

13 Wenn Umlegungsausschüsse gebildet werden, müssen sie mit selb-
ständigen Entscheidungsbefugnissen ausgestattet sein. Hierdurch soll
die **Unabhängigkeit der Umlegungsstelle** sowohl gegenüber den Ei-
gentümern als vor allem auch gegenüber der Gemeinde, die als Grund-
stückseigentümerin in einem Umlegungsgebiet oder aber als Empfän-
gerin von bestimmten Erschließungsflächen nie eine wirklich neutrale
Position für sich beanspruchen kann, sichergestellt werden. Die Selb-
ständigkeit des Umlegungsausschusses bedeutet, daß er gegenüber der
Gemeinde und vor allem gegenüber dem Gemeinderat **weisungsunab-
hängig** ist. Der Umlegungsausschuß führt daher das Verfahren allein
nach den gesetzlichen Bestimmungen und seinem pflichtgemäßen Er-
messen durch. Er ist lediglich an die Anordnung der Umlegung durch
die Gemeinde gebunden. Er kann nicht von sich aus eine Umlegung
beginnen oder sie nach Aufhebung des Anordnungsbeschlusses fortset-
zen. Allerdings kann er die Einleitung der Umlegung verweigern,
wenn er die gesetzlichen Voraussetzungen einer Umlegung für nicht
gegeben hält.

14 Der Umlegungsausschuß ist als „gemeindlicher **Ausschuß besonde-
rer Art**" (Ernst/Otte, in: E/Z/B, § 46, Rn 22) ein **Organ der Gemeinde**
(BGH, DVBl. 1981, 926/927). Seine Entscheidungen berechtigen und
verpflichten daher letztendlich die Gemeinde, die auch die Haftung für
Amtspflichtverletzungen der Mitglieder des Umlegungsausschusses
trägt (BGH, DVBl. 1981, 926/927) und gegen Entscheidungen des
Umlegungausschusses keine Rechtsbehelfe einlegen kann (OVG Mün-
ster, OVGE 9, 110/121).

15 Aus seiner Stellung als Organ der Gemeinde wurde nach früher
einhelliger Meinung geschlossen, daß der Umlegungsausschuß man-
gels eigener materieller Rechte gegen eine Entscheidung des Oberen
Umlegungsausschusses oder der sonst über einen Widerspruch ent-
scheidenden Stelle, durch die seine eigene Entscheidung geändert oder

aufgehoben wurde, nicht gerichtliche Entscheidung nach § 157 Abs. 1 beantragen könne (OLG Düsseldorf, NJW 1968, 1096/1097). Mit Urteil vom 19. 1. 1984 hat jedoch der BGH entschieden, daß der Umlegungsausschuß als nach § 222 Abs. 1 Satz 2 im gerichtlichen Verfahren in Baulandsachen beteiligte Stelle „zur allgemeinen Vertretung der öffentlichen Interessen berufen und daher ohne Beeinträchtigung eines eigenen Rechts oder ihrer materiellen Verwaltungsfunktion **zur Einlegung eines Rechtsmittels befugt** ist" (NJW 1984, 2219; so jetzt auch Dieterich, Rn 75). Der BGH leitet diese Befugnis des Umlegungsausschusses aus seiner organisatorisch weitgehend verselbständigten Stellung gegenüber der Gemeinde ab, die ihm auf der Grundlage des Abs. 2 eine nicht weisungsgebundene Entscheidungsbefugnis verschaffe. Diese vom BGH ausdrücklich nur für den Fall der Anfechtung einer gerichtlichen Entscheidung durch den Umlegungsausschuß vertretene Rechtsauffassung muß **ebenso** für die **Stellung des Antrags auf gerichtliche Entscheidung nach § 217** gelten: Es wäre widersinnig, wenn der Umlegungsausschuß zwar gegen gerichtliche Entscheidungen Rechtsmittel einlegen darf, aber von sich aus eine gerichtliche Entscheidung nicht herbeiführen dürfte. Die **Gemeinde selbst** kann Gerichtsschutz in Anspruch nehmen, wenn durch die Widerspruchsentscheidung ihre Rechte z. B. als Grundeigentümerin oder als Kostenschuldnerin nach § 78 verletzt werden (OLG Düsseldorf, ebd.; OVG Münster, OVGE 9, 110/113).

In dieser Verfahrensgestaltung wird eine weitere Konsequenz daraus **16** deutlich, daß die Umlegung nicht dem herkömmlichen Bestand kommunaler Selbstverwaltungsaufgaben angehört: Anders als nach § 73 Abs. 1 Satz 2 Nr. 3 VwGO, wonach im Regelfall über Widersprüche gegen Entscheidungen in Selbstverwaltungsangelegenheiten die Selbstverwaltungsbehörde selbst entscheidet, kann hier der bei einer staatlichen Behörde gebildete Obere Umlegungsausschuß oder eine staatliche Stelle unmittelbar in Selbstverwaltungsangelegenheiten die letzte Entscheidung über Recht- und Zweckmäßigkeit treffen (so z. B. nach § 15 Abs. 1 VO NRW zur Durchführung des BauGB vom 7. 7. 1987, GV NRW S. 220; vgl. aber auch Rn 22).

b) Die **Zusammensetzung der Umlegungsausschüsse** ist auf der **17** Grundlage der Ermächtigung in **Abs. 2 Nr. 2** von Land zu Land unterschiedlich geregelt. Zumeist aber müssen dem Umlegungsausschuß Mitglieder angehören, die in der Ermittlung des Werts von Grundstükken, in der Vermessung und in der Bauleitplanung sachverständig sind. Den Vorsitz führt z. B. in Bayern der Erste Bürgermeister, während in Nordrhein-Westfalen oder Niedersachsen die Vorsitzenden die Befähigung zum Richteramt oder zum höheren Verwaltungsdienst haben müssen und weder dem Rat noch der Verwaltung der Gemeinde angehören dürfen (vgl. z. B. § 4 Abs. 1 der DurchführungsVO zum BauGB NRW, oben Rn 16). Letztere Voraussetzung ist sicher von

erheblicher Bedeutung für die auch faktische Unabhängigkeit des Umlegungsausschusses.

18 Die Ermächtigung erlaubt den Landesregierungen ferner, die **Befugnisse des Umlegungsausschusses** zu bestimmen. In der Regel sind die Umlegungsausschüsse damit betraut, das gesamte Umlegungsverfahren von der Einleitung bis zum Abschluß einschließlich aller dabei anfallenden Zwischenentscheidungen durchzuführen. Ferner umfaßt die Ermächtigung nach Abs. 2 Nr. 2 auch die Befugnis der Landesregierungen, in den Verordnungen das Verfahren in den Umlegungsausschüssen zu regeln, da die Ausübung von Befugnissen durch einen Ausschuß einer Verfahrensregelung bedarf.

19 In **Abs. 2 Nr. 3** ist vorgesehen, daß die Länder die Umlegungsausschüsse ermächtigen können, in Fällen geringer Bedeutung die Entscheidung über **Rechtsvorgänge und Vorhaben nach § 51** auf eine andere Stelle zu übertragen. Dies kann der Beschleunigung der Entscheidung über solche Vorgänge dienen, da sie nicht mehr vom Kollegialorgan Umlegungsausschuß in verhältnismäßig seltenen Sitzungen oder im zeitaufwendigen Umlaufverfahren zu treffen sind, sondern von einer ständig besetzten Verwaltungsbehörde getroffen werden können. Als Stelle, an die die Entscheidungsbefugnis übertragen wird, kommt in der Regel die Geschäftsstelle des Umlegungsausschusses in Betracht (vgl. z. B. § 7 DurchführungsVO zum BauGB NRW, oben Rn 16). Dabei kann die übertragene Befugnis räumlich (z. B. für bestimmte Umlegungsgebiete) oder sachlich innerhalb bestimmter Wertgrenzen oder bestimmter Arten von Vorgängen nach § 51 beschränkt werden. Wird die Geschäftsstelle beauftragt, so handelt es sich lediglich um einen innergemeindlichen Organisationsakt, der dem Bürger gegenüber ohne rechtliche Bedeutung ist (Ernst/Otte, in: E/Z/B, § 46, Rn 27 e). Da es sich auch nicht um die Übertragung von Entscheidungsbefugnissen durch den Rat (die in der Regel in Form einer Satzung zu erfolgen hat) handelt, ist eine Veröffentlichung dieser Übertragung nicht erforderlich. Wird jedoch eine Stelle außerhalb der Gemeinde beauftragt, etwa die Flurbereinigungsbehörde, so handelt es sich um eine Zuständigkeitsbestimmung, die den Bürger rechtlich berührt; sie ist daher zu veröffentlichen (Ernst/Otte, ebd.).

20 **6. a)** Einige Länder haben von der Ermächtigung in **Abs. 2 Nr. 4, Obere Umlegungsausschüsse** zu bilden, Gebrauch gemacht. Diese haben die Aufgabe, über **Widersprüche** gegen Entscheidungen der Umlegungsausschüsse zu entscheiden (vgl. § 15 Abs. 1 Satz 1 der in Rn 16 angeführten DurchführungsVO zum BauGB NRW). In Ländern, die von dieser Ermächtigung keinen Gebrauch gemacht haben, entscheidet über den Widerspruch der Umlegungsausschuß selbst (so § 8 der Niedersächsischen Verordnung zur Durchführung des BauGB vom 14. 7. 1987, GVBl. S. 122) oder aber das Regierungspräsidium (so § 8 der Verordnung der Landesregierung und des Innenministeriums BW zur Durchführung des BauGB v. 25. 8. 1987, GBl. S. 329, wonach

allerdings die Überprüfung unter dem Gesichtspunkt der Zweckmäßigkeit der Gemeinde vorbehalten bleibt). Auch der Obere Umlegungsausschuß ist an Weisungen nicht gebunden und handelt nach seiner freien Überzeugung.

b) Der Obere Umlegungsausschuß wird in der Regel **bei der höheren Verwaltungsbehörde,** d. h. dem Regierungspräsidenten, gebildet. 21 Sein Vorsitzender muß die Befähigung zum Richteramt oder zum höheren Verwaltungsdienst besitzen; die weiteren Mitglieder müssen Sachverständige für die Ermittlung von Grundstückswerten oder zum höheren vermessungstechnischen Verwaltungsdienst befähigt sein (z. B. § 15 Abs. 2 der in Rn 16 angeführten DurchführungsVO zum BauGB NRW).

Der Obere Umlegungsausschuß wird aber nur selten selbst in der 22 Sache entscheiden können. Die Umlegung ist ein so komplexes Verfahren, daß kaum eine Entscheidung geändert werden kann, ohne Folgewirkungen für zahlreiche andere Entscheidungen nach sich zu ziehen. Gibt der Obere Umlegungsausschuß daher einer Beschwerde statt, wird er die Sache zur erneuten Entscheidung an den Umlegungsausschuß zurückverweisen müssen (so auch Ernst/Otte, in: E/Z/B, § 46, Rn 33).

Gegen die Entscheidung des Oberen Umlegungsausschusses ist dann 23 der **Antrag auf gerichtliche Entscheidung** nach § 217 zulässig. Diesen Antrag können Umlegungsausschuß und ggf. auch Gemeinde stellen (vgl. Rn 15).

7. a) Die Umlegung kann, vor allem im ländlichen Raum, die 24 Verwaltungskraft einer kleineren Gemeinde überfordern. Daher ist in Abs. 2 Nr. 5 vorgesehen, daß die Vorbereitung der in der Umlegung zu treffenden Entscheidungen einer **anderen geeigneten Behörde** übertragen werden kann. Nach Abs. 4 kann dieser Behörde sogar die Befugnis zur Durchführung der Umlegung insgesamt übertragen werden. Als geeignete Behörden kommen insbesondere in Betracht die Flurbereinigungsbehörden, die durch die rechtlich ähnlich gelagerten Flurbereinigungsverfahren hinreichende Erfahrungen für die Durchführung auch der Umlegung mitbringen. Im übrigen ist an die Vermessungs- und Katasterämter zu denken.

b) Wird nach **Abs. 2 Nr. 5** lediglich die **Vorbereitung übertragen,** so 25 behält die Gemeinde die Zuständigkeit zu allen im Rahmen der Umlegung zu treffenden Entscheidungen. Auch kann sie einen Umlegungsausschuß für diesen Zweck bilden. Lediglich die Entscheidungsvorlagen sind von der anderen Behörde auf Antrag der Gemeinde vorzubereiten. Die Behörde ist also gewissermaßen die Geschäftsstelle des Umlegungsausschusses (Ernst/Otte, in: E/Z/B, § 46, Rn 35).

c) Nach **Abs. 4 Satz 1** kann darüber hinaus die gesamte Befugnis der 26 Gemeinde zur **Durchführung** einer Umlegung auf eine geeignete Behörde **übertragen** werden. Nach dem Baugesetzbuch bedarf es

hierzu nicht mehr des Tätigwerdens der Landesregierung auf Antrag
der Gemeinde; diese kann die Übertragung vielmehr selbst vornehmen
und auch wieder rückgängig machen. Öffentlich bestellte Vermes-
sungsingenieure sind keine Behörden im Sinne des Abs. 4 (Bielenberg/
Mainczyk, BDVI-Forum 1990, 325 ff.).

27 Wird die Durchführung der Umlegung auf eine andere Behörde
übertragen, so verbleibt der Gemeinde nur das **Recht, die Umlegung
anzuordnen** und im Umlegungsverfahren die ihr als Gemeinde zuste-
henden Rechte wahrzunehmen. Hierzu gehört vor allem die Inan-
spruchnahme der Flächen nach § 55 Abs. 2 und ggf. eines darüber
hinausgehenden Flächenbeitrags nach § 58. Auch **bleibt die Gemeinde
Trägerin der Bauleitplanung** und damit zuständig für den Erlaß von
Planverwirklichungsgeboten auf der Grundlage von § 59 Abs. 7
(Ernst/Otte, in: E/Z/B, § 46, Rn 39 f.).

28 Die Einzelheiten der Übertragung und der **Mitwirkungsrechte der
Gemeinde** können nach **Abs. 4 Satz 2** in einer **Vereinbarung** zwischen
der Umlegungsstelle und der Gemeinde geregelt werden (vgl. hierzu
Otte, VR 1987, 73/76). Die Übertragung muß nicht für das **gesamte
Gemeindegebiet** erfolgen, sondern kann sich – z. B. wegen des sachli-
chen Zusammenhangs mit einem Flurbereinigungsverfahren – auf be-
stimmte **Teile des Gemeindegebiets** beschränken.

29 **8.** Nach § 24 Abs. 1 Nr. 2 hat die Gemeinde bei Grundstücken, die in
einem Umlegungsgebiet liegen, ein **Vorkaufsrecht**. Dieses Vorkaufs-
recht darf, wie stets, nur ausgeübt werden, wenn das Wohl der Allge-
meinheit dies rechtfertigt. Das Wohl der Allgemeinheit rechtfertigt die
Ausübung des Vorkaufsrechts z. B. dann, wenn es zu Umlegungs-
zwecken, d. h. zur Erleichterung, zur Beschleunigung, zum besseren
Lastenausgleich oder zur Verringerung des Geldausgleichs bei Minder-
zuteilungen ausgeübt wird. Daneben kann das Wohl der Allgemeinheit
die Ausübung des Vorkaufsrechts aber auch rechtfertigen, wenn es –
vorbehaltlich der Veräußerungspflicht nach § 89 Abs. 1 Satz 1 Nr. 1 –
im Interesse einer Bodenvorratspolitik oder zum Erwerb von Ersatz-
oder Tauschland, also zu umlegungsfremden Zwecken ausgeübt wird.

30 **Abs. 5 Satz 1** ermächtigt die Gemeinde, das ihr nach § 24 Abs. 1 Nr. 2
zustehende **Vorkaufsrecht** auf den Umlegungsausschuß zu **übertragen;**
es kann auf einzelne Fälle oder bestimmte Gebiete begrenzt werden.
Der Wortlaut dieser Vorschrift geht jedoch über Sinn und Zweck der
Übertragungsermächtigung hinaus und ist entsprechend restriktiv aus-
zulegen. Durch diese Übertragung soll keinesweg dem Umlegungs-
ausschuß die Befugnis z. B. zur Bodenvorratspolitik übertragen wer-
den. Vielmehr soll er lediglich in den Fällen das Vorkaufsrecht ausüben
können, in denen es **den genannten Umlegungszwecken** dient. Dies
wird auch deutlich aus **Satz 2,** wonach das Recht der Gemeinde, das
Vorkaufsrecht auch im Umlegungsgebiet zu anderen als Umlegungs-
zwecken auszuüben, durch die Übertragung nicht beschränkt wird.
Zur Ausübung des Vorkaufsrechts aus diesen Gründen bedarf es daher

keines Widerrufs seitens der Gemeinde. Einen solchen Widerruf kann die Gemeinde ansonsten stets vornehmen, um sich die Entscheidung für besonders gelagerte Einzelfälle zu sichern.

Satz 3 stellt klar, daß aus den Bestimmungen der Sätze 1 und 2 **31** **keinerlei Drittansprüche** erwachsen, weder auf die Übertragung des Vorkaufsrechts noch auf seinen Widerruf noch auf seine Ausübung zu bestimmten Zwecken.

§ 47 Umlegungsbeschluß

Die Umlegung wird durch einen Beschluß der Umlegungsstelle eingeleitet (Umlegungsbeschluß). Im Umlegungsbeschluß ist das Umlegungsgebiet (§ 52) zu bezeichnen. Die im Umlegungsgebiet gelegenen Grundstücke sind einzeln aufzuführen.

Übersicht

1. a) § 46 Abs. 1 unterscheidet zwischen Anordnung und Durchführung der Umlegung. Die Einleitung der Umlegung durch den **Umlegungsbeschluß** nach **Satz 1** (zu Mustern vgl. Dieterich, S. 343 f.; Rothe, S. 362 ff.) gehört bereits zur Durchführung. Er wird daher von dem hierfür gebildeten Umlegungsausschuß oder der mit der Umlegung beauftragten Behörde als der der jeweiligen **Umlegungsstelle** gefaßt. Die Anordnung der Umlegung dagegen obliegt in jedem Fall der Gemeinde selbst (vgl. § 46, Rn 2).

Eine Reihe weiterer Vorschriften des Umlegungsrechts enthalten **2** Vorschriften für den Inhalt und die Publikation des Umlegungsbeschlusses. So regelt § 50 die Bekanntmachung des Umlegungsbeschlusses und bestimmte Inhalte der Bekanntmachung. § 52 enthält Vorschriften über die Umgrenzung des im Umlegungsbeschluß zu bezeichnenden Umlegungsgebiets.

b) Andere Vorschriften knüpfen an den Umlegungsbeschluß, d. h. **3** an seine **Bekanntmachung** (vgl. unten, Rn 4) bestimmte **Rechtsfolgen:** So bestimmt sich nach den im Umlegungsbeschluß aufgeführten Grundstücken die Rechtsstellung als **Beteiligter** nach § 48 Abs. 1 Nr. 1 bis 3. Mit dem Umlegungsbeschluß tritt die **Verfügungs- und Veränderungssperre** nach § 51 in Kraft. Der Umlegungsbeschluß ist nach § 54 Abs. 1 dem Grundbuchamt und dem Katasteramt mitzuteilen; in die Grundbücher der in ihm genannten Grundstücke ist ein **Umlegungsvermerk** einzutragen. Nach § 57 Satz 2 begründet der Umle-

gungsbeschluß den Bezugszeitpunkt für die **Ermittlung des Werts der Einwurfsgrundstücke;** § 58 Abs. 3 knüpft an diesen Zeitpunkt für die **Bemessung von Geldbeträgen und Ausgleichsleistungen** an. Ferner liegen die Grundstücke mit dem Umlegungsbeschluß „in einem Umlegungsgebiet", so daß der Gemeinde ab diesem Zeitpunkt das **Vorkaufsrecht** nach § 24 Abs. 1 Nr. 2 zusteht.

4 **2.** Der Umlegungsbeschluß greift also recht weitgehend in die Rechte der Grundstückseigentümer ein. Er ist daher, anders als die an keine bestimmte Form gebundene und auch nicht bekanntzumachende Anordnung der Umlegung, ein **Verwaltungsakt.** Gegen den Umlegungsbeschluß kann daher, sofern das Landesrecht nach § 212 dies vorsieht, Widerspruch eingelegt werden. Ein Widerspruchsverfahren ist mit Ausnahme von Bremen in allen Ländern vorgesehen. Ansonsten kann unmittelbar gegen den Umlegungsbeschluß Antrag auf gerichtliche Entscheidung nach § 217 gestellt werden. Als Verwaltungsakt erlangt er nach § 41 VwVfG Wirksamkeit erst mit seiner Bekanntgabe an die Betroffenen; § 50 sieht hierfür wegen der Vielzahl der Beteiligten im Regelfall die ortsübliche Bekanntmachung vor.

5 Dem Ablauf der Rechtsbehelfsfrist gegenüber dem Umlegungsbeschluß kommt **Präklusionswirkung** zu (allerdings nicht im Hinblick auf die Wirksamkeit des der Umlegung zugrundeliegenden Bebauungsplans, vgl. § 45, Rn 5). Wer den Umlegungsbeschluß nicht angreift, kann im späteren Verfahren die mit dem Umlegungsbeschluß verbundenen oder ihm vorausgehenden Entscheidungen nicht mehr anfechten. So kann er z. B. später nicht mehr geltend machen, sein Grundstück habe nicht in das Umlegungsgebiet einbezogen werden dürfen oder die Umlegung sei mangels Erforderlichkeit nicht zulässig (vgl. BGH, BauR 1982, 236 f.).

6 Dem Widerspruch und dem Antrag auf gerichtliche Entscheidung kommen grundsätzlich **aufschiebende Wirkung** zu (vgl. aber § 212, Rn 11). Dies bedeutet, daß der angegriffene Verwaltungsakt vor Abschluß des Rechtsbehelfsverfahrens nicht vollzogen werden darf, sofern nicht die sofortige Vollziehung angeordnet wurde (§ 80 VwGO). Diese aufschiebende Wirkung kann bei der Umlegung nicht auf das einzelne Verhältnis des anfechtenden Eigentümers und der Umlegungsstelle beschränkt bleiben. Die von der Umlegungsstelle im Rahmen der Umlegung zu treffenden Entscheidungen sind wechselseitig so sehr miteinander verflochten, daß eine bestimmte Entscheidung in einem einzelnen Fall in aller Regel Auswirkungen auf andere Entscheidungen hat. Die aufschiebende Wirkung muß daher **für das gesamte Verfahren** gelten. Dieses ist vor Durchführung des einzelnen Rechtsbehelfsverfahrens insgesamt nicht wirksam eingeleitet worden und kann daher nicht durchgeführt werden (Ernst/Otte, in: E/Z/B, § 47, Rn 10). Allerdings muß die Umlegungsstelle in diesem Fall entsprechend dem Teilumlegungsplan nach § 66 Abs. 1 Satz 2 und der Teilinkraftsetzung des Umlegungsplans nach § 71 Abs. 2 die Möglichkeit haben, die Umle-

gung für solche Teile des Umlegungsgebiets einzuleiten, auf die sich die Entscheidung über eingelegte Rechtsbehelfe nicht auswirken kann.

3. Der **Inhalt des Umlegungsbeschlusses** ergibt sich nicht nur aus 7 **Satz 2 und 3,** sondern auch noch aus §50 Abs. 5, §52 Abs. 1 und §211. Nach Satz 2 und 3 hat der Umlegungsbeschluß das **Umlegungsgebiet zu bezeichnen** (hierzu OLG München, BayVBl. 1987, 635; zu Recht ablehnend Numberger, BayVBl. 1988, 737/738) und die in ihm gelegenen **Grundstücke einzeln aufzuführen.** Diese einzelne Aufführung ist bedeutsam für das Eintragen des Umlegungsvermerks nach §54 Abs. 1. Für die Festlegung des Umlegungsgebiets enthält §52 materielle Direktiven: Das Gebiet ist so zu begrenzen, daß die Umlegung zweckmäßig durchgeführt werden kann; im übrigen muß es nicht aus einem zusammenhängenden Gebiet bestehen, sondern kann sich auch aus räumlich getrennten Flächen zusammensetzen. Die Grenzen sind in ähnlicher Weise wie beim Bebauungsplan zu bestimmen (vgl. §9, Rn 122). Die Grundstücke werden mit ihrer Katasterbezeichnung aufgeführt.

§50 Abs. 5 schreibt vor, daß zwar nicht im Umlegungsbeschluß 8 selbst, wohl aber in seiner Bekanntmachung auf die rechtlichen Wirkungen nach §50 Abs. 3 und 4 sowie nach §51 **hinzuweisen** ist. Dieser Hinweis kann aber auch in den Umlegungsbeschluß selbst aufgenommen werden.

Da es sich bei dem Umlegungsbeschluß um einen Verwaltungsakt 9 handelt, hat er nach §211 eine **Belehrung über zulässige Rechtsbehelfe** und deren Formalien zu enthalten.

§48 Beteiligte

(1) **Im Umlegungsverfahren sind Beteiligte**

1. **die Eigentümer der im Umlegungsgebiet gelegenen Grundstücke,**
2. **die Inhaber eines im Grundbuch eingetragenen oder durch Eintragung gesicherten Rechts an einem im Umlegungsgebiet gelegenen Grundstück oder an einem das Grundstück belastenden Recht,**
3. **die Inhaber eines nicht im Grundbuch eingetragenen Rechts an dem Grundstück oder an einem das Grundstück belastenden Recht, eines Anspruchs mit dem Recht auf Befriedigung aus dem Grundstück oder eines persönlichen Rechts, das zum Erwerb, zum Besitz oder zur Nutzung des Grundstücks berechtigt oder den Verpflichteten in der Benutzung des Grundstücks beschränkt,**
4. **die Gemeinde,**
5. **unter den Voraussetzungen des §55 Abs. 5 die Bedarfsträger,**
6. **die Erschließungsträger.**

(2) **Die in Absatz 1 Nr. 3 bezeichneten Personen werden zu dem Zeitpunkt Beteiligte, in dem die Anmeldung ihres Rechts der Umlegungsstelle zugeht. Die Anmeldung kann bis zur Beschlußfassung über den Umlegungsplan (§ 66 Abs. 1) erfolgen.**

(3) **Bestehen Zweifel an einem angemeldeten Recht, so hat die Umlegungsstelle dem Anmeldenden unverzüglich eine Frist zur Glaubhaftmachung seines Rechts zu setzen. Nach fruchtlosem Ablauf der Frist ist er bis zur Glaubhaftmachung seines Rechts nicht mehr zu beteiligen.**

(4) **Der im Grundbuch eingetragene Gläubiger einer Hypothek, Grundschuld oder Rentenschuld, für die ein Brief erteilt ist, sowie jeder seiner Rechtsnachfolger hat auf Verlangen der Umlegungsstelle eine Erklärung darüber abzugeben, ob ein anderer die Hypothek, Grundschuld oder Rentenschuld oder ein Recht daran erworben hat; die Person des Erwerbers hat er dabei zu bezeichnen. § 208 Satz 2 bis 4 gilt entsprechend.**

1 1. Abs. 1 enthält einen sog. **formellen Beteiligtenbegriff.** Beteiligter im Umlegungsverfahren ist danach, wer die in Nr. 1 bis 6 genannten formellen Voraussetzungen erfüllt. Auf eine Betroffenheit in materiellen Rechten kommt es für die Erlangung der Beteiligtenstellung nicht an; andererseits begründet allein die Betroffenheit in materiellen Rechten grundsätzlich keine Stellung als Beteiligter im Umlegungsverfahren (vgl. auch Dieterich, Rn 113). Diese formelle Bestimmung der Beteiligten stimmt grundsÄtzlich mit der Regelung über die Beteiligten in § 13 VwVfG überein, das ebenfalls einen formellen Beteiligtenbegriff statuiert (hierzu Kopp, VwVfG, 4. Aufl. 1986, § 13, Rn 6).

2 Nach § 222 kann Beteiligter an einem Verfahren vor den Baulandgerichten nur sein, wer vorher an dem entsprechenden Verfahren, hier also dem Umlegungsverfahren, beteiligt war (vgl. § 222, Rn 2). Daher gebietet die Rechtsschutzgarantie des Art. 19 Abs. 4 GG eine gewisse Korrektur der Beteiligtenregelung in § 48. So sieht § 13 Abs. 2 Satz 1 VwVfG vor, daß diejenigen als Beteiligte zu dem Verwaltungsverfahren hinzugezogen werden können, deren rechtliche Interessen durch

den Ausgang des Verfahrens berührt werden können. Eine solche sog. einfache Hinzuziehung muß gegebenenfalls trotz fehlender Regelung in § 48 auch im Umlegungsverfahren zulässig und – wegen der ansonsten gegebenen Ausschlußwirkung für gerichtliche Verfahren – notwendig sein, um eine möglichst weitgehende **Übereinstimmung von formeller und materieller Beteiligung** zu erreichen (hierzu BGH, NJW 1970, 1642/1643 f.; H. G. Hesse, BauR 1973, 354 ff.; Rothe, Rn 99a; im übrigen vgl. unten, Rn 8, 16).

2. a) Kraft Gesetzes stets am Umlegungsverfahren beteiligt sind 3
nach **Abs. 1 Nr. 1** die im Grundbuch eingetragenen **Eigentümer der Grundstücke** im Umlegungsgebiet. Ihnen gleichgestellt sind die Grundbuchinhaber grundstücksgleicher Rechte nach § 200 Abs. 2. Unklarheiten hat die Umlegungsstelle von Amts wegen möglichst aufzuklären (§ 24 VwVfG). Ist der im Grundbuch eingetragene Eigentümer nicht der wahre Berechtigte, so muß dieser sein Recht nach Abs. 3 anmelden und glaubhaft machen (OLG Düsseldorf, BauR 1973, 377; vgl. auch Dieterich, Rn 121; a. A. Ernst/Otte, in: E/Z/B,, § 48, Rn 10: auch der wirkliche Berechtigte ist Beteiligter mit allen Rechten und Pflichten). Wenn der wahre Eigentümer von der Durchführung des Umlegungsverfahrens Kenntnis hat oder haben mußte, so ist ihm die Anmeldung seines Rechts zuzumuten (BVerwG, RdL 1960, 190/191). Hat er diese Kenntnis nicht, so nützt ihm auch seine formelle Stellung als Beteiligter nichts, da ihm Entscheidungen aus dem Umlegungsverfahren nicht zugestellt werden (können). In einem solchen Fall können also hinsichtlich desselben Grundstücks zwei „Eigentümer" beteiligt sein, der Buchberechtigte und der wahre Berechtigte (vgl. H. G. Hesse, BauR 1973, 354/356 ff.; vgl. aber unten, Rn 8).

Notwendig beteiligt sind nach **Nr. 2** ebenfalls die **Inhaber dinglicher** 4
Rechte wie z. B. von Grunddienstbarkeiten oder beschränkten persönlichen Dienstbarkeiten, von Grundpfandrechten oder von im Grundbuch eingetragenen Vorkaufsrechten. Ebenfalls Beteiligte sind die Inhaber von Rechten, die durch Eintragung ins Grundbuch gesichert sind, also z. B. die Berechtigten aus Vormerkungen nach § 883 BGB.

Stets am Verfahren beteiligt ist nach **Nr. 4** die **Gemeinde,** da ihr in 5
der Regel die Flächen nach § 55 Abs. 2 zugeteilt werden und sie nach § 64 Abs. 1 Gläubigerin und Schuldnerin der Geldleistungen ist.

Bringt ein **Bedarfsträger** nach § 55 Abs. 5 Ersatzland in das Umle- 6
gungsverfahren ein, so werden ihm die für seinen Bedarf festgesetzten Flächen im Umlegungsverfahren zugeteilt. In diesem Fall ist er nach **Nr. 5** ebenfalls kraft Gesetzes am Verfahren zu beteiligen.

Führt die Gemeinde nicht selbst die Erschließung durch, sondern 7
obliegt dies nach § 123 Abs. 1 einem anderen, oder hat die Gemeinde nach § 124 Abs. 1 einen Erschließungsvertrag mit einem Dritten abgeschlossen, so ist nach **Nr. 6** dieser **Erschließungsträger** ebenfalls kraft Gesetzes am Umlegungsverfahren beteiligt.

8 Läßt sich die Rechtslage durch die Umlegungsstelle nicht verläßlich klären, sind beide „Berechtigte" zu beteiligen, bis der wahre Berechtigte sein Recht u. U. durch einen Zivilprozeß erstritten hat. Da die Umlegung an der wahren Berechtigung an einem Grundstück nichts ändert (vgl. unten, Rn 19), kann dies hingenommen werden (vgl. auch BVerwG, RdL 1960, 190/191; H. G. Hesse, BauR 1973, 354/358; vgl. auch oben, Rn 3).

9 **b)** Nach **Nr. 3** sind am Umlegungsverfahren auch solche Berechtigte zu beteiligen, die **nicht aus dem Grundbuch ersichtlich** sind, deren Rechte jedoch auf die im Umlegungsgebiet gelegenen Grundstücke unmittelbar bezogen sind (vgl. hierzu auch die nahezu inhaltsgleiche Aufzählung in § 61 Abs. 1 Satz 1; dazu eingehend § 61, Rn 4 ff.). Auf die Möglichkeit der Anmeldung solcher Rechte ist bei der Bekanntmachung des Umlegungsbeschlusses nach § 50 Abs. 2 ausdrücklich hinzuweisen. Die Anmeldung dieser Rechte kann bis zum Beschluß über den Umlegungsplan nach § 66 Abs. 1 erfolgen. Die Inhaber der hiernach angemeldeten Rechte sind ab Zugang der Anmeldung bei der Umlegungsstelle Beteiligte **(Abs. 2).** Die Anmeldung der Beteiligung kann auch im Widerspruch gegen einen Bescheid der Umlegungsstelle liegen (vgl. OLG Oldenburg, ZfBR 1985, 248).

10 Zunächst können nach Nr. 3 die **Inhaber von nicht im Grundbuch eingetragenen Rechten an dem Grundstück** ihre Beteiligung an der Umlegung herbeiführen. Dies sind weitere dingliche Rechte wie z. B. nicht im Grundbuch eingetragene Vorkaufsrechte (z. B. des Siedlungsunternehmens nach §§ 4 ff. Reichssiedlungsgesetz oder der Denkmalschutzbehörde z. B. nach § 32 Denkmalschutz- und -pflegeG Rheinland-Pfalz) oder Überbaurechte nach §§ 912 ff. BGB oder das Notwegerecht nach §§ 917 f. BGB.

11 Ferner sind zu beteiligen **Inhaber von nicht eingetragenen Rechten an einem das Grundstück belastenden Recht.** Hierunter fallen das Pfandrecht etwa an einer Hypothek oder der Nießbrauch etwa an einer Reallast (§§ 1068 ff., 1273 ff. BGB).

12 **Ansprüche mit dem Recht auf Befriedigung aus dem Grundstück,** die nicht im Grundbuch eingetragen sind, sind die öffentlichen Lasten wie z. B. der Erschließungsbeitrag nach § 134 Abs. 2 oder die Geldleistungen nach § 64 Abs. 3 (im einzelnen vgl. Rothe, Rn 104 f.). Sie berechtigen den hieraus Begünstigten ebenfalls zur Teilnahme an der Umlegung.

13 **Persönliche nutzungsbeschränkende Rechte,** die ihren Inhaber zur Teilnahme an der Umlegung berechtigen, sind vertraglich vereinbarte Rechte auf eine bestimmte Nutzung des Grundstücks oder auf die Unterlassung einer bestimmten Grundstücksnutzung durch den Eigentümer (vgl. § 61, Rn 13). **Persönliche sonstige Rechte** nach Nr. 3 sind z. B. die Rechte aus einem Kauf-, Miet- oder Pachtvertrag (vgl. OLG Oldenburg, ZfBR 1985, 248) und aus schuldrechtlichem Vorkaufsrecht.

Die Umlegungsstelle kann nach **Abs. 3 Satz 1** verlangen, daß ihr das 14 Bestehen des angemeldeten Rechts **glaubhaft gemacht** wird. Für die Glaubhaftmachung gelten die Regeln des § 294 ZPO; danach kann auch das Vorbringen einer eidesstattlichen Versicherung genügen, wenn sofort nachprüfbare Beweismittel angeboten werden. Läßt der Anmeldende eine ihm gesetzte Frist zur Glaubhaftmachung ungenutzt verstreichen, so wird er bis zur Glaubhaftmachung nach **Abs. 3 Satz 2** nicht mehr beteiligt.

c) Obwohl Abs. 1 als abschließende Regelung gemeint ist, muß aus 15 den in Rn 2 genannten Gründen eine Erweiterung der Beteiligung möglich sein. So gehört z. B. nicht zum in Abs. 1 genannten Kreis von Beteiligten der Eigentümer eines Gebäudes, das nach § 95 BGB nur zu einem vorübergehenden Zweck mit einem Grundstück im Umlegungsgebiet verbunden ist (sog. **Scheinbestandteil**, z. B. Kleingartenlaube), obwohl die Umlegung auch seine Rechte in erheblichem Maße berühren kann (BGH, NJW 1970, 1642/1643 f.). Auch Inhaber solcher Rechte sind daher zu beteiligen.

d) Die Umlegungsstelle hat nach § 24 Abs. 1 VwVfG in Verbindung 16 mit § 208 den **Sachverhalt von Amts wegen zu ermitteln.** Ihre Aufgabe ist es daher, wenn dafür ein Anlaß besteht, auch zu untersuchen, ob der im Grundbuch eingetragene Berechtigte auch der **wahre Berechtigte** ist. Hierdurch können spätere Komplikationen und Verfahrensverzögerungen vermieden werden (vgl. Dieterich, Rn 121). Allerdings kommt es im Rahmen des § 48 nur auf das Bestehen, nicht auf den Inhalt des Rechts an; dieses wird vielmehr erst bei der Aufstellung des Umlegungsplans maßgeblich. Die Umlegungsstelle ist daher bei der Anmeldung eines Rechts nicht befugt, dessen Inhalt verbindlich festzustellen (OLG Celle, NVwZ 1985, 518 f.).

3. Die **Rechte und Pflichten der Beteiligten** ergeben sich nicht aus 17 § 48, sondern aus verschiedenen nachfolgenden Vorschriften. So kann z. B. nach § 50 Abs. 1 Satz 1 von der Bekanntmachung abgesehen werden, wenn die Beteiligten einverstanden sind; ebenso erübrigt sich in diesem Fall die Auslegung von Bestandskarte und Bestandsverzeichnis nach § 53 Abs. 2 Satz 3. Ferner können die Beteiligten nach § 56 Abs. 2 auf den Verteilungsmaßstab Einfluß nehmen und auch nach Eintritt der Unanfechtbarkeit des Umlegungsplans dessen Änderung oder vor Aufstellung des Umlegungsplans nach § 76 Satz 1 die Vorwegnahme der Entscheidung für einzelne Grundstücke oder andere Rechte ermöglichen.

Im Grundsatz besteht zwischen den verschiedenen Beteiligten **kein** 18 **Rangunterschied** (vgl. auch H. G. Hesse, BauR 1973, 354/355). Jedoch hebt das Gesetz an einigen Stellen die Eigentümer wegen deren besonderer Betroffenheit heraus. So ist ihr Einverständnis für eine Abfindung nach § 59 Abs. 4 oder der Teilung von gemeinschaftlichem Eigentum nach § 62 Abs. 1 erforderlich. Auch ist der Umlegungsplan nach § 66 Abs. 1 nur mit den Eigentümern zu erörtern (vgl. aber § 66, Rn 7).

Dagegen ist der sie betreffende Auszug aus dem Umlegungsplan nach § 70 Abs. 1 allen Beteiligten zuzustellen.

19 Im übrigen begründet die Beteiligtenstellung im Umlegungsverfahren nach § 222 auch die Beteiligung an einem etwa nachfolgenden Verfahren vor den Baulandgerichten. Dagegen führen die Entscheidungen im Umlegungsverfahren bei den Beteiligten **nicht zu einer Änderung ihrer materiellen Rechtsinhaberschaft,** da die Umlegung infolge des Surrogationsprinzips nicht zu einem originären Rechtserwerb führt (vgl. § 63, Rn 1 f.). Wer vor der Umlegung zu Unrecht im Grundbuch eingetragen war, wird durch die bloße Berichtigung des Grundbuchs aufgrund der bekanntgemachten Unanfechtbarkeit des Umlegungsplans nach § 74 nicht materiell Berechtigter.

20 **4.** Grundsätzlich können im Grundbuch eingetragene dingliche Rechte nur durch eine Änderung des Grundbuchs den Rechtsinhaber wechseln. Dies gilt jedoch nicht für die Briefhypothek, die Briefgrundschuld und die Briefrentenschuld. Hier findet der Rechtsübergang durch Übergabe des Briefes statt und ist also nicht aus dem Grundbuch ersichtlich. Daher bestimmt **Abs. 4,** daß die im Grundbuch eingetragenen **Gläubiger solcher Briefrechte** der Umlegungsstelle **Auskunft** darüber zu erteilen haben, ob ein Dritter und ggf. wer das Recht oder ein Recht daran erworben hat. Diese Auskunftpflicht kann durch die Androhung und Festsetzung von Zwangsgeldern nach § 208 Satz 2 bis 4 vollstreckt werden.

§ 49 Rechtsnachfolge

Wechselt die Person eines Beteiligten während eines Umlegungsverfahrens, so tritt sein Rechtsnachfolger in dieses Verfahren in dem Zustand ein, in dem es sich im Zeitpunkt des Übergangs des Rechts befindet.

1 Nach § 48 Abs. 1 Nr. 1 bis 3 ist für die Stellung als Beteiligter am Umlegungsverfahren die **Rechtsinhaberschaft maßgeblich.** Wechselt die Rechtsinhaberschaft, so muß dies auch einen Wechsel in der Person des Beteiligten nach sich ziehen. Dabei kommt es auf den Grund des Wechsels nicht an: Er kann durch Rechtsgeschäft (Verkauf eines Grundstücks, Abtretung eines Rechts, Wechsel eines Pächters o. ä.), durch Erbfall oder durch Hoheitsakt (Enteignung, Zwangsversteigerung) erfolgen. Der in § 49 verwendete Begriff des Rechtsnachfolgers ist daher nicht im rechtstechnischen Sinn zu verstehen, wonach Rechtsnachfolger nur der sein kann, der sein Recht unmittelbar von dem Rechtsvorgänger ableitet (derivativer Erwerb). Der Erwerb kraft Hoheitsakt (originärer Erwerb) würde hiervon nicht erfaßt. Mit **Rechtsnachfolger** ist vielmehr umfassend die Person gemeint, die anstelle des

bisherigen Rechtsinhabers nunmehr das Recht innehat und damit nach
§ 48 Abs. 1 Nr. 1 bis 3 Beteiligter ist.

Eine Rechtsnachfolge im Sinne des § 49 liegt auch vor, wenn der **2**
Bedarfsträger nach § 48 Abs. 1 Nr. 5 oder der **Erschließungsträger**
nach § 48 Abs. 1 Nr. 6 wechseln. Dasselbe muß im Falle einer kommu-
nalen Neugliederung für die **Gemeinde** nach § 48 Abs. 1 Nr. 4 gelten.
Auch hier tritt die neue Körperschaft des öffentlichen Rechts an die
Stelle der alten.

Der Wechsel in der Person des Beteiligten erfolgt in dem Augenblick, **3**
in dem der Rechtsübergang stattfindet. Für den Fortgang des Umle-
gungsverfahrens bedeutet dieser Rechtswechsel keine Zäsur. Der neue
Rechtsinhaber hat **dieselben Rechte, wie sie der frühere Rechtsinha-**
ber zu diesem Zeitpunkt hatte. Sind diesem gegenüber also Verwal-
tungsakte in der Umlegung rechtskräftig geworden, wie z. B. die
Einleitung der Umlegung, so kann auch der neue Rechtsinhaber sie
nicht mehr anfechten. Hat der frühere Rechtsinhaber rechtsverbindli-
che Erklärungen abgegeben, z. B. sein Einverständnis zu einem ande-
ren Verteilungsmaßstab nach § 56 Abs. 2 erteilt, so ist der neue Rechts-
inhaber daran gebunden. Dabei kommt es nicht darauf an, ob der neue
Rechtsinhaber von der Durchführung des Umlegungsverfahrens
Kenntnis hatte. Da Beteiligter am Umlegungsverfahren nur sein kann,
wer ein **grundstücksbezogenes** Recht innehat, hätte jeder Rechtsnach-
folger aus dem Grundbuch anhand des Umlegungsvermerks nach § 54
Abs. 1 Satz 2 ersehen können, daß das Grundstück in eine Umlegung
einbezogen ist.

§ 50 Bekanntmachung des Umlegungsbeschlusses

(1) **Der Umlegungsbeschluß ist in der Gemeinde ortsüblich be-**
kanntzumachen. Sind die Beteiligten einverstanden, so kann von der
Bekanntmachung abgesehen werden.

(2) **Die Bekanntmachung des Umlegungsbeschlusses hat die Auf-**
forderung zu enthalten, innerhalb eines Monats Rechte, die aus dem
Grundbuch nicht ersichtlich sind, aber zur Beteiligung am Umle-
gungsverfahren berechtigen, bei der Umlegungsstelle anzumelden.

(3) **Werden Rechte erst nach Ablauf der in Absatz 2 bezeichneten**
Frist angemeldet oder nach Ablauf der in § 48 Abs. 3 gesetzten Frist
glaubhaft gemacht, so muß ein Berechtigter die bisherigen Verhand-
lungen und Festsetzungen gegen sich gelten lassen, wenn die Umle-
gungsstelle dies bestimmt.

(4) **Der Inhaber eines in Absatz 2 bezeichneten Rechts muß die**
Wirkung eines vor der Anmeldung eingetretenen Fristablaufs ebenso
gegen sich gelten lassen wie der Beteiligte, dem gegenüber die Frist

durch Bekanntmachung des Verwaltungsakts zuerst in Lauf gesetzt worden ist.

(5) **Auf die rechtlichen Wirkungen nach den Absätzen 3 und 4 sowie nach § 51 ist in der Bekanntmachung hinzuweisen.**

Übersicht

1 **1. a)** Nach **Abs. 1 Satz 1** ist der Umlegungsbeschluß grundsätzlich **ortsüblich bekanntzumachen** (hierzu § 3, Rn 14). Dieses Verfahren bietet weitgehend die Gewähr dafür, daß jeder Beteiligte, auch soweit er der Umlegungsstelle bei Einleitung der Umlegung noch nicht bekannt ist (§ 48 Abs. 1 Nr. 3), von der Einleitung der Umlegung erfährt. Probleme, die daraus entstehen können, daß nach Abschluß des Verfahrens oder in einem späten Stadium des Verfahrens noch Rechte geltend gemacht werden, können so vermieden werden (vgl. Schriever, in: Kohlhammer-Komm. zum BBauG, § 50, Rn 3). Erst mit seiner Bekanntmachung treten die Rechtsfolgen des Umlegungsbeschlusses ein (vgl. § 47, Rn 4).

2 **b)** Nach **Abs. 1 Satz 2** kann von der ortsüblichen Bekanntmachung **abgesehen** werden. Voraussetzung hierfür ist, daß alle Beteiligten mit diesem Vorgehen einverstanden sind. Aus Beweisgründen ist es zweckmäßig, wenn die Beteiligten ihr Einverständnis **schriftlich** erklären (Stich, in: BK, § 50, Rn 2).

3 Da es sich bei dem Umlegungsbeschluß um einen Verwaltungsakt handelt, ist er nach § 41 VwVfG **den Beteiligten bekanntzugeben.** Nach § 41 Abs. 2 VwVfG hat die Umlegungsstelle in einem Streitfall den Zugang des Umlegungsbeschlusses und den Zeitpunkt dieses Zugangs nachzuweisen.

4 Der Verzicht auf die öffentliche Bekanntmachung soll der **Verfahrensbeschleunigung** dienen. Dieses Verfahren ist jedoch nicht ohne Risiko (vgl. oben, Rn 1). Auch dürfte der zu erzielende Zeitgewinn infolge des doch recht komplizierten Verfahrens (Herbeiführung des schriftlichen Einverständnisses aller Beteiligter, Zustellung des Umlegungsbeschlusses) nur geringfügig sein. Von diesem Verfahren sollte daher **nur in Ausnahmefällen**, z. B. bei nur sehr wenigen Umlegungs-

beteiligten und sicherer Kenntnis aller Rechte, auch soweit sie nicht aus dem Grundbuch ersichtlich sind, Gebrauch gemacht werden.

2. a) Nach § 48 Abs. 1 Nr. 3 berechtigen bestimmte Rechte, die nicht 5
aus dem Grundbuch ersichtlich sind, zur Teilnahme am Umlegungsverfahren; die Inhaber dieser Rechte werden nach § 48 Abs. 2 mit der Anmeldung ihrer Rechte Beteiligte. **Abs. 2** bestimmt daher, daß die Bekanntmachung des Umlegungsbeschlusses die **Aufforderung an die Inhaber unbekannter Rechte** enthalten muß, ihre Rechte anzumelden. Die Frist für die Anmeldung dieser Rechte beträgt ein Monat.

b) Die Versäumnis der für die Anmeldung von Rechten gesetzten 6
Monatsfrist hat rechtliche Wirkungen, die sich aus den Absätzen 3 und 4 ergeben (hierzu unten, Rn 7 ff.). Auf diese Rechtswirkungen ist daher nach **Abs. 5 hinzuweisen.** Ferner ist darauf hinzuweisen, daß mit der Bekanntmachung des Umlegungsbeschlusses die Verfügungs- und Veränderungssperre nach § 51 in Kraft tritt. Dabei sollte der Wortlaut des § 51 Abs. 1 vollständig mitgeteilt werden, um den Beteiligten die Reichweite dieser Vorschrift deutlich zu machen. Weitere Informationen, wie z. B. der Kreis der Beteiligten und die weiteren Rechtswirkungen der Bekanntmachung des Umlegungsbeschlusses (vgl. § 47, Rn 3), **können** in die Bekanntmachung aufgenommen werden.

3. a) Nicht unmittelbar eine Wirkung der Bekanntmachung des 7
Umlegungsbeschlusses, sondern eine **Wirkung des Fristablaufs für die Anmeldung von Rechten** nach Abs. 2 enthält die Regelung in Abs. 3 und 4. Zweck der Vorschriften ist es, Verzögerungen des Umlegungsverfahrens (etwa die Wiederholung von Verfahrensschritten) durch die verspätete Anmeldung von Rechten zu vermeiden. **Abs. 3** ermöglicht daher der Umlegungsstelle, in jedem Einzelfall darüber zu entscheiden, ob das Verfahren unverändert fortgeführt wird und der verspätet eingetretene Rechtsinhaber an die bisher getroffenen Entscheidungen und Abwägungen gebunden ist, oder ob in Ansehung des verspätet angemeldeten Rechts neue Überlegungen angestellt werden.

Abs. 3 enthält also **keine Ausschlußfrist,** sondern stellt die Berück 8
sichtigung von verspätet angemeldeten Rechten lediglich in das Ermessen der Umlegungsstelle, d. h. regelmäßig des Umlegungsausschusses. Dieser kann seine Entscheidung nicht nach Belieben treffen, sondern ist an Sinn und Zweck der Vorschrift gebunden (Ernst/Otte, in: E/Z/B, § 50, Rn 7). Ist die Berücksichtigung des vorgebrachten Rechts ohne erhebliche Verfahrensverzögerungen möglich, so wird es regelmäßig zu berücksichtigen sein. Würde die Berücksichtigung dagegen wesentliche Zwischenergebnisse des Umlegungsverfahrens hinfällig machen, kann der Umlegungsausschuß von der Befugnis nach Abs. 3 Gebrauch machen. Dabei ist allerdings stets zu berücksichtigen, daß die verspätet vorgebrachten Rechte nicht verfallen, sondern bestehen bleiben und sich an den neuen Grundstücken, wie sie durch die Umlegung gebildet wurden, fortsetzen (vgl. 63 Abs. 1 Satz 1).

9 Die Frist nach Abs. 2 ist eine Frist für eine Verfahrenshandlung im
Sinne des § 210 Abs. 1. Hat der Beteiligte die Fristversäumnis daher
nicht zu vertreten, so liegen die Voraussetzungen für eine **Wiederein-
setzung in den vorigen Stand** nach § 210 in Verbindung mit § 32
VwVfG vor (hierzu Rothe, Rn 90ff.). Stellt der Beteiligte einen ent-
sprechenden Antrag, so ist sein Recht zu berücksichtigen, auch wenn
dies die Umlegung erheblich verzögert.

10 Hat der Beteiligte sein Recht zwar fristgemäß angemeldet, jedoch –
nach Aufforderung durch die Umlegungsstelle nach § 48 Abs. 3 – **nicht**
innerhalb der Monatsfrist des Abs. 2 **glaubhaft gemacht,** so gilt nach
Abs. 3 dasselbe wie bei verspäteter Anmeldung des Rechts (oben,
Rn 7 f.)

11 **Abs. 4** ergänzt die Regelung des Abs. 3 dahin, daß der Inhaber eines
verspätet angemeldeten Rechts keinen Anspruch darauf hat, daß schon
vorher in Gang gesetzte **Fristen** für ihn neu zu laufen beginnen. Ist also
z. B. die Frist für die Einlegung von Rechtsbehelfen gegen den Umle-
gungsbeschluß abgelaufen, so kann auch der Beteiligte, der erst danach
in das Umlegungsverfahren eingetreten ist, hiergegen keinen Rechtsbe-
helf mehr geltend machen. Dasselbe gilt z. B. auch für Rechtsbehelfe
gegen Bestandskarte und Bestandsverzeichnis. Sind Fristen teilweise
abgelaufen, so wird hier durch Hinzukommen eines weiteren Beteilig-
ten keine erneute Frist in Gang gesetzt.

12 **b)** Die **Wirkungen der Bekanntmachung selbst** ergeben sich nicht
aus § 50, sondern aus anderen Vorschriften, die ausdrücklich oder dem
Sinne nach an die Bekanntmachung des Umlegungsbeschlusses an-
knüpfen. Zunächst beginnt mit der Bekanntmachung die **Frist für den
Antrag auf gerichtliche Entscheidung** nach § 217 oder – in den Fällen
des § 212 – die Erhebung des Widerspruchs gegen die Einleitung der
Umlegung. Mit der Bekanntmachung des Umlegungsbeschlusses be-
steht an den im Umlegungsgebiet liegenden Grundstücken ein **Vor-
kaufsrecht** der Gemeinde nach § 24 Abs. 1 Nr. 2. Ebenfalls tritt mit
Bekanntmachung des Umlegungsbeschlusses die **Verfügungs- und
Veränderungssperre** nach § 51 in Kraft (zu weiteren Rechtsfolgen vgl.
§ 47, Rn 3). Im übrigen beginnt mit Bekanntmachung des Umlegungs-
beschlusses die Frist nach Abs. 2 für die **Anmeldung unbekannter
Rechte.** Mit der Bekanntmachung des Umlegungsbeschlusses entsteht
für die Umlegungsstelle nach § 209 das Recht, notwendige **Vorarbeiten
auf den Grundstücken** wie z. B. Vermessungsarbeiten durchzuführen.
Auch der **Umlegungsvermerk** kann erst nach Bekanntmachung des
Umlegungsbeschlusses eingetragen werden, obwohl § 54 nur auf § 47
verweist. Der Umlegungsbeschluß nach § 47 wird jedoch erst mit der
Bekanntmachung wirksam.

13 Ist von der Bekanntmachung des Umlegungsbeschlusses abgesehen
und diese durch die Bekanntgabe an die Beteiligten ersetzt worden,
treten die vorstehend aufgeführten Rechtswirkungen mit dem **späte-
sten Zugang des Umlegungsbeschlusses bei einem Beteiligten** ein.

Zwar wird ein Verwaltungsakt grundsätzlich in dem Augenblick wirksam, in dem er dem Adressaten oder dem Betroffenen bekanntgegeben wird; dies kann daher bei einem Verwaltungsakt, der mehreren bekanntzugeben ist, zu unterschiedlichen Zeitpunkten des Wirksamwerdens führen. Bei mehrpoligen Verwaltungsrechtsverhältnissen, wie sie durch die Umlegung begründet werden, kann dies allerdings nicht gelten; die Umlegung kann nur mit allen Beteiligten gemeinsam durchgeführt werden, nicht aber nur mit einzelnen von ihnen (vgl. auch § 47, Rn 6).

Muster der Bekanntmachung eines Umlegungsbeschlusses, in dem **14** der vollständige Umlegungsbeschluß, die Rechtsbehelfsbelehrung, die Mitteilung der Beteiligten, die Aufforderung zur Anmeldung von Rechten und Hinweise auf rechtliche Wirkungen der Bekanntmachung enthalten sind, finden sich bei Schriever (Kohlhammer-Komm. zum BBauG, Anhang zu § 50), Dieterich (S. 343 ff.) und Rothe (S. 365 ff.).

§ 51 Verfügungs- und Veränderungssperre

(1) **Von der Bekanntmachung des Umlegungsbeschlusses bis zur Bekanntmachung nach § 71 dürfen im Umlegungsgebiet nur mit schriftlicher Genehmigung der Umlegungsstelle**

1. **ein Grundstück geteilt oder Verfügungen über ein Grundstück und über Rechte an einem Grundstück getroffen oder Vereinbarungen abgeschlossen werden, durch die einem anderen ein Recht zum Erwerb, zur Nutzung oder Bebauung eines Grundstücks oder Grundstücksteils eingeräumt wird, oder Baulasten neu begründet, geändert oder aufgehoben werden;**
2. **erhebliche Veränderungen der Erdoberfläche oder wesentlich wertsteigernde sonstige Veränderungen der Grundstücke vorgenommen werden,**
3. **nicht genehmigungs-, zustimmungs- oder anzeigebedürftige, aber wertsteigernde bauliche Anlagen errichtet oder wertsteigernde Änderungen solcher Anlagen vorgenommen werden;**
4. **genehmigungs-, zustimmungs- oder anzeigebedürftige bauliche Anlagen errichtet oder geändert werden.**

Einer Genehmigung nach Satz 1 bedarf es im förmlich festgelegten Sanierungsgebiet nur, wenn und soweit eine Genehmigungspflicht nach § 144 nicht besteht.

(2) **Vorhaben, die vor dem Inkrafttreten der Veränderungssperre baurechtlich genehmigt worden sind, Unterhaltungsarbeiten und die Fortführung einer bisher ausgeübten Nutzung werden von der Veränderungssperre nicht berührt.**

(3) **Die Genehmigung darf nur versagt werden, wenn Grund zu**

der Annahme besteht, daß das Vorhaben die Durchführung der Umlegung unmöglich machen oder wesentlich erschweren würde.

(4) Die Genehmigung kann unter Auflagen und außer bei Verfügungen über Grundstücke und über Rechte an Grundstücken auch unter Bedingungen oder Befristungen erteilt werden. Wird die Genehmigung unter Auflagen, Bedingungen oder Befristungen erteilt, ist die hierdurch betroffene Vertragspartei berechtigt, bis zum Ablauf eines Monats nach Unanfechtbarkeit der Entscheidung vom Vertrag zurückzutreten. Auf das Rücktrittsrecht sind die §§ 346 bis 354 und 356 des Bürgerlichen Gesetzbuchs entsprechend anzuwenden.

(5) Überträgt der Umlegungsausschuß aufgrund einer Verordnung nach § 46 Abs. 2 Nr. 3 der dort bezeichneten Stelle Entscheidungen über Vorgänge nach Absatz 1, unterliegt diese Stelle seinen Weisungen; bei Einlegung von Rechtsbehelfen tritt der Umlegungsausschuß an ihre Stelle. Der Umlegungsausschuß kann die Übertragung jederzeit widerrufen.

1 **1.** Die in der Umlegung vorzunehmende Änderung einer Vielzahl von Grundstücksgrenzen und grundstücksbezogener Rechte sowie entsprechender Zuteilungen und Entschädigungen ist ein sehr komplexer Vorgang, bei dem häufig eine einzelne Entscheidung Konsequenzen für eine Vielzahl anderer Entscheidungen hervorruft. Wegen dieser mehrfachen Wechselbezüglichkeit der Änderung von Grundstücken und Rechten ist es für die Durchführbarkeit der Umlegung entscheidend, daß die für die Umlegung bedeutenden Rechte und tatsächlichen

Nutzungen während des Umlegungsverfahrens möglichst keine Änderungen erfahren. Die Verfügungs- und Veränderungssperre dient daher dem Zweck, rechtliche und tatsächliche Änderungen im Umlegungsgebiet, die sich nachteilig auf die Durchführung der Umlegung auswirken können, zu verhindern. § 51 kommt also für die zügige Durchführung der Umlegung wie die Durchführbarkeit der Umlegung überhaupt zentrale Bedeutung zu.

Um diesen Zweck erfüllen zu können, werden die in Abs. 1 Nr. 1 bis 4 aufgeführten Rechtsvorgänge und Vorhaben einem **Genehmigungsvorbehalt** unterworfen; es handelt sich – wie bei der Baugenehmigung – um ein **präventives Verbot mit Erlaubnisvorbehalt,** wie es häufig bei einem im Grundsatz sozialadäquaten Verhalten, von dem aber in einer bestimmten Situation eine bestimmte Gefahr ausgehen kann, anzutreffen ist. Dies bedeutet, daß Vorhaben, die **ohne Genehmigung** durchgeführt werden, **formell rechtswidrig** sind. Die zuständige Ordnungsbehörde kann daher z. B. die Stillegung der Bauarbeiten anordnen (Stahnke, in: Kohlhammer-Komm. zum BBauG, § 51 Anm. VII 2 a). Wird ein Vorhaben **trotz versagter Genehmigung** durchgeführt oder liegen sonst die Versagungsgründe des Abs. 3 vor, so ist es **auch materiell rechtswidrig** (Ernst/Otte, in: E/Z/B, § 51, Rn 24). In diesem Fall kann die Beseitigung oder die Wiederherstellung des früheren Zustands verlangt werden, wenn das Vorhaben der vorgesehenen Neuordnung entgegensteht. Handelt es sich lediglich um eine wertsteigernde Veränderung, so wird diese Wertsteigerung bei der Festsetzung der Geldabfindung oder des Geldausgleichs nach § 60 Satz 1 nicht berücksichtigt.

Die Verfügungs- und Veränderungssperre ist daher nicht von vornherein eine generelle Sperre, die praktisch einem Bauverbot gleichkommt, wie das etwa weithin nach § 14 der Fall ist. Vielmehr bleiben hier Vorhaben grundsätzlich zulässig, sofern nicht die engen Versagungsgründe des Abs. 3 (hierzu unten, Rn 28 ff.) vorliegen. Die von der Verfügungs- und Veränderungssperre erfaßten Grundstücke werden daher auch nicht aus diesem Grund von einer **wertmäßigen Weiterentwicklung** ausgeschlossen; sie nehmen vielmehr an der allgemeinen qualitativen Wertsteigerung des Grund und Bodens in dem Gebiet – z. B. von Ackerland zu Bauerwartungsland – teil (BGH, ZfBR 1982, 227/228). Eine enteignungsrechtliche Vorwirkung (hierzu § 95, Rn 5), die hier wertmindernd wirken würde, findet also grundsätzlich nicht statt (Ernst/Otte, in: E/Z/B, § 51, Rn 22 a).

Verfügungen sind bis zur Erteilung oder Versagung der Genehmigung schwebend unwirksam (Jauernig, in: ders., BGB, 5. Aufl. 1990, § 182, Anm. 1 b): Wird die Genehmigung erteilt, ist die Verfügung von Anfang an wirksam; wird die Genehmigung versagt, ist die Verfügung als von Anfang an unwirksam anzusehen (vgl. §§ 182, 184 BGB). Die Erteilung oder die Versagung der Genehmigung ist daher ein **privatrechtsgestaltender Verwaltungsakt,** mit dessen Erlaß die Rechtswir-

kung unmittelbar eintritt; Widerruf oder Rücknahme sind daher nur
eingeschränkt möglich (vgl. hierzu etwa Kopp, VwVfG, 4. Aufl. 1986,
§ 48, Rn 13). Das Grundbuchamt darf daher solche Verfügungen nur
dann durch Eintragung im Grundbuch vollziehen, wenn die Genehmi-
gung der Umlegungsstelle vorliegt.

5 Diese Grundbuchsperre gilt bereits **ab Bekanntmachung des Umle-
gungsbeschlusses,** nicht etwa erst ab Eintragung des Umlegungsver-
merks. Dieser hat insoweit nur deklaratorische Bedeutung. Wird
gleichwohl eine Grundbucheintragung ohne Vorliegen der Genehmi-
gung vorgenommen, so kann die Umlegungsstelle die Eintragung
eines Widerspruchs herbeiführen, da das Grundbuch durch die Eintra-
gung unrichtig geworden ist und in diesem Fall nach § 53 GBO von
Amts wegen ein Widerspruch einzutragen ist. Zwar fehlt im Umle-
gungsrecht eine dem § 23 Abs. 3 entsprechende Begründung einer
Widerspruchsbefugnis für die Umlegungsstelle. Dies ist jedoch ent-
behrlich, da das Grundbuchamt aufgrund der Mitteilung der Bekannt-
machung des Umlegungsbeschlusses und des daraufhin nach § 54
Abs. 1 Satz 2 einzutragenden Grundbuchvermerks von Amts wegen
prüfen muß, ob die erforderliche Genehmigung vorliegt (§ 29 Abs. 1
GBO). Verletzt das Grundbuchamt diese Pflicht und trägt es auch nicht
von Amts wegen einen Widerspruch ein, so steht der Umlegungsstelle
nach § 71 GBO die allgemeine Grundbuchbeschwerde zu (hierzu Ernst/
Otte, in: E/Z/B, § 51, Rn 19; Haase, NJW 1964, 190; a. A. OLG Celle,
NJW 1963, 1160/1161).

6 Die Verfügungs- und Veränderungssperre nach § 51 verfolgt spezi-
fisch umlegungsrechtliche und -praktische Ziele. Sie ersetzt daher nicht
**Genehmigungen, die nach anderen Vorschriften des BauGB erfor-
derlich sind.** Diese sind vielmehr neben der Genehmigung nach § 51
erforderlich. Dies gilt insbesondere für die Baugenehmigung, die aller-
dings, da sie die Übereinstimmung des geplanten Vorhabens mit allen
öffentlich-rechtlichen Vorschriften bekundet (z. B. § 70 Abs. 1 Satz 1
BauO NRW), nur erteilt werden darf, wenn eine etwa erforderliche
Genehmigung nach § 51 vorliegt. Aber auch die Veränderungssperre
nach §§ 14ff. wird durch § 51 wegen der anderen Zweckrichtung nicht
aufgehoben (vgl. Ernst/Otte, in: E/Z/B, § 51, Rn 3). Beide Sperren
können nebeneinander bestehen, da die Umlegung bereits eingeleitet
werden kann, bevor ein Bebauungsplan aufgestellt ist. Dies gilt nach
dem BauGB nicht mehr für die Teilungsgenehmigung nach §§ 19ff.
Denn in § 19 Abs. 4 Nr. 1 ist nun bestimmt, daß die Teilung keiner
Genehmigung bedarf, wenn sie während eines Verfahrens zur Boden-
ordnung erfolgt. Damit werden nicht nur amtliche Grundstücksteilun-
gen freigestellt, sondern auch solche, die von Grundstückseigentümern
während des Umlegungsverfahrens privat vorgenommen werden (vgl.
§ 19, Rn 18).

7 2. Nach Abs. 1 Halbsatz 1 gilt die Verfügungs- und Veränderungs-
sperre **im Umlegungsgebiet.** Außerhalb des Umlegungsgebietes lie-

gendes Ersatzland, das nach § 55 Abs. 5 in die Umlegung eingebracht wird, unterliegt der Verfügungs- und Veränderungssperre daher nicht. Die Verfügungs- und Veränderungssperre erfaßt danach sämtliche Grundstücke, für die ein Umlegungsvermerk einzutragen ist und die in die Bestandskarte (vgl. § 53, Rn 3 f.) aufgenommen wurden.

Dagegen kommt § 51 nach **Abs. 1 Satz 2 nicht** zur Anwendung, wenn die Umlegung in einem **förmlich festgelegten Sanierungsgebiet** (§ 142) durchgeführt wird **und soweit** die **Genehmigungspflicht nach § 144** nicht gemäß § 142 Abs. 4 **ausgeschlossen** wurde. In Sanierungsgebieten wird die Funktion der Verfügungs- und Veränderungssperre von dem Genehmigungsvorbehalt des § 144, des früheren § 15 StBauFG, dessen rechtliche Konstruktion nach dem Vorbild des § 51 erfolgte und der seinerseits Rückwirkungen auf die Fassung des § 51 in der BBauG-Novelle 1976 ausübte, mit übernommen (hierzu Bielenberg, StBauFG, Stand April 1983, § 15, Rn 3, 28, 34). **8**

3. Die Verfügungs- und Veränderungssperre **beginnt** mit dem Tag der Bekanntmachung des Umlegungsbeschlusses und **endet** mit dem Tag der Bekanntmachung der Unanfechtbarkeit des Umlegungsplans oder Teilen davon nach § 71. Diese Bestimmung in Abs. 1 Halbsatz 1 bedaf jedoch in doppelter Hinsicht einschränkender Auslegung. Zum einen endet die Verfügungs- und Veränderungssperre für Grundstücke, die in eine **Vorwegregelung nach § 76** einbezogen sind, mit Wirksamwerden dieser Entscheidung, u. U. also lange vor Bekanntmachung des Umlegungsplans nach § 71. **9**

Zum anderen kann die Verfügungs- und Veränderungssperre, die vom BauGB als Inhaltsbestimmung des Eigentums geregelt und nicht mit einer Entschädigung gekoppelt ist, nicht beliebig lange gelten, ohne diesen inhaltsbestimmenden Charakter zu verlieren. Für die Bestimmung dieses **Geltungszeitraums** kann nicht eine starre Frist, wie etwa nach § 17, gewählt werden. Umlegungsverfahren können vom Gegenstand her sehr unterschiedlich sein; im übrigen haben die Bürger durch das Vorbringen von Regelungswünschen und die Einlegung von Rechtsbehelfen zahlreiche Möglichkeiten, die Fortführung des Verfahrens zu verzögern. All dies wird bei der Bestimmung der zeitlichen Geltungsdauer der Verfügungs- und Veränderungssperre zu berücksichtigen sein (vgl. auch Kröner, ZfBR 1979, 1/3). In jedem Fall überschreitet die Verfügungs- und Veränderungssperre jedoch die Grenze von der Sozialbindung des Eigentums zur Enteignung, wenn die Umlegungsstelle das Verfahren nicht sachgemäß und ohne behördenbedingte Verzögerung durchführt (vgl. BGH, NJW 1965, 2101/2102). **10**

Überschreitet die Geltungsdauer der Verfügungs- und Veränderungssperre die Grenze zur Enteignung, so kann der hiervon betroffene Eigentümer **nicht** ohne weiteres zwischen einer **Entschädigung** und der gerichtlichen Durchsetzung seines **Anspruchs auf Genehmigung seines Vorhabens** wählen. Vielmehr kann er eine Entschädigung für **11**

den Verzögerungsschaden durch die überlange Sperre nur insoweit
verlangen, als er ihn nicht durch gerichtliche Geltendmachung seines
Genehmigungsanspruchs verhindern konnte. In diesem Fall nämlich
wird der Anspruch aus enteignungsgleichem Eingriff infolge entspre-
chender Anwendung des § 254 BGB (mitwirkendes Verschulden des
Geschädigten) ausgeschlossen. Der Betroffene muß daher gegen die zu
Unrecht auf § 51 gestützte Versagung eines Vorhabens oder eines
Rechtsvorgangs – gegebenenfalls nach Durchführung eines Wider-
spruchsverfahrens – Antrag auf gerichtliche Entscheidung nach § 217
stellen (allgemein zu dieser Rechtslage BVerfGE 58, 300/322 ff.; hierzu
Papier, in: Maunz/Dürig, GG, Art. 14, Rn 561 ff.; Ossenbühl, NJW
1983, 1 ff.; Bielenberg, in: E/Z/B, Vorb. §§ 39–44, Rn 80; vgl. auch
§ 18, Rn 4; ohne Hinweis auf § 254 BGB allerdings BGH, U. v.
28. 4. 1988, NVwZ 1989, 501). Ist ein Genehmigungsantrag nach § 51
aber gar nicht gestellt worden, so liegt allein in einer überlangen Dauer
des Umlegungsverfahrens kein auszugleichender Nachteil. Denn et-
waige Wertsteigerungen verbleiben bei der Umlegung in vollem Um-
fang dem Eigentümer, so daß für eine Herabsetzung des Mehrwertaus-
gleichs im Wege der „Abzinsung" kein Raum bleibt (BGH, ebd.).

12 Dieselben Grundsätze sind bei dem **Genehmigungsvorbehalt des
§ 144** anzuwenden, da dieser die Rechtswirkungen der Veränderungs-
sperre nach §§ 14 ff., der Teilungsgenehmigung nach §§ 19 ff. und der
Verfügungs- und Veränderungssperre nach § 51 in sich vereinigt (vgl.
§ 144, Rn 3). Allerdings sind im Rahmen des § 144 nicht nur die
Umlegungszwecke, sondern auch die Sanierungsziele bei der Entschei-
dung über einen Genehmigungsantrag zu berücksichtigen (zu dem
früheren § 15 StBauFG BVerwG, DVBl. 1979, 153/154; 1982, 537/
539 f.; BGH, ZfBR 1982, 133/135, mit Anm. Krautzberger).

13 **4.** Der Genehmigungspflicht nach § 51 unterliegen die in **Abs. 1 Nr. 1
bis 4 abschließend** aufgeführten rechtlichen Vorgänge (Nr. 1) und auf
eine tatsächliche Veränderung gerichteten Vorhaben (Nr. 2 bis 4).

14 **a)** Durch die BBauG-Novelle 1976 wurde in Anlehnung an § 15
Abs. 1 Nr. 5 StBauFG (jetzt § 144 Abs. 1 Nr. 2) in **Nr. 1** auch die
Teilung eines Grundstücks der Genehmigungspflicht unterworfen.
Unter der Teilung eines Grundstücks in diesem Sinn ist der in § 19
Abs. 2 durch eine Legaldefinition umschriebene Rechtsakt zu verste-
hen; die Teilung zur Bildung von **Wohnungseigentum** gehört **nicht**
dazu (hierzu § 19, Rn 4 ff.; § 144, Rn 12). Hiermit kann eine Grund-
stücksteilung auch dann untersagt werden, wenn noch kein Bebau-
ungsplan besteht. Durch Teilungen eines Grundstücks kann sich letzt-
lich die Zahl der Beteiligten an einem Umlegungsverfahren erhöhen
und dadurch sowohl das Umlegungsverfahren als auch eine allen
Eigentümern gerecht werdende Zuteilung von Grundstücken und Fest-
setzung von Abfindungen erschwert werden. Allerdings schafft die
Teilung selbst erst die Voraussetzung für die Erhöhung der Anzahl der
Beteiligten, da sie die Veräußerung einiger oder aller der neu geschaffe-

nen Grundstücke ermöglicht. Zwar unterliegt diese ihrerseits der Genehmigungspflicht (vgl. unten, Rn 15), doch wird der bloße Eigentümerwechsel als solcher kaum die Versagung einer beantragten Genehmigung rechtfertigen können. Um daher die Entstehung mehrerer kleiner Grundstücke anstelle eines großen Grundstücks und die damit einhergehende Erschwerung der Bildung neuer bebauungsfähiger Grundstücke verhindern zu können, ist es sinnvoll, bereits eine Teilung, d. h. eine auf Teilung gerichtete Erklärung des Grundstückseigentümers, der Genehmigungspflicht zu unterwerfen.

b) Genehmigungspflichtig sind nach Nr. 1 ferner **Verfügungen** über 15
ein Grundstück (zum Grundstücksbegriff vgl. § 200, Rn 2 ff.) oder über
Rechte an einem Grundstück. Unter Verfügungen versteht das Bürgerliche Gesetzbuch alle Rechtsgeschäfte, die die Rechtslage eines Rechtsgegenstands unmittelbar ändern, also ein Recht aufheben, ändern, übertragen; ebenso hierher gehört die Belastung eines Rechts durch die Begründung eines beschränkten Rechts (hierzu Jauernig, in: ders., BGB, 5. Aufl. 1990, Vorbem. vor § 104, Anm. 2 cbb). Bezogen auf Grundstücke sind als Verfügungen daher insbesondere anzusehen die **Übertragung des Eigentums an einem Grundstück** (Auflassung nach §§ 873, 925 BGB und Eintragung ins Grundbuch) **und seine Belastung** z. B. mit einer Grunddienstbarkeit oder einer beschränkten persönlichen Dienstbarkeit und die Bestellung eines Erbbaurechts, einer Reallast, eines Grundpfandrechts (Hypothek, Grundschuld, Rentenschuld). Auch Verfügungen über **Wohnungs- oder Teileigentum** nach dem WEG unterfallen der Genehmigungspflicht, da es sich hierbei um ein besonders ausgestaltetes Miteigentumsrecht an dem Grundstück handelt (vgl. § 200, Rn 7; ferner BGH, NJW 1984, 1617; Sauren, NJW 1985, 180 ff.).

Keine Verfügungen in diesem Sinne sind die **Verfügungen von** 16
Todes wegen, worunter das BGB die letztwillige Verfügung (Testament) nach §§ 1937, 2064 f. und den Erbvertrag nach §§ 1941, 2274 ff. versteht. In diesen Verfügungen von Todes wegen wird nicht etwas über ein Grundstück, sondern über eine Person bestimmt, nämlich über den Erben und gegebenenfalls die Verwendung des Nachlasses. Wird aber **aufgrund** einer solchen letztwilligen Verfügung ein Grundstück übertragen, z. B. aufgrund eines Vermächtnisses an den Vermächtnisnehmer, so liegt insoweit eine Verfügung über ein Grundstück vor, das der Genehmigung bedarf (vgl. Stahnke, in: Kohlhammer-Komm. zum BBauG, § 51, Anm. II 2 (1)).

Sind mehrere Erben eingesetzt und verfügt ein Erbe über seinen 17
Anteil an dem ungeteilten Nachlaß, zu dem ein Grundstück im Umlegungsgebiet gehört, so liegt hierin **keine Verfügung** im Sinne des § 51. Hier gelten vielmehr die Grundsätze über die Verfügungen über Anteile an einer **Gesamthandsgemeinschaft.** In diesen Fällen wird nicht über das zum Gesamthandseigentum gehörende Grundstück, sondern über den Anteil am Gesamthandseigentum verfügt. Gesamthandseigentum

besteht z. B. bei der BGB-Gesellschaft (§ 718 BGB), bei der durch
Ehevertrag vereinbarten Gütergemeinschaft (Gesamtgut, § 1416 BGB)
und bei der Erbengemeinschaft (gemeinschaftliches Vermögen, § 2032
BGB).

18 Da als Verfügung nur bestimmte Rechtsgeschäfte, d. h. auf privaten
Willenserklärungen beruhende Rechtsvorgänge, verstanden werden,
fallen nicht unter den Begriff der Verfügung im Sinne des § 51 **Rechts-
änderungen kraft Gesetzes** oder **kraft staatlichen Hoheitsakts** wie
zum Beispiel durch Erbfolge, Enteignung, Zwangsversteigerung.
Gleichwohl werden die neuen Rechtsinhaber mit der Rechtsänderung
Beteiligte im Umlegungsverfahren.

19 Ebenfalls keine Verfügung ist die **Auflassungsvormerkung.** Hier-
durch wird die Rechtslage des Grundstücks in keiner Weise geändert;
dies geschieht vielmehr erst in der – genehmigungspflichtigen – Auflas-
sung (BayObLG, BayVBl. 1970, 145 f.).

20 Verfügungen über **Rechte an einem Grundstück** sind die Abtretung
dieses Rechts, seine Löschung im Grundbuch und seine Änderung oder
Kündigung.

21 c) Nach der dritten Alternative der Nr. 1 sind auch bestimmte
Vereinbarungen der Genehmigungspflicht unterworfen. Hierunter fal-
len z. B. – als zum Erwerb eines Grundstücks berechtigend – Kaufver-
träge und – als zur Nutzung des Grundstücks berechtigend – Miet- und
Pachtverträge. Zur Bebauung eines Grundstücks berechtigen und da-
mit die Umlegung erschweren kann die Einräumung einer Baulast
(vgl. z. B. § 78 BauO NRW), weshalb mit dem Baugesetzbuch als
vierte Alternative der Nr. 1 die Begründung, Änderung oder Aufhe-
bung von **Baulasten** eingefügt wurde.

22 d) Nach **Nr. 2** unterliegen einerseits **erhebliche Veränderungen** der
Erdoberfläche der Genehmigungspflicht. Hierunter fallen z. B. Auf-
schüttungen oder Abgrabungen größeren Umfangs und von einiger
Dauer. Dabei ist es unerheblich, ob diese Veränderungen sich wertstei-
gernd oder wertmindernd auswirken. Andererseits gehören hierher
solche sonstigen Veränderungen der Grundstücke, die sich **wesentlich
wertsteigernd** auswirken. Dabei ist es unerheblich, ob es sich um eine
im tatsächlichen Sinne erhebliche Veränderung der Grundstücke han-
delt oder nicht. Hierzu rechnen z. B. die Neuanlage mehrjähriger
Pflanzungen wie z. B. Obstplantagen oder die Anlage von Brunnen
oder Entwässerungseinrichtungen (Stich, in: BK, § 51, Rn 13).

23 Die von Nr. 2 erfaßten Veränderungen der Grundstücke decken sich
mit denen nach § 14 Abs. 1 Nr. 2 Fall 1 (vgl. daher auch § 14, Rn 14).

24 e) Nach **Nr. 3 und 4** bedarf auch die **Errichtung baulicher Anlagen**
oder deren Änderung einer Genehmigung. Dies gilt nach **Nr. 4** allge-
mein für bauliche Anlagen, deren Änderung oder Errichtung einer
bauaufsichtlichen **Genehmigung,** Zustimmung oder Anzeige bedür-
fen. Da der vollständige Abbruch nicht vom Begriff der Änderung

umfaßt wird, bedarf die Beseitigung baulicher Anlagen keiner Genehmigung nach § 51 (vgl. § 14 Abs. 1 Nr. 1, wo die Beseitigung baulicher Anlagen ausdrücklich aufgeführt wird).

Ist die Änderung oder Errichtung baulicher Anlagen zwar nicht 25 genehmigungsbedürftig, z. B. aufgrund der weitgehenden Freistellungen nach den Landesbauordnungen (vgl. z. B. § 62 BauO NRW mit 34 Arten genehmigungsfreier Vorhaben; hierzu § 29, Rn 21), so unterliegen solche Vorhaben nach Nr. 3 gleichwohl der Genehmigungspflicht nach § 51, wenn sie sich **wertsteigernd** auswirken. Anders als bei den Veränderungen der Grundstücke nach Nr. 2 reicht für den Eintritt der Genehmigungspflicht bereits eine geringfügige Wertsteigerung aus; eine Beschränkung auf wesentliche Wertsteigerungen ist in Nr. 3 nicht vorgesehen.

Bauliche Anlagen nach Nr. 4 bedürfen daher im Umlegungsgebiet 26 einer **zweifachen Genehmigung,** nämlich sowohl durch die Baugenehmigungsbehörde als auch durch die Umlegungsstelle, da die Genehmigung nach § 51 anderweitig erforderliche Genehmigungen nicht ersetzt (vgl. zu dem insoweit gleichgelagerten Fall nach dem früheren § 15 Abs. 2 Nr. 3 StBauFG – jetzt § 144 Abs. 1 Nr. 1 – BVerwG, DVBl. 1982, 537/538).

5. Aus Gründen des **Vertrauens- und Bestandsschutzes** nimmt 27 **Abs. 2** eine Reihe von tatsächlichen Vorhaben von der Veränderungssperre aus. Die Vorschrift enthält eine wörtliche Übernahme der Regelung in § 14 Abs. 3, so daß die Anmerkungen zu dieser Vorschrift auch hier Geltung beanspruchen können (vgl. § 14, Rn 21 ff.).

6. Abs. 3 nennt als **Gründe für die Versagung** der Genehmigung 28 eines Rechtsvorgangs oder eines Vorhabens lediglich, daß die Umlegung durch das beabsichtigte Vorhaben oder den Rechtsvorgang **unmöglich gemacht oder wesentlich erschwert wird.** Durch die Formulierung „darf nur versagt werden" wird deutlich gemacht, daß die Verfügungs- und Veränderungssperre sich nur dann im Rahmen der Sozialbindung des Eigentums hält, wenn sie nur unter diesen engen Voraussetzungen angewandt wird. Die Umlegungsstelle hat daher bei ihrer Entscheidung kein Ermessen; es handelt sich vielmehr um gerichtlich voll nachprüfbare unbestimmte Gesetzesbegriffe (BGH, NVwZ 1982, 148; Ernst/Otte, in: E/Z/B, § 51, Rn 20).

Es ist daher zunächst zu prüfen, ob die tatbestandlichen Voraussetzungen nach Abs. 1 Nr. 1 bis 4 in Verbindung mit Abs. 2 vorliegen. 29 Sodann ist zu untersuchen, ob bei Genehmigung die Umlegung erschwert oder unmöglich gemacht würde. Dabei reicht eine geringfügige Erschwerung nicht aus; vielmehr muß die **Erreichbarkeit des Umlegungszwecks** nach § 45 Abs. 1 oder die Verwirklichung einer anteils- und wertgleichen Zuteilung und Abfindung in erhebliche Gefahr geraten (BGH, NVwZ 1982, 148). Wann dies der Fall ist, läßt sich jeweils nur im konkreten Fall beurteilen. So ist etwa eine **Grundstücksveräußerung** für sich genommen kaum geeignet, die Umlegung

zu erschweren. Ist jedoch absehbar, daß einige Grundstückseigentümer
mit Geld abgefunden werden müssen, weil die Verteilungsmasse nicht
ausreichen wird, allen bebauungsfähige Grundstücke zuzuteilen, kann
die Veräußerung erschwerend sein, weil möglicherweise statt eines
verkaufsbereiten – und damit also ggf. mit einer Geldabfindung einver-
standenen – Eigentümers ein Eigentümer in das Verfahren eintritt, der
an Naturalzuteilung interessiert ist. Die Gefährdung der Umlegung
muß jedoch stets von dem zur Genehmigung gestellten Rechtsvorgang
oder Vorhaben und dem mit ihm offen oder offenkundig verfolgten
Zweck ausgehen und kann nicht unter Hinweis auf die Person des
hierdurch Berechtigten begründet werden. Es kann daher als solches
nicht verhindert werden, wenn sich z. B. Spekulanten in ein Umle-
gungsgebiet einkaufen.

30 Allerdings kann verhindert werden, daß ein Grundstück lediglich als
Beleihungsobjekt verwendet werden soll. Dies kann etwa der Fall sein,
wenn es in erheblichem Ausmaße mit Grundpfandrechten belastet
werden soll, die nicht der Bebauung des belasteten Grundstücks selbst
dienen. Zwar ist Zweck der Umlegung nach dem Wortlaut des § 45
Abs. 1 allein, für die bauliche Nutzung zweckmäßig gestaltete Grund-
stücke zu bilden; die bauliche Nutzung selbst ist danach unmittelbar
nicht in § 45 Abs. 1 niedergelegter Zweck der Umlegung. Eine solche
am Wortlaut haftende Auslegung verkennt aber den Sinn und Zweck
der Bodenordnung nach dem Baugesetzbuch. Die Umlegung ist viel-
mehr eingebettet in einen „Gesamtprozeß der Gestaltung der städte-
baulichen Ordnung" (Schmidt-Aßmann, DVBl. 1982, 152/153), der
von der Aufstellung des Bebauungsplans bis zur Planverwirklichung
reicht. Die Bereitstellung von Grundstücken für die Planverwirkli-
chung – so wird die städtebauliche Funktion der Umlegung im Bau-
landbericht des Bundesministers für Raumordnung, Bauwesen und
Städtebau (Schriftenreihe „Städtebauliche Forschung" des BMBau,
Heft 03.100, 1983, S. 63 f.) gesehen – kann die Umlegung nicht erfül-
len, wenn die von ihr für die bauliche Nutzung zweckmäßig gestalte-
ten Grundstücke nicht für eine planentsprechende Nutzung verwandt
werden, sondern als Beleihungsgrundlage für anderweitige Bauvorha-
ben dienen (für den insoweit vergleichbaren § 15 StBauFG – und
jetzigen § 144 – im Ergebnis ebenso Bielenberg, StBauFG, Stand April
1983, § 15, Rn 34; vgl. auch Ernst/Otte, in: E/Z/B, § 51, Rn 20; a. A.
offenbar Stahnke, in: Kohlhammer-Komm. zum BBauG, Anm. II 3.).
Für die über die zweckfreie Neuordnung der Grundstücke hinausrei-
chende Funktion der Umlegung spricht auch, daß die Umlegungsstelle
nach § 59 Abs. 7 unter anderem ein Baugebot anordnen kann. Hier
wird deutlich, daß die Umlegung letztlich nur zu dem Zweck erfolgt,
die Planverwirklichung zu ermöglichen und herbeizuführen (vgl. auch
Dieterich, Rn 23 ff.).

31 Ist eine Umlegung erforderlich, so gehört zu ihrem Zweck nicht nur
die dem Bebauungsplan entsprechende Gestaltung der Grundstücke

und der an ihnen bestehenden Rechte, sondern auch, die den Eigentümern durch diese Maßnahme der öffentlichen Hand entstandenen **Vorteile** in gewissem Maße **in Anspruch zu nehmen.** Nur so können auch die der Gemeinde bei der Durchführung einer Umlegung entstehenden – und von ihr nach § 78 grundsätzlich zu tragenden – u. U. erheblichen Kosten für Vermessungs-, Kartierungs- und sonstige Verwaltungsarbeiten gedeckt werden. Es entspricht daher nicht dem Zweck der gesetzlichen Regelung der Umlegung, wenn die Beteiligten die Umlegungsstelle die Neuregelung vorbereiten lassen, um dann aufgrund einer **Einigung kurz vor Abschluß der amtlichen Umlegung** die Kosten der Allgemeinheit aufzubürden und selbst nur die Vorteile in Empfang zu nehmen. Auch die Anordnung etwaiger Planverwirklichungsgebote nach § 59 Abs. 7 könnte so vermieden und der verwirklichungsorientierte Zweck der Umlegung vereitelt werden. Dabei ist es in diesem Zusammenhang unerheblich, daß solche Gebote nur äußerst selten angeordnet werden. Durch eine solche „freiwillige Umlegung" würde also nicht die Erforderlichkeit der Umlegung entfallen (hierzu § 46, Rn 5), sondern es würde die Umlegung mit ihrer eigentlichen Zielsetzung erheblich erschwert, wenn nicht unmöglich gemacht werden. Der Gemeinde würden u. U. Kosten endgültig entstehen, die sie gar nicht haushaltsmäßig bereitgestellt hat und die sie auch gar nicht aufbringen kann, ohne andere Aufgaben zurückzustellen. Die entsprechenden Verträge, die Verfügungen über Grundstücke darstellen und daher der Genehmigungspflicht unterliegen, sind danach **nicht genehmigungsfähig** (vgl. auch Dieterich, Rn 172: rechtsmißbräuchlich). **Dies gilt** allerdings **nicht,** wenn sich die Eigentümer nach Einleitung einer Umlegung **unabhängig von der Umlegungsstelle** über eine zweckmäßige Gestaltung der Grundstücke und die Bereitstellung der Flächen für eine öffentliche Nutzung geeinigt haben. In diesem Fall entbehrt die amtliche Umlegung der Erforderlichkeit und ist daher aufzuheben (vgl. § 45, Rn 15).

Soweit die **Errichtung baulicher Anlagen** zu einer Werterhöhung des Grundstücks führt, kann dies die Umlegung erschweren, wenn die bauliche Anlage voraussichtlich nicht erhalten bleiben kann oder einem anderen Eigentümer zugeteilt werden muß. In diesem Fall würde die Werterhöhung lediglich zu einer erhöhten Geldabfindung für den früheren Eigentümer oder zu einer höheren Ausgleichszahlung für den etwaigen neuen Eigentümer führen. Dasselbe gilt für erhebliche oder wertsteigernde sonstige **Veränderungen** der Grundstücke nach Abs. 1 Nr. 2. Auch für sie ist gegebenenfalls nach § 60 eine Geldabfindung zu zahlen oder – bei Zuteilung – eine Ausgleichsleistung zu erbringen. Ebenso kann der Antrag auf Genehmigung eines **Nutzungsvertrags** nach Abs. 1 Nr. 1 wegen zu gewärtigender erheblicher Geldabfindung nach § 61 Abs. 1 abgelehnt werden, wenn das Gebäude, auf das der Nutzungsvertrag bezogen ist, beseitigt werden soll. Bei der Beurteilung dieser Frage ist jedoch einerseits die Laufzeit des Nutzungsvertrags und andererseits der Zeitpunkt, ab dem berechtigterweise mit der

Verwirklichung des Bebauungsplans gerechnet werden kann, zu berücksichtigen (BGH, NVwZ 1982, 148). Letzteres hat Bedeutung insbesondere bei verhältnismäßig kurzfristigen Nutzungsverträgen. Wird jedoch z. B. ein sehr langfristiger Pachtvertrag abgeschlossen, bei dessen Aufhebung erhebliche Entschädigungsforderungen zu erwarten sind, wird dieser Gesichtspunkt eine geringere Rolle spielen.

Die vorstehend genannten Versagungsgründe für verschiedene 33
Rechtsvorgänge und Vorhaben beruhen alle auf der Gefahr einer nicht unerheblichen **Verteuerung und damit Erschwerung** der Umlegung. Dieser Versagungsgrund kann ausgeräumt werden, wenn die Beteiligten auf einen Ersatz der Werterhöhung oder auf eine Entschädigung verzichten (vgl. BGH, BRS 7, S. 8/9). Eine Regelung über eine solche **Mehrwertverzichtserklärung** enthält das Umlegungsrecht nicht; sie findet sich jedoch für einen vergleichbaren Fall in § 32 Satz 1, der daher hier entsprechend anwendbar ist (hierzu § 32, Rn 8 ff.). Allerdings sollte den Beteiligten die Bedeutung einer solchen Verzichtserklärung in jeder Hinsicht deutlich gemacht werden, um spätere Rechtsstreitigkeiten, etwa bei Festsetzung einer entsprechend reduzierten Geldabfindung nach § 60 Satz 1, möglichst zu vermeiden.

7. Da auf die Erteilung der Genehmigung bei Vorliegen der Voraus- 34
setzungen ein Rechtsanspruch besteht, kann ihr nicht ohne weiteres eine **Nebenbestimmung** beigefügt werden. Hierzu bedarf es vielmehr nach § 36 Abs. 1 VwVfG einer ausdrücklichen Ermächtigung, wenn die Nebenbestimmungen nicht darauf beschränkt sein sollen, lediglich sicherzustellen, daß die gesetzlichen Voraussetzungen der Genehmigung erfüllt werden. Eine solche Ermächtigung enthält **Abs. 4 Satz 1.** Danach kann einer Genehmigung in jedem Fall eine Auflage beigefügt werden. Da Verfügungen über Grundstücke und über Rechte an Grundstücken bedingungsfeindlich sind, kann Genehmigungen solcher Rechtsgeschäfte keine Bedingung und auch keine Befristung beigefügt werden.

Dagegen kann z. B. ein Pachtvertrag unter der aufschiebenden Be- 35
dingung genehmigt werden, daß auf eine etwaige Entschädigung verzichtet wird. Möglich ist auch, einen Pachtvertrag nur für einen befristeten Zeitraum zu genehmigen. Eine Auflage könnte etwa den Inhalt haben, eine genehmigte Aufschüttung bis zu einem bestimmten Zeitpunkt wieder zu beseitigen.

Da durch eine solche mit Nebenbestimmungen versehene Genehmi- 36
gung das Interesse eines Vertragspartners an dem Vertrag wegfallen kann, bestimmt **Abs. 4 Satz 2,** daß innerhalb einer Frist von einem Monat nach Unanfechtbarkeit der Genehmigung die nachteilig betroffene Vertragspartei von dem Vertrag **zurücktreten** kann. **Satz 3** bestimmt, daß die Vorschriften der §§ 346 bis 354 und 356 BGB auf das Rücktrittsrecht entsprechend anzuwenden sind. In den genannten Vorschriften werden Modalitäten, Form und eventueller Ausschluß des Rücktritts geregelt. Da in einer solchen Genehmigung eine teilweise

Versagung liegt, können die Betroffenen hiergegen aber auch, gegebenenfalls nach Durchführung eines Widerspruchsverfahrens, Antrag auf gerichtliche Entscheidung nach §217 stellen.

8. a) Die Genehmigung eines der Verfügungs- und Veränderungs- **37** sperre unterliegenden Rechtsvorgangs oder Vorhabens erfolgt auf **Antrag.** Antragsbefugt ist jeweils der durch die Genehmigung unmittelbar **Begünstigte.** Dies sind bei Verfügungen und Vereinbarungen beide Vertragsparteien, bei der Grundstücksteilung der Eigentümer, bei Vorhaben derjenige, der das Vorhaben durchführen will; dies kann auch z. B. der Mieter oder Pächter sein.

Ein **Antrag auf Baugenehmigung** umfaßt **nicht** den Antrag auf **38** Genehmigung nach §51 (vgl. schon oben, Rn 6). Eine Zusammenfassung beider Genehmigungen im Falle des Erfordernisses einer Baugenehmigung würde zu einer unzuträglichen Rechtswegspaltung führen: Würde die Genehmigung eines Rechtsvorgangs oder Vorhabens von der Umlegungsstelle erteilt, so entschieden im Streitfall die Gerichte für Baulandsachen nach §217; würde dagegen die Baugenehmigung z. B. wegen des versagten Einvernehmens der Umlegungsstelle angegriffen, so hätten über denselben rechtlichen Gegenstand die Verwaltungsgerichte zu entscheiden. Der Gesetzgeber des Baugesetzbuchs hat daher eine **Zusammenführung** der beiden Genehmigungen abgelehnt (vgl. Otte, VR 1987, 73/77). Allerdings sollte durch eine verwaltungsinterne Organisation dafür gesorgt werden, daß die für den Bürger sicherlich vorhandene Erschwernis eines doppelten Genehmigungserfordernisses möglichst gering gehalten wird.

b) Nach Abs. 1 Halbsatz 1 ist die Genehmigung **schriftlich** zu ertei- **39** len (hierzu vgl. §37 VwVfG). Wird die Genehmigung ganz oder teilweise versagt oder mit einer Nebenbestimmung versehen, so ist sie zu **begründen** (§39 VwVfG). Ferner hat sie nach §211 eine **Rechtsbehelfsbelehrung** zu enthalten.

c) Zuständig für die Genehmigung ist nach Abs. 1 Halbsatz 1 die **40** Umlegungsstelle. Hat die Gemeinde einen Umlegungsausschuß gebildet, so ist allein dieser für die Entscheidung über den Antrag zuständig. Weder der Rat der Gemeinde noch der Hauptverwaltungsbeamte können diese Entscheidung an sich ziehen (vgl. Stahnke, in: Kohlhammer-Komm. zum BBauG, §46, Anm. 6b dd).

Ist die Genehmigung von einem **unzuständigen Organ** der Ge- **41** meinde, z. B. dem Stadtdirektor, erteilt worden, so ist sie zwar rechtswidrig, aber nicht nichtig und daher wirksam (vgl. §43 VwVfG). Das Grundbuchamt kann mangels materieller Prüfungskompetenz (hierzu §74, Rn 5) einen so genehmigten Rechtsvorgang durch Eintragung im Grundbuch vollziehen, wenn die genehmigende Behörde **abstrakt** zur Vornahme solcher Amtshandlungen befugt ist (BGHZ 19, 355/357 f.; BayObLG, Der Bayerische Bürgermeister 1971, 53/54 f.; Horber/Demharter, GBO, 17. Aufl. 1987, §38, Anm. 14a). Dem Umlegungsausschuß stehen gegen eine solche Grundbucheintragung keine Rechtsbe-

helfe zu. Er kann sich aber gegen Übergriffe anderer Gemeindeorgane in seinen Zuständigkeitsbereich im Wege des Kommunalverfassungsstreits vor den Verwaltungsgerichten (hierzu Kopp, VwGO, 8. Aufl. 1989, Vorb. § 40, Rn 6) zur Wehr setzen. Wird die Genehmigung in diesem Verfahren aufgehoben, kann die Umlegungsstelle nach § 22 GBO das Grundbuch berichtigen lassen.

42 **d) Rechtsschutz** kann gegen die vollständige oder teilweise Versagung einer beantragten Genehmigung durch Antrag auf gerichtliche Entscheidung nach § 217 in Anspruch genommen werden. Gegebenenfalls ist aufgrund landesrechtlicher Bestimmungen nach § 212 zuvor ein Widerspruchsverfahren durchzuführen.

43 **e)** Nach § 46 Abs. 2 Nr. 3 kann der Umlegungsausschuß Entscheidungen nach § 51 in einfacheren Fällen auf eine andere Stelle, in der Regel seine Geschäftsstelle, übertragen. Allerdings verliert der Umlegungsausschuß durch diese Übertragung nicht die Herrschaft über das Genehmigungsverfahren. Dies stellt **Abs. 5** klar. Nach dessen **Satz 1 Halbsatz 1** kann der Umlegungsausschuß der beauftragten Stelle **Weisungen** erteilen. Nach **Satz 2** kann er die **Übertragung** jederzeit, d. h. auch anläßlich eines konkreten Falls (Stich, in: BK, § 51, Rn 22), **widerrufen** und damit die Entscheidung dieses Falls an sich ziehen. Wird gegen eine ablehnende Entscheidung nach § 51 ein Rechtsbehelf eingelegt, so ist nach **Satz 1 Halbsatz 2** der Umlegungsausschuß auch dann Beteiligter im Sinne des § 222 an dem Verfahren vor der Kammer für Baulandsachen, wenn er die Entscheidung in dem konkreten Fall auf eine andere Stelle übertragen hatte. Dasselbe gilt, wenn aufgrund Landesrechts ein Widerspruchsverfahren durchzuführen ist. In diesem Fall ist der Widerspruch beim Umlegungsausschuß selbst einzureichen; dieser entscheidet auch, ob er dem Widerspruch abhilft (§§ 71, 72 VwGO).

§ 52 Umlegungsgebiet

(1) **Das Umlegungsgebiet ist so zu begrenzen, daß die Umlegung sich zweckmäßig durchführen läßt. Es kann aus räumlich getrennten Flächen bestehen.**

(2) **Einzelne Grundstücke, die die Durchführung der Umlegung erschweren, können von der Umlegung ganz oder teilweise ausgenommen werden.**

(3) **Unwesentliche Änderungen des Umlegungsgebiets können bis zum Beschluß über die Aufstellung des Umlegungsplans (§ 66 Abs. 1) von der Umlegungsstelle ohne förmliche Änderung des Umlegungsbeschlusses vorgenommen werden. Die Änderungen werden mit der schriftlichen Mitteilung den Eigentümern der betroffenen Grundstücke gegenüber wirksam. Im übrigen gilt § 50 entsprechend.**

Übersicht

1. Nach § 47 Satz 2 ist im Umlegungsbeschluß das Umlegungsge- **1**
biet zu bezeichnen. Um welchen **Bereich** im groben es sich handelt,
muß bereits von der Gemeinde **bei der Anordnung** der Umlegung
angegeben worden sein. § 52 regelt nun, nach welchen Kriterien die
exakte Grenzziehung des Umlegungsgebiets zu erfolgen hat.

a) Alleiniger Maßstab für die Festlegung des Umlegungsgebiets ist **2**
nach **Abs. 1 Satz 1 die Zweckmäßigkeit** für die Durchführung der
Umlegung. Hierdurch wird der Umlegungsstelle **Ermessen** einge-
räumt (BGH, BBauBl. 1967, 352; eine vergleichbare Regelung findet
sich in § 142 Abs. 1 Satz 2 für Sanierungsgebiete).

Diesem Ermessen sind jedoch zahlreiche **Grenzen** gesetzt. Zum **3**
einen darf das Umlegungsgebiet nicht über den **Geltungsbereich eines
Bebauungsplans** hinausreichen (§ 45). Nach ihrem Ermessen kann die
Umlegungsstelle jedoch entscheiden, ob sie das Umlegungsgebiet bis
an die Grenzen des Bebauungsplangebiets ausdehnen oder ob sie dahin-
ter zurückbleiben will. Grenzen die Geltungsbereiche zweier Bebau-
ungspläne unmittelbar aneinander an, so kann dieses Gebiet in einem
einheitlichen Umlegungsverfahren neu geordnet werden, wenn dies
zweckmäßig ist. Im übrigen ist von dem Ermessen entsprechend dem
Zweck der Ermächtigung Gebrauch zu machen (§ 40 VwVfG). Dieser
Zweck ergibt sich aus § 45 Abs. 1. Es kommt also zunächst darauf an,
daß aus den in die Umlegung einbezogenen Grundstücken solche
Grundstücke gebildet werden können, auf denen die Verwirklichung
der Festsetzungen des Bebauungsplans möglich ist. Dabei muß die
Neuordnung so erfolgen können, daß den **Grundsätzen, die die Umle-
gung prägen,** Rechnung getragen wird. Dies bedeutet die Wahrung des
Grundsatzes der Gleichbehandlung und Gleichbelastung aller Eigentü-
mer (vgl. Vorbemerkung zu den §§ 45 bis 84, Rn 6); des weiteren muß
den Zuteilungsgrundsätzen der §§ 55 bis 59 entsprochen werden kön-
nen. Zudem muß möglichst dem Grundsatz der Bestandserhaltung und
-verbesserung (vgl. Vorbemerkung zu den § 45 bis 84, Rn 7) Genüge
getan werden können (hierzu Stahnke/Schriever, in: Kohlhammer-
Komm. zum BBauG, § 52, Rn 21 ff.). Zu erschließungsbeitragsrecht-
lich bedingten Abgrenzungsproblemen vgl. § 57, Rn 22. Zu praktisch

bedeutsamen Abgrenzungsfragen (Straße als Abgrenzung, Flächen überörtlicher Bedeutung, Gewinnung von Verkehrsflächen) vgl. Dieterich, Rn 101 ff.

4 **b)** Nach **Abs. 1 Satz 2** ist es nicht erforderlich, daß das Umlegungsgebiet aus einem zusammenhängenden Bereich besteht. Eine danach also mögliche **räumliche Trennung der Grundstücke** eines einheitlichen Umlegungsgebiets ist aber nur dann zulässig, wenn die beiden Bereiche in einem inneren sachlichen Zusammenhang miteinander stehen. Ein solcher Zusammenhang besteht z. B. zwischen einem Sanierungs- und einem Ersatz- und Ergänzungsgebiet nach § 142 Abs. 2. Das Ersatz- und Ergänzungsgebiet dient dazu, Bewohner oder Nutzungen, die in dem Sanierungsgebiet nicht wieder untergebracht werden können oder sollen, aufzunehmen. Dasselbe gilt, wenn ohne Durchführung einer förmlichen Sanierung nach §§ 136 ff. Betriebe oder Bewohner aus einem Gebiet ausgesiedelt werden sollen. Ein innerer Zusammenhang zwischen zwei räumlich getrennten Umlegungsgebieten ist auch dann gegeben, wenn die Gebiete durch eine Verkehrsader, z. B. einen Kanal, eine Eisenbahnstrecke oder eine Bundesfernstraße, getrennt sind. Wenn diese Verkehrsfläche nicht in die Umlegung einzubeziehen ist, entweder weil sie schon rechtlich fixiert ist oder im Wege der Enteignung beschafft werden kann und soll, die beidseitig angrenzenden Gebiete aber gleichwohl als Einheit zu betrachten sind, können auch diese räumlich getrennten Gebiete in ein einheitliches Umlegungsverfahren einbezogen werden. Grundstücke der Deutschen Bundesbahn dürfen nach § 39 Abs. 1 BundesbahnG ohnehin nur mit Zustimmung der Bundesregierung in ein Umlegungsverfahren einbezogen werden (vgl. Ernst/Otte, in: E/Z/B, § 52, Rn 11).

5 Keinesfalls dürfen Teile des Umlegungsgebiets auf dem **Gebiet einer anderen Gemeinde** liegen. Dies ergibt sich aus dem Charakter der Umlegung als Selbstverwaltungsangelegenheit (vgl. § 46, Rn 1 f.). Dies gilt auch, soweit die Umlegung nach § 46 Abs. 4 auf eine andere Behörde übertragen wurde. Diese Behörde kann durch die Übertragung nicht mehr Rechte erhalten als der Gemeinde zugestanden hätten. Grenzüberschreitende Umlegungen sind nur zulässig, wenn alle beteiligten Gemeinden dieselbe Behörde mit der Durchführung der Umlegung beauftragt haben und alle Gemeinden für die jeweils entsprechenden Gebiete die Umlegung angeordnet haben. Dasselbe gilt, wenn sich mehrere Gemeinden zu einem Planungsverband zusammengeschlossen haben. Dieser kann nach § 205 Abs. 4 unabhängig von den Grenzen der Gemeindegebiete die Bodenordnung durchführen.

6 **2.** Bestimmt Abs. 1 die äußere Begrenzung des Umlegungsgebiets, so erlaubt **Abs. 2** der Umlegungsstelle, unter bestimmten Voraussetzungen **Grundstücke,** die vollkommen innerhalb des Umlegungsgebiets liegen, **von der Umlegung auszunehmen.** Liegen Grundstücke am Rand des Umlegungsgebiets, sollen aber nicht in dieses einbezogen

werden, so sind sie durch eine entsprechende Begrenzung des Umlegungsgebiets nach Abs. 1 von der Umlegung auszunehmen.

a) Ausgenommen werden können zum einen Grundstücke, die die **7** **Umlegung erschweren.** Auch diese Entscheidung liegt im pflichtgemäßen Ermessen der Umlegungsstelle. Eine Erschwerung für die Umlegung können z. B. Grundstücke bilden, die bereits bebaut sind oder auf denen eine hochwertige Nutzung ausgeübt wird, bei deren Entzug erhebliche Entschädigungsforderungen entstehen würden.

b) Ebenso können Grundstücke nach dem Ermessen der Umlegungsstelle von der Umlegung ausgenommen werden, wenn von vornherein feststeht, daß ihre **Grenzen nicht verändert** werden. Dies kann z. B. der Fall sein bei Flächen, die ein Bedarfsträger für eine von ihm zu errichtende Gemeinbedarfsanlage oder ein Planungsträger für ein bestimmtes Vorhaben, z. B. den Bau einer Straße, erworben haben. In vielen anderen Fällen wird es häufig schwer sein, zu Beginn der Umlegung sicher festzustellen, daß die Grenzen eines bestimmten Grundstücks nicht verändert werden sollen. Hier bietet sich aber immer noch die Möglichkeit, das Grundstück zu einem späteren Zeitpunkt auszunehmen. Umgekehrt können zu Anfang ausgenommene Grundstücke später in die Umlegung einbezogen werden (hierzu unten, Rn 14).

Da Abs. 2 bei Vorliegen seiner Voraussetzungen der Umlegungsstelle **9** Ermessen einräumt, kann die Umlegungsstelle auch entscheiden, daß ein Grundstück, dessen **Grenzen nicht verändert** werden sollen, **gleichwohl** in die Umlegung **einbezogen** wird. Im Baugesetzbuch ist zur Vermeidung von Mißverständnissen der Hinweis entfallen, daß Grundstücke, deren Grenzen nicht geändert werden sollen, ausgenommen werden können (vgl. Otte, VR 1987, 73/77). Eine Einbeziehung solcher Grundstücke ist schon aus Gleichbehandlungsgründen z. B. dann erforderlich, wenn das Grundstück durch die Umlegung eine Wertverbesserung, etwa eine bessere Erschließung, erfährt und deswegen zu einem Geldbeitrag herangezogen werden soll (BVerfG, BBauBl. 1965, 60; BVerwGE 10, 3/7; vgl. den anschaulichen Fall bei Dieterich, Rn 97). Im übrigen kann die Einbeziehung solcher Grundstücke geboten sein, weil an ihnen bestehende Rechte geändert werden sollen. Auch können Grundstücke einbezogen werden, wenn hierdurch die Möglichkeit zu einer besseren Neuordnung eines ganzen Gebiets, etwa durch die Gewinnung von Straßenland, eröffnet wird (BGH, BBauBl. 1967, 352).

Die Umlegungsstelle kann nach Abs. 2 Grundstücke auch **teilweise** **10** **ausnehmen.** Dies kann z. B. dann sinnvoll sein, wenn ein großes Grundstück mit einem denkmalgeschützten Gebäude bebaut ist. Dann kann zwar das Gebäude selbst z. B. nicht abgebrochen werden, aber es ist vorstellbar, daß Teile des Grundstücks, auf dem das Gebäude steht, für die Durchführung der Umlegung nützlich sein können.

11 Bei der Entscheidung über die Ausnahme eines Grundstücks unter-
liegt das Ermessen der Umlegungsstelle denselben **Bindungen wie bei
der äußeren Begrenzung** des Umlegungsgebiets. Auch hier sind also
öffentliche Interessen an zweckmäßig gestalteten Grundstücken mit
privaten Interessen an Gleichbelastung und Gleichbehandlung sowie
Bestandserhaltung und -verbesserung in Einklang zu bringen. Keines-
falls darf die Herausnahme von Grundstücken dazu dienen, den Eigen-
tümer dieses Grundstücks von bestimmten Verfahrenshandlungen oder
Vorentscheidungen auszuschließen, um ihn dann bei einer eventuellen
späteren Hereinnahme des Grundstücks an die Wirkungen des § 50
Abs. 3 und 4 zu binden.

12 Da die Herausnahme einzelner Grundstücke ebenso wie die Begren-
zung des Umlegungsgebiets Bestandteil des Umlegungsbeschlusses
und damit **Verwaltungsakte** sind, sind sie von dem Eigentümer in dem
dafür vorgesehenen Verfahren gerichtlich angreifbar.

13 **3.** Sollen die Grenzen des Umlegungsgebiets geändert werden, be-
darf es hierzu im Regelfall der Änderung des Umlegungsbeschlusses
mit dessen erneuter Bekanntmachung nach § 50. **Abs. 3** schafft demge-
genüber die Möglichkeit, die Grenzen des Umlegungsgebiets in den
angegebenen Fällen auf eine einfachere Art und Weise zu ändern.
Zeitliche Grenze für diese Möglichkeit der **vereinfachten Änderung** ist
der Beschluß über die Aufstellung des Umlegungsplans nach § 66
Abs. 1.

14 **a)** Nach **Satz 1** ist die vereinfachte Änderung zulässig, wenn es sich
um eine **unwesentliche Änderung** des Umlegungsgebiets handelt.
Dabei bezieht sich die Wesentlichkeit der Änderung nicht auf die Größe
des von ihr erfaßten Gebiets (Ernst/Otte, in: E/Z/B, § 52, Rn 17),
wenngleich der Wortlaut der Bestimmung für diese Auslegung spricht.
Entscheidend kommt es vielmehr auf die Auswirkungen auf das Umle-
gungsverfahren (vgl. Dieterich, Rn 168), vor allem auf die Verände-
rung der **Wertverhältnisse** in dem Umlegungsgebiet an, d. h. beson-
ders auf die Änderung der Zuteilungsansprüche der Eigentümer
(Stahnke/Schriever, in: Kohlhammer-Komm. zum BBauG, § 52,
Rn 53). Allerdings wird die von der Änderung betroffene Flächengröße
in der Regel ein wichtiges Indiz für diese Änderung der Wertverhält-
nisse darstellen. Stahnke/Schriever (ebd.) geben als Grenze eine Ände-
rung der Umlegungsmasse (hierzu § 55, Rn 7, 18) von 5 % an.

15 **b)** Nach **Satz 2** werden die Änderungen mit der schriftlichen **Mittei-
lung an die Eigentümer** der betroffenen Grundstücke wirksam. Es
bedarf daher insoweit nicht der öffentlichen Bekanntmachung nach
§ 50 Abs. 1 Satz 1. Der Unterschied zur Verfahrenserleichterung nach
§ 50 Abs. 1 Satz 2 liegt darin, daß die Beteiligten, auch die Eigentümer
der betroffenen Grundstücke, infolge der nur unwesentlichen Ände-
rung nicht mit dem Verzicht auf die öffentliche Bekanntmachung
einverstanden sein müssen.

c) Nach **Satz 3** ist § 50 – und zwar entsprechend – anzuwenden. Dies 16
bedeutet, daß die vereinfachte Änderung des Umlegungsgebiets nach
Abs. 3 vom Gesetz nicht als Änderung des Umlegungsbeschlusses
angesehen wird (Ernst/Otte, in: E/Z/B, § 52, Rn 16). Im übrigen aber ist
die Bedeutung der Verweisung unklar (vgl. Ernst/Otte, ebd.; Stahnke/
Schriever, in: Kohlhammer-Komm. zum BBauG, § 52, Rn 56).

Maßgeblich für die Auslegung der Verweisung ist, ob das Umle- 17
gungsgebiet vergrößert oder verkleinert werden soll. Werden in das
Umlegungsgebiet **neue Grundstücke** oder weitere Teile bereits einbe-
zogener Grundstücke **einbezogen,** so können hierdurch nicht nur neue
Beteiligte nach § 48 Abs. 1 Nr. 1 und 2 in das Verfahren einbezogen
werden, sondern es können auch Inhaber unbekannter Rechte nach § 48
Abs. 1 Nr. 3 ein Recht auf Beteiligung an der Umlegung erhalten.
Diese aber können ihr Recht nicht anmelden, wenn die Änderung nur
den Eigentümern der betroffenen Grundstücke mitgeteilt wird. In
diesen Fällen ist also eine **Bekanntmachung** nach § 50 im vollen
Umfang, wenn auch nur bezogen auf die neu erfaßten Grundstücke
oder Grundstücksteile, erforderlich. Eine Verfahrenserleichterung liegt
dann nur insoweit vor, als von der Bekanntmachung nicht nur abgese-
hen werden kann, wenn alle Beteiligten einverstanden sind, sondern
wenn nur die Beteiligten der betroffenen Grundstücke einverstanden
sind.

Wird dagegen das Umlegungsgebiet **verkleinert,** so können weitere 18
Eigentümer oder Inhaber bekannter oder unbekannter Rechte nicht in
das Umlegungsverfahren eintreten. In diesem Fall ist daher eine voll-
ständige Bekanntmachung nach § 50 entbehrlich. Um die anderen
Beteiligten, insbesondere die Inhaber von Rechten an den nunmehr
ausgenommenen Grundstücken zu informieren, bedarf es jedoch einer
eingeschränkten Bekanntmachung. Die Aufforderung nach § 50
Abs. 2 und die Hinweise nach § 50 Abs. 5 braucht diese Bekanntma-
chung nicht zu enthalten. Auf die Bekanntmachung auch insoweit kann
nur verzichtet werden, wenn alle Beteiligten nach § 50 Abs. 1 Satz 2
damit einverstanden sind, also auf andere Weise von der Änderung
unterrichtet wurden.

d) Auch die unwesentliche Änderung des Umlegungsgebiets ist von 19
der Umstellungsstelle zu beschließen. Es handelt sich hierbei um einen
Verwaltungsakt, der gegebenenfalls nach Durchführung eines Wider-
spruchs durch Antrag auf gerichtliche Entscheidung nach § 217 ange-
griffen werden kann. Wird eine vereinfachte Änderung wirksam, so
sind Bestandskarte und -verzeichnis (§ 53) zu berichtigen. Gleichfalls ist
die Änderung dem **Grundbuchamt und dem Katasteramt mitzutei-
len,** sofern neue Grundstücke in die Umlegung einbezogen oder bisher
einbezogene Grundstücke aus der Umlegung entlassen werden (§ 54
Abs. 1).

§ 53 Bestandskarte und Bestandsverzeichnis

(1) **Die Umlegungsstelle fertigt eine Karte und ein Verzeichnis der Grundstücke des Umlegungsgebiets an (Bestandskarte und Bestandsverzeichnis). Die Bestandskarte weist mindestens die bisherige Lage und Form der Grundstücke des Umlegungsgebiets und die auf ihnen befindlichen Gebäude aus und bezeichnet die Eigentümer. In dem Bestandsverzeichnis sind für jedes Grundstück mindestens aufzuführen**

1. **die im Grundbuch eingetragenen Eigentümer,**
2. **die grundbuch- und katastermäßige Bezeichnung, die Größe und die Nutzungsart nach dem Liegenschaftskataster der Grundstücke unter Angabe von Straße und Hausnummer sowie**
3. **die im Grundbuch in Abteilung II eingetragenen Lasten und Beschränkungen.**

(2) **Die Bestandskarte und die in Absatz 1 Nr. 1 und 2 bezeichneten Teile des Bestandsverzeichnisses sind auf die Dauer eines Monats in der Gemeinde öffentlich auszulegen. Ort und Dauer der Auslegung sind mindestens eine Woche vor der Auslegung ortsüblich bekanntzumachen. Von der Auslegung der Bestandskarte und des Bestandsverzeichnisses kann abgesehen werden, wenn alle Beteiligten einverstanden sind.**

(3) **Betrifft die Umlegung nur wenige Grundstücke, so genügt anstelle der ortsüblichen Bekanntmachung die Mitteilung an die Eigentümer und die Inhaber sonstiger Rechte, soweit sie aus dem Grundbuch ersichtlich sind oder ihr Recht bei der Umlegungsstelle angemeldet haben.**

(4) **In den in Absatz 1 Satz 3 Nr. 3 bezeichneten Teil des Bestandsverzeichnisses ist die Einsicht jedem gestattet, der ein berechtigtes Interesse darlegt.**

1 **1.** Der Inhalt von Bestandskarte und Bestandsverzeichnis ist mit dem Baugesetzbuch zweckentsprechender geregelt und gegeneinander abgegrenzt worden. Sie sind nach **Abs. 1 Satz 1** von der Umlegungsstelle anzufertigen und dienen der **Bestandsaufnahme** aller von der

Umlegung im einzelnen erfaßten Grundstücke, der an ihnen bestehenden oder auf sie bezogenen Rechte und ihrer tatsächlichen Nutzung (zu Mustern vgl. Dieterich, S. 345 ff.; Rothe, S. 382 ff.). Die möglichst umfassende Bestandsaufnahme ist wesentliche Voraussetzung für das Gelingen der Umlegung. Nur so ist zu vermeiden, daß bestehende Rechte übersehen werden und daher bei der Umlegung unberücksichtigt bleiben, was zu späteren Entschädigungsforderungen führen kann. Da Bestandskarte und Bestandsverzeichnis öffentlich bekanntzumachen oder den Beteiligten mitzuteilen sind oder aber nach Abs. 4 ein Einsichtsrecht besteht, dienen sie auch zur **Information über die von der Umlegung erfaßten Rechte.** Sofern Rechte hier nicht aufgeführt sind, können die Beteiligten sie der Umlegungsstelle mitteilen und eine Ergänzung der Bestandskarte und des Bestandsverzeichnisses herbeiführen.

§ 53 enthält keine Bestimmung darüber, zu welchem **Zeitpunkt** 2 Bestandskarte und Bestandsverzeichnis anzufertigen sind. Aus ihrem Zweck als notwendige Arbeitsgrundlage für die Umlegung folgt jedoch, daß Bestandskarte und -verzeichnis so früh wie möglich nach Bekanntmachung des Umlegungsbeschlusses zu erstellen sind. Schon bei Beginn der Umlegung können dann alle Rechte, und soweit sie erst von Beteiligten der Umlegungsstelle mitgeteilt werden, berücksichtigt werden.

2. a) Die **Bestandskarte** wird auf der Grundlage des Grundbuchs 3 sowie der amtlichen Flurkarte und des Liegenschaftskatasters erstellt (hierzu Rothe, Rn 149 ff.). Sie hat nach **Abs. 1 Satz 2** die für die Umlegung bedeutsame **Lage und Form** der Grundstücke auszuweisen. Auch die Grundrisse der **Gebäude** müssen aus der Bestandskarte hervorgehen, wie Abs. 1 Satz 2 jetzt ausdrücklich vorschreibt. Diese Regelung ist jedoch nicht im Sinne einer abschließenden Aufzählung, sondern als bloßes Nennung eines **Mindestinhalts** zu verstehen. So können z. B. auch topografische Besonderheiten, die für die Durchführung der Umlegung von Bedeutung sind, in die Bestandskarte aufgenommen werden.

Ferner sind in der Bestandskarte die **Eigentümer** zu bezeichnen. Dies 4 bedeutet, daß die Eigentümer nicht notwendig mit ihrem Namen benannt werden müssen, sondern daß es ausreicht, wenn die Grundstücke mit **Ordnungsnummern** versehen werden, die jeweils einem bestimmten Eigentümer zugeordnet sind (hierzu Dieterich, Rn 145). Soweit die Gemeinde mit Straßenland und sonstigen Grundstücken in der Umlegung beteiligt ist, ist es wegen der unterschiedlichen Behandlung der Grundstücke im weiteren Umlegungsverfahren (vgl. § 55, Rn 29 f.) zweckmäßig, die Gemeinde insoweit mit zwei verschiedenen Ordnungsnummern zu versehen (Stahnke, in: Kohlhammer-Komm. zum BBauG, § 53, Anm. 2a bb).

b) Die Bestandskarte wird ergänzt durch das auf Grundbuch und 5 Liegenschaftskataster beruhende **Bestandsverzeichnis.** Den **Mindest-**

inhalt dieses Bestandsverzeichnisses nennt **Abs. 1 Satz 3**. Danach sind
im Bestandsverzeichnis nach **Nr. 1** zunächst die **Eigentümer** der erfaß-
ten Grundstücke aufzuführen. Die Eigentümer, die hier mit ihrem
Namen zu nennen sind, ergeben sich aus dem Grundbuch. Sind in der
Bestandskarte Ordnungsnummern verwendet worden, sind die Eigen-
tümer hier den Ordnungsnummern zuzuordnen; es empfiehlt sich dann
auch, die Eigentümer in der laufenden Reihenfolge der Ordnungsnum-
mern aufzuführen. Die Angabe der Namen der Grundstückseigentü-
mer verletzt weder den Datenschutz noch Grundrechte. In der bloßen
Auflistung der Namen der Eigentümer ohne Anschrift ist keine Datei
im Sinne des § 2 Abs. 3 Nr. 3 Bundesdatenschutzgesetz zu sehen. Unter
grundrechtlichen und rechtsstaatlichen Gesichtspunkten enthält Abs. 1
Satz 3 Nr. 1 in Verbindung mit Abs. 2 Satz 1 eine Ermächtigungsgrund-
lage zur Veröffentlichung der Namen, so daß – selbst bei Annahme
einer grundrechtlichen Relevanz der Namensveröffentlichung – hierge-
gen keine rechtlichen Bedenken bestehen (zur Problematik vgl. VG
München, NJW 1981, 475 f. mit ablehnenden Stellungnahmen von
Grimm, BayVBl. 1981, 558 ff., und Geiger, NJW 1981, 1495 ff.; ferner
– zur Bauleitplanung – Berkemann, ZfBR 1986, 155 ff.).

6 Ferner sind im Bestandsverzeichnis nach **Nr. 2** die **Grundstücke** auf
der Grundlage des Grundbuchs und des Liegenschaftskatasters nach
Gemarkung, Flur und Flurstücks-Nummer sowie nach der Nr. des
Liegenschaftsbuchs, nach Grundbuch-Band und -Blatt sowie nach
Nutzungsart, Straße und Hausnummer zu bezeichnen. Ferner muß hier
jetzt die Größe des Grundstücks angegeben werden, die bisher nur für
die Bestandskarte vorgesehen, aber wegen § 68 Abs. 1 Nr. 1 auch im
Bestandsverzeichnis zweckmäßig war.

7 Nach **Nr. 3** sind in das Bestandsverzeichnis darüber hinaus die in
Abteilung II des Grundbuchs eingetragenen **Lasten und Beschränkun-
gen** aufzuführen. Abteilung II des Grundbuchs enthält sämtliche Bela-
stungen mit Ausnahme der Grundpfandrechte, also z. B. Grunddienst-
barkeiten, Reallasten, Verfügungsbeschränkungen (Konkurs oder
Nacherbschaft) und einstweilige Sicherungen wie Vormerkungen und
Widersprüche. Es ist der Umlegungsstelle unbenommen, zumindest
für den internen Gebrauch **weitere bestandsbezogene Aufstellungen**
zu machen. Zu denken ist hier insbesondere an ein Verzeichnis der
Grundpfandrechte (Hypotheken, Grund- und Rentenschulden) aus
Abteilung III des Grundbuchs nach Höhe und hieraus berechtigten
Personen (vgl. auch § 68 Abs. 1 Nr. 3 für das Umlegungsverzeichnis). In
Betracht kommt auch eine Auflistung all der Personen, die Rechte an
einem Grundstück innehaben, auch soweit sie nicht aus dem Grund-
buch ersichtlich sind. Denn diese Personen sind Beteiligte nach § 48
Abs. 1 Nr. 3, und ihre Rechte sind bei der Umlegung zu berücksichti-
gen.

8 **3. a)** Nach **Abs. 2 Satz 1** sind die Bestandskarte und das Bestandsver-
zeichnis, soweit es sich auf die Eigentümer und die Grundstücksbe-

zeichnungen nach Abs. 1 Nr. 1 und 2 bezieht, **öffentlich auszulegen.** Die Auslegung hat in der Gemeinde zu erfolgen, in der die Umlegung durchgeführt wird. Dies gilt auch, wenn die Umlegung von einer anderen Behörde oder einem Planungsverband, die nicht ihren Sitz in der Gemeinde haben, durchgeführt wird. Die Auslegung dauert einen Monat; Ort und Dauer der Auslegung sind nach **Abs. 2 Satz 2** eine Woche vorher ortsüblich bekanntzumachen. Diese Regelung entspricht der in § 3 Abs. 2 Satz 1 und 2.

Wie auch beim Umlegungsbeschluß (§ 50 Abs. 1 Satz 2) ist die **9** **Auslegung** von Bestandskarte und -verzeichnis nach **Abs. 2 Satz 3 entbehrlich,** wenn sämtliche Beteiligten einverstanden sind. Dieses Verfahren ist jedoch nur zu empfehlen, wenn die Umlegungsstelle sicher ist, alle Beteiligten zu kennen. Sonst besteht die Gefahr, daß nicht richtig ermittelte Rechte nicht oder erst in einem sehr späten Stadium des Verfahrens berichtigt werden und damit etwa bereits getroffene Vereinbarungen hinfällig oder später Ersatzansprüche gestellt werden.

Es ist zulässig, die Bekanntmachung der Auslegung von Bestands- **10** karte und -verzeichnis mit der Bekanntmachung des Umlegungsbeschlusses zu **verbinden.** Allerdings kann auch dann die Aufführung der Grundstücke im Umlegungsbeschluß nach § 47 Satz 3 nicht durch einen Hinweis auf Bestandskarte und -verzeichnis ersetzt werden (Ernst/Otte, in: E/Z/B, § 53, Rn 15). Die Bekanntmachung des Umlegungsbeschlusses ohne Angabe der von der Umlegung erfaßten Grundstücke in der Bekanntmachung würde nicht die notwendige „Anstoßfunktion" (vgl. § 3, Rn 14) erfüllen. Im übrigen werden nach § 54 Abs. 1 dem Grundbuchamt und dem Katasteramt nur der Umlegungsbeschluß, nicht aber auch das Bestandsverzeichnis übersandt.

b) Sind in die Umlegung nur wenige Grundstücke einbezogen, kann **11** die ortsübliche Bekanntmachung der Auslegung von Bestandskarte und -verzeichnis nach **Abs. 3** durch die Mitteilung an die Beteiligten nach § 48 Abs. 1 Nr. 1 bis 3 und Abs. 2 Satz 1 ersetzt werden. Es ist eine Frage der Praktikabilität, wann von der Möglichkeit nach Abs. 3 Gebrauch gemacht wird. Eine Verpflichtung hierzu besteht nicht.

4. Die im Grundbuch in Abteilung II eingetragenen Lasten und **12** Beschränkungen eines Grundstücks sind zum Schutz personenbezogener Daten von der Auslegung des Bestandsverzeichnisses ausgeschlossen. **Abs. 4** erlaubt statt dessen denjenigen, die der Umlegungsstelle ein berechtigtes Interesse im Sinne des § 12 GBO überzeugend darlegen, in diesen Teil des Bestandsverzeichnisses **Einsicht** zu nehmen. Einsichtsberechtigt sind daher z. B. die Inhaber von Rechten an dem Grundstück oder die aus einer Belastung Berechtigten, ernsthafte Kaufinteressenten, Familienangehörige oder auch Bevollmächtigte dieser Personen. Im einzelnen hierzu die Erläuterungsbücher zur Grundbuchordnung, z. B. Meikel/Imhof/Riedel, Grundbuchrecht, 6. Aufl. 1965, oder Horber/Demharter, Grundbuchordnung, 17. Aufl. 1987, jeweils zu § 12; ferner Lüke, NJW 1983, 1407 ff.; BVerfG, NJW 1983, 2811 f. (zur

notwendigen Gleichstellung von Banken und Sparkassen bei der
Grundbucheinsicht). In ein von der Umlegungsstelle etwa aufgestelltes
Verzeichnis der Lasten aus Abteilung III des Grundbuchs besteht kein
Einsichtsrecht.

13 **5.** Bestandskarte und -verzeichnis enthalten **keinerlei verbindliche
Regelung.** Weder bedeuten sie, daß die in ihnen aufgeführten Rechte
tatsächlich bestehen noch werden nicht aufgeführte Rechte in irgendei-
ner Weise von der Umlegung ausgeschlossen. Sie geben lediglich
nachrichtlich wieder, welche Rechte und Nutzungen im Umlegungs-
gebiet der Umlegungsstelle bekannt sind und wovon sie bei der
Umlegung ausgehen wird. Auslegung und Bekanntmachung von Be-
standskarte und -verzeichnis sind daher nicht als Bekanntgabe eines
Verwaltungsakts oder Teil eines Rechtsetzungsverfahrens zu verstehen,
sondern als Instrument zur **Information** der Beteiligten und eventuel-
len **Informationsbeschaffung** für die Umlegungsstelle. Im übrigen
kann die in § 53 enthaltene Ermächtigung zur Veröffentlichung der
Namen der Eigentümer datenschutzrechtliche Bedeutung erlangen
(vgl. oben, Rn 5). Der Bekanntmachung ist daher **keine Rechtsbehelfs-
belehrung** beizufügen (anders zum Teil Ernst/Otte, in: E/Z/B, § 53,
Rn 18 f., nach denen die Umlegungsstelle befugt sein soll, durch Beifü-
gung einer Rechtsbehelfsbelehrung deutlich zu machen, daß Bestands-
karte und -verzeichnis Ausschlußwirkung haben sollen, so daß nicht
aufgeführte Rechte nach Bestandskraft außerhalb des Verfahrens gel-
tend zu machen sind; wie hier Stahnke, in: Kohlhammer-Komm. zum
BBauG, § 53, Anm. 4a; H. Schrödter, in: Schrödter, § 53, Rn 2).

14 Bestandskarte und -verzeichnis machen aber deutlich, welche Rechte
und Nutzungen die Umlegungsstelle bei der Umlegung zugrunde
legen wird. Lehnt sie daher einen Antrag auf Berichtigung oder Ergän-
zung von Bestandskarte und -verzeichnis ab, so führt dies dazu, daß die
behaupteten Rechte oder Nutzungen nicht an dem Verfahren teilneh-
men und gegebenenfalls erst außerhalb der Umlegung geltend gemacht
werden müssen. Die **Ablehnung eines Berichtigungs- oder Ergän-
zungsantrags** ist daher als belastender **Verwaltungsakt** anzusehen,
gegen den gegebenenfalls nach Durchführung eines Widerspruchsver-
fahrens gerichtliche Entscheidung nach § 217 beantragt werden kann.
Die Ablehnung eines Berichtigungs- oder Ergänzungsantrags ist daher
mit einer Rechtsbehelfsbelehrung nach § 211 zu versehen (so Ernst/
Otte, Schrödter, ebd.; Stich, in: BK, § 53, Rn 8; a. A. Stahnke, aaO,
Anm. 4c).

§ 54 Benachrichtigungen und Umlegungsvermerk

(1) **Die Umlegungsstelle teilt dem Grundbuchamt und der für die
Führung des Liegenschaftskatasters zuständigen Stelle die Einleitung
(§ 47) des Umlegungsverfahrens und die nachträglichen Änderungen**

des Umlegungsgebiets (§ 52) mit. **Das Grundbuchamt hat in die Grundbücher der umzulegenden Grundstücke einzutragen, daß das Umlegungsverfahren eingeleitet ist (Umlegungsvermerk).**

(2) **Das Grundbuchamt und die für die Führung des Liegenschaftskatasters zuständige Stelle haben die Umlegungsstelle von allen Eintragungen zu benachrichtigen, die nach dem Zeitpunkt der Einleitung des Umlegungsverfahrens im Grundbuch der betroffenen Grundstücke und im Liegenschaftskataster vorgenommen sind oder vorgenommen werden.**

(3) **Ist im Grundbuch die Anordnung der Zwangsversteigerung oder Zwangsverwaltung eingetragen, so gibt die Umlegungsstelle dem Vollstreckungsgericht von dem Umlegungsbeschluß Kenntnis, soweit dieser das Grundstück betrifft, das Gegenstand des Vollstreckungsverfahrens ist.**

I. Nach **Abs. 1 Satz 2** ist in die Grundbücher der Grundstücke, die in eine Umlegung einbezogen sind, einzutragen, daß ein Umlegungsverfahren eingeleitet worden ist. Die Eintragung eines solchen **Umlegungsvermerks** ist **auch erforderlich**, wenn ein **Sanierungsvermerk** nach § 143 Abs. 4 eingetragen ist, da die Sonderregelung des § 16 Abs. 1 StBauFG aus Gründen der „Erleichterung und Vereinfachung" (BT-Drs. 10/4630, S. 127, zu § 153 des Regierungsentwurfs) nicht in das Baugesetzbuch (etwa § 153 Abs. 5 oder § 143 Abs. 4) übernommen wurde (hierzu Krautzberger, in: B/K/S, Rn 373). **1**

1. Der Umlegungsvermerk wird wie andere Lasten und Beschränkungen in Abteilung II des Grundbuchs eingetragen. Das Grundbuchamt trägt den Umlegungsvermerk zwar von Amts wegen, aber erst auf **Benachrichtigung** durch die Umlegungsstelle nach **Abs. 1 Satz 1** ein. Mitzuteilen sind danach der Umlegungsbeschluß nach § 47 und seine Bekanntmachung nach § 50. Ist das Umlegungsgebiet im vereinfachten Verfahren nach § 52 Abs. 3 geändert worden, so ist ein Vermerk über die Bekanntgabe der Änderung an die Eigentümer der betroffenen Grundstücke zu übersenden; ansonsten ist eine vollständige Ausfertigung des Umlegungsbeschlusses mit einem Bekanntmachungsvermerk **2**

erforderlich. Diese Mitteilung muß den **formellen Anforderungen der Grundbuchordnung** entsprechen. Hinsichtlich der notwendigen Bezeichnung der Grundstücke ist dem entsprechend anzuwendenden § 29 GBO durch die Übersendung der Ausfertigung des Umlegungsbeschlusses Genüge getan. Im übrigen verlangt § 29 Abs. 3 GBO, daß die Mitteilung unterschrieben und mit Stempel oder Dienstsiegel versehen ist. Ob die materiellen Voraussetzungen für die Einleitung einer Umlegung gegeben sind, darf das Grundbuchamt nach § 38 GBO dagegen nicht prüfen (vgl. § 74, Rn 5; auch § 51, Rn 41).

3 **2.** Der Umlegungsvermerk hat keine unmittelbaren rechtlichen Wirkungen; ihm kommt nur nachrichtliche Bedeutung zu. Er ist ein sog. **Achtungsvermerk,** dem wichtige Informations- und Sicherungsfunktion zukommt (vgl. auch BGH, U. v. 12. 3. 1987, DVBl. 1987, 898/899). Die rechtlichen Wirkungen der Umlegung, z. B. das Entstehen des Vorkaufsrechts oder der Eintritt der Verfügungs- und Veränderungssperre sind an die Einleitung der Umlegung, nicht an das Eintragen des Umlegungsvermerks geknüpft. Das Fehlen des Umlegungsvermerks bewirkt auch keinen Gutglaubensschutz nach § 892 BGB. Er informiert jedoch Erwerbsinteressenten davon, daß das Grundstück in ein Umlegungsverfahren einbezogen ist und daher bestimmten Beschränkungen unterliegt. Auch erinnert er das Grundbuchamt an seine Benachrichtigungspflicht (Abs. 2) und daran, daß Rechtsänderungen im Sinne des § 51 der Genehmigung der Umlegungsstelle bedürfen, daß gegebenenfalls ein Negativzeugnis nach § 28 Abs. 1 Satz 3 erforderlich ist und vorher nicht eingetragen werden darf. Der Umlegungsvermerk kann auch bedeuten, daß das Grundbuch nicht richtig ist, weil zwar der Umlegungsplan und die damit verbundene Rechtsänderung bereits in Kraft getreten sind, das Grundbuch aber noch nicht nach § 74 berichtigt worden ist.

4 Der Umlegungsvermerk selbst enthält allerdings alle diese Hinweise nicht. Er gibt dem Einblicknehmenden oder dem Grundbuchamt lediglich Veranlassung, sich hierüber näher zu informieren. Eine diesbezügliche Auskunftspflicht trifft auch das Grundbuchamt (Stich, in: BK, § 54, Rn 3). Der Umlegungsvermerk berührt auch nicht die Rangstellen eingetragener Rechte.

5 Weigert sich das Grundbuchamt, den Umlegungsvermerk einzutragen, kann die Umlegungsstelle hiergegen nach § 71 GBO die allgemeine Grundbuchbeschwerde einlegen (vgl. Haase, NJW 1964, 190; auch § 51, Rn 5).

6 Mit der Berichtigung des Grundbuchs nach § 74 Abs. 1 verliert der Umlegungsvermerk seine Berechtigung. Er ist daher gleichzeitig mit der Berichtigung zu löschen.

7 **II. 1. a)** Damit der Umlegungsvermerk eingetragen werden und seine für die Umlegung wichtige Informations- und Sicherungsfunktion erfüllen kann, hat die Umlegungsstelle nach **Abs. 1 Satz 1** dem **Grundbuchamt** die Einleitung der Umlegung ebenso wie nachträgli-

che Änderungen des Umlegungsgebiets **mitzuteilen** (zu den formellen Anforderungen hierzu vgl. oben, Rn 2).

Mit dem Baugesetzbuch ausdrücklich aufgenommen wurde auch die **8** Pflicht der Umlegungsstelle, **die für die Führung des Liegenschaftskatasters zuständige Stelle,** also insbesondere das Katasteramt, aber ggf. auch das Vermessungsamt oder das Flurbereinigungsamt (vgl. Otte, VR 1987, 73/77), zu benachrichtigen, wie es weithin Praxis ist. Dies dient der Sicherstellung der fortlaufenden Übereinstimmung des Grundstückskatasters und der Umlegungsunterlagen.

b) Wird für ein in die Umlegung einbezogenes Grundstück die **9** Zwangsversteigerung betrieben oder unterliegt es der Zwangsverwaltung (ersichtlich aus einem entsprechenden Vermerk im Grundbuch), hat die Umlegungsstelle dem **Vollstreckungsgericht** die Einleitung der Umlegung mitzuteilen. Zwar hindern weder Zwangsversteigerung noch Zwangsverwaltung eines Grundstücks die Umlegung noch verhindert umgekehrt die Umlegung die Durchführung einer Zwangsverwaltung. So ist z. B. der Zuschlag in der Zwangsversteigerung keine Verfügung, so daß § 51 nicht eingreift (vgl. § 51, Rn 18). Doch wird bei der Zwangsversteigerung nicht mitbieten, wem gerade an einem Grundstück in exakt der Lage des versteigerten Grundstücks gelegen ist, da die Umlegung dazu führen kann, daß er nachher nur ein Grundstück in gleichwertiger Lage erhält.

Die Umlegung ist auch für den **Zwangsverwalter** von Bedeutung. **10** Zwar wird er nicht selbst Beteiligter am Verfahren, doch hat er die Interessen der Gläubiger zu vertreten, insbesondere den wirtschaftlichen Bestand des Grundstücks zu sichern; er muß daher dieselben Rechte erhalten wie ein Beteiligter. Ihm sind deshalb alle Beschlüsse und sonstigen Mitteilungen der Umlegungsstelle neben dem Eigentümer des Grundstücks zuzustellen (Stahnke, in: Kohlhammer-Komm. zum BBauG, § 54, Anm. 3b).

Werden Zwangsversteigerung oder Zwangsverwaltung erst nach **11** Einleitung der Umlegung angeordnet, hat das Grundbuchamt dies der Umlegungsstelle nach **Abs. 2** mitzuteilen.

c) Weitere Benachrichtigungspflichten der Umlegungsstelle sind gesetzlich nicht begründet worden. Die Umlegungsstelle sollte jedoch **12** von sich aus noch folgende Behörden unterrichten:
– das **Finanzamt** als Grunderwerbsteuerstelle, da Grunderwerb im Rahmen der Umlegung nach § 3 Abs. 1 Nr. 3b) Grunderwerbsteuergesetz 1983 (hierzu näher § 79, Rn 13ff.) von der Grunderwerbsteuer befreit ist,
– die **untere Baugenehmigungsbehörde** zum Zwecke der verwaltungsinternen Abstimmung bei der Genehmigung von Bauvorhaben nach § 51 Abs. 1 Nr. 4 und bei der Teilungsgenehmigung nach § 51 Abs. 1 Nr. 1,
– die gemeindliche **Straßenbaubehörde** wegen etwaiger Straßenänderungen,

- das gemeindliche **Liegenschaftsamt** wegen der von der Umlegung erfaßten gemeindeeigenen Grundstücke,
- die Berufsorganisationen der **Notare und Makler** wegen der Verfügungs- und Veränderungssperre nach § 51.

13 2. Einer **Benachrichtigungspflicht** unterliegt nach **Abs. 2** auch das **Grundbuchamt**. Sämtliche Eintragungen, die nach der Einleitung der Umlegung in das Grundbuch eines betroffenen Grundstücks vorgenommen wurden oder vorgenommen werden sollen, sind der Umlegungsstelle mitzuteilen. Diese Benachrichtigungspflicht gilt also nicht nur für Eintragungen, die im Hinblick auf § 24 oder § 51 von Bedeutung sind, sondern auch für alle anderen oder nur nachrichtlichen Eintragungen (vgl. z. B. Rn 10). Hierdurch kann die Umlegungsstelle ihren Beratungen und Maßnahmen jeweils den letzten Stand der rechtlichen Situation im Umlegungsgebiet zugrunde legen. Auch erfährt sie so verläßlich von etwaigen weiteren Beteiligten am Umlegungsverfahren nach § 48. Auch das **Katasteramt** hat die Umlegungsstelle von etwaigen Änderungen im Liegenschaftskataster zu unterrichten.

§ 55 Umlegungsmasse und Verteilungsmasse

(1) **Die im Umlegungsgebiet gelegenen Grundstücke werden nach ihrer Fläche rechnerisch zu einer Masse vereinigt (Umlegungsmasse).**

(2) **Aus der Umlegungsmasse sind vorweg die Flächen auszuscheiden und der Gemeinde oder dem sonstigen Erschließungsträger zuzuteilen, die nach dem Bebauungsplan innerhalb des Umlegungsgebiets festgesetzt sind als**

1. **örtliche Verkehrsflächen eür Straßen, Wege einschließlich Fuß- und Wohnwege und für Plätze sowie für Sammelstraßen,**
2. **Flächen für Parkplätze, Grünanlagen einschließlich Kinderspielplätze und Anlagen zum Schutz gegen schädliche Umwelteinwirkungen im Sinne des Bundes-Immissionsschutzgesetzes, soweit sie nicht schon Bestandteil der in Nummer 1 genannten Verkehrsanlagen sind, sowie für Regenklär- und Regenüberlaufbecken, wenn die Flächen überwiegend den Bedürfnissen der Bewohner des Umlegungsgebiets dienen sollen.**

(3) **Mit der Zuteilung ist die Gemeinde oder der sonstige Erschließungsträger für von ihnen in die Umlegungsmasse eingeworfene Flächen nach Absatz 2 abgefunden.**

(4) **Die verbleibende Masse ist die Verteilungsmasse.**

(5) **Sonstige Flächen, für die nach dem Bebauungsplan eine Nutzung für öffentliche Zwecke festgesetzt ist, können ausgeschieden und dem Bedarfs- oder Erschließungsträger zugeteilt werden, wenn dieser geeignetes Ersatzland, das auch außerhalb des Umlegungsgebiets liegen kann, in die Verteilungsmasse einbringt. Die Umle-**

gungsstelle soll von dieser Befugnis Gebrauch machen, wenn dies zur alsbaldigen Durchführung des Bebauungsplans zweckmäßig ist.

Übersicht

1 **A.** Die Regelungen der §§ 55 bis 65 bilden das Kernstück des Umlegungsrechts. In ihnen wird bestimmt, nach welchen Grundsätzen die Umlegungsstelle bei der Neuordnung der Grundstücke im Interesse einer planentsprechenden Nutzbarkeit vorgehen muß, um den Prinzipien der Gleichbehandlung und Gleichbelastung der Eigentümer, der Bestandserhaltung und -verbesserung und schließlich der Privatnützigkeit der Umlegung (hierzu Vorbemerkung zu den §§ 45 bis 84, Rn 6 bis 8) Rechnung zu tragen. Die **Kunst der Umlegung** besteht also darin, nicht nur aus den vorgefundenen ungeordneten Grundstücken geordnete, dem Bebauungsplan entsprechend nutzbare Grundstücke zu bilden, sondern dabei auch möglichst vollständig die Interessen und Ansprüche der Eigentümer nach den Verteilungsgrundsätzen besonders der §§ 55 bis 59 zu befriedigen. Nur soweit dies gelingt, behält die Umlegung ihren eigentumsinhaltsbestimmenden Charakter. Dabei kommt es für die Beurteilung der Umlegung als Institut der Bodenordnung nicht darauf an, ob in bestimmten Einzelfällen enteignende Eingriffe nötig werden, sondern ob die Umlegung insgesamt noch als privatnützig angesehen werden kann (Schmidt-Aßmann, DVBl. 1982, 152/153).

2 **I.** Die Regelung der §§ 55 bis 65 folgt einer klaren inneren **Systematik,** die sich allerdings bei Lektüre des Gesetzestextes nicht ohne weiteres sofort erschließt. So ist zunächst darauf hinzuweisen, daß in das Verteilungsverfahren der §§ 55 bis 59 **nur der Grund und Boden** einbezogen ist. Nicht erfaßt werden bauliche Anlagen, Anpflanzungen oder sonstige Einrichtungen auf den Grundstücken; hierfür ist nach § 60 lediglich eine Abfindung oder ein Ausgleich in Geld zu leisten. Grundsätzlich werden die Grundstücke frei von Rechten Dritter zugeteilt; auch hier ist gegebenenfalls nach § 61 Abs. 2 ein Geldausgleich erforderlich (vgl. auch Schriever, in: Kohlhammer-Komm., Vorbem. §§ 55 bis 59, Rn 17). Soweit also in §§ 55 bis 59 das Wort „Grundstück" verwendet wird, ist darunter lediglich der Grund und Boden zu verstehen. Gleichwohl sind Rechte an Grundstücken, Gebäuden und ähnliches bei der Verteilung zu berücksichtigen, um Ansprüche auf Geldabfindungen möglichst gering zu halten.

3 **1.** Nach ihrer planerisch vorgesehenen Nutzung sind im Umlegungsgebiet in der Regel drei verschiedene Arten von Flächen zu unterscheiden: Den größten Anteil machen die privat nutzbaren Flächen aus. Daneben gibt es **die für eine öffentliche Nutzung vorgesehenen Flächen;** bei dieser Flächenart unterscheidet das Gesetz zwischen örtlichen Verkehrsflächen, Grünflächen sowie vergleichbaren Flächen einerseits (§ 55 Abs. 2) und sonstigen Flächen, für die eine Nutzung für öffentliche Zwecke festgesetzt ist (§ 55 Abs. 5), andererseits. Die Grundsätze für die Zuteilung dieser öffentlichen Flächen enthält § 55.

4 **2.** Die **Verteilung der privat nutzbaren Flächen** folgt den Grundsätzen der §§ 56 bis 59.

 a) Dabei folgt aus der Anwendung der §§ 56 bis 58 unabhängig

davon, ob der Flächen- oder der Wertmaßstab oder ein sonstiger Maßstab zugrunde gelegt wird (§ 56), ein theoretischer Anspruch jedes beteiligten Eigentümers **(Sollanspruch)** auf die Zuteilung einer Fläche in einer bestimmten Größe, die sog. **Sollzuteilung.** Bei der Flächenumlegung (§ 58) ist hiervon der in Fläche zu erbringende Vorteilsausgleich abzuziehen; bei der Wertumlegung ist ggf. ein Geldausgleich zu leisten (vgl. Rn 5).

b) Auf der Grundlage der so rechnerisch ermittelten Sollzuteilung 5 findet die **tatsächliche Verteilung der privat nutzbaren Grundstücke** des Umlegungsgebiets statt. Für diese **Ist-Zuteilung** bestimmt § 59 Abs. 1, daß die Zuteilung dem Umlegungszweck entsprechend und möglichst in gleicher oder gleichwertiger Lage wie die eingeworfenen Grundstücke erfolgen soll. Soweit die Ist-Zuteilung hinter der Sollzuteilung zurückbleibt, ist der Eigentümer abzufinden, je nach Umfang der Minderzuteilung durch **Spitzenausgleich** oder durch **Entschädigung** nach Enteignungsgrundsätzen. Für erhaltene Umlegungsvorteile, z. B. eine über die Sollzuteilung hinausgehende Ist-Zuteilung, haben die Eigentümer ihrerseits einen **Vorteilsausgleich** in Geld oder in Fläche zu leisten.

3. Sind auf den Grundstücken **Gebäude oder sonstige Nutzungsein-** 6 **richtungen vorhanden,** so ist hierfür eine Geldleistung nach § 60 festzusetzen. Grundstücksbezogene **Rechte und Pflichten** sowie besondere Rechtsverhältnisse wie z. B. gemeinschaftliches Eigentum können nach §§ 61 und 62 den Zwecken der Umlegung entsprechend neugestaltet werden.

Die Umlegung bewirkt eine **Änderung nicht der Rechtsinhaberschaft, sondern der Rechtsobjekte.** Nach § 63 setzt sich daher das Eigentum an den eingeworfenen Grundstücken mit der Änderung des Rechtszustands nach § 72 an den zugeteilten Grundstücken fort.

§§ 64 und 65 enthalten nähere Regelungen über die aufgrund der Umlegung zu erbringenden **Geldleistungen.**

II. Das **Verteilungsverfahren** geht in den folgenden Schritten vor 7 sich:

1. a) Alle Grundstücke, die im Umlegungsgebiet gelegen sind, bilden – unabhängig von ihrer bisherigen Nutzung – die **Umlegungsmasse** (§ 55 Abs. 1). Besteht das Umlegungsgebiet aus räumlich getrennten Flächen nach § 52 Abs. 1 Satz 2, bilden auch insoweit alle Flächen gemeinsam die Umlegungsmasse.

b) Aus dieser Umlegungsmasse werden die Grundstücke vorab 8 ausgeschieden und der Gemeinde oder dem jeweiligen Erschließungsträger zugeteilt, die nach dem Bebauungsplan als **örtliche Verkehrsflächen** festgesetzt sind. Dasselbe gilt für festgesetzte **Grünflächen und vergleichbare Flächen,** soweit sie überwiegend den Bedürfnissen der Bewohner des Umlegungsgebiets dienen (§ 55 Abs. 2). Die verbleibende Grundstücksfläche ist die **Verteilungsmasse** (§ 55 Abs. 4).

9 **c)** Die Verteilungsmasse kann jedoch noch Änderungen erfahren. So können **sonstige Flächen, die für eine öffentliche Nutzung vorgesehen sind,** nach § 55 Abs. 5 ebenfalls ausgeschieden und dem entsprechenden Bedarfsträger zugeteilt werden. Voraussetzung hierfür ist allerdings, daß der Träger geeignetes **Ersatzland** einbringt; dieses Ersatzland kann auch außerhalb des Umlegungsgebiets liegen. Durch diesen Vorgang wird also in der Regel nicht die Größe der Verteilungsmasse, wohl aber die Lage der zu ihr gehörenden Grundstücke verändert.

Nach dem Austausch dieser Flächen ist die **Zuteilung der öffentlich nutzbaren Flächen abgeschlossen.** Zwar findet auch hier die Rechtsänderung erst mit Inkrafttreten des Umlegungsplans nach §§ 71, 72 statt, doch kann insoweit eine Vorwegregelung nach § 76 oder vorzeitige Besitzeinweisung nach § 77 Abs. 1 Nr. 1 erfolgen. Daher kann lange bevor die privat nutzbaren Grundstücke zugeteilt sind, mit der Erstellung der Erschließungs- und sonstigen Infrastrukturanlagen begonnen werden.

10 **2. a)** Entsprechend dem Grundsatz der Bestandserhaltung müssen die Eigentümer an den neu gebildeten privat nutzbaren Grundstücken mit demselben Anteil beteiligt sein, mit dem sie im Zeitpunkt des Umlegungsbeschlusses an den früheren privat nutzbaren Grundstücken des Umlegungsgebiets beteiligt waren. Zu diesem Zweck sind von der Umlegungsmasse die früheren örtlichen Verkehrs- und Grünflächen sowie sonstigen vergleichbaren Flächen nach § 55 Abs. 2 abzuziehen. Die danach verbleibende Grundstücksfläche ist die **Einwurfsmasse.**

11 **b)** Aus dem Anteil, mit dem ein Eigentümer an dieser Einwurfsmasse prozentual beteiligt war, ergibt sich nach § 56 Abs. 1 Satz 1 sein Anspruch, mit demselben prozentualen Anteil an der Verteilungsmasse beteiligt zu werden **(Sollanspruch).** War also z. B. ein Eigentümer mit 10 % an der Einwurfsmasse beteiligt, so hat er einen Anspruch darauf, auch mit 10 % an der Verteilungsmasse beteiligt zu werden.

12 **c)** Um einerseits diesen Sollanspruch berechnen und andererseits entsprechend diesem Sollanspruch zuteilen zu können, müssen die privat nutzbaren Grundstücke in ein **einheitliches Maßstabsverhältnis** gesetzt werden. Als solche Maßstäbe sieht das Gesetz in § 56 den Flächenmaßstab und den Wertmaßstab vor. Beim **Flächenmaßstab** (hierzu § 58) wird allein die Grundstücksfläche als Maßstab zugrunde gelegt. Dieses Verfahren bietet sich an, wenn sowohl die Einwurfs- als auch die Zuteilungsgrundstücke im wesentlichen einen einheitlichen Wert aufweisen. In diesem Fall kommt es allein auf die Grundstücksgröße an.

13 Sind jedoch Einwurfs- oder Zuteilungsgrundstücke in ihrem Bodenwert deutlich unterschieden, so würde der reine Flächenmaßstab zu Ungerechtigkeiten führen und unzulässig sein. In diesem Fall bietet sich der **Wertmaßstab** (hierzu § 57) an. Hierbei wird der Bodenwert der einzelnen Grundstücke ermittelt und der Sollanspruch aus dem Anteil

des eingebrachten Bodenwerts am Gesamtwert aller eingeworfenen Grundstücke berechnet.

Daneben können bei Einwilligung aller Beteiligter auch **andere Maßstäbe** zugrunde gelegt werden; es können auch Elemente des Flächenmaßstabs mit dem Wertmaßstab verbunden werden.

Am Ende dieser Berechnungen steht die **Sollzuteilung,** die angibt, **14** welche Fläche oder welchen Wert oder welche sonst gewählte Maßeinheit ein Eigentümer bei der Zuteilung **theoretisch** beanspruchen kann. Bei der Flächenumlegung ist von der Sollzuteilung der als Vorteilsausgleich dienende Teil des Flächenbeitrags abzuziehen. Im engeren Sinne ist der **Sollanspruch** daher nur die Angabe eines prozentualen Anteils, eine Verhältniszahl. Aus ihr läßt sich jedoch anhand der Verteilungsmasse die Sollzuteilung, also eine konkrete Grundstücksgröße, ermitteln. Häufig wird daher der Begriff Sollanspruch auch für die Bezeichnung dieses flächenmäßigen Anspruchs des Eigentümers verwandt (z. B. BGH, NJW 1980, 1634/1635). Auch das Baugesetzbuch verwendet nur den Begriff Sollanspruch (vgl. § 56 Abs. 1 Satz 1, § 59 Abs. 2).

3. a) Die Sollzuteilung ist nur eine abstrakte Größenangabe; sie **15** besagt nichts über das Grundstück, das einem Eigentümer tatsächlich zugeteilt wird. Die Grundsätze für diese tatsächliche Zuteilung der Grundstücke **(Ist-Zuteilung)** enthält § 59 Abs. 1. Danach ist die Sollzuteilung ein wichtiger Anhaltspunkt für die Entscheidung darüber, welches Grundstück einem Eigentümer zuzuteilen ist, um dem Grundsatz der Bestandserhaltung Genüge zu tun. Von diesem Grundsatz wird aber nicht nur die Größe eines Grundstücks erfaßt, sondern auch seine Lage. § 59 Abs. 1 bestimmt daher, daß dem Eigentümer möglichst Grundstücke in gleicher Lage oder zumindest in gleichwertiger Lage zuzuteilen sind.

b) Sofern es infolge der örtlichen Gegebenheiten und planerischen **16** Festsetzungen im Einzelfall nicht möglich ist, dem Eigentümer ein der Sollzuteilung entsprechendes Grundstück zuzuteilen, ist nach § 59 Abs. 2 ein **Geldausgleich** zu zahlen, um die Wertgleichheit zwischen Einwurfs- und Zuteilungsgrundstück herzustellen. Hierbei handelt es sich grundsätzlich nicht um eine Enteignungsentschädigung, sondern um einen bloßen **Spitzenausgleich.**

c) Überschreitet dagegen die Minderzuteilung den für einen Spitzen- **17** ausgleich noch zulässigen Rahmen, ist dem Eigentümer insoweit nach § 59 Abs. 2 Satz 2 ein Geldausgleich zu zahlen, der nach den Regeln für eine **Enteignungsentschädigung** zu bemessen ist. Bei einer Mehrzuteilung hat auch der Eigentümer entweder einen Spitzenausgleich oder nach § 59 Abs. 2 Satz 3 einen **zeitnah ermittelten Geldausgleich** zu zahlen. Soweit frühere Eigentümer bei der Zuteilung der Grundstücke nicht berücksichtigt werden können, sind sie nach § 59 Abs. 3 bis 6 zu **entschädigen.**

18 B. I. 1. Die **Umlegungsmasse** nach **Abs. 1** ist die **Summe der Flä-
chen aller Grundstücke,** die in dem Umlegungsbeschluß nach § 47 und
im Bestandsverzeichnis nach § 53 aufgeführt sind. Dabei ist grundsätz-
lich maßgeblich die tatsächliche Größe der Grundstücke, wobei aber
die aus dem Liegenschaftskataster hervorgehende Fläche als tatsächliche
Fläche unterstellt wird (Schriever, in: Kohlhammer-Komm., § 55,
Rn 5). Ergeben sich Unterschiede zwischen der Buchfläche und der
durch Neuvermessung ermittelten tatsächlichen Fläche des Umle-
gungsgebiets oder einzelner Grundstücke, so ist das Kataster zu berich-
tigen (hierzu Dieterich, Rn 459). Ergeben sich dagegen nur geringfü-
gige Katasterfehler, so sollten die in den Katasterunterlagen angegebe-
nen Flächen der weiteren Umlegung zugrunde gelegt werden; gering-
fügige **Katasterfehler** wären also – vor allem bei der Ermittlung
des Umlegungsvorteils – zu vernachlässigen (vgl. Stemmler/Otte, in:
E/Z/B, § 55, Rn 4; Dieterich, ebd.).

19 2. Die Vereinigung der Grundstücke im Umlegungsgebiet zu einer
Umlegungsmasse ist ein **rechnerischer Vorgang,** der die bestehenden
Rechtsverhältnisse unberührt läßt. Hierdurch werden also weder die
Grundstücksgrenzen noch die Eigentumsverhältnisse am Grundstück
geändert. Für die Bildung der Umlegungsmasse spielt es daher auch
keine Rolle, wer Grundstückseigentümer ist und wie das Grundstück
genutzt wird. Die Umlegungsmasse hat auch keine unmittelbar umle-
gungsrechtliche oder -technische Bedeutung. Sie ist lediglich Aus-
gangsgröße für die Bildung der Verteilungsmasse nach Abs. 4, der
allerdings für die Verteilung der Grundstücke zentrale Bedeutung
zukommt.

20 II. 1. Der Verteilung nach Werten oder Flächen unterliegen nur
privat nutzbare Grundstücke. Öffentliche Grundstücke sind nach
Abs. 2 und gegebenenfalls Abs. 5 vorweg auszusondern. Dieser **Flä-
chenabzug** erfaßt zunächst die **örtlichen Verkehrsflächen.** Nach **Nr. 1**
gehören hierzu Straßen und Wege einschließlich der Fuß- und Wohn-
wege sowie Plätze, wobei es auf eine Eignung zum Anbau – wie im
Erschließungsbeitragsrecht – nicht ankommt. Der Bebauungsplan,
dessen Verwirklichung die Umlegung dient, unterscheidet nicht zwi-
schen örtlichen und überörtlichen Verkehrsflächen. Zwar kennt der
Flächennutzungsplan die Darstellung von örtlichen und überörtlichen
Verkehrsflächen (vgl. § 5 Abs. 2 Nr. 3; hierzu § 5, Rn 18), doch ist dort
eine andere Bezugsfläche für die Unterscheidung gegeben. Auch örtli-
che Verkehrszüge nach § 5 Abs. 2 Nr. 3 können im Sinne des Umle-
gungsrechts überörtliche Verkehrsflächen sein. Maßgeblich für die
Beurteilung der Örtlichkeit oder Überörtlichkeit einer Verkehrsfläche
ist vielmehr die Funktion dieser Fläche im Hinblick auf das Umle-
gungsgebiet. Das für die Zulässigkeit der Ausscheidung von Grünflä-
chen nach Abs. 2 Nr. 2 zu beachtende Kriterium ist auch bei den
Verkehrsflächen zugrundezulegen: Die Verkehrsflächen sind nur dann
örtliche im Sinne des Abs. 2, wenn sie **überwiegend den Bedürfnissen**

der Bewohner des Umlegungsgebiets dienen sollen. Damit ergibt sich eine Parallele zum Erschließungsbeitragsrecht, nach dem auch nur für solche Erschließungsanlagen Beiträge erhoben werden können, die erforderlich sind, um Bau- und Gewerbeflächen vorschriftsmäßig nutzen zu können (§ 129 Abs. 1 Satz 1; vgl. bereits BVerwGE 12, 1/3). Die Parallele zum Erschließungsbeitragsrecht findet jedoch dort ihre Grenze, wo beitragsrechtlich bedingte Zwänge städtebaulichen Erfordernissen, an denen die Umlegung ausgerichtet ist, nicht entsprechen. So mag die Anerkennung von **Sammelstraßen** als Erschließungsanlagen im Sinne des § 127 (hierzu § 127, Rn 25) nur selten möglich sein; dies hindert jedoch nicht ihre Vorwegausscheidung nach § 55 Abs. 2, wenn in einem Bebauungsplan aus städtebaulichen Gründen eine Sammelstraße festgesetzt ist. Danach können nicht nur die Flächen für die Straßen ausgeschieden werden, die innerhalb des Umlegungsgebiets für die Erschließung notwendig sind, sondern auch die Flächen für diejenigen Verkehrsanlagen, die dem Anschluß des Gebiets an seine Umgebung dienen. Nr. 1 stellt dies jetzt ausdrücklich fest. Eine flächenmäßige Begrenzung der hiernach auszuscheidenden örtlichen Verkehrsflächen enthält das Gesetz nicht. Eine Grenze folgt jedoch aus dem Prinzip der Privatnützigkeit der Umlegung (vgl. Vorbemerkung zu den §§ 45 bis 84, Rn 8 f.) und dem Grundsatz der wertgleichen Zuteilung (vgl. § 57, Rn 2 f.).

Für die Herstellung der Verkehrsanlagen ist oft die Anlage von **Böschungen** als Aufschüttung oder Abgrabung erforderlich. Planerisch können solche Böschungen sowohl als Bestandteil der Verkehrsfläche nach § 9 Abs. 1 Nr. 11 als auch als eigenständige Festsetzung nach § 9 Abs. 1 Nr. 26 festgesetzt werden (hierzu § 9, Rn 97). Ist die Böschung als Verkehrsfläche festgesetzt, so fällt sie in den Flächenabzug. Sind Straßenböschungen dagegen nach § 9 Abs. 1 Nr. 26 festgesetzt, fallen sie nicht in den Flächenabzug und nehmen an der Verteilung privat nutzbarer Grundstücke teil. 21

Dienen im Bebauungsplan festgesetzte Verkehrsflächen **sowohl örtlichen als auch überörtlichen Bedürfnissen**, so kann im Anschluß an § 128 Abs. 3 Nr. 2 der Teil der Ortsdurchfahrt, der der anschließenden freien Strecke der Straße entspricht, nicht nach Abs. 2 ausgeschieden werden; wohl aber können die darüber hinausgehenden Flächen, die für den örtlichen Bedarf angelegt sind, wie z. B. Bürgersteige, Abbiegestreifen oder ähnliches, vorab ausgeschieden werden (vgl. § 128, Rn 43; Stich, in: BK, § 55, Rn 6; Schriever, in: Kohlhammer-Komm., § 55, Rn 15). Die übrigen Flächen können jedoch nach Abs. 5 gegen Ersatzlandgestellung ausgeschieden und zugeteilt werden. 22

Zu den örtlichen Verkehrsflächen können aber, insoweit ebenfalls über das Erschließungsbeitragsrecht hinausgehend, auch **private Verkehrsflächen** gehören, wenn sie nach dem Bebauungsplan als öffentliche Verkehrsflächen festgesetzt sind (BVerwG, NVwZ 1983, 153). 23

24 2. Nach **Nr. 2** können neben Parkplätzen, also Flächen zum Parken
von Fahrzeugen, auch verschiedene **sonstige Flächen** vorweg ausge-
schieden werden, die der Erschließung der Grundstücke des Umle-
gungsgebiets dienen. Hierbei handelt es sich nicht mehr allein um
Grünflächen, sondern auch um nichtbegrünte Erschließungsflächen.
Der Sinngehalt der Nr. 2 wird allerdings nur deutlich, wenn man den
Regierungsentwurf, die Stellungnahme des Bundesrats und die Be-
gründung des zuständigen Bundestagsausschusses dazu hinzuzieht.
Danach ergibt sich, daß die Nr. 2 **fünf Gruppen** von Flächen umfaßt,
die trotz der teilweisen Verbindung durch das Wort „einschließlich"
jeweils selbständig zu verstehen sind. So werden also z. B. Kinderspiel-
plätze nicht nur als Bestandteile von Grünanlagen erfaßt, sondern auch
solche Kinderspielplätze, die nicht oder nicht überwiegend begrünt
sind (vgl. BT-Drs. 10/6166, S. 156). Denn durch die Gesetz gewordene
Fassung sollte der Regelungsgehalt des § 55 Abs. 2 des Regierungsent-
wurfs inhaltlich nicht geändert, sondern lediglich dem Anliegen des
Bundesrats Rechnung getragen werden, den Abs. 2 zu straffen und in
sich widerspruchsfrei zu fassen (vgl. BT-Drs. 10/5027, S. 12; BT-Drs.
10/6166, S. 156; vgl. auch Löhr, NVwZ 1987, 545/546; Bielenberg, in:
B/K/S, Rn 226).

25 Danach ergeben sich folgende Gruppen von vorweg auszuscheiden-
den Flächen:
– Flächen für **Parkplätze,** soweit sie nicht schon Bestandteil der
 Verkehrsflächen nach Nr. 1 sind; hier ist eine Angleichung an das
 Erschließungsbeitragsrecht vorgenommen worden, denn nach § 127
 Abs. 2 Nr. 4 gehören Parkflächen zu den beitragsfähigen Erschlie-
 ßungsanlagen (zum Bedeutungsgehalt im einzelnen vgl. daher
 § 127, Rn 28 f.);
– Flächen für **Grünanlagen,** soweit sie nicht schon Bestandteil der
 Verkehrsflächen nach Nr. 1 sind; auch hier sind wie bei § 127 Abs. 2
 Nr. 4 solche Grünanlagen gemeint, die nach städtebaulichen Grund-
 sätzen zur Erschließung des Umlegungsgebiets notwendig sind und
 in seinen Grenzen liegen (zum Begriff vgl. § 127, Rn 31);
– Flächen für **Kinderspielplätze,** soweit sie nicht schon Bestandteil
 der in Nr. 1 genannten Verkehrsanlagen sind, was etwa bei Wohn-
 straßen denkbar ist; auch insoweit sollte eine Angleichung an das
 Erschließungsbeitragsrecht stattfinden, das Kinderspielplätze als
 beitragsfähige Erschließungsanlagen kannte; doch sind gerade diese
 Erschließungsanlagen im Verlaufe des Gesetzgebungsverfahrens aus
 dem Katalog der beitragsfähigen Erschließungsanlagen herausge-
 nommen worden (hierzu § 127, Rn 34); trotz der sprachlichen An-
 bindung an die Grünanlagen durch das Wort „einschließlich" ist eine
 irgendwie geartete **Begrünung** dieser Kinderspielplätze **nicht erfor-
 derlich** (vgl. auch Otte, VR 1987, 73/78: „Kinderspielplätze als
 i. w. S. verstandene Grünanlagen"; eindeutig ist vor allem die Fas-
 sung des Bundesrats, BT-Drs. 10/5027, S. 12).

- Flächen für **Anlagen zum Schutz gegen schädliche Umwelteinwirkungen** im Sinne des Bundes-Immissionsschutzgesetzes, soweit sie nicht schon Bestandteil der Verkehrsflächen nach Nr. 1 sind; auch hier ist eine Angleichung an das Erschließungsbeitragsrecht erfolgt, das solche Anlagen nach § 127 Abs. 2 Nr. 5 als beitragsfähig aufzählt (zum Begriff im einzelnen vgl. § 127, Rn 37); auch hier kommt es nicht auf eine Begrünung an, was schon daraus deutlich wird, daß sich das „einschließlich" nicht auf diese Anlagen bezieht;
- Flächen für **Regenklär- und Regenüberlaufbecken;** diese Flächen sind mit dem Baugesetzbuch neu in das Umlegungsrecht aufgenommen worden und finden im Erschließungsbeitragsrecht keine Parallele. Regenüberlaufbecken dienen dazu, ein sog. Mischkanalisations-System bei starken Regengüssen vor einer Stoßbelastung und damit oft Überlastung zu bewahren; sie benötigen für ein normales Umlegungsgebiet eine Größe von etwa 300 bis 500 m². Regenklärbecken dienen im Trennkanalisations-System dazu, das Oberflächenwasser vor seiner Weiterleitung in Kanälen von seinen groben Schmutzbestandteilen zu befreien. Es benötigt wegen seiner Flachbauweise eine Grundstücksfläche von 500 bis 700 m² (vgl. Mainczyk, DÖV 1986, 995/996f.). Wie bei allen Flächen der Nr. 2 gilt auch hier, daß sie nur dann vorweg ausgeschieden werden dürfen, wenn sie überwiegend den Bedürfnissen der Bewohner des Umlegungsgebiets dienen sollen. Flächen mit einer weiterreichenden Zweckbestimmung können nur nach Abs. 5 gegen Ersatzland ausgeschieden werden. Nur diese Grenzziehung erhält der Umlegung ihren privatnützigen und damit eigentumsinhaltsbestimmenden Charakter (hierzu BGH, NJW 1984, 2219).

Um den Charakter der Umlegung als Instrument zur Ermöglichung der Planverwirklichung zu wahren, sollte der Kreis der auszuscheidenden Flächen soweit wie möglich mit dem der beitragsfähigen Erschließungsanlagen im Sinne des § 127 Abs. 2 und des § 129 Abs. 1 Satz 1 übereinstimmen (vgl. auch Dieterich, Rn 177). Auch nach der Neufassung durch das Baugesetzbuch ist diese Deckungsgleichheit auf der gesetzlichen Ebene nicht erreicht worden. Dies ist bei der gemeindeinternen Abstimmung zwischen Umlegung und der Erhebung von Erschließungsbeiträgen, vor allem bei einer beabsichtigten erschließungsbeitragspflichtigen Zuteilung, zu beachten. **26**

Als **überwiegend den Bedürfnissen der Bewohner des Umlegungsgebiets dienend** können vor allem Kinderspielplätze und kleinere Grünanlagen angesehen werden (vgl. H. Schrödter, in: Schrödter, § 55, Rn 2), aber auch Immissionsschutzanlagen, die ein Umlegungsgebiet z. B. gegen Straßenlärm abschirmen (vgl. Dieterich, Rn 178f.). Sportplätze, größere Parks, Zelt- und Badeplätze werden dagegen überwiegend einem überörtlichen Bedarf dienen. Kleingartenanlagen dürften in der Regel ebenfalls einem überörtlichen Bedarf dienen, da sie zumeist eine beachtliche Größe erreichen und freiwillig der Öffentlichkeit **27**

zugänglich gemacht werden dürften (vgl. Otte, in: E/Z/B, § 1 BKleingG, Rn 10 f.).

28 **3.** Die in Abs. 2 genannten Flächen werden nicht nur ausgeschieden, sondern auch der Gemeinde oder dem sonstigen Erschließungsträger **zugeteilt**. Hierin liegt allerdings **noch keine Rechtsänderung**. Diese erfolgt vielmehr wie bei der Zuteilung privat nutzbarer Grundstücke erst mit Bekanntmachung des Inkrafttretens des Umlegungsplans (vgl. §§ 71, 72). Mit dem Baugesetzbuch ist nur für die Vorwegausscheidung auch eine **Vorwegnahme der Entscheidung** nach § 76 möglich, da diese nicht mehr nur für Regelungen nach den §§ 56 bis 62 vorgesehen ist, sondern auch § 55 einbezieht (hierzu Otte, VR 1987, 73/86). Möglich ist auch eine **vorzeitige Besitzeinweisung** nach § 77 Abs. 1 Nr. 1. Zwar begründet diese keine Rechtsänderung, doch erlaubt sie die Nutzung des Grundstücks, d. h. die Erstellung der für die Nutzung der übrigen Grundstücke erforderlichen Erschließungsanlagen.

29 **4.** Nach **Abs. 3** findet für den Austausch der alten gegen die neuen Verkehrsflächen und sonstigen Flächen nach Abs. 2 **kein Wertausgleich** statt. Die Gemeinde wird vielmehr mit der Zuteilung der neuen Verkehrsflächen und sonstigen Flächen für die von ihr eingebrachten entsprechenden Flächen abgefunden. Dasselbe gilt für einen Erschließungsträger. Stellt sich nach Abschluß des Umlegungsverfahrens heraus, daß eine vorweg **ausgeschiedene Fläche** nach Abs. 2 **nicht mehr** für den nach dem Bebauungsplan vorgesehenen Zweck **benötigt** wird, etwa weil eine Erschließungsstraße durch ein anderes Erschließungssystem überflüssig wird, steht den Eigentümern im Umlegungsgebiet **kein Rückenteignungsanspruch** aus Art. 14 GG zu, weil ein solcher Rückabwicklungsanspruch eines einzelnen Beteiligten in den vielschichtigen Interessenausgleich, der durch die Umlegung bewirkt wurde, eingreifen würde, die Besonderheiten der Umlegung also einem solchen Anspruch entgegenstehen; allenfalls kommt eine Änderung des Umlegungsplans nach § 73 in Betracht (BVerwG, U. v. 22. 3. 1990, NVwZ 1990, 2399 f.).

30 Die Streitfrage zum früheren Abs. 3, ob einer Gemeinde, die mehr Verkehrs- oder Grünflächen eingebracht hat als nach der Neuordnung erforderlich sind, diese Mehrflächen als privat nutzbare Flächen zuzuteilen oder ob die Gemeinde mit Zuteilung der neuen Flächen nach Abs. 2 unabhängig vom Größenverhältnis für ihre eingeworfenen Flächen nach Abs. 2 abgefunden ist (vgl. die Darstellung des Streitstands in der 1. Auflage, Rn 29), hat der Gesetzgeber also zugunsten der letztgenannten Auffassung entschieden (so auch 1. Auflage, Rn 30). Diese Entscheidung ist sachgerecht. Zweck der Regelung ist es, Verkehrs- und sonstige Flächen nach Abs. 2 als Flächen öffentlicher Nutzung von der Verteilung privat nutzbarer Grundstücke auszunehmen. Ihr Zweck kann aber nur dann erreicht werden, wenn alte gegen neue

Verkehrs- und sonstige Flächen vollständig „aufgerechnet" werden. Im übrigen sind für die alten Verkehrs- und Grünflächen u. U. Erschließungsbeiträge erhoben worden; es wäre daher nicht sachgerecht, wenn eben diese Grundstücke jedenfalls zum Teil einen Anspruch der Gemeinde oder des Erschließungsträgers auf Zuteilung von Baugrundstücken begründen würden (vgl. auch BT-Drs. 10/4630, S. 98). Gestützt wird diese Auffassung noch dadurch, daß nach allgemeiner Auffassung **Verkehrsflächen keinen eigenen Wert** besitzen, sondern zu einem Wertbestandteil der Anliegergrundstücke werden. Verkehrsflächen können daher mangels eigenen Werts keinen Zuteilungsanspruch begründen (Stemmler/Otte, in: E/Z/B, § 55, Rn 13). Die praktische Bedeutung dieses Problems ist allerdings gering, da nur selten der Fall eintreten wird, daß die alten Verkehrs- und Grünflächen umfangreicher sind als die neuen. Hat die Gemeinde auch Flächen eingeworfen, die nicht als Verkehrs- oder Grünflächen gedient haben, wird sie insoweit wie jeder andere Eigentümer behandelt.

III. 1. Sind die Flächen nach Abs. 2 aus der Umlegungsmasse ausgeschieden, bleibt die für die Verteilung privat nutzbarer Grundstücke zur Verfügung stehende Fläche übrig. Nach **Abs. 4** ist dies die **Verteilungsmasse**. Die Verteilungsmasse ist gegenüber der Einwurfsmasse, der Summe der eingeworfenen privat nutzbaren Grundstücke, um soviel kleiner, als die neuen Flächen nach Abs. 2 die alten Verkehrs- und Grünflächen an Umfang übertreffen. Die Eigentümer müssen daher in der Regel schon aufgrund des Flächenabzugs nach Abs. 2 eine flächenmäßige Minderung ihres Zuteilungsanspruchs in der Umlegung hinnehmen. **31**

2. Nach **Abs. 5 Satz 1** können über die Flächen nach Abs. 2 hinaus auch **weitere Flächen, die für eine öffentliche Nutzung vorgesehen sind**, ausgeschieden und dem jeweiligen Bedarfs- oder Erschließungsträger zugeteilt werden. Dabei bestimmt Abs. 5 den Zuteilungsgegenstand nicht exakt, sondern wählt einen Sammelbegriff für verschiedene Festsetzungsmöglichkeiten des Bebauungsplans. Durch die Bestimmung, daß die Flächen für einen „öffentlichen Zweck" vorgesehen sein müssen, wird ein wichtiges Auslegungskriterium benannt. Dieses ist für sich allein aber nicht hinreichend, um die Grenzen der Zuteilungsmöglichkeit nach Abs. 5 zu erfassen. So stellen z. B. nach § 5 Abs. 2 Nr. 2 darstellbare Versorgungseinrichtungen nicht notwendig Gemeinbedarfseinrichtungen dar, deren Flächenbedarf nach § 9 Abs. 1 Nr. 5 in einem Bebauungsplan festgesetzt werden kann (vgl. § 5, Rn 15; § 9, Rn 26). Aus der Systematik, die der Verteilungsregelung der §§ 55 bis 59 zugrunde liegt (vgl. oben, Rn 3 f.), folgt jedoch, daß es sich bei den Flächen nach Abs. 5 lediglich um solche Flächen handeln kann, die jedenfalls **im Regelfall nicht privat nutzbar** sind. Es geht also allein um Flächen für Anlagen und Einrichtungen, die von einem besonderen Bedarfs- oder Erschließungsträger betrieben werden. Diese Auslegung **32**

findet auch im Wortlaut des Abs. 5 ihre Stütze, da Zuteilungsempfänger ein Bedarfs- oder Erschließungsträger ist, nicht aber z. B. ein Privater, der sich verpflichtet hat, die entsprechende Nutzung zu verwirklichen.

33 Für eine Ausscheidung nach Abs. 5 kommen daher solche Flächen in Betracht, die nach dem Bebauungsplan als Flächen für den **Gemeinbedarf** (§ 9 Abs. 1 Nr. 5), als – über Flächen nach Abs. 2 hinausgehende – **Verkehrsflächen** (§ 9 Abs. 1 Nr. 11), als **Versorgungsflächen** (§ 9 Abs. 1 Nr. 12), als Flächen für die **Abfallentsorgung** und **Abwasserbeseitigung** sowie für Ablagerungen (§ 9 Abs. 1 Nr. 14), als öffentliche **Grünflächen**, soweit sie über die Flächen nach Abs. 2 hinausgehen (§ 9 Abs. 1 Nr. 15) oder als von der Bebauung freizuhaltende **Schutzflächen** oder als Flächen für besondere Anlagen und Vorkehrungen zum **Schutz vor schädlichen Umwelteinwirkungen** im Sinne des BImSchG mit über das Umlegungsgebiet hinausreichender Bedeutung (§ 9 Abs. 1 Nr. 24) festgesetzt sind (Stich, in: BK, § 55, Rn 14; Schriever, in: Kohlhammer-Komm., § 55, Rn 50).

34 3. Abs. 4 bestimmt, daß nach Abzug der Flächen nach Abs. 2 die Verteilungsmasse, also die Summe der an die Eigentümer des Umlegungsgebiets wieder zu verteilenden Grundstücksflächen, entsteht. Durch die Ausscheidung sonstiger Flächen nach Abs. 5 darf daher die Verteilungsmasse nicht verkleinert werden. **Abs. 5 Satz 1 Halbsatz 2** bestimmt demzufolge, daß die Ausscheidung nur dann zulässig ist, wenn der begünstigte Bedarfs- oder Erschließungsträger **geeignetes Ersatzland** in die Verteilungsmasse einbringt.

35 Wann Ersatzland in diesem Sinne geeignet ist, bestimmt sich nach mehreren Kriterien. Zum einen darf durch den Flächenaustausch die **Verteilungsmasse nicht reduziert** werden. Dies bedeutet, daß das Ersatzland der für die öffentliche Nutzung vorgesehenen Fläche entsprechen muß. Bei einer Verteilung nach Werten muß also das Ersatzland denselben Wert wie die öffentlich nutzbare Fläche haben, würde sie für private Nutzung zur Verfügung stehen; bei einer Verteilung nach Flächen muß es dieselbe Flächengröße aufweisen. Dabei wird es auf geringfügige Abweichungen nicht ankommen; solche Spitzen sind in Geld auszugleichen.

36 Darüber hinaus muß das Ersatzland aber auch insofern geeignet sein, als es einem an der Umlegung beteiligten Eigentümer **zugeteilt werden kann.** Dies wird regelmäßig der Fall sein, wenn das Ersatzland innerhalb des Umlegungsgebiets liegt. Abs. 5 Satz 1 läßt jedoch ausdrücklich zu, daß das Ersatzland **auch außerhalb des Umlegungsgebiets** liegen kann. Wann ein solches Grundstück geeignet in diesem Sinne ist, läßt sich nicht generell bestimmen. So kann z. B. ein entfernt gelegenes landwirtschaftlich nutzbares Grundstück in einer Umlegung

geeignet sein, in der ein Landwirt ausgesiedelt werden muß. Haben jedoch alle Eigentümer in das Umlegungsgebiet Rohbauland eingebracht, und erhalten sie nach Abschluß der Umlegung baureifes Land, so wird dieses Grundstück als Ersatzland im Sinne des Abs. 5 Satz 1 ungeeignet sein. Ist jedoch absehbar, daß einer Reihe von Umlegungsbeteiligten letztlich kein privat nutzbares Grundstück wird zugeteilt werden können, wenn nicht dieses Ersatzland eingebracht wird, so kann es immerhin noch geeignet sein, weil es eine Geldabfindung zu vermeiden hilft.

Ersatzland, das außerhalb des Umlegungsgebiets liegt, wird **nicht in** **37** **die Umlegung einbezogen.** Die Grundstücke werden aber **zum Verfahren gezogen** und wie Grundstücke im Umlegungsgebiet behandelt, können jedoch nicht umgestaltet werden. Auch besteht an ihnen kein Vorkaufsrecht, da sie nicht, wie nach § 24 Abs. 1 Nr. 2 erforderlich, „in einem Umlegungsgebiet" liegen. Allerdings können nach § 61 Abs. 3 auch an ihnen bestehende Rechte aufgehoben, geändert oder begründet werden. Auch sind sie im Umlegungsverzeichnis nach § 68 Abs. 1 Nr. 1 aufzuführen.

Nach **Abs. 5 Satz 2** ist die Umlegungsstelle gehalten, von dieser **38** Flächenausscheidung gegen Ersatzlandgestellung Gebrauch zu machen. Dies kann dazu dienen, eine sonst notwendige Enteignung dieser Fläche zu vermeiden. Keineswegs kann aber der Umlegung durch die Flächenausscheidung nach Abs. 5 wegen der Sollvorschrift in Satz 2 ein ähnlicher Charakter wie einer Unternehmensflurbereinigung nach § 87 ff. FlurbG beigelegt werden. Hierbei werden die Lasten, die bei der Durchführung eines größeren Unternehmens einem einzelnen oder wenigen Landwirten auferlegt würden, durch eine großräumig angelegte Flurbereinigung auf eine Mehrzahl von Landwirten umgelegt. Diese sind dabei für die von ihnen aufgebrachte Fläche in Geld zu entschädigen. Hieran wird der Charakter der Unternehmungsflurbereinigung als fremdnützig und damit als Enteignung deutlich. Dieser Gedanke ist der Umlegung fremd. Kann ein Bedarfsträger kein Ersatzland stellen, so muß für die benötigte Fläche gegebenenfalls das Enteignungsverfahren nach § 85 Abs. 1 Nr. 1 durchgeführt werden. Die **Ersatzlandgestellung** ist in solchen Fällen also eine **zwingende Voraussetzung** für die Durchführung der Umlegung (Schriever, in: Kohlhammer-Komm., § 55, Rn 51 ff.; a. A. Stemmler/Otte, in: E/Z/B, § 55, Rn 15 ff., die den Gedanken der Unternehmensflurbereinigung auch in das Umlegungsrecht einführen wollen; vgl. auch Schmidt-Aßmann, DVBl. 1982, 152/157, zu der Absicht, durch die Umlegung Bauland für Dritte bereitzustellen: Dies kann lediglich ein Nebeneffekt sein, aber nicht das Verfahren prägen, da es in diesem Fall zu einem – fremdnützigen – Flächenabschöpfungsverfahren würde).

§ 56 Verteilungsmaßstab

(1) **Für die Errechnung der den beteiligten Grundeigentümern an der Verteilungsmasse zustehenden Anteile (Sollanspruch) ist entweder von dem Verhältnis der Flächen oder dem Verhältnis der Werte auszugehen, in dem die früheren Grundstücke vor der Umlegung zueinander gestanden haben. Der Maßstab ist von der Umlegungsstelle nach pflichtmäßigem Ermessen unter gerechter Abwägung der Interessen der Beteiligten je nach Zweckmäßigkeit einheitlich zu bestimmen.**

(2) **Sind alle Beteiligten einverstanden, so kann die Verteilungsmasse auch nach einem anderen Maßstab aufgeteilt werden.**

Übersicht

1 **I. Abs. 1 Satz 1** bestimmt den **Sollanspruch** zur maßgeblichen Leitgröße für die Aufteilung der Verteilungsmasse unter die beteiligten Grundstückseigentümer. Für die Berechnung dieses Sollanspruchs werden von Gesetzes wegen zwei Verfahren zur Verfügung gestellt; weitere Verfahren kann die Umlegungsstelle mit Einverständnis aller Beteiligten wählen.

2 Die Bedeutung des Sollanspruchs ist aber in zweifacher Hinsicht zu relativieren. Zum einen umfaßt er lediglich den Anspruch auf den **Grund und Boden**; bauliche Anlagen, Anpflanzungen und sonstige Einrichtungen bleiben hier ebenso unberücksichtigt wie an den Grundstücken bestehende Rechte. Für sie ist nach § 60 Satz 1 oder nach § 61 Abs. 2 eine Geldabfindung zugunsten der Betroffenen zu gewähren. Dies gilt für bauliche Anlagen selbst dann, wenn sie nach dem bürgerlichen Recht als wesentliche Bestandteile des Grundstücks zu betrachten sind (Stemmler/Otte, in: E/Z/B, § 56, Rn 1).

3 Im übrigen ist der Sollanspruch nur eine **Rechengröße**, die als Anhaltspunkt für die Größe des tatsächlich zuzuteilenden Grundstücks dient. Mit ihr ist lediglich die **Sollzuteilung**, etwa nach § 57 Satz 2, zu ermitteln. Für die Ist-Zuteilung nach § 59 Abs. 1, also für die tatsächliche Zuteilung, spielen neben der Größe noch andere Faktoren wie besonders der Zweck der Umlegung nach § 45 Abs. 1, die Lage oder auch sonstige Wünsche oder berechtigte Interessen der Umlegungsbe-

teiligten eine gewichtige Rolle (vgl. § 59, Rn 3). Diese können dazu führen, daß dem Eigentümer ein größeres Grundstück zugeteilt wird, als ihm nach dem Sollanspruch zusteht; sie können aber auch zur Zuteilung eines kleineren Grundstücks oder dazu führen, daß der Eigentümer gar kein Grundstück erhält.

In jedem Fall aber markiert der Sollanspruch oder besser die aus ihm 4 sich ergebende Sollzuteilung die Grenze, bei deren Unterschreitung innerhalb der Umlegung ein enteignender Eingriff vorliegt, der nach den für die Enteignung geltenden Vorschriften zu entschädigen ist (vgl. § 57, Rn 6; § 59, Rn 13 ff.). Die Beachtung des Sollanspruchs ist daher für die Umlegung als Inhaltsbestimmung des Eigentums konstitutiv (vgl. Schmidt-Aßmann, DVBl. 1982, 152/157).

II. Der **Sollanspruch** ist der Anteil an der Verteilungsmasse, der 5 einem beteiligten Grundstückseigentümer zusteht. Der Sollanspruch ist daher eine **Verhältniszahl** wie z. B. 10 % oder ein Zehntel. Aus ihm selbst ergibt sich daher kein Hinweis für eine bestimmte, dem Eigentümer zustehende Grundstücksgröße. Häufig wird der Sollanspruch aber als Vom-Hundert-Satz der Verteilungsmasse angegeben; dann umfaßt er – je nach dem gewählten Maßstab – eine konkrete Größenangabe z. B. in Quadratmeter Grund und Boden oder in DM oder in Quadratmeter Geschoßfläche.

1. a) Zur Ermittlung des Sollanspruchs stellt Abs. 1 Satz 1 zwei 6 Maßstäbe zur Auswahl. Wählt die Umlegungsstelle den **Flächenmaßstab,** so wird der Sollanspruch nach dem **Anteil der Fläche** bemessen, den das Grundstück des beteiligten Eigentümers an der Gesamtheit der eingeworfenen privat nutzbaren Grundstücke **(Einwurfsmasse)** hat. Umfaßt z. B. das Umlegungsgebiet eine Fläche von 11 ha, und ist von diesen 1 ha Verkehrsfläche oder Grünfläche, so bleibt als Einwurfsmasse eine Fläche von 10 ha. Ist das Grundstück des Beteiligten 1 ha groß, so macht es einen Anteil von 10 % an der Einwurfsmasse aus. Der Sollanspruch des Eigentümers beträgt daher 10 %, die Sollzuteilung 10 % der Verteilungsmasse.

b) Der zweite Maßstab, den das Gesetz zur Verfügung stellt, ist der 7 **Wertmaßstab.** Bei ihm ist nicht von der Fläche der Einwurfsmasse, sondern von ihrem Wert auszugehen. Dabei ist noch einmal darauf hinzuweisen, daß nur der Grund und Boden, nicht aber z. B. bestehende bauliche Anlagen oder vorhandene Belastungen zu berücksichtigen sind. Waren z. B. bei dem zum Flächenmaßstab gewählten Beispiel alle eingeworfenen Grundstücke gleichwertig, so hat der Eigentümer wiederum einen Sollanspruch von 10 %. War sein Grundstück jedoch im Verhältnis zu anderen Grundstücken wertvoller, so liegt sein Sollanspruch entsprechend höher; war es geringerwertig, so liegt der Sollanspruch niedriger als bei dem gewählten Beispiel zum Flächenmaßstab.

2. Nach **Abs. 2** kann die Umlegungsstelle der Umlegung auch einen 8 **anderen geeigneten Verteilungsmaßstab** zugrunde legen. Hiernach

sind eine Vielzahl von möglichen Verteilungsmaßstäben denkbar, die aber in der praktischen Anwendung nur in besonders gelagerten Fällen eingesetzt werden können.

9 In Betracht kommt z. B. in Anlehnung an § 131 Abs. 2 Nr. 3 der **Frontmetermaßstab** (hierzu § 131, Rn 38). Hier wird der Sollanspruch danach berechnet, in welcher Breite die Grundstücke an eine Erschließungsanlage, z. B. eine Straße, angrenzen. Dieser Maßstab kann z. B. gewählt werden, wenn sowohl Einwurfs- als auch Zuteilungsgrundstücke untereinander jeweils dieselbe Grundstückstiefe aufweisen und sich nur nach der Grundstücksbreite an der Erschließungsanlage unterscheiden.

10 In Anlehnung an § 131 Abs. 2 Nr. 1 kann auch ein **Nutzungsmaßstab** gewählt werden (hierzu § 131, Rn 53 ff.). Ein solcher Maßstab kann z. B. dann zweckmäßig sein, wenn die Umlegung dazu dient, die Grundstücksfläche für ein neues Ortszentrum zu ordnen. Bei den zuzuteilenden Grundstücken kommt es dann für ihre Wertigkeit entscheidend auf ihre Ausnutzbarkeit an. Hier kann z. B. der Anteil an der eingeworfenen Grundstücksfläche zu einem entsprechenden Sollanspruch auf einen bestimmten Anteil an der neu zu zuteilenden Geschoßfläche, eventuell differenziert nach Wohn- und Gewerbenutzung, führen. Anstelle der Geschoßflächensumme kann auch die Zahl der Vollgeschosse oder die Geschoßflächenzahl zugrunde gelegt werden.

11 **3. a)** Der Umlegungsmaßstab ist für das Umlegungsgebiet nach **Abs. 1 Satz 2** jeweils **einheitlich** zu wählen. Ausschlaggebendes Kriterium für die Wahl des Verteilungsmaßstabs ist seine **Zweckmäßigkeit** im Hinblick auf die konkret durchzuführende Umlegung. Dabei kann davon ausgegangen werden, daß der Wertmaßstab in allen denkbaren Fällen ein geeigneter Verteilungsmaßstab ist. Liegen sehr differenzierte Einwurfs- oder Zuteilungsverhältnisse vor, so wird kaum ein Weg am Wertmaßstab vorbeiführen. Nur er ist in der Lage, auch in den kompliziertesten Fällen eine allen Beteiligten gleichermaßen gerecht werdende Lösung zu ermöglichen.

12 Allerdings ist der Wertmaßstab für die Beteiligten nicht stets der einsichtigste Maßstab, da Wertermittlung immer auch Wertung ist und damit nicht von allen Beteiligten gleichermaßen geteilt wird. Es kann sich daher anbieten, bei einfacher gelagerten Verhältnissen einen leicht und von jedem Beteiligten nachvollziehbaren **quantifizierbaren Maßstab** zugrunde zu legen. Als ein solcher Maßstab kommt z. B. der Flächenmaßstab in Betracht, bei dem jeder Beteiligte anhand der bekannten Summen von Einwurfs- und Verteilungsmasse seinen Sollanspruch auf den Quadratmeter genau ausrechnen kann. Ähnliches gilt für den Frontmetermaßstab oder einen Nutzungsmaßstab.

13 Bei einer **Umlegung im Sanierungsgebiet** ist allerdings nach § 153 Abs. 5 Nr. 3 der Flächenmaßstab ausgeschlossen, sofern die Sanierung nicht im vereinfachten Verfahren (§ 142 Abs. 4) durchgeführt wird. Hier werden in aller Regel so komplizierte Verhältnisse vorliegen, daß

mit einem so einfachen Verteilungsmaßstab wie dem Flächenmaßstab dem Gleichbehandlungs- und Gleichbelastungsgebot der Umlegung nicht Rechnung getragen werden kann. Im übrigen würde der Ausgleich des Umlegungsvorteils in Fläche, soweit er über den Flächenabzug nach § 55 Abs. 2 hinausgeht (vgl. § 58, Rn 4 ff.), mit dem wert- und damit geldleistungsorientierten Ausgleichssystem des besonderen Sanierungsrechts nur schwer zu harmonisieren sein (vgl. § 153, Rn 2 ff.; § 154, Rn 1 ff.). Auch kennt das Sanierungsrecht nicht die Beschränkung der Ausgleichsleistung, wie sie § 58 mit der 10 %- oder 30 %-Grenze für den Flächenbeitrag vorsieht. Die Wahl eines anderen Verteilungsmaßstabs nach Abs. 2 wird durch die Regelung des § 153 Abs. 5 Nr. 3 grundsätzlich nicht berührt. Soweit allerdings auch hier ein Ausgleich des Umlegungsvorteils in Fläche vorgesehen ist, gelten hierfür dieselben Bedenken, die der Anwendung des Flächenmaßstabs in der Sanierungsumlegung entgegenstehen.

Der Verteilungsmaßstab wird nach Abs. 1 Satz 2 von der Umle- **14** gungsstelle bestimmt. Bei dieser **Ermessensentscheidung** hat die Umlegungsstelle die Interessen der Beteiligten zu berücksichtigen. Dies bedeutet, daß die Umlegungsstelle einen Maßstab auszuwählen hat, der nicht nur den Grundgedanken der Umlegung, vor allem der anteilsund wertgleichen Abfindung in Land, entspricht, sondern mit dem möglichst auch besondere Interessen oder Wünsche der Beteiligten befriedigt werden können. Keineswegs darf die Umlegungsstelle den für sie günstigsten oder einfachsten Maßstab wählen, wenn bei Zugrundelegung eines komplizierteren Maßstabs gerechtere oder interessengemäßere Ergebnisse zu erzielen sind.

b) Kommt die Umlegungsstelle bei diesen Erwägungen zu dem **15** Ergebnis, daß nicht einer der Legalmaßstäbe, sondern ein **sonstiger Maßstab** den in der jeweiligen Umlegung zu lösenden Problemen am besten und einfachsten gerecht wird, so hat sie hierfür das **Einverständnis sämtlicher Beteiligter** herbeizuführen. Die beiden Legalmaßstäbe sind im Gesetz in §§ 57 und 58 im einzelnen näher ausgeführt und so gestaltet, daß sie stets dem Grundgedanken der anteils- und wertgleichen Abfindung genügen. Hier kann daher letztlich kein Beteiligter bei ordnungsgemäßer Durchführung der Umlegung übervorteilt werden. Bei gesetzlich nicht vorstrukturierten Verteilungsmaßstäben allerdings ist diese Gewährleistung nicht vorhanden. Die Wahl eines solchen Maßstabs muß daher von allen Beteiligten gleichermaßen getragen werden.

4. Für die Berechnung des Sollanspruchs bestimmt Abs. 1 Satz 1, **16** daß von den Anteilsverhältnissen der früheren Grundstücke vor der Umlegung auszugehen ist. Dies ist der anteilsmäßige Zustand, der nach dem Grundsatz der Bestandserhaltung in der Umlegung grundsätzlich flächenmäßig, mindestens aber wertmäßig zu gewährleisten ist (im einzelnen hierzu vgl. § 57, Rn 4 ff.). Wie nach § 57 Satz 2 und § 58 Abs. 4 dürfte mit dem **Bewertungszeitpunkt** in **Abs. 1 Satz 2** der

Zeitpunkt der **Bekanntmachung des Umlegungsbeschlusses** gemeint
sein (hierzu § 57, Rn 7 f., und § 58, Rn 6).

§ 57 Verteilung nach Werten

**Geht die Umlegungsstelle von dem Verhältnis der Werte aus, so
wird die Verteilungsmasse in dem Verhältnis verteilt, in dem die zu
berücksichtigenden Eigentümer an der Umlegung beteiligt sind.
Jedem Eigentümer soll ein Grundstück mindestens mit dem Ver-
kehrswert zugeteilt werden, den sein früheres Grundstück im Zeit-
punkt des Umlegungsbeschlusses hatte. Für die zuzuteilenden
Grundstücke ist der Verkehrswert, bezogen auf den Zeitpunkt des
Umlegungsbeschlusses, zu ermitteln. Dabei sind Wertänderungen,
die durch die Umlegung bewirkt werden, zu berücksichtigen; sollen
Grundstücke in bezug auf Flächen nach § 55 Abs. 2 erschließungsbei-
tragspflichtig zugeteilt werden, bleiben Wertänderungen insoweit
unberücksichtigt. Unterschiede zwischen den so ermittelten Ver-
kehrswerten sind in Geld auszugleichen.**

1 **I.** Die Wertumlegung wird von den sich ergänzenden **Grundsätzen
der wertgleichen und anteilsgleichen Zuteilung von Grund und Bo-
den** geprägt. Bei der tatsächlichen Zuteilung verbleibende Wertunter-
schiede sind in Geld auszugleichen.

2 **1.** Nach **Satz 2** soll ein Eigentümer in der Umlegung nicht ein
Grundstück erhalten, das einen geringeren Verkehrswert aufweist als
das von ihm eingeworfene Grundstück. Dieser Grundsatz der **wert-
gleichen Zuteilung** markiert die **untere Grenze,** bei deren Verletzung

die Umlegung grundsätzlich zur Enteignung und damit rechtswidrig
wird (BGH, U. v. 14. 7. 1977, MDR 1978, 125). Mit dem Baugesetz-
buch wurde auch sprachlich klargestellt, daß Satz 2 nicht im Sinne einer
Richtwertregelung, sondern als **Mindestwertbestimmung** zu verste-
hen ist (vgl. BT-Drs. 10/4630, S. 98). Da es sich um eine Soll-Bestim-
mung handelt, kann bei Vorliegen besonderer Umstände im Einzelfall
ausnahmsweise, allerdings nur geringfügig, eine Zuteilung unter Wert
erfolgen. Das kann etwa bei einem ungewöhnlich hohen Flächenabzug
nach § 55 Abs. 2 geschehen (vgl. Dieterich, Rn 202).

3 Dabei ist zu berücksichtigen, daß § 57 lediglich die – rechnerisch zu
ermittelnde – **Sollzuteilung** regelt, nicht aber Aussagen über die
Zuteilung im konkreten Einzelfall enthält. Diese ergibt sich vielmehr
allein aus § 59. Im Rahmen des § 57 ist daher nicht vom einzelnen
Grundstück auszugehen, sondern von der Einwurfs- und Verteilungs-
masse insgesamt. Aus ihr ist unter Verwendung des Sollanspruchs (vgl.
§ 56, Rn 5) die dem einzelnen Eigentümer theoretisch zustehende Soll-
zuteilung zu ermitteln. Entspricht daher der Wert der Verteilungsmasse
dem Wert der Einwurfsmasse, so kann dem Grundsatz der wertglei-
chen Zuteilung theoretisch voll entsprochen werden.

4 **2.** Weist die Verteilungsmasse – wie in der Regel – gegenüber der
Einwurfsmasse einen höheren Wert auf, so greift ergänzend der Grund-
satz der **anteilsgleichen Zuteilung** ein. Er bedeutet, daß keinem Umle-
gungsbeteiligten weniger Land zugewiesen werden darf, als seinem
Anteil an der Einwurfsmasse entspricht. Würde er weniger Grund und
Boden erhalten, so würde er auch einen geringeren Wertanteil als die
anderen Beteiligten des Umlegungsverfahrens bekommen und insofern
ein Sonderopfer erbringen. Dies aber kennzeichnet nach der ständigen
Rechtsprechung des Bundesgerichtshofs die Enteignung. Die Beach-
tung des Grundsatzes der anteilsgleichen Zuteilung ist daher konstitu-
tiv für eine sich im Rahmen der Eigentumsbindung haltende Umle-
gung (grundlegend BGHZ 31, 49/56). Der BGH faßt die beiden
Grundsätze der wertgleichen und der anteilsgleichen Zuteilung häufig
als **„Grundsatz der wertgleichen Landabfindung"** zusammen (so
schon BGHZ 31, 49/56 im Anschluß an BVerwGE 2, 154/156; ferner
vor allem BGH, NJW 1980, 1634/1635). Bei isolierter Betrachtung des
zuletzt angeführten BGH-Urteils kann das Mißverständnis entstehen,
der BGH halte eine Zuteilung, die zwar unterhalb des Sollanspruchs
(genauer: der Sollzuteilung, vgl. § 55, Rn 14), aber oberhalb des Ein-
wurfswerts liegt, nicht für eine Enteignung (so z. B. Stemmler, ZfBR
1981, 115 ff.). Der BGH meint aber bei der Verwendung des Begriffs
der wertgleichen Abfindung in Land offenkundig **nicht den Wertbe-
trag, sondern den Wertanteil** (Schmidt-Aßmann, Zur Verfassungsmä-
ßigkeit der erweiterten Umlegung, Rechtsgutachten im Auftrag des
BMBau, vervielfältigtes Manuskript 1981, S. 19 ff.). Entscheidend für
die Umlegung ist also nicht die Zuteilung entsprechend dem **Wert** des

Einwurfsgrundstücks, sondern entsprechend dessen **Anteil** an der Einwurfsmasse (Dieterich, Rn 189).

5 Diese letztliche Maßgeblichkeit des Grundsatzes der anteilsgleichen Zuteilung nach der Rechtsprechung des BGH bedeutet, daß die **Verteilungsmasse vollständig an die Eigentümer zuzuteilen** ist. Keineswegs kann etwa ein den Wert der Einwurfsmasse überschreitender Wertanteil z. B. der Gemeinde zugeteilt werden (so früher Stemmler, in: E/Z/B, Stand April 1984, § 57, Rn 3; ablehnend auch Schmidt-Aßmann, ebd.; Dieterich, Rn 186). Selbstverständlich möglich ist jedoch, daß ein ausgleichspflichtiger Eigentümer mit der Gemeinde eine **Vereinbarung** trifft, daß er den von ihm zu leistenden Umlegungsvorteilsausgleich (hierzu unten, Rn 23 ff.) **statt in Geld in Land** erbringt. Dies ist nichts anderes als der Verkauf eines Grundstücks an die Gemeinde bei Aufrechnung des Kaufpreisanspruchs gegen den zu leistenden Vorteilsausgleich.

6 Würde die **Zuteilung** nicht nur im Einzelfall, sondern **gleichmäßig** bei allen Beteiligten des Umlegungsverfahrens mehr als geringfügig **hinter dem Sollanspruch zurückbleiben,** so läge zwar kein Sonderopfer gegenüber anderen Beteiligten vor. Doch würde in diesem Fall die Umlegung als Ganzes ihre grundsätzliche **Privatnützigkeit einbüßen** und aus diesem Grunde zur Enteignung werden. Hier würde nämlich in die Umlegung neben dem öffentlichen Interesse an zweckmäßig gestalteten Grundstücken und dem insoweit grundsätzlich gleichgerichteten privaten Interesse ein **fremdes Interesse,** z. B. das an der Bildung von privat nutzbaren Grundstücken für Dritte, eingeführt. Dies kann Grundlage einer Umlegung auf freiwilliger Basis sein, entspricht aber nicht dem traditionellen Gepräge der Umlegung (zu zulässigen Weiterentwicklungen der Umlegung vgl. §§ 79 a bis 79 d des – nach dem Regierungswechsel 1982 zurückgezogenen – Regierungsentwurfs einer Baulandbereitstellungs-Novelle, BT-Drs. 9/746, S. 8 ff., 25 ff.; zur grundsätzlichen Verfassungsmäßigkeit dieser Weiterentwicklung Schmidt-Aßmann, ebd.).

7 **II. 1.** Bei der Verteilung der Grundstücke nach dem Wertmaßstab sind die Werte der früheren Grundstücke vor der Umlegung (**Satz 2** und § 56 Abs. 1 Satz 1) und die der zuzuteilenden Grundstücke **(Satz 3)** zu ermitteln. Dies erfordert, da die Grundstücke durch die Umlegung Umgestaltungen oder jedenfalls Wertveränderungen erfahren, **zwei voneinander unabhängige Wertermittlungen.** Diese Wertermittlungen haben jedoch nach Satz 2 und 3 **auf denselben Zeitpunkt** zu erfolgen. Dadurch wird sichergestellt, daß der so sich ergebende Wertunterschied lediglich die durch die Umlegung bedingten Wertänderungen, nicht aber konjunkturelle Wertsteigerungen einschließlich Änderungen der Kaufkraft des Geldes erfaßt (vgl. Stemmler/Otte, in: E/Z/B, § 57, Rn 35).

8 Als **Wertermittlungszeitpunkt** bestimmt das Gesetz den **Zeitpunkt des Umlegungsbeschlusses.** Hierunter ist nicht der Zeitpunkt zu ver-

stehen, zu dem der Umlegungsbeschluß nach § 47 gefaßt wurde,
sondern der Tag, an dem der Umlegungsbeschluß **bekanntgemacht**
wurde (BGH, NJW 1980, 1634/1635). Erst zu diesem Zeitpunkt ist die
Umlegung eingeleitet und treten die mit ihr verbundenen Wirkungen
ein (vgl. § 50, Rn 1).

Dieser einheitliche Bezugszeitpunkt gilt für die Bemessung der Na- **9**
turalzuteilung ohne Ausnahme. Stellt sich für einen Beteiligten die
Umlegung jedoch als **Enteignung** dar, weil er gemessen an seinem
Sollanspruch zu wenig Land zugeteilt erhält, ist für die Bemessung des
ihm zustehenden Geldausgleichs vom Zeitpunkt der **Aufstellung des
Umlegungsplans** auszugehen (BGH, NJW 1980, 1634/1635; vgl. § 59,
Rn 16). Weitere Modifikationen des Wertermittlungszeitpunkts können
sich bei der Wertermittlung für die Einwurfsgrundstücke ergeben
(hierzu unten, Rn 11).

2. Bei der Wertermittlung im Rahmen der Umlegung wird **nur der** **10**
Grund und Boden bewertet, nicht aber Einrichtungen nach § 60 oder
Rechte nach § 61. Zu ermitteln ist der **Verkehrswert** im Sinne des
§ 194. Zu den Verfahren, die bei der Wertermittlung angewendet
werden können, vgl. §§ 4 ff., 8 ff., 15 ff. **Wert V**, deren **Text im
Anhang** abgedruckt ist (vgl. auch Anm. zu § 194). Bei dieser Werter-
mittlung sind alle für den Verkehrswert wesentlichen Qualitätsmerk-
male zu erfassen, insbesondere also die Lage des Grundstücks und seine
rechtlich zulässige Nutzung (BGHZ 66, 173/175 f.; BGH, NJW 1980,
1633).

Bei der **Ermittlung des Werts der Einwurfsgrundstücke** nach **Satz 2** **11**
kann nicht stets von dem im Gesetz bestimmten Zeitpunkt, nämlich
dem Inkrafttreten des Umlegungsbeschlusses, ausgegangen werden.
Dieser Zeitpunkt ist vielmehr lediglich maßgeblich für die Bestim-
mung der **Wertverhältnisse,** nach denen der Wert der eingeworfenen
Grundstücke zu ermitteln ist. Für die Bestimmung der **Qualität** der
Einwurfsgrundstücke muß aber u. U. ein anderer Zeitpunkt zugrunde
gelegt werden. Da die Umlegung sowohl vor als auch nach Aufstel-
lung eines Bebauungsplans eingeleitet werden kann (vgl. § 45 Abs. 1
und Abs. 2 Satz 1), würde das Festhalten an dem einheitlichen Zeit-
punkt der Bekanntmachung des Umlegungsbeschlusses zu willkürli-
chen Ergebnissen führen. Ist nämlich in diesem Zeitpunkt der Bebau-
ungsplan bereits rechtskräftig, so wäre für die Qualität des Grund-
stücks die sich aus dem Bebauungsplan ergebende Nutzbarkeit zugrun-
dezulegen; ist aber noch kein Bebauungsplan aufgestellt, wäre von der
dem Grundstück vorher zukommenden – regelmäßig erheblich ge-
ringeren – Nutzbarkeit auszugehen. Deshalb ist bei der Ermittlung des
Werts von Einwurfsgrundstücken grundsätzlich auf deren **realisierbare
Nutzbarkeit vor Aufstellung eines Bebauungsplans** abzustellen
(BGH, NJW 1980, 1633).

Die Bestimmung eines Zeitpunkts für die Qualitätsbestimmung vor **12**
Aufstellung eines Bebauungsplans gilt jedoch nur für eine Ermittlung

des Werts des Einwurfsgrundstücks, die als Grundlage für die Ermittlung des Sollanspruchs dient. Für die Ermittlung des **Geldausgleichs**
nach Satz 5, mit dem nur die umlegungs- und nicht auch die planungsbedingten Wertsteigerungen erfaßt werden sollen, kann dies
nicht gelten (vgl. unten, Rn 29).

13 Hat der Bebauungsplan **Vorwirkungen** derart gehabt, daß bereits
vor seiner Aufstellung bestimmte Grundstücke von einer weiteren
qualitativ begründeten Wertentwicklung (hierzu Rn 14) ausgenommen
waren, so können auch diese Vorwirkungen der Wertermittlung von
Einwurfsgrundstücken für die Berechnung des Sollanspruchs grundsätzlich **nicht** zugrunde gelegt werden. Dies würde dem Gleichbehandlungsgrundsatz der Umlegung widersprechen. Nur wenn ein Grundstück durch seine besondere Situation darauf vorbereitet war, auch bei
Aufstellung eines Bebauungsplans nicht als Bauland nutzbar zu sein, ist
eine Wertminderung zu berücksichtigen; in diesen Fällen hat der
Grundstücksverkehr das Grundstück bereits entsprechend bewertet
(vgl. BGH, NJW 1980, 1633/1634).

14 Im übrigen aber ist bei den Grundstücken zu berücksichtigen, daß sie
mit Bekanntmachung des Umlegungsbeschlusses in eine Umlegung
einbezogen sind. Die Durchführung einer Umlegung bedeutet in aller
Regel, sofern nicht ohnehin bereits ein Bebauungsplan rechtskräftig ist,
daß ein Bebauungsplan in absehbarer Zeit in Kraft tritt, bei Durchführung der Umlegung spätestens vor dem Beschluß über die Aufstellung
des Umlegungsplans nach § 66 Abs. 1. Die Einwurfsgrundstücke haben daher nicht mehr die Qualitätsstufe Bauerwartungsland, sondern
bereits die Qualitätsstufe **Bruttorohbauland** erreicht (Stemmler/Otte,
in: E/Z/B, § 57, Rn 20; zu der Qualitätsentwicklung werdenden Baulands dies., aaO, Rn 10). Öffentliche Verkehrs- und sonstige Flächen
nach § 55 Abs. 2, die in das Umlegungsverfahren eingeworfen werden,
unterliegen nicht der Wertermittlung nach Satz 2. Sie verkörpern
keinen eigenständigen Wert, sondern ihr Wert geht in den Wert der
durch sie erschlossenen privat nutzbaren Grundstücke ein (Stemmler/
Otte, aaO, Rn 36; BVerwGE 61, 316/320). Sie unterliegen nicht der
Verteilung nach §§ 56 bis 59, sondern dem Austausch nach § 55 Abs. 2
(vgl. § 55, Rn 28 ff.).

15 3. Der **Wert der Grundstücke, die** den Eigentümern auf der Grundlage ihres Sollanspruchs **zugeteilt werden sollen,** ist nach **Satz 3**
ebenfalls zu ermitteln. Da der Wert eines Grundstücks jedoch erst dann
präzise ermittelt werden kann, wenn das Grundstück in seinem Zuschnitt und seiner Nutzbarkeit genau feststeht, kann der Wert der
Zuteilungsgrundstücke eigentlich erst dann ermittelt werden, wenn der
neue Zuschnitt der Grundstücke des Umlegungsgebiets feststeht. Um
diesen Zuschnitt aber ermitteln und bei der Erörterung mit den Eigentümern zugrunde legen zu können, müßte der Wert der Zuteilungsgrundstücke schon vorher bekannt sein. Diesem scheinbaren Dilemma
läßt sich mit dem **Näherungsverfahren der Iteration** (Schriever, in:

Kohlhammer-Komm., Vorbem. §§ 55 bis 59, Rn 48; Stemmler/Otte, aaO, Rn 1), d. h. also durch „Probieren" anhand mehrerer Entwürfe des Umlegungsplans, ermitteln. Auf letzte Genauigkeit kommt es bei dieser Wertermittlung jedoch noch nicht an, da die tatsächliche Zuteilung noch von den Grundsätzen des § 59 Abs. 1, nämlich der Zuteilung von zweckmäßigen und möglichst in gleicher oder gleichwertiger Lage befindlichen Grundstücken, modifiziert werden kann; erst dann kann der genaue Zuteilungswert bestimmt werden (Schriever, ebd.).

Auch bei der Ermittlung des Werts der Zuteilungsgrundstücke ist der **16** **Stichtag** die **Bekanntmachung des Umlegungsbeschlusses.** Die Wertermittlung muß also auf diesen Zeitpunkt zurückbezogen werden.

4. Nach **Satz 4** sind bei der Ermittlung des Werts der Zuteilungs- **17** grundstücke die durch die Umlegung bewirkten **Wertänderungen zu berücksichtigen.** Die Umlegung wird in aller Regel zu einer **Werterhöhung** der Grundstücke, zu einem **Umlegungsvorteil** also, führen: Die Erschließung durch Straßen und Grünflächen sowie die Lage des Grundstücks werden sich verbessern, das Grundstück entwickelt sich von ungeordnetem Rohbauland zu geordnetem baureifen Land fort (zu den Entwicklungsstufen des Baulands vgl. Rössler/Langner/Simon, Schätzung und Ermittlung von Grundstückswerten, 5. Aufl. 1986, S. 38 ff.); der Zuschnitt des Grundstücks und damit seine wirtschaftliche Ausnutzbarkeit verbessern sich; Rechtsverhältnisse werden bereinigt; die Zeitdauer bis zur Erschließung des Grundstücks verkürzt sich und erspart Zinskosten; Gebühren, Auslagen und nichtsteuerliche Abgaben entstehen nach § 79 nicht (zu diesen wertändernden Merkmalen BVerfGE 18, 274/283 ff.; Dieterich, Rn 190 f.; Stemmler/Otte, in: E/Z/ B, § 57, Rn 38 ff.; Stahnke, in: Kohlhammer-Komm. zum BBauG, § 57, Anm. 3 c).

Im Einzelfall kann die Umlegung aber auch **wertmindernd** wirken **18** (BGH, MDR 1978, 125). Dies kann z. B. der Fall sein, wenn zwei komplementär genutzte Grundstücke durch die Umlegung getrennt und damit wirtschaftliche Zusammenhänge durchschnitten werden (vgl. zu solchen Schäden BGHZ 67, 190/194 ff.). Auch kann sich die Immissionsbelastung eines Grundstücks infolge der durch die Umlegung ermöglichten anderen Nutzung der Nachbargrundstücke oder durch ein höheres Verkehrsaufkommen, z. B. weil unmittelbar an ein bebautes Grundstück ein verkehrsreicher Wendehammer gelegt wird (BGH, VR 1979, 435/437), nachteilig verändern (hierzu etwa Kröner, ZfBR 1979, 1/3).

5. Rechtlich umstritten und in der Praxis unterschiedlich gehandhabt **19** wurde die Frage, welche **Erschließungsqualität** bei der Ermittlung des Werts der Zuteilungsgrundstücke zugrundezulegen ist. In Frage kommen die Erschließungsqualitäten „erschließungsbeitragsfrei", „erschließungs**flächen**beitragsfrei, aber erschließungs**bau**beitragspflichtig" oder „erschließungsbeitragspflichtig". Dies hat einmal Bedeutung dafür, ob die Gemeinde die in der Umlegung erhaltenen Flächen als beitragsfähi-

gen Erschließungsaufwand behandeln und der Erhebung von Erschließungsbeiträgen zugrundelegen kann; zum andern ist die Frage bedeutsam für den Wert, der den zugeteilten Grundstücken zugrundezulegen ist. Sind die Grundstücke ganz oder teilweise erschließungsbeitragsfrei zuzuteilen, erhöht sich ihr Wert und damit der von dem Eigentümer gegebenenfalls nach Satz 5 zu leistende Geldausgleich. Ein Teil des Erschließungsbeitrags würde damit bereits zu einem Zeitpunkt „erhoben", zu dem der Erschließungsbeitrag noch gar nicht fällig ist. Hat die Gemeinde erschließungsbeitragsfrei zugeteilt, darf sie aber bei der nachfolgenden Erhebung der Erschließungsbeiträge die Kosten für den Grunderwerb nicht berücksichtigen, so entstehen ihr hierdurch finanzielle Verluste (zu den vertretenen Meinungen und ihren Auswirkungen vgl. etwa Hildebrandt, ZfV 1980, 440 ff.).

20 Das Bundesverwaltungsgericht hatte entschieden (U. v. 4. 2. 1981, 8 C 13.81, BVerwGE 61, 316 ff.; ebenso ein weiteres Urteil vom selben Tage, 8 C 42.81, BayVBl. 1981, 725 ff.), daß die Gemeinde den Wert der ihr im Umlegungsverfahren nach § 55 Abs. 2 zugeteilten örtlichen Verkehrsflächen nicht nach § 128 Abs. 1 als beitragsfähigen Erschließungsaufwand behandeln könne. Da die Erschließung eines Grundstücks ebenso wie die Tatsache, daß das für die Erschließung erforderliche Land bereits vom Erschließungsträger oder von der Gemeinde erworben wurde, als umlegungsbedingte Werterhöhung des Grundstücks zu betrachten seien, müßten sie in die Wertermittlung nach Satz 3 und 4 einfließen. Der „Wert" der Verkehrsflächen, denen kein eigener Verkehrswert zukomme (vgl. § 55, Rn 29), gehe als Wertbestandteil in die von ihnen erschlossenen Grundstücke ein (BVerwGE 61, 316/321). Dies bedeute, daß bei der Ermittlung der Verkehrswerte mindestens der Erschließungszustand „erschließungsflächenbeitragsfrei, aber erschließungsbaubeitragspflichtig" zugrundezulegen sei (BVerwGE 61, 316/322; zu dieser Rechtsprechung ablehnend Friedrich, ZfV 1982, 34 ff.; Baier, BayVBl. 1981, 727 ff.; Schriever, in: Kohlhammer-Komm. zum BBauG, Vorbem. §§ 55 bis 59, Rn 52; wie das Bundesverwaltungsgericht schon früher Stemmler, oben Rn 5, Rn 17).

21 Wegen der sich aus dieser Rechtsprechung ergebenden finanziellen Verluste vieler Gemeinden (vgl. oben, Rn 19) ist mit dem **Baugesetzbuch** an den **Satz 4** ein **Halbsatz 2** angefügt worden, der bestimmt, daß bei erschließungsbeitragspflichtiger Zuteilung im Hinblick auf die Flächen nach § 55 Abs. 2 eine sich durch diese Flächen an sich ergebende Wertänderung der Grundstücke im Umlegungsgebiet (vgl. § 55, Rn 29) unberücksichtigt bleibt. Hierdurch wird also deutlich, daß der Gesetzgeber von der **Zulässigkeit einer erschließungsbeitragspflichtigen Zuteilung** ausgeht. Entsprechende Bestimmungen enthalten § 58 Abs. 1 Satz 1 und § 68 Abs. 1 Nr. 4. Eine spiegelbildliche Regelung ist in § 128 Abs. 1 aufgenommen worden, der in Satz 3 bestimmt, daß zu den Grunderwerbskosten bei erschließungsbeitragspflichtiger Zuteilung auch der Wert der Flächen nach § 55 Abs. 2 gehört, soweit sie zu

den Erschließungsanlagen im Sinne des § 127 Abs. 2 gehören (vgl.
§ 128, Rn 7). Dabei bestimmt § 242 Abs. 6, daß für diese Flächen auch
dann Erschließungsbeiträge erhoben werden können, wenn die **Umlegung bereits abgeschlossen** ist, d. h. Umlegungsplan oder Vorwegregelung bereits vor Inkrafttreten des Baugesetzbuchs ortsüblich bekanntgemacht worden sind (zur Zulässigkeit dieser unechten Rückwirkung vgl. § 128, Rn 7). Sind in einem durch Beschluß aufgestellten Umlegungsplan oder einer Vorwegregelung vor Inkrafttreten des Baugesetzbuchs Flächen nach § 55 Abs. 2 erkennbar erschließungsbeitragspflichtig zugeteilt worden, so sind § 57 Satz 4 und § 58 Abs. 1 Satz 1 nach § 239 Abs. 2 auch hierauf bereits anwendbar. Allerdings geht der Gesetzgeber nach der Begründung des Regierungsentwurfs davon aus, daß Straßenland im Normalfall beitragsfrei zugeteilt wird, da dies in der Regel die gleichmäßigere und aus der Sicht der Umlegung durchschaubarere Vorteilsausgleichsbelastung ergibt. Ermittelt allerdings die Gemeinde oder die von ihr eingerichtete Umlegungsstelle die durch die Zuteilung der Verkehrsflächen entstandenen Vorteile der Grundstücke bei deren Wertermittlung falsch, so kann die Gemeinde den ihr hierdurch entstehenden Nachteil nicht später bei der **Erhebung der Erschließungsbeiträge** ausgleichen. Die Neuregelungen sollen eine sachangemessene und flexible Zuteilung ermöglichen, nicht aber den „Fehlerausgleich" über das Erschließungsbeitragsrecht decken. Eine vollständig erschließungsbeitragsfreie Zuteilung wird in dem Fall denkbar sein, daß die Gemeinde gleichzeitig mit der Umlegung die Erschließungsanlagen endgültig herstellt (vgl. Stemmler/Otte, in E/Z/B, § 57, Rn 19).

Soweit sich das Umlegungsgebiet nicht mit dem Gebiet, in dem die **22** Erschließungsbeiträge abgerechnet werden, deckt, ist diesem Problem durch **Abschnittsbildung** nach § 130 Abs. 2 Satz 1 zu begegnen (vgl. Stahnke, in: Kohlhammer-Komm. zum BBauG, § 57, Anm. 3 c aa, a. E.; Stemmler, aaO [oben, Rn 5], Rn 17 a. E.). Vor allem sollte von der mit dem Baugesetzbuch neu geschaffenen Möglichkeit des § 130 Abs. 2 Satz 2, Abschnitte einer Erschließungsanlage auch nach rechtlichen Gesichtspunkten zu bilden, im Interesse einer Harmonisierung von Umlegungsgebiet und Abrechnungsgebiet Gebrauch gemacht werden. Dies ist auch besonders deshalb empfehlenswert, da nicht alle Flächen nach § 55 Abs. 2 zu den beitragsfähigen Erschließungsanlagen nach § 127 Abs. 2 gehören (vgl. auch Otte, VR 1987, 73/79 f.). Eine **Kostenspaltung** vermag dagegen nicht zu helfen, da sie auf Teileinrichtungen, nicht auf Teilstrecken bezogen ist (vgl. § 127, Rn 41). Es sind daher bereits bei der Abgrenzung des Umlegungsgebiets soweit wie möglich die späteren Möglichkeiten der Erhebung von Erschließungsbeiträgen für den Grunderwerb zu berücksichtigen.

III. 1. Nach dem Grundsatz der anteilsgleichen Zuteilung (vgl. **23** oben, Rn 4 ff.) hat der Eigentümer grundsätzlich Anspruch darauf, mit seinem Zuteilungsgrundstück in demselben Verhältnis an der Vertei-

lungsmasse beteiligt zu werden wie er mit seinem Einwurfsgrundstück
an der Einwurfsmasse beteiligt ist, auch wenn das Grundstück durch
die umlegungsbedingten Wertänderungen einen höheren Verkehrswert
hat als das von ihm eingeworfene Grundstück. Da ein solcher **Umle-
gungsvorteil** (vgl. oben, Rn 17) Maßnahmen der öffentlichen Hand
und damit letztlich der Allgemeinheit zu verdanken ist, bestimmt Satz
5, daß dieser bei der Zuteilung in Land entstandene Umlegungsvorteil
in Geld auszugleichen ist. Ebensowenig wie der Eigentümer in der
Umlegung einen Nachteil erleiden darf, soll er einen Vorteil unge-
schmälert behalten dürfen. Ausgleichspflichtig ist nach § 64 Abs. 3 der
Eigentümer oder Erbbauberechtigte.

24 Tritt durch die Umlegung eine **Wertminderung** ein (vgl. oben,
Rn 18), so hat die Gemeinde dem Eigentümer einen entsprechenden
Geldausgleich zu zahlen. Ein solcher Geldausgleich kommt aber erst
dann in Betracht, wenn dem Eigentümer trotz Beachtung des Grund-
satzes der wertgleichen Zuteilung (vgl. oben, Rn 2 f.) ein völlig wert-
gleiches Grundstück nicht zugeteilt werden kann, weil anders der
Zweck der Umlegung, zweckmäßig gestaltete Grundstücke zu schaf-
fen, verfehlt würde (hierzu BGH, MDR 1978, 125).

25 Der Umlegungsvorteilsausgleich ist seiner Rechtsnatur nach nicht
eine Steuer, sondern eine **beitragsähnliche Geldleistung** (BVerfGE 18,
274/287). § 64 Abs. 3 bestimmt daher, daß Geldleistungen nach § 57 als
Beitrag „gelten" (vgl. § 64, Rn 10).

26 **2.** Satz 5 legt fest, daß Wertunterschiede zwischen dem Verkehrswert
des Einwurfsgrundstücks und dem Verkehrswert des Zuteilungsgrund-
stücks, die durch die Umlegung bewirkt wurden, auszugleichen sind.
Das Gesetz erteilt damit, wie auch im übrigen, dem Ausgleich von
Planungsgewinnen eine Absage; es kann **nur der umlegungsbedingte
Wertzuwachs** in Anspruch genommen werden (BGHZ 72, 51/52; NJW
1984, 2219/2220).

27 Ein rein planungsbedingter Wertzuwachs liegt in der Qualitätsent-
wicklung eines Grundstücks vom landwirtschaftlichen Land oder Bau-
erwartungsland zum Rohbauland. Da aber, unabhängig vom Vorliegen
eines Bebauungsplans, diese Qualitätsstufe der Einwurfsbewertung
ohnehin zugrundezulegen ist (vgl. oben, Rn 14), wird dieser pla-
nungsbedingte Mehrwert dem Eigentümer belassen (vgl. auch BGHZ
72, 51/54; Stemmler/Otte, in: E/Z/B, § 57, Rn 39). Die weitere Quali-
tätsentwicklung vom Brutto-Rohbauland zum geordneten baureifen
Land ist aber nicht planungsbedingt, sondern planverwirklichungsbe-
dingt. Zu ihr tragen Bodenordnung und Erschließung bei. Die Boden-
ordnung muß nicht notwendig in einer amtlichen Umlegung erfolgen;
sie kann auch durch einheitlichen Erwerb der Grundstücke und Wie-
derveräußerung von geteilten Grundstücken erfolgen (so z. B. idealty-
pisch bei der Entwicklungsmaßnahme nach §§ 165 ff.) oder von den
Eigentümern im Wege einer freiwilligen Umlegung (hierzu § 46,
Rn 5 f.) bewirkt werden. Ist aber eine Umlegung erforderlich, so ist

dieser Wertzuwachs auf die Umlegung und nur mittelbar auf die Planung zurückzuführen; insoweit erscheint eine **Aufspaltung des Umlegungsvorteilsausgleichs in einen planungsbedingten und einen umlegungsbedingten Anteil nicht möglich** (BVerfGE 18, 274/285, unter Rückgriff auf Äußerungen von Stemmler und Knüpfer; BGHZ 72, 51/52).

Ein solcher umlegungs- und nicht planungsbedingter Mehrwert **28** kann auch entstehen, wenn das Grundstück in seinen **Grenzen unverändert** aus der Umlegung hervorgeht. Als Umlegungsvorteile kommen hier die Umwandlung des Rohbaulands in erschließungsflächenbeitragsfreie Baugrundstücke, die Einsparung von Vermessungs-, Notar- und Gerichtskosten und vor allem die Verkürzungen des Aufschließungszeitraums in Betracht (BGHZ 72, 51/55; BVerfGE 18, 274/281; vgl. auch oben, Rn 17).

3. Auf dieser Grundlage ist die vom **Eigentümer** zu erbringende **29** **Ausgleichsleistung** danach zu ermitteln, welchen Wert der „gesunde" Grundstücksverkehr der Fläche aufgrund der wertbildenden Faktoren, hier insbesondere aufgrund der Nutzungsfestsetzungen des Bebauungsplans, vor und nach der Umlegung beigemessen hat (BGHZ 72, 51/54; NJW 1980, 1633). Anders als bei der Ermittlung des Werts der Einwurfsgrundstücke nach Satz 2 ist hier also vom Vorliegen eines Bebauungsplans und von seinen konkreten Festsetzungen für die betreffende Fläche auszugehen.

Satz 5 nennt keinen ausdrücklichen **Wertermittlungsstichtag.** Da **30** aber bei der Geldleistung Unterschiede zwischen den nach Satz 2 und 3 ermittelten Verkehrswerten auszugleichen sind und diese Verkehrswerte für den Zeitpunkt des Umlegungsbeschlusses festzustellen sind, muß auch für den Geldausgleich nach Satz 5 der **Zeitpunkt der Bekanntmachung des Umlegungsbeschlusses** (vgl. oben, Rn 8) maßgeblich sein (vgl. BGH, NJW 1985, 3073/3074). Dies ergibt sich auch aus § 58 Abs. 3, der diesen Zeitpunkt ausdrücklich vorschreibt. Insoweit bestehen aber zwischen der Verteilung nach Werten und der Verteilung nach Flächen keine Unterschiede (vgl. BGH, NJW 1980, 1634/1635).

Hat jedoch die **Gemeinde** dem Eigentümer wegen einer durch die **31** Umlegung bewirkten Wertminderung **Ausgleich zu leisten,** so ist insoweit wie für eine Enteignung zu entschädigen. Denn eine Zuteilung unterhalb des Einwurfswerts stellt sich stets als Enteignung dar (BGH, NJW 1980, 1634/1635). In diesem Fall ist daher nach entschädigungsrechtlichen Grundsätzen nicht vom Zeitpunkt des Umlegungsbeschlusses, sondern vom **Zeitpunkt des Beschlusses über die Aufstellung des Umlegungsplans** auszugehen (BGH, ebd.).

Satz 5 enthält jedoch, gewissermaßen der Vollständigkeit halber, **32** **lediglich** den **Grundsatz,** daß bei der Wertumlegung in jedem Fall mindestens die **Wertgleichheit** zwischen Einwurf und Zuteilung gewahrt sein muß. Soweit diese Wertgleichheit nicht durch entsprechende

Landzuteilung erreicht werden kann, ist die Wertgleichheit durch Geld-
leistungen nach den angeführten Grundsätzen herzustellen. Die kon-
krete Ausgleichsleistung kann jedoch erst auf der Grundlage der Ist-
Zuteilung nach § 59 Abs. 1 bestimmt werden. Daher enthält **§ 59 Abs. 2**
die eigentliche Rechtsgrundlage für die Bemessung der Ausgleichs-
leistungen (vgl. auch § 58, Rn 15)

33 **IV.** Wird die Umlegung in einem förmlich festgelegten **Sanierungs-**
gebiet nach § 142 durchgeführt, so sind, sofern nicht das vereinfachte
Verfahren nach § 142 Abs. 4 zur Anwendung kommt, die besonderen
Regelungen in § 153 Abs. 5 Nr. 1 und 2 über die Wertermittlung zu
beachten. Eine Flächenumlegung in Sanierungsgebieten ist nach § 153
Abs. 5 Nr. 3 ausgeschlossen. Eine eingehende Darstellung der besonde-
ren Probleme und möglicher Lösungsansätze bei Umlegungen in ei-
nem Sanierungsgebiet findet sich bei Dieterich, Rn 326 ff.

34 **1.** Bei der Ermittlung der **Bodenwerte der Einwurfsflächen** nach
Satz 2 ordnet § 153 Abs. 5 Nr. 1 die Anwendung des § 153 Abs. 1 an.
Dies bedeutet, daß bei der Wertermittlung „Werterhöhungen, die ledig-
lich durch die Aussicht auf die Sanierung, durch ihre Vorbereitung oder
ihre Durchführung eingetreten sind, nur insoweit berücksichtigt (wer-
den), als der Betroffene diese Werterhöhungen durch eigene Aufwen-
dungen zulässigerweise bewirkt hat"; dabei sind allerdings „Änderun-
gen in den allgemeinen Wertverhältnissen auf dem Grundstücks-
markt... zu berücksichtigen". Auf den maßgeblichen **Zeitpunkt** für
die zugrundezulegenden Preisverhältnisse hat diese Regelung keinen
Einfluß; hier ist wie im allgemeinen Umlegungsrecht der Zeitpunkt des
Umlegungsbeschlusses maßgeblich. Allerdings ändert sich in erhebli-
chem Maße die **Qualität des Grundstücks,** von der bei der Wertermitt-
lung auszugehen ist. Hier sind die Werterhöhungen, die durch die
Sanierung und ihre Vorwirkungen bedingt sind, außer Acht zu lassen.
Damit sind für die Wertermittlung auch die durch die Bauleitplanung
und ihre Erwartung verursachten Gewinne ausgeschlossen (vgl. hierzu
Kleiber, in: B/K/K, Bd. I, § 153 BauGB, Rn 90 ff.).

35 **2.** Bei der Ermittlung der **Bodenwerte der Zuteilungsflächen** nach
Satz 3 und 4 bestimmt § 153 Abs. 5 Nr. 2, daß „die Wertänderungen, die
durch die rechtliche und tatsächliche Neuordnung des Sanierungsge-
biets eintreten, ... zu berücksichtigen" sind. Es ist also der Bodenwert
zu ermitteln, der sich aus der Qualität des Grundstücks bei Abschluß
der Sanierung ergibt. Dies gilt auch, wenn der Umlegungsplan, wie es
regelmäßig der Fall ist, vor Abschluß der Sanierung aufgestellt wird.
Da also in der Regel die Aufstellung des Umlegungsplans nicht mit der
Entstehung der Auslgeichsbetragspflicht (Abschluß der Sanierung) zu-
sammenfällt, besteht aus dem Gleichbehandlungsgrundsatz keine
zwingende Notwendigkeit, den Wertermittlungszeitpunkt bei der Sa-
nierungsumlegung anders zu bestimmen als bei einer „normalen"
Umlegung; maßgeblich ist daher der Zeitpunkt des Umlegungsbe-
schlusses (vgl. Schriever, in: Kohlhammer-Komm., § 153, Rn 45 ff.;

für den Regelfall auch Kleiber, in: B/K/K, Bd. I, §153, Rn 102; a. A. noch 2. Aufl., Rn 35). Im praktischen Ergebnis jedoch unterscheiden sich die zum Zeitpunkt des Umlegungsbeschlusses und die zum Zeitpunkt der Aufstellung des Umlegungsplans ermittelten Abschöpfungsbeträge allenfalls marginal. Denn zwar entwickeln sich die Bodenwerte zwischen Einleitung und Abschluß der Sanierungsumlegung weiter; die sanierungsbedingten Wertunterschiede dagegen bleiben weitgehend gleich. Ein Ausgleichsbetrag ist für die in eine Umlegung einbezogenen Grundstücke nach §155 Abs. 2 grundsätzlich nicht mehr zu entrichten. Treten jedoch zwischen Aufstellung des Umlegungsplans und Abschluß der Sanierung durch eine Änderung des Bebauungsplans weitere sanierungsbedingte Werterhöhungen ein, so ist der Umlegungsplan nach §73 Nr. 1 entsprechend zu ändern (§41 Abs. 7 Nr. 2 Halbsatz 2 StBauFG ist mangels eigenen Regelungsgehalts nicht in das Baugesetzbuch übernommen worden; vgl. BT-Drs. 10/4630, S. 131, zu §156 Regierungsentwurf). Eine nachträgliche Erhebung von Ausgleichsbeträgen kommt also nicht in Betracht.

3. Die Modifizierung der Wertermittlung für die Einwurfs- und die Zuteilungsflächen sind auch bei der Bemessung einer **Entschädigungsleistung** und eines **Geldausgleichs** zu beachten. Dabei ist §16 Abs. 2 Satz 2 und 3 StBauFG bei der Übernahme in §153 Abs. 5 korrekt gefaßt worden (vgl. bereits 1. Auflage, Rn 36 ff.). **36**

Nach **§153 Abs. 5 Nr. 1** ist bei der Bemessung von Leistungen, die auf den Grundsätzen für die **Ermittlung des Werts der Einwurfsflächen** beruhen (im Sinne des §57 Satz 2), §153 Abs. 1 anzuwenden, d. h. es sind Werterhöhungen, die durch die Sanierung oder ihre Vorwirkungen bedingt sind, nicht zu berücksichtigen, sofern sie nicht durch eigene Aufwendungen des Betroffenen zulässigerweise bewirkt wurden. Danach also sind **Entschädigungsleistungen,** die im Rahmen der Umlegung zu erbringen sind, entsprechend **zu vermindern.** Dies hat Bedeutung für §60 Satz 1 Halbsatz 1, wonach für den Entzug von Nutzungseinrichtungen dem Eigentümer eine Geldabfindung, also eine Enteignungsentschädigung (vgl. §60, Rn 5) zu zahlen ist. Ferner hat dies für Entschädigungsleistungen nach §59 Bedeutung. Soweit also nach §59 Abs. 4 bis 6 oder auch im Rahmen des §59 Abs. 2 Satz 2 oder des §61 Abs. 2 eine Entschädigung in Geld zu leisten ist, sind die Beträge auf der Grundlage von §153 Abs. 1 zu ermitteln. Dasselbe gilt, wenn die Entschädigung nach §59 Abs. 4 Nr. 1 und – soweit außerhalb des Umlegungsgebiets – Nr. 3 erfolgt; auch hier ist die Höhe des Entschädigungsanspruchs nach §153 Abs. 1 zugrundezulegen. **37**

Umgekehrt ist nach **§153 Abs. 5 Nr. 2** bei der Bemessung von Leistungen, die auf den Grundsätzen für die **Ermittlung des Werts der Zuteilungsflächen** beruhen (im Sinne des §57 Satz 3 und 4), eine sanierungsbedingte Wertänderung zu berücksichtigen. Dies gilt daher bei der vom Eigentümer nach §60 Satz 1 Halbsatz 2 zu erbringenden Ausgleichsleistung für zugeteilte werterhöhende Nutzungseinrichtun- **38**

gen. Ferner gilt es, wenn ein Geldausgleich nach § 59 Abs. 2 Satz 3 oder nach § 61 Abs. 2 von dem Eigentümer zu entrichten ist.

§ 58 Verteilung nach Flächen

(1) Geht die Umlegungsstelle von dem Verhältnis der Flächen aus, hat sie von den eingeworfenen Grundstücken unter Anrechnung des Flächenabzugs nach § 55 Abs. 2 einen Flächenbeitrag in einem solchen Umfang abzuziehen, daß die Vorteile ausgeglichen werden, die durch die Umlegung erwachsen; dabei bleiben in den Fällen des § 57 Satz 4 Halbsatz 2 die Vorteile insoweit unberücksichtigt. Der Flächenbeitrag darf in Gebieten, die erstmalig erschlossen werden, nur bis zu 30 vom Hundert, in anderen Gebieten nur bis zu 10 vom Hundert der eingeworfenen Fläche betragen. Die Umlegungsstelle kann statt eines Flächenbeitrags ganz oder teilweise einen entsprechenden Geldbeitrag erheben.

(2) Kann das neue Grundstück nicht in gleicher oder gleichwertiger Lage zugeteilt werden, so sind dadurch begründete Wertunterschiede in Fläche oder Geld auszugleichen.

(3) Für die Bemessung von Geldbeiträgen und Ausgleichsleistungen sind die Wertverhältnisse im Zeitpunkt des Umlegungsbeschlusses maßgebend.

Übersicht

1 **I.** § 56 Abs. 1 Satz 1 stellt für die Umlegung von Gesetzes wegen **alternativ zwei Verteilungsmaßstäbe** zur Verfügung, den Wertmaßstab und den Flächenmaßstab. § 58 regelt die rechnerische Ermittlung des Zuteilungsanspruchs der Eigentümer bei der Flächenumlegung. Die tatsächliche Zuteilung richtet sich, wie bei der Wertumlegung auch, nach § 59.

1. Abs. 1 Satz 1 Halbsatz 1 verwirklicht bei der Verteilung nach 2
Flächen den Grundsatz der **wertgleichen Zuteilung.** Hiernach ist be-
stimmt, daß die Zuteilung so zu bemessen ist, daß die Umlegungsvor-
teile ausgeglichen werden. Dies bedeutet, daß die Zuteilungsfläche so
groß sein muß, daß sie in ihrem Wert mindestens der Einwurfsfläche
entspricht. Damit ist die Wertgleichheit zwischen Einwurf und Zutei-
lung hergestellt (Stemmler/Otte, in: E/Z/B, §58, Rn 1).

2. Anders als in §57 Satz 1 wird der Grundsatz der **anteilsgleichen** 3
Zuteilung in §58 nicht ausdrücklich geregelt. Dies ist jedoch entbehr-
lich. Da die Verteilung nach Flächen in §56 Abs. 1 Satz 1 der Verteilung
nach Werten ausdrücklich gleichgestellt ist, können für sie keine ande-
ren Grundsätze gelten. Unterschiede bestehen lediglich in der Art der
Entrichtung des Umlegungsvorteilsausgleichs (hierzu unten, Rn 5). Im
übrigen ist der **Sollanspruch,** der Grundlage für die dem Grundsatz der
anteilsgleichen Zuteilung entsprechende Sollzuteilung ist, bereits in
§56 Abs. 1 Satz 1 als Leitgröße für die Verteilung in der Umlegung
geregelt. Von ihm ist daher auch bei der Verteilung nach Flächen
zunächst auszugehen (zu Divergenzen zwischen dem Grundsatz der
Privatnützigkeit und dem Umlegungsvorteilsausgleich durch Flächen-
beitrag vgl. unten, Rn 7).

II. 1. Nach **Abs. 1 Satz 1 Halbsatz 1** kann von den eingeworfenen 4
Grundstücken ein bestimmter **Flächenbeitrag** abgezogen werden. Die
frühere Voraussetzung hierfür, daß die Gemeinde ein entsprechendes
Verlangen an die Umlegungsstelle richtet, ist mit dem Baugesetzbuch
aus Gründen der Gleichbehandlung aller Umlegungsbeteiligten und
der Verfahrensvereinfachung entfallen (vgl. BT-Drs. 10/4630, S. 99f.).

Durch den Flächenbeitrag sollen die **Vorteile,** die durch die Umle- 5
gung bewirkt werden (hierzu §57, Rn 17), **ausgeglichen** werden. Der
über den Flächenabzug hinausgehende Flächenbeitrag (vgl. unten,
Rn 9) ersetzt bei der Flächenumlegung den Geldausgleich nach §57
Satz 5 bei der Wertumlegung. Weitere Voraussetzung für die Erhebung
eines Flächenbeitrags ist also, daß dem jeweiligen Eigentümer ein
Umlegungsvorteil entstanden ist.

2. Aus der Funktion des Flächenbeitrags, den Umlegungsvorteil 6
auszugleichen, ergibt sich zugleich die für die **Bemessung des Flächen-**
beitrags maßgebliche Größe: der Umlegungsvorteil. Keineswegs kann
der Flächenbeitrag ohne Rücksicht auf etwa eingetretene oder nicht
eingetretene Umlegungsvorteile pauschal bemessen werden. Sind aller-
dings die Werte der Einwurfs- und die der Zuteilungsgrundstücke in
sich jeweils homogen, kann auf eine Einzelberechnung des Flächenbei-
trags verzichtet und dieser für alle Eigentümer gleich bestimmt wer-
den. Es genügt dann – wie nach §57 (vgl. §47, Rn 8) zum Stichtag der
Bekanntmachung des Umlegungsbeschlusses – die Ermittlung des
Werts der Einwurfsmasse und der Verteilungsmasse insgesamt; eine
Wertermittlung für die einzelnen Grundstücke ist dann nicht erforder-
lich.

7 Durch die Erhebung des Flächenbeitrags kann es vorkommen, daß der Eigentümer über den Flächenabzug für Flächen nach § 55 Abs. 2 hinaus in der Umlegung Grund und Boden verliert. Dieser Flächenbeitrag ist nur schwer mit dem die Umlegung prägenden Prinzip der **Privatnützigkeit** zu vereinbaren. Der Flächenbeitrag ist jedoch **traditionell mit der Umlegung verbunden** und in Gebieten, in denen herkömmlich Flächenumlegungen durchgeführt werden, derart im Rechtsbewußtsein der Eigentümer verankert, daß hierin heute keine Gefährdung des Grundsatzes der Privatnützigkeit mehr gesehen wird (BVerwGE 12, 1/5 f; Schmidt-Aßmann, DVBl. 1982, 152/156).

8 Um den durch die Umlegung bewirkten Flächenbeitrag in Grenzen zu halten, ist in **Abs. 1 Satz 2** bestimmt, daß der Flächenbeitrag in neu erschlossenen Gebieten **maximal 30 %**, in übrigen Gebieten maximal 10 % der eingeworfenen Fläche betragen darf. Solche Höchstgrenzen sind ebenfalls traditionell mit der Flächenumlegung verbunden (vgl. bereits § 13 Satz 1 lex Adickes: 35 % oder – bei Beantragung der Umlegung durch die Eigentümer – 40 %; § 24 in Verbindung mit § 16 Abs. 2 Satz 3 AufbauG NRW: 35 % in überwiegend unbebauten Ortsteilen und 10 % in überwiegend bebauten Ortsteilen).

9 3. Der **Flächenbeitrag** nach Abs. 1 Satz 1 ist vom **Flächenabzug** nach § 55 Abs. 2 zu unterscheiden. Flächenbeitrag ist der umfassendere Begriff, der den Flächenabzug einschließt. Wird – wie im Regelfall – der Umlegungsvorteil durch den Flächenabzug nicht ausgeglichen, kann als Vorteilsausgleich ein über den Flächenabzug hinausgehender Flächenbeitrag verlangt werden. Aus dieser Funktion des Flächenbeitrags folgt, daß er nicht durch den Flächenabzug in seinem Umfang begrenzt sein kann. Dies ergibt sich auch schon daraus, daß die Zuteilung der örtlichen Verkehrs- und sonstigen öffentlichen Flächen abschließend in § 55 Abs. 2 geregelt ist. Diese Bestimmung im Zusammenhang mit der Verteilungsregelung für die privat nutzbaren Grundstücke zu wiederholen, wäre also systemwidrig. Im übrigen würde die Funktionsbestimmung des Flächenbeitrags in Abs. 1 Satz 1 als Umlegungsvorteilsausgleich in Fläche geradezu sinnwidrig erscheinen, wenn es für den Flächenbeitrag nicht auf den Umlegungsvorteil, sondern auf die nach § 55 Abs. 2 auszuscheidenden Flächen ankäme. Je nach örtlicher Erschließungssituation und entstehendem Umlegungsvorteil kann der Flächenbeitrag dem Flächenabzug entsprechen, er kann ihn aber auch übersteigen oder unterschreiten (vgl. auch Stemmler/Otte, in: E/Z/B, § 58, Rn 3 bis 5; vgl. auch BVerwGE 12, 1/7). Durch den Einschub, daß der Flächenabzug auf den Flächenbeitrag **anzurechnen** ist, hat der Gesetzgeber des Baugesetzbuchs diese Rechtslage klargestellt.

10 4. Entsprechen sich Flächenbeitrag und Flächenabzug, so sind die Fläche entsprechend der Sollzuteilung (vgl. § 56, Rn 6) und die Einwurfsfläche von gleichem Wert. Ist der Flächenabzug größer als der zulässige Flächenbeitrag, so kann der Eigentümer nach der Sollzuteilung eine nur geringerwertige Fläche beanspruchen. Wenn sich dies

auch in einer konkreten Minderzuteilung nach § 59 Abs. 1 niederschlägt, hat die Gemeinde dem Eigentümer hierfür **Ausgleich nach Entschädigungsgrundsätzen** zu zahlen (vgl. § 59, Rn 16).

In der Regel wird aber der mögliche Flächenbeitrag den Flächenabzug übersteigen. Würde in diesem Fall dem Eigentümer eine Fläche entsprechend der Sollzuteilung zugeteilt, erhielte er eine gegenüber dem eingeworfenen Grundstück wertvollere Fläche zurück. Soll hier der Umlegungsvorteil durch einen Flächenbeitrag in Anspruch genommen werden, so kann dem Eigentümer diese überschießende Fläche auch rechnerisch nicht zugeteilt werden. Das Gesetz enthält keine ausdrückliche Regelung darüber, wie in einem solchen Fall zu verfahren ist. Abs. 1 Satz 3 stellt aber klar, daß der Umlegungsstelle bei der Entscheidung, ob sie statt eines Flächenbeitrags ganz oder teilweise einen entsprechenden Geldbeitrag erheben soll, Ermessen zusteht; die Umlegungsstelle ist also nicht verpflichtet, auf den den Flächenabzug übersteigenden Teil des Flächenbeitrags zu verzichten. Daraus ist zu schließen, daß die **überschießenden Flächen grundsätzlich der Gemeinde,** die ja Empfängerin eines Geldausgleichs wäre und die Umlegungskosten zu tragen hat, **zuzuteilen** sind (vgl. Dieterich, Rn 231; vgl. auch BVerwGE 12, 1/7; im übrigen vgl. unten, Rn 13 ff.). Dabei ist der den Flächenabzug übersteigende Teil des Flächenbeitrags weder auf die Höhe der Umlegungskosten noch auf besondere öffentliche Zweckbindungen, die sich aus der jeweiligen Umlegung ergeben sollen (so aber Otte, VR 1987, 73/80) beschränkt (vgl. auch Dieterich Rn 239 ff.). **11**

5. Für das Verhältnis des Flächenbeitrags zum **Erschließungsbeitrag** kann nichts anderes gelten als bei der Wertumlegung. Auch hier sind die ausgeschiedenen örtlichen Verkehrs- und sonstigen Flächen nach § 55 Abs. 2 werterhöhend in die erschlossenen Grundstücke eingegangen, so daß diese grundsätzlich erschließungsflächenbeitragsfrei zuzuteilen sind (so auch Stahnke, in: Kohlhammer-Komm. zum BBauG, § 58, Anm. 4 b bb; im übrigen vgl. § 57, Rn 19 ff.). Wird aber aus besonderen Gründen der konkreten Umlegung erschließungsbeitragspflichtig zugeteilt, so ermöglicht es nun **Abs. 1 Satz 2 Halbsatz 2** in Verbindung mit § 128 Abs. 1 Satz 3, die entsprechenden Werterhöhungen bei der Zuteilung unberücksichtigt zu lassen und bei der Erhebung der Erschließungsbeiträge in Rechnung zu stellen (vgl. auch § 57, Rn 20 ff.). **12**

III. 1. Nach **Abs. 1 Satz 3** kann die Umlegungsstelle den Flächenbeitrag, soweit er den Flächenabzug übersteigt, ganz oder teilweise durch einen **Geldbeitrag ersetzen.** Hierdurch soll sichergestellt werden, daß die Umlegungsstelle bei der Verteilung der Grundstücke nach dem Zweck der Umlegung und den Zuteilungsgrundsätzen des § 59 Abs. 1 entsprechend vorgehen kann. Ist es zur Beachtung dieser Grundsätze bei der Ist-Zuteilung erforderlich oder zweckmäßig, die nach der Sollzuteilung als Flächenbeitrag der Gemeinde zuzuteilende Fläche **13**

gleichwohl den Eigentümern zuzuteilen und statt dessen einen Geldbeitrag zu erheben, so wird dies der Umlegungsstelle durch Abs. 1 Satz 3 ermöglicht. Eine solche Situation kann sich z. B. einstellen, wenn die Geldabfindung von Eigentümern, die kleinere Grundstücke eingeworfen haben, vermieden und ihnen ein Baugrundstück zugeteilt werden soll (vgl. Stahnke, in: Kohlhammer-Komm. zum BBauG, § 58, Anm. 3 c). Auch kann es denkbar sein, aus anderen Gründen, die etwa in der Topografie oder in den Festsetzungen des Bebauungsplans begründet liegen, die eigentlich als Flächenbeitrag der Gemeinde zuzuteilende Fläche ganz oder teilweise den Eigentümern zuzuteilen und statt dessen einen Geldbeitrag zu erheben.

14 Auch hier (vgl. bereits § 57, Rn 32) ist darauf hinzuweisen, daß die Berechnung eines Geldbeitrags auf der Grundlage des nach § 58 ermittelten Zuteilungsanspruchs noch nicht den endgültig zu leistenden Geldbeitrag festsetzt. Dieser kann vielmehr erst auf der Grundlage der Ist-Zuteilung nach § 59 Abs. 1 ermittelt werden. Die Berechnung des Geldbeitrags nach Abs. 1 Satz 3 ist vielmehr nur ein **Kontrollwert,** der darüber Auskunft gibt, bei welcher Zuteilung und welchem Geldausgleich die wert- und anteilsgleiche Zuteilung hergestellt ist (vgl. Schriever, in: Kohlhammer-Komm. zum BBauG, Vorbem. §§ 55 bis 59, Rn 63).

15 **2. Abs. 2** macht deutlich, daß eine Flächenumlegung nicht nur in Fällen völliger Homogenität innerhalb der Einwurfs- und der Zuteilungsgrundstücke durchgeführt werden kann. Denn hiernach wird auch in der Flächenumlegung ermöglicht, entstehende Wertunterschiede aufgrund unterschiedlicher Lagewerte innerhalb des Umlegungsgebiets in Fläche oder auch in Geld auszugleichen. Hier werden also **Elemente der Wertumlegung in die Flächenumlegung** eingeführt. Die Flächenumlegung unterscheidet sich danach von der Wertumlegung praktisch allein dadurch, daß sie die Möglichkeit des Ausgleichs von Umlegungsvorteilen durch einen Flächenbeitrag und nicht nur durch einen Geldausgleich ermöglicht. Keineswegs bedeuten aber entstehende Wertunterschiede notwendig, daß die Umlegung zweckmäßigerweise von vornherein als Wertumlegung durchgeführt worden wäre (so aber Stemmler/Otte, in: E/Z/B, § 58, Rn 6).

16 Grundsatz ist bei der Flächenumlegung, daß entstandene Umlegungsvorteile durch einen lediglich nach quantitativen Kriterien zu bemessenden Flächenbeitrag oder einen entsprechenden Geldbeitrag ausgeglichen werden. Entstehen aber durch die Umlegung deutliche Wertunterschiede bei den zugeteilten Grundstücken, weil Lage oder Lagewert gegenüber den Einwurfsgrundstücken erheblich verändert werden, müssen diese qualitativen Unterschiede durch entsprechend kleinere oder größere Flächenbeiträge oder durch entsprechend differenzierte Geldleistungen ausgeglichen werden. Dabei entsprechen die Begriffe **gleiche oder gleichwertige Lage** der Begriffsverwendung in § 59 Abs. 1 (hierzu § 59, Rn 6 ff.). Wie dort ist auch hier die Lage der

zugeteilten mit der der eingeworfenen Grundstücke zu vergleichen (Stahnke, in: Kohlhammer-Komm. zum BBauG, § 58, Anm. 5b).

3. Abs. 3 bestimmt, daß für die Bemessung von Geldbeiträgen und **17** Ausgleichsleistungen – wie beim Geldausgleich in der Wertumlegung – auf den **Zeitpunkt der Bekanntmachung des Umlegungsbeschlusses** abzustellen ist. Es gelten also dieselben Grundsätze wie bei der Wertumlegung (hierzu § 57, Rn 29 ff.).

§ 59 Zuteilung und Abfindung

(1) **Aus der Verteilungsmasse sind den Eigentümern dem Umlegungszweck entsprechend nach Möglichkeit Grundstücke in gleicher oder gleichwertiger Lage wie die eingeworfenen Grundstücke und entsprechend den nach den §§ 57 und 58 errechneten Anteilen zuzuteilen.**

(2) **Soweit es unter Berücksichtigung des Bebauungsplans und sonstiger baurechtlicher Vorschriften nicht möglich ist, die nach den §§ 57 und 58 errechneten Anteile tatsächlich zuzuteilen, findet ein Ausgleich in Geld statt. Auf den Geldausgleich sind die Vorschriften über die Entschädigung im Zweiten Abschnitt des Fünften Teils entsprechend anzuwenden, soweit die Zuteilung den Einwurfswert oder mehr als nur unwesentlich den Sollanspruch unterschreitet. Der Geldausgleich bemißt sich nach dem Verkehrswert, bezogen auf den Zeitpunkt der Aufstellung des Umlegungsplans, soweit die Zuteilung den Sollanspruch mehr als nur unwesentlich überschreitet und dadurch die bebauungsplanmäßige Nutzung ermöglicht.**

(3) **Beantragt ein Eigentümer, der im Umlegungsgebiet eigengenutzten Wohn- oder Geschäftsraum aufgeben muß und im Umlegungsverfahren kein Grundstück erhält, daß für ihn als Abfindung im Umlegungsverfahren eines der in Absatz 4 Nr. 2 und 3 bezeichneten Rechte vorgesehen wird, so soll dem entsprochen werden, sofern dies in der Umlegung möglich und mit dem Bebauungsplan vereinbar ist.**

(4) **Mit Einverständnis der betroffenen Eigentümer können als Abfindung**

1. **Geld oder**

2. **Grundeigentum außerhalb des Umlegungsgebiets oder**

3. **die Begründung von Miteigentum an einem Grundstück, die Gewährung von grundstücksgleichen Rechten, Rechten nach dem Wohnungseigentumsgesetz oder sonstigen dinglichen Rechten innerhalb und außerhalb des Umlegungsgebiets**
vorgesehen werden.

(5) **Eigentümer können in Geld oder mit außerhalb des Umlegungsgebiets gelegenen Grundstücken abgefunden werden, wenn sie im Gebiet keine bebauungsfähigen Grundstücke erhalten können oder wenn dies sonst zur Erreichung der Ziele und Zwecke des Bebauungsplans erforderlich ist; wer die Abfindung mit Grundstücken außerhalb des Gebiets ablehnt, kann mit Geld abgefunden werden. Die Vorschriften über die Entschädigung im Zweiten Abschnitt des Fünften Teils sind entsprechend anzuwenden.**

(6) **Lehnt der Eigentümer eine Abfindung mit den in Absatz 4 Nr. 2 und 3 bezeichneten Rechten ab, obgleich durch eine solche Abfindung für eine größere Anzahl von Beteiligten eine Abfindung in Geld vermieden werden kann und die Abfindung in diesen Rechtsformen mit dem Bebauungsplan vereinbar ist, ist der Eigentümer in Geld abzufinden. Die Vorschriften über die Entschädigung im Zweiten Abschnitt des Fünften Teils sind entsprechend anzuwenden.**

(7) **Die Umlegungsstelle – der Umlegungsausschuß auf Antrag der Gemeinde – kann bei der Zuteilung von Grundstücken unter den Voraussetzungen des § 076 ein Baugebot, unter den Voraussetzungen des § 177 ein Modernisierungs- oder Instandsetzungsgebot und unter den Voraussetzungen des § 178 ein Pflanzgebot anordnen.**

(8) **Im Umlegungsplan sind die Gebäude oder sonstigen baulichen Anlagen zu bezeichnen, die dem Bebauungsplan widersprechen und der Verwirklichung der im Umlegungsplan in Aussicht genommenen Neugestaltung (§ 66 Abs. 2) entgegenstehen. Die Eigentümer und die sonstigen Nutzungsberechtigten haben die Beseitigung der im Umlegungsplan bezeichneten Gebäude und sonstigen baulichen Anlagen zu dulden, wenn die Gemeinde die Beseitigung zum Vollzug des Umlegungsplans durchführt.**

(9) **Die Befugnis der Gemeinde, ein Baugebot, ein Pflanzgebot, ein Modernisierungs- oder Instandsetzungsgebot oder ein Abbruchgebot nach den §§ 176 bis 179 anzuordnen, bleibt unberührt.**

Übersicht

I. § 59 stellt das Kernstück des Umlegungsrechts dar. Nach seinen **1**
Regelungen bestimmt sich, welches Land dem Eigentümer tatsächlich
zugeteilt wird und wie eventuelle Mehr- oder Minderzuteilungen
gegenüber der nach §§ 57 oder 58 ermittelten rechnerischen Zuteilung
ausgeglichen werden. Zu Besonderheiten der Umlegung in förmlich
festgelegten Sanierungsgebieten nach § 142 vgl. § 57, Rn 33 ff.

1. Zunächst verdeutlicht **Abs. 1** noch einmal den Charakter der **2**
Umlegung als eines Grundstückstauschverfahrens, indem er bestimmt,
daß den Eigentümern **Grundstücke** zuzuteilen sind. Hierdurch wird
also jedem an der Umlegung beteiligten Eigentümer grundsätzlich ein
Rechtsanspruch auf Landzuteilung eingeräumt.

2. Dieser Anspruch auf Naturalzuteilung besteht jedoch nur dann **3**
und nur insoweit, als damit dem Umlegungszweck entsprochen wer-
den kann. Allerdings hat die Umlegungsstelle das ihr eingeräumte
Zuteilungsermessen in erster Linie dahingehend auszuüben, daß sie
dem Grundsatz der wert- und anteilsgleichen Zuteilung gerecht wer-
den kann (BGH, MDR 1978, 125 = VR 1979, 435/437 mit Abdruck
von Bestands- und Umlegungskarte in dem entschiedenen Fall). In
diesem Rahmen kommt dem **Grundsatz der Zweckmäßigkeit** ent-
scheidende Bedeutung für die Zuteilung zu. Der Zweckmäßigkeits-
grundsatz findet seine Grundlage in § 45 Abs. 1, nach dem durch die
Umlegung „nach Lage, Form und Größe für die bauliche oder sonstige
Nutzung zweckmäßig gestaltete Grundstücke entstehen" sollen. Die
Zweckmäßigkeit bestimmt sich daher in erster Linie danach, ob die
zugeteilten Grundstücke eine Nutzung entsprechend dem Bebauungs-
plan und sonstigen baurechtlichen Vorschriften wie etwa der Baunut-
zungsverordnung oder den Bauordnungen der Länder gut ermögli-
chen (BGHZ 66, 322/332). Dabei kommt es nicht auf das subjektive Interesse
des Eigentümers, sondern auf die **objektive Nutzbarkeit** entsprechend
der im Bebauungsplan festgesetzten Nutzung an (BGH, MDR 1966,
917; vgl. auch § 45, Rn 12).

Ist im Bebauungsplan eine bauliche Nutzung festgesetzt, so sind die **4**
entsprechenden Grundstücke zweckmäßig gestaltet, wenn sich die

bauliche Nutzung ohne die Inanspruchnahme von **Befreiungen** nach
§ 31 Abs. 2 oder nach dem Bauordnungsrecht der Länder verwirklichen
läßt. Dies ist der bei der Zuteilung anzustrebende Regelfall. Im Einzel-
fall kann es jedoch im Interesse möglichst weitgehender Vermeidung
von Abfindungen (vgl. unten, Rn 17 ff.) tunlich sein, ein Grundstück
zuzuteilen, dessen bauliche Nutzung nur bei Erteilung einer Befreiung
möglich wird. Wenn in einem solchen Fall die Umlegungsstelle bei der
Baugenehmigungsbehörde erreicht, daß eine solche Befreiung in Aus-
sicht gestellt wird, ist die Zuteilung eines solchen Grundstücks nicht
unzweckmäßig (Stemmler/Otte, in: E/Z/B, § 59, Rn 2; ablehnend Stich,
in: BK, § 59, Rn 5). Dasselbe gilt, soweit die Inanspruchnahme von
Ausnahmen nach § 31 Abs. 1 erforderlich wird.

5 Die Umlegungsstelle kann darüber hinaus auch private Rechte und
privatrechtliche Bestimmungen berücksichtigen. Dabei ist aber zu
beachten, daß private Rechte, die die Nutzung eines Grundstücks
beeinträchtigen können, nach § 61 aufgehoben oder geändert werden
können. Auch wirtschaftliche Gesichtspunkte können die Zweckmä-
ßigkeit der Zuteilung beeinflussen (vgl. § 57, Rn 18). Im Ergebnis muß
auch die Umlegung die durch sie aufgeworfenen Probleme durch
zweckmäßige Zuteilung lösen (BGH, DVBl. 1984, 337 f.; zum Grund-
satz der Problembewältigung § 1, Rn 115 ff.; § 9, Rn 4). Dies gilt auch,
wenn die Probleme außerhalb des Umlegungsgebiets – etwa durch
Trennung innerhalb und außerhalb liegender Hofflächen eines land-
wirtschaftlichen Betriebs – entstehen; hier kann z. B. die Aussiedlung
des Betriebs erforderlich werden.

6 **3.** Trifft die Umlegungsstelle danach die Pflicht, den Eigentümern
grundsätzlich wieder Grundstücke im Umlegungsgebiet zuzuteilen,
und zwar zweckmäßig gestaltet, so bestimmt Abs. 1 weiter, daß in
diesem Rahmen die Zuteilung möglichst **in gleicher oder gleichwerti-
ger Lage** wie das eingeworfene Grundstück erfolgen soll. Damit soll
dem Grundsatz der Bestandserhaltung nicht nur in wertmäßiger Hin-
sicht, sondern auch bezüglich der Grundstückslage entsprochen wer-
den. Bedeutung kommt diesem Grundsatz insbesondere bei bebauten
oder sonst wirtschaftlich genutzten Grundstücken wie insgesamt bei
Neugestaltungsumlegungen zu. Da die Zuteilung in gleicher oder
gleichwertiger Lage nur „nach Möglichkeit" erfolgen soll, macht
Abs. 1 deutlich, daß auf eine entsprechende Zuteilung **kein Anspruch**
besteht. Der möglichst lagegleichen Zuteilung gehen vielmehr der
Umlegungszweck und die Pflicht zur Naturalzuteilung an möglichst
viele Eigentümer vor (Stemmler/Otte, in: E/Z/B, § 59, Rn 12; vgl.
BGHZ 66, 322/332).

7 Die Bedeutung des Begriffs **„gleiche Lage"** wird in Rechtsprechung
und Literatur unterschiedlich ausgedeutet. Zum Teil wird hierunter
verstanden, daß sich die Flächen des eingeworfenen und des zugeteilten
Grundstücks wenigstens **zum Teil überdecken** oder zumindest nahe
beieinander liegen (BGH, NJW 1981, 2060/2061). Nach anderer Auffas-

sung kommt es für die gleiche Lage nicht auf die örtliche, sondern auf die qualitative Übereinstimmung an. Ein Grundstück wird daher in einer dem eingeworfenen Grundstück gleichen Lage zugeteilt, wenn es eine gleichartige Qualität, also die gleichen örtlichen Lagemerkmale aufweist wie das Einwurfsgrundstück und diesem daher **vergleichbar** ist (Stahnke, in: Kohlhammer-Komm. zum BBauG, §59, Anm. I 3 a aa; ihm dort im entschiedenen Fall folgend BGHZ 66, 322/332; vgl. auch Dieterich, Rn 247: Die Flächen müssen nahe beieinander liegen).

Für die Beurteilung, ob ein zugeteiltes Grundstück die gleiche Lage **8** wie ein eingeworfenes Grundstück hat, ist nicht allein nach objektiven Kriterien vorzugehen. Vielmehr spielen auch **subjektive Erwägungen** eine große Rolle; im übrigen ist die **bisherige Nutzung** des Grundstücks von entscheidender Bedeutung. Ist ein eingeworfenes Grundstück mit einem **Wohnhaus** bebaut, in dem der Eigentümer selbst wohnt, erhält er nur dann ein Grundstück in gleicher Lage zugeteilt, wenn sich die Grundstücksflächen im wesentlichen decken, sein Haus also erhalten bleiben kann. Wird ein eingeworfenes Grundstück als **Geschäft** genutzt, z. B. an einer zentralen Straßenkreuzung, so kommt es für die Zuteilung nicht darauf an, daß der Eigentümer ein Grundstück auf derselben Fläche zugeteilt bekommt; vielmehr wird hier entscheidend sein, daß das Grundstück an der nach der Umlegung unter Umständen verschobenen neuen zentralen Straßenkreuzung liegt (hierzu Stahnke, ebd.). Waren die früheren Grundstücke unterschiedslos **landwirtschaftlich** genutzt und ist für sie im Bebauungsplan insgesamt eine bauliche Nutzung vorgesehen, geht das Erfordernis der Zuteilung in gleicher Lage praktisch ins Leere; hier wäre es rein zufällig, wenn das neue Baugrundstück mit dem alten Ackerland zusammenfiele. Hier kommt der örtlichen Übereinstimmung von altem und neuem Grundstück allenfalls dann Bedeutung zu, wenn der Eigentümer aus persönlichen Gründen Wert auf die Zuteilung gerade derselben Fläche legt.

Von der Zuteilung in gleicher Lage ist die Zuteilung in **gleichwerti- 9 ger Lage** strikt zu unterscheiden. Hiernach ist nämlich eine Zuteilung in eindeutig anderer Lage gemeint, die jedoch in etwa denselben Bodenwert und denselben wirtschaftlichen Wert aufweist (Stahnke, aaO, Anm. 13 a bb; Dieterich, Rn 247 f.; anders Stemmler/Otte, in: E/Z/ B, §59, Rn 11, die für die Zuteilung in gleichwertiger Lage allein auf den „Quadratmeterwert" abstellen). Bei einer Erschließungsumlegung, bei der aus baulich nicht nutzbarem Land baureifes Land wird, scheidet eine Zuteilung in gleichwertiger Lage von der Natur der Sache her aus (Stemmler/Otte, aaO, Rn 12). Die **Bedeutung individueller Momente** bei der Beurteilung, ob ein Grundstück in gleichwertiger Lage zugeteilt ist, wird hierbei besonders zu betonen (BGH, NJW 1981, 2060/2061). Ergibt sich für den Eigentümer der Wert einer Fläche daraus, daß sie für die Erweiterung seines bestehenden Betriebs in Frage kam, so ist eine Zuteilung nur dann gleichwertig in diesem

Sinne, wenn das zugewiesene Grundstück ebenfalls für die Betriebser-
weiterung genutzt werden kann. Ein Grundstück, das abstrakt zwar
den gleichen Wert hat, aber nicht für eine Erweiterung des bestehenden
Betriebs in Betracht kommt, ist daher nicht gleichwertig im Sinne des
Abs. 1 (BGH, ebd.).

10 Die Grundsätze der Zuteilung in gleicher oder in gleichwertiger Lage
stehen **gleichberechtigt nebeneinander** (BGH, NJW 1981, 2060/2061).
Im Rahmen der Verpflichtung zur Zuteilung zweckmäßig geschnitte-
ner Grundstücke kann die Umlegungsstelle die Zuteilung nach ihrem
Ermessen in gleicher oder in gleichwertiger Lage vornehmen. Da die
Verteilung der Grundstücke im Rahmen der Umlegung ein sowohl
fachlich als auch rechtlich schwieriger, durch vielfache Wechselbezie-
hungen der getroffenen Maßnahmen und der zu berücksichtigenden
Interessen noch erschwerter Vorgang ist, kann die Umlegungsstelle nur
dann zu sachgerechten Ergebnissen gelangen, wenn sie von rechtlichen
Bindungen soweit als möglich freigestellt bleibt. Dies gilt in gleichem
Maße für faktische oder privatrechtliche Beschränkungen bei der Um-
legung. Die engen Wechselbeziehungen zwischen Bebauungsplanung
und Umlegung machen es erforderlich, die Anforderungen an eine
vorentscheidungsfreie Bauleitplanung auch für die Umlegung anzu-
wenden (hierzu BVerwGE 45, 309 ff.; im übrigen § 1, Rn 113 f.).

11 **4.** Schließlich stellt Abs. 1 den Grundsatz auf, daß die tatsächliche
Zuteilung, die **Ist-Zuteilung,** der nach §§ 57 oder 58 ermittelten **rech-
nerischen Zuteilung entsprechen** muß. Diese rechnerische Zuteilung
ist bei § 57 die **Sollzuteilung.** Bei § 58 ist es ebenfalls die Sollzuteilung,
jedoch ggf. gekürzt um den den Flächenabzug übersteigenden Teil des
Flächenbeitrags. Im folgenden wird vereinfacht nur noch von der
Sollzuteilung gesprochen, vor allem da auch das Verhältnis von Soll-
zuteilung nach § 57 zu Ist-Zuteilung das hauptsächliche Problem darstellt.
Dieser Grundsatz wird jedoch durch die Einschränkung, daß ihm nur
„nach Möglichkeit" entsprochen werden muß – wie im übrigen auch
bei der Zuteilung in gleicher oder gleichwertiger Lage–, relativiert. Im
praktischen Ergebnis wird es allenfalls durch Zufall erreicht werden,
daß Soll- und Ist-Zuteilung sich genau decken. Abs. 1 macht aber
durch seine Fassung deutlich, daß bei der tatsächlichen Zuteilung dem
Grundsatz der **Zweckmäßigkeit** der Zuteilung letztlich **Vorrang** vor
einer der Sollzuteilung entsprechenden Ist-Zuteilung zukommt. Denn
der Grundsatz der Zweckmäßigkeit wird allein nicht von der Relativie-
rung durch die Worte „nach Möglichkeit" erfaßt. Ihm ist daher in
jedem Fall Rechnung zu tragen, den anderen Grundsätzen eben nur
„nach Möglichkeit". Dem entspricht, daß nach Abs. 2 Unterschiede
zwischen Soll- und Ist-Zuteilung in Geld auszugleichen sind. Schließ-
lich entspricht der eingeschränkte Vorrang der Zweckmäßigkeit vor
der Wert- und Anteilsgleichheit bei der Naturalzuteilung sowohl dem
öffentlichen Interesse an einer guten städtebaulichen Ordnung als auch

dem insoweit gleichgerichteten Interesse der Umlegungsbeteiligten an guter Nutzbarkeit ihrer Grundstücke.

Dieser Vorrang der Zweckmäßigkeit darf aber nur in Grenzfällen zu **12** erheblichen Abweichungen von der Sollzuteilung führen. Vielmehr hat die Umlegungsstelle alle umlegungstechnisch möglichen und zweckmäßigen Versuche zu unternehmen, eine Minderzuteilung zu verhindern. Dies reicht vom Ausgleich einer flächenmäßigen Minderzuteilung durch Zuteilung eines höherwertigen Grundstücks bis zur zweckentsprechenden Abgrenzung des Umlegungsgebiets (vgl. BVerwGE 8, 95/96; BGH, MDR 1978, 125). Wenn und soweit sie es im Rahmen der Zweckmäßigkeit kann, muß die Umlegungsstelle also sowohl die Grundsätze der lage- oder lagewertgleichen Zuteilung als auch die der wert- und anteilsgleichen Zuteilung verwirklichen.

II. 1. Durch den Primat der Zweckmäßigkeit der Zuteilung kann **13** und wird es die Regel bei der Ist-Zuteilung sein, daß sie nicht exakt mit der nach §§ 57 und 58 errechneten Sollzuteilung übereinstimmt. Für diese Fälle sieht **Abs. 2** einen **Ausgleich in Geld** vor. Hierbei geht es also darum, den durch Naturalzuteilung nicht voll zu erfüllenden Anspruch auf wert- und anteilsgleiche Zuteilung durch ergänzenden Geldausgleich zu verwirklichen.

Nach Abs. 2 sind **vier verschiedene Ausgleichsleistungen** zu unter- **14** scheiden: Liegt die Ist-Zuteilung knapp oberhalb der Sollzuteilung, so hat der Eigentümer einen Spitzenausgleich (vgl. unten, Rn 15) an die Gemeinde zu leisten. Überschreitet die Zuteilung den Sollanspruch deutlich, hat der Eigentümer einen Ausgleich nach Abs. 2 Satz 3 zu leisten (hierzu unten, Rn 17). Ist dem Eigentümer eine Fläche mit einem Wert knapp unterhalb des Werts der Sollzuteilung, aber oberhalb des Einwurfswerts zugeteilt worden, so hat die Gemeinde einen Spitzenausgleich zu leisten. Erreicht die Ist-Zuteilung nicht einmal den Einwurfswert oder verfehlt sie deutlich den Sollanspruch, so hat die Gemeinde nach Abs. 2 Satz 2 einen Geldausgleich an den Eigentümer zu leisten (hierzu unten, Rn 16).

Soweit die Sollzuteilung in der Ist-Zuteilung „nicht restlos aufgeht“ **15** (BGHZ 27, 15/25), soweit also „die Spitzen in Geld abgefunden werden“ müssen (BGHZ 31, 49/58), findet nach Abs. 2 Satz 1 ein sog. **Spitzenausgleich** statt. Da der Geldausgleich nach Abs. 2 Satz 1 also durch Geldleistungen die durch Naturalzuteilung nicht erreichte Identität von Soll- und Ist-Zuteilung herstellen soll, ist für die Bemessung der Ausgleichsleistung der Gemeinde bei Minder- und der des Eigentümers bei Mehrzuteilung derselbe Zeitpunkt maßgeblich wie bei der Einwurfs- und Zuteilungsbewertung nach §§ 57 oder 58, nämlich der **Zeitpunkt des Umlegungsbeschlusses** (BGH, NJW 1985, 3073/3074 f.). Voraussetzung hierfür ist allerdings, daß die Minderzuteilung nicht den Charakter einer Enteignung erlangt. Dies ist nur dann der Fall, wenn durch die Geldleistung nur **Spitzen** ausgeglichen werden

sollen. Eine genaue und allgemeingültige Abgrenzung, wann es sich
bei einer Minderzuteilung um eine geringfügige Spitze und wann um
eine Enteignung handelt, wird in Rechtsprechung und Literatur ver-
mieden. Aus der Rechtsprechung des Bundesgerichtshofs wird aber
folgendes abzuleiten sein: Ein bloßer Spitzenausgleich ist dann **ange-
bracht, wenn die Mehr- oder Minderzuteilung nicht die nach der
Sollzuteilung mögliche Anzahl oder die bauliche Nutzbarkeit der
Grundstücke berührt.** Nur in solchen Fällen kann angenommen wer-
den, daß die Ist-Zuteilung der Sollzuteilung entspricht und daher ein
wert- und anteilsmäßiger Ausgleich der Grundstücke stattfindet, aber
eben „nicht restlos". Die **flächenmäßige Größe** der Mehr- oder Min-
derzuteilung ist hierbei **nicht entscheidend;** es kommt vielmehr inso-
weit auf die Festsetzungen des Bebauungsplans an. Ist hiernach eine
gering verdichtete Bebauung vorgesehen, kann die Minderzuteilung
größer sein als bei einem Bebauungsplan, der eine sehr stark verdich-
tete Bebauung vorsieht. Umgekehrt kann bei Zulässigkeit einer sehr
hohen gewerblich nutzbaren Geschoßfläche die Minderzuteilung an
Geschoßfläche größer sein als bei nur geringer gewerblich nutzbarer
Geschoßfläche. Absolute Grenzen lassen sich hier nicht ziehen. Aller-
dings hat der BGH den Fall einer **Mehr**zuteilung von **über 10% nicht**
mehr als „geringfügige Spitze" gewertet (vgl. BGH, NJW 1985, 3073/
3075). Hieran orientiert sich offenbar die Begründung des Regierungs-
entwurfs zum BauGB im Hinblick auf die Neuregelung in Abs. 2 Satz 3
(hierzu unten, Rn 17).

16 2. Überschreitet eine Minderzuteilung den hiernach für einen Spit-
zenausgleich gezogenen Rahmen, wird die Umlegung zur **Enteignung**
(BGH, NJW 1980, 1634/1635; NJW 1985, 3073/3075). Der Geldaus-
gleich ist dann, wie **Abs. 2 Satz 2** jetzt ausdrücklich vorschreibt, wenn
die Zuteilung unter dem Einwurfswert oder deutlich erkennbar unter
dem Sollanspruch bleibt, nach enteignungsrechtlichen Grundsätzen zu
bestimmen. Dies bedeutet, daß von den Werten des eingeworfenen und
des zugeteilten Grundstücks im Zeitpunkt der **Aufstellung des Umle-
gungsplans** auszugehen ist (BGH, ebd.; Stahnke, in: Kohlhammer-
Komm. zum BBauG, § 59, Anm. II 2). Dieser Umschlag von der
Umlegung in die Enteignung kann nicht nur bei einer Zuteilung unter
Einwurfswert erfolgen, sondern bereits bei einer Zuteilung, die deut-
lich nicht der auf der Grundlage des Sollanspruchs ermittelten Sollzu-
teilung entspricht (vgl. § 57, Rn 5).

17 3. Um die Spiegelbildlichkeit der Ausgleichsleistung bei Mehr- und
Minderzuteilung herzustellen, bestimmt **Abs. 2 Satz 3,** daß auch für den
vom Eigentümer zu leistenden **Geldausgleich bei einer Mehrzuteilung**
der **Verkehrswert** des Grundstücks zum Zeitpunkt des Beschlusses
über die Aufstellung des Umlegungsplans und nicht, wie beim Spitzen-
ausgleich oder bisher insgesamt, zum Zeitpunkt des Umlegungsbe-
schlusses zu bestimmen ist. Voraussetzung hierfür ist, daß die Zutei-
lung den **Sollanspruch „mehr als nur unwesentlich überschreitet".**

Nach der Begründung des Regierungsentwurfs ist hierunter eine Wert-erhöhung von mindestens etwa 10% zu verstehen (vgl. BT-Drs. 10/4630, S. 101, und oben, Rn 15). Weitere Voraussetzung für die zeitnahe Berechnung des Geldausgleichs bei Mehrzuteilung ist, daß erst durch die Mehrzuteilung die **bebauungsplanmäßige Nutzung ermöglicht** wird. Nach der Begründung des Regierungsentwurfs ist dies bei der angegebenen Werterhöhung regelmäßig der Fall (vgl. ebd.). Diese Voraussetzung der Ermöglichung der bebauungsplanmäßigen Nut-zung wird ggfs. verfassungskonform dahingehend erweiternd ausge-legt werden müssen, daß Satz 3 auch dann zur Anwendung kommt, wenn die bebauungsplanmäßige Nutzung durch die Mehrzuteilung **erheblich verbessert** wird (z. B. zwei Häuser statt eines), sofern dies nicht als Unterfall des Ermöglichens anzusehen ist. Denn es würde gegen den Gleichheitssatz des Art. 3 GG verstoßen, wenn bei einer absolut gesehen geringfügigen Mehrzuteilung, die eine bebauungsplan-mäßige Nutzung ermöglicht, der Geldausgleich zeitnah zu bemessen wäre, bei einem großen Grundstück aber, für das sich die Mehrzutei-lung nicht nutzungsermöglichend auswirkt, der absolut gesehen sehr viel höhere Mehrwert nur zeitfern nach den Werten zum Zeitpunkt des Umlegungsbeschlusses zu bestimmen wäre (a. A. Numberger, BayVBl. 1988, 737/742; vgl. aber auch Dieterich, Rn 257 f.). Dies kann allerdings nur gelten, wenn der Eigentümer mit der Mehrzuteilung einverstanden war. Die Gemeinde kann sich nicht durch eine deutliche Mehrzuteilung eine hohe Ausgleichsleistung gegen den Willen des Eigentümers verschaffen (vgl. auch BGH, NJW 1985, 3073/3075).

III. Soweit ein Eigentümer **kein Grundstück** aus der Verteilungs- **18** masse erhalten kann oder erhalten will, ist er für das von ihm einge-worfene Grundstück **abzufinden.** Soweit die Abfindung in Geld ge-währt wird, ist sie vom Ausgleich in Geld zu unterscheiden. Während der Geldausgleich nach Abs. 2 grundsätzlich nur einen durch die Ab-weichung von Ist- und Sollzuteilung bedingten Wertausgleich darstellt, ist die Geldabfindung eine Entschädigung für einen „klassischen" ent-eignenden Eingriff, nämlich den vollständigen Entzug des Grundeigen-tums. Allerdings kann der Geldausgleich, soweit er über Spitzenbe-träge hinausgeht, ebenfalls den Charakter einer Enteignungsentschädi-gung annehmen. Für seine Bemessung gelten dann dieselben Vorschrif-ten wie für die Bemessung der Geldabfindung.

1. Da die Umlegung dem Grundsatz der Bestandserhaltung zu fol- **19** gen hat, kann eine Abfindung gegen den Willen des Eigentümers nur die Ausnahme sein. Im übrigen wird die Umlegungsstelle der Berück-sichtigung von entsprechenden Eigentümerwünschen stets Vorrang vor einer Zwangsregelung einräumen, vor allem da der Verzicht auf die Zuteilung eines Grundstücks im Umlegungsgebiet in aller Regel die Umlegung erleichtern wird. Das Gesetz regelt daher in Abs. 3 und 4 zunächst **Voraussetzungen und Formen einverständlicher Abfindun-gen.**

20 **a)** Die in **Abs. 4** genannten Formen der Abfindung können stets vorgesehen werden, wenn der Eigentümer einverstanden ist. Das **Einverständnis** wird in der Regel auf der Grundlage von Verhandlungen nach § 66 Abs. 1 erfolgen. Nicht jeder Eigentümer, der bisher baulich nicht nutzbares Land besaß, wird daran interessiert sein, nunmehr Bauland zu erhalten. Seinen Bedürfnissen kann vielleicht durch eine Geldleistung oder durch eine andere Abfindungsform besser Rechnung getragen werden. Besondere Voraussetzungen für die Einverständniserklärung stellt das Gesetz nicht auf. Allerdings ist es zweckmäßig, die Erteilung des Einverständnisses in schriftlicher Form zu verlangen und möglichst präzise zu fassen (vgl. den Fall eines Einverständnisses mit einer Abfindung nach Nr. 2 nur bei Zuteilung bestimmter Grundstücke, OLG Stuttgart, NVwZ 1985, 867 f.).

21 Einen Sonderfall regelt **Abs. 3.** Erhält ein Eigentümer aufgrund eines geringen Sollanspruchs im Umlegungsgebiet kein Grundstück mehr und muß er deshalb **eigengenutzten Wohn- oder Geschäftsraum** aufgeben, so soll er nicht mit Geld, sondern mit einer der anderen Abfindungsformen abgefunden werden. Voraussetzung hierfür ist ein entsprechender Antrag des Eigentümers sowie die Vereinbarkeit seines Begehrens mit den Festsetzungen des Bebauungsplans. Daß dem Antrag nur entsprochen werden kann, „sofern dies in der Umlegung möglich ist", ist selbstverständlich. Durch diese Sonderregelung soll dem Eigentümer, der eigengenutzten Wohn- oder Geschäftsraum aufgibt, erleichtert werden, entweder seine **Bindung an das Umlegungsgebiet** aufrechtzuerhalten (möglich bei Wahl einer der Abfindungsformen nach Abs. 4 Nr. 3) oder aber an anderer Stelle **erneut Grundeigentum** zu erhalten (bei Wahl der Abfindungsform nach Abs. 4 Nr. 2). Durch diese Regelung wird in besonderer Weise dem Grundsatz der Bestandserhaltung Rechnung getragen.

22 **b)** Abs. 4 regelt abschließend, in welchen **Formen** die Abfindung erfolgen kann. Dabei stellt die gewählte Reihenfolge der Abfindungsformen **keine Rangfolge,** sondern die Aufzählung alternativer Möglichkeiten entsprechend den Wünschen des Eigentümers und den Möglichkeiten der Umlegung dar. Die Gewährung von Anteilen an einem **Immobilienfonds,** die früher in Abs. 4 Nr. 4 vorgesehen war, ist vom Baugesetzbuch **nicht übernommen** worden, da sie keine praktische Bedeutung erlangt hat. Sie ist selbstverständlich auf freiwilliger Basis weiterhin möglich.

23 **aa)** Die in **Nr. 1** vorgesehene Abfindung mit **Geld,** die begriffsnotwendig über den Ausgleich von Spitzen im Sinne des Abs. 2 Satz 1 hinausgeht, stellt letztlich eine Enteignung dar. Für die Bemessung der Geldabfindung sind daher die Vorschriften über die Entschädigung nach **§§ 93 ff. entsprechend** anzuwenden. Dies ist zwar nur in Abs. 5 Satz 2 und Abs. 6 Satz 2 für die nicht einverständliche Geldabfindung ausdrücklich bestimmt, muß aber auch für die einverständliche Geldabfindung gelten: Die Umlegung hält sich nur dann im Rahmen der

Inhaltsbestimmung des Eigentums, wenn ihr Charakter als privatnützi-
ges Grundstückstauschverfahren mit Bestandsgarantie erhalten bleibt.
Dies ist aber bei einer Geldabfindung nicht der Fall, so daß die
Umlegung insoweit in eine Enteignung umschlägt. Die Geldabfindung
ist daher entsprechend zu bemessen. Da § 59 Abs. 2 und 4 für enteig-
nend wirkende Eingriffe im Rahmen der Umlegung die Leistung eines
Geldausgleichs oder einer Geldabfindung vorschreibt, entstehen hier
die im Zusammenhang mit der Naßauskiesungs-Entscheidung des
Bundesverfassungsgerichts (BVerwGE 58, 300/322 ff.; vgl. Vorbem.
§§ 85 bis 122, Rn 8) erörterten Probleme nicht.

Wird die Geldabfindung **im Umlegungsplan** festgesetzt, geht das 24
Eigentum an dem betreffenden Grundstück kraft Verwaltungsakts
unter; wird – gegebenenfalls mit Einverständnis der Inhaber von
Rechten an dem Grundstück – die Geldabfindung **durch Vorweg-
nahme der Entscheidung nach § 76** geregelt, ist das Eigentum an dem
Grundstück bis zur endgültigen Rechtsänderung durch den Umle-
gungsplan zwischenzeitlich einem anderen Eigentümer, in der Regel
der Gemeinde, zu übertragen (Stemmler/Otte, in: E/Z/B, § 59, Rn 13).
Die Art der Geldleistung und ihre Verzinsung bestimmen sich nach
§ 99.

bb) Dem Grundsatz der Bestandserhaltung näher als die Geldabfin- 25
dung kommt die in **Nr. 2** vorgesehene Abfindung eines Eigentümers
mit **Grundstücken, die außerhalb des Umlegungsgebiets liegen.** Hier-
durch wird der Eigentümer zwar aus dem Umlegungsgebiet ver-
drängt, aber er behält Grundeigentum. Außengrundstücke sind dabei
solche Grundstücke, die nicht im Umlegungsgebiet, auch nicht in
einem räumlich getrennten Teil des Umlegungsgebiets, liegen. Es kann
sich dabei um gemeindeeigene Grundstücke oder um solche Grund-
stücke handeln, die im Austausch für Flächen öffentlicher Nutzung
nach § 55 Abs. 5 in die Verteilungsmasse eingebracht worden sind,
ohne in das Umlegungsgebiet einbezogen worden zu sein. Unter
Umständen kann das Grundstück auch eigens für die Abfindung eines
Umlegungsbeteiligten erworben werden.

Über die notwendige **Beschaffenheit** des Grundstücks enthält Nr. 2 26
keine Regelung. Da der betreffende Eigentümer mit der Abfindung mit
einem Außengrundstück stets **einverstanden** sein muß (vgl. unten,
Rn 33 ff., für den Fall der nicht einverständlichen Abfindung), kommt
es daher auf den konkreten Einzelfall an. Ist der Eigentümer daran
interessiert, wieder landwirtschaftlich zu nutzendes Gelände zu erhal-
ten, so ist ihm ein solches Grundstück zu verschaffen. Es kommt also
allein auf das Ergebnis der Verhandlungen der Umlegungsstelle mit
dem betreffenden Eigentümer an (vgl. auch OlG Stuttgart, NVwZ
1985, 867 f.). Jedenfalls hat sich das Außengrundstück im Rahmen der
dem Eigentümer zustehenden Sollzuteilung zu halten.

cc) Ferner sieht Abs. 4 in **Nr. 3** vier Kategorien von dinglichen 27
Rechten als Abfindung vor. An erster Stelle steht hierbei das **Miteigen-**

tum nach §§ 1008 bis 1011 BGB (Miteigentum nach Bruchteilen). Die Größe des Grundstücks richtet sich nach der Summe der Sollzuteilungsansprüche der Miteigentümer, die Aufteilung der Miteigentumsanteile nach dem Verhältnis, in dem ihre Sollansprüche zueinander stehen (Stemmler/Otte, in: E/Z/B, § 59, Rn 15).

28 Als grundstücksgleiches Recht kommt insbesondere das **Erbbaurecht** nach der Verordnung über das Erbbaurecht vom 15. Januar 1919 (hierzu Bassenge, in: Palandt, BGB, 49. Aufl. 1990, nach § 1017 BGB) in Betracht.

29 Ferner kann als Abfindungsform ein **Recht nach dem Wohnungseigentumsgesetz** (hierzu Bassenge, in: Palandt, BGB, 49. Aufl. 1990) gewährt werden. Die nach dem Wohnungseigentumsgesetz möglichen Rechte sind dort in §§ 1 und 31 aufgeführt. Danach kennt das Wohnungseigentumsgesetz das Wohnungseigentum, das Teileigentum an nicht zu Wohnzwecken dienenden Räumen, das Dauerwohnrecht und das Dauernutzungsrecht an nicht zu Wohnzwecken dienenden Räumen. Nach § 30 Wohnungseigentumsgesetz kann zudem ein bestehendes Erbbaurecht in der Weise aufgeteilt werden, daß es dem Wohnungs- oder Teileigentum entspricht; es handelt sich dann um ein Wohnungserbbaurecht und ein Teilerbbaurecht.

30 Daneben können auch **sonstige dingliche Rechte** als Abfindung gewährt werden. In Betracht kommen hier Dienstbarkeiten, also Grunddienstbarkeiten, Nießbrauch und beschränkte persönliche Dienstbarkeiten (§§ 1018 bis 1093 BGB), und Reallasten (§ 1105 bis 1112 BGB).

31 Während das Gesetz bei der Abfindungsform Miteigentum dessen **Begründung** vorsieht, ist bei den übrigen dinglichen Rechten nur deren **Gewährung** vorgesehen. Dies ist insofern zweckmäßig, als die Begründung solcher Rechte praktisch nicht einseitig hoheitlich verfügt werden kann, sondern regelmäßig auf vertraglicher Grundlage erfolgen muß. Es empfiehlt sich daher, diese Rechte außerhalb des Umlegungsverfahrens an einem konkreten Objekt zu begründen oder bereits bestehende Rechte zu erwerben und ein solches „vorgefertigtes" dingliches Recht im Umlegungsplan als Abfindung zu gewähren (vgl. hierzu auch Stemmler/Otte, aaO, Rn 16).

32 Die **Grundstücke,** an denen die nach Nr. 3 als Abfindung vorgesehenen dinglichen Rechte bestehen, können **innerhalb oder außerhalb des Umlegungsgebiets** liegen. Diese Erleichterung der Abfindung gilt nicht nur für die sonstigen dinglichen Rechte, bei denen sie aus sprachlichen Gründen unmittelbar aufgeführt ist, sondern für alle in Nr. 3 genannten Rechte (Stich, in: S/S/T, § 59, Rn 13).

33 **2.** Wird die einverständliche Abfindung häufig auf besonderen Wunsch des Eigentümers hin erfolgen oder jedenfalls im Ergebnis seinen Interessen entsprechen, wird in anderen Fällen der Eigentümer im Grundsatz auf seinem Anspruch auf Landzuteilung im Umlegungs-

gebiet bestehen. Kann diesem Anspruch aus bestimmten Gründen nicht genügt und ein Einverständnis nicht erzielt werden, ist der Eigentümer auch **ohne sein Einverständnis in Geld oder mit Grundstücken außerhalb des Umlegungsgebiets abzufinden.** Die entsprechenden Regelungen sind in Abs. 5 und 6 enthalten.

a) Abs. 5 Satz 1 läßt die zwangsweise Abfindung eines Eigentümers in zwei Fällen zu. Zunächst ist eine Abfindung möglich, wenn der Eigentümer im Umlegungsgebiet **kein bebauungsfähiges Grundstück** erhalten könnte. Dies ist dann der Fall, wenn der Eigentümer lediglich einen Anspruch auf eine **Sollzuteilung** hat, die selbst bei vollständiger Zuteilung nicht die Größe eines nach dem Bebauungsplan bebaubaren Grundstücks erreichen würde. Dies kann nicht nur dann der Fall sein, wenn schon das eingeworfene Grundstück nicht sinnvoll bebaubar war, sondern unter Umständen auch dann, wenn das eingeworfene Grundstück bebaubar oder sogar bebaut war. Entspricht diese Bebauung nicht mehr zeitgemäßen Anforderungen, so ist es kein Planungsfehler, wenn nach dem Bebauungsplan eine solche Bebauung nicht bestehen bleiben oder wiederholt werden kann (vgl. etwa die Kölner Hinterhof-Entscheidung in BGHZ 48, 193 ff.). Ist allerdings der Bebauungsplan so angelegt, daß bei einer Umlegung einer Vielzahl von Eigentümern keine bebaubaren Grundstücke mehr zugeteilt werden können, so kann die Umlegung von vornherein nicht dem Prinzip der wert- und anteilsgleichen Zuteilung entsprechen und ist daher insgesamt rechtswidrig (BGH, NVwZ 1982, 148). 34

Die Notwendigkeit einer Abfindung in Geld oder mit Grundstücken außerhalb des Umlegungsgebiets kann sich auch dann ergeben, wenn **Grundstücke öffentlicher Nutzung** nach § 55 Abs. 5 gegen Gestellung von Ersatzland außerhalb des Umlegungsgebiets zugeteilt worden sind. Dadurch kann sich die im Gebiet zur Verfügung stehende Verteilungsmasse deutlich reduzieren, nicht aber die Verteilungsmasse insgesamt. Allerdings darf diese Ersatzlandgestellung nur zugelassen werden, wenn die Grundstücke für die jeweilige Umlegung geeignet sind. Ihre Zuteilung sollte daher in aller Regel im Einverständnis mit den Umlegungsbeteiligten möglich sein, so daß hierdurch die im Umlegungsgebiet zur Verfügung stehende Verteilungsmasse im Ergebnis nicht geschmälert ist. 35

Der **zweite Fall,** in dem nach Abs. 5 Satz 1 eine Abfindung gegen den Willen des Eigentümers zulässig ist, ergibt sich aus dem **Ziel der Umlegung,** zweckmäßig gestaltete Grundstücke für eine Verwirklichung des Bebauungsplans zu bilden. Führt dies dazu, daß einzelne Eigentümer kein Grundstück im Umlegungsgebiet erhalten können, so können sie abgefunden werden. Auch hierbei ist allerdings zu berücksichtigen, daß eine Umlegung nur dann rechtmäßig ist, wenn sie im wesentlichen dem Grundsatz der wert- und anteilsgleichen Zuteilung entspricht (vgl. oben, Rn 34). Ist dies nicht der Fall, muß in dem Gebiet ganz oder teilweise eine Enteignung durchgeführt werden. 36

37 In beiden Fällen gilt, daß die Umlegungsstelle vor der Entscheidung, einen Eigentümer abzufinden, **alle Möglichkeiten ausschöpfen** muß, um ihm doch ein **Grundstück im Umlegungsgebiet zuteilen zu können.** Hierzu kann sowohl die Ausweitung des Umlegungsgebiets (vgl. Stemmler/Otte, in: E/Z/B, § 59, Rn 20) als auch die Zuteilung eines Grundstücks, das nur bei Erteilung einer Befreiung rechtmäßig bebaubar ist (Stahnke, in: Kohlhammer-Komm. zum BBauG, § 59, Anm. III 2 c bb), gehören. In jedem Fall sollte der zwangsweisen Abfindung eine intensive **Verhandlung** mit dem betroffenen Eigentümer vorangehen, die das Ziel verfolgt, eine einverständliche Abfindungsregelung zu erreichen.

38 Als **Abfindungsformen** sieht Abs. 5 Geld oder die Zuteilung eines Grundstücks außerhalb des Umlegungsgebiets vor. Lehnt ein Eigentümer die Abfindung mit einem Grundstück außerhalb des Umlegungsgebiets ab, so kann er in Geld abgefunden werden **(Abs. 5 Satz 1 Halbsatz 2).** Dies bedeutet, daß ein Eigentümer nach Abs. 5, der eine Aussiedlung ablehnt, auch gegen seinen Willen mit Geld abgefunden werden kann. Eine **zwangsweise Zuteilung** von Grundstücken soll damit **vermieden** werden.

39 **b)** Anders als Abs. 5 geht **Abs. 6** nach seiner Zweckrichtung davon aus, daß dem Eigentümer grundsätzlich ein Anspruch auf Naturalzuteilung im Umlegungsgebiet zusteht. Zweck der 1976 aus dem Städtebauförderungsgesetz übernommenen Regelung des Abs. 6 ist, ggf. auch eine **kleinteilige Eigentümerstruktur** in einem Umlegungsgebiet möglichst **zu erhalten.** Um dieses Ziel erreichen zu können, sollen einzelne Eigentümer ganz oder teilweise auf ihren Anspruch auf Landzuteilung im Umlegungsgebiet **verzichten** (so auch Stahnke, aaO, Anm. III 2 d aa). Lehnt der Eigentümer ihm angebotene Grundstücke außerhalb des Umlegungsgebiets oder dingliche Rechte als Abfindung ab, so können – wie schon im Rahmen des Abs. 5 – diese Abfindungsformen nicht zwangsweise festgesetzt werden; statt dessen ist vielmehr eine Abfindung in Geld zu gewähren. Da die Regelung also dazu dient, eine zwangsweise Abfindung mit den genannten Rechten zu vermeiden, ist es als Ablehnung dieser Abfindungsform durch den Eigentümer anzusehen, wenn er mit ihr nicht ausdrücklich einverstanden ist.

40 Voraussetzung für eine Abfindung nach Abs. 6 ist, daß der Eigentümer durch seine Weigerung verhindert, daß für eine größere Zahl von Beteiligten eine **Geldabfindung vermieden** werden kann. Wann eine **größere Zahl von Beteiligten** im Sinne des Abs. 6 anzunehmen ist, muß nach den Umständen des Einzelfalls, vor allem nach der Zahl der an der Umlegung insgesamt Beteiligten, bestimmt werden. In jedem Fall werden es aber wohl mehr als drei Beteiligte sein müssen. Selbstverständliche weitere Voraussetzung ist, daß die dem Eigentümer angebotenen Abfindungsformen mit dem Bebauungsplan vereinbar sind.

Welcher Eigentümer allerdings diesen **Verzicht leisten** soll, regelt 41
das Gesetz nicht. In Betracht kommen dürfte die Anwendung dieser
Regelung allerdings ohnehin nur dann, wenn einem Eigentümer meh-
rere Grundstücke im Umlegungsgebiet zuzuteilen wären, durch die
Anwendung des Abs. 6 also nicht der betroffene Eigentümer seinerseits
aus dem Gebiet verdrängt wird. Treffen diese Voraussetzungen auf
mehrere Eigentümer zu, so kann die Umlegungsstelle nach den Erfor-
dernissen der Umlegung einen von ihnen mit diesem Eingriff belasten
oder aber die Belastung durch entsprechende Minderzuteilungen auf
mehrere von ihnen verteilen.

Da hier dem Eigentümer anstelle der ihm grundsätzlich zustehenden 42
Naturalzuteilung eine Abfindung mit sonstigen Rechten oder mit Geld
zugemutet wird, handelt es sich hierbei um einen **enteignenden Ein-
griff** im Rahmen der Umlegung. Dies ist zulässig, wenn nur insgesamt
der Charakter der Umlegung als eines privatnützigen Grundstücks-
tauschverfahrens mit wert- und anteilsgleicher Landzuteilung gewahrt
bleibt.

3. Wird ein Eigentümer mit Geld oder in einer sonstigen Form nach 43
Abs. 4 abgefunden, so liegt hierin eine Enteignung. **Abs. 5 Satz 2**
schreibt deshalb ebenso wie **Abs. 6 Satz 2** ausdrücklich vor, daß für die
Bemessung der Entschädigung die Vorschriften über die Entschädi-
gung der §§ 93 bis 103 entsprechend anzuwenden sind. Diese Bestim-
mungen gelten trotz ihres Standorts im Rahmen der Vorschriften über
die nicht einverständliche Abfindung **auch für eine einverständliche
Abfindung.** Bedeutung haben diese Regelungen allein für die **Geldab-
findung,** da nur sie zwangsweise festgesetzt werden kann.

IV. 1. Nach **Abs. 7** kann die Umlegungsstelle auch **Planverwirk-** 44
lichungsgebote nach den §§ 176 bis 178 anordnen. Ist Umlegungsstelle
der Umlegungsausschuß, so bedarf es hierzu eines ausdrücklichen
Antrags der Gemeinde. Die genannten Gebote können auch im
Rahmen der Umlegung nur angeordnet werden, wenn die jeweils
genannten Voraussetzungen, vor allem nach § 175, im einzelnen Fall
erfüllt werden (hierzu die Anmerkungen zu §§ 175 ff.). Die Umle-
gungsstelle kann die etwa ausgesprochenen Gebote nach § 68 Abs. 1
Nr. 7 in den Umlegungsplan aufnehmen. Die im Umlegungsplan
vorgesehenen Rechtsänderungen treten aber unabhängig von der Erfül-
lung der Gebote ein.

Ist Umlegungsstelle nach § 46 Abs. 4 eine andere Behörde, kann 45
diese nicht nach ihrem eigenen Ermessen solche Gebote anordnen. Die
Zuständigkeit der Gemeinde hierzu bleibt vielmehr erhalten (vgl. § 46,
Rn 27). Die Gemeinde kann aber auch in diesen Fällen die Umlegungs-
stelle um die Anordnung eines Gebots nach Abs. 7 ersuchen.

Im übrigen bestimmt **Abs. 9,** daß die Befugnis der Gemeinde zur 46
Anordnung eines Gebots nach den §§ 176 bis 179 unberührt bleibt. Die
Gemeinde, die nicht Umlegungsstelle ist, kann daher selbst entschei-

den, ob sie im Umlegungsgebiet bestimmte Gebote anordnen will.
Allerdings sollte sie hierbei mit der Umlegungsstelle eng zusammenar-
beiten.

47 Wird ein Gebot angeordnet, so gilt die **Duldungspflicht** nach § 175
Abs. 3 und besteht die Möglichkeit, **Miet- und Pachtverhältnisse** nach
§ 182 ff. aufzuheben, zu beendigen oder zu verlängern. § 27 Abs. 6
StBauFG, der bestimmte, daß durch die hiermit gegebene Möglichkeit
der Aufhebung von Miet- oder Pachtverhältnissen die Zulässigkeit
einer Aufhebung von Miet- oder Pachtverhältnissen nach § 61 nicht
berührt wird, ist nicht in das Baugesetzbuch übernommen worden.
Nach den allgemeinen Regeln der Normenkonkurrenz (vgl. hierzu
Larenz, Methodenlehre der Rechtswissenschaft, 4. Aufl. 1979,
S. 250 ff.) gehen daher die §§ 182 ff. bei einer Sanierungsumlegung dem
§ 61 als spezielle Regelung vor (vgl. auch Stich, in: S/S/K, StBauFG,
2. Aufl. 1985, § 27, Rn 7).

48 Werden Gebote im **Umlegungsplan** angeordnet, so ist hiergegen der
Rechtsweg zu den Baulandgerichten, gegebenenfalls nach Durchfüh-
rung eines Widerspruchsverfahrens, eröffnet. Ordnet dagegen die Ge-
meinde ein Gebot **selbständig** an, ist nach Durchführung eines Wider-
spruchsverfahrens der **Rechtsweg zu den Verwaltungsgerichten** gege-
ben.

49 **2.** Im Gegensatz zur Umlegungsstelle kann die Gemeinde nach
Abs. 9 auch ein **Abbruchgebot** nach § 179 anordnen. Die Umlegungs-
stelle kann statt dessen nach **Abs. 8** im Umlegungsplan die baulichen
Anlagen bezeichnen, die dem Bebauungsplan widersprechen oder der
Verwirklichung des Neuzustands nach § 66 Abs. 2 entgegenstehen und
daher zu beseitigen sind. Diese Bezeichnung im Umlegungsplan hat
zur Folge, daß die Eigentümer die Beseitigung dieser baulichen Anla-
gen im Vollzug des Umlegungsplans zu dulden haben. Die Beseitigung
obliegt nach § 72 Abs. 2 Satz 1 (vgl. § 72, Rn 9) der Gemeinde.

§ 60 Abfindung und Ausgleich für bauliche Anlagen, Anpflan-
zungen und sonstige Einrichtungen

**Für bauliche Anlagen, Anpflanzungen und für sonstige Einrich-
tungen ist nur eine Geldabfindung zu gewähren und im Fall der
Zuteilung ein Ausgleich in Geld festzusetzen, soweit das Grundstück
wegen dieser Einrichtungen einen über den Bodenwert hinausgehen-
den Verkehrswert hat. Die Vorschriften über die Entschädigung im
Zweiten Abschnitt des Fünften Teils sind entsprechend anzuwenden.**

1. Trotz der Bezeichnung der Umlegung als eines Grundstückstauschverfahrens werden bei der Umlegung **nicht Grundstücke** (mit ihren wesentlichen Bestandteilen wie Gebäude usw. nach §94 BGB), sondern **lediglich Flächen** mit ihrem „reinen" Bodenwert getauscht (vgl. §55, Rn 2). In §§60 und 61 wird ergänzend geregelt, wie auf den Flächen vorhandene Einrichtungen oder an ihnen bestehende Rechte abzufinden, auszugleichen oder sonst zu behandeln sind.

Werden einem Eigentümer **wertsteigernde Einrichtungen** auf seinem Grundstück infolge der Neuverteilung der Grundstücke **entzogen,** ist ihm hierfür – unabhängig von einem nach §§57 bis 59 zu leistenden Geldausgleich – nach **Satz 1 Halbsatz 1** eine **Geldabfindung** zu zahlen. Mit den Begriffen bauliche Anlagen, Anpflanzungen und sonstige Einrichtungen sind, ohne daß es auf eine genauere Abgrenzung zwischen ihnen ankäme, alle mit dem Grund und Boden fest verbundenen und damit an sich den Wert des Grundstücks beeinflussenden Einrichtungen gemeint (Stich, in: BK, §60, Rn 4). Hinzuweisen ist jedoch darauf, daß der Begriff der **baulichen Anlage** nicht dem in §29 verwendeten Begriff der baulichen Anlage (hierzu §29, Rn 9 ff.) entspricht. Im Zusammenhang des §60 kommt es für das Vorhandensein einer baulichen Anlage nur auf das Merkmal des „Bauens" an, nicht aber auch auf das Merkmal der „(möglichen) bodenrechtlichen Relevanz" (hierzu §29, Rn 14 ff.). Erfaßt werden von den Einrichtungen des Satzes 1 die in §51 Abs. 1 Nr. 2 bis 4 unter Genehmigungsvorbehalt gestellten Vorhaben (hierzu §51, Rn 22 ff.).

Empfänger der Geldabfindung ist der **Eigentümer** der entzogenen Einrichtungen. Dies wird in der Regel der Grundstückseigentümer sein, da die Sachen zumeist wesentliche Bestandteile des Grundstücks nach §94 BGB sein werden. Handelt es sich jedoch um Scheinbestandteile nach §95 BGB, also um Sachen, die nur zu einem vorübergehenden Zweck mit dem Grund und Boden verbunden sind (z. B. Lauben auf Pachtgelände), so ist Empfänger der Geldabfindung der Eigentümer der entzogenen Sache. Zu **leisten** ist die Geldabfindung nach §64 Abs. 1 von der **Gemeinde.**

2. Werden solche Einrichtungen nicht entfernt, sondern einem Beteiligten **zugeteilt,** so hat dieser hierfür nach **Satz 1 Halbsatz 2** einen **Geldausgleich** zu entrichten, soweit hierdurch der Verkehrswert des Grundstücks über den „reinen" Bodenwert hinaus ansteigt. Der Geldausgleich ist im Umlegungsplan festzusetzen (vgl. §68, Rn 10). Empfänger dieser Geldleistung ist nach §64 Abs. 1 die Gemeinde; nicht

1

2

3

4

etwa hat der neue Eigentümer unmittelbar an den alten Eigentümer der Einrichtungen zu leisten. Die Gemeinde ist die „Umlegungskasse" (vgl. § 64, Rn 1).

5 **3.** Der Entzug wertsteigernder Einrichtungen ist ein **Enteignungsakt** im Rahmen der Umlegung. **Satz 2** bestimmt daher, daß für die Bemessung der Geldabfindung wie des – spiegelbildlichen – Geldausgleichs die Vorschriften über die Enteignungsentschädigung nach **§§ 93 ff.** entsprechend anzuwenden sind. Hinzuweisen ist vor allem auf die entsprechende Anwendung des § 95. Bedeutung kann hierbei insbesondere § 95 Abs. 2 Nr. 5 erlangen, nach dem die **wertsteigernde Veränderungen,** die nach Einleitung des Enteignungsverfahrens ohne behördliche Anordnung oder Zustimmung der Enteignungsbehörde vorgenommen worden sind, **nicht zu entschädigen** sind. Konkretisiert wird diese Regelung durch § 109, durch den die in § 51 bezeichneten Rechtsvorgänge der Genehmigungspflicht unterworfen werden. Im Rahmen der Umlegung führt dies dazu, daß Vorhaben und Rechtsvorgänge nach § 51 Abs. 1 Nr. 2 bis 4, die ohne Genehmigung der Umlegungsstelle durchgeführt worden sind, bei einer Entschädigung nicht berücksichtigt werden. Dasselbe gilt für wertsteigernde Veränderungen, die bereits vor Einleitung der Umlegung während der Geltung einer Veränderungssperre ohne Genehmigung der Baugenehmigungsbehörde vorgenommen wurden (§ 95 Abs. 2 Nr. 4). Nicht berücksichtigt werden auch solche Veränderungen, die aufgrund einer Mehrwertverzichtserklärung (hierzu § 51, Rn 33) vorgenommen wurden.

6 Kann der entschädigungslose **Abbruch baulicher Anlagen** gefordert werden, weil sie ohne Baugenehmigung (formell illegal) und im Widerspruch zu materiellen bauplanungs- oder bauordnungsrechtlichen Vorschriften (materiell illegal; hierzu Ortloff, in: F/O, Bd. II, S. 121), errichtet worden sind, sind sie nach § 95 Abs. 3 nur zu entschädigen, soweit dies aus Billigkeitsgründen erforderlich ist. Insoweit handelt es sich dann nicht um eine Enteignungsentschädigung, sondern um eine bloße **Billigkeitsentschädigung** (vgl. § 95, Rn 11).

7 **Stichtag** für die Bemessung sowohl der Abfindung als auch des Geldausgleichs ist, wie auch bei den anderen als Enteignungsentschädigung zu klassifizierenden Geldleistungen (vgl. § 57, Rn 31; § 59, Rn 16), der Zeitpunkt des Beschlusses über die Aufstellung des Umlegungsplans. Zugrundezulegen ist dabei der Verkehrswert der Einrichtungen (zur Problematik der Bewertung vgl. § 142 Abs. 3 BBauG, der eben wegen der hiermit verbundenen Streitfragen nicht in das BauGB übernommen wurde; vgl. BT-Drs. 10/4630, S. 150 f. zur Problematik; Dieterich, in: E/Z/B, BBauG, § 142, Rn 137 ff.; Stemmler/Otte, in: E/Z/B, § 60, Rn 6 ff.). Gegebenenfalls sind nach § 96 auch andere Vermögensnachteile, wie z. B. entstandene Umzugskosten, zu entschädigen. Zu Besonderheiten der Bemessung von Geldabfindung und Geldausgleich in förmlich festgelegten Sanierungsgebieten vgl. § 57, Rn 37 f.

§ 61 Aufhebung, Änderung und Begründung von Rechten

(1) Grundstücksgleiche Rechte sowie andere Rechte an einem im Umlegungsgebiet gelegenen Grundstück oder an einem das Grundstück belastenden Recht, ferner Ansprüche mit dem Recht auf Befriedigung aus dem Grundstück oder persönliche Rechte, die zum Erwerb, zum Besitz oder zur Nutzung eines im Umlegungsgebiet gelegenen Grundstücks berechtigen oder den Verpflichteten in der Benutzung des Grundstücks beschränken, können durch den Umlegungsplan aufgehoben, geändert oder neu begründet werden. Zur zweckmäßigen und wirtschaftlichen Ausnutzung der Grundstücke können Flächen für hintere Zuwege, gemeinschaftliche Hofräume, Kinderspielplätze, Freizeiteinrichtungen, Stellplätze, Garagen oder andere Gemeinschaftsanlagen in Übereinstimmung mit der Yielen des Bebauungsplans festgelegt und ihre Rechtsverhältnisse geregelt werden. Im Landesrecht vorgesehene öffentlichrechtliche Verpflichtungen zu einem das Grundstück betreffenden Tun, Dulden oder Unterlassen (Baulast) können im Einvernehmen mit der Baugenehmigungsbehörde aufgehoben, geändert oder neu begründet werden.

(2) Soweit durch die Aufhebung, Änderung oder Begründung von Rechten oder Baulasten Vermögensnachteile oder Vermögensvorteile entstehen, findet ein Ausgleich in Geld statt. Für den Fall, daß Vermögensnachteile entstehen, sind die Vorschriften über die Entschädigung im Zweiten Abschnitt des Fünften Teils und über den Härteausgelich nach § 181 entsprechend anzuwenden.

(3) Die Absätze 1 und 2 gelten auch für die nach § 55 Abs. 5 in die Verteilungsmasse eingebrachten Grundstücke.

Übersicht

1 **I.** Zweck der Umlegung ist es, die Verwirklichung eines Bebauungs-
plans zu ermöglichen und zu fördern. Hierzu gehört nicht nur, wie es
nach § 45 Abs. 1 den Anschein hat, die zweckmäßige Gestaltung der
Grundstücke. Hierzu gehört vielmehr als wesentliches Element der
Umlegung auch, die mit Bezug auf die Grundstücke bestehenden
Rechtsverhältnisse im Umlegungsgebiet zu bereinigen und so zu ge-
stalten, daß sie einer Verwirklichung des Bebauungsplans nicht entge-
genstehen. Nachdem daher in §§ 55 bis 59 die Neuordnung des Grund
und Bodens und in § 60 die Verwendung oder Beseitigung von Einrich-
tungen auf den Grundstücken geregelt wurde, räumt § 61 der Umle-
gungsstelle die umfassende Befugnis ein, die in dem Umlegungsgebiet
bestehenden grundstücksbezogenen Rechtsverhältnisse neu zu gestal-
ten.

2 **II.** Grundsätzlich beschränkt sich die Gestaltungsbefugnis der Umle-
gungsstelle auf die an Grundstücken im **Umlegungsgebiet** bezogenen
Rechte und Lasten. Dieser Grundsatz erfährt jedoch zwei Ausnahmen.
Zum einen bestimmt Abs. 3 ausdrücklich, daß die Bestimmungen der
Absätze 1 und 2 auch auf das **Ersatzland** anzuwenden sind, das ein
Bedarfs- oder Erschließungsträger nach § 55 Abs. 5 in die Verteilungs-
masse eingebracht hat. Damit können auch die außerhalb des Umle-
gungsgebietes gelegenen, lediglich in das Umlegungsverfahren einbezo-
genen Grundstücke mit in die Rechtsgestaltung hereingenommen wer-
den.

3 Zum anderen können auch **weitere Grundstücke,** die außerhalb des
Umlegungsgebiets liegen, von den Bestimmungen der Absätze 1 und 2
erfaßt werden. Dies kann z. B. der Fall sein, wenn ein Recht an einem
Grundstück im Umlegungsgebiet zugunsten des Eigentümers eines
Grundstücks außerhalb des Umlegungsgebiets geändert wird. Dies
kann etwa bei einer Grunddienstbarkeit nach § 1018 BGB der Fall sein.
Da die Grunddienstbarkeit nach § 96 BGB Bestandteil des herrschen-
den Grundstücks wird, ragt dieses von seiner Fläche her außerhalb des
Umlegungsgebiets liegende Grundstück doch mit einem wesentlichen
Bestandteil in das Umlegungsgebiet hinein und wird daher insoweit
vom Umlegungsverfahren erfaßt (BGHZ 54, 10/17; vgl. auch unten,
Rn 23).

4 **III. 1. Abs. 1** unterwirft vier Gruppen von Rechten der Gestaltungs-
befugnis der Umlegungsstelle: In **Satz 1** mit Ausnahme des Eigentums
sämtliche dinglichen Rechte (Rn 5 bis 8 und 10), öffentliche Lasten
(Rn 9) sowie grundstücksbezogene obligatorische Rechte (Rn 11 bis 13)
und in **Satz 3** Baulasten (Rn 14).

5 **a) Grundstücksgleiche Rechte** (hierzu § 200, Rn 7) sind insbeson-
dere das Erbbaurecht und seine Sonderformen nach § 30 WEG, das
Wohnungs- und das Teilerbbaurecht. **Nicht** hierzu gehört das **Woh-
nungseigentum,** auch nicht das Sonderrecht an der Wohnung, da es
eine besondere Form des Miteigentums und damit des Eigentums ist
(hierzu § 51, Rn 15); dies ergibt sich auch schon aus der gesonderten

Aufführung von grundstücksgleichen Rechten und Rechten nach dem Wohnungseigentumsgesetz in § 59 Abs. 4 (a. A. Stahnke/Schriever, in: Kohlhammer-Komm. zum BBauG, § 61, Rn 5, die zwar nicht den Miteigentumsanteil, wohl aber das Sondereigentum an der Wohnung als grundstücksgleiches Recht auffassen). Das Wohnungseigentum ist daher bei der Verteilung nach §§ 56 bis 59 zu berücksichtigen.

b) Unter **Rechten an einem Grundstück** sind nur **dingliche Rechte** zu verstehen, da die persönlichen Rechte mit Bezug auf ein Grundstück in der Aufzählung später ausdrücklich genannt sind (vgl. auch H. Schrödter, in: Schrödter, § 61, Rn 2). Zu diesen Rechten gehören die **Grunddienstbarkeit** nach §§ 1018 bis 1029 BGB (Beispiele: Wegerecht, Bebauungsbeschränkung), der **Nießbrauch** nach §§ 1030 bis 1067 BGB (Beispiel: Nießbrauch des überlebenden Ehegatten an einem den Kindern vererbten Grundstück), die **beschränkte persönliche Dienstbarkeit** nach §§ 1090 bis 1093 BGB (Beispiele: Wohnungsrecht, Nutzungsrechte eines Altenteils), die **Reallasten** nach §§ 1105 bis 1112 BGB (Beispiel: Leistungsrechte eines Altenteils), das dingliche **Vorkaufsrecht** nach §§ 1094 bis 1104 BGB, das **Wiederkaufsrecht** nach §§ 20 f. Reichssiedlungsgesetz. Hierher gezählt werden können auch das **Überbaurecht** nach §§ 912 bis 916 und das **Notwegerecht** nach §§ 917 f. BGB. Sie sind Bestandteile des Grundstücks, ähneln einer Grunddienstbarkeit und können bei vertraglicher Vereinbarung auch als Grunddienstbarkeit im Grundbuch eingetragen werden (hierzu Bassenge, in: Palandt, BGB, 49. Aufl. 1990, § 912, Anm. 3 a; § 917 Anm. 3 d).

c) Rechte an einem das Grundstück belastenden Recht sind das **Pfandrecht an Rechten** nach §§ 1273 bis 1296 BGB (Beispiel: Pfandrecht an einer Hypothekenforderung), der **Nießbrauch an Rechten** nach §§ 1068 bis 1084 BGB (Beispiel: Nießbrauch an einer Reallast).

d) Ansprüche mit dem Recht auf Befriedigung aus dem Grundstück gewähren die **Grundpfandrechte**, also die **Hypothek** nach §§ 1113 bis 1190, die **Grundschuld** nach §§ 1191 bis 1198, die **Rentenschuld** nach §§ 1199 bis 1203 BGB.

e) Nicht ausdrücklich aufgeführt, aber auch zu den Ansprüchen mit dem Recht auf Befriedigung aus dem Grundstück zu rechnen sind die **öffentlichen Lasten** (Beispiele: Erschließungsbeitrag nach § 134 Abs. 2, Flurbereinigungsbeitrag nach § 20 FlurbG, Grundsteuer nach § 12 Grundsteuergesetz, Geldleistungen nach § 64 Abs. 3, Anliegerbeiträge z. B. nach § 8 Abs. 9 KAG NRW).

f) Nicht ausdrücklich aufgeführt sind in § 61 Rechte, die nach § 96 BGB als **Bestandteile des Grundstücks** gelten. In Betracht kommen z. B. Grunddienstbarkeiten, Reallasten und dingliche Vorkaufsrechte an Grundstücken außerhalb des Umlegungsgebiets. Da diese Rechte insoweit mit dem Eigentum an einem Grundstück verbunden und auf ein anderes Grundstück gerichtet sind, sind sie zugleich auch immer

Rechte an einem (anderen) Grundstück. Soweit daher beide Grundstücke im Umlegungsgebiet liegen, sind diese Rechte stets erfaßt. Liegt jedoch das belastete Grundstück außerhalb des Umlegungsgebiets, so ragt es zwar nicht mit einem Bestandteil in das Umlegungsgebiet hinein (zu dieser Fallgestaltung vgl. oben, Rn 3), kann jedoch durch den Wegfall des belastenden Rechts, z. B. durch Aufhebung einer Grunddienstbarkeit, eine Wertverbesserung erfahren. In diesem Fall wäre es dann ebenfalls zu einem Wertausgleich heranzuziehen. In jedem Fall sind die Rechtsbestandteile im Bestandsverzeichnis des herrschenden Grundstücks gesondert aufzuführen (Stahnke/Schriever, in: Kohlhammer-Komm. zum BBauG, § 61, Rn 28).

11 **g) Persönliche Erwerbsrechte** sind die obligatorischen Ansprüche aus einem **Kaufvertrag** nach § 433 ff., 313 BGB sowie das schuldrechtlich vereinbarte **Wiederkaufs- und Vorkaufsrecht** nach §§ 497 bis 514 BGB. Hierher gehören auch im BGB nicht geregelte privatrechtlich vereinbarte **Ankaufsrechte.** Diese Rechte gehören auch dann zu den persönlichen Erwerbsrechten, wenn sie durch eine Auflassungsvormerkung nach §§ 883 ff. BGB dinglich gesichert sind.

12 **Persönliche Besitz- und Nutzungsrechte** sind insbesondere die **Miete** nach §§ 535 bis 580 und die **Pacht** nach §§ 581 bis 596 BGB.

13 **h) Persönliche nutzungsbeschränkende Rechte** beruhen auf schuldrechtlichen Vereinbarungen, durch die z. B. dem Berechtigten erlaubt wird, das Grundstück in bestimmter Weise zu benutzen oder der Eigentümer sich zu bestimmten Unterlassungen verpflichtet. Es handelt sich im Ergebnis praktisch um **nicht grundbuchlich gesicherte „Dienstbarkeiten"** (vgl. Degenhart, in: Palandt, BGB, 32. Aufl. 1973, Einführung vor § 1018, Anm. 2a; im übrigen vgl. etwa §§ 196, 197 EGBGB).

14 **2. Satz 3** unterwirft die nach den Bauordnungen der Länder (mit Ausnahme Bayerns) möglichen **Baulasten** (vgl. z. B. § 78 BauO NRW) derselben Gestaltungsbefugnis der Umlegungsstelle wie die in Satz 1 genannten Rechte. Baulasten dienen in erster Linie dazu, die Voraussetzungen für die bauordnungsrechtliche Genehmigungsfähigkeit eines Vorhabens zu schaffen (hierzu Ortloff, in: F/O, Bd. II, S. 57). So kann z. B. die Zulässigkeit eines Vorhabens erreicht werden, mit dem der auf dem Grundstück an sich einzuhaltende Grenzabstand überschritten wird, wenn der Eigentümer des benachbarten Grundstücks sich verpflichtet, seinerseits einen entsprechend weiteren Grenzabstand einzuhalten (vgl. z. B. § 7 BauO NRW). Baulasten können daher gerade in der Umlegung von Nutzen sein, da sie die bessere Ausnutzung kleinerer Grundstücke ermöglichen, ohne benachbarte größere Grundstücke in ihrer Ausnutzbarkeit merklich zu beeinträchtigen. Baulasten können aber auch dazu eingesetzt werden, planungsrechtliche oder städtebauliche Anforderungen abzusichern (vgl. etwa OVG Hamburg, NVwZ 1987, 915/916f.).

3. Die Umlegungsstelle kann die durch Satz 1 und 3 erfaßten Rechte 15
und Lasten **aufheben, ändern oder neu begründen.** Betrifft eine solche
Rechtsgestaltung eine Baulast, so bedarf die Umlegungsstelle hierzu
nach Satz 3 des Einvernehmens der Baugenehmigungsbehörde. Zweck
dieser Gestaltungsbefugnisse ist die Schaffung eines Rechtszustands,
der eine zweckmäßige bauliche oder sonstige Nutzung im Umlegungs-
gebiet entsprechend dem Bebauungsplan ermöglicht.

Die Gestaltungsmöglichkeiten der Umlegungsstelle sind nicht auf 16
bestimmte Arten von Grundstücken beschränkt. Sie gelten sowohl für
eingeworfene als auch für zuzuteilende Grundstücke, soweit sie nur im
Umlegungsgebiet gelegen oder nach Abs. 3 in die Verteilungsmasse
eingebracht worden sind (vgl. oben, Rn 2).

Sollen **Miet- und Pachtverhältnisse** aufgehoben oder geändert wer- 17
den, so ist § 180 zu beachten. Danach ist bei der Verwirklichung eines
Bebauungsplans, der sich erheblich nachteilig auf die in dem Gebiet
wohnenden oder arbeitenden Menschen auswirkt, ein Sozialplan aufzu-
stellen.

4. Nach **Abs. 1 Satz 2** kann die Umlegungsstelle auch **Gemein-** 18
schaftsanlagen festlegen und die hieran bestehenden Rechte und Pflich-
ten bestimmen. Dies kann vor allem bei Neugestaltungsumlegungen
ein zweckmäßiger Weg sein, um freigelegte Hofräume sinnvoll nutzen
zu können. Mit dem Baugesetzbuch wurde die allerdings ohnehin nicht
abschließende Aufzählung der Gemeinschaftsanlagen in Anlehnung an
§ 9 Abs. 1 Nr. 22 um Kinderspielplätze und Freizeiteinrichtungen er-
weitert. Die Umlegungsstelle kann von der Möglichkeit, Gemein-
schaftsanlagen zu schaffen, aber auch dann Gebrauch machen, wenn
der Bebauungsplan entsprechende Festsetzungen nach § 9 Abs. 1 Nr. 22
(hierzu § 9, Rn 79 f.) nicht enthält. Entscheidend ist die materielle
Übereinstimmung mit den Zielen des Bebauungsplans.

Bei der Regelung der Rechtsverhältnisse ist die Umlegungsstelle 19
dabei nicht auf Einzelrechte im Sinne des Satzes 1 beschränkt. Die
mißverständliche Einleitung des Satz 2 durch das Wort „insbesondere"
ist mit dem Baugesetzbuch entfallen. Die Umlegungsstelle kann viel-
mehr – ohne das Einverständnis der Betroffenen – **auch Gemeinschaftsei-**
gentum an diesen Anlagen begründen. Als zweckmäßiger hat sich
jedoch erwiesen, die Anlage einem privaten Träger oder der Gemeinde
als Einzeleigentum zuzuteilen und im übrigen Nutzungsrechte an
dieser Anlage zu begründen (hierzu Schmidt-Aßmann, Rechtsinstru-
mente für Gemeinschaftsanlagen in Gemeinschaftsverantwortung,
Schriftenreihe „Städtebauliche Forschung" des BMBau, Heft 03.078,
1979). Will die Umlegungsstelle an der Anlage Gemeinschaftseigentum
begründen, so wird sie hierzu entsprechend dem Grundgedanken der
Regelung in § 59 Abs. 4 und 6 das Einverständnis der Betroffenen
benötigen. Denn hiernach soll eine Zwangsbegründung u. a. von Mit-
eigentum ausgeschlossen werden (vgl. § 59, Rn 39). Dies erscheint im
Interesse praktikabler Regelungen in der Umlegung angesichts der

vielfältigen Abstimmungs- und Übereinstimmungserfordernisse bei
der gemeinschaftlichen Errichtung einer Gemeinschaftsanlage prak-
tisch auch geboten, wenngleich es rechtlich nicht erforderlich ist.

20 **IV.** Nach **Abs. 2 Satz 1** sind durch die Rechtsgestaltung entstehende
Vermögensvor- oder -nachteile in Geld auszugleichen. Sind einem
Beteiligten Vermögensnachteile entstanden, sind nach **Abs. 2 Satz 2** die
Vorschriften über die Entschädigung nach §§ 93 bis 103 entsprechend
anzuwenden. Von Bedeutung sind hier insbesondere die Regelungen in
den §§ 95 (Entschädigung für den Rechtsverlust), 96 (Entschädigung
für andere Vermögensnachteile) und 97 (Behandlung der Rechte der
Nebenberechtigten).

21 Abs. 2 Satz 2 erklärt auch § 181 über den **Härteausgleich** für entspre-
chend anwendbar, vor allem im Hinblick auf die Aufhebung von Miet-
und Pachtverhältnissen (vgl. Otte, VR 1987, 73/82). Da § 181 aber
gerade deshalb gegenüber dem früheren § 122b Abs. 1 Nr. 1 BBauG
(hierzu Battis, in: B/K/L, 1. Aufl., § 122b, Rn 2 a. E.) umformuliert
wurde, um diesen Fall zu erfassen (vgl. BT-Drs. 10/4630, S. 145), ist die
Ergänzung hier entbehrlich und wegen der angeordneten und entspre-
chenden Anwendung des § 181 auch mißverständlich. Ihr kommt
keinerlei eigenständiger Regelungsgehalt zu, insbesondere nicht für
Eigentümer und Inhaber dinglicher Rechte, die von einem Härteaus-
gleich, wie ihn § 85 Abs. 2 Nr. 1 und 2 StBauFG vorsah, gerade
ausgeschlossen werden sollten (vgl. ebd.).

22 Die Rechtsgestaltung nach Abs. 1 muß jedoch nicht immer zu einer
Rechtsbeeinträchtigung führen; sie kann auch eine ausgleichspflichtige
Wertverbesserung nach sich ziehen. Dies stellt Abs. 2 Satz 1 jetzt
ausdrücklich klar (im Ergebnis bereits ebenso 1. Auflage, Rn 22). Eine
Regelung über die Bemessung des Geldausgleichs enthält das Gesetz
nicht. Anders als § 60 Satz 2 erklärt Abs. 2 Satz 2 die Bestimmungen
über die Enteignungsentschädigung nur für den Fall eines Vermögens-
nachteils für entsprechend anwendbar. Gleichwohl ist aber der Gedanke
des Vorteilsausgleichs (§ 93 Abs. 3) auch hier anwendbar, da er nicht auf
die Enteignungsentschädigung beschränkt ist; er gilt insbesondere auch
im Rahmen der Umlegung, die wesentlich durch den Gedanken nicht
nur der Bestandserhaltung, sondern auch des Vorteilsausgleichs für
Bestandsverbesserungen geprägt ist (vgl. Vorbem. zu den §§ 45 bis 84,
Rn 7; BGHZ 54, 10/14).

23 Zu diesem Vorteilsausgleich kann sogar ein Grundstück herangezo-
gen werden, das mit seiner Fläche **außerhalb des Umlegungsgebiets**
liegt. Dies ist insbesondere der Fall, wenn zugunsten dieses Grund-
stücks eine Grunddienstbarkeit an einem Grundstück im Umlegungs-
gebiet bestellt ist und diese Grunddienstbarkeit im Rahmen der Umle-
gung verbessert wird. Da die Grunddienstbarkeit als wesentlicher
Bestandteil des herrschenden Grundstücks in das Umlegungsgebiet
hineinragt (vgl. oben, Rn 3), ist der Eigentümer dieses Grundstücks als
Rechtsinhaber der Grunddienstbarkeit zu einem Geldausgleich entspre-

chend der eingetretenen Wertverbesserung seines Grundstücks verpflichtet (BGH, ebd.).

§ 62 Gemeinschaftliches Eigentum; besondere rechtliche Verhältnisse

(1) **Wenn es dem Zweck der Umlegung dient und die Eigentümer zustimmen, kann gemeinschaftliches Eigentum an Grundstücken geteilt werden.**

(2) **Wenn einem Eigentümer für mehrere verschiedenen Rechtsverhältnissen unterliegende alte Grundstücke oder Berechtigungen ein neues Grundstück zugeteilt wird, so werden entsprechend den verschiedenen Rechtsverhältnissen Bruchteile der Gesamtabfindung bestimmt, die an die Stelle der einzelnen Grundstücke oder Berechtigungen treten. In diesen Fällen kann für jedes eingeworfene Grundstück oder jede Berechtigung anstelle des Bruchteils ein besonderes Grundstück zugeteilt werden.**

(3) **Wenn gemeinschaftliches Eigentum geteilt wird (Absatz 1) oder einem Eigentümer für sein Grundstück mehrere neue Grundstücke zugeteilt werden, so kann die Umlegungsstelle Grundpfandrechte und Reallasten, mit denen eingeworfene Grundstücke belastet sind, entsprechend den im Umlegungsverfahren ermittelten Werten auf die zuzuteilenden Grundstücke verteilen.**

Übersicht

1. Nach § 59 Abs. 4 Nr. 3 kann die Umlegungsstelle an einem **1**
Grundstück Miteigentum verschiedener Eigentümer begründen. Umgekehrt erlaubt **Abs. 1** der Umlegungsstelle, **gemeinschaftliches Eigentum** an einem Grundstück zu **teilen.** Einer Genehmigung hierzu bedarf es nach § 19 Abs. 4 Nr. 1 nicht. Damit kann die Umlegungsstelle nicht nur die Grenzen der Grundstücke ändern, die auf ihnen bestehenden Einrichtungen beseitigen und die an den Grundstücken bestehenden Rechte neu gestalten, sondern sie kann auch an dem einzelnen Grundstück die Eigentumsverhältnisse neu regeln. Voraussetzung hierfür ist, daß die Grundstücksteilung dem Zweck der Umlegung (hierzu § 45, Rn 10 ff.) dient und die Eigentümer zustimmen. Gemeinschaftli-

ches Eigentum kann in den Formen des Gesamthandseigentums (Beispiele: BGB-Gesellschaft nach §§ 705 bis 739 BGB, Gütergemeinschaft nach §§ 1415 bis 1470 BGB, Erbengemeinschaft nach §§ 2032 bis 2041 BGB) und des Bruchteilseigentums (Beispiele: Miteigentum nach §§ 1008 bis 1011 BGB, Gemeinschaft nach §§ 741 bis 748 BGB, Wohnungs- und Teileigentum nach §§ 1 bis 29 WEG) bestehen. Zu den Arten des Eigentums vgl. Bassenge, in: Palandt, BGB, 49. Aufl. 1990, § 903, Anm. 1.

2 Die Teilung kann sich insbesondere als zweckmäßig erweisen, wenn z. B. einer in sich zerstrittenen **Erbengemeinschaft** ein großes Grundstück gehört, dessen bauliche Nutzung entsprechend dem Bebauungsplan ohne Teilung nicht zu erwarten ist. Bei einer Erbengemeinschaft ist jedoch zu beachten, daß der Anteil an der Erbschaft nicht notwendig dem Anteil am Grundstück entsprechen muß, wenn neben dem Grundstück noch weitere relevante Nachlaßgegenstände vorhanden sind. Dann hat die Teilung in der Umlegung die Wirkung einer Teilauseinandersetzung, bei der der Anteil der einzelnen Miterben am Grundstück festgelegt wird. Zu dieser Teilauseinandersetzung ist die Umlegungsstelle kraft des Abs. 1 befugt, so daß es keines weiteren formellen Auseinandersetzungsvertrags bedarf (Stemmler/Otte, in: E/Z/B, § 62, Rn 5).

3 Soll ein Gebäude, an dem **Wohnungs- oder Teileigentum** besteht, nicht erhalten bleiben, so ist auch hier eine Teilung vorzunehmen. Geteilt werden kann allerdings nur das an dem Grundstück und dem Gebäude bestehende Bruchteilseigentum. Jedem Wohnungs- oder Teileigentümer ist daher ein seinem Miteigentumsanteil am Grundstück und Gebäude entsprechendes Grundstück zuzuteilen. Für das mit diesem Miteigentumsanteil verbundene Sondereigentum an der Wohnung ist nur ein Geldausgleich zu zahlen (Stemmler/Otte, aaO, Rn 6). In der Regel wird auch der Miteigentumsanteil am Grundstück nicht zur Zuteilung eines eigenständigen Grundstücks ausreichen. Auch insoweit ist dann der Eigentümer nach § 59 Abs. 3 ff. abzufinden.

4 **2. a)** Hat ein Eigentümer mehrere Grundstücke in die Umlegung eingeworfen, so kann es zweckmäßig sein, die durch den Einwurf begründeten mehreren Zuteilungsansprüche durch **Zuteilung eines einheitlichen Grundstücks** zu befriedigen. Hierzu ist die Umlegungsstelle nach **Abs. 2 Satz 1** berechtigt. Dasselbe gilt für Berechtigungen. Unter Berechtigungen im Sinne des Abs. 2 Satz 1 sind Rechte zu verstehen, die einen Anspruch auf Landzuteilung begründen können. Hierunter sind also nur Grundeigentumsrechte wie z. B. Bruchteilseigentum oder Anteile an einem Gesamthandseigentum zu verstehen (Stemmler/Otte, aaO, Rn 7).

5 **b)** Bei einer solchen zusammengefaßten Zuteilung sind nach Abs. 2 Satz 1 entsprechend dem Wertverhältnis der eingeworfenen Grundstücke oder Berechtigungen Bruchteile der Gesamtabfindung, d. h. des zugeteilten Grundstücks, zu bestimmen. Erforderlich ist die **Bruch-**

teilsbestimmung jedoch nur, wenn die alten Grundstücke oder Berechtigungen „verschiedenen Rechtsverhältnissen" unterliegen, d. h. mit Rechten Dritter belastet sind und diese Rechte nicht nach § 61 Abs. 1 aufgehoben werden sollen. In diesem Fall können die belastenden Rechte, wie z. B. Hypotheken oder Reallasten, auf die den Einwurfsgrundstücken entsprechenden Bruchteile des neuen Grundstücks verteilt werden. Das Eigentum wird dann für die Belastung so behandelt, als stünde es im Miteigentum nach Bruchteilen. Denn nur in diesen Fällen kann der Bruchteil eines Grundstücks nach § 1114 BGB mit einer Hypothek oder nach § 1106 BGB mit einer Reallast belastet werden. Dasselbe gilt für die Zwangsvollstreckung, die nach § 864 Abs. 2 ZPO in den Bruchteil eines Grundstücks nur möglich ist, wenn dieser in dem Anteil eines Miteigentümers besteht (vgl. auch Stahnke, in: Kohlhammer-Komm. zum BBauG, § 62, Rn 14).

c) Nach **Abs. 2 Satz 2** kann die Gemeinde in diesen Fällen auch den 6 Weg wählen, statt eines einheitlichen Grundstücks für jedes eingeworfene Grundstück oder für jede eingeworfene Berechtigung **je ein eigenes Grundstück** zuzuteilen. Die Belastungen setzen sich dann an den zugeteilten Grundstücken nach § 63 Abs. 1 Satz 1 ohne weiteres fort. Sind die einzelnen Grundstücke zu klein, als daß auf ihnen entsprechend dem Bebauungsplan gebaut werden könnte, so sind diese Grundstücke **räumlich zusammenhängend** zuzuteilen.

3. Bestehen Belastungen an einem Einwurfsgrundstück, das bei der 7 Zuteilung auf mehrere selbständige Grundstücke **aufgeteilt** wird, so gehen diese Rechte nach § 63 Abs. 1 Satz 1 grundsätzlich als **Gesamtbelastung,** z. B. als Gesamthypothek nach § 1132 BGB, auf die neuen Grundstücke über. Da bei einer Gesamthypothek jedes Grundstück für die ganze Forderung haftet, werden andere Kreditgeber kaum ein einer Gesamthypothek unterliegendes Grundstück weiter beleihen. Durch eine Gesamthypothek wird also der **Realkredit** und damit die Bebauung eines solchen Grundstücks erheblich **erschwert** (hierzu Jauernig, in: ders., BGB, 5. Aufl. 1990, § 1132, Anm. 1 b). Um dieses unzweckmäßige Ergebnis vermeiden zu können, räumt **Abs. 3** der Umlegungsstelle die Befugnis ein, die an dem Einwurfsgrundstück bestehenden **Grundpfandrechte und Reallasten zu teilen.** Die Belastungen sind dann entsprechend dem Wertverhältnis der Zuteilungsgrundstücke anteilig auf diese aufzuteilen. Im übrigen liegt die Verteilung im Ermessen der Umlegungsstelle; sie sollte aber nur nach eingehender Erörterung mit den Rechtsinhabern erfolgen, vor allem wenn nach der Aufteilung gemeinschaftlichen Eigentums die Belastungen auf die Grundstücke verschiedener Eigentümer mit u. U. unterschiedlicher Kreditwürdigkeit aufgeteilt werden sollen.

§ 63 Übergang von Rechtsverhältnissen auf die Abfindung

(1) **Die zugeteilten Grundstücke treten hinsichtlich der Rechte an den alten Grundstücken und der diese Grundstücke betreffenden Rechtsverhältnisse, die nicht aufgehoben werden, an die Stelle der alten Grundstücke. Die örtlich gebundenen öffentlichen Lasten, die auf den alten Grundstücken ruhen, gehen auf die in deren örtlicher Lage ausgewiesenen neuen Grundstücke über.**

(2) **Erhält der Eigentümer, dem ein neues Grundstück zugeteilt wird, für das alte Grundstück zum Ausgleich von Wertunterschieden einen Geldausgleich oder nach § 59, 60 oder 61 eine Geldabfindung, so sind dinglich Berechtigte, deren Rechte durch die Umlegung beeinträchtigt werden, insoweit auf den Geldanspruch des Eigentümers angewiesen.**

1 **1. Abs. 1 Satz 1** enthält das **Surrogationsprinzip.** Hierunter ist zu verstehen, daß durch die Umlegung nicht das Eigentum an den alten Grundstücken untergeht und an den neuen Grundstücken neu begründet wird, sondern daß sich das **Eigentum an den alten ungebrochen an den neuen Grundstücken fortsetzt.** Das Eigentum als solches bleibt daher unverändert, ausgetauscht wird lediglich das **Bezugsobjekt** (hierzu BGHZ 51, 345/347 ff.; Kröner, ZfBR 1979, 1/2). Es ist aber entgegen vielfach vertretener Auffassung nicht das Surrogationsprinzip, das die Umlegung in ihrem Wesen von der Enteignung abgrenzt, sondern deren Privatnützigkeit (hierzu Vorbem. zu den §§ 45 bis 84, Rn 8 und 9; Schmidt-Aßmann, DVBl. 1982, 152/155).

2 **a)** Abs. 1 Satz 1 bestimmt zunächst, daß sich das an den alten Grundstücken bestehende **Eigentum** unverändert und ohne einen zwischengeschalteten Rechtsübertragungsakt an den neuen Grundstücken fortsetzt. Demzufolge findet in der Umlegung insoweit auch kein Grunderwerbsvorgang statt, so daß eine Grunderwerbsteuerpflicht nicht entsteht (hierzu näher § 79, Rn 13).

3 **b)** Darüber hinaus bestimmt Abs. 1 Satz 1, daß sich auch die an den alten Grundstücken bestehenden **Rechtsverhältnisse** an den neuen Grundstücken fortsetzen. Unter Rechtsverhältnissen sind hier alle diejenigen Rechte zu verstehen, die in § 61 Abs. 1 (hierzu § 61, Rn 4 ff.) aufgeführt sind. Dieser Fortbestand der Rechtsverhältnisse nach Abs. 1 Satz 1 tritt nur dann und nur insoweit ein, als die Rechte nicht nach § 61

oder § 62 in besonderer Weise geregelt oder aufgehoben wurden. Bedeutung hat die Regelung insbesondere auch für die nicht angemeldeten Rechte; das Prinzip der Surrogation führt dazu, daß sie nicht – wie nach § 117 Abs. 5 in Verbindung mit § 113 Abs. 2 Nr. 6 bei der Enteignung – untergehen, sondern sich an den neuen Grundstücken fortsetzen. Die übergehenden Rechte brauchen im Umlegungsverzeichnis nicht aufgeführt zu werden (vgl. § 68, Rn 7).

Wird durch die Neugestaltung in der Umlegung ein nicht ermittel- **4** tes, nicht angemeldetes oder nicht glaubhaft gemachtes Recht **gegenstandslos,** so hat der Berechtigte lediglich einen privatrechtlichen Ersatzanspruch gegen den bisher Verpflichteten. Dieser Anspruch ist außerhalb der Umlegung geltend zu machen (Stemmler/Otte, in: E/Z/B, § 63, Rn 3). Dieser Fall kann etwa eintreten bei **örtlich gebundenen privaten Rechten,** wie z. B. Wege- oder Fensterrechten des Nachbarn eines Einwurfsgrundstücks.

c) Gehen also örtlich gebundene private Rechte durch die Umlegung **5** u. U. unter, so gilt dies nicht für **örtlich gebundene öffentliche Lasten** (zu den öffentlichen Lasten vgl. § 61, Rn 9). Für diese enthält **Abs. 1 Satz 2** eine Abweichung vom Surrogationsprinzip. Diese Lasten gehen nämlich nicht auf das an die Stelle des Einwurfsgrundstücks tretende Zuteilungsgrundstück über, sondern auf das an der alten Stelle gelegene neue Grundstück. Örtlich gebunden sind solche öffentlichen Lasten, deren Entstehung gerade auf die besondere Lage des Grundstücks zurückzuführen ist. Dies gilt z. B. für Erschließungsbeiträge, soweit sie zwar fällig, aber noch nicht gezahlt sind, für sonstige Anliegerbeitrage nach dem Kommunalabgabenrecht der Länder, für Beiträge zu Wasserverbänden oder für Verpflichtungen nach dem Naturschutzrecht oder Denkmalschutzgesetz (Stich, in: BK, § 63, Rn 3; zweifelnd bei Erschließungsbeiträgen Stahnke, in: Kohlhammer-Komm. zum BBauG, § 63, Rn 5).

Auch **Baulasten** gehören zu den örtlich gebundenen öffentlichen **6** Lasten im Sinne des Abs. 1 Satz 2. Sie werden jedoch häufig durch die Neuregelung im Umlegungsgebiet gegenstandslos werden. Sie sollten daher in aller Regel nach § 61 Abs. 1 Satz 3 **ausdrücklich belassen oder** aber **geändert** werden.

2. Erhält ein Eigentümer in der Umlegung nach § 59 eine **Minderzu-** **7** **teilung** und wird dadurch eine dinglich gesicherte **Berechtigung beeinträchtigt,** so ist der Inhaber dieses Rechts für die Sicherheit seiner Forderung nach **Abs. 2** neben dem Grundstück auf die als Ausgleich oder Abfindung für die Minderzuteilung nach § 59, für den Entzug baulicher Anlagen, Anpflanzungen und sonstiger Einrichtungen nach § 60 sowie – durch das Baugesetzbuch hinzugefügt – für die Aufhebung, Änderung oder Begründung von Rechten nach § 61 gezahlte **Geldleistung verwiesen.** Er hat keinen Anspruch darauf, wieder in voller Höhe seines Rechts eine Sicherung durch Grund und Boden zu erhalten. Dies wirkt sich insbesondere bei mehreren einander im Rang

nachfolgenden Rechten aus. Die Inhaber von Rechten mit nur nachrangiger Sicherung können durch die Regelung des Abs. 2 ihre Sicherung vollständig verlieren, wenn nämlich Geldausgleich oder Geldabfindung nicht ausreichen, um auch ihre Ansprüche zu befriedigen.

8 Seinem Wortlaut nach **gilt Abs. 2 nur für Eigentümer, denen ein** wenn auch minder wertvolles **Grundstück zugeteilt wird;** Eigentümer, die wegen zu kleinen Einwurfs kein Grundstück mehr erhalten, werden unmittelbar nicht erfaßt. Für eine allenfalls in Betracht kommende entsprechende Anwendung auf diese Fälle besteht jedoch weder ein Bedürfnis noch – als Voraussetzung für eine Analogie – eine Gesetzeslücke. Denn die dinglichen Rechte an Einwurfsgrundstücken von Eigentümern, die wegen zu geringen Einwurfs kein neues Grundstück erhalten, sind nach § 61 aufzuheben. Das der Umlegungsstelle grundsätzlich zustehende Ermessen bei der Behandlung von Rechten an Grundstücken schrumpft in diesem Fall auf Null, so daß die Inhaber dieser Rechte einen Anspruch auf Entschädigung nach § 61 Abs. 2 haben (ohne nähere Begründung für eine Anwendung des Abs. 2 auch auf Eigentümer, denen kein Grundstück zugeteilt wird, Stahnke, aaO, Rn 9; Stich, in: BK, § 63, Rn 4).

9 Erheben mehrere Berechtigte Anspruch auf Befriedigung aus der Geldleistung, ohne daß der Umlegungsstelle eine Einigung über die auszuzahlenden Beträge nachgewiesen wird, kann die Umlegungsstelle nach § 65 die Geldleistung **hinterlegen;** in diesem Fall findet nach §§ 118 und 119 ein gerichtliches Verteilungsverfahren statt.

§ 64 Geldleistungen

(1) **Die Gemeinde ist Gläubigerin und Schuldnerin der im Umlegungsplan festgesetzten Geldleistungen.**

(2) **Geldleistungen werden mit der Bekanntmachung nach § 71 fällig. Die Fälligkeit der Ausgleichsleistungen für Mehrwerte (§§ 57 bis 61) kann bis zu längstens zehn Jahren hinausgeschoben werden; dabei kann vorgesehen werden, daß die Bezahlung dieser Ausgleichsleistungen ganz oder teilweise in wiederkehrenden Leistungen erfolgt. In den Fällen des Satzes 2 soll die Ausgleichsleistung ab Fälligkeit und bei Anfechtung des Umlegungsplans lediglich wegen der Höhe einer Geldleistung soll diese in Höhe des angefochtenen Betrags ab Inkrafttreten des Umlegungsplans dem Grund nach mit 2 vom Hundert über dem Diskontsatz der Deutschen Bundesbank jährlich verzinst werden.**

(3) **Die Verpflichtungen des Eigentümers oder des Erbbauberechtigten zu Geldleistungen nach den §§ 57 bis 61 gelten als Beitrag und ruhen als öffentliche Last auf dem Grundstück oder dem Erbbaurecht.**

(4) **Wird zur Sicherung eines Kredits, der**

1. **der Errichtung von Neubauten, dem Wiederaufbau zerstörter Gebäude oder dem Ausbau oder der Erweiterung bestehender Gebäude oder**

2. **der Durchführung notwendiger außerordentlicher Instandsetzungen an Gebäuden**

auf dem belasteten Grundstück dient, ein Grundpfandrecht bestellt, so kann für dieses auf Antrag ein Befriedigungsvorrecht vor der öffentlichen Last nach Absatz 3 oder einem Teil derselben für den Fall der Zwangsvollstreckung in das Grundstück bewilligt werden, wenn dadurch die Sicherheit der öffentlichen Last nicht gefährdet wird und die Zins- und Tilgungssätze für das Grundpfandrecht den üblichen Jahresleistungen für erstrangige Tilgungshypotheken entsprechen. Die Bewilligung kann von der Erfüllung von Bedingungen abhängig gemacht werden.

(5) **Soweit die Kosten und Geldleistungen der Umlegung von einem Bedarfs- oder Erschließungsträger verursacht sind, sind sie von ihm der Gemeinde zu erstatten.**

(6) **Die öffentlichen Lasten (Absatz 3) sind im Grundbuch zu vermerken.**

Übersicht

1. Unabhängig davon, wer als Umlegungsstelle die Umlegung **1** durchführt, ob dies ein Umlegungsausschuß ist oder eine andere Behörde nach § 46 Abs. 4, ist nach **Abs. 1** stets die **Gemeinde Gläubigerin und Schuldnerin sämtlicher Geldleistungen,** soweit sie im Umlegungsplan festgesetzt sind. Die Gemeinde fungiert gewissermaßen als „Umlegungskasse"; unmittelbare Geldleistungen zwischen den an der Umlegung Beteiligten finden grundsätzlich nicht statt. Geldleistungen ist dabei der Oberbegriff für alle Zahlungen von seiten der Gemeinde oder der Eigentümer, die in der Umlegung erfolgen können. Insbesondere gehören hierzu die Geldabfindungen und Geldausgleich. Den Begriff **Geldabfindungen** verwendet das Gesetz immer dann, wenn einem Eigentümer oder Rechtsinhaber ein Grundstück oder eine Anlage **genommen** wird, wie dies in § 59 Abs. 3 bis 6 und § 60 Satz 1 Halbsatz 1 vorgesehen ist. Als **Geldausgleich** bezeichnet das Gesetz alle diejenigen Zahlungen, mit denen durch die Umlegung bedingte **Wert-**

unterschiede ausgeglichen werden sollen, wie dies etwa in § 57 Satz 5, § 58 Abs. 2, § 59 Abs. 2, § 60 Satz 1 Halbsatz 2 und § 61 Abs. 2 Satz 1 vorgesehen ist. Darüber hinaus gehören zu den Geldleistungen der Geldbeitrag nach § 58 Abs. 1 Satz 3 und die Erstattungsleistung eines Bedarfs- oder Erschließungsträgers nach Abs. 5.

2 **Schuldnerin** ist die Gemeinde bei den Geldleistungen, die als **Entschädigung** für enteignende Eingriffe oder als Spitzenausgleich zu leisten sind (z. B. nach § 59 Abs. 2 und 4 bis 6, § 60 Satz 1, § 61 Abs. 2). **Gläubigerin** ist die Gemeinde für die Geldleistungen, die Eigentümer oder Erbbauberechtigte als Vorteilsausgleich zu erbringen haben (z. B. nach § 59 Abs. 2, § 60 Satz 1).

3 Entsteht durch die Geldleistungen ein **Saldo zugunsten der Gemeinde,** so verbleibt ihr dieser Betrag als Überschuß. Damit kann die Gemeinde z. B. die von ihr nach § 78 zu tragenden Verfahrens- und Sachkosten abdecken. Verbleibt ein **negativer Saldo,** muß die Gemeinde diesen Fehlbetrag durch eigene Haushaltsmittel decken. Die hierfür erforderlichen Mittel hat die Gemeinde rechtzeitig bereitzustellen. Stehen sie nicht zur Verfügung, kann der Umlegungsplan solange nicht aufgestellt werden. Kann die Gemeinde die Mittel gar nicht aufbringen und gelingt der Gemeinde nicht, mit den Eigentümern eine „freiwillige" Umlegung mit abweichenden Zahlungsverpflichtungen (vgl. hierzu § 46, Rn 5) zu vereinbaren, ist die Umlegung wegen Undurchführbarkeit einzustellen (Stemmler/Otte, in: E/Z/B, § 64, Rn 5). Keinesfalls kann die Gemeinde einen Fehlbetrag durch Erhebung besonderer Beiträge etwa nach dem Kommunalabgabenrecht den Umlegungsbeteiligten aufbürden (Stich, in: BK, § 64, Rn 2).

4 **Auf privatrechtlicher Grundlage beruhende Geldleistungen** werden von der Regelung des § 64 **nicht** erfaßt. Dies gilt insbesondere auch für die Zahlungsverpflichtung eines Eigentümers, dessen Hypothekengläubiger nach § 63 Abs. 2 ganz oder teilweise auf die Geldabfindung verwiesen ist (Stemmler/Otte, aaO, Rn 2). Dagegen sind geringfügige Geldausgleiche bei der Ersatzlandgestellung nach § 55 Abs. 5 der Regelung in § 64 unterworfen.

5 **2.** Als Zeitpunkt für die **Fälligkeit** der Geldleistungen bestimmt **Abs. 2 Satz 1** die **Bekanntmachung der Unanfechtbarkeit des Umlegungsplans oder von Teilen nach § 71.**

6 Wie regelmäßig bei an die öffentliche Hand zu erbringenden Beiträgen bestimmt **Abs. 2 Satz 2,** daß die Fälligkeit für die Leistung des Umlegungsvorteilsausgleichs auf höchstens zehn Jahre **zeitlich hinausgeschoben** und seine Zahlung in **wiederkehrenden Leistungen** vorgesehen werden kann (ähnlich § 135 Abs. 2 bis 4, § 154 Abs. 5). Durch das der Umlegungsstelle hiernach eingeräumte Ermessen, Ausgleichsleistungen hinauszuschieben oder zu verrenten, sollen unbillige Härten (zu diesem Begriff vgl. § 135, Rn 4 ff.) für die betroffenen Eigentümer vermieden werden. Auch soll durch die Anforderung öffentlich-recht-

licher Geldleistungen die Verwirklichung eines Bauvorhabens entsprechend dem Bebauungsplan nicht beeinträchtigt werden.

In Anlehnung an das Erschließungsbeitrags- und das Entschädigungsrecht (vgl. §§ 135 Abs. 3 und § 99 Abs. 3) enthält **Abs. 2 Satz 3** eine Bestimmung über die **Verzinsung von Geldleistungen.** Der sprachlich korrekte, aber nicht eben leicht verständliche Satz 3 enthält dabei zwei Fälle: Zum einen soll in den Fällen des Satzes 2, also bei einer **Stundung oder Verrentung** der Geldleistung, die Ausgleichsleistung ab Fälligkeit mit zwei vom Hundert über dem Diskontsatz der Deutschen Bundesbank jährlich verzinst werden. Da es sich lediglich um eine Sollvorschrift handelt, steht das Verlangen von Zinsen bei einer Stundung oder Verrentung wie bisher auch im Ermessen der Umlegungsstelle, auch wenn sich beim Verzicht auf Zinsen unter Umständen im wirtschaftlichen Ergebnis eine Verringerung der geforderten Geldleistung ergibt (BGHZ 54, 364/369). **7**

Zum andern sieht Satz 3 eine Verzinsung vor, wenn der **Umlegungsplan lediglich wegen der Höhe einer Geldleistung angefochten** wurde. In diesem Fall soll die Geldleistung in Höhe des angefochtenen Betrags ab Inkrafttreten des Umlegungsplans dem Grunde nach ebenfalls mit zwei vom Hundert über dem Diskontsatz der Deutschen Bundesbank jährlich verzinst werden. Hierdurch soll für den Leistungspflichtigen der Anreiz, einen Prozeß über die Höhe des Geldbetrags möglichst lange hinauszuzögern, beseitigt werden (vgl. BT-Drs. 10/4630, S. 103). **8**

Für die Erhebung besonderer **Verzugszinsen** fehlt es an einer ausdrücklichen gesetzlichen Grundlage; die entsprechenden Vorschriften in §§ 284 bis 290 BGB können **nicht** entsprechend angewandt werden (BVerwG, NJW 1971, 1148). **9**

3. Die Geldleistungen, zu denen die Eigentümer oder Erbbauberechtigten nach §§ 57 bis 61 verpflichtet sind, sind **abgabenrechtlich keine Beiträge,** da sie nicht dem Ersatz von bestimmten Kosten dienen und auch nicht als „Gegenleistung" für gebotene Vorteile erhoben werden (vgl. etwa die Definition des Beitrags in § 8 Abs. 2 KAG NRW; vgl. § 127 Abs. 1 für den Erschließungsbeitrag). Im Ergebnis haben sie jedoch auch kostendeckende Funktion (vgl. § 78, Rn 5) und stehen in unmittelbarem Zusammenhang mit den durch die Umlegung entstehenden Vorteilen. Sie sind also eine **beitragsähnliche Abgabe** (BVerfGE 18, 274/287). **Abs. 3** enthält daher eine **Fiktion;** die Geldleistungen „gelten" als Beitrag. **10**

Durch diese Fiktion wird ermöglicht, daß die Verpflichtungen zu den entsprechenden Geldleistungen als **öffentliche Last** auf dem Grundstück oder dem Erbbaurecht ruhen. Diese Wirkung tritt kraft Gesetzes ein und bedarf zu ihrer Begründung keines Vermerks. **Abs. 6** bestimmt daher lediglich, daß die öffentlichen Lasten im Grundbuch „zu vermerken" sind. Fehlt ein solcher Vermerk, so berührt dies den Bestand der **11**

öffentlichen Last nicht. Die öffentliche Last begründet ein **dingliches Verwertungsrecht,** das u. a. nach § 10 Abs. 1 Nr. 3 Zwangsvollstrekkungsgesetz in der Zwangsversteigerung an dritter Rangstelle zu berücksichtigen ist (hierzu BVerwG, NJW 1975, 403/404; im einzelnen vgl. § 134, Rn 20 ff.).

12 **4.** Damit die Rangwirkung der öffentlichen Last nicht die Beleihung des Grundstücks zum Zweck seiner planmäßigen Bebauung hindert, sieht **Abs. 4 Satz 1** die Möglichkeit vor, daß die Umlegungsstelle dem Inhaber eines entsprechenden Grundpfandrechts ein **Befriedigungsvorrecht** gegenüber der öffentlichen Last einräumt. Damit wird zwar die gesetzlich begründete Rangwirkung der öffentlichen Last nicht berührt, doch die Gemeinde verpflichtet, von ihr keinen Gebrauch zu machen. Voraussetzung für die Einräumung eines Befriedigungsvorrechts ist ein **Antrag** des Eigentümers, des Erbbauberechtigten oder des Darlehensgebers. Das Darlehen muß eingeräumt werden zu den in Abs. 4 Nr. 1 und 2 beschriebenen Zwecken. Da die öffentliche Last zugunsten der **Gemeinde** auf dem Grundstück ruht, kann auch nur sie, nicht etwa der Umlegungsausschuß oder eine sonstige Behörde als Umlegungsstelle, über die Einräumung des Befriedigungsvorrechts entscheiden (im Ergebnis ebenso Stemmler/Otte, in: E/Z/B, § 64, Rn 15, die auf das Erfordernis eines Einverständnisses der Gemeinde bei Beantragung des Befriedigungsvorrechts nach Unanfechtbarkeit des Umlegungsplans verweisen; a. A. Stahnke, in: Kohlhammer-Komm. zum BBauG, § 64, Anm 5 b).

13 Durch das Befriedigungsvorrecht wird die **Sicherheit** der öffentlichen Last **beeinträchtigt.** Nach Abs. 4 Satz 1 darf sie jedoch hierdurch **nicht gefährdet** werden. Eine über die Beeinträchtigung hinausgehende Gefährdung wird nur dann zu verneinen sein, wenn die Beleihung des Grundstücks im ordnungsgemäßen Rahmen und zu üblichen Konditionen erfolgt. Die Gemeinde kann die Bewilligung nach **Abs. 4 Satz 2** daher auch von entsprechenden **Bedingungen** abhängig machen.

14 **5.** Da die Gemeinde Schuldnerin aller Geldleistungen aus dem Umlegungsverfahren ist, räumt **Abs. 5** ihr einen **Erstattungsanspruch gegen nicht-gemeindliche Bedarfs- und Erschließungsträger** ein, die solche **Geldleistungen** verursacht haben. Dies kann z. B. der Fall sein, wenn der Flächenabzug für Flächen nach § 55 Abs. 2 den zulässigen Flächenbeitrag nach § 58 Abs. 1 übersteigt und daher nach § 59 Abs. 2 Satz 2 bei entsprechender tatsächlicher Zuteilung ein Geldausgleich zu leisten ist. Dasselbe gilt, wenn in erheblichem Umfang Flächen nach § 55 Abs. 5 bereitgestellt werden müssen und hierdurch trotz Ersatzlandgestellung für viele Eigentümer im Umlegungsgebiet Minderzuteilungen mit entsprechenden Ausgleichsleistungen erforderlich werden. Verursacht ein solcher Träger auch besondere **Kosten,** so hat er sie ebenfalls der Gemeinde, die sie nach § 78 grundsätzlich zu tragen hat, zu erstatten.

§ 65 Hinterlegung und Verteilungsverfahren

Für die Hinterlegung von Geldleistungen und für das Verteilungsverfahren gelten die Vorschriften der §§ 118 und 119 entsprechend.

Erheben mehrere Personen Anspruch auf eine von der Gemeinde an 1
einen Beteiligten zu erbringende Geldleistung und ist der Umlegungsstelle eine Einigung unter diesen Personen über ihre Ansprüche an der Geldleistung nicht nachgewiesen, so muß die Umlegungsstelle die Rechtslage nicht klären. Sie kann vielmehr nach § 65 die Geldleistung **unter Verzicht auf das Recht der Rücknahme hinterlegen.** Auf die Hinterlegung sind die Vorschriften der §§ 118 und 119 entsprechend anzuwenden. Die Hinterlegung hat daher wie im Fall des § 118 die Wirkung einer **Ersatzerfüllung;** die Verteilung der Geldsumme erfolgt nach den Regelungen des § 119.

In Betracht kommt eine solche Hinterlegung im Rahmen der Umle 2
gung vor allem in den Fällen des § 63 Abs. 2 (hierzu § 63, Rn 7 ff.). Der Begriff der Geldleistungen in § 65 deckt sich mit dem der Geldleistungen in § 64 (hierzu § 64, Rn 2 f.).

§ 66 Aufstellung und Inhalt des Umlegungsplans

(1) **Der Umlegungsplan ist von der Umlegungsstelle nach Erörterung mit den Eigentümern durch Beschluß aufzustellen. Er kann auch für Teile des Umlegungsgebiets aufgestellt werden (Teilumlegungsplan).**

(2) **Aus dem Umlegungsplan muß der in Aussicht genommene Neuzustand mit allen tatsächlichen und rechtlichen Änderungen hervorgehen, die die im Umlegungsgebiet gelegenen Grundstücke erfahren. Der Umlegungsplan muß nach Form und Inhalt zur Übernahme in das Liegenschaftskataster geeignet sein.**

(3) **Der Umlegungsplan besteht aus der Umlegungskarte und dem Umlegungsverzeichnis.**

1 **A.** Den Schlußpunkt der Umlegung bildet der **Umlegungsplan.** Mit
der Bekanntmachung seiner Unanfechtbarkeit treten alle die rechtli-
chen und tatsächlichen Änderungen ein, deretwegen die Umlegung
angeordnet worden ist.

2 **I.** Die gesetzlichen Vorschriften über den Umlegungsplan enthalten
sehr detailliert alle Regelungen über die rechtsförmlichen Anforderun-
gen, denen der Umlegungsplan zu genügen hat, damit die an ihn
geknüpften Rechtsfolgen eintreten können. Über die eigentliche **Plan-
herstellung** existieren jedoch, wie bei der Bauleitplanung (hierzu etwa
Löhr, Die kommunale Flächennutzungsplanung, 1977, S. 18), keinerlei
Vorschriften. Gleichwohl hängt von dieser gesetzlich nicht vorstruk-
turierten Entscheidungsvorbereitung das Gelingen der Umlegung
wesentlich ab (hierzu instruktiv die Darstellung des Umlegungsaus-
schusses bei der Stadt Nürnberg, Städtebauliche Bodenordnungsmaß-
nahmen, vervielf. Ms. 1982).

3 **1.** Der Umlegungsplan besteht aus zwei Teilen, der **Umlegungs-
karte (§ 67)** und dem **Umlegungsverzeichnis (§ 68).** Für das Umle-
gungsgebiet ist grundsätzlich ein einheitlicher Umlegungsplan aufzu-
stellen, der sämtliche rechtlichen und tatsächlichen Änderungen, die für
die Neuordnung des Umlegungsgebiets erforderlich sind, enthält (§ 66
Abs. 2). Nach **§ 66 Abs. 1 Satz 2** kann aber nunmehr auch ein **Teilumle-
gungsplan** aufgestellt werden (vgl. hierzu Rn 22).

2. Die eigentliche Arbeit der Umlegung besteht in der **Vorbereitung** **4**
dieses Umlegungsplans (vgl. auch § 46 Abs. 2 Nr. 4).

a) Auf der Grundlage der Vermessungen für die Bestandskarte (§ 53)
sind die im Zuteilungsentwurf vorgesehenen Grundstücke zu **vermes-**
sen, nach ihrer Größe zu berechnen sowie in die Örtlichkeit zu übertra-
gen und dort auf ihre Realisierbarkeit zu prüfen (hierzu Dieterich,
Rn 418 ff.). Dieser Vorgang ist u. U. mehrfach zu wiederholen, wenn
Realisierungsprobleme auftauchen oder aufgrund von Verhandlungen
mit den Eigentümern neue Entscheidungen notwendig werden.

b) In enger Wechselwirkung mit diesen vermessungstechnischen **5**
Arbeiten steht die **Ermittlung des Werts** der Zuteilungsgrundstücke
(hierzu hinsichtlich der Einwurfsgrundstücke schon oben, § 55, Rn 13).
Auch hier sind u. U. mehrere Wertermittlungen jeweils unterschiedli-
cher Grundstücke und Grundstücksgrößen erforderlich, bis ein vorla-
gereifer Zuteilungsentwurf gefertigt werden kann.

c) Entsprechend der Vermessung und den Ergebnissen der Werter- **6**
mittlung sind jeweils die **Kartengrundlagen** zu schaffen und zu ändern.
Auch dies erfordert umfangreiche katastertechnische Arbeiten.

3. Das für den Erfolg einer Umlegung wesentliche Kriterium ist im **7**
Gesetz nur lapidar erwähnt. In **§ 66 Abs. 1** ist bestimmt, daß der
Umlegungsplan „nach Erörterung mit den Eigentümern" aufzustellen
ist. Über Art, Umfang und Häufigkeit der **Erörterungen** enthält das
Gesetz keine rechtlichen Regelungen; Erörterungen mit anderen Betei-
ligten sind nicht einmal vorgeschrieben. Eine Normierung ist aber auch
entbehrlich. Die Umlegungsstelle wird von sich aus sobald als möglich
mit allen Beteiligten des Umlegungsverfahrens Kontakt aufnehmen,
da sie nur so die Informationen erhalten kann, die sie für die Durchfüh-
rung des Umlegungsverfahrens benötigt. Besondere Wünsche der Ei-
gentümer hinsichtlich der Zuteilungsgrundstücke, eventueller Geldab-
findungen oder ähnliches muß die Umlegungsstelle so früh wie mög-
lich erfahren, um mit diesem Wissen akzeptable Vorschläge für Grund-
stückszuteilungen und Rechtsänderungen unterbreiten zu können.

4. Ist der Umlegungsplan aufgestellt, so ist er als **Verwaltungsakt** **8**
den Betroffenen **bekanntzugeben.** Demgemäß ist nach § 69 der Be-
schluß über die Aufstellung des Umlegungsplans ortsüblich bekannt-
zumachen und der Umlegungsplan zur Einsichtnahme bereitzuhalten;
den Beteiligten ist nach § 70 ein sie betreffender Auszug aus dem
Umlegungsplan zuzustellen.

5. Die Beteiligten müssen **nicht** ihr **Einverständnis** mit dem Umle- **9**
gungsplan bekunden. Es handelt sich bei ihm nicht um einen mitwir-
kungsbedürftigen Verwaltungsakt. Soll jedoch nach Eintritt der Unan-
fechtbarkeit eine Änderung des Umlegungsplans vorgenommen wer-
den, so geht dies nur, wenn es aufgrund hoheitlicher Entscheidungen
(Änderung des Bebauungsplans oder Entscheidung eines Gerichts)

notwendig ist oder wenn die Beteiligten damit einverstanden sind (§ 73).

10 **II. 1.** Die **Änderung des Rechtszustands,** d. h. der Eigentumsübergang, die Grenzänderungen usw. treten unmittelbar mit der Bekanntmachung nach § 71, daß der Umlegungsplan unanfechtbar geworden ist, ein. Es bedarf hierzu also nicht der Eintragung ins Grundbuch; der Rechtszustand ändert sich **außerhalb des Grundbuchs** (§ 72).

11 **2.** Das **Grundbuch** ist dementsprechend mit der Bekanntmachung der Unanfechtbarkeit des Umlegungsplans unrichtig geworden und entsprechend zu **berichtigen.** Dasselbe gilt für das **Liegenschaftskataster** (§ 74). Solange das Grundbuch noch nicht berichtigt ist, kann jedermann bei berechtigtem Interesse statt dessen in den Umlegungsplan einsehen (§ 75).

12 **III.** Die Umlegung ist ein sehr komplexes Verfahren, dessen einzelne Entscheidungen wechselseitig mit vielen anderen Entscheidungen zusammenhängen. Das Verfahren hat daher eine durchschnittliche **Dauer** von 2 bis 3 Jahren, sofern keine Sonderprobleme wie z. B. die Auslagerung eines gewerblichen Unternehmens auftreten.

13 **1.** Es kann daher im Interesse sowohl der Umlegung als auch eines einzelnen Eigentümers liegen, wenn für ein Grundstück bereits vor Inkrafttreten des Umlegungsplans verbindliche Regelungen getroffen werden, so daß der Eigentümer bereits die bauliche Nutzung seines Grundstücks in Angriff nehmen kann. Hierfür sieht § 76 die Möglichkeit einer **einverständlichen Vorwegnahme der Entscheidung** für einzelne Grundstücke oder an den Grundstücken bestehender Rechte vor.

14 **2.** Im Interesse aller Beteiligter ist es in der Regel auch, wenn mit den Erschließungsarbeiten bereits vor Inkrafttreten des Umlegungsplans begonnen werden kann. Nach § 77 ist daher vorgesehen, daß Bedarfs- oder Erschließungsträger bereits vor Aufstellung des Umlegungsplans **in den Besitz der entsprechenden Erschließungsflächen eingewiesen** werden können. Voraussetzung hierfür wie für die weiteren, praktisch nicht so wichtigen Möglichkeiten zur vorzeitigen Besitzeinweisung ist jedoch, daß der der Umlegung zugrunde liegende Bebauungsplan in Kraft getreten ist oder zumindest das Stadium der Planreife erlangt hat.

15 **IV. 1.** Als Gläubigerin und Schuldnerin sämtlicher Geldleistungen trägt die Gemeinde nach § 78 die **Verfahrens- und Sachkosten** der Umlegung. Ein etwaiger Überschuß verbleibt ihr.

16 **2.** Soweit zur Durchführung der Umlegung oder zu ihrer Vermeidung gebührenpflichtige Amtshandlungen oder ähnliche abgabenpflichtige Geschäfte erforderlich sind, sind diese nach § 79 von **nichtsteuerlichen Abgaben** freigestellt. Ausgenommen hiervon sind lediglich die Kosten eines Rechtsstreits und Abgaben aufgrund landesrechtlicher Vorschriften. Die Grunderwerbsteuerfreiheit für den Eigentums-

übergang in der amtlichen Umlegung folgt aus § 1 Abs. 1 Nr. 3 Buchstabe b GrEStG. Der Vermeidung einer Umlegung dienende Grunderwerbsvorgänge, etwa im Rahmen einer freiwilligen Umlegung, werden von dieser Ausnahme nicht erfaßt.

B. I. 1. Schluß- und Kernpunkt der Umlegung ist der **Umlegungsplan.** Er wird nach **Abs. 1** aufgestellt nach seiner **Erörterung mit den Eigentümern** im Umlegungsgebiet. Diese Vorschrift ist mehr als Hinweis denn als Regelung der Bürgerbeteiligung zu verstehen. In ihr kommt die Beteiligung der Betroffenen nur sehr unvollkommen zum Ausdruck. Zum einen sind zweckmäßigerweise nicht nur die Eigentümer, sondern **auch die sonstigen Beteiligten** im Sinne des § 48 zu hören. Zum anderen kann die Beteiligung nicht erst einsetzen, wenn bereits der Entwurf des Umlegungsplans erstellt ist. Erörterungen mit den Beteiligten müssen schon sehr früh stattfinden, damit die Umlegungsstelle möglichst verläßlich die nicht aus dem Grundbuch ersichtlichen Rechtsverhältnisse erfährt und die evtl. bestehenden besonderen Wünsche oder auch die Bereitschaft, sich mit einer Geldabfindung zu begnügen, bei der Vorbereitung der Zuteilungs- und Abfindungsentscheidungen berücksichtigen kann. Obwohl ebenfalls nicht vorgeschrieben, ist es zweckmäßig, über die Erörterungen mit den Beteiligten **Niederschriften** anzufertigen. Zwar sind im Rahmen der Erörterungen abgegebene Erklärungen der Beteiligten weder für diese noch für die Umlegungsstelle bindend. Es handelt sich aber doch um gewichtige Hinweise für die weitere Durchführung des Umlegungsverfahrens, die die Umlegungsstelle im Rahmen des Möglichen und Zulässigen beachten sollte (vgl. hierzu etwa § 57 FlurbG, nach dem vor der Aufstellung des Flurbereinigungsplans den Teilnehmern der Flurbereinigung ausdrücklich Gelegenheit zu geben ist, ihre Wünsche für die Zuteilung und Abfindung zu äußern: „Planwunschtermin"). 17

Ist Abs. 1 daher in dieser Hinsicht erweiternd auszulegen, so ist er in anderer Hinsicht einschränkend auszulegen. Für das rechtmäßige Zustandekommen des Umlegungsplans ist nicht erforderlich, daß der Umlegungsplan mit jedem Eigentümer tatsächlich erörtert wurde. Dies würde einzelnen Eigentümern gewissermaßen eine Veto-Position einräumen, die nicht sachdienlich wäre. Hiermit soll vielmehr lediglich die gebotene Anhörung Beteiligter vor Erlaß eines Verwaltungsakts, der in die Rechte der Beteiligten eingreift, vorgeschrieben werden (vgl. § 28 VwVfG). Dabei genügt es, wenn den Beteiligten **Gelegenheit zur Äußerung** gegeben wird; ob sie diese Gelegenheit nutzen oder den angebotenen Erörterungen fernbleiben, ist ihnen überlassen. 18

In den förmlich anberaumten Erörterungen, aber auch zu anderen Gelegenheiten während des Verfahrens, können auch **rechtserhebliche Erklärungen** abgegeben werden, z. B. das Einverständnis nach § 59 Abs. 4, die Zustimmung nach § 62 Abs. 1, das Einverständnis nach § 76, der Verzicht auf Rechtsmittel (hierzu unten, Rn 24). 19

20 Die Umlegungsstelle kann während der Erörterungen zwar ihre
Absichten mitteilen, doch sind hierin grundsätzlich keine Zusagen zu
sehen. Allerdings ist es der Umlegungsstelle unbenommen, solche
Zusagen abzugeben, evtl. um hierfür bestimmte „Gegenleistungen"
eines Beteiligten, z. B. das Einverständnis mit einer bestimmten Art
der Abfindung, zu erhalten. Die **Zulässigkeit von Zusagen** im Rahmen
des der Umlegungsstelle eingeräumten Ermessens ist allgemein aner-
kannt (vgl. nur BGH, DVBl. 1981, 395; BVerwG, NJW 1961, 1882,
zur insoweit gleichen Problematik bei der Flurbereinigung). Eine sol-
che Zusicherung bedarf nach § 38 VwVfG der **Schriftform.** Eine
Bindung an die Zusicherung entfällt nur, wenn sich nach ihrer Abgabe
die Sach- oder Rechtslage derart ändert, daß bei ihrer Kenntnis die
Zusicherung nicht gegeben worden wäre oder nicht hätte gegeben
werden dürfen (§ 38 Abs. 3 VwVfG). Im übrigen kann eine rechtswid-
rige Zusicherung nach § 48 VwVfG, u. U. gegen Ersatz eines Vertrau-
ensschadens, zurückgenommen werden. Ist die Zusicherung rechtmä-
ßig, darf sie außer in den Fällen der erheblichen Änderung der Sach-
oder Rechtslage nur widerrufen werden, wenn sie mit einer Auflage
verbunden war und der Begünstigte diese nicht erfüllt hat oder um
schwere Nachteile für das Gemeinwohl zu verhüten oder zu beseitigen
(§ 49 Abs. 2 Nr. 1 und 5 VwVfG). Auch **vertragliche Regelungen** sind
nach den allgemeinen Voraussetzungen zulässig (vgl. Ernst/Otte, in: E/
Z/B, § 66, Rn 20).

21 **2. a)** Gelangt die Umlegungsstelle zu der Auffassung, daß sie für die
Neuordnung im Umlegungsgebiet eine dem Zweck der Umlegung
und den Interessen der Beteiligten soweit als möglich gerecht werdende
Lösung gefunden hat, stellt sie nach **Abs. 1** den Umlegungsplan durch
Beschluß auf. Aus dieser Regelung folgt zunächst, daß für das gesamte
Umlegungsgebiet nur „der" Umlegungsplan, also **nur ein einziger
Umlegungsplan** aufzustellen ist (vgl. auch Ernst/Otte, in: E/Z/B, § 66,
Rn 4). Hiermit wird der wechselseitigen Verflechtung der Vielzahl von
Einzelentscheidungen, die der Umlegungsplan enthält, Rechnung ge-
tragen. Einzelne Entscheidungen können nur unter den besonderen
Voraussetzungen des § 78 vorab getroffen werden. Zum anderen folgt
hieraus, daß alle getroffenen Einzelentscheidungen in dem Umlegungs-
plan zusammenzufassen sind. Auch hierdurch wird der wechselseitigen
Verflochtenheit und Mehrpoligkeit der im Rahmen der Umlegung
getroffenen Einzelentscheidungen entsprochen.

22 **b)** Abweichend von diesem Grundsatz der Einheitlichkeit des Umle-
gungsplans sieht **Abs. 1 Satz 2** nunmehr die Möglichkeit vor, für Teile
des Umlegungsgebiets vorab einen vorgezogenen Umlegungsplan,
einen sogenannten **Teilumlegungsplan,** aufzustellen. Für ihn gelten
zunächst die allgemeinen Voraussetzungen, die auch für den Umle-
gungsplan insgesamt gelten. Insbesondere muß vor dem Beschluß über
die Aufstellung des Teilumlegungsplans nach § 45 Abs. 2 Satz 2 der
Bebauungsplan in Kraft getreten sein. Auch muß die **Verteilungs-**

masse nach §55 feststehen, und zwar nicht nur für das Teilgebiet, sondern für das gesamte Umlegungsgebiet. Andernfalls wäre eine Gleichbehandlung der Beteiligten im Gebiet des Teilumlegungsplans und derjenigen im übrigen Umlegungsgebiet nicht zu gewährleisten. Auf Sollanspruch und Sollzuteilung darf sich daher die Aufstellung eines Teilumlegungsplans ebenfalls in keiner Weise auswirken. Da der Teilumlegungsplan ein nur räumlich, nicht aber inhaltlich begrenzter Teil des Umlegungsplans ist, muß er in seinem Geltungsbereich auch **alle Regelungen der Eigentums- und Besitzverhältnisse** an den Grundstücken sowie die anderen Rechte der Beteiligten in seinem Geltungsbereich nach den §§ 56 bis 62 regeln. Auch das weitere Verfahren unterscheidet sich beim Teilumlegungsplan nicht von dem beim Umlegungsplan. So ist nach § 69 Abs. 1 der Beschluß über die Aufstellung des Teilumlegungsplans in der Gemeinde ortsüblich bekanntzumachen und der Plan zur Einsichtnahme bereitzuhalten. Auch die §§ 70 bis 75 finden auf den Teilumlegungsplan uneingeschränkt Anwendung. Der Teilumlegungsplan ermöglicht daher anders als § 76 eine vorzeitige Regelung in einem Teil des Umlegungsgebiets zur Beschleunigung der Bautätigkeit, die **nicht auf das Einverständnis** der betroffenen Rechtsinhaber **angewiesen** ist. Zur Abgrenzung von der teilweisen Inkraftsetzung des Umlegungsplans ist darauf hinzuweisen, daß diese Möglichkeit erst besteht, nachdem der gesamte Umlegungsplan aufgestellt worden ist, während der Teilumlegungsplan in einem sehr viel früheren Verfahrensstadium aufgestellt werden kann. Obwohl das Gesetz keine diesbezüglichen Regelungen enthält, müssen aber die inhaltlichen Voraussetzungen des § 71 Abs. 2 für die teilweise Inkraftsetzung des Umlegungsplans und die Vorwegnahme der Entscheidung nach § 76 auch für den Teilumlegungsplan gelten: Ein Teilumlegungsplan kann nur aufgestellt werden, wenn die Regelungen in seinem Geltungsbereich von den Regelungen in den anderen Teilen des Umlegungsgebiets unabhängig sind und sie in keiner Weise nachteilig beeinflussen. Ein Teilumlegungsplan wird daher nur bei verhältnismäßig großen Umlegungsgebieten in Betracht kommen, die wegen unterschiedlicher Strukturen im Bestand oder bei der geplanten Nutzung ohnehin besser in mehrere Umlegungsverfahren aufgeteilt worden wären. Allerdings kann die Möglichkeit des Teilumlegungsplans auch die Einigungsbereitschaft der Eigentümer im Umlegungsgebiet fördern.

c) Der Umlegungsplan bewirkt mit der Bekanntmachung seiner Unanfechtbarkeit nach §§ 71, 72 Abs. 1 eine unmittelbare Rechtsänderung. Da er zudem eine Maßnahme ist, die von einer Behörde auf dem Gebiet des öffentlichen Rechts getroffen wurde, handelt es sich bei dem Umlegungsplan um einen **Verwaltungsakt** im Sinne des § 35 VwVfG. Er schließt das durch den Verwaltungsakt des Umlegungsbeschlusses eröffnete Verfahren ab. Von diesem Rechtscharakter des Umlegungsplans geht auch das Gesetz aus, wenn es in § 71 Abs. 1 vorschreibt, daß die Unanfechtbarkeit des Umlegungsplans bekanntzumachen ist. Un- 23

この画像はドイツ語の法律書のページです。OCRを行います。

anfechtbar kann aber nur ein Verwaltungsakt werden, nicht auch z. B. –
trotz der Befristung der Geltendmachung von Fehlern nach § 215
Abs. 1 – eine Satzung, die ansonsten, wie beim Bebauungsplan, hier in
Betracht käme (hierzu Kopp, VwVfG, 4. Aufl. 1986, Rn 21 f. vor § 35).

24 Anfechtbar ist der Umlegungsplan durch **Antrag auf gerichtliche
Entscheidung** nach § 217. Gegebenenfalls ist zuvor nach § 212 in
Verbindung mit landesrechtlichen Bestimmungen ein **Widerspruchs-
verfahren** durchzuführen (hierzu § 47, Rn 4; zur Angewiesenheit des
Umlegungsplans auf einen Bebauungsplan vgl. § 45, Rn 6). Die Unan-
fechtbarkeit kann daher im Grundsatz frühestens nach Ablauf der
Widerspruchsfrist, d. h. nach § 70 VwGO nach Ablauf eines Monats,
eintreten.

25 Der Eintritt der Unanfechtbarkeit kann jedoch vorher eintreten,
wenn sämtliche Beteiligten einen **Rechtsmittelverzicht** erklären. Dies
ist grundsätzlich zulässig (vgl. Kopp, VwGO, 8. Aufl. 1989, § 74,
Rn 21 f.). Der Rechtsmittelverzicht kann ohne weiteres abgegeben wer-
den, nachdem dem Beteiligten der Umlegungsplan nach § 70 auszugs-
weise zugestellt worden ist. Hieraus ersieht er, welche Regelungen ins
Auge gefaßt werden und kann daher beurteilen, ob er mit ihnen
einverstanden ist oder ob er hiergegen einen Rechtsbehelf ergreifen will
(hierzu BVerwG, DVBl. 1964, 874/875). Soll der Rechtsmittelverzicht
vor Zustellung des Auszugs des Umlegungsplans erreicht werden, so
muß dem Beteiligten vollständig und verläßlich die beabsichtigte
Rechtsänderung erläutert werden. Der Rechtsmittelverzicht kann dann
nur unter der auflösenden Bedingung erklärt werden, daß die Entschei-
dung so wie mitgeteilt auch tatsächlich ergeht (BVerwGE 26, 50/53; 19,
159/161). **Allerdings führen solche Rechtsmittelverzichte, soweit sie
nicht gegenüber dem Gericht erklärt werden, nicht zum vorzeitigen
Eintritt der Unanfechtbarkeit des Verwaltungsakts** (Kopp, ebd.,
Rn 23). Sie führen jedoch auf entsprechende Einrede des Prozeßgegners
zur Unzulässigkeit einer Klage oder eines Widerspruchs (vgl. Kopp,
aaO, Rn 20; zum Problem der Rechtsmittelverzichte allgemein Zeiss,
NJW 1969, 166 ff.). Im übrigen können solche Rechtsmittelverzichte
bis zur Unanfechtbarkeit des Verwaltungsakts nach den Regeln des
bürgerlichen Rechts angefochten werden. Unwirksam sind sie, sofern
sie durch unzulässige Einflußnahme erwirkt wurden. Ihre **Bedeutung**
liegt also in der Regel lediglich darin, daß die Umlegungsstelle bei von
allen Beteiligten erklärtem Rechtsmittelverzicht bereits sämtliche Vor-
bereitungen für die Bekanntmachung der Unanfechtbarkeit des Umle-
gungsplans treffen kann und nicht gewärtigen muß, daß mit Fristablauf
noch ein Rechtsbehelf eingelegt wird. Nach § 211 ist dem Umlegungs-
plan eine **Rechtsbehelfsbelehrung** beizufügen.

26 **II. 1.** Die inhaltlichen Anforderungen an den Umlegungsplan sind
ausführlich in §§ 67 und 68 geregelt. § 66 enthält nur eine **Generalklau-
sel,** in der die allgemeinen Anforderungen an den Inhalt zum Ausdruck
kommen.

a) Nach **Abs. 2 Satz 1** muß der Umlegungsplan – der Teilumle- 27
gungsplan für seinen Geltungsbereich – vor allem **vollständig** sein. Er
muß also sämtliche Regelungen für sämtliche Grundstücke, Rechte und
Einrichtungen enthalten. Dabei können natürlich nur solche Rechte
berücksichtigt werden, die bis zur Beschlußfassung angemeldet wor-
den sind (vgl. § 48 Abs. 2 Satz 2). Nicht angemeldete Rechte bleiben in
ihrem Bestand durch die Umlegung unberührt (vgl. § 63, Rn 3).

b) Abs. 3 bestimmt, daß der Umlegungsplan aus der Umlegungs- 28
karte und dem Umlegungsverzeichnis besteht.

2. a) Da der Umlegungsplan nicht nur Grundlage für die Rechtsän- 29
derung und für die Berichtigung der Grundbücher ist, sondern auch im
Privatrechtsverkehr für Beleihungen, Verfügungen usw. Bedeutung
hat, muß er die an eine **öffentliche Urkunde** nach §§ 417, 415 ZPO zu
stellenden Anforderungen erfüllen, also von einer öffentlichen Behörde
innerhalb der Grenzen ihrer Amtsbefugnisse aufgenommen worden
sein. Ferner dient der Umlegungsplan nach § 64 Abs. 2 bis zur Berichti-
gung des Liegenschaftskatasters als **amtliches Verzeichnis der Grund-
stücke** im Sinne des § 2 Abs. 2 GBO. Die hierfür – und damit auch für
die öffentliche Urkunde – erforderliche Form bestimmt § 29 Abs. 3
GBO. Danach muß der Umlegungsplan **ausgefertigt** sein, d. h. mit
Siegel oder Stempel und der Originalunterschrift des zuständigen
Beamten versehen sein. Diese Voraussetzungen gelten sowohl für die
Umlegungskarte als auch für das Umlegungsverzeichnis.

b) Nur wenn der Umlegungsplan diese Form aufweist, kann die für 30
die Führung des Liegenschaftskatasters zuständige Stelle auf diesen
Urkunden nach § 74 Abs. 2 Satz 1 die **Eignung zur Übernahme in das
Liegenschaftskataster** bescheinigen. Daß der Umlegungsplan diese
Eignung aufweisen muß, ist in **Abs. 2 Satz 2** ausdrücklich bestimmt.
Danach muß vor allem das Umlegungsverzeichnis alle die tatsächlichen
vermessungstechnischen Angaben enthalten, die für das Liegenschafts-
kataster erforderlich sind. Dies sind insbesondere die Bezeichnung der
Grundstücke nach Gemarkung, Flur und Flurstück sowie die Angabe
von Lage, Größe und Nutzungsart der Grundstücke.

§ 67 Umlegungskarte

**Die Umlegungskarte stellt den künftigen Zustand des Umlegungs-
gebiets dar. In die Karte sind insbesondere die neuen Grundstücks-
grenzen und -bezeichnungen sowie die Flächen im Sinne des § 55
Abs. 2 einzutragen.**

Übersicht

1 **1.** Zusammen mit dem Umlegungsverzeichnis (§ 68) bildet die Umlegungskarte den Umlegungsplan (§ 66 Abs. 3). Die Umlegungskarte ist die **Entsprechung zur Bestandskarte** nach § 53, die den Zustand im Umlegungsgebiet zu Beginn der Umlegung wiedergibt. Die Umlegungskarte muß nach der gesetzlichen Regelung in **Satz 1** nicht die Änderungen gegenüber dem Altzustand wiedergeben, wie es § 66 Abs. 2 Satz 1 nahelegen könnte, sondern lediglich den ins Auge gefaßten **Neuzustand.** Aus ihr allein ist daher nicht ersichtlich, inwieweit Änderungen gegenüber dem Altzustand vorgenommen wurden (hierzu Stemmler/Otte, in: E/Z/B, § 67, Rn 3).

2 **2.** § 67 enthält nur Bestimmungen über den **Inhalt** der Umlegungskarte. Anforderungen an die **Form** sind in § 66 Abs. 2 Satz 2 enthalten (hierzu § 66, Rn 29 f.).

3 **a)** **Satz 2** bestimmt, daß die Umlegungskarte mindestens die neuen **Grundstücksgrenzen** und die **Katasterbezeichnungen** der neuen Grundstücke sowie die **örtlichen Verkehrs- und sonstigen Flächen** im Sinne des § 55 Abs. 2 enthalten muß. Im Regelfall wird für die Erstellung der Umlegungskarte eine den Anforderungen des Liegenschaftskatasters genügende **Neuvermessung** der Grundstücke erforderlich sein (hierzu Stahnke, in: Kohlhammer-Komm. zum BBauG, § 67, Anm. 3 a).

4 Die Umlegungskarte erfaßt nach der Regelung des § 67 unmittelbar nur das **Umlegungsgebiet.** Es kann jedoch sein, daß nach § 55 Abs. 5 **außerhalb** des Umlegungsgebiets **gelegene Flächen** als Ersatzland für die Zuteilung von Flächen öffentlicher Nutzung an Bedarfs- und Erschließungsträger in das Umlegungsverfahren einbezogen und Eigentümern nach § 59 Abs. 4 Nr. 2 zugeteilt wurden. Diese Grundstücke sind ebenfalls aufzunehmen, da sie nach § 68 Abs. 1 Nr. 1 auch im Umlegungsverzeichnis aufzuführen sind. Da die Grenzen dieser Grundstücke in der Umlegung nicht verändert wurden, ist insoweit keine Neuvermessung erforderlich. Es genügt, wenn der zeichnerischen Darstellung dieser Grundstücke die entsprechende Katasterkarte zugrundegelegt wird. Diese Abzeichnung wird dann insoweit Bestandteil der Umlegungskarte.

5 **b)** Aus der Verwendung des Worts „insbesondere" ist zu entnehmen, daß der Inhalt der Umlegungskarte nach Zweckmäßigkeitsgesichtspunkten **erweitert** werden kann. Die Umlegungskarte sollte aber auf das beschränkt bleiben, was typischerweise Gegenstand einer zeichnerischen Darstellung ist. Das sind über den notwendigen Inhalt hinaus **aufstehende Baulichkeiten,** andere als die Katasterbezeichnungen der Grundstücke, z. B. **Straßennamen** und Hausnummern. Vor allem sollten aber die **Festsetzungen des Bebauungsplans,** der der Umlegung zugrundeliegt, auch aus der Umlegungskarte ersichtlich sein. Erst aus der Zusammenschau von Umlegungskarte und Bebauungsplan läßt sich ersehen, inwieweit die Umlegung dem Umlegungszweck Rechnung getragen hat und welche Nutzbarkeit dem einzelnen zugeteilten

Grundstück planerisch zukommt. Sinnvoll kann es auch sein, die **öffentlich nutzbaren Flächen** nach § 55 Abs. 5 zu markieren. Muster für eine Umlegungskarte bei der Wert- und bei der Flächenumlegung finden sich bei Dieterich, S. 359f.; vgl. auch Rothe, S. 406.

Möglich ist auch, wie dies z. B. nach § 26 des Württemberg-Badi- **6** schen Baulandgesetzes vom 24. 9. 1948 (Regierungsblatt Baden-Württemberg 1948, S. 157ff.) vorgesehen war, in der Umlegungskarte auch den **Altzustand** darzustellen. Hierunter kann aber die Übersichtlichkeit und Genauigkeit der Darstellung des neuen Zustands leiden. Aus diesem Grund war in § 26 des Württemberg-Badischen Baulandgesetzes als Grundsatz die getrennte Darstellung des Alt- und des Neuzustands vorgesehen. Zweckmäßiger erscheint, bei der Auslegung der Umlegungskarte zugleich die **Bestandskarte bereitzuhalten** und so einen Vergleich der alten und der neuen Grundstücksgrenzen zu ermöglichen (vgl. auch Stemmler/Otte, aaO, Rn 6ff.; Stahnke, aaO, Anm. 2b).

§ 68 Umlegungsverzeichnis

(1) Das Umlegungsverzeichnis führt auf

1. **die Grundstücke, einschließlich der außerhalb des Umlegungsgebiets zugeteilten, nach Lage, Größe und Nutzungsart unter Gegenüberstellung des alten und neuen Bestands mit Angabe ihrer Eigentümer;**
2. **die Rechte an einem Grundstück oder einem das Grundstück belastenden Recht, ferner Ansprüche mit dem Recht auf Befriedigung aus dem Grundstück oder persönliche Rechte, die zum Erwerb, zum Besitz oder zur Nutzung eines Grundstücks berechtigen oder den Verpflichteten in der Benutzung des Grundstücks beschränken, soweit sie aufgehoben, geändert oder neu begründet werden;**
3. **die Grundstückslasten nach Rang und Betrag;**
4. **die Geldleistungen, deren Fälligkeit und Zahlungsart sowie den Wert der Flächen nach § 55 Abs. 2 bei einer insoweit erschließungsbeitragspflichtigen Zuteilung;**
5. **diejenigen, zu deren Gunsten oder Lasten Geldleistungen festgesetzt sind;**
6. **die einzuziehenden und die zu verlegenden Flächen im Sinne des § 55 Abs. 2 und die Wasserläufe;**
7. **die Gebote nach § 59 Abs. 7 sowie**
8. **die Baulasten nach § 61 Abs. 1 Satz 3.**

(2) **Das Umlegungsverzeichnis kann für jedes Grundstück gesondert aufgestellt werden.**

1 **1. Das Umlegungsverzeichnis ergänzt die zeichnerischen Darstellungen der Umlegungskarte um textliche Festlegungen der getroffenen Regelungen.** Aus ihm müssen sich die rechtlichen und tatsächlichen Änderungen so präzise ergeben, daß auf ihrer Grundlage nach § 74 die öffentlichen Bücher berichtigt werden können.

2 **2. Aus Abs. 1** ergibt sich, welchen Inhalt das Umlegungsverzeichnis haben muß. Die Aufzählung ist jedoch nicht vollständig (vgl. unten Rn 15); sie kann schon deswegen auch nicht als abschließend verstanden werden.

3 **a)** Nach **Nr. 1** ist zunächst der **alte und neue Grundstücksbestand** aufzuführen. Der alte Bestand ergibt sich aus dem – u. U. fortgeschriebenen – Bestandsverzeichnis nach § 53; der neue Bestand folgt aus den vermessenen Zuteilungsgrundstücken. Die Größe der neuen Grundstücke, ihre neuen Katasterbezeichnungen sowie ihre Lagebezeichnung und Nutzungsart sind anzugeben. Auch die Grundbuchbezeichnung ist notwendig, damit das Grundbuchamt nach § 74 die notwendige Berichtigung durchführen kann.

4 Mit dem Baugesetzbuch entfallen ist der frühere zweite Satzteil der Nr. 1, der erforderte, die Größe des **Anteils der örtlichen Verkehrs- und Grünflächen** nach § 55 Abs. 2 besonders anzugeben. Da das Umlegungsverzeichnis nur Angaben zu konkreten einzelnen Grundstücken oder Rechten usw. enthält, konnte hiermit nur die Angabe des Flächenabzugs gemeint sein, der bei dem jeweiligen Grundstück für örtliche Verkehrs- und sonstige Flächen nach § 55 Abs. 2 vorgenommen wurde. Praktisch möglich und allenfalls sinnvoll ist diese Angabe jedoch nur bei Erschließungsumlegungen und hier nur bei Flächenumlegungen, nicht aber bei Wertumlegungen. Hier mag diese Angabe auch weiterhin zweckmäßig sein, vor allem wenn eine diesbezügliche örtliche Tradition besteht.

5 Im Umlegungsverzeichnis sind, ebenso wie zweckmäßigerweise bei der Umlegungskarte, auch die **Grundstücke** zu berücksichtigen, die **außerhalb des Umlegungsgebiets** zugeteilt worden sind.

b) Nach **Nr. 2** sind alle die **Rechte** im Sinne des § 61 Abs. 1 Satz 1 **6**
(hierzu § 61, Rn 4 ff.) aufzuführen, die **aufgehoben, geändert oder neu
begründet** wurden. Hierher gehört auch die Verteilung von Grund-
pfandrechten und Reallasten nach § 62 Abs. 3 auf die zuzuteilenden
Grundstücke (hierzu § 62, Rn 7), ebenso die Zuordnung von Grund-
stücksbruchteilen und Rechten nach § 62 Abs. 2 (vgl. § 62, Rn 6).

Soweit Rechte im Sinne des § 61 Abs. 1 Satz 1 **nicht aufgehoben,** **7**
geändert oder neu begründet wurden, **müssen** sie – mit Ausnahme der
Grundstückslasten (Nr. 3; hierzu unten, Rn 8) – **nicht** aufgeführt wer-
den. Aus Gründen der Übersichtlichkeit und der Rechtsklarheit kann es
jedoch sinnvoll sein, auch diejenigen Rechte aufzuführen, die keinen
Änderungen unterworfen waren. Dadurch wird sichergestellt, daß aus
dem Umlegungsverzeichnis der neue Rechtszustand vollständig her-
vorgeht und keine Rechte oder Rechtsverhältnisse übersehen oder
falsch geregelt wurden (Stahnke, in: Kohlhammer-Komm. zum
BBauG, § 68, Anm. 2 c).

c) Grundstückslasten sind nach **Nr. 3** unabhängig von einer etwai- **8**
gen Änderung in das Umlegungsverzeichnis aufzunehmen. Unter
Grundstückslasten sind dabei die im Grundbuch in der Zweiten Abtei-
lung aufgeführten Lasten wie z. B. Grunddienstbarkeiten und die in der
Dritten Abteilung aufgeführten Belastungen wie z. B. Hypotheken zu
verstehen. Die Lasten sind mit ihrer Rangstelle und ihrer Höhe anzuge-
ben.

Aus der Tatsache, daß **öffentliche Lasten** nicht rangfähig sind, **9**
könnte geschlossen werden, daß sie hier nicht aufzuführen sind (so
Stemmler/Otte, aaO, Rn 5). Da aber das Gesetz allgemein die Aufführ-
ung von „Lasten" vorschreibt und das Umlegungsverzeichnis insge-
samt den Zweck erfüllen soll, die rechtliche Situation im Umlegungs-
gebiet nach der Umlegung vollständig wiederzugeben, sind unter
Lasten wie im Rahmen des § 61 (hierzu § 61, Rn 9) auch öffentliche
Lasten zu verstehen, soweit sie nicht ohnehin nach § 64 Abs. 3 eine
Geldleistung zum Vorteilsausgleich zum Gegenstand haben und nach
Nr. 4 aufzuführen sind. Die Baulasten sind jetzt in Nr. 8 ausdrücklich
aufgeführt (vgl. Rn 14).

d) Nach **Nr. 4** sind die **Geldleistungen,** ihre Fälligkeit und die Art **10**
und Weise ihrer Zahlung aufzuführen (hierzu § 64, Rn 2 ff.). Mit dem
Baugesetzbuch neu geschaffen wurde die Verpflichtung, auch den **Wert
der Flächen nach § 55 Abs. 2** aufzuführen, sofern diese Flächen nicht bei
der Wertermittlung der Zuteilungsgrundstücke berücksichtigt und
diese daher erschließungsflächenbeitragspflichtig zugeteilt wurden.
Diese Wertangabe im Umlegungsverzeichnis wird in § 128 Abs. 1
Satz 3 aufgegriffen und als Bestandteil der Kosten für den Erwerb der
Flächen für Erschließungsanlagen bestimmt. Es braucht nur der Wert
der Anlagen angegeben zu werden, für die später Erschließungsbei-
träge erhoben werden können (vgl. § 57, Rn 21). Da Flächen öffentli-
cher Nutzung jedoch nicht am Grundstücksverkehr teilnehmen und

daher keinen Verkehrswert haben, muß hier, wie bisher schon bei den Flächen nach § 55 Abs. 5, ein sogenannter **Verrechnungswert** gebildet werden (vgl. hierzu Dieterich, Rn 198). Da Erschließungsflächen keinen Erschließungs- oder Umlegungsvorteil haben, wird dies der **Einwurfswert** der Grundstücke sein müssen (vgl. auch Otte, VR 1987, 73/84).

11 e) Nach **Nr. 5** sind die **aus Geldleistungen Berechtigten und Verpflichteten** aufzuführen. Zur Gemeinde als Gläubigerin und Schuldnerin der im Umlegungsplan festgesetzen Geldleistungen vgl. § 64, Rn 2 ff.

12 f) Nach **Nr. 6** sind besonders zu bezeichnen die **örtlichen Verkehrs- und sonstigen Flächen** nach § 55 Abs. 2, die einzuziehen oder zu verlegen sind. Da diese Grundstücke ohnehin nach Nr. 1 aufzuführen sind, genügt hier eine Aufzählung der in Betracht kommenden Grundstücke. Bedeutung hat diese Regelung vor allem für die **Einziehung öffentlicher Straßen.** Da der Bundesgesetzgeber hierfür nur zuständig ist, soweit es sich um Fernstraßen handelt (Art. 74 Nr. 22 GG), kann dem Umlegungsplan nicht unmittelbar die Wirkung einer Widmung oder Einziehung örtlicher Straßen beigemessen werden. Vielmehr sind die nach Landesrecht erforderlichen Maßnahmen zur Widmung oder Einziehung noch vorzunehmen. Insoweit kann in dieser Aufführung eine Hinweisfunktion für die jeweils zuständigen Behörden gesehen werden.

13 Allerdings kann das **Landesrecht** an die Regelung im Umlegungsplan **anknüpfen.** So bestimmte früher § 7 in Verbindung mit § 6 Abs. 5 LandesstraßenG NRW 1961, daß eine Straße in dem Zeitpunkt als eingezogen gilt, in dem sie dem öffentlichen Verkehr tatsächlich entzogen wird, sofern dies in Vollzug eines aufgrund anderer gesetzlicher Vorschriften durchgeführten förmlichen Verfahrens unanfechtbar angeordnet wird. Als ein solches förmliches Verfahren aufgrund anderer gesetzlicher Vorschriften ist die Umlegung anzusehen (vgl. Fritsch/Golz/Wicher, Straßengesetz des Landes Nordrhein-Westfalen, 2. Aufl. 1966, § 6, Rn 10, für den dem Umlegungsplan entsprechenden Wege- und Gewässerplan nach § 41 FlurbG). Da der Träger der Straßenbaulast als regelmäßiger Eigentümer der Straßenflächen (vgl. z. B. § 10 Straßen- und WegeG NRW) am Umlegungsverfahren beteiligt war – wenn nicht ohnehin die Gemeinde Eigentümerin ist – und durch Nichtanfechtung des Umlegungsplans sein Einverständnis zum Ausdruck bringt, wird hierdurch in seine Zuständigkeit nicht eingegriffen. Die tatsächliche Einziehung erfolgt mit dem Vollzug des unanfechtbaren Umlegungsplans nach § 72 Abs. 2. Der Träger der Straßenbaulast hatte in entsprechender Anwendung des § 6 Abs. 5 Satz 2 Landesstraßengesetz NRW die erfolgte Einziehung öffentlich bekanntzumachen (zur Widmung vgl. § 72, Rn 5). Das Gesetz zur Änderung des LandesstraßenG vom 5. 7. 1983 hat diese Anknüpfung beseitigt. Sie besteht aber nach wie vor in § 5 Abs. 6 StrG BW, § 2 Abs. 1 Satz 2 HessStrG und § 6

Abs. 4 StrWGSH (hierzu Papier, Recht der öffentlichen Sachen, 2. Aufl. 1984, S. 39).

Ferner sind nach Nr. 6 aufzuführen die **Wasserläufe.**

g) Als **Nr. 7** und **Nr. 8** jetzt ausdrücklich aufgenommen als Bestandteil des Umlegungsverzeichnisses wurden etwa angeordnete **Bau-, Modernisierungs-, Instandsetzungs- oder Pflanzgebote** auf der Grundlage des § 59 Abs. 7 (so bisher schon 1. Auflage, Rn 14 a. E.) und **Baulasten** auf der Grundlage des § 61 Abs. 1 Satz 3 (so bereits die 1. Auflage, Rn 9 a. E.). **14**

h) Nach § 59 Abs. 8, der von der Regelung der Nr. 7 nicht umfaßt wird, sind im Umlegungsplan **bauliche Anlagen** zu bezeichnen, die **beseitigt** werden sollen, weil sie dem Bebauungsplan widersprechen und der Neugestaltung des Umlegungsgebiets im Wege stehen. Diese Bestimmung läßt offen, ob die Bezeichnung in der Umlegungskarte oder im Umlegungsverzeichnis zu erfolgen hat. Sofern in der Umlegungskarte über den notwendigen Inhalt hinaus auch bauliche Anlagen dargestellt werden, sollten diejenigen Anlagen gekennzeichnet werden, deren Beseitigung vorgesehen ist. Fehlt eine solche Darstellung in der Umlegungskarte, können im Umlegungsverzeichnis die zu beseitigenden baulichen Anlagen aufgeführt werden. Da die neuen Eigentümer die Beseitigung dieser Anlagen zu dulden haben (§ 59 Abs. 8 Satz 2), wenn die Gemeinde den Umlegungsplan vollzieht, sollten die zu beseitigenden baulichen Anlagen bei den Grundstücken aufgeführt werden, deren Eigentümer die Duldungspflicht trifft. **15**

3. Die **rechtlich notwendige Form** des Umlegungsverzeichnisses ergibt sich aus § 66 Abs. 2 Satz 2. Auch das Umlegungsverzeichnis muß also zur Übernahme in das Liegenschaftskataster geeignet sein; es muß ferner nach § 74 Abs. 2 Satz 1 als amtliches Verzeichnis der Grundstücke im Sinne des § 2 Abs. 2 GBO dienen können. **16**

Hieraus folgt jedoch nicht zwingend, in welcher **äußeren Gestalt,** in welcher Gliederung und mit welchem Aufbau das Umlegungsverzeichnis zu erstellen ist. Da der Umlegungsplan dem Grundsatz der Einheitlichkeit zu genügen hat, könnte daran gedacht werden, die im Umlegungsgebiet gelegenen Grundstücke aufzulisten und tabellarisch die jeweils getroffenen rechtlichen und tatsächlichen Änderungen zuzuordnen. Dies ist jedoch bei größeren oder komplizierteren Umlegungsverfahren nicht sinnvoll, da eine solche tabellarische Form kaum übersichtlich sein dürfte. **Abs. 2** erlaubt daher, das Umlegungsverzeichnis **für jedes Grundstück einzeln** aufzustellen. Dies bedeutet, daß für jedes Grundstück die nach Abs. 1 und darüber hinaus notwendigen Festlegungen gesondert aufgeführt werden können. Hierdurch wird die nach § 70 Abs. 1 erforderliche Zustellung von Auszügen aus dem Umlegungsplan stark vereinfacht, da jedem Eigentümer das für sein Grundstück aufgestellte Umlegungsverzeichnis zugesandt werden kann. Ferner wird so dem Grundbuchamt, dem Katasteramt und auch dem **17**

Finanzamt die Arbeit erleichtert. (Ein Muster eines derart aufgebauten
Umlegungsverzeichnisses ist abgedruckt bei Dieterich, S. 361 ff.).

§ 69 Bekanntmachung des Umlegungsplans, Einsichtnahme

(1) **Die Umlegungsstelle hat den Beschluß über die Aufstellung des
Umlegungsplans (§ 66 Abs. 1) in der Gemeinde ortsüblich bekannt-
zumachen. In der Bekanntmachung ist darauf hinzuweisen, daß der
Umlegungsplan an einer zu benennenden Stelle nach Absatz 2 einge-
sehen werden kann und auszugsweise nach § 70 Abs. 1 Satz 1 zuge-
stellt wird.**

(2) **Den Umlegungsplan kann jeder einsehen, der ein berechtigtes
Interesse darlegt.**

1 Der Umlegungsplan bedarf als Verwaltungsakt der Bekanntgabe an
die Beteiligten. Dieser Bekanntgabe dient die Zustellung eines Auszugs
aus dem Umlegungsplan nach § 70, nicht die Bekanntmachung und die
Einsichtsmöglichkeit nach § 69. Auch ist die Zustellung nach § 70 allein
maßgebend für den Lauf der Rechtsbehelfsfrist. Um dies klarzustellen,
ist auf Vorschlag des Bundesrats die einmonatige **Auslegung der
Umlegungskarte entfallen** (vgl. BT-Drs. 10/5027, S. 11; BT-Drs. 10/
6166, S. 157).

2 Demgegenüber kommt der Bekanntmachung nach **Abs. 1 Satz 1** und
der Bereithaltung des Umlegungsplans zur Einsichtnahme nach **Abs. 2**
eine andere Bedeutung zu. Zunächst soll sie den Beteiligten, denen
nach § 70 nur ein Auszug aus dem Umlegungsplan zugestellt wird,
einen **Überblick über die Gesamtheit der getroffenen Regelungen**
ermöglichen und ihnen so gestatten, die Gerechtigkeit und Sachgemäß-
heit der getroffenen Entscheidungen im Gesamtzusammenhang zutref-
fend zu beurteilen. Der Einsichtsmöglichkeit in den Umlegungsplan
nach Abs. 2 kann man insoweit eine **Schutzfunktion** beimessen. Im
übrigen dient die Bekanntmachung nach Abs. 1 zusammen mit der
Einsichtsmöglichkeit in den Umlegungsplan der **Unterrichtung der
Öffentlichkeit** über die Neuordnung der Grundstücke im Umlegungs-
gebiet. Ferner kann sie Rechtsinhabern, die ihre Rechte nicht rechtzeitig
geltend gemacht haben – die Frist lief mit der Beschlußfassung über den
Umlegungsplan nach § 66 Abs. 1 ab (§ 48 Abs. 2) –, noch auf die
durchgeführte Umlegung hinweisen und sie veranlassen, ihre Rechte
durch Widerspruch oder Antrag auf gerichtliche Entscheidung geltend
zu machen; hierbei ist ihnen nach § 217 Abs. 2 oder nach § 212 eine Frist
von sechs Wochen (hierzu § 212, Rn 3) eingeräumt. Insoweit kommt
dem Verfahren nach § 69 **Informationsfunktion** zu. Schließlich muß
bei vorzeitiger Einleitung des Umlegungsverfahrens nach § 45 Abs. 2
Satz 2 vor der Bekanntmachung nach Abs. 1 der **Bebauungsplan in
Kraft** getreten sein. Insoweit dokumentiert die Bekanntmachung nach

Abs. 1 das eigentliche Ende des Umlegungsverfahrens; ihr kommt daher auch eine **Abschlußfunktion** zu.

Nach **Abs. 1 Satz 2** ist darauf **hinzuweisen**, daß den Beteiligten ein **3** Auszug aus dem Umlegungsplan zugestellt wird sowie daß und wo in den Umlegungsplan eingesehen werden kann.

Im Unterschied zu Bestandsverzeichnis und Bestandskarte unterliegt **4** der **Umlegungsplan** in keinem seiner Teile der öffentlichen Auslegung. Hier ist lediglich denjenigen Personen, die ein berechtigtes Interesse darlegen, eine **Einsichtsmöglichkeit** eingeräumt (hierzu § 53, Rn 12). Ein berechtigtes Interesse an der Einsichtnahme werden vor allem mögliche Kreditgeber oder ernsthafte Kaufinteressenten haben. Inhaber von Rechten an Grundstücken im Umlegungsgebiet bedürfen in der Regel der Einsichtnahme nicht, da ihnen nach § 70 ein ihre Rechte betreffender Auszug aus dem Umlegungsplan, also aus dem Umlegungsverzeichnis und der Umlegungskarte, zuzustellen ist. Sie können aber dann ein berechtigtes Interesse haben, wenn ihnen ihre Rechte nicht hinreichend gewahrt erscheinen oder sie sich diesbezüglich vergewissern wollen.

§ 70 Zustellung des Umlegungsplans

(1) **Den Beteiligten ist ein ihre Rechte betreffender Auszug aus dem Umlegungsplan zuzustellen. Dabei ist darauf hinzuweisen, daß der Umlegungsplan an einer zu benennenden Stelle nach § 69 Abs. 2 eingesehen werden kann.**

(2) **Hält die Umlegungsstelle Änderungen des Umlegungsplans für erforderlich, so können die Bekanntmachung und die Zustellung des geänderten Umlegungsplans auf die von der Änderung Betroffenen beschränkt werden.**

(3) **Ist im Grundbuch die Anordnung der Zwangsversteigerung oder Zwangsverwaltung eingetragen, so gibt die Umlegungsstelle dem Vollstreckungsgericht von dem Umlegungsverzeichnis Kenntnis, soweit dieses das Grundstück, das Gegenstand des Vollstreckungsverfahrens ist, und die daran bestehenden Rechte betrifft.**

1 **1. a)** Der Umlegungsplan ist ein Verwaltungsakt (vgl. § 66, Rn 22) und bedarf daher nach § 41 VwVfG der **Bekanntgabe an sämtliche Beteiligten** insoweit, als diese von ihm betroffen sind. Da der Umlegungsplan in der Regel eine Vielzahl von Einzelregelungen enthält, die die Beteiligten nur zum Teil betreffen, bestimmt **Abs. 1 Satz 1,** daß ihnen nur ein **Auszug aus dem Umlegungsplan zuzustellen** ist. Dieser Auszug muß sämtliche Regelungen enthalten, die den Beteiligten unmittelbar betreffen sowie eventuell diejenigen Regelungen, die zum Verständnis der den Beteiligten betreffenden Regelungen erforderlich sind. Dies gilt insbesondere im Hinblick auf die Umlegungskarte, bei der sich der Auszug nicht auf die Darstellung des dem Beteiligten zugeteilten Grundstücks beschränken darf, sondern auch die Umgebung des Grundstücks mindestens soweit enthalten muß, daß der Beteiligte die Lage seines Grundstücks im Umlegungsgebiet erkennen und beurteilen kann. Da die öffentliche Auslegung der Umlegungskarte entfallen ist, sieht **Abs. 1 Satz 2** vor, daß den Beteiligten mitzuteilen ist, daß und wo sie den vollständigen Umlegungsplan **einsehen** können. Ein berechtigtes Interesse hierzu ist bei ihnen stets gegeben.

2 Wird einem Beteiligten **kein Grundstück** zugeteilt, so braucht ihm die Umlegungskarte oder ein Auszug aus ihr nicht zugestellt zu werden, da sie keine diesen Beteiligten betreffende Regelung enthält (Ernst/Otte, in: E/Z/B, § 70, Rn 3).

3 Wird die Umlegung **von der Gemeinde** oder von einem bei ihr gebildeten Umlegungsausschuß **durchgeführt,** ist der Gemeinde ein Auszug aus dem Umlegungsplan **nicht zuzustellen,** da für die Gemeinde keine Rechtsbehelfsfristen eröffnet werden (vgl. § 46, Rn 14). Der Umlegungsplan ist aber anderen Gemeindestellen, die ihn für ihre Arbeit benötigen, bekanntzugeben. Wird die Umlegung dagegen nach § 46 Abs. 4 **von einer anderen Behörde durchgeführt,** so ist **auch der Gemeinde** ein Auszug aus dem Umlegungsplan **zuzustellen,** da hier die Gemeinde als Empfängerin der örtlichen Verkehrs- und sonstigen Flächen oder als Eigentümerin sonstiger Flächen beteiligt ist und in diesem Fall wie jeder andere beteiligte Eigentümer Rechtsbehelfe einlegen kann.

4 Der Umlegungsplan erlangt Rechtswirksamkeit erst mit der Zustellung eines Auszugs nach § 70, nicht bereits mit der Bekanntmachung nach § 69 Abs. 1. Für die Feststellung des Eintritts der Unanfechtbarkeit ist die Zustellung maßgebend. Der Zustellung des Auszugs ist daher nach § 211 eine **Rechtsbehelfsbelehrung** beizufügen. Gegen den Umlegungsplan kann Antrag auf gerichtliche Entscheidung nach § 217 gestellt werden; gegebenenfalls ist aufgrund landesrechtlicher Vorschriften nach § 212 zuvor ein Widerspruchsverfahren durchzuführen. Die Frist für die Einlegung eines Rechtsbehelfs beträgt nach § 211 Abs. 2 Satz 1 oder nach § 70 Abs. 1 Satz 1 VwGO sowohl bei Widerspruch als auch bei Antrag auf gerichtliche Entscheidung einen Monat.

b) Die **Form der Zustellung** richtet sich nach dem jeweiligen Lan- 5
deszustellungsgesetz, eventuell in Verbindung mit dem Verwaltungs-
zustellungsgesetz des Bundes (vgl. z. B. § 1 Abs. 1 Landeszustellungs-
gesetz NRW, der die Vorschriften der §§ 2 bis 15 des Verwaltungszu-
stellungsgesetzes des Bundes für anwendbar erklärt). Das Verwaltungs-
zustellungsgesetz schreibt keine bestimmte Form der Zustellung vor.
Da jedoch von der Zustellung der genaue Lauf der Rechtsbehelfsfrist
und damit auch das Eintreten der Unanfechtbarkeit des Umlegungs-
plans nach § 71 abhängen, sollte eine Form der Zustellung gewählt
werden, bei der der Zugang des Auszugs nicht fingiert wird, wie bei
der Zustellung durch die Post mittels eingeschriebenen Briefes (§ 4
Verwaltungszustellungsgesetz), sondern bei der der Zugang beurkun-
det wird. Dies ist dann entweder die Zustellung durch die Post mit
Zustellungsurkunde oder die Zustellung durch die Behörde gegen
Empfangsbekenntnis (vgl. §§ 3 und 5 Verwaltungszustellungsgesetz).

c) Nicht ausdrücklich geregelt ist im Gesetz auch der **Zeitpunkt der** 6
Zustellung im Verhältnis zur Bekanntmachung und Einsichtsmöglich-
keit nach § 69. Da der Möglichkeit zur Einsichtnahme u. a. eine wich-
tige Informationsfunktion für die Beteiligten zukommt (§ 69, Rn 2),
können die Beteiligten ihre Entscheidung, ob sie gegen den Umle-
gungsplan Rechtsbehelfe einlegen wollen oder nicht, unter Umständen
nur nach Einsichtnahme in den vollständigen Umlegungsplan treffen.
Um den Beteiligten die ihnen für ihre Entscheidung eingeräumte
Monatsfrist nicht zu verkürzen, muß **gleichzeitig mit der Zustellung**
des Auszugs der Umlegungsplan zur Einsichtnahme bereitgehalten
werden. Keinesfalls also darf mit der Bereithaltung nach § 69 Abs. 2
erst nach Zustellung des Auszugs begonnen werden.

Auch muß im Zeitpunkt der **Zustellung** der **Bebauungsplan** bereits 7
nach § 12 Satz 2 zur Einsichtnahme bereitgehalten werden, da dessen
Festsetzungen Grundlage für den Umlegungsplan sind. Ohne ihn kann
daher der Umlegungsplan von den Beteiligten nicht beurteilt werden.

2. Nach **Abs. 2** kann die Umlegungsstelle bei notwendigen Ände- 8
rungen des Umlegungsplans eine **vereinfachte Form der Bekanntgabe**
wählen. Aus der Stellung dieser Vorschrift im Gesetz ist zu schließen,
daß es sich hierbei um eine Änderung nach der Bekanntmachung nach
§ 69 Abs. 1 sowie der Zustellung des Auszugs nach Abs. 1 und vor dem
Eintritt der Unanfechtbarkeit des Umlegungsplans handelt. Denn ist
der Umlegungsplan noch nicht beschlossen und bekanntgemacht oder
zugestellt, so liegt noch gar kein Umlegungsplan im Rechtssinne vor,
der geändert werden könnte. Dabei handelt es sich dann lediglich um
eine erneute Fortschreibung eines Umlegungsplanentwurfs. Für Ände-
rungen des Umlegungsplans nach Eintritt seiner Unanfechtbarkeit
enthält dagegen § 73 eine Sonderregelung.

Änderungen in diesem Zwischenstadium können verursacht sein 9
durch die **Geltendmachung nicht angemeldeter Rechte,** deren Be-
rücksichtigung die Umlegungsstelle für sachdienlich hält, oder etwa

durch ein auf die Anfechtung des Umlegungsplans hin ergangenes **Urteil**. In diesen Fällen braucht nicht, wie dies nach Abs. 1 erforderlich wäre, allen Beteiligten die Änderung zugestellt zu werden, sondern lediglich den von ihr Betroffenen. Ebenso braucht die Bekanntmachung nach § 69 Abs. 1 nicht ortsüblich zu erfolgen, sondern kann auf die von den Änderungen Betroffenen beschränkt werden. Dies bedeutet praktisch eine Mitteilung an diesen Kreis, daß der Umlegungsplan zur Einsicht ausliegt. Diese Mitteilung kann mit der Zustellung des Auszugs aus dem geänderten Umlegungsplan verbunden werden.

10 **3.** Nach **Abs. 3** kommt der Umlegungsstelle – ebenso wie nach § 54 Abs. 3 (hierzu § 54, Rn 9) – die Pflicht zu, das **Vollstreckungsgericht** vom Umlegungsverzeichnis zu **benachrichtigen.** Diese Benachrichtigungspflicht entsteht nicht nur, soweit das Umlegungsverzeichnis das in der Zwangsvollstreckung befindliche **Grundstück** selbst betrifft, sondern auch, wenn es an diesem Grundstück bestehende **dingliche Rechte** berührt. Persönliche Rechte mit Bezug auf das Grundstück begründen keine Benachrichtigungspflicht (vgl. auch Stahnke, in: Kohlhammer-Komm. zum BBauG, § 70, Anm. 5).

§ 71 Inkrafttreten des Umlegungsplans

(1) **Die Umlegungsstelle hat ortsüblich bekanntzumachen, in welchem Zeitpunkt der Umlegungsplan unanfechtbar geworden ist. Dem Eintritt der Unanfechtbarkeit des Umlegungsplans steht es gleich, wenn der Umlegungsplan lediglich wegen der Höhe einer Geldabfindung anfechtbar ist.**

(2) **Vor Unanfechtbarkeit des Umlegungsplans kann die Umlegungsstelle räumliche und sachliche Teile des Umlegungsplans durch Bekanntmachung in Kraft setzen, wenn sich die Entscheidung über eingelegte Rechtsbehelfe auf diese Teile des Umlegungsplans nicht auswirken kann. Personen, die Rechtsbehelfe eingelegt haben, sind von der Inkraftsetzung zu unterrichten.**

1 **1. a)** An die Bekanntgabe eines Verwaltungsakts sind grundsätzlich zwei Rechtsfolgen geknüpft: Nach § 43 Abs. 1 VwVfG wird der Ver-

waltungsakt mit der Bekanntgabe wirksam; nach § 70 Abs. 1 VwGO und § 217 Abs. 2 beginnt mit der Bekanntgabe der Lauf der Frist, innerhalb derer der Widerspruch oder der Antrag auf gerichtliche Entscheidung einzureichen ist. **Mit der Zustellung des Umlegungsplans treten aber dessen Rechtswirkungen noch nicht ein;** es beginnt lediglich die Rechtsbehelfsfrist. Die Rechtswirkungen des Umlegungsplans treten vielmehr nach § 72 Abs. 1 erst **mit der Bekanntmachung seiner Unanfechtbarkeit nach Abs. 1 Satz 1** ein. Grund hierfür ist, daß in der Regel jede einzelne der im Umlegungsplan getroffenen Regelungen vom Bestand der anderen Regelungen abhängig ist. Der Umlegungsplan kann daher **grundsätzlich nur insgesamt wirksam werden.** Als Zeitpunkt des Wirksamwerdens des Umlegungsplans kommt allein der Tag in Betracht, an dem die letzte Frist zur Einlegung eines Rechtsbehelfs gegen den Umlegungsplan, gegen einen hiergegen gerichteten Widerspruch oder gegen eine gerichtliche Entscheidung ungenutzt verstrichen ist oder ein Rechtsbehelfsverfahren auf andere Weise wie z. B. durch Vergleich, durch Rücknahme des Rechtsbehelfs oder durch gegenüber dem Gericht erklärten Rechtsbehelfsverzicht seinen Abschluß gefunden hat und dadurch die anfechtbare oder angefochtene Regelung wirksam geworden ist. Diesen Zeitpunkt der Unanfechtbarkeit sämtlicher einzelner Regelungen des Umlegungsplans hat die Umlegungsstelle ortsüblich bekanntzumachen (hierzu § 3, Rn 13).

Aus der Bekanntmachung folgen die Rechtswirkungen des § 72. Sie ist daher als Verwaltungsakt anzusehen, der **selbständig anfechtbar** ist. Allerdings kann die Bekanntmachung nur hinsichtlich der in ihr enthaltenen Regelung angegriffen werden. Dies ist nicht eine Wiederholung der Regelungen des Umlegungsplans, sondern lediglich die Feststellung, daß der Umlegungsplan unanfechtbar geworden ist und damit dessen Rechtsfolgen eintreten. Dieser Zeitpunkt kann aber durchaus falsch ermittelt worden sein (hierzu BGH, DVBl. 1981, 395/397). **2**

Die Bekanntmachung hat ihre Bedeutung in der durch sie bewirkten Änderung des Rechtszustands nach § 72. Hierauf ist aber ohne Einfluß, wenn der Umlegungsplan **lediglich wegen der Höhe einer Geldabfindung** (zum Begriff vgl. § 64, Rn 1) **anfechtbar oder angefochten** ist. **Abs. 1 Satz 2** stellt daher den Fall der Anfechtbarkeit lediglich wegen der Höhe einer Geldabfindung der Unanfechtbarkeit insgesamt gleich. Dabei ist davon auszugehen, daß Abs. 1 Satz 2 entgegen seinem Wortlaut nicht nur den Fall erfaßt, in dem der Umlegungsplan wegen der Höhe einer Geldabfindung anfechtbar ist, also angefochten werden **kann,** sondern auch den Fall, in dem der Umlegungsplan deswegen angefochten **worden ist** (Ernst/Otte, in: E/Z/B, § 71, Rn 12). **3**

Nicht erfaßt wird der Fall, in dem eine **Geldabfindung** nicht der Höhe, sondern **dem Grunde nach anfechtbar** oder angefochten worden ist. In diesem Fall kann nämlich an die Stelle der vorgesehenen Geldabfindung ein Anspruch auf Landzuteilung treten, so daß der Rechtsübergang nach § 72 noch nicht erfolgen kann. Unter Geldabfin- **4**

dungen sind daher nicht Ausgleichsleistungen zu verstehen (hierzu unten, Rn 8). Im übrigen muß es sich um eine Geldabfindung für ein eingeworfenes Grundstück, nicht für die Aufhebung eines Rechts oder den Entzug einer Einrichtung nach §§ 60, 61 handeln. Diese fallen unter Abs. 2.

5 **b)** Ein **Zeitpunkt für die Bekanntmachung** ist im Gesetz nicht vorgeschrieben. Da der Umlegungsplan der Verwirklichung des Bebauungsplans dient und diese vor Änderung des Rechtszustands entsprechend dem Umlegungsplan von den Privaten nicht in Angriff genommen werden kann – abgesehen von der Möglichkeit der vorzeitigen Besitzeinweisung nach § 77 Abs. 1 Nr. 2 –, hat die Bekanntmachung **unverzüglich** zu erfolgen (so auch Ernst/Otte, aaO, Rn 5).

6 **2.** Grundsätzlich kann der Umlegungsplan nur insgesamt in Kraft treten. Es sind jedoch Fälle denkbar, in denen Regelungen des Umlegungsplans streitig sind, die nur begrenzte Wirkungen haben. In diesen Fällen soll nach **Abs. 2 Satz 1** zur Beschleunigung des Verfahrens der nicht betroffene Teil des Umlegungsplans **vorab in Kraft gesetzt werden** können. Zu der hiervon zu unterscheidenden Möglichkeit, einen **Teilumlegungsplan** aufzustellen, vgl. § 66, Rn 22.

7 **a)** Ist z. B. nur der Grenzverlauf zwischen einzelnen Grundstücken streitig, so wird die Entscheidung über entsprechende Rechtsbehelfe nur die angrenzenden Grundstücke betreffen. In diesem Fall ist gerechtfertigt, den Umlegungsplan in dem nicht berührten Teil **räumlich** vorzeitig, d. h. vor Eintritt der Unanfechtbarkeit des Umlegungsplans insgesamt, in Kraft zu setzen. Die Inkraftsetzung ist dann zwar räumlich beschränkt, bezieht sich aber sachlich auf alle für die Grundstücke des erfaßten Gebiets getroffenen Regelungen.

8 **b)** Sind die Einteilungen der Grundstücke und der Grenzverlauf unstreitig, nicht aber an diesen Grundstücken getroffene Regelungen oder die Festsetzung von Ausgleichsleistungen, so kann der Umlegungsplan **sachlich** zum Teil in Kraft gesetzt werden. Diese sachliche Teilinkraftsetzung kann sich räumlich auf das gesamte Umlegungsgebiet beziehen oder sich auf ein einzelnes Grundstück oder wenige Grundstücke beschränken. Ist z. B. die den **Ausgleichsleistungen** (zum Begriff vgl. § 64, Rn 1) zugrundeliegende Ermittlung der Grundstückswerte angefochten, so hat dies in der Regel nur begrenzt Auswirkungen auf die Grundstückseinteilung, den Grenzverlauf und die an den Grundstücken bestehenden Rechte; primär ergeben sich hier Auswirkungen auf die Höhe der Geldleistungen. Der Umlegungsplan kann dann insoweit sachlich in Kraft gesetzt werden. Ist bei einem einzelnen Grundstück eine Ausgleichsleistung streitig, z. B. wegen des angesetzten Werts eines aufstehenden Gebäudes nach § 60 Satz 1, so ist der Umlegungsplan räumlich auf das gesamte Umlegungsgebiet und sachlich für alle Regelungen in dem Gebiet mit Ausnahme der Regelung über die Ausgleichsleistung in dem einen Fall in Kraft zu setzen.

Sind **Geldabfindungen** dem Grunde nach angefochten oder noch 9
anfechtbar, so scheidet auch eine Teilinkraftsetzung aus. Denn eine
Entscheidung insoweit kann sich auf die gesamte Grundstückseinteilung auswirken, weil unter Umständen eine Neuverteilung der Grundstücke erforderlich wird, wenn die Geldabfindung durch eine Naturalzuteilung ersetzt werden sollte. Ist eine Geldabfindung nur der Höhe
nach anfechtbar, so liegt ein Fall des Abs. 1 Satz 2 und nicht des Abs. 2
vor.

c) Liegen die materiellen Voraussetzungen für eine vorzeitige Inkraftsetzung vor, so kann die Umlegungsstelle nach ihrem **Ermessen** 10
entscheiden, ob sie von dieser Möglichkeit Gebrauch macht. Einen
Anspruch auf vorzeitige Inkraftsetzung sieht das Gesetz nicht vor.
Möglich wird diese Entscheidung, wenn in entsprechender Anwendung des Abs. 1 für die nicht betroffenen Teile Unanfechtbarkeit
eingetreten ist und das Nichtbetroffensein dieser Teile feststeht. Die
Inkraftsetzung erfolgt durch ortsübliche Bekanntmachung der Unanfechtbarkeit des entsprechenden Teils des Umlegungsplans nach Abs. 1
Satz 1. Insoweit treten dann die Wirkungen des § 72 ein.

d) Wird das Nichtbetroffensein von Teilen des Umlegungsplans 11
durch eingelegte Rechtsbehelfe falsch eingeschätzt, kann durch die
Inkraftsetzung in Rechte der **Widerspruchs- oder Klageführer** eingegriffen werden. Nach **Abs. 2 Satz 2** ist diesen Personen daher **mitzuteilen,** daß eine vorzeitige Inkraftsetzung erfolgt ist. Zwar tritt die
Rechtswirkung nach § 72 unmittelbar mit der Bekanntmachung und
nicht etwa erst mit Unanfechtbarkeit der Bekanntmachung ein. Der
den Umlegungsplan Anfechtende kann jedoch im Grundbuch einen
Widerspruch nach § 899 BGB eintragen lassen. Damit kann er sich
gegen den gutgläubigen Erwerb des behaupteten Rechts durch einen
Dritten und damit gegen den Untergang seines Rechts schützen. Wird
seinem Widerspruch oder seinem Antrag auf gerichtliche Entscheidung
stattgegeben, so ist der Umlegungsplan ganz oder teilweise nach § 48
VwVfG zurückzunehmen oder er wird vom Gericht nach § 226 Abs. 2
Satz 2 aufgehoben.

§ 72 Wirkungen der Bekanntmachung

(1) **Mit der Bekanntmachung nach § 71 wird der bisherige Rechtszustand durch den in dem Umlegungsplan vorgesehenen neuen
Rechtszustand ersetzt. Die Bekanntmachung schließt die Einweisung der neuen Eigentümer in den Besitz der zugeteilten Grundstücke ein.**

(2) **Die Gemeinde hat den Umlegungsplan zu vollziehen, sobald
seine Unanfechtbarkeit nach § 71 bekanntgemacht worden ist. Sie hat
den Beteiligten die neuen Besitz- und Nutzungsrechte, erforderlichenfalls mit den Mitteln des Verwaltungszwangs, zu verschaffen.**

1 **1. a)** Wie zu § 71 (Rn 1) ausgeführt, tritt die Ersetzung des bisherigen Rechtszustands durch den neuen Rechtszustand nicht mit der Bekanntgabe des Umlegungsplans an die einzelnen Beteiligten, sondern mit der **Bekanntmachung der Unanfechtbarkeit des Umlegungsplans** ein. Dies gilt sowohl für die Fälle des § 71 Abs. 1, in denen der gesamte Umlegungsplan in Kraft tritt, als auch für die Fälle des § 71 Abs. 2, nach dem bekanntgemacht wird, daß räumliche oder sachliche Teile des Umlegungsplans in Kraft gesetzt werden. Nach § 71 wird nicht der Umlegungsplan selbst ortsüblich bekanntgemacht, sondern lediglich der Zeitpunkt, in dem der Umlegungsplan unanfechtbar geworden ist. § 41 VwVfG, der als öffentliche Bekanntgabe eines schriftlichen Verwaltungsakts die ortsübliche Bekanntmachung vorsieht, ist hier daher nicht anzuwenden (a. A. Schriever, in: Kohlhammer-Komm. zum BBauG, § 72, Rn 2). Die Rechtsänderung tritt daher **am Tage der Bekanntmachung**, nicht, wie in § 41 Abs. 4 Satz 3 VwVfG vorgesehen, am Tage nach der Bekanntmachung ein. Dies entspricht auch dem Wortlaut des **Abs. 1 Satz 1**. Die Rechtsbehelfsfrist gegen den Verwaltungsakt der Bekanntmachung selbst beginnt dagegen erst am Tag nach der Bekanntmachung zu laufen. Hierfür gilt die allgemeine Regelung des § 187 Abs. 1 BGB. Im übrigen aber wird durch die Bekanntmachung für die Rechtsänderung keine Frist in Gang gesetzt, so daß die Wirkung mit dem Tag der Bekanntmachung eintritt.

2 **b)** Der Eintritt des neuen Rechtszustands ist nicht von einer vorherigen Eintragung im Grundbuch abhängig. Der Rechtsübergang erfolgt vielmehr **unmittelbar** durch die Bekanntmachung der Unanfechtbarkeit des Umlegungsplans nach § 71 **außerhalb des Grundbuchs.** Hierdurch wird das Grundbuch, das noch den alten Rechtszustand wiedergibt, unrichtig und ist zu berichtigen (vgl. § 74). Es ist u. a. eine Funktion des Umlegungsvermerks, auf diese mögliche Unrichtigkeit des Grundbuchs hinzuweisen; ein Gutglaubensschutz findet insoweit nicht statt. Während bei der Umlegung infolge des Surrogationsprinzips (hierzu § 63, Rn 1) das Eigentum unverändert fortbesteht und lediglich ein Wechsel im Objekt des Eigentums eintritt, findet bei der Enteignung ein originärer Rechtserwerb statt. Obwohl § 117 Abs. 5

Satz 1 im Wortlaut dem Abs. 1 Satz 1 entspricht, wird hier doch der unterschiedliche Charakter der Enteignung als Eigentumsentzug und -neubegründung und der Umlegung als bestandserhaltendes Grundstückstauschverfahren deutlich (vgl. auch Ernst/Otte, in: E/Z/B, §72, Rn 5).

c) Aufrechterhaltene **Rechte an Altgrundstücken** gehen mit Bekanntmachung der Unanfechtbarkeit des Umlegungsplans auf die neuen Grundstücke über (vgl. §63, Rn 3, 4). Sonstige neubegründete dingliche oder persönliche Rechte entstehen mit diesem Zeitpunkt, **Geldleistungen** werden in diesem Moment fällig (§64 Abs. 2 Satz 1). **3**

d) Die **alten örtlichen Verkehrsflächen** werden mit der Bekanntmachung der Unanfechtbarkeit des Umlegungsplans eingezogen. Wird ihnen tatsächlich der Verkehr entzogen, gelten sie in der Regel als entwidmet (vgl. §68, Rn 13). **4**

Dasselbe gilt für die **Widmung öffentlicher Verkehrsflächen.** Werden sie im Umlegungsplan unanfechtbar angeordnet, so gilt die Straße mit der Verkehrsübergabe als gewidmet. Die Widmung ist dann noch öffentlich bekanntzumachen (vgl. §68, Rn 13; OVG Münster, DÖV 1975, 213). **5**

2. Ebenso wie das Eigentum geht nach **Abs. 1 Satz 2** auch der **Besitz** mit Bekanntmachung der Unanfechtbarkeit des Umlegungsplans auf den neuen Eigentümer über. Neu ist der Eigentümer allerdings nur im Hinblick auf das konkrete Besitzobjekt, nicht aber – infolge der dinglichen Surrogation – in seiner Stellung als Eigentümer. Eine **Übergabe** im Sinne des §854 BGB ist **nicht erforderlich.** Mit der Bekanntmachung der Unanfechtbarkeit des Umlegungsplans kann der neue Eigentümer die **Besitzschutzansprüche** nach §§858 bis 862 BGB geltend machen. **6**

Die Wirkung der Besitzeinweisung tritt hinsichtlich des Grundstücks einschließlich seiner Bestandteile und etwaigen Zubehörs ein. Sie bezieht sich jedoch nur auf die Eigentümer, nicht auf andere Inhaber von Besitz- oder Nutzungsrechten. Hier enthält Abs. 2 Satz 2 eine eigene Regelung (vgl. unten, Rn 9 ff.). **7**

3. a) Die rechtlichen Änderungen treten durch die Bekanntmachung der Unanfechtbarkeit des Umlegungsplans unmittelbar ein. Insoweit bedarf es keines Vollzugs. Die neuen Rechtsverhältnisse werden mit Bekanntmachung der Unanfechtbarkeit des Umlegungsplans grundsätzlich wieder **in das Privatrecht entlassen** und unterliegen der alleinigen Verfügungsbefugnis der Rechtsinhaber. Ihnen stehen daher auch die zivilrechtlichen Besitz- oder Eigentumsschutzansprüche oder entsprechende Verschaffungsansprüche zur Verfügung. **8**

b) Abs. 2 Satz 1 bestimmt jedoch, daß die Beteiligten auf diese privatrechtlichen Möglichkeiten nicht beschränkt sind. Er räumt den Beteiligten vielmehr einen **Anspruch** darauf ein, daß der Umlegungsplan hoheitlich **vollzogen** wird. Dies kann z. B. erfordern, den neuen **9**

Eigentümern den tatsächlichen Besitz an ihrem Grundstück zu verschaffen, Gebäude abzubrechen oder bei aufgehobenen Mietverhältnissen die gemietete Wohnung zu räumen. Dieser Vollzug obliegt nicht mehr der Umlegungsstelle, also z. B. dem Umlegungsausschuß, sondern der **Gemeinde** selbst.

10 c) Vollstreckungsmaßnahmen, wie sie beim Vollzug des Umlegungsplans notwendig werden können, sind eigenständige Eingriffe in die grundrechtlich geschützte Rechtsstellung des Betroffenen. Sie bedürfen daher einer **gesetzlichen Ermächtigungsgrundlage.** Eine solche enthält hinsichtlich des „Ob" der Verwaltungsvollstreckung **Abs. 2 Satz 2.** Hinsichtlich des „Wie" der Verwaltungsvollstreckung sind die **Verwaltungsvollstreckungsgesetze der Länder** zugrundezulegen. Diese ergänzen die Ermächtigung des Abs. 2 Satz 2 in bezug auf Inhalt, Art und Umfang der jeweils anwendbaren Zwangsmittel (hierzu Schmidt-Jortzig, DVBl. 1971, 297 ff.).

11 Die Vollzugspflicht bezieht sich nur auf die **besitzbezogenen Festsetzungen** des Umlegungsplans. **Nicht** zum Vollzug im Sinne des Abs. 2 gehört daher die **Herstellung der Erschließungsanlagen.** Die Verpflichtung der Gemeinde beschränkt sich hiernach lediglich darauf, die alten Verkehrsflächen, die nunmehr einer neuen Nutzung zugeführt werden sollen, dem Verkehr zu entziehen. Unabhängig hiervon begründet die Durchführung einer Umlegung in der Regel die Verpflichtung der Gemeinde, alsbald die Erschließungsanlagen herzustellen (vgl. § 45, Rn 13; § 123, Rn 5). Ebenfalls nicht erfaßt von Abs. 2 werden die **Geldleistungen;** ihre Regelung findet sich bereits in § 64.

12 d) **Rechtsschutz** gegen Vollstreckungsanordnungen wird normalerweise vor den Verwaltungsgerichten gewährt. Da hier die Vollstrekkung jedoch in einem unmittelbaren Zusammenhang mit der Umlegung steht, ist es sachgerecht, wegen des inneren Zusammenhangs mit der Umlegung Rechtsschutz auch insoweit durch **Antrag auf gerichtliche Entscheidung nach § 217,** gegebenenfalls nach vorherigem **Widerspruch,** zu gewähren (KG, NJW 1970, 614/615, für die entsprechende Situation bei der Enteignung).

§ 73 Änderung des Umlegungsplans

Die Umlegungsstelle kann den Umlegungsplan auch nach Eintritt der Unanfechtbarkeit ändern, wenn

1. **der Bebauungsplan geändert wird,**
2. **eine rechtskräftige Entscheidung eines Gerichts die Änderung notwendig macht oder**
3. **die Beteiligten mit der Änderung einverstanden sind.**

1. Verwaltungsakte erwachsen grundsätzlich, anders als Gerichtsur- **1**
teile, nicht in Rechtskraft, sondern lediglich in Bestandskraft (hierzu
Wolff/Bachof, Verwaltungsrecht I, 9. Aufl. 1974, § 52). Dies bedeutet,
daß ein Verwaltungsakt zwar unanfechtbar sein, trotzdem aber geän-
dert werden kann. Die grundsätzlich hierfür zur Verfügung stehenden
Möglichkeiten nach §§ 48 bis 51 VwVfG (Rücknahme, Widerruf,
Wiederaufgreifen des Verfahrens) sind jedoch auf den Umlegungsplan
wegen seiner besonderen komplexen Struktur und seiner privatrechts-
gestaltenden Wirkung grundsätzlich nicht anwendbar. Der Umle-
gungsplan kann entweder durch eine erneute Durchführung einer
Umlegung nach §§ 45 ff. oder aber durch eine **vereinfachte Änderung**
unter den besonderen Voraussetzungen des § 73 geändert werden.

a) Der **Zeitraum,** innerhalb dessen eine vereinfachte Änderung des **2**
Umlegungsplans zulässig ist, beginnt mit dem **Eintritt der Unanfecht-
barkeit des Umlegungsplans.** § 73 greift hiermit die Formulierung in
§ 71 Abs. 1 Satz 2 auf. Der frühestmögliche Zeitpunkt für die Einlei-
tung eines vereinfachten Verfahrens zur Änderung des Umlegungs-
plans ist daher der Eintritt der Unanfechtbarkeit des Umlegungsplans
insgesamt, nicht der **Eintritt individueller Unanfechtbarkeit** (a. A.
Schriever, in: Kohlhammer-Komm. zum BBauG, § 73, Rn 4; wie hier
wohl Stich, in: BK, § 73, Rn 1; Ernst/Otte, in: E/Z/B, § 73, Rn 5). Auch
kommt es hier – wie bei § 71 Abs. 2 – nicht auf die Bekanntmachung
der Unanfechtbarkeit an, sondern nur auf deren Eintritt. Gleichzustel-
len ist dem Eintritt der Unanfechtbarkeit des gesamten Umlegungs-
plans die **teilweise Inkraftsetzung** nach § 71 Abs. 2. **Vor diesem Zeit-
punkt** sind Änderungen des Umlegungsplans nach **§ 70 Abs. 2** möglich
(vgl. § 70, Rn 8).

Dies gilt auch im Falle einer **Vorwegregelung** nach § 76: Ist ihre **3**
Unanfechtbarkeit noch nicht eingetreten, kann eine Änderung nach
§ 70 Abs. 2 durchgeführt werden. Allerdings ist auch hierfür im selben
Rahmen wie bei der Vorabregelung das Einverständnis der Beteiligten
erforderlich (hierzu § 76, Rn 10 ff.). Ist die Vorabregelung unanfechtbar
geworden, kann auch sie nach § 73 geändert werden (vgl. etwa BGH,
U. v. 10. 11. 1988, ZfBR 1989, 178/180). Eine einseitige Änderung
einer einzelnen Vorabregelung nach § 76 kommt wegen des Erforder-
nisses einverständlicher Regelung, das auch für eine Änderung gelten

muß, zumindest im praktischen Ergebnis (vgl. § 76, Rn 10 ff.) nicht in
Betracht. Für eine einverständliche Änderung, etwa nach Nr. 3, bedarf
es einer Anwendung des § 73 nicht, da den Beteiligten unbenommen
ist, durch eine neue Vorwegregelung nach § 76 etwa einem geänderten
Bebauungsplan gerecht zu werden. Bedeutung kommt der Anwend-
barkeit des § 73 im Rahmen des § 76 vor allem dann zu, wenn sich
mehrere Vorwegregelungen zu einem geschlossenen Regelungsgeflecht
wie bei einem Umlegungsplan zusammengefügt haben und eine ein-
verständliche Regelung nicht zu erreichen ist. Hier kann die An-
wendbarkeit des § 73 auf Vorwegregelungen die Aufstellung eines
Umlegungsplans entbehrlich machen (vgl. auch BT-Drs. 10/4630,
S. 105).

4 Einen **zeitlichen Endpunkt** für die Möglichkeit einer vereinfachten
Änderung nach § 73 ist aus dem Gesetz nicht zu entnehmen. Hier kann
jedoch ein Rechtsvergleich zum Flurbereinigungsgesetz weiterhelfen.
Dieses sieht in seinem § 64 eine dem § 73 vergleichbare Regelung für
eine vereinfachte Änderung des Flurbereinigungsplans vor. Die Befug-
nis zu diesem vereinfachten Verfahren endet jedoch mit der Schlußfest-
stellung nach § 149 FlurbG. Die Schlußfeststellung ist zu erlassen,
wenn die Ausführung nach dem Flurbereinigungsplan bewirkt ist und
den Beteiligten keine Ansprüche mehr zustehen, die im Flurberei-
nigungsverfahren hätten berücksichtigt werden müssen. Übertragen auf
die Umlegung bedeutet dies, daß in dem Augenblick, in dem der
Umlegungsplan nach § 72 **vollständig vollzogen** ist, für ein Verfahren
nach § 73 kein Raum mehr ist. Erscheinen danach noch Änderungen
sinnvoll oder notwendig, müssen die Beteiligten privatrechtliche Rege-
lungen anstreben oder aber es ist ein erneutes Umlegungsverfahren
nach §§ 45 ff. durchzuführen. Dies entspricht auch der Funktion des
Umlegungsverfahrens, nach seinem Abschluß die betroffenen Rechts-
verhältnisse wieder in das Privatrecht zu entlassen (vgl. § 72, Rn 8). Der
Umlegungsplan kann für die Rechtsverhältnisse im Umlegungsgebiet
allenfalls für eine mittelfristige Zeit eine Basis abgeben (vgl. Schmidt-
Aßmann, Rechtsinstrumente für Gemeinschaftsanlagen in Gemein-
schaftsverantwortung, Schriftenreihe „Städtebauliche Forschung" des
BMBau, Heft 03.078, 1979, S. 25). Als **Erfahrungswert** wird hierfür
ein **Zeitraum von 5 Jahren** angegeben (so Schriever, in: Kohlhammer-
Komm. zum BBauG, § 73, Rn 4).

5 **b)** § 73 sieht drei alternative Voraussetzungen für die Zulässigkeit
einer vereinfachten Änderung des Umlegungsplans vor. Nach der
ersten Alternative in **Nr. 1** kann das vereinfachte Verfahren durchge-
führt werden, wenn der **Bebauungsplan geändert** wird. Dabei kommt
es weder auf das Verfahren, in dem der Bebauungsplan geändert
wurde, noch auf die Art der Änderung des Bebauungsplans, sondern
lediglich auf die **umlegungsrechtliche Relevanz** dieser Änderung an.
So kann eine Straßenverbreiterung oder Verengung eine Änderung des
Umlegungsplans erfordern, eine tiefgreifende Änderung von Art und

Maß der baulichen Nutzung u. U. jedoch nicht, wenn hierdurch die Sollzuteilung keine Änderung erfährt.

Anders als nach § 45 Abs. 2 ist jedoch das **Inkrafttreten des Bebauungsplans vorauszusetzen.** Die Vereinfachung liegt bei dem Verfahren nach § 73 nicht in der Möglichkeit einer vorherigen Einleitung des Umlegungsverfahrens wie nach § 45 Abs. 2, sondern in der Verkürzung des durchzuführenden Verfahrens (hierzu unten, Rn 12). Hierfür aber ist von einem rechtskräftigen Bebauungsplan auszugehen (vgl. auch Ernst/Otte, in: E/Z/B, § 73, Rn 7). **6**

c) Ein vereinfachtes Verfahren kann nach **Nr. 2** auch durchgeführt werden, wenn eine **gerichtliche Entscheidung** die Änderung des Umlegungsplans erfordert. Dabei kann es sich nicht um eine Entscheidung handeln, die auf die Anfechtung einzelner Festsetzungen des Umlegungsplans ergangen ist (BGH, DVBl. 1981, 395/397). Denn diese würde den Eintritt der Unanfechtbarkeit des Umlegungsplans entweder ganz oder im Hinblick auf die in Streit befindliche Festsetzung hindern. Damit aber wäre die Grundvoraussetzung für das vereinfachte Verfahren nach § 73, nämlich der Eintritt der Unanfechtbarkeit des Umlegungsplans, nicht erfüllt (wie hier Ernst/Otte, aaO, Rn 9; vgl. auch § 70, Rn 9). Auch die Änderung der Rechtsprechung des Bundesverwaltungsgerichts zur erschließungsbeitragspflichtigen Zuteilung (durch U. v. 4. 2. 1981, vgl. § 57, Rn 19 ff.) erfüllt nicht die Voraussetzungen der Nr. 2 (BGH, U. v. 10. 11. 1988, ZfBR 1989, 178/179 f.). Eine Entscheidung im Sinne der Nr. 2 liegt z. B. vor, wenn die Umlegungsstelle den falschen Rechtsinhaber berücksichtigt hat und der wahre Rechtsinhaber erst durch gerichtliches Urteil festgestellt wurde (BVerwG, RdL 1962, 190/191). In Betracht kommen also **hauptsächlich zivilgerichtliche Urteile,** die Rechtsverhältnisse z. B. an baulichen Anlagen anders klären, als die Umlegungsstelle sie bei ihrer Verteilungsentscheidung zugrundegelegt hat. Weiter setzt Nr. 2 voraus, daß die **Änderung notwendig** ist. Diese Voraussetzung ist nur erfüllt, wenn die Beteiligten sich über die erforderlichen Änderungen nicht außerhalb des Umlegungsverfahrens einigen können. Zwar stünden den Berechtigten in diesem Fall die Möglichkeiten der Privatrechtsordnung zur Herstellung eines gerichtlich erkannten Rechtszustands zu. Ähnlich wie beim Vollzug nach § 72 Abs. 2 soll der Beteiligte jedoch nicht hierauf verwiesen werden. **7**

d) Nach **Nr. 3** ist eine vereinfachte Änderung des Umlegungsplans möglich, wenn die **Beteiligten mit der Änderung einverstanden** sind. Diese Voraussetzung ist in zweifacher Hinsicht **einschränkend auszulegen.** Zum einen kann das bloße Einverstandensein mit einer Änderung nicht zur Durchführung eines wenn auch vereinfachten Umlegungsverfahrens genügen. Hier sind die Beteiligten vielmehr auf die Möglichkeit privatrechtlicher Vereinbarungen angewiesen. Auch beim vereinfachten Verfahren muß es letztlich darum gehen, den **Zweck der** **8**

Umlegung nach § 45 Abs. 1 zu verfolgen, also die Rechtsverhältnisse in dem Umlegungsgebiet so zu gestalten, daß eine Verwirklichung des Bebauungsplans ermöglicht und gefördert wird. Auch hier kann ein Vergleich mit § 64 FlurbG für die Auslegung hilfreich sein. Danach ist eine vereinfachte Änderung des Flurbereinigungsplans nur möglich, wenn öffentliche Interessen oder wichtige und nicht vorhersehbare wirtschaftliche Bedürfnisse der Beteiligten dies **erfordern**. Dies muß auch für die vereinfachte Änderung des Umlegungsplans nach Nr. 3 gelten. Bei der Umlegung besteht das **öffentliche Interesse** darin, den Zweck der Umlegung zu erreichen. **Wirtschaftliche Interessen der Beteiligten** können darin gesehen werden, daß ein Grundstück nicht ohne weiteres so zu nutzen ist, wie im Bebauungsplan und im Umlegungsplan vorausgesetzt, so etwa wenn unvorhergesehene besondere Gründungsarbeiten für eine bauliche Nutzung erforderlich werden (hierzu Schriever, in: Kohlhammer-Komm. zum BBauG, § 73, Rn 15). Solche Nutzungserschwernisse müssen Einfluß auf den Bodenwert und damit auf die von dem Eigentümer zu erbringende Ausgleichsleistung haben.

9 Zum anderen ist Nr. 3 dahingehend einschränkend auszulegen, daß sich das Einverständnis **nur auf die Tatsache** der Änderung erstrecken muß, **nicht aber auch auf ihren Inhalt** (Schriever, aaO, Rn 16; Ernst/Otte, aaO, Rn 11). Liegt die Änderung des Umlegungsplans im öffentlichen Interesse, so kann die Durchführung der Änderung nicht an das Einverständnis der Beteiligten gebunden werden. Sie müssen lediglich mit der Verkürzung des Änderungsverfahrens nach § 73 einverstanden sein.

10 **2. a)** Die Verwendung des Wortes „kann“ in § 73 ist in erster Linie als **Ermächtigung** zur Durchführung eines vereinfachten Verfahrens zu verstehen. Daraus ergibt sich für die Entscheidung der Umlegungsstelle ein Zweifaches: Für die Frage, ob überhaupt eine Änderung des Umlegungsplans vorgenommen werden soll, ist dieselbe Überlegung maßgebend, wie sie nach § 45 Abs. 1 und § 46 Abs. 1 anzustellen ist. Erfordert die Verwirklichung des Umlegungszwecks die Änderung des Umlegungsplans, so muß eine solche Änderung herbeigeführt werden. Sie muß unterbleiben, wenn im Wege einer freiwilligen Einigung unter den Beteiligten die mit der Änderung des Umlegungsplans anzustrebende rechtliche oder tatsächliche Änderung erreicht wird.

11 Ob eine notwendige Änderung des Umlegungsplans dagegen im ordentlichen Verfahren nach §§ 45 ff. oder im vereinfachten Verfahren nach § 73 durchgeführt wird, unterliegt dem **Ermessen** der Umlegungsstelle. Dabei dürfte maßgeblich sein, ob die erforderliche Änderung die Grundlagen des Umlegungsplans, also z. B. die Entscheidung über den Verteilungsmaßstab, berührt oder ob nur punktuelle Regelungen betroffen sind. Ähnlich wie bei § 13 für die vereinfachte Änderung eines Bebauungsplans wird auch hier zu fordern sein, daß die „Grundzüge des Umlegungsplans“ durch die vereinfachte Änderung nicht

berührt werden. Ist ein solches eingeschränktes Änderungsprogramm zu erfüllen, so dürfte bei Vorliegen der Voraussetzungen in der Regel ein vereinfachtes Verfahren durchzuführen sein.

b) Die **Vereinfachung des Verfahrens** liegt darin, daß nur der Umle-
gungsplan zu ändern, nicht aber das gesamte Umlegungsverfahren durchzuführen ist. Es sind daher lediglich die Verfahrensstadien noch einmal zu durchlaufen, die mit der Aufstellung des Umlegungsplans nach § 66 beginnen (Stich, in: BK, § 73, Rn 3). Es kann also sogleich mit der Erörterung der vorgesehenen Änderungen mit den Eigentü-
mern und zweckmäßigerweise auch mit den sonstigen Beteiligten nach § 66 Abs. 1 über die Verteilung begonnen werden. Das weitere Verfah-
ren folgt dann den für das ordentliche Verfahren geltenden Vorschrif-
ten. Ist das Verfahren von daher **zeitlich verkürzt,** so ist es **sachlich vereinfacht,** da nur die von den geplanten Änderungen unmittelbar oder mittelbar betroffenen Festsetzungen des Umlegungsplans in das Verfahren einzubeziehen sind.

Sind im Umlegungsplan Schreibfehler, Rechenfehler oder ähnliche **offenbare Unrichtigkeiten** enthalten, also Unrichtigkeiten, die nicht auf einer falschen rechtlichen oder tatsächlichen Bewertung eines Um-
stands beruhen, so können diese nach § 42 VwVfG unabhängig von den Voraussetzungen des § 73 berichtigt werden (hierzu Schriever, in: Kohlhammer-Komm. zum BBauG, § 73, Rn 7). Hat ein Beteiligter hieran ein berechtigtes Interesse, so kann er eine entsprechende Berich-
tigung von der Umlegungsstelle verlangen.

Die zu § 51 VwVfG entwickelten Grundsätze über einen – allerdings auch nur ausnahmsweise eingeräumten – Anspruch auf Wiederaufgrei-
fen des Verfahrens nach Erlaß eines Verwaltungsakts (hierzu etwa BVerwG, NJW 1981, 2595) sind beim Umlegungsplan nicht anwend-
bar (vgl. oben, Rn 1). Sie haben durch die Regelung in § 73 eine spezifische Ausprägung erhalten, die den besonderen Problemen des Umlegungsplans Rechnung trägt. Einen **Anspruch** auf Änderung nach § 73 wird ein Beteiligter daher praktisch **nicht** geltend machen können (a. A. Schriever, aaO, Rn 6).

§74 Berichtigung der öffentlichen Bücher

(1) **Die Umlegungsstelle übersendet dem Grundbuchamt und der für die Führung des Liegenschaftskatasters zuständigen Stelle eine beglaubigte Abschrift der Bekanntmachung nach §71 sowie eine beglaubigte Ausfertigung des Umlegungsplans und ersucht diese, die Rechtsänderungen in das Grundbuch und in das Liegenschaftskata-
ster einzutragen sowie den Umlegungsvermerk im Grundbuch zu löschen. Dies gilt auch für außerhalb des Umlegungsgebiets zuge-
teilte Grundstücke.**

12

13

14

(2) **Bis zur Berichtigung des Liegenschaftskatasters dienen die Umlegungskarte und das Umlegungsverzeichnis als amtliches Verzeichnis der Grundstücke im Sinne des § 2 Abs. 2 der Grundbuchordnung, wenn die für die Führung des Liegenschaftskatasters zuständige Stelle auf diesen Urkunden bescheinigt hat, daß sie nach Form und Inhalt zur Übernahme in das Liegenschaftskataster geeignet sind. Diese Bescheinigung ist nicht erforderlich, wenn die Flurbereinigungsbehörde die Umlegungskarte und das Umlegungsverzeichnis gefertigt hat (§ 46 Abs. 2 Nr. 5 und Abs. 4).**

1 **1. Konstitutive Wirkung** für die Änderung des Rechtszustands im Umlegungsgebiet hat die Bekanntmachung der Unanfechtbarkeit des Umlegungsplans, nicht eine Eintragung im Grundbuch (vgl. § 72, Rn 1). Durch diesen Rechtsübergang außerhalb des Grundbuchs ist daher das **Grundbuch** unrichtig geworden und muß **berichtigt** werden. Dasselbe gilt für andere öffentliche Bücher. Auch muß der **Umlegungsvermerk gelöscht** werden.

2 **a)** Die Berichtigung des Grundbuchs und die Löschung des Umlegungsvermerks erfolgen auf **Ersuchen der Umlegungsstelle** nach **Abs. 1 Satz 1.** Das Grundbuchamt muß diesem Ersuchen nach § 38 GBO nachkommen. Einen **Zeitpunkt** für das Ersuchen bestimmt das Gesetz nicht. Um jedoch den Gutglaubensschutz des Grundbuchs nach § 891 BGB sobald wie möglich wiederherzustellen, ist die Umlegungsstelle verpflichtet, das Ersuchen **unverzüglich** nach Bekanntmachung der Unanfechtbarkeit des Umlegungsplans zu stellen.

3 **b)** Das Grundbuchamt muß diesem Ersuchen nach § 38 GBO nur nachkommen, wenn es in der **Form des § 29 Satz 3 GBO** gestellt worden ist. Das Ersuchen ist daher zu unterschreiben und mit Siegel oder Stempel zu versehen. Beizufügen ist ihm eine beglaubigte Abschrift der Bekanntmachung nach § 71 sowie eine weitere Ausfertigung des Umlegungsplans (vgl. BT-Drs. 10/4630, S. 104). Ist das Umlegungsverzeichnis bereits grundstücksweise angelegt worden (vgl. § 68, Rn 16 f.), so kann das Grundbuchamt ohne große Probleme grundstücksweise die Berichtigungen vornehmen. Nach Möglichkeit sollte die Umlegungsstelle auch bei ihr oft ohnehin vorhandene **Hypothe-**

ken-, **Grundschuld- oder Rentenschuldbriefe** dem Grundbuchamt mit dem Ersuchen übersenden, obwohl die Verpflichtung nach §§ 41 und 42 GBO die Umlegungsstelle bei dem Ersuchen nicht trifft.

Beizufügen ist ferner eine steuerliche **Unbedenklichkeitsbescheinigung** nach § 22 Grunderwerbsteuergesetz. Hierzu hat die Umlegungsstelle eine Abschrift des Umlegungsplans dem für die Bewertung der Grundstücke zuständigen Finanzamt zuzusenden und zu versichern, daß die Voraussetzungen für eine Grunderwerbsteuerbefreiung nach § 3 Abs. 1 Nr. 3 Buchstabe b Grunderwerbsteuergesetz vorliegen. **4**

c) Das **Grundbuchamt** hat bei dem Ersuchen lediglich zu **prüfen,** ob **5** es von der dazu befugten Stelle, also der Umlegungsstelle, ergangen ist (vgl. aber auch § 51, Rn 41, zu den Grenzen dieser Prüfung), ob die Formvoraussetzungen erfüllt sind und die notwendigen Unterlagen oder sonstigen Eintragungserfordernisse vorliegen. Die Voraussetzungen der §§ 13 (Eintragungsantrag des Betroffenen oder Begünstigten) und 19 GBO (Eintragungsbewilligung des Betroffenen) brauchen nicht vorzuliegen. Sie werden durch das Ersuchen und den Umlegungsplan ersetzt. Erforderlich ist aber nach § 39 GBO die Voreintragung des Beteiligten, dem der Grund und Boden bei Einleitung der Umlegung gehört hat. **Nicht zu prüfen** hat das Grundbuchamt dagegen, ob die Voraussetzungen für die Umlegung vorgelegen haben, ob das Umlegungsverfahren korrekt durchgeführt worden ist oder sonstige Rechtmäßigkeitsvoraussetzungen des Umlegungsplans. Ist jedoch der Umlegungsplan nichtig oder die Fehlerhaftigkeit dem Grundbuchamt sicher bekannt, so darf das Grundbuchamt dem Ersuchen nicht Folge leisten, weil es nicht wissentlich zur Unrichtigkeit des Grundbuchs beitragen darf (BayObLG, Der Bayerische Bürgermeister 1971, 53 ff.; Kern, ZfV 1976, 246 f., und den bei ihm mitgeteilten – zur selben Problematik bei der Grenzregelung ergangenen – Beschluß des OLG Frankfurt vom 16. 2. 1975). Dieser Fall wird wegen der komplizierten rechtlichen und tatsächlichen Voraussetzungen der Umlegung kaum eintreten (OLG Frankfurt, ebd.). So führt es z. B. nicht zur Nichtigkeit des Verwaltungsakts, wenn er vom falschen Organ der Gemeinde erlassen wurde (Kopp, VwVfG, 4. Aufl. 1986, § 44, Rn 12).

2. Wie **Abs. 1 Satz 1** klarstellt, hat die Umlegungsstelle dieselben **6** Unterlagen wie dem Grundbuchamt (vgl. oben, Rn 3) auch dem **Katasteramt** zu übersenden und dieses zu ersuchen, die eingetretenen Rechtsänderungen in das Liegenschaftskataster einzutragen.

a) Werden Grundstücksgrenzen bei dem Eigentumsübergang geän- **7** dert, muß grundsätzlich vor Eintragung ein beglaubigter Auszug aus dem amtlichen Verzeichnis vorgelegt werden (§ 2 Abs. 3 Buchstabe a GBO). Danach könnte eine Grundbuchberichtigung erst erfolgen, nachdem zuvor das Liegenschaftskataster berichtigt worden ist. Um diese zeitliche Verzögerung zu vermeiden, bestimmt **Abs. 2 Satz 1,** daß Umlegungskarte und Umlegungsverzeichnis als **amtliches Verzeichnis der Grundstücke** im Sinne des § 2 Abs. 2 GBO dienen. Das ist mög-

lich, da nach § 66 Abs. 2 Satz 2 der Umlegungsplan eine solche Form und einen solchen Inhalt aufweisen muß, daß er zur Übernahme in das Liegenschaftskataster geeignet ist.

8 **b)** Voraussetzung für das Verfahren nach Abs. 2 Satz 1 ist, daß das **Katasteramt** die **Eignung** des Umlegungsplans zur Übernahme in das Liegenschaftskataster auf dem Plan selbst **bescheinigt** hat. Nach § 81 Abs. 1 FlurbG dient der Flurbereinigungsplan ebenfalls als amtliches Verzeichnis der Grundstücke im Sinne des § 2 Abs. 2 GBO. Hier ist eine entsprechende Bescheinigung des Katasteramts nicht erforderlich. Dementsprechend bestimmt **Abs. 2 Satz 2,** daß diese Bescheinigung auch im Rahmen der Umlegung entbehrlich ist, wenn der Umlegungsplan nach § 46 Abs. 2 Nr. 5 oder nach § 46 Abs. 4 von der **Flurbereinigungsbehörde** erstellt wurde.

9 **3.** Außer auf Grundbuch und Liegenschaftskataster kann sich die Umlegung auch noch auf andere öffentliche Bücher auswirken. Dies gilt insbesondere für das **Baulastenverzeichnis** (vgl. z. B. § 78 BauO NRW), das **Wasserbuch** (§ 37 WHG in Verbindung mit landesrechtlichen Bestimmungen, z. B. §§ 157 ff. Landeswassergesetz NRW) und die **Verzeichnisse über Naturschutzgebiete, Landschaftsschutzgebiete und Naturdenkmale** (vgl. z. B. § 48 Landschaftsgesetz NRW).

§ 75 Einsichtnahme in den Umlegungsplan

Bis zur Berichtigung des Grundbuchs ist die Einsicht in den Umlegungsplan jedem gestattet, der ein berechtigtes Interesse darlegt.

1 Mit der Bekanntmachung der Unanfechtbarkeit des Umlegungsplans nach § 71 tritt der neue Rechtszustand in dem Umlegungsgebiet ein. Damit sind die Rechtsverhältnisse an einem Grundstück bis zur Berichtigung des Grundbuchs nach § 74 nicht aus dem Grundbuch, sondern aus dem Umlegungsplan zu ersehen. Da nach § 12 GBO jedermann, der ein berechtigtes Interesse darlegt, zur Einsicht in das Grundbuch berechtigt ist, bestimmt § 75, daß für die Zeit von der Bekanntmachung der Unanfechtbarkeit des Umlegungsplans bis zur Berichtigung des Grundbuchs (vgl. aber Rn 2) in den Umlegungsplan unter denselben Voraussetzungen eingesehen werden kann, unter denen dies beim Grundbuch möglich wäre. Es kann danach also Einsicht nehmen, wer ein berechtigtes Interesse darlegt. Zu diesem Begriff vgl. § 53, Rn 12.

2 Durch die Neufassung des § 69 und die danach vorgesehene Bereithaltung des Umlegungsplans zur Einsichtnahme unter denselben Voraussetzungen wie nach § 75 hat die Vorschrift einen eigenständigen Regelungsgehalt nur noch für die Vorwegregelung nach § 76, nach dessen Satz 2 § 75 entsprechend anwendbar ist. Vor allem ist die hier

vorgesehene zeitliche Begrenzung des Einsichtsrechts in den Umlegungsplan durch das zeitlich unbegrenzte Einsichtsrecht nach § 69 Abs. 2 beseitigt.

§ 76 Vorwegnahme der Entscheidung

Mit Einverständnis der betroffenen Rechtsinhaber können die Eigentums- und Besitzverhältnisse für einzelne Grundstücke sowie andere Rechte nach den §§ 55 bis 62 geregelt werden, bevor der Umlegungsplan aufgestellt ist. Die §§ 70 bis 75 gelten entsprechend.

1. Umlegungsverfahren dauern in der Regel zwei bis drei Jahre; bei schwierigeren Fallgestaltungen können sie auch erheblich länger dauern (vgl. Baulandbericht des Bundesministers für Raumordnung, Bauwesen und Städtebau, Schriftenreihe „Städtebauliche Forschung" des BMBau, Heft 03.100, 1983, S. 63 f.). Vielfach können jedoch einzelne Entscheidungen schon sehr viel früher getroffen werden, so z. B. wenn feststeht, daß ein Eigentümer wegen eines sehr kleinen Einwurfsgrundstückes kein neues Grundstück zugeteilt erhalten wird und der Eigentümer von vornherein mit einer Geldabfindung einverstanden ist. Dann kann es sehr zur Vereinfachung der Umlegung beitragen, wenn diese Entscheidung schon sehr früh rechtsverbindlich getroffen werden kann und die Umlegungsstelle das betreffende Einwurfsgrundstück bei ihren Verteilungsüberlegungen berücksichtigen kann. Auch für den Eigentümer wäre es kaum zumutbar, bis zum Abschluß des Umlegungsverfahrens auf seine Geldabfindung zu warten. Für diese und ähnliche Fälle sieht § 76 die Möglichkeit der Vorwegnahme der Entscheidung vor.

Die Vorwegentscheidung nach § 76 ist zu unterscheiden von dem Teilumlegungsplan nach § 66 Abs. 1 Satz 2, der Teilinkraftsetzung des Umlegungsplans nach § 71 Abs. 2 und der vereinfachten Änderung des Umlegungsplans nach § 73. Der Unterschied liegt vor allem in dem Zeitraum begründet, in dem diese teilweisen oder vereinfachten Rege-

lungen möglich sind, aber auch in dem Erfordernis des Einverständnisses der Beteiligten (hierzu unten, Rn 5 f., 9).

3 **2. Gegenstand einer Vorwegentscheidung** nach § 76 können alle diejenigen Regelungen sein, die auch in einem **Umlegungsplan** getroffen werden könnten. Sowohl die Zuteilung von Flächen nach §§ 56 bis 59 einschließlich der Regelung der Abfindung und des Ausgleichs für auf den Flächen befindliche bauliche Anlagen oder sonstige Einrichtungen nach § 60 als auch die Aufhebung, Änderung und Begründung von Rechten, die Teilung gemeinschaftlichen Eigentums oder die Regelung besonderer rechtlicher Verhältnisse nach §§ 61 und 62 können in einer Vorabregelung getroffen werden.

4 **Satz 1** unterscheidet ausdrücklich zwischen Eigentums- und Besitzverhältnissen. Dies bedeutet, daß die **Vorabregelung** hinsichtlich eines Grundstücks **nicht umfassend sein muß,** sondern sich zum Beispiel auf die Besitzverhältnisse beschränken kann. Es können dann damit dieselben Wirkungen erzielt werden wie mit der vorzeitigen Besitzeinweisung nach § 77 (Stahnke, in: Kohlhammer-Komm. zum BBauG, § 76, Anm. 4 a aa). Eine spätere Ergänzung durch erneute Vorabentscheidung oder durch den Umlegungsplan ist möglich (BVerwG, Der Gemeindetag 1971, 153/154).

5 **3. a)** Eine Vorabregelung ist nur möglich, solange der **Umlegungsplan noch nicht aufgestellt** ist. Dies gilt in seinem Geltungsbereich **auch** für den **Teilumlegungsplan** nach § 66 Abs. 1 Satz 2. Aufgestellt ist der Umlegungsplan bereits vor der Zustellung des Umlegungsplans, erst recht vor Bekanntmachung der Unanfechtbarkeit nach § 71. Maßgebender Zeitpunkt ist vielmehr nach § 66 Abs. 1 die Entscheidung der Umlegungsstelle, daß nunmehr eine dem Umlegungszweck und den Interessen der Beteiligten entsprechende Lösung gefunden ist und der **Aufstellungsbeschluß** gefaßt wird (Stahnke, aaO, Anm. 1 g; Stich, in: BK, § 76, Rn 5. A. A. Ernst/Otte, in: E/Z/B, § 76, Rn 2, die die Befugnis zur Vorabregelung erst mit dem Inkrafttreten des Umlegungsplans nach § 72 enden lassen wollen).

6 Nach Aufstellung des Umlegungsplans ist für eine Vorabregelung nach § 76 kein Raum mehr. Nach dem eindeutigen Wortlaut soll ab Aufstellung des Umlegungsplans keine Möglichkeit zu einzelnen Sonderregelungen mehr bestehen, sondern das Verfahren bis zum Inkrafttreten des Umlegungsplans einheitlich durchgeführt werden. Wird der Umlegungsplan angefochten, so wird der mögliche Gegenstand einer – einverständlichen – Vorabregelung hiervon nicht betroffen sein; es kann dann eine **Teilinkraftsetzung nach § 71 Abs. 2** erfolgen. Für eine Vorwegentscheidung nach Aufstellung des Umlegungsplans besteht daher auch kein Bedarf. Werden zwischen Aufstellungsbeschluß und Inkrafttreten des Umlegungsplans Änderungen erforderlich, ist das hierfür vorgesehene **Verfahren nach § 70 Abs. 2** durchzuführen. Ist der Umlegungsplan in Kraft getreten, so können Änderungen nur noch unter den **Voraussetzungen des § 73** oder aber durch Einleitung eines

neuen Umlegungsverfahrens vorgenommen werden; §§ 48–51 VwVfG sind nicht anwendbar (vgl. LG Essen, NVwZ 1989, 798 f.; auch § 73, Rn 1). In dem vereinfachten Verfahren nach § 73 können auch durch Vorabregelung getroffene Entscheidungen geändert werden, da die Vorabentscheidungen Bestandteil des Umlegungsplans werden und damit dessen rechtliches und tatsächliches Schicksal teilen (hierzu unten, Rn 13).

Über den **frühestmöglichen Zeitpunkt,** eine Vorabregelung zu treffen, enthält das Gesetz dagegen keine Aussage. Da in der Vorabentscheidung jedoch Umlegungsregelungen getroffen werden, setzt die Vorabentscheidung die **wirksame Einleitung eines Umlegungsverfahrens** voraus (BGH, NJW 1975, 2195/2196). 7

Im Gesetz nicht ausdrücklich geregelt ist auch die Frage, ob Voraussetzung für eine Vorwegnahme der Entscheidung das Vorliegen eines rechtskräftigen **Bebauungsplans** ist. Die Vorabentscheidung nach § 76 wird Bestandteil des Umlegungsplans (vgl. unten, Rn 13), für dessen Inkrafttreten das Vorliegen eines rechtskräftigen Bebauungsplans erforderlich ist (vgl. § 54 Abs. 2 Satz 2). Da die Vorabentscheidung aber gerade eine gegenüber dem Umlegungsplan vorzeitige Regelung ermöglichen soll, können für die Vorabregelung nicht dieselben Voraussetzungen hinsichtlich des Inkrafttretens des Bebauungsplans aufgestellt werden wie für den Umlegungsplan selbst (Ernst/Otte, in: E/Z/B, § 76, Rn 2). Allerdings kann in einer Vorabentscheidung nach § 76 nur dann eine endgültige Regelung getroffen werden, wenn sie **bei der Zuteilung eines Grundstücks** auf planungsrechtlich sicherer Grundlage beruht. Hierzu dürfte eine bloße Abstimmung mit der Bauleitplanung nicht genügen. Es wird vielmehr zu fordern sein, daß der zugrunde liegende Bebauungsplan hinsichtlich des zuzuteilenden Grundstücks **Planreife nach § 33** erreicht hat (so auch Stahnke, aaO, Anm. 2 a). Geht es dagegen lediglich um eine **Geldabfindung** oder um eine Zuteilung von Grundstücken außerhalb des Umlegungsgebiets nach § 59 Abs. 4 Nr. 2, so ist der Stand des Bebauungsplanverfahrens im Umlegungsgebiet für die Vorabregelung ohne Bedeutung (Stahnke, aaO, Anm. 2 b, c; Stich, in: BK, § 76, Rn 5). 8

b) Die Vorabregelung darf sich nach Satz 1 nur auf **einzelne Grundstücke** beziehen. Dies ist nicht dahin zu verstehen, daß insgesamt nur wenige Grundstücke von Vorabregelungen erfaßt werden dürfen. Hiermit soll vielmehr ausgedrückt werden, daß die Vorabregelung sich nicht wie der Umlegungsplan grundsätzlich auf das gesamte Umlegungsgebiet zu erstrecken hat, sondern nur in Ansehung einzelner Grundstücke ergehen kann. Eine Vorabregelung für ganze **Abschnitte** des Umlegungsgebiets **insgesamt** kann hiernach nicht getroffen werden. Hierfür ist die Rechtsfigur des **Teilumlegungsplans** nach § 66 Abs. 1 Satz 2 vorgesehen, der auch von dem bei größeren Flächen u. U. schwer zu erreichenden Einverständnis der Rechtsinhaber unabhängig ist. Ob im Ergebnis durch eine Vielzahl von Vorabregelungen fast das 9

ganze Umlegungsgebiet erfaßt wird, ist dagegen unerheblich (vgl.
auch Ernst/Otte, aaO, Rn 6a).

10 **c)** Wichtigste Voraussetzung für die Vorwegnahme der Entschei-
dung nach § 76 ist das **Einverständnis der betroffenen Rechtsinhaber.**
Hier wird der die Umlegung auch im übrigen prägende Gedanke
möglichst einverständlicher Regelungen zur Verfahrensvoraussetzung.
Ihr Einverständnis erklären müssen alle diejenigen Inhaber von Rech-
ten, die von der Vorabregelung unmittelbar oder mittelbar betroffen
sind. Dies sind also der Eigentümer des zuzuteilenden Grundstücks
sowie der oder die Eigentümer des Einwurfsgrundstücks, aus dessen
Fläche das Zuteilungsgrundstück gebildet wird, sowie die Inhaber
dinglicher oder persönlicher Rechte an diesen Grundstücken. Betrof-
fene Rechtsinhaber in diesem Sinne sind auch sonstige Rechtsinhaber,
wenn ihre Zuteilungs- oder Abfindungsansprüche durch die Vorabre-
gelung betroffen werden. Macht z. B. ein Eigentümer geltend, eine
Zuteilung in gleichwertiger Lage sei für ihn nur in dem von der
Vorabregelung betroffenen Bereich möglich, so wird die Umlegungs-
stelle auch sein Einverständnis herbeiführen müssen, um die Vorabre-
gelung durchführen zu können. Nicht dagegen ist erforderlich, daß
andere Beteiligte, die von der Vorabregelung nicht betroffen werden,
ihr zustimmen.

11 Der Wortlaut des Gesetzes macht nicht deutlich, ob sich das Einver-
ständnis lediglich auf die **Tatsache der Vorabregelung oder** auch auf
deren **Inhalt** erstrecken muß (für die Beschränkung des Einverständnis-
ses auf die Tatsache der Vorabregelung Ernst/Otte, aaO, Rn 3; für
Erstreckung des Einverständnisses auch auf den Inhalt Stahnke, aaO,
Anm. 3; unentschieden BGH, NJW 1975, 2195/2196). Grundsätzlich
bedarf die Rechtsänderung durch den Umlegungsplan nicht des Ein-
verständnisses der Beteiligten. Bei **rechtsformaler Betrachtung** der
Vorabregelung als Teil des Umlegungsplans wird man daher auch
insoweit ein Einverständnis der betroffenen Rechtsinhaber mit dem
Inhalt der getroffenen Regelung nicht verlangen können. Andererseits
aber ist es gerade der **Sinn einer Vorabregelung,** für bestimmte Teile
des Umlegungsgebiets vorab eine **endgültige** Regelung zu treffen.
Dies wird jedoch nur dann erreicht werden können, wenn die betroffe-
nen Rechtsinhaber auch mit dem Inhalt der Regelung einverstanden
sind. Andernfalls drohen hier Rechtsstreitigkeiten, die den Zweck der
Vorabregelung zunichte machen können. Im übrigen wird ein Beteilig-
ter kaum einmal sein Einverständnis zur Vorabregelung erklären, wenn
er mit der beabsichtigten Regelung inhaltlich nicht einverstanden ist.

12 **Zweckmäßig** erscheint daher, hinsichtlich des Einverständnisses zu
unterscheiden: Rechtlich genügt es, wenn die betroffenen Rechtsinha-
ber mit der Vorabregelung als solcher einverstanden sind. Hierfür
spricht auch die Fassung des § 76 vor der Änderung durch die BBauG-
Novelle 1979, die sprachlich eine Beschränkung des Einverständnisses
auf die Tatsache der Vorabregelung nahelegte; an diesem Sinngehalt der

Vorschrift sollte aber durch die Novelle 1979, die lediglich den Umfang der möglichen Vorwegentscheidungen erweitern wollte, und auch durch das Baugesetzbuch nichts geändert werden. **Verwaltungspraktisch** wird aber stets das Einvernehmen der betroffenen Rechtsinhaber auch mit dem Inhalt der getroffenen Regelung herbeizuführen sein, um den Beschleunigungszweck der Vorabentscheidung erreichen zu können. Widersprechen aber lediglich Nebenberechtigte der beabsichtigten Regelung, z. B. hinsichtlich der Aufhebung einer Hypothek (so der Fall des BGH, NJW 1975, 2195 f.), kann die Umlegungsstelle sich über deren inhaltliche Bedenken hinwegsetzen. Hierauf gegründete Rechtsstreitigkeiten berühren das weitere Umlegungsverfahren nicht.

4. a) Die Vorwegentscheidung nach § 76 dient nicht der Vorberei- **13** tung von Regelungen im Umlegungsplan, sondern, wie aus Satz 1 hervorgeht, regelt die Eigentums- und Besitzverhältnisse oder sonstigen Rechte selbst. Mit ihr wird daher ein **endgültiger Rechtszustand** geschaffen (BVerwG, Der Gemeindetag 1971, 153/154). Die Vorabregelung wird daher bei dessen Inkrafttreten **Bestandteil des Umlegungsplans** und teilt dann sein rechtliches Schicksal.

Die Vorabentscheidung ist ein **Verwaltungsakt**, der mit den norma- **14** len Rechtsbehelfen im Rahmen des Umlegungsverfahrens, d. h. mit Widerspruch nach § 212 und Antrag auf gerichtliche Entscheidung nach § 217, angefochten werden kann. Soweit ein Beteiligter sein Einverständnis mit der Regelung erklärt hat, wird es allerdings einem Rechtsbehelf am Rechtsschutzbedürfnis fehlen und dieser daher unzulässig sein.

Die Vorabregelung ist **wie der Umlegungsplan** zu behandeln mit der **15** Ausnahme, daß eine Bekanntmachung nach § 69 Abs. 1 und ein Bereithalten zur Einsichtnahme nicht erforderlich sind. Jedoch ist die Vorabregelung den an ihr Beteiligten nach § 70 zuzustellen; der Eintritt der Unanfechtbarkeit ist nach § 71 bekanntzumachen. Nach § 72 **tritt mit Bekanntmachung der Unanfechtbarkeit der Vorabregelung der neue Rechtszustand unmittelbar ein.** Dies ergibt sich aus dem Charakter der Vorabregelung als Teil des Umlegungsplans und aus dem Erfordernis der öffentlichen Bekanntmachung der Unanfechtbarkeit, die andernfalls keinen Sinn ergeben würde.

Ebenfalls anzuwenden sind §§ 74 und 75; es sind also die öffentlichen **16** Bücher zu **berichtigen**, und es kann bis zu diesem Zeitpunkt in die Vorabregelung **Einsicht** genommen werden. Zur Bedeutung der Möglichkeit einer **vereinfachten Änderung** einer Vorwegregelung nach § 73 vgl. § 73, Rn 3.

Folgt der Vorwegentscheidung **kein Umlegungsplan** nach, bleibt die **17** getroffene Regelung ein Torso. Da die Vorabregelung nur ergehen kann, wenn das Umlegungsverfahren wirklich eingeleitet worden ist (vgl. oben, Rn 7), kann der Fall nur eintreten, wenn sich die Umlegung später als undurchführbar oder nicht mehr erforderlich erwiesen hat.

Die **Erforderlichkeit** der Umlegung kann nur **entfallen,** wenn sich die
Eigentümer über eine zweckmäßige Gestaltung der Grundstücke im
Umlegungsgebiet geeinigt haben. Dies bedeutet aber, daß auch die in
der Vorabregelung enthaltenen Entscheidungen in diese Einigung Ein-
gang gefunden haben. Der Verwaltungsakt ist daher gegenstandslos
geworden, die in ihm getroffene Regelung verwirklicht. Durch die
Einbeziehung des § 55 ist es auch möglich, daß durch eine **Vielzahl von
Vorwegregelungen** ein abschließender einheitlicher Umlegungsplan
entbehrlich wird (vgl. Bielenberg, in: B/K/S, Rn 238; zu Bedenken
gegen diese Praxis vgl. Ernst/Otte, in: E/Z/B, § 76, Rn 6 a). Hat sich die
Umlegung dagegen als **undurchführbar** erwiesen und ist sie **aufgeho-
ben** worden (vgl. § 45, Rn 16), so ist zu **unterscheiden:** Ist die **Vorabre-
gelung unanfechtbar** geworden, so hat sie Bestandskraft erlangt. Zwar
mangelt es ihr nunmehr an der Rechtsgrundlage der wirksamen Einlei-
tung der Umlegung (vgl. § 45, Rn 15), doch führt dies nicht zur
Nichtigkeit der Regelung, da der Fehler weder besonders schwerwie-
gend noch vor allem offenkundig im Sinne des § 44 Abs. 1 VwVfG ist
(zu dieser Problematik des Wegfalls der Ermächtigungsgrundlage vgl.
Kopp, VwVfG, 4. Aufl. 1986, § 44, Rn 25). Die in der Vorabregelung
vorgesehenen Rechtsänderungen sind mit der Bekanntmachung der
Unanfechtbarkeit eingetreten (vgl. oben, Rn 15). Sie bleiben daher
wirksam, sofern sich nicht die Beteiligten über eine Änderung der
Regelung einigen. Eine Rechtsgrundlage für eine Entscheidung der
Umlegungsstelle besteht nicht mehr. Bei einer Vorabregelung ist daher
auch unter diesem Gesichtspunkt Vorsicht am Platze. Ist die Vorabre-
gelung **noch nicht unanfechtbar,** so kann sie wegen der Undurchführbar-
keit der Umlegung und einem dementsprechenden „Wegfall der Ge-
schäftsgrundlage" für die erklärte Zustimmung (vgl. Ernst/Otte, in: E/
Z/B, § 76, Rn 6) angefochten werden. Da die Regelung des Einver-
ständnisses aller Beteiligter bedarf, kann in diesem gemeinsamen Ein-
verständnis auch eine vertragliche Regelung gesehen werden, die dann
von einem Umlegungsplan ohnehin unabhängig wäre. Dies wird aber
nur möglich sein, wenn durch das Entfallen der Umlegung und damit
u. U. auch der Erschließung nicht das wirtschaftliche Interesse der
Beteiligten an der Regelung entfallen ist (hierzu die Andeutung unter
Hinweis auf BGH, DVBl. 1981, 926, bei Kröner, Neuere Rechtspre-
chung des Bundesgerichtshofs zum Umlegungsrecht, Material aus den
Lehrgängen des Deutschen Volksheimstättenwerks, 1981, S. 31).

18 **b)** Regelungen über das **Zustandekommen** der Vorabentscheidung
enthält das Gesetz nicht. Hiernach kann eine solche Regelung also
sowohl auf **Betreiben der Umlegungsstelle** als auch auf **Antrag eines
Beteiligten** erfolgen. Ein **Anspruch** auf Vorabentscheidung besteht
dagegen **nicht,** da die Umlegungsstelle nach ihrem Ermessen zu beur-
teilen hat, ob giermit cem Zweck der Umlegung entsprochen werden
kann. Sind aber alle betroffenen Beteiligten über eine bestimmte Vor-
abregelung einig, so wird die Umlegungsstelle in aller Regel eine

entsprechende Entscheidung treffen müssen, wenn hierdurch im Übrigen die Umlegung nicht erschwert wird. Die Umlegungsstelle wird aber soweit als möglich Entscheidungen vorwegnehmen wollen, um so früh wie möglich einen endgültigen Rechtszustand im Umlegungsgebiet und damit die Voraussetzungen für die Verwirklichung des Bebauungsplans zu schaffen. Auch die Beteiligten werden eine Vorabentscheidung in der Regel anstreben. Denn mit der Bekanntmachung der Unanfechtbarkeit der Vorwegentscheidung nach §71 tritt für die betroffenen Grundstücke auch die Verfügungs- und Veränderungssperre nach §51 außer Kraft.

Katastertechnisch führt eine Vorabregelung, soweit sie die Zuteilung eines Grundstücks umfaßt, zu einer Doppelbuchung der betroffenen Fläche, einmal hinsichtlich des Altgrundstücks und ein weiteres Mal hinsichtlich des neu zugeteilten Grundstücks (hierzu ausführlich Ernst/Otte, aaO, Rn 10; Stahnke, aaO, Anm. 4c aa bis cc). Praktisch führt dies zu keinen Schwierigkeiten, da Veränderungen oder Verfügungen in bezug auf das Altgrundstück der Verfügungs- und Veränderungssperre nach §51 unterliegen, entsprechende Maßnahmen hinsichtlich des Neugrundstücks dagegen nicht. 19

§77 Vorzeitige Besitzeinweisung

(1) Ist der Bebauungsplan in Kraft getreten, so kann die Umlegungsstelle, wenn das Wohl der Allgemeinheit es erfordert,

1. vor Aufstellung des Umlegungsplans die Gemeinde oder den sonstigen Bedarfs- oder Erschließungsträger in den Besitz der Grundstücke, die in dem Bebauungsplan als Flächen im Sinne des §9 Abs. 1 Nr. 21 oder des §55 Abs. 2 und 5 festgesetzt sind, einweisen;

2. nach Aufstellung des Umlegungsplans und Übertragung der Grenzen der neuen Grundstücke in die Örtlichkeit auch sonstige am Umlegungsverfahren Beteiligte in den Besitz der nach dem Umlegungsplan für die vorgesehenen Grundstücke oder Nutzungsrechte einweisen.

(2) Das Wohl der Allgemeinheit kann die vorzeitige Einweisung in den Besitz insbesondere erfordern

1. in den Fällen des Absatzes 1 Nr. 1 zugunsten der Gemeinde oder eines sonstigen Bedarfs- oder Erschließungsträgers, wenn Maßnahmen zur Verwirklichung des Bebauungsplans bevorstehen und die Flächen für die vorgesehenen Anlagen und Einrichtungen der Erschließung oder Versorgung des Gebiets benötigt werden,

2. in den Fällen des Absatzes 1 Nr. 2 zugunsten sonstiger Umlegungsbeteiligter, wenn dringende städtebauliche Gründe für die Verschaffung des Besitzes bestehen und wenn diese Gründe die Inter-

essen der Betroffenen an der weiteren Ausübung des Besitzes
wesentlich überwiegen.

(3) **Die §§ 116 und 122 gelten entsprechend.**

1 **I. Die vorzeitige Besitzeinweisung hat den Zweck,** in besonderen
Fällen bestimmten Begünstigten bereits vor dem allgemeinen Besitz-
übergang, der durch die Bekanntmachung der Unanfechtbarkeit des
Umlegungsplans oder der Vorwegentscheidung erfolgt, den Besitz
dieser Flächen unabhängig vom Einverständnis der Betroffenen (vgl.
§ 76, Rn 4) zu verschaffen. Diese können damit ihre Vorhaben bereits
verwirklichen und so die Durchführung der baulichen Vorhaben im
Umlegungsgebiet beschleunigen. Insbesondere gilt dies für die erste
Fallgruppe, für die § 77 eine vorzeitige Besitzeinweisung ermöglicht,
für die Herstellung von Erschließungs- und Infrastrukturanlagen auf
Flächen für öffentliche Nutzung. Aber auch für die zweite Fallgruppe,
für die Errichtung bestimmter Gebäude auf privat nutzbaren Flächen,
kann dies zutreffen.

2 **II. 1.** Voraussetzung für die vorzeitige Besitzeinweisung in beiden
Fallgruppen ist das **Vorliegen eines rechtsverbindlichen Bebauungs-
plans.** Da die vorzeitige Besitzeinweisung stets erfolgt, um die Errich-
tung baulicher Anlagen zu ermöglichen, führt sie zur Schaffung vollen-

deter Tatsachen. Sie kann daher nur erfolgen, wenn hierfür eine sichere planungsrechtliche Grundlage besteht.

2. Ebenfalls für beide Fallgruppen ist vorauszusetzen, daß die vorzei- **3** tige Besitzeinweisung **durch das Wohl der Allgemeinheit erfordert** wird. Damit bleibt Abs. 1 hinter den Voraussetzungen für eine vorzeitige Besitzeinweisung im Rahmen eines Enteignungsverfahrens nach § 116 zurück. Denn hiernach muß die vorzeitige Besitzeinweisung „dringend geboten" sein. Damit entspricht die Voraussetzung für die vorzeitige Besitzeinweisung nach § 77 den Voraussetzungen für die Zulässigkeit einer Enteignung nach § 87 Abs. 1. Die vorzeitige Besitzeinweisung kann danach immer dann durchgeführt werden, wenn das Grundstück enteignet werden könnte. Zum Begriff des Erforderns durch das Wohl der Allgemeinheit in diesem Sinne vgl. § 87, Rn 2 ff. Spezifische Konkretisierungen des Gemeinwohlbegriffs gerade für die vorzeitige Besitzeinweisung nach § 77 sind für beide Fallgruppen in Abs. 2 enthalten (hierzu unten Rn 8 und 12).

3. a) Für die **erste Fallgruppe** nennt **Abs. 1 Nr. 1** drei Arten von **4** Flächen, in deren Besitz vorzeitig eingewiesen werden kann. Es sind dies die **örtlichen Verkehrs- und sonstigen Flächen** im Sinne des § 55 Abs. 2 (hierzu § 55, Rn 20 ff.) und die **sonstigen Flächen für öffentliche Nutzung** nach § 55 Abs. 5 (hierzu § 55, Rn 32). Weiter werden **Flächen nach § 9 Abs. 1 Nr. 21** aufgeführt (hierzu § 9, Rn 74 ff.). Hier ist jedoch aus Sinn und Zweck und dem Zusammenhang der Regelung eine **Einschränkung** vorzunehmen. Nach § 9 Abs. 1 Nr. 21 kann eine Festsetzung von Geh-, Fahr- und Leitungsrechten auch zugunsten Privater vorgenommen werden (vgl. § 9, Rn 77). Eine vorzeitige Besitzeinweisung kommt aber bei solchen Flächen nur in Betracht, wenn Begünstigter der Festsetzung ein **Bedarfs- oder Erschließungsträger oder die Gemeinde selbst** ist (zu den Begünstigten unten, Rn 7) und die Festsetzung des Geh-, Fahr- oder Leitungsrechts zur Vermeidung einer vollständigen Inanspruchnahme der Fläche für eine öffentliche Nutzung erfolgte.

b) Die vorzeitige Besitzeinweisung ist zulässig in dem **Zeitraum** **5** vom Inkrafttreten des Bebauungsplans nach § 12 bis zum Inkrafttreten des Umlegungsplans nach § 71. Durch die Einleitung der Nr. 1, nach der die Besitzeinweisung „**vor** Aufstellung des Umlegungsplans" zulässig ist, soll nicht ein zeitlicher Endpunkt für die Möglichkeit der Besitzeinweisung genannt werden, sondern ein Unterschied gegenüber der zweiten Fallgruppe hervorgehoben werden, bei der die Besitzeinweisung erst **nach** Aufstellung des Umlegungsplans zulässig ist (Abs. 1 Nr. 2). In der BBauG-Novelle 1979 ist dies klargestellt worden, indem in Nr. 2 das Wort „auch" eingefügt und damit verdeutlicht wurde, daß die Besitzeinweisung der Bedarfs- oder Erschließungsträger selbstverständlich auch nach Aufstellung des Umlegungsplans noch durchgeführt werden kann. Nr. 1 ist daher in seinem Anfang dem Sinne nach zu lesen, „**bereits** vor Aufstellung des Umlegungsplans". Dadurch wird

deutlich, daß mit der Bezugnahme auf den Umlegungsplan nicht eine zeitliche Begrenzung, sondern eine **zeitliche Vorverlegung gegenüber den Fällen der Nr. 2** gemeint ist.

6 Nach anderer Ansicht, die sich auf den Regierungsentwurf der BBauG-Novelle 1979 stützen kann, der jedoch nur in veränderter Form Gesetz geworden ist (vgl. BT-Drs. 8/2451, S. 27), gilt für die vorzeitige Besitzeinweisung von Bedarfs- oder Erschließungsträgern vor Aufstellung des Umlegungsplans Nr. 1, nach Aufstellung des Umlegungsplans Nr. 2 (Stahnke, in: Kohlhammer-Komm. zum BBauG, § 77, Rn 11). Dies führt jedoch zu Auslegungsschwierigkeiten bei Abs. 2 in der Gesetz gewordenen Fassung, in dem für die Fälle des Abs. 1 Nr. 1 andere Gemeinwohlerfordernisse aufgeführt sind als für die Fälle des Abs. 1 Nr. 2. Die Anforderung des Gemeinwohls an eine vorzeitige Besitzeinweisung bei Bedarfs- oder Erschließungsträgern kann sich aber nicht danach richten, ob die Besitzeinweisung vor oder nach Aufstellung des Umlegungsplans erfolgt ist.

7 c) In den vorzeitigen Besitz von Flächen für öffentliche Nutzung können die entsprechenden **Bedarfs- oder Erschließungsträger oder die Gemeinde,** wenn sie die entsprechenden Bedarfs- oder Erschließungsanlagen selbst erstellt haben, eingewiesen werden.

8 d) Die vorzeitige Besitzeinweisung ist nur zulässig, wenn das **Wohl der Allgemeinheit** sie erfordert. Um die Anwendung dieses unbestimmten Rechtsbegriffs in der Praxis zu erleichtern, ist in **Abs. 2 Nr. 1 beispielhaft** ein Fall aufgeführt, bei dem der Gesetzgeber annimmt, daß hier die Voraussetzungen des Wohls der Allgemeinheit erfüllt sein können. Dies schließt nicht aus, daß auch in weiteren Fällen das Wohl der Allgemeinheit die vorzeitige Besitzeinweisung nach Abs. 1 Nr. 1 erfordert. Durch Abs. 2 Nr. 1 wird vor allem verdeutlicht, daß die vorzeitige Besitzeinweisung erfolgen kann, wenn **einzelne Maßnahmen** zur Verwirklichung des Bebauungsplans durchgeführt werden sollen und hierfür die entsprechenden Flächen benötigt werden. Es ist also **nicht erforderlich,** daß bereits die **Erschließung für das gesamte Umlegungsgebiet** in Angriff genommen werden soll, sondern es reicht aus, wenn zum Beispiel zur Vorbereitung einer Umsiedlung von Bewohnern aus einem abzureißenden Gebäude das neue Gebäude an anderer Stelle des Umlegungsgebiets errichtet werden soll und zur Erschließung dieses Grundstücks neue Erschließungsanlagen errichtet werden müssen. In diesem Fall können also der Erschließungsträger oder die Gemeinde in den Besitz der hierfür erforderlichen Erschließungsflächen nach § 55 Abs. 2 eingewiesen werden. Ebenso kann eine vorzeitige Besitzeinweisung in Flächen nach § 55 Abs. 5 erforderlich sein, wenn die Errichtung der hiernach vorgesehenen Anlagen Voraussetzung für eine städtebaulich ordnungsgemäße bauliche Nutzung der Grundstücke ist, wie sie früher § 9a BBauG (hierzu 1. Aufl., Anm. zu § 9a) ausdrücklich vorsah.

4. a) Bei der **zweiten Fallgruppe** in **Abs. 1 Nr. 2** kann eine vorzeitige 9
Besitzeinweisung auch in **alle übrigen Flächen** stattfinden. Eine inhalt-
liche Begrenzung ist hier von der Art der Flächen her nicht vorgesehen.
Ist für die Verwirklichung der vorgesehenen Nutzung eine Beleihung
erforderlich, so kann wegen der noch ungesicherten rechtlichen Posi-
tion des in den Besitz Eingewiesenen die Abgabe einer **Garantieerklä-
rung** der Gemeinde gegenüber dem Kreditgeber notwendig werden, in
der die Gemeinde versichert, daß die auf der Grundlage des §77
geschaffene Besitzlage durch den Umlegungsplan auch in bezug auf das
Eigentum verwirklicht wird. Hierfür haftet dann die Gemeinde dem
Kreditgeber (vgl. Stahnke, aaO, Rn 23). Die Erklärung bedarf der
aufsichtsbehördlichen Genehmigung, da sie wirtschaftlich einer Bürg-
schaft oder einem Gewährvertrag entspricht (vgl. z. B. §73 Abs. 2 und
3 GO NRW).

b) **Frühester Zeitpunkt** für eine vorzeitige Besitzeinweisung nach 10
Abs. 1 Nr. 2 ist die **Aufstellung des Umlegungsplans.** Auch insoweit
endet die Möglichkeit der vorzeitigen Besitzeinweisung mit dem In-
krafttreten des Umlegungsplans nach §71. Zur Bedeutung des in der
BBauG-Novelle 1979 eingefügten Worts „auch" vgl. oben Rn 5 f.
Weiter setzt Abs. 1 Nr. 2 voraus, daß die neuen **Grundstücksgrenzen in
die Örtlichkeit übertragen** sind. Erst hierdurch läßt sich der genaue
Grenzverlauf der neuen Grundstücke mit Sicherheit feststellen. Eine
bloße Kartierung reicht hierzu nicht aus.

c) Die vorzeitige Besitzeinweisung nach Abs. 1 Nr. 2 kann zugun- 11
sten eines jeden Beteiligten am Umlegungsverfahren vorgenommen
werden, dem im Umlegungsplan ein **Grundstück zugeteilt** wird oder
für den ein **Nutzungsrecht** wie z. B. Pacht oder ggf. Grunddienstbar-
keit **festgesetzt** ist.

d) Auch für die zweite Fallgruppe ist in **Abs. 2 Nr. 2** der Gemein- 12
wohlbegriff durch ein **Beispiel** konkretisiert worden. Danach soll das
Wohl der Allgemeinheit die vorzeitige Besitzeinweisung unter zwei
Voraussetzungen erfordern, nämlich wenn zunächst dringende städte-
bauliche Gründe für die vorzeitige Besitzeinweisung bestehen und diese
Gründe die privaten Besitzerhaltungsinteressen wesentlich überwie-
gen. Der Begriff **„dringende städtebauliche Gründe"** wird so im
Gesetz an keiner anderen Stelle verwandt, obwohl zahlreiche ähnliche
Begriffe vorkommen (z. B. §8 Abs. 4 Satz 1: dringende Gründe, §175
Abs. 2: städtebauliche Gründe, §9 Abs. 1 Nr. 6 und öfter: besondere
städtebauliche Gründe, §88: zwingende städtebauliche Gründe, §116
Abs. 1 Satz 1: aus Gründen des Wohls der Allgemeinheit dringend
geboten). Am ehesten scheint der Begriff dem in §116 verwendeten
Begriff des dringenden Gebotenseins einer vorzeitigen Besitzeinwei-
sung zu entsprechen. Dort aber ist die Dringlichkeit zu bejahen, wenn
eine Abwägung der widerstreitenden Interessen ergeben hat, daß die
vorzeitige Besitzeinweisung erfolgen kann (hierzu §116, Rn 4). Nach
Abs. 2 Nr. 2 hat jedoch nach der Bejahung der dringenden städtebauli-

chen Gründe die Abwägung erst noch stattzufinden. § 116 kann daher
für die Auslegung des Begriffs der dringenden städtebaulichen Gründe
im Rahmen des Abs. 2 Nr. 2 nicht herangezogen werden. Vergleichbar
sind vielmehr die dringenden Gründe in § 8 Abs. 4. Ist es im Interesse
einer organischen städtebaulichen Entwicklung im Umlegungsgebiet
zweckmäßig, die für bestimmte Grundstücke vorgesehene private
Nutzung bereits zu verwirklichen (z. B. Unterbringung der an anderer
Stelle des Umlegungsgebiets verdrängten Bewohner, Errichtung eines
privaten Einkaufszentrums), so dürften wie in § 8 Abs. 4 Satz 1 (hierzu
§ 8, Rn 10 f.) dringende städtebauliche Gründe zu bejahen sein. In der
Begründung des Regierungsentwurfs zur BBauG-Novelle 1979, mit
der Abs. 2 (damals als Abs. 1 a) eingeführt wurde, sind außerdem noch
angeführt die Belange des sozialen Wohnungsbaus, des Baus von
Wohnungen für Personengruppen mit besonderem Wohnbedarf und
des Ersatzwohnungsbaus (BT-Drs. 8/2451, S. 28).

13 Diese dringenden städtebaulichen Gründe vermögen für sich allein
aber eine vorzeitige Besitzeinweisung noch nicht zu rechtfertigen. Sie
tun dies erst, wenn sie die **entgegenstehenden privaten Interessen an
der Aufrechterhaltung des bestehenden Besitzes wesentlich überwie-
gen.** Durch diese **Abwägungspflicht** wird der Problematik Rechnung
getragen, die bei einer vorzeitigen Besitzeinweisung zugunsten Privater
stets besteht. Wird die Führung der örtlichen Verkehrs- und sonstigen
öffentlich nutzbaren Flächen nach § 55 zumeist unangefochten bleiben,
besteht bei der Zuteilung privat nutzbarer Grundstücke ein gesteigertes
Risiko künftiger Rechtsbehelfe. Eine vorzeitige Besitzeinweisung darf
aber nur dann erfolgen, wenn zwar nicht mit an Sicherheit grenzender,
aber doch mit hoher Wahrscheinlichkeit davon ausgegangen werden
kann, daß der Umlegungsplan hinsichtlich der von der vorzeitigen
Besitzeinweisung betroffenen Fläche unverändert in Kraft tritt (BGHZ
23, 377/387 f.). Diese Voraussetzungen werden nur zu bejahen sein,
wenn es sich um sog. **Schlüsselgrundstücke** handelt, die für die weitere
Bebauung und städtebauliche Nutzung des Umlegungsgebiets von
zentraler Bedeutung sind. Dies wird allerdings in den meisten Fällen
der dringenden städtebaulichen Gründe anzunehmen sein.

14 **III. 1.** Zum Verfahren verweist **Abs. 3** auf § 116. Danach ist insbe-
sondere zu vermerken, daß die vorzeitige Besitzeinweisung nur auf
Antrag erfolgt. Antragsberechtigt sind die in Abs. 1 Nr. 1 und 2
genannten Begünstigten. Auch wenn die gesetzlichen Voraussetzungen
für die vorzeitige Besitzeinweisung vorliegen, hat der Begünstigte
keinen Rechtsanspruch auf vorzeitige Besitzeinweisung (a. A.
Stahnke, in: Kohlhammer-Komm. zum BBauG, § 77, Rn 5; wie hier
Ernst/Otte, in: E/Z/B, § 77, Rn 8; vgl. auch § 116, Rn 4). Dies folgt
einmal aus der Verwendung des Wortes „kann" in Abs. 1 vor Nr. 1,
dann aber auch daraus, daß insbesondere in den Fällen des Abs. 1 Nr. 2
und Abs. 2 Nr. 2 die Erstellung von Erschließungsanlagen erforderlich
werden kann, die die Gemeinde zum Zeitpunkt, zu dem die vorzeitige

Besitzeinweisung erfolgen könnte, nicht finanzieren kann oder will, so z. B. weil eine finanziell kostengünstigere Aufeinanderfolge der Herstellung von Erschließungs- und Infrastrukturanlagen durch eine vorzeitige Besitzeinweisung durcheinandergebracht würde. Diese Gesichtspunkte sind aber typische Ermessenserwägungen, die im Rahmen der Prüfung der gesetzlichen Voraussetzungen keine Rolle spielen. In den Fällen des Abs. 1 Nr. 1 und Abs. 2 Nr. 1 dürfte dagegen weniger Spielraum für eine ablehnende Ermessensentscheidung sein.

Zum **Verfahren** bei der vorzeitigen Besitzeinweisung im übrigen **15** (mündliche Verhandlung, Beschluß, Angabe des Betroffenen und des Begünstigten, Besitzeinweisung, Angabe des Wirksamkeitszeitpunkts, evtl. Sicherheitsleistung) vgl. § 116, Rn 6; dazu, daß auch Mieter und Pächter, die ihre Rechte nicht nach § 48 Abs. 2 angemeldet haben, Beteiligte sein können, OLG Oldenburg, ZfBR 1985, 248.

2. Durch die Besitzeinweisung wird dem Besitzer nach § 116 Abs. 3 **16** der **Besitz** entzogen und der Eingewiesene Besitzer. Dieser darf auf dem Grundstück das von ihm im Besitzeinweisungsantrag bezeichnete Bauvorhaben ausführen und die dafür erforderlichen Maßnahmen treffen.

3. Vollzugsmaßnahmen können hinsichtlich der Besitzverschaffung **17** und wegen der in dem Beschluß über die vorzeitige Besitzeinweisung evtl. festgesetzten Geldleistungen erforderlich werden.

a) Für die **Besitzverschaffung** ist auf die Regelung in § 72 Abs. 2 **18** zurückzugreifen. Mit der vorzeitigen Besitzeinweisung soll vor Inkrafttreten des Umlegungsplans hinsichtlich des Besitzes der endgültige Zustand hergestellt werden. Insofern trifft die Gemeinde daher dieselbe Verpflichtung wie bei Inkrafttreten des Umlegungsplans selbst (Stich, in: BK, § 77, Rn 16; Stahnke, aaO, Rn 21).

b) Für die in ihm festgesetzten **Geldleistungen** ist der Beschluß über **19** die vorzeitige Besitzeinweisung nach dem gemäß Abs. 3 entsprechend anwendbaren § 122 ein vollstreckbarer Titel, aus dem die Zwangsvollstreckung nach den Vorschriften der Zivilprozeßordnung über die Vollstreckung von Urteilen in bürgerlichen Rechtsstreitigkeiten stattfindet.

4. Zuständig für den **Beschluß** über die vorzeitige Besitzeinweisung **20** ist nach Abs. 1 vor Nr. 1 die **Umlegungsstelle,** gegebenenfalls also der Umlegungausschuß. Für die **Vollstreckung** des Beschlusses mit den Mitteln des Verwaltungszwangs ist dagegen die **Gemeinde** zuständig. Die Umlegungsstelle hat vor Erlaß der vorzeitigen Besitzeinweisung die gesetzlichen Voraussetzungen für das Vorliegen der vorzeitigen Besitzeinweisung genauestens zu **prüfen.** Hierzu gehört auch die Überprüfung des **Bebauungsplans** daraufhin, ob er ordnungsgemäß zustandegekommen ist und an keinen sonstigen materiellen oder formellen Fehlern leidet. Im übrigen hat sie sich im Hinblick auf die vorzeitige Besitzeinweisung insbesondere noch einmal sorgfältig zu vergewis-

sern, daß die für die betroffenen Flächen vorgesehene Regelung mit an Sicherheit grenzender Wahrscheinlichkeit unverändert in den Umlegungsplan übernommen und keiner Anfechtung unterliegen wird.

21 **IV.** Die vorzeitige Besitzeinweisung ist ein **Verwaltungsakt**, der durch Antrag auf gerichtliche Entscheidung nach § 217, gegebenenfalls nach erfolglosem Widerspruch nach § 212, angefochten werden kann. Die dem Widerspruch und dem Antrag auf gerichtliche Entscheidung grundsätzlich zukommende **aufschiebende Wirkung ist durch § 212 Abs. 2 Satz 1 und § 224 Satz 1** bei Widerspruch und Antrag auf gerichtliche Entscheidung gegen eine vorzeitige Besitzeinweisung **aufgehoben.** Hierdurch soll das Verfahren beschleunigt werden. Jedoch kann nach der Einlegung des Widerspruchs entweder in entsprechender Anwendung des § 80 Abs. 4 VwGO bei der Widerspruchsbehörde die **Aussetzung der Vollziehung beantragt** oder in entsprechender Anwendung des § 80 Abs. 5 VwGO bei der zuständigen Baulandkammer ein **Antrag auf Anordnung der aufschiebenden Wirkung gestellt** werden (§ 212 Abs. 2 Satz 2). Beim Antrag auf gerichtliche Entscheidung ist nach § 224 Satz 2 § 80 Abs. 5 VwGO entsprechend anzuwenden. Auch hier kann also die Baulandkammer auf Antrag die aufschiebende Wirkung anordnen.

§ 78 Verfahrens- und Sachkosten

Die Gemeinde trägt die Verfahrenskosten und die nicht durch Beiträge nach § 64 Abs. 3 gedeckten Sachkosten.

1 **1. a) Verfahrenskosten** sind die für die Durchführung der Umlegung anfallenden persönlichen und sächlichen Kosten. Hierzu gehören also die Personalkosten der Umlegungsstelle, die Vermessungskosten, Reisekosten der Bediensteten der Umlegungsstelle ebenso wie die Kosten für Büromaterial oder die Anfertigung und Vervielfältigung von Plänen. Ebenfalls rechnen hierzu die Gebühren für die Erstellung von Gutachten nach §§ 192ff.

Nicht hierzu zählen die Kosten, die einem **Beteiligten** im Sinne des 2 § 48 entstanden sind. Dies gilt insbesondere für die **Kosten eines Rechtsanwalts,** den ein Beteiligter mit seiner Vertretung vor der Umlegungsstelle beauftragt oder den er sonst im Verfahren hinzugezogen hat (BGH, NJW 1975, 52 f.; NJW 1976, 423). Ebensowenig gehören zu den Verfahrenskosten Aufwendungen, die ein Beteiligter infolge eines Verdienstausfalls für Reisen oder für die Erstellung eines Privatgutachtens aufgebracht hat. Die Vorschrift des § 96 ist wegen der im Prinzip gleichgerichteten Interessenlage von Allgemeinheit und betroffenem Eigentümer im Umlegungsrecht nicht entsprechend anzuwenden, und zwar auch dann nicht, wenn §§ 93 bis 103 entsprechend anzuwenden sind (BGH, NJW 1975, 52/53 f.).

Verfahrenskosten im Sinne des § 78 sind auch **nicht die Kosten eines** 3 **Widerspruchs- oder Gerichtsverfahrens.** Hier sind die für diese Verfahren einschlägigen Kostenregelungen wie z. B. § 73 Abs. 3 VwGO über die Kosten im Widerspruchsverfahren, § 80 VwVfG über die Erstattung von Kosten im Vorverfahren, § 221 Abs. 1, nach dem die zivilrechtlichen Kostenvorschriften der Zivilprozeßordnung auch auf das Verfahren vor den Baulandkammern Anwendung finden, sowie schließlich § 228 anzuwenden.

b) Sachkosten sind die **Geldleistungen** nach § 64, die nach dessen 4 Abs. 3 als Beiträge gelten (hierzu § 64, Rn 2 und 10 f.). Diese Geldleistungen richten sich allerdings nicht nach Kostengesichtspunkten, sondern sind Ausgleichs- oder Abfindungsleistungen auf der Grundlage der entsprechenden Regelungen in §§ 55 bis 61 und gegebenenfalls 77.

2. a) Kostenträger ist grundsätzlich die **Gemeinde,** soweit die Ko- 5 sten nicht von anderer Seite zu tragen sind. Danach hat die Gemeinde stets sämtliche Verfahrenskosten im obigen Sinne zu tragen; von den Sachkosten hat die Gemeinde jedoch lediglich den Teil zu tragen, der nicht durch die Geldleistungen nach § 64 gedeckt werden kann. Beiträge nach Kommunalabgabenrecht darf die Gemeinde für nicht gedeckte Kosten nicht erheben. Sie hat vielmehr gegebenenfalls dafür zu sorgen, daß entsprechende Haushaltsmittel für die Deckung der von ihr zu tragenden Sach- und Verfahrenskosten bereitgestellt werden. Beteiligt sich die Gemeinde an einer **freiwilligen Umlegung** (§ 46, Rn 5 f.), kann sie im Rahmen des Umlegungsvorteils die Kosten abweichend von § 78 den Beteiligten auferlegen (BVerwG, NJW 1985, 989).

b) Die von den **Eigentümern** und **Erbbauberechtigten** nach § 64 zu 6 erbringenden Geldleistungen folgen dem Wertausgleichsgedanken des Umlegungsrechts, nicht Kostendeckungsgrundsätzen wie etwa das Erschließungsbeitragsrecht (vgl. § 129 Abs. 1). Sie haben Ausgleichsleistungen entsprechend dem erhaltenen Umlegungsvorteil zu leisten, unabhängig davon, ob hierdurch die tatsächlich entstandenen Kosten der Umlegung gedeckt werden oder ob für die Gemeinde ein Überschuß entsteht.

7 **3.** Haben **Bedarfs- oder Erschließungsträger** im Sinne des § 55 Abs. 5 in der Umlegung Kosten verursacht, haben sie diese der Gemeinde nach § 64 Abs. 5 zu **erstatten** (vgl. § 64, Rn 14). Dies kann etwa der Fall sein, wenn die Umlegung von einem großen Wohnungsbauunternehmen oder einem Industriebetrieb veranlaßt wurde. Es kann in einem öffentlich-rechtlichen Vertrag geregelt werden, welche der anfallenden Kosten von dem veranlassenden Bedarfsträger zu tragen sind (Ansiedlungs- und Erschließungsvertrag; hierzu vgl. § 124).

§ 79 Abgaben- und Auslagenbefreiung

(1) **Geschäfte und Verhandlungen, die der Durchführung oder Vermeidung der Umlegung dienen, einschließlich der Berichtigung der öffentlichen Bücher, sind frei von Gebühren und ähnlichen nichtsteuerlichen Abgaben sowie von Auslagen; dies gilt nicht für die Kosten eines Rechtsstreits. Unberührt bleiben Regelungen nach landesrechtlichen Vorschriften.**

(2) **Die Abgabenfreiheit ist von der zuständigen Behörde ohne Nachprüfung anzuerkennen, wenn die Umlegungsstelle versichert, daß ein Geschäft oder eine Verhandlung der Durchführung oder Vermeidung der Umlegung dient.**

Übersicht

1 **I.** Es liegt im öffentlichen Interesse an der Verwirklichung eines Bebauungsplans, daß die Grundstücke im Bebauungsplangebiet nach Lage, Form und Größe für die bauliche oder sonstige Nutzung zweck-

mäßig gestaltet sind (vgl. § 45 Abs. 1). Durch die Befreiung von Gebühren und ähnlichen nichtsteuerlichen Abgaben sowie von Auslagen (kurz: **Abgabenbefreiung**) soll das Interesse der Grundstückseigentümer an einer **freiwilligen Neuordnung** der Grundstücke im Umlegungsgebiet und ihre Mitwirkungsbereitschaft im Rahmen einer **amtlichen Umlegung** gefördert werden. Die freiwilligen Bodenordnungsmaßnahmen sind in die Abgabenbefreiung einbezogen worden, um zu vermeiden, daß lediglich zur Herbeiführung der Abgabenfreiheit eine amtliche Umlegung durchgeführt werden muß (vgl. aber unten, Rn 15 ff.). Eine ähnliche Vorschrift ist in § 008 FlurbG enthalten; hier sind jedoch Geschäfte und Verhandlungen, die der Vermeidung der Flurbereinigung dienen, nicht erfaßt. Auch § 151 enthält eine Abgaben- und Auslagenbefreiung nur für die Vorbereitung und Durchführung der Sanierung.

II. 1. Geschäfte und Verhandlungen im Sinne des **Abs. 1 Satz 1** sind 2 alle rechtsgeschäftlichen und tatsächlichen Handlungen von Gerichten und Behörden, für die Abgaben zu entrichten wären, sowie von Umlegungsbeteiligten und sonstigen Personen, die eine Abgabenpflicht auslösen würden.

2. Geschäfte und Verhandlungen dienen der **Durchführung der Um-** 3 **legung,** wenn sie im Rahmen einer ordnungsgemäß betriebenen Umlegung erforderlich sind. Dabei ist der hier verwandte Begriff der Durchführung im selben Sinn zu verstehen wie in § 46 Abs. 1. Dies bedeutet, daß nicht die Anordnung, wohl aber die Einleitung der Umlegung bereits zur Durchführung gehört (vgl. § 46, Rn 10). Aus diesem Grund sind auch Vorbereitungshandlungen der Umlegungsstelle, die ihr die Beurteilung von Erforderlichkeit und Zweckmäßigkeit der Umlegung ermöglichen sowie über die Abgrenzung des Umlegungsgebiets Aufschluß verschaffen sollen, von der Abgabenbefreiung umfaßt. Ist ein Grunderwerb der Gemeinde in dem in Aussicht genommenen Umlegungsgebiet vor Einleitung der Umlegung für die Durchführung der Umlegung zweckmäßig, so kann auch insoweit bereits Abgabenfreiheit bestehen (vgl. auch Schriever, in: Kohlhammer-Komm., § 79, Rn 13; Ernst/Otte, in: E/Z/B, § 79, Rn 6; Stich, in: BK, § 79, Rn 8).

Beispiele für Handlungen zur Durchführung der Umlegung sind die 4 Ermittlung der Beteiligten und Rechte nach § 48 und nach § 24 Abs. 1 VwVfG in Verbindung mit § 208, die Bestellung eines Vertreters durch das Vormundschaftsgericht nach § 207, die Erteilung einer Genehmigung nach § 51, die Eintragung des Grundbuchvermerks durch das Grundbuchamt nach § 54, die Berichtigung des Grundbuchs durch das Grundbuchamt und des Liegenschaftskatasters durch das Katasteramt nach § 74, Einsichtnahmen in das Bestandsverzeichnis nach § 53 und in den Umlegungsplan nach § 69 Abs. 2 und § 75.

3. Geschäfte und Verhandlungen dienen der **Vermeidung einer Um-** 5 **legung,** wenn sie erforderlich sind, um die Grundstücke so zu ordnen,

daß sie der im Bebauungsplan für sie festgesetzten Nutzung zugeführt werden können. Es muß ein rechtskräftiger Bebauungsplan, mindestens aber Planreife im Sinne des § 33 vorliegen, um die etwaige Erforderlichkeit einer Umlegung beurteilen zu können. Nicht erforderlich ist, daß eine Umlegung bereits angeordnet ist oder deren Anordnung bevorsteht (Ernst/Otte, aaO, Rn 10). Der Vermeidung einer Umlegung dienen Handlungen nicht erst dann, wenn sie im Rahmen einer freiwilligen Umlegung ein größeres Gebiet umfassen. Es kann im Extremfall auch ein einzelner Grundstückserwerb, etwa einer für sich nicht bebaubaren Parzelle, die Voraussetzungen der Abgabenbefreiung nach Abs. 1 erfüllen (Stich, aaO, Rn 9). Dasselbe kann für die Aussiedlung eines einzelnen Betriebes aus dem Umlegungsgebiet gelten (Stahnke, aaO, Rn 6). Zur Bedeutung freiwilliger Bodenordnungsmaßnahmen, durch die in einem Gebiet die Grundstücke nach Lage, Form und Größe bebauungsgerecht geordnet werden, vgl. Baulandbericht des Bundesministers für Raumordnung, Bauwesen und Städtebau, Schriftenreihe „Städtebauliche Forschung" des BMBau, Heft 03.100, 1983, S. 77 ff.).

6 **III. 1.** Entsprechend der eingeschränkten Gesetzgebungskompetenz des Bundes ist die Abgabenbefreiung auf **Abgaben nach bundesrechtlichen Vorschriften** beschränkt. Für Abgaben und Auslagen aufgrund landesrechtlicher Regelungen gilt die Abgabenbefreiung nach **Abs. 1 Satz 2** nicht. Die Länder haben jedoch für die von § 79 erfaßten Kostentatbestände ebenfalls Befreiungsvorschriften erlassen (vgl. Schriever, in: Kohlhammer-Komm., § 79, Rn 31 f.).

7 Die Abgabenbefreiung ist nicht auf bestimmte Personen, etwa die Gemeinde oder die im Umlegungsverfahren beteiligten Eigentümer, beschränkt. Sie gilt vielmehr **umfassend** für alle Geschäfte und Verhandlungen, die der Vermeidung oder der Durchführung der Umlegung dienen. Es handelt sich daher nicht um eine persönliche, sondern um eine **sachliche Abgabenbefreiung** (Schriever, aaO, Rn 5).

8 **2. a)** Als Gebühren, von denen im Rahmen der Umlegung befreit wird, kommen nur **Verwaltungsgebühren** in Betracht. Verwaltungsgebühren sind Geldleistungen, die als Gegenleistung für eine besondere Leistung – Amtshandlung oder sonstige Tätigkeit – der Verwaltung erhoben werden (vgl. § 4 Abs. 2 KAG NRW). Grundsätzlich werden für Geschäfte und Verhandlungen (vgl. oben, Rn 2), die für die Durchführung der Umlegung notwendig sind, keine Verwaltungsgebühren erhoben.

9 **b) aa)** Soweit z. B. bei Rechtsgeschäften zur Vermeidung der Umlegung **Notargebühren** anfallen, geht die **Sonderregelung in §§ 140 ff. der Kostenordnung** (Gesetz über die Kosten in Angelegenheiten der freiwilligen Gerichtsbarkeit) der Gebührenbefreiung in § 79 vor. § 144 Abs. 1 Kostenordnung bestimmt, daß u. a. bundesrechtliche Vorschriften, die Gebühren- oder Auslagenbefreiung gewähren, nicht für den Notar, dem die Gebühren für seine Tätigkeit selbst zufließen, gelten;

die Gebühren fließen dem Notar bis auf bestimmte Gruppen von Notaren in Baden-Württemberg stets zu (hierzu Bengel, in: Korintenberg/Lappe/Bengel/Reimann, Kostenordnung, 10. Aufl. 1984, Vor § 140, Rn 2). Allerdings bestimmt § 144 Abs. 3 Kostenordnung, daß z. B. für die Beurteilungen von Verträgen die Gebühren des Notars um 80% ermäßigt sind, wenn – wie dies bei § 79 der Fall ist (vgl. oben, Rn 7) – sachliche Gebührenbefreiung gewährt ist. Allerdings verstößt diese Bestimmung gegen Art. 12 Abs. 1 GG, soweit sie eine Gebührenermäßigung um mehr als 50% vorschreibt (BVerfGE 47, 285/286 f., 318 ff.). Die **Gebührenermäßigung** beträgt nach dieser Entscheidung des Bundesverfassungsgerichts, der Gesetzeskraft zukommt, **verbindlich 50%**.

bb) Gebühren für Beurkundungen und Beglaubigungen fallen ebenfalls **nicht unter die Abgabenbefreiung** des Abs. 1 Satz 1. Nach § 11 Abs. 3 Kostenordnung werden solche Gebühren von Befreiungsvorschriften nur dann erfaßt, wenn diese ausdrücklich auch hiervon Befreiung gewähren. Dies ist bei Abs. 1 Satz 1 nicht der Fall. Da aber die vor allem wichtigen Notargebühren durch § 144 Abs. 3 Kostenordnung, der lediglich auf das Vorhandensein einer sachlichen Gebührenbefreiung, nicht auf eine Befreiung auch von Gebühren für Beglaubigungen und Beurkundungen abstellt, auf 20% reduziert sind, fällt diese Ausnahme nicht so stark ins Gewicht.

3. Befreit ist ferner von Auslagen. Hierunter sind solche im Zusammenhang mit der Amtshandlung entstehenden notwendigen Kosten zu verstehen, die nicht bereits in die Gebühren einbezogen sind (vgl. z. B. § 10 Abs. 1 Satz 1 GebührenG NRW). Im Rahmen der Umlegung handelt es sich dabei **vor allem um Schreibauslagen** z. B. für Mehrausfertigungen oder Abschriften von Urkunden nach § 136 Kostenordnung oder sonstige Auslagen wie Fernschreibgebühren oder Zustellungsgebühren nach § 137 Kostenordnung. Da § 79 ausdrücklich auch von Auslagen befreit, kommt § 144 Abs. 4 Kostenordnung, nach dem im Falle einer Gebührenermäßigung abweichend von § 136 Kostenordnung für jede Ausfertigung oder Abschrift Schreibauslagen berechnet werden können (hierzu Reimann, in: Korintenberg/Lappe/Bengel/Reimann, Kostenordnung, aaO, § 144, Rn 61), nicht zur Anwendung.

4. a) Zu den sonstigen Abgaben, von deren Entrichtung Abs. 1 Satz 1 befreit, gehören **Beiträge** (zum Begriff vgl. § 64, Rn 10), **nicht aber Steuern**. Steuern sind einmalige oder laufende Geldleistungen, die nicht eine Gegenleistung für eine besondere Leistung darstellen und die von einem öffentlich-rechtlichen Gemeinwesen zur Erzielung von Einnahmen erhoben werden; **Zölle** sind nach § 3 Abs. 1 Satz 2 AO Steuern. Abs. 1 Satz 1 beschränkt die Befreiung ausdrücklich auf **nichtsteuerliche** Abgaben. **Steuerbefreiungen** werden zur Wahrung der Übersichtlichkeit und Rechtssicherheit **nur** in den jeweiligen **Steuergesetzen** gewährt.

13 **b)** Von zentraler Bedeutung bei der Umlegung ist die Frage, ob der
Eigentumsübergang von der **Grunderwerbsteuer** befreit ist. In dem
Grunderwerbsteuergesetz vom 17. Dez. 1982 (BGBl. I S. 1777), dessen
sprachliche Anpassung an das Baugesetzbuch auf Betreiben des Bun-
desfinanzministers – da wegen der Formulierung „Bundesbaugesetz in
seiner jeweils geltenden Fassung" entbehrlich – unterlassen wurde, ist
in § 1 Abs. 1 Nr. 3 Buchstabe b bestimmt, daß „der Übergang des
Eigentums **im Umlegungsverfahren nach dem Bundesbaugesetz** in
seiner jeweils geltenden Fassung, wenn der neue Eigentümer in diesem
Verfahren als Eigentümer eines im Umlegungsgebiet gelegenen
Grundstücks Beteiligter ist", **von der Grunderwerbsteuer ausgenom-
men** ist. Die an einer Umlegung beteiligten Eigentümer haben daher
für die ihnen zugeteilten neuen Grundstücke keine Grunderwerbsteuer
zu zahlen. Dies gilt selbst dann, wenn ihnen ein wertvolleres Grund-
stück als das von ihnen eingeworfene zugeteilt wurde und sie hierfür
einen Vorteilsausgleich zu entrichten haben. Grund hierfür ist nach dem
Bericht des Bundestags-Finanzausschusses, daß diese Vorgänge „in
Ermangelung eines Leistungsaustausches auch nicht der Umsatzsteuer
unterliegen" (BT-Drs. 9/2114, zu § 1).

14 Diese Regelung wirft **Probleme in zwei Richtungen** auf. Zum einen
stellt sie darauf ab, daß der **neue Eigentümer bereits Eigentümer eines
Grundstücks im Umlegungsgebiet** war. Damit werden solche Eigen-
tümer, die als Bedarfsträger an der Umlegung beteiligt sind und denen
Flächen für öffentliche Zwecke nach § 55 Abs. 5 gegen Einbringung
geeigneten Ersatzlands zugeteilt werden, der Steuer unterworfen. Von
der Steuer **ausgenommen** ist jedoch die **Zuteilung eines Grundstücks
außerhalb des Umlegungsgebiets** an einen Eigentümer, der ein Grund-
stück im Umlegungsgebiet in die Umlegung eingeworfen hat. Maß-
geblich ist nach dieser Regelung allein, daß der Beteiligte Grundeigen-
tum in die Umlegung eingeworfen hat. Ob das hierfür zugeteilte
Grundstück innerhalb oder außerhalb des Umlegungsgebiets liegt, ist
dagegen unerheblich. Erwirbt jedoch die Gemeinde zuvor dieses Er-
satzland, um es diesem Eigentümer zuteilen zu können, so ist dieser
Vorgang grunderwerbsteuerpflichtig. Denn insoweit liegt ein Lei-
stungsaustausch vor, der von dem Gedanken der Steuerausnahme in § 1
Abs. 1 Nr. 3 Buchstabe b Grunderwerbsteuergesetz nicht umfaßt wird.

15 Zum anderen bezieht sich die Ausnahme von der Steuer **nur auf den
Eigentumsübergang in Umlegungsverfahren nach dem „Bundesbau-
gesetz".** Die Vorschrift ist nicht an das Baugesetzbuch angepaßt wor-
den, umfaßt in ihrem Bedeutungsgehalt aber selbstverständlich auch
dieses. Verfahren der freiwilligen Umlegung oder sonstige zur Vermei-
dung einer Umlegung dienende Grundstücksgeschäfte unterliegen da-
her in vollem Umfang der Steuerpflicht. Durch diese Regelung wird
die **amtliche Umlegung erschwert.** Maßnahmen zur **freiwilligen Bo-
denordnung** werden gegenüber amtlichen Bodenordnungsmaßnah-
men insoweit **erheblich verteuert;** allerdings entfällt bei ihnen die

Pflicht zur Entrichtung eines Umlegungsvorteilsausgleichs (vgl. § 57, Rn 23 ff., § 58, Rn 5 ff., 13), sofern nicht eine vergleichbare Leistung vereinbart wird. Im Rahmen von freiwilligen Umlegungen, bei denen in der Regel zunächst das Grundeigentum von den Eigentümern auf eine Gesamthand und dann von dieser auf die neuen Eigentümer übertragen wird, fällt die Grunderwerbsteuer sogar zweimal an, so daß also insgesamt eine Grunderwerbsteuer in Höhe von 4% des Kaufpreises (vgl. §§ 8, 9, 11 Grunderwerbsteuergesetz) zu zahlen ist, obwohl hier im wirtschaftlichen Ergebnis ebenfalls kein eigentlicher Grunderwerb stattfindet (hierzu Baulandbericht des Bundesministers für Raumordnung, Bauwesen und Städtebau, Schriftenreihe „Städtebauliche Forschung" des BMBau, Heft 03.100, 1983, S. 54). Durch diese Gestaltung der Besteuerung besteht die große Gefahr, daß freiwillige Bodenordnungsmaßnahmen, sofern sie nicht überhaupt unterbleiben (vgl. Dieterich, S. V), in die amtlichen Verfahren „hineingesteuert" werden.

Die Regelung ist daher, besonders aus Baden-Württemberg, wo **16** freiwillige Umlegungen eine lange Tradition haben, **auf Kritik gestoßen.** Vor allem wurde aus der Tatsache, daß im Grunderwerbsteuergesetz 1983 versäumt wurde, § 79 BBauG aufzuheben, geschlossen, diese Vorschrift gelte als lex specialis fort (Birk, NJW 1983, 923 f.). Mit dem Baugesetzbuch ist jedoch klargestellt, daß § 79 nicht abweichend vom Grunderwerbsteuergesetz auch freiwillige Umlegungen von dieser Steuer befreit (so schon nach früherem Recht Sigloch, NJW 1983, 1817; 1. Auflage, Rn 16 ff.; vgl. jetzt ausdrücklich BFH, Beschl. v. 6. 9. 1988, BStBl. 1988 II S. 1008).

c) Da die Grunderwerbsteuer eine besondere Ausgestaltung der **17** **Umsatzsteuer** ist, unterliegen von der Grunderwerbsteuer ausgenommene Vorgänge auch nicht der Umsatzsteuer (vgl. oben, Rn 13; Schreiben des Bundesministers der Finanzen an die Länder vom 26. 1. 1984, mitgeteilt in BMF-Finanznachrichten 6/84 vom 3. 2. 1984, S. 1; auch Sigloch, NJW 1983, 1817/1820; Ernst/Otte, aaO, Rn 23). Da die freiwillige Umlegung der Grunderwerbsteuer unterfällt, ist sie nach § 4 Nr. 9 Buchstabe a Umsatzsteuergesetz von der Umsatzsteuer befreit.

IV. Nach **Abs. 1 Satz 2 Halbsatz 2** sind die **Kosten eines Rechts** **18** **streits** von der Abgabenbefreiung **ausgeschlossen.** Dies muß entsprechend auch für die Kosten eines **Vorverfahrens** gelten. Rechtsstreit sowie Vorverfahren hierzu dienen nicht der Durchführung der Umlegung, sondern der Verfolgung eigener Rechte in der Umlegung, so daß der Grund für die Abgabenbefreiung hier nicht vorliegt (vgl. Schriever, in: Kohlhammer-Komm., § 79, Rn 30).

V. Die Abgabenbefreiung wird nur gewährt, wenn die Umlegungs **19** stelle nach **Abs. 2** eine sog. **Zweckdienlichkeitsbescheinigung** ausstellt. Umlegungsstelle ist nach § 46 die Gemeinde, der Umlegungsausschuß oder die Behörde, auf die die Durchführung übertragen worden ist (vgl. § 46, Rn 26 ff.). In der Bescheinigung hat die Umlegungsstelle

zu versichern, daß das Geschäft oder die Verhandlung der Durchführung der Umlegung dient oder daß ohne das Geschäft oder die Verhandlung möglicherweise eine Umlegung durchzuführen wäre, das Geschäft oder die Verhandlung also der Vermeidung einer Umlegung **dient.** Nicht erforderlich ist, daß andernfalls eine Umlegung **erforderlich** wäre (vgl. Schriever, aaO, Rn 35). Hat die Umlegungsstelle diese Zweckdienlichkeitsbescheinigung ausgestellt, ist die Behörde, die zur Erhebung von Abgaben befugt ist, an diese Versicherung in rechtlicher und tatsächlicher Hinsicht gebunden; eine Nachprüfung steht ihr nicht zu. Dies gilt uneingeschränkt nur für nichtsteuerliche Abgaben auf bundesrechtlicher Grundlage; nach Landesrecht können hiervon abweichende Bindungsvorschriften bestehen.

20 Gegen die **Versagung der Zweckdienlichkeitsbescheinigung** steht dem Beteiligten der **Antrag auf gerichtliche Entscheidung** nach § 217 zu, gegebenenfalls nach Durchführung eines Vorverfahrens nach § 212. Wird die Abgabe gleichwohl erhoben, muß er sich hiergegen mit den Rechtsbehelfen wenden, die nach dem einschlägigen **Abgabengesetz** vorgesehen sind (Schriever, aaO, Rn 39).

Zweiter Abschnitt. Grenzregelung

§ 80 Zweck, Voraussetzungen und Zuständigkeit

(1) **Zur Herbeiführung einer ordnungsmäßigen Bebauung einschließlich Erschließung oder zur Beseitigung baurechtswidriger Zustände kann die Gemeinde im Geltungsbereich eines Bebauungsplans oder innerhalb der im Zusammenhang bebauten Ortsteile durch Grenzregelung**

1. **benachbarte Grundstücke oder Teile benachbarter Grundstücke gegeneinander austauschen, wenn dies dem überwiegenden öffentlichen Interesse dient,**
2. **benachbarte Grundstücke, insbesondere Splittergrundstücke oder Teile benachbarter Grundstücke einseitig zuteilen, wenn dies im öffentlichen Interesse geboten ist.**

Die Grundstücke und Grundstücksteile dürfen nicht selbständig bebaubar und eine durch die Grenzregelung für den Grundstückseigentümer bewirkte Wertminderung darf nur unerheblich sein.

(2) **Im Rahmen des Verfahrens der Grenzregelung betroffene Dienstbarkeiten und Baulasten nach Maßgabe des § 61 Abs. 1 Satz 3 können neu geordnet und zu diesem Zweck auch neu begründet und aufgehoben werden. Betroffene Grundpfandrechte können neugeordnet werden, wenn die Beteiligten dem vorgesehenen neuen Rechtszustand zustimmen.**

(3) **Die Landesregierungen können durch Rechtsverordnung be-stimmen, daß die nach Maßgabe des § 46 Abs. 2 Nr. 1 und 2 gebildeten Umlegungsausschüsse auch Grenzregelungen selbständig durchfüh-ren. Die Vorschriften des § 46 Abs. 4 zur Übertragung der Umlegung auf die Flurbereinigungsbehörde oder eine andere geeignete Behörde sind für Grenzregelungen entsprechend anzuwenden.**

Übersicht

1. Die **Grenzregelung** bietet die Möglichkeit, im engen Nachbar- 1
schaftsverbund Grundstücke durch ein **wenig aufwendiges Verfahren,**
das allerdings zum Teil an recht **unübersichtliche Zulässigkeitsvoraus-setzungen** geknüpft ist (hierzu unten, Rn 14 ff.), zweckmäßiger zu
gestalten. Die Grenzregelung ist daher in ihrem Einsatzbereich in der
Regel gegenüber der verfahrensaufwendigen Umlegung und erst recht
gegenüber der Enteignung das vorrangig einzusetzende **mildere Mittel**
der Bodenordnung (OLG Köln, NJW 1966, 506). Dementsprechend ist
auch die Grenzregelung als **Inhaltsbestimmung des Eigentums** im
Sinne des Art. 14 Abs. 1 Satz 2 GG anzusehen (vgl. hierzu Ernst/Otte,
in: E/Z/B, § 80, Rn 7; vgl. zur Problematik bei einseitiger Zuteilung
unten, Rn 18 f.).

Da die Grenzregelung gleichwohl keine große praktische Bedeutung 2
erlangt hat, ist ihre gesetzliche Ausgestaltung in der BBauG-Novelle
1979 erheblich geändert worden (zu den Gründen für die geringe
Bedeutung Ernst/Otte, aaO, Rn 3; vgl. aber Dieterich, S. V). Ob das
Ziel einer Erweiterung der praktischen Anwendung der Grenzregelung
erreicht wurde, ist fraglich (die Grenzregelung sehr befürwortend z. B.

Zaiser, Die Gemeinde 1986, 102 ff.; vgl. auch Dieterich, Rn 511 ff., und
Schriever, in: Kohlhammer-Komm., § 80, jeweils mit zahlreichen An-
wendungsbeispielen; ausführlich auch Rothe, Rn 494 ff.).

3 **2. Nach Abs. 1 Satz 1** kann die Grenzregelung lediglich zu **zwei
bestimmten Zwecken** durchgeführt werden. Grenzregelungen zu wei-
teren Zwecken, z. B. zur Herbeiführung einer wirtschaftlicheren oder
zweckmäßigeren Bebauung sind ausgeschlossen. Entsprechende wei-
tergehende Vorschläge hat weder der Gesetzgeber der BBauG-Novelle
1979 (hierzu Schriever, in: Kohlhammer-Komm., § 80, Rn 11), noch
der des Baugesetzbuches (vgl. Otte, VR 1987, 73/87) aufgegriffen. Für
die Erreichung solcher Zwecke steht daher ggf. allein die Umlegung
zur Verfügung.

4 **a)** Der erste mögliche Zweck einer Grenzregelung ist die **Herbeifüh-
rung einer ordnungsgemäßen Bebauung.** Ordnungsgemäß ist eine
Bebauung, wenn sie mit den auf die Grundstücksgrenzen bezogenen
materiellen Vorschriften des Bauordnungs- und Bauplanungsrechts
übereinstimmt. Durch Grenzregelung können also z. B. Grenzvor- und
-rücksprünge zwischen zwei Grundstücken begradigt werden, um so
bei einer Bebauung der Grundstücke Abstandsflächen nach Bauord-
nungsrecht einhalten oder Baugrenzen und Baulinien nach Bauplan-
nungsrecht beachten zu können.

5 Eine ordnungsgemäße Bebauung ist ohne Erschließung nicht mög-
lich. Zweck der Grenzregelung nach der ersten Alternative kann daher
auch die **Herbeiführung einer ordnungsgemäßen Erschließung** sein.
Dabei kann es sich allerdings stets nur um eine erstmalige, nicht auch
um eine weitere, sei es auch verbesserte, Erschließung handeln (vgl.
Schriever, aaO, Rn 20). Zudem muß die Erschließung für die Zulässig-
keit von Vorhaben nach §§ 30 oder 34 (hierzu § 30, Rn 13 ff., § 34,
Rn 31) erforderlich sein. Der Begriff der Erschließung ist hier also
enger als im Erschließungsbeitragsrecht, nach dem z. B. auch eine
zweite Erschließung eines Grundstücks beitragsfähig sein kann, wenn
nur die Erschließungsanlage erstmalig hergestellt wird (hierzu § 129,
Rn 9; § 131, Rn 10). **Nicht** zur Erschließung gehören demgemäß **Infra-
struktureinrichtungen,** wie sie früher § 9 a BBauG vorsah. Zur Her-
beiführung einer ordnungsgemäßen Infrastrukturausstattung kann da-
her die Grenzregelung, mag es auch wünschenswert sein, angesichts
des klaren Wortlauts und der Systematik des Gesetzes nicht eingesetzt
werden (so jetzt auch Schriever, in: Kohlhammer-Komm., § 80,
Rn 22).

6 Sieht ein Bebauungsplan für tiefe Grundstücke eine **rückwärtige
Erschließung** und weitere Bebauung vor, so kann dieses Ziel **nicht im
Wege der Grenzregelung** erreicht werden. Hierbei handelt es sich nicht
um die Herbeiführung einer ordnungsgemäßen Bebauung, sondern um
eine **weitere** ordnungsgemäße Bebauung. Hierfür aber ist die Grenzre-
gelung nach dem Wortlaut des Gesetzes gerade nicht anwendbar (Ernst/

Otte, aaO, Rn 10; a. A. Schriever, aaO, Rn 21). Vielmehr bedarf es einer Umlegung oder gegebenenfalls einer Enteignung.

Die Grenzregelung wird nicht dadurch ausgeschlossen, daß eine **7** rechtlich ordnungsgemäße Bebauung der Grundstücke durch Inanspruchnahme einer **Befreiung** nach § 31 Abs. 2 oder nach dem Bauordnungsrecht der Länder möglich wäre. Die Befreiung soll u. a. dazu dienen, bei von der Planung nicht vorhergesehenen **atypischen Grundstücksgestaltungen im Einzelfall** gleichwohl eine Bebauung zu ermöglichen. Die Grenzregelung kann in diesen Fällen die nötigen **zivilrechtlichen Grundlagen** für eine ordnungsgemäße Bebauung schaffen, die den Interessen der beteiligten Grundeigentümer in aller Regel besser entspricht als eine öffentlich-rechtliche Abweichungserlaubnis für eine atypische Fallgestaltung. Der Befreiung nicht gleich zu stellen ist allerdings die **Ausnahme.** Sie soll für vom Plangeber **vorhergesehene Situationen** eine von den Festsetzungen des Bebauungsplans abweichende Bebauung ermöglichen. Das Erfordernis einer Ausnahme vermag daher die Durchführung einer Grenzregelung nicht zu begründen (wie hier Stich, in: BK, § 80, Rn 6; a. A. Ernst/Otte, in: E/Z/B, § 80, Rn 11, und Schriever, aaO, Rn 15, die die Ausnahme der Befreiung gleichstellen und in beiden Fällen eine Grenzregelung zulassen wollen). **Ziel** der Grenzregelung muß es dagegen sein, Grundstücke zu schaffen, die **ohne die Inanspruchnahme von Ausnahmen oder Befreiungen** bebaubar sind. Allerdings kann es, wie auch bei der Umlegung (vgl. § 45, Rn 12), im Einzelfall ausreichen, wenn ein bisher nicht bebaubares Grundstück durch die Grenzregelung wenigstens mittels Gewährung einer Ausnahme oder einer Befreiung bebaubar wird (Schriever, aaO, Rn 16).

b) Der zweite mögliche Zweck einer Grenzregelung ist die **Beseiti- 8 gung baurechtswidriger Zustände.** Hierdurch wird die **Bebauung mindestens eines der** an der Grenzregelung beteiligten **Grundstücke** vorausgesetzt. Baurechtswidrig in diesem Sinn ist eine bauliche Anlage, die mit den auf die Grundstücksgrenzen bezogenen Vorschriften des materiellen Bauplanungs- oder Bauordnungsrechts nicht übereinstimmt. Dies kann der Fall sein bei baurechtswidrig ausgeführten Gebäuden oder bei einer Änderung der Rechtsvorschriften nach Ausführung der Bauvorhaben. Eine bloß formelle Baurechtswidrigkeit, d. h. die Errichtung eines Baus ohne Baugenehmigung, vermag eine Grenzregelung nicht zu begründen, da sie durch eine Grenzregelung auch nicht zu beseitigen wäre.

Maßgeblicher **Zeitpunkt** für die Beurteilung der Baurechtswidrig- **9** keit ist die Einleitung der Grenzregelung, nicht etwa der Zeitpunkt der Errichtung des Gebäudes (Schriever, in: Kohlhammer-Komm., § 80, Rn 25; a. A. Ernst/Otte, aaO, Rn 13, die die Voraussetzungen für die Beseitigung eines Gebäudes auf die Beseitigung des baurechtswidrigen Zustands übertragen; wie hier auch der Ausschußbericht zum BauGB, BT-Drs. 10/6166, S. 157). Für die Baurechtswidrigkeit ist die **zivil-**

rechtliche Situation unerheblich. Ist z. B. ein Gebäude teilweise auf einem Nachbargrundstück errichtet (Überbau nach § 912 BGB), entspricht es aber den Festsetzungen eines Bebauungsplans, die unabhängig von zivilrechtlichen Grundstücksgrenzen ergehen, so ist für ein Grenzregelungsverfahren kein Raum. Hierfür steht die privatrechtliche Möglichkeit des Abkaufs nach § 915 BGB zur Verfügung (Schriever, aaO, Rn 24; a. A. Stich, aaO, Rn 8).

10 **3. a)** Der traditionelle Fall der Grenzregelung, wie er z. B. auch in § 15 Aufbaugesetz NRW vorgesehen war, ist der in **Abs. 1 Satz 1 Nr. 1** vorgesehene **gegenseitige Austausch benachbarter Grundstücke oder Grundstücksteile.** Hiernach können Grenzen so begradigt oder geschwenkt werden, daß die Grenzen der Buchgrundstücke in etwa den Grenzen des im Bebauungsplan vorgesehenen Baugrundstücks entsprechen, ohne daß hierbei die Grundstücksgröße wesentlich oder überhaupt geändert wird.

11 **b)** Nach **Nr. 2** ist es auch möglich, **Grundstücke einseitig einem anderen Grundstück zuzuteilen.** Hauptanwendungsfall ist die Verbreiterung oder der Rückbau einer Straße oder die Anlage eines Fahrweges zur Erschließung hinterer Grundstücke.

12 **c)** Durch die Änderung der Grenzen im Rahmen einer Grenzregelung können auch **Dienstbarkeiten** betroffen werden. So kann z. B. eine Grunddienstbarkeit an einer Stelle überflüssig und dafür an einer anderen Stelle notwendig werden. **Abs. 2 Satz 1** bestimmt, daß solchermaßen **betroffene** Dienstbarkeiten im Rahmen der Grenzregelung neu geordnet werden können. Klarstellend wird hervorgehoben, daß sie zu diesem Zweck auch neu begründet oder aber aufgehoben werden können. Daraus folgt, daß Dienstbarkeiten im Rahmen der Grenzregelung nicht völlig neu begründet werden können, sondern daß dies nur bei durch die Grenzregelung betroffenen Dienstbarkeiten möglich ist. Im übrigen ist wie bei der Umlegung eine reine Rechtsgrenzregelung, also eine Grenzregelung nur zum Zwecke der Änderung von Dienstbarkeiten, nicht zulässig. Die betroffenen Dienstbarkeiten dürfen nur „im Rahmen des Verfahrens der Grenzregelung", also nur anläßlich der Grenzregelung neu geordnet werden.

13 Dienstbarkeiten sind die Grunddienstbarkeiten, der Nießbrauch und die beschränkten persönlichen Dienstbarkeiten nach §§ 1018 ff. BGB (hierzu § 61, Rn 6). Durch das Baugesetzbuch neu eingeführt wurde die Möglichkeit nach **Abs. 2 Satz 1,** auch **Baulasten** (vgl. § 61, Rn 14) neu zu ordnen. Dies gilt nach **Abs. 2 Satz 2** auch für **Grundpfandrechte** (vgl. § 61, Rn 8), allerdings nur bei **Zustimmung** der Beteiligten.

14 **4. a)** Die Grenzregelung kann durchgeführt werden im **Geltungsbereich eines rechtsverbindlichen Bebauungsplans.** Wie jetzt auch bei der Umlegung ist es nicht erforderlich, daß es sich um einen qualifizierten Bebauungsplan im Sinne des § 30 Abs. 1 handelt. Dagegen reicht ein Aufstellungsbeschluß, wie nach § 45 Abs. 2, für die Grenzregelung

nicht aus. Darüber hinaus kann die Grenzregelung auch innerhalb der **im Zusammenhang bebauten Ortsteile** durchgeführt werden. Dabei ist es unerheblich, ob diese Gebiete ihren Charakter als im Zusammenhang bebauter Ortsteil nach § 34 Abs. 1 oder aufgrund einer Satzung nach § 34 Abs. 4 erhalten haben.

b) Die Grenzregelung kann sich nur auf **benachbarte Grundstücke** 15 erstrecken. Dem Sinn der Grenzregelung entsprechend können hierunter nur Grundstücke verstanden werden, die aneinander **angrenzen** (Schriever, in: Kohlhammer-Komm., § 80, Rn 30). Da es bei der Grenzregelung um den rechtlichen Austausch oder die rechtliche Zuteilung von Grundstücken geht, ist hier das **Grundstück im Sinne des Grundbuchrechts** gemeint (vgl. zum Grundstücksbegriff Anmerkungen zu § 200). Die besondere Erwähnung der **Teile von Grundstücken** ist nur historisch zu erklären; in ihrer bis 1979 geltenden Fassung war die Grenzregelung auf Grundstücksteile beschränkt. Der besondere Hinweis auf die Grundstücksteile ist durch die Regelung in § 200 Abs. 1 entbehrlich. Bereits dadurch wird deutlich, daß die auf Grundstücke bezogenen Maßnahmen auch im Hinblick auf Grundstücksteile durchgeführt werden können, ohne daß z. B. zuvor ein eigenes Grundbuchblatt angelegt werden muß (hierzu § 200, Rn 1; Schriever, aaO, Rn 28; eine besondere Regelung nur für Grundstücksteile enthält allerdings § 83 Abs. 3 Satz 1 und 3, vgl. § 83, Rn 6 f.). Entsprechend der für Grundstücke geltenden Regelungen müssen daher auch die Teile von Grundstücken aneinander angrenzen, wenn sie in ein Grenzregelungsverfahren einbezogen werden sollen. Eine **zahlenmäßige Begrenzung** der Grundstücke, die in ein Grenzregelungsverfahren einbezogen werden können, enthält das Gesetz **nicht** (Ernst/Otte, in: E/Z/B, § 80, Rn 22), zumeist werden es aber jeweils nur zwei Grundstücke sein (vgl. Dieterich, Rn 512: zweiseitiger Grenzausgleich).

Eine absolute Grenze für die **Größe** der von der Grenzregelung 16 erfaßten Grundstücke oder Grundstücksteile enthält das Gesetz nicht. Allerdings ist in **Abs. 1 Satz 2** bestimmt, daß die ausgetauschten oder einseitig zugeteilten Grundstücke oder Grundstücksteile **nicht selbständig bebaubar** sein dürfen. Sie dürfen daher nicht die nach dem Bebauungsplan oder dem Bebauungszusammenhang erforderliche Größe eines Baugrundstücks erreichen. Die zulässige Größe des auszutauschenden oder zuzuteilenden Grundstücks kann also mit diesen baurechtlichen Vorschriften variieren. Dabei kommt es auf die Art und den Umfang der möglichen Bebaubarkeit nicht an; entscheidend ist vielmehr, ob sie den planerischen Festsetzungen des Bebauungsplans oder den städtebaulichen Gegebenheiten des Bebauungszusammenhangs entspricht und wirtschaftlich zumutbar ist (Schriever, aaO, Rn 37; Ernst/Otte, aaO, Rn 26). Eine weitere Begrenzung ergibt sich daraus, daß die Grenzregelung nur eine unerhebliche Wertminderung zur Folge haben darf (vgl. unten, Rn 20 f.).

17 **c)** Soweit die Grenzregelung zur Herbeiführung einer ordnungsgemäßen Bebauung – wie im Regelfall – zugleich auch einer wirtschaftlich sinnvollen Ausnutzung der Grundstücke dient, ist sie im Grunde eine Angelegenheit der Eigentümer der benachbarten Grundstücke. Ein solches privates Interesse allein vermag aber eine Grenzregelung in keinem Fall zu rechtfertigen. **Abs. 1 Satz 1 Nr. 1** schreibt daher für den **Fall des gegenseitigen Austausches von Grundstücken** vor, daß die Grenzregelung „dem überwiegenden öffentlichen Interesse dient". Damit soll einerseits zum Ausdruck gebracht werden, daß an der Grenzregelung neben dem privaten **auch ein öffentliches Interesse** besteht, und andererseits, daß dieses öffentliche Interesse ein eventuell entgegenstehendes privates Interesse, gegebenenfalls in Verbindung mit einem für die Grenzregelung streitenden privaten Interesse, **überwiegt.** Da das öffentliche Interesse neben dem Zweck der Grenzregelung ausdrücklich hervorgehoben ist, kann es mit diesem nicht identisch sein (Ernst/Otte, aaO, Rn 14; Schriever, aaO, Rn 32). Als über den Zweck der bloßen Grenzregelung hinausgehende öffentliche Interessen kommen etwa die städtebaulichen Gründe nach § 175 Abs. 2 in Betracht (hierzu § 175, Rn 5 f.; vgl. auch Ernst/Otte, aaO, Rn 14). Allerdings sind an diese Gründe nicht so strenge Anforderungen zu richten wie bei § 175, da die Grenzregelung ein wesentlich weniger schwerer Eingriff in die Rechtsstellung der Betroffenen ist als die Anordnung eines Gebots. Die Grenzregelung muß diesem öffentlichen Interesse **dienen.** Es genügt daher nicht, wenn sie mit dem öffentlichen Interesse lediglich vereinbar ist; sie muß es vielmehr **fördern** (Schriever, aaO, Rn 35).

18 Geht es nicht um den Austausch von Grundstücken, sondern um die **einseitige Zuteilung von Grundstücken** oder Grundstücksteilen, so ist dies nach **Abs. 1 Satz 1 Nr. 2** nur zulässig, wenn dies **im öffentlichen Interesse geboten** ist. Durch eine solche Grenzregelung werden einem Eigentümer meist, wenn auch wertmäßig nur unerheblich (hierzu unten, Rn 20 f.), ein Grundstück oder Teile seines Grundstücks weggenommen. Insofern liegt hier ein **enteignender Eingriff** vor (Stich, aaO, Rn 12). Verliert ein Eigentümer durch einen hoheitlichen Eingriff einen Teil der Substanz seines Eigentums im Sinne des § 903 BGB, so liegt unabhängig von der Schwere des Eingriffs vom äußeren Tatbestand her eine Enteignung vor (so zum aus Art. 14 GG begründeten Nachbarschutz BVerwGE 50, 282/288 ff.; dazu § 31, Rn 86). Für diese Alternative der Grenzregelung sind daher praktisch die Enteignungsvoraussetzungen erforderlich. Zwischen dem Erfordertsein durch das Wohl der Allgemeinheit nach § 87 Abs. 1 und dem Gebotensein durch das öffentliche Interesse im Sinne des Abs. 1 Satz 1 Nr. 2 liegt von der Höhe der Anforderungen her kein Unterschied (vgl. auch Schriever, aaO, Rn 36; Stich, ebd.).

19 Zu rechtfertigen ist die Sonderregelung dieser enteignenden Eingriffe im Rahmen der Grenzregelung nur dann, wenn die Grenzregelung nicht nur einem öffentlichen Interesse dient, sondern **weitgehend**

auch einem gleichgerichteten privaten Interesse. Das Vorliegen dieses privaten Interesses an der Grenzregelung, das im Gesetz nicht ausdrücklich erwähnt ist, der Regelung aber inhaltlich zugrundeliegt, ist daher keineswegs ohne rechtliche Bedeutung (so aber Ernst/Otte, aaO, Rn 14 a. E.), sondern wie bei der Umlegung (hierzu Vorbemerkung zu den §§ 45 bis 84, Rn 9) **für den grundsätzlich eigentumsinhaltsbestimmenden Charakter der Grenzregelung konstitutiv.** Daraus folgt, daß eine **einseitige Zuteilung** von Grundstücken nach Nr. 2 **gegen den Willen** des betroffenen Grundeigentümers trotz Entschädigungsregelung in § 81 Abs. 1 **nicht zulässig** sein dürfte. Im hessischen GrenzbereinigungsG vom 13. 6. 1979 (GVBl. I S. 108), das eine vergleichbare Materie regelt, ist in § 9 Abs. 4 dementsprechend ausdrücklich vorgesehen, daß Grundflächen nur dann übertragen werden können, wenn die Beteiligten mit dem Ausgleich der Wertänderungen einverstanden sind. Durch Abs. 1 Satz 1 Nr. 2 ist der Gemeinde nicht das Enteignungsrecht gegeben worden. Hierfür ist vielmehr nach § 104 Abs. 1 die höhere Verwaltungsbehörde als Enteignungsbehörde zuständig.

d) Die Grenzregelung ist ferner nach **Abs. 1 Satz 2** nur zulässig, 20 wenn durch sie bei einem Grundstück allenfalls eine **unerhebliche Wertminderung** verursacht wird. Die Wertänderung wird durch Ermittlung des Werts der Grundstücke vor und nach Durchführung der Grenzregelung festgestellt. Wertermittlungsstichtag ist der Beschluß über die Grenzregelung nach § 82. Eine Grenze für die Unerheblichkeit der Wertminderung nennt das Gesetz nicht. Art. 13 der ersten Verordnung zur Durchführung des Aufbaugesetzes NRW (vom 13. 6. 1950, GV NRW S. 95) nannte hierfür eine Grenze von **5%.** Bezogen war diese Regelung auf § 15 Aufbaugesetz NRW, der einen Grenzausgleich erlaubte, „wenn durch den Austausch der Wert der Grundstücke nur unerheblich geändert wird". Dieser Wert kann weiterhin als **Anhaltspunkt** dienen, wenn auch eine genaue Wertgrenze unabhängig vom jeweiligen Einzelfall nicht benannt werden kann (vgl. auch Schriever, in: Kohlhammer-Komm., § 80, Rn 38, der einen Wert von 5–10% in Anlehnung an die Umlegungsrechtsprechung des BGH annimmt; hierzu § 59, Rn 15). Zur Bestimmung einer „mehr als nur unwesentlichen" Abweichung von der Sollzuteilung im Rahmen des § 59 Abs. 2 vgl. § 59, Rn 15, 17.

Da die Grenze der unerheblichen Wertänderung nur für die Wertminderung vorgesehen ist, können **Werterhöhungen** der **gesamten** Grundstücke, worauf abzustellen ist (vgl. § 81, Rn 5), nach dem Wortlaut des Gesetzes **durchaus erheblich** sein. Diese Regelung ist aber **einschränkend auszulegen.** Entstehen bei einer Grenzregelung für alle Beteiligten lediglich Werterhöhungen, so wenn etwa durch den Austausch von Grundstücken zwei nicht bebaubare Grundstücke bebauungsfähig werden, spielt das Ausmaß der Werterhöhung keine Rolle. Sie kann also durchaus erheblich sein. Verliert jedoch ein Eigentümer durch den Grundstückstausch oder den Austausch von Grundstücksteilen ledig-

lich eine unerhebliche Parzelle, erhält aber ein anderes Grundstück
hierdurch erst seine Bebaubarkeit und gewinnt daher erheblich an
Wert, würde die Grenzregelung zu folgendem Ergebnis führen: Der
Eigentümer des abgebenden Grundstücks würde einen kleinen Teil
seines Grundstücks abgeben und dafür eine entsprechend geringfügige
Entschädigung erhalten. Der Eigentümer des aufnehmenden Grund-
stücks dagegen hätte eine erhebliche Ausgleichsleistung zu erbringen,
da sein Grundstück einen erheblichen Wertzuwachs erfährt. Da nach
§ 81 Abs. 2 die Ausgleichsleistungen an die oder von der Gemeinde zu
leisten sind, würde ihr also ein erheblicher Überschuß verbleiben. In
diesem Fall entspricht es dem Interesse beider beteiligter Eigentümer,
auf eine Grenzregelung zu „verzichten" und privat einen Preis für den
abzugebenden Grundstücksteil auszuhandeln, der beiden Interessen
näher kommt. Die Grenzregelung würde hier also – bestenfalls – allein
im öffentlichen Interesse und nicht zumindest auch im privaten Inter-
esse eines Beteiligten liegen. Die notwendige Gleichgerichtetheit von
privaten und öffentlichen Interessen würde fehlen und die Grenzrege-
lung daher unzulässig sein. In diesen Fällen einer durch die Grenzrege-
lung bewirkten gleichzeitigen Wertminderung und Werterhöhung darf
daher auch die Werterhöhung nicht mehr als unerheblich sein. Sind die
Eigentümer nicht einigungsbereit, besteht aber gleichwohl ein öffentli-
ches Interesse an der Grenzänderung, so bleiben, wenn eine Befreiung
nicht ausreicht, nur Umlegung oder Enteignung.

22 **5. a)** Nach Abs. 1 Satz 1 ist die Grenzregelung grundsätzlich eine
pflichtige **Selbstverwaltungsaufgabe der Gemeinde.** Sie wird **im Re-
gelfall** zu den **einfachen Geschäften der laufenden Verwaltung** gehö-
ren (Schriever, in: Kohlhammer-Komm., § 80, Rn 53) und daher vom
Gemeindedirektor wahrgenommen werden können (z. B. § 28 Abs. 3
GO NRW). In Fällen erheblicher Werterhöhung der Grundstücke sollte
der Gutachterausschuß eingeschaltet werden (Schriever, ebd.).

23 **b)** Nach **Abs. 3 Satz 1** sind die Landesregierungen ermächtigt, den
Gemeinden die Befugnis einzuräumen, Grenzregelungen auf die **Umle-
gungsausschüsse** zu übertragen (vgl. z. B. § 8 DurchführungsVO
NRW zum BauGB vom 7. 7. 1987, GV NRW S. 220). In welchem
Ausmaß die Gemeinde von dieser Delegationsbefugnis Gebrauch
macht, ob für das gesamte Gemeindegebiet und für alle Grenzregelun-
gen oder nur für bestimmte Fälle und ob sie sich eine Widerrufsmög-
lichkeit vorbehält, ist der Gemeinde überlassen. Nach **Abs. 3 Satz 2**
kann die Gemeinde die Grenzregelung auch wie die Umlegung auf eine
geeignete andere Behörde **übertragen** (hierzu § 46, Rn 26 ff.).

24 **6.** Über die **Einleitung des Verfahrens** enthält das Gesetz keine
Bestimmung. Es kann daher sowohl von Amts wegen als auch auf
Antrag eines Beteiligten eingeleitet werden. Die Einleitung steht im
Ermessen der Gemeinde (Schriever, aaO, Rn 54; a. A. Stich, in: BK,
§ 80, Rn 24). Grundsätzlich können die beteiligten Eigentümer den mit
der Grenzregelung erreichbaren Erfolg auch durch privatrechtliche

Vereinbarungen erzielen. Ein Anspruch auf gemeindliches Tätigwerden kann daher nur in einer besonderen Fallkonstellation, wie auch bei der Umlegung, gegeben sein (vgl. § 46, Rn 8).

7. Da die Grenzregelung nicht nur die Grundstücke, sondern auch die an ihnen bestehenden Dienstbarkeiten, Baulasten und Grundpfandrechte betreffen kann, sind **Beteiligte** an einer Grenzregelung neben den Eigentümern ggf. auch deren Inhaber. Dementsprechend unterscheidet das Gesetz jeweils zwischen Eigentümern – für allein grundstücksbezogene Regelungen – und Beteiligten – für allgemein geltende Regelungen. **25**

8. Nach § 24 Abs. 1 Nr. 2 besteht an den in eine Grenzregelung einbezogenen Grundstücken **kein Vorkaufsrecht** (vgl. § 24, Rn 5). **26**

Wird der Antrag auf Durchführung einer Grenzregelung **abgelehnt,** so kann hiergegen **Antrag auf gerichtliche Entscheidung** nach § 217 gestellt werden, sofern – außer in Bremen – zuvor ein Widerspruchsverfahren nach § 212 durchgeführt worden ist. **27**

§ 81 Geldleistungen

(1) **Wertänderungen der Grundstücke, die durch die Grenzregelung bewirkt werden, oder Wertunterschiede ausgetauschter Grundstücke sind von den Eigentümern in Geld auszugleichen. Die Vorschriften über die Entschädigung im Zweiten Abschnitt des Fünften Teils gelten entsprechend.**

(2) **Gläubigerin und Schuldnerin der Geldleistungen ist die Gemeinde. Die Beteiligten können mit Zustimmung der Gemeinde andere Vereinbarungen treffen. Die Geldleistungen werden mit der Bekanntmachung nach § 83 Abs. 1 fällig. § 64 Abs. 3, 4 und 6 über Beitrag und öffentliche Last ist entsprechend anzuwenden, wenn die Gemeinde Gläubigerin der Geldleistungen ist.**

(3) **Dinglich Berechtigte, deren Rechte durch die Grenzregelung beeinträchtigt werden, sind insoweit auf den Geldanspruch des Eigentümers angewiesen. Für die Hinterlegung von Geldleistungen und für das Verteilungsverfahren gelten die Vorschriften der §§ 118 und 119 entsprechend.**

Übersicht

1 **1.** Entstehen durch die Grenzregelung einem Eigentümer Vermö-
gensvorteile, so hat er diese in Geld auszugleichen; entstehen ihm
Vermögensnachteile, so hat er Anspruch auf Entschädigung. Wie die
Umlegung (vgl. § 57, Rn 23) soll auch die Grenzregelung für den
Eigentümer **im Ergebnis vermögensneutral** bleiben. Soweit diese
Vermögensneutralität nicht durch den Landaustausch erreicht wird,
regelt **Abs. 1** die erforderlichen Ausgleichsleistungen in Geld.

2 **a)** Nach § 83 Abs. 3 Satz 2 werden ausgetauschte oder zugeteilte
Grundstücksteile und Grundstücke Bestandteil desjenigen Grund-
stücks, dem sie zugeteilt werden. Durch die Zuteilung von Grund-
stücksteilen oder Grundstücken erfahren die empfangenden Grund-
stücke eine Werterhöhung. Beim Austausch von Grundstücksteilen
kann sich sowohl eine Werterhöhung als auch eine Wertminderung
ergeben; es kann auch sein, daß keinerlei Wertänderung der Grund-
stücke eintritt. Mit **Wertänderungen** nach **Satz 1** sind daher **Änderun-
gen des Grundstückswerts insgesamt** gemeint, wobei es unerheblich
ist, ob diese Wertänderung auf einer Flächenzunahme oder auf einer
Wertzunahme pro Quadratmeter beruht (Stich, in: BK, § 81, Rn 4;
anders Schriever; in: Kohlhammer-Komm., § 81, Rn 3, der unter Wert-
änderungen lediglich die Änderung des Bodenwerts pro Quadratmeter
versteht; zur Handhabung in der Praxis vgl. Dieterich, Rn 528 f.).

3 **b)** Ebenfalls auszugleichen sind nach Satz 1 **Wertunterschiede ausge-
tauschter Grundstücke.** Dieser Geldausgleich bezog sich auf den Aus-
tausch von Grundstücken, der von § 83 Abs. 3 Satz 3 BBauG nicht
erfaßt wurde. Ausgetauschte Grundstücke wurden daher nicht Be-
standteil des empfangenden Grundstücks, sondern blieben selbständige
Grundstücke. Da nunmehr § 83 Abs. 3 Satz 2 auch den Austausch
selbständiger (Splitter-) Grundstücke umfaßt und sie zu Bestandteilen
der empfangenden Grundstücke erklärt, kommt es auch insoweit nur
mehr auf die durch die Grenzregelung bewirkten Wertänderungen bei
den Stammgrundstücken an (vgl. Rn 2). Der 2. Alternative des Abs. 1
Satz 1 kommt daher eigenständige Bedeutung nur noch in den eher
seltenen Fällen zu, in denen nach § 80 Abs. 1 Nr. 1 möglich ist,
selbständig bleibende Grundstücke ausgetauscht werden.

4 **c)** Abs. 1 Satz 2 bestimmt, daß für die **Bemessung des Geldaus-
gleichs** unabhängig von einer Werterhöhung oder einer Wertminde-

rung die Vorschriften über die Entschädigung in §§ 93 ff. entsprechend anzuwenden sind. Demnach ist entsprechend § 95 Abs. 1 Satz 2 in Verbindung mit § 93 Abs. 4 Satz 1 für die Wertermittlung der **Zeitpunkt des Grenzregelungsbeschlusses** nach § 82 maßgebend. Nach § 99 Abs. 1 Satz 1 ist die Ausgleichsleistung grundsätzlich in einem einmaligen Betrag zu leisten, doch können nach § 99 Abs. 1 Satz 2 auf Antrag auch wiederkehrende Leistungen gestattet werden. § 99 Abs. 3 Satz 1 bestimmt eine Verzinsung der Ausgleichsleistungen mit 2 v. H. über dem Diskontsatz der Deutschen Bundesbank jährlich, sofern sie nicht sofort bei Fälligkeit erbracht werden. Die Vorschrift des § 100 über die Entschädigung in Land ist durch die Regelung in Abs. 1 Satz 1, daß der Ausgleich in Geld zu erbringen ist, ausgeschlossen.

Auszugleichen sind die Wertänderungen der Grundstücke. Dies bedeutet, daß jeweils auf das **gesamte Grundstück**, nicht z. B. auf den ausgetauschten Grundstücksteil oder auf das zugeteilte Grundstück allein abzustellen ist. Dies kann im Ergebnis dazu führen, daß der Ausgleich für eine Wertminderung relativ gering, der Ausgleich für eine Werterhöhung jedoch beträchtlich ist (hierzu § 80, Rn 21). 5

2. a) Entsprechend der Regelung in § 64 Abs. 1 bei der Umlegung ist nach **Abs. 2 Satz 1** auch bei der Grenzregelung die **Gemeinde Gläubigerin und Schuldnerin der Geldleistungen**. Die Ausgleichsleistungen werden also nicht unmittelbar von den Eigentümern erbracht, sondern über die Gemeinde als „Grenzregelungskasse". 6

b) Um diese Zahlungsmodalitäten zu vereinfachen und u. U. die Aufrechnung gegenseitiger Leistungen zu ermöglichen, können die Beteiligten nach **Abs. 2 Satz 2 vereinbaren,** daß Leistungen unmittelbar untereinander erbracht werden. In diesem Fall hat jedoch die Gemeinde zuzustimmen, da ihr nach dem Grundsatz des Abs. 2 Satz 1 ein etwaiger Überschuß verbleibt. Die Gemeinde wird ihre Zustimmung daher davon abhängig machen, daß zumindest ihre Kosten ersetzt werden. 7

Entsprechend der Stellung der Vorschrift kann sie **nicht erweiternd** dahingehend ausgelegt werden, daß die Beteiligten auch eine **andere Entschädigungsleistung** vereinbaren können (Schriever, in Kohlhammer-Komm., § 81, Rn 20). Einigen sich die Beteiligten über die Rechtsänderung und über die Höhe der Entschädigung, so bedarf es keiner amtlichen Grenzregelung. 8

Ausgleichspflichtig sind nach Abs. 1 Satz 1 ausdrücklich nur die **Eigentümer.** Die Vorteile einer Grenzregelung kommen jedoch in gleichem Maße einem **Erbbauberechtigten** zu. Der Erbbauberechtigte ist daher z. B. in § 64 Abs. 3 ausdrücklich dem Eigentümer gleichgestellt. Die Verweisung in Abs. 2 Satz 4 auf § 64 Abs. 3 bezieht sich aber nur auf den Charakter der Geldleistung als Beitrag, nicht aber auf den Zahlungspflichtigen. Die Vereinbarung nach Abs. 2 Satz 1 können dagegen auch andere Beteiligte als Eigentümer und Gemeinde schließen. Die Vereinbarung kann jedoch nicht dazu dienen, hier die Zahlungs- 9

pflicht von Erbbauberechtigten zu begründen. Es kann hierbei vielmehr nur um die Änderung der Zahlungsmodalitäten und der Zahlungsadressaten gehen, nicht aber um den Austausch von Zahlungspflichtigen (so auch Schriever, aaO, Rn 21). Eigentümer und Erbbauberechtigter können jedoch nach § 2 Nr. 3 ErbbaurechtsVO untereinander eine entsprechende Vereinbarung über die Tragung öffentlicher Lasten treffen. Der Erbbauberechtigte kann sich aber auch vertraglich an der Zahlungspflicht des Eigentümers beteiligen (vgl. Schriever, aaO, Rn 22).

10 c) Nach **Abs. 2 Satz 3** werden die Geldleistungen mit der **Bekanntmachung der Unanfechtbarkeit des Grenzregelungsbeschlusses** nach § 83 Abs. 1 fällig. Wie bei § 64 Abs. 2 Satz 1 (vgl. § 64, Rn 5) ist auch hier mit dem Baugesetzbuch für die Übereinstimmung der Zeitpunkte des Inkrafttretens der Rechtswirkungen und der Fälligkeit der Geldleistungen gesorgt (so schon 1. Auflage, Rn 10).

11 **Abs. 2 Satz 4** erklärt § 64 Abs. 3 und 6 für entsprechend anwendbar, so daß die Geldleistungen in der Grenzregelung ebenso wie in der Umlegung als **Beitrag** gelten und als **öffentliche Last** auf dem Grundstück ruhen (vgl. § 64, Rn 10 f.). Ebenso wird auf § 64 Abs. 4 verwiesen, wodurch sichergestellt werden soll, daß durch die **Sicherung der Geldleistungen** eine beabsichtigte Bebauung des Grundstücks nicht erschwert wird (vgl. § 64, Rn 12 f.). Selbstverständlich gilt diese Verweisung nur, wie aus dem zweiten Halbsatz deutlich wird, wenn die Gemeinde selbst Gläubigerin der Geldleistungen ist und nicht die Eigentümer eine abweichende Vereinbarung nach § 81 Abs. 2 Satz 2 getroffen haben.

12 3. a) Wird durch die Grenzregelung eine dinglich gesicherte Berechtigung **beeinträchtigt,** so wird der Inhaber dieses Rechts nach **Abs. 3 Satz 1** auf den Geldanspruch des Eigentümers verwiesen. Diese Regelung entspricht der in § 63 Abs. 2, so daß auf die Kommentierung dort (vgl. § 63, Rn 7 ff.) verwiesen werden kann.

13 b) Erheben **mehrere Berechtigte** Anspruch auf Befriedigung aus der Geldleistung, ohne daß der Gemeinde eine Einigung über die auszuzahlenden Beträge nachgewiesen wird, kann die Gemeinde diese Geldleistung hinterlegen. Für die Hinterlegung gelten nach **Abs. 3 Satz 2,** der wortgleich ist mit § 65, die Vorschriften der §§ 118 und 119 entsprechend (vgl. § 65, Rn 1 f.).

§ 82 Beschluß über die Grenzregelung

(1) **Die Gemeinde setzt durch Beschluß die neuen Grenzen sowie die Geldleistung fest und regelt in ihm, soweit es erforderlich ist, die Neuordnung und zu diesem Zweck auch die Neubegründung und Aufhebung von Dienstbarkeiten, Grundpfandrechten und Baulasten. Beteiligten, deren Rechte ohne Zustimmung durch den Beschluß**

betroffen werden, ist vorher Gelegenheit zur Stellungnahme zu geben. Der Beschluß muß nach Form und Inhalt zur Übernahme in das Liegenschaftskataster geeignet sein.

(2) **Allen Beteiligten ist ein ihre Rechte betreffender Auszug aus dem Beschluß zuzustellen.**

Übersicht

1 **1.** Die Grenzregelung kennt, anders als die Umlegung, kein nach außen sichtbares **Verfahren.** Sie erschöpft sich im Grenzregelungsbeschluß und ist allenfalls auf einen Antrag hin begonnen worden. Gleichwohl setzt die Grenzregelung wie die Umlegung vermessungs-, kartierungs- und bewertungstechnische Arbeiten voraus. Wichtigste Verfahrenshandlung auch bei der Grenzregelung ist die **Erörterung mit den Beteiligten.** Die Anhörung ist daher auch als einziger Verfahrensschritt in **Abs. 1 Satz 2** ausdrücklich hervorgehoben. Dieses Recht auf Anhörung steht nicht nur den Grundstückseigentümern, sondern auch den dinglich Berechtigten, deren Rechte durch die Grenzregelung berührt werden können, zu. Die Anhörung kann in einem Erörterungstermin für alle Beteiligten gleichzeitig oder aber auch für die jeweils Betroffenen einzeln stattfinden. Die Anhörung kann schriftlich oder mündlich erfolgen. Ob die Beteiligten von ihrem Äußerungsrecht Gebrauch machen, ist unerheblich; es genügt, wenn ihnen Gelegenheit zur Stellungnahme gegeben wird. Daß die Anhörung nach Abs. 1 Satz 2 nicht mehr erforderlich ist, wenn die Beteiligten einer Regelung – etwa nach § 80 Abs. 2 Satz 2 – bereits zugestimmt haben, wie dies das Baugesetzbuch durch Einfügung der Worte „ohne Zustimmung" regelt, erscheint selbstverständlich.

2 **2.** Aus dem **Grenzregelungsbeschluß** nach **Abs. 1 Satz 1** muß nach § 83 Abs. 2 Satz 1 der angestrebte neue Rechtszustand **vollständig und genau** ersichtlich sein.

3 **a)** Insbesondere muß aus ihm der genaue Verlauf der **neuen Grenzen** hervorgehen. Anders als beim Umlegungsplan ist hier nicht vorgeschrieben, daß der Grenzregelungsbeschluß aus Karte und einem Verzeichnis zu bestehen hat. Das Erfordernis einer **Grenzregelungskarte** ergibt sich jedoch aus der Vorschrift in Abs. 1 Satz 3, nach dem der Beschluß zur Übernahme in das Liegenschaftskataster geeignet sein

muß (vgl. unten, Rn 8). Dies ist er nur, wenn auch eine Karte mit den neuen Grenzen zum Grenzregelungsbeschluß gehört (vgl. Schriever, in: Kohlhammer-Komm., § 82, Rn 10, 19 f.). Ein **Grenzregelungsverzeichnis** ist dagegen für die Feststellung der Grenzen in der Regel nicht erforderlich. Es kann jedoch für Geldleistungen und die Neuordnung von Dienstbarkeiten, Baulasten oder Grundpfandrechten notwendig sein.

4 **b)** Sind neben dem Austausch von Grundstücken oder Grundstücksteilen auch **Geldleistungen** erforderlich, um die Vor- und Nachteile der Grenzregelung auszugleichen, so sind auch diese im Grenzregelungsbeschluß nach Verpflichteten, Höhe und Zahlungsmodalitäten genau festzulegen. Sind diesbezügliche Vereinbarungen getroffen worden, so müssen sie in den Grenzregelungsbeschluß aufgenommen werden.

5 **c)** Sind nach § 80 Abs. 2 auch **Dienstbarkeiten, Baulasten oder Grundpfandrechte** neu geordnet worden, so muß diese Neuordnung ebenfalls im Grenzregelungsbeschluß ausdrücklich und präzise aufgeführt werden.

6 **d)** Der Grenzregelungsbeschluß ist als Verwaltungsakt nach § 39 VwVfG grundsätzlich zu **begründen.** Sind in einfach gelagerten Fällen den Beteiligten die Gründe in der Erörterung hinreichend bekannt geworden, so kann nach § 39 Abs. 2 Nr. 2 VwVfG eine Begründung entbehrlich sein (vgl. auch Schriever, aaO, Rn 19).

7 **e)** Der Grenzregelungsbeschluß ist wie der Umlegungsbeschluß (vgl. § 66, Rn 22) ein **Verwaltungsakt,** gegen den, u. U. nach Durchführung eines Widerspruchsverfahrens, Antrag auf gerichtliche Entscheidung nach § 217 möglich ist. Ihm ist daher eine entsprechende **Rechtsbehelfsbelehrung** nach § 211 beizufügen.

8 **3.** Der Grenzregelungsbeschluß muß gemäß **Abs. 1 Satz 3** nach Inhalt und Form dazu geeignet sein, in das **Liegenschaftskataster** übernommen zu werden. Er muß daher insoweit denselben Anforderungen an Form und Inhalt wie der Umlegungsplan genügen (hierzu § 66, Rn 30).

9 **4.** Der Grenzregelungsbeschluß bedarf als Verwaltungsakt der **Bekanntgabe** an die Betroffenen. **Abs. 2** bestimmt daher, daß allen Beteiligten ein ihre Rechte betreffender Auszug aus dem Beschluß zuzustellen ist. Diese Regelung entspricht für die Umlegung § 70 Abs. 1 (vgl. daher § 70, Rn 1 ff.). Gehört zum Grenzregelungsbeschluß eine Karte, so ist auch ein entsprechender Auszug aus der Karte zuzustellen. Über die gesetzliche Regelung hinaus muß den Beteiligten u. U. das **Recht** gewährt werden, in den vollständigen Grenzregelungsbeschluß **einzusehen,** wenn ein berechtigtes Interesse daran besteht (vgl. § 69 Abs. 2). Bei umfangreicheren Grenzregelungen kann ein Beteiligter u. U. nur durch Einsichtnahme in weitere Teile des Grenzregelungsbeschlusses beurteilen, ob er gegen den Beschluß mit Rechtsbehelfen vorgehen soll oder nicht.

§83 Bekanntmachung und Rechtswirkungen der Grenzregelung

(1) Die Gemeinde hat ortsüblich bekanntzumachen, in welchem Zeitpunkt der Beschluß über die Grenzregelung unanfechtbar geworden ist. §71 Abs. 2 über die vorzeitige Inkraftsetzung ist entsprechend anzuwenden.

(2) Mit der Bekanntmachung wird der bisherige Rechtszustand durch den in dem Beschluß über die Grenzregelung vorgesehenen neuen Rechtszustand ersetzt. Die Bekanntmachung schließt die Einweisung der neuen Eigentümer in den Besitz der zugeteilten Grundstücke oder Grundstücksteile ein. §72 Abs. 2 über die Vollziehung ist entsprechend anzuwenden.

(3) Das Eigentum an ausgetauschten oder einseitig zugeteilten Grundstücksteilen und Grundstücken geht lastenfrei auf die neuen Eigentümer über; Unschädlichkeitszeugnisse sind nicht erforderlich. Ausgetauschte oder einseitig zugeteilte Grundstücksteile und Grundstücke werden Bestandteil des Grundstücks, dem sie zugeteilt werden. Die dinglichen Rechte an diesem Grundstück erstrecken sich auf die zugeteilten Grundstücksteile und Grundstücke. Satz 1 Halbsatz 1 und Satz 3 gelten nur, soweit sich nicht aus einer Regelung nach §80 Abs. 2 etwas anderes ergibt.

Übersicht

1. Die Regelung über das **Inkrafttreten** der Grenzregelung in **Abs. 1** entspricht der in §71. Auf die dortigen Anmerkungen kann daher verwiesen werden (ein Muster einer Bekanntmachung ist bei Schriever, in: Kohlhammer-Komm., nach §83, abgedruckt). **1**

2. Nach **Abs. 2 Satz 1** erfolgt wie bei der Umlegung ein **Eigentumsübergang kraft Gesetzes**. Auch die Regelung über die **Besitzeinweisung** in **Satz 2** entspricht der umlegungsrechtlichen Bestimmung in §72 Abs. 1. Auf die Anmerkungen hierzu kann daher verwiesen werden. Ferner wird in **Satz 3** auf §72 Abs. 2 verwiesen, nach dem die Gemeinde den Umlegungsplan zu **vollziehen** hat. Da die Grenzregelung stets auch im öffentlichen Interesse erfolgt ist, hat die Gemeinde wie für den Vollzug der Umlegung auch für den Vollzug des Grenzre- **2**

gelungsbeschlusses zu sorgen (so bereits die 1. Auflage, Rn 2; im übri-
gen vgl. die Anmerkungen zu § 72 Abs. 2).

3 **3.** Da es bei der Grenzregelung in erster Linie um den unmittelbaren
Tausch und die Zuteilung von Grundstücken und Grundstücksteilen
geht, regelt **Abs. 3** diesbezügliche Besonderheiten.

4 **a) Satz 1 Halbsatz 1** bestimmt, daß Grundstücksteile von belasteten
Grundstücken abweichend vom BGB (vgl. unten, Rn 6) **lastenfrei** auf
das neue Grundstück **übergehen**, sofern nicht im Rahmen der Neuord-
nung von Dienstbarkeiten, Baulasten oder Grundpfandrechten nach
§ 80 Abs. 2 eine andere Regelung getroffen worden ist.

5 **b)** Ein solcher lastenfreier Übergang von Grundstücksteilen auf ein
anderes Grundstück bedarf grundsätzlich eines **Unschädlichkeitszeug-
nisses** nach § 120 EGBGB (hierzu Bassenge, in: Palandt, BGB,
49. Aufl. 1990, § 120 EGBGB). Da im Rahmen der Grenzregelung
Wertminderungen nach § 80 Abs. 1 Satz 2 nur unerheblich sein dürfen
und der dinglich Berechtigte im übrigen nach § 81 Abs. 3 Satz 1 auf den
Geldanspruch des Eigentümers zurückgreifen kann, bestimmt **Satz 1
Halbsatz 2**, daß solche Unschädlichkeitszeugnisse im Rahmen der
Grenzregelung **nicht erforderlich** sind.

6 **c)** Nach **Satz 2** werden die ausgetauschten oder zugeteilten Grund-
stücke oder Grundstücksteile grundsätzlich **Bestandteil** des Grund-
stücks, dem sie zugeteilt werden. Dies gilt auch im Falle des Austau-
sches von selbständigen Buchgrundstücken, soweit sie einem anderen
Grundstück zugeschrieben werden. Es handelt sich hierbei der Sache
nach um eine Zuschreibung im Sinne des § 890 Abs. 2 BGB, die jedoch
in zweierlei Hinsicht modifiziert ist. Eine erste Abweichung ergibt sich
bereits aus Satz 1, nach dem die Grundstücksteile lastenfrei übergehen.
Dies ist nach § 890 Abs. 2 BGB im übrigen nicht der Fall; die Belastun-
gen bleiben danach an den Grundstücksteilen bestehen, sofern nicht die
Sonderregelung des § 120 EGBGB eingreift. **Nicht erfaßt** ist von
Abs. 3 Satz 2 der nach § 80 Abs. 1 Nr. 1 mögliche Fall des **Austausches
selbständig bleibender Grundstücke**; allerdings kann in diesem Fall
auch Abs. 3 Satz 1 über die Lastenfreiheit nicht gelten.

7 **d)** Eine weitere Besonderheit ergibt sich aus **Satz 3.** Danach erstrek-
ken sich sämtliche **dinglichen Rechte** an dem Hauptgrundstück auch
auf die zugeteilten Grundstücksteile und Grundstücke. Dies ist bei einer
Zuschreibung nach § 890 Abs. 2 BGB mit Ausnahme hinsichtlich der
Grundpfandrechte, für die § 1131 BGB eine Sonderregelung enthält,
nicht der Fall. Diese Regelung gilt nach **Satz 4** nur, soweit nicht nach
§ 80 Abs. 2 eine andere Vereinbarung getroffen wurde.

§ 84 Berichtigung der öffentlichen Bücher

(1) **Die Gemeinde übersendet dem Grundbuchamt und der für die Führung des Liegenschaftskatasters zuständigen Stelle eine beglaubigte Abschrift des Beschlusses über die Grenzregelung, teilt den Zeitpunkt der Bekanntmachung nach § 83 Abs. 1 mit und ersucht diese, die Rechtsänderungen in das Grundbuchamt und in das Liegenschaftskataster einzutragen. § 74 Abs. 2 gilt entsprechend.**

(2) **Für die Kosten der Grenzregelung gelten die §§ 78 und 79 entsprechend.**

1. Durch die Grenzregelung erfolgt wie bei der Umlegung ein Rechtsübergang außerhalb des Grundbuchs (vgl. § 83, Rn 2). **Abs. 1** regelt daher das Verfahren, in dem die Berichtigung der öffentlichen Bücher herbeizuführen ist. **Satz 1** entspricht im wesentlichen § 74 Abs. 1; allerdings braucht hier nur der **Zeitpunkt der Bekanntmachung** mitgeteilt und nur eine beglaubigte **Abschrift des Grenzregelungsbeschlusses** übersandt zu werden. Im übrigen kann auf die Anmerkungen zu § 74 Abs. 1 verwiesen werden. **1**

2. Nach **Satz 2** ist § 74 Abs. 2 entsprechend anzuwenden. Auch der Grenzregelungsbeschluß dient daher bis zur Berichtigung des Liegenschaftskatasters als **amtliches Verzeichnis** der Grundstücke. Auf die Anmerkungen zu § 74 Abs. 2 kann verwiesen werden. **2**

3. Abs. 2 verweist für die Kosten auf § 78 und für die Befreiung von Auslagen und nichtsteuerlichen Abgaben auf § 79. Auf die Anmerkungen zu diesen Vorschriften kann daher verwiesen werden. **3**

Hinsichtlich der **Grunderwerbsteuer** ist darauf hinzuweisen, daß ein Eigentumsübergang im Rahmen der Grenzregelung **nicht** von der Grunderwerbsteuer **befreit** ist (BFH, Beschl. v. 24. 2. 1988, II B 160/87, MittDST 1988, 190). § 1 Abs. 1 Nr. 3 Buchstabe b Grunderwerbsteuergesetz nimmt ausdrücklich nur den Eigentumsübergang im Umlegungsverfahren von der Grunderwerbsteuer aus (BFH, ebd.). Nach § 1 Abs. 5 Grunderwerbsteuergesetz wird auch ein Grundstückstausch von der Grunderwerbsteuer erfaßt. Die in § 3 Nr. 1 Grunderwerbsteuergesetz vorgesehene **Freigrenze** von 5000,– DM kann bei der Grenzregelung allerdings Bedeutung erlangen. Steuerlich erfaßt wird aber nur die jeweilige Tauschleistung, d. h. das ausgetauschte Grundstück, nicht die hierdurch etwa bewirkte Werterhöhung des Grundstücks, dem das Tauschgrundstück zugeteilt wird (vgl. Schriever, in: Kohlhammer-Komm., § 84, Rn 20). **4**

Fünfter Teil. Enteigung

Erster Abschnitt. Zulässigkeit der Enteigung

Vorbemerkung zu den §§ 85 bis 122

Übersicht

1. a) „Die **Enteigung im verfassungsrechtlichen Sinne** ist auf die **1**
vollständige oder teilweise Entziehung konkreter subjektiver Eigen-
tumspositionen i. S. d. Art. 14 I 1 GG zur Erfüllung bestimmter öffent-
licher Aufgaben gerichtet" (BVerfGE 70, 191; 72, 66; Maurer, F.S. f.
Dürig, 1990, S. 293/302). Zu diesem in Art. 14 Abs. 3 GG nicht ab-
schließend bestimmten, durch den Gemeinwohlvorbehalt (S. 1), das
Übermaßverbot – Enteigung als ultima ratio – (S. 1), die Junktim-
klausel (S. 2), das entschädigungsrechtliche Abwägungsgebot (S. 3)
und die Rechtsformen der Enteigung – „durch Gesetz" oder „auf
Grund eines Gesetzes" – (S. 2) gekennzeichneten, vom BVerfG (E 52, 1;
E 58, 300; 74, 264) konturierten und gegen die abwehrrechtliche Be-
standsgarantie des Art. 14 Abs. 1 S. 1 (BVerfGE 38, 175; 51, 193; 78, 58)
abgesetzten verfassungsrechtlichen Enteigungbegriff s. a. Böhmer,
NJW 1988, 2561; Schoch, Jura 1989, 113.

aa) Gem. Art. 14 Abs. 3 S. 2 GG kann der Gesetzgeber die Verwal- **2**
tung ermächtigen, konkretes Eigentum einzelner „auf Grund eines
Gesetzes" durch einen behördlichen Vollzugsakt zu entziehen – **Admi-
nistrativenteigung** (BVerfGE 58, 300/331). Die Enteigung muß dem

Wohle der Allgemeinheit dienen (Art. 14 Abs. 3 S. 1 GG), als Eingriff in das in Art. 14 Abs. 1 S. 1 GG gewährte Grundrecht entsprechend dem rechtsstaatlichen Übermaßverbot erforderlich (BVerfGE 7, 377), nicht unverhältnismäßig beschwerend sein (BVerfGE 10, 89/103) und das ermächtigende Gesetz muß Art und Ausmaß der Entschädigung regeln (Art. 14 Abs. 3 S. 2 GG – Junktimklausel). Entsprechend der verfassungsrechtlichen Ermächtigung hat der Gesetzgeber im Fünften Teil des BauGB die Administrativenteignung als ein städtebauliches Instrument der Güterbeschaffung detailliert ausgestaltet.

3 **bb)** Art. 14 Abs. 3 S. 2 GG ermächtigt den Gesetzgeber auch dazu, unmittelbar „durch Gesetz" einem bestimmten Personenkreis konkrete Eigentumsrechte zu entziehen – **Legalenteignung** (BVerfGE 58, 300/ 330 f.; E 24, 367/395). Die ebenfalls nur zum Wohle der Allgemeinheit und nur gegen Entschädigung zulässige Legalenteignung darf der Gesetzgeber nur ausnahmsweise anordnen, weil andernfalls der Rechtsschutz (Art. 19 Abs. 4 GG) gegen den behördlichen Vollzugsakt abgeschnitten würde. Im BauGB kommt die Legalenteignung nicht vor. Die in den §§ 39–44 geregelte Entschädigung für eigentumsbeeinträchtigende Verfügungs- und Nutzungsbeschränkungen, die auf Nutzungsänderungen insbesondere durch Bebauungsplan beruhen – sog. **Planenteignung** – ist keine Legalenteignung. Denn die Nutzungsbefugnis bestimmter Grundstücke ändert nicht schon der Bundesgesetzgeber durch den Erlaß der §§ 39–44, sondern erst der jeweilige Gemeinderat bei Erlaß eines Bebauungsplans. Der Bebauungsplan ist eine Handlungsform der Verwaltung. Trotz seiner Atypik wird er zwar als ein materielles Gesetz, das Inhalt und Schranken des Grundeigentums i. S. v. Art. 14 Abs. 1 S. 2 GG bestimmt, verstanden (BVerwGE 45, 309; 48, 271). Er kann aber keine Legalenteignung i. S. v. Art. 14 Abs. 3 S. 2 GG anordnen, weil Legalenteignungen nur durch formelles Gesetz möglich sind (BVerfGE 46, 268/296). Die Planenteignung ist eine statt durch Verwaltungsakt durch Satzung („auf Grund eines Gesetzes") ergehende **Administrativenteignung** (Bender, DVBl. 1984, 314; Schmidt-Aßmann, JuS 1986, 833/836; ausführlich Vorbem. §§ 39–44, Rn 5).

4 **cc)** Administrativ- und Legalenteignung sind zu unterscheiden von der **Inhaltsbestimmung**, dem dritten Rechtsinstitut, zu dessen Regelung der Gesetzgeber im Rahmen des Art. 14 GG ermächtigt ist (BVerfGE 58, 300/330; 72, 66). Zur rechtlichen Ausformung der Zuordnung eines Rechtsguts, z. B. des Grundeigentums, zu einem Rechtsträger hat Art. 14 Abs. 1 S. 2 GG dem Gesetzgeber die Aufgabe übertragen, Inhalt und Schranken des Eigentums durch abstrakte und generelle Normen des privaten und/oder des öffentlichen Rechts, wie z. B. die zur Bauleitplanung ermächtigenden Vorschriften des BauGB, zu bestimmen. Bei der Wahrnehmung des ihm von Art. 14 Abs. 1 S. 2 GG erteilten Auftrags muß der Gesetzgeber sowohl die Anerkennung des Privateigentums durch Art. 14 Abs. 1 S. 1 GG – Institutsgarantie – als auch das Sozialgebot des Art. 14 Abs. 2 GG beachten (BVerfGE 58,

300/338; 68, 361; 72, 66). Die Verfassung setzt dem Gesetzgeber hinsichtlich der Begrenzung der Eigentümerbefugnisse Schranken durch die Instituts- und Bestandsgarantie des Art. 14 Abs. 1 S. 1 GG, den Grundsatz der Verhältnismäßigkeit im weiteren Sinne, den Gleichheitsgrundsatz (Art. 3 Abs. 1 GG) und die Wesensgehaltsgarantie (Art. 19 Abs. 2 GG). Diese Normen erlauben es, Inhalt und Schranken des Eigentums entsprechend der jeweiligen sozialen oder persönlichen Funktion des Eigentumsobjektes enger oder weiter zu bestimmen (BVerfGE 50, 290; 52, 1; 58, 300). Der Funktion des Art. 14 Abs. 1 S. 1 GG als einem Grundrecht, das als solches zunächst einmal subjektives Abwehrrecht ist, entspricht es, daß gesetzliche Regelungen der Eigentümerbefugnisse vom geregelten Sachbereich her geboten und sachgerecht sein müssen und entsprechend dem Grundsatz der Verhältnismäßigkeit nicht weitergehen dürfen, als der Schutzzweck reicht, dem die Regelung dient (BVerfGE 52, 1/29). Entgegen überkommenen Vorstellungen (s. Scheuner, in: Reinhardt/Scheuner, Verfassungsschutz des Eigentums, 1954, S. 114; W-B I, S. 548 f.) ist nicht jede Inhaltsbestimmung notwendigerweise entschädigungslos zu dulden. Außer dem Regelfall der sozialbindenden entschädigungslos zu duldenden Inhaltsbestimmung gibt es auch die rechtmäßige **entschädigungspflichtige Inhaltsbestimmung** i. S. d. Art. 14 Abs. 1 S. 2 GG, die aber keine Enteignung ist (BVerfGE 58, 137/148; 79, 174/192; BVerwGE 77, 295; DVBl. 1987, 490 m. krit. Anm. v. Schwabe; NJW 1990, 2572; BGHZ 102, 350/359; BGH, NJW 1990, 898; Schulze-Osterloh, NJW 1981, 2537/2541; Battis, NVwZ 1982, 585/589; Götz, DVBl. 1984, 395/396; Schmidt-Aßmann, JuS 1986, 833/836; Bryde, in: v. Münch, GG, 3. A. 1985, Art. 14, Rn 63; Nüßgens/Boujong, Eigentum, Sozialbindung, Enteignung, 1987, Rn 339 f.; Maurer, F.S. f. Dürig, S. 293/310/313; Ossenbühl, JZ 1989, 190; Schoch, Jura 1989, 113/119 m. w. N.; ablehnend: Papier, in: Maunz/Dürig, Art. 14, Rn 284 ff.; J. Ipsen, in: Osnabrücker Rechtswissenschaftliche Abhandlungen I, 1985, S. 129/143 ff.). Inhaltsbestimmung und Legalenteignung grenzt BVerfGE 58, 300/330 f.; 52, 1/27 anhand der Kriterien abstrakt-generell = Inhaltsbestimmung und konkret-individuell = Enteignung ab, um sicherzustellen, daß nur ein objektiv, ex ante bestimmbarer Vorgang als Enteignung klassifiziert wird, was jedoch nicht ausschließt, daß „eine neue für die Zukunft geltende objektiv-rechtliche Regelung i. S. d. Art. 14 Abs. 1 S. 2 GG zugleich eine Legalenteignung bewirkt, weil und soweit sie subjektive Rechte entzieht, die der einzelne aufgrund alten Rechts ausgeübt hat". (BVerfGE 58, 300/331 f.; 45, 297/332; 52, 1/28; zweifelnd Rittstieg, NJW 1982, 721/723; Schwabe, JZ 1983, 273/274 f.). Für bestimmte Fälle der Legalenteignung gibt das BVerfG also die Bestimmung der Enteignung allein durch die Rechtsform auf und stellt zusätzlich auf die Wirkungen des Eingriffs ab. Unter Zugrundelegung dieser Terminologie kann der nach § 39 BauGB zu gewährende Ausgleich für Vertrauensschaden als entschädigungspflichtige Inhaltsbestimmung eingeordnet werden (s. § 39, Rn 1).

5 **b) aa)** Vom verfassungsrechtlichen Enteignungsbegriff, wie ihn das
BVerfG entsprechend dem Wortlaut des Art. 14 Abs. 3 S. 2 GG anhand
der Rechtsform des Eigentumsentzugs geprägt hat, ist zu unterscheiden
der weitere folgenorientierte (untechnische) **entschädigungsrechtliche
Enteignungsbegriff** (zur Unterscheidung s. Ossenbühl, Staatshaf-
tungsrecht, S. 112ff.; Nüßgens/Boujong, Rn 334ff., 341ff.; Schmidt-
Aßmann, JuS 1986, 833/834f.; krit. zur Entwicklung Böhmer, Der
Staat 1985, 157; ders., NJW 1988, 2561/2569; s. a. Schwerdtfeger, Die
dogmatische Struktur der Eigentumsgarantie, 1983; Battis, NVwZ
1982, 585; Lege, NJW 1990, 864). Enteignung in diesem (untechni-
schen) Sinne ist grundsätzlich jede hoheitliche Beeinträchtigung der
dem Schutz des Art. 14 GG unterfallenden Rechte, die die Grenze der
Sozialbindung überschreitet und deshalb zu entschädigen ist. Hoheitli-
che Eingriffe in das Eigentum sind demnach entweder sozialbindende
und deshalb entschädigungslos zu duldende Inhaltsbestimmungen oder
entschädigungspflichtige Enteignungen. Der untechnische Enteig-
nungsbegriff vernachlässigte, daß die Bestandsgarantie des Art. 14
Abs. 1 S. 1 GG den konkreten Bestand in der Hand des einzelnen
Eigentümers sichert (BVerfGE 38, 175/181, Rn 1), und zwar auch dann,
wenn eine ökonomisch sinnvolle Entschädigung, z. B. durch Ersatz-
land, möglich ist (s. BVerfGE 74, 264; s. a. Böhmer, NJW 1988, 2561/
2563 f.). Das abwehrrechtliche Grundrecht aus Art. 14 Abs. 1 S. 1 GG
geht der enteignungsrechtlichen Eigentumswertgarantie des Art. 14
Abs. 3 S. 2 GG vor. Der entschädigungsrechtliche Enteignungsbegriff
ist der Endpunkt einer langen von der Literatur und insbesondere der
Zivilgerichtsbarkeit vorangetriebenen Entwicklung, die den Eigen-
tumsschutz durch Erweiterung des Enteignungsbegriffes ausweitete.
Triebfeder dieser Entwicklung waren die infolge beständig wachsender
Aufgaben zunehmenden staatlichen Eingriffe in die private Vermö-
genssphäre (BGHZ 6, 270/278; Maurer, Allgemeines Verwaltungsrecht,
§ 26, Rn 6).

6 **bb)** Ausgelöst durch den im 19. Jahrhundert für den Eisenbahn- und
Straßenbau benötigten Bodenbedarf entwickelte sich das bereits in § 4
I 11 pr ALR bei „den Regeln des nothwendigen Kaufs" geregelte, im
nachhinein als **klassische Enteignung** bezeichnete gesetzlich fixierte
Rechtsinstitut: das Grundeigentum wird durch Hoheitsakt auf ein im
öffentlichen Interesse liegendes Unternehmen gegen vorherige Ent-
schädigung übertragen (dazu Frenzel, Das öffentliche Interesse als
Voraussetzung der Enteignung, 1978, S. 36; Schmidt-Aßmann, JuS
1986, 833/834; Nüßgens/Boujong aaO, Rn 331; Maurer, F.S. f. Dürig,
S. 293/295).

7 **cc)** Dieser an einen Zwangskauf erinnernde Vorgang der Güterbe-
schaffung wurde unter der Geltung von Art. 153 WRV hinsichtlich
seiner wesentlichen Merkmale erweitert, und zwar hinsichtlich des
Gegenstandes: statt des Grundeigentums alle sonstigen privaten ver-
mögenswerten Rechte (RGZ 109, 319); hinsichtlich der Rechtsform:

statt eines Verwaltungsaktes auf Grund eines Gesetzes auch unmittelbar durch Gesetz (RGZ 103, 200); hinsichtlich des Rechtsvorgangs: statt Entzugs und Übertragung des Eigentums auf einen anderen Rechtsträger durch bloße Nutzungsbeschränkung des Eigentums (RGZ 116, 268: Denkmalschutz; RGZ 128, 18: Bebauungsbeschränkung durch Fluchtlinien); hinsichtlich der Zweckbindung: statt eines konkreten Unternehmens auch bloß allgemeine öffentliche Interessen (RGZ 116, 268). Angeregt durch M. Wolff, F. S. f. Kahl, 1923, übernahm das RG die gegen den Gesetzgeber gerichtete Rolle des verfassungsrechtlichen Hüters des Eigentums (dazu Breuer, Die Bodennutzung im Konflikt zwischen Städtebau und Eigentumsgarantie, 1976, S. 104 ff.; Rittstieg, Eigentum als Verfassungsproblem, 2. Aufl. 1976, S. 256). Unter der Geltung des Art. 14 GG führte BGHZ 6, 270/278 die Linie des RG mit überwiegender Billigung der Literatur fort (W. Weber, in: Bettermann/Nipperdey/Scheuner, die Grundrechte II, S. 331 ff.; krit. Dürig, JZ 1954, 4). Vornehmlich auf die Erweiterung des Rechtsvorganges und des Gegenstands der Enteignung abstellend wurde das erweiterte Rechtsinstitut als **Aufopferungsenteignung** bezeichnet, die typischerweise Administrativenteignung und nur ausnahmsweise Legalenteignung sei (W. Weber aaO, S. 379 mit Fn. 81; für die Gegenwart insoweit zu Recht zweifelnd Schmidt-Aßmann aaO, S. 835 f. unter Hinweis auf BVerfGE 45, 297/332). Ein Beispiel für die Aufopferungsenteignung in der Form der Administrativenteignung ist die Planenteignung i. S. d. §§ 39–44. Für eine Rückkehr zur klassischen Enteignung, die auch bewegliche Sachen und Rechte entziehen kann, Rittstieg, in: Alternativ-Komm. z. GG, 1984, Art. 14/15, Rn 187; dazu Schoch, Jura 1989, 113/121.

dd) Mit der Rechtsfigur des **enteignungsgleichen Eingriffs** dehnte **8** BGHZ 6, 270/290 anknüpfend an RGZ 140, 276 den Eigentumsschutz durch Enteignungsentschädigung noch einmal aus, um die Lücke zwischen rechtmäßiger Enteignung und rechtswidriger schuldhafter Amtshaftung zu schließen. Indem der BGH in BGHZ 7, 296; 13, 88 den enteignungsgleichen Eingriff auf schuldhafte rechtswidrige Eingriffe erweiterte, in BGHZ 37, 44/47 das Merkmal des gezielten Eingriffs verabschiedete und seit BGHZ 32, 208 von der Rechtswidrigkeit einer hoheitlichen Maßnahme auf ein entschädigungspflichtiges Sonderopfer schloß, wurde der enteignungsgleiche Eingriff zur zentralen Rechtsfigur des richterrechtlich bestimmten Staatshaftungsrechts (s. a. Kröner, Die Eigentumsgarantie in der Rechtsprechung des BGH, 2. Aufl., 1969). Als Haftung für rechtswidriges Staatshandeln sollte der enteignungsgleiche Eingriff in der Regel- oder Grundrechtshaftung der §§ 1 Abs. 1, 2 Abs. 2 StaatshaftungsG aufgehen. Nach Anfechtungen, die an BVerfGE 58, 300 anknüpften (Scholz, NVwZ 1982, 346; Berkemann, JR 1982, 855; Schröer, NJW 1984, 1684; w. N. b. Maurer aaO, Rn 59 b) hat BGHZ 90, 17/29 (s. a. BGHZ 92, 34/36; NJW 1984, 1878) den enteignungsgleichen Eingriff als richterrechtlich aus dem gewohn-

heitsrechtlich geltenden Aufopferungsanspruch abgeleitete, verschuldensunabhängige Staatshaftung bei rechtswidrigen hoheitlichen Eingriffen in Eigentum bestätigt und zugleich von Art. 14 Abs. 3 GG gelöst (dazu Nüßgens/Boujong, Eigentum, Sozialbindung, Enteignung, 1987, Rn 428 ff.; Krohn, WM 1984, 825; Papier, JuS 1985, 184; krit. Böhmer, DSt 1985, 157/192; ders., NJW 1988, 2561/2564 f.; Bull, Allgemeines Verwaltungsrecht, 2. A. 1986, Rn 1184 f.; Schoch, Jura 1989, 529/535, ders. Jura 1990, 140, s.a. Lege, NJW 1990, 864). Dem vom BVerfG neu bestimmten Verhältnis von Primärrechtsschutz und Entschädigung wegen enteignungsgleichen Eingriffs (dazu Engelhardt, NuR, 1986, 185; Nüßgens/Boujong aaO, Rn 435 ff.) insoweit Rechnung tragend folgt daraus, daß der von einem rechtswidrigen hoheitlichen Eingriff Betroffene nicht mehr die freie Wahl hat, ob er den Eingriff mit den dafür vorgesehenen Rechtsmitteln abwehren oder ihn hinnehmen und stattdessen eine Entschädigung verlangen will (so jetzt auch BGH, NJW 1990, 898 für rechtswidrige Unterschutzstellung nach DenkmalschutzR). Vielmehr ist analog § 254 BGB ein mitwirkendes Verschulden schon bei der Verwirklichung des Entschädigungstatbestandes zu berücksichtigen. Nur ein unabwendbares Opfer ist entschädigungspflichtig. Dies gilt sowohl für die Abwehr von rechtswidrigen Maßnahmen nach dem fünften Teil des BauGB wie für rechtswidrige Maßnahmen, die bei Rechtmäßigkeit Ansprüche nach dem Planungsschadensrecht (§§ 39–44) auslösen würden sowie für enteignungsgleiche Eingriffe i. S. v. § 232 (s. § 232, Rn 3). Zu den Auswirkungen auf die rechtswidrige faktische Bausperre s. § 18, Rn 4.

9 **ee)** Schließlich schuf der BGH (NJW 1965, 1907; BGHZ 57, 359) für die Fälle, in denen als nichtgewollte Nebenfolge rechtmäßigen Verwaltungshandelns, z. B. U-Bahn-Bau, ein unmittelbarer Eingriff in das Eigentum ein Sonderopfer bewirkte, z. B. existenzgefährdende Umsatzeinbuße eines Straßenanliegers, die Figur des **enteignenden Eingriffs.** Der enteignende Eingriff ist anders als der rechtswidrige enteignungsgleiche Eingriff und wie die Enteignung rechtmäßig, aber da er mangels gesetzlicher Ermächtigungsgrundlage (dazu BVerfGE 45, 297/324) auch keine Enteignung ist, wird er von der Geltung der Junktimklausel (Art. 14 Abs. 1 S. 2 GG) freigestellt. Damit und mit der aus dem Grundsatz der Verhältnismäßigkeit i. V. m. Art. 14 GG abgeleiteten Verpflichtung der Verwaltung, Anliegern „enteignungsabwehrende" Ausgleichszahlungen zu leisten (BGHZ 57, 359), hatte der BGH schon vor seiner Neufundierung des enteignungsgleichen Eingriffs (s. Rn 8) den Eigentumsschutz durch Enteignungsentschädigung von Art. 14 Abs. 3 GG gelöst und in Art. 14 Abs. 1 GG verortet. Ein Seitenstück bildet die ebenfalls auf Art. 14 Abs. 1 GG gegründete Rechtsprechung des BVerwG (51, 15/29; dazu Korbmacher, DÖV 1982, 517/521; Bender, DVBl. 1984, 301/316; s. a. Vorbem. §§ 39–44, Rn 8) zu der vor der Enteignungsschwelle einsetzenden Pflicht der Verwaltung zu Ausgleichszahlungen für kompensationsbedürftige Planfestsetzungen.

Zum Fortbestand des enteignenden Eingriffs s. BGHZ 91, 20/26; dazu Ossenbühl, JZ 1984, 744; Nüßgens/Boujong aaO, Rn 451 ff.; BGHZ 99, 24 m. krit. Anm. v. Schmaltz, DVBl. 1987, 571; BGH JZ 1989, 188 m. krit. Anm. v. Ossenbühl – salvatorische Entschädigungsklausel im Denkmalschutzrecht; gegen Zulässigkeit salvatorischer Klausel im LandschaftsG zu Recht aber BVerwG, NJW 1990, 2572 mit zweifelhafter verfassungskonformer Auslegung für Übergangszeit; BGH NVwZ 1988, 1066 – Graugänse; Schoch, Jura 1989, 529/535; ders. Jura 1990, 140.

2. a) Die in den §§ 85–122 vom Gesetzgeber gem. Art. 14 Abs. 3 S. 2 **10**
GG als städtebauliches Instrument der Güterbeschaffung ausgestaltete Administrativenteignung dient **primär** der **Planverwirklichung.** Dem instrumentellen Charakter (Berkemann, in: Berliner Komm. § 85, Rn 3) der städtebaulichen Administrativenteignung im Verbund von Planung und Enteignung wird das dualistische Konzept von BVerfGE 74, 264 – Boxberg, kaum gerecht (s. Schmidt-Aßmann, NJW 1987, 1857; Papier, JZ 1987, 621; Brugger, ZfBR 1987, 60; Schmidbauer, Die Enteignung zugunsten Privater 1989, S. 178 s. a. a. OLG München, NJW 1990, 519 – Enteignung nach § 85 Abs. 1 Nr. 1 nur zu rein städtebaulichen Belangen; gänzlich überzogen Labbé, Anwaltsblatt 1989, 530, der Enteignung, Umlegung, Grenzregelung und die Vorkaufsrechte unter unzutreffender Berufung auf BVerfGE 74, 264 für verfassungswidrig hält s. a. § 87, Rn 3). Mit dieser städtebaulichen Zweckbindung wurde die Enteignung erstmals im BBauG umfassend und abschließend geregelt. Die ursprünglich landesrechtlich geregelte Enteignung (z. B. prEnteignungsG v. 11. 6. 1874) kennzeichnete die auf gemeinwohlverwirklichende Einzelmaßnahmen bezogene Zweckbindung, z. B. Bau von Straßen- oder Eisenbahnen. Nach dem Vorbild des BaulandbeschaffungsG v. 3. 8. 1953, BGBl. I S. 720 ermöglicht die Enteignung nach dem BauGB nicht nur den dauernden Landerwerb der öffentlichen Hand, z. B. Straßenland, sondern auch den **Durchgangserwerb,** z. B. zum Zwecke der Baureifmachung. Der Typ dieser transitorischen oder Durchgangsenteignung (s. Schmidt-Aßmann, Grundfragen des Städtebaurechts, 1972, S. 217; Frey, Die Verfassungsmäßigkeit der transitorischen Enteignung, 1983, der § 85 Abs. 1 Nr. 1, 2 insoweit in Frage stellt, als er soziale Umverteilungszwecke umfaßt; krit. auch Schmidbauer, aaO. S. 180; billigend BVerfGE 74, 264) wird vervollständigt durch die Pflicht der Gemeinde, unter bestimmten Voraussetzungen die durch Enteignung erworbenen Grundstücke wieder an Private zu veräußern (§ 89). Schließlich kann die Enteignung nach den §§ 85 ff. dem **Direkterwerb Privater** dienen, wenn ein Vorhaben neben dem Wohl der Allgemeinheit auch privatnützige Zwecke verfolgt (s. Frenzel, Das öffentliche Interesse als Voraussetzung der Enteignung, 1978, S. 133; ausführlich, Schmidbauer, Die Enteignung zugunsten Privater s. a. § 87, Rn 2). Auch als städtebauliches Instrument verbleibt die die Bestandsgarantie (Art. 14 Abs. 1 S. 1 GG) über-

windende Enteignung in ihrer traditionell **strikten Bindung an das Gemeinwohl** (dazu § 87, Rn 2) und das **Übermaßverbot.** Das aus dem Rechtsstaatsprinzip und den Grundrechten abzuleitende Übermaßverbot (Grundsatz der Verhältnismäßigkeit im weiteren Sinne) besagt, daß Grundrechte nicht in stärkerem Maße eingeschränkt werden dürfen, als es zur Verfolgung eines legitimen öffentlichen Zweckes geeignet, erforderlich und verhältnismäßig ist (ausf. Gentz, NJW 1968, 1600; Grabitz, AöR 1973, 569). Die Geeignetheit liegt vor, wenn durch den Grundrechtseingriff legitime öffentliche Zwecke gefördert werden (BVerfGE 30, 292/316; 33, 171/187). Das Gebot der Erforderlichkeit (Gebot des mildesten Mittels, des geringstmöglichen Eingriffs) verlangt, daß kein weniger eingreifendes Mittel zur Verfügung steht, mit dem derselbe Zweck erreicht werden könnte (BVerfGE 7, 377; 24, 367/404). Der Grundsatz der Verhältnismäßigkeit (im engeren Sinne) fordert, daß die durch die hoheitliche Maßnahme zu erwartende Belastung nicht erkennbar außer Verhältnis zu einem beabsichtigten Erfolg stehen darf – Zweck-Mittel-Relation (BVerfGE 10, 89/103). Indem das BauGB die Voraussetzungen der Enteignung, die Höhe der Entschädigung und das Enteignungsverfahren regelt, wird sichergestellt, daß die Enteignung entsprechend dem Zusammenspiel von Art. 14 Abs. 1 S. 1 GG – Instituts- und Bestandsgarantie – und Art. 14 Abs. 3 GG zugleich dem Eigentumsschutz dient. Wird eine den gesetzlichen Anforderungen genügende Enteignung vollzogen, so wird zwar die die konkrete Zuordnung eines Objektes zu einem Rechtsinhaber schützende Bestandsgarantie, nicht aber die Institutsgarantie überwunden: Der Betroffene ist gem. Art. 14 Abs. 3 S. 2 GG zu entschädigen – Eigentumswertgarantie. Anders als die Sozialisierung (Art. 15 GG) gestattet es die Enteignung nicht, Eigentumsrechte generell umzugestalten.

11 **b)** Entsprechend der verfassungsrechtlichen Vorgabe in Art. 14 Abs. 3 S. 1 GG (dazu BVerfGE 74, 264) bestimmen die Vorschriften des 1. Abschn. des V. Teils die Voraussetzungen für die **Zulässigkeit der Enteignung** nach den Gegenständen der Enteignung (§ 86), den Enteignungszwecken (§ 85) sowie den näheren Umschreibungen der Enteignungszwecke anhand des Gemeinwohlgebotes und des Übermaßverbotes (dazu Rn 10), und zwar allgemein (§ 87 Abs. 1), verfahrensbezogen (§ 87 Abs. 2, § 88), personell (§ 87 Abs. 3), modal (§ 87 Abs. 4, 92 Abs. 1 S. 2, Abs. 2) und quantitativ (§ 92 Abs. 1 S. 1, Abs. 3) (s. a. Schmidt-Aßmann, in: E/Z/B, Vorb. §§ 85–122 BBauG, Rn 11). Die §§ 90, 91 enthalten Sonderregelungen für die Ersatzland- und die Ersatzrechtsenteignung. § 89 regelt die Pflicht der Gemeinde zur Privatisierung transitorisch enteigneten Eigentums. Systematisch gehörte in den ersten Abschn. auch § 102, demzufolge der Enteignete mangels Verwirklichung des Enteignungszweckes einen Anspruch auf Rückübertragung (Rückenteignung) erhält. Zu redaktionellen Änderungen der §§ 85–92 durch das **BauGB** s. Voraufl. Wesentliche inhaltliche Änderungen sind die Einführung des Enteignungszweckes zur Ver-

wirklichung eines Baugebotes (§ 85 Abs. 1 Nr. 5) und die Neuregelung des § 89 – Veräußerungspflicht der Gemeinde.

c) Zur Verwirklichung des grundgesetzlichen Auftrags, die **Enteig-** 12 **nungsentschädigung** unter gerechter Abwägung der Interessen der Allgemeinheit und der Beteiligten zu bestimmen (Art. 14 Abs. 3 S. 3 GG), regelt der 2. Abschn. die allgemeinen Entschädigungsgrundsätze (§ 93) – darunter die Vorteilsausgleichung, Abs. 3 S. 1, die Mitverschuldensanrechnung, Abs. 3 S. 2 und die Festlegung des Stichtages für die Qualitätsbemessung, Abs. 4 – und den Umfang der Entschädigung – Verkehrswertentschädigung (§ 95), Folgenentschädigung (§ 96) – sowie die Bestimmung über Arten der Entschädigung (§§ 99, 101 – Geld, Land, Gewährung anderer Rechte –), Entschädigungsberechtigte und -verpflichtete (§ 94) und Nebenberechtigte (§§ 97, 98). Zur redaktionellen Neuregelung durch das **BauGB** s. Voraufl. Die Entschädigungsregelung des 2. Abschn. wird ergänzt durch die Vorschriften des Planungsschadensrechts (§§ 39–44), und zwar hinsichtlich der Verkehrswertreduktion (§ 95 Abs. 2 Nr. 7) und die Vorschriften über die Aufgaben der Gutachterausschüsse und die Bedeutung der von ihnen erstellten Gutachten (§§ 192–199) und die Vorschrift über den Härteausgleich (§ 181), zu dem dogmatisch auch die in § 95 Abs. 3 S. 1 geregelte Entschädigung für illegale Bauten zählt. Zur Ermittlung des Verkehrswertes dienen die gem. § 141 Abs. 4 BBauG a. F. erlassene Wertermittlungsverordnung v. 15. 8. 1972, BGBl. I S. 1416, s. § 147, Rn 14–17 und die Wertermittlungsrichtlinien, Beilage Bundesanzeiger Nr. 147 – 21/76, s. § 147, Rn 14–17. Die Entschädigungsregelungen des 2. Abschn. gelten nicht nur für die Administrativenteignung. Aufgrund zahlreicher Verweisungen gelten sie (entsprechend) für **weitere Entschädigungstatbestände,** insbesondere gem. § 43 Abs. 2 für das Planungsschadensrecht, aber z. B. auch für die Veränderungssperre (§ 18 Abs. 1 S. 2), die Teilungsgenehmigung (§ 21 Abs. 3), die Vorkaufsrechte (§ 28 Abs. 6 S. 2), die Umlegung (§ 59 Abs. 5 S. 2), städtebauliche Gebote (§ 176 Abs. 5, § 179 Abs. 3 S. 2) und Sanierungsgebiete, bei letzteren möglicherweise, bei Entwicklungsgebieten stets stark durch § 153 modifiziert (s. a. § 169 Abs. 1 Nr. 7).

d) Das auf Antrag (§ 105) eines Beteiligten (§ 106) von der Enteig- 13 nungsbehörde (§ 104) einzuleitende förmliche **Enteignungsverfahren** verwirklicht den vom Gesetzgeber ausgestalteten Verfahrensbezug des Art. 14 GG (s. BVerfGE 37, 132/148; 49, 252/257; Hill, Das fehlerhafte Verfahren und seine Folgen im Verwaltungsrecht, 1986, S. 228 f.). Es mündet nach einer von der Enteignungsbehörde vorzubereitenden (§ 107) und durchzuführenden mündlichen Verhandlung (§ 108) in einem Enteignungsbeschluß (§§ 112, 113), soweit die Enteignungsbehörde keine gütliche Einigung (§ 110) oder Teileinigung (§ 111) zwischen den Beteiligten herbeiführen kann. Die Beteiligten können den Enteignungsbeschluß durch Antrag auf gerichtliche Entscheidung vor den Baulandgerichten anfechten (§ 217, s. Vorb. §§ 217–232, Rn 1–4).

Ist nach Rechtskraft des Enteignungsbeschlusses, in dem u. a. auch die verlängerbare (§ 114) Frist festzusetzen ist, innerhalb der der Enteignungszweck zu verwirklichen ist, die Entschädigung gezahlt oder hinterlegt – im Fall der Nichtzahlung wird der Enteignungsbeschluß aufgehoben (§ 120) –, so ordnet die Enteignungsbehörde die Ausführung des Enteignungsbeschlusses (§ 117) an und setzt den Zeitpunkt fest, an dem der bisherige Rechtszustand durch den im Enteignungsbeschluß festgesetzten neuen Rechtszustand ersetzt wird. Der Auseinandersetzung zwischen den Beteiligten dienen § 119 – Verteilungsverfahren –, § 118 – Hinterlegung –, § 121 – Kostenregelung – und § 122 – Zwangsvollstreckung. Zur Verfahrensbeschleunigung kann die Enteignungsbehörde auf Antrag die vorzeitige Besitzeinweisung anordnen (§ 116). Ebenfalls zur Beschleunigung dienen die 1976 eingeführten § 109 Abs. 2 – Einleitung des Enteignungsverfahrens vor Rechtsverbindlichkeit des Bebauungsplanes –, § 109 – Genehmigungspflicht für bestimmte Rechtsvorgänge –, § 112 Abs. 2 – Trennung des Verfahrens über die Zulässigkeit der Enteignung von dem über die Höhe der Entschädigung. Das **BauGB** hat in § 108 Abs. 6 S. 2 den Enteignungsvermerk eingeführt und § 107 Abs. 1 S. 3 an das VwVfG angepaßt (ebenso schon für § 113 Abs. 1 S. 1 das 1. VwVfBereinigungsG v. 16. 2. 1986, BGBl. I S. 265). Zu redaktionellen Änderungen s. Voraufl.

14 e) Zum **Überleitungsrecht** aus Anlaß des Erlasses des BBauG s. 1. Aufl. §§ 174 Abs. 3, 175, 179. Zu dem mit der Novelle 1976 zum 1. 1. 1977 (§ 189) in Kraft getretenen Überleitungsrecht des Art. 3 §§ 7, 8, 10, 11 ÄnderungsG BBauG s. 1. Aufl. Erläuterungen nach § 189. Zu den Überleitungsvorschriften anläßlich des Inkrafttretens des BauGB s. §§ 240, 243.

§ 85 Enteignungszweck

(1) Nach diesem Gesetzbuch kann nur enteignet werden, um

1. entsprechend den Festsetzungen des Bebauungsplans ein Grundstück zu nutzen oder eine solche Nutzung vorzubereiten,
2. unbebaute oder geringfügig bebaute Grundstücke, die nicht im Bereich eines Bebauungsplans, aber innerhalb im Zusammenhang bebauter Ortsteile liegen, insbesondere zur Schließung von Baulücken, entsprechend den baurechtlichen Vorschriften zu nutzen oder einer baulichen Nutzung zuzuführen,
3. Grundstücke für die Entschädigung in Land zu beschaffen,
4. durch Enteignung entzogene Rechte durch neue Rechte zu ersetzen,
5. Grundstücke einer baulichen Nutzung zuzuführen, wenn ein Eigentümer die Verpflichtung nach § 176 Abs. 1 oder 2 nicht erfüllt, oder
6. im Geltungsbereich einer Erhaltungssatzung eine bauliche Anlage aus den in § 172 Abs. 3 bis 5 bezeichneten Gründen zu erhalten.

(2) Unberührt bleiben

1. die Vorschriften über die Enteignung zu anderen als den in Absatz 1 genannten Zwecken,
2. landesrechtliche Vorschriften über die Enteignung zu den in Absatz 1 Nr. 6 genannten Zwecken.

Übersicht

1. Eine Enteignung ist nur zum Wohle der Allgemeinheit zulässig **1** (Art. 14, Abs. 3 S. 1 GG). Zur Konkretisierung dieser Zulässigkeitsvoraussetzung der Enteignung, eines in hohem Maße unbestimmten Rechtsbegriffes, legt Abs. 1 abschließend und erschöpfend fünf **Enteignungszwecke** fest, zu deren Verwirklichung allein **nach dem BauGB** enteignet werden darf (Abs. 1 Ziff. 1–5). Der 6. Enteignungszweck (Abs. 1 Nr. 6) kann auch durch eine nach Landesgesetz zulässige Enteignung verwirklicht werden (Abs. 2 Nr. 2). Abs. 2 Nr. 1 stellt klar, daß Enteignungen zu anderen als den in Abs. 1 genannten Zwecken auch **nach anderen Bundes- und Landesgesetzen** zulässig sind. Zur Systematik der weiteren Konkretisierung der Enteignungszwecke durch die §§ 87 ff. s. Vorb. §§ 85–122, Rn 11. Zum Überleitungsrecht s. Vorb. §§ 85–122, Rn 15. Für Enteignungen in städtebaulichen Entwicklungsbereichen gilt § 85 nicht (§ 169 Abs. 3 S. 3).

2. a) Der für die städtebauliche Administrativenteignung bei weitem **2** wichtigste Enteignungszweck des Abs. 1 Nr. 1 dient dem Planvollzug (s. a. Vorb. §§ 85–122, Rn 10). Diese **planakzessorische Enteignung setzt einen wirksamen Bebauungsplan** voraus (dazu Kirchberg, VBlBW, 1990, 162). Ein qualifizierter Bebauungsplan i. S. v. § 30 Abs. 1 ist nicht erforderlich. Die Wirksamkeit des Bebauungsplans hat die Enteignungsbehörde von Amts wegen zu prüfen anhand der vom BVerwG (E 34, 301; 45, 309) zu § 1 Abs. 5, Abs. 6 entwickelten Kontrollgrundsätze, die BGHZ 66, 322 als Baulandgericht unter Aufgabe der früheren Rechtsprechung (NJW 1967, 103) übernommen hat. Der Bebauungsplan muß erst im Zeitpunkt des Erlasses des Enteignungsbeschlusses wirksam sein. Gem. § 108 Abs. 2 kann das Enteignungsverfahren bereits vor dem Inkrafttreten des Bebauungsplanes eingeleitet

werden, sofern der Entwurf nach § 3 Abs. 2 ausgelegen hat. Festsetzungen i. S. v. § 85 Abs. 1 Nr. 1 sind nur die Festsetzungen gem. § 9 Abs. 1–3 und die Festsetzungen nach § 9 Abs. 4, wenn Landesrecht bestimmt, daß § 85 darauf anwendbar sein soll. Enteignungsfähig sind bebaute oder unbebaute Grundstücke im rechtlichen Sinne (§ 200, Rn 3), einschließlich der wesentlichen Bestandteile (§§ 93 ff. BGB) und der mit ihm verbundenen Rechte (§ 96 BGB) sowie, wenn der Grundsatz des geringstmöglichen Eingriffs dies fordert, Grundstücksteile (s. § 200, Rn 6) und grundstücksgleiche Rechte (s. § 200, Rn 7). Für Zubehör und die unwesentlichen Bestandteile gelten als Sondervorschriften die §§ 86 Abs. 2 (§ 86, Rn 6) und § 92 Abs. 4 (§ 92, Rn 5). Die **Festsetzungen** des Bebauungsplanes (§ 9 Abs. 1–4) müssen **hinreichend bestimmt** sein, damit die durchzusetzende Nutzung oder Nutzungsvorbereitung für den Eigentümer klar erkennbar ist (BGH, NVwZ 1986, 506). Bei Baulandausweisungen muß regelmäßig auch das Maß der baulichen Nutzung festgesetzt sein. Eine typenmäßige Festsetzung (Schule) kann im Einzelfall genügen (Berkemann, in: Berliner Komm., § 85, Rn 19). Eine Enteignung ist nach Abs. 1 Nr. 1 unzulässig, wenn die Nutzung, der das Grundstück zugeführt werden soll, nicht den Festsetzungen des Bebauungsplanes entspricht (BGH, DVBl. 1983, 627). Nicht jede zulässige Festsetzung eines Bebauungsplanes rechtfertigt eine Enteignung nach Abs. 1 Nr. 1. Die Festsetzungen des Bebauungsplanes, die dem Abwägungsgebot des § 1 Abs. 6 genügen, verwirklichen das Allgemeinwohl erst auf einer ersten Stufe, auf die im Enteignungsverfahren eine weitere, das Gemeinwohl mit Hilfe des enteignungsrechtlichen Erforderlichkeitsprinzips auf den Einzelfall ausrichtende Konkretisierung folgt (s. § 87, Rn 3). Auch wenn die zur Ordnung des gesamten Plangebietes getroffenen Festsetzungen durch das Überwiegen der öffentlichen über die privaten Interessen gerechtfertigt sind (§ 1 Abs. 6), so bedeutet dies nicht, daß das Wohl der Allgemeinheit den gegenwärtigen Entzug dieses konkreten Grundstücks erfordert (BGHZ 68, 101; Breuer, in: Schrödter, § 85, Rn 5). Die Enteignung eines Grundstücks zu dem Zweck, es für die bauliche Nutzung vorzubereiten oder es der baulichen Nutzung zuzuführen, darf nur zugunsten der Gemeinde, eines öffentlichen Bedarfs- oder Erschließungsträgers oder unter besonderen Voraussetzungen eines Sanierungsträgers erfolgen (§ 87 Abs. 3). Diese im Fall der Gemeinde grundsätzlich **transitorische Enteignung** (dazu Vorbem. zu §§ 85–122, Rn 10) dient der Baureifmachung von Grundstücken. Gem. § 89 Abs. 1 S. 1 Nr. 2 ist die Gemeinde daher zur Veräußerung verpflichtet, sofern § 89 Abs. 1 S. 2 keine Ausnahme zuläßt (s. § 89, Rn 4). Mit der Veräußerung nach § 89 gilt das Enteignungsziel der sozialen Umverteilung als erfüllt (BVerfGE 74, 264; einschränkend Schmidbauer, Enteignung zugunsten Privater, 1989, S. 63). § 87 Abs. 3 gilt auch, wenn zur Vorbereitung der baulichen Nutzung eines Geländes nicht dessen gesamte Fläche, sondern nur die als Verkehrs-, Versorgungs- oder Grünflächen vorgesehen Flächen enteignet werden sollen (BGH, BauR 1970,

39). Abs. 1 Nr. 1 rechtfertigt keine Enteignung mit dem Ziel, Arbeitsplätze zu schaffen und dadurch die regionale Wirtschaft zu verbessern. Dazu bedürfte es eines besonderen Gesetzes, das den nur mittelbar aus der Unternehmenstätigkeit (anstelle des Unternehmungsgegenstandes) verwirklichten Enteignungszweck deutlich umschreibt, die grundlegenden Enteignungsvoraussetzungen und das Verfahren zu ihrer Ermittlung festlegt sowie Vorkehrungen zur Sicherung des verfolgten Gemeinwohlziels regelt (BVerfGE 74, 264 – Boxberg; dazu Brugger, ZfBR 1987, 60; Schmidt-Aßmann, NJW 1987, 1587). Überzogen hingegen OLG München, NJW 1990, 519: Enteignung nach Abs. 1 Nr. 1 nicht zur Errichtung einer Universität, da kein rein städtebaulicher Belang; noch weitergehend Labbé, Anwaltsblatt 1989, 530; s. a. Vorb. §§ 85–122, Rn 10, § 87, Rn 3.

b) Abs. 1 Nr. 2 betrifft unbeplante Grundstücke im **Innenbereich.** 3 Abgesehen davon, daß im Innenbereich anders als bei § 34 auch kein einfacher Bebauungsplan i. S. v. § 30 Abs. 2 bestehen darf, ist der Begriff des Innenbereiches wie in den §§ 19, 34 zu bestimmen (s. § 34, Rn 1). Für den qualifiziert oder nichtqualifiziert beplanten Innenbereich gilt Abs. 1 Nr. 1. Im Außenbereich sind Enteignungen nur gem. Abs. 1 Nr. 3, 4, 6 zulässig. Abs. 1 Nr. 2 gilt nur für solche Innenbereichsgrundstücke, die unbebaut, d. h. frei von baulichen Anlagen oder nur geringfügig bebaut sind. In teilweiser Anlehnung an § 3 Abs. 1 c BLBG ist ein Grundstück geringfügig bebaut, wenn die Bebauung erheblich unter dem Maß der zulässigen üblichen Bebauung liegt oder in behelfsmäßiger Bauart errichtet oder nur auf Widerruf genehmigt ist (enger Reisnecker, in: Kohlhammer-Komm., § 85, Rn 30). Ob eine Bebauung auf Widerruf genehmigt, nur anzeigepflichtig oder genehmigungsfrei ist, ist nicht ausschlaggebend (ebenso Berkemann aaO, Rn 34; teilweise a. A. Reisnecker aaO, Rn 30). Geringfügig bebaut sind auch Trümmergrundstücke. Die Schließung einer **Baulücke** – zum Begriff OVG Lüneburg, DÖV 1964, 392 – ist der typische, aber nicht der einzige Nutzungszweck. Die beabsichtigte bauliche Nutzung muß den Anforderungen des § 34 genügen. Die Enteignung eines Grundstückes, um es gem. Abs. 1 Nr. 2 2. Altern. der baulichen Nutzung zuzuführen, ist wie die Enteignung zur Nutzungsvorbereitung nur zugunsten der Gemeinde und der in § 87 Abs. 3 genannten Träger zulässig.

c) Abs. 1 Nr. 3 erkennt die **Beschaffung von Ersatzland** als Enteig- 4 nungszweck an, weil ein Enteignungsbetroffener gem. § 100, § 101 Abs. 1 S. 1 Nr. 2, 3 abweichend vom Regelfall der Geldentschädigung einen Anspruch auf Entschädigung in Land haben kann. Die Zulässigkeit der Ersatzlandenteignung regelt § 90.

d) Abs. 1 Nr. 4 erkennt den **Ersatz** der durch Enteignung **entzoge-** 5 **nen** Rechte durch neue Rechte als Enteignungszweck an, weil die §§ 97 Abs. 2, 100 Abs. 6, 101 diese besondere Art der Entschädigung vorsehen. Die Voraussetzungen, unter denen dieser Enteignungszweck verwirklicht werden darf, regelt § 91.

6 e) Gemäß Abs. 1 Nr. 5 kann Enteignungszweck sein, ein Grund-
stück einer baulichen Nutzung zuzuführen, wenn ein Eigentümer die
durch ein Baugebiet festgesetzte Verpflichtung nicht erfüllt. Im Gel-
tungsbereich eines Bebauungsplans nach § 30 Abs. 1 oder 2 kann der
Eigentümer verpflichtet sein, ein Grundstück entsprechend den Festset-
zungen des Plans zu bebauen oder eine vorhandene bauliche Anlage den
Festsetzungen anzupassen (§ 176 Abs. 1 Nr. 1 u. 2). Außerhalb des
Geltungsbereichs eines Bebauungsplans, aber innerhalb im Zusam-
menhang bebauter Ortsteile kann der Eigentümer verpflichtet sein,
unbebaute oder geringfügig bebaute Grundstücke entsprechend den
baulichen Vorschriften zu nutzen oder einer baulichen Nutzung zuzu-
führen, insbesondere zur Schließung von Baulücken (§ 176 Abs. 2).
Das BauGB hat, anders als § 39b Abs. 4 BBauG (dazu 1. Aufl. § 39b,
Rn 9) die Verwirklichung einer baulichen Nutzung bei Nichterfüllung
der rechtmäßig durch **Baugebot** festgelegten Verpflichtung als eigenen
Enteignungszweck anerkannt. Aber die Nichterfüllung des Baugebotes
allein rechtfertigt keine Enteignung. Vielmehr müssen zusätzlich die
das Übermaßverbot verwirklichenden Voraussetzungen des § 87 für die
Zulässigkeit der Enteignung erfüllt sein. Die Enteignung zur Verwirk-
lichung des Zweckes nach Abs. 1 Nr. 5 kann auch zugunsten eines
Bauwilligen verlangt werden, der in der Lage ist, die Baumaßnahmen
innerhalb angemessener Frist durchzuführen, und sich hierzu verpflich-
tet (§ 87 Abs. 3 S. 2).

7 f) Gem. Abs. 1 Nr. 6 ist zulässiger Enteignungszweck die **Erhaltung
einer baulichen Anlage** aus den in § 172 Abs. 3–5 festgelegten Gründen
(Erhaltung der städtebaulichen Gestalt oder der Zusammensetzung der
Wohnbevölkerung eines Gebiets oder bei städtebaulichen Umstruk-
turierungen). Die bauliche Anlage muß in einem Gebiet liegen, für das
gem. § 172 Abs. 1 durch Bebauungsplan oder besondere Erhaltungssat-
zung die Erhaltungsgenehmigung eingeführt worden ist. Die Enteig-
nung setzt nicht voraus, daß eine Abbruchs- oder Änderungsgenehmi-
gung versagt worden ist. Enteignungsbegünstigter kann jeder sein, der
für die Erhaltung des Gebäudes gem. § 172 dauerhafte Gewähr bietet.

8 **3. a)** Die Aussage des Abs. 2 Nr. 1, daß Vorschriften über die Enteig-
nung zu anderen als städtebaulichen Zwecken unberührt bleiben, kor-
respondiert mit der Bestimmung des Abs. 1, daß nach dem BauGB nur
enteignet werden darf, um die in Ziff. 1–6 genannten Zwecke zu
verwirklichen. Beide Regelungen sollen die Enteignung für städtebau-
liche Zwecke abschließend regeln (BT-Drs. III/1794, S. 19 zu § 96).
Dies wird formell zwar verwirklicht (s. Vonficht, BayVBl. 1964, 4).
Die **Sperrwirkung des Abs. 1** tritt außer im Falle des Abs. 1 Nr. 6
immer ein, wenn dessen Voraussetzungen vorliegen. Aber die h. M.
legt Abs. 1 restriktiv dahin aus, daß die Sperrwirkung nur greift, wenn
zu ausschließlich städtebaulichen Zwecken enteignet werden soll
(BVerwGE 77, 86; Buchholz 406.11 § 85 BBauG Nr. 1; BGHZ 71, 375;
krit. Berkemann aaO, Rn 70 im Hinblick auf verfassungswidrige ge-

setzgeberische Doppelzuständigkeit). Wenn ein objektives Planungserfordernis i. S. v. § 1 BauGB besteht, aber nicht erfüllt wird, greift die Sperrklausel des § 85 Abs. 1 (Berkemann aaO, Rn 73; a. A. Zimmer, BayVBl. 1984, 327/330 m. w. N.). Materiell städtebauliche Ziele können statt nach dem BauGB nach anderen Bundes- oder Landesgesetzen durch Enteignung verwirklicht werden, wenn, wie bei wasser- oder verkehrsrechtlichen Planungen die zuständigen Behörden die Wahl haben, ob ein Vorhaben, z. B. Straßenbau, mit Hilfe der Bauleitplanung oder des besonderen Planfeststellungsverfahrens nebst sondergesetzlicher Enteignung durchgeführt werden soll (s. § 17 Abs. 3 FStrG; BVerwGE 38, 158 m. krit. Anm. von Blümel, DVBl. 1972, 122). Das Bundeskleingartengesetz erlaubt in § 15 Abs. 1, 2 unter teilweiser Anlehnung an die §§ 85–87 BauGB, daß an Flächen, die in einem Bebauungsplan als Dauerkleingärten festgesetzt sind, durch Enteignung Kleingartenpachtverträge begründet werden. Nach Landesrecht darf enteignet werden, wenn eine Straßenerweiterung im unbeplanten Innenbereich städtebaulich nicht relevant und daher die Aufstellung eines Bebauungsplans nicht zulässig (BGHZ 71, 375) oder auch nur nicht erforderlich ist (VGH München, BayVBl. 1983, 469).

b) Der Vorbehalt des Abs. 1 Nr. 2 trägt den verfassungsrechtlichen 9
Bedenken Rechnung, die die bei der Einführung der Erhaltungssatzung durch die Novelle 1976 mit Rücksicht auf die **landesrechtlichen Denkmalschutzgesetze** gegen die Einführung der städtebaulich begründeten Erhaltungssatzung erhoben worden sind. Derselbe Enteignungszweck, z. B. Erhaltung eines geschichtlich bedeutsamen Gebäudes, kann also entweder nach Bundesrecht städtebaulich oder nach Landesrecht denkmalpflegerisch begründet und verwirklicht werden. Zur enteignenden Wirkung denkmalrechtlicher Regelungen s. Vorb. §§ 85–122, Rn 9.

§ 86 Gegenstand der Enteignung

(1) **Durch Enteignung können**

1. **das Eigentum an Grundstücken entzogen oder belastet werden;**
2. **andere Rechte an Grundstücken entzogen oder belastet werden;**
3. **Rechte entzogen werden, die zum Erwerb, zum Besitz oder zur Nutzung von Grundstücken berechtigen oder die den Verpflichteten in der Benutzung von Grundstücken beschränken;**
4. **soweit es in den Vorschriften dieses Teils vorgesehen ist, Rechtsverhältnisse begründet werden, die Rechte der in Nummer 3 bezeichneten Art gewähren.**

(2) **Auf das Zubehör eines Grundstücks sowie auf Sachen, die nur zu einem vorübergehenden Zweck mit dem Grundstück verbunden oder in ein Gebäude eingefügt sind, darf die Enteignung nur nach Maßgabe des § 92 Abs. 4 ausgedehnt werden.**

(3) **Die für die Entziehung oder Belastung des Eigentums an Grundstücken geltenden Vorschriften sind auf die Entziehung, Belastung oder Begründung der in Absatz 1 Nr. 2 bis 4 bezeichneten Rechte entsprechend anzuwenden.**

1 1. § 86 legt **abschließend** die zulässigen **Enteignungsgegenstände** fest und umschreibt die **Eingriffsart** der Enteignung („entzogen oder belastet"). Der Katalog der Enteignungsgegenstände umfaßt das Eigentum an Grundstücken (Abs. 1 Nr. 1), andere dingliche Rechte (Abs. 1 Nr. 2) und obligatorische Rechte (Abs. 1 Nr. 3). Abs. 1 Nr. 4 erlaubt eine besondere Art der Belastung von Grundstücken, nämlich die mit obligatorischen Rechten. Abs. 2 legt i. V. m. § 92 Abs. 4 fest, inwieweit die Enteignung Zubehör und Scheinbestandteile erfaßt. Abs. 3 stellt vereinfachend klar, daß die Vorschriften des 5. Teils, die sich auf die Entziehung oder Belastung des Eigentums an Grundstücken beziehen, entsprechend auf die Tatbestände des Abs. 1 Nr. 2–4 gelten, soweit dies mit ihrem Sinn und Zweck vereinbar ist. Die bis zur Novelle 1976 in Abs. 1 Nr. 5 geregelte Anordnung der Enteignung zur Änderung oder Beseitigung baulicher Anlagen ist durch das mildere Mittel der städtebaulichen Gebote (§§ 175 ff., insbesondere § 179) ersetzt worden. Welche Enteignungsgegenstände von welcher Eingriffsart (Vollentzug, Teilentzug, Belastung) erfaßt werden dürfen, regelt nicht § 86, sondern § 92.

2 2. a) Enteignungsgegenstand kann sein das **Eigentum an Grundstücken** einschließlich seiner wesentlichen Bestandteile (§§ 93, 94 BGB), sei es Alleineigentum, Miteigentum, Gesamthandseigentum oder Wohnungseigentum (Abs. 1 Nr. 1); ebenso das Eigentum an Grundstücksteilen (§ 200 Abs. 1) oder grundstücksgleiche Rechte (§ 200 Abs. 2), z. B. das Erbbaurecht. Die Entziehung des Eigentums beseitigt das Eigentum des Betroffenen und läßt mit dem in § 117 Abs. 5 genannten Zeitpunkt originäres, privatrechtlich unbelastetes (Ausnahme § 97 Abs. 1) Eigentum entstehen. Öffentlich-rechtliche Lasten bleiben mangels ausdrücklicher Regelung bestehen. Die Belastung des Eigentums begründet eine im BGB oder in anderen Gesetzen, z. B. WEG, Erbbaurechtsverordnung, geregeltes, privatrechtlich-dingliches Recht, das die Eigentumsherrschaft beschränkt.

3 b) Auch Grundstücke, die als Finanzvermögen zum **Eigentum einer juristischen Person des öffentlichen Rechts** gehören, sind enteignungsfähig. Fehlt der Enteignungsbehörde, wie regelmäßig, die Kompetenz zu hoheitlichen Maßnahmen gegenüber einem anderen Hoheitsträger, so kann sie deren zum Verwaltungsvermögen gewidmete Grundstücke nicht enteignen (s. OVG Münster E 15, 206). Besitzt die Enteignungsbehörde jedoch aufgrund gesetzlicher Ermächtigung die Enteignungskompetenz gegenüber einem anderen Hoheitsträger, dann sind auch dessen zum Verwaltungsvermögen zählende Grundstücke enteignungsfähig (BayObLG, NJW 1975, 1128). Angesichts der spe-

zialgesetzlichen Regelung kommt es nicht darauf an, daß sich juristische Personen des öffentlichen Rechts – außer den Kirchen, Universitäten, Rundfunkanstalten und öffentlich-rechtlichen Stiftungen, grundsätzlich nicht aber Gemeinden – bei Wahrnehmung öffentlicher Aufgaben nicht auf Grundrechte und damit auch nicht auf Art. 14 Abs. 3 GG berufen können (BVerfGE 61, 82/105 unter Ablehnung einer weitergehenden auf den gleichartigen status subjektivus abstellenden Mindermeinung; dazu Bettermann, NJW 1969, 1321; Bethge, AöR 1979, 265/269). Muß eine Gemeinde bei der Wahrnehmung einer ihr gemeinsam mit einem anderen Hoheitsträger obliegenden öffentlichen Aufgabe, z. B. Straßenbau, einen Eingriff in ihr Eigentum, z. B. Untertunnelung des Straßenlandes, hinnehmen, so kann sie als Glied im gestuften Staatsaufbau keine Enteignungsentschädigung verlangen (BGHZ 63, 196). Findet sich eine einfachgesetzliche Anspruchsgrundlage, z. B. §§ 19 Abs. 3 S. 4, 36, 44 WaStrG i. V. m. § 7 BadEnteigG oder § 11 PrEnteigG, so wird Gemeinden ein Entschädigungsanspruch gewährt (BGHZ 87, 66; NVwZ 1986, 689). BayVfGH, NVwZ 1985, 260 hat den Gemeinden ein Eigentumsgrundrecht generell für den Bereich der bayVerfassung aus Art. 103 bayVerf zuerkannt (dazu Bambey, NVwZ 1985, 248; Bethge, NVwZ 1985, 402). Nicht enteignungsfähig ist das nicht unter Art. 14 Abs. 3 GG fallende öffentliche Eigentum (s. Fleischhauer, Über die Enteignung von Grundbesitz der Gebietskörperschaften nach geltendem Recht, Diss. jur. Köln, 1968, S. 175 ff.).

c) Enteignungsfähige andere Rechte i. S. v. Abs. 1 Nr. 2 sind andere privatrechtliche **dingliche Rechte** als das Eigentum und das Erbbaurecht, z. B. Dienstbarkeiten, dingliche Vorkaufsrechte, Reallasten, Grund- und Rentenschulden. **4**

d) Enteignungsfähige Rechte i. S. v. Abs. 1 Nr. 3 sind alle **obligatorischen Rechte,** die die Nutzung des Grundstücks durch den Eigentümer einschränken und dem Enteignungszweck zuwiderlaufen, z. B. Ansprüche aus Kauf-, Vorkaufs- (§ 504 BGB), Miet- (BGH, NJW 1972, 528), Pacht-, Wiederkaufsrecht. **5**

e) Auf **Zubehör** (§§ 97, 98 BGB) und **Scheinbestandteile** (§ 95 Abs. 1 S. 1, Abs. 2 BGB) erstreckt sich die Enteignung grundsätzlich nicht. Gem. Abs. 2 i. V. m. § 92 Abs. 4 kann der Eigentümer verlangen, daß sie mitenteignet werden, wenn er sie infolge der Enteignung nicht mehr wirtschaftlich nutzen oder in anderer Weise angemessen verwerten kann. **6**

3. Obligatorische Rechte (s. Rn 5) können durch Enteignung neu begründet werden, soweit die Enteignungsbestimmungen dies zulassen. Solche Regelungen der **Ersatzrechtsenteignung** sind § 97 Abs. 2, § 100 Abs. 6, § 102 Abs. 5. **7**

§ 87 Voraussetzungen für die Zulässigkeit der Enteignung

(1) Die Enteignung ist im einzelnen Fall nur zulässig, wenn das Wohl der Allgemeinheit sie erfordert und der Enteignungszweck auf andere zumutbare Weise nicht erreicht werden kann.

(2) Die Enteignung setzt voraus, daß der Antragsteller sich ernsthaft um den freihändigen Erwerb des zu enteignenden Grundstücks zu angemessenen Bedingungen, unter den Voraussetzungen des § 100 Abs. 1 und 3 unter Angebot geeigneten anderen Landes, vergeblich bemüht hat. Der Antragsteller hat glaubhaft zu machen, daß das Grundstück innerhalb angemessener Frist zu dem vorgesehenen Zweck verwendet wird.

(3) Die Enteignung eines Grundstücks zu dem Zweck, es für die bauliche Nutzung vorzubereiten (§ 85 Abs. 1 Nr. 1) oder es der baulichen Nutzung zuzuführen (§ 85 Abs. 1 Nr. 2), darf nur zugunsten der Gemeinde oder eines öffentlichen Bedarfs- oder Erschließungsträgers erfolgen. In den Fällen des § 85 Abs. 1 Nr. 5 kann die Enteignung eines Grundstücks zugunsten eines Bauwilligen verlangt werden, der in der Lage ist, die Baumaßnahmen innerhalb angemessener Frist durchzuführen, und sich hierzu verpflichtet. Soweit im förmlich festgelegten Sanierungsgebiet die Enteignung zugunsten der Gemeinde zulässig ist, kann sie auch zugunsten eines Sanierungsträgers erfolgen.

(4) Die Zulässigkeit der Enteignung wird durch die Vorschriften des Dritten Teils des Zweiten Kapitels nicht berührt.

1 **1.** § 87 regelt weitere Voraussetzungen für die Zulässigkeit der Enteignung. Zur Systematik der Enteignungsvoraussetzungen s. Vorbem. §§ 85–122, Rn 11. Abs. 1 knüpft durch eine Generalklausel an das auch dem Eigentumsschutz dienende Gemeinwohlgebot des Art. 14 Abs. 3 S. 1 GG an und verbindet dieses Abwägungsgebot mit dem Übermaßverbot (s. Vorbem. §§ 85–122, Rn 10) – Erforderlichkeit der Enteignung und geringstmöglicher Eingriff: Enteignung als ultima ratio.

Abs. 2 führt die Generalklausel des Abs. 1 verfahrensrechtlich fort. Vergebliches Bemühen um freihändigen Erwerb und Glaubhaftmachung der baldigen Verwirklichung, woran wiederum § 113 Abs. 2 Nr. 3 – Fristbestimmung des Enteignungbeschlusses – und § 102 – Anspruch auf Rückenteignung bei Fristbestimmung – anknüpfen. Weitere erschwerende Voraussetzungen der Enteignung hat die Novelle 1976 aus Abs. 2 entfernt. Der vom BauGB um öffentliche Bedarfs- und Erschließungsträger und durch Übernahme der Regelungen des § 22 Abs. 2, 7 StBFG und des § 39b Abs. 4 BBauG erweiterte Abs. 3 gewährt der Gemeinde und bestimmten Dritten ein Enteignungsprivileg. Abs. 4 stellt klar, daß die städtebaulichen Gebote (§§ 175 ff.) die Zulässigkeit der Enteignung nicht berühren. In städtebaulichen Entwicklungsbereichen gilt § 87 nicht (s. § 169 Abs. 3).

a) Wohl der Allgemeinheit, ein aus Art. 14 Abs. 3 S. 1 GG übernommener, während seiner langen Geschichte in seiner Bedeutung vielfach gewandelter unbestimmter Rechtsbegriff (s. Werner Weber, in: Neumann/Nipperdey, Scheuner, Die Grundrechte II, 1954, S. 331 f.; Frenzel, Das öffentliche Interesse als Voraussetzung der Enteignung, 1978, S. 68 ff.) bedeutet nicht dasselbe wie öffentliches Interesse oder öffentliche Belange. Für eine Enteignung reicht nicht jedes beliebige öffentliche Interesse aus; die freiheitssichernde Funktion des Eigentums (BVerfGE 24, 367, 389) verlangt im Gegenteil ein besonders schwerwiegendes, dringendes öffentliches Interesse (BVerfGE 74, 264). Die bloße Mehrung des öffentlichen Vermögens fördert nicht das Allgemeinwohl, auch wenn sie die Erfüllung öffentlicher Aufgaben erleichtert – **Verbot der fiskalischen Enteignung** (RGZ 136, 113/123; badStGH, VerwRspr. Bd. 2 Nr. 96; Berkemann, in: Berliner Komm. § 87, Rn 35; ausführlich, Schmidbauer, Enteignung zugunsten Privater, 1989, S. 91 ff.). Selbst wenn eine Enteignung eine planmäßige Nutzung verwirklichen würde, könnte allein das fiskalische Interesse der Stadt, die für die Pacht aufzubringende laufende Vergütung einzusparen, die Enteignung nicht rechtfertigen (BGH, NJW 1976, 1226). Das Wohl der Allgemeinheit verlangt, die auf Bestandsschutz gerichteten, durch Art. 14 Abs. 1 S. 1 GG legitimierten privaten Interessen (s. Vorbem. §§ 85–122, Rn 1, 5) mit den öffentlichen Interessen am Entzug des Eigentums **abzuwägen** (s. a. v. Brünneck, NVwZ 1986, 425). Das Wohl der Allgemeinheit wird verwirklicht, wenn die öffentlichen Interessen den privaten vorgehen. Das Gemeinwohlgebot begrenzt die Zulässigkeit der **Enteignung zugunsten Privater** (dazu BVerfGE 74, 264 – Boxberg; Gramlich, JZ 1986, 269; ders., DÖV 1987, 596; Brugger, ZfBR 1987, 60; Schmidt-Aßmann, NJW 1987, 1587; Papier, JZ 1987, 619; überzeugend: Schmidbauer, Enteignung zugunsten Privater; überzogen: Labbé, Anwaltsblatt, 1989, 530; s. a. Vorb. §§ 85–122, Rn 10; EGMR, EuGRZ 1988, 341; dazu Riedel, EuGRZ 1988, 333; s. a. EGMR, NJW 1989, 1423), schließt sie aber nicht aus. Auch Private können ein Vorhaben verwirklichen, das dem Allgemeinwohl dient.

Unter der Geltung der Bestandsgarantie des Art. 14 Abs. 1 GG und
Gemeinwohlklausel des Art. 14 Abs. 3 GG bedarf die Enteignung
zugunsten Privater sorgfältiger Einzelfallprüfung, ob die für die Ent-
eignung sprechenden öffentlichen Interessen allein und nicht erst zu-
sammen mit den privaten Interessen des Begünstigten die privaten
Interessen des Eigentümers überwiegen; gegen verfassungsrechtliche
Besonderheiten der Enteignung zugunsten Privater Gerhardt, in: FS. f.
Zeidler II, 1987 S. 1663. Zwar kennt das BauGB nicht die Verleihung
des Enteignungsrechts an Private, aber es läßt Enteignung auf Antrag
eines Privaten zu, wenn das Vorhaben einem der Enteignungszwecke
des § 85 Abs. 1 Nr. 1, 2, 5, 6 dient und die weiteren Enteignungsvor-
aussetzungen vorliegen (s. a. Berkemann, aaO, Rn 32). In den Fällen
des § 85 Abs. 1 Nr. 3, 4 scheidet eine Enteignung zugunsten Privater
aus. Daß der Private mit dem Vorhaben neben dem Wohl der Allge-
meinheit auch privatnützige Zwecke verfolgt, schließt die Enteignung
nicht aus. Auch das Sondervotum Böhmer (BVerfGE 52, 249/266), das
die transitorische Enteignung ausdrücklich ausklammert (S. 287), steht
dem nicht entgegen. Das von Breuer, DVBl. 1981, 971/974; Papier, in:
Maunz/Dürig, Art. 14, Rn 501; Battis, NVwZ 1982, 585/588 wohl
mißverstandene Sondervotum (s. a. Böhmer, DSt 1985, 157/182f.,
Fn. 73) wendet sich (insoweit) zutreffend gegen die Gleichsetzung
öffentlicher Interessen mit dem Wohl der Allgemeinheit und gegen die
Zulässigkeit einer Enteignung zugunsten eines privaten Unterneh-
mens, das allein auf Gewinnerzielung im privaten Bereich ausgerichtet
ist. Zur zulässigen Enteignung zugunsten eines privatrechtlich organi-
sierten Energieversorgungsunternehmens, bei dem sich der Nutzen für
das allgemeine Wohl aus dem Unternehmensgegenstand selbst ergibt,
BVerfG, NJW 1984, 1872; s. a. BVerwGE 72, 365. Zur zulässigen
Enteignung zugunsten einer privaten Ersatzschule BGH, NJW 1989,
216; OLG Stuttgart, NVwZ 1987, 1117 – Waldorfschule; Gramlich,
NVwZ 1990, 32; s. a. Enteignung zugunsten einer öffentlich-recht-
lichen Rundfunkanstalt nach dem bawü EnteignungsG. VGH Mann-
heim, NVwZ-RR 1989, 610. Eine Enteignung zugunsten eines privat-
rechtlich organisierten Unternehmens, bei dem sich der Nutzen für das
allgemeine Wohl nur (mittelbar) als Folge der Unternehmenstätigkeit
ergibt, ist nur aufgrund eines besonderen Gesetzes (dazu § 85, Rn 2)
zulässig. Das BauGB läßt eine Enteignung mit dem Ziel, Arbeitsplätze
zu schaffen und dadurch die regionale Wirtschaftsstruktur zu verbes-
sern, nicht zu (BVerfGE 74, 264 gegen BVerwGE 71, 108; dazu
Gramlich, VerwArch 1986, 219; Zimmer, DÖV 1986, 1001; Brugger,
ZfBR 1987, 60). Als enteignungsrechtlicher Direkterwerb Privater
steht die privatnützige Enteignung im Mittelpunkt des BauGB, dessen
Planung als Rahmenplanung auf die Verwirklichung durch Private
angewiesen ist (Schmidt-Aßmann/Frenzel, in: E/Z/B, § 87 BBauG,
Rn 18; Frenzel, Das öffentliche Interesse als Voraussetzung der Enteig-
nung, S. 133ff.). Im Falle der auch privatnützigen Enteignung ist
allerdings besonders sorgfältig zu prüfen (ebenso BGHZ 68, 101/103; s.

aber a. die Kritik an dieser Entscheidung unter Rn 3; BGH, NVwZ 1986, 506/507), ob das allein maßgebende Allgemeinwohl die Enteignung erfordert und ob sie den betroffenen Eigentümer nicht unverhältnismäßig beschwert, z. B. wenn dieser selbst in angemessener Frist den Enteignungszweck verwirklichen kann und will.

b) Das Gemeinwohl wird auch unter Hintanstellung privater Interessen verwirklicht, wenn ein Bebauungsplan **Festsetzungen** nach Abwägung der öffentlichen und privaten Interessen gegen- und untereinander (§ 1 Abs. 6) trifft. Festsetzungen, die dem Abwägungsgebot genügen, verwirklichen daher das Allgemeinwohl auf einer dem Enteignungsverfahren vorgelagerten Stufe (s. a. Blümel, DÖV 1965, 297, fixieren aber nicht das Gemeinwohl i. S. v. Art. 14 Abs. 3 GG (BVerfGE 74, 264; s. a. Vorb. §§ 39–44, Rn 6). Die planerische Abwägung gem. § 1 Abs. 6 bezieht sich auf das gesamte Plangebiet und die Gesamtbelange der Gemeinde in städtebaulicher Hinsicht, sie braucht nicht den besonderen einzelfallbezogenen, auf einen bestimmten Zeitpunkt fixierten besonderen Anforderungen an die Zulässigkeit der Enteignung zu genügen (BGHZ 68, 101/102; BVerwG, NJW 1969, 1868; s. a. BVerwGE 66, 133/135 im Verhältnis zur wasserrechtlichen Planfeststellung). Zwar treffen Bebauungspläne typischerweise konkret-individuelle Festsetzungen im Angesicht der konkreten Sachlage, aber es ist auch möglich und zulässig, daß sich planerische Festsetzungen vom konkreten Fall lösen (BVerwGE 50, 114). In jedem Fall sind planerische Festsetzungen eingebunden in das den Einzelfall übergreifende städtebauliche Interessengeflecht. Darüber hinaus hat die den Rechtssubjektwechsel durch Eigentumsentzug verwirklichende Enteignung für den Eigentümer regelmäßig einschneidendere Folgen als die Festsetzungen des Bebauungsplans. Daher verbindet Abs. 1 das Gemeinwohlgebot mit dem verfassungsrechtlichen **Grundsatz der Erforderlichkeit** und richtet ihn – anders als das Erforderlichkeitsgebot des § 1 Abs. 3 – nach Raum und Zeit auf den Einzelfall aus: Das Wohl der Allgemeinheit muß die Enteignung erfordern und der Enteignungszweck darf auf andere zumutbare Weise nicht erreicht werden können. Diese einfachgesetzliche Regelung ist verfassungsrechtlich geboten, da auch der grundrechtliche Schutz der Bestandsgarantie (Art. 14 Abs. 1 S. 1 GG) mit Hilfe des Übermaßverbotes entfaltet wird (s. Vorb. §§ 85–122, Rn 1, 5). Zwar hat BVerfGE 24, 367/404 es offengelassen, ob ein Vorhaben vom Wohl der Allgemeinheit gefordert werden muß und ob es genügt, daß das Vorhaben dem Wohl der Allgemeinheit dient. Das Gericht läßt aber keinen Zweifel daran, daß das verfassungsrechtliche Gebot der Erforderlichkeit es gebietet, „daß gerade das Mittel der Enteignung erforderlich sein muß, um das dem Wohl der Allgemeinheit dienende Vorhaben durchführen zu können. Nur wenn es zur Erfüllung der öffentlichen Aufgaben unumgänglich erforderlich ist, das Eigentum in die Hand des Staates zu bringen, ist auch die Eigentumszuweisung an die öffentliche Hand vom Gemein-

wohl getragen" (BVerfGE 38, 175/180). Eine die Festsetzungen eines Bebauungsplanes verwirklichende Enteignung ist daher nur zulässig, wenn ein gesteigertes sachlich-objektives Interesse an der Verwirklichung eines bestimmten Vorhabens vorliegt, das über das öffentliche Interesse an dem Vollzug der Planung hinausgeht und ein Zurücktreten des Eigentums vor dem Allgemeinwohl erfordert (BGHZ 68, 101/102; NJW 1967, 2305/2306). „Mit den Festsetzungen im Bebauungsplan ist für die einzelnen vom Plan erfaßten Grundstücke nur die zulässige Benutzungsart bestimmt; damit steht aber noch nicht fest, daß das Wohl der Allgemeinheit es gebietet, ein bestimmtes Grundstück diesem Zweck zwangsweise durch Enteignung gerade im jetzigen Zeitpunkt zuzuführen." (BGHZ 68, 101/102; NJW 1967, 103/104; NJW 1967, 2305/2306; NJW 1976, 1266) § 87 Abs. 1 verlangt, „im Einzelfall zu prüfen, ob das öffentliche Wohl gerade jetzt die Enteignung dieses Grundstücks fordert" (BGH, NJW 1976, 1266; BVerfGE 3, 332/334; v. Brünneck, NVwZ 1986, 425; Kirchberg, VblBW 1990, 161/164). Daher setzt die Enteignung eines gem. § 31 Abs. 2 Nr. 1, 3 BauGB abweichend von den Festsetzungen eines Bebauungsplanes bebauten Grundstückes zu dem Zweck, es entsprechend den Planfestsetzungen zu nutzen, voraus, daß das Gemeinwohl es erfordert, die vorhandenen baulichen Anlagen (mobiles Parkhaus) zu beseitigen, damit die planmäßige Nutzung (ebenerdiges Parkhaus) verwirklicht werden kann (BGH, NJW 1976, 1266). Wenn z. B. landwirtschaftlich genutzte Flächen entsprechend den Festsetzungen eines Bebauungsplanes als Verkehrsflächen für ein neues Wohngebiet genutzt werden sollen, fordert das Wohl der Allgemeinheit die Enteignung zum gegenwärtigen Zeitpunkt nicht, wenn das Interesse des Eigentümers an der Erhaltung seines gesunden, durch die Enteignung aber nicht mehr lebensfähigen Hofes überwiegt. Die Enteignung kann jedoch später gerechtfertigt sein, wenn die Gemeinde dem Eigentümer geeignetes Ersatzland anbietet und ihm die Möglichkeit zur Ansiedlung seines Hofes eröffnet (BGHZ 68, 100/104; zust. Breuer, in: Schrödter, § 85, Rn 8; Schmidt-Aßmann/Frenzel, in: E/Z/B, § 87 BBauG, Rn 25 f.; B/B, § 87, Rn 3; zu Recht krit. zu dieser Entscheidung jedoch Hoppe, in: E/H, Rn 645; Ziegler, ZfBR 1979, 140; Oestereicher, § 87, Anm. 2a, insoweit, als darin anklingt, daß die in § 1 Abs. 6 genügende Festsetzung nicht hinzunehmen, sondern die höherstufige Gemeinwohlkonkretisierung zur Disposition der Enteignungsbehörde gestellt sei). Enthält ein Bebauungsplan ausnahmsweise Festsetzungen, die im Einzelfall **enteignende Vorwirkung** haben (BVerwG, DVBl. 1969, 697, 699; VGH Mannheim, BauR 1976, 180), so sind diese Festsetzungen wegen ihrer enteignenden Vorwirkung entgegen der Rechtsprechung schon bei der Planaufstellung am strengeren Maßstab des § 87, statt nur an der Erforderlichkeit i. S. v. § 1 Abs. 3 zu messen (so auch Schmidt-Aßmann/Frenzel, in: E/Z/B, § 87 BBauG, Rn 66; Berkemann, aaO, Rn 19; Frenzel, Das öffentliche Interesse als Voraussetzung der Enteignung, 1978, S. 220 ff.; anders offenbar Reisnecker, in: Kohlhammer-Komm.

§ 87, Rn 11. BVerfGE 74, 264 – Boxberg – steht nicht entgegen, da dort nicht der Bebauungsplan, sondern die Unternehmensflurbereinigung Vorwirkungen zeitigte. Im übrigen wird das dualistische Konzept des BVerfG dem Verbund von Bebauungsplan und planakzessorischer Enteignung nicht gerecht (s. a. Schmidt-Aßmann, NJW 1987, 1857; Papier, JZ 1987, 619; Brugger, ZfBR 1987, 60). Vorbildlich ist insoweit die neuere Rechtsprechung des BVerwG zum fachplanerischen Planfeststellungsverfahren mit enteignungsrechtlicher Vorwirkung (E 71, 166; 72, 282; s. a. Niehues, WiVerwR 1985, 250; Steinberg, NVwZ 1986, 812). Enteignungsrechtliche Vorwirkungen eines Planfeststellungsbeschlusses erkennt auch das BVerfG an (E 45, 297/319; DVBl. 1987, 466 u. 895). Art. 14 Abs. 3 GG standhaltende Planrechtfertigung verlangt das BVerwG, daß wegen der enteignungsrechtlichen Vorwirkung das konkrete Vorhaben objektiv erforderlich ist, etwa weil ein dringendes Verkehrsbedürfnis nach den tatsächlichen Umständen gegeben ist. Es genügt danach nicht, daß das Vorhaben der Gesamtkonzeption der planenden Behörde entspricht (großzügiger noch BVerwG Buchholz 407.4 § 17 FStrG Nr. 12; NuR 1984, 272 unter Rückgriff auf das gestufte Verhältnis von Fachplanung und der als letztes Mittel zulässigen förmlichen Enteignung). Entsprechendes gilt auch für Festsetzungen, die planungsschadensrechtliche Tatbestände verwirklichen (s. Vorb. §§ 39–44, Rn 6 ff.). Ein vergleichbarer Fall ist die bejahte Vorverlagerung der Prüfung der Enteignungsvoraussetzungen bei der Festlegung eines städtebaulichen Entwicklungsbereichs (BGH, NVwZ 1987, 923). Eine Enteignung ist auch dann nicht zum Wohle der Allgemeinheit erforderlich, wenn sie nicht mehr geboten ist, weil der zu verwirklichende Plan noch wirksam ist, aber seine Festsetzungen „veraltet" sind, z. B. wegen Aufgabe der zugrundeliegenden Planungskonzeption (OLG Hamburg, BBauBl. 1966, 120. Zum Außerkrafttreten eines Bebauungsplanes wegen Funktionslosigkeit s. § 10, Rn 8). Ein Vergleich mit § 88 zeigt, daß die Erforderlichkeit i. S. v. Abs. 1 keine zwingenden städtebaulichen Gründe voraussetzt. Dies und das Vorstehende gilt entsprechend auch für eine Enteignung zur Schließung von **Baulücken**. Verfolgt die Gemeinde insoweit ein sachlich begründetes schlüssiges Konzept, so ist ein schrittweises Vorgehen, das zunächt nur ein Grundstück herausgreift, zulässig.

 c) Darüber hinaus ist die Enteignung nur zulässig, wenn der Enteignungszweck auf andere zumutbare Weise nicht erreicht werden kann (Abs. 1 Halbs. 2). Dieses **Gebot des geringstmöglichen Eingriffs** ist eine weitere Ausprägung des verfassungsrechtlichen Übermaßverbotes (BVerfGE 24, 367/404; s. a. Vorbem. §§ 85–122, Rn 10), demzufolge die Enteignung zum Schutze des Grundeigentums stets ultima ratio bleiben muß (s. a. BVerwG E 2, 36; BGH, NJW 1986, 933/934). Kann der um des Gemeinwohls willen erforderliche Zweck auf weniger einschneidende Weise erreicht werden, so ist die Enteignung unzulässig. Weniger einschneidende Mittel sind freiwillige Belastung mit einem **4**

dinglichen Recht, freihändiger Kauf, zwangsweise Belastung des Eigentums (§ 92 Abs. 1 S. 2), insbesondere aber auch Umlegung (OLG Stuttgart, NVwZ 1986, 335; Kirchberg, VBlBW 1990, 161/164) und Grenzregelung oder die Durchsetzung einer planerischen Festsetzung nach § 15 BKleingG anstelle der zwangsweisen Begründung eines Pachtverhältnisses durch Enteignung nach § 86 Abs. 1 Nr. 4. Zum Abschluß eines Gestattungsvertrages anstelle einer Enteignung BVerwG, DVBl. 1969, 210; s. a. Stich, BB 1965, 107; BGH LM, § 9 BBauG Nr. 1. Zum Einsatz der städtebaulichen Gebote s. Rn 5. Der Einsatz der weniger einschneidenden Mittel muß sowohl dem Begünstigten wie dem Belasteten, aber auch der Allgemeinheit, z. B. hinsichtlich der Mehrkosten (BGH, BRS 19, 87; BVerwGE 28, 260) zumutbar sein und darf den Enteignungszweck (auch in zeitlicher Hinsicht) nicht gefährden. Kann der Enteignungszweck auf andere zumutbare Weise nicht verwirklicht werden, so darf die Enteignung nur in dem vom Zweck gebotenen Umfang erfolgen, z. B. Entzug nur einer Teilfläche, wenn diese der Zweckverwirklichung genügt und der Verbleib der Restfläche dem Interesse des Belasteten entspricht.

5 **d)** Die Klarstellung des Abs. 4, daß die Zulässigkeit der Enteignung nicht durch die Vorschriften über die **städtebaulichen Gebote** (§§ 175–179) berührt wird, suspendiert nicht vom verfassungsrechtlich begründeten Gebot des geringstmöglichen Eingriffs. Wenn die Verwirklichung eines Gebotes im Einzelfall geringer in das Eigentum eingreift als eine Enteignung, so ist die Enteignung unzulässig (Reisnecker, in: Kohlhammer-Komm., § 87, Rn 50; Berkemann, aaO, Rn 110; a. A. Hoppe, in: E/H, Rn 646).

6 **3. a)** Von den nach der Novelle 1976 verbliebenen **besonderen Zulässigkeitsvoraussetzungen** des Abs. 2 verlangt S. 1 als verfahrensrechtliche Ausgestaltung des Grundsatzes der Verhältnismäßigkeit, daß sich der Antragsteller ernsthaft um den freihändigen Erwerb des zu enteignenden Grundstücks bemüht hat. Hat der Eigentümer im Enteignungsfall einen Anspruch auf Ersatzlandentschädigung (§ 100 Abs. 1, Abs. 3), muß der Antragsteller geeignetes Ersatzland angeboten haben. Wenn der Eigentümer nur nach pflichtgemäßem Ermessen der Behörde gem. § 100 Abs. 4 eine Entschädigung in Ersatzland erhalten kann, setzt die Enteignung nicht voraus, daß der Begünstigte dem Eigentümer zuvor ein angemessenes Tauschangebot unterbreitet hat (BGH, MDR 1984, 741). Abs. 2 S. 1 drückt ebenso wie die Vorschriften über die Einigung (§ 110) und Teileinigung (§ 111) das Anliegen des Gesetzgebers aus, die unerwünschte Zwangsmaßnahme der Enteignung möglichst reibungslos abzuwickeln (BGHZ 61, 240/244). Ausgangspunkt für ein angemessenes Angebot ist der Verkehrswert (§ 194). Ein angemessenes Angebot muß grundsätzlich nicht nur den Betrag für den durch die Enteignung eintretenden Rechtsverlust, sondern auch für andere durch die Enteignung eintretende entschädigungspflichtige Vermögensnachteile umfassen, z. B. noch nicht abgegoltene

Planungsschäden (BGH, NJW 1966, 2012). Das Angebot muß jedoch hinsichtlich der Höhe der Entschädigungsposten nur in etwa der Enteignungsentschädigung entsprechen (BGH aaO). Ein Angebot ist i. d. R. unangemessen, wenn es nur eine Abschlagszahlung (80 %) auf die vorläufig errechnete Entschädigungssumme enthält und die Auszahlung des Restbetrages nach einer späteren katasteramtlichen Neuvermessung des Grundstückes sowie einer anschließenden Festsetzung des endgültigen Preises durch die Enteignungsbehörde erfolgen soll (BGH, DVBl. 1976, 161 m. Anm. v. Meilicke). Ein angemessenes Angebot, von dem der Begünstigte noch vor der Einleitung des Enteignungsverfahrens abrückt, verliert seine Wirkung als Zulässigkeitsvoraussetzung der Enteignung (BGH, MDR 1984, 741). Die Verpflichtung aus Abs. 2 S. 1 erlischt, wenn der Eigentümer zu erkennen gibt, daß er jedes angemessene Angebot ablehnen wird (BGH, NJW 1966, 2012/2014), z. B. wenn er im Laufe eines Rechtsstreits die Zulässigkeit der Enteignung aus Planungsgründen bestreitet und damit zum Ausdruck bringt, daß er auf ein nachträgliches angemessenes Angebot hin das Grundstück freiwillig nicht abtreten wird (BGHZ 77, 338/346), oder wenn er statt der (angebotenen, aber zu niedrigen) Geldentschädigung auf einer Ersatzlandentschädigung beharrt (BGH, BauR 1983, 249). Ein angemessenes Angebot erfordert i. d. R. nicht das Angebot geeigneten Ersatzlandes (BGH, BRS 34 Nr. 88). Wird eine Ergänzungs- oder Gebrechlichkeitspflegschaft zur Vertretung im Enteignungsverfahren betreffend das Grundstück angeordnet, so erstreckt sich die Vertretungsmacht des Pflegers nicht auf den Verkauf des Grundstücks außerhalb des Enteignungsverfahrens, auch wenn dadurch die Enteignung abgewendet werden soll (BGH, NJW 1974, 1374). Verkauft ein Grundstückseigentümer angesichts eines drohenden Enteignungsverfahrens sein Grundstück an die öffentliche Hand, so beurteilen sich nicht nur die vertraglichen Haupt- und Nebenpflichten, sondern auch die vorvertraglichen Pflichten, z. B. Aufklärung über das Ergebnis eines absprachegemäß eingeholten Wertgutachtens, nach h. M. allein nach Privatrecht (BGHZ 84, 1; 95, 1; 100, 329; Reisnecker, in: Kohlhammer-Komm., §87, Rn 32); eine Haftung aus Amtspflichtverletzung kommt daneben insoweit nicht in Betracht (BGH StT 1981, 483). Mit guten Gründen für die öffentlich-rechtliche Qualifizierung und Eingrenzung des enteignungsabwehrenden freihändigen Erwerbs Gassner, Der freihändige Grunderwerb der öffentlichen Hand, 1983; Krebs, DÖV 1989, 969; s. a. Berkemann, aaO, Rn 85.

b) Nach Abs. 2 S. 2 muß der Antragsteller glaubhaft darlegen, daß **7** das Grundstück innerhalb angemessener Frist zu dem vorgesehenen Zweck verwendet wird. Die Angemessenheit der Frist ist nach den Umständen des Einzelfalls zu bestimmen. Gerade bei Enteignungen zugunsten Privater ist die Glaubhaftmachung der angemessenen Zweckverwirklichung anhand der nachzuweisenden Finanzkraft zu überprüfen. Zur Fristbestimmung im Enteignungsbeschluß s. §113

Abs. 2 Nr. 3; zum Anspruch auf Rückenteignung bei Fristüberschreitung s. § 102.

8 **c)** Aus Praktikabilitätsgründen hat die Novelle 1976 die besonderen
Zulässigkeitsvoraussetzungen des Abs. 2 **vereinfacht.** Die Verpflichtung zu einem Tauschangebot ist auf die Fälle der Ersatzlandbeschaffung beschränkt worden. Die in Abs. 2 Nr. 1 a. F. geforderte vorrangige Bereitstellung von Grundstücken aus dem Grundbesitz des Bundes, des Landes, einer Gemeinde oder einer juristischen Person des
Privatrechts, an der diese Körperschaften überwiegend beteiligt sind,
oder aus dem des Antragstellers entfallen. Die Neufassung ist verfassungsrechtlich unbedenklich, da Abs. 1 im Einzelfall den verfassungsrechtlich garantierten Schutz gewährleistet, ohne generell zu unergiebigen Erhebungen zu verpflichten. So ist eine Enteignung nach Abs. 1
nur zulässig, wenn zur Verwirklichung des Enteignungszweckes keine
ähnlich geeigneten Grundstücke der öffentlichen Hand zur Verfügung
stehen (BGH, VerwRspr. 30, 188/192).

9 **4.** Der während der Beratung des BauGB umstrittene Abs. 3 – der
Reg.-Entwurf sah im Interesse der Verfahrenserleichterung die ersatzlose Streichung vor (BR-Drs. 575/85, S. 107) – erweitert das **Enteignungsprivileg der Gemeinde** um die Tatbestände, die in § 39b Abs. 4
BBauG – Enteignung zugunsten eines Bauwilligen zur Verwirklichung
eines Baugebotes – und in § 22 Abs. 2, 7 StBauFG – Enteignung
zugunsten eines Sanierungsträgers – enthalten waren. Durch die zusätzliche Ausdehnung des Enteignungsprivilegs der Gemeinde, Grundstücke entsprechend den Festsetzungen eines Bebauungsplans für die
bauliche Nutzung vorzubereiten (§ 85 Abs. 1 Nr. 1) oder es der baulichen Nutzung zuzuführen (§ 85 Abs. 1 Nr. 2) auf **öffentliche Bedarfs-
und Entwicklungsträger** soll in Anlehnung an die Neuregelung des
Vorkaufsrechts zugunsten Dritter (§ 28 Abs. 4) in den praktisch bedeutsamen Fällen eine Verwaltungsvereinfachung erreicht werden. Damit
entfällt die Notwendigkeit eines transitorischen Eigentumserwerbs der
Gemeinde nicht generell in den Fällen, in denen eine private Gesellschaft mit der Baureifmachung eines Gebietes beauftragt ist. Nur wenn
im förmlich festgelegten Sanierungsgebiet (§ 142) die Enteignung zugunsten der Gemeinde zulässig ist, kann stattdessen auch zugunsten
eines Sanierungsträgers (§ 158 f.) enteignet werden (Abs. 3 S. 3). Diese
Regelung entspricht inhaltlich dem früheren § 22 Abs. 2, 7 StBauFG.
Gegenüber § 39b Abs. 4 BBauG hat das BauGB in § 87 Abs. 3 S. 2 die
rechtliche Bindung des Bauwilligen verstärkt, der an die Stelle des
durch ein Baugebot Verpflichteten, aber seiner Pflicht aus § 176 Abs. 1
oder 2 nicht nachkommenden Eigentümers tritt. Der durch Abs. 3 S. 2
privilegierte Begünstigte muß, ehe zu seinen Gunsten eine Enteignung
zur Verwirklichung des Enteignungszweckes gem. § 85 Abs. 1 Nr. 5 (s.
§ 85, Rn 6) beginnt, in der Lage sein, die im Baugebot angeordneten
Baumaßnahmen innerhalb angemessener Frist durchzuführen und sich

hierzu auch verpflichten. Das Enteignungsprivileg der Gemeinde und das abgeleitete Enteignungsprivileg des Sanierungsträgers wird ergänzt durch § 88, der beiden abweichend von Abs. 2 eine Sonderstellung einräumt, wenn sie eine Enteignung aus zwingenden städtebaulichen Gründen beantragen. Mit dem Enteignungsprivileg der Gemeinde korreliert i. d. R. die Veräußerungspflicht gem. § 89 (BGHZ 61, 128; BVerfGE 74, 264). Eine Wohnungsbaugesellschaft kann im Zuge der Erschließung und Bebauung eines Grundstücks nicht zugunsten der Gemeinde die Enteignung eines im Bebauungsplan als Verkehrsfläche ausgewiesenen und von der Gemeinde zu diesem Zweck einzurichtenden Grundstücks beantragen (BGH aaO).

5. Die Enteignungsvoraussetzungen der Abs. 1, 2 enthalten unbestimmte Rechtsbegriffe ohne Beurteilungsspielraum. Sie unterliegen nicht der beschränkten Ermessenskontrolle i. S. v. § 223, sondern sind entsprechend dem vom BVerfG (E 35, 348/361; 37, 132/148; 58, 300/322) betonten Zusammenspiel von **Rechtsschutz-** (Art. 19 Abs. 4 GG) und Bestandsgarantie (Art. 14 Abs. 1 GG) voll gerichtlich kontrollierbar (h. M.; s. Berkemann, in: Berliner Komm. § 87, Rn 118; Schmidt-Aßmann/Frenzel, in: E/Z/B, § 87 BBauG, Rn 62). Im Falle der planakzessorischen Enteignung ist jedoch zu beachten, daß nicht nur die Enteignungsbehörde an die allgemeinwohlverwirklichenden (§ 1 Abs. 6) Festsetzungen eines Bebauungsplans gebunden ist, sondern daß diese Festsetzungen auch vom Baulandgericht incidenter nur nach den allgemeinen Grundsätzen über die Plankontrolle (s. § 1, Rn 90 f.) überprüft werden können (s. BGHZ 66, 322; 67, 320/324; dazu § 223, Rn 4; teilweise bedenklich BGHZ 68, 100/114; dazu Rn 3). Daß BGH, NJW 1978, 1162 der Enteignungsbehörde als „sach-neutraler" Stelle einen nicht voll gerichtlich überprüfbaren Beurteilungsspielraum hinsichtlich der Überprüfung der einer Aufklärungsanordnung (§ 208) zugrundeliegenden Rechtsauffassung zugesprochen hat, ist auf die materiellrechtliche Entscheidung gem. § 87 nicht übertragbar (s. a. § 223, Rn 3; a. A. offenbar Menger, VerwArch 1979, 177). Erst die zweite Legitimationsstufe der planakzessorischen Enteignung ist also uneingeschränkt gerichtlich überprüfbar (dazu Rn 3). Im Sonderfall des Bebauungsplans, dessen Festsetzungen **enteignungsrechtliche Vorwirkungen** haben, ist zurückzugreifen auf die von BVerwGE 71, 166 entwickelten Grundsätze zur Kontrolle der Art. 14 Abs. 3 GG standhaltenden Planrechtfertigung bei Fachplanungen (s. Rn 3 u. Vorb. §§ 39–44, Rn 7). Das Gericht muß daher überprüfen, ob die enteignend wirkende Festsetzung durch Gründe des Gemeinwohls hinreichend gerechtfertigt ist. Insoweit ist die Kontrolldichte der gerichtlichen Überprüfung nicht eingeschränkt.

10

§ 88 Enteignung aus zwingenden städtebaulichen Gründen

Wird die Enteignung eines Grundstücks von der Gemeinde zu den in § 85 Abs. 1 Nr. 1 und 2 bezeichneten Zwecken aus zwingenden städtebaulichen Gründen beantragt, so genügt anstelle des § 87 Abs. 2 der Nachweis, daß die Gemeinde sich ernsthaft um den freihändigen Erwerb dieses Grundstücks zu angemessenen Bedingungen vergeblich bemüht hat. Satz 1 ist entsprechend anzuwenden, wenn die Enteignung eines im förmlich festgelegten Sanierungsgebiet gelegenen Grundstücks zugunsten der Gemeinde oder eines Sanierungsträgers beantragt wird.

1 1. § 88 befreit Gemeinden und Sanierungsträger von den besonderen Enteignungsvoraussetzungen des § 87 Abs. 2, wenn sie zu den Zwecken des § 85 Abs. 1 Nr. 1 oder 2 enteignen wollen. Die widerlegbare Vermutung (so Berkemann, in: Berliner Komm. § 88, Rn 18; a. A. Reisnecker, in: Kohlhammer-Komm., § 88, Rn 4; Krautzberger, in: Bielenberg/Krautzberger/Söfker, Rn 265) des S. 2 ersetzt die entsprechende Regelung des § 22 Abs. 1 S. 1 StBauFG. Er gilt nur im förmlich festgelegten Sanierungsgebiet (s. § 142 Abs. 3). Zur Enteignung zugunsten eines Sanierungsträgers s. § 87, Rn 9. Unerheblich ist, ob die Gemeinde das Grundstück selbst nutzen oder ob sie es für die Nutzung vorbereiten oder einer baulichen Nutzung zuführen will. Im Unterschied zu § 87 Abs. 2 genügt es, daß sich die Gemeinde ernsthaft um den freihändigen Erwerb des Grundstücks zu angemessenen Bedingungen (§ 87, Rn 6) bemüht hat. Durch die Vereinfachung des § 87 Abs. 2 (§ 87, Rn 8) hat § 88 an Bedeutung verloren. Im städtebaulichen Entwicklungsbereich gilt § 88 nicht (§ 169 Abs. 3 S. 3).

2 2. Zwingende städtebauliche Gründe liegen vor, wenn gerade die Enteignung des konkreten in Aussicht genommenen Grundstückes nach dem Inhalt des Bebauungsplanes oder zur Beseitigung von städtebaulichen Mißständen zum gegenwärtigen Zeitpunkt unaufschiebbar geboten ist. Beide Aspekte, der räumliche und der zeitliche, können insbesondere bei der Schließung von Baulücken, anläßlich von Stadtsanierungen, bei der Anlage oder Verbreiterung von Verkehrsanlagen oder angesichts der Schlüsselstellung eines Grundstücks für ein städtebauliches Großvorhaben vorliegen (BGH, BRS 19, Nr. 55). Es genügt nicht, daß der Bebauungsplan die beabsichtigte Nutzung erlaubt. Die Festsetzungen des Bebauungsplanes selbst müssen allerdings nicht aus zwingenden städtebaulichen Gründen geboten sein (BGH aaO).

§ 89 Veräußerungspflicht

(1) Die Gemeinde hat Grundstücke zu veräußern,

1. die sie durch Ausübung des Vorkaufsrechts erlangt hat oder
2. die zu ihren Gunsten enteignet worden sind, um sie für eine

baulische Nutzung vorzubereiten oder der baulichen Nutzung zuzuführen.

Dies gilt nicht für Grundstücke, die als Austauschland für beabsichtigte städtebauliche Maßnahmen, zur Entschädigung in Land oder für sonstige öffentliche Zwecke benötigt werden. Die Veräußerungspflicht entfällt, wenn für das Grundstück entsprechendes Ersatzland hergegeben oder Miteigentum an einem Grundstück übertragen wurde oder wenn grundstücksgleiche Rechte, Rechte nach dem Wohnungseigentumsgesetz oder sonstige dingliche Rechte an einem Grundstück begründet oder gewährt wurden.

(2) Die Gemeinde soll ein Grundstück veräußern, sobald der mit dem Erwerb verfolgte Zweck verwirklicht werden kann oder entfallen ist.

(3) Die Gemeinde hat die Grundstücke unter Berücksichtigung weiter Kreise der Bevölkerung an Personen zu veräußern, die sich verpflichten, das Grundstück innerhalb angemessener Frist entsprechend den baurechtlichen Vorschriften oder den Zielen und Zwecken der städtebaulichen Maßnahme zu nutzen. Dabei sind in den Fällen des Absatzes 1 Satz 1 Nr. 1 die früheren Käufer, in den Fällen des Absatzes 1 Satz 1 Nr. 2 die früheren Eigentümer vorrangig zu berücksichtigen.

(4) Die Gemeinde kann ihrer Veräußerungspflicht nachkommen, indem sie

1. das Eigentum an dem Grundstück überträgt,
2. grundstücksgleiche Rechte oder Rechte nach dem Wohnungseigentumsgesetz oder
3. sonstige dingliche Rechte

begründet oder gewährt. Die Verschaffung eines Anspruchs auf den Erwerb solcher Rechte steht ihrer Begründung oder Gewährung oder der Eigentumsübertragung gleich.

Übersicht

1 **1.** Die Vorschrift faßt die unpraktikablen früheren Regelungen zur Veräußerungspflicht der §§ 26, 89 BBauG, § 25 StBauFG zusammen. Ungeachtet ihrer begrenzten praktischen Relevanz bleibt § 89 rechtsdogmatisch und rechtspolititsch von größter Bedeutung – transitorische Enteignung, Eigentumsstreuung durch soziale Umverteilung von Grund und Boden, kommunale Bodenvorratspolitik, Wertschöpfung (dazu BVerfGE 74, 264; Berkemann, in: Berliner Komm., § 89, Rn 12–15; Schmidt-Aßmann/Frenzel, in: E/Z/B, § 89 BBauG, Rn 3; Frey, Die Verfassungsmäßigkeit der transitorischen Enteignung, 1983; Schmidbauer, Enteignung zugunsten Privater, 1989; Gassner, Der freihändige Grundstückserwerb der öffentlichen Hand, 1983, S. 222 ff.; ders., Grundstückseigentum und Grundstückserwerbsgeschäfte der öffentlichen Hand als Marktfaktoren in Chiotellis/Fikentscher, Rechtstatsachenforschung, 1985, S. 249/316). Abs. 1 S. 1 bestimmt, welche Grundstücke der Veräußerungspflicht unterliegen. Abs. 1 S. 2 nimmt für beabsichtigte städtebauliche Maßnahmen, als Austausch- oder Ersatzland oder für sonstige öffentliche Zwecke benötigte Grundstücke von der Veräußerungspflicht aus. Abs. 1 S. 3 läßt die Veräußerungspflicht wegen Gewährung von Ersatzland oder Ersatzrechten entfallen. Abs. 2 bestimmt den Zeitpunkt der Veräußerung, Abs. 3 den Kreis der Privatisierungs- und Reprivatisierungsberechtigten. Die gegenüber den Vorgängervorschriften weniger detaillierten Regelungen reduzieren den Kreis der Berechtigten. Abs. 4 regelt die (reduzierten) Rechtsformen der Veräußerung. Gegenüber den Vorgängervorschriften verdeutlicht die Neufassung die bodenpolitische Zielrichtung insoweit, als der Zweck der Veräußerungspflicht, die Grundstücke der privaten Nutzung zuzuführen, in Abs. 3 stärker betont wird. Zugleich eröffnet die Deregulierung, insbesondere Beschränkung des Kreises der veräußerungspflichtigen Grundstücke (Abs. 1), die Vereinfachung der Veräußerungsgrundsätze, die Beschränkung des Kreises der vorrangigen Erwerbsberechtigten (Abs. 3), die Reduzierung der Rechtsformen des Erwerbs und die Streichung der Vergaberichtlinien und der praktisch leerlaufenden Schutzklauseln (Abs. 4) der gemeindlichen Grundstückspolitik einen größeren Handlungsspielraum.

2 **2. a)** Gemäß Abs. 1 S. 1 hat die Gemeinde nur die Grundstücke zu veräußern, die sie durch Ausübung eines **Vorkaufsrechts** (§§ 24, 25) erlangt hat oder die zu ihren Gunsten **enteignet** worden sind, um sie für eine bauliche Nutzung vorzubereiten oder der baulichen Nutzung zuzuführen (§ 85 Abs. 1 Nr. 1). Zur Wahrung des kommunalen Bodenvorratsfonds nimmt Abs. 1 S. 3 solche Grundstücke von der Veräußerungspflicht aus, für die entsprechendes Ersatzland hergegeben oder Miteigentum an einem Grundstück übertragen wurde oder wenn grundstücksgleiche Rechte, Rechte nach dem WEG oder sonstige dingliche Rechte an einem Grundstück begründet oder gewährt worden sind. Gegenüber dem entsprechenden Teilsatz in § 89 Abs. 1 S. 1 BBauG ist die Ersatzgewährung durch Immobilienfondsanteile entfal-

len. Wichtiger ist, daß das BauGB anders als § 89 Abs. 1 S. 1 BBauG solche Grundstücke von der Veräußerungspflicht ausnimmt, die die Gemeinde aufgrund eines Übernahmeverlangens, z. B. anläßlich des Einsatzes eines städtebaulichen Gebotes i. S. d. jetzigen §§ 175 ff., erwerben mußte. Darüber hinaus besteht anders als gem. § 25 Abs. 1 S. 1 StBauGB die Veräußerungspflicht auch nicht für solche Grundstücke, die die Gemeinde nach der förmlichen Festlegung des Sanierungsgebietes freihändig oder in anderer Weise als durch Enteignung oder Vorkaufsrecht erworben hat, z. B. im Umlegungsverfahren.

b) Das beiden Fallgruppen des Abs. 1 zugrundeliegende Konzept des **3** bloßen Durchgangserwerbs der Gemeinde wird dadurch gelockert, daß Abs. 1 S. 2 bestimmte Grundstücke von der Veräußerungspflicht freistellt. Grundstücke, die für öffentliche Zwecke benötigt werden, z. B. für Versorgungsflächen (§ 9 Abs. 1 Nr. 12) oder Flächen für den Gemeinbedarf (§ 9 Abs. 1 Nr. 5) sind nur dann von der Veräußerungspflicht befreit, wenn sie in einem qualifizierten oder nicht qualifizierten Bebauungsplan ausgewiesen sind (BT-Drs. 7/4793, S. 16; Schmidt-Aßmann/Frenzel, in: E/Z/B, § 89 BBauG, Rn 12; ähnl. Berkemann, in: Berliner Komm., § 89, Rn 35; a. A. Pohl/Reisnecker, in: Kohlhammer-Komm., § 89, Rn 14). Entfällt die Zweckbestimmung für eine derartige im Bebauungsplan ausgewiesene Fläche nachträglich, so entsteht die Veräußerungspflicht (BGH, NJW 1967, 1566). Der Veräußerungspflicht unterliegen gem. Abs. 1 S. 2 auch nicht Grundstücke, die für konkret beabsichtigte städtebauliche Maßnahmen als Austauschland oder zur Entschädigung in Land im Rahmen von § 101 benötigt werden. Austauschland sind Grundstücke, die die Gemeinde in frei vereinbarten Tauschgeschäften hergibt. Aus der Zweckbindung des Austausch- und Ersatzlandes für beabsichtigte städtebauliche Maßnahmen folgt, daß ein konkreter Bedarf aufgrund städtebaulicher Entwicklungsziele, die sich im Stadium der planerischen Festlegung oder der Planreife befinden, bestehen muß (BT-Drs. 7/2496, S. 46). Mit diesen **Befreiungen** ermöglicht das Gesetz der Gemeinde eine begrenzte Bodenvorratspolitik (Schmidt-Aßmann/Frenzel aaO, Rn 3, 12).

c) Die Veräußerungspflicht **entsteht** gem. Abs. 2, sobald der mit **4** dem Erwerb des Grundstücks verfolgte Zweck verwirklicht werden kann oder entfallen ist. Die vom BauGB neugefaßte und als eigener Absatz verselbständigte Regelung knüpft die Veräußerungspflicht an die Möglichkeit der Verwirklichung des Enteignungszweckes. Hat die Gemeinde ihre Hoheitsrechte aus der Enteignung oder dem Vorkaufsrecht hingegen nur ausgeübt, um zusätzliche Grundstücke für ihr Fiskalvermögen zu erlangen, so liegt eine unzulässige anfechtbare Enteignung bzw. Ausübung eines Vorkaufsrechtes vor (ungenau BR-Drs. 575/85, S. 110). Die Entstehung der Veräußerungspflicht stellt dagegen ab auf den Fall der rechtmäßigen Ausübung der Hoheitsrechte. Gemäß der Neufassung soll die Veräußerungspflicht auch entstehen, sobald der mit dem Erwerb verfolgte Zweck (endgültig) entfallen ist.

Wenn das Grundstück durch Enteignung erworben worden ist, so hat m. E. der Enteignete im Fall des endgültigen Wegfalls des Enteignungszwecks einen aus Art. 14 Abs. 1 GG ableitbaren Anspruch auf Rückenteignung. Dieser aus der Bestandsgarantie abgeleitete Anspruch (dazu § 102, Rn 1) geht der einfachgesetzlichen Verpflichtung zur nur vorrangigen „Berücksichtigung" des früheren Eigentümers gem. § 89 Abs. 3 S. 2 vor. Der einfachgesetzliche Anspruch auf Rückenteignung gem. § 102 Abs. 1 Nr. 2 kann daher in diesem Fall mangels einer Veräußerungspflicht nach § 89 nicht entstehen. Abs. 2 sieht eine bestimmte Frist für die Veräußerung von Grundstücken nach Fortfall des Erwerbszwecks nicht vor. Der Gesetzgeber hielt eine solche Frist für nicht praktikabel. Zudem bringe sie wegen möglicher Vollzugsansprüche erhebliche Unsicherheiten für die kommunale Grundstückspolitik (BR-Drs. 575/85, S. 110). Das heißt aber nicht, daß die Erfüllung der Veräußerungspflicht im Belieben der Gemeinde steht (s. Rn 1, 2). Bei beiden Alternativen des Abs. 2 kann die Veräußerungspflicht im Einzelfall vor Ablauf der noch in § 89 BBauG a. F. vorgeschriebenen Frist von zwei Jahren entstehen (s. a. Berkemann, aaO, Rn 49). Erfüllt die Gemeinde ihre Veräußerungspflicht nicht innerhalb angemessener Frist, kann der frühere Eigentümer Rückenteignung gem. § 102 Abs. 1 Nr. 2 verlangen.

5 **d)** Anders als § 89 Abs. 1 BBauG a. F., aber ebenso wie § 89 BBauG i. d. F. der Novelle 1976 enthält das Gesetz nicht mehr die Klausel, nach der die Gemeinde das Grundstück „ohne Gewinn" zu veräußern hatte. Es fehlt auch eine dem § 25 Abs. 6 StBauFG entsprechende Regelung, nach der die Gemeinde nur zu dem der Marktentwicklung folgenden Neuordnungswert verkaufen darf. Aufgrund der Entstehungsgeschichte der Novelle 1976 ist jedoch davon auszugehen, daß die Gemeinde Grundstücke oder Rechte zum Verkehrswert veräußern muß (Schmidt-Aßmann/Frenzel, in: E/Z/B, § 89 BBauG, Rn 17; Reisnecker, aaO, Rn 31; Berkemann, aaO, Rn 98). Die Gemeinde kann also konjunkturbedingte und neuordnungsbedingte Wertsteigerungen, die zwischen gemeindlichem Erwerb und Wiederveräußerung eintreten, abschöpfen. Findet sich kein Käufer zum **Neuordnungspreis,** so hat die Gemeinde auf Antrag des früheren Eigentümers das Grundstück zurückzuübereignen (§ 102 Abs. 1 Nr. 2). Um einen Mißbrauch der Rückenteignung durch den die Reprivatisierung zum Neuordnungspreis ablehnenden früheren Eigentümer auszuschließen, ist analog § 95 Abs. 2 Nr. 2 die vom früheren Eigentümer zu zahlende Rückenteignungsentschädigung um die zwischen Erwerb und Wiederveräußerung eingetretenen Wertsteigerungen zu erhöhen (Schmidt-Aßmann/Frenzel, in: E/Z/B, § 89, Rn 18; Reisnecker, aaO, Rn 31; a. A. Breuer, in: Schrödter, § 89, Rn 10; Berkemann, aaO, Rn 96).

6 **3. a)** An wen die Gemeinde die Grundstücke zu veräußern hat, regelt allein Abs. 3, der an die Stelle der unpraktikablen überkomplizierten Regelungen des § 89 Abs. 2, 5, § 26 Abs. 2, 3 BBauG, § 25 Abs. 2, 8

StBauFG getreten ist. Die Deregulierung des Systems der **Verteilungs-grundsätze** dürfte den kommunalen Handlungsspielraum jedoch kaum erhöhen, da auch die bisherige Regelung der Gemeinde entgegen dem ersten Anschein mehr Freiraum als Begrenzung eröffnete (Löhr, NJW 1979, 2169/2176). Ausdrücklich bevorzugt zu behandeln sind nur noch die verdrängten Verkäufer nach Ausübung des Vorkaufsrechts und die früheren Eigentümer von enteigneten Grundstücken (Abs. 3 S. 2). Da gem. Abs. 3 S. 1 bei der Veräußerung weite Kreise der Bevölkerung zu berücksichtigen sind, kommen zunächst bei der zweiten Stufung natürliche Personen vor juristischen Personen des Privatrechts in Betracht (Tittel, WiR 1974, 345/354). Juristische Personen des öffentlichen Rechts erfüllen nicht die bodenpolitische Zielsetzung des § 89 (Pohl/Reisnecker, aaO, Rn 21).

b) Gemäß Abs. 3 S. 1 hat die Gemeinde die Grundstücke an Personen **7** zu veräußern, die sich verpflichten, das Grundstück innerhalb angemessener Frist entsprechend den baurechtlichen Vorschriften oder den Zielen und Zwecken der städtebaulichen Maßnahmen zu nutzen. An die Stelle der bisherigen Glaubhaftmachung ist also zur besseren Verwirklichung der bodenpolitischen Zielrichtung des § 89 (Rn 1) eine Verpflichtung des Erwerbswilligen getreten. Gegenüber den Vorgängervorschriften ist die Leitfunktion des Bebauungsplans zurückgetreten. Statt von Zielen und Zwecken eines Bebauungsplans spricht das BauGB allgemeiner von den baurechtlichen Vorschriften, also z. B. auch von dem im BauGB aufgewerteten § 34 (i. V. m. § 85 Abs. 1 Nr. 2), oder den Festsetzungen einer Erhaltungssatzung (§ 172 i. V. m. § 24 Nr. 4 oder § 85 Abs. 1 Nr. 6) und den Zielen und Zwecken einer städtebaulichen Maßnahme, z. B. einer städtebaulichen Sanierung ohne Bebauungsplan. Insoweit schlägt sich auch an dieser Stelle die Aufwertung der Vorhaben und städtebaulichen Maßnahmen ohne qualifizierten Bebauungsplan gegenüber der Bauleitplanung nieder (s. a. Einleitung, Rn 31). Soweit aber ein Bebauungsplan vorliegt, bleibt es bei dessen beherrschender Leitfunktion (Berkemann, aaO, Rn 64). Weist z. B. ein Bebauungsplan die Grundstücke überwiegend aus für die Bebauung mit Wohngebäuden, die mit Mitteln des sozialen Wohnungsbaus gefördert werden können (§ 9 Abs. 1 Nr. 7) oder für die Errichtung von Wohngebäuden für Personengruppen mit besonderem Wohnbedarf (§ 9 Abs. 1 Nr. 8), so sind die Grundstücke primär an Bauwillige zu veräußern, die sich verpflichten, das Grundstück innerhalb angemessener Frist plangemäß zu nutzen. Im Beispielsfall zu § 9 Abs. 1 Nr. 7 ermöglicht es Abs. 3 S. 1 z. B., Grundstücke an ein im sozialen Wohnungsbau tätiges Unternehmen zu veräußern, damit dieses Wohnungen im sozialen Wohnungsbau errichtet für Mieter, die gem. einem Sozialplan unterzubringen sind. Verdrängte Käufer oder frühere Eigentümer, die dazu nicht in der Lage sind, müssen zurückstehen. Auch das der Breitenstreuung des Grundeigentums dienende Tatbestandsmerkmal „unter Berücksichtigung weiter Kreise der Bevölkerung", das dem bei

der Planaufstellung zu berücksichtigenden öffentlichen Interesse an der Eigentumsbildung weiter Kreise der Bevölkerung (§ 1 Abs. 5 Nr. 2) entspricht, intendiert das Zurückstehen der privatisierungsberechtigten verdrängten Käufer oder reprivatisierungsberechtigten früheren Eigentümer hinter privatisierungsberechtigten anderen Erwerbswilligen.

8 **c)** Nur wenn entsprechend den baurechtlichen Vorschriften oder den Zielen und Zwecken der städtebaulichen Maßnahme gem. Abs. 3 S. 1 sowohl eine Veräußerung an privatisierungsberechtigte Dritte oder an verdrängte Käufer oder frühere Eigentümer zulässig ist, hat die Gemeinde gem. § 3 S. 2 zunächst diese zu berücksichtigen. Die mit der hoheitlichen Zugriffsmöglichkeit korrelierende Ausgleichsfunktion der Veräußerungspflicht wird im Fall der früheren Eigentümer entsprechend der Bestandsgarantie des Art. 14 Abs. 1 S. 1 GG auf die ausgerichtet, die zuvor ihr Eigentum verloren haben. Im Fall der verdrängten Käufer folgt die entsprechende Wertung aus der durch Art. 2 Abs. 1 GG geschützten Erwerbsfreiheit. Ist der mit dem Erwerb verfolgte Zweck entfallen, so hat der verdrängte Käufer ebenfalls aus Abs. 3 S. 2 einen Anspruch auf vorrangige Berücksichtigung, der frühere Eigentümer hingegen einen Anspruch auf Rückenteignung (s. Rn 4). Das BauGB hat darauf verzichtet, innerhalb der vorrangig zu berücksichtigenden Gruppe der Erwerbswilligen diejenigen ausdrücklich bevorzugt zu berücksichtigen, denen kein sonstiges Grundeigentum oder nur Grundeigentum in geringem Umfang gehört. Eine dieser früheren Sozialklausel entsprechende Wertung folgt jedoch abgeschwächt aus dem der Eigentumsstreuung dienenden Tatbestandsmerkmal „unter Berücksichtung weiter Kreise der Bevölkerung". Abs. 3 S. 1 verpflichtet die Gemeinde zwingend nur zur Veräußerung. Wie sie dieser Verpflichtung nachkommt, liegt auch in den Fällen des Abs. 3 S. 2 im Ermessen der Gemeinde. Die privilegierten Personen i. S. v. Abs. 3 S. 2 haben ebenso wie alle anderen Bewerber im Regelfall nicht mehr als einen Anspruch auf Beteiligung am Veräußerungsverfahren und auf fehlerfreie Ermessensausübung (BR-Drs. 575/85, S. 110; Löhr, NJW 1979, 2169/2175). Ermessensfehlerfrei hat die Gemeinde zu entscheiden, welche Personen in welchem Umfang und in welcher Rechtsform (Abs. 4) berücksichtigt werden. Lediglich in Ausnahmefällen kann die Effektuierung der Bestandsgarantie oder der Erwerbsfreiheit zu einem Anspruch auf ein bestimmtes Grundstück führen (Battis, DÖV 1978, 113, 118; Berkemann, aaO, Rn 79).

9 **4.** Im Zuge der Reduzierung des Kreises der zu berücksichtigenden Erwerbswilligen hat Abs. 4 gegenüber den Vorgängervorschriften die **Rechtsformen des Erwerbs** von fünf auf drei Klassen reduziert. Die Gemeinde kann ihre Veräußerungspflichten nur dadurch erfüllen, daß sie das Eigentum an einem Grundstück überträgt (Nr. 1), grundstücksgleiche Rechte, z. B. Erbbaurecht (s. § 200 Abs. 2) oder Rechte nach dem WEG (Nr. 2) oder sonstige dingliche Rechte, z. B. Dienstbarkeit (§§ 1018–1093 BGB), dingliches Vorkaufsrecht (§§ 1094–1104 BGB)

(Nr. 3) begründet oder gewährt oder den Anspruch auf Verschaffung eines Anspruchs auf den Erwerb solcher Rechte, z. B. durch Vormerkung verschafft (Abs. 4 S. 2). Entfallen sind also Gesellschafter-, Mitglieds- und Immobilienfondsanteile und die überkomplizierten Vergaberichtlinien. Die ermessensfehlerfreie Vergabe des Rechts nach Abs. 4 wird durch die Veräußerungsgrundsätze des Abs. 3 (s. Rn 6–8) beeinflußt.

5. Die bevorzugt zu berücksichtigenden Erwerbswilligen (Rn 8) **10** können ihren Rechtsanspruch auf Beteiligung am Veräußerungsverfahren, ihren Anspruch auf fehlerfreie Ermessensausübung bei der Zuteilung von Grundstücken und Rechten und ggf. auch ihren Anspruch auf ein bestimmtes Grundstück (s. Rn 8) vor den **Verwaltungsgerichten** (Berkemann, aaO, Rn 101; a. A. Voraufl.) einklagen. Angesichts des der Gemeinde durch Abs. 3 u. 4 eingeräumten Gestaltungsspielraums wird anderen Interessenten regelmäßig kein einklagbares subjektives Recht zustehen (Löhr, NJW 1979, 2169/2175). Ihnen bleibt die form- und fristlose Beschwerde an die Aufsichtsbehörde.

§ 90 Enteignung von Grundstücken zur Entschädigung in Land

(1) **Die Enteignung von Grundstücken zur Entschädigung in Land (Ersatzland) ist zulässig, wenn**

1. **die Entschädigung eines Eigentümers nach § 100 in Land festzusetzen ist,**

2. **die Bereitstellung von Grundstücken, die im Rahmen der beabsichtigten städtebaulichen Entwicklung als Ersatzland geeignet sind, weder aus dem Grundbesitz des Enteignungsbegünstigten noch aus dem Grundbesitz des Bundes, des Landes, einer Gemeinde (Gemeindeverband) oder einer juristischen Person des Privatrechts, an der der Bund, das Land oder eine Gemeinde (Gemeindeverband) allein oder gemeinsam überwiegend beteiligt sind, möglich und zumutbar ist sowie**

3. **von dem Enteignungsbegünstigten geeignete Grundstücke freihändig zu angemessenen Bedingungen, insbesondere, soweit ihm dies möglich und zumutbar ist, unter Angebot geeigneten anderen Landes aus dem eigenen Vermögen oder aus dem Besitzstand von juristischen Personen des Privatrechts, an deren Kapital er überwiegend beteiligt ist, nicht erworben werden können.**

(2) **Grundstücke unterliegen nicht der Enteignung zur Entschädigung in Land, wenn und soweit**

1. **der Eigentümer oder bei land- oder forstwirtschaftlich genutzten Grundstücken auch der sonstige Nutzungsberechtigte auf das zu enteignende Grundstück mit seiner Berufs- oder Erwerbstätigkeit**

angewiesen und ihm im Interesse der Erhaltung der Wirtschaft-
lichkeit seines Betriebs die Abgabe nicht zuzumuten ist oder

2. die Grundstücke oder ihre Erträge unmittelbar öffentlichen
 Zwecken oder der Wohlfahrtspflege, dem Unterricht, der For-
 schung, der Kranken- und Gesundheitspflege, der Erziehung, der
 Körperertüchtigung oder den Aufgaben der Kirchen und anderer
 Religionsgesellschaften des öffentlichen Rechts sowie deren Ein-
 richtungen dienen oder zu dienen bestimmt sind.

(3) Außerhalb des räumlichen Geltungsbereichs eines Bebauungs-
plans und außerhalb der im Zusammenhang bebauten Ortsteile kön-
nen Grundstücke zur Entschädigung in Land nur enteignet werden,
wenn sie land- oder forstwirtschaftlich genutzt werden sollen.

(4) Die Enteignung zum Zweck der Entschädigung eines Eigentü-
mers, dessen Grundstück zur Beschaffung von Ersatzland enteignet
wird, ist unzulässig.

1 **1.** § 90 präzisiert den in § 85 Abs. 1 Nr. 3 festgelegten Enteignungs-
zweck, Grundstücke für **Entschädigung in Land** zu verschaffen. Zu-
sätzlich zu den allgemeinen Voraussetzungen der § 87 Abs. 1 stellt
Abs. 1 **besondere,** kumulativ geltende **Voraussetzungen** für die Ersatz-
enteignung auf. Die Abs. 2 u. 3 nehmen bestimmte Grundstücke von
der Ersatzlandenteignung aus. Abs. 4 verbietet Kettenersatzlandenteig-
nungen. In welchen Fällen Ersatzlandentschädigung ganz oder teil-
weise festzusetzen ist, regeln § 100 u. § 101 Abs. 1 S. 1 Nr. 2 u. 3. Die
Ersatzlandenteignung ist Teil des Hauptenteignungsverfahrens (§ 112
Abs. 3 Nr. 4, § 113 Abs. 2 Nr. 9). Verfassungsrechtlichen Bedenken
gegen die Ersatzlandenteignung (Bestandsgarantie des Art. 14 Abs. 1
S. 1 GG; s. Berkemann, in: Berliner Komm., § 90, Rn 3) kann durch
eine restriktive Praxis zugunsten der betroffenen Eigentümer Rech-
nung getragen werden.

2 **2. Erste** besondere Voraussetzung für die Ersatzlandenteignung ist,
daß die Entschädigung, für die Land beschafft werden soll, nach § 100
„in Land festzusetzen ist" (Abs. 1 Nr. 1). Ein derartiger Rechtsanspruch
besteht nur in den Fällen des § 100 Abs. 1–3. Für § 100 Abs. 4 gilt § 90
nicht (h. M.; a. A. Breuer, in: Schrödter, § 90, Rn 1). **Zweite** besondere
Zulässigkeitsvoraussetzung ist, daß es weder möglich noch zumutbar
ist, geeignete Grundstücke aus dem Grundbesitz der öffentlichen Hand
oder aus dem des antragstellenden Enteignungsbegünstigten bereitzu-
stellen (Abs. 1 Nr. 2). Die **dritte** besondere Zulässigkeitsvoraussetzung
verlangt über § 87 Abs. 2 Nr. 2 (s. § 87, Rn 6–8) hinaus, daß der
Enteignungsbegünstigte darlegt und nachweist, daß er geeignete an-
dere Grundstücke freihändig zu angemessenen Bedingungen nicht
erwerben kann.

3 **3.** Abs. 2 Nr. 1 verbietet, Grundstücke als Ersatzland zu enteignen,
wenn und soweit der Eigentümer beruflich oder erwerbswirtschaftlich

auf sie angewiesen ist (dazu § 100, Rn 3). Zum Begriff der Landwirtschaft s. § 201. Beim Verbot der Ersatzlandenteignung für Grundstücke, die bestimmten öffentlichen Zwecken dienen (Abs. 2 Nr. 2), kommt es nicht darauf an, ob das Grundstück im Eigentum der öffentlichen Hand ist. Werden Grundstücksteile nicht i. S. d. Enteignungsverbots genutzt, kann Teilenteignung zulässig sein.

4. Entsprechend der gesetzlichen Wertung in § 1 Abs. 5 S. 4 ist bei 4 Grundstücken im Außenbereich (§ 19 Abs. 1 Nr. 3) eine Ersatzlandenteignung nur zulässig, wenn sie weiter land- oder forstwirtschaftlich (s. § 201) genutzt werden sollen.

5. Das **Verbot der Kettenersatzlandenteignung** stellt klar, was be- 5 reits aus § 90 Abs. 2 Nr. 2 i. V. m. § 100 Abs. 1 folgt.

§ 91 Ersatz für entzogene Rechte

Die Enteignung zu dem Zweck, durch Enteignung entzogene Rechte durch neue Rechte zu ersetzen, ist nur zulässig, soweit der Ersatz in den Vorschriften des Zweiten Abschnitts vorgesehen ist. Für den Ersatz entzogener Rechte durch neue Rechte im Wege der Enteignung nach § 97 Abs. 2 Satz 3 gelten die in § 90 Abs. 1 und 2 für die Enteignung zur Entschädigung in Land getroffenen Vorschriften entsprechend.

§ 91 regelt die Zulässigkeit der in § 85 Abs. 1 Nr. 4 als Enteignungszweck festgelegten **Ersatzrechtsenteignung**. S. 1 stellt klar, daß die im 2. Abschn. enthaltenen §§ 101 Abs. 1 S. 1 Nr. 1 – Ersatzrechtsenteignung des Eigentümers –, § 97 Abs. 2, 100 Abs. 6 – Ersatzrechtsenteignung der Nebenberechtigten –, § 102 Abs. 5 – Rückenteignung – abschließend regeln, in welchen Fällen eine Ersatzrechtsenteignung erfolgen darf. Zusätzlich zu den auch für Ersatzrechtsenteignungen geltenden allgemeinen Voraussetzungen des § 87 Abs. 1 ordnet Satz 2 besondere Zulässigkeitsvoraussetzungen an für die Fälle, in denen für ein öffentliches Verkehrsunternehmen oder für Träger der öffentlichen Versorgung mit Elektrizität, Wasser oder Wärme gem. § 97 Abs. 2 S. 3 Ersatzrechte, möglicherweise auch an Grundstücken Dritter, begründet werden. Gem. S. 2 gelten dann die besonderen Zulässigkeits- und Ausschlußvoraussetzungen des § 90 Abs. 1, 2 entsprechend (s. § 90, Rn 2, 3).

§ 92 Umfang, Beschränkung und Ausdehnung der Enteignung

(1) Ein Grundstück darf nur in dem Umfang enteignet werden, in dem dies zur Verwirklichung des Enteignungszwecks erforderlich ist. Reicht eine Belastung des Grundstücks mit einem Recht zur

Verwirklichung des Enteignungszwecks aus, so ist die Enteignung hierauf zu beschränken.

(2) Soll ein Grundstück mit einem Erbbaurecht belastet werden, kann der Eigentümer anstelle der Belastung die Entziehung des Eigentums verlangen. Soll ein Grundstück mit einem anderen Recht belastet werden, kann der Eigentümer die Entziehung des Eigentums verlangen, wenn die Belastung mit dem dinglichen Recht für ihn unbillig ist.

(3) Soll ein Grundstück oder ein räumlich oder wirtschaftlich zusammenhängender Grundbesitz nur zu einem Teil enteignet werden, kann der Eigentümer die Ausdehnung der Enteignung auf das Restgrundstück oder den Restbesitz insoweit verlangen, als das Restgrundstück oder der Restbesitz nicht mehr in angemessenem Umfang baulich oder wirtschaftlich genutzt werden kann.

(4) Der Eigentümer kann verlangen, daß die Enteignung auf die in § 86 Abs. 2 bezeichneten Gegenstände ausgedehnt wird, wenn und soweit er sie infolge der Enteignung nicht mehr wirtschaftlich nutzen oder in anderer Weise angemessen verwerten kann.

(5) Ein Verlangen nach den Absätzen 2 bis 4 ist schriftlich oder zur Niederschrift bei der Enteignungsbehörde bis zum Schluß der mündlichen Verhandlung geltend zu machen.

1 1. Entsprechend traditionellen enteignungsrechtlichen Regelungen konkretisiert § 92 das im Abschn. über die Enteignungsvoraussetzungen vielfach in spezifisch enteignungsrechtlicher Weise ausgestaltete (s. Vorbem. §§ 85–122, Rn 11) **verfassungsrechtliche Übermaßverbot** (dazu Vorbem. §§ 85–122, Rn 10) in modaler und quantitativer Hinsicht. Gem. dem Grundsatz der Erforderlichkeit (geringstmöglicher Eingriff) wird die Enteignung begrenzt, räumlich durch Abs. 1 S. 1, modal durch Abs. 1 S. 2: statt Vollrechtsentzug nur Belastung mit einem Recht. Abs. 2 erlaubt zum Schutz des Enteignungsbetroffenen auf dessen Antrag statt der erforderlichen Belastung seines Grundstükkes dessen Vollentzug. Abs. 3 überträgt dieses Übernahmeverlangen auf die Teilflächenenteignung, Abs. 4 auf Zubehör und Grundstücksbestandteile. Abs. 5 regelt das Verfahren der Enteignungsausdehnung.

2 2. **Räumlich** darf ein Grundstück nur in dem Umfang in Anspruch genommen werden, wie dies der Enteignungszweck erfordert (Abs. 1 S. 1; dazu Müller, DVBl. 1969, 178). Ob die **Belastung mit einem Recht** statt eines teilweisen oder völligen Entzugs des Eigentums genügt (Abs. 1 S. 2), ist im Einzelfall anhand des zu verwirklichenden Eignungszweckes zu bestimmen (s. a. BGH LM § 9 BBauG Nr. 1). Zur Anlegung notwendiger öffentlicher Parkplätze ist grundsätzlich die Vollenteignung des hierzu benötigten im Privateigentum stehenden Grund und Bodens – nicht nur die Begründung eines schuldrechtlichen Nutzungsverhältnisses oder die Belastung mit einer Dienstbarkeit – zulässig (BGH, NJW 1967, 2305).

3. a) Genügt es für die Verwirklichung des Enteignungszweckes, ein Grundstück mit einem Erbbaurecht zu belasten, so kann der Eigentümer anstelle dieser objektiv erforderlichen (Abs. 1 S. 2) Belastung gem. Abs. 2 S. 1 die Entziehung des Eigentums verlangen. Allgemein zum Rechtsinstitut des **Übernahmeverlangens** und der Abgrenzung der in § 92 geregelten ausschließlich eigentümerfreundlichen Variante von der in § 40 geregelten s. § 40, Rn 4. Stellt der Eigentümer den entsprechenden Antrag, so ist nicht mehr zu prüfen, ob die Belastung im Einzelfall unbillig ist, d. h. persönlich wirtschaftlich unzumutbar ist (Berkemann, in: Berliner Komm., § 92, Rn 51). Nach dem klaren Gesetzeswortlaut ist dieses zusätzliche Tatbestandsmerkmal nur dann zu prüfen, wenn das Grundstück mit einem anderen dinglichen Recht als dem Erbbaurecht belastet werden soll und der Eigentümer die Entziehung des Eigentums verlangt (Abs. 2 S. 2). Abs. 2 S. 2 gilt auch für die Belastung mit einem obligatorischen Recht gem. § 86 Abs. 1 Nr. 4 (Berkemann, aaO, Rn 55).

b) Erlaubt der Grundsatz der Erforderlichkeit gem. Abs. 1 S. 1, ein Grundstück nur z. T. zu enteignen, so kann der Eigentümer die Ausdehnung der Enteignung auf das **Restgrundstück** insoweit verlangen, als dieses nicht mehr in angemessenem Umfang baulich oder in sonstiger Weise wirtschaftlich genutzt werden kann (Abs. 3). Der Eigentümer kann gem. Abs. 3 auch verlangen, daß unter Beibehaltung des Restgrundstückes der wirtschaftlich oder baulich nicht mehr angemessen nutzbare **Restbesitz**, z. B. Wirtschaftsgebäude, enteignet wird. Zum Schutz bestehender Wirtschaftseinheiten gilt Abs. 3 auch für räumlich oder wirtschaftlich zusammenhängenden Grundbesitz, der wegen der Abtrennung des zu enteignenden Teiles nicht mehr angemessen genutzt werden kann. Anders als der räumlich zusammenhängende Grundbesitz muß der wirtschaftlich zusammenhängende, d. h. eine wirtschaftliche Einheit bildende, nicht demselben Eigentümer gehören. Bei der Prüfung der Voraussetzungen des Anspruchs aus Abs. 3 sind die nachteiligen Auswirkungen des Enteignungsunternehmens insgesamt, z. B. Bau einer Straßenanlage mit hohen Stützmauern, und nicht nur die unmittelbaren Folgen der Verkleinerung oder Zerschneidung des Grundbesitzes selbst zu berücksichtigen (BGHZ 76, 1; s. a. § 96, Rn 10).

c) Gem. Abs. 4 i. V. m. § 86 Abs. 2 ist die Enteignung auf **Zubehör** eines Grundstücks (§ 97 BGB) und die zu einem vorübergehenden Zweck mit dem Grundstück verbundenen oder in das Gebäude eingefügten Bestandteile **(Scheinbestandteile)** auszudehnen, wenn der Eigentümer dies verlangt, weil er diese Gegenstände infolge der Enteignung nicht mehr wirtschaftlich nutzen oder in anderer Weise angemessen verwerten kann. Dies wird regelmäßig bei solchen Gegenständen der Fall sein, die gerade für Zwecke des enteigneten Grundstückes hergestellt worden sind, z. B. Pump- oder stationäre Verladeanlagen.

6 **4.** Der **Antrag** auf Übernahme des Resteigentums gem. Abs. 2–4 ist
schriftlich oder zur Niederschrift der Enteignungsbehörde bis zum
Schluß der mündlichen Verhandlung (§ 108) zu stellen (Abs. 5). Bis zu
diesem Zeitpunkt kann der Antrag auch zurückgenommen werden.
Antragsberechtigt ist der Eigentümer, wenn ihre Rechte entzogen
werden auch Inhaber anderer dinglicher oder obligatorischer Rechte,
wie z. B. Mieter oder Pächter (s. a. § 86, Rn 4, 5).

Zweiter Abschnitt. Entschädigung

§ 93 Entschädigungsgrundsätze

(1) **Für die Enteignung ist Entschädigung zu leisten.**

(2) **Die Entschädigung wird gewährt**

1. für den durch die Enteignung eintretenden Rechtsverlust,

**2. für andere durch die Enteignung eintretende Vermögensnach-
teile.**

(3) **Vermögensvorteile, die dem Entschädigungsberechtigten
(§ 94) infolge der Enteignung entstehen, sind bei der Festsetzung der
Entschädigung zu berücksichtigen. Hat bei der Entstehung eines
Vermögensnachteils ein Verschulden des Entschädigungsberechtig-
ten mitgewirkt, so gilt § 254 des Bürgerlichen Gesetzbuchs entspre-
chend.**

(4) **Für die Bemessung der Entschädigung ist der Zustand des
Grundstücks in dem Zeitpunkt maßgebend, in dem die Enteignungs-
behörde über den Enteignungsantrag entscheidet. In den Fällen der
vorzeitigen Besitzeinweisung ist der Zustand in dem Zeitpunkt
maßgebend, in dem diese wirksam wird.**

1 **1.** § 93 eröffnet das Kernstück des städtebaulichen Enteignungs-
rechts, den die Junktim-Klausel (Art. 14 Abs. 3 S. 2 GG) verwirklichen-
den Abschn. über die Entschädigung. Zur internen Systematik dieses

Abschn., zu seiner Ergänzung durch andere Vorschriften und zu seiner analogen Geltung für andere Vorschriften des Gesetzes s. Vorbem. §§ 85–122, Rn 12. Abs. 1 knüpft lediglich an das von Art. 14 Abs. 3 S. 2 GG statuierte Entschädigungsgebot an, das der Gesetzgeber in den nachfolgenden Vorschriften ausgestaltet hat. Abs. 2 gliedert die Entschädigung in solche für den durch die Enteignung eingetretenen Rechtsverlust (§ 95) und solche für andere durch die Enteignung eingetretene Vermögensnachteile (Folgeschäden, § 96). Für beide Arten der Entschädigung gelten Abs. 3 – Vorteilsausgleichung, Anrechnung mitwirkenden Verschuldens –, und Abs. 4 – maßgeblicher Zeitpunkt für die Qualitätsbestimmung. § 93 ist auch auf Sanierungsmaßnahmen anwendbar, allerdings mit der entscheidenden Modifikation, daß in förmlich festgelegten Sanierungsgebieten, sofern kein vereinfachtes Verfahren stattfindet (§ 152, 142), gem. § 153 Abs. 1 Planungsgewinne unberücksichtigt bleiben. Mit dieser Maßgabe gilt § 93 auch in städtebaulichen Entwicklungsbereichen (§ 169 Abs. 1 Nr. 7, Abs. 3).

2. a) Der an Art. 14 Abs. 3 S. 2 GG anknüpfende Abs. 1 hat nur deklaratorische Bedeutung. Hinsichtlich der Höhe der Entschädigung bestimmt **Art. 14 Abs. 3 S. 3 GG,** daß die Entschädigung unter gerechter Abwägung der Interessen der Allgemeinheit und der Beteiligten zu bestimmen ist. Während also die nach dem GG gebotene Entschädigung das Ergebnis einer Abwägung zu sein hat, schrieb Art. 153 Abs. 2 S. 2 WRV eine angemessene Entschädigung vor. RGZ 112, 189/192 legte Art. 153 Abs. 2 S. 2 WRV dahin aus, daß zwar kein Schadensersatz, aber doch volle Entschädigung gewährt werden müsse. Damit übereinstimmend war auch in der Literatur die Verkehrswertentschädigung nahezu unumstritten (s. Stödter, Öffentlich-rechtliche Entschädigung, 1933, S. 257 ff.; Schulthes, Die Höhe der Enteignungsentschädigung, 1965, S. 357 f.; Rittstieg, Eigentum als Verfassungsproblem, 2. A., 1976, S. 421 ff.). Trotz des unterschiedlichen Wortlauts von Art. 14 Abs. 3 S. 3 GG und Art. 153 Abs. 2 S. 2 WRV knüpfte BGHZ 6, 270/292; E 29, 217/221; E 39, 198/200 (Nachweise der Rechtsprechung bei Opfermann, Die Enteignungsentschädigung nach dem Grundgesetz, 1974, S. 57 ff.; Breuer, Die Bodennutzung im Konflikt zwischen Städtebau und Eigentumsgarantie, 1976, S. 83 f.; Schmidt-Aßmann, in: E/Z/B, § 93, Rn 15–21) unter Billigung der herrschenden Literaturmeinung (W. Weber, in: Neumann/Nipperdey, Die Grundrechte II, 1954, S. 388 ff.; Kimminich, in: BK, Art. 14, Rn 136 ff.; w. N. bei Breuer aaO, S. 82) an die Rechtsprechung des Reichsgerichts an und urteilte, die Abwägung gem. Art. 14 Abs. 3 S. 3 GG müsse zur **Verkehrswertentschädigung** führen, die Entschädigung müsse dem Betroffenen einen wirklichen Wertausgleich verschaffen. Der Wertausgleich sei i. d. R. so zu bemessen, daß mit seiner Hilfe eine Sache gleicher Art und Güte erlangt werden könne. Demgegenüber hat BVerfGE 24, 367/421; s. a. E 4, 219/236; E 14, 263/284; E 21, 73/82 f.; E 31, 275/289; E 52, 1/32 aus Art. 14 Abs. 3 S. 3 GG abgeleitet, daß die Interessen der Allgemein-

heit beim Bodeneigentum in weit stärkerem Maße zur Geltung zu bringen seien als bei anderen Vermögensgütern. Der Gesetzgeber könne je nach den Umständen vollen Ersatz, aber auch eine darunterliegende Entschädigung bestimmen. Eine starre, allein am Marktwert orientierte Entschädigung sei dem Grundgesetz fremd. Es treffe nicht zu, daß dem Enteigneten durch die Entschädigung stets das volle Äquivalent für das Genommene gegeben werden müsse. Damit verwirft das BVerfG zutreffend die bis dahin h. A., die **gerechte Abwägung** i. S. v. Art. 14 Abs. 3 S. 3 GG müsse zur Verkehrswertentschädigung, zur grundsätzlich vollen Entschädigung führen. BGHZ 59, 250/254; 67, 190/192 hat zwar die Ausführungen des BVerfG übernommen, so daß auch in der Interpretation des BGH Art. 14 Abs. 3 S. 3 GG es dem Gesetzgeber erlaubt, vom Verkehrswertprinzip abzugehen (ebenso Bielenberg, DVBl. 1974, 113; a. A. Rüfner, in: FS für Scheuner, 1973, S. 511; Krohn/Löwisch, Rn 238 hinsichtlich der Einzelenteignung). De lege ferenda eröffnet jedoch die vom BVerfG aktivierte Abwägungsklausel des Art. 14 Abs. 3 S. 3 GG dem Gesetzgeber einen über die traditionelle Lehre hinausgehenden Handlungsspielraum.

3 **b)** Von dem wiedergewonnenen Handlungsspielraum des Art. 14 Abs. 3 S. 3 GG hat der Gesetzgeber mit der Novelle 1976 erstmals Gebrauch gemacht. Die Verkehrswertentschädigung als **Regelentschädigung für den Rechtsverlust** (§ 95 Abs. 1 S. 1) wurde durch die Erweiterung des Katalogs der Reduktionsklausel in § 95 Abs. 2 und die Aufnahme normativer Bewertungsfaktoren in die Definition der Verkehrswertentschädigung in § 142 Abs. 2 BBauG = § 194 BauGB zur **normativ gefaßten Verkehrswertentschädigung** entwickelt. Die normativ gefaßte Verkehrswertentschädigung ist damit nicht mehr bloßes Spiegelbild des Marktgeschehens (Schmidt-Aßmann, in: E/Z/B, § 93, Rn 26). Zum Streit um die Verfassungsmäßigkeit des § 95 Abs. 2 Nr. 7 s. § 95, Rn 10). Im Sinne der Entscheidung für die normativ verfaßte Verkehrswertentschädigung ist die neuere Rechtsprechung des BGH dadurch restriktiver geworden, daß sie das Tatbestandsmerkmal „durch die Enteignung eintretenden Rechtsverlust" (§ 93 Abs. 2 Nr. 1, § 95 Abs. 1 S. 1) betont (s. Krohn, in: Berliner Komm., § 95, Rn 1). In die Entschädigungsbemessung dürfen nur Nachteile einbezogen werden, die der Betroffene in seiner „konkreten, subjektiven" **Rechts**position erlitten hat (dazu BGHZ 62, 96/99; E 64, 382/392; E 80, 360; E 83, 1/3; E 84, 261; WM 1982, 279; E 92, 34/46; E 98, 341/348; MDR 1988, 1034 [Basaltvorkommen], MDR 1989, 798 – Bestimmung der Rechtsposition nach der baurechtlichen Lage v. 1899; s. a. § 96, Rn 4, 9; Schmidt-Aßmann, in: E/Z/B, § 93, Rn 19–21; Krohn, in: Berliner Komm., § 93, Rn 3, § 95, Rn 4; Kreft, WM 1977, Sonderbeilage Nr. 2 S. 3). Die gegenüber der Wertbestimmung vorrangige Bestimmung des „Genommenen" trifft sich zudem in der Methode mit der vom BVerfG nachdrücklich betonten Bestimmung der enteignungsfähigen Rechtsposition, nämlich der Zusammenschau aller zum Zeitpunkt des hoheit-

lichen Zugriffs geltenden, die Eigentümerstellung bestimmenden privatrechtlichen und öffentlich-rechtlichen gesetzlichen Vorschriften (BVerfGE 58, 300/336).

c) In der bisherigen Rechtsprechung des BGH diente die normative **4** Bestimmung der Entschädigung vornehmlich der Konkretisierung des gelegentlich verschwimmenden **Unterschieds zum Schadensersatz** (s. Kreft, WM 1977, Sonderbeilage Nr. 2, S. 8; Schulze-Hagen, AgrarR 1981, 221). Die Abwägungsklausel des Art. 14 Abs. 3 S. 3 GG rechtfertigt den Grundsatz, daß Enteignungsentschädigung nicht mit Schadensersatz i. S. d. BGB gleichzusetzen ist (BGHZ 61, 253/256). Die Enteignungsentschädigung „umfaßt nur diejenigen Schäden, welche infolge des enteignenden Eingriffs an dem Objekt selbst eintreten, also den eigentlichen Substanzverlust. Einen Ersatz des weitergehenden Schadens, welcher sich als Folge hoheitlichen Eingriffs etwa eingestellt hat, insbesondere also den Ersatz des entgangenen Gewinns oder der deswegen entgangenen Nutzungen kann der Eigentümer dagegen i. d. R. nicht verlangen." (BGHZ 37, 269/278). Während der Schadensersatz an einer hypothetischen Vermögensentwicklung, wie sie ohne das schädigende Ereignis eingetreten wäre, ausgerichtet wird, ist die Enteignungsentschädigung allein nach der Einbuße in dem vom Eingriff bedrohten Recht zu bemessen (BGHZ 39, 199 f.; E 57, 359/368; E 59, 250/258). Da jedoch die Enteignungsentschädigung nicht auf die Entschädigung des Substanzverlustes beschränkt ist, sondern auch andere durch die Enteignung eintretende Vermögensnachteile – sog. Folgeschäden (Abs. 2 Nr. 2, § 96) erfaßt, nähert sich die Enteignungsentschädigung z. B. bei der Entschädigung für Folgeschäden gem. § 96 Abs. 1 S. 2 Nr. 1 tatsächlich dem Schadensersatz (s. § 96, Rn 4). Kein Unterschied zwischen Schadensersatz und Entschädigung besteht beim Ersatz des merkantilen Minderwertes eines Grundstücks (BGH, NJW 1981, 1663 – U-Bahn – Untertunnelung –; s. a. BGHZ 83, 61/70; E 97, 361). Die Entschädigung soll dem Betroffenen einen Ausgleich für das ihm „Genommene" geben. Die Entschädigung soll ihn – bildhaft ausgedrückt – in die Lage versetzen, sich ein entsprechendes Ersatzgrundstück zu verschaffen" (BGH, NJW 1976, 1499). Diese bildhafte Ausdrucksweise „besagt nichts anderes, als daß ihm" (dem Enteigneten) „durch die Entschädigung das volle Äquivalent für das Genommene gegeben werden muß. Dabei ist nicht vorausgesetzt, daß der Enteignete sich im Einzelfall wirklich ein gleichartiges Grundstück wieder beschaffen kann oder will" (BGH, NJW 1976, 1499). Zu der auf der Betonung der bildhaften Ausdrucksweise aufbauenden normativen Bestimmung des Genommenen und der dadurch eröffneten normativen Korrektur des Marktgeschehens s. Rn 3.

3. Nach Abs. 2 wird die Entschädigung gewährt für den Rechtsver- **5** lust für andere durch die Enteignung eintretende Vermögensnachteile. Diese Unterscheidung zum Umfang der Entschädigung wird in den §§ 95 u. 96 konkretisiert. Die beiden Entschädigungspositionen, die

auch als **Substanz-** und **Folgenentschädigung** bezeichnet werden, bilden unselbständige Rechnungspositionen einer einheitlichen, aber teilbaren Entschädigung (BGH, WM 1976, 162; Kreft, WM 1977, Sonderbeilage 2, S. 18; Schmidt-Aßmann, in: E/Z/B, § 93, Rn 38). Zum Verbot der Doppelentschädigung gem. § 96 Abs. 1 s. § 96, Rn 2.

6 **4.** Abs. 3 S. 1 schreibt als allgemeinen enteignungsrechtlichen Entschädigungsgrundsatz die **Vorteilsausgleichung** vor. Der Betroffene soll für die durch die Enteignung erlittenen Nachteile Ausgleich erhalten. Vermögensvorteile, die ihm im adäquaten Zusammenhang mit der Enteignung zufließen, sind auf die Entschädigung anzurechnen (BGHZ 6, 270/295). Abs. 3 S. 1 betrifft nur Vermögensvorteile, also Vorteile wirtschaftlicher Art, die einen meßbaren Vermögenswert haben. Unterbliebene Unannehmlichkeiten genügen nicht (s. Kröner, Die Eigentumsgarantien in der Rechtsprechung des BGH, 2. A., 1969, S. 13). Zur Anrechnung der Nutzung der durch die Enteignung freigewordenen Arbeitskraft BGH LM, Art. 14 GG (Cf) Nr. 35; BNGHZ 55, 295/299. Eine Vorteilsausgleichung ist nur dann zu berücksichtigen, wenn der Vorteil ohne Enteignung nicht entstanden wäre und zwischen der Enteignung als der schädigenden Maßnahme und dem Umstand, der den Vorteil gebracht hat, ein adäquater Zusammenhang besteht (BGH, NJW 1966, 1075). Ein adäquater Zusammenhang soll nicht nur bestehen, wenn der Eingriff unmittelbar und gleichzeitig den Vorteil hat entstehen lassen. Es soll genügen, wenn Schaden und Vorteil aus mehreren selbständigen Ereignissen fließen, sofern nur das schädigende Ereignis allgemein geeignet war, derartige Vorteile mit sich zu bringen und der Zusammenhang der Ereignisse nicht so lose ist, daß er nach vernünftiger Lebensauffassung keine Berücksichtigung mehr verdient (BGHZ 62, 305/307; E 30, 29/32). **Allgemeine Vorteile,** die nicht nur dem Entschädigungsberechtigten, sondern einem überschaubaren Kreis von Begünstigten, z. B. von der Enteignung nicht betroffenen Nachbarn, zufließen, z. B. Erhöhung der Geschoßflächenzahl infolge eines Straßenausbaus, sind anzurechnen (Aust/Jacobs, Die Enteignungsentschädigung, 2. A., 1984, S. 267). Nicht anzurechnen sind Vorteile, die der Allgemeinheit und damit ohne einen gerade durch die Enteignung vermittelten Zusammenhang auch dem Betroffenen zufließen, z. B. Verbreiterung einer Straße, die nur das allgemeine Interesse an einem zügigen Verkehrsfluß fördert (BGHZ 19, 139; Schmidt-Aßmann, in: E/Z/B, § 93, Rn 48). Bindet eine durch Enteignung betriebene Straßenverbreiterung u. a. ein neu ausgewiesenes Wohngebiet an, so sind mangels ausreichenden Zusammenhangs nicht anzurechnen die allgemeinen Vorteile, die der von der Enteignung betroffene Eigentümer erhält, weil er zugleich Eigentümer eines Teils des Baugebiets ist (BGHZ 62, 305). Zur im Einzelfall schwierigen und abstrakt nicht befriedigend gelösten Unterscheidung zwischen „unmittelbaren", dem Restgrundstück „besonders" zugeordneten und deshalb auszugleichenden Vorteilen und „allgemeinen", nicht abschöpfbaren planbedingten

Wertsteigerungen s. a. BGH, DVBl. 1977, 766 – erschließungsbedingter **Sondervorteil.** Auch der Rückgriff auf Sinn und Zweck der Enteignungsentschädigung unter Berücksichtigung der gesamten Interessenlage der Beteiligten und die Zumutbarkeit für die Enteignungsbetroffenen (BGHZ 67, 200) verhüllt mehr als er erhellt. Angebracht ist eine bereichsspezifische differenzierte Typologie der Judikatur. Überblick bei Küppers, DVBl. 1978, 349. Die durch die Enteignung entstandene Einbuße kann durch die erlangten Vorteile ganz ausgeglichen werden, so daß überhaupt keine Entschädigung zu zahlen ist (BGHZ 68, 100/105; a. A. Aust/Jacobs aaO, S. 268 m. w. N.: Verrechnung aus Null nicht mit Substanzentschädigung, sondern nur mit Entschädigung für sonstige Vermögensvorteile). Ein Eigentümer muß sich nicht die Vorteile anrechnen lassen, die (nur) der Voreigentümer als „Parzellierungsbegünstigter" erlangt hat (BGH, NJW 1977, 1821). Ausgleichsfähig ist im Falle der Enteignung eines Streifens entlang einer Straße die Wertsteigerung des bisher nicht als Bauland einzustufenden vorgeschobenen Hinterlandes (BGH, NVwZ 1982, 458; DB 1983, 2188). Anzurechnen sind auch durch eine Bausperre entstandene Wertsteigerungen (BGH, DB 1983, 2188 – Wohnungsbauunternehmen). Ist die Bezahlung von Folgeschäden vertraglich zugesichert worden, kann nicht eingewandt werden, daß für einen oder mehrere Posten des Wertausgleichs die Grundsätze der Vorteilsausgleichung anzuwenden sind (OLG München, BRS 34 Nr. 98). Im Rahmen eines Erschließungsvertrages findet keine Vorteilsausgleichung nach § 93 Abs. 3 statt (VG Köln, KStZ 1984, 98).

5. Trotz der Unterschiede von Schadensersatz und Entschädigung (s. 7 Rn 4) ist **§ 254 BGB analog** anwendbar, wenn bei der Entstehung eines Vermögensnachteils ein Verschulden des Entschädigungsberechtigten mitgewirkt hat (Abs. 3 S. 2). Der in § 254 BGB enthaltene Rechtsgedanke ist eine Konkretisierung des im Bürgerlichen wie im Öffentlichen Recht wirksamen Grundsatzes von Treu und Glauben, die auch dann heranzuziehen ist, wenn die Ersatzpflicht wie bei der Administrativenteignung nicht an Verschulden anknüpft (BGHZ 45, 290 zur Aufopferung; unentschieden noch BGHZ 28, 310; a. A. RGZ 149, 34/37 (st. Rspr.). Als besondere Ausprägung des Abwägungsgebots (Art. 14 Abs. 3 S. 3 GG) ist das Mitverschulden bei der Festsetzung der Enteignungsentschädigung von Amts wegen zu beachten und nicht erst, wenn es einwendungsweise geltend gemacht wird (Schmidt-Aßmann, in: E/Z/B, § 93, Rn 68; a. A. Kröner aaO, S. 134 u. Hinweis auf BGH, WM 1965, 503; Aust/Jacobs aaO, S. 201). Vom Betroffenen wird erwartet, daß er nach dem erfolgten Eingriff die dadurch verursachten Nachteile abwendet oder wenigstens mindert (BGHZ 56, 57/65; WM 1973, 46/49). Das Mitverschulden eines Vertreters muß sich der Betroffene anrechnen lassen. Weil gerade § 254 S. 2 BGB eine besondere mit der Vorteilsausgleichung eng verwandte Ausprägung des Grundsatzes von Treu und Glauben ist (BGHZ 45, 290/295 f.), kann

auch eine **bloße Mitverursachung,** die die Geltendmachung des (unge-
kürzten) Entschädigungsanspruchs rechtsmißbräuchlich erscheinen
läßt, genügen (ebenso Aust/Jacobs, S. 201; a. A. Schmidt-Aßmann, in:
E/Z/B, § 93, Rn 65 u. Hinweis auf den Wortlaut von Abs. 3 S. 2). Die
Schadensminderungspflicht kann es gebieten, betrieblich geplante Er-
neuerungsmaßnahmen zu verschieben (BGH, NJW 1983, 1663/1664f.).
Die analoge Anwendung des § 254 kann zum Ausschluß der Entschädi-
gung führen (BGH, WM 1976, 568/570). Die analoge Anwendung des
§ 254 BGB im Planungsschadensrecht rechtfertigt es nicht, den Eigen-
tümer auf einen späteren Zeitpunkt der Übernahme einer Fläche des-
halb zu verweisen, weil er das Grundstück vor dem Wirksamwerden
des Bebauungsplans als Bauerwartungsland erworben hat (BGHZ 63,
240). Zur anzurechnenden Unterlassung, ein umgestuftes Kleingarten-
grundstück für eine Zwischenzeit zu nutzen, BGH LM, Art. 14 GG,
(Ea) Nr. 54.

8 **6.** Abs. 4 regelt den Zeitpunkt für die Ermittlung des Zustandes des
Enteignungsobjekts – **Zeitpunkt der Qualitätsbestimmung.** Davon zu
unterscheiden ist der ebenfalls für die Ermittlung der Entschädigung
maßgebliche Zeitpunkt der Bewertung – Bewertungsstichtag –, den
§ 95 Abs. 1 S. 2 festlegt. Unter Zustand des Grundstücks ist die Ge-
samtheit der wertbildenden Merkmale, also die Qualität des Grund-
stücks, zu verstehen (BGH, NJW 1966, 2211; WM 1977, 506; s. a.
Reisnecker/Baur-Buechl, Die entschädigungsrechtliche Qualitätsbe-
stimmung von Grundstücken, 1982). Maßgebend für die Qualitätsbe-
stimmung ist grundsätzlich der **Zeitpunkt des Eingriffs,** das ist der
Tag, an dem die Entscheidung über den Enteignungsantrag dem Be-
troffenen zugestellt wird. Bei **vorzeitiger Besitzeinweisung** (§ 116) ist
gem. Abs. 4 S. 2 der Zeitpunkt maßgebend, an dem die Besitzeinwei-
sung wirksam wird, allerdings nur, wenn tatsächlich auch ein Besitz-
wechsel stattfindet. Bei Eingriffen in Miet- oder Pachtrechte ist auf den
Zeitpunkt abzustellen, in dem der Besitz tatsächlich verloren wird
(BGH, NJW 1972, 528/529). Der Zeitpunkt der Qualitätsbestimmung
ist schließlich vorzuverlegen, wenn in den Fällen der sog. **Vorwirkung**
der Enteignung (dazu auch § 95, Rn 5) Bauverbote, Veränderungssper-
ren oder verbindliche Planungen ein Grundstück von jeglicher kon-
junktureller Weiterentwicklung ausschließen (BGHZ 64, 382; NJW
1975, 1778; NJW 1978, 941: Vorwirkung von über 80 Jahren; BGHZ
39, 198/201; WM 1982, 565, DVBl. 1983, 625f.; BGHZ 87, 66 – fiktive
Nutzungsgenehmigung infolge Vorwirkung; BGH NVwZ 1988, 867 –
vorkonstitutionelle Teil- und nachkonstitutionelle Vollenteignung; zur
Vorwirkung denkmalschutzrechtlicher Maßnahmen BGH, NVwZ
1988, 963). Eine nur vorbereitende Planung (dazu Kulenkamp, NJW
1974, 836; Gelzer/Busse, Der Umfang des Entschädigungsanspruchs
aus Enteignung und enteignungsgleichem Eingriff, 1980, Rn 75–81)
muß ursächlich für die spätere Enteignung werden, hinreichend be-
stimmt sein und die spätere verbindliche Planung, die die Grundlage

der Enteignung bildet, mit Sicherheit erwarten lassen (BGH, BauR 1972, 162; BauR 1972, 164; BGHZ 63, 240/242; DVBl. 1978, 378: Flächennutzungsplan). Die mit der Bekanntmachung des Umlegungsbeschlusses begründete Verfügungs- und Veränderungssperre (§ 51) hat i. d. R. nicht die Bedeutung, daß die im Umlegungsgebiet liegenden Grundstücke von jeder konjunkturellen Weiterentwicklung – etwa von Ackerland zu Bauerwartungsland – ausgeschlossen werden (BGH, DVBl. 1982, 1086). Der h. M. (BGHZ 37, 269; BRS 19 Nr. 96; BRS 19 Nr. 99; BRS 26, 196; BRS 26, 207; Schmidt-Aßmann, in: E/Z/B, § 93, Rn 89), die Veränderungssperre einer anschließenden Dauerregelung des Bebauungsplanes und der daran anknüpfenden Enteignung zuzurechnen und als Vorwirkung mitzuentschädigen, wird zu Unrecht entgegengehalten, daß sie in sachlich nicht gerechtfertigter Weise die Eigentümer benachteilige, deren Grundstücke zwar von einer Veränderungssperre, nicht aber von einer Enteignung betroffen werden (so aber Aust/Jacobs aaO, S. 244; Ziegler, DVBl. 1973, 93; Breuer, in: Schrödter, § 93, Rn 7; dagegen überzeugend Gelzer/Busse aaO, Rn 172 ff.).

§ 94 Entschädigungsberechtigter und Entschädigungsverpflichteter

(1) **Entschädigung kann verlangen, wer in seinem Recht durch die Enteignung beeinträchtigt wird und dadurch einen Vermögensnachteil erleidet.**

(2) **Zur Leistung der Entschädigung ist der Enteignungsbegünstigte verpflichtet. Wird Ersatzland enteignet, so ist zur Entschädigung derjenige verpflichtet, der dieses Ersatzland für das zu enteignende Grundstück beschaffen muß.**

1. Ergänzend zu den anspruchsbegründenden Vorschriften der §§ 93, 95–97 stellt Abs. 1 klar, wer einen Anspruch auf Enteignungsentschädigung hat – Entschädigungsberechtigter. Abs. 2 bestimmt, gegen wen sich der Anspruch richtet. Entschädigungsverpflichteter ist danach der Entschädigungsbegünstigte, außer in den Fällen der Ersatzlandenteignung.

2. Entschädigungsberechtigt ist derjenige, in dessen Recht die Enteignung unmittelbar eingreift und dem dadurch (dazu BGHZ 55, 295/296) ein Vermögensnachteil zugefügt wird. Inhaber verschiedener eigentumsrechtlich geschützter Positionen können nebeneinander anspruchsberechtigt sein (BGH, NVwZ 1982, 646 – Eigentümer, Pächter). Derjenige, gegen den sich ein hoheitlicher Eingriff nur mittelbar auswirkt, ist nicht entschädigungsberechtigt. Unerheblich ist, ob der Eingriff gezielt ist (BGHZ 37, 44). Zu den dadurch aufgeworfenen

Wertungsfragen bei der Bestimmung der Kausalität und des Eingriffs-
objekts s. Gronefeld, Preisgabe und Ersatz des enteignungsrechtlichen
Finalitätsmerkmals, 1972; Wagner, NJW 1966, 569. Entschädigt wird
nur die Beeinträchtigung von Rechten, nicht die bloßer Chancen,
Hoffnungen und Aussichten, s. § 96, Rn 4. Zur Bedeutung der Rechts-
beeinträchtigung für einen normativen Entschädigungsbegriff s. § 93,
Rn 3. Bagatellschäden werden wegen der Sozialgebundenheit des Ei-
gentums (Art. 14 Abs. 2 GG) nicht entschädigt (BGH, VersR 1961,
541). Zum Eingriff in das Eigentum juristischer Personen des öffentli-
chen Rechts s. § 86, Rn 3).

3 **3. Entschädigungsverpflichteter** ist grundsätzlich der gem. § 113
Abs. 2 Nr. 8 im Enteignungsbeschluß zu bestimmende Enteignungsbe-
günstigte (Abs. 2 S. 1). Das ist regelmäßig der Antragsteller. Eine
subsidiäre Entschädigungspflicht des Staates oder der Gemeinde be-
steht bei der Enteignung gem. §§ 85 ff. nicht (anders § 44 Abs. 1 S. 3,
Abs. 2 S. 3 im Planungsschadensrecht).

4 **4.** Begünstigter der (sekundären) **Ersatzlandenteignung** ist derje-
nige, dem durch die primäre Enteignung das Grundstück entzogen
worden ist. Es wäre widersinnig, wenn dieser als Entschädigungsbe-
rechtigter (der primären Enteignung, § 100 Abs. 1, Abs. 2) entspre-
chend der Grundregel des Abs. 2 S. 1 das Ersatzgrundstück besorgen
müßte. Daher bestimmt Abs. 2 S. 2, daß **Entschädigungspflichtiger**
derjenige ist, der nicht von der Ersatzlandenteignung, sondern von der
primären Enteignung begünstigt worden ist, das ist der Antragsteller
der primären Enteignung.

§ 95 Entschädigung für den Rechtsverlust

(1) **Die Entschädigung für den durch die Enteignung eintretenden
Rechtsverlust bemißt sich nach dem Verkehrswert (§ 194) des zu
enteignenden Grundstücks oder sonstigen Gegenstands der Enteig-
nung. Maßgebend ist der Verkehrswert in dem Zeitpunkt, in dem die
Enteignungsbehörde über den Enteignungsantrag entscheidet.**

(2) **Bei der Festsetzung der Entschädigung bleiben unberücksich-
tigt**

1. **Wertsteigerungen eines Grundstücks, die in der Aussicht auf eine
Änderung der zulässigen Nutzung eingetreten sind, wenn die
Änderung nicht in absehbarer Zeit zu erwarten ist;**

2. **Wertänderungen, die infolge der bevorstehenden Enteignung ein-
getreten sind;**

3. **Werterhöhungen, die nach dem Zeitpunkt eingetreten sind, in
dem der Eigentümer zur Vermeidung der Enteignung ein Kauf-
oder Tauschangebot des Antragstellers mit angemessenen Bedin-
gungen (§ 87 Abs. 2 Satz 1 und § 88) hätte annehmen können, es sei**

denn, daß der Eigentümer Kapital oder Arbeit für sie aufgewendet hat;

4. wertsteigernde Veränderungen, die während einer Veränderungssperre ohne Genehmigung der Baugenehmigungsbehörde vorgenommen worden sind;

5. wertsteigernde Veränderungen, die nach Einleitung des Enteignungsverfahrens ohne behördliche Anordnung oder Zustimmung der Enteignungsbehörde vorgenommen worden sind;

6. Vereinbarungen, soweit sie von üblichen Vereinbarungen auffällig abweichen und Tatsachen die Annahme rechtfertigen, daß sie getroffen worden sind, um eine höhere Entschädigungsleistung zu erlangen;

7. Bodenwerte, die nicht zu berücksichtigen wären, wenn der Eigentümer eine Entschädigung in den Fällen der §§ 40 bis 42 geltend machen würde.

(3) Für bauliche Anlagen, deren Abbruch jederzeit aufgrund öffentlich-rechtlicher Vorschriften entschädigungslos gefordert werden kann, ist eine Entschädigung nur zu gewähren, wenn es aus Gründen der Billigkeit geboten ist. Kann der Abbruch entschädigungslos erst nach Ablauf einer Frist gefordert werden, so ist die Entschädigung nach dem Verhältnis der restlichen zu der gesamten Frist zu bemessen.

(4) Wird der Wert des Eigentums an dem Grundstück durch Rechte Dritter gemindert, die an dem Grundstück aufrechterhalten, an einem anderen Grundstück neu begründet oder gesondert entschädigt werden, so ist dies bei der Festsetzung der Entschädigung für den Rechtsverlust zu berücksichtigen.

Übersicht

1 **1.** Die Vorschrift konkretisiert die Regelung des § 93 Abs. 2 Nr. 1, daß Entschädigung für den durch die Enteignung eintretenden **Rechtsverlust** zu gewähren ist (s. § 93, Rn 3). Abs. 1 S. 1 trifft die zentrale Entscheidung, daß die Entschädigung nach dem in § 194 definierten **Verkehrswert** zu bemessen ist. Abs. 1 S. 2 legt den Zeitpunkt der Bewertung (Bewertungsstichtag) fest. Abs. 2 enthält eine normativ wertende Korrektur des auf dem Marktgeschehen basierenden Verkehrswerts durch sieben **Reduktionsklauseln,** denen zufolge bestimmte Umstände bei der Wertermittlung nicht zu berücksichtigen sind. Von besonderer Bedeutung sind die beiden durch die Novelle 1976 eingefügten Klauseln über spekulative Bodenwertsteigerungen (Nr. 1) und über nach dem Planungsschadensrecht nicht zu berücksichtigende Bodenwerte (Nr. 7) sowie die den allgemeinen Grundsatz der Verwirklichung der Enteignung regelnde Nr. 2 Abs. 3 S. 1 trifft eine Billigkeitsentschädigung für illegale Bauten, Abs. 3 S. 2 eine Enteignungsentschädigung für befristet legale Bauten. Abs. 4 regelt die Entschädigungsbemessung eines durch Rechte Dritter in seinem Wert geminderten Grundstücks. Bei der Entschädigungsbemessung nach § 95 sind zu beachten die in § 93 Abs. 3 geregelten Entschädigungsgrundsätze – Vorteilsausgleichung (§ 93, Rn 6) und Mitverschulden (§ 93, Rn 7) – sowie der vom Bewertungsstichtag des Abs. 1 S. 2 zu unterscheidende Zeitpunkt der Qualitätsbestimmung (§ 93, Rn 8). Über die Reduktionsklauseln des Abs. 2 hinausgehend werden in förmlich festgelegten Sanierungsgebieten, sofern die Sanierung nicht im vereinfachten Verfahren durchgeführt wird (§ 152), und in Entwicklungsbereichen (§ 169 Abs. 1 Nr. 7) gem. § 153 Abs. 1 sanierungsbedingte **Bodenwertsteigerungen abgeschöpft.** Die an das StBauFG anknüpfende im Entwurf der Novelle 1976 (§ 96a, BT-Drs. 7/2496, S. 19, 58; BT-Drs. 7/4793, S. 43, 106) vorgesehene Regelung, 50 % der infolge der Entwicklung oder Neugestaltung eines Gebietes eintretenden Wertsteigerungen bei der Bemessung der Enteignungsentschädigung unberücksichtigt zu lassen, ist zusammen mit der vorgesehenen Erhebung von Ausgleichsbeträgen im Bundesrat gescheitert (s. a. Gaentzsch, Die Bodenwertabschöpfung im Städtebauförderungsgesetz, 1975; von Einem, DÖV 1981, 252, 956; Schmalgemeier, DÖV 1981, 953).

2 **2.** Die Entschädigung ist nach dem Verkehrswert des Enteignungsobjekts zu bemessen (Abs. 1 S. 1). Die Definition des Verkehrswerts in § 194 knüpft an die Rechtsprechung des Reichsgerichts (E 112, 189/192) und des BGH (E 6, 270/293) zum „gemeinen Wert" an. Zur verfassungsrechtlichen Begründung dieser Rechtsprechung und zur Möglichkeit des Gesetzgebers, entsprechend der Abwägungsklausel des Art. 14 Abs. 3 S. 3 GG einen anderen als den Verkehrswert festzulegen s. § 93, Rn 2. Auch nach der durch die Novelle 1976 eingefügten Bezugnahme des § 142 Abs. 2 BBauG = § 194 BauGB auf rechtliche Gegebenheiten und dem klarstellenden Hinweis auf die bei der Werter-

mittlung zu berücksichtigenden besonderen Umstände, insbesondere also auf die in § 95 Abs. 2 erweiterten Reduktionsklauseln, hat der Gesetzgeber am Verkehrswertprinzip festgehalten. Gleichzeitig hat er aber das Modell der **normativ gefaßten Verkehrswertentschädigung** durch wertende Korrekturen am Marktwert ausgebaut. Der **Verkehrswert** ist ein sich aus der Angebots- und Nachfragesituation des Grundstücksmarktes ergebender, normativ bereinigter Marktpreis. Wichtigstes wertendes Kriterium ist das Tatbestandsmerkmal „gewöhnlicher Geschäftsverkehr" (BGHZ 30, 281/286; E 39, 198/200), dessen Rang durch das negative Tatbestandsmerkmal „ungewöhnliche oder persönliche Verhältnisse" unterstrichen wird. Beide Tatbestandsmerkmale schließen reine Spekulations- oder Liebhaberpreise aus. Die Enteignungsbehörde hat zur Vorbereitung der mündlichen Verhandlung ein Gutachten des Gutachterausschusses (§§ 192 ff.) einzuholen, wenn Eigentum entzogen oder ein Erbbaurecht bestellt werden soll (§ 107 Abs. 1 S. 4). Sie ist an das Gutachten grundsätzlich nicht gebunden (§ 193 Abs. 4). Die Wertermittlung ist Rechtsanwendung und voll gerichtlich nachprüfbar (BGHZ 26, 373/376). In der Auswahl der Methoden der Wertermittlung ist das Gericht frei. § 287 ZPO ist andwendbar (BGHZ 29, 217). Die von der Rechtsprechung entwickelten Methoden der Vergleichswert-, Ertragswert- und der Sachwertberechnung sind in der gem. § 141 Abs. 4 BBauG a. F. (= § 199 Abs. 1 BauGB) ergangenen Verordnung über die Grundsätze für die Ermittlung des Verkehrswerts von Grundstücken i. d. F. v. 15. 8. 1972, BGBl. I S. 1416 geregelt. Ergänzt wird die Wertermittlungsverordnung durch die Wertermittlungsrichtlinien i. d. F. v. 27. 7. 1973 (BAnz. Nr. 182 Beilage). Zur Wertermittlung s. §§ 192 ff.

3. Der Zeitpunkt, dessen Preis- und Währungsverhältnisse für die **3** Bewertung des Enteignungsobjektes maßgeblich sind, – **Bewertungsstichtag** – stimmt grundsätzlich überein mit dem Zeitpunkt der Qualitätsbestimmung, an dem die Qualität des durch die Enteignung genommenen gem. § 93 Abs. 4 bestimmt wird. Bewertungsstichtag ist grundsätzlich der Tag, an dem die Enteignungsbehörde über den Enteignungsantrag entscheidet (Abs. 1 S. 2). Maßgebend ist der Tag der Zustellung des Bescheids. Zum Einfluß der Sicherheitsleistung nach § 116 Abs. 2 auf die Festlegung des Stichtages s. § 116, Rn 5. Nach der vom BGH unter Berufung auf Art. 14 Abs. 3 GG entwickelten **Steigerungsrechtsprechung** (Zusammenfassung bei Gelzer/Busse, Der Umfang des Entschädigungsanspruchs aus Enteignung und enteignungsgleichem Eingriff, 1980, Rn 107 ff.; Aust/Jacobs, Die Enteignungsentschädigung, 2. A., 1984, S. 225 ff.; Krohn/Löwisch, Rn 324 ff.) kann sich bei schwankendem Preisniveau der Bewertungsstichtag verschieben. Hat sich die Auszahlung der richtig festgesetzten Entschädigung nicht unwesentlich (dazu BGHZ 61, 240/246: wenige Wochen unwesentlich) verzögert, z. B. weil der Enteignungsbegünstigte die Festsetzung der Enteignungsentschädigung erfolglos angegriffen hat

(BGHZ 40, 87) oder hat der Betroffene die festgesetzte Entschädigung erfolgreich angefochten (BGHZ 43, 300/306 m. Anm. v. Dittus, NJW 1965, 1480; anders bei erfolgloser Anfechtung durch Eigentümer, s. BGH, DVBl. 1983, 1147), so verschiebt sich der Bewertungsstichtag. Die Entschädigung hat dann, soweit sie nicht rechtzeitig hinterlegt – sei es auch unter einem restriktiv interpretierten Rückzahlungsvorbehalt (BGH, NJW 1976, 1499; BRS 34 Nr. 141) –, ausgezahlt, hinterlegt oder ernsthaft und angemessen angeboten worden ist (BGHZ 44, 52; E 61, 246) – „Fixierung" des Stichtags (s. Gelzer/Busse aaO, Rn 140–161; Krohn/Löwisch aaO, Rn 335–343) –, positiv oder negativ teil an der zwischenzeitlich eingetretenen Preisentwicklung (BGH, NJW 1977, 1535). Hat der Enteignungsbegünstigte weder einen Teilbetrag gezahlt noch angeboten, so wird die Entschädigung insgesamt nach den Preisverhältnissen der letzten gerichtlichen Tatsachenverhandlung berechnet (BGHZ 29, 217). Ist die vorzeitige Besitzeinweisung des Antragstellers von der Leistung einer Sicherheit abhängig gemacht worden und wird diese durch vorbehaltlose Zahlung an den Eigentümer erbracht, so kann diese Zahlung geeignet sein, den Stichtag hinsichtlich der Preisverhältnisse für die noch festzusetzende Entschädigung festzulegen (BGH, NVwZ 1986, 1053). In Zeiten schwankender Preise kann sich der Bewertungsstichtag verschieben, wenn sich außer einer Änderung der Verhältnisse die Auszahlung nach der Festsetzung der Entschädigung nicht unerheblich verzögert und die Ursache hierfür im Verantwortungsbereich des Beteiligten liegt, zu dessen Lasten der Bewertungsstichtag verschoben werden soll (BGH, BauR 1975, 326). Zur Behandlung der Anfechtung der Vorauszahlung nach § 112 s. § 112 Rn 6. Solange der Betroffene den Grund und damit die Zulässigkeit der Enteignung angreift, wird der Bewertungsstichtag nicht verschoben. Der Betroffene wird dann so behandelt, als ob alsbald nach der Zustellung des Enteignungsbeschlusses entschädigt worden wäre (BGHZ 44, 52/57; NJW 1972, 1317). Die Grundsätze der Steigerungsrechtsprechung sind nur anwendbar, wenn die Entschädigung nicht unwesentlich zu niedrig festgesetzt worden ist. Entsprechend der im Enteignungsrecht gebotenen wirtschaftlichen Betrachtungsweise ist dabei wichtiger als der Prozentsatz der summenmäßige Betrag (Aust/ Jacobs aaO, S. 230). Als unwesentlich zu niedrig sind bewertet worden 422,15 DM = 9 % (BGH, NJW 1963, 1916), aber auch 13 000,— DM = 2,6 % (BGH, BRS 19 Nr. 83), als wesentlich 30 700,— DM = 15 % (BGHZ 64, 361), 6600,—DM = 7,3 % (BGHZ 22, 225); weitere Beisp. bei Schmidt-Aßmann, in: E/Z/B, § 95, Rn 64; Krohn/Löwisch, Rn 331 f. Die Steigerungsrechtsprechung gilt nicht für Folgeschäden i. S. v. § 96 (Krohn/Löwisch, Rn 325). Zur Steigerungsrechtsprechung bei Entschädigung von Verkehrsimmissionen ohne förmliche Inanspruchnahme eines Grundstücks s. § 96, Rn 11.

4 **4. a)** Der auf dem Marktgeschehen aufbauende Verkehrswert umfaßt auch **Preissteigerungen,** mit denen der Markt auf städtebauliche

Maßnahmen reagiert, und zwar auch dann, wenn der Betroffene zu diesen Wertsteigerungen keine eigenen Leistungen erbracht hat (BGHZ 39, 198; Dittus, JuS 1964, 308). Um den damit eröffneten Spekulationsmöglichkeiten teilweise entgegenwirken zu können, betont die Reduktionsklausel des Abs. 2 Nr. 1, daß Wertsteigerungen eines Grundstücks, die in Aussicht auf eine Änderung der zulässigen Nutzung eingetreten sind, unberücksichtigt bleiben, wenn die Änderung nicht in absehbarer Zeit zu erwarten ist. Abs. 2 Nr. 1 soll „ungesunde Wertentwicklungen" **spekulativer Art**, die auf einer in absehbarer Zeit nicht zu realisierenden Bauerwartung beruhen, unberücksichtigt lassen (BT-Drs. 7/4793, S. 22, 43 Nr. 45). BGH, DVBl. 1982, 1086/1088 stellt darauf ab, ob die städtebauliche Entwicklung dem gesunden Grundstücksverkehr eine objektive Grundlage für die Erwartung gegeben hat, das Grundstück werde in **absehbarer Zeit** in die Bebauung einbezogen. Die Nutzungsänderung ist nicht nur dann absehbar, wenn die Änderungsabsicht sich in verbindlichen Beschlüssen der zuständigen Gremien niedergeschlagen hat, z. B. Änderung des Flächennutzungsplans (BGH aaO gegen Breuer, in: Schrödter, § 95, Rn 5; Reisnecker, BayVBl. 1977, 655). Der BGH (aaO) lehnt eine Stellungnahme dazu ab, ob im Hinblick auf § 44 Abs. 2 BBauG = § 42 Abs. 2 BauGB nur ein Zeitraum von 7 Jahren „absehbar" ist (so Schmidt-Aßmann, in: E/Z/B, § 95, Rn 78 d; Puhr-Weisterheide, BayVBl. 1977, 659). Die Absehbarkeit hängt u. a. auch von der tatsächlichen und der prognostizierbaren Bevölkerungs- und Wirtschaftsentwicklung ab. Eine Nutzungsmöglichkeit, die erst in 30 Jahren realisiert werden soll, ist nicht absehbar (BGHZ 39, 198/203; E 86, 61/68; NJW 1987, 1256/1258).

b) Gem. Abs. 2 bleiben Wertänderungen, also Werterhöhungen oder 5
Wertminderungen, die infolge der bevorstehenden Enteignung eingetreten sind, unberücksichtigt. Diese sog. **Vorwirkung der Enteignung** kann auch bei Qualitätsänderungen, z. B. durch Festsetzung eines neuen Bebauungsplanes eintreten (BGH, NJW 1967, 2306; NJW 1968, 892; WM 1977, 506; s. a. § 93, Rn 8). Die Kausalität muß zwischen der eingetretenen Wertänderung und der „bevorstehenden", d. h. mit Sicherheit zu erwartenden Enteignung bestehen. Wird ein Grundstück erstmals als Bauland ausgewiesen und zugunsten einer Wohnungsbaugesellschaft enteignet, so beruht die Werterhöhung nicht auf der bevorstehenden Enteignung, sondern auf der Festsetzung als Bauland (BGH, NJW 1968, 892). Durch Abs. 2 Nr. 2 sollen nicht die allgemeinen Wertsteigerungen am Bodenmarkt abgeschöpft werden (BGH, WM 1977, 506). Wertänderungen, die auf Festsetzungen eines Bebauungsplanes für Zwecke der Allgemeinheit beruhen, z. B. als Grünfläche für ein Schulzentrum, stehen in unmittelbarem Zusammenhang mit der nachfolgenden Enteignung und sind daher (auch im Falle der Werterhöhung) nicht zu berücksichtigen (BGH, NJW 1967, 2306; Maury, NJW 1964, 2048; ders., NJW 1965, 736; Gelzer/Busse aaO, Rn 66–82; Kirchberg, VBlBW 1990, 161/165). In der Zukunft liegende Wertsteigerun-

gen, die ohne die Enteignung und deren vorwirkende Planungen
eingetreten wären, haben unberücksichtigt zu bleiben. Zu berücksichti-
gen sind sie jedoch dann, wenn ihre Verwirklichung im Zeitpunkt der
Enteignung oder deren Vorwirkung so sicher unmittelbar bevorstand,
daß der allgemeine Grundstückszweck ihnen schon Rechnung trug
(BGH, NJW 1966, 497). Nicht zu berücksichtigende Wertänderungen
infolge bevorstehender Enteignung sind zu unterscheiden von den
gem. § 93 Abs. 3 anzurechnenden Vorteilen (s. Aust/Jacobs aaO,
S. 275 f.). Entschädigungen, die gem. §§ 39 ff. für die durch die Pla-
nung ausgelösten Wertminderungen gezahlt worden sind, sind auf die
Entschädigung für die nachfolgende Administrativenteignung anzu-
rechnen (BGH, BBauBl. 1963, 76).

6 c) Die Ausschlußklausel des Abs. 2 Nr. 3 gilt für solche Werterhö-
hungen, die **nach** dem Zeitpunkt eingetreten sind, in dem der Eigentü-
mer zur Vermeidung der Enteignung ein **Kauf- oder Tauschangebot**
des Antragstellers mit angemessenen Bedingungen (§ 87 Abs. 2, § 88)
hätte annehmen können. Die einen allgemeinen Grundsatz des Enteig-
nungsrechts darstellende Regelung (BGHZ 98, 341; NJW 1975, 197)
soll verhindern, daß ein Eigentümer, der in Zeiten schwankender Preise
sein Grundstück zu Spekulationszwecken zurückhält, bessergestellt
wird als derjenige, der sogleich auf ein angemessenes Angebot einge-
gangen ist (Zinkahn, DÖV 1961, 578/580; Aust, NJW 1973, 605). Zur
Angemessenheit des Angebots § 87, Rn 6. Die Sperrwirkung eines
angemessenen Angebots entfällt, wenn der Enteignungsbegünstigte es
ganz oder teilweise nicht mehr aufrechterhält, z. B. vor der Enteig-
nungsbehörde oder im Prozeß beantragt, auf eine geringere als die
Angebotssumme zu erkennen (BGH, WM 1971, 946; BGHZ 61, 240;
abl. Prokop, NJW 1974, 320) oder die Entschädigung wegen zu
berücksichtigender Vorteilsausgleichung auf 0 oder geringer als das
Angebot festzusetzen (BGHZ 68, 101). Da ein angemessenes Angebot,
von dem der Enteignungsbegünstigte wieder abrückt, ungeeignet ist,
den Stichtag für die Preisverhältnisse festzulegen, sind bei der Bemes-
sung der Entschädigung auch die Preisveränderungen zu berücksichti-
gen, die in dem Zeitraum zwischen dem Zugang des Angebots und
seiner Rücknahme oder Einschränkung eingetreten sind (BGH, NJW
1976, 1255; s. a. Rn 3). Die Sperrwirkung des Abs. 2 Nr. 3 tritt nur ein,
wenn sicher feststeht, daß ein Grundstück enteignet werden kann,
wenn also alle Enteignungsvoraussetzungen zur Zeit des Angebots
vorliegen (BGH, NJW 1980, 1844). Auf ein Angebot nach Einleitung
des Enteignungsverfahrens ist Abs. 2 Nr. 3 analog anwendbar (Kreft,
WM 1977, Sonderbeilage 2, S. 18; Schmidt-Aßmann, in: E/Z/B, § 95,
Rn 83; Aust/Jacobs, S. 16; a. A. Gelzer/Busse, Rn 153). Abs. 2 Nr. 3
schließt nicht solche Werterhöhungen aus, die der Eigentümer unter
Kapital- oder Arbeitsaufwand nach einem angemessenen Angebot
zulässigerweise herbeigeführt hat.

7 **d)** Abs. 2 Nr. 4 schließt wertsteigernde Veränderungen aus, die wäh-

rend der **Geltung einer Veränderungssperre** i. S. v. §§ 14 ff. ohne die erforderliche Ausnahmegenehmigung vorgenommen worden sind. Abs. 2 Nr. 4 ist auch auf Veränderungssperren, die nach anderen Gesetzen ergehen, anwendbar.

e) Die Ausschlußklausel des Abs. 2 Nr. 5 gilt für **eigenmächtige** **8** nach Einleitung des Enteignungsverfahrens vorgenommene **wertsteigernde Veränderungen,** wie sie § 51 i. V. m. § 109 Abs. 1 bezeichnet. Zum Zeitpunkt der Einleitung des Enteignungsverfahrens s. § 108. Die Enteignungsbehörde darf die Zustimmung zu wertsteigernden Veränderungen i. S. v. § 51 versagen, wenn Grund zu der Annahme besteht, daß sie die Verwirklichung des Enteignungszweckes unmöglich machen oder wesentlich erschweren würden (§ 109 Abs. 2). Die Ausschlußklausel gilt außer für genehmigte wertsteigernde Veränderungen auch nicht für solche, die von einer Behörde, z. B. der Ordnungsbehörde, zum Schutze Dritter angeordnet worden sind.

f) Nach dem Vorbild des § 23 Abs. 2 StBauFG verlangt die Reduk- **9** tionsklausel des Abs. 2 Nr. 6 als objektive Voraussetzung, daß die fraglichen Vereinbarungen von den üblichen Vereinbarungen **auffällig abweichen** und als subjektive Voraussetzung, daß (vom Entschädigungspflichtigen zu beweisende) Tatsachen die Annahme rechtfertigen, daß die fraglichen Vereinbarungen getroffen worden sind, um eine höhere Entschädigungsleistung zu erlangen.

g) Nach der Reduktionsklausel des Abs. 2 Nr. 7 bleiben unberück- **10** sichtigt Bodenwerte, die nach Planungsschadensrecht gem. § 43 Abs. 4 wegen ungesunder Wohn- und Arbeitsverhältnisse und sonstiger **städtebaulicher Mißstände** nicht zu entschädigen wären. Ob sich die Reduktionsklausel darüber hinaus auch auf die Klauseln der §§ 42 Abs. 2, 3, § 43 Abs. 3 S. 2 – Entschädigungsreduktion nach Ablauf der 7jährigen Plangewährleistungspflicht – bezieht, ist umstritten (bejahend Schmidt-Aßmann, in: E/Z/B, § 95, Rn 101 g; Breuer, in: Schrödter, § 95, Rn 10; Gaentzsch, in: Berliner Komm., § 43, Rn 8; Wendt, DVBl. 1978, 356 (der aber die Verfassungsmäßigkeit der Vorschrift bezweifelt); Ziegler, ZfBR 1983, 169/180; vern. B/B, § 95, Rn 16; einschr. Krohn, in: Berliner Komm., § 95, Rn 18; Söfker, DVBl. 1979, 107; Uechtritz, BauR 1983, 523/530). Zwar spricht wie Abs. 2 Nr. 7 nur § 43 Abs. 4 von Bodenwerten, aber auch in den Fällen der §§ 42 Abs. 2, 3, 43 Abs. 3 S. 2 geht es um die Bestimmung des Bodenwerts. Hätte der Gesetzgeber die h. M. zu § 95 Abs. 2 Nr. 7 BBauG, die dem zwischen dem Planungsschadensrecht und der Administrativenteignung bestehenden Koordinierungsbedarf gerecht wird, nicht billigen wollen, so hätte er mit der redaktionellen Anpassung des Abs. 2 Nr. 7 die Verweisung auf die Gesamtheit der §§ 40–42 enger fassen müssen. Krohn/Löwisch, Eigentumsgarantie, Enteignung, Entschädigung, 3. Aufl., 1984, Rn 124, wenden im Wege verfassungskonformer Auslegung Abs. 2 Nr. 7 dann nicht an, wenn es sich um eine Administrativ-

enteignung zur Verwirklichung eigentumsverdrängender Planungen handelt, z. B. Herabzonung von Bauland zu Straßenland mit anschließender Enteignung zum Planvollzug (zust. Nüßgens/Boujong, Eigentum, Sozialbindung, Enteignung, 1987, Rn 153; Schmidt-Aßmann, aaO, Rn 101 g; einschränkend Gaentzsch, aaO, Rn 8).

11 **5.** Eine dem Härteausgleich (§ 181) verwandte **Billigkeitsentschädigung** und keine einen objektiven Wertausgleich gewährende Enteignungsentschädigung ist die in Abs. 3 S. 1 (systematisch unzutreffend) geregelte Entschädigung für illegale Bauten. Ob der Abbruch der baulichen Anlagen (zum Begriff § 29, Rn 8 ff.) jederzeit verlangt werden kann (nicht muß), entscheidet sich regelmäßig nach den BauO, u. U. auch i. V. m. den §§ 29 ff. BauGB oder ergänzend nach allgemeinem Ordnungsrecht. Mit Rücksicht auf den Eigentumsschutz des Art. 14 Abs. 1 GG dürfen nach diesen Vorschriften nur formell und materiell illegale Bauten entschädigungslos abgebrochen werden. Die sich abzeichnende nachträgliche Legalisierung kann zur Unverhältnismäßigkeit einer Abbruchverfügung führen (dazu m. w. N. Battis, S. 254 ff.; F/O, S. 284 ff.). Die Entschädigung gem. Abs. 3 S. 1 ist nur ausnahmsweise zu gewähren, nämlich dann, wenn sie nach einer umfassenden Interessenabwägung aus Billigkeitsgründen geboten ist. Das wird regelmäßig nicht der Fall sein beim vorsätzlichen formellen und materiellen Schwarzbau. Abs. 3 S. 1 ist auch anwendbar auf baufällige und damit polizeiwidrige Anlagen (Schmidt-Aßmann, in: E/Z/B, § 95, Rn 107).

12 **6.** Abs. 3 S. 2 regelt die Entschädigungsberechnung für **zeitlich befristet legale Bauten.** Diese Entschädigung nach dem Verhältnis der restlichen zu der gesamten Frist ist eine Enteignungs- und keine Billigkeitsentschädigung wie in Abs. 3 S. 1, für deren zusätzliche Anwendung kein Raum ist (a. A. Schmidt-Aßmann, in: E/Z/B, § 95, Rn 110; B/ B, § 95, Rn 17).

13 **7.** Gem. Abs. 4 als **wertmindernd zu berücksichtigende** (dingliche oder obligatorische) **Rechte** können sein Rechte, die nach § 97 Abs. 1 i. V. m. dem Enteignungsbeschluß (§ 112 Abs. 3 Nr. 1, § 113 Abs. 2 Nr. 7) an dem enteigneten Grundstück aufrechterhalten werden oder (Ersatz-)Rechte, die nach § 97 Abs. 2, § 112 Abs. 3 Nr. 2 an einem anderen Grundstück (Ersatzland oder Grundstück des Enteignungsbegünstigten) neu begründet werden oder die in § 97 Abs. 3 aufgezählten Rechte, soweit sie gesondert entschädigt werden. Bei der Anrechnung ist zu beachten, daß die durch die dingliche oder obligatorische Belastung verursachte Wertminderung des enteigneten Grundstücks nicht identisch sein muß mit der Höhe der gesonderten Entschädigung für den Nebenberechtigten.

§ 96 Entschädigung für andere Vermögensnachteile

(1) Wegen anderer durch die Enteignung eintretender Vermögensnachteile ist eine Entschädigung nur zu gewähren, wenn und soweit diese Vermögensnachteile nicht bei der Bemessung der Entschädigung für den Rechtsverlust berücksichtigt sind. Die Entschädigung ist unter gerechter Abwägung der Interessen der Allgemeinheit und der Beteiligten festzusetzen, insbesondere für

1. den vorübergehenden oder dauernden Verlust, den der bisherige Eigentümer in seiner Berufstätigkeit, seiner Erwerbstätigkeit oder in Erfüllung der ihm wesensgemäß obliegenden Aufgaben erleidet, jedoch nur bis zu dem Betrag des Aufwands, der erforderlich ist, um ein anderes Grundstück in der gleichen Weise wie das zu enteignende Grundstück zu nutzen;

2. die Wertminderung, die durch die Enteignung eines Grundstücksteils oder eines Teils eines räumlich oder wirtschaftlich zusammenhängenden Grundbesitzes bei dem anderen Teil oder durch Enteignung des Rechts an einem Grundstück entsteht, soweit die Wertminderung nicht schon bei der Festsetzung der Entschädigung nach Nummer 1 berücksichtigt ist;

3. die notwendigen Aufwendungen für einen durch die Enteignung erforderlich werdenden Umzug.

(2) Im Falle des Abs. 1 Nr. 2 ist § 95 Abs. 2 Nr. 3 anzuwenden.

Übersicht

1. § 96 konkretisiert die Regelung des § 93 Abs. 2 Nr. 2, daß Entschädigung für andere durch die Enteignung eingetretene Vermögensnachteile gewährt wird – sog. Folgeschäden. Da sich die Entschädigung für Folgeschäden mit der Entschädigung für den Rechtsverlust (§ 93 Abs. 2 Nr. 1, § 95) überschneiden kann, bestimmt Abs. 1 S. 1 die Subsi- **1**

diarität der Entschädigung für Folgeschäden – Verbot der Doppelent-
schädigung. Abs. 1 S. 2 Halbs. 1 enthält ein Gebot der Doppelabwä-
gung bei Folgeschäden, Abs. 2 S. 2 Halbs. 2 einen nicht abschließenden
Katalog anerkannter Folgeschäden: Nr. 1 Beeinträchtigung der Er-
werbstätigkeit, Nr. 2 zusätzliche Wertminderung bei Teilenteignungen,
Nr. 3 Umzugskosten. Gem. Abs. 2 sind in den Fällen des Abs. 1 Nr. 2
Werterhöhungen nach angemessenem Tausch- oder Kaufangebot nicht
zu berücksichtigen. Bei der Bestimmung aller Folgeschäden sind zu
beachten § 93 Abs. 3, Vorteilsausgleichung, mitwirkendes Verschul-
den, und § 93 Abs. 4, maßgeblicher Zeitpunkt für die Qualitätsbestim-
mung.

2 **2. Folgeschäden** i. S. v. § 96 sind Schäden, die in der Person des
Enteigneten ohne dinglichen Wertbezug durch die Enteignung unmit-
telbar und zwangsnotwendig begründet werden (BGH, NJW 1966,
493/495; WM 1971, 1156). Erfaßt werden auf dem Wertverlust am
Grundeigentum beruhende Beeinträchtigungen anderer rechtlich ge-
schützter konkreter Werte, nicht bloße wirtschaftliche Interessen, Er-
wartungen, Chancen, die über den Verlust des Rechts selbst hinausge-
hen. Es handelt sich i. d. R. um persönlichkeitsbezogene individuelle
Nachteile, die nicht jeden Enteigneten treffen, sondern nur im Einzel-
fall als erzwungene Folge der Enteignung in Erscheinung treten, z. B.
Wohnungs- oder Betriebswechsel (BGH, NJW 1971, 806; Schmidt-
Aßmann, NJW 1974, 1265; s. a. Krohn/Löwisch, Eigentumsgarantie,
Enteignung, Entschädigung, 3. Aufl., 1984, Rn 308; Reisnecker, in:
Kohlhammer-Komm., § 96, Rn 4). Auch die Folgenentschädigung ge-
währt keinen Schadensersatz (s. a. § 93, Rn 4). Da die Folgeschäden von
den Vermögensnachteilen durch Rechtsverlust (Substanzentschädi-
gung, § 95 Abs. 2 Nr. 1, § 95) im Einzelfall unterschiedlich abgegrenzt
werden können, je nachdem, wie der jeweilige Nachteil rechtlich
eingeordnet und welche Bewertungsmethode angewendet wird, geht
Abs. 1 S. 1 davon aus, daß sich beide Entschädigungspositionen über-
schneiden können (BGHZ 67, 190; WM 1978, 458). Beide Entschädi-
gungspositionen bilden beim Ausgleich des dem Enteigneten auferleg-
ten Sonderopfers unselbständige austauschbare Bestandteile der ein-
heitlichen angemessenen Gesamtentschädigung (BGHZ 67, 200), bil-
den zusammen die beiden Komponenten der dem Betroffenen nach
§ 93 zustehenden einheitlichen Entschädigung. Ob im Einzelfall ein für
die Entschädigungsbemessung zu berücksichtigender Umstand der
einen oder anderen Komponente zugeordnet wird, ist praktisch ohne
Bedeutung, wenn nur **keine Doppelentschädigung** erfolgt (BGHZ 55,
294/297; E 67, 190/193). Der Betroffene hat nur einen einheitlichen
Anspruch. Die Folgenentschädigung setzt nicht voraus, daß der Betrof-
fene auch für einen Substanzverlust entschädigt wird. Ist z. B. die
Entschädigung für ein landwirtschaftlich genutztes Grundstück nach
einer höheren Qualität (Bauland, Bauerwartungsland) bemessen wor-
den, so muß sich der Eigentümer auf eine weitere Entschädigung für

Nachteile im landwirtschaftlichen Betrieb den Teil der Entschädigung für das Grundstück anrechnen lassen, der auf eine über die allgemeine landwirtschaftliche Benutzbarkeit des Grundstücks hinausgehende Qualität entfällt (BGHZ 67, 200). Zinsen der Kapitalentschädigung für die Enteignung eines landwirtschaftlich genutzten Grundstücks mit Ackerlandqualität sind hingegen nicht auf die Folgenentschädigung für Umwege sowie An- und Durchschneidungen anzurechnen (BGHZ 67, 190; zu dieser Kombination des Verbots der Doppelentschädigung mit dem Gedanken der Vorteilsausgleichung (§ 93 Abs. 3) s. a. Schmidt-Aßmann, NJW 1974, 1176; zu Einzelfragen Kroth/Nießlein, Agrarrecht 1978, 29; Köhne, Agrarrecht 1978, 94). Ein Resthofschaden wird allerdings durch die Substanzentschädigung auch dann ausgeglichen, wenn der Betroffene die Entschädigung zur vorzeitigen Tilgung betrieblicher Verbindlichkeiten verwenden muß. Ein Folgeschaden liegt aber darin, daß als Folge der Enteignung des Betriebsgrundstücks der Inhaber ein günstiges Betriebsdarlehn vorzeitig ablösen muß (BGH, BRS 34, 265). Keine unzulässige Doppelentschädigung wird gewährt, wenn der Grundstückseigentümer nur eine Substanz-, der Pächter nur eine Folgenentschädigung erhält (s. a. Rn 4, 7).

3. Angesichts der gesetzlichen Regelung ist die Folgenentschädigung 3 als solche anders als früher (BGH, NJW 1966, 493) außer Streit. Aufgrund der neuen Entwicklung in Gesetzgebung und Rechtsprechung ist auch die Kritik an der These von der prinzipalen Substanzentschädigung (Dittus, NJW 1965, 2179/2183) berechtigt, aber im Gesetzeswortlaut hat sich doch ein gewisses „Gefälle" zwischen Substanz- und Folgenentschädigung niedergeschlagen (Schmidt-Aßmann, in: E/Z/B, § 96, Rn 6): Subsidiaritätsklausel des Abs. 1 S. 1, Entschädigung „wegen anderer" nicht „der anderen" oder gar „aller Vermögensnachteile" und insbesondere **Gebot der Doppelabwägung** nach Grund und Höhe der Entschädigung. Aus dem Gebot der Doppelabwägung (Abs. 1 S. 2) folgt auch, daß Folgekosten nicht regelmäßig in der Höhe zu erstatten sind, wie sie der Betroffene aufgewandt hat. Erstattet werden nur die Kosten für Maßnahmen, die ein verständiger Eigentümer in der gegebenen Lage vernünftigerweise getroffen haben würde (BGH, BRS 19 Nr. 144).

4. a) Die in Abs. 1 S. 2 Nr. 1 genannten Tätigkeitsbereiche Berufs-, 4 Erwerbstätigkeit oder Aufgabenerfüllung, die nicht exakt voneinander unterschieden werden, erfassen jede **vermögenswerte Haupt- oder Nebentätigkeit.** Ihre Beeinträchtigung überschneidet sich häufig mit den anderen in Nr. 2 und 3 genannten, weiteren unbenannten von der Rechtsprechung anerkannten und in den Rn 4–13 mitaufgeführten Folgeschäden. Kern dieser ersten Gruppe von Folgeschäden ist die Entschädigung für Beeinträchtigungen des von der Rechtsprechung entwickelten und dem Schutz des Art. 14 GG unterstellten Rechts am eingerichteten und ausgeübten **Gewerbebetrieb** (s. BVerfGE 1, 264/277; einschr. E 51, 193/221; Badura, AöR 1973, 153; Krohn, GewArch

1981, 249; Nüßgens/Boujong, Eigentum, Sozialbindung, Enteignung, 1987, Rn 76 ff.). Art. 14 GG gewährt aber nur Bestandsschutz, nicht Erwerbsschutz. Daher erstreckt sich die geschützte Rechtsposition des Inhabers eines eingerichteten und ausgeübten Gewerbebetriebs nicht auf künftige Chancen und Erwerbsmöglichkeiten (BGHZ 90, 34/46; 98, 341). Soweit die Rspr. wegen vorübergehender Erwerbsverluste der Einfachheit halber ohne Ermittlung des Betriebswertes entgangenen Gewinn entschädigt (BGHZ 23, 157/172; E 25, 266/270; E 57, 359), kommt die Entschädigung dem Schadensersatz nahe (Breuer, in: Schrödter, § 96, Rn 2; s. a. § 93, Rn 4). Bei Betriebsaufgabe und dem Entzug von Miet- und Pachtrechten hingegen fällt die Entschädigung teilweise ganz aus und wird durch den Härteausgleich erfaßt (BGHZ 50, 294; NJW 1982, 2181; NJW 1982, 2183). Vermögensschäden, die einem Gewerbebetrieb durch die Enteignung eines Grundstücks entstanden sind, stellen keinen im Grundstückswert enthaltenen Substanzverlust dar, sondern sind als Folgekosten zu entschädigen (BGH, BRS 19, 131; NJW 1966, 493/495). Der Gewerbeinhaber kann neben der Entschädigung für den Rechtsverlust für den durch den dauernden oder vorübergehenden Erwerbsverlust eintretenden Folgeschaden den Aufwand beanspruchen, um ein anderes Grundstück in der gleichen Weise wie das enteignete zu nutzen (Aust/Jacobs, Die Enteignungsentschädigung, 2. A., S. 166; ausf. zu den Folgeschäden bei Gewerbebeeinträchtigungen Gelzer/Busse, Der Umfang des Entschädigungsanspruchs aus Enteignung und enteignungsgleichem Eingriff, 1980, Rn 447–534; Schmidt-Aßmann, in: E/Z/B, § 96, Rn 73–86; Büchs, Grunderwerb und Entschädigung beim Straßenbau, 2. A., 1980, S. 580–597; Reisnecker, aaO, Rn 24–36). Zur Bestimmung der Entschädigung auf der Basis einer funktionen-spezifischen Bewertungstheorie s. Stolze, Enteignungsentschädigung und Unternehmensbewertung, 1986. Zu Trennungsschäden bei Gewerbebetrieben s. Rn 9.

5 **b)** Als Folgeschäden sind zu entschädigen die aus Anlaß der **Betriebsverlagerung** entstandenen Fahrtauslagen, Verdienstausfall, Insertions- und Verhandlungskosten, Kosten für vorbereitende Standortuntersuchungen einschließlich betriebswirtschaftlicher Beratungen (Gelzer/Busse, Rn 483; Fernau, BauR 1975, 293 und DB 1976, 254), **nicht** aber die durch die Substanzentschädigung abgegoltenen, beim Kauf des Ersatzgrundstücks anfallenden Makler- und Vertragskosten (Gericht, Notar, Vermessung) (BGH, NJW 1966, 493/496), der Grundstückskaufpreis, die Baukosten für ein Ersatzgebäude (BGHZ 43, 300), einschl. der Finanzierung und etwaiger Baunebenkosten (BGH, BauR 1970, 233; NJW 1972, 758/760), Kosten für die Enttrümmerung und Planierung des Ersatzgrundstückes (BGH, NJW 1977, 1725), Erschließungskosten (BGH, NJW 1966, 493/496), die nach § 121 (s. Rn 7 f.) zu erstattenden Rechtsberatungs- und Gutachtenkosten (Reisnecker, aaO, Rn 32), **wohl aber** die Kosten für Wege- und Hofflächen, Wasserleitungen, Licht- und Kraftanlagen (BGHZ 55, 294/297; dazu Gelzer/Busse

aaO, Rn 400; Schmidt-Aßmann, in: E/Z/B, § 96, Rn 70). Erhält der Betroffene aber Entschädigung in Land, so kann er für die Kosten der Ersatzlandbeschaffung gem. § 100 Abs. 9 Aufwendungsersatz verlangen (s. § 100, Rn 12). Zu den entschädigungspflichtigen Folgeschäden zählt auch die auf die Geldentschädigung entfallende Umsatzsteuer (BGHZ 65, 253; NJW 1977, 1725), nicht aber die Grunderwerbssteuer als Teil der Grundstücksbeschaffungskosten (BGHZ 41, 354/359) und die Einkommenssteuer (BGH, WM 1976, 98). Zur Versteuerung der Veräußerungsgewinne s. BGH, NJW 1976, 232; Gelzer/Busse aaO, Rn 508–519; Aust/Jacobs aaO, S. 32 ff., 237 ff.; ausf. auch zu steuerrechtlichen Fragen bei der Enteignung privater und betrieblicher Grundstücke Bublitz, BB 1982, 1869, der der Rechtspr. des BGH zumindest im Ergebnis grundsätzlich zustimmt, jedoch dann für eine Berücksichtigung der Steuern bei der Festsetzung der Entschädigungshöhe eintritt, wenn die Steuerbelastung den Enteigneten endgültig und unvermeidbar trifft, z. B. bei der Besteuerung der Entschädigung für den Verlust immaterieller Wirtschaftsgüter. Entschädigungspflichtige Folgeschäden sind auch die den Umzugskosten (Abs. 1 S. 2 Nr. 3, s. Rn 12) ähnelnden Betriebsverlagerungskosten, die Transportkosten, Demontage- und Montagekosten, Umbau- und Änderungskosten und Kosten der Ersatzbeschaffung, auf die Abzüge neu für alt anzurechnen sind (BGHZ 55, 294/297). Während der Betriebsverlagerung können zu entschädigende **Ertragseinbußen** entstehen, z. B. wegen Produktionsausfalls (BGH, NJW 1966, 493/495), nach der Betriebsverlagerung zusätzliche Anlaufkosten, Minderung des Firmenwertes, Verlust von Kundschaft (BGH, NJW 1965, 493/496; BGHZ 55, 294), und zwar auch dann, wenn ein Betrieb vor dem Eingriff mit Verlust arbeitete, sofern die Aussicht auf künftige Gewinne nicht nur in der Zukunft mögliche Wertverbesserungen waren (BGH, NJW 1972, 1574 f.; s. a. Aust/Jacobs, S. 169), sondern sich bereits als sonstige Substanz des Betriebs konkretisiert hatten (BGH, NJW 1975, 1966 f.). Eine Verminderung des Firmenwertes kann trotz besserer Betriebsgewinne vorliegen (BGH, NJW 1977, 1725 f.). Lageverschlechterungen sind nur entschädigungsfähig, wenn mit der früheren Lage eine Rechtsposition und nicht nur eine faktische Chance verlorengegangen ist (Gelzer/Busse aaO, Rn 496–499). Für Bestimmung des Eigentumsinhalts eines Gewerbebetriebs durch Rückgriff auf seine Situationsgebundenheit Seibel-Schwiedernoch, NJW 1985, 592. Da Art. 14 GG nur konkrete Werte schützt, ist die bloße Chance einer „auf das sorgfältigste" geplanten Betriebserweiterung nicht zu entschädigen (BGHZ 34, 188/190; NJW 1972, 758 f.; DVBl. 1968, 216). Nicht erforderlich ist, daß der Betrieb, in den eingegriffen wird, bereits in Gang ist, es genügt, daß er so eingerichtet ist, daß er ohne den Eingriff unbeschränkt ausgeübt werden könnte (BGH, NJW 1965, 2101/2103; BRS 26, 247/249). Die **Obergrenze** des Ausgleichs von Erwerbsverlusten bilden die objektiv zu bestimmende Einschränkung des Abs. 1 S. 2 Nr. 2: Bis zum Betrag des Aufwandes, der erforderlich ist, um ein anderes Grundstück in der

gleichen Weise wie das zu enteignende zu nutzen. Die Entschädigung für den Rechtsverlust und den Verlegungsaufwand darf den Wert des Betriebes nicht übersteigen. Zur Obergrenze der Entschädigung bei Betriebsverlagerungen Diers, BB 1981, 1246 u. 1984, 1131; Stolberg, BB 1983, 1955.

6 **c)** Wird ein Betrieb nicht verlegt, weil der Betroffene das **Gewerbe aufgibt,** so wird ebenfalls der Verlegungsaufwand als Folgeschaden entschädigt. Allerdings müssen die Verlegungskosten fiktiv ermittelt werden (BGH, BRS 19 Nr. 131; BGHZ 57, 359/369). In diesen Fällen entschädigt der BGH also nicht wie in den Fällen des vorübergehenden Erwerbsverlustes ohne Ermittlung des Betriebswertes den entgangenen Gewinn. Hat der Betrieb auf Dauer ohne Gewinn gearbeitet (zu vorübergehenden Verlusten s. Rn 5), wird kein Verlegungsaufwand entschädigt, sondern nur der Verkehrswert der vorhandenen Sachgüter (s. a. Aust/Jacobs, S. 168). In Betracht kommt auch ein Härteausgleich (§ 181).

7 **d)** Auch bei der Entschädigung von Gewerbebetrieben, die auf **gemieteten oder gepachteten** Grundstücken betrieben werden, ist zu unterscheiden zwischen der nach dem Verkehrswert des Rechts zu berechnenden Entschädigung für den Rechtsverlust (§ 95, § 96 Abs. 1 Nr. 3) und dem Ausgleich der am Gewerbebetrieb selbst eintretenden Folgeschäden (BGH, NJW 1967, 1085). Dem Geschäftsinhaber sind gem. § 97 Abs. 4, § 96 als Folgeschäden die Positionen zu entschädigen, die auch einem Gewerbebetrieb auf eigenem Grundstück ausgeglichen werden (Rn 5), allerdings nur insoweit, wie die Aufwendungen vorzeitig entstehen. Die Entschädigung beschränkt sich grundsätzlich auf den Zwischenzins der früher erforderlich gewordenen Aufwendungen (BGH, NJW 1972, 528). Zusätzlich können Nachteile entschädigt werden, die bei einem geplanten und genügend vorbereiteten Umzug nicht aufgetreten wären. Da Art. 14 GG grundsätzlich nur konkrete subjektive Rechtspositionen, nicht dagegen bloße Chancen und Aussichten schützt, bestimmt sich beim vorzeitigen Entzug eines Miet- oder Pachtrechts die Enteignungsentschädigung für Folgeschäden nur nach dem, was der Mieter oder Pächter von seinem vertraglich und gesetzlich festgelegten Recht, seiner geschützten Nutzungsmöglichkeit hat abgeben müssen (BGH, NJW 1967, 1085; NJW 1972, 528; BGHZ 50, 284/290). Bei der Enteignung eines Miet- oder Pachtrechtes, das vertraglich jeweils zum Jahresende kündbar ist, ist daher die mehr oder minder sichere tatsächliche Erwartung, daß das Mietverhältnis ohne die Enteignung noch über Jahre fortgesetzt worden wäre, nicht zu entschädigen. Insoweit kommt nur die Gewährung von Härteausgleich (§ 181) in Betracht (BGHZ 83, 1/6; BGH, NJW 1982, 2183; MDR 1989, 797 – Tankstelle; anders noch BGHZ 26, 248; s. a. Gelzer/Busse, Rn 608–613).

8 **5. a)** Werden **Teilflächen** eines Grundstücks **enteignet,** so können durch die Zerschneidung bewirkte Wertminderungen des verbleiben-

den Restbesitzes als Folgeschäden auszugleichen sein (Abs. 1 S. 2 Nr. 2). Die Vorschrift knüpft daran an, daß ein Grundstück gem. § 92 nur teilweise enteignet worden ist und der Betroffene keinen Antrag auf Übernahme des Restbesitzes gestellt hat (§ 92 Abs. 4), oder daß dieser Antrag abgelehnt worden ist. Abs. 1 S. 2 Nr. 2 enthält drei Varianten: 1. Enteignung eines Teils eines Grundstücks im rechtlichen Sinn (§ 200, Rn 3), 2. Enteignung eines Teils eines rechtlich oder wirtschaftlich (§ 200, Rn 4) zusammenhängenden Grundstücks, 3. Trennungsschaden am herrschenden Grundstück durch Enteignung eines Rechts an einem anderen Grundstück. Wie bei der Rechtsverlustentschädigung (§ 95) sind auch bei den Folgeschäden wegen Wertminderung des Restgrundstückes Verzögerungsgewinne ausgeschlossen (§ 96 Abs. 2 i. V. m. § 95 Abs. 2 Nr. 3; s. § 95, Rn 6). Insbesondere bei der Teilenteignung von gewerblich und landwirtschaftlich genutzten Grundstücken kann es zu Überschneidungen mit Folgeschäden i. S. v. Abs. 1 Nr. 1 kommen. Die Trennungsschäden werden im folgenden nach den Hauptfallgruppen dargestellt, ohne Überschneidungen ganz ausschließen zu können (s. a. Gelzer/Busse, Rn 240–242, 425–455, 525–534, 541–548; Vahle, MDR 1981, 625; Schmidt-Aßmann, in: E/Z/B, § 96, Rn 44–57 a, 87–87 e, Krohn/Löwisch, Rn 314–317, 468–486; Aust/Jacobs, S. 193 ff.).

b) Trennungs-, Zerschneidungs- und Arrondierungsschäden können **9** insbesondere infolge der Enteignung von **landwirtschaftlich genutzten Flächen** auftreten. Sie können unter Beachtung des Verbots der Doppelentschädigung (Rn 2) – wie bei Gewerbebetrieben (s. Rn 4–7) – zusätzlich zur Substanzentschädigung (§ 95) und zur Entschädigung von Folgeschäden durch Eingriffe in den Betrieb – Verlegungskosten, Erwerbseinbußen – auszugleichen sein. Nicht zu entschädigen sind Ausgleichszahlungen nach § 13 HöfeO (BGHZ 55, 82). Eine wesentliche Orientierungshilfe, aber auch nicht mehr, geben die als Verwaltungsrichtlinien ergangenen Entschädigungsrichtlinien Landwirtschaft – 1978. Zur Bewertung hofnaher Grundstücke, Beckmann, AgrarR 1987, 37. Zum primären verwaltungsgerichtlichen Rechtsschutz gegen Zerschneidungsschäden bei Planfeststellungen s. BVerwG, NuR 1988, 339; s. a. Rn 11. Wird ein bisher geschlossen liegendes („arrondiertes") Landgut durch den Bau einer öffentlichen Straße durchschnitten, so kann dafür eine Entschädigung nur verlangt werden, soweit eine darauf beruhende Wertminderung auf einer Einbuße in eigentumsmäßig geschützter **Rechtsposition** beruht. Ein entschädigungsfähiger Minderwert kann nicht schon daraus hergeleitet werden, daß ein potentieller Käufer die Durchschneidung des bis dahin geschlossen liegenden Hofes zum Anlaß einer wesentlichen Wertminderung nehmen würde. Vielmehr ist zu prüfen, ob und inwieweit die Minderbewertung ihren Grund in einem Eingriff hat, durch den der Eigentümer in einer sich aus seinem Eigentum ergebenden Rechtsposition beeinträchtigt worden ist (BGHZ 64, 382/394; E 66, 173; BRS 34, Nr. 131; NJW 1982, 95 gegen OLG Hamm, NuR 1981, 142; s. a. § 93, Rn 3). Rechtlich gesi-

cherte Vorteile können Erleichterungen in der Betriebswirtschaft des
Betriebes und eine günstigere Stellung bei der Abwehr von Immissio-
nen sein (BGH, NVwZ 1982, 210; WM 1982, 279). In Betracht
kommen auch Randschäden, Formverschlechterungsschäden, Über-
wachungserschwernisse (s. Beckmann, AgrarR 1979, 39, 1980, 96,
1982, 312). Fallen Lagevorteile weg, auf die kein Rechtsanspruch
besteht, so kann eine durch einen öffentlichen Weg vermittelte günstige
Verbindung zwischen zwei zu demselben Betrieb gehörenden Grund-
stücken dem Eigentümer an diesem Betrieb nicht zugerechnet werden
(BGH, BRS 34 Nr. 127 u. 128). Vom Eigentumsschutz ausgenommen
bleibt die durch keinen rechtlichen Anspruch gesicherte Erwartung,
daß die Unberührtheit der Landschaft bestehen bleibe (BGHZ 64, 220/
230; DVBl. 1978, 110), ebenso die Beeinträchtigung der Verwendung
eines Landgutes für gesellschaftliche, von der Bewirtschaftung abgelö-
ste Zwecke (BGH, NJW 1982, 95). Zur Berechnung des Minderwertes
ist die Differenzmethode nur dann geeignet, wenn sichergestellt ist,
daß in den Verkehrswert lediglich die Umstände einfließen, die auf
gefestigter Rechtsposition beruhen (BGH, NJW 1982, 95). Die für
arrondierte Landgüter entwickelten Grundsätze hat der BGH auf **Forst-
güter** (Bv 28. 9. 1978/III ZR 162/77) und **Gewerbebetriebe** (WM 1979,
16) übertragen. Zur Entschädigung der Wertminderung eines als Be-
triebsstätte eines Supermarktes genutzten Grundstücks, dessen Fahr-
zeugabstellfläche teilweise zur Verbreiterung einer Bundesstraße ent-
eignet wird s. BGH, DVBl. 1983, 625. Zur Ermittlung der Wertminde-
rung eines Restgrundstückes, wenn von einem unbebauten, zur Errich-
tung eines Geschäftshauses geeigneten Eckgrundstück eine Teilfläche
zur Anlage einer Fußgängerunterführung enteignet wird BGH, NVwZ
1984, 467. BGH, BRS 34, 308 bejaht einen Entschädigungsanspruch
wegen Wertminderung des Restgrundstückes, weil ein Teil des Grund-
stückes für Straßenbauzwecke enteignet wurde und auf der Restfläche
die Ausbeute eines Gesteinsvorkommens durch Sprengungen wegen
des Sicherheitsabstandes zur Straße blockiert ist (s. a. BGH, MDR
1980, 655). Abgrenzend und verneinend BGH, NJW 1987, 1256 für
den Fall, daß im Sicherheitsabstand noch keine Sprengungen stattge-
funden haben. Zu Durchschneidungsschäden an einem **Jagdbezirk**
BGHZ 84, 261; Aust/Jacobs, S. 89 ff. Ein sog. **Resthofschaden,** der
darin besteht, daß die Restfläche des landwirtschaftlichen Betriebes
nicht unspürbare Betriebskosten mitzutragen hat (Restbetriebskosten)
ist nur dann zu entschädigen, wenn die Substanzentschädigung mit
ihrer abstrakten Nutzungsmöglichkeit im konkreten Fall nicht aus-
reicht (BGHZ 67, 190/199 f.; BRS 34 Nr. 130; s. a. Rn 2). Verliert durch
den Entzug landwirtschaftlich genutzter Flächen die Restfläche ganz
oder teilweise die Qualität als Bauerwartungsfläche, so rechtfertigt die
Annahme einer rechtlich ungeschützten Bebauungserwartung allein
noch keine Entschädigung (BGHZ 67, 200/206; E 62, 96/98; E 64, 382/
394; s. a. Schoenemann, DVBl. 1985, 662; OLG Hamm, NVwZ 1982,
394; OLG Düsseldorf, BRS 34 Nr. 140: Keine Entschädigung für

Resthofschaden, wenn mit den Erträgen aus der Verkehrswertentschädigung eine durch den Landentzug möglicherweise eingetretene Verschlechterung der Wirtschaftslage des Betriebs ausgeglichen wird). Zur Resthofbelastung aus der Sicht betriebswirtschaftlicher Grundsätze der Unternehmensberatung Coenenberg, DB 1986, Beilage Nr. 2.

c) Folgeschäden i. S. v. Abs. 1 S. 2 Nr. 2 können bei der Teilenteignung eines Grundstücks durch erhöhte **Immissionsbelastungen** des Restgrundstückes entstehen. Bei der Feststellung des Minderwertes des Restgrundstückes sind nicht nur Nachteile aus der Abtretung, sondern auch aus dem Betrieb des durch die Enteignung begünstigten „Unternehmens im Ganzen" zu berücksichtigen (BGH, BRS 19 Nr. 147 und Nr. 148; BauR 1972, 301; DVBl. 1972, 675; DVBl. 1974, 124 unter Rückgriff auf RGZ 7, 258; 44, 331). Bei der Berechnung des entschädigungspflichtigen Minderwertes ist zu beachten, daß die Nachteile nicht zu berücksichtigen sind, die auch entstanden wären, wenn die Straße an der Grenze des ungeteilten Grundstückes entlanggeführt worden wäre. Dabei kommt es grundsätzlich nicht darauf an, ob tatsächlich die Möglichkeit bestand, die Straßenlage außerhalb des ungeteilten Grundstücks zu errichten (BGHZ 61, 253; NJW 1978, 318). Jedoch darf bei dem Verlauf der gedachten Straße nicht jeder Bezug zu der tatsächlich erstellten Verkehrsanlage verlorengehen (BGHZ 80, 360/363; NJW 1986, 2424/2425). Soweit Nachteile ohne die Teilenteignung des Restgrundstücks zwar auch, aber nur in geringerem Maße getroffen hätten, kann eine Entschädigung nur insoweit beansprucht werden, als die jetzt eingetretenen Nachteile größer sind als diejenigen, die auch ohne Abtretung der Teilfläche entstanden wären. Das gilt jedoch nur, wenn der betroffene Eigentümer nach den Vorschriften des Nachbarrechts den Bau einer vergleichbaren Anlage durch einen Privaten dort ohne Ausgleich hätte dulden müssen; andernfalls ist darauf abzustellen, in welchem Grenzabstand die Anlage rechtmäßig hätte erbaut werden dürfen (BGHZ 76, 1). Bei der Denkfigur der **Parallelverschiebung** ist von einem hypothetischen Verlauf der Straße parallel zu der tatsächlich angelegten Trasse auszugehen. Ein öffentlicher Wirtschaftsweg, der zwischen der Hofstelle und dem von der Enteignung betroffenen landwirtschaftlich genutzten Flurstück verläuft, muß nicht stets der Annahme einer der Hofstelle vorgelagerten einheitlichen „Schutzzone" entgegenstehen, z. B. wenn der Weg nur geringes Verkehrsaufkommen hat (BGH, NJW 1986, 2424; ergänzend zu BGHZ 61, 253). Zu beachten ist, daß Entschädigung nur gewährt werden darf, wenn der Eigentümer in seiner Rechtsposition betroffen ist. Die Eigentumsgarantie schützt grundsätzlich nicht dagegen, daß die Nutzbarkeit des Nachbargrundstücks durch hoheitliche Maßnahmen verändert wird (BGHZ 80, 360/363; E 66, 173/178; s. a. Rn 9 und § 93, Rn 3). Im Falle der Bestimmung des Minderwerts eines von einer Teilenteignung betroffenen Restbesitzes kann der Eigentümer den Ausgleich des Minderwertes nicht erst verlangen, wenn die zugelassene Nutzung der

Straße die vorgegebene Grundstückssituation nachhaltig verändert und
dadurch sein benachbartes Wohneigentum schwer und unerträglich
i. S. v. BGHZ 64, 220/230 u. BVerwG 52, 122 trifft. Die Frage einer
Entschädigung ist nicht davon abhängig, ob die von der Straße ausge-
henden Beeinträchtigungen für sich allein genommen die Enteignungs-
schwelle überschreiten. Es genügt, daß ein Wegfall der „Schutzzone"
den Verkehrswert des Restbesitzes im gesunden Grundstücksverkehr
spürbar gemindert hat (BGH, NJW 1986, 2424/2425).

11 **d)** Über die Fälle des Abs. 1 S. 2 Nr. 2 hinaus gewährt der BGH auch
dann **Entschädigung,** wenn Grundstücke durch Immissionen einer
Verkehrsanlage betroffen werden, ohne daß sie für deren Bau durch
förmliche **(Teil)Enteignung** in Anspruch genommen worden sind.
Nach der neueren, durch die §§ 41–43 BImSchG ausgelösten Recht-
sprechung des BGH (seit E 64, 220, wo die auf den Neubau und
wesentliche Änderungen beschränkten §§ 41–43 BImSchG vom BGH
auf bestehende Verkehrswege angewendet wurden; zur Entwicklung
Hartung, Entschädigung für Straßenverkehrslärmimmissionen in der
Rechtsprechung des BGH, 1987; Nüßgens/Boujong, Eigentum, Sozial-
bindung, Enteignung, 1987, Rn 241 ff.) steht dem Betroffenen ein
öffentlich-rechtlicher Anspruch auf Entschädigung zu, wenn Verkehrs-
immissionen von hoher Hand, deren Zuführung nicht untersagt wer-
den kann, sich als unmittelbarer Eingriff in nachbarliches Eigentum
darstellen und die Grenze dessen überschreiten, was ein Nachbar nach
§ 906 BGB entschädigungslos hinnehmen muß. Der Anspruch besteht
grundsätzlich in einem Geldausgleich für Schutzeinrichtungen auf dem
betroffenen Grundstück. Eine Entschädigung für einen Minderwert
des Grundstücks kommt erst in Betracht, wenn Schutzeinrichtungen
keine wirksame Abhilfe versprechen oder unverhältnismäßige Auf-
wendungen erfordern. Für diesen Entschädigungsanspruch wegen ent-
eignenden Eingriffs soll der vom BVerfGE 58, 300/319 aufgestellte
Grundsatz der Gesetzmäßigkeit der Entschädigung nicht gelten (so
ausdrücklich BGHZ 97, 361; a. A. Böhmer, Der Staat 1985, 157/192 ff.;
s. a. Schoch, Jura 1989, 529/534; ders. Jura 1990, 140). Der Anspruch
setzt anders als in den Fällen der (Teil)Enteignung für den Bau einer
Verkehrsanlage (s. Rn 10) voraus, daß die zugelassene Nutzung einer
schon bestehenden öffentlichen Straße die vorgegebene Grundstückssi-
tuation nachhaltig verändert und dadurch das benachbarte Wohneigen-
tum schwer und unerträglich trifft (BGHZ 64, 220/229; 97, 114 u. 361).
Es genügt für den Anspruch aus enteignungsgleichem Eingriff nicht,
daß die Voraussetzungen der „einfachgesetzlichen Billigkeitsentschädi-
gung im Vorfeld enteignender Eingriffe" erfüllt sind. Die unterhalb der
enteignungsrechtlichen Zumutbarkeitsschwelle liegende Zumutbar-
keitsgrenze des § 17 Abs. 4 S. 2 FStrG, § 74 Abs. 2, 3 VwVfG ist
bereits erreicht, wenn dem Betroffenen eine nachteilige Einwirkung
des Planvorhabens auf seine rechtlich geschützten Interessen billiger-
weise nicht mehr zugemutet werden kann (BVerwGE 59, 253/261; 77,

295; 80, 184; DVBl. 1989, 358; s. a. Sommer, ZfBR 1990, 54). Der BGH gewährt den Anspruch wegen enteignenden Eingriffs, ohne daß der Betroffene den durch ein fachplanerisches Planfeststellungsverfahren (dazu BVerfGE 79, 174; BGHZ 97, 361; BVerwGE 80, 184; BauR 1989, 580) oder durch einen Bebauungsplan nach § 9 Abs. 1 Nr. 11 (BGHZ 97, 361) festgesetzten Streckenabschnitt verwaltungsgerichtlich angefochten haben muß. Es soll genügen, daß kein administratives Entschädigungsverfahren stattgefunden hat, ohne daß dieses dem Betroffenen nach dem Rechtsgedanken des § 254 BGB vorzuwerfen sei. Auf diese bei Neubauten anders als bei Altanlagen problematische Weise will der BGH dem vom BVerfG (E 58, 300; s. a. Böhmer aaO; Engelhardt, NuR, 1986, 185) statuierten Vorrang des Primärrechtsschutzes durch die Verwaltungsgerichte Genüge tun (dazu BVerwGE 71, 150, wo anders als in BVerwGE 61, 295 in §§ 41 ff. BImSchG keine Rechtsanwendungssperre gesehen wird; billigend insoweit BVerfGE 79, 174; sowie BVerwGE 77, 295 mit Abgrenzung zu BGHZ 97, 114 u. 361; s. a. Sommer, ZfBR 1990, 54/56; BGH UPR 1987, 143 [Zuständigkeit der Zivilgerichte nur für „Altfälle"]). BGHZ 97, 114 erkennt an, daß die planerische Abwägung defizitär bleibt, wenn über die Entschädigung wegen eines enteignenden Eingriffs dem Grund nach grundsätzlich nicht schon im straßenrechtlichen Planfeststellungsverfahren entschieden worden ist (unter Hinweis auf BVerwGE 61, 295/303; Korbmacher, DÖV 1982, 526 f.). Mangels normativer Festlegung der Entschädigungsschwelle – sowohl eine Straßenlärmschutzverordnung als auch ein Verkehrslärmschutzgesetz sind gescheitert (dazu und zur Handlungspflicht des Verordnungsgebers BVerfGE 77, 295; Peine, DWW 1989, 186; Stich, ZfBR 1990, 10; zur unterschiedlichen Rezeption durch die Verwaltungsrechtsprechung s. Stich, UPR 1985, 265 u. UPR 1988, 281) – ist die enteignungsrechtliche Zumutbarkeitsschwelle nach den Umständen des Einzelfalls zu bestimmen. Einen für alle Fallgestaltungen verbindlichen Geräuschpegel erkennt der BGH nicht an (zusammenfassend: Boujong, UPR 1987, 207; Stich, UPR 1988, 281/285; s.a. BVerwGE 71, 150; 77, 285 u. 295). In Verwaltungsvorschriften oder technischen Regelwerken festgelegte Richtwerte bieten eine Orientierungshilfe, ohne jedoch den Richter von der eigenverantwortlichen Feststellung des Ausmaßes der Lärmbelästigung und der enteignungsrechtlichen Zumutbarkeitsschwelle zu entheben. „Die aufgrund tatrichterlicher Würdigung im Einzelfall zu bestimmende Grenze der zumutbaren Lärmbelästigung kann nicht mathematisch exakt, sondern nur aufgrund einer wertenden Beurteilung innerhalb eines Spektrums von Möglichkeiten festgelegt werden" (BGHZ 97, 114 u. 361). Es kann nicht danach unterschieden werden, ob die Verkehrsimmissionen von alten Straßen oder neuen Straßen ausgehen. In Altfällen kann dem Gesichtspunkt der tatsächlichen oder planvorgegebenen Geräuschvorbelastung erhöhte Bedeutung zukommen (BGHZ 97, 361; NJW 1988, 901; BVerwGE 71, 150; 77, 285). Nicht entschädigungsfähig ist ein Minderwert, der auch entstanden wäre, wenn die Straße in

zumutbarem Abstand errichtet worden wäre (BGHZ 70, 118; 80, 360/
362; 97, 361). In nicht vorbelasteten Wohngebieten läßt BGHZ 97, 361/
366 die Enteignungsschwelle bei 70 bis 75 dB(A) am Tag und 60 bis 65
dB(A) nachts für den Regelfall eintreten. BVerwGE 77, 285 hingegen
hat zu §§ 41 ff. BImSchG, § 17 IV FStrG im Regelfall für nicht vorbela-
stete Wohngebiete als Grenzwerte 55 dB(A) tags und 45 dB(A) nachts
festgelegt (billigend BVerfGE 79, 174; s. a. Sommer, aaO, S. 57). Der
Zeitpunkt, an dem die Lärmeinwirkung von der Straße die Enteig-
nungsschwelle übersteigt, ist der für die „Qualitätsmerkmale" des
Enteignungsobjekts ausschlaggebende Stichtag. Für die Preisverhält-
nisse ist die sogen. Steigerungsrechtsprechung (§ 95, Rn 3) anzuwen-
den. Für die Wertminderung eines Grundstücks durch (die Enteig-
nungsschwelle überschreitende) Verkehrsimmissionen von einer öf-
fentlichen Straße wird gem. der Ausgleichsfunktion der Entschädigung
für Teilleistungen in Zeiten schwankender Preise in Höhe des dem
Eigentümer „genommenen" Wertanteils der Stichtag für die Preisver-
hältnisse auf den Zeitpunkt der letzten mündlichen Verhandlung ver-
schoben (BGHZ 97, 361). Es ist von einer je nach Gebietsart abgestuf-
ten Zumutbarkeit auszugehen (BGH NJW 1978, 318/319). Innerhalb
des Außenbereichs ist nach den jeweils gegebenen tatsächlichen Ver-
hältnissen, der Situation des betroffenen Grundstücks zu unterscheiden
(BGHZ 97, 114).

12 **e)** Sind **Vorgartenflächen** oder Hinterland für die zulässige Ausnut-
zung des Gesamtgrundstücks von Bedeutung, so kann die (Teil-)Ent-
eignung der Vorgartenfläche zu einem Folgeschaden in Gestalt des
Minderwerts des Restgrundstücks führen. Regelmäßig ist die Diffe-
renzmethode anzuwenden, nicht die Ertragswertmethode (BGH, NJW
1973, 287). Der Folgeschaden wird i.d.R. bereits mit der Substanzent-
schädigung abgegolten sein. Der BGH (NJW 1973, 287; BRS 34
Nr. 120) geht davon aus, daß die vor der Baufluchtlinie liegende
unbebaubare Vorgartenfläche regelmäßig weniger wertvoll ist als das
übrige, baulich nutzbare Grundstück (s. Fuhlendorf, NJW 1966, 581;
Ganzschezian-Finck, NJW 1966, 1396; krit. Aust/Jacobs, S. 42 f.). Dies
muß aber für den Einzelfall festgestellt werden. Der besondere Wert
eines Vorgartens kann auch in seiner Schutzfunktion gegen Immissio-
nen durch den Straßenverkehr liegen oder in seiner Ausstrahlung auf
den Gesamteindruck eines Objektes. Bei der Bewertung ist jedoch zu
beachten, daß nur solche Einwirkungen auf den Restbesitz entschädigt
werden dürfen, die Folge der Teilenteignung sind, nicht aber solche
Nachteile, die durch steigenden Verkehrslärm auch entstanden wären,
wenn die Teilfläche nicht enteignet worden wäre (Parallelverschiebung,
s. Rn 10; Gelzer/Busse, Rn 440–443). Zur Vorteilsausgleichung BGH,
NVwZ 1982, 458; dazu § 93, Rn 6.

13 **6.** Als Folgeschäden sind erstattungsfähig die notwendigen **Um-
zugskosten** (Abs. 1 S. 2 Ziff. 3). Die Erforderlichkeit der Kosten ist
objektiv zu bestimmen. Das die dienstliche Fürsorgepflicht verwirkli-

chende Umzugskostenrecht des öffentlichen Dienstes gibt nur Anhalts-
punkte, auf die aber zurückgegriffen werden kann. Notwendige Um-
zugskosten können sein Transportkosten einschl. Versicherungskosten
und Trinkgelder und notwendige außertarifliche Zuwendungen für das
Umzugspersonal, ferner Lagerkosten, Aufwendungen für Anpassung
von Einrichtungsgegenständen (z. B. Gardinen) und Haushaltsgeräten
einschl. notwendiger Neuanschaffungen (unter Abzug von neu für alt)
(BGHZ 55, 294/302), Kosten behördlicher Ummeldungen, nicht aber
Kosten für Schönheitsreparaturen (Aust/Jacobs, S. 154). Stand z.Z. der
notwendigen Räumung das Ersatzobjekt noch nicht zur Verfügung, so
können auch die Kosten eines zweimaligen Umzugs erforderlich sein
(Aust/Jacobs, S. 242).

§ 97 Behandlung der Rechte der Nebenberechtigten

(1) Rechte an dem zu enteignenden Grundstück sowie persönliche
Rechte, die zum Besitz oder zur Nutzung des Grundstücks berechti-
gen oder den Verpflichteten in der Benutzung des Grundstücks
beschränken, können aufrechterhalten werden, soweit dies mit dem
Enteignungszweck vereinbar ist.

(2) Als Eratz für ein Recht an einem Grundstück, das nicht auf-
rechterhalten wird, kann mit Zustimmung des Rechtsinhabers das
Ersatzland oder ein anderes Grundstück des Enteignungsbegünstig-
ten mit einem gleichen Recht belastet werden. Als Ersatz für ein
persönliches Recht, das nicht aufrechterhalten wird, kann mit Zu-
stimmung des Rechtsinhabers ein Rechtsverhältnis begründet wer-
den, das ein Recht gleicher Art in bezug auf das Ersatzland oder auf
ein anderes Grundstück des Enteignungsbegünstigten gewährt. Als
Ersatz für dingliche oder persönliche Rechte eines öffentlichen Ver-
kehrsunternehmens oder eines Trägers der öffentlichen Versorgung
mit Elektrizität, Gas, Wärme oder Wasser, der auf diese zur Erfüllung
seiner wesensgemäßen Aufgaben angewiesen ist, sind auf seinen
Antrag Rechte gleicher Art zu begründen; soweit dazu Grundstücke
des Enteignungsbegünstigten nicht geeignet sind, können zu diesem
Zweck auch andere Grundstücke in Anspruch genommen werden.
Anträge nach Satz 3 müssen vor Beginn der mündlichen Verhand-
lung schriftlich oder zur Niederschrift der Enteignungsbehörde ge-
stellt werden.

(3) Soweit Rechte nicht aufrechterhalten oder nicht durch neue
Rechte ersetzt werden, sind bei der Enteignung eines Grundstücks
gesondert zu entschädigen

1. Erbbauberechtigte, Altenteilsberechtigte, sowie Inhaber von
 Dienstbarkeiten und Erwerbsrechten an dem Grundstück,
2. Inhaber von persönlichen Rechten, die zum Besitz oder zur Nut-

zung des Grundstücks berechtigen, wenn der Berechtigte im
Besitz des Grundstücks ist,

3. Inhaber von persönlichen Rechten, die zum Erwerb des Grund-
stücks berechtigen oder den Verpflichteten in der Nutzung des
Grundstücks beschränken.

(4) Berechtigte, deren Rechte nicht aufrechterhalten, nicht durch
neue Rechte ersetzt und nicht gesondert entschädigt werden, haben
bei der Enteignung eines Grundstücks Anspruch auf Ersatz des Werts
ihres Rechts aus der Geldentschädigung für das Eigentum an dem
Grundstück, soweit sich ihr Recht auf dieses erstreckt. Das gilt
entsprechend für die Geldentschädigungen, die für den durch die
Enteignung eintretenden Rechtsverlust in anderen Fällen oder nach
§ 96 Abs. 1 Satz 2 Nr. 2 festgesetzt werden.

1 1. Die Vorschrift regelt die materiell-rechtliche Stellung der Inhaber
derjenigen Rechte, die von der gegen den Hauptberechtigten gerichte-
ten Enteignung mitbetroffen werden – der Nebenberechtigten. Zu
deren verfahrensrechtlicher Stellung s. § 106, Rn 2. Entsprechend dem
Zweck der Enteignung, das betroffene Grundstück dem Begünstigten
grundsätzlich lastenfrei zu übertragen, erlöschen mit der Enteignung
nicht nur die Rechte des bisherigen Eigentümers, sondern grundsätz-
lich auch alle Rechte von Nebenberechtigten (Umkehrschluß aus § 97
Abs. 1 i.V.m. § 112 Abs. 3 Nr. 3, § 113 Abs. 2 Nr. 7). Rechte von
Nebenberechtigten an dem enteigneten Grundstück bleiben nur beste-
hen, wenn dies ausdrücklich angeordnet wird. Demgemäß können
gem. Abs. 1 die Rechte der Nebenberechtigten nur bestehen bleiben,
wenn dies mit dem Enteignungszweck vereinbar ist. Ist das nicht der
Fall, so erlaubt Abs. 2 eine Ersatzrechtsbestellung. Können Rechte
weder nach Abs. 1 aufrechterhalten noch nach Abs. 2 ersetzt werden, so
gewährt Abs. 3 bestimmten Sonderentschädigungsberechtigten einen
Ersatzanspruch. Den weder nach Abs. 1 noch Abs. 2 oder 3 berechtig-
ten Nebenberechtigten räumt Abs. 4 einen privatrechtlichen Anspruch
an der Hauptentschädigung ein (Surrogationsprinzip). Werden Hypo-
theken, Grund- oder Rentenschulden gem. Abs. 1 aufrechterhalten
oder gem. Abs. 2 ersetzt, gilt für bestimmte Fälle § 98 – Schuldüber-
gang.

2 2. Nach Abs. 1 kann die Enteignungsbehörde im Enteignungsbe-
schluß (§ 112 Abs. 3 Nr. 1) bestimmen, daß die an dem enteigneten
Grundstück bestehenden dinglichen Rechte sowie die persönlichen
Rechte, die als Besitz-, Nutzungsrechte oder nutzungsbeschränkende
Rechte ausgestaltet sind, z. B Miete, Pacht, Vorkaufsrecht (§§ 504 ff.
BGB), Wiederkaufsrecht (§ 497 BGB) an dem enteigneten Grundstück
aufrechterhalten werden. Dies gilt nicht für Erwerbsrechte, weil ihre
Aufrechterhaltung mit dem Enteignungszweck unvereinbar ist. Die
Vereinbarkeit mit dem Enteignungszweck ist ein unbestimmter
Rechtsbegriff und muß unter Würdigung aller Umstände des Einzelfal-

les geprüft werden. Ist die Aufrechterhaltung mit dem Enteignungs-
zweck vereinbar, so gewährt Abs. 1 der Enteignungsbehörde zwar
Ermessen, das Gebot des geringstmöglichen Eingriffs (§ 87, Rn 4) wird
aber i.d.R. zur Ermessensreduzierung führen, so daß der Nebenberech-
tigte in diesem Fall einen Anspruch auf (Teil-)Aufrechterhaltung seines
Rechts haben wird. Spricht die Enteignungsbehörde die Aufrechterhal-
tung der Rechte nicht aus, so erlöschen diese. Dann ist nach Abs. 3 oder
4 zu entschädigen.

3. a) Bei den ersten beiden Varianten der **Ersatzrechtsbestellung,** 3
des Ersatzes für **dingliche Rechte,** Abs. 2 S. 1, und des Ersatzes für
persönliche Rechte, Abs. 2 S. 2 (s. Rn 2), hat die Enteignungsbehörde
von Amts wegen (§ 208, Rn 2) zu prüfen, ob Ersatzland oder ein
Grundstück des Enteignungsbegünstigten für die Ersatzrechtsbestel-
lung zur Verfügung steht. Ist dies der Fall, bedarf die Ersatzrechtsbe-
stellung der Zustimmung des Nebenberechtigten, nicht aber des Ei-
gentümers, dessen Grundstück durch das Ersatzrecht berührt wird. Ob
ein gleiches Recht bzw. Recht gleicher Art vorliegt, beurteilt sich nach
wirtschaftlicher Betrachtungsweise. Der Nebenberechtigte soll wirt-
schaftlich so gestellt werden, wie er im Zeitpunkt der Enteignung
stand. Der der Behörde eingeräumte Ermessensspielraum wird wie in
Abs. 1 (s. Rn 2) i.d.R. reduziert sein. Wird **Ersatzland** belastet, so sind
gem. § 91 S. 2 die in § 90 Abs. 1 u. 2 enthaltenen strengen Vorausset-
zungen für die Ersatzlandenteignung zu beachten. Verweigert der
Nebenberechtigte die Zustimmung zur Ersatzrechtsbestellung, so ist
nach Abs. 3 oder 4 zu verfahren.

b) Abs. 2 S. 3 u. 4 bevorzugen **öffentliche Verkehrsunternehmen** 4
und **Unternehmen der öffentlichen Versorgung** mit Elektrizität, Gas,
Wärme oder Wasser, z. B. gemeindliche Versorgungsunternehmen,
nicht aber werkseigene und damit private Wasserversorgungseinrich-
tungen, bei der Ersatzrechtsbestellung für erloschene dingliche oder
persönliche Rechte. Das Unternehmen muß auf die durch die Enteig-
nung erloschene Rechte angewiesen sein, d.h. der Verlust dieser
Rechte würde die öffentliche Versorgung zumindest örtlich nicht uner-
heblich rechtlich oder wirtschaftlich beeinträchtigen. Abweichend von
S. 1 u. 2 setzt eine Ersatzrechtsbestellung nach S. 4 einen schriftlich
oder zur Niederschrift der Enteignungsbehörde vor Beginn der münd-
lichen Verhandlung zu stellenden Antrag des Unternehmens voraus.
Der Antrag hat die Tatsachen zu enthalten, die der Enteignungsbehörde
die Beurteilung ermöglichen, ob das Unternehmen der öffentlichen
Versorgung dient und dafür auf das durch die Enteignung erloschene
Recht angewiesen ist. Die Enteignungsbehörde hat von Amts wegen
zu prüfen, ob für die Ersatzrechtsbestellung ein Grundstück des Enteig-
nungsbegünstigten oder ob nachrangig und wegen § 91 S. 2 unter den
besonderen Voraussetzungen des § 90 Abs. 1 u. 2 ein Grundstück
Dritter geeignet ist.

5 **4.** Soweit Rechte weder nach Abs. 1 aufrechterhalten noch nach
Abs. 2 ersetzt werden können, haben Inhaber der in Abs. 3 Nr. 1–3
abschließend aufgezählten Rechte einen Anspruch auf **gesonderte Ent-
schädigung** gegen den Entschädigungsverpflichteten und nicht nur
einen Anspruch auf Befriedigung aus der dem Enteignungsbetroffenen
zufließenden Hauptentschädigung. Die gesonderte Entschädigung setzt
voraus, daß Grundstückseigentümer und Nebenberechtigte nicht nur
rechtlich, sondern auch nach wirtschaftlicher Betrachtungsweise Trä-
ger verschiedener Vermögensinteressen sind (BGHZ 43,300; dazu Dit-
tus, NJW 1965, 1480). Der Umfang der Entschädigung ist nach den
§§ 93–96 zu bestimmen. Sonderentschädigungsberechtigte sind Erb-
bauberechtigte (§ 1 ErbbauVO; zur Ermittlung des Wertes eines Erb-
baurechts BGH, BRS 34 Nr. 162; LM BBauG § 40 Nr. 6; Müller, NJW
1967, 1350; Aust/Jacobs, Die Enteignungsentschädigung, 2. A. 1984,
S. 111ff.; Krohn/Löwisch, Rn 406f.), Wohnungserbbauberechtigte
i.S.v. § 30 WEG, Berechtigte nach §§ 26 u. 27 RHeimstG, Altenteils-
berechtigte (§ 96 EGBGB; dazu Aust/Jacobs, S. 69f.; zur höheren Be-
wertung eines Wohnrechts gegenüber einem bloßen Mietrecht OLG
Bremen, NJW 1968, 657), Inhaber von Dienstbarkeiten i.S. der
§§ 1018ff., 1030ff., 1090ff. BGB (zu deren Bewertung Aust/Jacobs,
S. 102ff.; Müller, NJW 1967, 1352) und des § 31 WEG, Inhaber von
Erwerbsrechten, denen aber kein gesetzliches Vorkaufsrecht, z. B.
§§ 24ff. BauGB, im Range vorgehen darf (s. Gelzer/Busse, Der Um-
fang des Entschädigungsanspruchs aus Enteignung und enteignungs-
gleichem Eingriff, 2. A., 1980, S. 188), wie dem dinglichen Vorkaufs-
recht (§§ 1094ff BGB, zu dessen Bewertung Müller, NJW 1967, 1352),
Wiederkaufsrechten und sonstigen durch eine Vormerkung (§ 883
BGB, zu deren Bewertung Müller, NJW 1967, 1352f.) gesicherten
Rechten, Inhaber von persönlichen Rechten, die zum Besitz oder zur
Nutzung des Grundstücks berechtigen (s. Rn 2) und Inhaber von
persönlichen Erwerbsrechten oder nutzungsbeschränkenden Rechten
wie Leistungsansprüchen aus Kaufverträgen oder schuldrechtlichen
Vorkaufsrechten, aber weder Berechtigte aus Lieferverträgen wie Bier-
lieferungsvertrag (s. Gelzer/Busse aaO, S. 187f.; Aust/Jacobs, S. 44f.)
noch gewerbliche Mieter, denen der Eigentümer nur deshalb wirksam
gekündigt hat, weil er das Grundstück zur Vermeidung einer Enteig-
nung an die öffentliche Hand veräußern will und einen höheren Kauf-
preis erzielen kann, falls das Grundstück bei Übergabe bereits geräumt
ist (BGHZ 50, 284; zust. Reinhardt, NJW 1969, 268; krit. Kastner,
NJW 1968, 2058; möglich ist insoweit ein Härteausgleich gem. § 181)
noch Inhaber von durch die Enteignung nicht beseitigten öffentlich-
rechtlichen Vorkaufsrechten, z. B. nach §§ 24ff. BauGB (Schmidt-
Aßmann, in: E/Z/B, § 97, Rn 21). Aus dem Rechtsgedanken des § 95
Abs. 2 Nr. 5 (s. § 95 Rn 8) folgt, daß auch nicht nach Abs. 3 sonderent-
schädigungsberechtigt der Mieter ist, der seinen Vertrag erst nach
Einleitung des Enteignungsverfahrens abgeschlossen hat (Schmidt-
Aßmann, in: E/Z/B, § 97, Rn 22).

5. Nebenberechtigte, deren Rechte weder nach Abs. 1 aufrechterhal- **6** ten noch nach Abs. 2 ersetzt noch nach Abs. 3 gesondert entschädigt werden, haben gem. Abs. 4 einen privatrechtlichen **Anspruch auf Befriedigung aus der** dem Hauptberechtigten oder ausnahmsweise aus der dem enteignungsberechtigten entschädigungsberechtigten Nebenberechtigten (Abs. 4 S. 2 Halbs. 1) gewährten **Entschädigung.** Entsprechend dem **Surrogationsprinzip** setzen sich die Rechte der Nebenberechtigten an der für das enteignete Objekt gewährten Entschädigung fort. Berechtigte i. d. R. die Inhaber solcher Rechte, die der Natur nach auf Befriedigung aus dem Erlös gerichtet sind, vor allem also Grundpfandrechte (§§ 1113–1203 BGB), aber auch als öffentliche Lasten auf dem Grundstück ruhende Abgaben, Rechte der Inhaber i. S. v. Abs. 3 Nr. 2 (Rn 5), die nicht im Besitz des Grundstücks sind und nicht zu einem Altenteilsrecht gehören und damit nicht unter Abs. 3 fallende Rentenschulden und Reallasten. Abs. 4 S. 1 begründet einen Anspruch des Nebenberechtigten, wenn ein Grundstück enteignet wird, Abs. 4 S. 2 Halbs. 1 in den Fällen, in denen eine Geldentschädigung für einen Rechtsverlust festgesetzt wird, der nicht in der Enteignung eines Grundstücks besteht, Abs. 4 S. 2 Halbs. 2 bei Wertminderung des Restbesitzes. Der Anspruch des Nebenberechtigten besteht nur in der Höhe des Rechtsverlustes, den er durch die Beeinträchtigung seines Rechtes erlitten hat. Etwaige andere Vermögensnachteile i. S. v. § 96 können einen selbständigen Entschädigungsanspruch gegen den Enteignungsbegünstigte auslösen. Einigen sich die Beteiligten nicht über die Verteilung der von der Enteignungsbehörde nur ausgewiesenen (§ 113 Abs. 2 Nr. 8), nicht aber zwischen ihnen aufgeteilten Entschädigung, so wird diese hinterlegt (§ 118) und gerichtlich verteilt (§ 119).

§ 98 Schuldübergang

(1) **Haftet bei einer Hypothek, die aufrechterhalten oder durch ein neues Recht an einem anderen Grundstück ersetzt wird, der von der Enteignung Betroffene zugleich persönlich, so übernimmt der Enteignungsbegünstigte die Schuld in Höhe der Hypothek. Die §§ 415 und 416 des Bürgerlichen Gesetzbuchs gelten entsprechend; als Veräußerer im Sinne des § 416 ist der von der Enteignung Betroffene anzusehen.**

(2) **Das gleiche gilt, wenn bei einer Grundschuld oder Rentenschuld, die aufrechterhalten oder durch ein neues Recht an einem anderen Grundstück ersetzt wird, der von der Enteignung Betroffene zugleich persönlich haftet, sofern er spätestens in dem nach § 108 anzuberaumenden Termin die gegen ihn bestehende Forderung unter Angabe ihres Betrags und Grunds angemeldet und auf Verlangen der Enteignungsbehörde oder eines Beteiligten glaubhaft gemacht hat.**

1 **1.** Wenn Hypotheken (Abs. 1) oder Grund- sowie Rentenschulden (Abs. 2) gem. § 97 Abs. 1 aufrechterhalten oder gem. § 97 Abs. 2 durch neue Rechte an einem anderen Grundstück des Enteignungsbegünstigten ersetzt werden, so ermöglicht der dem § 53 ZVG nachgebildete § 98 einen gesetzlichen (h.M.; a. A. Schütz-Frohberg, § 98 Anm. 1) Schuldübergang, um den von der Enteignung betroffenen Eigentümer von der persönlichen Schuld zu befreien und das Auseinanderfallen von dinglicher und persönlicher Schuld zu vermeiden.

2 **2.** Der gesetzliche Schuldübergang setzt entsprechend § 416 Abs. 2 BGB voraus, daß der Enteignungsbetroffene dem Gläubiger die Enteignung und den Schuldübergang mitteilt und daß der Gläubiger die Schuldübernahme entweder ausdrücklich oder stillschweigend in 6 Monaten entsprechend § 416 Abs. 1 BGB genehmigt (Aust/Jacobs, Die Enteignungsentschädigung, 2. A., 1984, S. 179 mwN, teilweise abweichend von der Vorauflage). Genehmigt der Gläubiger die Schuldübernahme nicht, so kommt diese nicht zustande. Entsprechend § 415 Abs. 3 BGB kommt es dann zu einer gesetzlichen Erfüllungsübernahme durch den Enteignungsbegünstigten. Ist der Enteignungsbetroffene nicht zugleich persönlicher Schuldner der Hypothek, ist § 98 nicht anwendbar.

3 **3.** Besteht für eine Grundschuld (§§ 1191 ff. BGB) oder eine Rentenschuld (§ 1199 ff. BGB) (ausnahmsweise) eine persönliche Forderung, für die der Enteignungsbetroffene haftet, so greift die Regelung des Abs. 1 unter den unter Rn 2 genannten Voraussetzungen ein, wenn zusätzlich der Enteignungsbetroffene spätestens in der mündlichen Verhandlung (§ 108) die gegen ihn bestehende Forderung unter Angabe ihres Betrages und Grundes anmeldet und auf Verlangen der Enteignungsbehörde oder eines Beteiligten (§ 106) entspr. § 294 ZPO glaubhaft gemacht hat.

§ 99 Entschädigung in Geld

(1) **Die Entschädigung ist in einem einmaligen Betrag zu leisten, soweit dieses Gesetzbuch nichts anderes bestimmt. Auf Antrag des Eigentümers kann die Entschädigung in wiederkehrenden Leistungen festgesetzt werden, wenn dies den übrigen Beteiligten zuzumuten ist.**

(2) **Für die Belastung eines Grundstücks mit einem Erbbaurecht ist die Entschädigung in einem Erbbauzins zu leisten.**

(3) **Einmalige Entschädigungsbeträge sind mit 2 vom Hundert über dem Diskontsatz der Deutschen Bundesbank jährlich von dem Zeitpunkt an zu verzinsen, in dem die Enteignungsbehörde über den Enteignungsantrag entscheidet. Im Falle der vorzeitigen Besitzeinweisung ist der Zeitpunkt maßgebend, in dem diese wirksam wird.**

1. Gem. Art. 14 Abs. 3 S. 2 GG muß das Enteignungsgesetz die **Art** 1
der Entschädigung regeln. Demgemäß bestimmt § 99 Abs. 1 S. 1 als
Grundsatz, daß die Entschädigung in einem einmaligen gem. Abs. 3 zu
verzinsenden Geldbetrag geleistet wird. Nur auf Antrag des Eigentü-
mers ist eine andere Art der Entschädigung zulässig, nämlich Entschä-
digung in wiederkehrenden Leistungen (§ 99 Abs. 1 S. 2), Entschädi-
gung in einem Erbbauzins (§ 99 Abs. 2), Entschädigung in Land (§ 100)
oder Entschädigung durch Gewährung anderer Rechte (§ 101), z. B.
Wohnungseigentumsrecht. Eine Geldentschädigung nach dem gegen-
über dem BBauG unveränderten § 99 kann als Restentschädigung auch
neben einer Entschädigung in Land oder sonstigen Rechten zu leisten
sein. Über die gesetzliche Regelung hinaus können Entschädigungsbe-
rechtigter und -verpflichteter **vertraglich andere Entschädigungsar-
ten,** z. B. Sachleistungen, Wertpapiere vereinbaren (s. a. § 110, Rn 5,
10 f.). Mit Rücksicht auf die Interessen der Allgemeinheit ist es mit
Art. 14 Abs. 1 GG vereinbar, daß § 99 Abs. 1 S. 1 den **Grundsatz der
Kapitalentschädigung** aufstellt (BGH, NJW 1967, 2011; BRS 34, 170/
173). Eine bloße Geldentschädigung steht grundsätzlich nicht im Wi-
derspruch zu Art. 14 GG (BGHZ 41, 354; s. a. BVerfGE 24, 367/419).
Aus dem vornehmlich vom BVerfG (E 38, 175; dazu § 102, Rn 1; s. a.
Vorbem. §§ 85–122, Rn 34, 10) betonten Zusammenwirken der Be-
standsgarantie des Art. 14 Abs. 1 und dem Übermaßverbot kann im
Einzelfall ein Anspruch auf Entschädigung in Land auch dann entste-
hen, wenn er gesetzlich nicht vorgeschrieben ist, z. B. wenn der
Betroffene zur Sicherung seiner Erwerbsfähigkeit auf Ersatzland ange-
wiesen ist (BVerwG, VerwRspr. 19, 811/815; BGH, LM GG Art. 14
(Eb) Nr. 28/29; Krohn/Löwisch, Rn 245; Büchs, Grunderwerb und Ent-
schädigung beim Straßenbau, 2. A., 1980, S. 321, s. a. A. Gelzer/Busse,
Der Umfang des Entschädigungsanspruchs aus Enteignung und ent-
eignungsgleichem Eingriff, 2. A., 1980, Rn 378).

2. Sofern keine andere Art der Entschädigung beantragt bzw. bewil- 2
ligt worden ist, ist die Entschädigung in einem **einmaligen Geldbetrag**
zu leisten. Zum Zinsanspruch s. Rn 5. Der Betroffene darf einen ihm zu
niedrig erscheinenden Entschädigungsbetrag nicht zurückweisen, da es
sich nicht um eine Teilleistung i. S. v. § 266 BGB handelt (BGH, NJW
1965, 1761; NJW 1967, 2011; NJW 1973, 2202).

3. Auch die Entschädigung in **wiederkehrenden Leistungen** erfolgt 3
– aus gesetzessystematischen Gründen – nur in Geld (Schmidt-Aß-

mann, in: E/Z/B, § 99, Rn 10; Krohn, in: Berliner Komm., § 99, Rn 3;
a. A. Pohl, in: Kohlhammer-Komm., § 99 BBauG, Anm. 3 a, d; Schütz/
Frohberg, § 99, Art. II 2), und zwar in Form von Rentenzahlungen.
Allerdings können sich die Beteiligten über die Leistung von wieder-
kehrenden Naturalleistungen vertraglich einigen. Nach dem Wortlaut
von Abs. 1 S. 2 hat nur der betroffene Eigentümer ein **Antragsrecht** (so
Schrödter, § 99, Rn 2). Zumindest in analoger Anwendung des Abs. 1
S. 2 haben auch entschädigungsberechtigte Nebenberechtigte, z. B.
Altenteilsberechtigte (s. § 97, Rn 5) ein Antragsrecht (im Ergebnis
ebenso Schmidt-Aßmann, in: E/Z/B, § 99, Rn 11). Das weitere Tatbe-
standsmerkmal **Zumutbarkeit** für die übrigen Beteiligten ist erfüllt,
wenn eine Abwägung der Interessen aller Beteiligten ergibt, daß die
übrigen Beteiligten durch die Festsetzung der Entschädigung in wie-
derkehrenden Leistungen nicht unbillig belastet werden. Die Zumut-
barkeit ist ein unbestimmter, voll gerichtlich kontrollierbarer Rechtsbe-
griff (s. a. § 223, Rn 3). Zur Zulässigkeit einer Verrentung, wenn die
enteignende Maßnahme in der Bestellung eines Nießbrauchs an dem in
Anspruch genommenen Grundstück besteht, BGH, MDR 1978, 297.
Trotz positiver Zumutbarkeitsprüfung verbleibt der Behörde grund-
sätzlich ein Ermessensspielraum, ob sie dem Antrag stattgibt (Schmidt-
Aßmann, in: E/Z/B, § 99, Rn 12; Krohn, aaO, Rn 4). Das finanzielle
Risiko der Entschädigung in wiederkehrenden Leistungen, z. B. Zah-
lungsunfähigkeit des Entschädigungsverpflichteten, Währungsverfall,
trägt der Antragsteller. Er hat keinen Anspruch auf dingliche Sicherung
der Leistungen. Wertsicherungsklauseln (Gleitklauseln) bedürfen nach
§ 3 WährungsG v. 20. 6. 1948 grundsätzlich der Genehmigung durch
die Landeszentralbank (dazu Palandt/Heinrichs, BGB, 49. A., 1990,
§ 245, Anm. 4 f.). Zur Bestimmung der Höhe der angemessenen Rente
ist von dem zu verrentenden Betrag auszugehen, der im Falle der
Entschädigung in einer einmaligen Geldzahlung nach § 95, 96 zu
entrichten wäre.

4 **4.** Wird ein Grundstück gem. § 85 Abs. 1 Nr. 1 oder 2 i. V. m. § 92
Abs. 1 im Wege der Enteignung mit einem **Erbbaurecht** belastet, so
regelt Abs. 2 einen Sonderfall der Entschädigung in wiederkehrenden
Leistungen, bei dem anders als nach Abs. 1 S. 2 (s. Rn 3) weder ein
Antrag des Betroffenen erforderlich ist noch der Enteignungsbehörde
Ermessen zukommt. Die Behörde muß unter Beachtung der Entschä-
digungsgrundsätze für die Entschädigung wegen Rechtsverlustes (§ 95)
den Zins nach Zeit und Höhe für die ganze Erbbauzeit im voraus und
nach seinem Rang bestimmen (s. § 9 ErbbauVO). Anstelle der behörd-
lichen Festlegung gem. § 112 Abs. 3 Nr. 2 können sich die Parteien auch
gem. § 110 über die Bestellung eines Erbbaurechts einigen und dabei
hinsichtlich der Entschädigungsart und der Höhe des Erbbauzinses von
den insoweit dispositiven Regelungen des § 9 ErbbauVO abweichen.

5 **5. a** Abs. 3 konkretisiert die vom BGH aus Art. 14 Abs. 3 S. 2 GG
zum Umfang der Entschädigung entwickelten **verfassungsrechtlichen**

Grundlagen der Verzinsung der Enteignungsentschädigung. Die Verzinsung ist der abstrakt bestimmte Ausgleich dafür, daß dem Betroffenen das Grundstück nicht mehr so wie früher zur Nutzung, die an die Stelle des Grundstücks tretende Enteignungsentschädigung aber noch nicht zur Verfügung steht (zusammenfassend BGH, NJW 1969, 1897; E 37, 269/275; E 43, 120/122). Entschädigt wird die verlorene Nutzungsmöglichkeit, und zwar auch dem Eigentümer, der nur mittelbarer Besitzer war. Eine andere Art der Entschädigung wegen vorenthaltener Nutzung, z. B. Mietersatz, ist daneben ausgeschlossen (BGH, NJW 1981, 219/221). Eine bestimmte Höhe des Zinssatzes ist verfassungsrechtlich nicht vorgeschrieben (BGHZ 60, 337; auch ein gesetzlich vorgeschriebener fester Zinssatz von 4 % ist verfassungsgemäß). Sieht ein Enteignungsgesetz keine Verzinsung vor, so ist die Höhe der Verzinsung nach Art. 14 Abs. 3 GG nach der im Verkehr üblichen Zinshöhe zu bestimmen. Einen Anhaltspunkt kann dann § 99 Abs. 3 geben.

b). Gem. Abs. 3 sind nur **einmalige Entschädigungsbeträge** i. S. v. **6** Abs. 1 S. 1 (s. Rn 2) zu verzinsen, nicht aber wiederkehrende Leistungen i. S. v. Abs. 1 S. 2 (s. Rn 3). Die Zinspflicht für einmalige Beträge umfaßt aber die Substanzentschädigung (§ 95) und die Folgekostenentschädigung (§ 96). Die Entschädigungssumme ist gem. Abs. 3 mit 2 % über dem jeweiligen (BGH, NJW 1972, 447) Diskontsatz der Deutschen Bundesbank zu verzinsen. Mit dem Wechsel des Diskontsatzes wechselt für den entsprechenden Zeitraum also auch der Zins. Die **Zinspflicht entsteht** in dem Zeitpunkt, in dem die Enteignungsbehörde über den Antrag auf Enteignung entscheidet (§ 112), im Falle der vorzeitigen Besitzeinweisung mit Wirksamwerden dieser Maßnahme (Abs. 3 S. 2 i. V. m. § 116 Abs. 1 S. 4, s. a. § 116, Rn 8). Ist der Verkehrswert zwischen Zinsbeginn und Zahlung der Entschädigung gestiegen oder gesunken, so ist die jeweils angemessene Entschädigung festzustellen. Entsprechend der sogen. **Steigerungsrechtsprechung** zur Verschiebung des Bewertungsstichtages in Zeiten schwankender Preise (s. § 95, Rn 6) beginnt nur die Verzinsung des ursprünglich geschuldeten Mehrbetrages, der sich aus der Verschiebung des Stichtages ergibt, mit dem Zeitpunkt des Eingriffs, wenn die Entschädigung zu niedrig festgesetzt war. Der Steigerungsbetrag ist erst vom Zeitpunkt der für die Wertberechnung maßgebenden letzten mündlichen Verhandlung an zu verzinsen (BGH, NJW 1962, 1441). Bei Zeiträumen von mehreren Jahren muß das Gericht gem. § 287 ZPO einen anderen Stichtag wählen. Üblich ist das vom BGH gebilligte (NJW 1973, 2384) Verfahren, die Zinsen nach gestaffelten Mittelwerten für bestimmte Zeiträume festzusetzen. Rechenbeispiele dazu bei Aust/Jacobs, Die Enteignungsentschädigung, 2. A., 1984, S. 260 f.; Gelzer/Busse aaO, Rn 210. Hat die Enteignungsbehörde die Entschädigungssumme zu niedrig, die Zinsen hieraus aber zu hoch festgesetzt und sind diese Beträge gezahlt worden, dann ist die Steigerungsrechtsprechung nicht anzuwenden,

soweit dem Zuwenig an Hauptsumme ein Zuviel an Zinsen gegen-
übersteht (BGH, NJW 1973, 2284). Trotz der Eigenart des entschädi-
gungsrechtlichen Zinsanspruches als Ausgleich für Nutzungsausfall gilt
für ihn das **Verbot des Zinseszinses** (§ 248 Abs. 1 BGB; BGH, NJW
1973, 2284; Aust/Jacobs, S. 263; Krohn aaO, Rn 7). Der BGH wendet
das Verbot des Zinseszinses nicht an in Fällen, in denen keine „Zinsen
im Rechtssinne", sondern eine besondere Art abstrakt berechneter
Abgeltung des Nutzungsausfalls in Frage steht, etwa bei der Besitzein-
weisungsentschädigung (WM 1974, 601; dazu krit. Schmidt-Aßmann,
aaO, Rn 19; s. a. § 116, Rn 8) oder der Bodenrente für ein „vorüberge-
hendes" aber länger andauerndes Bauverbot (NJW 1981, 219/221; NJW
1964, 294). Mit der Hinterlegung der Entschädigungssumme (§ 118)
endet die Zinspflicht (BGH, NJW 1967, 2011). Wegen der Eigenart der
Entschädigungszinsen als Nutzungsausgleich ist § 367 BGB nicht an-
wendbar (Aust/Jacobs, S. 264). Auf die Zinsen aus der Enteignungsent-
schädigung für ein Grundstück ist die Nutzungsentschädigung anzu-
rechnen, die dem Enteigneten für dieselbe Zeit zum Ausgleich des
Verlustes der normalen Nutzung des Grundstücks gezahlt worden ist
(BGHZ 48, 291) – **Grundsatz der Vorteilsausgleichung.** Die Zinsen
der Kapitalentschädigung für Enteignung eines landwirtschaftlich ge-
nutzten Grundstücks mit Ackerlandqualität sind nicht auf die Entschä-
digung für Umwege sowie An- und Durchschneidungen anzurechnen
(BGHZ 67, 190). In analoger Anwendung des § 99 Abs. 3 im Pla-
nungsschadensrecht (§§ 39–44) ist die Entschädigung für die durch
einen Bebauungsplan herbeigeführte Änderung der baulichen Nutzbar-
keit eines Grundstücks vom Inkrafttreten des rechtsverbindlichen Be-
bauungsplans an zu verzinsen, jedenfalls dann, wenn durch die Um-
klassifizierung eines bisher unbebauten Grundstücks dessen Bebaubar-
keit tatsächlich sofort ausgeschlossen wird (BGHZ 43, 120). Neben
dem Übernahmeanspruch nach § 40 Abs. 2 steht dem Betroffenen
keine Nutzungsentschädigung analog § 99 Abs. 3 für die Zeit der
Herabzonung zu (BGHZ 50, 93/99). Zur Verzinsung eines rechtswidri-
gen 22jährigen Bauverbots BGH, WM 1980, 658. § 99 Nr. 3 ist entspre-
chend anzuwenden auf den von der Gemeinde bei der Ausübung des
Vorkaufsrechts zu zahlenden Betrag. Bei Anfechtung der Ausübung
des Vorkaufsrechts beginnt die Verzinsung mit dem Zeitpunkt der
ersten gerichtlichen Entscheidung, andernfalls mit dem Zeitpunkt der
Unanfechtbarkeit des Bescheids (BGH, MDR 1986, 1003). Als Nut-
zungen i. S. v. § 4 ZPO sind die Zinsen bei der Festsetzung des **Streit-
werts** nicht zu berücksichtigen, wenn sie neben der Hauptsumme
geltend gemacht werden (BGH, BRS 26 Nr. 171; a. A. OLG Köln,
BRS 26 Nr. 170). Die **Rechtskraft** eines die Enteignungsentschädigung
festsetzenden Urteils steht einer Klage auf die Zinsen nicht entgegen
(BGH, WM 1976, 162). Ein Grundurteil über die angemessene Ent-
schädigung erfaßt als Teil der einheitlichen Entschädigung auch die
Zinsen (BGH, WM 1982, 1280). Prozeßzinsen können, **Verzugszinsen**
können nicht verlangt werden (BGH, NJW 1982, 1277).

§ 100 Entschädigung in Land

(1) Die Entschädigung ist auf Antrag des Eigentümers in geeignetem Ersatzland festzusetzen, wenn er zur Sicherung seiner Berufstätigkeit, seiner Erwerbstätigkeit oder zur Erfüllung der ihm wesensgemäß obliegenden Aufgaben auf Ersatzland angewiesen ist und

1. der Enteignungsbegünstigte über als Ersatzland geeignete Grundstücke verfügt, auf die er nicht mit seiner Berufstätigkeit, seiner Erwerbstätigkeit oder zur Erfüllung der ihm wesensgemäß obliegenden Aufgaben angewiesen ist, oder

2. der Enteignungsbegünstigte geeignetes Ersatzland nach pflichtgemäßem Ermessen der Enteignungsbehörde freihändig zu angemessenen Bedingungen beschaffen kann oder

3. geeignetes Ersatzland durch Enteignung nach § 90 beschafft werden kann.

(2) Wird die Entschädigung in Ersatzland festgesetzt, sind auch der

(5) Auf die Ermittlung des Werts des Ersatzlands ist § 95 entsprechend anzuwenden. Hierbei kann eine Werterhöhung berücksichtigt werden, die das übrige Grundvermögen des von der Enteignung Betroffenen durch den Erwerb des Ersatzlands über dessen Wert nach Satz 1 hinaus erfährt. Hat das Ersatzland einen geringeren Wert als das zu enteignende Grundstück, so ist eine dem Wertunterschied entsprechende zusätzliche Geldentschädigung festzusetzen. Hat das Ersatzland einen höheren Wert als das zu enteignende Grundstück, so ist festzusetzen, daß der Entschädigungsberechtigte an den durch die Enteignung Begünstigten eine dem Wertunterschied entsprechende Ausgleichszahlung zu leisten hat. Die Ausgleichszahlung wird mit dem nach § 117 Abs. 5 Satz 1 in der Ausführungsanordnung festgesetzten Tag fällig.

(6) Wird die Entschädigung in Land festgesetzt, sollen dingliche oder persönliche Rechte, soweit sie nicht an dem zu enteignenden Grundstück aufrechterhalten werden, auf Antrag des Rechtsinhabers ganz oder teilweise nach Maßgabe des § 97 Abs. 2 ersetzt werden. Soweit dies nicht möglich ist oder nicht ausreicht, sind die Inhaber der Rechte gesondert in Geld zu entschädigen; dies gilt für die in § 97 Abs. 4 bezeichneten Berechtigten nur, soweit ihre Rechte nicht durch eine dem Eigentümer nach Absatz 5 zu gewährende zusätzliche Geldentschädigung gedeckt werden.

(7) Anträge nach den Absätzen 1, 3, 4 und 6 sind schriftlich oder zur Niederschrift der Enteignungsbehörde zu stellen, und zwar in den Fällen der Absätze 1, 3 und 4 vor Beginn und im Falle des Absatzes 6 bis zum Schluß der mündlichen Verhandlung (§ 108).

(8) Sind Miteigentum, grundstücksgleiche Rechte oder Rechte nach dem Wohnungseigentumsgesetz ebenso zur Sicherung der Berufs- oder Erwerbstätigkeit des Berechtigten oder zur Erfüllung der

ihm wesensgemäß obliegenden Aufgaben geeignet, können dem Eigentümer diese Rechte anstelle des Ersatzlands angeboten werden. Der Eigentümer ist in Geld abzufinden, wenn er die ihm nach Satz 1 angebotene Entschädigung ablehnt. § 101 bleibt unberührt.

(9) Hat der Eigentümer nach Absatz 1 oder 3 einen Anspruch auf Ersatzland und beschafft er sich mit Zustimmung des Enteignungsbegünstigten außerhalb des Enteignungsverfahrens Ersatzland oder die in Absatz 8 bezeichneten Rechte selbst, so hat er gegen den Enteignungsbegünstigten einen Anspruch auf Erstattung der erforderlichen Aufwendungen. Der Enteignungsbegünstigte ist nur insoweit zur Erstattung verpflichtet, als er selbst Aufwendungen erspart. Kommt eine Einigung über die Erstattung nicht zustande, entscheidet die Enteignungsbehörde; für den Bescheid gilt § 122 entsprechend.

1 **1.** § 100 ermöglicht die Entschädigung in Land als Ausnahme vom Grundsatz der Geldentschädigung. Zur verfassungsrechtlichen Zulässigkeit dieses Regel-Ausnahme-Verhältnisses s. § 99, Rn 1. Die gegenüber der Geldentschädigung historisch jüngere **Ersatzlandentschädigung** (zur Entwicklung s. P. H. Fischer, Der Rechtsanspruch auf Naturalentschädigung bei der Enteignung von Grundstücken, Diss. jur., Freiburg 1964), soll den Fällen gerecht werden, in denen sich die Enteignung derart auf die Lebensverhältnisse des Betroffenen auswirkt, daß eine Geldentschädigung keinen angemessenen Ausgleich bieten kann. § 100 ergänzt die Regelung des § 85 Abs. 1 Nr. 3 – Ersatzlandbeschaffung als Enteignungszweck – und des § 90 – Voraussetzungen der Ersatzlandenteignung. Die Abs. 1–3 bestimmen die Voraussetzungen, unter denen der Enteignungsbetroffene einen Anspruch auf Entschädigung in Land hat. Abs. 4 regelt die im Ermessen der Enteignungsbe-

hörde liegende Ersatzlandentschädigung aus Billigkeitsgründen. Abs. 5 regelt die Ersatzlandbewertung und den Ausgleich von Wertunterschieden zwischen dem Ersatzland und dem enteigneten Grundstück, Abs. 6 die Behandlung der Nebenberechtigten, Abs. 7 das Antragsverfahren nach den Abs. 1, 3, 4 und 6. Nach dem Vorbild des § 22 Abs. 3 StBauFG regelt Abs. 8 den modifizierten Ersatzlandanspruch. Abs. 9 gewährt dem Enteignungsbetroffenen einen Aufwendungsersatzanspruch gegen den Begünstigten, wenn er sich das Ersatzland selbst beschafft hat. Verfahrensrechtlich wird § 100 durch § 112 Abs. 3 Nr. 4, § 113 Abs. 2 Nr. 8 u. 9 sowie § 117 Abs. 4 ergänzt. § 101 Abs. 1 S. 1 Nr. 2 u. 3 regeln zwei weitere Fälle der Entschädigung in Land. Ist ein Pachtvertrag über kleingärtnerisch genutztes Land gem. §§ 182–184 aufgehoben worden, so bleibt die Gemeinde grundsätzlich außer zur Geldentschädigung auch zur Beschaffung von Ersatzland verpflichtet (§ 185 Abs. 3 S. 1).

2. a) Ein Anspruch auf Ersatzlandentschädigung gem. Abs. 1–3 **(ob-** 2
ligatorische Ersatzlandentschädigung) setzt als erstes einen **Antrag** eines Antragsberechtigten voraus. Sein grundsätzlicher Anspruch auf Geldentschädigung kann dem Antragsberechtigten also gegen seinen Willen z. B. nicht deshalb genommen werden, weil der Enteignungsbegünstigte über ausreichend Ersatzland verfügt (BGH, NJW 1979, 923). Antragsberechtigt ist der Eigentümer, nicht z. B. ein Nebenberechtigter. Der Antrag ist gem. Abs. 7 vor Beginn der nach § 108 anzuberaumenden mündlichen Verhandlung schriftlich oder zur Niederschrift der Enteignungsbehörde zu stellen, um die Beteiligten frühzeitig zu informieren und entsprechende Vorkehrungen zu ermöglichen. Die mündliche Verhandlung beginnt mit der Erörterung der Sache durch den Verhandlungsleiter. Gegen die Versäumung der Frist findet Wiedereinsetzung in den vorigen Stand (§ 210) statt (BGH, MDR 1985, 211). Der Eigentümer kann den Antrag in der mündlichen Verhandlung noch zurücknehmen und Geldentschädigung begehren, wenn ihm das aufgrund der Verhandlung günstiger erscheint (Gelzer/Busse, Der Umfang des Entschädigungsanspruchs aus Enteignung und enteignungsgleichem Eingriff, 2. A., 1980, Rn 374).

b) aa) Antragsberechtigt ist nach Abs. 1 Halbs. 2 nur der **Eigentü-** 3
mer, der auf das Ersatzland zur Sicherung einer Berufs- oder Erwerbstätigkeit oder zur Erfüllung der ihm wesensgemäß obliegenden Aufgaben angewiesen ist. Wie in § 96 Abs. 1 Nr. 1 (s. § 96, Rn 4) überschneiden sich die Begriffe **Berufs- und Erwerbstätigkeit.** In jedem Fall muß die Tätigkeit auf Dauer angelegt sein und zur Sicherung des Lebensunterhalts zu dienen bestimmt sein. Nebentätigkeiten können genügen, nicht aber bloße Hobbys (Schmidt-Aßmann, in: E/Z/B, § 100, Rn 11; BB, § 100, Rn 2; enger Gelzer/Busse aaO, Rn 230 u. 363 unter Hinweis auf BGH-Urt. v. 22. 3. 1965 III ZR 55/64, BRS 19 Nr. 85; insoweit nur bei Gelzer/Busse aaO, S. 73, Fn 1 abgedruckt; s. a. § 201, Rn 3). **Angewiesen** ist der Eigentümer auf Ersatzland, wenn er solches mit der

Geldentschädigung nicht in zumutbarer Weise beschaffen kann und
nach wirtschaftlicher Betrachtungsweise die Fortsetzung der bisherigen
Berufs- und Erwerbstätigkeit ohne Ersatzland vereitelt oder zumindest
erheblich gefährdet wäre. Eine Näherin, die als Nebenerwerb einige
Stücke Großvieh hält, ist auf Ersatzland nicht angewiesen, wenn sie
trotz der Enteignung von Weideland weiterhin Futter vom Restgrund-
stück oder von dritter Seite beschaffen kann (BGH-Urt. v. 22. 3. 1965,
zitiert bei Gelzer/Busse, S. 74, Fn 1). Unter den dem Eigentümer **we-
sensgemäß obliegenden Aufgaben** sind nicht auf Gewinnerzielung
gerichtete karitative, kirchliche, gemeinnützige oder sonstige ideelle
Aufgaben zu verstehen, z. B. Aufgaben eines Sportvereins, Kranken-
hauses, Friedhofs. Die Angewiesenheit dieser Eigentümer auf Ersatz-
land ist wie bei der ersten Alternative des Abs. 1 Halbs. 2 zu bestim-
men. Allerdings tritt die wirtschaftliche Betrachtungsweise angesichts
der ideellen Zielsetzung in den Hintergrund. Flächen, die der bloßen
Vermögensanlage dienen, fallen nicht unter Abs. 1 Halbs. 2 2. Altern.
Keine bloße Vermögensanlage sind aber z. B. von einer Krankenanstalt
im Rahmen ihrer Beschäftigungstherapie eingesetzte gärtnerisch oder
landwirtschaftlich genutzte Flächen, die als solche Gewinn abwerfen.

4 **bb)** Antragsberechtigt ist nach Abs. 3 auch ein Eigentümer, dessen
Grundstück mit einem **Eigenheim** oder einer **Kleinsiedlungsstätte**
bebaut ist. Diese zur Förderung der Eigentumsbildung im Wohnungs-
wesen (s. a. den Planungsleitsatz des § 1 Abs. 5 S. 2 Nr. 2, dazu § 1,
Rn 67) bestimmte Privilegierung vermag bei Eigentümern mit niedri-
gerem Einkommen den individuellen Schaden durchaus nicht immer
auszugleichen, wenn diese nämlich Ersatzland erhalten, die Gebäu-
deentschädigung jedoch nicht für einen Neubau ausreicht (krit. Gelzer/
Busse aaO, Rn 373, 402–404, die insoweit eine Erweiterung des Be-
griffs des Folgeschadens erwägen). Angemessener wäre eine Erweite-
rung des Härteausgleichs i. S. v. § 181. Zum Begriff des Eigenheims s.
§ 9 Abs. 1 II. WohnungsbauG, der Kleinsiedlungsstätte s. § 10 Abs. 1 II.
WohnungsbauG. Die Antragsberechtigung entfällt, wenn der Abriß
des Eigenheims oder der Kleinsiedlungsstätte jederzeit aufgrund öffent-
lich-rechtlicher Vorschriften entschädigungslos gefordert werden kann
(Abs. 3 S. 2; vgl. insoweit § 95, Rn 11). Entsprechend der gesetzlichen
Wertung des § 95 Abs. 3 ist es aber möglich, daß den Betroffenen eine
Billigkeitsentschädigung nach § 100 Abs. 4 zugesprochen wird. Zeit-
lich befristete legale Eigenheime oder Kleinsiedlungsstätten fallen nicht
unter Abs. 3 S. 2. Für sie gilt Abs. 3 S. 1.

5 **c)** Außer dem Antrag (Rn 2) eines Antragsberechtigten (Rn 3, 4)
setzt ein Anspruch auf Ersatzlandentschädigung voraus, daß der Ent-
eignungsbegünstigte Ersatzland nach Maßgabe der Abs. 1 Nr. 1 oder 2
bereitstellen kann oder eine Ersatzlandenteignung gem. Abs. 1 Nr. 3
zulässig ist. Die Enteignungsbehörde hat nach § 107 Abs. 1 S. 2 von
Amts wegen zu prüfen, ob der Enteignungsbegünstigte, der nach § 94
Abs. 2 zur Entschädigung verpflichtet ist, über **geeignetes Ersatzland**

verfügt. Flächen, auf die der Begünstigte selbst mit seiner Berufs- oder Erwerbstätigkeit oder zur Erfüllung der ihm wesensgemäß obliegenden Aufgaben angewiesen ist (s. Rn 3), scheiden als Ersatzland aus. Als Ersatzland geeignet sind solche Flächen, die sowohl nach ihrer tatsächlichen wie auch nach ihrer rechtlichen Beschaffenheit, z. B. nach ihrer Ausweisung durch die Bauleitplanung, dem vom Enteignungsbetroffenen vorgesehenen Zweck genügen und dadurch die Gefährdung der wirtschaftlichen Existenz des Betroffenen oder die Vereitelung seiner Aufgaben abwenden. Als zweite Möglichkeit der Bereitstellung von Ersatzland kommt in Betracht, daß der Enteignungsbegünstigte geeignetes Ersatzland freihändig zu angemessenen Bedingungen beschaffen kann (Abs. 1 Nr. 2). Die Enteignungsbehörde hat nach pflichtgemäßem Ermessen (zur Gerichtskontrolle s. § 223, Rn 2) zu entscheiden, ob der Begünstigte diese Verpflichtung erfüllen kann. Aus § 90 Abs. 1 Nr. 3 folgt, daß der Begünstigte grundsätzlich verpflichtet ist, geeignetes Ersatzland auch unter Angebot eigenen Landes aus eigenem Grundbesitz oder dem Grundbesitz juristischer Personen des Privatrechts zu beschaffen, an denen Kapital er überwiegend beteiligt ist. Kann der Enteignungsbegünstigte geeignetes Ersatzland weder nach Abs. 1 Nr. 1 oder Nr. 2 bereitstellen, so kann die Enteignungsbehörde gem. Abs. 1 Nr. 3 geeignetes Ersatzland durch Enteignung nach § 90 beschaffen. Kann kein geeignetes Ersatzland beschafft werden, entfällt der Anspruch aus § 100 Abs. 1 oder 3. Der Eigentümer ist dann regelmäßig in Geld gem. § 99 Abs. 1 S. 1 zu entschädigen.

d) Sind die genannten (Rn 2–5) Voraussetzungen erfüllt, so hat der **6** Eigentümer einen Anspruch auf Ersatzland in dem Umfang, in dem er wirtschaftlich darauf angewiesen ist. Genügt eine Teilentschädigung in Land, so kann der noch verbleibende Schaden in Geld ausgeglichen werden, auch wenn in Abs. 1 und 3, anders als in Abs. 4, von einer Teilentschädigung in Land ausdrücklich nicht die Rede ist (s. a. Oestreicher, § 100, Anm. 2 d). Der Eigentümer hat keinen Anspruch auf ein bestimmtes Grundstück, sondern nur auf eine bestimmte Entschädigungsart. Zur Modifizierung des Anspruchs aus Abs. 1 durch ein Angebot auf Ersatzrechtsgewährung nach Abs. 8 s. Rn 11.

e) Setzt die Enteignungsbehörde die Entschädigung in Ersatzland **7** fest, so hat sie zugleich in dem Enteignungsbeschluß den **Verwendungszweck** des Ersatzlandes und die **Frist** zu bezeichnen, in der das Grundstück zu dem vorgesehenen Zweck zu verwenden ist. Der durch die Novelle 1976 eingefügte Abs. 2, der nicht nur bei der obligatorischen Ersatzlandenteignung (Abs. 1 und 3), sondern auch bei der Billigkeitsentschädigung nach Abs. 4 zu beachten ist, soll ausschließen, daß das Ersatzland, wie gelegentlich in der Vergangenheit geschehen (s. Schmidt-Aßmann, in: E/Z/B, § 100, Rn 19 a), zu Spekulationszwecken verwendet wird. Die Verwendungsfrist muß den tatsächlichen und rechtlichen Verhältnissen des Einzelfalles angemessen sein. Der Verwendungszweck folgt aus dem Antrag nach Abs. 1, 3 (s. Rn 3, 4) oder 4

(s. Rn 8). Verwirklicht der Entschädigungsberechtigte innerhalb der
festgesetzten Frist den Verwendungszweck nicht oder gibt er den
Verwendungszweck innerhalb der Frist auf, so hat der zur Ersatzland-
gewährung Verpflichtete einen Anspruch auf Rückübertragung (Rück-
enteignung) gem. §§ 102, 103.

8 **3.** Auch die **Ersatzlandentschädigung aus Billigkeitsgründen**
(Abs. 4) setzt einen Antrag voraus, der gem. Abs. 7 vor Beginn der
nach § 108 anzuberaumenden mündlichen Verhandlung schriftlich oder
zur Niederschrift der Enteignungsbehörde zu stellen ist (s. a. Rn 2).
Antragsberechtigt sind außer dem Eigentümer auch etwaige enteig-
nete Nebenberechtigte, insbesondere Pächter und wie die Novelle 1976
verdeutlicht hat auch der Enteignungsbegünstigte. Aus dem Antrags-
recht des Enteignungsbegünstigten folgt nicht, daß dem Enteigneten
Ersatzland gegen seinen Willen aufgedrängt werden darf (ebenso Gel-
zer/Busse aaO, Rn 376). Denn eine grundsätzliche Verpflichtung des
Eigentümers, die Entschädigung in Ersatzland anzunehmen, besteht
nicht (BGH, NJW 1979, 923, wo die Anwendung des § 254 BGB
(Mitverschulden) auf die Ablehnung eines angemessenen Ersatzlandan-
gebots offengelassen wird; bejahend Krohn, in: Berliner Komm.,
§ 100, Rn 8). Zur Rücknahme des Antrags durch den enteigneten
Eigentümer, aber auch nur durch diesen s. Rn 3. Die Enteignungsbe-
hörde darf eine Ersatzlandenteignung aus Billigkeitsgründen nur zuer-
kennen, wenn der Enteignungsbegünstigte geeignetes Ersatzland nach
Maßgabe des Abs. 1 Nr. 1 oder Nr. 2 bereitstellen kann (dazu Rn 5).
Liegen ein Antrag und die Voraussetzungen nach Abs. 1 vor, so kann
die Enteignungsbehörde nach pflichtgemäßem Ermessen ganz oder
teilweise eine Entschädigung in Land festsetzen, wenn dies nach ge-
rechter Abwägung der Interessen der Allgemeinheit und der Beteilig-
ten billig ist. Abs. 4 ist ein sogen. Kopplungstatbetand, der entspre-
chend überkommener Dogmatik (s. § 223, Rn 2, 3) einen unbestimm-
ten Rechtsbegriff im Tatbestand der Norm („billig") mit einer Ermes-
senseinräumung auf der Rechtsfolgenseite verbindet. Ob eine Ersatz-
landentschädigung nach gerechter Abwägung der Interessen der Allge-
meinheit und der Beteiligten (§ 106) der Billigkeit entspricht, ist eine
Rechtsfrage, die grundsätzlich voll gerichtlich nachprüfbar ist. Für
einen Beurteilungsspielraum der sachneutralen (so BGH, NJW 1978,
1162; dazu § 223, Rn 3) Enteignungsbehörde ließe sich anführen, daß
Art. 14 Abs. 3 S. 4 GG den Rechtsweg zu den Zivilgerichten nur wegen
der Höhe, nicht aber wegen der Art der Entschädigung garantiert
(Pohl, in: Kohlhammer-Komm., § 100 BBauG, Anm. III 1). Dagegen
spricht aber die von BVerfGE 35, 348/361; E 37, 132/148; E 58, 300/322)
betonte Bedeutung des Zusammenspiels von Art. 19 Abs. 4 GG und
Art. 14 Abs. 1 GG, verstanden als Bestandsgarantie, ein Gedanke, der
gerade bei der Entschädigung in Land fruchtbar gemacht werden kann
(s. § 99, Rn 1). Im übrigen vermag die Enteignungsbehörde ihren
spezifischen Sachverstand gerichtlich nicht voll kontrollierbar in die

nachfolgende Ermessensentscheidung einzubringen. Denn die Kopplung des unbestimmten Rechtsbegriffs „billig" mit dem Ermessen – „kann... festgesetzt werden" – besagt, daß auch bei Vorliegen des Tatbestandes die Enteignungsbehörde eine Ersatzlandentschädigung aussprechen darf, aber nicht muß (s. a. BSG, NJW 1982, 2631 in Abgrenzung zu Gem. Senat BVerwGE 39, 355). Die gesetzliche Einräumung von Ermessen schließt nicht aus, daß es im Einzelfall nicht nur nach gerichtlicher Abwägung billig ist, sondern daß darüber hinaus auch nach pflichtgemäßer Ermessensausübung nur eine Entscheidung möglich ist, nämlich dem Enteigneten Ersatzland zu gewähren. Ausnahmsweise kann also der Enteignete auch nach Abs. 4 einen Anspruch auf Ersatzlandentschädigung haben (Krohn, aaO, Rn 15; OLG Düsseldorf, BauR 1972, 169).

4. Im Regelfall besteht ein Wertunterschied zwischen dem enteigneten Grundstück und dem Ersatzland, Abs. 5 regelt daher die Bewertung des Ersatzlandes und den **Ausgleich des Wertunterschieds.** Gem. Abs. 5 S. 1 ist auf die Ermittlung des Werts des Ersatzlands § 95 entsprechend anzuwenden. Die Grundsätze zur „konkreten" **Verkehrswertermittlung** (BGHZ 55, 294/297) sind auf die Bewertung von Ersatzland nur beschränkt übertragbar (BGH, WM 1975, 275). Stand z. B. das Ersatzland bis zur Übertragung auf den Enteigneten in keinerlei Beziehung zu dessen Gewerbebetrieb, so beeinflußt die Verwendbarkeit des Ersatzgrundstückes gerade für diesen Gewerbebetrieb den Verkehrswert nicht erhöhend. Nicht gerechtfertigt ist es hingegen, die Anwendbarkeit des § 95 Abs. 2 generell zu verneinen (so aber Pohl, in: Kohlhammer-Komm., § 100 BBauG, Anm. IV 1 b; a. A. Krohn, aaO, Rn 17). Gem. Abs. 5 S. 2 soll bei der Bewertung eine Werterhöhung berücksichtigt werden können, die das übrige Grundvermögen des von der Enteignung Betroffenen durch den Erwerb des Ersatzlandes über den Verkehrswert hinaus erfährt. Als spezielle Ausprägung des Grundsatzes der Vorteilsausgleichung (§ 93 Abs. 3 S. 1) ist Abs. 5 S. 2 dahingehend auszulegen, daß Wertsteigerungen, die einen meßbaren Vermögensvorteil haben und entsprechend den Grundsätzen der **Vorteilsausgleichung** (dazu § 93, Rn 6) durch die Ersatzlandentschädigung adäquat kausal verursacht worden sind, angerechnet werden müssen (Schmidt-Aßmann, in: E/Z/B, § 100, Rn 30). Ergibt die Bewertung, daß das Ersatzland einen geringeren Wert als das zu enteignende Grundstück hat, so hat die Enteignungsbehörde im Enteignungsbeschluß (§ 113 Abs. 2 Nr. 8) neben der Ersatzlandentschädigung eine **zusätzliche,** gem. § 99 Abs. 3 zu verzinsende **Geldentschädigung** festzusetzen (Abs. 5 S. 3). Im umgekehrten Fall, wenn das Ersatzland einen höheren Wert als das zu enteignende Grundstück hat, ist der Entschädigungsberechtigte (= Enteignungsbetroffene) verpflichtet, an den Enteignungsbegünstigten eine dem Wertunterschied entsprechende **Ausgleichszahlung** zu leisten (Abs. 5 Satz 4). Die gem. § 113 Abs. 2 Nr. 8 im Enteignungsbeschluß zu bezeichnende Ausgleichszahlung wird mit

9

dem in der Ausführungsanordnung festzusetzenden Tag fällig, an dem
nach § 117 Abs. 3 S. 1 der bisherige Rechtszustand durch den im
Enteignungsbeschluß geregelten Rechtszustand ersetzt wird. Abs. 5
S. 5 soll verhindern, daß der Enteignungsbetroffene durch die Verzöge-
rung der gem. § 99 Abs. 3 zu verzinsenden Ausgleichszahlung die
Enteignung insgesamt hinausschiebt.

10 **5.** Dingliche oder persönliche Rechte von **Nebenberechtigten** kön-
nen nach § 97 Abs. 1 nur aufrechterhalten werden, soweit dies mit dem
Enteignungszweck vereinbar ist (§ 97, Rn 2). Soweit diese Rechte im
Falle der Ersatzlandentschädigung des Hauptberechtigten nicht an dem
zu enteignenden Grundstück aufrechterhalten werden, modifiziert
Abs. 6 S. 1 die Regelung des § 97 Abs. 2 S. 1 u. 2 dahin, daß die
Ersetzung der Rechte am Ersatzland auf Antrag des Nebenberech-
tigten ganz oder teilweise erfolgen soll. Der Antrag ist schriftlich oder
zur Niederschrift der Enteignungsbehörde bis zum Schluß der münd-
lichen Verhandlung (§ 108) zu stellen (Abs. 7). Eine teilweise Ersatz-
rechtsbestellung kommt in Betracht, wenn der Hauptbetroffene teil-
weise in Land und teilweise in Geld entschädigt wird, so daß z. B. ein
nebenberechtigter Hypothekar sich teilweise aus der Geldentschädi-
gung befriedigen kann. Die Sollvorschrift des Abs. 6 S. 1 bindet die
Enteignungsbehörde im Regelfall und gewährt ihr nur in Sonderfällen,
in denen z. B. die Ersatzrechtsbestellung wirtschaftlich sinnvoll
ist, Ermessen. Wird ein Antrag auf Ersatzrechtsbestellung an dem
Ersatzland nach Abs. 6 S. 1 nicht gestellt oder abgelehnt, so ist statt
dessen eine Ersatzrechtsbestellung an einem anderen Grundstück des
Enteignungsbegünstigten allein nach § 97 Abs. 2 möglich. Wird der
Hauptberechtigte in Land entschädigt, können die gem. § 97 Abs. 4
Berechtigten (s. § 97, Rn 6) nicht wie dort vorgesehen Wertersatz aus
einer Geldentschädigung erhalten. Für diesen Fall erweitert Abs. 6 S. 2
Halbs. 1 den Kreis der nach § 97 Abs. 3 Sonderentschädigungsberech-
tigten (s. § 97, Rn 5) um die aus § 97 Abs. 4 Nebenberechtigten. Erhält
der Hauptberechtigte neben der Landentschädigung eine zusätzliche
und ausreichende Geldentschädigung nach § 100 Abs. 5 (Rn 9), so
bleibt es bei der Regelung des § 97 Abs. 4, was § 100 Abs. 6 S. 2 Halbs.
2 klarstellt.

11 **6.** Abs. 8 ermächtigt die Enteignungsbehörde, den Ersatzlandan-
spruch des Eigentümers nach Abs. 1 durch ein Angebot auf Gewäh-
rung von bestimmten **Ersatzrechten** zu modifizieren. Wenn Miteigen-
tum, grundstücksgleiche Rechte oder Rechte nach dem WEG ebenso
zur Sicherung der Berufs- oder Erwerbstätigkeit des Eigentümers oder
zur Erfüllung der ihm wesensgemäß obliegenden Aufgaben (Rn 3)
geeignet sind – was gerichtlich voll überprüfbar ist –, so kann die
Enteignungsbehörde nach Ermessen dem Eigentümer diese Rechte
anstelle des Ersatzlandes anbieten (Abs. 8 S. 1). Liegen diese Voraus-
setzungen vor und lehnt der Eigentümer das Angebot ab, so erlischt sein
Anspruch auf Ersatzlandentschädigung. Stattdessen ist er in Geld zu

entschädigen (Abs. 8 S. 2). Im Rahmen ihrer Ermessensentscheidung hat die Behörde insbesondere als Ermessensrichtlinie die eigentumspolitische Intention des Abs. 8 zu beachten, eine breite Streuung der Vermögenswerte zu fördern (Schmidt-Aßmann, in: E/Z/B, § 100, Rn 41). Auch wenn der Eigentümer das Angebot ablehnt, kann er auf seinen Antrag hin durch Gewährung anderer Rechte oder besonderer Arten von Ersatzland nach § 101 entschädigt werden (Abs. 8 S. 3). Die nach Abs. 3 anspruchsberechtigten Eigentümer eines Eigenheims oder einer Kleinsiedlungsstätte (Rn 4) können nicht nach Abs. 8 mit Ersatzrechten abgefunden werden.

7. Mit der Entschädigung für ein Grundstück werden die Kosten, die dem Enteigneten durch Beschaffung eines Ersatzgrundstückes entstehen, grundsätzlich nicht erstattet (§ 96, Rn 5). Davon abweichend gewährt Abs. 9 einen **Aufwendungsersatzanspruch**, um dem Enteigneten, der nach Abs. 1 oder 3 einen Anspruch auf Ersatzland hat, einen Anreiz zu geben, sich auf dem freien Markt um Ersatzland zu bemühen. Ein Enteigneter, der sich selbst Ersatzland beschafft hat, soll nicht schlechterstehen als derjenige, der das Ersatzland im Enteignungsbeschluß zugeteilt erhält und dem keine Kosten für den Erwerb des Ersatzlandes entstehen. Die Belange des Enteignungsbegünstigten wahrt Abs. 9 S. 2, indem der Aufwendungsersatzanspruch nur insoweit besteht, als der Begünstigte Aufwendungen erspart. Ersetzungsfähig sind z. B. Notar- und Gerichtskosten anläßlich des Kaufs und des Eigentumswechsels, Makler- und Reisekosten für Besichtigungen. Einigen sich der Enteignete und der Enteignungsbegünstigte nicht über die Höhe der zu erstattenden Aufwendungen, so entscheidet die Enteignungsbehörde. Die Entscheidung ist ein vollstreckbarer Titel i. S. v. § 122 (Abs. 9 S. 3).

12

§ 101 Entschädigung durch Gewährung anderer Rechte

(1) **Der Eigentümer eines zu enteignenden Grundstücks kann auf seinen Antrag, wenn dies unter Abwägung der Belange der Beteiligten billig ist, ganz oder teilweise entschädigt werden**

1. **durch Bestellung oder Übertragung von Miteigentum an einem Grundstück, grundstücksgleichen Rechten, Rechten nach dem Wohnungseigentumsgesetz, sonstigen dinglichen Rechten an dem zu enteignenden Grundstück oder an einem anderen Grundstück des Enteignungsbegünstigten oder**
2. **durch Übertragung von Eigentum an einem bebauten Grundstück des Enteignungsbegünstigten oder**
3. **durch Übertragung von Eigentum an einem Grundstück des Enteignungsbegünstigten, das mit einem Eigenheim oder einer Kleinsiedlung bebaut werden soll.**

Bei Wertunterschieden zwischen den Rechten nach Satz 1 und dem zu enteignenden Grundstück gilt § 100 Abs. 5 entsprechend.

(2) **Der Antrag nach Absatz 1 muß bis zum Schluß der mündlichen Verhandlung schriftlich oder zur Niederschrift der Enteignungsbehörde gestellt werden.**

1 **1. Abs. 1 S. 1 Nr. 1** ermöglicht es, als weitere Ausnahme vom Grundsatz der Geldentschädigung (§ 99) auf Antrag des enteigneten Eigentümers die Entschädigung durch **Gewährung anderer Rechte** festzusetzen. Abs. 1 S. 1 Nr. 2 u. 3 ermöglichen ebenfalls als Ausnahme zu § 99 zwei gegenüber § 100 spezielle Arten der **Entschädigung in Land.** Allgemein zur Entschädigung in Land § 100, Rn 1, Abs. 1 S. 1 Nr. 1 ergänzen die Regelungen des § 85 Abs. 1 Nr. 4 – Ersatzrechtsbestellung als Enteignungszweck – und des § 91 – Zulässigkeit der Ersatzrechtsenteignung. Abs. 1 S. 1 Nr. 2 u. 3 ergänzen ebenso wie § 100 die Regelungen des § 85 Abs. 1 Nr. 3 – Ersatzlandbeschaffung als Enteignungszweck – und des § 90 – Voraussetzungen der Ersatzlandenteignung. Verfahrensrechtlich wird § 101 durch § 115 ergänzt. Die Entschädigung nach § 101 kann für den Rechtsverlust (§ 95) u. für Folgeschäden (§ 96) gewährt werden (Schmidt-Aßmann, in: E/Z/B, § 101, Rn 16; a. A. Breuer, in: Schrödter, § 101, Rn 4: nur Rechtsverlust). Von der in Abs. 1 S. 1 Nr. 1 geregelten Ersatzrechtsentschädigung des Eigentümers (Hauptberechtigten) ist zu unterscheiden die in den §§ 97 Abs. 2, 100 Abs. 6 geregelte Ersatzrechtsentschädigung der Nebenberechtigten (s. § 97, Rn 3, 4, § 100 Rn 10). Zur Gesetzesgeschichte der gegenüber der Geld- und Ersatzlandentschädigung jüngsten Entschädigungsart s. Schmidt-Aßmann, in: E/Z/B, § 101, Rn 6, 7.

2 **2.** Beide Arten der Entschädigung nach § 101 setzen einen **Antrag** des allein antragsberechtigten Eigentümers voraus. Dem Eigentümer gleichzustellen ist der Erbbauberechtigte, insoweit als die in Abs. 1 S. 1 Nr. 1 genannten Rechte geeignet sind, ihn in angemessener, seiner Rechtsstellung entsprechender Weise und ohne Überkompensation zu entschädigen (Schmidt-Aßmann, in: E/Z/B, § 101, Rn 8; Krohn, in: Berliner Komm., § 101, Rn 4). Der Antrag kann gem. Abs. 2 wie in § 100 Abs. 6 und anders als in den Fällen des § 100 Abs. 1 u. 4 bis zum Schluß der mündlichen Verhandlung schriftlich oder zur Niederschrift der Enteignungsbehörde gestellt werden. Der Enteignete kann durch Stellung von Haupt- und Hilfsanträgen das ihm durch §§ 100, 101 zwischen den verschiedenen Entschädigungsarten eingeräumte **Wahlrecht** ausüben. § 100 Abs. 1 u. 3 geben einen Anspruch auf Ersatzland, der allerdings im Falle des Abs. 1 durch Gewährung von Ersatzrechten modifiziert werden kann (§ 100 Abs. 8, s. § 100, Rn 11). Von den der Enteignungsbehörde Ermessen einräumenden Vorschriften ist § 100 Abs. 1 S. 1 Nr. 1 nur auf Ersatzrechte gerichtet, während § 101 Abs. 1 S. 1 Nr. 2 u. 3 gegenüber § 100 Abs. 4 in der Rechtsfolge spezieller, im

Tatbestand enger und daher insoweit und auch hinsichtlich der Antragsfrist (§ 101 Abs. 2) für den Enteigneten günstiger ist.

3. Hat die Enteignungsbehörde aufgrund des Antrags die Belange **3** der Beteiligten und die der Allgemeinheit, deren Berücksichtigung aus Art. 14 Abs. 3 S. 3 GG folgt, abgewogen und kommt sie zu dem Ergebnis, daß die Entschädigung gem. § 101 der **Billigkeit** entspricht, so kann sie ganz oder teilweise eine Ersatzrechtsentschädigung gem. Nr. 1 oder eine Ersatzlandentschädigung gem. Nr. 2 und 3 festsetzen. Zum Verfahren s. § 115. Abs. 1 S. 1 ist ebenso wie § 100 Abs. 4 eine sogen. Kopplungsvorschrift, die grundsätzlich keinen Anspruch auf Entschädigung gewährt (Schmidt-Aßmann, in: E/Z/B, § 101, Rn 15; Pohl, in: Kohlhammer-Komm., § 101 BBauG, Anm. 2b, cc; Büchs, Grunderwerb und Entschädigung beim Straßenbau, 2. A., 1980, S. 324; a. A. Krohn, aaO, Rn 7; Breuer in: Schrödter, § 101, Rn 3: Rechtsanspruch). Zur Struktur und Rechtskontrolle von Kopplungsvorschriften s. § 100, Rn 8.

4. Von den als **Entschädigung** in Betracht kommenden Rechten sind **4** nur die in Nr. 1 genannten anderen Rechte als das Eigentum. Zu ihnen im einzelnen Schmidt-Aßmann, in: E/Z/B, § 101, Rn 9–10. Zu den grundstücksgleichen Rechten s. a. § 200, Rn 7. Zu den dinglichen Rechten an einem Grundstück s. a. § 86, Rn 4. Die Entschädigung durch (Mit-)Eigentum an einem bebauten Grundstück des Enteignungsbegünstigten (Nr. 2) kommt nur in Betracht, wenn auch das enteignete Grundstück bebaut ist. Bei der Entschädigung nach Nr. 3 soll der Enteignete das aus dem Eigentum des Enteignungsbegünstigten übertragene Ersatzland mit einem Eigenheim (s. § 9 Abs. 1 II. WohnungsbauG) oder einer Kleinsiedlungsstätte (§ 10 Abs. 1 II. WohnungsbauG) alsbald bebauen. Zum Wortlaut beider Vorschriften s. Schmidt-Aßmann, in: E/Z/B, § 100, Rn 21.

5. Zum **Wertausgleich** und zur Ersatzland- bzw. Ersatzrechtsbewer- **5** tung analog § 100 Abs. 5, auf den Abs. 1 S. 2 verweist, s. § 100, Rn 9.

§ 102 Rückenteignung

(1) **Der enteignete frühere Eigentümer kann verlangen, daß das enteignete Grundstück zu seinen Gunsten wieder enteignet wird (Rückenteignung), wenn und soweit**

1. **der durch die Enteignung Begünstigte oder sein Rechtsnachfolger das Grundstück nicht innerhalb der festgesetzten Fristen (§ 113 Abs. 2 Nr. 3 und § 114) zu dem Enteignungszweck verwendet oder den Enteignungszweck vor Ablauf der Frist aufgegeben hat oder**

2. **die Gemeinde ihre Verpflichtung zur Übereignung nach § 89 nicht erfüllt hat.**

(2) **Die Rückenteignung kann nicht verlangt werden, wenn**
1. **der Enteignete selbst das Grundstück im Wege der Enteignung nach den Vorschriften dieses Gesetzbuchs oder des Baulandbeschaffungsgesetzes erworben hatte oder**
2. **ein Verfahren zur Enteignung des Grundstücks nach diesem Gesetzbuch zugunsten eines anderen Bauwilligen eingeleitet worden ist und der enteignete frühere Eigentümer nicht glaubhaft macht, daß er das Grundstück binnen angemessener Frist zu dem vorgesehenen Zweck verwenden wird.**

(3) **Der Antrag auf Rückenteignung ist binnen zwei Jahren seit Entstehung des Anspruchs bei der zuständigen Enteignungsbehörde einzureichen. § 203 Abs. 2 des Bürgerlichen Gesetzbuchs gilt entsprechend. Der Antrag ist nicht mehr zulässig, wenn in den Fällen des Absatzes 1 mit der zweckgerechten Verwendung begonnen oder die Veräußerung oder Ausgabe des Grundstücks in Erbbaurecht vor Eingang des Antrags bei der Enteignungsbehörde eingeleitet worden ist.**

(4) **Die Enteignungsbehörde kann die Rückenteignung ablehnen, wenn das Grundstück erheblich verändert oder ganz oder überwiegend Entschädigung in Land gewährt worden ist.**

(5) **Der frühere Inhaber eines Rechts, das durch Enteignung nach den Vorschriften dieses Gesetzbuchs aufgehoben ist, kann unter den in Absatz 1 bezeichneten Voraussetzungen verlangen, daß ein gleiches Recht an dem früher belasteten Grundstück zu seinen Gunsten durch Enteignung wieder begründet wird. Die Vorschriften über die Rückenteignung gelten entsprechend.**

(6) **Für das Verfahren gelten die §§ 104 bis 122 entsprechend.**

Übersicht

1 **a)** § 102 konkretisiert den verfassungsrechtlich gesicherten Anspruch des enteigneten früheren Eigentümers auf Rückübereignung seines enteigneten Grundstücks, sofern es nicht oder nicht innerhalb angemessener Frist für den Enteignungszweck verwendet wird. Während noch BVerwGE 28, 184 (s. a. VGH München, BayVBl. 1973, 493) einen allgemeinen Anspruch auf Rückenteignung oder auf anderweitige Wiederbeschaffung eines enteigneten Grundstücks für den Fall verneint hatte, daß dieses Grundstück nicht innerhalb angemessener

Frist für den Enteignungszweck verwendet worden ist, hat BVerfGE
38, 175 (dazu Kimminich, DÖV 1975, 312; v. Mutius, VerwArch 1975,
283; zust. BGHZ 76, 365/369) im Einklang mit seiner den konkreten
Bestand in der Hand des einzelnen Eigentümers schützenden Recht-
sprechung – Art. 14 Abs. 1 S. 1 GG als **Bestandsgarantie** – (dazu
Vorbem. §§ 85–122, Rn 1, 5) festgestellt, daß aus der Eigentumsgaran-
tie des Art. 14 Abs. 1 S. 1 GG auch ohne ausdrückliche einfachgesetzli-
che Regelung ein Rückerwerbsrecht des früheren Eigentümers folgt,
wenn der Zweck der Enteignung nicht verwirklicht wird. Wird die
öffentliche Aufgabe, der die Enteignung dienen soll, nicht ausgeführt
oder das enteignete Grundstück hierzu nicht benötigt, so entfällt die aus
Art. 14 Abs. 3 S. 1 GG herzuleitende Legitimation für den Zugriff auf
das Privateigentum und der Rechtsgrund für den Eigentumserwerb der
öffentlichen Hand. Daher kann der Enteignete, gestützt auf die Be-
standsgarantie des Art. 14 Abs. 1 S. 1 GG, Rückübereignung seines
Grundstücks fordern. Für Enteignungen, die vor Inkrafttreten des GG
vollzogen worden sind, soll der verfassungsrechtliche Rückübereig-
nungsanspruch nicht bestehen (VGH München, BayVBl. 1984, 147/
149). Die Rückenteignung ist keine „echte" Enteignung i. S. v. Art. 14
Abs. 3 GG (BVerfGE 38, 175/183; BGHZ 76, 365/368; a. A. Pohl, in:
Kohlhammer-Komm., § 112 BBauG, Anm. II 1; richtig Schmidt-Aß-
mann, in E/Z/B, § 102, Rn 11 f.), sondern die **öffentlich-rechtliche
Rückabwicklung** einer rechtmäßigen – und nicht etwa wegen der
Zweckverfehlung nachträglich rechtswidrig werdenden – Enteignung
(s. a. BGH, WM 1961, 539: Kehrseite der Enteignung). Zur histori-
schen Entwicklung des Rechtsinstituts s. Schmidt-Aßmann, in: E/Z/B,
§ 102 Rn 1–6. Der Gesetzesvorbehalt des Art. 14 Abs. 3 S. 2 GG steht
der Realisierung des verfassungsrechtlichen Anspruchs auch ohne ein-
fachgesetzliche Regelung nicht entgegen, denn Art. 14 Abs. 3 S. 2 GG
dient dem Schutz des Bürgers gegen hoheitliche Eingriffe, ist jedoch
keine Schutzbestimmung zugunsten der öffentlichen Hand, kein
Rechtstitel zur Abwehr von Rechten des Bürgers (BVerfGE 38, 175/
184). Bezugnehmend auf BVerfGE 38, 175 hat BGHZ 76, 365 im Wege
„rechtsfindender Lückenausfüllung" entschieden, daß Ansprüche auf
Entschädigung wegen Rückenteignung im Anwendungsbereich des
prEnteignungsG durch die Enteignungsbehörde festzustellen und daß
Klagen hiergegen im ordentlichen Rechtsweg zulässig sind. Demgegen-
über wendet BVerwG, NJW 1990, 2400 § 102 auch an, wenn Grundflä-
chen vor Inkrafttreten dieser Vorschrift aufgrund landesrechtlicher
Vorschriften enteignet worden sind. Zum Rechtsschutz s. Rn 7. Art. 14
GG steht einer gesetzlichen Regelung nicht entgegen, wonach eine
Rückenteignung abgelehnt werden kann, wenn das enteignete Grund-
stück erheblich verändert worden ist (BVerwG, NVwZ 1987, 49 zu
Art. 16 bayEntEignG). Hingegen dürfte der Ausschluß eines Rückent-
eignungsanspruchs durch ein bloßes Vorkaufsrecht wie in § 57 Abs. 2
prEnteignungsG Art. 14 Abs. 1 GG nicht genügen (krit. insoweit
v. Mutius, VerwArch 1975, 283). Zur Zulässigkeit der Rückenteignung

zu Lasten der Deutschen Bundesbahn ohne Zustimmung der Bundesregierung BVerwG, NVwZ 1987, 50. Ebenfalls an BVerfGE 38, 175 anknüpfend hat BGHZ 71, 293, 294 daraus, daß Art. 14 GG ausschließlich dem Schutz des Bürgers und nicht dem der öffentlichen Hand dient, abgeleitet, daß sich aus Art. 14 GG für den Fall vollzogener Enteignung **kein Rückgaberecht** der öffentlichen Hand und damit auch keine Rücknahmepflicht des früheren Eigentümers herleiten lasse, wenn das Interesse der öffentlichen Hand an dem erworbenen Grundstück weggefallen ist. Trotz fehlender einfachgesetzlicher Regelung besteht ein Anspruch auf Rückübereignung auch in den Fällen, in denen Enteignungsbegünstigter nicht die öffentliche Hand, sondern ein Privater ist (Schmidt-Aßmann, in: E/Z/B, § 102, Rn 12). Dagegen bewirkt die Bestandsgarantie des Art. 14 Abs. 1 S. 1 GG nicht, daß in allen Fällen, in denen die öffentliche Hand außerhalb eines Enteignungsverfahrens zur Erfüllung ihrer Aufgaben Grundbesitz erwirbt, der privatrechtliche Übertragungsvertrag dahin als ergänzt anzusehen ist, daß bei Wegfall oder anderweitiger Erledigung der öffentlichen Aufgabe dem früheren Eigentümer ein Anspruch auf Besitzübertragung des verkauften Grundstücks zusteht, i. d. R. auch dann nicht, wenn der frühere Eigentümer eine drohende Enteignung hat abwenden wollen (BGHZ 84, 1). Trotz des grundsätzlichen Vorrangs des bürgerlich-rechtlichen Eigentumsschutzes hält BGHZ 84, 1 es unter besonderen, im Entscheidungsfall verneinten Voraussetzungen für möglich, im Wege der ergänzenden Auslegung einem zur Abwendung einer drohenden Enteignung geschlossenen Vertrag über die Übertragung mehrerer Grundstücke einen Art. 16 bayEnteignungsG nachgebildeten Anspruch des früheren Eigentümers auf Rückübertragung des nicht umgestalteten Teils der Grundstücke zu entnehmen, wenn das begonnene Vorhaben nicht weitergeführt wird. Im Entscheidungsfall verneint der BGH auch eine (teilweise) Rückabwicklung über die in diesen Fällen vorrangig anwendbaren zivilrechtlichen Grundsätze über den **Wegfall der Geschäftsgrundlage.** Die Entscheidung bestätigt, daß diese Grundsätze nur sehr zurückhaltend angewendet werden dürfen (s. a. Aust/Jacobs, Die Enteignungsentschädigung, 2. A., 1984, S. 271). Nicht jede Störung der Geschäftsgrundlage ist rechtlich bedeutsam. Ist ein Grundstücksübertragungsvertrag schon geschlossen worden, bevor die Voraussetzungen der Einleitung eines Enteignungsverfahrens überhaupt vorlagen, so scheidet eine Rückübereignung wegen Wegfalls der Geschäftsgrundlage nach Änderung der Ausbaupläne aus (Aust/Jacobs aaO, S. 272 u. Hinweis auf OLG Köln, Urt. v. 17. 10. 1973 – 17 U 22/73).

2 **b)** § 102 gestaltet die Rückenteignung dahin aus, daß in den Fällen des Abs. 1 Nr. 1 u. 2 der enteignete frühere Eigentümer oder gem. Abs. 5 i. V. m. Abs. 1 der frühere Inhaber eines durch Enteignung aufgehobenen Rechtes einen Anspruch auf Rückenteignung haben, sofern die Berechtigten innerhalb der Antragsfrist (Abs. 3 S. 1 u. 2) einen Antrag gestellt haben und keiner der Ausschlußgründe des Abs. 2

Nr. 1 u. 2 oder des Abs. 3 S. 3 oder kein Ablehnungsgrund gem. Abs. 4 eingreift. Für das Rückenteignungsverfahren gelten, abgesehen von Abs. 3 (Antrag) und § 121 Abs. 1 S. 3 (Kosten), gem. Abs. 6 die Vorschriften des Enteignungsverfahrens entsprechend. Wird dem Antrag auf Rückübereignung stattgegeben, so ist die Entschädigung gem. der den Antragsteller begünstigenden Sondervorschrift des § 103 festzusetzen. § 100 Abs. 2 S. 2 gewährt dem Enteignungsbetroffenen im Falle der Ersatzlandentschädigung bei Verfehlung des Verwendungszweckes oder Ablauf der Verwendungsfrist analog §§ 102, 103 einen Anspruch auf Rückenteignung. Zur gesetzessystematisch verfehlten Stellung des § 102 s. Vorbem. §§ 85–122, Rn 12. Im Planungsschadensrecht (§§ 39–44) kann § 102 nicht angewendet werden, weil die Vorschrift den Grundstücks- bzw. Rechtsentzug durch eine Enteignung nach den §§ 85 ff. oder eine ihr gleichgestellte Enteignung i. S. v. §§ 110, 111 voraussetzt. Zur analogen Anwendung auf privatrechtliche Übereignungsverträge s. Rn 1. Ggf. zusätzlich zum Anspruch auf Rückenteignung gewährt § 164 nach Aufhebung einer Sanierungssatzung einen Anspruch auf Rückübertragung. Zur Berechnung der Entschädigung s. § 164 Abs. 5 u. 6. Vom Anspruch auf Rückübereignung (Rückenteignung) nach § 102 und dem Anspruch auf Rückübertragung nach § 164 ist schließlich zu unterscheiden ein der Reprivatisierungspflicht der Gemeinde entsprechender Anspruch nach § 89 BauGB (dazu § 89). Zum Anspruch aus § 102 Abs. 1 Nr. 2 – Zweckverfehlung wegen Nichteinhaltung der Privatisierungspflicht – s. Rn 4.

2. a) Anspruchsberechtigte sind nach Abs. 1 der frühere Eigentü- **3**
mer des Grundstücks, sein Rechtsnachfolger sowie der Inhaber eines enteigneten grundstücksgleichen Rechts i. S. v. § 200 Abs. 2 (s. § 200, Rn 7) und dessen Rechtsnachfolger, nach Abs. 5 die früheren Inhaber anderer Rechte, die durch die Enteignung aufgehoben worden sind (§ 86 Abs. 1 Nr. 2, 3), und zwar unabhängig davon, ob auch der frühere Eigentümer seinen Anspruch nach Abs. 1 durchsetzt. Wegen der verfassungsrechtlichen Grundlage des Anspruchs (Rn 1) sind trotz des Wortlauts des Abs. 1 – „enteignetes Grundstück" – und des Abs. 5 – „aufgehoben ist" statt „belastet ist" – der vollen Enteignung die Fälle gleichzusetzen, in denen ein Grundstück oder ein anderes Recht im Enteignungswege mit einem Recht belastet worden ist (Schmidt-Aßmann, in: E/Z/B, § 102, Rn 16; Breuer, in: Schrödter, § 102, Rn 4; a. A. Pohl, in: Kohlhammer-Komm., § 102 BBauG, Anm. II 2c). Ob im Falle der Veräußerung des Grundstücks durch den Begünstigten dem früheren Eigentümer anstelle des erloschenen Anspruchs auf Rückübereignung ein Anspruch auf Entschädigung oder auf das Surrogat zusteht, ist fraglich (VGH München, BayVBl. 1973, 493; Krohn/ Löwisch, Rn 510).

b) Der gegen die Körperschaft, deren Behörde die Enteignungsbe- **4**
hörde ist, zu richtende und nach dem Gesetzeswortlaut – „wenn und soweit" – u. U. auf eine Teilrückenteignung beschränkte Anspruch

setzt voraus, daß der Enteignungsbegünstigte oder sein Rechtsnachfolger innerhalb der Verwendungsfrist des § 113 Abs. 2 Nr. 3 durch Unterlassen oder positives Handeln ganz oder teilweise zu erkennen gegeben hat, daß er den Enteignungszweck nicht erfüllen kann oder will (Abs. 1 Nr. 1). Dieser an die **Zweckverfehlung** anknüpfende Anspruch auf Rückenteignung entfällt nicht deshalb, weil der Begünstigte den Enteignungsgegenstand durch einen Zweckaustausch zu einem anderen von § 85 gedeckten Enteignungszweck verwenden kann und will (VGH München, BayVBl. 1984, 147/148 f.). Ein Anspruch auf Rückenteignung entsteht nach Abs. 1 Nr. 2, wenn die Gemeinde nicht innerhalb angemessener Frist (§ 89, Rn 4) ihrer Privatisierungspflicht aus § 89 nachkommt. Etwaige Ansprüche aus §§ 89 u. 102 schließen sich bei teilweise überschneidenden Kreisen von Anspruchsberechtigten gegenseitig aus. Im ersten Fall erfüllt die Gemeinde ihre Verpflichtung aus § 89, im zweiten Fall gerade nicht. Zum Anspruch auf Rückenteignung wegen Zweckverfehlung bei der Ersatzlandentschädigung gem. § 100 Abs. 2 S. 2 s. § 100, Rn 7.

5 **3.** Trotz Vorliegens der Voraussetzungen nach Abs. 1 oder 5 besteht kein Anspruch auf Rückenteignung, wenn einer der **Ausschlußgründe** nach Abs. 2 oder 3 oder der Ablehnungsgrund nach Abs. 4 eingreift. Der Anspruch ist ausgeschlossen, wenn der Enteignete selbst das Grundstück im Wege der Enteignung erworben hatte (Abs. 2 Nr. 1), wenn ein Enteignungsverfahren mit dem Ziel anhängig ist, das Grundstück zugunsten eines anderen Bauwilligen zu enteignen, es sei denn, der frühere Eigentümer macht glaubhaft, daß er das Grundstück innerhalb angemessener Frist zu dem vorhandenen Zweck verwendet, (Abs. 2 Nr. 2) oder wenn während des Laufs der Antragsfrist nach Abs. 3 S. 1 doch noch mit der zweckgerichteten Verwendung begonnen oder die Veräußerung oder Ausgabe des Grundstücks in Erbbaurecht vor Eingang des Antrags bei der Enteignungsbehörde eingeleitet worden ist (Abs. 3 S. 3). Der Ausschlußgrund gem. Abs. 3 S. 3 soll der Rechtssicherheit dienen. Daher sind an die Tatbestandsmerkmale „zweckgerecht begonnen" bzw. „eingeleitet" strenge Anforderungen zu stellen (Breuer, in: Schrödter, § 102, Rn 7). Die Verwendung wird nicht zweckgerecht begonnen, wenn sie den Anforderungen, die der Grundsatz der Erforderlichkeit in sachlicher und zeitlicher Hinsicht stellt (§ 87, Rn 3, § 114, Rn 1, 5) nicht genügt, wenn also eine Zweckverwirklichung auch innerhalb angemessener Verlängerung der Verwendungsfrist (§ 114 Abs. 2) nicht zu erwarten ist. Um unverhältnismäßig aufwendige Rückenteignungen zu vermeiden, kann die Enteignungsbehörde nach Abs. 4 den Rückenteignungsantrag **ablehnen,** wenn das Grundstück erheblich verändert oder ganz oder überwiegend Entschädigung in Land gewährt worden ist. Eine erhebliche Veränderung des Grundstücks kann in erheblichen Veränderungen seiner Grenzen – so § 51 Abs. 4 BaulBG – z. B. durch den Zusammenschluß mit anderen Grundstücken des Enteignungsbegünstigten zu einer rechtli-

chen und/oder wirtschaftlichen Einheit liegen oder z. B. auch in erheblichen Veränderungen der Erdoberfläche durch Abgrabungen, Aufschüttungen oder die Errichtung von baulichen Anlagen; dazu VGH München, BayVBl. 1984, 147/149. Die den Anspruch auf Rückenteignung ausschließenden Tatbestandsmerkmale des Abs. 4 sind gerichtlich voll überprüfbar. Liegt ein Ablehnungsgrund vor, so steht es im pflichtgemäßen Ermessen der Behörde, nach gerechter Abwägung der beteiligten öffentlichen und privaten Interessen den Antrag abzulehnen. Zu derartigen Kopplungsvorschriften s. § 100, Rn 8. Die Interessenbewertung des § 103, der neben anderen Risiken auch das Risiko anderer als grundstückswerterhöhender, den beabsichtigten Enteignungszweck verwirklichender Aufwendungen bewußt dem Enteignungsbegünstigten aufbürdet (s. § 103, Rn 2), darf die Enteignungsbehörde bei ihrer Entscheidung nach Abs. 4 nicht unterlaufen (mißverständlich Aust/Jacobs aaO, S. 134 f.). § 103 begrenzt den von Abs. 4 gewährten Ermessensspielraum.

4. Das **Rückenteignungsverfahren** wird entsprechend den für das Enteignungsverfahren geltenden Vorschriften vor der Enteignungsbehörde abgewickelt (Abs. 6). Anders als der Enteignungsantrag (§ 105) ist der Antrag auf Rückenteignung bei der Enteignungsbehörde einzureichen (Abs. 3 S. 1). Die **Zweijahresfrist** des Abs. 3 S. 1 beginnt mit der Entstehung des Anspruchs zu laufen, also entweder mit dem Ablauf der nach § 113 Abs. 2 Nr. 3 festgesetzten und dem Berechtigten mit dem Enteignungsbeschluß mitgeteilten, u. U. nach § 114 verlängerten Frist i. S. v. Abs. 1 Nr. 1 oder der nach § 89 Abs. 2 angemessenen Frist (§ 89, Rn 4) i. S. v. Abs. 1 Nr. 2 oder dem Zeitpunkt der Aufgabe des Enteignungszweckes durch den Begünstigten. Im zweiten und dritten Fall beginnt die Frist nicht erst mit Kenntnisnahme durch den Berechtigten zu laufen (s. aber Pohl, in: Kohlhammer-Komm., § 102 BBauG, Anm. IV 2; Schmidt-Aßmann, in: E/Z/B, § 102, Rn 34; a. A. Breuer, in: Schrödter, § 102, Rn 7), da der Berechtigte bei Unkenntnis des den Fristablauf auslösenden Verhaltens durch § 210 – Wiedereinsetzung in den vorigen Stand – geschützt wird. Auf den Lauf der Antragsfrist sind darüber hinaus § 203 Abs. 2 BGB – sechsmonatige Hemmung der Frist bei höherer Gewalt und Stillstand der Rechtspflege – und auch § 205 BGB – entsprechende Verlängerung der Antragsfrist – entsprechend anzuwenden (Abs. 3 S. 2). Zur Sonderregelung für die **Kosten** des Rückenteignungsverfahrens s. § 121 Abs. 1 S. 3.

5. Wird ein Antrag nach Abs. 1 oder 5 oder § 100 Abs. 2 S. 2 abgelehnt, so kann der Antragsteller mit einem Verpflichtungsantrag (§ 217, Rn 5) **Rechtsschutz** vor den Baulandgerichten gem. §§ 217 ff. begehren (h. M.; Schmidt-Aßmann, in: E/Z/B, § 102, Rn 38. Soll mangels einfachgesetzlicher Regelung der verfassungsrechtlich begründete Anspruch auf Rückenteignung (Rn 1) durchgesetzt werden, so ist für die Entscheidung über den Grund eines solchen Anspruchs der Verwaltungsrechtsweg, für die Entscheidung über die Höhe der Entschädi-

gung der Zivilrechtsweg (Art. 14 Abs. 3 GG) gegeben (Schmidt-Aß-
mann, aaO; Büchs, Grunderwerb und Entschädigung beim Straßen-
bau, 2. A. 1980, S. 208; a. A. BGHZ 76, 365: nur Zivilgerichte; ebenso
Voraufl.). Nach VGH München, BayVBl. 1972, 493 war, woran Büchs
aaO anknüpft, der Verwaltungsrechtsweg gegeben für die Geltendma-
chung des Anspruchs auf Rückgewähr nach Art. 12 Abs. 4 des früheren
BayZAG.

§ 103 Entschädigung für die Rückenteignung

**Wird dem Antrag auf Rückenteignung stattgegeben, so hat der
Antragsteller dem von der Rückenteignung Betroffenen Entschädi-
gung für den Rechtsverlust zu leisten. § 93 Abs. 2 Nr. 2 ist nicht
anzuwenden. Ist dem Antragsteller bei der ersten Enteignung eine
Entschädigung für andere Vermögensnachteile gewährt worden, so
hat er diese Entschädigung insoweit zurückzugewähren, als die
Nachteile aufgrund der Rückenteignung entfallen. Die dem Eigentü-
mer zu gewährende Entschädigung darf den bei der ersten Enteig-
nung zugrunde gelegten Verkehrswert des Grundstücks nicht über-
steigen, jedoch sind Aufwendungen zu berücksichtigen, die zu einer
Werterhöhung des Grundstücks geführt haben. Im übrigen gelten die
Vorschriften über die Entschädigung im Zweiten Abschnitt entspre-
chend.**

1 **1.** § 103 zieht durch besondere Entschädigungsregelungen zugun-
sten des nach § 102 anspruchsberechtigten früheren Eigentümers und
zu Lasten des rückenteignungsverpflichteten Enteignungsbegünstigten
die verfassungsrechtlich gebotenen Konsequenzen daraus, daß die
Rückenteignung keine echte Enteignung, sondern eine spezifische Aus-
prägung der in Abs. 14 Abs. 1 S. 1 enthaltenen Bestandsgarantie ist (s.
§ 102, Rn 1; BGHZ 76, 365/368). Abweichend von den im übrigen
entsprechend geltenden §§ 93 ff beschränken S. 1 und 2 die Entschädi-
gung für die Rückenteignung auf den Rechtsverlust, zieht S. 4 Halbs. 1
eine Obergrenze der Entschädigung, verpflichtet S. 4 Halbs. 2 den
Antragsteller zur zum Ersatz werterhöhender Aufwendungen und
verpflichtet S. 3 den Antragsteller zur Erstattung einer an ihn geleiste-
ten Folgenentschädigung. Die Sonderregelungen des § 103 sind auf
einen mangels einfachgesetzlicher Regelung verfassungsrechtlich be-
gründeten Rückenteignungsanspruch übertragbar (BGHZ 76, 365/369;
Aust/Jacobs, Die Enteignungsentschädigung, 2. A., 1984, S. 216). Ob
für den besonderen Anspruch auf Rückübertragung von Grundstücken
nach Aufhebung der Satzung über die förmliche Festlegung eines
Sanierungsgebietes gem. § 52 Abs. 6 S. 2 StBauFG = § 164 Abs. 2 S. 2
BauGB (s. § 102, Rn 2) der volle Verkehrswert des entzogenen Grund-
stücks im Zeitpunkt der Aufhebung der Satzung einschließlich aller
zwischenzeitlichen Bodenwerterhöhungen maßgebend ist, läßt BGHZ
76, 365/370 offen. Zu Recht verneinend Schmidt-Aßmann, in: E/Z/B,

§ 103 Rn 6: nur Qualitätserhöhung zu berücksichtigen, nicht Erhöhungen des Bodenwertgefüges; a. A. Voraufl., Oestreicher, StBFG, § 52.

2. Beschränkung der Entschädigung **auf den Rechtsverlust** (S. 1) bedeutet, daß der Antragsteller grundsätzlich dem rückenteignungsverpflichteten Enteignungsbegünstigten nur die Entschädigung für den Rechtsverlust zurückerstatten muß, die er selbst bei der Enteignung seines Grundstücks erhalten hat. Der Antragsteller ist also – was Satz 2 klarstellt – nicht verpflichtet, dem Enteignungsbegünstigten eine Entschädigung für sonstige Vermögensnachteile, also eine Folgeentschädigung i. S. v. § 93 Abs. 2 Nr. 2, § 96 zu leisten. Das Gesetz beläßt etwaige durch die Zweckverfehlung der Enteignung eingetretene Folgeschäden bei dem Enteignungsbegünstigten. Bei der dem Enteignungsbegünstigten zu zahlenden Entschädigung für den Rechtsverlust (§ 93 Abs. 2 Nr. 1, § 95) ist vom Verkehrswert des Grundstücks auszugehen (S. 4 Halbs. 2). Für die Qualitätsermittlung (§ 93) und für die Ermittlung des Preisgefüges (§ 95 Abs. 1 S. 1) ist auf den Termin abzustellen, an dem die Enteignungsbehörde über den Rückenteignungsantrag entscheidet. Ist der Wert zu diesem Zeitpunkt geringer als der für die wegen Zweckverfehlung zurückabzuwickelnde Enteignung festgesetzte Wert, so bemißt sich die Entschädigung für die Rückenteignung nach dem niedrigeren Verkehrswert. Das Risiko eines Wertverfalls trägt also der rückenteignungsverpflichtete Enteignungsverpflichtete. Praktisch wichtiger ist, daß ein etwaiger Wertzuwachs grundsätzlich nicht ihm, sondern dem Antragsteller zusteht. Der anspruchsberechtigte frühere Eigentümer soll entsprechend der Bestandsgarantie des Art. 14 Abs. 1 S. 1 GG seine frühere Rechtsposition ohne zusätzliche Aufwendungen wiederholten (BGHZ 76, 365/370). Nur solche Aufwendungen, die zu einer Werterhöhung des Grundstücks geführt haben, hat gem. S. 4 Halbs. 2 der anspruchsberechtigte frühere Eigentümer dem rückenteignungsverpflichteten Enteignungsbegünstigten zu ersetzen. Der Enteignungsbegünstigte trägt also auch das Risiko der Aufwendungen, die er im Hinblick auf den beabsichtigten Enteignungszweck getätigt hat, ohne daß sie den Grundstückswert erhöht haben. Hat der Enteignungsbegünstigte werterhöhende Aufwendungen gemacht, die nicht dem beabsichtigten Enteignungszweck entsprechen und lehnt der Antragsteller deren Ersatzung ab, so hat der Enteignungsbegünstigte entsprechend den Grundsätzen der aufgedrängten Bereicherung insoweit nur ein Wegnahmerecht, aber keinen Ersatzanspruch (Schmidt-Aßmann, in: E/Z/B, § 103, Rn 4).

3. Hat der Antragsteller wegen der Enteignung seines nunmehr zurückzuübereignenden Grundstückes eine **Entschädigung** für andere Vermögensnachteile erhalten (§ 93 Abs. 2 Nr. 2, § 96), so hat er diese insoweit **zurückzugewähren**, als diese Nachteile durch die Rückenteignung entfallen (S. 3), z. B. Folgeentschädigung nach § 93 Abs. 1 S. 2 Nr. 2 für einen durch die Rückenteignung wieder entfallenden Durchschneidungsschaden. Nicht zurückzuerstatten sind trotz der

Rückenteignung nicht entfallende Kosten wie Sachverständigen-, Rechtsvertretungs- oder Betriebsverlagerungskosten. Ist der Antragsteller fiktiv für eine nicht erfolgte Betriebsverlagerung entschädigt worden, so ist der Aufwendungsersatz grundsätzlich nicht zurückzugewähren (Krohn, in: Berliner Komm., § 103, Rn 2 unter Rückgriff auf BGHZ 65, 253, 259; a. A. Aust/Jacobs, aaO, S. 215; Voraufl.). Ob S. 3 eingreift, hängt davon ab, ob die Rückgewähr vor oder nach dem Zeitpunkt erfolgte, bis zu dem die besonderen Nachteile einer Betriebsverlagerung entschädigt worden sind.

4 **4.** Über die Höhe der Rückenteignungsentschädigung und eines etwaigen Erstattungsanspruches entscheidet die Enteignungsbehörde durch **Rückenteignungsbeschluß.** Zum Verfahren und zum Rechtsschutz s. § 102, Rn 6, 7.

Dritter Abschnitt. Enteignungsverfahren

§ 104 Enteignungsbehörde

(1) **Die Enteignung wird von der höheren Verwaltungsbehörde durchgeführt (Enteignungsbehörde).**

(2) **Die Landesregierungen können durch Rechtsverordnung bestimmen, daß an den Entscheidungen der Enteignungsbehörde ehrenamtliche Beisitzer mitzuwirken haben.**

1 **1.** Enteignungsbehörde ist traditionell die **staatliche höhere Verwaltungsbehörde.** Da der Gemeinde die meisten Aufgaben nach dem BauGB obliegen, vermeidet die Regelung des Abs. 1 Interessenkollisionen, die bei einer kommunalen Enteignungsbehörde auftreten könnten. Gleichwohl läßt es § 203 Abs. 3 zu, daß abweichend von Abs. 1 neben anderen staatlichen auch **kommunale Behörden** Enteignungsbehörde sein können. Dazu und zu den Gründen s. § 203, Rn 1, 8. Wer höhere Verwaltungsbehörde ist, bestimmt das Landesrecht. In den Ländern mit 3-stufigem Verwaltungsaufbau ist dies die Mittelbehörde (Bezirksregierung, Regierungspräsident). In Ländern ohne höhere Verwaltungsbehörde ist gem. § 206 Abs. 2 die oberste Landesbehörde zuständig. In den Stadtstaaten gilt § 246 Abs. 4. Zur innerorganisatorischen Stellung der Enteignungsbehörde Menger, VerwArch. 1979, 177/181.

2 **2.** Abs. 2 ermächtigt die Länder, vom Regelfall der monokratisch bestellten obersten Verwaltungsbehörde abzuweichen und zum Zwecke größerer Rationalität und Objektivität des Entscheidungsergebnisses (so Menger, VerwArch. 1979, 177/185) durch Rechtsverordnung die Mitwirkung **ehrenamtlicher Beisitzer** an der Entscheidung

der Enteignungsbehörde einzuführen. Von der Ermächtigung haben Gebrauch gemacht Baden-Württemberg, Berlin, Bremen, Hamburg, Schleswig-Holstein (Nachweis bei Reisnecker, in: Kohlhammer-Komm., § 105, Rn 6). Eine Beschränkung der Mitwirkung der Beisitzer auf Entscheidungen aufgrund mündlicher Verhandlung ist zulässig (s. a. § 108, Rn 7). Gegenüber diesen **Kollegialorganen** sind Einzelweisungen, die ein konkretes Verfahren betreffen, unzulässig. Neben der uneingeschränkten Rechtsaufsicht sind auch allgemeine Verwaltungsordnungen der Fachaufsicht zulässig (s. Menger aaO).

§ 105 Enteignungsantrag

Der Enteignungsantrag ist bei der Gemeinde, in deren Gemarkung das zu enteignende Grundstück liegt, einzureichen. Die Gemeinde legt ihn mit ihrer Stellungnahme binnen eines Monats der Enteignungsbehörde vor.

1. Bei dem im 3. Abschn. des 5. Teils des 1. Kapitels geregelten Enteignungsverfahren (s. Überblick Vorbem. §§ 85–122, Rn 13) ist zwischen **vorbereitendem Verfahren** nach Eingang des Enteignungsantrags bei der Gemeinde, geregelt in § 105 und § 107 (= § 108 BBauG), und der eigentlichen **Einleitung des Enteignungsverfahrens** zu unterscheiden, die gem. § 108 Abs. 1 S. 1 durch die Anberaumung eines Termins zur mündlichen Verhandlung mit den Beteiligten erfolgt (BGHZ 48, 286). Zuständig zur Entgegennahme des Enteignungsantrags ist gem. S. 1 die **Gemeinde,** da sie wegen ihrer Ortsnähe mit der Angelegenheit vertraut ist und häufig in der Lage sein wird, im vorbereitenden Verfahren die Einleitung eines förmlichen Enteignungsverfahrens zu vermeiden. Satz 2 verpflichtet die Gemeinde zur Stellungnahme und zur fristgerechten Weiterleitung des aufrechterhaltenden Antrags an die Enteignungsbehörde. Stellt die Gemeinde selbst den Enteignungsantrag, so hat sie ihn bei der Enteignungsbehörde einzureichen. **Andere Anträge** in Enteignungssachen, wie der Antrag auf Entschädigung in wiederkehrenden Leistungen (§ 99 Abs. 1), in Land (§ 100) oder durch Gewährung anderer Rechte (§ 101), auf Rückenteignung (§ 102), auf vorzeitige Besitzeinweisung (§ 116), auf Aufhebung des Enteignungsbeschlusses (§ 120), auf Entziehung des Eigentums oder der Begründung eines Rechtes (§ 43 Abs. 1), sind ohne vorbereitendes Verfahren unmittelbar bei der Enteignungsbehörde zu stellen. Ein Antrag nach § 105 kann auch ein isoliertes Entschädigungsfeststellungsverfahren betreffen (BGHZ 95, 1; s. § 111, Rn 4).

2. Antragsbefugt ist jede natürliche oder juristische Person des privaten oder öffentlichen Rechts, die die Absicht hat, einen der in § 85 genannten Enteignungszwecke zu verwirklichen, soweit sie nicht ausdrücklich (§ 87 Abs. 3, § 88) von der Antragsstellung ausgeschlossen

ist. Da nur der antragsbefugt ist, zu dessen Gunsten die Enteignung erfolgen soll, kann eine Wohnungsbaugesellschaft im Zuge der Erschließung und Bebauung eines Geländes nicht zugunsten der Gemeinde die Enteignung eines im Bebauungsplan als Verkehrsfläche ausgewiesenen und von der Gemeinde zu diesem Zweck einzurichtenden Grundstücks beantragen (BGHZ 61, 128). Nicht antragsbefugt zugunsten der Gemeinde ist daher ein Dritter, auf den die Gemeinde durch öffentlich-rechtlichen Erschließungsvertrag die Erschließung übertragen hat (Reisnecker, in: Kohlhammer-Komm., § 105, Rn 5; s. a. BGHZ 61, 128/134; a. A. Müller, DVBl. 1967, 275). Im Planungsschadensrecht (§§ 39–44) und im Recht der städtebaulichen Gebote (§§ 175–179) kann der Eigentümer, mit dem eine Einigung über Übernahme seines Grundstücks nicht zustande kommt, seit der Novelle 1976 gem. § 43 Abs. 1 ggf. i. V. m. § 176 Abs. 4 den Antrag auf Entziehung des Eigentums oder auf Begründung eines Rechts selbst stellen (ebenso schon BGHZ 63, 240).

3 **3. Form** und **Inhalt** des Antrags regelt § 105 nicht. Aus Gründen der Rechtssicherheit muß der Antrag schriftlich oder zur Niederschrift der Gemeinde eingereicht und, um sachlich entschieden werden zu können, mit einer Begründung (Angabe des Enteignungszwecks und Bezeichnung des zu enteignenden Grundstücks) versehen werden. Die Begründung kann nachgereicht werden. Der Antrag ist **nicht fristgebunden.**

4 **4.** Zuständig für die **Entgegennahme** des Enteignungsantrags ist gem. S. 1 die Gemeinde, in deren Gemarkung das zu enteignende Grundstück liegt. Der Begriff der Gemarkung i. S. v. S. 1 ist gleichzusetzen mit dem Gemeindegebiet (Dyong, in: E/Z/B, § 105, Rn 6). Besteht das zu enteignende Grundstück aus mehreren Flurstücken, die in verschiedenen Gemeinden liegen, so ist jede Gemeinde für das jeweilige in ihrer Gemarkung liegende Flurstück zuständig. Erstreckt sich ein Flurstück auf das Gebiet mehrerer Gemeinden, so muß der Antragsteller zwischen den zur Entgegennahme zuständigen Gemeinden eine auswählen. Den anderen Gemeinden ist von der Enteignungsbehörde Gelegenheit zur Stellungnahme zu geben (Reisnecker, in: Kohlhammer-Komm., § 105, Rn 4). Dem Sinn des vorbereitenden Verfahrens vor der Gemeinde entspricht es, daß die Gemeinde beratend und klärend die förmliche Einleitung des Enteignungsverfahrens vorbereitet oder aber dessen Einleitung gerade zu vermeiden hilft. Die Gemeinde ist jedoch nicht befugt, offensichtlich unzulässige oder unbegründete Anträge durch eine Verfahrens- oder Sachentscheidung zurückzuweisen. Satz 2 berechtigt und verpflichtet die Gemeinde allein dazu, binnen eines Monats den **Antrag** und eine **Stellungnahme** der Enteignungsbehörde **vorzulegen.** In der Stellungnahme hat sich die Gemeinde zu allen formell- und materiellrechtlichen Fragen der beantragten Enteignung, insbesondere in städtebaulicher Hinsicht zu äußern, und zwar in einem der kurzen Frist angemessenen Umfang. Zur

Behandlung offensichtlich aussichtsloser Anträge s. § 107, Rn 7. Unterläßt es die Gemeinde, den Antrag fristgerecht weiterzuleiten, so hat der Antragsteller gegen diese behördliche, nicht vollstreckbare und auch nicht gegen Nichtbeteiligte ergehende Verfahrenshandlung keinen formellen **Rechtsbehelf** (s. § 44a VwGO; Dyong, in: E/Z/B, § 105, Rn 15). Der Antragsteller ist aber berechtigt, seinen Antrag nunmehr bei der Enteignungsbehörde zu wiederholen. Unbenommen ist auch eine form- und fristlose Beschwerde bei der Kommunalaufsichtsbehörde. Gegen die Untätigkeit der Enteignungsbehörde kann er sich mit einer Untätigkeitsklage vor den Baulandgerichten (§ 217, Rn 5) wehren. Weist die Gemeinde einen Antrag als unzulässig oder unbegründet zurück, ist gegen diesen in jedem Fall wegen fehlender Ermächtigungsgrundlage rechtswidrigen Verwaltungsakt Rechtsschutz vor den Baulandgerichten gegeben (Dyong, in: E/Z/B, § 106, Rn 5). Zur Haftung der Gemeinde aus Amtspflichtverletzung wegen einer mangelhaften Stellungnahme s. BayObLG, BayVBl. 1964, 59.

§ 106 Beteiligte

(1) In dem Enteignungsverfahren sind Beteiligte

1. der Antragsteller,
2. der Eigentümer und diejenigen, für die ein Recht an dem Grundstück oder an einem das Grundstück belastenden Recht im Grundbuch eingetragen oder durch Eintragung gesichert ist,
3. Inhaber eines nicht im Grundbuch eingetragenen Rechts an dem Grundstück oder an einem das Grundstück belastenden Recht, eines Anspruchs mit dem Recht auf Befriedigung aus dem Grundstück oder eines persönlichen Rechts, das zum Erwerb, zum Besitz oder zur Nutzung des Grundstücks beschränkt,
4. wenn Ersatzland bereitgestellt wird, der Eigentümer und die Inhaber der in den Nummern 2 und 3 genannten Rechte hinsichtlich des Ersatzlands,
5. die Eigentümer der Grundstücke, die durch eine Enteignung nach § 91 betroffen werden, und
6. die Gemeinde.

(2) Die in Absatz 1 Nr. 3 bezeichneten Personen werden in dem Zeitpunkt Beteiligte, in dem die Anmeldung ihres Rechts der Enteignungsbehörde zugeht. Die Anmeldung kann spätestens in der letzten mündlichen Verhandlung mit den Beteiligten erfolgen.

(3) Bestehen Zweifel an einem angemeldeten Recht, so hat die Enteignungsbehörde dem Anmeldenden unverzüglich eine Frist zur Glaubhaftmachung seines Rechts zu setzen. Nach fruchtlosem Ablauf der Frist ist er bis zur Glaubhaftmachung seines Rechts nicht mehr zu beteiligen.

(4) **Der im Grundbuch eingetragene Gläubiger einer Hypothek, Grundschuld oder Rentenschuld, für die ein Brief erteilt ist, sowie jeder seiner Rechtsnachfolger hat auf Verlangen der Enteignungsbehörde eine Erklärung darüber abzugeben, ob ein anderer die Hypothek, Grundschuld oder Rentenschuld oder ein Recht daran erworben hat; die Person eines Erwerbers hat er dabei zu bezeichnen. § 208 Satz 2 bis 4 gilt entsprechend.**

1 **1.** Abs. 1 bestimmt, wer **Beteiligter am Enteignungsverfahren** ist. Wie § 48 für das Umlegungsverfahren unterscheidet der gegenüber § 107 BBauG nur umnumerierte und bis auf eine redaktionelle Folgeänderung in Abs. 4 S. 2 unveränderte § 106 zwischen Beteiligten kraft Gesetzes (Abs. 1 Nr. 1, 2, 4, 5) und Beteiligten kraft Anmeldung (Abs. 1 Nr. 3, Abs. 2). Zur Beseitigung von Zweifeln bei der Ermittlung der Beteiligteneigenschaft dienen Abs. 3 hinsichtlich der Beteiligten kraft Anmeldung und Abs. 4 hinsichtlich der Gläubiger von Grundpfandrechten, einer Untergruppe der Beteiligten kraft Gesetzes. Abs. 1 ist nicht abschließend (Dyong, in: E/B/Z, § 106, Rn 18 a unter Rückgriff auf BGHZ 54, 208 – Eigentümer von Scheinbestandteilen). Welche materiellen Rechtsfolgen an die Beteiligteneigenschaft anknüpfen, bestimmen andere Vorschriften (z. B. §§ 108–111, 113, 117, 119, 120). Ob ein am Enteignungsverfahren Beteiligter auch an einem nachfolgenden Verfahren vor den Baulandgerichten beteiligt ist, regelt nicht § 107, sondern § 222.

2 **2. a)** Zum Kreis der Beteiligten gehört als **Beteiligter kraft Gesetzes** der **Antragsteller** (Abs. 1 Nr. 1). Antragsteller ist derjenige, der die Einleitung des Verfahrens gem. § 105 beantragt hat. Auf die Zulässigkeit oder Begründetheit des Antrags kommt es nicht an. Mehrere Antragsteller sind alle Beteiligte. Gem. Abs. 1 Nr. 2 1. Altern. ist auch Beteiligter kraft Gesetzes der **Eigentümer;** aus Gründen des Eigentumsschutzes auch dann, wenn er zu Unrecht nicht im Grundbuch eingetragen ist (Dyong, in: E/Z/B, § 106, Rn 4; Reisnecker, in: Kohlhammer-Komm., § 106, Rn 5; a. A. Stich, in: Berliner Komm., § 106, Rn 2: der nicht eingetragene wahre Berechtigte müsse sein Recht nach Abs. 2 anmelden). Der zu Unrecht als Eigentümer Eingetragene ist ebenfalls Beteiligter, und zwar gem. Abs. 1 Nr. 2 2. Altern. bis er im Grundbuch als Eigentümer gelöscht wird (OLG München, BayVBl. 1973, 468; Dyong, in: E/Z/B, § 106 Rn 4; Reisnecker, aaO, Rn 5). Mehrere Eigentümer sind alle Beteiligte. Zur Vertreterbestellung s. § 207 Abs. 1 Nr. 4. Eigentümern i. S. v. Abs. 1 Nr. 2 stehen gleich Wohnungs- oder Teileigentümer sowie die **Inhaber grundstücksgleicher Rechte** i. S. v. § 200 Abs. 2, insbesondere Erbbauberechtigte. Gem. Abs. 1 Nr. 2 2. Altern. sind auch diejenigen Beteiligte kraft Gesetzes, die im Grundbuch als **Inhaber dinglicher Rechte** (Hypotheken, Grund- und Rentenschulden, Eigentümergrundpfandrechte, Reallasten, Grunddienstbarkeiten, Nießbrauch gem. §§ 1030ff. BGB) oder eines Rechtes an einem solchen (Pfandrecht, Nießbrauch gem.

§§ 1068 ff BGB) eingetragen sind. Auch der Inhaber einer Vormerkung (§ 883 BGB) fällt unter Abs. 1 Nr. 2 (Dyong, in: E/Z/B, § 106, Rn 9a). Gem. Abs. 1 Nr. 4 sind Beteiligte kraft Gesetzes diejenigen, die an einem von einer **Ersatzlandenteignung** gem. § 90 betroffenen Grundstück Rechte i. S. v. § 106 Abs. 1 Nr. 2 oder 3 haben. Abs. 1 Nr. 4 gilt auch, wenn Ersatzland freiwillig zur Verfügung gestellt wird. Die Beteiligteneigenschaft beginnt mit dem Zeitpunkt der freiwilligen Zurverfügungstellung, andernfalls, wenn die Ersatzlandenteignung ernsthaft erwogen wird (Dyong, in: E/Z/B, § 106, Rn 16). Gem. Abs. 1 Nr. 5 sind kraft Gesetzes Beteiligte die Eigentümer der Grundstücke, die durch eine Ersatzlandenteignung gem. § 91 betroffen sind. Schließlich ist gem. Abs. 1 Nr. 6 immer auch die **Gemeinde** kraft Gesetzes beteiligt, auch wenn sie nicht Antragstellerin oder Inhaberin von Rechten ist, die gem. Abs. 1 Ziff. 1–5 zur Beteiligung berechtigen. Damit wird die durch § 105 (s. Rn 5) begründete Sonderstellung der Gemeinde zur Wahrung der ihr obliegenden bau- und planungsrechtlichen Aufgaben fortgeführt.

b) Beteiligte kraft Anmeldung sind gem. Abs. 1 Ziff. 3 die **Inhaber** 3 **von nicht im Grundbuch eingetragenen Rechten** an dem Grundstück oder einem das Grundstück belastenden Recht. Dazu zählen insbesondere die Rechte an einem Grundstück (dingliche Rechte i. S. v. Abs. 1 Nr. 2), die außerhalb des Grundbuchs durch Erbschaft (§§ 1922 ff BGB), durch Zuschlag im Zwangsversteigerungsverfahren (§§ 90, 130 ZVG), Übergang des Rechts am Grundstück durch Vereinigung oder Befriedigung (§§ 1182, 1200 BGB) oder durch Abtretung der durch eine Briefhypothek gesicherten Forderung (§ 1154 BGB) entstehen, schließlich Überbau- und Notwegerecht (§§ 914, 917 BGB). Wer Inhaber eines Anspruchs mit dem **Recht auf Befriedigung aus dem Grundstück** und damit gem. Abs. 1 Nr. 3 Beteiligter kraft Anmeldung ist, ergibt sich im wesentlichen aus § 10 Abs. 1 Nr. 1–3 ZVG, z. B. Gemeinde als Gläubigerin von Grundsteuern, Erschließungsbeiträgen oder Kanalanschlußgebühren. **Persönliche Rechte** i. S. v. Abs. 1 Nr. 3, die zum Erwerb, zum Besitz oder zur Nutzung des Grundstücks berechtigen oder die Benutzung des Grundstücks beschränken, sind z. B. Erwerbsrechte aufgrund eines Kauf- oder Tauschvertrags (§§ 433 ff BGB) oder eines obligatorischen Vorkaufsrechts (§ 507 BGB), Besitz- oder Nutzungsrechte aus Miete oder Pacht oder Rechte aus schuldrechtlichen Baubeschränkungsverträgen (ausführlich Dyong, in: E/Z/B, § 106, Rn 11–15). Beteiligter kraft Anmeldung ist auch derjenige, zu dessen Gunsten ein **Widerspruch** gem. §§ 894, 899 BGB im Grundbuch eingetragen ist. Unter Abs. 1 Ziff. 2 fällt er nicht, da es sich nicht um ein Recht an einem Grundstück handelt (Dyong, in: E/Z/B, § 106, Rn 10; a. A. Reisnecker, in: Kohlhammer-Komm., § 106, Rn 6).

3. a) Die Beteiligteneigenschaft kraft Gesetzes (Rn 2) **entsteht** mit 4 der Einleitung des Enteignungsverfahrens, in den Fällen des Abs. 1

Nr. 4 mit der Bereitstellung des Ersatzlandes. Sie ist von der Enteignungsbehörde von Amts wegen (§ 208, Rn 2) zu ermitteln. Der Enteignungsbehörde stehen insoweit auch die Zwangsbefugnisse des § 208 zur Verfügung, aber sie darf angesichts der klaren Abgrenzung zu Abs. 1 Nr. 3 von den im Grundbuch Eingetragenen nicht die Glaubhaftmachung ihrer Rechte verlangen (OLG München, BayVBl. 1973, 468; Dyong, in: E/Z/B, § 106, Rn 20; Reisnecker, in: Kohlhammer-Komm., § 106, Rn 22). Da bei **Briefpfandrechten** der Rechtserwerb außerhalb des Grundbuchs erfolgen kann (§ 1154 BGB), muß der jeweilige Inhaber dieser Rechte nicht im Grundbuch eingetragen sein. Abs. 4 S. 1 verpflichtet daher die Gläubiger von Briefpfandrechten, Erklärungen über die etwaige Abtretung der Rechte abzugeben, damit die Enteignungsbehörde den derzeitigen Inhaber des Grundpfandrechts ermitteln kann. Die Behörde kann die Verpflichtung aus Abs. 4 mit den Zwangsmitteln des § 208 durchsetzen (Abs. 4 S. 2).

5 **b)** Die Inhaber der in Abs. 1 Nr. 3 bezeichneten Rechte (Rn 3) werden in der öffentlichen Bekanntmachung der Einleitung des Enteignungsverfahrens gem. § 108 Abs. 5 zusammen mit den anderen Beteiligten aufgefordert, ihre Rechte spätestens in der mündlichen Verhandlung wahrzunehmen. Sie werden in dem Zeitpunkt Beteiligte, in dem die **Anmeldung** ihres Rechts der Enteignungsbehörde schriftlich oder mündlich zugeht (Abs. 2 S. 1). Die Anmeldung muß spätestens in der letzten mündlichen Verhandlung mit den Beteiligten erfolgen (Abs. 2 S. 2). Nicht angemeldete und in dem Enteignungsbeschluß nicht aufrechterhaltene Rechte gehen unter (§ 117). Bestehen Zweifel an dem angemeldeten Recht, so hat die Enteignungsbehörde dem Anmeldenden unverzüglich (§ 121 BGB) eine Frist zur Glaubhaftmachung seines Rechts zu setzen (Abs. 3 S. 1). Für die Glaubhaftmachung gilt § 294 ZPO entsprechend. Nach fruchtlosem Ablauf der Frist ist der Anmeldende solange nicht zu beteiligen, bis er sein Recht glaubhaft gemacht hat (Abs. 3 S. 2). Dies hat die Enteignungsbehörde aus Rechtssicherheits- und Rechtsschutzgründen durch einen nach § 217 anfechtbaren Verwaltungsakt festzustellen (h. M., s. Dyong, in: E/Z/B, § 106, Rn 24; a. A. Reisnecker, aaO, Rn 24: nur empfehlenswert, nicht zwingend).

§ 107 Vorbereitung der mündlichen Verhandlung

(1) **Das Enteignungsverfahren soll beschleunigt durchgeführt werden. Die Enteignungsbehörde soll schon vor der mündlichen Verhandlung alle Anordnungen treffen, die erforderlich sind, um das Verfahren tunlichst in einem Verhandlungstermin zu erledigen. Sie hat dem Eigentümer, dem Antragsteller sowie den Behörden, für deren Geschäftsbereich die Enteignung von Bedeutung ist, Gelegenheit zur Äußerung zu geben. Bei der Ermittlung des Sachverhalts hat die Enteignungsbehörde ein Gutachten des Gutachterausschusses**

(§ 192) einzuholen, wenn Eigentum entzogen oder ein Erbbaurecht bestellt werden soll.

(2) **Die Enteignungsbehörde hat die Landwirtschaftsbehörde zu hören, wenn landwirtschaftlich genutzte Grundstücke, die außerhalb des räumlichen Geltungsbereichs eines Bebauungsplans liegen, zur Entschädigung in Land enteignet werden sollen.**

(3) **Enteignungsverfahren können miteinander verbunden werden. Sie sind zu verbinden, wenn die Gemeinde es beantragt. Verbundene Enteignungsverfahren können wieder getrennt werden.**

Übersicht

1. Anknüpfend an § 105 regelt § 107 den weiteren Verlauf des vorbe- **1** reitenden Verfahrens (§ 105, Rn 1). Die Vorschrift entspricht im wesentlichen § 108 BBauG (s. Voraufl.). § 107 stellt in Abs. 1 S. 1 den im gesamten Enteignungsverfahren und darüber hinaus auch im Verfahren vor den Baulandgerichten (s. Vorbem. §§ 217–232, Rn 3) geltenden Beschleunigungsgrundsatz auf. Abs. 1 S. 2 u. 3 konkretisiert den Beschleunigungsgrundsatz für das vorbereitende Verfahren und verbindet ihn mit der Konzentrationsmaxime. Der beschleunigten Sachverhaltsermittlung dienen Anhörungsrechte des Eigentümers, des Antragstellers und betroffener Behörden, unter denen die Landwirtschaftsbehörde unter den Voraussetzungen des Abs. 2 ausdrücklich benannt ist sowie die Pflicht zur Einholung von Gutachten der Gutachterausschüsse. Ebenfalls im Interesse der Beschleunigung erlaubt (S. 1) z. B. gebietet (S. 2) Abs. 3, Enteignungsverfahren miteinander zu verbinden oder wieder zu trennen (S. 3). Seit der Übernahme der Regelung des § 22 Abs. 4 StBauFG a. F. durch § 107 Abs. 3 erlaubt nur noch § 169 Abs. 3 BauGB als beschleunigende Besonderheit für städtebauliche Entwicklungsbereiche über die Regelung des § 108 Abs. 2 hinausgehend die Enteignung ohne Bebauungsplan zugunsten der Gemeinde oder des Entwicklungsträgers. Die Regelungen des Abs. 1 u. 2 über die Ermittlung des Sachverhalts werden insbesondere durch § 208 – Anordnungen zur Erforschung des Sachverhalts –, § 24 VwVfG – Untersuchungsgrundsatz –, § 209 – Vorarbeiten auf dem Grundstück –, §§ 4–8 VwVfG – Amtshilfe – ergänzt.

2. Der **Beschleunigungsgrundsatz** (Abs. 1 S. 1) soll vornehmlich die **2** Verwirklichung der im öffentlichen Interesse liegenden Enteignungs-

zwecke fördern, aber auch im Interesse der Enteignungsbetroffenen die
durch die Antragstellung eingetretene Ungewißheit reduzieren. Außer
den Regelungen des Abs. 1 S. 2–4, Abs. 2 und 3 dienen vor allem der
Beschleunigung § 108 – Einleitung des Enteignungsverfahrens und
Anberaumung des Termins zur mündlichen Verhandlung –, § 110 –
Einigung –, § 111 – Teileinigung –, § 114 – Lauf der Verwendungsfrist
–, § 116 – Vorzeitige Besitzeinweisung – und § 122 – Vollstreckungsti-
tel. Bereits die Novelle 1976 hat insbesondere durch Übernahme
zahlreicher Regelungen aus dem StBauFG die Bedeutung des Beschleu-
nigungsgrundsatzes für das Enteignungsverfahren erhöht: § 108 Abs. 2
– Einleitung der Enteignung vor Rechtsverbindlichkeit des Bebauungs-
planes –, § 109 – Genehmigungspflicht für Vorgänge, die der Verwirk-
lichung des Enteignungszwecks zuwiderlaufen –, § 111 – Rechtsüber-
gang aufgrund einer Teileinigung vor Entscheidung über die Entschä-
digung –, § 112 Abs. 2, § 117 Abs. 1 – Rechtsübergang aufgrund einer
Vorabentscheidung über den Grund der Enteignung vor einer Ent-
scheidung über die Höhe der Entschädigung –, § 113 Abs. 3 – Be-
schränkung des Enteignungsbeschlusses in den Fällen der Teileinigung
und Vorabentscheidung –, § 113 Abs. 4, § 117 Abs. 3 – vorläufige
Kennzeichnung von Teilflächen. Ein Verstoß gegen die Beschleuni-
gungspflicht ist eine Amtspflichtverletzung gegenüber den Beteiligten,
die gem. § 839 BGB i. V. m. Art. 34 GG Schadensersatzansprüche
auslösen kann. Abs. 1 S. 2 konkretisiert den Beschleunigungsgrundsatz
für das **vorbereitende Verfahren** dahin, daß die Enteignungsbehörde
vor der mündlichen Verhandlung (§ 108) alle erforderlichen Anordnun-
gen, also insbesondere die nach Abs. 1 S. 2–4, Abs. 2 u. 3, treffen soll,
um das Verfahren möglichst in einem Verhandlungstermin zu erledi-
gen. Neben den in § 107 ausdrücklich genannten Anordnungen können
im Einzelfall auch die Anordnungen geboten sein, die in § 150 Abs. 2
und in § 273 Abs. 2 ZPO aufgezählt sind.

3 **3.** Zur Vorbereitung der mündlichen Verhandlung hat die Enteig-
nungsbehörde den gesamten **Sachverhalt,** soweit es für dieses Enteig-
nungsverfahren von Bedeutung ist, **von Amts wegen zu ermitteln**
(§ 24 VwVfG; s. § 208, Rn 1, 2). Die Kürzung des Abs. 1 S. 3 um den
Hinweis auf den Untersuchungsgrundsatz durch das BauGB (s. Rn 1)
hat die Bindung der Behörde an diesen Grundsatz nicht beseitigt.
Neben den in Rn 2, 4 u. 5 genannten Anordnungen wird es regelmäßig
erforderlich sein, festzustellen, ob die Voraussetzungen der Enteignung
gem. § 85, § 87 vorliegen, insbesondere der vom Antragsteller darzule-
gende Versuch eines freihändigen Erwerbs zu angemessenen Bedingun-
gen gem. § 87 Abs. 2, und bei einer Enteignung zur Verwirklichung der
Festsetzungen eines Bebauungsplanes bzw. eines Entwurfes eines Be-
bauungsplanes, ob dieser rechtswirksam ist bzw. werden kann. Nur so
wird regelmäßig das § 87 S. 1 VwGO nachgebildete Gebot, das Verfah-
ren tunlichst in einem Verhandlungstermin zu erledigen – **Konzentra-
tionsmaxime** –, erfüllt werden können.

4. Zur beschleunigten Sachverhaltsermittlung ist die Enteignungs- **4**
behörde verpflichtet, dem Eigentümer, dem Antragsteller (§ 105) sowie
den Behörden, für deren Geschäftsbereich die Enteignung von Bedeu-
tung ist, Gelegenheit zur Äußerung zu geben (Abs. 1 S. 3). Die Gele-
genheit zur Äußerung muß im vorbereitenden Verfahren, also vor der
mündlichen Verhandlung gem. § 108 erfolgen, z. B. mit der Ladung
(Reisnecker, in: Kohlhammer-Komm., § 107, Rn 12). Das **Äußerungs-
recht** ist nicht wie in § 28 Abs. 1 VwVfG auf die für die Entscheidung
erheblichen Tatsachen beschränkt, sondern umfaßt wie in § 66 Abs. 1
VwVfG auch Rechtsausführungen. Äußerungsberechtigt sind je nach
Einzelfall diejenigen Behörden, die hinsichtlich des Enteignungszwek-
kes Träger öffentlicher Belange i. S. v. § 4 sind. Die Gemeinde gehört
entsprechend der Wertung des § 106 Abs. 1 Nr. 6 stets zum Kreis der
äußerungsberechtigten Behörden. Sollen landwirtschaftliche Flächen,
die außerhalb des räumlichen Geltungsbereichs eines qualifizierten oder
nicht qualifizierten Bebauungsplans liegen, zur Entschädigung in Land
(§ 85 Abs. 1 Nr. 3, § 90, § 100) enteignet werden, so ist immer die
Landwirtschaftsbehörde zu hören (Abs. 2). Das Anhörungsrecht nach
Abs. 2 ist gegenständlich ebenso umfassend wie das Äußerungsrecht
nach Abs. 1 S. 3. Wer Landwirtschaftsbehörde ist, bestimmt sich nach
Landesrecht. Zum Begriff der Landwirtschaft s. § 201. Liegen land-
wirtschaftlich genutzte Grundstücke innerhalb des Geltungsbereiches
eines Bebauungsplans, so ist die Landwirtschaftsbehörde nach Abs. 1
S. 3 äußerungsberechtigt. Wegen der Nichtbeachtung der Anhörungs-
pflichten nach Abs. 1 S. 3 und Abs. 2 ist der Enteignungsbeschluß
rechtswidrig, sofern nicht – wie regelmäßig – der Rechtsfehler durch
Anhörung in der mündlichen Verhandlung analog § 45 Abs. 1 Nr. 3
VwVfG geheilt wird.

5. Wenn Eigentum entzogen oder ein Erbbaurecht bestellt werden **5**
soll, ist die Enteignungsbehörde verpflichtet, zur Vorbereitung der
mündlichen Verhandlung ein **Gutachten** des Gutachterausschusses
(§ 192) über den Wert des Enteignungsobjektes einzuholen. Die Enteig-
nungsbehörde ist an das Gutachten nicht gebunden (§ 193 Abs. 4). Der
Beschleunigungs- und insbesondere der Konzentrationsmaxime (Rn 3)
dient es, daß die Enteignungsbehörde das Gutachten den Beteiligten als
Teil der Sachverhaltsermittlung vor der mündlichen Verhandlung zur
Kenntnis und den Berechtigten (Rn 4) damit auch insoweit Gelegenheit
zur Anhörung gibt. Baumeister, in: B/B, § 108, Rn 3 empfiehlt dem
Betroffenen, „angesichts der Tendenz der Gutachterausschüsse, die
Wertfeststellung an der unteren Grenze des Bewertungsrahmens zu
fixieren", einen Sachverständigen einzuschalten.

6. Die durch die Novelle 1976 erweiterte Ermächtigung des Abs. 3 **6**
S. 1 stellt es in das Ermessen der Enteignungsbehörde, durch Verfü-
gung **Enteignungsverfahren miteinander zu verbinden.** Nur wenn
die Gemeinde dies für ein auf ihrem Gebiet liegendes Grundstück (so
Dyong, in: E/Z/B, § 107, Rn 9 a) beantragt, ist die Enteignungsbehörde

zur Verbindung verpflichtet (Abs. 3 S. 2). Die Enteignungsbehörde hat
ihr Ermessen bei der Entscheidung darüber, ob sie Verfahren verbindet
oder gem. Abs. 3 S. 3 wieder trennt, am Beschleunigungsgrundsatz
auszurichten. Die Verbindung oder **Trennung** kann im vorbereitenden
Verfahren oder im eigentlichen Enteignungsverfahren (§ 105, Rn 1)
angeordnet werden.

7 **7.** Das Gesetz regelt nicht ausdrücklich, was die Enteignungsbe-
hörde zu tun hat, wenn die Sachverhaltsermittlungen gem. Abs. 1
ergeben, daß der Antrag unzulässig oder aus anderen Gründen aus-
sichtslos ist. Anders als die Gemeinde (§ 105, Rn 4) darf die Enteig-
nungsbehörde einen **aussichtslosen Antrag** bereits vor der eigentlichen
Einleitung des Enteignungsverfahrens gem. § 108 ohne Anberaumung
und Durchführung einer mündlichen Verhandlung ablehnen (BGHZ
48, 286; krit. nur Oestreicher, § 109, Anm. 1 c). Erhält der Antragsteller
zuvor Gelegenheit zur Äußerung, so ist die Zurückverweisung aus-
sichtsloser Anträge bedenkenfrei und mit Rücksicht auf die Verfahrens-
ökonomie und die Interessen des Eigentümers angebracht. Eine solche
Entscheidung ohne mündliche Verhandlung kann nach Landesrecht (s.
§ 104, Rn 2) ohne Beisitzer gefällt werden (BGHZ 48, 286/289).

8 **8.** Gegen den ablehnenden Bescheid kann der Antragsteller gem.
§ 217 mit einem Antrag auf gerichtliche Entscheidung vorgehen. Ist der
Antrag nach dem Sach- und Streitstand der letzten mündlichen Ver-
handlung vor dem Tatrichter begründet, hebt das Gericht den ableh-
nenden Bescheid auf und verpflichtet die Enteignungsbehörde, den
Antragsteller unter Beachtung der Rechtsauffassung des Gerichtes neu
zu bescheiden (BGHZ 48, 286/290). Der antragsbefugte Antragsteller
(§ 105, Rn 2) hat einen formellrechtlichen Anspruch auf ordnungsge-
mäße Prüfung und Bescheidung seines Antrags, den er ggf. durch
Untätigkeitsklage (§ 217, Rn 5) vor den Baulandgerichten durchsetzen
kann (ebenso Breuer, in: Schrödter, § 108, Rn 3). Ob der Antragsteller
auch einen materiellrechtlichen **Anspruch auf Einleitung der Enteig-
nung** haben kann, ist umstritten (bejahend Stich, in: Berliner Komm.,
§ 105, Rn 10; Reisnecker, in: Kohlhammer-Komm., § 108, Rn 16; abl.
Dyong, in: E/Z/B, § 107, Rn 10: weites Auswahlermessen der Enteig-
nungsbehörde hinsichtlich des Enteignungsbegünstigten; für engere
Ermessensgrenzen Breuer, in: Schrödter, § 108, Rn 3). Die Entschei-
dung der Enteignungsbehörde, ob sie ein Enteignungsverfahren einlei-
tet, ist keine Ermessensentscheidung. Die §§ 85 ff. gewähren der Ent-
eignungsbehörde kein Ermessen und dürfen dies aus verfassungsrecht-
lichen Gründen (Art. 14 GG, s. § 87, Rn 3, 10) auch nicht. Die Enteig-
nungsbehörde handelt daher rechtswidrig, wenn sie – das Vorliegen
aller Voraussetzungen der §§ 85 ff unterstellt (!) – z. B. den Antrag allein
mit der Begründung ablehnt, der Antragsteller sei in der Bevölkerung
zu unbeliebt (a. A. Dyong, in: E/Z/B, § 107, Rn 10; dagegen: „ermes-
sensfehlerhaft", Breuer, in: Schrödter, § 108, Rn 3; Reisnecker, aaO,
Rn 17). In diesem unwahrscheinlichen Fall hat der Antragsteller einen

Anspruch auf Einleitung des Enteignungsverfahrens. Wenn eine Enteignung allerdings zum Wohle der Allgemeinheit nicht erforderlich ist, kann der Antragsteller weder einen materiellrechtlichen Anspruch noch mangels Betroffenheit in eigenen Rechten eine prozessuale Antragsbefugnis i. S. v. §217 (s. §217, Rn 6) haben. Kann die Enteignungsbehörde „auf die konkrete Alternative eines konkurrierenden, bereits gestellten oder alsbald bevorstehenden Antrags verweisen" (so Breuer aaO), so handelt sie rechtmäßig, wenn sie es verneint, daß die Enteignung zugunsten des ersten Antragstellers zum Wohle der Allgemeinheit erforderlich ist.

§108 Einleitung des Enteignungsverfahrens und Anberaumung des Termins zur mündlichen Verhandlung; Enteignungsvermerk

(1) Das Enteignungsverfahren wird durch Anberaumung eines Termins zu einer mündlichen Verhandlung mit den Beteiligten eingeleitet. Zu der mündlichen Verhandlung sind der Antragsteller, der Eigentümer des betroffenen Grundstücks, die sonstigen aus dem Grundbuch ersichtlichen Beteiligten und die Gemeinde zu laden. Die Ladung ist zuzustellen. Die Ladungsfrist beträgt einen Monat.

(2) Das Enteignungsverfahren zugunsten der Gemeinde kann bereits eingeleitet werden, wenn

1. der Entwurf des Bebauungsplans nach §3 Abs. 2 ausgelegen hat und

2. mit den Beteiligten die Verhandlungen nach §87 Abs. 2 geführt und die von ihnen gegen den Entwurf des Bebauungsplans fristgemäß vorgebrachten Bedenken und Anregungen erörtert worden sind. Die Gemeinde kann in demselben Termin die Verhandlungen nach §87 Abs. 2 führen und die Bedenken und Anregungen erörtern.

Das Verfahren ist so zu fördern, daß der Enteignungsbeschluß ergehen kann, sobald der Bebauungsplan rechtsverbindlich geworden ist. Eine Einigung nach §110 oder 111 kann auch vor Rechtsverbindlichkeit des Bebauungsplans erfolgen.

(3) Die Ladung muß enthalten

1. die Bezeichnung des Antragstellers und des betroffenen Grundstücks,

2. den wesentlichen Inhalt des Enteignungsantrags mit dem Hinweis, daß der Antrag mit den ihm beigefügten Unterlagen bei der Enteignungsbehörde eingesehen werden kann,

3. die Aufforderung, etwaige Einwendungen gegen den Enteignungsantrag möglichst vor der mündlichen Verhandlung bei der

Enteignungsbehörde schriftlich einzureichen oder zur Niederschrift zu erklären, und

4. den Hinweis, daß auch bei Nichterscheinen über den Enteignungsantrag und andere im Verfahren zu erledigende Anträge entschieden werden kann.

(4) Die Ladung von Personen, deren Beteiligung auf einem Antrag auf Entschädigung in Land beruht, muß außer dem in Absatz 3 vorgeschriebenen Inhalt auch die Bezeichnung des Eigentümers, dessen Entschädigung in Land beantragt ist, und des Grundstücks, für das die Entschädigung in Land gewährt werden soll, enthalten.

(5) Die Einleitung des Enteignungsverfahrens ist unter Bezeichnung des betroffenen Grundstücks und des im Grundbuch als Eigentümer Eingetragenen sowie des ersten Termins der mündlichen Verhandlung mit den Beteiligten ortsüblich bekanntzumachen. In der Bekanntmachung sind alle Beteiligten aufzufordern, ihre Rechte spätestens in der mündlichen Verhandlung wahrzunehmen mit dem Hinweis, daß auch bei Nichterscheinen über den Enteignungsantrag und andere im Verfahren zu erledigende Anträge entschieden werden kann.

(6) Die Enteignungsbehörde teilt dem Grundbuchamt die Einleitung des Enteignungsverfahrens mit. Sie ersucht das Grundbuchamt, in das Grundbuch des betroffenen Grundstücks einzutragen, daß das Enteignungsverfahren eingeleitet ist (Enteignungsvermerk); ist das Enteignungsverfahren beendigt, ersucht die Enteignungsbehörde das Grundbuchamt, den Enteignungsvermerk zu löschen. Das Grundbuchamt hat die Enteignungsbehörde von allen Eintragungen zu benachrichtigen, die nach dem Zeitpunkt der Einleitung des Enteignungsverfahrens im Grundbuch des betroffenen Grundstücks vorgenommen sind und vorgenommen werden.

(7) Ist im Grundbuch die Anordnung der Zwangsversteigerung oder Zwangsverwaltung eingetragen, gibt die Enteignungsbehörde dem Vollstreckungsgericht von der Einleitung des Enteignungsverfahrens Kenntnis, soweit dieses das Grundstück betrifft, das Gegenstand des Vollstreckungsverfahrens ist.

Übersicht

1. Mit der Anberaumung eines Termins zur mündlichen Verhand- **1**
lung durch die Enteignungsbehörde (Abs. 1 S. 1) endet das vorberei-
tende Verfahren (§ 105, Rn 1) und beginnt das Enteignungsverfahren
(BGHZ 48, 286: „eigentliche Einleitung des Verfahrens"). Abs. 1 S. 2–4
bestimmen Ladungsempfänger, -zustellung und -frist. Abs. 2 erlaubt
die vorzeitige Einleitung eines Enteignungsverfahrens vor Inkrafttreten
des Bebauungsplans. Die Abs. 3 u. 4 regeln den Inhalt der Ladung. Die
öffentliche Bekanntmachung der Einleitung des Enteignungsverfah-
rens gem. Abs. 5 dient dem Schutz der Beteiligten kraft Anmeldung
(§ 106 Abs. 1 Nr. 3) und löst die Genehmigungspflicht des § 109 aus.
Abs. 6 bzw. Abs. 7 verpflichten die Enteignungsbehörde, das Grund-
buchamt bzw. das Vollstreckungsgericht von der Einleitung des Ent-
eignungsverfahrens zu benachrichtigen. Das **BauGB** hat in Abs. 6 als
S. 2 neu eingeführt die Regelung des Enteignungsvermerks. Zu redak-
tionellen Anpassungen des früheren § 109 BBauG s. Voraufl. § 108 gilt
nur für die erstmalige, das Enteignungsverfahren eröffnende Anberau-
mung eines Termins für die mündliche Verhandlung und die diesbezüg-
lichen Ladungen. Den Ablauf der mündlichen Verhandlung regelt das
Gesetz im einzelnen nicht.

2. Zuständig für die **Anberaumung eines Termins** zur mündlichen **2**
Verhandlung ist der Leiter der Enteignungsbehörde. Bei kollegialer
Besetzung (§ 104, Rn 2) sind Beisitzer ohne ausdrückliche landesrechtli-
che Anordnung an dieser Entscheidung ohne mündliche Verhandlung
nicht zu beteiligen. Die öffentliche Bekanntmachung (Abs. 5, s. Rn 6)
der Einleitung des Enteignungsverfahrens gem. Abs. 1 löst eine **Ge-
nehmigungspflicht** für Rechtsvorgänge, Vorhaben und Teilungen
nach § 109 aus, greift also in Rechte der Enteignungsbetroffenen ein.
Die Einleitung des Enteignungsverfahrens ist daher ein Verwaltungs-
akt. Gem. § 95 Abs. 2 Nr. 5 bleiben bei der Festsetzung der Entschädi-
gung solche wertsteigernde Veränderungen unberücksichtigt, die nach
Einleitung des Enteignungsverfahrens ohne behördliche Anordnung
oder Zustimmung der Behörde vorgenommen worden sind (§ 95,
Rn 8). Zu den der Einleitung des Enteignungsverfahrens vorangehen-
den, der beschleunigten Sachverhaltsermittlung dienenden Maßnah-
men des vorbereitenden Verfahrens s. § 107, Rn 2–6. Zur Ablehnung
der Einleitung des Enteignungsverfahrens vor der mündlichen Ver-
handlung wegen Aussichtslosigkeit s. § 107, Rn 7.

3. Zur Beschleunigung ermöglicht Abs. 2 S. 1, das Enteignungsver- **3**
fahren **vor Inkrafttreten des Bebauungsplanes** einzuleiten. Die Vor-
schrift gilt nur für Enteignungsverfahren zugunsten der Gemeinde und
nur für Enteignungen, die den Enteignungszweck gem. § 85 Abs. 1
Nr. 1 verwirklichen sollen. Die Anwendung des gegenständlich so
beschränkten Abs. 2 S. 1 setzt zum Schutz der Betroffenen voraus, daß

der Entwurf des Bebauungsplanes nach § 3 Abs. 2 ausgelegt hat
(Nr. 1), daß die Gemeinde sich ernsthaft um den **freihändigen Erwerb**
des zu enteignenden Grundstücks zu angemessenen Bedingungen
i. S. v. § 87 Abs. 2 bemüht hat (Nr. 2) und daß sie die von den Beteilig-
ten gegen den Entwurf des Bebauungsplanes vorgebrachten **Bedenken
und Anregungen** mit diesen erörtert hat (Nr. 2), und zwar mit dem zu
beschließenden (Reisnecker, in: Kohlhammer-Komm., § 108, Rn 11;
a. A. Dyong, in: E/Z/B, § 108, Rn 7 d) Ergebnis, daß eine Änderung des
Bebauungsplanes aufgrund der Erörterung nicht notwendig ist. Zur
weiteren Beschleunigung ermöglicht es Abs. 2 S. 2 der Gemeinde, in
demselben Termin die Verhandlungen nach § 87 Abs. 2 zu führen und
Bedenken und Anregungen zu erörtern. Die Erörterung der Bedenken
und Anregungen nach Abs. 2 Nr. 2 ersetzt nicht das weitere Verfahren
nach § 3 Abs. 2 S. 6: Beifügung der nicht berücksichtigten Bedenken
und Anregungen bei der Vorlage des Bebauungsplans zur Genehmigung
durch die höhere Verwaltungsbehörde und Stellungnahme der Ge-
meinde dazu. § 108 Abs. 2 S. 3 soll die Pflicht zur Beschleunigung
verstärken: Die Enteignungsbehörde hat das Enteignungsverfahren so
zu führen, daß der Enteignungsbeschluß ergehen kann, sobald der
Bebauungsplan rechtsverbindlich geworden ist. Aus dieser Regelung
folgt auch, daß der Enteignungsbeschluß in jedem Fall erst ergehen
darf, wenn der Bebauungsplan beschlossen und rechtsverbindlich ge-
worden ist. Abs. 2 S. 4 stellt allerdings sicher, daß **Voll-** oder **Teileini-
gungen** nach den §§ 110, 111 auch im Verfahren der vorzeitigen
Einleitung des Enteignungsverfahrens erfolgen können, also zu einem
Zeitpunkt, in dem der Bebauungsplan noch nicht rechtsverbindlich
geworden ist, sein Inhalt aber weitgehend feststeht (BT-Drs. 7/4793,
S. 44). In diesem Fall kann das Enteignungsverfahren vor Rechtsver-
bindlichkeit des Bebauungsplanes durch einen auf die Einigung ge-
stützten Enteignungsbeschluß beendet werden.

4 **4. a)** Nach Abs. 1 S. 2 sind der Antragsteller, der Eigentümer des
betroffenen Grundstücks, die sonstigen aus dem Grundbuch ersichtli-
chen Beteiligten und die Gemeinde zu **laden.** Die Beteiligten nach § 106
Abs. 1 Nr. 3 werden durch öffentliche Bekanntmachung nach Abs. 5
benachrichtigt. Sind sie der Enteignungsbehörde aber bereits aufgrund
der vorbereitenden Sachverhaltsermittlung bekanntgeworden, so ent-
spricht es regelmäßig der Beschleunigungspflicht und der Konzentra-
tionsmaxime (s. § 107, Rn 2, 3), sie gem. § 107 Abs. 1 S. 2 ebenfalls
individuell von der Anberaumung der mündlichen Verhandlung zu
benachrichtigen (für strikte Ladungspflicht in diesem Fall Reisnecker,
in: Kohlhammer-Komm., § 108, Rn 18; zweifelnd Dyong, in: E/Z/B,
§ 108, Rn 5). Die Ladung ist nach dem Verwaltungszustellungsgesetz
der Länder zuzustellen. Die **Ladungsfrist** von einem Monat (Abs. 1
S. 4) ist nach § 31 VwVfG zu berechnen.

5 **b)** Den wesentlichen **Inhalt der Ladung** legen die Abs. 3 u. 4 aus-
führlich fest. Die Ladung muß enthalten die Angabe von Ort und

Zeitpunkt der mündlichen Verhandlung, die Bezeichnung des Antragstellers und des betroffenen Grundstücks (Abs. 3 Nr. 1), den wesentlichen Inhalt des Enteignungsantrags – außer den Angaben nach Nr. 1 Angabe des Enteignungszwecks (§ 85), des Gegenstands der Enteignung (§ 86) und Darlegung der Voraussetzungen nach § 87 – nebst dem Hinweis, daß der Antrag mit den ihm beigefügten Unterlagen bei der Enteignungsbehörde eingesehen werden kann (Abs. 3 Ziff. 2), die spätere Einwendungen nicht präkludierende Aufforderung, etwaige Einwendungen gegen den Enteignungsantrag möglichst vor der mündlichen Verhandlung bei der Enteignungsbehörde schriftlich einzureichen oder zur Niederschrift zu erklären (Abs. 3 Nr. 3) und den aus dem Amtsermittlungsgrundsatz (§ 208, Rn 1, 2) folgenden Hinweis, daß auch bei Nichterscheinen über den Enteignungsantrag und andere Anträge entschieden werden kann (Abs. 3 Nr. 4). Wird ein Antrag auf **Entschädigung in Land** vor der mündlichen Verhandlung gestellt, so ist nach Abs. 4 den Personen, deren Land zur Entschädigung verwendet werden soll, die Ladung mit dem Inhalt nach Abs. 3 zuzustellen. Zusätzlich muß diese Ladung die Bezeichnung des Eigentümers enthalten, der das Ersatzland erhalten soll sowie das Grundstück, für das Ersatzland gewährt werden soll.

c) Die Beteiligten kraft Anmeldung i. S. v. § 106 Abs. 1 Nr. 3 (§ 106, **6** Rn 3), die nicht nach Abs. 1 S. 2 geladen werden (Rn 4), erhalten durch **ortsübliche Bekanntmachung** nach Abs. 5 Gelegenheit, ihre Rechte nach § 106 Abs. 2 anzumelden (s. § 106, Rn 5) und wahrzunehmen. Die ortsübliche Bekanntmachung dient auch der Unterrichtung der im Grundbuch zu Unrecht nicht eingetragenen Berechtigten, z. B. des wahren Eigentümers (s. § 106, Rn 2). Die ortsübliche Weise der Bekanntmachung ergibt sich aus Landesrecht (Gemeindeordnung, Rechtsverordnung) und Ortsrecht (Satzung, Gewohnheitsrecht). Die Dauer der Bekanntmachung muß aus Gründen der Gleichbehandlung wie in Abs. 1 einen Monat betragen. Den **Inhalt** der Bekanntmachung schreibt Abs. 5 vor. Erstreckt sich die beabsichtigte Enteignung auf das Gebiet mehrerer Gemeinden, so hat die Bekanntmachung in jeder Gemeinde in der jeweils ortsüblichen Weise zu erfolgen. Die Bekanntmachung ist zu wiederholen, wenn sich herausstellt, daß ein betroffenes Grundstück in ihr nicht genannt ist. Ohne die ortsübliche Bekanntmachung entsteht die Genehmigungspflicht für Rechtsvorgänge, Vorhaben und Teilungen gem. § 109 nicht.

5. Die Enteignungsbehörde hat dem **Grundbuchamt** die Einleitung **7** des Enteignungsverfahrens mitzuteilen (Abs. 6 S. 1). Zugleich ersucht die Enteignungsbehörde das Grundbuchamt, in das Grundbuch des betroffenen Grundstücks einen **Enteignungsvermerk** einzutragen (Abs. 6 S. 2 Hs. 1). Dieser soll den Erwerber eines Grundstücks, das in ein Enteignungsverfahren einbezogen ist, schützen. Zugleich soll der Enteignungsvermerk sicherstellen, daß das Verfahren nach § 109 (Genehmigungspflicht) beachtet, die durch die ortsübliche Bekanntma-

chung über die Einleitung des Enteignungsverfahrens (Rn 6) nach § 109 bewirkte Verfügungsbeschränkung also durchgesetzt wird (s. a. § 109, Rn 1). Der Enteignungsvermerk hat insoweit dieselbe Funktion wie ein Umlegungsvermerk i. S. v. § 54 Abs. 1 S. 2 (s. § 54, Rn 1 ff.). Zum Sanierungsvermerk i. S. v. § 143 Abs. 4 S. 2 s. § 143, Rn 1 ff. Aufgrund der Mitteilung der Enteignungsbehörde nach Abs. 6 S. 1 hat das Grundbuchamt die Enteignungsbehörde von allen nach der Einleitung des Enteignungsverfahrens vorgenommenen oder bevorstehenden Eintragungen zu benachrichtigen (Abs. 6 S. 3). Ohne die erforderliche Genehmigung nach § 109 darf das Grundbuchamt nach § 29 GBO keine Eintragung im Grundbuch vornehmen (s. a. § 51, Rn 37 f.). Ist im Grundbuch die Anordnung einer Zwangsversteigerung oder Zwangsverwaltung eingetragen (§ 19 Abs. 1 GBO, § 146 Abs. 1 ZVG), so hat die Enteignungsbehörde dem **Vollstreckungsgericht** von der Einleitung des Enteignungsverfahrens Kenntnis zu geben (Abs. 7). Ist das Enteignungsverfahren beendigt, hat die Enteignungsbehörde das Grundbuchamt zu ersuchen, den Enteignungsvermerk zu löschen (Abs. 6 S. 2 Hs. 2).

8 **6.** Den **Gang der mündlichen Verhandlung** regelt das Gesetz nicht ausdrücklich. Aus § 112 Abs. 1 folgt aber, daß der entscheidungserhebliche Sachverhalt in der mündlichen Verhandlung eingehend zu erörtern ist, aus § 110 Abs. 1, daß die Enteignungsbehörde auf eine Einigung zwischen den Beteiligten hinzuwirken hat, aus § 92 Abs. 5, daß die Möglichkeit bestehen muß, etwas zur Niederschrift der Enteignungsbehörde erklären zu können. Zur Konzentrationsmaxime s. § 107, Rn 3. Im übrigen kann entsprechend § 68 VwVfG verfahren werden, obwohl die Anwendung dieser Vorschrift als Teil des förmlichen Verwaltungsverfahrens i. S. d. §§ 63–71 VwVfG auf die im übrigen spezielleren Vorschriften über das Enteignungsverfahren (§§ 104–122 BauGB) nicht nach § 63 Abs. 1 VwVfG ausdrücklich durch Rechtsvorschrift angeordnet ist. Zu Einzelheiten des Verfahrens s. Dyong, in: E/Z/B, § 108, Rn 20.

9 **7.** Verstöße gegen die Verfahrensregeln des § 108 kann ein Beteiligter bei der **Anfechtung** der (vorzeitigen) Einleitung des Enteignungsverfahrens – eines Verwaltungsaktes (s. Rn 2) – oder bei der Anfechtung des Enteignungsbeschlusses gem. § 217 gerichtlich geltend machen. Die Anfechtungsbefugnis (§§ 217, Rn 6) besitzt aber nur der Beteiligte, der durch die verletzte Verfahrensvorschrift geschützt werden soll und der durch den Rechtsverstoß einen Nachteil erlitten hat. Liegt kein besonders schwerwiegender und offenkundiger, gem. § 44 Abs. 1 VwVfG zur Nichtigkeit führender Fehler vor, so kann die Aufhebung des Verwaltungsaktes nach § 46 VwVfG nicht allein wegen des Verfahrensfehlers beansprucht werden, wenn keine andere Entscheidung in der Sache hätte getroffen werden können. Weil aber die in den Enteignungsvoraussetzungen enthaltenen unbestimmten Rechtsbegriffe, z. B. „Wohl der Allgemeinheit", auf eine wertende Ausfüllung angewiesen

sind, ist insoweit ähnlich wie bei Ermessensentscheidungen eine andere Entscheidung häufig möglich (Kopp, VwVfG, §46, Rn 24), wenn einer der Beteiligten wegen Nichteinhaltung der Formvorschriften des §108 daran gehindert war, seine Interessen in den Meinungsbildungsprozeß vor der Enteignungsbehörde einzubringen. Ist der Verwaltungsakt nicht nach §44 VwVfG nichtig, so kann die unterbliebene Anhörung auch nach §45 Abs. 1 Nr. 3 VwVfG geheilt werden.

§109 Genehmigungspflicht

(1) **Von der Bekanntmachung über die Einleitung des Enteignungsverfahrens an bedürfen die in §51 bezeichneten Rechtsvorgänge, Vorhaben und Teilungen der schriftlichen Genehmigung der Enteignungsbehörde .**

(2) **Die Enteignungsbehörde darf die Genehmigung nur versagen, wenn Grund zu der Annahme besteht, daß der Rechtsvorgang, das Vorhaben oder die Teilung die Verwirklichung des Enteignungszwecks unmöglich machen oder wesentlich erschweren würde.**

(3) **Sind Rechtsvorgänge oder Vorhaben nach Absatz 1 vor der Bekanntmachung zu erwarten, kann die Enteignungsbehörde anordnen, daß die Genehmigungspflicht nach Absatz 1 bereits zu einem früheren Zeitpunkt eintritt. Die Anordnung ist ortsüblich bekanntzumachen und dem Grundbuchamt mitzuteilen.**

(4) **§51 Abs. 2 und §116 Abs. 6 gelten entsprechend.**

1. Abs. 1 der als §109a durch die Novelle 1976 eingefügten Vorschrift statuiert von der Bekanntmachung über die Einleitung des Enteignungsverfahrens (§109 Abs. 5) an eine Genehmigungspflicht für bestimmte Rechtsvorgänge und Vorhaben. Abs. 2 bestimmt abschließend, unter welchen Voraussetzungen die Enteignungsbehörde die Genehmigung versagen darf. Abs. 3 ermächtigt die Enteignungsbehörde, die Genehmigungspflicht früher als im Regelfall des Abs. 1 einzuführen. Die Verweisung des Abs. 4 ermöglicht Bestandsschutz und Entschädigung. Ohne die Regelungen des §109 hätte die Enteignungsbehörde nach der förmlichen Einleitung des Enteignungsverfahrens keine rechtliche Handhabe, auf Rechtsvorgänge und Vorhaben Einfluß zu nehmen, die, wie z. B. bauliche Veränderungen, das Verfahren und die Verwirklichung des Enteignungszwecks erschweren oder vereiteln könnten. §109 soll in Anlehnung an §51 durch ein präventives Verbot mit Erlaubnisvorbehalt, das im öffentlichen Interesse und nicht zum Schutz des Enteignungsbegünstigten ergeht, der Enteignungsbehörde die erforderlichen Überprüfungen ermöglichen. Das BauGB hat durch den einen Gutglaubensschutz ausschließenden Enteignungsvermerk (§108 Abs. 6 S. 2, s. §108, Rn 7) die Wirksamkeit des §109 erhöht.

2 **2.** Im Regelfall beginnt die **Genehmigungspflicht** nach Abs. 1 kraft Gesetzes mit der öffentlichen Bekanntmachung über die Einleitung des Enteignungsverfahrens (dazu § 109, Rn 6). Abs. 3 ermächtigt die Enteignungsbehörde, vor der Einleitung des Enteignungsverfahrens gem. § 109 nach Ermessen einen **früheren Termin** zu bestimmen, wenn Rechtsvorgänge oder Vorhaben, wie in § 51 bezeichnet, zu erwarten sind. Die Anordnung nach Abs. 3 setzt nicht voraus, daß die zu erwartenden, also noch nicht eingetretenen Rechtsvorgänge oder Vorhaben die Verwirklichung des Enteignungszweckes unmöglich machen oder wesentlich erschweren würden. Dies ist erst im nachfolgenden Genehmigungsverfahren zu prüfen. Wenn es allerdings von vornherein offensichtlich ist, daß die zu erwartenden Rechtsvorgänge oder Vorhaben unter keinem Gesichtspunkt dem Enteignungszweck zuwiderlaufen können, so würde eine Anordnung nach Abs. 3 ermessensfehlerhaft sein (Dyong, in: E/Z/B, § 109, Rn 13). Frühester Zeitpunkt der Anordnung nach Abs. 3 ist der Eingang des Enteignungsantrags bei der Enteignungsbehörde. Eines besonderen Antrags eines Beteiligten auf Erlaß der Anordnung nach Abs. 3 bedarf es nicht (Reisnecker, in: Kohlhammer-Komm., § 109, Rn 12; a. A. Dyong, in: E/Z/B, § 109, Rn 10; Breuer, in: Schrödter, § 109a, Rn 4). Gem. Abs. 3 S. 2 ist die Anordnung ebenso wie die Einleitung des Enteignungsverfahrens ortsüblich bekanntzumachen (s. § 108, Rn 6) und dem Grundbuchamt mitzuteilen (§ 108, Rn 7). Wegen ihrer Rechtswirkung nach außen – Genehmigungspflicht – ist die Anordnung ebenso wie die Bekanntmachung der Einleitung des Enteignungsverfahrens nach § 108 Abs. 5 ein Verwaltungsakt, der gem. §§ 217 ff. vor den Baulandgerichten **angefochten** werden kann. Die Genehmigungspflicht nach Abs. 1 **endet** mit der Einstellung des Verfahrens nach Zurücknahme des Enteignungsantrags, mit unanfechtbarer Ablehnung des Enteignungsantrags, mit unanfechtbarer Aufhebung des Enteignungsbeschlusses und bei (Teil)Einigung (§§ 110, 111), Vorabentscheidung (§ 112 Abs. 2) sowie Erlaß des Enteignungsbeschlusses mit Erlaß der (rechtsgestaltenden, s. § 110, Rn 5) Ausführungsanordnung (Dyong, aaO, Rn 16; a. A. Reisnecker, aaO, Rn 15). Die Genehmigungspflicht aufgrund einer Anordnung nach Abs. 3 endet regelmäßig mit der Bekanntmachung der Einleitung des Enteignungsverfahrens (§ 108 Abs. 5), die damit an die Stelle der Genehmigungspflicht nach Abs. 1 tritt oder durch vorzeitige Ablehnung des Enteignungsantrags (§ 107, Rn 7) oder durch eine ebenfalls vor der mündlichen Verhandlung stattfindende Einigung (§ 110, Rn 2).

3 **3.** Welche **Rechtsvorgänge, Vorhaben und Teilungen genehmigungspflichtig** sind, bestimmt der vom BauGB erweiterte § 51 Abs. 1 abschließend. Daß Abs. 3 Teilungen nicht nennt, beruht auf einem Redaktionsversehen (Dyong, in: E/Z/B, § 109, Rn 12). Die Genehmigungspflicht nach Abs. 3 gilt daher auch für Teilungen. Gem. Abs. 4 i. V. m. § 51 Abs. 2 sind Vorhaben, die vor dem Inkrafttreten der

Anordnungen nach Abs. 1 oder 3 baurechtlich genehmigt worden sind, Unterhaltungsarbeiten und die Fortführung einer bisher ausgeübten Nutzung nicht genehmigungspflichtig. Insoweit gewährt Abs. 4 Bestandsschutz.

4. Nach Abs. 2, der § 51 Abs. 3 nachgebildet ist, darf die Enteignungsbehörde die Genehmigung nur versagen, wenn Grund zu der Annahme besteht, daß der Rechtsvorgang, das Vorhaben oder die Teilung die Verwirklichung des Enteignungszweckes (§ 85) (nicht nur des -verfahrens) unmöglich machen oder wesentlich erschweren würde. Eine wesentliche Erschwerung liegt z. B. vor, wenn die genehmigungspflichtige Maßnahme den Wert des Grundstücks und damit die Höhe der Entschädigung wesentlich erhöht (Reisnecker, aaO, Rn 33 ff.). Es ist nicht erforderlich, daß die Enteignung „ernsthaft in Frage gestellt" wird (so aber Stich, in: Berliner Komm., § 109, Rn 5). Liegt kein **Versagungsgrund** vor, hat der Betroffene einen Rechtsanspruch auf Genehmigung. Abs. 2 gewährt der Enteignungsbehörde **kein Ermessen.** Die Genehmigung darf mit einer **Nebenbestimmung** versehen werden, wenn diese sicherstellen soll, einen Versagungsgrund auszuräumen, also dazu dient, daß statt der Ablehnung wegen fehlender Voraussetzungen ein dem Betroffenen günstiger Bescheid ergeht (§ 36 Abs. 1 2. Altern. VwVfG; Reisnecker, aaO, Rn 30; Dyong, in: E/Z/B, § 109, Rn 4; a. A. Stich, aaO, Rn 5 unter Hinweis auf das Fehlen einer § 51 Abs. 4 entsprechenden Regelung). Genehmigungspflichtige Rechtsgeschäfte sind bis zur Entscheidung über den Antrag auf Genehmigung **schwebend unwirksam.** Ohne die Genehmigung darf das Grundbuchamt nach § 29 GBO keine Eintragung im Grundbuch vornehmen. Nicht genehmigte wertsteigernde Veränderungen sind nach § 95 Abs. 2 Nr. 5 bei der Festsetzung der Entschädigung nicht zu berücksichtigen (§ 95, Rn 8). Die Versagung der Genehmigung kann gem. § 217 angefochten werden.

5. Der Verweis des Abs. 4 auf § 116 Abs. 6 besagt, daß der Antragsteller, dessen Enteignungsantrag abgewiesen worden ist, dem Betroffenen für alle durch die Geltung der Genehmigungspflicht des § 109 entstandenen „besonderen Nachteile" **Entschädigung** zu leisten hat. Über Art und Höhe der Entschädigung entscheidet die Enteignungsbehörde. Weitere Entschädigungsregelungen trifft das Gesetz für die Versagung der Genehmigung nach § 109 nicht, in der Annahme, es handele sich hierbei ebenso wie bei der Verfügungs- und Veränderungssperre nach § 51 um eine entschädigungslos zu duldende Sozialbindung. Dabei wird jedoch nicht berücksichtigt, daß die Umlegungssperre ebenso wie die gesamte letztlich durch ihre Privatnützigkeit geprägte Umlegung (s. Vorb. §§ 45–84, Rn 8) neben öffentlichen Interessen überwiegend den privaten Interessen der Betroffenen entspricht, während die Enteignungssperre nach § 109 ebenso wie die Enteignung aus der Sicht der Betroffenen allein fremdnützig ist. Die Genehmigung nach § 109 darf daher, soll sie mit Art. 14 GG vereinbar sein, nicht

länger entschädigungslos angeordnet werden, als dies bei der ebenfalls fremdnützigen Veränderungssperre (§ 18) geschehen darf (so Breuer, in: Schrödter, § 109 a, Rn 12; a. A. Dyong, aaO, Rn 17, 20; weitergehend Reisnecker, aaO, Rn 8, der die Verfassungsmäßigkeit des § 109 bestreitet). Außer einem Anspruch aus Amtshaftung (§ 839 BGB, Art. 34 GG) kann eine Entschädigungspflicht aus enteignungsgleichem Eingriff entstehen, wenn die Enteignungsbehörde den Enteignungsantrag entgegen ihrer Verpflichtung nach § 107 verzögerlich behandelt (BGH, NJW 1965, 2101 zu § 51) und der Betroffene die Entstehung des Schadens nicht durch den zumutbaren Gebrauch von Rechtsmitteln verhindert hat (s. a. § 18, Rn 4).

§ 110 Einigung

(1) **Die Enteignungsbehörde hat auf eine Einigung zwischen den Beteiligten hinzuwirken.**

(2) **Einigen sich die Beteiligten, so hat die Enteignungsbehörde eine Niederschrift über die Einigung aufzunehmen. Die Niederschrift muß den Erfordernissen des § 113 Abs. 2 entsprechen. Sie ist von den Beteiligten zu unterschreiben. Ein Bevollmächtigter des Eigentümers bedarf einer öffentlich beglaubigten Vollmacht.**

(3) **Die beurkundete Einigung steht einem nicht mehr anfechtbaren Enteignungsbeschluß gleich. § 113 Abs. 5 ist entsprechend anzuwenden.**

Übersicht

1 **1. a)** Das aus dem verfassungsrechtlichen **Übermaßverbot** (Vorbem. §§ 85–122, Rn 11) abgeleitete enteignungsrechtliche Gebot des geringstmöglichen Eingriffs – Enteignung als ultima ratio (s. § 87, Rn 4) – wird durch die besondere Zulässigkeitsvoraussetzung des § 87 Abs. 2 S. 1 – Versuch des freihändigen Erwerbs (§ 87, Rn 6) – und nach Einleitung des Enteignungsverfahrens durch das Gebot an die Enteignungsbehörde, auf eine Einigung zwischen den Beteiligten hinzuwirken (§ 110 Abs. 1), ausgestaltet. Abs. 2 bestimmt, in welcher Form und mit welchem Mindestinhalt vor der Enteignungsbehörde einigen muß, damit der das Enteignungsverfahren erheblich **beschleunigende** Effekt der Einigung eintritt, nämlich die Gleichsetzung der

beurkundeten Einigung mit einem nicht mehr anfechtbaren Enteignungsbeschluß (Abs. 3 S. 1). In einem Enteignungsverfahren nach § 85 Abs. 1 Nr. 1 setzt eine Einigung nach § 110 im Interesse der Beschleunigung nicht voraus, daß bereits ein wirksamer Bebauungsplan vorliegt (§ 108 Abs. 2 S. 4; s. § 108, Rn 3). Der Beschleunigung dient auch die auf den Rechtsübergang bzw. die Belastung des Eigentums beschränkte Teileinigung nach § 111. In den gegenüber dem BBauG unveränderten Vorschriften über die (Teil-)Einigung (§§ 110, 111) und über den freihändigen Erwerb (§ 87 Abs. 2 S. 1) äußert sich das Anliegen des Gesetzgebers, die unerwünschte Zwangsmaßnahme der Enteignung möglichst reibungslos abzuwickeln (BGHZ 61, 240/244). Das Gesetz regelt nicht die ebenfalls mögliche Einigung der Beteiligten außerhalb des Enteignungsverfahrens, sei es vor der Einleitung des Enteignungsverfahrens gem. § 108, sei es nach dessen Einleitung, aber ohne Mitwirkung der Behörde.

b) Die von der Enteignungsbehörde beurkundete Einigung ist eine **Verfahrenshandlung,** durch die statt durch Enteignungsbeschluß (§ 112) über den Enteignungsantrag (§ 105) entschieden wird und die kraft Gesetzes (Abs. 3 S. 1 i. V. m. § 117) die Enteignungsbehörde verpflichtet, eine Ausführungsanordnung zu erlassen. Gleichzeitig ist die Einigung, darin der von der h. M. vertretenen Doppelnatur des Prozeßvergleichs (s. Thomas/Putzo, ZPO, 15. A., 1987, § 794, Ziff. II, 1 a) entsprechend, ein **materiellrechtliches Rechtsgeschäft,** in dem sich die Beteiligten (§ 106), die von der Einigung materiell betroffen sind, wozu die Gemeinde durchaus nicht immer gehört (s. Dyong, in: E/Z/B, §§ 110, 111, Rn 18), über den Übergang oder die Belastung des Eigentums an dem zu enteignenden Grundstück oder eines sonstigen enteignungsfähigen Rechts (§ 86 Abs. 1 Nr. 3; KG, NJW 1970, 103) und über die Höhe der Entschädigung einigen. Über diese Vertragsgegenstände können sich die Beteiligten, die ausschließlich Private sein können, außerhalb des Enteignungsverfahrens zwar durch privatrechtlichen Vertrag einigen (s. Rn 3). Einigen sie sich darüber aber entsprechend der Ermächtigung des § 110 mit dem Inhalt, der gem. § 110 Abs. 2 S. 2 i. V. m. § 113 Abs. 2 für den Enteignungsbeschluß vorgeschrieben ist, z. B. auch über Enteignungszweck und Verwendungsfrist, so handelt es sich bei dem gesamten Vertrag um einen **öffentlich-rechtlichen Vertrag,** nicht um einen zwar theoretisch möglichen gemischten Vertrag, bestehend aus öffentlich-rechtlichen und privatrechtlichen Teilen (s. Meyer, in: Meyer/Borgs, § 54, Rn 65; offengelassen von KG, BRS 24, S. 343/345). Ausschlaggebend ist der übereinstimmende Wille der Beteiligten, daß der Eigentumsübergang nicht in privatrechtlichen Formen, z. B. aufgrund eines Kaufes oder Tausches und durch Einigung und Eintragung (§ 873 BGB), sondern durch einen rechtsgestaltenden Staatsakt, die Ausführungsanordnung (s. a. Rn 5), ergehen soll. Die Enteignungsbehörde ist nicht selbst Vertragspartner, sondern nur insofern am Zustandekommen der Einigung beteiligt, als

2

sie ihre Aufklärungs- und Förderungspflichten nach §§ 108, 110 Abs. 1,
208 erfüllt und nach § 110 Abs. 2 S. 1 eine Niederschrift über die
Einigung aufzunehmen hat. Da die Enteignungsbehörde kraft Gesetzes
(Abs. 3 S. 1 i. V. m. § 117) und nicht aufgrund einer gegenüber den
Vertragspartnern (Beteiligten) abgegebenen Willenserklärung zum Er-
laß der Ausführungsanordnung (eines Verwaltungsaktes) verpflichtet
ist, ist die Einigung nicht wegen dieser Rechtsfolge ein öffentlich-
rechtlicher Vertrag (a. A. Dyong in: E/Z/B, aaO, Rn 8: öffentlich-
rechtlicher Vertrag zu Lasten der Enteignungsbehörde) und schon gar
kein subordinationsrechtlicher öffentlich-rechtlicher Vertrag. § 55
VwVfG, der allein den subordinationsrechtlichen (s. § 54 S. 2 VwVfG)
öffentlich-rechtlichen Vergleichsvertrag regelt, ist daher auf die Eini-
gung zumindest direkt nicht anwendbar (unzutreffend Breuer, in:
Schrödter, § 110, Rn 2). Eine Einigung nach § 110 kann aber ein
Vergleichsvertrag sein (BGH, NJW 1972, 157; OLG Frankfurt, NJW
1972, 166). Ein derartiger koordinationsrechtlicher öffentlich-rechtli-
cher Vertrag (dazu Meyer, in: M/B, § 54, Rn 64) ist **nichtig,** wenn er
evident gegen zwingende Rechtsvorschriften verstößt (§ 59 Abs. 1
VwVfG i. V. m. § 134 BGB). Dies festzustellen mag im Einzelfall
schwierig sein (zur umstr. analogen Anwendung des § 134 BGB
i. V. m. § 59 Abs. 1 VwVfG s. Meyer, in: M/B, § 59, Rn 16–25; Kopp,
VwVfG, § 59, Rn 7). Nichtigkeit ist aber anzunehmen bei offenkundi-
ger Unzulässigkeit des Enteignungsverfahrens (BGH, NJW 1967,
1324), wenn z. B. die Beteiligten sich nach § 110 über eine Enteignung
nach § 85 Abs. 1 Nr. 1 einigen wollen, obwohl offenkundig kein gülti-
ger Bebauungsplan vorliegt. Eine solche Einigung ginge über die
Dispositionsbefugnis der Beteiligten hinaus, da insoweit die Vorausset-
zungen der Enteignung sich objektiv bestimmen und nicht vom Willen
der Beteiligten abhängig sein können. Die Enteignungsbehörde würde
ihre Amtsbefugnis mißbrauchen, würde sie auf eine Einigung hinwir-
ken, obgleich ihr ersichtlich ist, daß ohne die Einigung ihre Entschei-
dung zur Ablehnung des Antrags führen müßte (BGH, NJW 1967,
1324). Zulässig ist es hingegen in einem Fall, in dem die Sach- und
Rechtslage von den Beteiligten verschieden beurteilt wird, ohne daß
die Unzulässigkeit des Enteignungsverfahrens offen zutage liegt, die
infolge der gegenteiligen Ansichten der Beteiligten zweifelhafte Sach-
und Rechtslage nicht der Entscheidung der Enteignungsbehörde zu
unterstellen, sondern im Interesse der Vereinfachung und Beschleuni-
gung des Verfahrens durch die Einigung gegenstandslos zu machen
(BGH aaO). Wie bei jedem Vergleich legen die Beteiligten in diesem
Fall einen zwischen ihnen bestehenden Streit bei, ohne sich über
zwingende Voraussetzungen des Enteignungsverfahrens hinwegzuset-
zen. Als öffentlich-rechtlicher Vertrag kann die Einigung bis zur Unan-
fechtbarkeit der Ausführungsanordnung analog §§ 119, 123 BGB ange-
fochten werden. Nach einer wirksamen **Anfechtung** hat die Enteig-
nungsbehörde über den Enteignungsantrag aufgrund der mündlichen
Verhandlung zu entscheiden (§ 112 Abs. 1).

c) Von der Einigung nach § 110 ist zu unterscheiden eine **privat-** 3
rechtliche Einigung der Beteiligten außerhalb des Enteignungsverfah-
rens (dazu krit. Gassner, Der freihändige Grunderwerb der öffentlichen
Hand, 1983; Krebs, DÖV 1989, 969; s. a. § 87, Rn 6). Abgesehen von
dem Fall, daß ein Kaufvertrag zur Vermeidung eines Enteignungsver-
fahrens geschlossen wird (§ 87, Rn 5), kommen in Betracht eine Eini-
gung nach Stellung des Enteignungsantrags (§ 105), aber vor der
Einleitung des Enteignungsverfahrens ohne Mitwirkung der Enteig-
nungsbehörde. Derartige Einigungen können in Vergleichsverträgen
gem. § 779 BGB erzielt werden. Genügen solche privatrechtlichen
Einigungen den Anforderungen der Einigung nach § 110, insbesondere
auch hinsichtlich der Enteignungsvoraussetzungen (s. Rn 2), so können
sie in das Enteignungsverfahren eingebracht und mit dem Inhalt nach
§ 113 Abs. 2 in der mündlichen Verhandlung oder in einem zu diesem
Zweck angesetzten Erörterungstermin (Stich, in: Berliner Komm.,
§ 110, Rn 7) vor der Enteignungsbehörde gem. Abs. 2 beurkundet und
damit in eine öffentlich-rechtliche Einigung i. S. v. § 110 mit den dieser
eigenen spezifischen öffentlich-rechtlichen Rechtsfolgen (s. Rn 2) um-
gewandelt werden. Wird eine Einigung nicht von der Enteignungsbe-
hörde beurkundet, z. B. weil offenkundig von zwingenden Enteig-
nungsvoraussetzungen abgewichen werden soll (BGH, NJW 1967,
1324), so ist bei beabsichtigter Übertragung oder Belastung dinglicher
Rechte eine kostenträchtige Beurkundung nach § 313 BGB erforderlich
(s. a. BGH, DVBl. 1983, 1150). Eine solche privatrechtliche Einigung
ist zudem anders als die Einigung nach § 110 kein vollstreckbarer Titel
(§ 122). Durch einen derartigen Vertrag kann sich jedoch der Enteig-
nungsantrag erledigen (BGH, NJW 1986, 933).

2. Haben die durch die Einigung materiell betroffenen Beteiligten 4
eine wirksame Einigung i. S. v. § 110 erzielt (Rn 2), so ist die Enteig-
nungsbehörde verpflichtet, hierüber eine **Niederschrift** aufzunehmen.
Die Niederschrift – und damit auch die Einigung – muß den Erforder-
nissen entsprechen, die § 113 Abs. 2 für einen stattgebenden Enteig-
nungsbeschluß vorschreibt. Alle materiell Beteiligten müssen die Nie-
derschrift unterschreiben (Abs. 2 S. 3), ohne aber bei der Unterschrifts-
leistung alle gleichzeitig anwesend zu sein. Der Vertreter eines Eigentü-
mers kann nur dann eine bindende Einigungserklärung abgeben, wenn
er eine öffentlich beglaubigte Vollmacht (§ 129 BGB) besitzt (Abs. 2
S. 4). Eine Vollmacht für das Enteignungsverfahren umfaßt auch die
Vollmacht für die Abgabe einer Einigungserklärung.

3. Eine Einigung, die den Formvorschriften des Abs. 2 genügt, steht 5
einem unanfechtbaren **Enteignungsbeschluß gleich** (Abs. 3 S. 1) und
beendet wie ein Prozeßvergleich das Verfahren. Wenn im Grundbuch
die Anordnung der Zwangsversteigerung oder Zwangsverwaltung
eingetragen ist, muß die Enteignungsbehörde dem Vollstreckungsge-
richt die Einigung mitteilen (Abs. 3 S. 2). Die mit der Einigung beab-
sichtigte materielle Rechtsänderung erfolgt durch die **Ausführungsan-**

ordnung nach § 117, also durch rechtsgestaltenden Staatsakt außerhalb des Grundbuchs. Der in der Einigung geregelte Rechtszustand tritt mit dem in der Ausführungsanordnung festgesetzten Tag ein (§ 117 Abs. 5). Vom Zeitpunkt des Erlasses der Ausführungsanordnung an erhält die Einigung Rechtskraftwirkung wie ein Enteignungsbeschluß, so daß sie, obwohl auch öffentlich-rechtlicher Vertrag zwischen den Beteiligten (s. Rn 2), von diesen dann nicht mehr analog §§ 119, 123 BGB beseitigt werden kann. Aus der Niederschrift über die Einigung findet die **Zwangsvollstreckung** nach den Vorschriften der ZPO (§§ 704 ff.) über die Vollstreckung von Urteilen in bürgerlichen Rechtsstreitigkeiten wegen der in der Niederschrift bezeichneten Leistungen, und zwar Entschädigungsleistungen und Ausgleichszahlungen, statt (§ 122 Abs. 1 Nr. 1).

§ 111 Teileinigung

Einigen sich die Beteiligten nur über den Übergang oder die Belastung des Eigentums an dem zu enteignenden Grundstück, jedoch nicht über die Höhe der Entschädigung, so ist § 110 Abs. 2 und 3 entsprechend anzuwenden. Die Enteignungsbehörde hat anzuordnen, daß dem Berechtigten eine Vorauszahlung in Höhe der zu erwartenden Entschädigung zu leisten ist, soweit sich aus der Einigung nichts anderes ergibt. Im übrigen nimmt das Enteignungsverfahren seinen Fortgang.

1 **1.** Die Vorschrift verwirklicht ebenso wie § 110 – Volleinigung – und § 87 Abs. 2 S. 1 – Versuch des freihändigen Erwerbs – das Anliegen des Gesetzgebers, die unerwünschte Zwangsmaßnahme der Enteignung möglichst reibungslos abzuwickeln (BGHZ 61, 240/244). Dem verfassungsrechtlich gebotenen Grundsatz des § 110 Abs. 1, demzufolge die Enteignungsbehörde auf eine Einigung zwischen den Beteiligten hinzuwirken hat (§ 110, Rn 1), entspricht es, daß die Enteignungsbehörde auch verpflichtet ist, eine Teileinigung der materiell Betroffenen analog § 110 Abs. 2 zu beurkunden. Seit der Novelle 1976 stehen analog § 110 Abs. 3 in Verwirklichung des **Grundsatzes des geringstmöglichen Eingriffs** von der Enteignungsbehörde beurkundete Teileinigungen einem nicht mehr anfechtbaren Enteignungsbeschluß gleich. Folgerichtig ist die Enteignungsbehörde gem. S. 2 verpflichtet, anzuordnen, daß dem Berechtigten eine Vorauszahlung in Höhe der zu erwartenden Entschädigung zu leisten ist, soweit sich aus der Teileinigung nichts anderes ergibt. Satz 3 zieht die Konsequenz daraus, daß die Beteiligten sich nur teilweise geeinigt haben. Zur Rechtsnatur der Teileinigung gilt das unter § 110, Rn 2 Gesagte entsprechend. § 111 schließt Teileinigungen außerhalb des Enteignungsverfahrens nicht aus. In einem Enteignungsverfahren nach § 85 Abs. 1 Nr. 1 setzt eine Teileinigung nach § 111 im Interesse der Beschleunigung nicht voraus, daß bereits ein

wirksamer Bebauungsplan vorliegt (§ 108 Abs. 2 S. 4; s. § 108, Rn 3). § 111 ist ebenso wie § 110 im Verfahren vor den Baulandgerichten analog anwendbar (§ 231).

2. Bei der **Teileinigung** einigen sich die von ihr materiell betroffenen Beteiligten (§ 110, Rn 2) **über den Grund,** also über den Übergang oder die Belastung des Eigentums an dem von der Enteignung betroffenen Grundstück, nicht aber über die Höhe der Entschädigung. Auch die Rechte, die wie das Mietrecht gem. § 86 Abs. 1 Nr. 3 Gegenstand der Enteignung sein können, können Gegenstand der Teileinigung (wie auch der Volleinigung) sein (KG, NJW 1970, 103). Hinsichtlich der Zulässigkeit der Teileinigung gilt das zur Volleinigung Gesagte (§ 110, Rn 2) entsprechend. Die Enteignungsbehörde darf daher eine Teileinigung nicht beurkunden, die sich offenkundig – sei es auch im Vergleichswege – über zwingende Enteignungsvoraussetzungen hinwegsetzt. Nicht ausgeschlossen ist insoweit ein **privatrechtlicher Vergleich,** der zwar nicht gem. §§ 111, § 110 Abs. 2 beurkundet werden darf, aber das Enteignungsverfahren insoweit teilweise erledigt (BGH, NJW 1967, 1324). Das zur privatrechtlichen Volleinigung Gesagte (§ 110, Rn 3) gilt für die Teileinigung entsprechend. Möglich ist auch, daß sich die Beteiligten außerhalb oder innerhalb des Enteignungsverfahrens über nicht in § 111 S. 1 enthaltene Gegenstände einigen, z. B. über die Besitzüberlassung und vorzeitige Besitzeinweisung (KG, NJW 1970, 103; BRS 24 Nr. 164). Eine derartige Teileinigung fällt nicht unter § 111. Sie darf aber von der Enteignungsbehörde analog § 110 Abs. 2 beurkundet werden, wenn sie nicht offenkundig von zwingenden Rechtsvorschriften abweicht. § 110 Abs. 3 darf auf eine solche Teileinigung jedoch nicht analog angewendet werden. Im Interesse der beschleunigten und reibungslosen Abwicklung des Enteignungsverfahrens (BGH, NJW 1967, 1324) wird die Enteignungsbehörde aufgrund dieser Teileinigung den Besitzeinweisungsbeschluß erlassen (KG, NJW 1970, 103; Reisnecker, in: Kohlhammer-Komm., § 111, Rn 14, dessen Kritik an Dyong, in: E/Z/B, §§ 110, 111, Rn 6 widersprüchlich ist, wenn er einräumt, daß die Enteignungsbehörde derartige Teileinigungen nicht zur Niederschrift aufnehmen muß). Gem. S. 1 i. V. m. § 110 Abs. 2 sind auf die Teileinigung die – aber auch nur die – für die Volleinigung geltenden **Form- und Verfahrenserfordernisse** entsprechend anzuwenden (s. § 110, Rn 4).

3. Gem. S. 1 i. V. m. § 110 Abs. 3 steht die beurkundete Teileinigung einem nicht mehr anfechtbaren Enteignungsbeschluß gleich. Die **Ausführungsanordnung** darf also ergehen, bevor im Enteignungsbeschluß die Entschädigung festgesetzt worden ist. Die Teileinigung wird also nicht mehr wie bis 1976 erst wirksam, wenn sie als unanfechtbarer Teil in den Enteignungsbeschluß (§ 113) aufgenommen worden ist (dazu noch BGH, NJW 1967, 1324). Damit aber der Eigentümer im Fall der (freiwilligen) Teileinigung nicht schlechtergestellt ist als im Fall der inhaltlich entsprechenden Vorabentscheidung über den Grund der Ent-

eignung (§ 112 Abs. 2), verpflichtet S. 2 die Enteignungsbehörde dazu, anzuordnen, daß dem Berechtigten eine **Vorauszahlung** in Höhe der zu erwartenden Entschädigung zu leisten ist. Die Beteiligten können insoweit allerdings eine abweichende Regelung treffen. Die Enteignungsbehörde darf also die Ausführungsanordnung erst erlassen, wenn der Anordnung gem. § 111 S. 2 über die Vorauszahlung oder der diesbezüglichen Einigung der Beteiligten Genüge getan worden ist (§ 117 Abs. 2). Auch aus der Niederschrift über die Teileinigung findet die **Zwangsvollstreckung** nach den §§ 704 ff. ZPO wegen der in der Niederschrift bezeichneten Leistungen statt (§ 122 Abs. 1 Nr. 1). Vom Zeitpunkt des Erlasses der Ausführungsanordnung an können die Beteiligten die Teileinigung nicht mehr durch Anfechtung analog § 119 BGB beseitigen (s. § 110, Rn 5).

4 **4.** Soweit sich die Beteiligten nicht geeinigt haben, nimmt das **Enteignungsverfahren** seinen **Fortgang** (S. 3). Die Enteignungsbehörde wird also einen inhaltlich beschränkten (§ 113 Abs. 3) (Teil-) Enteignungsbeschluß über die Höhe der Entschädigung erlassen, es sei denn, die Beteiligten einigen sich noch privatrechtlich über die Höhe der Entschädigung, wodurch sich das Enteignungsverfahren auch insoweit erledigt, oder sie ergänzen rechtzeitig vor der Enteignungsbehörde ihre Teileinigung zu einer Volleinigung i. S. v. § 110. Haben sich der Enteignungsbegünstigte und der Eigentümer vor Einleitung des Enteignungsverfahrens (ohne Mitwirkung der Enteignungsbehörde) teilweise geeinigt, z. B. in einem notariellen Vertrag über die Übertragung des Eigentums, so ist ein gesondertes (isoliertes) Entschädigungsfeststellungsverfahren statthaft. Auch wenn eine derartige Teileinigung keinen ausreichenden schuldrechtlichen Rechtsgrund für den Erwerb des Grundstücks abgibt, ist § 111 S. 3 entsprechend anwendbar, soweit eine Einigung nicht besteht (BGHZ 95, 1).

§ 112 Entscheidung der Enteignungsbehörde

(1) **Soweit eine Einigung nicht zustande kommt, entscheidet die Enteignungsbehörde aufgrund der mündlichen Verhandlung durch Beschluß über den Enteignungsantrag, die übrigen gestellten Anträge sowie über die erhobenen Einwendungen.**

(2) **Auf Antrag eines Beteiligten hat die Enteignungsbehörde vorab über den Übergang oder die Belastung des Eigentums an dem zu enteignenden Grundstück oder über sonstige durch die Enteignung zu bewirkende Rechtsänderungen zu entscheiden. In diesem Fall hat die Enteignungsbehörde anzuordnen, daß dem Berechtigten eine Vorauszahlung in Höhe der zu erwartenden Entschädigung zu leisten ist.**

(3) **Gibt die Enteignungsbehörde dem Enteignungsantrag statt, so entscheidet sie zugleich**

1. **darüber, welche Rechte der in § 97 bezeichneten Berechtigten an dem Gegenstand der Enteignung aufrechterhalten bleiben,**

2. **darüber, mit welchen Rechten der Gegenstand der Enteignung, das Ersatzland oder ein anderes Grundstück belastet werden,**

3. **darüber, welche Rechtsverhältnisse begründet werden, die Rechte der in § 86 Abs. 1 Nr. 3 und 4 bezeichneten Art gewähren,**

4. **im Falle der Entschädigung in Ersatzland über den Eigentumsübergang oder die Enteignung des Ersatzlands.**

Übersicht

1. Soweit sich die Beteiligten nicht ganz oder teilweise einigen (§§ 110, 111) oder die Enteignungsbehörde den Enteignungsantrag nicht als offensichtlich unzulässig oder unbegründet ohne mündliche Verhandlung abweist (§ 107, Rn 7), ist die Enteignungsbehörde verpflichtet, durch Beschluß aufgrund der mündlichen Verhandlung über den Enteignungsantrag, die übrigen gestellten Anträge und die erhobenen Einwendungen zu **entscheiden** (Abs. 1). Da ein positiver Enteignungsbeschluß nicht nur über die Entziehung des Eigentums entscheidet, legt Abs. 3 den materiellen Inhalt einer stattgebenden Entscheidung fest – sogen. **Nebenentscheidungen.** Die **Form** eines stattgebenden Beschlusses bestimmt § 113 Abs. 2. Im Interesse der Beschleunigung ermöglicht der durch die Novelle 1976 eingefügte § 112 Abs. 2 eine **Vorabentscheidung über den Grund** der Enteignung.

2. a) Der **Enteignungsbeschluß** entscheidet über den Enteignungsantrag. Im Falle einer dem Antrag stattgebenden Entscheidung treten die durch diesen Verwaltungsakt beschlossenen Rechtsänderungen aber weder mit seinem Erlaß noch mit seiner Unanfechtbarkeit ein, sondern erst mit dem in der **Ausführungsanordnung** festgelegten Tag. § 117 Abs. 5 bestimmt, daß mit diesem Tag der bisherige Rechtszustand durch den im Enteignungsbeschluß genannten neuen Rechtszustand ersetzt wird. Die Enteignungsbehörde ist befugt, einen angefochtenen Enteignungsbeschluß zurückzunehmen (OLG Koblenz, NJW 1983, 2036). Der nicht mehr anfechtbare Enteignungsbeschluß ist gem. § 122 Abs. 1 Nr. 2 wegen der zu zahlenden Geldentschädigung und nach Unanfechtbarkeit der Ausführungsanordnung auch hinsichtlich einer

Ausgleichszahlung ein **vollstreckbarer Titel.** Zur Aufhebung auf An-
trag eines Beteiligten s. § 120.

3 **b)** Aus der Verpflichtung der Enteignungsbehörde, grundsätzlich
aufgrund einer **mündlichen Verhandlung** zu entscheiden (zu Ausnah-
men s. § 107, Rn 7), folgt nicht, daß die Enteignungsbehörde bei ihrer
Entscheidung auf das Vorbringen in der mündlichen Verhandlung
beschränkt ist. Eine derartige Beschränkung wäre unvereinbar mit dem
Amtsermittlungsgrundsatz (s. § 107, Rn 3) und widerspräche der Rege-
lung des § 108 Abs. 3 Nr. 4, derzufolge auch in Abwesenheit der
Beteiligten über den Enteignungsantrag und andere im Verfahren zu
erledigende Anträge entschieden werden kann. Die Enteignungsbe-
hörde muß also auch die **schriftlichen Ausführungen und Anträge** der
Beteiligten berücksichtigen, soweit sie bis zum Schluß der mündlichen
Verhandlung eingereicht worden sind. Sie darf ihre Entscheidung
allerdings nur auf Tatsachen und Beweisergebnisse stützen, zu denen
sich zu äußern die Beteiligten in der mündlichen Verhandlung Gelegen-
heit hatten. Der Enteignungsbeschluß braucht nicht in der mündlichen
Verhandlung zu ergehen. Zum Gang der mündlichen Verhandlung s.
§ 108, Rn 8.

4 **c)** Außer der Entscheidung über den Enteignungsantrag muß der
Beschluß die Entscheidung über die **übrigen gestellten Anträge** enthal-
ten. Solche Anträge sind z. B. die Anträge nach § 92 Abs. 2–4 (Ausdeh-
nung der Enteignung auf Verlangen des Eigentümers), nach § 97 Abs. 2
(Begründung von Rechten für Versorgungsunternehmen), nach § 99
Abs. 1 (Entschädigung in wiederkehrenden Leistungen), nach § 100
Abs. 1, 3, 4, 6 (Entschädigung in Ersatzland), nach § 100 Abs. 5 (Erset-
zung enteigneter Nebenrechte), nach § 101 (Entschädigung durch Ge-
währung anderer Rechte) (s. Dyong, in: E/Z/B, § 112, Rn 4). Über
die Anträge betreffenden Einwendungen entscheidet die Enteignungs-
behörde nicht im Tenor des Beschlusses. Mit ihnen muß sich die
Behörde in der Begründung des Enteignungsbeschlusses (§ 113 Abs. 1)
auseinandersetzen. Wird der Enteignungsantrag zurückgenommen, so
entscheidet die Enteignungsbehörde allein über die Verfahrenskosten.
Auch dieser Beschluß ist ein nach § 217 anfechtbarer Verwaltungsakt
(BGH, DVBl. 1974, 130).

5 **d)** Für den Fall einer dem Enteignungsantrag stattgebenden Ent-
scheidung schreibt Abs. 3 der Enteignungsbehörde vor, über welche
Rechtsverhältnisse mitentschieden werden muß. Abs. 3 regelt den **ma-
teriellen Inhalt,** § 113 Abs. 2 die Form des dem Enteignungsantrag
stattgebenden Enteignungsbeschlusses. Da mit dem in der Ausfüh-
rungsanordnung festgesetzten Tag der bisherige Rechtszustand durch
den im Enteignungsbeschluß geregelten neuen Rechtszustand ersetzt
wird, der Enteignungsbeschluß also originären Eigentumserwerb be-
wirkt, gehen alle privaten Rechte am Grundstück und auf dem Grund-
stück unter, soweit sie nicht gem. §§ 112 Abs. 3, 113 Abs. 2 aufrechter-
halten oder geändert werden. Werden im Enteignungsbeschluß nicht

ausdrücklich Rechte gem. Abs. 3 Nr. 1 aufrechterhalten oder gem. Abs. 3 Nr. 2 oder 3 neu begründet, so erwirbt der Begünstigte lastenfreies Eigentum. Auch Rechte, die nicht nach § 106 Abs. 2 angemeldet worden sind, gehen ohne ausdrückliche Nebenentscheidung unter. Abs. 3 Nr. 4 stellt klar, daß in dem Beschluß über den Enteignungsantrag zugleich über die **Ersatzlandenteignung** zu entscheiden ist; eine Konsequenz daraus, daß es kein selbständiges Enteignungsverfahren zur Beschaffung von Ersatzland für die Entschädigung anderweitig Enteigneter gibt.

3. a) Die **Vorabentscheidung** nach Abs. 2 ermöglicht es, das Enteig- 6
nungsverfahren über den Grund der Enteignung und über die Höhe der Entschädigung zu trennen. Nachweis paralleler Aufspaltungen von Verwaltungsverfahren in ein Grund- und ein Betragsverfahren bei Lässig, DVBl. 1981, 483/484. Auseinandersetzungen über die Höhe der Entschädigung sollen die Verwirklichung des Vorhabens nicht hemmen. Die Vorabentscheidung setzt einen Antrag eines Beteiligten i. S. v. § 106 voraus. Wird der Antrag gestellt, so muß die Enteignungsbehörde vorab entscheiden, wenn das nach dem Sachstand möglich ist, und zwar auch dann, wenn die Enteignungsbehörde in der Lage wäre, bereits über die Höhe der Entschädigung zu entscheiden. Die Vorabentscheidung betrifft gem. Abs. 2 S. 1 den Übergang oder die Belastung des Eigentums an dem zu enteignenden Grundstück oder sonstige durch die Enteignung zu bewirkende Rechtsänderungen, z. B. persönliche Rechte, die zum Erwerb, zum Besitz oder zur Nutzung von Grundstücken berechtigen (§ 113 Abs. 2 Nr. 4 c). Abs. 2 S. 1 erwähnt die in Abs. 3 Ziff. 1–3 genannten Rechte (s. Rn 5) nicht und eröffnet damit nach seinem Wortlaut die Möglichkeit, einen gesonderten Enteignungsbeschluß über diese das Eigentum belastenden Rechte zu treffen, sofern man nicht aus gesetzessystematischen Gründen auch mit der Entscheidung nach Abs. 2 die Verpflichtung zur Entscheidung nach Abs. 3 verbindet, wodurch verhindert würde, daß abweichend vom Grundsatz (Rn 5) trotz fehlender ausdrücklicher Aufrechterhaltung bzw. Begründung dieser Rechte kein lastenfreier Erwerb eintritt. Einer der Rechtssicherheit und der Praktikabilität Rechnung tragenden Auslegung entspricht es, die in der Vorabentscheidung nicht erwähnten Rechte nach Abs. 3 Nr. 1–3 durch eine auf der Vorabentscheidung fußende Ausführungsanordnung (§ 117 Abs. 1, 5) untergehen zu lassen, sofern nicht die Vorabentscheidung ausdrücklich zum Ausdruck bringt, daß es sich nicht um eine abschließende Entscheidung über alle Enteignungsgegenstände handelt (weitergehend Dyong, in: E/Z/B, § 112, Rn 5 c; enger Reisnecker, in: Kohlhammer-Komm., § 112, Rn 20). Zum Schutz des Betroffenen muß die Enteignungsbehörde mit der Entscheidung nach Abs. 2 S. 1 gleichzeitig gem. Abs. 2 S. 2 anordnen, daß eine **Vorauszahlung** in Höhe der zu erwartenden Entschädigung zu leisten ist. Diesen Betrag darf der Berechtigte nicht als Teilleistung i. S. v. § 266 BGB ablehnen. Auf eine Entschädigung in

Land ist Abs. 2 nicht anwendbar, da insoweit keine Vorauszahlung
möglich ist.

7 **b)** Die gem. § 113 Abs. 2, 3 beschränkte Vorabentscheidung kann
gem. § 217 **angefochten** werden. Hinsichtlich der Höhe der Vorauszah-
lung sollen mit Rücksicht auf deren vorläufigen und pauschalierenden
Charakter nur offensichtliche Fehlentscheidungen, nicht aber Einzel-
heiten der Entschädigung mit Erfolg geltend gemacht werden können
(BGHZ 77, 338/346; Dyong, in: E/Z/B, § 112, Rn 5e; Breuer, in:
Schrödter, § 112, Rn 3; zweifelnd BGH, DVBl. 1983, 1147/1149 –
manches spreche dafür, daß mit dieser Begründung nur die Festsetzung
der Vorauszahlung selbst angegriffen werden könne; krit. auch Lässig,
DVBl. 1981, 483/484 ff., der auch eine Abänderbarkeit der Vorabent-
scheidung nach den Rücknahmevorschriften der §§ 48 ff. VwVfG für
zulässig hält). Eine offensichtlich fehlerhafte Festsetzung liegt z. B. vor,
wenn unter Verstoß gegen die zu beachtenden Entschädigungsgrund-
sätze nicht die rechtlich zulässige Nutzbarkeit, sondern die ausgeübte
Nutzung der Bewertung zugrundegelegt wird (BGHZ 77, 338/347).
Wird die Zulässigkeit der Enteignung mit der Begründung bekämpft,
die Vorauszahlung sei offensichtlich fehlerhaft festgesetzt, so bleiben
die Grundsätze der Steigerungsrechtsprechung (§ 95, Rn 3) nicht außer
Betracht (BGH, DVBl. 1983, 1147/1148).

§ 113 Enteignungsbeschluß

(1) **Der Beschluß der Enteignungsbehörde ist den Beteiligten zu-
zustellen. Der Beschluß ist mit einer Belehrung über Zulässigkeit,
Form und Frist des Antrags auf gerichtliche Entscheidung (§ 217) zu
versehen.**

(2) **Gibt die Enteignungsbehörde dem Enteignungsantrag statt, so
muß der Beschluß (Enteignungsbeschluß) bezeichnen**

1. **die von der Enteignung Betroffenen und den Enteignungsbegün-
stigten;**

2. **die sonstigen Beteiligten;**

3. **den Enteignungszweck und die Frist, innerhalb der das Grund-
stück zu dem vorgesehenen Zweck zu verwenden ist;**

4. **den Gegenstand der Enteignung, und zwar**

 a) **wenn das Eigentum an einem Grundstück Gegenstand der
 Enteignung ist, das Grundstück nach Größe, grundbuchmäßi-
 ger, katastermäßiger und sonst üblicher Bezeichnung; im Falle
 der Enteignung eines Grundstücksteils ist zu seiner Bezeich-
 nung auf Vermessungsschriften (Vermessungsrisse und -kar-
 ten) Bezug zu nehmen, die von einer zu Fortführungsvermes-
 sungen befugten Stelle oder von einem öffentlich bestellten
 Vermessungsingenieur gefertigt sind,**

b) wenn ein anderes Recht an einem Grundstück Gegenstand einer selbständigen Enteignung ist, dieses Recht nach Inhalt und grundbuchmäßiger Bezeichnung,

c) wenn ein persönliches Recht, das zum Erwerb, zum Besitz oder zur Nutzung von Grundstücken berechtigt oder den Verpflichteten in der Nutzung von Grundstücken beschränkt, Gegenstand einer selbständigen Enteignung ist, dieses Recht nach seinem Inhalt und dem Grund seines Bestehens,

d) die in § 86 Abs. 2 bezeichneten Gegenstände, wenn die Enteignung auf diese ausgedehnt wird;

5. bei der Belastung eines Grundstücks mit einem Recht die Art, den Inhalt, soweit er durch Vertrag bestimmt werden kann, sowie den Rang des Rechts, den Berechtigten und das Grundstück;

6. bei der Begründung eines Rechts der in Nummer 4 Buchstabe c bezeichneten Art den Inhalt des Rechtsverhältnisses und die daran Beteiligten;

7. die Eigentums- und sonstigen Rechtsverhältnisse vor und nach der Enteignung;

8. die Art und Höhe der Entschädigung und die Höhe der Ausgleichszahlungen nach § 100 Abs. 5 Satz 4 und § 101 Abs. 1 Satz 2 mit der Angabe, von wem und an wen sie zu leisten sind; Geldentschädigungen, aus denen andere von der Enteignung Betroffene nach § 97 Abs. 4 zu entschädigen sind, müssen von den sonstigen Geldentschädigungen getrennt ausgewiesen werden;

9. bei der Entschädigung in Land das Grundstück in der in Nummer 4 Buchstabe a bezeichneten Weise.

(3) In den Fällen der §§ 111 und 112 Abs. 2 ist der Enteignungsbeschluß entsprechend zu beschränken.

(4) Kann ein Grundstücksteil noch nicht entsprechend Absatz 2 Nr. 4 Buchstabe a bezeichnet werden, so kann der Enteignungsbeschluß ihn aufgrund fester Merkmale in der Natur oder durch Bezugnahme auf die Eintragung in einen Lageplan bezeichnen. Wenn das Ergebnis der Vermessung vorliegt, ist der Enteignungsbeschluß durch einen Nachtragsbeschluß anzupassen.

(5) Ist im Grundbuch die Anordnung der Zwangsversteigerung oder der Zwangsverwaltung eingetragen, gibt die Enteignungsbehörde dem Vollstreckungsgericht von dem Enteignungsbeschluß Kenntnis, wenn dem Enteignungsantrag stattgegeben worden ist.

1. § 113 bestimmt die **verfahrensrechtlichen Anforderungen,** denen 1
ein Enteignungsbeschluß genügen muß. Abs. 1 gilt für **stattgebende**
wie für **ablehnende Beschlüsse.** Die übrigen Absätze gelten nur für
stattgebende Beschlüsse. Damit sich die von der Enteignung betroffenen Personen und Gegenstände sowie die Wirkungen der Enteignung

in einer auch für den Rechtsunkundigen klar erkennbaren Weise ergeben, formalisiert Abs. 2 den in § 112 Abs. 1 und 3 geregelten materiellen Inhalt eines Enteignungsbeschlusses. Zur Verfahrensbeschleunigung schränkt Abs. 3 für die Teileinigung (§ 111) und die Vorabentscheidung (§ 112 Abs. 2) die Anforderungen des Abs. 2 ein, ermöglicht Abs. 4 die Enteignung noch nicht vermessener Grundstücke. Abs. 5 verpflichtet die Enteignungsbehörde, das Vollstreckungsgericht zu benachrichtigen. Zum materiellen Inhalt und zu den Rechtswirkungen des Enteignungsbeschlusses s. § 112.

2 **2.** Der Beschluß der Enteignungsbehörde ist zu **begründen** (§ 39 Abs. 1 VwVfG; ebenso ausdrücklich § 113 Abs. 1 S. 2 BBauG, s. Voraufl., Rn 1). Andernfalls ist er rechtswidrig und damit anfechtbar, aber auch gem. § 45 Abs. 1 Nr. 2, Abs. 2 VwVfG heilbar. Der Beschluß ist den Beteiligten (§ 106) **zuzustellen,** andernfalls wird er ihnen gegenüber nicht wirksam (§ 43 Abs. 1 S. 1 VwVfG), so daß keine Ausführungsanordnung (§ 117) ergehen und keine vollstreckbare Ausfertigung (§ 122 Abs. 1 Nr. 2) erteilt werden darf. Eine unterlassene oder fehlerhafte **Belehrung** über die Zulässigkeit, Form und Frist des Antrags auf gerichtliche Entscheidung (§ 217) löst zwar den Lauf der Antragsfrist aus, dem Betroffenen kann jedoch Wiedereinsetzung in den vorigen Stand zu gewähren sein (s. § 210, Rn 3, § 218, Rn 5; Stich, in: Berliner Komm., § 113, Rn 1; Reisnecker, in: Kohlhammer-Komm., § 113, Rn 8; a. A. Breuer, in: Schrödter, § 113, Rn 1: analoge Anwendung von § 58 Abs. 2 VwGO).

3 **3.** Der in Abs. 2 formalisierte, in § 112 Abs. 1 und 3 materiell geregelte Inhalt des Enteignungsbeschlusses muß bei ganz oder teilweise **stattgebender Entscheidung** eingehalten werden, allerdings nur insoweit, wie die in Abs. 2 bezeichneten Personen und Rechte durch den konkreten Enteignungsbeschluß betroffen werden. Der Inhalt des Enteignungsbeschlusses kann ergänzt werden durch die Gewährung anderer Rechte (§ 115) und die Festsetzung der Besitzeinweisungsentschädigung (§ 116 Abs. 4 S. 2) und durch einen Nachtragsbeschluß (s. a. Rn 5) über eine vorbehaltene zusätzliche Entschädigung von Nebenschäden (BGH, BRS 34 Nr. 84). Zum Muster eines Enteignungsbeschlusses s. Dyong, in: E/Z/B, § 113, Rn 7. Fehlt ein notwendiger Bestandteil des Beschlusses, so ist seine etwaige Nichtigkeit nach § 44 VwVfG zu beurteilen. Die Enteignungsbehörde muß den Fristbeginn nach Abs. 2 Nr. 3 nicht durch Angabe eines bestimmten Datums bezeichnen (BGH, NVwZ 1986, 506; dort auch zur hinreichenden Bezeichnung des Enteignungszwecks: Bebauung des Grundstücks gem. den Festsetzungen eines Bebauungsplans anläßlich einer Sanierung).

4 **4.** Abs. 3 stellt klar, daß in den Fällen der **Teileinigung** (§ 111) oder der **Vorabentscheidung** (§ 112 Abs. 2) der Enteignungsbeschluß nur noch über die Punkte eine Aussage treffen muß, über die im Falle der Teileinigung keine Einigung erzielt oder im Falle der Vorabentscheidung noch nicht entschieden worden ist.

5. Kann ein Grundstücksteil noch nicht gem. Abs. 2 Nr. 4 kataster- 5
mäßig bezeichnet werden, so ermöglicht Abs. 4 S. 1 die **vorläufige
Kennzeichnung** des Grundstücksteils durch die Angabe fester Merk-
male in der Natur oder durch Bezugnahme auf die Eintragung in einem
Lageplan. Dadurch wird vermieden, daß sich das Enteignungsverfah-
ren wegen Fehlens eines vermessungsamtlichen Veränderungsnachwei-
ses verzögert (BGH, BRS 34 Nr. 176, für Übertragbarkeit auf PrEn-
teigG). Die Eintragung in einem Lageplan muß Bestandteil des Enteig-
nungsbeschlusses sein (s. a. BayVGHE nF 28, 54). Wenn das Ergebnis
der Vermessung vorliegt, wird die vorläufige Kennzeichnung durch
einen **Nachtragsbeschluß** gem. Abs. 4 S. 2 ersetzt. Der Nachtragsbe-
schluß, der gem. § 217 anfechtbar ist, ändert den Enteignungsbeschluß
inhaltlich ohne mündliche Verhandlung. Ergibt die Vermessung, daß
die vorläufige Kennzeichnung falsch war, so ist den Betroffenen rechtli-
ches Gehör zu gewähren. Unter welchen Voraussetzungen die Ausfüh-
rungsanordnung für ein gem. Abs. 4 vorläufig gekennzeichnetes
Grundstück zu erlassen ist, regelt § 117 Abs. 3.

6. Wenn im Grundbuch die Anordnung der **Zwangsversteigerung** 6
oder **Zwangsverwaltung** eingetragen ist (§ 19 Abs. 1 GBO, § 146
Abs. 1 ZVG), so hat die Enteignungsbehörde dem Vollstreckungsge-
richt von einer stattgebenden Entscheidung über den Enteignungsbe-
schluß Kenntnis zu geben (Abs. 5). Die Benachrichtigungspflicht be-
steht bei einem abweisenden Beschluß nicht. Doch ist es angebracht,
auch in diesem Fall die der Mitteilung gem. § 108 Abs. 7 (s. § 108, Rn 7)
entsprechende Benachrichtigung vorzunehmen.

§ 114 Lauf der Verwendungsfrist

(1) **Die Frist, innerhalb der der Enteignungszweck nach § 113
Abs. 2 Nr. 3 zu verwirklichen ist, beginnt mit dem Eintritt der
Rechtsänderung.**

(2) **Die Enteignungsbehörde kann diese Frist vor ihrem Ablauf auf
Antrag verlängern, wenn**

1. **der Enteignungsbegünstigte nachweist, daß er den Enteignungs-
zweck ohne Verschulden innerhalb der festgesetzten Frist nicht
erfüllen kann, oder**

2. **vor Ablauf der Frist eine Gesamtrechtsnachfolge eintritt und der
Rechtsnachfolger nachweist, daß er den Enteignungszweck inner-
halb der festgelegten Frist nicht erfüllen kann.**

**Der enteignete frühere Eigentümer ist vor der Entscheidung über die
Verlängerung zu hören.**

1 **1.** Nach § 113 Abs. 2 Nr. 3 muß der Enteignungsbeschluß außer dem Enteignungszweck auch die Frist bestimmen, innerhalb derer das Grundstück zu dem vorgesehenen Zweck zu verwenden ist. Diese Verwendungsfrist verwirklicht den verfassungsrechtlich gebotenen (Art. 14 Abs. 3 S. 1 GG), in § 87 Abs. 1 wiederholten **Grundsatz der Erforderlichkeit** in zeitlicher Hinsicht. Das Wohl der Allgemeinheit muß es gebieten, ein bestimmtes Grundstück gerade zum festgesetzten Zeitpunkt einem bestimmten Zweck zwangsweise zuzuführen (BGHZ 68, 101; NJW 1963, 103/104; NJW 1967, 2305/2306; NJW 1976, 1266; s. a. § 87, Rn 3). Abs. 1 bestimmt, daß die Verwendungsfrist mit dem Eintritt der Rechtsänderung beginnt. Abs. 2 S. 1 berechtigt die Enteignungsbehörde, dem Enteignungsbegünstigten oder seinem Rechtsnachfolger Fristverlängerung zu gewähren wegen schuldloser Nichterfüllung des Enteignungszweckes (Nr. 1) oder wegen Eintritts der Gesamtrechtsnachfolge (Nr. 2). Abs. 2 S. 2 verpflichtet die Enteignungsbehörde, vor ihrer Entscheidung den enteigneten früheren Eigentümer anzuhören. Wird die Frist nämlich nicht verlängert, so hat der frühere Eigentümer nach Ablauf der Verwendungsfrist gem. § 102 Abs. 1 Nr. 1 einen Anspruch auf Rückenteignung. Die **Fristverlängerung** wahrt den Grundsatz der Erforderlichkeit in den Fällen, in denen aus besonderen Gründen die Verwirklichung des Enteignungszweckes trotz der Verzögerung noch zu erwarten ist. Auf diese Weise wird die überflüssige Prozedur einer Rückenteignung und einer dann zur Verwirklichung des Allgemeinwohls erneut erforderlichen Enteignung vermieden. Nach Ablauf der verlängerten Verwendungsfrist bleibt es beim Anspruch des Eigentümers auf Rückenteignung (§ 102 Abs. 1 Nr. 1).

2 **2.** Die **Verwendungsfrist beginnt** mit dem Eintritt der Rechtsänderung (Abs. 1), also an dem in der Ausführungsanordnung festgesetzten Tag (§ 117 Abs. 5). Zuvor muß der Enteignungsbeschluß unanfechtbar geworden und die Geldentschädigung geleistet worden sein. Eine vorzeitige Besitzeinweisung nach § 116 setzt die Verwendungsfrist mangels Rechtsänderung nicht in Gang.

3 **3. a)** Beantragt der **Enteignungsbegünstigte** (§ 113 Abs. 2 Nr. 1) gem. Abs. 2 S. 1 Nr. 1 **Fristverlängerung** – zu deren Zweck s. Rn 1 –, so muß er nachweisen (nicht nur glaubhaft machen), daß er ohne Verschulden (§ 276 BGB) den Enteignungszweck nicht innerhalb der

nach § 113 Abs. 2 Nr. 3 festgesetzten Frist erfüllen kann. Der Enteignungsbegünstigte kann die ihm obliegende Beweislast mit den Beweismitteln der ZPO oder auch mit anderen Beweismitteln, z. B. Tonbandaufnahmen erfüllen (s. a. § 65 VwVfG). Die Enteignungsbehörde ist auch insoweit nicht gehindert, zur Verwirklichung des im öffentlichen Interesse geforderten Enteignungszweckes von Amts wegen den Sachverhalt zu erforschen (§ 280; Dyong, in: E/Z/B, § 114, Rn 10). Anders als nach §§ 276, 279 BGB können nicht ausreichende Finanzierungsmittel unter besonderen, vom Enteignungsbegünstigten nicht zu vertretenden, außerhalb seiner Person liegenden und nicht voraussehbaren Umständen ein Nichtverschulden begründen (h. M.; Dyong, in: E/Z/B, § 114, Rn 11; Reisnecker, in: Kohlhammer-Komm., § 114, Rn 10; a. A. Schütz-Frohberg, § 114, Anm. 2). Dem Enteignungsbegünstigten steht derjenige gleich, der im Wege der **Einzelrechtsnachfolge** in dessen Rechtsstellung eingetreten ist, z. B. Käufer eines Unternehmens, zu dessen Gunsten eine zum Allgemeinwohl erforderliche privatnützige Enteignung angeordnet worden ist.

b) Gem. Abs. 2 S. 1 Nr. 2 braucht der **Gesamtrechtsnachfolger** 4 anders als der ursprüngliche Enteignungsbegünstigte nicht sein Nichtverschulden an der Nichterfüllung des Enteignungszweckes nachzuweisen. Nr. 2 stellt nicht auf die im Verkehr erforderliche Sorgfalt, sondern allein auf die individuellen Verhältnisse des Antragstellers ab. Diese Privilegierung gegenüber dem ursprünglich Enteignungsbegünstigten wird dadurch gerechtfertigt, daß dem Gesamtrechtsnachfolger typischerweise weder die ganze, dem ursprünglich Enteignungsbegünstigten bewilligte Verwendungsfrist zur Verfügung steht, noch aufgrund der späteren Beteiligung am Enteignungsverfahren eine dem ursprünglich Enteignungsbegünstigten entsprechende Vertrautheit mit dem Vorgang zu eigen ist. Gesamtrechtsnachfolge i. S. v. Nr. 2 beinhaltet alle übergangsfähigen Verpflichtungen und Berechtigungen von einer natürlichen oder juristischen Person auf eine andere (s. Wolff-Bachof I, § 42 IV d), z. B. der Vermögensübergang durch Erbfall (§ 1922 BGB), durch Verschmelzung, Umwandlung sowie Vermögensübergang nach dem Aktiengesetz, durch Eingemeindung, nicht aber die vertragliche Schuldübernahme nach § 419 BGB (Dyong, in: E/Z/B, § 114, Rn 4).

4. Der **Antrag** ist vor Ablauf der Verwendungsfrist zu stellen. Da die 5 Einhaltung der Frist keine Verfahrenshandlung ist, ist keine Wiedereinsetzung nach § 210 möglich. Hat der Enteignungsbegünstigte oder sein Rechtsnachfolger die zweckgerechte Verwendung des Enteignungsobjektes begonnen und stetig weitergefördert (BGH, BRS 19 Nr. 45), ist aber abzusehen, daß der Enteignungszweck innerhalb der Verwendungsfrist nicht vollständig erfüllt werden wird, so braucht er dennoch keinen Antrag auf Fristverlängerung zu stellen. Denn gem. § 102 Abs. 3 S. 3 kann in diesem Fall kein Anspruch auf Rückenteignung entstehen (s. § 102, Rn 5). Ist hingegen nicht zu erwarten, daß der Enteignungs-

begünstigte oder sein Rechtsnachfolger innerhalb einer Fristverlängerung entsprechend den zeitlichen und sachlichen Anforderungen des
Grundsatzes der Erforderlichkeit den Enteignungszweck ganz verwirklichen wird, so ist der Antrag mit Rücksicht auf den durch Art. 14
Abs. 1 S. 1 GG legitimierten Anspruch des Enteignungsbegünstigten
auf Rückenteignung aussichtslos. Abs. 2 betrifft also die Fälle, in denen
ohne Verschulden die zweckgerichtete Verwendung noch nicht begonnen oder nicht stetig weitergefördert worden ist.

6 **5.** Vor einer dem Antrag auf Fristverlängerung stattgebenden Entscheidung hat die Enteignungsbehörde den enteigneten früheren Eigentümer zu **hören** (Abs. 2 S. 2). Bei einer ablehnenden Entscheidung
der Enteignungsbehörde bedarf der Enteignete zur Wahrung seiner
Rechte aus § 102 dieses Schutzes nicht. In der Anhörung kann er seine
Rechte nur wirksam wahren, wenn er den Antrag des Enteignungsbegünstigten kennt.

7 **6.** Bei ihrer **Entscheidung** über den Antrag auf Fristverlängerung hat
die Enteignungsbehörde die vom Antragsteller vorgetragenen Gründe
zu prüfen. Gelingt dem Antragsteller der nach Abs. 2 S. 1 Nr. 1 oder 2
erforderliche Nachweis nicht, ist der Antrag abzuweisen. Gelingt der
Nachweis, so hat die Enteignungsbehörde zu prüfen, ob der für das
Allgemeinwohl erforderliche Enteignungszweck durch den Antragsteller auch Verlängerung noch zweckgerecht innerhalb der zeitlichen und
sachlichen Anforderungen des Erforderlichkeitsgrundsatzes verwirklicht werden kann oder ob nicht in einem neuen Enteignungsverfahren
ein anderer den Enteignungszweck verwirklichen soll. Bei ihrer Entscheidung hat die Behörde den durch Art. 14 Abs. 1 GG legitimierten
Anspruch des Enteigneten aus § 102 zu berücksichtigen. Die Entscheidung über die Dauer der Frist ergeht nach pflichtgemäßem Ermessen.
In besonderen Fällen ist eine mehrmalige Fristverlängerung möglich
(Reisnecker, aaO, Rn 5).

8 **7.** Lehnt die Enteignungsbehörde den Antrag auf Fristverlängerung
ab, so kann der Antragsteller das **Anfechtungsverfahren** nach § 217
beschreiten. Die Anfechtung des ablehnenden Verwaltungsakts hat
keine aufschiebende, zur vorläufigen Fristverlängerung führende Wirkung. Vorläufige Fristverlängerung ist nur im Wege der einstweiligen
Verfügung (§§ 935, 940 ZPO) und endgültige Fristverlängerung nur
analog § 226 Abs. 3 zu erstreiten (Schrödter, § 114, Rn 3; Reisnecker,
aaO, Rn 16). Hat der enteignete frühere Eigentümer die Fristverlängerung angefochten, so hat diese Anfechtung eines rechtsgestaltenden,
den Antragsteller begünstigenden, den Anfechtenden belastenden Verwaltungsaktes aufschiebende Wirkung, wie aus dem Umkehrschluß zu
§ 224 folgt (s. § 217, Rn 11). Nach der vom BVerwGE 13, 1/7; E 24, 92/
98 (ständ. Rspr.) vertretenen Vollziehbarkeitstheorie (ausf. dazu und
zur konkurrierenden Wirksamkeitstheorie Tschira/Schmitt Glaeser,
Verwaltungsprozeßrecht, 9. A., 1988, Rn 346 ff.) bedarf der angefochtene rechtsgestaltende Verwaltungsakt keiner Vollziehung, so daß die

Verlängerung erst rückwirkend mit Unanfechtbarkeit des Verlänge-
rungsbeschlusses eintritt (Reisnecker, aaO, Rn 15; a. A. Voraufl.,
Dyong, in: E/Z/B, § 114, Rn 5).

§ 115 Verfahren bei der Entschädigung durch Gewährung anderer Rechte

(1) **Soll die Entschädigung des Eigentümers eines zu enteignenden
Grundstücks nach § 101 festgesetzt werden und ist die Bestellung,
Übertragung oder die Ermittlung des Werts eines der dort bezeichne-
ten Rechte im Zeitpunkt des Erlasses des Enteignungsbeschlusses
noch nicht möglich, kann die Enteignungsbehörde, wenn es der
Eigentümer unter Bezeichnung eines Rechts beantragt, im Enteig-
nungsbeschluß neben der Festsetzung der Entschädigung in Geld
dem Enteignungsbegünstigten aufgeben, binnen einer bestimmten
Frist dem von der Enteignung Betroffenen ein Recht der bezeichne-
ten Art zu angemessenen Bedingungen anzubieten.**

(2) **Bietet der Enteignungsbegünstigte binnen der bestimmten
Frist ein Recht der bezeichneten Art nicht an oder einigt er sich mit
dem von der Enteignung Betroffenen nicht, so wird ihm ein solches
Recht auf Antrag zugunsten des von der Enteignung Betroffenen
durch Enteignung entzogen. Die Enteignungsbehörde setzt den In-
halt des Rechts fest, soweit dessen Inhalt durch Vereinbarung be-
stimmt werden kann. Die Vorschriften dieses Teils über das Verfah-
ren und die Entschädigung sind entsprechend anzuwenden.**

(3) **Der Antrag nach Absatz 2 kann nur innerhalb von sechs Mona-
ten nach Ablauf der bestimmten Frist gestellt werden.**

1. § 115 ist die verfahrensrechtliche Ergänzung von § 101. Nach **1**
§ 101 kann der Eigentümer des zu enteignenden Grundstücks auf seinen
Antrag hin statt in Geld ganz oder teilweise durch Gewährung **anderer
Rechte,** z. B. Miteigentum, Wohnungseigentum, entschädigt werden.
Ist die Entschädigung durch Gewährung anderer Rechte im Zeitpunkt
des Erlasses des Enteignungsbeschlusses noch nicht möglich, so kann

die Enteignungsbehörde gem. Abs. 1 auf Antrag des Eigentümers des
zu enteignenden Grundstücks im Enteignungsbeschluß die Entschädi-
gung in Geld festsetzen und gleichzeitig dem Enteignungsbegünstigten
aufgeben, binnen einer bestimmten Frist dem von der Enteignung
Betroffenen ein Recht zu angemessenen Bedingungen anzubieten.
Führt dieses **Angebot** zur Einigung, so erwirbt der Enteignungsbetrof-
fene das Recht nach den einschlägigen zivilrechtlichen Vorschriften.
Ergeht kein fristgerechtes Angebot oder einigen sich die Betroffenen
nicht, so entzieht die Enteignungsbehörde aufgrund des befristeten
Antrags (Abs. 3) des Enteignungsbetroffenen dem Enteignungsbegün-
stigten in einem besonderen **Nachverfahren,** auf das die Vorschriften
über das Enteignungsverfahren und die Entschädigung anzuwenden
sind (Abs. 2 S. 3), zwangsweise ein solches Recht (Abs. 2 S. 1, 2). § 115
trägt dem Umstand Rechnung, daß im Zeitpunkt des Erlasses des
Enteignungsbeschlusses zwar der Geldwert der Entschädigung „sicher-
heitshalber" festsetzbar ist, aber regelmäßig die Entschädigung durch
Gewährung von Rechten noch nicht festgesetzt werden kann, weil das
Substrat dieser Rechte, z. B. Wohnanlage, noch nicht existiert und
damit auch noch nicht bewertet werden kann. Das den Enteignungsbe-
troffenen schützende Verfahren nach § 115 ist **unanwendbar,** wenn der
Enteignungsbegünstigte eine vom Enteignungsbetroffenen beantragte
Entschädigung nach § 101 bereits im Zeitpunkt des Erlasses des Enteig-
nungsbeschlusses durch Gewährung eines solchen Rechtes erfüllen
kann. Dann ist der Enteignungsbehörde die Bestellung, Übertragung
und Bewertung des Rechtes möglich, so daß sie dieses Recht bereits im
Enteignungsbeschluß festsetzt (§ 113 Abs. 2 Nr. 5).

2 **2. a)** Der formlose **Antrag** nach § 115 muß bis zum Schluß der
letzten mündlichen Verhandlung vor der Enteignungsbehörde gestellt
werden. Er muß mindestens die Art des Rechtes bezeichnen, das als
Entschädigung begehrt wird. Angaben zur Größe, Lage etc. sind
zweckmäßig. Antragsberechtigt sind der Eigentümer des zu enteignen-
den Grundstücks und der Erbbauberechtigte insoweit, als die in § 101
genannten Rechte geeignet sind, ihn in angemessener, seiner Rechts-
stellung entsprechender Weise zu entschädigen (s. § 101, Rn 2; Reisnek-
ker, in: Kohlhammer-Komm., § 115, Rn 5; a. A. Dyong, in: E/Z/B,
§ 115, Rn 4).

3 **b)** Die **Entscheidung der Behörde** nach Abs. 1 setzt außer dem
Antrag voraus, daß bereits nach § 101 entschieden ist, daß die Entschä-
digung durch Gewährung eines anderen Rechts geleistet werden soll
(§ 101, Rn 3). Zusätzlich darf die Bestellung, Übertragung oder Bewer-
tung eines der dort bezeichneten Rechte im Zeitpunkt des Erlasses des
Enteignungsbeschlusses noch nicht möglich sein. Das ist z. B. der Fall,
wenn die Wohnungsanlage, an der ein Recht bestellt werden soll, noch
nicht fertiggestellt oder noch nicht im Eigentum des Enteignungsbe-
günstigten ist. Liegen diese Voraussetzungen vor, so kann die Enteig-
nungsbehörde das Verfahren nach § 115 beschließen. Ihr Ermessen

bezieht sich jedoch nur auf solche Umstände, die bei der vorangegangenen Entscheidung nach § 101 noch nicht berücksichtigt werden konnten, z. B. verschlechterte Vermögensverhältnisse des Enteignungsbegünstigten oder auch im Hinblick auf etwaige Ausgleichszahlungen des Enteignungsbegünstigten. Entscheidet sich die Enteignungsbehörde für das Verfahren nach § 115, so muß sie im Enteignungsbeschluß die Kapitalsumme festsetzen, die die volle Höhe der dem Enteignungsbetroffenen zu gewährenden Entschädigung umfaßt. Zugleich hat die Enteignungsbehörde dem Enteignungsbegünstigten eine **Frist** zu setzen, binnen derer er dem Enteignungsbetroffenen ein von diesem beantragtes Recht zu angemessenen Bedingungen anzubieten hat. Die Frist ist nach der voraussichtlichen Fertigstellung des Gebäudes zu bemessen, an dem das Recht begründet wird, zuzüglich der Zeit, die erforderlich ist, um die Voraussetzungen für die Bestellung des Rechts zu schaffen.

c) Die Entscheidung der Enteignungsbehörde nach Abs. 1 verpflichtet den Enteignungsbegünstigten, innerhalb der festgesetzten Frist dem Enteignungsbetroffenen ein Recht der im Enteignungsbeschluß bezeichneten Art zu angemessenen Bedingungen zum Erwerb anzubieten. Form und Inhalt des **Angebots** richten sich nach den für das angebotene Recht geltenden zivilrechtlichen Vorschriften, z. B. WEG, § 313 BGB. Nimmt der Enteignungsbetroffene das Angebot an oder einigt er sich nach weiteren Verhandlungen mit dem Enteignungsbegünstigten insbesondere über die Verrechnung der nach Abs. 1 geleisteten Geldentschädigung mit dem angebotenen Recht, so wird das Recht nach den zivilrechtlichen Vorschriften bestellt, ohne daß die Enteignungsbehörde im Nachverfahren nach Abs. 2 tätig wird. **4**

3. a) Bietet der Enteignungsbegünstigte binnen der von der Enteignungsbehörde bestimmten Frist ein Recht der im Enteignungsbeschluß bezeichneten Art nicht an oder einigt er sich mit dem Enteignungsbetroffenen nicht, z. B. weil dieser ein angemessenes Angebot ablehnt, so kommt es auf **Antrag** des Enteignungsbetroffenen zum **Nachverfahren** gem. Abs. 2. Stellt der Enteignungsbetroffene innerhalb von 6 Monaten nach Ablauf der nach S. 1 bestimmten Ausschlußfrist keinen Antrag nach Abs. 2, so bleibt es bei der Geldentschädigung. Der Anspruch des Enteignungsbetroffenen gegen die Enteignungsbehörde auf Durchführung des Nachverfahrens ist dann erloschen. Der Anspruch des Enteignungsbetroffenen auf Entschädigung ist durch die nach Abs. 1 festgesetzte Geldentschädigung abgegolten. **5**

b) Hat der Enteignungsbetroffene den Antrag nach Abs. 2 fristgemäß bei der Enteignungsbehörde gestellt, so hat diese das **Nachverfahren** unter entsprechender Anwendung der Vorschriften über das Enteignungsverfahren und die Entschädigung durchzuführen. Auch wenn die Enteignungsbehörde das Angebot des Enteignungsbegünstigten nach Abs. 1 für angemessen hält, darf sie den Antrag des Enteignungsbetroffenen nach Abs. 2 nicht zurückweisen. Die Enteignungsbehörde **6**

muß über den Antrag nach mündlicher Verhandlung durch **Enteignungsbeschluß** entscheiden und dem Enteignungsbegünstigten ein Recht der bezeichneten Art entziehen und den Inhalt des Rechts festsetzen. Im Enteignungsbeschluß ist auch der Betrag festzusetzen, den der antragstellende Enteignungsbetroffene an den Enteignungsbegünstigten (des 1. Enteignungsverfahrens) als Entschädigung für das Recht zu zahlen hat. Der Enteignungsbeschluß des Nachverfahrens wird nach den §§ 117 ff. ausgeführt. Hat der Enteignungsbegünstigte die Bestellung eines Rechts schuldhaft unmöglich gemacht, z. B. durch Veräußerung der einzigen Wohnanlage, an der ein Recht bestellt werden sollte, so ist kein Nachverfahren möglich. Es bleibt bei der Geldentschädigung nach Abs. 1. Anlaß für einen Schadensersatzanspruch des vollentschädigten Enteignungsbetroffenen gegen den Enteignungsbegünstigten kann nur in atypischen Ausnahmefällen bestehen (s. a. Reisnecker, aaO, Rn 24; gegen jeden Schadensersatzanspruch Schrödter, § 115, Rn 2; Dyong, in: E/Z/B, § 115, Rn 13).

§ 116 Vorzeitige Besitzeinweisung

(1) **Ist die sofortige Ausführung der beabsichtigten Maßnahme aus Gründen des Wohls der Allgemeinheit dringend geboten, so kann die Enteignungsbehörde den Antragsteller auf Antrag durch Beschluß in den Besitz des von dem Enteignungsverfahren betroffenen Grundstücks einweisen. Die Besitzeinweisung ist nur zulässig, wenn über sie in einer mündlichen Verhandlung verhandelt worden ist. Der Beschluß über die Besitzeinweisung ist dem Antragsteller, dem Eigentümer und dem unmittelbaren Besitzer zuzustellen. Die Besitzeinweisung wird in dem von der Enteignungsbehörde bezeichneten Zeitpunkt wirksam. Auf Antrag des unmittelbaren Besitzers ist dieser Zeitpunkt auf mindestens zwei Wochen nach Zustellung der Anordnung über die vorzeitige Besitzeinweisung an ihn festzusetzen.**

(2) **Die Enteignungsbehörde kann die vorzeitige Besitzeinweisung von der Leistung einer Sicherheit in Höhe der voraussichtlichen Entschädigung und von der vorherigen Erfüllung anderer Bedingungen abhängig machen. Auf Antrag des Inhabers eines Rechts, das zum Besitz oder zur Nutzung des Grundstücks berechtigt, ist die Einweisung von der Leistung einer Sicherheit in Höhe der ihm voraussichtlich zu gewährenden Entschädigung abhängig zu machen. Die Anordnung ist dem Antragsteller, dem Besitzer und dem Eigentümer zuzustellen.**

(3) **Durch die Besitzeinweisung wird dem Besitzer der Besitz entzogen und der Eingewiesene Besitzer. Der Eingewiesene darf auf dem Grundstück das von ihm im Enteignungsantrag bezeichnete**

Bauvorhaben ausführen und die dafür erforderlichen Maßnahmen treffen.

(4) Der Eingewiesene hat für die durch die vorzeitige Besitzeinweisung entstehenden Vermögensnachteile Entschädigung zu leisten, soweit die Nachteile nicht durch die Verzinsung der Geldentschädigung (§ 99 Abs. 3) ausgeglichen werden. Art und Höhe der Entschädigung werden durch die Enteignungsbehörde spätestens in dem in § 113 bezeichneten Beschluß festgesetzt. Wird der Beschluß über Art und Höhe der Entschädigung vorher erlassen, so ist er den in Absatz 2 Satz 3 bezeichneten Personen zuzustellen. Die Entschädigung für die Besitzeinweisung ist ohne Rücksicht darauf, ob ein Antrag auf gerichtliche Entscheidung gestellt wird, zu dem in Absatz 1 Satz 4 bezeichneten Zeitpunkt fällig.

(5) Auf Antrag einer der in Absatz 2 Satz 3 bezeichneten Personen hat die Enteignungsbehörde den Zustand des Grundstücks vor der Besitzeinweisung in einer Niederschrift feststellen zu lassen, soweit er für die Besitzeinweisungs- oder die Enteignungsentschädigung von Bedeutung ist. Den Beteiligten ist eine Abschrift der Niederschrift zu übersenden.

(6) Wird der Enteignungsantrag abgewiesen, so ist die vorzeitige Besitzeinweisung aufzuheben und der vorherige unmittelbare Besitzer wieder in den Besitz einzuweisen. Der Eingewiesene hat für alle durch die vorzeitige Besitzeinweisung entstandenen besonderen Nachteile Entschädigung zu leisten. Absatz 4 Satz 2 gilt entsprechend.

Übersicht

1. a) § 116 ermöglicht es im Interesse der beschleunigten Verwirklichung des zum allgemeinen Wohl erforderlichen Enteignungszweckes, **1**

daß vor dem Eigentumswechsel der Enteignungsbegünstigte auf seinen
Antrag hin in den Besitz des Enteignungsobjektes gelangt und auf dem
Grundstück das von ihm im Enteignungsantrag bezeichnete Bauvorha-
ben ausführen darf. Abs. 1 S. 1 und 2 bestimmen die formellen und
materiellen Voraussetzungen der Entscheidung der Enteignungsbe-
hörde. Abs. 1 S. 3 regelt die Zustellung des Besitzeinweisungsbeschlus-
ses. In Abs. 1 S. 4, 5 ist der Zeitpunkt der Wirksamkeit, in Abs. 3 sind
die materiellen Rechtsfolgen der vorzeitigen Besitzeinweisung gere-
gelt. Die Interessen der Enteignungsbetroffenen schützen Abs. 2 –
Sicherheitsleistung und andere Bedingungen – und Abs. 4 – über § 99
Abs. 3 S. 2 hinausgehende Entschädigung wegen der durch die vorzei-
tige Besitzeinweisung erfolgenden Teilenteignung. Abs. 6 regelt die
Aufhebung der vorläufigen Besitzeinweisung und die daran anknüp-
fende besondere Entschädigung. Dem Interessenausgleich insbeson-
dere bei der Entschädigung nach Abs. 4 oder 6 dient die Beweissiche-
rung nach Abs. 5. Die vorzeitige Besitzeinweisung ist ein **spezielles
enteignungsrechtliches Institut,** das bei besonderer Dringlichkeit
Funktionen der bei anderen Verwaltungsakten möglichen sofortigen
Vollziehung (§ 80 Abs. 2 Nr. 4 VwGO) erfüllen kann. Anders als die
sofortige Vollziehung (§ 80 Abs. 2 Nr. 4 VwGO) setzt die vorzeitige
Besitzeinweisung jedoch weder voraus, daß bereits ein zu vollstrecken-
der Verwaltungsakt – der Enteignungsbeschluß – vorliegt (s. a. OLG
München, BRS 34 Nr. 201 zu der bis zur Novelle 1976 geltenden
Fassung; schief Schrödter, § 116, Rn 1), noch vollzieht er vorläufig
dessen Rechtsfolgen. Statt des vorläufigen Vollzugs der Rechtsfolgen
des Enteignungsbeschlusses – Eigentumswechsel – führt die vorzeitige
Besitzeinweisung zur vorläufigen **Änderung des Besitzrechts,** aller-
dings einschließlich der Befugnis, mit der **vorläufigen Verwirklichung
des Enteignungszweckes** zu beginnen. Für die Umlegung trifft § 77
eine entsprechende Regelung. Die seit langem in zahlreichen Enteig-
nungsgesetzen verwendete vorzeitige Besitzeinweisung (Nachweis bei
Müller, NJW 1964, 188; zur Verfassungsmäßigkeit BayVerfGH,
NVwZ 1985, 106 – Art. 39 bayEnteigG, dient wie andere Institute,
z. B. 108 Abs. 2 – vorzeitige Einleitung des Enteignungsverfahrens –,
§ 110 – Einigung –, § 111 – Teileinigung –, §§ 112 Abs. 2, 117 Abs. 1 –
Vorabentscheidung –, §§ 113 Abs. 4, 117 Abs. 3 – vorläufige Kenn-
zeichnung –, der Verwirklichung des **Beschleunigungsgrundsatzes** (s.
§ 107, Rn 2). § 224 verschafft dem Beschleunigungsgrundsatz auch
beim Rechtsschutz gegen die vorläufige Besitzeinweisung Geltung.

2 **b)** Die vorzeitige Besitzeinweisung gewährt den Besitz des Grund-
stücks. Eine vorzeitige **Besitzeinweisung in Rechte** ist grundsätzlich
ausgeschlossen, da es keinen Besitz an Rechten gibt. Ausnahmen sind
der Nießbrauch (§ 1036 BGB), das Erbbaurecht oder ein Dauerwohn-
recht nach dem WEG. Möglich ist aber die vorzeitige Besitzeinweisung
in ein zu enteignendes Recht, das zum Besitz oder zur Nutzung des
Grundstücks berechtigt, z. B. Pacht (§ 85 Abs. 1 Nr. 4) (Dyong, in: E/Z/

B, § 116, Rn 2 unter Rückgriff auf BGH, NJW 1969, 1897; Reisnecker, in: Kohlhammer-Komm., § 116, Rn 8).

2. a) Die Enteignungsbehörde darf die vorzeitige Besitzeinweisung **3** nur auf **Antrag** desjenigen anordnen, der den Antrag auf Enteignung gestellt hat (dazu § 105, Rn 2) und in den Besitz des von der Enteignung betroffenen Grundstücks eingewiesen werden will, um auf ihm das im Enteignungsantrag bezeichnete Vorhaben auszuführen. Beide Anträge können gleichzeitig gestellt werden, auch bevor der durchzuführende Bebauungsplan rechtsverbindlich ist (Reisnecker, aaO, Rn 13). Über den Antrag darf positiv erst entschieden werden, wenn ein Termin zur mündlichen Verhandlung über den Enteignungsantrag anberaumt und öffentlich bekanntgemacht worden ist (Dyong, in: E/Z/B, § 116, Rn 3; Reisnecker, aaO, Rn 19; a. A. Stich, in: Berliner Komm., § 116, Rn 3; Müller, NJW 1964, 188: keine förmliche Einleitung des Enteignungsverfahrens nach § 108 erforderlich) und gem. Abs. 1 S. 2 eine mündliche Verhandlung über die vorzeitige Besitzeinweisung stattgefunden hat, die den von der Besitzeinweisung, die noch keine Änderung eingetragener Rechte zu Folge hat, nachteilig (OLG Oldenburg, BRS 45 Nr. 212) Betroffenen (Grundeigentümer, aber auch unmittelbare Besitzer wie Mieter oder Pächter und Inhaber solcher Rechte, die zum Besitz oder zur Nutzung des Grundstücks berechtigen, z. B. Nießbraucher, aber auch Testamentsvollstrecker, s. BGH, ZfBR 1986, 88) **rechtliches Gehör** gewährt hat. Unter Berücksichtigung der Belange der Betroffenen und der Notwendigkeit der Beschleunigung des Besitzeinweisungsverfahrens wird eine Ladungs- und Einlassungsfrist von zwei Wochen für ausreichend gehalten (OVG Lüneburg, NJW 1979, 2038 zum FStrG; Schrödter, § 116, Rn 2; Müller, NJW 1964, 189 f.). Nach ganz h. M. (Dittus, NJW 1963, 794; Reisnecker, aaO, Rn 19; Dyong, in: E/Z/B, § 116, Rn 3; a. A. Oestreicher, § 116, Anm. 3 a; Hönn, NJW 1972, 143) darf die Besitzeinweisung bis zur Rechtskraft der Ausführungsanordnung (§ 117) angeordnet werden, also auch noch nach Erlaß des Enteignungsbeschlusses und nach dessen Anfechtung gem. § 217 vor den Baulandgerichten.

b) Materielle Voraussetzung der vorzeitigen Besitzeinweisung ist **4** gem. Abs. 1 S. 1, daß die sofortige **Ausführung** der beabsichtigten Maßnahme aus Gründen des Wohls der Allgemeinheit **dringend** geboten ist. Es genügt also nicht, wie bei der Zulässigkeit der Enteignung, daß das Wohl der Allgemeinheit die Maßnahme erfordert (§ 87 Abs. 1). Zu dem auch in Art. 14 Abs. 3 S. 1 GG verwendeten Begriff des Wohls der Allgemeinheit s. § 87, Rn 2. Bei ihrer Entscheidung nach Abs. 1 S. 1 hat die Enteignungsbehörde das Interesse der Allgemeinheit an der sofortigen Ausführung der beabsichtigten Maßnahme mit den durch Art. 14 Abs. 1 S. 1 GG legitimierten privaten Interessen der Betroffenen abzuwägen und zu prüfen, ob mit hoher Wahrscheinlichkeit zu erwarten ist, daß dem Enteignungsantrag entsprochen werden wird. Entsprechend der Eigenart des Besitzeinweisungsverfahrens, das anders als

das Enteignungsverfahren auf eine vorzeitige, weil dringliche, aber auch nur vorläufige Regelung gerichtet ist (s. Rn 1), sind die materiellen Voraussetzungen der vorläufigen Besitzeinweisung teilweise – bezüglich der Dringlichkeit des Vorhabens – strenger, teilweise – bezüglich der Prognose über den Enteignungsantrag – aber weniger streng als diejenigen des Enteignungsverfahrens (VGH München, BayVBl. 1983, 308 f.; Wienke, BayVBl. 1983, 297/299 f.). Bei der Abwägung hinsichtlich der Dringlichkeit der Maßnahme müssen die öffentlichen Interessen die privaten ganz erheblich überwiegen. Die Dringlichkeit ist gegeben, wenn nur durch die vorzeitige Besitzeinweisung von der Allgemeinheit **wesentliche Nachteile**, z. B. Gefahrenlage, abgewendet oder wenn ihr wesentliche Vorteile erhalten bleiben, die bei Ausführung zu einem späteren Zeitpunkt verloren gingen. Wesentliche Nachteile können auch empfindlicher Zeitverlust und erhebliche Mehrkosten (OVG Lüneburg, NJW 1965, 554 f.; Kirchberg, VBlBW 1990, 161/168) oder technisch konstruktive Gründe (Dyong, in: E/Z/B, § 116, Rn 5) sein. Hinsichtlich der Prognose über den Enteignungsantrag genügt es, daß dem Enteignungsantrag mit hoher Wahrscheinlichkeit, nicht aber mit an Sicherheit grenzender Wahrscheinlichkeit stattzugeben sein wird (VGH München, BayVBl. 1983, 308 f.; OLG Düsseldorf, BauR 1972, 169 – nach einer ersten Prüfung unzulässiger oder offensichtlich unbegründeter Enteignungsantrag; s. a. Labbé, BayVwBl. 1978, 201). Nach OVG Lüneburg, NJW 1965, 554 (zust. Wienke, BayVBl. 1983, 297/300) setzt die vorzeitige Besitzeinweisung lediglich ernstliche Verhandlungen über den freihändigen Erwerb voraus. Auf die Angemessenheit der angebotenen Entschädigung soll es dabei nicht ankommen. Ohne Bedeutung ist, ob ein Anspruch auf Entschädigung in Ersatzland besteht. In den Fällen des § 85 Abs. 1 Nr. 1 setzt die vorzeitige Besitzeinweisung voraus, daß ein verbindlicher Bebauungsplan vorliegt (Dyong, in: E/Z/B, § 116, Rn 6). Wegen des gesetzlich vorgeschriebenen hochformalisierten Planungsverfahrens kann bei der städtebaulichen Administrativenteignung anders als bei vielen fachplanerischen Administrativenteignungen das Verfahren der vorläufigen Besitzeinweisung nicht auch die vorläufige Entscheidung über das Planungsverfahren ersetzen. Auch wenn die sofortige Ausführung aus Gründen des öffentlichen Wohls dringend geboten ist, liegt es im **Ermessen** der Enteignungsbehörde, ob sie die Anordnung trifft. Es kann z. B. zweckmäßig sein, das Enteignungsverfahren so zu beschleunigen, daß eine vorzeitige Besitzeinweisung sich erübrigt (Oestreicher, § 116, Anm. 3 b; a. A. Reisnecker, aaO, Rn 33; einschr. Dyong, in: E/Z/B, § 116, Rn 8). Auswahlermessen besteht auch hinsichtlich des Zeitpunkts des Wirksamwerdens der Besitzeinweisung. Die positive Ermessensentscheidung nach § 116 ist einfachgesetzlich wie verfassungsrechtlich weniger determiniert als die Entscheidung über den Enteignungsantrag.

5 c) Zum Schutz der Enteignungsbetroffenen für den Fall, daß nach

Erlaß der Besitzeinweisungsverfügung entgegen der Prognose (Rn 4) der Enteignungsantrag abgewiesen wird, kann die Einweisungsanordnung von einer **Sicherheitsleistung** abhängig gemacht werden. Maßgeblich für die Ermessensentscheidung nach Abs. 2 S. 1 sind vornehmlich der Umfang des beabsichtigten Bauvorhabens, die Dauerhaftigkeit der dafür erforderlichen Maßnahmen und die finanziellen Verhältnisse des Enteignungsbegünstigten. Die Enteignungsbehörde muß eine Sicherheitsleistung festsetzen, wenn der Inhaber eines Rechtes, das zum Besitz oder zur Nutzung des Grundstücks berechtigt (§ 106, Rn 3) dies beantragt (Abs. 2 S. 2). Die Ermessensentscheidung über die Höhe der Sicherheitsleistung wird durch die Höhe der voraussichtlichen Enteignungsentschädigung begrenzt. Der Antragsteller nach Abs. 2 S. 2 kann sich mit einer geringeren Sicherheitsleistung einverstanden erklären. Wird die Sicherheitsleistung vorbehaltlos erbracht, so kann diese Zahlung geeignet sein, den Stichtag hinsichtlich der Preisverhältnisse für die noch festzusetzende Enteignungsentschädigung festzulegen (BGH, NVwZ 1986, 1053). Andere nach Ermessen ergehende **Bedingungen** können bestimmte Handlungen oder Unterlassungen des Enteignungsbegünstigten betreffen, die zum Schutze der Enteignungsbetroffenen dienlich sind, z. B. Gestattung der Abernte eines Grundstücks, Gestattung einer Zufahrt, vorübergehende Unterbringung des Enteignungsbetroffenen auf einem Grundstück des Enteignungsbegünstigten (s. Dyong, in: E/Z/B, § 116, Rn 13; Reisnecker, in: Kohlhammer-Komm., § 116, Rn 29). Die Sicherheitsleistung oder die anderen Bedingungen werden regelmäßig im **Beschluß** über die vorläufige Besitzeinweisung mitfestgesetzt. Sie können aber auch zuvor in einem gesonderten Beschluß angeordnet werden (Reisnecker, aaO, Rn 31). In jedem Fall müssen Sicherheitsleistung oder sonstige Bedingungen vor Wirksamwerden der Einweisungsanordnung erfüllt werden. Werden Sicherheitsleistung oder Bedingung nicht erfüllt, so wird die Besitzeinweisung nicht wirksam. Die Rechtsfolgen nach Abs. 3 (Rn 7) treten nicht ein. Eines Aufhebungsbeschlusses bedarf es nicht (Reisnecker, aaO, Rn 32; einschränkend Dyong, in: E/Z/B, § 116, Rn 15).

3. Wegen der Eilbedürftigkeit der Sache und der Vorläufigkeit der **6** Entscheidung ist das auf Antrag (s. Rn 3) eingeleitete **Verfahren** der vorläufigen Besitzeinweisung anders als das Enteignungsverfahren nicht förmlich ausgestaltet. Ein offensichtlich unzulässiger oder unbegründeter Antrag kann im Vorprüfungsverfahren ohne mündliche Verhandlung zurückgewiesen werden (s. a. § 107, Rn 7). Nach Ladung der Betroffenen (Rn 3) hat bei positiver Entscheidung über den Antrag eine mündliche Verhandlung stattzufinden (Abs. 1 S. 2). Für die Besetzung der Enteignungsbehörde gilt § 104 Abs. 2 entsprechend. Analog § 108 Abs. 3 Nr. 4 kann auch ohne Anwesenheit eines Betroffenen die vorläufige Besitzeinweisung ausgesprochen werden, wenn in der Ladung darauf hingewiesen worden ist (Müller, NJW 1964, 188). Der Beschluß über die vorläufige Besitzeinweisung hat zu enthalten die

Bezeichnung des Antragstellers, des betroffenen Grundstücks, des
Eigentümers und eines etwaigen unmittelbaren Besitzers (Pächters),
BGH, ZfBR 1986, 88/89, die Verfügung der Besitzeinweisung (Abs. 3),
die Angabe des Zeitpunkts, in dem die Einweisung wirksam wird
(Abs. 1 S. 4), der auf Antrag des unmittelbaren Besitzers mindestens
zwei Wochen nach Zustellung des Einweisungsbeschlusses an ihn
festzusetzen ist (Abs. 1 S. 5), eine Rechtsbehelfsbelehrung (§ 211) über
die Rechtsschutzmöglichkeit vor den Baulandgerichten (§ 217). Der
Beschluß kann auch Bestimmungen über die Sicherheitsleistung und
andere Bestimmungen (Abs. 2; Rn 5) und die Entschädigung (Abs. 4;
Rn 8, 9) enthalten. Er ist dem Antragsteller, dem Eigentümer und dem
unmittelbaren Besitzer (dazu VGH Kassel, BRS 19 Nr. 68), nicht aber
allen am Enteignungsverfahren Beteiligten (§ 106) zuzustellen (Abs. 1
S. 3).

7 **4.** Durch die vorzeitige Besitzeinweisung wird dem unmittelbaren
und/oder mittelbaren Besitzer der **Besitz entzogen** und der Eingewie-
sene Besitzer i. S. v. § 854 BGB (Abs. 3 S. 1). Die **Rechtsstellung des
Eingewiesenen** bestimmt sich auch gegenüber dem betroffenen Eigen-
tümer nach den §§ 854–872 BGB. Endgültig wird die durch die vorzei-
tige Besitzeinweisung bewirkte Änderung des Besitzverhältnisses erst
mit dem Inkrafttreten des Enteignungsbeschlusses. Der Eingewiesene
darf aber bereits die aus dem Besitzrecht möglichen Handlungen
vornehmen, die der **Verwirklichung des Enteignungszweckes** dienen.
Neben der Befugnis des Eingewiesenen, seine Besitzansprüche zivil-
rechtlich durchzusetzen, besteht die Verpflichtung der Enteignungsbe-
hörde, gegen den Enteignungsbetroffenen Verwaltungszwang anzu-
wenden, wenn er seiner Verpflichtung aus der Besitzeinweisung nicht
nachkommt (h. M. s. Reisnecker, aaO, Rn 38 m. w. N.; a. A. Aust/
Jacobs, Die Enteignungsentschädigung, 2. A. 1984, S. 30; Lange,
DÖV 1988, 812; offengelassen von BGHZ 96, 1). Seit der Neufassung
des § 224 (s. Rn 1) bedürfen Zwangsmaßnahmen der Enteignungsbe-
hörde zur Verschaffung des Besitzes nicht mehr der Zustimmung des
Gerichtes, wenn gegen die vorzeitige Besitzeinweisung Antrag auf
gerichtliche Entscheidung gestellt worden ist.

8 **5. a)** Der Entzug des Besitzes durch die vorzeitige Besitzeinweisung
ist gem. § 99 Abs. 3 S. 2 als Ausgleich für den vorzeitigen Entzug eines
Teils der Eigentumssubstanz zusätzlich zur Hauptentschädigung für
den Eigentumsverlust zu entschädigen. Vom Zeitpunkt des Wirksam-
werdens der vorzeitigen Besitzeinweisung an (Rn 6) ist die **Hauptent-
schädigung** mit jährlich 2 % über dem Diskontsatz der Deutschen
Bundesbank **zu verzinsen.** Die Verzinsung der Entschädigungssumme
ist der abstrakt berechnete Ausgleich dafür, daß dem Betroffenen das
Grundstück nicht mehr so wie bisher zur Nutzung, die an die Stelle des
Grundstücks tretende Entschädigung aber noch nicht zur Verfügung
steht (BGHZ 48, 291/293; NJW 1969, 1897; NVwZ 1984, 602; s. a.
Jung, NJW 1967, 231). Eine Entschädigung für die durch die vorzeitige

Besitzeinweisung entstandenen Vermögensnachteile kommt nur in Betracht, soweit die Nachteile nicht durch die Verzinsung der Geldentschädigung ausgeglichen werden. Es kommt also zu keiner Doppelentschädigung (BGHZ 48, 291; NVwZ 1984, 602). Ein Eigentümer, der die Besitzeinweisung erfolglos angefochten hat, muß sich die von ihm während der Anfechtungszeit gezogenen Nutzungen auf die als Besitzeinweisungsentschädigung geschuldete Verzinsung der Enteignungsentschädigung anrechnen lassen (BGH, NVwZ 1984, 602). Als abstrakte Berechnung des teilenteignenden Entzugs einer Nutzungsmöglichkeit unterliegt diese Verzinsung nicht dem Verbot des Zinseszinses (BGH, NJW 1964, 294; Dyong, in: E/Z/B, §116, Rn 17; Jung, NJW 1967, 234; a. A. Reisnecker, aaO, Rn 43: Verzinsung nur der Sonderentschädigung; s. a. Rn 9). Zur Abgrenzung zu BGH, NJW 1973, 2284 und zu anderen Grund- und Einzelfragen der Verzinsung s. §99, Rn 5, 6. Die Zinsen nach §99 Abs. 3 S. 2 gehören zu den Einkünften aus Kapitalvermögen, wenn der Enteignungsbegünstigte mit dem Zeitpunkt des Wirksamwerdens der vorzeitigen Besitzeinweisung wirtschaftlich Eigentum am Grundstück erlangt (BFH, DB 1981, 506).

b) Zusätzlich zur Verzinsung der Hauptentschädigung hat der Eingewiesene für die durch die vorzeitige Besitzeinweisung entstehenden Vermögensnachteile Entschädigung zu leisten, sofern die Nachteile nicht nach §99 Abs. 3 S. 2 ausgeglichen werden (Abs. 4 S. 1). Diese **Sonderentschädigung** (Schmidt-Aßmann/Frenzel, in: E/Z/B, §99, Rn 24) gewährt einen Wertausgleich für Substanzverluste in konkreten Werten, die im Substanzwert des Grundstücks nicht enthalten und daher auch nicht durch die Verzinsung nach §99 Abs. 3 S. 2 abgegolten sind (BGH, NJW 1962, 2051). Derartige konkrete Werte können z. B. anläßlich der vorzeitigen Einweisung in ein noch nicht abgeerntetes Grundstück zusätzlich zu entschädigen sein (BGHZ 32, 338), wenn die Hauptentschädigung nur den Wert des Grundstücks umfaßt. Die Pflicht zur Leistung einer Entschädigung entfällt, wenn der Eingewiesene vor oder zugleich mit der Erlangung des Besitzes die festgesetzte Hauptentschädigung zahlt (BGH, BRS 34, 316/318; KG, NJW 1968, 1065) oder wenn der Eigentümer erst nach dem Eigentumsübergang das Grundstück geräumt hat (BGH aaO). Dies kann m. E. nur für die Entschädigung nach §99 Abs. 3 S. 2, nicht aber für die Sonderentschädigung nach Abs. 4 gelten, da diese weder von der vorzeitig gezahlten Hauptentschädigung noch von deren (entfallender) Verzinsung umfaßt wird (zust. Reisnecker, aaO, Rn 41). Der den Grundsatz der **Vorteilsausgleichung** (s. §93, Rn 6) verwirklichende und insoweit übertragbare Abs. 4 (BGHZ 48, 291/293) verbietet eine Doppelentschädigung für Nutzungsausfall. Die Enteignungsbehörde hat die Entschädigung nach Art und Höhe festzusetzen, und zwar nach den Grundsätzen der §§93ff. (ebenso Schrödter, §116, Rn 9). Gegen eine Beschränkung auf die Entschädigungsarten des 5. Teils des BauGB Reisnecker, aaO, Rn 41; Dyong, in: E/Z/B, §116, Rn 18. Dadurch wird jedoch die

9

Grenze zu den Bedingungen nach Abs. 2 (Rn 5) verwischt und die
Gesetzessystematik ohne zwingenden Grund gesprengt. Die Entschä-
digung kann im **Beschluß** über die vorzeitige Besitzeinweisung oder in
einem besonderen, vor dem Enteignungsbeschluß ergehenden Ent-
schädigungsbeschluß festgesetzt werden. Spätestens ist sie im Enteig-
nungsbeschluß festzusetzen (Abs. 4 S. 2; dazu BVerwG, BRS 16
Nr. 49). Der Beschluß über die Art und Höhe der Entschädigung ist
selbständig anfechtbar (BVerwG, BRS 34 Nr. 73). Wird die Entschädi-
gung vor dem Enteignungsbeschluß festgesetzt, so ist der diesbezügli-
che Beschluß dem Antragsteller, dem Besitzer und dem Eigentümer
zuzustellen (Abs. 4 S. 3). Die Entschädigung ist – auch wenn Antrag
auf gerichtliche Entscheidung gestellt ist – fällig zu dem Zeitpunkt, in
dem die Besitzeinweisung entsprechend dem Einweisungsbeschluß
(Abs. 1 S. 4) wirksam wird (Abs. 4 S. 4). Von diesem Zeitpunkt an ist
die Entschädigung zu **verzinsen** (BGH, BRS 34 Nr. 109). Die Zah-
lungspflicht entsteht erst nach Festsetzung durch die Enteignungs-
behörde (Dyong, in: E/Z/B, § 116, Rn 19). Zur Bemessung der Besitzein-
weisungsentschädigung, wenn die spätere enteignende Maßnahme in
der Bestellung eines Nießbrauchs besteht s. BGH, DÖV 1976, 636 u.
BRS 34 Nr. 83 – Rente.

10 **6.** Trotz der Vorläufigkeit der vorzeitigen Besitzeinweisung werden
regelmäßig durch die Maßnahmen zur Verwirklichung des Enteig-
nungszwecks, z. B. Abrißarbeiten (Rn 7), irreparable Folgen eintreten.
Zum Interessenausgleich zwischen dem die Besitzeinweisung beantra-
genden Enteignungsbegünstigten, dem Eigentümer und ggf. dem un-
mittelbaren Besitzer, insbesondere im Hinblick auf die Festsetzung der
Enteignungsentschädigung, verpflichtet daher Abs. 5 S. 1 die Enteig-
nungsbehörde auf Antrag dieser Personen, den Zustand des Grund-
stücks vor der Besitzeinweisung in einer Niederschrift feststellen zu
lassen. Die Form der **Beweissicherung** ist nicht vorgeschrieben. Statt
z. B. einen Sachverständigen zu beauftragen, kann die Enteignungsbe-
hörde die notwendigen Untersuchungen, z. B. Augenscheinnahme,
selbst vornehmen. Statt auf Antrag kann die Enteignungsbehörde
auch von Amts wegen zur Erforschung des Sachverhalts (§ 107, Rn 3)
die Beweissicherung vornehmen. Den Beteiligten (§ 106) ist eine Ab-
schrift der Niederschrift zu übersenden (Abs. 5 S. 2). Die Nieder-
schrift ist anders als die Ablehnung eines Beweissicherungsantrages
kein nach § 217 anfechtbarer Verwaltungsakt. Ein Besitzeinweisungs-
beschluß, der ohne Entscheidung über einen vorher gestellten Beweis-
sicherungsantrag ergeht, ist rechtswidrig (OLG Düsseldorf, BRS 34
Nr. 72).

11 **7. a)** Als vorläufige Maßnahme ist die Besitzeinweisung in ihrem
Bestand abhängig von der Entscheidung über den Enteignungsantrag.
Wird dieser abgewiesen, so muß die Enteignungsbehörde die **vorzei-
tige Besitzeinweisung aufheben** und den vorherigen unmittelbaren
Besitzer wieder in den Besitz einweisen. Die Entscheidung nach Abs. 6

S. 1 muß gleichzeitig mit der Abweisung des Enteignungsantrages erfolgen, und zwar zweckmäßigerweise (statt durch besonderen Beschluß) im Enteignungsbeschluß. Hebt ein Gericht den Enteignungsbeschluß auf, so muß die Enteignungsbehörde mit Rechtskraft der Entscheidung den Besitzeinweisungsbeschluß aufheben und den vorherigen unmittelbaren Besitzer wieder in den Besitz einweisen. Der vorherige Besitzer erhält den Besitz mit Wirksamwerden des Aufhebungs- und Einweisungsbeschlusses. Die Enteignungsbehörde ist verpflichtet, zur Durchsetzung der Besitzansprüche Verwaltungszwang anzuwenden. Daneben kann der eingewiesene vorherige Besitzer die zivilrechtlichen Besitzansprüche selbst geltend machen (s. Rn 7). Der Antrag auf gerichtliche Entscheidung gegen die Aufhebung der vorzeitigen Besitzeinweisung hat keine aufschiebende Wirkung (§ 224 analog, Reisnecker, aaO, Rn 47; a. A. Voraufl., Schrödter, § 116, Rn 13). Abs. 6 S. 1 gilt entsprechend, wenn der Enteignungsbeschluß nach § 120 aufgehoben wird. Wird der Beschluß über die vorläufige Besitzeinweisung gerichtlich aufgehoben, so tritt der frühere Rechtszustand wieder ein (Reisnecker, aaO, Rn 37).

b) Wird die vorzeitige Besitzeinweisung aufgehoben, so hat der vorzeitig Eingewiesene für alle durch die vorzeitige Besitzeinweisung entstandenen besonderen Nachteile **Entschädigung** zu leisten. Abs. 6 S. 2 soll all die Schäden ausgleichen, die nicht bereits nach Abs. 4 entschädigt worden sind, insbesondere also die Kosten, die zur Beseitigung der Folgen der Maßnahmen, die der Eingewiesene zur Verwirklichung des Enteignungszweckes durchgeführt hat (Baumaßnahmen), und die Kosten, die zur Wiederherstellung der alten Nutzung erforderlich sind. Obwohl als Entschädigungsanspruch konzipiert, gewährt Abs. 6 S. 2 vollen Schadensausgleich – ebenso wie § 945 ZPO – in dem Falle, daß sich die Anordnung einer einstweiligen Verfügung als von Anfang an ungerechtfertigt erweist (BGHZ 43, 168/171). Bei der Bemessung der Entschädigungshöhe ist der Grundsatz der Vorteilsausgleichung (§ 93 Abs. 3 S. 1) zu beachten. Art (nicht notwendig nur Geldleistung; Reisnecker, aaO, Rn 48; a. A. Dyong, in: E/Z/B, § 116, Rn 22) und Höhe der Entschädigung werden durch die Enteignungsbehörde im Beschluß über die Abweisung des Enteignungsantrages oder in einem gesonderten Aufhebungsbeschluß festgesetzt (Abs. 6 S. 3).

8. Die vorzeitige Besitzeinweisung und die Aufhebung der vorzeitigen Besitzeinweisung können durch **Antrag auf gerichtliche Entscheidung** (§ 217) angefochten werden. Der Antrag hat gem. § 224 **keine aufschiebende Wirkung** (s. Rn 11); möglich ist aber eine Anordnung entspr. § 80 Abs. 5 VwGO. Zur sehr uneinheitlichen Rechtsprechung zu den **Rechtsmitteln** gegen einen Beschluß entsprechend § 80 Abs. 5 VwGO s. § 224, Rn 2. Gegen Urteile, die über die Anordnung der vorzeitigen Besitzeinweisung entscheiden, ist die Revision unzulässig (§ 545 Abs. 2 S. 2 ZPO). Der **Streitwert** in Besitzeinweisungsstreitig-

keiten beträgt i. d. R. 20 % des Wertes des Gegenstandes, um dessen
Besitz es geht (BGHZ 61, 240). § 121 erfaßt auch die Rechtsberatungs-
kosten des Eigentümers im Verfahren der vorzeitigen Besitzeinwei-
sung.

§ 117 Ausführung des Enteignungsbeschlusses

(1) Ist der Enteignungsbeschluß oder sind die Entscheidungen nach
§ 112 Abs. 2 nicht mehr anfechtbar, so ordnet auf Antrag eines Betei-
ligten die Enteignungsbehörde die Ausführung des Enteignungsbe-
schlusses oder der Vorabentscheidung an (Ausführungsanordnung),
wenn der durch die Enteignung Begünstigte die Geldentschädigung,
im Falle der Vorabentscheidung die nach § 112 Abs. 2 Satz 2 festge-
setzte Vorauszahlung gezahlt oder in zulässiger Weise unter Verzicht
auf das Recht der Rücknahme hinterlegt hat. Auf Antrag des Ent-
schädigungsberechtigten kann im Falle des § 112 Abs. 2 die Enteig-
nungsbehörde die Ausführungsanordnung davon abhängig machen,
daß der durch die Enteignung Begünstigte im übrigen für einen
angemessenen Betrag Sicherheit leistet.

(2) In den Fällen des § 111 ist auf Antrag eines Beteiligten die
Ausführungsanordnung zu erlassen, wenn der durch die Enteignung
Begünstigte den zwischen den Beteiligten unstreitigen Entschädi-
gungsbetrag gezahlt oder in zulässiger Weise unter Verzicht auf das
Recht der Rücknahme hinterlegt hat. Absatz 1 Satz 2 gilt entspre-
chend, soweit sich nicht aus der Einigung etwas anderes ergibt.

(3) Im Falle des § 113 Abs. 4 ist auf Antrag eines Beteiligten die
Ausführungsanordnung zu erlassen, wenn der durch die Enteignung
Begünstigte die im Enteignungsbeschluß in Verbindung mit dem
Nachtragsbeschluß festgesetzte Geldentschädigung gezahlt oder zu-
lässigerweise unter Verzicht auf das Recht der Rücknahme hinterlegt
hat. Der Nachtragsbeschluß braucht nicht unanfechtbar zu sein.

(4) Die Ausführungsanordnung ist allen Beteiligten zuzustellen,
deren Rechtsstellung durch den Enteignungsbeschluß betroffen
wird. Die Ausführungsanordnung ist der Gemeinde abschriftlich
mitzuteilen, in deren Bezirk das von der Enteignung betroffene
Grundstück liegt. § 113 Abs. 5 gilt entsprechend.

(5) Mit dem in der Ausführungsanordnung festzusetzenden Tag
wird der bisherige Rechtszustand durch den im Enteignungsbe-
schluß geregelten neuen Rechtszustand ersetzt. Gleichzeitig entste-
hen die nach § 113 Abs. 2 Nr. 6 begründeten Rechtsverhältnisse; sie
gelten von diesem Zeitpunkt an als zwischen den an dem Rechtsver-
hältnis Beteiligten vereinbart.

(6) Die Ausführungsanordnung schließt die Einweisung in den
Besitz des enteigneten Grundstücks und des Ersatzlands zu dem
festgesetzten Tag ein.

(7) **Die Enteignungsbehörde übersendet dem Grundbuchamt eine beglaubigte Abschrift des Enteignungsbeschlusses und der Ausführungsanordnung und ersucht es, die Rechtsänderungen in das Grundbuch einzutragen.**

Übersicht

1. Die in einem stattgebenden Enteignungsbeschluß (§§ 112, 113) **1** geregelten **Rechtsänderungen** treten nicht wie bei anderen Verwaltungsakten mit dessen Unanfechtbarkeit ein. Im Interesse der Rechtssicherheit und zum Schutz des Enteignungsbetroffenen treten die Rechtsänderungen erst **durch** einen besonderen rechtsgestaltenden Verwaltungsakt ein, nämlich die in § 117 geregelte **Ausführungsanordnung.** Ihr Erlaß ist von besonderen Voraussetzungen abhängig: Unanfechtbarkeit des Enteignungsbeschlusses, Antrag, Zahlung der Geldentschädigung oder deren zulässige Hinterlegung (Abs. 1 S. 1). Verfahrensrechtliche Regelungen enthalten die Abs. 4 und 7: Bekanntmachung der Ausführungsanordnung und deren Übersendung an das Grundbuchamt. Die Rechtswirkungen der Ausführungsanordnung regeln die Abs. 5 u. 6, insbesondere Abs. 5 S. 1, demzufolge die Ausführungsanordnung den Tag festsetzt, an dem der bisherige Rechtszustand durch den im Enteignungsbeschluß geregelten neuen Rechtszustand ersetzt wird, und zwar ohne Änderung des unrichtig werdenden Grundbuchs. Abgesehen von der Genehmigungspflicht nach § 109 und der Änderung des Besitzes durch eine vorzeitige Besitzeinweisung (§ 116) bildet die Ausführungsanordnung die Voraussetzung aller unmittelbaren Wirkungen des Enteignungsverfahrens auf Rechte und Rechtsverhältnisse (KG, NJW 1966, 1033 f.; Reisnecker, in: Kohlhammer-Komm., § 117, Rn 1). Seit der Novelle 1976 kann die Ausführungsanordnung im Interesse der **Verfahrensbeschleunigung** nicht mehr nur nach Unanfechtbarkeit des Enteignungsbeschlusses oder des ihm gleichgestellten Einigung (§ 110 Abs. 3 S. 1), sondern unter besonderen Voraussetzungen auch aufgrund einer Vorabentscheidung (Abs. 1, § 112 Abs. 2), einer Teileinigung (Abs. 2, § 111) oder eines um

einen Nachtragsbeschluß zu ergänzenden Enteignungsbeschlusses (Abs. 3, § 113 Abs. 4) ergehen. Schwebt ein Verfahren vor den Baulandgerichten, so kann § 117 durch besondere Vorschriften ergänzt werden; im Interesse der Rechtssicherheit schränkt § 218 Abs. 2 die Folgen der Wiedereinsetzung in den vorigen Stand bei der Anfechtung des Enteignungsbeschlusses ein. Ist vor den Baulandgerichten nur noch die Höhe der Geldentschädigung streitig, so ermöglicht § 225 im Interesse des Enteignungsbegünstigten eine vorzeitige Ausführungsanordnung. § 117 entsprechende Regelungen gelten für die Umlegung (§§ 71, 72 Abs. 1) und die Grenzregelung (§ 83).

2 **2. a)** Erste Voraussetzung für den Erlaß der Ausführungsanordnung ist gem. Abs. 1 S. 1 ein **Antrag** eines Beteiligten. Die Zulässigkeit des Antrags eines jeden Beteiligten (§ 106) ist weder abhängig von einer besonderen Antragsbefugnis noch einer bestimmten Form noch einer Frist.

3 **b)** Zweite Voraussetzung für den Erlaß der Ausführungsanordnung ist die **Unanfechtbarkeit des Enteignungsbeschlusses** (Abs. 1 S. 1). Der Enteignungsbeschluß ist nicht mehr anfechtbar, wenn er allen Beteiligten zugestellt worden ist, deren Rechtsstellung er betrifft, und keiner dieser Beteiligten mehr ein Rechtsmittel einlegen kann. Unterbleibt die Zustellung an einen dieser Beteiligten, so wird der Enteignungsbeschluß nicht unanfechtbar, auch nicht innerhalb der Jahresfrist des § 58 Abs. 2 VwGO (Dyong, in: E/Z/B, § 117, Rn 4). Keiner der Beteiligten kann noch Rechtsmittel einlegen, wenn die Rechtsmittelfrist verstrichen ist, ohne daß ein Antrag auf gerichtliche Entscheidung gestellt worden ist oder wenn das eingelegte Rechtsmittel durch gerichtliche Entscheidung oder auf sonstige Weise (Einigung, § 110, Vergleich, Erledigung der Hauptsache, Rücknahme des Antrags auf gerichtliche Entscheidung, Ablauf der Berufungs- oder Revisionsfrist) erledigt ist. Eine eingelegte Verfassungsbeschwerde bleibt außer Betracht (BGHZ 61, 136; NJW 1973, 1749). Zur **vorzeitigen Ausführungsanordnung** vor rechtskräftiger Gerichtsentscheidung, wenn nur noch um die Höhe der Entschädigung gestritten wird, s. § 225. Im Interesse der Rechtssicherheit ist der Enteignungsbeschluß nicht als angefochten i. S. v. Abs. 1 S. 1 zu bewerten, wenn der Antrag auf gerichtliche Entscheidung statt bei der Enteignungsbehörde bei der Kammer für Baulandsachen gestellt worden ist (Dyong, in: E/Z/B, § 117, Rn 4 unter Berufung auf LG Wiesbaden, U. v. 22. 4. 1964/80 BauL X 1/64; Reisnecker, aaO, Rn 5; a. A. OLG München, NJW 1963, 911). Ist wegen Versäumung der Anfechtungsfrist gegen den Enteignungsbeschluß **Wiedereinsetzung in den vorigen Stand** gewährt, aber durch die Ausführungsanordnung bereits der neue Rechtszustand geschaffen worden ist (§ 117 Abs. 5), so kann das Gericht nach § 218 Abs. 2 den Enteignungsbeschluß nicht mehr aufheben. Zu der dann geltenden Sonderregelung s. § 218, Rn 5. Ist vor der Wiedereinsetzung zwar die Ausführungsanordnung schon ergangen, aber die Rechtsänderung

noch nicht eingetreten, so muß der Antragsteller auch gegen die Ausführungsanordnung Antrag auf gerichtliche Entscheidung stellen (Dyong, in: E/Z/B, § 117, Rn 5). Ist dem Wiedereinsetzungsantrag stattgegeben worden, aber noch keine Ausführungsanordnung ergangen, ist der Enteignungsbeschluß nicht unanfechtbar. Sind Verfahren nach § 107 Abs. 3 verbunden worden, so müssen alle Verfahren unanfechtbar sein (Reisnecker, in: Kohlhammer-Komm., § 117, Rn 7).

c) Dritte Voraussetzung für den Erlaß der Ausführungsanordnung **4** ist gem. Abs. 1 S. 1, daß der Enteignungsbegünstigte die **Geldentschädigung gezahlt** oder zulässigerweise unter Verzicht auf das Recht der Rücknahme hinterlegt hat. Mit „Geldentschädigung" sind alle Entschädigungsarten gemeint, die der Enteignungsbegünstigte an Betroffene (§ 113 Abs. 2 Nr. 8) zu erbringen hat. Ausgleichszahlungen müssen noch nicht geleistet worden sein (dazu § 122 Abs. 1 Nr. 2). Für die Erfüllung der Entschädigungspflicht gelten die §§ 362 ff. BGB entsprechend. Zulässig sind auch Stundung und Erfüllungssurrogate wie Erlaß (§ 397 BGB), Fusion und Aufrechnung mit anerkannter Forderung (gegen diese Einschränkung Reisnecker, aaO, Rn 11; dafür zum Schutze des Enteignungsbetroffenen und der Rechtssicherheit Dyong, in: E/Z/B, § 117, Rn 11). Die Zahlung der Geldentschädigung ist der Enteignungsbehörde nachzuweisen, z. B. durch Vorlage der dem Enteignungsbegünstigten auszustellenden Quittung (§ 368 BGB). Wann eine der Zahlung gleichgestellte **Hinterlegung** zulässig ist, ergibt sich in einem Sonderfall aus § 118 Abs. 1, im übrigen aus allgemeinen zivilrechtlichen Vorschriften (§ 118 Abs. 2). Ist die Entschädigung (auf Antrag des Eigentümers) in wiederkehrenden Leistungen festgesetzt worden (§ 99 Abs. 1 S. 2), so genügt es dem Schutz des Eigentümers, wenn die Ausführungsanordnung ergeht, ohne daß vorher ein Geldbetrag gezahlt worden ist (Reisnecker, aaO, Rn 10). Zur Aufhebung des Enteignungsbeschlusses wegen Nichtzahlung s. § 120.

d) Im Falle einer **Vorabentscheidung** gem. § 112 Abs. 2 darf die **5** Enteignungsbehörde die Ausführung der Vorabentscheidung erst anordnen, wenn die nach § 112 Abs. 2 festgesetzte Vorauszahlung gezahlt oder in zulässiger Weise unter Verzicht auf das Recht der Rücknahme hinterlegt worden ist (Abs. 1 S. 1). Im übrigen gelten für diese der Beschleunigung dienende Neuregelung (s. Rn 1) dieselben Voraussetzungen wie bei der Anordnung der Ausführung eines Enteignungsbeschlusses, abgesehen davon, daß gem. Abs. 1 S. 2 die Enteignungsbehörde auf Antrag des Entschädigungsberechtigten die Ausführungsanordnung von einer Sicherheitsleistung des Enteignungsbegünstigten abhängig machen kann. Eine stattgebende (nach § 217 anfechtbare) Ermessensentscheidung kommt nur in Betracht, wenn hinsichtlich der Entschädigungshöhe erhebliche Unsicherheit besteht (Dyong, in: E/Z/B, § 117, Rn 13a). Der angemessene, nach den allgemeinen zivilrechtlichen Vorschriften (s. § 118 Abs. 2) zu hinterlegende Betrag darf die Differenz zwischen dem zu erwartenden Höchstbetrag der Entschädi-

gung und der nach § 112 Abs. 2 festgesetzten Vorauszahlung nicht überschreiten.

6 **e)** Wenn der Enteignungsbeschluß ohne grundbuch- oder kataster-
mäßige oder sonst übliche Bezeichnung des enteigneten Grundstücks-
(teils) ergangen ist (§ 113 Abs. 4), ist nach Abs. 3 S. 1 auf Antrag eines
Beteiligten die Ausführungsanordnung zu erlassen, wenn der Enteig-
nungsbegünstigte die im Enteignungsbeschluß i. V. m. dem bereits
ergangenen, aber nicht notwendig schon unanfechtbaren (Abs. 3 S. 2)
Nachtragsbeschluß festgesetzte Geldentschädigung gezahlt oder zuläs-
sigerweise unter Verzicht auf das Recht der Rücknahme hinterlegt
(dazu § 118, Rn 2) hat.

7 **f)** Gem. § 110 Abs. 3 S. 1 steht eine den Formvorschriften des § 110
Abs. 2 genügende **Einigung** zwischen den Beteiligten einem unan-
fechtbaren Enteignungsbeschluß gleich (s. § 110, Rn 5). Für sie gelten
also die Voraussetzungen des Abs. 1 S. 1 (s. Rn 2–4).

8 **g) Im Falle einer Teileinigung** (§ 111) ist die Ausführungsanord-
nung auf Antrag eines Beteiligten gem. der Neuregelung des Abs. 2
(Rn 1) zu erlassen, wenn der zwischen den Beteiligten unstreitige, d. h.
von ihnen nicht angefochtene, gem. § 111 S. 2 als Vorauszahlung
festgesetzte Entschädigungsbetrag gezahlt oder in zulässiger Weise
unter Verzicht auf das Recht der Rücknahme hinterlegt (dazu § 118,
Rn 2) worden ist. Soweit sich die Beteiligten über die Vorauszahlung
und die Modalitäten ihrer Leistung geeinigt haben, hat die Enteig-
nungsbehörde beim Erlaß der Ausführungsanordnung entsprechend zu
verfahren. Soweit keine Einigung vorliegt und keine Vorauszahlung
festgesetzt ist, kann die Enteignungsbehörde auf Antrag des Enteig-
nungsberechtigten den Erlaß der Ausführungsanordnung davon ab-
hängig machen, daß der Enteignungsbegünstigte für einen angemesse-
nen Betrag Sicherheit leistet (Abs. 2 S. 2). Zu dieser Ermessensentschei-
dung s. Rn 5.

9 **3.** Liegen die Voraussetzungen (Rn 2–6) vor, so hat die Enteignungs-
behörde die Ausführungsanordnung – durch **Verfügung,** nicht als
u. U. kollegialer Entscheidung bedürftigen Beschluß – zu erlassen. In
der Ausführungsanordnung ist der **Tag festzusetzen,** an dem der
bisherige Rechtszustand durch den im Enteignungsbeschluß geregelten
neuen Rechtszustand ersetzt wird (Abs. 5 S. 1). Im Interesse der Rechts-
klarheit ist dieser Tag genau zu bestimmen. Zu unbestimmt wäre die
Festsetzung „einen Monat nach Unanfechtbarkeit der Ausführungsan-
ordnung" (Dyong, in: E/Z/B, § 117, Rn 15). Die Bestimmung des
zweckmäßigerweise nach Ablauf der Rechtsmittelfrist gegen die Aus-
führungsanordnung liegenden Tages steht im Ermessen der Enteig-
nungsbehörde, die den schutzwerten Belangen der Beteiligten Rech-
nung zu tragen hat. Als Verwaltungsakt ist die Ausführungsanordnung
allen Beteiligten (§ 106) zuzustellen, deren Rechtsstellung durch den
Enteignungsbeschluß begünstigend oder belastend betroffen wird
(Abs. 4 S. 1). Gehört die **Gemeinde,** in deren Bezirk das von der

Enteignung betroffene Grundstück liegt, nicht zu den Beteiligten i. S. v. Abs. 4 S. 1, so ist ihr die Ausführungsanordnung abschriftlich mitzuteilen (Abs. 4 S. 2). Ist im Grundbuch die Anordnung der Zwangsversteigerung oder der Zwangsverwaltung eingetragen, so gibt die Enteignungsbehörde gem. Abs. 4 S. 3 i. V. m. § 113 Abs. 5 dem **Vollstreckungsgericht** vom Erlaß der Ausführungsanordnung Kenntnis, damit das Vollstreckungsgericht die Zwangsversteigerung oder die Zwangsverwaltung aufhebt.

4. An dem in der Ausführungsanordnung festgesetzten Tag wird der **10** bisherige Rechtszustand durch den im Enteignungsbeschluß, der Vorabentscheidung, der Einigung oder der Teileinigung geregelten Rechtszustand ersetzt (Abs. 5 S. 1). Die Ausführungsanordnung bewirkt als Verwaltungsakt kraft öffentlichen Rechts originäre, inhaltlich im Enteignungsbeschluß festgelegte **Rechtsänderungen** unabhängig von den dafür geltenden privatrechtlichen Vorschriften, insbesondere Eigentumswechsel außerhalb des Grundbuchs; dies auch dann, wenn der Enteignete nicht, wie im Enteignungsverfahren vorausgesetzt, Eigentümer war oder wenn zwischen Enteignungsbeschluß und dem in der Ausführungsanordnung festgesetzten Tag die Rechtsverhältnisse sich geändert haben (s. Dyong, in: E/Z/B, § 117, Rn 18, 20). Der Enteignungsbegünstigte erwirbt lastenfreies Eigentum, wenn private Rechte im Enteignungsbeschluß nicht ausdrücklich aufrechterhalten worden sind (s. § 112, Rn 5). Gleiches sollte für Ansprüche aus öffentlich-rechtlichen Belastungen gelten (Reisnecker, in: Kohlhammer-Komm., § 118, Rn 25; a. A. Schrödter, § 117, Rn 8; Dyong, in: E/Z/B, § 117, Rn 19). Mit dem in der Ausführungsanordnung festgesetzten Tag entstehen gleichzeitig die nach § 113 Abs. 2 Nr. 6 begründeten (persönlichen) Rechtsverhältnisse, die kraft Hoheitsaktes als vereinbart gelten (Abs. 5 S. 2). Gleichzeitig gilt der Begünstigte als in den Besitz des enteigneten Grundstücks und ggf. des Ersatzlandes eingewiesen (Abs. 6), soweit er nicht gem. § 116 vorzeitig in den Besitz eingewiesen worden ist.

5. Die mit dem in der Ausführungsanordnung festgesetzten Tag **11** eingetretene Änderung der dinglichen Rechtslage macht das **Grundbuch unrichtig.** Abs. 7 verpflichtet daher die Enteignungsbehörde, dem Grundbuchamt eine beglaubigte Abschrift des Enteignungsbeschlusses und der Ausführungsanordnung zu übersenden und es zu ersuchen, die Rechtsänderung in das Grundbuch einzutragen. Dem nach § 29 GBO zu unterschreibenden und mit Dienstsiegel zu versehenden Ersuchen muß das Grundbuchamt nach § 38 GBO nachkommen.

6. Die Ausführungsanordnung kann nach § 217 vor den Baulandge- **12** richten angefochten werden, um die Voraussetzungen für ihren Erlaß gerichtlich überprüfen zu lassen. Die Wirksamkeit des (unanfechtbaren) Enteignungsbeschlusses kann in diesem Verfahren nicht überprüft werden. Der Antrag nach § 217 hat aufschiebende Wirkung (Umkehr-

schluß aus § 224; Dyong, in: E/Z/B, § 117, Rn 22; Reisnecker, aaO,
Rn 19). Diese kann gerichtlich festgestellt werden, um den Antragsteller vor einer sog. faktischen Vollziehung zu schützen (OLG Koblenz,
NVwZ 1984, 678).

§ 118 Hinterlegung

(1) **Geldentschädigungen, aus denen andere Berechtigte nach § 97
Abs. 4 zu befriedigen sind, sind unter Verzicht auf das Recht der
Rücknahme zu hinterlegen, soweit mehrere Personen auf sie Anspruch haben und eine Einigung über die Auszahlung nicht nachgewiesen ist. Die Hinterlegung erfolgt bei dem Amtsgericht, in dessen
Bezirk das von der Enteignung betroffene Grundstück liegt; § 2 des
Zwangsversteigerungsgesetzes gilt entsprechend.**

(2) **Andere Vorschriften, nach denen die Hinterlegung geboten
oder statthaft ist, werden hierdurch nicht berührt.**

1 1. Abs. 1 bestimmt zum Schutze der Nebenberechtigten, deren
Rechte gem. § 97 Abs. 1–3 weder aufrechterhalten noch ersetzt noch
gesondert entschädigt werden und die daher gem. § 97 Abs. 4 nur einen
Anspruch auf Befriedigung aus der dem Hauptberechtigten oder ausnahmsweise dem gesondert entschädigungsberechtigten Nebenberechtigten gewährten Entschädigung haben (s. § 97, Rn 6), unter welchen
Voraussetzungen und in welcher Weise die nach § 113 Abs. 2 Nr. 8
festgesetzte Entschädigung zu hinterlegen ist **(spezielle obligatorische
Hinterlegung)**. Die Verteilung der hinterlegten Entschädigung regelt
§ 119. Abs. 2 stellt klar, daß in allen anderen Fällen sich die Zulässigkeit
der Hinterlegung nach den allgemeinen Vorschriften richtet.

2 2. Die **Pflicht zur Hinterlegung** besteht nach Abs. 1 S. 1 nur, wenn
mehrere Personen einen Anspruch auf die nach § 113 Abs. 2 Nr. 8 in
ihrer Gesamtheit, und noch nicht nach Beteiligten gesonderte (Schröder, §§ 118, 119, Rn 2), festgesetzte Entschädigung haben und eine
Einigung nicht nachgewiesen ist. Besteht ein Anspruch nach § 97
Abs. 4, so sind notwendigerweise mehrere Personen vorhanden, nämlich mindestens ein nach § 97 Abs. 4 anspruchsberechtigter Nebenberechtigter und ein anspruchsverpflichteter Enteigneter. Die erste Voraussetzung des § 118 Abs. 1 S. 1 ist also überflüssig (Dyong, in: E/Z/B,
§ 118, Rn 3; in den von Pohl, in: Kohlhammer-Komm., § 118 BBauG,
Anm. II 1 b genannten Fällen besteht gar kein Anspruch nach § 97
Abs. 4). Haben sich der Enteignete und der Nebenberechtigte über
ihren Anteil an der Entschädigung geeinigt, so ist eine Hinterlegung
überflüssig. Der Nachweis der Einigung ist entsprechend den §§ 13, 14
Hinterlegungsordnung zu führen, und zwar gegenüber dem Entschädigungsverpflichteten. Die Hinterlegung erfolgt bei dem **AG,** in dessen
Bezirk das von der Enteignung betroffene Grundstück liegt. Liegt das

Grundstück in den Bezirken verschiedener Amtsgerichte oder ist die Zuständigkeit mit Rücksicht auf die Grenzen der Bezirke ungewiß, so gilt § 2 ZVG entsprechend. Im übrigen gelten für das **Hinterlegungsverfahren** die Vorschriften der Hinterlegungsordnung v. 10. 3. 1937. Die ordnungsgemäße Hinterlegung hat für den Hinterleger in Höhe des hinterlegten Betrages befreiende Wirkung, selbst wenn die Entschädigung im gerichtlichen Verfahren nachträglich erhöht wird (BGH, NJW 1967, 2011).

3. Liegt kein Fall der besonderen obligatorischen Hinterlegung nach Abs. 1 vor, ist gem. Abs. 2 nach den **allgemeinen Vorschriften** zu verfahren, nach denen eine Hinterlegung geboten oder statthaft ist. Auf die öffentlich-rechtliche Enteignungsentschädigung sind also insbesondere die **§§ 372 ff. BGB** anwendbar. **3**

§ 119 Verteilungsverfahren

(1) Nach Eintritt des neuen Rechtszustandes kann jeder Beteiligte sein Recht an der hinterlegten Summe gegen einen Mitbeteiligten, der dieses Recht bestreitet, vor den ordentlichen Gerichten geltend machen oder die Einleitung eines gerichtlichen Verteilungsverfahrens beantragen.

(2) Für das Verteilungsverfahren ist das Amtsgericht zuständig, in dessen Bezirk das von der Enteignung betroffene Grundstück liegt; in Zweifelsfällen gilt § 2 des Zwangsversteigerungsgesetzes entsprechend.

(3) Auf das Verteilungsverfahren sind die Vorschriften über die Verteilung des Erlöses im Falle der Zwangsversteigerung mit folgenden Abweichungen entsprechend anzuwenden:

1. Das Verteilungsverfahren ist durch Beschluß zu eröffnen;

2. die Zustellung des Eröffnungsbeschlusses an den Antragsteller gilt als Beschlagnahme im Sinne des § 13 des Zwangsversteigerungsgesetzes; ist das Grundstück schon in einem Zwangsversteigerungs- oder Zwangsverwaltungsverfahren beschlagnahmt, so hat es hierbei sein Bewenden;

3. das Verteilungsgericht hat bei Eröffnung des Verfahrens von Amts wegen das Grundbuchamt um die in § 19 Abs. 2 des Zwangsversteigerungsgesetzes bezeichneten Mitteilungen zu ersuchen; in die beglaubigte Abschrift des Grundbuchblatts sind die zur Zeit der Zustellung des Enteignungsbeschlusses an den Enteigneten vorhandenen Eintragungen sowie die später eingetragenen Veränderungen und Löschungen aufzunehmen;

4. bei dem Verfahren sind die in § 97 Abs. 4 bezeichneten Entschädigungsberechtigten nach Maßgabe des § 10 des Zwangsversteigerungsgesetzes zu berücksichtigen, wegen der Ansprüche auf wie-

derkehrende Nebenleistungen jedoch nur für die Zeit bis zur Hinterlegung.

(4) Soweit aufgrund landesrechtlicher Vorschriften die Verteilung des Erlöses im Falle einer Zwangsversteigerung nicht von dem Vollstreckungsgericht, sondern von einer anderen Stelle wahrzunehmen ist, kann durch Landesrecht bestimmt werden, daß diese andere Stelle auch für das Verteilungsverfahren nach den Absätzen 1 bis 3 zuständig ist. Wird die Änderung einer Entscheidung dieser anderen Stelle verlangt, so ist die Entscheidung des Vollstreckungsgerichts nachzusuchen. Die Beschwerde findet gegen die Entscheidung des Vollstreckungsgerichts statt.

1 **1.** § 119 regelt für die besondere obligatorische Hinterlegung nach § 118 Abs. 1 ein **besonderes gerichtliches Verteilungsverfahren.** Ist nicht nach § 118 Abs. 1, sondern nach den allgemeinen Vorschriften hinterlegt worden (s. § 118, Rn 3) und einigen sich die Beteiligten nicht, so kann jeder Beteiligte sein Recht an der hinterlegten Summe gegen einen Mitbeteiligten, der dieses Recht bestreitet, vor den ordentlichen Gerichten geltend machen. In den Fällen des § 118 Abs. 1 kann ein Beteiligter wählen, ob er den Klageweg oder das besondere gerichtliche Verteilungsverfahren nach § 119 einschlägt (Abs. 1). Nach Hinterlegung der Entschädigungssumme unter Verzicht auf das Recht der Rücknahme und Erlaß der Ausführungsanordnung (§ 117) ist der Entschädigungspflichtige nicht mehr Beteiligter.

2 **2.** Örtlich und sachlich zuständig für das besondere Verteilungsverfahren ist das **Amtsgericht,** in dessen Bezirk das von der Enteignung betroffene Grundstück liegt, also das Amtsgericht, bei dem nach § 118 Abs. 1 S. 2 hinterlegt worden ist. Liegt das Grundstück in den Bezirken verschiedener Amtsgerichte oder ist die Zuständigkeit mit Rücksicht auf die Grenzen der Bezirke ungewiß, so gilt § 2 ZVG entsprechend (§ 119 Abs. 2).

3 **3.** Für das besondere Verteilungsverfahren gelten grundsätzlich die Vorschriften des Gesetzes über die Zwangsversteigerung und Zwangsverwaltung (ZVG) entsprechend, soweit nicht Abs. 3 Nr. 1–4 Spezielleres vorschreibt.

4 **4.** Von der Ermächtigung des Abs. 4, eine abweichende landesrechtliche Zuständigkeitsregelung für das Verteilungsverfahren zu erlassen, hat noch kein Land Gebrauch gemacht (s. Dyong, in: E/Z/B, § 119, Rn 8).

§ 120 Aufhebung des Enteignungsbeschlusses

(1) **Ist die Ausführungsanordnung noch nicht ergangen, so hat die Enteignungsbehörde den Enteignungsbeschluß auf Antrag aufzuheben, wenn der durch die Enteignung Begünstigte die ihm durch den**

Enteignungsbeschluß auferlegten Zahlungen nicht innerhalb eines Monats nach dem Zeitpunkt geleistet hat, in dem der Beschluß unanfechtbar geworden ist. Antragsberechtigt ist jeder Beteiligte, dem eine nicht gezahlte Entschädigung zusteht oder der nach § 97 Abs. 4 aus ihr zu befriedigen ist.

(2) Vor der Aufhebung ist der durch die Enteignung Begünstigte zu hören. Der Aufhebungsbeschluß ist allen Beteiligten zuzustellen und der Gemeinde und dem Grundbuchamt abschriftlich mitzuteilen.

1. Die nach Unanfechtbarkeit des Enteignungsbeschlusses, aber vor Erlaß der Ausführungsanordnung (§ 117) bei Nichtzahlung der Entschädigung innerhalb der Zahlungsfrist auf Antrag eines entschädigungsberechtigten Beteiligten erfolgende **Aufhebung des Enteignungsbeschlusses** soll den Enteigneten und sonstige Entschädigungsberechtigte davor schützen, daß der Enteignungsbegünstigte durch Nichtzahlung den Erlaß der Ausführungsanordnung und damit den Zeitpunkt des Eigentumswechsels verzögert. Die Entscheidung nach § 120 beendet das Enteignungsverfahren. Anstelle dieses einschneidenden Mittels können die Entschädigungsberechtigten gem. § 122 Abs. 1 Nr. 2 wegen der Geldentschädigung die Zwangsvollstreckung betreiben.

2. a) Erste Voraussetzung für die Aufhebung des Enteignungsbeschlusses ist dessen **Unanfechtbarkeit** (Abs. 1 S. 1). Dazu § 117, Rn 3. Die Enteignungsbehörde kann den unanfechtbaren Enteignungsbeschluß vor Erlaß der Ausführungsanordnung gem. §§ 48, 49 VwVfG durch Rücknahme oder Widerruf **aufheben** (OLG Koblenz, NJW 1983, 2036; Dyong, in: E/Z/B, § 120, Rn 3; a. A. Schrödter, § 120, Rn 1 unter Berufung auf § 158 Abs. 2 BBauG = § 218 Abs. 2 BauGB, wonach selbst das Baulandgericht im Falle der Wiedereinsetzung in den vorigen Stand seinen unanfechtbaren und durch Ausführungsanordnung wirksam gewordenen Enteignungsbeschluß nicht aufheben oder ändern kann). Im Rahmen von § 120 geht es aber gerade nicht um die Aufhebung eines Enteignungsbeschlusses nach Erlaß der Ausführungsanordnung. § 120 schließt als Spezialvorschrift auch nicht die Anwendbarkeit der allgemeinen Aufhebungsvorschriften (§§ 48, 49 VwVfG) aus, da diese die Aufhebung aus rechtsstaatlichen Gründen in das Ermessen der Enteignungsbehörde stellen, nach § 120 hingegen im Interesse der Entschädigungsberechtigten ein Anspruch auf Aufhebung besteht. Die Antragsberechtigten haben einen **Auskunftsanspruch** gegen die Enteignungsbehörde, ob der Enteignungsbeschluß unanfechtbar ist (Pohl, in: Kohlhammer-Komm., § 120 BBauG, Anm. II 2). Dem unanfechtbaren Enteignungsbeschluß steht gleich eine Einigung (§ 110) oder Teileinigung (§ 111).

b) Zweite Voraussetzung für die Aufhebung des Enteignungsbeschlusses ist, daß die **Ausführungsanordnung noch nicht ergangen** ist.

Die Ausführungsanordnung (§ 117) ist ergangen, wenn sie allen Beteiligten (§ 106) zugestellt ist. Die Entschädigungsberechtigten haben insoweit einen **Auskunftsanspruch** gegen die Enteignungsbehörde (Dyong, in: E/Z/B, § 120, Rn 2). Ist die Ausführungsanordnung unter Verstoß gegen § 117 erlassen worden, so ist § 120 nicht anwendbar (Dyong aaO; für analoge Anwendung Andersson, NJW 1964, 183; Stich, in: Berliner Komm., § 120, Rn 3). Mit Eintritt der Rechtsänderung darf die Enteignungsbehörde die Ausführungsanordnung auch nicht mehr nach § 48 VwVfG zurücknehmen (insoweit zutr. Schrödter, § 120, Rn 1; s. aber Rn 2; a. A. Stich, aaO, Rn 3). Insoweit geht § 120 im Interesse der Rechtssicherheit vor. Möglich bleibt die Aufhebung durch das Baulandgericht aufgrund eines Antrags nach § 217.

4 **c)** Dritte Voraussetzung nach Abs. 1 S. 1 ist, daß der Enteignungsbegünstigte die ihm durch den Enteignungsbeschluß auferlegten **Zahlungen nicht** innerhalb eines Monats nach dem Zeitpunkt **geleistet** hat, in dem der Beschluß unanfechtbar geworden ist. Zur Zahlung der Geldentschädigung s. § 117, Rn 4. Die **Monatsfrist** berechnet sich entsprechend nach § 187 Abs. 1, § 188 Abs. 2 BGB. Trotz Versäumung der Monatsfrist darf der Enteignungsbeschluß nicht nach § 120 aufgehoben werden, wenn der Enteignungsbegünstigte nach Anhörung zu dem Aufhebungsantrag die Entschädigung unverzüglich leistet oder hinterlegt (BGHZ 61, 136). Auf diese Weise bleiben schutzwürdige Interessen des Enteigneten gewahrt und die Anhörung behält ihren Sinn (Pohl, in: Kohlhammer-Komm., § 120 BBauG, Anm. II 3 b). Eine Aufhebung ist auch ausgeschlossen, wenn die Zahlung zwar nach Ablauf der Frist, aber vor Stellung des Antrags auf Aufhebung eingeht. Ist die Geldentschädigung in **wiederkehrenden Leistungen** zu erbringen, so liegt eine Nichtzahlung i. S. v. Abs. 1 S. 1 nur vor, wenn die erste Zahlung innerhalb der Monatsfrist erfolgen soll und unterbleibt (s. Dyong, in: E/Z/B, § 120, Rn 5).

5 **d)** Die Aufhebung des Enteignungsbeschlusses setzt einen **Antrag** voraus (Abs. 1 S. 1). Antragsberechtigt sind nur die Beteiligten (§ 106), denen eine nicht gezahlte Entschädigung zusteht oder die nach § 97 Abs. 4 als Nebenberechtigte aus ihr zu befriedigen sind (Abs. 1 S. 2).

6 **3.** Über den Antrag auf Aufhebung des Enteignungsbeschlusses entscheidet die Enteignungsbehörde durch **Beschluß.** Eine mündliche Verhandlung ist nicht vorgeschrieben, ebensowenig eine Mitwirkung der ehrenamtlichen Beisitzer. Vor einer dem Antrag stattgebenden Entscheidung ist der Enteignungsbegünstigte zu hören (Abs. 2 S. 1). Legt der Enteignungsbegünstigte in der **Anhörung** dar, daß er unverzüglich zahlen wird, so darf wegen der Fristversäumung der Enteignungsbeschluß nicht aufgehoben werden (BGHZ 61, 136; s. a. Rn 4). Ein dem Aufhebungsantrag stattgebender Beschluß ist allen Beteiligten (§ 106) zuzustellen, der Gemeinde und dem Grundbuchamt ist er nur abschriftlich mitzuteilen (Abs. 2 S. 2). Ein unanfechtbarer Aufhebungsbeschluß beendet das Enteignungsverfahren. Der Enteignungsbegün-

stigte hat nur die Möglichkeit, die Einleitung eines neuen Enteignungsverfahrens zu betreiben, in dem wegen der Nichtzahlung im vorangegangenen Verfahren die Voraussetzungen des § 87 Abs. 2 S. 2 besonders sorgfältig zu prüfen sind. Hat der Enteignungsbegünstigte an den Antragsteller fristgemäß die Entschädigung gezahlt, an einen anderen Beteiligten aber nicht, so ist der Antrag dennoch abzulehnen, wenn der andere Beteiligte selbst keinen Antrag nach § 120 gestellt hat (Dyong, in: E/Z/B, § 120, Rn 10). Ein ablehnender Beschluß ist nur dem Antragsteller zuzustellen.

4. Gegen die Ablehnung des Antrags auf Aufhebung des Enteignungsbeschlusses kann der Antragsteller Antrag auf **gerichtliche Entscheidung** stellen (§ 217). Hält das Baulandgericht den Antrag auf gerichtliche Entscheidung für begründet, so hebt es den ablehnenden Beschluß auf und verpflichtet die Enteignungsbehörde, den Enteignungsbeschluß aufzuheben (§ 226 Abs. 2 S. 2). Den Beschluß, den Enteignungsbeschluß aufzuheben, kann der Enteignungsbegünstigte nach § 217 anfechten. Der Antrag hat aufschiebende Wirkung. Zur Möglichkeit des Gerichts, den Enteignungsbeschluß zu ändern s. § 226 Abs. 3.

7

§ 121 Kosten

(1) **Der Antragsteller hat die Kosten zu tragen, wenn der Antrag auf Enteignung abgelehnt oder zurückgenommen wird. Wird dem Antrag auf Enteignung stattgegeben, so hat der Entschädigungsverpflichtete die Kosten zu tragen. Wird einem Antrag auf Rückenteignung stattgegeben, so hat der von der Rückenteignung Betroffene die Kosten zu tragen. Wird ein Antrag eines sonstigen Beteiligten abgelehnt oder zurückgenommen, sind diesem die durch die Behandlung seines Antrags verursachten Kosten aufzuerlegen, wenn sein Antrag offensichtlich unbegründet war.**

(2) **Kosten sind die Kosten des Verfahrens und die zur zweckentsprechenden Rechtsverfolgung oder Rechtsverteidigung notwendigen Aufwendungen der Beteiligten. Die Gebühren und Auslagen eines Rechtsanwalts oder eines sonstigen Bevollmächtigten sind erstattungsfähig, wenn die Zuziehung eines Bevollmächtigten notwendig war. Aufwendungen für einen Bevollmächtigten, für den Gebühren und Auslagen gesetzlich nicht vorgesehen sind, können nur bis zur Höhe der gesetzlichen Gebühren und Auslagen von Rechtsbeiständen erstattet werden.**

(3) **Aufwendungen, die durch das Verschulden eines Erstattungsberechtigten entstanden sind, hat dieser selbst zu tragen; das Verschulden eines Vertreters ist dem Vertretenen zuzurechnen.**

(4) **Die Kosten des Verfahrens richten sich nach den landesrechtlichen Vorschriften. Die Enteignungsbehörde setzt die Kosten im**

Enteignungsbeschluß oder durch besonderen Beschluß fest. Der Beschluß bestimmt auch, ob die Zuziehung eines Rechtsanwalts oder eines sonstigen Bevollmächtigten notwendig war.

1 **1.** Abs. 1 bestimmt differenziert nach Gegenstand und Ausgang des Verfahrens, **wer** – Antragsteller (S. 1), Entschädigungsverpflichteter (S. 2), von der Rückenteignung Betroffener (S. 3), sonstige Beteiligte (S. 4) –, **wann** – bei Ablehnung des Enteignungsantrags im Enteignungsfall, bei Rückenteignung, bei offensichtlich unbegründetem Antrag – die Kosten des Enteignungsverfahrens zu tragen hat. Abs. 2 bestimmt den **Umfang** der zu erstattenden Kosten. Abs. 3 trifft eine Sonderregelung bei Verschulden eines Erstattungsberechtigten. Abs. 4 S. 2, 3 regelt die Kostenfestsetzung. Abs. 4 S. 1 verweist hinsichtlich der Höhe der Kosten des Enteignungsverfahrens an landesrechtliche Vorschriften. Bis zu Neuregelung durch die Novelle 1976 hatte die Rechtspr. (BGH, NJW 1966, 493; NJW 1966, 1480; anders noch BGHZ 31, 229; zusammenf. Steffen, DVBl. 1969, 174) dem Enteignungsbetroffenen einen Entschädigungsanspruch auf Erstattung der Anwaltskosten sowie sonstiger Kosten einer notwendigen Rechtsverfolgung und Rechtsverteidigung nur als „andere Vermögensnachteile" i. S. v. § 96 zuerkannt. Wenn der Enteignungsantrag abgelehnt oder zurückgenommen wurde, konnte auf § 96 nicht zurückgegriffen werden. Obwohl zugunsten des Eigentümers entschieden wurde, mußte er seine Anwaltskosten selbst tragen. Diese unbefriedigende dualistische, teils (§ 121 a. F.) Erstattungs-, teils (§ 96) folgeschadensrechtliche Lösung hat die Novelle 1976 durch ein einheitliches Konzept ersetzt (BT-Drs. 7/2496, S. 61; Schmidt-Aßmann, in: E/Z/B, § 96, Rn 89; Reisnecker, in:

Kohlhammer-Komm., § 121, Rn 7; a. A. Büchs, Grunderwerb und Entschädigung beim Straßenbau, 2. A., 1980, S. 747, der zu Unrecht § 96 und § 121 alternativ für anwendbar hält).

2. a) Wird der Enteignungsantrag (§ 105) durch Enteignungsbeschluß (§ 112) abgelehnt oder wird der Antrag vom Antragsteller zurückgenommen, so hat der **Antragsteller** die Kosten zu tragen (Abs. 1 S. 1; überholt BGHZ 56, 221). Wird der Antrag zurückgenommen, nachdem sich die Beteiligten außerhalb des Enteignungsverfahrens geeinigt haben, so geht eine etwaige abweichende Vereinbarung der Regelung des Abs. 1 S. 1 vor (Dyong, in: E/Z/B, § 121, Rn 6). Eine Einigung oder Teileinigung innerhalb des Enteignungsverfahrens (§ 110, § 111) steht einem Enteignungsbeschluß gleich (§ 110 Abs. 3 S. 1), so daß auch für sie Abs. 1 S. 1 gilt, sofern die Beteiligten nicht Abweichendes vereinbart haben. Nach BGHZ 65, 280/283 sind die Kosten des **Besitzeinweisungsverfahrens** nicht erstattungsfähig, wenn das Besitzeinweisungsverfahren vorzeitig endet. Nach seit 1977 gültiger Fassung des Abs. 1 S. 1, der zwar das Besitzeinweisungsverfahren nicht ausdrücklich regelt, ist diese Rechtsprechung aufzugeben (Reisnecker, aaO, Rn 10).

b) Wird dem Enteignungsantrag (§ 105) durch Enteignungsbeschluß (§ 112) stattgegeben, so hat der **Entschädigungsverpflichtete** (§ 94 Abs. 2) die Kosten zu tragen. Abs. 1 S. 2 gilt auch für Einigungen (§ 110) oder Teileinigungen (§ 111), sofern diese nicht Abweichendes vorsehen (s. Rn 2). § 121 Abs. 1 S. 1 a. F. bestimmte, daß der Antragsteller stets und nicht wie nach Abs. 1 S. 1 n. F. nur im Falle der Abweisung oder Rücknahme des Enteignungsantrags die Kosten des Verfahrens zu tragen hatte. Im Regelfall sind Antragsteller und Entschädigungsverpflichteter identisch, so daß die Novelle insoweit kein anderes Ergebnis bewirkt hat. Lediglich in den Fällen, in denen der Eigentümer den Antrag auf Entziehung des Eigentums gestellt hat, weil es hinsichtlich seines **Übernahmeanspruches** zu keiner Einigung gekommen ist (§ 43 Abs. 1), ist nicht der antragstellende Eigentümer, sondern der Übernahmeverpflichtete (i. d. R. Gemeinde) entschädigungs- und damit aufgrund der Neuregelung auch kostenpflichtig.

c) Wird einem Antrag auf **Rückenteignung** (§ 102) stattgegeben, so hat der von der Rückenteignung Betroffene – der Begünstigte des rückabgewickelten Enteignungsverfahrens – die Kosten zu tragen. Abs. 1 S. 3 überträgt den Grundsatz des Abs. 1 S. 1 auf die besondere Situation der Rückenteignung und wahrt zugleich die verfassungsrechtlich (Art. 14 Abs. 1 S. 1 GG) geschützte Position des ursprünglichen Eigentümers auch hinsichtlich der Kosten.

d) Abs. 1 S. 4 schränkt die Kostentragungspflicht des Antragstellers nach Abs. 1 S. 1, die des Entschädigungsverpflichteten nach Abs. 1 S. 2 und die des Rückenteignungsbetroffenen nach Abs. 1 S. 3 ein. Wird der Antrag eines **sonstigen Beteiligten** (§ 106) abgelehnt oder zurückgenommen, sind diesem die durch die Behandlung seines Antrags verur-

sachten Kosten aufzuerlegen, wenn der Antrag offensichtlich unbegründet war. Die erst im Gesetzgebungsverfahren zur Novelle 1976 eingefügte Einschränkung soll verhindern, daß, wie bei uneingeschränkter Kostentragungspflicht vermutet, aus Angst vor der Kostentragungspflicht u. U. auch von sachgerechten Anträgen abgesehen wird (BT-Drs. 7/4793, S. 44, 111). Da die Enteignungsbehörde aber offensichtlich unbegründete Anträge nicht zu behandeln braucht (§ 107, Rn 7), also regelmäßig auch keine Kosten entstehen werden, hat die Neuregelung geringe praktische Bedeutung (Dyong, in: E/Z/B, § 121, Rn 9).

6 **3. a)** Zu **erstattende Kosten** sind gem. Abs. 2 S. 1 1. Altern. **Kosten des Verfahrens der Enteignungsbehörde,** also Verwaltungsgebühren und Auslagen, z. B. für Schreibarbeiten, Tagegelder, Wahrnehmung auswärtiger Termine. Die Höhe dieser Kosten des Verfahrens richtet sich gem. Abs. 4 S. 1 nach landesrechtlichen Vorschriften. Die Gebührengesetze und Verwaltungsgebührenordnungen der Länder können für das Enteignungsverfahren Gebührenfreiheit vorsehen (Reisnecker, aaO, Rn 23).

7 **b)** Zu erstattende Kosten sind zweitens gem. Abs. 2 S. 1 2. Altern. die **Aufwendungen der Beteiligten,** die zur zweckentsprechenden Rechtsverfolgung oder Rechtsverteidigung **notwendig** waren (ebenso § 80 Abs. 1 S. 1 VwVfG, § 162 Abs. 1 VwGO), also alle Aufwendungen, die ein verständiger Beteiligter im Hinblick auf die Bedeutung und rechtliche oder sachliche Schwierigkeit der Sache, die Gegenstand des Verfahrens ist, vernünftigerweise für erforderlich halten durfte. Nicht abzustellen ist auf die Sicht eines Rechtskundigen oder auf eine ex-post-Beurteilung. Die Sach- und Rechtskunde des Beteiligten ist zu berücksichtigen. Alle unnötigen und unzweckmäßigen Aufwendungen sind nicht zu erstatten. Erstattungsfähig sind z. B. Kosten für die Teilnahme am Termin, Schriftverkehrskosten, nach h. M. nicht der Arbeits- und Zeitaufwand des Beteiligten (s. Stelkens, in: St/B/L, VwVfG, § 80, Rn 20; Dyong, in: E/Z/B, § 121, Rn 11; a. A. zu Recht Kopp, VwVfG, § 80, Rn 19; Meyer, in: M/B, § 80, Rn 34). Kosten für ein Gutachten sind nicht nur erstattungsfähig, wenn die Enteignungsbehörde das Gutachten verwertet hat (so Aust/Jacobs, Die Enteignungsentschädigung, S. 249), sondern bereits dann, wenn ein nicht selbst hinreichend sachkundiger Beteiligter es auch nach Zuziehung eines Rechtsanwaltes oder sonstigen Bevollmächtigten zur Wahrung der Waffengleichheit für erforderlich halten durfte, um zu schwierigen Fragen in angemessener Zeit Stellung nehmen zu können (s. a. Kopp, VwVfG, § 80, Rn 21 u. 22).

8 **c) aa)** Abs. 2 S. 2 trifft hinsichtlich der Gebühren und Auslagen für die Hinzuziehung von **Rechtsanwälten** und sonstigen **Bevollmächtigten** eine Sonderregelung (ebenso § 80 Abs. 2 VwVfG, § 162 Abs. 2 VwGO; zur alten Rechtslage s. Rn 1). Deren Gebühren und Auslagen sind nur erstattungsfähig, wenn die Zuziehung eines Rechtsanwaltes

oder sonstigen Bevollmächtigten **notwendig** war. Dies ist im Enteignungsverfahren für den Enteigneten angesichts der zahlreichen zu beurteilenden Rechtsfragen regelmäßig der Fall, auch wenn er selbst rechtskundig ist (s. Kirchberg, VBlBW 1990, 161/167; einschr. Reisnecker, aaO, Rn 32). Für sonstige Beteiligte (§ 106) gilt grundsätzlich nichts anderes (einschr. Dyong, in: E/Z/B, § 121, Rn 13). Ausnahmen sind insoweit eher möglich, wenn z. B. das Recht des sonstigen Beteiligten von geringer Bedeutung ist oder wenn es durch die Einteignung wirtschaftlich nicht gefährdet wird. Ein Rechtsanwalt, der sich selbst vertritt, hat einen Anspruch auf Kostenerstattung (BVerwG BayVBl. 1981, 93; VGH München, BayVBl. 1972, 645; VGH Mannheim, ESVGH 26, 178; Meyer, in: M/B, § 80, Rn 36; Kopp, VwVfG, § 80, Rn 19; a. A. VGH München, NJW 1978, 2414 mwN; OVG Lüneburg, VerwRspr. 27, 125; VG Düsseldorf, NJW 1965, 1039; BFH 104, 306; 108, 574; VGH Mannheim, NVwZ 1982, 633; Reisnecker, aaO, Rn 32).

bb) Für einen Anwalt entstehen i. d. R. eine Geschäftsgebühr und **9** eine Besprechungsgebühr (§ 118 Abs. 1 Nr. 1 u. 2 BRAGO). Möglich sind auch eine Beweisgebühr (§ 118 Abs. 1 Nr. 3 BRAGO) und bei einer Einigung während des Enteignungsverfahrens zusätzlich eine Vergleichsgebühr (§ 23 BRAGO). Die Kosten der Rechtsvertretung im Besitzeinweisungsverfahren (§ 116) sind gesondert zu erstatten, weil dieses Verfahren mit dem Enteignungsverfahren keine Einheit bildet (BGHZ 61, 240/247). Die zu erstattenden **Gebühren** werden nach der Höhe der festgesetzten Entschädigung berechnet, nicht nach dem im Verhältnis Anwalt Mandant maßgeblichen Streitwert der Entschädigungsforderung des Enteigneten (BGH, DVBl. 1969, 204). Zum üblichen Mittelwert und zum Bestimmungsrecht des Anwalts bei der Höhe der Rahmengebühren des § 118 BRAGO s. Gelzer/Busse, Der Umfang des Entschädigungsanspruchs aus Enteignung und enteignungsgleichem Eingriff, 2. A., 1980, Rn 422.

cc) Kommt es **vor Einleitung des Enteignungsverfahrens** zur Ver- **10** meidung der Enteignung zu einer Einigung, so sind die dadurch entstandenen Rechtsberatungskosten mangels eingeleiteten Enteignungsverfahrens nach § 121 unmittelbar nicht zu erstatten. Aust/Jacobs aaO, S. 250 u. Gelzer/Busse aaO, Rn 417 plädieren unter Berufung auf BGHZ 61, 240/250, wo allerdings nur von Kosten des Enteignungsverfahrens die Rede ist, dafür, auch nach der Neuregelung der Kostenerstattung (Rn 1) diese Aufwendungen in „sachgerechter Auslegung des § 96" als Folgekosten einer drohenden Enteignung zu erstatten, sofern die Kosten vom Standpunkt eines vernünftigen Eigentümers für die zweckentsprechende Wahrnehmung seiner Rechte erforderlich waren. Nachdem der Gesetzgeber anstelle der bisherigen dualistischen, teils folgeschadensrechtlichen, teils erstattungsrechtlichen, bewußt eine einheitliche erstattungsrechtliche Lösung herbeigeführt hat (BT-Drs. 7/ 2496, S. 61), ist es aus Gründen der Gesetzessystematik und zur Ge-

währleistung einheitlicher Ergebnisse geboten, auch die vor Einleitung eines Enteignungsverfahrens entstandenen Kosten zumindest **analog § 121 Abs. 2 S. 2** zu erstatten (s. a. Schmidt-Aßmann, in: E/Z/B, § 96, Rn 89). Bei den Verhandlungen fallen regelmäßig die Geschäfts- und die Besprechungsgebühr an, mangels förmlichen Enteignungsverfahrens jedoch keine Beweisgebühr (§ 118 Abs. 1 Nr. 3 BRAGO). Streitig ist, ob vor Einleitung des Enteignungsverfahrens ein **Vergleich** und damit das Anfallen einer Vergleichsgebühr möglich ist (bejahend Schmidt, NJW 1970, 229; Lingenberg, BauR 1973, 89; a. A. Reinhardt, NJW 1970, 697). Ein ausreichend konkretes Rechtsverhältnis ist gegeben, wenn die Einigung zwar vor Einleitung des Enteignungsverfahrens, aber nach Erlaß des Bebauungsplans erzielt worden ist (Gelzer/Busse, Rn 419; Aust/Jacobs, S. 251 f.; Büchs, S. 453). Vor dem Beschluß zur Aufstellung eines Bebauungsplanes liegt regelmäßig noch kein Rechtsverhältnis vor, weil noch nicht erkennbar ist, ob ein bestimmtes Grundstück für Enteignungszwecke benötigt werden wird (BGHZ 59, 69/71 zum Planfeststellungsbeschluß). Gleiches soll gelten, wenn das Grundstück in einem (nach dem StBauFG ausgewiesenen) Sanierungsgebiet liegt (BGH, WM 1979, 1102; zust. Gelzer/Busse, Rn 420). An einem gegenseitigen Nachgeben i. S. v. § 779 BGB wird es regelmäßig nur dann fehlen, wenn das Entschädigungsangebot ohne weiteres angenommen worden ist.

11 **dd)** Die Zuziehung eines **anderen Bevollmächtigten** als eines Rechtsanwaltes, z. B. eines Steuerberaters, Wirtschaftsprüfers oder Architekten kann notwendig sein, wenn z. B. wegen der Besonderheit eines gewerblich genutzten Grundstücks der Schwerpunkt nicht in rechtlichen, sondern wirtschaftlichen Fragen liegt (Schmidt-Aßmann, in: E/Z/B, § 96, Rn 90). Abs. 2 S. 3 begrenzt ebenso wie § 139 Abs. 3 S. 2 FGO die Erstattung von Aufwendungen für einen Bevollmächtigten, für den Gebühren und Auslagen gesetzlich nicht vorgesehen sind, bis zur Höhe der gesetzlichen Gebühren und Auslagen von Rechtsbeiständen. Dadurch soll die Erstattung dieser Kosten nach der BRAGO ausgeschlossen werden, weil es an vergleichbaren Voraussetzungen fehle (BR-Drs. 7/5059 Nr. 20).

12 **d)** Auch wenn Aufwendungen eines Erstattungsberechtigten zur zweckentsprechenden Rechtsverfolgung oder -verteidigung notwendig waren, entfällt der Erstattungsanspruch, wenn die Aufwendungen durch das **Verschulden des Erstattungsberechtigten** oder seines Vertreters entstanden sind. Abs. 3 entspricht § 80 Abs. 1 S. 4 VwVfG. Wie dieser bewirkt Abs. 3 nur eine Minderung des eigenen Erstattungsanspruchs eines im übrigen Erstattungsberechtigten. Anders als § 155 Abs. 5 VwGO ist Abs. 3 hingegen keine selbständige Anspruchsgrundlage für Aufwendungen, die anderen Erstattungsberechtigten entstanden sind.

13 **4.** Abs. 4 S. 2 stellt es in das Ermessen der Enteignungsbehörde, ob sie die Kosten im Enteignungsbeschluß (§ 112) oder durch besonderen

Beschluß **festsetzt.** Ein besonderer Beschluß muß nur ergehen, wenn der Enteignungsantrag abgelehnt oder zurückgenommen worden ist. Im Enteignungsbeschluß oder in dem besonderen Kostenfestsetzungsbeschluß ist gem. Abs. 4 S. 3 auch zu bestimmen, ob die Zuziehung eines Rechtsanwalts oder eines sonstigen Bevollmächtigten notwendig war. Diese für die Erstattung wichtige Entscheidung (Rn 8) trifft die Enteignungsbehörde nicht nach Ermessen. Vielmehr ist diese Rechtsfrage gerichtlich voll überprüfbar, wenn die Kostenentscheidung des Enteignungsbeschlusses oder der besondere Kostenfestsetzungsbeschluß nach §217 angefochten werden. Der Kostenanspruch kann analog §122 Abs. 1 Nr. 2 durchgesetzt werden (Dyong, in: E/Z/B, §121, Rn 15).

§122 Vollstreckbarer Titel

(1) **Die Zwangsvollstreckung nach den Vorschriften der Zivilprozeßordnung über die Vollstreckung von Urteilen in bürgerlichen Rechtsstreitigkeiten findet statt**

1. **aus der Niederschrift über eine Einigung wegen der in ihr bezeichneten Leistungen;**

2. **aus nicht mehr anfechtbarem Enteignungsbeschluß wegen der zu zahlenden Geldentschädigung oder einer Ausgleichszahlung;**

3. **aus einem Beschluß über die vorzeitige Besitzeinweisung oder deren Aufhebung wegen der darin festgesetzten Leistungen.**

Die Zwangsvollstreckung wegen einer Ausgleichszahlung ist erst zulässig, wenn die Ausführungsanordnung wirksam und unanfechtbar geworden ist.

(2) **Die vollstreckbare Ausfertigung wird von dem Urkundsbeamten der Geschäftsstelle des Amtsgerichts erteilt, in dessen Bezirk die Enteignungsbehörde ihren Sitz hat und, wenn das Verfahren bei einem Gericht anhängig ist, von dem Urkundsbeamten der Geschäftsstelle dieses Gerichts. In den Fällen der §§731, 767 bis 770, 785, 786 und 791 der Zivilprozeßordnung tritt das Amtsgericht, in dessen Bezirk die Enteignungsbehörde ihren Sitz hat, an die Stelle des Prozeßgerichts.**

Übersicht

1 1. Abs. 1 erklärt die Einigung nach § 110 Abs. 2 und bestimmte
Anordnungen der Enteignungsbehörde zu Titeln, aus denen die
Zwangsvollstreckung nach den § 704 ff. ZPO – Vollstreckung von
Urteilen in bürgerlich-rechtlichen Streitigkeiten – stattfindet. Abs. 2
bestimmt Besonderheiten für das Vollstreckungsverfahren der Titel
nach Abs. 1. Vor Inkrafttreten des § 122 konnte der Enteignungsbe-
schluß als Verwaltungsakt kein vollstreckbarer Titel i. S. d. ZPO sein.
Der Entschädigungsberechtigte wurde nur dadurch geschützt, daß der
Erlaß der Ausführungsanordnung (§ 117) von der Zahlung bzw. Hin-
terlegung der Entschädigung abhängig ist und daß die Aufhebung des
Enteignungsbeschlusses beantragt werden kann (§ 120). § 122 a. F.
erklärte erstmals die Einigung nach § 110, den Enteignungsbeschluß
wegen der Ausgleichzahlung sowie die vorzeitige Besitzeinweisung
oder deren Aufhebung zu vollstreckbaren Titeln. Entsprechend dem
Prinzip der vorgängigen Entschädigung (§ 117) wurde aber der **Enteig-
nungsbeschluß wegen der Geldentschädigung** nicht in den Katalog
des § 122 aufgenommen. Dies wurde von der Praxis in vielen Fällen als
unbefriedigend empfunden, insbesondere wenn ratenweise Zahlungen
(§ 99 Abs. 1 S. 2) im Enteignungsbeschluß festgesetzt waren (BT-Drs.
7/4793, S. 44; Dittus, NJW 1964, 1556; Andersson, NJW 1964, 183).
Die Novelle 1976 hat daher den Enteignungsbeschluß auch wegen der
darin festgesetzten Entschädigungen zum vollstreckbaren Titel erklärt.
Dadurch wurde aber weder das Prinzip der vorgängigen Entschädi-
gung noch die Alternative beseitigt, den Enteignungsbeschluß nach
§ 120 anzufechten. Die auf ein Dulden gerichtete **vorzeitige Besitzein-
weisung** (§ 116) und die **Ausführungsanordnung** (§ 117) werden nicht
nach der ZPO, sondern nach den **Verwaltungsvollstreckungsgesetzen**
der Länder durchgesetzt (hinsichtlich der vorzeitigen Besitzeinweisung
offengelassen von BGHZ 96, 1). Keiner Vollstreckung bedürfen die
rechtsgestaltenden Anordnungen des Enteignungsbeschlusses, nämlich
die Entziehung des Grundeigentums und seine Übertragung auf den
Enteignungsbegünstigten sowie die Aufhebung, Änderung und Neu-
begründung von Rechten einschließlich der Enteignung im Nachver-
fahren nach § 115 Abs. 2. § 122 gilt kraft Gesetzes entsprechend für die
Veränderungssperre (§ 18 Abs. 2 S. 5), im Planungsschadensrecht (§ 43
Abs. 2 S. 3) und für den Aufwendungsersatz bei der Ersatzlandbeschaf-
fung (§ 100 Abs. 9 S. 3). Abs. 1 S. 1 Nr. 2 ist auch analog anwendbar auf
die Vollstreckung des Kostenanspruchs des Enteignungsbeschlusses
(§ 121) (Dyong, in: E/Z/B, § 121, Rn 15).

2 **2. a)** Nach Abs. 1 S. 1 Nr. 1 ist Vollstreckungstitel die Niederschrift
über eine **Einigung** (§ 110 Abs. 2) wegen der in ihr bezeichneten
Leistungen, und zwar sowohl wegen der Geldentschädigung wie der
Ausgleichzahlungen, nicht jedoch wegen des Übergangs oder der
Belastung des Eigentums, da die dem Enteignungsbeschluß gleichste-
hende (§ 110 Abs. 3 S. 1) Einigung insoweit keine weitergehende
Rechtswirkung als dieser haben kann.

b) Nach Abs. 1 S. 1 Nr. 2 ist Vollstreckungstitel der nicht mehr 3
anfechtbare (§ 117, Rn 3) **Enteignungsbeschluß wegen der** zu zahlenden **Geldentschädigung** (Rn 1) oder einer **Ausgleichsleistung,** die bei einer Entschädigung in Land oder Rechten (§ 100 Abs. 5 S. 4, § 101 Abs. 1 S. 2) festgesetzt worden ist. Da die Ausgleichszahlung Wertunterschiede zwischen enteigneten und zugewiesenen Grundstücken bzw. Rechten ausgleichen soll, ist ihre Zahlung erst gerechtfertigt, wenn das Eigentum am Grundstück übergegangen ist. Daher ist gem. Abs. 1 S. 2 die Zwangsvollstreckung wegen einer Ausgleichsleistung erst zulässig, wenn die den Eigentumswechsel bewirkende Ausführungsanordnung (§ 117) wirksam und unanfechtbar geworden ist. Unanfechtbar ist auch der durch baulandgerichtliches Urteil bestätigte Enteignungsbeschluß. Er und nicht das keine Leistung bestimmende Urteil ist daher auch ein nach Abs. 1 S. 1 Nr. 2 vollstreckbarer Titel (Dyong, in: E/Z/B, § 122, Rn 8). Setzt das Urteil gem. § 226 Abs. 2 die Entschädigung oder die Ausgleichsleistung anders fest, so ist nicht der geänderte Enteignungsbeschluß, sondern gem. § 221 Abs. 1 S. 1 BauGB, § 704 ZPO das **Urteil** ein vollstreckbarer Titel, der hinsichtlich der Entschädigung auch vor Erlaß der Ausführungsanordnung (so Schrödter aaO; Dyong aaO, Rn 2 u. 8) hinsichtlich der Ausgleichszahlung wegen Abs. 1 S. 2 erst nach Wirksamkeit und Unanfechtbarkeit der Ausgleichsanordnung (so Dyong aaO; a. A. Schrödter aaO) vollstreckt werden kann.

c) Nach Abs. 1 S. 1 Nr. 3 ist Vollstreckungstitel der Beschluß über 4
die **vorzeitige Besitzeinweisung** oder deren Aufhebung (§ 116, Rn 11) wegen der darin festgesetzten Leistungen, nämlich der in Geld oder einem Tun oder Unterlassen bestehenden Entschädigung nach § 116 Abs. 4 oder nach § 116 Abs. 6 (s. § 116, Rn 9, 12). Vollstreckungstitel nach Abs. 1 S. 1 Nr. 3 entstehen auch, wenn die Entschädigung nach § 116 Abs. 4 nicht im Besitzeinweisungsbeschluß, sondern gesondert oder im Enteignungsbeschluß (§ 116, Rn 6) festgesetzt wird (Reisnekker, in: Kohlhammer-Komm., § 122, Rn 12).

3. a) Abs. 2 S. 1 bestimmt als Besonderheit für das **Vollstreckungs-** 5
verfahren der Titel nach Abs. 1, daß die **vollstreckbare Ausfertigung** von dem Urkundsbeamten der Geschäftsstelle des AG erteilt wird, in dessen Bezirk die Enteignungsbehörde ihren Sitz hat. Ist ein Baulandprozeß anhängig (§ 253 ZPO), ist der Urkundsbeamte der Geschäftsstelle des Baulandgerichtes zuständig. Bei einer Vollstreckung wegen einer Ausgleichszahlung (Abs. 1 S. 1 Nr. 2) darf die vollstreckbare Ausfertigung erst erteilt werden, wenn die Voraussetzungen des Abs. 1 S. 2 vorliegen (Rn 3). Erst dann ist der Titel vollstreckungsreif. Der mit der Vollstreckungsklausel versehene Titel ist spätestens gleichzeitig mit der durch den Gerichtsvollzieher durchzuführenden Zwangsvollstreckung zuzustellen.

b) Abs. 2 S. 2 verlagert die Zuständigkeit des Prozeßgerichts auf das 6
Amtsgericht, in dessen Bezirk die Enteignungsbehörde ihren Sitz hat, und zwar für folgende **Zwangsvollstreckungsbehelfe:** Klage auf Ertei-

lung der Vollstreckungsklausel (§ 731 ZPO), Vollstreckungsgegenklage (§ 767 ZPO), Klage gegen die Vollstreckungsklausel (§ 768 ZPO), Antrag auf Erlaß einer einstweiligen Anordnung in den Fällen der §§ 767, 768 ZPO (§§ 769, 770 ZPO), Vollstreckungsabwehrklage eines Erben (§ 785 ZPO), Vollstreckungsabwehrklage bei beschränkter Haftung (§ 786 ZPO) und Antrag auf Zwangsvollstreckung im Ausland (§ 791 ZPO).

Sechster Teil. Erschließung

Vorbemerkung zu den §§ 123 bis 135

Übersicht

1. Ein Baugebiet ist z. B. für Wohnzwecke erst dann in vollem **1**
Umfang sozialgerecht (vgl. zu diesem Begriff § 1 Abs. 5 Satz 1) nutz-
bar, wenn es „erschlossen" ist. Zur **Erschließung in diesem umfassen-
den Sinn** gehört, daß das Gebiet in **verkehrlicher, technischer und
sozialer Hinsicht** erschlossen ist, ohne daß diese Arten der Erschlie-
ßung trennscharf gegeneinander abgegrenzt werden könnten oder im
BauGB abgegrenzt wären. Das BauGB enthält überhaupt **keine Defi-
nition des Begriffs der Erschließung.**

– Zur Nutzbarkeit in diesem Sinn gehört, daß das Baugebiet an das
 allgemeine **Straßennetz** angeschlossen und dieses **beleuchtet** ist, mit
 Wasser, Strom, Telefon, Gas und **Wärme** versorgt wird und das
 Abwasser, ggf. über Regenklär- und Regenüberlaufbecken, **abge-
 leitet** wird. Zur Schaffung eines akzeptablen Kleinklimas und zur
 Naherholung müssen **Grünanlagen** angelegt werden; die Kinder
 brauchen **Kinderspielplätze.** Unter Umständen muß das Gebiet
 gegen schädliche Umwelteinwirkungen wie z. B. Verkehrs- oder
 Gewerbelärm **abgeschirmt** werden.
– Ferner muß das Gebiet mit Einrichtungen des **öffentlichen Perso-
 nennahverkehrs** erreicht werden können, muß der **Abfall** abgefah-

ren und entsorgt werden und ist für eine Sammlung und schadlose Beseitigung des anfallenden Abwassers in **Kläranlagen** zu sorgen. Auch muß die **Versorgung** des Gebiets mit Ärzten und Apotheken, mit Schulen und Kindergärten, mit Sport- und Freizeiteinrichtungen sowie mit Einrichtungen zur Deckung des täglichen Bedarfs sichergestellt sein.

Die in dieser nicht abschließenden Aufzählung genannten Anlagen und Einrichtungen zur Erschließung eines Wohnbaugebiets sind dem BauGB entnommen, und zwar den §§ 1, 5, 9, 55, 126 und 127. Die Sicherstellung einer solchen **umfassenden Erschließung (Infrastruktur)** obliegt im Rahmen der Erfüllung ihrer Aufgaben der **Daseinsvorsorge der Gemeinde.** Dies bedeutet nicht, daß die Gemeinde alle Anlagen auch selbst herstellen muß. Hierfür kommen vielmehr nach öffentlich-rechtlichen Vorschriften außerhalb des BauGB auch andere Träger in Betracht, so z. B. Bund oder Land als Träger der Straßenbaulast für die Ortsdurchfahrten ihrer überörtlichen Straßen in kleineren Gemeinden. Soweit im zweiten Spiegelstrich Anlagen und Einrichtungen des Gemeinbedarfs genannt sind, kann die Gemeinde die ihr hierdurch entstehenden Kosten durch sog. **Folgekostenverträge** abwälzen (vgl. § 124, Rn 3 ff.)

2 **2.** Das BauGB verwendet den Begriff der **Erschließung nicht einheitlich,** sondern in unterschiedlicher Bedeutung nach dem jeweiligen Regelungserfordernis, so z. B. in §§ 30, 34, 35, 123 ff., 127 ff. Baulich nutzbar sind **Grundstücke** in qualifiziert beplanten Bereichen nach § 30 Abs. 1 und innerhalb der im Zusammenhang bebauten Ortsteile nach § 34 nur dann, wenn die **Erschließung gesichert** ist. Hiermit ist nicht eine gebietsbezogene Erschließung gemeint, sondern eine ausschließlich **grundstücksbezogene Erschließung.** § 9a BBauG unterschied daher zwischen Erschließungsanlagen im Sinne des § 30 und anderen Erschließungsanlagen (vgl. B/K/L, 1. Auflage, § 9a, Rn 2). Dabei ist davon auszugehen, daß für eine ordnungsgemäße Erschließung eines Grundstücks in diesem Sinne mindestens der Anschluß an das öffentliche Straßennetz, die Versorgung mit Elektrizität und Wasser sowie die Abwasserbeseitigung vorhanden sein müssen (vgl. § 30, Rn 16). Die Anforderungen an die Erschließung im nicht qualifiziert beplanten Innenbereich nach § 34 und erst recht im Außenbereich nach § 35 können dahinter zurückbleiben (vgl. Weyreuther, DVBl. 1970, 3/7).

3 **3.** Über diesen grundstücksbezogenen Erschließungsbegriff, der auf die unmittelbaren Erfordernisse für eine Bebauung und sozialgerechte Nutzung des einzelnen Grundstücks abstellt, geht das Gesetz im **Ersten Abschnitt** des Sechsten Teils des Ersten Kapitels über die Erschließung hinaus. § 123 Abs. 2 verweist ausdrücklich auf die Erfordernisse „der Bebauung" und „des Verkehrs" und bezieht sich damit auf ein Gebiet, nicht auf ein einzelnes Grundstück (vgl. § 123, Rn 12); § 123 Abs. 1 weist den Gemeinden ganz allgemein „die Erschließung" als Aufgabe zu. Hier ist also eine **gebietsbezogene Erschließung** gemeint. Wegen

der Beschränkung der Gesetzgebungskompetenz des Bundes auf das Bodenrecht kann jedoch nicht die umfassende, die Daseinsvorsorge einschließende Erschließung eines Baugebiets (vgl. oben, Rn 1) angesprochen sein. Es kann vielmehr nur um die **zur Baureifmachung der Grundflächen erforderlichen Maßnahmen** gehen (BVerfG, Rechtsgutachten vom 16. 6. 1954, BVerfGE 3, 407/429; Beschluß vom 8. 11. 1972, NJW 0973, 505/506; Driehaus, Rn 76). Zur Erschließung in diesem Sinne gehören also alle Anlagen, die dazu dienen, die Baugebiete in baurechtlich zulässiger Weise nutzen zu können; dies sind die in Rn 1 unter dem ersten Spiegelstrich aufgeführten Anlagen. Dabei ist unerheblich, ob sich die Herstellung, Unterhaltung, Erweiterung oder Verbesserung dieser Anlagen nach Bundes- oder nach Landesrecht richtet und ob hierfür Erschließungsbeiträge oder Kommunalabgaben oder keinerlei Abgaben erhoben werden dürfen. Auch die Belegenheit der Erschließungsanlagen innerhalb oder außerhalb des erschlossenen Gebiets ist hierfür nicht immer maßgebend. Entsprechend dem ursprünglichen Charakter des BBauG als eines „Neubaugesetzes" gelten auch die Bestimmungen des Erschließungsrechts nach Auffassung des BVerwG nur für die **erstmalige Herstellung** der Erschließungsanlagen, nicht aber für deren Erweiterung oder Verbesserung oder für ihre Unterhaltung (BVerwG, U. v. 01. 11. 1987, NVwZ 1988, 255/356; a. A. Ernst, in: E/Z/B, § 123, Rn 5; vgl. näher § 123, Rn 15).

Im **Zweiten Abschnitt über den Erschließungsbeitrag** wird ein **4** demgegenüber nochmals **verengter gebietsbezogener Erschließungsbegriff** verwandt. Der Erschließungsbegriff des Erschließungsrechts wird nach zwei Seiten hin begrenzt: Zum einen können Beiträge nur für abschließend aufgeführte **Erschließungsanlagen** erhoben werden (vgl. § 127 Abs. 2 und 4). Zum anderen sind die Kosten auch für die erstmalige Herstellung von Erschließungsanlagen im Sinne des § 127 Abs. 2 nur insoweit beitragsfähig, als diese Anlagen selbst oder Art und Umfang ihres Ausbaus **erforderlich** sind, um die Bauflächen in baurechtlich zulässiger Weise nutzen zu können (§ 129 Abs. 1 Satz 1). Der Gebietsbezug ergibt sich daraus, daß die Erschließungsanlagen zur **Nutzung von Bauflächen** dienen müssen, wenn für sie Beiträge erhoben werden sollen (vgl. § 129 Abs. 1 Satz 1).

4. Das **Baugesetzbuch** hat die Bestimmungen über die Erschließung **5** nicht grundsätzlich geändert (zu früher erörterten weitergehenden Änderungen des Erschließungsbeitragsrechts vgl. Löhr, NVwZ 1987, 545 f.). Für einen Überblick über die Neuerungen vgl. 2. Auflage, Vorb. §§ 123–135, Rn 5; zur Entwicklung der Rechtsprechung des BVerwG vgl. David, NVwZ 1988, 595 ff.; 1990, 824 ff.

Da die Erschließung im Grundsatz eine Aufgabe der Gemeinde ist **6** und sich wesentlich auch nach landesrechtlichen Vorschriften richtet, enthalten die allgemeinen Vorschriften der §§ 123 bis 126 lediglich einige **Grundsätze über die Erschließung.** Schwerpunkt der Regelungen im BauGB sind die §§ 127 bis 135 über den **Erschließungsbeitrag.**

7 **a)** § 123 regelt zunächst die **Erschließungslast.** Nach § 123 Abs. 1 ist die erstmalige Erschließung grundsätzlich Aufgabe der Gemeinde, soweit sie nicht gesetzlich oder vertraglich einem anderen obliegt. Durch einen **Erschließungsvertrag** nach § 124 Abs. 1 kann die Durchführung der Erschließung, nicht die Erschließungslast selbst, auf einen Dritten übertragen werden.

8 **b)** Ferner sind im Ersten Abschnitt **Zeitpunkt und Ausmaß der Erschließung** im Grundsatz bestimmt. Nach § 125 Abs. 1 setzt die Herstellung der Erschließungsanlagen im Sinne des § 127 Abs. 2 grundsätzlich einen Bebauungsplan voraus. Nach § 123 Abs. 2 müssen nicht nur diese, sondern auch die übrigen Erschließungsanlagen bis zur Fertigstellung der anzuschließenden baulichen Anlagen zwar noch nicht hergestellt sein, aber benutzt werden können. Dieselben Vorschriften regeln auch das Ausmaß der Erschließung. Nach § 125 Abs. 1 hat sich die Erschließung grundsätzlich nach den Festsetzungen des Bebauungsplans zu richten. Ergänzend bestimmt § 123 Abs. 2, daß die Erschließung an den Erfordernissen der Bebauung und des Verkehrs, nicht am Wünschenswerten ausgerichtet werden soll. Ein **Anspruch auf Erschließung** besteht nach § 123 Abs. 3 grundsätzlich nicht, kann sich aber aus einem bestimmten Verhalten der Gemeinde ergeben.

9 **c)** Ferner sind einige **Duldungs- und Handlungspflichten** des Eigentümers geregelt. So hat er nach § 126 Abs. 1 das Anbringen von Kennzeichen und Hinweisschildern für die Erschließungsanlagen sowie das Anbringen von Haltevorrichtungen z. B. für die Straßenbeleuchtung zu dulden. Nach § 126 Abs. 3 hat er sein Grundstück mit der hierfür festgesetzten Nummer zu versehen.

10 **d)** Im Mittelpunkt der Regelungen des BauGB über die Erschließung stehen die Vorschriften über die **Erhebung des Erschließungsbeitrags.** Diese Bestimmungen regeln die beitragsfähigen **Aufwendungen** der Gemeinde, die **Verteilung** dieser Aufwendungen auf die erschlossenen Grundstücke sowie die **Heranziehung** von deren Eigentümern zu Erschließungsbeiträgen. Sie lassen sich in fünf Gruppen zusammenfassen:

 aa) Zunächst werden in § 127 Abs. 2 die **Erschließungsanlagen** bestimmt, für die überhaupt Erschließungsbeiträge nach BauGB erhoben werden können. Dies sind im wesentlichen **die zum Anbau bestimmten Straßen,** die Sammelstraßen, Parkflächen, Grünanlagen und Anlagen zum Immissionsschutz. Für andere Anlagen, die für eine ordnungsgemäße Erschließung notwendig sind, wie z. B. ggf. die vom Erschließungsbeitragsrecht nicht mehr erfaßten Kinderspielplätze, können allenfalls Beiträge nach dem Kommunalabgabenrecht der Länder erhoben werden, sofern sie nicht aus allgemeinen Deckungsmitteln der Gemeinde bestritten werden müssen.

11 **bb)** Sodann wird bestimmt, welche Kosten als **Erschließungsaufwand** den Erschließungsbeiträgen zugrunde gelegt werden können.

Dies sind im wesentlichen die Kosten für die **Flächen,** auf denen die Erschließungsanlagen errichtet werden, und für den **Bau** der Erschließungsanlagen, soweit diese **erforderlich** sind, um die Bauflächen entsprechend den baurechtlichen Vorschriften nutzen zu können. Von diesen Kosten hat die Gemeinde in jedem Fall mindestens 10 v. H. zu tragen (§§ 128 und 129).

cc) Der dritte Regelungskomplex sind die Vorschriften über **die 12 Ermittlung des Erschließungsaufwands und seine Verteilung** auf die erschlossenen Grundstücke. Die Ermittlung des beitragsfähigen Erschließungsaufwands kann auf der Grundlage der tatsächlich entstandenen Kosten oder nach Einheitssätzen erfolgen (§ 130). Als **Verteilungsmaßstab** sieht das Gesetz insbesondere die Verteilungen nach Art und Maß der baulichen oder sonstigen Nutzung vor (§ 131 Abs. 2 Nr. 1, Abs. 3). In einfacher gelagerten Fällen kann der Erschließungsaufwand auch nach der erschlossenen Grundstücksfläche (Flächenmaßstab) oder nach der Grundstücksbreite an der Erschließungsanlage (Frontmetermaßstab) verteilt werden.

dd) Die für die Beitragserhebung wesentlichen Gesichtspunkte hat **13** die Gemeinde vor Beitragserhebung in einer **Satzung** festzulegen. In ihr müssen insbesondere enthalten sein die Erschließungsanlagen im Sinne des § 127 Abs. 2, für die Beiträge erhoben werden sollen, die Art der Ermittlung des Erschließungsaufwands, der Verteilungsmaßstab sowie die Einrichtungen und der Ausbaustandard der Erschließungsanlagen, also die Merkmale, von denen die Gemeinde die endgültige Herstellung einer Erschließungsanlage als Grundlage für die Beitragserhebung abhängig machen will.

ee) In einem letzten Komplex lassen sich die Vorschriften zur **Bei- 14 tragserhebung und Beitragsentrichtung** zusammenfassen. Hierzu gehören die Bestimmungen, in welchem Zeitpunkt die Beitragspflicht entsteht (**Bebaubarkeit** des Grundstücks und **endgültige Herstellung** der Erschießungsanlage nach § 133), wer beitragspflichtig ist und wie der Beitrag erhoben wird (§ 134) sowie wann der Beitrag fällig und wie er zu zahlen ist (§ 135). Ebenfalls hierzu gerechnet werden können die Möglichkeiten, bestimmte Arten der Kosten der Erschließungsanlagen getrennt abzurechnen (**Kostenspaltung** nach § 127 Abs. 3), die Bildung des **Abrechnungsgebiets** nach § 130 Abs. 2 sowie die Erhebung von **Vorausleistungen** auf den Erschließungsbeitrag und dessen **Ablösung** nach § 133 Abs. 3. Schließlich gehört hierher die Möglichkeit, zur Vermeidung unbilliger Härten oder aus einem besonderen öffentlichen Interesse heraus von der Erhebung des Erschließungsbeitrags **abzusehen** (§ 135 Abs. 5).

ff) Die **Ermittlung des beitragsfähigen Erschließungsaufwands** in **15** seiner Gesamtheit geht daher in folgenden Stufen vor sich:
- Erschließungsanlage im Sinne des § 127 Abs. 2,
- erstmalige Herstellung im Sinne des § 128 Abs. 1,

- Ausbau entsprechend Bebauungsplan oder Zustimmung der höheren Verwaltungsbehörde nach § 125 und Satzung nach § 132 Nr. 1 und 4,
- Erforderlichkeit im Sinne des § 129 Abs. 1 Satz 1,
- Ermittlung des Aufwands nach tatsächlichen Kosten oder nach Einheitssätzen für die Erschließungsanlage, für einen Abschnitt der Anlage oder für eine Erschließungseinheit nach § 130,
- Abzug des gemeindlichen Anteils von 10 % nach § 129 Abs. 1 Satz 3.

16 **gg)** Die **Höhe des Beitrags für das einzelne Grundstück** ergibt sich folgendermaßen:

- Erschlossensein durch eine Erschließungsanlage nach § 131 Abs. 1,
- anteiliger Betrag des beitragsfähigen Erschließungsaufwands nach Verteilungsmaßstab entsprechend § 131 Abs. 2 und Bestimmung in der Satzung nach § 132 Nr. 2,
- Möglichkeit der Ratenzahlung, Verrentung, Stundung oder Freistellung nach § 135 Abs. 2 bis 5.

17 **hh)** **Fällig** wird der Beitrag, wenn folgende Voraussetzungen erfüllt sind:

- Nutzbarkeit und Erschlossensein des Grundstücks nach § 133 Abs. 1,
- endgültige Herstellung der Erschließungsanlage nach § 133 Abs. 2 (Entstehung der Beitragspflicht),
- Zustellung eines Beitragsbescheids an den Eigentümer oder Erbbauberechtigten nach § 134,
- Ablauf eines Monats nach Bekanntgabe, § 135 Abs. 1.

Vor diesem Zeitpunkt können bei Genehmigung eines Bauvorhabens oder Beginn der Herstellung der Erschließungsanlagen **Vorausleistungen** nach § 133 Abs. 3 erhoben werden.

Erster Abschnitt. Allgemeine Vorschriften

§ 123 Erschließungslast

(1) **Die Erschließung ist Aufgabe der Gemeinde, soweit sie nicht nach anderen gesetzlichen Vorschriften oder öffentlich-rechtlichen Verpflichtungen einem anderen obliegt.**

(2) **Die Erschließungsanlagen sollen entsprechend den Erfordernissen der Bebauung und des Verkehrs hergestellt werden und spätestens bis zur Fertigstellung der anzuschließenden baulichen Anlagen benutzbar sein.**

(3) **Ein Rechtsanspruch auf Erschließung besteht nicht.**

(4) **Die Unterhaltung der Erschließungsanlagen richtet sich nach landesrechtlichen Vorschriften.**

Übersicht

I. 1. Das BauGB hat die – erstmalige – **Erschließung** im Grundsatz 1 als Aufgabe der Gemeinde ausgestaltet. Diese Aufgabe liegt jedoch nach dem Gesetz nicht im freien kommunalpolitischen Ermessen, sondern nach zwei Seiten hin begrenzt. Zum einen handelt es sich um eine **Pflichtaufgabe der Gemeinde.** Die Gemeinde ist daher nicht nur ermächtigt, sondern in gewissem Umfang auch verpflichtet, planerisch vorgesehene Baugebiete auch zu erschließen (hierzu Weyreuther, DVBl. 1970, 3/4 ff.; vgl. auch unten, Rn 4 ff.). Zum anderen enthält das Gesetz über die Regelung der **Beitragsfähigkeit** von Erschließungsanlagen im praktischen Ergebnis eine recht weitgehende inhaltliche Bestimmung jedenfalls der verkehrlichen Erschließung. Die Gestaltung und Finanzierung der technischen Erschließung nach § 127 Abs. 4 ebenso wie die soziale Erschließung (hierzu Vorbemerkung zu den §§ 123 bis 135, Rn 1) ist – wie bereits auch die verkehrliche Erschließung – im Rahmen des § 123 Abs. 2 (hierzu unten, Rn 10 ff.) dem Landesrecht und kommunalpolitischer Entscheidung überlassen. So gehört etwa die Reinigung des auf den Straßen anfallenden Regenwassers nicht zu den Erschließungsaufgaben der Gemeinde nach Abs. 1 (vgl. BVerwG, U. v. 18. 4. 1986, 8 C 90.84, ZMR 1986, 329/330).

2. a) Soweit aufgrund **gesetzlicher Vorschriften** für bestimmte Er- 2 schließungsanlagen ein **anderer Träger** als die Gemeinde bestimmt ist oder bestimmt wird, steht dem die Regelung in **Abs. 1** nicht entgegen. Sie enthält einen ausdrücklichen Vorbehalt für spezialgesetzliche, abweichende Regelungen. Diese Bestimmung hat insbesondere Bedeutung für die **Straßenbaulast.** So ist nach § 5 Abs. 2 Fernstraßengesetz grundsätzlich der Bund Träger der Straßenbaulast für die Ortsdurchfahrten im Zuge von Bundesstraßen bei Gemeinden, die nicht mehr als 80 000 Einwohner haben. Ebenso sind bei diesen Gemeinden das Land

oder der Kreis Träger der Straßenbaulast für die Ortsdurchfahrten der
Straßen in ihrer Straßenbaulast (vgl. z. B. §§ 43 und 44 Straßen- und
Wegegesetz NRW). Ferner gehört hierher die Verpflichtung der Ener-
gieversorgungsunternehmen nach § 6 Energiewirtschaftsgesetz vom
13. 12. 1935 (RGBl. I S. 1451, zuletzt geändert durch Gesetz vom
19. 12. 1977, BGBl. I S. 2750), die Bevölkerung mit **Strom, Fern-
wärme und Gas** zu versorgen (hierzu H. Schrödter in: Schrödter, § 123,
Rn 6). Ebenso ist hier zu nennen die Pflicht der Teilnehmergemein-
schaft nach § 42 FlurbG, u. a. Wege und Straßen entsprechend dem
Wege- und Gewässerplan nach § 41 FlurbG herzustellen und zu unter-
halten.

3 **b)** Die Erschließungspflicht kann auch aufgrund **öffentlich-rechtli-
cher Verpflichtung**, sei es durch Verwaltungsakt, sei es durch Vertrag,
einem Dritten obliegen. Hier kommen insbesondere **Planfeststellun-
gen** nach den Fachplanungsgesetzen (vgl. z. B. § 29 Abs. 2 Personenbe-
förderungsgesetz) in Betracht. Nicht hierher gehört der Erschließungs-
vertrag nach § 124 Abs. 1 (Driehaus, in: BK, § 123, Rn 13; Ernst, in:
E/Z/B, § 123, Rn 17), da durch ihn nicht die Erschließungslast übertra-
gen wird (hierzu § 124, Rn 9).

4 **3.** Nach **Abs. 3** besteht **kein Rechtsanspruch** auf Erschließung. Da-
mit soll jedoch lediglich ausgedrückt werden, daß die Erschließung
grundsätzlich einem Ausbauprogramm der Gemeinde und damit einer
ordnungsgemäßen Haushaltsführung und nicht Wünschen oder Forde-
rungen Einzelner folgen soll. Die in der Erschließungslast der Ge-
meinde zum Ausdruck kommende allgemeine Erschließungspflicht
kann sich aber zu einer **aktuellen Erschließungspflicht verdichten;** in
diesem Ausnahmefall kann auch ein Anspruch Dritter auf Herstellung
bestimmter Erschließungsanlagen zu bejahen sein (grundlegend
BVerwG, U. v. 4. 10. 1974, IV C 59.72, BRS 37, S. 12/13f.). Da die
Erschließung nach Abs. 1 grundsätzlich eine Selbstverwaltungsaufgabe
der Gemeinden ist, verstößt eine solche Verdichtung der Erschlie-
ßungslast zu einer aktuellen Erschließungspflicht nur dann nicht gegen
die in Art. 28 Abs. 2 Satz 1 GG enthaltene Garantie der gemeindlichen
Selbstverwaltung, wenn sie **an Handlungen der Gemeinde selbst
anknüpft** (BVerwG, U. v. 28. 10. 1981, 8 C 4.81, BVerwGE 64, 186/
189 f.). An dieser Rechtslage hat sich durch das Inkrafttreten des
BauGB nichts geändert (BVerwG, U. v. 11. 11. 1987, 8 C 4.86, NVwZ
1988, 355).

5 Zu einer solchen Verdichtung der Erschließungslast zu einer aktuel-
len Erschließungspflicht kann beitragen der **Erlaß eines qualifizierten
Bebauungsplans.** Durch Ausschlußwirkung (vgl. § 30, Rn 4) und Ne-
gativfunktion (vgl. § 29, Rn 2) entfaltet ein qualifizierter Bebauungs-
plan eine gewisse **Sperrwirkung** gegenüber solchen Vorhaben, die bei
Geltung des § 34 oder des § 35 zulässig gewesen wären (hierzu Wey-
reuther, DVBl. 1970, 3/6). In Anlehnung an die Zeitdauer, während
derer nach §§ 17 und 18 eine Veränderungssperre entschädigungslos

hingenommen werden muß, kann daher für die Gemeinde nach Ablauf dieser Zeit eine aktuelle Erschließungspflicht entstehen, sofern nicht eine etwa vorhandene Erschließung eine ordnungsgemäße Benutzung des Grundstücks sichert (hierzu BVerwG, U. v. 28. 10. 1981, aaO, S. 191; Weyreuther, ebd.). Bei bebauten Grundstücken fehlt es an der Sperrwirkung des Bebauungsplans, so daß hier eine Pflicht zu einer – weitergehenden – Erschließung ausscheidet (vgl. BVerwG, U. v. 6. 2. 1985, 8 C 44.84, NVwZ 1985, 564/565; U. v. 11. 11. 1987, aaO, S. 356; zur inhaltlichen Begrenztheit des Ausspruchs vgl. unten, Rn 9); dies gilt auch bei Grundstücken oder Grundstücksteilen, die ohne Bebauungsplan oder Planänderung nicht bebaubar sind (BVerwG, U. v. 21. 2. 1986, 4 C 10.83, ZfBR 1986, 183/184). Auch die Durchführung einer **Umlegung** verdichtet die Erschließungspflicht der Gemeinde, da wesentlicher Zweck der Umlegung gerade auch die Neuordnung der Flächen für die Erschließung eines Neubaugebiets ist (vgl. §45, Rn 7, 13; vgl. auch BVerwG, U. v. 4. 2. 1981, 8 C 13.81, BVerwGE 61, 316/321).

Ebenfalls zur Verdichtung der Erschließungspflicht trägt die **Erteilung einer Baugenehmigung** oder das einvernehmliche Mitwirken an der Erteilung einer Baugenehmigung durch die Gemeinde bei. Dies gilt insbesondere, wenn das genehmigte Bauvorhaben tatsächlich ausgeführt wurde. Entstehen hierdurch ordnungswidrige Zustände, so ist es allerdings zunächst Aufgabe des Landes-Straßen- und Ordnungsrechts und nicht des Erschließungsrechts, für deren Beseitigung zu sorgen. Erreicht der Erschließungszustand nicht das Stadium einer Gefahr oder Störung der öffentlichen Sicherheit oder Ordnung, so kann gleichwohl die Gemeinde für eine wenigstens funktionsgerechte Erschließung einzustehen haben. So kann z. B. nicht der Anschluß an die gemeindliche Entwässerungskanalisation verlangt werden, wenn in der Baugenehmigung die Entwässerung in eine Sickergrube zugelassen ist (vgl. BVerwG, U. v. 6. 2. 1985, aaO, S. 565). Da die Gemeinde hier nicht durch einen Bebauungsplan eine Bausperre verursacht hat, wird für die Verdichtung der Erschließungspflicht auf dieser Grundlage ein erheblich größerer Zeitraum zugrunde gelegt werden müssen (BVerwG, U. v. 28. 10. 1981, 8 C 4.81, aaO, S. 191 f.; grundlegend BVerwG, U. v. 4. 10. 1974, IV C 59.72, BRS 37, S. 12/13 f.). Driehaus (Rn 99) nennt hier eine Frist von etwa zehn Jahren. Voraussetzung ist allerdings, daß die Baugenehmigung unter **Verstoß gegen §30**, also ohne „gesicherte Erschließung", erteilt wurde und so einen rechtswidrigen Zustand herbeigeführt habe (BVerwG, U. v. 11. 11. 1987, 8 C 4.86, NVwZ 1988, 355/356). War jedoch bei Erteilung der Baugenehmigung die Erschließung nach den allgemeinen Kriterien (vgl. etwa §30, Rn 17) „gesichert", und ist es trotzdem nicht zu einer ausreichenden Erschließung gekommen, muß sich die Erschließungspflicht der Gemeinde ebenso zu einem Anspruch des Anliegers auf Erschließung verdichten. Dies gilt allerdings nicht, wenn er selbst eine wesentliche

Ursache für die eingetretene Unzuträglichkeit gesetzt hat (BVerwG, aaO, S. 356f.).

7 Von besonderer Bedeutung für die Aktualisierung der Erschließungspflicht der Gemeinde ist das **Verlangen einer Vorausleistung** auf den Erschließungsbeitrag nach § 133 Abs. 3. Dies gilt allerdings nur bei einer Vorausleistung, die im Zusammenhang mit der Erteilung einer Baugenehmigung angefordert wurde (§ 133 Abs. 3 Satz 1 Alternative 1). Bei der Anforderung von Vorausleistungen mit Beginn der Herstellung der Erschließungsanlage (§ 133 Abs. 3 Satz 1 Alternative 2) entsteht nur der Rückzahlungsanspruch nach § 133 Abs. 3 Satz 3 und 4 (a. A. Driehaus, Rn 100, der die Auffassung vertritt, der Rückzahlungsanspruch nach § 133 Abs. 3 Satz 3 und 4 hindere das Entstehen der auf der Zahlung von Vorausleistungen beruhenden Erschließungspflicht in jedem Fall; im übrigen vgl. § 133 Rn 27 ff.). Rechtmäßig ist die Erhebung einer Vorausleistung bei Erteilung einer Baugenehmigung nur, wenn zwischen ihr und der Herstellung der Erschließungsanlage ein zeitlicher Zusammenhang besteht. Zumindest im Zeitpunkt einer Widerspruchsentscheidung muß sich bei der Erhebung einer Vorausleistung im Zusammenhang mit der Erteilung einer Baugenehmigung absehen lassen, daß die Erschließungsanlage in spätestens vier Jahren hergestellt werden soll (BVerwG, U. v. 23. 5. 1975, IV C 73.73, BRS 37, S. 332/334); im Fall der Erhebung von Vorausleistungen bei Beginn der Herstellungsarbeiten muß die Erschließungsanlage spätestens in sechs Jahren zumindest benutzbar sein (vgl. § 133, Rn 34, 48). Nach Ablauf von sechs Jahren erhält der im Zusammenhang mit der Erteilung einer Baugenehmigung zur Vorausleistung Herangezogene einen sofort fälligen Erschließungsanspruch, sofern die Gemeinde die Vorausleistung nicht zurückerstattet. Auch dann verbleibt es allerdings bei der – zeitlich jedoch gestreckteren – Verdichtung der Erschließungspflicht aufgrund der Zulassung und Verwirklichung eines Bauvorhabens (hierzu BVerwG, U. v. 28. 10. 1981, 8 C 4.81, BVerwGE 64, 186/192 ff.; grundlegend BVerwG, U. v. 23. 5. 1975, ebd.).

8 Hat die Gemeinde einen qualifizierten Bebauungsplan erlassen und dadurch eine gewisse, wenn auch zeitlich hinausgeschobene Verdichtung ihrer Erschließungspflicht bewirkt, so kann diese Erschließungspflicht durch das **zumutbare Angebot eines Dritten,** die Erschließung auf der Grundlage eines Erschließungsvertrags selbst herbeizuführen, aktualisiert werden. Nimmt die Gemeinde dieses Angebot nicht an, ist sie selbst unmittelbar erschließungspflichtig. Voraussetzung ist, daß dieses Angebot zumutbar im Sinne hinreichender Verläßlichkeit der angebotenen Herstellung der Erschließung ist. Die Gemeinde darf nämlich nicht nur die Sperrwirkung eines qualifizierten Bebauungsplans nutzen, sondern hat auch alles Zumutbare zu unternehmen, um die Zulässigkeit von Vorhaben auf der Grundlage dieses Bebauungsplans herbeizuführen (BVerwG, U. v. 10. 9. 1976, BRS 37, S. 16/17 ff.). Auch bei **privilegierten Vorhaben im Außenbereich** kann die Ge-

meinde verpflichtet sein, ein Erschließungsangebot anzunehmen (vgl. BVerwG, U. v. 30. 8. 1985, 4 C 48.81, BauR 1985, 661/663 f.); dies gilt bei **nicht privilegierten Vorhaben** selbst dann nicht, wenn ihnen keine öffentlichen Belange entgegenstehen, weil die Erschließung auch ein Instrument der Gemeinde zur Sicherung einer ordnungsgemäßen städtebaulichen Entwicklung ist (BVerwG, U. v. 7. 2. 1986, 4 C 30.84, NVwZ 1986, 2775/2776). Die Unterbreitung eines danach zumutbaren Angebots begründet einen **Anspruch auf Erschließung, nicht** aber **auf Abschluß eines Erschließungsvertrags.** Auf welche Art und Weise die Gemeinde ihrer nun bestehenden Erschließungspflicht nachkommt, bleibt ihr überlassen (a. A. Lenz, KStZ 1983, 121/123). Kann die Gemeinde jedoch anders ihrer Erschließungspflicht nicht nachkommen, wird sie das Angebot annehmen müssen (zur Fälligkeit der gemeindlichen Kostenbeteiligung vgl. unten, Rn 28).

Besteht danach ein Anspruch auf Erschließung, so ist dieser nicht **9** darauf gerichtet, die Erschließungsanlage im Sinne des § 133 Abs. 2 endgültig herzustellen. Insbesondere **kann nicht die volle Verwirklichung des Bebauungsplans verlangt werden** (BVerwG, U. v. 4. 10. 1974, IV C 59.72, BRS 37, S. 12/14). Umgekehrt genügt es zur Erfüllung dieses Anspruchs nicht, eine Erschließung lediglich insoweit vorzunehmen, als eine Gefahr oder Störung der öffentlichen Sicherheit oder Ordnung vermieden wird. Erforderlich ist vielmehr, dem anspruchsbegünstigten Grundstück eine vollauf **funktionsgerechte Nutzung der vorhandenen Baulichkeiten** zu gewährleisten. Dies bedeutet eine funktionsfähige Ver- und Entsorgung sowie eine ausreichende wegemäßige Erschließung (BVerwG, U. v. 28. 10. 1981, 8 C 4.81, BVerwGE 64, 086/194 f.). Als **Mindestvoraussetzung** für eine im übrigen von den Umständen des Einzelfalls abhängige ausreichende wegemäßige Erschließung sieht das Bundesverwaltungsgericht an: Jederzeitige Erreichbarkeit mit Kraftfahrzeugen, die im öffentlichen Interesse, insbesondere zur Gefahrenabwehr, im Einsatz sind; keine Überbelastung der vorhandenen Straße; keine Schädigung des Straßenzustands durch den Verkehr; soweit das Gebiet auch der Wohnbebauung dient: Beleuchtung und Entwässerung der Straßen für Bedürfnisse des Fußgängerverkehrs bei Dunkelheit und Regenwetter sowie – bei nicht völlig untergeordnetem Fahrverkehr – ein abgesetzter Gehweg zur nächsten voll ausgebauten Straße (BVerwG, aaO, S. 195 f.).

II. Hinsichtlich **Art und Umfang der Erschließung** beschränkt sich **10** **Abs. 2** auf die Angabe allgemeiner Richtpunkte. Einzelheiten ergeben sich insbesondere aus den Bauordnungen, den Wassergesetzen und den Straßengesetzen der Länder (vgl. z. B. §§ 4 und 40 BauO NRW über die Zugänglichkeit der Grundstücke von einer befahrbaren öffentlichen Verkehrsfläche aus sowie §§ 45 ff. Landeswassergesetz NRW über Wasserversorgungs- und Abwasserbeseitigungsanlagen, darin §§ 53, 53 a über die Abwasserbeseitigungspflicht der Gemeinden).

1. Mit der Verpflichtung, eine Erschließung entsprechend den **Er- 11**

fordernissen der Bebauung und des Verkehrs herzustellen, wird die Erschließungspflicht der Gemeinden nach zwei Seiten hin eingegrenzt. Zum einen ist **mindestens** das an Erschließung bereitzustellen, was zu einer **funktionsgerechten Nutzung** der baulichen Anlagen auf den Grundstücken erforderlich ist (zu den Mindestanforderungen im Hinblick auf die wegemäßige Erschließung vgl. oben, Rn 9). Auf der anderen Seite darf die Erschließung nicht weitergehen, als sie im Hinblick auf Bebauung und Verkehr **erforderlich** ist. Gerade hierbei werden aber der gemeindlichen Erschließungshoheit nicht zu enge Grenzen gesetzt werden dürfen. Es wird vielmehr im wesentlichen den städtebaulichen Vorstellungen der Gemeinde überlassen bleiben müssen, welche Art und welchen Umfang an Erschließung sie für ein Baugebiet für erforderlich hält. Damit ist allerdings noch nichts ausgesagt über die Beitragsfähigkeit dieser Erschließungsanlagen. Dies bestimmt sich nach §§ 127 ff. (hierzu insbesondere § 129, Rn 8 ff.).

12 Durch die Verwendung des Begriffs der **Bebauung** ohne einschränkenden Zusatz wird deutlich, daß bei der Bestimmung von Art und Umfang der Erschließung nicht von den Bedürfnissen eines einzelnen Bauvorhabens auszugehen ist, sondern von denen der **Bebauung eines Gebiets** (BVerwG, U. v. 13. 8. 1976, BRS 37, S. 284/288) entsprechend den Festsetzungen eines Bebauungsplans oder den baurechtlichen Vorschriften der §§ 34 und 35 (hierzu Förster, in: Kohlhammer-Komm. zum BBauG, § 123, Anm. III 1 b bb). Gemeint ist damit die Dimensionierung der Straßen und Kanäle sowie der übrigen Versorgungs- und Entsorgungsanlagen.

13 **2.** Unter den **Erfordernissen des Verkehrs** sind die Anforderungen des **örtlichen** öffentlichen Straßenverkehrs gemeint. Insoweit stellt § 125 Abs. 1 eine enge Koppelung von Verkehrsanlagen und Bebauungsplan her. Vor allem bei der Planung und Herstellung der Verkehrsanlagen wird es nicht nur zulässig, sondern erforderlich sein, auch künftige Verkehrsbedürfnisse soweit als möglich in Rechnung zu stellen. Dies gilt insbesondere hinsichtlich der Stellplätze in Neubaugebieten, deren Bedarf erfahrungsgemäß im Laufe der Zeit vielfach zunimmt.

14 **3.** Nach Abs. 2 sollen, d. h. im Regelfall müssen die Erschließungsanlagen **bis zur Fertigstellung der an sie anzuschließenden baulichen Anlagen benutzbar** sein. Dies bedeutet, daß sie noch nicht endgültig hergestellt im Sinne des § 133 Abs. 2 sein, doch eine gefahrlose und funktionsfähige Erschließung gewährleisten müssen. Bedeutung hat diese Unterscheidung zwischen Benutzbarkeit und endgültiger Herstellung insbesondere für Straßen. So wird es in einem Neubaugebiet in aller Regel zweckmäßig sein, bis zur endgültigen Herstellung der baulichen Anlagen, die durch eine Straße erschlossen werden, die Straßen lediglich als Baustraße auszugestalten und die oberste Decke erst später aufzubringen, um sie nicht durch häufigen Lastwagenverkehr zerstören zu lassen.

15 **4.** Die Erschließungslast der Gemeinde nach Abs. 1 erstreckt sich nur auf die **erstmalige Herstellung** der Erschließungsanlagen (BVerwG, U. v. 28. 10. 1981, 8 C 4.81, BVerwGE 64, 186/188f.). Die **Unterhaltung** der hergestellten Erschließungsanlagen richtet sich nach **Abs. 4** nach landesrechtlichen Vorschriften. Umstritten ist, ob auch die **Verbesserung und Erweiterung** von Erschließungsanlagen zur Erschließungslast nach Abs. 1 gehört (ablehnend ohne nähere Begründung BVerwG, U. v. 11. 11. 1987, 8 C 4.86, NVwZ 1988, 355/356; ebenso schon – wenn auch etwas mißverständlich, weil auf das Beitragsrecht bezogen, wie der Verweis auf § 128 Abs. 1 Satz 1 Nr. 2 nahelegt – BVerwG, U. v. 28. 10. 1981, ebd.; vgl. auch U. v. 18. 9. 1981, 8 C 22.81, DÖV 1982, 118/119; befürwortend unter Hinzuziehung der Entstehungsgeschichte Ernst, in: E/Z/B, § 123, Rn 5; ders., BWGZ 1984, 699f.). Aus der Regelung in § 128 Abs. 1 Satz 1 Nr. 2 in Verbindung mit Abs. 2 Satz 1, daß für Erweiterungen und Verbesserungen keine Erschließungsbeiträge, sondern allenfalls Beiträge nach dem Kommunalabgabenrecht der Länder erhoben werden können, kann hierfür nichts hergeleitet werden. Denn die Erschließungslast der Gemeinden geht eindeutig über die Herstellung beitragsfähiger Erschließungsanlagen nach §§ 127ff. hinaus. So gehört sicher zur Erschließungslast der Gemeinden, sofern nicht nach anderen gesetzlichen Vorschriften oder öffentlich-rechtlichen Verpflichtungen ein anderer Träger in Betracht kommt (vgl. oben, Rn 2f.), die Herstellung der technischen Erschließung, also der Versorgung mit Elektrizität, Gas, Wärme und Wasser sowie die Ableitung von Abwasser (vgl. § 127 Abs. 4 Satz 2), obwohl auch hierfür keine Erschließungsbeiträge erhoben werden können. Es spricht daher viel dafür, in § 123 auch eine Aufgabenzuweisung an die Gemeinden zu sehen, die Erschließung nach Art, Umfang und Qualität jeweils auf dem erforderlichen und zeitgerechten Niveau zu halten, auch wenn hierfür keine Beiträge erhoben werden können. Diese Auslegung entspricht auch eher dem Charakter des BauGB, das der Erhaltung, Erneuerung und Fortentwicklung der Städte in § 1 Abs. 5 Satz 2 Nr. 4 und an zahlreichen anderen Stellen erhöhtes Gewicht verleiht.

16 **5.** Erschließungsanlagen im Sinne des Abs. 2 sind also nicht notwendig auch Erschließungsanlagen im Sinne des § 127 Abs. 2. Dies gilt auch für die wichtigste Art von Erschließungsanlagen, die öffentlichen zum Anbau bestimmten Straßen im Sinne des § 127 Abs. 2 Nr. 1. So kann z. B. ein **Eigentümerweg** eine **selbständige Erschließungsanlage** im Sinne des Abs. 2 sein, wenn er zum Anbau bestimmt und zur Erschließung geeignet ist (zu diesen Merkmalen vgl. § 127, Rn 17ff.). Werden Grundstücke durch einen solchen Eigentümerweg erschlossen, so scheidet für sie eine Beitragserhebung aus (BVerwG, U. v. 14. 1. 1983, NVwZ 1983, 669/671; U. v. 23. 3. 1984, 8 C 65.82, DVBl. 1984, 683f.). Dagegen kommt es nicht darauf an, ob eine private Erschließungsstraße die satzungsgemäßen Merkmale der endgültigen Herstel-

Löhr 987

lung erfüllt. Es genügt, wenn sie den gesetzlichen Mindestanforderungen an eine Erschließungsanlage (hierzu oben, Rn 9) entspricht, d. h. wenn die Gemeinde den Privatweg so wie er ist als Erschließungsanlage „hätte herstellen dürfen" (BVerwG, U. v. 24. 3. 1976, BRS 37, S. 204/ 206). Erschlossen wird ein Grundstück grundsätzlich durch die nächste von ihm aus erreichbare Straße (BVerwG, U. v. 30. 1. 1970, IV C 151.68, BRS 37, S. 5). Keine Straße in diesem Sinn sind **unselbständige Zufahrten.** Für die **Abgrenzung zwischen einer unselbständigen Zufahrt und einer selbständigen Erschließungsanlage** im Sinne des Abs. 2 ist auf den Gesamteindruck abzustellen, den die tatsächlichen Verhältnisse vermitteln. Maßgebend ist insofern die Größe der Anlage, ihre Länge und Breite, ihre Ausstattung mit Fahrbahnen, Gehwegen, Beleuchtungs- und Entwässerungseinrichtungen; auch Art und Anzahl der angrenzenden Grundstücke können bedeutsam sein, ebenso eine eigene Bezeichnung (BVerwG, U. v. 2. 7. 1982, 8 C 28, 30 und 33.81, NVwZ 1983, 153/154; U. v. 14. 1. 1983, NVwZ 1983, 669/671 f.). Eine Stichstraße unter 100 m Länge wird wegen ihrer mangelnden Verbindungsfunktion regelmäßig als unselbständig anzusehen sein (vgl. BVerwG, U. v. 25. 1. 1985, 8 C 106.83, NVwZ 1985, 753; vgl. zu einer Buswendeschleife VGH München, KStZ 1990, 53).

§ 124 Erschließungsvertrag, städtebaulicher Vertrag

(1) **Die Gemeinde kann die Erschließung durch Vertrag auf einen Dritten übertragen.**

(2) **Die Zulässigkeit anderer Verträge, insbesondere zur Durchführung von städtebaulichen Planungen und Maßnahmen, bleibt unberührt.**

Übersicht

I. Die Zuweisung der Erschließungslast an die Gemeinde bedeutet 1
nicht, daß die Gemeinde die Erschließung selbst herstellen muß. Abs. 1
ermöglicht es der Gemeinde, die Erschließung durch **Vertrag** auf einen
Dritten zu übertragen. Solche Verträge waren bereits in **§ 15 Preuß.
Fluchtliniengesetz** als sog. **Unternehmerverträge** vorgesehen; hieran
knüpfte das BBauG ausdrücklich an. Diese Unternehmerverträge, die
sich auf den Straßenbau bezogen, ließen die Straßenbaupflicht der
Gemeinde unberührt. Der Unternehmer übernahm lediglich die
Durchführung des Straßenbaus **und** die **Kosten,** so daß die Gemeinde
mangels eigener erstattungsfähiger Aufwendungen keine Beiträge von
den Straßenanliegern erheben konnte. Das **Baugesetzbuch** unter-
streicht die Bedeutung vertraglicher Regelungen gerade bei der Er-
schließung dadurch, daß es die Bestimmung über den Erschließungs-
vertrag unverändert in einen selbständigen Paragraphen überführt und
hieran die Bestimmung über die generelle Zulässigkeit städtebaulicher
Verträge in Abs. 2 anschließt.

1. Der **Erschließungsvertrag** nach Abs. 1 ist insbesondere von zwei 2
anderen in diesem Zusammenhang vorkommenden Vertragstypen ab-
zugrenzen. In der Regel wird die Gemeinde Erschließungsstraßen nicht
mit eigenen Dienstkräften herstellen, sondern hierzu einen Bauunter-
nehmer beauftragen. Der mit dem Bauunternehmer geschlossene Ver-
trag ist ein **Werkvertrag** im Sinne der §§ 631 ff. BGB. Bei ihm handelt
es sich nicht um einen Erschließungsvertrag, da dem Bauunternehmer
nicht die Erschließung, sondern lediglich die Erschließungsarbeiten
übertragen sind. Ebenfalls **kein** Erschließungsvertrag ist der **Vorfinan-
zierungsvertrag.** Bei ihm übernimmt ein Eigentümer die Erschließung
seiner und ggf. weiterer Grundstücke auf eigene Kosten. Nach Ab-
schluß der Erschließungsarbeiten werden ihm seine Kosten, soweit sie
nicht von ihm als Erschließungsbeitrag endgültig zu tragen sind,
erstattet. Ein solcher Vertrag ist als Werkvertrag mit einer Fälligkeitsab-
rede anzusehen (vgl. OVG Saarlouis, U. v. 7. 11. 1988, Saarländ. Kom-
munalzeitung 1989, S. 108; vgl. auch unten, Rn 13).

2. Ebenfalls nicht um einen Erschließungsvertrag handelt es sich 3
beim sog. Folgelasten- oder **Folgekostenvertrag.** Bei diesem Vertrag
geht es „um Aufwendungen, die den Gemeinden **jenseits der beitrags-
fähigen Erschließung** als Folge neuer Ansiedlungen für Anlagen und
Einrichtungen des Gemeindebedarfs entstehen" (BVerwG, U. v. 6. 7.
1973, BRS 37, S. 29/32). Erschließungs- und Folgekostenvertrag sind
daher schon von ihrem Gegenstand her unterschieden.

Zur **Zulässigkeit** solcher Folgekostenverträge ist folgendes zu be- 4
merken: Beim Folgekostenvertrag ist die Aufstellung eines Bebauungs-
plans, die Erteilung einer Baugenehmigung oder die Erteilung des
gemeindlichen Einvernehmens mit einer Baugenehmigung z. B. nach
§ 31 Abs. 2 (vgl. § 31, Rn 44) mit der Zahlung der Folgekosten – wenn
auch nicht im Sinne von Leistung und Gegenleistung, so doch als

Bedingung für die vereinbarte Zahlung – verknüpft. Daher liegt diesem Vertrag ein öffentlich-rechtlicher Gegenstand zugrunde. Es handelt sich somit um einen öffentlich-rechtlichen Austauschvertrag im Sinne des § 54 Satz 2, § 56 VwVfG (vgl. auch BVerwG, aaO, S. 29 ff.). Folgekostenverträge sind daher zulässig, soweit **Rechtsvorschriften nicht entgegenstehen** (§ 54 Satz 1 VwVfG) und die **Gegenleistung** den gesamten Umständen nach **angemessen** ist und im **sachlichen Zusammenhang** mit der vertraglichen Leistung der Behörde steht sowie für einen **bestimmten Zweck** vereinbart wird und der Behörde zur **Erfüllung ihrer öffentlichen Aufgaben** dient (§ 56 Abs. 1 VwVfG). **Voraussetzung** für die Zulässigkeit eines Folgekostenvertrags ist, daß auf die Erteilung der Baugenehmigung oder des gemeindlichen Einvernehmens **kein Anspruch** besteht. Nur soweit der Gemeinde Ermessen zusteht, ist Raum für den Abschluß eines Folgekostenvertrags (BVerwG, Beschluß v. 25. 11. 1980, NJW 1981, 1747 f.). In Gebieten nach § 34 war ein solcher Vertrag daher nur zulässig, wenn dem Vorhaben des Antragstellers eine wirksame Satzung nach § 9 a Abs. 8 BBauG (hierzu B/K/L, 1. Auflage, § 9 a, Rn 19) entgegengehalten werden konnte (vgl. BVerwG, aaO, S. 1748). Auf dieser Grundlage sind die vom Bundesverwaltungsgericht in der Entscheidung vom 6. 7. 1973 entwickelten Grundsätze über Zulässigkeit und Schranken eines Folgelastenvertrags nach wie vor bedeutsam. Dies gilt insbesondere für das **Erfordernis der Ursächlichkeit** (BVerwG, U. v. 6. 7. 1973, BRS 37, S. 29/35 f.). Mit ihnen werden die in § 56 Abs. 1 VwVfG zum Ausdruck gekommenen Gedanken zusammengefaßt, daß die Gegenleistung für einen bestimmten Zweck vereinbart und in einem sachlichen Zusammenhang mit der vertraglichen Leistung der Behörde stehen muß. **Der Folgekostenvertrag muß sich daher auf das beschränken, was von einem bestimmten Bauvorhaben an Folgen ausgelöst wird.** Die Beteiligten müssen sich in dem Vertrag auf die Zusammenhänge zwischen dem beabsichtigten Bauvorhaben und dadurch veranlaßten Folgeeinrichtungen beziehen. Nur bei Berücksichtigung dieses Grundsatzes unterfällt der Folgelastenvertrag nicht dem Koppelungsverbot des § 56 Abs. 1 Satz 2 VwVfG. Hieraus folgt, daß Folgekostenverträge nur bei größeren Vorhaben, nicht bei einzelnen kleinen Bauprojekten, die keine konkreten Aufwendungen verursachen, zulässig sind (BVerwG, Beschluß v. 25. 11. 1980, NJW 1981, 1747; VGH München, U. v. 2. 4. 1980, BayVBl. 1980, 719 ff.; hierzu Bötsch, BayVBl. 1981, 11/13). Zugleich dient die hiernach erforderliche vertragliche Konkretisierung der Überprüfung, ob mit dem Vertrag nicht Kosten abgewälzt werden, für die in einem Aufgabengesetz bestimmt ist, daß die Kosten endgültig von der Gemeinde zu tragen sind. In diesem Fall aber würde der Zulässigkeit des Vertrags eine Rechtsvorschrift entgegenstehen. Im übrigen kann hierdurch vermieden werden, daß die Gemeinde für eine Anlage auf der einen Seite Kosten abwälzt, auf der anderen Seite aber nach Kommunalabgabenrecht u. a. für eben diese Kosten Beiträge oder Gebühren erhebt.

Ebenso gilt das rechtsstaatliche **Verbot des Übermaßes.** Ein Folgela- **5** stenvertrag ist nur wirksam, wenn die vom Vertragspartner zu erbringende Gegenleistung in angemessenem Verhältnis zur Leistung der Behörde und zum Wert des Bauvorhabens steht. Nur dann ist sie den gesamten Umständen nach angemessen im Sinne des § 56 Abs. 1 Satz 2 VwVfG (vgl. Kopp, VwVfG, 4. Aufl. 1986, § 56, Rn 13). Ferner ist auch nach Verwaltungsverfahrensrecht ein öffentlich-rechtlicher Vertrag **nichtig,** wenn er infolge eines **Machtmißbrauchs** zustande kam. Nach § 59 Abs. 1 VwVfG finden die für die Nichtigkeit von Verträgen geltenden Bestimmungen des BGB entsprechende Anwendung. Nach § 138 BGB ist ein Vertrag nichtig, der gegen die guten Sitten verstößt. Hierzu gehört aber auch die Ausnutzung einer Machtstellung (vgl. Jauernig, in: ders. [Hrsg.], BGB, 5. Aufl. 1990, § 138, Anm. 3 dbb). Eine **positivrechtliche** Regelung hat der Folgekostenvertrag für die neuen Bundesländer in **§ 54 Abs. 2 BauZVO** gefunden, der nach § 246a weiterhin gilt (vgl. Text im Anhang).

Sofern nicht landesrechtlich bestimmte **Kostentragungsregelungen** **6** existieren, stehen einem Folgelastenvertrag keine gesetzlichen Vorschriften im Sinne des § 54 Satz 1 VwVfG entgegen. Dies gilt insbesondere für das Baugesetzbuch. Erschließungsbeitragsrechtlich hat dieses nur einen bestimmten Ausschnitt der erforderlichen Erschließungsanlagen geregelt, im übrigen aber keine Bestimmungen – weder positiv noch negativ – getroffen. Hiernach kann daher ein Folgekostenvertrag ohne weiteres geschlossen werden.

In besonderem Maße zu beachten ist jedoch, daß durch den Abschluß **7** eines Folgelastenvertrags das **planerische Ermessen** der Gemeinde nach § 1 Abs. 5 und 6 nicht fehlerhaft ausgeübt wird. Aber die Bauleitplanung findet nicht im „luftleeren Raum" und selten ohne Vorbindungen statt. Diese müssen jedoch bestimmten Anforderungen genügen (hierzu § 1, Rn 113 f.). Wenn sich die Gemeinde in dem Folgelastenvertrag daher nicht zur Aufstellung eines Bebauungsplans mit einem bestimmten Inhalt verpflichtet (zur Unzulässigkeit solcher Verträge vgl. § 2, Rn 10), ergibt sich aus dem Gebot unvoreingenommener Abwägung nicht generell eine Unzulässigkeit von Folgekostenverträgen (BVerwG, U. v. 6. 7. 1973, BRS 37, S. 29/32 f.). Ähnliches gilt für die Erteilung einer Baugenehmigung oder die Erteilung des Einvernehmens hiermit. Vgl. hierzu auch BVerwGE 45, 309/317 sowie Degenhart, BayVBl. 1979, 289 f.

3. Der **Erschließungsvertrag** nach **Abs. 1** regelt die **Durchführung** **8** **und Kostentragung** bei der Erschließung. Sein Gegenstand ist daher im öffentlichen Recht geregelt, so daß der Erschließungsvertrag nach § 54 Satz 1 VwVfG ein **öffentlich-rechtlicher Vertrag** ist (BGH, U. v. 30. 9. 1970, NJW 1970, 2107/2108; BVerwG, U. v. 23. 4. 1969, NJW 1969, 2162/2163; ganz h. M., vgl. Ernst, in: E/Z/B, § 124, Rn 10). Dies gilt auch, wenn in dem Vertrag für sich genommen privat-rechtliche Sicherungsabreden für den Fall der Nichterfüllung des Vertrags oder

des Scheiterns der Bebauungsplanung aufgenommen werden und wenn die Gemeinde die Erschließung nur zum Teil überträgt, also zum Beispiel die Kanalisation selbst erstellt (BGH, U. v. 30. 9. 1970, NJW 1970, 2107/2108).

9 **4.** Der Erschließungsvertrag muß, um gültig zu sein, bestimmte Anforderungen an **Inhalt und Form** erfüllen (zur **Geschäftsführung ohne Auftrag** durch einen Privaten vgl. OVG Münster, KStZ 1989, 195 f.).

a) aa) Durch den Erschließungsvertrag kann die Gemeinde **nicht** ihre **Erschließungslast** nach § 123 Abs. 1 **übertragen.** Nach außen bleibt die Gemeinde also trotz Abschluß eines Erschließungsvertrags für die Erschließung verantwortlich (BVerwG, U. v. 4. 2. 1972, IV C 59.70, BRS 37, S. 147/149; U. v. 22. 8. 1975, IV C 7.73, BRS 37, S. 56/57; BGH, U. v. 30. 9. 1970, NJW 1970, 2107/2108). Die Erschließungslast der Gemeinde wird wieder aus, wenn der Unternehmer die Erschließung nicht vertragsgemäß zu Ende führt oder führen kann. Durch Erschließungsvertrag überträgt die Gemeinde also keine durch Gesetz eingeräumten Hoheitsrechte; der Unternehmer wird durch den Vertrag **nicht beliehener Unternehmer.**

10 **bb)** Aus dieser daher nur beschränkten Übertragung der Erschließung folgt, daß sich der Erschließungsvertrag **nicht generell auf das gesamte Gemeindegebiet** und die **Herstellung sämtlicher Erschließungsanlagen** erstrecken darf. Der Erschließungsvertrag muß sich mindestens räumlich auf ein **bestimmtes Baugebiet** oder sachlich auf eine **bestimmte Art von Anlagen**, z. B. für die Wasser- oder die Stromversorgung, beschränken (Förster, in: Kohlhammer-Komm. zum BBauG, § 123, Anm. III 2a). Umgekehrt muß der Erschließungsvertrag nicht die vollständige Herstellung einer Erschließungsanlage umfassen. Die Gemeinde kann die Herstellung bestimmter **Teile der Anlage**, z. B. die Straßenentwässerung oder -beleuchtung, sich selbst oder einem anderen vorbehalten (Förster, ebd.). Wie bei der eigenen Herstellung ist die Gemeinde auch bei Abschluß eines Erschließungsvertrags nach § 125 Abs. 1 an die **Festsetzungen eines wirksamen Bebauungsplans** oder die Zustimmung der höheren Verwaltungsbehörde nach § 125 Abs. 2 gebunden; widerspricht ein Vertrag diesen Festsetzungen oder der Zustimmung, ist er nichtig (vgl. VGH Mannheim, BWGZ 1986, 568 f.; vgl. auch Driehaus, Rn 118).

11 **cc)** Entscheidendes Merkmal eines Erschließungsvertrags ist die grundsätzliche **Übernahme der Kosten durch den Unternehmer** (Förster, aaO, Anm. III 2 d cc; Ernst, in: E/Z/B, § 124, Rn 5). Allerdings darf die Gemeinde die Kosten nur insoweit abwälzen, als der Unternehmer als Grundstückseigentümer nach §§ 127 ff. beitragspflichtig ist (vgl. BGH, U. v. 5. 5. 1983, ZfBR 1984, 52) und als sie die Kosten nicht selbst endgültig zu tragen hat. Insoweit bestimmt aber § 129 Abs. 1 Satz 3, daß die **Gemeinde mindestens 10 % des beitragsfähigen Erschließungsaufwands selbst** tragen muß. Diese Vorschrift gilt zwar

unmittelbar nur für die Erhebung von Erschließungsbeiträgen. Der in ihr zum Ausdruck kommende Grundsatz gilt jedoch mittelbar **auch für Erschließungsverträge** (BVerwG, U. v. 23. 4. 1969, NJW 1969, 2162/ 2163; U. v. 4. 2. 1972, IV C 59.70, BRS 37, S. 147/148 f.; U. v. 19. 10. 1984, 8 C 52.83, NJW 1985, 642). Hierdurch soll im wesentlichen drei Gesichtspunkten Rechnung getragen werden: Zunächst soll damit der gemeindlichen **Planungshoheit** Ausdruck verliehen und sichergestellt werden, daß die Gemeinden sich einen eigenen Einfluß auf die städtebauliche Entwicklung ihres Gebiets vorbehalten. Des weiteren wird hierdurch die Tatsache berücksichtigt, daß eine Erschließung nicht allein dem **Vorteil der Anlieger,** sondern **auch der Allgemeinheit** dient. Schließlich wird hiermit sichergestellt, daß die Beitragspflichtigen gleichbehandelt und in Gebieten, in denen die Gemeinde die Erschließung selbst durchführt und Erschließungsbeiträge erhebt, **nicht stärker belastet** werden als die Beitragspflichtigen der Gebiete, in denen die Gemeinde einen Erschließungsvertrag abschließt; dabei ist es unerheblich, ob der Unternehmer die Erschließung u. U. billiger herstellen kann als die Gemeinde. Entspricht eine Vereinbarung über den gemeindlichen Kostenanteil diesen Anforderungen nicht, so wird in der Regel von einer bloßen Teilnichtigkeit des Vertrags auszugehen sein (VGH Mannheim, U. v. 3. 3. 1983, ESVGH 33, 201/202; U. v. 25. 4. 1984, NJW 1984, 2718/2719; BVerwG, U. v. 19. 10. 1984, 8 C 52.83, NJW 1985, 642/643). Dem Erschließungsunternehmer, nicht etwa den Anliegern, steht dann gegen die Gemeinde statt eines vertraglichen ein – auf die entsprechende Anwendung des § 129 Abs. 1 Satz 3 gestützter – gesetzlicher Erstattungsanspruch zu (BVerwG, aaO, S. 643). Die Höhe des Erstattungsanspruchs bemißt sich nach der bei Vertragsschluß gültigen Erschließungsbeitragssatzung, beträgt aber gemäß § 129 Abs. 1 Satz 3 mindestens 10 % (vgl. BVerwG, U. v. 9. 11. 1984, 8 C 1.84, NJW 1985, 643).

Einem Erschließungsvertrag, der – zulässigerweise – nach **Kommu-** 12 **nalabgabenrecht der Länder abrechenbare Anlagen und Maßnahmen** umfaßt, müssen insoweit die Grundsätze dieser Gesetze über die Kostenverteilung zwischen Gemeinde oder Allgemeinheit und Anliegern zugrunde liegen; danach ist nicht von einem festen Anteil der Gemeinde, sondern von dem **jeweiligen wirtschaftlichen Vorteil** auszugehen, den die beitragspflichtige Anlage den Grundstücken verschafft (vgl. etwa § 8 Abs. 2 Satz 2 KAG NRW; hierzu Driehaus, in: ders. [Hrsg.], Kommunalabgabenrecht, Stand September 1989, § 8, Rn 364 ff.). § 129 Abs. 1 Satz 3 kommt hier also als bundesrechtliche Erschließungsbeitragsvorschrift, anders als bei einem auf Erschließungsanlagen im Sinne des § 127 Abs. 2 bezogenen Erschließungsvertrag, nicht zur Anwendung; insoweit ist nach § 127 Abs. 4 allein das Landesrecht maßgeblich (so wohl auch VGH Mannheim, BWGZ 1981, 222 f., wenn auch unter mißverständlicher Bezugnahme auf § 129 Abs. 1 Satz 3; vgl. auch VGH Mannheim, U. v. 26. 4. 1984, NJW 1984,

2718 ff.). Umgekehrt ist ein Erschließungsvertrag, in dem eine gemeindliche Eigenbeteiligung vereinbart wird, die über 10 %, aber unter dem sonst in der Satzung festgelegten Beteiligungssatz der Gemeinde liegt, gültig (vgl. das zuletzt angeführte Urteil des VGH Mannheim; demgegenüber hat der BGH für das Erschließungsrecht entschieden, daß ein Erschließungsvertrag nicht dazu führen dürfe, daß der Eigentümer stärker belastet wird als bei der Erhebung von Erschließungsbeiträgen, U. v. 5. 5. 1983, III ZR 177/81, nichtamtlicher Leitsatz in ZfBR 1984, 52).

13 Allerdings könnte die Gemeinde durch die Verpflichtung, zu einem bestimmten Zeitpunkt ein zumutbares Angebot zum Abschluß eines Erschließungsvertrags anzunehmen, wenn sie nicht selbst erschließen kann oder will (vgl. § 123, Rn 8), zu dem ihr von außen aufgedrängten Zeitpunkt finanziell überfordert sein. Dieser Zwangslage kann sich die Gemeinde entziehen, indem sie eine **spätere Fälligkeit ihres Kostenanteils** vereinbart. Es ist zulässig, daß die Gemeinde den auf sie entfallenden Anteil erst dann zahlt, wenn sich ihre Erschließungslast für das betreffende Gebiet soweit konkretisiert hat, daß sie es auch selbst erschließen müßte (BVerwG, U. v. 4. 2. 1972, IV C 59.70, BRS 37, S. 147/149 f.; U. v. 23. 4. 1969, NJW 1969, 2162/2163; nach Lenz, KStZ 1983, 121/123 f., entfällt in diesem Fall die Pflicht zur Eigenbeteiligung). Zum hiervon zu unterscheidenden bloßen Vorfinanzierungsvertrag vgl. oben, Rn 2.

14 Da der Gemeinde somit bei Abschluß und ordnungsgemäßer Durchführung eines Erschließungsvertrags keine Kosten entstehen, die sie nicht nach dem Willen des Gesetzes endgültig zu tragen hat, kann sie auch **keine Erschließungsbeiträge** erheben (Ernst, in: E/Z/B, § 124, Rn 11). Eventuell bereits erhobene Vorausleistungen hat die Gemeinde zu erstatten (Lenz, KStZ 1983, 121/124 f.). Hat die Gemeinde die Erschließung nur zu einem sachlichen Teil übertragen (vgl. oben, Rn 10), so kann sie **für den verbleibenden Teil Erschließungbeiträge** erheben, da ihr insoweit auch Aufwendungen entstanden sind. Hat die Gemeinde gegenüber einem Dritten im Hinblick auf einen abgeschlossenen Erschließungsvertrag einen „Verzicht" auf die Erhebung von Erschließungsbeiträgen ausgesprochen, so ist dieser „Verzicht" nur bei vollständiger Durchführung des Vertrags wirksam. Muß die Gemeinde wegen eines etwaigen **Konkurses des Unternehmers** die Erschließung auf eigene Rechnung zu Ende führen, so kann die Gemeinde jedenfalls insoweit Erschließungsbeiträge erheben, als ihr selbst Aufwendungen entstanden sind und die beitragspflichtigen Eigentümer nicht bereits an den Unternehmer Erschließungsbeiträge gezahlt haben (BVerwG, U. v. 8. 9. 1972, BRS 37, S. 26/27 f.). Ein wirksamer und endgültiger „Verzicht" (richtig: Erlaß) auf Erschließungsbeiträge ist nur unter den Voraussetzungen des § 135 Abs. 5 zulässig, d. h. bei Vorliegen eines öffentlichen Interesses oder zur Vermeidung unbilliger Härten (hierzu § 135, Rn 18 ff.). Für den Fall, daß der Unternehmer die Erschließung

nicht vollständig herstellen kann, darf die Gemeinde vereinbaren, daß der Unternehmer bei ihr eine **Vertragserfüllungsbürgschaft** einer Bank hinterlegt (vgl. OVG Münster, U. v. 12. 7. 1988, KStZ 1989, 94; Text des Vertrags in dem entschiedenen Fall in ZMR 1989, 75 f.).

Liegen in dem von einem Erschließungsvertrag umfaßten Gebiet **15** auch Grundstücke, die nicht dem Erschließungsunternehmer gehören (sog. **Fremdanlieger**), kann die Gemeinde diese dann zu Erschließungsbeiträgen heranziehen, wenn ihr insoweit Kosten entstanden sind. Dies kann etwa dadurch erreicht werden, daß die Gemeinde dem Unternehmer den auf die Fremdanlieger entfallenden Erschließungsaufwand erstattet und von diesen Beiträge erhebt. Keinesfalls kann der Unternehmer selbst auf die Fremdanlieger zurückgreifen (VGH Mannheim, NJW 1986, 2452 f.; Driehaus, Rn 134).

b) aa) Der Erschließungsvertrag bedarf als öffentlich-rechtlicher **16** Vertrag nach § 57 VwVfG der **Schriftform**.

bb) Enthält der Erschließungsvertrag, wie es nicht selten der Fall ist, **17** zugleich die Verpflichtung des Unternehmers, nach Durchführung der Erschließung die Erschließungsflächen, zumindest aber die öffentlichen Verkehrsflächen, an die Gemeinde zu übereignen, bedarf ein solcher Vertrag trotz seines öffentlich-rechtlichen Charakters (vgl. oben, Rn 8) nach § 313 BGB der **notariellen Beurkundung** (BGH, U. v. 5. 5. 1972, NJW 1972, 1364/1365; ihm folgend BVerwG, U. v. 9. 11. 1984, 8 C 77.83, NVwZ 1985, 346/347 f.). Die Anwendbarkeit des § 313 BGB folgt aus § 57 VwVfG, der ausdrücklich weitergehende Anforderungen an die Form des Vertrags durch eine andere Rechtsvorschrift unberührt läßt (hierzu Kopp, VwVfG, 4. Aufl. 1986, § 57, Rn 7 f.). Ist ein Erschließungsvertrag ohne die hiernach erforderliche notarielle Beurkundung geschlossen worden, so ist er zumindest in diesem Teil nichtig. Aus dieser Teilnichtigkeit folgt die Nichtigkeit des gesamten Vertrags nach § 59 Abs. 3 VwVfG nur dann, wenn nicht anzunehmen ist, daß der Vertrag auch ohne den nichtigen Teil geschlossen worden wäre; maßgeblich ist hier vor allem der Zweck des Vertrages (hierzu Kopp, aaO, § 59, Rn 27 f.; ebenso in entsprechender Anwendung des § 139 BGB bereits BGH, aaO, S. 1366; OVG Münster, U. v. 8. 2. 1979, Mitt NW StGB 1979, 171).

5. Erfüllt der Unternehmer die von ihm im Vertrag übernommenen **18** Pflichten nicht oder nicht vertragsgemäß, so kann die Gemeinde die Erfüllung dieser Pflichten nicht durch den Erlaß eines Verwaltungsakts durchsetzen (BVerwG, U. v. 13. 2. 1976, BRS 37, S. 24/25 f.). Der Erlaß von Verwaltungsakten bedarf als Eingriff in Freiheit und Eigentum des Bürgers stets einer gesetzlichen Ermächtigungsgrundlage. Eine solche Grundlage bietet Abs. 1 nicht. Die Gemeinde ist daher darauf angewiesen, **vertragliche Ansprüche im Prozeßwege durchzusetzen.** Für solche Klagen ist der Rechtsweg zu den **Verwaltungsgerichten** gegeben (Kopp, VwGO, 8. Aufl. 1989, § 40, Rn 24). Dies gilt nach § 40 Abs. 2 Satz 1 VwGO auch für das Einklagen von Schadenser-

satzansprüchen aus der Nichterfüllung von öffentlich-rechtlichen Ver-
trägen (Kopp, aaO, Rn 71). Vertraglichen Ansprüchen stehen vertrags-
ähnliche Ansprüche und Ansprüche aus einem Verschulden bei Ver-
tragsschluß (culpa in contrahendo) gleich (Kopp, aaO, Rn 72). Dage-
gen sind Ansprüche des Unternehmers wegen etwaiger **Amtspflicht-
verletzungen** nach § 839 BGB, Art. 34 GG (etwa wegen sachfremden
Abbruchs der Planung) – auch hiermit im Sachzusammenhang ste-
hende Ansprüche aus culpa in contrahendo der Gemeinde – vor den
ordentlichen Gerichten einzuklagen (BGH, U. v. 7. 2. 1980, BGHZ
76, 343/348; U. v. 3. 10. 1985, NJW 1986, 1109 f.).

19 **II. Abs.** 2 enthält keine erschließungsrechtliche Vorschrift, sondern
ist im Zusammenhang mit der ausdrücklichen Regelung eines beson-
ders wichtigen Anwendungsfalls des **städtebaulichen Vertrags** hier
eingeführt worden, um eine Einengung des Anwendungsbereichs städ-
tebaulicher Verträge zu vermeiden und zum Ausdruck zu bringen, daß
dem kooperativen Handeln im Städtebaurecht neben einseitig-hoheitli-
chem Verwaltungshandeln eine besondere Bedeutung zukommt (vgl.
BT-Drs. 10/6166, S. 148 f., 158). Weitergehenden Vorschlägen, die
darauf zielten, ausdrücklich gesetzesabweichende Vereinbarungen für
zulässig zu erklären (vgl. hierzu Materialien zum Baugesetzbuch,
Schriftenreihe „Städtebauliche Forschung" des Bundesministers für
Raumordnung, Bauwesen und Städtebau, Heft 03.108, 1984,
S. 149 ff.), ist der Gesetzgeber angesichts der Rechtsprechung des Bun-
desverwaltungsgerichts, die etwa bei der „freiwilligen Umlegung"
auch Verträge mit einem von den gesetzlichen Vorschriften abweichen-
den Inhalt grundsätzlich für zulässig hält (BVerwG, U. v. 7. 6. 1984, 4
C 24.80, UPR 1984, 337), nicht gefolgt (vgl. hierzu Krautzberger/Löhr,
NVwZ 1987, 177/183 f.). Durch die Regelung in Abs. 2 soll die weitere
Rechtsentwicklung bei städtebaulichen und dogmatisch vergleichbaren
Verträgen abgewartet (hierzu etwa Schmidt-Aßmann/Krebs, Rechtsfra-
gen städtebaulicher Verträge, Schriftenreihe „Forschung" des Bundes-
ministers für Raumordnung, Bauwesen und Städtebau, 1988, Heft 460)
und einer einheitlichen Regelung durch eine Novelle des Verwaltungs-
verfahrensgesetzes vorbehalten werden.

§ 125 Bindung an den Bebauungsplan

(1) **Die Herstellung der Erschließungsanlagen im Sinne des § 127
Abs. 2 setzt einen Bebauungsplan voraus.**

(2) **Liegt ein Bebauungsplan nicht vor, so dürfen diese Anlagen nur
mit Zustimmung der höheren Verwaltungsbehörde hergestellt wer-
den. Dies gilt nicht, wenn es sich um Anlagen innerhalb der im
Zusammenhang bebauten Ortsteile handelt, für die die Aufstellung
eines Bebauungsplans nicht erforderlich ist. Die Zustimmung darf
nur versagt werden, wenn die Herstellung der Anlagen den in § 1
Abs. 4 bis 6 bezeichneten Anforderungen widerspricht.**

(3) **Die Rechtmäßigkeit der Herstellung von Erschließungsanlagen wird durch Abweichungen von den Festsetzungen des Bebauungsplans nicht berührt, wenn die Abweichungen mit den Grundzügen der Planung vereinbar sind und**
1. **die Erschließungsanlagen hinter den Festsetzungen zurückbleiben oder**
2. **die Erschließungsbeitragspflichtigen nicht mehr als bei einer plangemäßen Herstellung belastet werden und die Abweichungen die Nutzung der betroffenen Grundstücke nicht wesentlich beeinträchtigen.**

Übersicht

I. 1. § 125 enthält nur eine spezifisch erschließungsrechtliche Regelung (BVerwG, U. v. 1. 11. 1974, DVBl. 1975, 492/493; zu Fragen des § 125 BBauG zusammenfassend Kregel, Örtliche Straßenplanung, 1983, S. 106 ff.). Sie enthält in Abs. 1 und 2 das erschließungsrechtliche Plan- oder Zustimmungserfordernis, in Abs. 3 Lockerungen der planungsrechtlichen Bindung. **Abs. 1** begründet ausdrücklich für alle Erschließungsanlagen im Sinne des § 127 Abs. 2, nicht nur für die öffentlichen Verkehrs- und Grünanlagen, sondern auch die Immissionsschutzanlagen, das **Erfordernis eines rechtskräftigen Bebauungsplans** (BVerwG, U. v. 10. 11. 1989, 8 C 27.88, ZfBR 1990, 102 f.). Hierdurch soll sichergestellt werden, daß die bauliche Entwicklung der Gemeinde, die durch die Erschließung vorbereitet und erst möglich gemacht wird, den an die städtebauliche Entwicklung und Ordnung zu stellenden Anforderungen genügt (zur **Inzidentkontrolle** eines Bebauungsplans im Beitragsverfahren vgl. Uechtritz, NVwZ 1990, 734 f.). Durch diese Regelung soll allerdings nicht der Grundsatz des § 1 Abs. 3 in Frage gestellt werden, nach dem die Gemeinden Bauleitpläne nur aufzustellen haben, soweit es für die städtebauliche Entwicklung und

1

Ordnung erforderlich ist. Ist daher die Herstellung der Erschließungsanlagen ohne Bebauungsplan möglich und sinnvoll, werden sie aufgrund der Regelungen in § 125 nicht rechtswidrig.

2 Dem Planerfordernis unterliegen **nur die** in Abs. 1 ausdrücklich **bezeichneten Erschließungsanlagen im Sinne des § 127 Abs. 2.** Damit werden nicht Anlagen der technischen Erschließung wie z. B. die Versorgung mit Elektrizität, Gas, Wärme und Wasser und die Anlagen zur Abwasserbeseitigung (§ 127 Abs. 4) erfaßt. Ob diese Anlagen in einem Bebauungsplan festgesetzt werden, richtet sich nach allgemeinen planungsrechtlichen Grundsätzen. Als Festsetzungen für Anlagen im Sinne des Abs. 1 Satz 1 kommen daher im wesentlichen in Betracht § 9 Abs. 1 Nr. 11 (Verkehrsflächen), 15 (Grünflächen) und 24 (Immissionsschutzanlagen). Da für die von Abs. 1 Satz 1 erfaßten Erschließungsanlagen dieselben Voraussetzungen und Rechtsfolgen gelten, brauchen sie nicht untereinander exakt abgegrenzt zu werden. Im übrigen kann es sich hierbei nur um **örtliche** Verkehrs-, Grün- und Immissionsschutzanlagen handeln, da nur solche Anlagen von dem Begriff der Erschließung im Sinne des § 123 erfaßt werden. Zu möglichen Zwischennutzungen, die zwar den Festsetzungen des Bebauungsplans nicht entsprechen, aber die Verwirklichung des Plans auch nicht verhindern oder wesentlich erschweren, vgl. § 29, Rn 2; Ernst, in: E/Z/B, § 125, Rn 1, rechnet auch Anlagen von geringer städtebaulicher Bedeutung hierzu.

3 Werden überörtlich bedeutsame Straßen auf der Grundlage eines Planfeststellungsverfahrens hergestellt, so steht dies der Herstellung aufgrund eines Bebauungsplans gleich. Dies gilt nicht nur für die nach § 38 einem Bebauungsplan vorgehende Planfeststellung nach § 17 FStrG (hierzu Förster, in: Kohlhammer-Komm. zum BBauG, § 125, Rn 10), sondern – unabhängig von einem Vorrang nach § 38 – auch für Planfeststellungen aufgrund des Landesstraßenrechts (z. B. §§ 37 ff. Straßen- und WegeG NRW). Örtlichen Charakter können solche überörtlichen Straßen im Zuge von Ortsdurchfahrten erlangen. Unter Herstellung ist dabei wegen des Bezugs der Vorschrift auf das Erschließungsbeitragsrecht, wie auch sonst im Erschließungsbeitragsrecht (vgl. § 123, Rn 15, § 128, Rn 26 ff.), nur die erstmalige Herstellung, nicht auch die Verbesserung einer Erschließungsanlage zu verstehen (BVerwG, U. v. 18. 9. 1981, 8 C 22.81, DÖV 1982, 118/119; Förster, aaO, Rn 14, und Kregel, NVwZ 1988, 1102/1103 rechnen auch die Erweiterung hierzu).

4 **2.** Da Beiträge nur für rechtmäßig hergestellte Erschließungsanlagen erhoben werden können, ist § 125 nicht nur von erschließungsrechtlicher Relevanz, sondern auch **von erheblicher Bedeutung für das Erschließungsbeitragsrecht.** Nur wenn ein rechtskräftiger Bebauungsplan vorliegt und die Herstellung der genannten Erschließungsanlagen seinen Festsetzungen folgt, kann eine Erschließungsbeitragspflicht entstehen (BVerwG, U. v. 27. 9. 1982, KStZ 1983, 95/96; U. v. 10. 11. 1989, 8 C 27.88, ZfBR 1990, 102). Anders als bei der Genehmigung

von Vorhaben reicht im Rahmen des Abs. 1 für die Erhebung von Erschließungsbeiträgen der **Beschluß,** einen Bebauungsplan aufzustellen (§ 33), nicht aus. Auch ein **Planentwurf** genügt nicht den Anforderungen des Abs. 1 (BVerwG, U. v. 29. 5. 1970, BRS 37, S. 336/337; U. v. 18. 9. 1981, 8 C 26.81, DÖV 1982, 327/328). Allerdings genügt es, wenn der Bebauungsplan während eines etwaigen Rechtsbehelfsverfahrens in Kraft tritt. Hierdurch wird der bis dahin rechtswidrige Erschließungsbeitragsbescheid rechtmäßig und die Erschließungsbeitragspflicht entsteht zu diesem Zeitpunkt (BVerwG, U. v. 18. 9. 1981, ebd.). Dasselbe gilt im Falle eines planabweichenden Ausbaus, wenn die Gemeinde den Bebauungsplan später ändert (OVG Münster, NVwZ 1984, 251/252).

Erweist sich ein Bebauungsplan als nichtig, so kann seine Genehmigung gegebenenfalls in eine Zustimmung nach Abs. 2 **umgedeutet** werden. Für die Genehmigung des Bebauungsplans ist dieselbe Behörde zuständig wie für die Erteilung der Zustimmung nach Abs. 2. Die Prüfung erstreckt sich insoweit auch auf dieselben Gegenstände (hierzu unten, Rn 14). Diese Möglichkeit der sog. Konversion nach § 47 VwVfG (vgl. auch § 128 AO) besteht allerdings nicht, wenn die Genehmigungsbehörde einen Straßenbau ohne Bebauungsplan gerade abgelehnt hätte oder der Bebauungsplan gerade wegen der Ausgestaltung der fraglichen Erschließungsanlagen nichtig ist (hierzu BVerwG, U. v. 10. 6. 1981, 8 C 15.81, BVerwGE 62, 300/306 f.). 5

3. Durch **Abs. 3** wird die **Bindung an den Bebauungsplan** – nicht die an die Zustimmung nach Abs. 2 – **gelockert** (vgl. aber auch Kregel, NVwZ 1988, 1102/1105). Dabei erfaßt Abs. 3 trotz seines umfassenden Wortlauts entsprechend dem Sinngehalt des § 125 (vgl. oben, Rn 1) nur die in Abs. 1 umschriebenen Erschließungsanlagen. Voraussetzung hierbei ist allerdings stets, daß die Abweichungen nicht die **Grundzüge der Planung** berühren. Unter den Grundzügen der Planung (zu diesem Begriff allgemein § 13, Rn 2) ist hier die in der Verkehrserschließung nach dem Bebauungsplan zum Ausdruck kommende planerische Konzeption der Gemeinde zu verstehen (vgl. auch BVerwG, U. v. 18. 9. 1981, 8 C 21.81, DVBl. 1982, 79/80; U. v. 9. 3. 1990, 8 C 76.88, NVwZ 1990, 873/874 f.). Auch die Erstellung eines Bolzplatzes anstelle des planerisch vorgesehenen normalen Spielplatzes ist wegen der höheren Lärmentwicklung mit den Grundzügen der Planung nicht vereinbar (so VGH Mannheim, BWGZ 1986, 35 f.). Bei Reduzierung der Straßenbreite um mehr als ein Drittel gegenüber der Festsetzung im Bebauungsplan sind ebenfalls die Grenzen von nach Abs. 3 zulässiger Planabweichung überschritten (VGH Kassel, Beschl. v. 2. 8. 1989, ZfBR 1990, 47). Auf das Erfordernis der Vereinbarkeit der Planabweichung mit den öffentlichen Belangen unter Würdigung nachbarlicher Interessen ist im Baugesetzbuch verzichtet worden, da eine unzutreffende Parallele zu § 31 Abs. 2 nahegelegt wurde (vgl. BT-Drs. 10/4630, S. 112) und die denkbaren inhaltlichen Anforderungen durch die Vorschrift im übrigen umfaßt werden. 6

7 **a)** Der erste Fall, der unter diesen Voraussetzungen eine Planabweichung erlaubt, ist die **Planunterschreitung** nach **Nr. 1**. Diese ist gegeben, wenn die Herstellung der in Abs. 1 genannten Erschließungsanlagen – nur diese werden von Abs. 3 erfaßt (vgl. unten, Rn 12) – hinter der im Bebauungsplan festgesetzten Ausführung zurückbleibt, z. B. also ein Gehweg nicht zwei, sondern nur einen Meter breit angelegt wird (BVerwG). Eine Planunterschreitung liegt z. B. auch vor, wenn von einer zweiarmig geplanten Verbindungsstraße ein Arm als Grünfläche hergestellt wird (BVerwG, U. v. 12. 12. 1986, 8 C 9.86, NVwZ 1987, 420). Für die Beurteilung einer Planabweichung maßgeblich sind nur die nach § 9 zulässigen Festsetzungen, also vor allem die **Fläche** und der **Verlauf** der Erschließungsanlagen, nicht etwaige darüber hinausgehende nur nachrichtliche Angaben z. B. über die Art und Weise des Straßenausbaus (BVerwG, U. v. 10. 11. 1989, 8 C 27.88, ZfBR 1990, 102/103). Werden Erschließungsanlagen sparsamer als im Bebauungsplan vorgesehen angelegt, sind als öffentliche Belange – auch ohne daß sie im Gesetz ausdrücklich genannt sind (vgl. oben, Rn 6) – insbesondere die Sicherheit und Leichtigkeit des Verkehrs in Rechnung zu stellen (BVerwG, U. v. 12. 12. 1986, ebd.). Die Erschließungsbeitragspflicht entsteht – bei Vorliegen der übrigen Voraussetzungen (vgl. § 133, Rn 15) – mit der endgültigen Herstellung der Anlage; einer besonderen Fertigstellungserklärung im Hinblick auf die Planunterschreitung bedarf es nicht (vgl. Honsdorf/Dettner, KStZ 1984, 47/49).

8 **b)** Der zweite Fall möglicher Planabweichung ist die **Planüberschreitung** (oder der Planwiderspruch) nach **Nr. 2**. Hier wird eine Erschließungsanlage über das im Bebauungsplan Festgesetzte hinaus hergestellt. Neben den allgemeinen Voraussetzungen müssen hier zwei weitere Bedingungen erfüllt sein, wenn der Planwiderspruch zulässig sein soll. Zunächst dürfen die Beitragspflichtigen durch die abweichende Ausführung der Erschließungsanlagen **nicht stärker belastet** werden. Dies kann die Gemeinde z. B. dadurch herbeiführen, daß sie die entstandenen Mehrkosten selbst trägt (OVG Münster, NVwZ 1984, 251/252; Ernst, in: E/Z/B, § 125, Rn 16). Es genügt, wenn diese **Verzichtserklärung** von der Gemeindeverwaltung abgegeben wird; eines Ratsbeschlusses oder einer Satzungsänderung bedarf es nicht (OVG Münster, ebd.; Driehaus, Rn 165; a. A. Ernst, ebd., der einen Satzungsbeschluß des Gemeinderats für erforderlich hält). Die Erklärung kann daher auch konkludent – durch entsprechend verminderte Abrechnung – erfolgen. Allerdings kann die Gemeinde die abweichende Herstellung auch durch eine Änderung des Bebauungsplans nachträglich sanktionieren. Die Erschließungsbeitragspflicht entsteht, sofern die übrigen Voraussetzungen erfüllt sind (hierzu vgl. § 133, Rn 15), erst mit der Abgabe dieser Erklärung oder der Änderung des Bebauungsplans (OVG Münster, ebd.; hierzu Honsdorf/Dettner, KStZ 1984, 47 ff.). Bleibt der Bebauungsplan hinter den Herstellungsmerk-

malen in der Satzung zurück, so ist der Bebauungsplan maßgebend (vgl. OVG Kassel, KStZ 1989, 14 f.).

Des weiteren darf durch die Abweichung die **Nutzung der betroffe-** **9** **nen Grundstücke nicht wesentlich beeinträchtigt** werden. Maßgeblich ist hierbei nicht das Angrenzen eines Grundstücks an die Erschließungsanlage oder das Erschlossensein von ihr, sondern die Beeinträchtigung der Nutzung. Wird diese wesentlich beeinträchtigt, so ist auch ein nicht erschlossenes Grundstück stets „betroffen". Wesentlich beeinträchtigt ist die Nutzung eines Grundstücks sicherlich dann, wenn die im Bebauungsplan festgesetzte bauliche Nutzbarkeit durch die Abweichung eingeschränkt wird. In Betracht kommt insbesondere eine Beeinträchtigung der Nutzung des Grundstücks durch eine vermehrte Geräuschbelastung, die infolge verstärkten Verkehrs auf einer gegenüber den Festsetzungen des Bebauungsplans verbreiterten Straße entsteht (vgl. auch Driehaus, in: BK, § 125, Rn 18).

c) Die **Überleitungsvorschrift** für den durch die BBauG-Novelle **10** 1979 eingeführten früheren Abs. 1a und jetzigen Abs. 3 enthielt **§183e** (B/K/L, 1. Auflage, Rn 10). Dessen Satz 1 ist, bezogen auf das Inkrafttreten des BauGB, in § 242 Abs. 3 übernommen worden. Danach ist Abs. 3 auch auf Bebauungspläne anzuwenden, die vor dem Baugesetzbuch in Kraft getreten sind. Als nicht erforderlich erschien die „Heilungsklausel" des § 183e Satz 2 BBauG, da Abs. 3 gegenüber dem früheren Abs. 1a inhaltlich nicht erweitert wurde.

II. 1. Liegt ein Bebauungsplan nicht oder noch nicht vor oder enthält **11** er keine Festsetzungen zu den Erschließungsanlagen nach Abs. 1, soll aber gleichwohl die Erschließung erstellt werden, so bedarf es hierzu nach **Abs. 2 Satz 1** grundsätzlich der **Zustimmung der höheren Verwaltungsbehörde.** Diese Zustimmung ist, ebenso wie der Bebauungsplan, Voraussetzung nicht nur für die Rechtmäßigkeit der Herstellung der Erschließungsanlagen, sondern auch Voraussetzung für die Entstehung der Erschließungsbeitragspflicht (BVerwG, U. v. 27. 9. 1982, KStZ 1983, 95/96). Die Zustimmung ist auch in Hamburg erforderlich, obwohl Bebauungspläne hier keiner Genehmigung bedürfen (BVerwG, U. v. 18. 9. 1981, 8 C 26.81, DÖV 1982, 327/328). Kritisch zum Fehlen näherer Bestimmungen zum Verfahren der Zustimmung Kregel, NVwZ 1988, 1102/1103 ff.

Nach Abs. 2 Satz 1 dürfen „diese" Anlagen nur mit Zustimmung **12** hergestellt werden. Sprachlich bezieht sich das Wort „diese" auf den vorangegangenen Satz oder Absatz. Daher bezieht sich Abs. 2 wie Abs. 3 (vgl. oben, Rn 6) nur auf die **Erschließungsanlagen im Sinne des Abs. 1.** Die mißverständliche Bezugnahme auf den früheren Abs. 1a (vgl. hierzu B/K/L, 1. Auflage, Rn 12) ist durch dessen Hintanstellung als Abs. 3 im Baugesetzbuch beseitigt worden.

Mit der Zustimmung stellt die höhere Verwaltungsbehörde verbind- **13** lich fest, daß die Herstellung der Erschließungsanlagen den pla-

nungsrechtlichen Anforderungen entspricht; die Zustimmung ist daher ein feststellender Verwaltungsakt (vgl. BVerwG, U. v. 16. 8. 1985, 8 C 120–122.83, NJW 1986, 1122/1123). Sie erstreckt sich nur auf die in einem Bebauungsplan möglichen Inhalte einer Festsetzung, nicht auf weitere, in einen Bebauungsplan nur nachrichtlich zu übernehmende Elemente, bei Straßen im wesentlichen also auf den Flächenverbrauch (vgl. auch oben, Rn 7). Die Zustimmung kann nach dem BGB **sowohl vorher** (Einwilligung nach § 183 BGB) **als auch nachher** (Genehmigung nach § 184 BGB) erklärt werden. Dies entspricht auch dem Sinn und Zweck der Vorschrift. Durch die Zustimmung soll die Übereinstimmung der hergestellten Erschließungsanlagen mit den Anforderungen des § 1 überprüft und bestätigt werden. Hierfür aber macht es keinen Unterschied, ob die Straße bereits gebaut ist oder nicht. Im Hinblick auf die Erschließungsbeitragspflicht kann auch durch eine nachträgliche Zustimmung gewährleistet werden, daß die Anlage rechtmäßig hergestellt ist und damit zu Recht Grundlage einer Beitragserhebung ist. Diese nachträgliche Zustimmung ist möglich **bis zur letzten mündlichen Verhandlung der letzten Tatsacheninstanz** (also des Oberverwaltungsgerichts oder des Verwaltungsgerichtshofs), da erst in diesem Augenblick alle zur Rechtmäßigkeit eines Beitragsbescheids erforderlichen Tatsachen vorliegen müssen; der Beitragsbescheid wird in dem Zeitpunkt wirksam, in dem die Zustimmung erklärt wird (BVerwG, U. v. 23. 5. 1975, BRS 37, S. 51/54 f.; U. v. 27. 9. 1982, KStZ 1983, 95/96). Im Rahmen der Anfechtungsklage gegen einen Erschließungsbeitragsbescheid ist eine bestehende Zustimmung daher als bestandskräftiger Verwaltungsakt zu beachten, solange sie nicht aufgehoben wurde (vgl. BVerwG, U. v. 16. 8. 1985, ebd.). Der Kläger in einem solchen Prozeß kann vermeiden, daß ihm die Kosten der zunächst begründeten und dann durch die Zustimmung unbegründeten Klage auferlegt werden, indem er die **Hauptsache** nach § 161 VwGO **für erledigt erklärt** (BVerwG, ebd.; hierzu Kopp, VwGO, 8. Aufl. 1989, § 161, Rn 7 f.; U. v. 26. 8. 1983, 8 C 140.81, NVwZ 1984, 648). Ist die Erschließungsanlage in dem Zeitpunkt bereits hergestellt, in dem die Zustimmung erteilt wird, so hat ein **Widerspruch** eines zu einem Erschließungsbeitrag herangezogenen Grundstückseigentümers zwar gemäß § 80 Abs. 1 VwGO aufschiebende Wirkung, doch beseitigt er nicht die für das Entstehen der Beitragspflicht maßgebliche Rechtmäßigkeit der Herstellung der Erschließungsanlage nach Abs. 2. Dies vermag nur eine rückwirkende Aufhebung der Zustimmung durch die höhere Verwaltungsbehörde oder das Gericht (BVerwG, U. v. 9. 12. 1988, 8 C 72.87, DVBl. 1989, 420/421).

14 Ist ein Bebauungsplan, den die höhere Verwaltungsbehörde genehmigt hat, nicht wegen der für die Erschließung bedeutsamen Festsetzung, sondern aus anderen Gründen nichtig, so kann die **Genehmigung des Bebauungsplans** durch die höhere Verwaltungsbehörde **in**

eine **Zustimmung** zur Herstellung der Erschließungsanlage **umgedeutet** werden (vgl. oben, Rn 6). **Nicht** in eine Zustimmung nach Abs. 2 Satz 1 umgedeutet werden kann die **Genehmigung eines Bauvorhabens** in dem Bereich, der durch die Erschließungsanlage erschlossen wird. Dies gilt selbst dann, wenn ein Bebauungsplan Planreife im Sinne des §33 erlangt hat. Dies folgt daraus, daß bei der Genehmigung eines Bauvorhabens auf der Grundlage des §33 ein ganz **anderes Prüfungsprogramm** zu absolvieren ist als bei der Zustimmung zur Herstellung einer Straße nach Abs. 2 Satz 1. So spielt z. B. bei der Baugenehmigung die Art und Weise der Herstellung der Erschließungsanlage, ihr Verlauf und ihr Umfang keine Rolle (BVerwG, U. v. 3. 10. 1975, BRS 37, S. 174/175 f.). Auch kann mit einer Zustimmung **nicht** eine von einem wirksamen Bebauungsplan **abweichende Herstellung gerechtfertigt** werden (BVerwG, U. v. 7. 3. 1986, 8 C 103.84, NVwZ 1986, 647).

Ist mit der Herstellung der Erschließungsanlage bereits **vor Inkrafttreten des BBauG** 1960 derart **begonnen** worden, daß die Ausbauarbeiten Umfang und Führung der Erschließungsanlage deutlich erkennen lassen, ist eine Zustimmung – und auch ein Bebauungsplan – hierfür nicht mehr erforderlich. Sind dagegen nur provisorische Arbeiten durchgeführt worden, so ist zumindest die Zustimmung der höheren Verwaltungsbehörde herbeizuführen (BVerwG, U. v. 9. 6. 1976, BRS 37, S. 43/44 f.). **15**

2. Die Zustimmung kann nach **Abs. 2 Satz 3** nur **versagt** werden, wenn die Erschließungsanlagen sich nicht an die **Ziele der Raumordnung und Landesplanung** anpassen (§ 1 Abs. 4) oder wenn ihrer Herstellung keine **fehlerfreie Abwägung** der öffentlichen und privaten Belange (§ 1 Abs. 5 und 6) zugrunde liegt. Abs. 2 Satz 3 bestimmt damit zugleich abschließend die Voraussetzungen, von denen die Erteilung der Zustimmung abhängt (BVerwG, U. v. 16. 8. 1985, 8 C 120–122.83, NJW 1986, 1122/1123). Wie bei der Genehmigung eines Bebauungsplans nach § 11 handelt es sich bei der Zustimmung nach Abs. 2 um eine Maßnahme der **Rechtsaufsicht** (vgl. § 11, Rn 1). Es handelt sich gewissermaßen insoweit um einen Vorgriff auf die spätere Genehmigung eines Bebauungsplans, ohne daß allerdings erforderlich ist, daß ein Bebauungsplan tatsächlich aufgestellt wird. Legt die Gemeinde jedoch einen diesbezüglichen Bebauungsplan vor, ist die Genehmigungsbehörde an die erteilte Zustimmung gebunden (Tittel, in: S/S/T, § 125, Rn 5). **16**

III. Keines Bebauungsplans und **keiner aufsichtsbehördlichen Zustimmung** bedarf die Herstellung von Erschließungsanlagen nach **Abs. 2 Satz 2,** wenn diese Anlagen **innerhalb eines im Zusammenhang bebauten Ortsteils** liegen **und** für sie die **Aufstellung eines Bebauungsplans nicht erforderlich** ist. Mit diesen Formulierungen knüpft Abs. 2 Satz 2 an § 34 in der bis zur BBauG-Novelle 1976 geltenden Fassung an. Allerdings verwendet er nicht ganz dieselben Begriffe (vgl. hierzu B/K/L, 1. Auflage, Rn 17). Diese Abweichung entspricht der **17**

gegenüber § 34 anderen Funktion des Abs. 2 Satz 2. Hiermit soll nicht
ein planungsrechtliches Gebiet festgelegt, sondern es soll geregelt
werden, wann für die Rechtmäßigkeit der Herstellung und damit die
Beitragsfähigkeit einer Erschließungsanlage weder ein Bebauungsplan
noch eine Zustimmung der Aufsichtsbehörde erforderlich sind. Der
Bezug zu § 34 besteht daher nur insoweit, als die Anlagen sich inner-
halb der im Zusammenhang bebauten Ortsteile befinden müssen. An
diesem Bezug ist jedoch durch die Neufassung des § 34 nichts geändert
worden. Die fehlende Erforderlichkeit eines Bebauungsplans ist dem-
nach nicht aus einem Sinnzusammenhang mit § 34 zu erklären, sondern
aus der Funktion der Ausnahme vom Erfordernis eines Bebauungs-
plans oder einer aufsichtsbehördlichen Genehmigung nach Abs. 2
Satz 2.

18 **1.** Der in Abs. 2 Satz 2 verwendete Begriff „**innerhalb der im
Zusammenhang bebauten Ortsteile**" deckt sich vollständig mit dem in
§ 34 gebrauchten Begriff. Die hierzu entwickelten Grundsätze sind
daher auch im Rahmen des Abs. 2 Satz 2 anzuwenden (BVerwG, U. v.
12. 10. 1973, BRS 37, S. 40/41; U. v. 4. 4. 1975, IV C 75.72, BRS 37,
S. 47/48). Danach endet der Bebauungszusammenhang mit dem letzten
bebauten Grundstück (hierzu näher § 34, Rn 2 ff.). Sind daher die
Grundstücke auf der einen Seite einer Erschließungsanlage dem Innen-
bereich nach § 34, die Grundstücke auf der anderen Seite der Straße
aber dem Außenbereich nach § 35 zuzuordnen, so verläuft die Straße
selbst bereits im Außenbereich (BVerwG, U. v. 12. 10. 1973, ebd.).
Diese eng am Wortlaut orientierte Auslegung entspricht auch Sinn und
Zweck der Vorschrift. Die Zustimmung der höheren Verwaltungsbe-
hörde soll nur dann entbehrlich sein, wenn Art, Umfang und Verlauf
der Erschließungsanlage im wesentlichen festliegen. Dies kann aber bei
einer Straße, die unmittelbar an den Außenbereich angrenzt, nicht
gesagt werden. Hier bestehen insbesondere für Verlauf und Breite der
Straße zahlreiche Gestaltungsmöglichkeiten (BVerwG, ebd.).

19 **2.** Neben der Lage der Erschließungsanlage innerhalb eines im Zu-
sammenhang bebauten Ortsteils ist als weitere Voraussetzung für die
Entbehrlichkeit der aufsichtsbehördlichen Zustimmung erforderlich,
daß die Herstellung der Erschließungsanlage **keinen Bebauungsplan
erfordert**. Ein Bebauungsplan ist z. B. dann nicht erforderlich, wenn
die Erschließungsanlage inmitten eines im Zusammenhang bebauten
Ortsteils verläuft und durch eine beidseitige Bebauung begrenzt ist.
Dann lassen die tatsächlichen Umstände für die Herstellung der Er-
schließungsanlage keinen Gestaltungsspielraum. Nur in diesem Fall ist
dann auch die Zustimmung der höheren Verwaltungsbehörde entbehr-
lich (BVerwG, U. v. 4. 4. 1975, IV C 75.72, BRS 37, S. 47/49).
Entsprechend dem Zweck der Vorschrift, nämlich die Rechtmäßigkeit
einer Erschließungsanlage im Hinblick auf ihre Erschließungsfunktion
und ihre Grundlage für die Erhebung von Erschließungsbeiträgen
sicherzustellen, kommt es für das Erfordernis eines Bebauungsplans

nicht darauf an, ob für den Ortsteil insgesamt, sondern allein darauf, ob **für die Herstellung der Erschließungsanlage** ein Bebauungsplan erforderlich ist (BVerwG, U. v. 4. 4. 1975, aaO, S. 48; a. A. Ernst, in: E/Z/B, §125, Rn 5).

§126 Pflichten des Eigentümers

(1) **Der Eigentümer hat das Anbringen von**

1. **Haltevorrichtungen und Leitungen für Beleuchtungskörper der Straßenbeleuchtung einschließlich der Beleuchtungskörper und des Zubehörs sowie**

2. **Kennzeichen und Hinweisschildern für Erschließungsanlagen auf seinem Grundstück zu dulden. Er ist vorher zu benachrichtigen.**

(2) **Der Erschließungsträger hat Schäden, die dem Eigentümer durch das Anbringen oder das Entfernen der in Absatz 1 bezeichneten Gegenstände entstehen, zu beseitigen; er kann statt dessen eine angemessene Entschädigung in Geld leisten. Kommt eine Einigung über die Entschädigung nicht zustande, so entscheidet die höhere Verwaltungsbehörde; vor der Entscheidung sind die Beteiligten zu hören.**

(3) **Der Eigentümer hat sein Grundstück mit der von der Gemeinde festgesetzten Nummer zu versehen. Im übrigen gelten die landesrechtlichen Vorschriften.**

Übersicht

1. Zu einer ordnungsgemäßen Erschließung gehört die Straßenbeleuchtung ebenso wie die Bezeichnung der Straßen und die Hinweise auf bestimmte Versorgungsanlagen und -einrichtungen (z. B. Wasserleitungen, Abwasserkanäle, Stromversorgung). Nach **Abs. 1 Satz 1** hat der Eigentümer **das Anbringen** und in der Folge auch **die Unterhaltung und Verbesserung sowie das Entfernen** der in Nr. 1 und 2 genannten **Schilder** und **Anlagen** im Rahmen der Sozialpflichtigkeit des Grundeigentums **entschädigungslos zu dulden** (zu den Grenzen der Duldungspflicht unten, Rn 4). Vor Beginn hierzu erforderlicher Arbeiten ist der Eigentümer nach **Abs. 1 Satz 2 zu benachrichtigen.** Diese Benachrichtigung ist selbst kein Verwaltungsakt, da sie keinen eigenständigen regelnden Inhalt hat, sondern lediglich – gegebenenfalls unter Hinweis auf das Bestehen der Duldungspflicht nach Abs. 1 Satz 1

– tatsächliche Arbeiten **ankündigt** (Förster in: Kohlhammer-Komm. zum BBauG, § 126, Anm. 5 c bb; a. A. Ernst: E/Z/B, § 126, Rn 13 f.). Hiervon geht offenbar auch das Gesetz aus. Ist z. B. die Erschließung durch einen Erschließungsvertrag nach § 124 Abs. 1 auf einen privaten Dritten übertragen worden, so handelt dieser nicht als beliehener Unternehmer (vgl. § 124, Rn 9) und ist daher nicht befugt, Verwaltungsakte zu erlassen. Weder das Anbringen noch das Ankündigen kann daher generell ein Verwaltungsakt sein. Andernfalls müßte stets die Gemeinde anstelle eines privaten Erschließungsträgers die Anbringung ankündigen, wenn Grundstückseigentümer und Erschließungsträger nicht dieselbe Person sind.

2 Die Duldungspflicht besteht nicht nur gegenüber der Gemeinde (so aber Tittel, in: S/S/T, § 126, Rn 1), sondern, wie die begriffliche Unterscheidung zwischen Gemeinde und Erschließungsträger in Abs. 2 und 3, nicht aber in Abs. 1, deutlich macht, **gegenüber dem jeweiligen Erschließungsträger** (Förster, aaO, Anm. 5 a ee; Driehaus, in: BK, § 126, Rn 2; a. A. H. Schrödter, in: Schrödter, § 126, Rn 1, der die Duldungspflicht als öffentlich-rechtliches Verhältnis ansieht und sie daher nur im Verhältnis zur Gemeinde oder einem öffentlich-rechtlichen Erschließungsträger, der nach § 123 Abs. 1 nach anderen gesetzlichen Vorschriften oder öffentlich-rechtlichen Verpflichtungen zur Erschließung verpflichtet ist, anerkennt; wie hier auch Ernst, aaO, Rn 8).

3 Der Duldungspflicht unterliegen nicht nur die **Eigentümer,** sondern nach § 145 Abs. 2 auch die Inhaber grundstücksgleicher Rechte, d. h. insbesondere **Erbbaurechtsnehmer.**

4 **Durchgesetzt** werden kann die Duldungspflicht nur durch **Klage** vor den Verwaltungsgerichten und die **Vollstreckung eines stattgebenden Urteils** nach §§ 167 ff. VwGO (Förster, aaO, Rn 5 d; H. Schrödter, aaO, Rn 2; Tittel, aaO, Rn 1; a. A. Ernst, aaO, Rn 14). Die Duldungspflicht findet ihre **Grenze**, wenn durch das Anbringen der Anlagen oder Schilder das **Übermaßverbot** verletzt wird. Danach sind nur solche Einrichtungen anzubringen, die für die jeweilige Erschließung geeignet und erforderlich sind (vgl. hierzu VGH München, BayVBl. 1986, 369 f.). **Weitere Pflichten zur Duldung** des Anbringens von Schildern u. ä. bestehen nach Landesrecht (z. B. Feuermelder, Notrufsäulen) und z. B. nach § 5 b Abs. 6 Satz 1 StVG (Verkehrszeichen).

5 **2.** Entstehen bei dem Anbringen in diesem Rahmen gleichwohl Schäden, so hat der Erschließungsträger nach **Abs. 2 Satz 1 Halbsatz 1** grundsätzlich diese **Schäden zu beseitigen.** Dies entspricht dem Grundsatz der Naturalherstellung in § 249 BGB. Nach **Abs. 2 Satz 1, Halbsatz 2,** kann der Erschließungsträger statt dessen eine **Geldentschädigung** leisten. Dies wird aber nur dann in Betracht kommen, wenn die Naturalherstellung nicht möglich oder nur mit unverhältnismäßigen Aufwendungen möglich wäre (vgl. § 251 Abs. 2 BGB) oder wenn der Entschädigungsberechtigte dies wünscht, weil er die Wiederherstellung selbst vornehmen will. Nach Abs. 2 Satz 1 steht dem

Erschließungsträger also **nicht ein voraussetzungsloses Wahlrecht** nach seinem Belieben zu (so aber Driehaus, in: BK, § 126, Rn 5; Ernst aaO, Rn 16; Förster aaO, Anm. 6a; Tittel aaO, Rn 1). Der Rahmen für die **Höhe der Geldentschädigung** ist begrenzt: Sie muß zur Beseitigung des angerichteten Schadens ausreichen, braucht aber keineswegs alle möglicherweise eintretenden Folgeschäden mit abzudecken (Ernst, aaO, Rn 16).

Einigen sich Entschädigungsberechtigter und -verpflichteter nicht **6** über die **Höhe der Geldentschädigung,** so entscheidet gemäß **Abs. 2 Satz 2** nach Anhörung der Beteiligten die höhere Verwaltungsbehörde. Ihre Entscheidung ist ein **Verwaltungsakt,** der nach § 217 Abs. 1 durch Antrag auf gerichtliche Entscheidung angefochten werden kann (Förster, aaO, Anm. 6b). Eines – weiteren – Vorverfahrens bedarf es insoweit nicht, da sich § 212 nur auf Verwaltungsakte nach dem Vierten oder Fünften Teil des Ersten Kapitels bezieht und §§ 68ff. VwGO nicht anwendbar sind. Entstehen nicht auflösbare Meinungsverschiedenheiten über die **Naturalherstellung,** so steht hierfür unmittelbar der Rechtsweg zu den Verwaltungsgerichten offen (Driehaus, aaO, Rn 6; Förster aaO, Anm. 6b; a. A. Ernst, aaO, Rn 17). Zwar sind Klagen auf Schadensersatz in Geld nach § 40 Abs. 2 Satz 1 VwGO den Zivilgerichten zugewiesen, doch bezieht sich diese Zuweisung nicht auf den Schadensersatz durch Naturalrestitution (hierzu Kopp, VwGO, 8. Aufl. 1989, § 40, Rn 73). Um eine öffentlich-rechtliche Streitigkeit im Sinne des § 40 Abs. 1 VwGO handelt es sich aus denselben Gründen, die für die Zuordnung des Erschließungsvertrags zum öffentlichen Recht sprechen (vgl. § 124, Rn 8).

3. Zur ordnungsgemäßen Erschließung gehört nicht nur die Be- **7** zeichnung der Straße, sondern auch die **Numerierung der Grundstücke** (nicht nur der Gebäude) in der Straße. Insoweit überträgt **Abs. 3 Satz 1** die Kennzeichnungspflicht dem **Eigentümer.** Damit der Eigentümer dieser Verpflichtung nachkommen kann, ist die Nummer ihm gegenüber durch Verwaltungsakt festzusetzen und mitzuteilen (Förster, aaO, Anm. 7acc). Die Numerierung im einzelnen richtet sich gemäß **Satz 2** nach **landesrechtlichen Vorschriften.** Zu diesen zählen auch Ortssatzungen, die auf der Grundlage entsprechender Ermächtigungen in Landesgesetzen erlassen wurden (Förster, aaO, Anm. 7c; Ernst, aaO, Rn 20). Zum Teil sind in den Ländern entsprechende Gesetze über die Grundstücksnumerierung erlassen worden; in Nordrhein-Westfalen erfolgt die Numerierung auf der Grundlage des Ordnungsbehördengesetzes (OVG Münster, U. v. 21. 5. 1968, DVBl. 1968, 758; U. v. 22. 3. 1972, ZMR 1973, 60f.). Das Landesrecht enthält noch **weitere Leistungspflichten** des Grundstückseigentümers im Hinblick auf die Erschließungsanlagen, so etwa die Straßenreinigungspflicht (vgl. z. B. § 4 Straßenreinigungsgesetz NRW) oder die Pflicht zur Beleuchtung von Hausnummern (vgl. OVG Berlin, NJW 1990, 1747f.).

Ebenso wie bei dem Anbringen von Vorrichtungen und Schildern **8**

nach Abs. 1 bezieht sich Abs. 3 Satz 1 nicht nur auf die erstmalige Anbringung eines Nummernschilds, sondern erfaßt auch die Verpflichtung zu dessen **Unterhaltung** und zur eventuellen Ersetzung durch eine neue Hausnummer (OVG Münster, ZMR 1973, 60 f.).

Zweiter Abschnitt. Erschließungsbeitrag

§ 127 Erhebung des Erschließungsbeitrags

(1) **Die Gemeinden erheben zur Deckung ihres anderweitig nicht gedeckten Aufwands für Erschließungsanlagen einen Erschließungsbeitrag nach Maßgabe der folgenden Vorschriften.**

(2) **Erschließungsanlagen im Sinne dieses Abschnitts sind**

1. **die öffentlichen zum Anbau bestimmten Straßen, Wege und Plätze;**

2. **die öffentlichen aus rechtlichen oder tatsächlichen Gründen mit Kraftfahrzeugen nicht befahrbaren Verkehrsanlagen innerhalb der Baugebiete (z. B. Fußwege, Wohnwege);**

3. **Sammelstraßen innerhalb der Baugebiete; Sammelstraßen sind öffentliche Straßen, Wege und Plätze, die selbst nicht zum Anbau bestimmt, aber zur Erschließung der Baugebiete notwendig sind;**

4. **Parkflächen und Grünanlagen mit Ausnahme von Kinderspielplätzen, soweit sie Bestandteil der in den Nummern 1 und 2 genannten Verkehrsanlagen oder nach städtebaulichen Grundsätzen innerhalb der Baugebiete zu deren Erschließung notwendig sind;**

5. **Anlagen zum Schutz von Baugebieten gegen schädliche Umwelteinwirkungen im Sinne des Bundes-Immissionsschutzgesetzes, auch wenn sie nicht Bestandteil der Erschließungsanlagen sind.**

(3) **Der Erschließungsbeitrag kann für den Grunderwerb, die Freilegung und für Teile der Erschließungsanlagen selbständig erhoben werden (Kostenspaltung).**

(4) **Das Recht, Abgaben für Anlagen zu erheben, die nicht Erschließungsanlagen im Sinne dieses Abschnitts sind, bleibt unberührt. Dies gilt insbesondere für Anlagen zur Ableitung von Abwasser sowie zur Versorgung mit Elektrizität, Gas, Wärme und Wasser.**

Übersicht

I. 1. Der Zweite Abschnitt des Sechsten Teils des Ersten Kapitels 1
enthält Regelungen zur **Deckung der Kosten,** die der Gemeinde durch
die Erfüllung ihrer Erschließungslast nach § 123 Abs. 1 entstanden sind.
Das Gesetz hat sich in **Abs. 1** weder für eine steuerliche Inanspruch-
nahme der durch die Erschließung begünstigten Grundstücke noch für
die Abschöpfung des durch die Erschließung verursachten Wertzu-
wachses der Grundstücke entschieden. Es hat statt dessen die **Beitrags-
lösung** gewählt. Das **Baugesetzbuch** hat hieran festgehalten (zu mögli-
chen Alternativen vgl. Vorschläge für eine Novellierung des Sechsten
Teils (Erschließung) des Bundesbaugesetzes, Schriftenreihe „Städte-
bauliche Forschung" des BMBau, Heft 03.058, 1977). Einen Überblick
über die Bestimmungen enthält die Vorbemerkung zu den §§ 123 bis
135, Rn 4 und 10 ff.

a) Beiträge werden durch zwei Merkmale gekennzeichnet, durch 2
den Aufwandsersatz und die Vorteilsbezogenheit (vgl. die Legaldefini-
tion des Beitrags in § 8 Abs. 2 KAG NRW). Dementsprechend be-
stimmt Abs. 1, daß die Erschließungsbeiträge zur **Deckung des ge-
meindlichen Aufwands** erhoben werden. Welcher Aufwand im einzel-
nen beitragsfähig ist, wird in §§ 128 und 129 geregelt. Beiträge können
zur Deckung von Kosten nur dann erhoben werden, wenn diese
Kosten – vorbehaltlich der Beitragserhebung – der Gemeinde endgültig
entstanden, also **nicht anderweitig gedeckt** sind. Da Kostenträger der
Erschließung grundsätzlich die Gemeinde und die Eigentümer der
erschlossenen Grundstücke sind, können deren Leistungen grundsätz-
lich nicht zur anderweitigen Deckung führen. Es muß sich vielmehr
um die Leistung eines Dritten handeln, der die Kosten der Erschließung
in keiner Weise zu tragen hat. In Betracht kommen z. B. Zuwendungen
des Bundes oder des Landes für den Straßenbau. (Im einzelnen zur
anderweitigen Deckung § 129, Rn 18 ff.)

3 Aus dieser Konstruktion der Erhebung von Beiträgen für einen
entstandenen Aufwand folgt, daß grundsätzlich die **Gemeinde vorlei-
stungspflichtig** ist. Eine Milderung dieser gemeindlichen Pflicht zur
Vorfinanzierung der Erschließungsanlagen ist z. B. durch die Pflicht zu
Vorausleistungen nach § 133 Abs. 3 Satz 1 bis 4 und die Möglichkeit
der **Ablösung** nach § 133 Abs. 3 Satz 5 gegeben (hierzu § 133, Rn 27 ff.
und 50 ff.). Auch auf **vertragliche Gestaltungsmöglichkeiten** ist hier
hinzuweisen (vgl. § 124, Rn 2 a. E., 8 ff.).

4 **b)** Zweites Merkmal des Beitrags ist seine **Vorteilsbezogenheit.**
Eine Erschließung ist nach dem Bauplanungsrecht (vgl. zum Erforder-
nis der Erschließung §§ 30, 33, 34 und 35) Voraussetzung für die
Verwirklichung der im Bebauungsplan festgesetzten Nutzung der
Grundstücke. Durch eine Erschließung erhöht sich daher der Ge-
brauchswert und damit der Verkehrswert dieser Grundstücke beträcht-
lich. Der **Erschließungsvorteil** besteht in dem, was die Herstellung der
Erschließungsanlagen für die bauliche oder gewerbliche Nutzbarkeit
des Grundstücks hergibt (BVerwG, U. v. 10. 6. 1981, 8 C 15.81,
BVerwGE 62, 300/302 f.). Dieses Vorteilsprinzip ist zu beachten im
Rahmen des § 129 Abs. 1 Satz 1, nach dem Beiträge nur insoweit
erhoben werden dürfen, als die Anlagen erforderlich sind. Es hat
Bedeutung bei der Bildung einer Erschließungseinheit oder bei einer
Abschnittsbildung nach § 130 Abs. 2 und für die sachgerechte Aus-
gestaltung der Verteilungsregelung nach § 131 und für die Erhebung von
Vorausleistungen nach § 133 Abs. 3 (dort auch dazu, daß bereits der
ernsthafte Beginn der Herstellung einen ausreichenden Vorteil für die
Erhebung von Vorausleistungen begründen kann). Dabei kommt es
nicht darauf an, ob der jeweilige Eigentümer diesen Erschließungsvor-
teil subjektiv als solchen empfindet. Zum einen ist für das Abgaben-
recht insgesamt eine **typisierende Betrachtungsweise** angebracht, die
im Interesse einer größeren Praktikabilität und damit letztlich auch
einer größeren Gerechtigkeit Verallgemeinerungen und Pauschalierun-
gen zuläßt (hierzu BVerfGE 9, 3/13; 14, 76/102; auch Kühn/Kutter/
Hofmann, Abgabenordnung, 15. Aufl. 1987, Anh. zu § 4, Anm. 1 d,
6). Zum anderen ist der **Vorteil objektiv zu beurteilen,** d. h. danach,
ob die Möglichkeit gegeben ist, einen Zugang zu der Erschließungsan-
lage vorteilhaft zu nutzen. Darauf, ob der betroffene Eigentümer z. B.
eine weitere Erschließung eher als störend denn als vorteilhaft empfin-
det, kommt es also nicht an (BVerwG, U. v. 23. 5. 1973, BRS 37, S. 61/
64; U. v. 29. 4. 1977, BRS 37, S. 198/201; U. v. 10. 2. 1978, BRS 37,
S. 65/67; vgl. auch Weyreuther, DVBl. 1970, 3/8 ff.).

5 **2.** Die Beiträge können für Erschließungsanlagen erhoben werden,
allerdings nur nach Maßgabe der Vorschriften der §§ 125 und 127 bis
135. Dieser Maßgabevorbehalt bedeutet eine erhebliche **Begrenzung
der Beitragsgegenstände.** Vor allem sind Erschließungsanlagen in die-
sem Sinne nicht mehr alle die Anlagen, zu deren Herstellung die
Gemeinde aufgrund ihrer Erschließungslast nach § 123 Abs. 1 ver-

pflichtet sein kann. Es sind vielmehr nur noch **die in Abs. 2 enumerativ aufgeführten Erschließungsanlagen** (hierzu unten, Rn 10 ff.).

Eine weitere Begrenzung des Gegenstands einer möglichen Beitragspflicht ergibt sich aus dem **Zusammenhang zwischen Abs. 1 und § 123 Abs. 1.** Ist in § 123 Abs. 1 die Erschließungslast der Gemeinde begründet, so ist in Abs. 1 den Gemeinden die Möglichkeit eingeräumt, diese Kosten – jedenfalls zum Teil – auf die Eigentümer der erschlossenen Grundstücke umzulegen. Hieraus folgt aber zugleich, daß diese Umlagebefugnis **nur für solche Erschließungsanlagen besteht, die die Gemeinde in Erfüllung ihrer Erschließungspflicht nach § 123 Abs. 1 hergestellt hat** (BVerwG, U. v. 25. 11. 1981, DÖV 1982, 328/329). Obliegt aber die Herstellung von Erschließungsanlagen nicht der Gemeinde, sondern einem anderen Träger – so z. B. dem Bund für die Herstellung von Bundesfernstraßen aufgrund einer Planfeststellung nach § 17 FStrG –, so steht weder diesem noch der Gemeinde ein Recht zur Erhebung von Erschließungsbeiträgen zu. Die entstandenen Kosten sind also nicht umlagefähig. Hieran ändert sich auch nichts dadurch, daß die Gemeinde mit dem anderen Träger der Erschließungslast einen Vertrag über den Bau einer von diesem herzustellenden Erschließungsanlage schließt und die Kosten hierfür übernimmt. Eine Erhebung von Beiträgen für diese Anlagen würde nicht nur dem systematischen Zusammenhang zwischen Abs. 1 und § 123 Abs. 1 widersprechen, sondern gerade auch die Anlieger von solchen Erschließungsanlagen belasten, die nach dem Willen des Gesetzgebers beitragsfrei bleiben sollen (BVerwG, aaO, S. 329 f.; U. v. 5. 9. 1975, IV C 2.73, BRS 37, S. 1/2).

3. Die Gemeinden haben nach Abs. 1 nicht nur die Befugnis, Beiträge zu erheben, sondern es besteht eine **Pflicht zur Erhebung von Erschließungsbeiträgen.** Dies ergibt sich hier aus der Verwendung der Präsensform des Verbs „erheben" (vgl. zu dieser Ausdrucksform Wolff/ Bachof, Verwaltungsrecht I, 9. Aufl. 1974, § 41 II.). Aus der Begründung eines solchen Erhebungszwangs folgt, daß die Erhebung von Erschließungsbeiträgen nicht nur der Kostendeckung dient, sondern auch einen **bodenpolitischen Zweck** erfüllen soll. Durch die Pflicht zur Entrichtung von Erschließungsbeiträgen wird das Halten eines Grundstücks verteuert, so daß hierdurch ein Druck auf den Eigentümer ausgeübt wird, entweder das Grundstück selbst zu bebauen oder aber an einen Bauwilligen zu veräußern. Angesichts der erheblichen Steigerungsrate der Preise für Bauland ab 1963, die – von bisher immer nur kurzzeitigen Beruhigungsphasen abgesehen – fast in allen Jahren mindestens dreimal so hoch war wie die Steigerung der Lebenshaltungskosten, boten Grundstücke eine sichere Anlage mit sicherer Rendite. Der vom Gesetzgeber des BBauG erhoffte Verwertungsdruck ist daher nicht eingetreten, obwohl das Entstehen der Beitragspflicht vom Baufall auf dem Grundstück zur Baureife des Grundstücks und mit dem Baugesetzbuch auf den Beginn der Herstellung der Erschließungsan-

6

7

lage vorverlegt wurde (§ 133 Abs. 3 Satz 1). Der Erhebungszwang umfaßt auch die Pflicht zur **Nacherhebung** von Beiträgen für irrtümlich nicht abgerechnete Kosten (vgl. Driehaus, Rn 199 ff.; zum Ausschluß einer Nachforderung infolge Vertrauensschutzes vgl. OVG Lüneburg, NVwZ 1989, 1193 f.). Im übrigen dient der Erhebungszwang auch der **Beitragsgerechtigkeit** (BVerwG, U. v. 18. 11. 1977, BRS 37, S. 383/385). Dieser Pflicht darf sich die Gemeinde nicht entziehen, weder durch Verzicht auf Erschließungsbeiträge im Einzelfall oder allgemein, sofern nicht die Voraussetzungen des § 135 Abs. 5 vorliegen (vgl. BVerwG, U. v. 25. 11. 1988, 8 C 58.87, KStZ 1989, 92 ff.), noch durch einen hinter den Anforderungen der endgültigen Herstellung zurückbleibenden Ausbau der Erschließungsanlagen, um so die Entstehung des Erschließungsbeitrags zu vermeiden. Auch die **Länder** dürfen keine Regelungen erlassen, die den Gemeinden die vollständige Geltendmachung von Erschließungsbeitragsansprüchen verwehrt oder erschwert. Insbesondere kann das Landesrecht die Nacherhebung von Erschließungsbeiträgen nicht unter Verweis auf §§ 172 ff. AO ausschließen (vgl. BVerwG, U. v. 18. 3. 1988, 8 C 92.87, NVwZ 1989, 159 ff., und U. v. 18. 3. 1988, 8 C 115.86, NVwZ 1988, 938 f.; vgl. auch § 134, Rn 13). Sind die Gemeinden daher gezwungen, Erschließungsbeiträge zu erheben, so besteht auch eine Pflicht, als Voraussetzung hierfür eine Erschließungsbeitragssatzung nach § 132 zu erlassen (hierzu Ernst, in: E/Z/B, § 127, Rn 7). Selbstverständlich beschränkt sich die Pflicht – und die rechtliche Möglichkeit – zur Beitragserhebung auf die **innerhalb des Gemeindegebiets** gelegenen Grundstücke. Erichtet eine Gemeinde eine Straße, durch die Grundstücke **außerhalb** ihres Gemeindegebiets erschlossen werden, so kann sie insoweit keine Erschließungsbeiträge erheben, weil ihre Abgabenhoheit an der Gemeindegrenze endet. Die Nachbargemeinde kann keine Beiträge erheben, weil ihr keine Kosten entstanden sind (hierzu § 128, Rn 2 ff.). Gleichwohl sind diese Grundstücke bei der Verteilung des umlagefähigen Erschließungsaufwands zu berücksichtigen (vgl. § 131, Rn 6). Dieses Ergebnis kann nur durch entsprechende Planung der Erschließungsstraße, ggf. in Abstimmung mit der Nachbargemeinde – z. B. bei Errichtung der Straße auf der Gemeindegrenze unter Kostenteilung –, vermieden werden (hierzu Förster, in: Kohlhammer-Komm. zum BBauG, § 127, Rn 12).

8 **4.** Nach § 154 Abs. 1 Satz 2 ist die Erhebung von Erschließungsbeiträgen ausgeschlossen, wenn Erschließungsanlagen im Sinne des Abs. 2 im **förmlich festgelegten Sanierungsgebiet** hergestellt, erweitert oder verbessert werden. Da dieser Ausschluß sich auch auf Erweiterungen und Verbesserungen erstreckt, gilt er nicht nur für Erschließungsbeiträge, sondern auch für Straßenbaubeiträge nach dem Kommunalabgabenrecht der Länder. Der Bundesgesetzgeber ist auf der Grundlage seiner konkurrierenden Gesetzgebungszuständigkeit für das Bodenrecht (Art. 74 Nr. 18 GG) befugt, eine solche Regelung zu

treffen (BVerwG, U. v. 21. 10. 1983, 8 C 40.83, ZfBR 1984, 46/47). Zweck dieser Regelung ist es, eine Doppelbelastung der Eigentümer von Grundstücken im Sanierungsgebiet zu vermeiden. Denn nach § 154 Abs. 1 Satz 1 hat der Eigentümer eines im förmlich festgelegten Sanierungsgebiet gelegenen Grundstücks entsprechend der sanierungsbedingten Wertsteigerung seines Grundstücks an die Gemeinde einen **Ausgleichsbetrag** in Geld zu entrichten. Dieser Ausgleichsbetrag soll nach dem Sinngehalt des § 154 Abs. 1 Satz 2 an die Stelle des Erschließungsbeitrags oder eines sonstigen Straßenbaubeitrags treten.

Aus diesem Sinngehalt und dem klaren Wortlaut des § 154 Abs. 1 **9** Satz 2, der eine Anwendbarkeit des Erschließungsbeitragsrechts nur für Grundstücke **im** Sanierungsgebiet ausschließt (vgl. BT-Drs. 10/4630, S. 125, zu § 150 Abs. 4 Regierungsentwurf) folgt, daß **Grundstücke außerhalb des förmlich festgelegten Sanierungsgebiets** dem Grunde nach **weiter erschließungsbeitragspflichtig** bleiben, da für sie eine Ausgleichsbetragspflicht nicht entsteht (BVerwG, aaO, S. 47f.). Die Grundstücke außerhalb des Sanierungsgebiets sind jedoch nur insofern erschließungs- oder straßenbaubeitragspflichtig, als die Herstellung, Erweiterung oder Verbesserung der **Erschließungsanlage nicht für die Erreichung des Sanierungszwecks erforderlich** war. Zwar sind Erschließungsmaßnahmen im Sanierungsgebiet nach § 147 Abs. 1 Nr. 4 Ordnungsmaßnahmen, doch gilt dies nach § 146 nur insoweit, als die Erschließungsmaßnahmen erforderlich sind, um das Sanierungsziel zu erreichen. Danach bleibt der Gemeinde ein durch Beiträge zu deckender Aufwand, soweit die Erschließungsanlage überwiegend der Erschließung der Grundstücke außerhalb des Sanierungsgebiets dient. Es können daher nicht die Kosten der gesamten Erschließungsanlage rechnerisch auf alle erschlossenen Grundstücke umgelegt und dann bei den Grundstücken außerhalb des Sanierungsgebiets erhoben werden, sondern es sind **Teile im Sinne des Abs. 3** (hierzu unten, Rn 40 ff.) zu bilden. Diese können dann den jeweils durch sie erschlossenen Grundstücken zugeordnet und entsprechend abgerechnet werden. Teile der Erschließungsanlage, deren Funktion die gesamte Erschließungsanlage umfaßt, wie z. B. die Fahrbahn selbst, die Straßenentwässerung und -beleuchtung können nicht in sich aufgespalten werden. Sie sind entweder als Ganzes für die Sanierung erforderlich oder nicht erforderlich und entsprechend zuzuordnen. Eine Aufspaltung ist aber möglich für solche Teile der Erschließungsanlage, die nur auf einer Seite der Erschließungsanlage verlaufen und daher nur die hier angrenzenden Grundstücke erschließen. Dies gilt etwa für einseitige Geh- und Radwege sowie für Parkstreifen (hierzu BVerwG, aaO, S. 48). Liegt die **Erschließungsanlage außerhalb des Sanierungsgebiets**, ist § 154 Abs. 1 Satz 2 nicht anwendbar, so daß in diesem Fall auch die Grundstücke im Sanierungsgebiet der Erschließungsbeitragspflicht unterliegen, obwohl für sie auch Aus-

gleichsbeträge anfallen können. Hierin liegt keine unzulässige Doppel-
belastung, weil eine etwaige Werterhöhung der Grundstücke durch
die Erschließungsanlage nicht „durch die Sanierung bedingt" ist und
bei der Ermittlung des für den Ausgleichsbetrag maßgeblichen End-
werts nach § 154 Abs. 2 nicht zu berücksichtigen ist, also nicht zur
Erhöhung des Ausgleichsbetrags beiträgt.

10 **II. Abs. 2** enthält eine **abschließende Aufzählung** der Erschließungs-
anlagen, für die Beiträge erhoben werden können. Diese Aufzählung
kann weder vom Ortsgesetzgeber noch vom Landesgesetzgeber erwei-
tert werden (hierzu BVerfG, Beschluß vom 5. 7. 1972, NJW 1972, 1851/
1854).

11 **1.** Die wichtigste Gruppe der beitragsfähigen Erschließungsanlagen
sind die öffentlichen zum Anbau bestimmten Straßen, Wege und Plätze
nach **Nr. 1.** Diese Begriffe werden im Gesetz nicht weiter erläutert. Es
wird vielmehr auf die landesrechtlichen Straßengesetze und deren
Begriffe Bezug genommen (Ernst, in: E/Z/B, § 127, Rn 10).

12 **a)** Um **öffentliche Straßen, Wege oder Plätze** handelt es sich,
wenn diese erschließungsrechtlich **selbständig** (hierzu vgl. § 123,
Rn 16) und nach Maßgabe des Landesstraßenrechts (vgl. z. B. § 2
Abs. 1 Straßen- und WegeG NRW) **dem öffentlichen Verkehr gewid-
met** sind (BVerwG, U. v. 14. 6. 1968, DVBl. 1968, 808/809; U. v.
12. 12. 1969, NJW 1970, 876; vgl. aber die eine Widmung u. U.
erübrigende Sonderregelung in § 2 Abs. 1 Satz 2 des Hessischen Stra-
ßengesetzes, hierzu VGH Kassel, UPR 1988, 274). Dementsprechend
entsteht die Beitragspflicht nach § 133 Abs. 2 nicht notwendig bereits
mit der faktischen endgültigen Herstellung der Straße, sondern erst
mit einer gegebenenfalls darauffolgenden Widmung. Auch § 133
Abs. 2 setzt die Herstellung einer **öffentlichen** Straße voraus
(BVerwG, ebd.). Die Widmung wird hierdurch allerdings nicht Be-
standteil der Herstellung, sondern ist, unabhängig hiervon, **Voraus-
setzung für das Vorliegen einer öffentlichen Straße.** Die Widmung
hat daher auf die Kostenspaltung und das Verlangen einer Vorauslei-
stung keinen Einfluß (BVerwG, ebd.). Hat die Gemeinde bereits vor
Widmung Beitragsbescheide erlassen, so sind diese rechtswidrig. Sie
werden aber bei Nachholen der Widmung mit dem Zeitpunkt der
Widmung rechtmäßig (BVerwG, U. v. 15. 9. 1978, 4 C 50.76, BRS
37, S. 74/79). Ist in der Zwischenzeit eine neue Erschließungsbeitrags-
satzung in Kraft getreten, so ist der Beitragsbescheid nunmehr auf
diese Satzung zu stützen. Dies gilt insbesondere für einen nunmehr
gewählten anderen Verteilungsmaßstab, nicht dagegen für etwa wei-
tergehende Merkmale der endgültigen Herstellung. Insoweit verbleibt
es bei der nach der früheren Satzung zu beurteilenden endgültigen
Herstellung der Erschließungsanlage (BVerwG, U. v. 22. 8. 1975, IV
C 11.73, BRS 37, S. 305/306 ff.).

13 Aus diesem Erfordernis der Widmung folgt, daß **nur tatsächlich öffentliche Straßen** (hierzu Wolff/Bachof, Verwaltungsrecht I, 9. Aufl. 1974, § 55 I a 1) keine öffentlichen Straßen im Sinne der Nr. 1 sind. Hierzu gehören vor allem die Privatwege, die zwar vom Eigentümer einem öffentlichen Verkehr zugänglich gemacht, nicht aber hierzu gewidmet sind (liegt eine Widmung vor, handelt es sich um eine sonstige öffentliche Straße, vgl. z. B. §§ 50 f. Straßen- und WegeG NRW). Erst die Widmung verleiht der Straße und ihrem Erschließungscharakter eine derartige Beständigkeit und Verläßlichkeit, die die Erhebung von Erschließungsbeiträgen rechtfertigt.

14 Die straßenrechtliche Widmung hat auch Bedeutung dafür, ob die Straße oder der Weg **„das bundesrechtliche Erschließungserfordernis"** (BVerwG, U. v. 3. 6. 1983, 8 C 70.82, NVwZ 1984, 170/171) erfüllen. Danach nämlich ist für Anlagen nach Nr. 1 u. a. erforderlich, daß die Straße den durch sie erschlossenen Grundstücken eine **Zufahrt** bietet (BVerwG, U. v. 13. 2. 1976, IV C 53.74, DÖV 1976, 561/562; U. v. 26. 9. 1983, 8 C 86.81, NVwZ 1984, 172; vgl. aber unten, Rn 24 a. E.). Diese Anfahrmöglichkeit muß in tatsächlicher Hinsicht durch eine ausreichende Breite und Festigkeit der Anlage sichergestellt werden. Für die rechtliche Anfahrmöglichkeit genügt nicht die Zulassung im Einzelfall, sondern ist eine entsprechende Widmung erforderlich; allerdings kann diese Widmung hinsichtlich Benutzerkreis, Benutzerzweck oder Benutzungszeit eingeschränkt sein. Fehlt es an einer solchen Widmung, ist die Straße nicht nach Nr. 1 beitragsfähig (BVerwG, U. v. 3. 6. 1983, ebd.; kritisch zu diesem Ansatz des BVerwG Bielenberg, in: B/K/S, Rn 282). Dabei reicht es für das Erschlossensein eines Grundstücks im Regelfall, wenn mit Fahrzeugen an die Grundstücksgrenze **heran**gefahren werden kann. Bei Grundstücken in Gewerbegebieten und auch bei außerhalb solcher Gebiete liegenden gewerblich genutzten Grundstücken kann jedoch ein Herauffahrenkönnen erforderlich sein. Maßgeblich für Abweichungen von diesem Grundsatz ist allein das Bebauungsrecht, vor allem also die Festsetzung eines Bebauungsplans (vgl. BVerwG, U. v. 3. 11. 1987, 8 C 77.86, DVBl. 1988, 242 f. m. krit. Anm. von Quaas; vgl. hierzu auch BWGZ 1988, 488 f.). Fußgängerbereiche und **verkehrsberuhigte Straßen,** in denen ein wenn auch zeitlich oder sachlich beschränkter Fahrverkehr zugelassen ist, sind dagegen nach Nr. 1 abrechenbar (vgl. Driehaus, Rn 288 f.). Die Zufahrt muß nicht nur für Personenwagen, sondern auch für Versorgungsfahrzeuge wie z. B. Müllabfuhr-, Feuerwehr-, Krankenwagen u. ä. möglich sein. Dabei ist es hinreichend, wenn die Zufahrt zum einzelnen Grundstück durch eine unselbständige Erschließungsanlage oder eine private Zuwegung ermöglicht wird.

15 Aus dem Verweis in Abs. 2 Nr. 4 u. a. auf die Verkehrsanlagen nach Nr. 1 ergibt sich, daß nicht nur Straßen und Wege, sondern auch die **Plätze** nur dann zur Erhebung von Erschließungsbeiträgen berechtigen, wenn es sich um **Verkehrsanlagen** handelt.

16 Zu den Straßen als Erschließungsanlagen gehören auch hier ange-
legte **Bürgersteige,** Gehwege , **Radwege** oder Parkstreifen (BVerwG,
U. v. 21. 10. 1983, 8 C 40.83, ZfBR 1984, 46/48). Dabei ist es
unerheblich, ob diese Teile der Straße gleichzeitig mit ihr oder erst
später angelegt werden, ob es sich um die Ortsdurchfahrt einer Bun-
desstraße handelt (zu beidem BVerwG, U. v. 30. 1. 1970, BRS 37,
S. 124; vgl. auch BVerwG, U. v. 20. 8. 1986, 8 C 58.85, KStZ 1986,
211) oder ob die Baulast z. B. für Gehweg und Straße beim selben
Träger liegt (BVerwG, U. v. 31. 1. 1969, Buchholz 406.11 § 127
BBauG Nr. 6).

17 **b)** Erschließungsbeitragsfähig ist eine öffentliche Straße nur dann,
wenn und soweit sie **zum Anbau bestimmt** ist (hierzu Driehaus, Rn
274 ff.). Dabei ist der **Begriff des Anbaus** nicht mit dem der baulichen
Anlage in § 29 identisch. Er bleibt zum Teil dahinter zurück, geht zum
Teil aber auch darüber hinaus. Entscheidendes Kriterium für die Be-
stimmung zum Anbau ist, ob an einer Straße zumindest überwiegend
solche **Nutzungen** ausgeübt werden dürfen, **die auf das Vorhandensein
einer Straße angewiesen sind,** weil die zweckmäßige und wirtschaftli-
che Ausübung der Nutzung erst durch die Benutzung der Straße
ermöglicht wird (hierzu Driehaus, in: BK, § 127, Rn 37). Dies bedeu-
tet, daß bloße Einfriedungen, Masten oder Hinweistafeln, selbst wenn
sie einer Genehmigung nach §§ 29 ff. bedürfen, die Bestimmung einer
Straße zum Anbau nicht zu begründen vermögen. Andererseits kann
eine **gewerbliche Nutzung** einen „Anbau" darstellen, auch wenn, wie
z. B. bei einem Lagerplatz oder einer Abstellfläche für Kraftwagen
eines Gebrauchtwagenhändlers oder einer Speditionsfirma (hierzu
BVerwG, U. v. 14. 1. 1983, NVwZ 1983, 669/670), für ihre Ausübung
keinerlei bauliche Anlagen vorhanden oder erforderlich sind. Dies folgt
im übrigen auch daraus, daß z. B. in § 129 Abs. 1 Satz 1 oder in § 133
Abs. 1 Satz 1 die gewerbliche der baulichen Nutzung gleichgestellt ist
(hierzu auch Driehaus, ebd.; Förster, in: Kohlhammer-Komm. zum
BBauG, § 127, Rn 26). Als Anbau in diesem Sinne sind **auch andere als
gewerbliche oder bauliche Nutzungen** zu verstehen, wenn sie für ihre
Nutzung auf die Verbindung zur Straße angewiesen sind und einen
erheblichen Ziel- und Quellverkehr nach sich ziehen. Dies gilt z. B. für
Friedhöfe (BVerwG, U. v. 3. 6. 1971, IV C 10.70, BRS 37, S. 320/321;
U. v. 4. 5. 1979, 4 C 25.76, BRS 37, S. 322/324), **Dauerkleingärten**
(BVerwG, U. v. 1. 2. 1980, 4 C 43.76, BauR 1980, 349 ff.; U. v. 1. 2.
1980, 4 C 63 und 64.78, BauR 1980, 351), **Sportplätze und Schwimm-
bäder** (BVerwG, U. v. 3. 6. 1971, IV C 28.70, BRS 37, S. 243/245).
Sogar für ungewidmete (private) **Kinderspielplätze** und schmale
Grünstreifen kann dies gelten (BVerwG, U. v. 22. 3. 1974, BRS 37,
S. 70/72 f.), jedenfalls dann, wenn solche Flächen einer Bebauung nicht
schlechthin entzogen sind und das umliegende Gelände bebaut ist oder
bebaut werden kann (BVerwG, U. v. 11. 5. 1973, BRS 37, S. 295/296).
Da sich die Merkmale „zum Anbau bestimmt" in Abs. 2 Nr. 1 und

„erschlossen" in § 131 Abs. 1 im Kern decken (BVerwG, U. v. 26. 9. 1983, 8 C 86.82, NVwZ 1984, 172), gehören die Grundstücke, auf denen die genannten Nutzungen zulässig sind, auch zum Kreis der in die Verteilung des umlagefähigen Erschließungsaufwands einzubeziehenden **erschlossenen Grundstücke im Sinne des § 131 Abs. 1** (vgl. § 131, Rn 4 ff.). Zwischen § 127 Abs. 2, § 131 Abs. 1 und § 133 Abs. 1 besteht daher ein **enger Systemzusammenhang** (hierzu § 133, Rn 1; § 131, Rn 5).

Zum Anbau **bestimmt** im Sinne der Nr. 1 ist jede Straße, „wenn an **18** ihr (tatsächlich) gebaut werden kann und (rechtlich) gebaut werden darf, oder genauer: wenn von Baugrundstücken zu ihr Zugang genommen werden kann und darf" (BVerwG, U. v. 23. 5. 1973, BRS 37, S. 61/62; inzwischen kommt es allerdings konstitutiv auf die Möglichkeit der **Zufahrt** an, vgl. oben, Rn 14). Dabei ist nicht entscheidend, daß diese rechtliche oder tatsächliche Zugänglichkeit von jedem einzelnen an die Straße angrenzenden Grundstück gegeben ist. Vielmehr ist von der Straße als Gesamtheit auszugehen und insoweit im Hinblick auf das einzelne Grundstück zu verallgemeinern (BVerwG, U. v. 29. 4. 1977, BRS 37, S. 198/199 f.). Die Bestimmung einer Straße zum Anbau bedarf daher nicht, wie etwa die Widmung, eines besonderen Aktes, sondern ergibt sich ohne weiteres aus der **rechtlichen und tatsächlichen Eignung einer Straße zum Anbau.** Diese Anbaueignung allerdings kann die Gemeinde durch Festsetzungen im Bebauungsplan oder eine bestimmte Gestaltung des Ausbaus der Straße maßgeblich beeinflussen.

Bei der danach erforderlichen verallgemeinernden Betrachtungs- **19** weise für die Beurteilung der Anbaueignung einer Straße kommt dem Umstand maßgebliche Bedeutung zu, in welchem **planungsrechtlichen Bereich** (hierzu Vorbemerkung zu den §§ 29 bis 38, Rn 4 bis 8) die Straße liegt, ob sie also im Innenbereich oder im qualifiziert beplanten Bereich verläuft oder ob sie dem Außenbereich zuzuordnen ist. Denn während Innenbereich und qualifiziert beplanter Bereich typischerweise baulich oder gewerblich nutzbar sind, sind **Grundstücke im Außenbereich** typischerweise nicht in dieser Weise nutzbar. Ob dann im Einzelfall ein Außenbereichsgrundstück tatsächlich baulich oder gewerblich genutzt wird und hierzu auf die Straße angewiesen ist, z. B. weil auf einem Außenbereichsgrundstück ein Gebäude unter Bestandsschutz vorhanden ist (BVerwG, U. v. 20. 9. 1974, IV C 70.72, BRS 37, S. 300/301 f.) oder weil auf dem Grundstück eine nach § 35 zulässige Nutzung ausgeübt wird (BVerwG, U. v. 29. 4. 1977, BRS 37, S. 198/200; Beschluß vom 23. 11. 1982, NVwZ 1983, 291/292; VGH Mannheim, U. v. 24. 6. 1982, NVwZ 1983, 684), ist unerheblich (BVerwG, U. v. 14. 2. 1986, 8 C 115.84, NVwZ 1986, 568 f.; kritisch zu dieser Rechtsprechung, da sie beim unmittelbaren Aufeinandertreffen von Plan- oder Innenbereich mit zulässigerweise baulich genutztem Außenbereich vor allem bei einseitig anbaubaren Straßen – hierzu unten,

Rn 20, zweite Fallgruppe – zu ungerecht und manipuliert wirkenden Ergebnissen führt, Dohle, NVwZ 1983, 658 ff.; Dohle schlägt demgegenüber vor, bei Ortsstraßen unabhängig von ihrer Zuordnung zu einem der drei planungsrechtlichen Bereiche auf die tatsächliche Erschließungsfunktion abzustellen).

20 Zum Anbau bestimmt im Sinne der Nr. 1 ist in vollem Umfang auch eine Straße, die aus tatsächlichen oder rechtlichen Gründen nur **einseitig anbaubar** ist. Zu den hieraus sich ergebenden Problemen hat das Bundesverwaltungsgericht mit Urteil vom 29. 4. 1977 (BRS 37, S. 198/ 199 ff.) ausführlich Stellung genommen. Dabei stellt das Bundesverwaltungsgericht, ausgehend von dem Begriff des Erschließungsvorteils (hierzu oben, Rn 4), eine unmittelbare Verbindung zwischen der Erschließung eines Grundstücks und seiner baulichen, gewerblichen oder sonst vergleichbaren Nutzbarkeit her. Aus diesem engen Zusammenhang folgt, daß **Grundstücke insoweit erschlossen** im Sinne des § 131 Abs. 1 sind, **als die Straße** nach Nr. 1 **zum Anbau bestimmt** ist (vgl. auch oben, Rn 17). Um zu vermeiden, daß die erschlossenen Grundstücke mit Erschließungsbeiträgen auch für die Kosten herangezogen werden, die auf einen nicht zum Anbau bestimmten Teil der Straße entfallen, der also nicht ihrer Erschließung dient, fordert das Bundesverwaltungsgericht, daß die Straße für die Verteilung des Erschließungsaufwands grundsätzlich in einen anbau- und damit erschließungsbeitragsfähigen Teil und einen nicht anbaufähigen Teil aufgeteilt wird. Auf dieser Grundlage unterscheidet das Bundesverwaltungsgericht **drei Fallgruppen** und **drei Ausnahmen** von dem **Grundsatz der Kostenteilung.** Ist – **erste Fallgruppe** – eine voll ausgebaute Straße nur einseitig zum Anbau bestimmt, aber **absehbar, daß die andere Straßenseite ebenfalls der Bebauung zugeführt wird,** sind die **Kosten zu teilen.** Andernfalls müßten die gesamten Kosten der Straße – zumindest zunächst – ausschließlich von den Anliegern der einen Straßenseite getragen werden. Dasselbe – **zweite Fallgruppe** – gilt, wenn die **nicht anbaubare Straßenseite dem Außenbereich zugehört** und die Straße insoweit die Funktion einer nicht zum Anbau bestimmten Außenbereichsstraße (hierzu oben, Rn 19) hat. Denn grundsätzlich kann die Gemeinde bei nicht zum Anbau bestimmten Straßen keine Kosten abwälzen. Bei nur einseitiger Anbaubarkeit der Straße hat die Gemeinde daher die Kosten insoweit selbst zu tragen, als die Straße nicht dem Anbau dient. Dies kann dann im Ergebnis dazu führen, daß die Anlieger der einen Straßenseite, wenn auch nur anteilig, zu Erschließungsbeiträgen herangezogen werden, etwaige Anlieger der anderen Straßenseite, die eine im Außenbereich zulässige Nutzung ausüben und dazu die Straße benutzen und benötigen, aber nicht (vgl. etwa die Fallgruppen bei Dohle, NVwZ 1983, 658/660: ein zwischen zusammenhängender Bebauung und Außenbereich gelegenes weitläufiges Sportgelände, ein im Außenbereich gelegener Steinbruch mit Schotterherstellung, ein Friedhof im Anschluß an einen im Zusammenhang bebau-

ten Ortsteil). Ist – **dritte Fallgruppe** – eine einseitig anbaubare Straße nicht auf der Grundlage eines Bebauungsplans, sondern mit **Zustimmung der höheren Verwaltungsbehörde** hergestellt worden, können in der Regel nur die auf die Hälfte der Straßenbreite entfallenden Kosten abgerechnet werden, weil hier mangels Bebauungsplans die Beurteilungsgrundlage fehlt, ob die Straße voll oder nur im Hinblick auf die Erfordernisse einseitiger Anbaubarkeit ausgebaut worden ist (vgl. die erste Ausnahme zum Grundsatz der Kostenteilung, unten, Rn 22).

Eine Kostenteilung auf dieser Grundlage bedeutet jedoch **nicht eine** 21 **reale Halbierung der Kosten,** sondern „allein eine **entsprechende Teilung der Kostenmasse"** (BVerwG, U. v. 29. 4. 1977, BRS 37, S. 198/202). Dies bedeutet, daß die Kosten für die Herstellung der Straße insoweit vollständig angesetzt werden können, als die Straße für die Erschließung „schlechthin unentbehrlich" ist (hierzu BVerwG, U. v. 25. 6. 1969, BVerwGE 32, 226/228; U. v. 29. 4. 1977, aaO, S. 203). Schlechthin unentbehrlich in diesem Sinne ist, „was eine Gemeinde bei angemessener Bewertung der von den erschlossenen Grundstücken – freilich zugleich: unter angemessener Berücksichtigung der Tatsache der nur einseitigen Erschließung – für geboten halten darf" (BVerwG, U. v. 26. 5. 1989, 8 C 6.88, NVwZ 1990, 165 ff. = BWGZ 1990, 26/28 m. krit. Anm. Reif). Gemeint ist damit wohl, daß die Gemeinde nach modernen verkehrsplanerischen Grundsätzen den nach dem zu erwartenden Verkehrsaufkommen notwendigen Ausbaustandard einer Erschließungsstraße festlegen kann, ohne aus erschließungsbeitragsrechtlichen Gründen – über § 129 Abs. 1 Satz 1 hinaus – an einen Mindeststandard gebunden zu sein. Der Gemeinde steht daher bei der Entscheidung über Art und Umfang des Ausbaus einer Straße ein (nur straßenrechtlich gebundenes) Ermessen zu (BVerwG, aaO, S. 27 f.). Die erschließungsbeitragsrechtliche Konsequenz daraus, d. h. ob der aus Gründen der Sicherheit und Leichtigkeit des Verkehrs einschließlich städtebaulicher Gesichtspunkte gebotene oder doch zweckmäßige Ausbaustandard auch „schlechthin unentbehrlich" im Sinne der Rechtsprechung des Bundesverwaltungsgerichts ist, unterliegt dagegen – selbstverständlich – nicht dem gemeindlichen Ermessen (BVerwG, ebd.). Der Begriff „schlechthin unentbehrlich" trägt zur Klärung dieser Frage wenig bei. Er sollte daher besser aufgegeben werden. Dabei können sich Unterschiede im Straßenausbau z. B. daraus ergeben, ob ein Gegenverkehr vorgesehen werden muß oder eine nur einspurige Verkehrsführung ausreicht. Ferner wird von Bedeutung sein, welcher Art der Anliegerverkehr ist, ob es sich zum Beispiel nur um Personenkraftwagen oder auch um Lastenwagenverkehr handelt; Fußwege und Parkstreifen werden in der Regel erforderlich sein (zu den Grundsätzen dieser Entscheidung vgl. OVG Lüneburg, U. v. 23. 5. 1979, KStZ 1979, 174 ff.). Ist eine Straße, sei es auch im Hinblick auf eine nur einseitige Anbaubarkeit, einmal endgültig hergestellt, ist bei einer

später hinzukommenden Anbaubarkeit auch der zweiten Straßenseite
für eine Erhebung von Erschließungsbeiträgen für einen weiteren
Ausbau der Straße kein Raum mehr: Die Erschließungsbeitragspflicht
kann nur einmal entstehen, und zwar im Grundsatz mit endgültiger
Herstellung (vgl. § 133, Rn 17; § 130, Rn 46).

22 Auf diesem Gedanken der notwendigen Kosten für die Herstellung
einer Erschließungsanlage auch bei nur einseitiger Bestimmung zum
Anbau beruhen auch die **Ausnahmen von der Kostenteilung**, bei
denen es nach Ansicht des Bundesverwaltungsgerichts gerechtfertigt
ist, die **Kosten voll den Anliegern der einen Straßenseite** aufzuerle-
gen. Hat – **erste Ausnahme** – die Gemeinde sich von vornherein darauf
beschränkt, die Straße nur insoweit auszubauen, als es **für die Erschlie-
ßung** der durch sie erschlossenen Grundstücke **schlechthin unentbehr-
lich**, d. h. jetzt besser: in der konkreten Situation **verkehrsplanerisch
angemessen** ist, braucht sie diese Kosten nicht aufzuteilen (BVerwG,
U. v. 25. 6. 1969, BVerwGE 32, 226/228; U. v. 29. 4. 1977, BRS 37,
S. 198/201). Dabei ist jedoch stets das erschließungsrechtliche Planer-
fordernis nach § 125 Abs. 1 und 2 zu beachten, also die Rechtmäßigkeit
der Herstellung im Hinblick auf einen Bebauungsplan. Fehlt es daran,
ist für die Erhebung von Erschließungsbeiträgen gar keine Grundlage
gegeben (BVerwG, U. v. 10. 11. 1989, 8 C 27.88, ZfBR 1990, 102 f.;
U. v. 26. 5. 1989, 8 C 6.88, NVwZ 1990, 165/166; OVG Lüneburg,
U. v. 8. 11. 1988, ZMR 1989, 232/234). Ebenso – **zweite Ausnahme** –
entfällt eine Kostenteilung, wenn der nicht zum Anbau bestimmte Teil
der Straße **einer Bebauung** aus topografischen Gründen **dauerhaft
entzogen** ist. Dies ist der Fall, wenn die Straße z. B. an einer Felswand,
einem See oder einem Fluß vorbeiführt (BVerwG, U. v. 29. 4. 1977,
ebd.). Dasselbe – **dritte Ausnahme** – gilt, wenn solche dauerhaften
Anbauhindernisse ein- oder auch beidseitig nur bei einer im Verhältnis
zur gesamten Straßenlänge kurzen Strecke gegeben sind (BVerwG, U.
v. 29. 4. 1977, ebd.; U. v. 8. 10. 1976, BRS 37, S. 172/173 f.).

23 Ist eine Straße nach den zuvor genannten Kriterien zum Anbau
bestimmt, so verliert sie diesen Charakter nicht dadurch, daß sie
zugleich dem **überörtlichen Durchgangsverkehr** dient (BVerwG, U.
v. 7. 10. 1977, NJW 1978, 438). § 128 Abs. 3 Nr. 2 (hierzu § 128, Rn 43)
ist selbst dann nicht entsprechend anzuwenden, wenn die Straße die
Funktion einer Ortsdurchfahrt einer Bundes- oder Landstraße erfüllt
und straßenverkehrsrechtlich – etwa nach § 2 Abs. 3 a FStrG zur Bun-
desstraße – aufgestuft werden könnte; das Abgabenrecht erfordert
eindeutige Abgrenzungen (BVerwG, U. v. 24. 11. 1978, BRS 37,
S. 392/393). In diesem Fall ergibt sich jedoch durch die Erforderlichkeit
nach § 129 Abs. 1 Satz 1 eine Begrenzung des beitragsfähigen Auf-
wands (vgl. § 129, Rn 11). Zur Frage, wann eine Bundesstraße im
Sinne des § 9 Abs. 1 und 6 FStrG zur Erschließung bestimmt ist, vgl.
BVerwG, U. v. 30. 11. 1984, 4 C 2.82, BayVBl. 1986, 120 f. (maßge-
bend sind straßenrechtliche Gesichtspunkte und tatsächliche Gegeben-

heiten). Auch eine Straße, die einem allgemeinen **innerörtlichen Verbindungsverkehr** dient, verliert hierdurch nicht ihre Bestimmung zum Anbau (vgl. auch U. v. 26. 5. 1989, 8 C 6.88, NVwZ 1990, 165/167; dieser über die Erschließungsfunktion hinausreichenden Verbindungsfunktion wird durch den Gemeindeanteil an den Herstellungskosten (hierzu § 129, Rn 28 ff.) Rechnung getragen (BVerwG, U. v. 10. 2. 1978, BRS 37, S. 65/66 f.).

2. Der Gesetzgeber des Baugesetzbuchs hat davon abgesehen, die 24 Auslegung des Anbaubegriffs in der neueren Rechtsprechung des Bundesverwaltungsgerichts mit ihrem konstitutiven Merkmal der grundsätzlichen Gewährung einer Zufahrt zum Grundstück zu korrigieren, um auch **Wohn- und Fußwege** wieder einer Abrechnung durch Erschließungsbeiträge zugänglich zu machen (zu der Entwicklung dieser Rechtsprechung Ernst, in: E/Z/B, § 127, Rn 15 a; Uechtritz, DVBl. 1986, 1125 ff.; vgl. zur Kritik an dieser Rechtsprechung etwa Sebastian/Rödl, NVwZ 1985, 231 ff.; Kulartz, Der Gemeindehaushalt 1984, 7; aber auch Sellner, NJW 1986, 1073/1078). Allerdings hat das Bundesverwaltungsgericht inzwischen seine Rechtsprechung (vgl. oben, Rn 14) „klargestellt" (BVerwG, U. v. 18. 4. 1986, 8 C 51 und 52.85, ZfBR 1986, 176/181 ff.; vgl. auch das modifizierende Urteil des OVG Berlin vom 17. 4. 1985, NVwZ 1985, 772 f.). In diesem Urteil erkennt das Bundesverwaltungsgericht die grundsätzliche **Abhängigkeit des Erschließungsbeitragsrechts vom Bebauungsrecht** mit der Folge an, daß für die Frage des Erschlossenseins eines Grundstücks die Festsetzungen jedenfalls eines qualifizierten Bebauungsplans ausreichen, der das Grundstück als bebaubar ausweist. Ob diese Erschließung nach dem Bebauungsplan durch eine Zufahrt oder einen Zugang vermittelt wird, ist für das Erschließungsbeitragsrecht unerheblich (vgl. BVerwG, aaO, S. 181 f.). Im übrigen vgl. auch § 131, Rn 7. Durch diese neue Rechtsprechung können also auch Anlieger von Wohnwegen erschließungsbeitragsrechtlich zu den Kosten der ihre Grundstücke erschließenden befahrbaren Anbaustraße, nicht aber zu den Kosten des Wohnwegs selbst herangezogen werden. Hier muß das Ausbaubeitragsrecht der Länder eingreifen (vgl. unten, Rn 25; vgl. auch Uechtritz, DVBl. 1986, 1125/1129). Mit der durch das Baugesetzbuch neu eingeführten **Nr. 2** sollen daher die öffentlichen aus rechtlichen oder tatsächlichen Gründen mit Kraftfahrzeugen (gemeint sind Kraftwagen) nicht befahrbaren Verkehrsanlagen wie z. B. Fuß- oder Wohnwege **gesondert** in den Kreis der beitragsfähigen Erschließungsanlagen aufgenommen werden. **Wohnwege** sind dabei nach der Legaldefinition der Nr. 2 solche Verkehrsanlagen, die aus **rechtlichen oder tatsächlichen Gründen** mit Kraftfahrzeugen nicht befahrbar sind. Hiermit ist ein eigenständiger bundesrechtlicher Wohnwegbegriff gebildet worden, der sich in mancherlei Hinsicht von den landesrechtlichen Wohnwegbegriffen unterscheidet: Anders als im Landesrecht muß es sich bei den Wohnwegen nach Bundesrecht, wie bei den Anbaustraßen, um **öffent-**

liche Verkehrsanlagen handeln. Während nach Landesrecht Wohnwege selbstverständlich zu den Verkehrsflächen gehören und das Merkmal ihrer Befahrbarkeit oder Nichtbefahrbarkeit für sie nicht konstitutiv ist, ist ein Wohnweg nach Bundesrecht nur dann gegeben, wenn er nicht mit Kraftwagen befahrbar ist. Die begrenzende Regelung in manchen Landesrechten (vgl. etwa § 4 Abs. 1 Nr. 1 Halbsatz 2 BauO NRW), nach der Wohnwege unter 50 Metern nicht befahrbar zu sein brauchen, ist nur bedingt auf den bundesrechtlichen Wohnwegbegriff zu übertragen. Die landesrechtliche Begrenzung für nicht befahrbare Wohnwege auf 50 Meter folgt entsprechend dem primären Charakter des Bauordnungsrechts aus Gründen der Abwehr von Gefahren für die öffentliche Sicherheit (z. B. Zufahrt für Feuerwehr; vgl. Gädtke/Bökkenförde/Temme, BauO NRW, 7. Aufl. 1986, § 4, Rn 17) und bezieht sich daher allein auf aus tatsächlichen Gründen nicht befahrbare Wohnwege. Hier kann der bundesrechtliche Wohnwegbegriff auch nicht weiterreichen. Ist ein Wohnweg jedoch allein aus rechtlichen Gründen mit Kraftfahrzeugen nicht befahrbar, so greift diese Längenbegrenzung des Bauordnungsrechts nicht ein. Eine andere Ansicht hierzu vertritt Driehaus, Rn 293, der allerdings ohne nähere Begründung allein von den „mangels hinreichender Breite unbefahrbaren" Wohnwegen ausgeht und die Rechtslage bei den aus rechtlichen Gründen nicht befahrbaren Wohnwegen nicht erörtert, wohl weil er solche Wohnwege, wie unausgesprochen das BVerwG in seinem Urteil vom 3. 11. 1987, 8 C 77.86, DVBl. 1988, 242 f. m. krit. Anm. Quaas, als Anbaustraßen nach Nr. 1 qualifiziert; das Tatbestandsmerkmal „aus rechtlichen Gründen nicht befahrbar" der Nr. 2 läuft dann leer. Der Vorteil dieser Auffassung ist, daß solche Wohnwege wie Anbaustraßen nach gesicherter Rechtsprechung abrechenbar sind und nicht den bei den anderen Wohnwegen verbleibenden Unklarheiten unterworfen sind. Diese Auffassung entspricht der früheren Rechtslage, wie sie der Gesetzgeber des BauGB nach der so eingeschränkt interpretierten Nr. 2 mit der neuen Nr. 2 wiederherstellen wollte. Ihr wird daher gefolgt. Wohnwege in diesem Sinne vermitteln den an sie angrenzenden Grundstücken die Erschließung **nur im Zusammenhang mit der nächsten befahrbaren Anbaustraße.** Die Eigentümer der Grundstücke sind daher sowohl zu den Kosten des Wohnwegs als auch zu den Kosten der zu ihm hinführenden Anbaustraße im Sinne des Abs. 2 Nr. 1 heranzuziehen (Bielenberg, in: B/K/S, Rn 282). Wohnwege sind allerdings nicht Bestandteil dieser Anbaustraße (vgl. VG Münster, KStZ 1990, 53 ff.; a. A. Schmaltz, DVBl. 1987, 207/210) und dürfen auch nicht mit dieser zu einer Erschließungseinheit nach § 130 Abs. 2 Satz 3 zusammengefaßt werden (vgl. § 130, Rn 34), da in diesem Fall die Eigentümer derjenigen Grundstücke, die nur durch die Anbaustraße erschlossen sind, ungerechtfertigterweise auch zu den Kosten des Wohnwegs herangezogen würden. Anders als Wohnwege können **Fußwege** einem Grundstück nicht die für seine Bebaubarkeit notwendige Erschließung vermitteln. Sie dienen nur zur **Verbesserung der Erschließung** (vgl. auch Drie-

haus, Rn 427). Ihre Erschließungswirkung hängt von ihrer städtebaulichen Zweckbestimmung und der Ausgestaltung im einzelnen ab; sie kann daher sehr unterschiedlich sein (vgl. auch OVG Koblenz, KStZ 1987, 75/76). Der Kreis der durch sie erschlossenen Grundstücke kann ähnlich wie bei einer **Grünanlage** zu bestimmen sein (vgl. David, in: Cholewa/David/Dyong/von der Heide, Das neue BauGB 1987, § 127, Anm. 4 b; zu der sehr engen Rechtsprechung des BVerwG bei Grünanlagen vgl. unten, Rn 31; im einzelnen § 131, Rn 7). Dies ist etwa dann der Fall, wenn der Fußweg einer getrennten Führung des Fußgänger- und ggf. auch Radfahrverkehrs dient. Der Fußweg kann auch selbst eine Grünanlage sein, wenn er nicht nur untergeordnet begrünt ist (wie früher bei Kindergärten, vgl. B/K/L, 1. Auflage, Rn 31 a. E.). Die gesonderte Aufführung der Fußwege in der Nr. 2 schließt es nach meiner Auffassung aus, sie nur als „**Sammelfußwege**" im Sinne der Nr. 3 (hierzu vgl. unten, Rn 26) zu verstehen, was nur in ganz seltenen Ausnahmefällen zu einer Beitragsfähigkeit führen würde (so aber Driehaus, Rn 294). Eine solche bloße Bestätigung einer unangefochtenen und nur sehr selten praktisch werdenden Rechtsprechung macht gesetzgeberisch keinen Sinn; eine derartige Auslegung widerspricht Sinn und Zweck des Gesetzes, das das Erschließungsbeitragsrecht moderner städtebaulicher Planung anpassen wollte (vgl. BT-Drs. 10/6166, S. 145). Denkbar ist schließlich auch, daß Fußwege dazu dienen, z. B. Reihenhäusern eine **gartenseitige zweite Erschließung** zu bieten. In diesem Fall sind von dem Fußweg aus die anliegenden Grundstücke erschlossen (zu diesem Fall vgl. Bielenberg, in: B/K/S, Rn 282; vgl. aber auch OVG Koblenz, KStZ 1987, 75/76 f.).

Um den Gemeinden **Einnahmeausnahmefälle** infolge des überra- 25
schenden Urteils des Bundesverwaltungsgerichts aus dem Jahre 1983 zu ersparen, hat der Gesetzgeber Abs. 2 Nr. 2 in **§ 242 Abs. 4 rückwirkend** auch bei bereits vor Inkrafttreten des Baugesetzbuchs endgültig hergestellten Anlagen für anwendbar erklärt. Diese echte Rückwirkung erscheint ausnahmsweise als zulässig, da auf die Fortführung einer bestimmten Rechtsprechung und ihre Hinnahme durch den sich falsch verstanden fühlenden Gesetzgeber kein Vertrauen gegründet werden kann. Die Vorarbeiten zum Baugesetzbuch und auch die baldige Änderung der Rechtsprechung durch das Bundesverwaltungsgericht selbst zeigen, daß nie eine Situation bestanden hat, in der ein schutzwürdiges Vertrauen entstehen konnte (vgl. VG Münster, KStZ 1990, 55 ff.; zur Rückwirkungsproblematik vgl. etwa Pieroth, JZ 1984, 971 ff.). Manche Länder haben zudem zur Wiederherstellung der Beitragsfähigkeit ihre Wege- oder Kommunalabgabengesetze (so z. B. Hamburg durch Gesetz zur Änderung des Wegegesetzes vom 5. 6. 1984, GVBl. S. 104 f.; vgl. auch Einfügung eines § 10b in das Kommunalabgabengesetz Baden-Württemberg, Gesetz v. 10. 12. 1984, GBl. S. 675). Liegen solche landesrechtlichen Bestimmungen vor, bestimmt § 242 Abs. 4 Satz 2, daß es bei einer hiernach entstandenen Beitragspflicht bleibt, das Bun-

desrecht sich also nicht mehr ändernd, d. h. in der Regel beitragserhö-
hend, auswirkt. (Bedenken gegen die Verfassungsmäßigkeit der Rück-
wirkung äußert Driehaus, Rn 295 ff., soweit sie auch für solche Länder
gilt, nach deren Kommunalabgabenrecht nicht schon seit dem Inkraft-
treten des BBauG eine Beitragspflicht für Wohn- und Fußwege bestan-
den habe und also kein schützenswertes Vertrauen auf Beitragsfreiheit
entstehen konnte. Diese Ansicht setzt voraus, daß Wohn- und Fußwege
nach BBauG nie beitragsfähige Erschließungsanlagen waren. Dies war
aber nach der Rechtsprechung des BVerwG bis zum Jahr 1983 (vgl.
oben, Rn 24) sehr wohl der Fall, da bis dahin – zumindest für eine
Zweiterschließung – entscheidend auf die Möglichkeit des Zugangs
abgestellt wurde (vgl. etwa BVerwG, U. v. 7. 10. 1977, BRS 37, S. 194/
196; U. v. 23. 5. 1973, IV C 19.72, DVBl. 1973, 878). Jedenfalls bei
Wohnwegen keine verfassungsrechtlichen Bedenken hat daher David,
in: Cholewa/David/Dyong/von der Heide, Das neue Baugesetzbuch,
1987, § 127, Anm. 4 b a. E.).

26 3. Erschließungsanlagen sind nach **Nr. 3** auch **Sammelstraßen.** Nach
der Legaldefinition in Nr. 3 sind dies solche dem öffentlichen Verkehr
gewidmete Straßen, Wege und Plätze, die **für die Erschließung** der
Grundstücke eines Baugebiets **notwendig,** aber **nicht selbst zum An-
bau bestimmt** sind. Aus dieser Begriffsbestimmung folgt, daß die
Sammelstraßen hinsichtlich ihrer **Öffentlichkeit,** d. h. hinsichtlich der
Widmung, den Verkehrsanlagen nach Nr. 1 entsprechen. Hinsichtlich
der **Anbaueignung** sind die zu Nr. 1 entwickelten Kriterien umgekehrt
anzuwenden. Eine Straße kann danach entweder zum Anbau bestimmt
oder aber nicht zum Anbau bestimmt sein. Sammelstraßen dienen
daher der **mittelbaren Erschließung** von Grundstücken, die unmittel-
bar von zum Anbau bestimmten Straßen erschlossen werden. Ihre
Erschließungsfunktion besteht darin, daß sie den Verkehr aus mehreren
selbständigen zum Anbau bestimmten Erschließungsstraßen **sammeln**
und an das gemeindliche Straßennetz weiterführen oder umgekehrt
einen gesammelten Verkehr aus dem gemeindlichen Straßennetz in das
Baugebiet leiten (BVerwG, U. v. 8. 8. 1975, BRS 37, S. 86/87; U. v.
25. 11. 1981, NVwZ 1982, 555/556). **Notwendig** zur Erschließung ist
eine solche Sammelstraße, wenn sie aus städtebaulichen Gründen für
die verkehrliche Bedienung des Baugebiets angemessen und bedarfsge-
recht ist (BVerwG, U. v. 3. 6. 1988, 8 C 114.86, KStZ 1989, 10/11 f.).
So kann z. B. eine weitere, nur fußläufige Erschließungsanlage, etwa
eine steile Treppenanlage, als Sammelstraße notwendig sein, um den
Fußgängerverkehr von einer befahrenen Durchgangsstraße abzuziehen
(BVerwG, ebd.; U. v. 23. 5. 1973, BRS 37, S. 61/63 f.).

27 Die Annahme einer Sammelstraße im Sinne der Nr. 3 scheitert
jedoch sehr häufig an einem weiteren nicht im Gesetz unmittelbar zum
Ausdruck kommenden Merkmal. Für die Erhebung von Beiträgen für
Erschließungsanlagen ist erforderlich, daß der Kreis der beitragspflich-
tigen Grundstücke hinreichend genau bestimmt und abgegrenzt wer-

den kann. Ohne diese **Abgrenzbarkeit** lassen sich weder Kosten noch Vorteil auf den Beitrag für ein bestimmtes Grundstück umrechnen. An dieser Abgrenzbarkeit fehlt es bei einer Sammelstraße jedoch nach Auffassung des Bundesverwaltungsgerichts dann, wenn diese **nicht die einzige Straße** ist, über die vom Baugebiet aus das übrige Straßennetz der Gemeinde erreicht werden kann. Dabei ist es unerheblich, ob diese anderen Verbindungen Sammelstraßen im Sinne der Nr. 3 sind oder ob es sich bei ihnen um Erschließungsanlagen im Sinne der Nr. 1 handelt, die zugleich auch eine Sammelfunktion erfüllen (BVerwG, U. v. 25. 11. 1981, NVwZ 1982, 555/556; anders und überzeugender z. B., auf städtebauliche Kriterien abstellend, VGH München, U. v. 4. 6. 1981, BayVBl. 1981, 566f.). Anders als bei den zum Anbau bestimmten Straßen im Sinne der Nr. 1 ist für die Abgrenzung des Vorteils bei Sammelstraßen, sofern nicht topographisch oder städtebaulich eindeutige Grenzen vorliegen, kein Kriterium ersichtlich, das auch in Grenzbereichen eine eindeutige Zuordnung eines Grundstücks zum Kreis der beitragspflichtigen oder der nicht beitragspflichtigen Grundstücke ermöglicht. Eine Sammelstraße wird daher **„nur ganz ausnahmsweise"** als **beitragsfähige Erschließungsanlage** angesehen werden können (BVerwG, U. v. 3. 6. 1983, 8 C 70.82, NVwZ 1984, 170/172; U. v. 25. 11. 1981, ebd.).

4. Nach **Nr. 4** gehören auch **Grünanlagen und Parkflächen** (Flächen 28
zum Parken von Fahrzeugen im Sinne des §9 Abs. 1 Nr. 11) zu den beitragsfähigen Erschließungsanlagen. Bei beiden Anlagearten sind nach Nr. 4 zwei Gruppen zu unterscheiden, die **selbständigen** Parkflächen oder Grünanlagen entsprechend dem zweiten Satzteil der Nr. 4 und solche Parkflächen und Grünanlagen, die **Bestandteile von Verkehrsanlagen** nach Nr. 1 bis 3 sind. Da die Parkflächen und Grünanlagen als Bestandteile der Verkehrsanlagen von Nr. 1 bis 3 erfaßt werden, bedürfte es ihrer ausdrücklichen Erwähnung in Nr. 4 nicht. Ihre Hervorhebung verdeutlicht jedoch die Pflicht der Gemeinde, in der Satzung nach §132 Nr. 1 auch Art und Umfang der Parkflächen und Grünanlagen als Bestandteile der Verkehrsanlagen zu regeln. Die Größe der Anlagen ist neben ihrer Lage das entscheidende Kriterium für ihre Abgrenzung zu selbständigen Parkflächen und Grünanlagen.

Unselbständige Parkflächen sind **Bestandteil der Straße, nicht** aber 29
– wie am Rande der Fahrbahn verlaufende Standspuren, die als Fahrbahn ausgebaut sind und befahren werden können – Bestandteil **der Fahrbahn** der Straße (BVerwG, U. v. 14. 7. 1972, BRS 37, S. 91/92). Diese Unterscheidung ist bedeutsam für die Möglichkeit der Kostenspaltung nach Abs. 3 und dementsprechend dafür, ob eine solche Parkfläche auch nach endgültiger Herstellung der Fahrbahn noch auf Kosten der Anlieger errichtet werden kann (hierzu bejahend BVerwG, ebd.; U. v. 11. 12. 1970, IV C 24.69, BRS 37, S. 89/90).

Sind Parkflächen als Bestandteile der Verkehrsanlagen nach Nr. 1 bis 30
3 von deren Widmung zur öffentlichen Verkehrsfläche mit umfaßt und

also öffentliche Anlagen, muß dieses auch für **selbständige Parkflächen** gelten (Förster, in: Kohlhammer-Komm. zum BBauG, § 127, Rn 36). Auch diese Parkflächen bedürfen daher einer **straßenrechtlichen Widmung.** Beitragsfähig sind solche selbständigen Parkflächen jedoch nur, wenn sie **nach städtebaulichen Grundsätzen,** d. h. aus städtebaulichen Gründen, für die Erschließung eines Baugebiets **notwendig** sind. Durch diese Verknüpfung mit städtebaulichen Grundsätzen wird der Begriff der Notwendigkeit deutlich gemildert und auf die jeweilige städtebauliche Situation bezogen. Die Notwendigkeit läßt sich daher nur von Fall zu Fall bestimmen. Maßgeblich für sie muß sein, welche anderen Parkmöglichkeiten auch privater Art, etwa auf privaten Stellplätzen oder in Parkhäusern, gegeben sind und welcher Bedarf für die Aufnahme des ruhenden Verkehrs in dem Baugebiet nach seiner Nutzung zu erwarten ist (vgl. aber auch unten, Rn 36).

31 Abrechnungsfähig sind Parkflächen schließlich nur dann, wenn sie **innerhalb des Baugebiets** liegen, zu dessen Erschließung sie dienen sollen. Dabei ist entscheidend, ob sie bei funktionaler Betrachtung als zum Baugebiet gehörig angesehen werden können. Dazu kann auch eine Randlage ausreichen, wenn diese eindeutig dem erschlossenen Baugebiet zugeordnet ist (vgl. auch Driehaus, Rn 308). Dabei ist zu beachten, daß eine Parkfläche selbst **nicht zum Anbau bestimmt** ist. Liegt aber doch eine Anbaubestimmung für eine solche Anlage vor, so handelt es sich nicht um eine selbständige, sondern um eine unselbständige Parkfläche als Teileinrichtung z. B. einer Verkehrsanlage „Platz" (hierzu OVG Münster, U. v. 27. 9. 1972, KStZ 1973, 240). Entscheidend für die Beitragsfähigkeit einer selbständigen Parkfläche ist die genaue und überzeugende **Abgrenzbarkeit** des Kreises der Grundstücke, denen die Parkfläche einen beitragsbegründenden Sondervorteil bringt, von den Grundstücken, die nur einen beitragsfreien Gemeinvorteil von ihr haben. Nach Auffassung des BVerwG ist eine solche Abgrenzbarkeit bei selbständigen Parkflächen nur gegeben, wenn sie in einem infolge „Insellage" geschlossenen Gebiet liegen. Danach sind selbständige Parkflächen in aller Regel also nicht beitragsfähig (vgl. BVerwG, U. v. 24. 9. 1987, NVwZ 1988, 359 ff.). Dem BVerwG ist uneingeschränkt zuzustimmen, daß eine genaue Abgrenzung der von einer Erschließungsanlage erschlossenen Grundstücke für eine Beitragserhebung unerläßlich ist (vgl. § 131, Rn 4). Die Anforderungen dürfen jedoch nicht überzogen werden, wenn nicht das gesamte traditionelle Erschließungsbeitragssystem (zu Alternativen vgl. Löhr, NVwZ 1987, 545 m. w. N.) ausgehebelt werden soll. Bedenken begegnen in dem Urteil des BVerwG vom 24. 9. 1987 vor allem der Argumentation mit der „tatsächlichen Benutzung" und der Erörterung der Frage, wer auf die Parkfläche „angewiesen" ist (vgl. BVerwG, aaO, S. 361). Maßgeblich für die Annahme eines Erschließungsvorteils ist nämlich die „qualifizierte Inanspruchnahmemöglichkeit" (Driehaus, Rn 172; oben, Rn 4). Diese aber läßt sich bei selbständigen Parkflächen

unter Zuhilfenahme der gemeindlichen Konzeption zur Unterbringung des ruhenden Verkehrs in einem Baugebiet, wie sie etwa in einem Bebauungsplan und seiner Begründung zum Ausdruck kommen kann, und den tatsächlichen Verhältnissen einerseits sowie des Grundsatzes der Verwaltungspraktikabilität (hierzu bei Parkflächen Driehaus, Rn 513) andererseits ohne Verletzung des Gleichheitssatzes hinreichend genau abgrenzen (zu einer denkbaren Vorgehensweise Gern, KStZ 1987, 181ff.). Gar nicht praktikabel angesichts der Vielfalt lokaler Gegebenheiten erscheint dagegen die Anregung des BVerwG, eine Abgrenzbarkeit könne „nur durch eine ergänzende bundesrechtliche Regelung bewirkt werden" (aaO, S. 361). Auch Driehaus ist der Auffassung, daß sich für die Bestimmung der durch selbständige Parkflächen erschlossenen Grundstücke „wohl kaum überzeugende, allgemeingültige Maßstäbe" aufstellen lassen (Rn 514). Eine Lösung dieser Fälle könnte, wie es das BVerwG bei Grünanlagen mit einem über den Kreis der erschlossenen Grundstücke hinausreichenden Einzugsbereich vorsieht, in der angemessenen Erhöhung des gemeindlichen Eigenanteils über 10% hinaus gesehen werden (vgl. unten, Rn 36).

Auch bei **Grünanlagen** ist zwischen selbständigen und unselbständigen Grünanlagen zu unterscheiden. So können Grünanlagen Bestandteile von Verkehrsanlagen sein, etwa als Mittelstreifen, als Trennstreifen zwischen Fahrbahn und Fußweg, als innere Platzbepflanzung. Hier gilt dasselbe wie für unselbständige Parkflächen (vgl. oben, Rn 29). **32**

Selbständige Grünanlagen im Sinne der Nr. 4 sind nur solche Flächen, die **tatsächlich begrünt** sind und der **Erschließung eines bestimmten Gebiets,** nicht einer Bevölkerung aus anderen Gemeindegebieten dienen. Sie erfüllen z. B. die Funktion, ein Baugebiet zu gliedern, für ein besseres Kleinklima zu sorgen und eine Naherholungsmöglichkeit zu bieten. Der Begriff der Grünanlage im Sinne des Erschließungsbeitragsrechts ist daher erheblich enger als der Begriff der Grünfläche im Sinne des Planungsrechts, wie er z. B. in § 5 Abs. 2 Nr. 5 und § 9 Abs. 1 Nr. 15 verwandt wird. Nur wenn Grünanlagen den genannten Kriterien entsprechen, sind sie für die Erschließung eines Baugebiets notwendig im Sinne der Nr. 4 (vgl. BVerwG, U. v. 21. 10. 1970, IV C 72.69, BRS 37, S. 98/99). Hieraus folgt, daß die Grünanlage eine bestimmte **Mindestgröße** haben muß (400 qm reichen dafür nicht aus, Driehaus, in: S/S/T, § 127, Rn 16, unter Bezugnahme auf einen unveröffentlichen Beschluß des Bundesverwaltungsgerichts); andererseits darf die Anlage **nicht eine bestimmte Größe überschreiten,** weil sie dann einen zu großen Bereich der Gemeinde erschließt und damit nicht mehr einem bestimmten Baugebiet zugeordnet werden kann (BVerwG, U. v. 21. 10. 1970, aaO, S. 99f.). Eine etwa 12000 qm große Grünanlage z. B. kann noch einem Baugebiet zugeordnet sein (vgl. Driehaus, Rn 310 m. w. N.). Erreicht eine Grünanlage diese Größenordnung, so verliert sie durch eingeschlossene Wege nicht ihre Selbständigkeit (BVerwG, U. v. 21. 10. 1970, IV C 51.69, BRS 37, S. 94). **33**

Da Grünanlagen im wesentlichen der Naherholung dienen sollen, gehören zu ihnen auch **Sitzbänke,** damit ältere Leute ausruhen können, und **Wege** zum Spazierengehen (BVerwG, U. v. 21. 10. 1970, IV C 51.69, aaO, S. 94). Maßgeblich für eine Grünanlage im Sinne der Nr. 4 ist die tatsächliche Begrünung der Anlage.

34 **Kinderspielplätze** sind mit dem Baugesetzbuch nicht mehr beitragsfähig. Dies gilt nach dem eindeutigen Wortlaut und Zweck des BauGB für **alle** Kinderspielplätze, also sowohl für **selbständige nicht begrünte Kinderspielplätze** (die bisher als beitragsfähige Anlagen in § 127 Abs. 2 Nr. 4 BBauG aufgeführt waren), für **selbständige begrünte Kinderspielplätze** (die bisher als Grünanlagen abrechenbar waren) als auch für die **unselbständigen Kinderspielplätze** (die bisher als Bestandteil von Grünanlagen beitragsfähig waren). Das Gesetz nimmt Kinderspielplätze von Grünanlagen insgesamt aus, ohne auf ihre Selbständigkeit oder Unselbständigkeit abzustellen. Ob der vom Gesetzgeber gewählte Weg der „systematisch richtige" oder der beste war, mag hier dahinstehen. Jedenfalls hat der Gesetzgeber eine sprachlich eindeutige Lösung gefunden – auch unselbständige Kinderspielplätze sind Kinderspielplätze –, die auch allein dem Gleichheitsgebot des Art. 3 Abs. 1 GG entspricht: Es ist kein sachlicher Grund für eine Ungleichbehandlung von unselbständigen und selbständigen Kinderspielplätzen ersichtlich, denen dieselbe Erschließungsfunktion zukommt (für eine solche Ungleichbehandlung aber Driehaus, Rn 46, 312 f., allerdings ohne die verfassungsrechtliche Problematik – neben der hier sekundären systematischen Fragestellung – zu erwähnen). Im übrigen entspricht allein die einheitliche Lösung dem klaren Willen des Gesetzgebers. In Beschlußempfehlung und Bericht des zuständigen Bundestagsausschusses heißt es: „Der Ausschuß beschließt einstimmig auf Antrag der Fraktion der CDU/CSU und der Fraktion der SPD, die Erschließungsbeitragspflicht für Kinderspielplätze – auch für überwiegend begrünte – im künftigen Baugesetzbuch nicht mehr vorzusehen" (BT-Drs. 10/6166, S. 159). Hier wird also der Kreis der ausgeschlossenen Kinderspielplätze, wie im Gesetz auch, in keiner Weise eingeschränkt (wie hier Bielenberg, in: B/K/S, Rn 281; Krautzberger, KStZ 1987, 1/5). Der Gesetzgeber zog damit die Konsequenz aus der unpraktikablen und wenig einsichtigen Rechtsprechung mit ihrer 200 m-Grenze, die gesetzgeberisch nicht korrigierbar erschien (vgl. BT-Drs. 10/6166, S. 144 f., 159; vgl. auch Bielenberg, in: B/K/S, Rn 281). Zu der komplizierten **Überleitungsschrift** des § 242 Abs. 5 vgl. die dortigen Anmerkungen. Eine aus den **Kommunalabgabengesetzen** der Länder begründete Möglichkeit oder Pflicht zur Beitragserhebung für selbständige Kinderspielplätze wird durch die bundesgesetzliche Regelung allerdings nicht berührt (vgl. hierzu Driehaus, in: ders. [Hrsg.], Kommunalabgabenrecht, Stand September 1989, § 8, Rn 219 f.; Kortmann, KStZ 1988, 49 ff.

35 Erschlossen werden von Grünanlagen nach der bisherigen Rechtsprechung nur Grundstücke, die von der Grünanlage bis zu **etwa 200**

Meter Luftlinie entfernt liegen (BVerwG, U. v. 10. 5. 1985, 8 C 17-20.84, NVwZ 1985, 833/835). Dabei ist diese Luftlinie von 200 Metern nicht als starre Grenze zu verstehen, sondern sollte möglichst deutlich sichtbaren Abgrenzungen der Verkehrsanlagen oder natürlichen Begrenzungen folgen; jedoch darf es sich nur um relativ geringfügige Überschreitungen handeln, keineswegs etwa um ein Drittel der hiernach zulässigen Strecke (für die insoweit vergleichbare frühere Rechtsprechung BVerwG, U. v. 25. 4. 1975, BRS 37, S. 101/102 f.). Wegen der hiermit gegebenen metrischen Begrenzung des Kreises der erschlossenen Grundstücke ist es nicht erforderlich, daß eine solche Grünanlage optisch eindeutig einem bestimmten Baugebiet zugeordnet ist. Sie kann vielmehr auch auf der Grenze zwischen zwei Baugebieten liegen (BVerwG, U. v. 21. 10. 1970, IV C 72.69, BRS 37, 97/100). Auch bei den Grünanlagen nach Nr. 4 kann es sich nur um **öffentliche Anlagen** handeln; auch insoweit ist also eine Widmung erforderlich, die allerdings formlos und durch tatsächliche Indienststellung erfolgen kann (vgl. BVerwG, U. v. 10. 5. 1985, ebd.).

Umgelegt werden können die Kosten für Grünanlagen jedoch nur **36** insoweit, als sie nach § 129 Abs. 1 Satz 1 zur Erschließung des Baugebiets nach Art und Umfang **erforderlich** sind (zur städtebaulichen Notwendigkeit vgl. oben, Rn 30). Dies wird bei größeren Anlagen in aller Regel nur zum Teil bejaht werden können. So hat etwa das Bundesverwaltungsgericht bei einer 6000 qm großen Anlage die Umlegung der Kosten bis zu einer Größe der Anlage, die 25 % der zugelassenen Geschoßfläche der erschlossenen Grundstücke ausmacht, nicht beanstandet (BVerwG, U. v. 21. 10. 1970, IV C 72.69, BRS 37, 97/100; U. v. 25. 4. 1975, BRS 37, S. 101/103). In seinem Urteil vom 11. 11. 1988 (8 C 71.87, KStZ 1989, 71 ff.) hat das BVerwG entschieden, daß eine Grünanlage nur dann nicht städtebaulich notwendig im Sinne des § 127 Abs. 2 Nr. 4 ist, wenn sie erheblich größer ist als eine typische Grünanlage innerhalb eines Baugebiets. Beispielhaft für solche übergroßen Grünanlagen führt das Gericht den Tiergarten in Berlin und den Englischen Garten in München an. Wird eine Grünanlage in erheblich überwiegendem Maße von nicht nach § 131 Abs. 1 erschlossenen Grundstücken aus genutzt und muß die Gemeinde deswegen zur Vermeidung einer „schlechthin unangemessenen Belastung der Beitragspflichtigen" (BVerwG, aaO, S. 73) den Eigenanteil erhöhen, so bedarf es hierzu wegen eines solchen atypischen Einzelfalls keiner Satzungsregelung. Es reicht vielmehr, „wenn die Gemeinde z. B. durch eine Verminderung des beitragsfähigen Aufwandes um rechtlich berücksichtigungsfähige Kosten im wirtschaftlichen Ergebnis ihren Eigenanteil erhöht" (BVerwG, ebd.). Über den Umfang der Anteilserhöhung „hat die Gemeinde auf der Grundlage einer nach ihrem Ermessen vorzunehmenden Vorteilsbewertung zu befinden" (BVerwG, ebd.). Im übrigen ist die Erforderlichkeit in diesem Zusammenhang nicht als Voraussetzung für eine ordnungsgemäße Nutzung der erschlossenen

Grundstücke zu verstehen, sondern als Beitrag zur Verbesserung der Wohnsituation (vgl. BVerwG, U. v. 10. 5. 1985, aaO, S. 835 f.).

37 **5.** Nach **Nr. 5** können auch für die Kosten von bestimmten **Immissionsschutzanlagen** Erschließungsbeiträge erhoben werden. Immissionsschutzanlagen können nach § 9 Abs. 1 Nr. 24, 2. Alternative, im Bebauungsplan festgesetzt werden (hierzu § 9, Rn 88). Unter Anlagen zum Immissionsschutz sind deshalb weder Vorkehrungen zum Immissionsschutz wie z. B. Schutzpflanzungen (a. A. Förster, ZfBR 1979, 226/227) noch immissionsmindernde oder immissionsvermeidende Vorkehrungen an den Baulichkeiten unmittelbar zu verstehen. Letztere sind zudem objektbezogen, wohingegen das Erschließungsbeitragsrecht durch einen notwendigen Gebietsbezug gekennzeichnet ist. Durch die Änderung des § 125 Abs. 1 (vgl. § 125, Rn 1) ist nunmehr auch für die Beitragsfähigkeit von Immissionsschutzanlagen ihre Festsetzung im Bebauungsplan erforderlich. Stets erforderlich ist, daß die Anlagen von der Gemeinde in **Erfüllung ihrer Erschließungslast** nach § 123 Abs. 1 errichtet wurden (Förster, in: Kohlhammer-Komm. zum BBauG, § 127, Rn 48; Driehaus, Rn 316). Dies folgt daraus, daß zum Erschließungsaufwand nach § 127 Abs. 1 nur der in Erfüllung der Erschließungslast anfallende Aufwand gehört (hierzu BVerwG, U. v. 4. 5. 1979, BRS 37, S. 106/108; vgl. oben, Rn 6). Wird die Immissionsschutzanlage daher von einem Dritten aufgrund gesetzlicher oder sonstiger Verpflichtungen hergestellt, können ihre Kosten nicht in den beitragsfähigen Erschließungsaufwand der Gemeinde einbezogen werden. Siedelt sich z. B. in einem auch dem Wohnen dienenden Gebiet ein **emittierender Gewerbebetrieb** an, so hat er etwa notwendige Immissionsschutzanlagen nach §§ 5 oder 22 BImSchG selbst zu errichten. Dasselbe gilt für **überörtliche Straßen.** Bei ihnen hat der Träger der Straßenbaulast nach § 17 Abs. 4 FStrG oder nach § 41 BImSchG gegebenenfalls notwendige Anlagen zum Lärmschutz zu errichten (hierzu Taegen, DVBl. 1977, 518/521). Diese Anlagen werden selbst dann nicht beitragsfähig, wenn die Gemeinde für die Ortsdurchfahrt einer Bundesfernstraße selbst Trägerin der Straßenbaulast ist. Ihre Verpflichtung zur Errichtung dieser Anlage ergibt sich dann nicht aus ihrer Erschließungslast, sondern aus ihrer Straßenbaulast für die Fernstraße. Entsprechend dem Rechtsgedanken in § 128 Abs. 3 Nr. 2 kann sie daher die hierdurch entstandenen Kosten nicht umlegen (Driehaus, Rn 319). Baut die Gemeinde dagegen eine zum Ausbau bestimmte **Gemeindestraße,** so erfüllt sie hiermit ihre Erschließungslast und kann die Kosten auch für Immissionsschutzanlagen abrechnen. Wird die **Bebauung** nahe einer vorhandenen Fernstraße oder eines vorhandenen Gewerbegebiets zugelassen und dadurch eine Immissionsschutzanlage erforderlich, so sind die hierfür entstehenden Kosten beitragsfähig. Schiebt sich dagegen ein **Gewerbegebiet** an eine bestehende Bebauung heran, sind die Kosten notwendiger Immissionsschutzanlagen keine beitragsfähigen Kosten im Hinblick auf das Baugebiet.

Durch Nr. 5 werden **selbständige und unselbständige Immissions-schutzanlagen** erfaßt. Nr. 5 gilt also unabhängig davon, ob die Immissionsschutzanlage auf einer eigens für sie vorgesehenen Fläche oder aber auf der Fläche einer anderen Erschließungsanlage, z. B. einer Straße oder einer Grünanlage, errichtet wird. Dies wird aus der Formulierung deutlich, daß von Nr. 5 die Anlagen erfaßt werden, „auch wenn sie nicht Bestandteil der Erschließungsanlagen sind", was bedeutet, daß sie von Nr. 5 auch dann erfaßt werden, wenn sie Bestandteil der Erschließungsanlagen sind (Förster, ZfBR 1979, 226/227; a. A. Ernst, in: E/Z/B, § 127, Rn 19a, und Driehaus, Rn 314, die die unselbständigen Immissionsschutzanlagen der Erschließungsanlage zurechnen, deren Bestandteil sie sind). Diese einheitliche Behandlung der Immissionsschutzanlagen rechtfertigt sich aus dem unterschiedlichen Kreis der durch sie und der durch die Erschließungsanlage erschlossenen Grundstücke, der Differenziertheit der durch eine Immissionsschutzanlage für die erschlossenen Grundstücke begründeten Vorteile (vgl. hierzu § 131, Rn 14) und aus den in der Regel entstehenden erheblichen Kosten der Immissionsschutzanlage. Anders als Wege oder Bänke, die integrierter Bestandteil einer der Naherholung dienenden Grünfläche sind, werden unselbständige Immissionsschutzanlagen einer Erschließungsanlage nur hinzugefügt (vgl. die Regelung in § 17 Abs. 4 FStrG, wonach die Errichtung von Immissionsschutzanlagen als Auflage festgesetzt werden kann). Diese planerische Verselbständigung rechtfertigt auch die erschließungsbeitragsrechtliche Sonderbehandlung von Immissionsschutzanlagen. Wird daher eine Immissionsschutzanlage nicht völlig selbständig errichtet, sondern auf dem Grund und Boden einer anderen Erschließungsanlage, sind die Kosten, z. B. für den Grunderwerb, dementsprechend der Immissionsschutzanlage und nicht der anderen Erschließungsanlage zuzuordnen.

Anders als z. B. bei selbständigen Parkflächen und Grünanlagen nach Nr. 4 ist für Immissionsschutzanlagen nach dem Wortlaut der Nr. 5 **nicht erforderlich,** daß sie **innerhalb der Baugebiete** liegen. Entscheidend ist allein, daß sie dem **Schutz dieser Baugebiete** dienen. So kann es zweckmäßig sein, die Immissionsschutzanlage möglichst nahe bei einem emittierenden Gewerbebetrieb und damit außerhalb des Baugebiets anzusiedeln, um die Schutzwirkung zu verbessern (vgl. auch Driehaus, Rn 315).

III. Die in **Abs. 3** vorgesehene **Kostenspaltung** ist neben der Möglichkeit der Abschnittsbildung und der Erhebung von Vorausleistungen ein wichtiges Mittel, die Vorfinanzierungslast der Gemeinde zu mildern. Hiernach kann die Gemeinde bereits für bestimmte Kosten Erschließungsbeiträge erheben, wenn die Anlage als ganzes noch nicht endgültig hergestellt ist. Auch die Erhebung von Erschließungsteilbeiträgen für abgespaltene Kosten setzt voraus, daß das Grundstück nach § 133 Abs. 1 bebaut oder gewerblich genutzt werden darf (hierzu § 133, Rn 3 ff.). Die Erschließungsanlage muß daher **bereits benutzbar** sein;

für eine Erschließungsstraße kommt es dagegen nicht darauf an, daß sie bereits gewidmet und damit eine öffentliche Straße ist (BVerwG, U. v. 14. 6. 1968, DVBl. 1968, 808/809).

1. Die Kostenspaltung kann erfolgen für den **Grunderwerb** und die **41** **Freilegung** der Fläche, auf der die Erschließungsanlage errichtet werden soll. Dabei kann auch der Grunderwerb für eine flächenmäßige Teilanlage wie z. B. die Fahrbahn oder einen Gehweg im Wege der Kostenspaltung abgerechnet werden. Es muß also nicht der Grunderwerb insgesamt getätigt sein (BVerwG, U. v. 3. 2. 1989, 8 C 78.88, NVwZ 1989, 1072/1073). Ferner können die Kosten für **Teile** von Erschließungsanlagen selbständig erhoben werden. Dabei sind unter Teilen der Erschließungsanlage nicht Teillängen, sondern **Teileinrichtungen** gemeint. Kostenspaltung ist daher nur die sogenannte **Längsspaltung,** nicht auch eine Querspaltung (grundlegend BVerwG, U. v. 15. 9. 1978, 4 C 50.76, BRS 37, S. 74/75 ff., unter Aufgabe der mit U. v. 10. 12. 1971, BRS 37, S. 68 ff. vertretenen gegenteiligen Auffassung; ebenso Urteile 4 C 7.76, NJW 1979, 1996 ff., und 4 C 22.76, DÖV 1979, 175 ff. vom selben Tag). Wird allerdings die Reststrecke einer im Wege der Querspaltung abgerechneten Erschließungsstraße ausgebaut und damit die Erschließungsanlage endgültig hergestellt, ist ein bis dahin rechtswidriger Beitragsbescheid mit diesem Zeitpunkt geheilt (BVerwG, U. v. 15. 9. 1978, 4 C 50.76, BRS 37, S. 74/79). Beiträge können daher im Wege der Kostenspaltung nur für solche Einrichtungen erhoben werden, die für die gesamte Länge der Erschließungsanlage errichtet wurden. Solche Teileinrichtungen sind z. B. **Fahrbahnen, Gehwege, Beleuchtungsanlagen, Straßenentwässerung.** Für die Abrechnung von Teillängen einer Erschließungsanlage stellt das Gesetz in § 130 Abs. 2 Satz 1 die Möglichkeit der Abschnittsbildung zur Verfügung. Hiernach kann für einen mit allen Teileinrichtungen vollständig hergestellten räumlichen Abschnitt einer Erschließungsanlage ein Erschließungsbeitrag erhoben werden (hierzu näher § 130, Rn 21 ff.). Hat die Gemeinde eine **Erschließungseinheit** im Sinne des § 130 Abs. 2 Satz 2 (hierzu § 130, Rn 27 ff.) gebildet, so kann auch hierbei eine Kostenspaltung durchgeführt werden. Allerdings können nur die Kosten von insoweit endgültig hergestellten Teileinrichtungen, nicht aber die Kosten von mit allen Teileinrichtungen endgültig hergestellten einzelnen Straßen oder Straßenteilen dieser Erschließungseinheit abgerechnet werden (BVerwG, U. v. 15. 9. 1978, 4 C 36, 38–41.76, BRS 37, S. 178/179; vgl. § 130, Rn 25, 27).

2. Teileinrichtungen dürfen im Wege der Kostenspaltung erst dann **42** abgerechnet werden, wenn sie **endgültig hergestellt** sind. Dies schließt es z. B. aus, für die Fahrbahn einer Baustraße, der die **Verschleißdecke fehlt,** bereits Beiträge im Wege der Kostenspaltung zu erheben (sog. Schichtspaltung); die Fahrbahn ist ohne Verschleißdecke noch nicht endgültig hergestellt (BVerwG, U. v. 11. 2. 1977, BRS 37, S. 84 f.). Dabei ist es unerheblich, ob auch die unfertige Straße den vollen

Erschließungsvorteil bietet (BVerwG, U. v. 3. 10. 1975, BRS 37, S. 174/177). Nach Abs. 3 können Teileinrichtungen, nicht aber einzelne Maßnahmen zur Herstellung dieser Teileinrichtungen abgerechnet werden. Eine andere Auslegung würde zu einer „Atomisierung" der abrechenbaren Baumaßnahmen und damit zu einer völligen Unübersichtlichkeit der Erhebung des Erschließungsbeitrags für den Erschließungsbeitragspflichtigen führen (BVerwG, U. v. 7. 2. 1977, BRS 37, S. 83; U. v. 11. 2. 1977, BRS 37, S. 84/85). Daher kann z. B. das Setzen von **Bordsteinen** zur Eingrenzung einer Fahrbahn, eines Geh- oder eines Radwegs im Wege der Kostenspaltung nicht selbständig abgerechnet werden (BVerwG, U. v. 7. 2. 1977, ebd.); diese Kosten können wahlweise zusammen mit der Fahrbahn oder zusammen z. B. mit dem Bürgersteig abgerechnet werden (BVerwG, U. v. 10. 6. 1981, 8 C 20.81, BVerwGE 62, 308/315 f.).

Dagegen können **Parkstreifen** als Teileinrichtungen selbständig abgerechnet werden. Voraussetzung hierfür ist, daß sie dem ruhenden und nicht dem fließenden Verkehr dienen. Dem fließenden Verkehr dient z. B. die Standspur an einer Straße, die zum Befahren geeignet ist und dazu dient, fahruntüchtig gewordene Fahrzeuge aus dem fließenden Verkehr auszugliedern und abzustellen. Ob der Parkstreifen unmittelbar neben der Straße verläuft oder über eine besondere Zufahrt oder über einen Randstein erreicht wird, ist unerheblich (BVerwG, U. v. 14. 7. 1972, BRS 37, S. 91/92). Ebenso kann es als endgültige Herstellung einer Teileinrichtung anzusehen sein, wenn eine von zwei **Richtungsfahrbahnen** einer Straße fertiggestellt ist. Voraussetzung hierfür ist allerdings, daß diese durch einen Grünstreifen deutlich sichtbar voneinander getrennt sind (BVerwG, U. v. 8. 8. 1975, BRS 37, S. 86/87 f.). Entscheidend hierfür ist eine „natürliche Betrachtungsweise" im Hinblick auf das **Erscheinungsbild der Straße** nach Straßenführung, -breite, -länge, -ausstattung (BVerwG, U. v. 21. 9. 1979, 4 C 55.76, BRS 37, S. 189/190 f., zur Frage, inwieweit nur eine von zwei Richtungsfahrbahnen als einzelne Erschließungsanlage in eine Erschließungseinheit einbezogen werden kann; hierzu § 130, Rn 32). Dabei ist davon auszugehen, daß eine solche „Längsspaltung" nur im Ausnahmefall und bei unzweifelhafter Deutlichkeit der Trennung der beiden Fahrbahnen zulässig ist. Eine solche eindeutige Unterscheidbarkeit ist z. B. nicht mehr gegeben, wenn die beiden Fahrbahnen nur durch einen unterschiedlich breiten Grünstreifen und zum Teil nur durch eine Aufpflasterung voneinander getrennt sind (BayVGH, U. v. 5. 8. 1982, BayVBl. 1983, 438). Ist die Trennung dagegen so weitgehend, daß jede Fahrbahn als Gesamtanlage einer selbständigen Straße erkennbar ist, handelt es sich um zwei selbständige Erschließungsanlagen im Sinne des § 130 Abs. 2 Satz 1, so daß eine Kostenspaltung insoweit weder möglich noch nötig ist.

Erhebt die Gemeinde Erschließungsbeiträge im Wege der Kostenspaltung für bestimmte Teileinrichtungen, so ist sie **nicht verpflichtet,**

die Kosten **sämtlicher** endgültig hergestellter Teileinrichtungen anzufordern. Sie kann dies auch der endgültigen Beitragserhebung überlassen (BVerwG, U. v. 19. 1. 1982, NVwZ 1983, 473). Ebenso besteht **keine Verpflichtung** der Gemeinde, wenn sie in der Satzung die Kostenspaltung als Möglichkeit vorgesehen hat (hierzu unten, Rn 45), die Beiträge **unmittelbar nach Fertigstellung** der Teileinrichtung zu erheben. Sie kann dies auch noch Jahre später nachholen (BVerwG, U. v. 21. 9. 1973, BRS 37, S. 317/320; U. v. 24. 10. 1972, IV C 30.71, BRS 37, S. 290/292; Urteil IV C 70.71 vom selben Tag). Ist dagegen die Erschließungsanlage **insgesamt endgültig hergestellt**, ist eine Beitragserhebung im Sinne der **Kostenspaltung nicht mehr möglich** (BVerwG, U. v. 14. 6. 1968, IV C 65.66, DVBl. 1968, 808/809). Das Fehlen der **Widmung** hindert einerseits nicht die endgültige Herstellung der Erschließungsanlage, da die Widmung nicht Merkmal der endgültigen Herstellung, sondern Voraussetzung der Öffentlichkeit der Erschließungsanlage ist (vgl. oben, Rn 12); ein Fehlen der Widmung steht andererseits der Beitragserhebung im Wege der Kostenspaltung nicht entgegen (BVerwG, U. v. 14. 6. 1968, ebd.).

45 3. Die Gemeinde kann Beiträge im Wege der Kostenspaltung nur erheben, wenn sie in ihre **Satzung** nach § 132 Nr. 3 eine entsprechende Regelung aufgenommen hat. Dabei kann die Gemeinde entweder bestimmen, daß **mit endgültiger Herstellung** von Teileinrichtungen die hierauf entfallenden Erschließungsbeiträge **zwingend entstehen**. Aufgrund einer solchen Regelung wäre die Gemeinde gezwungen, mit jeder Herstellung einer Teileinrichtung Beiträge zu erheben, um deren Verjährung zu vermeiden. Dies kann zu einer erheblichen Belastung für die Verwaltung führen. Zweckmäßiger erscheint es daher, wenn sich die Gemeinde das Recht zur Beitragserhebung im Wege der Kostenspaltung **als Möglichkeit vorbehält**. In diesem Fall entsteht die Beitragspflicht nicht mit der endgültigen Herstellung der Teileinrichtung, sondern erst – sofern er der endgültigen Herstellung nachfolgt – mit dem **Ausspruch der Kostenspaltung** (BVerwG, U. v. 29. 10. 1969, DVBl. 1970, 834 f.; U. v. 21. 9. 1973, BRS 37, S. 317/320). Dieser „Ausspruch" muß als „innerdienstlicher Ermessensakt" in den Akten nachweisbar zum Ausdruck kommen; mitgeteilt werden muß er dem Beitragspflichtigen nur im Heranziehungsbescheid. Dabei genügt es, wenn der Ausspruch der Kostenspaltung der Sache nach erkennbar ist (BVerwG, U. v. 10. 10. 1969, Buchholz 406.11 § 133 BBauG Nr. 32). Weitere Anforderungen, etwa eine Veröffentlichung, stellt das Gesetz nicht (BVerwG, U. v. 26. 9. 1983, 8 C 47, 67–69.82, KStZ 1984, 89/92).

46 Hat die Gemeinde Beiträge im Wege der Kostenspaltung erhoben, so liegt **insoweit eine endgültige Beitragserhebung** vor. Keinesfalls kann später für dieselbe Teileinrichtung noch einmal ein ergänzender Erschließungsbeitragsbescheid erlassen werden, da auch insoweit die Beitragspflicht nur einmal entsteht (BVerwG, U. v. 22. 3. 1974, BRS 37, S. 70/72; U. v. 22. 6. 1979, BRS 37, S. 80/81 f.; im übrigen vgl.

§ 130, Rn 46). Ist dagegen die Beitragspflicht gar nicht entstanden, so etwa weil die Satzung sich als ungültig erwies, ist die Gemeinde auch an den Kostenspaltungsbeschluß nicht gebunden. Sie kann ihn vielmehr aufheben und den Aufwand auch für die hiernach abgerechnete Teileinrichtung mit dem endgültigen Erschließungsbeitragsbescheid abrechnen (BVerwG, U. v. 22. 6. 1979, aaO, S. 82).

Der **Ausspruch** der Kostenspaltung **bedarf keiner** erneuten **Satzung** der Gemeinde (BVerwGE 26, 180/181). Dies schließt nicht aus, daß der Ausspruch der Kostenspaltung oder das Absehen davon nicht ein „einfaches Geschäft der laufenden Verwaltung", sondern dem Gemeinderat vorbehalten ist. In diesem Fall ist ein nicht veröffentlichungsbedürftiger **Ratsbeschluß** erforderlich (hierzu OVG Münster, U. v. 13. 9. 1972, KStZ 1973, 123 f.; VGH Mannheim, U. v. 8. 12. 1970, ESVGH 22, 21/23). **47**

Die Beitragspflicht **entsteht** bei der Kostenspaltung **mit dem Ausspruch der Kostenspaltung** oder – entsprechend dem Regelfall des § 133 Abs. 2 Satz 1 – mit der nachfolgenden endgültigen Herstellung der Teileinrichtung (BVerwG, U. v. 26. 9. 1983, 8 C 47, 67–69.82, KStZ 1984, 89/92). Wird dagegen die Möglichkeit der Kostenspaltung erst durch eine Änderung der Satzung nach endgültiger Herstellung der Erschließungsteilanlage geschaffen, entsteht die Teil-Beitragspflicht auch erst in dem Zeitpunkt des Ausspruchs der Kostenspaltung. Dies bedeutet, daß auch vor Inkrafttreten der Satzung endgültig hergestellte Teileinrichtungen erst mit diesem Zeitpunkt beitragspflichtig werden. Einer **Rückwirkung der Satzung** bedarf es daher nicht (BVerwG, U. v. 22. 9. 1967, BVerwGE 27, 345/347). War die Teileinrichtung bereits **vor Inkrafttreten des BBauG 1960** endgültig hergestellt, ist die Kostenspaltung aber erst nach Inkrafttreten des BBauG ausgesprochen worden, so gilt für die Abrechnung der Teileinrichtung insgesamt das Erschließungsbeitragsrecht des BBauG und damit die Pflicht der Gemeinden zur 10%igen Eigenbeteiligung. Landesrecht kommt danach für hergestellte Teileinrichtungen nur dann in Betracht, wenn für sie auch die Kostenspaltung bereits vor Inkrafttreten des BBauG ausgesprochen war (BVerwG, U. v. 22. 1. 1971, BRS 37, S. 151/152). **48**

Die Kostenspaltung kann noch **bis zum Abschluß der letzten mündlichen Verhandlung der letzten Tatsacheninstanz** wirksam ausgesprochen werden und insoweit einen mangels Entstehens der Beitragspflicht – z. B. wegen noch nicht abgeschlossenen Grunderwerbs – fehlerhaften Erschließungsbeitragsbescheid heilen. Dies gilt nicht nur, wenn sich der Erschließungsbeitragsbescheid nur auf die von der Kostenspaltung erfaßten Teileinrichtungen erstreckt, sondern auch, wenn er weitere Teileinrichtungen umfaßt. Die Heilung umschließt dann allerdings nur den Teil, der sich auf die abgespaltete Teileinrichtung bezieht (BVerwG, U. v. 26. 9. 1983, 8 C 47, 67–69.82, KStZ 1984, 89/92). Ein erneuter Bescheid ist insoweit nicht erforderlich (VGH München, BayVBl. 1981, 536/537). **49**

50 **IV.** Das Erschließungsbeitragsrecht umgreift nicht alle Maßnahmen, die zur Erfüllung der Erschließungslast der Gemeinden gehören. Es ist von den Anlagen her (nur die in Abs. 2 genannten Erschließungsanlagen werden erfaßt) und von den Maßnahmen her (nur die erstmalige Herstellung ist nach § 128 Abs. 1 Satz 1 Nr. 2 beitragsfähig) beschränkt. **Abs. 4 Satz 1** bestimmt nun, daß auch **für andere Anlagen** als die in Abs. 2 genannten **Abgaben** erhoben werden können, sofern dies in anderen Gesetzen vorgesehen ist. **Satz 2** enthält eine beispielhafte, nicht abschließende **Aufzählung** der Anlagen, für die nach anderen Vorschriften Beiträge erhoben werden können. Rechtsgrundlage hierfür sind insbesondere die **Kommunalabgabengesetze** der Länder.

51 Auch im Hinblick auf **andere Maßnahmen** als die erstmalige Herstellung ist das Erschließungsbeitragsrecht des BauGB nicht abschließend. So bestimmt z. B. § 123 Abs. 4, daß sich die Unterhaltung – und damit auch die Kostentragung der Unterhaltung – nach landesrechtlichen Vorschriften bestimmt. Im übrigen regelt auch § 128 Abs. 1 Satz 1 Nr. 2 die Beitragsfähigkeit für Maßnahmen der Erschließung nicht abschließend. Soweit es daher nicht um die erstmalige Herstellung geht, können nach **§ 128 Abs. 2** ebenfalls die **Kommunalabgabengesetze** der Länder zur Anwendung gebracht werden (hierzu § 128, Rn 38).

52 Abs. 4 Satz 1 nennt als nicht berührte Finanzierungsmöglichkeit die Erhebung von Abgaben. Gemeint sind daher nicht nur Beiträge, sondern vor allem **auch Benutzungsgebühren** (z. B. für die Müllabfuhr) und **Anschlußkosten** (z. B. für den Anschluß an die gemeindliche Abwasserkanalisation).

§ 128 Umfang des Erschließungsaufwands

(1) **Der Erschließungsaufwand nach § 127 umfaßt die Kosten für**

1. **den Erwerb und die Freilegung der Flächen für die Erschließungsanlagen;**

2. **ihre erstmalige Herstellung einschließlich der Einrichtungen für ihre Entwässerung und ihre Beleuchtung;**

3. **die Übernahme von Anlagen als gemeindliche Erschließungsanlagen.**

Der Erschließungsaufwand umfaßt auch den Wert der von der Gemeinde aus ihrem Vermögen bereitgestellten Flächen im Zeitpunkt der Bereitstellung. Zu den Kosten für den Erwerb der Flächen für Erschließungsanlagen gehört im Falle einer erschließungsbeitragspflichtigen Zuteilung im Sinne des § 57 Satz 4 Halbsatz 2 auch der Wert nach § 68 Abs. 1 Nr. 4.

(2) **Soweit die Gemeinden nach Landesrecht berechtigt sind, Beiträge zu den Kosten für Erweiterungen oder Verbesserungen von**

Erschließungsanlagen zu erheben, bleibt dieses Recht unberührt. Die Länder können bestimmen, daß die Kosten für die Beleuchtung der Erschließungsanlagen in den Erschließungsaufwand nicht einzubeziehen sind.

(3) **Der Erschließungsaufwand umfaßt nicht die Kosten für**

1. **Brücken, Tunnels und Unterführungen mit den dazugehörigen Rampen;**

2. **die Fahrbahnen der Ortsdurchfahrten von Bundesstraßen sowie von Landstraßen I. und II. Ordnung, soweit die Fahrbahnen dieser Straßen keine größere Breite als ihre anschließenden freien Strecken erfordern.**

Übersicht

I. Nach § 123 Abs. 1 trifft die Gemeinde die Erschließungslast. Die **1** ihr bei der Erfüllung dieser Aufgabe entstehenden Kosten kann die Gemeinde nicht voll auf die Eigentümer der erschlossenen Grundstücke umlegen, sondern nach Maßgabe des § 127 nur für die dort abschließend aufgeführten **Erschließungsanlagen** und nach Maßgabe des § 128 nur für den hier ebenfalls abschließend umschriebenen **Erschließungsaufwand.** Dieser Erschließungsaufwand ist zudem **beitragsfähig** nur im Rahmen des § 129 (**Erforderlichkeit**) und der Regelung in der gemeindlichen **Satzung** nach § 132.

Der Erschließungsaufwand nach § 128 ist zum einen gekennzeichnet **2** durch das Element der **Kosten.** Die Gemeinde kann Erschließungsbeiträge nur insoweit erheben, als ihr tatsächlich Kosten entstanden sind. Hat sie für die Herstellung oder den Erwerb von Erschließungsanlagen keine Kosten aufzuwenden gehabt, kann sie diese Erschließungsanlage

oder diesen Teil der Erschließungsanlage bei der Verteilung der Kosten nicht berücksichtigen. Das zweite Merkmal des Erschließungsaufwands ist sein **Bezug zur Erschließungslast.** Nur was die Gemeinde in Erfüllung ihrer Aufgabe als Erschließungsträger aufwenden **mußte,** kann Erschließungsaufwand im Sinne des Abs. 1 sein. Konnte sie danach einen vorhandenen Bestand für die Erschließung mitverwerten, so ist ihr insoweit ein Erschließungsaufwand im Sinne des Abs. 1 nicht entstanden (hierzu BVerwG, U. v. 4. 5. 1979, 4 C 16.76, BRS 37, S. 106/107).

3 **II.** Der Erschließungsaufwand nach **Abs. 1** umfaßt **drei Kostengruppen:** Die Kosten für die Flächen, auf denen die Erschließungsanlagen errichtet werden; die Kosten für die Errichtung der Anlagen; die Kosten für Personal und Kapital.

4 **1. a)** Nach **Satz 1 Nr. 1** gehören zum Erschließungsaufwand die Kosten für den **Grunderwerb.** Hierzu gehören alle Aufwendungen, die erforderlich waren, um in den Besitz der für die Erschließungsanlage notwendigen Grundstücke zu gelangen. Auf den Erwerbsgrund kommt es nicht an; es kann sich um Kauf, Tausch, Umlegung oder Enteignung handeln. Zugrundezulegen sind jeweils die **gesamten** hierbei anfallenden Kosten. Dabei ist es unerheblich, ob die Grundstücke **bebaut oder unbebaut** waren oder ob sich auf ihnen ein werterhöhender **Aufwuchs** befand. Auch die auf das Gelände oder den Aufwuchs entfallenden Kostenanteile gehören zum Erschließungsaufwand (OVG Münster, NVwZ 1986, 499 f.). Auch die Grunderwerbs-**Nebenkosten** fallen unter Nr. 1: Die Kosten für die kataseramtliche Vermessung, für eine notarielle Beurkundung oder für die Eintragung oder Löschung von Rechten im Grundbuch sind daher nach Nr. 1 beitragsfähig (BVerwG, U. v. 14. 11. 1975, BRS 37, S. 135 ff.). Zu berücksichtigen sind stets die **tatsächlich angefallenen Kosten, nicht** etwa sogenannte **fiktive Kosten,** die der Gemeinde hätten entstehen können, wenn sie ein Grundstück zu einem früheren oder späteren Zeitpunkt erworben hätte. Dabei ist es unerheblich, ob eine solche Abrechnung im Einzelfall zu höheren oder niedrigeren Grunderwerbskosten führt. Eine auf fiktive Kosten abstellende Satzungsbestimmung **kann** jedenfalls zu höheren Grunderwerbskosten führen und damit die Beitragspflichtigen mit höheren Kosten belasten als dies im Gesetz vorgesehen ist. Eine entsprechende Bestimmung in der Satzung ist daher nichtig (hierzu BVerwG, U. v. 13. 5. 1977, BRS 37, S. 114/117 f.).

5 Die Grunderwerbskosten gehören grundsätzlich auch dann zum Erschließungsaufwand, wenn sie in der gemeindlichen Satzung nach § 132 **nicht als Merkmal der endgültigen Herstellung** aufgeführt sind. Das folgt daraus, daß in Abs. 1 Satz 1 die Grunderwerbskosten und die Kosten für die **erstmalige** Herstellung einer Erschließungsanlage (vgl. unten, Rn 16 ff.) getrennt aufgeführt sind und § 133 Abs. 2 Satz 1 die Entstehung der Beitragspflicht an die **endgültige** Herstellung der Erschließungsanlage knüpft (BVerwG, U. v. 13. 5. 1977, BRS 37, S. 114/

116). Zur endgültigen Herstellung in diesem Sinne kann jedoch auch der Grunderwerb gehören. Ist der Grunderwerb nicht als Merkmal der endgültigen Herstellung in der Satzung genannt, bedeutet dies, daß die Beitragspflicht bereits entstehen kann, bevor der Grunderwerb – etwa infolge eines langwierigen Enteignungsverfahrens – endgültig erfolgt ist. Entstehen dann jedoch noch Grunderwerbskosten nach endgültiger Herstellung, können diese nicht mehr in den Erschließungsaufwand einbezogen werden (vgl. BVerwG, U. v. 29.11. 1985, 8 C 59.84, NVwZ 1986, 303f.), da der Erschließungsbeitrag für jedes Grundstück nur einmal entsteht (vgl. §130, Rn 46) und nachher nicht mehr erhöht werden kann. Dieses Risiko kann die Gemeinde vermeiden, indem sie – zulässigerweise – den Grunderwerb als Merkmal der endgültigen Herstellung in die Satzung aufnimmt. In diesem Fall entsteht jedoch die Beitragspflicht erst mit dem vollständigen Abschluß des Grunderwerbs (hierzu BVerwG, U. v. 13.5. 1977, BRS 37, S. 114/115f.; vgl. auch BVerwG, U. v. 20.1. 1978, 4 C 2.75, BRS 37, S. 265/266f.).

Welchen **Preis** die Gemeinde für ein Grundstück zahlt, liegt im **6** wesentlichen in ihrem Ermessen. In entsprechender Anwendung des Erforderlichkeitsgrundsatzes des §129 Abs. 1 Satz 1 ist jedoch als **äußerste Grenze** für einen beitragsfähigen Kaufpreis eine für die Gemeinde erkennbare **grob unangemessene Höhe** anzunehmen; ist der Preis „sachlich schlechthin unvertretbar", kann er nicht als Erschließungsaufwand im Sinne der Nr. 1 angesehen werden (BVerwG, U. v. 14. 12. 1979, 4 C 28.76, BRS 37, S. 142/143f.; vgl. auch §129, Rn 17).

Als ein Grunderwerb ist es auch anzusehen, wenn der Gemeinde in **7** einer **Umlegung** Flächen nach §55 Abs. 2 zugeteilt werden. **Satz 3** bestimmt dies ausdrücklich. Voraussetzung ist allerdings, daß die Grundstücke **„erschließungsbeitragspflichtig" zugeteilt** wurden (vgl. hierzu §57, Rn 20f.). Die für diesen Grunderwerb anzusetzenden Kosten bestimmen sich nach der Wertangabe im Umlegungsverzeichnis gemäß §68 Abs. 1 Nr. 4 (vgl. §68, Rn 10). Da jedoch nach §55 Abs. 2 der Gemeinde mehr Flächen zugeteilt werden können, als nach §127 Abs. 2 beitragsfähig sind, ist Satz 3 einengend dahingehend auszulegen, daß nur der Wert der von §127 Abs. 2 umfaßten Flächen zu den Grunderwerbskosten gehört. Nach §242 Abs. 6 ist Abs. 1 Satz 3 auch dann anzuwenden, wenn Umlegungsplan oder Vorwegregelung schon vor Inkrafttreten des BauGB bekanntgemacht worden sind. Ergänzend dazu bestimmt §239 Abs. 2, daß eine Rückwirkung nur in Betracht kommt, wenn die Flächen für die Eigentümer erkennbar erschließungsbeitragspflichtig zugeteilt wurden. Da die Vorschriften stets an bestimmte Verfahrensschritte der Umlegung anknüpfen, nicht aber an das Erschließungsbeitragsrecht, ist davon auszugehen, daß dessen Systematik unberührt bleiben sollte. Danach erfaßt die Überleitungsregelung nur solche Fälle, in denen eine sachliche Beitragspflicht nach §133 Abs. 2 noch nicht entstanden ist, da diese nur einmal entsteht (vgl. §133, Rn 17; §130, Rn 46). Es handelt sich somit um eine unechte

Rückwirkung, der kein schutzwürdiges Vertrauen entgegensteht und die daher keinen verfassungsrechtlichen Bedenken begegnet (vgl. auch Driehaus, Rn 348).

8 Noch heute ein Problem kann die Behandlung sog. **unentgeltlicher Landabtretungen** aus der Zeit vor Inkrafttreten des BBauG sein. Die für unentgeltliche Geländeabtretungen vor Inkrafttreten des BBauG 1960 und ihre Anrechnung im Rahmen von Beitragserhebungen nach altem Recht geltende Überleitungsbestimmung des § 180 Abs. 5 BBauG (hierzu vgl. B/K/L, 1. Auflage, § 180, Rn 11) ist wegen Bedeutungslosigkeit nicht in das Baugesetzbuch übernommen worden. Nach dem seit 1960 geltenden Recht sind **drei Fälle** zu unterscheiden. War die **Landabgabe tatsächlich unentgeltlich,** d. h. weder mit irgendwelchen Gegenleistungen verbunden noch auf den Erschließungsbeitrag anrechenbar, so sind der Gemeinde damit keine Kosten im Sinne der Nr. 1 entstanden (BVerwG, U. v. 14. 11. 1969, DÖV 1970, 426; U. v. 4. 5. 1979, 4 C 16.76, BRS 37, S. 106/107). Gewährt die Gemeinde solchen Eigentümern nachträglich, ohne hierzu verpflichtet zu sein, ein Entgelt, so sind dies keine erschließungsbeitragsfähigen Kosten im Sinne der Nr. 1 (BVerwG, U. v. 23. 5. 1980, 4 C 69 u. 70.77, BBauBl. 1981, 491). Allerdings kann durch das Inkrafttreten des BBauG und die hierin liegende Änderung der Systematik des Erschließungsbeitragsrechts (hierzu BVerwG, ebd.) die Geschäftsgrundlage für die Unentgeltlichkeit der Landabtretung entfallen sein. Entsteht für die Gemeinde auf dieser Grundlage eine vertragliche Nachzahlungspflicht, so sind die in Erfüllung dieser Pflicht geleisteten Zahlungen Kosten im Sinne der Nr. 1 (BVerwG, ebd.; U. v. 25. 2. 1983, 8 C 131.81, DÖV 1983, 939). Hiervon ist der Fall zu unterscheiden, daß die Landabtretungen nicht eigentlich unentgeltlich erfolgten, sondern daß der Wert des abgetretenen Lands **mit der späteren Erschließungsbeitragsforderung verrechnet** werden sollte. Hier ist zwischen Gemeinde und Eigentümer ein Vertrag geschlossen worden, den BBauG und BauGB nicht berühren. Der Eigentümer hat nach wie vor einen Anspruch auf eine Minderung seines Erschließungsbeitrags entsprechend dem Wert des von ihm abgetretenen Lands. In dieser Höhe sind dann aber auch Kosten für den Grunderwerb entstanden, die bei der Ermittlung des Erschließungsaufwands zu berücksichtigen sind (Ernst, in: E/Z/B, § 128, Rn 7). Schließlich ist auch noch der Fall von Bedeutung, daß die Landabtretung zwar – formal – unentgeltlich erfolgte, dafür aber **Befreiungen oder Ausnahmen** zum Beispiel nach dem preußischen Fluchtliniengesetz gewährt wurden. Auch in diesem Fall waren die Abtretungen nicht unentgeltlich, so daß der Wert des abgetretenen Lands als Kosten in den Erschließungsaufwand eingehen kann (Ernst, aaO, Rn 6). Grundlage für solche unentgeltliche Landabtretungen waren z. B. §§ 12 oder 15 Preußisches Fluchtliniengesetz oder § 62 der Bayerischen Bauordnung von 1901. Ist die Landabtretung nicht als unentgeltlich anzusehen, so ist der Abtretende nicht darauf angewiesen, den Anspruch auf das Entgelt

für die Landabgabe eigenständig geltend zu machen. Es besteht vielmehr grundsätzlich eine **Anrechnungsverpflichtung** bei dem von ihm zu leistenden Erschließungsbeitrag (BVerwG, U. v. 23. 5. 1980, 4 C 69 u. 70.77, BBauBl. 1981, 491/492).

Der Aufwand für den Grunderwerb ensteht der Gemeinde bereits im **Zeitpunkt des Abschlusses des Kaufvertrags,** nicht erst beim Eigentumsübergang. Mit dem Kaufvertrag entsteht die Verpflichtung zur Einbringung der geschuldeten Leistung, die auch hinreichend bestimmt ist (BVerwG, U. v. 13. 5. 1977, BRS 37, S. 114/117). 9

b) Vom Erwerb eines Grundstücks für Erschließungszwecke ist die **Bereitstellung** eines Grundstücks nach **Abs. 1 Satz 2** zu unterscheiden. Satz 1 Nr. 1 (Erwerb) ist anzuwenden, wenn die Gemeinde ein Grundstück zum Zweck der Herstellung einer konkreten Erschließungsanlage von einem Dritten erwirbt; Satz 2 (Bereitstellung) ist anzuwenden, wenn die Gemeinde Grundstücke, die sich bereits in ihrem **allgemeinen Liegenschaftsvermögen** befinden, für den Bau einer Erschließungsanlage verwendet (hierzu BVerwG, U. v. 4. 2. 1981, 8 C 13.81, BVerwGE 61, 316/323 f.). Ist unaufklärbar, ob ein Grunderwerb oder eine Bereitstellung vorliegt, ist von der die Beitragspflichtigen weniger belastenden Möglichkeit auszugehen (BVerwG, U. v. 15. 11. 1985, 8 C 41.84, NVwZ 1986, 299/302). Da der Gemeinde bei der Bereitstellung von Grundstücken aus dem allgemeinen Liegenschaftsvermögen keine Erwerbskosten im Zusammenhang mit der Herstellung der Erschließungsanlage entstehen, bestimmt Satz 2, daß in diesem Fall der **Wert des Grundstücks** zugrunde zu legen ist. Dabei ist zu beachten, daß Grundstücke, die bereits als Straßenland genutzt wurden, keinen Verkehrswert mehr darstellen (hierzu § 55, Rn 29 f.; BVerwG, U. v. 14. 11. 1969, DÖV 1970, 426/427). 10

Das Grundstück ist mit dem Wert als Kostenfaktor bei der Erschließung anzusetzen, den es im **Zeitpunkt der Bereitstellung** hatte. Keineswegs kann dieser Zeitpunkt durch gemeindliche Satzung etwa auf den Augenblick des letzten Grundstückserwerbs für die Erschließungsanlage gestellt werden. Unter Bereitstellung ist vielmehr das gemeindliche Handeln zu verstehen, „durch das **erstmalig die Verwendung der Flächen für die Erschließungsanlage erkennbar wird**" (BVerwG, U. v. 23. 5. 1980, 4 C 62 u. 73.77, BauR 1981, 65/66). Ein **formeller Rechtsakt,** vergleichbar einer Widmung öffentlicher Straßen, ist hierfür **nicht erforderlich.** Die Bereitstellung kann bereits in der planerischen Festsetzung einer gemeindlichen Fläche als Verkehrs- oder sonstige Erschließungsanlage erfolgen. Es ist in aller Regel nicht der Zeitpunkt, zu dem die Flächen für die Erschließungsanlage vermessen oder das hierfür benötigte Grundstück grundbuchlich abgeschrieben wird (BVerwG, ebd., abweichend von BVerwG, U. v. 14. 11. 1975, BRS 37, S. 135/136). Allerdings gehören die durch die Vermessung verursachten und mit der Grundstücksabschreibung verbundenen Kosten zu den Kosten der Erschließung. 11

12 Der für das Grundstück in diesem Zeitpunkt anzusetzende Wert ist der **Verkehrswert** (Ernst, in: E/Z/B, § 128, Rn 15). Da Straßenland keinen Wert verkörpert, also auch nicht an der konjunkturellen Weiterentwicklung teilnimmt, ist auch dann von diesem nominellen Wert auszugehen, wenn der Zeitpunkt der Bereitstellung lange zurückliegt (BVerwG, U. v. 23. 5. 1980, 4 C 62 u. 73.77, BauR 1981, 65/66).

13 Erwirbt die Gemeinde eine **größere Fläche** oder wird sie für die Vorbereitung der baulichen Nutzung zu ihren Gunsten enteignet und fallen in diese Fläche **auch im Bebauungsplan festgesetzte Verkehrsflächen** oder sonstige Erschließungsflächen, so findet insoweit ein **Erwerb** im Sinne des Satzes 1 Nr. 1 statt. Die Flächen werden daher nicht zu einem anderen Zeitpunkt aus dem gemeindlichen Vermögen bereitgestellt (Ernst, in: E/Z/B, § 128, Rn 13; a. A. Förster, in: Kohlhammer-Komm. zum BBauG, § 128, Rn 10).

14 Werden der Gemeinde im **Umlegungsverfahren** Flächen nach § 55 Abs. 2 zugeteilt, so liegt hierin keine Bereitstellung aus dem Gemeindevermögen, sondern ein **Erwerb** (hierzu oben, Rn 7). Eine **Bereitstellung** liegt dagegen bei der Umlegung insoweit vor, als der Gemeinde als Erschließungsträgerin Flächen nach **§ 55 Abs. 5** zugeteilt werden. Hierfür hat die Gemeinde Ersatzland bereitzustellen, das nicht für die jeweiligen Erschließungsanlagen im Umlegungsgebiet erworben worden war. Hier liegt also eine Bereitstellung im Sinne des Abs. 1 Satz 2 vor (Förster aaO, Rn 12).

15 c) Nach Satz 1 Nr. 1 gehören auch die Kosten für die **Freilegung** der Flächen zum Erschließungsaufwand. Dabei sind unter Freilegung sämtliche Maßnahmen zur **Beseitigung von tatsächlichen Hindernissen** zu verstehen, die der Errichtung einer Erschließungsanlage im Sinne des § 127 Abs. 2 entgegenstehen. Hierzu können der Abriß eines Gebäudes, die Rodung eines Wäldchens, die Beseitigung von Zäunen oder Mauern gehören (vgl. etwa OVG Münster, NVwZ 1986, 499/500). Dabei kann es nicht darauf ankommen, ob diese Hindernisse – wie z. B. ein in das Erdreich hineinragender Felsbrocken – **oberhalb oder unterhalb der Erdoberfläche** liegen (a. A. Driehaus, Rn 349, der Hindernisse unter der Erdoberfläche nicht einbezieht). Dagegen gehören z. B. die Kosten für die Ausgrabung, d. h. Freilegung und Bergung eines als Bodendenkmal geschützten Gäberfelds nicht zu den Freilegungs-, sondern zu den Herstellungskosten nach Nr. 2 (vgl. unten, Rn 18). Dient die Maßnahme allerdings dazu, das Verlegen von Versorgungsleitungen für Anlagen nach § 127 Abs. 4 zu ermöglichen, gehören diese Kosten nicht zur Freilegung für die Erschließungsanlage, da insoweit keine Erschließungsbeiträge nach BauGB erhoben werden können (vgl. auch Förster, in: Kohlhammer-Komm. zum BBauG, § 128, Rn 26). Nicht hierzu, sondern zu den Grunderwerbs- oder gegebenenfalls zu den Bereitstellungskosten gehört das **Beseitigen dinglicher oder obligatorischer Rechte,** die einer Herstellung der Erschließungsanlage entgegenstehen; unter Freilegung ist nur das Beseitigen tatsächli-

cher, nicht auch rechtlicher Hindernisse zu verstehen (BVerwG, U. v. 14. 11. 1975, BRS 37, S. 135). Zu den Freilegungskosten gehört dagegen eine für den straßenbaubedingten Eingriff in den Naturhaushalt durch die Beseitigung von Bäumen und Sträuchern zu zahlende **Ausgleichsabgabe nach dem Naturschutzrecht** der Länder (Blume, NuR 1989, 332/336; allgemein hierzu Kloepfer, Umweltrecht 1989, § 10, Rn 37 ff.; vgl. auch Rn 18).

2. Zum Erschließungsaufwand gehören nach **Abs. 1 Satz 1 Nr. 2** auch die Kosten für die **erstmalige Herstellung** der Erschließungsanlagen einschließlich Beleuchtung und Entwässerung. Gegenüber dem in § 132 Nr. 4 und § 133 Abs. 2 Satz 1 verwendeten Begriff der endgültigen Herstellung ist der Begriff der erstmaligen Herstellung enger. Während zur endgültigen Herstellung z. B. auch der Grunderwerb gehören kann, fällt dieser nicht unter Abs. 1 Satz 1 Nr. 2. Das ergibt sich schon daraus, daß für den Grunderwerb in Abs. 1 Satz 1 Nr. 1 eine eigene Regelung getroffen ist (vgl. oben Rn 5; a. A. Ernst, in: E/Z/B, § 132 Rn 19 a, der jedoch den Begriff der Herstellung lediglich gegen den Begriff der Erweiterung oder Verbesserung in Abs. 2 Satz 1 abgrenzt; insoweit besteht tatsächlich kein Unterschied zwischen erstmaliger und endgültiger Herstellung). **16**

a) aa) Unter **Herstellung** ist der **sichtbare technische Bau der Erschließungsanlage** zu verstehen (zum Straßenausbau vgl. BVerwG, U. v. 13. 5. 1977, BRS 37, S. 114/116). Wann die Erschließungsanlage in diesem Sinne endgültig hergestellt ist, richtet sich nach den Bestimmungen in der **Erschließungsbeitragssatzung** über Art und Umfang der Erschließungsanlagen sowie über die Merkmale der endgültigen Herstellung (hierzu im einzelnen § 132, Rn 17 ff.). Neben dieser notwendig abstrakt gehaltenen Satzung bestimmen sich die Anforderungen im Einzelfall nach dem jeweiligen **Straßenbauprogramm** oder Ausbauplan der Gemeinde. Das Bauprogramm enthält technische Bestimmungen über den Ausbau der Straße im einzelnen und ist bundesrechtlich an keine bestimmte Rechtsform gebunden. Es ist von dem für die endgültige Herstellung maßgebenden Teileinrichtungs- und Ausbauprogramm in der Satzung (vgl. § 132, Rn 18 ff.) zu unterscheiden. Das Bauprogramm muß den Anforderungen der Satzung, bei Verkehrs- und Grünanlagen dem Bebauungsplan, gegebenenfalls dem Landesstraßengesetz und dem Grundsatz der Erforderlichkeit des § 129 Abs. 1 Satz 1 (hierzu § 129, Rn 5 ff.) genügen (hierzu Ernst, aaO, Rn 20; Förster, in: Kohlhammer-Komm. zum BBauG, § 128, Rn 38 f.). **Ändert** die Gemeinde ihr **Bauprogramm** in diesem Rahmen, so können infolgedessen unter Umständen höhere Kosten der Erschließungsbeitragserhebung zugrunde gelegt werden. Dies gilt jedoch nicht für solche Teileinrichtungen (hierzu § 127, Rn 41), die bereits – und zwar in ihrer gesamten Länge – endgültig hergestellt waren (BVerwG, U. v. 13. 12. 1985, 8 C 66.84, ZfBR 1986, 93/95; U. v. 22. 11. 1968, IV C 82.67, BVerwGE 31, 90/92 f.). Die Kosten für die Herstellung der **17**

Anlage in ihrem ursprünglichen Zustand bleiben dagegen beitragsfähig, auch wenn die Anlage in ihrem ursprünglichen Zustand nicht oder nicht mehr vollständig vorhanden ist (BVerwG, U. v. 23. 3. 1973, BRS 37, S. 109/110 f.). Ist die Erschließungsanlage jedoch insgesamt endgültig hergestellt, kann das diesbezügliche Bauprogramm nicht mehr beitragswirksam geändert werden (BVerwG, U. v. 14. 3. 1975, BRS 37, S. 262/265; U. v. 16. 3. 1970, BRS 37, S. 309/310). Zum Bauprogramm gehört auch die Festlegung des zeitlichen Ablaufs der Herstellung sowie der für die Erschließungsanlage vorgesehenen Teileinrichtungen (hierzu Förster, aaO, Rn 38). Auch hinsichtlich der Teileinrichtungen müssen in der Satzung aber Mindesterfordernisse festgelegt werden (BVerwG, U. v. 23. 6. 1972, IV C 15.71, BRS 37, S. 274/276; vgl. im übrigen § 132, Rn 20 f.).

18 **(1)** Zu den **Herstellungskosten bei Straßen, Wegen und Plätzen** im Sinne des § 127 Abs. 2 Nr. 1 bis 3 gehören **zum Beispiel** die Kosten für den Unterbau der Straße und die Straßendecke, etwaige Geh- und Radwege, Parkflächen, Mittelstreifen und Bankette, Bordsteine, Gräben. Die Kosten für **Stützmauern und Böschungen** gehören nur dann zu den Herstellungskosten, wenn sie für die Straße selbst erforderlich sind, entweder zu ihrer Abstützung oder zu ihrer Absicherung. Dagegen ist es unerheblich, ob die Flächen für Stützmauern und Böschungen im Bebauungsplan nach § 9 Abs. 1 Nr. 26 festgesetzt sind (BVerwG, U. v. 13. 5. 1977, BRS 37, S. 114/120; U. v. 7. 7. 1989, 8 C 86.87, NVwZ 1990, 78/79 f. m. Anm. Reif in BWGZ 1990, 25; Driehaus, Rn 352). Dabei können die Stützmauern oder Böschungen auch auf den angrenzenden Privatgrundstücken liegen; insoweit ist jedoch erforderlich, daß der Bestand der Mauer auf Dauer gesichert ist, d. h. daß keine konkreten Anhaltspunkte für eine Beseitigung der Stützmauer gegeben sind (BVerwG, U. v. 7. 7. 1989, aaO, S. 8; vgl. auch Beschluß vom 1. 7. 1971, Der Gemeindetag 1971, 315 f.; Förster, aaO, Rn 42). Sonstige Folgearbeiten auf privaten Grundstücken, auch die Anlage von Stützmauern ohne planungsrechtliche Grundlage, sind dagegen wegen ihrer Unkontrollierbarkeit für die Beitragspflichtigen nicht Kosten der erstmaligen Herstellung (BVerwG, U. v. 13. 5. 1977, BRS 37, S. 114/120). Sieht ein Bebauungsplan zum Ausgleich für den Flächenverbrauch durch eine Straße an anderer Stelle naturschützende oder -entwickelnde Maßnahmen vor (hierzu etwa Söfker, in: B/K/S, Rn 17), oder sind solche **Ausgleichsmaßnahmen** nach dem Naturschutzgesetz eines Landes erforderlich (hierzu Kloepfer, Umweltrecht, 1989, § 10, Rn 29 f.), so gehören auch die hier anfallenden Kosten zum beitragsfähigen Erschließungsaufwand (vgl. Blume, NuR 1989, 332/336). Dasselbe gilt m. E. für **archäologische Maßnahmen**, die nach dem Denkmalschutzrecht eines Landes erforderlich sind, etwa um ein Bodendenkmal wissenschaftlich zu untersuchen und zu dokumentieren, auszugraben und zu bergen (vgl. auch Rn 15), wenn diese Maßnahmen durch die Herstellung der Erschließungsanlage verursacht sind.

Werden bei der Herstellung einer Straße **Gehwegüberfahrten** von **19** der Fahrbahn zu den Grundstücken geschaffen, so sind hierdurch etwa entstehende Mehrkosten nur dann beitragsfähig, wenn sie entweder unerheblich sind oder aber für alle Grundstücke, die von der Erschließungsanlage erschlossen werden, hergestellt werden müssen. Andernfalls würden die Eigentümer der Grundstücke, für die ausnahmsweise Gehwegüberfahrten hergestellt wurden, gegenüber den anderen begünstigt. Die Eigentümer müssen daher die Mehrkosten insoweit selbst tragen. Soweit die Eigentümer die Mehrkosten für Gehwegüberfahrten selbst getragen haben, ist der Gemeinde kein Aufwand entstanden, so daß insoweit auch keine Erschließungsbeiträge erhoben werden können; die von den Anliegern aufgebrachten Kosten können auch nicht als freiwillige Vorausleistung auf den Erschließungsbeitrag angesehen und als Erschließungsaufwand in die Beitragserhebung eingerechnet werden (BVerwG, U. v. 4. 5. 1979, 4 C 16.76, BRS 37, S. 106/ 108f.; vgl. auch oben Rn 2).

Die Kosten von **Straßenkreuzungen** sind unter den kreuzenden **20** Straßen im **Verhältnis der Fahrbahnbreiten** zueinander aufzuteilen (vgl. auch Ernst, in: E/Z/B, § 128, Rn 23; hierzu näher § 130, Rn 37 ff.). Nicht zu den Herstellungskosten gehören dagegen die Kosten für die Herstellung oder Änderung von **Anschlüssen der Grundstücke an die Straße.** Beitragsfähig sind nur die Kosten für die Straße selbst, nicht aber ewaige Folgekosten auf den Anliegergrundstücken. Dies widerspräche dem Sinn des Gesetzes, die Belastungen für die Eigentümer möglichst gering zu halten. Im übrigen sind für die Eigentümer die Herstellungsarbeiten bei der Straße selbst nachvollziehbar und kontrollierbar, nicht aber die Folgearbeiten auf fremden Privatgrundstücken (hierzu BVerwG, U. v. 13. 5. 1977, BRS 37, S. 114/120).

Hat die Gemeinde Erschließungsanlagen für einen möglichst frühzei- **21** tigen Gebrauch provisorisch errichtet, können die Kosten für solche **Provisorien** nur insoweit zum Erschließungsaufwand gerechnet werden, als sie für die endgültige Herstellung der Anlage **erforderlich** sind; zusätzliche Aufwendungen der Gemeinde für Anlagenteile, die bei der endgültigen Herstellung überflüssig und wieder entfernt werden, können nicht in den Erschließungsaufwand einbezogen werden (BVerwG, U. v. 5. 9. 1969, IV C 67.68, BVerwGE 34, 19f.).

Ist an einer Straße ein **Gehweg nur einseitig angelegt,** so gehören die **22** Kosten auch insoweit zum allgemein beitragsfähigen Erschließungsaufwand. Dies gilt selbst dann, wenn die Anlieger auf der „gehweglosen" Straßenseite auf eigene Kosten einen Gehweg angelegt haben (BVerwG, U. v. 30. 1. 1970, BRS 37, S. 124/125).

Nicht zu den Herstellungskosten gehören die **Einrichtungen** der **23** Straße, die nicht für die Straße selbst notwendig sind, sondern für den auf ihr stattfindenden **Verkehr.** Dies gilt etwa für Verkehrszeichen, Verkehrsampeln, Zebrastreifen usw. (OVG Koblenz, U. v. 18. 10. 1978, KStZ 1979, 96). Die Regelung darüber, wer die Kosten der

Verkehrszeichen zu tragen hat, findet sich in § 5 b Straßenverkehrsgesetz.

24 **Herstellungskosten einer Grünanlage** sind die Kosten für die jeweiligen Bepflanzungen, Wege, Sitzbänke einschließlich ihrer Zuwegungen usw. (BVerwG, U. v. 21. 10. 1970, IV C 51.69, BRS 37, S. 94 f.). Die **Herstellung von Kinderspielplätzen** gehört nicht mehr zum beitragsfähigen Aufwand (vgl. § 127, Rn 34). Was zur **Herstellung von Immissionsschutzanlagen** gehört, ist sehr vom Einzelfall abhängig. Ähnlich wie bei Straßen gehören hierzu alle Elemente, die für eine modernen Anforderungen entsprechende Ausgestaltung der Anlage erforderlich sind. Vor allem gehören hierzu auch Anpflanzungen, gegebenenfalls auch Beleuchtungseinrichtungen, zumeist Entwässerungseinrichtungen (hierzu Förster, in: Kohlhammer-Komm. zum BBauG, § 128, Rn 44).

25 Erbringt die Gemeinde zur Herstellung der Erschließungsanlage **Sachaufwendungen** wie z. B. Bäume oder Baumaterial, so gehören auch diese Kosten – entsprechend der Regelung in Abs. 1 Satz 2 für von der Gemeinde bereitgestellte Grundstücke – zum Erschließungsaufwand (BVerwG, U. v. 15. 9. 1969, BVerwGE 34, 19). Zu Personal- und Kapitalkosten als Erschließungsaufwand vgl. unten, Rn 40 f.

26 **(2)** Zum Erschließungsaufwand nach BauGB gehören die Herstellungskosten jedoch nur dann und nur insoweit, als sie der **erstmaligen** Herstellung einer Erschließungsanlage dienen. Erweiterungen oder Verbesserungen vorhandener oder sonst endgültig hergestellter Erschließungsanlagen können nach Abs. 2 allenfalls nach Landesrecht abgerechnet werden (hierzu unten Rn 38 f.). Maßgeblich ist in diesem Zusammenhang, ob die Erschließungsanlage im Sinne des § 127 Abs. 2 **insgesamt** bereits vorhanden oder sonst endgültig hergestellt war. Sind für die Herstellung etwa einer neuen Anbaustraße auch Kosten für Teilflächen angefallen, auf denen vorher eine inzwischen eingezogene Anbaustraße verlief, so sind diese Kosten – mit Ausnahme des Bodenwerts der wiederverwendeten Flächen – beitragsfähiger Erschließungsaufwand nach Nr. 1, wenn nicht die neue Straße mit der vorherigen – vor allem in ihrer Führung – **identisch** ist (BVerwG, U. v. 21. 10. 1988, 8 C 64.87, ZMR 1989, 72 f.). Anlieger der eingezogenen Straße werden nach straßenrechtlichen Grundsätzen entschädigt (vgl. etwa § 20 Abs. 5 StrWG NW), so daß unbillige Doppelbelastungen vermieden werden (BVerwG, aaO, S. 73).

27 Daß nur die Kosten für die erstmalige Herstellung beitragsfähig sind, bedeutet zum einen, daß für sog. **vorhandene Erschließungsanlagen** im Sinne des § 242 Abs. 1 (früher § 180 Abs. 2 BBauG) keine Erschließungsbeiträge mehr erhoben werden können. Als vorhanden in diesem Sinne ist eine Erschließungsanlage anzusehen, die bereits **vor Inkrafttreten des Erschließungsbeitragsrechts des BBauG** – also vor dem 30. 6. 1961 – zu irgendeinem Zeitpunkt nach dem bis zum 29. 6.

1961 geltenden Landes- und Ortsrecht **endgültig hergestellt** war. Im Bereich des früheren preußischen Rechts war dies der Fall, wenn die Straße bei **Inkrafttreten des ersten wirksamen Ortsstatuts** nach § 15 des Preußischen Fluchtliniengesetzes vom 2. 7. 1875 (GS S. 561 ff., geändert vor allem durch das Wohnungsgesetz vom 28. 3. 1918, GS S. 23 ff.) nach dem insoweit maßgeblichen Willen der Gemeinde ausreichend ausgebaut war und dem Anbau und innerörtlichen Verkehr tatsächlich bestimmungsgemäß gedient hat (OVG Münster, KStZ 1976, 36; hierzu näher Schmid, KStZ 1983, 157 ff.); ein bestimmtes Bauprogramm brauchte nicht vorzuliegen (OVG Münster, KStZ 1969, 41 f.). Lag in der Gemeinde kein oder kein wirksames Ortsstatut vor, so ist als Zeitpunkt für die Beurteilung des Vorhandenseins der Straße der letzte Tag anzusetzen, an dem die Gemeinde ein solches Ortsstatut hätte in Kraft setzen können (hierzu OVG Münster, KStZ 1975, 12). Dieser Zeitpunkt war der 29. 6. 1961, ein Tag vor dem Inkrafttreten des BBauG insoweit (BVerwG, U. v. 13. 8. 1976, BRS 37, S. 284/286). Zu den vorhandenen Straßen in diesem Sinn gehören auch die **historischen Straßen,** die z. B. nach § 12 des Preußischen Fluchtliniengesetzes „gemäß der baupolizeilichen Bestimmungen des Orts für den öffentlichen Verkehr und den Anbau fertig hergestellt", also einem ortsrechtlichen Bauprogramm entsprechend errichtet wurden.

Nicht „**vorhanden**" in diesem Sinn ist eine Straße, die bei Inkraft- **28** treten z. B. des ersten Ortsstatuts **noch in der Anlegung begriffen** war. Dies ist bereits dann der Fall, wenn sie entweder objektiv (innerörtliche Gemeindestraße, Ermöglichung des Anbaus und des innerörtlichen Verkehrs) oder subjektiv (von der Gemeinde als zu dem genannten Zweck geeignet und hinreichend angesehen) nicht die Merkmale einer vorhandenen Straße erfüllte. Wann eine Straße in diesem Sinn als „vorhanden" anzusehen ist, läßt sich nur im Einzelfall beurteilen. Dies richtet sich nach dem technischen Ausbauzustand der Straße im Verhältnis zu vergleichbaren Straßen, nach der Größe der Gemeinde und dem tatsächlichen Verkehr oder der Verkehrseignung für einen ungefährdeten Verkehr von Haus zu Haus. Eine **teilweise Bebauung** der angrenzenden Grundstücke ist hierfür **ohne Belang,** solange die Bebauung von der Gemeinde nicht planvoll betrieben wurde (zu den Kriterien im einzelnen vgl. ausführlich Schmid, KStZ 1983, 157/159 f.).

Läßt sich nicht mehr feststellen, ob eine Straße in diesem Sinne als **29** vorhanden oder als zu einem früheren Zeitpunkt endgültig hergestellt anzusehen ist, trägt die Gemeinde die **Feststellungslast,** d. h. die Unerweislichkeit der Merkmale für die Herstellung oder das Vorhandensein einer Straße geht zu Lasten der Gemeinde (BVerwG, U. v. 26. 1. 1979, 4 C 52.76, BRS 37, S. 339/341; U. v. 9. 12. 1988, 8 C 72.87, DVBl. 89, 420/421 f.; OVG Münster, U. v. 4. 5. 1972, KStZ 1972, 187 f.). Läßt sich allerdings nicht feststellen, ob **überhaupt** unter Geltung des alten Rechts eine funktionstüchtige, zur Erschließung geeignete Straße **vor-**

handen war, trägt der Anlieger die Feststellungslast (BVerwG, U. v. 26. 1. 1979, ebd.).

30 Um eine erstmalige Herstellung im Sinne des Abs. 1 Satz 1 Nr. 2 handelt es sich zum anderen auch dann nicht, wenn die Erschließungsanlage **nach den Vorschriften des BBauG oder des BauGB bereits einmal endgültig hergestellt** war und nur verbessert oder erweitert wurde. Die Unterscheidung zwischen erstmaliger Herstellung einerseits und Verbesserung oder Erweiterung andererseits ist also danach zu treffen, ob die Straße bereits zu irgendeinem Zeitpunkt entsprechend wirksamer Satzung und Ausbauprogramm endgültig hergestellt war. Ist dies der Fall, so können für weitere Baumaßnahmen an dieser Erschließungsanlage nicht Erschließungbeiträge, sondern allenfalls Straßenausbaubeiträge nach dem Kommunalabgabenrecht der Länder erhoben werden. Allerdings kann ein Erschließungsbeitragsbescheid in die Erhebung eines Straßenbaubeitrags nach Kommunalabgabenrecht **umgedeutet** oder es kann ihm durch Anwendung des Straßenbaubeitragsrechts nach § 113 Abs. 1 Satz 1 VwGO eine **andere Rechtsgrundlage gegeben** werden, sofern das jeweilige Landesrecht hierfür einen Beitragstatbestand enthält und die Gemeinde eine wirksame Straßenbaubeitragssatzung erlassen hat (hierzu Driehaus, in: S/S/T, § 180, Rn 4; Prutsch, DÖV 1981, 941/944 ff.). Die Umdeutung kann nicht nur die den Bescheid erlassende Behörde, sondern **auch das Gericht** vornehmen (BVerwG, Beschluß vom 1. 7. 1983, DVBl. 1984, 431; OVG Bremen, U. v. 13. 9. 1983, DÖV 1984, 125; VGH München, BayVBl. 1987, 278; vgl. auch Kopp, VwVfG, 4. Aufl. 1986, § 47, Rn 4 f.). Sie setzt voraus, daß die Umdeutung nicht zu einer Wesensveränderung des Bescheids führt, was hier regelmäßig nicht der Fall ist. Die Umdeutung eines auf Landesrecht beruhenden Ausbaubeitragsbescheids in einen Erschließungsbeitragsbescheid ist dagegen in der Regel nicht möglich, da dies für den Beitragspflichtigen zu ungünstigeren wirtschaftlichen Folgen führen würde (meist geringerer Gemeindeanteil an den Kosten; vgl. VGH München, BayVBl. 1987, 276 ff.). Vor einer Umdeutung ist jedoch zu prüfen, ob ein auf das Straßenbaubeitragsrecht gestützter Bescheid nicht durch „schlichte" Anwendung des Erschließungsbeitragsrechts nach § 113 Abs. 1 Satz 1 VwGO aufrechterhalten werden kann. Dies setzt voraus, daß die getroffene Regelung nicht durch eine andere ersetzt werden muß, sondern lediglich seine Rechtsgrundlage auszuwechseln ist; eine Bezugnahme auf ein falsches Gesetz ist unschädlich (BVerwG, U. v. 19. 8. 1988, 8 C 29.87, NVwZ 1989, 471; U. v. 9. 12. 1988, 8 C 72.87, DVBl. 1989, 420).

31 **bb)** Ausdrücklich als möglicher Erschließungsaufwand aufgeführt sind in Abs. 1 Satz 1 Nr. 2 die Kosten für **Entwässerungs- und Beleuchtungseinrichtungen** der Erschließungsanlage. Beitragsfähig sind diese Einrichtungen aber nur, wenn sie **in der Erschließungsbeitragssatzung** ausdrücklich als Merkmal der endgültigen Herstellung der Erschließungsanlage **aufgeführt** sind (BVerwG, U. v. 13. 6. 1973, BRS

37, S. 277/278). Dies ist erforderlich nicht nur wegen der erheblichen Kosten, die die Herstellung dieser Einrichtungen erfordert, sondern auch wegen der Möglichkeit, zumindest Teilstrecken von Straßen ohne diese Einrichtungen herzustellen.

Beitragsfähig sind nur die Anlagen zur **Straßenentwässerung, nicht** auch die zur **Grundstücksentwässerung** und **Schmutzwasserableitung** von den Grundstücken. Dies schließt aus, daß die Gemeinde für beide Arten der Entwässerung eine **gemeinschaftliche Regenwasserkanalisation** oder eine **Mischkanalisation** (für Regen- und Schmutzwasser) anlegt. In einem solchen Fall sind für die notwendige Kostenaufteilung zunächst die Kosten nach **drei Kostengruppen** zu ermitteln. Die Kosten für die Bestandteile der Kanalisation, die **nur der Straßenentwässerung** dienen (Straßenrinnen, Straßensinkkästen), die Kosten für die Bestandteile, die **nur der Grundstücksentwässerung** dienen (Grundstücksanschlußleitungen) sowie die Kosten für die Bestandteile, die **sowohl der Straßen- als auch der Grundstücksentwässerung** dienen (Hauptkanal). Während die **erste Kostengruppe ohne weiteres beitragsfähig** ist, ist die **zweite Gruppe** ebenso eindeutig **nicht beitragsfähig**. Die **dritte Kostengruppe** ist dagegen **aufzuteilen** und nur hinsichtlich der Straßenentwässerung beitragsfähig.

Bei der Abrechnung der Entwässerungsanlagen ist die Ermittlung und die Zuordnung der Kosten zu unterscheiden (im einzelnen hierzu Driehaus, BWGZ 1986, 390ff.). Zunächst muß die Gemeinde die Kosten für jede dieser drei Kostengruppen im einzelnen **ermitteln.** Dies ist relativ problemlos bei den **Materialkosten,** da diese eindeutig einer der drei Kostengruppen zugeordnet werden können. Bei den **Lohnkosten** ist es zulässig, daß die Gemeinde „auf der Grundlage gesicherter Erfahrungssätze die Anteile **schätzt**" (BVerwG, U. v. 9. 12. 1983, 8 C 112.82, NVwZ 1984, 437/438, für eine gemeinschaftliche Regenwasserkanalisation; U. v. 27. 6. 1985, 8 C 124.83, NVwZ 1986, 221/222ff., für eine Mischkanalisation), die auf die Kosten für die Herstellung der drei Bestandteilsgruppen entfallen. Für die **Zuordnung der Kosten** ist darauf abzustellen, welche Kosten anteilig angefallen wären, wenn die Gemeinde statt einer Gemeinschaftseinrichtung für jede Abwasserart (z. B. Straßenentwässerung, Grundstücksoberflächenentwässerung, Schmutzwasserableitung) eine eigene Kanalisation hergestellt hätte. Dabei ist für die Kostenzuordnung in aller Regel **nicht** auf die jeweils **anfallenden Wassermengen, sondern** auf die durch die Anlage einer Gemeinschaftseinrichtung **ersparten Herstellungskosten** abzustellen (BVerwG, ebd., gegen BVerwG, U. v. 27. 2. 1970, BRS 37, S. 126f.). Dahinter steht die Erkenntnis, daß für die Kostenaufteilung weniger die Materialersparnis – im Hinblick auf die geringe Dimensionierung der Rohre – als vielmehr die Ersparnis an Lohn und Maschinenkosten bei der Verlegung einer gemeinschaftlichen Kanalisation entscheidend ist. So mag etwa bei einer gemeinschaftlichen Regenwasserkanalisation (Straßen- und Grundstücksentwässerung) die Ko-

32

33

stenersparnis gegenüber einer getrennten Herstellung jeweils etwa
gleich groß sein, also eine Zuordnung im Verhältnis eins zu eins
gerechtfertigt sein (BVerwG, U. v. 9. 12. 1983, ebd.). Eine selbstän-
dige Herstellung einer Schmutzwasserkanalisation dürfte dagegen er-
heblich teurer sein als eine Regenwasserkanalisation; Driehaus (aaO,
S. 392 ff.) geht in seinem abstrakt-rechnerischen Beispiel von einem
Verhältnis von etwa drei zu eins aus, so daß hiernach ein Viertel der
Kosten der Gemeinschaftsanlage der Straßenentwässerung (und damit
dem beitragsfähigen Erschließungsaufwand) und drei Viertel der
Schmutzwasserableitung (und damit ggf. landesrechtlichen Entwässe-
rungsbeiträgen) zuzuordnen wären. Kommt noch eine Grundstücks-
oberflächenentwässerung hinzu, wäre auch sie mit einem entsprechen-
den Kostenanteil zu berücksichtigen (nach Driehaus also z. B. drei zu
eins zu eins).

34 Da die Straßenentwässerung nur funktionstüchtig ist, wenn das
gesamte Entwässerungssystem der Gemeinde funktioniert, kann die
Gemeinde bei der Abrechnung auch auf das **gesamte Entwässerungs-
netz** abstellen und einen dem Anlagenteil entsprechenden Anteil an den
Gesamtkosten der Straßenentwässerung zugrunde legen (BVerwG, U.
v. 29. 7. 1977, IV C 3.75, BRS 37, S. 157/158 ff.; ebenso Urteil IV C
86.75 vom selben Tag, BVerwGE 54, 225/226 ff.). Zweckmäßig ist in
diesem Fall, für die Abrechnung **Einheitssätze** nach § 130 Abs. 1 Satz 1
zugrundezulegen (BVerwG, ebd.). Rechnet die Gemeinde jedoch nach
den tatsächlich entstandenen Erschließungskosten ab, kann sie gleich-
wohl bei der Beitragserhebung für die Straßenentwässerung einen auf
die Gesamtkosten des Straßenentwässerungsnetzes abstellenden
Durchschnittssatz ermitteln (VGH Kassel, U. v. 25. 6. 1980, DÖV
1982, S. 127/128). Auch in diesem Fall wird der Beitragsgerechtigkeit
entsprochen, da nicht die Anlieger von Erschließungsanlagen mit einer
„billigeren" Straßenentwässerung gegenüber den Anliegern von Er-
schließungsanlagen mit aus technischen Gründen „teurerer" Entwässe-
rung begünstigt werden, obwohl auch sie wegen des Systemzusam-
menhangs bei der Straßenentwässerung auf die „teureren" Anlagen
angewiesen sind (vgl. auch § 130, Rn 13).

35 Auch bei der Straßenentwässerung ist **nur die erstmalige Herstel-
lung** beitragsfähig, nicht aber die Verbesserung oder auch die Unterhal-
tung der Entwässerungsanlagen. Dasselbe wie für die Straßenentwässe-
rung hinsichtlich Herstellung und Abrechnung gilt für die **Straßenbe-
leuchtung** (kritisch zur Abrechenbarkeit der Straßenbeleuchtung Gaß-
ner, DÖV 1983, 412 ff., da die Straßenbeleuchtung der Aufrechterhal-
tung der öffentlichen Sicherheit und Ordnung und damit lediglich der
Allgemeinheit, nicht aber den Anliegern diene).

36 **Zentrale Kläranlagen** oder **Elektrizitätswerke** dienen der Erfüllung
einer allgemeinen Aufgabe der Gemeinde, etwa der Wahrung der
Gesundheit und des Umweltschutzes oder der Bereitstellung von Elek-
trizität, und nicht der Erfüllung der Erschließungsaufgabe nach § 123

Abs. 1; sie können daher nicht als Einrichtungen der Straßenbeleuchtung oder Straßenentwässerung abgerechnet werden (hierzu BVerwG, U. v. 18. 4. 1986, 8 C 90.84, ZMR 1986, 329f.; U. v. 27. 2. 1970, BRS 37, S. 126/127f.).

b) Übernimmt die Gemeinde bereits **endgültig hergestellte Erschließungsanlagen,** etwa Privatstraßen oder sonstige privat hergestellte und insofern nicht abrechenbare, aber – als öffentliche – dem § 127 Abs. 2 unterfallende Erschließungsanlagen, so kann sie die Kosten für die Übernahme dieser Anlagen als gemeindliche Erschließungsanlagen nach **Abs. 1 Satz 1 Nr. 3** der Erhebung von Erschließungsbeiträgen zugrundelegen. Waren die Anlagen noch nicht endgültig hergestellt, kann die Gemeinde die Übernahmekosten nach Nr. 3 und die anschließenden Kosten für die endgültige Herstellung nach Abs. 1 Satz 1 Nr. 1 und 2 abrechnen. Ein solcher Fall kann sich z. B. ergeben, wenn ein Erschließungsvertrag nach § 124 Abs. 1 durch den Unternehmer nicht vollständig erfüllt wurde.

c) In **Abs. 2 Satz 1** wird ausdrücklich bestimmt, daß Kosten für **Erweiterungen oder Verbesserungen** von Erschließungsanlagen nach Landesrecht beitragspflichtig sein können. Dies gilt allerdings nicht in förmlich festgelegten Sanierungsgebieten, da § 154 Abs. 1 Satz 2 wegen der Erhebung von Ausgleichsbeträgen allgemein die Erhebung von Beiträgen für diese Maßnahmen ausschließt. Dies gilt auch für Beiträge nach den Kommunalabgabengesetzen der Länder (BVerwG, U. v. 21. 10. 1983, 8 C 40.83, ZfBR 1984, 46/47). Abs. 2 **Satz 2** bestimmt ausdrücklich, daß die Länder die Kosten für die Straßenbeleuchtung vom Erschließungsaufwand ausnehmen können. Von dieser Ermächtigung hat jedoch kein Land Gebrauch gemacht (vgl. Förster, in: Kohlhammer-Komm. zum BBauG, § 128, Rn 64).

Zur Abgrenzung der erstmaligen Herstellung von der Erweiterung und Verbesserung einer Erschließungsanlage vgl. oben, Rn 30. Zum Inhalt dieser Begriffe, der für die Erhebung von Straßenbaubeiträgen von Bedeutung ist, vgl. Hinsen, Städte- und Gemeinderat 1984, 42/ 45 ff.; Kulartz, Städte- und Gemeinderat 1984, 61/64 ff. Zur Möglichkeit der Umdeutung von Straßenbaubeiträgen in Erschließungsbeiträge und umgekehrt sowie zur Auswechslung der Rechtsgrundlage durch „schlichte" Rechtsanwendung nach § 113 Abs. 1 Satz 1 VwGO vgl. oben Rn 30.

3. Personalkosten kann die Gemeinde **grundsätzlich nicht** in den Erschließungsaufwand einbeziehen, da diese Kosten in aller Regel nicht eindeutig und ausschließlich für die Erschließung einer bestimmten Anlage entstehen. Werden jedoch Dienstkräfte nur für die Herstellung einer bestimmten Anlage eingestellt, können die Kosten auch insoweit abgerechnet werden. Lediglich ein **allgemeiner Verwaltungskostenzuschlag** ist **unzulässig** (BVerwG, U. v. 22. 11. 1968, BVerwGE 31, 90/ 93 ff.).

37

38

39

40

41 Dieselben Grundsätze sind auch für **Kapitalkosten** anzuwenden. Lassen sich diese nicht eindeutig einer bestimmten Erschließungsanlage zuordnen, gehören sie nicht zum beitragsfähigen Erschließungsaufwand. Werden die Fremdmittel jedoch „aus sachlichen Gründen im Rahmen einer ordnungsmäßigen Haushaltsführung" zu banküblichen Zinsen aufgenommen und sind sie „feststellbar als Kosten für die Herstellung der konkreten Erschließungsanlage (Abschnitt, Erschließungseinheit) angefallen" und verwendet worden (BVerwG, U. v. 21. 6. 1974, BRS 37, S. 130/133 f.), so können sie für die jeweilige Erschließungsanlage abgerechnet werden. Der **Zeitraum**, währenddessen Zinsen berechnet werden können, beginnt mit der feststellbaren **Inanspruchnahme** der Zinsen für die Herstellung einer konkreten Anlage und endet **zwei Monate nach Zustellung der** im Rahmen ordnungsgemäßer Verwaltung erstellten **Beitragsbescheide,** da in diesem Zeitpunkt mit dem Eingang des Geldes der Anlieger zu rechnen ist. Hat ein Anlieger **Vorausleistungen** auf den Erschließungsbeitrag erbracht, ist er – nach einer Überlegung des BVerwG – insoweit von den Zinskosten zu entlasten, als durch diese Vorausleistung der Rückgriff auf Fremdmittel entbehrlich geworden ist (BVerwG, aaO, S. 134; U. v. 23. 5. 1975, IV C 73.73, BRS 37, S. 332/335). Es erscheint jedoch wenig praktikabel, eine Einzelzuordnung von Vorausleistung und erspartem Zinsaufwand vorzunehmen, da Kredite nicht für konkrete Maßnahmen aufgenommen werden, sondern zur Deckung des Gesamthaushalts (vgl. z. B. § 72 GO NRW). Vertretbar erscheint daher, von einer Kredit- und daher Beitragsminderung ohne Einzelnachweis auszugehen. Ansonsten stellten sich Vorausleistungen nur als Privatkredite dar (vgl. auch VGH Mannheim, Gemeindehaushalt 1980, 169; Müller, KStZ 1981, 109; VG Freiburg, KStZ 1989, 95 f.). Zur betriebswirtschaftlich korrekten Berücksichtigung von Vor- und Zwischenfinanzierungskosten bei der Ermittlung des Herstellungsaufwands für eine Erschließungsanlage vgl. Mitt KGSt 1988, S. 71.

42 **III. 1.** Um die abrechenbaren Kosten für die Beitragspflichtigen in tragbaren Grenzen zu halten, sind nach **Abs. 3 Nr. 1** die **Kosten für besonders aufwendige Teile** von Erschließungsstraßen vom Erschließungsaufwand ausgeschlossen. Dies gilt jedoch nur für die Kosten, die für **Brücken, Tunnels und Unterführungen** gegenüber einer „normalen" Straßenführung **zusätzlich** entstehen. Kosten für Grunderwerb und Freilegung, für Straßenbelag und sonstige Teile der Straße, die auch ohne die Errichtung der Brücke, des Tunnels oder der Unterführung angefallen wären, bleiben Bestandteil des Erschließungsaufwands (Driehaus, Rn 373; Ernst, in: E/Z/B, § 128, Rn 47).

43 **2.** Nach **Abs. 3 Nr. 2** sind ebenfalls vom Erschließungsaufwand ausgenommen die Kosten für die **Fahrbahnen der Ortsdurchfahrten** von Bundes- oder Landstraßen, soweit diese Ortsdurchfahrten der anschließenden freien Strecke der Straße entsprechen (zum maßgeblichen **Zeitpunkt** für die Feststellung einer klassifizierten Straße, nämlich techni-

sche Fertigstellung, vgl. BVerwG, U. v. 9. 3. 1990, 8 C 76.88, NVwZ 1990, 873/875 f.). Hierdurch soll dem Gedanken Rechnung getragen werden, die Anlieger nur mit den für sie erforderlichen Straßenbaukosten zu belasten (Ernst, aaO, Rn 45). Im einzelnen zur Abgrenzung der hiernach beitragsfähigen und der nicht beitragsfähigen Teile solcher Ortsdurchfahrten vgl. § 129, Rn 11 f. (zum ähnlichen Problem in der Umlegung vgl. § 55, Rn 22). Daß diese Kostenteilung **verfassungsrechtlich nicht auf Bedenken** stößt, etwa hinsichtlich einer willkürlichen Begünstigung der Anlieger solcher Ortsdurchfahrten, hat das Bundesverfassungsgericht mit Urteil vom 8. 11. 1972 (NJW 1973, 505 ff.) festgestellt. Eine **Ortsdurchfahrt** ist nach § 5 Abs. 4 FStrG der Teil einer Bundesstraße, der **innerhalb der geschlossenen Ortslage** liegt und auch der Erschließung der anliegenden Grundstücke oder der mehrfachen Verknüpfung des Ortsstraßennetzes dient. Dabei ist dieser Begriff der geschlossenen Ortslage nicht mit dem Begriff des im Zusammenhang bebauten Ortsteils nach § 34 identisch. Er ist vielmehr entsprechend seiner anderen Funktion weiter als dieser, da es hiernach nicht auf die konkrete Bebaubarkeit einzelner Grundstücke ankommt, sondern lediglich auf die **Verteilung der Straßenbaulast.** Maßgebend ist daher eine **weiträumige Betrachtungsweise,** die auf die, u. U. auch durch größere Baulücken unterbrochene, Geamtbebauung abstellt. Dementsprechend bestimmt § 5 Abs. 4 Satz 3 FStrG, daß einzelne unbebaute Grundstücke, zur Bebauung ungeeignetes oder ihr entzogenes Gelände oder auch eine einseitige Bebauung, z. B. bei einer Uferstraße, den Zusammenhang nicht unterbrechen (hierzu auch BVerwG, U. v. 3. 4. 1981, BVerwGE 62, 143/145; U. v. 18. 3. 1983, BayVBl. 1984, 85). Abs. 2 Nr. 3 kann auf andere Straßen mit überörtlicher Verkehrsfunktion nicht entsprechend angewendet werden (vgl. § 127, Rn 23.).

§ 129 Beitragsfähiger Erschließungsaufwand

(1) **Zur Deckung des anderweitig nicht gedeckten Erschließungsaufwands können Beiträge nur insoweit erhoben werden, als die Erschließungsanlagen erforderlich sind, um die Bauflächen und die gewerblich zu nutzenden Flächen entsprechend den baurechtlichen Vorschriften zu nutzen (beitragsfähiger Erschließungsaufwand). Soweit Anlagen nach § 127 Abs. 2 von dem Eigentümer hergestellt sind oder von ihm aufgrund baurechtlicher Vorschriften verlangt werden, dürfen Beiträge nicht erhoben werden. Die Gemeinden tragen mindestens 10 vom Hundert des beitragsfähigen Erschließungsaufwands.**

(2) **Kosten, die ein Eigentümer oder sein Rechtsvorgänger bereits für Erschließungsmaßnahmen aufgewandt hat, dürfen bei der Übernahme als gemeindliche Erschließungsanlagen nicht erneut erhoben werden.**

1 **I. § 129** enthält **nicht** eine Regelung über die **Ermittlung** des beitragsfähigen Erschließungsaufwands (hierzu vgl. den Überblick in Vorbemerkung zu den §§ 123 bis 135, Rn 15), **sondern** eine **Begrenzung** des nach anderen Vorschriften ermittelten Erschließungsaufwands im Hinblick auf die Beitragserhebung. Auf diese Begrenzung bezieht sich auch das Wort „können" in Abs. 1 Satz 1. Es besagt nicht etwa in Abweichung von § 127 Abs. 1, daß die Beitragserhebung im Ermessen der Gemeinde steht, sondern beschränkt – in Verbindung mit dem Wort „nur" – die Möglichkeit der Beitragserhebung auf **das für die Nutzung der erschlossenen Bauflächen Erforderliche.** Der Gemeinde bleibt unbenommen, die Erschließungsanlagen aufwendiger herzustellen; Beiträge hierfür kann sie jedoch nur in dem doch § 129 gezogenen Rahmen erheben (Ernst, in: E/Z/B, § 129, Rn 3 f.).

2 **1. Abs. 1 Satz 1** bezieht die Erforderlichkeit einer Erschließungsanlage nicht auf das einzelne von ihr erschlossene Grundstück, sondern auf **Bauflächen.** Die Verwendung des Begriffs „Bauflächen" erfolgt hier in einem **spezifisch erschließungsbeitragsrechtlichen, nicht planungsrechtlichen Sinne.** Damit sind also nicht die Bauflächen, die in einem Flächennutzungsplan nach § 5 Abs. 2 Nr. 1 dargestellt werden können, aber auch nicht notwendig die in einem Bebauungsplan nach § 9 Abs. 1 Nr. 1 in Verbindung mit § 1 Abs. 2, §§ 2 ff. BauNVO (vgl. Text im Anhang) festgesetzten Baugebiete gemeint. Unter Bauflächen im Sinne des Abs. 1 Satz 1 ist vielmehr **das gesamte zu erschließende Gebiet** zu verstehen (vgl. auch OVG Münster, NVwZ 1984, 656). Hierbei wird es sich also in der Regel um eine Zusammenfassung mehrerer im Bebauungsplan festgesetzter Baugebiete handeln (hierzu BVerwG, U. v. 6. 5. 1966, NJW 1966, 1832/1833; U. v. 13. 8. 1976,

BRS 37, S. 284/288). Damit wird dem Gesichtspunkt Rechnung getragen, daß die Erschließung eines einzelnen Grundstücks zwangsläufig in die Erschließung eines größeren Gebiets eingebettet ist. Dies kann daher durchaus dazu führen, daß eine Straße aufwendiger hergestellt werden muß, als es für die Erschließung gerade eines einzelnen Grundstücks ausgereicht hätte. Unter dem Begriff der Bauflächen ist daher das Erschließungsgebiet zu verstehen (vgl. Driehaus, in: BK, § 129, Rn 11; vgl. auch § 127, Rn 17).

Die Erwähnung der **gewerblich zu nutzenden Flächen** neben den Bauflächen hat keine eigenständige Bedeutung. Zum einen gehören sie – unabhängig von einer tatsächlichen baulichen Nutzung oder Nutzbarkeit – planungsrechtlich ebenfalls zu den Bauflächen oder Baugebieten. Im übrigen werden sie von dem allein maßgeblichen **Begriff des Erschließungsgebiets umfaßt.** 3

2. Der zweite Bezugspunkt für die Erforderlichkeit der Erschließungsanlagen ist die auf den Grundstücken **baurechtlich zulässige Nutzung.** Diese, nicht die tatsächlich ausgeübte Nutzung, muß die Gemeinde bei der Planung und Ausführung der Erschließungsanlagen berücksichtigen. Je nach der zulässigen Art der Nutzung (Wohngebiet, Mischgebiet oder Gewerbegebiet) und dem Maß der zulässigen Nutzung (ein- oder mehrgeschossige Bebauung) werden die Erschließungsanlagen größer und aufwendiger oder kleiner und bescheidener zu errichten sein. Eine hinter der zulässigen Nutzung zurückbleibende tatsächliche Nutzung kann den Erschließungsaufwand nicht reduzieren, solange rechtlich eine intensivere Nutzung zulässig ist. Umgekehrt vermittelt eine rechtswidrig über die zulässige Nutzung hinausgehende tatsächliche Nutzung keinen „Anspruch" auf eine aufwendigere Herstellung der Erschließungsanlagen. Allerdings kann die Gemeinde bei der **Verteilung** des Erschließungsaufwands u. U. auch an die tatsächliche Nutzung anknüpfen (vgl. § 131, Rn 44 ff.). Dieser grundsätzlich notwendigen Ausrichtung für Erschließungsanlagen an der baurechtlich zulässigen Nutzung hat die Gemeinde bei Erlaß ihrer Erschließungsbeitragssatzung nach § 132 Nr. 1 Rechnung zu tragen (hierzu § 132, Rn 13). 4

3. Die Begrenzung des beitragsfähigen Erschließungsaufwands durch das Merkmal der Erforderlichkeit in Abs. 1 Satz 1 ist im **Zusammenhang** zu sehen **mit den Regelungen in § 128 und § 132 Nr. 1.** 5

a) § 128 bestimmt, **welche Kosten** für die Herstellung von Erschließungsanlagen im Sinne des § 127 Abs. 2 **grundsätzlich in den Erschließungsaufwand einbezogen** werden **können.** Danach gehören z. B. Kosten für die Verbesserung oder Erweiterung von endgültig hergestellten Erschließungsanlagen und Kosten für bestimmte Bauteile einer Erschließungsanlage (vgl. § 128 Abs. 3) nicht zum Erschließungsaufwand. Hieraus ergibt sich also eine **erste Begrenzung** des beitragsfähigen Erschließungsaufwands. 6

7 **b)** Eine **zweite Begrenzung** der danach abrechenbaren Kosten ergibt sich aus der Bestimmung in der **Erschließungsbeitragssatzung nach § 132 Nr. 1.** Hiernach müssen die Gemeinden im vorhinein festlegen, welchen **Umfang von Erschließungsanlagen** sie der Abrechnung zugrunde legen wollen. Dies schließt eine umfangreichere, dann allerdings insoweit erschließungsbeitragsfreie Herstellung der Erschließungsanlagen nicht aus.

8 **c)** Der so im Hinblick auf die Beitragserhebung bereits reduzierte Erschließungsaufwand kann durch die **Prüfung der Erforderlichkeit nach Abs. 1 Satz 1** eine **weitere Begrenzung** erfahren. Dabei bezieht sich die Erforderlichkeit auf die Erschließungsanlage selbst, auf ihre Art und ihren Umfang sowie auf die hierfür aufgewendeten tatsächlichen Kosten. Zwar handelt es sich bei dem Begriff der Erforderlichkeit um einen **unbestimmten Gesetzesbegriff** (hierzu Ernst, in: E/Z/B, § 129, Rn 10), der gerichtlich grundsätzlich voll überprüfbar ist; allerdings hat die Gemeinde hierbei einen gewissen **Spielraum** (BVerwG, U. v. 23. 6. 1972, IV C 15.71, BRS 37, S. 274/276; anders U. v. 21. 10. 1970, IV C 51.69, BRS 37, S. 94/95, in dem der Gemeinde ein „weiter Spielraum" konzediert wurde; ähnlich U. v. 12. 6. 1970, BRS 37, S. 182/184, wo der Gemeinde insoweit **Ermessen** eingeräumt wurde; ebenso wieder U. v. 24. 11. 1978, BRS 37, S. 392/394; ebenso OVG Münster, NVwZ 1984, 656). So kann die Gemeinde z. B. unter mehreren Ausstattungsvarianten zur Verminderung künftiger Unterhaltungskosten die dauerhaftere wählen (BVerwG, U. v. 21. 10. 1970, ebd.) oder bei der Herstellung einer Erschließungsstraße auch die Leichtigkeit des Verkehrs berücksichtigen (BVerwG, U. v. 12. 6. 1970, ebd.; U. v. 24. 11. 1978, ebd.). **Gerichtlich überprüfbar** ist daher letztlich nur, ob die Gemeinde die Grenzen ihres Beurteilungsspielraums und damit die **Grenzen des nach Abs. 1 Satz 1 Erforderlichen** überschritten hat (BVerwG, U. v. 24. 11. 1978, aaO, S. 395). Erweist sich eine Erschließungsanlage als nur zum Teil „erforderlich", so sind die für ihre Herstellung aufgewendeten Gesamtkosten im Wege der Verhältnisrechnung zu reduzieren.

9 **aa)** Die Erforderlichkeit bezieht sich zunächst darauf, **ob die Erschließungsanlage als solche** für eine baurechtlich zulässige Nutzung der Grundstücke **notwendig** ist (BVerwG, U. v. 13. 8. 1976, BRS 37, S. 284/287; U. v. 10. 2. 1978, BRS 37, S. 65/67). Eine Erschließungsanlage im Sinne des § 127 Abs. 2, mit der ein Grundstück **erstmals erschlossen** wird, ist **praktisch immer erforderlich**. In Frage stehen kann die Erforderlichkeit bei einer Erschließungsstraße im Sinne des § 127 Abs. 2 Nr. 1 jedoch dann, wenn es sich um eine **Zweit- oder Dritterschließung** handelt, die angrenzenden Grundstücke also bereits durch andere Erschließungsstraßen erschlossen sind. Bei der Beurteilung der Erforderlichkeit in diesen Fällen kommt es **nicht** auf das **subjektive Empfinden** des Grundstückseigentümers an. Maßgeblich ist vielmehr allein, ob die Zweiterschließung „dem Grundstück eine

prinzipiell bessere Qualität der Erschließung im bebauungsrechtlichen Sinne vermittelt" (BVerwG, U. v. 10. 2. 1978, ebd.; vgl. auch OVG Koblenz, NVwZ 1986, 586 f.). Es kommt hier also nicht auf eine am Mindestmaß orientierte Notwendigkeit an, sondern auf eine Notwendigkeit der Erschließung nach dem städtebaulichen Erschließungskonzept der Gemeinde für ein Baugebiet. Hieran wird es auch bei einer Zweiterschließung **nur ausnahmsweise fehlen,** so etwa wenn eine auch zum Anbau geeignete Straße ganz überwiegend nicht der Erschließung, sondern einem anderen Zweck dient. Dies kann etwa – je nach den Umständen des Einzelfalles – der Fall sein bei Zugängen zu Erholungs- oder Sportstätten (BVerwG, ebd.). An der Erforderlichkeit in diesem Sinne fehlt es auch, wenn ein Teilstück einer Erschließungsstraße nur angelegt wurde, um die – an anderer Stelle auch mögliche, aber nur schwer herzustellende – Zufahrt zu einem Grundstück zu erleichtern (vgl. OVG Münster, NVwZ 1984, 656 f.).

bb) Des weiteren bezieht sich die Erforderlichkeit auf **Art und** **10** **Umfang der Erschließung.** Hierzu hat die **Erschließungsbeitragssatzung** nach § 132 Nr. 1 Bestimmungen zu enthalten. Da diese aber wegen der notwendigen Generalisierung z. B. für den **Umfang** von Erschließungsanlagen **nur Höchstgrenzen** festlegen kann und muß (BVerwG, U. v. 13. 8. 1976, BRS 37, S. 284/287; für Sammelstraßen U. v. 8. 8. 1975, BRS 37, S. 86/89), bleibt die Prüfung der Erforderlichkeit im Hinblick auf die konkrete Erschließungsanlage gleichwohl notwendig (BVerwG, aaO, S. 88). Fehlt eine entsprechende Bestimmung in der Satzung, ist unmittelbar auf Abs. 1 Satz 1 zurückzugreifen (vgl. OVG Berlin, ZfBR 1986, 152; Driehaus, Rn 225).

Anlaß für eine solche Prüfung der Erforderlichkeit bietet insbesondere der Umstand, daß eine Erschließungsanlage neben der Erschließung **auch anderen Zwecken dient.** Dies kann der Fall sein bei zum Anbau bestimmten Straßen oder bei Sammelstraßen, die zugleich einem **überörtlichen Durchgangsverkehr** dienen. Ist die Straße aus diesem Grund breiter angelegt, (z. B. mit vier statt nur mit zwei Fahrbahnen) als für die Erschließung notwendig wäre, überschreitet sie insoweit das Maß des Erforderlichen. Ist die Straße dagegen aufwendiger ausgestattet als für den bloßen Anliegerverkehr erforderlich wäre, um auch einen **innerörtlichen Verbindungsverkehr** aufnehmen zu können, berührt dies die Erforderlichkeit der Anlage nicht. Dies gehört grundsätzlich mit zur Erschließungsfunktion einer Straße (hierzu BVerwG, U. v. 8. 8. 1975, BRS 37, S. 86/88; U. v. 24. 11. 1978, BRS 37, S. 392/394 f.). Das Maß des Erforderlichen kann auch eine Straße überschreiten, deren **Parkstreifen** nicht Erschließungszwecken, sondern einer nahegelegenen Sportanlage oder einem Messezentrum dient (hierzu BVerwG, U. v. 11. 12. 1970, IV C 25.69, BRS 37, S. 169/171). Beim heute erreichten Motorisierungsgrad wird aber die Anlegung von Parkstreifen zumindest an größeren Straßen stets erforderlich sein.

12 Die Erforderlichkeit bezieht sich auch auf die **Art der Herstellung** einer Erschließungsanlage. So ist es z. B. nicht erforderlich, eine Anliegerstraße in einem reinen Wohngebiet mit einem **Unterbau** zu versehen, der für starken LKW-Verkehr geeignet ist. Dasselbe gilt, wenn eine besonders aufwendige **Straßendecke** (z. B. eine kostspielige Mosaikpflasterung) aufgebracht wurde, um den Anforderungen eines Baudenkmals gerecht zu werden (hierzu BVerwG, U. v. 14. 12. 1979, BRS 37, S. 142/143).

13 Bei Anlagen zur **Straßenentwässerung** ist nicht allein auf den Kanal der abzurechnenden Straße abzustellen, sondern auf die Erforderlichkeit des gesamten Entwässerungssystems der Gemeinde (hierzu BVerwG, U. v. 29. 7. 1977, BRS 37, S. 157/160 f.; vgl. hierzu § 128, Rn 34).

14 Auch **Grünanlagen** unterliegen der Erforderlichkeitsprüfung. Zwar sind sie nach § 127 Abs. 2 Nr. 4 nur dann beitragsfähige Erschließungsanlagen, wenn sie zur Erschließung „notwendig" sind; hier ist jedoch nur die Notwendigkeit der Anlage als solche, nicht aber die Erforderlichkeit der Grünanlage nach Art und Umfang erfaßt. Die Erforderlichkeit setzt daher einer Grünanlage nach Größe, Ausführung und Einrichtungen eine obere Grenze. Soweit diese überschritten ist, fällt der hierfür entstandene Aufwand der Gemeinde zur Last. Für die Beurteilung dieser Frage ist sehr stark auf den Einzelfall abzustellen. Von Bedeutung ist hierbei auf der einen Seite die Bebauung und Nutzung des Gebiets. So werden z. B. in einem Einfamilienhausgebiet mit großen Gärten öffentliche Grünanlagen zur Erschließung kaum erforderlich sein. Auf der anderen Seite ist von Bedeutung, durch welche Personen eine Grünanlage genutzt wird. Dient sie nicht nur den Bewohnern des erschlossenen Gebiets, sondern auch oder überwiegend Personen, die außerhalb des Erschließungsgebiets wohnen, so ist die Anlage allenfalls zu einem geringen Prozentsatz erforderlich im Sinne des Abs. 1 Satz 1 und damit beitragsfähig. Dieselben Grundsätze sind auf **Fußwege** anzuwenden, die nicht nur der hinteren Erschließung der anliegenden Grundstücke dienen.

15 Bei **Immissionsschutzanlagen** nach § 127 Abs. 2 Nr. 5 ist ebenfalls die Erforderlichkeit zu untersuchen. Hier stehen Erforderlichkeit der Anlage und ihrer Ausführung in enger Beziehung zueinander. Die Erforderlichkeit der Anlage sowie deren Art und Umfang sind abhängig von den Emissionen, gegen die ein Wohngebiet abgeschirmt werden soll, und von der Art seiner Bebauung. Hier lassen sich daher keinerlei generelle Angaben machen.

16 **cc)** Seinem Wortlaut nach bezieht sich Abs. 1 Satz 1 lediglich auf die Erforderlichkeit der Erschließungsanlagen. Nicht erfaßt würden damit die für die Herstellung der Erschließungsanlagen **aufgewendeten Kosten.** Für den Grunderwerb oder die Herstellung der Anlage aufgewendete überhöhte Kosten können aber den Gesamtaufwand unter Umständen erheblich stärker beeinflussen als eine aufwendigere Herstel-

lung zu üblichen Preisen. Nach dem Zweck des Abs. 1 Satz 1, den
Aufwand für die Erschließungsanlagen und damit die von den Eigentü-
mern der erschlossenen Grundstücke zu erbringenden Leistungen mög-
lichst gering zu halten, ist hier jedoch eine **entsprechende Anwendung
des Abs. 1 Satz 1** geboten. Dem Schutzzweck dieser Vorschrift kann
nur entsprochen werden, wenn die Erforderlichkeitsprüfung auch auf
die jeweils aufgewendeten Kosten erstreckt wird (BVerwG, U. v.
10. 11. 1989, 8 C 50.88, NVwZ 1990, 870/871 f.).

Allerdings sind hier die der Gemeinde entstandenen Kosten nicht zu **17**
beanstanden, solange die Gemeinde im Rahmen ordnungsgemäßer
Wirtschaftsführung gehandelt hat. So ist sie z. B. nicht gezwungen,
von mehreren Angeboten für die **Herstellung** einer Erschließungsan-
lage das billigste zu wählen. Sie kann auch ein teureres Angebot
akzeptieren, wenn ihr z. B. eine bessere Qualität angeboten wird oder
der Unternehmer zuverlässiger ist. Nimmt die Gemeinde jedoch ein
weit über dem marktüblichen Preis liegendes Angebot an, so verletzt
sie die ihr durch die entsprechende Anwendung des Abs. 1 Satz 1
gezogenen Grenzen (vgl. auch Driehaus, Rn 430 ff.). Auch beim
Grunderwerb ist die Gemeinde nicht verpflichtet, lediglich einen Kauf-
preis in Höhe des Verkehrswerts des Grundstücks zu zahlen. Es kann
durchaus gerechtfertigt sein, diesen Wert auch beträchtlich zu über-
schreiten, wenn es zur Vermeidung eines langwierigen Enteignungs-
verfahrens – und damit zur Vermeidung anderweitiger Kostensteige-
rungen – erforderlich ist. Erst bei Zahlung eines für die Gemeinde
erkennbar grob unangemessenen Kaufpreises ist das Gebot der Erfor-
derlichkeit verletzt (BVerwG, U. v. 14. 12. 1979, 4 C 28.76, BRS 37,
S. 142/144; vgl. auch § 128, Rn 6).

4. Erschließungsbeiträge können nur insoweit erhoben werden, als **18**
der Erschließungsaufwand der Gemeinde **nicht anderweitig gedeckt**
ist. Dies ist insbesondere der Fall, wenn die Gemeinde einen **Erschlie-
ßungsvertrag** im Sinne des § 124 Abs. 1 abgeschlossen hat (vgl. § 124,
Rn 14). Entstehen der Gemeinde aber gleichwohl Kosten, etwa für den
Grunderwerb, so kann sie diese durch Erhebung von Beiträgen decken
(vgl. BVerwG, U. v. 9. 11. 1984, 8 C 77.83, NVwZ 1985, 346/348). Als
eine anderweitige Deckung in diesem Sinne ist es auch anzusehen,
wenn die Gemeinde **von dritter Seite Zuwendungen** für die Herstel-
lung von Erschließungsanlagen erhält (BVerwG, U. v. 12. 12. 1969, IV
C 100.68, NJW 1970, 876/877; vgl. aber Rn 19). Dasselbe gilt, wenn ein
Dritter auf eigene Kosten Erschließungsanlagen oder Teile von Er-
schließungsanlagen wie z. B. Gehwegüberfahrten (hierzu § 128, Rn 19)
selbst hergestellt hat. Auch kann bereits ein **Anspruch der Gemeinde
gegen einen Dritten** auf Übernahme der Erschließungskosten zur
anderweitigen Deckung führen, wenn der Durchsetzbarkeit dieses
Anspruchs keine besonderen rechtlichen oder tatsächlichen Hindernisse
entgegenstehen. Denn die Gemeinden sind grundsätzlich gehalten,
solche Ansprüche durchzusetzen, wenn nicht besonders gravierende

Schwierigkeiten entstehen (hierzu BVerwG, U. v. 18. 9. 1981, 8 C
21.81, DVBl. 1982, 79/80).

19 Erhält die Gemeinde danach für die Herstellung von Erschließungs-
anlagen Zuwendungen, so können diese auch der **Minderung der
gemeindlichen Kostenbeteiligung** dienen. Dies gilt **insbesondere bei
öffentlichen Mitteln.** Entscheidend für die Qualifizierung der Zuwen-
dungen Dritter als anderweitige Deckung oder als Deckung der von
der Gemeinde „endgültig" zu tragenden Kosten ist deren **Zweckbe-
stimmung.** Zuwendungen nach dem **Gemeindeverkehrsfinanzie-
rungsgesetz** (GVFG) dienen allein der Finanzierung solcher Kosten, die
sonst von der Gemeinde endgültig zu tragen wären; sie führen also
nicht zu einer Entlastung der Beitragspflichtigen (vgl. BVerwG, U. v.
30. 1. 1987, 8 C 10.86, S. 10 ff.). Erst wenn der Zuschuß über den von
der Gemeinde zu tragenden Kostenanteil hinausreicht oder als Zuwen-
dungszweck ausdrücklich eine Beitragsminderung festgelegt wurde, ist
der Zuschuß des Dritten vom umlagefähigen Erschließungsaufwand
(hierzu § 131, Rn 1) abzusetzen (Driehaus, Rn 440 ff.). Bei Zuwendun-
gen nach dem GVFG sind überschießende Beträge zu erstatten
(BVerwG, ebd.). Dasselbe gilt für Finanzzuweisungen nach den **Fi-
nanzausgleichsgesetzen** der Länder. Diese setzen in der Regel sogar
voraus, daß die Gemeinden ihre Einnahmequellen in dem rechtlich
zulässigen Maß ausschöpfen, also z. B. bei Erschließungsbeiträgen,
sofern rechtlich möglich, nicht mehr als den gemeindlichen Mindestan-
teil nach Abs. 1 Satz 3 übernehmen (vgl. OVG Koblenz, KStZ 1989,
91 f.).

20 **Läßt sich nicht feststellen, wer die Kosten** für die Herstellung einer
Erschließungsanlage oder eines Teils einer Erschließungsanlage **aufge-
bracht hat,** geht diese Unklarheit nach den allgemeinen Regeln der
Beweis- oder Feststellungslast **zu Lasten der Gemeinde,** die die Vor-
aussetzungen für das Bestehen der Beitragspflicht zu erweisen hat
(allgemein hierzu Kopp, VwGO, 8. Aufl. 1989, § 108, Rn 11 ff.). Die
Gemeinde kann daher insoweit keine Erschließungsbeiträge – auch bei
Ermittlung des Erschließungsaufwands nach Einheitssätzen – erheben
(BVerwG, U. v. 29. 7. 1977, IV C 3.75, BRS 37, S. 157/158).

21 Ist der beitragsfähige Erschließungsaufwand voll abgerechnet, dabei
aber ein **beitragspflichtiges Grundstück übersehen** worden, so kann
für dieses Grundstück der Erschließungsbeitrag **nacherhoben** werden.
Insoweit ist durch die überhöhten Zahlungen der anderen Beitrags-
pflichtigen nicht eine anderweitige Deckung eingetreten (BVerwG, U.
v. 16. 7. 1982, NVwZ 1983, 152 f.). Eine anderweitige Deckung kann
nur durch Leistungen von „dritter" Seite eintreten, also nicht durch
Leistungen der Gemeinde und nicht durch Leistungen der Beitrags-
pflichtigen (vgl. § 127, Rn 2). Etwas anderes gilt nur, sofern Beitrags-
pflichtige einen ihre Beitragspflicht übersteigenden Beitrag leisten.

22 Eine solche Nacherhebung würde allerdings bei im übrigen vollstän-
dig erhobenen Erschließungsbeiträgen dazu führen, daß die Gemeinde

im Ergebnis weniger als 10% des beitragsfähigen Erschließungsaufwands trägt (hierzu unten, Rn 28 ff.) und die Beitragspflichtigen entsprechend zu hoch belastet worden sind. Die Gemeinde wird daher auf Antrag eines Beitragspflichtigen den **Heranziehungsbescheid teilweise zurücknehmen** und dem Beitragspflichtigen den überzahlten Betrag **erstatten** müssen. Es handelt sich hierbei um eine **Teilrücknahme nach § 48 VwVfG**, die grundsätzlich im Ermessen der erlassenden Behörde liegt, und nicht um ein Wiederaufgreifen des Verfahrens nach § 51 VwVfG, der dem Betroffenen bei Vorliegen seiner Voraussetzungen einen Anspruch einräumt. Die Voraussetzungen für ein Wiederaufgreifen des Verfahrens – hier einschlägig wäre eine Änderung der Sach- oder Rechtslage – liegen jedoch nicht vor, da sich beide nicht verändert haben (unklar BVerwG, U. v. 16. 7. 1982, NVwZ 1983, 152/153, das einerseits von Wiederaufgreifen spricht, andererseits aber im Ermessen der Gemeinde voraussetzt). Das bei der Rücknahme eines bestandskräftigen Verwaltungsakts grundsätzlich bestehende Ermessen dürfte aber in diesen Fallkonstellationen auf Null geschrumpft sein (so auch BVerwG, ebd.).

Keine anderweitige Deckung in diesem Sinne ist es auch, wenn die **23** Gemeinde zur Finanzierung der Erschließung **Darlehen** in Anspruch nimmt oder eigene – nicht aus Erschließungsbeiträgen aufgebrachte – Mittel bereitstellt. In diesem Fall liegt lediglich eine **Deckung im Sinne des Haushaltsrechts** vor, nicht aber eine Deckung im Sinne des Abs. 1 Satz 1 (BVerwG, U. v. 12. 12. 1969, NJW 1970, 876/877).

II. Abs. 1 Satz 2 kommt **keinerlei eigenständige Bedeutung** zu. Die **24** in ihm im einzelnen getroffenen Regelungen sind an anderer Stelle des Gesetzes bereits als allgemeine Grundsätze hinreichend ausgedrückt. Einem möglichen hinter der Vorschrift stehenden Regelungszweck (vgl. unten Rn 27) hat das Gesetz an anderer Stelle eine ausdrückliche Absage erteilt.

Nach der **ersten** in Abs. 1 Satz 2 genannten **Alternative** dürfen keine **25** Erschließungsbeiträge für solche Erschließungsanlagen erhoben werden, die der **Eigentümer selbst hergestellt** hat. Insoweit sind dann allerdings der Gemeinde keine Aufwendungen entstanden, so daß schon nach § 128 Abs. 1 Satz 1 die Grundlage für die Erhebung von Erschließungsbeiträgen insoweit fehlt (hierzu § 128, Rn 2 ff.).

Der im BBauG enthalten gewesene Hinweis auf die Reichsgaragen- **26** ordnung ist mit dem BauGB entfallen, da die Reichsgaragenordnung durch Art. 2 Nr. 27 des Gesetzes über das Baugesetzbuch v. 8. 12. 1986 (BGBl. I 2191) aufgehoben wurde. Die Verweisung ergab ohnehin keinen Sinn (vgl. B/K/L, 1. Auflage, Rn 26).

Baurechtliche Vorschriften, nach denen entsprechend der **zweiten** **27** **Alternative** die Herstellung von Erschließungsanlagen im Sinne des § 127 Abs. 2 **verlangt werden** kann, sind nicht ersichtlich. Vermutlich sind hier die Vorschriften der Bauordnungen der Länder, die an die

Stelle der entsprechenden Vorschriften der Reichsgaragenordnung ge-
treten sind, gemeint (vgl. Ernst, in: E/Z/B, § 129, Rn 14 ff.). Danach
kann aber allenfalls die Schaffung privater Stellplätze verlangt werden
(vgl. etwa § 47 BauO NRW), nicht aber von Erschließungsanlagen im
Sinne des § 127 Abs. 2, für die allein Erschließungsbeiträge erhoben
werden können. Der mögliche Sinn dieser Vorschrift, einen Eigentü-
mer hinsichtlich seiner eigenen Beitragspflicht deswegen besser zu
stellen, weil er durch die Schaffung privater Anlagen die Herstellung
öffentlicher Erschließungsanlagen zum Teil erübrigt hat (hierzu Ernst,
aaO, Rn 16), findet im Gesetz an keiner Stelle Ausdruck; Abs. 1 Satz 2
steht dem durch den ausdrücklichen Verweis auf § 127 Abs. 2 und die
„angeordnete" generelle Beitragsfreiheit für solche Anlagen, die also
nicht dem erstellenden Eigentümer, sondern allen Beitragspflichtigen
zugute käme, entgegen. Denkbar könnte auch sein, straßenrechtliche
Straßenbaulastverpflichtungen als sonstige (erschließungs-)baurechtli-
che Vorschriften zu verstehen (Ernst, ebd.). Stellt danach ein Eigentü-
mer aufgrund dieser Vorschriften auf eigene Kosten Erschließungsanla-
gen her, so entsteht der Gemeinde jedoch insoweit ebenfalls kein
Aufwand, so daß schon aus diesem Grund keine Erschließungsbeiträge
erhoben werden können.

28 **III. 1.** Nach **Abs. 1 Satz 3** hat die Gemeinde **mindestens 10 % des
beitragsfähigen Erschließungsaufwands** zu tragen. Der Gemeindean-
teil ist daher nicht vom Erschließungsaufwand insgesamt abzusetzen,
sondern er ist erst abzuziehen, nachdem der beitragsfähige Erschlie-
ßungsaufwand nach Abs. 1 Satz 1 ermittelt worden ist. Es handelt sich
also bei Abs. 1 Satz 3 um eine **Regelung nicht der Ermittlung, sondern
bereits der Verteilung** des Erschließungsaufwands, nämlich der Vertei-
lung zwischen Gemeinde und Beitragspflichtigen (Ernst, aaO, Rn 17;
Driehaus, Rn 437). Dementsprechend hat die Gemeinde die Bestim-
mung des von ihr zu tragenden Anteils – das Gesetz legt nur eine
Mindestgrenze fest – nach § 132 Nr. 2 **in der Erschließungsbeitragssat-
zung festzulegen.**

29 **2.** Die gemeindliche Eigenbeteiligung verdeutlicht die Verantwor-
tung der Gemeinden für eine **sachgerechte Erschließung** und ist somit
Ausdruck der **gemeindlichen Planungshoheit.** Durch sie wird ge-
währleistet, daß der Einfluß der Gemeinde auf die städtebauliche
Entwicklung in ihrem Gebiet erhalten bleibt. Zum anderen wird
hiermit ausgedrückt, daß Erschließungsanlagen **auch dem Vorteil der
Allgemeinheit** und nicht nur dem Vorteil der erschlossenen Grund-
stücke dienen. Auch dies rechtfertigt, daß ein Teil der Kosten von der
Gemeinde und damit von der Allgemeinheit getragen wird. Schließlich
kommt hier auch der das Erschließungsbeitragsrecht prägende Ge-
danke zum Tragen, die Beitragslast der Eigentümer auf das Erforderli-
che zu beschränken. Insoweit dient also die gemeindliche Eigenbeteili-
gung auch der **Entlastung der Beitragspflichtigen** (hierzu BVerwG,
U. v. 4. 2. 1972, IV C 59.70, BRS 37, S. 147/149; U. v. 23. 4. 1969, IV

C 69.67, NJW 1969, 2162/2163; U. v. 2. 3. 1973, BRS 37, S. 21 f.). Aus diesen Gründen darf die Gemeinde ihre Eigenbeteiligung auch nicht bei Abschluß eines Erschließungsvertrags abbedingen (vgl. § 124, Rn 11).

3. Das Gesetz legt für die **Höhe** der gemeindlichen Beteiligung nur eine **Mindestgrenze** fest. Es steht im übrigen im **Ermessen** der Gemeinde, mit welchem Anteil sie sich am beitragsfähigen Erschließungsaufwand beteiligen will. Allerdings sind ihr hierbei **Grenzen** gesetzt. Zum einen wird sie nach **Gemeindehaushaltsrecht** verpflichtet sein, Erschließungsanlagen so sparsam und wirtschaftlich wie möglich herzustellen, d. h. aber auch, anderweitige Deckungsmöglichkeiten soweit als möglich zu nutzen (vgl. auch oben, Rn 19). Im übrigen steht einer zu weitgehenden Erhöhung des gemeindlichen Eigenanteils der **bodenpolitische Zweck** der Erschließungsbeiträge entgegen. Durch diese soll das Halten von erschlossenen Grundstücken verteuert und damit der Eigentümer veranlaßt werden, sein Grundstück entweder zu bebauen oder an einen Bauwilligen zu veräußern. Dieser – ohnehin durch die Erschließungsbeitragspflicht nur unvollkommen erreichte – bodenpolitische Zweck würde noch mehr in Frage gestellt, wenn die Gemeinde den Erschließungsaufwand weitgehend selbst trüge. Allerdings setzt die verfassungsrechtliche Garantie der kommunalen Selbstverwaltung einer Überprüfung dieser Ermessensentscheidung verhältnismäßig enge Grenzen (vgl. z. B. VGH München, U. v. 12. 3. 1971, KStZ 1971, 140 f., in dem eine Selbstbeteiligung der Gemeinde von 75 % im Ergebnis nicht beanstandet wurde). 30

Die Gemeinde braucht ihren Eigenanteil nicht für bestimmte **Arten von Gebieten** – wie z. B. Wohn- oder Industriegebiete – unterschiedlich festzusetzen. Sie verletzt ihr Ermessen nicht, wenn sie gemeindeweit einen **einheitlichen Beteiligungssatz** bestimmt (BVerwG, U. v. 31. 1. 1968, BVerwGE 29, 90/91 f.; U. v. 12. 12. 1969, NJW 1970, 876/877). Unterschiedliche Kosten von Erschließungsanlagen und unterschiedliche Nutzungsmöglichkeiten der Grundstücke sind nicht durch eine differenzierte Eigenbeteiligung der Gemeinde, sondern durch eine entsprechende Verteilungsregelung in Ansatz zu bringen (BVerwG, U. v. 12. 12. 1969, ebd.). Eine sachgerecht vorgenommene gebietsweise Differenzierung des Eigenanteils z. B. nach Industriestraßen und nach Wohnstraßen ist dadurch aber nicht schlechthin ausgeschlossen; nicht zulässig ist dagegen eine unterschiedliche Festsetzung des Eigenanteils im Hinblick auf **einzelne** Straßen oder sonstige Erschließungsanlagen (Ernst, aaO, Rn 20). 31

4. Der von der Gemeinde zu tragende Anteil des Erschließungsaufwands ist – je nach Abrechnungsweise der Gemeinde – für die einzelne Erschließungsanlage, für den Abschnitt einer Erschließungsanlage, für eine Erschließungseinheit oder für abgespaltene Teileinrichtungen anzusetzen. Da es sich bei der Eigenbeteiligung nicht um eine Ermittlungs-, sondern um eine Verteilungsregelung handelt, ist die Eigenbeteiligung nicht als Aufwandsminderung anzusetzen, sondern **vom end-** 32

**gültig ermittelten beitragsfähigen Erschließungsaufwand abzuzie-
hen.** Dies gilt auch, wenn der Erschließungsaufwand nach **Einheitssät-
zen** im Sinne des § 130 Abs. 1 Satz 1 ermittelt wird. Allerdings ist im
Ergebnis eine entsprechende Minderung der Einheitssätze dann un-
schädlich, wenn dies im Ergebnis zu einer mindestens 10%igen Eigen-
beteiligung der Gemeinde **bei jeder Beitragserhebung** führt (hierzu
BVerfG, Beschluß vom 5. 7. 1972, NJW 1972, 1851/1854).

33 **IV.** Der Anwendungsbereich des **Abs. 2,** mit dem **Doppelbelastun-
gen** des Eigentümers **vermieden** werden sollen, ist nur sehr schmal.
Hat die Gemeinde von einem Eigentümer eine Erschließungsanlage
übernommen und hierfür den **vollen Preis entrichtet,** so kann eine
Doppelbelastung des Eigentümers nicht entstehen. Die Gemeinde kann
in vollem Umfang Erschließungsbeiträge erheben. Hat die Gemeinde
die Anlage **unentgeltlich übernommen,** so ist ihr insoweit kein Auf-
wand entstanden; sie kann dann hierfür auch keine Erschließungsbei-
träge erheben (BVerwG, U. v. 4. 2. 1972, IV C 74.70, BRS 73, S. 129/
130). Inwieweit eine unentgeltliche Überlassung von Erschließungsan-
lagen oder Teilen von Erschließungsanlagen zu einer Minderung der
Beitragslast des Eigentümers führt, hängt von dem geschlossenen
Übernahmevertrag ab. Die Rechtslage entspricht insoweit der bei den
unentgeltlichen Landabtretungen (BVerwG, ebd.; im übrigen vgl.
§ 128, Rn 8).

34 Als **Anwendungsbereich** des Abs. 2 verbleibt danach nur der Fall, in
dem die Gemeinde eine Erschließungsanlage **zu einem nicht kosten-
deckenden Preis übernommen** hat. Hier hat der Eigentümer bereits
Kosten für die Erschließung aufgebracht, die ihm bei der Berechnung
seines Erschließungsbeitrags gutzuschreiben sind. Ein solcher Abzug
von der Beitragsschuld kann jedoch nur insoweit erfolgen, als der
Eigentümer für die Anlage oder den Anlagenteil Aufwendungen er-
bracht hat, für den Beiträge erhoben werden. War die Anlage nicht
endgültig hergestellt und hat die Gemeinde weitere Teileinrichtungen
erstellt, für die sie nun Beiträge erhebt, kann insoweit Abs. 2 nicht
eingreifen. Insoweit waren dem Eigentümer keine Kosten entstanden,
so daß auch keine Doppelbelastung vorliegt.

§ 130 Art der Ermittlung des beitragsfähigen Erschließungs-
 aufwands

(1) **Der beitragsfähige Erschließungsaufwand kann nach den tat-
sächlich entstandenen Kosten oder nach Einheitssätzen ermittelt
werden. Die Einheitssätze sind nach den in der Gemeinde üblicher-
weise durchschnittlich aufzuwendenden Kosten vergleichbarer Er-
schließungsanlagen festzusetzen.**

(2) **Der beitragsfähige Erschließungsaufwand kann für die einzelne Erschließungsanlage oder für bestimmte Abschnitte einer Erschließungsanlage ermittelt werden. Abschnitte einer Erschließungsanlage können nach örtlich erkennbaren Merkmalen oder nach rechtlichen Gesichtspunkten (z. B. Grenzen von Bebauungsplangebieten, Umlegungsgebieten, förmlich festgelegten Sanierungsgebieten) gebildet werden. Für mehrere Anlagen, die für die Erschließung der Grundstücke eine Einheit bilden, kann der Erschließungsaufwand insgesamt ermittelt werden.**

Übersicht

1. Während in §§ 127 bis 129 geregelt ist, welcher Erschließungsaufwand beitragsfähig ist, bestimmt § 130, wie dieser Aufwand zu ermitteln ist. Dabei beschränkt sich die **Ermittlung** nicht von vornherein auf den beitragsfähigen Aufwand im Sinne des § 129 Abs. 1 Satz 1, sondern auf den **gesamten Erschließungsaufwand.** Bleibt der beitragsfähige Aufwand dahinter zurück, so ist dieser Aufwand durch eine Verhältnisrechnung aus dem Gesamtaufwand zu ermitteln (hierzu Ernst, in: E/Z/B, § 130, Rn 1; Förster, in: Kohlhammer-Komm. zum BBauG, § 130, Anm. 13). 1

a) Die erste der Ermittlungsarten, die das Gesetz in **Abs. 1 Satz 1** den Gemeinden zur Verfügung stellt, ist die **Ermittlung nach den tatsächlich entstandenen Kosten.** Diese Ermittlungsart entspricht vollkommen dem Kostenerstattungsprinzip des Beitragsrechts. Ihre Anwendung ist für die Gemeinde daher auch **mit keinem rechtlichen Risiko verbunden.** Allerdings ist ihre Anwendung verwaltungspraktisch nur dann einfach, wenn die eingehenden Abrechnungen der Bauunternehmer räumlich oder sachlich mit dem Ermittlungsraum oder mit den abzurechnenden Teileinrichtungen übereinstimmen. In diesem Fall sind die Rechnungen lediglich auf ihre Richtigkeit zu prüfen, was die Gemeinde aus haushaltsrechtlichen Gründen ohnehin zu erledigen hat. Stimmen die Abrechnungen jedoch hiermit nicht überein, muß entweder der Bauunternehmer zu einer entsprechenden Rechnungslegung veranlaßt werden, was nicht selten zu Schwierigkeiten und zusätzlichen Kosten führt, oder aber die Gemeinde muß die Kosten selbst dem 2

Ermittlungsraum oder der Teileinrichtung zuordnen. Im übrigen hat die Gemeinde die Kosten im Hinblick auf ihre Erforderlichkeit (vgl. § 129, Rn 16 f.) zu prüfen. **Nicht notwendig** ist allerdings, daß die Rechnung vor der Beitragserhebung **beglichen** ist. Der Aufwand ist der Gemeinde bereits in dem Augenblick entstanden, in dem die Zahlungsverpflichtung entstanden ist (vgl. für den Grunderwerb § 128, Rn 9). Ist eine exakte **Kostenermittlung nicht mehr möglich,** etwa weil die Herstellung lange zurückliegt und die Rechnungen der Gemeinde nicht zugänglich sind, kann sie die Kosten ausnahmsweise auf der Grundlage der zur Zeit der Herstellung handelsüblichen Preise **schätzen,** wobei der Gemeinde ein gewisser Spielraum hinsichtlich der Vorgehensweise und des Ergebnisses der Schätzung einzuräumen ist (BVerwG, U. v. 16. 8. 1985, 8 C 120-122.83, NJW 1986, 1122/1124; U. v. 15. 11. 1985, 8 C 41.84, NVwZ 1986, 299/302).

3 **Nachteil** dieser Ermittlungsart ist, abgesehen von dem möglichen Verwaltungsaufwand, daß hierdurch in aller Regel die **Beitragserhebung hinausgezögert** wird. Zwischen endgültiger Herstellung der Erschließungsanlage oder des Teils der Erschließungsanlage und der **Rechnungslegung durch den letzten Unternehmer** – erst ab diesem Zeitpunkt können die Beiträge festgesetzt werden – vergeht eine gewisse Zeit. Dann ist der Zeitraum anzusetzen, in dem die Gemeinde die Rechnungen prüft, gegebenenfalls den abzurechnenden Anlagen zuordnet. So kann zwischen endgültiger technischer Herstellung der Erschließungsanlage und der Möglichkeit der Beitragserhebung aufgrund der vollständig ermittelten Kosten geraume Zeit verstreichen.

4 Hat ein Unternehmer zu einem **Gesamtpreis** verschiedene Straßen im Gemeindegebiet erstellt, die keine Erschließungseinheit bilden, so muß zur Kostenermittlung in aller Regel dem Unternehmer aufgegeben werden, seine **Abrechnung für jede der hergestellten Straßen zu spezifizieren.** Hiervon kann nur dann abgesehen werden, wenn alle Umstände des Straßenbaus derart gleich sind, daß aus der Gesamtabrechnung des Unternehmers unmittelbar die Kosten der jeweils abzurechnenden Straße abgeleitet werden können. Hiervon wird jedoch nur in seltenen Fällen ausgegangen werden können, so daß diese Art der Kostenermittlung „wohl besser vermieden" wird (BVerwG, U. v. 16. 3. 1970, BRS 37, S. 309/310 f.).

5 **b)** Um den Gemeinden den mit der Abrechnung nach tatsächlichen Kosten häufig entstehenden Verwaltungsaufwand zu ersparen, hat der Gesetzgeber in Abs. 1 Satz 1 ihnen alternativ die Möglichkeit der **Kostenermittlung nach Einheitssätzen** zur Verfügung gestellt. Die Beiträge können hierbei mit Abschluß der Bauarbeiten festgesetzt werden. Mit dieser Möglichkeit zur **Pauschalierung** der Kosten werden zwar Abweichungen von den für die Herstellung einer Erschließungsanlage tatsächlich entstandenen Kosten in Kauf genommen, doch wird damit nicht das Kostenerstattungsprinzip aufgegeben. Denn **Abs. 1 Satz 2** bestimmt, daß die Einheitssätze nach den üblicherweise

für solche Anlagen aufzuwendenden Kosten zu bemessen sind. Dabei kann eine Gemeinde Einheitssätze nicht erst dann bilden, wenn sie **vergleichbare Anlagen** bereits selbst einmal hergestellt hat; es genügt, wenn die Vergleichspreise aus entsprechenden Bauarbeiten in der Umgebung stammen (BVerwG, U. v. 29. 7. 1977, IV C 3.75, BRS 37, S. 157/161 f.; ebenso Urteil IV C 86.75 vom selben Tag, BVerwGE 54, 225/232).

Wegen dieser Orientierung an den tatsächlichen Kosten sind bei der **6** Ermittlung des beitragsfähigen Erschließungsaufwands nach Einheitssätzen jeweils die Einheitssätze zugrundezulegen, die im **Zeitpunkt des Abschlusses der Herstellungsarbeiten** für die Erschließungsanlage oder eine Teilanlage gelten; werden verschiedene Teilanlagen zu unterschiedlichen Zeitpunkten hergestellt, sind ggf. auch unterschiedliche Einheitssätze anzuwenden (BVerwG, U. v. 25. 1. 1985, 8 C 55.83, NVwZ 1985, 657 f.). Damit wurde die frühere Rechtsprechung des 4. Senats, die die Anwendung zeitnaher Einheitssätze erst verlangte, wenn ein „ausgesprochenes Mißverhältnis" zwischen dem nach Einheitssätzen und dem nach tatsächlichen Kosten ermittelten Erschließungsaufwand entstehen würde (hierzu B/K/L, 1. Auflage, Rn 6), aufgegeben. Als **Teilanlage** im Sinne seiner neuen Rechtsprechung sieht das BVerwG solche Anlagen an, für die in der Satzung nach § 132 Nr. 2 ein besonderer Einheitssatz festgelegt ist (vgl. hierzu unten, Rn 11). Hat die Gemeinde eine solche Festlegung nicht getroffen, sind als Teilanlage die nach § 127 Abs. 3 abspaltbaren Teile einer Erschließungsanlage anzusehen (BVerwG, U. v. 25. 1. 1985, aaO, S. 657). Dabei kommt es nicht darauf an, ob die Teilanlagen im Wege der Kostenspaltung gesondert abgerechnet werden. Allerdings ist dies bei unterschiedlichen Fertigstellungszeitpunkten zu empfehlen, da der Aufwand nun ohnehin getrennt ermittelt werden muß.

Diese Änderung der Rechtsprechung beruht vor allem auf einer **7** geänderten Sicht der Praxis bei der Bildung von Einheitssätzen. Ging das BVerwG früher davon aus, daß die Einheitssätze immer **auf der Grundlage zurückliegender Herstellungskosten** ermittelt werden und daher angesichts steigender Preise bereits bei ihrer Festsetzung überholt sind und ein später festgelegter Einheitssatz daher den tatsächlichen Kosten wenige Jahre früher durchgeführter Erschließungsarbeiten meist näher kommt als ein zur Zeit der Erschließungsarbeiten geltender Einheitssatz (BVerwG, U. v. 22. 1. 1971, IV C 60.69, BRS 37, S. 151/153), nimmt es nunmehr an, daß die Gemeinde die Einheitssätze „in einer Höhe festsetzt, die den Durchschnittskosten für den Zeitraum **nach** Inkrafttreten dieser Einheitssätze entspricht" (BVerwG, U. v. 25. 1. 1985, aaO, S. 657). Den Gemeinden wird damit also eine **Prognose der Preisentwicklung** zugemutet. Dies ist in Zeiten relativer Preisstabilität wenig problematisch, kann aber bei sich ändernden – steigenden oder fallenden – Preisen zu Ungerechtigkeiten entweder zu Lasten der Gemeinde, d. h. der Allgemeinheit, oder der Beitragspflich-

tigen oder aber dazu führen, daß die Einheitssätze nicht anwendbar sind
und daher nach den tatsächlichen Kosten abgerechnet werden muß
(vgl. etwa BVerwG, U. v. 15. 11. 1985, 8 C 41.84, NVwZ 1986, 299/
301; vgl. auch Driehaus, Rn 382 f.). Besteht die Gefahr eines solchen
groben Mißverhältnisses, kann die Gemeinde in ihrer Satzung vorsorg-
lich Abschläge vom Einheitssatz vorsehen.

8 Die Zulässigkeit der Bildung von Einheitssätzen und das Erfordernis
einer Preisprognose setzen voraus, daß die **tatsächlich entstandenen
Kosten nicht die obere Grenze** der durch Einheitssätze ermittelten
Kosten darstellen. Entsprechend dem Wesen der Pauschalierung kann
die Kostenermittlung nach Einheitssätzen im einen Fall hinter den
tatsächlichen Kosten zurückbleiben, im anderen Fall aber die tatsächli-
chen Kosten übersteigen (BVerwG, U. v. 22. 1. 1971, IV C 60.69, BRS
37, S. 151/153).

9 Um dem auch bei der Anwendung von Einheitssätzen geltenden
Grundsatz der Kostenerstattung zu genügen, muß die Gemeinde ihre
Einheitssätze der – absehbaren – Kostenentwicklung in den erforderli-
chen Zeitabständen anpassen (BVerwG, U. v. 25. 1. 1985, 8 C 55.83,
NVwZ 1985, 657). Zulässig ist es auch, die Einheitssätze an einen
Baukostenindex zu binden; es handelt sich hier nicht um eine genehmi-
gungsbedürftige Preisindexklausel (BVerwG, Beschluß vom 12. 5.
1977, DÖV 1977, 682/683; vgl. auch BVerwG, U. v. 6. 12. 1968, ZMR
1969, 189). Hierbei ist allerdings die vermutliche künftige Preisent-
wicklung einzubeziehen.

10 Für die Abrechnung von **Entwässerungsanlagen** sind wegen des
Systemzusammenhangs der gemeindlichen Entwässerung **Einheits-
sätze die zweckmäßigste Grundlage** für die Abrechnung. Für ihre
Bemessung ist nach den geschilderten Grundsätzen vorzugehen (vgl.
auch § 128, Rn 31 ff.). Hat die Gemeinde für die Entwässerung das
Mischsystem verwendet, so ist bei den Einheitssätzen der auf die
Straßenentwässerung entfallende Anteil zugrunde zu legen. Werden
beide Systeme, sowohl **Misch- als auch Trennsystem** verwendet, so
müssen gegebenenfalls die hierdurch bedingten Kostenunterschiede
durch **unterschiedliche Einheitssätze** berücksichtigt werden
(BVerwG, U. v. 29. 7. 1977, IV C 3.75, BRS 37, S. 157/162; ebenso
Urteil IV C 86.75 vom selben Tag, BVerwGE 54, 225/232 f.).

11 Zwar sollen Einheitssätze der Vereinfachung der Abrechnung die-
nen, doch können wegen der **der Pauschalierung gesetzten Grenzen**
die tatsächlichen Kosten der Anlagen oder Teilanlagen nicht unberück-
sichtigt bleiben (hierzu oben, Rn 5 ff.). Entstehen daher für die Herstel-
lung verschiedener Teilanlagen **verschieden hohe Kosten,** müssen auch
jeweils **entsprechende Einheitssätze** festgesetzt werden. Dies gilt z. B.
für **Fahrbahnen und Gehwege** (VGH Mannheim, U. v. 13. 12. 1971,
KStZ 1973, 41), aber z. B. auch für stark unterschiedlich belastete und
entsprechend ausgebaute Straßen wie etwa Vorort- und Hauptver-
kehrsstraßen. Allerdings braucht hierbei nicht zu sehr differenziert zu

werden, um nicht die Vorteile der pauschalierten Abrechnung, die der Gesetzgeber gerade der Gemeinde zugute kommen lassen wollte, in ihr Gegenteil zu verkehren. In jedem Fall muß aber die **Zahl der Einheitssätze** der **Zahl der** in der Gemeinde gegebenen **Abrechnungsmöglichkeiten** entsprechen. Eröffnet sich die Gemeinde z. B. in ihrer Satzung die Möglichkeit der **Kostenspaltung** nach § 127 Abs. 3 (§ 132 Nr. 3), so müssen für die abspaltbaren Teile der Erschließungsanlagen eigene Einheitssätze gebildet werden. Dabei ist es unerheblich, ob diese Einheitssätze für die Teileinrichtungen selbständig gebildet werden oder aber durch prozentuale Abschläge von dem für die gesamte Anlage geltenden Einheitssatz ermittelt werden (hierzu Förster, in: Kohlhammer-Komm. zum BBauG, § 128, Anm. II 2c aa). Dabei ist besonders darauf zu achten, daß der Einheitssatz alle die Maßnahmen umfaßt, die auch bei der Abrechnung einer Teileinrichtung zusammengefaßt werden. Werden z. B. Bordsteine, die nicht allein als Teileinrichtung abrechenbar sind (vgl. § 127, Rn 42), im Wege der Kostenspaltung zusammen mit der Fahrbahn abgerechnet, so muß der Einheitssatz auch die Kosten der Bordsteine mit umschließen. Bei der Abrechnung der Gehwege können die Bordsteine dann nicht noch einmal berücksichtigt werden. Die Zuordnung solcher, die Teileinrichtungen trennenden oder verbindenden Maßnahmen zu einer der beiden Teileinrichtungen sollte in der Satzung klargestellt werden (hierzu OVG Koblenz, U. v. 30. 1. 1978, KStZ 1978, 178/179, wo die Bordsteine dem Bürgersteig zugerechnet werden).

Einheitssätze sind auf eine bestimmte **Bezugsgröße** hin auszurichten. **12** In jedem Fall anwendbar ist als Bezugseinheit der **Quadratmeter Grundfläche** der Erschließungsanlage. Bei Straßen kann der Einheitssatz auch auf den **laufenden Meter Straße** bezogen werden. In diesem Fall ist es jedoch nicht zulässig, denselben Einheitssatz für Straßen anzuwenden, die sich in ihrer Breite um mehr als zwei Meter voneinander unterscheiden (BVerwG, U. v. 6. 9. 1968, BVerwGE 30, 207/209). In diesem Fall muß also die **Straßenbreite** als zusätzliches Differenzierungskriterium bei der Festlegung des Einheitssatzes berücksichtigt werden.

Die Einheitssätze dienen der Vereinfachung der Abrechnung, wobei **13** eine Überschreitung der tatsächlich entstandenen Kosten im gewissen Rahmen hingenommen werden kann. Sie dürfen aber nicht dazu führen, daß Erschließungsanlagen oder Teile von Erschließungsanlagen abgerechnet werden, für die der Gemeinde **keine Kosten entstanden** sind oder für die sich nicht nachweisen läßt, daß der Gemeinde ein Aufwand entstanden ist. Diese Teile sind auch bei der Abrechnung nach Einheitssätzen nicht zu berücksichtigen (BVerwG, U. v. 29. 7. 1977, IV C 3.75, BRS 37, S. 157/158).

c) Die Gemeinde hat die Art der Ermittlung des beitragsfähigen **14** Erschließungsaufwands nach § 132 Nr. 2 in der **Erschließungsbeitragssatzung** zu regeln. Dabei muß sie sich nicht generell für eine der beiden

Ermittlungsarten entscheiden, sondern sie kann diese **beiden Ermitt-lungsarten auch kombinieren.** Sowohl die Abrechnung nach tatsächlichen Kosten als auch die Abrechnung nach Einheitssätzen sind **nicht für jeden Aufwand gleichermaßen geeignet.** So scheidet z. B. für die Abrechnung von **Entwässerungs- und** wohl auch **Beleuchtungsanlagen** die Abrechnung nach tatsächlichen Kosten praktisch aus, wenn nicht Durchschnittssätze gebildet werden (hierzu § 128, Rn 34). Umgekehrt ist eine Abrechnung nach den tatsächlich entstandenen Kosten zweckmäßig bei den Kosten des **Grunderwerbs** und der **Freilegung.** Diese werden sich in aller Regel von Anlage zu Anlage so stark unterscheiden, daß sie einer Pauschalierung nicht zugänglich sind. Dasselbe gilt in aller Regel bei den Kosten für die Herstellung von **Immissionsschutzanlagen,** sofern nicht in einer Gemeinde stets derselbe Typ, allenfalls in unterschiedlicher Größe, hergestellt wird. Einheitssätze bieten sich demgegenüber an bei allen Einrichtungen, die im wesentlichen stets nach den gleichen Grundsätzen hergestellt werden, wie z. B. **Straßen,** gegebenenfalls auch **Grünanlagen,** sofern hier nicht sehr verschiedene Ausstattungsniveaus gewählt werden (hierzu Förster, in: Kohlhammer-Komm. zum BBauG, Anm. II 3a).

15 Hieraus folgt, daß auch **für ein und dieselbe Erschließungsanlage** im Sinne des § 127 Abs. 2 **verschiedene Ermittlungsarten** angewandt werden können, so z. B. bei einer Erschließungsstraße die Abrechnung nach tatsächlichen Kosten für Grunderwerb und Freilegung, die Abrechnung nach Einheitssätzen für Fahrbahnen und Gehwege sowie Entwässerungs- und Beleuchtungseinrichtungen (hierzu BVerwG, U. v. 31. 1. 1968, BVerwGE 29, 90/92).

16 Grundsätzlich nicht möglich ist es dagegen, für bestimmte Erschließungsanlagen oder Teile von Erschließungsanlagen für den einen **Ortsteil** die Ermittlung nach Einheitssätzen und für den anderen Ortsteil die Ermittlung nach den tatsächlich entstandenen Kosten vorzusehen. Da die verschiedenen Ermittlungsarten durchaus zu wenn auch nicht gravierenden unterschiedlichen Belastungen der Beitragspflichtigen führen können, bestehen hier unter Gleichbehandlungsgesichtspunkten erhebliche Bedenken (vgl. auch Förster, aaO, Anm. II 3b, wo dies allenfalls für früher selbständige Orte, die im Zuge der Kommunalreform vereinigt worden sind, für möglich gehalten wird).

17 Die Gemeinde hat **in ihrer Satzung** die **Wahl der Ermittlungsart,** die Erschließungsanlagen oder die Einrichtungen von Erschließungsanlagen, für die bestimmte Ermittlungsarten angewandt werden sollen, und die **Höhe der Einheitssätze exakt festzulegen.** Hat die Gemeinde im Zeitpunkt des Eingangs der letzten Unternehmerrechnung (vgl. oben, Rn 3) Einheitssätze nicht oder nicht rechtswirksam festgesetzt, entsteht die Beitragspflicht kraft Gesetzes auf der Grundlage der tatsächlichen Kosten als dem gesetzlichen Regelfall (BVerwG, U. v. 15. 11. 1985, 8 C 41.84, NVwZ 1986, 299/301 f.). Zum Erfordernis, die Höhe der Einheitssätze der Preisentwicklung anzupassen, oder be-

stimmte Gleitklauseln vorzusehen, vgl. oben, Rn 7, 9. Die hiernach geltenden Grundsätze sind auch auf solche Erschließungsanlagen oder Teile von Erschließungsanlagen anzuwenden, die vor Inkrafttreten des BBauG 1960 hergestellt, aber nicht nach altem Recht abgerechnet worden sind. Hier kann die Gemeinde solche Altanlagen nach den tatsächlich entstandenen Kosten abrechnen (vgl. BVerwG, U. v. 25. 1. 1985, 8 C 55.83, NVwZ 1985, 657/658) oder aber Einheitssätze für zurückliegende Zeitspannen bilden oder früher festgelegte Einheitssätze für anwendbar erklären (Förster, aaO, Anm. II 4c cc). Entscheidend für die Satzung ist, daß sie **für jeden Abrechnungsfall eine exakte Regelung** enthält, die ein **Ermessen der Verwaltung** bei der Anwendung der Satzung **ausschließt** (Driehaus, Rn 378).

2. Entgegen seiner Überschrift regelt §130 nicht nur die Art der Aufwandsermittlung, sondern bestimmt auch den Raum, auf den die Ermittlung zu beziehen ist **(Ermittlungsraum)**. Unter Ermittlungsraum ist dabei nicht das Abrechnungsgebiet im Sinne des §131 Abs. 1 zu verstehen, sondern die **räumliche Begrenzung der Erschließungsanlagen**, die abgerechnet werden sollen. Dabei sieht **Abs. 2** als **Regelfall** die Aufwandsermittlung für eine **einzelne Erschließunganlage** vor. Daneben stellt das Gesetz noch die Möglichkeit bereit, den Aufwand für **Abschnitte** einzelner Erschließunganlagen oder für mehrere Erschließungsanlagen, die eine **Erschließungseinheit** bilden, zu ermitteln.

a) Bei der Beurteilung, ob eine Straße eine **einzelne Erschließungsanlage** im Sinne des Abs. 2 **Satz 1** darstellt, ist von einer "natürlichen Betrachtungsweise" auszugehen. Maßgeblich ist danach das **Erscheinungsbild der Straße nach Führung, Breite, Länge und Ausstattung**. Unerheblich ist dagegen die **Straßenbezeichnung**. Eine Straße kann eine einzelne Erschließungsanlage sein, obwohl sie in Abschnitten unterschiedliche Straßenbezeichnungen trägt; umgekehrt kann sich eine Straße mit einer einheitlichen Straßenbezeichnung als mehrere einzelne Erschließungsanlagen darstellen (hierzu BVerwG, U. v. 3. 5. 1974, IV C 16.72, BRS 37, S. 165/166). Auch die **Erschließungsfunktion** ist grundsätzlich nicht ausschlaggebend. Unterscheiden sich allerdings die Erschließungsfunktionen von zwei Teilen einer Erschließungsanlage beträchtlich, kann diese Anlage nicht als einzelne Erschließungsanlage im Sinne des Abs. 2 Satz 1 aufgefaßt werden. Dies gilt z. B., wenn ein Teil der Erschließungsanlage als Fußweg, der andere Teil als Fahrstraße mit Gehwegen ausgebaut ist (hierzu BVerwG, U. v. 23. 6. 1972, IV C 16.71, BRS 37, S. 186/187 f.). Möglicherweise kann dann jedoch eine Erschließungseinheit nach Abs. 2 Satz 3 gebildet werden (hierzu unten, Rn 27 ff.). Ist eine Straße jedoch zum Teil breiter, zum Teil schmaler ausgebaut, oder wird ein Grundstück über eine unselbständige Zufahrt erschlossen, hindert dies daran, die Straße als einzelne Erschließungsanlage anzusehen (BVerwG, ebd.). Nur Unterschiede, die "jeden der Straßenteile zu einem **augenfällig abge-**

grenzten Element des öffentlichen Straßennetzes machen" (BVerwG, U. v. 21. 9. 1979, 4 C 55.76, BRS 37, S. 189/190 f.; U. v. 13. 12. 1985, 8 C 66.84, ZfBR 1986, 93/94), rechtfertigen es, jeden dieser Straßenteile als einzelne Erschließungsanlage anzusehen. Die Bestimmung der einzelnen Erschließungsanlage richtet sich daher nach objektiven Kriterien, nicht nach einem Ermessen der Gemeinde (BVerwG, ebd.). Die Regel wird es sein, daß jede Straße, unabhängig davon, ob Hauptstraße, Nebenstraße oder Querverbindung, als einzelne Erschließungsanlage anzusehen ist. Dies gilt auch, wenn diese Straßen miteinander verbunden sind und eine gleiche Erschließungsfunktion erfüllen. Sie sind daher jeweils gesondert abrechenbare Erschließungsanlagen (BVerwG U. v. 3. 5. 1974, IV C 16.72, BRS 37, S. 165/166).

20 Ist daher eine Erschließungsstraße nach diesen Grundsätzen als einzelne Erschließungsanlage anzusehen, wird hieran nichts durch eine **nur teilweise Widmung** der Straße geändert. Vielmehr fehlt es dann an der Voraussetzung für die Erhebung von Erschließungsbeiträgen, da es sich hierbei (noch) nicht um eine insgesamt öffentliche Straße im Sinne des § 127 Abs. 2 Nr. 1 (vgl. § 127, Rn 12 ff.) handelt. In diesem Fall hat die Gemeinde, um die Straße abrechnen zu können, entweder die Widmung auch für die übrigen Teile nachzuholen oder aber sie hat, sofern dies möglich ist, Abschnitte zu bilden (hierzu BVerwG, U. v. 21. 1. 1977, BRS 37, S. 227/230). Eine solche nachträgliche Abschnittsbildung kann dann insoweit zur Heilung eines bereits vorher ergangenen Beitragsbescheids führen (vgl. auch BVerwG, ebd.; § 132, Rn 35).

21 **b)** Wenn die Gemeinde mit der Beitragserhebung nicht bis zur endgültigen Herstellung der gesamten Erschließungsanlage warten will, kann sie die Erschließungsanlage auch in einzelne **Abschnitte** aufteilen und diese Abschnitte getrennt abrechnen. Ob die Gemeinde eine solche Abschnittsbildung vornimmt, liegt in ihrem **Ermessen** (BVerwG, U. v. 19. 11. 1982, NVwZ 1983, 473/474). Aus diesem Grund kann auch nicht das Gericht sein Ermessen an die Stelle des Ermessens der Gemeinde setzen und zur wenigstens teilweisen Aufrechterhaltung eines Beitragsbescheids, der für eine gesamte Erschließungsanlage ergangen ist, eine solche Abschnittsbildung vornehmen, etwa weil nur bestimmte Abschnitte einer Straße gewidmet sind (BVerwG, U. v. 21. 1. 1977, BRS 37, S. 227/230).

22 Allerdings darf die Abschnittsbildung **nicht zu willkürlichen Beitragserhebungen** führen (BVerwG, U. v. 11. 12. 1970, IV C 24.69, BRS 37, S. 89/90). Die Grenzziehung bei einer solchen Abschnittsbildung muß sich daher an **erkennbaren Markierungen** orientieren und darf nicht den zufälligen Ausbaustrecken einer Straße folgen. Als Grenzen einer möglichen Abschnittsbildung kommen etwa einmündende Straßen (hierzu BVerwG, U. v. 15. 9. 1978, 4 C 50.76, BRS 37, S. 74/75 f.; ebenso Urteile vom 15. 9. 1978, 4 C 7.76, NJW 1979, 1996 ff., und 4 C 22.76, DÖV 1979, 175 ff.), Brücken und topographische oder sonstige örtliche Gegebenheiten in Betracht (Driehaus,

Rn 394). Einer nach diesen Kriterien an sich möglichen Abschnittsbildung kann aber entgegenstehen, daß die Herstellung bestimmter Abschnitte der Straße mit **besonderen Kosten** verbunden ist, die für die anderen Abschnitte der Straße nicht entstehen. Dies kann etwa aus besonderen Gründungsproblemen folgen, aber auch aus der in bestimmten Abschnitten vorgesehenen Anlage von Grünanlagen oder sonstigen Teileinrichtungen, die nicht nur den Anliegern des jeweiligen Abschnitts, sondern den Anliegern der gesamten Erschließungsanlage zugute kommen und daher von allen anteilig zu tragen sind (vgl. BVerwG, U. v. 16. 3. 1970, BRS 37, S. 309/311).

Nach dem BBauG konnten rechtliche Kriterien, etwa die Grenzen **23** eines Umlegungsgebiets, für die Abschnittsbildung nicht herangezogen werden. Dies hat die Abstimmung der Erhebung von Erschließungsbeiträgen mit den anderen Finanzierungsarten in Umlegungs- und ggf. Sanierungsgebieten sehr erschwert. **Abs. 2 Satz 2** bestimmt daher nunmehr, daß Abschnitte auch nach rechtlichen Gesichtspunkten, etwa entlang der Grenzen von Umlegungs- und Sanierungsgebieten, gebildet werden können (vgl. BT-Drs 10/4630, S. 114). In Umlegungsgebieten wird damit die sicherlich zweckmäßigere erschließungsflächenbeitragsfreie Zuteilung erleichtert und damit die Erhebung von Erschließungsbeiträgen insoweit erübrigt. Auch bei Sanierungsgebieten, in denen Ausgleichsbeträge erhoben werden und daher die Erhebung von Erschließungsbeiträgen nach § 154 Abs. 1 Satz 2 ausgeschlossen ist, kann eine Abschnittsbildung nach den Gebietsgrenzen schwierige Zuordnungsfragen vermeiden helfen (vgl. auch § 154, Rn 8; § 127, Rn 8 f.). Der Abschnittsbildung nach den Grenzen eines Bebauungsplangebiets kann Bedeutung für die Bildung von Erschließungseinheiten zukommen (vgl. unten, Rn 30).

Eine **Kombination von Abschnittsbildung und Kostenspaltung** **24** nach § 127 Abs. 3 im Sinne einer sog. **Querspaltung** (hierzu § 127, Rn 41) ist **nicht zulässig,** da hiermit die Durchsichtigkeit und Erkennbarkeit der Beitragsberechnung für den Bürger nicht mehr gegeben wäre: Zum einen könnte nämlich das Abrechnungsgebiet im Hinblick auf die Abschnittsbildung auf die von diesem Abschnitt erschlossenen Grundstücke zu beschränken sein; zum anderen aber könnte im Hinblick auf die Kostenspaltung das Abrechnungsgebiet auf alle von der Straße, auch soweit sie noch nicht hergestellt ist, erschlossenen Grundstücke erstreckt werden. Nur letzteres wäre möglich, wenn die Voraussetzungen für eine Abschnittsbildung nicht gegeben sind; dann aber würde die Vorschrift des Abs. 2 Satz 1 über die Abschnittsbildung unterlaufen. Im übrigen würde eine solche Vorgehensweise zu mehreren Veranlagungsverfahren führen, die einen erhöhten Verwaltungsaufwand und – schon mangels aktuellen Vorteils bei den durch die Teillänge noch nicht erschlossenen Grundstücken – eine verminderte Einsehbarkeit der Beitragserhebung bei den Bürgern hervorrufen würde (hierzu BVerwG U. v. 15. 9. 1978, 4 C 50.76, BRS 37, S. 74/

76 f.; ebenso Urteile vom selben Tag 4 C 7.76, NJW 1979, 1996 ff., und
4 C 22.76 DÖV 1979, 175 ff.). Dagegen ist es grundsätzlich **zulässig,
innerhalb eines zulässigerweise gebildeten Abschnitts** eine **Kosten-
spaltung** vorzunehmen (BVerwG, U. v. 10. 12. 1971, BRS 37, S. 68/
69). Um jedoch die Durchsichtigkeit der Abrechnung für die Beitrags-
pflichtigen soweit als möglich zu erhalten, ist die **Gemeinde an** eine bei
einer Abrechnung von Teileinrichtungen **einmal vorgenommene Ab-
schnittsbildung gebunden.** Hat die Gemeinde daher für die Abrech-
nung z. B. des Grunderwerbs einen bestimmten Abschnitt gebildet, so
kann sie für die spätere Abrechnung der Herstellungskosten nicht einen
davon abweichenden Abschnitt bilden. Da sich hierdurch der Kreis der
beitragspflichtigen Grundstücke ändern kann, würde die Beitragsbe-
rechnung für den Bürger völlig unübersichtlich. Abschnitte im Sinne
des Abs. 2 Satz 1 können sich daher immer nur auf **dieselbe Teilstrecke
einer Erschließungsanlage** erstrecken und sich **nicht überschneiden**
(BVerwG, U. v. 4. 10. 1974, IV C 9.73, BRS 37, S. 311/315 f.). Die
Gemeinde muß daher bei der Abschnittsbildung immer die Abrech-
nung der gesamten Kosten im Auge haben, um unnötige Verwaltungs-
arbeit möglichst zu vermeiden.

25 **Innerhalb einer Erschließungseinheit** nach Abs. 2 Satz 3 ist eine
Abschnittsbildung nicht möglich. Das Gesetz stellt die Möglichkeiten
der Abrechnung nach den drei Ermittlungsräumen ausdrücklich neben-
einander. Auch würde eine Abschnittsbildung innerhalb einer Erschlie-
ßungseinheit, d. h. die Abrechnung einer endgültig hergestellten ein-
zelnen Straße innerhalb der Erschließungseinheit, dazu führen, daß die
Eigentümer, die nicht unmittelbar Anlieger der hergestellten Straße
sind, bereits zu einem Zeitpunkt mit Erschließungsbeiträgen belastet
werden, zu dem ihnen der Vorteil durch die Erschließung noch nicht
voll zukommt (hierzu BVerwG, U. v. 15. 9. 1978, 4 C 36, 38 bis 41.76,
BRS 37, S. 178/179 f.; ebenso Urteil vom selben Tag, 4 C 65.77, DVBl.
1979, 122 ff.). Im übrigen würde eine solche Kombination von Er-
schließungseinheit und Abschnittsbildung zu denselben Problemen
führen, die eine Kombination von Kostenspaltung und Abschnittsbil-
dung mit sich bringt, nämlich Unübersichtlichkeit der Beitragserhe-
bung und Steigerung des Verwaltungsaufwands (BVerwG, ebd., unter
Hinweis auf U. v. 15. 9. 1978, 4 C 50.76, BRS 37, S. 74/78 f.). Umge-
kehrt können dagegen **mehrere Abschnitte** unterschiedlicher Erschlie-
ßungsanlagen **zu einer Erschließungseinheit** zusammengefaßt werden;
der in Abs. 2 Satz 3 verwendete Begriff der Anlagen umfaßt sowohl
eine einzelne Erschließungsanlage als auch den Abschnitt einer Er-
schließungsanlage (BVerwG, U. v. 21. 9. 1979, 4 C 55.76, BRS 37,
S. 189/190; U. v. 9. 12. 1983, 8 C 112.82, NVwZ 1984, 437/438 f.).

26 Die angeführten Grundsätze der Abschnittsbildung, die für Erschlie-
ßungsstraßen entwickelt wurden, gelten in gleicher Weise für **selbstän-
dige Grünanlagen und Immissionsschutzanlagen.** Bei Plätzen und
selbständigen Parkflächen ist die Abschnittsbildung wenig zweckmäßig

und praktisch ohne Bedeutung (vgl. Förster, in: Kohlhammer-Komm. zum BBauG, § 130, Anm. III 2).

c) Nach Abs. 2 **Satz 3** kann die Gemeinde mehrere Erschließungsan- 27
lagen im Sinne des Abs. 2 Satz 1 für die Ermittlung des Erschließungs-
aufwands rechnerisch zu einer **Erschließungseinheit** zusammenfassen
(zu praktischen Problemen bei der Bildung von Erschließungseinheiten
vgl. Thyen, KStZ 1986, 186 ff.). Es entsteht hierdurch nicht eine neue
Erschließungsanlage (Ernst, in: E/Z/B, § 130, Rn 17 g). Hat die Ge-
meinde allerdings wirksam beschlossen, eine Erschließungseinheit zu
bilden, so „sperrt" sie hiermit das **Entstehen der Beitragspflicht** für die
in der Erschließungseinheit zusammengefaßten einzelnen Erschlie-
ßungsanlagen; die Beitragspflicht entsteht frühestens, **wenn alle zu-
sammengefaßten Anlagen** im Sinne des § 133 Abs. 2 Satz 1 **endgültig
hergestellt** sind (BVerwG, U. v. 26. 9. 1983, 8 C 47, 67 bis 69.82,
NVwZ 1984, 369/370; U. v. 15. 9. 1978, 4 C 50.76, BRS 37, S. 74/76).
Diese Sperrwirkung kann aber nur erzielt werden, wenn der Beschluß,
eine Erschließungseinheit zu bilden, gefaßt wird, **bevor der Erschlie-
ßungsbeitrag für eine der zusammengefaßten Anlagen entsteht**
(hierzu näher unten, Rn 46).

Zu einer Erschließungseinheit im Sinne des Abs. 2 Satz 3 können 28
Anlagen für die Aufwandsermittlung dann zusammengefaßt werden,
wenn es sich bei ihnen um „ein **System mehrerer Einzelanlagen** bzw.
Abschnitte (handelt), das gekennzeichnet wird erstens durch einen
qualifizierten Funktionszusammenhang der die Einheit bildenden
Einzelanlagen (Abschnitte) **sowie** zweitens durch eine **deutlich er-
kennbare Abgrenzung** (BVerwG, U. v. 9. 12. 1983, 8 C 112.82,
NVwZ 1984, 437/438; grundlegend U. v. 3. 11. 1972, BRS 37, S. 162/
163 f.).

Ein solches durch einen **Funktionszusammenhang** gekennzeichnetes 29
System liegt vor, wenn mehrere miteinander verbundene Erschlie-
ßungsanlagen mit (nicht notwendig) unterschiedlicher Erschließungs-
funktion (Fahrstraßen, Stichstraßen, Fuß- oder Radwege) derart zuein-
ander in Beziehung stehen und voneinander abhängig sind, daß die
einzelnen Grundstücke zwar jeweils nur durch Teilanlagen dieses Sy-
stems erschlossen sind und von daher ihren Vorteil erhalten, daß aber
alle Anlagen einander funktional ergänzen.

Als weiteres Merkmal einer Erschließungseinheit ist die **deutliche** 30
Abgrenzung vorauszusetzen. Diese muß in aller Regel optisch deutlich
sichtbar sein, z. B. durch angrenzenden Außenbereich, breite Straßen,
Gewässer, größere Grünanlagen. Ein Indiz hierfür kann auch die ein-
heitliche Planung und Ausführung der Erschließungsanlagen sein, doch
ist dies nicht erforderlich. Die Abgrenzbarkeit bezieht sich auf das
System der Erschließungs**anlagen, nicht** aber auf das gesamte Erschlie-
ßungs**gebiet** mit seinen Grundstücken (BVerwG, U. v. 3. 11. 1972,
BRS 37, S. 162/164). An einer solchen Abgrenzung fehlt es, wenn in
einem Bebauungsplan bereits die **Fortführung der Straßen,** die zu einer

Erschließungseinheit zusammengefaßt sind, ebenso wie eine **weitere Bebauung vorgesehen** sind (BVerwG, U. v. 3. 10. 1975, BRS 37, S. 174/176 f.). Dies gilt jedenfalls dann, wenn sich die bisherigen Endpunkte der Straße nicht aus den genannten Gründen zu einer Abgrenzung der Erschließungeinheit eignen. In diesem Fall muß die Gemeinde entweder auch die noch nicht ausgebauten Straßen in die Erschließungseinheit einbeziehen oder aber die Anlagen einzeln oder durch Abschnittsbildung abrechnen (BVerwG, ebd.). Das Baugesetzbuch hat an der Regelung über die Erschließungseinheit unmittelbar nichts geändert. Da aber auch Abschnitte einer Erschließungsanlage in eine Erschließungseinheit einbezogen werden können, die Abschnittsbildung nach dem neu eingefügten Abs. 2 Satz 2 aber auch an den Grenzen eines Bebauungsplangebiets orientiert werden kann, ist es also über die Abschnittsbildung möglich, auch Erschließungseinheiten nach Bebauungsplangrenzen zu bilden. Abs. 2 Satz 2 kommt so unmittelbar auch Bedeutung für Satz 3 zu.

31 Der für die Bildung einer Erschließungseinheit erforderliche Funktionszusammenhang kann auch durch solche **Erschließungsanlagen** vermittelt werden, die **ihrerseits nicht abrechnungsfähig** sind. Dies gilt z. B. für Privatstraßen, die selbständige Erschließungsanlagen im Sinne des § 123 Abs. 2 sind, oder für vorhandene Anlagen im Sinne des § 242 Abs. 1 oder für bereits endgültig hergestellte und abgerechnete Erschließungsanlagen oder auch für – nach einer vorübergehenden Rechtsprechung – früher nicht beitragsfähige Wohnwege (BVerwG, U. v. 26. 9. 1983, 8 C 47, 67 bis 69.82, NVwZ 1984, 396 f.; U. v. 8. 10. 1976, IV C 76.74, BRS 37, S. 172/173). Dies kann zum Beispiel der Fall sein, wenn bei einer Stadterweiterung eine vorhandene kleinere Siedlung eingeschlossen wird, deren Straßen aber für den Systemzusammenhang der Erschließungseinheit erforderlich sind (vgl. auch BVerwG, U. v. 22. 2. 1985, 8 C 114.83, NJW 1985, 751/752). Allerdings werden die durch die vorhandenen Straßen erschlossenen Grundstücke durch die Bildung der Erschließungseinheit nicht noch einmal beitragspflichtig; es kann sogar notwendig sein, daß die Gemeinde den Anteil der Erschließungsbeiträge, der auf die bereits erschlossenen Grundstücke über den früher geleisteten Erschließungsbeitrag hinaus entfallen würde, zur Entlastung der Beitragspflichtigen der Erschließungseinheit selbst trägt (hierzu BVerwG, U. v. 3. 11. 1972, BRS 37, S. 162/165).

32 Ebenso kann zu einer Erschließungseinheit auch die **Ortsdurchfahrt** einer klassifizierten Straße gehören (Driehaus, Rn 406; Ernst, in: E/Z/B, § 130, Rn 17 d a. E.), da auch diese Straßen Erschließungsfunktion haben können (vgl. § 127, Rn 23). Allerdings werden diese Ortsdurchfahrten wegen ihrer regelmäßigen Größe sich eher als Abgrenzung denn als Bestandteil einer Erschließungseinheit eignen (Driehaus, ebd.). Wird eine solche Ortsdurchfahrt – oder eine andere große Straße – als Abgrenzung der Erschließungseinheit verwandt, so kann sie nur

dann „zur Hälfte" in die Erschließungseinheit einbezogen werden, wenn die einbezogene **Richtungsfahrbahn** sich als selbständige einzelne Erschließungsanlage im Sinne des Abs. 1 Satz 1 darstellt (hierzu bereits § 127, Rn 43). Ist aber, wie dies regelmäßig der Fall sein wird, die gesamte Straße trotz trennenden Grünstreifens als einheitliche Erschließungsanlage im Sinne des Abs. 1 Satz 1 anzusehen, so kann nicht die eine Fahrbahn in die Erschließungseinheit einbezogen und die andere ausgeklammert werden. Andernfalls würde eine Art „reale Längsspaltung" vorgenommen, die gerade – auch bei der Kostenspaltung – unzulässig ist (BVerwG, U. v. 21. 9. 1974, 4 C 55.76, BRS 37, S. 189/191). Die Straße kann in diesem Fall entweder ganz oder gar nicht in die Erschließungseinheit einbezogen werden.

Voraussetzung für die Bildung einer Erschließungseinheit ist weiterhin, daß der **Kreis der Grundstücke,** die von den in der Erschließungseinheit zusammengefaßten Erschließungsanlagen erschlossen werden, **im Hinblick auf jede Art von Anlagen übereinstimmt.** Werden z. B. Straßen und selbständige Grünanlagen zu einer Erschließungseinheit zusammengefaßt, ist dies nur dann zulässig, wenn alle von der Straße erschlossenen Grundstücke auch von der **Grünanlage** erschlossen werden. Dies ist, wenn nur eine längere Straße und eine kleinere Grünanlage zusammengefaßt werden, nicht der Fall (hierzu OVG Lüneburg, U. v. 28. 11. 1979, Informationsdienst des Deutschen Volksheimstättenwerks 1980, S. 62). Dasselbe gilt für **Sammelstraßen.** Werden sie in eine Erschließungseinheit einbezogen, müssen alle die Straßen miteinbezogen werden, die dieselben Grundstücke erschließen wie die Sammelstraße (Driehaus, Rn 407). | 33

Die Bildung einer Erschließungseinheit ist immer dann angebracht, wenn die Abrechnung einzelner Erschließungsanlagen zu **groben Ungerechtigkeiten** führen würde. Hauptanwendungsfall des Abs. 2 Satz 3 ist daher die Erschließungseinheit, die aus einer oder mehreren größeren Straßen und hiervon abzweigenden kleineren **Stichstraßen** gebildet wird. Bei getrennter Abrechnung dieser Erschließungsanlagen würden die Anlieger der Stichstraßen erheblich günstiger davonkommen als die Anlieger der größeren Straßen, obwohl sie für die Nutzung ihrer Grundstücke in gleichem Maße wie die Anlieger der größeren Straßen auf diese angewiesen sind. Zudem haben sie noch den Vorteil der ruhigeren Lage (hierzu BVerwG, U. v. 8. 10. 1976, IV C 76.74, BRS 37, S. 172/173). Dagegen kann ein **Wohnweg nicht** mit der zugehörigen Anbaustraße zu einer Erschließungseinheit zusammengefaßt werden. Denn anders als bei einer Stichstraße werden die Anliegergrundstücke des Wohnwegs nicht durch diesen allein erschlossen, sondern durch den Wohnweg und die nächste Anbaustraße zusammen. Sie sind also ohnehin an den Kosten der Anbaustraße zu beteiligen. Die Anlieger der Anbaustraße aber würden bei Bildung einer Erschließungseinheit zu Unrecht auch an den Kosten des Wohnwegs beteiligt (vgl. Bielenberg, in: B/K/S, Rn 282; auch Driehaus, Rn 406, 408; § 127, Rn 24). | 34

35 Die Notwendigkeit, auch auf diese Weise zur **Abgabengerechtigkeit** beizutragen, kann u. U. auch dazu führen, die Anforderungen an die Abgrenzung einer Erschließungseinheit **herabzusetzen** (hierzu Honsdorf, KStZ 1983, 90 ff., unter Hinweis auf ein unveröffentlichtes Urteil des OVG Münster vom 2. 11. 1982, 3 A 1195/82; vgl. auch Müller, BBauBl. 1983, 433). In solchen Fällen kann die Gemeinde sogar gezwungen sein, eine Erschließungseinheit unter Einbeziehung besonders kostengünstiger Stichstraßen und eventuell sogar Verbindungsstraßen zu bilden (BVerwG, U. v. 5. 9. 1969, BVerwGE 34, 15/17 f.; U. v. 30. 1. 1970, IV C 108.67, DVBl. 1970, 836/837).

36 Auch bei Bildung einer Erschließungseinheit kann eine **Vorausleistung** nach § 133 Abs. 3 Satz 1 verlangt werden. Diese setzt allerdings voraus, daß die Gemeinde bereits vorher wirksam eine Erschließungseinheit gebildet hat. Es ist auch möglich, daß eine Vorausleistung zunächst für eine einzelne Erschließungsanlage und eine zweite Vorausleistung später für die voraussichtlichen Kosten einer die Anlage umfassenden Erschließungseinheit erhoben wird (vgl. BVerwG, U. v. 22. 2. 1985, 8 C 114.83, NVwZ 1985, 751/752). Auch eine **Kostenspaltung** ist bei einer Erschließungseinheit möglich. Allerdings können, wie stets bei der Kostenspaltung nach § 127 Abs. 3, **nur endgültig hergestellte Teileinrichtungen** abgerechnet werden. Endgültig hergestellt sind Teileinrichtungen in einer Erschließungseinheit nur dann, wenn sie für alle von der Erschließungseinheit erfaßten Anlagen fertiggestellt sind. Nicht möglich ist allerdings, einzelne fertiggestellte Straßen oder Straßenabschnitte getrennt abzurechnen (vgl. oben, Rn 25).

37 **d)** Besondere Probleme bei der Zuordnung von Kosten entstehen bei **Kreuzungen und Einmündungen,** zumal das Gesetz keinerlei Regelung enthält. Hier sind **vier Fallgestaltungen** zu unterscheiden:
– Kreuzungen oder Einmündungen **neuer Erschließungsstraßen;**
– Kreuzungen oder Einmündungen neuer Erschließungsstraßen mit bereits **bestehenden Straßen;**
– Kreuzungen und Einmündungen von Verkehrsanlagen mit deutlich **unterschiedlicher Bedeutung;**
– Kreuzungen von **Verkehrsanlagen mit Grünflächen.**

38 Kreuzen sich neue Erschließungsanlagen **(erste Fallgruppe),** so kann für die Kostenverteilung an die Regelung in § 12 FStrG und entsprechende Bestimmungen in den Landesstraßengesetzen (vgl. z. B. § 34 Straßen- und WegeG NRW) angeknüpft werden. So haben nach § 12 Abs. 2 FStrG die jeweiligen Träger der Straßenbaulast die Kosten der Kreuzungsanlage **im Verhältnis der Fahrbahnbreiten** der an der Kreuzung beteiligten Straßen zu tragen (ebenso § 34 Abs. 2 Straßen- und WegeG NRW). Ist daher die Gemeinde nicht Trägerin der Straßenbaulast aller an der Kreuzung beteiligten Straßen, so fallen ihr nur anteilige Kosten zur Last. Nur dieser Anteil kann daher dem Erschließungsaufwand zugerechnet werden.

Entsteht eine neue Kreuzung oder eine neue Einmündung, weil eine **39** neue Straße auf eine bestehende Straße trifft **(zweite Fallgruppe)**, so kann ebenfalls der Regelung in den Straßengesetzen gefolgt werden. Für diesen Fall bestimmt § 12 Abs. 1 FStrG, daß der Träger der Straßenbaulast der **neu hinzugekommenen Straße** die **Kosten der Kreuzung zu tragen** hat (ebenso § 34 Abs. 1 Straßen- und WegeG NRW). Zu den Kosten der Kreuzung gehören dabei auch alle notwendigen Änderungen der anderen Straße. Entsteht also durch eine Erschließungsstraße eine neue Einmündung oder Kreuzung, so gehören alle hierfür anfallenden Kosten – einschließlich einer auf der bestehenden Straße ggf. anzulegenden Abbiegespur – zum Erschließungsaufwand (vgl. BVerwG, U. v. 23. 2. 1990, 8 C 75.88, NVwZ 1990, 869 ff.).

Treffen zwei Verkehrsanlagen mit erheblich unterschiedlicher Bedeu- **40** tung aufeinander, z. B. ein Fußweg auf eine Straße **(dritte Fallgruppe)**, so sind bei vollständiger Neuanlage der Kreuzung die **Kreuzungskosten der Straße zuzurechnen** (Förster, in: Kohlhammer-Komm. zum BBauG, § 130, Anm. III 4 b cc). Dies gilt auch, wenn die Straße auf einen bestehenden Fußweg trifft. Kommt jedoch umgekehrt der Fußweg zu einer bestehenden Straße hinzu, so sind die hierdurch entstehenden Kreuzungskosten dem Fußweg anzulasten.

Kreuzt eine Verkehrsanlage eine Grünfläche **(vierte Fallgruppe)**, so **41** wird, wenn es sich bei der kreuzenden Verkehrsanlage um eine **Straße** handelt, die für die Kreuzung aufgewandte Kostenmasse der Straße zuzurechnen sein. Handelt es sich bei der Verkehrsanlage um einen **Fuß- oder Radweg,** kommt es auf die Situation im einzelnen an. Bei einer größeren Grünanlage wird in der Regel die Bedeutung des Wegs so zurücktreten, daß ihm kein Anteil an den Kreuzungskosten zugerechnet werden kann. Bei einer größeren **Promenade** kann dies aber bereits anders sein. Im letzteren Fall ist die Kostenzuordnung wie bei der Kreuzung von Straßen vorzunehmen (hierzu Förster, aaO, Anm. III 4 d).

e) Die **Wahl des Ermittlungsraums** liegt grundsätzlich im **Ermessen** **42** der Gemeinde (vgl. zur Abschnittsbildung bereits oben, Rn 21). Einer Festlegung in der **Erschließungsbeitragssatzung** bedarf es hierzu **nicht**, da eine abstrakte Regelung der möglichen Fallkonstellationen, die zur Wahl des einen oder des anderen Ermittlungsraums führen können, nicht sinnvoll erfolgen könnte (a. A. VGH Kassel, U. v. 24. 2. 1967, ESVGH 17, 209/213). Trifft die Gemeinde jedoch keinerlei Entscheidung, so entsteht der Erschließungsbeitrag für die einzelne Erschließungsanlage. Dies ist der vom Gesetz vorgesehene Regelfall.

Die **Entscheidung** über die Bildung eines Abschnitts oder einer **43** Erschließungseinheit kann daher **unmittelbar aufgrund des Abs. 2** erfolgen (BVerwG, U. v. 12. 6. 1970, BRS 37, S. 182/184). Die Bestimmung in § 132 Nr. 2, wonach in der Satzung die Art der Ermittlung des Erschließungsaufwands festzulegen ist, bezieht sich lediglich auf die Ermittlungsart, nicht auch auf den Ermittlungsraum, obwohl die

Überschrift des § 130 diese Auffassung nahelegen könnte (BVerwG, ebd.).

44 Welche **Stelle innerhalb der Gemeinde** für diese Entscheidung **zuständig** ist, richtet sich nach Landesrecht. Soll entsprechend dem **Regelfall,** also in bezug auf eine einzelne Erschließungsanlage, abgerechnet werden, handelt es sich um ein **einfaches Geschäft der laufenden Verwaltung,** für das der Gemeindedirektor selbst zuständig ist. Soll jedoch ein **anderer Ermittlungsraum** gewählt werden, so ist hierfür in aller Regel die Enscheidung des **Gemeinderats** erforderlich (OVG Münster, U. v. 1. 6. 1977, DVBl. 1979, 239; VGH München, U. v. 29. 3. 1976, Amtliche Sammlung Bd. 29, S. 53/54f.; VGH Mannheim, U. v. 8. 12. 1970, BWVBl. 1971, 42; OVG Lüneburg, U. v. 26. 1. 1967, KStZ 1967, 119). Dabei ist es weder erforderlich, die Erschließungseinheit ausdrücklich als solche zu bezeichnen noch den Beschluß zu veröffentlichen. Es genügt, wenn sich aus dem Beschluß eindeutig ergibt, daß die Gemeinde mehrere Anlagen gemeinsam abrechnen will und um welche Anlagen es sich handelt. Inhalt und Zeitpunkt des Beschlusses müssen jedoch aus den Akten nachweisbar sein (so für den Ausspruch der – insoweit vergleichbaren – Kostenspaltung BVerwG, U. v. 26. 9. 1983, 8 C 47, 67 bis 69.82, KStZ 1984, 89/92).

45 Da Bundesrecht für diese Entscheidung kein Ortsrecht verlangt, können nicht durch Landesrecht an diese Entscheidung solche Anforderungen herangetragen werden, die sie letztlich doch einem Ortsgesetz vergleichbar machen (BVerwG, ebd.; zustimmend Förster, in: Kohlhammer-Komm. zum BBauG, § 130, Anm. III 5 a mit Nachweisen der abweichenden Meinungen). Die Entscheidung über den Ermittlungsraum ist daher **weder** ein für sich angreifbarer **Verwaltungsakt noch** eine **Satzung.** Ihre Überprüfung erfolgt vielmehr bei der etwa eingeleiteten Nachprüfung des Erschließungsbeitragsbescheids (Förster, aaO, Anm. III 5 c).

46 Voraussetzung für die Abrechenbarkeit der Kosten einer Erschließungsanlage im Wege der Abschnittsbildung oder der Bildung einer Erschließungseinheit ist jedoch, daß die entsprechende **Wahl des Ermittlungsraums getroffen** wurde, **bevor die Erschließungsbeitragspflicht für die einzelne Erschließungsanlage entstanden** ist. Denn nach § 133 Abs. 2 Satz 1 **entsteht die Beitragspflicht** mit der endgültigen Herstellung einer Erschließungsanlage unabhängig von einem hierauf gerichteten Willen der Gemeinde und unabhängig von einer Erhebung des Erschließungsbeitrags **kraft Gesetzes.** In diesen Fällen kann der Erschließungsbeitrag, entsprechend der Grundregel des Gesetzes, nur für die einzelne Erschließungsanlage im Sinne des Abs. 2 Satz 1 erhoben werden. Ist danach aber der Erschließungsbeitrag bereits einmal entstanden, so kann er nicht durch eine spätere Entscheidung der Gemeinde noch einmal entstehen. Der Rechtsgrundsatz, daß die **Beitragspflicht** für ein Grundstück im Hinblick auf dieselbe Erschlie-

ßungsanlage **nur einmal entsteht,** dient nicht nur der Vermeidung einer sonst möglichen Mehrfachbelastung des Grundstücks, sondern – gerade wegen des Zeitpunkts des Entstehens der Beitragpflicht – auch der Sicherheit des Rechtsverkehrs. Da der Erschließungsbeitrag als öffentliche Last auf dem Grundstück ruht, muß, etwa bei einem Eigentümerwechsel oder einer Zwangsversteigerung, feststehen, wie das Grundstück belastet ist (hierzu BVerwG, U. v. 20. 1. 1978, 4 C 2.75, BRS 37, S. 265/266 f.). Ein „vorzeitiges" Entstehen der Beitragspflicht kann die Gemeinde vermeiden, indem sie vor dem Entstehen der Beitragspflicht für die Einzelanlagen eine andere Wahl des Erschließungsraums trifft; eine solche Entscheidung „sperrt" das Entstehen einer Beitragspflicht für die von der Entscheidung betroffenen Einzelanlagen (BVerwG, U. v. 26. 9. 1983, 8 C 47, 67 bis 69.82, KStZ 1984, 89/91; U. v. 9. 12. 1983, 8 C 112.82, NVwZ 1984, 437/439). Die Wahl eines Ermittlungsraums bindet die Gemeinde erst, wenn auf ihrer Grundlage eine Beitragspflicht entstanden ist. Ist dies nicht der Fall, kann die Gemeinde ihre Entscheidung revidieren und einen anderen Ermittlungsraum wählen, auch kann sie noch eine Kostenspaltung aussprechen (BVerwG, U. v. 26. 9. 1983, aaO, S. 92).

Ist ein **Heranziehungsbescheid** zur Abrechnung z. B. einer Erschließungseinheit ergangen, **ohne** daß eine **wirksame Wahl** des entsprechenden Ermittlungsraums vorliegt, kann diesen Heranziehungsbescheid ein dreifaches Schicksal treffen: Entweder kann die Wahl des Ermittlungsraums wirksam bis zur letzten mündlichen Verhandlung der letzten Tatsacheninstanz **nachgeholt** werden mit der Folge, daß der ursprünglich fehlerhafte Bescheid hierdurch **geheilt** wird (zur Heilung ursprünglich fehlerhafter Beitragsbescheide etwa Driehaus, Rn 592 ff.). Ist in der Zeit zwischen Erlaß des Bescheids und letzter mündlicher Verhandlung die **Beitragspflicht** für die einzelne Erschließungsanlage, durch die das betreffende Grundstück erschlossen wird, **entstanden,** so kann der Beitragsbescheid in Höhe des für diese Anlage zu entrichtenden Erschließungsbeitrags **bestehenbleiben** (BVerwG, U. v. 26. 9. 1983, 8 C 27.82, nicht veröff., S. 7 der Urteilsgründe). Ist eine **Heilung** hiernach nicht erfolgt und ist eine **Beitragspflicht** für die das Grundstück erschließende Erschließungsanlage **nicht entstanden,** so ist der Bescheid allerdings **in voller Höhe nichtig.** Bei der Abschnittsbildung gilt dasselbe (hierzu Driehaus, Rn 591).

47

§ 131 Maßstäbe für die Verteilung des Erschließungsaufwands

(1) **Der ermittelte beitragsfähige Erschließungsaufwand für eine Erschließungsanlage ist auf die durch die Anlage erschlossenen Grundstücke zu verteilen. Mehrfach erschlossene Grundstücke sind bei gemeinsamer Aufwandsermittlung in einer Erschließungseinheit**

(§ 130 Abs. 2 Satz 3) bei der Verteilung des Erschließungsaufwands nur einmal zu berücksichtigen.

(2) Verteilungsmaßstäbe sind

1. die Art und das Maß der baulichen oder sonstigen Nutzung;

2. die Grundstücksflächen;

3. die Grundstücksbreite an der Erschließungsanlage.

Die Verteilungsmaßstäbe können miteinander verbunden werden.

(3) In Gebieten, die nach dem Inkrafttreten des Bundesbaugesetzes erschlossen werden, sind, wenn eine unterschiedliche bauliche oder sonstige Nutzung zulässig ist, die Maßstäbe nach Absatz 2 in der Weise anzuwenden, daß der Verschiedenheit dieser Nutzung nach Art und Maß entsprochen wird.

Übersicht

I. 1. a) Abs. 1 nennt als **Gegenstand der Verteilung** den beitragsfähi- **1** gen Erschließungsaufwand. Dies ist insofern nicht korrekt, als von diesem Aufwand nach § 129 Abs. 1 Satz 3 mindestens 10% von der Gemeinde zu tragen sind. Diese Verteilung im weiteren Sinne zwischen der Gemeinde einerseits und den Beitragspflichtigen andererseits ist daher hier bereits vorauszusetzen. Abs. 1 meint nur die Verteilung im engeren Sinne, also die Verteilung des Erschließungaufwands unter den Beitragspflichtigen. Gegenstand der Verteilung im Sinne des Abs. 1 ist daher nicht der beitragsfähige, sondern **nur der umlagefähige Erschließungsaufwand** (Driehaus, Rn 435).

b) Der Verteilungsgegenstand wird in Abs. 1 ferner durch die Be- **2** nennung eines konkreten **Ermittlungsraums**, nämlich einer Erschließungsanlage, weiter eingegrenzt. Aus dem Zusammenhang der Verteilung mit der Ermittlung des Erschließungsaufwands ist jedoch zu folgern, daß Ermittlungsraum und Erschließungsaufwand sich decken müssen. Da das Gesetz für die drei von ihm zur Verfügung gestellten Ermittlungsräume (einzelne Erschließungsanlage, Abschnitt einer Erschließungsanlage, Erschließungseinheit) keinen Oberbegriff gebildet hat, wie er hier mit dem Begriff des Ermittlungsraums verwendet wird, ist in Abs. 1 nur der Regelfall des Ermittlungsraums, nämlich die einzelne Erschließungsanlage, genannt. Damit soll jedoch die Verteilung des Erschließungsaufwands für andere Ermittlungsräume nicht ausgeschlossen sein. Es kann daher nach den Verteilungsregelungen des Gesetzes auch der für den Abschnitt einer Erschließungsanlage oder für eine Erschließungseinheit ermittelte Erschließungsaufwand verteilt werden (Ernst, in: E/Z/B, § 131, Rn 3).

2. a) Das BauGB enthält an keiner Stelle eine Bestimmung des **3** Begriffs des Grundstücks, da ihm entsprechend den verschiedenen Sachzusammenhängen verschiedene Grundstücksbegriffe zugrunde liegen (hierzu § 200, Rn 2 ff.). Im Erschließungsbeitragsrecht ist grund-

sätzlich einheitlich vom **formellen Grundstücksbegriff des Grundbuchrechts** auszugehen (grundlegend BVerwG, U. v. 16. 4. 1971, BRS 37, S. 360/361 f.). In besonderen Ausnahmefällen, „in denen es nach dem Inhalt und Sinn des Erschließungsbeitragsrechts gröblich unangemessen wäre, an diesem Grundstücksbegriff festzuhalten" (BVerwG, U. v. 2. 7. 1982, 8 C 28, 30 und 33.81, NVwZ 1983, 153; U. v. 12. 12. 1986, 8 C 9.86, NVwZ 1987, 420 f.), ist es geboten, aus Gründen der Beitragsgerechtigkeit anstelle des der Rechtsklarheit und der Rechtssicherheit dienenden formellen Grundstücksbegriffs den Begriff der **wirtschaftlichen Grundstückseinheit** zugrunde zu legen (grundlegend BVerwG, U. v. 20. 6. 1973, BRS 37, S. 342/345). „Gröblich unangemessen" ist das Festhalten am bürgerlich-rechtlichen Grundstücksbegriff „**einzig** dann", wenn ein zusammen mit anderen Grundstücken desselben Eigentümers baulich angemessen nutzbares Grundstück bei der Verteilung des umlagefähigen Erschließungsaufwands „völlig **unberücksichtigt**" bleiben müßte (BVerwG, U. v. 3. 2. 1989, 8 C 78.88, NVwZ 1989, 1072/1074). So können z. B. mehrere nebeneinanderliegende Grundstücke **desselben Eigentümers,** die zwar nicht jedes für sich, aber gemeinsam bebaubar sind, im Sinne des Erschließungsbeitragsrechts als einheitliches Grundstück angesehen und entsprechend zu Erschließungsbeiträgen herangezogen werden; eine tatsächlich einheitliche Nutzung allein rechtfertigt die Zusammenfassung dagegen nicht (BVerwG, U. v. 15. 1. 1988, 8 C 111.86, NVwZ 1988, 630; U. v. 16. 4. 1971, BRS 37, S. 360/362). Ebenso können dann mehrere Grundstücke für die Erhebung von Vorausleistungen zu einer Wirtschaftseinheit zusammengefaßt werden, wenn zwar nur eines der Grundstücke bebaut werden soll, aber die Grundstücke **einheitlich genutzt** werden und die Bebauung des einen Grundstücks daher auch den anderen Grundstücken zugute kommt; in diesem Fall haben alle einheitlich genutzten Grundstücke einen Vorteil von der Erschließungsanlage, so daß es gerechtfertigt ist, sie für die Vorausleistung einheitlich zu behandeln (so für ein aus mehreren Grundstücken bestehendes Industriegelände BVerwG, U. v. 16. 4. 1971, ebd). Wird ein einheitliches Baugrundstück, das einheitlich nutzbar ist, **tatsächlich unterschiedlich genutzt,** rechtfertigt dies nicht seine Aufteilung nach wirtschaftlichen Gesichtspunkten (OVG Koblenz, U. v. 25. 1. 1983, DÖV 1983, 947). Zu der hiervon zu unterscheidenden Frage, in welchem Umfang ein Grundstück erschlossen ist, vgl. unten, Rn 15 ff. Die Gemeinden sind an diesen bundesrechtlichen Grundstücksbegriff gebunden. Sie können daher ihrer Erschließungsbeitragssatzung nicht einen anderen Grundstücksbegriff zugrunde legen (BVerwG, U. v. 30. 7. 1976, KStZ 1977, 72/73).

4 **b)** Abs. 1 bestimmt durch das Merkmal des **Erschlossenseins** den Kreis der Grundstücke, auf die der umlagefähige Erschließungsaufwand zu verteilen ist. Erschlossen in diesem Sinne kann ein Grundstück nur sein, wenn ihm von der Erschließungsanlage ein **Erschließungvor-**

teil (hierzu § 127, Rn 4) geboten wird. Da somit die Bestimmung der erschlossenen Grundstücke – neben der Verteilungsregelung im einzelnen – ausschlaggebend ist für die Höhe der auf jedes Grundstück entfallenden Beitragsbelastung, gebietet es die Abgabengerechtigkeit, den erschlossenen Grundstücken nicht nur baulich oder gewerblich nutzbare Grundstücke zuzurechnen (wie es dem Wortlaut des § 129 Abs. 1 Satz 1 und § 133 Abs. 1 Satz 1 entspräche), sondern auch alle anderen Grundstücke, die für ihre Nutzung auf die Straße angewiesen sind und daher ebenfalls aus ihr einen Vorteil ziehen (hierzu Gern, NJW 1981, 1424f.; David, BauR 1983, 120/122, Fußn. 19; näher § 127, Rn 17; § 129, Rn 2).

Der Begriff des erschlossenen Grundstücks im Sinne des Abs. 1 **5** **deckt sich nicht mit dem Begriff des erschlossenen Grundstücks im Sinne des § 133 Abs. 1 Satz 2** (zum Systemzusammenhang zwischen Abs. 1, § 133 Abs. 1 und § 127 Abs. 2 vgl. § 133, Rn 1; auch unten, Rn 7). Erschlossen im Sinne des Abs. 1 sind alle die Grundstücke, deren Eigentümer „die tatsächliche und rechtliche Möglichkeit haben, von der Erschließungsanlage eine Zufahrt bzw. einen Zugang zu ihren Grundstücken zu nehmen" (BVerwG, U. v. 7. 10. 1977, BRS 37, S. 194/196). Im Sinne des § 133 Abs. 1 ist ein Grundstück dagegen erst dann erschlossen, wenn „neben der tatsächlich herstellbaren Zugänglichkeit die rechtliche Möglichkeit von Zufahrt bzw. Zugang bereits voll gesichert" ist (BVerwG, aaO, S. 197). Während also für das Erschlossensein im Sinne des **Abs. 1** die herstellbare **Möglichkeit der Zufahrt** (zum Zugang vgl. unten, Rn 7) ausreicht, muß im Sinne des **§ 133 Abs. 1** diese Möglichkeit in tatsächlicher und rechtlicher Hinsicht **in vollem Umfang und verläßlich gesichert** sein. Bedeutung hat dies in aller Regel nur für sogenannte **Hinterliegergrundstücke** und für durch **Böschungen** oder ähnliche Hindernisse von der Straße getrennte Grundstücke (hierzu unten, Rn 7f., und § 133, Rn 2). Ist danach ein Grundstück erschlossen im Sinne des Abs. 1, aber **noch nicht** erschlossen im Sinne des § 133 Abs. 1 und damit auch **noch nicht** beitragspflichtig, so ist der auf dieses Grundstück entfallende Anteil des Erschließungaufwands von der Gemeinde zu tragen, bis das ausgenommene Grundstück erschließungsbeitragspflichtig geworden ist (BVerwG, aaO, S. 197). Der für dieses Grundstück zu erhebende Erschließungsbeitrag kann nicht durch eine spätere aufwendigere Herstellung der Erschließungsanlage aufgrund einer geänderten Erschließungsbeitragssatzung seinerseits geändert werden; eine einmal endgültig hergestellte Straße kann nicht zu Lasten der Beitragspflichtigen geändert werden (BVerwG, U. v. 14. 3. 1975, BRS 37, S. 262/265).

Liegen die hiernach erschlossenen Grundstücke **außerhalb des Gemeindegebiets,** so können von ihren Eigentümern keine Beiträge **6** erhoben werden (vgl. § 127, Rn 7 a. E.). Gleichwohl sind sie erschlossen im Sinne des Abs. 1, so daß sie in die Verteilung des umlagefähigen Erschließungsaufwands einzubeziehen sind. Der auf sie entfallende

Anteil ist jedoch von der Gemeinde selbst zu tragen (Förster, in: Kohlhammer-Komm. zum BBauG, § 131, Rn 18).

7 **aa)** Durch eine **zum Anbau bestimmte Verkehrsanlage** im Sinne des § 127 Abs. 2 Nr. 1 ist ein Grundstück erschlossen (zur inhaltlichen Übereinstimmung von Anbaubestimmung und Erschließung im Sinne des Abs. 1 vgl. § 127, Rn 20), wenn diese Verkehrsanlage „tatsächlich wie rechtlich gewährleistet, daß – gegebenenfalls (bei Hinterliegergrundstücken) unter Inanspruchnahme eines vermittelnden privaten Zuwegs – mit Personen- und Versorgungsfahrzeugen an die Grundstücksgrenze herangefahren werden kann" und so dem Grundstück eine **Zufahrt im straßenrechtlichen Sinne** geboten wird (BVerwG, U. v. 26. 9. 1983, 8 C 86.81, NVwZ 1984, 172; U. v.3. 6. 1983, 8 C 70.82, NVwZ 1984, 170/171; U. v. 2. 7. 1982, 8 C 28,30 u. 33.81, NVwZ 1983, 153/154; U. v. 25. 1. 1984, 8 C 77.82, NVwZ 1984, 583). Dabei ist nicht erforderlich, daß auf das Grundstück hinaufgefahren werden kann; andernfalls wären z. B. Grundstücke, die in geschlossener Bauweise ohne Vorgarten oder Stellplatz bebaut sind, durch die vor ihrer Grenze verlaufende Straße nicht erschlossen. Es genügt, wenn an die Grundstücksgrenze herangefahren und von dort das Grundstück, ggf. über eine Treppe, betreten werden kann (vgl. auch Sieglin, KStZ 1984, 85 f.). Grenzt ein Grundstück jedoch nur in einer Breite von 2 m an eine Anbaustraße, so reicht dies für das Heranfahrenkönnen und damit für das Erschlossensein nicht aus (BayVGH, U. v. 2. 5. 1988, BayVBl. 1989, 343). Dieser **Grundsatz** kann allerdings **durch das Bebauungsrecht modifiziert** werden. Erfordert dieses, daß auf das Grundstück hinaufgefahren werden kann, so ist dies auch für das Erschlossensein des Grundstücks nach Abs. 1 notwendig (BVerwG, U. v. 21. 10. 1988, 8 C 56.87, NVwZ 1989, 570f.; vgl. auch § 127, Rn 14 m. w. N.). Läßt ein Bebauungsplan für die Bebaubarkeit eines Grundstücks eine bloße **Zugangsmöglichkeit** ausreichen, trifft bereits hierdurch der durch die Anbaustraße – hier den Wohnweg – vermittelte Erschließungsvorteil, nämlich die bauliche oder gewerbliche Nutzbarkeit des Grundstücks, ein. Das Erschließungsbeitragsrecht kann demgegenüber keine weiterreichenden Anforderungen an die Erschließung stellen (BVerwG, U. v. 18. 4. 1986, 8 C 51 und 52.85, ZfBR 1986, 176/181 f.; U. v. 21. 10. 1988, 8 C 56.87, NVwZ 1989, 570). In diesem Fall ist auch ein nur zugängliches Grundstück erschlossen im Sinne des Abs. 1. Unabhängig von den Erschließungsstraßen im Sinne des § 127 Abs. 2 Nr. 1 ist mit dem **Baugesetzbuch** in § 127 Abs. 2 Nr. 2 durch die **Wohnwege** und Fußwege eine weitere Kategorie von Erschließungsanlagen eingeführt worden, für die nicht die grundsätzliche Befahrbarkeit, sondern umgekehrt die Nicht-Befahrbarkeit konstitutiv ist. Eine besondere Bestimmung in Abs. 1, daß durch Erschließungsanlagen im Sinne des § 127 Abs. 2 Nr. 2 nur zugängliche Grundstücke erschlossen sind (vgl. BT-Drs. 10/4630, S. 19 und 115), ist nicht in das BauGB aufgenommen worden. Dies hätte die Auslegung nahegelegt, bei

Wohnwegen handele es sich stets um selbständige Erschließungsanlagen, die allein – und nicht in Verbindung mit der zugehörigen Anbaustraße im Sinne des § 127 Abs. 2 Nr. 1 – die Erschließung vermitteln (so auch im Fall des BVerwG, U. v. 18. 4. 1986, ebd.). Die Kosten der Anbaustraße sind danach auf deren Anlieger und die Anlieger des nicht befahrbaren Wegs zu verteilen, die Kosten des Wohnwegs dagegen nur auf dessen Anlieger (vgl. § 130, Rn 34). Bei Wohnwegen ergeben sich im Hinblick auf Eckgrundstücke (vgl. unten, Rn 48 ff.) und andere mehrfach erschlossene Grundstücke (vgl. unten, Rn 11) dieselben Probleme wie bei Anbaustraßen (vgl. auch Gemeindetag Baden-Württemberg, in: BWGZ 1986, 394 ff.). Zur Erschließungswirkung von **Fußwegen** vgl. § 127, Rn 24. Bei Fußwegen wird allerdings, wenn sie als oder wie eine Grünanlage zu betrachten sind, der Einzugsbereich über 200 m hinausgehen, da sie nicht nur, wie das Bundesverwaltungsgericht dies bei Grünanlagen unterstellt, primär von Kindern und Alten (vgl. Driehaus, Rn 510) genutzt werden. Zweckmäßig erscheint hier, nicht eine starre Grenze anzunehmen, sondern auf die städtebauliche Funktion des Fußwegs abzustellen, d. h. das Wohngebiet einzubeziehen, dem der Fußweg nach seiner Anlage dienen soll. Ist der Fußweg als reiner „Sammelweg" anzusehen, folgt seine Erschließungswirkung den Grundsätzen für Sammelstraßen (vgl. unten, Rn 12); dient er der gartenseitigen zweiten Erschließung, sind nur die anliegenden Grundstücke erschlossen (vgl. § 130, Rn 34). Zur Problematik der Bestimmung des Erschlossenseins durch einen metrisch festgelegten Einzugsbereich vgl. § 127, Rn 35.

An dieser Gewährleistung der Zufahrt oder des Zugangs fehlt es 8 nicht deswegen, weil einer solchen Erreichbarkeit etwa gegenwärtig noch tatsächliche oder rechtliche Hindernisse entgegenstehen. Läßt sich ein solches **tatsächliches Hindernis** mit einem vertretbaren finanziellen Aufwand ausräumen – und würde ein „vernünftiger" Eigentümer diese Mittel zur Erreichung der Bebaubarkeit seines Grundstücks aufbringen – und dann eine verkehrssichere Zufahrt anlegen, ist das Grundstück erschlossen im Sinne des Abs. 1 (BVerwG, U. v. 20. 8. 1986, 8 C 58.85, KStZ 1986, 211/212; U. v. 29. 4. 1988, 8 C 24.87, NVwZ 1988, 1134/1135 f.). Als nicht mehr zumutbar in diesem Sinne wird das Erfordernis anzusehen sein, zwischen Straße und Grundstück einen **Höhenunterschied** von 11 Metern zu überwinden (VGH Mannheim, U. v. 9. 6. 1971, KStZ 1972, 201; zu einem ausräumbaren, aber nicht ausgeräumten tatsächlichen Hindernis vgl. § 133, Rn 1). Ein **rechtliches Hindernis** kann darin bestehen, daß zwischen einem Grundstück und der Straße ein anderes Grundstück zwischengelagert ist (vgl. etwa BVerwG, U. v. 20. 8. 1986, ebd.; U. v. 12. 12. 1986, 8 C 9.86, NVwZ 1987, 420). Ist dieses Grundstück selbst nicht baulich oder gewerblich nutzbar – und unterbreitet der Eigentümer des trennenden Grundstücks sogar ein die **Zufahrt** erlaubendes Vertragsangebot – so ist dieses rechtliche Hindernis objektiv ausräumbar. Ob der Eigentümer des **Hinterliegergrund-**

stücks von diesem Angebot Gebrauch machen will oder kann, ist für das Erschlossensein im Sinne des Abs. 1 unerheblich (BVerwG, U. v. 7. 10. 1977, BRS 37, S. 194/197). Besteht zu dem Hinterliegergrundstück eine mit Zustimmung des Eigentümers nutzbare Zufahrt über das trennende Anliegergrundstück, so ist das Hinterliegergrundstück durch die Anbaustraße erschlossen (BVerwG, U. v. 3. 2. 1989, 8 C 78.88, NVwZ 1989, 1072/1073). Liegt dagegen zwischen Hinterliegergrundstück und Straße ein anderes baulich nutzbares Grundstück und ist das Hinterliegergrundstück eventuell zur anderen Seite hin bereits erschlossen, so reicht die theoretisch bestehende Möglichkeit einer Zufahrt über das andere Grundstück zur Erschließungsstraße nicht aus, um ein Erschlossensein durch diese Straße anzunehmen. Zu welchen von mehreren Erschließungsstraßen ein Grundstück „orientiert" ist, muß bei „räumlich-natürlicher Betrachtungsweise – gerade auch aus der Sicht der anderen Anlieger–" beurteilt werden (BVerwG, U. v. 7. 10. 1977, ebd.; U. v. 14. 1. 1983, NVwZ 1983, 669). Gehören das trennende Grundstück und das Hinterliegergrundstück demselben Eigentümer, werden sie einheitlich genutzt und haben sie auch tatsächlich eine Einfahrt zu der Erschließungsanlage, so kommt es für die Beurteilung des Erschlossenseins weder auf diese rechtliche Frage noch darauf an, wohin die Grundstücke bei räumlich-natürlicher Betrachtungsweise orientiert sind (BVerwG U. v. 1. 4. 1981, 8 C 5.81, ZfBR 1981, 247/248; U. v. 27. 5. 1981, 8 C 9.81, Buchholz 406.11 § 131 BBauG Nr. 38). Eine **einheitliche Nutzung** liegt jedenfalls vor, wenn eine Überbauung die Grenze zwischen Anlieger- und Hinterliegergrundstück überschreitet (BVerwG, U. v. 15. 1. 1988, 8 C 111.86, NVwZ 1988, 630/631). Nicht ausräumbar in diesem Sinne ist ein der Zufahrtsmöglichkeit entgegenstehendes rechtliches Hindernis, wenn seine Beseitigung eine – ggf. vereinfachte – **Änderung des Bebauungsplans** erfordert; denn mit einer solchen Änderung, zudem mit einem bestimmten Ergebnis, kann nicht „sicher" gerechnet werden (BVerwG, U. v. 25. 1. 1984, 8 C 77.82, NVwZ 1984, 583).

9 Grundsätzlich wird ein Grundstück durch „die **nächste vom Grundstück aus erreichbare Straße**" erschlossen (BVerwG, U. v. 30. 1. 1970, IV C 151.68, BRS 37, S. 5). Dies gilt allerdings nur, wenn es sich bei dieser Straße um eine **selbständige Erschließungsanlage** im Sinne des § 123 Abs. 2 und nicht um eine unselbständige private oder öffentliche Zufahrt handelt (zur Abgrenzung vgl. § 123, Rn 16). Führt eine neue Erschließung zum Verlust einer früher vorhandenen Erschließung, weil für die neue Anbaustraße der an die alte Erschließungsstraße angrenzende Grundstücksteil in Anspruch genommen wurde, so ist das Grundstück gleichwohl durch die neue Straße erschlossen; für den Verlust der alten Erschließung ist ggf. eine Entschädigung nach straßenrechtlichen Grundsätzen zu gewähren (BVerwG, U. v. 1. 12. 1989, 8 C 52.88, NVwZ 1990, 872 f.).

Ein bereits durch eine Anbaustraße erschlossenes Grundstück kann **10**
durch andere Erschließungsstraßen noch weiterhin erschlossen werden.
An eine solche **Zweit- oder Drittschließung** sind nach der Recht-
sprechung des Bundesverwaltungsgerichts **keine anderen Anforde-
rungen als an die Ersterschließung** zu richten. Auch werden die
Grundstücke grundsätzlich jeweils in ihrer vollen Fläche erschlossen
(vgl. BVerwG, U. v. 27. 6. 1985, 8 C 30.84, NVwZ 1986, 305; vgl.
aber unten, Rn 15 ff.). Eine Rechtfertigung für eine erneute Beitragser-
hebung ist nur dann gegeben, wenn auch der volle Erschließungsvor-
teil geboten wird. Dies gilt um so mehr, als mehrfach erschlossene
Grundstücke keinen Anspruch auf Ermäßigung haben (hierzu unten,
Rn 48). Die Gleichbehandlung von Erst- und Zweiterschließung ent-
spricht auch der Beitragsgerechtigkeit. Wird einem Grundstück der
volle Erschließungsvorteil durch die Möglichkeit einer weiteren Zu-
fahrt zuteil, ist es auch im Interesse der übrigen Anlieger gerechtfertigt,
dieses Grundstück zum vollen Erschließungsbeitrag heranzuziehen.
Wird ihm dagegen nur ein geminderter Erschließungsvorteil zuteil, so
kann sich dies für die anderen Anlieger nicht allein deshalb beitrags-
mindernd auswirken, weil dieses Grundstück bereits – zufällig – eine
Zufahrt von einer anderen Straße aus besitzt (BVerwG, U. v. 26. 9.
1983, 8 C 86.81, NVwZ 1984, 172/173). Die frühere Rechtsprechung,
nach der für die Zweiterschließung die Möglichkeit eines bloßen
Zugangs zu Schaufenstern (BVerwG, U. v. 11. 12. 1970, IV C 25.69,
BRS 37, S. 169/171) ausreichen konnte, ist damit überholt.

Liegt danach eine Mehrfacherschließung vor, so ist das entspre- **11**
chende Grundstück – vorbehaltlich einer etwa in der Satzung gemäß
§ 131 Abs. 2 zu treffenden sog. Eckgrundstücksermäßigung (hierzu
unten, Rn 48 ff.) – auch **mehrfach zu Erschließungsbeiträgen heran-
zuziehen.** Dies galt **bis zum Inkrafttreten des Baugesetzbuches** nach
der Rechtsprechung des BVerwG unabhängig davon, ob die Gemeinde
die Erschließungsanlagen einzeln abrechnete oder ob sie eine **Erschlie-
ßungseinheit** nach § 130 Abs. 2 Satz 3 bildete; denn durch die Bildung
einer Erschließungseinheit verlieren die hier zur Kostenermittlung und
-verteilung zusammengefaßten Straßen nicht ihre Selbständigkeit in
erschließungsbeitragsrechtlicher Hinsicht (vgl. § 130, Rn 27). Mehrfach
erschlossene Grundstücke waren daher bei dieser Art der Ermittlung
des Erschließungsaufwands mehrfach zu berücksichtigen; die Grund-
stücke konnten nicht in der Erschließungsbeitragssatzung als durch die
Erschließungseinheit einmal erschlossene Grundstücke behandelt wer-
den (BVerwG, U. v. 9. 12. 1983, 8 C 112.82, NVwZ 1984, 437/439;
anders noch die mit U. v. 26. 1. 1979, 4 C 61 bis 68 und 80 bis 84.75,
BRS 37, S. 216/219, gebilligte Satzung). Durch den im Baugesetzbuch
eingefügten **Abs. 1 Satz 2** wird bestimmt, daß mehrfach erschlossene
Grundstücke im Rahmen einer Erschließungseinheit bei der Verteilung
des Erschließungsaufwands **nur einmal zu berücksichtigen** sind. Hier-
durch soll das Abrechnungsverfahren vereinfacht werden (vgl. BT-

Drs. 10/4630, S. 115). Der Gesetzgeber hat sich im Widerstreit zwischen dem aus dem Gleichheitssatz des Art. 3 Abs. 1 GG folgenden Grundsatz der Beitragsgerechtigkeit (hierzu Driehaus, Rn 180) und dem der **Verwaltungspraktikabilität** (vgl. Driehaus, Rn 185) zugunsten des letzteren entschieden. Die Beitragsgerechtigkeit fordert, mehrfach erschlossene – und damit einen größeren Erschließungsvorteil genießende – Grundstücke im Verhältnis zu nur einmal erschlossenen Grundstücken auch stärker zu Erschließungsbeiträgen heranzuziehen. Andererseits aber wird die Abrechnung von Erschließungseinheiten erheblich vereinfacht, wenn alle hier zusammengefaßten Grundstücke einheitlich herangezogen werden können. Dies gilt insbesondere dann, wenn, wie in der Regel, für mehrfach erschlossene Grundstücke Eckgrundstücksermäßigungen gewährt werden (zu diesem komplizierten Verfahren vgl. unten, Rn 48 ff.). Die in Abs. 1 Satz 2 gewählte Lösung bewegt sich daher in dem dem Gesetzgeber durch den Grundsatz der Typengerechtigkeit eingeräumten Pauschalierungsspielraum (hierzu Driehaus, Rn 184). Dagegen äußert Driehaus verfassungsrechtliche Bedenken nicht nur wegen der Gleichbehandlung einmal und mehrfach erschlossener Grundstücke innerhalb von Erschließungseinheiten, sondern auch wegen Ungleichbehandlung mehrfach erschlossener Grundstücke innerhalb von Erschließungseinheiten und bei getrennter Aufwandsermittlung, die er durch Gesichtspunkte der Verwaltungspraktikabilität nicht ausgeräumt sieht (Rn 505). Einer möglicherweise nicht gerechtfertigten Ungleichbehandlung wird im Vollzug dadurch begegnet werden müssen, daß die Gemeinden bei Vorliegen der Voraussetzungen entweder stets oder nie eine Erschließungseinheit bilden (zu den Problemen der Neuregelung wie der Rechtsprechung zur Mehrfacherschließung vgl. Traub, KStZ 1989, 6 ff.).

12 **bb)** Durch **Sammelstraßen** werden (mittelbar) alle diejenigen Grundstücke erschlossen, für die die Sammelstraße **notwendig** ist, deren Zufahrt vom Straßennetz der Gemeinde also über die Sammelstraße erfolgen muß (zur Notwendigkeit der Sammelstraße als der einzigen Straße, über die das Baugebiet vom übrigen Straßennetz der Gemeinde erreicht werden kann, vgl. § 127, Rn 27). Ist eine Sammelstraße danach notwendig, so sind von ihr alle diejenigen Grundstücke erschlossen, die von den Straßen erschlossen werden, deren Verkehr die Sammelstraße sammelt.

13 **cc)** Auch hinsichtlich der **Grünanlagen** und der **Parkflächen** kann auf die Ausführungen zu § 127 verwiesen werden (vgl. § 127, Rn 30 f., 35). Nach der neuesten Rechtsprechung des BVerwG ist eine Erschließungswirkung von selbständigen Parkflächen nur im Ausnahmefall gegeben, bei Grünflächen erstreckt sie sich nach der bisherigen Rechtsprechung auf einen Umkreis von 200 Metern.

14 **dd)** Schwer zu bestimmen ist der Kreis der Grundstücke, die durch **Immissionsschutzanlagen** erschlossen sind. Das BVerwG hält hierzu im Anschluß an Driehaus (Rn 517) eine **horizontale Differenzierung**

für erforderlich (BVerwG, U. v. 19. 8. 1988, 8 C 51.87, KStZ 1988, 225/229): Danach sind sog. **Lärmschutzzonen**, d. h. Gruppen von Grundstücken zu bilden, „die im wesentlichen vergleichbare Schallpegelminderungen erfahren" (ebd.). Eine vom BVerwG für zulässig gehaltene horizontale Differenzierung könnte etwa drei Gruppen von Grundstücken unterscheiden, nämlich solche mit einer Schallpegelminderung von mehr als 9 dB(A), von mehr als 6 dB(A) und von mindestens 3 dB(A). Auf diese Gruppen könnte der Aufwand für die Immissionsschutzanlage im Verhältnis 3:2:1 verteilt werden. Innerhalb jeder Gruppe wäre bei der Verteilung der „allgemeine" Verteilungsmaßstab anzuwenden (BVerwG, ebd.). Bei einer Schallpegelminderung von weniger als 3 dB(A) ist ein Grundstück nicht durch die Immissionsschutzanlage erschlossen, da eine solch geringe Lärmminderung vom menschlichen Ohr kaum noch wahrgenommen werden kann und die Anlage daher ihre bestimmungsgemäße Funktion für das Grundstück nicht erfüllt (BVerwG, ebd.). Da eine Lärmschutzanlage bei den oberen Geschossen eines Gebäudes eine geringere Wirkung entfaltet als bei unteren Geschossen, ist bei der Verteilungsregelung auch eine **vertikale Differenzierung** nach Vollgeschossen vorzunehmen, sofern eine Verteilung nach Vollgeschossen oder Geschoßflächen erfolgt (BVerwG, aaO, S. 227 f.): Ein mit einem viergeschossigen Gebäude bebautes Grundstück, von dem nur die unteren zwei Geschosse durch die Immissionsschutzanlage eine beitragsrechtlich relevante Schallpegelminderung erfahren, kann aus Gleichheitsgründen hierfür nicht zu mehr Erschließungsbeiträgen herangezogen werden als ein zweigeschossig bebautes Grundstück. Zur Kritik an der dieser Rechtsprechung zugrundeliegenden Auffassung hinsichtlich der horizontalen Differenzierung vgl. B/K/L, 2. Aufl., Rn 14.

c) Wird danach ein Grundstück durch eine Erschließungsanlage 15 erschlossen, so ist es wegen des anzuwendenden grundbuchrechtlichen Grundstücksbegriffs **grundsätzlich mit seiner gesamten Fläche** als erschlossen anzusehen. Infolge der Bindung des Erschließungsbeitrags – und damit des Erschlossenseins – an den Erschließungsvorteil kann jedoch bei besonderen Fallgestaltungen ein Grundstück als nur zu einem Teil erschlossen im Sinne des Abs. 1 angesehen werden. Maßgeblich ist hierfür stets die **Ausnutzbarkeit des Grundstücks.** Dabei ist zwischen beplanten und unbeplanten Gebieten zu unterscheiden.

aa) In **beplanten Gebieten** ergibt sich die Ausnutzbarkeit eines 16 Grundstücks in der Regel aus den Festsetzungen des Bebauungsplans (vgl. auch unten, Rn 22). Setzt dieser das Maß der zulässigen Nutzung durch Angabe einer Grundflächenzahl, einer Geschoßflächenzahl oder einer Baumassenzahl fest, wird damit an die Grundstücksfläche angeknüpft (vgl. §9, Rn 10). In diesem Fall ist daher grundsätzlich die **gesamte vom Bebauungsplan erfaßte Grundstücksfläche** als erschlossen im Sinne des Abs. 1 anzusehen (David, BauR 1983, 120/122; BVerwG, U. v. 19. 2. 1982, 8 C 27.81, BVerwGE 65, 61/67).

17 Ist jedoch ein einheitliches Grundstück im Sinne des Grundbuchrechts nur zum Teil als bebaubar festgesetzt, zum Teil aber als z. B. öffentliche Grünfläche, so kann **nur der bebaubare Grundstücksteil** als erschlossen im Sinne des Abs. 1 gelten (BVerwG, U. v. 25. 2. 1977, BRS 37, S. 302/304). Für das Erschlossensein im Sinne des Abs. 1 ist daher stets auf die bebaubare Fläche eines Grundstücks abzustellen (BVerwG, U. v. 19. 2. 1982, 8 C 27.81, BVerwGE 65, 61/67; U. v. 30. 7. 1976, BRS 37, S. 231; U. v. 25. 2. 1977, BRS 37, S. 302/304).

18 Eine solche Baubeschränkung kann sich nicht nur aus einer anderen Nutzungsfestsetzung für ein Teilgrundstück ergeben, sondern auch aus einer Einschränkung der Bebaubarkeit durch die **Festsetzung der überbaubaren Grundstücksfläche** (hierzu § 9, Rn 14) oder etwa durch Abstandsgebote und Baugrenzen im Sinne der §§ 22 Abs. 2, 23 Abs. 3 BauNVO (hierzu BVerwG, U. v. 25. 1. 1985, 8 C 106.83, NVwZ 1985, 753/754). Weiter kann sich eine **Baubeschränkung aus anderen öffentlich-rechtlichen Bestimmungen** ergeben; dies gilt z. B. für umweltschutzrechtliche Nutzungsverbote, straßenrechtliche Anbauverbote (vgl. z. B. § 9 FStrG und § 25 Straßen- und WegeG NRW) und denkmalschutzrechtliche Änderungsverbote. Führen solche Baubeschränkungen dazu, daß das für das Grundstück vorgesehene Maß der baulichen Nutzung nicht voll verwirklicht werden kann, so ist das Grundstück nur insoweit erschlossen, als es für die Verwirklichung des möglichen Maßes der baulichen Nutzung erforderlich ist. Dem mußte nach der bisherigen Rechtsprechung des BVerwG durch ein „rechnerisch verkleinertes Grundstück" Rechnung getragen werden (hierzu B/K/L, 2. Aufl., Rn 18). Mit seinem Urteil vom 3. 2. 1989 ist das BVerwG hiervon abgerückt (8 C 66.87, NVwZ 1989, 1076 f.). Zutreffend stellt das BVerwG nunmehr auf das Gebot des § 131 Abs. 3 ab, bei der Aufwandsverteilung das **zulässige Nutzungsmaß** zu berücksichtigen. Hieraus folgt, daß Nutzungsbeschränkungen sich erschließungsbeitragsrechtlich nicht auswirken, wenn eine – rechtlich einwandfreie – Verteilungsregelung nur auf Grundstücksfläche oder -breite (Abs. 2 Nr. 2 und 3) und nicht auf das Maß der baulichen Nutzung abstellt. Dasselbe gilt, wenn die Nutzungsbeschränkung ein anderes Nutzungsmaß betrifft als nach der Verteilungsregelung ausschlaggebend ist, also z. B. Anzahl der Vollgeschosse statt bebaubare Grundfläche. Hebt die Verteilungsregelung aber auf das beschränkte Nutzungsmaß ab, so ist als „zulässig" das Nutzungsmaß zu verstehen, „das unter Berücksichtigung auch öffentlich-rechtlicher Baubeschränkungen auf dem jeweiligen erschlossenen Grundstück verwirklicht werden darf" (BVerwG, aaO, S. 1077). Steht der Wortlaut einer Erschließungsbeitragssatzung diesem Beachtungsgebot entgegen, so wird er in der Satzungsauslegung durch Abs. 3 verdrängt (BVerwG, ebd.). Dieses Beachtungsgebot besteht jedoch nur, wenn die Baubeschränkung bereits bei Entstehung des Erschließungsbeitrags bestand. Kommt es erst nach diesem Zeitpunkt zu einer Baubeschränkung, ist dies erschließungsbeitrags-

rechtlich nicht mehr relevant (BVerwG, U. v. 9. 12. 1983, 8 C 112.82, NVwZ 1984, 437/441).

Ein Grundstück kann auch dann nicht als in vollem Umfang durch 19 eine Erschließungsanlage erschlossen gelten, wenn es sich um ein **sehr tiefes Grundstück zwischen zwei parallelen Straßen** handelt und das Grundstück an jeder Straßenseite etwa gleichgewichtig bebaut oder bebaubar ist. Ein solches Grundstück, bei dem sich der Eindruck aufdrängt, es handle sich planerisch um zwei unabhängige Grundstücke, ist daher so zu behandeln, als sei es in der Mitte oder an der sich nach dem Bebauungsplan anbietenden Stelle geteilt (David, BauR 1983, 120/122; BVerwG, U. v. 27. 6. 1985, 8 C 30.84, NVwZ 1986, 305/306); eine bloße unterschiedliche Nutzbarkeit eines Grundstücks entsprechend den Festsetzungen eines Bebauungsplans rechtfertigt die „Aufteilung" eines Grundstücks allerdings nicht (vgl. BVerwG, U. v. 12. 12. 1986, 8 C 9.86, NVwZ 1987, 420/421). Im übrigen besteht diese Möglichkeit der erschließungsbeitragsrechtlichen „Teilung" eines Grundstücks nicht, wenn der hintere Teil des Grundstücks – wie bei einem Hinterliegergrundstück desselben Eigentümers – über eine rechtlich unbedenkliche Zufahrt über den vorderen Grundstücksteil verfügt oder er mit diesem zusammen zulässigerweise einheitlich genutzt wird (BVerwG, U. v. 3. 2. 1989, 8 C 78.88, NVwZ 1989, 1072/1074 f.; U. v. 15. 1. 1988, 8 C 111.86, NVwZ 1988, 630/631). Dasselbe gilt für ein sog. **übergroßes Eckgrundstück,** das zu jeder Straße hin mit einem Gebäude bebaut ist oder bebaubar wäre. Auch in diesem Fall ist – unter den genannten Voraussetzungen – nur der Teil des Grundstücks als erschlossen anzusehen, der an der angrenzenden Straße bebaut oder bebaubar ist (David, ebd.; vgl. auch BVerwG, U. v. 8. 10. 1976, IV C 56.74, BRS 37, S. 239/242 f., das in einem solchen Fall nur für einen Teil des Grundstücks die Eckermäßigung zuläßt, während der andere Teil wie ein Mittelgrundstück behandelt wird; vgl. auch BVerwG, U. v. 3. 2. 1989, aaO, S. 1075). Im Ergebnis gelangt die Bundesverwaltungsgericht durch die Berücksichtigung der Ausnutzbarkeit bei der Frage des Erschlossenseins eines Grundstücks letztlich zur Anwendung eines wirtschaftlichen Grundstücksbegriffs (vgl. auch David, ebd.). Eine wirtschaftliche Betrachtungsweise kann daher bei der im Einzelfall oft recht schwierigen Beurteilung, inwieweit ein Grundstück erschlossen ist, hilfreich sein.

bb) In **unbeplanten Gebieten** ist grundsätzlich für jedes Grundstück 20 zu entscheiden, bis zu welcher Grenze es in erschließungsbeitragsrechtlich relevanter Weise ausgenutzt werden kann und wieweit dementsprechend der Erschließungsvorteil und das Erschlossensein reichen (BVerwG, U. v. 19. 2. 1982, 8 C 27.81, BVerwGE 65, 61/66; U. v. 10. 6. 1981, 8 C 20.81, BVerwGE 62, 308/314). Dieses Problem stellt sich insbesondere bei **überdurchschnittlich tiefen Grundstücken.** Verlaufen sie zwischen zwei parallelen Straßen und sind sie an jeder Straßenseite bebaubar, ist das Grundstück wie in beplanten Gebieten

nur jeweils bis zu einer gedachten Trennlinie als erschlossen zu behandeln (VGH Kassel, Beschl. v. 14. 2. 1986, NVwZ 1986, 587). Im übrigen ist bei ihnen der Erschließungsvorteil in aller Regel nicht größer als bei normal geschnittenen Grundstücken, so daß diese Grundstücke auch nur mit einem entsprechenden Grundstücksteil in die Verteilung des Erschließungsaufwands einbezogen werden können. Dabei kann der hiernach erforderlichen Begrenzung der Beitragspflicht nicht durch eine Billigkeitsregelung nach § 135 Abs. 5 entsprochen werden. Notwendig ist vielmehr eine sog. **Tiefenbegrenzung** (BVerwG, U. v. 10. 6. 1981, 8 C 20.81, ebd.).

21 Wird eine solche Tiefenbegrenzung – wie es möglich ist – **von Fall zu Fall** getroffen, ist hiermit eine erhebliche Rechtsunsicherheit und Konfliktanfälligkeit verbunden. Es ist daher zulässig und empfehlenswert, aus Gründen der Abgabengerechtigkeit für unbeplante Bereiche in der Erschließungsbeitragssatzung eine **generelle Regelung** der Tiefenbegrenzung zu treffen. Dabei liegt eine Tiefenbegrenzung von 50 oder 35 Metern im Bereich des gemeindlichen Ermessens, da hiermit die Regelfälle baulicher Ausnutzbarkeit erfaßt werden (hierzu BVerwG, U. v. 3. 6. 1971, IV C 28.70, BRS 37, S. 243/244 f.; U. v. 30. 7. 1976, BRS 37, S. 231/232; U. v. 10. 6. 1981, 8 C 20.81, BVerwGE 62, 308/314 f.; U. v. 19. 2. 1982, 8 C 27.81, BVerwGE 65, 61/66 f.). Werden im Einzelfall Grundstücke über die in der Satzung festgelegte Tiefenbegrenzung hinaus tatsächlich baulich genutzt, so ist im Interesse einer vorteilsgerechten Aufwandsverteilung die übergreifende Nutzung trotz einer Tiefenbegrenzung in der Satzung zu berücksichtigen. Die über die vorgesehene Tiefe hinaus ausgeübte Nutzung zeigt, daß das Grundstück auch insoweit erschlossen ist (BVerwG, U. v. 10. 6. 1981, 8 C 20.81, aaO, S. 315). Die satzungsgemäße Tiefenbegrenzung begründet **lediglich eine Vermutung** für die Grenze des Erschlossenseins eines Grundstücks; wird das Grundstück darüber hinaus tatsächlich genutzt, ist diese Vermutung widerlegt (BVerwG, U. v. 19. 2. 1982, aaO, S. 67).

22 In **beplanten Gebieten** ist dagegen für eine Tiefenbegrenzung in der Satzung **kein Raum.** Hier wird die Ausnutzbarkeit des Grundstücks durch Abs. 1 in Verbindung mit den planungsrechtlichen Festsetzungen im Bebauungsplan eindeutig und endgültig bestimmt. Hiervon kann der Satzungsgeber nicht abweichen (BVerwG, ebd.).

23 **d)** Für die Frage des Erschlossenseins eines Grundstücks im Sinne des Abs. 1 sind die **Eigentumsverhältnisse ohne Belang.** Erschlossen in diesem Sinne sind daher auch Grundstücke, die im Eigentum der **öffentlichen Hand** stehen, also z. B. mit öffentlichen Verwaltungsgebäuden, Schulen, Kirchen usw. bebaute Grundstücke. Es gelten für sie dieselben Kriterien, die auch bei anderen Grundstücken für das Erschlossensein ausschlaggebend sind (vgl. oben, Rn 4 ff.). Auch die **Deutsche Bundesbahn** ist nicht von der Entrichtung von Erschließungsbeiträgen befreit. Erschlossen sind allerdings nur die als Bahn-

hofs-, nicht auch die als Schienengelände genutzten Grundstücke (BVerwG, U. v. 11. 12. 1987, 8 C 85.86, NVwZ 1988, 632 ff.; vgl. auch unten, Rn 65).

Ebenso ist unerheblich, ob ein Grundstück im **Miteigentum** mehrerer Personen steht. Dies gilt insbesondere auch für Grundstücke, auf denen Gebäude errichtet sind, an denen **Wohnungseigentum** besteht. Für das Erschließungsbeitragsrecht kommt es allein darauf an, was die Erschließung für die bauliche oder gewerbliche Nutzbarkeit **des Grundstücks** hergibt (vgl. §127, Rn 4). Maßgeblich ist also allein das Grundstück, nicht aber die auf dem Grundstück etwa geschaffenen baulichen Anlagen und schon gar nicht die privatrechtlichen Verhältnisse zwischen Miteigentümern. Der Erschließungsvorteil ist dem Grundstück zugewachsen unabhängig davon, ob bestimmte Wohnungseigentümer von der abzurechnenden Erschließungsanlage aus zu ihren Wohnungen einen Zugang nehmen können oder nicht. Da zum Wohnungseigentum nach §1 Abs. 2 in Verbindung mit Abs. 5 WEG das Sondereigentum an der Wohnung und der Miteigentumsanteil u. a. an dem Grundstück gehören, kommt auch den Eigentümern dieser Wohnungen als Miteigentümern des Grundstücks der Erschließungsvorteil zugute (BVerwG, U. v. 29. 7. 1981, NJW 1982, 459 f.; vgl. auch §134, Rn 5). 24

e) Die Feststellung der erschlossenen Grundstücke dient der Verteilung des umlagefähigen Erschließungsaufwands und ist daher ein wesentlicher Faktor für die Bestimmung der Beitragshöhe und der Beitragspflichtigen. Für die Feststellung der erschlossenen Grundstücke muß daher ein **Zeitpunkt** gewählt werden, die der Berücksichtigung möglichst aller Beitragspflichtiger gewährleistet. Dies kann daher nicht der Zeitpunkt der endgültigen Herstellung der Erschließungsanlage im Sinne des §133 Abs. 2 sein, sondern nur der Zeitpunkt des **Entstehens der Beitragspflicht** (Ernst, in: E/Z/B, §131, Rn 3a; Driehaus, in: BK, §131, Rn 5; zum Zeitpunkt des Entstehens der Beitragspflicht vgl. §133, Rn 17 ff., 22 ff.). Dieser Zeitpunkt wird häufig mit dem Zeitpunkt der endgültigen Herstellung der Erschließungsanlage übereinstimmen, kann aber auch deutlich später liegen, z. B. wenn erst zu einem späteren Zeitpunkt eine Widmung erfolgt (vgl. hierzu §127, Rn 12). 25

3. Grundstücke, die weder baulich noch gewerblich noch in einer sonst vergleichbaren Weise genutzt werden können, haben von der Herstellung einer Erschließungsanlage keinen Vorteil. Sie sind daher **nicht erschlossen** im Sinne des Abs. 1. Dies gilt etwa für die Flächen angrenzender **anderer Erschließungsanlagen** im Sinne des §123 Abs. 2 und sonstiger öffentlicher Verkehrs- oder – nur begrünter – Grünanlagen (Driehaus, Rn 483; Ernst, aaO, Rn 10a; Gern, NJW 1981, 1424/1425). Wegen der Bedeutung des Abs. 1 für die Beitragserhebung sind auch solche Grundstücke nicht als erschlossen im Sinne des Abs. 1 anzusehen, für die aus rechtlichen oder tatsächlichen Gründen **auch zu** 26

späteren Zeitpunkten eine Beitragserhebung nicht in Betracht kommt (BVerwG, U. v. 4. 5. 1979, 4 C 25.76, BRS 37, S. 322/323). Aus diesem Grund sind daher z. B. auch **oberirdische Gewässer** nicht als erschlossen im Sinne des Abs. 1 anzusehen (BVerwG, Beschluß vom 15. 9. 1981, 8 B 77.81, DÖV 1982, 114). Etwas anderes mag allerdings gelten, wenn auf dem Gewässer ein als bauliche Anlage anzusehendes Wohnboot liegt (hierzu § 29, Rn 10).

27 Friedhöfe, Kleingärten, Sportplätze und Schwimmbäder sind dagegen Nutzungen, die zum Erschlossensein der betreffenden Flächen führen (vgl. § 127, Rn 17). Nicht erschlossen sind **Grundstücke im Außenbereich,** selbst wenn sie baulich oder gewerblich genutzt werden oder werden dürfen (BVerwG, U. v. 25. 6. 1969, IV C 14.68, BVerwGE 32, 226/227 f.; U. v. 14. 2. 1986, 8 C 115.84, NVwZ 1986, 568 f.; im übrigen vgl. § 127, Rn 19).

28 **II.** Kernstück des Erschließungsbeitragsrechts sind die Vorschriften der **Abs. 2 und 3** über die **Maßstäbe,** nach denen der umlagefähige Erschließungsaufwand auf die erschlossenen Grundstücke zu **verteilen** ist. Dabei stellt das Gesetz drei verschiedene Grundmaßstäbe zur Verfügung, die modifiziert und miteinander kombiniert werden können. In diesem hierdurch gesetzlich vorgegebenen Rahmen können die Gemeinden eine auf ihre konkreten Verhältnisse bezogene Verteilungsregelung nach § 132 Nr. 2 in ihre Erschließungsbeitragssatzung aufnehmen. Ein darüber hinausgehendes „Maßstaberfindungsrecht" steht ihnen nicht zu. Unter Gebiet im Sinne des Abs. 3 ist das **Abrechnungsgebiet** zu verstehen, d. h. die Gesamtheit der Grundstücke, die von dem Ermittlungsraum (einzelne Erschließungsanlage, Abschnitt der Erschließungsanlage oder Erschließungseinheit) erschlossen werden (BVerwG, U. v. 21. 1. 1977, BRS 37, S. 227/228; U. v. 16. 9. 1977, IV C 99.74, BRS 37, S. 353/356). Dabei wird im folgenden von dem Hauptfall der Erschließungsanlage, der **Anbaustraße,** ausgegangen (zu den übrigen Anlagen vgl. unten, Rn 68).

29 Nach dem Gesetz lassen sich **zwei Gruppen von erschlossenen Gebieten** und ihnen zugeordnete Arten von Verteilungsmaßstäben unterscheiden: Zum einen die **alterschlossenen Gebiete und die neuerschlossenen einheitlich nutzbaren Gebiete,** die nach **einfachen Verteilungsmaßstäben** abgerechnet werden können (hierzu unten, Rn 33 ff.); zum anderen die **neu erschlossenen unterschiedlich nutzbaren Gebiete,** die nach einem **qualifizierten Verteilungsmaßstab** abzurechnen sind (hierzu unten, Rn 41 ff.). Dabei ist zu unterscheiden: In der Satzung hat die Gemeinde für alle im Zeitpunkt des Erlasses der Satzung in ihrem Gemeindegebiet vorhandenen oder konkret zu erwartenden Gebietsarten nach dem **Grundsatz der konkreten Vollständigkeit** eine sachlich angemessene Verteilungsregelung bereitzustellen. Nur so kann dem Grundsatz der Abgabengerechtigkeit und der Vorhersehbarkeit von Abgabepflichten entsprochen werden (BVerwG, U. v. 28. 11. 1975, IV C 45.74, BRS 37, S. 251/252). Allerdings bezieht sich dieser

Grundsatz jeweils nur auf die gerade abzurechnende Art von Erschließungsanlagen: So ist es für die Abrechnung z. B. von Anbaustraßen unerheblich, ob der Verteilungsmaßstab für Grünanlagen vollständig ist (vgl. Driehaus, Rn 525). Dies bedeutet jedoch nicht, daß alle Gebiete nach einer einheitlichen Verteilungsregelung abzurechnen sind. Vielmehr kann durchaus – je nach Art des Gebiets – in einem Gebiet nach einem qualifizierten Maßstab und in einem anderen Gebiet nach einem einfachen Maßstab abgerechnet werden (Driehaus, Rn 534). Die Erschließungsbeitragssatzung sollte daher neben dem regelmäßig erforderlichen qualifizierten Verteilungsmaßstab auch für einheitlich nutzbare Gebiete einen einfachen Verteilungsmaßstab enthalten.

Genügt eine Verteilungsregelung dem Gebot der konkreten Vollständigkeit nicht, so ist die **gesamte Verteilungsregelung nichtig,** auch wenn sich der Fehler bei der Abrechnung eines konkreten Erschließungsgebiets nicht bemerkbar macht. Für die Annahme einer **Teilnichtigkeit** ist bei **Unvollständigkeit** der Verteilungsregelung kein Raum, da bei Unvollständigkeit ein Verstoß gegen § 131 vorliegt (BVerwG, U. v. 28. 11. 1975, IV C 45.74, BRS 37, S. 251/252; Beschl. v. 27. 11. 1981, 8 B 189.81, DVBl. 1982, 546/548). Raum für die Annahme einer Teilnichtigkeit ist jedoch insoweit, als die Verteilungsregelung trotz teilweiser Nichtigkeit vollständig im Sinne des § 131 bleibt. Dies kann z. B. der Fall sein, wenn sich – nichtige – Verteilungsregelungen auf Bebauungsplanentwürfe beziehen, die Satzung aber zugleich – wirksame – Verteilungsregelungen für Gebiete nach § 34 bereitstellt. Ob bei einer solchen, die Vollständigkeit der Regelung unberührt lassenden Teilnichtigkeit die Verteilungsregelung nach den Grundsätzen des § 139 BGB im übrigen aufrechterhalten bleiben kann, ist eine Frage des Kommunalrechts der Länder und daher nicht revisibel (BVerwG, Beschl. v. 27. 11. 1981, 8 B 189.81, ebd.). **30**

Der Auffassung des Bundesverwaltungsgerichts ist, folgt man seinem Ansatz, kaum zu widersprechen. Dieser Ansatz, aus § 131 ein Gebot der Vollständigkeit der Verteilungsregelung abzuleiten, erscheint jedoch zweifelhaft. Das vom Bundesverwaltungsgericht als maßgeblich angeführte Argument der Vorhersehbarkeit und Berechenbarkeit zukünftiger Abgaben (BVerwG, U. v. 2. 11. 1973, IV C 25.72, BRS 37, S. 272/273) ist gerade im Erschließungsbeitragsrecht wenig zugkräftig. Unabhängig von der Verteilungsregelung in einer Erschließungsbeitragssatzung ist zwar **stets vorhersehbar, daß** Erschließungsbeiträge zu zahlen sein werden, **nicht** aber ist vorhersehbar, **in welcher Höhe** diese Beiträge anfallen werden. Hierzu kann auch eine noch so vollständige Verteilungsregelung wenig beitragen, da die von Fall zu Fall unterschiedlichen örtlichen Gegebenheiten und auch die unterschiedliche Möglichkeit der Abrechnung z. B. einer einzelnen Erschließungsanlage oder aber einer Erschließungseinheit erheblichen Einfluß auf Höhe und Entstehen der Erschließungsbeiträge haben. Dem entspricht es auch, daß § 131 selbst stets nur von Gebieten, nie aber vom Gemeindegebiet **31**

spricht. Maßgeblich muß vielmehr sein, daß die **Verteilung innerhalb eines Abrechnungsgebiets** den Anforderungen des § 131 entspricht. Zudem muß gewährleistet sein, daß **in vergleichbaren Gebieten nach denselben Prinzipien** abgerechnet wird, um nicht nur eine gebietsinterne Gleichbehandlung der Beitragspflichtigen zu erreichen, sondern auch eine gebietsexterne (gebietsübergreifende) Gleichbehandlung zu gewährleisten. Auch bei dieser Auslegung des § 131 wird die Gemeinde in ihrer Satzung Verteilungsregelungen für alle vorkommenden oder doch konkret zu erwartenden Gebietsarten aufnehmen müssen, um den genannten Gleichheitsanforderungen zu genügen. Allerdings würde diese Auslegung Raum lassen für die Annahme einer Teilnichtigkeit, so daß bei Unwirksamkeit von Verteilungsregelungen, die für das konkrete Gebiet ohne Belang sind, die übrige Verteilungsregelung und damit der Teil, der für die Entscheidung des konkreten Falls maßgeblich ist, aufrechterhalten bleiben könnte (vgl. auch Hansen, DVBl. 1981, 435/436 f.; zur Problematik der Rechtsprechung des Bundesverwaltungsgerichts vgl. auch David, KStZ 1979, 201/204).

32 Allerdings führt auch nach der Auffassung des Bundesverwaltungsgerichts eine unwirksame Verteilungsregelung **nicht zur Nichtigkeit der gesamten Satzung.** Es genügt daher, wenn in einem solchen Fall lediglich die jeweils nichtige Vorschrift in den erneuten Satzungsbeschluß einbezogen wird (BVerwG, U. v. 28. 11. 1975, IV C 45.74, BRS 37, S. 251/252). Ist die Verteilungsregelung nichtig, so ist ein auf ihrer Grundlage erlassener Beitragsbescheid fehlerhaft, da eine Erschließungsbeitragspflicht mangels Verteilungsregelung noch nicht entstanden ist (hierzu § 133, Rn 22).

33 **1.** Vor Inkrafttreten des BBauG wurden Anliegerbeiträge in der Regel nach einem sehr **einfachen Maßstab** erhoben. So sah z. B. § 15 des Preußischen Fluchtliniengesetzes (hierzu § 128, Rn 27) vor, daß die umlagefähigen Kosten auf die Anlieger nach dem „Verhältnis der Länge ihrer die Straße berührenden Grenze" (sogenannter Frontmetermaßstab) zu verteilen seien. Etwaige Unterschiede bei Art oder Maß der Nutzung dieser Grundstücke wurden vernachlässigt.

34 **a)** Aus der Bestimmung in Abs. 3, daß die **Verschiedenheit der Nutzung** nach Art und Maß bei Gebieten, die nach dem Inkrafttreten des BBauG erschlossen werden, zu berücksichtigen ist, folgt, daß diese Berücksichtigungspflicht **nicht** gegeben ist bei Gebieten, die **vor Inkrafttreten des BBauG** bereits erschlossen, aber nicht abgerechnet waren (sog. **alterschlossene Gebiete**). Erschlossen in diesem Sinne war ein Gebiet bereits, wenn die bebauten Grundstücke durch eine **befestigte Sandstraße** ohne Schwierigkeiten erreicht werden konnten (BVerwG, U. v. 28. 11. 1975, IV C 45.74, NJW 1976, 1115/1116 – insoweit in BRS 37, S. 251 ff., nicht abgedruckt –) und eine **Entwässerungsanlage** vorhanden war (BVerwG, U. v. 24. 10. 1972, IV C 30.71, BRS 37, S. 290/293; ebenso Urteil IV C 70.71 vom selben Tag). Darüber hinaus ist erforderlich, daß die Straße den Grundstücken die

beitragsrechtlich relevante Nutzbarkeit vermittelte und die Grundstücke überwiegend baulich, gewerblich oder sonst beitragsrechtlich relevant genutzt wurden (vgl. BVerwG, U. v. 12. 9. 1984, 8 C 124.82, NVwZ 1985, 277/279). Nur in diesem Fall rechtfertigt das Vertrauen der Anlieger die weitere Anwendung dieses eher „ungerechten" Verteilungsmaßstabs.

In solchen alterschlossenen Gebieten kann nach Inkrafttreten des 35 BBauG und trotz unterschiedlicher Nutzung nach einem **einfachen Maßstab**, z. B. nach dem Frontmetermaßstab (Abs. 2 Satz 1 Nr. 3, hierzu unten, Rn 38), abgerechnet werden (BVerwG, U. v. 30. 1. 1970, IV C 151.68, BRS 37, S. 5/6 f.). Hierin liegt keine unbillige Härte (vgl. § 135, Rn 7). Allerdings ist in diesem Fall in der Satzung für Hinterliegergrundstücke, die nicht an die Erschließungsanlage angrenzen, ein **Ersatzmaßstab** festzulegen, um auch diese Grundstücke in die Verteilung des Erschließungsaufwands aufnehmen zu können. Ob ein geeigneter Ersatzmaßstab im Wege der Satzungsauslegung ermittelt werden kann, ist zweifelhaft (wohl dafür BVerwG, ebd.; anders OVG Münster, U. v. 20. 12. 1972, ZMR 1973, 339/341; ihm folgend Driehaus, Rn 536).

b) Auch bei Gebieten, die **nach Inkrafttreten des BBauG** erschlos- 36 sen wurden, kann die Abrechnung nach einem leicht zu handhabenden einfachen Verteilungsmaßstab erfolgen, wenn sie **einheitlich nutzbar** sind. Dies kann z. B. der Fall sein bei der Erschließung eines Gewerbegebiets, in dem lediglich gleichartig gewerblich nutzbare Grundstücke liegen (BVerwG, U. v. 2. 7. 1971, BRS 37, S. 233/236).

2. a) Beim **Grundstücksflächenmaßstab** nach **Abs. 2 Satz 1 Nr. 2** 37 wird der umlagefähige Erschließungsaufwand auf die Eigentümer der erschlossenen Grundstücke nach dem Verhältnis der Grundstücksflächen in Quadratmeter aufgeteilt. Er ist sehr einfach zu handhaben. Eine Problematik liegt jedoch darin, daß er Lage, Zuschnitt und Zugänglichkeit des Grundstücks von der Erschließungsanlage aus unberücksichtigt läßt. Er ist für sich allein genommen auch bei gleichartiger Nutzbarkeit der Grundstücke nur bei sehr einheitlichen Grundstücksverhältnissen vertretbar. Allerdings ermöglicht er auch die Einbeziehung von Hinterliegergrundstücken.

b) Der zweite einfache Verteilungsmaßstab, den das Gesetz zur 38 Verfügung stellt, ist nach **Abs. 2 Satz 1 Nr. 3** der Grundstücksbreiten- oder – in herkömmlicher Terminologie – der **Frontmetermaßstab**. Er ist sicher der am einfachsten zu handhabende Verteilungsmaßstab, da bei ihm die umlagefähigen Kosten im Verhältnis der Grundstücksbreiten an der Erschließungsanlage verteilt werden. Seine Problematik liegt darin, daß er die Größe und Nutzbarkeit der Grundstücke unberücksichtigt läßt und die Erfassung von **Hinterliegergrundstücken** nicht ermöglicht (vgl. oben, Rn 35). Im übrigen ist er nur anwendbar bei Erschließungsanlagen im Sinne des § 127 Abs. 2 Nr. 1 und 2, da nur bei diesen eine Beziehung zwischen Erschließungsanlage und der Grund-

stücksbreite an der Erschließungsanlage besteht. Bei den anderen Erschließungsanlagen im Sinne des § 127 Abs. 2, die gerade nicht oder jedenfalls nicht nur die angrenzenden Grundstücke erschließen, versagt er völlig. Werden dagegen die Kosten solcher Erschließungsanlagen zusammen mit den Kosten von Anbaustraßen abgerechnet, kann der Frontmetermaßstab hierfür eine geeignete Grundlage bilden (vgl. Förster, in: Kohlhammer-Komm. zum BBauG, § 131, Rn 57). Auch Grundstücke mit **ungewöhnlichen Grundstückszuschnitten,** wie z. B. ein Grundstück mit einer sehr großen Grundstücksbreite, aber einer nur sehr geringen Tiefe, oder umgekehrt ein Grundstück mit einer sehr geringen Grundstücksbreite an der Erschließungsanlage, aber mit nach hinten zunehmender Ausdehnung (sog. Hammergrundstück), können durch den Frontmetermaßstab nicht angemessen erfaßt werden.

39　　**c)** Nach **Abs. 2 Satz 2** können die **Maßstäbe miteinander verbunden** werden. Dies wird zur Erfüllung der Anforderungen des Abs. 3, Unterschiede bei Art und Maß der Nutzung zu berücksichtigen, in der Regel erforderlich sein. Eine Kombination der beiden einfachen Verteilungsmaßstäbe jedoch würde ihre aufgezeigten Nachteile nicht vermindern, sondern addieren. Diese Kombination erscheint daher **nicht geeignet,** um eine vorteilsgerechte Lastenverteilung herbeizuführen (OVG Münster, U. v. 20. 12. 1972, ZMR 1973, 339/341, das sie deswegen im Hinblick auf Hinterliegergrundstücke für unanwendbar hält).

40　　**d)** Um die den einfachen Verteilungsmaßstäben anhaftenden Nachteile zu vermeiden oder zu verringern, können sie **modifiziert** werden. So kann z. B. beim Grundstücksbreitenmaßstab ergänzend bestimmt werden, bei Hinterlieger- und Hammergrundstücken die auf die Straßengrenze **projizierte mittlere Grundstücksbreite** anzusetzen (hierzu Förster, aaO, Rn 67). Das Festlegen einer bei der Abrechnung wenigstens zu berücksichtigenden Mindestgrundstücksbreite ist dagegen unzulässig, da sie mit dem Gleichbehandlungsgebot nur zu vereinbaren ist (OVG Münster, U. v. 25. 8. 1971, Der Gemeindetag 1972, 25). Im übrigen können sowohl der Frontmetermaßstab als auch der Grundstücksflächenmaßstab dadurch modifiziert werden, daß in gewissen Abstufungen Art oder Maß der Nutzung berücksichtigt werden. Zur Möglichkeit, eine Tiefenbegrenzung vorzusehen, vgl. oben, Rn 20 ff.

41　　**III.** Sind die Voraussetzungen für die Anwendung solcher einfacher Verteilungsmaßstäbe nicht gegeben, müssen sog. **qualifizierte Verteilungsmaßstäbe** oder qualifizierte Maßstabskombinationen angewandt werden.

42　　**1. a)** In **Gebieten mit nach Art und Maß unterschiedlicher Nutzung** ist die Anwendung qualifizierter Verteilungsmaßstäbe erforderlich, um sicherzustellen, daß der umlagefähige Erschließungsaufwand auf die erschlossenen Grundstücke **entsprechend ihrem jeweiligen Erschließungsvorteil** umgelegt wird (zum Erschließungsvorteil vgl. § 127, Rn 4; ferner David, KStZ 1979, 201 f.). Danach liegt der Erschließungs-

vorteil in dem, was die Erschließung für die bauliche oder gewerbliche Nutzbarkeit des Grundstücks hergibt. Da die tatsächliche Inanspruchnahme einer Erschließungsanlage von einem Grundstück aus praktikabel nicht für alle Grundstücke ermittelt werden kann (sog. Wirklichkeitsmaßstab), ist von der **zulässigen Ausnutzbarkeit** des Grundstücks nach Art und Maß der Nutzung (BVerwG, U. v. 10. 6. 1981, 8 C 15.81, BVerwGE 62, 300/302f.) auf das Maß des Erschließungsvorteils zu schließen (sog. **Wahrscheinlichkeitsmaßstab**). Alle vom Gesetz zur Verfügung gestellten Maßstäbe und die hieran gestellten Anforderungen sind Wahrscheinlichkeitsmaßstäbe (hierzu Schmidt/Bogner/Steenbock, Handbuch des Erschließungsrechts, 5. Aufl. 1981, Rn 2402 ff.). Insbesondere **Abs. 3** ermöglicht, von Art und Maß der Nutzung auf den Erschließungsvorteil zu schließen; diese sind jedoch **nur** „inhaltliche **Anknüpfungspunkte** für die Verwirklichung des Vorteilsprinzips, nicht jedoch absoluter Maßstab für eine vorteilsgerechte Verteilung des Erschließungsaufwands" (BVerwG, U. v. 26. 1. 1979, 4 C 61 bis 68 und 80 bis 84.75, BRS 37, S. 216/220; vgl. auch Driehaus, Rn 552f.). Hierdurch wird bereits vorausgesetzt, daß an die genaue Bestimmung des Erschließungsvorteils keine überspitzten Anforderungen gestellt werden können. Die auch sonst das Abgabenrecht beherrschenden Grundsätze der **Typengerechtigkeit** (hierzu §127, Rn 4), der **Praktikabilität** und der **Überschaubarkeit** des Heranziehungsverfahrens müssen hierbei beachtet werden. Es ist also bei der Verteilungsregelung ein Ausgleich zu finden zwischen einer **Differenzierung aus Gründen der Vorteilsgerechtigkeit** und einer **Typisierung aus Gründen der Handhabbarkeit** der Verteilungsregelung (BVerwG, ebd.).

b) aa) Für die Bestimmung des Maßes und der Art der Nutzung, die als Anknüpfungspunkte für die Bestimmung des Erschließungsvorteils dienen, ist nach Abs. 3 grundsätzlich von der **zulässigen Nutzung** auszugehen (BVerwG, U. v. 3. 6. 1971, IV C 28.70, BRS 37, S. 243/244; Beschluß v. 4. 9. 1980, DVBl. 1981, 827). Die zulässige Nutzung ergibt sich aus den **Festsetzungen eines Bebauungsplans** oder den sonstigen baurechtlichen Vorschriften, z. B. §**34** (vgl. etwa BVerwG, U. v. 29. 11. 1985, 8 C 59.84, NVwZ 1986, 303/304). Dabei ist jedoch zu berücksichtigen, ob das im Bebauungsplan angegebene Maß der zulässigen Nutzung auch tatsächlich erreicht werden kann oder ob einer vollen Ausnutzbarkeit des Grundstücks **öffentlich-rechtliche Baubeschränkungen** entgegenstehen (hierzu oben, Rn 16ff.). In einem solchen Fall ist nur ein entsprechend vermindertes Maß der Nutzung zulässig. Hat ein Bebauungsplan die **Planreife** nach §33 erlangt, **kann** die Gemeinde für solche Fälle, in denen Bauvorhaben nach §33 genehmigt worden sind, die Berücksichtigung der in dem Bebauungsplanentwurf **vorgesehenen zulässigen Nutzung** in der Satzung vorsehen. Sie ist allerdings **nicht gehalten,** die künftige planungsrechtliche Situation in Rechnung zu stellen (BVerwG, Beschluß vom 27. 11. 1981, 8 B 188.81, Mitt. DST 1982, S. 331; Beschluß v. 27. 11. 1981, 8 B 189.81,

43

NVwZ 1982, 500/502; ferner David, NVwZ 1982, 170/173; vgl. auch
OVG Münster, U. v. 26. 8. 1974, ZMR 1975, 279 f.).

44 **bb)** Auch Art und Maß der **tatsächlichen Nutzung** können bei der
Bestimmung des Erschließungsvorteils herangezogen werden. Da jedoch ein Abstellen auf die zulässige Nutzung für die Ermittlung des
Erschließungsvorteils stets möglich ist, **kann nicht generell von der
tatsächlichen Nutzung ausgegangen werden.** Dies widerspräche zum
einen dem bodenpolitischen Zweck der Erschließungsbeiträge (vgl.
§ 127, Rn 7) und wäre zum anderen unpraktikabel, da spätere Änderungen der tatsächlichen Nutzung einerseits zu Nacherhebungen und
andererseits zu Erstattungen führen würden. Aus Gründen der Praktikabilität ist es jedoch **zulässig, in unbeplanten Gebieten das tatsächliche Maß der Nutzung zugrundezulegen.** Dabei kann sowohl von der
im Einzelfall zu ermittelnden tatsächlichen Nutzung nach der Zahl der
Vollgeschosse oder – was häufig schwierig sein wird – der Geschoßfläche ausgegangen werden; es ist jedoch auch unbedenklich, ohne Rücksicht auf eine vorhandene oder fehlende Bebauung auf das in der
näheren Umgebung (im Sinne des § 34) des abzurechnenden Grundstücks überwiegend oder durchschnittlich vorhandene Maß der Nutzung oder auch auf das Durchschnittsmaß der Nutzung aller von der
Erschließungsanlage erschlossenen Grundstücke abzustellen (BVerwG,
U. v. 24. 9. 1976, BRS 37, S. 210/212; U. v. 14. 12. 1979, 4 C 12 bis 16
und 18.77; BRS 37, S. 258/261 f.; U. v. 10. 11. 1989, 8 C 50.88, NVwZ
1990, 870 f.).

45 Wird von der tatsächlichen Nutzung ausgegangen, muß bestimmt
werden, welche Nutzung bei **unbebauten Grundstücken** für die Abrechnung zugrunde zu legen ist. Sonst würde etwa bei einem kombinierten Grundstücksflächen- und Geschoßflächenmaßstab ein unbebautes Grundstück in ungerechtfertigter Weise bevorzugt werden
(BVerwG, U. v. 10. 6. 1981, 8 C 66.81, NVwZ 1982, 37/38). In hinsichtlich des Maßes der Nutzung **unvollständig beplanten Gebieten**
sind die Grundsätze über unbeplante Gebiete ebenfalls anzuwenden.

46 Auch in **beplanten Gebieten** kann es **zulässig** sein, auf die tatsächliche Nutzung abzustellen. Dies kann etwa dann erfolgen, wenn die
tatsächliche Nutzung über die im Bebauungsplan festgesetzte zulässige
Nutzung, etwa aufgrund einer Befreiung oder einer ungenehmigten,
aber geduldeten Überschreitung, hinausreicht (BVerwG, Beschluß
vom 4. 9. 1980, DVBl. 1981, 827). Allerdings ist es aus Gründen der
Praktikabilität **nicht geboten,** eine solche das Maß der zulässigen
Nutzung überschreitende – nur zugelassene – tatsächliche Nutzung bei
der Verteilung zu berücksichtigen (BVerwG, Beschluß vom 27. 11.
1981, 8 B 188.81, Mitt. DST 1982, 331; Beschluß v. 27. 11. 1981, 8 B
189.81, NVwZ 1982, 500/501 f.; U. v. 23. 8. 1974, BRS 37, S. 215/216;
U. v. 2. 11. 1973, IV C 25.72, BRS 37, S. 271/273).

47 Zur **Ermittlung** von Art und Maß der tatsächlichen Nutzung kann
in der Erschließungsbeitragssatzung unmittelbar eine entsprechende

Regelung getroffen werden. Es kann aber auch in der Satzung vorgesehen werden, daß die tatsächliche Nutzung in einer die Satzung ergänzenden sog. **Einzelsatzung** (hierzu § 132, Rn 9) „festgelegt" wird (BVerwG, U. v. 28. 11. 1975, IV C 18 bis 20 und 29 bis 34. 74, BRS 37, S. 207/209).

cc) Werden Grundstücke durch zwei oder mehr Erschließungsanlagen in ihrer gesamten Fläche erschlossen (**Mehrfacherschließung**), so **48** kann dies Anlaß für eine Sonderbehandlung bei der Verteilung des umlagefähigen Erschließungsaufwands sein. Da Grundstücke durch eine zweite Erschließung häufig nicht denselben Vorteil wie bei der ersten Erschließung erhalten (vgl. BVerwG, U. v. 15. 9. 1989, 8 C 4.88, NVwZ 1990, 374/375), **können** die Gemeinden in ihren Erschließungsbeitragssatzungen eine sog. **Eckgrundstücksermäßigung** vorsehen, indem z. B. die Grundstücksfläche nur mit zwei Dritteln angesetzt wird. Bei stark gekrümmten oder geknickten, aber als einheitliche Anlage anzusehenden Erschließungsstraßen ist eine Eckgrundstücksermäßigung nicht angebracht. Wird aber z. B. eine ein Grundstück voll erschließende Straße so verlängert, daß die Verlängerung eine weitere eigenständige Erschließungsanlage ist (vgl. etwa BVerwG, U. v. 27. 9. 1982, 8 C 145.81, BRS 43, Nr. 19, S. 36; U. v. 5. 10. 1984, 8 C 41.83, BRS 43 Nr. 140, S. 342), und erschließt die Verlängerung das Grundstück noch einmal, so liegt eine die „Eckermäßigung" rechtfertigende Mehrfacherschließung vor (vgl. OVG Lüneburg, U. v. 19. 5. 1988, ZMR 1989, 393 f.). Die Problematik stellt sich auch bei an zwei parallel verlaufende Erschließungsanlagen angrenzenden Grundstücken, also bei sog. **vorderer und hinterer Erschließung** (zur auch möglichen nur begrenzten Erschließung eines Grundstücks bis zu einer gedachten Trennlinie vgl. oben, Rn 19 f.). Allerdings ist es auch möglich, daß die Zweiterschließung dem Grundstück denselben Vorteil wie eine Ersterschließung bietet. Dies wird insbesondere bei gewerblichen Grundstücken, die nunmehr eine zweite Zufahrt erhalten, der Fall sein, kann aber auch bei Wohngrundstücken zu einem ungeschmälerten weiteren Vorteil führen. Deshalb stehen der Gemeinde **drei Möglichkeiten** zur Verfügung: Sie kann **insgesamt** von einer Eckgrundstücksermäßigung **absehen,** sie kann **generell** eine Eckgrundstücksermäßigung **gewähren,** sie kann eine Eckgrundstücksermäßigung z. B. **nur für Wohngrundstücke** gewähren (grundlegend BVerwG, U. v. 19. 10. 1966, IV C 99.65, BVerwGE 25, 147/149 f.; U. v. 8. 10. 1976, IV C 56.74, BRS 37, S. 239/240 f.). Dieser **Ermessensspielraum** der Gemeinde wird durch den Grundsatz der im Abgabenrecht notwendigen typisierenden Betrachtungsweise gedeckt. Gewährt die Gemeinde die Eckermäßigung nur für Wohngrundstücke, so bleibt es ihr überlassen, ob sie insoweit auf die zulässige oder auf die tatsächlich ausgeübte Nutzung abstellt (BVerwG, U. v. 13. 8. 1976, BRS 37, S. 284/289; vgl. auch OVG Münster, U. v. 31. 10. 1984, ZMR 1985, 165 f.). Allerdings sind dem Ermessen der Gemeinde durch Abs. 2 und den Gleichheitssatz des Art. 3 Abs. 1 GG Grenzen gesetzt (BVerwG, ebd.).

49 Sieht die Gemeinde eine Eckgrundstücksermäßigung vor, so führt dies zu einer entsprechenden **Höherbelastung der übrigen erschlossenen Grundstücke.** Allerdings darf die für die „Mittelanlieger" infolge der Eckgrundstücksermäßigung entstehende Mehrbelastung nicht mehr als die Hälfte dessen betragen, was sie an Erschließungsbeiträgen bei voller Belastung des Eckgrundstücks zu entrichten hätten (BVerwG, U. v. 4. 9. 1970, BRS 37, S. 237/238; U. v. 8. 10. 1976, IV C 56.74, BRS 37, S. 239/241 f.). Von der in früheren Urteilen aufgestellten Begrenzung der Eckermäßigung dahingehend, daß der Erschließungsbeitrag für ein Eckgrundstück nicht niedriger sein dürfe als der Erschließungsbeitrag für ein Mittelgrundstück an der Erschließungsstraße mit dem höchsten Erschließungsaufwand (BVerwG, U. v. 4. 9. 1970, BRS 37, S. 237/238; U. v. 3. 6. 1971, IV C 28.70, BRS 37, S. 243/245), ist das Bundesverwaltungsgericht wegen der für die Gemeinden hieraus entstehenden unangemessenen Schwierigkeiten, insbesondere im Hinblick auf Prognosen des zukünftigen Ausbaus weiterer Erschließungsanlagen, abgerückt (BVerwG, U. v. 8. 10. 1976, IV C 56.74, BRS 37, S. 239/242). In seinem Urteil vom 13. 12. 1985 (8 C 24.85, NVwZ 1986, 566/567 f.) hat das BVerwG in Anwendung des Gleichheitssatzes eine andere Grenze für die Entlastung mehrfach erschlossener Grundstücke bestimmt: Danach darf die Belastung eines **Eckgrundstücks** mit Erschließungsbeiträgen für beide Straßen insgesamt **nicht wesentlich, d. h. um mehr als 10 %, niedriger** sein als die Belastung eines vergleichbaren **Mittelgrundstücks** an einer der beiden Straßen. Führt eine Satzungsbestimmung zu einer darüber hinausgehenden Ermäßigung, kann sie unter den Voraussetzungen des § 135 Abs. 5 als Regelung eines Beitragserlasses umzudeuten sein (mit Recht kritisch hierzu Schenk, DÖV 1986, 512 ff.). Eine Eckermäßigung kann auch gewährt werden, wenn **nur** Eckgrundstücke zu veranlagen sind. Auch dann ist die Begrenzung der Mehrbelastung der jeweils anderen Eckanlieger zu beachten und zwar gemessen an einem fiktiven nicht ermäßigten Beitrag (hierzu OVG Bremen, U. v. 13. 9. 1983, DÖV 1984, 125).

50 Die Gemeinde braucht die Gewährung einer Eckgrundstücksermäßigung **nicht davon abhängig** zu machen, daß für die Ersterschließung **bereits ein Erschließungsbeitrag gezahlt** wurde oder noch zu zahlen ist; allerdings ist sie nicht gehindert, die Eckgrundstücksermäßigung nur zur Vermeidung einer konkreten Doppelbelastung, also nur bei anderweitiger Erschließungsbeitragszahlung, zu gewähren. Letzteres kann allerdings die Gemeinde zu umfangreichen Nachforschungen und Überprüfungen zwingen, so daß es als zweckmäßig anzusehen ist, die Eckgrundstücksermäßigung ohne Rücksicht auf eine bereits für die Ersterschließung erfolgte oder erfolgende Beitragszahlung zu gewähren. Die Rechte der „Mittelanlieger" werden dadurch nicht berührt, da diese Verteilungsregelung dem in der Regel geringeren Vorteil des Eckgrundstücks durch die Zweiterschließung und dem entsprechend höheren Vorteil für die erstmals erschlossenen Grundstücke entspricht.

Im übrigen werden sie durch die Beitragsbegrenzung (vgl. oben, Rn 49) hinreichend geschützt (BVerwG, U. v. 8. 10. 1976, IV C 56.74, BRS 37, S. 239/241). Kann allerdings eine der die Ecklage begründenden Straßen keine volle Erschließungsbeitragspflicht auslösen, etwa weil es sich um die Ortsdurchfahrt einer klassifizierten Straße handelt, deren Fahrbahn unter den Voraussetzungen des § 128 Abs. 3 Nr. 2 vom Erschließungsaufwand ausgenommen sind (vgl. § 128, Rn 43), ist sehr leicht festzustellen, daß eine Doppelbelastung des Eckgrundstücks insoweit nicht eintreten kann; für eine Vergünstigung ist dann kein Raum (BVerwG, U. v. 15. 9. 1989, 8 C 4.88, NVwZ 1990, 374/375 f.). Weitere Kosten der Ortsdurchfahrt sind nur abrechenbar, wenn die Gemeinde Trägerin der Straßenbaulast ist; dies gilt allerdings nicht für die Straßenbeleuchtung, die nicht Gegenstand der Straßenbaulast, sondern eine Erschließungsaufgabe nach § 123 ist (BVerwG, aaO, S. 376).

Will die Gemeinde einem Grundstückseigentümer, der für die Erster- **51** schließung in vollem Umfang herangezogen worden ist, die Eckgrundstücksermäßigung nicht nur für die Zweiterschließung, sondern – im nachhinein – auch für die Ersterschließung zukommen lassen, um ihn mit anderen Eigentümern von Eckgrundstücken, die zweimal nur zum ermäßigten Erschließungsbeitrag herangezogen worden sind, gleichzubehandeln, kann sie dies nur durch eine zu ihren Lasten gehende **Freistellung** nach § 135 Abs. 5 erreichen. Keinesfalls kann sie den Betrag, der sich aus der Differenz zwischen vollem und ermäßigtem Beitrag für die Ersterschließung ergibt, als freiwillige Vorausleistung auf den Erschließungsbeitrag für die neue Straße betrachten. Hierdurch würde dieser Betrag von den übrigen Anliegern der neuen Erschließungsstraße aufzubringen sein, obwohl der Grund für die Ermäßigung in der Anlage der ersten Erschließungsstraße liegt und daher allenfalls von den Anliegern dieser Straße aufzubringen gewesen wäre (hierzu auch Driehaus, Rn 575).

Zur Behandlung von Eckgrundstücken, die an Erschließungsstraßen **52** liegen, die im Wege der Bildung einer **Erschließungseinheit** nach § 130 Abs. 2 Satz 2 abgerechnet werden sollen, vgl. oben Rn 11. Zur besonderen Problematik **übergroßer Eckgrundstücke**, die zu jeder Erschließungsanlage hin wie ein selbständiges Grundstück genutzt werden können und also von jeder Erschließungsanlage in vollem Umfang erschlossen werden, vgl. oben, Rn 19.

2. a) Die als **Maß der Nutzung** zu berücksichtigende zulässige oder **53** tatsächliche Nutzung (vgl. oben, Rn 43 ff.) ist nur bei baulich nutzbaren oder genutzten Grundstücken vorhanden. Bei nicht baulich, sondern **nur gewerblich oder als Grünfläche nutzbaren Grundstücken** muß ein **Nutzungsmaß fingiert** werden. In einer vom Bundesverwaltungsgericht gebilligten Verteilungsregelung wurde für Grundstücke, die nicht baulich oder gewerblich genutzt sind und auch nicht baulich oder gewerblich genutzt werden dürfen, die **halbe Grundstücksfläche** ange-

setzt (BVerwG, U. v. 26. 1. 1979, 4 C 61 bis 68 und 80 bis 84.75, BRS 37, S. 216/219; vgl. unten Rn 56). Bei nicht baulich, aber gewerblich nutzbaren Grundstücken ebenso wie bei Grundstücken, auf denen Garagen oder Stellplätze gebaut werden dürfen, kann eine **eingeschossige Bebauung** fingiert werden (BVerwG, ebd.).

54 **b)** Bei der Wahl eines Maßstabs für die Berücksichtigung des Maßes der baulichen Nutzung darf nicht außer Acht gelassen werden, daß das Maß der baulichen Nutzung nur ein Anknüpfungspunkt für die Ermittlung des Erschließungsvorteils ist (vgl. oben, Rn 42). Daraus folgt zunächst, daß die Verteilungsregelung **nicht an die Höchstgrenzen des Maßes der baulichen Nutzung nach § 17 Abs. 1 BauNVO gebunden** ist. Die Gemeinde kann sich daran orientieren (Driehaus, Rn 563 f.), sie muß es aber nicht (vgl. auch OVG Münster, U. v. 29. 10. 1984, ZMR 1985, 247 f., zur Gleichbehandlung ein- und zweigeschossiger Wohnbebauung). Die Beitragsbelastung der Grundstücke in einem Abrechnungsgebiet muß lediglich in selben Verhältnis zueinanderstehen wie das Maß der jeweils höchstzulässigen Nutzbarkeit (BVerwG, U. v. 26. 1. 1979, aaO, S. 220). So wie der Ortsgesetzgeber bei der Festsetzung des zulässigen Maßes der baulichen Nutzung hinter den Höchstwerten des § 17 Abs. 1 BauNVO zurückbleiben darf, so ist er auch nicht an die Staffelung in § 17 Abs. 1 BauNVO gebunden. Insoweit steht dem Ortsgesetzgeber vielmehr ein **weites Ermessen** zu (BVerwG, U. v. 7. 3. 1980, 4 C 40.78, BauR 1980, 563/564).

55 Aus diesen Gründen hat das Bundesverwaltungsgericht auch ausdrücklich die Wahl eines aus Grundstücksfläche und Zahl der Vollgeschosse kombinierten sog. **Vollgeschoßmaßstabs** für **zulässig** erachtet. Zwar würde das zulässige Maß der Nutzung durch die Wahl des Geschoßflächenmaßstabs genauer erfaßt, doch ergeben sich hieraus erhebliche Probleme, vor allem in nicht beplanten Gebieten, so daß auch ein einfacherer Maßstab dem Grundsatz der vorteilsgerechten Beitragserhebung gerecht wird. Er kann zudem die **Verständlichkeit und Überschaubarkeit** des Maßstabs – vor allem für den abgabepflichtigen Bürger – deutlich erhöhen, da dieser die beim Geschoßflächenmaßstab häufig verwendeten Formeln nur schwer wird verstehen können (BVerwG, U. v. 26. 1. 1979, 4 C 61 bis 68 und 80 bis 84.75, BRS 37, S. 216/220). Aus diesen Gründen hat das Bundesverwaltungsgericht hinsichtlich des Maßes der Nutzung **zum Beispiel** folgende Verteilungsmaßstäbe als im Rahmen des Ermessens der Gemeinde liegend und damit für zulässig erachtet:

56 **Beispiel I:**

„§ 6. Verteilung des beitragsfähigen Erschließungsaufwandes

A. (1) Der nach § 3 ermittelte Erschließungsaufwand wird nach Abzug des Anteils der Gemeinde (§ 5) auf die erschlossenen Grundstücke des Abrechnungsgebietes (§ 4) nach den Grundstücksflächen verteilt. Dabei wird die unterschiedliche Nutzung der Grundstücke nach Maß (Absatz B) und Art (Absatz V) berücksichtigt.

(2) Als Grundstücksfläche gilt:

a) bei Grundstücken im Bereich eines Bebauungsplanes die Fläche, die der Ermittlung der zulässigen Nutzung zugrunde zu legen ist,

b) wenn ein Bebauungsplan nicht besteht oder die erforderlichen Festsetzungen nicht enthält, die tatsächliche Grundstücksfläche bis zu einer Tiefe von 50 m von der Erschließungsanlage oder von der der Erschließungsanlage zugewandten Grenze des Grundstücks. Reicht die bauliche oder gewerbliche Nutzung über diese Begrenzung hinaus, so ist die Grundstückstiefe maßgebend, die durch die hintere Grenze der Nutzung bestimmt wird. Grundstücksteile, die lediglich die wegemäßige Verbindung zur Erschließungsanlage herstellen, bleiben bei der Bestimmung der Grundstückstiefe unberücksichtigt.

B. (1) Entsprechend der Ausnutzbarkeit wird die Grundstücksfläche mit einem Nutzungsfaktor vervielfacht, der im einzelnen beträgt:

1. bei eingeschossiger Bebaubarkeit oder gewerblich nutzbaren Grundstücken, auf denen keine Bebauung zulässig ist 1,0
2. bei zweigeschossiger Bebaubarkeit 1,25
3. bei dreigeschossiger Bebaubarkeit 1,5
4. bei vier- und fünfgeschossiger Bebaubarkeit 1,75
5. bei sechs- und mehrgeschossiger Bebaubarkeit 2,0

(2) Als zulässige Zahl der Geschosse gilt die im Bebauungsplan festgesetzte höchstzulässige Zahl der Vollgeschosse. Weist der Bebauungsplan nur Grundflächen- und Baumassenzahl aus, so gilt als Geschoßzahl die Baumassenzahl geteilt durch 2,8, wobei Bruchzahlen auf die nächstfolgende volle Zahl aufgerundet werden.

(3) Ist im Einzelfall eine größere Geschoßzahl zugelassen oder vorhanden und geduldet, so ist diese zugrunde zu legen.

(4) Grundstücke, auf denen nur Garagen oder Stellplätze gebaut werden dürfen, gelten als eingeschossig bebaubare Grundstücke.

(5) Grundstücke, die nicht baulich oder gewerblich genutzt sind und auch nicht baulich oder gewerblich genutzt werden dürfen, werden mit 0,5 der Grundstücksflächen angesetzt.

(6) In unbeplanten Gebieten und Gebieten, für die ein Bebauungsplan weder die Geschoßzahl noch Grundflächen- und Baumassenzahl festsetzt, ist

a) bei bebauten Grundstücken die Zahl der tatsächlich vorhandenen,

b) bei unbebauten, aber noch bebaubaren Grundstücken die Zahl der auf den benachbarten Grundstücken des Abrechnungsgebietes überwiegend vorhandenen

Geschosse maßgebend.

(7) Ist eine Geschoßzahl wegen der Besonderheiten des Bauwerkes nicht feststellbar, werden je angefangene 2,8 m Höhe des Bauwerkes als ein Vollgeschoß gerechnet..."

(in BVerwG, U. v. 26. 1. 1979, aaO, S. 218f.)

Beispiel II: 57

„§ 6. Verteilung des beitragsfähigen Erschließungsaufwandes

(1) Der nach § 3 ermittelte Erschließungsaufwand wird nach Abzug des Anteils der Stadt (§ 4) auf die Grundstücke des Abrechnungsgebietes (§ 5) nach den Grundstücksflächen verteilt.

Dabei wird die Grundstücksfläche entsprechend der Ausnutzbarkeit mit einem

Vomhundertsatz vervielfacht, der im einzelnen beträgt:
1. bei eingeschossiger Bebaubarkeit 100 v. H.
2. bei zweigeschossiger Bebaubarkeit 125 v. H.
3. bei dreigeschossiger Bebaubarkeit 150 v. H.
4. bei viergeschossiger Bebaubarkeit 175 v. H.
5. bei fünfgeschossiger Bebaubarkeit 180 v. H.
6. bei sechsgeschossiger Bebaubarkeit 185 v. H.
7. bei sieben- und mehrgeschossiger Bebaubarkeit 190 v. H.

§ 7. Verteilung des beitragsfähigen Erschließungsaufwandes in beplanten Gebieten

(1) In beplanten Gebieten gilt als Geschoßzahl die im Bebauungsplan festgesetzte höchstzulässige Zahl der Vollgeschosse.

(2) Bei Grundstücken, für die der Bebauungsplan nur Grundflächenzahl und Baumassenzahl aufweist, wird die Anzahl der Vollgeschosse wie folgt ermittelt: Die Baumassenzahl wird durch 3,5 geteilt.

Das Ergebnis wird zur Zahl der Vollgeschosse wie folgt in Bezug gesetzt:
bis 1,0 = 1 Geschoß,
bis 1,6 = 2 Geschosse,
bis 2,0 = 3 Geschosse,
bis 2,2 = 4 Geschosse,
bis 2,3 = 5 Geschosse,
bis 2,4 = 6 Geschosse,
bis 2,7 = 7 Geschosse …“
(in BVerwG, U. v. 23. 5. 1980, 4 C 83 bis 91.79, DVBl. 1980, 757/758).

Ein ausführliches Satzungsmuster mit Alternativen und Erläuterungen findet sich in BWGZ 1987, 485 ff. Vgl. auch Mitt DST 1987, 566 ff.

58 Die Bestimmung des Maßes der baulichen Nutzung nach der Zahl der Vollgeschosse versagt, wenn in einem Bebauungsplan lediglich Baumassenzahl und Grundflächenzahl angegeben sind, wie dies bei Industriegebieten der Fall ist. In diesem Fall muß ein **Umrechnungsfaktor** eingeführt werden. In § 21 Abs. 4 BauNVO wird ein Umrechnungsfaktor von 3,5 zugrundegelegt; diese Umrechnungsformel ist auch in einer Erschließungsbeitragssatzung zulässig (BVerwG, U. v. 23. 5. 1970, 4 C 83 bis 91.79, DVBl. 1980, 757, abgedruckt in Rn 57). Hieran sind die Gemeinden jedoch nicht gebunden. Es ist im Rahmen des den Gemeinden hierbei zustehenden weiten Ermessens auch zulässig, z. B. einen Umrechnungsfaktor von 2,8 zu wählen (BVerwG, U. v. 26. 1. 1979, 4 C 61 bis 68 und 80 bis 84.75, BRS 37, S. 216/222 f.; U. v. 7. 3. 1980, 4 C 40.78, BauR 1980, 563/564; vgl. die in Rn 56 abgedruckte Formulierung).

59 Durch einen solchen Umrechnungsfaktor wird gewährleistet, daß die völlig **unterschiedliche Nutzung von z. B. Wohn- und Industriegrundstücken in etwa vergleichbar** wird. Eine exakte Relation kann im Ergebnis praktisch nicht hergestellt werden, vor allem da die Größe der Bauten auf Industriegrundstücken dem technischen oder maschinellen Bedarf dient und nicht unbedingt Anzeichen eines bestimmten Verkehrsaufkommens ist. Auch kann sich der Erschließungsvorteil

durch die Straße reduzieren, wenn ein Gleisanschluß oder ein Hafen anderweitige Erschließungsmöglichkeiten bieten. Diese Ungenauigkeit kann hingenommen werden, da die Vergleichbarkeit der Nutzung von Wohn- und Industriegrundstücken für die Verteilungsproblematik **„nicht von zentraler Bedeutung"** ist (BVerwG, U. v. 26. 1. 1979, 4 C 61 bis 68 und 80 bis 84.75, BRS 37, S. 216/222). Notwendig ist eine solche Umrechnungsformel ohnehin nur in den Fällen, in denen in der Gemeinde Abrechnungsgebiete vorhanden oder zu erwarten sind, in denen Grundstücke mit Festsetzungen als Industriegebiet und Grundstücke anderer Nutzungsart zusammentreffen. Dies wird jedoch – vor allem in kleineren und mittleren Gemeinden – kaum einmal der Fall sein (BVerwG, aaO, S. 221; zur Problematik der Umrechnung von Baumassenzahl in Geschoßzahl David, KStZ 1979, 201/207 ff.).

c) Anstatt den Verteilungsmaßstab aus der Kombination der Grund- **60** stücksfläche mit der Zahl der Vollgeschosse zu bilden, kann ein qualifizierter Maßstab auch aus der Kombination von Grundstücks- und Geschoßfläche bestehen. Zu diesem sog. **Geschoßflächenmaßstab,** der das Maß der zulässigen oder tatsächlichen Nutzung noch wesentlich exakter erfaßt als der Vollgeschoßmaßstab, gelten im Prinzip die zu diesem gemachten Ausführungen.

Bei der Wahl des Geschoßflächenmaßstabs muß die Satzung bestim- **61** men, wie die zulässige **Geschoßfläche zu ermitteln** ist. Eine vom Bundesverwaltungsgericht gebilligte Regelung lautet wie folgt:

„Die Geschoßfläche des einzelnen Grundstücks ergibt sich durch Vervielfachung der Grundstücksfläche mit der Geschoßflächenzahl. Die Geschoßflächenzahl ergibt sich aus den Festsetzungen des Bebauungsplans. Ist eine Geschoßflächenzahl nicht festgesetzt, so ist die nach § 17 Abs. 1 BauNVO für das jeweilige Baugebiet höchstzulässige Geschoßflächenzahl maßgebend; dabei wird als zulässige Zahl der Vollgeschosse die Geschoßzahl zugrunde gelegt, die nach § 34 *BBauG* unter Berücksichtigung der überwiegend vorhandenen Geschoßzahl zulässig ist"

(BVerwG, U. v. 10. 6. 1981, 8 C 20.81, BVerwGE 62, 308/310; das BauGB hat an der Grundlage dieses Urteils nichts geändert.)

Satz 1 und 2 dieser Verteilungsbestimmung regeln die Ermittlung der **62** Geschoßfläche in qualifiziert beplanten Gebieten, Satz 3 in nicht oder nicht vollständig beplanten Gebieten. Eine – bloße – Verweisung auf § 34 bewirkt für den Verteilungsmaßstab, daß auf die für das einzelne Grundstück jeweils zulässige Nutzung abgestellt wird. Ein solcher Hinweis ist angesichts der im wesentlichen geklärten Auslegung des § 34 hinreichend bestimmt (BVerwG, U. v. 23. 5. 1980, 4 C 83 bis 91.79, DVBl. 1980, 757/759 f.). Dabei ist Satz 3 der in Rn 61 abgedruckten Regelung dahingehend auszulegen, daß durch den **Hinweis auf § 34** nach dieser Vorschrift nicht nur die Zahl der zugrunde zu legenden **Vollgeschosse,** sondern auch die für die Ermittlung der Geschoßfläche darüber hinaus wichtige **Gebietsart** – nämlich nach der überwiegend vorhandenen Nutzungsart – zu ermitteln ist (BVerwG, U. v. 10. 6. 1981, aaO, S. 312). Dies wäre allerdings besser ausdrücklich in die

Regelung ausgenommen worden. Da die Regelung auf die „überwiegend vorhandene" Nutzungsart abstellt, ist sie auch anwendbar in **diffus bebauten Gebieten,** die nicht einer der Gebietsarten der BauNVO zuzuordnen sind. Daß insoweit auf die tatsächliche Nutzung Bezug genommen wird, ist zulässig (vgl. oben, Rn 44 ff.). Da die Regelung zudem sowohl **bebaute als auch unbebaute Grundstücke** erfaßt, berücksichtigt sie die aus der Erschließung folgenden Vorteile nach dem Nutzungsmaß hinreichend abgabengerecht (BVerwG, U. v. 10. 6. 1981, aaO, S. 313). Eine Ermittlung der zugrunde zu legenden Geschoßfläche nach der in der Nachbarschaft **überwiegenden Geschoßfläche** (nicht der Zahl der Vollgeschosse) wäre allerdings **rechtlich bedenklich.** Sie würde wegen der starken Abhängigkeit der tatsächlich vorhandenen Geschoßfläche von der Grundstücksfläche dazu führen, daß große unbebaute Grundstücke im Verhältnis zu kleinen unbebauten Grundstücken in sachlich nicht gerechtfertigter Weise bevorzugt würden. Die so ermittelte Geschoßfläche muß daher in etwa dem zulässigen Nutzungsmaß entsprechen (Driehaus, in: BK, § 131, Rn 76).

63 Eine Regelung, nach der in unbeplanten Gebieten die zulässige **Geschoßfläche je nach der Gebietsart** zu bestimmen ist, der der betreffende Bereich entspricht, **genügt nicht den Anforderungen** des Abs. 3. Danach läßt sich eine Gebietsart nämlich nur dann bestimmen, wenn eine einheitliche Gebietsart zu erkennen ist. Bei einer Bebauung in diffuser Weise, die z. B. von Elementen des Wohngebiets bis zu denen eines Industriegebiets reicht, lassen sich die von einer Straße erschlossenen Grundstücke nicht ein und demselben Gebietscharakter zuordnen, so daß auch eine entsprechende Feststellung der zulässigen Geschoßfläche nicht erfolgen kann (BVerwG, U. v. 24. 9. 1976, BRS 37, S. 210/211 f.).

64 **3. a)** Abs. 3 verlangt für Gebiete mit unterschiedlicher Nutzung nicht nur eine Berücksichtigung des Maßes der Nutzung, sondern auch eine Beachtung der unterschiedlichen **Art der Nutzung.** Entsprechend der Vorteilsbezogenheit der Verteilungsregelung müssen die unterschiedlichen Gebrauchsvorteile, die die Erschließung unterschiedlichen Nutzungsarten vermittelt, bei der Verteilung des Erschließungsaufwands – etwa durch einen **Artzuschlag** (vgl. unten, Rn 66) – berücksichtigt werden. Dabei ist es jedoch nicht erforderlich, nach den in § 1 Abs. 2 BauNVO vorgesehenen Baugebieten zu differenzieren. Es genügt, wenn die Verteilungsregelung zwischen **einerseits Wohnnutzung und gemischter Nutzung** und **andererseits gewerblicher und industrieller Nutzung** unterscheidet (BVerwG, U. v. 24. 9. 1976, BRS 37, S. 210/211; U. v. 21. 1. 1977, BRS 37, S. 227/228 f.; U. v. 10. 6. 1981, 8 C 66.81, NVwZ 1982, 37. Zur Bestimmung der einen Artzuschlag rechtfertigenden „überwiegenden" gewerblichen Nutzung vgl. OVG Koblenz, U. v. 12. 2. 1985, 6 A 11/84, Verbandszeitung des Gemeinde- und Städtebunds Rheinland-Pfalz 1986, 8 ff.; auch OVG Münster, U. v.

31. 10. 1984, ZMR 1985, 165 f.). Allerdings ist es zulässig, die zu den gemischt nutzbaren Bauflächen zu rechnenden **Kerngebiete** für die Verteilung des Erschließungsaufwands den gewerblich und industriell nutzbaren Grundstücken und Gebieten gleichzustellen (BVerwG, U. v. 10. 6. 1981, ebd.; U. v. 19. 2. 1982, 8 C 27.81, BVerwGE 65, 61/63 f.). **Besondere Wohngebiete** nach §4a BauNVO sind dagegen wie Wohngebiete zu behandeln, da sie „vorwiegend dem Wohnen" dienen (BVerwG, U. v. 25. 6. 1982, NVwZ 1983, 290/291). Eine **Differenzierung zwischen Grundstücken mit gewerblicher und mit industrieller Nutzung** kann vorgenommen werden (BVerwG, U. v. 10. 6. 1981, 8 C 15.81, BVerwGE 62, 300/304, wo es als im Rahmen des gemeindlichen Ermessens liegend angesehen wird, daß industriell nutzbare Grundstücke erheblich stärker belastet wurden als gewerblich nutzbare Grundstücke; vgl. auch U. v. 10. 11. 1990, 8 C 50.88, NVwZ 1990, 870/871). Eine solche unterschiedliche Behandlung von industriell und gewerblich nutzbaren Grundstücken ist jedoch **nicht erforderlich,** da sich diese Grundstücke im Hinblick auf den Erschließungsvorteil in der Regel nicht wesentlich voneinander unterscheiden (BVerwG, U. v. 10. 6. 1981, 8 C 66.81, NVwZ 1982, 37).

Dabei entspricht es in der Regel der Abgabengerechtigkeit, nicht nur **65** die Grundstücke in Gewerbe- oder Industriegebieten stärker zu belasten als die Grundstücke in Wohn- und Mischgebieten, sondern auch die in anderen beplanten oder unbeplanten Gebieten **tatsächlich gewerblich genutzten Grundstücke** entsprechend stärker heranzuziehen (BVerwG, U. v. 15. 11. 1985, 8 C 41.84, NVwZ 1986, 299/300, auch zu den notwendigen Bestimmungen in der Erschließungsbeitragssatzung). Bei der Beschränkung der Mehrbelastung auf die jeweils entsprechenden Gebiete würde im Ergebnis die Differenzierung nach der Art der Nutzung weithin bedeutungslos. Sofern nämlich in solchen Gebieten die Grundstücke einheitlich genutzt werden, spielt eine in der Satzung vorgesehene Mehrbelastung für gewerbliche Nutzung keine Rolle mehr, da alle Grundstücke entsprechend mehr zu belasten wären, im Ergebnis bei einem gegebenen Erschließungsaufwand also kein Grundstück stärker als ein anderes belastet würde. Es kann daher gerade in unterschiedlich genutzten Gebieten, seien diese beplant oder nicht, auf die tatsächlich ausgeübte Nutzung abgestellt werden (BVerwG, U. v. 26. 1. 1979, 4 C 61 bis 68 und 80 bis 84.75, BRS 37, S. 216/223). Allerdings ist die Gemeinde nicht gehalten, beplante und unbeplante Gebiete in dieser Hinsicht gleichzubehandeln; sie kann also durchaus in unbeplanten Gebieten tatsächlich gewerblich genutzte Grundstücke mit einem Artzuschlag belegen, dies aber für tatsächlich gewerblich genutzte Grundstücke in beplanten Wohngebieten unterlassen. Angesichts der notwendigen typisierenden Betrachtungsweise (hierzu oben, Rn 42) können Nutzungsunterschiede in beplanten Gebieten vernachlässigt werden. Dies ist gegenüber unbeplanten Gebieten keine Ungleichbehandlung, da diese in wesentlich größerem Ausmaß

einer gewerblichen Nutzung zugänglich sind als ein beplantes Wohngebiet (BVerwG, U. v. 19. 2. 1982, 8 C 36.81, ZMR 1982, 272/273 f.). Auch **andere als gewerbliche** Nutzungen können mit einem Artzuschlag belegt werden, wenn sie ähnlich wie eine gewerbliche Nutzung zu einer deutlich intensiveren Nutzung der Anbaustraße als eine Wohnnutzung führen, weil sie auf Kundennutzung mit beachtlichem Ziel- und Quellverkehr ausgerichtet sind; dies gilt etwa für einen Güter- und Personenbahnhof (BVerwG, U. v. 11. 12. 1987, 8 C 85.86, NVwZ 1988, 632/634 f.; vgl. aber auch oben, Rn 23).

66 **b)** Auf welche Art und Weise die unterschiedliche Art der Nutzung zu berücksichtigen ist, überläßt Abs. 3 dem Ortsgesetzgeber. Als praktikabel hat sich hier herausgestellt, für die Berücksichtigung der Art der Nutzung an das Maß der Nutzung anzuknüpfen und einen sog. **Artzuschlag** (hierzu Niethammer, BayVBl. 1981, 452/455 ff.) zu erheben. Hierbei ist den Gemeinden ein weites Bewertungsermessen eingeräumt, da eine hinreichend genaue Quantifizierung des zusätzlichen Erschließungsvorteils, der auf die Art der Nutzung zurückzuführen ist, nicht möglich erscheint (BVerwG, U. v. 10. 6. 1981, 8 C 15.81, BVerwGE 62, 300/304; U. v. 10. 6. 1981, 8 C 20.81, BVerwGE 62, 308/310 f.). Maßgeblich müssen daher hier die **örtlichen Verhältnisse**, d. h. die vorhandenen und in Zukunft zu erwartenden Abrechnungsgebiete sein. Die Gemeinde muß also beurteilen, um wieviel größer der Erschließungsvorteil für gewerblich genutzte Grundstücke im Verhältnis zu Grundstücken mit bloßer Wohnnutzung ist oder sein wird. Von diesem Ausgangspunkt aus hat das Bundesverwaltungsgericht **zum Beispiel folgende Artzuschläge für rechtmäßig erachtet:**

67 – nominaler Zuschlag auf die aus dem Maß der Nutzung sich ergebenden Beiträge für Grundstücke in Kern-, Gewerbe- und Industriegebieten um 25 % (BVerwG, U. v. 7. 3. 1980, 4 C 40.78, BauR 1980, 563/565),
 – Artzuschlag für Grundstücke in Kern-, Gewerbe- und Industriegebieten um 50 % (BVerwG, U. v. 23. 5. 1980, 4 C 83 bis 91.79, DVBl. 1980, 757/759 f.),
 – Artzuschlag von 50 % für Grundstücke in Kern- und Gewerbegebieten (BVerwG, U. v. 19. 2. 1982, 8 C 27.81, BVerwGE 65, 61/64),
 – Artzuschlag für die Grundstücke in Kern-, Gewerbe- und Industriegebieten sowie auf überwiegend gewerblich oder industriell genutzte Grundstücke von 10 % (BVerwG, U. v. 10. 6. 1981, 8 C 20.81, BVerwGE 62, 308/310 f.),
 – Artzuschlag von 20 % bei Grundstücken mit überwiegend gewerblicher Nutzung und 50 % bei Grundstücken mit überwiegend industrieller Nutzung, wobei die Artzuschläge nur von den zulässigen Geschoßflächen, nicht auch von den Grundstücksflächen berechnet werden (BVerwG, U. v. 10. 6. 1981, 8 C 15.81, BVerwGE 62, 300/303 f.),
 – Artzuschlag für Grundstücke in Kern-, Gewerbe- und Industriege-

bieten sowie auf überwiegend gewerblich oder industriell genutzte Grundstücke, wobei die Verteilung zu 25 % nach den Grundstücksflächen und zu 75 % nach den Geschoßflächen vorgesehen ist; es erfolgt ein Zuschlag von 20 % auf den Berechnungswert, der sich aus der Berücksichtigung der Geschoßflächen ergibt (BVerwG, U. v. 10. 6. 1981, 8 C 66.81, NVwZ 1982, 37),

– Arzuschlag für Grundstücke in beplanten und – in sinngemäßer Anwendung des § 34 ermittelten – unbeplanten Gewerbe- und Industriegebieten durch Ansetzen des 1,5fachen der Geschoßfläche bei einer auf die Summe aus Grundstücksflächen und zulässigen Geschoßflächen abhebenden Verteilungsregelung (BVerwG, U. v. 15. 11. 1985, 8 C 41.84, NVwZ 1986, 299/300).

IV. Bei den Erschließungsanlagen, die nicht zum Anbau bestimmte **68** Verkehrsanlagen oder Sammelstraßen im Sinne des § 127 Abs. 2 Nr. 1 bis 3 sind, also bei **Parkflächen, Grünanlagen und Immissionsschutzanlagen,** ist in der Regel für die Verteilung allein vom **Maß der Nutzung** auszugehen (zu Besonderheiten bei Immissionsschutzanlagen vgl. oben, Rn 14). Dies gilt zunächst schon insoweit, als sie in alterschlossenen Gebieten liegen und Abs. 3 mit seinem Differenzierungsgebot auch hinsichtlich der Art der Nutzung nicht eingreift. Bei **Sammelstraßen** dagegen dürften die für Anbaustraßen entwickelten Verteilungsgrundsätze – abgesehen von der Eckermäßigung – entsprechend anwendbar sein. Ansonsten aber ist es empfehlenswert, in der Erschließungsbeitragssatzung für die Abrechnung dieser Anlagen auf eine **ergänzende Einzelsatzung** zu verweisen, in der dann die dem Einzelfall gerecht werdende Bestimmung der Herstellungsmerkmale und die Verteilung des beitragsfähigen Erschließungsaufwands geregelt werden (vgl. auch Driehaus, Rn 232).

§ 132 Regelung durch Satzung

Die Gemeinden regeln durch Satzung

1. **die Art und den Umfang der Erschließungsanlagen im Sinne des § 129,**

2. **die Art der Ermittlung und der Verteilung des Aufwands sowie die Höhe des Einheitssatzes,**

3. **die Kostenspaltung (§ 127 Abs. 3) und**

4. **die Merkmale der endgültigen Herstellung einer Erschließungsanlage.**

Übersicht

1 **I.** Die Pflicht zur Entrichtung von Erschließungsbeiträgen entsteht nach § 133 Abs. 2 mit der endgültigen Herstellung der Erschließungsanlage. Wann eine Erschließungsanlage als endgültig hergestellt angesehen werden kann, hat die Gemeinde nach § 132 Nr. 4 durch die Regelung der Merkmale der endgültigen Herstellung einer Erschließungsanlage in ihrer Erschließungsbeitragssatzung zu regeln (BVerwG, U. v. 21. 9. 1973, BRS 37, S. 317/318). Auch die Ermittlungs- und Verteilungsregelung nach § 132 Nr. 2 sowie die Bestimmung von Art und Umfang der Erschließungsanlagen nach § 132 Nr. 1 sind **erforderlich, um die Erschließungsbeitragspflicht entstehen zu lassen,** da ohne diese Regelung die Höhe der im Einzelfall zu entrichtenden Erschließungsbeiträge nicht feststellbar ist (vgl. etwa BVerwG, U. v. 14. 3. 1975, BRS 37, S. 262/263). Die Satzung ist zudem nicht nur Voraussetzung für das Entstehen der Beitragspflicht, sondern auch **Rechtsgrundlage für den Erlaß der Beitragsbescheide** (BVerwG, U. v. 25. 11. 1981, 8 C 14.81, BVerwGE 64, 218/223). Da die Gemeinden nach § 127 Abs. 1 zur Erhebung von Erschließungsbeiträgen verpflichtet sind (vgl. § 127, Rn 7), sind sie auch **zum Erlaß einer Erschließungsbeitragssatzung verpflichtet,** sofern in der Gemeinde eine Erschließungstätigkeit in Aussicht genommen ist (BVerwG, U. v. 23. 4. 1969, IV C 15.67, DÖV 1970, 203 f.). Insoweit kann daher von einem **Satzungszwang** gesprochen werden.

2 Verfassungsrechtliche Bedenken gegen die Regelung des § 132, etwa unter dem Gesichtspunkt der **Gesetzgebungszuständigkeit des Bundes,** bestehen nicht. Der Gesetzgeber wäre auch befugt gewesen, eine inhaltliche Vollregelung zu treffen. Eine entsprechende Satzungsermächtigung ist daher ebenfalls nicht zu beanstanden (BVerwG, U. v.

2. 7. 1971, BRS 37, S. 232/234). Trotz der bundesrechtlichen Ermächtigung sind die Erschließungsbeitragssatzungen **Orts- und nicht Bundesrecht** (Driehaus, Rn 208). Sind einzelne Bestimmungen der Satzung nichtig, etwa die Verteilungsregelung oder die Bestimmung der Merkmale der endgültigen Herstellung, bleibt die Satzung im übrigen wirksam (hierzu § 131, Rn 32, und unten, Rn 27).

Musterentwürfe für kommunale Erschließungsbeitragssatzungen haben die Kommunalen Spitzenverbände erarbeitet. **Mustersatzungen,** die für die Gemeinden natürlich nur Anregung, nicht Verpflichtung oder rechtliche Sicherheit bedeutet, sind z. B. abgedruckt in der Zeitschrift des Gemeindetags Baden-Württemberg, BWGZ 1987, 483 ff. und in Mitt DST 1987, 566 ff.

II. 1. Zuständig für den Erlaß von Erschließungsbeitragssatzungen sind nach dem BauGB ausschließlich die **Gemeinden.** So kann z. B. ein Planungsverband nach § 205 anstelle der Gemeinden zwar die Bauleitpläne aufstellen (§ 205 Abs. 1), nicht jedoch Erschließungsbeiträge erheben und die dafür erforderliche Erschließungsbeitragssatzung erlassen. Welches **Organ** innerhalb der Gemeinde für den Satzungserlaß zuständig ist, richtet sich nach dem kommunalen Satzungsrecht (vgl. z. B. § 4 GO NRW). In der Regel wird dies der **Gemeinderat** sein.

2. Da die Beitragssatzung das gesamte Gemeindegebiet erfaßt und eine allgemeine Abgabenregelung trifft, sind Ratsmitglieder, die Grundeigentum in der Gemeinde haben, nicht von der Beschlußfassung als **befangen** ausgeschlossen (VGH Mannheim, U. v. 21. 9. 1977, KStZ 1978, 55). Beschließt der Gemeinderat jedoch für ein bestimmtes Gebiet eine Abschnittsbildung oder die Bildung einer Erschließungseinheit (hierzu § 130, Rn 6 ff.), so können hieran nicht Ratsmitglieder mitwirken, denen hierdurch unmittelbar Vorteile oder Nachteile im Sinne z. B. des § 23 GO NRW entstehen können (hierzu OVG Münster, U. v. 29. 3. 1973, KStZ 1973, 223 f.).

3. Nach Kommunalrecht bestimmt sich auch, inwieweit Erschließungsbeitragssatzungen einer **Genehmigung** bedürfen. Maßgeblich hierfür sind die Gemeindeordnungen im Zusammenhang mit den Kommunalabgabengesetzen der Länder (vgl. z. B. § 4 Abs. 1 GO NRW und § 2 KAG NRW, aus denen sich ergibt, daß Erschließungsbeitragssatzungen – anders als Steuersatzungen – keiner Genehmigung bedürfen, auch wenn sie sich rückwirkende Kraft beilegen).

4. Auch die Form der **Bekanntmachung** richtet sich nach landesrechtlichen Bestimmungen. So ist z. B. nach § 4 Abs. 2 Bekanntmachungsverordnung NRW vom 7. April 1981 (GV NRW S. 224) vorgeschrieben, daß die für die Gemeinde geltende Form der Bekanntmachung in der Hauptsatzung festzulegen ist. Nach dieser Form muß auch die Erschließungsbeitragssatzung bekanntgemacht werden. Als mögliche Formen öffentlicher Bekanntmachung ist die Veröffentlichung im Amtsblatt der Gemeinde oder des Kreises oder in einer oder mehreren

Tageszeitungen, die in der Hauptsatzung im einzelnen zu bestimmen sind, vorgesehen. Dabei ist auf eine lesbare Schriftgröße und Textgestaltung zu achten (vgl. VGH Kassel, Beschl. v. 20. 8. 1984, NVwZ 1985, 511).

8　　**5.** Es ist rechtlich nicht erforderlich, daß alle nach § 132 zu treffenden und im Einzelfall bedeutsamen Regelungen in **einer** Satzung enthalten sind. Dies ist jedoch nicht dahin zu verstehen, daß die Gemeinde für jeden Abrechnungsfall eine eigene Erschließungsbeitragssatzung erlassen könnte. Im Interesse der Vorhersehbarkeit und Überschaubarkeit der Beitragspflichtigkeit für die Bürger ist es geboten, die nach § 132 erforderliche Regelung **möglichst in einer einzigen nach Inhalt und Umfang übersehbaren Ortssatzung** zu treffen (BVerwG, U. v. 13. 8. 1976, BRS 37, S. 284/287).

9　　Da es aber nicht möglich ist, für jede aus den Umständen des Einzelfalls folgende Besonderheit eine allgemeine Regelung zu treffen, ist es zulässig, die Erschließungsbeitragssatzung durch sog. **Einzelsatzungen** zu ändern oder zu ergänzen (BVerwG, U. v. 5. 9. 1975, IV CB 75.73, BRS 37, S. 356/357 f.). Wenn z. B. in der Erschließungsbeitragssatzung vorgesehen ist, daß Gehwege – als Merkmal der endgültigen Herstellung – entweder mit Asphalt oder mit Platten zu versehen seien, in besonderen Fallgestaltungen aber die Gemeinde eine Asphaltdecke als Provisorium aufbringen und erst nach Abschluß der Bauarbeiten Platten verlegen will, kann sie in einer Einzelsatzung bestimmen, daß der Asphaltbelag nicht zur endgültigen Herstellung der Gehwege führt (BVerwG, ebd.). Solche ergänzende Regelungen zur Erschließungsbeitragssatzung können mit einer anderen Satzung, z. B. einer Straßenbaubeitragssatzung nach dem Kommunalabgabenrecht, verbunden werden. Unzulässig ist es allerdings, erschließungsbeitragsrechtliche Festlegungen in den Bebauungsplan aufzunehmen; denn für diesen enthält § 9 eine abschließende Aufzählung der möglichen Regelungsinhalte (BVerwG, U. v. 21. 1. 1977, BRS 37, S. 227/229).

10　　§ 132 ist insofern zwingend, als die hierdurch der Satzung zugewiesenen Regelungsmaterien von der Gemeinde **nicht in einer anderen Rechtsform** geregelt werden können. Will sie von den in der Satzung getroffenen Bestimmungen abweichen, bedarf es hierzu einer Einzelsatzung (OVG Münster, U. v. 8. 11. 1972, KStZ 1973, 78).

11　　**III.** Die Aufzählung der Regelungsmaterien in Nr. 1 bis 4 ist weder im Sinne einer abschließenden Aufzählung noch im Sinne eines notwendigen Mindestinhalts zu verstehen. Es ist den Gemeinden unbenommen, im Interesse einer aus der Satzung allein heraus zu verstehenden Regelung **weitere Regelungsinhalte** in die Satzung aufzunehmen, auch wenn es sich dabei um Wiederholungen gesetzlicher Bestimmungen handelt. Zum anderen ist die Gemeinde **nicht gezwungen, sämtliche** in § 132 aufgeführten Materien zu regeln. Wenn sie etwa von der Möglichkeit der **Kostenspaltung** keinen Gebrauch machen will, braucht sie eine entsprechende Regelung nicht aufzunehmen. Dasselbe

gilt für die Höhe der **Einheitssätze.** Will die Gemeinde nur nach tatsächlichen Kosten abrechnen, braucht sie auch keine Einheitssätze anzugeben. Nicht zwingend notwendig ist auch eine Regelung über den **Umfang der Erschließungsanlagen,** weil der auch in unmittelbarer Anwendung des § 129 Abs. 1 Satz 1 bestimmt werden kann (vgl. § 129, Rn 10).

1. a) Die **Arten der beitragsfähigen Erschließungsanlagen** sind in § 127 Abs. 2 abschließend aufgezählt (vgl. § 127, Rn 10). Gleichwohl muß die Gemeinde diese Arten von Erschließungsanlagen nach **Nr. 1** in ihrer Satzung noch einmal aufführen. Denn für Arten von Erschließungsanlagen, die in der Satzung nicht genannt sind, kann die Gemeinde auch keine Beiträge erheben. Es ist allerdings unschädlich, wenn die Gemeinde eine entsprechende Satzungsergänzung erst vornimmt, nachdem die entsprechende Anlage bereits hergestellt ist. Daß für solche Arten von Anlagen Erschließungsbeiträge erhoben werden müssen, folgt bereits aus der Regelung in § 127. Ein Vertrauensschutz kann daher insoweit nicht bestehen. Er erstreckt sich nur darauf, daß eine Heranziehung zu Beiträgen nicht erfolgt, bevor eine entsprechende wirksame Satzungsregelung vorhanden ist (Driehaus, Rn 220). **12**

Der Erschließungsaufwand ist nur insofern beitragsfähig, als er – ausgehend von der baurechtlich zulässigen Nutzung des Erschließungsgebiets – **erforderlich** im Sinne des § 129 Abs. 1 Satz 1 ist. Nach Nr. 1 ist es Aufgabe der Gemeinde, in der Satzung zu bestimmen, welchen Umfang von Erschließungsanlagen sie für erforderlich in diesem Sinne hält. Da eine sinnvolle Erfassung der Vielzahl möglicher Fallgestaltungen gerade im Hinblick auf die Erforderlichkeit in einer Satzung nicht möglich ist, genügt es, wenn die Gemeinden in der Satzung z. B. für Straßen **Höchstbreiten,** evtl. in Verbindung mit Mindestbreiten, angeben und hierbei nach dem Nutzungszweck der Straße differenzieren (hierzu § 129, Rn 7, 10, 12). Eine gerichtliche Prüfung der Erforderlichkeit nach § 129 Abs. 1 Satz 1 wird hierdurch allerdings nicht ausgeschlossen. **13**

b) Weiter muß in der Satzung bestimmt werden, welche **Art der Ermittlung** des Erschließungsaufwands die Gemeinde anwenden will. § 130 Abs. 1 sieht hierfür die Ermittlung nach den tatsächlich entstandenen Kosten oder nach Einheitssätzen vor (hierzu § 130, Rn 2 ff.; zu den an die Regelung in der Satzung zu stellenden Anforderungen vgl. § 130, Rn 14 ff.). Wählt die Gemeinde für bestimmte Erschließungsanlagen oder für bestimmte Teileinrichtungen von Erschließungsanlagen die Ermittlung nach Einheitssätzen, so muß sie auch die Höhe der entsprechenden Einheitssätze in der Satzung festlegen. Trifft die Gemeinde keine Bestimmung über die Ermittlungsart, kann und muß sie nach den tatsächlich entstandenen Kosten abrechnen (vgl. § 130, Rn 17). **14**

Die Gemeinde muß in der Satzung nur die Ermittlungsart, **nicht auch den Ermittlungsraum,** festlegen, obwohl § 130 unter der mit **15**

Nr. 1 gleichlautenden Überschrift „Art der Ermittlung" auch den Ermittlungsraum regelt. Die Bildung von Abschnitten einer Erschließungsanlage oder einer Erschließungseinheit kann **unmittelbar aufgrund des § 130 Abs. 2** erfolgen und bedarf keiner Regelung in der Satzung (vgl. § 130, Rn 43).

16 c) Ferner muß die Satzung eine **Verteilungsregelung** enthalten (hierzu § 131, Rn 28 ff.). Dabei wird der Begriff der Verteilung in **Nr. 2** im weiteren Sinne verwandt, umfaßt also auch die Verteilung zwischen der Gemeinde einerseits und den Beitragspflichtigen andererseits (hierzu § 129, Rn 28; § 131, Rn 1). Die Gemeinde hat daher in der Satzung ihren **Eigenanteil** am beitragsfähigen Erschließungsaufwand festzulegen (zu den Grenzen des Ermessens bei der Bestimmung des Gemeindeanteils vgl. § 129, Rn 30 f.).

17 d) Ferner muß die Satzung die **Merkmale** angeben, die zur **endgültigen Herstellung** einer Erschließungsanlage von der Gemeinde als erforderlich angesehen werden. Nur bei Vorliegen einer auch insoweit wirksamen Satzung entsteht die Beitragspflicht (Driehaus, DVBl. 1977, 386/387; im übrigen vgl. § 133, Rn 22). Zur Abgrenzung des Begriffs der „endgültigen" Herstellung zum Begriff der „erstmaligen" Herstellung in § 128 Abs. 1 Satz 1 Nr. 2 vgl. § 128, Rn 16. Zum Verhältnis zwischen der Merkmalsregelung und dem Bebauungsplan vgl. § 125, Rn 8.

18 Die Festlegung der Merkmale der endgültigen Herstellung läßt sich in zwei Gruppen aufteilen, in das sog. **Teileinrichtungsprogramm,** das die für die endgültige Herstellung notwendigen Teileinrichtungen (hierzu vgl. § 127, Rn 41) der Erschließungsanlage festlegt, und das sog. **Ausbauprogramm,** das die letztlich angestrebte bautechnische Ausgestaltung der Erschließungsanlage bestimmt. (Da sich das Ausbauprogramm auf die jeweils festgelegten Teileinrichtungen bezieht, verwendet Ernst, in: E/Z/B, § 132, Rn 20a, die Begriffe Teileinrichtungsprogramm und Teileinrichtungsbauprogramm, vor allem wohl auch, um das Ausbauprogramm von dem im Preußischen Fluchtliniengesetz (hierzu § 128, Rn 27) in Bezug genommenen, auch heute in der Regel erforderlichen **gemeindlichen Straßenbauprogramm** (hierzu § 128, Rn 17) zu unterscheiden, das keiner Festlegung in einer Satzung bedarf). Zweck einer solchen Regelung über die Merkmale der endgültigen Herstellung ist es, daß sich der beitragspflichtige Bürger ein **eigenes Urteil** darüber bilden kann, wann eine sein Grundstück erschließende Anlage endgültig hergestellt ist und damit seine Beitragspflicht – bei Vorliegen der übrigen rechtlichen Voraussetzungen – entsteht (BVerwG, U. v. 19. 11. 1982, 8 C 39 bis 41.81, NVwZ 1983, 473/474; U. v. 21. 1. 1977, BRS 37, S. 227/229). Eine solche Erkennbarkeit ist nur gegeben, wenn die Regelung völlig **eindeutig und bestimmt** ist. Unwirksam sind daher alle Bestimmungen, die im Einzelfall der Gemeindeverwaltung ein Ermessen hinsichtlich der Merkmale, bei deren Vorliegen von einer endgültigen Herstellung der Erschlie-

ßungsanlage auszugehen ist, belassen, da dann das Entstehen der
Beitragspflicht nicht mehr sicher bestimmt werden kann (BVerwG,
U. v. 19. 11. 1982, ebd.; vgl. aber im übrigen unten, Rn 25).

Der Zweck des Gesetzes, dem Bürger die Erkennbarkeit seiner **19**
Beitragspflicht nach Höhe und Entstehungszeitpunkt zu ermöglichen
und zugleich alle notwendigen Voraussetzungen für die Beitragsbe-
rechnung in einer allgemeinen Beitragssatzung zusammenzufassen, läßt
sich **nicht uneingeschränkt verwirklichen.** Die notwendigen Teilein-
richtungen, aber vor allem der Ausbaustandard, lassen sich in der Regel
nicht allgemein für das gesamte Gemeindegebiet bestimmen. Würde
daher eine in alle Einzelheiten führende Merkmalsregelung verlangt –
oder im Wege der Auslegung als „Normalausstattung" fingiert –,
würde dies bei jeder Abweichung von der Satzung eine entsprechende
Einzelsatzung erforderlich machen, in der für die jeweilige Erschlie-
ßungsanlage die abweichende Ausstattung mit Teileinrichtungen oder
ein abweichender Ausbaustandard festgelegt werden. Hierin kann nicht
der Zweck der gesetzlichen Satzungsermächtigung in § 132 Nr. 4 gese-
hen werden (BVerwG, U. v. 13. 6. 1973, BRS 37, S. 277/278; U. v.
23. 6. 1972, IV C 15.71, BRS 37, S. 274/276):

aa) Im **Teileinrichtungsprogramm** müssen daher nicht sämtliche **20**
denkbaren Teileinrichtungen als Merkmale der endgültigen Herstel-
lung geregelt werden, sondern es genügt die Regelung sog. **essentieller
Teileinrichtungen.** Zu diesen essentiellen Teileinrichtungen gehört bei
Erschließungsstraßen insbesondere die **Fahrbahn** (BVerwG, U. v.
2. 12. 1977, BRS 37, S. 279/280). Weniger wichtige Teile der Erschlie-
ßungsanlage wie z. B. Geh- oder Radwege, Park- oder Grünstreifen,
müssen nicht als Herstellungsmerkmale festgelegt werden. In diesem
Fall gehen jedoch die hierfür entstehenden Kosten zu Lasten der Ge-
meinde. Dasselbe gilt, wenn entsprechende Herstellungsmerkmale in-
folge unzureichender Bestimmtheit nichtig sind (BVerwG, ebd.; Ernst,
aaO, Rn 20). Allerdings ist es nicht erforderlich, die flächenmäßige
Einteilung einer Straße in Fahrbahn, Gehweg, Radweg, Park- oder
Grünstreifen in der Ortssatzung festzulegen. Bei dieser Einteilung geht
es lediglich um graduelle Kostenunterschiede, die im Interesse der
Praktikabilität und ohne großen Verlust für die Erkennbarkeit der
Beitragslast dem jeweiligen Straßenbauprogramm der Gemeinde
(hierzu § 128, Rn 17) überlassen bleiben können (BVerwG, U. v. 13. 6.
1973, BRS 37, S. 277/278; U. v. 23. 6. 1972, IV C 15.71, BRS 37, S. 274/
276).

Auch müssen im Teileinrichtungsprogramm **Entwässerung** und **Be-** **21**
leuchtung als Teileinrichtungen festgelegt werden, wenn hierfür Bei-
träge erhoben werden sollen (BVerwG, U. v. 13. 6. 1973, ebd.; U. v.
23. 6. 1972, ebd.). Dabei genügt insoweit nicht, auf ein Straßenbaupro-
gramm zu verweisen, wie dies etwa durch eine Formulierung „etwa
vorgesehene Beleuchtung" geschieht. Hiermit wird nicht in der Sat-
zung selbst entschieden, ob eine Beleuchtungseinrichtung zur endgülti-

gen Herstellung gehört, sondern dies anderweitiger Entscheidung, nämlich im Straßenbauprogramm der Gemeinde, überlassen (BVerwG, U. v. 2. 12. 1977, BRS 37, S. 279/280).

22　　Den **Grunderwerb** kann die Gemeinde in der Satzung als Merkmal der endgültigen Herstellung bestimmen; sie ist hierzu jedoch nicht verpflichtet (hierzu § 128, Rn 5; zu den Grunderwerbskosten vgl. § 128, Rn 4). Unzulässig ist es jedoch, den Abschluß z. B. eines Besitzüberlassungsvertrages zwischen dem Eigentümer und der Gemeinde als Merkmal der endgültigen Herstellung – etwa bei der Übernahme von Anlagen nach § 128 Abs. 1 Satz 1 Nr. 3 – anzugeben. Da der Abschluß und die Erfüllung eines solchen Vertrages von dem beitragspflichtigen Bürger nicht erkennbar sind, wird durch die Angabe eines solchen Merkmals der Zweck der Regelung in Nr. 4 nicht erfüllt (BVerwG, U. v. 21. 1. 1977, BRS 37, S. 227/229; OVG Münster, Gemeindetag 1978, 33/34). Dasselbe gilt, wenn eine Merkmalsregelung den Grunderwerb unter der Bedingung zum Herstellungsmerkmal erklärt, daß ein Eigentümer – etwa nach § 14 Abs. 2 StraßenG BW – einen Antrag auf Erwerb seines Grundstücks an die Gemeinde richtet (vgl. BVerwG, U. v. 14. 8. 1987, 8 C 60.86, NVwZ 1988, 361 f.). Ob eine solche Teilnichtigkeit die Nichtigkeit der gesamten Merkmalsregelung nach sich zieht, ist nicht nach dem Erschließungsbeitragsrecht zu entscheiden, sondern nach landesrechtlichen Bestimmungen (BVerwG, aaO, S. 362; vgl. auch unten, Rn 27 f.).

23　　**Kein** Merkmal der endgültigen Herstellung ist die **Widmung** der Anlage. Sie ist vielmehr Voraussetzung für das Vorliegen einer öffentlichen Straße und insofern Voraussetzung für das Entstehen der Beitragspflicht (hierzu § 127, Rn 12).

24　　**bb)** Im **Ausbauprogramm** hat die Gemeinde die von ihr vorgesehene Herstellungsweise für die Erschließungsanlagen in solcher **Eindeutigkeit** und **Bestimmtheit** anzugeben, daß dem interessierten Bürger möglich ist, die endgültige Herstellung der Anlage im Rechtssinn festzustellen. Die Gemeinde kann daher in der Satzung insoweit nicht z. B. auf ihr Straßenbauprogramm verweisen oder auf eine von ihr vorzunehmende öffentliche Bekanntmachung abstellen. In allen diesen Fällen kann der Bürger aus der Satzung selbst nicht oder nicht mit hinreichender Bestimmtheit entnehmen, wann die Erschließungsanlage endgültig hergestellt sein soll. Ebenso können nicht derart unbestimmte Merkmale verwendet werden, die der Gemeinde einen weiten Spielraum bei ihrer Auslegung belassen. So genügt es z. B. nicht, auf die Erfordernisse des Verkehrs (BVerwG, U. v. 6. 9. 1968, BVerwGE 30, 207/210) oder die Regeln der Baukunst und der Technik abzustellen (BVerwG, U. v. 14. 11. 1975, BRS 37, S. 135/137) oder auf eine „sonst vorgesehene Ausführung" hinsichtlich der Straßenbefestigung zu verweisen (BVerwG, U. v. 25. 2. 1981, 8 C 7.81, KStZ 1981, 132). Bei **Immissionsschutzanlagen** dagegen ist aufgrund der Vielzahl möglicher Gestaltungen eine generalisierende Merkmalsregelung wie etwa bei

Anbaustraßen nicht möglich. Hier kann daher auf das jeweilige konkrete Ausbauprogramm verwiesen werden (vgl. BVerwG, U. v. 19. 8. 1988, 8 C 51.87, DVBl. 1988, 1162/1166 m. Anm. Klausing).

Dagegen ist es grundsätzlich zulässig, in der Merkmalsregelung dem Straßenbauprogramm (vgl. § 128, Rn 17) die **Wahl zwischen mehreren Materialien** für die Straßenbefestigung zu belassen. Voraussetzung hierfür ist allerdings, daß die vorgesehenen Befestigungsarten unter sich in etwa vergleichbar sind und die endgültige Herstellung jeweils deutlich erkennen lassen. Insofern ist es dann auch zulässig, für die Herstellung einer Fahrbahndecke neben z. B. Asphalt, Teer, Beton auch ein „ähnliches Material neuzeitlicher Bauweise" zu bestimmen (BVerwG, Beschluß vom 4. 9. 1980, DVBl. 1981, 827). Allerdings ist bei der Eröffnung einer Wahlmöglichkeit zu beachten, daß in diesem Fall bei der Herstellung einer Straße mit einem der Materialien bereits eine endgültige Herstellung erfolgt ist, auch wenn die Gemeinde im konkreten Fall diese Herstellungsart nur als **Provisorium** betrachtet. Will sie das Entstehen der Beitragspflicht zu diesem Zeitpunkt vermeiden, muß sie eine abändernde Einzelsatzung erlassen (BVerwG, U. v. 5. 9. 1975, IV CB 75.73, BRS 37, S. 356/357). Wird eine Straße als **verkehrsberuhigter Bereich** mit einer einheitlichen Mischfläche ausgebaut und enthält die Merkmalsregelung hierzu keine Festlegungen (was zweckmäßig wäre), so bedarf es zur endgültigen Herstellung der Erfüllung aller Herstellungsmerkmale der in die Mischfläche integrierten Teilanlagen wie z. B. Fahrbahn und Gehweg (vgl. OVG Bremen, KStZ 1989, 55 ff.). 25

Solange eine Erschließungsanlage oder eine ihrer Teileinrichtungen **nicht endgültig hergestellt** in diesem Sinne sind, kann die Gemeinde das in der Satzung festgelegte Ausbauprogramm jederzeit, **auch zu Lasten der Beitragspflichtigen, ändern** (BVerwG, U. v. 16. 3. 1970, BRS 37, S. 309/310). Eine solche Änderung kann nur im Wege der **Satzungsänderung** oder des Erlassens einer **Einzelsatzung** erfolgen. War die Straße oder die Teileinrichtung jedoch bereits einmal endgültig hergestellt, so ändert hieran auch die rückwirkende Inkraftsetzung einer Satzung mit anderen Herstellungsmerkmalen nichts. Sobald eine Erschließungsanlage endgültig hergestellt ist, kann sie nicht durch eine rückwirkende Satzung erneut „in den Zustand der Unfertigkeit rückversetzt werden" (BVerwG, U. v. 2. 12. 1977, BRS 37, S. 279/282). Denn da mit der endgültigen Herstellung auf der Grundlage der früheren Herstellungsmerkmale – bei Vorliegen auch der übrigen Voraussetzungen – die Erschließungsbeitragspflicht bereits einmal entstanden ist, kann sie nicht durch die neue Satzung erneut entstehen; die Erschließungsbeitragsforderung entsteht im Hinblick auf jede Teileinrichtung nur einmal (BVerwG, U. v. 13. 5. 1977, BRS 37, S. 114/116; vgl. auch § 130, Rn 46). 26

cc) Die **Nichtigkeit einer einzelnen Merkmalsregelung** führt jedoch nicht zur Nichtigkeit der Merkmalsregelung oder der Satzung 27

insgesamt (BVerwG, U. v. 20. 1. 1978, 4 C 70.75, BRS 37, S. 256/257), wenn es sich nicht um die Nichtigkeit eines essentiellen Merkmals (hierzu oben, Rn 20) handelt. Ist z. B. die Regelung des Herstellungsmerkmals über die Beleuchtung unwirksam, so bleibt die restliche Regelung in Kraft. Jedoch kann die Gemeinde auf der Grundlage der Satzung **keine Kosten** für die Beleuchtung **abrechnen** (BVerwG, U. v. 2. 12. 1977, BRS 37, S. 279/280). Dabei ist es auch unerheblich, wenn sich die Gemeinde mit den Eigentümern darüber einig ist, daß die Straße insoweit endgültig hergestellt ist. Die Frage der endgültigen Herstellung muß sich objektiv beurteilen lassen (BVerwG, aaO, S. 281). Allerdings kann ein insofern fehlerhafter Bescheid durch das spätere Inkraftsetzen einer wirksamen Merkmalsregelung geheilt werden (hierzu unten, Rn 35).

28 Ferner ist zu beachten, daß die **Auslegung der Satzungen** als Ortsrecht **nicht revisibel** ist (BVerwG, U. v. 25. 2. 1981, 8 C 7.81, KStZ 1981, 132/133). Jedoch darf die Auslegung nicht Bundesrecht verletzen und daher zur Nichtigkeit der Satzung führen. So kann z. B. eine Satzung, die den Grunderwerb als Merkmal der endgültigen Herstellung angibt, nicht dahingehend ausgelegt werden, daß der fehlende Erwerb einer „völlig unbedeutenden Restfläche" der endgültigen Herstellung nicht entgegensteht. Durch diese Auslegung verliert die Satzungsbestimmung ihre ursprüngliche Bestimmtheit und verstößt dann gegen § 132 Nr. 4 (BVerwG, U. v. 19. 11. 1982, 8 C 39 bis 41.81, NVwZ 1983, 473/474).

29 **2. a)** Die in **Nr. 3** vorgesehene Regelung der **Kostenspaltung** ist für die Satzung nicht zwingend erforderlich. Die Kostenspaltung ist in § 127 Abs. 3 ausdrücklich als Möglichkeit, nicht als Verpflichtung der Gemeinde ausgestaltet. Wenn die Gemeinde daher auf eine entsprechende Regelung verzichtet, führt dies nicht zur Unvollständigkeit oder Unwirksamkeit der Erschließungsbeitragssatzung. Allerdings kann die Gemeinde dann von der Möglichkeit der Kostenspaltung auch keinen Gebrauch machen (zur Kostenspaltung vgl. § 127, Rn 40 ff., zu den Möglichkeiten satzungsgemäßer Regelung dort, Rn 45).

30 **b)** Ebenso ist es zulässig, daß die Gemeinde, die von der Möglichkeit der **Ablösung** nach § 133 Abs. 3 Satz 5 Gebrauch machen will, die hiernach erforderlichen Bestimmungen bereits in der Satzung trifft (Driehaus, Rn 231; im übrigen vgl. § 133, Rn 52 f.).

31 **c)** Unschädlich, wenn auch nicht erforderlich, ist es, wenn die Gemeinde in der Satzung zum besseren Verständnis und zur Vollständigkeit der Satzungsregelung **gesetzliche Bestimmungen,** die unabhängig von einer Aufnahme in der Satzung Geltung haben, **wiederholt.** Dies kann z. B. sinnvoll sein für die Regelungen über das Entstehen der Beitragspflicht nach § 133 Abs. 2, über das Erheben von Vorausleistungen nach § 133 Abs. 3 Satz 1, über den Beitragspflichtigen nach § 134 Abs. 1 sowie über Fälligkeit und Zahlung des Beitrags nach § 135.

d) Nicht erforderlich, aber zweckmäßig ist eine Regelung über das **Inkrafttreten** der Satzung, auch wenn keine Rückwirkung (hierzu unten, Rn 34) beabsichtigt ist. Fehlt eine solche Bestimmung, tritt die Satzung in der Regel mit dem Tage nach der Bekanntmachung in Kraft (vgl. z. B. § 4 Abs. 4 Satz 2 GO NRW). **32**

Der Satzung ist eine **Präambel** voranzustellen, aus der Rechtsgrundlage der Satzung und Datum des Ratsbeschlusses hervorgehen (hierzu Reimer, KStZ 1972, 107 ff.). Ein falsches Datum berührt die Rechtswirksamkeit der Satzung allerdings nicht (Driehaus, Rn 217). **33**

IV. Es ist grundsätzlich zulässig, Erschließungsbeitragssatzungen auch **rückwirkend** in Kraft zu setzen. Ein der Rückwirkung allenfalls entgegenstehender **Vertrauensschutz** der Bürger kann insoweit **nicht bestehen,** als spätestens mit dem Inkrafttreten des BBauG damit gerechnet werden mußte, daß die Gemeinden für die erstmalige Herstellung von Erschließungsanlagen Erschließungsbeiträge erheben würden (grundlegend BVerwG, U. v. 28. 11. 1975, IV C 45.74, BRS 37, S. 251/253 f.; U. v. 20. 1. 1978, 4 C 2.75, BRS 37, S. 265/266; vgl. auch BayVerfGH, Beschl. v. 24. 2. 1984, Vf. 98–VI/82, NVwZ 1984, 644). Eine **zeitliche Grenze** der Rückwirkung ist nach Auffassung des Bundesverwaltungsgerichts **nicht gegeben;** insbesondere gibt der Gedanke der Verjährung hierfür nichts her. Allerdings ist bei rückwirkender Inkraftsetzung von Beitragssatzungen daran zu denken, daß mit Inkrafttreten der Satzung – bei Vorliegen der sonstigen Voraussetzungen – die Erschließungsbeitragspflicht entsteht (vgl. § 133, Rn 15 ff.). Hieraus folgt z. B., daß ein Heranziehungsbescheid, der nach Ablauf einer Frist seit Inkrafttreten der Satzung erlassen wurde, innerhalb derer die Verjährung eingetreten ist, nunmehr aus diesem Grund rechtswidrig geworden ist, da die Verjährung von Amts wegen zu berücksichtigen ist (vgl. § 135, Rn 29). Auch hieraus ist aber keine zeitliche Grenze für die Rückwirkung herzuleiten (BVerwG, U. v. 28. 11. 1975, aaO, S. 254; vgl. aber unten, Rn 37). **34**

Seit dem Urteil des Bundesverwaltungsgerichts vom 25. 11. 1981 (8 C 14.81, BVerwGE 64, 218 ff.) hat das rückwirkende Inkraftsetzen von Erschließungsbeitragssatzungen **kaum mehr Bedeutung.** Denn für eine **Heilung mit Wirkung ex nunc** (d. h. mit Inkrafttreten einer wirksamen Beitragssatzung) von Erschließungsbeitragsbescheiden, die auf eine unwirksame Beitragssatzung gestützt waren, ist der Erlaß einer Beitragssatzung mit Rückwirkung auf den Zeitpunkt des Erlasses des Beitragsbescheids entbehrlich. Es genügt, wenn überhaupt eine wirksame Satzung in Kraft tritt (BVerwG, aaO, S. 220; kritisch zu dieser Rechtsprechung im Hinblick auf eine „Aushöhlung des Verjährungsschutzes" für den beitragspflichtigen, aber bis zum Erlaß der Satzung noch nicht herangezogenen Bürger Schmittat, DVBl. 1983, 313 ff.). Mit diesem Urteil setzt das Gericht seine Rechtsprechung zur **nachträglichen Heilung mit Wirkung ex nunc** von Erschließungsbeitragsbescheiden, die vor dem Entstehen der Beitragspflicht (hierzu § 133, **35**

Rn 17 ff., 22) erlassen wurden, fort. So wird eine unzulässige Heranziehung im Wege der „Querspaltung" durch den **Ausbau der Reststrecke** und die damit gegebene endgültige Herstellung der Erschließungsanlage geheilt (vgl. § 127, Rn 41); dasselbe gilt für die erst nach Erlaß eines Beitragsbescheids erlassene **Widmung** als Voraussetzung für das Vorliegen einer „öffentlichen" Straße (vgl. § 127, Rn 12). Ebenso vermag ein nachträglich in Kraft tretender **Bebauungsplan**, der für die Herstellung der Erschließungsanlage erforderlich ist, einen Beitragsbescheid zu heilen (vgl. § 125, Rn 5); dasselbe gilt für eine nachträgliche **Zustimmung** zum Bau der Erschließungsanlage (vgl. § 125, Rn 13). Auch eine nachträglich erklärte Kostenspaltung oder Abschnittsbildung kann Heilungswirkung ex nunc entfalten (vgl. § 127, Rn 49, und § 130, Rn 20). **Grenze für solche Heilungsmöglichkeiten** ist die Wesensveränderung des Beitragsbescheids (hierzu abweichend z. B. Kopp, VwVfG, 4. Aufl. 1986, § 45, Rn 19). Eine solche Wesensänderung liegt etwa vor, wenn die Abgabenart (Steuer statt Beitrag) gewechselt oder der Bezugsgegenstand des Bescheids (anderes Grundstück desselben Beitragspflichtigen oder andere Erschließungsanlage) ausgetauscht würden (hierzu BVerwG, U. v. 27. 1. 1982, BVerwGE 64, 356/358). Dieselbe Grenze gilt für die Pflicht des Gerichts, nach § 113 Abs. 1 Satz 1 VwGO zu prüfen, ob der angefochtene Bescheid auf **andere als die von der Behörde ausdrücklich angeführten Begründungen oder Tatsachen** gestützt und damit aufrechterhalten werden kann. Eine derartige Untersuchungspflicht kommt dem Verwaltungsgericht insbesondere bei Abgabenbescheiden zu, da diese eine durch das materielle Recht begründete Abgabenpflicht nur deklaratorisch festsetzen (BVerwG, ebd.; kritisch hierzu allgemein Kopp, VwGO, 8. Aufl. 1989, § 113, Rn 19, 28 ff.). Danach können insbesondere **Berechnungsfehler** „geheilt" werden, die sich z. B. auf die Grundstücksgröße, die Abgrenzung des Abrechnungsgebiets, die maßgeblichen Verteilungsfaktoren wie Art und Maß der Nutzung oder die Ermittlung des Erschließungsaufwands beziehen. So kann etwa eine Beitragsberechnung aufgrund einer rechtswidrig gebildeten Erschließungseinheit durch eine Beitragsberechnung aufgrund der Erschließung durch eine einzelne Erschließungsanlage ersetzt werden, wenn diese Bestandteil der Erschließungseinheit war (BVerwG, aaO, S. 359). Ist jedoch für die Beitragsberechnung ein Willensakt der Gemeinde erforderlich, etwa die Vornahme einer Kostenspaltung oder einer Abschnittsbildung, und liegt diese Willensentscheidung nicht vor, so kann sie nicht durch das Gericht ersetzt werden; das Gericht darf nicht sein Ermessen an die Stelle des Ermessens der Gemeinde setzen (BVerwG, ebd.). Wird daher nachträglich eine – insbesondere hinsichtlich Verteilungs- und Merkmalsregelung – **wirksame Erschließungsbeitragssatzung** erlassen, so vermag auch dies einen bis dahin ursprünglich rechtswidrigen Heranziehungsbescheid zu heilen. Dabei ist zu beachten, daß diese **Heilung bis zur letzten mündlichen Verhandlung im Revisionsverfahren** zu beachten ist, da es sich insoweit nicht um eine Tatsachenänderung

handelt – wie bei den anderen aufgeführten Heilungsfällen –, sondern um eine **Rechtsänderung** (BVerwG, U. v. 25. 11. 1981, 8 C 14.81, BVerwGE 64, 218/223).

Bedarf für ein rückwirkendes Inkraftsetzen einer Erschließungsbei- 36 tragssatzung mit einer **Heilung** von Beitragsbescheiden **mit Wirkung ex tunc** (d. h. zum Zeitpunkt des Erlasses des Bescheids) besteht daher nur noch in den Fällen, in denen zwischen Erlaß des Heranziehungsbescheids und Erlaß der neuen Beitragssatzung der **Beitragspflichtige gewechselt** hat und die Gemeinde nicht einen neuen Erschließungsbeitragsbescheid erlassen will. Denn ohne eine solche Rückwirkung ist in diesem Fall der Bescheid nicht dem – inzwischen – Beitragspflichtigen zugestellt worden und daher rechtswidrig (hierzu vgl. § 134, Rn 15). Dasselbe gilt, sofern ein **Wechsel des Erbbauberechtigten** eingetreten sein sollte. Die Rückwirkung muß in diesen Fällen zumindest soweit reichen, daß sie den Zeitpunkt des **Zugangs des Widerspruchsbescheids** umfaßt, da Beitragsbescheid und Widerspruchsbescheid als eine einheitliche Verwaltungsentscheidung anzusehen sind, mit der der Erschließungsbeitrag verlangt wird; denn nach § 79 Abs. 1 Nr. 1 VwGO ist Gegenstand der Anfechtungsklage der Verwaltungsakt in der Gestalt, die er durch den Widerspruchsbescheid gefunden hat (BVerwG, U. v. 14. 12. 1979, 4 C 12 bis 16 und 18.77, BRS 37, S. 258/260). Will der Kläger die auf einer Heilung beruhende Auferlegung der Kostenlast vermeiden, kann er die **Hauptsache für erledigt erklären** (BVerwG, U. v. 28. 11. 1975, IV C 45.74, BRS 37, S. 251/256).

Allerdings darf die Gemeinde durch eine Rückwirkung nicht versu- 37 chen, die **Erhebungspflicht** nach § 127 Abs. 1 zu **umgehen,** indem sie der Satzung eine so weitgehende Rückwirkung beimißt, daß Erschließungsbeiträge in wesentlichen Teilen bei Erlaß der Satzung **verjährt** sind (BVerwG, U. v. 21. 1. 1977, BRS 37, S. 227/231). Auch kann durch eine rückwirkende (oder auch nicht rückwirkende) neue Erschließungsbeitragssatzung eine bereits einmal entstandene Erschließungsbeitragsforderung **in ihrer Höhe nicht mehr geändert werden,** da diese Forderung nur einmal entstehen kann (vgl. BVerwG, U. v. 7. 4. 1989, 8 C 83.87, DVBl. 1989, 678 f.; im übrigen § 130, Rn 46). Allerdings können **unterschiedliche Zahlungsmodalitäten** nunmehr zur Geltung gebracht werden. Nicht ausgeschlossen ist allerdings, daß durch die rückwirkende Inkraftsetzung einer wirksamen Beitragssatzung ein **bisher nicht beitragspflichtiger Grundstückseigentümer** nunmehr **herangezogen werden** kann. Ein schutzwürdiges Interesse dahingehend, aufgrund einer ungültigen Erschließungsbeitragssatzung nicht beitragspflichtig zu werden, besteht nicht (BVerwG, U. v. 20. 1. 1978, 4 C 20.75, BRS 37, S. 256/258). Auch kann sich die **Beitragspflicht** gegenüber der nach einer nichtigen Satzung scheinbar entstandenen – z. B. infolge einer nunmehr fehlerfreien Verteilungsregelung – **erhöhen** (BVerwG, U. v. 15. 4. 1983, 8 C 170.81, BayVBl. 1984, 408). Ändert die Gemeinde jedoch darüber hinaus auch eine rechtlich unbe-

denkliche Maßstabskomponente, so steht einer so begründeten Beitragserhöhung der Grundsatz des Vertrauensschutzes entgegen (BVerwG, U. v. 7. 4. 1989, aaO, S. 679).

§ 133 Gegenstand und Entstehung der Beitragspflicht

(1) Der Beitragspflicht unterliegen Grundstücke, für die eine bauliche oder gewerbliche Nutzung festgesetzt ist, sobald sie bebaut oder gewerblich genutzt werden dürfen. Erschlossene Grundstücke, für die eine bauliche oder gewerbliche Nutzung nicht festgesetzt ist, unterliegen der Beitragspflicht, wenn sie nach der Verkehrsauffassung Bauland sind und nach der geordneten baulichen Entwicklung der Gemeinde zur Bebauung anstehen. Die Gemeinde gibt bekannt, welche Grundstücke nach Satz 2 der Beitragspflicht unterliegen; die Bekanntmachung hat keine rechtsbegründende Wirkung.

(2) Die Beitragspflicht entsteht mit der endgültigen Herstellung der Erschließungsanlagen, für Teilbeträge, sobald die Maßnahmen, deren Aufwand durch die Teilbeträge gedeckt werden soll, abgeschlossen sind. Im Falle des § 128 Abs. 1 Nr. 3 entsteht die Beitragspflicht mit der Übernahme durch die Gemeinde.

(3) Für ein Grundstück, für das eine Beitragspflicht noch nicht oder nicht in vollem Umfang entstanden ist, können Vorausleistungen auf den Erschließungsbeitrag verlangt werden, wenn ein Bauvorhaben auf diesem Grundstück genehmigt wird oder wenn mit der Herstellung der Erschließungsanlagen begonnen worden ist. Die Vorausleistung ist mit der endgültigen Beitragsschuld zu verrechnen, auch wenn der Vorausleistende nicht beitragspflichtig ist. Ist die Beitragspflicht sechs Jahre nach Erlaß des Vorausleistungsbescheids noch nicht entstanden, kann die Vorausleistung zurückverlangt werden, wenn die Erschließungsanlage bis zu diesem Zeitpunkt noch nicht benutzbar ist. Der Rückzahlungsanspruch ist ab Erhebung der Vorausleistung mit 2 vom Hundert über dem Diskontsatz der Deutschen Bundesbank jährlich zu verzinsen. Die Gemeinde kann Bestimmungen über die Ablösung des Erschließungsbeitrags im ganzen vor Entstehung der Beitragspflicht treffen.

Übersicht

I. 1. Der Beitragspflicht unterliegen nur **Grundstücke, die erschlos-** **1**
sen sind. Diese nur in **Abs. 1 Satz 2** ausdrücklich erwähnte Vorausset-
zung gilt auch im Rahmen des **Abs. 1 Satz 1** (BVerwG, U. v. 7. 10.
1977, BRS 37, S. 194/197). Dieser Verweis auf das Erschlossensein des
Grundstücks, der sich auch in § 131 Abs. 1 findet und der der Sache
nach auch in der „Anbaubestimmung" öffentlicher Verkehrsanlagen
nach § 127 Abs. 2 Nr. 1 enthalten ist, macht den **Systemzusammen-**
hang dieser drei Vorschriften deutlich. Die Merkmale der Anbaube-
stimmung in § 127 Abs. 2 Nr. 1 und des Erschlossenseins nach § 131
Abs. 1 stimmen im Kern überein (BVerwG, U. v. 26. 9. 1983, 8 C
86.81, NVwZ 1984, 172). Lediglich die Blickrichtung ist eine andere:
Während § 127 Abs. 2 Nr. 1 die gesamte Erschließungsstraße im Auge
hat und sie auf ihre Anbaueignung betrachtet, geht § 131 Abs. 1 vom
einzelnen Grundstück aus. Jedesmal kommt es jedoch darauf an, ob die
konkrete Straße geeignet ist, von den anliegenden Grundstücken aus in
erschließungsrechtlich relevanter Weise genutzt zu werden. Dabei
kommt es weder für § 127 Abs. 2 Nr. 1 noch für § 131 Abs. 1 darauf an,
daß die Nutzung der Erschließungsstraße vom Grundstück aus bereits
in dem jeweils maßgeblichen Zeitpunkt möglich ist. Es genügt, wenn
die **Hindernisse,** die einer solchen Nutzung noch entgegenstehen, in
absehbarer Zeit **ausgeräumt werden können.** In der Frage dieser Nut-
zungsmöglichkeit liegt der Unterschied der Begriffe des Erschlossen-
seins in Abs. 1 und § 131 Abs. 1. Während das Erschlossensein im Sinne
des § 131 Abs. 1 nicht daran scheitert, daß der erforderlichen **Zufahrt**
oder dem **Zugang** noch ausräumbar erscheinende tatsächliche oder
rechtliche Hindernisse entgegenstehen, verlangt das – strengere – Er-
fordernis des Erschlossenseins im Sinne des Abs. 1, daß diese **Hinder-**
nisse beseitigt sind. Zwischen dem Erschlossensein nach § 131 Abs. 1

und dem nach Abs. 1 besteht also letztlich nur eine **zeitliche Differenz:** Abs. 1 setzt die Erschließung nach § 131 Abs. 1 (hierzu § 131, Rn 7 ff.) voraus (BVerwG, U. v. 14. 1. 1983, 8 C 81.81, NVwZ 1983, 669); erschlossen im Sinne des § 131 Abs. 1 können nur Grundstücke sein, für die eine Beitragspflicht nach Abs. 1 überhaupt entstehen kann (z. B. BVerwG, U. v. 7. 10. 1977, BRS 37, S. 194/196).

2 Ein **rechtliches Hindernis,** das dem Erschlossensein im Sinne des § 131 Abs. 1 nicht entgegensteht, jedoch das Erschlossensein im Sinne des Abs. 1 ausschließt, ist das Erfordernis einer **Zufahrt** oder eines **Zugangs** zur Erschließungsstraße **über ein fremdes Grundstück** (vgl. § 131, Rn 8, zur Beurteilung, wenn trennendes und dahinter liegendes Grundstück demselben Eigentümer gehören). Ein sog. Hinterliegergrundstück, das durch ein anderes Grundstück von der Erschließungsstraße getrennt ist, ist also erschlossen im Sinne des Abs. 1 erst dann, wenn die Zufahrt zu der Straße **auf Dauer rechtlich gesichert** ist (BVerwG, U. v. 22. 8. 1975, 4 C 11.73, BRS 37, S. 305/309). Die dauerhafte Sicherung einer solchen Zufahrt hat zu erfolgen durch die **Einräumung eines dinglichen Wegerechts** (BVerwG, U. v. 14. 1. 1983, 8 C 81.81, NVwZ 1983, 669/671). Eine bloß schuldrechtliche vertragliche Regelung mit dem Eigentümer des trennenden Grundstücks genügt nicht (mißverständlich BVerwG, U. v. 7. 10. 1977, BRS 37, S. 194/198). Das Hindernis entfällt auch, wenn das trennende Grundstück entfällt, indem es – z. B. im Wege der Umlegung oder der Grenzregelung – dem erschlossenen Grundstück oder aber dem Straßengrundstück zugeschrieben (BVerwG, ebd.) und ggf. für ein Befahren gewidmet ist (vgl. etwa BVerwG, U. v. 12. 12. 1986, 8 C 9.86, NVwZ 1987, 420 f.; U. v. 20. 8. 1986, 8 C 58.85, KStZ 1986, 211/212). Ein **tatsächliches Hindernis** kann z. B. darin bestehen, daß zwischen der Straße und dem nach § 131 Abs. 1 erschlossenen Grundstück ein überwindbarer Höhenunterschied, etwa eine **Böschung** von einem Meter Tiefe und 1,50 Meter Höhe, besteht. Obwohl für ein solches Grundstück die Erschließung nach §§ 30 ff. gesichert und es damit bebaubar ist, unterliegt es damit **noch nicht** der Beitragspflicht nach Abs. 1. Während nämlich für die gesicherte Erschließung z. B. nach § 30 die verläßliche Aussicht auf eine Erschließung bis zur Fertigstellung der baulichen Anlage ausreicht (vgl. § 30, Rn 17), kann eine Erschließungsbeitragspflicht für ein Grundstück nur dann entstehen, wenn die Erschließungsanlage endgültig hergestellt ist. Hierzu gehört aber auch, daß der Nutzung der Anlage durch die erschlossenen Grundstücke kein tatsächliches Hindernis mehr entgegensteht (BVerwG, U. v. 26. 9. 1983, 8 C 86.81, NVwZ 1984, 172/173).

3 **2.** Ist ein Grundstück in diesem Sinne – durch eine Erschließungsanlage nach § 127 Abs. 2 – erschlossen, so wird es beitragspflichtig gleichwohl erst dann, wenn es **Baureife** erlangt hat, d. h. wenn seine Bebauung oder sonstige gewerbliche **Nutzung zulässig** ist. Hierfür setzt Abs. 1 **Satz 1** voraus, daß für das Grundstück in einem einfachen

oder in einem qualifizierten Bebauungsplan (hierzu § 30, Rn 3, 7) eine bauliche oder gewerbliche Nutzung (vgl. zu sonstigen Nutzungen unten, Rn 11) festgesetzt ist. Die Bebauung muß daher **planungsrechtlich möglich** sein. Da Abs. 1 Satz 1 über die entsprechende Festsetzung im Bebauungsplan hinaus die Zulässigkeit der baulichen oder gewerblichen Nutzung fordert, können hiermit nur **außerplanungsrechtliche Erfordernisse** gemeint sein. Hierzu gehört vor allem die Beachtung bauordnungsrechtlicher Anforderungen (BVerwG, U. v. 11. 5. 1973, BRS 37, S. 295; vgl. auch Gemeindetag Baden-Württemberg, BWGZ 1986, 394/395), aber z. B. auch von straßenrechtlichen Anbauverboten oder sonstigen Baubeschränkungen (hierzu § 131, Rn 16 ff.). Eine **beschränkte persönliche Dienstbarkeit,** das Grundstück nicht zu bebauen, steht seiner Bebaubarkeit in erschließungsrechtlicher Hinsicht nicht entgegen (BVerwG, Beschl. v. 24. 3. 1982, 8 B 94.81, Buchholz 406.11 § 133 BBauG Nr. 82).

Ist ein Grundstück nach **Lage, Form oder Größe** für sich allein nicht bebaubar, unterliegt es nicht der Beitragspflicht. Denn maßgebend für das Entstehen der Beitragspflicht nach Abs. 1 ist nicht die abstrakte Bebaubarkeit, wie sie für das Erschlossensein nach § 131 Abs. 1 ausreichen kann, sondern die konkrete bauliche oder gewerbliche Nutzbarkeit des Grundstücks. Ist ein Grundstück danach erschlossen im Sinne des § 131 Abs. 1, aber nicht oder noch nicht bebaubar, so ist es bei der Verteilung des umlagefähigen Erschließungsaufwands zu berücksichtigen, kann aber noch nicht zu Erschließungsbeiträgen herangezogen werden (BVerwG, U. v. 11. 5. 1973, BRS 37, S. 295/296; vgl. auch § 131, Rn 5). Gehören jedoch mehrere nebeneinanderliegende Grundstücke, die jedes für sich nicht bebaubar sind, demselben Eigentümer, kann dies Anlaß sein, von dem grundsätzlich zugrunde zu legenden grundbuchrechtlichen Grundstücksbegriff abzugehen und eine wirtschaftliche Grundstückseinheit anzunehmen (vgl. § 131, Rn 3). **4**

Ist ein Grundstück in diesem Sinne bebaubar, so unterliegt es nur dann nicht der Beitragspflicht, wenn nur „eine gänzlich **unterwertige Bebauung** zulässig ist" (BVerwG, U. v. 16. 9. 1977, IV C 71.74, BRS 37, S. 297/298 f.). Nicht als unterwertig in diesem Sinne sind – neben Wohngebäuden oder gewerblich nutzbaren Bauten – Garagen oder garagenähnliche Gebäude, Verkaufskioske (BVerwG, ebd.), Transformatorenstationen (BVerwG, U. v. 12. 11. 1971, BRS 37, S. 316/317) anzusehen. Darauf, ob das Grundstück durch die für es allenfalls zulässige Nutzung voll ausgenutzt würde, kommt es nicht an; so kann bereits ein 3,70 Meter breites und 4 Meter langes massives Gebäude, das der Holzlagerung und dem Abstellen eines Kraftwagens dient, die Beitragspflicht auslösen (BVerwG, U. v. 16. 9. 1977, IV C 71.74, BRS 37, S. 297/299). **5**

Der rechtlichen Bebaubarkeit aufgrund von Festsetzungen eines Bebauungsplans steht die Zulässigkeit eines Bauvorhabens aufgrund von Bestimmungen in einem **Planfeststellungsbeschluß** gleich, auch wenn **6**

es sich dabei nicht um ein privilegiertes Planfeststellungsverfahren nach § 38 handelt (vgl. Ernst, in: E/Z/B, § 133, Rn 6).

7 Ist ein Grundstück danach bebaubar, so wird das Entstehen der Beitragspflicht für dieses Grundstück nicht dadurch gehindert, daß es diese Eigenschaft demnächst wahrscheinlich oder „sicher" verlieren wird. Ein solcher **Verlust der Bebaubarkeit** kann – unabhängig davon, ob es sich um ein Grundstück im Sinne des Abs. 1 Satz 1 oder des Abs. 1 Satz 2 handelt – durch Inkrafttreten eines Bebauungsplans oder einer **Veränderungssperre** nach § 14 eintreten (BVerwG, U. v. 4. 10. 1974, IV C 9.73, BRS 37, S. 311/312). Die Beitragspflicht entsteht in diesen Fällen nur dann nicht, wenn die Bebaubarkeit bereits zum Zeitpunkt des Entstehens der Beitragspflicht nach den übrigen Voraussetzungen rechtlich entfallen ist. Selbst wenn sich die Erwartung des Wegfalls der Bebaubarkeit erfüllt, ist die Heranziehung eines solchen Grundstücks zu Erschließungsbeiträgen nicht unbillig, da der Wegfall der Bebaubarkeit in der Regel einen **Entschädigungsanspruch** nach §§ 39 ff. zur Folge hat, bei dessen Bemessung der gezahlte Erschließungsbeitrag zu berücksichtigen ist (BVerwG, aaO, S. 314). Etwas anderes muß jedoch gelten, wenn die – nicht verwirklichte – Bebaubarkeit nach § 42 Abs. 3 durch das Inkrafttreten eines Bebauungsplans **entschädigungslos wegfällt,** weil die Frist von 7 Jahren nach § 42 Abs. 2 (hierzu § 42, Rn 7 f.) abgelaufen ist. Zwar muß es auch in diesen Fällen aus den vom Bundesverwaltungsgericht angeführten Gründen der Rechtssicherheit im Hinblick auf die Bestimmbarkeit des Zeitpunkts des Entstehens der Beitragspflicht und die Unbestimmbarkeit eines möglichen Wegfalls der Bebaubarkeit bei dem Entstehen der Beitragspflicht bleiben. Allerdings dürfte in der Erhebung von Erschließungsbeiträgen in einem solchen Fall eine unbillige Härte zu sehen sein, die die Gemeinde zum Erlaß des Beitrags oder zur Freistellung nach § 135 Abs. 5 nicht nur veranlassen kann, sondern verpflichten wird (zu einer Andeutung in diese Richtung vgl. BVerwG, ebd.).

8 Ist ein Grundstück in dem für die Entstehung der Beitragspflicht im übrigen maßgebenden Zeitpunkt **noch nicht bebaubar,** weil es noch einer **Veränderungssperre** unterliegt, kann die Beitragspflicht gleichwohl entstehen, wenn die Veränderungssperre bis zu dem Zeitpunkt, in dem eine Baugenehmigung erteilt werden müßte, in jedem Fall abläuft und nicht verlängert werden kann (BVerwG, U. v. 12. 12. 1969, IV C 100.68, NJW 1970, 876; vgl. auch Förster, in: Kohlhammer-Komm. zum BBauG, § 133, Rn 19).

9 Abs. 1 stellt auf die Bebaubarkeit des Grundstücks ab. Ist ein Grundstück **bereits bebaut,** so unterliegt es gleichwohl der Beitragspflicht, auch wenn eine weitere Bebauung nicht mehr möglich ist. Durch die Regelung in Abs. 1 Satz 1 und auch in Abs. 1 Satz 2 soll der jeweils frühestmögliche Zeitpunkt für das Entstehen der Beitragspflicht bestimmt werden, nicht aber für einen späteren Zeitpunkt die Beitrags-

pflicht ausgeschlossen werden. Auch ein bebautes Grundstück ist danach bebaubar im Sinne des Abs. 1 Satz 1 oder steht zur Bebauung an im Sinne des Abs. 1 Satz 2 (BVerwG, U. v. 16. 9. 1977, IV C 71.74, BRS 37, S. 297/299).

Auch eine rein **gewerbliche Nutzung genügt,** um die Beitragspflicht für das Grundstück zu begründen. Dies folgt nicht nur aus der besonderen Erwähnung der gewerblichen neben der baulichen Nutzung, sondern auch aus dem spezifisch erschließungsbeitragsrechtlichen Gehalt der Regelung des Abs. 1. Maßgeblich ist allein, ob die Nutzung auf die Verbindung mit der Straße angewiesen ist, weil sie einen Ziel- und Quellverkehr verursacht. In diesem Fall kommt dem Grundstück der Erschließungsvorteil zugute, so daß gerechtfertigt ist, es mit Erschließungskosten zu belasten (BVerwG, U. v. 14. 1. 1983, 8 C 81.81, NVwZ 1983, 669/670). **10**

Aus dieser spezifisch erschließungsbeitragsrechtlichen Funktion des Abs. 1 folgt, daß nicht nur baulich oder gewerblich, sondern auch **gleichartig genutzte Grundstücke** der Erschließungsbeitragspflicht unterfallen. Wenn sie ebenfalls auf die Verbindung mit der Straße angewiesen sind, weil ihre Nutzung einen Zu- oder Abgangsverkehr hervorruft, so entsteht auch für sie ein Erschließungsvorteil, der es rechtfertigt, sie mit Erschließungsbeiträgen zu belasten. Dies gilt z. B. für Friedhöfe, Kleingärten, Sportplätze oder Schwimmbäder (vgl. die Nachweise in § 127, Rn 17). Hier kommt aber unter Umständen ein zumindest **teilweiser Erlaß** in Betracht (vgl. § 135, Rn 18 ff.). **11**

3. Abs. 1 Satz 2 bestimmt, welche Grundstücke im **unbeplanten Innenbereich,** für die also eine Nutzungsfestsetzung in einem Bebauungsplan nicht vorhanden ist, der Beitragspflicht unterfallen. Dabei ist der Begriff **Bauland** dem Begriff der baulichen oder gewerblichen Nutzbarkeit in Abs. 1 Satz 1 gleichzustellen, so daß also gleichartig genutzte Grundstücke unabhängig von ihrer Belegenheit in einem Plangebiet oder in einem nicht beplanten Innenbereich gleichbehandelt werden (BVerwG, U. v. 1. 2. 1980, 4 C 63 und 64.78, BauR 1980, 351; U. v. 14. 1. 1983, 8 C 81.81, NVwZ 1983, 669/670). Insoweit kann also auf die Ausführungen oben (vgl. Rn 3 ff.) verwiesen werden. Ein Grundstück **steht** im Sinne des Abs. 1 Satz 2 dann **zur Bebauung an,** sobald es im Sinne des Abs. 1 Satz 1 bebaut werden darf. Auch diese beiden Merkmale in Satz 1 und Satz 2 entsprechen sich. Satz 2 stellt daher keine strengeren Anforderungen an die Begründung der Beitragspflicht als Satz 1; insbesondere ist nicht erforderlich, daß sich die Bebauung geradezu „anbietet" oder „aufdrängt" (BVerwG, U. v. 16. 9. 1977, IV C 71.74, BRS 37, S. 297/298). **12**

Grundstücke im **unbeplanten Außenbereich** können **nicht** Bauland im Sinne des Abs. 1 Satz 2 sein, weil Straßen im oder am Außenbereich (insoweit) nicht zum Anbau bestimmt sind (vgl. § 127, Rn 19) und sie wegen der rechtlichen Übereinstimmung der Merkmale der Anbaueignung im Sinne des § 127 Abs. 2 Nr. 1 und des Erschlossenseins im Sinne **13**

des § 131 Abs. 1 (vgl. oben, Rn 1) nicht erschlossen sind (BVerwG, U. v. 25. 6. 1969, BVerwGE 32, 226/227 f.).

14　　Nach **Abs. 1 Satz 3** hat die Gemeinde **bekanntzumachen,** welche Grundstücke im unbeplanten Innenbereich einer Beitragspflicht unterliegen. Hierdurch sollen die Eigentümer der betreffenden Grundstücke auf das grundsätzliche Bestehen der Beitragspflicht **hingewiesen** werden, damit sie sich auf eine mögliche Heranziehung zu Erschließungsbeiträgen einrichten können. Weitergehende Bedeutung hat die Bekanntmachung nicht. Insbesondere ist sie ohne Einfluß auf das Entstehen einer Beitragspflicht und die Zulässigkeit der Heranziehung eines Eigentümers zu Erschließungsbeiträgen. Das Gesetz hebt ausdrücklich hervor, daß die Bekanntmachung, für die auch keine besondere Form vorgeschrieben ist, **keinerlei rechtsbegründende Wirkung** hat, insbesondere also kein Verwaltungsakt ist. Allerdings kann eine fehlerhafte Bekanntmachung zu Amtshaftungsansprüchen nach § 839 BGB, Art. 34 GG führen, wenn sie für einen Schaden des Eigentümers ursächlich war (Förster, in: Kohlhammer-Komm. zum BBauG, § 133, Rn 21).

15　　II. **Abs. 2** regelt den **Zeitpunkt, in dem die Beitragspflicht entsteht.** Dabei geht das Gesetz von dem vorgestellten **Normalfall** aus: Es liegt eine gültige Erschließungsbeitragssatzung vor, die Erschließungsanlage ist – soweit notwendig – auf der Grundlage eines wirksamen Bebauungsplans, im Rahmen des § 125 Abs. 3 planabweichend oder mit Zustimmung der höheren Verwaltungsbehörde erstellt worden, die Straße ist gewidmet und also öffentlich. Sind diese vom Gesetzgeber im Normalfall als im Vorfeld der endgültigen Herstellung einer Erschließungsanlage liegenden Voraussetzungen gegeben, so entsteht die Beitragspflicht in dem in Abs. 2 bestimmten Zeitpunkt. **Ändert sich jedoch diese als normal vorgestellte Reihenfolge, so ändert sich auch der Zeitpunkt des Entstehens der Beitragspflicht** (hierzu unten, Rn 22).

16　　Der Zeitpunkt des **Entstehens** der Beitragspflicht ist von dem Zeitpunkt der **Fälligkeit** des Erschließungsbeitrags zu **unterscheiden.** Die Fälligkeit tritt nach § 135 Abs. 1 erst einen Monat nach der Bekanntgabe eines Beitragsbescheids ein. Während die Beitragspflicht kraft Gesetzes entsteht und keines hierauf gerichteten Akts der Gemeinde bedarf, wird die Fälligkeit erst durch die Bekanntgabe des Beitragsbescheids begründet. Zum **Ende des Beitragsschuldverhältnisses** vgl. § 134, Rn 13.

17　　1. a) **Endgültig hergestellt** im Sinne des Abs. 2 Satz 2 ist eine Erschließungsanlage in dem **Zeitpunkt,** „in dem im Anschluß an die Beendigung der technischen Arbeiten der hierfür entstandene **Aufwand feststellbar** ist, also regelmäßig bei Eingang der letzten, im Anschluß an die Bauarbeiten erteilten Unternehmerrechnung" (BVerwG, U. v. 22. 8. 1975, IV C 11.73, BRS 37, S. 305/306). Die Maßgeblichkeit der **letzten Unternehmerrechnung** und nicht des nach

außen sichtbaren Abschlusses der Bauarbeiten folgt daraus, daß der Erschließungsbeitrag – als Beitrag – der Kostendeckung dient. Eine Beitragspflicht kann daher erst entstehen, wenn der zu deckende Aufwand feststeht. Die Beitragspflicht entsteht nur „voll ausgebildet", d. h. in bestimmter Höhe, die durch den Eintritt späterer Umstände, auch durch eine geänderte Satzung (vgl. unten, Rn 23), nicht mehr geändert werden kann und die daher die Verjährungsfrist in Lauf setzt (BVerwG, aaO, S. 307). Die Verjährungsfrist kann aber erst zu laufen beginnen, wenn die Gemeinde den beitragsfähigen Aufwand ermitteln kann, wenn also die Unternehmerrechnungen vorliegen. Hieraus folgt zugleich auch, daß die Beitragspflicht für ein Grundstück **nur einmal entstehen** kann (grundlegend BVerwG, U. v. 25. 2. 1964, BVerwGE 18, 202/203; U. v. 20. 2. 1978, 4 C 2.75, BRS 37, S. 265/266 f.; vgl. auch § 130, Rn 46).

Die Maßgeblichkeit der letzten Unternehmerrechnung gilt jedoch nur insoweit, als sie sich auf **Arbeiten** bezieht, **die der endgültigen Herstellung der Anlage im Sinne der Erschließungsbeitragssatzung dienen.** Ist z. B. der Grunderwerb nicht als Merkmal der endgültigen Herstellung aufgeführt, so gehören **Vermessungskosten,** die den Grunderwerbskosten zuzuordnen sind, zu dem für Abs. 2 Satz 1 maßgeblichen Aufwand nur, wenn sie vor Abschluß der Straßenbauarbeiten im übrigen anfallen. Geht eine diesbezügliche Rechnung erst später ein, so hindert dies nicht die Entstehung der Beitragspflicht in dem – früheren – Zeitpunkt, in dem die Anlage entsprechend den satzungsgemäßen Merkmalen der endgültigen Herstellung fertiggestellt ist und die hierauf bezogenen Unternehmerrechnungen eingegangen sind (BVerwG, U. v. 26. 1. 1979, 4 C 17.76, BRS 37, S. 327/328 f.). **18**

Die Merkmale der endgültigen Herstellung ergeben sich aus der Satzung nach § 132 Nr. 4 (hierzu § 132, Rn 17 ff.). Danach ist für das **Teileinrichtungsprogramm** nicht erforderlich, alle flächenmäßigen Bestandteile von Straßen ausdrücklich in der Satzung aufzuführen; es genügt, wenn die Fahrbahn als essentielles Merkmal bestimmt ist. Die Beitragspflicht kann daher bereits dann entstehen, wenn eine Straße nur einseitig mit einem Gehweg versehen ist, weil ein weiterer Gehweg nicht erforderlich im Sinne des § 129 Abs. 1 Satz 1 ist (BVerwG, U. v. 12. 10. 1973, BRS 37, S. 40). Die Beurteilung hat nach den konkreten örtlichen Gegebenheiten zu erfolgen. Auch können sich **unterschiedliche Arten von Erschließungsstraßen** im Grad ihrer Herstellung unterscheiden. So kann z. B. für eine Sammelstraße im Teileinrichtungsprgramm angegeben sein, daß hierfür ein Gehweg nicht erforderlich ist. Wird diese Sammelstraße jedoch zu einer zum Anbau bestimmten Straße, so wird sie dadurch unfertig, weil hierfür in aller Regel z. B. Gehwege erforderlich sind (BVerwG, U. v. 21. 10. 1968, DVBl. 1969, 275/276). Für das **Ausbauprogramm** muß vollständig und exakt angegeben werden, welche möglichen Ausführungen bei der Herstellung **19**

von Fahrbahnen, Gehwegen usw. als Merkmal für die endgültige Herstellung angesehen werden (hierzu § 132, Rn 24 ff.).

20 **b)** Abs. 2 Satz 1 geht von der Herstellung der „Erschließungsanlage" aus. Damit ist jedoch unmittelbar nur der Regelfall angesprochen. Nach § 130 Abs. 2 kann die Gemeinde statt der Abrechnung einer **einzelnen Erschließungsanlage** bereits den **Abschnitt** einer Erschließungsanlage abrechnen, sie kann aber auch erst die hergestellte **Erschließungseinheit** zur Abrechnungsgrundlage bestimmen (hierzu § 130, Rn 21 ff.). Hat die Gemeinde rechtzeitig, d. h. vor endgültiger Herstellung der einzelnen Erschließungsanlage, einen hiervon abweichenden Ermittlungsraum zur Abrechnungsgrundlage gemacht (hierzu § 130, Rn 46), so bestimmt sich die Entstehung der Beitragspflicht nach dem Zeitpunkt, in dem der Abschnitt der Erschließungsanlage oder die Erschließungseinheit endgültig hergestellt sind (BVerwG, U. v. 15. 9. 1978, 4 C 50.76, BRS 37, S. 74/76; ebenso Urteile 4 C 7.76, NJW 1979, 1996/1997, und 4 C 22.76, DÖV 1979, 175 ff., vom selben Tage).

21 **c)** Hat die Gemeinde nicht einen anderen Ermittlungsraum gewählt, sondern von der Möglichkeit der **Kostenspaltung** Gebrauch gemacht, so entsteht die hierauf bezogene Beitragspflicht mit der endgültigen Herstellung der Teileinrichtung (BVerwG, ebd.). Auch in diesem Fall ist allerdings erforderlich, daß die Grundstücke durch die Anlage bereits eine **funktionsfähige Erschließung** erfahren, ihnen also der die Beitragspflicht rechtfertigende Erschließungsvorteil bereits zukommt (vgl. Schmidt/Bogner/Steenbock, Handbuch des Erschließungsrechts, 5. Aufl. 1981, Rn 3420).

22 **2.** Das Entstehen der Beitragspflicht setzt neben der endgültigen Herstellung eine Reihe **weiterer Merkmale** voraus. Bei seiner Regelung ging der Gesetzgeber von einem angenommenen Regelfall aus, in dem die endgültige Herstellung der Erschließungsanlage das letzte fest umrissene Merkmal ist, an das die Entstehung der Beitragspflicht geknüpft werden kann (BVerwG, U. v. 14. 6. 1968, IV C 65.66, DVBl. 1968, 808/809). Solche weiteren Entstehungsvoraussetzungen für die Beitragspflicht sind das Vorhandensein einer **gültigen Erschließungsbeitragssatzung** (BVerwG, U. v. 21. 9. 1973, BRS 37, S. 317/318), insbesondere der Regelung über die **Herstellungsmerkmale** (BVerwG, U. v. 26. 1. 1979, 4 C 17.76, BRS 37, S. 327/328) und die **Verteilung** des beitragsfähigen Erschließungsaufwands (BVerwG, U. v. 20. 1. 1978, IV C 70.75, BRS 37, S. 256/257), die **Widmung** einer Straße für den öffentlichen Verkehr (BVerwG, U. v. 14. 6. 1968, IV C 65.66, DVBl. 1968, 808/809) sowie das Vorliegen eines **Bebauungsplans** oder einer diesen ersetzenden **Zustimmung** der höheren Verwaltungsbehörde (BVerwG, U. v. 29. 5. 1970, IV C 141.68, BRS 37, S. 336/337). Ferner ist für das Entstehen der Beitragspflicht nach Abs. 2 Voraussetzung, daß das Grundstück **bebaubar** im Sinne des Abs. 1 ist (BVerwG, U. v. 19. 9. 1969, IV C 68.68, DVBl. 1970, 82/83; im übrigen vgl. oben, Rn 3 ff.). Als Zeitpunkt für das Entstehen der Beitragspflicht nach

Abs. 2 ist daher der Zeitpunkt anzusehen, „in dem die in der Satzung festgelegten **Herstellungsmerkmale und alle weiteren** unmittelbar vom Gesetz aufgestellten **Voraussetzungen** für das Entstehen der Beitragspflicht erfüllt sind" (BVerwG, U. v. 13. 5. 1977, BRS 37, S. 114/116). Tritt die letzte Voraussetzung ein, so ist ein **vorzeitig erlassener Beitragsbescheid** mit diesem Zeitpunkt (ex nunc) insoweit **geheilt** (vgl. § 132, Rn 35). Zur Problematik bei **gemeindeeigenen Grundstücken** vgl. § 134, Rn 6 f.

Die endgültige Herstellung im Sinne des Abs. 2 hat jedoch unabhängig von dem Entstehen der Beitragspflicht bei Eintritt der weiteren Voraussetzungen **Bedeutung für den beitragsfähigen Erschließungsaufwand.** Ist eine Erschließungsanlage nach den in der Erschließungsbeitragssatzung festgelegten Merkmalen endgültig hergestellt, so können nach diesem Zeitpunkt entstehende Kosten nicht mehr zum Erschließungsaufwand gerechnet werden. Dies hat einmal Bedeutung für das Inkrafttreten einer anderen Erschließungsbeitragssatzung, die an die endgültige Herstellung weitergehende Anforderungen stellt. **Für die Beurteilung der endgültigen Herstellung bleibt die Satzung maßgebend, die im Zeitpunkt der endgültigen Herstellung Geltung hatte.** Durch eine spätere Satzung mit weitergehenden Anforderungen kann eine einmal endgültig hergestellte Erschließungsanlage nicht in den Zustand der Unfertigkeit zurückversetzt werden (BVerwG, U. v. 29. 11. 1985, 8 C 59.84, NVwZ 1986, 303). **Im übrigen** jedoch hat sich der Beitragsbescheid nach der Satzung zu richten, die im **Zeitpunkt des Entstehens der Beitragsforderung** gilt (BVerwG, U. v. 22. 8. 1975, IV C 11.73, BRS 37, S. 305/307 f.). Bedeutung hat der Kostenausschluß auch für den **Grunderwerb.** Ist dieser in der Satzung nicht als Merkmal der endgültigen Herstellung angegeben, so rechnen nur diejenigen Grunderwerbskosten zum beitragsfähigen Erschließungsaufwand, die bis zur endgültigen Herstellung im Sinne des Abs. 2 angefallen sind (hierzu vgl. oben, Rn 18, und § 128, Rn 5). Nur bei Aufführung des Grunderwerbs als Merkmal der endgültigen Herstellung in der Satzung kann auch der Abschluß z. B. der Vermessungsarbeiten maßgeblich für den Zeitpunkt des Entstehens der Beitragspflicht sein (BVerwG, U. v. 26. 1. 1979, 4 C 17.76, BRS 37, S. 327/328 f.).

Der Zeitpunkt der endgültigen Herstellung bestimmt sich somit nach **objektiven Kriterien.** Ein „Fertigstellungsbeschluß" der Gemeinde, mit dem die endgültige Herstellung der Erschließungsanlage festgestellt wird, hat daher keinerlei konstitutive Bedeutung. Er kann lediglich informatorischen Wert besitzen (Driehaus, Rn 164).

3. Nach **Abs. 2 Satz 2** entsteht die Beitragspflicht im Falle der **Übernahme einer Erschließungsanlage** durch die Gemeinde nach § 128 Abs. 1 Satz 1 Nr. 3 mit dem Zeitpunkt der Übernahme. Unter Übernahme ist hierbei der Zeitpunkt zu verstehen, zu dem alle Voraussetzungen für das Entstehen der Beitragspflicht nach Abs. 2 Satz 1, die sich nicht auf die technische Herstellung der Anlage selbst beziehen, eben-

falls gegeben sind. Erforderlich ist also die Widmung zur öffentlichen
Straße, das Vorliegen von Bebauungsplan oder Zustimmung der höhe-
ren Verwaltungsbehörde, das Vorhandensein einer gültigen Erschlie-
ßungsbeitragssatzung sowie insbesondere die Feststellbarkeit des der
Gemeinde entstandenen Aufwands (hierzu Ernst, in: E/Z/B, § 133,
Rn 37).

26 Wird eine **unfertige Anlage** übernommen, so können also noch
weitere Kosten entstehen. Die nach Abs. 2 Satz 2 entstehende Beitrags-
pflicht ist dann nur eine Teilbeitragspflicht. Für das Entstehen der
Beitragspflicht im übrigen gelten die für die endgültige Herstellung der
Erschließungsanlagen oder – im Falle der Kostenspaltung – der Teilein-
richtung dargestellten Voraussetzungen (vgl. oben, Rn 15 ff.).

27 **III. 1.** Zur Milderung der Vorfinanzierungslast der Gemeinde gibt
Abs. 3 Satz 1 bis 4 ihr das Recht, **Vorausleistungen** auf den Erschlie-
ßungsbeitrag zu verlangen. Diese sind **zweckgebunden** für den Bau
der Straße einzusetzen (BVerwG, U. v. 5. 9. 1975, IV CB 75.73, BRS
37, S. 356/359). Aus dieser Bezogenheit der Vorausleistungen auf den
Erschließungsbeitrag folgt, daß es sich bei ihnen um Leistungen han-
delt, die im voraus, d. h. vor Entstehen der Beitragspflicht (vgl. oben,
Rn 15), erbracht werden. Sie sind bei der endgültigen Beitragserhebung
auf den Erschließungsbeitrag anzurechnen. Sie teilen daher – bei Anfor-
derung durch Verwaltungsakt – auch den **Rechtscharakter des Er-
schließungsbeitrags** und ruhen wie dieser nach § 134 Abs. 2 als **öffent-
liche Last** auf dem Grundstück; vorausleistungspflichtig sind diejeni-
gen, die – bei endgültiger Herstellung – erschließungsbeitragspflichtig
wären. Die Gemeinde kann einen Grundstückseigentümer auch mehr-
mals zu Vorausleistungen heranziehen (vgl. § 130, Rn 36). Zwar spricht
das Gesetz von Vorausleistungen und nicht, wie beim Ausgleichsbetrag
(vgl. § 154 Abs. 6), von Vorauszahlungen; wegen des Charakters der
Vorausleistungen als vorgezogener Erschließungsbeitrag kann die Vor-
ausleistung gleichwohl nur eine **Geldzahlung**, nicht auch eine Sachlei-
stung sein (BVerwG, U. v. 25. 9. 1968, IV C 81.66, insoweit nicht
veröffentlicht; Driehaus, Rn 629; a. A. Ernst, aaO, Rn 58 f.). Die Ge-
meinde ist jedoch nicht gehindert, bei einer vertraglichen Regelung der
Vorausleistung Abtretungen von Straßenland zu vereinbaren
(BVerwG, ebd.; im übrigen vgl. unten, Rn 43 f.).

28 **a)** Aus der Natur der Vorausleistungen als einer vorgezogenen Fi-
nanzierung (BVerwG, U. v. 15. 9. 1978, 4 C 50.76, BRS 37, S. 74/78),
einer Vorauszahlung auf den Erschließungsbeitrag, folgt, daß bei dem
Grundstück alle Voraussetzungen erfüllt sein müssen, die bei der
späteren Herstellung der Erschließungsanlage die **Beitragspflicht** ent-
stehen lassen (BVerwG, U. v. 20. 6. 1973, BRS 37, S. 342/344).

29 **b)** Auch das Verlangen einer Vorausleistung setzt für das betroffene
Grundstück einen **Vorteil** voraus (hierzu etwa Ernst, in: E/Z/B, § 133,
Rn 42 a ff.). Die Art des Vorteils ist bei den beiden Vorausleistungsalter-
nativen des Gesetzes jedoch verschieden. Abs. 3 **Satz 1** knüpft die

Berechtigung der Gemeinde, Vorausleistungen zu verlangen, zum einen an die **Genehmigung eines Bauvorhabens** auf dem Grundstück. Eine Baugenehmigung begründet das Recht, Vorausleistungen zu verlangen, jedoch nur dann, wenn ein Bauvorhaben genehmigt wird, „für das nach Umfang und Lage die **Erschließungsanlage von Bedeutung** sein kann und das sich somit auch seinerseits **auf eine frühere Herstellung** der Erschließungsanlage **auswirken** kann" (BVerwG, U. v. 31. 1. 1968, IV C 221.65, BVerwGE 29, 90/93). Der Begriff des Bauvorhabens in Abs. 3 Satz 1 deckt sich daher nicht mit dem Begriff des Vorhabens in § 29 (hierzu § 29, Rn 8 ff.), sondern ist spezifisch erschließungsbeitragsrechtlich zu verstehen. Nicht erforderlich ist, daß die Erschließungsanlage dem Bauvorhaben bereits bei seiner Ausführung einen unmittelbaren Vorteil bietet. Jedoch muß ein solcher Nutzen, etwa durch die Anlegung eines Zugangs zur Straße, entstehen können (BVerwG, ebd.). Zur Bedeutung der Erteilung einer Baugenehmigung und des Verlangens von Vorausleistungen für die **Verdichtung der Erschließungspflicht** der Gemeinde vgl. § 123, Rn 6 f. Der hiernach notwendige potentielle Nutzen der Erschließungsanlage für das genehmigte Vorhaben ist nicht nur gegeben, wenn ein **neues Gebäude** errichtet wird, sondern auch, wenn in einem bestehenden Gebäude eine **zusätzliche Wohnung** ausgebaut wird (BVerwG, U. v. 4. 4. 1975, IV C 1.73, BRS 37, S. 346/349).

Maßgeblich für das Recht, Vorauszahlungen zu verlangen, ist jedoch **30** nicht so sehr die Erteilung der Baugenehmigung, sondern die hierin liegende **Freigabe des Bauens.** Nutzt der Eigentümer eine erteilte Baugenehmigung daher nicht aus, so daß diese nach Ablauf z. B. zweier Jahre erlischt (vgl. z. B. § 72 BauO NRW), so verliert der Vorausleistungsbescheid damit zwar nicht seine Rechtmäßigkeit, doch kann die Gemeinde ihn nicht vollziehen. Erhält der Betroffene eine erneute Baugenehmigung, so entfällt dieses **Vollzugshindernis** (BVerwG, U. v. 4. 4. 1975, IV C 1.73, BRS 37, S. 346/348 f.). Rechtswidrig wird ein Vorausleistungsverlangen erst dann, wenn das Grundstück endgültig und vollständig seine Bebaubarkeit im Sinne des Abs. 1 verliert oder die Gemeinde endgültig entscheidet, die Straße nicht herzustellen. In diesen Fällen entbehrt das Vorausleistungsverlangen jeglicher Grundlage, so daß es nicht aufrechterhalten bleiben kann (BVerwG, U. v. 13. 12. 1974, BRS 37, S. 330).

Wird die Baugenehmigung für ein Vorhaben auf einem Grundstück **31** erteilt, wird dieses Grundstück aber mit mehreren anderen Grundstücken **einheitlich genutzt,** so daß die Bebauung auch den anderen Grundstücken zum Vorteil gereicht, können diese Grundstücke abweichend vom grundbuchrechtlichen Grundstücksbegriff zu einer **Wirtschaftseinheit** zusammengefaßt (vgl. § 131, Rn 3) und insgesamt zu Vorausleistungen herangezogen werden.

Um die Vorfinanzierungslast der Gemeinden zu mildern und ihnen **32** bei entsprechendem Bedarf die Bereitstellung von Baugrundstücken zu

erleichtern, aber auch um angehenden Bauherren die Finanzierung der
Vorausleistung im Zusammenhang mit dem Bauvorhaben zu ermögli-
chen, ist mit dem **Baugesetzbuch** den Gemeinden die Möglichkeit
eröffnet worden, Vorausleistungen bereits bei **Beginn der Herstellung
der Erschließungsanlage** zu verlangen (vgl. BT-Drs. 10/4630, S. 116).
Der für die Anforderung von Vorausleistungen ebenso wie für die
Erhebung von Erschließungsbeiträgen vorauszusetzende Vorteil
(hierzu Driehaus, Rn 632) liegt hier darin, daß die Bebaubarkeit des
Grundstücks früher eintritt als bei „normaler" Finanzierung ohne Vor-
ausleistungen. Der Vorteil der Bebaubarkeit tritt gewissermaßen
Schritt für Schritt ein, ist aber bereits bei Beginn der Herstellungsarbei-
ten deutlich erkennbar, da der Grundstücksverkehr die von der neuen
Straße zu erschließenden Grundstücke sofort höher bewertet (vgl.
Bielenberg, in: B/K/S, Rn 285; zweifelnd Driehaus, Rn 634 f.). Zur
Bedeutung des Vorteils für die Höhe der Vorauszahlung vgl. unten,
Rn 38.

33 **c)** Anders als bei der Kostenspaltung wird die Vorausleistung nicht
für erbrachte Arbeiten erhoben, sondern kann **auch für künftige
Arbeiten** verlangt werden. Allerdings muß zwischen dem Verlangen
einer Vorausleistung und der Herstellung der Erschließungsanlage ein
zeitlicher Zusammenhang bestehen. Die Vorausleistungen können
erst verlangt werden, wenn mit der endgültigen Herstellung der Er-
schließungsanlage, also nicht nur mit dem Beginn der Bauarbeiten, **„in
absehbarer Zeit" zu rechnen** ist (grundlegend BVerwG, U. v. 31. 1.
1968, IV C 221.65, BVerwGE 29, 90/92 f.; U. v. 19. 3. 1982, 8 C 34.81,
Buchholz 406.11 § 133 BBauG Nr. 48). Absehbar in diesem Sinne ist
danach die Herstellung einer Erschließungsanlage, wenn sie etwa **vier
Jahre nach Abschluß des die Vorausleistung betreffenden Verwal-
tungsverfahrens** erfolgt (vgl. BVerwG, U. v. 22. 2. 1985, 8 C 114.83,
NJW 1985, 751/752; auch § 123, Rn 7). Stellt die Gemeinde nach Ablauf
dieser Zeitspanne die Erschließungsanlage nicht her, so besteht – ähn-
lich wie bei einer erloschenen Baugenehmigung – ein **Vollzugshinder-
nis,** bis sich die Gemeinde zum alsbaldigen Straßenausbau entschließt
(BVerwG, U. v. 4. 4. 1975, IV C 1.73, BRS 37, S. 346/349). Hierdurch
kann sie einen mangels Absehbarkeit der endgültigen Herstellung
rechtswidrigen Vorausleistungsbescheid auch noch während des ge-
richtlichen Verfahrens heilen (BVerwG, U. v. 22. 2. 1985, ebd.).

34 Dieses Erfordernis der **Absehbarkeit** gilt nicht nur für die Erhebung
von Vorausleistungen im Zusammenhang mit einer Baugenehmigung,
sondern **auch** für den neu eingeführten Fall der Erhebung von Voraus-
leistungen bei **Beginn der Herstellungsarbeiten.** Die Begründung des
Regierungsentwurfs betont zwar ausdrücklich, daß die Vorausleistung
„unabhängig von der Absehbarkeit der endgültigen Fertigstellung zu-
lässig sein" soll (BT-Drs. 10/4630, S. 116). Doch ist dann, wenn die
Gemeinde mit der Herstellung beginnt, die endgültige Herstellung der
Anlage bei einer ordnungsgemäß handelnden Gemeinde, wovon in

aller Regel auszugehen ist, gewissermaßen aus der Natur der Sache heraus absehbar (vgl. auch Ernst, in: E/Z/B, § 133, Rn 51, der hieraus allerdings den gegenteiligen Schluß, nämlich die Nichtübertragbarkeit des Absehbarkeitsgrundsatzes, zieht). Dann ist es aber aus Gründen der Gesetzessystematik und der Einheitlichkeit des Rechts der Vorausleistungen (vgl. auch unten, Rn 38) sowie der jedenfalls im Normalfall nicht übergroßen Bedeutung einer unterschiedlichen rechtlichen Behandlung zweckmäßig, die für die Absehbarkeit der endgültigen Herstellung bei der Genehmigungsalternative entwickelten Grundsätze auch bei der Herstellungsalternative anzuwenden (vgl. OVG Saarlouis, KStZ 1988, 72ff. mit überzeugender Begründung; anders noch B/K/L, 2. Auflage, Rn 34; ferner OVG Koblenz, U. v. 27. 6. 1989, 6 A 137/88; David, in: Cholewa/David/Dyong/v. d. Heide, BauGB, 1987, § 133, Anm. 3). Eine Entscheidung des Bundesverwaltungsgerichts zu dem Fall des OVG Koblenz wird in Kürze Gewißheit bringen.

Auch **zwischen** der Erteilung der **Baugenehmigung und** dem Verlangen von **Vorausleistungen** besteht ein **zeitlicher Zusammenhang** (hierzu Gern, DÖV 1984, 835ff.). Allerdings ist hierfür ein großzügiger Maßstab anzulegen; als zeitliche Grenze kommt insoweit nur die nach Landesrecht zu beurteilende **Verwirkung** des Anspruchs der Gemeinde in Betracht (BVerwG, U. v. 1. 3. 1967, IV C 15.66, BVerwGE 26, 247/250; U. v. 31. 1. 1968, IV C 221.65, BVerwGE 29, 90/92; U. v. 23. 5. 1975, IV C 73.73, BRS 37, S. 332/335). Eine Verwirkung kann jedoch erst dann eintreten, wenn seit dem Zeitpunkt, ab dem die Voraussetzungen für das Erheben von Vorausleistungen vorlagen, ein längerer Zeitraum verstrichen ist und besondere Gründe dafür streiten, daß der Beitragspflichtige darauf vertrauen konnte, nicht mehr zu Vorausleistungen herangezogen zu werden (BVerwG, U. v. 23. 5. 1975, ebd.). Liegen aber 18 Jahre zwischen Erteilung der Baugenehmigung und Anforderung der Vorausleistung, so besteht ein zeitlicher Zusammenhang nicht, auch wenn die Voraussetzungen für die Vorausleistung nicht früher vorlagen (VGH Mannheim, U. v. 13. 10. 1983, KStZ 1984, 56/57). 35

Vorausleistungen können auch erhoben werden, nachdem **mit der endgültigen Herstellung** der Erschließungsanlage bereits begonnen worden ist (BVerwG, U. v. 20. 6. 1973, BRS 37, S. 342/343). Dies gilt auch dann, wenn bereits einzelne Teileinrichtungen endgültig hergestellt worden sind und der hierfür entstandene Aufwand im Wege der **Kostenspaltung** nach § 127 Abs. 3 geltend gemacht werden könnte (BVerwG, U. v. 25. 9. 1968, IV C 81.66, BVerwGE 30, 240/241). Dieses **Wahlrecht** besteht jedoch nur, wenn die Voraussetzungen sowohl für die Kostenspaltung (hierzu § 127, Rn 41ff.) als auch für die Vorausleistungen gegeben sind (BVerwG, U. v. 19. 3. 1982, 8 C 34.81, Buchholz 406.11 § 131 BBauG Nr. 48). Eine fehlende **Widmung** steht der Erhebung von Vorausleistungen nicht entgegen (BVerwG, U. v. 14. 6. 1968, IV C 65.66, DVBl. 1968, 808/809). Auch ein **unwirksamer** 36

Bebauungsplan oder eine **fehlende Zustimmung** nach § 125 Abs. 2 hindern die Anforderung von Vorausleistungen – anders als die Erhebung eines Erschließungsbeitrags – nicht (BVerwG, U. v. 22. 2. 1985, 8 C 114.83, NJW 1985, 751/752). Ist dagegen die Beitragspflicht infolge endgültiger Herstellung der Anlage entstanden, ist ein Vorausleistungsbescheid rechtswidrig. Einer **Umdeutung** (hierzu Kopp, VwVfG, 4. Aufl. 1986, § 47, Rn 1 ff.) stünde zudem in der Regel § 128 Abs. 2 AO (oder § 47 Abs. 2 VwVfG) entgegen (VGH München, U. v. 3. 6. 1983, NVwZ 1984, 184 f.; zur Umdeutung von Beitragsbescheiden vgl. auch § 128, Rn 30).

37 **d)** Da die Höhe der Vorausleistung an der Höhe der späteren Beitragsforderung zu orientieren ist, muß bereits bei der Erhebung der Vorausleistung abgeschätzt werden können, wie hoch der künftige Erschließungsbeitrag sein wird. Hierzu ist es erforderlich, daß eine **gültige Erschließungsbeitragssatzung** vorliegt; insbesondere bedarf es einer gültigen Regelung der Verteilung des beitragsfähigen Erschließungsaufwands (BVerwG, U. v. 16. 9. 1977, IV C 99.74, BRS 37, S. 353/355) sowie über die Merkmale der endgültigen Herstellung (OVG Münster, U. v. 23. 4. 1977, Gemeindetag 1978, 33 f.). Sofern die Gemeinde nicht den Regelfall der Abrechnung, nämlich die Abrechnung einer einzelnen Erschließungsanlage im Sinne des § 130 Abs. 2 Satz 1 zugrundelegt, bedarf es auch einer Entscheidung über den Ermittlungsraum (hierzu § 130, Rn 21 ff.).

38 **2.** Bei der Bemessung der **Höhe der Vorausleistung** muß die Gemeinde von der **voraussichtlichen Höhe des künftigen Erschließungsbeitrags** ausgehen. Dementsprechend können nur solche Kosten in die Vorausschätzung einbezogen werden, die auch bei der Schlußabrechnung – insbesondere im Hinblick auf die Regelung der Merkmale der endgültigen Herstellung – beitragsfähig wären. Die Vorausleistung braucht umgekehrt aber auch nicht niedriger zu sein als der künftige Erschließungsbeitrag (BVerwG, U. v. 20. 6. 1973, BRS 37, S. 342/343). Für den Fall der Erhebung von **Vorausleistungen mit Beginn der Herstellung** der Erschließungsanlage (vgl. oben, Rn 32) leitet Driehaus aus einem ungeschriebenen Tatbestandsmerkmal der „Angemessenheit" der Vorausleistung ab, daß in diesem Fall die Vorausleistung in der Höhe erheblich hinter der voraussichtlichen Höhe des späteren Erschließungsbeitrags zurückbleiben muß, da nur ein geringerer Vorteil als bei der anderen Variante der Vorausleistung geboten werde (Driehaus, Rn 635 f.). Driehaus weist aber selbst darauf hin, daß die Beschränkung auf dem jeweiligen Vorteil „angemessene" Vorausleistungen vom Gesetzgeber zu Recht nicht aus dem Regierungsentwurf in das Baugesetzbuch übernommen worden ist, da die Angemessenheit nicht mit der für das Beitragsrecht notwendigen Bestimmtheit im vorhinein ermittelt werden könne (vgl. Driehaus, Rn 636); die Angemessenheit ist eine Kategorie des Ablösungsrechts (vgl. unten, Rn 53), nicht aber des Rechts der Vorausleistungen. Es erscheint dann aber

wenig plausibel, die Angemessenheit – gegen den Willen des Gesetzgebers und trotz fehlender Praktikabilität – gleichwohl als ungeschriebenes Tatbestandsmerkmal einzuführen. Dies ist zudem nicht nötig, da auch der Beginn der Herstellung einen das Verlangen von Vorausleistungen in voller Höhe rechtfertigenden Vorteil bietet (vgl. auch Ernst, in: E/Z/B, § 133, Rn 63). Sicher ist hier der **Vorteil anders geartet** als bei der Vorausleistung im Zusammenhang mit der Erteilung der Baugenehmigung, **aber nicht geringer.** Denn mit dem Beginn der Herstellung der Anbaustraße – als dem wichtigsten Fall der Erhebung von Vorausleistungen – dürfte die Erschließung im Sinne der §§ 30 oder 34 gesichert sein, so daß auch eine Baugenehmigung zu erteilen wäre. Da auch an die Absehbarkeit der endgültigen Herstellung dieselben Anforderungen wie bei der Genehmigungsalternative zu stellen sind (vgl. oben, Rn 34), bestehen zwischen den beiden Erhebungsalternativen im Hinblick auf den – allein maßgeblichen – **grundstücks**relevanten Vorteil keine derartigen Unterschiede, die eine abweichende Begrenzung der Höhe der Vorausleistung rechtfertigen könnten. Daß von einer Vorausleistung nunmehr auch ein gar **nicht bauwilliger Eigentümer** betroffen sein kann, entspricht dem bodenpolitischen Zweck des Erschließungsbeitragsrechts, zur Baulandnutzung oder -mobilisierung beizutragen (vgl. § 127, Rn 7). Diese Zielsetzung des Erschließungsbeitragsrechts ist in der heutigen wohnungs- und baulandpolitischen Situation, wie sie etwa im Erlaß des Wohnungsbauerleichterungsgesetzes zum Ausdruck kommt, so aktuell und wichtig wie bei Inkrafttreten von BBauG und BauGB. Außerdem tritt die Baureife eines Grundstücks sehr viel früher ein, wenn die Gemeinde bereits bei Beginn der Herstellungsarbeiten Vorausleistungen erheben kann. Andernfalls müßte der Eigentümer unter Umständen so lange warten, bis die Gemeinde die Herstellung der Erschließungsanlage mit eigenen Mitteln finanzieren kann. Dieser Vorteil ist insbesondere heute, wo die Gemeinden die Priorität ihrer Investitionen sehr genau zu bedenken haben, gar nicht hoch genug einzuschätzen. Zudem führt die nun ausdrücklich gesetzlich verankerte (vgl. unten, Rn 48) Pflicht zur Verzinsung und Rückzahlung nach sechs Jahren sicher dazu, daß die Gemeinde die Erschließungsanlage zügig zumindest soweit herstellen wird, daß die Anlage und damit das Grundstück funktionsgerecht benutzbar ist (vgl. zu dem Begriff der Benutzbarkeit, wie er auch hier zugrundezulegen ist, § 123, Rn 9; vgl. auch Driehaus, Rn 659).

Da die Zahlung einer Vorausleistung dem Pflichtigen insoweit einen **39** Vorteil bringt, als hierdurch die Erschließungspflicht der Gemeinde verdichtet wird, ist ihm zuzumuten, die Vorausleistung **zinslos** zu erbringen (BVerwG, U. v. 23. 5. 1975, IV C 73.73, BRS 37, S. 332/334 f.). Dies gilt auch dann, wenn die Höhe der Vorausleistung den endgültigen Erschließungsbeitrag übersteigt (vgl. BVerwG, U. v. 16. 8. 1985, 8 C 120 bis 122.83, NJW 1986, 1122/1125). Der Verzicht auf Zinsen ist dem Vorausleistenden um so eher zuzumuten, als insoweit

der Erschließungsaufwand vermindert wird, als wegen seiner Vorausleistung der Rückgriff auf Kreditmittel entbehrlich wurde (vgl. § 128, Rn 41). Im Falle einer Rückzahlung besteht allerdings auch ein Zinsanspruch von Anfang an (vgl. unten, Rn 48).

40 **3. a)** Abs. 3 Satz 1 bestimmt nicht, in welcher **Rechtsform** die Vorausleistung anzufordern ist. Da die Vorausleistung gewissermaßen ein vorgezogener Erschließungsbeitrag ist, wird die Heranziehung **im Regelfall durch Verwaltungsakt** erfolgen (Ernst, in: E/Z/B, § 133, Rn 68). Ob die Gemeinde Vorausleistungen erhebt, liegt in ihrem **Ermessen.** So ist es, sofern sachliche Gründe hierfür gegeben sind, durchaus zulässig, über einen langen Zeitraum hinweg Baugenehmigungen zu erteilen und gleichwohl keine Vorausleistungen zu erheben, von dieser Praxis aber ab einem bestimmten Zeitpunkt abzugehen (BVerwG, U. v. 20. 6. 1973, BRS 37, S. 342/343). Die Entscheidung obliegt in der Regel dem Gemeinderat (OVG Koblenz, DÖV 1984, 638).

41 **Grundlage** für die Anforderung von Vorausleistungen ist **unmittelbar Abs. 3.** Einer Satzungsbestimmung bedarf es hierfür insoweit (vgl. aber oben, Rn 37) nicht (BVerwG, U. v. 16. 9. 1977, IV C 99.74, BRS 37, S. 353/355).

42 **b)** Anstatt einen Verwaltungsakt zu erlassen, kann die Gemeinde mit dem Eigentümer auch eine **Vereinbarung** über die Vorausleistung treffen (so bereits BVerwG, U. v. 22. 8. 1975, IV C 7.73, BRS 37, S. 56 ff.). Es handelt sich hierbei um einen **öffentlich-rechtlichen Vertrag,** der in seinen Voraussetzungen von Abs. 3 losgelöst ist (zur grundsätzlichen Zulässigkeit solcher Verträge vgl. § 124 Abs. 2). So können z. B. auch **Sachleistungen,** etwa die Übereignung von Grundstücksteilen zu einem bestimmten Wert, vereinbart werden. Auch ruht eine vereinbarte Vorausleistung **nicht** als **öffentliche Last** auf dem Grundstück (BVerwG, U. v. 28. 10. 1981, 8 C 8.81, NVwZ 1982, 377/378). Insbesondere bedarf es hierfür **keiner Erschließungsbeitragssatzung.** Eine Überprüfbarkeit der Höhe der vereinbarten Vorausleistung ist danach nicht möglich. Sie ist jedoch auch entbehrlich, da der Bürger den Vertrag freiwillig eingegangen ist und der von ihm entrichtete Vorausleistungsbetrag – ebenso wie die angeforderte Vorausleistung – der **späteren Verrechnung** mit dem endgültigen Erschließungsbeitrag unterliegt (BVerwG, U. v. 22. 8. 1975, aaO, S. 59 f.). Eine solche Anrechnung erfolgt jedoch nur, wenn die Anrechenbarkeit der Vorausleistung auf den Erschließungsbeitrag ausdrücklich oder sinngemäß **aus dem Vertrag hervorgeht** (zur Problematik der unentgeltlichen Landabtretungen vgl. § 128, Rn 8). Ferner ist die Anrechenbarkeit nur gegeben, wenn – bei anderen als Geldleistungen – eine Leistung erbracht wird, die ansonsten die Gemeinde in Erfüllung ihrer Erschließungslast selbst zu erbringen gehabt hätte. Leistungen, die der Anlieger – z. B. nach landesstraßenrechtlichen Vorschriften – selbst erbringen muß, können nicht als freiwillige

Vorausleistungen angesehen werden (BVerwG, U. v. 4. 5. 1979, 4 C 16.76, BRS 37, S. 106/108 f.).

4. a) Die Vorausleistung ist als vorläufige Leistung mit dem später 43 festzusetzenden Erschließungsbeitrag, wie **Abs. 3 Satz 2** ausdrücklich bestimmt, zu **verrechnen** (so schon BVerwG, U. v. 13. 12. 1974, BRS 37, S. 330; vgl. zu den Folgen der irrtümlichen Anrechnung einer – nicht gezahlten – Vorausleistung OVG Lüneburg, NVwZ 1989, 1192f.). Hierunter versteht das Bundesverwaltungsgericht, daß die Erschließungsbeitragsforderung durch die Vorausleistung **in entsprechender Höhe getilgt** wird. Die Tilgungswirkung tritt ein in dem Zeitpunkt des Entstehens der Beitragspflicht und zwar ohne einen besonderen hierauf gerichteten Verwaltungsakt (BVerwG, U. v. 5. 9. 1975, IV CB 75.73, BRS 37, S. 356/359 f.). Gleichwohl bedarf es – selbst bei gleicher Höhe von Vorausleistung und Beitragsforderung – des Erlasses eines Beitragsbescheids, „um mit der dem Bescheid eigenen Unanfechtbarkeits- und Bestandskraftwirkung zu bestimmen, in welcher Höhe die Beitragsforderung als zur Tilgung geeignet entstanden ist, so daß weiter feststeht, in welchem Umfang die Beitragsforderung der Gemeinde noch nicht befriedigt oder durch eine zu hohe Vorausleistung etwa übererfüllt ist" (BVerwG, aaO, S. 360).

An dieser Rechtslage ist durch den neuen Satz 2 nichts geändert 44 worden. Dagegen bringt er für die Gemeinden eine wesentliche **Verfahrenserleichterung** im Falle eines **Eigentümerwechsels** nach Anforderung einer Vorausleistung. Nach bisherigem Recht (vgl. B/K/L, 1. Auflage, Rn 47) hatte der frühere Eigentümer gegen die Gemeinde einen Rückzahlungsanspruch, der allerdings erst mit der Fälligkeit des Erschließungsbeitrags fällig wurde (vgl. hierzu BGH, U. v. 12. 2. 1988, NJW 1988, 2099 f.). Die Anrechnungsregelung des Satz 2 sieht demgegenüber vor, daß die Vorausleistung auch dann mit dem Erschließungsbeitrag zu verrechnen ist, wenn der Vorausleistende nicht – mehr – beitragspflichtig ist. Der frühere Eigentümer muß daher eine erbrachte Vorausleistung in den Kaufvertrag einbeziehen und sich vom Erwerber erstatten lassen; er hat keinen Anspruch gegen die Gemeinde. Der neue Eigentümer tritt hinsichtlich der Vorausleistung in die Rechtsposition des früheren Eigentümers ein, muß also z. B. einen bestandskräftigen Vorausleistungsbescheid gegen sich gelten lassen. Die Gemeinde kann – anders als nach bisherigem Recht (vgl. Driehaus, 1. Aufl. 1984, Rn 545) – aus dem Vorausleistungsbescheid auch gegen den neuen Eigentümer vollstrecken, da kein Vollzugshindernis mehr besteht. Ist der **Rückzahlungsanspruch** infolge Eigentumswechsels vor Inkrafttreten des BauGB **entstanden,** so bleibt es bei der alten Rechtslage (vgl. auch Driehaus, Rn 658). Ist der Rückzahlungsanspruch vor Inkrafttreten des BauGB noch nicht entstanden, so hat der frühere Eigentümer gegen den Erwerber aufgrund Wegfalls der Geschäftsgrundlage einen Nachzahlungsanspruch in Höhe der von ihm erbrach-

ten Vorauszahlung. Das Gesetz enthält hierzu keine Überleitungsbestimmung.

45 Ist auf den Vorausleistungsbescheid **keine Zahlung erfolgt,** so wird der Vorausleistungsbescheid durch den endgültigen Beitragsbescheid **abgelöst.** Ist jedoch eine **Zahlung** erfolgt und wird nur der überschießende Betrag angefordert, so bleibt der Vorausleistungsbescheid Grundlage für den mit ihm angeforderten Betrag. Seine Aufhebung kann daher im Verwaltungsstreitverfahren beantragt werden. Wird jedoch der Vorausleistungsbetrag nicht angerechnet und im Erschließungsbeitragsbescheid die gesamte Summe angefordert, so ist ein zum Vorausleistungsbescheid anhängiger Rechtsstreit in der Hauptsache erledigt (hierzu Driehaus, Rn 653).

46 **b)** Ist die Vorausleistung dem Grund oder der Höhe nach zu unrecht gezahlt worden, hat die Gemeinde den entsprechenden Betrag **zurückzuzahlen.** Der **prozessuale Weg** für den Beitragspflichtigen, eine Rückzahlung zu verlangen, geht dahin, nach Geltendmachung des Anspruchs, ggf. nach Widerspruch, Verpflichtungsklage vor dem Verwaltungsgericht zu erheben mit dem Ziel, daß der **Vorausleistungsbescheid** als Rechtsgrund für die Zahlung **zurückgenommen** wird. Ist der Vorausleistungsbescheid **bestandskräftig** geworden, so kann eine Rückzahlung allerdings nur verlangt werden, wenn eine Beitragspflicht für den Kläger endgültig nicht mehr entstehen kann (zu den Voraussetzungen hierzu vgl. oben, Rn 33). Ist der Vorausleistungsbescheid jedoch nur rechtswidrig, weil zur Zeit seines Erlasses die Herstellung der Erschließungsanlage nicht absehbar war, weil die Gemeinde den Straßenbau aufgeschoben hat, so ist der Beitragspflichtige an den Bescheid gebunden. Er hat dann jedoch einen einklagbaren **Anspruch auf Erschließung** (BVerwG, U. v. 26. 11. 1976, BRS 37, S. 350/352 f.; vgl. § 123, Rn 7). Kann eine Beitragspflicht jedoch nicht mehr entstehen, so entsteht mit diesem Yeitpunkt der **Anspruch auf Rückzahlung** (BVerwG, U. v. 16. 9. 1981, 8 C 1 u. 2.81, NJW 1982, 951/953).

47 Für **vertraglich vereinbarte Vorausleistungen** gelten dieselben Grundsätze (BVerwG, ebd.).

48 Mit **Abs. 3 Satz 3** hat das Baugesetzbuch einen **gesetzlichen Rückzahlungsanspruch** geschaffen, wenn die Erschließungsanlage sechs Jahre nach Anforderung der Vorausleistung immer noch nicht benutzbar ist. Dieser Rückzahlungsanspruch ist nach **Satz 4** mit 2 vom Hundert über dem Diskontsatz der Deutschen Bundesbank jährlich zu **verzinsen,** und zwar **ab Erhebung** der Vorausleistung. Dabei ist unter Erhebung nicht der Zeitpunkt der Anforderung der Vorausleistung zu verstehen, sondern der des Zahlungseingangs. Hiermit soll aue die Gemeinde Druck ausgeübt werden, die Erschließungsanlage in einem angemessenen Zeitraum zumindest bis zur funktionsgerechten Benutzbarkeit herzustellen (vgl. BT–Drs. 10/4630, S. 116). Die nach der Rechtsprechung bisher schon bestehende Rechtslage bei der Erhebung von Vorausleistungen (Absehbarkeit der Herstellung, Vier-Jahres-Zeit-

raum, keine Verzinsung der Vorausleistung) wird durch Satz 3 und 4 nicht berührt (vgl. ausdrücklich BT-Drs. 10/4630, S. 116, linke Spalte, wo ausgeführt wird, daß es „bei dieser Regelung ... weiterhin bleiben soll"). Auch die Rechtsprechung über den sechs Jahre nach Erhebung einer Vorausleistung ggf. entstehende Erschließungsanspruch (vgl. § 123, Rn 7) ist uneingeschränkt anwendbar (anders noch B/K/L, 2. Auflage, Rn 48; vgl. auch oben, Rn 34). Dem Eigentümer, der eine Vorausleistung erbracht hat, steht nunmehr jedoch die **Möglichkeit der Wahl** zwischen dem – richterrechtlichen – Anspruch auf Erschließung und dem – unmittelbar gesetzlich begründeten – Anspruch auf Rückzahlung zu (vgl. OVG Saarlouis, KStZ 1988, 72/74).

Die **Abwicklung** solcher Erstattungsansprüche richtet sich nach **Landesrecht,** da der Bundesgesetzgeber lediglich Inhalt, Schuldner, Entstehen und Fälligkeit des Beitrags geregelt hat. Dies gilt nicht nur für die Erschließungsbeitragsforderung selbst, z. B. hinsichtlich ihrer Verjährung, sondern auch für etwaige Ansprüche auf Erstattung von Erschließungsbeiträgen und Vorausleistungen. Dasselbe gilt aber auch für vertraglich vereinbarte Vorauszahlungsansprüche und ihre mögliche Erstattung (BVerwG, U. v. 28. 10. 1981, 8 C 8.81, NVwZ 1982, 377 f.). **49**

IV. 1. Während die Vorausleistung einen Vorschuß auf die endgültige Beitragsforderung darstellt, der diese entsprechend der Höhe der Vorausleistung erst mit ihrem Entstehen tilgt (vgl. oben, Rn 43), ist die in **Abs. 3 Satz 5** vorgesehene **Ablösung** eine **vorweggenommene Tilgung des gesamten künftigen Erschließungsbeitrags.** Eine Beitragspflicht kann dann später nicht mehr entstehen. Da Abs. 3 Satz 5 lediglich die Ablösung des Erschließungsbeitrags „im Ganzen" vorsieht, ist die **Ablösung von Teilbeträgen nicht zulässig.** **50**

2. Anders als bei der Vorausleistung ist für eine Ablösungsvereinbarung nicht erforderlich, daß eine **Erschließungsbeitragssatzung** vorliegt (vgl. Driehaus, in: BK, § 133, Rn 71; anders noch B/K/L, 2. Aufl., Rn 51; vgl. aber Rn 52 f.). Ebenso wie bei der Vorausleistung ist dagegen vorauszusetzen, daß das Grundstück überhaupt einer **Beitragspflicht** unterliegt. Eine Fertigstellung der Straße, eine Widmung oder eine erteilte **Baugenehmigung** sind jedoch **nicht erforderlich** (Driehaus, aaO, Rn 69). **51**

Die Gemeinde kann eine Ablösungsvereinbarung, die ein **öffentlich-rechtlicher Vertrag** ist (Driehaus, Rn 66; OVG Lüneburg, KStZ 1988, 146), aber nur dann treffen, wenn sie hierüber vorher „Bestimmungen" getroffen hat. Über Inhalt und Eorm dieser Bestimmungen erhält Abs. 3 Satz 5 keinerlei Regelung. Zweck dieser Bestimmungen ist es jedoch, im Interesse der Abgabengerechtigkeit und der Abgabengleichheit eine gleichmäßige Handhabung der Ablösungsmöglichkeit sicherzustellen. Die Bestimmungen können als **allgemeine Verwaltungsvorschriften** ergehen **oder** aber in die **Erschließungsbeitragssatzung** (hierzu BVerwG, U. v. 27. 1. 1982, 8 C 99.81, KStZ 1982, 133) aufge- **52**

nommen werden. Allerdings wird erforderlich sein, daß die Bestimmungen vom **Gemeinderat** beschlossen werden, da es sich nicht um ein einfaches Geschäft der laufenden Verwaltung handeln dürfte (OVG Koblenz, U. v. 10. 3. 1975, DÖV 1975, 718/719). Bei einer Ablösungsvereinbarung ist die Gemeinde dann an diese Bestimmungen **gebunden** (BVerwG, U. v. 1. 12. 1989, 8 C 44.88, DVBl. 1990, 438 ff. m. Anm. Götz).

53 Die Bestimmungen, die sich auch nur auf einen Teil des Gemeindegebiets erstrecken können, treten für die Bestimmung der Höhe der Ablösung gewissermaßen **an die Stelle der Erschließungsbeitragssatzung.** Diese Bestimmungen müssen mindestens Aussagen darüber enthalten, wie der zu vereinbarende Ablösungsbetrag im Einzelfall errechnet werden soll. Hierzu gehören also insbesondere Bestimmungen über die Ermittlung des Erschließungsaufwands (Einheitssätze oder geschätzte tatsächliche Kosten) und darüber, wie er verteilt werden soll. Die übrigen für die Bestimmung des Ablösebetrags maßgeblichen Vorschriften ergeben sich aus zwingendem Recht z. B. des § 129 Abs. 1 Satz 3 und des § 131 Abs. 1. Für die **Verteilungsregeln** können die Ablösungsbestimmungen von den Verteilungsregelungen in der Satzung abweichen, sie können sie aber auch übernehmen oder darauf Bezug nehmen. Allerdings müssen sich die Verteilungsregelungen in jedem Fall auch an § 131 Abs. 2 und 3 messen lassen. Die **Anforderungen** sind jedoch **nicht so hoch wie bei der Satzung,** da die Verteilungsentscheidung ohnehin nur auf einer unsicheren Kostenschätzung beruht. Der Verteilungsmaßstab muß lediglich dazu führen, „den für eine bestimmte Erschließungsanlage mutmaßlich entstehenden beitragsfähigen Aufwand **angemessen vorteilsgerecht** den in Betracht kommenden Grundstücken zuzuordnen" (BVerwG, U. v. 27. 1. 1982, 8 C 24.81, BVerwGE 64, 361/364 ff.; vgl. auch OVG Lüneburg, KStZ 1988, 146/147). Enthalten die Bestimmungen nicht die erforderliche Verteilungsregelung, so ist der auf ihrer Grundlage geschlossene Ablösungsvertrag **nichtig:** Da die erforderlichen Bestimmungen nicht vorliegen, verstößt dieser Vertrag gegen ein **gesetzliches Verbot,** nämlich gegen § 127 Abs. 1 in Verbindung mit § 132 (vgl. BVerwG, U. v. 1. 12. 1989, aaO, S. 439 f.). Von diesem Verbot läßt Abs. 3 Satz 2 eine Ausnahme zu. Fällt das gesetzliche Verbot infolge des Erlasses wirksamer Ablösungsbestimmungen später weg, so berührt dies die Nichtigkeit des Vertrages nur, wenn die Parteien dies von vornherein vereinbart haben (BVerwG, U. v. 27. 1. 1982, 8 C 99.81, KStZ 1982, 133 f.) Ergibt sich die **Höhe des Ablösebetrags** bei einen einheitlichen– gemischt privat- und öffentlich-rechtlichen – Grundstückskauf- und Ablösungsvertrag weder aus dem Vertrag noch aus sonstigen Umständen, ist der die Ablösung betreffende – öffentlich-rechtliche – Vertragsteil nichtig (BVerwG, U. v. 1. 12. 1989, ebd.).

§ 134 Beitragspflichtiger

(1) **Beitragspflichtig ist derjenige, der im Zeitpunkt der Bekanntgabe des Beitragsbescheids Eigentümer des Grundstücks ist. Ist das Grundstück mit einem Erbbaurecht belastet, so ist der Erbbauberechtigte anstelle des Eigentümers beitragspflichtig. Mehrere Beitragspflichtige haften als Gesamtschuldner; bei Wohnungs- und Teileigentum sind die einzelnen Wohnungs- und Teileigentümer nur entsprechend ihrem Miteigentumsanteil beitragspflichtig.**

(2) **Der Beitrag ruht als öffentliche Last auf dem Grundstück, im Falle des Absatzes 1 Satz 2 auf dem Erbbaurecht, im Falle des Absatzes 1 Satz 3 auf dem Wohnungs- oder dem Teileigentum.**

I. Während in § 133 das Entstehen der – grundstücksbezogenen – **1** **sachlichen Beitragspflicht** geregelt ist, bestimmt Abs. 1 die – personenbezogene – Zahlungspflicht oder die **persönliche Beitragspflicht.** Mit Entstehen der sachlichen Beitragspflicht ist die Beitragsforderung der Gemeinde bereits „derartig voll als Anspruch ausgestaltet, daß sie das Beitragsschuldverhältnis in Bezug auf das Grundstück und gegenüber dem nach § 134 Abs. 1 *BBauG* Beitragspflichtigen begründet und z. B. schon den Lauf der Verjährungsfrist in Gang setzt" (BVerwG, U. v. 5. 9. 1975, IV CB 75.73, BRS 37, S. 356/359). Wer **Schuldner dieser Beitragsschuld** ist, bestimmt **Abs. 1.**

1. a) Beitragspflichtig ist nach **Satz 1** grundsätzlich der **Eigentümer** **2** **des erschlossenen Grundstücks.** Ist an dem Grundstück ein Erbbaurecht bestellt, so bestimmt **Satz 2,** daß der **Erbbauberechtigte** nicht neben dem Eigentümer, sondern **anstelle des Eigentümers** Beitragsschuldner ist. Er hat auch keinen Erstattungsanspruch gegen den Eigentümer. Durch diese spezielle Regelung ist die Anwendung des § 200 Abs. 2, die dazu führen würde, daß der Erbbauberechtigte als Inhaber eines grundstücksgleichen Rechts neben dem Eigentümer für die Beitragsschuld haften würde, ausgeschlossen (Ernst, in: E/Z/B,

§ 134, Rn 5). Beitragspflichtig können sowohl natürliche als auch juristische Personen sein, **auch juristische Personen des öffentlichen Rechts** (zu letzterem vgl. etwa den Fall des BVerwG, U. v. 4. 5. 1979, 4 C 25.76, BRS 37, S. 322 ff., in dem eine Kirchengemeinde als Eigentümerin gegen die Heranziehung zu Erschließungsbeiträgen klagte).

3 **b)** Nach **Satz 3 Halbsatz 1** haften mehrere Beitragspflichtige als **Gesamtschuldner** nach §§ 421 bis 426 BGB. Das gilt auch für die Gesellschafter einer BGB-Gesellschaft, da sie keine juristische Person ist (vgl. VG Köln, KStZ 1990, 57 f.). Da Abs. 1 Satz 1 für das Entstehen der persönlichen Beitragspflicht auf einen bestimmten Zeitpunkt abstellt, kann hiermit nicht der Fall gemeint sein, daß mehrere aufeinanderfolgende Eigentümer gesamtschuldnerisch für die Beitragsforderung haften. Erfaßt wird vielmehr der Fall, in dem das Eigentum **mehreren Eigentümern** nach Bruchteilen (§ 1008 BGB) oder das Erbbaurecht mehreren Erbbauberechtigten gemeinsam zusteht (Driehaus, Rn 705).

4 Gesamtschuldnerschaft bedeutet nach § 421 BGB, der zumindest sinngemäß anwendbar ist (BVerwG, U. v. 31. 1. 1975, BRS 37, S. 373/ 374), daß der Gläubiger die Leistung nach seinem Belieben **von jedem der Schuldner ganz oder zu einem Teil** fordern kann. Im Beitragsbescheid ist daher genau anzugeben, wie die Gesamtschuldner in Anspruch genommen werden sollen. Fehlt es an dieser Bestimmung, so kann der Bescheid nicht als Vollstreckungstitel dienen und ist daher nichtig (VGH München, U. v. 15. 9. 1983, BayVBl. 1984, 186; vgl. auch unten, Rn 15). Da die Gesamtschuldner im Verhältnis untereinander nach § 426 Abs. 1 BGB grundsätzlich zu gleichen Anteilen verpflichtet sind, hat der Gesamtschuldner, der allein eine Leistung erbracht hat, nach § 426 Abs. 2 BGB gegen die übrigen Gesamtschuldner einen **Ausgleichsanspruch.** Dieser ist in weitgehendem Maße selbständig. Dies bedeutet, daß das Vorliegen seiner Voraussetzungen, d. h. die Berechtigung der Zahlung an den Gläubiger unabhängig von einer Rechtskraft diesbezüglicher Urteile oder einer Bestandskraft von Verwaltungsakten erneut einer Überprüfung unterliegt. Hieraus folgt, daß die Heranziehung eines von mehreren Gesamtschuldnern **die übrigen nicht in ihren Rechten beeinträchtigen** kann. Diese können daher nur gegen die Geltendmachung des Ausgleichsanspruchs ihnen selbst gegenüber, nicht aber gegen die Heranziehung des einen Gesamtschuldners mit Rechtsbehelfen vorgehen (hierzu BVerwG, U. v. 31. 1. 1975, IV C 46.72, BRS 37, S. 373/375 f.). Die sachliche Beitragspflicht besteht dagegen unabhängig vom Erlaß eines Beitragsbescheids, so daß dieser insoweit auch keine Rechtsverletzung begründen kann. Durch diesen wird lediglich der Beitragsschuldner im Sinne des Abs. 1 bestimmt (BVerwG, aaO, S. 374).

5 **c)** Zum **Wohungs- oder Teileigentum** nach dem Wohnungseigentumsgesetz gehört ein entsprechender Miteigentumsanteil am Grundstück. Auch die Wohnungseigentümer sind daher nach dem BGB im Außenverhältnis Gesamtschuldner von grundstücksbezogenen Forde-

rungen (vgl. hierzu Bassenge, in: Palandt, BGB, 49. Aufl. 1990, § 16 WEG, Anm. 1; Ernst, in: E/Z/B, § 134, Rn 7). **Satz 3 Halbsatz 2** bestimmt jedoch, daß die einzelnen Wohnungs- und Teileigentümer nur in der **Höhe ihres Miteigentumsanteils** beitragspflichtig sind. Ein Wohnungseigentümer kann daher nicht – wie es bei anderen Gesamtschuldnern möglich wäre – wegen der vollen Höhe des Erschließungsbeitrags für das Grundstück in Anspruch genommen werden. Diese Rechtslage ist mit dem Inkrafttreten der BBauG-Novelle 1976, also mit dem 1. 1. 1977, eingetreten (hierzu B/K/L, 1. Auflage, Art. 3 § 9 Abs. 1 der BBauG-Novelle 1976, Rn 1). Wird ein Grundstück durch eine Erschließungsstraße nur zum Teil erschlossen (vgl. § 131, Rn 17 ff.), muß die Gemeinde gleichwohl den Erschließungsbeitrag auf alle Wohnungseigentümer als Miteigentümer des Grundstücks aufteilen, nicht nur auf die, deren Wohnungen sich auf dem erschlossenen Grundstücksteil befinden (vgl. VGH Kassel, Beschl. v. 25. 3. 1986, ZMR 1986, 330 f.; vgl. auch § 131, Rn 24).

d) Stehen erschlossene Grundstücke im Sinne des § 131 Abs. 1 im **Eigentum der Gemeinde,** so kann für sie eine **Beitragspflicht von vornherein nicht entstehen.** Nach § 133 Abs. 2 entsteht als Beitragsschuldverhältnis bei Vorliegen aller Voraussetzungen „nicht nur in Bezug auf das Grundstück, sondern auch gegenüber einem persönlichen Schuldner, dem Beitragspflichtigen", wobei die genaue Bestimmung des Beitragsschuldners nach Abs. 1 zu erfolgen hat (BVerwG, U. v. 20. 9. 1974, BRS 37, S. 365/367). Ist aber die Gemeinde Eigentümerin des erschlossenen Grundstücks, so entstünde die Forderung nicht in der Person eines Dritten, sondern unmittelbar bei der Gemeinde, also bei der Gläubigerin selbst. Dies aber ist ausgeschlossen, da „niemand sein eigener Schuldner sein kann" (BGHZ 48, 214/218). Raum für eine „Konfusion", d. h. für eine Tilgung der Beitragsforderung durch Vereinigung von Forderung und Schuld in derselben Person, hier der Gemeinde (so OVG Münster, KStZ 1982, 134/135), ist daher mangels Entstehens der Forderung nicht gegeben. Gemeindeinterne Verrechnungen bleiben hiervon unberührt und auf das Entstehen der Beitragspflicht ohne Wirkung. Die Beitragspflicht kann erst **entstehen, wenn die Gemeinde das Grundstück übereignet** (BVerwG, U. v. 21. 10. 1983, 8 C 29.82, KStZ 1984, 34/35; Driehaus, Rn 588, 730). **6**

Der Fall einer Konfusion ist jedoch gegeben, wenn die Gemeinde ein Grundstück **erwirbt,** für das eine **sachliche Beitragspflicht** nach § 133 Abs. 2 **entstanden** ist, die aber noch nicht durch Zustellung eines Beitragsbescheids gegenüber einem bestimmten Eigentümer konkretisiert worden ist. Hier fällt eine zunächst in der Person eines Dritten entstandene Schuld mit der Forderung der Gemeinde zusammen, so daß sie durch Konfusion erfüllt wird (hierzu Förster, in: Kohlhammer-Komm. zum BBauG, § 134, Rn 16). Ist bereits auch eine **persönliche Beitragspflicht** nach Abs. 1 **eingetreten,** so wird die Erschließungsbeitragspflicht durch den Erwerb des Grundstücks durch die Gemeinde **7**

nicht berührt; es gelten die allgemeinen Grundsätze (Driehaus, ebd.; vgl. unten, Rn 17).

8 Ist die Beitragspflicht infolge **Kostenspaltung** nur zum Teil entstanden, so gelten die angeführten Grundsätze nur hinsichtlich dieses Teils der Beitragsforderung (Ernst, aaO, Rn 6).

9 Ist an einem gemeindeeigenen Grundstück ein **Erbbaurecht** bestellt, hat dies auf die Entstehung der Beitragsschuld keine Auswirkung, da der Erbbauberechtigte nach Abs. 1 Satz 2 den Eigentümer aus seiner Stellung als Beitragsschuldner verdrängt (hierzu oben, Rn 2).

10 2. Die Konkretisierung des persönlich Beitragspflichtigen der nach § 133 Abs. 2 entstandenen Beitragsschuld erfolgt durch **Bekanntgabe eines Beitragsbescheids.**

11 a) Der Beitragsbescheid ist ein belastender **Verwaltungsakt.** Er muß den Anforderungen der §§ 118 ff. AO genügen, also insbesondere hinreichend **bestimmt** und schriftlich **begründet** sein (zur Möglichkeit der **Heilung** oder **anderen Begründung** des Beitragsbescheides vgl. § 132, Rn 35). Die Verwaltungsverfahrensgesetze der Länder sind nicht anwendbar, da sie regelmäßig nicht für Verwaltungsverfahren gelten, in denen Rechtsvorschriften der Abgabenordnung anzuwenden sind (vgl. z. B. § 2 Abs. 2 Nr. 1 VwVfG NRW). Die Kommunalabgabengesetze der Länder bestimmen aber durchweg die entsprechende Anwendung von Bestimmungen der Abgabenordnung, so z. B. auch über den Verwaltungsakt (vgl. z. B. § 12 Abs. 1 Nr. 3 b KAG NRW; zur Abgabenordnung vgl. insbesondere die Kommentierung von Kühn/Kutter/Hofmann, AO, 15. Aufl. 1987). In jedem Fall muß der Beitragsbescheid nach § 211 eine **Rechtsbehelfsbelehrung** enthalten. Hinreichend bestimmt ist der Beitragsbescheid nur dann, wenn aus ihm eindeutig hervorgeht, **wer in welchem Umfang** als **Beitragspflichtiger** herangezogen werden soll und für **welches Grundstück** und **welche Erschließungsmaßnahme** der Beitrag gefordert wird. Bei mehreren erschlossenen Buchgrundstücken muß für jedes Grundstück ein eigener Erschließungsbeitragsbescheid ergehen, wenn nicht eine wirtschaftliche Grundstückseinheit vorliegt. Allerdings können die Bescheide in einem Schriftstück zusammengefaßt werden (OVG Münster, NVwZ 1989, 1087 f.). Ein mehrere Grundstücke inhaltlich zusammenfassender Bescheid ist jedoch nicht nichtig; der Mangel der inhaltlichen Unbestimmtheit kann vielmehr durch Änderungsbescheid behoben werden (OVG Münster, NVwZ 1989, 1086 f.). Die angeforderte Summe muß für den Pflichtigen so aufgeschlüsselt werden, daß sie **nachrechenbar** ist (OVG Lüneburg, Beschluß vom 21. 3. 1978, KStZ 1978, 195 f. mit Zusammenstellung des notwendigen Inhalts eines Beitragsbescheids). Eine vorherige **Anhörung** ist jedoch **nicht erforderlich.** Nach § 91 Abs. 2 AO kann von ihr abgesehen werden, „wenn sie nach den Umständen des Einzelfalls nicht geboten ist" (ebenso Driehaus, in: ders. (Hrsg.), Kommunalabgabenrecht, Stand 1989, § 8 KAG NRW, Rn 75). Eine Anhörung kann jedoch dann zweckmäßig und geboten

sein, wenn die Gemeinde bei der Veranlagung von dem grundbuchrechtlichen Grundstücksbegriff abweichen und eine Grundstückseinheit zugrunde legen will. Hier kann es sinnvoll sein, den Eigentümer wegen der Nutzung seiner Grundstücke zu befragen.

Zuständig für den Erlaß eines Beitragsbescheids ist grundsätzlich die 12 **Gemeinde.** Landesrechtlich können jedoch Besonderheiten bestehen, z. B. bei Samtgemeinden oder Ämtern.

Es ist zulässig, den Beitragsbescheid in mehreren **Teilforderungen** 13 zu erheben, also mehrere Beitragsbescheide zu erlassen. In diesem Fall wird jedoch die persönliche Beitragspflicht in voller Höhe konkretisiert, bleibt also von einem zwischenzeitlichen Eigentümerwechsel unberührt. Dasselbe gilt für eine etwaige Nachforderung, weil Teileinrichtungen versehentlich nicht mitabgerechnet worden sind (hierzu Driehaus, in: BK, §134, Rn 15). Das **Beitragsschuldverhältnis endet** erst dann, wenn der **Beitragsanspruch erlischt,** nicht etwa mit der Bestandskraft eines – nur vermeintlich – den gesamten Erschließungsbeitrag anfordernden Bescheids (BVerwG, U. v. 18. 3. 1988, 8 C 92.87, NVwZ 1989, 159/160; zur Nacherhebungspflicht der Gemeinden vgl. §127, Rn 7).

b) Um eine zweifelsfreie Konkretisierung der persönlichen Beitrags 14 pflicht zu erreichen, bestimmte §134 Abs. 1 Satz 1 BBauG, daß Beitragspflichtiger derjenige ist, dem der Beitragsbescheid zugestellt wurde. Auf das Zustellungserfordernis ist mit dem Baugesetzbuch aus Gründen der Verwaltungsvereinfachung und Rechtseinheitlichkeit auf Anregung des Bundesrats zugunsten einer bloßen **Bekanntgabe** verzichtet worden (vgl. BT-Drs. 10/5027, S. 14; BT-Drs. 10/6166, S. 159). Auch die Bekanntgabe richtet sich nach **Landesrecht.** Die Bekanntgabe erfolgt dadurch, daß der Bescheid durch einfachen Brief verschlossen zugesandt wird. Die Bekanntgabe gilt dann grundsätzlich mit dem dritten Tag nach der Aufgabe zur Post als bewirkt (vgl. z. B. §3 Landeszustellungsgesetz NRW). Maßgeblich für die Bestimmung des persönlich Beitragspflichtigen ist der **Zugang des Beitragsbescheids,** nicht die Ausfertigung oder Absendung. Diese Bekanntgabe kann zu Schwierigkeiten bei der Bestimmung des persönlich Beitragspflichtigen führen, wenn der Zugang des Beitragsbescheids nicht nachgewiesen werden kann (vgl. Driehaus, Rn 700 ff.). Im Zweifel sollte daher an der Zustellung festgehalten werden.

Da die Bekanntgabe die Konkretisierung des persönlich Beitrags 15 pflichtigen bewirkt, kann sie nur wirksam sein, wenn zum einen aus ihr der in Anspruch genommene **Beitragspflichtige eindeutig hervorgeht** und zum anderen im Zeitpunkt der Zustellung die sachliche **Beitragspflicht (noch) besteht** (zu letzterem vgl. §133, Rn 7). An einer genauen Bestimmung des Beitragspflichtigen fehlt es z. B., wenn der – einheitliche – Bescheid lediglich an eine „**Erbengemeinschaft**" adressiert ist, da die Erbengemeinschaft nicht rechtsfähig ist und damit nicht selbst Abgabenschuldner sein kann. Es ist daher an die einzelnen Miterben,

die als Gesamtschuldner haften (vgl. hierzu oben, Rn 4), oder deren Empfangsbevollmächtigten zu adressieren (VGH München, U. v. 15. 9. 1983, BayVBl. 1984, 186). Ungenau ist auch die Adressierung an einen genau bestimmten von mehreren **Miteigentümern** „und die übrigen Miteigentümer" (in diesem Fall allerdings nur hinsichtlich der übrigen Miteigentümer). Nach § 155 Abs. 2 AO (hierzu vgl. oben, Rn 11) kann an Miteigentümer auch ein einheitlicher Bescheid ergehen, der allerdings allen Miteigentümern gesondert, d. h. in je einer Ausfertigung, bekanntzugeben ist (vgl. Driehaus, Rn 724). Soll dagegen nur einer von mehreren Miteigentümern in Anspruch genommen werden, so muß nicht der übrige oder müssen nicht die übrigen Miteigentümer genannt werden (zu den rechtlichen Folgen einer solchen Heranziehung nur eines von mehreren Miteigentümern vgl. oben, Rn 4). Bei Wohnungs- oder Teileigentümern, die vom BauGB nicht als Gesamtschuldner behandelt werden (vgl. oben, Rn 5), muß sich die Gemeinde anteilig an jeden Wohnungs- oder Teileigentümer wenden (vgl. auch oben, Rn 5). Ein an die „Wohnungseigentümergemeinschaft" gerichteter Bescheid genügt nicht dem Bestimmtheitsgebot (vgl. VGH Kassel, U. v. 11. 3. 1985, DÖV 1986, 886). Wird der Beitragsbescheid einer Person bekanntgegeben, die **nicht Eigentümer** des Grundstücks oder an ihm erbbauberechtigt ist, so wird diese Person hierdurch nicht beitragspflichtig. Wird der Bescheid an einen **Verstorbenen** adressiert, so ist er nichtig. Wird an einen von zwei **Ehegatten** als Miteigentümern ein Bescheid zugestellt, die in einer gemeinsamen Wohnung leben, so wird der Mangel, daß ein einheitlicher Heranziehungsbescheid nicht, wie grundsätzlich erforderlich, jedem Gesamtschuldner gesondert bekanntgegeben wurde, nicht dadurch geheilt, daß jeder Ehegatte den Bescheid tatsächlich erhalten hat; es ist vielmehr jedem Eigentümer eine eigene Urschrift des – zusammengefaßten – Bescheids bekanntzugeben (vgl. Preißer, NVwZ 1987, 867/869f. m. w. N.; Driehaus, Rn 724).

16 Wird der Erschließungsbeitragsbescheid einem **falschen Adressaten** bekanntgegeben, legt dieser oder ein Dritter Widerspruch ein und wird nun der **Widerspruchsbescheid dem tatsächlich Beitragspflichtigen bekanntgegeben,** so wird hierdurch der Beitragsbescheid gleichwohl nicht wirksam (OVG Münster, Beschluß vom 23. 6. 1971, KStZ 1971, 248). Zwar bestimmt § 79 Abs. 1 Nr. 1 VwGO, daß Gegenstand einer Anfechtungsklage der Verwaltungsakt in der Form ist, die er durch den Widerspruchsbescheid gefunden hat. Dies rechtfertigt jedoch nicht, den Adressaten des Verwaltungsakts auszuwechseln und dadurch den ursprünglichen Verwaltungsakt in seinem Wesen zu verändern (vgl. § 128, Rn 30). War die Heranziehung eines – beitragspflichtigen – Eigentümers rechtlich unbeachtlich, z. B. weil es an der endgültigen Herstellung der Erschließungsanlage im Sinne des § 133 Abs. 2 gefehlt hat, so ist der erneute Beitragsbescheid im Falle eines Eigentümerwechsels an den neuen Eigentümer zu richten. Eine **Heilung ex nunc,** wie sie

vielfach eintreten kann (vgl. § 132, Rn 35), setzt daher stets voraus, daß hinsichtlich des betreffenden Grundstücks **kein Eigentümerwechsel** stattgefunden hat. Eine Heilung mit Wirkung ex tunc, z. B. durch das rückwirkende Inkraftsetzen einer Beitragssatzung (vgl. § 132, Rn 34 ff.), ist dagegen immer möglich, da der Beitragsbescheid in diesem Fall als von Anfang an fehlerfrei anzusehen ist (hierzu Driehaus, Rn 595).

c) Eine **Änderung der Eigentumsverhältnisse** oder der Inhaber- 17
schaft des Erbbaurechts nach Zustellung des Beitragsbescheids läßt also die **persönliche Beitragspflicht unberührt.** Der Eigentümer, dem wirksam bekanntgegeben worden ist, bleibt auch beitragspflichtig, wenn er das Grundstück veräußert (vgl. Driehaus, Rn 727). Der neue Eigentümer wird auch durch eine etwaige erneute Bekanntgabe des Beitragsbescheids nicht beitragspflichtig. Die finanziellen Folgen dieser Rechtslage müssen Veräußerer und Käufer des Grundstücks bei der Preis- und Vertragsgestaltung berücksichtigen. Für die Gemeinde als Gläubigerin entsteht hierdurch kein Nachteil, da der Erschließungsbeitrag mit seinem Entstehen nach Abs. 2 als öffentliche Last auf dem Grundstück ruht, so daß sich die Gemeinde trotz des Eigentümerwechsels aus dem Grundstück befriedigen, also auch den neuen Eigentümer heranziehen kann (BVerwG, U. v. 20. 9. 1974, BRS 37, S. 365/368).

3. Das **Verfahren der Beitragserhebung** richtet sich nach den Vor- 18
schriften der **Kommunalabgabengesetze** der Länder. Diese verweisen für die Festsetzung der Abgabe durchweg auf die entsprechenden Vorschriften der **Abgabenordnung.** So beträgt z. B. die **Frist für die Festsetzung** des Erschließungsbeitrags nach § 12 Abs. 1 Nr. 4 b KAG NRW in Verbindung mit § 169 AO einheitlich **vier Jahre.** Die Festsetzungsfrist beginnt nach § 170 Abs. 1 AO mit Ablauf des Kalenderjahres, in dem die Abgabe entstanden ist. Die **Verjährungsfrist** für die festgesetzte Beitragsforderung beträgt 5 Jahre (vgl. z. B. § 12 Abs. 1 Nr. 5 a KAG NRW in Verbindung mit § 228 AO). Die Verjährung beginnt mit Ablauf des Kalenderjahres, in dem der Anspruch erstmals fällig geworden ist (§ 229 AO).

Für das Beitragsverfahren kann nicht auf die Regelungen der Verwal- 19
tungsverfahrensgesetze der Länder zurückgegriffen werden, da Verfahren, in denen Vorschriften der Abgabenordnung anzuwenden sind, vom Geltungsbereich der Verwaltungsverfahrensgesetze ausgenommen sind. Dies gilt generell, unabhängig davon, in welchem Umfang im einzelnen die Abgabenordnung anzuwenden ist und ob für das Verfahren dadurch Lücken entstehen (hierzu Schmidt-Aßmann, Städte- und Gemeindebund 1977, 9/13 f.). Umstritten ist jedoch, ob dieser Ausschluß auch für das **Widerspruchsverfahren** gilt. Bedeutung hat dies im Hinblick auf die Regelung in § 80 der Verwaltungsverfahrensgesetze der Länder, nach dem die Behörde die Kosten eines erfolgreichen Widerspruchsverfahrens zu erstatten hat (hierzu im einzelnen Kopp, VwVfG, 4. Aufl. 1986, § 80, Rn 1 ff.). Wird dem Widerspruchs-

verfahren im Verhältnis zum Abgabenverfahren eigenständige Bedeutung beigemessen, läßt sich die Auffassung vertreten, das Widerspruchsverfahren werde von der Verweisung auf die Abgabenordnung nicht erfaßt (Übersicht zum Diskussionsstand bei Kopp, aaO, Rn 46; **für die Anwendbarkeit** des § 80 des jeweiligen Landes-Verwaltungsverfahrensgesetzes haben sich ausgesprochen Lüdicke, Kostenerstattungsansprüche in steuer- und abgabenrechtlichen Verfahren, Köln 1986, S. 141 ff.; VGH Mannheim, NVwZ 1982, 633 f., sowie VGH München, U. v. 12. 2. 1982, N23 B 80 A 2332, und VG Würzburg, KStZ 1980, 97/98 f.; die **Anwendbarkeit verneint** haben der VGH Kassel, Hessische Städte- und Gemeindezeitung 1978, 404 f., und OVG Münster, U. v. 21. 3. 1979, NJW 1980, 356/357; ablehnend – jedenfalls für NRW – auch BVerwG, Beschluß v. 18. 1. 1982, Mitt. DST 1982, 459; auch Driehaus, Rn 726). Das Bundesverwaltungsgericht wird sich wohl insgesamt aus rechtssystematischen Gründen der letztgenannten Auffassung anschließen.

20 **II.** Der nach Abs. 2 als **öffentliche Last** auf dem Grundstück, dem Erbbaurecht oder dem Wohnungs- oder Teileigentum ruhende Beitrag ist **abhängig von der Entstehung der Beitragspflicht** nach § 133 Abs. 2 oder dem sonst maßgeblichen Zeitpunkt (hierzu § 133, Rn 17 ff., 22 ff.) und **nicht von der Bekanntgabe** eines Beitragsbescheids. Mit Entstehen der Beitragspflicht entsteht auch die öffentliche Last (BVerwG, U. v. 31. 1. 1975, BRS 37, S. 373/375). Sie wird daher – als dingliche Sicherung – von einem Eigentümerwechsel nicht berührt. Sie erlaubt der Gemeinde, nach Begründung auch der persönlichen Beitragspflicht durch Bekanntgabe des Erschließungsbeitragsbescheids (Akzessorietät von dinglicher Haftung und persönlicher Schuld, vgl. BVerwG, U. v. 22. 2. 1985, 8 C 107.83, NJW 1985, 2658/2659) durch Erlaß eines **Duldungs- oder Haftungbescheids** nach § 191 AO den jeweiligen Grundstückseigentümer in Anspruch zu nehmen (zu § 191 AO vgl. Kühn/Kutter/Hofmann, AO, 15. Aufl. 1987, § 191, Anm. 1 ff.). Ist der Grundstückseigentümer nicht mehr der persönlich Beitragspflichtige, so haftet er allerdings nicht mit seinem gesamten Vermögen, sondern nur mit dem Grundstück. Wird fehlerhaft einem nicht persönlich beitragspflichtigen Eigentümer ein Heranziehungsbescheid zugestellt, so kann dieser **nicht** in einen Duldungs- oder Haftungsbescheid **umgedeutet** werden. Dies folgt aus den unterschiedlichen Rechtsfolgen im Hinblick auf die Haftung des Eigentümers (gesamtes Vermögen oder nur das Grundstück; hierzu Driehaus, Rn 791 f.).

21 Wird ein Grundstück **mehrfach erschlossen,** so entsteht **mehrfach eine Beitragspflicht** und entsprechend auch **mehrfach eine öffentliche Last.** Werden mehrere Grundstücke als **Wirtschaftseinheit** gemeinsam veranlagt, ruht die entsprechende öffentliche Last wie eine Gesamthypothek nach § 1132 BGB ungeteilt auf der Grundstückseinheit (BVerwG, U. v. 27. 2. 1976, BRS 37, S. 369/370 f.).

Die öffentliche Last kann nach § 54 GBO **nicht ins Grundbuch** 22
eingetragen werden. Zulässig ist jedoch eine dingliche Sicherung des
Erschließungsbeitrags durch Eintragung einer Grundschuld ins Grund-
buch (BVerwG, U. v. 12. 12. 1969, IV C 41.69, ZMR 1970, 149/150;
Förster, in: Kohlhammer-Komm. zum BBauG, § 134, Rn 19).

Erlischt die Beitragsforderung, so erlischt auch die öffentliche Last. 23
Bei teilweisem Erlöschen der Beitragsforderung erlischt auch die öf-
fentliche Last nur teilweise; der Erlaß eines Beitragsbescheids ist dem-
gegenüber ohne Einfluß (vgl. BVerwG, U. v. 18. 3. 1988, 8 C 115.86,
ZMR 1988, 350/351). Wird eine **Vorausleistung** erhoben, so wird auch
sie wegen ihres Charakters als vorgezogener Erschließungs(teil)beitrag
durch die öffentliche Last gesichert (Driehaus, Rn 626, 788). Dies gilt
allerdings nur, soweit die Vorausleistung durch Bescheid angefordert
wird, nicht für eine vereinbarte Vorausleistung. Die öffentliche Last
dient nur der Sicherung von Abgabenforderungen, die auf einem
gesetzlichen Abgabentatbestand beruhen. Für eine Vorausleistungsver-
einbarung gilt dies nicht (BVerwG, U. v. 28. 10. 1981, 8 C 8.81,
NVwZ 1982, 377/378). Auch eine Ablösungsforderung ruht nicht als
öffentliche Last auf dem Grundstück.

Im **Konkurs** des Beitragsschuldners genießt die öffentliche Last 24
keinerlei Vorrang, etwa nach § 61 Nr. 2 Konkursordnung. Sie begrün-
det aber nach § 47 Konkursordnung ein Recht auf abgesonderte Befrie-
digung aus dem Grundstück, die durch Zwangsversteigerung des
Grundstücks erfolgt (vgl. Ernst, in: E/Z/B, § 135, Rn 27; anders Förster,
aaO, Rn 21). Im Falle einer Zwangsversteigerung steht der Gemeinde,
wenn sie ihr Recht rechtzeitig anmeldet, ein Vorrecht nach § 10 Abs. 1
Nr. 3 ZVG zu, also Befriedigung an 3. Rangstelle für die aus den letzten
vier Jahren rückständigen Beiträge, worunter auch ein einzelner Bei-
trag zu verstehen ist (BVerwG, U. v. 31. 1. 1975, BRS 37, S. 373/376;
U. v. 12. 12. 1969, IV C 41.69, ZMR 1970, 149/150; näher hierzu
Driehaus, Rn 796 f.).

§ 135 Fälligkeit und Zahlung des Beitrags

(1) **Der Beitrag wird einen Monat nach der Bekanntgabe des Bei-
tragsbescheids fällig.**

(2) **Die Gemeinde kann zur Vermeidung unbilliger Härten im
Einzelfall, insbesondere soweit dies zur Durchführung eines geneh-
migten Bauvorhabens erforderlich ist, zulassen, daß der Erschlie-
ßungsbeitrag in Raten oder in Form einer Rente gezahlt wird. Ist die
Finanzierung eines Bauvorhabens gesichert, so soll die Zahlungs-
weise der Auszahlung der Finanzierungsmittel angepaßt, jedoch
nicht über zwei Jahre hinaus erstreckt werden.**

(3) Läßt die Gemeinde nach Absatz 2 eine Verrentung zu, so ist der Erschließungsbeitrag durch Bescheid in eine Schuld umzuwandeln, die in höchstens zehn Jahresleistungen zu entrichten ist. In dem Bescheid sind Höhe und Zeitpunkt der Fälligkeit der Jahresleistungen zu bestimmen. Der jeweilige Restbetrag ist mit höchstens 2 vom Hundert über dem Diskontsatz der Deutschen Bundesbank jährlich zu verzinsen. Die Jahresleistungen stehen wiederkehrenden Leistungen im Sinne des § 10 Abs. 1 Nr. 3 des Zwangsversteigerungsgesetzes gleich.

(4) Werden Grundstücke landwirtschaftlich oder als Wald genutzt, ist der Betrag so lange zinslos zu stunden, wie das Grundstück zur Erhaltung der Wirtschaftlichkeit des Betriebs genutzt werden muß. Satz 1 gilt auch für die Fälle der Nutzungsüberlassung und Betriebsübernahme an Familienangehörige im Sinne des § 15 der Abgabenordnung.

(5) Im Einzelfall kann die Gemeinde auch von der Erhebung des Erschließungsbeitrags ganz oder teilweise absehen, wenn dies im öffentlichen Interesse oder zur Vermeidung unbilliger Härten geboten ist. Die Freistellung kann auch für den Fall vorgesehen werden, daß die Beitragspflicht noch nicht entstanden ist.

(6) Weitergehende landesrechtliche Billigkeitsregelungen bleiben unberührt.

1 **1. Abs. 1** bestimmt als Fälligkeitszeitpunkt **einen Monat nach Bekanntgabe.** Die Frist beginnt nach § 187 Abs. 1 BGB am Tag nach dem Zugang des Beitragsbescheids; sie endet nach § 188 Abs. 2 BGB mit dem Tag, der dieselbe Zahl trägt wie der Fristbeginn. Ist daher der Beitragsbescheid am 25. Januar zugegangen, so beginnt die Frist am 26. Januar und läuft am 26. Februar ab. Ist der Bescheid am 30. Januar zugegangen, so beginnt die Frist am 31. Januar und läuft nach § 188

Abs. 3 am letzten Tag des folgenden Monats, also am 28. oder gegebenenfalls 29. Februar ab. Fällt dieser Tag auf einen Samstag, einen Sonntag oder auf einen am Leistungsort staatlich anerkannten allgemeinen Feiertag, so läuft die Frist nach § 193 BGB erst am nächsten Werktag ab.

Wird ein vorzeitig erlassener Beitragsbescheid durch eine nachträglich eintretende Rechts- oder Tatsachenänderung geheilt, wird der Beitrag **einen Monat nach Eintritt des die Heilung bewirkenden Ereignisses** fällig (BVerwG, U. v. 25. 11. 1981, 8 C 14.81, BVerwGE 64, 218/222). Auch in diesem Fall ist der Tag, an dem das Ereignis eintritt, bei der Fristberechnung nicht mitzurechnen. **2**

Widerspruch und Anfechtungsklage gegen einen Erschließungsbeitragsbescheid haben nach § 80 Abs. 2 Nr. 1 VwGO **keine aufschiebende Wirkung** (hierzu Kopp, VwGO, 8. Aufl. 1989, § 80, Rn 37). Allerdings kann die **Widerspruchsbehörde** nach § 80 Abs. 4 Satz 1 und 2 VwGO auf Antrag oder von Amts wegen, gegebenenfalls gegen Sicherheitsleistung, die **Vollziehung aussetzen.** Sie soll die Vollziehung aussetzen, wenn die Rechtmäßigkeit des Beitragsbescheids zweifelhaft ist oder wenn die Vollziehung für den Abgabenpflichtigen eine unbillige Härte zur Folge hätte (hierzu im einzelnen Kopp, aaO, Rn 65 ff.). Auf Antrag kann auch das **Verwaltungsgericht,** das in der Hauptsache zu entscheiden hat, nach § 80 Abs. 5 Satz 1 VwGO die **aufschiebende Wirkung anordnen.** **3**

2. a) Grundsätzlich wird nach Abs. 1 der Beitrag **sofort und in einem Betrag** fällig. Der Beitragsschuldner hat also sofort zu leisten, die Gemeinde kann sofort die Beitreibung in die Wege leiten. Demgegenüber sehen **Abs. 2 bis 4** Möglichkeiten vor, die nach Abs. 1 vorausgesetzte **Zahlungsweise zu modifizieren.** Voraussetzung für solche Modifikationen ist das Vorliegen einer unbilligen Härte im Einzelfall oder – im Fall des Abs. 4 – eines landwirtschaftlichen Betriebs (sachliche unbillige Härte kraft gesetzlicher Anordnung, vgl. Driehaus, Rn 756). Als Beispiel für eine **unbillige Härte** nennt das Gesetz die Durchführung eines Bauvorhabens, das die Finanzmittel des Bauherrn bindet. Um in diesem Fall die Durchführung des Bauvorhabens – gerade der bodenpolitische Zwecke der Erhebung von Erschließungsbeiträgen (vgl. § 127, Rn 7) – nicht zu gefährden, kann die Gemeinde eine abweichende Zahlungsweise zulassen. In besonderen Fällen kommen sogar **Erlaß oder Freistellung nach Abs. 5** in Betracht (hierzu unten, Rn 18 ff.). Eine solche Billigkeitsmaßnahme steht – ausgenommen im Fall des Abs. 4 – im **Ermessen** der Gemeinde (BVerwG, U. v. 10. 9. 1971, BRS 37, S. 380/381 f.; zu zahlreichen Einzelheiten vgl. Schmidt/Bogner/Steenbock, Handbuch des Erschließungsrechts, 5. Aufl. 1981, Rn 4100 ff.). Inhalt und Grenzen der Ermessensausübung werden durch den Begriff der Billigkeit bestimmt (GemS OGB, Beschluß vom 19. 10. 1971, NJW 1972, 1411/1413). Den Grundsätzen der Billigkeit entspricht eine Maßnahme danach dann, wenn sie für den **4**

Beitragspflichtigen „bei **Berücksichtigung seiner wirtschaftlichen oder allgemeinen Verhältnisse** und der ihm sonst obliegenden Verpflichtungen keine den Umständen nach **unangemessene Zumutung** darstellt" (Kühn/Kutter/Hofmann, AO, 15. Aufl. 1987, § 5, Anm. 4 c aa).

5 Allerdings dürfen Billigkeitserwägungen angesichts der grundsätzlichen Erhebungspflicht nicht zu einer breiten Durchführung von Billigkeitsmaßnahmen führen. Abs. 2 Satz 1 bestimmt daher ausdrücklich, daß eine unbillige Härte **nur im Einzelfall** vorliegen kann. Die allgemeine „Härte", die in der Erhebung von Erschließungsbeiträgen liegt, ist vom Gesetz gewollt und kann nicht durch Billigkeitsmaßnahmen gemildert oder beseitigt werden. Billigkeitsmaßnahmen können daher nur in solchen Fällen in Betracht kommen, die „gegenüber der mit einer Normierung notwendig verbundenen typisierenden Verallgemeinerung... im Verhältnis zu den vom Gesetz erfaßten Regelfällen als Sonderfälle erscheinen" (BVerwG, U. v. 18. 11. 1977, BRS 37, S. 383/385, zu dem insoweit gleichgelagerten § 135 Abs. 5). Das Regel-Ausnahme-Verhältnis in Abs. 2 bis 6 entspricht daher dem bei der Befreiung nach § 31 Abs. 2 (hierzu § 31, Rn 4 f., 36 f.). Allerdings ist es nicht ausgeschlossen, **zugleich in mehreren Einzelfällen** Billigkeitsentscheidungen zu treffen, wenn in jedem Einzelfall die Voraussetzungen hierfür erfüllt sind (BVerwG, U. v. 6. 6. 1975, BRS 37, S. 388/390).

6 Billigkeitsgründe können in der Natur der Sache **(sachliche Billigkeitsgründe)** oder in den persönlichen Verhältnissen des Abgabenpflichtigen **(persönliche Billigkeitsgründe)** ihre Ursache finden (BVerwG, U. v. 23. 10. 1959, BVerwGE 9, 238/240). Da sachliche Billigkeitsgründe in der Regel auf unveränderten Tatsachen beruhen und daher bereits die Festsetzung des Beitrags als unbillig erscheinen lassen, führen sie in der Regel zu einem ganzen oder teilweisen **Erlaß** der Beitragsforderung (hierzu unten, Rn 18 ff.). Persönliche Billigkeitsgründe berühren dagegen nicht die Festsetzung des Beitrags, sondern seine Zahlung. Im übrigen können sie sich leicht ändern, so daß sie in der Regel nur zu **Modifikationen der Zahlungsweise** führen können. Der Gemeinde offensichtliche sachliche Billigkeitsgründe sind bei der Festsetzung des Beitrags **von Amts wegen,** persönliche Billigkeitsgründe sind dagegen in der Regel nur **auf Antrag** zu berücksichtigen (vgl. etwa BVerwG, U. v. 30. 1. 1970, IV C 151.68, BRS 37, S. 5/6). Verstößt eine Gemeinde gegen die von Amts wegen bestehende Berücksichtigungspflicht, so berührt dies allerdings nicht die Rechtmäßigkeit des Heranziehungsbescheids (BVerwG, U. v. 12. 9. 1984, 8 C 124.82, NVwZ 1985, 277 f.).

7 Ist die Herstellung einer Erschließungsanlage erforderlich im Sinne des § 129 Abs. 1 und ist sie nur im Rahmen des Erforderlichen abgerechnet worden, so kann hierin keine unbillige Härte begründet sein. Die unbillige Härte kann sich vielmehr immer nur **aus den Besonderheiten des erschlossenen Grundstücks** oder den **besonderen Verhält-**

nissen des Beitragsschuldners ergeben (vgl. hierzu die bei Driehaus, Rn 754 f., angeführten Beispiele, in denen **keine** unbillige Härte anzunehmen ist: breitere Straße als für das Grundstück selbst erforderlich, Verkehrsimmissionen, mehrfache Erschließung, geringe Straßenfront). Auch Mehrbelastungen, die sich in alterschlossenen Gebieten (vgl. § 131, Rn 34 f.) durch die Anwendung des Frontmetermaßstabs statt eines differenzierteren Maßstabs ergeben, stellen keine unbillige Härte dar (BVerwG, U. v. 12. 9. 1984, 8 C 124.82, NVwZ 1985, 277/279).

b) Nach **Abs. 2 Satz 1** kann die Gemeinde dem Beitragspflichtigen gestatten, den Erschließungsbeitrag in mehreren **Raten** zu zahlen. Die Gewährung der Ratenzahlung ist eine besondere **Form der Stundung:** Die einheitliche Beitragsschuld wird in mehrere Teilbeträge aufgespalten, die zu verschiedenen aufeinanderfolgenden Zeitpunkten zu zahlen sind (hierzu Ernst, in: E/Z/B, § 135, Rn 13). Die Höhe der einzelnen Raten muß bei der Gewährung der Ratenzahlung bestimmt werden (VGH Mannheim, Beschluß vom 18. 12. 1967, KStZ 1968, 78). **8**

Eine bestimmte **Laufzeit** der Raten ist im Gesetz nicht festgelegt. **Abs. 2 Satz 2** besagt lediglich, daß für den vom Gesetz angenommenen Billigkeitsfall, nämlich die Durchführung eines Bauvorhabens, die Zahlungsweise der **Auszahlung der Finanzierungsmittel angepaßt** werden soll, wobei jedoch ein Zeitraum von **2 Jahren** nicht überschritten werden soll. Dies schließt die Vereinbarung eines längeren Zeitraums aus bestimmten im Einzelfall liegenden Gründen nicht aus. Die Gemeinde sollte jedoch darauf achten, daß der in § 10 Abs. 1 Nr. 3 ZVG bestimmte Zeitraum von 4 Jahren für das Befriedigungsrecht an dritter Rangstelle nicht überschritten wird. **9**

Die Gewährung der Ratenzahlung kann **nur auf Antrag** erfolgen. Sie ist ein **mitwirkungsbedürftiger begünstigender Verwaltungsakt** (z. B. OVG Münster, U. v. 29. 4. 1975, KStZ 1975, 216 f.). Daher kann die Gewährung der Ratenzahlung nach allgemeinen Grundsätzen des Verwaltungsverfahrensrechts mit **Nebenbestimmungen** verbunden werden. Hierzu gehören z. B. die Vereinbarung sofortiger Fälligkeit bei Nichtzahlung einer Rate oder Veräußerung des Grundstücks oder das Verlangen nach **Stellung von Sicherheiten** (hierzu Förster, in: Kohlhammer-Komm. zum BBauG, § 135, Rn 11). Zur Frage der Verzinsung vgl. unten, Rn 13, 32). **10**

c) Zwar sieht das Gesetz nur eine Stundung in Form der Gewährung von Ratenzahlung ausdrücklich vor. Hieraus kann jedoch nicht geschlossen werden, daß eine **weitergehende Stundung,** insbesondere für den **gesamten Erschließungsbeitrag,** unzulässig ist. Auch insoweit liegt die Entscheidung im Ermessen der Gemeinde (BVerwG, U. v. 10. 9. 1971, BRS 37, S. 380/381). **11**

Ausdrücklich geregelt ist in **Abs. 4** die **Stundung für landwirtschaftlich oder – im Rahmen eines landwirtschaftlichen Betriebs – als Wald genutzte Grundstücke.** Zum Schutz rentabel arbeitender landwirt- **12**

schaftlicher Betriebe, deren Wirtschaftlichkeit durch die Veräußerung
eines Grundstücks gefährdet wäre (so BVerwG, U. v. 24. 10. 1980, 4 C
93.77, BVerwGE 61, 124/126), stellt das Gesetz in Abs. 4 den bodenpo-
litischen Zweck der Erhebung von Erschließungsbeiträgen, nämlich
die Bebauung der erschlossenen Grundstücke herbeizuführen, zurück.
Forstwirtschaftliche Betriebe werden von Abs. 4 nicht erfaßt. Da somit
also der **landwirtschaftliche Betrieb geschützt** werden soll, kann sich
ein Eigentümer nicht auf diese Vorschrift berufen, der nicht selbst die
Landwirtschaft betreibt. Dies gilt z. B. für den **Verpächter** landwirt-
schaftlich genutzter Fläche oder eines gesamten Betriebs. Zwar könnte
sich der Verpächter bei der Erhebung von Erschließungsbeiträgen
veranlaßt sehen, den Pachtvertrag zu kündigen. Aber abgesehen davon,
daß hierfür die besonderen Voraussetzungen nach § 595 BGB gegeben
sein müssen, erfordert der Normzweck des Abs. 4 eine hinreichend
bestimmbare **„Kausalität zwischen der Belastung durch den Erschlie-
ßungsbeitrag und einer Gefährdung des landwirtschaftlichen Be-
triebs"** (BVerwG, U. v. 1. 4. 1981, 8 C 11.81, DVBl. 1981, 830). Die
bloße theoretische Kündigungsmöglichkeit reicht für die erforderliche
Ursächlichkeit nicht aus. Dies gilt selbst dann, wenn der Verpächter
den Erschließungsbeitrag auf den Pächter abwälzen kann. Der Pächter,
der eine solche vertragliche Regelung eingegangen ist, konnte sich auf
die mögliche Zahlung von Erschließungsbeiträgen einstellen und ist
daher insoweit nicht schutzbedürftig (BVerwG, ebd.; für eine einzel-
fallbezogene Differenzierung Rudisile, BauR 1986, 497/499 ff.). Ist der
Betrieb – auch unter Einbeziehung öffentlicher Förderung – nicht
rentabel, sind die Voraussetzungen nach Abs. 4 nicht gegeben. Ob eine
Stundung aus anderen Billigkeitsgründen zu gewähren ist, wird durch
Abs. 4 nicht beeinflußt. Eine **Ausnahme** von dem Grundsatz, daß nur
der selbst Landwirtschaft betreibende Eigentümer von der Billigkeits-
regelung begünstigt wird, enthält **Abs. 4 Satz 2**. Danach findet Satz 1
auch dann Anwendung, wenn der Eigentümer das Grundstück **Fami-
lienangehörigen** im Sinne des § 15 AO zur landwirtschaftlichen Nut-
zung überlassen oder an diese schon den ganzen Betrieb übergeben hat.
Damit wird also der landwirtschaftliche Familienbetrieb auch dann
geschützt, wenn er sich in einer Übergangsphase durch Generationen-
wechsel befindet.

13 Um diesen Schutzzweck sicher zu erreichen, bestimmt **Abs. 4 Satz 1,**
daß der Gemeinde bei Vorliegen der gesetzlichen Voraussetzungen **kein
Ermessen** zusteht, sondern sie die Stundung zu gewähren hat. Auch
darf sie **keine Zinsen** verlangen. Bis zum Inkrafttreten des Baugesetz-
buchs stand die Erhebung von Zinsen im Ermessen der Gemeinde (vgl.
B/K/L, 1. Auflage, Rn 13). § 242 Abs. 7 sieht vor, daß in den Fällen, in
denen eine Billigkeitsentscheidung nach Abs. 4 vor Inkrafttreten des
BauGB ergangen, aber noch nicht unanfechtbar ist, die Gemeinde den
Beitrag – bei Vorliegen der tatbestandlichen Voraussetzungen des
Abs. 4 – zinslos stunden muß.

Durch Abs. 4 wird die **Haftung** des Beitragspflichtigen **nicht auf das** 14
Grundstück beschränkt. Da aber der Gemeinde kein Ermessensspiel-
raum mehr zusteht, ist es für die Stundung unerheblich, ob das
erschlossene Grundstück daher von einem Nebenerwerbslandwirt be-
wirtschaftet wird, der den Erschließungsbeitrag – etwa in Raten oder in
Form einer Rente – aus seinen sonstigen Einkünften heraus zahlen kann
(vgl. auch BVerwG, U. v. 12. 12. 1969, IV C 41.69, ZMR 1970, 149/
150). Die sonstigen wirtschaftlichen Verhältnisse des Eigentümers sind
jedoch bei der Beurteilung, ob der Betrieb wirtschaftlich und die
Nutzung des Grundstücks hierfür erforderlich ist, außer Acht zu lassen.
Insoweit geht es um die tatbestandlichen Voraussetzungen des Abs. 4
Satz 1.

d) Nach **Abs. 2 Satz 1** kann die Gemeinde auch eine **Verrentung** des 15
Erschließungsbeitrags zulassen. Hierfür enthält **Abs. 3** nähere und ab-
schließende Bestimmungen. Danach setzt die Verrentung einen **auf**
Antrag ergehenden **Bescheid** voraus, in dem der Erschließungsbeitrag
oder ein Teil des Erschließungsbeitrags in eine **Rentenschuld umge-**
wandelt wird. Diese Umwandlung betrifft aber nicht die Forderung
selbst, sondern **lediglich die Zahlungsweise,** da Abs. 2 Satz 1 be-
stimmt, daß die Zahlung auch „in Form" einer Rente erfolgen kann
(vgl. Ernst, in: E/Z/B, § 135, Rn 14). Die **öffentliche Last** wird also
durch diese Umwandlung **nicht berührt.** Der Beitrag ist danach in
höchstens 10 Jahresleistungen zu entrichten. Mindestens sind zwei
Rentenzahlungen erforderlich, da andernfalls keine wiederkehrenden
Leistungen (vgl. unten, Rn 17) vorliegen. **Höhe** der jeweiligen Leistung
und Zeitpunkt der Fälligkeit sind nach **Abs. 3 Satz 2** im Bescheid im
einzelnen zu bestimmen. Auch können dem Bescheid als begünstigen-
dem Verwaltungsakt **Nebenbestimmungen** beigefügt werden, z. B.
ein Widerrufsvorbehalt bei Änderungen der persönlichen Verhältnisse
oder eine auflösende Bedingung für den Fall der Veräußerung des
Grundstücks.

Abs. 3 Satz 3 bestimmt zwingend, daß der jeweilige Restbetrag zu 16
verzinsen ist. Allerdings kann von der Verzinsung abgesehen werden,
wenn die Voraussetzungen des Abs. 5 gegeben sind. Die Zinsen dürfen
nach Abs. 3 Satz 3 höchstens 2 v. H. über dem jeweiligen Diskontsatz
der Deutschen Bundesbank liegen. Wird in dem Bescheid ein fester
Zinssatz bestimmt, so ist der Bescheid teilweise nichtig, wenn dieser
Zinssatz bei Erlaß des Bescheids oder zu einem Zeitpunkt während des
Laufs der Rente über diesem Zinshöchstsatz liegt. Dies führt jedoch im
Ergebnis lediglich zu einer entsprechenden Beschränkung der Verzin-
sungspflicht (Driehaus, Rn 766).

Abs. 3 Satz 4 bestimmt, daß die Jahresleistungen als **wiederkehrende** 17
Leistungen im Sinne des § 10 Abs. 1 Nr. 3 ZVG anzusehen sind, so daß
im Falle der Zwangsversteigerung die Gemeinde sich an dritter
Rangstelle lediglich für die Leistungen der letzten zwei Jahre befriedi-

gen kann. Hierdurch soll die Beleihungsmöglichkeit des Grundstücks verbessert werden (Ernst, ebd.).

18 3. Trotz seines Wortlauts regelt **Abs. 5 Satz 1** nicht das Absehen von einer Beitragserhebung, sondern den **Erlaß** des Erschließungsbeitrags. Abgabenrechtlich dient das Absehen von der Beitragserhebung der Verwaltungsvereinfachung und ist nur für Kleinbeträge vorgesehen (vgl. für Steuern z. B. § 156 AO). Abs. 5 Satz 1 regelt demgegenüber vielmehr den Erlaß einer bestehenden Beitragsforderung im öffentlichen Interesse oder zur Vermeidung unbilliger Härten (letzteres vergleichbar § 227 AO). Der erlassene Beitrag geht **zu Lasten der Gemeinde** und kann nicht als Erschließungsaufwand auf die übrigen Beitragspflichtigen umgelegt werden.

19 Ein **Erlaß wegen einer unbilligen Härte** (zum Begriff vgl. oben, Rn 4 ff.) kommt insbesondere dann in Betracht, wenn der mit einer Erschließung verbundene Vorteil wegen der besonderen Umstände des Einzelfalls nur in wesentlich vermindertem Umfang eintritt (BVerwG, U. v. 30. 1. 1970, IV C 151.68, BRS 37, S. 5/6). Dies wird insbesondere zu bejahen sein bei sehr großflächigen Grundstücken, die zwar Bauland im Sinne des § 133 Abs. 1 (vgl. § 133, Rn 3 bis 12) sind, aber – im eigentlichen Sinne – weder baulich noch gewerblich genutzt werden, wie etwa bei Friedhöfen (BVerwG, U. v. 4. 5. 1979, IV C 25.76, BRS 37, S. 322/325) oder bei Kleingärten (BVerwG, U. v. 1. 2. 1980, IV C 63 und 64.78, BauR 1980, 351/353). Auch bei einer öffentlich-rechtlichen Körperschaft, z. B. einer Kirchengemeinde, kann in der Beitragsforderung eine unbillige Härte zu sehen sein (BVerwG, U. v. 4. 5. 1979, ebd.).

20 Ein **Erlaß** ist auch dann möglich, wenn dies **im öffentlichen Interesse** liegt. Durch die Verwendung und Stellung des Wortes „dies" wird deutlich, daß sich das öffentliche Interesse gerade auf die Nichterhebung des Beitrags beziehen muß. Dies bedeutet, daß das öffentliche Interesse darauf gerichtet sein muß, von einem bestimmten Grundstückseigentümer keine Erschließungsbeiträge zu erheben. Dies kann etwa dann der Fall sein, wenn die Gemeinde durch den Erlaß die **Ansiedlung eines Industrieunternehmens** (BVerwG, U. v. 31. 1. 1969, IV C 47.67, ZMR 1969, 248) oder die **Errichtung von Wohnungen** im sozialen Wohnungsbau (BVerwG, U. v. 23. 8. 1974, BRS 37, S. 215) fördern will. Dasselbe wird für die Errichtung eines im öffentlichen Interesse erforderlichen Krankenhauses, eines Kindergartens oder einer Bildungsstätte gelten müssen (BVerwG, U. v. 6. 6. 1975, BRS 37, S. 388/390). Neben einer unbilligen Härte kann somit auch das öffentliche Interesse den Beitragserlaß für Friedhöfe (BVerwG, U. v. 4. 5. 1979, 4 C 25.76, BRS 37, S. 322/326) oder auch für Kleingartengrundstücke (BVerwG, U. v. 1. 2. 1980, 4 C 63 und 64.78, BauR 1980, 351/353) rechtfertigen, weil hierdurch die Gemeinde von der eigenen Wahrnehmung dieser Aufgabe entlastet oder ein besonderes soziales Anliegen gefördert wird.

Ein öffentliches Interesse steht dem Beitragsverzicht gerade entgegen, wenn die Gemeinde in einem **Erschließungsvertrag** auf die Beitragserhebung verzichtet, weil sie damit auch die gesetzliche **Eigenbeteiligung** von 10 % **ersparen** will. Im übrigen widerspricht ein solcher Vertrag gerade auch für den Fall in besonderem Maße öffentlichen Interessen, daß der Unternehmer den Vertrag nicht ordnungsgemäß erfüllt und die Gemeinde daher die Erschließung selbst zu Ende führen muß, dann aber hierfür infolge generellen Verzichts keine Beiträge mehr erheben könnte. Für die Annahme eines wirksamen Erlasses ist daher insoweit kein Raum (BVerwG, U. v. 6. 6. 1975, BRS 37, S. 388/391). Auch für den Eigentümer kann die Erhebung von Erschließungsbeiträgen insoweit in der Regel keine unbillige Härte bedeuten. Eine Doppelbelastung wird nämlich dadurch vermieden, daß die Gemeinde nur insoweit berechtigt ist, Erschließungsbeiträge zu erheben, als ihr selbst Kosten entstanden sind; der Eigentümer hat einen Anspruch auf Anrechnung der an den Unternehmer bereits erbrachten Leistungen für die Erschließung (BVerwG, U. v. 8. 9. 1972, BRS 37, S. 26/27f.; im übrigen vgl. § 124, Rn 14). 21

An einem öffentlichen Interesse fehlt es, wenn die Gemeinde einen Erlaß ausspricht, um den **Erwerb des benötigten Straßenlands** zu erleichtern. Die Kosten für den Grunderwerb gehören – auch bei der Enteignung – zum beitragsfähigen Erschließungsaufwand. Nicht jeder Fall, in dem Grunderwerb auf Schwierigkeiten stößt, ist deswegen schon ein atypischer Sonderfall. Der Beitragserlaß nach Abs. 5 kann nicht dazu dienen, Schwierigkeiten beim Grunderwerb oder bei der Enteignung zu überwinden (BVerwG, U. v. 18. 11. 1977, BRS 37, S. 383/387f.). Auch die durch den Straßenbau gegebene **Förderung der Sicherheit und Leichtigkeit des Verkehrs** rechtfertigt keinen Beitragserlaß. Hier fehlt es an dem unmittelbaren Zusammenhang zwischen Beitragserlaß und Förderung eines öffentlichen Interesses sowie daran, daß kein atypischer Einzelfall vorliegt. Denn die Förderung der Sicherheit und Leichtigkeit des Verkehrs durch Straßenbau ist gerade – neben der Erschließung – einer der Hauptgründe für die Errichtung von Straßen (BVerwG, ebd.). 22

Der Erlaß ist nur möglich, wenn er aus den genannten Gründen **geboten** ist. Hierdurch wird dem **Ermessen** der Gemeinde bei Vorliegen der tatbestandlichen Voraussetzungen eine **enge Grenze** gesetzt. Vor allem soll hiermit vermieden werden, daß die Gemeinde **Gefälligkeitserlasse** vornimmt. Andererseits aber ist der Ermessensentscheidung bei Vorliegen der tatbestandlichen Voraussetzungen eine Richtung dahingehend vorgegeben, daß der **Billigkeitserlaß grundsätzlich zu gewähren** und nur ausnahmsweise bei gewichtigen Gründen zu versagen ist (BVerwG, U. v. 1. 8. 1986, 8 C 54.85, ZfBR 1987, 52/54). Ob eine Gesetzesverstoß zur Nichtigkeit oder nur zur Rechtswidrigkeit (und damit Rücknehmbarkeit) des Beitragsverzichts führt, bestimmt sich nach Landesrecht (Problem der Offenkundigkeit des Gesetzesver- 23

stoßes, BVerwG, U. v. 21. 10. 1983, 8 C 174.81, DVBl. 1984, 192/
193 f.).

24 **4.** Abgabenrechtlich entspricht die **Freistellung** gesetzessystematisch
der Festsetzung einer Abgabe. Ein Freistellungsbescheid ist daher nach
§ 155 Abs. 1 Satz 3 AO einem Steuerbescheid gleichgesetzt (hierzu
Kühn/Kutter/Hofmann, AO, 15. Aufl. 1987, § 155, Anm. 4). **Abs. 5
Satz 2** bestimmt demgegenüber, daß die Freistellung nicht erst in dem
Augenblick möglich ist, in dem nach § 134 Abs. 1 ein Beitragsbescheid
zu erlassen wäre (sog. **nachträgliche Freistellung**), sondern daß die
Freistellung bereits in dem Zeitpunkt, in dem noch keine Beitrags-
pflicht entstanden ist, erfolgen kann (sog. **vorzeitige Freistellung**). Die
Voraussetzungen für die Freistellung entsprechen denen des Erlasses
nach Abs. 5 Satz 1 (vgl. Ernst, in: E/Z/B, § 135, Rn 19; Driehaus, in:
BK, § 135, Rn 29).

25 Keine Freistellung in diesem Sinne ist die Erstellung einer sog.
Anliegerbescheinigung. Hierbei handelt es sich um eine unverbindli-
che **Rechtsauskunft,** an die die Gemeinde bei Änderung der Rechtslage
z. B. durch Satzungsänderung nicht gebunden ist. Ist hierin jedoch ein
eindeutig erklärter ganzer oder teilweiser **Verzicht** ausgesprochen, so
ist die Bescheinigung nur insoweit wirksam, als die Voraussetzungen
für eine vorzeitige Freistellung gegeben sind. Ansonsten aber ist sie,
insofern Beiträge zu erheben sind oder wären, ganz oder teilweise
unwirksam (hierzu im einzelnen Ernst, in: E/Z/B, § 135, Rn 28 ff.; zum
Vorausverzicht BVerwG, U. v. 21. 10. 1983, ebd.).

26 Ist bereits **vor Inkrafttreten des Bundesbaugesetzes** ein Erlaß oder
eine Freistellung ausgesprochen worden, so ist die Gemeinde hieran nur
gebunden, soweit die Voraussetzungen des Abs. 5 erfüllt sind, also auch
nach geltendem Recht ein Erlaß oder eine Freistellung zulässig wären
(BVerwG, U. v. 23. 8. 1974, BRS 37, S. 215).

27 **5.** Nach **Abs. 6** bleiben weitergehende **landesrechtliche Billigkeits-
regelungen** unberührt. Damit sollen weitere, im Kommunalabgaben-
recht enthaltene oder einzuführende Billigkeitsregelungen auch für
Erschließungsbeiträge anwendbar gemacht werden. Diese Regelung
erfaßt zur Zeit Art. 13 Abs. 3 BayKAG und § 34 Abs. 2 Rh.-pf. KAG
(hierzu Ernst, aaO, Rn 19 a). Keinesfalls aber darf durch landesrechtli-
che Billigkeitsregelungen die grundsätzliche Beitragserhebungspflicht
der Gemeinden ausgehöhlt werden (vgl. Bielenberg, in: B/K/S, Rn 286
a. E.).

28 **6.** Ein Erlaß ist nur unter den in Abs. 5 aufgeführten Voraussetzun-
gen zulässig. Er dient nicht dazu, rechtlich oder tatsächlich **unklare
Fälle** zu bereinigen. Allerdings schließt die Bestimmung in Abs. 5 auch
nicht aus, daß in solchen Fällen ein **Vergleichsvertrag** geschlossen
wird. Ein solcher Vertrag ist nach dem sinngemäß heranzuziehenden
§ 55 VwVfG dann zulässig, wenn durch ihn „eine bei verständiger
Würdigung des Sachverhalts oder der Rechtslage bestehende **Ungewiß-**

heit durch **gegenseitiges Nachgeben** beseitigt wird (und) ... die Behörde den Abschluß des Vergleichs ... für **zweckmäßig** hält" (hierzu BVerwG, U. v. 18. 11. 1977, BRS 37, S. 383/385 f.; allgemein zum Vergleichsvertrag vgl. Kopp, VwVfG, 4. Aufl. 1986, §55, Rn 1 ff.).

7. § 135 enthält nur eine unvollständige Regelung über die **Abwicklung** von Beitragsbescheiden. Soweit er nicht eine abschließende Regelung enthält, wie z. B. bei der Verzinsung gestundeter Beiträge bei landwirtschaftlich genutzten Grundstücken nach Abs. 4 (hierzu oben, Rn 12 ff.), ist er durch die **kommunalabgabenrechtlichen Vorschriften der Länder zu ergänzen.** Auch soweit diese die Abgabenordnung ganz oder teilweise für entsprechend anwendbar erklären, sind die Vorschriften der – bundesrechtlichen – Abgabenordnung als Ergänzung zum insoweit maßgeblichen Landesrecht **nicht revisibel** (BVerwG, U. v. 21. 10. 1983, 8 C 174.81, DVBl. 1984, 192/193 f.).

a) Nach Landesrecht richtet sich insbesondere die **Verjährung** einschließlich der Bestimmung des Ereignisses, das die Verjährungsfrist in Lauf setzt. Dies kann bedeutsam sein bei der rückwirkenden Inkraftsetzung von Satzungen, da der Beginn der Verjährungsfrist entweder an den Zeitpunkt geknüpft werden könnte, zu dem die Beitragsforderung entstanden ist, oder an den Zeitpunkt, zu dem die Satzung verkündet wurde (vgl. BVerwG, U. v. 21. 1. 1977, BRS 37, S. 227/230 f.). Regelmäßig verjährt die **Beitragsforderung** nach Ablauf von **4 Jahren** nach dem Ende des Kalenderjahres, in dem die Beitragsforderung entstanden ist (**Festsetzungsverjährung,** vgl. z. B. § 12 Abs. 1 Nr. 4 b KAG NRW in Verbindung mit § 169 Abs. 2 AO). Die Verjährung der **Vollstreckung** aus dem zugestellten Beitragsbescheid tritt dagegen erst **5 Jahre** nach Zustellung ein (**Zahlungsverjährung,** § 228 AO; zum Unterschied zwischen sog. Festsetzungs- oder Forderungsverjährung und Vollstreckungs- oder Zahlungsverjährung vgl. Klausing, in: Driehaus [Hrsg.], Kommunalabgabenrecht, Stand 1989, § 12 KAG NRW, Rn 19 ff.). Der Ablauf der Frist für die Forderungsverjährung bewirkt das **Erlöschen des Anspruchs** und ist daher – im Gegensatz zur Verjährung nach BGB – **von Amts wegen** zu berücksichtigen. Durch Erlaß eines Beitragsbescheides wird der Ablauf der Forderungsverjährung unterbrochen, und zwar auch dann, wenn dieser später aufgehoben und durch einen neuen Beitragsbescheid ersetzt wird (OVG Münster, U. v. 4. 2. 1970, OVGE 25, 211/212 ff.; OVG Lüneburg, U. v. 26. 2. 1970, KStZ 1971, 32/33 f.). Teilbeträge, die aufgrund einer Kostenspaltung oder eines Vorausleistungsverlangens erbracht wurden, unterliegen selbständig der Verjährung (OVG Koblenz, U. v. 18. 12. 1967, KStZ 1968, 143).

Nach Landesrecht richtet sich auch die **Verwirkung** eines Anspruchs auf Erschließungsbeiträge (BVerwG, U. v. 14. 8. 1987, NVwZ 1988, 361/362). Bundesrecht steht einer solchen Verwirkung nicht entgegen. Allerdings vermag Zeitablauf allein eine Verwirkung nicht zu begrün-

den (BVerwG, U. v. 24. 1. 1971, BRS 37, S. 331 f.; vgl. auch VG
Düsseldorf, KStZ 1989, 115 f., wo einer Gemeinde, die 20 Jahre lang
die Abrechenbarkeit einer Straße nicht herbeiführte, das berechtigte
Vertrauen der Anlieger auf einen Verzicht entgegengehalten wurde).
Eine Verwirkung kann z. B. vorliegen, wenn die Behörde die Beitrags-
erhebung gegen Treu und Glauben in illoyaler Weise über längere Zeit
hinaus verzögert hat und dann wissen mußte, daß der Bürger inzwi-
schen darauf vertraute, daß eine Beitragserhebung nicht mehr erfolgen
würde (hierzu Kopp, VwVfG, 4. Aufl. 1986, § 53, Rn 30 ff.). Bei
öffentlichen Abgaben werden die Voraussetzungen jedoch besonders
streng zu prüfen sein, insbesondere da nach § 127 Abs. 1 eine **Erhe-
bungspflicht** der Gemeinde besteht (BVerwG, ebd.).

32 **b)** Auch die Möglichkeit der **Aufrechnung** richtet sich nach dem
Kommunalabgabengesetz der Länder (BVerwG, U. v. 15. 11. 1973,
BRS 37, S. 378). Zur **Anrechnung** von Vorausleistungen vgl. § 133,
Rn 44 f., von Landabtretungen vgl. § 128, Rn 8, von Herstellungsauf-
wand vgl. § 128, Rn 19. Danach kann nur mit unbestrittenen oder
rechtskräftig festgestellten Gegenansprüchen aufgerechnet werden
(vgl. z. B. § 12 Abs. 1 Nr. 5a KAG NRW in Verbindung mit § 226
AO). § 226 Abs. 1 AO verweist seinerseits für die Aufrechnung auf die
Vorschriften des BGB, d. h. auf §§ 387 ff. BGB. Hiernach ist die
Aufrechnung nur zulässig bei gegenseitigen, gleichartigen, fälligen und
erfüllbaren Forderungen (hierzu Stürner, in: Jauernig, BGB, 5. Aufl.
1990, § 387, Anm. 3). Nur wenn diese **Aufrechnungslage** besteht,
kann die Aufrechnungserklärung wirksam sein. Hat daher der Bei-
tragspflichtige mit einer zunächst nicht bestrittenen Gegenforderung
aufgerechnet, so war diese Erklärung wirksam. Ist seine Forderung
später in Streit geraten und durch gerichtlichen Beschluß niedriger,
aber rechtskräftig festgesetzt worden, so lag in diesem Zeitpunkt eine
rechtskräftig festgestellte Gegenforderung vor. Die Beitragsforderung
ist daher in Höhe des festgestellten Anspruchs mit Zugang der Auf-
rechnungserklärung erloschen (hierzu VGH München, Beschluß vom
21. 7. 1983, BayVBl. 1983, 662).

33 Stundet die Gemeinde die Beitragsforderung, so **kann** sie hierfür
bundesrechtlich – mit Ausnahme in den Fällen des Abs. 4 (vgl. Rn 13) –
Stundungszinsen verlangen (zu Stundungszinsen nach Abs. 3 Satz 3
vgl. oben Rn 16). Aus der in Abs. 3 bestimmten Verzinsungspflicht bei
Verrentung der Beitragsforderung kann nicht im Umkehrschluß ge-
schlossen werden, daß in anderen Fällen ein Zinsverbot besteht. Erklärt
das Landesrecht aber § 234 Abs. 1 AO für anwendbar (vgl. z. B. § 12
Abs. 1 Nr. 5b KAG NRW), so **müssen** die Gemeinden Stundungszin-
sen erheben, sofern nicht eine Unbilligkeit im Sinne des § 234 Abs. 2
AO vorliegt (vgl. OVG Münster, U. v. 9. 11. 1983, NVwZ 1984,
322 f.) oder ein Zinsverbot wie nach Abs. 4 besteht. Auf **Prozeß- oder
Verzugszinsen** ergibt sich mangels notwendiger ausdrücklicher Rege-
lung **bundesrechtlich kein Anspruch** (vgl. BVerwG, U. v. 17. 12.

1971, BRS 37, S. 378/379 f.). Aus Abs. 3 Satz 3 werden Grenzen für die Höhe der Verzinsung zu entnehmen sein (BVerwG, U. v. 10. 9. 1971, BRS 37, S. 380/381 f.). **Auch landesrechtlich** ergeben sich in der Regel **keine Grundlagen** für die Erhebung von **Verzugszinsen** (vgl. z. B. § 12 Abs. 1 Nr. 5 d KAG NRW in Verbindung mit § 233 AO). Jedoch können – sofern für anwendbar erklärt – nach § 240 AO **Säumniszuschläge** erhoben werden (hierzu Lenzen, BayVBl. 1986, 427 ff.). Die Erhebung liegt nicht im Ermessen der Gemeinde, sondern ist eine vom Gesetz an die Versäumung der Zahlungsfrist geknüpfte Rechtsfolge. Insoweit kommt allerdings wiederum ein Billigkeitserlaß in Betracht (hierzu Kühn/Kutter/Hofmann, AO, 15. Aufl. 1987, § 240, Anm. 1). Säumniszuschläge sind keine öffentlichen Abgaben, so daß einem Widerspruch aufschiebende Wirkung zukommt (OVG Lüneburg, KStZ 1988, 57 f.). Ggf. können auch **Aussetzungszinsen** nach § 237 AO verlangt werden, sofern das Landesrecht eine entsprechende Verweisung enthält und auf einen Widerspruch hin die Vollstreckung des Beitragsbescheids ausgesetzt wurde (BVerwG, U. v. 9. 3. 1984, 8 C 45.82, NVwZ 1984, 435 f.; OVG Münster, U. v. 29. 9. 1983, NVwZ 1984, 321 f.). Schließt die Gemeinde einen **Vertrag** über ihre Beitragsforderung, trifft sie also z. B. eine **Vorauszahlungsvereinbarung** oder vereinbart sie eine **Ablösung** des Erschließungsbeitrags, so gilt hinsichtlich der Zinsen Vertragsrecht. Der Ausschluß der Verwaltungsverfahrensgesetze greift in diesen Fällen nicht ein, da es sich nicht mehr um eine „Abgabenangelegenheit" im technischen Sinn handelt. Daher kommen über § 62 Satz 2 VwVfG die Vorschriften des BGB zur Anwendung. Hiernach können bei Zahlungsverzug gemäß § 284 BGB Zinsen von 4 % ab Fälligkeit gefordert werden (§ 288 BGB). Auch im Prozeßfalle können nach §§ 291, 288 BGB 4 % Zinsen verlangt werden (hierzu Wohlfahrt, KStZ 1983, 125 ff.).

c) Zu Unrecht erhobene Erschließungsbeiträge sind zu **erstatten.** 34 Diesbezügliche Streitigkeiten sind nach § 40 Abs. 1 Satz 1 VwGO vor den Verwaltungsgerichten auszutragen (BVerwG, U. v. 12. 1. 1983, 8 C 78 und 79.81, NVwZ 1983, 472). Ist der Beitragsbescheid aber noch nicht wirksam aufgehoben, so ist er nach § 80 Abs. 2 Nr. 1 VwGO vorläufig verbindlich und eine tragfähige Rechtsgrundlage für die hiernach geforderte Leistung (hierzu oben, Rn 3). Daran ändert auch nichts, daß der Verwaltungsakt im Widerspruchsverfahren aufgehoben worden ist und diese Aufhebung durch nicht rechtskräftiges erstinstanzliches Urteil bestätigt worden ist. Solange daher solche Erstattungsansprüche nicht geltend gemacht werden können, können hierfür auch keine Prozeßzinsen entstehen (BVerwG, aaO, S. 473).

Die **Vollstreckung** von Beitragsforderungen der Gemeinde richtet 35 sich ebenfalls nach Landesrecht (vgl. § 1 Abs. 1 Verwaltungsvollstreckungsgesetz NRW). Dabei muß sich die der Verwaltungsvollstreckung vorausgehende Aufforderung zur Leistung (Leistungsgebot) nur auf die

Hauptforderung erstrecken und braucht nicht Säumniszuschläge und Zinsen zu erfassen (§ 12 Abs. 1 Nr. 6 KAG NRW in Verbindung mit § 254 Abs. 3 AO).

Zweites Kapitel.
Besonderes Städtebaurecht

Vorbemerkung zum Zweiten Kapitel
(§§ 136 bis 191)

1. Allgemeines. Das Zweite Kapitel steht in unmittelbarem Zusammenhang mit besonders umfangreichen Änderungen des Städtebaurechts im Rahmen seiner **Neukodifikation im BauGB:** Die Neubezeichnung des Gesetzes („BauGB") ist die Folge der Übernahme von wesentlichen Teilen des bisherigen StBauFG in das bisherige BBauG. Die Zusammenfassung beider Gesetze war auch ein wesentlicher Anlaß für das Gesetzesvorhaben. Die Einfügung des StBauFG erzwang weiterhin einen neuen Aufbau des Gesetzes: Nach den in der Paragraphenreihenfolge weithin unverändert gebliebenen Bestimmungen der §§ 1–135 (Erstes Kapitel „Allgemeines Städtebaurecht") ist mit dem Zweiten Kapitel **„Besonderes Städtebaurecht"** eine Neufassung bisheriger Regelungen in StBauFG und BBauG angeworden.

Die beiden Kapitel spiegeln die historische Entwicklung des Städtebaurechts wider: Das **Erste Kapitel** enthält „klassische" Instrumente des Städtebaurechts (Bauleitplanung und ihre Sicherung, Zulässigkeit von Vorhaben, Bodenordnung, Enteignung und Erschließung); diese Instrumente waren – unbeschadet wiederholter Änderungen – im wesentlichen bereits im BBauG von 1960 enthalten. Das **Zweite Kapitel** enthält dagegen vorwiegend solche städtebaulichen Verfahren und Instrumente, die später in das Städtebaurecht eingefügt wurden (vgl. insbesondere die Sanierung, die Erhaltungssatzung, die städtebaulichen Gebote). Auch diese Unterscheidung bedarf jedoch der Einschränkung, weil auch im Ersten Kapitel neuartige und erstmals mit dem BauGB eingeführte städtebauliche Instrumente (vgl. § 22 über die Sicherung von Gebieten mit Fremdenverkehrsfunktionen) enthalten sind. Hinzu kommt, daß durch die Zusammenfügung von BBauG und StBauFG solche Sonderregelungen des Sanierungsrechts zu Bestimmungen des BBauG überwiegend in die entsprechenden Regelungen des „allgemeinen" Städtebaurechts integriert wurden; so enthält z. B. das Sanierungsrecht (§ 136 ff. BauGB) keine Sonderregelungen mehr über das Vorkaufsrecht (§ 17 StBauFG) oder über die Enteignung (§ 22 StBauFG). Diese Bestimmungen sind mit den jeweils allgemeinen Bestimmungen verschmolzen worden (vgl. z. B. § 24 Abs. 1 Nr. 3; § 28 Abs. 4; § 87 Abs. 3 Satz 3, § 88 Satz 2 BauGB).

2. Überblick. a) Städtebauliche Sanierungsmaßnahmen (§§ 136 bis 164). Aufgrund des Art. 2 Nr. 1 des Gesetzes über das BauGB (im **Anhang** auszugsweise wiedergegeben) wurde das **StBauFG** zum 1. 7.

1987 aufgehoben. Die boden- und verfahrensrechtlichen Regelungen des bisher im StBauFG geregelten Sanierungsrechts wurden in den Ersten Teil des Zweiten Kapitels übernommen. Die finanzierungs- und förderungsrechtlichen Bestimmungen des StBauFG gelten gem. § 245 Abs. 10 und 11 übergangsweise fort. Die steuerlichen Bestimmungen (§§ 78 bis 84, § 90 StBauFG) sind aus dem Städtebaurecht z. T. in die jeweiligen Steuerfachgesetze übernommen worden.

4 **b) Städtebauliche Entwicklungsmaßnahmen (§§ 165 bis 171).** Die Entwicklungsmaßnahme ist gem. **§ 1 Abs. 3 StBauFG** eine städtebauliche Maßnahme mit einer besonderen rechtlichen Bindung an Ziele der Raumordnung und Landesplanung. Gegenstand kann die Schaffung neuer Orte, die Entwicklung vorhandener Orte zu neuen Siedlungseinheiten oder die Erweiterung vorhandener Orte um neue Ortsteile sein. In den letzten Jahren vor Verabschiedung des BauGB sind nur noch vereinzelt neue Entwicklungsmaßnahmen eingeleitet worden. Bei den Vorarbeiten zum BauGB hat sich als übereinstimmende Beurteilung aller Länder und der kommunalen Spitzenverbände ergeben, daß für die städtebauliche Entwicklungsmaßnahme als Instrument der Landesplanung und Raumordnung **kein Bedürfnis mehr** besteht (Materialien, 104). Diesen Vorstellungen wurde im BauGB Rechnung getragen: Seit Inkrafttreten des BauGB (1. 7. 1987) können keine (neuen) städtebaulichen Entwicklungsmaßnahmen mehr festgelegt werden. Für die bereits förmlich festgelegten Entwicklungsbereiche verbleibt es materiell bei der Anwendung des bisherigen Rechts. Das Recht der Entwicklungsmaßnahme wird dabei – beschränkt auf laufende Maßnahmen – als Vollregelung in das BauGB übernommen; **Zweiter Teil.** Es hat insofern zugleich den Charakter eines **Überleitungsrechts.**

5 Aufgrund des **BauGB-MaßnahmenG** wurde die städtebauliche Entwicklungsaufnahme mit neuer („stadtentwicklungspolitischer") Aufgabenstellung und als gemeindliches Instrument wieder eingeführt; vgl. Einl., Rn 36 sowie § 165, Rn 4 ff. und Anhang, BauGB-MaßnahmenG.

6 **c) Erhaltungssatzung und städtebauliche Gebote (§§ 172 bis 179).** Im Dritten Teil ist die Erhaltungssatzung (bisher § 39 h BBauG) zusammen mit den städtebaulichen Geboten (§§ 39 a bis i BBauG) geregelt. Die Erhaltungssatzung ist im Ersten Abschnitt dieses Teils enthalten. Der 8 Absätze umfassende bisherige § 39 h BBauG ist in 3 Bestimmungen neu geregelt: **§§ 172 bis 174.** Die städtebaulichen Gebote sind in **§§ 175 bis 179** enthalten; das Nutzungsgebot (§ 29 c BBauG) wurde nicht übernommen.

7 **d) Sozialplan und Härteausgleich (§§ 180, 181).** Im Vierten Teil sind folgende bisher sowohl im BBauG als auch im StBauFG geregelte Materien zusammengefaßt: Die Bestimmungen über den Sozialplan (§ 180) waren in § 13 a BBauG sowie § 4 Abs. 2 und 2 a und § 8 Abs. 2

StBauFG geregelt. Der Härteausgleich (§ 181) war in §§ 122 a und 122 b BBauG sowie in § 85 StBauFG geregelt.

e) Miet- und Pachtverhältnisse (§§ 182 bis 186). Der Fünfte Teil faßt **8** Regelungen zusammen, die in § 39 g BBauG, §§ 26 bis 31 StBauFG geregelt waren.

f) Städtebauliche Maßnahmen im Zusammenhang mit Maßnah- **9** **men zur Verbesserung der Agrarstruktur (§§ 187 bis 191).** Die Regelungen des Sechsten Teils treten an die Stelle der §§ 144 a bis 144 f BBauG.

Erster Teil.
Städtebauliche Sanierungsmaßnahmen

Vorbemerkungen zu den §§ 136 bis 164

Übersicht

1. Zusammenfassung von BBauG und StBauFG. Die Einfügung 1
des städtebaulichen Sanierungsrechts in das „allgemeine" Städtebau-
recht des BBauG stellt den **Abschluß einer Rechtsentwicklung** dar, der
mit dem BBauG von 1960 begonnen hat. Das BBauG i. d. F. von 1960
enthielt nur in Ansätzen Sanierungsrecht. Zwar war bereits bei seiner
Erarbeitung erkannt worden, daß der Städtebau bei der Sanierung
überalteter Baugebiete, bei der Entwicklung in den Randzonen der
Verdichtungsgebiete und beim Bau neuer Orte vor Aufgaben stand,
deren Lösung eines über das BBauG hinausgehenden Instrumentariums
bedarf. Von wenigen Regelungen abgesehen hat der damalige Gesetz-
geber die eingehende Regelung der städtebaulichen Erneuerung jedoch
einem späteren Gesetz vorbehalten. Dies vor allem, um die Verabschie-
dung des Gesetzes nach zehnjähriger Erarbeitungszeit nicht noch weiter
zu verzögern (s. zur Entstehungsgeschichte des StBauFG Bielenberg,
StBauFG, Einl. B, Rn 27 ff.; Krautzberger, in: S/S/K, Einl., Rn 1 ff.;
Bielenberg/Krautzberger, DVBl. 1985, 1281). Schon bald nach Inkraft-
treten des BBauG wurde daher mit den Vorarbeiten für ein Stadter-
neuerungsgesetz begonnen. Nach einem langwierigen Gesetzgebungs-
verfahren wurden die Sonderregelungen für städtebauliche Sanierungs-
und Entwicklungsmaßnahmen – das Entwicklungsrecht ist erst im
Laufe der Gesetzesarbeiten hinzugekommen – im **Städtebauförde-**

rungsgesetz vom 27. 7. 1971 (BGBl. I S. 1125) in einem neben dem BBauG anzuwendenden Gesetz zusammengefaßt. Das StBauFG hat ein **Sonderrecht** geschaffen: In sachlicher Hinsicht war es beschränkt auf städtebauliche Sanierungs- und Entwicklungsmaßnahmen; die Anwendung des Gesetzes war damit auch räumlich auf diese Maßnahmen und zeitlich auf deren Vorbereitung und Durchführung begrenzt. Jedoch enthält das StBauFG innerhalb des so begrenzten Anwendungsbereichs keine abschließende bodenrechtliche Regelung, so daß auch sonstige bodenrechtliche Vorschriften anderer Gesetze — soweit im StBauFG nicht ausdrücklich ausgeschlossen — Anwendung fanden. Dies galt vor allem für die Anwendung des BBauG, das in Sanierungs- und Entwicklungsmaßnahmen neben den Vorschriften des StBauFG — z. T. erheblich modifiziert — anzuwenden war. Dieses „Nebeneinander" begründete seit längerem die rechtspolitische Absicht, BBauG und StBauFG zusammenzufassen. Mit der **Novelle 1976** wurde dieses Ziel bereits zu einem Teil erreicht: Eine Reihe bodenrechtlicher Vorschriften des StBauFG wurde in das BBauG übernommen, wie z. B. die Gebotsregelungen der §§ 19 bis 21 StBauFG (Abbruch-, Bau- und Modernisierungsgebot) und der Vierte Teil über „Städtebauliche Maßnahmen im Zusammenhang mit Maßnahmen zur Verbesserung der Agrarstruktur" (§§ 64 bis 70 StBauFG). Darüber hinaus wurden Regelungen „parallel" zum StBauFG auch im BBauG aufgenommen, wie z. B. die Bürgerbeteiligung oder der Sozialplan. Auch die **Novelle 1984 StBauFG** trug mit der Streichung des bisherigen § 10 StBauFG über die Verpflichtung zur Aufstellung von qualifizierten Sanierungsbebauungsplänen und damit einer im BBauG nicht vorgesehenen besonderen Planungspflicht zur Harmonisierung der beiden Gesetze bei: Auch in Sanierungsgebieten bestimmt sich seither die Verpflichtung zur Aufstellung von Bebauungsplänen — wie in den übrigen Gemeindeteilen — nach § 1 Abs. 3 BBauG/BauGB. Mit dem **BauGB** und seiner Zusammenfassung beider bisherigen Gesetze wurde diese Rechtsentwicklung vorläufig abgeschlossen. Der Gesetzgeber hat allerdings davon abgesehen, das Sanierungsrecht vollständig „aufzulösen" und zu einem allgemein anwendbaren Recht zu machen. Es bleibt bei der Konstruktion des Sanierungsrechts als eines **Sonderrechts für besonders schwerwiegende städtebauliche Problemstellungen.** Von einer allgemeinen Anwendbarkeit in dem Sinne, daß die besonderen Instrumente des StBauFG in allen Gemeindegebieten zur Anwendung kommen können, hat der Gesetzgeber durch die Begrenzung des Anwendungsbereichs auf **„städtebauliche Mißstände"** (§ 136 Abs. 2 und 3) abgesehen. Eine Erweiterung des Anwendungsbereichs des Sanierungsrechts auf alle städtebaulichen Planungen und Maßnahmen wurde vom Gesetzgeber — unbeschadet rechtlicher und ordnungspolitischer Fragen — mit der Begründung abgelehnt, daß für eine Ausdehnung des Anwendungsbereichs des bisherigen Sanierungsrechts kein Bedürfnis besteht (A–Ber., 146). Insoweit bleibt das Sanierungsrecht weiterhin ein **sachlich, zeitlich** und **räumlich begrenztes Sonderrecht.**

Die Übernahme des Sanierungsrechts in das BauGB hat der Gesetz- 2
geber als „Anerkennung der Stadterneuerungsaufgaben als Daueraufgaben im Städtebau" (BT-Dr. 10/4630, S. 50) bezeichnet. In **rechtspolitischer Hinsicht** war damit die Anerkennung eines seit der Entstehung – vor allem was die bodenpolitische Konzeption des Gesetzes betrifft (vgl. Rn 17 bis 23) – sehr **umstrittenen Rechtsbereichs** verbunden (vgl. die Übersicht bei Gronemeyer, NVwZ 1986, 92). Für die uneingeschränkte Übernahme des besonderen Bodenrechts des bisherigen StBauFG in das BauGB war vor allem die erhebliche städtebauliche Bedeutung und der damit verbundene **„politische Erfolg"** der auf der Grundlage des StBauFG durchgeführten (und geförderten) städtebaulichen Sanierungsmaßnahmen von Bedeutung; vgl. Autzen/ Becker/ Schäfer/ Schmidt, Erfahrungen mit der Sanierung nach dem StBauFG, Schriftenreihe des BMBau Nr. 02.036, Bonn 1986; zur Auswertung der rechtstatsächlichen Erfahrungen vgl. auch Materialien, S. 116 ff. Zum Praxiserfolg hat auch die rasche und praxisfreundliche Klärung vieler grundsätzlicher Rechtsfragen des Sanierungsrechts in der **Rechtsprechung** der letzten Jahre beigetragen (vgl. zur Entwicklung der Rechtsprechung Gronemeyer, NVwZ 1986, 92 ff. und 184 ff.).

2. Überblick; Aufbau Das **StBauFG** wurde aufgrund des Art. 2 3
Nr. 1 des Gesetzes über das BauGB (im **Anhang** auszugsweise wiedergegeben) **aufgehoben.** Die boden- und verfahrensrechtlichen Regelungen des StBauFG wurden in das Zweite Kapitel „Besonderes Städtebaurecht" des BauGB übernommen. Die finanzierungs- und förderungsrechtlichen Bestimmungen des StBauFG gelten gem. **§ 245 Abs. 11** übergangsweise fort (vgl. Rn 27); die steuerlichen Bestimmungen sind in die jeweiligen Steuerfachgesetze übernommen worden (vgl. Rn 30). Zu den Einzelheiten der Zusammenfassung von BBauG und StBauFG, insbesondere zur Zuordnung der bisherigen an die neuen Bestimmungen vgl. im Einzelnen (Überblick) Krautzberger, in: B/K/S, Rn 305 und 312. Im Ersten Teil des Zweiten Kapitels „Städtebauliche Sanierungsmaßnahme" **(§§ 136 bis 164 BauGB)** ist das Sanierungsrecht zusammengefaßt.

Im **Ersten Abschnitt (§§ 136 bis 139)** sind „Allgemeine Vorschriften" 4
zusammengefaßt. In § 136 sind der Begriff der Sanierung, der Anwendungsbereich und die Grundsätze des Sanierungsrechts geregelt. § 137 regelt die Beteiligung und Mitwirkung von Eigentümern, Mietern, Pächtern und sonstigen Betroffenen. Die Auskunftspflicht der Eigentümer, Mieter und Pächter und sonstigen zum Besitz oder nur Nutzung Berechtigten sowie ihre Beauftragten über sanierungsrelevante Tatsachen ist in § 138 zusammengefaßt. § 139 enthält Regelungen über die Unterstützung der Sanierung durch den Bund, die Länder, die Gemeindeverbände und die sonstigen Körperschaften, Anstalten und Stiftungen des öffentlichen Rechts sowie über die Beteiligung der Träger öffentlicher Belange.

5 Die Vorbereitung und Durchführung der Sanierung sind im **Zweiten Abschnitt** zusammengefaßt (**§§ 140 bis 151**). Im einzelnen enthält der Zweite Abschnitt folgende Regelungen:

Zur Verbesserung der Systematik des Gesetzes enthält **§ 140** eine im StBauFG fehlende Bestimmung über die Vorbereitung der Sanierung. Die übrigen Bestimmungen über die Vorbereitung und Durchführung entsprechen im wesentlichen dem StBauFG, mit Ausnahme des durch das BauGB grundlegend neu geregelten „vereinfachten Verfahrens" (vgl. § 142 Abs. 4).

6 Die – außer in den Fällen des „vereinfachten Verfahrens" – anzuwendenden **besonderen sanierungsrechtlichen Vorschriften** sind im **Dritten Abschnitt** des BauGB (**§§ 152 bis 156**) zusammengefaßt. Diese Bestimmungen umfassen den als „bodenpolitische Konzeption" des StBauFG bezeichneten Regelungsbereich, also vor allem die besonderen entschädigungsrechtlichen Regelungen, die Preisprüfung und den Ausgleichsbetrag (vgl. hierzu Rn 17 bis 23).

7 Im **Vierten Abschnitt (§§ 157 bis 161)** sind die Bestimmungen über Sanierungsträger und andere Beauftragte – überwiegend entsprechend dem StBauFG – enthalten.

8 Auch die Bestimmungen des **Fünften Abschnitts** über den Abschluß der Sanierung (**§§ 162 bis 164**) entsprechen im wesentlichen den Regelungen im StBauFG.

9 **3. Grundsätze des Sanierungsrechts. a) Allgemeines.** Das Sanierungsrecht regelt einen städtebaulichen Maßnahmetyp besonderer Art. Es handelt sich um städtebauliche **Gesamtmaßnahmen.** Sanierungsmaßnahmen weisen ein Bündel von Problemen und Lösungssätzen auf, die einer einheitlichen Vorbereitung und Durchführung bedürfen. In den Sanierungsgebieten besteht ein qualifizierter städtebaulicher Handlungsbedarf, der aus Gründen des öffentlichen Interesses ein planmäßiges und aufeinander abgestimmtes Vorgehen erfordert. Es handelt sich um **gebietsbezogene Maßnahmen,** nicht um Einzelmaßnahmen (vgl. BVerwG, BauR 1986, 677).

10 Kennzeichnend für das gesetzgeberische Konzept der städtebaulichen Gesamtmaßnahme ist ihre **einheitliche Vorbereitung und zügige Durchführung** durch die Gemeinde (§§ 140 ff., §§ 146 ff. BauGB). Die Gesamtverantwortung der Gemeinde für die Vorbereitung und Durchführung der Sanierung ist Ausfluß des gemeindlichen Selbstverwaltungsrechts (Art. 28 Abs. 2 GG). Die einheitliche Vorbereitung und zügige Durchführung erfordert vor allem eine **Planung** der Maßnahme durch die Gemeinde. Zur Planung rechnen insbesondere städtebauliche Planungen, wie z. B. Bauleitpläne, städtebauliche Rahmenpläne, Strukturpläne oder Stadtteilentwicklungspläne (vgl. weiterhin § 140 Nr. 4). Die Planung der Sanierungsmaßnahme erfordert weiterhin einen Zeit-Maßnahmenplan mit Kosten- und Finanzierungsüberlegungen (vgl. § 149). Die Gesamtplanung für das Sanierungsgebiet fließt in

das **Sanierungskonzept der Gemeinde** ein; das Gesetz bezeichnet dieses Konzept als **„Ziele und Zwecke der Sanierung"** (§ 140 Nr. 3). Das Konzept wird entsprechend dem Stand der Vorbereitung und Durchführung der Maßnahmen weiter konkretisiert; es ist keine statische, sondern eine fortschreibungsbedürftige Planung.

Im **Verhältnis Gemeinde-Eigentümer** liegt dem Gesetz die Vorstel- **11** lung zugrunde, daß die Gemeinde die Verantwortung für die Gesamtmaßnahme trägt. Der Gemeinde obliegen hierbei insbesondere die Vorbereitung sowie die Durchführung der Ordnungsmaßnahmen, während die Baumaßnahmen den Eigentümern obliegen; §§ 146 bis 148. Die Gemeinde kann jedoch den Eigentümern die Durchführung von Ordnungsmaßnahmen aufgrund einer Vereinbarung überlassen, während sie ihrerseits die Baumaßnahmen zu übernehmen hat, soweit deren zügige und zweckmäßige Durchführung durch die Eigentümer nicht gewährleistet ist.

Ein weiterer Grundsatz, der städtebauliche Sanierungsmaßnahmen **12** prägt, ist die **frühzeitige und während der gesamten Vorbereitung und Durchführung stattfindende Beteiligung** der durch Sanierungs- oder Entwicklungsmaßnahmen **Betroffenen,** also insbesondere der Eigentümer, Mieter und Pächter und deren **Beratung** (§ 137). Die Mitwirkung der Betroffenen an der Vorbereitung und Durchführung soll den Betroffenen die Möglichkeit zur Wahrung ihrer Rechtspositionen geben. Darüber hinaus soll hierdurch die enge Abstimmung der öffentlichen und privaten Maßnahmen erreicht und damit der Erfolg der städtebaulichen Maßnahmen erhöht werden.

Neben den Sanierungsbetroffenen sind von der Gemeinde bei der **13** Vorbereitung und Durchführung städtebaulicher Maßnahmen auch die sonstigen **öffentlichen Aufgabenträger** zu beteiligen. Das Gesetz regelt hierzu u. a. die Aufgaben der öffentlichen Aufgabenträger bei städtebaulichen Sanierungsmaßnahmen, die Verpflichtung der Gemeinde zur Beteiligung der sonstigen öffentlichen Aufgabenträger und die Verpflichtung der sonstigen öffentlichen Aufgabenträger zur Unterrichtung der Gemeinde über eigene Planungen sowie Kosten- und Finanzierungsvorstellungen (§§ 139 und 149).

Zur Gesamtverantwortung der Gemeinde für die Vorbereitung und **14** Durchführung der Sanierung gehört es auch, Vorstellungen zu entwikkeln und mit den Betroffenen zu erörtern, wie nachteilige Auswirkungen städtebaulicher Maßnahmen möglichst vermieden oder gemildert werden können; **Sozialplan; § 180.**

Ein wesentlicher Unterschied der Regelung des Sanierungsrechts im **15** BauGB gegenüber der Regelung im StBauFG ist, daß das Gesetz keine integrierte Regelung der **finanzierungs- und förderungsrechtlichen Bestimmungen** mehr enthält (vgl. im einzelnen Rn 24–27). Übergangsweise gilt jedoch das bisherige Finanzierungs- und Förderungsrecht des StBauFG fort. Die Ausgestaltung der Überleitungsbestim-

mungen über das Finanzierungsrecht (§ 245 Abs. 11) stellt sicher, daß das für die Durchführung städtebaulicher Sanierungsmaßnahmen unerläßliche Förderungsinstrumentarium auch nach Aufhebung des StBauFG und bis zur Ablösung durch Landesrecht zur Verfügung steht. Das BauGB enthält somit zwar nicht unmittelbar ein finanzierungs- und förderungsrechtliches Regelungssystem. Es setzt ein solches System jedoch voraus. Auch insoweit ist also der besondere Typus des städtebaulichen Maßnahmerechts im neuen Recht beibehalten worden. Vgl. zu den **abgaben- und steuerrechtlichen Vorschriften** Rn 28—30.

16 Auch das **besondere Bodenrecht** des bisherigen StBauFG ist in das BauGB übernommen worden. Hinsichtlich des „vereinfachten Verfahrens" ist es gegenüber dem StBauFG grundlegend weiterentwickelt worden. Übernommen wurde insbesondere das **zentrale Steuerungsinstrument des § 15 StBauFG** (§§ 144 ff. BauGB). Zur Fortentwicklung des vereinfachten Verfahrens im Hinblick auf eine erweiterte und differenzierte Anwendung der sanierungsrechtlichen Verfügungs- und Veränderungssperre vgl. im einzelnen die Erl. zu § 144 Abs. 4. Zum bodenpolitischen Konzept des Sanierungsrechts vgl. Rn 17 bis 23.

17 **b) Bodenpolitisches Konzept.** In das BauGB wurde auch das „bodenpolitische Konzept" des StBauFG übernommen, und zwar im **Dritten Abschnitt des Sanierungsrechts (§§ 152 bis 156).** Es findet außer in den Fällen des vereinfachten Verfahrens Anwendung und ist maßgeblich durch folgende Elemente gekennzeichnet: Nach **§ 153 Abs. 1** werden bei der **Bemessung von Ausgleichs- und Entschädigungsleistungen** solche Werterhöhungen nicht berücksichtigt, die lediglich durch die Aussicht auf die Sanierung, durch ihre Vorbereitung oder ihre Durchführung eingetreten sind. Diese Regelung trägt in erster Linie dem Umstand Rechnung, daß die Gemeinde vor allem bei der Durchführung von Ordnungsmaßnahmen zum Teil in erheblichem Umfang **Grunderwerb** oder sonstige bodenordnende Maßnahmen tätigen muß. Soweit der **Bodenmarkt** auf die bevorstehende Verbesserung der Gebietssituation, der Lage, der Ausnutzbarkeit der Grundstücke, der Erreichbarkeit und anderer wertbestimmender Faktoren reagiert, kann dies die Durchführung der Sanierung u. U. erheblich erschweren. Bereits der erste RegE zum StBauFG aus dem Jahre 1965 enthielt daher eine dem jetzigen § 153 Abs. 1 BauGB entsprechende Regelung, zu der in der amtlichen Begründung folgendes ausgeführt wurde (BT-Dr. IV/3491, S. 30):

„Die Erfahrung zeigt, daß dann, wenn Sanierungsabsichten in der Öffentlichkeit bekannt werden, häufig im Hinblick auf die Sanierung Spekulationsgeschäfte vorgenommen werden, die die Grundstückspreise im künftigen Sanierungsgebiet in die Höhe treiben. Sie nehmen damit den durch die Sanierung erstrebten Erfolg, der gerade erst durch Einsatz öffentlicher Mittel und behördlicher Initiative herbeigeführt werden soll, spekulativ vorweg. Würde das zugelassen, so würde es dazu führen, daß aus der Beseitigung unwürdiger Zustände unberechtigte Gewinne erzielt werden und damit eine doppelte Belastung der Allgemeinheit

eintritt. Unter diesen Umständen könnte die Sanierung vielfach überhaupt nicht durchgeführt werden."

Eine § 153 Abs. 1 entsprechende Regelung für **Umlegungsverfahren** 18
enthält **§ 153 Abs. 5**. Das bodenpolitische Konzept ist weiterhin durch die spiegelbildliche **Ausgleichsbetragsregelung** gekennzeichnet: Nach Abschluß der Sanierungsmaßnahmen hat der Eigentümer an die Gemeinde einen Ausgleichsbetrag in Höhe der durch die Sanierung bedingten Erhöhung des Bodenwerts zu entrichten (§§ 154, 155). Bei der Veräußerung von Grundstücken ist nach § 153 Abs. 4 der Neuordnungswert zugrunde zu legen.

Das bodenpolitische System wird abgesichert durch die **Preisprü-** 19
fung nach § 153 Abs. 2. Danach ist die im Sanierungsgebiet erforderliche Genehmigung einer rechtsgeschäftlichen Grundstücksveräußerung oder die Bestellung oder Veräußerung eines Erbbaurechts (§ 144 Abs. 2 Nr. 1 BauGB) zu versagen, wenn der vereinbarte Gegenwert für das Grundstück oder das Recht über dem Wert liegt, der sich in Anwendung des § 153 Abs. 1 ergibt.

Diese bodenrechtlichen Sonderbestimmungen sind ein **aufeinander** 20
abgestimmtes Gesamtsystem; es hat hinsichtlich des Eigentumsschutzes (Art. 14 GG) seine verfassungsrechtliche Grundlage in Art. 14 Abs. 1 Satz 2, Abs. 2 GG (vgl. weiterführend Bielenberg, StBauFG, Einl. B, Rn 116 ff.; ders., in: B/K/K, Bd. I.C, § 142, Rn 52 bis 66; Krautzberger, in: S/S/K, Einl. Rn 30; Schmidt-Aßmann, Grundfragen des Städtebaurechts, Göttingen 1972, S. 289 ff.). Die **verfassungsrechtliche Beurteilung** hat sich durch die Einfügung dieser besonderen sanierungsrechtlichen Bestimmungen des StBauFG in das BauGB nicht verändert. Dies gilt auch im Hinblick auf die verfassungsrechtliche Beurteilung der **Gleichbehandlung (Art. 3 GG)** der Sanierungsbetroffenen innerhalb des Sanierungsgebiets (Rn 21) und der Gleichbehandlung der Eigentümer innerhalb und außerhalb ders Sanierungsgebiets (Rn 22).

Was die Gleichbehandlung der Eigentümer **innerhalb eines Sanie-** 21
rungsgebiets betrifft, ist vor allem der Fall von Bedeutung, daß ein bestimmter Teil der Eigentümer durch Umplanungen, durch Grundstücksveräußerungen oder Grundstücksentziehung betroffen ist, während ein anderer Teil der Eigentümer hiervon unberührt bleibt. Während die erstgenannte Gruppe von Eigentümern bei der Bemessung von Ausgleichs- und Entschädigungsleistungen gemäß 153 Abs. 1 nur eine von den sanierungsbedingten Wertsteigerungen bereinigte Leistung erhält, „behalten" die übrigen, also die von entsprechenden Maßnahmen nicht betroffenen Eigentümer, die sanierungsbedingten Wertsteigerungen. Zur Vermeidung einer mit der Gleichbehandlung unvereinbaren differenzierten Behandlung der verschiedenen Eigentümergruppen hat das Gesetz daher mit der Ausgleichsbetragsregelung (§§ 154 f.) eine § 153 Abs. 1 spiegelbildlich entsprechende Wertabschöpfung geschaffen. In der **„Spiegelbildlichkeit" von Entschädigungsre-**

gelung und Ausgleichsbetragsregelung ist im Hinblick auf Art. 3 GG die Rechtfertigung der besonderen Bemessung von Ausgleichs- und Entschädigungsleistungen und damit des bodenpolitischen Systems des Sanierungsrechts zu sehen (vgl. weiterhin Bielenberg, in: Gutachten B zum 49. Deutschen Juristentag, München 1972, B 82; ders., in: B/K/K aaO; Krautzberger, in: S/S/K, Einl., Rn 32; Schmidt-Aßmann aaO, S. 284 ff.).

22 Auch die verfassungsrechtliche Beurteilung der differenzierten Behandlung der **Eigentümer innerhalb und außerhalb von** (nicht im vereinfachten Verfahren) **förmlich festgelegten Sanierungsgebieten** hat sich durch die Einfügung des Sanierungsrechts in das BauGB nicht verändert: Die Rechtfertigung des Nebeneinanders zweier unterschiedlicher bodenpolitischer Systeme wurde zwar in der Anfangszeit des StBauFG z. T. mit dem Hinweis auf eine „Übergangsregelung mit experimentellem Charakter" gerechtfertigt (Schmidt-Aßmann aaO, S. 227). Später hat sich jedoch allgemein die Ansicht durchgesetzt, daß das besondere bodenrechtliche System im Hinblick auf Art. 3 GG als eine **aus Sachgründen gerechtfertigte differenzierte Behandlung** der Eigentümer anzusehen ist. Die mit dem besonderen Abschöpfungssystem aufgeworfenen Rechtsfragen haben insbesondere eine weitgehende höchstrichtliche Klärung erfahren. Der **BGH** (NJW 1980, 2814/ 2816) hält die Erfassung der Planungsgewinne innerhalb des Ausgleichsbetrags bzw. die Nichtberücksichtigung von Planungsgewinnen bei Entschädigungsleistungen gegenüber der außerhalb von Sanierungsgebieten geltenden Rechtslage im Hinblick auf Art. 3 Abs. 1 sowie Art. 14 Abs. 1 GG für unbedenklich. Er stellt darauf ab, daß sich die Abschöpfung bzw. Nichtberücksichtigung von Wertsteigerungen auf solche Wertsteigerungen beschränkt, die lediglich durch die Aussicht auf den Einsatz des bodenrechtlichen Instrumentariums, zu dem der einzelne Eigentümer keinen Beitrag leistet, bewirkt werden. Insofern zieht er eine Parallele zur Abschöpfung **umlegungsbedingter Wertsteigerungen** gemäß §§ 57, 58. Auch das **BVerwG** hat in mehreren Entscheidungen das bodenrechtliche System des StBauFG gebilligt (z. B. BVerwG, NJW 1979, 2578; NJW 1982, 398). Die Einfügung des in einem städtebaulichen Sondergesetz (StBauFG) enthaltenen besonderen bodenpolitischen Konzepts in das bisherige BBauG hat im Hinblick auf die **Einheit der Rechtsordnung** an der verfassungsrechtlichen Beurteilung nichts geändert.

23 Die verfassungsrechtliche Legitimation des Nebeneinanders unterschiedlicher bodenpolitischer Konzeptionen und damit unterschiedlicher rechtlicher Behandlung der von städtebaulichen Planungen und Maßnahmen Betroffenen hat sich im übrigen schärfer anläßlich der Novelle 1984 StBauFG gestellt: Seit der **Einführung des vereinfachten Verfahrens,** das in das BauGB übernommen wurde, können Sanierungsverfahren mit und ohne Anwendung des besonderen Sanierungsrechts durchgeführt werden. Ohne daß zu diesem Bereich schon

höchstrichterliche Rechtsprechung vorliegt, ist davon auszugehen, daß die verfassungsrechtliche Beurteilung entsprechend dem Nebeneinander von besonderem Sanierungsrecht und sonstigem Städtebau vorzunehmen ist. Für die verfassungsrechtliche Beurteilung ist entscheidend, ob – Vergleichbarkeit der Sachverhalte vorausgesetzt – eine differenzierte Behandlung der Sanierungsbetroffenen, vor allem der Grundstückseigentümer, zureichend gerechtfertigt werden kann. Die Abgrenzung des „besonderen" vom neuen „vereinfachten" Verfahren ist im StBauFG (§ 5 Abs. 1 Satz 4 und Abs. 2 Satz 5 StBauFG) ebenso wie im BauGB (§§ 142 Abs. 4 BauGB) mit einer sachgerechten, differenzierten Behandlung der Sanierungsbetroffenen, nämlich mit dem **Erfordernis der Anwendung eines besonderen Bodenrechts** für die Durchführung der jeweiligen Sanierung gerechtfertigt (hierzu im einzelnen Bielenberg, StBauFG, § 5, Rn 42 ff.; ders., in: B/K/K, Bd. I.C, § 142, Rn 53; Gaentzsch, NJW 1985, 881; Krautzberger, in: S/S/K, § 5, Rn 10).

4. Finanzierungs- und Förderrecht. a) Konzeption des StBauFG. 24
Für die Praxis der Stadt- und Dorfsanierung haben die Finanzierungs- und Förderungsvorschriften besondere Bedeutung. Nach der Terminologie des StBauFG wurden unter **finanzierungsrechtlichen Vorschriften** jene Regelungen bezeichnet, in denen die Verwendung von öffentlichen Förderungsmitteln zur Deckung der Kosten der Sanierung geregelt sind (§§ 38 bis 49 StBauFG) als **Förderungsvorschriften** i. e. S. wurden im StBauFG die Bestimmungen der §§ 71 bis 75 bezeichnet, als insbesondere die Bestimmungen über die Bundesfinanzhilfen. Die finanzierungs- und förderungsrechtlichen Bestimmungen werden durch **abgaben- und steuerrechtliche Bestimmungen** – „indirekte Förderung" – nach den §§ 76 bis 84 StBauFG abgerundet; vgl. Rn 28 bis 30. Die Ergänzung der boden- und verfahrensrechtlichen Regelungen des Sanierungsrechts durch finanzierungs- und förderungs-, abgaben- und steuerrechtliche Bestimmungen und durch die Bereitstellung von Förderungsmitteln ist einer der **zentralen Regelungsbereiche** des Sanierungsrechts. Die große Bedeutung der Stadterneuerung in der Praxis ist maßgeblich auf diese Grundkonzeption des Sanierungsrechts zurückzuführen, wonach der Erfolg städtebaulicher Maßnahmen im Bestand die Bereitstellung öffentlicher Finanzierungsmittel erfordert (vgl. Schlichter, WiVerw. 1984, 265/269 ff.). Die Finanzierung der Sanierung ist eine **Selbstverwaltungsaufgabe der Gemeinde.** Das StBauFG ging jedoch realistischerweise davon aus, daß die Gemeinden durchweg nicht in der Lage sind, die Sanierung aus eigener Finanzkraft durchzuführen. Das StBauFG hatte daher einen Rahmen bereitgestellt, wonach sich Bund, Länder und Gemeinden an der Sanierung beteiligen. Dieser Konzeption entsprach die Ausgestaltung der finanzierungsrechtlichen Vorschriften der §§ 38 ff. StBauFG und die Bestimmung über die Bundesfinanzhilfen nach § 71 ff. StBauFG.

b) Abbau der Mischfinanzierung. Die Vorschrift des Fünften Teils 25

des StBauFG (§§ 71 bis 75) enthielten Bestimmungen über die **Förderung städtebaulicher Sanierungs- und Entwicklungsmaßnahmen durch den Bund.** Die zentralen Regelungen sind §§ 71 und 72 StBauFG, die Inhalt sowie Aufstellung und Abwicklung des Bundesprogramms für den Einsatz der Finanzhilfen des Bundes zur Förderung städtebaulicher Sanierungs- und Entwicklungsmaßnahmen enthielten. §§ 73 bis 75 StBauFG enthielten ergänzende Regelungen über sonstige Haushaltsmittel (§ 73), die Verwendung von Rückflüssen aus Bundesfinanzhilfen für die Wohnungs- und Städtebauförderung (§ 74 StBauFG) und die Übernahme von Bürgschaften (§ 75 StBauFG).

26 Die Förderung städtebaulicher Sanierungs- und Entwicklungsmaßnahmen ist keine originäre Aufgabe des Bundes, sondern Aufgabe der Länder und der Gemeinden. Der Bund kann sich an der Förderung jedoch durch Gewährung von **Bundesfinanzhilfen** nach Artikel 104 a Abs. 4 GG beteiligen. Die finanzielle Beteiligung des Bundes an diesen Aufgaben war bereits zur Zeit des ersten Gesetzentwurfs über das StBauFG umstritten. Die verfassungsrechtliche Grundlage für die Gewährung von Bundesfinanzhilfen wurde erst kurz vor dem abschließenden Gesetzgebungsverfahren durch die Änderung des Grundgesetzes im Rahmen der Finanzverfassungsreform von 1969 (Finanzreformgesetz vom 12. 5. 1969, BGBl. I S. 359) geschaffen. § 71 Abs. 1 StBauFG verwies demgemäß ausdrücklich auf Art. 104 a Abs. 4 GG. Die Verfassungskonformität dieser Regelung hat das BVerfG bestätigt (BVerfGE 39, 96/106). Die Gewährung von Bundesfinanzhilfen (sogenannte „Mischfinanzierung") hat auch nach der Finanzverfassungsreform im Verhältnis von Bund und Ländern wiederholt Anlaß zu rechtlichen und politischen Kontroversen gegeben (s. z. B. Schlichter aaO, S. 271 ff.). Insbesondere seit der Regierungserklärung des Bundeskanzlers vom 4. 5. 1983 (Bulletin Nr. 43, 1983, S. 397) haben Bund und Länder ihre Bemühungen verstärkt, **Mischfinanzierungstatbestände einzuschränken.** Die Regierungschefs von Bund und Ländern haben sich im Vorfeld der Erarbeitung des Regierungsentwurfs über das BauGB darauf verständigt, die Mischfinanzierung im Bereich des Städtebaus mit Ablauf des Jahres 1987 abzubauen. Das BauGB enthält entsprechend dieser **politischen Festlegung** keine Regelung mehr über die Bundesfinanzhilfen. Da die Bundesfinanzhilfen 1987 noch gewährt werden, bestimmt § 245 Abs. 10, daß §§ 71 bis 75 StBauFG bis zum Ablauf des 31. 12. 87 anzuwenden sind.

26a **Nach Verabschiedung des BauGB** hat sich jedoch im politischen Raum die Rückwendung zur Bundesbeteiligung an der Städtebauförderung durchgesetzt. Seit 1. 1. 1988 gewährt der Bund auf der Grundlage einer **Verwaltungsvereinbarung** gem. Art. 104 Abs. 4 GG (weiterhin) Bundesfinanzhilfen (vgl. im einzelnen und zur Verwaltungsvereinbarung Krautzberger, in: B/K/K, Bd. II, B.5).

26b Seit 1. 1. 1989 besteht folgende weitere Förderung des Bundes: Der Bund gewährt den Ländern – mit Ausnahme von Baden-Württemberg

und Hessen – für die Dauer von 10 Jahren Finanzhilfen für besonders bedeutsame Investitionen der Länder und Gemeinden in Höhe von jährlich insgesamt 2,45 Mrd. DM. Rechtsgrundlage ist das „Gesetz zum Ausgleich unterschiedlicher Wirtschaftskraft in den Ländern" **(Strukturhilfegesetz)** vom 20. 12. 1988 (BGBl. I S. 2358). Im Rahmen des gesetzlichen Förderungskatalogs (Art. 1 § 3 Nr. 4a) können auch **Maßnahmen der Stadt- und Dorferneuerung** nach den §§ 136 bis 171, § 245 Abs. 11 Satz 1 BauGB gefördert werden (vgl. hierzu im einzelnen Koopmann, in: B/K/K, Bd. II. I,2).

Das BauGB enthält auch **keine finanzierungsrechtlichen Vorschriften mehr,** wie sie bisher in §§ 38 bis 49 StBauFG enthalten sind. Vor allem die Länder haben darauf Wert gelegt, daß mit der „Entmischung", also mit dem Abbau der Mischfinanzierung im Bereich des Städtebaus, auch die finanzierungsrechtlichen Regelungen des StBauFG nicht in das BauGB übernommen werden. Dies wäre verfassungsrechtlich nicht geboten gewesen: Die Gesetzgebungskompetenz des Bundes für das Bodenrecht nach Art. 74 Nr. 18 umfaßt auch die rechtlichen Regelungen über die Finanzierung und Förderung im Städte- und Wohnungsbau (BVerfGE 21, 128 zur Förderung des Wohnungsbaus). Der Verzicht auf die Gewährung von Bundesfinanzhilfen nach Art. 104a Abs. 4 i. V. m. §§ 71, 72 StBauFG hätte also nicht zwingend zur Streichung der bisherigen finanzierungsrechtlichen Regelungen führen müssen. Bund und Länder haben sich jedoch im Hinblick auf eine nicht nur finanzierungsmäßige, sondern auch rechtliche Entflechtung dieses Bereichs auf eine Rücknahme der Bundesregelung und damit Freigabe für den Landesgesetzgeber entschieden. Die entsprechende **Überleitungsregelung** hierzu enthält **§ 245 Abs. 11** (vgl. die Erl. dazu, insbesondere zur sog. „Länderabweichungsklausel" des § 245 Abs. 11 S. 2). Aus dieser Überleitungsbestimmung ergibt sich auch die Grenzziehung zwischen dem auch nach Abbau der Mischfinanzierung bundesrechtlich fortgeltenden Finanzierungsrecht und dem ggf. zur Disposition der Landesgesetzgeber freigestellten bisherigen Finanzierungsrecht des StBauFG. Im Bundesrecht verbleiben insbesondere Teile der Bestimmung über die Kosten- und Finanzierungsübersicht des § 38 StBauFG (jetzt § 149 BauGB), die Ausgleichsbetragsregelung nach § 41 Abs. 4 bis 11, (jetzt §§ 154 ff. BauGB) sowie die Entschädigungsregelung des § 43 Abs. 1 und 2 StBauFG bei Modernisierungs- und Instandsetzungsgebot (jetzt § 177 Abs. 4 und 5 BauGB).

Da – wie erwähnt (Rn 26a, b) – die Städtebauförderung des Bundes auch nach dem 31. 12. 1987 fortgesetzt wird, ist die „Aufspaltung" in Bundes- und Landesrecht nicht realisiert worden. Auch die **Verwaltungsvereinbarung** (vgl. Rn 26) legt die früheren StBauFG-Bestimmungen weiterhin als Finanzierungsrecht fest (vgl. Krautzberger aaO sowie ders., NVwZ 1988, 591).

5. Abgaben- und steuerrechtliche Vorschriften. a) Allgemeines. 28
Für die Sanierungsmaßnahmen gelten besondere abgaben- und steuer-

rechtliche Vorschriften. Sie gewähren Befreiung, Erlaß, Ermäßigung oder zumindest zeitlichen Aufschub einer Steuerschuld. Die **abgaben- und steuerrechtlichen Vergünstigungen** sind dadurch gerechtfertigt, daß Vorbereitung und Durchführung städtebaulicher Sanierungsmaßnahmen im öffentlichen Interesse liegen und nicht (notwendig) vom Willen der Betroffenen abhängen. Da bei diesen Maßnahmen zahlreiche abgaben- oder steuerrechtlich relevante Tatbestände verwirklicht werden, soll durch die Vergünstigungen einerseits die Privatinitiative der Betroffenen gefördert und andererseits eine Entlastung der („direkten") Förderung durch Staat und Gemeinden erreicht werden. Die indirekte Förderung durch abgaben- und steuerrechtliche Vorschriften ist eine Förderung des Bundes, der Länder und der Gemeinden, denn nach der Ertragskompetenz steht das Aufkommen aus den einschlägigen Steuern teilweise dem Bund allein (Gesellschaftsteuer), teilweise dem Bund und den Ländern gemeinsam (Einkommen- und Körperschaftsteuer), teilweise den Ländern (Vermögensteuer) und den Gemeinden (Gewerbe- und Grundsteuer) zu. Bund und Länder sind dabei durch Umlagen auch am Gewerbesteueraufkommen beteiligt (Art. 106 Abs. 6 S. 4 und 5 GG), so daß Steuererlasse auch deren Steuereinnahmen mindern.

29 **b) Überblick.** Das StBauFG enthielt in §§ 76 bis 84 eine zusammenfassende Regelung. Das BauGB hat hiervon mit § 151 nur eine dem bisherigen § 76 StBauFG entsprechende Regelung über die **Abgaben- und Auslagenfreiheit** übernommen. Die sonstigen steuerrechtlichen Vorschriften des Sechsten Teils des StBauFG sind dagegen nicht in das BauGB, sondern **in die einschlägigen Steuer- und Fachgesetze übernommen** worden. Das gilt auch für § 90 StBauFG über die Erweiterung des Geschäftsbereichs der gemeinnützigen Wohnungs- und Siedlungsunternehmen und der Organe der staatlichen Wohnungspolitik; vgl. jedoch Rn 30. In die Steuerfachgesetze wurden dagegen folgende zwei Vorschriften des StBauFG **nicht übernommen:** Der **Grundsteuererlaß nach § 78 StBauFG,** der zu gewähren ist, wenn bei bebauten Grundstücken der bisherige Mietertrag oder bei eigengewerblich genutzten bebauten Grundstücken (Grundstücksteilen) die Ausnutzung durch Sanierungs- oder Entwicklungsmaßnahmen um mehr als 20 v. H. gemindert wird; weiterhin der **Gewerbesteuererlaß nach § 79 StBauFG,** der zu gewähren ist, soweit die Einziehung nach den wirtschaftlichen Verhältnissen des Gewerbebetriebs eine unbillige Härte darstellen würde. Anstelle der bisherigen Spezialvorschriften der §§ 78 und 79 StBauFG treten die entsprechenden allgemeinen Bestimmungen über die Gewährung eines Steuererlasses: § 33 des Grundsteuergesetzes und § 227 der Abgabenordnung.

30 Die früheren steuerrechtlichen Vorschriften der §§ 80 bis 84 und § 90 StBauFG wurden wie folgt geregelt: Nach **§ 80 StBauFG** wurde **Gesellschaftsteuerfreiheit** für Rechtsvorgänge gewährt, die nach § 2 des Kapitalverkehrsteuergesetzes (KVStG) der Gesellschaftsteuer un-

terliegen. Hierzu gehören insbesondere der Erwerb von Gesellschaftsrechten sowie die im Gesetz genannten Leistungen der Gesellschafter. Diese steuerliche Vergünstigung ist aufgrund des Art. 2 Nr. 16 des Gesetzes über das BauGB als **§ 7 Abs. 5 des KVStG** übernommen worden.

§ 81 StBauFG enthielt eine Vorschrift über die Befreiung von **Körperschaftsteuer, Gewerbesteuer** und **Vermögensteuer.** Die Vorschrift hat ihre Bedeutung für nicht gemeinnützige Unternehmen, die sich auf die Durchführung von Sanierungs- und Entwicklungsmaßnahmen beschränken. Sie werden insoweit gemeinnützigen Unternehmen steuerlich gleichgestellt. Diese Vergünstigungen werden gemäß Art. 2 Nr. 17 bis 20 des Gesetzes über das BauGB in das **(Vermögensteuergesetz (§ 3 Abs. 1 Nr. 18), Bewertungsgesetz (§ 102 Abs. 1), Körperschaftsteuergesetz (§ 5 Abs. 1 Nr. 17, § 54 Abs. 13)** sowie in **Gewerbesteuergesetz** (§ 3 Nr. 22, § 36) übernommen. Aufgrund der zum 1. 1. 1990 in Kraft getretenen **Neuregelung des Wohnungsgemeinnützigkeitsrechts** (vgl. Steuerreformgesetz 1990 v. 25. 7. 1988 [BGBl. I S. 1093]) sind die vorgenannten Befreiungen von der Körperschafts-, Gewerbe- und Vermögenssteuer für Sanierungs- und Entwicklungsträger aufgehoben worden. Aufgehoben wurde zum 1. 1. 1990 auch **§ 29a WGG,** der Gemeinnützigkeit der Träger (früher § 90 StBauFG) regelte. **30a**

Die erweiterte Anwendung der **§§ 6b und 6c des Einkommensteuergesetzes** (EStG) über Veräußerungsgewinne, die bei der Vorbereitung oder Durchführung von Sanierungs- oder Entwicklungsmaßnahmen entstehen – bisher **§ 82 StBauFG** – wurde in das EStG übernommen. Nach diesen Regelungen finden §§ 6b und c EStG auch bei Gewinnen Anwendung, die bei der Übertragung von Wirtschaftsgütern des Anlagevermögens auf eine Gebietskörperschaft, einen Gemeindeverband oder einen anderen mit der Durchführung von Sanierungs- oder Entwicklungsaufgaben beauftragten Rechtsträger entstehen. Bei **Rücklagenbildung** nach § 6b EStG kann der zulässige Abzug von den Anschaffungs- oder Herstellungskosten der Reinvestitionsgüter in den auf das Wirtschaftsjahr der Veräußerung folgenden sieben Wirtschaftsjahren vorgenommen werden. Die **Reinvestitionsfrist** wird hierdurch von zwei auf sieben Jahre verlängert. Diese Vergünstigung ist durch Art. 2 Nr. 15a des Gesetzes über das BauGB in § 6b Abs. 7 EStG übernommen worden. Das **Bescheinigungsverfahren** des § 83 Abs. 2 StBauFG wurde in § 6b Abs. 8 EStG übernommen. **30b**

In das EStG wurde auch die auf **§ 84 StBauFG** zurückgehende Regelung über erhöhte **Absetzung von Herstellungskosten** sowie die **Sonderbehandlung von Erhaltungsaufwand für bestimmte Baumaßnahmen** i. S. d. BBauG und StBauFG übernommen; vgl. **§ 51 Abs. 2 Nr. 2 Buchst. r), Doppelbuchst. bb) und Buchst. x) EStG, § 82g der Einkommensteuer-Durchführungsverordnung.** Mit dem Wohnungsbauförderungsgesetz v. 22. 12. 1989 (BGBl. I 1989, 2408) wurden diese Steuervergünstigungen auf eine neue, erweiterte und unbefristet gel- **30c**

tende Grundlage gestellt; vgl. §§ 7h, 10f EStG (hierzu B/K/K, Bd. II, A Rn 93 a ff.).

31 **6. Ausgleichsbetrags- und Ordnungsmaßnahmenverordnung.** Für die Aus- und Durchführung des StBauFG gab es folgende zwei Verordnungen: Aufgrund der Ermächtigung des § 91 Nrn. 4 bis 6 StBauFG ist die Verordnung über die Erhebung von Ausgleichsbeträgen nach den §§ 41 und 42 – **AusgleichsbetragV** – vom 6. 2. 1976 (BGBl. I, S. 273), aufgrund des § 91 Nr. 3 StBauFG ist die Verordnung über die Kosten der Ordnungsmaßnahmen nach § 41 Abs. 2 StBauFG – **OrdnungsmaßnahmenV** – vom 20. 1. 1976 (BGBl. I, S. 174, geändert durch VO vom 27. 11. 78, BGBl. I, S. 1833) – erlassen worden. Die beiden Verordnungen wurden mit Inkrafttreten des BauGB aufgehoben (Art. 2 Nr. 25 und Nr. 26 des Gesetzes über das BauGB). Bundesrechtliche Aus- und Durchführungsbestimmungen zum StBauFG enthält dagegen auch weiterhin die **WertermittlungsV** (WertV), die aufgrund der Ermächtigung des § 199 Abs. 1 BauGB erlassen wurde; vgl. insbesondere §§ 26 bis 28 WertV.

32 Die **Aufhebung der AusgleichsbetragsV** steht im Zusammenhang mit dem gesetzgeberischen Ziel der Rechts- und Verwaltungsvereinfachung und der Aufhebung entbehrlicher Vorschriften (vgl. zu den Zielen, die mit dem BauGB verfolgt werden Krautzberger/Löhr, NVwZ 1987, 177). Aufgehoben sind im wesentlichen solche Regelungen der bisherigen VO, die Verfahrensausgestaltungen enthielten und die nicht notwendigerweise einer gesetzlichen Regelung bedürfen oder entbehrlich erschienen, insbesondere aufgrund der Einübung in der Praxis und der Entwicklung im Wertermittlungswesen. Dagegen sind einige wichtige materiell-rechtliche Regelungen, die einer normativen Grundlage bedürfen, in das Ausgleichsbetragsrecht des BauGB eingefügt worden. **In das BauGB** wurden insbesondere – vornehmlich zur Ergänzung und Präzisierung sowie zur notwendigen und abschließenden verfahrensrechtlichen Ausgestaltung – die **folgenden bisherigen VO-Bestimmungen übernommen:** § 2 Abs. 1 Satz 2 (Bemessung der Ausgleichsbeträge für Grundstücke; vgl. § 154 Abs. 2); § 5 Abs. 1 Nr. 3 (Anrechnung der dem Eigentümer entstandenen Kosten für Ordnungsmaßnahmen auf den Ausgleichsbetrag; vgl. § 155 Abs. 1 Nr. 2); § 7 Abs. 1 Satz 2 (Heranziehung der Miteigentümer im Verhältnis ihrer Anteile; vgl. § 154 Abs. 1 Satz 1, Hs. 2); § 8 Abs. 1 Satz 2, Abs. 3, 4 sowie 6 Satz 2 (Fälligkeit und Zahlung des Ausgleichsbetrags; vgl. jetzt § 154 Abs. 3 bis 5); § 9 (Vorauszahlungen; vgl. § 154 Abs. 6).

33 Auch für die Beibehaltung der **OrdnungsmaßnahmenV** (zur Ermächtigung vgl. § 93 Nr. 3 StBauFG) sah der Gesetzgeber kein Erfordernis (vgl. BT-Drs. 10/4630, 165). Das gesetzgeberische Motiv für die VO beruhte auf einer Konzeption der Beteiligung von Eigentümern und Gemeinden an den Kosten der Sanierungsmaßnahme, die im (letzten) Regierungsentwurf über das bisherige StBauFG enthalten war (s. § 37 RegE v. 18. 12. 1969; BT-Drs. VI/510: Er sah eine Aufteilung

der Kosten der Ordnungsmaßnahmen zwischen Gemeinde und Eigentümer in dem Sinne vor, daß die Gemeinde die Kosten der Ordnungsmaßnahmen zu tragen hatte, soweit sie nicht durch die Erhöhung des Wertes des Grundstücks gedeckt waren, der Eigentümer insoweit, als die Werterhöhung reicht. Diese komplizierte Regelung wurde während des Gesetzgebungsverfahrens aufgegeben zugunsten der jetzigen **Ausgleichsbetragsregelung,** die unmittelbar an die Werterhöhung der Grundstücke anknüpft. Auch die Regelung des § 48 StBauFG über die Verteilung eines Überschusses entsprach dieser Konzeption (vgl. weiterhin Bielenberg, StBauFG, § 48, Rn 2; Krautzberger, in: B/K/K, Bd. II.B, § 48 StBauFG). In dieser Beziehung bestand nie ein unabweisbares Erfordernis, die Kosten der Ordnungsmaßnahmen und ihre Ermittlung in einer VO zu konkretisieren. Die OrdnungsmaßnahmenV hat insbesondere auch nicht den Umfang der förderungsfähigen Kosten der Ordnungsmaßnahmen geregelt, da hierfür nach Maßgabe der §§ 39 ff. StBauFG die Förderungsrichtlinien der Länder maßgebend sind. Die Bedeutung der VO lag daher vor allem in der Auslegung des **Begriffs der Ordnungsmaßnahmen;** vgl. jetzt § 147.

7. Überleitungsrecht. Zur Überleitung des Sanierungsrechts des StBauFG enthalten die Schlußvorschriften des BauGB mehrere, z. T. umfangreiche Überleitungsvorschriften. Die zentrale Überleitungsregelung enthält **§ 245.** § 245 Abs. 8 und 9 hat nur für die städtebauliche Entwicklungsmaßnahme Bedeutung). Weitere Überleitungsvorschriften enthält **§ 235 Abs. 1** (Vorkaufsrecht und § 17 StBauFG), **§ 240** (Abs. 1: Überleitung des vereinfachten Verfahrens hinsichtlich des Enteignungsrechts; Abs. 2: Veräußerungspflicht nach § 25 StBauFG) und § 241 (Härteausgleich).

Erster Teil.
Städtebauliche Sanierungsmaßnahmen

Erster Abschnitt.
Allgemeine Vorschriften

§ 136 Städtebauliche Sanierungsmaßnahmen

(1) **Städtebauliche Sanierungsmaßnahmen in Stadt und Land, deren einheitliche Vorbereitung und zügige Durchführung im öffentlichen Interesse liegen, werden nach den Vorschriften dieses Teils vorbereitet und durchgeführt.**

(2) **Städtebauliche Sanierungsmaßnahmen sind Maßnahmen, durch die ein Gebiet zur Behebung städtebaulicher Mißstände wesentlich verbessert oder umgestaltet wird. Städtebauliche Mißstände liegen vor, wenn**

1. **das Gebiet nach seiner vorhandenen Bebauung oder nach seiner sonstigen Beschaffenheit den allgemeinen Anforderungen an gesunde Wohn- und Arbeitsverhältnisse oder an die Sicherheit der in ihm wohnenden oder arbeitenden Menschen nicht entspricht oder**

2. **das Gebiet in der Erfüllung der Aufgaben erheblich beeinträchtigt ist, die ihm nach seiner Lage und Funktion obliegen.**

(3) **Bei der Beurteilung, ob in einem städtischen oder ländlichen Gebiet städtebauliche Maßnahmen vorliegen, sind insbesondere zu berücksichtigen**

1. **die Wohn- und Arbeitsverhältnisse oder die Sicherheit der in dem Gebiet wohnenden oder arbeitenden Menschen in bezug auf**
 a) **die Belichtung, Besonnung und Belüftung der Wohnungen und Arbeitsstätten,**
 b) **die bauliche Beschaffenheit von Gebäuden, Wohnungen und Arbeitsstätten,**
 c) **die Zugänglichkeit der Grundstücke,**
 d) **die Auswirkungen einer vorhandenen Mischung von Wohn- und Arbeitsstätten**
 e) **die Nutzung von bebauten und unbebauten Flächen nach Art, Maß und Zustand,**
 f) **die Einwirkungen, die von Grundstücken, Betrieben, Einrichtungen oder Verkehrsanlagen ausgehen, insbesondere durch Lärm, Verunreinigung und Erschütterungen,**
 g) **die vorhandene Erschließung;**
2. **die Funktionsfähigkeit des Gebiets in bezug auf**
 a) **den fließenden und ruhenden Verkehr,**
 b) **die wirtschaftliche Situation und Entwicklungsfähigkeit des Gebiets unter Berücksichtigung seiner Versorgungsfunktion im Verflechtungsbereich,**
 c) **die infrastrukturelle Erschließung des Gebiets, seine Ausstattung mit Grünflächen, Spiel- und Sportplätzen und mit Anlagen des Gemeinbedarfs, insbesondere unter Berücksichtigung der sozialen und kulturellen Aufgaben dieses Gebiets im Verflechtungsbereich.**

(4) **Städtebauliche Sanierungsmaßnahmen dienen dem Wohl der Allgemeinheit. Sie sollen dazu beitragen, daß**

1. **die bauliche Struktur in allen Teilen des Bundesgebiets nach den sozialen, hygienischen, wirtschaftlichen und kulturellen Erfordernissen entwickelt wird,**

2. **die Verbesserung der Wirtschafts- und Agrarstruktur unterstützt wird,**

3. **die Siedlungsstruktur den Erfordernissen des Umweltschutzes, den Anforderungen an gesunde Lebens- und Arbeitsbedingungen der Bevölkerung und der Bevölkerungsentwicklung entspricht oder**

4. **die vorhandenen Ortsteile erhalten, erneuert und fortentwickelt werden, die Gestaltung des Orts- und Landschaftsbilds verbessert und den Erfordernissen des Denkmalschutzes Rechnung getragen wird.**

Die öffentlichen und privaten Belange sind gegeneinander und untereinander gerecht abzuwägen.

Übersicht

1. Anwendungsbereich (Abs. 1). a) Allgemeines. § 136 Abs. 1 be- **1** stimmt in sachlicher Hinsicht den **Anwendungsbereich** des Sanierungsrechts nach dem BauGB: Es findet auf städtebauliche Sanierungsmaßnahmen Anwendung, deren einheitliche und zügige Durchführung im öffentlichen Interesse liegt. Das BauGB schafft für die in Abs. 1 bezeichneten und in Abs. 2 näher definierten städtebaulichen Maßnahmen ein **Sonderrecht.** Der Anwendungsbereich ist **sachlich** (§ 136 Abs. 2), **räumlich** (§ 142) und **zeitlich** (§ 162f.) **begrenzt.** Das Sanierungsrecht nach §§ 136 ff. enthält innerhalb des so begrenzten Anwendungsbereichs **keine abschließende bodenrechtliche Regelung.** Vielmehr finden in den Sanierungsgebieten auch sonstige bodenrechtliche Vorschriften des BauGB und anderer Gesetze Anwendung, soweit dies nicht ausdrücklich ausgeschlossen ist. Zu der mit dem BauGB gegenüber dem StBauFG vorgenommenen weitgehenden „Verschmelzung" von Sanierungs- und sonstigem Bodenrecht vgl. Krautzberger, in: B/K/ S, Rn 305. Das BauGB enthält keine allgemein verbindliche oder abschließende Definition dessen, was unter städtebaulicher Sanierung zu verstehen ist. Die Verbesserung oder Umgestaltung von Gebieten

(Sanierung, Abs. 2 S. 1) sind städtebauliche Vorhaben, die auch ohne Anwendung des Sanierungsrechts durchgeführt werden. Der Anwendungsbereich des Gesetzes ist daher auf Sanierungsmaßnahmen „i. S. BauGB" beschränkt, also auf Maßnahmen, wie sie im Gesetz im einzelnen näher ausgestaltet sind. Zur **„Anwendungspflicht"** des § 136 Nr. 1 vgl. Rn 7.

2 Das Sanierungsrecht enthält Regelungen für folgende Gebiete und Flächen:

(1) **Untersuchungsgebiete,** d. h. Gebiete, für die Sanierungsmaßnahmen in Betracht kommen und für die von der Gemeinde gem. die Durchführung vorbereitender Untersuchungen beschlossen wird. Zu den Rechtsfolgen vgl. vor allem § 138 über die Auskunftspflicht der Sanierungsbetroffenen.

(2) Förmlich **fest**gelegte **Sanierungsgebiete;** §§ 142, 143. Nach Maßgabe des § 142 Abs. 4 wird die Sanierung im **vereinfachten Verfahren** durchgeführt. Zu den Rechtswirkungen der förmlichen Festlegung und den Besonderheiten bei Durchführung der Sanierung im vereinfachten Verfahren vgl. den Überblick in § 142, Rn 46.

(3) Förmlich festgelegte **Ersatz- und Ergänzungsgebiete;** § 142 Abs. 2. Zu den Rechtswirkungen der förmlichen Festlegung vgl. § 142, Rn 28.

(4) **Außerhalb der förmlich festgelegten Sanierungsgebiete** können gem. § 147 Abs. 1 S. 2, § 148 Abs. 1 S. 2 Ersatzbauten, Ersatzanlagen und durch die Sanierung bedingte Gemeinbedarfs- und Folgeeinrichtungen liegen. Zu den Rechtswirkungen vgl. § 147, Rn 8.

(5) Für **Flächen eines land- oder forstwirtschaftlichen Betriebs,** die sowohl innerhalb als auch **außerhalb des Sanierungsgebiets** liegen, ist in § 145 Abs. 5 S. 2 eine Regelung über einen Übernahmeanspruch enthalten.

3 **b) Städtebauliche Gesamtmaßnahme.** Als Sanierungsmaßnahmen i. S. des BauGB kommen nach Abs. 1 nur solche städtebaulichen Maßnahmen in Betracht, deren einheitliche Vorbereitung und zügige Durchführung im öffentlichen Interesse liegen. Städtebauliche Maßnahmen i. S. des § 136 sind **Gesamtmaßnahmen** (vgl. hierzu auch Vorbemerkung zu den §§ 136 bis 164, Rn 9 und 10). Städtebauliche Gesamtmaßnahmen sind gegenüber sonstigen städtebaulichen Maßnahmen (einzelnen Planungen, Vorhaben) besonders zur Lösung von städtebaulichen Problemen in Gebieten bestimmt, in denen ein qualifizierter städtebaulicher Handlungsbedarf besteht, der aus Gründen des öffentlichen Interesses ein planmäßiges und aufeinander abgestimmtes Vorgehen erfordert (BVerwG, BauR 1986, 677). Städtebauliche Maßnahmengebiete grenzen sich vom Normalfall städtebaulicher Maßnahmen vor allem dadurch ab, daß in diesen Gebieten nicht nur einzelne, sondern ein Bündel städtebaulicher Maßnahmen erforderlich sind. Dabei handelt es sich um **gebietsbezogene Maßnahmen,** d. h. um Maßnahmen mit gebietlichem Bezug und gebietlicher Auswirkung.

Eine städtebauliche Sanierungsmaßnahme kann zwar in einer **Einzelmaßnahme** (z. B. die Neugestaltung eines Marktplatzes; die Verlagerung eines störenden Betriebs) ihren Schwerpunkt haben; die Anwendung des Sanierungsrechts kommt in einem solchen Fall jedoch nur in Betracht, wenn die Auswirkungen der Einzelmaßnahme für ein Gebiet (die Umgebung) besonders bedeutsam und die einheitliche Vorbereitung und zügige Durchführung der Sanierung auch für das ganze Gebiet, das zum Sanierungsgebiet erklärt wird (§ 142), erforderlich ist. Im „**öffentlichen Interesse**" (Abs. 1) liegt daher nur die Durchführung einer gebietsbezogenen Gesamtmaßnahme. Als öffentliche Interessen i. S. des Abs. 1 kommen gewichtige städtebauliche Belange (vgl. § 1 Abs. 5) in Betracht; zum Allgemeinwohl vgl. Rn 20.

Städtebauliche Maßnahmen i. S. des StBauFG bedürfen aus Gründen **4** des öffentlichen Interesses der **einheitlichen Vorbereitung.** Es muß also erforderlich sein, die Maßnahme für ein Sanierungsgebiet insgesamt in Angriff zu nehmen. Das Erfordernis der einheitlichen Vorbereitung ergibt sich unmittelbar aus der Besonderheit einer städtebaulichen Gesamtmaßnahme: Nur zusammengesetzte Vorhaben, die als Einheit ins Werk gesetzt werden sollen, bedürfen aus Gründen des öffentlichen Interesses der einheitlichen Vorbereitung. Zum Begriff der einheitlichen Vorbereitung vgl. auch Vorbem. zu den §§ 136 bis 164, Rn 10; zum Begriff der Vorbereitung vgl. § 140. Die einheitliche Vorbereitung umfaßt weithin die **städtebauliche Planung** für das Sanierungsgebiet. § 140 Nr. 4 hebt dies ausdrücklich hervor. Zur Verdeutlichung des „Sanierungszwecks" bzw. der „Ziele und Zwecke" der Sanierung § 140 Nr. 3 (vgl. Vorbemerkung zu den §§ 136 bis 164, Rn 10) bedarf es der Verdeutlichung durch eine städtebauliche Planung) Die einheitliche Vorbereitung umfaßt weiterhin die Finanzierungsplanung. § 149 über die Kosten- und Finanzierungsübersicht ist ein Element der einheitlichen Maßnahmenvorbereitung.

Abs. 1 hebt weithin das öffentliche Interesse an **zügiger Durchfüh-** **5** **rung** der städtebaulichen Sanierung hervor. Die zügige Durchführung einer Maßnahme ist wegen der besonderen Einschränkungen geboten, denen die Eigentümer und Nutzungsberechtigten in den Sanierungsgebieten ausgesetzt sind. Besondere Bedeutung hat das Gebot der zügigen Durchführung für die **Genehmigungspflicht für Vorhaben und Rechtsvorgänge** nach § 144. Die Verfügungs- und Veränderungssperre überschreitet die Grenze von der Sozialbindung des Eigentums zur Enteignung, wenn die Sanierung nicht sachgemäß und ohne behördenbedingte Verzögerung, also nicht zügig durchgeführt wird (vgl. entsprechend zu § 51 BGH, NJW 1965, 2101/2102). Das Gebot bedeutet jedoch nicht, daß Sanierungsmaßnahmen **kurzfristig** durchführbar sein müssen; Sanierungsmaßnahmen erstrecken sich in der Regel **über Jahre.** Die Sanierungsmaßnahme muß jedoch gemäß § 143 Abs. 1 Satz 3 innerhalb eines **absehbaren** Zeitraums durchführbar sein.

c) „**In Stadt und Land".** Das Sanierungsrecht ist nach Abs. 1 „**in** **6**

Stadt und Land" anzuwenden. Die Vorstellung, städtebauliche Sanierungsmaßnahmen beträfen in erster Linie die **Städte** und nicht ebenso den **ländlichen Raum**, wäre daher verfehlt. Auch in **Dörfern** kommt demgemäß die Durchführung von Sanierungsmaßnahmen in Betracht. Nicht die Größe einer Gemeinde ist hierbei maßgeblich, sondern die städtebauliche Situation und damit das Erfordernis, vorhandene städtebauliche Mißstände durch Sanierungsmaßnahmen zu beheben. Für die Anwendung des StBauFG in Stadt und Land gilt somit nichts anderes als für die einheitliche Anwendung des BBauG in allen Gemeinden. Die Praxis der Städtebauförderung bestätigt dieses Ergebnis (vgl. Autzen/ Becker/Schäfer/Schmidt, Erfahrungen mit der Sanierung nach dem StBauFG, Schriftenreihe des BMBau Nr. 02.036, S. 40). Für die **Dorferneuerung** haben die insbesondere im Rahmen der Agrarstrukturförderung durchgeführten Dorferneuerungsprogramme in den letzten Jahren erhebliche Bedeutung erlangt. Die Dorferneuerung wird vor allem im Rahmen von Landesprogrammen gefördert. Der Bund beteiligt sich an der Förderung auch im Rahmen der Gemeinschaftsaufgabe „Verbesserung der Agrarstruktur und des Küstenschutzes" gem. Art. 91a Abs. 1 Nr. 3 GG. Vgl. zur Dorferneuerung weiterhin § 187, Rn 8 m. w. N. Zum Zusammenwirken von Gemeinde und Flurbereinigungsbehörde vgl. §§ 187 bis 191.

7 **d) Anwendungspflicht.** Abs. 1 hält an der gesetzgeberischen Entscheidung des § 1 Abs. 1 S. 1 StBauFG fest, daß bei Vorliegen der tatbestandlichen Voraussetzungen für Sanierungsmaßnahmen i. S. des Gesetzes nach dem StBauFG zu verfahren ist. Diese **„Anwendungspflicht"** hat vor allem Bedeutung im Hinblick auf die Gleichbehandlung der betroffenen Eigentümer und Nutzungsberechtigten. Allerdings sind für die förmliche Festlegung eines Sanierungsgebietes vielfältige Gesichtspunkte maßgebend, insbesondere die konkrete städtebauliche Situation, die Eigentumsstruktur, die Mitwirkungsbereitschaft der Betroffenen, die Maßnahmen und Planungen sonstiger Träger öffentlicher Belange, das Erfordernis für die Anwendung des besonderen Sanierungsrechts, die Bereitstellung von Förderungsmitteln oder die jeweilige Finanz- und Verwaltungskraft. Insoweit ist die Anwendungspflicht des § 136 Abs. 1 als **Wertung** des Gesetzgebers zu verstehen, daß bei Vorliegen der Tatbestandsvoraussetzungen für Sanierungsmaßnahmen das Erfordernis für die Anwendung des BauGB vermutet werden kann, ohne daß hierdurch eine „städtebauliche Sperre" eintritt (vgl. Bielenberg, in: B/K/K, Bd. I.B, § 136, Rn 20 f.).

8 **e) Förderung.** Der in § 1 Abs. 1 Satz 1 StBauFG enthaltene Hinweis auf die **Förderung städtebaulicher Sanierungsmaßnahmen** ist in § 136 Abs. 1 BauGB – im Hinblick auf den im Gesetzgebungsverfahren politisch angestrebten Wegfall der **Mischfinanzierung** (vgl. Vorbemerkung zu den §§ 136–164, Rn 25–27) – nicht enthalten. Die Bereitstellung von Förderungsmitteln wird für Sanierungsmaßnahmen aber in vielen Fällen Voraussetzung für eine sachgerechte Durchführung blei-

ben. Auch nach StBauFG war die Bereitstellung von Städtebauförderungsmitteln oder sonstigen Finanzierungsmitteln keine tatbestandliche Voraussetzung für die Durchführung von Sanierungsmaßnahmen, insbesondere auch nicht Bestandteil des Sanierungsbegriffs. Die **Durchführbarkeit der Sanierung in einem absehbaren Zeitraum** und damit die Finanzierbarkeit der Maßnahme ggfs. infolge der Bereitstellung oder Inaussichtstellung der voraussichtlich erforderlichen Mittel aus öffentlichen Haushalten ist – unbeschadet der im BauGB nicht mehr unmittelbar (vgl. § 245 Abs. 11) enthaltenen Förderungs- und Finanzierungsregelungen – Voraussetzung für die förmliche Festlegung: vgl. § 143 Abs. 1 Satz 3. Weiterhin ist die Sanierungssatzung auch nach neuem Recht aufzuheben, wenn u. a. die erforderlichen Sanierungsmittel nicht beschafft werden können (vgl. § 162 Abs. 1 Satz 1 Nr. 2; so ausdrücklich § 51 Abs. 2 Satz 1 StBauFG).

2. Begriff der städtebaulichen Sanierungsmaßnahmen (Abs. 2 und 3). a) Allgemeines. Der Begriff der **Sanierungsmaßnahme** ist in **Abs. 2 S. 1** definiert. Der Begriff der Sanierungsmaßnahme enthält objektive und finale Tatbestandsmerkmale. Objektive Voraussetzung für die Durchführung von Sanierungsmaßnahmen ist das Vorliegen **städtebaulicher Mißstände.** In finaler Hinsicht muß die Sanierungsmaßnahme **der Behebung städtebaulicher Mißstände dienen,** und zwar durch wesentliche Verbesserung oder Umgestaltung des Gebiets. Durch die Objektivierung des Sanierungsbegriffs mit dem Tatbestandsmerkmal „städtebauliche Mißstände" trägt das Gesetz auch dem Schutz des Eigentums (Art. 14 Abs. 1 Satz 2, Abs. 2 GG) und der Gleichbehandlung (Art. 3 GG) Rechnung, Rn 27 ff; § 3, Rn 4. Der Begriff der **städtebaulichen Mißstände** ist in Abs. 2 S. 2 und 3 definiert.

Während das Begriffsmerkmal „**städtebauliche Mißstände**" auf die Ausgangslage der Sanierung abstellt, d. h. auf den Zustand, der die Einleitung von Sanierungsmaßnahmen erfordert, stellt das Begriffsmerkmal „**Behebung**" städtebaulicher Mißstände auf das Ziel der Sanierung ab; vgl. weiterhin Rn 11. Das Gesetz räumt dabei der Gemeinde einen **planerischen Gestaltungsrahmen** ein. Einen objektiven Rahmen i. S. einer „Mindestanforderung" an Sanierungsziele und durchgeführte Maßnahmen setzen die Begriffsmerkmale „**wesentliche Verbesserung**" oder „**Umgestaltung**". Wesentliche Verbesserung bedeutet, daß sich die städtebauliche Maßnahme auf das Gebiet deutlich auswirken muß. Die eigentumsrechtlichen und sonstigen Einschränkungen des Gesetzes sind nur gerechtfertigt, wenn die Situation des Gebiets durch die Sanierungsmaßnahme deutlich verbessert werden soll. Daher ist z. B. die Einleitung der Sanierung ausschließlich aus der Erwägung, in dem Gebiet die Anwendung der besonderen bodenrechtlichen Bestimmungen zu ermöglichen, ebenso unzulässig wie die förmliche Festlegung mit der Absicht, nur einzelne Durchführungsmaßnahmen vorzunehmen, die sich auf die gebietliche Situation lediglich unwesentlich auswirken.

9

10

11 Auch wenn der **Begriff des städtebaulichen Mißstandes** auf das
bereits Vorhandene abhebt, so ist er doch offen gegenüber sich wan-
delnden städtebaulichen Aufgaben, wie der Weg von der **Flächensanie-
rung** zur **erhaltenden Stadterneuerung** belegt. Ebenso ist der Miß-
standsbegriff gegenüber sich ändernden sozialen Vorstellungen über
gesundes Wohnen offen (BGHZ 48, 193). Der gesetzliche Mißstands-
tatbestand im Falle der sog. **Funktionsschwäche** nach § 136 Abs. 2 Satz
2 Nr. 2, Abs. 3 Nr. 2 BauGB zeigt die Offenheit sowie innere Dynamik
des Sanierungsbegriffs: So ist es für den Tatbestand der **Funktions-
schwächensanierung** geradezu kennzeichnend, daß der städtebauliche
Mißstand mit der erst **zukünftigen Struktur und Funktion** des Sanie-
rungsgebiets im gemeindlichen Bereich begründet wird (vgl. grundle-
gend BVerwG, ZfBR 1984, 247 = NVwZ 1985, 184 sowie Bielenberg,
in: B/K/K, Bd. I.C, § 136, Rn 41 f.; Krautzberger, ZfBR 1982, 135). Zur
zukünftigen Funktion gehört sowohl das, was nach dem Sanierungs-
konzept z. B. erhalten also auch das, was durch einen Funktionswandel
erreicht werden soll. Noch deutlicher als beim (objektiven) Tatbe-
standsmerkmal des Vorliegens städtebaulicher Mißstände zeigt sich
beim (finalen) Tatbestandsmerkmal der **„Behebung"**, daß sich das
Vorliegen eines Sanierungsbedürfnisses und damit die Voraussetzung
für die Anwendung des Sanierungsrechts nicht generell beantworten
läßt, sondern sich nur aus den Umständen des Einzelfalls, und zwar
sowohl im Hinblick auf die jeweilige **städtebauliche Situation** als auch
im Hinblick auf die **gemeindliche Planungskonzeption** zur Behebung
des Mißstands erschließt. Ziele und Eingriffsintensität der Sanierung
bestimmen sich daher vornehmlich nach der gemeindlichen Sanie-
rungsplanung (vgl. auch A-Ber. zur Novelle 1984 StBauFG, BT-Drs.
10/2039, S. 12). Das Gesetz räumt damit der Gemeinde einen **planeri-
schen Gestaltungsrahmen** ein. Hieraus ergibt sich, daß die Behebung
städtebaulicher Mißstände nicht mit einer **Totalsanierung** gleichgesetzt
werden muß; auch eine **Minderung von städtebaulichen Mißständen**
kann ein Gebiet wesentlich verbessern und damit städtebauliche Miß-
stände beheben (vgl. A-Ber. zur Novelle 1984 StBauFG aaO; Krautz-
berger, DVBl. 1984, 1149). Da die Begriffsmerkmale „wesentliche
Verbesserung" und „Umgestaltung" somit der Ausfüllung durch ein
planerisches gemeindliches Sanierungskonzept bedürfen, ist hierdurch
die Offenheit des Sanierungsbegriffs gegenüber sich wandelnden städ-
tebaulichen Zielvorstellungen gesichert (so bereits Lüers, BBauBl.
1977, 155).

12 Während des Gesetzgebungsverfahrens des BauGB wurde der Sanie-
rungsbegriff besonders eingehend im Hinblick auf aktuelle und absehe-
bare **zukünftige städtebauliche Aufgaben** geprüft. Der A-Ber. (S. 146)
hat hierzu hervorgehoben, daß zu den Sanierungsaufgaben u. a. fol-
gende aktuelle städtebauliche Aufgaben gerechnet werden: Umnut-
zung von Flächen aus Gründen einer städtebaulichen Umstrukturie-
rung (z. B. Aufbereitung und Wiedernutzung von Industrie-, Ge-

werbe- und sonstigen Brachflächen); bauliche Verdichtung in bisher aufgelockert bebauten Siedlungsgebieten zum Zwecke der Baulandversorgung; Umwidmung bisher baulich genutzter Flächen wegen zurückgehenden Siedlungsflächenbedarfs; vertragliche Gestaltung unterschiedlicher Nutzungen in Mischgebieten; Sanierungsaufgaben bei Maßnahmen des Bodenschutzes, vor allem bei der Wiederaufbereitung alter Industrie- und Gewerbegebiete („Altlasten"); Aufgaben der Lärmsanierung.

Der Begriff des städtebaulichen Mißstands ist in Abs. 2 S. 2 und Abs. 3 weiter konkretisiert. In **Abs. 2 S. 2** ist die Legaldefinition des städtebaulichen Mißstands enthalten. Das Gesetz unterscheidet zwischen den Fällen der **Substanzschwäche** (Nr. 1) und der **Funktionsschwäche** (Nr. 2). Die Fälle der Substanzschwächensanierung sind dadurch gekennzeichnet, daß ein Gebiet nach seiner vorhandenen Bebauung oder seiner sonstigen Beschaffenheit den allgemeinen Anforderungen an gesunde **Wohn- und Arbeitsverhältnisse** oder an die Sicherheit der in ihm wohnenden oder arbeitenden Menschen nicht entspricht. Vgl. zu diesen Anforderungen als allgemeine städtebauliche Belange auch § 1 Abs. 5 S. 2 Nr. 1. Die Funktionsschwächensanierung kommt demgegenüber in Gebieten in Betracht, die **in der Erfüllung der Aufgaben**, die ihnen nach Lage und Funktion obliegen, **erheblich beeinträchtigt** sind. **Abs. 3 enthält beispielhaft** und nicht **abschließend** („insbesondere") diejenigen Merkmale, die für die Beurteilung, ob in einem Gebiet städtebauliche Mißstände vorliegen, maßgeblich sind. 13

b) Substanzschwächensanierung. Städtebauliche Mißstände liegen nach Abs. 2 S. 2 Nr. 1, Abs. 3 Nr. 1 vor, wenn das Gebiet nach seiner **Bebauung** oder nach seiner **sonstigen Beschaffenheit** den allgemeinen Anforderungen an gesunde Wohn- und Arbeitsverhältnisse oder an die Sicherheit der in dem Gebiet wohnenden und arbeitenden Menschen nicht entspricht. Der Tatbestand der Substanzschwäche knüpft somit an den Zustand des Gebiets an. Für die Beurteilung des Zustands des Gebiets ist vor allem die Bebauung und ihre Beschaffenheit maßgeblich. Abs. 3 Nr. 1 Buchst. a und b enthalten hierzu Konkretisierungen. Für die Beurteilung der Sanierungsbedürftigkeit eines Gebiets kommt weiterhin seine sonstige Beschaffenheit in Betracht; auch hierzu enthält Abs. 3 Nr. 1 Konkretisierungen (Buchst. c bis g). 14

Die **Anforderungen an gesunde Wohn- und Arbeitsverhältnisse** und an die **Sicherheit** ergeben sich u. a. aus dem Bauordnungsrecht der Länder sowie aus sonstigen öffentlich-rechtlichen Bauvorschriften. Aus dem Landesverordnungsrecht ergeben sich insbesondere die Anforderungen an die **Belichtung, Besonnung** und **Belüftung** von Wohnungen und Arbeitsstätten (Abs. 3 Nr. 1 Buchst. a) sowie an die **bauliche Beschaffenheit** von Gebäuden, Wohnungen und Betriebsstätten (zur letzteren vgl. auch das Arbeitsstättenschutzrecht). Vgl. hierzu im einzelnen auch die Erl. zu § 177 Abs. 2. Die Substanzschwäche kann sich auch aus der **Zugänglichkeit der Grundstücke** (Abs. 3 Nr. 1 15

Buchst. c) ergeben, insbesondere wegen fehlenden Anschlusses an öffentliche Verkehrsflächen, aber auch wegen unzugänglicher Hinterhofbebauungen. Abs. 3 Nr. 1 Buchst. d und f enthalten zwei sich z. T. überschneidende Mischstandsmerkmale, nämlich die Auswirkung einer vorhandenen **Mischung von Wohn- und Arbeitsstätten** (Buchst. d) einerseits und der **Einwirkungen,** die von Grundstücken, Betrieben, Einrichtungen oder Verkehrsanlagen ausgehen (Buchst. f) andererseits. In beiden Fällen ergibt sich der Mißstand insbesondere aus sich gegenseitig negativ berührenden unterschiedlichen Nutzungen. Im Falle des Buchst. d geht es vor allem um die negativen Auswirkungen innerhalb des Sanierungsgebiets, während die Einwirkungen durch Lärm, Verunreinigung und Erschütterungen i. S. der Buchst. f auch auf das umliegende Gebiet ausstrahlen können. Zur planerischen Beurteilung von sog. **Gemengelagen** vgl. § 1, Rn 110 bis 112; vgl. weiterhin § 34, Rn 34 bis 37 zur Zulässigkeit von Vorhaben in Gemengelagesituationen; vgl. weiterhin die Erl. zu § 34 Abs. 3 über die Lösung von Konfliktsituationen bei Innenbereichsvorhaben. Als weiteres Mißstandsmerkmal nennt Abs. 3 Nr. 1 Buchst. e die **Nutzung** von bebauten und unbebauten Flächen nach Art, Maß und Zustand. Hinsichtlich von Art und Maß der Nutzung bebauter Grundstücke kann als Anhaltspunkte für zeitgerechte städtebauliche Vorstellungen auf die Art und Maßvorschriften der **BauNVO** zurückgegriffen werden. Hinsichtlich des Zustandes bebauter oder unbebauter Flächen und ihrer Nutzung kann sich ein Mißstand u. a. aus vorhandenen Bodenbelastungen („Altlasten"; vgl. Krautzberger, UPR 1989, 14) ergeben; vgl. auch Abs. 4 Nr. 3. Auch aus der vorhandenen **Erschließung** (Abs. 3 Nr. 2 Buchst. g) kann sich die Sanierungsbedürftigkeit des Gebiets ergeben. Zu den Anforderungen an die Erschließung in den Bebauungsplangebieten nach § 30 Abs. 1, in den Innenbereichen nach § 34 sowie im Außenbereich vgl. dort die jeweiligen Erl.

16 **c) Funktionsschwächensanierung.** Nach **Abs. 2 S. 2 Nr. 2** liegen städtebauliche Mißstände weiterhin dann vor, wenn ein **Gebiet in der Erfüllung der Aufgaben erheblich beeinträchtigt ist,** die ihm nach seiner Lage und Funktion obliegen. **Abs. 3 Nr. 2** nennt beispielhaft hierbei in Betracht kommende Mißstandsmerkmale. Für die Beurteilung der Funktionsschwäche kommt es – ausgehend vom Bestand – auf die derzeitige oder die zukünftige Funktion des Gebiets an. Im ersteren Fall können sich Überschneidungen mit der Substanzschwächensanierung nach Abs. 3 Nr. 1 ergeben. Allerdings müssen im Fall der Funktionsschwäche nicht zugleich „physische" Mängel i. S. des Abs. 3 Nr. 1 vorliegen. Die Funktionsschwäche bezieht sich im übrigen auf Fehlentwicklungen eines Gebiets, die sich sowohl aus der Funktion des Gebiets selbst wie aus seiner Funktion für benachbarte Gemeindeteile, die gesamte Stadt oder die Nachbargemeinden ergeben.

17 **Abs. 3 Nr. 2 Buchst. a bis c** nennen mehrere Indikatoren, aus denen sich die Sanierungsbedürftigkeit ergeben kann. Die Funktionsfähigkeit

des Gebiets in Bezug auf den **fließenden und ruhenden Verkehr** (Abs. 3 Nr. 2 Buchst. a) kann im Hinblick auf das Verhältnis zwischen Verkehrsfläche und Verkehr, auf Immissionen, die vom Verkehr ausgehen (vgl. auch Abs. 3 Nr. 1 Buchst. f) oder auf fehlende Stellplätze (vgl. auch Abs. 3 Nr. 1 Buchst. g) beeinträchtigt sein. Ein Mißstand hinsichtlich der Funktionsfähigkeit des Gebiets in Bezug auf die **wirtschaftliche Situation und Entwicklungsfähigkeit** (Abs. 3 Nr. 2 Buchst. b) des Gebiets kann in einer gestörten Versorgungsfunktion liegen; z. B. fehlende Einkaufsmöglichkeiten oder Fehlen sonstiger der Versorgung dienenden Einrichtungen. Der Mißstand kann auch darin liegen, daß das Gebiet seiner Versorgungsfunktion im „Verflechtungsbereich" nicht entspricht. Mit „Verflechtungsbereich" können – je nach Situation und Funktion des Gebiets – benachbarte Gemeindegebiete, die Gesamtgemeinde oder das Umland der Gemeinde bezeichnet sein. Der Mißstand kann sich z. B. aus einer einseitigen, der Funktion des Gebiets nicht entsprechenden Konzentration einzelner Nutzungsarten ergeben (z. B. fehlende Mischung von Nutzungen zur Erhaltung eines lebensfähigen Gemeinwesens; vgl. weiterhin den auf gegenseitige Beeinträchtigung abstellenden Substanzschwächenfall nach Abs. 3 Nr. 1 Buchst. d). Die Funktionsschwäche kann sich auch daraus ergeben, daß durch großflächige Einzelhandelsbetriebe in Nachbargemeinden oder in anderen Stadtteilen die Einzelhandelsbetriebe zur verbrauchernahen Versorgung die Lebensgrundlage verlieren. In Betracht kommen damit insbesondere Fälle der funktionellen „Verödung" eines Gebiets. Auch fehlende Arbeitsplätze können eine Funktionsschwäche begründen. Ein besonders wichtiger Sanierungsgrund ist die unzureichende **infrastrukturelle Erschließung des Gebiets** (Abs. 3 Nr. 2 Buchst. c). Das Gesetz nennt beispielhaft die Ausstattung eines Gebiets mit Grünflächen, Spiel- und Sportplätzen und Anlagen des Gemeinbedarfs. Auch hierbei ist sowohl auf die infrastrukturelle Situation des Sanierungsgebiets selbst als auch auf seine Bedeutung für den „Verflechtungsbereich" abzustellen. Das Gesetz nennt hier insbesondere die „sozialen und kulturellen Aufgaben" eines Gebiets, also z. B. die Anlagen des Gesundheitswesens (Krankenhäuser), Erholungs- und Sporteinrichtungen, Schulen, Kinos, Museen usw.

Die Funktionen, die ein bestimmtes Gebiet zu erfüllen hat, ergeben **18** sich vor allem aus der **städtebaulichen Planung** der Gemeinde. In Betracht kommen insbesondere die planerischen Absichten der Gemeinde, die sich aus einem Bauleitplan, einer städtebaulichen Entwicklungsplanung oder einer Rahmenplanung der Gemeinde (vgl. §140 Nr. 4) ergeben. Auch eine überörtliche Planung (z. B. durch die Raumordnung und Landesplanung), soweit sie in die städtebauliche Planung umgesetzt ist (vgl. §1 Abs. 4), kann die Funktion des Gebiets bestimmen (vgl. OVG Lüneburg, ZfBR 1980, 97). Zur Beurteilung der Funktionsschwäche ist ein **Soll-Ist-Vergleich** zwischen dem Zustand des Gebiets und der ihm nach der städtebaulichen Planung

obliegenden Funktion anzustellen (vgl. BVerwG ZfBR 1984, 247 = NVwZ 1985, 184): Ist das Gebiet i. S. des Abs. 3 Nr. 2 **erheblich** in seiner Lage und Funktion **beeinträchtigt,** die sich nach der städtebaulichen Situation und der sich hieraus beziehenden städtebaulichen Planung ergibt, kann eine Funktionsschwäche i. S. des Abs. 2 S. 2 Nr. 2 vorliegen.

19 Die Funktionsschwäche kann sich damit auf die **gegenwärtige Funktion** eines Gebiets beziehen, wenn das Gebiet bereits derzeit in den ihm nach Lage und Funktion obliegenden Aufgaben beeinträchtigt wird. Die Funktionsschwäche kann sich aber auch auf eine dem Gebiet **zukünftig zugedachte Funktion** beziehen. Zur zukünftigen Funktion gehört sowohl das, was nach dem planerischen Konzept der Gemeinde (Ziele und Zwecke der Sanierung, § 140 Nr. 3) erhalten, als auch das, was durch einen Funktionswandel erreicht werden soll (BVerwG aaO.). Soll z. B. dem Gebiet nach dem Sanierungskonzept die Funktion eines Einkaufsbereichs bestimmter Ausprägung haben, so kann sich aus dem Vorhandensein oder dem Überhandnehmen anderer Nutzungen wie z. B. Versicherungen, Verwaltungen und Banken, die sich in diesem Bereich ansiedeln wollen, eine Funktionsschwäche ergeben (vgl. BVerwG aaO; Krautzberger, ZfBR 1982, 135/136). Anhaltspunkte, die eine Funktionsschwächensanierung rechtfertigen, müssen sich aus der vorhandenen gebietlichen Situation ergeben („Situationsbezogenheit"); vgl. hierzu sowie zur Abgrenzung von nur „präventiven" Maßnahmen Rn 24–26.

20 **d) Mißstände im Gebiet und auf Grundstücken.** Die zum **Entschädigungsrecht** (vgl. die Erl. zu § 43 Abs. 4) entwickelten Maßstäbe über die allgemeinen Anforderungen an gesunde Wohn- und Arbeitsverhältnisse oder an die Sicherheit der im Gebiet arbeitenden und wohnenden Menschen können **allgemein** zur Beurteilung der Sanierungsbedürftigkeit eines Gebiets herangezogen werden: vgl. insbesondere BGHZ 81, 374/381; Rechtsgutachten Gewos, Zum Entschädigungsausschluß nach § 44 Abs. 1 S. 2 BBauG, Hamburg 1965; zur Entschädigungsminderung im Hinblick auf unzureichende Infrastruktur vgl. Krautzberger, BayVBl. 1972, 230.

21 Die zum Entschädigungsrecht entwickelten Maßstäbe dürfen jedoch nicht in dem Sinne für die Beurteilung der Sanierungsbedürftigkeit i. S. des § 136 herangezogen werden, daß alle oder nahezu alle **Grundstücke** davon geprägt sein müssen. Die **unterschiedliche Bedeutung des Mißstandsbegriffs** in den Fällen des § 136 Abs. 2 und des § 43 Abs. 4 ergibt sich aus folgendem: § 43 Abs. 4 bezieht den Mißstand auf ein individuelles Grundstück. Auch wenn ein die Substanzsanierung rechtfertigender Mißstand in dem betreffenden Gebiet besteht, so ist der Entschädigungsausschluß nach § 43 Abs. 4 Nr. 1 nur gerechtfertigt, wenn zusätzlich die Nutzung des betroffenen Grundstücks zu diesem Mißstand wesentlich beiträgt. Das gleiche gilt für die Fälle der Funktionsschwäche gem. § 43 Abs. 4 Nr. 2: Auch hier muß zur Funktions-

schwäche des Gebiets insgesamt, d. h. zum Mißstand, das Grundstück selbst i. S. einer qualifizierten Kausalität beitragen; vgl. § 43, Rn 7.

§ 136 Abs. 2 und 3 stellt dagegen nicht auf einen grundstücksbezogenen Mißstand ab, sondern auf die **Prägung eines Gebiets** durch Defizite i. S. des § 136 Abs. 2 und 3. Liegen in einem Gebiet zahlreiche Grundstücke, auf denen Mißstände i. S. des Abs. 2 und Abs. 3 bestehen, so ist die Sanierungsbedürftigkeit des Gebiets aus städtebaulichen Gründen regelmäßig indiziert. So kann z. B. auch eine Häufung von Wohnungsausstattungsmängeln (fehlende sanitäre u. a. Einrichtungen), die jeweils nur individuelle, grundstücksbezogene Mißstände darstellen, infolge der Klumpung in einem Gebiet und der sich hieraus ergebenden sozialen und wirtschaftlichen Probleme in einen städtebaulichen Mißstand umschlagen; vgl. hierzu auch § 177, Rn 7. Für die Beurteilung des sanierungsrechtlichen Mißstands kommt es jedoch rechtlich gesehen nicht auf die Häufigkeit von grundstücksbezogenen Einzelmißständen an, sondern darauf, daß diese **ein Gebiet insgesamt prägen.** Ist das Gebiet in diesem Sinne insgesamt sanierungsbedürftig, so kommt es auf etwaige Mißstände auf einzelnen Grundstücken selbst nicht an. Auch wenn das **einzelne Grundstück selbst keine Mißstände aufweist,** ist es infolge seiner Zugehörigkeit zu dem insgesamt sanierungsbedürftigen Gebiet vorbelastet und damit i. S. eines städtebaulichen Mißstands geprägt (vgl. BVerwG, ZfBR 1984, 247 = NVwZ 1985, 184). 22

Von diesem Fall einer situationsbedingten Vorbelastung bzw. Prägung eines **Grundstücks, das selbst keine städtebaulichen Mißstände** aufweist, sind die Fälle des § 142 Abs. 1 S. 3 zu unterscheiden, wonach einzelne Grundstücke, die nicht von der Sanierung betroffen werden, aus dem Gebiet ausgenommen bzw. (im Umkehrschluß) in dieses auch einbezogen werden können. Hierbei handelt es sich um eine Festlegung aus **Zweckmäßigkeitserwägungen.** Derartige Grundstücke sind nicht durch einen grundstücksbezogenen Mißstand geprägt; dies wird insbesondere bei einer Genehmigung nach §§ 144, 145 zu berücksichtigen sein. Das Gesetz will hiermit nur vermeiden, daß die Gemeinden bereits bei der Gebietsfestlegung alle Grundstücke individuell beurteilen und von vornherein nichtbelastete Grundstücke aussparen müssen; hierdurch wird auch vermieden, daß Gebiete mit nicht-sanierungsbedürftigen „Inseln" entstehen. 23

e) Zur Frage „vorbeugender" Sanierungsmaßnahmen. Mißstände i. S. des Abs. 2 S. 2 Nr. 1 **(Substanzschwäche)** drängen sich in der Regel bereits dem unbefangenen Betrachter auf; sie sind in der Regel unmittelbar erkennbar („physische" Mißstände). Diese unmittelbare Erkennbarkeit ist zwar keine rechtliche Voraussetzung, sie kann jedoch als Anhaltspunkt für die Feststellung der Prägung eines Gebiets durch einen Mißstand gelten. Dagegen sind die Fälle der **Funktionsschwäche** (Abs. 2 S. 2 Nr. 2) eher dadurch gekennzeichnet, daß sie sich aus dem Soll-Ist-Vergleich zwischen der tatsächlichen Wahrnehmung und der ihm nach seiner Lage und Funktion an sich obliegenden Aufgaben 24

ergeben (vgl. Rn 19). Auch dies kann dem Gebiet physisch „ablesbar"
sein; die Funktionsschwäche ist jedoch mehr durch ein planerisches
Defizit gekennzeichnet, also durch ein Mißverhältnis zwischen der
tatsächlichen Situation und jener, die dem Gebiet nach seiner Lage und
Funktion obliegen sollte.

25 Diese Unterscheidung zwischen beiden Mißstandsfällen ist für die
Beurteilung der Frage von Bedeutung, ob im Rahmen der Sanierung
auch **präventive,** also dem Entstehen von **Mißständen vorbeugende
Maßnahmen** zulässig sind. § 136 erlaubt die Sanierung nur dann, wenn
das Gebiet durch einen Mißstand geprägt ist. Weisen daher z. B. bereits
eine Reihe von Grundstücken Substanzschwächen auf und ist davon
auszugehen, daß ein entsprechender Verfallprozeß aufgrund **objektiver
Anhaltspunkte** um sich greifen wird, so kann bereits der städtebauliche
Mißstand für das Gebiet insgesamt gegeben sein; dies jedenfalls dann,
wenn dieser Verfallprozeß nur durch eine städtebauliche Sanierungs-
maßnahme i. S. des Abs. 1 behoben werden kann. In diesem Fall liegt
aber **keine vorbeugende Maßnahme,** sondern bereits die **Behebung
eines Mißstands** vor. Rein präventive Maßnahme ohne das Gebiet
prägende Anhaltspunkte rechtfertigen dagegen die Durchführung einer
Sanierung aus Gründen der **Substanzschwäche** nicht; andernfalls wäre
im Grenzfall jedes Gemeindegebiet im Hinblick auf einen denkbaren
späteren städtebaulichen „Verfall" ein potentielles Sanierungsgebiet, in
dem Sanierungsmaßnahmen durchgeführt werden können.

26 Auch die **Funktionsschwächensanierung** ist rechtlich gesehen **keine
präventive** Sanierung. Auch soweit hier der Mißstand aufgrund eines
Soll-Ist-Vergleichs auf die einem Gebiet obliegende zukünftige Funk-
tion festgestellt wird, liegt hierin keine Prävention: Denn die Funk-
tionsschwäche muß bei der Festlegung dieses Gebiets bereits gegeben
sein. Sie liegt auch dann vor, wenn das Gebiet in der Erfüllung der
Aufgaben beeinträchtigt ist, die ihm nach den objektiven städtebauli-
chen Gegebenheiten und i. S. einer geordneten städtebaulichen Ent-
wicklung (vgl. § 1 Abs. 3 und 5), also insbesondere auch noch der
gemeindlichen Entwicklungsvorstellung konkret zukommen soll. Es
handelt sich also auch in diesen Fällen nicht um Prävention, sondern
bereits unmittelbar um die Behebung eines städtebaulichen Defizits.

27 **3. Sanierungsgrundsätze (Abs. 4). a) Wohl der Allgemeinheit
(Abs. 4 S. 1).** Sanierungsmaßnahmen dienen nach Abs. 4 S. 1 dem **Wohl
der Allgemeinheit.** Die Bestimmung hat programmatische Bedeu-
tung. Sie enthält daher keine gesetzliche Fiktion, daß z. B. die Enteig-
nung im Sanierungsgebiet vom Wohl der Allgemeinheit erfordert ist;
vgl. § 87 Abs. 1 BBauG (vgl. aber die erleichterte Enteignung in
Sanierungsgebieten gem. § 88 S. 2). Sanierungsmaßnahmen müssen
auch nicht aus Gründen des Wohls der Allgemeinheit erforderlich sein;
vgl. demgegenüber § 53 Abs. 1 Nr. 2 StBauFG und § 6 Abs. 3 Nr. 2
BauGB-MaßnahmenG, wonach die förmliche Festlegung eines **städte-
baulichen Entwicklungsbereichs** voraussetzt, daß das Wohl der Allge-

meinheit die Durchführung der Entwicklungsmaßnahme erfordert. Das Gesetz fordert jedoch in Abs. 1, daß Sanierungsmaßnahmen im **öffentlichen Interesse** liegen (vgl. Rn 3). Abs. 4 S. 1 hebt somit vor allem das besondere Gewicht von Sanierungsmaßnahmen hervor, das ihnen bei der Lösung komplexer Sachverhalte zukommt.

b) Allgemeine Ziele (Abs. 4 S. 2). Abs. 4 S. 2 nennt **allgemeine** 28 Ziele städtebaulicher Sanierungsmaßnahmen. Die Bestimmung ist als **Soll-Vorschrift** ausgestaltet, sie hat also mehr als nur programmatische Bedeutung. Soll-Vorschriften sind im öffentlichen Recht Muß-Vorschriften, soweit nicht besondere Umstände des Einzelfalls eine Abweichung rechtfertigen. Sanierungsmaßnahmen müssen mindestens einem der in Abs. 4 S. 2 genannten Ziele dienen. Die Aufzählung ist alternativ („oder"). Aus der Vorschrift ergeben sich Anhaltspunkte dafür, ob ein öffentliches Interesse i. S. des Abs. 1 zur Durchführung einer städtebaulichen Sanierungsmaßnahme i. S. des BauGB gegeben ist.

Für das Verhältnis zum Katalog der **städtebaulichen Belange i. S. des** 29 **§ 1 Abs. 5** gilt folgendes: § 1 Abs. 5 enthält die für das gesamte Städtebaurecht maßgeblichen und zu beachtenden städtebaulichen Belange und städtebaulichen Zielvorstellungen. Die in Abs. 4 S. 2 bezeichneten Sanierungsziele heben diejenigen städtebaulichen Belange besonders hervor, die im Hinblick auf die Durchführung einer städtebaulichen Sanierungsmaßnahme von besonderem Gewicht sind, und zwar insbesondere im Hinblick auf die Festlegung eines Gebiets. Die in dem Katalog des Abs. 4 S. 2 nicht ausdrücklich bezeichneten städtebaulichen Belange sind jedoch gleichwohl für die Sanierung maßgeblich, und zwar für die sanierungsrechtliche Abwägung bei der Gebietsfestlegung, bei der sonstigen Vorbereitung und bei der Durchführung der Sanierung (Abs. 4 S. 3), also für die Sanierungsplanung (vgl. § 140 Nr. 3).

Sanierungsmaßnahmen sollen zur Entwicklung der **baulichen** 30 **Struktur** beitragen (Abs. 4 S. 2 Nr. 1). Besonders hervorgehoben sind die sozialen, hygienischen, wirtschaftlichen und kulturellen Erfordernisse. Die Sanierungsmaßnahmen sollen **in allen Teilen des Bundesgebiets** durchgeführt werden; hierdurch soll eine unter raumordnerischen Gesichtspunkten unerwünschte einseitige Begünstigung oder Vernachlässigung bestimmter Gebiete unterbunden werden. Zu den **sozialen** Erfordernissen vgl. § 1 Abs. 5 S. 2 Nr. 3; zu den hygienischen Erfordernissen vgl. § 1 Abs. 5 S. 2 Nr. 1 und 7; zu den **wirtschaftlichen** Erfordernissen vgl. § 1 Abs. 5 S. 2 Nr. 8; zu den **kulturellen** Erfordernissen vgl. § 1 Abs. 5 S. 2 Nr. 3.

Gem. Abs. 4 S. 2 Nr. 2 sollen Sanierungsmaßnahmen die **Verbesse-** 31 **rung der Wirtschafts- und Agrarstruktur** unterstützen; vgl. hierzu auch § 1 Abs. 5 S. 2 Nr. 8. Die Sanierungsmaßnahmen tragen zur Verbesserung der Wirtschaftsstruktur vor allem durch Verbesserung der Rahmenbedingungen für private Investitionen, durch die Ansiedlung von Gewerbe- oder Versorgungsbetrieben sowie durch die Schaffung von Arbeitsplätzen bei. Die früher gem. §§ 71 ff. StBauFG, jetzt

aufgrund einer **Verwaltungsvereinbarung** (vgl. Vorbem. zu den §§ 136–164, Rn 26 a) bereitgestellten **Bundesfinanzhilfen** zur Durchführung städtebaulicher Sanierungsmaßnahmen werden mit der Förderung des wirtschaftlichen Wachstums (Art. 104 a Abs. 4 GG) begründet. Die Finanzhilfen, die nach dem **Strukturhilfegesetz** (Vorbem. aaO, Rn 26 b) gewährt werden, dienen dem Ausgleich unterschiedlicher Wirtschaftskraft (Art. 104 a Abs. 4 GG). Zu städtebaulichen Maßnahmen im Zusammenhang mit Maßnahmen zur Verbesserung der Agrarstruktur vgl. weiterhin §§ 187 bis 191.

32 Abs. 4 S. 2 Nr. 3 nennt als weiteres Sanierungsziel, daß die Siedlungsstruktur den Erfordernissen des Umweltschutzes (vgl. § 1 Abs. 5 S. 2 Nr. 7), den Anforderungen an gesunde Lebens- und Arbeitsbedingungen der Bevölkerung (vgl. § 1 Abs. 2 S. 2 Nr. 1 und 8) und der Bevölkerungsentwicklung (vgl. § 1 Abs. 5 S. 2 Nr. 2) entspricht. Die Berücksichtigung der Erfordernisse des **Umweltschutzes** ist durch das BauGB eingefügt worden. Sanierungsmaßnahmen können auch Maßnahmen sein, die sich nur mittelbar an menschlichen Bedürfnissen orientieren, also auch solche Maßnahmen, die dazu beitragen, die Leistungsfähigkeit des Naturhaushalts in den Siedlungsgebieten zu verbessern und einen wirksamen Umweltschutz zu erreichen (vgl. Bodenschutzkonzeption der Bundesregierung vom 6. 2. 1985, BT-Drs. 10/297). Auch das Sanierungsziel der Anforderungen der **Bevölkerungsentwicklung** ist mit dem BauGB neu aufgenommen worden. Darin zeigt sich, daß Sanierungsmaßnahmen zur Lösung der städtebaulichen Folgen beitragen sollen, die sich aus der Bevölkerungsentwicklung und hieraus sich möglicherweise ergebender unterschiedlicher Rückwirkungen auf die Siedlungsstruktur („Rückbau" oder „Nachverdichtung") ergeben.

33 Ein weiteres (mit dem BauGB neu eingeführtes) Sanierungsziel enthält Abs. 4 S. 2 Nr. 4 hinsichtlich der Erfordernisse der **Stadt- und Dorferhaltung.** In deutlicher Abkehr von früheren Flächensanierungsvorstellungen ist damit klargestellt, daß Sanierungsmaßnahmen zur Erhaltung, Erneuerung und Fortentwicklung vorhandener Ortsteile beitragen und den Erfordernissen des Denkmalschutzes Geltung verschaffen sollen. Die Ziele der Stadt- und Dorferhaltung rechtfertigen also die Festlegung eines Sanierungsgebiets. Ein städtebaulicher Mißstand kann sich in diesen Fällen sowohl aus dem Zustand des Gebiets (Abs. 3 S. 2 Nr. 1) als auch im Hinblick auf die Funktionsfähigkeit des Gebiets ergeben.

34 c) **Abwägungsgebot (Abs. 4 S. 3).** Abs. 4 S. 3 regelt das **sanierungsrechtliche Abwägungsgebot.** Danach sind bei den städtebaulichen Sanierungsmaßnahmen die öffentlichen und privaten Belange gegeneinander und untereinander gerecht abzuwägen. Gegenstand der Abwägung ist die **Sanierungsplanung** (hierzu im Einzelnen § 140 Nr. 3: „Ziele und Zwecke der Sanierung"), nicht die einzelne Vorbereitungs- oder Durchführungsmaßnahme. Die Formulierung ist angelehnt an § 1

Abs. 6. Das Abwägungsgebot ist ein zentrales **Gebot rechtsstaatlicher Planung** (BVerwGE 45, 309/312 ff.); vgl. im Einzelnen die Erl. in § 1, Rn 87 sowie § 142, Rn 4 ff. In zeitlicher Hinsicht ergeben sich Unterschiede zwischen dem sanierungsrechtlichen Abwägungsgebot und dem Abwägungsgebot bei der Bauleitplanung vor allem daraus, daß die **Sanierungsplanung** in der Regel erst nach förmlicher Festlegung eines Sanierungsgebiets konkretisiert und fortgeschrieben wird. Bereits die vor der förmlichen Festlegung erarbeiteten häufig noch wenig konkretisierten Sanierungskonzepte (vgl. BVerwG, ZfBR 1984, 296) müssen zwar von einer gerechten Abwägung getragen sein; diese kann freilich entsprechend dem Verfahrensstand noch nicht den in § 1 Abs. 5 und 6 normierten Anforderungen entsprechen. Erst mit zunehmender Verdichtung und besonders hinsichtlich der Durchführung der einzelnen Sanierungsmaßnahmen sind die wechselseitigen Belange verstärkt abzuwägen. Das Abwägungsgebot ist ferner – und insoweit beschränkt auf den Akt der förmlichen Festlegung – für die Bestimmung des räumlichen Geltungsbereichs der Sanierungssatzung bedeutsam. Zur Einbeziehung von Grundstücken, auf denen keine städtebaulichen Mißstände herrschen, in ein Sanierungsgebiet und den hierbei zulässigerweise anzustellenden Zweckmäßigkeitserwägungen vgl. BVerwG, ZfBR 1984, 247.

§ 137 Beteiligung und Mitwirkung der Betroffenen

Die Sanierung soll mit den Eigentümern, Mietern, Pächtern und sonstigen Betroffenen möglichst frühzeitig erörtert werden. Die Betroffenen sollen zur Mitwirkung bei der Sanierung und zur Durchführung der erforderlichen baulichen Maßnahmen angeregt und hierbei im Rahmen des Möglichen beraten werden.

Übersicht

1. Allgemeines. § 137 enthält **zwei sanierungsrechtliche Grundsätze,** die – unbeschadet der vor allem redaktionellen Änderungen – im wesentlichen bereits mit dem StBauFG von 1971 eingeführt wurden (vgl. § 1 Abs. 4 S. 4, § 4 Abs. 1 S. 2, § 9 StBauFG): Die Sanierungsbetroffenen sind an Vorbereitung und Durchführung der Sanierung **zu beteiligen,** insbesondere durch möglichst frühzeitige Erörterung der beabsichtigten Planungen und Maßnahmen **(S. 1);** die Sanierungsbe-

troffenen sollen darüber hinaus von der Gemeinde zur **Mitwirkung** angeregt und hierbei soweit möglich **beraten** werden **(S. 2).** Die Vorschrift zielt damit in mehrere Richtungen: Sie soll die **frühzeitige Betroffenenbeteiligung** als Mittel zur besseren Information der planenden Gemeinde über die Vorstellungen der Betroffenen sicherstellen. Darüber hinaus soll sie im Hinblick auf die Eingriffsbefugnis der Gemeinde die **Öffentlichkeit der Planung** erhöhen. Sie soll schließlich die Berücksichtigung abwägungs- und entscheidungserheblicher Belange der Betroffenen verbessern (vgl. § 136 Abs. 4 S. 3).

2 Die Mitwirkung der Betroffenen an der Vorbereitung und Durchführung soll diesen auch eine **verbesserte Möglichkeit zur Wahrung ihrer Rechtsposition** im Hinblick auf die weitreichenden Eingriffsmöglichkeiten der Gemeinde im Rahmen der Sanierung geben. Die Gemeinde kann sich hierbei nicht mit der formalen Beteiligung begnügen, was sich insbesondere aus S. 2 ergibt: Sie soll die Sanierungsbetroffenen möglichst in die Lage versetzen, an der Sanierung aktiv mitzuwirken, sei es durch **Information,** durch **Beratung** oder durch **sonstige Hilfestellungen.** Insoweit kommt in der Vorschrift der Gedanke der Effektivitätssicherung zum Ausdruck, daß durch enge Abstimmung der öffentlichen und privaten Maßnahmen die Sanierungsplanung verbessert und der Erfolg der städtebaulichen Maßnahmen erhöht werden. Die Vorschrift dient aber ebenso dem Anliegen, den Schutz rechtlicher Positionen zu stärken und nachteilige Auswirkungen der Sanierung im Rahmen der Sozialplanung zu vermeiden oder zu mindern. Zur Bedeutung der Bürger- und Betroffenenbeteiligung für städtebauliche Planungen und Maßnahmen vgl. weiterhin die Erläut. zu § 3.

3 **2. Verhältnis zu anderen Vorschriften.** Die Beteiligung der Sanierungsbetroffenen an der Sanierungsplanung läßt Pflichten der Gemeinde zur **Bürgerbeteiligung nach anderen Vorschriften** unberührt; vgl. insbesondere §§ 3, 13, 34 Abs. 5, §§ 50, 70, 173 Abs. 3 S. 1, §§ 175 und 180. Die Beteiligung nach § 137 ersetzt daher insbesondere nicht die für Bauleitplanverfahren nach § 3 vorgesehene „Bürgerbeteiligung". Die Gemeinde kann aber (und wird dies zweckmäßigerweise tun) die **Beteiligungsverfahren** nach § 3 mit der Beteiligung nach § 137 **verbinden,** sofern im Rahmen einer Sanierung Bauleitpläne aufgestellt, geändert, ergänzt oder aufgehoben werden sollen. § 9 Abs. 1 S. 3 StBauFG hat die Möglichkeit der Verbindung der sanierungsrechtlichen Betroffenenbeteiligung mit der vorgezogenen Bürgerbeteiligung bei der Bauleitplanung ausdrücklich hervorgehoben. Die Gemeinde ist in der Verfahrensentscheidung jedoch frei. Die Erörterungspflicht nach § 137 S. 1 geht in jedem Fall in zeitlicher Hinsicht weiter als die Beteiligungspflicht nach § 3; im Rahmen der sanierungsrechtlichen Betroffenenbeteiligung kann auch die Verwirklichung eines beschlossenen Bebauungsplans erforderlicher Gegenstand der Beteiligung sein.

4 Soweit die Gemeinde die Beteiligungsverfahren nach §§ 3 und 137

S. 1 verbindet, ergeben sich Besonderheiten hinsichtlich des **Adressatenkreises**. Bei der Bürgerbeteiligung nach § 3 sind die Bürger zu beteiligen. Die Beteiligung nach § 137 bezieht sich dagegen auf die sanierungsbetroffenen Bürger. Eine Verbindung beider Beteiligungsverfahren kann weiterhin dann Bedeutung haben, wenn die Gemeinde das Sanierungskonzept (§ 140 Nr. 3) auf der Grundlage einer städtebaulichen Rahmenplanung (§ 140 Nr. 4) entwickelt. Sofern die Gemeinde innerhalb der Rahmenplanung die Bürger unterrichtet und die Neugestaltung oder Entwicklung des Gebiets mit diesen erörtert hat (vgl. hierzu § 1, Rn 49), so kann sie gem. § 3 Abs. 1 S. 2 Nr. 3 von einer gesonderten vorgezogenen Bürgerbeteiligung absehen.

3. Betroffenenbeteiligung (S. 1) § 137 BauG enthält keine Differen- 5
zierung hinsichtlich der Aufgaben und des Adressatenkreises der Betroffenenbeteiligung in den verschiedenen Phasen der Sanierung; vgl. demgegenüber die zweistufige Regelung in § 4 Abs. 1 S. 2 und § 9 StBauFG für die Zeit vor und nach der förmlichen Festlegung des Gebiets. Durch § 137 S. 1 ist vielmehr generell eine **frühzeitige** Erörterung mit allen Sanierungsbetroffenen angeordnet. Die Erörterung hat „**möglichst frühzeitig**" zu erfolgen. Sie bezieht sich zeitlich auf den Gesamtbereich der Sanierung, also sowohl auf die Vorbereitungs- wie auf die Durchführungsphase. Dabei besteht **in allen Phasen der Sanierung** – soweit dies nach dem Stand der Planung jeweils möglich und erforderlich ist – die Verpflichtung, nicht nur die Mitwirkungsbereitschaft festzustellen, sondern darüber hinaus auch Planungs- oder Durchführungsvorstellungen mit den Betroffenen zu erörtern. § 137 S. 1 macht – deutlicher als die bisherigen Regelungen des StBauFG – die Betroffenenbeteiligung zum durchgehenden Prinzip der Sanierung; sie ist vor und nach förmlicher Festlegung mit gleicher Intensität durchzuführen und – wie auch die hervorgehobene Stellung im Gesetz zeigt – eine **vorrangige Aufgabe der Gemeinde.**

Der **Adressatenkreis der Betroffenenbeteiligung** wird in § 137 S. 1 6
gegenüber StBauFG erweitert oder zumindest klargestellt: Nach § 137 S. 1 sind ganz allgemein die von der Sanierung Betroffenen zu beteiligen. Dies sind vor allem die im künftigen oder bereits festgelegten Sanierungsgebiet Wohnhaften, Arbeitenden oder Nutzungsberechtigten (vor allem Eigentümer, Erbbauberechtigte, Mieter, Pächter). Die Sanierung kann sich aber auch **außerhalb des Sanierungsgebiets** auswirken und insoweit „Betroffenheit" i. S. des § 137 S. 1 auslösen (z. B. durch Immissionen, oder aber für Betriebe und Arbeitsplätze).

Zur **Durchführung** der Betroffenenbeteiligung vgl. im einzelnen – 7
entsprechend – die Erläut. zu § 3.

4. Beratung (S. 2). Die frühzeitige Beteiligung der von der beabsich- 8
tigten Sanierung Betroffenen trägt weiterhin dem Umstand Rechnung, daß der Erfolg einer Sanierungsmaßnahme wesentlich davon abhängt, daß die Betroffenen bei der Durchführung beraten, betreut und erforderlichenfalls finanziell unterstützt werden und daß die Maßnahmen

der privaten wie der öffentlichen Seite zur Sicherstellung des Sanierungserfolgs miteinander abgestimmt werden. Vgl. zur Aufgabenaufteilung zwischen den Eigentümern und der Gemeinde bei der **Durchführung** der Sanierung die Erläut. zu §§ 146–148, insbes. § 148 Abs. 1 sowie § 147 Abs. 2.

9 **5. Rechtsschutz.** Zum Rechtsschutz vgl. entsprechend die Erl. zu § 3; dort auch zur Beurteilung der Rechtsfolgen, die sich aus der Verletzung der Betroffenenbeteiligung gem. § 137 im Hinblick auf die Rechtmäßigkeit der Sanierungssatzung ergeben.

§ 138 Auskunftspflicht

(1) **Eigentümer, Mieter, Pächter und sonstige zum Besitz oder zur Nutzung eines Grundstücks, Gebäudes oder Gebäudeteils Berechtigte sowie ihre Beauftragten sind verpflichtet, der Gemeinde oder ihren Beauftragten Auskunft über die Tatsachen zu erteilen, deren Kenntnis zur Beurteilung der Sanierungsbedürftigkeit eines Gebiets oder zur Vorbereitung oder Durchführung der Sanierung erforderlich ist. An personenbezogenen Daten können insbesondere Angaben der Betroffenen über ihre persönlichen Lebensumstände im wirtschaftlichen und sozialen Bereich, namentlich über die Berufs-, Erwerbs- und Familienverhältnisse, das Lebensalter, die Wohnbedürfnisse, die sozialen Verflechtungen sowie über die örtlichen Bindungen, erhoben werden.**

(2) **Die nach Absatz 1 erhobenen personenbezogenen Daten dürfen nur zu Zwecken der Sanierung verwendet werden. Wurden die Daten von einem Beauftragten der Gemeinde erhoben, dürfen sie nur an die Gemeinde weitergegeben werden; die Gemeinde darf die Daten an andere Beauftragte im Sinne des § 157 sowie an die höhere Verwaltungsbehörde weitergeben, soweit dies zu Zwecken der Sanierung erforderlich ist. Nach Aufhebung der förmlichen Festlegung des Sanierungsgebiets sind die Daten zu löschen. Soweit die erhobenen Daten für die Besteuerung erforderlich sind, dürfen sie an die Finanzbehörden weitergegeben werden.**

(3) **Die mit der Erhebung der Daten Beauftragten sind bei Aufnahme ihrer Tätigkeit nach Maßgabe des Absatzes 2 zu verpflichten. Ihre Pflichten bestehen nach Beendigung ihrer Tätigkeit fort.**

(4) **Verweigert ein nach Absatz 1 Auskunftspflichtiger die Auskunft, ist § 208 Satz 2 bis 4 über die Androhung und Festsetzung eines Zwangsgeldes entsprechend anzuwenden. Der Auskunftspflichtige kann die Auskunft auf solche Fragen verweigern, deren Beantwortung ihn selbst oder einen der in § 383 Abs. 1 Nr. 1 bis 3 der Zivilprozeßordnung bezeichneten Angehörigen der Gefahr strafrechtlicher Verfolgung oder eines Verfahrens nach dem Gesetz über Ordnungswidrigkeiten aussetzen würde.**

Übersicht

1. Allgemeines. § 138 Abs. 1 S. 1 begründet eine Auskunftspflicht 1
aller Nutzungsberechtigten und deren Beauftragten (Eigentümer, Mie-
ter, Pächter und sonstige Berechtigte) über sanierungserhebliche Daten.
§ 138 tritt an die Stelle des **§ 3 Abs. 4** und **§ 87 StBauFG**. Die Auskunfts-
pflicht der Nutzungsberechtigten und die Verwendung und Weitergabe
für die Vorbereitung und Durchführung der Sanierung erhobenen
Daten hat im Hinblick auf die sich aus dem **Volkszählungsurteil des
BVerfG** (BVerfGE 65, 1 = NJW 1984, 419) ergebenden Anforderungen
an den Datenschutz eine weitgehende Neugestaltung des § 3 Abs. 4
StBauFG erfordert (zur datenschutzrechtlichen Problematik des § 3
Abs. 4 StBauFG vgl. den 8. Tätigkeitsbericht des Bundesbeauftragten
für Datenschutz gem. § 19 Abs. 2 S. 2 BDSG, BT-Drs. 10/4690, 13; zur
Neufassung vgl. den 9. Tätigkeitsbericht, BT-Drs. 10/6816, 21 mit
einer zustimmenden Feststellung zur Neuregelung insgesamt, jedoch
mit erheblichen datenschutzrechtlichen Bedenken gegen die in Abs. 2
S. 4 geregelte Datenübermittlung an die Finanzbehörden).

2. Auskunftspflicht (Abs. 1). Die Auskunftspflicht der Nutzungsbe- 2
rechtigten und ihrer Beauftragten gem. Abs. 1 S. 1 bezieht sich in
sachlicher Hinsicht auf alle Tatsachen, deren Kenntnis zur Beurteilung
der Sanierungsbedürftigkeit eines Gebiets erforderlich sind. Dies hat
vor allem Bedeutung für die von der Gemeinde durchzuführenden
vorbereitenden Untersuchungen nach § 141. Die Auskunftspflicht be-
steht aber auch im Hinblick auf die sonstigen Maßnahmen der Vorbe-
reitung (§ 140) und Durchführung (§ 146) der Sanierung. Die **Aus-
kunftspflicht** gem. § 138 **besteht** ab Einleitung der Sanierung durch
den Beschluß der Gemeinde über den Beginn der vorbereitenden
Untersuchungen; vgl. § 141 Abs. 3. In der ortsüblichen Bekanntma-
chung des Einleitungsbeschlusses ist daher auf die Auskunftspflicht
nach § 138 hinzuweisen; Abs. 3 S. 3. Die **Auskunftspflicht endet** mit
der Aufhebung der Sanierungssatzung (§ 162). Wird ein Grundstück
gem. § 163 vorzeitig aus der Sanierung entlassen, entfällt gleichfalls die
Auskunftspflicht. § 163 Abs. 3 regelt dies zwar nicht ausdrücklich.
Jedoch entfällt das schutzwürdige Interesse der Gemeinde an der Erhe-
bung von Auskünften, wenn sie in Bezug auf ein Grundstück die
Sanierung als abgeschlossen erklärt hat.

Die Auskünfte sind der **Gemeinde** oder ihren **Beauftragten** zu 3
erteilen. Als Beauftragte kommen insbesondere Sanierungsträger und
andere Beauftragte i. S. des § 157 in Betracht. Die zur Erhebung der

Daten Beauftragten sind gem. Abs. 3 besonders zu verpflichten; vgl. Rn 9.

4 Die Auskunftspflicht gem. Abs. 1 bezieht sich sowohl auf **objektivbezogene** wie auf **personenbezogene Daten.** Danach sind insbesondere Auskünfte über die bauliche Beschaffenheit von Gebäuden, Wohnungen und Arbeitsstätten, über die Zugänglichkeit der Grundstücke oder über Immissionsbeeinträchtigungen zu geben; vgl. hierzu im einzelnen die Beurteilungsmaßstäbe nach § 136 Abs. 3. Da Abs. 1 S. 1 – anders als S. 2 über die personenbezogenen Daten – keine ins Einzelne gehende Aufzählung der in Betracht kommenden objektbezogenen Daten enthält, ist auf den in § 136 Abs. 3 vorgegebenen Rahmen zurückzugreifen. Im Rahmen der Befragung nach § 138 sind die Nutzungsberechtigten z. B. nicht zu Auskünften verpflichtet, die nicht die Sanierungsbedürftigkeit des Gebiets oder die Vorbereitung und Durchführung der Sanierung zum Gegenstand haben, sondern z. B. für die sonstige städtebauliche Planung der Gemeinde erheblich sind. § 138 ermächtigt also nicht zur Erhebung **allgemeiner städtebaulicher Daten.** Andererseits können im Einzelfall auch die Auswirkungen der Sanierung auf den „Verflechtungsbereich" für die Beurteilung der Sanierungsbedürftigkeit von Bedeutung sein; insoweit besteht die Auskunftspflicht auch über Tatsachen, die sich auf Grundstücke oder Verhältnisse außerhalb des Sanierungsgebiets beziehen; vgl. insbesondere die Fälle der Funktionsschwächensanierung nach § 136 Abs. 2 S. 2 Nr. 2.

5 **Abs. 1 S. 2** regelt, welche **personenbezogenen Daten** erhoben werden können. Die Aufzählung ist zwar nicht abschließend („insbesondere"). Da aus datenschutzrechtlichen Gründen an die in Betracht kommenden Daten strenge Maßstäbe anzulegen sind, dürfen nur in Ausnahmefällen zusätzliche, nämlich wegen der konkreten Sanierungssituation notwendige personenbezogene Daten erhoben werden. Zur **Verwendung** und **Weitergabe** der nach Abs. 1 S. 2 erhobenen personenbezogenen Daten vgl. Abs. 2.

6 **3. Verwendung und Weitergabe (Abs. 2).** Abs. 2 enthält eine Regelung über die Verwendung und Weitergabe der nach Abs. 1 S. 2 erhobenen personenbezogenen Daten. Nach Abs. 2 S. 1 dürfen personenbezogene Sanierungsdaten nur zu Zwecken der Sanierung verwendet werden. Die von einem **Beauftragten** der Gemeinde **(Abs. 2 S. 2)** erhobenen Daten dürfen nur an die Gemeinde weitergegeben werden (Hs 1). Die Gemeinde darf ihrerseits die erhobenen personenbezogenen Daten nur an folgende Stellen weitergeben, und zwar nur, soweit dies zu Zwecken der Sanierung erforderlich ist: An **Beauftragte** i. S. des § 157 (insbesondere Sanierungsträger) und an die **höhere Verwaltungsbehörde** (insbesondere im Hinblick auf deren Aufgaben im Anzeigeverfahren gem. § 143 Abs. 1 sowie bei der Gewährung von Förderungsmitteln; Hs 2).

7 Nach **Abs. 2 Satz 4** dürfen die Daten weiterhin an die **Finanzbehörden** weitergegeben werden. Diese Möglichkeit bestand, wenn auch

nicht ausdrücklich hervorgehoben, bereits bei Anwendung des §3 Abs. 4 StBauFG (vgl. §§93 i. V. mit 104 der Abgabenordnung). Die **ausdrückliche Erwähnung** im Gesetz ist im Hinblick auf die Anforderungen des o. a. „Volkszählungsurteils" erforderlich geworden, wenn die nach bisher geltendem Recht bestehenden Möglichkeiten gewahrt werden sollten (vgl. Bielenberg/Krautzberger/Söfker, DVBl. 1986, 378/384). §138 Abs. 2 Satz 4 schränkt die Ermächtigung auf solche personenbezogenen Daten ein, die „für die Besteuerung erforderlich sind". Die Begründung zum RegE (BT-Drs. 10/4630, 119) hebt hierzu hervor, daß die Finanzbehörden die Daten „nur beim Vorliegen konkreter Anhaltspunkte nach Abschluß der vorbereitenden Untersuchung anfordern" werden. Die Neuregelung präzisiert somit – einengend – die Voraussetzungen für die Weitergabe von Sanierungsdaten: Sie darf nur auf **ausdrückliche Anforderung durch die Finanzverwaltung** erfolgen; nur solche Informationen dürfen weitergegeben werden, deren Kenntnis für das Besteuerungsverfahren sinnvoll ist. Nach diesen Einengungen erscheint nicht ersichtlich, in welchen Fällen eine Weitergabe personenbezogener Daten für Zwecke der Besteuerung in Betracht kommen könnte; dies besonders auch deshalb, weil die in der Sanierung erhobenen Daten für aktuelle Besteuerungszwecke in aller Regel überholt sein dürften. Der Gesetzgeber hat mit dieser Regelung offenbar der Wahrung eines abstrakten Zugriffsrechts der Steuerbehörden den Vorrang gegeben gegenüber dem Grundsatz einer Beschränkung von Gesetzen auf zweckmäßige und erforderliche Regelungen. Der Befürchtung, die Hervorhebung der Weitergabemöglichkeit von personenbezogenen Sanierungsdaten an die Finanzbehörden könne die Mitwirkungsbereitschaft der Betroffenen mindern, kann mit dem Hinweis auf die weitgehende **praktische Irrelevanz dieser Regelung** entgegengetreten werden. Vgl. weiterhin Rn 1 zu den datenschutzrechtlichen Bedenken gegen diese Regelung.

Die erhobenen Daten sind nach Aufhebung der förmlichen Festlegung zu **löschen; Abs. 2 S. 3.** Die Vorschrift richtet sich nach Stellung und Entstehungsgeschichte an Gemeinde, Beauftragte und höhere Verwaltungsbehörde (Abs. 1, Abs. 2 S. 1 und 2), nicht an die Finanzbehörden (S. 4); insoweit richtet sich die Löschung nach den Bestimmungen der Abgabenordnung über die Aufbewahrung und Aussonderung von Daten. Entsprechend ist zu verfahren, soweit bestimmte Daten für noch ausstehende oder anhängige Verfahren (z. B. Veräußerung von Grundstücken; Ausgleichsbetragserhebung) benötigt werden; diese Daten sind nach Abschluß der jeweiligen Verfahren nach allgemeinen Bestimmungen zu vernichten. 8

4. Verpflichtung der Beauftragten (Abs. 3). Abs. 3 regelt den Datenschutz, wenn bei der Erhebung der personenbezogenen Daten ein **Beauftragter** eingeschaltet wird. Für die von der Gemeinde selbst, also durch Beamte, Angestellte oder Arbeiter der Gemeinde erhobenen Daten, ergibt sich diese Verpflichtung aus §138 i. V. m. den Treue- 9

pflichten und dienstlichen Obliegenheiten der Bediensteten; für die Ratsmitglieder ergeben sich aus dem Kommunalverfassungsrecht besondere Verschwiegenheitspflichten. Die Verpflichtung der „privaten" Beauftragten ist strafbewehrt; § 203 Abs. 2 StGB. Zur Überleitung vgl. § 245 Abs. 6.

10 **5. Verletzung der Auskunftspflicht (Abs. 4).** Für den Fall, daß ein nach Abs. 1 zur Auskunft Verpflichteter diese Auskunft verweigert, sieht Abs. 4 folgendes vor: Nach **Abs. 4 S. 1** kann die Auskunftspflicht zwangsweise durchgesetzt werden, und zwar durch Festsetzung eines Zwangsgelds; § 208 S. 2 bis 4 ist entsprechend anzuwenden. **Abs. 4 S. 2** enthält jedoch ein **Auskunftsverweigerungsrecht.** Dieses Recht steht dem Auskunftspflichtigen dann zu, wenn er durch die Erteilung der Auskunft sich oder einen Angehörigen der Gefahr strafrechtlicher Verfolgung oder eines Verfahrens nach dem Gesetz über Ordnungswidrigkeiten aussetzen würde. Zum **Rechtsschutz** vgl. entsprechend die Erl. zu § 208.

11 **6. Verhältnis zu sonstigen Vorschriften.** § 138 verpflichtet ausschließlich zur Erteilung von Auskünften über die Sanierungsbedürftigkeit eines Gebiets oder über Tatsachen, deren Kenntnis zur Vorbereitung oder Durchführung der Sanierung erforderlich ist. Die Vorschrift ersetzt damit nicht die gem. **§ 208** in Betracht kommenden Anordnungen zur **Erforschung des Sachverhalts.** Die Gemeinde kann jedoch eine Auskunftspflicht durch eine Anordnung gem. § 208 durchsetzen. Gem. § 208 S. 1 Nr. 1 kann sie insbesondere das persönliche Erscheinen eines Auskunftspflichtigen anordnen. § 208 enthält keine eigenständige gesetzliche Ermächtigung, die Abgabe von Erklärungen zu erzwingen. Rechtsgrundlage hierfür ist ausschließlich § 138. Zu **Vorarbeiten auf Grundstücken,** die Eigentümer und Besitzer zu dulden haben, insbesondere zur Duldung des Betretens und der Durchführung von Vermessungen vgl. **§ 209.**

§ 139 Beteiligung und Mitwirkung öffentlicher Aufgabenträger

(1) **Der Bund, einschließlich seiner Sondervermögen, die Länder, die Gemeindeverbände und die sonstigen Körperschaften, Anstalten und Stiftungen des öffentlichen Rechts sollen im Rahmen der ihnen obliegenden Aufgaben die Vorbereitung und Durchführung von städtebaulichen Sanierungsmaßnahmen unterstützen.**

(2) **Die Vorschriften über die Beteiligung der Träger öffentlicher Belange nach § 4 sind bei der Vorbereitung und Durchführung der Sanierung sinngemäß anzuwenden. Die Träger öffentlicher Belange haben die Gemeinde auch über Änderungen ihrer Absichten zu unterrichten.**

(3) **Ist eine Änderung von Zielen und Zwecken der Sanierung oder von Maßnahmen und Planungen der Träger öffentlicher Belange, die aufeinander abgestimmt wurden, beabsichtigt, haben sich die Beteiligten unverzüglich miteinander ins Benehmen zu setzen.**

(4) **Auf Grundstücken, die den in § 26 Nr. 2 bezeichneten Zwecken dienen, und auf den in § 26 Nr. 3 bezeichneten Grundstücken dürfen städtebauliche Sanierungsmaßnahmen nur mit Zustimmung des Bedarfsträgers durchgeführt werden. Der Bedarfsträger soll seine Zustimmung erteilen, wenn auch unter Berücksichtigung seiner Aufgaben ein überwiegendes öffentliches Interesse an der Durchführung der Sanierungsmaßnahmen besteht.**

1. Allgemeines. § 139 regelt mehrere Rechtspflichten im **Verhältnis** **1** **zwischen Gemeinde und Trägern öffentlicher Belange.** Die Vorschrift enthält eine Regelung, die § 4 über die Beteiligung der Träger öffentlicher Belange bei der Aufstellung von Bauleitplänen entspricht. Die unmittelbare Anwendung des § 4 auch in der Sanierung ist unbeschadet des § 139 erforderlich, soweit im Rahmen der Sanierung ein Bauleitplan aufgestellt, geändert, ergänzt oder aufgehoben werden soll. Die Beteiligungsverfahren können jedoch verbunden werden. § 139 Abs. 1, 2 und 4 entsprechen § 2 S. 1, § 4 Abs. 4 und § 12 Abs. 2 StBauFG; Abs. 3 ist durch das BauGB eingeführt worden. **Abs. 1** enthält die Verpflichtung der Träger öffentlicher Belange zur **Unterstützung** städtebaulicher Sanierungsmaßnahmen. **Abs. 2** regelt die **Beteiligung** der Träger öffentlicher Belange im Rahmen der Vorbereitung und Durchführung der Sanierung. **Abs. 3** regelt eine **gegenseitige Unterrichtungspflicht** von Gemeinde und Trägern öffentlicher Belange im Hinblick auf die Änderung aufeinander abgestimmter Maßnahmen oder Planungen. **Abs. 4** regelt ein **Zustimmungserfordernis** für Grundstücke besonderer Zweckbestimmung.

2. Mitwirkung öffentlicher Aufgabenträger (Abs. 1). Die Ver- **2** pflichtung der in Abs. 1 bezeichneten Körperschaften, Anstalten und Stiftungen des öffentlichen Rechts zur Unterstützung der Gemeinde bei der Vorbereitung und Durchführung von städtebaulichen Sanierungsmaßnahmen reicht über die allgemeine Amtshilfe (Art. 35 Abs. 1 GG, §§ 4 bis 8 VwVfG) hinaus. Die Unterstützung ist als **Pflichtaufgabe der betroffenen Träger öffentlicher Belange** ausgestaltet; „Soll"-Vorschriften entsprechen von – hier schwer vorstellbaren – Ausnahmefällen abgesehen „Muß"-Vorschriften (Schlichter, in: BK, § 139, Rn 2).

3 Verpflichtet ist der Bund, einschließlich seiner Sondervermögen:
Verpflichtet sind danach insbesondere auch die Bundesbahn und die
Bundespost, die Bundesfinanz- und Zollverwaltungen und die Bundes-
wehr. Verpflichtet sind weiterhin die Länder mit ihren vielfältigen
Behörden, also nicht nur die Aufsichtsbehörden. Auch die Gemeinde-
verbände (Kreise) unterliegen der Unterstützungspflicht. Der Begriff
der „sonstigen" Körperschaften, Anstalten und Stiftungen des öffent-
lichen Rechts umfaßt im übrigen alle öffentlichen Aufgabenträger, nicht
aber die Kirchen und Religionsgesellschaften des öffentlichen Rechts.

4 Die Unterstützungspflicht besteht nur im Rahmen der den Trägern
öffentlicher Belange obliegenden Aufgaben. Es handelt sich also nicht
um eine allgemeine Verpflichtung, sondern eine auf das jeweilige
Sanierungsgebiet bezogene Verpflichtung. Hieraus kann sich z. B. die
Verpflichtung zur **Landabtretung** an die Gemeinde ergeben. Die
Bundespost hat die Gemeinde insbesondere bei einer notwendigen
Veränderung des Leitungsnetzes zu unterstützen; sie ist im übrigen
gem. § 150 entschädigungsrechtlich privilegiert. Im Hinblick auf die
Tatbestände der Funktionsschwäche (vgl. z. B. § 136 Abs. 3 Nr. 2
Buchst. a) kann im Einzelfall die Unterstützung der **Bundesbahn** oder
eines anderen nicht gemeindeeigenen Verkehrsträgers von Bedeutung
sein.

5 Die Verpflichtung nach Abs. 1 ist eine eigenständige Pflichtaufgabe,
die unbeschadet von ggf. bestehenden Verpflichtungen zur **Amtshilfe**
besteht; vgl. Art. 35 Abs. 1 GG, §§ 4 bis 8 VwVfG. Die Unterstüt-
zungspflicht nach Abs. 1 ist der Sache nach jedoch keine Amtshilfe. Der
Begriff der Amtshilfe umfaßt nicht Handlungen, die zwar im Interesse
einer anderen Behörde liegen, die aber zum eigenen Aufgabenbereich
der verpflichteten Behörde gehören. § 139 Abs. 1 begründet jedoch
Pflichten der jeweiligen Bedarfsträger bei der Wahrnehmung der eige-
nen Aufgaben.

6 **3. Beteiligung der Träger öffentlicher Belange (Abs. 2).** Nach
Abs. 2 S. 1 ist die Gemeinde verpflichtet, den Trägern öffentlicher
Belange, deren Aufgabe durch die Sanierung berührt werden kann,
möglichst frühzeitig Gelegenheit zur Stellungnahme zu geben. Wer
Träger öffentlicher Belange ist, ergibt sich aus entsprechender Anwen-
dung des § 4. Die Träger öffentlicher Belange sind ihrerseits zur Stel-
lungnahme verpflichtet. Sie sind insbesondere verpflichtet, die Ge-
meinde über Änderungen ihrer Absichten zu unterrichten; **Abs. 2 S. 2.**
Die Träger sind bei der **Vorbereitung und Durchführung** der Sanie-
rung zu beteiligen. Dies bedeutet nicht, daß die Gemeinde die Träger
öffentlicher Belange laufend über alle Maßnahmen der Vorbereitung
und Durchführung zu unterrichten und zu beteiligen hat. Die Beteili-
gungspflicht beschränkt sich vielmehr auf solche Maßnahmen und
Planungen der Vorbereitung und Durchführung, die die von Trägern
öffentlicher Belange wahrgenommenen Interessen berühren können;

vgl. Abs. 2 S. 1 i. V. m. § 4 Abs. 1 S. 1. Der sachliche Umfang der Beteiligungspflicht ergibt sich somit vor allem aus Abs. 1, soweit der Träger öffentlicher Belange die Sanierung unterstützen kann. Abzustimmen ist insbesondere die Sanierungsplanung (§ 140 Nr. 3). Hinsichtlich der Beteiligung an der städtebaulichen Planung gem. § 140 Nr. 4 besteht (bei der Bauleitplanung) eine unmittelbare Beteiligungspflicht aus § 4. Hinsichtlich einer städtebaulichen Rahmenplanung ergibt sich die Beteiligungspflicht aus § 140 Nr. 4 i. V. m. § 139 Abs. 2. Der sachliche Umfang der Beteiligungspflicht ergibt sich weiterhin aus der Unterrichtspflicht nach Abs. 3 und dem Zustimmungserfordernis nach Abs. 4. Zum **Inhalt** der Stellungnahme vgl. sinngemäß die Erläut. zu § 4 Abs. 1 S. 2, zur Frist hierfür vgl. § 4 Abs. 1 S. 3.

4. Änderung abgestimmter Maßnahmen und Planung (Abs. 3). 7
Nach **Abs. 3** haben sich Gemeinde und Träger öffentlicher Belange unverzüglich „miteinander ins Benehmen zu setzen", wenn beabsichtigt ist, bereits aufeinander abgestimmte Ziele und Zwecke der Sanierung (§ 140 Nr. 3; Sanierungskonzept) oder Maßnahmen und Planungen der Träger öffentlicher Belange zu ändern. Die Vorschrift soll die gegenseitige Unterrichtung über beabsichtigte Änderungen sicherstellen. Sie soll den jeweiligen Adressaten der Mitteilungspflicht in die Lage versetzen, seine eigenen Planungen oder Maßnahmen zu überprüfen oder zu den Maßnahmen und Planungen des anderen Stellung zu nehmen. Die Benehmenspflicht nach Abs. 3 besteht im übrigen unbeschadet einer sonstigen Verpflichtung zur Beteiligung, wie sie z. B. nach § 4 im Verhältnis zwischen Gemeinde und Träger öffentlicher Belange oder nach § 7 S. 2 im Verhältnis zwischen Träger öffentlicher Belange und Gemeinde besteht. Vgl. auch die Erörterungspflicht nach § 37 Abs. 4.

5. Grundstücke besonderer Zweckbestimmung (Abs. 4). Nach 8
Abs. 4 dürfen städtebauliche Sanierungsmaßnahmen auf Grundstücken besonderer Zweckbestimmung nur mit Zustimmung des Bedarfsträgers durchgeführt werden. Nach **Abs. 4 S. 1 i. V. m. § 26 Nr. 2** sind dies Grundstücke, die folgenden Zwecken dienen: Landesverteidigung, Bundesgrenzschutz, Zollverwaltung, Polizei, Zivilschutz sowie Post- und Fernmeldewesen. Das gleiche gilt für Grundstücke, die im Eigentum von Kirchen und Religionsgesellschaften des öffentlichen Rechts stehen und für Zwecke des Gottesdienstes oder der Seelsorge verwendet werden. Nach **Abs. 4 S. 1 i. V. m. § 26 Nr. 3** besteht der Zustimmungsvorbehalt weiterhin für Grundstücke, auf denen sich solche Anlagen befinden, die den in § 38 genannten Vorschriften unterliegen. Der Zustimmungsvorbehalt besteht danach für Anlagen, die den Vorschriften des Bundesfernstraßengesetzes, des Bundesbahngesetzes, des Telegrafenwegegesetzes, des Luftverkehrsgesetzes, des Personenbeförderungsgesetzes und des Abfallgesetzes sowie des Gesetzes über den Bau und den Betrieb von Versuchsanlagen zur Erprobung von Techniken für den spurgeführten Verkehr dienen; vgl. § 38 S. 1. Das gleiche

gilt für solche Grundstücke, für die ein Verfahren nach den in § 38 bezeichneten Gesetzen eingeleitet worden ist.

9 **Entsprechende Privilegierungen** von Grundstücken besonderer Zweckbestimmung enthält für das Vorkaufsrecht § 26 Abs. 2 Nr. 2 und 3, für die Erhaltungssatzung § 174 und für die städtebaulichen Gebote § 175 Abs. 4. Vgl. auch § 53 Abs. 2 S. 3 StBauFG, wonach Grundstücke besonderer Zweckbestimmung nur mit Zustimmung des Bedarfsträgers in den städtebaulichen Entwicklungsbereich einbezogen werden dürfen. Diese Vorschrift hat im Hinblick auf die nach § 245 Abs. 9 BauGB zulässige Änderung des räumlichen Geltungsbreichs der Entwicklungsbereichsverordnung für die zum Zeitpunkt des Inkrafttretens förmlich festgelegten städtebaulichen Entwicklungsbereiche; vgl. § 165. Zum städtebaulichen Entwicklungsbereich nach dem **BauGB-MaßnahmenG** vgl. dort § 6 Abs. 4 A. 4.

Der Privilegierungstatbestand des Abs. 4 S. 1 unterscheidet sich jedoch von den vorgenannten Tatbeständen: Zur Einbeziehung der in Abs. 4 S. 1 bezeichneten Grundstücke besonderer Zweckbestimmung in das Sanierungsgebiet bedarf es **nicht der Zustimmung des Bedarfs-trägers** (so aber **§ 6 Abs. 4 S. 4 BauGB-MaßnahmenG**). Die Grundstücke sind auch nicht von der Geltung des Sanierungsrechts ausgenommen (so aber § 26 Nr. 2 und 3, §§ 174 und 175 Abs. 4). Der Zustimmungsvorbehalt der Bedarfsträger bezieht sich ausschließlich auf die Durchführung von Maßnahmen i. S. der §§ 146 bis 148. Dies kann insbesondere Fälle der Duldung von Ordnungsmaßnahmen (z. B. Freilegung von Grundstücken) betreffen.

10 Nach **Abs. 4 S. 2** darf der Bedarfsträger seine Zustimmung nur ausnahmsweise versagen. Er hat eine Abwägung zwischen den ihm obliegenden Aufgaben und dem öffentlichen Interesse an der Durchführung der Sanierung vorzunehmen. Überwiegt das öffentliche Interesse an der Durchführung der Sanierung, soll er die Zustimmung erteilen. Eine Regelung für den Fall des Meinungswiderstreites zwischen Gemeinde und Bedarfsträger fehlt. Ggf. steht der Gemeinde neben den Möglichkeiten der Dienstaufsichtsbeschwerde der Verwaltungsrechtsweg (Leistungsklage auf Erteilung der Zustimmung, ohne Verfahren) zu. Vgl. auch die sinngemäße Regelung für die Fälle der Erhaltungssatzung (§ 174 Abs. 2) und der städtebaulichen Gebote (§ 175 Abs. 4 S. 2).

Zweiter Abschnitt.
Vorbereitung und Durchführung

§ 140 Vorbereitung

Die Vorbereitung der Sanierung ist Aufgabe der Gemeinde; sie umfaßt

1. **die vorbereitenden Untersuchungen,**
2. **die förmliche Festlegung des Sanierungsgebiets,**
3. **die Bestimmung der Ziele und Zwecke der Sanierung,**
4. **die städtebauliche Planung; hierzu gehört auch die Bauleitplanung oder eine Rahmenplanung, soweit sie für die Sanierung erforderlich ist.**
5. **die Erörterung der beabsichtigten Sanierung,**
6. **die Erarbeitung und Fortschreibung des Sozialplans,**
7. **einzelne Ordnungs- und Baumaßnahmen, die vor einer förmlichen Festlegung des Sanierungsgebiets durchgeführt werden.**

1. Allgemeines. § 140 enthält eine zusammenfassende Bestimmung **1**
über die Vorbereitung der Sanierung und ihre wichtigsten Elemente;
im StBauFG fehlte eine entsprechende allgemeine Regelung (vgl. aber
§ 40 Abs. 2 StBauFG über die Finanzierung der Vorbereitung). Der
Katalog der Vorbereitungsaufgaben in § 140 ist abschließend. Die in
den Nrn. 1 bis 7 bezeichneten Aufgaben sind z. T. in weiteren Bestim-
mungen des BauGB näher ausgestaltet (vgl. Nrn. 1, 2, 5, 6). Die
ausdrückliche Aufführung der Vorbereitungsaufgaben, auch soweit
besondere Ausführungsvorschriften hierzu nicht bestehen, hat – neben
Gründen der Gesetzessystematik – **rechtliche Bedeutung** im Hinblick
auf solche Vorschriften, die an den Begriff der Vorbereitung anschlie-
ßen. Auf den Begriff der Vorbereitung bezieht sich z. B. die Auskunfts-
pflicht gem. § 138. Das gleiche gilt für die Beteiligungs- und Mitwir-
kungspflichten gem. §§ 137, 139. Vgl. weiterhin die abgaben- und
steuerrechtlichen Vorschriften, soweit sie auf den Tatbestand der „Vor-
bereitung" abstellen (z. B. § 151). Aus § 140 ergibt sich im übrigen, daß

die Aufgaben der Vorbereitung mit der förmlichen Festlegung des
Gebiets nach §§ 142, 143 nicht abgeschlossen sind: Die Vorbereitung
i. S. der **Planung der städtebaulichen Gesamtmaßnahme** umfaßt alle
Phasen der Sanierung. Nur die in Nrn. 1 und 7 bezeichneten Aufgaben
beschränken sich auf den Zeitraum **vor** der förmlichen Festlegung des
Gebiets (Nr. 3).

2 **2. Vorbereitende Untersuchungen (Nr. 1); förmliche Festlegung
(Nr. 2; Erörterung der beabsichtigten Sanierung (Nr. 5); Sozialplan
(Nr. 6).** Für folgende Vorbereitungsaufgaben enthält das BauGB beson-
dere Regelungen: **Nr. 1:** vgl. § 141 über die vorbereitenden Untersu-
chungen; **Nr. 2:** vgl. §§ 142, 143 über die förmliche Festlegung des
Sanierungsgebiets; **Nr. 5:** vgl. § 137 über die Beteiligung und Mitwir-
kung der Betroffenen und § 139 über die Beteiligung und Mitwirkung
öffentlicher Aufgabenträger; **Nr. 6:** vgl. § 180 über den Sozialplan;
Nr. 6 hebt besonders das Erfordernis der Fortschreibung des Sozial-
plans hervor. Im Einzelnen wird auf die Erl. zu den vorgenannten
Bestimmungen verwiesen.

3 **3. Bestimmung der Ziele und Zwecke der Sanierung (Nr. 3).** In
Nr. 3 wird die Bestimmung der **Ziele und Zwecke der Sanierung** als
Vorbereitungsaufgabe hervorgehoben. Das Gesetz knüpft in mehreren
Regelungen an diese Rechtsfigur an; vgl. § 139 Abs. 3, § 141 Abs. 1 Satz
1 („allgemeine Ziele"), § 142 Abs. 2 Satz 1, § 145 Abs. 2, § 146, § 163
Abs. 1 Satz 1, Abs. 2 Satz 1; vgl. auch § 27 Abs. 1 S. 1. Mit „Zielen und
Zwecken der Sanierung" ist das jeweilige **Sanierungskonzept** der
Gemeinde bezeichnet. Das Erfordernis der Entwicklung eines Sanie-
rungskonzepts – und damit der Bestimmung von Zielen und Zwecken
der jeweiligen Sanierungsmaßnahme – ergibt sich aus dem Erfordernis
der **einheitlichen Vorbereitung** der städtebaulichen Gesamtmaßnahme
(vgl. die Erl. zu § 136 Abs. 1). Sie erfordert eine **Planung**, wozu
insbesondere städtebauliche Planungen (s. § 140 Nr. 4) rechnen. Die
Planung der Sanierungsmaßnahme erfordert weiterhin einen **Zeit-
Maßnahmenplan** mit Kosten- und Finanzierungsüberlegungen (vgl.
§ 149). Die Gesamtplanung für das Sanierungsgebiet fließt in das Sanie-
rungskonzept der Gemeinde ein. Das Konzept wird entsprechend dem
Stand der Vorbereitung und Durchführung der Maßnahme weiter
konkretisiert. Es handelt sich nicht um statische, sondern um fort-
schreibungsbedürftige Planungen. Das Gesetz enthält keine ausdrückli-
che Regelung über förmliche und inhaltliche **Anforderungen** an das
Sanierungskonzept. Welche gemeindlichen Organe für die Ausstellung
und Fortentwicklung der Konzepte zuständig sind, ergibt sich aus dem
Kommunalverfassungsrecht der Länder; vgl. hierzu VGH München,
BRS 35 Nr. 226: Gemeinderat (bayerische GO); dagegen OVG Lüne-
burg, ZfBR 1987, 206 (niedersächsische GO; das Urt. hält der Beurtei-
lung der Sanierungsplanung als „Geschäft der laufenden Verwaltung"
für möglich). In rechtlicher Hinsicht sind die Ziele und Zwecke der
Sanierung bei der Genehmigung nach § 145 Abs. 2 von besonderer

Bedeutung. Das **BVerwG** hat die Rechtsfigur des Sanierungskonzepts bzw. der Sanierungsziele wiederholt anerkannt (vgl. grundlegend vor allem BVerwG, DVBl. 1985, 117). Die Bestimmung der Ziele und Zwecke der Sanierung muß von einer gerechten Abwägung getragen sein; § 136 Abs. 2 S. 2. Die Ziele und Zwecke der Sanierung werden in der Sanierungspraxis häufig durch den **städtebaulichen Rahmenplan** konkretisiert (vgl. Rn 6).

4. Städtebauliche Planung (Nr. 4). In **Nr. 4** wird als Vorbereitungs- **4** aufgabe die **städtebauliche Planung** hervorgehoben. Sie umfaßt – wie die Bestimmung der Ziele und Zwecke der Sanierung – in zeitlicher Hinsicht die gesamte Sanierung. Zur städtebaulichen Planung rechnen insbesondere Bauleitplanung (§ 1 Abs. 2), städtebauliche Rahmenplanung, Struktur-, Stadtteilentwicklungsplanung und sonstige „informelle" Planungen. Das Gesetz enthält keine Verpflichtung für bestimmte Planungsarten; es läßt es auch offen, zu welchem Zeitpunkt und für welche Gebiete jeweils eine besondere städtebauliche Planungsart erforderlich ist (vgl. demgegenüber § 10 StBauFG 1971; hierzu auch Rn 7 bis 9). Innerhalb der gesetzlichen Vorbereitungsaufgabe nach Nr. 4 obliegt diese Entscheidung der Gemeinde; vgl. aber die Planungspflicht gem. § 1 Abs. 3 (vgl. § 1, Rn 27).

Nr. 4 bestätigt die Sanierungspraxis, in der neben der gesetzlichen **5** Bauleitplanung die **nicht-formelle städtebauliche Planung** eine besondere Bedeutung erlangt hat. Die Notwendigkeit solcher zusätzlicher Planungsverfahren ergibt sich vor allem aus den besonderen Bedürfnissen einer Planung im Bestand, wie er für die Sanierung kennzeichnend ist. Städtebauliche Rahmenpläne und ähnliche nicht-formelle Planwerke dienen i. d. R. der Konkretisierung des gemeindlichen Sanierungskonzepts. In dieser Beziehung hat die städtebauliche Rahmenplanung – mittelbar – rechtliche Außenwirkung, soweit darin der Sanierungszweck im Sinne des § 145 Abs. 2 (bisher § 15 Abs. 3 StBauFG) konkretisiert. Sind die Aussagen eines städtebaulichen Rahmenplans über den Sanierungszweck i. S. von § 145 Abs. 2 hinreichend konkret, können sie einem Vorhaben wie eine Veränderungssperre entgegengehalten werden. Ob der städtebauliche Rahmenplan oder eine vergleichbare „informelle" städtebauliche Planung Eingang in einen Sanierungsbebauungsplan gefunden hat, ist dabei unerheblich (OVG Lüneburg, BRS 46 Nr. 217).

Die **städtebauliche Rahmenplanung** wird im BauGB nur in § 140 **6** Nr. 4 ausdrücklich erwähnt. Der Rahmenplan hat aber auch über die Sanierung hinaus Bedeutung für die städtebauliche Planung; vgl. hierzu im Einzelnen § 1, Rn 44 ff.; dort auch zur Streichung des § 1 Abs. 5 BBauG über die städtebauliche Entwicklungsplanung. Im Rahmen des BauGB-Gesetzgebungsverfahrens ist der Frage einer weitergehenden gesetzlichen Verankerung ggf. detaillierten gesetzlichen Ausgestaltung der städtebaulichen Rahmenplanung nachgegangen worden (vgl. vor allem die Ergebnisse eines vom BMBau eingesetzten Expertenkreises

„Städtebaulicher Rahmenplan", BBauBl. 86, 210; vgl. weiterhin Planspiel, S. 81 ff.; A-Ber., S. 146). Die Bedeutung des städtebaulichen Rahmenplans wird im A-Ber. – über die Sanierung hinaus – und unbeschadet einer detaillierten gesetzlichen Ausgestaltung vor allem für folgende Fälle hervorgehoben: bei der Vorbereitung von Bauleitplänen (§§ 1, 8 Abs. 2 bis 4), bei der vorgezogenen Bürgerbeteiligung (§ 3), beim Erlaß von Vorkaufssatzungen (§ 25 Abs. 1 Satz 1 Nr. 2), als Beurteilungsgrundlage bei der Zulassung von Vorhaben vor Planreife (§ 33 Abs. 2); bei Befreiungen (§ 31 Abs. 1), bei Vorhaben nach § 34 Abs. 3 und 4, beim Erlaß von Erhaltungssatzungen (§ 172), bei der Anwendung von städtebaulichen Geboten (§§ 176 ff.) oder zur Integration von Sozialplanung und städtebaulichen Planungen (§ 180). Zu den städtebaulich-fachlichen und rechtspolitischen Erwägungen, die von einer näheren gesetzlichen Ausgestaltung des städtebaulichen Rahmenplans und der Zuordnung von unmittelbaren Rechtswirkungen (vor allem mit Eingriffscharakter) abrieten, vgl. Krautzberger, BBauBl. 1986, 210.

7 Mit der ausdrücklichen Hervorhebung des Rahmenplans und sonstiger informeller Planungen wird die mit der **Novelle 1984 StBauFG** begonnene Rechtsentwicklung abgeschlossen. In dieser Novelle ist **§ 10 StBauFG 1971 über Bebauungspläne** für das Sanierungsgebiet aufgehoben worden. Nach dem bis zum 1. 1. 1985 geltenden Recht waren die Gemeinden verpflichtet, für die Neugestaltung des Sanierungsgebiets Bebauungspläne i. S. des § 30 BBauG aufzustellen, also sog. „qualifizierte" Bebauungspläne (jetzt § 30 Abs. 1). Für die Streichung des § 10 StBauFG war für den Gesetzgeber die Überlegung maßgeblich, daß sich die bisher geltende Regelung „nicht als sachgerecht" erwiesen habe (vgl. A-Ber. zur Novelle 1984 StBauFG, BT-Drs. 10/ 1013, S. 10): Vor allem bei bestandsorientierten Sanierungsverfahren sei die Aufstellung von B-Plänen häufig nicht erforderlich; aber auch bei Flächensanierungen bestehe das Erfordernis zur Aufstellung qualifizierter B-Pläne nicht ausnahmslos für alle Flächen des Sanierungsgebiets; § 10 StBauFG 71 enthalte eine „Überregelung", die der zügigen Durchführung und dem raschen Abschluß von Sanierungsmaßnahmen entgegenstehe.

8 Unbeschadet dieser mit dem BauGB bestätigten gesetzgeberischen Entscheidung und der ausdrücklichen Anerkennung auch informeller städtebaulicher Planungen in § 140 Nr. 4 wird jedoch in den förmlich festgelegten Sanierungsgebieten häufig ein **Erfordernis zur Aufstellung von Bebauungsplänen** gemäß § 1 Abs. 3 BauGB entsprechend der städtebaulichen Situation und den Sanierungszielen bestehen. Dies ist insbesondere der Fall, wenn eine Bodenordnung durchzuführen oder eine Erschließungsanlage herzustellen ist, oder dann, wenn in dem Gebiet Art und Maß der baulichen Nutzung geändert werden sollen (vgl. zu § 10 StBauFG, insbesondere zu Überleitungsfragen Bielenberg, StBauFG, § 10, Rn 17 ff.; Krautzberger, DVBl. 1984, 1149). Dieses

Erfordernis besteht aber in aller Regel nur für einen Teil des Sanierungsgebiets oder für einzelne Grundstücke.

Für die Überleitung **älterer Sanierungsbebauungspläne** ergibt sich 9 aus der Aufhebung des §10 StBauFG folgendes: Soweit ein **Bebauungsplan gem. §10 StBauFG** zum Zeitpunkt des Inkrafttretens der Novelle 1984 StBauFG (1. 1. 1985) **bereits rechtsverbindlich** war, bleibt es bei den darin enthaltenen Festlegungen und Kenntlichmachungen (vgl. besonders §10 Abs. 1 Sätze 3 und 4, Abs. 2 und 4 StBauFG). Werden Kenntlichmachungen infolge einer Änderung des Sanierungskonzepts (z. B. Erhaltung anstatt Abriß) obsolet, so können sie berichtigt werden. Zur Wahrung stadtgestalterischer und stadterhaltender Belange (vgl. **§10 Abs. 1 Sätze 2 und 3 StBauFG**) kann die Gemeinde auch im Sanierungsgebiet von der Ermächtigung des §172 zum Erlaß einer **Erhaltungssatzung** Gebrauch machen; hierdurch wird im übrigen ein unmittelbar rechtswirksamer Schutz der erhaltenswerten Gebäude erreicht; vgl. aber auch §172 Abs. 1 S. 2 über die Genehmigungspflicht von Neubauten. Auch **Gestaltungssatzungen** nach Landesbauordnungsrecht kommen in Betracht. Die ohnehin kaum praktikable Benachrichtigungspflicht des bisherigen **§10 Abs. 3 StBauFG** ist seit der Novelle 1976 durch allgemeine Bestimmungen (vgl. §175 Abs. 1) wirksamer geregelt. **§10 Abs. 4 Satz 1 StBauFG** entspricht §9 Abs. 1 Nr. 9 (und BauGB) mit einer klarstellenden oder fiktiven Erweiterung (vgl. Bielenberg, StBauFG, §10, Rn 22); **§10 Abs. 4 Satz 2 StBauFG** ging hingegen über den Regelungsgehalt des §9 Abs. 1 Nr. 8 und BauGB hinaus. Die Vorschrift hatte aber in der Praxis – soweit ersichtlich – keine Bedeutung erlangt. Sie ist im übrigen vor dem Hintergrund der – in der Praxis weitgehend überholten – Konzeption der Flächensanierung und der geschlossenen „Umsetzung" einer Wohnbevölkerung in ein neues Stadtquartier konzipiert. Vgl. dagegen Breuer, Bauplanungsrechtliche Instrumente zum Schutz der Sozialstruktur, Rechtsgutachten im Auftrage des BMBau, Schriftenreihe des BMBau, Bonn 1985, 02.034, S. 14 f, 26 ff., der Festsetzungen nach §10 Abs. 4 Satz 2 StBauFG insbesondere in Verbindung mit der sanierungsrechtlichen Genehmigung nach §15 Abs. 3 Satz 1 StBauFG (jetzt §145 Abs. 2) als ein Instrument zum Schutz gegen Verdrängung der ansässigen Wohnbevölkerung einschließlich der Umwandlung von Miet- und Eigentumswohnungen beurteilt; vgl. demgegenüber Bielenberg, in: B/ K/K, Bd. I. C, §144, Rn 28 sowie Krautzberger, ZfBR 1981, 209/211, die darauf hinweisen, daß entsprechende sanierungsrechtliche Steuerungsmaßnahmen wegen der zeitlichen Begrenzung der Sanierung nicht zur Regelung von Dauerwirkungen bestimmt sein können. An die Stelle des Übernahmeanspruchs nach **§10 Abs. 5 StBauFG** für bereits nach §10 Abs. 4 StBauFG getroffene Festsetzung gilt das Entschädigungsrecht des BauGB: vgl. §40 Abs. 1 S. 1 Nr. 2 und 3 i. V. m. §92 Abs. 3. Soweit der Übernahmeanspruch des §10 Abs. 5 StBauFG weiterging, bestand hierfür schon bisher verfassungsrechtlich kein

Erfordernis (vgl. Bielenberg, StBauFG § 10, Rn 33 mit verfassungs-
rechtlichen Vorbehalten gegenüber der bisher geltenden Regelung im
Hinblick auf den Gleichbehandlungsgrundsatz).

10 **5. Maßnahmen vor förmlicher Festlegung (Nr. 7).** Aus **Nr. 7** ergibt
sich, daß auch vor einer förmlichen Festlegung des Sanierungsgebiets
bereits **einzelne Ordnungs- und Baumaßnahmen** durchgeführt wer-
den können. Ein möglichst frühzeitiger Beginn einzelner Ordnungs-
und Baumaßnahmen in Gebieten, in denen die vorbereitenden Unter-
suchungen noch nicht abgeschlossen sind, kann im Einzelfall dazu
beitragen, daß negative Entwicklungen in dem Untersuchungsgebiet
aufgefangen werden und die angestrebte Verbesserung der städtebauli-
chen Verhältnisse rascher in Gang kommt. Die vorgezogene Durchfüh-
rung von Maßnahmen hat vor allem Bedeutung für die Finanzierung
städtebaulicher Maßnahmen (vgl. Krautzberger, in: B/K/K, Bd. II B,
§ 40, Rn 5). Das Gesetz hat **§ 40 StBauFG** den im Zusammenhang mit
dem Abbau der Mischfinanzierung für abweichende landesrechtliche
Regelungen freigegebenen Bestimmungen zugeordnet; vgl. § 245
Abs. 11. § 40 StBauFG gilt danach als finanzierungsrechtliche Vor-
schrift neben der bodenrechtlichen Bestimmung des § 140 Nr. 7 fort.
Nr. 7 hat ergänzende Bedeutung als verfahrensrechtliche Vorschrift und
im Hinblick auf die abgaben- und steuerrechtlichen Vorschriften.

§ 141 Vorbereitende Untersuchungen

(1) **Die Gemeinde hat vor der förmlichen Festlegung des Sanie-
rungsgebiets die vorbereitenden Untersuchungen durchzuführen
oder zu veranlassen, die erforderlich sind, um Beurteilungsunterla-
gen zu gewinnen über die Notwendigkeit der Sanierung, die sozia-
len, strukturellen und städtebaulichen Verhältnisse und Zusammen-
hänge sowie die anzustrebenden allgemeinen Ziele und die Durch-
führbarkeit der Sanierung im allgemeinen. Die vorbereitenden Un-
tersuchungen sollen sich auch auf nachteilige Auswirkungen erstrek-
ken, die sich für die von der beabsichtigten Sanierung unmittelbar
Betroffenen in ihren persönlichen Lebensumständen im wirtschaftli-
chen oder sozialen Bereich voraussichtlich ergeben werden.**

(2) **Von vorbereitenden Untersuchungen kann abgesehen werden,
wenn hinreichende Beurteilungsunterlagen bereits vorliegen.**

(3) **Die Gemeinde leitet die Vorbereitung der Sanierung durch den
Beschluß über den Beginn der vorbereitenden Untersuchungen ein.
Der Beschluß ist ortsüblich bekanntzumachen. Dabei ist auf die
Auskunftspflicht nach § 138 hinzuweisen.**

Übersicht

1. Überblick. Die vorbereitenden Untersuchungen (früher in §4 **1**
StBauFG geregelt) haben die Aufgabe, hinreichende Beurteilungsun-
terlagen über die Notwendigkeit, die anzustrebenden allgemeinen Ziele
und die Durchführbarkeit der Sanierung zu gewinnen. Von vorberei-
tenden Untersuchungen kann abgesehen werden, wenn hinreichende
Beurteilungsunterlagen bereits vorliegen (§ 141 Abs. 2). Die Ergebnisse
der vorbereitenden Untersuchungen oder ggf. bereits vorliegende Be-
urteilungsunterlagen (§ 141 Abs. 2) sind im Anzeigeverfahren gemäß
§ 143 Abs. 1 Satz 1 der höheren Verwaltungsbehörde in einem **Bericht**
vorzulegen. Die vorbereitenden Untersuchungen sollen sich weiterhin
(§ 141 Abs. 1 Satz 2; bisher § 4 Abs. 2 Satz 1 StBauFG) auf **soziale**
Auswirkungen der beabsichtigten Maßnahme erstrecken, soweit dies
nach dem Stand der Planung möglich ist. Die vorbereitenden Untersu-
chungen dienen insoweit zugleich der Vorbereitung eines erforderlich
werdenden **Sozialplans** (vgl. § 140 Nr. 6 sowie § 180 Abs. 1).

2. Vorbereitende Untersuchungen (Abs. 1). a) Aufgabe, Inhalt, **2**
Umfang (Abs. 1 Satz 1). Die Gemeinde hat vor der förmlichen Festle-
gung vorbereitende Untersuchungen durchzuführen. Die vorbereiten-
den Untersuchungen haben zur Aufgabe, die vorhandenen städtebauli-
chen Verhältnisse und die allgemeinen Ziele und Zwecke der Sanie-
rungsmaßnahme festzustellen. Die Gemeinde soll hierdurch Beurtei-
lungsgrundlagen für die weitere Vorbereitung, die Rechtfertigung der
förmlichen Festlegung durch die Sanierungssatzung, und für die
Durchführung der Sanierung gewinnen, insbesondere über die Not-
wendigkeit der Sanierung, die sozialen, strukturellen und städtebauli-
chen Verhältnisse und Zusammenhänge. Hierbei sollen die **allgemei-**
nen Ziele und Zwecke der Sanierungsmaßnahme festgestellt werden.
Vgl. hierzu § 140 Nr. 3 (§ 140, Rn 3). Sie sind soweit zu konkretisieren,
daß die Erforderlichkeit der Durchführung der Sanierungsmaßnahme,
die **Durchführbarkeit der Sanierung im allgemeinen** und die zweck-

mäßige Abgrenzung des Sanierungsgebiets im Hinblick auf die spätere förmliche Festlegung beurteilt werden kann. Eine darüber hinausgehende Konkretisierung der Ziele und Zwecke der Sanierungsmaßnahme vor förmlicher Festlegung ist dagegen nicht erforderlich. Sie ist auch meist nicht zweckmäßig, da die Gemeinde diese den wandelnden Verhältnissen während des Sanierungsverfahrens anzupassen hat und das Sanierungskonzept dafür ggf. ändern müßte. Der Umfang der vorbereitenden Untersuchungen ist entsprechend der Situation des jeweiligen Gebiets und den beabsichtigten Zielen der Sanierung von der Gemeinde zu bestimmen. Der Beurteilungsrahmen der Gemeinde ist durch das Gesetz nur dahingehend eingegrenzt, daß **„hinreichende Beurteilungsgrundlagen"** (vgl. Rn 8) für die spätere förmliche Festlegung des Sanierungsgebiets gewonnen werden müssen. Im Hinblick auf die Feststellung des Erfordernisses der Durchführung einer städtebaulichen Sanierungsmaßnahme muß die Gemeinde – wenn auch nur allgemein – das Erfordernis der Anwendung der besonderen bodenrechtlichen Bestimmungen des Gesetzes beurteilen können. Die vorbereitenden Untersuchungen sollen der Gemeinde daher auch die notwendigen Beurteilungsgrundlagen liefern, ob die **Durchführung eines vereinfachten Verfahrens** (§ 142 Abs. 4) möglich ist. Neben der Feststellung der städtebaulichen Mißstände i. S. des § 136 Abs. 2 dienen die vorbereitenden Untersuchungen somit sowohl der Beurteilung der grundsätzlichen Durchführbarkeit der Sanierungsmaßnahme als auch der Entscheidung über den hierfür geeigneten Verfahrensweg.

3 **b) Nachteilige Auswirkungen der beabsichtigten Sanierung (Abs. 1 S. 2).** Die vorbereitenden Untersuchungen sollen sich nach **Abs. 1 S. 2** auch auf nachteilige Auswirkungen der beabsichtigten Sanierung erstrecken. Die Beurteilung der nachteiligen Auswirkungen einer beabsichtigten Sanierung hat für die Sanierung in mehrfacher Hinsicht Bedeutung: Die Zuordnung dieser Aufgabe zu § 141 bedeutet, daß die Gemeinde mögliche nachteilige Auswirkungen im Rahmen der Erarbeitung des **Sanierungsziels** (§ 140 Nr. 3) berücksichtigen muß. Die Feststellung nachteiliger Auswirkungen hat die Gemeinde insbesondere in die **sanierungsrechtliche Abwägung** nach § 136 Abs. 4 S. 2 einzustellen. Die Regelung steht weiterhin im Zusammenhang mit der **Erörterungs- und Beratungspflicht** nach § 137. Die frühzeitige und fortgesetzte Beteiligung der Betroffenen soll die genaue Information der Gemeinde über die möglichen nachteiligen Auswirkungen der Sanierung sicherstellen. Dies soll die Gemeinden veranlassen, nachteilige Auswirkungen durch Änderung der Sanierungsplanung zu vermeiden oder durch Bereitstellung von z. B. finanziellen und sonstigen Hilfeleistungen zu mildern. Vgl. hierzu auch die Beratungspflicht nach § 137 S. 2.

4 Diese sozialen Aufgaben der vorbereitenden Untersuchungen sind in engem Zusammenhang mit der Verpflichtung der Gemeinde nach § 140 Nr. 6, § 180 zur **Aufstellung und Fortschreibung eines Sozial-**

plans zu sehen. Die vorbereitenden Untersuchungen dienen daher nicht nur der Berücksichtigung sozialer Belange innerhalb der Sanierungsplanung selbst, sondern sind auch Grundlage für die Beurteilung, ob, in welcher Richtung und in welchem Umfang sozialplanerische Maßnahmen i. S. des § 180 geboten sind.

Nachteilige Auswirkungen i. S. des Abs. 1 S. 2 können sich insbesondere auf folgende Bereiche beziehen: auf **die persönlichen Lebensumstände:** hierzu rechnet z. B. die Notwendigkeit, ggf. das Sanierungsgebiet verlassen zu müssen, mit den sich daraus ergebenden Folgen (Arbeitsplatz, Schulen, Fortbildung, Kindergärten usw.); auf **den wirtschaftlichen Bereich:** hierzu gehören z. B. die Auswirkungen einer zu erwartenden Mieterhöhung bei Bezug einer Neubauwohnung, negative Auswirkungen auf bestehende Beschäftigungsverhältnisse sowie Auswirkungen auf Gewerbetreibende im Untersuchungsbereich bzw. im Sanierungsgebiet, Existenzverluste usw.; auf **den sozialen Bereich:** hierunter ist z. B. der aus einer möglichen Umsiedlung in andere Stadtgebiete zu befürchtende Verlust an persönlichen Kontakten jeder Art zu verstehen. 5

c) Mitwirkung der Betroffenen; Beteiligung der Träger öffentlicher Belange. Die nach **§ 137 S. 1** enthaltene Verpflichtung der Gemeinde zur möglichst frühzeitigen Erörterung der Sanierung hat für die vorbereitende Untersuchung besondere Bedeutung (vgl. bereits Rn 4). § 4 Abs. 1 S. 2 StBauFG hat als Aufgabe der vorbereitenden Untersuchungen insbesondere die Ermittlung der Einstellung und Mitwirkungsbereitschaft der Eigentümer, Mieter, Pächter und anderer Nutzungsberechtigter im Untersuchungsbereich hervorgehoben; die Generalklausel des § 137 schließt diese Aufgabe der Gemeinde ein. Im Rahmen der vorbereitenden Untersuchungen sind weiterhin die **Träger öffentlicher Belange** zu beteiligen; vgl. **§ 139 Abs. 2.** 6

d) Durchführung der vorbereitenden Untersuchungen. Die vorbereitenden Untersuchungen werden nach § 141 Abs. 1 S. 1 von der **Gemeinde** selbst durchgeführt oder von ihr „veranlaßt", insbesondere durch die Beauftragung eines **Sanierungsträgers oder anderer Beauftragter** i. S. des § 157. 7

3. Absehen von vorbereitenden Untersuchungen (Abs. 2). Liegen bereits hinreichende Beurteilungsvorlagen vor, so kann die Gemeinde von vorbereitenden Untersuchungen ganz oder teilweise absehen. Die Regelung entspricht § 4 Abs. 1 S. 1 StBauFG i. d. F. der Novelle 1979. Mit dieser Regelung wird vor allem der Kritik am Umfang der vorbereitenden Untersuchungen in der Frühphase der Anwendung des StBauFG und den Zweifeln an der praktischen Verwertbarkeit der gewonnenen Unterlagen Rechnung getragen (vgl. z. B. Farenholtz/ Foerster – Baldenius, in: FS für Werner Ernst, München 1980, S. 107 ff.; Siebel/Jessen/Walther, BBauBl. 1981, S. 90 ff.). Voraussetzung für das Absehen vorbereitender Untersuchungen ist, daß die Gemeinde aufgrund bereits vorliegender Unterlagen und der Kenntnis der Einstel- 8

lung und Mitwirkungsbereitschaft der Betroffenen hinreichende Beurteilungsunterlagen für die Entscheidung über die förmliche Festlegung hat. Die Bedeutung dieser Klarstellung durch die Novelle 1979 liegt vor allem darin, daß der Umfang der vorbereitenden Untersuchungen sachgerecht beschränkt werden soll. Ein gänzliches Absehen von einem Beschluß nach Abs. 3 dürfte in der Praxis nicht in Betracht kommen. Jedoch kann vor allem die Beschränkung auf Teiluntersuchungen oder ergänzende Untersuchungen („Aktualisierungen") gerechtfertigt sein.

9 **4. Beschluß und Bericht über die vorbereitenden Untersuchungen (Abs. 3). a) Beschluß über die vorbereitenden Untersuchungen.** Die Gemeinde hat nach Abs. 3 Satz 1 den **Beginn der vorbereitenden Untersuchungen** zu beschließen. Mit dem Beschluß und seiner Bekanntmachung nach Abs. 3 Satz 2 beginnt das im BauGB geregelte Sanierungsverfahren. Im Beschluß ist das Untersuchungsgebiet **eindeutig abzugrenzen,** zumal im Untersuchungsgebiet die besondere Auskunftspflicht nach § 138 besteht (hierzu Rn 13). Auch für die Mitwirkungsrechte und -pflichten der Betroffenen sowie die Beteiligung der Träger öffentlicher Belange (§§ 137, 139) bedarf es der eindeutigen gebietlichen Abgrenzung. Die Verpflichtung zur Mitwirkung der sonstigen öffentlichen Aufgabenträger besteht jedoch unbeschadet eines Beschlusses gem. Abs. 3, vgl. § 139. Der Beschluß bedarf keiner besonderen **Form,** insbesondere nicht der Satzungsform. Er wird nach Maßgabe der landesrechtlichen Gemeindeordnungen von den Gemeindevertretungen gefaßt.

10 Der Beschluß über die vorbereitenden Untersuchungen und die damit verbundene Festlegung eines Untersuchungsgebiets setzt Kenntnisse der Gemeinde über die grundsätzliche Sanierungsbedürftigkeit des Gebiets voraus. **Voruntersuchungen** zur Feststellung des „Sanierungsverdachts" sind vom Gesetz jedoch nicht vorgeschrieben. Das Gesetz geht vielmehr davon aus, daß der Gemeinde entsprechende allgemeine Kenntnisse über Problemgebiete vorliegen. Eines besonderen Nachweises über die Sanierungsbedürftigkeit des Gebiets bedarf es zur Rechtfertigung der vorbereitenden Untersuchungen nicht. Die Gemeinde kann aber, wenn sie dies für sachdienlich hält, gesonderte Voruntersuchungen beschließen und durchführen, die sich z. B. auf die Ermittlung aller im Gemeindegebiet vorhandenen Sanierungsverdachtsgebiete, auf die Vorbereitung einer Prioritätenentscheidung für die Durchführung späterer Sanierungsmaßnahmen u. ä. beziehen. Von Bedeutung können hierbei insbesondere die Ergebnisse einer städtebaulichen Entwicklungsplanung und Rahmenplanung sein (vgl. § 140, Rn 4 ff.).

11 Der **räumliche Umgriff der Gebiete,** auf die sich Voruntersuchungen, vorbereitende Untersuchungen und – zuletzt – die förmliche Festlegung des Sanierungsgebiets beziehen, kann unterschiedlich sein. Häufig werden die Untersuchungsgebiete nach § 141 größer sein als die später förmlich festgelegten Sanierungsgebiete; sie können auch kleiner

sein, sofern der Gemeinde für die übrigen Bereiche bereits hinreichende Beurteilungsgrundlagen i. S. des Abs. 1 Satz 1 vorliegen. Sofern die Gemeinde während der Durchführung der vorbereitenden Untersuchungen das Untersuchungsgebiet erweitern oder verkleinern will, so hat sie im Hinblick auf die **Auskunftspflicht** nach § 138 sowie die Beteiligungsrechte und -pflichten nach §§ 137 und 139 einen Beschluß gem. § 141 Abs. 3 herbeizuführen.

Der Beschluß über den Beginn der vorbereitenden Untersuchungen **12** ist gem. **Abs. 3 S. 2 ortsüblich bekanntzumachen.** Gem. Abs. 3 S. 3 ist dabei auf die **Auskunftspflicht** nach § 138 hinzuweisen. Die ortsübliche Bekanntmachung des Beschlusses bestimmt sich nach dem jeweiligen landesrechtlichen Kommunalrecht.

b) Rechtswirkungen des Beschlusses. Der Beschluß über den Be- **13** ginn der vorbereitenden Untersuchungen nach Abs. 3 ist eine „schlichte" gemeindliche Verwaltungsmaßnahme, die weder Rechtsnorm- noch Verwaltungscharakter hat. Der Beschluß hat zum einen **gemeindeinterne Wirkung,** zum anderen begründet er (nicht-justitiable) **Beteiligungsrechte** und **Beteiligungspflichten** gem. §§ 137, 139 (hierzu im einzelnen Krautzberger, in: B/K/K, Bd. I.C, § 141, Rn 79 bis 81). Auch im Hinblick auf die **Auskunftspflicht** nach § 138 hat der Beschluß selbst keine unmittelbare Rechtswirkung. Er ist vielmehr nur tatbestandliche Voraussetzung – und ist insoweit hinsichtlich des Vorliegens der Voraussetzungen für vorbereitende Untersuchungen inzidenter überprüfbar – der nach § 138 **gesetzlich** begründeten Auskunftspflicht.

c) Ergebnis der vorbereitenden Untersuchungen; Bericht. Das Er- **14** gebnis der vorbereitenden Untersuchungen hat vor allem Bedeutung als **Abwägungsmaterial** (vgl. auch § 136 Abs. 4 S. 2) für die Entscheidung der Gemeinde über die förmliche Festlegung des Sanierungsgebiets nach § 142. Das Gesetz enthält keine ausdrückliche Regelung darüber, ob die Ergebnisse der vorbereitenden Untersuchungen in einem Bericht zusammenzufassen sind. Vgl. demgegenüber § 4 Abs. 2 S. 3, Abs. 2a S. 2 StBauFG. Die Ergebnisse der vorbereitenden Untersuchungen haben jedoch Bedeutung für das **Anzeigeverfahren** nach § 143 Abs. 1. Danach ist die Sanierungssatzung zusammen mit einem **Bericht** über die Gründe, die die förmliche Festlegung des sanierungsbedürftigen Gebiets rechtfertigen, vorzulegen (hierzu Rn 15). Dieser Bericht wird in der Regel (vgl. demgegenüber die Fälle des Abs. 2; hierzu Rn 8) der Bericht über das Ergebnis der vorbereitenden Untersuchungen sein; so ausdrücklich § 5 Abs. 2 S. 1 StBauFG. Hinsichtlich **Form, Inhalt** und **Umfang eines Berichts** über die Ergebnisse der vorbereitenden Untersuchungen ergeben sich aus dem Gesetz – auch im Hinblick auf die Vorlagepflicht gem. § 143 Abs. 1 S. 1 – keine besonderen Anforderungen.

Sofern die Aufsichtsbehörde nicht andere Erkenntnisgrundlagen hat, **15** muß sie Gründe für das **Geltendmachen der Verletzung von Rechts-**

vorschriften (§ 143 Abs. 1 S. 2, § 11 Abs. 3) mit dem Ergebnisbericht begründen. Der Ergebnisbericht sollte daher insbesondere folgendes **beinhalten:** das Vorhandensein städtebaulicher Mißstände i. S. des § 136 Abs. 2; die bisher entwickelten allgemeinen Ziele der Sanierung (§ 140 Nr. 3); die Beurteilung der Durchführbarkeit der Sanierung im allgemeinen; die Einstellung und Mitwirkungsbereitschaft der Sanierungsbetroffenen (§ 137), die Stellungnahmen der Träger öffentlicher Belange (§ 139 Abs. 2) sowie die Gründe, warum ggf. von vorbereitenden Untersuchungen abgesehen wurde (§ 141 Abs. 2). Zu den besonderen Anforderungen im Hinblick auf die Entscheidung nach§ 142 Abs. 4 **(vereinfachtes Verfahren)** vgl. § 142, Rn 34–39.

16 **5. Rechtsschutz.** Die vorbereitenden Untersuchungen sind der **rechtsaufsichtlichen** und der **verwaltungsgerichtlichen Überprüfung** nur beschränkt zugänglich (vgl. VGH München, BayVBl. 1980, 339): Rechtsaufsichtlicher oder gerichtlicher Nachprüfung unterliegt – inzidenter – z. B. die Frage, ob die Voraussetzungen für den Beschluß über die vorbereitenden Untersuchungen im Hinblick auf ein Auskunftsverlangen nach § 138 vorliegen (vgl. Rn 13). Der rechtsaufsichtlichen Kontrolle unterliegt weiterhin – unmittelbar – die Frage, ob überhaupt vorbereitende Untersuchungen stattgefunden haben, ob die sachlichen Voraussetzungen für die Festlegung eines Sanierungsgebiets gegeben sind und ob die vorbereitenden Untersuchungen hinreichende Anhaltspunkte für eine Beurteilung dieser Frage ergeben (VGH München aaO). Die Aufsichtsbehörde kann im Rahmen des ihr nach § 143 Abs. 1 eingeräumten Prüfungsrahmens ggf. die Ergänzung des Berichts durch weitere Untersuchungen verlangen. Darüber hinaus ist kein Gesichtspunkt für eine rechtsaufsichtliche oder gerichtliche Nachprüfung der vorbereitenden Untersuchungen ersichtlich (vgl. zum folgenden VGH München aaO). Insbesondere sind die vorbereitenden Untersuchungen noch keine Detailplanungen, die in die Rechte der Sanierunsbetroffenen eingreifen würden. Es besteht daher grundsätzlich kein rechtliches Interesse der Beteiligten daran, die Durchführung oder Nichtdurchführung einzelner Verfahrensschritte zu überprüfen oder auch – was die spätere förmliche Festlegung betrifft – zur Gültigkeitsvoraussetzung der Sanierungssatzung zu machen.

17 **6. Überleitung; Förderung.** Der Beschluß über die Einleitung der Sanierungsvorbereitung gem. § 141 Abs. 3 S. 1 ist der früheste Zeitpunkt, zu dem die sanierungsrechtlichen Vorschriften des BauGB zur Anwendung kommen. Die Überleitungsvorschrift des § 245 Abs. 1 knüpft hieran an: Die Vorschrift stellt klar, daß die unter der Geltung des StBauFG vorbereiteten und durchgeführten Sanierungsmaßnahmen entsprechend den an ihre Stelle tretenden Bestimmungen des BauGB fortzuführen sind.

18 Nach **§ 40 Abs. 2 StBauFG** gehören zu den Kosten der Vorbereitung der Sanierung insbesondere die Kosten der vorbereitenden Untersuchungen. Zur Deckung der Kosten der Vorbereitung der Sanierung

können Sanierungsförderungsmittel eingesetzt werden. §40 StBauFG gilt gem. §245 Abs. 11 S. 1 unbeschadet der Aufhebung des StBauFG (Art. 2 Nr. 1 des Gesetzes über das BauGB) fort; vgl. hierzu die Erl. zu §245.

§142 Sanierungssatzung

(1) **Die Gemeinde kann ein Gebiet, in dem eine städtebauliche Sanierungsmaßnahme durchgeführt werden soll, durch Beschluß förmlich als Sanierungsgebiet festlegen (förmlich festgelegtes Sanierungsgebiet). Das Sanierungsgebiet ist so zu begrenzen, daß sich die Sanierung zweckmäßig durchführen läßt. Einzelne Grundstücke, die von der Sanierung nicht betroffen werden, können aus dem Gebiet ganz oder teilweise ausgenommen werden.**

(2) **Ergibt sich aus den Zielen und Zwecken der Sanierung, daß Flächen außerhalb des förmlich festgelegten Sanierungsgebiets**

1. **für Ersatzbauten oder Ersatzanlagen zur räumlich zusammenhängenden Unterbringung von Bewohnern oder Betrieben aus dem förmlich festgelegten Sanierungsgebiet oder**

2. **für die durch die Sanierung bedingten Gemeinbedarfs- oder Folgeeinrichtungen**

in Anspruch genommen werden müssen (Ersatz- und Ergänzungsgebiete), kann die Gemeinde geeignete Gebiete für diesen Zweck förmlich festlegen. Für die förmliche Festlegung und die sich aus ihr ergebenden Wirkungen sind die für förmlich festgelegte Sanierungsgebiete geltenden Vorschriften anzuwenden.

(3) **Die Gemeinde beschließt die förmliche Festlegung des Sanierungsgebiets als Satzung (Sanierungssatzung). In der Sanierungssatzung ist das Sanierungsgebiet zu bezeichnen.**

(4) **In der Sanierungssatzung ist die Anwendung der Vorschriften des Dritten Abschnitts auszuschließen, wenn sie für die Durchführung der Sanierung nicht erforderlich ist und die Durchführung hierdurch voraussichtlich nicht erschwert wird (vereinfachtes Verfahren); in diesem Fall kann in der Sanierungssatzung auch die Genehmigungspflicht nach §144 insgesamt, nach §144 Abs. 1 oder §144 Abs. 2 ausgeschlossen werden.**

Übersicht

1 **1. Festlegung des Sanierungsgebiets (Abs. 1 und 3). a) Überblick.** Hält die Gemeinde aufgrund der vorbereitenden Untersuchungen oder ihr bereits vorliegender Beurteilungsunterlagen (vgl. § 141) die Behebung städtebaulicher Mißstände durch Sanierungsmaßnahmen für erforderlich, kann sie das Gebiet gem. § 142 durch Beschluß förmlich als Sanierungsgebiet festlegen **(Abs. 1).** Die förmliche Festlegung des Sanierungsgebiets beschließt die Gemeinde als Satzung **(Abs. 3);** zur Form der Rechtsetzung anstelle der Satzung in den Stadtstaaten (Berlin, Bremen, Hamburg) vgl. § 246 Abs. 2. § 142 regelt weiterhin die förmliche Festlegung von Ersatz- und Ergänzungsgebieten **(Abs. 2). Abs. 4** ermächtigt die Gemeinde, in der Sanierungssatzung das **Sanierungsverfahren** zu bestimmen: Ausschluß der **besonderen sanierungsrechtlichen Vorschriften** des Dritten Abschnitts (§§ 152 bis 156) und damit Durchführung der Sanierung im **„vereinfachten Verfahren";** ggf. auch Ausschluß der Genehmigungspflicht nach § 144 (sog. „Veränderungs- und Verfügungssperre") insgesamt oder der Genehmigungspflichten nach § 144 Abs. 1 oder Abs. 2. Das **Verfahren** der Sanierungssatzung ist in **§ 143** geregelt: Anzeige, ortsübliche Bekanntmachung, geringfügige Änderung der Grenzen und Mitteilung an das Grundbuchamt.

2 **b) Aufgabe der Gemeinde.** Die förmliche Festlegung eines Sanierungsgebiets ist Aufgabe der Gemeinde. Die Vorbereitung und Durchführung städtebaulicher Sanierungsmaßnahmen gehört zu den nach Art. 28 Abs. 2 GG den Gemeinden vorbehaltenen **Selbstverwaltungsaufgaben.** Die förmliche Festlegung ist Vorbereitungsaufgabe; vgl. § 140 Nr. 2.

3 **Abs. 1 S. 1** enthält die **Ermächtigung** der Gemeinde, ein Gebiet förmlich als Sanierungsgebiet festzulegen. Diese Ermächtigung ist in zweierlei Hinsicht eingeschränkt: Zum einen darf die Gemeinde das Gebiet nur festlegen, wenn die Durchführung einer Sanierungsmaßnahme **erforderlich** ist. Ob die Anwendung des Sanierungsverfahrens

erforderlich ist, beurteilt sich nach der **städtebaulichen Situation** und nach den **städtebaulichen Zielvorstellungen der Gemeinde**. Insbesondere muß das Gebiet städtebauliche Mißstände i. S. des § 136 Abs. 2 aufweisen. Das Entscheidungsermessen der Gemeinde ist daran gebunden, daß sich aus § 136 Abs. 1 die Wertung des Gesetzgebers ergibt, bei Vorliegen der Tatbestandsvoraussetzungen das sanierungsrechtliche Instrumentarium anzuwenden; zu der von der Gemeinde hierbei anzustellenden Abwägung vgl. im einzelnen Rn 4–7; vgl. zur „Anwendungspflicht" § 136, Rn 7.

c) Abwägung; Ablaufprogramm. Die förmliche Festlegung eines 4 Gebiets als Sanierungsgebiet ist eine **planerische Entscheidung**. Die Gebietsfestlegung ist das Zwischenergebnis einer während der gesamten Dauer der Sanierung durchzuführenden Sanierungsplanung; vgl. hierzu § 140, Rn 3. Bereits der Entscheidung der Gemeinde, für ein Gebiet den Beginn der vorbereitenden Untersuchungen einzuleiten (§ 141 Abs. 3 S. 1), liegt eine, wenn auch in diesem Stadium noch u. U. höchst grobe, planerische Zielvorstellung zugrunde: Die Gemeinde hat in bezug auf ein Gebiet städtebauliche Mißstände festgestellt oder hat zumindest Anhaltspunkte hierfür und stellt Erwägungen an, ob ein besonderer städtebaulicher Handlungsbedarf besteht. Die **vorbereitenden Untersuchungen** dienen der Entwicklung der Sanierungsplanung (Feststellung und Mitwirkungsbereitschaft der Betroffenen, erste Abstimmung mit den Trägern öffentlicher Belange, Prüfung der Finanzierbarkeit, Entwicklung erster, möglicherweise noch alternativer Zielvorstellungen). Bis zur Entscheidung über die förmliche Festlegung des Sanierungsgebiets muß die **Planung der Gemeinde** soweit entwickelt sein, daß **folgende Entscheidungen** getroffen werden können: Das Gebiet weist **Mißstände** i. S. des § 136 Abs. 2 aus; die Durchführung einer städtebaulichen Sanierungsmaßnahme ist **geeignet und erforderlich,** das Gebiet wesentlich zu verbessern oder umzugestalten. Die planerische Entscheidung bezieht sich weiterhin auf den **räumlichen Umgriff** des Gebiets (vgl. Rn 9).

Die förmliche Festlegung eines Gebiets ist eine planerische Entschei- 5 dung; ihr muß eine **Abwägung** zugrunde liegen. Das Abwägungsgebot ist das zentrale Gebot rechtsstaatlicher Planung (BVerwGE 34, 301/308 ff.); vgl. zum Abwägungsgebot allgemein § 1, Rn 87 ff.; zum sanierungsrechtlichen Abwägungsgebot vgl. weiterhin § 136, Rn 34. Die Abwägung bezieht sich auf die Entscheidung, ob **Gründe** vorliegen, die eine **förmliche Festlegung** des sanierungsbedürftigen Gebiets **rechtfertigen;** vgl. § 143 Abs. 1, Hs 2. Die genaue Bezeichnung der **planerischen Ziele** ist jedoch nicht Voraussetzung für den Erlaß einer Sanierungssatzung. Die Gemeinde kann zum Zeitpunkt der förmlichen Festlegung zwar bereits eine erste, meist grobe Sanierungsplanung entwickelt haben. Das Gesetz schreibt dies aber nicht zwingend vor. Es genügt – neben der Feststellung des Vorhandenseins von städtebaulichen Mißständen – die Feststellung, daß diese im Rahmen einer Sanie-

rung behoben werden können. Das **Sanierungskonzept** muß zum Zeitpunkt der förmlichen Festlegung also mindestens diejenigen Mißstände bezeichnen, die den Anlaß für die Sanierung geben. Dagegen sind noch nicht Festlegungen dahingehend zu treffen, welche der vorhandenen Mißstände durch welche Maßnahmen in welcher zeitlichen Reihenfolge behoben werden; vgl. zu den Anforderungen an das Sanierungskonzept – „Ziele und Zwecke der Sanierung, § 140 Nr. 3 – BVerwG NJW 1979, 2577; NJW 1985, 278; BGHZ 77, 338/344; OVG Lüneburg, ZfBR 1987, 206; hierzu weiterhin Rn 15; dort insbesondere zur Frage der Aufnahme von Sanierungszielen in die Satzung oder in eine Begründung.

6 Aus dem Abwägungsgebot ergibt sich für die Gemeinde insbesondere die Verpflichtung, die **Belange der Sanierungsbetroffenen** in ihre Entscheidung einzustellen, soweit dies nach Lage der Dinge möglich ist; vgl. § 136 Abs. 4 S. 2. Dies hebt die Bedeutung der **Betroffenenbeteiligung nach** § 137 hervor, vgl. entsprechend § 139 über die Beteiligung der öffentlichen Aufgabenträger. Die Gemeinde hat das Sanierungskonzept zum Zeitpunkt der förmlichen Festlegung in aller Regel nicht schon abschließend festgelegt. Demgemäß bestimmen sich die Anforderungen an die Berücksichtigung der Belange der Betroffenen nach dem jeweils erreichten Planungsstand. Erst mit **zunehmender Verdichtung** und besonders hinsichtlich der **Durchführung** der einzelnen Sanierungsmaßnahmen sind in der Sanierungsplanung die Belange der Sanierungsbetroffenen verstärkt mit dem öffentlichen Interesse an der Durchführung der Sanierung abzuwägen (so auch Bielenberg, in: B/K/K, Bd. I.C, § 142, Rn 12ff., 15ff.; Fislake, in: BK, § 142, Rn 6).

Die sog. **„Anwendungspflicht"** des Gesetzes (vgl. § 136, Rn 7) beläßt dem planerischen Ermessen einen weiten Rahmen und begrenzt zugleich die Anforderungen an die Abwägung hinsichtlich des Erfordernisses einer Gebietsfestlegung: Dem Sanierungsrecht liegt die Vorstellung zugrunde, daß **bei Vorliegen städtebaulicher Mißstände** die Anwendung des gesamten sanierungsrechtlichen Instrumentariums **erforderlich**, aber auch **gerechtfertigt** ist (vgl. Krautzberger, in: B/K/S, Rn 347). Die gesetzliche Vermutung des Erfordernisses der Durchführung städtebaulicher Sanierungsmaßnahmen bei Vorliegen städtebaulicher Mißstände entlastet die gemeindliche Planungsentscheidung. Der **Gesetzgeber** hat für Gebietstypen mit städtebaulichen Mißständen **gewissermaßen vorweggeplant**. Insoweit kommt die gemeindliche Abwägung einem **Subsumtionsvorgang** nahe. Verglichen mit der Abwägung bei der Bauleitplanung sind die Anforderungen an die Abwägung in der Sanierungsplanung hinsichtlich der förmlichen Festlegung eines Sanierungsgebiets erheblich vereinfacht.

7 Die im Rahmen der Sanierung vorzunehmende Abwägung ist – verglichen mit der Bauleitplanung – weiterhin durch die besondere Struktur des **Ablaufprogramms** der Sanierung entlastet. Mit der förmlichen Festlegung des Sanierungsgebiets wird dieses zunächst nur flä-

chenbezogen bezeichnet. Die Sanierungssatzung schafft eine Rechtsgrundlage für die Anwendung der im Gesetz bezeichneten Handlungsinstrumente. Anders als im Bebauungsplan trifft die Sanierungssatzung selbst jedoch z. B. noch keine rechtsverbindliche Nutzungsregelung für das einzelne Grundstück.

Das Gesetz sieht vielmehr ein **zweistufiges Ablaufprogramm** vor; vgl. die entsprechende Verfahrensstruktur bei der Erhaltungssatzung (§172, Rn 19). Mit der förmlichen Festlegung des Gebiets als **erste Stufe** werden vor allem Eingriffsmöglichkeiten der Gemeinde begründet (Vorkaufsrecht, besondere Enteignungsvoraussetzungen, i. d. R. der Genehmigungsvorbehalt nach §144). Mit der förmlichen Festlegung wird für das Sanierungsgebiet also ein „Sonderrecht" geschaffen; vgl. auch die Anwendung der Vorschriften des Dritten Abschnitts, aber auch besonderer abgaben- und steuerrechtlicher Vorschriften. Erst auf der **zweiten Stufe,** nämlich der konkreten Anwendung der jeweiligen Sanierungsinstrumente, wird (z. B. in einer Entscheidung gem. §§144, 145) eine unmittelbar verbindliche Entscheidung z. B. über die bauliche oder sonstige Nutzung des Grundstücks oder z. B. die Zulässigkeit eines Rechtsgeschäfts getroffen.

7a

Aus der Zweistufigkeit des Ablaufprogramms ergibt sich für beide Stufen der **Umfang der jeweils zu treffenden Abwägung bzw. Entscheidungsbegründung.** Was auf der ersten Stufe, also der förmlichen Festlegung des Gebiets, entschieden ist (insbesondere die Feststellung städtebaulicher Mißstände), bedarf nicht mehr der Prüfung auf der zweiten Stufe (z. B. bei der Ausübung des Vorkaufsrechts nach §24 Abs. 1 Nr. 3 oder der Genehmigung nach §§144, 145). Umgekehrt ist die erste Stufe der Gebietsfestlegung von dem Erfordernis entlastet, die Sanierungsziele vorweg vorzulegen; insoweit bestimmt sich das Erfordernis der Konkretisierung der Sanierungsziele nach den jeweiligen Anwendungssituationen. Vgl. hierzu insbesondere die Rspr. des BVerwG zu den Anforderungen an die Konkretisierung der Sanierungsziele im Hinblick auf die Versagung einer Genehmigung nach §145 Abs. 2 (BVerwG, NJW 1985, 278; vgl. im einzelnen §145, Rn 4–6).

7b

Aus der Zweistufigkeit des Ablaufprogramms ergeben sich auch Besonderheiten für die **gerichtliche Überprüfung** der gemeindlichen Entscheidung. Der gerichtlichen Überprüfung ist vor allem das **Abwägungsergebnis** zugänglich, d. h. die Beurteilung, **ob städtebauliche Mißstände** im Gebiet vorliegen und ob das Gebiet **sachgerecht begrenzt** wurde. Die Entscheidung über das Erfordernis der förmlichen Festlegung bei Vorliegen städtebaulicher Mißstände nimmt (wie erwähnt, Rn 6) das Gesetz der Gemeinde dagegen weitgehend ab.

8

Der Rechtsschutz des Sanierungsbetroffenen wird hierdurch nicht eingeschränkt, sondern tendenziell gestärkt: Mit der förmlichen Festlegung wird nicht schon pauschal über das rechtliche Schicksal der sanierungsbetroffenen Grundstücke entschieden. Ob die Sanierungs-

8a

ziele die Anwendung der jeweiligen Instrumentarien rechtfertigen und insoweit die Berücksichtigung der Belange der Betroffenen, bleibt der Einzelfallentscheidung auf der zweiten Stufe vorbehalten.

8b Dies ist auch im Hinblick auf die Überprüfung der **Rechtmäßigkeit der Gebietsfestlegung** von Bedeutung (hierzu im einzelnen Rn 17 ff.): Die vom Gesetz zugelassene **Einbeziehung von Grundstücken**, auf denen **keine städtebaulichen Mißstände vorliegen** oder auch sonst nicht zum städtebaulichen Mißstand des Gebiets beitragen, rechtfertigt sich damit, daß den Belangen eines solchen Grundstücks bei der Entscheidung auf der „zweiten Stufe" angemessen Rechnung zu tragen ist. Grundstücke sind im übrigen auch dann – ohne daß sie selbst vom Mißstand geprägt sein müssen – sanierungsbetroffen, wenn auf ihnen **Ordnungs- oder Baumaßnahmen** durchgeführt werden müssen. Vgl. hierzu auch die noch weitergehende Einbeziehung von **außerhalb des Sanierungsgebiets** gelegenen Flächen für Ersatzbauten, Ersatzanlagen oder sanierungsbedingte Gemeinbedarfs- und Folgeeinrichtungen gem. **Abs. 2 (Ersatz- und Ergänzungsgebiete).**

9 **d) Abgrenzung des Gebiets.** Im Rahmen der vorbereitenden Untersuchungen muß die Gemeinde sich auch ein Urteil darüber bilden, wie der **räumliche Geltungsbereich** der Sanierungssatzung zu bestimmen ist. Die Abgrenzung des Sanierungsgebiets ist eine planerische Entscheidung, die dem Gebot gerechter Abwägung entsprechen muß (vgl. hierzu Rn 5). Das Abwägungsgebot wird in dieser Hinsicht durch **Abs. 1 S. 2** konkretisiert: Die Gemeinde muß das Sanierungsgebiet so begrenzen, daß sich die Sanierung **zweckmäßig durchführen** läßt. Das Gesetz gibt damit der Gemeinde einen weiten Beurteilungsspielraum. Die Grenzen dieses Beurteilungsspielraums ergeben sich insbesondere aus dem Tatbestand des § 136 Abs. 2. Nur ein von städtebaulichen Mißständen geprägtes Gebiet kann als Sanierungsgebiet förmlich festgelegt werden. Andererseits ist die Gemeinde nicht daran gehindert, aus Zweckmäßigkeitsgründen auch nicht betroffene Grundstücke in die Sanierung einzubeziehen; vgl. hierzu auch Rn 8b.

9a Dies ergibt sich auch im Umkehrschluß aus **Abs. 1 S. 3**, wonach **nicht betroffene Grundstücke** aus dem Gebiet ganz oder teilweise ausgenommen werden **können**. Ein **Grundstück** ist **nicht betroffen** i. S. des Abs. 1 S. 3, wenn es keine städtebaulichen Mißstände aufweist und damit durch seinen eigenen Zustand nicht zum städtebaulichen Mißstand beiträgt und auch nicht im Einflußbereich städtebaulicher Mißstände liegt (BVerwG, NVwZ 1985, 184; Bielenberg, in: B/K/K, Bd. I.C, § 142, Rn 10 f.). Unter **Zweckmäßigkeitsgesichtspunkten** können jedoch nicht betroffene Einzelgrundstücke innerhalb des Gebiets in den Geltungsbereich der Satzung einbezogen werden; im Hinblick auf die Zweistufigkeit des Verfahrens sind die Belange eines nicht betroffenen Grundstücks auch bei Einbeziehung in die Satzung angemessen gewahrt (vgl. Rn 8a).

9b Allerdings darf die Gemeinde den Kreis der durch die Ausstrahlun-

gen städtebaulicher Mißstände auf anderen Flächen in Mitleidenschaft gezogenen Grundstücke nur soweit ziehen, als es die **Situation rechtfertigt.** Dies kann z. B. für **intakte Grundstücke in den Randzonen** von Sanierungsgebieten von Bedeutung sein. So kann es im Einzelfall z. B. auch aus Zweckmäßigkeitsgründen nicht zu rechtfertigen sein, ein intaktes Grundstück am Rande des Sanierungsgebiets, das dem Gebiet weder gestalterisch und funktionell noch sonst aus städtebaulichen Gründen zuzurechnen ist, in das Satzungsgebiet einzubeziehen (etwa aus der Erwägung, im Hinblick auf dieses Grundstück bestimmte **sanierungsrechtliche Instrumente** zur Anwendung bringen zu können). Dagegen liegt ein Grundstück z. B. – unbeschadet seines Zustands – i. d. R. dann im Einflußbereich städtebaulicher Mißstände, wenn es zu einem **„Block" innerhalb eines Sanierungsgebiets** gehört, der (z. B. im Blockinneren oder im Hinblick auf andere Gebäude) städtebauliche Mißstände aufweist (OVG Lüneburg, ZfBR 1987, 206).

Die Einbeziehung eines Grundstücks in die Sanierung kann daher z. B. in Betracht kommen, wenn aufgrund der **räumlichen Zuordnung** eines Grundstücks zum übrigen Sanierungsgebiet und **nach dem Stand der Planung nicht ausgeschlossen ist,** daß es von Durchführungsmaßnahmen betroffen sein wird. Hierzu kann es im Einzelfall z. B. ausreichen, daß die **Beibehaltung der derzeitigen Nutzung** aus Gründen der Sicherung des Sanierungsziels **erforderlich** ist. Trifft keiner dieser Gesichtspunkte zu, wäre die Einbeziehung eines Grundstücks nicht sachgerecht; z. B. Einbeziehung eines Grundstücks nur, um die besonderen sanierungsrechtlichen Instrumente anwenden zu können (vgl. auch Rn 9). Daß ein Grundstück infolge der Durchführung der Sanierung mit **sanierungsbedingten Bodenwertsteigerungen** zu rechnen ist, kann **Anhaltspunkt** für die Betroffenheit und damit für die Zulässigkeit der Einbeziehung in das Sanierungsgebiet sein. Die **Möglichkeit von Bodenwertsteigerungen allein rechtfertigt** die Einbeziehung eines Grundstücks jedoch **nicht;** dies ergibt sich schon daraus, daß Sanierungen (auch bodenwertsteigernd) in der Regel auch auf die umliegenden Stadtgebiete **ausstrahlen** oder ein größeres Umfeld außerhalb des Sanierungsgebiets, ggf. die gesamte Gemeinde oder sogar den Verflechtungsbereich (vgl. § 136 Abs. 3 Nr. 2) aufwerten können. Soweit Grundstücke in das Sanierungsgebiet einbezogen werden, bedarf es hierfür somit stets eines städtebaulichen Zusammenhangs. **9c**

Ein Beurteilungsspielraum steht der Gemeinde weiterhin bei der Entscheidung zu, ob sie ein **größeres Gebiet** mit städtebaulichen Mißständen insgesamt oder – etwa aus Gründen der Finanzierung oder der Verwaltungsökonomie – nur eines oder mehrere **(kleinere) Teilgebiete** förmlich festlegt. Vor allem aus Gründen der **Verwaltungsökonomie** kann es geboten sein, die förmliche Festlegung auf einzelne bzw. auf Teilgebiete zu beschränken (vgl. entsprechend zur Erhaltungssatzung VGH Kassel, DVBl. 1986, 693; hierzu auch § 172, Rn 16). Ein Beurteilungsspielraum steht der Gemeinde auch hinsichtlich der Entscheidung **10**

zu, welche der vorhandenen Gebiete mit städtebaulichen Mißständen
sie z. B. in welcher **zeitlichen Reihenfolge** förmlich festlegt. Für die
Sanierungssatzung haben diese verwaltungsökonomischen Überlegun-
gen auch unmittelbar rechtliches Gewicht, weil die Gemeinde wegen
des Gebots der zügigen Durchführung auch tatsächlich in der Lage sein
muß, die mit der Sanierung verbundenen vielfältigen und schwierigen
Aufgaben zu bewältigen; rechtfertigen Tatsachen die Annahme, daß die
Gemeinde hierzu nicht in der Lage ist, dann stehen der förmlichen
Festlegung rechtliche Gründe entgegen; § 143 Abs. 1 S. 3.

11 **e) Befristung.** Die Sanierung ist eine **zeitlich befristete Maßnahme.**
Die Sanierungssatzung ist aufzuheben, wenn die Sanierung durchge-
führt ist; **§ 162 Abs. 1 S. 1 Nr. 1.** Die Sanierungssatzung selbst wird
jedoch als **unbefristete** Satzung erlassen. Die Angabe einer Frist ist zum
Zeitpunkt der förmlichen Festlegung in aller Regel auch noch nicht
möglich. Die Dauer der Sanierung hängt u. a. wesentlich von der
Mitwirkungsbereitschaft der Betroffenen und der Träger öffentlicher
Belange ab; hier können sich Veränderungen im Laufe der Sanierung
ergeben. Auch die Veränderungen in der gesamtwirtschaftlichen Situa-
tion können im Hinblick auf erforderliche private und öffentliche
Investitionen die Sanierung beschleunigen oder verlangsamen. Eine
Befristung ist im Hinblick auf die Verpflichtung der Gemeinde, die
Satzung nach Durchführung der Sanierung aufzuheben, auch nicht
erforderlich; vgl. auch die weiteren Fälle der Aufhebungspflicht nach
§ 162 Abs. 1 S. 1. Hiervon bleibt die aus förderungspolitischen Grün-
den vorgenommene Entscheidung des Landes unberührt, der Ge-
meinde **Sanierungsförderungsmittel** nur für einen von vornherein
befristeten Zeitraum (z. B. 8 bis 10 Jahre) in Aussicht zu stellen.

12 **f) Inhalt.** Über den Inhalt der Sanierungssatzung schreibt das Gesetz
lediglich vor, daß in der Satzung das **Sanierungsgebiet zu bezeichnen**
ist; **Abs. 3 S. 2.** Das Gebiet muß in der Satzung mit **ausreichender
Eindeutigkeit** bezeichnet werden. Dies kann durch Umschreibung
seiner Grenzen erfolgen (z. B. durch Benennung derjenigen Straßen,
die das Gebiet umschließen). Die **Aufführung aller Grundstücke** in der
Sanierungssatzung ist zulässig, aber nicht erforderlich. Vgl. demgegen-
über § 5 Abs. 1 S. 3 StBauFG, der die Bezeichnung aller Grundstücke in
der Sanierung forderte; vgl. weiterhin § 143 Abs. 4 S. 1; hierzu weiter-
hin Bielenberg, in: B/K/K, Bd. I.C, § 142, Rn 27. Die **Ersatzverkün-
dung** (vgl. für den Bebauungsplan § 12) ist nicht vorgesehen (vgl. § 143
Abs. 2), die Veröffentlichung der Satzung im Wege der Ersatzverkün-
dung ist anderseits bundesrechtlich nicht ausdrücklich ausgeschlossen
(a. A. Vorauflage sowie VGH Mannheim – Urt. v. 28. 2. 1980 – VIII
443/79; wie hier Bielenberg aaO). Ein **Lageplan** soll der Satzung
zumindest zur **Erläuterung** beigefügt werden. Weist der Lageplan
irrtümlich ein Grundstück als zum Sanierungsgebiet gehörend aus, so
ist das unschädlich, wenn der Plan nicht Bestandteil der Satzung ist und
die Satzung selbst die genaue räumliche Bezeichnung des Sanierungs-

gebiets enthält (BVerwG, NVwZ 1985, 184; vgl. auch Rn 21). Der Lageplan kann aber von der Gemeinde auch als **Bestandteil der Satzung** genommen werden; dann ist er gemeinsam mit der Satzung gem. § 143 Abs. 2 bekanntzumachen.

Die Sanierungssatzung muß danach **folgenden Inhalt** haben: 13

1. Angabe der Rechtsgrundlage (BauGB, Gemeindeordnung).

2. Genaue Bezeichnung des Gebiets

3. Anordnung der förmlichen Festlegung zur Durchführung einer städtebaulichen Sanierungsmaßnahme

4. Inkrafttreten (vgl. § 143 Abs. 2 S. 3).

g) Begründung. Das Sanierungsrecht enthält **keine Verpflichtung,** 14 der Sanierungssatzung eine **Begründung** beizufügen. Vgl. demgegenüber § 5 Abs. 5 über die Verpflichtung, dem Flächennutzungsplan einen Erläuterungsbericht beizufügen und § 9 Abs. 8 über die Verpflichtung, dem Bebauungsplan eine Begründung beizufügen. Auch bei der **Erhaltungssatzung** ist die Beifügung einer besonderen Begründung nicht vorgeschrieben (vgl. § 172, Rn 18). Das Gesetz verlangt lediglich, daß der Anzeige gemäß § 143 Abs. 1 S. 1 ein Bericht über die Gründe beizufügen ist, die die förmliche Festlegung des sanierungsbedürftigen Gebiets rechtfertigen; vgl. hierzu auch § 141, Rn 14 (so auch OVG Lüneburg, ZfBR 1987, 206; Bielenberg, in: B/K/K, Bd. I.C, § 142, Rn 30; Fislake, in: BK, § 142, Rn 24). Die unterschiedlichen gesetzlichen Anforderungen hinsichtlich der Begründungspflicht bei der Bauleitplanung einerseits und der Sanierungssatzung andererseits erklärt sich vor allem aus den **gesetzlich vorgegebenen eindeutigen Anwendungsvoraussetzungen,** nämlich dem Vorliegen städtebaulicher Mißstände. Der planerische Entscheidungsvorgang der Gemeinde ähnelt (hierzu auch Rn 6) daher mehr einer Subsumtion (Feststellung von Mißständen; Gebietsabgrenzung; generelle Beurteilung der Behebbarkeit der Mißstände durch eine Sanierungsmaßnahme). Im Rahmen der Bauleitplanung hat die Gemeinde demgegenüber die Wahl zwischen vielfältigen, möglicherweise auch gegensätzlichen Lösungsmöglichkeiten; aus der Begründung muß sich daher u. a. ergeben, aus welchen Erwägungen sie sich für eine bestimmte Lösung entschieden hat.

Die Sanierungssatzung muß auch nicht die **Ziele und Zwecke der** 15 **Sanierung** enthalten, und zwar auch nicht in den Grundzügen (hierzu auch Rn 5). Die Sanierungssatzung setzt die Feststellung des Sanierungsbedürfnisses und des grundsätzlichen Erfordernisses der Durchführung einer Sanierungsmaßnahme voraus. Dies schließt vor allem die Beurteilung der **Notwendigkeit** und der **Durchführbarkeit der Sanierung** sowie der anzustrebenden **allgemeinen Ziele** ein. Diese Beurteilung liegt der Beschlußfassung der Gemeindevertretung zugrunde, ist jedoch nicht Teil der Sanierungssatzung. Vgl. hierzu auch die **Sperrwirkung der Genehmigung nach §§ 144, 145** (hierzu § 145, Rn 5). Die Genehmigung darf nach § 145 Abs. 2 nur versagt werden, wenn Grund

zur Annahme besteht, daß (z. B.) ein Vorhaben den **Zielen und Zwecken der Sanierung** zuwiderläuft. Die Versagung der Genehmigung setzt daher eine hinreichend konkretisierte Planungskonzeption voraus. Zugleich sichert jedoch die Sperre nach § 144 die gemeindliche Planungsmöglichkeit, so daß zumindest in der Anfangsphase der Sanierung, so lange die Sanierungsziele noch nicht konkretisiert sind, eine Genehmigung versagt werden kann (vgl. BVerwG, NJW 1982, 2787; NJW 1985, 278; OVG Lüneburg, ZfBR 1987, 206). Es ist deshalb auch unschädlich, wenn die Gemeinde zum Zeitpunkt des Erlasses der Sanierungssatzung **mehrere unterschiedliche Planungskonzeptionen** prüft oder z. B. der Rat der Stadt **Alternativplanungen** in Auftrag gibt (vgl. weiterhin OVG Lüneburg aaO).

16 Hiervon ist die Frage zu unterscheiden, ob die **Ziele und Zwecke der Sanierung** i. S. des § 140 Nr. 3 von der **Gemeindevertretung** zu billigen sind; vgl. hierzu § 140, Rn 3 m. w. N. Aus dem Bundesrecht kann für die Beantwortung dieser Frage keine Vorgabe entnommen werden. Vielmehr obliegt es dem **kommunalen Verfassungsrecht** und der hiernach den Gemeinden eingeräumten Möglichkeit der Verfahrensausgestaltung, welche kommunalen Organe (Verwaltung, Ausschüsse oder Rat) zur Sanierungsplanung befugt sind (OVG Lüneburg aaO). Da die Sanierungsplanung vor allem eine Selbstbindung der kommunalen Entscheidungsorgane bedeutet, müssen die Grundlinien der Planung – ggf. unter Einräumung von Alternativen – zu einem bestimmten Zeitpunkt vom Rat gebilligt werden; soweit die Sanierungsplanung in einem Bebauungsplan konkretisiert wird, kommt hierfür der Satzungsbeschluß in Betracht. Vgl. die entsprechende Problematik bei sonstigen informellen Planungen, wie z. B. der Entwicklungsplanung und der Rahmenplanung; § 1, Rn 52.

17 **h) Rechtsschutz.** Die Gültigkeit der Sanierungssatzung ist als **Vorfrage** zu prüfen, soweit über Einzelmaßnahmen im Rahmen der Sanierung zu entscheiden ist. Wird daher z. B. die Versagung der Genehmigung nach § 145 durch ein Rechtsmittel angegriffen, dann wird inzidenter die Rechtmäßigkeit der Sanierungssatzung überprüft. Kommt dabei das Gericht zu dem Ergebnis, daß die Satzung unwirksam ist, so wirkt diese Feststellung nur zwischen den Parteien, nicht aber allgemein verbindlich (vgl. Kopp, VwGO, 8. Aufl., München 1989, § 40, Rn 43 und § 47, Rn 71).

18 Die Sanierungssatzung kann nach § 47 Abs. 1 Nr. 1 VwGO unmittelbar im Wege der **Normenkontrolle** überprüft werden. Nach § 47 Abs. 2 S. 1 VwGO kann den Normenkontrollantrag jede natürliche oder juristische Person stellen, die durch die Rechtsvorschrift oder deren Anwendung einen Nachteil erlitten oder in absehbarer Zeit zu erwarten hat. Durch die Sanierungssatzung können insbesondere die Eigentümer rechtliche Nachteile erleiden, oder in absehbarer Zeit erwarten. Auch die sonstigen Sanierungsbetroffenen, also vor allem Mieter und Pächter, sind zur Antragstellung befugt. Die Eigentümer,

Mieter und sonstigen Sanierungsbetroffenen werden in ihren rechtlichen Verfügungs- und Nutzungsmöglichkeiten insbesondere durch den Genehmigungsvorbehalt nach § 144 eingeschränkt; vgl. für Miet- und Pachtverhältnisse § 144 Abs. 1 Nr. 3 sowie §§ 182 ff. Keine Antragsbefugnis steht einem Eigentümer zu, dessen Grundstück außerhalb des Sanierungsgebiets liegt (VGH München, Urt. v. 3. 12. 1981 – 108 II 77; OVG Lüneburg, Urt. v. 25. 3. 1982 – C 5/79). Keine Antragsbefugnis hat auch jener Eigentümer, dessen Grundstück an das Sanierungsgebiet angrenzt und der vorträgt, die Gemeinde hätte sein Grundstück in das Sanierungsgebiet einbeziehen müssen (OVG Lüneburg aaO; Gronemeyer, NVwZ 1986, 95). Die Ungültigkeit einer Sanierungssatzung zieht nicht die **Ungültigkeit eines Bebauungsplans** nach sich, der im Zuge der beabsichtigten Sanierung (zur Sicherung der Sanierungsziele) aufgestellt worden ist (VGH München, BayVBl. 1982, 468). Sanierungssatzung und Bebauungsplan sind gleichrangige, rechtlich selbständige und in ihrem Bestand nicht voneinander abhängige Rechtssätze (so auch OVG Lüneburg, Urt. v. 27. 1. 1984 – C 8/82).

Auch in den Fällen des **vereinfachten Verfahrens** (vgl. Abs. 4) ist die Sanierungssatzung im Wege der Normenkontrolle angreifbar. Dies war beim vereinfachten Verfahren in der Fassung der Novelle 1984 StBauFG zweifelhaft (vgl. Krautzberger, DVBl. 1984, 1151; ders., in: S/S/K, § 5, Rn 39; Neuhausen aaO, § 5, Rn 36; dagegen Gronemeyer aaO). Das vereinfachte Verfahren der Novelle 1984 StBauFG war (nahezu ausschließlich) als ein **förderungsrechtliches** Verfahren ausgestaltet. Aufgrund Neuregelung im BauGB hat das vereinfachte Verfahren selbst in den Fällen, in denen die Gemeinde gänzlich von der Anwendung des § 144 absieht, eine **eindeutige bodenrechtliche Prägung** mit besonderen Eingriffsmöglichkeiten in das Eigentum und in Nutzungsverhältnisse; insbesondere steht der Gemeinde stets ein Vorkaufsrecht zu; auch die Enteignung ist erleichtert möglich. Durch die Sanierungssatzung kann somit auch in den Fällen des vereinfachten Verfahrens einem Sanierungsbetroffenen ein rechtlicher Nachteil i. S. des § 47 VwGO entstehen. Im Hinblick auf die **Überleitungsregelungen** in § 235 Abs. 2, § 240 Abs. 1 gilt dies auch uneingeschränkt für die bereits nach § 5 Abs. 1 S. 4 StBauFG förmlich festgelegten Gebiete; vgl. aber Bielenberg aaO, § 143, Rn 35, der die erleichterte Enteignung und das Sanierungsvorkaufsrecht als so entfernte Möglichkeit bezeichnet, die Nachteile i. S. des § 47 VwGO zweifelhaft erscheinen lassen. **19**

Die Entscheidung des OVG (VGH) im Normenkontrollverfahren ist gem. § 47 Abs. 6 VwGV **allgemeinverbindlich,** wenn die angegriffene Rechtsvorschrift für nichtig erklärt wird. Die Ungültigkeit der Vorschrift ist gegenüber jedermann festgestellt und von allen Gerichten und Behörden zu beachten. Der Entscheidungssatz ist in der selben Weise zu veröffentlichen, in der auch die Aufhebung bekanntzumachen wäre (§ 162 Abs. 2 Satz 3; vgl. Kopp aaO, § 47, Rn 71). Die Nichtigerklärung wirkt rückwirkend auf den Zeitpunkt des Erlasses der Norm. **20**

Gem. § 47 Abs. 6 Satz 3 i. V. m. § 183 VwGO bleiben unanfechtbare Entscheidungen, die aufgrund der für nichtig erklärten Sanierungssatzung erlassen sind, wirksam. Die Ablehnung des Normenkontrollantrags hat keine allgemeinverbindliche Wirkung, sondern wirkt nur zwischen den Beteiligten. Andere Antragsteller werden dadurch nicht gehindert, ihrerseits gegen dieselbe Sanierungssatzung eine neue Normenkontrollklage zu erheben (Kopp aaO, § 47, Rn 74).

21 Zu Besonderheiten, die sich für den Rechtsschutz im Hinblick auf die **Zweistufigkeit** des Ablaufprogramms der Sanierung ergeben vgl. bereits Rn 8. Wird ein **Grundstück zu Unrecht in die Sanierung einbezogen,** kann dies nur dann zur Nichtigkeit der gesamten Sanierungssatzung führen, wenn die Beurteilung auch des übrigen Sanierungsgebiets zum Ergebnis führen würde, daß städtebauliche Gründe die förmliche Festlegung nicht rechtfertigen. Hinsichtlich des einzelnen, nicht betroffenen Grundstücks, das **auch aus Zweckmäßigkeitsgründen** in die Sanierung nicht hätte einbezogen werden dürfen, gilt folgendes: Die Gemeinde hat das Grundstück aus der Sanierung zu entlassen; der Eigentümer hat hierauf **analog § 163 einen Rechtsanspruch.** Einem Antrag auf Genehmigung in einem der Fälle des § 144 darf die Genehmigung nicht versagt werden. In bezug auf das Grundstück hätte die Sanierungssatzung also keine Wirkung; insofern kann es hinsichtlich der Rechtswirkungen der Satzung offen bleiben, ob die Sanierungssatzung in Bezug auf das Grundstück nichtig ist.

22 Zur Beachtlichkeit der **Verletzung von Vorschriften über die Aufstellung der Sanierungssatzung** und über die **Frist für die Geltendmachung** der Verletzung von Verfahrens- und Formvorschriften vgl. §§ 214 und 215. Eine i. S. des § 214 beachtliche Verletzung von Verfahrens- und Formvorschriften kann im Hinblick auf die Sanierungssatzung in den Fällen des **§ 214 Abs. 1 S. 1 Nr. 3** in Betracht kommen: Das Anzeigeverfahren wurde nicht durchgeführt, die Satzung wurde unter Verstoß gegen § 11 Abs. 3 S. 2 in Kraft gesetzt oder der mit der Bekanntmachung der Satzung verfolgte Hinweiszweck ist nicht erreicht worden. In diesen Fällen ist eine „Heilung" gem. § 215 ausgeschlossen; vgl. § 215 Abs. 1 Nr. 1. Für die **Abwägung** vgl. § 214 Abs. 3 sowie § 215 Abs. 1 Nr. 2. Zu den Fragen der „Heilung" und Unbeachtlichkeit von Mängeln der Sanierungssatzung vgl. vertiefend Bielenberg aaO, § 143, Rn 37 bis 44.

23 **2. Ersatz- und Ergänzungsgebiete (Abs. 2). a) Allgemeines.** Die Durchführung der Sanierung kann es erforderlich machen, **Ordnungs- oder Baumaßnahmen** auf Grundstücken **außerhalb des förmlich festgelegten Sanierungsgebiets durchzuführen:** Nach § 147 Abs. 1 S. 2 können u. a. sanierungsbedingte Erschließungsanlagen außerhalb des förmlich festgelegten Sanierungsgebiets liegen. Nach § 148 Abs. 1 S. 2 können auch Ersatzbauten, Ersatzanlagen oder sanierungsbedingte Gemeinbedarfs- und Folgeeinrichtungen außerhalb des förmlich festgelegten Sanierungsgebiets liegen. Diese Regelungen haben vor allem im

Hinblick auf die Sanierungsplanung und die Durchführungsverantwortung im Verhältnis zwischen Gemeinde und Eigentümer Bedeutung. Weiterhin haben sie für die Anwendung des (gem. § 245 Abs. 11 S. 1 zunächst bundesrechtlich weitergeltenden) Finanzierungsrechts sowie für den Anwendungsbereich der abgaben- und steuerrechtlichen Vorschriften Bedeutung. § 147 Abs. 1 S. 2 und § 148 Abs. 1 S. 2 erweitern demgegenüber **nicht** den **Anwendungsbereich des besonderen Bodenrechts** für Sanierungsgebiete. Eine solche Ermächtigung enthält jedoch **Abs. 2.**

Abs. 2 ermächtigt die Gemeinde zur förmlichen Festlegung von **24** Gebieten außerhalb des eigentlichen Sanierungsgebiets in zwei Fällen: **Ersatzgebiete,** d. h. Gebiete für Ersatzbauten oder Ersatzanlagen zur räumlich zusammenhängenden Unterbringung von Bewohnern oder Betrieben aus dem Sanierungsgebiet. **Ergänzungsgebiete,** d. h. Gebiete, für die durch die Sanierung bedingten Gemeinbedarfs- oder Folgeeinrichtungen, soweit diese nicht im Sanierungsgebiet selbst untergebracht werden können.

b) Förmliche Festlegung und ihre Rechtswirkungen. Nach Abs. 2 **25** bestehen folgende gesetzliche **Voraussetzungen** für die förmliche Festlegung eines Ersatz- und Ergänzungsgebiets: Aus den **Zielen und Zwecken der Sanierung** (§ 140 Nr. 3) – nicht mehr wie § 11 S. 1 StBauFG zusätzlich „aus den **vorbereitenden Untersuchungen"** – muß sich das Erfordernis zur Festlegung eines Ersatz- oder Ergänzungsgebiets ergeben. Bei **Ersatzgebieten** kann dies z. B. erforderlich sein, wenn nach den beabsichtigten Sanierungsmaßnahmen – etwa infolge von Abbruch oder Umwidmung – für die bisher ansässige Wohnbevölkerung oder für bisher ansässige Betriebe räumlich zusammenhängende Ersatzwohnungen oder -flächen im Sanierungsgebiet nicht zur Verfügung stehen. Für **Ergänzungsgebiete** kommt dies z. B. in Betracht, wenn die für die Sanierung erforderlichen Infrastruktureinrichtungen nicht innerhalb des Sanierungsgebiets untergebracht werden können. Weitere Voraussetzung für die Anwendung des Abs. 2 ist, daß ein **Sanierungsgebiet förmlich festgelegt** wird (so auch Bielenberg aaO, § 142, Rn 72; Neuhausen, in: Kohlhammer-Komm., § 142, Rn 23). Die Festlegung nach Abs. 2 kann also nicht vorgezogen werden, kann aber mit dem Beschluß nach Abs. 1 verbunden werden.

Im Hinblick auf den mit der Festlegung als Ersatz- oder Ergänzungs- **26** gebiets verfolgten Zweck, nämlich der räumlich zusammenhängenden Unterbringung von Bewohnern oder Betrieben oder der Inanspruchnahme für Gemeinbedarfs- oder Folgeeinrichtungen, kommen für die förmliche Festlegung als Ersatz- oder Ergänzungsgebiet **vorwiegend unbebaute oder wenig bebaute Gebiete** in Betracht. Jedoch sind bereits bebaute Gebiete nicht ausgeschlossen (Bielenberg aaO, § 142, Rn 72). Regelungen über eine Mindestgröße der Ersatz- und Ergänzungsgebiete enthält das Gesetz nicht. Es muß sich aber um „Gebiete",

nicht nur um ein einzelnes Grundstück handeln; vgl. zur Gebietsab-
grenzung im übrigen entsprechend die Erl. in Rn 9 bis 10.

27 Da die Ersatz- und Ergänzungsgebiete – anders als die Sanierungsge-
biete – nicht städtebaulich i. S. des § 136 Abs. 2 vorgeprägt sein müs-
sen, sind an das **Auswahlermessen der Gemeinde** besondere Anforde-
rungen zu stellen: Anders als bei den Sanierungsgebieten rechtfertigen
sich die besonderen Rechtswirkungen der Sanierung nicht aus der
Situationsgebundenheit des Ersatz- oder Ergänzungsgebiets selbst. In-
soweit ist die Festlegung dieser Gebiete "fremdnützig". Demgegenüber
ist es jedoch städtebaulichen Planungen eigen, in erforderlichem Um-
fang **Ausgleichsmaßnahmen** für städtebaulich erforderliche Lösungen
in anderen Stadtgebieten zu finden. Hieraus ist die förmliche Festset-
zung von Gebieten i. S. des Abs. 2 zu rechtfertigen (vgl. weiterführend
Bielenberg aaO, § 142, Rn 73). Die Ersatz- und Ergänzungsgebiete
müssen aus ihrer vorhandenen Situation und im Verhältnis zu anderen
Gemeindegebieten **besonders geeignet** zur Durchführung der in Abs. 2
bezeichneten Maßnahmen sein.

28 Nach **Abs. 2 S. 2** sind für die förmliche Festlegung der Ersatz- und
Ergänzungsgebiete die für Sanierungsgebiete geltenden Vorschriften
anzuwenden. Vor der förmlichen Festlegung eines Ersatz- und Ergän-
zungsgebiets sind daher **vorbereitende Untersuchungen** nach § 141
durchzuführen. Von vorbereitenden Untersuchungen kann gem. § 141
Abs. 2 abgesehen werden, z. B., weil aufgrund der vorbereitenden
Untersuchungen, die zur förmlichen Festlegung des Sanierungsgebiets
selbst führen, bereits hinreichende Beurteilungsunterlagen für die
förmliche Festlegung eines Ersatz- oder Ergänzungsgebiets vorliegen.
Die Ersatz- und Ergänzungsgebiete werden durch Satzung förmlich
festgelegt. Auch **Abs. 4** über das **vereinfachte Verfahren** findet auf-
grund der Verweisung des Abs. 2 S. 2 Anwendung. Das Gesetz schließt
es daher z. B. nicht aus, daß das Sanierungsgebiet ohne Anwendung
des Abs. 4, das Ersatz- oder Ergänzungsgebiet dagegen im vereinfach-
ten Verfahren festgelegt wird; auch der umgekehrte Fall ist vom Gesetz
nicht ausgeschlossen. Maßgeblich ist, daß die gesetzlichen Vorausset-
zungen des Abs. 4 für die jeweiligen Gebiete erfüllt sind.

29 In den förmlich festgelegten Ersatz- und Ergänzungsgebieten finden
alle für die förmlich festgelegten Sanierungsgebiete geltenden **Bestim-
mungen der §§ 136 bis 164 Anwendung.** Auch die für die Finanzierung
von Sanierungsmaßnahmen geltenden Vorschriften (§ 245 Abs. 11) fin-
den für Ersatz- und Ergänzungsgebiete i. S. des Abs. 2 entsprechende
Anwendung.

30 **3. Vereinfachtes Verfahren (Abs. 4). a) Novelle 1984 StBauFG.** Das
vereinfachte Verfahren der Sanierung ist durch die **Novelle 1984
StBauFG** in das Sanierungsrecht eingeführt worden; das BauGB hat
das vereinfachte Verfahren übernommen, zugleich jedoch grundlegend
neu gestaltet (vgl. zur Rechtsentwicklung im einzelnen Krautzberger,
in: B/K/S, Rn 299 bis 304). Das vereinfachte Verfahren ist in der Novelle

1984 StBauFG wie folgt ausgestaltet worden: **§ 5 Abs. 1 S. 4 StBauFG** sah vor, daß die Gemeinde in der Satzung die Anwendung der §§ 6, 15 bis 23, 41 Abs. 4 bis 11 und des § 42 StBauFG auszuschließen hat, wenn sie für die Durchführung der Sanierung nicht erforderlich ist. **§ 5 Abs. 2 S. 4** StBauFG bestimmte weiterhin, daß die Genehmigung der Sanierungssatzung auch dann zu versagen ist, wenn die Durchführung eines vereinfachten Verfahrens die Sanierung voraussichtlich erschweren würde (vgl. hierzu die Erläuterungen bei Bielenberg, StBauFG und Krautzberger, in: S/S/K jeweils zu § 5 sowie die Darstellungen zur Novelle 1984 StBauFG von Gaentzsch, NJW 1985, 881; Gronemeyer, NVwZ 1985, 145; Kleiber, BBauBl. 1984, 817; Krautzberger, DVBl. 1984, 1149; Löhr, ZfBR 1984, 267). **Gegenüber dem StBauFG 1971** wurde hierdurch das Sanierungsrecht **wie folgt geändert:** Bis zur Novelle 1984 fanden mit der förmlichen Festlegung des Sanierungsgebiets die **besonderen bodenrechtlichen Vorschriften** der Sanierung (vor allem Verfügungs- und Veränderungssperre, besonderes Entschädigungsrecht, Preisprüfung, Ausgleichsbetragsregelung, Vorkaufsrecht, Enteignungsrecht) **ausnahmslos Anwendung.** Die Novelle 1984 StBauFG hat der Gemeinde demgegenüber die Möglichkeit zur Entscheidung eingeräumt, ob die Sanierung **mit oder ohne besondere bodenrechtliche Bestimmungen** durchgeführt wird. Das vereinfachte Verfahren war danach im wesentlichen als ein um Planungs- und Organisationsregelungen angereichertes **Förderungsverfahren** ausgestaltet. Dagegen eröffnete es **nicht die Möglichkeit, einzelne Instrumente des besonderen Bodenrechts** im vereinfachten Verfahren anzuwenden. Insbesondere war im vereinfachten Verfahren des StBauFG die Anwendung der **Verfügungs- und Veränderungssperre generell ausgeschlossen** (§ 15 StBauFG; jetzt § 144 BauGB). Die Sanierung störende Vorhaben konnten daher nur im Rahmen des allgemeinen Städtebaurechts und damit mit den Sicherungsmitteln der Veränderungssperre und der Zurückstellung von Vorhaben (§§ 14, 15) erreicht werden. Dies ist jedoch verbunden mit der Pflicht zur Bebauungsplanung, auch wo diese zur Verwirklichung der Ziele und Zwecke der Sanierung entbehrlich ist sowie mit Entschädigungspflichten (vgl. die Erl. zu § 18).

b) Neuregelung im BauGB. Das vereinfachte Verfahren nach BauGB ist in **Abs. 4** geregelt. Danach trifft die Gemeinde die Entscheidung, ob sie die Sanierung im vereinfachten oder im „besonderen" Verfahren durchführt in der **Sanierungssatzung.** Zur Möglichkeit der Änderung der Sanierungssatzung und damit einem nachträglichen „Verfahrenswechsel" vgl. Rn 42; zur **Überleitung** der im vereinfachten Verfahren nach der Novelle 1984 StBauFG förmlich festgelegten Sanierungsgebiete vgl. Rn 45 sowie § 245 Abs. 2. Die Gemeinde entscheidet mit der Sanierungssatzung, in welchem Umfang die **besonderen** sanierungsrechtlichen Instrumente anzuwenden sind. Die **Bezeichnung „vereinfachtes Verfahren"** ist nur aus der Entstehungsgeschichte zu

erklären; vgl. Rn 30 und die dort angegebenen weiteren Nachweise. Tatsächlich eröffnet Abs. 4 **nicht** die Möglichkeit, die Sanierung **in unterschiedlichen Verfahren** durchzuführen. Vielmehr regelt die Bestimmung, daß im Rahmen eines **für alle Sanierungsfälle** geltenden **einheitlichen Verfahrens bestimmte Sanierungsinstrumente** unterschiedlich zur Anwendung gebracht werden. Vgl. hierzu weiterhin Rn 46 mit einem **Überblick** über die im Sanierungsverfahren stets anzuwendenden Vorschriften sowie die Besonderheiten in den jeweiligen Fallgestaltungen des „besonderen" (§§ 152 ff.) oder des „vereinfachten" Verfahrens.

32 **Abs. 4** erweitert die Entscheidungsmöglichkeiten der Gemeinde über die Durchführung der Sanierung mit den im Dritten Abschnitt geregelten Vorschriften sowie hinsichtlich der Anwendung der Verfügungs- und Veränderungssperre des § 144. Zugleich enthält das BauGB – anders als § 5 Abs. 1 S. 4 StBauFG – eine **generelle Entscheidung** über die **Anwendung des Vorkaufsrechts** und der besonderen **enteignungs- rechtlichen Vorschriften.** Im vereinfachten Verfahren nach StBauFG war demgegenüber § 17 StBauFG über das sanierungsrechtliche Vorkaufsrecht sowie § 22 StBauFG über besondere Enteignungsbestim- mungen ausgeschlossen. **§ 24 Abs. 1 Nr. 3** sieht vor, daß das **Vorkaufs- recht** stets, also **auch in den Fällen des vereinfachten Verfahrens** zur Anwendung kommt. Diese Regelung gilt darüber hinaus auch für jene vereinfachten Verfahren, die noch unter StBauFG eingeleitet wurden; vgl. § 235 Abs. 2. Auch **§ 87 Abs. 3 S. 3** über die Enteignung zugunsten eines Sanierungsträgers sowie **§ 88 S. 2** über die Erleichterung der Enteignungsvoraussetzungen in der Sanierung sind – anders als nach § 5 Abs. 1 S. 4 i. V. m. § 22 StBauFG – im vereinfach- ten Verfahren anzuwenden, und zwar auch in den vor dem 1. Juli 1987 (nach StBauFG) förmlich festgelegten Gebieten; vgl. § 240 Abs. 1.

33 Für die Festlegung des in der Sanierung anzuwendenden Bodenrechts bestehen gem. Abs. 4 **folgende Gestaltungsvarianten:**

(1) Sofern die Gemeinde in der Sanierungssatzung die Anwendung der §§ 152 bis 156 nicht ausdrücklich ausschließt, kommen alle beson- deren sanierungsrechtlichen Regelungen zur Anwendung; **Abs. 4, Hs. 1.** In diesem Fall kommen in der Sanierung – neben allen sonstigen Regelungen des BauGB – zur Anwendung: §§ 144 und 145 (geneh- migungspflichtige Vorhaben, Teilungen und Rechtsvorgänge und ihre Genehmigung) sowie die Vorschriften des Dritten Abschnitts über besondere sanierungsrechtliche Vorschriften (§§ 152 bis 156), also ins- besondere die Sonderregelungen hinsichtlich Preisprüfung, Entschädi- gungs-, Umlegungs- und Ausgleichsbetragsrecht.

(2) Schließt die Gemeinde die Anwendung der Vorschriften des Dritten Abschnitts aus **(Abs. 4, Hs. 1),** so kommt – neben den sonstigen Bestimmungen des BauGB – §§ 144 und 145 (Verfügungs- und Verän- derungssperre) zur Anwendung.

(3) Hat die Gemeinde die Vorschriften des Dritten Abschnitts nach Abs. 4, Hs. 1 ausgeschlossen, so hat sie nach **Abs. 4, Hs. 2** darüber hinaus folgende Entscheidungsmöglichkeiten: Die Gemeinde kann in der Satzung bestimmen, daß

(3.1) **nur § 144 Abs. 1** (Veränderungssperre, Teilungsgenehmigung, Genehmigung von insbesondere Miet- und Pachtverhältnissen) anzuwenden ist; die Verfügungssperre des § 144 Abs. 2 wird damit ausgeschlossen; daher bedarf es in diesen Fällen auch nicht der Eintragung eines Sanierungsvermerks; § 143 Abs. 4 Satz 4;

(3.2) **nur § 144 Abs. 2** (Verfügungssperre) anzuwenden ist; in diesem Fall unterliegen insbesondere die rechtsgeschäftliche Veräußerung eines Grundstücks der gemeindlichen Genehmigung; die Preisprüfung findet in diesen Fällen jedoch nicht Anwendung, da diese Bestimmung im Dritten Abschnitt enthalten ist (§ 153 Abs. 2 BauGB), dessen Vorschriften im vereinfachten Verfahren keine Anwendung finden;

(3.3) die Verfügungs- und Veränderungssperre nach **§ 144 BauGB keine Anwendung** findet; in diesem Fall entspricht das vereinfachte Verfahren weitgehend dem durch § 5 Abs. 1 Satz 4 Novelle 1984 StBauFG eingeführten vereinfachten Verfahren (allerdings besteht auch in diesem Fall – wie erwähnt, Rn 32 – u. a. das Vorkaufsrecht nach § 24 Abs. 1 Nr. 3 BauGB).

c) Rechtliche Anforderungen. Die Gemeinde muß zunächst eine 34 Entscheidung darüber treffen, ob in der Sanierung die Vorschriften des Dritten Abschnitts auszuschließen sind; Abs. 4, Hs. 1. Sie trifft diese Entscheidung aufgrund der Beurteilung der vorgefundenen **städtebaulichen Situation** und des sich abzeichnenden Sanierungskonzepts, also insbesondere aufgrund der Erkenntnisse aus den vorbereitenden Untersuchungen. Rechtlicher Maßstab für die Entscheidung der Gemeinde ist die **„Erforderlichkeit"** der Anwendung der „besonderen sanierungsrechtlichen Vorschriften" (§§ 152 bis 156). Das Merkmal der „Erforderlichkeit" wird im Gesetz durch den Hinweis verdeutlicht, daß der Ausschluß der §§ 152 ff. die Durchführung der Sanierung **„voraussichtlich nicht erschweren wird"**; vgl. entsprechend zum Verhältnis von § 5 Abs. 1 S. 4 zu § 5 Abs. 2 S. 5 Krautzberger, in: S/S/K, § 5, Rn 7.

Die rechtlichen Anforderungen an die **Erforderlichkeitsprüfung** im Rahmen der „Verfahrenswahl", die Abs. 4 eröffnet, sind im **BauGB** gegenüber der Novelle 1984 StBauFG insgesamt erheblich **vereinfacht bzw. eingegrenzt** worden. Die Erforderlichkeitsprüfung nach der Novelle 1984 StBauFG setzte eine **Prognoseentscheidung** voraus, die im Hinblick auf die Verfügungs- und Veränderungssperre die Tendenz zur Entscheidung **für** das herkömmliche Verfahren begünstigte (vgl. Krautzberger, in: B/K/S, Rn 303). Abs. 4 grenzt die Erforderlichkeitsentscheidung demgegenüber wie folgt ein: Die Gemeinde muß vor der förmlichen Festlegung entscheiden, ob ein Erfordernis für das vom sonstigen Städtebaurecht abweichende **besondere sanierungsrechtliche**

Beitrags- und Entschädigungssystem besteht. Hinsichtlich der Anwendung der Verfügungs- und Veränderungssperre des § 144 sieht Abs. 4 demgegenüber keine besondere Prüfungspflicht vor. Abs. 4, Hs. 2 ermächtigt die Gemeinde lediglich zu einer abgestuften Anwendung des § 144; vgl. hierzu Rn 39.

35 Bei der Entscheidung über die Verfahrenswahl nach Abs. 4 ist zunächst der Grundsatz des Sanierungsrechts nutzbar zu machen, wonach das Gesetz der Gemeinde bei Vorliegen städtebaulicher Mißstände besonders weitgreifende Sanierungsinstrumente zur Verfügung stellt. Das Gesetz geht davon aus, daß **bei Vorliegen städtebaulicher Mißstände** i. S. des § 136 Abs. 2 und 3, die durch Sanierungsmaßnahmen behoben werden sollen, die **Anwendung des gesamten besonderen Sanierungsrechts grundsätzlich gerechtfertigt** ist. Das Gesetz geht also von der **Vermutung des Erfordernisses** der Anwendung des gesamten besonderen Sanierungsrechts aus. Zur Behebung und Beseitigung städtebaulicher Mißstände ist die Anwendung des gesamten Sanierungsrechts grundsätzlich zulässig. Im Rahmen der Entscheidung nach Abs. 4, Hs. 1 obliegt der Gemeinde die Prüfung und Entscheidung darüber, ob sie dieses Instrumentarium insgesamt oder nur abgestuft zur Anwendung bringen will. Die Entscheidung nach Abs. 4 ist aber nicht in das freie Ermessen der Gemeinde gestellt. Die Gemeinde muß sich vielmehr mit der vom Gesetz vorgegebenen „Verfahrenswahl" im Rahmen ihrer Entscheidung über die Sanierungssatzung **auseinandersetzen.**

36 Die Prüfung nach Abs. 4, Hs. 1 ist im Hinblick auf das Erfordernis der Anwendung der „besonderen sanierungsrechtlichen Vorschriften" anzustellen und bezieht sich damit auf die **Beurteilung der Bodenwertentwicklung** im Sanierungsgebiet: **sanierungsbedingte Werterhöhungen, Preisprüfung** und **Ausgleichsbetragsregelung.** Die Prüfung bezieht sich dagegen nicht (so aber im vereinfachten Verfahren der Novelle 1984 StBauFG) auf das Erfordernis der (vorbehaltlich eine Entscheidung nach Abs. 4, Hs. 2) stets zur Verfügung stehenden Verfügungs- und Veränderungssperre sowie auf das Vorkaufsrecht oder die erleichterte Enteignung (§ 24 Abs. 1 Nr. 3, § 28 Abs. 4 S. 1, § 87 Abs. 3 S. 3, § 88 S. 2).

Im übrigen kann jedoch auf die Maßstäbe zurückgegriffen werden, die der Gesetzgeber hierfür bereits bei der Einführung des vereinfachten Verfahrens im StBauFG entwickelt hat (vgl. A-Ber. zur Novelle 1984 StBauFG, BT-Drs. 10/2039; vgl. zum vereinfachten Verfahren der Novelle 1984 StBauFG Bielenberg, § 5, Rn 63 bis 70; Krautzberger, in: S/S/K, § 5, Rn 7 bis 12). Allgemein ist die Anwendung der Bestimmungen des **Dritten Abschnitts** in solchen Fällen **indiziert**, in denen Bodenwertsteigerungen die Durchführung der Sanierung erschweren können. Nach den Erfahrungen der Praxis mit dem Sanierungsrecht nach StBauFG sind Erschwerungen der Durchführung der Sanierung vor allem in den **Bodenwertsteigerungen** zu erblicken, die bereits

durch die Absicht zu sanieren ausgelöst werden und insbesondere den erforderlichen Grunderwerb für Ordnungsmaßnahmen beeinträchtigen können. Hier hat besonders die **Preisprüfung** dämpfende Wirkung auf die Bodenpreisentwicklung. Bodenpreiswertsteigerungen sind insbesondere infolge **planungsrechtlicher Veränderungen** zu erwarten oder im Hinblick auf **Ordnungsmaßnahmen** der Gemeinde. Hat die Sanierung im wesentlichen die **Erhaltung, Modernisierung und Instandsetzung** vorhandener baulicher Anlagen zum Ziel, sind erfahrungsgemäß Bodenwertsteigerungen nicht oder nicht kurzfristig zu erwarten. Ist dagegen die Umstrukturierung eines Gebiets beabsichtigt, treten häufig sanierungsbedingte Bodenwertsteigerungen ein.

Andererseits ist die Gemeinde nicht gehalten, ausschließlich auf die **37** von ihr in Aussicht genommenen Maßnahmen abzustellen. Neben den beabsichtigten Maßnahmen und der vorhandenen Situation ist vor allem auch auf ihre **Sanierungskonzeption** abzustellen. So kann z. B. auch bei **voraussichtlichen** oder doch denkbaren **Bodenwerterhöhungen** für die Gemeinde dann kein Grund zur Anwendung der §§ 152 bis 156 bestehen, wenn die für Ordnungsmaßnahmen benötigten **Grundstücke bereits gesichert** sind oder voraussichtlich zu sichern sind oder aber weil aus Gründen des jeweiligen Sanierungskonzepts die **Aufwertung** eines vom Markt bisher „vernachlässigten" Gebiets **angestrebt wird** („Selbsterneuerung aufgrund einer Gebietsaufwertung").

Auch der Gesichtspunkt der **Mitfinanzierung durch Ausgleichsbe- 37a träge** ist von rechtlicher Bedeutung. Die Erfassung der sanierungsbedingten Bodenwertsteigerungen kann aber – je nach gemeindlicher Sanierungskonzeption und vorhandener städtebaulicher Situation – zu unterschiedlichen Entscheidungen der Gemeinde führen: Bestehen z. B. die Ordnungsmaßnahmen in der Herstellung, Erweiterung oder Änderung von Erschließungsanlagen i. S. von § 127 Abs. 2, so können zur Deckung der Kosten **Erschließungsbeiträge nach dem BauGB** oder nach dem jeweiligen **Kommunalabgabenrecht** des Landes erhoben werden. In diesem Fall kann z. B. der Ausschluß der §§ 152 bis 156 die Sanierung nicht erschweren, wenn durch die Erhebung von Ausgleichsbeträgen keine höheren Einnahmen zu erwarten sind.

Die Entscheidung der Gemeinde kann aber auch von folgender **37b** Erwägung bestimmt sein: In Gebieten mit **voraussichtlich geringer Bodenwerterhöhung** kann die Gemeinde die Vorschriften des Dritten Abschnitts für erforderlich halten, um eine sachgerechte Belastung von Eigentümern und Mietern zu sichern. Die Eigentümer – und mittelbar die Mieter – werden bei Anwendung der Vorschriften des Dritten Abschnitts an den Kosten der Sanierung nach einer an der tatsächlichen Werterhöhung des Grundstücks (bzw. der tatsächlichen Wertverbesserung der Wohnung) orientierten Belastungsgrenze an den Kosten der Sanierungsmaßnahme beteiligt. Da im vereinfachten Verfahren keine Ausgleichsbeträge, sondern bundes- und landesrechtliche Beiträge zu erheben sind, kann es **bei geringen Bodenwerterhöhungen** in Gebie-

ten mit geringer Wirtschaftskraft durch Beitragserhebungen zu – nach dem konkreten Sanierungskonzept u. U. unerwünschten – höheren Belastungen der Eigentümer und Mieter kommen, als bei der Erhebung von Ausgleichsbeträgen (**„Schutzzweck" der Ausgleichsbeitragsregelung;** vgl. Bielenberg, in: B/K/K, Bd. I.C, § 142, Rn 47; Krautzberger, DVBl. 1984, 1149/1151).

38 Aus alledem ergibt sich, daß der Gemeinde **keine Ermessensentscheidung** obliegt, sondern daß sie den **unbestimmten Rechtsbegriff der „Erforderlichkeit"** auszulegen hat. Sie hat hierbei aber einen sehr weitgehenden Beurteilungsspielraum (ebenso Bielenberg aaO, § 142, Rn 140). Wesentlicher Maßstab ist ihre Beurteilung der voraussichtlichen **Entwicklung der Bodenwerte.** Allerdings können bei der Entscheidung der Gemeinde nicht die (strengeren) Maßstäbe wie bei einer für die Bauleitplanung anzustellenden **Prognose** gestellt werden (vgl. hierzu § 1, Rn 117; vgl. weiterhin Kopp, VwGO, Kommentar 8. Aufl., München 1989, § 114, Rn 37 und 38). Dies ergibt sich bereits daraus, daß eine Einschätzung der Bodenpreisentwicklung für den Zeitraum einer über 10 und mehr Jahre dauernden Sanierung weder im Hinblick auf die Entwicklung im Gebiet noch auf die allgemeine konjunkturelle Entwicklung zu leisten ist. Daher ist nicht hierauf, sondern auf die **Bewertung der möglichen Bodenwertentwicklung** im Hinblick auf das von der Gemeinde verfolgte Sanierungsziel abzustellen. Im Hinblick auf die Situation im Sanierungsgebiet und das angestrebte Sanierungsziel können voraussichtliche Bodenwertsteigerungen – wie gezeigt (Rn 37) – zur Sicherung der Sanierung die Anwendung der Vorschriften des Dritten Abschnitts **erforderlich oder entbehrlich** machen. Das gleiche gilt, wenn die Gemeinde sich auf eine eher stagnierende Bodenwertentwicklung einstellt.

38a Die Entscheidungssituation der Gemeinde kann daher insgesamt am ehesten mit der nach **§ 1 Abs. 3** über die sog. **„Planungspflicht" der Gemeinde verglichen** werden; auch dort ist im wesentlichen auf die **planerische Konzeption der Gemeinde** abzustellen (vgl. BVerwG, DÖV 1971, 623; § 1, Rn 27 f.). Durch den mit **Abs. 4** begründeten Entscheidungsspielraum der Gemeinde, sind vor allem die **prozessualen Risiken** im Hinblick auf die Entscheidung der Gemeinde „für" oder „gegen" die Anwendung der Vorschriften des Dritten Abschnitts **weitestgehend ausgeschlossen** worden. Der Gemeinde wird durch Abs. 4 ein weiter Entscheidungsrahmen eingeräumt. Erforderlichkeit i. S. des Abs. 4, Hs. 1 meint insbesondere nicht, daß ohne die besonderen bodenrechtlichen Vorschriften die Sanierung nicht durchführbar wäre. Vielmehr muß die Gemeinde den ihr **am zweckmäßigsten erscheinenden Weg** wählen, um das angestrebte Sanierungsziel zu erreichen. Die Gemeinde muß sich jedoch mit den Gestaltungsmöglichkeiten des Abs. 4 **auseinandersetzen;** sie muß also – etwa bei der Darlegung der Sanierungsziele unter Beurteilung der Durchführbarkeit der Sanierung – eine **plausible Erwägung angestellt haben,** warum sie sich für (oder

gegen) die Anwendung der Vorschriften des Dritten Abschnitts entschieden hat. Als solche Erwägungen sind erforderlich, aber auch ausreichend die in den vorstehenden Rn 36 ff. erwähnten Fallgestaltungen. Einer darüber hinausgehenden Begründungspflicht bedarf es nicht; vgl. auch Rn 14 ff. zur Begründung der Sanierungssatzung.

Hält die Gemeinde die Anwendung der Vorschriften des Dritten Abschnitts für erforderlich, so bedarf es hierüber keiner besonderen Regelung in der Sanierungssatzung: Das „herkömmliche" bzw. „besondere" Verfahren findet stets Anwendung, wenn die Gemeinde in der Satzung keine Bestimmung gem. Abs. 4 trifft. Ist die Anwendung dieser Vorschriften dagegen nicht erforderlich, so hat die Gemeinde die Anwendung dieser Vorschriften in der Sanierungssatzung auszuschließen. In diesem Fall wird die Sanierung im **vereinfachten Verfahren** durchgesetzt. Die Genehmigungspflicht nach § 144 findet Anwendung. **39**

Die Gemeinde hat nach Abs. 4, Hs. 2 darüber hinaus die Möglichkeit, **§ 144** insgesamt oder **§ 144 Abs. 1** oder **§ 144 Abs. 2** durch eine entsprechende Bestimmung in der Sanierungssatzung auszuschließen. Das Gesetz hat von einer gesonderten und auf die Anwendung der Verfügungs- und Veränderungssperre bezogenen **„Erforderlichkeits"- Prüfung** bewußt abgesehen (vgl. Krautzberger, in: B/K/S, Rn 345). Mit der „Kann"-Regelung wird der Gemeinde hier eine **Ermessensentscheidung** eingeräumt. Aus der Konstruktion des Abs. 4 ergibt sich eindeutig, daß die Gemeinde bei Ausschluß der Vorschriften des Dritten Abschnitts keine weiteren Erwägungen mehr anstellen, insbesondere der höheren Verwaltungsbehörde im Rahmen des Anzeigeverfahrens keine Gründe darlegen muß, warum sie die Anwendung des § 144 insgesamt für erforderlich hält. **39a**

Abs. 4 geht im Falle des Ausschlusses der Vorschriften des Dritten Abschnitts von der – durch die Gemeinde im Rahmen der Entscheidung nach Abs. 4, Hs. 2 – **widerlegbaren Vermutung des Erfordernisses der Anwendung des § 144** insgesamt aus. Wegen der besonderen Bedeutung der Verfügungs- und Veränderungssperre nach § 144 für die zügige Sanierung ist in der Regel der Ausschluß dieser Vorschrift – ganz oder teilweise – nur sachgerecht, wenn die sonstigen Vorschriften des BauGB (z. B. über die Veränderungssperre; § 14) als ausreichend angesehen werden können. Entscheidet sich die Gemeinde für eine dementsprechend **„abgestufte" Anwendung der Verfügungs- und Veränderungssperre**, so hat sie die Erwägungen darzulegen, die dem teilweisen Ausschluß zugrundeliegen. So kann sie z. B. die Anwendung des § 144 Abs. 1 mit der Erwägung ausschließen, daß die städtebauliche Entwicklung in dem betreffenden Gebiet durch andere Vorschriften des öffentlichen Baurechts ausreichend gesteuert werden kann, insbesondere durch § 51 Abs. 1 S. 1 im Falle einer Bodenordnung, durch vorhandene oder beabsichtigte (hierzu § 14) Bebauungspläne, durch Erhaltungssatzungen, durch örtliche Bauvorschriften oder durch vorhandene denkmalschutzrechtliche Sicherungen. Von der Anwendung der **39b**

Verfügungssperre des § 144 Abs. 2 kann die Gemeinde z. B. im Hinblick auf ein in der Sanierung durchgeführtes Umlegungsverfahren (insoweit gilt die umlegungsrechtliche Verfügungssperre; vgl. § 51 Abs. 1 S. 1 Nr. 1) oder deshalb absehen, weil sie durch die bei Anwendung des § 144 Abs. 2 erforderliche Eintragung eines Sanierungsvermerks (vgl. § 143 Abs. 4 S. 1) eine Belastung des Sanierungsklimas befürchtet, ohne daß die Genehmigungspflicht nach § 144 Abs. 2 erkennbar zur Sicherung des Sanierungszwecks geboten wäre. Der Ausschluß des § 144 insgesamt kommt im Hinblick auf eine gleichzeitige Bodenordnung (§ 51 Abs. 1) oder z. B. deshalb in Betracht, weil (etwa wegen der Eigentumssituation) im wesentlichen kein Bedürfnis für den Genehmigungsvorbehalt nach § 144 besteht.

40 **d) Verhältnis zu § 144 Abs. 3.** Die durch Abs. 4 vorgegebene abgestufte Anwendung des Sanierungsrechts ist der Abschluß einer Rechtsentwicklung, der mit der Novelle 1984 StBauFG – neben dem vereinfachten Verfahren – mit der Einführung des Abs. 5a in § 15 StBauFG (jetzt § 144 Abs. 3 BauGB) – **allgemeine Erteilung der Genehmigung in bestimmten Fällen** – eingeleitet wurde: Nach **§ 144 Abs. 3** kann die Gemeinde durch **Vorwegerteilung der Genehmigung** den Anwendungsbereich für die sanierungsrechtliche Verfügungs- und Veränderungssperre entsprechend der jeweiligen städtebaulichen Situation zurücknehmen. Allerdings handelt es sich bei dieser Vorschrift um eine vor allem aus **verwaltungsökonomischen** Gründen vorgenommene Beschränkung des Genehmigungsumfangs, die auch jederzeit – ohne Satzungsänderung – widerrufbar ist (vgl. § 144, Rn 17–19 sowie z. B. Bielenberg, in: B/K/K aaO, § 144, Rn 42; Gaentzsch, NJW 1985, 881/883; Krautzberger, DVBl. 1984, 1149, 1155). § 142 ermächtigt demgegenüber zu einer Regelung in der Sanierungssatzung, wonach entweder die Verfügungs- oder Veränderungssperre oder beide ausgeschlossen werden. Außer in den Fällen des völligen Ausschlusses der Verfügungs- und Veränderungssperre hat die Möglichkeit der Vorwegerteilung der Genehmigung (§ 144 Abs. 3) auch weiterhin Bedeutung: Die – widerrufbare – allgemeine Erteilung der Genehmigung kann z. B. Vorzüge haben gegenüber dem generellen Vorwegausschluß für alle Fälle des § 144 Abs. 1 oder 2 in der Sanierungssatzung.

41 **e) Zusammenfassung.** Nimmt man die Möglichkeit der abgestuften Anwendung des Sanierungsrechts („mit" bodenpolitischem Konzept, nur mit Verfügungs- und Veränderungssperre, nur mit Verfügungssperre, nur mit Veränderungssperre, ohne Verfügungs- und Veränderungssperre) zusammen mit der Möglichkeit der Vorwegerteilung der Genehmigung (diese hat nur in den Fällen des Ausschlusses des § 144 keine Bedeutung), so zeigt sich das **breite Entscheidungsspektrum** („Instrumenten-/Handwerkskasten") der Gemeinde. Die Ausgestaltung des Verfahrens obliegt im wesentlichen der Gemeindeentscheidung. Es obliegt der **abwägenden Entscheidung der Gemeinde,** in welchem Umfang sie im Hinblick auf die konkrete städtebauliche Situation und

die Sanierungsziele vom Gesamt-Instrumentarium Gebrauch macht. Das neue Sanierungsrecht gibt also der Gemeinde vielfältige Möglichkeiten, das **„individuelle" Sanierungsrecht** zu beschließen. Hat sich die Gemeinde in der Sanierungssatzung für die nach § 142 Abs. 4 möglichen Gestaltungen entschieden und stellt sich im Laufe der Sanierung heraus, daß „zu wenig" oder „zu viel" bodenrechtliche Steuerungsmöglichkeiten bestehen, bleibt – neben der erwähnten Vorweggenehmigung nach § 144 Abs. 3 BauGB – die Möglichkeit einer Änderung der Sanierungssatzung (zum Verfahrenswechsel vom vereinfachten auf das „herkömmliche" Verfahren und umgekehrt vgl. Rn 42).

f) Verfahrenswechsel. Das Gesetz enthält keine ausdrückliche Regelung darüber, ob während der Durchführung der Sanierung, also nach förmlicher Festlegung, die nach Abs. 4 getroffene Entscheidung geändert werden kann. Wie sich aus § 143 Abs. 3 ergibt, sind Änderungen der Sanierungssatzung auch in anderen als den dort genannten Fällen denkbar. Anläßlich der Beratung der Novelle 1984 StBauFG ist von Bundesrat und Bundesregierung auch vorgeschlagen worden, eine besondere Änderungsvorschrift für den Fall der **Umstellung von laufenden Sanierungsverfahren** auf das damals neu eingeführte **vereinfachte Verfahren** vorzusehen (vgl. die Vorschläge vom Bundesrat und die Stellungnahme der Bundesregierung hierzu in BT-Drs. 10/1013; hierzu Krautzberger, BBauBl. 1984, 170). Der Gesetzgeber hatte diese Vorschläge damals nicht aufgegriffen, und zwar im Hinblick auf die Schwierigkeiten bei der Ausgestaltung und beim Vollzug einer entsprechenden Änderungsermächtigung hinsichtlich der gebotenen Gleichbehandlung aller Eigentümer im Sanierungsgebiet (vgl. ABer. zur Novelle 1984 StBauFG, BT-Drs. 10/2039, 12 f); im ABer. wurde jedoch auch darauf hingewiesen, daß die Möglichkeit einer Umstellung eines laufenden Sanierungsverfahrens auf das vereinfachte Verfahren nach allgemeinen Grundsätzen des Sanierungsrechts damit nicht von vornherein verwehrt sei (zur Umstellung des Verfahrens vgl. auch Bielenberg aaO, § 142, Rn 67 ff.). **42**

Gegen eine nachträgliche **Umstellung des Verfahrens auf das vereinfachte Verfahren** spricht auch nicht die in Abs. 4 getroffene Regelung, wonach die Anwendung des besonderen Bodenrechts „in der Satzung" auszuschließen ist. Dies bedeutet nämlich nicht, daß dieser Ausschluß bereits im Zeitpunkt des Erlasses der Sanierungssatzung erfolgen muß. Der Gemeinde bleibt vielmehr grundsätzlich die Möglichkeit, die Anwendung des besonderen Sanierungsrechts durch eine Änderung der Sanierung erst zu einem späteren Zeitpunkt auszuschließen. Allerdings dürfte die Umstellung des Verfahrens durch Satzungsänderung aus praktischen Erwägungen dann außer Betracht bleiben, wenn bereits maßgeblich von dem besonderen bodenrechtlichen Instrumentarium der §§ 152 ff. Gebrauch gemacht worden ist. In diesen Fällen dürften erhebliche Schwierigkeiten bestehen, alle Eigentümer im Sa- **43**

nierungsgebiet gleich zu behandeln. Eine entsprechende Änderung ist – unter diesen Voraussetzungen – daher nur in Ausnahmefällen und zwar z. B. dann denkbar, wenn in einem bestimmten Teilbereich des Sanierungsgebiets, in dem die Gemeinde erhebliche Umstrukturierungen beabsichtigt oder bestimmte Veränderungen verhindern will, das besondere Bodenrecht, in einem anderen Teil, in dem keine Eingriffe in die vorhandene Bau- und Nutzungssubstanz vorgenommen werden sollen, das vereinfachte Sanierungsrecht zur Anwendung kommen soll. Bei entsprechenden Satzungsänderungen sind die Sanierungsbetroffenen gem. § 137 anzuhören; für die Eigentümer ergibt sich dies bereits im Umkehrbeschluß aus § 143 Abs. 3. In rechtlicher Hinsicht treten in diesen Fällen die Wirkungen des § 162 über die Aufhebung der Sanierungssatzung ein (insbesondere Löschung des Sanierungsvermerks, Entrichtung der Ausgleichsbeträge). Eine **Verpflichtung** zur Umstellung auf das vereinfachte Verfahren besteht jedoch nicht. Die Rechtmäßigkeit der Satzung bezieht sich auch für laufende Maßnahmen auf den Zeitpunkt der förmlichen Festlegung (vgl. auch § 214 Abs. 3).

44 Entsprechendes gilt für jene Fälle, in denen sich **beim vereinfachten Verfahren** während der Durchführung der Sanierung zeigt, daß der Ausschluß der in § 5 Abs. 1 Satz 4 bezeichneten Vorschriften die **Sanierung erschwert** (vgl. hierzu auch Krautzberger, DVBl. 1984, S. 1149/ 1153); in diesen Fällen kommt eine Aufhebung der Satzung nach § 162 Abs. 2 Satz 1 Nr. 2 in Betracht. Strebt die Gemeinde jedoch die Fortführung der Sanierung an, dürfte auch eine Satzungsänderung in Betracht kommen, mit der der Ausschluß gem. Abs. 4, Hs 1 aufgehoben wird. Voraussetzung ist hierbei stets die Beteiligung der Sanierungsbetroffenen gem. § 137; vgl. im übrigen Rn 43. Vgl. hierzu z. B. die Verwaltungsvorschriften des Landes Niedersachsen zum BauGB (Erlaß des Sozialministers v. 2. 5. 1988, Nds. MBl. 1988, 547, Nrn. 203.7 bis 203.10):

„203.7 Wechsel vom umfassenden zum vereinfachten Verfahren

Ein Wechsel vom umfassenden zum vereinfachten Verfahren ist grundsätzlich nicht ausgeschlossen. Er kommt in Betracht, wenn die Anwendung des besonderen Sanierungsrechts nicht oder nicht mehr erforderlich ist, aber die Voraussetzungen für die Weiterführung der Sanierung im übrigen noch gegeben sind.

Von der weiteren Anwendung der §§ 152 bis 156 ist abzusehen, wenn

– die Gemeinde die Erforderlichkeit dieser Vorschriften bei Erlaß der Sanierungssatzung falsch prognostiziert hat,
– die tatsächlichen oder rechtlichen Verhältnisse sich so verändert haben, daß die Anwendung der §§ 152 bis 156 nicht mehr erforderlich sind, oder
– die Gemeinde die Ziele und Zwecke der Sanierung so verändert hat, daß die Anwendung der §§ 152 bis 156 nicht mehr erforderlich ist.

Der Wechsel vom umfassenden zum vereinfachten Verfahren darf

nicht zu einer sachlich nicht gerechtfertigten Ungleichbehandlung der betroffenen Grundstückseigentümer führen. Eine Ungleichbehandlung kann sich insbesondere bei der Erhebung von Ausgleichsbeträgen einerseits und von Erschließungsbeiträgen andererseits ergeben. Der Verfahrenswechsel darf daher in der Regel nicht durch Änderung der vorliegenden Sanierungssatzung erfolgen. Er ist vielmehr in der Weise vorzunehmen, daß die bisherige Satzung gemäß § 162 aufgehoben und eine neue Satzung erlassen wird, in der die Anwendung der §§ 152 bis 156 ausgeschlossen ist. Auf Grund der Aufhebung der bisherigen Sanierungssatzung sind Ausgleichsbeträge gemäß § 154 Abs. 3 zu erheben.

203.8 Wechsel vom vereinfachten zum umfassenden Verfahren

Ein Wechsel vom vereinfachten zum umfassenden Verfahren kommt in Betracht, wenn die Anwendung der §§ 152 bis 156 zur weiteren Durchführung der Sanierung erforderlich ist.

Der Wechsel ist im Regelfall in der Weise vorzunehmen, daß die bisherige Satzung aufgehoben und eine neue erlassen wird, in der die Anwendung der §§ 152 bis 156 nicht ausgeschlossen ist. Für die neue Satzung müssen die formellen und materiellen Voraussetzungen im Zeitpunkt der Beschlußfassung vorliegen.

Bei der im umfassenden Verfahren erforderlichen Bodenbewertung ist die zuvor durchgeführte Sanierung im vereinfachten Verfahren als Sanierung i. S. von § 153 Abs. 1 und § 154 Abs. 2 zu berücksichtigen.

203.9 Wechsel von Verfahrensarten innerhalb des vereinfachten Verfahrens

Hat die Gemeinde bei Sanierungen im vereinfachten Verfahren die Anwendung von § 144 insgesamt oder § 144 Abs. 1 oder § 144 Abs. 2 nicht ausgeschlossen, kann sie im weiteren Verlauf der Sanierung die Anwendung der genannten Vorschriften ausschließen. Sie kann auch bisher ausgeschlossene Vorschriften des § 144 später für anwendbar erklären.

Der Wechsel von Verfahrensarten innerhalb des vereinfachten Verfahrens ist durch Änderung der Sanierungssatzung möglich. Dies ergibt sich aus § 245 Abs. 2.

War die Anwendung von § 144 Abs. 2 bisher ausgeschlossen, soll diese Vorschrift aber künftig angewendet werden, so teilt die Gemeinde diese Änderung der Sanierungssatzung dem Grundbuchamt mit; sie hat hierbei die von der Satzungsänderung betroffenen Grundstücke einzeln aufzuführen.

Wird die Anwendung des § 144 Abs. 2 durch die Änderung der Sanierungssatzung ausgeschlossen, so ersucht die Gemeinde das Grundbuchamt, die Sanierungsvermerke zu löschen.

203.10 Überleitung für bereits laufende vereinfachte Sanierungsverfahren

Hat die Gemeinde vor dem 1. 7. 1987 eine Sanierung im vereinfachten Verfahren beschlossen, kann sie durch Änderung der Sanierungssat-

zung § 144 insgesamt oder § 144 Abs. 1 oder § 144 Abs. 2 für anwendbar erklären (§ 245 Abs. 2). Die Gemeinde teilt dies dem Grundbuchamt mit; sie hat hierbei die von der Sanierung betroffenen Grundstücke einzeln aufzuführen."

45 **g) Überleitung.** Soweit Sanierungsgebiete nach dem vereinfachten Verfahren der Novelle 1984 StBauFG förmlich festgelegt worden sind, eröffnet **§ 245 Abs. 2** die Möglichkeit, diese Gebiete auf das „neue" vereinfachte Verfahren, also insbesondere auf ein Sanierungsverfahren mit Anwendung des § 144 über die Verfügungs- und Veränderungssperre zu ändern. Vgl. im einzelnen die Erl. zu § 245 Abs. 2.

46 **4. Überblick über die sanierungsrechtlichen Vorschriften in den nach Abs. 4 eröffneten Verfahrensausgestaltungen.** Mit der förmlichen Festlegung im Sanierungsgebiet finden besondere bodenrechtliche Bestimmungen Anwendung. Sie gelten z. T. von Gesetzes wegen, z. T. werden sie durch die **Entscheidung der Gemeinde nach Abs. 4** bestimmt. Im folgenden wird ein Überblick über diejenigen besonderen sanierunsrechtlichen Bestimmungen gegeben, die in den Sanierungsgebieten – zusätzlich zu den sonstigen Regelungen des BauGB – je nach Verfahrenswahl gem. Abs. 4 zur Anwendung kommen:

47 **a) In allen Sanierungsverfahren,** insbesondere auch in den Fällen des vereinfachten Verfahrens, gelten folgende besondere sanierungsrechtliche Bestimmungen:

(1) Allgemeine Vorschriften (§§ 136 bis 139): Anwendungsbereich, Betroffenenbeteiligung, Auskunftspflicht sowie Beteiligung und Mitwirkung öffentlicher Aufgabenträger

(2) Die Vorschriften über die Vorbereitung und Durchführung der Sanierung (§§ 140 bis 143, 146 bis 151): Vorbereitung und vorbereitende Untersuchungen (§§ 140 und 141); förmliche Festlegung (§§ 142, 143); Durchführung, Ordnungsmaßnahmen und Baumaßnahmen (§§ 146 bis 148); Kosten- und Finanzierungsübersicht (§ 149); Entschädigung der Versorgungsträger (§ 150); Abgaben- und Auslagenbefreiung (§ 151).

(3) Die Vorschriften des Vierten Abschnitts über Sanierungsträger und andere Beauftragte (§§ 157 bis 161)

(4) Die Vorschriften des Fünften Abschnitts über den Abschluß der Sanierung (§§ 162 bis 164)

(5) Das Vorkaufsrecht nach § 24 Abs. 1 Nr. 3; Ausübung zugunsten eines Sanierungsträgers nach § 24 Abs. 4 S. 1

(6) Enteignungsrechtliche Sonderbestimmungen: Enteignung zugunsten des Sanierungsträgers, erleichterte Enteignung; § 87 Abs. 3 S. 3, § 88 S. 2

(7) Sozialplan (§ 180)

(8) Härteausgleich (§ 181)

(9) Aufhebung von Miet- und Pachtverhältnissen (§§ 182 bis 186)

(10) Die finanzierungsrechtlichen Bestimmungen des StBauFG, die gem. § 245 Abs. 11 S. 1 weiter anzuwenden sind (§ 38 Abs. 2 S. 2 und 3, §§ 39, 40, 41 Abs. 1 bis 3, § 43 Abs. 3 und 4 und die §§ 44 bis 49 StBauFG).

(11) Steuerrechtliche Vergünstigungen der Sanierung (Vorbem. zu den §§ 136 bis 164, Rn 28 bis 30).

b) Schließt die Gemeinde die **Anwendung der Vorschriften des** 48 **Dritten Abschnitts** nicht aus, so gelten **zusätzlich** zu oben in a) (Rn 47) genannten Bestimmungen folgende Regelungen

(1) Genehmigungspflicht für Vorhaben, Teilungen und Rechtsvorgänge; „Veränderungs- und Verfügungssperre" (§§ 144 und 145)

(2) Besonderheiten wegen der Anwendung der Veränderungs- und Verfügungssperre (§ 144) im Verhältnis zu anderen Veränderungs- und Verfügungssperren des BauGB: Im förmlich festgelegten Sanierungsgebiet finden keine Anwendung:

(2.1) die Veränderungssperre (§ 14 Abs. 4; mit der förmlichen Festlegung tritt eine bestehende Veränderungssperre außer Kraft; § 17 Abs. 6)

(2.2) die Zurückstellung von Baugesuchen (§ 15 Abs. 3; mit der förmlichen Festlegung wird ein Zurückstellungsbescheid unwirksam, § 15 Abs. 3, Hs. 2)

(2.3) die Teilungsgenehmigung (§ 19 Abs. 4 S. 1 Nr. 2)

(2.4) die sanierungsrechtliche Verfügungs- und Veränderungssperre (§ 51 Abs. 1 S. 2)

(3) Besonderheiten wegen der Verfügungssperre: Eintragung des Sanierungsvermerks (§ 143 Abs. 4)

(4) Besondere sanierungsrechtliche Vorschriften, insbesondere Nichtberücksichtigung sanierungsbedingter Werterhöhungen bei der Bemessung von Ausgleichs- und Entschädigungsleistungen, Preisprüfung, Ausgleichsbetrag (§§ 152 bis 156)

(5) Besonderheiten wegen der Anwendung der §§ 152 bis 156 im Hinblick auf die Herstellung, Erweiterung oder Verbesserung von Erschließungsanlagen i. S. des § 127 Abs. 2: Anstelle von Erschließungsbeiträgen und KAG-Beiträgen wird der Ausgleichsbetrag erhoben.

c) Schließt die Gemeinde gem. **Abs. 4, Hs. 1,** die Anwendung der 49 Vorschriften des Dritten Abschnitts aus **(vereinfachtes Verfahren),** so gelten zusätzlich zu den in a) (Rn 47) genannten Bestimmungen folgende bodenrechtliche Regelungen:

(1), (2), (3): wie in b) (Rn 48)

(4) Keine Anwendung der §§ 152 bis 156

(5) Keine Besonderheiten im Hinblick auf die Herstellung, Erweiterung oder Verbesserung von Erschließungsanlagen i. S. des § 127

Abs. 2: also Erhebung von Erschließungsbeiträgen und KAG-Beiträgen; keine Erhebung von Ausgleichsbeträgen.

50 **d)** Beschließt die Gemeinde, daß nur § 144 Abs. 1 zur Anwendung kommt (vgl. Abs. 4, Hs. 2; „**Veränderungssperre**"), so gelten zusätzlich zu den in a) (Rn 47) genannten Bestimmungen die folgenden Regelungen:

(1) und (2) wie b) (Rn 48), jedoch ist die Anwendung des § 51 nur hinsichtlich der in § 144 Abs. 1 genannten Vorhaben und Teilungen, nicht aber hinsichtlich der in § 144 Abs. 2 bezeichneten Verfügungen ausgeschlossen.

(3) Die Eintragung des **Sanierungsvermerks** entfällt (§ 143 Abs. 4 S. 4).

(4) Keine Besonderheiten im Hinblick auf die Herstellung, Erweiterung oder Verbesserung von Erschließungsanlagen i. S. des § 127 Abs. 2: also Erhebung von Erschließungsbeiträgen und KAG-Beiträgen; keine Erhebung von Ausgleichsbeträgen.

51 **e)** Beschließt die Gemeinde im vereinfachten Verfahren, daß nur § 144 Abs. 2 anzuwenden ist (vgl. Abs. 4, HS. 2; „**Verfügungssperre**"), so gelten zusätzlich zu den in a) (Rn 47) genannten Bestimmungen folgende Regelungen:

(1) Besonderheiten wegen der Verfügungssperre im Verhältnis zur sanierungsrechtlichen Verfügungssperre: § 51 ist hinsichtlich der in § 144 Abs. 2 bezeichneten Rechtsvorgänge nicht anzuwenden; dagegen bleibt § 51 im Hinblick auf die in § 144 Abs. 1 bezeichneten Vorhaben und Teilungen anwendbar; im übrigen uneingeschränkt Anwendung der Vorschriften über die Veränderungssperre, die Zurückstellung von Vorhaben und die Teilungsgenehmigung.

(2) Eintragung des Sanierungsvermerks (§ 143 Abs. 4)

(3) Keine Besonderheiten im Hinblick auf die Herstellung, Erweiterung oder Verbesserung von Erschließungsanlagen i. S. des § 127 Abs. 2: also Erhebung von Erschließungsbeiträgen und KAG-Beiträgen; keine Erhebung von Ausgleichsbeträgen.

52 **f)** Beschließt die Gemeinde gem. § 142 Abs. 4, daß § 144 insgesamt ausgeschlossen ist, so kommen ausschließlich die in a) (Rn 47) bezeichneten Vorschriften zur Anwendung:

(1) Uneingeschränkt kommen die Veränderungssperre, die Zurückstellung von Vorhaben, die Teilungsgenehmigung (§§ 14 ff., §§ 19 ff.) sowie die umlegungsrechtliche Verfügungs- und Veränderungssperre (§ 51) zur Anwendung.

(2) Ein Grundbuchvermerk wird nicht eingetragen.

(3) Besonderheiten im Hinblick auf die Herstellung, Erweiterung oder Verbesserung von Erschließungsanlagen i. S. des § 127 Abs. 2: Keine Besonderheiten, also Erhebung von Erschließungsbeiträgen und KAG-Beiträgen; keine Erhebung von Ausgleichsbeträgen.

§ 143 Anzeige und Bekanntmachung der Sanierungssatzung, Sanierungsvermerk

(1) Die Sanierungssatzung ist der höheren Verwaltungsbehörde anzuzeigen; der Anzeige ist ein Bericht über die Gründe, die die förmliche Festlegung des sanierungsbedürftigen Gebiets rechtfertigen, beizufügen. § 11 Abs. 3 ist entsprechend anzuwenden. Rechtfertigen Tatsachen die Annahme, daß keine Aussicht besteht, die städtebaulichen Sanierungsmaßnahmen innerhalb eines absehbaren Zeitraums durchzuführen, ist dies im Anzeigeverfahren geltend zu machen.

(2) Die Sanierungssatzung ist ortsüblich bekanntzumachen. Hierbei ist auf die erfolgte Durchführung des Anzeigeverfahrens sowie – außer im vereinfachten Verfahren – auf die Vorschriften des Dritten Abschnitts hinzuweisen. Mit der Bekanntmachung wird die Sanierungssatzung rechtsverbindlich.

(3) Eine Änderung der Sanierungssatzung, die nur eine geringfügige Änderung der Grenzen betrifft und der nur unwesentliche Bedeutung zukommt, bedarf keiner Anzeige, wenn die Eigentümer der betroffenen Grundstücke zustimmen.

(4) Die Gemeinde teilt dem Grundbuchamt die rechtsverbindliche Sanierungssatzung mit und hat hierbei die von der Sanierungssatzung betroffenen Grundstücke einzeln aufzuführen. Das Grundbuchamt hat in die Grundbücher dieser Grundstücke einzutragen, daß eine Sanierung durchgeführt wird (Sanierungsvermerk). § 54 Abs. 2 und 3 ist entsprechend anzuwenden. Die Sätze 1 bis 3 sind nicht anzuwenden, wenn in der Sanierungssatzung die Genehmigungspflicht nach § 144 Abs. 2 ausgeschlossen ist.

Übersicht

1. Anzeige der Sanierungssatzung (Abs. 1). Die Sanierungssatzung **1** ist nach **Abs. 1 S. 1** der höheren Verwaltungsbehörde **anzuzeigen.** Die Länder können nach § 203 Abs. 3 die den höheren Verwaltungsbehörden zugewiesenen Aufgaben auf andere staatliche Behörden, Landkreise oder kreisfreie Gemeinden übertragen; zu den Besonderheiten in den Stadtstaaten Berlin, Bremen und Hamburg vgl. § 246 Abs. 1. Auf das Anzeigeverfahren ist **§ 11 Abs. 3** entsprechend anzuwenden; **Abs. 1 S. 2.** Vgl. hierzu im einzelnen die Erl. zu § 11 Abs. 3, insbesondere hinsichtlich des Prüfungsmaßstabes, der Dauer der Prüfung, der Geltendmachung von Rechtsverletzungen, der Geltendmachung von

Rechtsverletzungen mit Maßgaben sowie der Form der Geltendmachung der Rechtsverletzungen. Auch die Geltendmachung von Rechtsverletzungen im Hinblick auf **Teile des Sanierungsgebiets** kann in Betracht kommen, z. B. wenn Grundstücke einbezogen worden sind, die aus Rechtsgründen nicht einbezogen werden dürfen. Die Geltendmachung von Rechtsverletzungen für Teile des Gebiets kommt nur in Betracht, wenn hierdurch die Festlegung des verbleibenden Gebiets nicht in Frage gestellt ist.

2 Der Anzeige der Gemeinde ist nach **Abs. 1 S. 1, Hs. 2 ein Bericht** über die Gründe, die die förmliche Festlegung des sanierungsbedürftigen Gebiets rechtfertigen, beizufügen. Hierfür kommt insbesondere das Ergebnis der vorbereitenden Untersuchungen in Betracht (vgl. § 141, Rn 14). Zu den Gründen, die die förmliche Festlegung des Gebiets rechtfertigen, gehört auch die Darlegung der gemeindlichen Erwägungen zur Verfahrenswahl gem. § 142 Abs. 4. Der Bericht ist **keine Begründung** der Sanierungssatzung (hierzu § 142, Rn 14 ff.). Der Bericht muß von der Gemeindevertretung nicht (z. B. mit der Satzung) förmlich beschlossen werden (hierzu im einzelnen Bielenberg, in: B/K/K, Bd. I.C, § 143, Rn 19).

3 Eine Besonderheit liegt in der Vorschrift des **Abs. 1 S. 3**, wonach schon im Stadium der Anzeige der voraussichtlichen Zeitdauer der Sanierung rechtserhebliche Bedeutung zukommt. Die Aussicht, die **Sanierungsmaßnahme innerhalb eines absehbaren Zeitraums durchzuführen,** d. h. zum Abschluß zu bringen, wird insbesondere von ihrer **Finanzierung** abhängen. Ist die Durchführung innerhalb eines absehbaren Zeitraums nicht zu erwarten, so ist dies ein zwingender Grund für die Geltendmachung einer Rechtsverletzung i. S. des § 11 Abs. 3. Entsprechend dem frühen Stadium der Sanierungsmaßnahme dürfen von der Aufsichtsbehörde jedoch nur solche Anforderungen gestellt werden, die von der Gemeinde im Rahmen des Untersuchungsauftrags nach § 141 Abs. 1 zu erfüllen sind. Die voraussichtliche Dauer der Sanierung, also der „absehbare Zeitraum" bestimmt sich nach der **jeweiligen städtebaulichen Situation,** dem Umfang und der Schwierigkeit der konkreten Sanierungsmaßnahme und nach dem **gemeindlichen Sanierungskonzept.** In der Regel kann von der Gemeinde nach Abschluß der vorbereitenden Untersuchungen nur eine überschlägige Zeit-Maßnahme-Planung angegeben werden. Dabei ist zu berücksichtigen, daß sich auch die jeweilige Dauer der Sanierung in erster Linie nach dem gemeindlichen Sanierungskonzept bestimmt (vgl. hierzu § 162, Rn 4). Die Gemeinde muß aber dartun können, daß die Sanierungsmaßnahme in dem beabsichtigten Umfang überhaupt und innerhalb eines absehbaren Zeitraums durchgeführt werden soll.

4 Für die Beurteilung, ob diese Voraussetzungen vorliegen, ist die **Finanzierbarkeit** der Sanierungsmaßnahme von besonderer Bedeutung. Sofern die Gemeinde nach ihrer Finanzkraft nicht allein zur Durchführung der Sanierungsmaßnahme in der Lage ist, ist darauf

abzustellen, ob **Förderungsmittel** in ausreichender Höhe zu erwarten sind. Die verbindliche Zusage der Mittel oder deren Bereitstellung im Haushalt oder in der Finanzplanung ist allerdings nicht erforderlich. Vielmehr genügt es, daß die Sanierungsmaßnahme z. B. in ein Landesprogramm aufgenommen wird (vgl. OVG Lüneburg, NJW 1979, 1316 zur entsprechenden Regelung in § 53 Abs. 1 Nr. 4 StBauFG). Zum Nachweis der Finanzierbarkeit bedarf es nicht der Vorlage der Kosten- und Finanzierungsübersicht nach § 149. Auch der Nachweis der Bereitstellung entsprechender Haushaltsmittel im kommunalen Haushalt ist in der Regel nicht erforderlich (vgl. hierzu auch BGH, NJW 1980, 2814/2815). Die Gemeinde muß jedoch eine **Vorstellung über die Größenordnung** der voraussichtlich entstehenden Kosten und der Finanzierungsmöglichkeiten darlegen. Die Finanzierbarkeit des kommunalen Eigenanteils darf nicht ausgeschlossen sein. Vgl. weiterhin OVG Bremen, NVwZ 1983, 749 zur entsprechenden Regelung in § 53 Abs. 1 Nr. 4. Sofern die **Verwaltungskraft** der Gemeinde für die weitere Vorbereitung und die Durchführung der Sanierungsmaßnahme nicht ausreicht, muß die Gemeinde Vorstellungen über die Beauftragung geeigneter Beauftragter oder Sanierungsträger (§ 157) darlegen.

In den Fällen des **vereinfachten Verfahrens** unterliegt auch die Entscheidung nach § 142 Abs. 4 der Rechtskontrolle. Vgl. hierzu im einzelnen § 142, Rn 34 ff. Zum **Rechtsschutz** der Gemeinde gegenüber der Geltendmachung von Rechtsverletzungen durch die Aufsichtsbehörde vgl. entspr. die Erl. zu § 11 Abs. 3. **5**

2. Ortsübliche Bekanntmachung; Wirksamwerden (Abs. 2). Gem. **Abs. 2 S. 1** ist die Sanierungssatzung ortsüblich bekanntzumachen. Hierbei ist auf die erfolgte Durchführung des Anzeigeverfahrens hinzuweisen; **Abs. 2 S. 2, Hs. 1.** Die Ersatzverkündung (§ 12) ist möglich, sofern sie landesrechtlich zulässig ist (a. A. Voraufl.; vgl. § 142 Rn 12). Zu Besonderheiten in den Ländern Berlin, Bremen und Hamburg vgl. § 246 Abs. 2 S. 3. Sofern die Gemeinde in der Sanierungssatzung die Anwendung der Vorschriften des Dritten Abschnitts gem. § 142 Abs. 4 nicht ausgeschlossen hat, ist in der ortsüblichen Bekanntmachung auf diese Vorschriften (§§ 152 bis 156) hinzuweisen; **Abs. 2 S. 2, Hs. 2** (vgl. hierzu im einzelnen Bielenberg aaO, § 143, Rn 23). **6**

Mit der Bekanntmachung wird die Sanierungssatzung **rechtsverbindlich; Abs. 2 S. 3.** Das Sanierungsgebiet ist damit „förmlich festgelegt". Soweit im Gesetz Bestimmungen für das „förmlich festgelegte Sanierungsgebiet" gelten, setzt dies die Rechtsverbindlichkeit der Sanierungssatzung gem. Abs. 2 S. 3 voraus. **7**

3. Änderung der Sanierungssatzung (Abs. 3). Abs. 3 über ein erleichtertes Verfahren zur Vornahme **geringfügiger oder unwesentlicher Änderungen** der Grenzen des Sanierungsgebiets hat eine Entsprechung in § 13. Stimmen die Eigentümer der betroffenen Grundstücke der Änderung zu, bedarf es keiner Anzeige nach Abs. 1. Auch für die **8**

vereinfachte Änderung nach Abs. 2 gelten die Bestimmungen nach
§ 142 Abs. 1 sowie § 143 Abs. 4.

9 **4. Sanierungsvermerk (Abs. 4).** Nach **Abs. 4 S. 1** hat die Gemeinde
dem Grundbuchamt die rechtsverbindliche Sanierungssatzung mitzu-
teilen, sofern in der Sanierungssatzung die Anwendung der Verfü-
gungssperre (§ 144 Abs. 2) nicht ausgeschlossen ist (Abs. 4 S. 4, hierzu
Rn 12). Sie hat hierbei die von der Sanierungssatzung betroffenen
Grundstücke einzeln aufzuführen. Das Grundbuchamt hat gem. **Abs. 4
S. 2** in die Grundbücher der in der Satzung aufgeführten Grundstücke
einzutragen, daß eine Sanierung durchgeführt wird; sog. **Sanierungs-
vermerk.** Der Sanierungsvermerk hat keine unmittelbaren rechtlichen
Wirkungen. Er hat eine Informations- und Sicherungsfunktion für den
Grundstücksverkehr. Die rechtlichen Wirkungen der Sanierung, z. B.
der Eintritt der Genehmigungspflicht nach § 144 oder das Entstehen
des Vorkaufsrechts nach § 24 Abs. 1 Nr. 3 sind an die förmliche Festle-
gung des Gebiets (Abs. 2), nicht an das Eintragen des Vermerks ge-
knüpft. Das Fehlen des Sanierungsvermerks bewirkt auch keinen Gut-
glaubensschutz nach § 892 BGB. In seiner Funktion und seiner rechtli-
chen Bedeutung entspricht der Sanierungsvermerk dem Umlegungs-
vermerk nach § 54 Abs. 1. Wird eine **Umlegung** durchgeführt sind
Sanierungs- und Umlegungsvermerk einzutragen (anders § 16 Abs. 1
StBauFG, wonach bei der Umlegung im förmlich festgelegten Sanie-
rungsgebiet die Eintragung eines **Umlegungsvermerks** entfiel; vgl.
§ 245, Rn 10).

10 Der Sanierungsvermerk wird wie andere Lasten und Beschränkun-
gen in **Abteilung II des Grundbuchs** eingetragen. Das Grundbuchamt
trägt den Umlegungsvermerk von Amts wegen, aber erst aufgrund der
Mitteilung durch die Gemeinde ein. Zu den formellen Anforderungen
der Grundbuchordnung vgl. § 29 GBO. Nach § 55 GBO sind die
Eigentümer und die aus dem Grundbuch ersichtlichen Berechtigten
von der Eintragung des Vermerks zu **benachrichtigen. § 54 Abs. 2 und
3** über die Benachrichtigung der Gemeinde bzw. des Vollstreckungsge-
richts durch das Grundbuchamt sind entsprechend anzuwenden; **Abs. 4
S. 3.**

11 Weigert sich das Grundbuchamt, den Sanierungsvermerk einzutra-
gen, kann die Gemeinde hiergegen nach § 71 GBO die allgemeine
Grundbuchbeschwerde einlegen. Gegenüber den Rechtsinhabern hat
die Eintragung keine selbständige **Rechtswirkung** (str.; vgl. Bielen-
berg, aaO, Rn 29 m. w. N.; das BVerwG hat es offengelassen, ob der
inhaltlich falsche Sanierungsvermerk – insbesondere wegen Nichtigkeit
der Sanierungssatzung – ungeachtet seiner Ansicht nur deklaratori-
schen Wirkung Eigentumsrechte verletzen kann, BVerwG, NJW 1979
S. 2577). Der Sanierungsvermerk berührt auch nicht die Rangstellung
eingetragener Rechte. Zur **Löschung des Sanierungsvermerks** beim
Abschluß der Sanierung vgl. § 162 Abs. 3.

12 Im „herkömmlichen" bzw. **„besonderen" Verfahren** mit Anwen-

dung der §§ 152 bis 156 wird stets ein Sanierungsvermerk eingetragen, da hierbei stets § 144 (uneingeschränkt; Verfügungssperre) anzuwenden ist; § 142 Abs. 4. Im **vereinfachten Verfahren** wird ein Sanierungsvermerk nur eingetragen, wenn in der Sanierungssatzung eine Genehmigung nach § 144 Abs. 2 („Verfügungssperre") nicht ausgeschlossen ist; **Abs. 4 S. 4.** Der Sanierungsvermerk entfällt damit in den Fällen, in denen die Sanierungssatzung nur die Anwendung der Genehmigungspflicht nach § 144 Abs. 1 (die Veränderungssperre, die Teilungsgenehmigung sowie die Genehmigung schuldrechtlicher Vereinbarungen) oder den Ausschluß von § 144 insgesamt anordnet; vgl. § 142 Abs. 4, Hs. 2.

§ 144 Genehmigungspflichtige Vorhaben, Teilungen und Rechtsvorgänge

(1) Im förmlich festgelegten Sanierungsgebiet bedürfen der schriftlichen Genehmigung der Gemeinde

1. die in § 14 Abs. 1 bezeichneten Vorhaben und sonstigen Maßnahmen;

2. die Teilung eines Grundstücks;

3. Vereinbarungen, durch die ein schuldrechtliches Vertragsverhältnis über den Gebrauch oder die Nutzung eines Grundstücks, Gebäudes oder Gebäudeteils auf bestimmte Zeit von mehr als einem Jahr eingegangen oder verlängert wird.

(2) Im förmlich festgelegten Sanierungsgebiet bedürfen der schriftlichen Genehmigung der Gemeinde

1. die rechtsgeschäftliche Veräußerung eines Grundstücks und die Bestellung und Veräußerung eines Erbbaurechts;

2. die Bestellung eines das Grundstück belastenden Rechts; dies gilt nicht für die Bestellung eines Rechts, das mit der Durchführung von Baumaßnahmen im Sinne des § 148 Abs. 2 im Zusammenhang steht;

3. ein schuldrechtlicher Vertrag, durch den eine Verpflichtung zu einem der in Nummer 1 oder 2 genannten Rechtsgeschäfte begründet wird; ist der schuldrechtliche Vertrag genehmigt worden, gilt auch das in Ausführung dieses Vertrags vorgenommene dingliche Rechtsgeschäft als genehmigt.

(3) Die Gemeinde kann für bestimmte Fälle die Genehmigung für das förmlich festgelegte Sanierungsgebiet oder Teile desselben allgemein erteilen; sie hat dies ortsüblich bekanntzumachen.

(4) Keiner Genehmigung bedürfen

1. Vorhaben und Rechtsvorgänge, wenn die Gemeinde oder der

Sanierungsträger für das Treuhandvermögen als Vertragsteil oder Eigentümer beteiligt ist;

2. **Rechtsvorgänge nach Absatz 2 zum Zwecke der Vorwegnahme der Erbfolge;**

3. **Vorhaben nach Absatz 1 Nr. 1, die vor der förmlichen Festlegung des Sanierungsgebiets baurechtlich genehmigt worden sind, sowie Unterhaltungsarbeiten und die Fortführung einer bisher ausgeübten Nutzung;**

4. **die Teilung eines Grundstücks nach Absatz 1 Nr. 2 sowie Rechtsvorgänge nach Absatz 1 Nr. 3 und Absatz 2, die Zwecken der Landesverteidigung dienen;**

5. **der rechtsgeschäftliche Erwerb eines in ein Planfeststellungsverfahren nach den in § 38 bezeichneten Rechtsvorschriften einbezogenen Grundstücks durch den Bedarfsträger.**

1 **1. Allgemeines. a) Regelungszweck.** Der Grundgedanke des Genehmigungsvorbehalts nach § 144 ist, daß eine Sanierung nur dann zügig durchgeführt werden kann, wenn tatsächliche und rechtliche Veränderungen unterbunden werden, die sich erschwerend auf den Sanierungsablauf auswirken können. § 144 kommt damit für die **zügige Durchführung** der städtebaulichen Gesamtmaßnahme und für die **Durchführbarkeit** der Sanierung überhaupt **zentrale Bedeutung** zu. Eine §§ 144, 145 entsprechende Regelung enthält für die Umlegung § 51; vgl. hierzu Rn 3. Die Gemeinde wird durch das Instrument des § 144 in die Lage versetzt, bereits vom Zeitpunkt der förmlichen Festlegung des Sanierungsgebiets an von allen für die Durchführbarkeit der Sanierung bedeutsamen Vorhaben und Rechtsvorgängen Kenntnis zu erhalten und diese, sofern sie die Sanierung stören und erschweren,

zu unterbinden (BVerwG, NVwZ 1985, 184). Darüber hinaus kommt § 144 eine vorbeugende **Schutzfunktion** zu, die darin besteht, daß die Betroffenen keine Dispositionen treffen sollen, die sich möglicherweise bei weiterem Fortgang der Sanierung als verfehlt erweisen (BVerwG, NJW 1985, 278).

Der sanierungsrechtliche Genehmigungsvorbehalt für Vorhaben, **2** Teilungen und Rechtsvorgänge ist im wesentlichen unverändert aus dem StBauFG übernommen worden (vgl. **§ 15 StBauFG). § 144** enthält die Genehmigungsfälle, **§ 145** regelt die Genehmigung. Darüber hinaus enthält **§ 153 Abs.** 2 einen besonderen Versagungsgrund für Sanierungsverfahren mit Anwendung der Vorschriften des Dritten Abschnitts (vgl. **§ 142 Abs. 4 Hs. 1, §§ 152 bis 153),** die sog. sanierungsrechtliche **„Preisprüfung".** Im **vereinfachten Verfahren** findet § 153 Abs. 2 keine Anwendung. Auch die Anwendung des § 144 kann im vereinfachten Verfahren teilweise (Veränderungs- **oder** Verfügungssperre) oder insgesamt ausgeschlossen werden; **§ 142 Abs. 4 Hs. 2.**

Der Genehmigungsvorbehalt nach § 144 erfüllt eine Aufgabe, wie **3** sie außerhalb förmlich festgelegter Sanierungsgebiete die **Veränderungssperre** und die **Teilungsgenehmigung** sowie die **umlegungsrechtliche Verfügungs- und Veränderungssperre** erfüllen. Soweit § 144 in der Sanierung Anwendung findet (vgl. § 142 Abs. 4 Hs. 2), verdrängt die Bestimmung daher als Spezialvorschrift die Anwendung der §§ 14 ff., §§ 19 ff. sowie § 51; vgl. hierzu im einzelnen den Überblick § 142, Rn 46 sowie § 14 Abs. 4, § 15 Abs. 3, § 15 Abs. 6, § 19 Abs. 4 S. 1 Nr. 2 und § 51 Abs. 1 S. 2. Die Veränderungsverbote und Genehmigungspflichten des „allgemeinen Städtebaurechts" sind jedoch in das Sanierungsrecht nicht unverändert übernommen, sondern den **spezifischen Bedürfnissen der Sanierung angepaßt** worden. So sind nicht die Voraussetzungen, sondern nur der Inhalt der Veränderungssperre des § 14 in §§ 144, 145 eingegangen; gegenüber § 51 erfaßt weiterhin § 144 Abs. 1 Nr. 3 nicht alle Vereinbarungen, durch die einem anderen ein Recht zur Nutzung oder Bebauung eines Grundstücks oder Grundstücksteils eingeräumt werden, sondern nur diejenigen, durch die ein schuldrechtliches Vertragsverhältnis über den Gebrauch oder die Nutzung eines Grundstücks, Gebäudes oder Gebäudeteils auf bestimmte Zeit von mehr als einem Jahr eingegangen oder verlängert wird. Insbesondere stellen jedoch die **Versagungsgründe** in § 145 Abs. 2 sowie § 153 Abs. 2 – abweichend von den entsprechenden Regelungen in §§ 20 und 51 Abs. 3 – auf die Sanierung ab (BVerwG, NJW 1985, 278).

Der Genehmigungsvorbehalt nach § 144 ist als ein **gemeindliches 4 Steuerungsinstrument** zur Sicherung der Sanierungsziele ausgestaltet. Die Sperrwirkung des § 144 dient auch dazu, den Gemeinden einen angemessenen Zeitraum für die Verwirklichung ihrer Sanierungsziele und ihre endgültige Verwirklichung durch bauliche oder sonstige Maßnahmen einzuräumen; dazu zählt es insbesondere auch, erforderliche

Sanierungsbebauungspläne zu sichern (BVerwG aaO.). Zum Genehmigungsverfahren und zu den Versagungsgründen vgl. § 145.

5 **b) Rechtswirkungen.** Mit der förmlichen Festlegung des Sanierungsgebiets bedürfen die in § 144 Abs. 1 S. 2 bezeichneten Vorhaben, Teilungen und Rechtsvorgänge der schriftlichen Genehmigung der Gemeinde. Der Genehmigungsvorbehalt des § 144 begründet ein **präventives Verbot mit Erlaubnisvorbehalt.** Die Verfügungs- und Veränderungssperre des § 144 ist **kein Bauverbot.** Die Vorhaben, Teilungen und Rechtsvorgänge im förmlich festgelegten Sanierungsgebiet bleiben zulässig, sofern nicht die Versagungsgründe nach § 144 Abs. 2 vorliegen. Die von der Verfügungs- und Veränderungssperre erfaßten Grundstücke werden auch nicht von einer **wertmäßigen Weiterentwicklung** ausgeschlossen; vgl. entsprechend zur Umlegung § 51, Rn 3.

6 Vorhaben, die ohne Genehmigung durchgeführt werden, sind formell rechtswidrig. Wird ein **Vorhaben** trotz versagter Genehmigung durchgeführt, so ist es auch materiell rechtswidrig; vgl. zu den Rechtsfolgen § 145, Rn 14. **Verfügungen** sind bis zur Erteilung oder Versagung der Genehmigung schwebend unwirksam. Wird die Genehmigung erteilt, ist die Verfügung von Anfang an wirksam. Wird die Genehmigung versagt, ist die Verfügung als von Anfang an unwirksam anzusehen (vgl. §§ 182, 184 BGB).

7 **c) Geltungsdauer; Entschädigung.** Der Genehmigungsvorbehalt nach § 144 besteht im förmlich festgelegten Sanierungsgebiet. Er tritt mit der **Rechtsverbindlichkeit der Sanierungssatzung** in Kraft; vgl. § 143 Abs. 2 S. 3. Er endet mit der Rechtsverbindlichkeit der **Aufhebungssatzung;** vgl. § 162 Abs. 2 S. 5. Der Genehmigungsvorbehalt entfällt weiterhin mit der **Entlassung des einzelnen Grundstücks** aus der Sanierung gem. § 163; vgl. § 163 Abs. 3. Die Eintragung eines **Sanierungsvermerks,** soweit sie nach § 143 Abs. 4 erforderlich ist, ist keine Voraussetzung für das Bestehen der Verfügungssperre nach § 144 Abs. 2. Der Sanierungsvermerk hat nur deklaratorische Bedeutung; vgl. Rn 9. Zu den Rechtsfolgen bei einer Grundbucheintragung ohne Vorlage der Genehmigung vgl. entsprechend § 51, Rn 5.

8 Das Sanierungsrecht enthält keine Regelung über die Dauer („Höchstdauer") der Sanierung und damit keine **zeitliche Begrenzung** der Verfügungs- und Veränderungssperre; vgl. demgegenüber § 17 über die Geltungsdauer der Veränderungssperre. Auch § 51 enthält keine zeitliche Begrenzung. Das BVerwG hat die Möglichkeit eines **Außerkrafttretens der Sanierungssatzung** „wegen Zeitablaufs" oder „wegen Verzögerung" und damit ein Entfallen des sanierungsrechtlichen Genehmigungsvorbehalts **ausdrücklich abgelehnt** (BVerwG, NJW 1979, 2577); vgl. hierzu weiterhin die Erl. zu § 162. Das BVerwG hat – wie bei der Umlegungssperre nach § 51 – zur Lösung des Konflikts der sich aus dem Eigentumseingriff einerseits und den Erfordernissen der Sanierung andererseits ergibt (vgl. hierzu auch Rn 9)

folgende Lösung entwickelt: Wird die Sanierung **nicht sachgemäß** und **ohne behördenbedingte Verzögerung** durchgeführt (vgl. BGH, NJW 1965, 2101/2102; hierzu auch § 162, Rn 11), so überschreitet die Verfügungs- und Veränderungssperre die Grenze zur Enteignung. Der Eigentümer kann in diesen Fällen zwar nicht eine **Entschädigung** verlangen, er hat jedoch Anspruch auf Genehmigung seines Vorhabens (vgl. BVerwG aaO).

d) Verfassungsmäßigkeit. Die Verfassungsmäßigkeit des sanie- **9** rungsrechtlichen Genehmigungsvorbehalts ist von BVerwG und BGH wiederholt bestätigt worden, und zwar insbesondere auch hinsichtlich der fehlenden zeitlichen Begrenzung der Genehmigungspflicht und der fehlenden Entschädigungspflicht bei einer längerdauernden Sanierung (hierzu Rn 8). Die Verfügungs- und Veränderungssperre ist eine zulässige **Bestimmung von Inhalt und Schranken des Eigentums** i. S. von Art. 14 Abs. 1 S. 2 GG. Sie beruht auf dem Gemeinwohlinteresse daran, daß eine durch förmliche Festlegung des Sanierungsgebiets eingeleitete Sanierung nicht durch einzelne Bauvorhaben und Rechtsvorgänge nachteilig berührt werden soll (vgl. BVerwG, NJW 1979, 2578; NJW 1982, 398; BGH, NVwZ 1982, 329 sowie Bielenberg, in: B/K/K, Bd. I.C, § 142, Rn 61 bis 66; Stich, in: BK, § 144, Rn 5 bis 7).

2. Genehmigungspflichtige Vorhaben, Teilungen und Rechtsvor- **10** **gänge (Abs. 1 und 2). a) Allgemeines. Abs. 1** faßt die Genehmigungspflicht hinsichtlich von Vorhaben, Teilungen und schuldrechtlichen Gebrauchs- oder Nutzungsverhältnissen zusammen (früher § 15 Abs. 1 Nr. 4 und 5, Abs. 2 StBauFG). **Abs. 2** faßt die genehmigungspflichtigen Vereinbarungen und Verfügungen, die Grundstücke oder Rechte hierzu betreffen, zusammen (früher § 15 Abs. 1 Nr. 1 bis 3). Nach § 144 Abs. 4 Hs. 2 kann die Gemeinde im vereinfachten Verfahren die Genehmigungspflicht nach § 144 insgesamt sowie nach § 144 Abs. 1 oder Abs. 2 ausschließen. Schließt sie die Genehmigungspflicht nach § 144 Abs. 2 aus, so entfällt die Eintragung des Sanierungsvermerks; § 143 Abs. 4 S. 4 (vgl. weiterhin den Überblick in § 142, Rn 46 ff.).

b) Vorhaben und sonstige Maßnahmen (Abs. 1 Nr. 1). Nach Abs. 1 **11** Nr. 1 unterliegen die in § 14 Abs. 1 genannten Vorhaben und sonstigen Maßnahmen der sanierungsrechtlichen Genehmigungspflicht. § 14 Abs. 1 umfaßt die Durchführung von Vorhaben i. S. des § 29 (einschließlich der Nutzungsänderung; vgl. OVG Lüneburg, ZfBR 1986, 85 – bejah. – zur Genehmigungspflicht der Umwandlung eines Ladengeschäfts in eine Spielhalle) sowie die Beseitigung baulicher Anlagen (§ 14 Abs. 1 Nr. 1) und erhebliche oder wertsteigernde Veränderungen von baulichen Anlagen und von Grundstücken (§ 14 Abs. 1 Nr. 2). Vgl. im einzelnen die Erl. zu § 14 Abs. 1. Zur Rechtsprechung vgl. OVG Lüneburg, ZfBR 1986, 84.

c) Teilung (Abs. 1 Nr. 2). Der Genehmigungsvorbehalt nach Abs. 1 **12** Nr. 2 ersetzt die Teilungsgenehmigung nach § 19. Zur Begriffsbestimmung der „Teilung eines Grundstücks" ist § 19 heranzuziehen; vgl.

§ 19, Rn 4. Die Teilung i. S. des Abs. 1 Nr. 2 ist danach ein Rechtsvorgang, der zu einer **Veränderung von Grundstücksgrenzen** führt; Rechtsvorgänge, welche die realen Grenzen der Grundstücke unberührt lassen, werden von § 19 nicht erfaßt. Daher unterliegt die **Aufteilung in Wohnungseigentum** weder der Genehmigungspflicht nach Abs. 1 Nr. 2 noch der nach § 19 (OVG Münster, Urt. v. 10. 11. 1986 – 7 A 2289/85; VG Köln, NVwZ 1985, 516; Bielenberg, in: B/K/K, Bd. I.C, § 244, Rn 28; Krautzberger, ZfBR 1981, 209/211; a. A. Breuer, Bauplanungsrechtliche Instrumente zum Schutz der Sozialstruktur, Schriftenreihe des BMBau 02.034, Bonn 1985, 28; Stich, in: BK, § 144, Rn 22).

13 **d) Gebrauchs- und Nutzungsvereinbarungen (Abs. 1 Nr. 3).** Nach Abs. 1 Nr. 3 bedürfen Vereinbarungen, durch die ein **schuldrechtliches Vertragsverhältnis** über den **Gebrauch** oder die **Nutzung** eines Grundstücks, eines Grundstücksteils, Gebäudes oder Gebäudeteils eingegangen oder verlängert wird, der sanierungsrechtlichen Genehmigung. Voraussetzung ist, daß die Vereinbarung für eine bestimmte Zeit von **mehr als einem Jahr** abgeschlossen wird. Dies ist auch der Fall, wenn bei unbestimmter Vertragsdauer eine Kündigungsfrist von mehr als einem Jahr vereinbart wird. Die Genehmigungspflicht besteht unabhängig davon, ob das Grundstück schon bebaut oder ob erst seine künftige Bebauung beabsichtigt ist und sich hierauf die Nutzungsvereinbarung bezieht: Die Schutzfunktion des Abs. 1 Nr. 3 kann auch in den Fällen Bedeutung haben, in denen Verträge über die Nutzung oder den Gebrauch eines noch zu errichtenden Gebäudes oder Gebäudeteils abgeschlossen werden; insoweit ist in Abs. 1 Nr. 3 nicht nur der „Ist-Zustand", sondern auch ein „Wird-Zustand" erfaßt (BVerwG, NJW 1985, 278).

14 **e) Veräußerung eines Grundstücks; Bestellung und Veräußerung eines Erbbaurechts (Abs. 2 Nr. 1).** Abs. 2 Nr. 1 unterwirft die rechtsgeschäftliche Veräußerung eines Grundstücks (vgl. §§ 873, 925 BGB) und die Bestellung und Veräußerung eines Erbbaurechts (vgl. ErbbauRVO) der Genehmigungspflicht. Als Veräußerung eines Grundstücks gilt gem. § 241 Abs. 1 auch die Veräußerung eines **Grundstücksteils.** Auch die Veräußerung eines **Miteigentumsanteils** unterliegt der Genehmigungspflicht, nicht dagegen die Veräußerung eines **Erbteils** an einer Erbmasse, zu der das Grundstück gehört (vgl. entsprechend § 51, Rn 17).

15 **f) Bestellung eines belastenden Rechts (Abs. 2 Nr. 2).** Der Genehmigungspflicht bedarf auch die Bestellung eines das Grundstück belastenden Rechts. Vgl. insbesondere §§ 1018 ff. BGB **(Grunddienstbarkeiten),** §§ 1030 ff. BGB **(Nießbrauchrechte),** §§ 1090 ff. BGB **(beschränkte persönliche Dienstbarkeiten),** §§ 1094 ff. BGB **(Vorkaufsrechte),** §§ 1105 ff. BGB **(Reallasten),** §§ 1113 ff. BGB **(Grundpfandrechte,** insbesondere Hypotheken, Grundschulden und Rentenschulden). Zur Begründung von Rechten nach dem **WEG** vgl. Rn 12. Keiner

Genehmigung bedarf die Eintragung einer **Zwangshypothek** (LG Regensburg, RPfleger 1977, 224). Auch die Bestellung von **Baulasten** ist nicht genehmigungspflichtig; im Fall einer Sanierungsumlegung behielte insoweit (vgl. § 51 Abs. 1 S. 1 Nr. 1, 4. Fall) die sanierungsrechtliche Sperre ihre Wirkung (vgl. § 51 Abs. 1 S. 2).

Nach **Abs. 2 Nr. 2 Hs. 2** ist die Bestellung eines belastenden Rechts, das mit der Durchführung von Baumaßnahmen i. S. des § 148 Abs. 2 im Zusammenhang steht, nicht genehmigungspflichtig. Die Baumaßnahmen müssen in Durchführung der Sanierungsmaßnahme ausgeführt werden, also insbesondere im Eingang mit den Zielen und Zwecken der Sanierung (§ 140 Nr. 3) stehen. In Betracht kommt z. B. die Bestellung von **Hypotheken zur Finanzierung von Neubauten oder Modernisierungen.** Den Zielen und Zwecken der Sanierung wird dagegen nicht entsprochen, wenn die Belastung z. B. mit einer Hypothek nicht nur der Finanzierung der Baumaßnahme, sondern zugleich der Verwendung des Grundstücks als Beleihungsobjekt für sonstige Zwecke dient. Das gleiche gilt, wenn durch die Belastung des Grundstücks erkennbar und in einer mit der Sanierunsplanung der Gemeinde nicht abgestimmten Weise die Finanzierung eines zum Abschluß der Sanierung fälligen Ausgleichsbetrags (§ 154) nicht mehr möglich wäre.

g) Schuldrechtliche Verträge (Abs. 2 Nr. 3). Auch der schuldrechtliche Vertrag, durch den eine Verpflichtung zu einem der in Abs. 2 Nr. 1 oder 2 genannten Rechtsgeschäfte begründet wird, bedarf der Genehmigung. Wird der Vertrag genehmigt, so gilt auch das in Ausführung dieses Vertrags vorgenommene dingliche Rechtsgeschäft als genehmigt. **16**

3. Vorweggenehmigung (Abs. 3). Nach Abs. 3 kann die Gemeinde für bestimmte Genehmigungsfälle nach Abs. 1 Nr. 1 bis 3 und Abs. 2 Nr. 1 bis 3 die Genehmigung allgemein erteilen (früher § 15 Abs. 5a StBauFG). Sie kann diese Genehmigung **für das gesamte Sanierungsgebiet** oder für **Teile des Sanierungsgebiets** erteilen. Die Gemeinde kann dagegen die Genehmigung nicht für **alle** Fälle der Genehmigungspflicht nach Abs. 1 und 2 erteilen. Dies ergibt sich sowohl aus dem Wortlaut als auch aus der hierfür nach § 142 Abs. 4 Hs. 2 bestehenden Sonderregelung. Eine generelle Suspendierung der Genehmigungsfälle nach Abs. 1 und Abs. 2 würde im übrigen dem Zusammenspiel zwischen der sanierungsrechtlichen Verfügungs- und Veränderungssperre sowie der „allgemeinen" Veränderungssperre und Teilungsgenehmigung (§ 14 ff, 19 ff., 51) widersprechen. **17**

Die Vorweggenehmigung dürfte in der Praxis vor allem in den Fällen des **Abs. 1 Nr. 3** und **Abs. 1 Nr. 2** in Betracht kommen. Sofern die Sanierung nicht im vereinfachten Verfahren durchgeführt wird, dürfte die Vorweggenehmigung für die Fälle nach **Abs. 2 Nr. 1** im Hinblick auf die Sicherung der Sanierung durch die **Preisprüfung** nach § 153 Abs. 2 nicht sachgerecht sein; vgl. hierzu auch § 155 Abs. 1 Nr. 3, wonach der

Grundstückserwerber sich gegen die Heranziehung der Zahlung eines Ausgleichsbetrags auf die Vorweggenehmigung des Grundstücksgeschäfts berufen und eine Anrechnung des Betrags, der den Anfangswert überschreitet, verlangen kann.

18 Die allgemeine Erteilung der Genehmigung ist – wie die Genehmigung im Einzelfall – rechtlich ein Verwaltungsakt bzw. eine **Allgemeinverfügung** (§ 35 S. 2 VwVfG; vgl. BVerwG, NJW 1969, 809 zum Verwaltungsakt, „an den es eingeht"; vgl. auch Gaentzsch, NJW 1985, 881/883, unter Hinweis auf § 183 S. 1 BGB über die Einwilligung). Die **Genehmigung** wird in den Fällen des **Abs. 2 Nr. 1** in dem Zeitpunkt **wirksam**, in dem z. B. der Bauantrag bei der Gemeinde angeht oder in dem mit einer nicht-genehmigungsbedürftigen Maßnahme begonnen wird. In den Fällen des **Abs. 1 Nr. 3** und **Abs. 2** wird die Genehmigung in dem Zeitpunkt wirksam, in dem das genehmigungspflichtige Rechtsgeschäft privatrechtlich wirksam abgeschlossen ist. In den Fällen der Teilung nach **Abs. 1 Nr. 2** wird die Vorweggenehmigung mit Eingang der Teilungserklärung beim Grundbuchamt wirksam (Gaentzsch aaO.). Die Genehmigung gem. Abs. 3 kann von der Gemeinde **frühestens** zum Zeitpunkt der Rechtsverbindlichkeit der Sanierungssatzung (§ 143 Abs. 2 S. 3) allgemein erteilt werden. Die Genehmigung bedarf nicht der Anzeige gegenüber der höheren Verwaltungsbehörde. Die Gemeinde hat die Vorweggenehmigung **ortsüblich bekanntzumachen.**

19 Die Gemeinde kann die allgemein erteilte Genehmigung nach den Grundsätzen über den **Widerruf** eines begünstigenden Verwaltungsakts widerrufen; vgl. § 49 VwVfG. Der Widerruf ist – als actus contrarius zur Vorweggenehmigung – ebenfalls ortsüblich bekanntzumachen. Dies kann z. B. in Betracht kommen, wenn in einem Gebiet mit bisher geringer Bautätigkeit oder einem im wesentlichen „ruhigen" Bodenmarkt im Laufe der Sanierung erhebliche Veränderungen auftreten (z. B. aufgrund der Aufwertungseffekte der Sanierung); zur Sicherung der weiteren Durchführung der Sanierung kann die Gemeinde den Widerruf einer Vorweggenehmigung für erforderlich halten. Sofern die Gemeinde den **Widerrufsvorbehalt** nicht von vornherein vorgesehen hat (§ 49 Abs. 2 Nr. 1 VwVfG), kommt der Widerruf insbesondere nach § 49 Abs. 2 Nr. 3 VwVfG in Betracht. Ob die Gemeinde widerruft, weil sie aufgrund **nachträglich eingetretener Tatsachen** berechtigt wäre, die Vorweggenehmigung nicht zu erteilen oder weil ohne den Widerruf das **öffentliche Interesse gefährdet** würde, ist eine Ermessensentscheidung der Gemeinde (Gaentzsch aaO.; vgl. auch BVerwG, DVBl. 1982, 795 ff. und 1004 ff.: Die „Dienlichkeit" des Widerrufs für öffentliche Interessen reicht nicht aus; jedoch sind auch fiskalische Interessen öffentliche Interessen). Bei der Ermessensentscheidung ist auch abzuwägen, ob sich der Widerruf nur **auf künftige Vorgänge** erstrecken soll oder auch auf solche, für die Vorweggenehmigung bereits wirksam geworden ist. In der Regel wird der Widerruf

nur für künftige Vorhaben, Teilungen oder Rechtsvorgänge in Betracht kommen. Eine **Entschädigungspflicht** nach § 49 Abs. 5 VwVfG kommt nicht in Betracht, wenn sich der Widerruf nur auf „zukünftige" Fälle bezieht, weil ein Vertrauen auf den Fortbestand der allgemeinen Sanierung für die ganze Dauer des Sanierungsverfahrens nicht gerechtfertigt und nicht schutzwürdig ist (Gaentzsch aaO., 884; Krautzberger DVBl. 1984, 1149/1155).

4. Ausnahmen (Abs. 4). Nach **Abs. 4 Nr. 1** (früher § 15 Abs. 9 S. 1 StBauFG) bedarf ein Vorhaben oder ein Rechtsvorgang keiner Genehmigung, wenn die **Gemeinde** oder der von ihr beauftragte **Sanierungsträger** für das Treuhandvermögen (vgl. § 159 Abs. 1) als Vertragsteil oder als Eigentümer beteiligt ist. Sofern die Sanierung nicht im vereinfachten Verfahren durchgeführt wird, ist für diese Fälle **§ 153 Abs. 3 S. 1** bedeutsam, wonach die Gemeinde oder der Sanierungsträger keinen höheren Kaufpreis vereinbaren dürfen, als es sich in entsprechender Anwendung des § 153 Abs. 1 ergibt. **20**

Nach **Abs. 4 Nr. 2** (früher § 15 Abs. 11 StBauFG) besteht die Genehmigungspflicht nach Abs. 2 nicht für Verträge, die der **Vorwegnahme der Erbfolge** dienen; vgl. z. B. Hofübergabeverträge oder Rechtsvorgänge im Zusammenhang mit der Einräumung von Altenteilrechten (vgl. Stich, in: BK, § 144, Rn 31). Die Veräußerung im Rahmen einer Erbauseinandersetzung dient dagegen nicht der Vorwegnahme der Erbfolge und unterliegt der Genehmigungspflicht (Stich, aaO. unter Hinweis auf OLG Bremen, OLGZ 1976, 16). **21**

Nach **Abs. 4 Nr. 3** (früher § 15 Abs. 12 StBauFG) bedürfen keine Vorhaben i. S. des Abs. 1 Nr. 1 der Genehmigung, die **vor der förmlichen Festlegung** des Sanierungsgebiets **baurechtlich genehmigt** worden sind. Auf die Erl. zur entsprechenden Regelung in § 14 Abs. 3 wird Bezug genommen; dort auch zur Frage der Bindungswirkung eines **Bauvorbescheids.** Auch **Unterhaltungsarbeiten** sind genehmigungsfrei, und zwar auch dann wenn mit ihnen nach förmlicher Festlegung begonnen worden ist; vgl. auch hierzu entsprechend § 14 Abs. 3. Weiterhin ist die Fortführung der bisher (also vor förmlicher Festlegung) **ausgeübten Nutzung** genehmigungsfrei. **22**

Nach **Abs. 4 Nr. 4** (früher § 15 Abs. 10 S. 1 StBauFG) bestehen Ausnahmen für Teilungen und Rechtsvorgänge, die den **Zwecken der Landesverteidigung** dienen. Die Genehmigungspflicht entfällt danach bei der Teilung eines Grundstücks nach Abs. 1 Nr. 2, dem Abschluß eines schuldrechtlichen Gebrauchs- oder Nutzungsverhältnisses (Abs. 1 Nr. 3) sowie bei den Rechtsvorgängen i. S. des Abs. 2. Sofern die Sanierung nicht im vereinfachten Verfahren durchgeführt wird, darf der Bedarfsträger nach **§ 153 Abs. 3 S. 2** keinen höheren Kaufpreis vereinbaren, als sich in entsprechender Anwendung des § 153 Abs. 1 ergibt. **23**

Nach **Abs. 4 Nr. 5** (früher § 15 Abs. 10 S. 2 StBauFG) ist der rechtsge- **24**

schäftliche Erwerb eines in ein **Planfeststellungsverfahren** einbezogenen Grundstücks; zum Kaufpreis im „besonderen Verfahren" nach §§ 152 ff. vgl. **§ 153 Abs. 3 S. 2.**

§ 145 Genehmigung

(1) **Über die Genehmigung ist binnen drei Monaten nach Eingang des Antrags bei der Gemeinde zu entscheiden. § 19 Abs. 3 Satz 4 bis 6 ist entsprechend anzuwenden.**

(2) **Die Genehmigung darf nur versagt werden, wenn Grund zur Annahme besteht, daß das Vorhaben, die Teilung eines Grundstücks, der Rechtsvorgang oder die damit erkennbar bezweckte Nutzung die Durchführung der Sanierung unmöglich machen oder wesentlich erschweren oder den Zielen und Zwecken der Sanierung zuwiderlaufen würde.**

(3) **Die Genehmigung ist zu erteilen, wenn die wesentliche Erschwerung dadurch beseitigt wird, daß die Beteiligten für den Fall der Durchführung der Sanierung für sich und ihre Rechtsnachfolger**

1. **in den Fällen des § 144 Abs. 1 Nr. 1 auf Entschädigung für die durch das Vorhaben herbeigeführten Werterhöhungen, sowie für werterhöhende Änderungen, die aufgrund der mit dem Vorhaben bezweckten Nutzung vorgenommen werden, verzichten;**

2. **in den Fällen des § 144 Abs. 1 Nr. 3 oder Abs. 2 Nr. 2 oder 3 auf Entschädigung für die Aufhebung des Rechts sowie für werterhöhende Änderungen verzichten, die aufgrund dieser Rechte vorgenommen werden.**

(4) **Die Genehmigung kann unter Auflagen, in den Fällen des § 144 Abs. 1 Nr. 1 auch befristet oder bedingt erteilt werden. § 51 Abs. 4 Satz 2 und 3 ist entsprechend anzuwenden.**

(5) **Wird die Genehmigung versagt, kann der Eigentümer von der Gemeinde die Übernahme des Grundstücks verlangen, wenn und soweit es ihm mit Rücksicht auf die Durchführung der Sanierung wirtschaftlich nicht mehr zuzumuten ist, das Grundstück zu behalten oder es in der bisherigen oder einer anderen zulässigen Art zu nutzen. Liegen die Flächen eines land- oder forstwirtschaftlichen Betriebs sowohl innerhalb als auch außerhalb des förmlich festgelegten Sanierungsgebiets, kann der Eigentümer von der Gemeinde die Übernahme sämtlicher Grundstücke des Betriebs verlangen, wenn die Erfüllung des Übernahmeverlangens für die Gemeinde keine unzumutbare Belastung bedeutet; die Gemeinde kann sich auf eine unzumutbare Belastung nicht berufen, soweit die außerhalb des förmlich festgelegten Sanierungsgebiets gelegenen Grundstücke nicht mehr in angemessenem Umfang baulich oder wirtschaftlich**

genutzt werden können. Kommt eine Einigung über die Übernahme nicht zustande, kann der Eigentümer die Entziehung des Eigentums an dem Grundstück verlangen. Für die Entziehung des Eigentums sind die Vorschriften des Fünften Teils des Ersten Kapitels entsprechend anzuwenden.

(6) Auf die Genehmigung nach § 144 Abs. 1 Nr. 2 und Abs. 2 ist § 23 entsprechend anzuwenden.

(7) Auf Antrag eines Beteiligten ist auch ein Zeugnis darüber zu erteilen, daß die Genehmigung nach § 144 Abs. 3 allgemein erteilt ist; das Zeugnis steht der Genehmigung gleich.

Übersicht

1. Genehmigung durch die Gemeinde (Abs. 1). §§ 144, 145 begründen einen **Genehmigungsvorbehalt der Gemeinde,** der unbeschadet sonstiger öffentlich rechtlicher Genehmigungsvorbehalte besteht. Vorhaben, Teilungen und Rechtsvorgänge nach § 144 bedürfen der **schriftlichen Genehmigung.** Die Genehmigung setzt einen **Antrag** i. S. des **Abs. 1 S. 1** voraus. Im Verhältnis zu anderen erforderlichen Genehmigungen ist die eigenständige Bedeutung des Genehmigungsverfahrens und damit auch des Genehmigungsantrags von Bedeutung: Der **Antrag auf Erteilung einer Baugenehmigung** enthält nicht bereits als solcher den Antrag auf Genehmigung nach § 145 und setzt deshalb die Frist des Abs. 1 S. 2 i. V. m. § 19 Abs. 3 S. 6 nicht in Lauf; insbesondere kann er nicht zur Genehmigungsfiktion führen (BVerwG, NJW 1982, 2787). Allerdings kann der Antragsteller die Baugenehmigung mit der sanierungsrechtlichen Genehmigung verbinden, sei es ausdrücklich oder durch eindeutige Formulierungen und Hinweise, die das Begehren nach einer nach § 144 erforderlichen Genehmigung erkennen lassen (BVerwG aaO.). Ohne Erteilung der Genehmigung nach § 145 darf andererseits eine **Baugenehmigung** nicht ausgesprochen werden; §§ 144, 145 gehören zu den öffentlich-rechtlichen Vorschriften, die nach Landesbauordnungsrecht einem Vorhaben und damit der Erteilung der Baugenehmigung nicht entgegenstehen dürfen. Die bauaufsichtliche Genehmigung ist dann zu versagen, wenn die Genehmigung nach § 145 versagt ist. Sofern Nebenbestimmungen nach § 145 Abs. 4

erteilt wurden, sind diese auch für die Baugenehmigung von Bedeutung. Umgekehrt kommt der Baugenehmigung keine positive Bindungswirkung hinsichtlich der Genehmigung nach § 145 Abs. 1 zu.

2 Der Antrag auf Genehmigung ist **schriftlich** (oder zur Niederschrift bei der Gemeinde) zu stellen. Enthält der Antrag die erforderlichen Unterlagen, so hat die Gemeinde **binnen 3 Monaten** nach Eingang des Antrags zu entscheiden. Werden Unterlagen und Angaben nachgefordert, so beginnt die Frist erst mit Eingang der letzten angeforderten Unterlagen zu laufen. Kann die Genehmigungsbehörde die Prüfung nicht innerhalb der Genehmigungsfrist abschließen, hat sie nach Abs. 1 S. 2 i. V. m. § 19 Abs. 3 S. 4 und 5 zu verfahren; vgl. die Erl. zu § 19. Die Genehmigung gilt als erteilt, wenn die Gemeinde nicht innerhalb der Frist oder der verlängerten Frist die Genehmigung versagt (§ 19 Abs. 3 S. 6).

3 **2. Versagungsgründe (Abs. 2 bis 4). a) Allgemeines.** Die Gemeinde darf die Genehmigung nur versagen, wenn das Vorhaben, die Teilung, der Rechtsvorgang oder die damit erkennbar bezweckte Nutzung die Durchführung der Sanierung unmöglich machen, wesentlich erschweren oder dem Sanierungszweck zuwiderlaufen würden. Prüfungsmaßstab für die Beurteilung ob diese Voraussetzungen vorliegen sind die **Ziele und Zwecke der Sanierung.** Die Versagung der Genehmigung ist **keine Ermessensentscheidung.** Die Entscheidung ist in vollem Umfang gerichtlich nachprüfbar. Auch ein Beurteilungsspielraum steht der Gemeinde dabei nicht zu (vgl. OVG Lüneburg, BBauBl. 1980, 256; Bielenberg, in: B/K/K, Bd. I.C, § 145, Rn 7; Gronemeyer, NVwZ 1986, 92/97; Stich, in: BK, § 145, Rn 7). Liegen Versagungsgründe i. S. des Abs. 2 vor, **hat** die Gemeinde die Genehmigung zu versagen. Auch insoweit steht ihr kein Entscheidungsspielraum zu. Vgl. die entsprechende Regelung in § 51 Abs. 3; vgl. auch § 22 Abs. 5 S. 1 und S. 3. Auch wenn der Gemeinde bei der Entscheidung weder ein Ermessens- noch ein Beurteilungsspielraum zusteht, ist nicht zu übersehen, daß die Prüfungsmaßstäbe selbst maßgeblich von (fortschreibungsfähigen und fortschreibungsbedürftigen) Planungsentscheidungen der Gemeinde determiniert sind (insbesondere „Ziele und Zwecke der Sanierung"); insoweit kann die Gemeinde ggf. die Prüfungsmaßstäbe korrigieren (vgl. Rn 4).

4 **b) Prüfungsmaßstab.** Prüfungsmaßstab für die Beurteilung, ob ein Vorhaben die Durchführung der Sanierung unmöglich macht, wesentlich erschwert oder ihr zuwiderläuft sind die **Ziele und Zwecke der Sanierung;** vgl. hierzu im einzelnen § 140 Nr. 3. Die Ziele und Zwecke der Sanierung werden von der Gemeinde i. d. R. nicht bereits beim Beginn der Sanierung entwickelt, sondern mit dem Fortgang der Sanierungsplanung konkretisiert und erforderlichenfalls fortgeschrieben. Aus dem Wortlaut der Vorschrift könnte daher gefolgert werden, daß die Gemeinde die Versagung nur aussprechen kann, wenn bereits ein Mindestmaß an Konkretisierung der Sanierungsziele vorliegt. An-

dererseits muß nicht bereits unmittelbar nach Inkrafttreten der Sanierungssatzung erkennbar sein, wie das Sanierungsgebiet im einzelnen genutzt werden soll. Das Sanierungskonzept wird zu diesem Zeitpunkt i. d. R. noch zu unscharf sein, um eine solche Aussage zu stützen (vgl. hierzu vor allem BVerwG, NJW 1985, 278 = DVBl. 1985, 116). Insbesondere bedarf es keiner Festlegung des Sanierungskonzepts in der Sanierungssatzung (vgl. §142, Rn15; OVG Lüneburg, ZfBR 1987, 206). Die **allgemeinen Ziele** der Sanierung ergeben sich aber meist schon daraus, daß für das förmlich festgelegte Sanierungsgebiet im Rahmen der vorbereitenden Untersuchungen städtebauliche Mißstände festgestellt werden, deren Behebung zunächst als allgemeines Sanierungsziel anzusehen ist. Der Anwendung des Abs. 2 steht es auch nicht entgegen, daß die Gemeinde zu Beginn der Sanierung noch **alternative Sanierungsziele** verfolgt (vgl. OVG Lüneburg, ZfBR 1985, 206). Da dem Genehmigungsvorbehalt nach §145 die Vorstellung zugrunde liegt, daß den Gemeinden für die Verwirklichung ihrer Sanierungsziele (etwa bis hin zur Veränderung der planungsrechtlichen Beurteilung durch Aufstellung eines Sanierungsbebauungsplans) hinreichend Zeit zur Verfügung stehen muß, dürfen **zu Beginn des Sanierungsverfahrens somit keine hohen Anforderungen an die Konkretisierung der Sanierungsziele** gestellt werden. Dagegen müssen im Laufe des Sanierungsverfahrens, besonders unmittelbar vor oder während des Verfahrens zur Aufstellung eines Bebauunsplans, die Sanierungsziele sich **zunehmend verdichten** und damit **zunehmend konkreter** werden (BVerwG, NJW 1985, 278/279): Aus der anfänglich umfassenderen Sperrwirkung – in diesem Stadium mit der Wirkung einer Veränderungssperre nach §14 vergleichbar – wird deswegen mit zunehmender Verdichtung der Sanierungsziele ein Rechtsinstitut, mit dessen Hilfe nur noch diejenigen Rechtsvorgänge und Vorhaben abgewehrt werden können, die den nunmehr detaillierten Planungsvorstellungen widersprechen (BVerwG aaO.).

Ist eine **Sanierungssatzung** dagegen **vor längerer Zeit erlassen,** ohne 5
daß seither das Sanierungsverfahren vorangetrieben worden ist und ohne daß die Sanierungsziele – etwa bis zur Aufstellung eines Bebauungsplans – zunehmend konkreter geworden sind, so kann dies im Einzelfall dazu führen, daß die Gemeinde **keine Versagungsgründe** mehr gegen ein Vorhaben oder einen Rechtsvorgang entgegenhalten kann. Bei solchen Fallgestaltungen muß vielmehr ggf. die Genehmigung erteilt werden (BVerwG aaO., 280; NJW 1979, 2577/2578; NVwZ 1985, 184/185); vgl. weiterhin §144, Rn 8.

Prüfungsmaßstab sind ausschließlich die Sanierungsziele. Es bedarf 6
dagegen nicht des Nachweises, daß **auf dem Grundstück selbst städtebauliche Mißstände** i. S. des §136 Abs. 2 und 3 vorliegen. Das Vorliegen städtebaulicher Mißstände in einem Gebiet ist Voraussetzung für die Rechtsgültigkeit der Sanierungssatzung. Bei der Versagung im Rahmen des §145 Abs. 2 kommt es dagegen ausschließlich darauf an,

ob das genehmigungsbedürftige Vorhaben (z. B. das beabsichtigte Bauvorhaben) dem Sanierungsziel widerspricht. Vgl. zum folgenden auch § 142, Rn 7, 15 zum **Ablaufprogramm** des Sanierungsrechts. Dies kann in Einzelfällen, insbesondere in Fällen der Funktionsschwächensanierung für die Einzelfallentscheidung bedeutsam sein (vgl. zur Funktionsschwächensanierung § 136 Abs. 2 Nr. 2, Abs. 3 Nr. 2): Gerade für den Tatbestand der **Funktionsschwächensanierung** ist es kennzeichnend, daß der städtebauliche Mißstand mit der zukünftigen Struktur und Funktion des Sanierungsgebiets im gemeindlichen Bereich begründet wird. Zur zukünftigen Funktion gehört sowohl das, was nach dem Sanierungskonzept erhalten als auch das, was durch einen Funktionswandel erreicht werden soll (BVerwG, NVwZ 1985, 184/185). Soll z. B. ein Gebiet nach dem Sanierungskonzept die Funktion eines Einkaufsbereichs bestimmter Ausprägung haben und sollen z. B. Versicherungen, Verwaltungen und Banken in diesem Bereich nicht angesiedelt werden, so kann eine Genehmigung auch versagt werden, wenn das einzelne Grundstück selbst einen städtebaulichen Mißstand nicht aufweist; da durch die Zulassung des Vorhabens auf dem Grundstück die Funktionsschwäche für das Gebiet insgesamt nicht behoben bzw. die Sanierungsschwäche erst verstärkt oder begründet würde, kann auch die Gefahr des Entstehens einer Funktionsschwäche die Genehmigungsversagung rechtfertigen (BVerwG aaO., 186; Bielenberg, in: B/K/K, Bd. I.C, § 136, Rn 41; Krautzberger, ZfBR 1982, 136; Stich, in: BK, § 145, Rn 15). Bei der Prüfungsmaßstab des § 145 ist daher nicht ausschließlich der **Zustand des Grundstücks** selbst, sondern die **städtebauliche Situation insgesamt** maßgebend, von der das betroffene Grundstück selbst geprägt ist. Die Entscheidung der Gemeinde hat daher die Gesamtheit der planerischen Ziele und Festsetzungen zu berücksichtigen, die dem gerade durch die Sanierung gekennzeichneten Interessengeflecht Rechnung tragen (BVerwG, NVwZ 1985, 184/186 unter Abl. von BGH, NVwZ 1982, 329; vgl. auch § 136, Rn 24–26).

7 Zu den Anforderungen an die Konkretisierung der Sanierungsziele im einzelnen, vgl. § 140, Rn 3. Die Sanierungsziele können sich z. B. in einem **Bebauungsplan** konkretisieren. Die Gemeinde kann die Sanierungsziele auch in einer **städtebaulichen Rahmenplanung** niederlegen; sind die Aussagen eines städtebaulichen Rahmenplans über die Ziele und Zwecke der Sanierung hinreichend konkret, können sie einem Vorhaben wie einer Veränderungssperre entgegengehalten werden (OVG Lüneburg, ZfBR 1986, 84; ZfBR 1986, 246); vgl. weiterhin die Erl. zur städtebaulichen Rahmenplanung in § 140, Rn 6–9.

8 Sofern die Gemeinde die Sanierung nicht im vereinfachten Verfahren durchführt, ergibt sich als weiterer Versagungsgrund die in § 153 Abs. 2 geregelte **„Preisprüfung“.** Als wesentliche Erschwerung der Sanierung i. S. des § 145 Abs. 2 gilt danach in den Fällen der rechtsgeschäftlichen Veräußerung eines Grundstücks oder der Bestellung oder Veräußerung eines Erbbaurechts, wenn der vereinbarte Gegenwert

über dem Wert nach § 153 Abs. 1 liegt, also über dem von sanierungs-
bedingten Wertsteigerungen bereinigten Verkehrswert; vgl. hierzu die
Erl. zu § 153 Abs. 2.

c) Verzicht auf Entschädigung (Abs. 3). Nach Abs. 3 kann ein Ver- **9**
sagungsgrund durch Verzichtserklärungen der Beteiligten ungeachtet
einer wesentlichen Erschwerung der Sanierung durch die beabsichtig-
ten Vorhaben oder Rechtsvorgänge ausgeräumt werden. Der Entschä-
digungsverzicht kommt in Betracht in den Fällen des § 144 Abs. 1 Nr. 1
und Nr. 3 sowie Abs. 2 Nr. 2 oder 3. Die Vorschrift dient dazu,
Investitionen der Betroffenen auf eigenes Risiko zu ermöglichen. Wird
der Verzicht von den Beteiligten für sich und ihre Rechtsnachfolger i. S.
des Abs. 3 erklärt, so besteht ein **Rechtsanspruch** auf die Erteilung der
Genehmigung. Voraussetzung ist jedoch, daß der Entschädigungsver-
zicht tatsächlich zu einer Beseitigung der wesentlichen Erschwerung
der Sanierung führt. Dies ist z. B. nicht der Fall, wenn durch den
Vorgang oder das Vorhaben ein Sachverhalt geschaffen wird, der die
zügige Durchführung der Sanierung beeinträchtigen würde.

d) Auflagen (Abs. 4). Die Genehmigung kann nach Abs. 4 unter **10**
Auflagen erteilt werden. In den Fällen des § 144 Abs. 1 Nr. 1 und 3 kann
die Genehmigung auch befristet oder bedingt erteilt werden. **Auflagen,
Befristungen** und **Bedingungen** sind Nebenbestimmungen des Ver-
waltungsakts; vgl. § 36 VwVfG. Vgl. weiterhin die Erl. zu den nach
Abs. 4 S. 2 entsprechend anwendbaren **§ 51 Abs. 4 S. 2 und 3.**

3. Übernahmeverlangen (Abs. 5). Wird die Genehmigung nach **11**
Abs. 2 versagt, kann der Eigentümer nach **Abs. 5 S. 1** von der Ge-
meinde die Übernahme des Grundstücks verlangen, auf das sich das
Vorhaben, die Teilung oder der Rechtsvorgang bezieht. Das Übernah-
meverlangen setzt voraus, daß es dem Eigentümer mit Rücksicht auf
die Durchführung der Sanierung wirtschaftlich nicht zuzumuten ist,
das Grundstück zu behalten oder es in der bisherigen oder einer anderen
zulässigen Art zu nutzen. Eine Sonderregelung enthält **Abs. 5 S. 2** für
land- oder forstwirtschaftliche Betriebe, deren Flächen sowohl inner-
halb als auch außerhalb des förmlich festgelegten Sanierungsgebiets
liegen; vgl. entsprechend § 92 Abs. 2. Die Eigentümer können die
Übernahme sämtlicher Grundstücke des Betriebs verlangen, sofern die
Erfüllung des Übernahmeverlangens für die Gemeinde keine unzumut-
bare Härte bedeutet. Auf eine unzumutbare Belastung kann sich die
Gemeinde jedoch dann nicht berufen, wenn die außerhalb des förmlich
festgelegten Sanierungsgebiets gelegenen Grundstücke nicht mehr in
angemessenem Umfang baulich oder wirtschaftlich genutzt werden
können. Sofern sich Eigentümer und Gemeinde über die Übernahme
nicht einigen können, kann der Eigentümer die Entziehung des Eigen-
tums an dem Grundstück oder dessen Übertragung auf die Gemeinde
unter Festsetzung einer angemessenen Entschädigung verlangen; **Abs. 5
S. 3.** Im übrigen finden die Vorschriften über die Enteignung gem.
§§ 85 bis 122 entsprechende Anwendung; **Abs. 5 S. 4.** Zu den Voraus-

setzungen des Übernahmeverlangens nach Abs. 5 S. 1, insbesondere der Voraussetzung der wirtschaftlichen Zumutbarkeit vgl. die Erl. zu § 40 Abs. 2.

12　　**4. Grundbuchsperre (Abs. 6 und 7).** Im Hinblick auf die Genehmigungsbedürftigkeit der Teilung im förmlich festgelegten Sanierungsgebiet (§ 144 Abs. 1 Nr. 2) und von Rechtsvorgängen i. S. des Abs. 2, die auf Vornahme einer Eintragung im Grundbuch gerichtet sind, ist nach **Abs. 6** § 23 entsprechend anzuwenden. Danach darf das Grundbuchamt eine Eintragung erst vornehmen, wenn der Genehmigungsbescheid vorgelegt ist. Vgl. hierzu, insbesondere zum „Negativzeugnis", die Erl. zu § 23.

13　　Nach **Abs. 7** ist im Hinblick auf die Möglichkeit der Vorweggenehmigung nach § 144 Abs. 3 auf Antrag eines Beteiligten ein Zeugnis darüber zu erteilen, daß die Genehmigung allgemein erteilt ist.

14　　**5. Durchführung von Vorhaben ohne Genehmigung.** Soweit ein Eigentümer ein Vorhaben (§ 144 Abs. 1 Nr. 1) ohne Genehmigung der Gemeinde (§ 145 Abs. 1) durchführt, so kann hiergegen bauaufsichtlich vorgegangen werden. Betrifft das Vorhaben danach eine bauliche Anlage i. S. des Landesbauordnungsrechts, so kann die Bauaufsicht – unabhängig davon, ob das Vorhaben auch bauordnungsrechtlich genehmigungspflichtig ist – die Baueinstellung anordnen. Entsprechendes gilt für eine Beseitigungsanordnung, sofern die Voraussetzungen nach Landesbauordnungsrecht hierfür vorliegen. Vgl. weiterhin die Erl. zu § 14, Rn 16. Hinsichtlich der Rechtsvorgänge nach § 144 Abs. 1 Nr. 3 und Abs. 2 vgl. § 144, Rn 6.

15　　**6. Rechtsschutz.** Die Entscheidung der Gemeinde über die Versagung der Genehmigung oder die Erteilung der Genehmigung unter Auflagen ist als **belastender Verwaltungsakt** mit Widerspruch und Klage nach §§ 68 ff. VwGO anfechtbar. Das **Übernahmeverlangen** nach Abs. 5 ist gem. Abs. 5 S. 4 im Rahmen eines Enteignungsverfahrens geltend zu machen. Für Rechtsstreitigkeiten sind die Baulandgerichte zuständig; § 217 Abs. 1 S. 2.

§ 146 Durchführung

Die Durchführung umfaßt die Ordnungsmaßnahmen und die Baumaßnahmen innerhalb des förmlich festgelegten Sanierungsgebiets, die nach den Zielen und Zwecken der Sanierung erforderlich sind.

1　　Der Begriff der **Durchführung** der Sanierung ist – entsprechend § 12 Abs. 1 Satz 1 StBauFG – in § 146 geregelt: Die Durchführung umfaßt die **Ordnungsmaßnahmen** (§ 147) und die **Baumaßnahmen** (§ 148), die entsprechend den Zielen und Zwecken der Sanierung erforderlich sind. Die Unterscheidung von Ordnungs- und Baumaßnahmen ist

bedeutsam im Hinblick auf die Zuständigkeit für die Durchführung der Sanierung: Die Durchführung der Ordnungsmaßnahmen obliegt der Gemeinde, die Durchführung der Baumaßnahmen ist grundsätzlich Angelegenheit der Eigentümer. Die Unterscheidung zwischen Ordnungs- und Baumaßnahmen hat weiterhin Bedeutung im Hinblick auf die **Kostenverteilung:** Die Kosten der Ordnungsmaßnahmen sind von der Gemeinde (§ 245 Abs. 11 S. 1 BauGB i. V. m. § 41 Abs. 1 StBauFG), die Kosten der Baumaßnahmen sind grundsätzlich von den Eigentümern bzw. Bauherrn zu tragen (vgl. §§ 43, 45 StBauFG). An die Regelung über die Kostenverteilung hat das StBauFG die Bestimmung über den Einsatz von **Sanierungsförderungsmitteln** geknüpft (§ 39 Abs. 1 StBauFG). Die Finanzierungsbestimmungen sind im Hinblick auf die Entflechtung der Städtebauförderung im BauGB nicht mehr enthalten. Gemäß § 245 Abs. 11 S. 1 sind diese Vorschriften jedoch weiter anzuwenden; nach dem 31. 12. 1987 kann Landesrecht an ihrer Stelle in Kraft treten; § 245 Abs. 11 S. 2. Auch für die **abgaben- und steuerrechtlichen** Vorschriften ist der in § 146 i. V. m. §§ 147 und 148 geregelte Begriff der Durchführung verbindlich.

Nach § 146 zählen Maßnahmen nur dann zur Durchführung der Sanierung, wenn sie innerhalb des förmlich festgelegten **Sanierungsgebiets** vorgenommen werden. Weitere Voraussetzung ist, daß sie nach den **Zielen und Zwecken** der Sanierung (vgl. § 141 Nr. 3) erforderlich sind. Sollen im Sanierungsgebiet bei Gelegenheit der Sanierung noch sonstige Maßnahmen durchgeführt werden, die diese Voraussetzungen nicht erfüllen, so rechnen sie nicht zu den Ordnungs- und Baumaßnahmen. Diese Einschränkung ist vor allem für die Finanzierung der Sanierung und für die abgaben- und steuerrechtlichen Vorschriften von Bedeutung. Vom Grundsatz, daß die Ordnungs- und Baumaßnahmen innerhalb des förmlich festgelegten Sanierungsgebiets stattfinden müssen, lassen § 147 Abs. 1 S. 2 und § 148 Abs. 1 S. 2 Ausnahmen zu. Auch in **Ersatz- und Ergänzungsgebieten** nach § 142 Abs. 2 findet § 146 Anwendung.

§ 147 Ordnungsmaßnahmen

(1) **Die Durchführung der Ordnungsmaßnahmen ist Aufgabe der Gemeinde; hierzu gehören**

1. **die Bodenordnung einschließlich des Erwerbs von Grundstücken**
2. **der Umzug von Bewohnern und Betrieben,**
3. **die Freilegung von Grundstücken,**
4. **die Herstellung und Änderung von Erschließungsanlagen sowie**
5. **sonstige Maßnahmen, die notwendig sind, damit die Baumaßnahmen durchgeführt werden können.**

Durch die Sanierung bedingte Erschließungsanlagen einschließlich Ersatzanlagen können außerhalb des förmlich festgelegten Sanierungsgebiets liegen.

(2) **Die Gemeinde kann die Durchführung der Ordnungsmaßnahmen aufgrund eines Vertrags ganz oder teilweise dem Eigentümer überlassen. Ist die zügige und zweckmäßige Durchführung der vertraglich übernommenen Ordnungsmaßnahmen durch einzelne Eigentümer nicht gewährleistet, hat die Gemeinde insoweit für die Durchführung der Maßnahmen zu sorgen oder sie selbst zu übernehmen.**

1 **1. Begriff der Ordnungsmaßnahmen a) Allgemeines.** § 147 Abs. 1 enthält eine Aufzählung derjenigen Durchführungsmaßnahmen, die zu den Ordnungsmaßnahmen gehören. Die Aufzählung ist **abschließend.** Sie enthält jedoch neben der Aufzählung der wichtigsten Ordnungsmaßnahmen – Bodenordnung, Umzug der Bewohner und Betriebe, Freilegung von Grundstücken, Erschließung – eine Generalklausel („sonstige Maßnahmen, die notwendig sind, damit die Baumaßnahmen durchgeführt werden können"). Der Begriff der Ordnungsmaßnahmen war in der **Ordnungsmaßnahmenverordnung** – Verordnung über die Kosten der Ordnungsmaßnahmen nach § 41 Abs. 2 des Städtebauförderungsgesetzes vom 20. Januar 1976 – näher konkretisiert. Die VO ist mit Inkrafttreten des BauGB aufgehoben worden (Art. 2 Nr. 25 des Gesetzes über das BauGB); vgl. hierzu Vorbem. zu den §§ 136–164, Rn 33. Die Durchführung der Ordnungsmaßnahmen **obliegt der Gemeinde** (Abs. 1 S. 1, Hs. 1); die Überlassung an Eigentümer ist gem. Abs. 2 zulässig.

2 **b) Bodenordnung (Abs. 1 S. 1 Nr. 1).** Nach den Bestimmungen des Vierten Teils des Ersten Kapitels umfaßt die Bodenordnung die Umlegung (§§ 45 bis 79) und die Grenzregelung (§§ 80 bis 84). § 147 Abs. 1

Nr. 1 liegt demgegenüber ein **umfassender Begriff der Bodenordnung** zugrunde. Danach gehören zur Bodenordnung alle zur rechtlichen oder tatsächlichen Neuordnung der Grundstücke entsprechend den Sanierungszielen erforderlichen Maßnahmen. Zur Bodenordnung gehören weiterhin solche Maßnahmen, die von der Gemeinde mit gleichartiger Zielsetzung anstelle gesetzlicher Maßnahmen aufgrund vertraglicher Regelungen ergriffen werden; vgl. § 124 Abs. 2. Zur Bodenordnung i. S. des § 147 Abs. 1 S. 1 Nr. 1 rechnet daher neben der Umlegung und der Grenzregelung auch die Ausübung des gemeindlichen Vorkaufsrechts (§ 24 Abs. 1 Nr. 31), die Enteignung (§§ 85 bis 122), die Bodenordnung aufgrund vertraglicher Vereinbarung („freiwillige Umlegung"; vgl. hierzu BVerwG UPR 1984, S. 337; § 124 Abs. 2) sowie jeder **Grunderwerb,** der der Neuordnung der Grundflächen im Sanierungsgebiet dient.

c) Umzug von Bewohnern und Betrieben (Abs. 1 S. 1 Nr. 2). Zum **Umzug von Bewohnern und Betrieben** gehören alle Maßnahmen, die erforderlich sind, um die Bewohner und Betriebe aus den bisher von ihnen innegehabten Räumen heraus- und sie in die für sie bereitgestellten Räume umzusetzen. Dazu rechnen auch die Beendigung, Aufhebung und ggf. Verlängerung von Miet- und Pachtverhältnissen (§§ 182 bis 186) und die Beschaffung von Ersatzwohnungen. Dagegen ist die Errichtung von Ersatzwohnungen und Ersatzbetriebsräumen ein Teil der Baumaßnahmen; vgl. § 148 Abs. 2 Nr. 2 und 4. Der Begriff des „Umzugs" schließt die Unterbringung von Bewohnern oder Betrieben in Zwischenunterkünften ein.

3

d) Freilegung von Grundstücken (Abs. 1 S. 1 Nr. 3). Zur Freilegung von Grundstücken rechnet die **Beseitigung baulicher Anlagen.** Die Beseitigung baulicher Anlagen kann nach Erwerb oder Enteignung durch die Gemeinde erfolgen. Unter den Voraussetzungen des § 179 kann die Gemeinde den Eigentümer durch ein **Abbruchgebot** dazu verpflichten, die Beseitigung einer baulichen Anlage im Geltungsbereich eines Bebauungsplans i. S. des § 30 Abs. 1 zu dulden. Wird eine **Umlegung** durchgeführt, so ergibt sich aus § 59 Abs. 8 folgendes: Die Gebäude oder sonstigen baulichen Anlagen, die dem Bebauungsplan widersprechen und der Verwirklichung der im Umlegungsplan in Aussicht genommenen Neugestaltung entgegenstehen, sind im Umlegungsplan zu bezeichnen; § 59 Abs. 8 Satz 1. Führt die Gemeinde die Beseitigung zum Vollzug des Umlegungsplans durch, so haben die Eigentümer und sonstigen Nutzungsberechtigten die Beseitigung der im Umlegungsplan bezeichneten Gebäude und sonstigen Anlagen zu dulden; § 59 Abs. 8 Satz 2.

4

Der Begriff der **Freilegung** geht aber weiter als der Begriff der Beseitigung baulicher Anlagen; er ist mit dem **BauGB** eingeführt worden. Nach der Begründung zum Regierungsentwurf (BT-Drs. 10/ 4630, 122) sollen hierzu alle Maßnahmen zur Bodenordnung gehören, die nach den Zielen und Zwecken der Sanierung eine Freilegung des

5

Grundstücks erforderlich machen. Hierzu gehört auch die Freilegung von Grundstücken **aus Gründen des Umweltschutzes**, z. B. um Grünflächen und Biotope anzulegen, verdichtete Bauplätze zu entkernen oder Frischluftschneisen zu schaffen.

6 **e) Herstellung und Änderung von Erschließungsanlagen (Abs. 1 S. 1 Nr. 4).** Die Herstellung und Änderung von Erschließungsmaßnahmen zählt zu den zentralen Aufgaben der Gemeinde in der Sanierung. Im einzelnen rechnet hierzu die **sanierungsbedingte Erschließung**, d. h. die Herstellung neuer oder die Änderung vorhandener Erschließungsanlagen, soweit die Erschließungsanlagen erforderlich sind, um das Sanierungsziel zu erreichen. Zur sanierungsbedingten Erschließung rechnen daher sowohl die nach § 127 Abs. 2 bundesrechtlich geregelten Erschließungsanlagen als auch die nach den kommunalen Abgabengesetzen zu beurteilenden Anlagen i. S. des § 127 Abs. 4. Zu den Erschließungsanlagen gehören danach insbesondere die örtlichen öffentlichen Straßen, Wege, Plätze und Grünanlagen, öffentlichen Spielplätze, öffentlichen Parkflächen (Parkplätze), Anlagen zum Zwecke der Beleuchtung, zur Versorgung mit Elektrizität, Gas, Wasser oder Wärme, zur Ableitung, Behandlung und Beseitigung von Abwässern, zur Beseitigung fester Abfallstoffe sowie Anlagen und Vorkehrungen gegen Naturgewalten und schädliche Umwelteinwirkungen. Die Erschließung umfaßt jedoch nur **öffentliche Erschließungsanlagen** und nicht private Anlagen. Zur Erschließung als Ordnungsmaßnahme gehört auch die Herstellung neuer oder die Änderung vorhandener Erschließungsanlagen, die **außerhalb des Sanierungsgebiets** liegen, soweit die Erschließungsmaßnahmen zur Erreichung des Sanierungsziels erforderlich sind; vgl. **Abs. 1 S. 2.**

7 **f) Sonstige Ordnungsmaßnahmen (Abs. 1 S. 1 Nr. 5).** Abs. 1 S. 1 Nr. 5 enthält mit der Aufzählung **sonstiger Maßnahmen,** „die notwendig sind, damit die Baumaßnahmen durchgeführt werden können" einen **Auffangtatbestand.**

8 **g) Anlagen außerhalb des Sanierungsgebiets (Abs. 1 S. 2). Abs. 1 S. 2** entspricht § 12 Abs. 1 S. 3 StBauFG und § 5 Abs. 2 Ordnungsmaßnahmenverordnung: Sanierungsbedingte Erschließungsanlagen (einschließlich Ersatzanlagen) können **außerhalb des förmlich festgelegten Sanierungsgebiets liegen. Eine entsprechende Regelung für Baumaßnahmen enthält § 148 Abs. 1 S. 2.** Die besonderen bodenrechtlichen Vorschriften des Gesetzes – etwa die Veränderungs- und Verfügungssperre – kommen bei Durchführung dieser Maßnahmen jedoch nicht zur Anwendung, da es sich um Maßnahmen außerhalb der förmlich festgelegten Sanierungsgebiete handelt. Die Gemeinde kann erforderlichenfalls von den sonstigen Befugnissen nach dem BauGB Gebrauch machen (z. B. nach §§ 175 ff.). Hiervon sind Maßnahmen in den Ersatz- und Ergänzungsgebieten zu unterscheiden, in denen die Vorschriften über das förmlich festgelegte Sanierungsgebiet zur Anwendung kommen; vgl. § 142 Abs. 2 S. 2.

2. Durchführung durch den Eigentümer (Abs. 2). a) Vertrag 9
(Abs. 2 S. 1). Die **Durchführung der Ordnungsmaßnahmen obliegt
der Gemeinde.** Soweit die Ordnungsmaßnahmen jedoch z. B. nicht
auf gemeindeeigenen Grundstücken durchgeführt werden, bedarf es
erforderlichenfalls der vertraglichen Regelung mit dem Eigentümer.
Der Vertrag kann die Duldung der Durchführung vorsehen oder – dies
regelt **Abs. 2 S. 1** (bisher § 12 Abs. 1 S. 2 StBauFG) – die **Durchführung
durch den Eigentümer.** Ist eine vertraglich-einvernehmliche Regelung
nicht möglich, so muß die Durchführung der erforderlichen Ord-
nungsmaßnahmen auf den Privatgrundstücken erforderlichenfalls ho-
heitlich durchgesetzt werden (z. B. Enteignung, Vorkaufsrecht, städte-
bauliche Gebote). Abs. 2 S. 1 über die Durchführung durch den Eigen-
tümer aufgrund Vertrags ist § 124 Abs. 1 BauGB vergleichbar, wonach
die Erschließung durch Vertrag auf einen Dritten übertragen werden
kann; zum **städtebaulichen Vertrag** vgl. im übrigen § 124 Abs. 2. Der
Sanierungsvertrag nach Abs. 2 S. 1 ist ein öffentlich-rechtlicher Ver-
trag; vgl. § 54 VwVfG. Im Hinblick auf die eingehenden Regelungen
des VwVfG enthält das BauGB hierüber keine näheren Bestimmungen;
vgl. im einzelnen §§ 54 ff. VwVfG. Bei Streitigkeiten ist nach § 40
Abs. 1 Satz 1 VwGO der Verwaltungsrechtsweg gegeben. Der Sanie-
rungsvertrag nach Abs. 2 S. 1 bedarf als öffentlich-rechtlicher Vertrag
nach § 57 VwVfG der **Schriftform.** Sofern ein solcher Vertrag im
Einzelfall die Verpflichtung des Eigentümers einschließt, Grundstücke
an die Gemeinde zu übereignen (z. B. öffentliche Verkehrs- oder Ge-
meindebedarfsflächen), bedarf er nach § 313 BGB der **notariellen
Beurkundung.**

Abs. 2 S. 1 ermächtigt nicht zur **Übertragung hoheitlicher Befug-** 10
nisse der Gemeinde auf den Eigentümer. Der Eigentümer hat aufgrund
des Vertragsverhältnisses mit der Gemeinde insbesondere nicht die
Stellung eines beliehenen Unternehmers. Die Überlassung der Durch-
führung von Ordnungsmaßnahmen läßt die sonstigen hoheitlichen
Befugnisse der Gemeinde unberührt. Der Vertrag ersetzt auch nicht die
erforderlichen Genehmigungen nach § 144.

Die Entscheidung, ob die Gemeinde nach Abs. 2 S. 1 verfahren will, 11
steht grundsätzlich in ihrem **Ermessen.** Abs. 2 S. 1 begründet **keinen
Rechtsanspruch** des Eigentümers gegenüber der Gemeinde. Soweit
jedoch ein Eigentümer der Gemeinde die Übernahme der Durchfüh-
rung anbietet, darf die Gemeinde dies nur aus sachgerechten Gründen
ablehnen, insbesondere dann, wenn höhere Kosten oder eine unsachge-
mäße oder unzeitige Ausführung nicht auszuschließen sind. Jedoch
kann allgemein davon ausgegangen werden, daß die Durchführung
durch den Eigentümer weniger belastet als die Durchführung seitens
der Gemeinde. Lehnt die Gemeinde das Angebot des Eigentümers auf
Übernahme der Ordnungsmaßnahme ab, so kann der Eigentümer
diese Entscheidung als Verwaltunsakt anfechten und auf Ermessensfeh-

ler überprüfen lassen; zu Streitigkeiten über den Vertrag nach Abs. 2
S. 1 vgl. Rn 9.

12 Zur **Durchführung einzelner Ordnungsmaßnahmen** durch Eigen-
tümer kommt insbesondere die Beseitigung baulicher Anlagen auf dem
Grundstück des Eigentümers in Betracht und – wie schon aufgrund des
§ 124 Abs. 1 BBauG – die **Erschließung.** Auch die „freiwillige Umle-
gung" kann hierbei in Betracht kommen (vgl. hierzu auch BVerwG
UPR 1984, S. 337).

13 Die Überlassung von Ordnungsmaßnahmen hat vor allem auch für
den **Umzug von Bewohnern und Betrieben** Bedeutung. Der Umzug
von Betrieben setzt Kenntnisse über besondere betriebstechnische Zu-
sammenhänge voraus, die in der Regel eher beim Betriebsinhaber als
bei der Gemeinde vermutet werden können.

14 Erfüllt der Eigentümer seine vertragliche Verpflichtung zur Durch-
führung der Ordnungsmaßnahme nicht, so muß die Gemeinde die
Durchführung der Maßnahme nach **Abs. 2 S. 2** (Rn 15) selbst überneh-
men.

15 **b) Einschreiten der Gemeinde (Abs. 2 S. 2).** Ist die zügige und
zweckmäßige Durchführung der vertraglich übernommenen Ord-
nungsmaßnahmen durch einzelne Eigentümer nicht (mehr) gewährle-
istet, so hat die Gemeinde in dem erforderlichen Umfang **für die
Durchführung der Maßnahmen zu sorgen oder sie selbst zu überneh-
men.** Die Pflicht der Gemeinde zum Einschreiten entsteht danach mit
der Feststellung, daß die zügige und zweckmäßige Durchführung der
Maßnahmen durch einzelne Eigentümer nicht gewährleistet ist. Eine
Maßnahme wird **zügig** durchgeführt, wenn sie nach Beendigung erfor-
derlicher Klärungen (z. B. Planungssicherheit) begonnen und ohne
technisch unbegründete Verzögerung zu Ende geführt wird. Die be-
sondere Erwähnung der „Zügigkeit" trägt dem in § 136 Abs. 1 enthal-
tenen Grundsatz der zügigen Durchführung der Sanierungsmaßnahme
Rechnung. Eine Maßnahme wird **zweckmäßig** durchgeführt, wenn sie
wirtschaftlich durchgeführt wird und zu erkennen ist, daß die Anlage
dem Sanierungszweck entspricht. Die Durchführung der Maßnahme
ist **gewährleistet,** wenn der Eigentümer die Absicht der Durchführung
glaubhaft bekundet hat und wirtschaftlich in der Lage ist, sie zu
finanzieren.

16 Liegen die Voraussetzungen gem. Abs. 2 S. 2 vor, wird die Gemeinde
von einem im Vertrag vorzusehenden **Kündigungsrecht** Gebrauch
machen und die Maßnahme selbst durchführen (z. B. die Beseitigung
eines Gebäudes oder einer sonstigen baulichen Anlage, ggf. mit Anord-
nung eines Abbruchgebots nach § 179).

17 **3. Finanzierung.** Die Kosten der Ordnungsmaßnahmen und ihre
Finanzierung ist in § 41 Abs. 1 bis 3, § 39 Abs. 1 StBauFG geregelt.
Diese Regelung gilt gem. § 245 Abs. 11 fort.

§148 Baumaßnahmen

(1) Die Durchführung von Baumaßnahmen bleibt den Eigentümern überlassen, soweit die zügige und zweckmäßige Durchführung durch sie gewährleistet ist; der Gemeinde obliegt jedoch

1. für die Errichtung und Änderung der Gemeindebedarfs- und Folgeeinrichtungen zu sorgen und

2. die Durchführung sonstiger Baumaßnahmen, soweit sie selbst Eigentümerin ist oder nicht gewährleistet ist, daß diese vom einzelnen Eigentümer zügig und zweckmäßig durchgeführt werden.

Ersatzbauten, Ersatzanlagen und durch die Sanierung bedingte Gemeindebedarfs- und Folgeeinrichtungen können außerhalb des förmlich festgelegten Sanierungsgebiets liegen.

(2) Zu den Baumaßnahmen gehören

1. die Modernisierung und Instandsetzung,

2. die Neubebauung und die Ersatzbauten,

3. die Errichtung und Änderung von Gemeinbedarfs- und Folgeeinrichtungen sowie

4. die Verlagerung oder Änderung von Betrieben.

1. Verantwortung für die Durchführung (Abs. 1). Die **Durchführung der Baumaßnahmen** bleibt gem. § 148 – entsprechend § 13 Abs. 2 StBauFG – den **Eigentümern** überlassen. Das Sanierungsrecht ist von der Vorstellung geprägt, daß die Verantwortung der Gemeinde primär in der Schaffung der Voraussetzungen für die Durchführung der Baumaßnahmen durch die Eigentümer liegt, also den Ordnungsmaßnahmen. Zur Sicherung einer zügigen Durchführung der im öffentlichen Interesse liegenden Sanierung, aber auch im Hinblick z. B. auf Investitionsschwächen von Eigentümern, trägt das Gesetz jedoch zugleich dem Grundsatz der **Gesamtverantwortung der Gemeinde** für die Durchführung der Sanierung Rechnung. Dies kommt durch die **subsidiäre Verpflichtung der Gemeinde** zur Übernahme auch von Baumaßnahmen zum Ausdruck. Hieraus ergeben sich für die Gemeinden

folgende Aufgaben: Den Gemeinden obliegen die Bauaufgaben für die Errichtung und Änderung der Gemeinbedarfs- und Folgeeinrichtungen **(Abs. 1 S. 1 Nr. 2)**. Bei sonstigen Baumaßnahmen **(Abs. 1 S. 1 Nr. 2)** obliegen der Gemeinde jene Aufgaben, die sie als Eigentümerin durchzuführen hat oder aber – hier kommt die subsidiäre Gesamtverantwortung der Gemeinde zum Ausdruck – Bauaufgaben, die von einzelnen Eigentümern nicht zügig und zweckmäßig durchgeführt werden; vgl. zu Abs. 1 S. 1 Nr. 2 die Erl. zur entsprechenden Regelung in § 147 Abs. 2 S. 2.

2 **Abs. 1 S. 2** regelt – entsprechend § 12 Abs. 1 S. 3 StBauFG – den Fall, daß Maßnahmen **außerhalb des Sanierungsgebiets** durchgeführt werden. Diese Regelung hat – von der finanzierungsrechtlichen Bedeutung abgesehen (§ 245 Abs. 11) – für die Kostentragung, für die Aufgabenbereiche von Sanierungsträgern, für abgabenrechtliche Befreiungen (§ 151) und für die Tatbestände der steuerrechtlichen Vergünstigungen (vgl. Vorbem. zu den §§ 136 bis 164, Rn 28) Bedeutung; vgl. die entsprechende Regelung für die Ordnungsmaßnahmen in § 147 Abs. 1 S. 2.

3 **2. Begriff der Baumaßnahmen (Abs. 2). a) Allgemeines. § 148** Abs. 2 enthält eine nicht abschließende Aufzählung der Baumaßnahmen. Zu den Baumaßnahmen i. S. des Abs. 2 gehören alle baulichen Maßnahmen, die der Verwirklichung des Sanierungsziels dienen. Das Gesetz hebt folgende wichtigste Baumaßnahmen hervor:

4 **b) Modernisierung und Instandsetzung (Abs. 2 Nr. 1).** Die **Modernisierung** von Gebäuden dient der Beseitigung von Mißständen durch bauliche Maßnahmen; **Instandsetzung** ist die Behebung von baulichen Mängeln. Zum Begriff der Modernisierung und Instandsetzung vgl. im einzelnen § 177. Zur Beseitigung von Mißständen oder Mängeln einer baulichen Anlage kann die Gemeinde nach § 177 ein Modernisierungs- oder Instandsetzungsgebot erlassen.

5 **c) Neubebauung und Ersatzbauten (Abs. 2 Nr. 2).** Zur **Neubebauung** gehört die Errichtung privat und öffentlich genutzter baulicher Anlagen. Auch die Grundstücksentwässerung, sonstige kommunale Einrichtungen und der Bau von Straßen, die nicht Erschließungsanlagen i. S. des § 147 Abs. 1 Satz 1 Nr. 4 sind, gehören zur Neubebauung. Ordnungsmaßnahmen sind dagegen solche Maßnahmen, die notwendig sind, damit die Baumaßnahmen durchgeführt werden können, also z. B. die Beseitigung baulicher Anlagen, die Bodenordnung oder die Erschließung.

6 Die Errichtung von **Ersatzbauten** kommt in Frage, wenn anstelle der beseitigten Bauten und Anlagen nicht mehr gleichartige Bauten oder Anlagen erstellt werden, jedoch zur Unterbringung der Bewohner und Betriebe Ersatzräume notwendig sind. Ersatzbauten und Ersatzanlagen können nach Abs. 1 Satz 2 auch außerhalb des Sanierungsgebiets errichtet werden; vgl. hierzu Rn 2.

d) Errichtung und Änderung von Gemeinbedarfs- und Folgeein- 7
richtungen (Abs. 2 Nr. 3). Unter **Gemeinbedarfseinrichtungen** sind
entsprechend § 5 Abs. 2 Nr. 2 Einrichtungen zu verstehen, die der
Ausstattung des Sanierungsgebiets mit den der Allgemeinheit dienen-
den baulichen Anlagen und Einrichtungen dienen, wie insbesondere
Schulen und Kirchen sowie sonstige kirchlichen, sozialen, gesundheit-
lichen und kulturellen Zwecken dienende Gebäude und Einrichtungen.
Daß solche Einrichtungen im Sanierungsgebiet bisher fehlen, kann
gerade ein Grund für die Sanierungsbedürftigkeit des Gebiets gewesen
sein (vgl. § 136 Abs. 3 Nr. 2 c). Durch die Sanierung bedingte **Folgeein-**
richtungen können sonstige Bauten und Anlagen sein, die nicht vom
Begriff Gemeinbedarf erfaßt werden, aber geschaffen werden müssen,
damit der Sanierungszweck verwirklicht wird. **Gemeinbedarfs- und**
Folgeeinrichtungen sind z. B. Kindergärten, Altenpflegeheime, Kran-
kenhäuser, Bürgerhäuser, Sporthallen, Schwimmbäder, Parkanlagen
(soweit sie nicht zur Erschließung rechnen), Feuerwehranlagen, Schu-
len, Theater- und Konzertgebäude, Museen, Bibliotheken, Stadthallen,
öffentliche Verwaltungsgebäude.

e) Verlagerung oder Änderung von Betrieben (Abs. 2 Nr. 4). Zu 8
den Baumaßnahmen gehören weiterhin die Verlagerung oder Ände-
rung von Betrieben. Diese im StBauFG nicht ausdrücklich enthaltene
Bestimmung dient der Klarstellung insbesondere zur Abgrenzung von
der **Ordnungsmaßnahme** nach § 147 Abs. 1 S. 1 Nr. 2; **Umzug von**
Betrieben. Die Aufgaben, die sich aus dem sanierungsbedingten Um-
zug von Betrieben ergeben, obliegen danach der Gemeinde. Die hierzu
erforderlichen baulichen Maßnahmen obliegen dagegen nach Abs. 2
Nr. 4 dem Eigentümer.

3. Finanzierung. Über die Kosten von Baumaßnahmen und ihre 9
Finanzierung enthielt das **StBauFG** Regelungen in §§ 39, 43 und 45.
§ 43 Abs. 1 und 2 StBauFG ist in § 177 Abs. 4 und 5 aufgegangen. Die
Finanzierungsbestimmungen gelten gem. § 245 Abs. 11 bundesrecht-
lich fort.

§ 149 Kosten- und Finanzierungsübersicht

(1) **Die Gemeinde hat nach dem Stand der Planung eine Kosten-**
und Finanzierungsübersicht aufzustellen. Die Übersicht ist mit den
Kosten- und Finanzierungsvorstellungen anderer Träger öffentlicher
Belange, deren Aufgabenbereich durch die Sanierung berührt wird,
abzustimmen und der höheren Verwaltungsbehörde vorzulegen.

(2) **In der Kostenübersicht hat die Gemeinde die Kosten der Ge-**
samtmaßnahme darzustellen, die ihr voraussichtlich entstehen. Die
Kosten anderer Träger öffentlicher Belange für Maßnahmen im
Zusammenhang mit der Sanierung sollen nachrichtlich angegeben
werden.

(3) In der Finanzierungsübersicht hat die Gemeinde ihre Vorstellungen über die Deckung der Kosten der Gesamtmaßnahme darzulegen. Finanzierungs- und Förderungsmittel auf anderer gesetzlicher Grundlage sowie die Finanzierungsvorstellungen anderer Träger öffentlicher Belange sollen nachrichtlich angegeben werden.

(4) Die Kosten- und Finanzierungsübersicht kann mit Zustimmung der nach Landesrecht zuständigen Behörde auf den Zeitraum der mehrjährigen Finanzplanung der Gemeinde beschränkt werden. § 143 Abs. 1 Satz 3 bleibt unberührt.

(5) Die Gemeinde und die höhere Verwaltungsbehörde können von anderen Trägern öffentlicher Belange Auskunft über deren eigene Absichten im förmlich festgelegten Sanierungsgebiet und ihre Kosten- und Finanzierungsvorstellungen verlangen.

1 **1. Allgemeines.** Nach § 149 über die **Kosten- und Finanzierungs-
übersicht** (vgl. früher § 38 StBauFG) ist die Gemeinde zur Aufstellung,
Abstimmung und Fortschreibung einer Kosten- und Finanzierungs-
übersicht über die Durchführung der Sanierung verpflichtet. Die Ko-
sten- und Finanzierungsübersicht ist eine **Teilplanung** der Gemeinde
innerhalb der gemeindlichen Gesamtplanung für die Sanierung, die
nach dem Grundsatz der **„einheitlichen Vorbereitung"** (§ 136 Abs. 1)
für die Sanierungsmaßnahme zu erstellen und fortzuschreiben ist. Die
Kosten- und Finanzierungsübersicht ist ein **Planungs- und Steuerungs-
instrument** der Sanierung: Sie gibt Aufschluß über die Finanzierung
und damit über die Durchführbarkeit der Sanierung; sie gibt den Stand
der Durchführung der Sanierung wieder; sie dient der Abstimmung der
Investitionen anderer öffentlicher Bedarfsträger mit denen der Ge-
meinde; sie integriert die Sanierungsplanung in die kommunale Finanz-
planung.

2 Die Kosten- und Finanzierungsübersicht ist von der Prüfung der
Finanzierung der Einzelmaßnahme zu unterscheiden. Nach den För-
derungsbestimmungen der Länder werden Förderungsmittel zur Fi-
nanzierung der einzelnen Sanierungsmaßnahmen nur gewährt, wenn
die Finanzierung durch die Bewilligung der Mittel gesichert erscheint.
Von dieser Prüfung der Finanzierbarkeit der Einzelmaßnahme ist die
Kosten- und Finanzierungsübersicht zu unterscheiden, die nicht das
einzelne Sanierungsvorhaben, sondern die **Sanierungsmaßnahme als
Ganzes** nach dem jeweiligen Stand der Planung zum Gegenstand hat.

§ 38 StBauFG ist wegen des Zusammenhangs mit der Sanierungspla- 3
nung nicht in die Länderabweichensregelung für das Finanzierungs-
und Förderungsrecht gemäß § 245 Abs. 11 übernommen worden. Eine
Ausnahme gilt lediglich für die Bestimmungen des § 38 Abs. 2 S. 2 **und
3 StBauFG.** Danach kann die höhere Verwaltungsbehörde von der
Gemeinde Ergänzungen oder Änderungen der Kosten- oder Finanzie-
rungsübersicht verlangen; § 38 Abs. 2 S. 2 **StBauFG.** Nach § 38 Abs. 2
S. 3 StBauFG obliegt der höheren Verwaltungsbehörde eine Betreu-
ungspflicht gegenüber der Gemeinde, insbesondere die Finanzkoordi-
nierung gegenüber den anderen Trägern öffentlicher Belange und die
Unterstützung der Gemeinde bei der Beschaffung von Förderungsmit-
teln aus öffentlichen Haushalten. Beide Regelungen **gelten** gemäß § 245
Abs. 11 S. 1 **fort**; der Erlaß einer landesrechtlichen Regelung i. S. des
§ 245 Abs. 11 S. 2 ist z. Z. nicht abzusehen.

2. Zeitpunkt für die Aufstellung; Fortschreibung (Abs. 1 S. 1). 4
Abs. 1 S. 1 begründet die Verpflichtung für die Aufstellung einer
Kosten- und Finanzierungsübersicht. Ein fester Zeitpunkt für die Auf-
stellung der Kosten- und Finanzierungsübersicht ist nicht vorgeschrie-
ben. Die Übersicht ist „nach dem Stand der Planung" aufzustellen.
Bereits im Rahmen der **vorbereitenden Untersuchungen** (§ 141) sind
die Kosten der Gesamtmaßnahme überschlägig zu ermitteln und die
Möglichkeiten der Finanzierbarkeit aufzuzeigen. Die Aussicht auf Fi-
nanzierbarkeit innerhalb eines absehbaren Zeitraums darf nicht von
vorneherein ausgeschlossen sein; vgl. § 143 Abs. 1 S. 3. Die zunächst
nur grobe Kosten- und Finanzierungsübersicht ist nach förmlicher
Festlegung des Sanierungsgebiets im Zuge der Festlegung von Zielen
und Zwecken der Sanierungsplanung (§ 140 Nr. 3) zu konkretisieren.

Das Gesetz schreibt die **Fortschreibung der Kosten- und Finanzie-** 5
rungsübersicht zwar nicht ausdrücklich vor. Das Erfordernis der Fort-
schreibung und demgemäß der weiteren Abstimmung mit den anderen
Trägern öffentlicher Belange und der erneuten Vorlage bei der höheren
Verwaltungsbehörde ergibt sich jedoch unmittelbar aus dem Pla-
nungscharakter der Kosten- und Finanzierungsübersicht. Die Kosten-
und Finanzierungsübersicht bedarf entsprechend der weiteren Konkre-
tisierung der Sanierungsziele der Fortschreibung. Eine Anpassung kann
wegen sich verändernder finanzieller Umstände erforderlich sein. An-
gesichts der Dauer der Sanierungsmaßnahmen und damit der mög-
lichen Veränderung der wirtschaftlichen Verhältnisse in der Gemeinde
wird eine finanzielle Umplanung nicht selten sein. Auch eine Änderung
der sonstigen Planungsgrundlagen der Sanierung kann eine Fortschrei-
bung der Kosten- und Finanzierungsübersicht erforderlich machen.

3. Verfahren (Abs. 1 S. 2, Abs. 5; § 38 Abs. 2 S. 2 und 3 StBauFG). 6
Die Gemeinde hat die Kosten- und Finanzierungsübersicht mit den
Kosten- und Finanzierungsvorstellungen **anderer Träger öffentlicher
Belange,** deren Aufgabenbereich durch die Sanierung berührt wird,
abzustimmen. Die frühzeitige Koordination zwischen der Gemeinde

und anderen Trägern öffentlicher Belange wird bereits durch deren Beteiligung im Rahmen der vorbereitenden Untersuchungen gesichert; §§ 141, 139 Abs. 2. **Abs. 5** verdeutlicht diese sich bereits aus § 139 Abs. 1 ergebende **Unterstützungspflicht** der anderen Träger öffentlicher Belange.

7 Die Gemeinde hat die Übersicht der **höheren Verwaltungsbehörde** vorzulegen **(Abs. 1 S. 2)**. Aufgabe der höheren Verwaltungsbehörde ist es, die Kosten- und Finanzierungsübersicht zu prüfen und andere Kostenträger zur Mitteilung ihrer eigenen Absichten im Sanierungsgebiet und ihrer Finanzierungsvorstellungen aufzufordern, soweit das nicht schon durch die Gemeinde geschehen ist. Die entsprechenden Bestimmungen enthält **§ 38 Abs. 2 S. 2 und 3 StBauFG;** gem. § 245 Abs. 11 ist diese Bestimmung weiterhin anzuwenden, sofern und soweit sie nicht durch Landesrecht ersetzt wird. Die höhere Verwaltungsbehörde erhält dadurch die Möglichkeit, eine Abstimmung aller an der Sanierung beteiligten Stellen herbeizuführen. Der höheren Verwaltungsbehörde obliegt somit im Rahmen der Überprüfungspflicht eine **Betreuungspflicht.** Zur Erreichung einer allgemeinen Finanzkoordinierung zur Durchführung der Sanierung obliegt der höheren Verwaltungsbehörde dabei auch die Unterstützung der Gemeinde bei der Beschaffung von Förderungsmitteln aus öffentlichen Haushalten (§ 38 Abs. 2 S. 3 StBauFG).

8 Die höhere Verwaltungsbehörde kann gem. § 38 Abs. 2 Satz 2 StBauFG von der Gemeinde die **Änderung oder Ergänzung der Übersicht** verlangen; dies kann z. B. in Betracht kommen, weil die Finanzplanung der Gemeinde unvollständig ist, die Übersicht entsprechend den Förderungsrichtlinien des Landes unvollständig oder fehlerhaft ist, die Angaben über den von der Gemeinde zu tragenden Kostenanteil oder die eingesetzten Städtebauförderungsmittel des Landes oder der Mittel aus anderen Haushalten nicht zutreffen oder die Koordination mit anderen öffentlichen Aufgabenträgern unzureichend ist. Da nach den Förderungsrichtlinien der Länder die Übersicht periodisch (i. d. R. jährlich) vorzulegen ist, bezieht sich das Änderungs- und Ergänzungsverlangen der höheren Verwaltungsbehörde auch auf die jeweils fortgeschriebene Übersicht. Ein darüber hinausgehendes Recht – etwa Erteilung oder Versagung einer **Genehmigung** der Kosten- und Finanzierungsübersicht – steht der höheren Verwaltungsbehörde nicht zu. Es handelt sich vielmehr um eine besonders ausgestaltete Abstimmung zwischen der höheren Verwaltungsbehörde, der Gemeinde und den anderen Kostenträgern entsprechend dem Grundgedanken des § 139. Die Gemeinde ist jedoch **verpflichtet,** zu etwaigen Änderungs- oder Ergänzungswünschen der höheren Verwaltungsbehörde Stellung zu nehmen. Sie kann ggf. im Wege der Kommunalaufsicht dazu veranlaßt werden; die Gemeinde kann dagegen verwaltungsgerichtlichen Schutz in Anspruch nehmen.

9 **4. Zeitlicher Bezugsrahmen (Abs. 1 S. 1, Abs. 4).** Die Kosten- und

Finanzierungsübersicht ist für den **Zeitraum der Durchführung der Sanierungsmaßnahme** (Gesamtmaßnahme) aufzustellen. In zeitlicher Hinsicht bezieht sich die Übersicht somit auf die Gesamtdauer der Sanierung und damit auf die Durchführung aller nach dem Sanierungskonzept bis zum Abschluß der Sanierungsmaßnahme vorgesehenen Einzelmaßnahmen. Nach **Abs. 4 S. 1** kann die Kosten- und Finanzierungsübersicht mit Zustimmung der nach Landesrecht zuständigen Behörde auf den Zeitraum der **mehrjährigen Finanzplanung** der Gemeinde beschränkt werden. Hierdurch soll ermöglicht werden, daß die Kosten- und Finanzierungsübersicht einigermaßen verläßliche Aussagen darüber enthält, ob und ggf. in welcher Höhe Mittel aus öffentlichen Haushalten zur Finanzierung der Sanierungsmaßnahme bereitgestellt werden können; **Abs. 4 S. 2** stellt hierzu klar, daß § 143 Abs. 1 S. 3 über die Prüfung der allgemeinen Durchführbarkeit der Sanierung unberührt bleibt; im Rahmen des Anzeigeverfahrens ist zu prüfen und sind Gründe geltend zu machen, wenn aus Finanzierungsgründen keine Aussicht besteht, die Sanierungsmaßnahme innerhalb eines absehbaren Zeitraums abzuschließen.

5. Kostenübersicht (Abs. 2). Nach **Abs. 2 S. 1** hat die Gemeinde in der Kostenübersicht nur solche Kosten von Einzelmaßnahmen als **Kosten der städtebaulichen Gesamtmaßnahme** darzustellen, die ihr selbst voraussichtlich entstehen. Hierzu gehören insbesondere die Kosten der Vorbereitung (§ 140), der Ordnungsmaßnahmen (§ 147), die Kosten der der Gemeinde obliegenden Baumaßnahmen (§ 148 Abs. 2), die Kosten für den Aufwendungsersatz nach § 150, Ersatz- und Entschädigungsleistungen einschließlich Übernahmeansprüche, Kostenerstattungen bei der Modernisierung und Instandsetzung (§ 177 Abs. 4 und 5) sowie Kosten für Sanierungsträger und sonstige Beauftragte. Die Kosten **anderer öffentlicher Aufgabenträger** für Maßnahmen im Zusammenhang mit der Sanierung sind in der Kostenübersicht nachrichtlich anzugeben; **Abs. 2 S. 2.** Kosten ausschließlich privater Investitionen brauchen nicht dargestellt zu werden. 10

6. Finanzierungsübersicht (Abs. 3). In der Finanzierungsübersicht hat die Gemeinde gem. **Abs. 3 S. 1** die von ihr aufzubringenden Finanzierungsmittel anzugeben. Die Finanzierungs- und Förderungsmittel auf anderer gesetzlicher Grundlage sowie Finanzierungsvorstellungen anderer Träger öffentlicher Belange sollen nur nachrichtlich angegeben werden; **Abs. 3 S. 2.** 11

§ 150 Ersatz für Änderungen von Einrichtungen, die der öffentlichen Versorgung dienen

(1) Stehen in einem förmlich festgelegten Sanierungsgebiet Anlagen der öffentlichen Versorgung mit Elektrizität, Gas, Wasser, Wärme, Anlagen der Abwasserwirtschaft oder Fernmeldeanlagen der

Deutschen Bundespost infolge der Durchführung der Sanierung nicht mehr zur Verfügung und sind besondere Aufwendungen erforderlich, die über das bei ordnungsgemäßer Wirtschaft erforderliche Maß hinausgehen, zum Beispiel der Ersatz oder die Verlegung dieser Anlagen, hat die Gemeinde dem Träger der Aufgabe die ihm dadurch entstehenden Kosten zu erstatten. Vorteile und Nachteile, die dem Träger der Aufgabe im Zusammenhang damit entstehen, sind auszugleichen.

(2) **Kommt eine Einigung über den Erstattungsbetrag nicht zustande, entscheidet die höhere Verwaltungsbehörde.**

1 **1. Allgemeines.** § 150 über den **Ersatz für Änderung von Einrichtungen, die der öffentlichen Versorgung dienen,** trägt dem Umstand Rechnung, daß es bei Sanierungsmaßnahmen nicht selten erforderlich ist, öffentliche Versorgungsanlagen sowie Fernmeldeanlagen der Deutschen Bundespost zu verlegen und erforderlichenfalls neu herzustellen. Die Gemeinde hat gem. § 150 dem Aufgabenträger die hierdurch entstehenden Kosten zu erstatten.

2 **2. Öffentliche Versorgungseinrichtungen.** Zu den öffentlichen Versorgungseinrichtungen i. S. des **Abs. 1 S. 1** gehören Anlagen der öffentlichen Versorgung mit Elektrizität, Gas, Wasser und Wärme, weiterhin Anlagen der Abwasserwirtschaft sowie **Fernmeldeanlagen** der Deutschen Bundespost. Träger dieser Anlagen muß eine von der Gemeinde verschiedene Rechtsperson sein. Die Anlagen gehören nicht zu den Erschließungsanlagen i. S. des § 147 Abs. 1 S. 1 Nr. 4.

3 **3. Änderung.** Der Erstattungsanspruch setzt die Änderung einer vor Beginn der Sanierung vorhandenen öffentlichen Versorgungseinrichtung i. S. des Abs. 1 S. 1 voraus. Erforderlich ist weiter, daß die Anlage infolge von Ordnungs- und Baumaßnahmen im Zuge der Durchführung der Sanierung dem Aufgabenträger nicht mehr zur Verfügung steht und deshalb neu angelegt werden muß. Sofern der Bedarfsträger dafür Aufwendungen machen muß, die über das bei ordnungsgemäßer Wirtschaft erforderliche Maß hinausgehen, hat er einen Erstattungsanspruch gegen die Gemeinde. Dabei sind Vorteile und Nachteile auszugleichen; **Abs. 1 S. 2.** Vorteile können darin bestehen, daß ein neues und modernes Leitungsnetz eine größere Leistungsfähigkeit und damit größere Rentabilität aufweisen kann. Nachteile können darin liegen, daß infolge der Sanierung größere Anforderungen an eine neue Anlage zu stellen sind.

4 Zu den Kosten, die die Gemeinde dabei der Deutschen Bundespost zu erstatten hat, gehören auch die **an posteigene Kräfte gezahlten Bezüge;** BGH, MDR 1981, 567; vgl. weiterhin Gronemeyer, NVwZ 1986, 185.

5 **4. Verfahrens- und Rechtswegfragen (Abs. 2).** Kommt eine Einigung über den Erstattungsanspruch nicht zustande, entscheidet die

höhere Verwaltungsbehörde dem Grunde und der Höhe nach. Die in §24 Abs. 2 S. 2 StBauFG vorgesehene **Anhörung der Beteiligten** vor der Entscheidung ist im Hinblick auf die allgemeine Regelung in **§28 VwVfG** entfallen. Die **Rechtswegregelung** (früher §24 Abs. 2 S. 3 StBauFG) ist in §217 Abs. 1 S. 1 enthalten.

§151 Abgaben- und Auslagenbefreiung

(1) **Frei von Gebühren und ähnlichen nichtsteuerlichen Abgaben sowie von Auslagen sind Geschäfte und Verhandlungen**

1. **zur Vorbereitung oder Durchführung von städtebaulichen Sanierungsmaßnahmen,**

2. **zur Durchführung von Erwerbsvorgängen,**

3. **zur Gründung oder Auflösung eines Unternehmens, dessen Geschäftszweck ausschließlich darauf gerichtet ist, als Sanierungsträger tätig zu werden.**

(2) **Die Abgabenbefreiung gilt nicht für die Kosten eines Rechtsstreits. Unberührt bleiben Regelungen nach landesrechtlichen Vorschriften.**

(3) **Erwerbsvorgänge im Sinne von Absatz 1 Nr. 2 sind:**

1. **Der Erwerb eines Grundstücks durch eine Gemeinde oder durch einen Rechtsträger im Sinne der §§157 und 205 zur Vorbereitung oder Durchführung von städtebaulichen Sanierungsmaßnahmen. Hierzu gehört auch der Erwerb eines Grundstücks zur Verwendung als Austausch- oder Ersatzland im Rahmen von städtebaulichen Sanierungsmaßnahmen.**

2. **Der Erwerb eines Grundstücks durch eine Person, die zur Vorbereitung oder Durchführung von städtebaulichen Sanierungsmaßnahmen oder zur Verwendung als Austausch- oder Ersatzland ein Grundstück übereignet oder verloren hat. Die Abgabenbefreiung wird nur gewährt**
 a) **beim Erwerb eines Grundstücks im Sanierungsgebiet, in dem das übereignete oder verlorene Grundstück liegt, bis zum Abschluß der städtebaulichen Sanierungsmaßnahme,**
 b) **in anderen Fällen bis zum Ablauf von zehn Jahren, gerechnet von dem Zeitpunkt ab, in dem das Grundstück übereignet oder verloren wurde.**

3. **Der Erwerb eines im förmlich festgelegten Sanierungsgebiet gelegenen Grundstücks, soweit die Gegenleistung in der Hingabe eines in demselben Sanierungsgebiet gelegenen Grundstücks besteht.**

4. **Der Erwerb eines Grundstücks, der durch die Begründung, das Bestehen oder die Auflösung eines Treuhandverhältnisses im Sinne des §160 oder des §161 bedingt ist.**

1 1. Allgemeines. § 151 übernimmt (sachlich unverändert) § 76 StBauFG; vgl. zu den abgaben- sowie zu den sonstigen steuerrechtlichen Vorschriften der §§ 76 bis 84 StBauFG Vorbem. zu den §§ 136 bis 164, Rn 28 bis 30. Mit der **Abgaben- und Auslagenbefreiung** nach § 151 soll die Vorbereitung und Durchführung von Sanierungsmaßnahmen finanziell entlastet und die freiwillige Mitwirkung der betroffenen Eigentümer gesichert werden. Hierzu werden die in Abs. 1 Nr. 1 bis 3 bezeichneten Geschäfte und Verhandlungen frei von Gebühren und ähnlichen nicht-steuerlichen Abgaben gestellt.

2 2. Befreiungstatbestände (Abs. 1). Nach Abs. 1 sind **Geschäfte und Verhandlungen** freigestellt. Hierzu gehören nicht nur Rechtsgeschäfte, Rechtsvorgänge oder rechtsgeschäftliche Handlungen, sondern auch tatsächliche Handlungen, die eine Abgabenpflicht begründen.

3 Die Freistellung bezieht sich auf **Gebühren** und **ähnliche nicht-steuerliche Abgaben.** Unter **Gebühren** sind gesetzliche und aufgrund eines Gesetzes festgelegte Entgelte für die besondere Inanspruchnahme oder für Leistungen der öffentlichen Verwaltung zu verstehen. Sie unterscheiden sich von den Steuern dadurch, daß sie nicht im Zusammenhang mit einer konkreten Gegenleistung zu dem Abgabenschuldner stehen. Der Begriff der **Abgabe** umfaßt Steuern, Kosten (als Oberbegriff für Gebühren und Auslagen) sowie Beiträge. Durch den Begriff **„nicht-steuerliche Abgaben"** ist hierzu jedoch eine Einengung vorgenommen worden; vgl. aber bereits entsprechend § 76 Abs. 1 StBauFG („Gebühren, Auslagen und **ähnliche** Abgaben"). Damit ist insbesondere klargestellt, daß Grundstücksübertragungen im Vollzug der Vorbereitung und Durchführung von Sanierungsmaßnahmen der Grunderwerbsteuer unterliegen; die Grunderwerbsteuer-Befreiungsvorschrift des § 77 StBauFG ist bereits durch § 24 Abs. 1 Nr. 5 des Grunderwerbsteuergesetzes vom 17. 12. 1982 (BGBl I S. 1777) aufgehoben worden; die Gesetzesfassung stellt jetzt klar, daß Grunderwerbsteuerfälle nicht von der Abgabenfreiheit des § 151 erfaßt sind (Kleiber, KStZ 1987, 21). Abs. 1 stellt weiterhin sanierungsbedingte Geschäfte und Verhandlungen von **Auslagen** frei. Unter Auslagen sind Aufwendungen zu verstehen, die einer Behörde im Interesse einer kostenpflichtigen Amtshandlung als Zahlung an Dritte zu leisten hat (vgl. z. B. § 10 VwKostG, §§ 91 ff. GKG, §§ 136 ff. KostO). Um sich eine gesonderte Berechnung von regelmäßig entstehenden Auslagen zu ersparen, können die Kosten der Auslagen in die Gebühr einbezogen werden.

4 Nach **Abs. 1 Nr. 1** sind Geschäfte und Verhandlungen zur **Vorbereitung** oder **Durchführung** von städtebaulichen Sanierungsmaßnahmen freigestellt. Zum Begriff der Vorbereitung vgl. § 140, zum Begriff der

Durchführung vgl. §§ 146–148. Freigestellt sind solche Geschäfte und Verhandlungen, die **durch die Sanierung veranlaßt** sind und sonst nicht notwendig wären. Entscheidend ist der kausale Zusammenhang, unabhängig davon, ob das Geschäft oder die Verhandlung ein Grundstück betrifft, das innerhalb oder außerhalb des Sanierungsgebiets liegt oder zu einem Zeitpunkt vor Beginn des Sanierungsverfahrens (vgl. § 141 Abs. 3) oder noch seinen Abschluß (vgl. §§ 162 f.).

Nach **Abs. 1 Nr. 2** bleiben weiterhin Geschäfte und Verhandlungen zur Durchführung von **Erwerbsvorgängen** abgaben- und auslagenbefreit. Die Erwerbsvorgänge i. S. des Abs. 1 Nr. 2 sind in **Abs. 3** (in Anlehnung an § 77 Abs. 1 StBauFG) abschließend aufgezählt. 5

Frei von Abgaben und Auslagen sind nach **Abs. 1 Nr. 3** darüber hinaus Geschäfte und Verhandlungen, die zur **Gründung oder Auflösung eines Unternehmens** vorgenommen werden, dessen Geschäftszweck **ausschließlich** darauf gerichtet ist, als **Sanierungsträger** tätig zu werden. Abs. 1 Nr. 3 will natürlichen Personen die Gründung einer juristischen Person und damit von Sanierungsunternehmen i. S. des § 157 Abs. 1 S. 2 erleichtern. 6

3. Ausschluß der Befreiung (Abs. 2). Nach Abs. 2 S. 1 wird keine Abgabenfreiheit für die **Kosten eines Rechtsstreits** gewährt. Für diese bleibt es bei den Regelungen der §§ 91 ff. ZPO i. V. m. § 228 BauGB. Aus Gründen der fehlenden Kompetenz des Bundes sind nach **Abs. 2 S. 2** auch die einschlägigen landesrechtlichen Abgabenvorschriften von der Abgabenfreiheit nach Abs. 1 ausgeschlossen. Von der Abgabenfreiheit sind weiterhin **Notariatsgebühren** ausgeschlossen, da bundes- und landesrechtliche Vorschriften, die Gebühren- oder Abgabenfreiheit gewähren, nach § 144 KostO grundsätzlich nicht für Notare gelten, denen die Gebühren für ihre Tätigkeit selbst zufließen; vgl. weiterhin § 11 Abs. 3 KostO sowie die Ermäßigung der Gebühren für bestimmte Amtshandlungen der Notare gem. § 144 Abs. 3 KostO (vgl. weiterhin Kleiber, in: S/K/K, Rn 17). Von der Abgabenfreiheit sind weiterhin **Gebühren für die Bestätigung als Sanierungs- oder Entwicklungsträger** ausgeschlossen. Unberührt bleiben weiterhin sonstige Befreiungsvorschriften; vgl. insbesondere § 79 über die Abgaben- und Auslagenbefreiung in der **Umlegung.** 7

Dritter Abschnitt. Besondere sanierungsrechtliche Vorschriften

Vorbemerkung zu den §§ 152 bis 156

1 Bei den im Dritten Abschnitt zusammengefaßten besonderen sanierungsrechtlichen Vorschriften handelt es sich um die Regelungen, die die **„bodenpolitische Konzeption"** (Bielenberg, StBauFG, Stand: Oktober 1985, Einleitung, Rn 96; vgl. auch Vorbem. zu §§ 136 bis 164, Rn 17 ff.) des Städtebauförderungsgesetzes ausmachten. Die unübersichtlich an zahlreichen Stellen des StBauFG enthaltenen Bestimmungen wurden im Baugesetzbuch in einem Abschnitt zusammengefaßt und erheblich gestrafft. Von dem materiellen Regelungsgehalt der Vorschriften ging hierdurch in keinem Fall etwas verloren. Zur Systematik der Regelungen vgl. § 152, Rn 1 f.

2 Demgegenüber hat sich der **Stellenwert** innerhalb des Sanierungsrechts deutlich **geändert**. Diese Entwicklung wurde bereits durch die am 1. 1. 1985 in Kraft getretene StBauFG-Novelle vom 4. 10. 1984 (hierzu Kleiber, BBauBl. 1984, 817 ff.; Krautzberger, DVBl. 1984, 1149 ff.; Löhr, ZfBR 1984, 267 ff.) eingeleitet; sie wurde durch das Baugesetzbuch nur fortgeführt. Konnten die Vorschriften im Rahmen des StBauFG noch als „Kern des Gesetzes" (Bielenberg, ebd.), als „Eckpfeiler der Gesamtregelung über die städtebauliche Sanierung" (Stich, in: S/S/K, § 23, Rn 1) bezeichnet werden, so sind sie im Rahmen des Baugesetzbuches **keineswegs mehr konstitutiv für das Sanierungsrecht**. Die besonderen sanierungsrechtlichen Vorschriften gehören vielmehr entsprechend der Konzeption des Gesetzgebers, den Gemeinden die notwendigen Entscheidungsmöglichkeiten zu einem flexiblen und aufgabengerechten Instrumenteneinsatz einzuräumen (vgl. BT-Dr. 10/6166, S. 136 f.), neben z. B. dem Bebauungsplan oder der Verfügungs- und Veränderungssperre zu den im Rahmen einer Sanierung einsetzbaren Instrumenten. Der Einsatz der Vorschriften kann etwa notwendig sein, um den Grundstücksmarkt zu beruhigen (vgl. Kleiber, ZfBR 1986, 263) oder um bei tiefgreifenderen Umstrukturierungen spekulative Entwicklungen von vornherein zu vermeiden. Bleiben die Vorschriften so „der **bodenrechtliche Kern herkömmlicher Sanierungsverfahren**" (Kleiber, ebd.), so ist doch zu erwarten, daß gerade diese Sanierungsverfahren bei neuen Maßnahmen wegen der überwiegend durchgeführten „erhaltenden Erneuerung" ohne tiefgreifende Umstrukturierungen eher in den Hintergrund treten werden (vgl. Krautzberger, in: B/K/S, 2. Aufl. 1988, Rn 304). In den **neuen Bundesländern** könnten die Vorschriften aber wegen der zu erwartenden anderen Struktur der dort anstehenden Sanierungsmaßnahmen eine gesteigerte Bedeutung gewinnen (vgl. auch § 246 a, Rn 30 ff.).

Eine Gegenüberstellung der in das BauGB übernommenen Vorschriften des StBauFG und der AusgleichsbetragV finden sich in der 2. A., Vorb. §§ 152–156, Rn 3. **3**

§ 152 Anwendungsbereich

Die Vorschriften dieses Abschnitts sind im förmlich festgelegten Sanierungsgebiet anzuwenden, sofern die Sanierung nicht im vereinfachten Verfahren durchgeführt wird.

§ 152 greift die Bestimmung in § 142 Abs. 4 Halbsatz 1 auf, nach dem die Anwendung der Vorschriften des Dritten Abschnitts auszuschließen ist, wenn die Gemeinde es für ausreichend hält, die Sanierung im vereinfachten Verfahren durchzuführen. Trifft die Gemeinde in der Sanierungssatzung keine ausdrückliche Regelung nach § 142 Abs. 4, sind die Vorschriften des Dritten Abschnitts anzuwenden. Mit der Anwendung des vereinfachten Verfahrens schließt die Gemeinde notwendig das gesamte aufeinander abgestimmte bodenpolitische System des Dritten Abschnitts aus. Dieses dient der Finanzierung der Sanierung durch **Abschöpfung sanierungsbedingter Bodenwertsteigerungen** und der **Verhinderung von bodenpreisbedingten Erschwerungen der Sanierung**; es besteht im wesentlichen aus zwei Hauptkomponenten: **1**

– Eigentümer im Sanierungsgebiet, die ihre **Grundstücke behalten,** haben für die durch die Sanierung hervorgerufenen Steigerungen des Bodenwerts ihrer Grundstücke **Ausgleich zu leisten,** die Ausgleichsbeträge nach §§ 154 und 155;

– **behalten** Eigentümer ihr **Grundstück nicht,** weil sie enteignet werden, so werden bei der Bemessung der Ausgleichs- oder Entschädigungsleistungen **sanierungsbedingte Wertsteigerungen nicht berücksichtigt;** veräußern sie ihr Grundstück, ist dieses Rechtsgeschäft nach § 145 Abs. 2 nur dann genehmigungsfähig, wenn kein über dem Entschädigungswert nach § 153 Abs. 1 liegender Kaufpreis vereinbart wurde.

Ergänzt und abgesichert wird dieses System durch den **Ausschluß der Erhebung von Erschließungsbeiträgen** nach § 154 Abs. 1 Satz 2 sowie über eine dem Abschöpfungssystem der besonderen sanierungsrechtlichen Vorschriften entsprechende **Modifizierung der Einwurfs- und Zuteilungswerte in der Sanierungsumlegung** nach § 153 Abs. 5. **2**

§ 153 Bemessung von Ausgleichs- und Entschädigungsleistungen, Kaufpreise, Umlegung

(1) Sind aufgrund von Maßnahmen, die der Vorbereitung oder Durchführung der Sanierung im förmlich festgelegten Sanierungsgebiet dienen, nach den Vorschriften dieses Gesetzbuchs Ausgleichs- oder Entschädigungsleistungen zu gewähren, werden bei deren Bemessung Werterhöhungen, die lediglich durch die Aussicht auf die Sanierung, durch ihre Vorbereitung oder ihre Durchführung eingetreten sind, nur insoweit berücksichtigt, als der Betroffene diese Werterhöhungen durch eigene Aufwendungen zulässigerweise bewirkt hat. Änderungen in den allgemeinen Wertverhältnissen auf dem Grundstücksmarkt sind zu berücksichtigen.

(2) Liegt bei der rechtsgeschäftlichen Veräußerung eines Grundstücks sowie bei der Bestellung oder Veräußerung eines Erbbaurechts der vereinbarte Gegenwert für das Grundstück oder das Recht über dem Wert, der sich in Anwendung des Absatzes 1 ergibt, liegt auch hierin eine wesentliche Erschwerung der Sanierung im Sinne des § 145 Abs. 2.

(3) Die Gemeinden oder der Sanierungsträger dürfen beim Erwerb eines Grundstücks keinen höheren Kaufpreis vereinbaren, als er sich in entsprechender Anwendung des Absatzes 1 ergibt. In den Fällen des § 144 Abs. 4 Nr. 4 und 5 darf der Bedarfsträger keinen höheren Kaufpreis vereinbaren, als er sich in entsprechender Anwendung des Absatzes 1 ergibt.

(4) Bei der Veräußerung nach § 89 und § 159 Abs. 3 ist das Grundstück zu dem Verkehrswert zu veräußern, der sich durch die rechtliche und tatsächliche Neuordnung des förmlich festgelegten Sanierungsgebiets ergibt. § 154 Abs. 5 ist dabei auf den Teil des Kaufpreises entsprechend anzuwenden, der der durch die Sanierung bedingten Werterhöhung des Grundstücks entspricht.

(5) Im förmlich festgelegten Sanierungsgebiet sind
1. Absatz 1 auf die Ermittlung von Werten nach § 57 Satz 2 und im Fall der Geldabfindung nach § 59 Abs. 2 und 4 ais 6 sowie den §§ 60 und 61 Abs. 2 entsprechend anzuwenden;
2. Wertänderungen, die durch die rechtliche und tatsächliche Neuordnung des förmlich festgelegten Sanierungsgebiets eintreten, bei der Ermittlung von Werten nach § 57 Satz 3 und 4 und im Falle des Geldausgleichs nach § 59 Abs. 2 sowie den §§ 60 und 61 Abs. 2 zu berücksichtigen;
3. § 58 nicht anzuwenden.

Übersicht

I. 1. Das Baugesetzbuch läßt, wie vor ihm schon das Bundesbauge- **1**
setz, Bodenwertsteigerungen, die durch planerische Maßnahmen der
öffentlichen Hand verursacht sind, grundsätzlich dem Bodeneigentü-
mer zufließen. Er hat lediglich im Fall der Erschließung Beiträge zu
zahlen (vgl. §§ 127 ff.) oder im Rahmen einer Umlegung einen Flä-
chenabzug für öffentliche Flächen hinzunehmen (vgl. § 55 Abs. 2) und
ggfs. Ausgleichsleistungen zu erbringen (vgl. etwa § 59 Abs. 2). Dieser
Grundsatz findet darin seinen Ausdruck, daß die Bemessung von
Ausgleichs- und Entschädigungsleistungen stets nach den Vorschriften
im Zweiten Abschnitt des Fünften Teils, also den §§ 93 ff. stattfindet.
Zu diesen Vorschriften gehört insbesondere § 95 Abs. 1, der bestimmt,
daß sich die **Entschädigung** für den Rechtsverlust nach dem in § 194
geregelten **Verkehrswert** bemißt. Dies gilt etwa für die Entschädigung
für Planungsschäden nach §§ 39 ff. (vgl. § 43 Abs. 1 Satz 3), für die
Umlegung nach §§ 45 ff. (vgl. z. B. § 59 Abs. 2 Satz 2), die Grenzrege-
lung nach §§ 80 ff. (vgl. etwa § 81 Abs. 1 Satz 2) und natürlich die
Enteignung nach §§ 85 ff. selbst. Die grundsätzliche Geltung dieser
Vorschriften ordnet Abs. 1 Satz 1 an, wenn er in seinem Tatbestandsteil
(erster Halbsatz) auf Ausgleichs- oder Entschädigungsleistungen „nach
den Vorschriften dieses Gesetzbuchs" Bezug nimmt. Die allgemeinen
Regeln und Grundsätze der Wertermittlung nach diesen Vorschriften,
ergänzt durch die **Wertermittlungsverordnung** (vgl. Text im Anhang),
gelten daher auch bei der Bestimmung von Ausgleichs- oder Entschä-
digungsleistungen in Sanierungsgebieten, sofern nicht die besonderen
sanierungsrechtlichen Vorschriften zur Anwendung kommen.

2. Abs. 1 modifiziert diese Bemessung von Ausgleichs- oder Ent- **2**
schädigungsleistungen, indem er bestimmt, daß sämtliche **Werterhö-**
hungen unberücksichtigt bleiben, die **durch die Sanierung bewirkt**
worden sind. Dabei ist es unerheblich, ob diese Werterhöhungen
durch die **Aussicht** auf die Sanierung, die **Vorbereitung** der Sanierung
(vgl. §§ 140–143) oder die **Durchführung** der Sanierung (vgl.

§§ 146–148) bedingt wurden. Diese Abweichung gegenüber der Bestimmung von Ausgleichs- und Entschädigungsleistungen im übrigen ist **sowohl mit Art. 14 Abs. 1 als auch mit Art. 3 Abs. 1 GG vereinbar** (vgl. Schmidt-Aßmann, Grundfragen des Städtebaurechts, 1972, S. 282 ff.). Dies gilt auch für die in der Anknüpfung an die durch die Aussicht auf Sanierungsmaßnahmen – und damit eventuell vor dem Inkrafttreten des StBauFG – bewirkten Wertsteigerungen liegende **unechte Rückwirkung** des Abs. 1 (früher § 23 Abs. 2 StBauFG). Der BGH sieht die Wertabschöpfung auch der Planungsgewinne in Sanierungsgebieten deshalb als unbedenklich an, weil die Abschöpfung auf Wertsteigerungen beschränkt ist, die lediglich durch die Aussicht auf den Einsatz des bodenrechtlichen Instrumentariums, zu dem der einzelne Eigentümer keinen Beitrag leistet, bewirkt wurden (vgl. BGH, NJW 1980, 2814/2816). Der BGH geht hier noch davon aus, daß die Bodenwertsteigerungen durch einen Bebauungsplan oder seine Änderung bewirkt wurden. Dies entspricht der Rechtslage bis zur StBauFG-Novelle 1984, die die über § 1 Abs. 3 hinausgehende Pflicht zur Aufstellung von Bebauungsplänen in Sanierungsgebieten abgeschafft hat. Desto deutlicher ist nunmehr, daß die Bodenwerterhöhungen in der Sanierung nicht unbedingt durch den Bebauungsplan bewirkt werden, sondern durch die Lagewertverbesserung infolge der von der öffentlichen Hand finanzierten Sanierungsmaßnahmen.

3 **a)** Für die Wertermittlung im allgemeinen und für die **Wertermittlung nach § 153** im besonderen enthält die WertV vom 6. 12. 1988 in ihrem Vierten Teil ergänzende, weitergehende Vorschriften. Der Text der WertV ist daher im Anhang abgedruckt. Hiernach ist wie folgt vorzugehen:

4 In einem **ersten Schritt** ist nach § 3 Abs. 1 WertV der **Zustand des Grundstücks** in dem Zeitpunkt zu ermitteln, auf den sich die Ermittlung bezieht (Stichtag der Qualitätsermittlung; zum hiervon zu unterscheidenden Wertermittlungsstichtag vgl. unten, Rn 9). Dabei sind grundsätzlich alle den Verkehrswert des Grundstücks beeinflussenden tatsächlichen und rechtlichen Umstände (vgl. § 3 Abs. 2 WertV) zu berücksichtigen. Aus **Abs. 1 Satz 1** ergibt sich jedoch der entscheidende Unterschied, daß bei seiner Anwendung alle **Werterhöhungen, die lediglich durch** die **Aussicht** auf die Sanierung, durch ihre **Vorbereitung** oder ihre **Durchführung** eingetreten sind, **nicht zu berücksichtigen** sind. Dies bedeutet, daß die Aussicht auf Änderungen hinsichtlich der Struktur des Gebiets und der Lage des Grundstücks, seinem Entwicklungszustand, der Art und dem Maß der baulichen Nutzung, der Grundstücksgestalt und dem Erschließungszustand sowie der Ertragsverhältnisse, z. B. bei den nachhaltig erzielbaren Erträgen und Bewirtschaftungskosten, als nach § 3 Abs. 2 WertV maßgebende tatsächliche und rechtliche Umstände außer Betracht zu lassen sind. Dabei enthält das Gesetz **keinen Stichtag,** an dem die Aussichten auf die Sanierung, also die sanierungsrechtlichen Vorwirkungen, kraft Geset-

zes Wirkungen gezeitigt haben. War der Verzicht auf einen Stichtag bei
dem Erlaß des Städtebauförderungsgesetzes umstritten, vor allem so-
weit es sich hierdurch um eine Rückbeziehung auf Wertsteigerungen
auch aus der Zeit vor dem Inkrafttreten des Städtebauförderungsgeset-
zes handelte (hierzu näher Kleiber, in: B/K/K, Bd. I, § 153, Rn 24 f.), so
haben doch BGH (vgl. oben, Rn 2) und BVerwG (NJW 1982, 398) die
gesetzgeberische Konzeption bestätigt. Auch die enteignungsrechtliche
Vorwirkung nach § 95 Abs. 2 Nr. 2 enthält keine gesetzliche Fixierung
eines Stichtags.

Das entscheidende Kriterium zur Eingrenzung der auszuschließen- 5
den Werterhöhungen ist die in einem **zweiten Schritt** zu belegende
Kausalität zwischen Sanierung und Werterhöhung. An deren Nach-
weis ist durch das Erfordernis, daß nur die Werterhöhungen auszu-
schließen sind, die **lediglich** durch die Aussicht auf die Sanierung, ihre
Vorbereitung oder Durchführung bewirkt worden sind, sehr hohe
Anforderungen zu stellen. Die Kausalität ist von Fall zu Fall näher zu
bestimmen. Allgemeine Angaben lassen sich hierzu nicht machen. Als
die Aussicht begründend können aber nicht nur förmliche Maßnahmen
angesehen werden, sondern dies kann auch schon eine Beratung in der
Gemeindevertretung sein, eine erfolgversprechende Aktivität einer
Bürgerinitiative oder auch Aussagen im Rahmen eines Gemeindewahl-
kampfes.

Die geeignetste **Methode,** den von der Sanierung unbeeinflußten 6
Zustand der betroffenen Grundstücke zu ermitteln, ist das **Vergleichs-
verfahren** zu §§ 13 ff. WertV. § 26 Abs. 1 Satz 1 WertV bestimmt
daher ausdrücklich, daß Vergleichsgrundstücke und Ertragsverhält-
nisse aus vergleichbaren Gebieten, in denen Sanierungsmaßnahmen
nicht erwartet werden, heranzuziehen sind. Dabei kann allerdings nicht
unbesehen eine Wertdifferenz als Vorwirkung der Sanierung angesehen
werden. Vielmehr ist nachzuweisen, daß es nicht andere Sonderfakto-
ren in dem Gebiet neben der Sanierung waren, die die Wertsteigerung
verursacht haben. Das gleiche gilt für die Ermittlung von Erträgen
oder von Umständen, die eine verminderte wirtschaftliche Verwend-
barkeit begründen. Preise und Nutzungsentgelte, die sich auf dem
Grundstücksmarkt im Hinblick auf die erwarteten Werterhöhungen
infolge der Sanierung gebildet haben, sind dagegen nicht zu berück-
sichtigen.

In dem Fall der **Änderung einer früher zulässigen Nutzung** durch 7
einen Bebauungsplan, weil sie den Anforderungen an gesunde Wohn-
und Arbeitsverhältnisse oder an die heute geltenden Sicherheitsanfor-
derungen nicht mehr genügte, ist die nunmehr zulässige Nutzung
zugrunde zu legen. Hierunter ist allerdings **nicht** die nach dem **Sanie-
rungsbebauungsplan** zulässige Nutzung zu verstehen; dies würde dem
System der besonderen sanierungsrechtlichen Vorschriften nicht ent-
sprechen. Gemeint ist vielmehr die nach dem vorherigen, nicht durch
die Sanierung beeinflußten Bebauungsplan festgesetzte zulässige Nut-

zung. Hierin kommt der Rechtsgedanke des § 43 Abs. 4, der bereits in § 44 b Abs. 4 BBauG 1976 und § 44 Abs. 1 Satz 2 BBauG 1960 enthalten war, für das Sanierungsrecht zum Ausdruck (vgl. Bielenberg, StBauFG, Stand: Oktober 1985, Einleitung, Rn 162). Ebenfalls auf die geänderte Nutzbarkeit abzustellen ist in den Fällen, in denen für eine Wertminderung bereits eine Planungsentschädigung geleistet worden ist (vgl. Bielenberg, aaO, § 23, Rn 20).

8 **b)** Werterhöhende Maßnahmen, die im Hinblick auf die bevorstehende Sanierung durchgeführt wurden, sind bei der Wertermittlung grundsätzlich nicht zu berücksichtigen. Dies gilt nach Abs. 1 Satz 1 jedoch dann nicht, wenn die Werterhöhungen von den Betroffenen zulässigerweise und durch eigene Aufwendungen bewirkt worden sind. Unter **eigenen Aufwendungen** ist der Einsatz von Arbeit oder Kapital zu verstehen. **Zulässigerweise** vorgenommen sind die Maßnahmen, wenn sie formell und materiell mit dem öffentlichen Recht übereinstimmen. Verstöße gegen privatrechtliche Verpflichtungen sind in diesem Zusammenhang ohne Belang. Von besonderer Bedeutung ist hier die im förmlich festgelegten Sanierungsgebiet bestehende Genehmigungspflicht nach §§ 144 f. Außerhalb der sanierungsrechtlichen Vorschriften kommen die allgemeinen Genehmigungsbestimmungen nach §§ 29 ff. sowie die Veränderungssperre nach § 14 oder die Verfügungs- und Veränderungssperre nach § 51 in Betracht. Dabei reicht es für eine Unzulässigkeit im Sinne des Abs. 1 Satz 1 aus, wenn die Maßnahme zwar materiell rechtmäßig, aber **formell – mangels Genehmigung – rechtswidrig ist.** Zum einen kommt es im Hinblick auf die Sanierung nicht allein auf die materielle Baurechtsmäßigkeit an, sondern auch darauf, ob bestimmte Maßnahmen die Durchführung der Sanierung erschweren könnten oder nicht. Hier kommt daher derselbe Rechtsgedanke zum Tragen, wie er für die Enteignung in § 95 Abs. 2 Nr. 4 und 5 zum Ausdruck gebracht worden ist. Auch kann ein sich rechtmäßig verhaltender Eigentümer, der unter Umständen die Genehmigung nicht erhalten hätte, nicht schlechter gestellt werden, als jemand, der sich über bestehende Genehmigungspflichten hinweggesetzt hat (vgl. Bielenberg, aaO, Rn 21). Die bloße **Zahlung eines überhöhten Kaufpreises** ist keine Werterhöhung, da sie keine Qualitätsverbesserung des Grundstücks darstellt. Hat der Erwerber aber gewissermaßen vorgezogene Ausgleichsleistungen erbracht, so geht dies in den Wert des Grundstücks ein, ähnlich wie gezahlte Erschließungsbeiträge. Zu beachten ist aber immer, daß **nur** die bewirkten **Werterhöhungen, nicht** etwa die aufgewandten **Kosten** berücksichtigungsfähig sind (vgl. Kleiber, in: E/Z/B, § 153, Rn 20).

9 **c)** Ziel des Abs. 1 ist es, sanierungsbedingte Werterhöhungen abzuschöpfen. Hierzu gehören aber, wie **Abs. 1 S. 2** ausdrücklich klarstellt, **nicht** solche Werterhöhungen, die sich infolge der **allgemeinen Preisentwicklung** auf dem Grundstücksmarkt ergeben (vgl. BGH, NJW 1984, 1881/1882). Ob es sich um allgemeine Preisentwicklungen, die

auch in anderen vergleichbaren Gemeindeteilen zu beobachten sind, handelt, läßt sich durch einen Preisvergleich (vgl. oben, Rn 6) feststellen. Die allgemeinen Wertverhältnisse auf dem Grundstücksmarkt sind dabei, anders als der Zustand des Grundstücks (vgl. oben, Rn 4), nicht zurückzubeziehen, sondern entsprechend §95 Abs. 1 Satz 2 zu dem Zeitpunkt zu ermitteln, in dem über die Ausgleichs- oder Entschädigungsleistung dem Grunde nach entschieden wird (vgl. Kleiber, in: E/Z/B, §153, Rn 18; Friedrich, in: Kohlhammer-Komm., §153, Rn 16 ff.).

d) Die Wertermittlung nach Abs. 1 ist ein äußerst komplexer Vorgang, der sich von Fall zu Fall unterscheidet. Die Gemeinde ist daher in aller Regel gut beraten, hierfür ein **Gutachten des Gutachterausschusses** anzufordern. Sie ist hierzu nach §193 Abs. 1 Satz 1 Nr. 1 berechtigt. Zwar haben die Gutachten nach §193 Abs. 4 keine bindende Wirkung und stellen daher keine anfechtbaren Verwaltungsakte dar, doch kommen sie in einem rechtlich geordneten Verfahren zustande und sind an die Vorschriften der WertV gebunden. Sie können daher faktisch große Bedeutung erlangen und gerichtliche Auseinandersetzungen vermeiden helfen. **10**

II. 1. Abs. 2 knüpft an §145 Abs. 2 an. Danach ist die Genehmigung von Vorhaben, Teilungen und Rechtsvorgängen nach §144 unter anderem dann zu versagen, wenn hierdurch die Sanierung wesentlich erschwert würde. Abs. 2 bestimmt nun im Sinne einer unwiderleglichen Fiktion, daß eine wesentliche Erschwerung der Sanierung auch darin zu sehen ist, daß bei der **Veräußerung** eines Grundstücks und der Bestellung oder Veräußerung eines Erbbaurechts ein **höherer Gegenwert vereinbart** wird, als er sich bei Anwendung des Abs. 1 ergeben würde. Die Gemeinde hat hier also eine sog. **Preisprüfung** durchzuführen. Damit soll zum einen ausgeschlossen werden, daß sich der **Veräußerer** eines Grundstücks der Abschöpfung sanierungsbedingter Werterhöhungen durch Verlangen eines entsprechend hohen Kaufpreises entzieht; zum anderen soll der **Erwerber** davor geschützt werden, für die sanierungsbedingten Werterhöhungen doppelt zu zahlen, nämlich einmal bei der Entrichtung des überhöhten Kaufpreises und zum anderen bei der Zahlung des zu erwartenden Ausgleichsbetrags. Denn nach §155 Abs. 1 Nr. 3 sind dem Eigentümer auf den Ausgleichsbetrag nur solche Zahlungen als Bestandteil eines Kaufpreises anzurechnen, die er zulässigerweise bereits entrichtet hat. Die Zahlung eines Kaufpreises über dem Wert nach Abs. 1 Satz 1 ist aber nicht zulässig in diesem Sinn (vgl. §155, Rn 9 f.). Auch hier wird es zweckmäßig sein, ein **Gutachten des Gutachterausschusses** zu beantragen (vgl. oben, Rn 10). **11**

2. Schwierig zu entscheiden war und ist die Frage, wann der vereinbarte Gegenwert für das Grundstück „über dem Wert" liegt, der sich in Anwendung des Abs. 1 ergibt. Streitig ist insbesondere, ob es in einem bestimmten Fall **nur einen einzigen zutreffenden Verkehrswert** gibt oder ob man von einer **Verkehrswertspanne** ausgehen kann, innerhalb **12**

derer Preise bei einer Preisprüfung nach Abs. 2 nicht beanstandet
werden können. Nach der reinen Lehre der Wertermittlung ist sicher-
lich davon auszugehen, daß jeweils ein bestimmter Verkehrswert prä-
zise zu ermitteln ist. Das Bundesverwaltungsgericht geht in seiner
Rechtsprechung jedoch davon aus, daß der nach Abs. 1 modifizierte
Verkehrswert aus zwei Gründen mit Unsicherheiten und Ungewiß-
heiten belastet ist: zum einen aus den Unwägbarkeiten der Wert-
ermittlung und zum anderen aus den vereinbarten Zahlungsmodalitä-
ten, die es zumindest erschwerten, den bei dem Kaufvertrag zugrunde
gelegten Wert präzise zu ermitteln. Daraus folgert das Gericht, „daß
der vereinbarte Gegenwert (im Sinne des Abs. 2) so lange nicht über
dem gemäß (Abs. 1) modifizierten Verkehrswert liegt, wie nicht Werte
vereinbart oder zugrunde gelegt werden, die in einer **dem Rechtsver-
kehr erkennbaren Weise deutlich verfehlen,** was auch sonst, nämlich
im gewöhnlichen Geschäftsverkehr ohne Rücksicht auf ungewöhnli-
che oder persönliche Verhältnisse, zu erzielen wäre" (BVerwG, NJW
1979, 2578/2579; NJW 1982, 398/399. Zustimmend Gronemeyer,
BauR 1979, 112 ff.; Otte, ZfBR 1979, 76 ff.; ablehnend Dieterich,
ZfBR 1979, 223 ff.; Seele, VR 1982, 105 ff.; Kleiber, in: B/K/K, Bd. I,
§ 153, Rn 57). Nach dieser Rechtsprechung sind also zwei Vorausset-
zungen erforderlich, um einem Rechtsgeschäft wegen eines überhöh-
ten Preises die Genehmigung zu verweigern: Der nach Abs. 1 maß-
gebliche Verkehrswert muß deutlich, d. h. mehr als nur geringfügig,
verfehlt worden sein, und den Beteiligten muß diese „Verfehlung"
erkennbar gewesen sein.

13 Der Gemeinde wird hiernach nichts anderes übrig bleiben, als nach
ihrer Auffassung geringfügig überhöhte Preise zu genehmigen. Um
aber zu vermeiden, daß diese überhöhten Preise als Vergleichsmaßstab
für andere Kaufverträge genommen und wiederum „geringfügig"
überschritten werden und es so zu einem langsamen Aufschaukeln des
Preises trotz Preisprüfung kommt, ist der Gemeinde anzuraten, in der
Genehmigungsverfügung ausdrücklich den **Wert im Sinne des Abs. 1
festzulegen,** der nach ihrer Auffassung maßgeblich ist (vgl. Kleiber,
aaO, Rn 59).

14 **III.** Die Preisprüfung nach Abs. 2 setzt das Vorliegen einer nach
§ 144 Abs. 2 Nr. 1 genehmigungspflichtigen rechtsgeschäftlichen Ver-
äußerung eines Grundstücks oder die Bestellung und Veräußerung
eines Erbbaurechts voraus. Nach § 144 Abs. 4 bedürfen aber Rechts-
vorgänge keiner Genehmigung, wenn die **Gemeinde** oder der **Sanie-
rungsträger** hieran **beteiligt** ist. Abs. 2 greift hier also nicht. Daher
bestimmt **Abs. 3 Satz 1,** daß die Gemeinde oder der Sanierungsträger
verpflichtet sind, beim Erwerb eines Grundstücks keinen Kaufpreis zu
vereinbaren, der über dem Wert liegt, der sich in Anwendung des
Abs. 1 ergibt. Unter Gemeinde ist hier nur die Gemeinde zu verstehen,
die die Sanierung selbst durchführt, nicht eine andere Gemeinde. Der
Sanierungsträger ist nur dann von der Genehmigungspflicht und der

Preisprüfung nach Abs. 2 befreit, wenn der Erwerb oder die Veräußerung der Durchführung der Sanierung dienen. Die bloße Beteiligung der Gesellschaft, die mit der Sanierung beauftragt ist, reicht hierfür nicht aus (vgl. Bielenberg, StBauFG, Stand: Oktober 1985, § 15, Rn 80). In der Zwangsversteigerung wird kein Preis „vereinbart"; hier greift daher Abs. 3 trotz Genehmigungsfreiheit des Erwerbs nicht ein (vgl. auch Kleiber, in: E/Z/B, § 153, Rn 35).

Dasselbe gilt nach Abs. 3 **Satz 2** für Grundstücksteilungen und **15** Rechtsvorgänge, die Zwecken der Landesverteidigung dienen (§ 144 Abs. 4 Nr. 4), oder für den rechtsgeschäftlichen Erwerb eines in ein Planfeststellungsverfahren nach den in § 38 bezeichneten Rechtsvorschriften einbezogenen Grundstücks durch den **Bedarfsträger** (§ 144 Abs. 4 Nr. 5). Auch dieser darf keine höheren Kaufpreise vereinbaren, als sie sich nach Abs. 1 ergeben.

Ein **Verstoß** gegen diese Verpflichtung führt allerdings **nicht zur** **16** **Unwirksamkeit** des Rechtsvorgangs (vgl. Stich, in: S/S/T, § 15, Rn 64, 66; Jauernig, in: ders. [Hrsg.], BGB, 5. Aufl. 1990, § 134, Anm. 3 dcc). Jedoch kann ein Erwerb über dem Wert nach Abs. 1 für die Gemeinde negative Folgen im Hinblick auf die Förderung des Grunderwerbs haben, d. h. daß förderungsfähig nur die Kosten sind, die sich im Rahmen des Abs. 1 halten (vgl. Koopmann, in: Bielenberg, StBauFG, Nr. 15 StBauFVwV, Rn 1; die StBauFVwV des Bundes sind zwar außer Kraft getreten, aber von den Ländern, mit Ausnahme von Nordrhein-Westfalen, das abweichende Richtlinien erlassen hat, weitestgehend als eigene Verwaltungsvorschriften übernommen worden (vgl. Koopmann, in: B/K/K, Bd. II, Teil C 1, Rn 55).

IV. 1. Wie beim Erwerb von Grundstücken im Sanierungsgebiet **17** sämtliche sanierungsbedingten Werterhöhungen unberücksichtigt zu bleiben haben, so sind bei der **Veräußerung von Grundstücken in den** **Fällen der §§ 89 und 159 Abs. 3** im Sanierungsgebiet **durch die Gemeinde oder den Sanierungsträger** nach **Abs. 4 Satz 1** umgekehrt alle **sanierungsbedingten Werterhöhungen** bei der Preisbildung zu **berücksichtigen.** So wird gewährleistet, daß die Wertsteigerung, die die Grundstücke im Sanierungsgebiet infolge der Sanierung erfahren, auch tatsächlich abgeschöpft werden und der Allgemeinheit zugutekommen. Bei der Wertermittlung für die Veräußerung von Grundstücken ist daher der **Zustand des Gebiets nach Abschluß der Sanierungsmaßnahmen** zugrunde zu legen. Hier sind also alle Änderungen infolge der Durchführung der Sanierung, ihrer Vorbereitung oder Durchführung, insbesondere hinsichtlich der Struktur des Gebiets und der Lage des Grundstücks, der Entwicklungsstufe, der Art und des Maßes der baulichen Nutzung, der Grundstücksgestalt und des Erschließungszustands sowie der Ertragsverhältnisse zu berücksichtigen. Sind Maßnahmen noch nicht abgeschlossen, so muß im **Vorgriff auf ihren Abschluß** die Aussicht auf die in der Planung vorgesehenen Änderungen und sonstigen Wertverbesserungen berücksichtig werden. Um der Ge-

meinde aber bei einem **frühzeitigen Verkauf freihändig erworbener Grundstücke**, die also nicht unter die Veräußerungspflicht nach § 89 fallen, schwierige und ggf. umstrittene Wertermittlungen zu ersparen, ist die Veräußerung zum Neuordnungswert hier nicht vorgeschrieben. Dann kann die Gemeinde zu einem niedrigeren Wert veräußern, muß aber später Ausgleichsbeträge (unter Beachtung von § 155 Abs. 1 Nr. 3) erheben. Hierauf ist der Erwerber hinzuweisen. Durch die Kombination von Abs. 1 und Abs. 4 Satz 1 wird also im Fall des Durchgangserwerbs der Gemeinde dieselbe Wertabschöpfung durchgeführt wie mit den Ausgleichsbeträgen in den Fällen, in denen der Eigentümer das Grundstück behält.

18 2. Da § 154 Abs. 5 die Möglichkeit vorsieht, den Ausgleichsbetrag in ein **Tilgungsdarlehen** umzuwandeln, sieht Abs. 4 **Satz 2** diese Möglichkeit für den Teil des Kaufpreises vor, der der sanierungsbedingten Wertsteigerung des Grundstücks, gewissermaßen also dem in den Kaufpreis einbezogenen Ausgleichsbetrag, entspricht. Die Parallelität zwischen Ausgleichsbetrag und Verkauf zum Verkehrswert nach Neuordnung durch die Sanierung wird hier deutlich.

19 **V. Abs. 5** enthält die sich aus dem Wertabschöpfungssystem der besonderen sanierungsrechtlichen Vorschriften ergebenden Modifikationen der Wertermittlung im Rahmen der **Umlegung**. Zu Abs. 5 **Nr. 1** und **2** vgl. § 57, Rn 36 bis 38. **Nr. 3** bestimmt, daß in Sanierungsgebieten die Flächenumlegung nach § 58 nicht zur Anwendung kommen kann.

§ 154 Ausgleichsbetrag des Eigentümers

(1) **Der Eigentümer eines im förmlich festgelegten Sanierungsgebiet gelegenen Grundstücks hat zur Finanzierung der Sanierung an die Gemeinde einen Ausgleichsbetrag in Geld zu entrichten, der der durch die Sanierung bedingten Erhöhung des Bodenwerts seines Grundstücks entspricht; Miteigentümer sind im Verhältnis ihrer Anteile an dem gemeinschaftlichen Eigentum heranzuziehen. Werden im förmlich festgelegten Sanierungsgebiet Erschließungsanlagen im Sinne des § 127 Abs. 2 hergestellt, erweitert oder verbessert, sind Vorschriften über die Erhebung von Beiträgen für diese Maßnahmen auf Grundstücke im förmlich festgelegten Sanierungsgebiet nicht anzuwenden.**

(2) **Die durch die Sanierung bedingte Erhöhung des Bodenwerts des Grundstücks besteht aus dem Unterschied zwischen dem Bodenwert, der sich für das Grundstück ergeben würde, wenn eine Sanierung weder beabsichtigt noch durchgeführt worden wäre (Anfangswert), und dem Bodenwert, der sich für das Grundstück durch die rechtliche und tatsächliche Neuordnung des förmlich festgelegten Sanierungsgebiets ergibt (Endwert).**

(3) Der Ausgleichsbetrag ist nach Abschluß der Sanierung (§§ 162 und 163) zu entrichten. Die Gemeinde kann die Ablösung im ganzen vor Abschluß der Sanierung zulassen; dabei kann auch ein höherer Ausgleichsbetrag vereinbart werden. Die Gemeinde soll auf Antrag des Ausgleichsbetragspflichtigen den Ausgleichsbetrag vorzeitig festsetzen, wenn der Ausgleichsbetragspflichtige an der Festsetzung vor Abschluß der Sanierung ein berechtigtes Interesse hat und der Ausgleichsbetrag mit hinreichender Sicherheit ermittelt werden kann.

(4) Die Gemeinde fordert den Ausgleichsbetrag durch Bescheid an; der Betrag wird einen Monat nach der Bekanntgabe des Bescheids fällig. Vor der Festsetzung des Ausgleichsbetrags ist dem Ausgleichsbetragspflichtigen Gelegenheit zur Stellungnahme und Erörterung der für die Wertermittlung seines Grundstücks maßgeblichen Verhältnisse sowie der nach § 155 Abs. 1 anrechenbaren Beträge innerhalb angemessener Frist zu geben. Der Ausgleichsbetrag ruht nicht als öffentliche Last auf dem Grundstück.

(5) Die Gemeinde hat den Ausgleichsbetrag auf Antrag des Eigentümers in ein Tilgungsdarlehen umzuwandeln, sofern diesem nicht zugemutet werden kann, die Verpflichtung bei Fälligkeit mit eigenen oder fremden Mitteln zu erfüllen. Die Darlehensschuld ist mit höchstens 6 vom Hundert zu verzinsen und mit 5 vom Hundert zuzüglich der ersparten Zinsen jährlich zu tilgen. Der Tilgungssatz kann im Einzelfall bis auf 1 vom Hundert herabgesetzt werden und das Darlehen niedrig verzinslich oder zinsfrei gestellt werden, wenn dies im öffentlichen Interesse oder zur Vermeidung unbilliger Härten oder zur Vermeidung einer von dem Ausgleichsbetragspflichtigen nicht zu vertretenden Unwirtschaftlichkeit der Grundstücksnutzung geboten ist. Die Gemeinde soll den zur Finanzierung der Neubebauung, Modernisierung oder Instandsetzung erforderlichen Grundpfandrechten den Vorrang vor einem zur Sicherung ihres Tilgungsdarlehens bestellten Grundpfandrecht einräumen.

(6) Die Gemeinde kann von den Eigentümern auf den nach den Absätzen 1 bis 4 zu entrichtenden Ausgleichsbetrag Vorauszahlungen verlangen, sobald auf dem Grundstück eine den Zielen und Zwecken der Sanierung entsprechende Bebauung oder sonstige Nutzung zulässig ist; die Absätze 1 bis 5 sind sinngemäß anzuwenden.

Übersicht

1 **I. 1.** Der Ausgleichsbetrag hat die Funktion, die Grundstückseigentümer im Sanierungsgebiet an den **Kosten** der Sanierungsmaßnahme zu **beteiligen.** Anders aber als das Erschließungsbeitragsrecht stellt das Sanierungsrecht in **Abs. 1 Satz 1** für die Bemessung des Ausgleichsbetrags nicht auf die Kosten der Sanierung ab, sondern auf **die „durch die Sanierung bedingte Erhöhung des Bodenwerts"** der Grundstücke. Diese Regelung hat gegenüber einer kostenorientierten Lösung mehrere Vorteile:

2 – Sie ist nicht wie das Erschließungsbeitragsrecht auf Verteilungsmaßstäbe angewiesen, die nach einem sogenannten Wahrscheinlichkeitsmaßstab die – nur möglichen – Vorteile für die Grundstücke bestimmen. Sie setzt vielmehr an den durch **objektive Wertermittlungsverfahren** auf der Grundlage der WertV ermittelten Bodenwerterhöhungen an, an Vorteile also, die dem Eigentümer **real zugeflossen** sind.

3 – Sie erfaßt die Vorteile nicht nur bei den Anliegern der verbesserten Straßen und Plätze, sondern auch bei den unter Umständen entfernter liegenden Grundstücken, deren Lagewert sich durch die Sanierung verbessert hat. Die **interne Kostenverteilung** vor allem zwischen Grundstücken, die an den verbesserten Straßenzügen liegen, und entfernter liegenden Grundstücken, die aber an der Gebietsaufwertung teilhaben, ist so **gerechter.**

4 – Der ohnehin kaum denkbare Fall, daß die Gemeinde durch Ausgleichsbeträge mehr einnimmt, als ihr an Kosten entstehen, ist durch die Charakterisierung der Ausgleichsbeträge als Instrument **„zur Finanzierung der Sanierung"** (Abs. 1 Satz 1) ausgeschlossen. Würden die an den Bodenwertsteigerungen orientierten Ausgleichsbeträge die Sanierungskosten übersteigen, wären sie auch ohne eine Regelung zur Verteilung eines Überschusses, wie sie § 48 StBauFG enthielt, anteilig zu kürzen (vgl. auch Krautzberger, in: B/K/S, Rn 375).

– Die Bestimmung der Bodenwerterhöhungen ist angesichts des 5
gut ausgebauten Systems von Gutachterausschüssen und Kaufpreis-
sammlungen **viel einfacher** als die komplizierte Kostenermittlung,
-zuordnung und -verteilung (vgl. hierzu auch Bielenberg, StBauFG,
Stand: Oktober 1985, Einleitung, Rn 117). Die Ausgleichsbetragsrege-
lung hat sich daher bisher auch als **wenig rechtsmittelanfällig** erwie-
sen. Nach einer im Auftrag des BMBau durchgeführten Untersu-
chung sind vor allem die Gemeinden der Auffassung, daß Ausgleichs-
beträge leicht und rechtssicher zu erheben sind, die dies bereits getan
haben (vgl. Schäfer/Deutsches Institut für Urbanistik, Erfahrungen
mit der Sanierung nach dem Städtebauförderungsgesetz, Schriften-
reihe „Stadtentwicklung" des Bundesministers für Raumordnung,
Bauwesen und Städtebau, Heft 02.036, 1984, S. 165 f., 228 ff.). Die
erzielten Einnahmen liegen zwar niedriger als ursprünglich vorherge-
sehen, vor allem weil die Sanierungsmaßnahmen nicht mehr eine
grundlegende Umstrukturierung, sondern eine erhaltende Erneuerung
anstreben, doch sind die Einnahmen für die Gemeinden beträchtlich
und unverzichtbar (vgl. auch Kleiber, ZfBR 1986, 263/265).

2. Diese doppelte Orientierung der Ausgleichsbeträge sowohl an den 6
Maßnahmekosten als auch an den Bodenwerterhöhungen führt dazu,
daß sie **weder** als **Planungswertausgleich noch** als **Beitrag** anzusehen
sind. Planungswertausgleich sind sie schon deshalb nicht, weil die
Sanierung nach heutiger Rechtslage gar keine rechtsförmliche Planung
mehr voraussetzt und weil die Ausgleichsbeträge nur insoweit erhoben
werden können, als sie zur Finanzierung der Sanierung, d. h. zur
Deckung eines anderweitig nicht gedeckten Aufwands dienen. Um
Beiträge im eigentlichen Sinne handelt es sich nicht, weil sie nicht als
Gegenleistung für wirtschaftliche Vorteile infolge der Möglichkeit der
Inanspruchnahme von Einrichtungen und Anlagen erhoben werden
und sie nicht dem Ersatz des Aufwands für die Herstellung oder
Verbesserung öffentlicher Einrichtungen und Anlagen dienen. Da aber
der Finanzierungscharakter der Ausgleichsaeträge gleichwohl über-
wiegt und die Bodenwertorientierung lediglich das Instrument zur
Verteilung der Kosten ist, stellen die Ausgleichsbeträge – vergleichbar
dem Geldausgleich in der Umlegung (vgl. §57, Rn 25; §64, Rn 10) –
eine **beitragsähnliche Leistung** dar (vgl. Kleiber, in: B/K/K, Bd. I,
§154, Rn 17; ders., in: E/Z/B, §154, Rn 38; Stich, in: BK, §154, Rn 4;
OVG Lüneburg, NJW 1983, 2462 ff.; OVG Bremen, NVwZ 1988,
752; OVG Berlin, NVwZ 1987, 61; OVG Koblenz, NVwZ 1987, 983;
a. A. OVG Münster, NVwZ 1988, 751 f.; Kopp, VwGO, 8. Aufl.
1989, Rn 37). Widerspruch und Klage haben daher nach §80 Abs. 2
Nr. 1 VwGO keine aufschiebende Wirkung.

3. Ausgleichsbetragspflichtig ist der **Eigentümer** des Grundstücks. 7
Eine dem Erschließungbeitragsrecht vergleichbare Vorschrift, daß der
Erbbauberechtigte an Stelle des Eigentümers beitragspflichtig ist (vgl.
§134 Abs. 1 Satz 2), enthält das Sanierungsrecht nicht. Dies ist konse-

quent, da nicht an den wirtschaftlichen Vorteilen der Möglichkeit der Inanspruchnahme öffentlicher Einrichtungen oder Anlagen, sondern an der Bodenwertsteigerung angeknüpft wird. Diese aber kommt unmittelbar nur dem Eigentümer zugute. Im übrigen wird die Belastung des Grundstücks mit einem Erbbaurecht bei der Ermittlung sowohl des Anfangs- als auch des Endwerts (vgl. hierzu unten, Rn 11 f.) berücksichtigt (vgl. Kleiber, aaO, § 154, Rn 33 ff.).

8 **4. Abs. 1 Satz 2** enthält eine Konfliktregelung im Verhältnis zum Erschließungs- und landesrechtlichen Ausbaubeitragsrecht (vgl. hierzu BVerwG, NVwZ 1984, 513, zu § 6 Abs. 7 StBauFG). Danach sind auf Grundstücke im förmlich festgelegten Sanierungsgebiet die **Vorschriften über die Erhebung von Beiträgen nicht anzuwenden.** Damit soll eine Doppelbelastung der Eigentümer im Sanierungsgebiet vermieden und gleichzeitig sichergestellt werden, daß die Grundstückseigentümer außerhalb des Sanierungsgebiets, die durch die Anlage, Erweiterung oder Verbesserung von Erschließungsanlagen innerhalb des Sanierungsgebiets Vorteile erhalten, zu Erschließungs- oder Ausbaubeiträgen herangezogen werden können (zu den Konsequenzen dieser Regelung für das Erschließungsbeitragsrecht vgl. § 127, Rn 8 f.).

9 **II. Abs. 2** enthält die nähere Bestimmung über die **Höhe des zu entrichtenden Ausgleichsbetrags,** indem er im einzelnen bestimmt, wie die durch die Sanierung bedingte Erhöhung des Bodenwerts eines Grundstücks zu bestimmen ist. Dies geschieht durch die Gegenüberstellung von Anfangswert und Endwert; die Differenz ergibt den zu zahlenden Ausgleichsbetrag.

10 **1.** Der **Anfangswert** ist der Wert, der sich in **Anwendung des § 153 Abs. 1** ergibt (vgl. § 153, Rn 2 ff.). Dabei macht das Gesetz durch die Verwendung des Wortes Bodenwert deutlich, daß **nur der Grund und Boden,** nicht aber auch Aufwuchs oder Gebäude zu bewerten sind. Allerdings bleibt nur die Bebauung des jeweils zu bewertenden Grundstücks selbst außer Betracht. Die Bebauung der anderen Grundstücke des Sanierungsgebiets fließt dagegen in die Ermittlung des Bodenwerts ein, weil sie auch auf diesen Einfluß hat. Denn zu den Maßnahmen der Sanierung gehören nicht nur Ordnungsmaßnahmen nach § 147, sondern auch Baumaßnahmen nach § 148. Es sind gerade die Baumaßnahmen, die sich auf den Lagewert eines Grundstücks beträchtlich auswirken (vgl. auch Kleiber, in: E/Z/B, § 154, Rn 24).

11 **2. Endwert** ist der Bodenwert des Grundstücks, wie er sich **nach der Neuordnung durch die Sanierung** darstellt. Hier sind daher alle wertsteigernden Einflüsse durch die Aussicht auf die Sanierung, ihre Vorbereitung und ihre Durchführung zu berücksichtigen. Ferner ist bei der Bodenwertermittlung davon auszugehen, daß das Grundstück ausgleichsbetragsfrei und infolge der Regelung in Abs. 1 Satz 2 auch erschließungs- und ausbaubeitragsfrei ist. Sollten landesrechtliche oder vor der Sanierung entstandene Beitragspflichten auf dem Grundstück lasten, sind sie selbstverständlich zu berücksichtigen.

Obwohl der Bodenwert nur im Falle eines unbebauten Grundstücks auch der Verkehrswert ist, wohingegen sich bei einem bebauten Grundstück kein besonderer Preis für den bloßen Grund und Boden ohne das aufstehende Gebäude bildet und somit auch nicht von einem Bodenwert gesprochen werden kann, hat die Wertermittlung auch in diesen Fällen nach den Grundsätzen der WertV zu erfolgen (vgl. hierzu etwa §§ 12 und 13 WertV). 12

3. Von entscheidender Bedeutung für die Höhe des Ausgleichsbetrags ist der Zeitpunkt, auf den die Werte zu beziehen sind, der **Wertermittlungsstichtag** nach **§ 3 Abs. 1 WertV**. Das Baugesetzbuch enthält keine ausdrückliche Bestimmung des Wertermittlungszeitpunkts. Der anzuwendende Stichtag läßt sich gleichwohl aus dem Gesetz eindeutig ermitteln: Zweck der Ausgleichsbetragsregelung ist es, die sanierungsbedingten Werterhöhungen abzuschöpfen. Hieraus folgt, daß die Ermittlung des **Endwerts** auf den **Zeitpunkt des Abschlusses der Sanierung** zu erfolgen hat. Dem entspricht die Regelung in Abs. 3 Satz 1, daß der Ausgleichsbetrag nach Abschluß der Sanierung zu entrichten ist. Der Abschluß der Sanierung kann für das gesamte Sanierungsgebiet erfolgen; in diesem Fall ist der Wertermittlungsstichtag das Inkrafttreten der **Satzung nach § 162 Abs. 2 Satz 1**, mit der die förmliche Festlegung des Sanierungsgebiets aufgehoben wird. Möglich ist aber auch der Abschluß der Sanierung für ein einzelnes Grundstück nach **§ 163.** Wertermittlungsstichtag ist in diesem Fall die **Abschlußerklärung der Gemeinde.** Wird der Ausgleichsbetrag nach Abs. 3 Satz 2 abgelöst oder nach Abs. 3 Satz 3 vorzeitig festgesetzt oder verlangt die Gemeinde Vorauszahlungen nach Abs. 6, so ist jeweils auf den Zeitpunkt der Ablösungsvereinbarung, der vorzeitigen Festsetzung oder des Vorauszahlungsbescheids abzustellen. 13

Da es nicht das Ziel des Abschöpfungssystems ist, über die sanierungsbedingte Bodenwerterhöhung hinaus auch konjunkturelle Preissteigerungen der Gemeinde zukommen zu lassen, ist der **Anfangswert** auf **denselben Bewertungsstichtag** zu ermitteln (vgl. auch Kleiber, ZfBR 1986, 263/267 f.; zur Bodenwertermittlung im einzelnen derselbe, in: B/K/K, Bd. I, § 154, Rn 49 ff., dort auch eine sehr anschauliche Grafik über die Entwicklung und Bemessung sanierungsbedingter Bodenwerterhöhungen). 14

III. 1. Abs. 3 Satz 1 bestimmt den Zeitpunkt des **Entstehens der sachlichen Ausgleichsbetragspflicht.** Dies ist der Abschluß der Sanierung entweder für das gesamte Sanierungsgebiet nach § 162 durch Satzung nach § 162 Abs. 2 Satz 1 oder für einzelne Grundstücke durch Abschlußerklärungen nach § 163. Die persönliche Ausgleichsbetragspflicht bestimmt sich nach Abs. 4 Satz 1 (vgl. unten Rn 19). 15

2. Wie bei Erschließungsbeiträgen (vgl. § 133 Abs. 3 Satz 5) kann nach **Abs. 3 Satz 2** auch der Ausgleichsbetrag vor Abschluß der Sanierung **abgelöst** werden. Allerdings bedarf es für die Zulässigkeit der Ablösung von Ausgleichsbeträgen **keiner besonderen Bestimmungen** 16

der Gemeinde hierzu. Im übrigen aber sind die **Grundsätze der Ablösung bei Erschließungsbeiträgen** auch hier **sinngemäß anzuwenden** (vgl. § 133, Rn 50 ff.). Dies bedeutet etwa, daß die Ablösung in ihrer Höhe am zu erwartenden Ausgleichsbetrag zu orientieren ist und daß sie diesen ersetzt, also keine Nachzahlungs- oder Erstattungspflicht entsteht. Die Ablösung erfordert daher die Ermittlung des Endwerts des betreffenden Grundstücks unter Einbeziehung der Aussicht auf die in der Planung vorgesehenen Änderungen und sonstige durch die Sanierungsmaßnahme bedingte Wertverbesserungen nach § 26 **Abs. 1 WertV.** Da die wertsteigernden Sanierungsmaßnahmen zum Zeitpunkt der Ablösung noch nicht durchgeführt und ihre Durchführung auch keineswegs absolut sicher ist, wird für das hierin liegende Wagnis ein **Abschlag** vorgenommen (sog. Pionierabschlag, vgl. Kleiber, in: B/K/K, Bd. 1, § 154, Rn 110). Denkbar ist nach **Abs. 3 Satz 2 Halbsatz 2** allerdings umgekehrt auch, daß sich die Gemeinde auf eine Ablösung nur bei Vereinbarung eines sog. **Sicherheitszuschlags** einläßt, um die Unsicherheit über die künftige Wertentwicklung auszugleichen. Auch kann die Ablösung nur im ganzen und nicht für Teilbeträge erfolgen. Die Ablösung ist ein **öffentlich-rechtlicher Vertrag** und also nur im Einvernehmen zwischen Gemeinde und Ausgleichsbetragspflichtigen möglich.

17 **3. Abs. 3 Satz 3** räumt dem Ausgleichsbetragspflichtigen dagegen im Regelfall einen **Anspruch auf vorzeitige Festsetzung** des Ausgleichsbetrags ein. Voraussetzung hierfür ist, daß der Ausgleichsbetragspflichtige an der Festsetzung vor Abschluß der Sanierung ein berechtigtes Interesse darlegen kann. Ein solches berechtigtes Interesse ist etwa dann gegeben, wenn der Eigentümer für seine wirtschaftlichen oder rechtlichen Dispositionen eine genaue Kenntnis der auf ihn zukommenden Belastungen durch den Ausgleichsbetrag benötigt (hierzu Kleiber, aaO, Rn 120). Dies kann etwa Bedeutung bei einer geplanten Veräußerung oder Belastung des Grundstücks erlangen.

18 Weitere Voraussetzung für die vorzeitige Festsetzung ist, daß der **Ausgleichsbetrag mit hinreichender Sicherheit ermittelt werden kann.** Während die Gemeinde bei der Ablösung eine Unsicherheit über die schließliche Höhe des Ausgleichsbetrags durch einen **Sicherheitszuschlag** ausgleichen kann, ist dies bei der vorzeitigen Festsetzung **nicht möglich.** Kann der Ausgleichsbetrag aus ermittlungstechnischen oder tatsächlichen Gründen nicht mit hinreichender Sicherheit bestimmt werden, entfällt der Anspruch des Ausgleichsbetragspflichtigen auf vorzeitige Festsetzung (vgl. Kleiber, ebd.). Die vorzeitige Festsetzung tritt an die Stelle des endgültigen Ausgleichsbetrags (vgl. Kleiber, aaO, Rn 116).

19 **IV. 1.** Nach **Abs. 4 Satz 1 Halbsatz 1** fordert die Gemeinde den Ausgleichsbetrag durch Bescheid, also durch **anfechtbaren Verwaltungsakt,** an. Die Vorschrift regelt nicht das Entstehen der **persönlichen Beitragspflicht;** eine solche Bestimmung enthält das Sanierungsrecht

nicht. Das Erschließungsbeitragsrecht und die meisten Kommunalabgabengesetze der Länder bestimmen, daß persönlich beitragspflichtig ist, wer im Zeitpunkt der Bekanntgabe oder der Zustellung des Beitragsbescheids Eigentümer des Grundstücks ist. In Bayern wird auf das Entstehen der sachlichen Beitragspflicht abgestellt, in Nordrhein-Westfalen wird die Bestimmung dem Ortsgesetzgeber überlassen (vgl. Driehaus, Rn 838 f.). Da die Ausgleichsbetragspflicht die Erschließungsbeitragspflicht ersetzt (vgl. Abs. 1 Satz 2, oben, Rn 9), könnte § 134 Abs. 1 Satz 1 hier entsprechend angewandt werden. Dies entspräche auch dem Grundsatz der Einheitlichkeit des Städtebaurechts. Danach wäre derjenige beitragspflichtig, der im Zeitpunkt der Bekanntgabe des Bescheids über den Ausgleichsbetrag Eigentümer des Grundstücks ist (vgl. hierzu § 134, Rn 14 ff.). Wechselt das Eigentum zwischen dem Entstehen der sachlichen Ausgleichsbetragspflicht nach Abs. 3 Satz 1 und dem Entstehen der persönlichen Beitragspflicht nach Abs. 4 Satz 1, wäre allein der neue Eigentümer ausgleichsbetragspflichtig (vgl. die entsprechende Regelung im Erschließungsbeitragsrecht, § 134, Rn 14 ff.). Damit aber widerspricht die Analogie zum Erschließungsbeitragsrecht Sinn und Zweck der besonderen sanierungsrechtlichen Vorschriften, die gerade sanierungsbedingte Bodenwerterhöhungen zur Finanzierung der Sanierung abschöpfen und nicht dem privaten Eigentümer zukommen lassen wollen (vgl. § 152, Rn 1; oben, Rn 1 ff.). Nach Abschluß der Sanierung aber ist der Grundstücksverkehr wieder freigegeben, so daß der Erwerber, der mit dem Kaufpreis die sanierungsbedingten Bodenwerterhöhungen mit abgegolten hat, dies zulässigerweise getan hat. Er könnte sich daher bei der Anforderung von Ausgleichsbeträgen auf § 155 Abs. 1 Nr. 3 berufen, so daß der von ihm auf die sanierungsbedingten Bodenwerterhöhungen entrichtete Betrag auf den Ausgleichsbetrag anzurechnen wäre. Die sanierungsbedingte Bodenwerterhöhung käme so allein dem privaten Eigentümer zugute und würde für die Finanzierung der Sanierung ausfallen. **Die persönliche Beitragspflicht entsteht daher zugleich mit der sachlichen Beitragspflicht** (vgl. oben, Rn 15), d. h. in der Person dessen, der im Zeitpunkt des Abschlusses der Sanierung Grundstückseigentümer ist. Dieses Ergebnis entspricht auch der Formulierung in Abs. 1 Satz 1, nach der „der Eigentümer eines **im förmlich festgelegten Sanierungsgebiet gelegenen** Grundstücks" ausgleichsbetragspflichtig ist, also nicht der Eigentümer, der das Grundstück erst nach Abschluß der Sanierung erworben hat (vgl. auch Kleiber, in: E/Z/B, § 154, Rn 16; ders., in: B/K/K, Bd. I, § 154, Rn 28).

Abs. 4 Satz 1 Halbsatz 2 bestimmt die **Fälligkeit** des Ausgleichsbetrags, die einen Monat nach der Bekanntgabe des Bescheids eintritt (zur Fristberechnung vgl. § 135, Rn 1). Über die **rechtliche Behandlung des Ausgleichsbetragsbescheids** in Hinblick auf Anfechtbarkeit und Vollstreckung enthält das Baugesetzbuch keine näheren Regelungen. Da es sich beim Ausgleichsbetrag jedoch um eine beitragsähnliche Leistung

20

(vgl. oben, Rn 6) handelt, die dem Erschließungsbeitrag funktional äquivalent ist, also auf andere Weise dieselbe Funktion erfüllt wie dieser, sind die für Erschließungsbeiträge geltenden Grundsätze auch auf den Ausgleichsbetrag anzuwenden. Hierzu im einzelnen die Darstellung in § 135, Rn 3 (Anfechtbarkeit) und zu § 155 Abs. 6 (§ 155, Rn 24).

21 **2. Abs. 4 Satz 2** normiert noch einmal ausdrücklich die sich ohnehin aus allgemeinem Verwaltungsverfahrensrecht ergebende Verpflichtung der Gemeinde, dem Ausgleichsbetragspflichtigen vor der Festsetzung des Ausgleichsbetrags Gelegenheit zur **Stellungnahme und Erörterung** zu geben. Gegenstand der Anhörung sind vor allem die besonderen Umstände des Grundstücks, soweit sie für die Wertermittlung von Bedeutung sind, und die nach § 155 Abs. 1 anzurechnenden Beträge. Hierüber muß die Gemeinde in aller Regel von dem Eigentümer nähere Informationen erhalten, um den Ausgleichsbetrag zutreffend festsetzen zu können.

22 **3. Abs. 4 Satz 3** bestimmt ausdrücklich, daß der Ausgleichsbetrag im Gegensatz zum Erschließungsbeitrag **nicht als öffentliche Last** auf dem Grundstück ruht, so daß er nicht den Vorrang des § 10 Abs. 1 Nr. 3 ZVG genießt. Ändern sich daher nach der Bekanntgabe des Ausgleichsbescheids die Eigentumsverhältnisse, kann die Gemeinde sich nur an den persönlich Ausgleichsbetragspflichtigen halten, nicht aber die Zwangsvollstreckung aus dem Grundstück des neuen Eigentümers betreiben, wie dies beim Erschließungsbeitrag möglich ist (vgl. § 134, Rn 17).

23 **V. 1.** Ähnlich wie im Erschließungsbeitragsrecht die Möglichkeit der Ratenzahlung oder der Verrentung für die Entrichtung des Erschließungsbeitrags vorgesehen ist (vgl. § 135 Abs. 2), so enthält **Abs. 5 Satz 1** die Möglichkeit, den Ausgleichsbetrag in ein **Tilgungsdarlehen** umzuwandeln. Während aber der Gemeinde im Erschließungsbeitragsrecht ein Ermessen eingeräumt ist, besteht nach Abs. 5 Satz 1 eine Pflicht zur Umwandlung, sofern die Voraussetzungen dafür erfüllt sind. Der Eigentümer hat danach also einen Anspruch auf Umwandlung des Ausgleichsbetrags in ein Tilgungsdarlehen, wenn ihm **nicht zugemutet** werden kann, die Verpflichtung bei Fälligkeit mit eigenen oder fremden Mitteln zu erfüllen. Hier wird regelmäßig derselbe Fall zugrunde liegen wie beim Erschließungsbeitragsrecht auch, nämlich daß die Zahlung des Ausgleichsbetrags der Verwirklichung des Sanierungszwecks, d. h. also der Errichtung eines Gebäudes oder seiner Instandsetzung und Modernisierung, entgegensteht (vgl. Kleiber, in: B/K/K, Bd. I, § 154, Rn 155).

24 **2. Abs. 5 Satz 2** regelt **Obergrenzen** für die jährlich zu zahlenden Zinsen und die **Tilgung. Abs. 5 Satz 3** enthält umgekehrt die Möglichkeit der **Herabsetzung** von Tilgungssatz und Zinsen, wenn dies **im öffentlichen Interesse** liegt oder aber zur **Vermeidung unbilliger Härten** geboten ist. Diese Voraussetzungen knüpfen an die Möglichkeit des Erlasses von Erschließungsbeiträgen nach § 135 Abs. 5 Satz 1 an.

Auf die Ausführungen dazu kann daher verwiesen werden (vgl. § 135, Rn 18 ff.). Darüber hinaus enthält Abs. 5 Satz 3 eine weitere Alternative, die die Herabsetzung von Tilgungssatz und Zinsen ermöglicht, nämlich die **Vermeidung der Unwirtschaftlichkeit der Grundstücksnutzung** infolge des Ausgleichsbetrags, sofern dies vom Ausgleichsbetragspflichtigen nicht zu vertreten ist. Hiermit soll dem Gedanken Rechnung getragen werden, daß die Verwirklichung des Sanierungsziels der sofortigen Erhebung des Ausgleichsbetrags vorgeht (Einzelheiten bei Kleiber, aaO, Rn 143 ff.).

3. Aus demselben Grund bestimmt **Abs. 5 Satz 4,** daß die Gemeinde 25
den zur Finanzierung einer Neubebauung, Modernisierung oder Instandsetzung erforderlichen Grundpfandrechten vor einem Grundpfandrecht, das sich die Gemeinde zur Sicherung ihres Tilgungsdarlehens hat einräumen lassen, den **Vorrang** einräumen soll. Mit dieser Regelung knüpft der Gesetzgeber an das Umlegungsrecht an, das in § 64 Abs. 4 ebenfalls die Möglichkeit vorsieht, Grundpfandrechten zur Errichtung von Neubauten oder zur Durchführung von Instandsetzungen ein Befriedigungsvorrecht vor der öffentlichen Last, als die im Umlegungsrecht die von dem Eigentümer zu erbringenden Geldleistungen auf dem Grundstück ruhen, eingeräumt werden soll (hierzu § 64, Rn 12 f.). Auch im Fall des Abs. 5 Satz 4 wird in der Regel zu fordern sein, daß durch die Einräumung des Vorrangs die Sicherheit des gemeindlichen Grundpfandrechts nicht gefährdet wird. In diesem Fall kann die Gemeinde von der Soll-Vorschrift abweichen.

VI. Wie bei Erschließungsbeiträgen auch (vgl. § 133 Abs. 3 Satz 1 bis 26
4; hierzu § 133, Rn 27 ff.), kann die Gemeinde nach **Abs. 6 Halbsatz 1** auch auf den Ausgleichsbetrag **Vorauszahlungen** verlangen. Voraussetzung hierfür ist, daß eine den Zielen und Zwecken der Sanierung (zum Begriff vgl. § 140, Rn 3) entsprechende Bebauung oder sonstige **Nutzung zulässig** ist. Auf die Erteilung einer Baugenehmigung oder einen sonstigen irgendwie gearteten Genehmigungsakt oder ein bestimmtes Verhalten des Eigentümers kommt es nicht an. Auch ein Bebauungsplan ist nicht erforderlich. Das Baugesetzbuch knüpft damit für die Zulässigkeit von Vorauszahlungen an den Zeitpunkt an, in dem der Eigentümer die **wirtschaftlichen Vorteile** der Sanierung auch tatsächlich **nutzen kann,** ihm also gegenüber dem Zustand vor der Sanierung z. B. höhere Erträge zufließen können (vgl. Kleiber, ZfBR 1986, 263/268 f.).

Das Verlangen von Vorauszahlungen steht im **Ermessen** der Ge- 27
meinde. Wie im Erschließungsbeitragsrecht (vgl. § 133, Rn 27), ist es auch bei den Vorauszahlungen nach Abs. 6 zulässig, den Eigentümer **mehrfach** zu Teilbeträgen heranzuziehen (vgl. Stich, in: BK, § 154, Rn 23). Vorauszahlungen können verlangt werden, solange der Ausgleichsbetrag nicht nach Abs. 3 Satz 1 endgültig entstanden ist. Dies folgt aus der Natur von Vorauszahlungen und entspricht der Regelung im Erschließungsbeitragsrecht (vgl. § 133, Rn 27).

28 Nach **Abs. 6 Halbsatz 2** sind die Absätze 1 bis 5 entsprechend anzuwenden. Hieraus folgt, daß die Vorauszahlung den **Rechtscharakter des Ausgleichsbetrags** teilt und auf sie dieselben Rechtsgrundsätze anzuwenden sind (ähnlich im Erschließungsbeitragsrecht, vgl. § 133, Rn 27). Dies bedeutet, daß auch die Vorauszahlung zur Finanzierung der Sanierung dient (Abs. 1), daß sie in der Höhe an dem endgültigen Ausgleichsbetrag orientiert sein muß, wie sie sich nach Abs. 2 ergibt, daß sie entsprechend Abs. 4, ggfs. nach Anhörung des Zahlungspflichtigen, durch Bescheid anzufordern ist und daß der Eigentümer nach Abs. 5 die Umwandlung in ein Tilgungsdarlehen beantragen kann. Nicht auf die Vorauszahlung anwendbar ist Abs. 3 Satz 1 und 2, die sich auf die Entstehung und die Ablösung des Ausgleichsbetrags im Ganzen beziehen. Anwendbar bleibt dagegen Abs. 3 Satz 3, d. h. daß der Eigentümer auch bei oder nach Heranziehung zu Vorauszahlungen die vorzeitige Festsetzung des Ausgleichsbetrags verlangen kann, wenn die Voraussetzungen dafür vorliegen. Zur **Verrechnung der Vorauszahlung mit dem späteren Ausgleichsbetrag** vgl. § 155, Rn 2.

§ 155 Anrechnung auf den Ausgleichsbetrag, Absehen

(1) **Auf den Ausgleichsbetrag sind anzurechnen,**

1. **die durch die Sanierung enstandenen Vorteile oder Bodenwerterhöhungen des Grundstücks, die bereits in einem anderen Verfahren, insbesondere in einem Enteignungsverfahren berücksichtigt worden sind; für Umlegungsverfahren bleibt Absatz 2 unberührt,**

2. **die Bodenwerterhöhungen des Grundstücks, die der Eigentümer zulässigerweise durch eigene Aufwendungen bewirkt hat; soweit der Eigentümer gemäß § 147 Abs. 2 Ordnungsmaßnahmen durchgeführt hat, sind jedoch die ihm entstandenen Kosten anzurechnen,**

3. **die Bodenwerterhöhungen des Grundstücks, die der Eigentümer beim Erwerb des Grundstücks als Teil des Kaufpreises in einem den Vorschriften der Nummern 1 und 2 sowie des § 154 entsprechenden Betrag zulässigerweise bereits entrichtet hat.**

(2) **Ein Ausgleichsbetrag entfällt, wenn eine Umlegung nach Maßgabe des § 153 Abs. 5 durchgeführt worden ist.**

(3) **Die Gemeinde kann für das förmlich festgelegte Sanierungsgebiet oder für zu bezeichnende Teile des Sanierungsgebiets von der Festsetzung des Ausgleichsbetrags absehen, wenn**

1. **eine geringfügige Bodenwerterhöhung gutachtlich ermittelt worden ist und**

2. **der Verwaltungsaufwand für die Erhebung des Ausgleichsbetrags in keinem Verhältnis zu den möglichen Einnahmen steht.**

Die Entscheidung nach Satz 1 kann auch getroffen werden, bevor die Sanierung abgeschlossen ist.

(4) § 135 Abs. 5 ist auf den Ausgleichsbetrag entsprechend anzuwenden.

(5) Im übrigen sind die landesrechtlichen Vorschriften über kommunale Beiträge einschließlich der Bestimmungen über die Stundung und den Erlaß entsprechend anzuwenden.

(6) Sind dem Eigentümer Kosten der Ordnungsmaßnahmen entstanden, hat die Gemeinde sie ihm zu erstatten, soweit sie über den nach § 154 und Absatz 1 ermittelten Ausgleichsbetrag hinausgehen.

Übersicht

I. § 154 regelt die Ermittlung der vollen Höhe des Ausgleichsbetrags. Dies besagt jedoch nicht unbedingt, daß der Ausgleichsbetrag stets auch in dieser Höhe erhoben werden kann oder muß. Tatsächlich erhebbar ist vielmehr lediglich der Ausgleichsbetrag, der sich nach Anwendung der Vorschriften des § 155 ergibt. **1**

1. Der Eigentümer soll den **Ausgleich** für die sanierungsbedingte Bodenwerterhöhung **nur einmal** erbringen. Hat er daher bereits in einem anderen Verfahren einen Ausgleich für sanierungsbedingte Bodenwerterhöhungen geleistet, so ist ihm dies bei der Ermittlung des von ihm endgültig zu entrichtenden Ausgleichsbetrags anzurechnen. Entsprechend diesem Zweck der Vorschrift erfaßt **Nr. 1** alle Verfahren, in denen sanierungsbedingte Werterhöhungen in irgendeiner Weise berücksichtigt werden können. Besonders hervorgehoben wird vom Gesetz das **Enteignungsverfahren,** doch kommt z. B. auch eine **übergeleitete Umlegung** (vgl. § 156 Abs. 2) in Betracht. Überträgt man die Rechtsprechung des Bundesverwaltungsgerichts zu den Vorausleistun- **2**

gen nach Erschließungsbeitragsrecht auf die **Vorauszahlungen** auf den Ausgleichsbetrag, so gehören die Vorauszahlungen nicht zu den Verfahren nach Nr. 1. Denn die Vorausleistungen tilgen die Beitragsforderung in dem Augenblick des Entstehens der Beitragspflicht, ohne daß es hierzu eines besonderen hierauf gerichteten Verwaltungsakts bedarf (vgl. § 133, Rn 43). Da jedoch beim Ausgleichsbetragsrecht keine ausdrückliche Anrechnungsbestimmung vorliegt, erscheint es zweckmäßiger und für den Ausgleichsbetragspflichtigen überschaubarer, die Vorauszahlungen ebenfalls in Nr. 1 einzubeziehen (vgl. hierzu Kleiber, in: B/K/K, Bd. I, § 155, Rn 11). Hat der Eigentümer in der Zwischenzeit gewechselt, so hat der neue Eigentümer nur noch den überschießenden Betrag zu zahlen. Wie im Erschließungsbeitragsrecht hat der frühere Eigentümer gegen den neuen einen Erstattungsanspruch, den er am besten ausdrücklich in den Kaufvertrag einbezieht (vgl. § 133, Rn 44).

3 Von besonderer Bedeutung ist das ausdrücklich erwähnte **Enteignungsverfahren.** Hier sind folgende **Fallgestaltungen** denkbar:

– Der Eigentümer hat das Grundstück **durch Enteignung erworben** und dabei auch sanierungsbedingte Bodenwerterhöhungen entschädigt;

– der Eigentümer hat das Grundstück **als Entschädigung in Ersatzland** nach § 100 BauGB erworben, wobei ein Verkehrswert zugrunde gelegt wurde, der über dem Wert nach § 153 Abs. 1 lag;

– bei der Entschädigung mit Ersatzland hat der Eigentümer zwar ein höherwertiges Grundstück erhalten, dafür jedoch bereits einen entsprechenden **Geldausgleich** leisten müssen;

– ein Teil des Grundstücks ist – etwa für Straßenbauzwecke – enteignet worden und dabei ist im Rahmen des **Vorteilsausgleichs** nach § 93 Abs. 3 der Vorteil berücksichtigt worden, den die in Durchführung der Sanierung erfolgte Enteignung für den verbleibenden Teil des Grundstücks bewirkt hat.

4 Ist eine **Umlegung** nach Maßgabe des § 153 Abs. 5 durchgeführt worden, entfällt nach Abs. 2 ein Ausgleichsbetrag vollständig. Für eine Anrechnung im Sinne der Nr. 1 ist daher kein Raum. Ist jedoch in einem vor Beginn der Sanierung eingeleiteten Umlegungsverfahren ein Umlegungsplan oder ein Teilumlegungsplan nach § 66 Abs. 1 aufgestellt oder eine Vorwegentscheidung nach § 76 getroffen worden und sind hierbei durch die Aussicht auf die Sanierung bedingte Bodenwerterhöhungen berücksichtigt worden, obwohl § 153 Abs. 5 keine Anwendung fand, ist dies dem Eigentümer anzurechnen. Hat das Grundstück durch die Sanierung weitere Bodenwerterhöhungen erfahren, so sind diese als Ausgleichsbetrag abzuschöpfen (hierzu Kleiber, aaO, § 155, Rn 10; vgl. auch § 156, Rn 3).

5 **2.** Nach **Nr. 2 Halbsatz 1** sind auf den Ausgleichsbetrag auch die Bodenwerterhöhungen anzurechnen, die der Eigentümer durch **eigene Aufwendungen zulässigerweise** bewirkt hat. Auf den Zeitpunkt, zu

dem die Aufwendungen getätigt wurden, kommt es nicht an. Es werden daher auch solche Aufwendungen erfaßt, die bereits vor förmlicher Festlegung des Sanierungsgebiets erbracht wurden. Allerdings kommt eine Anrechnung dieser Bodenwerterhöhungen nach Nr. 2 nur dann in Betracht, wenn sie nicht bereits bei der Ermittlung des Anfangswerts nach § 154 Abs. 2 in Verbindung mit § 153 Abs. 1 berücksichtigt wurden (vgl. Kleiber, aaO, § 155, Rn 15).

Hat die Gemeinde dem Eigentümer die **Durchführung von Ordnungsmaßnahmen** aufgrund eines Vertrags überlassen (vgl. § 147 Abs. 2), so werden dem Eigentümer nicht die hierdurch verursachten Bodenwertsteigerungen auf den Ausgleichsbetrag angerechnet, sondern nach **Nr. 2 Halbsatz 2** die ihm real entstandenen Kosten. Übersteigen diese Kosten den Ausgleichsbetrag, sind sie dem Eigentümer nach **Abs. 6** zu erstatten. In diesem Fall ist die Festsetzung des Ausgleichsbetrags mit der Festsetzung des Erstattungsbetrags zu verbinden (vgl. Stich, in: BK, § 155, Rn 15). Sind dem Eigentümer Kosten nach Ermittlung des Ausgleichsbetrags entstanden, tritt unmittelbar auf der Grundlage des Abs. 6 eine Verrechnung ein, so daß der Erstattungsanspruch nur den über den Ausgleichsbetrag hinausgehenden Betrag umfaßt (vgl. BVerwG, ZfBR 1985, 143 f.). 6

3. Nr. 3 umfaßt im wesentlichen zwei unterschiedliche Fallgestaltungen. Zum einen erfaßt sie die Fälle, in denen der Eigentümer ein Grundstück **von der Gemeinde** oder dem Sanierungsträger **zum Neuordnungswert** nach § 153 Abs. 4 **erworben** hat. Hiermit müßten eigentlich die sanierungsbedingten Bodenwerterhöhungen abgeschöpft sein. Es kann jedoch der Fall eintreten, daß sich durch die Sanierung im weiteren Verlauf Bodenwerterhöhungen ergeben, die in dem Kaufpreis nicht berücksichtigt werden konnten oder nicht berücksichtigt wurden. In diesem Fall macht Nr. 3 deutlich, daß die Gemeinde zu einer Nacherhebung des Ausgleichsbetrags berechtigt ist, hierbei aber selbstverständlich die im Rahmen des Kaufpreises berücksichtigten Bodenwerterhöhungen anzurechnen sind. Eine solche Nacherhebung kann jedoch vermieden werden, wenn mit der Veräußerung des Grundstücks zum Neuordnungswert zugleich eine Ablösungsvereinbarung nach § 154 Abs. 3 Satz 2 verbunden wird. Für die Anwendung der Nr. 3 ist es unerheblich, ob die Veräußerung durch die Gemeinde und den Sanierungsträger in Erfüllung der Veräußerungspflichten nach §§ 89 und 159 Abs. 3 erfolgte oder im normalen Grundstücksverkehr. Nr. 3 stellt nur auf den Betrag, nicht auf das Verfahren ab. 7

Der zweite Fall, den Nr. 3 erfaßt, ist der **Erwerb von einem anderen Eigentümer** als der Gemeinde oder dem Sanierungsträger. In einem solchen Kaufvertrag dürften bei korrekter Anwendung des § 153 Abs. 1 keine sanierungsbedingten Bodenwerterhöhungen berücksichtigt worden sein. Es kann aber sein, daß bei der Genehmigung des Kaufpreises der Wert nach § 153 Abs. 1 falsch berechnet worden ist oder aber der Kaufpreis nach der Rechtsprechung des Bundesverwaltungsgerichts 8

genehmigt werden mußte (vgl. § 153, Rn 12 f.), weil er nur unwesent-
lich über dem Wert nach § 153 Abs. 1 lag. Eine den Wert des § 153
Abs. 1 übersteigende Kaufpreiszahlung kann schließlich auch in den
Fällen vorkommen, in denen die Gemeinde die Genehmigung von
rechtsgeschäftlichen Veräußerungen oder der Bestellung und Veräuße-
rung von Erbbaurechten nach § 144 Abs. 3 allgemein erteilt hat.

9 In beiden Fällen überhöhter Kaufpreiszahlungen an einen anderen
Eigentümer als Gemeinde oder Sanierungsträger ist **streitig**, ob der den
Wert nach § 153 Abs. 1 übersteigende Betrag **zulässigerweise entrich-
tet** worden ist und also auf den Ausgleichsbetrag angerechnet werden
muß. Geht man von einer formalen Betrachtungsweise aus, ist mit der
Genehmigung der Kaufpreis als Wert nach § 153 Abs. 1 anerkannt
worden und demzufolge der Bemessung des Ausgleichsbetrags zu-
grunde zu legen. Setzt die Gemeinde daher bei der Erhebung des
Ausgleichsbetrags einen anderen Anfangswert an, so muß der mit dem
Kaufpreis entrichtete überschießende Teil nach Nr. 3 angerechnet wer-
den (hierzu Gronemeyer, NVwZ 1985, 145/150).

10 Diese Betrachtungsweise erscheint jedoch der Systematik und dem
Sinn und Zweck der besonderen sanierungsrechtlichen Vorschriften
nicht angemessen. Diese Regelungen wollen sicherstellen, daß die
sanierungsbedingten Bodenwerterhöhungen in vollem Umfang abge-
schöpft werden und nicht durch Vereinbarung eines über dem An-
fangswert liegenden Kaufpreises zumindest teilweise doch einem priva-
ten Eigentümer zugute kommen. **Die Zahlung eines Kaufpreises über
dem Wert nach § 153 Abs. 1 ist daher keine zulässigerweise erfolgende
Entrichtung der sanierungsbedingten Bodenwerterhöhungen.** Die
Pflicht zur Genehmigung von Kaufverträgen mit einem in diesem
Sinne nur unwesentlich überhöhten Kaufpreis (vgl. § 153, Rn 12 f.)
entspricht der Vertragsautonomie, die es nicht gestattet, wegen dieser
Überschreitung den gesamten Vertrag zu Fall zu bringen. Das Risiko
einer überhöhten Zahlung beim Kaufpreis und der nochmaligen Ent-
richtung des Sanierungsmehrwerts bei der Heranziehung zu Aus-
gleichsbeträgen muß dann aber den Vertragsparteien bleiben. Aller-
dings muß die Gemeinde dieses Risiko den Vertragsparteien bei der
Genehmigung deutlich zum Ausdruck bringen (hierzu Gaentzsch,
NJW 1985, 881/885; Kleiber, ZfBR 1986, 263/269; ders., in: E/Z/B,
§ 155, Rn 17). Auch bei der generellen Genehmigung nach § 144 Abs. 3
wird der Grundstückspreis im Sanierungsgebiet nicht freigegeben,
sondern nur die Beachtung der Grenzen des § 153 Abs. 1 wegen der
erwarteten minderen Problematik dem Grundstücksverkehr, der Pri-
vatautonomie, überantwortet.

11 Hiervon zu unterscheiden ist der Fall, daß im Kaufpreis solche
sanierungsbedingten Bodenwerterhöhungen abgegolten werden, die
der **Voreigentümer** durch eigene Aufwendungen **zulässigerweise er-
bracht** hat. Diese Bodenwerterhöhungen hätten dem Voreigentümer,
wenn er das Grundstück behalten hätte, nach Nr. 2 angerechnet werden

müssen. Sie müssen daher auch dem Rechtsnachfolger angerechnet werden.

II. Abs. 2 bestimmt, daß **kein Ausgleichsbetrag** zu erheben ist, 12 wenn eine **Umlegung in Anwendung von § 153 Abs. 5** erfolgt ist. Anders als nach Abs. 1 liegt hier also kein Verrechnungsfall vor, sondern eine vollständige **Ersetzung** des Ausgleichsbetrags durch die Wertabschöpfung in der Umlegung. Ändert sich nach Abschluß des Umlegungsverfahrens, also nach der Aufstellung des Umlegungsplans, der Bebauungsplan und hierdurch auch die Wertentwicklung im Umlegungsgebiet, so sind auch in diesem Fall keine Ausgleichsbeträge zu erheben, sondern die Werte durch Änderung des Umlegungsplans nach § 73 Nr. 1 zu erfassen.

Abs. 2 gilt nur insoweit, als das Umlegungsverfahren nach Maßgabe 13 des § 153 Abs. 5, also mit den dort vorgesehenen Modifizierungen der Wertermittlung, durchgeführt worden ist. Soweit ein vor Beginn der Sanierung eingeleitetes **Umlegungsverfahren übergeleitet** worden ist und der Umlegungsplan oder Teilregelungen ohne Berücksichtigung von § 153 Abs. 5 getroffen worden sind, kann insoweit ein Ausgleichsbetrag erhoben werden, als sanierungsbedingte Bodenwerterhöhungen in den Ausgleichsleistungen der Umlegung nicht erfaßt sind (vgl. oben, Rn 4).

III. Die Erhebung von Ausgleichsbeträgen soll zur Finanzierung der 14 Sanierung dienen. Vermag sie diese Funktion nicht oder nur unzureichend zu erfüllen, weil die zu erwartenden **Erträge nur gering** sind, stellt **Abs. 3** unter bestimmten Voraussetzungen die Erhebung der Ausgleichsbeträge in das **Ermessen** der Gemeinde. Es handelt sich hier also nicht um eine Billigkeitsregelung wie in § 154 Abs. 5 oder in Abs. 4, sondern um eine allein im öffentlichen Interesse liegende Vorschrift zur Vermeidung unnötigen Verwaltungsaufwands (vgl. auch Kleiber, ZfV 1986, 105 f.).

1. Die erste Voraussetzung für ein Absehen von der Erhebung von 15 Ausgleichsbeträgen ist nach **Satz 1 Nr. 1** eine **geringfügige Bodenwerterhöhung,** die durch ein Gutachten festgestellt worden ist. Dieses Gutachten muß nicht unbedingt der Gutachterausschuß erstellen, doch ist dieser auf Antrag der Gemeinde nach § 193 Abs. 1 Nr. 1 hierzu verpflichtet. Zur Bestimmung der Geringfügigkeit einer Bodenwerterhöhung läßt sich weder ein fester absoluter noch relativer Betrag angeben. So kann z. B. eine geringe prozentuale Werterhöhung bei hohen Bodenwerten zu erheblichen Ausgleichsbeträgen führen. Eine geringfügige absolute Werterhöhung kann bei großen Grundstücken oder einer Vielzahl gleichgelagerter Fälle ebenfalls zu beträchtlichen Ausgleichsbeträgen führen (Beispiele bei Kleiber, ZfV 1986, 105/107).

2. Als weitere Voraussetzung ist nach **Satz 1 Nr. 2** erforderlich, daß 16 der **Verwaltungsaufwand** gemessen an den zu erwartenden Einnahmen **nicht zu hoch** ist. Unter Verwaltungsaufwand sind die sächlichen und

personellen Kosten der Gemeinde zu verstehen, die für die Ermittlung und Erhebung der Ausgleichsbeträge entstehen (im einzelnen hierzu Kleiber, in: B/K/K, Bd. I, § 155, Rn 38 ff.).

17 Letztlich wird es daher für ein Absehen von der Erhebung von Ausgleichsbeträgen immer einer **Abwägung der zu erwartenden Einnahmen und der voraussichtlichen Verwaltungskosten** bedürfen. Hierbei ist insbesondere das verfassungsrechtliche Gleichheitsgebot des Art. 3 Abs. 1 GG zu beachten, das aus drei Gründen zu einer **restriktiven Auslegung** der »Bagatellklausel« zwingt:

18 – Zunächst ist der **Systemzusammenhang** zu beachten, der zwischen der Begrenzung der Ausgleichs- und Entschädigungsleistungen nach § 153 Abs. 1 und der Preisbeschränkung für die Veräußerung von Grundstücken nach § 153 Abs. 2, der Pflicht der Gemeinden und Sanierungsträger zur Veräußerung von Grundstücken zum Neuordnungswert nach § 153 Abs. 4 und der Erhebung von Ausgleichsbeträgen besteht. Es ist diese Spiegelbildlichkeit der Preisbestimmungen und der Regelungen des Ausgleichsbetrags, die die Gleichbehandlung der sanierungsbetroffenen Grundeigentümer unabhängig davon sicherstellt, ob sie ihr Grundstück im Sanierungsgebiet veräußern oder es behalten. Da die Anwendung der Bagatellklausel wegen des zwingenden Charakters der übrigen Vorschriften in diesem System **nicht** von ihrer Beachtung freistellt, muß die Bagatellklausel selbst sehr eng ausgelegt werden. Nach der Rechtsprechung des Bundesverfassungsgerichs kann der Gesetzgeber praktischen Erfordernissen der Verwaltung nur insoweit Rechnung tragen, als dies „in geringfügigen und besonders gelagerten Fällen zu Ungleichheiten" führt (vgl. BVerfGE 44, 283/288; 27, 220/230; 17, 337/354; 9, 20/31 f.).

19 – Die Gemeinde kann für das gesamte Sanierungsgebiet oder auch für bestimmte zu bezeichnende Teile des Sanierungsgebiets von der Festsetzung des Ausgleichsbetrags absehen. Sie muß hierbei die **sanierungsgebietsinterne Gleichbehandlung der Eigentümer** beachten. Bei gleichgelagerten Fällen kann sie nicht in einem Teil des Sanierungsgebiets von der Festsetzung von Ausgleichsbeträgen absehen und im anderen nicht. Auch bei verschiedenen, aber ähnlich gelagerten Sanierungsgebieten kann sie nicht im einen von der Möglichkeit nach Abs. 3 Gebrauch machen und dies im anderen unterlassen.

20 – Schließlich muß die Gemeinde auch für eine **sanierungsgebietsexterne Gleichbehandlung** sorgen. Führt die Gemeinde z. B. in der Sanierung Verbesserungen von Straßen durch, die nach Kommunalabgabenrecht beitragsfähig wären, die vielleicht sogar außerhalb des Sanierungsgebiets tatsächlich zur Erhebung von Ausbaubeiträgen führen, muß sie die Eigentümer innerhalb und außerhalb des Sanierungsgebiets grundsätzlich in gleicher Weise – innerhalb der jeweiligen Finanzierungssysteme – zur Finanzierung heranziehen (zur Problematik der Abrechnung von Erschließungsanlagen, durch die sowohl Grundstücke innerhalb als auch außerhalb des Sanierungsgebiets erschlossen

werden, vgl. § 127, Rn 8 f.). Die Bagatellklausel darf nicht dazu einge-
setzt werden, die Grundeigentümer in Sanierungsgebieten zu privi-
legieren, indem sie nicht zur Finanzierung der Maßnahmen herangezo-
gen werden.

3. Es kann für die Investitionsbereitschaft der Eigentümer im Sanie- 21
rungsgebiet und damit für die Zweckerreichung der Sanierung vorteil-
haft sein, das Absehen von der Erhebung von Ausgleichsbeträgen
bereits zu **beschließen, bevor die Sanierung abgeschlossen** ist. Rechts-
grundlage für ein solches vorzeitiges Absehen von der Ausgleichsbe-
tragserhebung ist **Satz 2.** Dies ist dann möglich, wenn nach der Art der
Sanierungsmaßnahme und dem – nur geringen – Entwicklungsdruck
im Gebiet absehbar ist, daß die Bodenwerterhöhungen geringfügig sein
werden und der Verwaltungsaufwand für die Erhebung in keinem
Verhältnis hierzu steht. Diese Entscheidung setzt allerdings die Ermitt-
lung der Bodenwerterhöhungen für den Zeitpunkt des Abschlusses der
Sanierung voraus. Voraussetzung hierfür ist, daß die Ziele und Zwecke
der Sanierung festliegen und daher der Ausgleichsbetrag wie bei § 154
Abs. 3 Satz 3 mit hinreichender Sicherheit ermittelt werden kann.

4. Die Entscheidung nach Satz 1 ist eine **Allgemeinverfügung** im 22
Sinne des § 35 Satz 2 VwVfG. Sie wird regelmäßig vom Gemeinderat
zu treffen sein, da sie wegen ihrer zumeist gegebenen politischen
Brisanz kaum je als einfaches Geschäft der laufenden Verwaltung
anzusehen sein wird, für das der Gemeindedirektor zuständig wäre.
Eine **Zustimmung der höheren Verwaltungsbehörde** zu der Entschei-
dung über das Absehen ist **nicht erforderlich.** Hierdurch soll die
gemeindliche Selbstverwaltung gestärkt werden (vgl. BT-Drs. 10/
6166, S. 160).

IV. Abs. 4 erklärt § 135 Abs. 5 über den **Erlaß** des Erschließungsbei- 23
trags im **öffentlichen Interesse** oder zur **Vermeidung unbilliger Här-
ten** für entsprechend anwendbar. Auf die Erläuterungen hierzu kann
daher verwiesen werden (vgl. § 135, Rn 18 ff.). In die Verweisung
eingeschlossen ist auch § 135 Abs. 5 Satz 2, nach dem die Freistellung
bereits erfolgen kann, bevor eine Zahlungspflicht entstanden ist. Als
Maßstab für das öffentliche Interesse sind hier die Ziele und Zwecke
der Sanierung anzusehen; die „allgemeine Härte", die in der Erhebung
von Ausgleichsbeträgen liegt, kann nicht zum Erlaß von Ausgleichsbe-
trägen führen. Aus denselben Gründen wie bei Abs. 3 ist auch für die
Entscheidung nach Abs. 4 eine **Zustimmung der höheren Verwal-
tungsbehörde nicht erforderlich.**

V. Soweit das Bundesrecht keine abschließende Regelung enthält, 24
wie dies hinsichtlich der Entstehung, Erhebung, Bekanntgabe und
Fälligkeit der Fall ist, sind nach **Abs. 5** die **landesrechtlichen Vorschrif-
ten** über kommunale Beiträge **entsprechend anzuwenden.** Dies gilt
insbesondere für weitergehende landesrechtliche Billigkeitsvorschriften
über die Stundung und den Erlaß sowie insbesondere für die Vorschrif-
ten über die Abwicklung im übrigen, d. h. über Verjährung, Verwir-

kung, Aufrechnung, Verzinsung, Säumniszuschlag, Erstattung und Vollstreckung. Es besteht hier insoweit dieselbe Rechtslage wie bei den Erschließungsbeiträgen; auf die diesbezüglichen Ausführungen kann daher verwiesen werden (vgl. § 135, Rn 29 ff.).

25 **VI.** Während für die Ausgleichs- und Entschädigungsleistungen nach dem Planungsschadensrecht, dem Umlegungsrecht und dem Enteignungsrecht die Baulandgerichte zuständig sind, hat der Gesetzgeber für Rechtsstreitigkeiten über Ausgleichsbeträge **keine Rechtswegzuweisung** getroffen. Da der Ausgleichsbetrag nach § 154 Abs. 4 Satz 1 durch Bescheid, also durch Verwaltungsakt, angefordert wird, handelt es sich bei all diesen Streitigkeiten um öffentlich-rechtliche Streitigkeiten nichtverfassungsrechtlicher Art, die nach **§ 40 Abs. 1 Satz 1 VwGO** vor den **Verwaltungsgerichten** auszutragen sind. Dies gilt auch für alle Streitigkeiten aus Vereinbarungen in bezug auf Ausgleichsbeträge, da es sich hierbei um öffentlich-rechtliche Verträge im Sinne der §§ 54 ff. VwVfG handelt.

26 Soll ein Verwaltungsakt angefochten werden, so ist zuvor nach § 68 VwGO ein **Widerspruchsverfahren** durchzuführen. Da es sich bei Ausgleichsbeträgen um beitragsähnliche Leistungen handelt, haben Widerspruch und Klage nach § 80 Abs. 2 Nr. 1 VwGO keine aufschiebende Wirkung (vgl. § 154, Rn 6).

§ 156 Überleitungsvorschriften zur förmlichen Festlegung

(1) **Beitragspflichten für Erschließungsanlagen im Sinne des § 127 Abs. 2, die vor der förmlichen Festlegung enstanden sind, bleiben unberührt.**

(2) **Hat die Umlegungsstelle vor der förmlichen Festlegung des Sanierungsgebiets in einem Umlegungsverfahren, das sich auf Grundstücke im Gebiet bezieht, den Umlegungsplan nach § 66 aufgestellt oder ist eine Vorwegentscheidung nach § 76 getroffen worden, bleibt es dabei.**

(3) **Hat die Enteignungsbehörde vor der förmlichen Festlegung des Sanierungsgebiets den Enteignungsbeschluß nach § 113 für ein in dem Gebiet gelegenes Grundstück erlassen oder ist eine Einigung nach § 110 beurkundet worden, sind die Vorschriften des Ersten Kapitels weiter anzuwenden.**

1 **I.** Nach § 154 Abs. 1 Satz 2 können im Sanierungsgebiet keine Erschließungs- und Ausbaubeiträge erhoben werden. **Abs. 1** bestimmt

demgegenüber, daß bereits vor förmlicher Festlegung des Sanierungsgebiets **entstandene Beitragspflichten bestehenbleiben.** Dies kann sich sowohl auf Beitragspflichten für eine Teileinrichtung nach § 127 Abs. 3 beziehen, wenn die Gemeinde von der Möglichkeit der Kostenspaltung Gebrauch gemacht hat, als auch auf einen Erschließungsbeitrag für eine Erschließungsanlage, den Abschnitt einer Erschließungsanlage oder eine Erschließungseinheit (zum Entstehen der Beitragspflicht vgl. § 133, Rn 15 ff.). Dasselbe gilt für Ausbaubeiträge.

Werden durch die Sanierung **Erschließungsanlagen,** für die Beiträge 2
erhoben worden sind, für den Anlieger **wert- oder nutzlos,** so entfällt der Erschließungsvorteil und damit die innere Rechtfertigung für die Erhebung von Erschließungs- oder Ausbaubeiträgen. Soweit die Beiträge noch nicht gezahlt sind, entsteht dann ein **Vollzugshindernis,** so daß die Gemeinde den Beitrag nicht vollstrecken kann. Sind die Beiträge schon gezahlt worden und ist die Straße durch einen Bebauungsplan geändert worden, so steht dem Betroffenen ein Anspruch auf **Entschädigung** nach § 39 Satz 2 zu. Ist die Straße durch eine Planfeststellung etwa nach § 38 f. Straßen- und Wegegesetz NRW geändert worden, kommt unter Umständen ein Entschädigungsanspruch nach § 39 Abs. 1 Straßen- und Wegegesetz NRW in Verbindung mit § 74 Abs. 2 Satz 3 VwVfG NRW in Betracht.

II. Bei einer Umlegung im Sanierungsgebiet ist die Wertermittlung 3
nach Maßgabe des § 153 Abs. 5 zu modifizieren. Hierdurch wird die Abschöpfung der sanierungsbedingten Bodenwerterhöhungen in der Umlegung sichergestellt, so daß nach § 155 Abs. 2 bei Durchführung einer Umlegung ein Ausgleichsbetrag entfällt. Wird jedoch eine **Umlegung** bereits vor förmlicher Festlegung des Sanierungsgebiets eingeleitet und erst in das besondere Sanierungsrecht **übergeleitet,** nachdem bereits ein Umlegungsplan oder Teilumlegungsplan nach § 66 Abs. 1 aufgestellt oder eine Vorwegentscheidung nach § 76 getroffen wurde, werden diese Entscheidungen durch das Sanierungsrecht nach **Abs. 2** nicht mehr geändert. Da hierbei jedoch die sanierungsbedingten Bodenwerterhöhungen nicht oder nur zum Teil abgeschöpft worden sind, kann insoweit eine **Nacherhebung** erfolgen (vgl. § 155, Rn 4). Wird der Bebauungsplan im nachhinein geändert, kann auch eine Abschöpfung der Bodenwerterhöhungen durch eine Anwendung des § 153 Abs. 5 im Rahmen der Änderung nach § 73 Nr. 1 erfolgen (vgl. § 155, Rn 12).

III. Bei der **Enteignung** von Grundstücken im Sanierungsgebiet ist 4
die Entschädigungsleistung nach Maßgabe des § 153 Abs. 1 festzusetzen. Ist jedoch bereits der Enteignungsbeschluß nach § 113 erlassen oder eine Einigung nach § 110 beurkundet und damit auch eine Entscheidung über Art und Höhe der Entschädigung und die Höhe der Ausgleichszahlungen getroffen worden, so behalten diese Entscheidungen nach **Abs. 3** Bestand. Auch hier kommt dann allerdings eine **Nacherhebung** des Ausgleichsbetrags in Betracht.

Vierter Abschnitt.
Sanierungsträger und andere Beauftragte

§ 157 Erfüllung von Aufgaben für die Gemeinde

(1) Die Gemeinde kann sich zur Erfüllung von Aufgaben, die ihr bei der Vorbereitung oder Durchführung der Sanierung obliegen, eines geeigneten Beauftragten bedienen. Sie darf jedoch die Aufgabe,

1. städtebauliche Sanierungsmaßnahmen durchzuführen, die der Gemeinde nach den §§ 146 bis 148 obliegen,

2. Grundstücke oder Rechte an ihnen zur Vorbereitung oder Durchführung der Sanierung im Auftrag der Gemeinde zu erwerben,

3. der Sanierung dienende Mittel zu bewirtschaften,

nur einem Unternehmen übertragen, dem die zuständige Behörde nach § 158 bestätigt hat, daß es die Voraussetzungen für die Übernahme der Aufgaben als Sanierungsträger erfüllt.

(2) Die Gemeinde soll die Ausarbeitung der Bauleitpläne und die Aufgaben eines für eigene Rechnung tätigen Sanierungsträgers nicht demselben Unternehmen oder einem rechtlich oder wirtschaftlich von ihm abhängigen Unternehmen übertragen.

Übersicht

1 **1. Allgemeines.** Die Planung und Durchführung städtebaulicher Gesamtmaßnahmen ist eine schwierige gemeindliche Verwaltungsaufgabe, die nur mit erfahrenem Personal erfüllt werden kann. Zur Entlastung des eigenen Personals und um sich der Fachkenntnisse und Erfahrungen anderer zu bedienen, ist die weitgehende Beauftragung privatrechtlich tätiger natürlicher oder juristischer Personen mit der Wahrnehmung dieser Aufgabe zu empfehlen. Diese Personen werden vom Gesetz als **Beauftragte** bezeichnet (Träger und andere Beauftragte). Das **BauGB** hat die bisher in § 33 bis 37 StBauFG enthaltenen Regelungen über den Sanierungsbeauftragten in der Substanz unverändert übernommen (vgl. Vorbem. zu den §§ 136 bis 164, Rn 7). **§ 157** über die **Erfüllung von Aufgaben für die Gemeinde** durch den Sanierungsträger und andere Beauftragte entspricht § 33 StBauFG, wobei § 33 Abs. 3 und 4 StBauFG als rechtlich nicht gebotene Klarstellung gestrichen wurden.

2. Befugnis der Gemeinde. Nach Abs. 1 Satz 1 ist die Gemeinde 2
ermächtigt, sich zur Erfüllung von Aufgaben, die ihr bei der Vorberei-
tung oder Durchführung der Sanierung obliegen, eines geeigneten
Beauftragten zu bedienen. Die Regelung ist als **Kann-Bestimmung**
gefaßt. Es handelt sich um eine Ermächtigung der Gemeinde. Auch die
höhere Verwaltungsbehörde ist nicht befugt, der Gemeinde – etwa im
Rahmen einer Nebenbestimmung bei der Geltendmachung von
Rechtsverstößen i. S. des § 143 Abs. 1 i. V. m. § 11 Abs. 3 – die Beauftra-
gung eines Trägers aufzugeben (vgl. Bauernfeind, in: B/K/K, § 157,
Rn 3 ff.); vgl. demgegenüber die ausdrückliche Ermächtigung in **§ 167
Abs. 1 Satz 2** wegen der Beauftragung eines **Entwicklungsträgers.**
Jedoch kann die Bewilligungsbehörde für Sanierungsförderungsmittel
im Rahmen des **förderungsrechtlichen Verhältnisses** die Beauftragung
eines Beauftragten aufgeben, sofern konkrete Anhaltspunkte dafür vor-
liegen, daß andernfalls der mit der Gewährung von Förderungsmitteln
verfolgte Zweck nicht erreicht wird.

3. Beauftragter. Die Gemeinde kann ihr obliegende Sanierungsauf- 3
gaben auf einen **geeigneten Beauftragten** übertragen. „**Beauftragter**"
bedeutet, daß die übertragene Aufgabe eine gemeindliche Aufgabe
bleibt. Der Beauftragte muß „**geeignet**" sein, die Aufgaben für die
Gemeinde wahrzunehmen. Der Begriff „Beauftragter" wird in
§§ 157 ff. als Oberbegriff verwendet. Das Gesetz unterscheidet insbe-
sondere Aufgaben, die nach Abs. 1 Satz 2 nur einem „**Unternehmen**"
übertragen werden können; § 158 bezeichnet diese Unternehmen als
„**Sanierungsträger**".

4. Übertragungsfähige Aufgaben. Nach Abs. 1 Satz 1 können **alle** 4
Aufgaben, die bei der Vorbereitung oder Durchführung der Sanierung
anfallen an einen Beauftragten übertragen werden. Zu den **Ausnahmen**
vgl. Rn 5 und 6. Zu den Aufgaben der Vorbereitung und Durchfüh-
rung vgl. §§ 140, 146 bis 148. Die Übertragung der darin genannten
Aufgaben findet jedoch nach dem Grundsatz der Gesetzmäßigkeit der
Verwaltung dort eine Grenze, wo es sich um **hoheitliche Befugnisse**
der Gemeinde handelt. § 33 Abs. 4 StBauFG hatte ausdrücklich ange-
ordnet, daß hoheitliche Befugnisse nicht an einen Beauftragten übertra-
gen werden dürfen;, auch für die Beauftragung nach § 57 gilt, daß es
zur Übertragung hoheitlicher Verwaltungskompetenz auf einen Privat-
rechtsträger einer gesetzlichen Ermächtigung bedarf. Insbesondere sind
solche Aufgaben nicht übertragbar, die nach dem Gesetz zwingend
einen **Beschluß der Gemeinde** voraussetzen; vgl. § 141 Abs. 3 über die
Einleitung der Vorbereitung der Sanierung und § 142 Abs. 1 über den
Beschluß, ein Gebiet förmlich als Sanierungsgebiet festzulegen. Auch
die Ermächtigung zum **Erlaß von Verwaltungsakten** ist nicht über-
tragbar.

Dagegen kommen als **übertragbare Aufgaben** insbesondere in Be- 5
tracht: die Durchführung der vorbereitenden Untersuchungen, die
Verhandlungen mit den Beteiligten (§§ 137, 139), insbesondere die

Erörterung mit den Eigentümern, Mietern und sonstige Sanierungsbetroffenen und ihre Beratung und Anregung bei der Durchführung der erforderlichen baulichen Maßnahmen, die Durchführung der erforderlichen Befragungen (vgl. § 138), die Vorarbeiten für das Sanierungskonzept (§ 140 Nr. 3) bis hin zu Bebauungsplanentwürfen (§ 140 Nr. 4), die Erarbeitung und Fortschreibung des Sozialplans (§ 140 Nr. 6), die Durchführung von Ordnungsmaßnahmen (§ 147), soweit sie nicht als Hoheitsaufgabe der Gemeinde vorbehalten sind (z. B. die gesetzliche, wohl aber die freiwillige Umlegung), die Baumaßnahmen (§ 148), der Grunderwerb (§ 147 Abs. 1 Satz 1 Nr. 1) im Auftrag der Gemeinde, die Bewirtschaftung der der Sanierung dienenden Mittel.

6 **Abs. 1 Satz 2** schränkt die Übertragung bestimmter Aufgaben auf solche Beauftragte ein, die nach § 158 als **Sanierungsträger** bestätigt wurden. Eine weitere Einschränkung hinsichtlich der übertragbaren Aufgaben ergibt sich aus Abs. 2 (Rn 7). Nach Abs. 1 Satz 2 dürfen folgende Aufgaben **nur an ein nach § 158 bestätigtes Unternehmen übertragen werden:** Die Durchführung der Ordnungs- und Baumaßnahmen (§§ 146 bis 148), der Erwerb von Grundstücken oder Rechten an ihnen zur Vorbereitung oder Durchführung der Sanierung im Auftrag der Gemeinde sowie die Bewirtschaftung der der Sanierung dienenden Mittel. „Sonstige" Beauftragte, also Beauftragte die keine Unternehmen i. S. des Abs. 1 Satz 2 sind, können danach im wesentlichen nur Aufgaben der Vorbereitung (§ 140) übertragen werden. Natürliche Personen und nicht anerkannte Unternehmen sind dagegen von der Beauftragung mit den Durchführungsaufgabe ausgeschlossen. Umgekehrt kann ein anerkannter Sanierungsträger auch die nicht in Abs. 1 Satz 2 genannten Aufgaben, also insbesondere auch die Aufgaben der Vorbereitung wahrnehmen.

7 Eine weitere Beschränkung bei der Übertragung von Aufgaben enthält **Abs. 2.** Danach soll die Gemeinde die **Ausarbeitung der Bauleitpläne** und die Aufgaben eines **für eigene Rechnung tätigen Sanierungsträgers** nicht demselben Unternehmen oder einem rechtlich oder wirtschaftlich von ihm **abhängigen Unternehmen** übertragen. Zum Begriff des auf eigene Rechnung tätigen Sanierungsträgers vgl. § 159 Abs. 1 Satz 1. Die Vorschrift schließt Unternehmensträger damit nicht generell von den Vorbereitungsaufgaben aus, sondern will nur hinsichtlich der Ausarbeitung von Bauleitplänen Konfliktsituationen vermeiden. Nach Abs. 2 i. V. m. § 159 Abs. 1 Satz 1 kann daher der auf eigene Rechnung tätige Sanierungsträger nicht gleichzeitig Ordnungs- und Baumaßnahmen für die Gemeinde durchführen **und** die Ausarbeitung von Bauleitplänen übernehmen. Die Verbotsregelung des Abs. 2 soll damit der Gefahr vorbeugen, daß ein Sanierungsunternehmer bei der Ausarbeitung der Entwürfe von Bauleitplänen seine eigenen Interessen im Hinblick auf die spätere bauliche Nutzung zu sehr in den Vordergrund rücken könnte.

8 **5. Zeitpunkt der Beauftragung.** Das Gesetz enthält keine ausdrück-

liche Regelung darüber, ab welchem Zeitpunkt Sanierungsaufgaben an einen Beauftragten übertragen werden können. § 33 Abs. 3 StBauFG bestimmte hierzu ausdrücklich, daß ein Auftrag zur Erfüllung von Aufgaben bei der Vorbereitung der Sanierung bereits **vor einer förmlichen Festlegung** des Sanierungsgebiets erteilt werden kann. Die Vorschrift ist in das BauGB nicht übernommen worden. Die Ermächtigung der Gemeinde zur Übertragung von Aufgaben an einen Beauftragten gem. Abs. 1 Satz 1 i. V. m. den Aufgaben nach § 140 umfaßt gleichwohl (unverändert) eine entsprechende Ermächtigung. Frühester Zeitpunkt für die Übertragung von Vorbereitungsaufgaben ist der Beschluß der Gemeinde, die Vorbereitung der Sanierung einzuleiten; § 141 Abs. 3 Satz 1. Soweit die Gemeinde zur Vorbereitung dieses Beschlusses **Voruntersuchungen** (vgl. § 141, Rn 10) durchzuführen beabsichtigt, kann sie sich hierzu Beauftragter bedienen. §§ 157 ff. finden auf solche Vertragsverhältnisse jedoch noch keine Anwendung. Die Gemeinde kann aber schon vor dem Beschluß nach § 141 Abs. 3 den Sanierungsvertrag abschließen.

6. Vertrag. Die Übertragung der Sanierungsaufgaben auf den Beauf- 9 tragten erfolgt auf der Grundlage eines Vertrags zwischen dem Beauftragten und der Gemeinde. Es handelt sich um einen **öffentlichrechtlichen Vertrag** gem. § 54 VwVfG. Vgl. entsprechend § 124 Abs. 1 über den Erschließungsvertrag. Zu städtebaulichen Verträgen vgl. weiterhin die Erl. zu § 124 Abs. 2. § 159 Abs. 2 enthält darüber hinaus besondere Anforderungen für den Vertrag zwischen Gemeinde und Sanierungsträger, also in den Fällen der Übertragung von Aufgaben i. S. des Abs. Satz 2.

§ 158 Bestätigung als Sanierungsträger

(1) **Die Bestätigung für die Übernahme der Aufgaben als Sanierungsträger kann nur ausgesprochen werden, wenn**

1. **das Unternehmen nicht selbst als Bauunternehmen tätig oder von einem Bauunternehmen abhängig ist,**

2. **das Unternehmen nach seiner Geschäftstätigkeit und seinen wirtschaftlichen Verhältnissen geeignet und in der Lage ist, die Aufgaben eines Sanierungsträgers ordnungsgemäß zu erfüllen,**

3. **das Unternehmen, sofern es nicht bereits kraft Gesetzes einer jährlichen Prüfung seiner Geschäftstätigkeit und seiner wirtschaftlichen Verhältnisse unterliegt, sich einer derartigen Prüfung unterworfen hat oder unterwirft,**

4. **die zur Vertretung berufenen Personen sowie die leitenden Angestellten die erforderliche geschäftliche Zuverlässigkeit besitzen.**

(2) **Die Bestätigung kann widerrufen werden, wenn die Voraussetzungen nach Absatz 1 nicht mehr vorliegen.**

(3) **Die Bestätigung wird durch die nach Landesrecht zuständige Behörde ausgesprochen.**

Übersicht

1 **1. Allgemeines.** § 158 über die Voraussetzungen für die **Bestätigung als Sanierungsträger** wurde gegenüber der früheren Regelung (§ 34 StBauFG) erheblich gestrafft. Vor allem wurde von der Aufzählung der Organe der staatlichen Wohnungspolitik, der gemeinnützigen Wohnungs- und Siedlungsunternehmen sowie freier Wohnungsunternehmen, sofern sie nicht selbst als Bauunternehmen tätig oder von einem Bauunternehmen abhängig sind, als bestätigungsfähige Sanierungsträger abgesehen. Diese Fälle waren bereits nach früherem Recht durch die Generalklausel des § 34 Abs. 1 Nr. 5 StBauFG (jetzt § 158 Abs. 1 Nr. 1) abgedeckt, wonach Voraussetzung für die Bestätigung als Sanierungsträger ist, daß das Unternehmen nicht selbst als Bauunternehmen tätig oder von einem Bauunternehmen abhängig ist. Aufgrund der Neuregelung ergab sich für die im StBauFG ausdrücklich genannten Organe der staatlichen Wohnungspolitik und sonstigen Wohnungs- oder Siedlungsunternehmen gem. § 34 Abs. 1 Nr. 1 bis 4 StBauFG keine Änderung. Insbesondere bedurfte es für diese Unternehmen aufgrund der Neuregelung nicht einer erneuten Prüfung der Voraussetzungen für die Bestätigung als Sanierungsträger, sofern sich die Unternehmen im Rahmen des Anerkennungsverfahrens einer derartigen Prüfung bereits unterworfen haben (vgl. A-Ber., S. 160). Zum Wegfall der Wohnungsgemeinnützigkeit zum 1. 1. 1990 vgl. Vorbem. zu den §§ 136 bis 164, Rn 30 sowie unten Rn 7.

2 **2. Bestätigungsfähige Unternehmen.** Nach § 57 Abs. 1 Satz 2 ist die Wahrnehmung bestimmter Sanierungsaufgaben solchen Unternehmen vorbehalten, die gem. § 58 als Sanierungsträger bestätigt worden sind. Nach § 158 Abs. 1 Nr. 1 können nur solche Unternehmen als Sanierungsträger bestätigt werden, die **nicht selbst als Bauunternehmen tätig** oder **von einem Bauunternehmen abhängig** sind (vgl. entsprechend § 34 Abs. 1 Nr. 5 StBauFG).

3 Als **Bauunternehmen** gelten Unternehmen, die gewerblich Baustoffe und Bauelemente herstellen oder vertreiben und Unternehmen, die Hoch- und Tiefbauten ausführen, instand setzen oder instand halten, ändern oder beseitigen. Von der Tätigkeit als Bauunternehmer ist die Tätigkeit als **Bauherr,** als **Betreuer** anderer Bauherren oder als **Verwalter** eigener oder fremder Wohnungen zu unterscheiden. Ein **Abhängigkeitsverhältnis** i. S. des Abs. 1 Nr. 1 liegt vor, wenn auf das eine Bestätigung beantragende, rechtlich selbständige Unternehmen

ein Bauunternehmen unmittelbar oder mittelbar einen beherrschenden Einfluß ausüben kann (vgl. entsprechend § 17 Abs. 1 Aktiengesetz).

Nach **Abs. 1 Nr. 2** ist Bestätigungsvoraussetzung weiterhin, daß das **4** Unternehmen nach seiner Geschäftstätigkeit und seinen wirtschaftlichen Verhältnissen die Aufgaben eines Sanierungsträgers **ordnungsgemäß erfüllen kann.** Daß der Unternehmer bereits in der Vergangenheit als Sanierungsträger oder an einer vergleichbaren städtebaulichen oder wohnungswirtschaftlichen Aufgabe tätig war, kann hierbei berücksichtigt werden. Jedoch ist das Gesetz für die Neugründung von Unternehmen zum speziellen Zwecke der Wahrnehmung der Trägeraufgabe offen; vgl. die entsprechenden abgabenrechtlichen Begünstigungen in § 151. An die Eignung eines Unternehmens, das erstmals bestätigt werden soll, werden besonders **hohe Anforderungen** zu stellen sein. Bei den bereits in der Sanierung tätigen Unternehmen werden die mit ihnen gemachten Erfahrungen zu berücksichtigen sein. Die Bestätigungsbehörde muß sich insbesondere über die rechtlichen und organisatorischen Verhältnisse und die unternehmerischen Aufgaben Kenntnisse verschaffen. Dies gilt insbesondere auch für die Beurteilung der **wirtschaftlichen Verhältnisse** des Unternehmens. Hierzu kommen z. B. die Vorlage aktueller Prüfungsberichte eines Wirtschaftsprüfers oder eines zugelassenen Wirtschaftsprüfer-Unternehmens in Betracht. Bei privatrechtlich unbegrenzt haftenden Unternehmensinhabern oder Gesellschaftern ist hierbei eine Übersicht über die **privaten Vermögenswerte und Verbindlichkeiten** von Bedeutung.

Die Bestätigung erfordert nach **Abs. 1 Nr. 3** darüber hinaus, daß sich **5** das Unternehmen einer jährlichen Prüfung seiner Geschäftstätigkeit und seiner wirtschaftlichen Verhältnisse unterwirft, sofern es nicht bereits kraft Gesetzes einer solchen Prüfung unterliegt. Das BauGB hat die in § 34 Abs. 3 und § 35 Abs. 4 StBauFG enthaltenen weiteren Anforderungen hinsichtlich der **Prüfung der Geschäftstätigkeit** nicht übernommen. Nach § 34 Abs. 3 StBauFG war vorgesehen, daß für ein Unternehmen, das nicht bereits kraft Gesetzes einer Prüfung unterliegt, in der Bestätigung der Gegenstand der Prüfung zu bestimmen ist. Nach § 35 Abs. 4 StBauFG war vorgesehen, daß bei der jährlichen Prüfung der Geschäftstüchtigkeit des Sanierungsträgers auch die Einhaltung der Vorschriften des StBauFG und des mit der Gemeinde geschlossenen Vertrags zu prüfen ist. Diese Regelungen haben – ohne sachliche Vertiefung des Prüfungsgegenstandes – zu wiederholten Prüfungsvorgängen geführt (vgl. kritisch zur Regelung nach StBauFG Bauernfeind, in: Bielenberg, StBauFG, § 34, Rn 26). Auch nach der Aufhebung des § 35 Abs. 4 StBauFG bleibt es dabei, daß jedes im Zuge der Sanierungsmaßnahme abgeschlossene Rechtsgeschäft und jeder sonstige sanierungsrelevante Vorgang im Rahmen der **Kommunalaufsicht** überprüft wird. Im Hinblick auf den Einsatz von öffentlichen Förderungsmitteln, die von Unternehmen nach § 157 Abs. 1 Satz 2 Nr. 3 bewirtschaftet werden, findet eine weitere Überprüfung durch die **Bewilligungsbe-**

hörden statt. Insoweit bleibt bei den sensiblen Fragen der Bewirtschaftung von Förderungsmitteln neben der nach § 158 Abs. 1 Nr. 3 begründeten Prüfung auch künftig eine Mehrfachprüfung bestehen.

6 **Abs. 1 Nr. 4** nennt als weitere Voraussetzung für die Bestätigung eines Unternehmens, daß die zur Vertretung des Unternehmens berufenen Personen die erforderliche **geschäftliche Zuverlässigkeit** besitzen. Das gleiche wird von den leitenden Angestellten des Unternehmens gefordert.

7 **3. Bestätigung.** Nach **Abs. 3** wird die Bestätigung für die Übernahme der Aufgaben als Sanierungsträger durch die **nach Landesrecht zuständige Behörde** ausgesprochen. Das BauGB i. d. F. 1987 enthielt hierzu eine ergänzende Regelung: War der Sanierungsträger ein Organ der staatlichen Wohnungspolitik, so oblag die Anerkennung derjenigen Behörde, die auch die Anerkennung als Organ der staatlichen Wohnungspolitik ausspricht; vgl. § 158 Abs. 3 i. d. F. des BauGB 1987 i. V. mit § 28 WGG sowie die Verwaltungsanordnung über die Anerkennung von Organen der staatlichen Wohnungspolitik nach § 28 WGG vom 11. 11. 1953 (BBauBl. 1953, 569). Diese Sonderregelung ist mit Wirkung vom 1. 1. 1990 aufgrund des Steuerreformgesetzes 1990 v. 25. 7. 1988 (BGBl. I S. 1093) aufgehoben worden.

8 § 34 Abs. 4 Satz 1 bis 3 StBauFG sah weiterhin folgendes vor: Die Bestätigung kann **allgemein** oder nach Anhörung der Gemeinde für den **Einzelfall** ausgesprochen werden; die allgemeine Bestätigung kann **sachlich oder räumlich begrenzt** oder **befristet** werden; die von der Behörde eines Landes ausgesprochene allgemeine Bestätigung gilt **nicht für das Gebiet eines anderen Landes**. Die Regelungen sind in das BauGB ausschließlich aus Gründen der Straffung des Gesetzestextes nicht übernommen worden; sie hatten nur klarstellende Bedeutung.

9 Die Bestätigung als Sanierungsträger kann bei Fortfall der Voraussetzungen nach Abs. 1 **widerrufen** werden; **Abs. 2** (vgl. § 48 VwVfG).

§ 159 Erfüllung der Aufgaben als Sanierungsträger

(1) **Der Sanierungsträger erfüllt die ihm von der Gemeinde übertragenen Aufgaben nach § 157 Abs. 1 Satz 2 Nr. 1 oder 2 im eigenen Namen für Rechnung der Gemeinde als deren Treuhänder oder im eigenen Namen für eigene Rechnung. Die ihm von der Gemeinde übertragene Aufgabe nach § 157 Abs. 1 Satz 2 Nr. 3 erfüllt er im eigenen Namen für Rechnung der Gemeinde als deren Treuhänder. Der Sanierungsträger hat der Gemeinde auf Verlangen Auskunft zu erteilen.**

(2) **Die Gemeinde und der Sanierungsträger legen mindestens die Aufgaben, die Rechtsstellung, in der sie der Sanierungsträger zu erfüllen hat, eine von der Gemeinde hierfür zu entrichtende ange-**

messene Vergütung und die Befugnis der Gemeinde zur Erteilung von Weisungen durch schriftlichen Vertrag fest. Der Vertrag bedarf nicht der Form des §313 des Bürgerlichen Gesetzbuchs. Er kann von jeder Seite nur aus wichtigem Grund gekündigt werden.

(3) Der Sanierungsträger ist verpflichtet, die Grundstücke, die er nach Übertragung der Aufgabe zur Vorbereitung oder Durchführung der Sanierung erworben hat, nach Maßgabe des §89 Abs. 3 und 4 und unter Beachtung der Weisungen der Gemeinde zu veräußern. Er hat die Grundstücke, die er nicht veräußert hat, der Gemeinde anzugeben und auf ihr Verlangen an Dritte oder an sie zu veräußern.

(4) Ist in dem von dem Erwerber an den Sanierungsträger entrichteten Kaufpreis ein Betrag enthalten, der nach den §§154 und 155 vom Eigentümer zu tragen wäre, hat der Sanierungsträger diesen Betrag an die Gemeinde abzuführen oder mit ihr zu verrechnen. In den Fällen des §153 Abs. 4 Satz 2 hat der Sanierungsträger Ansprüche aus dem Darlehen auf Verlangen entweder an die Gemeinde abzutreten und empfangene Zinsen und Tilgungen an sie abzuführen oder sie mit ihr zu verrechnen.

(5) Der Sanierungsträger hat für die Grundstücke, deren Eigentümer er bleibt, an die Gemeinde Ausgleichsbeträge nach Maßgabe der §§154 und 155 zu entrichten.

(6) Der Vertrag, den die Gemeinde mit dem für eigene Rechnung tätigen Sanierungsträger geschlossen hat, erlischt mit der Eröffnung des Konkursverfahrens über das Vermögen des Sanierungsträgers. Die Gemeinde kann vom Konkursverwalter verlangen, ihr die im förmlich festgelegten Sanierungsgebiet gelegenen Grundstücke, die der Sanierungsträger nach Übertragung der Aufgaben zur Vorbereitung oder Durchführung der Sanierung erworben hat, gegen Erstattung der vom Sanierungsträger erbrachten Aufwendungen zu übereignen. Der Konkursverwalter ist verpflichtet, der Gemeinde ein Verzeichnis dieser Grundstücke zu übergeben. Die Gemeinde kann ihren Anspruch nur binnen sechs Monaten nach Übergabe des Grundstücksverzeichnisses geltend machen. Im übrigen haftet die Gemeinde den Gläubigern von Verbindlichkeiten aus der Durchführung der Ordnungsmaßnahmen wie ein Bürge, soweit sie aus dem Vermögen des Sanierungsträgers im Konkursverfahren keine vollständige Befriedigung erlangt haben.

(7) Kündigt die Gemeinde im Falle der Eröffnung des Vergleichsverfahrens über das Vermögen des für eigene Rechnung tätigen Sanierungsträgers den Vertrag, kann sie vom Sanierungsträger verlangen, ihr die im förmlich festgelegten Sanierungsgebiet gelegenen Grundstücke, die der Sanierungsträger nach Übertragung der Aufgaben zur Vorbereitung oder Durchführung der Sanierung erworben hat, gegen Erstattung der vom Sanierungsträger erbrachten Aufwendungen zu übereignen. §64 Satz 2 der Vergleichsordnung ist

insoweit nicht anzuwenden. Der Sanierungsträger ist verpflichtet, der Gemeinde ein Verzeichnis dieser Grundstücke zu übergeben; Absatz 6 Satz 4 und 5 ist ensprechend anzuwenden.

Übersicht

1 **1. Sanierungstreuhänder und Sanierungsunternehmer (Abs. 1). Abs. 1 S. 1** zieht zwei unterschiedliche Rechtstellungen des Sanierungsträgers vor: Der Sanierungsträger kann als **Sanierungstreuhänder** tätig werden, also in eigenem Namen für Rechnung der Gemeinde als deren Treuhänder. Er kann weiterhin als **Sanierungsunternehmer** tätig werden, also im eigenen Namen für eigene Rechnung. Das Gesetz schränkt die Wahlmöglichkeiten zwischen beiden Rechtstellungen auf die Fälle des § 157 Abs. 1 S. 2 Nr. 1 oder 2 ein, also auf die Durchführung von Bau- und Ordnungsmaßnahmen sowie den Grunderwerb. Die Bewirtschaftung der der Sanierung dienenden Mittel (§ 157 Abs. 1 S. 2 Nr. 3) erfüllt der Sanierungsträger dagegen stets im eigenen Namen für Rechnung der Gemeinde als deren Treuhänder; **Abs. 1 S. 2.** Eine weitere Einschränkung der Wahlmöglichkeit ergibt sich hinsichtlich des Unternehmensträgers auch aus § 157 Abs. 2 über die Ausarbeitung von Bauleitplänen; vgl. § 157, Rn 7.

2 **2. Sanierungsvertrag (Abs. 2).** Nach § 159 Abs. 2 haben die Gemeinde und der Sanierungsträger die Aufgabenübertragung in einem **schriftlichen Vertrag** (§ 126 BGB; vgl. auch § 57 VwVfG) zu regeln. Der Sanierungsvertrag ist ein öffentlich-rechtlicher Vertrag; vgl. hierzu § 157, Rn 7. Der Sanierungsvertrag bedarf keiner **notariellen Beurkundung** nach § 313 BGB, und zwar auch dann nicht, wenn der Vertrag Verpflichtungen zur Veräußerung oder zum Erwerb von Grundstücken begründet; **Abs. 2 S. 2.**

3 Nach **Abs. 2 S. 1** muß der Sanierungsvertrag mindestens folgende Regelungen enthalten: Der Vertrag muß die **Aufgaben** festlegen, die dem Sanierungsträger übertragen werden. Der Sanierungsvertrag muß weiterhin die **Rechtstellung** des Sanierungsträgers (Sanierungstreuhänder oder Sanierungsunternehmer; vgl. Rn 1) festlegen. Der Vertrag muß auch eine Regelung über die an den Sanierungsträger zu zahlende **angemessene Vergütung** enthalten. Von besonderer Bedeutung ist weiterhin die vertraglich einzuräumende Befugnis der Gemeinde, dem Träger **Weisungen** erteilen zu können. Im Zusammenhang mit dem Weisungsrecht der Gemeinde hat die Verpflichtung nach **Abs. 1 S. 3**

besondere Bedeutung. Danach muß der Sanierungsträger der Gemeinde auf Verlangen **Auskunft** erteilen.

Der Sanierungsvertrag **endet** im Regelfall mit seiner Erfüllung. Der 4
Sanierungsvertrag **erlischt** mit der Eröffnung des **Konkursverfahrens;**
vgl. Abs. 6 S. 1 für den Fall des im eigenen Namen für eigene Rechnung
tätigen Sanierungsträgers (Sanierungsunternehmer) sowie § 161 Abs. 3
S. 1 für den Sanierungstreuhänder. Darüber hinaus sieht **Abs. 1 S. 3** vor,
daß der Vertrag von jeder Seite gekündigt werden kann, jedoch **nur aus
wichtigem Grund.** Ein solcher Grund ist z. B. die Aufgabe der Sanie-
rungsabsicht der Gemeinde oder die zögerliche Durchführung der
Sanierung durch den Sanierungsträger (vgl. weiterhin die Kündigung
nach Abs. 7).

3. Veräußerungspflicht (Abs. 3). Der Sanierungsträger ist nach 5
Abs. 3 S. 1 verpflichtet, die Grundstücke, die er nach Übertragung der
Aufgabe zur Vorbereitung oder Durchführung der Sanierung erworben
hat, unter Beachtung der Weisungen der Gemeinde zu veräußern. § 89
Abs. 3 und 4 über bevorrechtigte Erwerber und die zu veräußernden
Rechte ist dabei zu beachten. Soweit der Träger Grundstücke nicht
veräußert hat, hat er sie der Gemeinde anzugeben und auf ihr Verlangen
an Dritte oder an die Gemeinde zu veräußern; **Abs. 3 S. 2.** Die Veräuße-
rungspflicht entspricht der früheren Regelung des § 25 StBauFG, für
den eine entsprechende Nachfolgeregelung in das BauGB nicht über-
nommen wurde. Vgl. jedoch die Sonderregelung im städtebaulichen
Entwicklungsbereich; § 169 Abs. 5. Mit der Beibehaltung der besonde-
ren Veräußerungspflicht des Trägers trotz Streichung der generellen
Veräußerungspflicht der Gemeinde will das Gesetz Vertragsgestaltun-
gen vermeiden, die es einem Sanierungsträger erlauben würden, nach
Abschluß der Sanierung die sanierungsbedingt erworbenen Grund-
stücke zu „horten". Für die Veräußerung der Grundstücke hat das
Weisungsrecht der Gemeinde (vgl. Abs. 2 S. 1) besondere Bedeutung.
Da der Träger bei der Veräußerung wichtige gemeindliche Aufgaben
wahrnimmt, ist die **Gemeinde** auch **gehalten,** von diesem **Weisungs-
recht Gebrauch zu machen.**

4. Sanierungsbedingte Mehrwerte; Ausgleichsbetrag (Abs. 4 und 6
5). Der Sanierungsträger hat den sanierungsbedingten Mehrwert, den
er bei der Veräußerung der Grundstücke erhält, an die Gemeinde
abzuführen oder mit ihr zu verrechnen; **Abs. 4.** Sofern der Träger
ausnahmsweise Eigentümer bleibt (vgl. Abs. 3) hat er für diese Grund-
stücke an die Gemeinde Ausgleichsbeträge gem. §§ 154 und 155 zu
entrichten; **Abs. 5.**

5. Konkurs; Vergleichsverfahren (Abs. 6 und 7). Mit der Eröffnung 7
des Konkursverfahrens über das Vermögen des Sanierungsunterneh-
mers erlischt der Sanierungsvertrag; **Abs. 6 S. 1.** Nach **Abs. 6 S. 2** steht
der Gemeinde in diesem Fall ein besonderes **Aussonderungsrecht** zu:
Sie kann vom Konkursverwalter die Übertragung derjenigen im Sanie-

rungsgebiet liegenden Grundstücke verlangen, die der Sanierungsunternehmer nach der Übertragung der Sanierungsaufgabe erworben hat. Hierdurch ist sichergestellt, daß die Erfüllung der Veräußerungspflicht bei Grundstücken nicht durch das Konkursverfahren über das Vermögen des Sanierungsträgers verhindert wird. Beim Sanierungstreuhänder ist ein entsprechendes Aussonderungsrecht nicht vorgesehen und nicht erforderlich, da das Treuhandvermögen nicht zur Konkursmasse gehört; § 161 Abs. 3 S. 2. Nach **Abs. 6 S. 5 haftet** die Gemeinde den Gläubigern von Verbindlichkeiten aus der Durchführung der Ordnungsmaßnahmen wie ein Bürge, soweit die Gläubiger aus dem Vermögen des Trägers im Konkursverfahren keine vollständige Befriedigung erlangt haben.

8 Wird das **Vergleichsverfahren** über das Vermögen des für eigene Rechnung tätigen Sanierungsträgers (Sanierungsunternehmer) eröffnet, so erlischt der Sanierungsvertrag zwar nicht. Die Gemeinde hat jedoch nach **Abs. 7 S. 1** ein **Kündigungsrecht**. In diesem Fall kann sie vom Sanierungsträger verlangen, ihr die im förmlich festgelegten Sanierungsgebiet gelegenen Grundstücke gegen Erstattung der Aufwendungen zu übereignen, soweit der Träger diese Grundstücke im Rahmen seines Auftrags erworben hat. § 64 S. 2 der Vergleichsordnung ist nicht anzuwenden; **Abs. 7 S. 2**. Dadurch wird sichergestellt, daß die Übereignung der Grundstücke an die Gemeinde nicht verhindert werden kann und die Grundstücke damit für die Veräußerung zur Verfügung stehen.

§ 160 Treuhandvermögen

(1) **Ist dem Sanierungsträger eine Aufgabe als Treuhänder der Gemeinde übertragen, erfüllt er sie mit einem Treuhandvermögen in eigenem Namen für Rechnung der Gemeinde. Der Sanierungsträger erhält von der Gemeinde für den Rechtsverkehr eine Bescheinigung über die Übertragung der Aufgabe als Treuhänder. Er soll bei Erfüllung der Aufgabe seinem Namen einen das Treuhandverhältnis kennzeichnenden Zusatz hinzufügen.**

(2) **Der als Treuhänder tätige Sanierungsträger hat das in Erfüllung der Aufgabe gebildete Treuhandvermögen getrennt von anderem Vermögen zu verwalten.**

(3) **Zum Treuhandvermögen gehören die Mittel, die die Gemeinde dem Sanierungsträger zur Erfüllung der Aufgabe zur Verfügung stellt. Zum Treuhandvermögen gehört auch, was der Sanierungsträger mit Mitteln des Treuhandvermögens oder durch ein Rechtsgeschäft, das sich auf das Treuhandvermögen bezieht, oder aufgrund eines zum Treuhandvermögen gehörenden Rechts oder als Ersatz für die Zerstörung, Beschädigung oder Entziehung eines zum Treuhandvermögen gehörenden Gegenstands erwirbt.**

(4) **Die Gemeinde gewährleistet die Erfüllung der Verbindlichkeiten, für die der Sanierungsträger mit dem Treuhandvermögen haftet. Mittel, die der Sanierungsträger darlehensweise von einem Dritten erhält, gehören nur dann zum Treuhandvermögen, wenn die Gemeinde der Darlehensaufnahme schriftlich zugestimmt hat. Das gleiche gilt für eigene Mittel, die der Sanierungsträger einbringt.**

(5) **Grundstücke im förmlich festgelegten Sanierungsgebiet, die der Sanierungsträger vor oder nach Übertragung der Aufgabe mit Mitteln, die nicht zum Treuhandvermögen gehören, oder unter Hergabe von eigenem Austauschland erworben hat, hat er auf Verlangen der Gemeinde gegen Ersatz seiner Aufwendungen in das Treuhandvermögen zu überführen. Dabei sind als Grundstückswerte die Werte zu berücksichtigen, die sich in Anwendung des § 153 Abs. 1 ergeben.**

(6) **Der als Treuhänder tätige Sanierungsträger hat der Gemeinde nach Beendigung seiner Tätigkeit Rechenschaft abzulegen. Er hat nach Beendigung seiner Tätigkeit das Treuhandvermögen einschließlich der Grundstücke, die er nicht veräußert hat, auf die Gemeinde zu übertragen. Von der Übertragung an haftet die Gemeinde anstelle des Sanierungsträgers für die noch bestehenden Verbindlichkeiten, für die dieser mit dem Treuhandvermögen gehaftet hat.**

(7) **Der Sanierungsträger darf vor der Übertragung nach Absatz 6 die Grundstücke des Treuhandvermögens, die er unter Hergabe von entsprechendem nicht zum Treuhandvermögen gehörendem eigenem Austauschland oder mindestens zwei Jahre, bevor ihm die Gemeinde einen mit der Sanierung zusammenhängenden Auftrag erteilt hat, erworben und in das Treuhandvermögen überführt hat, in sein eigenes Vermögen zurücküberführen. Sind die von ihm in das Treuhandvermögen überführten Grundstücke veräußert oder im Rahmen der Ordnungsmaßnahmen zur Bildung neuer Grundstücke verwendet oder sind ihre Grenzen verändert worden, kann der Sanierungsträger andere Grundstücke, die wertmäßig seinen in das Treuhandvermögen überführten Grundstücken entsprechen, in sein eigenes Vermögen zurücküberführen; er bedarf hierzu der Genehmigung der Gemeinde. Er hat dem Treuhandvermögen den Verkehrswert der Grundstücke zu erstatten, der sich durch die rechtliche und tatsächliche Neuordnung des förmlich festgelegten Sanierungsgebiets ergibt.**

Übersicht

1 **1. Allgemeines (Abs. 1).** § 160 über das Treuhandvermögen entspricht (sachlich unverändert) dem bisherigen § 36 **StBauFG.** Die Vorschriften haben für jene Fälle Bedeutung, in denen die Gemeinde einen Sanierungsträger beauftragt hat, Sanierungsmaßnahmen als **Treuhänder** wahrzunehmen. In der Praxis ist die Rechtstellung als Treuhänder der Regelfall. Die Vorschrift regelt insbesondere das Auftreten des Treuhänders im Rechtsverkehr (Abs. 1) und die Verwaltung des Treuhandvermögens einschl. der Haftung der Gemeinde für Verbindlichkeiten (Abs. 2 bis 5) sowie die Abwicklung des Treuhandverhältnisses (Abs. 6 und 7).

2 **Abs. 1 S. 1** stellt die Treuhändertätigkeit klar: Erfüllung der Aufgaben mit einem Treuhandvermögen in eigenem Namen für Rechnung der Gemeinde. **Abs. 1 S. 2 und 3** stellen sicher, daß das Treuhandverhältnis im Außenverhältnis ersichtlich ist. Hierzu stellt die Gemeinde eine **Bescheinigung** aus (Abs. 1 S. 2). Der Treuhänder hat bei Erfüllung der Treuhandaufgaben seinem **Namen** einen entsprechenden **Zusatz** hinzuzufügen, aus dem sich das Treuhandverhältnis ergibt.

3 **2. Treuhandvermögen (Abs. 2 bis 5).** Bei dem als Treuhänder tätigen Sanierungsträger entstehen zwei Vermögen: Das Treuhandvermögen und das sonstige Vermögen des Trägers. Nach **Abs. 2** hat er das Treuhandvermögen getrennt von anderen Vermögen zu verwalten.

4 Was zum **Treuhandvermögen** gehört ergibt sich aus **Abs. 3.** Hierzu rechnen die Mittel, die der Sanierungsträger von der Gemeinde zur Erfüllung seiner Aufgaben erhält (insbesondere Finanzierungsmittel und Grundstücke); **Abs. 3 S. 1.** Zum Treuhandvermögen gehören weiterhin die **Surrogate,** also das, was der Sanierungsträger insbesondere mit Mitteln des Treuhandvermögens oder durch ein auf das Treuhandvermögen bezogenes Rechtsgeschäft erwirbt; **Abs. 3 S. 2.**

5 **Darlehensmittel,** die der Sanierungsträger von einem Dritten erhält, gehören nur dann dem Treuhandvermögen, wenn die Gemeinde der Darlehensaufnahme schriftlich zugestimmt hat; **Abs. 4 S. 2.** Das gleiche gilt für **eigene Mittel,** die der Sanierungsträger einbringt; **Abs. 4 S. 3.**

6 Nach **Abs. 4 S. 1** haftet die Gemeinde für die Erfüllung der Verbindlichkeiten, für die der Sanierungsträger mit dem Treuhandvermögen haftet. Die **Haftung der Gemeinde** setzt sich nach Beendigung des Treuhandverhältnisses und Übertragung des Treuhandvermögens auf die Gemeinde in einer direkten Haftung der Gemeinde fort; **Abs. 6 S. 3.**

7 Soweit der Treuhänder vor oder nach der Beauftragung mit sonstigen Mitteln (Mittel die nicht zum Treuhandvermögen gehören) im förmlich festgelegten Sanierungsgebiet **Grundstücke erworben** hat, hat er diese auf Verlangen der Gemeinde gegen Aufwendungsersatz in das Treuhandvermögen zu überführen; **Abs. 5 S. 1.** Das gleiche gilt, wenn er die Grundstücke unter Hergabe von eigenem Austauschland, also von nicht zum Treuhandvermögen gehörenden Grundstücken erworben hat. Neben dieser auf **Verlangen der Gemeinde** vorzuneh-

menden Übertragung in das Treuhandvermögen ist es auch zulässig, daß der Treuhänder **mit Zustimmung der Gemeinde** Grundstücke, die er mit anderen als Treuhandmitteln erworben hat, in das Treuhandvermögen überführen **kann.** Dies regelte ausdrücklich § 36 Abs. 5 S. 1, Hs. 1 StBauFG. Die Streichung dieser Regelung ist nur aus Gründen der Straffung des Gesetzestextes erfolgt (vgl. Krautzberger, in: B/K/S, Rn 389).

3. Abwicklung des Treuhandverhältnisses (Abs. 6 und 7). Abs. 6 **8** und 7 regeln die Beendigung und Abwicklung des Treuhandverhältnisses. Der Treuhänder hat der Gemeinde nach Beendigung seiner Tätigkeit Rechenschaft abzulegen; **Abs. 6 S. 1.** Das Treuhandvermögen einschl. der Grundstücke, die er nicht veräußert hat, hat er auf die Gemeinde zu übertragen; **Abs. 6 S. 2.** Die Gemeinde haftet von der Übertragung an anstelle des Trägers für noch bestehende Verbindlichkeiten, für die der Träger mit dem Treuhandvermögen gehaftet hat; **Abs. 6 S. 3.**

Abs. 7 enthält eine Ausnahme hinsichtlich der Verpflichtung des **9** Sanierungsträgers, nach Beendigung seiner Tätigkeit das Treuhandvermögen gem. Abs. 6 auf die Gemeinde zu übertragen. Danach ist der Träger berechtigt, vor der Übertragung nach Abs. 6 diejenigen Grundstücke des Treuhandvermögens, die er unter Hergabe von entsprechendem, nicht zum Treuhandvermögen gehörendem Austauschland erworben und in das Treuhandvermögen überführt hat (vgl. Abs. 5), in sein eigenes Vermögen zurückzuführen; **Abs. 7 S. 1.** Das gleiche gilt für Grundstücke, die er mindestens zwei Jahre vor Erteilung des Auftrags (ohne Hergabe von Austauschland) erworben und später in das Treuhandvermögen überführt hat. Sind diese Grundstücke zwischenzeitlich veräußert worden, hat der Sanierungsträger nach **Abs. 7 S. 2** einen Ersatzanspruch; die Gemeinde muß die Überführung der Grundstücke in das eigene Vermögen in diesem Fall genehmigen. In beiden Fällen der Überführung von Grundstücken in das Vermögen des Trägers hat dieser dem Treuhandvermögen den Verkehrswert der Grundstücke nach dem Neuordnungswert zu erstatten; **Abs. 7 S. 3.**

§ 161 Sicherung des Treuhandvermögens

(1) **Der Sanierungsträger haftet Dritten mit dem Treuhandvermögen nicht für Verbindlichkeiten, die sich nicht auf das Treuhandvermögen beziehen.**

(2) **Wird in das Treuhandvermögen wegen einer Verbindlichkeit, für die der Sanierungsträger nicht mit dem Treuhandvermögen haftet, die Zwangsvollstreckung betrieben, kann die Gemeinde aufgrund des Treuhandverhältnisses gegen die Zwangsvollstreckung nach Maßgabe des § 771 der Zivilprozeßordnung Widerspruch, der**

Sanierungsträger unter entsprechender Anwendung des § 767 Abs. 1 der Zivilprozeßordnung Einwendungen geltend machen.

(3) Das Treuhandverhältnis erlischt mit der Eröffnung des Konkursverfahrens über das Vermögen des Sanierungsträgers. Das Treuhandvermögen gehört nicht zur Konkursmasse. Der Konkursverwalter hat das Treuhandvermögen auf die Gemeinde zu übertragen und bis zur Übertragung zu verwalten. Von der Übertragung an haftet die Gemeinde anstelle des Sanierungsträgers für die Verbindlichkeiten, für die dieser mit dem Treuhandvermögen gehaftet hat. Die mit der Eröffnung des Konkursverfahrens verbundenen Rechtsfolgen treten hinsichtlich der Verbindlichkeiten nicht ein. § 418 des Bürgerlichen Gesetzbuchs ist nicht anzuwenden.

Übersicht

1 **1. Allgemeines.** § 161 sichert das Treuhandvermögen gegenüber Eingriffen Dritter. Die Vorschrift entspricht (unverändert) § 37 StBauFG.

2 **2. Beschränkung der Haftung des Treuhandvermögens (Abs. 1).** Nach **Abs. 1** haftet der Sanierungsträger gegenüber Dritten mit dem Treuhandvermögen nur für Verbindlichkeiten, die sich auf das Treuhandvermögen beziehen. Für andere Verbindlichkeiten des Trägers haftet das Treuhandvermögen nicht. Die Regelung schützt ausschließlich das Treuhandvermögen. Der Dritte kann sich an das sonstige Vermögen des Treuhänders halten; vgl. weiterhin § 160 Abs. 4 über die Gewährleistung der Gemeinde bei der Erfüllung der Verbindlichkeiten, für die der Sanierungsträger mit dem Treuhandvermögen haftet.

3 **3. Zwangsvollstreckung in das Treuhandvermögen (Abs. 2).** Das Treuhandvermögen ist auch im Falle der Zwangsvollstreckung gegenüber solchen Verbindlichkeiten geschützt, für die der Sanierungsträger nicht mit dem Treuhandvermögen haftet. Nach **Abs. 2** kann die Gemeinde deshalb im Falle der Zwangsvollstreckung nach § 771 ZPO gegen die Zwangsvollstreckung Widerspruch erheben. Der Sanierungsträger kann entsprechend § 767 Abs. 1 ZPO Einwendungen geltend machen.

4 **4. Konkurs des Trägers (Abs. 3).** Für den Fall der Eröffnung des Konkursverfahrens über das Vermögen des Treuhänders erlischt das Treuhandverhältnis; **Abs. 3 S. 1.** Nach **Abs. 3 S. 2** fällt das Treuhandvermögen nicht in die Konkursmasse. Der Konkursverwalter ist verpflichtet, das Treuhandvermögen auf die Gemeinde zu übertragen und bis zum Vollzug der Übertragung zu verwalten; **Abs. 3 S. 3.** Vom

Zeitpunkt der Übertragung an haftet nur noch die Gemeinde für die noch bestehenden Treuhandverbindlichkeiten; **Abs. 3 S. 4.** Die mit der Eröffnung des Konkursverfahrens verbundenen Rechtsfolgen treten hinsichtlich dieser Verbindlichkeiten nicht ein; auch Sicherungsrechte (z. B. Hypotheken) bestehen weiter; **Abs. 3 S. 5 und 6.**

Fünfter Abschnitt. Abschluß der Sanierung

§ 162 Aufhebung der Sanierungssatzung

(1) **Die Sanierungssatzung ist aufzuheben, wenn**

1. die Sanierung durchgeführt ist oder

2. die Sanierung sich als undurchführbar erweist oder

3. die Sanierungsabsicht aus anderen Gründen aufgegeben wird.

Sind diese Voraussetzungen nur für einen Teil des förmlich festgelegten Sanierungsgebiets gegeben, ist die Satzung für diesen Teil aufzuheben.

(2) **Der Beschluß der Gemeinde, durch den die förmliche Festlegung des Sanierungsgebiets ganz oder teilweise aufgehoben wird, ergeht als Satzung. Sie ist der höheren Verwaltungsbehörde anzuzeigen; § 11 Abs. 3 ist entsprechend anzuwenden. Die Satzung ist ortsüblich bekanntzumachen. Hierbei ist auf die erfolgte Durchführung des Anzeigeverfahrens hinzuweisen. Mit der Bekanntmachung wird die Satzung rechtsverbindlich.**

(3) **Die Gemeinde ersucht das Grundbuchamt, die Sanierungsvermerke zu löschen.**

1. Allgemeines. Die Vorschrift regelt die Aufhebung der Satzung 1 über die förmliche Festlegung des Sanierungsgebiets. § 162 unterscheidet folgende **drei Fälle der Beendigung der Sanierung:** Die Sanierung ist durchgeführt (Abs. 1 S. 1 Nr. 1); die Sanierung erweist sich als

undurchführbar (Abs. 1 S. 1 Nr. 2); die Sanierungsabsicht wird aus anderen Gründen aufgegeben (Abs. 1 S. 1 Nr. 3). In allen drei Fällen ist die Gemeinde zur Aufhebung der Sanierungssatzung verpflichtet. Diese Rechtspflicht der Gemeinde kann im Wege der Kommunalaufsicht durchgesetzt werden. Zur Frage des Anspruchs eines Eigentümers auf Aufhebung der Sanierungssatzung vgl. Rn 12. § 162 gilt gem. § 142 Abs. 2 S. 2 auch für die Aufhebung der förmlich festgelegten **Ersatz- und Ergänzungsgebiete**. § 162 findet keine Anwendung für die **Anpassungsgebiete**; § 170 S. 4.

2 **2. Durchführung der Sanierung.** Für den Regelfall des Abschlusses einer Sanierung bestimmt **Abs. 1 S. 1 Nr. 1**, daß die Satzung der Gemeinde über die förmliche Festlegung des Sanierungsgebiets aufzuheben ist, **wenn die Sanierung durchgeführt ist.** Danach ist die Gemeinde verpflichtet, die Sanierungssatzung aufzuheben, wenn alle Maßnahmen zur Durchführung der Sanierung abgeschlossen sind. Zum Begriff der Durchführung der Sanierung vgl. § 146. Sind die Ordnungs- und Baumaßnahmen (§§ 147, 148) entsprechend den Sanierungsgrundsätzen durchgeführt und die städtebaulichen Mißstände behoben, die eine Sanierung erforderlich machten, so besteht kein sachlicher Grund mehr für die sanierungsrechtlichen Verfügungsbeschränkungen der Eigentümer und sonstigen Sanierungsbetroffenen.

3 Aufgrund der Streichung des § 10 StBauFG über die Verpflichtung zur Aufstellung von Bebauungsplänen für das Sanierungsgebiet durch die Novelle 1984 StBauFG hat sich die Frage, ob die Aufhebung der Sanierungssatzung einen rechtskräftigen **Sanierungsbebauungsplan** voraussetzt, wesentlich entschärft (vgl. hierzu Bielenberg, StBauFG, §§ 50, 51, Rn 16 a; Krautzberger, ZfBR 1983, S. 11/14). Die Frage hat jedoch weiterhin für solche Fälle Bedeutung, in denen die Gemeinde für Teilgebiete der Sanierung gem. § 1 Abs. 3 BBauG Bebauungspläne aufzustellen hat. Nach der Gesetzessystematik rechnet die Ausarbeitung des Bebauungsplans zur Vorbereitung der Sanierung (vgl. § 140 Nr. 4) und nicht zur Durchführung. Auch unter der Geltung des § 10 StBauFG lag dem Gesetz jedoch die Vorstellung zugrunde, daß bereits vor Rechtskraft des Bebauungsplans die Durchführung der Sanierung zulässig ist: § 8 Abs. 1 Satz 3, § 10 Abs. 7 und § 50 Abs. 1 Satz 2 StBauFG in der bis zum 1. 1. 1985 geltenden Fassung bestimmten (klarstellend) die Zulässigkeit der Durchführung der Sanierung und von Bauvorhaben vor Rechtsverbindlichkeit des Bebauungsplans. Weiterhin konnte ein Grundstück bereits unter den Voraussetzungen des § 33 BBauG (jetzt § 33 Abs. 1 BauGB) aus der Sanierung entlassen werden. § 50 Abs. 1 Satz 1 StBauFG in der bis zum 31. 12. 1984 geltenden Fassung (jetzt § 163 Abs. 1 Satz 1 Nr. 2) begründete einen Rechtsanspruch auf Entlassung aus der Sanierung in den Fällen der Modernisierung oder Instandsetzung unbeschadet der Rechtskraft eines Bebauungsplans. Für die Rechtslage ab 1. 1. 1985 (Inkrafttreten der Novelle 1984 StBauFG) gilt umsomehr, daß für die Beurteilung der

Frage, ob die Sanierung durchgeführt ist, in erster Linie auf die tatsächlichen Verhältnisse abzustellen ist. Ist zur Durchführung der Sanierung die Aufstellung eines Bebauungsplans erforderlich, so ist die Sanierung erst durchgeführt, wenn die nach dem Sanierungskonzept vorgesehene bauliche oder sonstige Nutzung verwirklicht oder ihre Verwirklichung gesichert ist. Hierfür kann aber z. B. der Zeitpunkt der Planreife i. S. des § 33 (Abs. 1 oder 2) ausreichen. Abzustellen ist also nicht auf die formale Koppelung zwischen Bebauungsplan und Aufhebungssatzung, wohl aber auf die sachliche Abgestimmtheit beider Satzungen im Hinblick auf die Verwirklichung des Sanierungskonzepts.

Wann eine Sanierung durchgeführt ist, beurteilt sich nach der jeweili- **4** gen **städtebaulichen Situation,** nach den von der Gemeinden formulierten **Sanierungszielen** (§ 140 Nr. 3), dem darauf aufbauenden Sanierungskonzept und dem Grad seiner Verwirklichung. Das Gesetz verpflichtet demgegenüber nicht zu einer **„Totalsanierung"** (vgl. die Erl. zu § 136). Zwar ist nicht zu verkennen, daß dem StBauFG-Gesetzgeber 1971 als städtebauliches Leitbild die Vorstellung einer weitgehenden „Totalsanierung", insbesondere durch Flächensanierungen vor Augen gestanden hat. Dieses Leitbild hat aber keine gesetzliche Verbindlichkeit erlangt (vgl. Lüers, BBauBl. 1977, 155). Ebenso wie der Mißstandsbegriff des geltenden Rechts gegenüber sich verändernden städtebaulichen Aufgabenstellungen und sich wandelnden gesellschaftlichen Vorstellungen offen ist (vgl. BGHZ 48, 193), sind die gesetzlichen Regelungen auch im übrigen für unterschiedliche gemeindliche Sanierungskonzepte offen. Auch wenn eine Gemeinde z. B. mit einem umfassenden Sanierungskonzept angetreten ist, ist sie nicht gehindert, sondern möglicherweise sogar verpflichtet, dieses veränderten Umständen anzupassen. Zu letzterem mögen auch neue finanzielle Rahmenbedingungen rechnen. Das Gesetz räumt der Gemeinde hierbei einen beträchtlichen Handlungsspielraum ein. Daher entscheidet die Gemeinde im Rahmen des Gesetzes, also unter Berücksichtigung der konkreten stätebaulichen Verhältnisse und des hierauf zielenden Sanierungskonzepts selbst, ob und wann das Ziel der Sanierung erreicht und die Sanierung somit durchgeführt ist (Bielenberg, in: B/K/K, Bd. I B, § 162, Rn 6; Krautzberger, ZfBR 1983, S. 13; Lüers aaO).

Von der weitgehend der Verantwortung der Gemeinde obliegenden **5** Beurteilung, ob die Sanierung durchgeführt ist, ist das **Gebot der zügigen Durchführung der Sanierung** (§ 136 Abs. 1), insbesondere die Durchführung der der Gemeinde obliegenden Ordnungsmaßnahmen (§ 147) zu unterscheiden. Die Gemeinde kann ein Gebiet nur dann förmlich festlegen, wenn sie das Gebiet zur Behebung städtebaulicher Mißstände wesentlich verbessern oder umgestalten will und hierzu von den ihr nach dem Gesetz zustehenden Befugnissen Gebrauch macht. Daher wäre es z. B. rechtsmißbräuchlich, eine Sanierungssatzung nur deshalb zu erlassen oder nicht aufzuheben, um in dem Gebiet die

Anwendung der besonderen bodenrechtlichen Bestimmungen, also insbesondere der §§ 144 f. zu ermöglichen. Zu den Rechtsfolgen einer unzureichend zügigen Durchführung der Sanierung vgl. Rn 20 und 21.

6 **3. Abbruch der Sanierung.** Nach **Abs. 1 S. 1 Nr. 2** ist die Gemeinde zur Aufhebung der Satzung über die förmliche Festlegung des Sanierungsgebiets verpflichtet, wenn sich die Sanierung als **undurchführbar** erweist. Die Undurchführbarkeit ist nach **objektiven Gesichtspunkten** zu beurteilen (so zutreffend Bielenberg aaO, § 162, Rn 10). Die Gemeinde ist nach § 136 Abs. 1 zur zügigen Durchführung der Sanierung verpflichtet. Die Sanierungssatzung darf nach § 143 Abs. 3 S. 3 daher nur erlassen werden, wenn Aussicht besteht, daß die Sanierungsmaßnahme innerhalb eines absehbaren Zeitraums durchgeführt werden kann. Diesen Grundsätzen entspricht – spiegelbildlich – die Verpflichtung, eine sich während der Sanierung als undurchführbar erweisende Sanierungsmaßnahme zu beenden. § 51 Abs. 2 S. 1 StBauFG ist nicht übernommen worden; die Vorschrift hat als Grund für den Abbruch beispielhaft genannt: „weil die erforderlichen Finanzierungsmittel nicht beschafft werden können". Diese Streichung steht nicht im Zusammenhang mit der mit dem BauGB vorgenommenen Entflechtung der boden- und finanzierungsrechtlichen Bestimmungen (§ 245 Abs. 10 und 11). Vielmehr handelte es sich bei der bisherigen Regelung um eine entbehrliche Klarstellung der Rechtslage. Dies ergibt sich bereits daraus, daß auch der Erlaß der Sanierungssatzung rechtlich nicht zulässig ist, wenn die Finanzierung der Sanierungsmaßnahme nicht gesichert ist (vgl. § 143 Abs. 1 S. 3). Die mit der Sanierung regelmäßig verbundenen Eingriffe in Rechte von Eigentümern, Mietern und anderen Betroffenen sind nur bei zügiger Durchführung der Maßnahme vertretbar; dies setzt voraus, daß die Sanierungsmaßnahme finanzierbar ist. Steht fest, daß diese Voraussetzung nachträglich entfallen ist, muß auch nach neuem Recht die Sanierungssatzung aufgehoben werden. Für die Undurchführbarkeit einer im **vereinfachten Verfahren** durchgeführten Sanierung kann weiterhin der in § 142 Abs. 4, Hs. 1 genannte Grund maßgeblich sein. So kann sich während der Durchführung des vereinfachten Verfahrens zeigen, daß der Ausschluß der in § 142 Abs. 4 bezeichneten Vorschriften die Sanierung undurchführbar macht. In diesen Fällen kommt gleichfalls eine Aufhebung der Satzung nach Abs. 1 S. 1 Nr. 2 in Betracht, sofern die Gemeinde nicht die Fortführung der Sanierung und damit eine Satzungsänderung anstrebt; vgl. hierzu § 142, Rn 42–44. Zu besonderen Rechtsfolgen des Sanierungsabbruchs vgl. § 164.

8 Nach **Abs. 1 S. 1 Nr. 3** ist die Sanierungssatzung weiterhin dann aufzuheben, wenn die Gemeinde die **Sanierungsabsicht aus anderen Gründen aufgibt**, also nicht deshalb, weil die Sanierung undurchführbar ist (vgl. hierzu Rn 6 und 7). Dies können nicht „beliebige" Gründe sein, da die Gemeinde die begonnene Sanierung grundsätzlich zu Ende führen muß (Bielenberg aaO, § 162, Rn 11). Die Aufhebung nach

Abs. 1 S. 1 Nr. 3 kann daher nur in ganz besonders gearteten Ausnahmefällen in Betracht kommen. Dies kann z. B. der Fall sein, wenn die Notwendigkeit einer Sanierungsmaßnahme (nachträglich) nicht mehr besteht. Dies könnte – in Ausnahmefällen – dann der Fall sein, wenn sich herausstellt, daß die Eigentümer und Sanierungsbetroffenen die Durchführung der nach dem Sanierungskonzept erforderlichen Maßnahmen selbst durchführen können und wollen (z. B. die erforderliche Bodenordnung „freiwillig" durchführen), gemeindliche Ordnungsmaßnahmen nicht erforderlich sind und die „freiwillige" Durchführung der Sanierung rechtlich und tatsächlich gesichert ist. Zur besonderen Rechtsfolge des Anspruchs auf Rückübertragung von Grundstücken in den Fällen der Aufhebung der Sanierungssatzung nach Abs. 1 S. 1 Nr. 3 vgl. §164.

4. Teilaufhebung und Änderung der Sanierungssatzung. Erweist **9**
sich die Sanierung nur für einen Teil des Sanierungsgebiets als durchgeführt, als undurchführbar oder wird die Sanierungsabsicht aus anderen Gründen nur für einen Teil des Sanierungsgebiets aufgegeben, so ist die Satzung nach **Abs. 1 Satz 2** für diesen Teil aufzuheben. Für die **Rechtsfolgen der Teilaufhebung** gilt nichts anderes als für die Aufhebung der Sanierungssatzung insgesamt; vgl. hierzu Rn 17 bis 19. Das StBauFG sah die Möglichkeit der Teilaufhebung ausdrücklich nur für die Fälle des Sanierungsabbruchs (jetzt Abs. 1 S. 1 Nr. 1 und 2) vor.

In der Literatur war die Frage strittig, ob eine **Teilaufhebung der** **10**
Sanierungssatzung auch **für die Fälle des §51 Abs. 1** StBauFG (entspricht § 162 Abs. 1 S. 1 Nr. 1) in Frage kommt, also dann, wenn die Sanierung für einen Teil des Sanierungsgebiets durchgeführt ist (verneinend z. B. Gaentzsch, §51, Rn 1; Neuhausen aaO, §51, Rn 8; bejahend z. B. Bielenberg aaO, Rn 16; Krautzberger ZfBR 1983, S. 11/14; ders., in: S/S/K, §51, Rn 10). Das Gesetz hat dieses Problem nun eindeutig geregelt.

5. Außerkrafttreten wegen Zeitablaufs. Die Frage, ob eine Sanie- **11**
rungssatzung **durch Zeitablauf „automatisch" außer Kraft** tritt, insbesondere auch deshalb, weil die Gemeinde die zügige Durchführung der Sanierung unzureichend fördert, ist vom BVerwG entsprechend der Rspr. zum Umlegungsrecht (vgl. § 51, Rn 10 f.) geklärt worden (BVerwG, NJW 1965, 2101/2102; NJW 1979, 2577). Danach kann die unzureichend geförderte Sanierung im Rahmen der Ausübung des Genehmigungsvorbehalts nach § 145 Abs. 2 erheblich sein (vgl. § 144, Rn 8 m. w. N.). Danach ist ggf. eine Genehmigung nach § 15 zu erteilen, wenn eine Sanierungssatzung vor längerer Zeit erlassen wurde, ohne daß seither das Sanierungsverfahren vorangetrieben worden ist und ohne daß die Sanierungsziele zunehmend konkreter geworden sind (BVerwG, NJW 1985, 278). Die unzureichend geförderte Sanierung schränkt danach die Rechtswirkungen der Sanierungssatzung ein, wirkt sich jedoch nicht auf die Gültigkeit der Sanierungssatzung aus (vgl. hierzu weiterhin Bielenberg, in: B/K/K, Bd. I.C, § 162,

Rn 17). Zu den Rechtsfolgen der unzureichend geförderten Sanierung vgl. Rn 17 ff. und Rn 20 f.

12 **6. Anspruch auf Aufhebung.** Die **Gemeinde** ist in den Fällen des Abs. 1 zur Aufhebung der Sanierungssatzung **verpflichtet.** Der Beschluß der Gemeinde, durch den die förmliche Festlegung des Sanierungsgebiets ganz oder teilweise aufgehoben wird, ergeht nach Abs. 2 als Satzung. Ein **Rechtsanspruch** und demgemäß eine gerichtliche Geltendmachung eines Rechtsanspruchs auf Erlaß einer Norm ist im geltenden Recht jedoch nicht vorgesehen (so auch Neuhausen aaO, Rn 5). Dem Rechtsschutz des Betroffenen ist dadurch Rechnung getragen, daß in entsprechenden Fällen insbesondere Versagungsgründe i. S. des § 145 Abs. 2 nicht mehr geltend gemacht werden können (vgl. hierzu Rn 11).

13 **7. Aufhebungssatzung.** Die Aufhebung der Sanierungssatzung ist – als „actus contrarius" – in der Form vorzunehmen, in der die förmliche Festlegung des Sanierungsgebiets erfolgt, also durch Satzung der Gemeinde; **Abs. 2 S. 1.** Die Satzung ist wie die Sanierungssatzung der höheren Verwaltungsbehörde anzuzeigen, die auf der Prüfung der Rechtsmäßigkeit beschränkt ist, **Abs. 2 S. 2** i. V. m. § 11 Abs. 3. Die Satzung ist in der Gemeinde ortsüblich bekanntzumachen. Hierbei ist auf die Durchführung des Anzeigeverfahrens hinzuweisen; **Abs. 1 S. 3.** Die Satzung wird mit der Bekanntmachung rechtsverbindlich; **Abs. 3 S. 4.**

14 Die Aufhebungssatzung muß im wesentlichen nur **folgenden Inhalt** haben (vgl. für die Sanierungssatzung § 142, Rn 13): In der Satzung muß die Aufhebung angeordnet werden, also z. B.: „Die Satzung über die förmliche Festlegung des Sanierungsgebiets... (Bezeichnung des Gebiets) vom... (Datum des Beschlusses über die Sanierungssatzung) wird hiermit aufgehoben". Bei der **Teilaufhebung** (Abs. 1 S. 2) ist das aus der Sanierung entlassene Teilgebiet genau zu bezeichnen. Die Angabe der im Sanierungsgebiet gelegenen **Grundstücke** ist in keinem der Fälle gesetzlich geboten; § 5 Abs. 1 S. 3 StBauFG (Verpflichtung zur Aufführung der im Sanierungsgebiet gelegenen Grundstücke in der Satzung) ist in das BauGB nicht übernommen worden. Bei der Teilaufhebung kann sich die Bezeichnung der Grundstücke gleichwohl empfehlen, wenn eine schlagwortartige Bezeichnung des Teilgebiets für die genaue Abgrenzung nicht ausreicht. Sind die Grundstücke in der Aufhebungssatzung nicht bezeichnet, so ist die Gemeinde entsprechend § 143 Abs. 4 S. 1 verpflichtet, dem **Grundbuchamt** mit dem Löschungsersuchen (Abs. 3) auch die betroffenen Grundstücke einzeln mitzuteilen.

15 In der Aufhebungssatzung **kann** auch (deklaratorisch) darauf hingewiesen werden, daß im Sanierungsgebiet ab Rechtsverbindlichkeit der Satzung die in § 143 Abs. 2 S. 2 bezeichneten **Vorschriften** der §§ 152–156 nicht (mehr) anzuwenden sind; da die Hinweispflicht nach § 5 Abs. 3 S. 2 StBauFG weiterging, kann sich bei den bereits nach

StBauFG erlassenen Sanierungssatzungen auch ein entsprechender erweiterter Hinweis empfehlen.

Die Aufhebung der Sanierungssatzung bedarf ebensowenig wie der **16** Erlaß der Sanierungssatzung einer gesonderten **Begründung.** Vor Erlaß der Aufhebungssatzung bedarf es auch nicht der formellen **Beteiligung** der Sanierungsbetroffenen oder der Träger öffentlicher Belange. Jedoch wird die Gemeinde insbesondere im Rahmen der Beteiligungen nach §§ 137 und 139 die Frage des erfolgreichen Abschlusses oder der Aufhebung wegen Undurchführbarkeit im Hinblick auf jeweils betroffene Belange erörtern und zu klären versuchen.

8. Rechtsfolgen. Das Gesetz enthält **keine ausdrückliche Regelung,** **17** welche Bestimmungen mit Aufhebung der förmlichen Festlegung des Sanierungsgebiets fortgelten oder nicht mehr anzuwenden sind. Für die Entlassung einzelner Grundstücke vgl. die Regelung des § 163 Abs. 3 (§ 163, Rn 11 bis 14). Unzutreffend wäre die Vorstellung, daß das Sanierungsrecht mit Aufhebung der Satzung insgesamt keine Anwendung mehr findet. Vielmehr ist vom jeweiligen Zweck der Vorschrift her zu ermitteln, ob sie auch nach Aufhebung der Sanierungssatzung Wirksamkeit entfaltet. Keine Anwendung mehr finden danach vor allem jene Vorschriften, die unmittelbar an die förmliche Festlegung des Sanierungsgebiets anknüpfen, also vor allem die besonderen bodenrechtlichen Vorschriften der §§ 144, 145 und 153 (soweit sie anzuwenden sind; vgl. § 142 Abs. 4) und die Regelungen über Miet- und Pachtverhältnisse nach §§ 182 bis 186. Die Wirkungen der förmlichen Festlegungen nach § 156 entfallen gleichfalls, so daß die während der Sanierung suspendierten Vorschriften wieder anzuwenden sind, also insbesondere die Regelungen über die Teilungsgenehmigung, die Veränderungssperre sowie die umlegungsrechtliche Verfügungs- und Veränderungssperre nach § 51.

Eine Reihe von Bestimmungen des Gesetzes gelten aber **über den** **18** **Zeitpunkt der Aufhebung der Sanierungssatzung fort** oder entfalten erst von da an ihre Wirksamkeit. Dies gilt insbesondere für die Ausgleichsbetragsregelung (§§ 154 und 155) oder für die Ansprüche auf Rückübertragung nach § 164. Vgl. auch die Veräußerungspflichten gem. § 240 Abs. 2 BauGB, § 25 StBauFG. Mit der Aufhebung der förmlichen Festlegung des Sanierungsgebiets sind die Sanierungsvermerke zu löschen. Die Gemeinde hat hierzu nach **Abs. 3** das Grundbuchamt zu ersuchen. Für das vereinfachte Verfahren hat Abs. 3 in den Fällen des § 143 Abs. 4 S. 4 keine Bedeutung.

Nach Abschluß der Sanierung obliegen der Gemeinde insbesondere **19** die folgenden Aufgaben der „**Abwicklung**" der Sanierung: Löschen der Sanierungsvermerke, Berichtigung von Bauleitplänen, Löschen personenbezogener Daten, Veräußerung von Grundstücken der Gemeinde, Rückübertragung von Grundstücken, Erhebung von Ausgleichsbeträgen, Abwicklung von Rechtsbeziehungen zu Sanierungs-

trägern, Auflösung des Treuhandvermögens bzw. des für Zwecke der Sanierung gebundenen Gemeindevermögens, Abwicklung einzelner Ordnungs- und Baumaßnahmen, sofern die Kosten vor Abschluß der Sanierungsmaßnahme entstanden sind, Abrechnung der Sanierungsmaßnahme, Dokumentation.

20 **9. Entschädigung bei ergebnislos abgebrochener oder verzögerter Sanierung.** Das Sanierungsrecht enthält keine Regelung darüber, ob und welche Entschädigungsansprüche in Betracht kommen, wenn eine Sanierung ergebnislos abgebrochen wird. Während der Behandlung des **StBauFG** im Deutschen Bundestag wurde eine solche Entschädigungsregelung zwar erwogen (BT-Drucks. IV/2204, zu § 52). Der Gesetzgeber hatte aber von einer besonderen Regelung abgesehen, weil er die allgemeinen entschädigungsrechtlichen Bestimmungen für ausreichend hielt und somit ein Bedürfnis für Sonderregelungen nicht anerkannt wird. Er hat sich dabei ausdrücklich auf die **Rechtsprechung des BGH** zur zulässigen Dauer einer Veränderungs- und Verfügungssperre im Umlegungsverfahren nach § 51 bezogen. Der BGH hat hierzu in ständiger Rspr. entschieden, daß die Veränderungs- und Verfügungssperre erst dann zu einer entschädigungspflichtigen Enteignung wird, wenn das Verfahren sich länger als notwendig hinzieht (vgl. BGH NJW 1965, 2101/2102; vgl. auch Rn 11). Die Verfügungs- und Veränderungssperre überschreitet nach der Rspr. des BGH die Grenze von der Sozialbindung des Eigentums zur Enteignung, wenn die Umlegungsstelle das Verfahren nicht sachgemäß und ohne behördenbedingte Verzögerungen durchführt. Der Gesetzgeber ging davon aus, daß diese Rspr. des BGH für die Sanierung entsprechend gilt, so daß der Sanierungsbetroffene als Folge der Eigentumsbeschränkung in den Fällen einer verzögerten oder nicht rechtzeitig abgebrochenen Sanierung einen sich unmittelbar aus Art. 14 Abs. 3 GG ergebenden Entschädigungsanspruch geltend machen kann. Sofern sich die Gemeinde um eine zügige Durchführung der Sanierung bemüht hat, die Sanierung jedoch abgebrochen und die Satzung aufgehoben hat, sobald sie die Undurchführbarkeit der Sanierung erkannte, entstehen dagegen keine Entschädigungsansprüche (vgl. hierzu im einzelnen Bielenberg, in: B/K/K, Bd. I.C, § 162, Rn 14–16). Nur bei schuldhafter Verzögerung bei der Satzungsaufhebung könnten sich danach Entschädigungsansprüche nach den Grundsätzen des Enteignungsrechtseingriffs ergeben.

21 Diese für den Gesetzgeber maßgebliche Überlegung ist auch nicht durch den **Beschluß des BVerfG vom 15. Juli 1981** in Frage gestellt worden („Naßauskiesung"; BVerfGE 58, S. 300). Nach dieser Entscheidung des BVerfG kann ein Entschädigungsanspruch wegen eines enteignenden Eingriffs nicht unmittelbar aus dem Grundgesetz abgeleitet werden. Vielmehr muß sich der Anspruch aus einer ausdrücklichen gesetzlichen Entschädigungsbestimmung ableiten. Fehlt es an einer solchen Entschädigungsbestimmung und ist der Eingriff eine Enteignung, so muß sich der Eigentümer gegen den Eingriffsakt – das Gesetz,

die Satzung, den Verwaltungsakt – unmittelbar wenden. Nach der Junktimklausel des Grundgesetzes (Art. 14 Abs. 3 Satz 2 GG) ist ein Enteignungseingriff ohne Entschädigungsregel unzulässig. Der **BGH** hat seine Rspr. nach der erwähnten Entscheidung des BVerfG fortgeführt und wie folgt klargestellt (BGH DVBl. 1984, S. 391; vgl. hierzu im einzelnen Vorbem. zu den §§ 85 bis 122, Rn 8, 9): Die Ansprüche wegen enteignungsgleicher Eingriffe finden danach ihre Grundlage nicht in Art. 14 Abs. 3. Entschädigungsansprüche wegen enteignungsgleicher Eingriffe sind vielmehr gewohnheitsrechtliche, richterrechtlich gebildete Institute des einfachen Rechts. Sie finden zwar eine Fundierung im Verfassungsrecht (Art. 14). Sie sind jedoch, ebenso wie der Folgenbeseitigungs- und der Aufopferungsanspruch, nicht im Verfassungsrecht, sondern im einfachen Recht verwurzelt (vgl. auch Papier, in: Maunz–Dürig, Art. 14, Rn 632; Ossenbühl, NJW 1983, S. 5).

§ 163 Fortfall von Rechtswirkungen für einzelne Grundstücke

(1) **Die Gemeinde kann die Sanierung für ein Grundstück als abgeschlossen erklären, wenn entsprechend den Zielen und Zwecken der Sanierung**

1. **das Grundstück bebaut ist oder in sonstiger Weise genutzt wird oder**

2. **das Gebäude modernisiert oder instandgesetzt ist.**

Auf Antrag des Eigentümers hat die Gemeinde die Sanierung für das Grundstück als abgeschlossen zu erklären.

(2) **Die Gemeinde kann bereits vor dem in Absatz 1 bezeichneten Zeitpunkt die Durchführung der Sanierung für einzelne Grundstücke durch Bescheid an die Eigentümer für abgeschlossen erklären, wenn die den Zielen und Zwecken der Sanierung entsprechende Bebauung oder sonstige Nutzung oder die Modernisierung oder Instandsetzung auch ohne Gefährdung der Ziele und Zwecke der Sanierung zu einem späteren Zeitpunkt möglich ist. Ein Rechtsanspruch auf Abgabe der Erklärung besteht in diesem Fall nicht.**

(3) **Mit der Erklärung entfällt für Rechtsvorgänge nach diesem Zeitpunkt die Anwendung der §§ 144, 145 und 153 für dieses Grundstück. Die Gemeinde ersucht das Grundbuchamt, den Sanierungsvermerk zu löschen.**

Übersicht

1 **1. Allgemeines.** Nach § 162 Abs. 1 S. 1 Nr. 1 ist die Satzung der Gemeinde über die förmliche Festlegung des Sanierungsgebiets aufzuheben, wenn die Sanierung durchgeführt ist. Bereits vor Aufhebung der Sanierungssatzung kann die Gemeinde nach § 163 **einzelne Grundstücke** durch Verwaltungsakt aus der Sanierung herausnehmen, indem sie die Sanierung für diese Grundstücke als abgeschlossen erklärt. Die vorzeitige Entlassung eines Grundstücks aus der Sanierung entspricht der im Gesetz verankerten Pflicht der zügigen Durchführung; vgl. § 136 Abs. 1

2 Eine § 50 entsprechende Regelung besteht auch für **städtebauliche Entwicklungsbereiche** (§ 171 Abs. 3). In **Anpassungsgebieten** findet § 163 entsprechend Anwendung; § 170 S. 4. Auf **Ersatz- und Ergänzungsgebiete** nach § 142 Abs. 2 findet die Regelung des § 163 über den Fortfall von Rechtswirkungen für einzelne Grundstücke unmittelbar Anwendung.

3 § 163 unterscheidet **zwei Fälle der Abschlußerklärung,** nämlich die Erklärung des Abschlusses der Sanierung nach **Abs. 1,** wenn in Bezug auf das Grundstück die Sanierung abgeschlossen ist. In diesem Fall besteht für den Eigentümer ein Rechtsanspruch gegenüber der Gemeinde auf Erklärung des Abschlusses der Sanierung, also ein Rechtsanspruch auf Erlaß eines begünstigenden Verwaltungsakts. Nach **Abs. 2** ist die Erklärung des Abschlusses der Sanierung für ein Grundstück zu einem noch früheren Zeitpunkt möglich, wenn nämlich die Durchführung der Sanierung in bezug auf das Grundstück ohne Gefährdung des Sanierungszwecks auch zu einem späteren Zeitpunkt erfolgen kann.

4 **2. Rechtsanspruch; Antragsrecht.** Ist die Sanierung für ein Grundstück abgeschlossen, so hat der Eigentümer nach **Abs. 1 Satz 2** einen **Rechtsanspruch** auf Entlassung. Abs. 1 Satz 1 stellt darüber hinaus klar, daß die Entlassung eines Grundstücks aus der Sanierung nicht nur auf **Antrag** des Eigentümers zu erfolgen **hat,** sondern von der Gemeinde auch von Amts wegen vorgenommen werden **kann.**

5 Auch in den Fällen der vorzeitigen Entlassung nach **Abs. 2** können Eigentümer wie Gemeinde das Entlassungsverfahren in Gang setzen. Liegen die Voraussetzungen des Abs. 2 vor, so kann die Gemeinde das Grundstück von Amts wegen aus der Sanierung entlassen; auch der Eigentümer kann einen **Antrag** auf Entlassung stellen. Anders als in den Fällen des Abs. 1 hat der Eigentümer jedoch in diesem Fall **keinen Rechtsanspruch** auf Entlassung aus der Sanierung; Abs. 2 Satz 2.

6 **3. Voraussetzung.** Voraussetzung für die vorzeitige Entlassung eines Grundstücks ist nach **Abs. 1,** daß die Sanierung für das einzelne Grundstück durchgeführt ist; nach **Abs. 2** ist für die Entlassung die berechtigte Annahme maßgebend, daß die Durchführung der Sanierung für das einzelne Grundstück, also die Bebauung, sonstige Nutzung, Modernisierung oder Instandsetzung entsprechend dem Sanierungszweck zu

einem späteren Zeitpunkt möglich ist. In beiden Fallgestaltungen ist somit die „**Durchführung der Sanierung**" Voraussetzung für die Entlassung einzelner Grundstücke: in den Fällen des Abs. 1 die tatsächliche, in den Fällen des Abs. 2 die voraussichtliche Durchführung.

Das Gesetz läßt es seinem Wortlaut nach offen, ob neben der tatsäch- 7 lichen (Abs. 1) oder voraussichtlichen bzw. gesicherten (Abs. 2) Bebauung, sonstigen Nutzung, Modernisierung oder Instandsetzung entsprechend dem Sanierungszweck **weitere Voraussetzungen** erfüllt sein müssen. Als weitere Voraussetzung kommt insbesondere die Klärung der Frage in Betracht, ob in bezug auf das Grundstück die Anwendung der in Abs. 3 bezeichneten Vorschriften noch erforderlich sein kann. Ob bei Vorliegen der übrigen Voraussetzungen der Abs. 1 und 2 ein Erfordernis nach Anwendung der nach Abs. 3 bei der Entlassung aus der Sanierung nicht mehr anwendbaren Vorschriften entfällt, beantwortet sich nach dem Stand der Durchführung der Sanierung insgesamt nach den Zielen der Sanierung. In den Fällen des Abs. 1 sind allerdings nur schwer Fälle vorstellbar, in denen z. B. nach Abschluß der baulichen Maßnahmen das besondere sanierungsrechtliche Steuerungsinstrumentarium, die Preisprüfung oder das besondere Entschädigungsrecht noch erforderlich sein könnte. Ist z. B. die Bodenordnung in einem Sanierungsgebiet noch nicht abgeschlossen, so kann die Entlassung eines Grundstücks nach Abs. 1 wohl nur dann in Betracht kommen, wenn die Neuordnung in bezug auf dieses Grundstück bereits durchgeführt ist. Im Umlegungsrecht entspräche dies Fällen, die im Wege der Vorwegentscheidung nach § 76 behandelt werden könnten (Krautzberger 1983, ZfBR, S. 11/12; vgl. zur Frage des Erfordernisses der Anwendbarkeit des besonderen bodenrechtlichen Instrumentariums – wie hier – auch Bielenberg, in: B/K/K, Bd. I.C, § 163, Rn 7).

Nach **Abs. 1 S. 1 Nr. 1** ist Voraussetzung für die Entlassung aus der 8 Sanierung, daß das Grundstück **bebaut** ist oder in sonstiger Weise genutzt wird. Eine entsprechende Voraussetzung enthält **Abs. 2 S. 1**. In der bis zum 31. 12. 1984 geltenden Fassung des StBauFG war auf die Bebauung oder sonstige Nutzung entsprechend den Festsetzungen des Sanierungsbebauungsplans abgestellt. Die ab 1. 1. 1985 geltende Fassung des StBauFG stellte demgegenüber (Folgeänderung der Streichung des § 10 StBauFG über den obligatorischen Sanierungsbebauungsplan) auf den Sanierungszweck ab; das BauGB stellt (aus terminologischen Gründen; vgl. § 140 Nr. 3) nunmehr auf die **Ziele und Zwecke der Sanierung** ab. Diese Regelung ermöglicht zum einen eine frühere Entlassung aus der Sanierung, weil nicht mehr auf das Vorhandensein oder Inkrafttreten eines **Bebauungsplans** abgestellt ist. Liegt das Grundstück im Geltungsbereich eines Sanierungsbebauungsplans, so hat sich hierdurch gegenüber dem StBauFG 1971 jedoch insofern keine Änderung ergeben, als ein Sanierungsbebauungsplan zugleich die Konkretisierung des **Sanierungszwecks** ist.

9 Für die Fälle des **Abs. 1 S. 1 Nr. 2,** also die Modernisierung oder
Instandsetzung eines Gebäudes, ist gleichfalls auf den **Sanierungs-
zweck** abzustellen: Ob eine **Modernisierung** oder **Instandsetzung** in
den Fällen des Abs. 1 S. 1 Nr. 2 **durchgeführt** ist, bemißt sich somit
danach, welche Absichten nach der Sanierungsplanung für das kon-
krete Grundstück bestehen. Dieser Gesichtspunkt kann auch für die
Beantwortung der Frage Bedeutung haben, was im Einzelfall unter
Modernisierung und Instandsetzung rechtlich zu verstehen ist. Vor
allem der **Modernisierungsbegriff** ist im geltenden Recht unterschied-
lich ausgestaltet; vgl. im einzelnen die Erl. zu § 177. So stellte § 4 Abs. 1
ModEnG auf einen wohnungswirtschaftlichen Modernisierungsbe-
griff, nämlich auf zeitgemäße Ausstattungsstandards, ab; die Moderni-
sierungsprogramme, die in einer Reihe von Ländern bestehen, verwen-
den weiterhin diesen Begriff. Der städtebauliche Modernisierungsbe-
griff des § 177 stellt demgegenüber auf Mißstände, nämlich auf unge-
sunde Wohnverhältnisse ab und ist somit enger auszulegen. VGH
Mannheim (Urt. v. 31. 3. 1982 – 8 S 211.81) hat bei der Auslegung des
Modernisierungs- und Instandsetzungsbegriffs ohne nähere Begrün-
dung auf § 39e BBauG (jetzt § 177) Bezug genommen. Diese Ausle-
gung ist aber deshalb nicht zwingend, weil nach dem Sanierungszweck
auch andere Maßnahmen erforderlich sein können, als sie sich in den
Fällen der Anordnung eines Modernisierungs- oder Instandsetzungsge-
bots durchsetzen ließen. Dieses Ergebnis wird auch durch § 43 Abs. 3
S. 2 StBauFG (die Vorschrift gilt gem. § 245 Abs. 11 fort) bestätigt,
wonach dem Eigentümer Finanzierungsmittel auch für solche Maßnah-
men gewährt werden können, die über die Beseitigung von Mißstän-
den und Mängeln und somit über den städtebaulich-hygienischen
Mindeststandard hinausreichen (so auch Bielenberg aaO, Rn 11). Die
Durchführung solcher Maßnahmen ist dann aber vom Sanierungs-
zweck her erforderlich bzw. gerechtfertigt.

10 **4. Entlassung aus der Sanierung.** Die Abschlußerklärung nach
Abs. 1 und Abs. 2 ist ein **Verwaltungsakt; zur** Zulässigkeit von Neben-
bestimmungen vgl. § 36 VwVfG. Vor allem in den Fällen des Abs. 2, in
denen die Entlassung aufgrund der berechtigten Annahme erfolgt, daß
die sanierungsgemäße Bebauung, die Verwirklichung der sonstigen
Nutzung, die Modernisierung oder Instandsetzung ohne Gefährdung
des Sanierungszwecks zu einem späteren Zeitpunkt möglich ist, kann
sich die Entlassung aufgrund eines **öffentlich-rechtlichen Vertrags**
empfehlen; vgl. § 124 Abs. 2 sowie § 54 VwVfG. Im Einzelfall kann die
vertragliche Regelung die spätere Verwirklichung des Sanierungs-
zwecks im Hinblick auf die Zustimmung des Eigentümers wirksamer
sicherstellen, als der Verwaltungsakt mit entsprechenden Nebenbe-
stimmungen. Die Entlassung aufgrund einer Vereinbarung zwischen
Gemeinde und Eigentümer kann auch deshalb besonders zweckmäßig
sein, weil sich mit ihr auch alle wesentlichen sonstigen Regelungen
verbinden lassen, die aus Anlaß des Fortfalls der Rechtswirkungen der

Sanierung zu treffen sind. Dies bezieht sich vor allem auf die Festsetzung des Ausgleichsbetrags, der mit der Entlassung des Grundstücks aus der Sanierung entsteht (vgl. § 154 Abs. 3 S. 1). Neben der Entlassung des Grundstücks aus der Sanierung können in einer solchen Vereinbarung darüber hinaus z. B. Vereinbarungen über die Ablösung des Ausgleichsbetrags, die vertragliche Anerkennung der Grundlagen des Ausgleichsbetrags, der Rechtsmittelverzicht, die Anerkennung der Ergebnisse der Wertermittlung, die Zahlungsbedingungen hinsichtlich des Ausgleichsbetrags u. a. geregelt werden (Krautzberger, ZfBR 1983, 11/12).

5. Rechtswirkungen der Entlassung. Nach § 163 Abs. 3 S. 1 entfällt **11** mit der rechtswirksamen Entlassung aus der Sanierung die Anwendung der §§ 144, 145 und 153 für dieses Grundstück. Anstelle des § 144 finden für das Grundstück („wieder") die allgemeinen Vorschriften Anwendung, soweit die Voraussetzungen hierfür gegeben sind (vgl. § 14 Abs. 4, § 15 Abs. 3, § 19 Abs. 4 S. 1 Nr. 2, § 51 Abs. 1 S. 2). Nach **Abs. 3 S. 2** löscht das Grundbuchamt auf Ersuchen der Gemeinde den Sanierungsvermerk. Ein Rechtsanspruch des Eigentümers hierauf besteht jedoch nicht (Bielenberg aaO, Rn 16; Krautzberger aaO, S. 13).

Das „entlassene" Grundstück bleibt allerdings zumindest **formell in** **12** **das Sanierungsgebiet einbezogen.** Auch die Löschung des Sanierungsvermerks kann hieran nichts ändern, da ihm lediglich eine Warn- oder Schutzfunktion, nicht aber eine konstitutive Bedeutung hinsichtlich der Zugehörigkeit des Grundstücks zum förmlich festgelegten Sanierungsgebiet zukommt. Das bedeutet z. B., daß § 24 Abs. 1 Nr. 3 und § 87 Abs. S. 3, § 88 S. 2 dem Grunde nach weiter anwendbar sind; jedoch dürften in bezug auf das Grundstück die jeweiligen Ausübungsvoraussetzungen entfallen sein. Das nach § 163 aus der Sanierung entlassene Grundstück kann daher nur durch förmliche Änderung der Sanierungssatzung aus dem Sanierungsgebiet ausgegrenzt werden, wofür aber i. d. R. weder ein Bedürfnis noch ein Erfordernis gegeben sein dürfte. Gegenüber einer größeren Zahl von Einzelentlassungen gem. § 163 ist daher die Teilaufhebung gem. § 162 Abs. 1 S. 2 praktikabler.

Nach der Entlassung aus der Sanierung ist gem. § 154 Abs. 3 S. 1 der **13** **Ausgleichsbetrag** zu entrichten. Weiterhin entfällt die Rechtsgrundlage für die Gewährung von Förderungsmitteln nach § 245 Abs. 11 S. 1 BauGB i. V. m. §§ 39 ff. StBauFG; die Abwicklung der Förderung in einem bereits vor der Entlassung begründeten Förderungsverhältnis bleibt hiervon jedoch unberührt. Auch die abgaben- und steuerrechtlichen Befreiungen können noch nach der Entlassung des Grundstücks einschlägig sein, z. B. hinsichtlich der Ausgaben- und Auslagenbefreiung (§ 151) bei einem (noch) sanierungsbedingten Geschäft.

Die Erklärung der Gemeinde nach Abs. 1 oder 2 – einmal wirksam **14** abgegeben – kann nicht widerrufen werden. Dem **Widerruf** würde die privatrechtsgestaltende Wirkung der §§ 144, 145 entgegenstehen (so auch Bielenberg aaO, Rn 10; a. A. Gaentzsch, § 50 Anm. 3; Neuhausen

aaO, Rn 10). Sofern die rechtlichen Voraussetzungen hierfür bestehen, käme in diesen Fällen – als letztes Mittel – der allerdings wenig praktikable Weg einer Änderung der Sanierungssatzung in Betracht.

15 Zu den der Gemeinde nach Abschluß der Sanierung im einzelnen obliegenden Aufgaben der „**Abwicklung**" der Sanierung vgl. sinngemäß die Erl. zu § 162, Rn 19.

§ 164 Anspruch auf Rückübertragung

(1) **Wird die Sanierungssatzung aus den in § 162 Abs. 1 Satz 1 Nr. 2 oder 3 bezeichneten Gründen aufgehoben, hat der frühere Eigentümer eines Grundstücks einen Anspruch gegenüber dem jeweiligen Eigentümer auf Rückübertragung dieses Grundstücks, wenn es die Gemeinde oder der Sanierungsträger von ihm nach der förmlichen Festlegung des Sanierungsgebiets zur Durchführung der Sanierung freihändig oder nach den Vorschriften dieses Gesetzbuchs ohne Hergabe von entsprechendem Austauschland, Ersatzland oder Begründung von Rechten der in § 101 Abs. 1 Satz 1 Nr. 1 bezeichneten Art erworben hatte.**

(2) **Der Anspruch besteht nicht, wenn**

1. **das Grundstück als Baugrundstück für den Gemeinbedarf oder als Verkehrs-, Versorgungs- oder Grünfläche in einem Bebauungsplan festgesetzt ist oder für sonstige öffentliche Zwecke benötigt wird oder**

2. **der frühere Eigentümer selbst das Grundstück im Wege der Enteignung erworben hatte oder**

3. **der Eigentümer mit der zweckgerechten Verwendung des Grundstücks begonnen hat oder**

4. **das Grundstück aufgrund des § 89 oder des § 159 Abs. 3 an einen Dritten veräußert wurde oder**

5. **die Grundstücksgrenzen erheblich verändert worden sind.**

(3) **Die Rückübertragung kann nur binnen zwei Jahren seit der Aufhebung der Sanierungssatzung verlangt werden.**

(4) **Der frühere Eigentümer hat als Kaufpreis den Verkehrswert zu zahlen, den das Grundstück im Zeitpunkt der Rückübertragung hat.**

(5) **Ein Anspruch auf Rückenteignung nach § 102 bleibt unberührt. Die dem Eigentümer zu gewährende Entschädigung nach § 103 bemißt sich nach dem Verkehrswert des Grundstücks, der sich aufgrund des rechtlichen und tatsächlichen Zustands im Zeitpunkt der Aufhebung der förmlichen Festlegung ergibt.**

1. Allgemeines. Die Vorschrift regelt für die Fälle der vorzeitigen **1** Aufhebung der Sanierungssatzung (§ 162 Abs. 1 S. 1 Nr. 2 und 3) den Anspruch des früheren Eigentümers eines Grundstücks auf Rückübertragung. Die Vorschrift enthält **keine abschließende Regelung der Rechtsfolgen** beim Abbruch der Sanierung. Zu den sonstigen Rechtsfolgen, insbesondere zu Entschädigungsansprüchen vgl. § 161, Rn 17 bis 21.

Der Anspruch auf Rückübertragung nach § 164 besteht nur, wenn **2** die **Satzung über die förmliche Festlegung** des Sanierungsgebiets aus den in **§ 162 Abs. 1 S. 1 Nr. 2 oder 3 bezeichneten Gründen aufgehoben** wurde. Danach ist die Sanierungssatzung aufzuheben, wenn sich die Sanierung entweder als undurchführbar erweist oder wenn die Sanierungsabsicht aus anderen Gründen aufgegeben wird. Wird die Sanierungssatzung gem. § 162 Abs. 1 S. 2 nur für einen Teil des Sanierungsgebiets aufgehoben, so können in diesem Teil Ansprüche nach § 164 entstehen. § 164 findet weiterhin Anwendung in **Ersatz- und Ergänzungsgebieten.** Dies ergibt sich unmittelbar aus § 142 Abs. 2 S. 2 (§ 52 Abs. 5 StBauFG – insoweit entfallen – stellte dies ausdrücklich klar). § 164 findet dagegen keine, auch keine analoge Anwendung in den Fällen der Aufhebung eines **städtebaulichen Entwicklungsbereichs** nach § 171. Dies ergibt sich zum einen daraus, daß der Katalog der für Entwicklungsbereiche entsprechend anwendbaren Sanierungsvorschriften im Zweiten Teil abschließend geregelt ist. Zum anderen fehlt in § 171 über die Aufhebung der Erklärung zum städtebaulichen Entwicklungsbereich eine § 162 Abs. 1 S. 1 Nr. 2 oder 3 über den Abbruch der Sanierung entsprechende Regelung. Deshalb erscheint es auch zweifelhaft, ob § 164 in **Anpassungsgebieten** nach § 170 anwendbar ist. § 170 S. 4 schließt zwar die Anwendung des § 164 nicht aus. Da aber die entsprechende Anwendung des § 162 ausgeschlossen ist, kann § 164 tatbestandsmäßig nicht zur Anwendung kommen und bedurfte daher nicht der ausdrücklichen Erwähnung.

Der Anspruch des früheren Eigentümers eines Grundstücks auf **3** Rückübertragung ist von dem **Anspruch auf Rückenteignung** zu unterscheiden. Nach der Rspr. des BVerfG (BVerfGE 38, 175) hat der Eigentümer unmittelbar aus Art. 14 Abs. 1 Satz 1 GG das Recht, sein früheres Eigentum zurückzuverlangen, wenn der Enteignungsgrund später wegfällt (vgl. Papier, in: Maunz-Dürig, Art. 14, Rn 509). Der Anspruch auf Rückenteignung bestimmt sich nach § 102 (vgl. hierzu weiterhin Abs. 6; Rn 12). Der Anspruch auf Rückübertragung nach

§ 164 ist demgegenüber nicht aus verfassungsrechtlichen Gründen geboten, sondern entspricht **Billigkeitserwägungen:** Wird die förmliche Festlegung des Sanierungsgebiets aufgehoben, weil sich die Sanierung als undurchführbar erweist oder die Sanierungsabsicht aus anderen Gründen aufgegeben wird, so sollen – unbeschadet möglicher Entschädigungsansprüche oder Ansprüche auf Rückenteignung – die nachteiligen Auswirkungen zwischenzeitlich durchgeführter Sanierungsmaßnahmen soweit wie möglich wieder rückgängig gemacht werden.

4 **2. Voraussetzungen (Abs. 1).** Nach **Abs. 1** hat der frühere Eigentümer eines Grundstücks einen Anspruch auf Rückübertragung gegenüber dem **jeweiligen Eigentümer,** wenn die Sanierungssatzung aus den in § 162 Abs. 1 S. 1 Nr. 2 oder 3 bezeichneten Gründen aufgehoben wird. Voraussetzung ist, daß die **Gemeinde** oder der **Sanierungsträger** das Grundstück von dem früheren Eigentümer **zur Durchführung der Sanierung erworben** hatte. Der Erwerb muß nach der förmlichen Festlegung des Sanierungsgebiets erfolgen, und zwar zu Zwecken der Durchführung der Sanierung. Dabei ist es ohne Belang, ob die Gemeinde das Grundstück freihändig oder durch Ausübung des Vorkaufsrecht oder durch Enteignung erworben hatte. Der Anspruch auf Rückübertragung ist jedoch ausgeschlossen, wenn gegen das übertragene Grundstück nicht eine Geldleistung, sondern Austauschland, Ersatzland oder Begründung von Rechten der in § 101 Abs. 1 Nr. 1 bezeichneten Art (z. B. Miteigentum, grundstücksgleiche Rechte, Rechte nach dem Wohnungseigentumsgesetz) hingegeben wurden.

5 Der Anspruch auf Rückübertragung richtet sich **unmittelbar gegen den jeweiligen Eigentümer,** gegen den er geltend zu machen ist. Damit hat das Gesetz diesen Anspruch als **privatrechtlichen Rückkaufanspruch** ausgestattet (vgl. auch Abs. 4 „Kaufpreis"), über den das Zivilgericht zu entscheiden hat.

6 **3. Ausschluß des Anspruchs (Abs. 2).** Nach **Abs. 2 Nr. 1** besteht der Anspruch nicht, wenn das Grundstück in einem Bebauungsplan als Baugrundstück für den Gemeinbedarf (vgl. § 9 Abs. 1 Nr. 5) oder als Verkehrs-, Versorgungs- oder Grünfläche (vgl. § 9 Abs. 1 Nr. 11, 12, 15) festgesetzt ist. Ein Rückübertragungsanspruch wäre in diesen Fällen nicht sachgerecht, weil das Grundstück sonst später zur Verwendung für den im Bebauungsplan vorgesehenen Zweck wieder benötigt würde. Der Rückübertragungsanspruch besteht weiterhin dann nicht, wenn das Grundstück für sonstige öffentliche Zwecke benötigt wird. Eine Festsetzung im Bebauungsplan ist in diesem Fall nicht erforderlich. Jedoch muß sich die Notwendigkeit der Verwendung aus vergleichbar nachprüfbaren Tatsachen ergeben.

7 Nach **Abs. 2 Nr. 2** besteht der Anspruch nicht, wenn der frühere Eigentümer selbst das Grundstück im Wege der Enteignung erworben hatte. Das Gesetz sieht ihn insoweit nicht als schutzwürdig an.

8 Nach **Abs. 2 Nr. 3** besteht der Anspruch nicht, wenn der (jetzige)

Eigentümer mit der zweckgerechten Verwendung des Grundstücks begonnen hat, also insbesondere mit der Bebauung oder ihrer tatsächlichen Vorbereitung. Das Gesetz will hierdurch das Entstehen sonst möglicher Entschädigungsansprüche des (jetzigen) Eigentümers vermeiden.

Nach **Abs. 2 Nr. 4** sind gegenüber einem Rückübertragungsanspruch solche Eigentümer geschützt, die das Grundstück ihrerseits von der Gemeinde oder von dem Sanierungsträger nach § 89 oder § 159 Abs. 3 erworben haben. **9**

Nach **Abs. 2 Nr. 5** besteht der Anspruch nicht, wenn die Grundstücksgrenzen erheblich verändert worden sind. Nur geringfügige Änderungen der Grundstücksgrenzen (Vergrößerung oder Verkleinerung) schließen den Rückübertragungsanspruch dagegen nicht aus. Die Veränderung der Grundstücksgrenzen kann z. B. in der Umlegung erfolgt sein. **10**

4. Frist; Kaufpreis (Abs. 3 und 4). Der Anspruch auf Rückübertragung kann vom früheren Eigentümer nach **Abs. 3** nur **innerhalb von zwei Jahren** nach der Aufhebung der Sanierungssatzung geltend gemacht werden. Die Frist beginnt also mit der Bekanntmachung der Satzung gem. § 162 Abs. 2 S. 5. Als **Kaufpreis**, d. h. als Entgelt für die Rückübertragung, erhält der spätere Eigentümer nach **Abs. 4** den Verkehrswert, den das Grundstück im Zeitpunkt der Rückübertragung hat. Dem (späteren) Eigentümer kommt demnach eine Wertsteigerung durch zwischenzeitlich getroffene Maßnahmen zugute. Auch insoweit unterscheidet sich der Anspruch auf Rückübertragung vom Anspruch auf Rückenteignung (vgl. hierzu Rn 12). **11**

5. Rückenteignung (Abs. 5). Abs. 5 S. 1 stellt klar, daß der besondere Rückübertragungsanspruch nach § 164 den verfassungsrechtlich gebotenen (vgl. Rn 3) Anspruch auf Rückenteignung nach § 102 unberührt läßt. Nach § 102 kann der frühere Eigentümer verlangen, daß das enteignete Grundstück zu seinen Gunsten wieder enteignet wird, wenn der durch die Enteignung Begünstigte oder sein Rechtsnachfolger das Grundstück nicht innerhalb der festgesetzten Frist zu dem Enteignungszweck verwendet oder den Enteignungszweck vor Ablauf der Frist aufgegeben hat oder wenn die Gemeinde ihre Verpflichtung zur Weiterveräußerung nach § 89 nicht erfüllt hat. Ein Anspruch auf Rückenteignung kommt also in Betracht, wenn im Rahmen der Sanierung eine Enteignung nach den §§ 85 bis 122 durchgeführt worden ist und danach – sei es auch aufgrund der Aufhebung der förmlichen Festlegung des Sanierungsgebiets – einer der Tatbestände des § 102 erfüllt ist. Wird dem Antrag auf Rückenteignung stattgegeben, so hat nach **§ 103** der Antragsteller dem von der Rückenteignung Betroffenen Entschädigung für den Rechtsverlust zu leisten. Die Entschädigungsregelung des § 103 entspricht allgemeinen Entschädigungsgrundsätzen. Danach darf die für die Rückenteignung zu gewährende Entschädigung den bei der ersten Enteignung zugrunde gelegten Verkehrswert der entzogenen **12**

Sache nicht übersteigen, jedoch sind Aufwendungen zu berücksichtigen, die zu einer Werterhöhung der Sache geführt haben (BGH NJW 1980, S. 1571; vgl. Krohn/Löwisch, Eigentumsgarantie, Enteignung, Entschädigung, 3. Aufl., Köln 1984, Rn 507).

13 **Abs. 5 S. 2** modifiziert die Entschädigungsregelung des § 103 jedoch nicht generell für Sanierungsenteignungen, sondern ausschließlich für die Fälle der Aufhebung der Satzung in den Fällen des § 162 Abs. 1 S. 1 Nr. 2 oder 3. Danach ist für die Entschädigung der Verkehrswert des entzogenen Grundstücks im Zeitpunkt der Aufhebung der Satzung einschließlich aller zwischenzeitlichen Werterhöhungen maßgebend. Der **BGH** (aaO) hat hiergegen Zweifel angedeutet, jedoch die Frage offengelassen. Verfassungsrechtliche Zweifel könnten deshalb entstehen, weil eine von § 103 – als Ausdruck eines allgemeinen entschädigungsrechtlichen Grundsatzes – abweichende Regelung auf eine Vereitelung der verfassungsrechtlich gebotenen Rückübertragung hinauslaufen könnte, wenn der frühere Eigentümer zum Rückerwerb seines Eigentums den Wertzuwachs der konkreten Sache, den ihm die in Art. 14 Abs. 1 S. 2 enthaltene Bestandsgarantie des Eigentums mitsichern will, aus seinem übrigen Vermögen erlegen müßte. Unbestritten ist, daß nicht sanierungsbedingte, sondern auf die allgemeine Entwicklung zurückzuführende Werterhöhungen für die Bestimmung der Rückenteignungsentschädigung unberücksichtigt bleiben müssen (Krohn/Löwisch aaO, Rn 511). Abs. 5 S. 2 widerspricht aber auch im übrigen nicht allgemeinen entschädigungsrechtlichen Grundsätzen: Auch wenn dem früheren Eigentümer das Grundstück nicht aufgrund Enteignung entzogen worden wäre, hätte er nach Aufhebung der Sanierungssatzung gem. § 162 Abs. 1 i. V. m. § 154 Abs. 3 S. 1 an die Gemeinde einen Ausgleichsbetrag entrichten müssen, der der durch die Sanierung bedingten Werterhöhung seines Grundstücks entspricht. Die Entschädigungsregelung des Abs. 5 S. 2 stellt den Eigentümer daher nicht schlechter, als er ohne Enteignung gestanden wäre.

Zweiter Teil.
Städtebauliche Entwicklungsmaßnahmen

Vorbemerkung zu den §§ 165 bis 171

Übersicht

1. Städtebauliche Entwicklungsmaßnahme. §§ 165 bis 171 regelt **1** das Recht der städtebaulichen Entwicklungsmaßnahme. Die Vorschriften sind gem. § 165 ausschließlich auf solche Maßnahmen anzuwenden, die zum Zeitpunkt des Inkrafttretens des BauGB (1. 7. 1987) bereits förmlich festgelegt sind. Der Begriff der städtebaulichen Entwicklungsmaßnahme ist demgemäß nicht im BauGB geregelt; hierzu ist auf die Regelungen im StBauFG zurückzugreifen. Nach § 1 Abs. 3 StBauFG ist die Entwicklungsmaßnahme eine städtebauliche Maßnahme mit einer besonderen rechtlichen Bindung an Ziele der Raumordnung und Landesplanung. Gegenstand kann die Schaffung neuer Orte, die Entwicklung vorhandener Orte zu neuen Siedlungseinheiten oder die Erweiterung vorhandener Orte um neue Ortsteile sein. Die Entwicklungsmaßnahme ist eine **städtebauliche Gesamtmaßnahme.** Sie erfordert eine flächendeckende und zeitlich geschlossene Planungskonzeption.

Die förmliche Festlegung eines städtebaulichen Entwicklungsbe- **2** reichs erfolgt durch **Rechtsverordnung der Landesregierung**; § 53 Abs. 1 StBauFG. Der StBauFG-Gesetzgeber hatte sich für diese Rechtsform nicht wegen der engen Verknüpfung der Maßnahme mit der Raumordnung und Landesplanung entschieden, sondern wegen des u. U. **überörtlichen Charakters** von Entwicklungsmaßnahmen, die sich über das Gebiet mehrerer Gemeinden erstrecken können. Die Rechtsform der Verordnung wurde 1971 weiterhin auch deshalb gewählt, um die Festlegung des Entwicklungsbereichs gegen Anfechtungsklagen abzusichern; dies geschah vor der grundlegenden Änderung des § 47 VwGO i. J. 1976 (vgl. hierzu auch Schlichter, in: BK, Vorbem. zu den §§ 165–171).

Auch wenn die städtebauliche Entwicklungsmaßnahme eng mit der **3** Raumordnung und Landesplanung verknüpft ist, ist sie eine **städtebau-**

liche Maßnahme (Schlichter aaO, § 166, Rn 1). Mit dem Erlaß der Rechtsverordnung nach § 53 Abs. 1 StBauFG wird keine Planung des Gebiets erlassen, sondern lediglich ein Bereich festgelegt und es werden damit Rechtsfolgen begründet; vgl. hierzu auch die Konstruktion in § 22 BauGB. Bauleit-, Rahmen-, Entwicklungsplanung oder sonstige städtebauliche Planungen im Entwicklungsbereich sind damit Sache der Gemeinde und nicht des Landes. Die Entwicklungsmaßnahme ist unbeschadet der förmlichen Festlegung durch das Land eine **städtebauliches Instrument**, das als solches vorrangig der Initiative und Steuerung durch die Gemeinde überantwortet ist (BVerwG, NJW 1982, 2787; BGH, DVBl. 1987, 474; VGH Kassel, ESVGH 31, 105; Krautzberger, ZfBR 1986, 56/58).

4 **2. Bodenrecht.** Die §§ 165 bis 171 enthalten ein Sonderrecht für die Schaffung und Erweiterung von Siedlungseinheiten. Dieses **Sonderrecht** ergänzt die im übrigen anwendbaren Vorschriften des BauGB. In seinen Grundzügen entspricht es dem Recht der städtebaulichen Sanierung; vgl. vor allem § 169 Abs. 1.

5 Das Bodenrecht, das im städtebaulichen Entwicklungsbereich Anwendung findet, geht jedoch in folgender Beziehung weiter als das städtebauliche Sanierungsrecht: Die **Enteignung** ist im Entwicklungsbereich auch **ohne Bebauungsplan** zulässig (§ 169 Abs. 3 S. 1); weiterhin hat die Gemeinde eine **Grunderwerbspflicht** (§ 166 Abs. 3 S. 1). Das Entwicklungsrecht kennt kein dem vereinfachten Sanierungsverfahren vergleichbares Verfahren. Vielmehr findet im Entwicklungsbereich stets ein dem besonderen **bodenpolitischen System** des Sanierungsrechts vergleichbares Bodenrecht Anwendung; vgl. für die Sanierung §§ 152 bis 156. Die Rspr. hat die Verfassungsmäßigkeit dieses Sonderrechts wiederholt bestätigt; vgl. insbesondere BVerwG, NJW 1982, 398; BGH, NJW 1984, 1880 und DVBl. 1987, 474.

6 **3. Bedeutung in der Praxis.** Die Zahl der nach § 53 StBauFG förmlich festgelegten Entwicklungsbereiche ist – etwa im Vergleich zu den ca. 2000 förmlich festgelegten Sanierungsgebieten – gering; bis 1987 wurden im Bundesprogramm nach § 72 StBauFG insgesamt 42 städtebauliche Entwicklungsmaßnahmen gefördert. In den Jahren vor Inkrafttreten des BauGB wurde nur noch vereinzelt neue Entwicklungsmaßnahmen eingeleitet. Bereits 1981 hat die Bundesregierung die städtebauliche Entwicklungsmaßnahme wie folgt zurückhaltend beurteilt: „Die Entwicklungmaßnahme ... ist auf die großflächige Schaffung von Bauland ... beschränkt. Solche Vorhaben entsprechen jedoch häufig nicht mehr den heutigen städtebaulichen Bedürfnissen" (Begründung zur „Baulandnovelle"; Entwurf eines Gesetzes zur Erleichterung der Bereitstellung von Bauland, BT-Drs. 9/746, S. 14). Der Gesetzgeber hat sich bei der Beschränkung des Entwicklungsmaßnahmenrechts auf die nach StBauFG förmlich festgelegten Gebiete von der Überlegung leiten lassen, daß für die städtebauliche Entwicklungsmaß-

nahme als Instrument der Landesplanung und Raumordnung in der Zukunft **kein Bedürfnis** mehr gesehen wird; vgl. im einzelnen Krautzberger, in: B/K/S, Rn 402.

Mit den nach StBauFG förmlich festgelegten und nach § 165 ff. **7** BauGB fortgeführten städtebaulichen Entwicklungsmaßnahmen werden in der Praxis sehr **unterschiedliche städtebauliche Ziele** verfolgt: Entwicklung von Gewerbe- und Industriegebieten (hierzu OVG Lüneburg, BRS 29, Nr. 21); Umstrukturierung eines weitgehend agrarorientierten Raumes in ein Industriegebiet und ein Mittelzentrum (BVerwG, NJW 1982, 398; BGH, NJW 1984, 1880); Schaffung eines Siedlungsschwerpunkts zur Entlastung eines stark verdichteten Bereichs (VGH Kassel, ZfBR 1987, 204); Errichtung eines Güterverkehrszentrums (OVG Bremen, BRS 40 Nr. 245); Universitätsansiedlungen; Verhinderung einer Landschaftszersiedelung durch Konzentration der Siedlungsentwicklung auf einen neuen Ortsteil (BVerwG, ZfBR 1982, 87); Erhaltung und Fortentwicklung zentralörtlicher Funktionen; städtebauliche Entwicklung eines Parlaments- und Regierungsviertels; Entwicklung von Wohngebieten (VGH München, Urt. v. 30. 7. 1984 – 14 N 83 A. 857; vgl. demgegenüber einschränkend OVG Lüneburg, BRS 29 Nr. 21).

4. BauGB. Das Recht der Entwicklungsmaßnahme ist als Vollrege- **8** lung in §§ 165 bis 171 übernommen worden. Die Regelungen entsprechen §§ 54 bis 63 StBauFG. Sie haben durch die Beschränkung auf laufende Maßnahmen den Charakter eines Überleitungsrechts (vgl. zu den gesetzgeberischen Erwägungen im einzelnen Krautzberger, in: B/K/ S, Rn 403 sowie in: ZfBR 1986, 56/60).

Die zentrale **Überleitungsvorschrift** ist § 165. Weitere Überleitungs- **9** vorschrift enthält insbesondere § 245 Abs. 8 bis 11; vgl. weiterhin die auch für die städtebauliche Entwicklungsmaßnahme maßgeblichen Überleitungsbestimmungen in § 235 Abs. 1 sowie §§ 240 und 241.

Für die **Finanzierung** und **Förderung** städtebaulicher Entwicklungs- **10** maßnahmen verbleibt es gem. § 245 Abs. 11 S. 1 BauGB bei der Anwendung des **§ 58 StBauFG;** vgl. hierzu im einzelnen die Erläut. von Krautzberger, in: B/K/K, Bd. II.B, § 58 StBauFG.

In der nachstehenden Kommentierung der §§ 165 bis 171 werden im **11** Hinblick auf den Überleitungscharakter des Rechts im wesentlichen nur Hinweise auf die Änderungen gegenüber StBauFG gegeben. Zur Orientierung über das Recht der Entwicklungsmaßnahme im einzelnen vgl. die Kommentierung von Bielenberg, StBauFG, §§ 53 ff. sowie ders., in: B/K/K, Städtebauförderungsrecht, 3. Aufl., München, Bd. I, B/K/K, §§ 165 bis 171.

5. BauGB-MaßnahmenG. Durch das BauGB-MaßnahmenG ist die **12** städtebauliche Entwicklungsmaßnahme wieder neu eingeführt worden; vgl. Einl., Rn 36 sowie **Anhang**, BauGB-MaßnahmenG. In der Begründung des Gesetzentwurfs ist zur Wiedereinführung dieses In-

strumentariums folgendes ausgeführt worden (vgl. BT-Drs. 11/6508, S. 12):

„Die städtebauliche Entwicklungsmaßnahme ist im Baugesetzbuch nur noch für bereits laufende Maßnahmen geregelt. Dem lag die Annahme zugrunde, daß die städtebauliche Entwicklungsmaßnahme in Zukunft nur noch eine geringe praktische Bedeutung haben werde, da die Zeit der Trabantenstädte und der großflächigen Entwicklungen ganzer neuer Stadtteile vorbei sei.

Diese Annahme hat sich hinsichtlich neuer Trabantenstädte als zutreffend erwiesen. Hinsichtlich der Erforderlichkeit eines besonderen Instrumentariums, um in Gemeinden mit einem erhöhten Bedarf an Wohn- und Arbeitsstätten städtebaulich integrierte Gesamtmaßnahmen entwickeln zu können oder größere innerstädtische Brachflächen einer Nutzung für Wohn- und Arbeitsstätten wieder zuführen zu können, erscheint die seinerzeitige Annahme aus heutiger Sicht den neuen städtebaulichen Aufgabenstellungen nicht mehr gerecht zu werden. Dabei ist auch die nach Verabschiedung des Baugesetzbuchs vom Bundesverfassungsgericht fortgeführte einengenden Rechtsprechung zur privatnützigen Enteignung aus Gründen des Wohls der Allgemeinheit zu berücksichtigen.

Die städtebauliche Entwicklungsmaßnahme soll daher mit fortentwickelter Aufgabenstellung und dieser Aufgabenstellung angepaßten Instrumenten zeitlich befristet wieder eingeführt werden, um ein mittelfristig wirkendes Instrument zur Entwicklung von Ortsteilen oder anderen Teilen eines Gemeindegebiets zur Verfügung zu haben."

13 Die städtebauliche Entwicklungsmaßnahme nach dem BauGB-MaßnahmenG ist rechtlich im wesentlichen **dem Entwicklungsrecht nach BauGB/StBauFG nachgebildet.** Dies gilt vor allem für die Anwendung des weitreichenden bodenrechtlichen Instrumentariums. Wichtige Neuerungen, die vor allem für die Anwendungsbreite dieser Maßnahmen zu einer entscheidenden Veränderung führen dürften, liegen darin, daß die städtebauliche Entwicklungsmaßnahme nicht mehr ausschließlich an landesplanerische Ziele anknüpft. Vielmehr ist die Maßnahme als stadtentwicklungsplanerische Maßnahme ausgestaltet worden; vgl. vor allem § 6 Abs. 2 BauGB-MaßnahmenG. Dies kommt weiterhin darin zum Ausdruck, daß die förmliche Festlegung von Entwicklungsbereichen nicht mehr – wie nach § 53 Abs. 1 StBauFG – durch Rechtsverordnung der Landesregierung, sondern durch gemeindliche Satzung erfolgt; vgl. § 6 Abs. 3 und 5 BauGB-MaßnahmenG.

14 Das Recht ist in § 165, Rn 4 ff. erläutert.

§165 Anwendungsbereich

Auf die vor dem 1. Juli 1987 förmlich festgelegten städtebaulichen Entwicklungsbereiche sind die Vorschriften dieses Teils anzuwenden.

Übersicht

1. Die städtebauliche Entwicklungsmaßnahme nach dem StBauFG/BauGB: § 165 beschränkt den Anwendungsbereich der Bestimmungen des Zweiten Teils des Zweiten Kapitels über städtebauliche Entwicklungsmaßnahmen auf die **vor dem 1. 7. 1987 (Inkrafttreten des BauGB) förmlich festgelegten städtebaulichen Entwicklungsbereiche.** Voraussetzung für die Anwendung dieses Rechts ist somit, daß vor dem 1. 7. 1987 die Rechtsverordnung gem. § 53 Abs. 1 StBauFG rechtsverbindlich geworden ist. Zur Beurteilung der Rechtmäßigkeit einer gem. StBauFG erlassenen Entwicklungsbereichsverordnung verbleibt es damit weiterhin dem Maßstab der §§ 1 und 53 StBauFG. Insbesondere ist weiterhin die **Normenkontrolle** gegen die Rechtsverordnung zulässig, soweit nach Landesrecht die Normenkontrolle allgemein gegen Rechtsverordnungen zugelassen ist; § 47 Abs. 1 Nr. 2 VWGO.

Die für die förmliche Festlegung eines Entwicklungsbereichs nach StBauFG maßgeblichen Vorschriften haben folgenden Wortlaut:

§ 1 Abs. 3 StBauFG:

„(3) **Entwicklungsmaßnahmen sind Maßnahmen, durch die entsprechenden Zielen der Raumordnung und Landesplanung**

1. neue Orte geschaffen oder

2. vorhandene Orte zu neuen Siedlungseinheiten entwickelt oder

3. vorhandene Orte um neue Ortsteile erweitert werden.

Die Maßnahmen müssen die Strukturverbesserung in den Verdichtungsräumen, die Verdichtung von Wohn- und Arbeitsstätten im Zuge von Entwicklungsachsen oder den Ausbau von Entwicklungsschwerpunkten außerhalb der Verdichtungsräume, insbesondere in

den hinter der allgemeinen Entwicklung zurückbleibenden Gebiete, zum Gegenstand haben."

§ 53 StBauFG:

"**§ 53. Erklärung zum städtebaulichen Entwicklungsbereich.**

(1) Die Landesregierung kann den für eine Entwicklungsmaßnahme im Sinne des § 1 Abs. 3 in Betracht kommenden Bereich durch Rechtsverordnung förmlich als städtebaulichen Entwicklungsbereich festlegen, wenn

1. die einheitliche Vorbereitung, Planung und Durchführung der Maßnahme der angestrebten Entwicklung des Landesgebiets und der Region entspricht,
2. das Wohl der Allgemeinheit die Durchführung der Entwicklungsmaßnahme nach diesem Gesetz erfordert,
3. eine zügige Durchführung der Maßnahme innerhalb eines absehbaren Zeitraums gewährleistet und
4. die Bereitstellung der voraussichtlich erforderlichen Mittel aus öffentlichen Haushalten erwartet werden kann.

(2) Der Entwicklungsbereich ist so zu begrenzen, daß sich die Entwicklung zweckmäßig durchführen läßt. Im Zusammenhang bebaute Gebiete können in den Entwicklungsbereich einbezogen werden, wenn zu erwarten ist, daß in diesen Gebieten Maßnahmen nach § 62 durchzuführen sind. Grundstücke der in § 12 Abs. 2 bezeichneten Art, Grundstücke mit Forschungsraktoren oder Kernkraftwerken sowie Grundstücke, für die nach § 1 Abs. 2 des Gesetzes über die Landbeschaffung für Aufgaben der Verteidigung vom 23. Februar 1957 (Bundesgesetzbl. I S. 134), zuletzt geändert durch Gesetz vom 29. November 1966 (Bundesgesetzbl. I S. 653), ein Anhörungsverfahren eingeleitet worden ist, und bundeseigene Grundstücke, bei denen die Absicht, sie für Zwecke der Landesverteidigung zu verwenden, der Landesregierung bekannt ist, dürfen nur mit Zustimmung des Bedarfsträgers in den Entwicklungsbereich einbezogen werden. Die Bedarfsträger sollen ihre Zustimmung erteilen, wenn auch bei Berücksichtigung ihrer Aufgaben ein überwiegendes öffentliches Interesse an der Durchführung der Entwicklungsmaßnahme besteht.

(3) Der Entwicklungsbereich ist in der Rechtsverordnung genau zu bezeichnen.

(4) In den Gemeinden, in deren Gebiete die Entwicklungsmaßnahme durchgeführt werden soll, ist nach Erlaß der Rechtsverordnung auf diese und auf die Genehmigungspflicht nach § 57 Abs. 1 Nr. 3 in Verbindung mit § 15 durch ortsübliche Bekanntmachung hinzuweisen.

(5) Die Gemeinde ersucht das Grundbuchamt, in das Grundbuch einzutragen, daß eine Entwicklungsmaßnahme durchgeführt wird (Entwicklungsvermerk)."

Vgl. zur Anwendung von §53 i. V. m. §1 StBauFG in den Fällen 3
einer Änderung des räumlichen Geltungsbereichs der städtebaulichen
Entwicklungsmaßnahme nach 1. 7. 1987 §245 Abs. 9.

2. Die städtebauliche Entwicklungsmaßnahme nach dem BauGB- 4
MaßnahmenG. a) Anwendungsbereich. Die städtebauliche Entwick-
lungsmaßnahme ist durch das BauGB-MaßnahmenG wieder für neue
Maßnahmen eingefügt worden; vgl. hierzu Vorbem. zu den §§165 bis
171, Rn 10. Die städtebauliche Entwicklungsmaßnahme ist in §§6, 7
und 15 BauGB-MaßnahmenG geregelt.

Nach §6 Abs. 1 BauGB-MaßnahmenG werden städtebauliche Ent- 5
wicklungsmaßnahmen „in Stadt und Land" durchgeführt. Ihre einheit-
liche Vorbereitung und zügige Durchführung muß im öffentlichen
Interesse liegen. Diese Voraussetzung entspricht im wesentlichen §1
Abs. 1 S. 1 StBauFG sowie – für städtebauliche Sanierungsmaßnahmen
– §136 Abs. 1 BauGB.

Was den räumlichen und sachlichen Anwendungsbereich der städte-
baulichen Entwicklungsmaßnahme betrifft, enthält §6 Abs. 2 BauGB-
MaßnahmenG eine grundlegende Fortentwicklung dieses Instrumenta-
riums. Danach sollen nach der städtebaulichen Entwicklungsmaß-
nahme „Ortsteile und andere Teile des Gemeindegebiets entsprechend
ihrer besonderen Bedeutung für die städtebauliche Entwicklung und
Ordnung der Gemeinde oder entsprechend der angestrebten Entwick-
lung des Landesgebiets oder der Region erstmalig entwickelt oder im
Rahmen einer städtebaulichen Neuordnung einer Entwicklung zuge-
führt werden".

Gegenüber der Entwicklungsmaßnahme nach **StBauFG/BauGB** er- 6
geben sich hieraus eine Reihe von **Unterschieden**: Zwar kann die
Entwicklungsmaßnahme auch aus Gründen der Landes- oder Regio-
nalentwicklung durchgeführt werden. Daneben tritt aber selbständig
die besondere Bedeutung der Maßnahme für die städtebauliche Ent-
wicklung und Ordnung der Gemeinde selbst. Weiterhin kann Gegen-
stand der Entwicklungsmaßnahme nicht nur die Entwicklung eines
Ortsteils, sondern auch anderer Teile des Gemeindegebiets sein. Wei-
terhin stellt die Neuregelung nicht nur auf die („neue") Entwicklung
von Ortsteilen bzw. anderen Teilen des Gemeindegebiets ab, sondern
auch auf deren neue Entwicklung „im Rahmen einer städtebaulichen
Neuordnung".

Gegenüber den sonstigen Bestimmungen des BauGB-MaßnahmenG 7
ist nicht (nur) auf den Bezug zur Deckung eines (dringenden) Woh-
nungsbedarfs abgestellt. Die Maßnahme ist vielmehr als selbständige
städtebauliche Maßnahme für unterschiedliche stadtentwicklungs-
planerische Ziele ausgestaltet worden. Dies kommt besonders auch in
§6 Abs. 2 S. 2 BauGB-MaßnahmenG zum Ausdruck, wonach die
Maßnahmen (i. S. einer beispielhaften Aufzählung) „der Errichtung

von Wohn- und Arbeitsstätten sowie von Gemeinbedarfs- und Folge-
einrichtungen" dienen sollen.

8 **b) Förmliche Festlegung.** Nach § 6 Abs. 3 BauGB-MaßnahmenG
kann die Gemeinde einen Bereich, in dem eine städtebauliche Entwick-
lungsmaßnahme durchgeführt werden soll, durch Beschluß als städte-
baulichen Entwicklungsbereich festlegen. Die förmliche Festlegung
wird als Satzung **(Entwicklungssatzung)** beschlossen; in der Entwick-
lungssatzung ist der städtebauliche Entwicklungsbereich zu bezeich-
nen; § 6 Abs. 5 **BauGB-MaßnahmenG.**

9 Als **Voraussetzung** für die förmliche Festlegung eines städtebauli-
chen Entwicklungsbereichs bestimmt § 6 **Abs. 3 Nr. 1 BauGB-Maß-**
nahmenG, daß die Maßnahme den Zielen und Zwecken nach § 6
Abs. 2 entspricht.

10 Nach § 6 **Abs. 3 Nr. 2 BauGB-MaßnahmenG** muß das **Wohl der**
Allgemeinheit die Durchführung der Maßnahme erfordern. Eine ent-
sprechende Regelung enthielt § 53 Abs. 12 Nr. 2 StBauFG. Das
BVerwG hat zu dieser dem Enteignungsrecht entnommenen Anforde-
rung (vgl. § 87 Abs. 1 BauGB) folgende Klärungen herbeigeführt
(BVerwG, NJW 1982, 2787): im Grundsatz sei die Prüfung der Enteig-
nungsvoraussetzungen auf den Zeitpunkt der förmlichen Festlegung
vorzuverlagern. D. h. es wird die Zulässigkeit von Enteignungsmaß-
nahmen zur Rechtmäßigkeitsvoraussetzung der Festlegung des Ent-
wicklungsbereichs. Diese Anforderung wird vom BVerwG jedoch
durch folgenden Hinweis praxisnah interpretiert: Bei der Prüfung, ob
das Wohl der Allgemeinheit die Entwicklungsmaßnahme erfordere, sei
angesichts der Großflächigkeit eines Entwicklungsbereichs und des
Umstands, daß bei Erlaß der Rechtsverordnung in der Regel noch
keine ins einzelne gehende Planungskonzeption vorliege, die Prüfung
der Enteignungsvoraussetzungen nicht schon für jedes einzelne unbe-
baute Grundstück abschließend vorzunehmen. Vielmehr handele es
sich um eine „mehr pauschale Prüfung". Bei der Festlegung des Ent-
wicklungsbereichs müsse jedoch beachtet werden, daß die Entwick-
lungsmaßnahme eine eigentumsverteilende Wirkung habe, so daß das
Wohl der Allgemeinheit generell die geplante Entwicklung einschließ-
lich der gebotenen Enteignungen rechtfertigen müsse. Diese Anforde-
rungen sind – sinngemäß – bei Anwendung des § 6 Abs. 3 Nr. 2
BauGB-MaßnahmenG zu beachten.

11 Weiterhin muß die **zügige Durchführung** der Maßnahme inner-
halb eines **absehbaren Zeitraums** gewährleistet sein; § 6 **Abs. 3 Nr. 3**
BauGB-MaßnahmenG. Diese Anforderung entspricht sowohl § 53
Abs. 1 Nr. 3 StBauFG als auch § 143 Abs. 1 S. 3 BauGB (zur städtebau-
lichen Sanierungsmaßnahme). Die Aussicht, die städtebauliche Ent-
wicklungsmaßnahme innerhalb eines absehbaren Zeitraums durchzu-
führen, d. h. zum Abschluß zu bringen, kann insbesondere von ihrer

Finanzierung abhängen. Die voraussichtliche Dauer bestimmt sich nach der jeweiligen städtebaulichen Situation, dem Umfang und der Schwierigkeit der konkreten Maßnahme und nach dem gemeindlichen Entwicklungskonzept (vgl. die Erläut. zu § 143 Abs. 1 S. 3 BauGB).

Auch was die Abgrenzung des Entwicklungsbereichs betrifft, ist die **12** Neuregelung im wesentlichen dem Entwicklungsrecht nach StBauFG und dem Sanierungsrecht nach BauGB nachgebildet; **§ 6 Abs. 4 BauGB-MaßnahmenG** (vgl. § 53 Abs. 2 StBauFG sowie § 142 Abs. 1 S. 3 BauGB). In den Entwicklungsbereich können im Zusammenhang bebaute Gebiete einbezogen werden, „wenn die Flächen, vorhandenen Gebäude oder sonstigen baulichen Anlagen nicht entsprechend der beabsichtigten städtebaulichen Entwicklung und Ordnung genutzt werden"; **§ 6 Abs. 4 S. 2 BauGB-MaßnahmenG**. Dadurch wird die Gebietskulisse u. a. um Brachflächen und Flächen mit Mindernutzungen erweitert.

§ 6 Abs. 6 BauGB-MaßnahmenG enthält – entsprechend § 170 **13** BauGB – eine Sonderregelung für im Zusammenhang bebaute Gebiete (**„Anpassungsgebiete"**).

Die Entwicklungssatzung bedarf der **Genehmigung** der höheren **14** Verwaltungsbehörde; **§ 6 Abs. 7 BauGB-MaßnahmenG**. Die Vorschrift ist § 143 Abs. 1 BauGB nachgebildet, wobei die Entwicklungssatzung jedoch nicht nur anzeige-, sondern genehmigungspflichtig ist. Die Satzung über die **Aufhebung** des förmlich festgelegten Entwicklungsbereichs ist dagegen – wie die Sanierungssatzung – lediglich **anzeigepflichtig**; vgl. § 7 Abs. 1 Nr. 10 BauGB-MaßnahmenG i. V. mit § 162 Abs. 2 BauGB. Die Entwicklungssatzung ist zusammen mit der Erteilung der Genehmigung ortsüblich bekannt zu machen. Auf die Genehmigungspflicht nach den §§ 144, 145, 153 Abs. 2 BauGB (§ 7 Abs. 1 Nr. 5 und 8 BauGB-MaßnahmenG) ist hinzuweisen. Mit der **Bekanntmachung** wird die Entwicklungssatzung rechtsverbindlich; vgl. **§ 6 Abs. 8 BauGB-MaßnahmenG**.

Die Gemeinde hat dem **Grundbuchamt** die rechtsverbindliche Ent- **15** wicklungssatzung mitzuteilen und dabei die von der Entwicklungssatzung betroffenen Grundstücke einzeln aufzuführen. Das Grundbuchamt trägt in die Grundbücher dieser Grundstücke den **Entwicklungsvermerk** ein; vgl. **§ 6 Abs. 9 BauGB-MaßnahmenG**.

c) Besondere bodenrechtliche Vorschriften für städtebauliche Ent- 16 wicklungsmaßnahmen. Das BauGB-MaßnahmenG hat die im städtebaulichen Entwicklugsbereich geltenden besonderen bodenrechtlichen Vorschriften im wesentlichen uneingeschränkt entsprechend dem Recht der städtebaulichen Entwicklungsmaßnahme nach StBauFG bzw. BauGB ausgestaltet.

Die im städtebaulichen Entwicklungsbereich im einzelnen – entspre- **17** chend – anzuwendenden Vorschriften des BauGB sind in **§ 7 Abs. 1 BauGB-MaßnahmenG** zusammengefaßt. Die Vorschrift ist im wesent-

lichen § 169 BauGB nachgebildet; in dieser Vorschrift sind u. a. die im Entwicklungsbereich entsprechend anzuwendenden Vorschriften des Sanierungsrechts zusammengefaßt. Im einzelnen gelten folgende Regelungen (vgl. § 7 Abs. 1 Nr. 1 bis 21 BauGB-MaßnahmenG):

Nr. 1: Keine Anwendung der Vorschriften über die Veränderungssperre, die Zurückstellung von Vorhaben sowie die Teilungsgenehmigung (vgl. hierzu Nr. 5).

Nr. 2: Gesetzliches Vorkaufsrecht (vgl. § 24 Abs. 1 Nr. 3 BauGB).

Nr. 3: Gerechte Abwägung der öffentlichen und privaten Belange gegeneinander und untereinander wie im Sanierungsrecht (vgl. § 136 Abs. 4 S. 3 BauGB).

Nr. 4: Beteiligung und Mitwirkung der Betroffenen; Auskunftspflicht; Beteiligung und Mitwirkung öffentlicher Aufgabenträger wie im Sanierungsrecht (vgl. §§ 137 bis 139 BauGB).

Nr. 5: Genehmigungspflichtige Vorhaben, Teilungen und Rechtsvorgänge wie im Sanierungsrecht (vgl. §§ 144, 145 BauGB).

Nr. 6: Durchführung von Ordnungsmaßnahmen durch Eigentümer; Kosten- und Finanzierungsübersicht wie im Sanierungsrecht (vgl. § 147 Abs. 2, § 149 BauGB).

Nr. 7: Abgaben- und Auslagenbefreiung wie im Sanierungsrecht (vgl. § 151 BauGB).

Nr. 8: Bemessung von Ausgleichs- und Entschädigungsleistungen sowie Preisprüfung wie im Sanierungsrecht mit Anwendung der besonderen bodenrechtlichen Vorschriften der §§ 152 ff. BauGB.

Nr. 9: Beitragsrechtliche Regelung wie im Sanierungsrecht mit Anwendung der besonderen bodenrechtlichen Vorschriften der §§ 152 ff. BauGB.

Nr. 10: Abschluß der Maßnahme wie im Sanierungsrecht (§§ 162 bis 164 BauGB).

Nr. 11: Zuständigkeit der Gemeinde.

Nr. 12: Erwerbspflicht der Gemeinde entsprechend § 166 Abs. 3 BauGB; von der Grunderwerbspflicht soll jedoch auch abgesehen werden (vgl. § 166 Abs. 3 Nr. 2 BauGB), wenn der Eigentümer eines Grundstücks, dessen Verwendung nach den Zielen und Zwecken der städtebaulichen Entwicklungsmaßnahme bestimmt oder mit ausreichender Sicherheit bestimmbar ist, in der Lage ist, das Grundstück binnen angemessener Frist dementsprechend zu nutzen, und er sich hierzu verpflichtet (vgl. hierzu auch eine entsprechende Regelung zur Abwendung des Vorkaufsrechts in § 27 Abs. 1 BauGB).

Nr. 13: Beauftragung eines Entwicklungsträgers entsprechend § 167 BauGB.

Nr. 14: Übernahmeverlangen entsprechend § 168 BauGB.

Nr. 15: Ausschluß von Umlegung und Grenzregelung; Veräuße-

rungspflicht der Gemeinde entsprechend § 169 Abs. 2 bis 6 BauGB; dabei Verschärfung der Erwerbsvoraussetzungen (**Verpflichtung** zur Bebauung).

Nr. 16: Sicherung der Ziele und Zwecke der städtebaulichen Entwicklungsmaßnahme entsprechend § 169 Abs. 7 BauGB. Gegenüber BauGB wird die Verpflichtung der Gemeinde, bei der Veräußerung der Grundstücke deren dauerhafte Nutzung entsprechend den Zielen und Zwecken der Entwicklungsmaßnahme sicherzustellen, verstärkt. In der Gesetzesbegründung wird hierzu ausgeführt (BT-Drs. 11/6508, 16): „Dies ist grundrechtlich besonders in den Fällen erforderlich, in denen die Grundstücke im Wege der Enteignung in das Eigentum der Gemeinde gelangt sind (s. Urt. des Bundesverfassungsgerichts vom 24. März 1987 – 1 BvR 1046/85 –, BVerfGE 73, S. 264 ff.).“

Nr. 17: Veräußerung zum Neuordnungswert entsprechend § 153 Abs. 4 S. 2 BauGB.

Nr. 18: Anwendung der Vorschriften über den Sozialplan, den Härteausgleich sowie über Miet- und Pachtverhältnisse (§§ 180 bis 186 BauGB).

Nr. 19: Anwendung der Vorschriften des § 191 BauGB über den Verkehr mit land- und forstwirtschaftlichen Grundstücken.

Nr. 20: Entsprechende Anwendung des § 205 Abs. 4 BauGB über die Übertragung von Aufgaben auf einen Planungsverband.

Nr. 21: Anwendung der Finanzierungsvorschriften des § 245 Abs. 11 BauGB (vgl. Rn 26).

Für den städtebaulichen Entwicklungsbereich nach BauGB-MaßnahmenG gelten gemäß **§ 7 Abs. 3 BauGB-MaßnahmenG** die Vorschriften des BauGB und die auf seiner Grundlage erlassenen Rechtsvorschriften, soweit sich aus §§ 6, 7 Abs. 1 BauGB-MaßnahmenG nichts anderes ergibt. **§ 7 Abs. 2 BauGB-MaßnahmenG** bestimmt, daß städtebauliche Entwicklungsmaßnahmen bzw. städtebauliche Entwicklungsbereiche nach dem BauGB-MaßnahmenG als solche im Sinne des § 4 Abs. 8, des § 6b Abs. 8 und 9 und der §§ 7h, 10f und 11a des Einkommensteuergesetzes, der §§ 82g und 82h der Einkommensteuer-Durchführungsverordnung, des § 7 Abs. 5 des Kapitalverkehrssteuergesetzes, des § 26 Abs. 2 S. 1 Nr. 1 des Zweiten Wohnungsbaugesetzes, des § 1 Abs. 1a des Reichssiedlungsgesetzes und des § 3 Nr. 4a des Strukturhilfegesetzes gelten. **18**

d) Bodenpolitisches System. Die städtebauliche Entwicklungsmaßnahme nach dem BauGB-MaßnahmenG übernimmt uneingeschränkt das „besondere bodenpolitische System", wie es mit dem Städtebauförderungsgesetz von 1971 für das städtebauliche Sanierungsrecht und für den städtebaulichen Entwicklungsbereich in das Bodenrecht eingeführt wurde und das vor allem durch folgende Ausgestaltungen gekennzeichnet ist: **19**

(1) Die städtebauliche Entwicklungsmaßnahme nach BauGB-MaßnahmenG enthält ein sachlich, räumlich und zeitlich begrenztes **Sonderrecht**.

(2) Die Maßnahme ist als **städtebauliche Gesamtmaßnahme** – entsprechend dem geltenden Sanierungsrecht – ausgestaltet. Vom „Normalfall" städtebaulicher Maßnahmen unterscheiden sich Sanierung und Entwicklung vor allem dadurch, daß sie zur Ordnung und Entwicklung eines bestimmten Gemeindegebiets durch ein planmäßiges und aufeinander abgestimmtes gemeindliches Vorgehen bestimmt sind und die Gemeinde hierfür besondere Durchsetzungsinstrumente erhält.

(3) **Vorbereitung und Durchführung** der städtebaulichen Entwicklungsmaßnahmen obliegen der Gemeinde.

(4) Was die Durchführung der städtebaulichen Entwicklungsmaßnahme betrifft, geht das Gesetz von einer Aufgabenteilung zwischen der Gemeinde **(Ordnungsmaßnahme)** und den Eigentümern **(Baumaßnahmen)** aus. Dabei kann die Gemeinde Eigentümern durch Vertrag Ordnungsmaßnahmen ganz oder teilweise überlassen. Die Gemeinde hat ihrerseits für die Durchführung der Baumaßnahmen zu sorgen oder sie selbst zu übernehmen, falls die Eigentümer zur zügigen und zweckmäßigen Durchführung nicht in der Lage sind.

(5) Die städtebauliche Entwicklungsmaßnahme ist – entsprechend §§ 137, 139 BauGB – unter **Beteiligung der Sanierungsbetroffenen** (vor allem der Eigentümer, Mieter und Pächter) und der **Träger öffentlicher Belange** durchzuführen.

(6) Die Gemeinde verfügt über **besondere bodenrechtliche Befugnisse** (insbesondere Vorkaufsrecht, § 24 Abs. 1 Nr. 3 BauGB; Genehmigungsvorbehalt, §§ 144, 145 BauGB; vgl. weiterhin Rn 20 zum „bodenpolitischen Konzept").

(7) Für die Durchführung der städtebaulichen Entwicklungsmaßnahme bestehen besondere **finanzierungs- und förderungsrechtliche Vorschriften** (vgl. hierzu Rn 26) sowie **abgaben- und steuerrechtliche Vorschriften** (vgl. § 7 Abs. 1 Nr. 7 und Abs. 2 BauGB-MaßnahmenG).

20 Als **bodenpolitisches Konzept** im engeren Sinne ist vor allem das zentrale, auf Spiegelbildlichkeit angelegte System der **Nichtberücksichtigung maßnahmebedingter Wertsteigerungen** beim Grunderwerb und ihrer Berücksichtigung beim **Ausgleichsbetrag** bzw. bei der Bemessung des Verkehrswerts im Falle der **Veräußerung** zu bezeichnen. Die Bestimmungen des BauGB-MaßnahmenG entsprechen insoweit jenen Regelungen des Sanierungsrechts, die bei Anwendung der besonderen sanierungsrechtlichen Vorschriften der **§§ 152 bis 156 BauGB** zur Geltung kommen; vgl. **§ 7 Abs. 1 Nr. 8, 9 und 17 BauGB-MaßnahmenG**:

(1) Nach **§ 153 Abs. 1 BauGB** werden bei der Bemessung von Ausgleichs- und Entschädigungsleistungen solche Werterhöhungen nicht

berücksichtigt, die lediglich durch die Aussicht auf die Sanierung (Entwicklung), durch ihre Vorbereitung oder ihre Durchführung eingetreten sind. Entsprechende Wertsteigerungen werden jedoch insoweit berücksichtigt, als der Betroffene diese Werterhöhungen durch eigene Aufwendungen zulässigerweise bewirkt hat. **Entwicklungsbedingte Wertsteigerungen** im Entwicklungsbereich sind daher bei der Entschädigungsbemessung auszuklammern.

(2) Das bodenpolitische System wird durch die **Preisprüfung** nach **§ 153 Abs. 2 BauGB** abgesichert. Danach ist die im Entwicklungsbereich erforderliche Genehmigung einer rechtsgeschäftlichen Grundstücksveräußerung oder die Bestellung oder Veräußerung eines Erbbaurechts (§ 144 Abs. 2 Nr. 1 BauGB) zu versagen, wenn der vereinbarte Gegenwert für das Grundstück oder das Recht über dem Wert liegt, der sich in Anwendung des § 153 Abs. 1 BauGB ergibt.

(3) Soweit die Gemeinde ein Grundstück nicht erwirbt, ist der Eigentümer verpflichtet, einen **Ausgleichsbetrag** an die Gemeinde zu entrichten, der der durch die Entwicklungsmaßnahme bedingten Erhöhung des Bodenwerts seines Grundstücks entspricht; vgl. § 166 i. V. mit §§ 154 und 155 BauGB.

(4) Die Grundstücke sind (entsprechend § 169 Abs. 8, § 154 Abs. 5 BauGB) zu dem **Verkehrswert zu veräußern**, der sich durch die rechtliche und tatsächliche Neuordnung des städtebaulichen Entwicklungsbereichs ergibt.

Gegenüber dem Sanierungsrecht unterscheidet sich das bodenpolitische System des Entwicklungsrechts jedoch vor allem in folgenden Beziehungen: 21

(1) Nach **§ 7 Abs. 1 Nr. 15 BauGB-MaßnahmenG** i. V. mit § 169 Abs. 3 BauGB ist die **Enteignung** im städtebaulichen Entwicklungsbereich **auch ohne Bebauungsplan** zugunsten der Gemeinde oder des Entwicklungsträgers zur Erfüllung ihrer Aufgaben zulässig.

(2) Nach **§ 7 Abs. 1 Nr. 12 BauGB-MaßnahmenG** i. V. mit § 166 Abs. 3 BauGB ist die Gemeinde verpflichtet („Soll-Vorschrift"), die Grundstücke im städtebaulichen Entwicklungsbereich zu erwerben; vgl. hierzu die Modifizierung der Erwerbsvorschrift gemäß § 166 Abs. 3 Nr. 2 (hierzu Rn 17 zu Nr. 12). Mit der **Grunderwerbspflicht** der Gemeinde korrespondiert die **Veräußerungspflicht** nach § 7 Abs. 1 Nr. 15 BauGB-MaßnahmenG i. V. mit § 169 Abs. 5 bis 8 BauGB.

e) Abgrenzung zum Sanierungsrecht. Die Neufassung des städte- 22
baulichen Entwicklungsrechts führt dieses Instrumentarium – nach seinen Zielen und nach der Zuständigkeit für den Erlaß der Entwicklungssatzung – nicht nur voll in die gemeindliche Verantwortung über, sondern setzt auch neue Aufgabenstellungen. Dies ergibt sich vor allem aus der Hervorhebung in § 6 Abs. 2 S. 1 sowie Abs. 4 S. 2 BauGB-MaßnahmenG: Entwicklung im Rahmen einer städtebaulichen Neuordnung; Einbeziehung großflächiger Brachflächen oder Minder-

nutzungen. Hier kann es im Einzelfall zu **Abgrenzungsfragen gegenüber der städtebaulichen Sanierungsmaßnahme** kommen, da der Sanierungsbegriff nach heutigem Verständnis solche Sachverhalte z. T. abdecken kann. So wurde z. B. während des BauGB-Gesetzgebungsverfahrens der Sanierungsbegriff im Hinblick auf aktuelle und absehbare zukünftige städtebauliche Aufgaben mit folgendem Ergebnis geprüft: Im ABer. (S. 146) wurde festgestellt, daß zu den Sanierungsaufgaben nach heutigem Verständnis u. a. folgende städtebauliche Aufgaben gerechnet werden können: Umnutzung von Flächen aus Gründen einer städtebaulichen Umstrukturierung (z. B. Aufbereitung brachliegender Gewerbeflächen); bauliche Verdichtung in bisher aufgelockert bebauten Siedlungsgebieten zum Zwecke der Baulandversorgung; Umwidmung bisher baulich genutzer Flächen wegen zurückgehenden Siedlungsflächenbedarfs; verträgliche Gestaltung unterschiedlicher Nutzungen in Mischgebieten; Sanierungsaufgaben bei Maßnahmen des Bodenschutzes, vor allem bei der Wiederaufbereitung alter Industrie- und Gewerbegebiete („Altlasten").

Sowohl in den Fällen der **Substanzschwächensanierung** als auch in denen der **Funktionsschwächensanierung** (vgl. § 136 Abs. 2 Nr. 1 und 2, Abs. 3 Nr. 1 und 2 BauGB) können sich damit hinsichtlich der städtebaulichen Aufgabenstellung und hinsichtlich des Gebietsumgriffs Überschneidungen der Anwendungsbereiche von Sanierungs- und Entwicklungsrecht ergeben.

23 Für die Entscheidung, ob die Gemeinde im Einzelfall den Weg zum Sanierungsrecht oder zum Entwicklungsrecht begehen darf, bedarf es daher einer besonderen rechtlichen Erwägung. Die **Maßstäbe für diese Entscheidung** ergeben sich – bei gleichen städtebaulichen Sachverhalten – aus dem von der Gemeinde pflichtgemäß festzustellenden **Erfordernis der Anwendung der besonderen bodenrechtlichen Vorschriften**.

Hier kann – sinnentsprechend – auf die Maßstäbe zurückgegriffen werden, die für die Entscheidung der Gemeinde für das „vereinfachte **Sanierungsverfahren**" gegenüber den Sanierungsverfahren mit Anwendung der besonderen sanierungsrechtlichen Vorschriften gelten; vgl. § 142 Abs. 4 BauGB (vgl. hierzu § 142, Rn 34 ff.). Für die sanierungsrechtliche Verfahrenswahl der Gemeinde ist nach § 142 Abs. 4, Hs. 1 BauGB darauf abzustellen, ob die Anwendung der besonderen sanierungsrechtlichen Vorschriften erforderlich ist und die Durchführung der Sanierung ohne Anwendung dieser Vorschriften voraussichtlich nicht erschwert wird. Die Gemeinde muß danach vor der förmlichen Festlegung entscheiden, ob ein Erfordernis für das vom sonstigen Städtebaurecht abweichende besondere sanierungsrechtliche Beitrags- und Entschädigungssystem besteht.

24 Überträgt man diesen Rechtsgedanken auf die Abgrenzung zwischen Sanierungs- und Entwicklungsrecht, so ist entsprechend auf das **Erfordernis der Anwendung der besonderen** – gegenüber dem Sanierungs-

recht weitergehenden – **bodenpolitischen Konzeption des Entwicklungsrechts** abzustellen: Gegenüber dem Sanierungsrecht ist das Entwicklungsrecht in folgender Beziehung weitergehend: Die Enteignung ist ohne Bebauungsplan zulässig; die Gemeinde hat eine Grunderwerbspflicht (vgl. Rn 21). Hieraus folgt: Die Gemeinde entscheidet sich für das Entwicklungsrecht, wenn sie bei Festlegung des Gebiets – im Rahmen einer Prognoseentscheidung – zum Ergebnis kommt, daß für die Durchführung der Entwicklungsmaßnahme ein über den „Normalfall" deutlich hinausgehendes Erfordernis für den Grunderwerb in dem in Aussicht genommenen Entwicklungsbereich besteht.

Das BauGB-MaßnahmenG enthält keine ausdrückliche Regelung darüber, ob ein **laufendes Sanierungsverfahren**, das nach städtebaulicher Aufgabenstellung nach dem neuen Entwicklungsrecht durchgeführt werden, also auf dieses umgestellt werden kann. Ein Erfordernis für eine solche Umstellung kann sich im Einzelfall ergeben, wenn ein laufendes Sanierungsverfahren im Hinblick auf die fehlenden Grunderwerbsmöglichkeiten, wie es das Entwicklungsrecht vorsieht, so erschwert wird, daß eine Beendigung der Sanierung in Betracht käme (vgl. § 162 Abs. 1 S. 1 Nr. 2, 3). Auch insoweit kann auf die im Verhältnis zum „vereinfachten" und „besonderen" Sanierungsrecht entwickelten Grundsätze zurückgegriffen werden; vgl. hierzu im einzelnen § 142, Rn 42 ff. 25

f) Finanzierung und Förderung. Nach **§ 7 Abs. 1 Nr. 21 BauGB-MaßnahmenG** ist für die städtebaulichen Entwicklungsmaßnahmen **§ 245 Abs. 11 BauGB** entsprechend anzuwenden. Diese Regelung bestimmt, daß die Finanzierungsvorschriften des Städtebauförderungsgesetzes – vorbehaltlich landesrechtlicher Änderungen (vgl. § 245 Abs. 11 Satz 2 BauGB) – weiter anzuwenden sind. Nach **§ 7 Abs. 2 BauGB-MaßnahmenG** gelten städtebauliche Entwicklungsmaßnahmen darüber hinaus als solche im Sinne des § 3 Nr. 4a des **Strukturhilfegesetzes**. Die Einbeziehung der städtebaulichen Entwicklungsmaßnahme in das Finanzierungs- und Förderungsrecht hatte der Bundesrat zum Anlaß genommen, in seiner Stellungnahme zum Regierungsentwurf zu fordern, daß die Bundesfinanzhilfen für städtebauliche Sanierungs- und Entwicklungsmaßnahmen von derzeit (1990) jährlich 660 Mio. DM auf 1 Mrd. DM angehoben werden sollten. Bundesregierung und Bundestag haben diese Forderung zwar nicht aufgegriffen, und zwar im wesentlichen mit der Begründung, daß es sich bei der Einführung des neuen bodenrechtlichen Instrumentariums einerseits und der Bereitstellung von Bundesfinanzhilfen andererseits „um grundsätzlich voneinander zu unterscheidende Bereiche handele" (vgl. ABer./BauGB-MaßnahmenG, S. 27). Zugleich wurde darauf hingewiesen, daß die städtebaulichen Entwicklungsmaßnahmen nach dem BauGB-MaßnahmenG mit Finanzhilfen des Bundes gefördert werden können, und zwar sowohl nach dem Strukturhilfegesetz als auch nach der Städtebauförde- 26

rung. Die Maßnahmen sind auch im übrigen (vgl. § 7 Abs. 2 BauGB-MaßnahmenG) den städtebaulichen Entwicklungsmaßnahmen nach dem BauGB gleichgestellt.

27 **g) Überleitung.** Das BauGB-MaßnahmenG ist auf fünf Jahre befristet; Art. 1 WoBauErlG. Städtebauliche Entwicklungsmaßnahmen nach diesem Gesetz können danach nur in der Zeit vom 1. 6. 1990 bis zum 31. 5. 1995 förmlich festgelegt werden. § 15 Abs. 2 BauGB-MaßnahmenG bestimmt hierzu, daß für eine nach dem BauGB-MaßnahmenG förmlich festgelegte Entwicklungsmaßnahme die Bestimmungen dieses Gesetzes weiter anzuwenden sind.

§ 166 Zuständigkeit und Aufgaben

(1) **Die Entwicklungsmaßnahme wird von der Gemeinde vorbereitet und durchgeführt, sofern nicht nach Absatz 4 eine abweichende Regelung getroffen wird. Die Gemeinde hat für den städtebaulichen Entwicklungsbereich ohne Verzug Bebauungspläne aufzustellen und, soweit eine Aufgabe nicht nach sonstigen gesetzlichen Vorschriften einem anderen obliegt, alle erforderlichen Maßnahmen zu ergreifen, um die vorgesehene Entwicklung im städtebaulichen Entwicklungsbereich zu verwirklichen.**

(2) **Die Gemeinde hat die Voraussetzungen dafür zu schaffen, daß ein lebensfähiges örtliches Gemeinwesen entsteht, das nach seinem wirtschaftlichen Gefüge und der Zusammensetzung seiner Bevölkerung den Zielen und Zwecken der städtebaulichen Entwicklungsmaßnahme entspricht und in dem eine ordnungsgemäße und zweckentsprechende Versorgung der Bevölkerung mit Gütern und Dienstleistungen sichergestellt ist.**

(3) **Die Gemeinde soll die Grundstücke im städtebaulichen Entwicklungsbereich erwerben. Dabei soll sie feststellen, ob und in welcher Rechtsform die bisherigen Eigentümer einen späteren Erwerb von Grundstücken oder Rechten im Rahmen des § 169 Abs. 6 anstreben. Die Gemeinde soll von dem Erwerb eines Grundstücks absehen, wenn**

1. **bei einem baulich genutzten Grundstück die Art und das Maß der baulichen Nutzung bei der Durchführung der Entwicklungsmaßnahme nicht geändert werden sollen oder**

2. **der Eigentümer auf einem unbebauten Grundstück für sich ein Eigenheim oder eine Kleinsiedlung bauen will und durch diese Vorhaben Ziele und Zwecke der Entwicklungsmaßnahme nicht beeinträchtigt werden.**

Erwirbt die Gemeinde ein Grundstück nicht, ist der Eigentümer verpflichtet, einen Ausgleichsbetrag an die Gemeinde zu entrichten, der der durch die Entwicklungsmaßnahme bedingten Erhöhung des

Bodenwerts seines Grundstücks entspricht. Die §§ 154 und 155 sind entsprechend anzuwenden.

(4) Wenn es zur Vorbereitung und Durchführung der Entwicklungsmaßnahme geboten ist, kann die Landesregierung durch Rechtsverordnung bestimmen, daß ein Gemeindeverband oder ein Verband, an dessen Willensbildung die Gemeinde oder der zuständige Gemeindeverband beteiligt ist, diese Aufgabe wahrnimmt. In der Verordnung kann auch eine andere Gemeinde oder ein Landkreis mit der Wahrnehmung der Aufgabe beauftragt werden, wenn die betroffene Gemeinde zustimmt oder wenn ihr Gemeindegebiet nur in geringem Umfang berührt wird. In diesem Fall tritt für den städtebaulichen Entwicklungsbereich der in der Verordnung bestimmte Rechtsträger bei Anwendung dieses Gesetzbuchs an die Stelle der Gemeinde. Nach Aufhebung der Erklärung zum städtebaulichen Entwicklungsbereich gelten die von dem Rechtsträger aufgestellten Pläne als Bauleitpläne der Gemeinde.

(5) Soll ein Planungsverband zur Wahrnehmung der Vorbereitung und Durchführung der Entwicklungsmaßnahme bestimmt werden, ist für den Zusammenschluß nach § 205 Abs. 2 der Antrag eines Planungsträgers oder der für die Landesplanung nach Landesrecht zuständigen Stelle nicht erforderlich.

§ 166 entspricht § 54 StBauFG. Die Vorschrift regelt die gemeindliche Gesamtverantwortung für die Vorbereitung und Durchführung städtebaulicher Entwicklungsmaßnahmen; **Abs. 1 S. 1.** Nach **Abs. 1 S. 2** hat die Gemeinde für den städtebaulichen Entwicklungsbereich Bebauungspläne aufzustellen. Eine entsprechende Bestimmung fehlt für städtebauliche Sanierungsbereiche seit Streichung des § 10 StBauFG durch die Novelle 1984 StBauFG. Diese unterschiedliche Regelung erklärt sich damit, daß durch Entwicklungsbereiche neue Orte geschaffen oder vorhandene Orte zu neuen Siedlungseinheiten entwickelt werden, wozu in aller Regel ein Bebauungsplan unentbehrlich ist. 1

Die der Gemeinde obliegende Aufgabe wird in **Abs. 2** allgemein umschrieben. Ziel ist die Schaffung eines **lebensfähigen örtlichen Gemeinwesens**. 2

Die Gemeinde soll im städtebaulichen Entwicklungsbereich die Grundstücke erwerben **Abs. 3 S. 1.** Vgl. hierzu auch die besondere Enteignungsvorschrift des § 169 Abs. 3. Zu den Ausnahmen von der Grunderwerbsverpflichtung vgl. **Abs. 3 S. 3.** Sieht die Gemeinde vom Grunderwerb ab, findet das Ausgleichsbetragsrecht (§§ 154 und 155) entsprechend Anwendung; **Abs. 3 S. 4 und 5.** Für die Anwendung des Ausgleichsbetragsrechts ist in den Fällen des gemeindlichen Grunderwerbsrechts dagegen kein Raum; in diesen Fällen wird die entwicklungsbedingte Wertsteigerung im Rahmen der Grundstücksveräußerung (§ 169 Abs. 5) „abgeschöpft". 3

4 Die Landesregierung kann nach **Abs. 4 S. 1** durch Rechtsverordnung anstelle der Gemeinde einen Gemeindeverband oder einen anderen Verband, an dessen Willensbildung die Gemeinde als Organ beteiligt ist, bestimmen, wenn dies zur Vorbereitung und Durchführung der Entwicklungsmaßnahme geboten ist. Diese Regelung verdeutlicht den überörtlichen Charakter der Entwicklungsmaßnahme, zumal sich der Entwicklungsbereich auch über mehrere Gemeinden erstrecken kann. Vgl. weiterhin **Abs. 4 S. 2** über die Möglichkeit der Übertragung der Aufgaben auf Landkreise oder andere Gemeinden sowie **Abs. 5** über die Erleichterung für Planungsverbände als Träger von Entwicklungsmaßnahmen.

§ 167 Entwicklungsträger

(1) **Die Gemeinde kann einen Entwicklungsträger beauftragen,**

1. **die städtebauliche Entwicklungsmaßnahme vorzubereiten und durchzuführen,**

2. **Mittel, die die Gemeinde zur Verfügung stellt oder die ihr gewährt werden, oder sonstige der städtebaulichen Entwicklungsmaßnahme dienende Mittel zu bewirtschaften.**

Auf Verlangen der zuständigen obersten Landesbehörde ist die Gemeinde verpflichtet, einen Entwicklungsträger zu beauftragen.

(2) **Die Gemeinde darf die Aufgabe nur einem Unternehmen übertragen, dem die zuständige Behörde bestätigt hat, daß es die Voraussetzungen für die Übernahme der Aufgaben als Entwicklungsträger erfüllt; § 158 ist mit der Maßgabe entsprechend anzuwenden, daß die Bestätigung nur für den einzelnen Fall ausgesprochen werden darf.**

(3) **Der Entwicklungsträger erfüllt die ihm von der Gemeinde übertragenen Aufgaben in eigenem Namen für Rechnung der Gemeinde als deren Treuhänder. § 159 Abs. 1 Satz 3 und Abs. 2 sowie die §§ 160 und 161 sind entsprechend anzuwenden.**

(4) **Der Entwicklungsträger ist verpflichtet, die Grundstücke des Treuhandvermögens nach Maßgabe des § 169 Abs. 5 bis 8 zu veräußern; er ist dabei an Weisungen der Gemeinde gebunden.**

1 § 167 entspricht § 55 StBauFG über das Trägerrecht. Vgl. zum Trägerrecht im einzelnen die Erl. zu §§ 157 bis 161.

2 Die Aufgaben, die eine Gemeinde einem Entwicklungsträger übertragen kann, sind in **Abs. 1 S. 1** geregelt, nämlich die Vorbereitung und Durchführung der städtebaulichen Entwicklungsmaßnahme sowie die Bewirtschaftung der Städtebauförderungsmittel; vgl. hierzu entsprechend die Erl. zu § 157. Anders als im Recht des Sanierungsträgers geregelt, kann die Gemeinde nach **Abs. 1 S. 2** von der zuständigen

obersten Landesbehörde dazu verpflichtet werden, einen Entwicklungsträger zu beauftragen.

Die Voraussetzungen für die Tätigkeit des Entwicklungsträgers sind in **Abs. 2** geregelt. Die Voraussetzungen für die Bestätigung des Trägers und das Verfahren richten sich nach § 158. **3**

Nach **Abs. 3** kann ein Entwicklungsträger die ihm von der Gemeinde übertragenen Aufgaben nur als **Treuhänder**, also im eigenen Namen für Rechnung der Gemeinde erfüllen. Der Unternehmerträger ist dagegen im Entwicklungsbereich nicht zugelassen. **4**

Grundstücke, die der Entwicklungsträger als Treuhänder erwirbt, muß er nach Maßgabe des § 169 Abs. 5 bis 8 veräußern; **Abs. 4.** Er ist dabei – gleichfalls entsprechend dem Recht des Sanierungsträgers – an Weisungen der Gemeinde gebunden. **5**

§ 168 Übernahmeverlangen

(1) **Der Eigentümer eines im städtebaulichen Entwicklungsbereich gelegenen Grundstücks kann von der Gemeinde die Übernahme des Grundstücks verlangen, wenn es ihm mit Rücksicht auf die Erklärung zum städtebaulichen Entwicklungsbereich oder den Stand der Entwicklungsmaßnahme wirtschaftlich nicht mehr zuzumuten ist, das Grundstück zu behalten oder es in der bisherigen oder einer anderen zulässigen Art zu nutzen. Liegen die Flächen eines land- oder forstwirtschaftlichen Betriebs sowohl innerhalb als auch außerhalb des städtebaulichen Entwicklungsbereichs, kann der Eigentümer von der Gemeinde die Übernahme sämtlicher Grundstücke des Betriebs verlangen, wenn die Erfüllung des Übernahmeverlangens für die Gemeinde keine unzumutbare Belastung bedeutet; die Gemeinde kann sich auf eine unzumutbare Belastung nicht berufen, soweit die außerhalb des städtebaulichen Entwicklungsbereichs gelegenen Grundstücke nicht mehr in angemessenem Umfang baulich oder wirtschaftlich genutzt werden können.**

(2) **Kommt eine Einigung über die Übernahme nicht zustande, kann der Eigentümer die Entziehung des Eigentums an dem Grundstück verlangen. Auf die Entziehung des Eigentums sind die Vorschriften des Fünften Teils des Ersten Kapitels entsprechend anzuwenden.**

§ 168 entspricht § 56 StBauFG. Die Vorschrift begründet einen **Übernahmeanspruch des Eigentümers** gegenüber der Gemeinde, wenn ihm mit Rücksicht auf die Erklärung zum städtebaulichen Entwicklungsbereich oder den Stand der Entwicklungsmaßnahme wirtschaftlich nicht mehr zuzumuten ist, das Grundstück zu behalten oder zu nutzen. Während das Übernahmeverlangen nach § 145 Abs. 5 vor-

aussetzt, daß eine Genehmigung für ein Vorhaben oder einen Rechtsvorgang konkret versagt worden ist, genügt es für das Übernahmeverlangen nach § 168, daß das Grundstück in einem Entwicklungsbereich liegt; **Abs. 1 S. 1.**

Wenn Flächen eines **land- oder forstwirtschaftlichen Betriebs** sowohl innerhalb als auch außerhalb des Entwicklungsbereichs liegen, so hat der Eigentümer das Recht, von der Gemeinde die Übernahme sämtlicher Grundstücke des Betriebs zu verlangen, wenn dies der Gemeinde zumutbar ist; **Abs. 1 S. 2.** Vgl. hierzu auch die Regelung im § 145 Abs. 5 S. 2.

Abs. 2 enthält Regelungen über die verfahrensmäßige Durchsetzung des Übernahmeverlangens und die Entschädigung.

§ 169 Besondere Vorschriften für den städtebaulichen Entwicklungsbereich

(1) **Im städtebaulichen Entwicklungsbereich sind entsprechend anzuwenden**

1. **§ 14 Abs. 4, § 15 Abs. 3, § 17 Abs. 6 und § 19 Abs. 4 Satz 1 Nr. 2 (Wirkungen der förmlichen Festlegung).**

2. **§ 136 Abs. 1 und 4 (Einheitliche Vorbereitung und Durchführung; Grundsätze),**

3. **§ 137 (Beteiligung und Mitwirkung der Betroffenen),**

4. **§ 139 (Beteiligung und Mitwirkung öffentlicher Aufgabenträger),**

5. **die §§ 144 und 145 (Genehmigungspflichtige Vorhaben, Teilungen und Rechtsvorgänge; Genehmigung),**

6. **§ 151 (Aufgaben- und Auslagenbefreiung),**

7. **§ 153 Abs. 1 bis 3 (Bemessung von Ausgleichs- und Entschädigungsleistungen; Kaufpreise),**

8. **§ 154 Abs. 1 Satz 2 (Erschließungsbeiträge),**

9. **§ 156 (Überleitungsvorschriften zur förmlichen Festlegung),**

10. **§ 180 (Sozialplan),**

11. **§ 181 (Härteausgleich) und**

12. **die §§ 182 bis 186 (Miet- und Pachtverhältnisse).**

(2) **Die Vorschriften des Vierten Teils des Ersten Kapitels über die Umlegung und die Grenzregelung sind im städtebaulichen Entwicklungsbereich nicht anzuwenden.**

(3) **Die Enteignung ist im städtebaulichen Entwicklungsbereich ohne Bebauungsplan zugunsten der Gemeinde oder des Entwicklungsträgers zur Erfüllung ihrer Aufgaben zulässig. Sie setzt voraus,**

daß der Antragsteller sich ernsthaft um den freihändigen Erwerb des Grundstücks zu angemessenen Bedingungen bemüht hat. Die §§ 85, 87, 88 und 89 Abs. 1 bis 3 sind im städtebaulichen Entwicklungsbereich nicht anzuwenden.

(4) Auf land- oder forstwirtschaftlich genutzte Grundstücke ist § 153 Abs. 1 mit der Maßgabe entsprechend anzuwenden, daß in den Gebieten, in denen sich kein von dem innerlandwirtschaftlichen Verkehrswert abweichender Verkehrswert gebildet hat, der Wert maßgebend ist, der in vergleichbaren Fällen im gewöhnlichen Geschäftsverkehr auf dem allgemeinen Grundstücksmarkt dort zu erzielen wäre, wo keine Entwicklungsmaßnahme vorgesehen sind.

(5) Die Gemeinde ist verpflichtet, Grundstücke, die sie zur Durchführung der Entwicklungsmaßnahme freihändig oder nach den Vorschriften dieses Gesetzbuchs erworben hat, nach Maßgabe der Absätze 6 bis 8 zu veräußern mit Ausnahme der Flächen, die als Baugrundstücke für den Gemeinbedarf oder als Verkehrs-, Versorgungs- oder Grünflächen in einem Bebauungsplan festgesetzt sind oder für sonstige öffentliche Zwecke oder als Austauschland oder zur Entschädigung in Land benötigt werden.

(6) Die Grundstücke sind nach ihrer Neuordnung und Erschließung unter Berücksichtigung weiter Kreise der Bevölkerung und unter Beachtung der Ziele und Zwecke der Entwicklungsmaßnahme an Bauwillige zu veräußern, die glaubhaft machen, daß sie die Grundstücke innerhalb angemessener Frist entsprechend den Festsetzungen des Bebauungsplans und den Erfordernissen der Entwicklungsmaßnahme bebauen werden. Dabei sind zunächst die früheren Eigentümer zu berücksichtigen, und zwar in erster Linie diejenigen, die kein sonstiges Grundeigentum oder nur Grundeigentum in geringem Umfang haben. Auf die Veräußerungspflicht ist § 89 Abs. 4 anzuwenden. Zur land- oder forstwirtschaftlichen Nutzung festgesetzte Grundstücke sind Land- oder Forstwirten anzubieten, die zur Durchführung oder Entwicklungsmaßnahme Grundstücke übereignet haben oder abgeben mußten.

(7) Die Gemeinde hat bei der Veräußerung dafür zu sorgen, daß die Bauwilligen die Bebauung in wirtschaftlich sinnvoller Aufeinanderfolge derart durchführen, daß die Ziele und Zwecke der städtebaulichen Entwicklung erreicht werden und die Vorhaben sich in den Rahmen der Gesamtmaßnahme einordnen. Sie hat weiter sicherzustellen, daß die neugeschaffenen Gebäude und Einrichtungen so verwendet werden, daß die in § 166 Abs. 2 bezeichneten Ziele erreicht werden.

(8) Das Grundstück oder das Recht ist zu dem Verkehrswert zu veräußern, der sich durch die rechtliche und tatsächliche Neuordnung des städtebaulichen Entwicklungsbereichs ergibt.

Die besonderen bodenrechtlichen Vorschriften für den städtebauli- **1**

chen Entwicklungsbereich sind in § 169 (bisher § 57, 59 StBauFG) zusammengefaßt. (Vgl. zum folgenden weiterhin Krautzberger, in: B/K/S, Rn 406 f.). **Abs. 1** erklärt maßgebliche Vorschriften des Sanierungsrechts für entsprechend anwendbar.

2 **Abs. 1 Nr. 1** entspricht § 57 Abs. 1 Nr. 2 StBauFG. Die Neufassung ist eine Folgeänderung, die sich aus der Auflösung des § 6 StBauFG über die Wirkung der förmlichen Festlegung ergibt. Danach gelten mit der förmlichen Festlegung eines Gebiets als städtebaulicher Entwicklungsbereich folgende besondere Bestimmungen: § 14 Abs. 4 (keine Anwendung der Vorschriften über die Veränderungssperre); § 15 Abs. 3 (die Vorschrift des § 15 über die Zurückstellung von Baugesuchen ist nicht anzuwenden); § 19 Abs. 4 Satz 1 Nr. 2 (das Recht der Teilungsgenehmigung nach § 19 findet keine Anwendung). Eine § 6 Abs. 4 StBauFG entsprechende Regelung (Außerkrafttreten einer Veränderungssperre, Unwirksamkeit eines Zurückstellungsbescheids nach § 15) bedarf es für das Entwicklungsmaßnahmerecht nicht, da diese Rechtswirkungen bereits bei der förmlichen Festlegung gemäß § 57 Abs. 1 Nr. 2 i. V. m. § 6 StBauFG für die nach § 165 fortgeltenden Entwicklungsmaßnahmen eingetreten sind; vgl. demgegenüber § 17 Abs. 6 BauGB für das Sanierungsrecht.

3 **Abs. 1 Nr. 2** ist in den Katalog der entsprechend geltenden Vorschriften neu eingefügt. Hiernach gelten auch für die Durchführung laufender städtebaulicher Entwicklungsmaßnahmen die Grundsätze des § 1 StBauFG weiter, insbesondere der Grundsatz der einheitlichen und zügigen Durchführung (§ 136 Abs. 1) und die Entwicklungsziele nach § 1 Abs. 4 StBauFG (jetzt § 136 Abs. 4) sowie das Abwägungsgebot des § 136 Abs. 4 S. 3.

4 **Abs. 1 Nr. 3** über die entsprechende Anwendung des § 137 (Beteiligung und Mitwirkung der Betroffenen) tritt an die Stelle der in § 1 Abs. 4 StBauFG enthaltenen Regelung über die Beteiligung der Betroffenen. Die Regelung wird gegenüber dem bisher geltenden Recht erweitert, insbesondere wird der Gedanke der Beteiligung und Mitwirkung der Betroffenen, der Anregung zur Mitwirkung bei der städtebaulichen Maßnahme und der Beratung der Betroffenen verstärkt.

5 **Abs. 1 Nr. 4** über die entsprechende Anwendung des § 139 (Beteiligung und Mitwirkung öffentlicher Aufgabenträger) entspricht §§ 2 und 4 Abs. 4 StBauFG. § 139 Abs. 3 über die Abstimmung von Zielen und Zwecken der städtebaulichen Maßnahme und von Maßnahmen und Planungen der Träger öffentlicher Belange, die über das geltende Recht hinausgeht, findet im förmlichen Entwicklungsbereich gleichfalls Anwendung. § 139 Abs. 4 hat für die bereits förmlich festgelegten Entwicklungsbereiche keine Bedeutung, da die Zustimmung der Bedarfsträger gemäß § 53 Abs. 2 Satz 3 StBauFG zur Einbeziehung der entsprechenden Grundstücke in den Entwicklungsbereich und damit zur Durchführung von Entwicklungsmaßnahmen für den Anwendungsbereich des Entwicklungsrechts des BauGB gem. § 165 bereits

vorliegt (so auch Schlichter, in: BK, § 169, Rn 9); im Sanierungsrecht (§ 139 Abs. 4) ist dagegen die Zustimmung der Bedarfsträger im Hinblick auf die Durchführung von Sanierungsmaßnahmen auf diesen Grundstücken, nicht aber zur Einbeziehung in das Sanierungsgebiet erforderlich (vgl. Bielenberg, StBauFG, § 53, Rn 21).

Abs. 1 Nr. 5 über die entsprechende Anwendung der §§ 144 und 145 6
(genehmigungspflichtige Vorhaben, Teilungen und Rechtsvorgänge;
Genehmigung) entspricht dem bisherigen § 57 Abs. 1 Nr. 3 i. V. m. § 15 StBauFG. Mit Inkrafttreten des BauGB wird – wie im Sanierungsrecht – der Vorhabenbegriff um die „Nutzungsänderung" erweitert; vgl. § 144 Abs. 1 Nr. 1 i. V. m. § 14 Abs. 1 Nr. 1, § 29 Satz 1; zum Überleitungsrecht § 245 Abs. 4.

Abs. 1 Nr. 6 über die entsprechende Anwendung des § 151 (Abgaben- 7
und Auslagenbefreiung) entspricht § 76 StBauFG. **Abs. 1 Nr. 7** über die Anwendung des § 153 Abs. 1 bis 3 (Bemessung von Ausgleichs- und Entschädigungsleistungen; Kaufpreise) entspricht § 57 Abs. 1 Nr. 3 und 6 StBauFG. **Abs. 1 Nr. 8** über die Anwendung des § 154 Abs. 1 Satz 2 (Erschließungsbeiträge) entspricht § 57 Abs. 1 Nr. 2 i. V. m. § 6 Abs. 7 S. 1 StBauFG. **Abs. 1 Nr. 9** entspricht § 57 Abs. 1 Nr. 2 i. V. m. § 6 Abs. 7 S. 2, Abs. 5 und Abs. 6 StBauFG. **Abs. 1 Nr. 10** über die Anwendung des § 180 (Sozialplan) entspricht § 57 Abs. 1 Nr. 1 StBauFG. **Abs. 1 Nr. 11** über die Anwendung des § 181 (Härteausgleich) war im Anwendungsbereich des bisherigen § 85 StBauFG enthalten. Die Überleitungsvorschrift für den Härteausgleich (§ 241 BauGB) gilt wegen des erwähnten Anwendungsbereichs des § 85 StBauFG unmittelbar auch im städtebaulichen Entwicklungsbereich. **Abs. 1 Nr. 12** über die Anwendung der §§ 182 bis 186 (Miet- und Pachtverhältnisse) entspricht § 57 Abs. 1 Nr. 7 StBauFG).

Nicht übernommen wurde die in § 57 Abs. 1 Nr. 4 StBauFG vorge- 8
sehene Anordnung der entsprechenden Anwendung des **§ 18 StBauFG** über das gemeindliche Grunderwerbsrecht, das auch in das Sanierungsrecht nicht übernommen wurde. Dagegen kann – wie bisher nach § 57 Abs. 1 Nr. 4 StBauFG – das Vorkaufsrecht (jetzt **§ 24 Abs. 1 Nr. 3**) auch nach neuem Recht zugunsten eines Entwicklungsträgers ausgeübt werden; **§ 28 Abs. 4**.

Die Gemeinde soll die Grundstücke im städtebaulichen Entwick- 9
lungsbereich erwerben. Mit dieser gesetzlichen Aufgabenbestimmung korrespondiert **Abs. 2**, wonach die Vorschriften des Vierten Teils des Ersten Kapitels über die Umlegung und die Grenzregelung im städtebaulichen Entwicklungsbereich nicht anzuwenden sind. Im Hinblick auf die Grunderwerbspflicht der Gemeinde wäre für eine Umlegung und eine Grenzregelung kein Raum.

Für die Enteignung enthält **Abs. 3** eine Sonderregelung, die gleich- 10
falls mit der Grunderwerbspflicht der Gemeinde nach § 166 Abs. 3 S. 1 korrespondiert. Danach ist die Enteignung im städtebaulichen Ent-

wicklungsbereich auch ohne Bebauungsplan zulässig. Das Gesetz engt
diese Erleichterung der Enteignung auf den Erwerb zugunsten der
Gemeinde oder des Entwicklungsträgers ein, soweit die Enteignung
zur Erfüllung der Entwicklungsaufgaben vorgesehen ist. Die Anwen-
dung der §§ 85, 87, 88 und 89 Abs. 1 bis 3 sind gem. **Abs. 3 S. 3** im
Entwicklungsbereich ausgeschlossen.

11 Diese weitreichende Enteignungserleichterung steht im Zusammen-
hang mit der teilweisen Vorverlagerung der Prüfung der Enteignungs-
voraussetzungen auf den Erlaß der Rechtsverordnung nach § 53
StBauFG. Vgl. hierzu vor allem die **Rechtsprechung des BVerwG**
(NJW 1982, 2787): „Gemäß § 54 Abs. 3 StBauFG *(jetzt § 166 Abs. 3
BauGB)* ,soll‘ die Gemeinde die Grundstücke im städtebaulichen Ent-
wicklungsbereich erwerben und hiervon nur in bestimmten Ausnah-
mefällen absehen. Im Zusammenhang damit steht § 57 Abs. 3 StBauFG
(jetzt § 169 Abs. 3 BauGB), wonach im Entwicklungsbereich die Ent-
eignung ohne Bebauungsplan zulässig ist und die §§ 85, 87 bis 89
BauGB keine Anwendung finden. Diese verfahrensrechtliche Regelung
ist in der Sache gerechtfertigt, weil § 53 Abs. 1 Nr. 2 StBauFG schon
die Erklärung zum städtebaulichen Entwicklungsbereich davon abhän-
gig macht, daß das „Wohl der Allgemeinheit" die Entwicklungsmaß-
nahme erfordert und damit die wesentliche Voraussetzung für eine
Enteignung erfüllt (vgl. Art. 14 Abs. 3 Satz 1 GG). Aus einer Zusam-
menschau der §§ 53 Abs. 1 Nr. 2, 54 Abs. 3 und 57 Abs. 3 StBauFG
folgt deswegen, daß bei der Prüfung, ob das „Wohl der Allgemeinheit"
die Entwicklungsmaßnahme erfordert, bereits in Rechnung zu stellen
ist, daß im Grundsatz alle unbebauten Grundstücke des Entwicklungs-
bereichs in das Eigentum der Gemeinde überführt werden sollen.
Damit wird die Prüfung der Enteignungsvoraussetzungen auf den
Zeitpunkt des Erlasses der Rechtsverordnung vorverlagert (vgl. hierzu
OVG Lüneburg, NJW 1976, 2282 = BRS 29 Nr. 21 S. 51 [56/57]). Dem
steht nicht entgegen, daß es sich hier noch um eine mehr pauschale
Prüfung handelt: Angesichts der Großflächigkeit eines Entwicklungs-
bereichs, und weil bei Erlaß der Rechtsverordnung in der Regel noch
keine ins einzelne gehende Planungskonzeption vorliegt, können zu
diesem Zeitpunkt die Entscheidungsvoraussetzungen nicht schon für
jedes einzelne unbebaute Grundstück abschließend geprüft werden; zu
beachten ist aber in diesem Zeitpunkt bereits die eigentumsumvertei-
lende Wirkung des § 54 Abs. 3 StBauFG *(jetzt § 166 Abs. 3 BauGB)* mit
der Folge, daß das Wohl der Allgemeinheit generell die geplante
Entwicklung einschließlich der gebotenen Enteignung rechtfertigen
muß."

Abs. 4 enthält eine Sonderregelung für die Bewertung land- und
forstwirtschaftlicher Grundstücke. Vgl. hierzu weiterhin § 26 WertV
(im **Anhang** wiedergegeben).

12 Die **Abs. 5 bis 8** des § 169 entsprechen inhaltlich dem bisherigen § 59
StBauFG über die **Veräußerungspflicht**. Im Hinblick auf die bodenpo-

litische Zielsetzung der städtebaulichen Entwicklungsmaßnahme, nämlich Grundeigentum für weite Kreise der Bevölkerung zu begründen (vgl. § 1 Abs. 6 StBauFG), hat der Gesetzgeber für den Entwicklungsbereich an einer besonderen und detaillierten Regelung über die Veräußerungspflicht festgehalten und sie nicht mit der neugefaßten und erheblich gestrafften Veräußerungspflicht nach § 89 zusammengefaßt. Auch insoweit trägt das Recht der städtebaulichen Entwicklungsmaßnahme Überleitungscharakter.

§ 170 Sonderregelung für im Zusammenhang bebaute Gebiete

Umfaßt der städtebauliche Entwicklungsbereich ein im Zusammenhang bebautes Gebiet, soll die Gemeinde dieses Gebiet zur Anpassung an die vorgesehene Entwicklung ganz oder teilweise durch Beschluß förmlich festlegen. Der Beschluß darf erst ergehen, wenn entsprechend § 141 vorbereitende Untersuchungen durchgeführt worden sind. Auf den Beschluß sind die §§ 142 und 143 entsprechend anzuwenden. In dem förmlich festgelegten Gebiet sind neben den für Entwicklungsmaßnahmen geltenden Vorschriften die Vorschriften über die Sanierung entsprechend anzuwenden, mit Ausnahme des § 136 Abs. 2 und 3, des § 142 Abs. 1 und 2, des § 143 Abs. 4, des § 162, des § 166 Abs. 3 sowie des § 169 Abs. 2, 3, 5 bis 8; auf den Fortfall der Rechtswirkungen für einzelne Grundstücke ist § 171 Abs. 3 anzuwenden.

Die Sonderregelungen für im Zusammenhang bebaute Gebiete entspricht § 62 StBauFG. Danach soll die Gemeinde ein im Zusammenhang bebautes Gebiet im städtebaulichen Entwicklungsbereich als **Anpassungsgebiet** festlegen. Dies hat vor allem eine weitgehende Anwendung der sanierungsrechtlichen Vorschriften zur Folge. Die Verpflichtung- und Ermächtigungsregelung des § 170 ist nicht wie das Recht der städtebaulichen Entwicklungsmaßnahme (§ 165) auf die zum Zeitpunkt des Inkrafttretens des BauGB förmlich festgelegten Anpassungsgebiete beschränkt. Auch nach Inkrafttreten des BauGB bleibt es bei der Ermächtigung zur Festlegung (neuer) Anpassungsgebiete, soweit die gesetzlichen Voraussetzungen gegeben sind. Änderungen gegenüber dem bisherigen Recht ergeben sich daraus, daß insbesondere auch § 142 Abs. 4 über das **vereinfachte Verfahren** in den Anpassungsgebieten Anwendung findet. Unbeschadet der Anwendung des gesamten bodenpolitischen Systems im Entwicklungsbereich kann die Gemeinde für die im Zusammenhang bebauten Ortsteile von den Beschränkungen des § 142 Abs. 4 Gebrauch machen.

§ 171 Aufhebung der Erklärung zum städtebaulichen Entwicklungsbereich, Fortfall von Rechtswirkungen für einzelne Grundstücke

(1) Die Erklärung zum städtebaulichen Entwicklungsbereich ist von der Landesregierung durch Rechtsverordnung aufzuheben, wenn die Entwicklungsmaßnahme durchgeführt ist. Ist die Entwicklungsmaßnahme nur in einem Teil des städtebaulichen Entwicklungsbereichs durchgeführt, kann die Erklärung für diesen Teil aufgehoben werden.

(2) Mit der Verordnung nach Absatz 1 ist für ihren Geltungsbereich auch die Satzung nach § 170 aufgehoben.

(3) § 163 ist entsprechend anzuwenden; die Gemeinde bedarf für die Aufgabe der Abschlußerklärung der Zustimmung der nach Landesrecht zuständigen Behörde.

(4) In den Fällen der Absätze 1 bis 3 ersucht die Gemeinde das Grundbuchamt, den Entwicklungsvermerk zu löschen.

§ 171 regelt die **Aufhebung** der Erklärung zum städtebaulichen Entwicklungsbereich und den Fortfall von Rechtswirkungen für einzelne Grundstücke. Die Regelung entspricht materiell unverändert § 63 StBauFG. Vgl. hierzu im übrigen die Erl. zu §§ 162 und 163.

Dritter Teil.
Erhaltungssatzung und städtebauliche Gebote

Erster Abschnitt. Erhaltungssatzung

§ 172 Erhaltung baulicher Anlagen und der Eigenart von Gebieten (Erhaltungssatzung)

(1) Die Gemeinde kann in einem Bebauungsplan oder durch eine sonstige Satzung Gebiete bezeichnen, in denen

1. zur Erhaltung der städtebaulichen Eigenart des Gebiets aufgrund seiner städtebaulichen Gestalt (Absatz 3),

2. zur Erhaltung der Zusammensetzung der Wohnbevölkerung (Absatz 4) oder

3. bei städtebaulichen Umstrukturierungen (Absatz 5)

der Abbruch, die Änderung oder die Nutzungsänderung baulicher Anlagen der Genehmigung bedürfen. In den Fällen des Satzes 1 Nr. 1 bedarf auch die Errichtung baulicher Anlagen der Genehmigung. Auf die Satzung ist § 16 Abs. 2 entsprechend anzuwenden.

(2) Ist der Beschluß über die Aufstellung einer Erhaltungssatzung gefaßt und ortsüblich bekanntgemacht, ist § 15 Abs. 1 auf einen Antrag auf Durchführung eines Vorhabens im Sinne von Absatz 1 entsprechend anzuwenden.

(3) In den Fällen des Absatzes 1 Satz 1 Nr. 1 darf die Genehmigung nur versagt werden, wenn die bauliche Anlage allein oder im Zusammenhang mit anderen baulichen Anlagen das Ortsbild, die Stadtgestalt oder das Landschaftsbild prägt oder sonst von städtebaulicher, insbesondere geschichtlicher oder künstlerischer Bedeutung ist. Die Genehmigung zur Errichtung der baulichen Anlage darf nur versagt werden, wenn die städtebauliche Gestalt des Gebiets durch die beabsichtigte bauliche Anlage beeinträchtigt wird.

(4) In den Fällen des Absatzes 1 Satz 1 Nr. 2 darf die Genehmigung nur versagt werden, wenn die Zusammensetzung der Wohnbevölkerung aus besonderen städtebaulichen Gründen erhalten werden soll. Die Genehmigung ist zu erteilen, wenn auch unter Berücksichtigung des Allgemeinwohls die Erhaltung der baulichen Anlage wirtschaftlich nicht mehr zumutbar ist.

(5) In den Fällen des Absatzes 1 Satz 1 Nr. 3 darf die Genehmigung nur versagt werden, um einen den sozialen Belangen Rechnung

tragenden Ablauf auf der Grundlage eines Sozialplans (§ 180) zu
sichern. Ist ein Sozialplan nicht aufgestellt worden, hat ihn die
Gemeinde in entsprechender Anwendung des § 180 aufzustellen. Ab-
satz 4 Satz 2 ist anzuwenden.

<div align="center">

Übersicht

</div>

1 **1. Allgemeines.** Die Gemeinde kann nach Abs. 1 S. 1 Gebiete festle- **1**
gen, in denen der Abbruch, die Änderung oder die Nutzungsänderung
baulicher Anlagen der Genehmigung bedürfen (Erhaltungsgebiete).
Die Festlegung der Gebiete dient der Erhaltung der städtebaulichen
Eigenart des Gebiets (Schutz des Ortsbilds, der Stadtgestalt, des Land-
schaftsbilds, der Erhaltung städtebaulich bedeutsamer baulicher Anla-
gen; Abs. 1 S. 1 Nr. 1), der Erhaltung der Zusammensetzung der
Wohnbevölkerung (Abs. 1 S. 1 Nr. 2) oder der Sicherung eines sozialge-
rechten Ablaufs städtebaulicher Umstrukturierungen (Abs. 1 S. 1
Nr. 3). Die Vorschrift dient der **Erhaltung und Erneuerung** von Städ-
ten und Dörfern (vgl. zum Anwendungsbereich, insbesondere auch
zum Verhältnis zum Denkmalschutz BVerfG, DVBl. 1987, 465;

BVerwG, NVwZ 1988, 357; vgl. auch Rn 29, 30 sowie weiterhin Battis/Krieger, DVBl. 1981, 449; Bielenberg/Stock, in: E/Z/B, §172, Rn 112f.; Brohm, DVBl. 1985, 593; Erbguth, Kompetenzrechtliche und einfach-gesetzliche Abgrenzungsfragen bei der Stadterhaltung, Zentralinstitut für Raumplanung an der Universität Münster (Hg.), Münster 1985; Henke, Stadterhaltung als kommunale Aufgabe, Die Erhaltungssatzung und das flankierende städtebaurechtliche Instrumentarium, Berlin 1985; Moench, ZfBR 1985, 163; Stich, ZfBR 1983, 61). Vgl. weiterhin (jeweils bejahend) BVerfG, DVBl. 1987, 465 zur Bundeskompetenz (Art. 74 Nr. 18 GG, Bodenrecht; sog. „städtebaulicher Denkmalschutz") sowie zur Vereinbarkeit mit Art. 14 GG. Soweit der Einsatz des **sanierungsrechtlichen Instrumentariums** (§§ 136 ff.) nicht erforderlich ist, kommt die Erhaltungssatzung als Steuerungsinstrument der Stadt- und Ortserneuerung in Betracht. Sofern die Gemeinde nach § 142 Abs. 4 die Anwendung des § 144 ausgeschlossen hat, kann sie hinsichtlich der Erhaltungsziele eine Erhaltungssatzung erlassen. Die Erhaltungssatzung kann für Sanierungsgebiete auch deshalb von Bedeutung sein, weil die Verfügungs- und Veränderungssperre des § 144 nur für den Zeitraum der förmlichen Festlegung des Sanierungsgebiets gilt; § 172 kann die der Stadt- und Ortserhaltung dienenden **Sanierungsziele dagegen langfristig sichern.** Einen Überblick über **Anwendungserfahrungen** geben Edel/Schäfer, Erhaltungssatzungen in der kommunalen Praxis, Deutsches Institut für Urbanistik (Hg.), Berlin 1985.

2. Genehmigungspflichtige Vorhaben (Abs. 1 S. 1, S. 2). a) Allgemeines. Durch die Erhaltungssatzung wird ein gemeindlicher Genehmigungsvorbehalt für den **Abbruch,** die **Änderung** oder die **Nutzungsänderung** baulicher Anlagen sowie in den Fällen des Schutzes der städtebaulichen Gestalt (Abs. 1 S. 1 Nr. 1) auch die **Errichtung baulicher Anlagen** begründet. Im Verhältnis zum Vorhabensbegriff des **§ 29 S. 1** gilt: Die Vorhabensbegriffe sind hinsichtlich der Errichtung (beschränkt auf die Fälle des § 172 Abs. 1 S. 2), Änderung und Nutzungsänderung baulicher Anlagen identisch. Demgegenüber erfaßt § 29 S. 1 nicht den Abbruch baulicher Anlagen (OVG Münster, NJW 1983, 2598; § 29, Rn 19). Andere als bauliche Maßnahmen werden von der Erhaltungssatzung nicht erfaßt; z. B. unterliegt der Genehmigung nicht die Umwandlung von Haus- in Wohnungseigentum (**Bildung von Rechten nach dem WEG**); vgl. demgegenüber das nach § 22 für Fremdenverkehrsgebiete bestehende Genehmigungserfordernis für die Bildung von Rechten nach dem WEG.

Im Erhaltungsgebiet unterliegen **alle** in Abs. 1 bezeichneten **Vorhaben** der Genehmigungspflicht. § 172 enthält keine Ermächtigung, den gesetzlich vorgesehenen Genehmigungsvorbehalt auf einzelnen Vorhaben z. B. nur auf den Abbruch oder die Änderung zu begrenzen (vgl. demgegenüber die Ermächtigungen in § 142 Abs. 4 sowie in § 28 Abs. 5 und § 144 Abs. 3; vgl. – vermittelnd – Bielenberg/Stock aaO, Rn 51,

wonach – zutreffenderweise – solche Freistellungen sachgerecht sein
können und nicht die Nichtigkeit der Satzung zur Folge haben).

2b § 172 schafft einen **selbständigen Genehmigungstatbestand**, der un-
beschadet einer Genehmigungspflicht entsprechender baulicher Maß-
nahmen oder deren Freistellung von einer Genehmigungspflicht nach
dem Landesbauordnungsrecht gilt. Insbesondere sieht § 172 keine
„Transformation" über das Landesbauordnungsrecht (wie § 29 S. 1)
vor; d. h. die Tatbestände sind unmittelbar bundesrechtlich auszulegen,
wobei („hilfsweise") auf die Landesbauordnungen zurückgegriffen
werden kann, zumal diese, was § 29 S. 4 betrifft, mit den bodenrechtli-
chen Anliegen kongruent zu sein haben (vgl. § 29, Rn 2 ff., 21
m. w. N.). Vgl. hierzu im einzelnen Rn 4 bis 5.

3 **b) Abbruch.** Der Genehmigung bedarf der Abbruch einer baulichen
Anlage. Dies umfaßt die völlige Beseitigung, aber auch den Teilab-
bruch. Schon die teilweise Beseitigung baulicher Anlagen kann deren
schützenswerten Gesamtcharakter erheblich beeinträchtigen oder die
Gestaltmerkmale völlig zerstören (Henke aaO, 205).

4 **c) Änderung.** Der Genehmigung bedarf die Änderung der Substanz
der baulichen Anlage, soweit sie nicht unter den Begriff des Abbruchs
fällt. Die Änderung kann die Umgestaltung der äußeren Gestalt oder
die innere bauliche Einrichtung der Anlage treffen. Der Genehmigung
bedarf danach insbesondere der **Umbau**, der **Ausbau** oder die **Erweite-
rung** der baulichen Anlagen. Der Begriff „Umbau", wie er in § 39h
Abs. 1 S. 1 BBauG neben der Änderung von baulichen Anlagen aus-
drücklich aufgeführt ist, ist im Begriff der Änderung mit umfaßt. Die
Änderung umfaßt insbesondere auch die **Modernisierung** baulicher
Anlagen oder deren **Instandsetzung**, sofern diese Maßnahmen eine
Änderung der baulichen Anlage zum Gegenstand haben (vgl. zu den
Begriffen § 177), nicht dagegen die bauliche Instandhaltung.

4a Die Genehmigungspflicht für die Änderung baulicher Anlagen be-
steht unbeschadet landesgesetzlicher Bestimmungen (vgl. Rn 2). Es
findet also **keine „Transformation" in das Bauordnungsrecht** statt,
wie sie § 29 S. 1 für die Anwendbarkeit der Zulässigkeitsbestimmungen
des Bauplanungsrechts vorsieht (vgl. bereits Rn 2 b sowie weiterfüh-
rend Bielenberg/Stock, in: E/Z/B, § 172, Rn 48; Henke aaO, 209). Ob
eine Änderung bodenrechtliche Qualität hat, ist daher ausschließlich
nach Bundesrecht zu beurteilen. Allerdings kann (anhaltsweise) auf das
zu § 29 S. 1 über die Änderung baulicher Anlagen ergangene Bauord-
nungsrecht der Länder (vgl. §§ 61 und 61 MBO) zurückgegriffen
werden: Der Gestaltungsraum des Landesbauordnungsrechts ist durch
§ 29 S. 1 (z. B. im Hinblick auf Freistellungen: Nur städtebaulich
unbedeutende Vorhaben dürfen von der Geltung der §§ 30 ff. ausge-
nommen werden) eingeengt zu sehen (BVerwG, NVwZ 1986, 208).
Auch bauaufsichtlich genehmigungsfreie Modernisierungsmaßnahmen
unterliegen daher nach dieser Maßgabe der Genehmigungsbedürftig-
keit nach § 172. § 172 umfaßt die baulichen Änderungen im übrigen

jedoch nur, wenn sie von städtebaulicher Bedeutung sind. So ist etwa die Anbringung einer **Werbeanlage** meist nur für den Bau selbst bedeutsam und hat keine städtebauliche Ausstrahlung (OVG Lüneburg, DVBl. 1983, 469 f.). Hat die Änderung dagegen eine städtebauliche Auswirkung, so können auch gestalterische Veränderungen unterbunden werden. Dabei werden im wesentlichen nur solche bauliche Maßnahmen erfaßt, die sich auf Anlagen und Anlagenteile beziehen, zu denen Festsetzungen im Bebauungsplan möglich sind. Wirkt die Änderung über das betroffene Grundstück hinaus, z. B. weil sie bauliche Zusammenhänge beeinträchtigt, so hat sie (unbeschadet der Qualifizierung im Hinblick auf das einzelne Grundstück) städtebauliche Dimension; z. B. Anbringung einer Werbeanlage in einem Umfeld, dem solche Anlagen fremd sind.

d) Nutzungsänderung. In den Erhaltungsgebieten ist auch die Nutzungsänderung ein genehmigungsbedürftiges Vorhaben. Dies ist gegenüber § 39 h BBauG eine Erweiterung des Vorhabenbegriffs. Vgl. zur Überleitung Rn 42 sowie insbesondere **§ 237 Abs. 4** über die Möglichkeit, durch **Änderung älterer Satzungen** auch die Nutzungsänderung in den Genehmigungsvorbehalt einzubeziehen. Die Nutzungsänderung baulicher Anlagen kann für die Erhaltungsfälle u. a. zur Verhinderung einer „**schleichenden**" Umwidmung von städtebaulich bedeutsamen Gebäuden dienen (z. B. Umnutzung als **Vergnügungsstätte** – Abs. 1 S. 1 Nr. 1 – oder **Umwandlung von Wohnungen in Büronutzung** – Abs. 1 S. 1 Nr. 2 oder 3). Auch hier ist jedoch nicht jede beliebige Nutzungsänderung von Bedeutung, sondern nur eine solche, die **planungsrechtliche Belange i. S. des § 1 berührt**, und zwar entsprechend den jeweiligen Erhaltungszielen. Von Bedeutung sind in der Regel solche Nutzungsänderungen, die die rechtliche Qualität der bisher zulässigen Nutzung ändern und damit in bodenrechtlicher Hinsicht die Genehmigungsfrage neu aufwerfen, also z. B. Gewerbe statt Wohnen, Einzelhandel statt Großhandel, störender Betrieb statt nicht störender Betrieb; vgl. weiterhin § 29, Rn 20. Bedeutsam ist auch insoweit, daß für die Genehmigungspflicht im Erhaltungsbereich nicht auf die bauordnungsrechtliche Beurteilung einer Nutzungsänderung, sondern auf die jeweiligen Erhaltungsziele abzustellen ist (vgl. im einzelnen Rn 4). Die Einbeziehung der Nutzungsänderung entspricht im übrigen auch der Entwicklung im **Landesdenkmalschutzrecht**, wonach neben den Fällen des Abbruchs und der Änderung auch die Nutzungsänderung unter denkmalschutzrechtlichem Genehmigungsvorbehalt steht; vgl. z. B. § 9 Abs. 1 a Denkmalschutzgesetz Nordrhein-Westfalen. Zur Einbeziehung der Nutzungsänderung in die Veränderungssperre und in die sanierungsrechtlichen Verfügungs- und Veränderungssperre vgl. die Erl. zu § 14 Abs. 1 Nr. 1, § 144 Abs. 1 Nr. 1. 5

e) Errichtung baulicher Anlagen. Die Errichtung baulicher Anlagen ist ein genehmigungspflichtiges Vorhaben in einem Erhaltungsge- 6

biet, das nach **§ 172 Abs. 1 S. 1 Nr. 1** festgelegt ist. Für Gebiete nach
Abs. 1 S. 1 Nr. 2 und 3 besteht dieser Genehmigungsvorbehalt dagegen
nicht. Da der Katalog des Abs. 1 S. 1 und 2 abschließend ist, kann diese
Regelung auch nicht durch gemeindliche Satzung in den Gebieten nach
Abs. 1 S. 1 Nr. 2 und 3 eingeführt werden (vgl. bereits BVerwG,
NVwZ 1988, 357). Hiervon ist die Frage zu unterscheiden, ob bei der
Entscheidung z. B. über einen Antrag auf **Abbruch** einer baulichen
Anlage die **Wirkung der geplanten Neubebauung** berücksichtigt wer-
den kann: Der Wortlaut der Regelung spricht zwar nur von der
„Erhaltung" der baulichen Anlage. Auch sofern das Gebäude selbst aus
städtebaulichen Gründen erhaltenswert ist, kann im Einzelfall ebenso
auch der Neubau dem Ziel der Erhaltung des vorhandenen Ortsbilds,
der Stadtgestalt oder des Landschaftsbilds entsprechen. Deren Beein-
trächtigung kann dann nicht bejaht werden, wenn im Falle des Abrisses
eine Neubebauung vorgesehen ist, die nach Funktion und Gestalt die
prägende Bedeutung der abzureißenden Anlage übernimmt oder ver-
stärkt (vgl. entsprechend die Rspr. zum Verbot der Zweckentfremdung
von Wohnraum im Zusammenhang mit dem Abbruch und der beab-
sichtigten Neuschaffung von Wohnraum (BVerwG, MDR 1977, 784).

7 Die städtebauliche Bedeutung des Genehmigungsvorbehalts für die
Errichtung baulicher Anlagen in den Erhaltungsgebieten liegt vor
allem darin, Vorhaben mit gebietsuntypischen Gestaltungsmerkmalen
von städtebaulicher Bedeutung untersagen zu können. Hierdurch kön-
nen u. a. durch **Auflagen bei der Bauausführung**, sensible Neubauten
in vorgeprägter Umgebung (Henke aaO, 208) oder die Freihaltung von
Grundstücken, etwa zur Wahrung von Sichtbeziehungen erreicht wer-
den. Im Verhältnis zum **landesrechtlichen Baugestaltungsrecht** nach
den Landesbauordnungen (vgl. § 82 Abs. 1 Nr. 1 MBO) gilt dieselbe
Grenzziehung, wie sie auch in den sonstigen Erhaltungsfällen vorzu-
nehmen ist; vgl. § 173 Abs. 4; es handelt sich um zwei selbständige,
nebeneinander bestehende Regelungsbereiche. Im Verhältnis zum
Recht der **Bauleitplanung** ergeben sich gleichfalls keine Besonderhei-
ten gegenüber den anderen Erhaltungsfällen: Die Regelung enthält
keine Ermächtigung, „Baurecht" zu schaffen. Es handelt sich vielmehr
um einen **besonderen bodenrechtlichen Versagungsgrund**, der unbe-
schadet der bauplanungsrechtlichen Situation beachtlich ist. Es handelt
sich wie bei den vergleichbaren Versagungsgründen im Umlegungsge-
biet (§ 51 Abs. 1 Nr. 4) und im Sanierungsgebiet (§ 144 Abs. 1 Nr. 1)
um einen selbständigen gemeindlichen Versagungsgrund. Zur Beurtei-
lung einer Konkurrenz bebauungsplanrechtlicher Festsetzungen mit der
Festlegung eines Erhaltungsgebiets vgl. Rn 31.

8 **3. Erhaltungsziele (Abs. 1 S. 1 Nr. 1–3).** Abs. 1 S. 1 Nr. 1–3 enthält
die **abschließende Aufzählung** der Ziele, die mit dem Instrument der
Erhaltungssatzung verfolgt werden können. Die Ziele werden in
Abs. 1 S. 1 allgemein umschrieben. In den Abs. 3–5 werden sie i. S. von
Versagungsgründen konkretisiert.

Die Erhaltungssatzung nach **Abs. 1 S. 1 Nr. 1** dient der Erhaltung der 9
städtebaulichen Qualität eines Gebiets, wie sie sich aus der vorhande-
nen Bebauung ergibt. Die Gemeinde wird ermächtigt, **Störungen der
städtebaulichen Eigenart** des Gebiets aufgrund seiner städtebaulichen
Gestalt zu **verhindern**. Zur Erreichung dieses Ziels räumt das Gesetz
der Gemeinde neben den Fällen des Abbruchs, der Änderung und der
Nutzungsänderung auch einen Genehmigungsvorbehalt für die Fälle
der Errichtung baulicher Anlagen (vgl. Rn 6) ein. Zu den Versagungs-
gründen vgl. Abs. 3 (Rn 28 ff.).

In den Fällen des **Abs. 1 S. 1 Nr. 2** ist Erhaltungsziel die Zusammen- 10
setzung der Wohnbevölkerung. Das Gesetz stellt keine besonderen
Anforderungen an die Zusammensetzung der Wohnbevölkerung. Dies
hängt mit dem besonderen städtebaulichen Ziel dieser Bestimmung
zusammen: Sie dient aus städtebaulichen Gründen (insbesondere der
Infrastrukturbereitstellung, der Wohnungsversorgung, der Baulandbe-
reitstellung) dem **Erhalt der Zusammensetzung der Wohnbevölke-
rung** in dem Gebiet. Zu den Versagungsgründen vgl. im einzelnen
Abs. 4 (Rn 32 ff.).

In den Gebieten nach **Abs. 1 S. 1 Nr. 3** verfolgt die Gemeinde ein 11
„relatives" Erhaltungsziel. Die Vorschrift gewährt einen vorüberge-
henden Schutz bei **städtebaulichen Umstrukturierungen**. Die Vor-
schrift verfolgt sozialplanerische Ziele (vgl. § 180). Sie setzt ein beson-
deres städtebauliches Ziel der Gemeinde voraus, nämlich die („ge-
wollte") Umstrukturierung. Für den sozialverträglichen Ablauf der
städtebaulichen Veränderungen, die von der Gemeinde selbst oder von
anderen ausgelöst sein können, hält die Vorschrift ein Schutzinstru-
mentarium bereit. Zu den Versagungsgründen vgl. im einzelnen Abs. 5
(Rn 36).

4. Festlegung des Erhaltungsgebiets. a) Bebauungsplan; sonstige 12
Satzung. Die förmliche Festlegung des Erhaltungsgebiets erfolgt nach
Abs. 1 S. 1 entweder in einem **Bebauungsplan** oder durch eine sonstige
Gemeindesatzung. Die Gemeinde hat zu entscheiden, welche Rechts-
form sie wählt. In der Praxis werden Erhaltungsgebiete i. d. R. nicht in
einem Bebauungsplan sondern durch eine **sonstige Satzung (Erhal-
tungssatzung)** festgelegt. Dies erklärt sich vor allem aus den geringe-
ren Verfahrensanforderungen (hierzu Rn 13 ff.). Der Vorzug der Festle-
gung in einem **Bebauungsplan** kann jedoch im Einzelfall darin liegen,
daß die Ziele der Erhaltungssatzung durch ergänzende planungsrechtli-
che Sicherungen wirksam umgesetzt werden (vgl. auch Henke, DÖV
1983, 402/409). Bei Satzungen nach Abs. 1 S. 1 Nr. 2 können zur
Verwirklichung des Erhaltungsziels oder auch zur Kompensation im
Falle der Genehmigung von Abbrüchen im Einzelfall z. B. Festsetzun-
gen nach § 9 Abs. 1 Nr. 7 oder 8 zweckmäßig sein (OVG Lüneburg,
ZfBR 1983, 238).

In der Satzung ist anzugeben, welche der in Abs. 1 S. 1 Nr. 1 bis 3 12a
bezeichneten **Gründe** auf das festgelegte Gebiet zutreffen. § 39 h Abs. 1

S. 2 BBauG, der dies ausdrücklich regelte, ist in das BauGB zwar nicht
übernommen worden. An der materiellen Rechtslage hat sich hier-
durch jedoch nichts geändert: Der kommunale Satzungsgeber ist im
Sinne eines Zitiergebots (Angabe der Rechtsgrundlage der Satzung)
verpflichtet, präzise kenntlich zu machen, auf welchen **gesetzlichen
Erhaltungsgrund** er den Erlaß der Satzung stützen will (vgl. auch
VGH Kassel, DVBl. 1986, 693). Für die Bezeichnung der Erhaltungs-
gründe i. S. des Abs. 1 S. 1 genügt die Bezugnahme auf das Gesetz (so
auch BVerfG, DVBl. 1987, 465; BVerwG, NVwZ 1988, 357). Ebenso
kann in der Satzung der in Betracht kommende Tatbestand des Abs. 1
S. 1 wörtlich wiederholt werden. Die Satzung kann gleichzeitig auf
Abs. 1 S. 1 Nr. 1 und Nr. 2 gestützt werden; die **Kombination** mit den
in Abs. 1 S. 1 Nr. 3 genannten Zielen, die nicht auf dauerhafte Erhal-
tung des Gebiets sondern nur vorübergehende Absicherung einer Um-
strukturierung zielen, dürfte dagegen nur ausnahmsweise möglich sein.
Zur Frage der **Begründung** einer Erhaltungssatzung vgl. Rn 18.

13 **b) Verfahren; Untersuchungen.** Sofern nicht die förmliche Festle-
gung in einem Bebauungsplan erfolgt, findet das für die Bauleitpla-
nung vorgeschriebene Verfahren nach den §§ 3 ff. BauGB keine An-
wendung (OVG Lüneburg, ZfBR 1983, 238 mit Anm. Krautzberger).
Insbesondere ist keine Bürgerbeteiligung und keine Anhörung der
Träger öffentlicher Belange vorgeschrieben. Auch in den Fällen des
Abs. 1 S. 1 Nr. 1 ist die **Beteiligung der Denkmalbehörden** rechtlich
nicht geboten; hiervon ist die Frage zu unterscheiden, ob die Beteili-
gung der Denkmalbehörden in diesen Fällen aus Zweckmäßigkeits-
gründen nicht regelmäßig vorgenommen werden sollte.

14 Um die Gefahr des Abbruchs oder der Nutzungsänderung der
Änderung baulicher Anlagen mit ihren städtebaulichen Folgen gewich-
ten zu können, bedarf es vorausgehender **Untersuchungen** des Gebiets.
Die Durchführung „vorbereitender Untersuchungen" (vgl. § 141) ist
vom Gesetz nicht vorgeschrieben. Die Gemeinde muß aber zur Beur-
teilung der Erhaltungswürdigkeit i. S. des Abs. 1 S. 1 Nr. 1 über ent-
sprechende Unterlagen verfügen; ggf. muß sie sich diese vor Erlaß der
Satzung durch Untersuchungen beschaffen. Auch für die Beurteilung
der Fälle des Abs. 1 S. 1 Nr. 2 oder 3 muß die Gemeinde über entspre-
chende Unterlagen über die Bevölkerungsstruktur und die zu erwar-
tenden Auswirkungen von Umstrukturierungen verfügen; in den Fäl-
len Nr. 3 bedarf es darüber hinaus der Entwicklung eines gemeindli-
chen Handlungskonzepts; vgl. auch Abs. 5 S. 1 und 2 über die Aufstel-
lung eines Sozialplans (§ 180). Die gründliche Untersuchung des Ge-
biets daraufhin, ob einer der Erhaltungsgründe vorliegt, ist daher
geboten, sofern der Gemeinde entsprechende Unterlagen nicht bereits
vorliegen. Grundlage für den Erlaß einer Erhaltungsnutzung können
insbesondere die Ergebnisse einer **städtebaulichen Rahmenplanung**
sein (vgl. z. B. § 140 Nr. 4).

15 Zur förmlichen Festlegung ist ein **Aufstellungsbeschluß** nicht erfor-

derlich (OVG Lüneburg aaO, 238). Das für die Bauleitplanung vorge-schriebene Verfahren (§ 2 ff.) ist nicht anzuwenden. Dem steht nicht entgegen, daß für den Fall der Festlegung des Erhaltungsgebiets in einem Bebauungsplan das Bebauungsplanverfahren mit durchgeführt wird. Die Möglichkeit der **Zurückstellung von Vorhaben gem. Abs. 2** auf Grund eines Aufstellungsbeschlusses begründet keine die Gemeinde bindende Verfahrensvorschrift, sondern ein zusätzliches Sicherungsin-strument, von dem die Gemeinde nach ihrem Ermessen Gebrauch macht.

c) Bezeichnung des Erhaltungsgebiets. Was den **gebietlichen Um-** **16** **griff** des förmlich festzulegenden Gebiets betrifft, steht der Gemeinde ein planerischer Ermessensspielraum zu. Vor allem in mittleren und größeren Gemeinden wird es aus Gründen der Verwaltungsökonomie geboten sein, die Unterschutzstellung auf **einzelne (Teil-) Gebiete** zu beschränken. Eine eingeschränkte Unterschutzstellung, die nur einen Teil der tatsächlich oder möglicherweise schützenswerten Flächen um-faßt, ist jedenfalls dann nicht fehlerhaft, wenn der unter Erhaltungs-schutz gestellte Bereich nicht zu klein und die Schutzmaßnahme deswe-gen nicht sinnlos ist (VGH Kassel aaO). Aus den erwähnten Gründen der **Verwaltungsökonomie** kann der gemeindliche Satzungsgeber nicht dazu verpflichtet sein, **alle** schutzwürdigen und schutzbedürfti-gen Bereiche unter Erhaltungsschutz zu stellen. Das schützenswerte Gebiet ist so auszuwählen, daß die städtebaulichen Folgen der in Abs. 1 S. 1 bezeichneten Maßnahmen städtebaulich gewichtet werden können. Im übrigen steht der Gemeinde hinsichtlich der Festlegung des Gebiets-umgriffs ein planerisches Ermessen zu; vgl. hierzu Rn 19 bis 21. Vgl. weiterhin § 174 über Grundstücke öffentlicher Bedarfsträger, auf die § 172 nicht anzuwenden ist.

Das Gebiet, für das der Genehmigungsvorbehalt eingeführt werden **17** soll, muß im Bebauungsplan oder in der besonderen Satzung **mit** **ausreichender Eindeutigkeit bezeichnet** werden. Bei Festlegung durch den Bebauungsplan erfolgt die Bezeichnung in Übereinstim-mung mit dem räumlichen Geltungsbereich des Bebauungsplans oder durch zeichnerische Kenntlichmachung von Teilen des räumlichen Geltungsbereichs in der Planzeichnung. Die Festlegung des Gebiets kann bei Festlegung durch besondere Satzung textlich durch eindeutige Umschreibung seiner Grenzen in der Satzung, aber auch durch Aufführ-ung der Flurstücke, auf die sich die Festlegung bezieht, erfolgen; vgl. weiterhin Rn 23 zur öffentlichen Bekanntmachung.

d) Begründung. Die Beifügung einer besonderen **Begründung** **18** schreibt das Gesetz nicht vor. Es genügt (und ist erforderlich) die Bezugnahme oder Wiederholung der gesetzlichen Erhaltungs- bzw. Sicherungsgründe, also die Angabe der Rechtsgrundlage der Satzung (vgl. hierzu mit Rspr.-Nachweisen Rn 12). § 9 Abs. 8 erfordert für die Bezeichnung nach § 172 keine zusätzliche Begründung. Jedoch kann sich für die Festsetzungen des Bebauungsplans selbst im Hinblick auf

die Erhaltungsziele für ein Gebiet und die Auswirkungen des Plans hierauf eine Begründungspflicht i. S. des § 9 Abs. 8 ergeben. Der gegenüber dem Bebauungsplan deutlich geringere Begründungsaufwand rechtfertigt sich vor allem aus den relativ engen Anwendungsvoraussetzungen der Erhaltungssatzung, die mit dem planerischen Ermessen beim Erlaß eines Bebauungsplans nicht vergleichbar sind (OVG Lüneburg aaO, 239f.); zum planerischen Ermessen beim Erlaß der Satzung vgl. Rn 20f.

19 **e) Abwägung; Ablaufprogramm.** Mit der Satzung wird das Erhaltungsgebiet zunächst nur flächenbezogen bezeichnet. In der Satzung wird die Erhaltungswürdigkeit des Gebietes festgestellt und damit die Genehmigungsbedürftigkeit baulicher Veränderungen begründet. Ob die Voraussetzungen für die Erhaltungswürdigkeit im Hinblick auf ein konkretes Vorhaben gegeben sind, ist dagegen erst im Rahmen der Entscheidung über einen Antrag (also im Verfahren nach § 173) zu prüfen. Das **Ablaufprogramm** der Erhaltungssatzung ist somit durch eine **Zweistufigkeit** gekennzeichnet (vgl. Henke, DÖV 1983, 405, ders., Stadterhaltung als kommunale Aufgabe, Berlin 1985, 94ff., 165ff., 203ff.; Krautzberger, in: B/K/S, Rn 419; vgl. weiterhin Bielenberg/Stock aaO, Rn 89; dieser Auslegung ist die Rspr. gefolgt: vgl. vor allem VGH Kassel, DVBl. 1986, 693 und OVG Lüneburg, ZfBR 1983, 238 sowie im Ergebnis auch BVerfG, DVBl. 1987, 465 und BVerwG, NVwZ 1988, 357). Anders als im Bebauungsplan trifft die Erhaltungssatzung selbst noch **keine rechtsverbindliche Nutzungsregelung** für das einzelne Grundstück. Sie begründet mit der Gebietsfestlegung **(erste Stufe)** nur ein „präventives Verbot mit Genehmigungsvorbehalt", nach dem alle baulichen Maßnahmen i. S. des § 172 Abs. 1 S. 1 und 2 im Satzungsgebiet grundsätzlich erlaubt bleiben. Sie werden jedoch einer vorbeugenden Kontrolle im Hinblick auf die Erhaltungsziele unterzogen. Erst bei der Entscheidung über den Genehmigungsantrag **(zweite Stufe)** erfolgt also die Abwägung für das einzelne Grundstück, wie sie beim Bebauungsplan schon auf der normativen Ebene vollzogen sein muß. Ein entsprechendes Ablaufprogramm ist auch für das Sanierungsrecht, dort insbesondere im Hinblick auf den Genehmigungsvorbehalt nach §§ 144, 145, kennzeichnend (vgl. § 142, Rn 4–8 sowie BVerwG, DVBl. 1985, 117; ZfBR 1984, 247).

20 Bei der Gebietsfestlegung selbst erfolgt also nur eine entsprechend **eingeschränkte Abwägung** nämlich insbesondere hinsichtlich des „Ob" einer Erhaltungssatzung und „Wie" (z. B. hinsichtlich der Abgrenzung des Gebiets). Die Abwägung zwischen den städtebaulichen Erhaltungszielen i. S. des Abs. 1 S. 1 und dem auf bauliche Veränderung oder Nutzungsänderung gerichteten Eigentümerinteresse ist daher nicht bereits bei der satzungsmäßigen Unterschutzstellung abschließend zu vollziehen und auch nicht „verbraucht". Die planerische Entscheidung (die Abwägung) beim Erlaß der Satzung bezieht sich somit in erster Linie auf die **Berücksichtigung und Gewichtung des**

städtebaulichen Belangs der Erhaltung in Bezug auf das konkrete Gebiet. Die Entscheidung über die möglicherweise divergierenden öffentlichen und privaten Interessen ist jedoch erst auf der zweiten Stufe, also im Rahmen des Genehmigungsverfahrens nach § 173 zu treffen (VGH Kassel aaO). Die Anforderungen an die von der Gemeinde anzustellende Abwägung beim Erlaß der Satzung sind aufgrund der Zweistufigkeit dementsprechend geringer: Da die Anwendungssituation des § 172 dem Gesetzgeber gewissermaßen „vorweggeplant" ist, kommt die Abwägung zunächst im wesentlichen einem **Subsumtionsvorgang** nahe (so auch OVG Lüneburg aaO und Bielenberg/Stock aaO, Rn 90). Vgl. auch die bei der Festlegung eines Sanierungsgebiets nach § 136 von der Gemeinde anzustellende Abwägung, der gleichfalls ein vom Gesetzgeber vorgegebener Anwendungs- und Handlungstypus vorgegeben ist. Auch der Inhalt der Erhaltungssatzung, also die **Erhaltungsinstrumentarien** sind vom Gesetzgeber vorwegbestimmt; auch insoweit wird die Gemeinde kein Abwägungsermessen. Gleichwohl verbleibt es als Aufgabe planerischer Abwägung, das „Ob" und „Wie" des Erlasses der Erhaltungssatzung zu entscheiden: Zeitpunkt, Gebietsauswahl, Gebietsbegrenzung, Beurteilung der Erhaltungswürdigkeit, Beurteilung der Durchführbarkeit z. B. im Hinblick auf die Mitwirkungsbereitschaft der Eigentümer und der sonstigen Betroffenen im allgemeinen, Einordnung in übergeordnete städtebauliche Konzepte (u. a. städtebauliche Rahmenplanung). Die planerische Entscheidung bezieht sich also auf die **konkreten Gestaltungsmöglichkeiten**, den der Gestaltungsrahmen und Gestaltungsauftrag des § 172 vorgibt (so vor allem Henke aaO, 168).

Für die **gerichtliche Überprüfung** der gemeindlichen Entscheidung 21 ergibt sich hieraus folgendes: Die von der Gemeinde bei der Festlegung des Gebiets vorzunehmende Abwägung und Wertung der schutzbedürftigen Belange ist im wesentlichen nicht hinsichtlich des Abwägungsvorgangs gerichtlich überprüfbar. Gerichtlicher Überprüfung unterliegt jedoch das **Abwägungsergebnis** (OVG Lüneburg aaO), also vor allem die zu treffende Beurteilung des Vorliegens von Erhaltungstatbeständen. Auf der „ersten Stufe" des Ablaufprogramms, also der Festlegung des Gebiets ist die Entscheidung über das Erfordernis der förmlichen Festlegung eines Gebiets zu treffen. Der Satzung können nicht Erfordernisse der erst in der zweiten Stufe (Einzelfallgenehmigung) anzustellenden Abwägung entgegengehalten werden (z. B. Mitwirkungsbereitschaft im einzelnen, Zumutbarkeit u. a.). Ist ein Gebiet insgesamt aus den in Abs. 1 S. 1 Nr. 1–3 genannten Gründen schutzwürdig, so kann es insgesamt förmlich festgelegt werden, auch wenn **einzelne bauliche Anlagen** diesen Anforderungen nicht entsprechen; dies muß bei der Einzelfallentscheidung berücksichtigt werden. Umgekehrt bedarf es auf der „zweiten Stufe" (Einzelfallgenehmigung) nicht mehr der Prüfung, ob das Gebiet insgesamt erhaltenswert ist. Die Prüfung reduziert sich insoweit auf die Frage, ob diese mit der Sat-

zungsfestlegung vorgenommene Wertung auch für das konkrete
Grundstück bzw. das Vorhaben einschlägig ist. Vgl. zum Rechtsschutz
weiterhin Rn 41 sowie Bielenberg/Stock aaO, Rn 118.

22 **f) Befristung.** Das Gesetz sieht für Erhaltungsmaßnahmen nach
§ 172 – anders als bei den Sanierungsmaßnahmen nach §§ 136 ff. (vgl.
§ 162 oder bei der Veränderungssperre nach § 14 ff.) – **keine zeitliche
Befristung** vor. Anders als bei den auf Dauer angelegten Vorschriften
zum Schutz des Ortsbilds, des Stadtgestalt, des Landschaftsbilds) und
des städtebaulichen Denkmalschutzes (Abs. 1 S. 1 Nr. 1), ergibt sich
jedenfalls für die Erhaltungsmaßnahmen nach Abs. 1 S. 1 Nr. 3 eine
immanente zeitliche Begrenzung aus dem Umstrukturierungsprozeß
selbst. Aber auch in den Fällen der „Milieuschutzsatzung" (Abs. 1 S. 1
Nr. 2) ist von einer immanenten Befristung auszugehen, da die Gefähr-
dung der Zusammensetzung der Wohnbevölkerung i. d. R. ein zeitlich
begrenzter Vorgang ist, insbesondere aber die Bevölkerung selbst mit
der Zeit Veränderungen erfährt. Die Satzung selbst kann dabei zwar
(muß aber nicht) unbefristet erlassen werden. In diesen Fällen ergibt
sich für die Gemeinde jedoch zu einem späteren Zeitpunkt die Ver-
pflichtung, nach Wegfall der Anwendungsvoraussetzungen die förmli-
che Festlegung aufzuheben. Die Aufhebung erfolgt als actus contrarius
durch Änderung des Bebauungsplans oder durch Aufhebungssatzung.

23 **g) Anzeige; Genehmigung; Öffentliche Bekanntmachung; In-
krafttreten (Abs. 1 S. 3).** Die öffentliche Bekanntmachung und das
Inkrafttreten der „sonstigen" Erhaltungssatzung bestimmen sich gem.
Abs. 1 S. 3 nach § 16 Abs. 2. Für die Fälle der Festlegung des Erhal-
tungsgebiets in einem Bebauungsplan vgl. Rn 25. Die besondere Sat-
zung ist durch ortsübliche Bekanntmachung im Sinne des für Gemein-
desatzungen einschlägigen Gemeinderechts in Kraft zu setzen; Abs. 1
S. 3, § 16 Abs. 2. Danach hat die Gemeinde die Erhaltungssatzung
ortsüblich bekanntzumachen. Es kann aber auch eine **Ersatzverkün-
digung** vorgesehen werden, d. h. es kann wie beim Bebauungsplan
verfahren werden; § 16 Abs. 2, Hs. 2 (vgl. zur Bekanntmachung auch
BVerfGE 65, 283). In diesem Fall ist das Gebiet in einer Karte festzule-
gen. Bei Verweisung auf eine Karte ist der örtliche Geltungsbereich in
der Satzung klar abzugrenzen. Hier genügt die **grobe Umschreibung**
im Text der Satzung und die Verweisung auf eine an der zu benennen-
den Amtsstelle niedergelegte und dort in den Dienststunden für jeder-
mann einsehbare Karte. Die grobe Umschreibung des betreffenden
Gebiets muß geeignet sein, für Grundeigentümer und Nutzungsbe-
rechtigte eine **Anstoß- und Warnfunktion** in der Weise auszuüben, daß
sie eindeutig oder wahrscheinlich im Geltungsbereich der Satzung
erfaßt werden. Der Satzungstext muß also eine hinreichende Vororien-
tierung erlauben, er muß nicht schon grundstücksgrenzenscharf den
Satzungsbereich bezeichnen (vgl. BVerwGE 55, 369; VGH Kassel
aaO). Mit der öffentlichen Bekanntmachung tritt die Veränderungs-
sperre **in Kraft.**

Die in § 39h Abs. 1 S. 3 BBauG vorgesehene **Genehmigungspflicht** 24
der Erhaltungssatzung ist in das BauGB nicht übernommen worden.
Die **Freistellung** städtebaurechtlicher Satzungen von der Genehmigung
oder Anzeige (vgl. § 11) sieht das BauGB weiterhin für die Verände-
rungssperre (vgl. §§ 14, 16 Abs. 2) und das besondere Vorkaufsrecht
(Satzungsvorkaufsrecht; vgl. § 25 Abs. 1) vor.

Ist das Erhaltungsgebiet dagegen in einem **Bebauungsplan** festge- 25
legt, so bestimmt sich das Verfahren nach dem Recht des Bauleitplan-
verfahrens. Nach § 11 Abs. 3 ist der Bebauungsplan der höheren Ver-
waltungsbehörde **anzuzeigen**. Die Verwaltungsbehörde kann auch
hinsichtlich der Bestimmung nach § 172 die Verletzung von Rechtsvor-
schriften geltend machen. Zwar ist die „selbständige" Erhaltungssat-
zung genehmigungs- und anzeigefrei. Sofern die Bezeichnung nach
§ 172 Teil des Bebauungsplans ist, nimmt sie an dessen verfahrensmäßi-
gem und rechtlichen Schicksal teil. Vgl. weiterhin § 11 Abs. 1, wonach
(in Ausnahmefällen) auch die **Genehmigung** der höheren Verwaltungs-
behörde in Betracht kommt.

h) Wirkungen. Ab der förmlichen Festlegung des Erhaltungsgebiets 26
(Inkrafttreten der Erhaltungssatzung) bedürfen der Abbruch, die Ände-
rung oder die Nutzungsänderung baulicher Anlagen der Genehmigung
nach §§ 172, 173. Das gleiche gilt für die Errichtung baulicher Anlagen
in den Fällen des Abs. 1 S. 1 Nr. 1 i. V. m. Abs. 1 S. 2. Diese Geneh-
migungspflicht besteht **unbeschadet der bauordnungsrechtlichen Ge-
nehmigungspflicht** oder einer **Freistellung** von der Genehmigungs-
pflicht entsprechender Maßnahmen im Bauordnungsrecht (vgl. hierzu
Rn 4). Die Genehmigungspflicht besteht weiterhin unbeschadet sonsti-
ger landesrechtlicher Vorschriften über den Schutz und die Erhaltung
baulicher Anlagen; vgl. § 173 Abs. 4.

5. Zurückstellung von Anträgen (Abs. 2). Zur Sicherung der Erhal- 27
tungsziele kann die Gemeinde durch Antrag gegenüber der Baugeneh-
migungsbehörde veranlassen, daß vor Inkrafttreten des Bebauungs-
plans oder der besonderen Satzung Anträge auf die von § 172 Abs. 1
erfaßten Vorhaben unter entsprechender Anwendung des § 15 Abs. 1
für einen Zeitraum bis zu 12 Monaten **befristet zurückstellen** sind.
Voraussetzung ist, daß ein Aufstellungsbeschluß gefaßt und ortsüblich
bekanntgemacht worden ist (§ 172 Abs. 2 BauGB; der Regelung ent-
spricht § 39h Abs. 2 BBauG). Abs. 2 begründet nicht – wie Abs. 1
Satz 1 – einen selbständigen Genehmigungstatbestand. Der Antrag, an
den Abs. 2 anknüpft, bezieht sich daher auf andere Genehmigungstat-
bestände, in erster Linie auf solche nach dem **Bauordnungsrecht**
(ebenso Bielenberg/Stock, in: E/Z/B, § 172, Rn 105). Voraussetzung für
die Zurückstellung von Anträgen ist der Beschluß der Gemeinde, eine
Satzung nach Abs. 1 S. 1 zu erlassen. Der Aufstellungsbeschluß und die
Rechtswirkungen des Abs. 2 können für beide Fälle der Festlegung
nach Abs. 1 S. 1 (Bebauungsplan oder sonstige Satzung) in Betracht
kommen (OVG Lüneburg aaO, 238).

28 **6. Versagungsgründe. a) Allgemeines.** Im förmlich festgelegten Gebiet tritt ein präventives Verbot mit Erlaubnisvorbehalt für die in Abs. 1 S. 1 und S. 2 bezeichneten Vorhaben ein. Die Gründe für die Versagung einer Genehmigung für die in Abs. 1 bezeichneten Vorhaben sind in Abs. 3–5 **abschließend** aufgezählt. Sind die Voraussetzungen für das Verbot im Einzelfall nicht gegeben, so besteht ein **Rechtsanspruch auf Genehmigung**; vgl. Abs. 3 S. 1, Abs. 4 S. 1, Abs. 5 S. 1. Liegen die Voraussetzungen für die Versagung vor, **muß** die Genehmigung versagt werden. Es liegt also nicht im Ermessen der Gemeinde die Genehmigung zu erteilen oder zu versagen (ebenso Bielenberg/Stock aaO, Rn 50; a. A. Henke aaO, 219 ff.). Das Gesetz verwendet die Formel „darf die Genehmigung nur versagt werden" i. S. einer abschließenden Bezeichnung der Versagungsgründe verbunden mit einer Bindung der Gemeinde, die Genehmigung bei Vorliegen der Voraussetzungen zu versagen, auch in einer Reihe weiterer Bestimmungen: vgl. § 22 Abs. 5 S. 1 (in dieser Vorschrift wird im Umkehrschluß aus § 22 Abs. 5 S. 3 [„Kann"-Vorschrift] die Bedeutung dieser Formel besonders deutlich); vgl. weiterhin § 51 Abs. 3 und § 144 Abs. 3.

29 **b) Erhaltung der städtebaulichen Eigenart (Abs. 3).** In Abs. 3 sind abschließend diejenigen Gründe geregelt, die eine Versagung der Genehmigung in den nach Abs. 1 festgelegten Erhaltungsgebieten rechtfertigen. **Abs. 3 S. 1** enthält die Versagungsgründe für die Fälle des Abbruchs, der Änderung oder Nutzungsänderung einer baulichen Anlage (Abs. 1 S. 1). Abs. 3 S. 2 enthält den Versagungsgrund für die Fälle des Abs. 1 S. 2, also die Errichtung baulicher Anlagen. Die Versagungsgründe nach **Abs. 3 S. 1** konkretisieren das allgemeine **Schutzziel nach Abs. 1 S. 1 Nr. 1.** Der Erhaltungsschutz dient einerseits dem Ortsbild, der Stadtgestalt oder dem Landschaftsbild (1. Fall; vgl. früher § 39h Abs. 3 Nr. 1 BBauG) und andererseits baulichen Anlagen die ansonsten von städtebaulicher, insbesondere geschichtlicher oder künstlerischer Bedeutung sind (2. Fall; vgl. früher § 39 Abs. 3 Nr. 2 BBauG).

29a Nach **Abs. 3 S. 1, 1. Fall** darf die Genehmigung nur versagt werden, wenn die bauliche Anlage zum Schutz des Ortsbilds, der Stadtgestalt oder des Landschaftsbilds erhalten bleiben soll. Die Vorschrift hat den städtebaulichen Ensembleschutz im Auge (Henke aaO, 404; BVerfG, DVBl. 1987, 465 rechnet die Regelung dem „sogenannten städtebaulichen Denkmalschutz" zu; hierzu auch BVerfGE 56, 298/311). Das **Ortsbild** (vgl. auch § 1, Rn 74) ist die bauliche Ansicht eines Orts oder Ortsteils bei einer Betrachtung sowohl von innen wie von außen einschließlich der Ortssilhouette. Hierzu gehört auch das **Straßenbild** (Bielenberg/Stock aaO, Rn 32). Die **Stadtgestalt** schließt die Baustruktur einer Stadt ein, also auch den Grundriß und damit die Baustruktur und die Freiräume. Mit der Einbeziehung des **Landschaftsbilds** können auch Gebiete im Außenbereich (vgl. § 35 Abs. 4 S. 1 Nr. 4) in einem Erhaltungsgebiet geschützt werden. Mit Landschaftsbild ist der opti-

sche Eindruck einer weitgehend von freier Landschaft geprägten Fläche mit einzelnen weniger verdichteten Besiedlungen gemeint.

Die Genehmigung darf nur versagt werden, wenn die **bauliche** **30** **Anlage** für das Ortsbild, die Stadtgestalt oder das Landschaftsbild **prägend** ist (vgl. zum Verhältnis zu landesrechtlichen Vorschriften §175, Rn 7 sowie Stich, ZfBR 1983, 61). Es geht also nicht um den Erhalt von baulichen Anlagen aus Gründen des Denkmalschutzes. Schutzobjekt ist nicht primär das Einzelgebäude als solches, sondern die **prägende Funktion**, die das Gebäude für einen städtebaulichen Zusammenhang hat; BVerwG, NVwZ 1988, 357. Dies setzt nicht voraus, daß das einzelne Gebäude selbst Denkmalwert ist. Zur Erhaltung der städtebaulichen Eigenart eines Gebiets ist es daher auch ausreichend, wenn das Gebiet als solches die in Abs. 1 S. 1 Nr. 1 und Abs. 3 S. 1 bezeichneten städtebaulichen Merkmale aufweist. Nicht erforderlich ist, daß die in dem Gebiet vorhandenen baulichen Anlagen einzeln oder insgesamt den Rang eines Kulturdenkmals einnehmen. Jedoch muß die bauliche Anlage, auf die sich der Genehmigungsantrag bezieht, für das Gebiet von prägender Funktion sein, insbesondere im Zusammenhang mit sonstigen baulichen Anlagen und der konkreten städtebaulichen Situation. Städtebaulich unbedenklich ist die Überschneidung von Denkmalqualität und städtebaulicher Qualität eines Gebiets für die Festlegung als Erhaltungsgebiet: Die Belange des Denkmalschutzes und der Denkmalpflege sowie die Belange von erhaltenswerten Ortsteilen, Straßen und Plätzen von geschichtlicher, künstlerischer oder städtebaulicher Bedeutung sind, ebenso wie die Gestaltung des Orts- und Landschaftsbilds selbst, zugleich städtebauliche Belange (vgl. §1 Abs. 5 S. 2 Nr. 4 und 5; BVerfG aaO; BVerwG aaO). Knüpft eine Erhaltungssatzung daher an den Denkmalschutzcharakter einer baulichen Anlage oder eines Denkmal-Ensembles an, ist dies unschädlich, wenn sich die Satzung erkennbar nur auf städtebaulich relevante Sachverhalte erstreckt. Zu den Schutzzielen des Abs. 3, die zur Versagung der Genehmigung führen können, kann auch der Erhalt baulicher Anlagen „unterhalb" des Denkmalschutzes rechnen, z. B. neuzeitliche oder allgemeine städtebaulich prägende Bauwerke (so auch Bielenberg/ Stock, in: E/Z/B, §172, Rn 48). Jedoch müssen die beabsichtigten Änderungen eine städtebauliche Dimension erreichen. Bauliche Änderungen wie die Farbe des **Anstrichs**, die Unterteilung der **Fenster** oder das Material der **Dachhaut** können daher i. d. R. nur von Gestaltungssatzungen erfaßt werden. Das gleiche gilt für **Werbeanlagen**. Nur wenn neben die ästhetische Wirkung auch eine städtebauliche Wirkung tritt, wie insbesondere ein prägender optischer Einfluß auf dem Gebietscharakter, kommt eine Anwendung von Abs. 3 in Betracht (OVG Lüneburg, DVBl., 1983, 469 f.).

Nach **Abs. 3 S. 1, 2. Fall** darf die Genehmigung nur versagt werden, **30a** wenn das Vorhaben eine **städtebaulich bedeutende Anlage** betrifft. Der Erhaltungsschutz bezieht sich nur auf Einzelobjekte. Diese müssen

das Erscheinungsbild der Umgebung nicht notwendigerweise prägen, aber doch im städtebaulichen Sinne mitgestalten. Dieser Verweigerungsgrund ist im wesentlichen ein Auffangtatbestand gegenüber Abs. 3 S. 1, 1. Fall (Bielenberg/Stock aaO, Rn 64). Auch die **künstlerische oder geschichtliche Bedeutung**, die in Abs. 3 S. 1 erwähnt ist, ist für die Anwendung der Erhaltungssatzung nur relevant, soweit sich hieraus die städtebauliche Bedeutung der baulichen Anlage begründet. Allein die Tatsache, daß ein Gebäude Schauplatz eines historischen Ereignisses war, reicht für eine Unterschutzstellung nach § 172 nicht aus; dagegen kommt z. B. die Erhaltung wegen der baugeschichtlichen Bedeutung eines Gebäudes in Betracht.

31 **Abs. 3 Satz 2** enthält eine Sonderregelung für die Fälle des **Abs. 1 Satz 2**, also die **Errichtung baulicher Anlagen.** Die Regelung enthält einen selbständigen materiellen Versagungsgrund für ein bauliches Vorhaben. Es handelt sich um eine sonstige öffentlich-rechtliche Regelung, die im Rahmen des Baugenehmigungsverfahren bei der Beurteilung der Zulässigkeit von Vorhaben zu berücksichtigen ist. Das kann im Einzelfall zur Folge haben, daß einem sonst planungsrechtlich zulässigen Vorhaben nach Abs. 3 S. 2 die Genehmigung zu versagen ist. Dies ist z. B. in Fällen denkbar, in denen die planungsrechtliche Zulässigkeit gemäß § 34 BauGB zu bejahen ist, jedoch die städtebauliche Gestalt des Gebiets durch die beabsichtigte bauliche Anlage über die Maßstäbe des § 34 hinaus, nämlich i. S. der Erhaltungsziele des § 172 beeinträchtigt wäre. Auch die **Freihaltung von Flächen** kann aus den Schutzgründen des § 172 gerechtfertigt sein (vgl. bereits Rn 7). Auch ein Konflikt mit Festsetzungen eines (einfachen oder qualifizierten) Bebauungsplans ist denkbar, muß von der Gemeinde jedoch beim Erlaß der Erhaltungssatzung bzw. des Bebauungsplans berücksichtigt werden, und zwar ggf. durch Änderung der Erhaltungssatzung oder des Bebauungsplans. Die Gemeinde ist gehalten, auf Dauer für eine materielle Konkordanz ihres Planungsrechts zu sorgen. Aus der Pflicht zur Lösung eines solchen Widerspruchs ergibt sich (hinsichtlich des älteren Bebauungsplans, entsprechend hinsichtlich der älteren Erhaltungssatzung) eine Planungspflicht gem. § 1 Abs. 3. Das Beeinträchtigungsverbot des § 172 Abs. 1 begründet gleichwohl vorrangig **kein eigenständiges Bauverbot**, sondern soll das Einfügen im Hinblick auf die Erhaltungsziele des § 172 sichern, so daß vor allem Lage und Stellung des Baukörpers oder die äußere Gestaltung betroffen sind (wie hier Bielenberg/Stock, in: E/Z/B, § 172, Rn 71).

32 **c) Erhaltung der Zusammensetzung der Wohnbevölkerung (Abs. 4).** Nach **Abs. 4 S. 1** darf die Genehmigung nur versagt werden, wenn die bauliche Anlage erhalten bleiben soll, um in dem Gebiet die Zusammensetzung der Wohnbevölkerung aus besonderen städtebaulichen Gründen zu erhalten. Damit kann für die in einem intakten Gebiet wohnenden Menschen der Bestand der Umgebung gesichert und so die Bevölkerungsstruktur in einem bestimmten Ortsteil vor unerwünsch-

ten Veränderungen geschützt werden (so BVerfG, DVBl. 1987, 465/467). Voraussetzung ist nicht eine aus besonderen städtebaulichen Gründen erhaltenswerte **Bevölkerungsstruktur**, die Besonderheiten im Vergleich zu anderen Wohngebieten aufweist (so aber LG München, NVwZ 1982, 59). Die Zusammensetzung der Wohnbevölkerung muß **vielmehr aus besonderen städtebaulichen Gründen erhaltenswert** sein (OVG Lüneburg, ZfBR 1983, 240; VGH Kassel, DVBl. 1986, 693. Henke aaO, 411. Löhr NVwZ 1982, 19; a. A. LG München aaO sowie Kerbusch, NVwZ 1982, 360). Die Zusammensetzung der Wohnbevölkerung darf damit zwar städtebaulichen Zielen nicht widersprechen; einseitige Bevölkerungsstrukturen i. S. des § 1 Abs. 5 S. 2 Nr. 2 könnten daher mit städtebaulichen Erwägungen gemäß § 172 Abs. 4 S. 1 nicht erhalten werden. Im übrigen ist jedoch darauf abzustellen, ob eine Änderung der Zusammensetzung der Wohnbevölkerung nachteilige städtebauliche Folgen befürchten läßt (OVG Lüneburg aaO, VGH Kassel aaO). Der Erlaß einer Milieuschutzsatzung ist also nicht deshalb ausgeschlossen, weil sich die Zusammensetzung der Wohnbevölkerung im Erhaltungsgebiet von der Zusammensetzung der Wohnbevölkerung im übrigen Gemeindegebiet nicht unterscheidet. Abzustellen ist vielmehr auf die im städtebaulichen Sinne konkret nachteilhaften Folgen einer Veränderung der Zusammensetzung der Wohnbevölkerung. Dies kann z. B. der Fall sein bei **Verdrängung der ansässigen Wohnbevölkerung** infolge der Umwandlung von Haus- in Wohnungseigentum bzw. Miet- in Eigentumswohnungen (Nachweise bei Krautzberger, ZfBR 1982, 209/212), in Fällen der Beseitigung alter Gebäude mit billigem Wohnraum durch „Komforthäuser" (Bielenberg/Stock aaO, Rn 43; Lemmel, in: BK, § 172, Rn 26) oder der Verdrängung der ortsansässigen Wohnbevölkerung infolge baulicher Veränderungen zur Errichtung von Zweitwohnungen oder Ferienappartements (OVG Lüneburg aaO; dieser Fall lag auch der Entscheidung des BVerfG, aaO zugrunde).

Der Erhalt der Zusammensetzung der Wohnbevölkerung muß aus **besonderen städtebaulichen Gründen** erforderlich sein. Hierunter ist nicht eine besondere Kategorie von städtebaulichen Gründen zu verstehen. Das Gesetz gibt den städtebaulichen Gründen, wie sie in § 1 Abs. 5 S. 2 („Belange") zusammengefaßt sind, generell kein unterschiedliches Gewicht. Der Rechtsbegriff der „besonderen" städtebaulichen Gründe stellt vielmehr auf die jeweilige besondere städtebauliche Situation ab. Die städtebaulichen Gründe i. S. des Abs. 4 S. 1 müssen solche sein, die für die konkrete Erhaltungssituation **besonderes Gewicht** haben (vgl. entspr. zu § 1 Abs. 9 BauNVO BVerwG, NVwZ 1987, 1074). Abzustellen ist somit insbesondere auf die städtebaulichen Auswirkungen, die von den Maßnahmen i. S. des Abs. 1 ausgehen. Als städtebaulicher Grund kommt z. B. die Gefahr der Unterausnutzung einer **kommunalen Infrastruktur** in Betracht, die für eine bestimmte Bevölkerungszusammensetzung vorgehalten bzw. auf sie zugeschnitten ist (z. B. Erholungseinrichtungen in einem Kur- oder Fremdenverkehrsort; OVG

33

Lüneburg aaO). Vgl. weiterhin VGH Kassel aaO: „Öffentliche und
private Infrastruktur ... mit markierten Radwegverbindungen, Buch-
läden, Galerien, Antiquariaten, politisch-literarischen Cafes usw.", die
„besonders auf die ansässige Wohnbevölkerung zugeschnitten ist und
bei ihrer auch nur teilweisen Verdrängung an anderer Stelle nicht ohne
weiteres ersetzbar wäre". Die Versagung der Genehmigung kann (so
VGH Kassel aaO) auch in Betracht kommen, wenn die Vorhaben
Abwanderungsbewegungen auslösen in andere Gebiete, z. B. mit ei-
nem hohen Ausländeranteil, wo erneut Verdrängungsmomente mit
städtebaulich ins Gewicht fallenden infrastrukturellen Auswirkungen
eintreten können. Insoweit kann auch die Abwehr **negativer Folgen
für andere Stadtquartiere** ein anzuerkennender besonderer städtebauli-
cher Grund i. S. des Abs. 4 sein. Diese sehr weitgehende Rspr. zeigt
aber auch Grenzen der Erhaltungssatzung nach Abs. 1 S. 1 Nr. 2, Abs. 4
auf: Es kann sich in diesen Fällen i. d. R. nur um vorübergehende
Intervention der Gemeinde handeln (vgl. auch Rn 22). Für dauerhafte
städtebauliche Lösungen muß die Gemeinde im Rahmen ihrer Pla-
nungshoheit die positiven Entwicklungsvorstellungen für die Gebiete
(insbesondere auch hinsichtlich der Instrastruktur) ggf. planungsrecht-
lich sichern. Insbesondere kann die Erhaltungssatzung daher auch nicht
in ein Instrument des Mieterschutzes, der Wohnungs- oder der allge-
meinen Infrastrukturpolitik umgewandelt werden. Entsprechende Wir-
kungen könnten sich allenfalls mittelbar ergeben. **Rein soziale Gründe**
ohne (ggf. zugleich) originäre bodenrechtliche Relevanz kommen nicht
in Betracht. Die Erhaltungssatzung dient ausschließlich der **Kontrolle
der baulichen Entwicklung** in dem schützenswerten Gebiet (BVerfG,
aaO).

34 Bei den Satzungen nach Abs. 1 S. 1 Nr. 2 kann es im Einzelfall
schwierig zu beurteilen sein, **ab wann** die Voraussetzungen für eine
Gefährdung der Zusammensetzung der Wohnbevölkerung vorliegen
und daher die Genehmigung nach Abs. 4 versagt werden kann. Wäh-
rend es in den Fällen des „städtebaulichen Denkmalschutzes" nach
Abs. 3 für die Beurteilung der Genehmigungsfähigkeit im wesentlichen
ausreicht, nachzuweisen, daß das einzelne bauliche i. S. dieser Bestim-
mungen erhaltenswert ist (vgl. OVG Lüneburg aaO), fehlt es in den
Fällen des Abs. 4 an entsprechend eindeutigen „physischen" Zuord-
nungsmöglichkeiten. In dem Fall einer drohenden Umstrukturierung
mit städtebaulichen Folgen durch Umwandlung oder Errichtung von
Zweitwohnungen in einem Wohngebiet (OVG Lüneburg aaO) oder
durch umfassende Modernisierungen, Abbruchvorhaben oder Nut-
zungsänderungen (z. B. „Eindringen" von Dienstleistungsnutzungen in
Wohngebiete) stellt sich für die Einzelfallgenehmigung die Frage, ob
diese bereits beim ersten Fall einer entsprechenden Maßnahme oder
aber erst ab einer bestimmten Gefährungsschwelle aus den Gründen
versagt werden kann, die zur Festlegung des Erhaltungsgebiets geführt
hat.

Für die Praxis dürfte es zur Lösung dieser zweifellos schwierigen Frage hilfreich sein, die Rechtsprechung des BVerwG zur „**Vorbildwirkung**" von baulichen Vorhaben im unbeplanten Innenbereich nach § 34 für die insofern vergleichbare Situation in städtebaulichen Erhaltungsbereichen nutzbar zu machen (vgl. BVerwG, BVBl. 1981, 100 = BRS 36 Nr. 56). In Übertragung der hierzu in der Rechtsprechung entwickelten Grundsätze sollte es der Gemeinde möglich sein, in Gebieten mit Milieuschutzsatzung darauf abzustellen, ob die mit dem Einzelvorhaben verbundenen negativen Konsequenzen zwar nicht erkennbar unmittelbar, jedoch bei Verwirklichung zu erwartender weiterer Vorhaben eintreten. Die Genehmigung nach § 172 könnte danach infolge einer nicht auszuschließenden Vorbildwirkung versagt werden, wenn wegen der unerwünschten Präzedenzwirkung bodenrechtlich beachtliche Spannungen, also – bei gebietsbezogener Betrachtung – eine Beeinträchtigung der Belange des § 172 zu erwarten wären (vgl. Krautzberger, ZfBR 1983, 241/243 sowie § 34, Rn 18, so auch VG Ansbach, Urt. v. 19. 12. 1984 – 3 K 83 A. 1968 (Vermeidung der Schaffung von Bezugsfällen, den „Anfängen zu wehren").

Abs. 4 S. 2 enthält eine Sonderregelung für Fälle, in denen das Vorhaben zwar den mit der Satzung verfolgten Zwecken zuwiderläuft, die Erhaltung des Gebäudes dem Eigentümer jedoch auch unter Berücksichtigung des Allgemeinwohls **wirtschaftlich nicht mehr zumutbar ist**. Danach ist bei der Genehmigung abzuwägen zwischen dem Wohl der Allgemeinheit und der wirtschaftlichen Zumutbarkeit. Die wirtschaftliche Unzumutbarkeit ist **objektbezogen**, d. h. es kommt auf die bauliche Anlage in ihrem Erhaltungszustand und ihren Erhaltungsmöglichkeiten an. Es ist also nicht auf die persönlichen Verhältnisse des Eigentümers, insbesondere nicht auf seine sonstigen Vermögensverhältnisse abzustellen; vgl. hierzu entsprechend zu / **173 Abs. 2** (§ 173, Rn 3). 35

d) Städtebauliche Umstrukturierungen (Abs. 5). Abs. 5 regelt die Versagungsgründe in den Fällen der Umstrukturierungssatzungen nach Abs. 1 S. 1 Nr. 3. Die Genehmigung darf nach **Abs. 5 S. 1** nur versagt werden, um bei **städtebaulichen Umstrukturierungen** einen den sozialen Belangen Rechnung tragenden Ablauf zu sichern. Mit der Regelung wird nur der vorübergehende Erhalt baulicher Anlagen gesichert. Maßstab für die Erteilung der Genehmigung ist ein von der Gemeinde aufgestellter **Sozialplan** (§ 180). Ist die Umstrukturierung die Folge z. B. einer Betriebserweiterung mit erforderlichem Abbruch von Wohngebäuden, kann die Gemeinde vom Betrieb die Übernahme der Beratungs- und Erörterungsaufgaben verlangen und ihm die Kosten (etwa auch die Umzugskosten) auferlegen; § 180 Abs. 3. Ist ein Sozialplan nicht aufgestellt, so ist die Gemeinde nach **Abs. 5 S. 2** verpflichtet, ihn in entsprechender Anwendung des § 180 aufzustellen. Mit dem Genehmigungsvorbehalt kann z. B. der Abbruch eines Wohnhauses 36

vorübergehend untersagt werden bis Ersatzwohnraum geschaffen wird (Bielenberg/Stock aaO, Rn 75). Ist dem Eigentümer die Erhaltung der baulichen Anlage wirtschaftlich auch unter Berücksichtigung des Allgemeinwohls wirtschaftlich nicht mehr zumutbar, ist gem. **Abs. 5 S. 3** –
37 entsprechend Abs. 4 S. 2 – die Genehmigung zu erteilen (vgl. Rn 35).

7. Vorkaufsrecht; Enteignung. Im Geltungsbereich einer Erhaltungssatzung (d. h. nicht schon mit dem Aufstellungsbeschluß nach § 172 Abs. 2) steht der Gemeinde ein gesetzliches Vorkaufsrecht beim Kauf von Grundstücken zu; **§ 24 Abs. 1 Nr. 4.** Gegenüber § 24a BBauG ist der Anwendungsbereich auf die förmlich festgelegten Erhaltungsgebiete beschränkt worden. § 24a war dagegen im gesamten Gemeindegebiet anwendbar (str., vgl. Krautzberger, in: B/K/L, 1. Aufl. § 24a, Rn 1 m. w. N.). Das Vorkaufsrecht des § 24a BBauG war demgegenüber auf bebaute Grundstücke beschränkt, während § 24 Abs. 1 Nr. 4 BauGB – vor allem im Hinblick auf den Fall der Errichtung baulicher Anlagen gem. § 172 Abs. 1 S. 2 – das Vorkaufsrecht auch auf unbebaute Grundstücke ausdehnt.

38 Zur Erhaltung einer im Geltungsbereich einer Erhaltungssatzung gelegenen baulichen Anlage ist die **Enteignung** nach § 85 Abs. 1 Nr. 6 möglich. Die Enteignung kommt z. B. dann in Betracht, wenn nur noch durch die Enteignung dem Verfall eines erhaltenswerten Gebäudes entgegengewirkt werden kann und das öffentliche Interesse an der Erhaltung überwiegt. Dies kann auch dann der Fall sein, wenn dem Eigentümer z. B. eine Erhaltung des Gebäudes wirtschaftlich nicht zumutbar ist, das öffentliche Interesse an der Erhaltung des Gebäudes jedoch das private Interesse am Abbruch oder an einer Umgestaltung zum Zwecke einer wirtschaftlichen Nutzung überwiegt.

39 **8. Bauaufsicht.** § 172 enthält für den Fall, daß das Vorhaben ohne Genehmigung oder abweichend hiervon durchgeführt wird, keine selbständige Sanktionsregelung (vgl. aber zur Ordnungswidrigkeit Rn 40). Die Eingriffsmöglichkeiten ergeben sich in diesen Fällen aus dem **Landesbauordnungsrecht**. Danach können z. B. Bauarbeiten eingestellt werden, wenn Anlagen in Widerspruch zu öffentlich-rechtlichen Vorschriften errichtet, geändert, abgebrochen oder beseitigt werden. Zu den öffentlich-rechtlichen Vorschriften zählt auch eine Erhaltungssatzung. Sind Vorhaben ohne Genehmigung nach § 172 oder abweichend hiervon bereits ausgeführt, kann nach Landesbauordnungsrecht die Beseitigung oder Änderung der baulichen Anlage verlangt werden, soweit sie im Widerspruch zu öffentlich-rechtlichen Vorschriften (hier Erhaltungssatzung) stehen.

40 **9. Ordnungswidrigkeit.** Nach § 213 Abs. 1 Nr. 4 handelt ordnungswidrig, wer eine bauliche Anlage im Geltungsbereich einer Erhaltungssatzung ohne Genehmigung abbricht oder ändert. Die Ordnungswidrigkeit kann gem. § 213 Abs. 2 mit einer **Geldbuße** bis zu fünfzigtausend Deutsche Mark geahndet werden. Diese Regelung betrifft nur die Fälle des Abbruchs und der Änderung, nicht aber jene der Nutzungsän-

derung und der Errichtung baulicher Anlagen. Diese Differenzierung ist damit zu erklären, daß der Abbruch bundesrechtlich deshalb besonders zu bewehren ist, weil er nicht zum Vorhabenbegriff i. S. des §29 S. 1 rechnet. Was die Änderung baulicher Anlagen betrifft, ist eine besondere bundesrechtliche Bewehrung erforderlich, weil viele Fälle der Änderung unter die landesbauordnungsrechtlichen Freistellungsbestimmungen fallen. Dagegen ist die Errichtung baulicher Vorhaben ohne Genehmigung in der Regel von den entsprechenden Ordnungswidrigkeits-Bestimmungen des Landesbauordnungsrechts abgedeckt. Die Nutzungsänderung ist für eine Ordnungswidrigkeit sowohl für die Behörden wie für den Bürger nicht immer hinreichend bestimmbar und damit schwer zurechenbar.

10. Rechtschutz. Satzungen nach §172 unterliegen gem. §47 Abs. 1 Nr. 1 VwGO der **Normenkontrolle**. Als Antragsteller kommen nur Eigentümer eines Grundstücks (vgl. §200) im Erhaltungsgebiet in Betracht. In den Fällen des Abs. 1 S. 1 Nr. 2 und 3 können alle Häuser im Satzungsbereich betroffen sein. In den Fällen des Abs. 1 S. 1 Nr. 1 können demgegenüber nur Grundstücke mit städtebaulicher Qualität i. S. des Abs. 3 betroffen sein; nur die Eigentümer solcher Grundstücke können demgemäß einen Nachteil i. S. des §47 VwGO geltend machen. Wird die Genehmigung des Antrags versagt (§173), kann der **Verwaltungsakt** nach der VwGO angefochten werden. Zu den Besonderheiten, die sich für den Rechtsschutz aufgrund des besonderen („zweistufigen") **Ablaufprogramms** des Erhaltungsrechts ergeben, vgl. bereits Rn 21. **41**

11. Überleitung. Die Überleitungsvorschrift zur Erhaltungssatzung enthält §237 Abs. 3–5. Danach gelten Erhaltungssatzungen, die aufgrund von §39h BBauG erlassen worden sind als Satzungen nach §172 fort. Darüber hinaus sind die Gemeinden ermächtigt, die mit dem BauGB neu eingeführten Genehmigungstatbestände der Nutzungsänderung und der Errichtung baulicher Anlagen nachträglich im Wege der Satzungsänderung einzuführen (§237 Abs. 4). §237 Abs. 3 und 4 regeln Satzungs- bzw. Genehmigungsverfahren, die zum Zeitpunkt des Inkrafttretens des BauGB noch nicht abgeschlossen sind. Vgl. im einzelnen die Erl. zu §237. **42**

§173 Genehmigung, Übernahmeanspruch

(1) **Die Genehmigung wird durch die Gemeinde erteilt. Ist eine baurechtliche Genehmigung oder an ihrer Stelle eine baurechtliche Zustimmung erforderlich, wird die Genehmigung durch die Baugenehmigungsbehörde im Einvernehmen mit der Gemeinde erteilt; im Baugenehmigungs- oder Zustimmungsverfahren wird über die in §172 Abs. 3 bis 5 bezeichneten Belange entschieden.**

(2) **Wird in den Fällen des §172 Abs. 3 die Genehmigung versagt, kann der Eigentümer von der Gemeinde unter den Voraussetzungen**

des § 40 Abs. 2 die Übernahme des Grundstücks verlangen. § 43 Abs. 1, 4 und 5 sowie § 44 Abs. 3 und 4 sind entsprechend anzuwenden.

(3) Vor der Entscheidung über den Genehmigungsantrag hat die Gemeinde mit dem Eigentümer oder sonstigen zur Unterhaltung Verpflichteten die für die Entscheidung erheblichen Tatsachen zu erörtern. In den Fällen des § 172 Abs. 4 und 5 hat sie auch Mieter, Pächter und sonstige Nutzungsberechtigte zu hören.

(4) Die landesrechtlichen Vorschriften, insbesondere über den Schutz und die Erhaltung von Denkmälern, bleiben unberührt.

1 **1. Allgemeines.** § 173 regelt das Genehmigungsverfahren **(Abs. 1)**. Für die Fälle der Versagung der Genehmigung nach § 172 Abs. 3 enthält **Abs. 2** einen Übernahmeanspruch des Eigentümers. **Abs. 3** regelt die Beteiligung der Betroffenen vor der Entscheidung über den Genehmigungsantrag. **Abs. 4** bestimmt das Verhältnis zu landesrechtlichen Vorschriften.

2 **2. Genehmigungsverfahren (Abs. 1).** Die Genehmigung wird nach Abs. 1 durch die **Gemeinde** erteilt. Etwas anderes gilt, wenn die baurechtliche Genehmigung oder an ihrer Stelle eine baurechtliche Zustimmung erforderlich ist. In diesem Fall wird die Genehmigung durch die **Baugenehmigungsbehörde** und zwar im Einvernehmen mit der Gemeinde erteilt. Dann wird im Baugenehmigungs- oder Zustimmungsverfahren über die in § 172 Abs. 1 bezeichneten Belange entschieden; § 173 Abs. 1 Satz 2.

3 **3. Übernahmeanspruch (Abs. 2).** Erhaltungssatzungen nach § 172 haben **keine enteignende Wirkung**; vgl. hierzu auch BVerfG, DVBl. 1987, 465/466. Ein Eingriff in eine eigentumsrechtlich geschützte Position könnte sich erst aus der Versagung einer Genehmigung im Einzelfall ergeben (OVG Lüneburg, ZfBR 1983, 239). Dabei sind Art und Umfang der beabsichtigten Veränderung zu berücksichtigen. Abs. 2 S. 1 gewährt dem Eigentümer einen **Übernahmeanspruch gegen die Gemeinde**, wenn die Genehmigung in den Fällen des § 172 Abs. 3 versagt wird und dem Eigentümer die Erhaltung des Gebäudes wirtschaftlich nicht zuzumuten ist. Der Übernahmeanspruch bezieht sich sowohl auf die Fälle der Versagung des Abbruchs, der Änderung oder der Nutzungsänderung als auch der Errichtung einer baulichen Anlage (§ 172 Abs. 1 S. 3, Abs. 3 S. 2). Bei der Beurteilung der wirtschaftlichen

Unzumutbarkeit ist auf das **Gebäude** in seinem Erhaltungszustand und seinen Erhaltungsmöglichkeiten abzustellen; sog. **objektbezogene Beurteilung**. **Persönliche Verhältnisse** des Eigentümers, insbesondere seine sonstigen Vermögensverhältnisse bleiben außer Betracht. Die Erhaltung einer baulichen Anlage ist unzumutbar, wenn die Kosten ihrer Bewirtschaftung nicht durch ihre Erträge oder den Nutzungswert aufgewogen werden können (vgl. entsprechend § 172, Rn 35; Bielenberg/Stock, in: E/Z/B, § 173, Rn 37).

§ 39h Abs. 6 S. 3 BBauG bestimmte weiterhin, daß bei der Beurteilung der wirtschaftlichen Unzumutbarkeit auch zu berücksichtigen ist, ob und in welchem Umfang für die bauliche Maßnahme auch **Mittel öffentlicher Haushalte** zur Verfügung gestellt werden können. Die Regelung ist in das BauGB nicht übernommen worden; sie enthielt jedoch einen allgemeinen Rechtsgedanken, der auch weiterhin bei Entscheidungen nach § 173 wie auch bei sonstigen Vorschriften (z. B. bei den städtebaulichen Geboten nach §§ 175 ff.) zu beachten ist. **4**

Eine Sonderregelung, auf die § 173 Abs. 2 keine Anwendung findet, enthält **§ 172 Abs. 4 S. 2, Abs. 5 S. 3** für solche Fälle, in denen die Genehmigung zu versagen wäre, jedoch im Hinblick auf die wirtschaftliche Unzumutbarkeit zu erteilen ist (vgl. § 172, Rn 35, 36). **5**

4. Erörterung (Abs. 3). Nach Abs. 3 S. 1 hat die Gemeinde (also nicht die gem. Abs. 1 S. 2 über den Antrag entscheidende Baugenehmigungsbehörde) vor Entscheidung über den Antrag mit dem Eigentümer oder sonstigen zur Unterhaltung Verpflichteten die Möglichkeit der Erhaltung und Nutzung des Gebäudes sowie der Unterstützung bei der Erhaltung zu **erörtern**. In den Fällen des § 172 Abs. 4 und Abs. 5 sind nach Abs. 3 S. 2 auch die Mieter, Pächter und sonstigen Nutzungsberechtigten zu hören. Die Vorschrift entspricht § 175 Abs. 1. Die Erörterung soll auch dazu beitragen, daß bestehende Förderungsmöglichkeiten in Anspruch genommen und damit Übernahmeansprüche nach Abs. 2 vermieden werden können; BVerfG, DVBl. 1987, 465/466 hebt die Bedeutung der Erörterungspflicht zur Vermeidung übermäßig belastender Folgen für die Eigentümer zu erhaltender baulicher Anlagen hervor. **6**

5. Verhältnis zu landesrechtlichen Vorschriften (Abs. 4). Abs. 4 stellt – entsprechend § 175 Abs. 5 – klar, daß die bodenrechtlichen Regelungen der Erhaltungssatzung die landesrechtliche Kompetenz für das Denkmalschutzrecht unberührt lassen. **7**

§ 174 Ausnahmen

(1) **§ 172 ist nicht auf Grundstücke anzuwenden, die den in § 26 Nr. 2 bezeichneten Zwecken dienen, und auf die in § 26 Nr. 3 bezeichneten Grundstücke.**

(2) **Befindet sich ein Grundstück der in Absatz 1 bezeichneten Art im Geltungsbereich einer Erhaltungssatzung, hat die Gemeinde den Bedarfsträger hiervon zu unterrichten. Beabsichtigt der Bedarfsträger ein Vorhaben im Sinne des § 172 Abs. 1, hat er dies der Gemeinde anzuzeigen. Der Bedarfsträger soll auf Verlangen der Gemeinde von dem Vorhaben absehen, wenn die Voraussetzungen vorliegen, die die Gemeinde berechtigen würden, die Genehmigung nach § 172 zu versagen, und wenn die Erhaltung oder das Absehen von der Errichtung der baulichen Anlage dem Bedarfsträger auch unter Berücksichtigung seiner Aufgaben zuzumuten ist.**

1 **1. Anwendungsbereich.** § 174 stellt Grundstücke, die bestimmten öffentlichen Zwecken dienen, von der Anwendung des § 172 frei (**Abs. 1**), unterwirft sie aber einer besonderen, die Erhaltungsziele zum Tragen bringenden Regelung (**Abs. 2**). Entsprechende Sonderregelungen gelten für das Vorkaufsrecht (§ 26 Nr. 2 und Nr. 3), für das Sanierungsrecht (§ 139 Abs. 4) und für die städtebaulichen Gebote (§ 175 Abs. 4). Vgl. weiterhin §§ 37, 38.

2 Die Aufzählung der **privilegierten Grundstücke** in Abs. 1 i. V. m. § 26 Nr. 2 und Nr. 3 ist abschließend. Für alle sonstigen Grundstücke der öffentlichen Hand findet § 172 Anwendung.

3 **2. Pflichten der Bedarfsträger.** In § 174 läßt die Einbeziehung von Grundstücken i. S. des § 174 Abs. 1 in den Geltungsbereichen einer Erhaltungssatzung zu. Er nimmt lediglich die Rechtswirkungen des § 172 für diese Grundstücke aus. Zum Verhältnis zu anderen Verfahren vgl. eingehend Bielenberg/Stock, BauGB, § 172, Rn 12 ff.

4 Nach **Abs. 2 S. 1** hat die Gemeinde den **Bedarfsträger** davon zu **unterrichten,** daß sein Grundstück im Geltungsbereich einer Erhaltungssatzung liegt. Hierdurch wird sichergestellt, daß der Bedarfsträger der ihm nach **Abs. 2 S. 2** obliegenden Verpflichtung, ein Vorhaben i. S. des § 172 der Gemeinde anzuzeigen, nachkommt. Auf **Verlangen der Gemeinde** ist der Bedarfsträger darüber hinaus **verpflichtet,** § 172 bei eigenen Vorhaben zu beachten.

5 Nach **Abs. 2 S. 3** darf der Bedarfsträger hiervon nur absehen, wenn ihm die Erhaltung oder das Absehen von der Errichtung der baulichen Anlage auch unter Berücksichtigung seiner Aufgaben **nicht zuzumuten** ist. Der Bedarfsträger hat die Gründe zu substantiieren. Für die von ihm zu treffende Abwägung benötigt er die Kenntnis der Erhaltungsziele. Er muß sie im Hinblick auf die Zumutbarkeitsklausel sachgerecht gewichten (vgl. weiterhin Bielenberg/Stock aaO, Rn 22 ff.).

6 Die Gemeinde hat einen **Anspruch auf Bescheidung** durch den Bedarfsträger. Die Entscheidung ist ein **Verwaltungsakt,** gegen den die Gemeinde **verwaltungsgerichtlich** vorgehen kann (Bielenberg/Stock aaO, Rn 28).

Zweiter Abschnitt. Städtebauliche Gebote

Vorbemerkung zu den §§ 175 bis 179

Übersicht

1. Rechtsentwicklung: StBauFG 1971, BBauG 1976, BauGB 1987. In **1**
§§ 19–21 StBauFG 1971 waren das Abbruchgebot, das Baugebot und
das Modernisierungsgebot enthalten. Aufgrund der Novelle 1976 wur-
den die Gebote im StBauFG gestrichen und in das BBauG übernom-
men. Sie waren im Abschnitt 1 a (Anordnung von Baumaßnahmen,
Pflanzgebot, Nutzungsgebot, Abbruchgebot und Erhaltung baulicher
Anlagen) des Dritten Teils und zwar zusammen mit der Erhaltungssat-
zung (bisher § 39h BBauG) geregelt. Im BauGB sind diese Bestim-
mungen nunmehr in das Zweite Kapitel, Dritter Teil „Erhaltungssat-
zung und städtebauliche Gebote" übernommen worden. Die Erhal-
tungssatzung ist im Ersten Abschnitt (§§ 172–175), die städtebaulichen
Gebote sind im Zweiten Abschnitt (§§ 175–179) geregelt. Das BauGB-
MaßnahmenG enthält in § 8 eine das Baugebot (§ 176 BauGB) ergän-
zende Regelung.

Die Neuregelung im BauGB hat die städtebaulichen Gebote im **2**
wesentlichen unverändert gegenüber dem BBauG übernommen. Le-
diglich das in der Praxis (wohl wegen der engen Anwendungsvoraus-
setzungen) weitgehend bedeutungslose **Nutzungsgebot** (§ 39 c BBauG)
ist nicht übernommen worden; zur **Überleitung** vgl. § 237 Abs. 2. In
§ 177 **(Modernisierungs- und Instandsetzungsgebot)** sind die Gebots-
regelungen selbst (früher § 39 e BBauG) mit der Kostenerstattungsrege-
lung (früher § 43 Abs. 1 und 2 StBauFG) gemeinsam geregelt. Aber
auch § 43 Abs. 3 und 4 StBauFG ist weiterhin anzuwenden; und zwar
gem. § 245 Abs. 11 S. 1 BauGB (vgl. die Erl. zu § 245 Abs. 11).

2. Bedeutung der Regelungen im System des BauGB. Die Festset- **3**
zungen im Bebauungsplan lösen keine unmittelbare Verpflichtung zu
ihrer Verwirklichung aus. Das Städtebaurecht kennt hierzu ein geson-
dertes Instrumentarium, nämlich die Bodenordnung (Vierter Teil,
§§ 45 ff.), die Enteignung (Fünfter Teil, §§ 85 ff.) sowie die Gebote des
Zweiten Abschnitts, Dritter Teil, Zweites Kapitel (§§ 175 ff.). Die
gemeindlichen Anordnungen nach §§ 176 ff. dienen jedoch nicht nur
der Verwirklichung von Bebauungsplänen. In den Fällen des Baulük-

ken-Baugebots (§ 176 Abs. 2) sowie des Modernisierungs- und Instandsetzungsgebots (177e) können die Gebote auch außerhalb von Bebauungsplan-Gebieten angeordnet werden. Die frühere übliche Bezeichnung der Gebote als **„Planverwirklichungsgebote"** ist daher nur z. T. zutreffend gewesen. Das BauGB hat hierfür die neue Bezeichnung **„städtebauliche** Gebote" eingeführt; die Gebote werden zutreffend auch als **„Positivpflichten"** der Bodennutzung bezeichnet (vgl. Papier, in: Maunz/Dürig, Art. 14, Rn 408).

4 Die besonderen Ermächtigungen an die Gemeinde durch die §§ 175 bis 179 zur Anordnung der Durchführung oder Duldung bestimmter baulicher Maßnahmen dienen der **Verwirklichung der städtebaulichen Ordnung und Entwicklung** in einem Bereich, in dem Gemeinde, Eigentümer, Nutzungsberechtigte und Investoren wegen eines übergeordneten öffentlichen (städtebaulichen) Interesses in besonders hohem Maße zur Kooperation aufgefordert sind (vgl. Schmidt-Aßmann, NJW 1976, 1916). Die Gebote sind als Eingriffsinstrumente ausgestaltet; sie sind jedoch von der Grundvorstellung eines Einvernehmens zwischen den Beteiligten getragen. Dies ergibt sich aus § 175 Abs. 1 (vgl. dort Rn 3). Die Bestimmungen des Zweiten Abschnitts konkretisieren vor allem **Sozialpflichten des Eigentums** (vgl. zur Baupflicht nach den Aufbaugesetzen als Inhaltsbestimmungen des Eigentums bereits BVerwGE 7, 297/299) und richten sich somit als Verpflichtungen an den Eigentümer. Die Fälle der tatsächlichen Anordnung von Geboten sollten daher die Ausnahme sein. Die Gebote sind, wie sich insbesondere aus der relativ „schwachen" (beim Baugebot) bzw. sehr verwaltungsaufwendigen Ausgestaltung des Durchsetzungsinstrumentariums ergibt, vor allem dazu geeignet, von der aktiven, auf Verwirklichung der geplanten städtebaulichen Ordnung hinwirkenden Gemeinde als **Verfahrensanleitung** genutzt zu werden, weniger dagegen als eigenständige Eingriffsinstrumente. Zur praktischen Anwendung und Bedeutung vgl. Schäfer, Planverwirklichungsgebote in der Praxis, Berlin 1983. Einen Überblick über die Anwendungsvoraussetzungen und -möglichkeiten insbesondere im Rahmen der Stadt- und Dorferneuerung und -erhaltung gibt Köhler, Die Planverwirklichungsgebote als Instrumente des Städtebaurechts, Göttingen 1985.

5 **3. Überblick. a) Baugebot (§ 176).** § 176 ermächtigt die Gemeinde zur Anordnung eines Bebauungsgebots (§ 176 Abs. 1 Nr. 1) im Geltungsbereich eines Bebauungsplans und der Anpassung eines vorhandenen Gebäudes oder einer vorhandenen sonstigen baulichen Anlage entsprechend den Festsetzungen eines Bebauungsplans (Anpassungsgebot, § 176 Abs. 1 Nr. 2). Nach § 176 Abs. 2 kann das Baugebot auch in § 34-Gebieten, insbesondere zur Schließung von Baulücken, angeordnet werden. § 8 BauGB-MaßnahmenG enthält überwiegend ergänzende („klarstellende") Regelungen zu § 176 BauGB; eine materielle Änderung enthält § 8 Abs. 4 S. 2 BauGB-MaßnahmenG.

 b) Modernisierungs- und Instandsetzungsgebot (§ 177). § 177 er-

mächtigt die Gemeinde zur Anordnung eines Modernisierungsgebots zur Beseitigung von Mißständen einer baulichen Anlage oder eines Instandsetzungsgebots zur Behebung von Mängeln einer baulichen Anlage, und zwar unbeschadet des Vorliegens eines Bebauungsplans.

c) Pflanzgebot (§178). Nach §178 kann die Gemeinde durch ein Pflanzgebot anordnen, daß der Eigentümer sein Grundstück entsprechend der nach §9 Abs. 1 Nr. 25 getroffenen Festsetzung zu bepflanzen hat.

d) Abbruchgebot (§179). Im Geltungsbereich eines qualifizierten Bebauungsplans kann die Gemeinde den Eigentümer zur Duldung der Beseitigung baulicher Anlagen verpflichten, wenn diese den Festsetzungen des Bebauungsplans nicht entsprechen und nicht angepaßt werden können (§179 Abs. 1 S. 1 Nr. 1) oder Mißstände oder Mängel i. S. des §177 Abs. 2 und Abs. 3 S. 1 aufweisen, die auch durch eine Modernisierung oder Instandsetzung nicht behoben werden können (§179 Abs. 1 S. 1 Nr. 2).

4. Verfahren. Die Gemeinde ist nach §175 Abs. 1 verpflichtet, vor Erlaß eines städtebaulichen Gebots mit den Eigentümern, Mietern, Pächtern und sonstigen Nutzungsberechtigten die beabsichtigte Maßnahme zu **erörtern** und die Beteiligten im Rahmen ihrer Möglichkeiten zu **beraten**. Derartige Erörtungspflichten können sich im übrigen auch nach §180 (Sozialplan) ergeben (hierzu auch §175, Rn 1). **6**

Die städtebaulichen Gebote werden durch **Verwaltungsakt** gegenüber dem Eigentümer angeordnet. Sie können **gem. VwGO angefochten** werden. Gegenüber Mietern, Pächtern und sonstigen Nutzungsberechtigten kann nach §175 Abs. 3 die Duldung der Maßnahmen nach den §§176 bis 179 angeordnet werden. **7**

Im Rahmen der **Umlegung** können das Bau-, Modernisierungs-, Instandsetzungs- oder Pflanzgebot nach §59 Abs. 7 bei der Zuteilung von Grundstücken an die Umlegungsstelle (Gemeinde) oder – auf Antrag der Gemeinde – vom Umlegungsausschuß angeordnet werden; zur Beseitigung von Gebäuden oder sonstigen Anlagen vgl. §59 Abs. 8. Die gemeindlichen Befugnisse zur Anordnung eines städtebaulichen Gebots bleiben von dieser Ermächtigung zur Verfahrenskonzentration unberührt; vgl. §59 Abs. 9. **8**

§175 Allgemeines

(1) **Beabsichtigt die Gemeinde, ein Baugebot (§176), ein Modernisierungs- oder Instandsetzungsgebot (§177), ein Pflanzgebot (§178) oder ein Abbruchgebot (§179) zu erlassen, soll sie die Maßnahme vorher mit den Betroffenen erörtern. Die Gemeinde soll die Eigentümer, Mieter, Pächter und sonstigen Nutzungsberechtigten im**

Rahmen ihrer Möglichkeiten beraten, wie die Maßnahme durchgeführt werden kann und welche Finanzierungsmöglichkeiten aus öffentlichen Kassen bestehen.

(2) Die Anordnung von Maßnahmen nach den §§ 176 bis 179 setzt voraus, daß die alsbaldige Durchführung der Maßnahmen aus städtebaulichen Gründen erforderlich ist.

(3) Mieter, Pächter und sonstige Nutzungsberechtigte haben die Durchführung der Maßnahmen nach den §§ 176 bis 179 zu dulden.

(4) Die §§ 176 bis 179 sind nicht auf Grundstücke anzuwenden, die in § 26 Nr. 2 bezeichneten Zwecken dienen, und auf die in § 26 Nr. 3 bezeichneten Grundstücke. Liegen für diese Grundstücke die Voraussetzungen für die Anordnung eines Gebots nach den §§ 176 bis 179 vor, soll auf Verlangen der Gemeinde der Bedarfsträger die entsprechenden Maßnahmen durchführen oder ihre Durchführung dulden, soweit dadurch nicht die Erfüllung seiner Aufgaben beeinträchtigt wird.

(5) Die landesrechtlichen Vorschriften, insbesondere über den Schutz und die Erhaltung von Denkmälern, bleiben unberührt.

Übersicht

1 **1. Erörterung und Beratung (Abs. 1).** Vor Erlaß eines Gebots nach §§ 176, 177, 178 oder 179 ist die Gemeinde nach Abs. 1 zur **Erörterung (Abs. 1 S. 1) und Beratung (Abs. 1 S. 2)** verpflichtet. Sofern die Gemeinde wegen erheblich nachteiliger Auswirkungen eines Bebauungsplans oder in der Sanierung einen Sozialplan aufzustellen hat (vgl. § 180 Abs. 1), kann sie die Erörterungen und Beratungen nach Abs. 1 und nach § 180 Abs. 1 verbinden (vgl. auch Bielenberg, in: E/Z/B, Vorbem. zu §§ 175–179, Rn 10a). Das gilt entsprechend für die Fälle der Aufstellung eines Sozialplans gem. § 172 Abs. 5 S. 2 (Erhaltungssatzung für Fälle einer Umstrukturierung des Gebiets) oder die Erörterung mit den von einer Sanierung Betroffenen sowie deren Beratung gem. § 137 S. 1 und S. 2.

2 **Adressaten** der Beratung und Erörterung sind alle von dem Gebot betroffenen Nutzungsberechtigten, also Eigentümer, Mieter und Pächter und sonstige dinglich oder obligatorisch Nutzungsberechtigte; dagegen nicht andere Rechtsinhaber (z. B. einer Hypothek; vgl. hierzu auch § 179 Abs. 1 S. 2, § 179, Rn 8 und 10).

Erörterung und Beratung sind **Rechtspflichten der Gemeinde**, die 3
weitergehen als der Anspruch auf die Gewährung rechtlichen Gehörs.
Sie zielen darauf, die Voraussetzungen für den Erlaß des Gebots festzu-
stellen und zu erörtern. Soweit dies für die Anordnung der einzelnen
Gebote erforderlich ist, sind in diesem Rahmen auch die objektive und
subjektive wirtschaftliche Zumutbarkeit der Maßnahmen zu prüfen
einschließlich ihrer finanziellen und sozialen Zumutbarkeit (vgl. § 176
Abs. 3 und 4, § 177 Abs. 4, § 179 Abs. 2 und 3). Die für die Anhörung
i. S. d. § 28 VwVfG geltenden Grundsätze können auf die Erörterung
i. S. d. § 175 Abs. 1 entsprechend angewendet werden; hiernach genügt
eine Gemeinde der Pflicht zur Erörterung bereits dann, wenn sie den
Betroffenen Gelegenheit zur Erörterung gibt. Unterbleibt die Erörte-
rung aus Gründen, die in der Sphäre des Betroffenen liegen, ist die
Gemeinde nicht gehindert, das Gebot zu erlassen (VG Köln, ZfBR
1986, 250, Leitsatz).

Erörterung und Beratung sollen darüber hinaus die Verwrklichung 3a
der beabsichtigten Baumaßnahme ermöglichen. Insoweit ist das Gebot
nur ultima ratio. Abs. 1 verdeutlicht, daß auch bei Vorliegen der
tatbestandsmäßigen Voraussetzungen für die Anordnung der Gebote
die freiwillige, **einvernehmliche Durchführung** im Vordergrund steht
(vgl. Vorbem. zu den §§ 175–179, Rn 4; vgl. weiterhin Bielenberg aaO,
Rn 11). Hierzu kommt der Beratung über Finanzierungsmöglichkeiten
aus **öffentlichen Kassen**, d. h. über direkte Subventionen sowie steuer-
liche Vergünstigungen, besondere Bedeutung zu. Im Regelfall sollte
daher die Gebotsanordnung nach durchgeführter Erörterung und Bera-
tung nicht mehr erforderlich sein, sei es weil der Eigentümer zur
Durchführung bereit ist oder weil sich Umstände ergeben, die von der
Anordnung Abstand nehmen lassen. Von der Anordnung eines Gebots
ist abzusehen, wenn der Verpflichtete bereit und in der Lage ist, die
Maßnahme in angemessener Zeit zu erfüllen. Zur Abwendung ist
insbesondere eine **öffentlich-rechtliche** Vereinbarung zulässig und ge-
eignet; vgl. auch § 124 Abs. 2 (Bielenberg in: B/K/S, Rn 450).

2. Erforderlichkeit (Abs. 2). Die Gebote dürfen nach Abs. 2 nur 4
angeordnet werden, wenn ihre alsbaldige Durchführung aus städtebau-
lichen Gründen erforderlich ist. Aus **städtebaulichen Gründen** ist die
Durchführung nicht bereits dann erforderlich, wenn ein **Bebauungs-
plan** vorliegt (BVerwG, ZfBR 1990, 143). Dies ergibt sich schon
daraus, daß die Gebote – abgesehen vom Baulückenfall des § 176 Abs. 2
und dem Modernisierungs- und Instandsetzungsgebot des § 177 –
ohnehin nur im Geltungsbereich eines Bebauungsplans erlassen werden
dürfen. Ein Bebauungsplan weist zunächst nur die zulässige Nutzung
aus, ohne jedoch gleichzeitig eine hierauf bezogene Baupflicht des
Eigentümers zu begründen.

Die städtebaulichen Gründe, die die alsbaldige Durchführung der 5
Planverwirklichung nach Abs. 2 erfordern, können nicht ohne weiteres
mit allen sich aus der städtebaulichen Ordnung und Entwicklung

ergebenden Bedürfnissen gleichgesetzt werden. Vielmehr müssen im Einzelfall die städtebaulichen Gründe in der Gewichtung und bei der Abwägung die privaten Belange, die gegen die sofortige Planverwirklichung vorgebracht werden, merklich überwiegen. Bei der Verwirklichung eines Bebauungsplans müssen daher ohne die Durchführung der beabsichtigten Maßnahmen etwa im Hinblick auf vorhandene Baulücken **bodenrechtliche Spannungen** vorliegen, denen gegenüber die Belange der betroffenen Eigentümer hintanzustellen sind; vgl. auch die zur Auslegung nutzbar zu machende und von der Rspr. entwickelte Dogmatik zum Begriff des „Einfügens" (§ 34 Abs. 1) i. S. der Gewährleistung bodenrechtlicher „Harmonie" zur Verhinderung bodenrechtlich beachtlicher Spannungen (BVerwGE 55, 370 sowie § 34, Rn 17). Als städtebaulicher Grund kommt weiterhin nicht jedes **öffentliche Interesse** in Betracht; kein städtebaulicher Grund ist daher z. B. ein ausschließlich der Wohnungsaufsicht oder Wohnungspflege dienendes Interesse (Bielenberg aaO, Rn 35). Aus dem jeweiligen bodenrechtlichen Spannungsverhältnis muß sich auch ergeben, daß die Durchführung geboten, d. h. ihre **alsbaldige Durchführung** erforderlich ist (Bielenberg, in: B/K/S, Rn 447).

6 Als **Anhaltspunkt** für das Erfordernis der alsbaldigen Durchführung der Maßnahme aus städtebaulichen Gründen kann z. B. gelten (vgl. hierzu auch BT-Drs. 9/746, S. 16), daß sich die Maßnahme auf Baulücken bezieht, deren Schließung die Gemeinde zur geordneten Entwicklung des Gemeindegebiets beabsichtigt oder deren Schließung zur Beseitigung einer Verunstaltung des Straßen- oder Ortsbilds erforderlich ist oder daß sich die Maßnahme auf nach § 89 veräußerte Grundstücke oder auf Ordnungs- und Baumaßnahmen bezieht, die im Rahmen von Sanierungs- oder Entwicklungsmaßnahmen (vgl. § 146) verwirklicht werden sollen. Als städtebaulicher Grund von besonderer Bedeutung kommt z. B. die Absicht einer Gemeinde in Betracht, durch Baulückenschließung die vorhandenen (und häufig zumindest teilweise bereits „versiegelten") Bauflächen besser auszunutzen, eine stärkere Wohnbebauung oder verbrauchernahe Versorgung zu ermöglichen, um der Entvölkerung der Innenstadt entgegenzuwirken, die Verkehrsanbindungen in die Randzonen der Stadt zu entlasten und die noch unbebauten Grünflächen am Rand der Stadt zu schonen (vgl. hierzu insbesondere das Bodenschutzgebot des § 1 Abs. 5 S. 3). Vgl. auch OVG Hamburg, U. v. 31. 10. 1986 – Bf II 4/86 –, das auf die Beeinträchtigung z. B. folgender städtebaulicher Interessen abhebt, die den Erlaß eines Baugebots erforderlich machen können: Eine städtebauliche Gesamtkonzeption kann nicht verwirklicht werden, weil auf einem bestimmten Grundstück nicht planmäßig gebaut wird; die nicht planmäßige Bebauung behindert die städtebauliche Entwicklung des Plangebiets insgesamt; der fehlende Planvollzug hat erhebliche negative Auswirkungen auf die Umgebung des nicht plangemäß genutzten Grundstücks.

Nach **§ 8 Abs. 1 BauGB-MaßnahmenG** kann in den Fällen des Bau- **6a**
gebots (§ 176 BauGB) im Rahmen städtebaulicher Gründe auch ein
dringender Wohnbedarf der Bevölkerung berücksichtigt werden (vgl.
bereits Rn 6). Die Regelung hat klarstellende Bedeutung. Im übrigen
kann dies ein auch beim Modernisierungs- und Instandsetzungsgebot
(§ 177) beachtlicher städtebaulicher Grund sein.

3. Duldungspflicht (Abs. 3). Die Durchführung der Gebote nach **7**
den §§ 176–179 setzt voraus, daß die zur Nutzung des Grundstücks
oder der baulichen Anlage Berechtigten, vor allem also die Mieter und
Pächter, die Durchführung der Maßnahmen dulden. Abs. 3 (früher
§ 39 f BBauG) verpflichtet die Nutzungsberechtigten hierzu. Die **Dul-
dungspflicht** bezieht sich auf die Maßnahmen zur Durchführung der
Gebote, d. h. die Errichtung oder Anpassung einer baulichen Anlage,
die Beseitigung des Gebäudes, die Modernisierung usw. Die Dul-
dungspflicht umfaßt auch die **Räumungspflicht**, wenn zur Durchfüh-
rung der in § 177 bezeichneten Maßnahmen die nur vorübergehende
Räumung der Miet- oder Pachtsache erforderlich ist, weil andernfalls
Mißstände oder Mängel nicht oder zumindest nicht fristgemäß durch
entsprechende Baumaßnahmen beseitigt oder behoben werden können
und wenn das Miet-, Pacht- und sonstige Nutzungsrechtsverhältnis
trotz der Maßnahmen nach § 177 inhaltlich und nach den erfaßten
räumlichen Gegenständen erhalten bleiben kann (VGH Mannheim,
BWGZ 1984, 503 = BRS 40 Nr. 231).

Die Duldungspflicht ist eine gesetzliche Nebenwirkung des Bau-, **8**
Modernisierungs-, Instandsetzungs-, Pflanz- oder Abbruchgebots. Das
Gebot begründet insoweit eine besondere **öffentlich-rechtliche** Pflicht
(Lemmel, in: BK, § 175, Rn 8) der Nutzungsberechtigten. Abs. 1 sieht
bereits die Erörterung und Beratung wegen eines beabsichtigten Gebo-
tes auch mit Mietern, Pächtern und sonstigen Nutzungsberechtigten
vor. Gegenüber diesen kann also auch der förmliche Erlaß einer **Dul-
dungsverfügung** in Betracht kommen. Die Gemeinde kann hierzu die
Bescheide über die Anordnung der Gebote auch den Nutzungsberech-
tigten zustellen. Die Duldungsverfügung kann mit den Mitteln des
Verwaltungszwangs (nach landesrechtlichem Verwaltungsvollstrek-
kungsrecht), insbesondere durch Zwangsgeld oder unmittelbaren
Zwang durchgesetzt werden. Unbeschadet eines förmlichen Bescheids
über die Verpflichtung zur Duldung, können die von dem an den
Eigentümer ergangenen Gebot betroffenen Nutzungsberechtigten die-
ses selbständig anfechten (Lemmel aaO).

Auch **im zivilrechtlichen Innenverhältnis** zum Eigentümer hat die **9**
Duldungspflicht Bedeutung: Auch der Eigentümer kann vom Nut-
zungsberechtigten die Duldung der Maßnahmen verlangen. Sofern die
Durchführung der Maßnahmen nach §§ 176–179 innerhalb der beste-
henden Vertragsverhältnisse nicht möglich, sondern die Aufhebung,
Beendigung oder Verlängerung der Gebrauchs- oder Nutzungsverhält-
nisse erforderlich ist, ermächtigt hierzu § 182 Abs. 1.

10 **4. Ausnahmen für Grundstücke besonderer Zweckbestimmung (Abs. 4). Abs. 4 S. 1** i. V. m. § 26 Abs. 2 und Nr. 3 stellt Grundstücke, die bestimmten öffentlichen Zwecken dienen, von der Anwendung der §§ 176–179 frei. Vergleichbare Privilegierungen bestehen für die Regelungen über das gesetzliche Vorkaufsrecht (§ 26 Nr. 2 und Nr. 3) sowie für Grundstücke im Gebiet einer Erhaltungssatzung (§ 174 Abs. 1). Vgl. weiterhin § 139 Abs. 4: Bei entsprechenden Fallgestaltungen in der Sanierung unterliegen die Grundstücke den Bestimmungen des Sanierungsrechts; jedoch bedarf die Durchführung der Sanierungsmaßnahmen der Zustimmung des jeweiligen Bedarfsträgers. Für alle sonstigen, also für die in Abs. 4 nicht bezeichneten Grundstücke der öffentlichen Hand, finden die Bestimmungen der §§ 176–179 uneingeschränkt Anwendung.

11 Im Hinblick auf Vorhaben, die auf den in **Abs. 4 S. 1** genannten Grundstücken beabsichtigt sind, kann kein Gebot zur Durchführung baulicher Maßnahmen i. S. der §§ 176–179 erlassen bzw. die Duldung der Durchführung entsprechender Maßnahmen nicht angeordnet werden. **Abs. 4 S. 2** enthält jedoch die Verpflichtung der Bedarfsträger zur Durchführung oder Duldung **auf Verlangen der Gemeinde**, soweit die Bedarfsträger dadurch nicht in Erfüllung ihrer Aufgaben beeinträchtigt werden. Der Bedarfsträger kann sich also nur ausnahmsweise, nämlich in Fällen übergeordneter Gesichtspunkte diesen Pflichten entziehen. Abs. 4 S. 2 begründet eine Rechtspflicht der Bedarfsträger. Das **Verlangen** der Gemeinde nach Abs. 4 S. 2 ist ein **Verwaltungsakt** (Bielenberg, in: B/K/S, Rn 447). Bei der Geltendmachung des Verlangens ist abzuwägen zwischen den Anforderungen, die sich aus den städtebaulichen Geboten ergeben sowie den Auswirkungen auf die Aufgabenerfüllung durch die Bedarfsträger (vgl. entsprechend die Erl. zu § 174, Rn 2).

12 **5. Landesrechtliche Vorschriften (Abs. 5).** Nach **Abs. 5** bleiben bei der Anwendung der §§ 176–179 landesrechtliche Vorschriften unberührt, sind also daneben zu beachten. Das Gesetz hebt besonders die Vorschriften über den Schutz und die Erhaltung von **Denkmälern** hervor, wie er in den landesrechtlichen Denkmalschutzgesetzen geregelt ist. Dieser Vorbehalt beugt insoweit auch verfassungsrechtlichen Vorbehalten im Hinblick auf eine Kompetenz des Landesgesetzgebers vor; vgl. auch § 85 Abs. 2 Nr. 2 und die Erläuterung hierzu. Bei Abbruch- und Modernisierungsmaßnahmen ist daher z. B. der landesrechtliche Denkmalschutz zu beachten (Schlichter aaO, Rn 5); vgl. weiterhin die Erl. zu § 173 Abs. 4. Unberührt bleiben insbesondere auch die landesrechtlichen Vorschriften über das Baugenehmigungsverfahren: die Anordnung eines Baugebots ersetzt daher nicht die **Baugenehmigung** (Lemmel aaO, Rn 11).

13 **6. Verhältnis zu sonstigen Vorschriften.** § 175 enthält keine ausdrückliche Konkurrenzregelung gegenüber anderen bundes- und landesrechtlichen Vorschriften, die die Verpflichtung zur Durchführung oder Duldung von Maßnahmen der in den §§ 176–179 bezeichneten

Art enthalten. Vgl. dagegen ausdrücklich §39a Abs. 4 BBauG. Die Anwendung solcher öffentlich-rechtlicher Vorschriften (z. B. speziellere bundesrechtliche, z. B. gewerberechtliche, oder landesrechtliche, z. B. bauordnungs- oder baudenkmalschutzrechtliche, Vorschriften) neben §§176 bis 179 versteht sich von selbst und bedarf nicht der (allenfalls einer die Rechtslage klarstellenden) Regelung (wie hier Bielenberg, in: B/K/S, Rn 444; Lemmel aaO, Rn 12).

7. Verhältnis zur Enteignung. Die Voraussetzungen für die Anordnung eines Gebots nach §§176–179 und für die Enteignung können nebeneinander vorliegen. §87 Abs. 4 bestimmt hierzu, daß die Zulässigkeit der Enteignung durch die Vorschriften des Dritten Teils des Zweiten Kapitels (Erhaltungssatzung, städtebauliche Gebote) nicht berührt wird. Besonders beim **Baugebot** können gleichzeitig die Voraussetzungen der Enteignung vorliegen; vgl. §85 Abs. 1 Nr. 1 und 2 sowie §85 Abs. 1 Nr. 5, §87 Abs. 3 S. 2. Gebote und Enteignung sind – wie §87 Abs. 4 verdeutlicht – selbständig anwendbare Regelungen. Das Gesetz sieht zwischen ihnen **kein abgestuftes Verfahren** vor. Insbesondere ist bei Vorliegen der Voraussetzungen der Enteignung das Gebotsverfahren **nicht** in der Art eines „Vorverfahrens" der Enteignung durchzuführen; vgl. BVerwG, ZfBR 1990, 143 sowie §8 Abs. 3 BauGB-MaßnahmenG. Dies schließt nicht aus, daß es im Einzelfall geboten sein mag, daß die Gemeinde das Baugebot als gegenüber der Enteignung milderes Mittel vorzieht; dies jedoch nur dann, wenn das Baugebot gleichermaßen geeignet ist (hierzu Löhr, ZfBR 1981, 258). Steht jedoch bereits aufgrund der Erörterung nach Abs. 1 oder wegen objektiver und wirtschaftlicher Unzumutbarkeit (§176 Abs. 3) fest, daß das Baugebot vom Eigentümer nicht befolgt wird, so ist die Gemeinde nicht gehindert, unmittelbar die Enteignung zu betreiben. Zum Verhältnis Baugebot zu Enteignung vgl. weiterhin §176, Rn 12 sowie Weyreuther, BauR 1974, 7/16, der im Hinblick auf die fehlende selbständige Sanktionsmöglichkeit die Umgestaltung des Baugebots als Mittel der Enteignungsabwendung vorschlägt.

§176 Baugebot

(1) **Im Geltungsbereich eines Bebauungsplans kann die Gemeinde den Eigentümer durch Bescheid verpflichten, innerhalb einer zu bestimmenden angemessenen Frist**

1. **sein Grundstück entsprechend den Festsetzungen des Bebauungsplans zu bebauen oder**

2. **ein vorhandenes Gebäude oder eine vorhandene sonstige bauliche Anlage den Festsetzungen des Bebauungsplans anzupassen.**

(2) **Das Baugebot kann außerhalb der in Abs. 1 bezeichneten Gebiete, aber innerhalb im Zusammenhang bebauter Ortsteile ange-**

ordnet werden, um unbebaute oder geringfügig bebaute Grundstücke entsprechend den baurechtlichen Vorschriften zu nutzen oder einer baulichen Nutzung zuzuführen, insbesondere zur Schließung von Baulücken.

(3) Ist die Durchführung des Vorhabens aus wirtschaftlichen Gründen einem Eigentümer nicht zuzumuten, hat die Gemeinde von dem Baugebot abzusehen.

(4) Der Eigentümer kann von der Gemeinde die Übernahme des Grundstücks verlangen, wenn er glaubhaft macht, daß ihm die Durchführung des Vorhabens aus wirtschaftlichen Gründen nicht zuzumuten ist. § 43 Abs. 1, 4 und 5 sowie § 44 Abs. 3 und 4 sind entsprechend anzuwenden.

(5) Ist die Durchführung eines Baugebots nur möglich, wenn zuvor eine bauliche Anlage oder Teile davon beseitigt werden, ist der Eigentümer mit dem Baugebot auch zur Beseitigung verpflichtet. § 179 Abs. 2 und 3 Satz 1, § 43 Abs. 2 und 5 sowie § 44 Abs. 3 und 4 sind entsprechend anzuwenden.

(6) Ist für ein Grundstück eine andere als bauliche Nutzung festgesetzt, sind die Absätze 1 und 3 bis 5 entsprechend anzuwenden.

Übersicht

1 **1. Baugebot im Bebauungsplangebiet (Abs. 1). a)** Das Baugebot kann nach Abs. 1 im Geltungsbereich eines Bebauungsplans (einfacher Bebauungsplan, § 30 Abs. 2, reicht aus; demgegenüber forderte § 39b Abs. 1 BBauG als Voraussetzung einen qualifizierten Bebauungsplan, jetzt § 30 Abs. 1) angeordnet werden; zum Baugebot in Gebieten nach § 34 (aber ohne einfachen Bebauungsplan, § 30 Abs. 2) vgl. Abs. 2. Durch das Baugebot kann die **Bebauung des Grundstücks** entsprechend den Festsetzungen des Bebauungsplans **(Nr. 1)** oder der **Anpassung** eines vorhandenen Gebäudes oder einer sonstigen baulichen Anlage an die Festsetzungen des Bebauungsplans **(Nr. 2)** angeordnet werden. Zur Anordnung des Gebots in der **Umlegung** vgl. Vorbem. zu §§ 175–179, Rn 8. **§ 8 BauGB-MaßnahmenG** ist für den Geltungszeitraum dieses Gesetzes (vgl. Art. 1 WoBauErlG 1. Juni 1990 bis 31. Mai 1995) ergänzend zu § 176 BauGB anzuwenden; die Regelung enthält (abgesehen von der erweiternden entschädigungsrechtlichen Bestimmung in § 8 Abs. 4 BauGB-MaßnahmenG) die Rechtslage klarstellende Bestimmungen.

b) Das Baugebot ergeht an den **Eigentümer**; vgl. § 200. Wegen der 2 dinglichen Wirkung des Baugebots bleibt es auch gegenüber einem Rechtsnachfolger bestehen. Das sog. gemeinschaftliche Baugebot des § 39 b Abs. 3 BBauG, also die Ermächtigung, bei zusammengehörenden Bauvorhaben das Baugebot auch an **mehrere Eigentümer** (i. d. R. also benachbarter Grundstücke) ergehen zu lassen, ist entfallen. Einer ausdrücklichen Ermächtigung hierzu bedarf es allerdings auch nicht. Vielmehr sind in den an die einzelnen Eigentümer ergehenden Gebote die erforderlichen Auflagen, insbesondere zur gegenseitig abgestimmten und gemeinsamen Bebauung aufzunehmen. Allerdings dürfte in derartigen Fällen die Durchsetzung des Gebots (wie schon bei § 39 b Abs. 3 BBauG) äußerst schwierig sein.

c) Zu den Anordnungsvoraussetzungen für den Erlaß des Bauge- 3 bots, die bereits nach § 175 erfüllt sein müssen vgl. die Erl. zu § 175. Was die **Erforderlichkeit der alsbaldigen Durchführung** der Maßnahmen aus städtebaulichen Gründen betrifft (§ 175 Abs. 2; vgl. dort Rn 4–6), reicht der Hinweis auf den Bebauungsplan und das allgemeine Durchführungsinteresse hieran nicht aus. Weiterhin müssen sich die städtebaulichen Gründe auf den gesamten durch die Festsetzung des Bebauungsplans abgesteckten Rahmen beziehen. Unter mehreren nach dem Bebauungsplan zulässigen Möglichkeiten darf die Gemeinde daher nicht nur **eine** Variante für das Baugebot zugrunde legen, mag diese auch die städtebaulich sinnvollste sein (VG Koblenz, Urt. v. 17. 3. 1983 – 1 K 14/82, S. 9). Da das Baugebot andernfalls unzulässigerweise einen Bebauungsplan fortentwickeln oder einschränken würde (vgl. Bielenberg, in: E/Z/B, Vorbem. zu §§ 175–179, Rn 24), muß der Verwirklichung aller nach dem Bebauungsplan zulässigen Vorhaben aus städtebaulichen Gründen erforderlich sein. Das Baugebot setzt insoweit hinreichend konkrete Festsetzungen im Bebauungsplan voraus. Zum erforderlichen vorgegebenen städtebaulichen Rahmen in den Baugebotsfällen nach Abs. 2 vgl. Rn 6 f. Soll das Baugebot zum Beispiel in einem Mischgebiet angeordnet werden, muß die Gemeinde nachweisen, daß die alsbaldige Bebauung im Hinblick auf alle im § 6 Abs. 2 BauNVO bezeichneten Nutzungen aus städtebaulichen Gründen erforderlich ist. Vgl. hierzu weiterhin BVerwG, ZfBR 1990, 193.

d) Das Baugebot muß hinreichend **bestimmt** (vgl. § 37 Abs. 1 4 VwVfG) sein (hierzu näher Bielenberg aaO; Lemmel, in: BK, § 176, Rn 11–14). Die Anordnung muß daher einen vorhandenen planungsrechtlichen Rahmen eindeutig bezeichnen, ohne damit dem Bauherrn die Durchführung (Gestaltung, Raumaufteilung) im einzelnen eindeutig vorgeben zu müssen. Für die Bestimmtheit der Anordnung reicht es aus, dem Eigentümer die Ausfüllung des planungsrechtlichen Rahmens vorzugeben und diesem innerhalb dieses Rahmens die (jeweils zulässigen) Wahlmöglichkeiten offenzulassen. Die an das Gebot hinreichender Bestimmtheit zu stellenden Anforderungen ermächtigen die Gemeinde nicht, dem Betroffenen die Ausführung eines in allen

Einzelheiten vorgezeichneten Bauvorhabens aufzugeben; die Gemeinde wird der Ermächtigungsgrundlage des § 176 nur gerecht, wenn sie dem Adressaten die **zulässige Bandbreite** der nach § 30 möglichen Bebauung, bezogen auf das Maß und die Art der Bebauung aufzeigt, innerhalb dieser Bandbreite aber dem Bauherrn die eigenverantwortliche Ausgestaltung des Vorhabens überläßt. Der bloße Hinweis auf die baurechtliche Lage reicht aber i. d. R. nicht aus. Der Bescheid darf weder einengende, noch ausweitende Aussagen enthalten, er muß jedoch das, was baurechtlich in Betracht kommt, hinreichend bestimmen (vgl. hierzu BVerwG, ZfBR 1990, 143 sowie Bielenberg aaO; Lemmel aaO; VG Köln, ZfBR 1986, 250; OVG Münster, UPR 1988, 229). Ist dieser Rahmen im Baugebot zulässigerweise (vgl. aber Rn 3) konkretisiert, so kann der Eigentümer dem Baugebot auch dadurch entsprechen, daß er eine andere als im Baugebot bezeichnete bauliche Maßnahme durchführt, sofern diese planungsrechtlich zugelassen werden muß. Vgl. auch den im Polizeirecht bekannten, zulässigen „Austausch" des angeordneten durch ein anderes wirksames Mittel (vgl. Lemmel aaO, Rn 11 und 13). Dies kommt auch in den Fällen des wegen unzulässiger Einengung der baulichen Varianten fehlerhaften, jedoch (z. B. wegen Verfristung) unanfechtbaren Baugebots in Betracht: Hier hat der Bauherr bei der Ausführung ein „Wahlrecht" zugunsten einer anderen zulässigen baulichen Variante.

5 **e)** Das Baugebot schließt die **Baugenehmigung** nicht ein; vgl. § 175, Rn 12. Die Verpflichtung des Eigentümers zur Bebauung des Grundstücks oder zur Anpassung eines vorhandenen Gebäudes schließt sachlich seine Verpflichtung ein, den erforderlichen Bauantrag zu stellen, ohne daß eine derartige Anordnung zum Mindestinhalt eines Baugebots gehört (BVerwG aaO). Vgl. so jetzt ausdrücklich **§ 8 Abs. 2 BauGB-MaßnahmenG.**

6 **2. Baugebot in Gebieten nach § 34 (Abs. 2).** Das im übrigen (Abs. 1) streng planakzessorische Baugebot kann nach Abs. 2 auch im Innenbereich nach § 34 angeordnet werden; vgl. die Parallele im Enteignungsrecht, § 85 Abs. 1 Nr. 2. Liegt das Grundstück im Geltungsbereich eines einfachen Bebauungsplans (§ 30 Abs. 2) kommt nicht § 176 Abs. 2, sondern § 176 Abs. 1 zur Anwendung. Das Baugebot kann in diesen Gebieten nur zur Herbeiführung der baulichen Nutzung **unbebauter oder geringfügig bebauter** Grundstücke angeordnet werden, nicht aber als Anpassungsgebot nach Abs. 1 Nr. 2. Das Gesetz erwähnt als städtebaulich besonders bedeutsamen Fall den der Baulückenschließung beispielhaft, ohne daß dies die Gemeinde der Verpflichtung erhebt, die Erforderlichkeit der alsbaldigen Bebauung aus städtebaulichen Gründen gemäß § 175 Abs. 2 im Einzelfall darzutun (vgl. Rn 3). Probleme können sich hier wegen der in § 34-Gebieten bestehenden Bandbreite der zulässigen Vorhaben (vgl. auch Lemmel aaO, Rn 13) ergeben. Vgl. hierzu entspr. die Erl. in Rn 3 und 4. Das Vorliegen der Voraussetzungen für die Anordnung eines Gebots kann bei Baulücken z. B. dann

angenommen werden, wenn deren Schließung zur Beseitigung einer Störung des Straßen- oder Ortsbilds städtebaulich erforderlich ist (vgl. § 175 Rn 6). Im übrigen ist der für das Baugebot bestimmende Maßstab das, was in § 34-Gebieten zulässigerweise verwirklicht werden kann. Zugunsten des Eigentümers sind im Zweifel die – je nach Lage – unteren oder oberen Grenzen des nach § 34 Zulässigen maßgeblich. Sind also mehrere Alternativen der Bebauung möglich, obliegt es der Baufreiheit des Bauherrn, welche der Alternativen er wählt. Es ist Sache der Gemeinde, ihn aufzufordern, daß er sich für eine Alternative entscheidet. Das Bestimmtheits-Erfordernis gebietet es, daß die Gemeinde die Baumaßnahme dementsprechend konkretisiert, ggf. die hinsichtlich der Art und Gestaltung bestehenden Spielräume bezeichnet. Der Gemeinde ist es nicht erlaubt, dem Bauherrn bei mehreren zulässigen Alternativen im Baugebot die Verwirklichung einer ganz bestimmten Alternative vorzugeben, auch wenn sie die städtebaulich sinnvollste ist (vgl. – mit weiteren Nachweisen – Rn 3, 4).

Diese Maßstäbe sind auch in den Fällen **geringfügig bebauter** 7
Grundstücke heranzuziehen. Die Rechtmäßigkeit der vorhandenen geringfügigen Bebauung hat dabei außer Betracht zu bleiben. Mit dem Baugebot kann die Nutzung des geringfügig bebauten Grundstücks entsprechend den baurechtlichen Vorschriften angeordnet werden, also die Nutzung, wie sie im Falle eines Bauantrags im Rahmen des § 34 zulässig wäre. Auch hier sind Ober- und Untergrenzen des planungsrechtlich Zulässigen im Zweifel zugunsten des Eigentümers zu bestimmen; zur Bestimmtheit des Baugebots vgl. Rn 4 und 6. Ist ein Grundstück daher z. B. nur im Erdgeschoß bebaut und wäre für den Fall eines Bauantrags nach § 34 nur eine mindestens 3-geschossige Bauweise zulässig, während einer nur 1-geschossigen Bauweise die Genehmigung zu versagen wäre, so kann – bei Vorliegen der übrigen Voraussetzungen – ein Baugebot gem. Abs. 2 angeordnet werden.

3. Objektive wirtschaftliche Zumutbarkeit (Abs. 2). Das Baugebot 8
darf nach Abs. 3 nicht erlassen werden, wenn seine Durchführung aus **wirtschaftlichen Gründen** einem Eigentümer nicht zuzumuten ist. Das Baugebot, das wirtschaftlich nicht zuzumuten ist, enthält keine Inhaltsbestimmung des Eigentums, sondern wirkt enteignend (BVerwGE 7, 297/300). Voraussetzung für die Anordnung des Gebots ist nach Abs. 2 S. 1 jedoch nicht, daß dem betroffenen Eigentümer (,,subjektiv") die Durchführung aus wirtschaftlichen Gründen zuzumuten ist; diesen Fall regelt Abs. 4 (Rn 9). **,,Objektiv" wirtschaftlich unzumutbar** ist die Durchführung des Vorhabens demgegenüber dann, wenn sie schlechterdings keinem vernünftig handelnden Eigentümer zuzumuten wäre. Solche Gründe können i. d. R. nur vorübergehend, also für einen begrenzten Zeitraum anerkannt werden: Dem Bebauungsplan, zu dessen Verwirklichung das Baugebot angeordnet werden soll, läge nämlich ein Abwägungsfehler zugrunde, wenn die Verwirklichung der in ihm getroffenen Festsetzung an ihrer unzureichenden Wirtschaftlichkeit

scheiterte (BVerwG, NJW 1979, 1516). Zwar ist die Wirtschaftlichkeit von Grundstücksnutzungen erfahrungsgemäß Schwankungen unterworfen; eine (nicht nur vorübergehende) unwirtschaftliche Festsetzung würde jedoch im Ergebnis in eine unzulässige „totale Veränderungssperre" (BVerwG aaO, 1517) umschlagen. **Schwierigkeiten der Finanzierung** können zur (vorübergehenden) objektiven wirtschaftlichen Unzumutbarkeit führen; so etwa im Hinblick auf die allgemeine wirtschaftliche Lage, vor allem auf dem Kreditmarkt. Ansonsten können sie die subjektive wirtschaftliche Unzumutbarkeit (Abs. 4) begründen (Bielenberg, in: B/K/S, Rn 454). Als Fälle einer (vorübergehenden) objektiven wirtschaftlichen Unzumutbarkeit können z. B. Einkaufsläden in einem Neubaugebiet in Betracht kommen, die derzeit noch nicht rentabel betrieben werden können. Die Möglichkeit von **Inanspruchnahme von Mitteln aus öffentlichen Haushalten** einschließlich von **Steuervergünstigungen** sind bei der Beurteilung der objektiven wirtschaftlichen Zumutbarkeit zu berücksichtigen. § 39h Abs. 6 S. 2 BBauG hatte dies ausdrücklich klargestellt; hieran hat sich durch die Streichung im BauGB nichts geändert; vgl. auch § 173, Rn 3.

9 **4. Subjektive wirtschaftliche Zumutbarkeit (Abs. 4).** Ist die Durchführung eines Vorhabens objektiv wirtschaftlich zuzumuten, so kann die Anordnung jedoch dem persönlichen Adressaten des Baugebots („subjektiv") wirtschaftlich nicht zuzumuten sein und damit enteignend wirken (BVerwGE 7, 297/300). Macht der Eigentümer dies gegenüber der Gemeinde glaubhaft (vgl. § 294 ZPO), kann er von dieser nach **Abs. 4 S. 1** die **Übernahme** des Grundstücks verlangen. Für die Entschädigung durch Übernahme und für das Verfahren sind nach **Abs. 4 S. 2** § 43 Abs. 1, 4 und 5 sowie § 44 Abs. 3 und 4 entsprechend anzuwenden. Wenn zwischen Gemeinde und Eigentümer nichts anderes vereinbart ist, tritt die **Übernahmepflicht** mit der Anordnung des Baugebots ein. Ein Übernahmeverlangen kann aber schon vorher, z. B. im Rahmen der Erörterung nach § 175 Abs. 1, vorgebracht und ggf. vertraglich vereinbart werden.

10 **5. Gleichzeitige Beseitigung baulicher Anlagen (Abs. 5).** Wenn die Durchführung des Baugebots die Beseitigung vorhandener baulicher Anlagen oder Teile davon voraussetzt, kann die Gemeinde den Eigentümer nach **Abs. 5 S. 1** mit dem Baugebot auch zur **Beseitigung** verpflichten. Hierdurch kann der verzögerliche Umweg über ein gesondertes **Abbruchgebot** nach § 179 vermieden werden. Der Eigentümer hat selbst abzubrechen; § 179 ist demgegenüber als Duldungsgebot ausgestaltet. Sofern die Beseitigungsanordnung Wohn- oder Geschäftsräume betrifft, sind hierbei die besonderen Schutzbestimmungen des § 179 Abs. 2 und 3 S. 1 anzuwenden. Ggf. kommt auch die Aufhebung von Miet- oder Pachtverhältnissen oder sonstigen Nutzungsverhältnissen gem. §§ 182ff. in Betracht. Gem. **Abs. 5 S. 2** gilt für die Entschädigung § 43 Abs. 2 und 5 sowie § 44 Abs. 3 und 4 entsprechend.

11 **6. Andere als bauliche Nutzung (Abs. 6).** Das Baugebot kann nach

Abs. 6 auch angeordnet werden, wenn der Bebauungsplan eine **andere als bauliche Nutzung** festsetzt. Dieses Gebot zielt auf Nebeneinrichtungen der Hauptnutzung ab, die nicht die Eigenschaft von baulichen Anlagen haben (Bielenberg aaO, Rn 17; z. B. für Stellplätze, Lagerplätze; zu privaten Grünflächen vgl. die Spezialregelung des Pflanzgebots § 178).

7. Durchsetzung des Baugebots. Wird das Baugebot vom Eigentümer nicht erfüllt, kann die Gemeinde nach §85 Abs. 1 Nr. 5 die **Enteignung** zu ihren Gunsten oder zu Gunsten eines geeigneten Bauwilligen geltend machen. Diese Anschlußenteignung ist insofern keine echte „Sanktion", weil für die Zulässigkeit der Enteignung ein rechtmäßig erlassenes und unanfechtbar gewordenes Baugebot nicht ausreicht. Vielmehr muß die Enteignung nach § 85 Abs. 1 Nr. 5 aus sich heraus, nämlich unter den Voraussetzungen des § 87 Abs. 1 zulässig sein. Für die Anschlußenteignung ist daher über die Rechtmäßigkeit des Baugebots nicht ausreichend, vielmehr ist sie nur zulässig, wenn im jeweiligen Einzelfall das Wohl der Allgemeinheit sie erfordert und der Enteignungszweck auf andere zumutbare Weise nicht erreicht werden kann. Nach § 87 Abs. 3 S. 2 kann die Enteignung in diesem Fall auch unmittelbar **zugunsten eines Bauwilligen** durchgeführt werden. Für die **Bemessung der Entschädigung** sind die Preisverhältnisse im Zeitpunkt der Enteignung maßgeblich (Bielenberg, in: B/K/S, Rn 454; § 95 Abs. 2 Nr. 3 gilt erst ab Eintritt der Unanfechtbarkeit des Gebots bzw. ab Zulässigkeit der Enteignung). Zum Verhältnis zwischen Enteignung und städtebaulichen Geboten, insbesondere Baugebot vgl. weiterhin § 8 Abs. 3 und Abs. 4 S. 1 BauGB-MaßnahmenG sowie § 175 Rn 9; vgl. weiterhin BVerwG, ZfBR 1990, 143. Zur Entschädigung im Enteignungsfall vgl. die Sonderregelung in **§ 8 Abs. 4 S. 2 BauGB-MaßnahmenG**. |12

Die **Vollstreckung** des Baugebots nach Verwaltungsvollstreckungsrecht (Zwangsgeld, Ersatzvornahme, unmittelbarer Zwang) scheidet dagegen rechtlich (unmittelbarer Zwang) oder praktisch aus (so auch Bielenberg, in: B/K/S, Rn 450; weitergehend dagegen vor allem Köhler, Die Planverwirklichungsgebote als Instrumente des Städtebaurechts, Göttingen 1985, S. 104 ff.). Allenfalls käme das Zwangsgeld in Betracht. Die Ersatzvornahme als an sich wirksamstes Zwangsmittel würde beim Vollzug erhebliche praktische Probleme mit sich bringen, weil zum Beispiel die Möglichkeit der Beleihung offenbleibt bzw. wiederum nur im Wege der Vollstreckung (Zwangshypothek) gesichert werden kann (vgl. vor allem Weyreuther, BauR 1974, 7/12 m. w. N.). Das Baugebot ist damit – sieht man von der (i. d. R. unbeschadet des Gebots zulässigen) Enteignung ab – ein „sanktionsloses" Instrument und vielmehr ein **Beratungsinstrument** (vgl. § 175, Rn 3). |13

§ 177 Modernisierungs- und Instandsetzungsgebot

(1) **Weist eine bauliche Anlage nach ihrer inneren oder äußeren Beschaffenheit Mißstände oder Mängel auf, deren Beseitigung oder Behebung durch Modernisierung oder Instandsetzung möglich ist, kann die Gemeinde die Beseitigung der Mißstände durch ein Modernisierungsgebot und die Behebung der Mängel durch ein Instandsetzungsgebot anordnen. Zur Beseitigung der Mißstände und zur Behebung der Mängel ist der Eigentümer der baulichen Anlage verpflichtet. In dem Bescheid, durch den die Modernisierung oder Instandsetzung angeordnet wird, sind die zu beseitigenden Mißstände oder zu behebenden Mängel zu bezeichnen und eine angemessene Frist für die Durchführung der erforderlichen Maßnahmen zu bestimmen.**

(2) **Mißstände liegen insbesondere vor, wenn die bauliche Anlage nicht den allgemeinen Anforderungen an gesunde Wohn- und Arbeitsverhältnisse entspricht.**

(3) **Mängel liegen insbesondere vor, wenn durch Abnutzung, Alterung, Witterungseinflüsse oder Einwirkungen Dritter**

1. **die bestimmungsmäßige Nutzung der baulichen Anlage nicht nur unerheblich beeinträchtigt wird,**
2. **die bauliche Anlage nach ihrer äußeren Beschaffenheit das Straßen- oder Ortsbild nicht nur unerheblich beeinträchtigt oder**
3. **die bauliche Anlage erneuerungsbedürftig ist und wegen ihrer städtebaulichen, insbesondere geschichtlichen oder künstlerischen Bedeutung erhalten bleiben soll.**

Kann die Behebung der Mängel einer baulichen Anlage nach landesrechtlichen Vorschriften auch aus Gründen des Schutzes und der Erhaltung von Baudenkmälern verlangt werden, darf das Instandsetzungsgebot nur mit Zustimmung der zuständigen Landesbehörde erlassen werden. In dem Bescheid über den Erlaß des Instandsetzungsgebots sind die auch aus Gründen des Denkmalschutzes gebotenen Instandsetzungsmaßnahmen besonders zu bezeichnen.

(4) **Der Eigentümer hat die Kosten der von der Gemeinde angeordneten Maßnahmen insoweit zu tragen, als er sie durch eigene oder fremde Mittel decken und die sich daraus ergebenden Kapitalkosten sowie die zusätzlich entstehenden Bewirtschaftungskosten aus Erträgen der baulichen Anlage aufbringen kann. Sind dem Eigentümer Kosten entstanden, die er nicht zu tragen hat, hat die Gemeinde sie ihm zu erstatten, soweit nicht eine andere Stelle einen Zuschuß zu ihrer Deckung gewährt. Dies gilt nicht, wenn der Eigentümer aufgrund anderer Rechtsvorschriften verpflichtet ist, die Kosten selbst zu tragen, oder wenn er Instandsetzungen unterlassen hat und nicht nachweisen kann, daß ihre Vornahme wirtschaftlich unvertretbar oder ihm nicht zuzumuten war. Die Gemeinde kann mit dem Eigentümer den Kostenerstattungsbetrag unter Verzicht auf eine Berechnung im Einzelfall als Pauschale in Höhe eines bestimmten Vomhun-**

dertsatzes der Modernisierungs- oder Instandsetzungskosten verein-
baren.

(5) **Der vom Eigentümer zu tragende Kostenanteil wird nach der
Durchführung der Modernisierungs- oder Instandsetzungsmaßnah-
men unter Berücksichtigung der Erträge ermittelt, die für die mo-
dernisierte oder instandgesetzte bauliche Anlage bei ordentlicher
Bewirtschaftung nachhaltig erzielt werden können; dabei sind die
mit einem Bebauungsplan, einem Sozialplan, einer städtebaulichen
Sanierungsmaßnahme oder einer sonstigen städtebaulichen Maß-
nahme verfolgten Ziele und Zwecke zu berücksichtigen.**

Übersicht

1. Allgemeines. Das Modernisierungs- und Instandsetzungsgebot **1**
ist materiell unverändert aus dem BBauG und aus dem StBauFG
übernommen worden. § 177 Abs. 1 bis 3 entspricht **§ 39e Abs. 1 bis 3
BBauG**. Lediglich § 39e Abs. 2 S. 2 ist aus Gründen der redaktionellen
Straffung des Textes entfallen. § 39e BBauG enthielt – anders als die
sonstigen Gebote – keine besondere Entschädigungsregelung, sondern
verwies auf die **Kostenerstattungsregelung des § 43 Abs. 1 bis 3
StBauFG**; vgl. § 39e Abs. 4 BBauG. Das BauGB hat diese bisher im
StBauFG geregelte Kostenerstattungsregelung in die Bestimmung über
das Modernisierungs- und Instandsetzungsgebot integriert: § 177
Abs. 4 und 5 BauGB entspricht – von redaktionellen Folgeänderungen
abgesehen – § 43 Abs. 1 und 2 StBauFG. § 43 Abs. 3 StBauFG über den
Modernisierungs- oder Instandsetzungsvertrag ist in den Text des
BauGB nicht übernommen worden. Die Vorschrift gilt jedoch gem.
§ 245 Abs. 11 S. 1 weiter. Die Länder sind jedoch nach **§ 245 Abs. 11 S. 2**
ermächtigt, die Regelung nach dem 31. 12. 1987 durch Landesrecht zu
ersetzen. Das gleiche gilt für die nicht übernommene – im wesentlichen
förderungsrechtliche Grundsätze klarstellende – Regelung des § 43
Abs. 4 StBauFG. Vgl. zu Kostenerstattungen im einzelnen Rn 21 ff.

2 **2. Anwendungsbereich.** Durch das Modernisierungs- und Instandsetzungsgebot kann die **Beseitigung von Mißständen** und die **Behebung von Mängeln** baulicher Anlagen angeordnet werden. Das Gebot dient der Erhaltung und Sicherung baulicher Substanz. Die Behebung der Mißstände und Mängel muß „möglich" sein, insbesondere unter technischen Gesichtspunkten sowie unter dem Gesichtspunkt der wirtschaftlichen Vertretbarkeit; andernfalls können die Voraussetzungen für ein dann allerdings planakzessorisches Abbruchgebot nach § 179 Abs. 1 S. 1 Nr. 2 vorliegen.

3 Modernisierungs- und Instandsetzungsgebote können im gesamten Gemeindegebiet ohne Rücksicht darauf angeordnet werden, ob **Bebauungspläne** bestehen. Die Modernisierung und Instandsetzung baulicher Anlagen ist in den erneuerungsbedürftigen älteren Ortsteilen von **Städten und Dörfern**, vor allem in **Sanierungsgebieten** eine der wichtigsten städtebaulichen Aufgaben. Die Anordnung ist aber weder auf Sanierungsgebiete noch auf Gebiete mit Bebauungsplänen beschränkt. Die Gebote können also auch in Innenbereich-Gebieten (§ 34) oder im Außenbereich (§ 35) angeordnet werden. Auch **außerhalb von Sanierungs- und Bebauungsplan-Gebieten** bleiben die Instrumente zur Sicherung und Verwirklichung der städtebaulichen Ordnung und Entwicklung. Sie sind daher von vergleichbaren bauordnungs- oder wohnungsaufsichtsrechtlichen Instrumenten zu unterscheiden, die vor allem der Gefahrenabwehr dienen; vgl. auch § 175, Rn 12 und 13 sowie unten Rn 14. Zur Anordnung des Gebots in der **Umlegung** vgl. Vorbem. zu §§ 175–179, Rn 8.

4 **3. Modernisierungsgebot.** Durch Anordnung eines Modernisierungsgebots nach Abs. 1 S. 1 kann die Gemeinde den Eigentümer zur **Beseitigung der Mißstände** verpflichten, die eine bauliche Anlage nach ihrer inneren oder äußeren Beschaffenheit aufweist.

5 Der Modernisierungsbegriff des § 177 beschränkt sich demnach auf die Mißstandsbeseitigung. Der Mißstandsbegriff wird in Abs. 2 näher erläutert. Ein Mißstand liegt danach insbesondere vor, wenn die bauliche Anlage den **allgemeinen Anforderungen an gesunde Wohn- und Arbeitsverhältnisse** nicht entspricht. Dieser Begriff wird im Städtebaurecht auch an anderer Stelle verwendet: Im **Sanierungsrecht** dient er – dort allerdings nicht (nur) auf einzelne oder mehrere bauliche Anlagen (Gebäude), sondern auf ein Gebiet bezogen – der Bezeichnung und Abgrenzung von Sanierungsgebieten; § 136 Abs. 2 und 3; vgl. weiterhin § 1, Rn 63–65 sowie § 43 Abs. 4 Nr. 2 und § 34 Abs. 1. Die „Untergrenze" für den Erlaß eines Modernisierungsgebots kann damit ggf. tiefer liegen als bei den der bloßen Gefahrensabwehr dienenden bau- oder wohnungsaufsichtlichen Verfügungen (vgl. Rn 3). § 39 e Abs. 2 S. 2 BBauG hat darüber hinaus als „Obergrenze" der von der Gemeinde an den inneren und äußeren baulichen Zustand zu stellenden Anforderungen die Vorschriften der Landesbauordnungen und anderer öffentlich-rechtlicher Vorschriften über die Mindestanforderungen an

die Bauausführung und die Gebäudeausstattung ausdrücklich bezeichnet. Die Vorschrift ist zwar nicht in den Text des BauGB übernommen worden. Ihr Sinngehalt ist jedoch bei der Auslegung des städtebaulichen Mißstandsbegriffs und der Reichweite eines Modernisierungsgebots weiter heranzuziehen. Die allgemeinen Anforderungen an gesunde Wohn- und Arbeitsverhältnisse – und damit Ober- und Untergrenzen für den Erlaß eines Modernisierungsgebots – unterliegen dem ständigen Wandel (so BGHZ 48, 193/197).

Der Modernisierungsbegriff des § 176 unterscheidet sich auch von **6** jenem des **Modernisierungs- und Energieeinsparungsgesetzes.** Durch Art. 36 des **Zweiten Rechtsbereinigungsgesetzes** v. 16. 12. 1986 (BGBl. I, S. 2441) sind wesentliche Bestimmungen des ModEnG im Hinblick auf die Einstellung der Bundesfinanzhilfen für die Modernisierungsförderung aufgehoben worden. Dies gilt auch für die Bestimmungen über den Begriff der Modernisierung (§§ 3, 4 ModEnG). Diese Bestimmungen können jedoch weiterhin als zutreffende Beschreibung des wohnungswirtschaftlichen Modernisierungsbegriffs herangezogen werden. **Modernisierung** ist nach § 3 Abs. 1 ModEnG insbesondere die Verbesserung von Wohnungen durch bauliche Maßnahmen die den Gebrauchswert der Wohnungen nachhaltig erhöhen. Dieser Modernisierungsbegriff ist auf Wohnungen beschränkt, während **§ 177 auch sonstige bauliche Anlagen** betrifft. Weiterhin ist die „Obergrenze" im ModEnG nicht mit den öffentlich-rechtlichen Mindestanforderungen gleichzusetzen (hierzu Rn 5). Vielmehr können damit auch neuzeitliche Wohnbedürfnisse oder Verbesserungen nach dem neuesten Stand der Technik erfaßt sein. Trotz dieser Unterschiede können die in § 4 Abs. 1 ModEnG genannten Modernisierungsfälle als Anhalt für die Beurteilung dienen, ob ein städtebaulicher Mißstand vorliegt. **§ 4 Abs. 1 S. 1 Nr. 1 bis 8 ModEnG** nennt beispielhaft, welche einzelnen Bereiche zur **Erhöhung des Gebrauchswerts** verbessert werden können: der Zuschnitt der Wohnung (Nr. 1), die Belichtung und Belüftung (Nr. 2), der Schallschutz (Nr. 3), die Energie- und Wasserversorgung und die Entwässerung (Nr. 4), die sanitären Einrichtungen (Nr. 5), die Beheizung und die Kochmöglichkeiten (Nr. 6), die Funktionsabläufe in den Wohnungen (Nr. 7) sowie die Sicherheit vor Diebstahl und Gewalt (Nr. 8). Nach § 4 Abs. 1 S. 2 ModEnG kann auch ein Anbau der Erhöhung des Gebrauchswertes dienen. § 4 Abs. 1 S. 3 ModEnG läßt die Förderung weiterer Baumaßnahmen in der Wohnung zu, die auf die Dauer für Behinderte und alte Menschen bestimmt sind.

Für **gewerblich genutzte Gebäude** fehlen vergleichbare besondere **7** gesetzliche Vorschriften. Mindestanforderungen ergeben sich aus dem Arbeitsstättenschutzrecht; vgl. §§ 120 e, 139 h GewO i. V. m Arbeitsstättenverordnung v. 20. 3. 1975 (BGBl. I S. 729), zuletzt geändert am 1. 8. 1983 (BGBl. I S. 1057). Soweit es der innerbetriebliche Arbeitsablauf zuläßt, sind an einen gesunden Arbeitsplatz entsprechende Anforderungen hinsichtlich Belichtung und Belüftung, Schallschutz, sanitäre

Einrichtungen und Beheizung zu stellen; vgl. hierzu auch § 136 Abs. 3 Nr. 1 über die Anforderungen u. a. an gesunde Arbeitsverhältnisse und an die Sicherheit der in einem Gebiet arbeitenden Menschen (vgl. hierzu auch Köhler, Die Planverwirklichungsgebote als Instrumente des Städtebaurechts, Göttingen 1985, 47).

8 Das Modernisierungsgebot dient der Beseitigung von Mißständen einer **baulichen Anlage**. Zum Begriff der baulichen Anlage vgl. § 29 S. 1 Hs. 1 (vgl. im einzelnen die Erl. in § 29, Rn 9 ff.; zum Begriff der baulichen Anlage insbesondere BVerwGE 44, 59/61 ff.). Ein Modernisierungsgebot i. S. des § 176 kann also zur Anwendung kommen, soweit eine bauliche Anlage i. S. des § 29 S. 1, Hs 1 vorliegt. Der **planungsrechtliche Anlagenbegriff** stellt auf eine auf Dauer gedachte künstliche Verbindung mit dem Erdboden ab (Merkmal des „Bauens") und auf eine sich hieraus ergebende mögliche bodenrechtliche Relevanz (BVerwGE aaO). Ein Modernisierungsgebot kann daher z. B. auch in Betracht kommen, wenn ein Gebäude **„aufgegeben"** ist, also nicht mehr seiner ursprünglichen Funktion dient oder unbenutzt ist. Anders als in den insoweit engeren Fällen des § 35 Abs. 4 S. 1 Nr. 4 (Änderung oder Nutzungsänderung bei erhaltenswerten Gebäuden) muß die bauliche Anlage auch nicht mehr in ihrer Substanz noch vorhanden sein. Es kann sich auch um eine bereits funktionslose Ruine handeln (vgl. demgegenüber zu § 35 Abs. 4 S. 1 Nr. 4 die Erläut. in § 35, Rn 93 sowie OVG Koblenz, NVwZ 1983, 682). Auch der Wiederaufbau eines weitgehend verfallenen Gebäudes nach alten Plänen kann hiernach im Rahmen eines Modernisierungsgebots in Betracht kommen. Die Anordnung einer bestimmten oder einer anderen **Nutzung** kommt im Rahmen eines städtebaulichen Gebots dagegen nicht in Betracht; vgl. dagegen das (planakzessorische) Nutzungsgebot des § 39 c BBauG, das in das BauGB nicht übernommen wurde sowie die Förderungsmöglichkeit in den Fällen des § 43 Abs. 3 S. 2 StBauFG (hierzu Rn 36).

9 Auch im Rahmen der Kostenerstattung nach § 245 Abs. 11 S. 1 i. V. mit **§ 43 Abs. 3 StBauFG** können im Einzelfall Kosten solcher Maßnahmen ersetzt werden, die über die insbesondere nach Landesbauordnungsrecht bestehenden Mindestanforderungen (hierzu Rn 5) hinausgehen.

10 **4. Instandsetzungsgebot.** Durch das Instandsetzungsgebot nach Abs. 1 S. 1 kann die Gemeinde den Eigentümer zur **Behebung von Mängeln** einer baulichen Anlage verpflichten, und zwar sowohl hinsichtlich deren innerer oder äußerer Beschaffenheit. Der Mängelbegriff ist in Abs. 3 S. 1 beispielhaft erläutert. **Instandsetzung** ist die (nachträgliche) Behebung vorhandener baulicher Mängel mit dem Ziel, den zum bestimmungsgemäßen Gebrauch geeigneten Zustand wieder herzustellen; vgl. § 3 Abs. 4 ModEnG. Mängel liegen danach insbesondere vor, wenn durch **Abnutzung, Alterung, Witterungseinflüsse** oder **Einwirkungen Dritter** die in **Abs. 3 S. 1 Nr. 1 bis 3** bezeichneten Folgen eingetreten sind. Das Instandsetzungsgebot bezieht sich also auf **nach-**

trägliche Verschlechterungen der baulichen Anlage. Dies bedeutet aber nicht, daß die Instandsetzung immer in der Wiederherstellung des ursprünglichen Zustands des Gebäudes bestehen muß, zumal namentlich ältere Gebäude im Laufe der Jahrzehnte oder Jahrhunderte mehrfach verändert werden (vgl. zum Instandsetzungsbegriff i. S. des Städtebaurechts weiterhin Köhler, aaO, 44).

Nr. 1: Die bestimmungsgemäße Nutzung der baulichen Anlage ist nicht nur unerheblich beeinträchtigt: Das ist insbesondere dann anzunehmen, wenn der Zustand der baulichen Anlage gegenüber vergleichbaren Objekten, die ordnungsgemäß unter- und erhalten worden sind, spürbar und in unverträgliche Weise abfällt. Dieser Fall entspricht im wesentlichen dem Instandsetzungsbegriff des §3 Abs. 4 ModEnG. Danach ist Instandsetzung „die Behebung von baulichen Mängeln, insbesondere von Mängeln, die infolge Abnutzung, Alterung, Witterungseinflüssen oder Einwirkungen Dritter entstanden sind, durch Maßnahmen, die in den Wohnungen den zum bestimmungsgemäßen Gebrauch geeigneten Zustand wieder herstellen". Das städtebauliche Instandsetzungsgebot ist allerdings (vgl. Rn 6) auf alle baulichen Anlagen, also nicht nur auf Wohnungen, anwendbar. 11

Nr. 2: Das Straßenbild ist wegen der äußeren Beschaffenheit der baulichen Anlagen nicht nur unerheblich beeinträchtigt: Dies ist insbesondere zu bejahen, wenn die bauliche Anlage nach ihrer äußeren Beschaffenheit im Vergleich zu ihrer Umgebung insgesamt einen verwahrlosten und heruntergekommenen Eindruck macht. 12

Nr. 3: Die bauliche Anlage ist erneuerungsbedürftig und soll wegen ihrer städtebaulichen, insbesondere geschichtlichen oder künstlerischen Bedeutung erhalten bleiben: Vgl. zu diesen Kriterien der Erhaltungswürdigkeit aus städtebaulichen Gründen sinngemäß die Erläut. zu §172 Abs. 1 S. 1 Nr. 1, Abs. 3. 13

Vor allem die Fälle nach Nr. 2 und 3 können zu Überschneidungen mit landesrechtlichen Vorschriften über den Schutz und die Erhaltung von **Baudenkmälern** führen. Nach **Abs. 3 S. 2** darf das Instandsetzungsgebot in diesen Fällen nur mit Zustimmung der zuständigen Landesbehörde erlassen werden. Die aus Gründen des Denkmalschutzes gebotenen Instandsetzungsmaßnahmen sind nach **Abs. 3 S. 3** im Bescheid über das Instandsetzungsgebot besonders zu bezeichnen. 14

Die in Nr. 2 und 3 genannten Fälle haben neben dem landesrechtlichen Baugestaltungs- und Denkmalschutzrecht ergänzende oder subsidiäre Bedeutung. Der Instandsetzungsfall ist in Nr. 1 umfassend und grundsätzlich ausreichend definiert. Die Nr. 2 und 3 sind demgegenüber vor allem eine Konkretisierung der **städtebaulichen** Gründe, die die alsbaldige Durchführung eines Instandsetzungsgebots rechtfertigen; vgl. auch Rn 16. 15

5. Allgemeine Voraussetzungen. Auf die Erläuterungen zu §175 wird Bezug genommen. Die Modernisierung oder Instandsetzung muß 16

insbesondere nach § 175 Abs. 2 aus **städtebaulichen Gründen** geboten
sein (vgl. § 175, Rn 4–6). Hiervon sind die Gründe zu unterscheiden,
die für den Erlaß einer bau- oder wohnungsaufsichtlichen Verfügung in
Betracht kommen können (vgl. Rn 3). Als städtebauliche Gründe
kommen z. B. die in Abs. 3 S. 1 Nr. 2 und 3 genannten Fälle in Betracht
(vgl. Rn 15), und zwar insofern sowohl für das Modernisierungs- als
auch für das Instandsetzungsgebot: Beeinträchtigung des Orts- oder
Straßenbilds; Erneuerungsbedürftigkeit einer baulichen Anlage, die
wegen ihrer städtebaulichen, insbesondere geschichtlichen oder künst-
lerischen Bedeutung erhalten bleiben soll. Ungesunde Wohn- und
Arbeitsverhältnisse, die hinsichtlich einzelner baulicher Anlagen festzu-
stellen sind, können z. B. wegen ihrer Konzentration auf bestimmte
Gebiete und der damit verbundenen negativen städtebaulichen Aus-
strahlung, die Anwendung des Gebots aus städtebaulichen Gründen
gleichfalls rechtfertigen. Hierbei können auch unerwünschte Auswir-
kungen auf die soziale Struktur eines Gebietes zu berücksichtigen sein,
wenn sie Bedeutung für die städtebauliche Ordnung oder Entwicklung
haben. Auch die Gründe, die zur Festlegung eines Erhaltungsgebiets
nach § 172 (vgl. Lemmel, in: BK, § 177, Rn 14) oder eines Sanierungs-
gebiets nach § 136 ff. (vgl. auch oben Rn 5) führen, können in Betracht
gezogen werden. Negative Auswirkungen der in § 177 bezeichneten
Mißstände und Mängel können sich bei Häufung auf ganze Baugebiete
(ggf. ganze Stadt- oder Ortsteile) ergeben mit der Folge, daß dann bei
Mißständen und Mängeln an Wohnungen (Wohngebäuden; sinngemäß
bei sonstigen baulichen Anlagen) das spezifisch Wohnungsrechtliche in
das Städtebauliche „umschlägt" (so Bielenberg, in: B/K/S, Rn 455).
Gerade hierdurch sind die Erneuerungs- und Sanierungsgebiete in
Städten und Dörfern häufig gekennzeichnet.

17 Anders als beim Bau- und Nutzungsgebot ist beim Modernisie-
rungs- und Instandsetzungsgebot die **wirtschaftliche Zumutbarkeit**
keine Anordnungsvoraussetzung. Dies erklärt sich mit der in Abs. 4
und 5 getroffenen Lösung, wonach dem Eigentümer die nicht zumut-
baren Kosten der Modernisierung und Instandsetzung zu ersetzen sind;
hierzu Rn 21 ff. Allerdings darf auch ein Gebot nach § 177 nur angeord-
net werden, wenn die Modernisierung oder Instandsetzung durchführ-
bar („möglich", Abs. 1 S. 1) ist; vgl. Rn 1.

18 **6. Adressat und Inhalt des Gebots.** Das Gebot ergeht gegen den
Eigentümer (Abs. 1 S. 2); vgl. auch § 200. Vom Modernisierungs- und
Instandsetzungsgebot sind neben dem Eigentümer auch der **Mieter,
Pächter** oder **sonstige Nutzungsberechtigte** betroffen. Auf § 175
Abs. 3 über die Duldungspflicht sowie §§ 182 bis 186 über die Aufhe-
bung oder Verlängerung von Miet- und Pachtverhältnissen und die
dortigen Erl. wird Bezug genommen. Hieraus ergibt sich auch die
Bedeutung der Erörterungs- und Beratungspflicht nach § 175 Abs. 1
sowie nach sonstigen Vorschriften (in der Sanierung § 137; vgl. weiter-
hin § 180 über den Sozialplan).

Inhaltlich sind im Bescheid den Mindestanforderungen des **Abs. 1** 19
S. 3 zu tragen, nämlich die Bezeichnung der zu beseitigenden Miß-
stände oder zu behebenden Mängel. Weiterhin ist darin eine angemes-
sene Frist für die Durchführung der erforderlichen Maßnahmen zu
bestimmen. Der Bescheid muß hinreichend **bestimmt** sein. Er muß
letztlich auch als Grundlage für Verwaltungsvollstreckungsmaßnah-
men geeignet sein (Bielenberg, in: E/Z/B, Vorbem. zu §§ 175–179,
Rn 29; zur Vollstreckung des Gebots vgl. Rn 20).

7. Durchsetzung des Modernisierungs- und Instandsetzungsge- 20
bots. Das Gebot kann gegenüber dem Eigentümer nach landesrechtli-
chem Verwaltungsvollstreckungsrecht (Zwangsgeld, Ersatzvornahme)
durchgesetzt werden; die Duldungspflicht der Mieter, Pächter und
sonstigen Nutzungsberechtigten (§ 175 Abs. 3) kann durch Zwangs-
geld oder unmittelbaren Zwang durchgesetzt werden. Zur **Kostener-**
stattung bei der Ersatzvornahme vgl. allgemein BVerwG, DVBl. 1984,
1172. Vom Grundsatz her (Vorbem. zu den §§ 175 bis 179, Rn 4; § 175,
Rn 3) wie in der Praxis (Rn 21) ist jedoch § 177 als eine verfahrensanlei-
tende Regelung ausgestaltet bzw. wirksam, die auf Beratung und nicht
auf Vollstreckung zielt, also insbesondere den rechtlichen und finanziel-
len Rahmen für eine vertragliche Regelung **(Modernisierungs- und**
Instandsetzungsvereinbarung) vorzeichnet (vgl. insbes. § 43 Abs. 3
StBauFG; die Bestimmung gilt gem. § 245 Abs. 11 als Bundesrecht
fort).

8. Kosten der Modernisierungs- und Instandsetzungsmaßnahmen. 21
a) Allgemeines. In der Praxis haben die Bestimmungen über das
städtebauliche Modernisierungs- und Instandsetzungsgebot besonders
große Bedeutung bei der Durchführung von **Sanierungsmaßnahmen**
nach §§ 136 ff.; Modernisierung und Instandsetzung sind **Baumaßnah-**
men i. S. des Sanierungsrechts (vgl. §§ 146, 148 Abs. 2 Nr. 1). Dabei
wird in der Praxis – in den Sanierungsgebieten ebenso wie bei der
Durchführung von Maßnahmen i. S. des § 177 in den übrigen Gemein-
degebieten – nahezu ausnahmslos anstelle der Anordnung eines Gebots
von der Möglichkeit der **vertraglichen Vereinbarung** zwischen Ge-
meinde und Eigentümer über die Durchführung bestimmter Moderni-
sierungs- und Instandsetzungsmaßnahmen Gebrauch gemacht; vgl.
§ 245 Abs. 11 S. 1 BauGB i. V. m. **§ 43 Abs. 3 StBauFG.** Dies bestä-
tigt, daß der Erlaß der Gebote „ultimo ratio" (vgl. Vorbem. zu den
§§ 175 bis 179, Rn 4; § 175, Rn 3) einer primär auf die Verständigung
zwischen Eigentümer und Gemeinde zielenden Baupflicht ist.

Die für die Praxis besonders wichtige Regelung über den **Moderni-** 22
sierungs- und Instandsetzungsvertrag nach § 43 Abs. 3 StBauFG ist in
das BauGB nicht übernommen worden. Die Vorschrift gilt jedoch
gem. § 245 Abs. 11 S. 1 bundesrechtlich fort. Vgl. im einzelnen die Erl.
zu § 245 Abs. 11.

§ 43 Abs. 3 StBauFG hat folgenden Wortlaut:
„(3) Soweit nicht anders vereinbart ist, gelten die Vorschriften der

Absätze 1 und 2 *(jetzt § 177 Abs. 4 und 5 BauGB)* entsprechend, wenn der Eigentümer sich gegenüber der Gemeinde vertraglich verpflichtet hat, bestimmte Modernisierungs- oder Instandsetzungsmaßnahmen i. S. des § 39e des Bundesbaugesetzes *(jetzt § 177 Abs. 1 bis 3 BauGB)* durchzuführen. Hat der Eigentümer eines Gebäudes, das wegen seiner geschichtlichen, künstlerischen oder städtebaulichen Bedeutung erhalten bleiben soll, sich gegenüber der Gemeinde vertraglich verpflichtet, neben bestimmten Modernisierungsmaßnahmen auch bestimmte Maßnahmen durchzuführen, die der Erhaltung, Erneuerung und funktionsgerechten Verwendung des Gebäudes dienen, so gelten auch für die Kosten dieser Maßnahmen die Vorschriften der Absätze 1 und 2 *jetzt § 177 Abs. 4 und 5 BauGB* entsprechend."

23 **b) Überblick.** Die **Modernisierung und Instandsetzung von Gebäuden** ist vor allem in der **Sanierung** (§§ 136 ff) von erheblicher Bedeutung: **Ungesunde Wohnverhältnisse** in einem Gebiet sind städtebauliche Mißstände, die eine förmliche Festlegung des Gebiets als Sanierungsgebiet rechtfertigen; § 136 Abs. 2 und 3. Als Baumaßnahme (§ 148 Abs. 2 Nr. 1) obliegt die Durchführung der Modernisierung und Instandsetzung dem Eigentümer; § 148 Abs. 2 S. 1. Die Modernisierung und Instandsetzung, insbesondere von alten Gebäuden, ist für den privaten Eigentümer jedoch vielfach ohne die Unterstützung mit Mitteln aus öffentlichen Haushalten wirtschaftlich nicht zumutbar. Nach **§ 39 Abs. 1 Satz 1 StBauFG** – auch diese Vorschrift gilt gem. § 245 Abs. 11 S. 1 bundesrechtlich fort – können Sanierungsförderungsmittel demgemäß auch zur Deckung der Kosten der Modernisierungs- und Instandsetzungsmaßnahmen eingesetzt werden. Im Hinblick auf diese Generalklausel des § 39 Abs. 1 Satz 1 StBauFG enthält § 177 Abs. 4 und 5 BauGB, § 43 Abs. 3 StBauFG zwar die Regelung der Finanzierung in den praktisch wichtigsten Fällen, jedoch **keine abschließende Regelung** über die Kostentragung bei der Modernisierung und Instandsetzung (vgl. insbesondere auch die Modernisierung und Instandsetzung gemeindeeigener Gebäude oder von Gebäuden im Treuhandvermögen von Sanierungsträgern oder Modernisierungs- und Instandsetzungsmaßnahmen, die inhaltlich „weiter" gehen als § 177 BauGB, § 43 Abs. 3 StBauFG; in solchen Fällen kann eine Förderung gem. **§ 39 Abs. 1 S. 1 StBauFG** in Betracht kommen.

23a § 177 BauGB i. V. m. § 43 Abs. 3 StBauFG trifft Regelungen über die Kostentragung für folgende **drei Fälle:** (1) Die Gemeinde hat nach Abs. 1 bis 3 ein Modernisierungs- oder Instandsetzungsgebot erlassen; § 177 Abs. 4 S. 1 BauGB. (2) Der Eigentümer hat sich gegenüber der Gemeinde vertraglich verpflichtet, bestimmte Modernisierungs- oder Instandsetzungsmaßnahmen im Sinne des Abs. 1 bis 3 durchzuführen; § 43 Abs. 3 S. 1 StBauFG. (3) Der Eigentümer eines Gebäudes von geschichtlicher, künstlerischer oder städtebaulicher Bedeutung hat sich gegenüber der Gemeinde vertraglich verpflichtet, neben bestimmten Modernisierungsmaßnahmen auch Maßnahmen durchzuführen, die

der Erhaltung, Erneuerung und funktionsgerechten Verwendung des Gebäudes dienen (§ 43 Abs. 3 S. 2 StBauFG). § 177 Abs. 3 und 4 sowie § 43 StBauFG sind **Kostenerstattungsregelungen** und nicht Förderungsregelungen. Die Bestimmungen knüpfen in ihrem Grundfall (1) an den Erlaß eines Modernisierungs- und Instandsetzungsgebots nach Abs. 1 an. Da in der gemeindlichen Praxis die Anordnung von Geboten keine besondere Bedeutung hat (vgl. auch Schäfer, Planverwirklichungsgebote in der kommunalen Praxis, Berlin 1983, S. 27), erfolgt die Kostenerstattung jedoch in aller Regel auf der Grundlage von Vereinbarungen nach § 43 Abs. 3 StBauFG, also Fälle (2) und (3). Dies führt in der Praxis dazu, daß § 43 StBauFG (jetzt § 177 Abs. 4 und 5 BauGB i. V. mit § 43 Abs. 3 StBauFG) faktisch wie eine Vorschrift über die Förderung von Modernisierungs- und Instandsetzungsmaßnahmen gehandhabt werden kann. Nach anfänglichen Schwierigkeiten bei der Anwendung der Vorschrift, mitunter verbunden mit einer Kritik an einer „zu hohen" Kostenerstattung bzw. Förderung, hat sich § 43 inzwischen zu einer der wichtigsten Finanzierungsbestimmungen für die Sanierung entwickelt (vgl. Lüers/Koopmann, Modernisierungsförderung nach dem Städtebauförderungsgesetz, Göttingen 1980, S. 21 ff., 24 ff.; Koopmann, Städte- und Gemeindebund 1980, S. 329/333 f.). Die Vorschrift ist (wie eingangs erwähnt) jedoch nicht auf Sanierungsgebiete oder Entwicklungsbereiche beschränkt. Die Kostenerstattung nach § 177 Abs. 4 und 5 BauGB **und** der Vertragsfall nach § 245 Abs. 11 S. 1 BauGB), § 43 Abs. 3 StBauFG finden bei Maßnahmen i. S. des § 177 im **ganzen Gemeindegebiet** Anwendung. Die § 43 Abs. 3 StBauFG entsprechenden **steuerlichen Vergünstigungen** (vgl. die erhöhten Abschreibungsmöglichkeiten gem. § 82 g EStDV; ab 1992 gem. §§ 7 h, 10 f EStG) bestehen dagegen nur für Sanierungsgebiete und Entwicklungsbereiche.

c) Kostenerstattung (Abs. 4 und 5). Die **Kosten** der Modernisierungs- und Instandsetzungsmaßnahmen hat der **Eigentümer** zu tragen. § 177 Abs. 4 und 5 BauGB, § 43 Abs. 3 S. 1 StBauFG regelt die Fälle, in denen der Eigentümer Kosten der Modernisierungs- und Instandsetzungsmaßnahmen zu erstatten sind. § 43 Abs. 3 S. 2 StBauFG enthält eine darüber hinausgehende Finanzierungsregelung für Maßnahmen der Erhaltung, Erneuerung und funktionsgerechten Verwendung des Gebäudes, die neben Modernisierungsmaßnahmen (also nicht neben Instandsetzungsmaßnahmen) durchgeführt werden. Von diesem Sonderfall abgesehen, können nur Kosten solcher Maßnahmen erstattet werden, die aufgrund eines Gebots nach Abs. 1 oder bei Vorliegen der Voraussetzungen für den Erlaß eines Gebots aufgrund einer Vereinbarung (§ 43 Abs. 3 S. 1 StBauFG) durchgeführt werden. Für die Gebotswie auch für die Vereinbarungsfälle (auch für den Fall der Vereinbarung nach § 43 Abs. 3 S. 2 StBauFG) gilt, daß der Eigentümer die Kosten der baulichen Maßnahme insoweit zu tragen hat, als er sie durch eigene oder fremde Mittel decken und die sich daraus ergebenden Kapital- **24**

kosten sowie die zusätzlich entstehenden Bewirtschaftungskosten aus
Erträgen des Gebäudes aufbringen kann **(Abs. 4 S. 1)**. Kosten, die der
Eigentümer danach nicht zu tragen hat, sind ihm von der Gemeinde zu
erstatten, soweit nicht eine andere Stelle einen Zuschuß zu ihrer
Deckung gewährt **(Abs. 4 S. 2)**. Nach **Abs. 4 S. 3** entfällt der Kostener-
stattungsanspruch, wenn der Eigentümer aufgrund anderer Rechtsvor-
schriften verpflichtet ist, die Kosten selbst zu tragen, oder wenn er
Instandsetzungen unterlassen hat und nicht nachweisen kann, daß ihre
Vornahme wirtschaftlich unvertretbar oder ihm nicht zuzumuten war.

25 Für die **Berechnung der Kosten der Modernisierung und Instand-
setzung** können die Regelungen des II. BV und die DIN 276 – Kosten
für Hochbauten – sinngemäß angewandt werden, soweit in den Förde-
rungsrichtlinien der Länder nicht etwa anderes bestimmt ist (Lüers/
Koopmann aaO, S. 55). Als Kosten der Modernisierungs- und Instand-
setzungsmaßnahmen kommen insbesondere in Betracht: Kosten für
Voruntersuchungen (Modernisierungs- und Instandsetzungsgutachten,
Bauvorentwurf und Kostenschätzung), soweit diese nicht bereits im
Rahmen der vorbereitenden Untersuchungen und der weiteren Vorbe-
reitung einer Sanierung gefördert wurden; Kosten der Bauleistung
einschließlich der Sach- und Arbeitsleistungen des Eigentümers; Bau-
nebenkosten (z. B. Architektenhonorar, Baugenehmigungsgebühren,
Kosten für Beschaffung von Finanzierungsmitteln, Gerichts- oder No-
tarkosten); Kosten des Abbruchs nicht mehr verwendbarer Bauteile;
Kosten einer zusätzlichen Erschließung, soweit diese vom Eigentümer
unmittelbar zu tragen ist ("Hausanschlußkosten"); Neugestaltung der
Außenanlagen (z. B. Grün- und Freiflächen), soweit diese durch die
Baumaßnahme bedingt oder aufgrund der städtebaulichen Planung
erforderlich ist; bauordnungsrechtlich notwendige Spiel- und Stell-
plätze sowie Beiträge zur Ablösung von der Pflicht zur Schaffung
solcher Anlagen; Kosten des Zuerwerbs von Grundstücken, die für die
Durchführung der Modernisierung oder Instandsetzung benötigt wer-
den (z. B. für private Spiel- und Stellplätze); Miet- oder Pachtausfall.

26 Nach **Abs. 4 S. 1** hat der Eigentümer die Kosten der Modernisierung
oder Instandsetzung insoweit zu tragen, als er sie durch **eigene oder
fremde Mittel decken** kann. Er hat einen Erstattungsanspruch gegen
die Gemeinde, insoweit er die sich daraus ergebenden Kapitalkosten
sowie die zusätzlich entstehenden Bewirtschaftungskosten aus Erträgen
des (modernisierten, instandgesetzten) Gebäudes nicht aufbringen kann
(zu den zusätzlichen Bewirtschaftungs- und Kapitalkosten vgl. Rn 29).
Der Eigentümer hat die Kosten also nicht zu tragen, soweit ihm dies
nicht **zumutbar** ist. Für die Zumutbarkeit ist auch zu berücksichtigen,
inwieweit **steuerliche Vorteile** in Anspruch genommen werden kön-
nen (ebenso Lemmel, in: BK, § 177, Rn 25). Für die Kostenerstattungs-
regelung ist nicht die Vermögenssituation des Eigentümers insgesamt
zugrundezulegen, sondern die Wirtschaftlichkeit in bezug auf das zu
modernisierende oder instandzusetzende Gebäude (**"objektbezogene"**

Betrachtung). Als **fremde Mittel** kommen neben Kapitalmarktmitteln auch Mittel aus Programmen der Länder und Gemeinden zur Förderung und Instandsetzung sowie Mittel des öffentlich-geförderten Wohnungsbaus oder Mittel des Denkmalschutzes in Betracht.

Der **Kostenerstattungsanspruch** wird nur **subsidiär** gegenüber der Förderung aus anderen öffentlichen Haushalten gewährt; **Abs. 4 Satz 2**. Dies hat vor allem für den Einsatz von Städtebauförderungsmitteln (vgl. § 245 Abs. 11 S. 1 BauGB, § 39 StBauFG Bedeutung. Sie werden für Modernisierungs- und Instandsetzungsmaßnahmen demgemäß nur nachrangig gegenüber anderen Mitteln aus öffentlichen Haushalten oder Mitteln, die bei Finanzierungsinstituten von Bund und Ländern für derartige Maßnahmen bereitstehen, eingesetzt. Werden Mittel des öffentlich-geförderten Wohnungsbaus als andere Mittel für die Modernisierung und Instandsetzung von Gebäuden verwendet, so kommt ein zusätzlicher Einsatz von Städtebauförderungsmitteln nur in Betracht, wenn die entstehenden Gesamtkosten aus den nachhaltig erzielbaren Erträgen (vgl. Rn 29) nicht finanziert werden können (**Spitzenfinanzierung**). 27

Der **Kostenerstattungsanspruch** des Eigentümers entsteht kraft Gesetzes, wenn ein Gebot nach Abs. 1 erlassen und der Eigentümer die angeordneten Maßnahmen zur Modernisierung oder Instandsetzung seines Gebäudes durchgeführt hat. Der Kostenerstattungsanspruch besteht also auch dann, wenn der Gemeinde Städtebauförderungsmittel oder sonstige Finanzierungsmöglichkeiten zur Deckung der Kosten dieser Maßnahmen nicht zur Verfügung stehen. Die Kostenerstattung ist eine **öffentlich-rechtliche Ausgleichsleistung**, keine Förderung. Sie ist eine Entschädigung für Kosten, dem Eigentümer im Hinblick auf die Kapital- und Bewirtschaftungskosten nicht zumutbar sind. Für **Rechtsstreitigkeiten** sind die Verwaltungsgerichte zuständig (vgl. auch Vorbem. zu §§ 175–179, Rn 7). 27a

Der **Kostenerstattungsanspruch entfällt** nach **Abs. 4 S. 3**, soweit der Eigentümer aufgrund von öffentlich-rechtlichen Vorschriften verpflichtet ist, die **Kosten selbst zu tragen**. Hierfür kommen vor allem die Bestimmungen der Landesbauordnungen über die Verpflichtungen zur Gefahrenabwehr und die Wohnungsaufsichtsgesetze in Betracht. Der Kostenerstattungsanspruch entfällt weiterhin, wenn der Eigentümer **erforderliche Instandsetzungen unterlassen** hat, es sei denn, er kann deren objektive wirtschaftliche Unvertretbarkeit oder deren subjektive Unzumutbarkeit nachweisen. Ein Kostenerstattungsanspruch besteht daher nicht, wenn eine notwendige Instandsetzung möglich und zumutbar gewesen wäre. Ist die Behebung von Mängeln hingegen zwar nötig, dem Eigentümer aber nicht möglich gewesen, so hat er die Instandsetzung nicht „unterlassen". Die durch eine Vernachlässigung entstandenen Instandsetzungskosten sind ggf. vom Kostenerstattungsbetrag abzusetzen, wenn der Eigentümer nicht den Nachweis der wirtschaftlichen Unvertretbarkeit oder der subjektiven Unzumutbar- 28

keit der Instandsetzung führt. Wirtschaftlich unvertretbar kann die Instandsetzung gewesen sein, wenn weder ihre Kosten noch die Zinsen und die Tilgung von Fremdmitteln für ihre Finanzierung aus den Erträgen des Gebäudes erwirtschaftet oder überhaupt keine Erträge erzielt werden konnten oder auch dann, wenn planungsrechtlich eine andere bauliche Nutzung des Gebäudes zulässig war oder ist oder planungsrechtliche Unklarheiten bestanden. Auf die persönlichen Verhältnisse des Eigentümers kommt es dabei nicht an; ausschlaggebend ist vielmehr, wie ein **wirtschaftlich denkender Eigentümer** sich vernünftigerweise im Zeitpunkt der erforderlich gewordenen Maßnahmen verhalten hätte (vgl. Köhler, Die Planverwirklichungsgebote als Instrumente des Städtebaurechts, Göttingen 1985, S. 85).

29 Für die Ermittlung des vom Eigentümer zu tragenden Kostenanteils bestimmt **Abs. 5**, daß der Kostenanteil nach Durchführung der Modernisierungs- oder Instandsetzungsmaßnahmen unter Berücksichtigung der Erträge zu ermitteln ist, die für die bauliche Anlage bei ordentlicher Bewirtschaftung unter Berücksichtigung des Sanierungszwecks nachhaltig erzielt werden können. Die **nachhaltig erzielbaren Erträge** sind unter Berücksichtigung des Sanierungszwecks für die Zeit nach der Durchführung der Modernisierungs- oder Instandsetzungsmaßnahmen von der Gemeinde festzustellen. Im Grundsatz ist von den Erträgen auszugehen, die für das modernisierte oder instandgesetzte Gebäude **bei ordentlicher Bewirtschaftung** nachhaltig erzielt werden können, d. h. maximal die gesetzlich zulässige Miete (Lüers/Koopmann, aaO, S. 59). I. d. R. sind die Erträge anzusetzen, die den ortsüblichen Entgelten für vergleichbaren Wohn- oder Geschäftsraum entsprechen; ggf. kann auf vorhandene Mietspiegel zurückgegriffen werden. Bei **preisgebundenem Wohnraum** ist i. d. R. von der Bewilligungsmiete auszugehen. Dabei sind Abschläge vorzunehmen, soweit die modernisierte Wohnung die Wohnqualität von Neubauwohnungen im sozialen Wohnungsbau nicht erreicht. Bei dem nach Durchführung der Modernisierung oder Instandsetzung zu ermittelnden Kostenanteil, den der Eigentümer zu tragen hat (Abs. 5), sind die laufenden Aufwendungen für Bewirtschaftungs- und Kapitalkosten zu berücksichtigen (vgl. Abs. 4 Satz 1; Rn 26).

30 Nach **Abs. 5, Hs. 2** kann die Gemeinde **zur Erreichung städtebaulicher Ziele und Zwecke geringere Erträge** als die ortsüblichen Entgelte für vergleichbaren Wohnraum oder als die Bewilligungsmiete ansetzten. Macht die Gemeinde hiervon Gebrauch, so erhöht sich der von ihr zu tragende Kostenanteil. Abs. 5 hebt insbesondere die mit einem Bebauungsplan, einem Sozialplan oder einer städtebaulichen Sanierungsmaßnahme verfolgten Ziele und Zwecke hervor. Weiterhin ist z. B. auf die Ziele und Zwecke einer städtebaulichen Entwicklungsmaßnahme oder einer Erhaltungssatzung hinzuweisen.

31 Für den Einsatz von Städtebauförderungsmitteln enthalten die **Förderungsrichtlinien der Länder** ins Einzelne gehende Regelungen über

die Berechnung des Kostenerstattungsbetrags; vgl. hierzu im einzelnen Lüers/Koopmann aaO, S. 67, 134 ff. sowie B/K/K, Bd. II B, §43 StBauFG sowie C. 4, D).

Nach **Abs. 4 S. 4** kann die Gemeinde mit dem Eigentümer eine **Pauschalierung des Kostenerstattungsbetrags** vereinbaren. Die Pauschalierung dient vor allem der Vereinfachung des Verfahrens. Insbesondere wird das ins Einzelne gehende Berechnungsverfahren (vgl. Rn 29) auf diese Weise vermieden. Weiterhin wird hierbei dem Eigentümer frühzeitig der endgültige Erstattungsbetrag bekannt. 32

d) Auswirkungen auf das Mietverhältnis. Adressat des Modernisierungs- oder Instandsetzungsgebots ist nach Abs. 1 Satz 2 der **Eigentümer** der baulichen Anlage. Vom Modernisierungs- und Instandsetzungsgebot sind jedoch neben dem Eigentümer auch der Mieter (ggf. der Pächter und sonstige Nutzungsberechtigte) betroffen (vgl. Rn 18 und 19). Die Kostenerstattung nach Abs. 4 wird dem Eigentümer, nicht dem Mieter gewährt. Eine Kostenerstattung für **Mietmodernisierungen** sieht § 43 Abs. 3 StBauFG nicht vor. Im Rahmen der Generalklausel des §39 Abs. 1 S. 1 StBauFG (vgl. im einzelnen B/K/K, Bd. II B, § 39 StBauFG) könnten jedoch die Länder die Deckung von Modernisierungs- oder Instandsetzungsmaßnahmen der Mieter als förderungsfähig bestimmen. Zu den Umzugskosten des Mieters vgl. § 147 Abs. 1 S. 1 Nr. 2; zum Härteausgleich vgl. § 181. **Mieterhöhungen** nach Durchführung der Modernisierung und Instandsetzung richten sich nach den gesetzlichen Mieterhöhungsmöglichkeiten und nach den bestehenden Mietverträgen; vgl. §§ 2 und 3 Miethöhegesetz. Zur Berücksichtigung der Miete im Rahmen der nachhaltig erzielbaren Erträge vgl. Rn 29. Zur **Belegungsbindung** vgl. Rn 34. 33

e) Modernisierungs- und Instandsetzungsvertrag (§ 43 Abs. 3 StBauFG). Nach § 43 Abs. 3 S. 1 StBauFG (die Vorschrift ist gem. § 245 Abs. 11 BauGB weiter anzuwenden) finden die Bestimmungen über die Kostenerstattung auch für die Fälle Anwendung, in denen die Modernisierungs- oder Instandsetzungsmaßnahme nicht durch Gebot angeordnet, sondern durch Vertrag zwischen Gemeinde und Eigentümer geregelt wird. In der Praxis ist dies der Regelfall bei der Anwendung des § 177. Der **Modernisierungs- und Instandsetzungsvertrag** ersetzt in diesen Fällen ein ansonsten zulässiges Modernisierungs- oder Instandsetzungsgebot. Ist der Eigentümer zum Abschluß des Vertrages nicht bereit, kann die Gemeinde das Modernisierungs- und Instandsetzungsgebot gem. § 177 Abs. 1 anordnen. Nach § 43 Abs. 3 S. 1 StBauFG kann auch „anderes vereinbart" werden, insbesondere eine **vom Gesetz abweichende Kostentragung**, z. B. eine Kostentragung durch Gewährung eines gemeindlichen Darlehens anstelle des Kostenerstattungsbetrages (Zuschuß). Die Pauschalierung des Kostenerstattungsbetrags ist bereits durch den auch in den Fällen des § 43 Abs. 3 StBauFG anwendbaren § 177 Abs. 4 S. 4 BauGB (hierzu Rn 32) ermöglicht. Im Vertrag kann z. B. die Einräumung eines **Belegungsrechts für** 34

die Gemeinde (vgl. hierzu auch § 46 StBauFG i. V. m. § 245 Abs. 11
BauGB) oder eine **Mietzinsbindung** vereinbart werden (VG Kassel,
ZMR 1979, S. 235; hierzu Schulze-Fielitz, ZMR 1979, S. 225 sowie
ders., Sozialplanung im Städtebaurecht, Königstein/Ts. 1979, S. 378 ff;
Lüers/Koopmann aaO, S. 45). Sofern der Vertrag dies nicht ausdrück-
lich vorsieht, hat der Eigentümer keinen Anspruch auf Anpassung des
Modernisierungs- oder Instandsetzungsvertrages wegen nachträglicher
Kostenüberschreitungen (VG Bremen Urt. v. 5. 10. 1983 – 1 A 39/83).

35 Der Modernisierungs- oder Instandsetzungsvertrag ist ein **öffent-
lich-rechtlicher Vertrag**; vgl. § 124 Abs. 2 BauGB, § 54 VwVfG. Für
Rechtsstreitigkeiten sind die Verwaltungsgerichte zuständig. Zur An-
wendung der VOB beim Abschluß einer Modernisierungsvereinba-
rung vgl. Dieterich, ZfBR 1982, S. 57. Muster von Vereinbarungen
oder Modernisierungs- und Instandsetzungsmaßnahmen haben u. a.
die kommunalen Spitzenverbände entwickelt; wiedergegeben in Lüers/
Koopmann aaO, S. 173 ff.; vgl. weiterhin die Sammlung in B/K/K,
Bd. II H.

36 Nach § 43 Abs. 3 S. 2 StBauFG kann die Gemeinde mit dem Eigentü-
mer eines Gebäudes, das wegen seiner **geschichtlichen, künstlerischen**
oder **städtebaulichen Bedeutung** erhalten bleiben soll, die Durchfüh-
rung bestimmter zusätzlicher Maßnahmen vereinbaren. Die Vereinba-
rung ist nur neben Modernisierungsmaßnahmen zulässig, also nicht
dann, wenn ausschließlich Instandsetzungsmaßnahmen durchgeführt
werden. Die Vereinbarung nach § 43 Abs. 3 S. 2 StBauFG ist auf die
Durchführung solcher Maßnahmen beschränkt, die der Erhaltung,
Erneuerung und funktionsgerechten Verwendung des Gebäudes die-
nen. Es handelt sich dabei um solche Teilbaumaßnahmen, die **nicht
durch ein Gebot nach § 177 BauGB angeordnet** werden könnten. In
Betracht kommen Maßnahmen für eine bessere Ausstattung des Ge-
bäudes in seinem Standard, vor allem aber auch denkmalpflegerische
Maßnahmen auch im Inneren des Gebäudes, die von der städtebauli-
chen Bewertung nicht erfaßt werden können (Köhler, Die Planver-
wirklichungsgebote als Instrumente des Städtebaurechts, Göttingen
1985, S. 85). Durch die Vereinbarung nach § 43 Abs. 3 S. 2 StBauFG
können auch Regelungen über die nach Abschluß der Sanierung beste-
henden Pflichten und Rechte getroffen werden, insbesondere aus Grün-
den des Denkmalschutzes. Für die Kostenerstattung gilt auch in den
Fällen des § 43 Abs. 3 Satz 2 StBauFG uneingeschränkt die Kostener-
stattungsregelung der § 177 Abs. 4 und 5 BauGB, soweit zwischen
Gemeinde und Eigentümer nichts anderes vereinbart ist (§ 43 Abs. 3
S. 1 StBauFG).

§ 178 Pflanzgebot

Die Gemeinde kann den Eigentümer durch Bescheid verpflichten, sein Grundstück innerhalb einer zu bestimmenden angemessenen Frist entsprechend den nach § 9 Abs. 1 Nr. 25 getroffenen Festsetzungen des Bebauungsplans zu bepflanzen.

Nach § 9 Abs. 1 Nr. 25 kann im Bebauungsplan das **Anpflanzen von Bäumen, Sträuchern** und sonstigen Bepflanzungen angeordnet werden (vgl. die Erl. zu § 9 Abs. 1 Nr. 25). Zur Verwirklichung dieser Festsetzung kann die Gemeinde nach § 178 für Neuanpflanzungen ein Pflanzgebot erlassen. Die alsbaldige Erforderlichkeit der Bepflanzung aus städtebaulichen Gründen i. S. des § 175 Abs. 2 wird wegen der Bedeutung von Grün für die städtebauliche Qualität (vgl. weiterhin Lemmel, in: BK, § 179, Rn 1) für die Gemeinde i. d. R. mit dem Bebauungsplan (§ 9 Abs. 8) begründbar sein. Zur Anordnung des Gebots in der **Umlegung** vgl. Vorbem. zu §§ 175–179, Rn 8. 1

Die **Durchsetzung** des Pflanzgebots ist gegenüber dem Baugebot erheblich erleichtert: Dem Eigentümer steht kein Übernahmeanspruch zu. Das (unanfechtbare) Pflanzgebot kann – anders als das Baugebot – i. d. R. im Wege der **Ersatzvornahme** durchgesetzt werden. Auch das **Zwangsgeld** kommt als Maßnahme der Verwaltungsvollstreckung in Betracht. Zur Entschädigung wegen entsprechender Festsetzungen im Bebauungsplan vgl. § 41 Abs. 2; im Hinblick hierauf enthält die Vorschrift keine gesonderte Entschädigungsregelung. Das Pflanzgebot läßt die Möglichkeit unberührt, die Baugenehmigung mit der Auflage zu erteilen, Bäume und Sträucher i. S. des § 9 Abs. 1 Nr. 25 anzupflanzen, wenn sich die Festsetzung für Anpflanzungen als Annex zur baulichen Nutzung darstellt (Bielenberg, in: B/K/S, Rn 456). 2

Das Pflanzgebot ist das in der Praxis **am häufigsten „förmlich" angeordnete Gebot** (vgl. Nachweise bei Schäfer, zit. in: Vorbem. zu §§ 175 bis 179, Rn 4). Dies erklärt sich mit seinem gegenüber den Baupflichten nach §§ 176 und 177 atypischen Charakter einer (faktischen) Nebenbestimmung der Baugenehmigung. 3

§ 179 Abbruchgebot

(1) **Die Gemeinde kann den Eigentümer verpflichten zu dulden, daß eine bauliche Anlage im Geltungsbereich eines Bebauungsplans ganz oder teilweise beseitigt wird, wenn sie**

1. **den Festsetzungen des Bebauungsplans nicht entspricht und ihnen nicht angepaßt werden kann oder**

2. **Mißstände oder Mängel im Sinne des § 177 Abs. 2 und 3 Satz 1 aufweist, die auch durch eine Modernisierung oder Instandsetzung nicht behoben werden können.**

Diejenigen, für die ein Recht an dem Grundstück oder an einem das Grundstück belastenden Recht im Grundbuch eingetragen oder durch Eintragung gesichert ist, das nicht zur Nutzung berechtigt, sollen von dem Bescheid benachrichtigt werden, wenn sie von der Beseitigung betroffen werden. Unberührt bleibt das Recht des Eigentümers, die Beseitigung selbst vorzunehmen.

(2) Der Bescheid darf bei Wohnraum nur vollzogen werden, wenn im Zeitpunkt der Beseitigung angemessener Ersatzwohnraum für die Bewohner unter zumutbaren Bedingungen zur Verfügung steht. Strebt der Inhaber von Raum, der überwiegend gewerblichen oder beruflichen Zwecken dient (Geschäftsraum), eine anderweitige Unterbringung an, soll der Bescheid nur vollzogen werden, wenn im Zeitpunkt der Beseitigung anderer geeigneter Geschäftsraum unter zumutbaren Bedingungen zur Verfügung steht.

(3) Entstehen dem Eigentümer, Mieter, Pächter oder sonstigen Nutzungsberechtigten durch die Beseitigung Vermögensnachteile, hat die Gemeinde angemessene Entschädigung in Geld zu leisten. Der Eigentümer kann anstelle der Entschädigung nach Satz 1 von der Gemeinde die Übernahme des Grundstücks verlangen, wenn es ihm mit Rücksicht auf das Abbruchgebot wirtschaftlich nicht mehr zuzumuten ist, das Grundstück zu behalten. § 43 Abs. 1, 2, 4 und 5 sowie § 44 Abs. 3 und 4 sind entsprechend anzuwenden.

1 **1. Anwendungsbereich, Voraussetzungen. a) Tatbestand.** Durch das Abbruchgebot kann die Gemeinde anordnen, daß bauliche Anlagen oder Teile baulicher Anlagen beseitigt werden. Voraussetzung ist, daß sich das Grundstück im Geltungsbereich eines **Bebauungsplans** befindet. Anders als § 39d Abs. 1 S. 1 BBauG stellt § 179 BauGB nicht mehr auf das Vorliegen eines qualifizierten Bebauungsplans i. S. des § 30 Abs. 1 BauGB ab. Ein **einfacher Bebauungsplan** (§ 30 Abs. 2) genügt. Das Abbruchgebot dient städtebaulichen Zwecken, nämlich der Verwirklichung der Festsetzung eines Bebauungsplans, während nach den Landesbauordnungen bestehenden Beseitigungs- oder Abbruchverfügungen auf die Beseitigung formell und materiell baurechtswidriger Bausubstanz zielen. Vgl. hierzu weiterhin die Erl. zu § 175 Abs. 5

(§ 175, Rn 12 u. 13). Zur Anordnung des Gebots in der **Umlegung** vgl. Vorbem. zu §§ 175–179, Rn 8.

Das Gesetz unterscheidet zwei Grundfälle: Das Abbruchgebot kann nach **Abs. 1 S. 1 Nr. 1** angeordnet werden, wenn die bauliche Anlage den Festsetzungen des Bebauungsplans nicht entspricht. Der Bebauungsplan kann zwar den Abbruch nicht verbindlich festsetzen, sondern die zu beseitigenden Gebäude allenfalls kenntlich machen (vgl. früher § 10 Abs. 1 S. 3 StBauFG; Lemmel, in: BK, § 179, Rn 3). Nicht eine evtl. Kennzeichnung des Abbruchs im Bebauungsplan, sondern der Widerspruch zu seinen positiven Festsetzungen ist Voraussetzung für den Erlaß eines Abbruchgebots. **2**

Nach **Abs. 1 S. 1 Nr. 2** kann das Abbruchgebot angeordnet werden, wenn die baulichen Anlagen Mißstände oder Mängel i. S. des § 177 Abs. 2 und 3 Satz 1 aufweisen, die auch durch eine Modernisierung oder Instandsetzung nicht behoben werden können. Die baulichen Anlagen müssen auch in diesem Fall im Geltungsbereich eines Bebauungsplans liegen; vgl. dagegen zum Anwendungsbereich des Instandsetzungsgebots § 177, Rn 3. Anordnungsvoraussetzung ist aber nicht der Widerspruch zwischen Bestand einerseits und planerischer Festsetzung andererseits, sondern der Umstand, daß der vorhandene Bestand – auch mit Modernisierung oder Instandsetzung – nicht mehr i. S. der planerischen Festsetzung genutzt werden könnte. **3**

b) Adressat, Abbruch durch Eigentümer. Adressat des Abbruchgebots ist der Eigentümer (vgl. hierzu § 176, Rn 2). Dem Eigentümer wird durch das Abbruchgebot – im Unterschied zu den übrigen Geboten – kein aktives Tun aufgegeben, etwa die selbstvorzunehmende Beseitigung der baulichen Anlage. Vielmehr wird der Eigentümer durch das Gebot verpflichtet, die Beseitigung zu dulden. Das Abbruchgebot ist also eine **Duldungsverfügung** (Neuhausen, NJW 1977, 784/ 786; zur Duldungsverpflichtung vgl. allgemein Stelkens, in: NuR 1983, 261). Das Recht des Eigentümers, den Abbruch selbst vorzunehmen, bleibt jedoch unberührt; vgl. **Abs. 1 S. 3.** Dieses Recht besteht bis zum Vollzug des Abbruchgebots durch die Gemeinde (OVG Bremen, NVwZ 1986, 764). Der Abbruch kann gem. **§ 176 Abs. 5** auch Bestandteil des **Baugebots** sein. Auch die Durchführung eines **Modernisierungs- oder Instandsetzungsgebots** kann bauliche Veränderungen erfordern, die als Teilmaßnahmen (für sich betrachtet) Abbrüche darstellen; sie können als für die Modernisierung oder Instandsetzung erforderliche Teilmaßnahmen mit dem **Gebot nach § 177** angeordnet werden. **4**

c) Allgemeine Anwendungsvoraussetzungen; Zumutbarkeit. Hinsichtlich der allgemeinen Anwendungsvoraussetzungen wird auf die Erläuterungen zu § 175 Bezug genommen. Der alsbaldige Abbruch muß insbesondere aus **städtebaulichen Gründen** geboten sein (vgl. § 175, Rn 4–6). Der Widerspruch zum Plan (Abs. 1 S. 1 Nr. 1) oder das Vorliegen nichtbehebbarer Mißstände oder Mängel i. S. des § 177 **5**

(Abs. 1 S. 1 Nr. 2) reichen hierfür allein nicht aus; es müssen besondere Gründe hinzukommen. So können die Voraussetzungen z. B. dann erfüllt sein, wenn der vorhandene Zustand die mit der Verwirklichung des Bebauungsplans angestrebte städtebauliche Entwicklung hemmt (so: Lemmel aaO, Rn 7), insbesondere weil sich eine städtebauliche Entwicklungsplanung in der Umsetzung befindet. Auch die Freilegung einer nach dem Bebauungsplan als nicht überbaubar ausgewiesenen Fläche zur Behebung ungenügender Belichtung und Belüftung (städtebaulicher Mißstand; § 136 Abs. 3 Nr. 1) rechtfertigt den Erlaß des Abbruchgebots (OVG Bremen, NVwZ 1986, 764).

6 Die dem Eigentümer auferlegte Duldungsverpflichtung braucht **keine Fristsetzung** zu enthalten. § 179 enthält – anders als § 176 Abs. 1 für das Baugebot, § 177 Abs. 1 S. 3 für das Modernisierungs- und Instandsetzungsgebot und § 178 für das Pflanzgebot – keine entsprechende Bestimmung. Der Grund hierfür liegt darin, daß das in § 179 enthaltene Abbruchgebot keine an den Eigentümer gerichtete Handlungsverpflichtung ist, sondern vielmehr eine Duldungsverfügung (vgl. Rn 4). Die Duldungspflicht gem. § 179 tritt mit der Unanfechtbarkeit der Duldungsverfügung ein. Die Gemeinde kann dem Eigentümer durchaus einen längeren Zeitraum einräumen, in dem er sich darüber schlüssig werden kann, den Abbruch selbst vorzunehmen (OVG Bremen aaO).

7 Das Abbruchgebot setzt dagegen die **objektive wirtschaftliche Zumutbarkeit** – anders als beim Baugebot – nicht voraus, da es keine Handlungspflicht begründet (vgl. Rn 4 sowie Rn 10).

8 **d) Andere Rechtsinhaber; Nutzungsberechtigte.** Vom Abbruchgebot sollen nach Abs. 1 S. 2 solche **Rechtsinhaber** benachrichtigt werden, für die ein Recht an dem Grundstück oder an einem das Grundstück belastenden Recht im Grundbuch eingetragen oder durch Eintragung gesichert ist, das nicht zur Nutzung berechtigt. Diese Benachrichtigung soll die erwähnten Rechtsinhaber zur Wahrung ihrer Rechte in Entschädigungsverfahren befähigen; vgl. Rn 10. Der Duldungspflicht gem. § 175 Abs. 3 unterliegen Pfandgläubiger dagegen nicht; andererseits richtet sich der bürgerlich-rechtliche Unterlassungsanspruch nach § 1134 BGB nicht gegen das öffentlich-rechtliche Gebot. Mit Mietern, Pächtern und sonstigen (auch dinglich gesicherten) **Nutzungsberechtigten** soll die Gemeinde nach § 175 Abs. 1 das beabsichtigte Abbruchgebot im übrigen ebenso wie mit den Eigentümern bereits vor Erlaß erörtern.

9 **2. Schutzvorschriften bei Wohn- und Geschäftsraum.** Bei **Wohnraum** darf nach **Abs. 2 S. 1** das Abbruchgebot nur **vollzogen** werden, wenn im Zeitpunkt der Beseitigung angemessener Ersatzwohnraum für die Bewohner unter zumutbaren Bedingungen zur Verfügung steht; das Gebot kann demgemäß aber schon zu einem früheren Zeitpunkt **erlassen** werden (Lemmel aaO, Rn 13). Bei **Geschäftsraum** i. S. des Abs. 2 S. 2 soll das Gebot nur vollzogen werden, wenn im Zeitpunkt

der Beseitigung anderer geeigneter Geschäftsraum unter zumutbaren Bedingungen zur Verfügung steht. Zur **Duldungspflicht** der Nutzungsberechtigten vgl. § 175 Abs. 3. Zur ggf. erforderlichen **Aufhebung von Miet- und Pachtverhältnissen oder sonstigen Nutzungsverhältnissen** vgl. weiterhin §§ 182 und 184. Nach § 182 Abs. 2 besteht dabei ein **Aufhebungsschutz**, während § 179 Abs. 2 einen **Vollstreckungsschutz** gewährt (so Bielenberg, in: B/K/S, Rn 461). Zur vorherigen **Erörterung und Beratung** mit den Nutzungsberechtigten vgl. § 175 Abs. 1; sie muß sich im Falle des Abbruchgebots insbesondere auf die mit § 179 Abs. 2 geschützten Belange beziehen (so für Geschäftsraum ausdrücklich § 39d Abs. 2 S. 2 Hs. 1 BBauG).

Die Vollzugsfragen des Ersatzwohn- oder Geschäftsraums und der Entschädigung (hierzu Rn 11) sind nicht Gegenstand der **Abwägung im Bebauungsplanverfahren.** Der Plangeber muß zwar die sich aus der Festsetzung ergebende Möglichkeit des Abbruchgebots erkennen. Die für die Rechtmäßigkeit des Abbruchgebots aufzustellenden Erfordernisse können jedoch nicht im – auf eine umfassende städtebauliche Abwägung zielenden – Bebauungsplanverfahren berücksichtigt werden (vgl. OVG Berlin, ZfBR 1987, 163). **10**

3. Entschädigung; Übernahme. Eigentümern, Mietern, Pächtern und sonstigen Nutzungsberechtigten steht nach **Abs. 3 S. 1** ein Anspruch auf angemessene **Entschädigung** für die Vermögensnachteile zu, die ihnen durch die Beseitigung entstehen; vgl. § 43 Abs. 2 S. 3 i. V. mit §§ 93 f., 95 f. Anstelle der Entschädigung kann der Eigentümer nach **Abs. 3 S. 2 und 3** die **Übernahme** verlangen, wenn es ihm mit Rücksicht auf das Abbruchgebot wirtschaftlich nicht mehr zuzumuten ist, das Grundstück zu behalten. Zur in den Fällen des § 179 naheliegenden **Entschädigungsminderung** vgl. § 43 Abs. 4 Nr. 1 und Nr. 2. Zur Entschädigung von **Nutzungsberechtigten** vgl. weiterhin § 185 i. V. mit §§ 182, 184. Auch ein **Härteausgleich** (§ 181) kann in Betracht kommen. Für nicht nutzungsberechtigte Grundpfandgläubiger (vgl. **Abs. 1 S. 2**) gilt hinsichtlich der Entschädigungspflicht folgendes: Gem. Art. 52 EGBGB, § 92 Abs. 2 ZVG enthält auch der nicht nutzungsberechtigte Grundpfandgläubiger einen Ersatz für den Wertverlust (Surrogation); vgl. entsprechend auch § 97 Abs. 4 S. 1. **11**

4. Durchsetzung des Abbruchgebots. Das Abbruchgebot kann gemäß Landes-Verwaltungsvollstreckungsrecht durchgesetzt werden. Da das Abbruchgebot den Eigentümer nicht zum Abbruch, sondern zur Duldung der Beseitigung verpflichtet, kommt hier vor allem das **Zwangsgeld** – ggf. auch **unmittelbarer Zwang** – zur Durchsetzung der Duldung des Abbruchs in Betracht. **12**

der Beeignung und/oder Bestimmung verschärfen lässt zuzuordnen. Bestimmungen zur Vertrags strafe. Zur Duldungspflicht des Neuzugangsberechtigten vgl. § 183 Abs. 6. Zur gesetzlichen Aufhebung von Miet- und Rechtsverhältnissen oder sonst in Nutzungsverhältnissen vgl. wegen der §§ 183 und 184. Nach § 184 Abs. 2 besteht dann ein Aufhebungsschutz während § 179. Abs. 2 einen Vorbehaltungsschutz gewährt (so Hochberg, in: R/R/S, Rn 401). Zur vorgängigen Erhöhung und Beratung mit dem Nutzungsberechtigten vgl. § 179 Abs. 1. sie muß sich im Falle des Abmieters bei habsonderten bei die im § 179 Abs. 2 enthaltenen Geboten beachten (so für Gesellschafter ausdrücklich § 190 Abs. 2 S. 2 Hs. 1 Bhdst.).

10 Die vollständige oder der Herstellung- oder Gesellschaftsnatur und der Fristmeldung (hierzu R/R/H) jedenfalls im Gegensatz der Abwägung im Beratungsanspruchs erfahren. Der Hinweis muß sich die sich aus der Textnorm aus bzw. die Möglichkeit der Abbruchgebote erkennen. Die für die Rechtmäßigkeit eines Abbruchgebots erhältlichen Unterlagen muß können jedoch nicht nur auf eine umfassende sich dauernde Abbruchrichtsentscheidung. Bebauungsplanvorschriften bzw. Erklärungsgeboten vgl. CIV v. Berlin, ZBb 1984, 742.

11 3. Entscheidung: Übernahme, Eigentümer, Mieter, Pächter und sonstigen Nutzungsberechtigten greift auch Abs. 2 S. 1 u.o. An spruch auf angemessene Erstattung für die Verbesserungsteile zu schützen durch die Beratigung geschehen vgl. § 179 Abs. 2 S. 1 V mit §§ 305. 581. Anspch. der Unterrichtung kann der Eigentümer nach Abs. 5 S. 2 und 3 die Übernahme verlangen, wenn weitergehende Kündigung auf die Abbruchgebot wirtschaftlich nicht mehr zuzumuten ist, das Grundstück zu behalten. Zu in den Fällen des ausgehenden den Entschädigungsanspruch vgl. §§ 2. Abs. 1 Nr. 1 und Nr. 2. Zur Enteignung des Nutzungsberechtigten vgl. wegen der § 185 v V mit §§ 182. 183. Auch ein Herstellung § 185 kann in bestimmten Kennzeichnen für ein nutzungsberechtigte Grundpfändiehäubiger vgl. Abs. 1 § 2 Pfandberechtigte der Unterhaltungsgebote folgende Kennziffer in §§ 41 GrdstG. § 29 Abs. 2 ZVG findet. auch der nicht nutzungsberechtigte entschädigungsbefähigten einen Ersatz für den Wertverlust (Subgrogation) vgl. mit prohibieren auch § 92 Abs. 4 S. 2.

12 4. Durchsetzung des Abbruchgebots. Das Abbruchgebot kann gemäß aufgrad der Verwaltung vollgezeichnet werden durchgesetzt werden. Da das Abbruchgebot den Eigentümer nicht zum Abbruch, sondern zur Duldung der Beseitigung verpflichtet, kommt hier vor allem das Zwangsgeld – ggf. auch unmittelbarer Zwang – zur Durchsetzung der Duldung des Abbruch in Betracht.

Vierter Teil. Sozialplan und Härteausgleich

Vorbemerkung zu den §§ 180, 181

Übersicht

1. Der vierte Teil des Besonderen Städtebaurechts faßt die früheren 1
Vorschriften des BBauG und des StBauFG zum Sozialplan und zum
Härteausgleich zusammen. Sozialplan und Härteausgleich knüpfen an
die persönlichen Lebensumstände von Menschen an, die darin nachhal-
tig durch städtebauliche Maßnahmen betroffen sind. Beide Rechtsinsti-
tute sind dem **Sozialstaatsprinzip** (Art. 20 Abs. 1 GG) zuzuordnen.
Zur Entstehungsgeschichte s. Vorauflage, Vorb. §§ 180, 181, Rn 1.
Sozialplan und Härteausgleich haben gemeinsam die verfassungsrecht-
liche Zuordnung, die Zuständigkeit der Gemeinde, das Anknüpfen an
persönliche Lebensumstände und historisch ihre Einführung als Korre-
lat des erweiterten planakzessorischen Instrumentariums. Der Härte-
ausgleich kann eine im Sozialplan vorgesehene Maßnahme sein. Seine
Gewährung setzt aber nur in einem Fall dieses Tatbestandsmerkmal
voraus (§ 181 Abs. 2 Nr. 4). Im übrigen kann der Härteausgleich auch
gewährt werden, wenn er nicht im Sozialplan vorgesehen ist. Anderer-
seits ist der Härteausgleich insoweit vom Sozialplan abhängig, als er
gegenüber anderen Maßnahmen des Sozialplans subsidiär ist. Ein guter
Sozialplan soll gerade den Einsatz des Härteausgleichs als das letzte
Mittel zur Vermeidung individueller Härten überflüssig machen
(Schulze-Fielitz, Sozialplan im Städtebau, 1979, S. 251, 387).

2. Ein Bebauungsplan oder eine städtebauliche Sanierungsmaß- 2
nahme, die bestehende Strukturen überplanen, treffen die in dem
Gebiet wohnenden und arbeitenden Menschen nachhaltig. Das gilt
nicht nur für den Vollzug der Planung, sondern bereits für ihre Vorbe-
reitung. Gemäß § 1 Abs. 5, 6 sind seit jeher soziale Belange der Bevöl-
kerung in die planerische Abwägung einzustellen (s. § 5 Abs. 1 S. 1
Ziff. 3 aber auch Ziff. 1 u. 2), bei Darstellungen des Flächennutzungs-
plans (z. B. § 5 Abs. 2 Nr. 2) und bei den Festsetzungen des Bebauungs-
plans (z. B. § 9 Abs. 1 Nr. 4, 7, 8, 22) zu berücksichtigen. Im Vergleich
zu dieser, die sozialen Belange der Bevölkerung durchsetzenden und

gestaltenden **Sozialplanung (i. w. S.)**, ist der **Sozialplan** gem. § 180 darauf beschränkt, Bebauungspläne oder städtebauliche Sanierungs-maßnahmen, die sich nachhaltig auf die persönlichen Lebensumstände der in dem Gebiet wohnenden oder arbeitenden Menschen auswirken können, sozial abzufangen (BT.-Drs. 7/2496, S. 42). Erst wenn in der Abwägung nach § 1 Abs. 6 Belange der im Plangebiet Wohnenden und Arbeitenden, z. B. solche nach § 1 Abs. 5 Nr. 1 oder 2, also nicht unbedingt die sozialen Bedürfnisse i. S. v. § 1 Abs. 5 Nr. 3, hinter anderen Belangen, z. B. des Verkehrs oder der Energieversorgung (§ 1 Abs. 5 Nr. 8) zurückstehen müssen, ohne daß sich im Bebauungsplan selbst ein Ausgleich für die Betroffenen erreichen läßt, z. B. durch Festsetzungen nach § 9 Abs. 1 Nr. 7–9, stellt sich die Frage nach den Vorstellungen über einen Ausgleich der voraussichtlichen Nachteile auf die persönlichen Lebensumstände. Dementsprechend schrieb § 13 a Abs. 1 BBauG vor, daß die Gemeinde in der Begründung des Bebau-ungsplans als erste der Aufstellung und Durchführung des Sozialplans (§ 13 a Abs. 2–4 BBauG) vorgeschaltete Stufe der Sozialplanung Grundsätze für soziale Maßnahmen entwickeln sollte. In der Praxis hatte es die Sozialplanung i. e. S. (§ 13 a Abs. 1 BBauG) schwer, eine eigenständige Bedeutung zwischen der Sozialplanung i. w. S. gem. § 1 Abs. 5, 6 und maßnahmebezogenen Beratungen und Erörterungen vor Erlaß von städtebaulichen Geboten (§§ 39 a BBauG = § 175 Abs. 1 BauGB) zu finden (s. Schäfer/Schmidt-Eichstaedt, Praktische Erfahrun-gen mit dem BauGB, 1984, S. 156; Redeker, DVBl 1982, 130/133). Die Beschränkung des § 180 auf das „unabdingbar Regelungsbedürftige" ändert aber nichts daran, daß auch künftig aus gegebenem Anlaß „Grundsätze über soziale Maßnahmen in die Begründung zum Bebau-ungsplan (§ 9 Abs. 8) aufzunehmen sind" (so Stich, in: Berliner Komm., § 180, Rn 2).

3 **3.** Frühzeitige **Bürgerbeteiligung** und Ermittlung und Gewichtung der abwägungserheblichen Belange zeitigen bei entsprechendem Be-darf und gehöriger Vornahme ohnehin die Ergebnisse, die die erste Stufe der Sozialplanung a. F. ergeben sollte. Die regelmäßig vorausge-hende frühzeitige Bürgerbeteiligung unterscheidet sich nicht nur hin-sichtlich des Zeitpunkts vom Sozialplan. Der Sozialplan kann durch die in Zielrichtung und Adressatenkreis weiterreichende frühzeitige Bür-gerbeteiligung mitverursacht sein. Die frühzeitige Bürgerbeteiligung (§ 3 Abs. 1) richtet sich an jedermann. Der Sozialplan wendet sich an Personen, die durch die Planverwirklichung oder sonstige städtebauli-che Maßnahmen individuell nachteilig in ihren persönlichen Lebens-umständen betroffen sind. Auch bei den maßnahmebezogenen Modifi-kationen der frühzeitigen Bürgerbeteiligung gem. § 22 Abs. 10, § 34 Abs. 5, § 173 Abs. 2, § 175 Abs. 1, s. a. § 33 Abs. 2 S. 2, ist der gegen-über § 3 Abs. 1 deutlich engere Kreis der Berechtigten immer noch weiter als der teilweise damit zusammenfallende Kreis der Adressaten eines Sozialplans. Während der Sozialplan defensiv auf Folgenbildung

beschränkt ist, dient die frühzeitige Bürgerbeteiligung der offensiven Einflußnahme auf städtebauliche Planung und Maßnahmen.

4. Das BauGB hat den Sozialplan aus den Vorschriften über die **4** Bauleitplanung gelöst und den auf besondere städtebauliche Problemfelder ausgerichteten Instrumentarien des Besonderen Städtebaurechts hinzugefügt. Gemäß § 180 kann die Verpflichtung der Gemeinde, einen Sozialplan aufzustellen, nicht erst zum Inkrafttreten eines Bebauungsplans oder einer Sanierungssatzung entstehen. Die Vorstellungen über die Verminderung oder Milderung nachteiliger Auswirkungen sollen erforderlichenfalls zu einem **früheren Zeitpunkt** entwickelt und mit den Betroffenen erörtert werden (BR.-Drs. 585/85 S. 145). Die frühere Beschränkung des Sozialplans auf einen späteren Zeitpunkt war verfahrenshemmend und daher entbehrlich. Durch die (mögliche) Vorverlegung koppelt das BauGB den Sozialplan deutlich von den regelmäßig planvollziehenden städtebaulichen Geboten ab. Gleichwohl besteht ein enger Zusammenhang zwischen dem Sozialplan und § 175 Abs. 1, der maßnahmebezogenen Mofidikation der Bürgerbeteiligung für das Baugebot (§ 1 176), das Modernisierungs- und Instandsetzungsgebot (§ 177), das Pflanzgebot (§ 178) und das Abbruchgebot (§ 179). Gegenstand der Erörterung und Beratung nach § 175 Abs. 1 ist die Durchführung der Gebote, nicht allein die Vermeidung oder Milderung nachteiliger Auswirkungen für die Betroffenen. Dem Erlaß eines städtebaulichen Gebotes kann die Aufstellung eines Sozialplans vorausgehen. Dabei ist es möglich, daß die in § 175 Abs. 1 unabhängig vorgesehenen Beratungs- und Erörterungsverpflichtungen bereits mit in die Sozialplanung i. S. v. § 181 einbezogen werden, aber auch, daß die Erörterungen und Beratungen nach § 175 Abs. 1 Ergebnisse zeitigen, die die Aufstellung eines Sozialplans erforderlich machen. Außer unter den Voraussetzungen des § 175 hat die Gemeinde in entsprechender Anwendung des § 180 einen Sozialplan auch dann aufzustellen, wenn anläßlich von städtebaulichen Umstrukturierungen Genehmigungen zum Abbruch, Umbau oder zur Änderung baulicher Anlagen versagt werden sollen (§ 172 Abs. 5). Ohne Sozialplan ist diese Variante der **Erhaltungssatzung** nicht vollziehbar (s. § 172 Rn 36).

§ 180 Sozialplan

(1) **Wirken sich Bebauungspläne oder städtebauliche Sanierungsmaßnahmen voraussichtlich nachteilig auf die persönlichen Lebensumstände der in dem Gebiet wohnenden und arbeitenden Menschen aus, soll die Gemeinde Vorstellungen entwickeln und mit den Betroffenen erörtern, wie nachteilige Auswirkungen möglichst vermieden oder gemildert werden können. Die Gemeinde hat den Betroffenen bei ihren eigenen Bemühungen, nachteilige Auswirkungen zu vermeiden oder zu mildern, zu helfen, insbesondere beim**

Wohnungs- und Arbeitsplatzwechsel sowie beim Umzug von Betrieben; soweit öffentiche Leistungen in Betracht kommen können, soll die Gemeinde hierauf hinweisen. Sind Betroffene nach ihren persönlichen Lebensumständen nicht in der Lage, Empfehlungen und anderen Hinweisen der Gemeinde zur Vermeidung von Nachteilen zu folgen oder Hilfen zu nutzen oder sind aus anderen Gründen weitere Maßnahmen der Gemeinde erforderlich, hat die Gemeinde geeignete Maßnahmen zu prüfen.

(2) Das Ergebnis der Erörterungen und Prüfungen nach Absatz 1 sowie die voraussichtlich in Betracht zu ziehenden Maßnahmen der Gemeinde und die Möglichkeit ihrer Verwirklichung sind schriftlich darzustellen (Sozialplan).

(3) Steht die Verwirklichung einer Durchführungsmaßnahme durch einen anderen als die Gemeinde bevor, kann die Gemeinde verlangen, daß der andere im Einvernehmen mit ihr die sich aus Absatz 1 ergebenden Aufgaben übernimmt. Die Gemeinde kann diese Aufgaben ganz oder teilweise auch selbst übernehmen und dem anderen die Kosten auferlegen.

1 **1.** Abs. 1 regelt die Voraussetzungen und das Verfahren für die Aufstellung (= Erörterung und Fortschreibung) eines Sozialplans und nennt beispielhaft seinen Inhalt. Abs. 2 definiert den Sozialplan als das vollzugsorientierte schriftliche Ergebnis der Erörterungen und Prüfungen nach Abs. 1. Abs. 3 regelt Aufstellung und Verwirklichung eines Sozialplans durch Dritte (Sozialplan des Veranlassers, Satz 1) einschließlich der Kostenübernahme (Satz 2). Zur Entstehungsgeschichte s. Voraufl. § 180, Rn 1; Vorb. §§ 180, 181, Rn 2. Die Regelung der Aufstellung des Sozialplans hat, wenn auch stärker auf konkrete und individualisierte Maßnahmen ausgerichtet, z. T. dieselbe Funktion wie die früheren Vorschriften über die Grundsätze für soziale Maßnahmen (§ 13a Abs. 1 BBauG; § 4 Abs. 2 StBauFG – Grundsätze für den Sozial-

plan). Dies folgt nicht zuletzt daraus, daß die Verpflichtung der Gemeinde, einen Sozialplan aufzustellen, nach § 180 anders als nach dem BBauG und dem StBauFG schon vor Inkrafttreten des Bebauungsplans oder vor der förmlichen Festlegung eines Sanierungsgebiets entstehen kann (s. a. Vorbem. §§ 180, 181, Rn 4). Die Erarbeitung und Fortschreibung des Sozialplans ist bei **städtebaulichen Sanierungen** eingebettet in die weitergehenden, der Gemeinde obliegenden Pflichten zur Vorbereitung der Sanierung (§ 140 Nr. 1–7). Zu städtebaulichen Entwicklungsmaßnahmen s. § 169 Abs. 1 Nr. 10 und 3, 4. Insbesondere die Erfüllung der Pflicht zur vorbereitenden Untersuchung nach § 140 Nr. 1, § 141 Abs. 1 Nr. 2 kann bei Sanierungen dieselben, d. h. wenig konkreten und nicht individualisierten Ergebnisse zeitigen wie die Erfüllung der früheren Pflicht zur Aufstellung von Grundsätzen für soziale Maßnahmen. Die Streichung der Grundsätze für soziale Maßnahmen, die Vorverlegung der Aufstellung des Sozialplans bei Sanierungsmaßnahmen und die Einbettung in den Katalog der Maßnahmen zur Vorbereitung der Sanierung (§ 140) haben zu einer Flexibilisierung des Sozialplans geführt, der je nach Art und Umfang des beabsichtigten Bebauungsplans, der städtebaulichen Sanierungsmaßnahme oder Entwicklungsmaßnahme in unterschiedlich gestuften und umfangreichen Verfahren zu unterschiedlich aggregierten und differenzierten Aussagen kommen kann. Die in § 140 Nr. 6 statuierte Pflicht, den **Sozialplan fortzuschreiben**, ist dem Sozialplan immanent. Sie wird ausdrücklich nur in § 140 Nr. 6 genannt, weil das Sanierungsverfahren als ein dynamischer, häufig lang andauernder Prozeß ihrer i. d. R. bedarf. Nach Inkrafttreten des eher statischen Bebauungsplans bedarf der Sozialplan nur ausnahmsweise der Fortschreibung (BT.-Drs. 10/6166, S. 161) anders aber i. d. R. vor Inkrafttreten des Bebauungsplans. Die Verpflichtung zum Erlaß eines Sozialplans analog § 180 kann wie bisher zum Vollzug einer Erhaltungssatzung zur Durchführung städtebaulicher Umstrukturierungen gem. § 172 Abs. 5 (= § 39h Abs. 4 BBauG) entstehen.

2. a) Erste Voraussetzung für die Aufstellung eines Sozialplans ist, 2
daß die Gemeinde beabsichtigt, einen Bebauungsplan oder eine städtebauliche Sanierungsmaßnahme (im vereinfachten oder förmlichen Verfahren) (§ 142) zu betreiben. Anders als nach § 13a BBauG und § 8 Abs. 2 StBauFG müssen weder der Bebauungsplan noch die Sanierungsmaßnahme förmlich beschlossen sein (s. Vorbem. §§ 181, 182 Rn 4). Diese Vorverlagerung des Beginns der Aufstellung eines Sozialplans schließt es aber nicht aus, daß aus gegebenem Anlaß, z. B. wegen nicht voraussehbarer oder vorausgesehener Auswirkungen erst nach dem förmlichen Beschluß über die Aufstellung eines Bebauungsplans oder die Durchführung von Sanierungsmaßnahmen mit der Aufstellung eines Sozialplans begonnen wird (ebenso § 172 Abs. 5).

b) Der beabsichtigte Bebauungsplan oder die beabsichtigte bauliche 3
Sanierungsmaßnahme muß zweitens die Prognose rechtfertigen, daß

die Verwirklichung des Bebauungsplans oder der Sanierungsmaßnahme sich nachteilig auf die **persönlichen Lebensumstände** der in
dem Gebiet wohnenden und arbeitenden Menschen auswirken wird.
Die Prognose wird zum einen begründet durch den Inhalt des beabsichtigten (oder beschlossenen) Bebauungsplans oder durch Ergebnisse der
Vorbereitung der Sanierung gem. § 140 – insbesondere Ergebnisse der
vorbereitenden Untersuchung (§ 141), der Ziele und Zwecke der Sanierung (§ 140 Nr. 3), der städtebaulichen Planung (Bebauungsplan oder
Rahmenplanung, § 140 Nr. 4) und der Erörterung der beabsichtigten
Sanierung (§ 137). Die Aufstellung des Sozialplans ist die Reaktion
darauf, daß zu erwarten ist, daß in der planerischen Abwägung für den
Bebauungsplan oder die städtebauliche Planung i. S. v. § 140 Nr. 4
(Sozialplan und i. w. S. s. Vorbem. §§ 180, 181 Rn 2) die Belange von
in dem Gebiet Wohnenden und Arbeitenden gegenüber anderen Belangen zurückgestellt werden und auch nicht durch Festsetzungen im
Bebauungsplan, z. B. nach § 9 Abs. 1 Nr. 7, 8 ausgeglichen werden
können. Die Erwartung wird zum anderen begründet durch die im
Zeitpunkt der Beschlußfassung bestehenden persönlichen Lebensumstände der in dem Gebiet Wohnenden und Arbeitenden. Um eine
verläßliche Prognose über die Auswirkungen der Verwirklichung des
beabsichtigten Planes machen zu können, bedarf die Gemeinde also
Unterlagen über die persönlichen Lebensumstände der Betroffenen.
Zwar wird die Gemeinde nur bei städtebaulichen Sanierungsmaßnahmen (§ 140 Nr. 1, § 141) ausdrücklich verpflichtet, förmliche, vorbereitende Untersuchungen durchzuführen. Je mehr sich aber die quantitativen und qualitativen Probleme der Normalität von Stadtsanierungen
nähern, was von der Größe des Gebietes und seiner Sozialstruktur
abhängt, desto gleichartiger sind die rechtlichen Anforderungen. Im
Regelfall werden jedoch repräsentative Betroffenenbefragungen und
eine stärker typisierte Aufbereitung genügen (Schulze-Fielitz aaO,
S. 273). Der Begriff der persönlichen Lebensumstände wurde in § 13a
Abs. 2 S. 1 Hs. 2 BBauG authentisch, aber nicht abschließend interpretiert als Berufs-, Erwerbs- und Familienverhältnisse, Lebensalter,
Wohnbedürfnisse, soziale Verflechtungen sowie örtliche Bindungen.
Auch nach der aus Vereinfachungsgründen erfolgten Streichung kann
diese Interpretation als Richtschnur verwendet werden (s. a. Stich, in:
Berliner Komm., § 180, Rn 4). Zu erwartende nachteilige Auswirkungen, insbesondere wegen Wohnungs-, Arbeitsplatz- oder Schulwechsel
können als Basis individualisierter Maßnahmen nach sozialen Bezugsgruppen, die für das Gebiet typisch sind, zu erstellen, z. B. alte Menschen, Kinder, Jugendliche, Alleinstehende, Kleinfamilien, Kinderreiche, nicht voll Erwerbsfähige, orts- und arbeitsplatzgebundene Erwerbstätige, kleine Gewerbetreibende und Geschäftsleute, Kleineigentümer, Mieter, Gastarbeiter, Studenten, Obdachlose (s. Schulze-Fielitz
aaO, S. 244 ff., 252–270). Mangels persönlicher Lebensumstände scheiden juristische Personen aus (§ 181 Rn 4).

c) Die Gemeinde soll nicht nur allgemeine Vorstellungen entwik- 4
keln, wie nachteilige Auswirkungen möglichst vermieden oder gemil-
dert werden können. Auch diese Änderung gegenüber §13a BBauG
verdeutlicht die stärkere Vollzugsorientierung des Sozialplans – auch in
der Phase der Aufstellung – im Vergleich zu den Grundsätzen für
soziale Maßnahmen. Je nach Art, Intensität und zeitlicher Nähe der zu
erwartenden Nachteile kommen nicht nur bezugsgruppenorientierte,
sondern aufgrund der **Erörterung mit den Betroffenen individuali-
sierte Aussagen** in Betracht über Wohnungs- und Arbeitsflächenersatz
inner- und außerhalb des Gebiets, z. B. vorübergehende Umzüge und
Rückumzüge, Beratungsmodelle, finanzielle Förderungsmöglichkei-
ten, Modalitäten der z. B. abschnittsweisen Planverwirklichung (s.
Bielenberg, in: E/Z/B, BBauG, §13a, Rn 8). Anders als nach §13a
Abs. 2 BBauG sind die Erörterungen nicht auf die unmittelbar Betrof-
fenen beschränkt. Die weichere Formulierung von §180 Abs. 1 trägt
dem Umstand Rechnung, daß der Sozialplan nicht erst nach Inkrafttre-
ten eines Bebauungsplans aufgestellt wird. Daß §141 Abs. 1 S. 2 die
vorangehenden, nicht individualisierten, vorbereitenden Untersuchun-
gen auf die unmittelbar Betroffenen begrenzt, wird durch die stärkere
Vollzugsorientierung von Sanierungen nur unvollkommen gerechtfer-
tigt. Für Personen, die außerhalb des künftigen Plangebiets wohnen
oder arbeiten, gilt §180 Abs. 1 nicht. Wenn zu erwarten ist, daß sie
durch die Auswirkungen des Bebauunsplans oder der Sanierungsmaß-
nahme Nachteile in ihren persönlichen Lebensumständen erfahren wer-
den, muß das Plangebiet von vornherein oder nachträglich erweitert
werden (s. Battis, Partizipation im Städtebaurecht, 1976, S. 154ff.,
Schulze-Fielitz, aaO, S. 243; a. A. Grauvogel, in: Kohlhammer-
Komm., BBauG, §13a Anm. 5b, cc). Auch nach §180 Abs. 1 ist es
möglich, im Rahmen der Aufstellung des Sozialplans einen sozialplane-
rischen Grundsatz aufzustellen, daß der Bebauungsplan oder die Sanie-
rungsmaßnahme so zu verwirklichen ist, daß dadurch kein Bewohner
gezwungen wird, gegen seinen Willen das Plangebiet auf Dauer zu
verlassen. Zur Verlängerung von Miet- und Pachtverhältnissen s.
§186.

d) In Vollzug der Erörterungspflicht hat die Gemeinde Vorstellun- 5
gen zu entwickeln, wie nachteilige Auswirkungen auf die persönlichen
Lebensumstände (s. Rn 3) möglichst vermieden oder gemildert werden
können (Abs. 1 S. 1). Die Pflicht zur individuellen **Beratung und
Belehrung**, z. B. über in Betracht kommende öffentliche Leistungen,
z. B. nach dem BSHG, AFG, BAföG, WohngeldG, staatliche Förde-
rungsprogramme für die gewerbliche Wirtschaft, Härteausgleich
(§181), nötigenfalls einschließlich der Hilfe bei der Beschaffung und
Ausfüllung der erforderlichen Formulare, soll die Betroffen in ihren
eigenen Bemühungen, insbesondere beim Wohnungs- und Arbeits-
platzwechsel sowie beim Umzug von Betrieben unterstützen. Auch
wenn es sich nicht um öffentliche Leistungen i. S. v. Abs. 1 S. 2 han-

delt, sollten die Empfehlungen der Gemeinde entsprechend dem
Grundsatz der Subsidiarität (Abs. 1 S. 3) auch Hinweise enthalten auf
gesellschaftliche und kirchliche Institutionen, z. B. AWO, Caritas
(ebenso Schulze-Fielitz aaO, S. 287). Nur wenn diese Hilfe bei den
eigenen Bemühungen nicht genügt, weil die Betroffenen nach ihren
persönlichen Lebensumständen, z. B. wegen Alters, Sprachschwierig-
keiten und trotz Beratung und Belehrung zur Selbsthilfe nicht in der
Lage sind, hat die Gemeinde selbst **geeignete Maßnahmen** zu prüfen
(Abs. 1 S. 3). In Betracht kommen die Zuweisung einer Wohnung,
eines Platzes in einem Altersheim, die Betreuung durch Familien- oder
Jugendhilfe. Abs. 1 S. 3 verpflichtet die Gemeinde nicht zu Leistungen,
insbesondere finanzieller Art, auf die der Betroffene nicht bereits
anderweitig einen Anspruch hat. Die Gemeinde kann aber in den
Grenzen des Haushaltsrechts freiwillige Hilfsmaßnahmen auch im
Rahmen des Härteausgleichs (§ 181, Rn 7) gewähren, z. B. Bereitstel-
lung preisgünstiger Grundstücke für Gebäude zur Miete, Pacht oder
zum Erwerb, bevorzugte Berücksichtigung bei der kommunalen Wirt-
schaftsförderung (a. A. Schrödter, § 13 a, Rn 3). § 186 ermächtigt die
Gemeinde zur Verlängerung von Miet- und Pachtverhältnissen im
förmlich festgelegten Sanierungsgebiet oder im Hinblick auf städtebau-
liche Gebiete nach §§ 176–179, soweit dies zur Verwirklichung des
Sozialplans erforderlich ist.

6 **e)** Liegen die Voraussetzungen des Abs. 1 S. 1 Hs. 1 vor (Rn 2, 3),
soll die Gemeinde mit den Erörterungen und Prüfungen zur Erarbei-
tung eines Sozialplans beginnen. Im Regelfall ist die Gemeinde strikt
gebunden, in Ausnahmefällen hat sie Ermessen. Das gilt auch für
Sanierungsmaßnahmen, auch wenn § 140 Nr. 6 die Erarbeitung und
Fortschreibung des Sozialplans als eine der Gemeinde zur Vorbereitung
der Sanierung obliegende Aufgabe festlegt. § 180 Abs. 1 S. 1 setzt nicht
wie § 13 a Abs. 2 BBauG voraus, daß die Verwirklichung des Bebau-
ungsplans durch Maßnahmen der Gemeinde bevorsteht. Die Soll-
Vorschrift trägt damit auch dem Umstand Rechnung, daß die Verwirk-
lichung von Bebauungsplänen im Vergleich zu Sanierungen häufig
später einsetzt, daß § 180 anders als § 13 BBauG nicht zugeschnitten ist
allein auf den Fall, in dem die Verwirklichung eines Bebauungsplans in
Angriff genommen wird, um ihn in einem Zuge durchzuführen. Das
durch Abs. 1 S. 1 eingeräumte Ermessen betrifft als Auswahlermessen
vornehmlich Zeitpunkt, Gegenstand und räumlichen Bereich des So-
zialplans. Wegen der gewandelten Funktion von Sanierungen, z. B.
Anpassung an die Erfordernisse des Umweltschutzes (§ 136 Abs. 4
Nr. 3) müssen auch bei Sanierungen anders als nach dem StBauFG nicht
regelmäßig und flächendeckend Sozialpläne aufgestellt werden.

7 **f)** § 180 schreibt nicht wie § 13 a Abs. 1 BBauG vor, daß die allge-
meinen Vorstellungen, wie nachteilige Auswirkungen für die im Gebiet
Wohnenden und Arbeitenden möglichst vermieden oder gemildert
werden können, in der Begründung des Bebauungsplans (§ 9 Abs. 8)

darzulegen sind. Sind jedoch wie regelmäßig die Erörterungen und Prüfungen nach Abs. 1 der Beschlußfassung über den Bebauungsplan vorausgegangen, so kann es im Einzelfall zur Nachprüfung einer planerischen Abwägung nach § 1 Abs. 5, 6 geboten sein, in der Begründung nach § 9 Abs. 8 nicht nur darzulegen, warum bestimmte Belange zurücktreten mußten (s. Vorbem. §§ 180, 181 Rn 2), sondern auch, wie die Folgen des Zurücktretens durch einen Sozialplan abgefangen werden sollen. Von einer individualisierenden Erörterung und Fortschreibung des Sozialplans befreit eine solche Darstellung nicht.

3. Der **Sozialplan** (Abs. 2) ist das vollzugsorientierte schriftliche **8** Ergebnis der Erörterungen und Prüfungen nach Abs. 1. Er enthält die jeweils personenbezogene Bestandsaufnahme der nachteiligen Auswirkungen auf die persönlichen Lebensverhältnisse, die Wünsche des Betroffenen und den individuell ausgerichteten und jeweils **fortzuschreibenden** (s. § 140 Nr. 6) Katalog der in Betracht zu ziehenden und zu verwirklichenden Maßnahmen (s. Rn 5). Der Sozialplan ist wegen seiner nur vorbereitenden Funktion, also mangels unmittelbarer Rechtswirkung nach außen, weder Rechtsnorm noch Verwaltungsakt. Wegen seines Bezugs auf den individuellen Einzelfall ist er weder Verwaltungsvorschrift noch bedarf er eines Beschlusses des Gemeinderates. Er ist auch Realakt, bereitet diese und Verwaltungsakte aber überwiegend nur vor (s. a. Schulze-Fielitz aaO, S. 281 f.; Stich, in: Berliner Komm., § 180, Rn 11: „Verwaltungsprogramm"). **Rechtsansprüche** erhält der Betroffene durch den Sozialplan nicht. Abgesehen von untypischen vertraglichen Bindungen kann die Gemeinde sich lediglich nach § 38 VwVfG durch Zusage oder nach Art. 3 GG durch gleichartige Verwaltungsübungen binden, so daß dann Ansprüche auf im Sozialplan enthaltene Leistungen entstehen (Schulze-Fielitz aaO, S. 283). Zum Schutz der Intimsphäre des Betroffenen ist der Sozialplan weder zu veröffentlichen noch besteht ein **Einsichtsrecht** Dritter (s. a. Berkemann, ZfBR 1986, 155 zu Bauleitplanung und Datenschutz). Stellt die Gemeinde pflichtwidrig keinen Sozialplan auf, so kann sie im Wege der Kommunalaufsicht dazu angehalten werden. Die Pflicht der Gemeinde zur Mindestberatung nach Abs. 1 könnte auch durch allgemeine Leistungsklage gerichtlich durchgesetzt werden. Angesichts der Unbestimmtheit der Hilfeleistung ist der Gerichtsschutz jedoch bedeutungslos (Schulze-Fielitz aaO, S. 289).

4. a) Dem **Sozialplan des Veranlassers** (Dritten) liegt der Gedanke **9** zugrunde, daß die Gemeinde ohne Informationsrecht ihre Rechtspflicht, auch in den Fällen der Planverwirklichung durch Private, soziale Maßnahmen zu ergreifen, kaum erfüllen kann, daß andererseits aber auch in diesen Fällen ein Sozialplan unverzichtbar sein kann. Die Entstehungsgeschichte der Vorgängervorschrift spricht für eine restriktive Auslegung der Vorgängerregelung (§ 13a Abs. 4 BBauG) (Sten. Berichte 245. Sitzung des BT, StB S. 17374). Ein Sozialplan des Veranlassers komme vor allem dann in Betracht, wenn die Änderung

der bisher zulässigen baulichen Nutzung ausschließlich im Interesse eines Bauträgers oder Begünstigten erfolge und dieser ausschließlich den Vorteil in Anspruch nehme. Daher solle er auch für den Ausgleich der sozialen Härten sorgen. Dieser Einschränkung ist mit einer restriktiven Ermessensausübung bei der Übertragung der Sozialplanung auf Dritte Rechnung zu tragen, da die Vorschrift andernfalls nicht praktikabel ist. Auf diese Weise kann auch verwaltungspraktischen wie verfassungsrechtlichen (Art. 14; Rechtsstaatsprinzip) Bedenken, die schon gegen die Vorgängervorschrift bestanden (Schrödter, § 13a, Rn 5; B/B, § 13a, Rn 7; positive Würdigung hingegen bei Grauvogel, in: Kohlhammer-Komm., BBauG, § 13a, Anm. 6d) Rechnung getragen werden.

10 **b)** Die **Übertragung der Aufstellung** (Erarbeitung und Fortschreibung) und **Verwirklichung** einschließlich der Kosten erfolgt zweckmäßigerweise durch öffentlich-rechtlichen Vertrag. Daraus, daß Abs. 3 S. 2 nur auf Abs. 1, nicht aber auf die Legaldefinition des Abs. 2 verweist, folgt keine inhaltliche Begrenzung der Übertragung. Die Übertragung steht in jedem Fall im Ermessen der Gemeinde (a. A. Hoppe, in: E/H, Rn 219). Abs. 3 S. 1 ermächtigt zwar auch zur Übertragung durch Verwaltungsakt. Ein solcher Verwaltungsakt kann ebenso bestimmt sein wie ein öffentlich-rechtlicher Vertrag. Aber es ist unrealistisch anzunehmen, ein Bauträger, dem gegen seinen Willen der Sozialplan übertragen wird, werde an der Verwirklichung des Bebauungsplanes – der Voraussetzung der Übertragung – festhalten. Durch die Übertragung wird der Veranlasser **Verwaltungshelfer** (Grauvogel, in: Kohlhammer-Komm., BBauG, § 13a, Anm. 6d), nicht Beliehener, da mangels gesetzlicher Ermächtigung keine Hoheitsrechte übertragen werden dürfen. (a. A. Schrödter aaO). Bedenken gegen die Übertragung der Aufstellung und Durchführung des Sozialplans auf einen Bauträger, derzufolge dieser höchstpersönliche Lebensdaten zu ermitteln und zu bewerten hätte (s. Battis, Partizipation im Städtebaurecht, S. 209 ff.), ist mit der in Abs. 3 S. 2 klargestellten Kompetenz der Gemeinde zu begegnen, die übertragbaren Aufgaben ganz oder teilweise auch selbst wahrzunehmen. Durch die Erklärung ihres Einvernehmens nach Abs. 3 S. 1 verliert die Gemeinde dieses Recht nicht (Grauvogel aaO). Ein diesbezüglicher vertraglich eingeräumter Verzicht wäre nach § 59 Abs. 1 VwVfG i. V. m. § 134 BGB unwirksam.

11 **c)** Übernimmt die Gemeinde ganz oder teilweise die Erstellung und Durchführung des Sozialplans anstelle des Veranlassers, so kann sie diesem die **Kosten** auferlegen (Abs. 3 S. 2). Den aus Art. 14 GG und dem rechtsstaatlichen Bestimmtheitsgebot (Abgabenklarheit) begründeten Bedenken gegen die Kostenüberwälzung (Schrödter, § 13a, Rn 5) ist dadurch Rechnung zu tragen, daß der Veranlasser grundsätzlich nur die Kosten für den anerkannten Mindeststandard einer Sozialplanung zu tragen hat. Weitergehende Kosten können nur vertraglich überwälzt werden (Schulze-Fielitz aaO, S. 282, Fn 25; Grauvogel, in: Kohlhammer-Komm., BBauG, § 13a, Anm. 6c).

§ 181 Härteausgleich

(1) **Soweit es die Billigkeit erfordert, soll die Gemeinde bei der Durchführung dieses Gesetzbuchs zur Vermeidung oder zum Ausgleich wirtschaftlicher Nachteile – auch im sozialen Bereich – auf Antrag einen Härteausgleich in Geld gewähren.**

1. einem Mieter oder Pächter, wenn das Miet- oder Pachtverhältnis mit Rücksicht auf die Durchführung städtebaulicher Maßnahmen aufgehoben oder enteignet worden ist;

2. einer gekündigten Vertragspartei, wenn die Kündigung zur Durchführung städtebaulicher Maßnahmen erforderlich ist; dies gilt entsprechend, wenn ein Miet- oder Pachtverhältnis vorzeitig durch Vereinbarung der Beteiligten beendigt wird; die Gemeinde hat zu bestätigen, daß die Beendigung des Rechtsverhältnisses im Hinblick auf die alsbaldige Durchführung der städtebaulichen Maßnahmen geboten ist;

3. einer Vertragspartei, wenn ohne Beendigung des Rechtsverhältnisses die vermieteten oder verpachteten Räume ganz oder teilweise vorübergehend unbenutzbar sind und die Gemeinde bestätigt hat, daß dies durch die alsbaldige Durchführung städtebaulicher Maßnahmen bedingt ist;

4. einem Mieter oder Pächter für die Umzugskosten, die dadurch entstehen, daß er nach der Räumung seiner Wohnung vorübergehend anderweitig untergebracht worden ist und später ein neues Miet- oder Pachtverhältnis im Gebiet begründet wird, sofern dies im Sozialplan vorgesehen ist.

Voraussetzung ist, daß der Nachteil für den Betroffenen in seinen persönlichen Lebensumständen eine besondere Härte bedeutet, eine Ausgleichs- oder Entschädigungsleistung nicht zu gewähren ist und auch ein Ausgleich durch sonstige Maßnahmen nicht erfolgt.

(2) **Absatz 1 ist entsprechend anzuwenden auf andere Vertragsverhältnisse, die zum Gebrauch oder zur Nutzung eines Grundstücks, Gebäudes oder Gebäudeteils oder einer sonstigen baulichen Einrichtung berechtigen.**

(3) **Ein Härteausgleich wird nicht gewährt, soweit der Antragsteller es unterlassen hat und unterläßt, den wirtschaftlichen Nachteil durch zumutbare Maßnahmen, insbesondere unter Einsatz eigener oder fremder Mittel abzuwenden.**

Übersicht

1 **1.** § 181 faßt die bisherigen Vorschriften über den Härteausgleich
 (§ 122a, b BBauG, § 85 StBauFG) zusammen (zu den Neuregelungen
 des BauGB s. Voraufl. Rn 1). Abs. 1 S. 1 Hs. 1 und S. 2 bestimmen als
 allgemeine Voraussetzungen für die Gewährung von Härteausgleich bei
 Durchführung des BauGB, daß ein wirtschaftlicher Nachteil – auch im
 sozialen Bereich – besteht, der für den Betroffenen in seinen persönli-
 chen Lebensumständen eine besondere Härte bedeutet und nicht ander-
 weitig ausgeglichen oder entschädigt wird. Die Gemeinde soll diesen
 Nachteil auf Antrag durch Geld ausgleichen, soweit es die Billigkeit
 erfordert, und zwar bei hoheitlicher Aufhebung (§§ 182, 183) ein-
 schließlich Enteignung (§ 86 Abs. 1 Nr. 3) von Miet- oder Pachtverhält-
 nissen (Abs. 1 Nr. 1), bei rechtsgeschäftlicher Aufhebung von Miet-
 und Pachtverhältnissen (Nr. 2), bei vorübergehender Unbenutzbarkeit
 von Räumen (Nr. 3) oder bei vorübergehender anderweitiger Unter-
 bringung (Nr. 4). Abs. 2 erweitert den Geltungsbereich des Abs. 1 auf
 andere Vertragsverhältnisse, die zum Gebrauch oder zur Nutzung eines
 Grundstücks oder einer baulichen Einrichtung berechtigen. Abs. 3
 enthält eine dem Rechtsgedanken des Mitverschuldens verpflichtete
 Ausschlußklausel. § 61 Abs. 2 S. 2 Altern. erklärt erstmals für die
 Aufhebung, Änderung oder Begründung von Rechten in der Umle-
 gung § 181 für entsprechend anwendbar. § 169 Abs. 1 Nr. 11 stellt klar,
 daß § 181 auch bei städtebaulichen Entwicklungsmaßnahmen gilt. Der
 dem Sozialstaatsprinzip zuzuordnende, personenbezogene („persönli-
 che Lebensumstände") Härteausgleich kann zusätzlich hinzutreten zu
 der auch in der Form der Folgenentschädigung (§ 96) objektgebunde-
 nen, Art. 14 GG zuzuordnenden von der Enteignungsbehörde und
 nicht der Gemeinde zu gewährenden Enteignungsentschädigung. Zum
 Verhältnis zum Sozialplan s. Vorbem. §§ 180, 181 Rn 1. Zu den **Über-
 leitungsbestimmungen** s. § 241.

2 **2. a)** Zu den **allgemeinen Voraussetzungen** des Härteausgleichs ge-
 hört ein **Antrag** eines nach Abs. 1 Nr. 1–4 oder Abs. 2 Betroffenen. Der
 Antrag ist bei der Gemeinde zu stellen. Es gehört zu den Beratungs-
 pflichten der Gemeinde, im Rahmen der Erstellung eines Sozialplans
 (§ 180 Abs. 1) oder der betroffenen Beteiligung anläßlich einer städte-

baulichen Sanierung (§ 137) oder des Erlasses eines städtebaulichen Gebotes (§ 175 Abs. 1) auf das Antragsrecht hinzuweisen.

b) Erste allgemeine materielle Voraussetzung für die Gewährung des 3 Härteausgleichs ist, daß dem Betroffenen **wirtschaftliche Nachteile** entstanden sind (Abs. 1 S. 1 Hs. 1). Die Nachteile, die durch Geldzahlungen zu mildern, zu vermeiden oder zu beseitigen sein müssen, können auch im sozialen Bereich entstanden sein, z. B. Aufgabe einer behindertengerechten Wohnung durch einen schwerbehinderten Mieter (BR. Dr. 575/85, S. 145) oder Wegfall der Kinderbetreuung durch Großeltern (Dyong, in: E/Z/B, § 181, Rn 4). Sie müssen in einem ursächlichen Zusammenhang mit einer der in Abs. 1 oder 2 bezeichneten Maßnahmen stehen. Für immaterielle Nachteile, z. B. Zerstörung eines intakten Nachbarschaftsverhältnisses zwischen Mietern durch Aufhebung von Mietverträgen (§ 182), ist kein Härteausgleich zu gewähren. Bei gewerblichen Mietern, z. B. Einzelhandelsgeschäft, kann die Zerstörung der Nachbarschaftsbeziehungen allerdings wirtschaftliche Nachteile verursachen (Dyong aaO, Rn 4).

c) Die wirtschaftlichen Nachteile müssen zweitens für den Betroffe- 4 nen in seinen **persönlichen Lebensumständen** eine besondere Härte bedeuten (Abs. 1 S. 2). Persönliche Lebensumstände (dazu § 181, Rn 3) sind nur natürlichen Personen eigen. Juristische Personen dürfen daher keinen Härteausgleich erhalten. Wegen der Zweckbestimmung, Nachteile in den persönlichen Lebensumständen auszugleichen, ist der Anspruch auf Härteausgleich nicht vererbbar.

d) Weitere Voraussetzung für die Gewährung von Härteausgleich ist, 5 daß eine **besondere Härte** vorliegt (Abs. 1 S. 2). Es genügt also nicht, daß eine der in Abs. 1 oder 2 genannten Maßnahmen den Betroffenen hart trifft. Das Tatbestandsmerkmal soll verhindern, daß diese Maßnahmen, die regelmäßig zu Härten in den persönlichen Lebensumständen führen, regelmäßig Ansprüche auf Härteausgleich nach sich ziehen, was die Effektivität des Ausgleichs in den besonderen Härtefällen beeinträchtigen und die Leistungsfähigkeit der Gemeinden übersteigen würde. Mit der individualisierenden Betrachtungsweise des § 181 ist es unvereinbar, eine besondere Härte generell in den Fällen auszuschließen, in denen die Maßnahmen innerhalb der dem Mieter oder Pächter nach §§ 541 a, 541 b BGB obliegenden Duldungspflicht liegen (ebenso Pohl, in: Kohlhammer-Komm., BBauG, § 122 a, b, Rn 17; a. A. Gaentzsch, § 122 b, Rn 5).

e) Als weitere allgemeine Voraussetzung bestimmt Abs. 1 S. 1 Hs. 1, 6 daß Härteausgleich nur **soweit** gewährt wird, als es die **Billigkeit erfordert.** Die Tatbestandsmerkmale „Billigkeit" und „soweit" ermöglichen eine flexible Festsetzung des Umfangs des Geldausgleichs. Darüber hinaus ermöglichen sie nach Pohl aaO, Rn 18, die zum Billigkeitstatbestand des § 829 BGB entwickelten Grundsätze auf den Härteausgleich zu übertragen. Demnach kann es die Billigkeit erfordern, den Umfang wiederkehrender Leistungen, z. B. Renten, für einzelne Zeit-

räume zu variieren oder eine sich nachträglich als unzureichend herausstellende bestandskräftige Entschädigungsleistung durch einen Härteausgleich zu ergänzen. Außer den wirtschaftlichen Verhältnissen des Betroffenen sind etwaige Vorteile zu berücksichtigen, die ihm durch die städtebauliche Maßnahme zugeflossen sind.

7 **f)** Schließlich enthält Abs. 1 S. 2 ein negatives Tatbestandsmerkmal: Der Härteausgleich wird nur gewährt, soweit für die wirtschaftlichen Nachteile keine **Ausgleichs- oder Entschädigungsleistung** zu gewähren sind oder soweit diese auch nicht durch sonstige Maßnahmen ausgeglichen werden. Vorrangig sind also Entschädigungsleistungen, auf die aufgrund eines Enteignungsverfahrens oder z. B. des Einsatzes eines städtebaulichen Gebots (z. B. § 179 Abs. 3) ein Anspruch besteht. Ausgleichsleistungen werden im Umlegungsverfahren gewährt (§ 60). Der Begriff dürfte in § 181 jedoch ebenso wie in § 122a BBauG untechnisch gemeint sein (a. A. Dyong, in: E/Z/B, § 181, Rn 9), da in § 181, was die Verweisung des § 61 Abs. 2 S. 2 unterstreicht, die Aufhebung von Mietverhältnissen durch Umlegung nicht geregelt ist, der Begriff also leerliefe (Pohl, in: Kohlhammer-Komm., BBauG, §§ 122a, b, Rn 24). Außer vertraglichen Ansprüchen (so Pohl aaO) können unter Ausgleichsleistungen auch solche Leistungen aus öffentlichen Kassen subsumiert werden, auf die, wie z. B. beim Wohngeld, ein Anspruch besteht. Teilweise wird das Wohngeld unter den Begriff sonstige Maßnahmen subsumiert (Dyong aaO, Rn 10). **Sonstige Maßnahmen** sind nur solche öffentliche Geldleistungen, auf die kein Anspruch besteht, z. B. Zuschuß aus einem von der Gemeinde aufgelegten und nach Ermessen verteilten gewerblichen Umzugshilfeprogramm. Solche **freiwilligen Maßnahmen** der Gemeinde gehen trotz ihrer Freiwilligkeit, wenn sie nach Ermessen im Rahmen des Gemeindehaushaltsrechts gewährt wurden, dem Härteausgleich vor. Sie können im Sozialplan (§ 180) vorgesehen sein. Die Subsidiarität des Härteausgleichs gegenüber dem **Sozialplan** (Vorb. §§ 180, 181, Rn 1) folgt daraus, daß kein Härteausgleich gewährt wird, wenn andere im Sozialplan vorgesehene Maßnahmen, z. B. Vergabe günstigen Gewerbegebietes oder Unterbringung in einem Altenheim, geeignet sind, die besondere Härte i. S. v. Abs. 1 S. 2 zu vermeiden. Obwohl Abs. 1 S. 1 in den Nr. 1 bis 4 und Abs. 2 eine abschließende Regelung der besonderen Voraussetzungen für die Gewährung von Härteausgleich enthalten, ist es der Gemeinde unbenommen im Rahmen ihrer Kompetenz vorrangige freiwillige sonstige Maßnahmen i. S. v. Abs. 1 S. 2 zu ergreifen (s. a. Pohl aaO, Rn 22).

8 **3. a)** Von den **besonderen Voraussetzungen** der Gewährung des Härteausgleichs, deren jeweils eine zusätzlich zu den allgemeinen Voraussetzungen erfüllt sein muß, verlangt Abs. 1 S. 1 Nr. 1, daß ein Miet- oder Pachtverhältnis mit Rücksicht auf die Durchführung einer städtebaulichen Maßnahme nach §§ 182, 183 **durch Verwaltungsakt aufgehoben** oder gem. § 86 Abs. 1 Nr. 3 **enteignet** worden ist. Städtebauli-

che Maßnahmen i. S. v. Abs. 1 S. 1 Nr. 1 können sein städtebauliche Sanierungsmaßnahmen und Entwicklungsmaßnahmen (§ 169 Abs. 1 Nr. 11) und städtebauliche Gebote gem. § 176–179. Die Formulierung „mit Rücksicht auf die Durchführung städtebaulicher Maßnahmen aufgehoben" befreit nicht von den zwingenden Voraussetzungen der Aufhebung nach §§ 182, 183 und deren Durchführung. Es genügt nicht, wenn die Gebotsnormen hätten angewendet werden können (so aber Pohl, in: Kohlhammer-Komm., BBauG, §§ 122a, b Rn 28). Ist ein Miet- oder Pachtverhältnis nach § 86 Abs. 1 Nr. 3 allein oder regelmäßig zusammen mit einem Grundstück oder anderen Rechten enteignet worden, so geht die Enteignungsentschädigung für das enteignete Miet- oder Pachtrecht dem Härteausgleich vor (s. a. Rn 1). Die wirtschaftlich nachteiligen Auswirkungen des Entzugs eines nur nach der tatsächlichen Einschätzung längerfristigen Mietrechts können jedoch nicht nach § 96 entschädigt werden, da dieser eine rechtlich gesicherte Erwartung des Mieters auf Festsetzung des Vertrags voraussetzt. Möglich ist nur ein Härteausgleich (BGHZ 84, 1; BGH NJW 1982, 2183 für Pachtverhältnis; s. a. § 96 Rn 7). Zum Umfang des Härteausgleichs im Falle der Aufhebung einer behindertengerechten Wohnung nach Abs. 1 S. 1 Nr. 1 s. Rn 3.

b) Abs. 1 S. 1 Nr. 2 verlangt als besondere Voraussetzungen für die 9
Gewährung von Härteausgleich, daß ein Miet- oder Pachtverhältnis **rechtsgeschäftlich** zur Durchführung städtebaulicher Maßnahmen durch Kündigung oder vorzeitig durch Vereinbarung der Beteiligten **aufgehoben** worden ist. Die 2. Altern. setzt zusätzlich zur einvernehmlichen vorzeitigen Beendigung voraus, daß die **Gemeinde bestätigt,** daß die Beendigung des Rechtsverhältnisses im Hinblick auf die alsbaldige Durchführung der städtebaulichen Maßnahme geboten ist. Die Bestätigung durch die Gemeinde – ein Verwaltungsakt, dessen Ablehnung nach § 217 anfechtbar ist – löst keinen Anspruch auf Gewährung des Härteausgleichs aus, da außer den bestätigten besonderen Voraussetzungen des Abs. 1 S. 1 Nr. 2 auch die allgemeinen Voraussetzungen nach Abs. 1 S. 1, 2 vorliegen müssen und der Ausschließungsgrund des Abs. 3 nicht eingreifen darf. Zudem steht noch die Entscheidung der Gemeinde über die Höhe des Geldausgleichs aus. Nur bei der 2. Altern. ist die alsbaldige Durchführung der städtebaulichen Maßnahme (dazu Rn 8) erforderlich. Erfolgte die Kündigung bei der 1. Altern. nicht zur alsbaldigen Durchführung, so ist jedoch Abs. 3 besonders sorgfältig zu prüfen. Nach beiden Altern. kann der Härteausgleich sowohl **Mietern oder Pächtern** wie auch **Vermietern oder Verpächtern** gewährt werden. Abs. 1 S. 1 Nr. 2 2. Altern. ist wegen gleicher Interessenlage analog anwendbar auf den Fall, daß ein Miet- oder Pachtverhältnis nicht einverständlich vorzeitig aufgehoben, sondern **gekündigt** worden ist und die Gemeinde bestätigt, daß die Kündigung im Hinblick auf die alsbaldige Durchführung städtebaulicher Maßnahmen geboten ist (Dyong, in: E/Z/B, § 181, Rn 23).

10 **c)** Abs. 1 S. 1 Nr. 3 setzt voraus, daß ein Miet- oder Pachtvertrag
nicht beendet, sondern durch die vorübergehende völlige oder teilweise
Unbenutzbarkeit der Räume gestört wird, z. B. wenn ein Mieter sich
bereit erklärt, wegen Modernisierungsarbeiten aus der gemieteten
Wohnung vorübergehend auszuziehen und der Vermieter daher keinen
Mietzins erhält oder wenn durch Baumaßnahmen ein Teil der gepach-
teten Räume eines Gewerbebetriebes unbenutzbar ist und der Pächter
dadurch Geschäftseinbußen erleidet. Wie Abs. 1 S. 1 Nr. 2 2. Altern.
(Rn 9) setzt Abs. 1 S. 1 Nr. 3 zusätzlich voraus, daß die Gemeinde der
geschädigten Vertragspartei, u. U. auch beiden, **bestätigt** hat (dazu
Rn 9), daß die vorübergehende völlige oder teilweise Unbenutzbarkeit
der vermieteten oder verpachteten Räume durch die alsbaldige Durch-
führung (s. Rn 9) städtebaulicher Maßnahmen (s. Rn 8) bedingt ist.

11 **d)** Abs. 1 S. 1 Nr. 4 setzt voraus, daß ein Miet- oder Pachtvertrag
über **Wohnräume** (nicht bloße Geschäftsräume) entweder nach § 182
durch Verwaltungsakt aufgehoben oder gekündigt oder von den Ver-
tragspartnern einverständlich beendet worden ist, der Mieter oder
Pächter die Wohnung geräumt hat, **vorübergehend anderweitig un-
tergebracht** worden ist und später ein **neues Miet- oder Pachtverhält-
nis in dem Gebiet**, d. h. Ortsteil, nicht Bebauungsplangebiet, begrün-
det wird, innerhalb dessen die alte Wohnung lag. Zusätzlich setzt
Abs. 1 S. 1 Nr. 4 voraus, daß die spätere Begründung eines neuen Miet-
oder Pachtverhältnisses in diesem Gebiet in einem **Sozialplan** (§ 180)
vorgesehen ist, z. B. um nach § 172 Abs. 1 S. 1 Nr. 3, Abs. 5 in dem
Gebiet die Zusammensetzung der Wohnbevölkerung zu erhalten. Er-
satzfähig sind die Kosten beider Umzüge. Allerdings ist zu beachten,
daß die Enteignungsentschädigung für die notwendigen Aufwendun-
gen für einen durch eine Enteignung erforderlich werdenden Umzug
(§ 96 Abs. 1 Nr. 3; s. § 96, Rn 12) gem. Abs. 1 S. 2 (s. Rn 7) dem
Härteausgleich vorgeht.

12 **e)** Abs. 1 regelt nur den Härteausgleich für Miet- und Pachtverträge.
Abs. 2 erweitert den Geltungsbereich des Abs. 1 auch auf **andere Ver-
tragsverhältnisse**, die zum Gebrauch oder zur Nutzung eines Grund-
stücks, Gebäudes oder Gebäudeteils oder einer sonstigen baulichen
Einrichtung berechtigen. Anders als § 85 Abs. 3 StBauFG betrifft
Abs. 2 nicht nur schuldrechtliche Vertragsverhältnisse, sondern z. B.
auch genossenschaftliche Nutzungsverhältnisse (Dyong, in: E/Z/B,
§ 181, Rn 27), wegen der bewußten Nichtübernahme der Tatbestände
des § 85 Abs. 2 Nr. 1 u. 2 StBauFG – Härteausgleich für Eigentümer
und Inhaber dinglicher Gebrauchs- und Nutzungsrechte (s. Rn 1) –
hingegen nicht dingliche Gebrauchs- oder Nutzungsrechte, wie Erb-
baurecht, dingliches Wohnrecht.

13 **4. Liegen alle allgemeinen Voraussetzungen** (Rn 2–7) und eine beson-
dere Voraussetzung (Rn 8–12) vor, so **soll** die Gemeinde den Geldaus-
gleich gewähren. Soll-Vorschriften beinhalten die schwächste Form des
Ermessens. Im Regelfall sind sie bindend, nur in atypischen Fällen

räumen sie Ermessen ein. Die unklare Entstehungsgeschichte der Vorgängervorschrift ist gegenüber dem eindeutigen Gesetzeswortlaut irrelevant (ebenso Dyong, in: E/Z/B, § 181, Rn 15; Schrödter, §§ 122a, b, Rn 8). Angesichts der ungewöhnlichen Häufung individualisierender, auf Ausnahmefälle ausrichtender Tatbestandsmerkmale (besondere Härte in den persönlichen Lebensumständen, von der Billigkeit erfordert, kein anderweitiger Ausgleich), übersteigt es die Phantasie des Kommentators, sich Fallgestaltungen vorzustellen, in denen trotz Vorliegens der positiven Tatbestandsmerkmale und Nichtvorliegens des negativen Tatbestandsmerkmals noch ein theoretisch denkbares Entschließungsermessen der Gemeinde besteht, ob sie den Härteausgleich gewährt. Die Kopplung unbestimmter Rechtsbegriffe im Tatbestand mit der Ermessenseinräumung führt jedoch dazu, daß der Gemeinde, auch wenn im Einzelfall kein Entschließungsermessen mehr besteht, hinsichtlich der Höhe des zu gewährenden Härteausgleichs durchaus noch Auswahlermessen zusteht. Dieses Auswahlermessen wird insbesondere durch das Tatbestandsmerkmal „soweit es die Billigkeit erfordert" (Rn 6) und eine vom Gleichbehandlungsgrundsatz (Art. 3 GG) bestimmte Selbstbindung der Gemeinde dirigiert. Die Gewährung des Härteausgleichs ist auch dann Aufgabe der Gemeinde, wenn ein Privater die den Anspruch auslösenden städtebaulichen Maßnahmen vornimmt, insbesondere auch dann, wenn ein Privater gem. § 180 Abs. 3 zur Aufstellung und Durchführung eines Sozialplans verpflichtet ist.

5. Trotz Vorliegens aller allgemeinen Voraussetzungen (Rn 2–7) und **14** einer besonderen Voraussetzung (Rn 8–12) wird kein Härteausgleich gewährt, soweit der Antragsteller es unterlassen hat und unterläßt, den wirtschaftlichen Nachteil durch zumutbare Maßnahmen abzuwenden (Abs. 3). Die **Abwendungspflicht** entspricht dem Rechtsgedanken des § 254 BGB (Mitverschulden, Mitverursachung, s. a. § 93 Abs. 3 S. 2) und dem Billigkeitserfordernis nach Abs. 1. Hinsichtlich der Zumutbarkeit der Maßnahmen, außer dem Einsatz eigener oder fremder Mittel z. B. auch die Bereitschaft, vorübergehend in eine andere Wohnung umzuziehen, ist ein individueller Maßstab anzulegen. Der abzuwendende Nachteil muß nicht bereits eingetreten sein. Der im Rahmen der Aufstellung und Verwirklichung des Sozialplans (§ 180) erfolgende Hinweis auf den Härteausgleich muß auch die Abwendungspflicht und ihre Folgen umfassen. Unterbleibt der rechtzeitige Hinweis, so kann dies im Einzelfall (nicht generell, so aber Dyong, in: E/Z/B, § 181, Rn 12) dazu führen, daß die Gemeinde dem Antragsteller nicht mit Erfolg entgegenhalten kann, es seien Maßnahmen möglich gewesen, durch die die Nachteile hätten abgewendet werden können.

6. Härteausgleich wird nur durch **Geldausgleich** gewährt, im Regel- **15** fall durch einmalige, in Sonderfällen, z. B. sehr betagte alleinstehende Mieter, durch wiederkehrende (Renten-)Zahlungen. Zur Höhe des Geldausgleichs s. Rn 13.

16 **7.** Die Gewährung oder Versagung des Härteausgleichs ist ein Verwaltungsakt. Die (teilweise) Versagung ist vor den **Baulandgerichten** anfechtbar (§ 217). Die unbestimmten Rechtsbegriffe „von der Billigkeit erfordert", „besondere Härte in den persönlichen Lebensumständen", sind gerichtlich voll überprüfbar (s. a. § 223, Rn 2). Nur beschränkter Gerichtskontrolle (s. § 223, Rn 3) unterliegt die Ausübung des Auswahlermessens hinsichtlich der Höhe des Geldausgleichs sowie die des theoretisch in Ausnahmefällen bestehenden Entschließungsermessens (s. Rn 13). Zur Überleitungsvorschrift für den Rechtsschutz s. § 241 Abs. 2.

Fünfter Teil. Miet- und Pachtverhältnisse

Vorbemerkung zu den §§ 182 bis 186

Die Vorschriften über Miet- und Pachtverhältnisse sind aufgrund des **StBauFG 1971** in das Städtebaurecht eingeführt worden. Die Regelungen standen im Zusammenhang mit den im StBauFG 1971 ebenfalls eingeführten Abbruch-, Bau- und Modernisierungsangeboten (§§ 19–21 StBauFG 1971). Für die Verwirklichung dieser Gebote kann es ggf. erforderlich sein, die bestehenden Miet-, Pacht- oder sonstige Nutzungsverträge zu ändern. Die entsprechenden Ermächtigungen enthielten §§ 26–32 StBauFG. **1**

Durch die **Novelle 1976** wurden die Gebote in das BBauG übernommen; **§§ 39b–39e BBauG**. Die Vorschriften über die Miet- und Pachtverhältnisse wurden dagegen im StBauFG belassen. **§ 39g BBauG** eröffnete hierfür die Möglichkeit, die §§ 26ff. StBauFG entsprechend anzuwenden. **2**

§§ 182–186 BauGB enthalten die **Nachfolgeregelungen** zu §§ 26–31 StBauFG, § 39g BBauG. **3**

Für den **Anwendungsbereich** der besonderen Bestimmung über die Miet- und Pachtverhältnisse gilt folgendes: Die Bestimmungen sind im förmlich festgesetzten Sanierungsgebiet (§§ 142, 143), im Ersatz- und Ergänzungsgebiet (§ 142, Abs. 2), im städtebaulichen Entwicklungsbereich (§§ 165, 169 Abs. 1 Nr. 12; § 7 Abs. 1 Nr. 18 BauGB-MaßnahmenG) einschließlich einem Anpassungsgebiet (§ 170) sowie bei Maßnahmen nach den §§ 176–179 (städtebauliche Gebote) anzuwenden; vgl. § 182 Abs. 1. **4**

Was das **Verhältnis zu anderen Vorschriften** betrifft, bestimmte § 27 Abs. 6 StBauFG, daß die Regelungen über die Miet- und Pachtverhältnisse die Zulässigkeit einer Aufhebung dieser Nutzungs-Rechtsverhältnisse im Rahmen einer Umlegung (vgl. § 61 Abs. 1 BauGB) oder Enteignung (vgl. § 86 Abs. 1 Nr. 3 BauGB) unberührt lassen. Hieran hat sich auch nach Aufhebung der (nur klarstellenden) Vorbehaltsklausel durch das BauGB nichts geändert (so auch Bielenberg, in: E/Z/B, Vorbem. zu §§ 182–186, Rn 10). **5**

§ 182 Aufhebung von Miet- oder Pachtverhältnissen

(1) **Erfordert die Verwirklichung der Ziele und Zwecke der Sanierung im förmlich festgelegten Sanierungsgebiet oder eine Maßnahme nach den §§ 176 bis 179 die Aufhebung eines Miet- oder**

Pachtverhältnisses, kann die Gemeinde das Rechtsverhältnis auf Antrag des Eigentümers oder im Hinblick auf ein städtebauliches Gebot mit einer Frist von mindestens sechs Monaten, bei einem land- oder forstwirtschaftlich genutzten Grundstück nur zum Schluß eines Pachtjahres aufheben.

(2) Die Gemeinde darf ein Mietverhältnis über Wohnraum nur aufheben, wenn im Zeitpunkt der Beendigung des Mietverhältnisses angemessener Ersatzwohnraum für den Mieter und die zu seinem Hausstand gehörenden Personen zu zumutbaren Bedingungen zur Verfügung steht. Strebt der Mieter oder Pächter von Geschäftsraum eine anderweitige Unterbringung an, soll die Gemeinde das Miet- oder Pachtverhältnis nur aufheben, wenn im Zeitpunkt der Beendigung des Rechtsverhältnisses anderer geeigneter Geschäftsraum zu zumutbaren Bedingungen zur Verfügung steht.

(3) Wird die Erwerbsgrundlage eines Mieters oder Pächters von Geschäftsraum im förmlich festgelegten Sanierungsgebiet infolge der Durchführung städtebaulicher Sanierungsmaßnahmen wesentlich beeinträchtigt und ist ihm deshalb die Fortsetzung des Miet- oder Pachtverhältnisses nicht mehr zuzumuten, kann die Gemeinde auf Antrag des Mieters oder Pächters das Rechtsverhältnis mit einer Frist von mindestens sechs Monaten aufheben.

1 **1. Allgemeines.** § 182 ermächtigt die Gemeinde unter den in **Abs. 1** bezeichneten Voraussetzungen dazu, ein Miet- oder Pachtverhältnis auf Antrag des Eigentümers, im Hinblick auf ein städtebauliches Gebot auch von Amts wegen aufzuheben. **Abs. 2** enthält hierzu eine Modifizierung im Hinblick auf schutzwürdige Interessen der Mieter und Pächter. **Abs. 3** gibt Mietern oder Pächtern ihrerseits ein Antragsrecht, das Miet- oder Pachtverhältnis wegen Unzumutbarkeit aufzuheben.

1a Der **sachliche Anwendungsbereich** der Regelungen in § 182 ist für die einzelnen Fallgestaltungen unterschiedlich: **Abs. 1** über die Aufhebung von Miet- und Pachtverhältnissen ist im förmlich festgelegten Sanierungsgebiet (damit gem. § 142 Abs. 2 S. 2 auch im Ersatz- und Ergänzungsgebiet) sowie im städtebaulichen Entwicklungsbereich einschließlich einem Anpassungsgebiet nach § 176 (§ 169 Abs. 1 Nr. 12) – dies gilt gemäß § 7 Abs. 1 Nr. 8 BauGB-MaßnahmenG auch für die dort geregelte Entwicklungsmaßnahme – sowie bei Maßnahmen nach

den §§ 176–179 (städtebauliche Gebote) anzuwenden. Dieser Anwendungsbereich gilt auch für die Fälle des **Abs. 2.** Dagegen ist **Abs. 3** über den Antrag des Mieters oder Pächters auf Aufhebung eines Miet- oder Pachtverhältnisses nach Abs. 3 nicht bei Maßnahmen nach den §§ 176–179 („Gebote") anzuwenden; im übrigen bestimmt sich der Anwendungsbereich wie bei Abs. 1 und 2 (d. h. in der städtebaulichen Sanierung oder Entwicklung).

2. Aufhebung von Miet- oder Pachtverhältnissen (Abs. 1). Abs. 1 **2** regelt die Aufhebung von Miet- oder Pachtverhältnissen durch die Gemeinde. Die Aufhebung im Sanierungsgebiet (entsprechend im Ersatz- und Ergänzungsgebiet sowie im städtebaulichen Entwicklungsbereich) kommt in Betracht, wenn sie zur Verwirklichung der Ziele und Zwecke der Sanierung erforderlich ist; zu den Zielen und Zwecken der Sanierung vgl. die Erläut. zu § 140 Nr. 3. Die Aufhebung kommt weiterhin in Betracht, wenn ein städtebauliches Gebot nach §§ 176–179 die Aufhebung eines Miet- oder Pachtverhältnisses erfordert. Zum Verhältnis der Aufhebung eines Vertragsverhältnisses nach § 182 zur Aufhebung in der **Umlegung** oder durch **Enteignung** vgl. Vorbem. zu §§ 182–186, Rn 5.

Die Aufhebung des Rechtsverhältnisses im Hinblick auf ein städte- **3** bauliches Gebot kann durch die Gemeinde **von Amts wegen** vornehmen. § 27 Abs. 1 S. 1 StBauFG sah eine entsprechende Regelung nur für das Abbruchgebot vor. Zum Verhältnis zu den Fällen des § 183 Abs. 1 vgl. § 183, Rn 4. Daneben kann der **Eigentümer** die Aufhebung des Vertragsverhältnisses nach Erlaß eines Gebotes auch **beantragen**. Es liegt im Rahmen des pflichtgemäßen Ermessens der Gemeinde, ob sie dem Antrag stattgibt. Bei der Aufhebung von Miet- oder Pachtverhältnissen aus Sanierungsgründen ist stets ein Antrag des Eigentümers formelle Voraussetzung für den gemeindlichen Eingriff, sofern die Aufhebung nicht im Hinblick auf eine Maßnahme nach §§ 176 ff. erfolgt (vgl. im einzelnen Rn 3a).

Im einzelnen umfaßt die Regelung insbesondere folgende **Fallgestal-** **3a** **tungen**: Die Gemeinde kann ein Miet- oder Pachtverhältnis von Amts wegen oder auf Antrag des Eigentümers aufheben, wenn ein städtebauliches Gebot (§§ 176 bis 179) innerhalb oder außerhalb eines Sanierungsgebiets angeordnet wurde und das Gebot unanfechtbar oder die sofortige Vollziehung des Gebots angeordnet ist. Das Antragsrechts des Eigentümers hat darüber hinaus in folgender Fallgestaltung besondere Bedeutung: Ist der Eigentümer bereit, eine Maßnahme, die Gegenstand eines Gebots nach den §§ 176 ff. sein könnte, durchzuführen und ist er hieran durch Bestehen der Miet- oder Pachtverhältnisse gehindert, so kann die Gemeinde **im Hinblick auf ein städtebauliches Gebot,** das unter diesen Voraussetzungen nicht erlassen werden kann, dessen gesetzliche Voraussetzungen aber erfüllt sind, das Miet- oder Pachtverhältnis aufheben (hierzu weiterführend Bielenberg aaO, Rn 5).

Ob die Aufhebung von Miet- oder Pachtverhältnissen im Sinne des **4**

Abs. 1 **erforderlich** ist, beurteilt sich nach den jeweiligen Maßnahmen: Ohne daß das Gesetz die Subsidiarität der gemeindlichen Aufhebung gegenüber der Möglichkeit einer **vertragsmäßigen Endigung eines Miet- oder Pachtverhältnisses** ausdrücklich benennt (vgl. demgegenüber noch § 27 Abs. 1 S. 2 StBauFG), wird die Gemeinde zuvor die Möglichkeit entsprechender zivilrechtlicher Vertragsbeendigungen prüfen müssen. Gegenüber einer rechtlich ggf. auch möglichen **Enteignung** (vgl. § 86 Abs. 1 Nr. 3) kann die Aufhebung nach § 182 Abs. 1 im Einzelfall das mildere oder geeignetere Mittel sein. Ist ein städtebauliches Gebot erlassen und unanfechtbar geworden, so beurteilt sich das Erfordernis der Aufhebung nach den konkret beabsichtigten Durchführungsmaßnahmen: So kann im Einzelfall die **Duldungspflicht der Mieter und Pächter nach § 175 Abs. 3** (einschl. der Möglichkeit vorübergehender Räumung der gemieteten bzw. der gepachteten Räume) ausreichen; die Duldungspflicht nach § 175 Abs. 3 umfaßt (insbes. in den Fällen des Modernisierungs- und Instandsetzungsgebots bedeutsam) ggf. auch die **Räumungspflicht** (VGH Mannheim, BWGZ 1984, 503); vgl. hierzu die Erl. zu § 175 Abs. 3. Beim Abbruch von Gebäuden wird dagegen die Aufhebung der Vertragsverhältnisse stets gerechtfertigt sein, soweit sich das vertragliche Nutzungsrecht auf Gebäude oder Gebäudeteile, einzelne Wohnungen oder sonstige Räume bezieht.

5 In Sanierungsgebieten ist auf die **Ziele und Zwecke der Sanierung** abzustellen. Die Ziele und Zwecke der Sanierung ergeben sich aus dem von der Gemeinde beschlossenen und fortgeschriebenen Sanierungskonzept; vgl. die Erl. zu § 140, Nr. 3. Sie können sich im einzelnen aus einem städtebaulichen Rahmenplan, aus einem Sanierungsbebauungsplan oder einem entsprechenden planreifen Entwurf ergeben. Die Zeit-Maßnahmeplanung der Gemeinde muß so konkret sein, daß hieraus zu entnehmen ist, daß die Verwirklichung der Ziele und Zwecke der Sanierung die Aufhebung eines Miet- oder Pachtverhältnisses erfordert.

6 Das Vorliegen eines rechtsverbindlichen **Bebauungsplans** ist keine generelle materielle Voraussetzung für die Aufhebung eines Miet- oder Pachtverhältnisses gem. Abs. 1. Bei den sog. **plan-akzessorischen städtebaulichen Geboten** (§ 176 Abs. 1, §§ 178 und 179) ist ein rechtsverbindlicher Bebauungsplan Voraussetzung für den Erlaß eines Gebots und insoweit mittelbar Voraussetzung für die Aufhebung gem. Abs. 1. Gegenüber der Regelung im BBauG, das bei den planakzessorischen Geboten das Vorliegen eines sog. qualifizierten Bebauungsplanes verlangte (vgl. jetzt § 30 Abs. 1), reicht nach BauGB ein sog. einfacher Bebauungsplan (vgl. § 30 Abs. 2) aus. **Nicht plan-akzessorisch** sind dagegen die Gebote nach § 176 Abs. 2 (Baulücken-Baugebot) sowie § 177 (Modernisierungs- und Instandsetzungsgebot). Im **Sanierungsgebiet** (entsprechend im Ersatz- und Ergänzungsgebiet sowie im städtebaulichen Entwicklungsbereich nach § 165 sowie nach § 6 BauGB-MaßnahmenG) ist ein Bebauungsplan als Voraussetzung für die Aufhe-

bung eines Miet- oder Pachtverhältnisses im Einzelfall nur insoweit von Belang, als sich aus ihm die Ziele und Zwecke und damit das Erfordernis der Aufhebung des Rechtsverhältnisses ergeben; es handelt sich aber um keine generelle Voraussetzung.

Die **Aufhebungsfrist** beträgt mindestens sechs Monate. Bei einem land- oder forstwirtschaftlich genutzten Grundstück ist die Aufhebung nur zum Schluß eines Pachtjahres zulässig. **7**

Ist ein Miet- oder Pachtverhältnis durch Aufhebung beendigt worden, so kann die Gemeinde die Räumung mit den Mitteln des **Verwaltungszwangs** vollziehen (so ausdrücklich § 27 Abs. 5 StBauFG). Rechtsgrundlage sind die Regelungen im Verwaltungsvollstreckungsrecht. **8**

3. Ersatzraumklausel (Abs. 2). Nach **Abs. 2 S. 1** darf die Gemeinde ein Mietverhältnis über **Wohnungen** nur aufheben, wenn in dem in Aussicht genommenen Zeitpunkt der Beendigung des Mietverhältnisses **angemessener Ersatzwohnraum** für den Mieter und die zu seinem Hausstand gehörenden Personen **zu zumutbaren Bedingungen** zur Verfügung steht. Wird ein Miet- oder Pachtverhältnis über **Geschäftsraum** aufgehoben, ergibt sich aus **Abs. 2 S. 2** eine weitere Zulässigkeitsvoraussetzung für die Aufhebung des Vertragsverhältnisses, und zwar für den Fall, daß der Mieter oder Pächter von Geschäftsraum eine anderweitige Unterbringung anstrebt, also die Fortführung eines Erwerbsgeschäfts. In diesem Fall soll die Gemeinde das Vertragsverhältnis nur aufheben, wenn in dem für die Beendigung in Aussicht genommenen Zeitpunkt anderer geeigneter Geschäftsraum zu zumutbaren Bedingungen zur Verfügung steht. **9**

Die Vorschrift setzt eine **Erörterung** der Gemeinde **mit dem Mieter oder Pächter** voraus. § 27 Abs. 3 S. 1 StBauFG hat eine solche Erörterungspflicht ausdrücklich vorgesehen. Das BauGB hat eine entsprechende ausdrückliche Regelung nicht übernommen: Die Verpflichtung der Gemeinde zur Erörterung der beabsichtigten Aufhebung mit dem Betroffenen ergibt sich bereits unmittelbar aus dem Verwaltungsverfahrensrecht, das vor Erlaß belastender Verwaltungsakte eine Anhörung der Betroffenen vorsieht; vgl. **§ 28 Abs. 1 VwVfG.** Die Verpflichtung zur Erörterung mit dem Betroffenen ergibt sich darüber hinaus unmittelbar aus dem Städtebaurecht: In den **Sanierungsgebieten** (entsprechend dem städtebaulichen Entwicklungsbereich; § 169 Abs. 1 Nr. 3) ist die Gemeinde nach **§ 137 S. 1** zur frühzeitigen Erörterung der Sanierung verpflichtet. Hierzu zählen insbesondere die Maßnahmen bei der Vorbereitung (§ 140) und Durchführung (§§ 146–148); die Aufhebung von Miet- und Pachtverhältnissen zählt zu den Ordnungsmaßnahmen i. S. des § 147 Abs. 1 S. 1 Nr. 2. Hinsichtlich der **städtebaulichen Gebote** ergibt sich aus **§ 175 Abs. 1** die Verpflichtung der Gemeinde, eine beabsichtigte Maßnahme vorher mit dem Betroffenen zu erörtern. Eine Erörterungspflicht kann sich auch aus **§ 180** ergeben, soweit die Aufstellung eines **Sozialplans** erforderlich ist. **10**

11 **4. Aufhebung wegen Beeinträchtigung der Erwerbsgrundlage (Abs. 3).** Abs. 3 regelt ein Antragsrecht des Mieters oder Pächters auf Aufhebung des Vertragsverhältnisses für folgende Fälle: Die Durchführung der Sanierung kann es zur Folge haben, daß die Erwerbsgrundlage eines **Mieters oder Pächters von Geschäftsraum** wesentlich beeinträchtigt wird. Hier ist an die Fälle der Umstrukturierung eines Gebietes und des damit z. B. verbundenen Verlustes des Kundenstammes oder der Verlust von Kundschaft infolge der baulichen Maßnahmen der Sanierung zu denken. Ist dem Mieter oder Pächter im Hinblick auf diese Beeinträchtigung der Erwerbsgrundlage die Forsetzung des Miet- oder Pachtverhältnisses nicht zuzumuten, so kann die Gemeinde auf Antrag des Mieters oder Pächters das Rechtsverhältnis aufheben. Unzumutbar ist die Fortsetzung eines Vertragsverhältnisses, wenn es bei einer **vernünftigen wirtschaftlichen Betrachtungsweise** und Berücksichtigung von Einbußen, die die Sanierung allen (vorübergehend) abverlangt, nicht mehr tragbar erscheint, den Mieter oder Pächter an dem Vertragsverhältnis festzuhalten und ihn damit zu verpflichten, den Miet- und Pachtpreis in voller Höhe weiter zu entrichten. Voraussetzung für die Aufhebung nach Abs. 3 ist ein **Antrag** des Mieters oder Pächters. Die Gemeinde kann nicht von Amts wegen tätig werden. Ob die Gemeinde dem Antrag stattgibt, liegt im Rahmen des pflichtgemäßen Ermessens der Gemeinde. Die Aufhebung darf nur mit einer Frist von **mindestens sechs Monaten** angeordnet werden.

12 **5. Rechtsschutz.** Die Aufhebungsverfügung der Gemeinde nach Abs. 1 und Abs. 3 ist ein privatrechtsgestaltender Verwaltungsakt, der gem. VwGO verwaltungsrechtlich überprüft werden kann. Gibt die Gemeinde dem Antrag eines Eigentümers nach Abs. 1 und eines Mieters oder Pächters nach Abs. 3 nicht statt, so bezieht sich der Rechtsschutz auf die Nachprüfung der Ermessensentscheidung; vgl. § 114 VwGO. Zur **Entschädigung** bei Aufhebung von Miet- oder Pachtverhältnissen vgl. § 185.

§ 183 Aufhebung von Miet- oder Pachtverhältnissen über unbebaute Grundstücke

(1) **Ist nach den Festsetzungen des Bebauungsplans für ein unbebautes Grundstück eine andere Nutzung vorgesehen und ist die alsbaldige Änderung der Nutzung beabsichtigt, kann die Gemeinde auf Antrag des Eigentümers Miet- oder Pachtverhältnisse aufheben, die sich auf das Grundstück beziehen und der neuen Nutzung entgegenstehen.**

(2) **Auf die Aufhebung ist § 182 Abs. 1 entsprechend anzuwenden.**

1. Allgemeines. § 183 ermächtigt die Gemeinde zur Aufhebung von Miet- oder Pachtverhältnissen über **unbebaute Grundstücke.** Der Anwendungsbereich des § 183 ergibt aus dem Regelungszusammenhang der §§ 182 bis 186 und der Verweisung in § 183 Abs. 2: Er entspricht dem Anwendungsbereich über die Aufhebung von (sonstigen) Miet- oder Pachtverhältnissen nach § 182 Abs. 1: Sanierungs-, Ersatz- und Ergänzungsgebiete sowie städtebauliche Entwicklungsbereiche und Anpassungsgebiete (nach § 165 BauGB und nach § 6 BauGB-MaßnahmenG). Weiterhin ist § 183 auch bei städtebaulichen Geboten anwendbar; vgl. hierzu im einzelnen § 182, Rn 3 ff. Als weitere Voraussetzung kommt nach Abs. 1 das Vorliegen eines rechtsverbindlichen **Bebauungsplans** hinzu. Die Vorschrift ist weiterhin nur hinsichtlich **unbebauter** Grundstücke anwendbar. Auf die Aufhebung findet nach **Abs. 2** § 182 Abs. 1 entsprechende Anwendung. Dies bedeutet hinsichtlich des Verfahrens, daß die Rechtsverhältnisse nur mit einer **Mindestfrist** von sechs Monaten, bei land- oder forstwirtschaftlich genutzten Grundstücken nur zum Schluß des Pachtjahres aufgehoben werden können.

2. Bebauungsplan; beabsichtigte Nutzungsänderung. Die Aufhebung nach § 183 kommt nur in Betracht, wenn nach den Festsetzungen eines rechtsverbindlichen (einfachen oder qualifizierten; vgl. § 30 Abs. 1 und 2) Bebauungsplans für das unbebaute Grundstück eine **andere Nutzung** vorgesehen ist. Weiterhin muß vom Eigentümer beabsichtigt sein, die bisherige **Nutzung alsbald zu ändern.** Der Eigentümer muß (z. B. durch eine Bauvoranfrage) die Änderungsabsicht glaubhaft darlegen können.

3. Antrag des Eigentümers. Formelle Voraussetzung für die Aufhebung von Miet- und Pachtverhältnissen über unbebaute Grundstücke nach § 183 ist der Antrag des Eigentümers. Die Vorschrift dient also der durch den Eigentümer beabsichtigten Verwirklichung der Festsetzungen eines Bebauungsplans. Hinsichtlich der vorrangigen Ausschöpfung der vertragsmäßigen Endigung, insbesondere der Kündigung des Miet- oder Pachtverhältnisses vgl. entsprechend die Erl. zu § 182, Rn 4.

4. Verhältnis zu anderen Vorschriften. § 183 enthält eine Sonderregelung für den Fall, daß der Eigentümer zur Verwirklichung der Nutzung aufgrund eines (i. d. R. die bisherige bzw. bisher zulässige Nutzung ändernden) Bebauungsplans auf die (hoheitliche) Aufhebung eines Miet- oder Pachtverhältnisses angewiesen ist. Praktische Bedeutung kann die Vorschrift bei der Sanierung (bzw. im Entwicklungsbereich), bei Geboten allenfalls beim Bau- und Pflanzgebot haben. In den Gebotsfällen müssen aber zugleich die Voraussetzungen nach § 182

Abs. 1 erfüllt sein; diese Vorschrift stellt insoweit hinsichtlich des Anwendungsbereichs (§ 176 Abs. 2: danach erfordert das „Baulücken"-Baugebot nicht einen Bebauungsplan) und hinsichtlich der Anordnungsmöglichkeit (auch von Amts wegen) weitergehende Anforderungen (vgl. die Erl. zu § 182 Abs. 1).

5 § 183 regelt **nicht abschließend** die Fälle der Aufhebung von Miet- oder Pachtverhältnissen über **unbebaute Grundstücke.** So bleibt die Zulässigkeit einer Aufhebung im Rahmen der **Umlegung** (vgl. § 61 Abs. 1) oder die Möglichkeit einer **Enteignung** von Miet- und Pachtverhältnissen (§ 86 Abs. 1 Nr. 3) hiervon unberührt (so ausdrücklich die entsprechende Regelung in § 29 Abs. 2, § 27 Abs. 6 StBauFG; vgl. auch Vorbem. zu §§ 182–286, Rn 5). Die Aufhebung von Miet- und Pachtverhältnissen über unbebaute Grundstücke ist im übrigen auch nach **§ 182 Abs. 1** zulässig, wenn die Verwirklichung der Maßnahmen im Sinne des Abs. 1 die Durchführung erfordert. § 183 Abs. 1 regelt dagegen nur den Fall der Vorbereitung der Verwirklichung des Bebauungsplans durch den Eigentümer. Während § 182 Abs. 1 den Fall regelt, daß die Aufhebung des Vertragsverhältnisses nach der Sanierungsplanung **erforderlich** ist, erweitert § 183 das Antragsrecht des Eigentümers auf Fälle, die den Sanierungszielen zwar entsprechen ohne notwendigerweise nach dem Stand der Sanierunsplanung („Ziele und Zwecke") bereits erforderlich sein zu müssen. Die Vorschrift will also die **Eigeninitiative** des Eigentümers stützen.

6 Zum **Rechtsschutz** und zur **Entschädigung** vgl. entsprechend § 182, Rn 12 sowie § 185.

§ 184 Aufhebung anderer Vertragsverhältnisse

Die §§ 182 und 183 sind entsprechend auf andere schuldrechtliche Vertragsverhältnisse anzuwenden, die zum Gebrauch oder zur Nutzung eines Grundstücks, Gebäudes oder Gebäudeteils oder einer sonstigen baulichen Anlage berechtigen.

1 §§ 182 und 183 regeln die Beendigung oder Aufhebung von Miet- oder Pachtverhältnissen. Nach § 184 finden §§ 182 und 183 auch auf **andere schuldrechtliche Vertragsverhältnisse** Anwendung, die zum **Gebrauch oder Nutzung** eines Grundstücks, Gebäudes oder Gebäudeteils oder einer sonstigen baulichen Anlage berechtigen. Nur **schuldrechtliche** Gebrauchs- oder Nutzungsverhältnisse können aufgehoben werden. § 184 ist also nicht anwendbar auf die Aufhebung **dinglicher Rechte,** die Gebrauchs- oder Nutzungsrechte begründen (z. B. Nießbrauch, §§ 1030 ff. BGB; beschränkte persönliche Dienstbarkeit, §§ 1090 ff. BGB). Diese dinglichen Rechte können gegen die Willen des Rechtsinhabers nur durch Umlegung (vgl. § 61) oder Enteignung (vgl. § 86 Abs. 1 Nr. 2) aufgehoben werden. **Beispiele** für andere schuld-

rechtliche Vertragsverhältnisse: schuldrechtliche Verträge über unentgeltliche Benutzung z. B. als Altenteil; genossenschaftliche Nutzungsverträge von Wohnungsgenossenschaften; Reklamevertrag; Vertrag über die Einrichtung und Unterhaltung eines Parkplatzes für Kraftfahrzeuge (vgl. Bielenberg, in: E/Z/B, Vorbem. zu §§ 182–186, Rn 14 unter Hinweis auf vielfältige gemischte Vertragsverhältnisse).

§ 185 Entschädigung bei Aufhebung von Miet- oder Pachtverhältnissen

(1) Ist ein Rechtsverhältnis aufgrund des § 182, des § 183 oder des § 184 aufgehoben worden, ist den Betroffenen insoweit eine angemessene Entschädigung in Geld zu leisten, als ihnen durch die vorzeitige Beendigung des Rechtsverhältnisses Vermögensnachteile entstehen. Die Vorschriften des Zweiten Abschnitts des Fünften Teils des Ersten Kapitels sind entsprechend anzuwenden.

(2) Zur Entschädigung ist die Gemeinde verpflichtet. Kommt eine Einigung über die Entschädigung nicht zustande, entscheidet die höhere Verwaltungsbehörde.

(3) Wird ein Pachtvertrag über kleingärtnerisch genutztes Land nach § 182, § 183 oder § 184 aufgehoben, ist die Gemeinde außer zur Entschädigung nach Absatz 1 auch zur Bereitstellung oder Beschaffung von Ersatzland verpflichtet. Bei der Entschädigung in Geld ist die Bereitstellung oder Beschaffung des Ersatzlands angemessen zu berücksichtigen. Die höhere Verwaltungsbehörde kann die Gemeinde von der Verpflichtung zur Bereitstellung oder Beschaffung von Ersatzland befreien, wenn die Gemeinde nachweist, daß sie zur Erfüllung außerstande ist.

Übersicht

1. Anwendungsbereich (Abs. 1). § 185 regelt die **Entschädigung** bei **1** der Aufhebung von Miet- oder Pachtverhältnissen nach den §§ 182 bis 184. Die vorzeitige Aufhebung von Miet- oder Pachtverhältnissen oder anderen schuldrechtlichen Gebrauchs- oder Nutzungsverhältnissen durch die Gemeinde greift in bestehende Vertragsverhältnisse ein. § 185 begründet hierfür einen Rechtsanspruch auf angemessene Entschädigung in Geld. Anwendungsvoraussetzung ist die **hoheitliche Aufhebung** eines Vertragsverhältnisses. Auf die **vertragsgemäße Beendigung** findet § 185 demgegenüber keine Anwendung (vgl. so zur ent-

sprechenden früheren Regelung in § 30 StBauFG Bielenberg, StBauFG, Loseblattkommentar, 2. Aufl., München, § 30, Rn 2). Die Entschädigung nach § 185 ist eine **enteignungsrechtliche Entschädigung.** Sie ist nur zu gewähren, wenn durch die vorzeitige Beendigung des Rechtsverhältnisses **Vermögensnachteile** entstehen; **Abs. 1 S. 2** i. V. m. §§ 93 ff.

2 Neben der Entschädigungsregelung des § 185 kann infolge der Aufhebung eines Miet- oder Pachtverhältnisses die Gewährung eines **Härteausgleichs** in Betracht kommen: vgl. § 181 Abs. 1 S. 1 Nr. 1 und 4. Der Härteausgleich ist in diesen Fällen nicht zu gewähren, soweit eine Entschädigung nach § 185 zu leisten ist; § 181 Abs. 1 S. 2.

3 **2. Verfahren (Abs. 2).** Zur Entschädigung ist nach **Abs. 2 S. 1** die **Gemeinde** verpflichtet. Soweit die Aufhebung im Hinblick auf die Verwirklichung der jeweiligen Ziele und Zwecke einer Sanierungs- oder Entwicklungsmaßnahme im förmlich festgelegten Sanierungs-, Ergänzungs- und Anpassungsgebiet oder im städtebaulichen Entwicklungsbereich vorgenommen wurde, sind die Aufwendungen für die Entschädigung Kosten der Ordnungsmaßnahmen; vgl. § 245 Abs. 11 S. 1 BauGB i. V. m. § 41 Abs. 2 Nr. 1 StBauFG. Kommt eine Einigung über die Entschädigung nicht zustande, so entscheidet nach **Abs. 2 S. 2** die **höhere Verwaltungsbehörde.** Die höhere Verwaltungsbehörde entscheidet hierüber dem Grunde sowie der Höhe nach. Die in § 30 Abs. 2 S. 3 StBauFG vorgesehene Verpflichtung zur **Anhörung der Beteiligten** vor Entscheidung ist im BauGB im Hinblick auf die entsprechenden allgemeinen verwaltungsverfahrensrechtlichen Regelungen (vgl. § 28 VwVfG) entfallen. Zum Verhältnis zu den verfahrensrechtlichen Regelungen des Planungsschadensrechts vgl. weiterhin Bielenberg, in: E/Z/B, Vorbem. zu §§ 182–186, Rn 15.

4 **3. Ersatzland bei kleingärtnerisch genutztem Land (Abs. 3).** Abs. 3 enthält eine Sonderregelung über kleingärtnerisch genutztes Land. Wird ein Pachtvertrag hierüber auf der Grundlage der §§ 182 ff. aufgehoben, so ist die Gemeinde nicht nur zur Entschädigung nach Abs. 1, sondern auch zur Bereitstellung oder Beschaffung von **Ersatzland** verpflichtet; **Abs. 3 S. 1.** Der Begriff des „**kleingärtnerisch genutzten Lands**" geht über den Anwendungsbereich des Bundeskleingartengesetzes hinaus. Er stellt nicht auf die rechtliche Zuordnung i. S. dieses Gesetzes, sondern auf die tatsächliche Nutzung ab. Die Privilegierung hebt die besondere städtebauliche Bedeutung von kleingärtnerisch genutztem Land hervor. Die Verpflichtung zur Bereitstellung oder Beschaffung von Ersatzland besteht neben der Entschädigungspflicht nach Abs. 1; wird Ersatzland bereitgestellt oder beschafft, so ist dies bei der Entschädigung angemessen zu berücksichtigen **(Abs. 3 S. 2).** Darüber hinaus kann die Gemeinde von der Pflicht zur Bereitstellung oder Beschaffung von Ersatzland durch die höhere Verwaltungsbehörde befreit werden. Voraussetzung ist ihr Nachweis, daß sie außerstande ist, die Pflicht zu erfüllen; **Abs. 3 S. 3.**

§ 186 Verlängerung von Miet- oder Pachtverhältnissen

Die Gemeinde kann auf Antrag des Mieters oder Pächters ein Miet- oder Pachtverhältnis über Wohn- oder Geschäftsraum im förmlich festgelegten Sanierungsgebiet oder im Hinblick auf Maßnahmen nach den §§ 176 bis 179 verlängern, soweit dies zur Verwirklichung des Sozialplans erforderlich ist.

Übersicht

1. Allgemeines. Soweit es zur Verwirklichung des Sozialplans erforderlich ist, kann die Gemeinde nach § 186 auf Antrag des Mieters oder Pächters ein **Nutzungsverhältnis über Wohn- oder Geschäftsraum verlängern.** Zum Sozialplan vgl. die Erl. zu § 180. Regelungszweck ist, die **Durchführung des Sozialplans** zu sichern. Das Erfordernis der Verlängerung muß sich also aus dem Sozialplan ergeben. Die Verlängerung muß ein Ergebnis von Erörterungen und Prüfungen und deren schriftlicher Darstellung i. S. des § 180 Abs. 2 sein. Auf die Bedeutung der Fortschreibung des Sozialplans insbesondere in der Sanierung ist hierbei hinzuweisen; vgl. ausdrücklich § 140 Nr. 6.

2. Voraussetzungen. Die Gemeinde darf das Miet- oder Pachtverhältnis **nur auf Antrag** des Mieters oder Pächters verlängern. Die Gemeinde darf also **nicht von Amts wegen** tätig werden, selbst wenn sie die Verlängerung des Miet- oder Pachtverhältnisses zur Verwirklichung des Sozialplans für erforderlich hält. Die Verlängerung des Miet- oder Pachtverhältnisses erfolgt durch die Gemeinde. § 186 findet auch Anwendung, wenn im Vermieter oder Pächter bereits **gekündigt hat** oder sonst ein Rechtsverhältnis vertragsgemäß beendet worden ist.

Das Gesetz enthält keine Regelung über die zulässige **Dauer** der Verlängerung. Auch insoweit ergeben sich aber die Grundlagen für die Gemeindeentscheidung aus dem Sozialplan. Unzulässig ist eine dauerhafte und eine mehr als nur vorübergehende Verlängerung. Entsprechend dem Zweck des Sozialplans dient die Verlängerung des Nutzungsverhältnisses der Vermeidung oder Verminderung nachteiliger Auswirkungen der städtebaulichen Maßnahme. Auch eine wiederholte Verlängerung durch die Gemeinde ist zulässig, z. B. wenn im Rahmen der erstmaligen Verlängerung mit dem Sozialplan verfolgten Ziele noch nicht erreicht wurden (Stich, in: BK, § 186, Rn 1).

3. Rechtsschutz. Es liegt im Rahmen des pflichtgemäßen Ermessens der Gemeinde, ob sie einem Antrag stattgibt (Bielenberg, in: E/Z/B, Vorbem. zu §§ 182–186, Rn 18). Die Entscheidung der Gemeinde über die Verlängerung eines Miet- oder Pachtverhältnisses kann als Verwaltungsakt nach der VwGO überprüft werden; für die gerichtliche Über-

prüfung sind die Verwaltungsgerichte zuständig. Im übrigen sieht das Gesetz – anders als in den Fällen der Aufhebung von Miet- oder Pachtverhältnissen – keine **Entschädigung** vor. § 186 legt die Überlegung zugrunde, daß die vorübergehende Verlängerung eines bestehenden Miet- oder Pachtverhältnisses aus Sanierungsgründen oder aus Gründen der Durchführung der städtebaulichen Gebote im Rahmen der Sozialbildung des Grundeigentums (Art. 14 Abs. 1 S. 2 GG) bleibt.

II. Kapitel (§ 187. Städt. Maßnahmen zur ...)

Sechster Teil.
Städtebauliche Maßnahmen im Zusammenhang mit Maßnahmen zur Verbesserung der Agrarstruktur

§ 187 Abstimmung von Maßnahmen; Bauleitplanung und Maßnahmen zur Verbesserung der Agrarstruktur

(1) Bei der Vorbereitung und Durchführung städtebaulicher Maßnahmen sind Maßnahmen zur Verbesserung der Agrarstruktur, insbesondere auch die Ergebnisse der Vorplanung nach § 1 Abs. 2 des Gesetzes über die Gemeinschaftsaufgabe „Verbesserung der Agrarstruktur und des Küstenschutzes", zu berücksichtigen. Ist zu erwarten, daß Maßnahmen zur Verbesserung der Agrarstruktur zu Auswirkungen auf die bauliche Entwicklung des Gemeindegebiets führen, hat die Gemeinde darüber zu befinden, ob Bauleitpläne aufzustellen sind und ob sonstige städtebauliche Maßnahmen durchgeführt werden sollen.

(2) Bei der Aufstellung von Bauleitplänen hat die obere Flurbereinigungsbehörde zu prüfen, ob im Zusammenhang damit eine Flurbereinigung oder andere Maßnahmen zur Verbesserung der Agrarstruktur einzuleiten sind.

(3) Die Gemeinde hat die Flurbereinigungsbehörde und, sofern die Maßnahmen zur Verbesserung der Agrarstruktur von anderen Stellen durchgeführt werden, diese bei den Vorarbeiten zur Aufstellung der Bauleitpläne möglichst frühzeitig zu beteiligen.

Übersicht

1. Allgemeines. Der Sechste Teil enthält Regelungen zur **Abstimmung und Koordination** städtebaulicher Maßnahmen mit Maßnahmen zur Verbesserung der Agrarstruktur. Entsprechende Bestimmungen enthielt bereits das StBauFG (§§ 64 bis 70). Sie wurden mit der BBauG-Novelle 1976 vom zunächst auf städtebauliche Sanierungs- und Entwicklungsmaßnahmen beschränkten Anwendungsbereich auf

die Koordination auch mit sonstigen städtebaulichen Maßnahmen sowie insbesondere auch mit der Bauleitplanung erweitert. § 187 begründet hierzu allgemein **wechselseitige Pflichten** der Gemeinden und der für die Durchführung agrarstruktureller Maßnahmen zuständigen Behörden.

2 In § 187 BauGB sind die Regelungen zusammengefaßt, die der Abstimmung von agrarstrukturellen und städtebaulichen Maßnahmen dienen, insbesondere der Abstimmung zwischen Bauleitplanung und Flurbereinigung. In **§ 187 Abs. 1** sind die allgemeinen Grundsätze der Kooperation zwischen Gemeinde und agrarstrukturellen Behörden festgelegt.

In **§ 187 Abs. 2 und 3 BauGB** sind die besonderen Prüfungs- und Beteiligungspflichten der Flurbereinigungsbehörden bzw. der Gemeinde geregelt.

3 Nach **Abs. 1 S. 1** ist die Gemeinde oder eine andere für städtebauliche Maßnahmen zuständige Behörde verpflichtet, bei der Vorbereitung und Durchführung städtebaulicher Maßnahmen agrarstrukturelle Maßnahmen zu berücksichtigen. **Abs. 1 S. 2** konkretisiert die in Abs. 1 S. 1 bereits allgemein begründete Verpflichtung der Gemeinde **zur engen Zusammenarbeit** mit den für die Durchführung agrarstruktureller Maßnahmen zuständigen Behörden, also vor allem der Flurbereinigungsbehörde. Abs. 1 S. 2 verpflichtet die Gemeinde zur Durchführung städtebaulicher Maßnahmen im Hinblick auf die Auswirkungen von Maßnahmen zur Verbesserung der Agrarstruktur.

4 **Abs. 2** verpflichtet die Gemeinde zur möglichst frühzeitigen Beteiligung der für die Durchführung agrarstruktureller Maßnahmen zuständigen Behörden bei der **Aufstellung von Bauleitplänen.**

5 **Abs. 3** verpflichtet die obere Flurbereinigungsbehörde zur Prüfung der **Einleitung agrarstruktureller Maßnahmen** für die Fälle der Aufstellung von Bauleitplänen.

6 Weitere **städtebaurechtliche Vorschriften,** die der **Berücksichtigung agrarstruktureller Belange** dienen, sind vor allem § 1 Abs. 5 S. 2 Nr. 8 (Berücksichtigung der Belange der Land- und Forstwirtschaft bei der Aufstellung von Bauleitplänen; zu Abwägungsfehlern hierbei BVerwGE 34, 301), § 1 Abs. 5 S. 4 (Umwidmungsvorbehalt bei landwirtschaftlich oder als Wald genutzten Flächen), § 5 Abs. 2 Nr. 9 (Darstellung der Flächen für die Land- und Forstwirtschaft im Flächennutzungsplan), § 9 Abs. 1 Nr. 18 (Festsetzung von Flächen für die Landwirtschaft und Wald im Bebauungsplan), § 35 Abs. 1 und 4 (Zulässigkeit von Vorhaben im Außenbereich). Der Verzahnung städtebaulicher und agrarstruktureller Maßnahmen dient weiterhin z. B. § 46 Abs. 2 Nr. 5, Abs. 4 (Übertragung von Befugnissen der Gemeinde zur Durchführung der Umlegung auf die Flurbereinigungsbehörde).

7 **2. Abstimmungspflicht. Abs. 1 S. 1** verpflichtet dazu, agrarstrukturelle Maßnahmen bei der Durchführung oder Vorbereitung städtebauli-

cher Maßnahmen zu berücksichtigen. Adressat der Verpflichtung ist die **Gemeinde,** soweit für die Vorbereitung und Durchführung städtebaulicher Maßnahmen nicht ausnahmsweise eine andere Behörde zuständig ist (vgl. allgemein § 203 sowie z. B. die Planungsverbände gem. § 205 oder Übertragung der Durchführung einer Entwicklungsmaßnahme auf eine andere Stelle gem. § 166 Abs. 4.

Die Abstimmungspflicht gilt für **städtebauliche Maßnahmen,** und **8** zwar sowohl für deren Vorbereitung als auch für deren Durchführung. Sie bezieht sich damit auf den Gesamtbereich der einer Gemeinde zur städtebaulichen Ordnung und Entwicklung obliegenden Aufgaben, zu deren Durchführung die Gemeinde das Bundesstädtebaurecht anwendet. Zur **Vorbereitung** und **Durchführung** städtebaulicher Maßnahmen gehört insbesondere die Bauleitplanung, und zwar bereits die Erarbeitung der Entwürfe, spätestens der Aufstellungsbeschluß. Hierzu gehören auch die Vorbereitung von Satzungen nach § 34 Abs. 4 (vgl. darüber hinaus die förmliche Abstimmungspflicht mit den Flurbereinigungsstellen als Träger öffentlicher Belange gem. § 34 Abs. 5 S. 1). Zur Vorbereitung und Durchführung zählen u. a. auch die Vorbereitung der Sanierung (vgl. § 140; zur „förmlichen" Abstimmung mit den Trägern öffentlicher Belange vgl. § 139), insbesondere vorbereitende Untersuchungen sowie die förmliche Festlegung von Sanierungsgebieten, Ersatz- und Ergänzungsgebieten und die Maßnahmen zur Durchführung städtebaulicher Sanierungsmaßnahmen (vgl. §§ 146–148 sowie städtebauliche Entwicklungsmaßnahmen nach BauGB und nach BauGB-MaßnahmenG).

Besonders (und zunehmend) bedeutsam ist hierbei die **städtebauli-** **8a** **che Dorferneuerung,** die z. B. gem. Sanierungsrecht durchgeführt und mit Mitteln der Städtebauförderung oder des Strukturhilfegesetzes (vgl. § 3 Nr. 4a sowie Nr. 4d des Strukturhilfegesetzes; hierzu im einzelnen Koopmann, in: B/K/K, Bd. II Teil I.2) gefördert werden kann; vgl. auch die primär agrarstrukturellen Zielen dienenden **Dorferneuerungsprogramme** im Rahmen der Gemeinschaftsaufgabe nach Art. 91 Abs. 1 Nr. 3 GG, nach besonderen Dorferneuerungsprogrammen der Länder sowie z. B. aus dem EG-Strukturfonds. Vgl. zur Dorferneuerung im einzelnen Krautzberger, in: B/K/K, Bd. II. Teil I.

Vgl. weiterhin die Umlegung und Grenzregelung (§§ 45–84), die **8b** Enteignung (§§ 85–122), die Erschließung (§§ 123–135) sowie den Erlaß von Erhaltungssatzungen (vgl. z. B. § 172 Abs. 3 S. 1: Schutz des Orts- und Landschaftsbildes) oder von städtebaulichen Geboten (§§ 175–179). Für Dörfer besonders bedeutsam und gleichfalls abzustimmen sind **städtebauliche Rahmenplanungen** der Gemeinden (hierzu auch § 140 Nr. 4).

Maßnahmen zur Verbesserung der Agrarstruktur sind vor allem die **9** Flurbereinigung und der freiwillige Landtausch, die Vergrößerung und An- oder Aussiedlung land- und forstwirtschaftlicher Betriebe, die

agrarstrukturelle Dorferneuerung (z. T. im Zusammenhang mit Flurbereinigungsmaßnahmen oder Programmen nach Art. 91 a Abs. 1 Nr. 1 GG stehend; hierzu auch Rn 8a), die rationellere Gestaltung land- und forstwirtschaftlicher Betriebe sowie der land- und forstwirtschaftlichen Erzeugung sowie sonstige, auch wasserwirtschaftliche und kulturbautechnische Maßnahmen (vgl. § 1 Abs. 1 des Gesetzes über die Gemeinschaftsaufgabe „Verbesserung der Agrarstruktur und des Küstenschutzes" vom 3. 9. 1969 [BGBl. I S. 1573], geändert durch das Gesetz zur Änderung der Gesetze über die Gemeinschaftsaufgaben vom 23. 12. 1971 [BGBl. I S. 2140] sowie §§ 31, 37 des FlurbG).

9a Unter den der Verbesserung der Agrarstruktur dienenden Maßnahmen kommt der **Flurbereinigung** eine zentrale Stellung zu. Die Abstimmungspflicht hat hier größte Bedeutung für das Verhältnis zur Bauleitplanung. Die Flurbereinigung bezweckt nach **§ 1 FlurbG** die Verbesserung der Produktions- und Arbeitsbedingungen in der Land- und Forstwirtschaft sowie die Förderung der kommunalen Infrastruktur, der Dorferneuerung, der allgemeinen Landeskultur und Landesentwicklung. Sie dient – als landwirtschaftliche Umlegung – insbesondere der Zusammenlegung von zersplittertem oder unwirtschaftlich geformtem ländlichen Grundbesitz nach neuzeitlichen betriebswirtschaftlichen Gesichtspunkten; **§ 37 FlurbG.**

10 Abs. 1 S. 1 hebt besonders die Berücksichtigung der Ergebnisse der **agrarstrukturellen Vorplanung** nach § 1 Abs. 2 des Gesetzes über die Gemeinschaftsaufgabe „Verbesserung der Agrarstruktur und des Küstenschutzes" hervor. Die agrarstrukturelle Vorplanung ist eine maßgebliche Entscheidungshilfe für die Anordnung und Durchführung von Flurbereinigungsverfahren. Nach § 38 S. 1 und S. 2 FlurbG sind die Ergebnisse der agrarstrukturellen Vorplanung bei der Aufstellung der allgemeinen Grundsätze für die zweckmäßige Neugestaltung des Flurbereinigungsgebietes durch die Flurbereinigungsbehörde zu berücksichtigen.

11 Die Verpflichtung, agrarstrukturelle Belange zu **berücksichtigen,** ist als Verpflichtung zur Einbeziehung in die bei den jeweiligen städtebaulichen Maßnahmen vorzunehmenden Abwägungen zu verstehen. Die Abstimmungspflicht ist somit nicht einer Anpassungspflicht gleichzusetzen (so auch Fislake, in: BK, § 187, Rn 9). Sie begründet insbesondere keine Verpflichtung zur vorrangigen Berücksichtigung agrarstruktureller Belange. Andererseits kann die nicht angemessene Berücksichtigung der Belange zu einem Abwägungsdefizit und damit zur Nichtigkeit eines Bebauungsplans führen (vgl. die Erläut. zu § 1 Abs. 6 sowie z. B. BVerwGE 34, 301; 45, 309).

12 **3. Prüfungspflichten der Gemeinde. Abs. 1 S. 2** soll ein abgestimmtes Vorgehen von Gemeinde und (vor allem) Flurbereinigungsbehörde sichern. Wenn von einer Flurbereinigung oder einer sonstigen agrarstrukturellen Maßnahme Auswirkungen auf die bauliche Entwicklung des Gemeindegebiets zu erwarten sind, hat die Gemeinde eine Prüfung

zu veranlassen, ob städtebauliche Maßnahmen durchgeführt werden sollen. In erster Linie kommt hierbei die **Aufstellung von Bauleitplänen** in Betracht. Abs. 1 begründet hierzu keine über § 1 Abs. 3 hinausgehende, zusätzliche materielle gemeindliche Verpflichtung zur Aufstellung von Bauleitplänen. Auch das durch ein Flurbereinigungsverfahren ausgelöste Bauleitplanverfahren wird von der Gemeinde in Ausfüllung der ihr allgemein obliegenden Planungspflicht nach § 1 Abs. 3 und der kommunalen Planungshoheit (vgl. § 2 Abs. 1 S. 1) eingeleitet und durchgeführt. Die besondere Verpflichtung des Abs. 1 soll jedoch in **verfahrensmäßiger Hinsicht** sicherstellen, daß die Gemeinde agrarstrukturelle Maßnahmen jeweils konkret zum Anlaß nimmt, sich mit dem Erfordernis der Durchführung städtebaulicher Maßnahmen, insbesondere der Aufstellung von Bauleitplänen, im Hinblick auf die Auswirkungen auf die städtebauliche Entwicklung des Gemeindegebiets auseinanderzusetzen; vgl. weiterhin die besondere Abstimmungspflicht gem. § 188 Abs. 2. Zu **sonstigen städtebaulichen Maßnahmen** vgl. Rn 8 ff.

Abs. 1 S. 2 setzt die **Unterrichtung der Gemeinde** über die Durchführung agrarstruktureller Maßnahmen voraus. Eine ausdrückliche Verpflichtung hierzu ergibt sich bereits aus § 188 Abs. 2 S. 1, wonach u. a. die Flurbereinigungsbehörde verpflichtet ist, ihre das Gemeindegebiet betreffenden Absichten möglichst frühzeitig mit der Gemeinde abzustimmen. **13**

Die gemeindlichen Prüfungspflichten setzen voraus, daß den agrarstrukturellen Maßnahmen **Auswirkungen auf die städtebauliche Entwicklung** zukommen. Dies kann z. B. der Fall sein als Folge von Verlagerungen landwirtschaftlicher Betriebe, der mit der Flurbereinigung verbundenen Arrondierung der Ortslage, der Erweiterung oder Verminderung von Bebauungsmöglichkeiten, der Anlage neuer Straßen und Wege. **14**

4. Prüfungspflichten der oberen Flurbereinigungsbehörde. Abs. 2 verpflichtet die obere Flurbereinigungsbehörde, bei der Aufstellung von Bauleitplänen zu prüfen, ob im Zusammenhang damit agrarstrukturelle Maßnahmen einzuleiten sind. Das BauGB stellt hierzu die frühzeitige Unterrichtung der Flurbereinigungsbehörden sicher: Die Flurbereinigungsbehörden sind bei der Aufstellung von Bauleitplänen als **Träger öffentlicher Belange** (§ 4) zu beteiligen. Eine besondere Beteiligungspflicht enthält weiterhin **Abs. 3**, wonach die Flurbereinigungsbehörde bei den Vorarbeiten zur Aufstellung der Bauleitpläne möglichst frühzeitig zu beteiligen ist. Die Regelung zielt darauf ab, daß die Flurbereinigungsbehörden frühzeitig die erforderlichen Kenntnisse und damit die Möglichkeit zur Prüfung der Einleitung agrarstruktureller Maßnahmen erhalten. **15**

Der oberen Flurbereinigungsbehörde obliegt es insbesondere, die zu erwartenden **Verluste an Wirtschaftsland** zu ermitteln, die die landwirtschaftlichen Betriebe treffen, und die Notwendigkeit eines Verlust- **15a**

ausgleichs im Rahmen einer Flurbereinigung festzustellen. Bezieht sich die Bauleitplanung auf **bebaute Ortsteile** oder dient sie z. B. einer städtebaulichen Sanierung nach § 136, so wird sich die Prüfung besonders mit notwendigen Aussiedlungen und mit baulichen Maßnahmen in Altgehöften befassen müssen.

15 b Das **Ergebnis ihrer Prüfung** hat die obere Flurbereinigungsbehörde der Gemeinde mitzuteilen. Zur „oberen Flurbereinigungsbehörde" vgl. im übrigen § 2 Abs. 2 und 3, §§ 3 und 4 FlurbG. Die obere Flurbereinigungsbehörde ist insbesondere für die Anordnung der Flurbereinigung (§ 4 FlurbG) zuständig.

16 5. **Beteiligungspflichten der Gemeinde. Abs.** 3 verpflichtet die Gemeinde, die für die Durchführung agrarstruktureller Maßnahmen zuständigen Stellen möglichst frühzeitig bei den **Vorarbeiten zur Aufstellung der Bauleitpläne** zu beteiligen. Die Regelung soll die enge Abstimmung von Städtebau und Flurbereinigung und die wechselseitige Kooperation der hierfür zuständigen Stellen sichern. Sie ist. u. a. die Voraussetzung dafür, daß auch die Flurbereinigungsbehörden ihrerseits prüfen können, ob im Zusammenhang mit der Aufstellung von Bauleitplänen agrarstrukturelle Maßnahmen einzuleiten sind; vgl. Abs. 2. Die Vorschrift geht insoweit über den Regelungszweck der für Flurbereinigungsbehörden gleichfalls einschlägigen Anhörung der Träger öffentlicher Belange nach § 4 hinaus: Die Vorschrift zielt nicht nur, wie § 4 Abs. 1 darauf, daß die Planungen aufeinander abgestimmt sind, sondern auch darauf, daß sich Gemeinde und Flurbereinigungsbehörde wechselseitig bei den jeweiligen Maßnahmen aktiv unterstützen. Die Unterrichtung nach Abs. 3 setzt demgemäß auch früher ein als in den Fällen des § 4, nämlich bereits bei den **Vorarbeiten zur Aufstellung der Bauleitpläne**, d. h. ggf. noch vor dem Aufstellungsbeschluß gem. § 2 Abs. 1 S. 2 oder beim Erstellen der Entwürfe (Fislake aaO, Rn 15); vgl. zum Zeitpunkt der Beteiligung auch § 188 Abs. 2 S. 1, wonach bereits „Absichten" möglichst frühzeitig abzustimmen sind.

17 Sofern die Maßnahmen zur Verbesserung der Agrarstruktur nicht von der Flurbereinigungsbehörde, sondern von **anderen Stellen** durchgeführt werden, sind diese in den Fällen des Abs. 3 entsprechend zu beteiligen. Als solche Stellen können vor allem Behörden oder Verbände in Betracht kommen, die von den für die Durchführung agrarstruktureller Maßnahmen zuständigen Ländern hiermit beauftragt sind (z. B. Landwirtschaftskammern, Landwirtschaftsämter, Bauernverbände). Auf Bundesebene können in Betracht kommen: Deutscher Bauernverband, Verband der Landwirtschaftskammern, Deutsche Landwirtschaftsgesellschaft.

18 6. **Verletzung der Abstimmungs-, Prüfungs- und Beteiligungspflichten.** § 187 begründet **Pflichten** zu erhöhter Kooperation zwischen den für städtebauliche und agrarstrukturelle Maßnahmen zuständigen Stellen, also in erster Linie zwischen der Gemeinde und der Flurbereinigungsbehörde. Die Vorschrift begründet für keinen der

Fälle des Abs. 1 bis 3 und für keine der beteiligten Behörden einen **Rechtsanspruch** auf entsprechendes Handeln. Die Verletzung der Verpflichtung der Gemeinde zur Prüfung städtebaulicher Maßnahmen im Zusammenhang mit agrarstrukturellen Maßnahmen oder der Verpflichtung der Gemeinde zur frühzeitigen Beteiligung der für agrarstrukturelle Maßnahmen zuständigen Behörden, kann im Wege der **Kommunalaufsicht** beanstandet werden. § 187 soll in verfahrensrechtlicher Hinsicht die Kooperation der Gemeinde vor allem mit der Flurbereinigungsbehörde erreichen, nicht jedoch ein materielles, im Rechtswege durchsetzbares Recht dieser Behörde begründen. Vgl. aber auch oben Rn 11 zu den Folgen der unzureichenden Berücksichtigung agrarstruktureller Belange bei der planerischen Abwägung.

§ 188 Bauleitplanung und Flurbereinigung

(1) **Ist eine Flurbereinigung aufgrund des Flurbereinigungsgesetzes in einer Gemeinde nach Mitteilung der Flurbereinigungsbehörde beabsichtigt oder ist sie bereits angeordnet, ist die Gemeinde verpflichtet, rechtzeitig Bauleitpläne aufzustellen, es sei denn, daß sich die Flurbereinigung auf die bauliche Entwicklung des Gemeindegebiets voraussichtlich nicht auswirkt.**

(2) **Die Flurbereinigungsbehörde und die Gemeinde sind verpflichtet, ihre das Gemeindegebiet betreffenden Absichten möglichst frühzeitig aufeinander abzustimmen. Die Planungen sollen bis zum Abschluß der Flurbereinigung nur geändert werden, wenn zwischen der Flurbereinigungsbehörde und der Gemeinde Übereinstimmung besteht oder wenn zwingende Gründe die Änderung erfordern.**

Übersicht

1. Pflicht zur Aufstellung von Bauleitplänen (Abs. 1). Nach § 187 **1** Abs. 1 S. 2 hat die Gemeinde zu prüfen, ob im Hinblick auf die Auswirkungen agrarstruktureller Maßnahmen auf die bauliche Entwicklung des Gemeindegebiets Bauleitpläne (§ 1 Abs. 2) aufzustellen sind; zum Begriff der agrarstrukturellen Maßnahmen vgl. § 187, Rn 9. Für die Fälle einer beabsichtigten oder bereits angeordneten **Flurbereinigung** aufgrund des FlurbG bestimmt § 188 Abs. 1 darüber hinaus eine **Verpflichtung der Gemeinde** zur rechtzeitigen Aufstellung von Bauleitplänen. Diese Pflicht entfällt nur, wenn eindeutig feststeht, daß sich die Flurbereinigung auf die bauliche Entwicklung des Gemeindegebiets nicht auswirkt.

2 Nach **§ 1 Abs. 3** hat die Gemeinde Bauleitpläne aufzustellen, sobald und soweit es für die städtebauliche Entwicklung und Ordnung erforderlich ist. § 188 Abs. 1 **konkretisiert die Planungspflicht** der Gemeinde für Fälle, in denen sich die Flurbereinigung auf die bauliche Entwicklung der Gemeinde auswirkt; hierzu näher § 187, Rn 14. Abs. 1 beschränkt die Verpflichtung auf jene Fälle, in denen sich die Flurbereinigung auf die städtebauliche Entwicklung voraussichtlich auswirkt. Die Bestimmung hat – gegenüber § 1 Abs. 3 – letztlich klarstellende Bedeutung. Die Pflicht zur Aufstellung von Bauleitplänen bezieht sich auf den Flächennutzungsplan und auf den (ggf. einfachen) Bebauungsplan. Sind Bauleitpläne vorhanden, kann sich hieraus die Pflicht zur Änderung der Bauleitpläne ergeben. Für Dörfer sind in der Praxis häufig **städtebauliche Rahmenplanungen** besonders bedeutsam. Die Abstimmungspflicht ergibt sich in diesen Fällen aus § 187 Abs. 1 S. 1 sowie S. 2; vgl. hierzu § 187, Rn 8. § 188 Abs. 1 bezieht sich dagegen nur auf Bauleitpläne i. S. des § 1 Abs. 2.

3 Die Verpflichtung besteht nur, wenn und soweit sich die Flurbereinigung **voraussichtlich** auf die bauliche Entwicklung des Gemeindegebiets **auswirkt.** Die Aufstellung oder Änderung von Bebauungsplänen für die bebauten Teile des Gemeindegebiets dürfte z. B. notwendig werden, wenn die Ortslage in die Flurbereinigung einbezogen wird (§ 37 Abs. 1 S. 3 FlurbG). Außerhalb der Ortslage sind Bebauungspläne jedenfalls dann erforderlich, wenn sie für Maßnahmen der Flurbereinigung wesentlich sind. Die Erforderlichkeit einer Bauleitplanung wird häufig erst im Laufe des Flurbereinigungsverfahrens im Rahmen der Abstimmung nach Abs. 2 S. 1 festgestellt werden.

4 **2. Abstimmungspflicht (Abs. 2).** Nach **Abs. 2 S. 1** sind die Flurbereinigungsbehörde und die Gemeinde allgemein zur Abstimmung ihrer das Gemeindegebiet betreffenden Absichten verpflichtet. Die Verpflichtung zur Abstimmung bereits von **Absichten** zielt auf eine möglichst frühzeitige und unbeschadet bestehender förmlicher Beteiligungspflichten (vgl. vor allem §§ 4, 139) durchzuführende Kooperation zwischen Gemeinde und Flurbereinigungsbehörde. Bauleitplanverfahren und Flurbereinigungsverfahren sollen hierdurch möglichst zeitlich und sachlich nebeneinander vorbereitet und durchgeführt und fortlaufend sachlich aufeinander abgestimmt werden. Die Abstimmung soll bereits im Stadium der Vorbereitung städtebaulicher oder agrarstruktureller Maßnahmen stattfinden. Für die Gemeindeverwaltung kann sich hieraus die Verpflichtung wie auch Ermächtigung für Abstimmungen im Vorfeld von Ratsentscheidungen ergeben. Die Verpflichtung zur **Abstimmung** ist eine verfahrensleitende Bestimmung zur Sicherung der Koordination zweier Planungsträger. Abs. 2 verdrängt nicht die allgemeinen Regelungen über das Verhältnis zwischen Bauleitplanung und Fachplanung; vgl. hierzu vor allem die Erläuterungen zu §§ 7 und 38. Aus der Abstimmungspflicht des Abs. 2 S. 1 läßt sich im Flurbereinigungsverfahren kein Anspruch der Gemeinde auf

Zuteilung von Grundstücksflächen herleiten, die nach der Darstellung im Flächennutzungsplan Gemeindebedarfszwecken dienen sollen (BVerwG, B. v. 3. 6. 1987 – 5 B 74.86).

Die Abstimmungspflicht des Abs. 2 S. 1 wird durch **Abs. 2 S. 2** 5 dadurch weiter gesichert, daß **vorhandene Planungen** – gemeint ist die Bauleitplanung – bis zum Abschluß der Flurbereinigung nicht gegen den Willen der Flurbereinigungsbehörden geändert werden sollen. Abs. 2 S. 2 enthält keine absolute Planungssperre, sondern ist gleichfalls eine die Koordination sichernde Verfahrensvorschrift. Gegen den Willen der Flurbereinigungsbehörde soll die Planung nur geändert werden, wenn zwingende Gründe hierfür vorliegen. Zwingende Gründe zur Änderung der Bauleitplanung können sich aus einer Änderung der für die Bauleitplanung maßgeblichen rechtlichen oder tatsächlichen Verhältnisse ergeben. Hierauf kann sich die Gemeinde z. B. auch berufen, wenn die Bauleitpläne den Zielen der Raumordnung und Landesplanung anzupassen sind; § 1 Abs. 4.

3. Verletzung der Pflichten nach Abs. 1 und 2. Die Verletzung der 6 gemeindlichen Pflichten zur Aufstellung von Bauleitplänen nach **Abs. 1** kann im Wege der **Kommunalaufsicht** beanstandet werden. Ein **Klagerecht der Flurbereinigungsbehörde** gegenüber der Gemeinde ergibt sich hieraus nicht; vgl. hierzu bereits § 187, Rn 18. Im Falle der Verletzung der Pflichten nach **Abs. 2** durch die Flurbereinigungsbehörde oder die Gemeinde kommen ggf. aufsichtliche Maßnahmen in Betracht.

§ 189 Ersatzlandbeschaffung

(1) **Wird bei einer städtebaulichen Maßnahme ein land- oder forstwirtschaftlicher Betrieb ganz oder teilweise in Anspruch genommen, soll die Gemeinde mit dem Eigentümer des Betriebs auch klären, ob er einen anderen land- oder forstwirtschaftlichen Betrieb oder land- oder forstwirtschaftliches Ersatzland anstrebt. Handelt es sich bei dem in Anspruch genommenen Betrieb um eine Siedlerstelle im Sinne des Reichssiedlungsgesetzes, ist die zuständige Siedlungsbehörde des Landes zu beteiligen.**

(2) **Die Gemeinde soll sich um die Beschaffung oder Bereitstellung geeigneten Ersatzlandes bemühen und ihr gehörende Grundstücke als Ersatzland zur Verfügung stellen, soweit sie diese nicht für die ihr obliegenden Aufgaben benötigt.**

Übersicht

1 **1. Inanspruchnahme eines land- oder forstwirtschaftlichen Be-
triebs. Abs. 1 S. 1** verpflichtet die Gemeinde zu **Erörterungen** mit dem
Eigentümer, wenn bei einer städtebaulichen Maßnahme land- oder
forstwirtschaftliche Betriebe ganz oder teilweise in Anspruch genom-
men werden; zum Begriff der städtebaulichen Maßnahme vgl. § 187,
Rn 8. Die Bestimmung dient nur mittelbar der Abstimmung städtebau-
licher und agrarstruktureller Maßnahmen. Sie dient in erster Linie der
Verwirklichung des Grundsatzes größtmöglicher Eigentumsschonung
oder Eigentumswiederherstellung bei städtebaulichen Maßnahmen mit
Auswirkungen auf land- oder forstwirtschaftliche Betriebe.

2 Abs. 1 S. 1 begründet für die Fälle der Inanspruchnahme eines land-
oder forstwirtschaftlichen Betriebs ein besonderes **Handlungsgebot** an
die Adresse der Gemeinde, das in Abs. 2 durch das materielle Gebot der
Ersatzlandbeschaffung ergänzt wird. Besondere Handlungs- und Erör-
terungspflichten sind im Städtebaurecht auch in anderem Zusammen-
hang bei besonderen städtebaurechtlichen Eingriffen mit ggf. sozial
und wirtschaftlich nachteiligen Auswirkungen angeordnet. So vor
allem, wenn sich Bauleitpläne erheblich nachteilig auswirken (Sozial-
plan, § 180, vor Erlaß eines Gebots nach §§ 175–179 (§ 175 Abs. 1), vor
Entscheidung über einen Antrag auf Abbruch, Umbau oder Änderung
einer baulichen Anlage in Erhaltungsgebieten (§ 173 Abs. 3) oder bei
Sanierungs- und Entwicklungsmaßnahmen (§ 137, 169 Abs. 1 Nr. 3; § 7
Abs. 1 Nr. 4 BauGB-MaßnahmenG). Bei der Erörterung ist vor allem
zu klären, ob der Eigentümer des Betriebs einen anderen land- oder
forstwirtschaftlichen Betrieb oder land- oder forstwirtschaftliches Er-
satzland anstrebt; zur Verpflichtung der Gemeinde in diesem Fall ggf.
Ersatzland bereitzustellen vgl. Rn 4.

3 Wenn es sich bei dem Betrieb um eine nach dem RSiedlG geschaffene
Siedlerstelle handelt, verpflichtet **Abs. 1 S. 2** die Gemeinde zur Beteili-
gung der zuständigen Siedlungsbehörde des Landes an der Erörterung;
zu den Aufgaben der Siedlungsunternehmen vgl. Rn 7–10.

4 **2. Bereitstellung von Ersatzland.** Nach **Abs. 2** soll sich die Ge-
meinde um die Beschaffung oder Bereitstellung geeigneten Ersatzlandes
bemühen, sofern sie einen land- oder forstwirtschaftlichen Betrieb
bei einer städtebaulichen Maßnahme gem. Abs. 1 ganz oder teilweise in
Anspruch nimmt. Sie soll hierzu insbesondere die **gemeindeeigenen
Grundstücke** als Ersatzland bereitstellen, soweit sie diese nicht für die
ihr obliegenden Aufgaben benötigt. Die Bestimmung geht davon aus,
daß Gemeinden häufig Vorratsflächen in angemessenem Umfang für
städtebauliche Maßnahmen einschließlich möglicher Ersatzansprüche
zur Verfügung stehen. Die Koordinierungsbestimmung des § 189
Abs. 2 soll es der Gemeinde hierbei erleichtern, sich im Zusammenwir-
ken mit der Flurbereinigungsbehörde frühzeitig auf die Vorstellungen

und künftigen Entwicklungen der land- oder forstwirtschaftlichen Betriebe einzustellen und ggf. vorsorglich Ersatzgelände zu beschaffen.

Die Verpflichtung der Gemeinde nach Abs. 2 zur Beschaffung oder 5 Bereitstellung geeigneten Ersatzlandes läßt Verpflichtungen aus **anderen Vorschriften** (vgl. vor allem § 100) unberührt.

3. Rechtsanspruch. Abs. 2 verpflichtet die Gemeinde zur Ersatzland- 6 bereitstellung. Diese Verpflichtung obliegt ihr zugunsten des von städtebaulichen Maßnahmen betroffenen Betriebseigentümers, dem insoweit ein – ggf. zusätzlicher (vgl. Rn 5) – **Rechtsanspruch** auf Ersatzlandbeschaffung zusteht (so auch Fislake, in: BK, § 189, Rn 5). Der Anspruch ist ggf. verwaltungsgerichtlich durchzusetzen. Daneben kommen kommunalaufsichtliche Maßnahmen in Betracht.

4. Ersatzlandbeschaffung durch Siedlungsunternehmen (§§ 1 b, 4 **Abs. 2 RSiedlG).** § 144 e BBauG über die Ersatzlandbeschaffung durch Siedlungsunternehmen wurde nicht in das BauGB übernommen. Die Regelung ist gem. Art. 2 Nr. 24 des Gesetzes über das BauGB in das Reichssiedlungsgesetz eingeführt worden: § 1 Abs. 1 b des RSiedlG entspricht § 144 e Abs. 1 BBauG; § 4 Abs. 2 S. 2 bis 4 des RSiedlG hat den Regelungsgehalt des bisherigen § 144 e Abs. 2 BBauG übernommen.

§ 1 Abs. 1 b RSiedlG lautet:

„**(1 b)** Zu den Aufgaben des Siedlungsunternehmens im Sinne dieses Gesetzes gehört es auch, für die Gemeinde geeignete Grundstücke zu beschaffen oder zur Verfügung zu stellen, wenn im Zusammenhang mit einer städtebaulichen Maßnahme einem Land- oder Forstwirt Ersatzland gewährt werden soll. Die Siedlungsunternehmen können von der Gemeinde auch mit der Durchführung von Umsiedlungen beauftragt werden."

§ 4 Abs. 2 RSiedlG lautet:

„**(2)** Das Vorkaufsrecht besteht nicht, wenn der Verpflichtete das Grundstück an eine Körperschaft des öffentlichen Rechts, an seinen Ehegatten oder an eine Person verkauft, die mit ihm in gerader Linie oder bis zum dritten Grade in der Seitenlinie verwandt oder bis zum zweiten Grade verschwägert ist. Hat der Eigentümer das Grundstück an eine Körperschaft des öffentlichen Rechts verkauft, kann das Vorkaufsrecht abweichend von Satz 1 zu den in § 1 Abs. 1 b genannten Zwecken ausgeübt werden. Die Körperschaft des öffentlichen Rechts ist vor Ausübung des Vorkaufsrechts zu hören. Das Vorkaufsrecht kann nicht ausgeübt werden, wenn sie das Grundstück für die ihr obliegenden Aufgaben benötigt."

Nach § 1 Abs. 1 RSiedlG ist es Aufgabe der gemeinnützigen **Siedlungsgesellschaften,** neue Ansiedlungen zu schaffen und bestehende kleine Betriebe bis zur Größe einer selbständigen Ackernahrung zu heben. Hierzu kann das erforderliche Land aufgrund der Vorschriften des RSiedlG beschafft werden; zu den Aufgaben der Siedlungsunter-

nehmen vgl. auch Rn 3. **§ 1 Abs. 1 b RSiedlG** erweitert diesen Aufgabenbereich. Zu den Aufgaben der Siedlungsunternehmen gehört es danach auch, für die Gemeinde geeignete Grundstücke zu beschaffen oder zur Verfügung zu stellen, wenn im Zusammenhang mit städtebaulichen Maßnahmen einem Land- oder Forstwirt Ersatzland gewährt werden soll. Die Vorschrift stellt damit sicher, daß die gemeinnützigen Siedlungsunternehmen die Gemeinden bei der Ersatzlandbeschaffung unterstützen. Hiermit sind in erster Linie die Fälle des § 189 Abs. 2 gemeint.

9 **§ 4 Abs. 2 S. 2 RSiedlG** erweitert das Vorkaufsrecht der gemeindlichen Siedlungsunternehmen nach § 4 RSiedlG. Das dort geregelte Vorkaufsrecht ist ein gesetzliches Vorkaufsrecht an landwirtschaftlichen Grundstücken oder an Moor- und Ödland, das in landwirtschaftliche Kultur gebracht werden kann. Nach § 4 Abs. 2 S. 1 RSiedlG ist das Vorkaufsrecht ausgeschlossen, wenn das Grundstück an eine **Körperschaft des öffentlichen Rechts** veräußert wird. Diese Bestimmung ist durch § 4 Abs. 2 S. 2 RSiedlG für die Fälle der Ersatzlandbeschaffung (§ 1 Abs. 1 b RSiedlG) aufgehoben.

10 Nach **§ 4 Abs. 2 S. 3 RSiedlG** ist das gemeinnützige Siedlungsunternehmen verpflichtet, die Körperschaft des öffentlichen Rechts vor Ausübung des Vorkaufsrechts **zu hören. Nach § 4 Abs. 2 S. 4 RSiedlG** darf das Vorkaufsrecht nicht ausgeübt werden, wenn die Körperschaft das Grundstück für die Erfüllung der ihr obliegenden Aufgaben benötigt.

§ 190 Flurbereinigung aus Anlaß einer städtebaulichen Maßnahme

(1) **Werden für städtebauliche Maßnahmen land- oder forstwirtschaftliche Grundstücke in Anspruch genommen, kann auf Antrag der Gemeinde mit Zustimmung der höheren Verwaltungsbehörde nach § 87 Abs. 1 des Flurbereinigungsgesetzes ein Flurbereinigungsverfahren eingeleitet werden, wenn der den Betroffenen entstehende Landverlust auf einen größeren Kreis von Eigentümern verteilt oder Nachteile für die allgemeine Landeskultur, die durch die städtebaulichen Maßnahmen entstehen, vermieden werden sollen. Das Flurbereinigungsverfahren kann bereits angeordnet werden, wenn ein Bebauungsplan noch nicht rechtsverbindlich ist. In diesem Fall muß der Bebauungsplan vor Bekanntgabe des Flurbereinigungsplans (§ 59 Abs. 1 des Flurbereinigungsgesetzes) in Kraft getreten sein. Die Gemeinde ist Träger des Unternehmens im Sinne des § 88 des Flurbereinigungsgesetzes. Die höhere Verwaltungsbehörde ist zuständige Behörde im Sinne des § 88 Nr. 3 des Flurbereinigungsgesetzes. § 88 Nr. 9 des Flurbereinigungsgesetzes findet keine Anwendung.**

(2) **Die vorzeitige Ausführung des Flurbereinigungsplans nach § 63 des Flurbereinigungsgesetzes kann bereits angeordnet werden, wenn der Flurbereinigungsplan bekanntgegeben ist.**

(3) **Die Zulässigkeit einer Enteignung nach den Vorschriften dieses Gesetzes bleibt auch nach Einleitung des Flurbereinigungsverfahrens unberührt.**

Übersicht

1. Anwendungsbereich. Die Vorschrift räumt der Gemeinde das 1 Recht ein, die Einleitung der sog. „**Unternehmensflurbereinigung**" nach § 87 FlurbG zu beantragen, wenn für städtebauliche Maßnahmen land- oder forstwirtschaftliche Grundstücke in Anspruch genommen werden. Anders als in den ansonsten grundsätzlich privatnützigen Flurbereinigungsverfahren, dient die Unternehmensflurbereinigung nach § 87 FlurbG überwiegend der Durchsetzung öffentlicher Interessen. Sie kann nach § 87 Abs. 1 S. 1 FlurbG eingeleitet werden, wenn aus besonderem Anlaß eine Enteignung zulässig ist, durch die Grundstücke in großem Umfange in Anspruch genommen würden. Die Unternehmensflurbereinigung bezweckt die Verteilung des dem Betroffenen im Falle der Enteignung entstehenden Landverlustes auf einen größeren Kreis von Eigentümern oder die Vermeidung von Nachteilen für die allgemeine Landeskultur. **§ 190 Abs. 1 S. 1 BauGB** erweitert den Anwendungsbereich des § 87 FlurbG, weil hiernach die Unternehmensflurbereinigung nicht auf die Fälle einer möglichen Enteignung beschränkt, sondern unbeschadet des Vorliegens dieser Voraussetzungen auf die Fälle der **Inanspruchnahme land- oder forstwirtschaftlicher Grundstücke durch städtebauliche Maßnahmen** erweitert wird. Im übrigen enthält auch § 190 Abs. 1 S. 1 die in § 87 Abs. 1 S. 1 FlurbG genannte Anwendungsvoraussetzung, nämlich das Erfordernis der Verteilung des dem Betroffenen entstehenden Landverlustes auf einen größeren Kreis von Eigentümern oder die Vermeidung von Nachteilen für die allgemeine Landeskultur. Abs. 1 S. 1 stellt zugleich sicher, daß die Gemeinde die Flurbereinigung nicht für jede städtebauliche Maßnahme beantragen kann, sondern nur für die Fälle der tatsächlichen Betroffenheit durch Landverluste eines land- oder forstwirtschaftlichen Betriebs. Die in § 87 Abs. 1 S. 1 FlurbG enthaltene Voraussetzung, wonach landwirtschaftliche Grundstücke „in größerem Umfang" in Anspruch genommen werden müssen, ist für die Einleitung der Flurbereinigung gem. § 190 Abs. 1 S. 1 jedoch nicht einschlägig (so auch Fislake, in: BK, § 190, Rn 2).

Die Vorschrift hat im Hinblick auf ein Urteil des **BVerwG** (NVwZ 2

1985, 739), aufgehoben durch ein Urteil des **BVerfG** (BVerfG, NJW 1987, 1251), besondere Aufmerksamkeit erlangt („Boxberg-Urteil"). Das **BVerwG** hat darin u. a. anerkannt, daß eine städtebauliche Maßnahme i. S. des § 144f BBauG (jetzt: § 190 BauGB) die Festsetzung eines Sondergebiets (§ 11 BauWVO) für ein Prüfgelände für Kraftfahrzeuge in einem Bebauungsplan sein kann. Eine Flurbereinigung nach § 144f BBauG/§ 190 BauGB darf nur angeordnet werden, wenn die Enteignung zur Verwirklichung der städtebaulichen Maßnahme außerhalb des Flurbereinigungsverfahrens dem Grunde nach zulässig wäre. Über die Enteignungszulässigkeit entscheide dabei die Behörde, die die Flurbereinigung anordnet. Für Maßnahmen zur Erhaltung und Verbesserung der Wirtschaftsstruktur in einem bestimmten Gebiet und zur Bekämpfung regionaler oder sektoraler Arbeitslosigkeit könne dabei eine Enteignung auch dann zulässig sein, wenn die Maßnahmen zugleich dem privaten Interesse eines Wirtschaftsunternehmens dienen. Eine Flurbereinigung aus Anlaß einer städtebaulichen Maßnahme nach § 144f BBauG (§ 190 BauGB) könne somit mit einer Regelflurbereinigung und einer Flurbereinigung zur Bereitstellung von Land in großem Umfang verbunden werden. Vgl. hierzu v. Brünneck, NVwZ 1986, 425; Gramlich UPR 1986, 161; ders. VerwArch. 1986, 219.

3 Das **BVerfG** (aaO) hat die Entscheidung des BVerwG aufgehoben. Die Unternehmerflurbereinigung führe u. a. zum Entzug von Eigentumspositionen i. S. des Art. 14 Abs. 1 S. 1 GG. Die Enteignung mit dem Ziel Arbeitsplätze zu schaffen und dadurch die regionale Wirtschaftsstruktur zu verbessern, sei allenfalls aufgrund eines entsprechenden Spezialgesetzes (ggf. auch im Rahmen einer städtebaulichen Entwicklungsmaßnahme, § 165; vgl. hierzu jetzt § 6 Abs. 2 BauGB-MaßnahmenG), nicht aber gem. § 85 Abs. 1 zulässig.

4 **2. Einleitung der Flurbereinigung.** Die Gemeinde hat nach **Abs. 1 S. 1** ein **Antragsrecht** auf Einleitung der Flurbereinigung. Voraussetzung hierfür ist die Zustimmung der höheren Verwaltungsbehörde. Ein **Rechtsanspruch** auf Einleitung der Flurbereinigung steht der Gemeinde nach Abs. 1 S. 1 nicht zu. Das Antragsrecht der Enteignungsbehörde, gem. § 87 Abs. 1 S. 1 FlurbG ein Flurbereinigungsverfahren einzuleiten, bleibt im übrigen vom besonderen Antragsrecht der Gemeinde nach Abs. 1 S. 1 unberührt. Da § 190 **städtebauliche Maßnahmen** insgesamt erfaßt (vgl. hierzu § 187, Rn 8), die land- oder forstwirtschaftliche Grundstücke in Anspruch nehmen, ist nicht erforderlich, daß zugleich auch Durchführungsmaßnahmen ergriffen werden. Für den Antrag der Gemeinde genügt z. B. eine städtebauliche Planung, die eine Inanspruchnahme land- oder forstwirtschaftlicher Flächen zur Folge hat bzw. rechtlich ermöglicht.

5 **3. Besonderheiten des Flurbereinigungsverfahrens.** Abs. 1 S. 2–4 und Abs. 2 enthalten weitere Abweichungen vom Flurbereinigungsverfahren, die den besonderen Zwecken der aus städtebaulichen Gründen eingeleiteten Flurbereinigung Rechnung tragen:

Nach Abs. 1 S. 2 kann das Flurbereinigungsverfahren bereits ange- 6
ordnet werden, wenn ein **Bebauungsplan** noch nicht rechtsverbindlich
ist. Das Babauungsplanverfahren muß aber eingeleitet sein. Der Be-
bauungsplan muß in diesem Fall nach Abs. 1 S. 3 jedoch vor Bekannt-
gabe des Flurbereinigungsplans (§ 59 Abs. 1 FlurbG) in Kraft getreten
sein.

Die Gemeinde ist nach Abs. 1 S. 4 **Träger des Unternehmens** i. S. des 7
§ 88 FlurbG. Die Gemeinde hat als Träger des Unternehmens Nach-
teile, die Beteiligten durch das Unternehmen entstehen, zu beheben
und, soweit dies nicht möglich oder nach dem Ermessen der Flurbere-
inigungsbehörde nicht zweckmäßig erscheint, für sie Geldentschädi-
gung zu Händen der Teilnehmergemeinschaft zu leisten; vgl. im einzel-
nen § 88 Nr. 5 bis 9 FlurbG.

Die vorzeitige Ausführung des Flurbereinigungsplanes ist nach 8
Abs. 2 bereits zulässig, wenn der Flurbereinigungsplan den Beteiligten
nach § 59 Abs. 1 FlurbG bekanntgegeben worden ist.

4. Zulässigkeit einer Enteignung. Abs. 3 stellt klar, daß die Zuläs- 9
sigkeit einer **Enteignung** gem. den Vorschriften des Fünften Teils auch
nach Einleitung des Flurbereinigungsverfahrens unberührt bleibt (vgl.
hierzu weiterhin Rn 2).

§ 191 Vorschriften über den Verkehr mit land- und forst-
wirtschaftlichen Grundstücken

**Im räumlichen Geltungsbereich eines Bebauungsplans oder einer
Sanierungssatzung sind die Vorschriften über den Verkehr mit land-
und forstwirtschaftlichen Grundstücken nicht anzuwenden, es sei
denn, daß es sich um die Veräußerung der Wirtschaftsstelle eines
land- oder forstwirtschaftlichen Betriebs oder solcher Grundstücke
handelt, die im Bebauungsplan als Flächen für die Landwirtschaft
oder als Wald ausgewiesen sind.**

§ 191 regelt das Verhältnis der **Teilungsgenehmigung nach §§ 19 ff.** 1
sowie der **sanierungsrechtlichen Teilungsgenehmigung nach § 144
Abs. 1 Nr. 1** zu den Vorschriften des **Grundstücksverkehrsgesetzes**
(GrdstVG) vom 28. Juli 1961 (BGBl. I S. 1091). Eine nach **§ 191
entsprechende Regelung enthält auch § 4 Nr. 4 GrdstVG.** Nach dem
Grundstücksverkehrsgesetz sollen lebensfähige landwirtschaftliche Be-
triebe geschlossen erhalten bleiben, die durch die Flurbereinigung
verbesserte Besitzordnung gesichert und ausbaufähige landwirtschaftli-
che Klein- und Grenzbetriebe zu einer Ackerernährung aufgestockt
werden (vgl. § 9 GrdstVG). Zur Sicherung dieser Ziele sieht das
GrdstVG ein besonderes Genehmigungserfordernis vor (§ 2 GrdstVG).
§ 191 dient der Vermeidung eines Genehmigungsverfahrens sowohl
nach dem BauGB als auch nach dem GrdstVG.

2 Gemäß § 191 sind im räumlichen **Geltungsbereich eines Bebauungs-
plans** die Vorschriften des GrdstVG nicht anzuwenden. Da § 19 Abs. 1
nur die Teilung des Grundstücks, nicht aber die Veräußerung unter
Genehmigungsvorbehalt stellt, liegt hierin zugleich eine Einschrän-
kung gegenüber dem GrdstVG, nach dem insbesondere auch die
Veräußerung von land- und forstwirtschaftlichen Grundstücken der
Genehmigung bedarf. Dieser Einschränkung der die Belange der Land-
und Forstwirtschaft schützenden Genehmigung nach dem GrdstVG
wird durch folgende **Ausnahmen** Rechnung getragen: Die Vorschriften
des GrdstVG sind auch innerhalb des Geltungsbereichs eines Bebau-
ungsplans anzuwenden, wenn es sich um die Veräußerung der **Wirt-
schaftsstelle** eines land- oder forstwirtschaftlichen Betriebes oder um
die Veräußerung solcher Grundstücke handelt, die im Bebauungsplan
als **Flächen für die Landwirtschaft** (§ 9 Abs. 1 Nr. 18a) oder als **Wald**
(§ 9 Abs. 1 Nr. 18b) festgesetzt sind. Beim Teilungskauf bedarf es also
in diesen Fällen nicht nur der Genehmigung nach § 19 Abs. 1 Nr. 1
sondern auch der Genehmigung nach dem GrdstVG. Für Grundstücke
außerhalb des räumlichen Geltungsbereichs eines Bebauungsplans be-
darf es im übrigen gleichfalls der „doppelten" Genehmigung nach § 19
Abs. 1 Nr. 2 oder 3 sowie nach dem GrdstVG.

3 Im räumlichen **Geltungsbereich einer Sanierungssatzung** (förmlich
festgelegtes Sanierungsgebiet; § 142 Abs. 1 S. 1) bleiben wie im Bebau-
ungsplangebiet gleichfalls nur Veräußerungen der Wirtschaftsstellen
von land- oder forstwirtschaftlichen Betrieben der Genehmigungs-
pflicht nach dem GrdstVG unterworfen. Bei sonstigen land- oder
forstwirtschaftlich genutzten Grundstücken kommt es darauf an, ob
ein Bebauungsplan für das Sanierungsgebiet vorliegt; vgl. auch § 140
Nr. 4. Werden in einem Bebauungsplan innerhalb des förmlich festge-
legten Sanierungsgebiets Flächen für die Landwirtschaft oder für den
Wald festgesetzt (das Gesetz verwendet – entsprechend der nicht ganz
genauen Terminologie in § 4 Nr. 4 GrdstVG – den Ausdruck „ausge-
wiesen"), so unterliegen diese der Genehmigungspflicht nach dem
GrdstVG. Ist im Sanierungsgebiet ein entsprechender Bebauungsplan
nicht oder noch nicht aufgestellt, so ist – ggf. bis zur Aufstellung des
Bebauungsplans – auch bei bisher land- oder forstwirtschaftlich ge-
nutzten Grundstücken das GrdstVG nicht anzuwenden, sofern es sich
nicht um die Veräußerung der Wirtschaftsstelle eines land- oder forst-
wirtschaftlichen Betriebs handelt.

Drittes Kapitel.
Sonstige Vorschriften

Erster Teil. Wertermittlung

Vorbemerkung zu den §§ 192 bis 199

1. Allgemeines

Im Ersten Teil des Dritten Kapitels des BauGB (§§ 192–199) sind die **1**
Vorschriften über die **Wertermittlung** zusammengefaßt; im **BBauG**
waren sie im Siebenten Teil (§§ 136–144) enthalten. Nach dem Überlei-
tungsrecht des **§ 243 BauGB** waren die **Vorschriften des BBauG**
(§§ 136–144) auch nach Inkrafttreten des BauGB (1. 7. 1987) zunächst
weiter anzuwenden. Das neue Recht war erst anzuwenden, nachdem
die in § 199 BauGB vorgesehenen Verordnungen, nämlich die Wert-
mittlungsverordnung des Bundes und die jeweilige Gutachteraus-
schußverordnung des Landes in Kraft traten; das neue Recht des
BauGB ist in jedem Fall ab 1. 1. 1990 anzuwenden. Vgl. weiterhin die
Erl. zu § 243. Zur Erl. des bis 1. 1. 1990 geltenden Rechts vgl. Voraufl.
zu § 243. Die **Wertermittlungsverordnung** (WertV; vgl. § 199 Abs. 1)
ist im **Anhang** wiedergegeben.

2. Übersicht

Die Neufassung des Rechts der Wertermittlung im BauGB unter- **2**
scheidet sich von der Fassung des BBauG vor allem durch eine neue
Gliederung und eine Straffung der Regelungen. Weiterhin sind Organi-
sationsvorschriften (vor allem über die **Organisation der Gutachter-
ausschüsse**, § 192) vermindert worden. Das gesetzgeberische Ziel war,
die Vorschriften auf das unbedingt bundeseinheitlich Notwendige zu-
rückzuführen, auf Vorschriften zu verzichten, die vor dem Hintergrund
einer eingespielten Praxis entbehrlich sind und Vorschriften entfallen zu
lassen, die sich aus den allgemeinen Grundsätzen des Verwaltungs-
rechts und einer geordneten Verwaltrung ergeben (vgl. B/K/S, Rn 491).

Die Vorschriften über die **Kaufpreissammlung** für die Wertermittlung von Grundstücken sind vor allem unter datenschutzrechtlichen Gesichtspunkten zum Teil neu geregelt worden, da sie auch personenbezogene Daten enthalten. Die Ermächtigung der Länder zum Erlaß von Ausführungsrecht durch Länderverordnungen ist erweitert worden; vgl. § 199 Abs. 2.

§ 192 Gutachterausschuß

(1) **Zur Ermittlung von Grundstückswerten und für sonstige Wertermittlungen werden selbständige, unabhängige Gutachterausschüsse gebildet.**

(2) **Die Gutachterausschüsse bestehen aus einem Vorsitzenden und ehrenamtlichen weiteren Gutachtern.**

(3) **Der Vorsitzende und die weiteren Gutachter sollen in der Ermittlung von Grundstückswerten oder sonstigen Wertermittlungen sachkundig und erfahren sein und dürfen nicht hauptamtlich mit der Verwaltung der Grundstücke der Gebietskörperschaft, für deren Bereich der Gutachterausschuß gebildet ist, befaßt sein. Für die Ermittlung der Bodenrichtwerte ist ein Bediensteter der zuständigen Finanzbehörde mit Erfahrung in der steuerlichen Bewertung von Grundstücken als Gutachter vorzusehen.**

(4) **Die Gutachterausschüsse bedienen sich einer Geschäftsstelle.**

1 **1. Allgemeines.** In § 192 wird – weitgehend entsprechend dem BBauG – die Errichtung von Gutachterausschüssen geregelt. **Abs. 1** entspricht § 137 Abs. 1 S. 1 und § 139 Abs. 1 S. 2 **BBauG**; **Abs. 2** entspricht § 138 Abs. 1 S. 1 BBauG; **Abs. 3** entspricht § 139 Abs. 2 und 3 BBauG; **Abs. 4** entspricht § 137 Abs. 2 S. 1 BBauG.

2 **2. Gutachterausschuß (Abs. 1).** Zur Ermittlung von Grundstückswerten gem. **Abs. 1** sind selbständige und unabhängige **Gutachterausschüsse** zu bilden. Der Gutachterausschuß übt eine **hoheitliche Tätigkeit** aus. Er ist eine **Behörde.** Er ist als **Kollegialorgan** ausgestaltet; vgl. Abs. 2.

3 Die Gutachterausschüsse sind **selbständig** und **unabhängig.** Sie ste-

hen außerhalb der Hierarchie der Stelle, bei der sie gebildet sind; vgl. zur Einrichtung der Gutachterausschüsse die Rechtsverordnungen der Länder gem. § 199 Abs. 2 Nr. 1. Den Gutachterausschüssen können keine Weisungen gegeben werden. Die Gutachter haben ihr Gutachten nach bestem Wissen und Gewissen abzugeben und zu begründen (so ausdrücklich § 139 Abs. 1 S. 1 BBauG). Weder einem haupt- oder nebenamtlichen Vorsitzenden oder einem im Hauptamt bei einer Behörde tätigen ehrenamtlichen Gutachter darf in bezug auf die Gutachtertätigkeit eine **Weisung** gegeben werden. Dies gilt auch für Bedienstete der örtlichen **Finanzämter**, die, wie sich aus Abs. 3 S. 2 ergibt, Mitglieder der Gutachterausschüsse sein sollen. Die Gutachter müssen ihre Aufgabe somit unabhängig, nach ausschließlich objektiven Gesichtspunkten, mit Sachkunde und in Bindung an Gesetz und Recht erfüllen.

Die Gutachten sind zu **begründen**. Das Gutachten muß nachvoll- **4** ziehbar und überprüfbar sein. Die für den Gutachterausschuß maßgeblichen Erwägungen müssen erkennbar sein, so daß die gedankliche Schlüssigkeit und die Gesetzmäßigkeit beurteilt werden können. § 139 Abs. 1 S. 1 BBauG enthielt eine entsprechende ausdrückliche Verpflichtung. Die Begründungspflicht besteht aber ohnehin (vgl. BGH, BRS Bd. 19 Nr. 112; NVwZ 1982, 394).

Die Gutachterausschüsse werden gemäß Abs. 1 zur Ermittlung von **5** **Grundstückswerten** und für **sonstige Wertermittlungen** gebildet. Unter sonstigen Wertermittlungen sind neben der Ermittlung des Werts von Rechten an Grundstücken sowie von Entschädigungen vor allem Wertermittlungen zu verstehen, die mit der Grundstückswertermittlung im Zusammenhang stehen, wie zum Beispiel Mietwerte. Weiterhin rechnet hierzu die Ableitung der für die Wertermittlung erforderlichen Daten, wie zum Beispiel Liegenschaftszinssätze, Bewirtschaftungskosten oder Bodenpreisindexreihen (vgl. § 143 a Abs. 3 BBauG; jetzt § 199 Abs. 2 Nr. 4).

3. Zusammensetzung (Abs. 2). Nach **Abs. 2** bestehen die Gutachter- **6** ausschüsse aus einem Vorsitzenden und ehrenamtlichen weiteren Gutachtern. Einzelheiten der Bestellung der Gutachter und deren Amtszeit sind durch Rechtsverordnungen der Länder geregelt; vgl. § 199 Abs. 2 Nr. 1. Wie viele Mitglieder der Gutachterausschuß höchstens haben kann, ist nach Zweckmäßigkeitsgesichtspunkten zu entscheiden. Bei der Abgabe seiner Gutachten muß er aus mindestens drei Mitgliedern bestehen, nämlich einem Vorsitzenden und zwei weiteren Gutachtern. Auch wenn nicht der Gesamtausschuß, sondern lediglich der Vorsitzende mit zwei Gutachtern entscheidet, handelt der Gutachterausschuß als solcher. In den Rechtsverordnungen der Länder gemäß § 199 Abs. 2 Nr. 1 und 2 werden u. a. auch die Bestellung der Gutachter und die Aufgaben des Vorsitzenden geregelt. Zur Mitwirkung von Bediensteten der örtlichen Finanzämter in den Gutachterausschüssen vgl. Rn 8.

4. Sachkunde (Abs. 3). Die Gutachter sollen in der Ermittlung von **7**

Grundstückswerten oder sonstigen Wertermittlungen sachkundig und erfahren sein; **Abs. 3 S. 1.** Eine bestimmte Aus- oder Vorbildung oder berufliche Herkunft (vgl. aber Abs. 3 S. 2) schreibt das Gesetz nicht vor. Die persönliche Eignung des Gutachters im Hinblick auf Sachkunde und Erfahrung aufgrund der Vorbildung und bisheriger Tätigkeit ist im Rahmen der Bestellung der Gutachter zu prüfen. Die erforderlichen Regelungen enthalten die gemäß § 199 Abs. 2 Nr. 1 erlassenen Rechtsverordnungen der Länder. Bei der Bestellung der Gutachter ist insbesondere dafür Sorge zu tragen, daß auch Personen mit besonderer Fachkenntnis für die verschiedenen Grundstücksarten und Gebietsteile zu Gutachtern bestellt werden (so ausdrücklich § 139 Abs. 2 S. 1 BBauG).

8 Als Personen mit besonderer Sachkenntnis hebt Abs. 3 S. 2 Bedienstete der örtlichen **Finanzämter** wegen ihrer besonderen Sachkunde für die steuerliche Bewertung von Grundstücken hervor. Sie sollen bei der Ermittlung der Bodenrichtwerte (vgl. § 196) mitwirken. Durch diese Regelung soll einerseits die Sachkunde dieser Personen für die Wertermittlung gesichert, andererseits eine enge, auch persönliche Zusammenarbeit zwischen städtebaulicher und steuerlicher Bewertung erreicht werden. Zum Zusammenwirken mit der steuerlichen Bewertung vgl. weiterhin § 195 Abs. 2 S. 1, § 196 Abs. 2 S. 2, Abs. 3 S. 1 und § 197 Abs. 2 S. 2.

9 Die Regelung des § 139 Abs. 4 BBauG über die **Befangenheit** und den **Ausschluß von Gutachtern im Einzelfall** ist in das BauGB nicht übernommen worden. Der RegE (S. 149) hat dies damit begründet, daß aus derartige Grundsätze entweder aus den Verwaltungsverfahrensgesetzen oder – wenn ein Bedürfnis dafür bestehe – aus dem Durchführungsrecht der Länder gemäß § 199 Abs. 2 Nr. 1 und 2 ergeben. Zu den verwaltungsverfahrensrechtlichen Vorschriften vgl. vor allem § 20 f. VwVfG, wonach in einem Verwaltungsverfahren (§ 9 VwVfG) insbesondere ausgeschlossen sind: ein Beteiligter, ein Angehöriger eines Beteiligten, ein Angehöriger eines bevollmächtigten Vertreters oder ein wirtschaftlich abhängiger Beschäftigter eines Beteiligten. Ausgeschlossen ist auch, wer aus seiner amtlichen Eigenschaft in der Angelegenheit ein Gutachten abgegeben oder sonst tätig geworden ist (vgl. § 139 Abs. 4 S. 3 BBauG). Ausgeschlossen ist auch, wer durch die Tätigkeit oder durch die Entscheidung einen unmittelbaren Vor- oder Nachteil erlangen kann. Damit sind auch die ausgeschlossen, die entsprechend § 139 Abs. 4 S. 1 BBauG an dem Grundstück „wirtschaftlich" interessiert sind oder mit der Verwaltung des Grundstücks, auf das sich die Wertermittlung bezieht, befaßt sind (vgl. § 139 Abs. 3 S. 1 Hs. 1 BBauG).

10 **5. Geheimhaltung.** Das BauGB enthält keine § 138 Abs. 3 BBauG entsprechende Regelung, wonach die Gutachter zur **Geheimhaltung** verpflichtet sind. Die Begründung zum RegE (S. 149) verweist hierzu auf die entsprechenden Grundsätze in den Verwaltungsverfahrensgeset-

zen des Bundes und der Länder. Einschlägig sind vor allem die §§ 83 und 84 VwVfG über die ehrenamtliche Tätigkeit. Regelungen zu dieser Frage können im übrigen die Landesregierungen in der gemäß § 199 Abs. 2 Nr. 1 vorgesehenen Rechtsverordnung bestimmen.

6. Geschäftsstelle (Abs. 4). Der Gutachterausschuß bedient sich nach **Abs. 4** einer **Geschäftsstelle** zur Vorbereitung seiner Arbeit. Einzelheiten über die Einrichtung und die Aufgaben der Geschäftsstelle sind im BauGB nicht geregelt worden (vgl. demgegenüber § 137 Abs. 2 BBauG). In der Rechtsverordnung nach § 199 Abs. 2 Nr. 3 können die erforderlichen Regelungen getroffen werden. Als Behörden, bei denen die Geschäftsstelle eingerichtet werden kann, kommen insbesondere die kreisfreien Städte, Landkreise oder auch kreisangehörige Gemeinden in Betracht. Die Aufgaben können ggf. auch den örtlich zuständigen Kataster- und Vermessungsämtern oder einer anderen vorhandenen kommunalen oder staatlichen Einrichtung übertragen werden. **11**

Aufgabe der Geschäftsstelle des Gutachterausschusses ist vor allem die Vorbereitung der Arbeit des Gutachterausschusses. Die Geschäftsstelle hat die bei der Tätigkeit des Gutachterausschusses anfallenden Verwaltungsaufgaben nach Weisung des Vorsitzenden oder des Ausschusses insgesamt wahrzunehmen. Insbesondere obliegen dem Gutachterausschuß die Einrichtung und Führung von Kaufpreissammlungen einschließlich der Auswertung der Kaufverträge (§ 195) und die Erteilung von Auskünften über die Bodenrichtwerte (so ausdrücklich § 196 Abs. 3 S. 2). **12**

§ 193 Aufgaben des Gutachterausschusses

(1) **Der Gutachterausschuß erstattet Gutachten über den Verkehrswert von bebauten und unbebauten Grundstücken sowie Rechten an Grundstücken, wenn**

1. **die für den Vollzug dieses Gesetzbuchs zuständigen Behörden bei der Erfüllung der Aufgaben nach diesem Gesetzbuch,**

2. **die für die Feststellung des Werts eines Grundstücks oder der Entschädigung für ein Grundstück oder ein Recht an einem Grundstück aufgrund anderer gesetzlicher Vorschriften zuständigen Behörden,**

3. **die Eigentümer, ihnen gleichstehende Berechtigte, Inhaber anderer Rechte am Grundstück und Pflichtteilsberechtigte, für deren Pflichtteil der Wert des Grundstücks von Bedeutung ist, oder**

4. **Gerichte und Justizbehörden**

es beantragen. Unberührt bleiben Antragsberechtigungen nach anderen Rechtsvorschriften.

(2) **Der Gutachterausschuß kann außer über die Höhe der Entschä-
digung für den Rechtsverlust auch Gutachten über die Höhe der
Entschädigung für andere Vermögensnachteile erstatten.**

(3) **Der Gutachterausschuß führt eine Kaufpreissammlung, wertet
sie aus und ermittelt Bodenrichtwerte und sonstige zur Wertermitt-
lung erforderliche Daten.**

(4) **Die Gutachten haben keine bindende Wirkung, soweit nichts
anderes bestimmt oder vereinbart ist.**

(5) **Eine Abschrift des Gutachtens ist dem Eigentümer zu übersen-
den.**

1 **1. Allgemeines.** In § 193 werden – weitgehend in Anlehnung an das
BBauG – die Aufgaben des Gutachterausschusses bestimmt. Abs. 1
entspricht § 136 Abs. 1 Nr. 1 bis 4 BBauG; Abs. 2 entspricht § 136
Abs. 3 BBauG; Abs. 3 entspricht § 136 Abs. 2, § 143a Abs. 2 und 3
BBauG; Abs. 4 entspricht § 143 BBauG; Abs. 5 entspricht § 136 Abs. 5
S. 1 BBauG. Im einzelnen regelt § 192 die Fälle, in denen der Gutach-
terausschuß Gutachten erstatten kann **(Abs. 1 und 2)**. Als weitere
Aufgabe des Gutachterausschusses ist in **Abs. 3** die Führung und Aus-
wertung der Kaufpreissammlung einschließlich der Bodenrichtwerte
und der sonstigen zur Wertermittlung erforderlichen Daten geregelt.
Abs. 4 und **Abs. 5** behandeln die Wirkung der Gutachten sowie die
Übersendung von Gutachten an die Eigentümer. Durch die Rechtsver-
ordnung nach **§ 199 Abs. 2 Nr. 6** können dem Gutachterausschuß wei-
tere Aufgaben übertragen werden.

2 **2. Antragsberechtigte (Abs. 1).** Abs. 1 regelt die Fälle, in denen der
Gutachterausschuß zur **Erstattung des Gutachtens verpflichtet** ist. Die
nach Abs. 1 Antragsberechtigten haben einen Anspruch auf Durchfüh-
rung der Wertermittlung. Der Gutachterausschuß hat lediglich zu
prüfen, ob die Antragsberechtigung vorliegt. Für die Durchsetzung des
Anspruchs kommt die allgemeine Leistungsklage (ohne Vorverfahren)
gem. VwGO in Betracht (BVerwGE 40, 323; Kopp, VwGO, 7. Aufl.,
München 1986, Vorb. § 40, Rn 4), nicht jedoch die Verpflichtungs-
klage, da das Wertgutachten kein Verwaltungsakt ist (vgl. Rn 18).

3 Das beantragte Gutachten bezieht sich auf den **Verkehrswert** von
Grundstücken und von Rechten an Grundstücken. Damit ist die Er-

mittlung des Verkehrswerts gem. § 194 gemeint. Das Gutachten wird über den Verkehrswert eines **Grundstücks** sowie von **Rechten an Grundstücken** erstellt. Zum Begriff des Grundstücks vgl. im einzelnen § 200 Abs. 1 und 2. Die Wertermittlung kommt für bebaute und unbebaute Grundstücke in Betracht. Als Rechte am Grundstück kommen dingliche und obligatorische Rechte in Betracht, insbesondere: Grundpfandrecht, Reallast, Dienstbarkeit, Nießbrauch, Vorkaufsrecht, Wiederkaufsrecht, Miete, Pacht.

Für den **Antrag** gelten keine besonderen Vorschriften. Der Antrag **4** kann schriftlich oder mündlich gestellt werden, soweit sich aus einer Rechtsverordnung nach § 199 Abs. 2 Nr. 1 nichts anderes ergibt.

Nach **Abs. 1 S. 1 Nr. 1** sind die für den Vollzug des BauGB zuständi- **5** gen Behörden antragsberechtigt, soweit sie das Gutachten bei der Erfüllung der ihnen nach dem BauGB obliegenden Aufgaben benötigen. Welche Behörden im Einzelfall in Betracht kommen, ergibt sich aus der jeweiligen städtebaurechtlichen Vorschrift. Neben den gemeindlichen Behörden können auch staatliche Stellen (vor allem die Landratsämter oder die höhere Verwaltungsbehörde) in Betracht kommen. Eine **Verpflichtung** von Behörden, ein Gutachten beim Gutachterausschuß einzuholen, enthält § 107 Abs. 1 S. 4 BauGB. Entsprechende Verpflichtungen nach älterem Recht (vgl. § 28a Abs. 2 S. 3 BBauG sowie § 15 Abs. 3 S. 3 und § 18 Abs. 1 S. 3 StBauFG) sind in das BauGB nicht übernommen worden.

Nach **Abs. 1 S. 1 Nr. 2** sind auch andere Behörden antragsberechtigt, **6** sofern sie aufgrund anderer gesetzlicher Vorschriften für die Feststellung des Werts eines Grundstücks oder der Entschädigung für ein Grundstück oder ein Recht an einem Grundstück zuständig sind. Die Zuständigkeit der Behörden kann sich aus Bundesrecht (z. B. FStrG oder LBG) oder aus Landesrecht ergeben (z. B. Landesenteignungs-, Landschaftspflege- oder Denkmalschutzrecht) (Friedrich, in: Kohlhammer-Komm., § 193, Rn 10; a. A. Stich, in: BK, § 193, Rn 7, der hinsichtlich der Einbeziehung landesrechtlicher Bestimmungen keine Regelungskompetenz des Bundes annimmt).

Abs. 1 S. 1 Nr. 3 regelt die Antragsrechte aus dem privaten Bereich, **7** nämlich die Eigentümer (Rn 9), die ihnen gleichstehenden Berechtigten (Rn 10), die Inhaber anderer Rechte am Grundstück (Rn 11) und die Pflichtteilsberechtigten, für deren Pflichtteil der Wert des Grundstücks von Bedeutung ist (Rn 12).

Gegenüber dem BBauG ist der Kreis der Antragsberechtigten aus **8** dem privaten Bereich insoweit eingeschränkt worden, als nach § 136 Abs. 1 Nr. 5 BBauG auch **Kaufbewerber** und **Bewerber um eine Dienstbarkeit** antragsberechtigt waren. Dieses Antragsrecht bestand nur so lange, wie der Bewerber mit dem Eigentümer in ernsthaften Verhandlungen stand. In der Praxis waren die Voraussetzungen zumeist nur in Verbindung mit dem Eigentümer nachweisbar. Da in diesen

Fällen auch der Eigentümer einen entsprechenden Antrag stellen und mit dem Bewerber die Übernahme der Kosten vereinbaren kann, wird die Tätigkeit des Gutachterausschusses mit der Aufhebung dieses Antragsrechts nur unwesentlich eingegrenzt.

Einen noch weitergehenden Ausschluß der **Antragsberechtigung Privater** hat der BauGB-Gesetzgeber – ungeachtet entsprechender Forderungen von verschiedenen Seiten – nicht vorgenommen, vor allem mit der Erwägung, daß Eigentümer dem Gutachterausschuß gegenüber weitgehende Auskunftspflichten haben und ihnen deswegen billigerweise auch zuerkannt werden muß, daß der Gutachterausschuß für sie tätig wird, wenn es um die Ermittlung des Werts eines ihrer Grundstücke geht. Der A.-Ber. (S. 137 f.) hat hierzu hervorgehoben, daß in der Tätigkeit der Gutachterausschüsse keine ernsthafte Konkurrenz zu der Tätigkeit der freien Sachverständigen zu sehen sei, weil der Anteil der von den Gutachterausschüssen erstellten Gutachten mit weniger als 10 v. H. der Gesamtzahl der von den selbständigen Sachverständigen erstellten Gutachten gering sei.

9 Antragsberechtigt ist der **Eigentümer** eines Grundstücks. Dies gilt ebenso für den Alleineigentümer wie auch für den Bruchteilseigentümer und den Gesamthandseigentümer. Auch die Eigentümer von Wohnungs- und Teileigentum nach § 1 WEG sind – beschränkt auf das Sondereigentum – antragsberechtigt.

10 Antragsberechtigt sind weiterhin die den Eigentümern **gleichstehenden Berechtigten**. Dies sind i. S. des § 200 Abs. 2 die Inhaber grundstücksgleicher Rechte, also insbesondere die Erbbauberechtigten.

11 Als **Inhaber anderer Rechte am Grundstück** kommen sowohl die Inhaber dinglicher (z. B. Nießbrauchrecht, Grundpfandrecht, Grunddienstbarkeit, Reallast, dingliches Vorkaufsrecht) als auch schuldrechtlicher (z. B. Miete, Pacht, schuldrechtliches Vorkaufsrecht) Rechte in Betracht.

12 Für das Antragsrecht von **Pflichtteilsberechtigten** ist Voraussetzung, daß der Wert des Grundstücks für den Pflichtteil von Bedeutung ist.

13 **Antragsberechtigt** ist in den Fällen des **Abs. 1 S. 1 Nr. 3** nur, wer zum Zeitpunkt der Antragstellung Eigentümer, Rechtsinhaber bzw. Pflichtteilsberechtigter ist. Das Antragsrecht ist entsprechend dem sachlichen Umfang des Rechts beschränkt. Die Antragsberechtigung ist nachzuweisen und kann vom Gutachterausschuß überprüft werden. Der Antrag kann jederzeit und ohne besondere Begründung, insbesondere also unbeschadet anstehender städtebaulicher Maßnahmen und aus ausschließlich in der privaten Sphäre wurzelnden Gründen gestellt werden.

14 Nach **Abs. 1 S. 1 Nr. 4** sind Gerichte und Justizbehörden antragsberechtigt. Da das Antragsrecht auch hier nicht auf die Fälle der Anwendung des BauGB beschränkt ist (vgl. demgegenüber Abs. 1 S. 1 Nr. 1),

kommen als Gerichte nicht nur die Baulandgerichte (vgl. §§ 217 ff.
BauGB) in Betracht, sondern alle Gerichtszweige. Als Justizbehörden
kommen insbesondere die Staatsanwaltschaften in Betracht.

Abs. 1 S. 2 enthält eine klarstellende Regelung dahingehend, daß 15
Antragsberechtigungen nach anderen Rechtsvorschriften unberührt
bleiben. Diese Bestimmung betrifft z. B. § 5 Abs. 2 BKlgG, wonach
der Gutachterausschuß auf Antrag des Pächters oder Verpächters Gut-
achten über den ortsüblichen Pachtzins im erwerbsmäßigen Obst- und
Gemüseanbau zu erstatten hat.

3. Höhe der Entschädigung bei anderen Vermögensnachteilen 16
(Abs. 2). Nach § 93 Abs. 2 wird für die Enteignung Entschädigung
gewährt:

(1) für den durch die Enteignung eintretenden Rechtsverlust und
(2) für andere durch die Enteignung eintretende Vermögensnach-
teile.

Zu den letztgenannten Fällen vgl. insbesondere § 96 und die dortigen
Erl. Diese Vorschriften haben auch für sonstige Entschädigungsrege-
lungen des BauGB Bedeutung. Regelungen über Entschädigungen für
andere Vermögensnachteile ergeben sich auch aus anderen bundes- und
landesrechtlichen Bestimmungen (z. B. § 17 Abs. 1 LBG, § 19 Abs. 5
FStrG). Nach **Abs. 3 kann** der Gutachterausschuß in diesen Fällen über
die Höhe der Entschädigung ein Gutachten erstatten. Voraussetzung ist
der Antrag eines Antragsberechtigten. Antragsberechtigt sind die Ei-
gentümer oder Rechtsinhaber, die Eingriffe hinnehmen müssen oder
Übernahmeansprüche geltend machen können. Auch Behörden sind
antragsberechtigt, soweit sie Entschädigungsfestsetzungen für derar-
tige Eingriffe zu treffen haben. Anders als in den Fällen des Abs. 1 S. 1
ist der Gutachterausschuß zur Erstattung des Gutachtens nicht ver-
pflichtet. Es liegt vielmehr in seinem pflichtgemäßen Ermessen, über
den Antrag zu entscheiden. Zum Rechtsschutz des Antragstellers we-
gen fehlerfreier Ermessensausübungen vgl. entsprechend Rn 2.

4. Weitere Aufgaben des Gutachterausschusses (Abs. 3). Dem Gut- 17
achterausschuß obliegen weitere Aufgaben: die **Führung und Auswer-
tung der Kaufpreissammlung** sowie die **Ermittlung von Bodenricht-
werten** und **sonstigen zur Wertermittlung erforderlichen Daten.** Bei
der Erfüllung seiner Aufgaben bedient sich der Gutachterausschuß
hierbei gemäß § 192 Abs. 4 der Geschäftsstelle. Zur **Kaufpreissamm-
lung** vgl. im einzelnen § 195. Die Aufgabe der Geschäftsstelle des
Gutachterausschusses beruht vor allem darin, die Kaufverträge nach
Weisung des Gutachterausschusses auszuwerten. Die Kaufpreissamm-
lung und ihre **Auswertung** sind die wesentliche Erkenntnisgrundlage
für die Beurteilung des Grundstücksmarkts durch den Gutachteraus-
schuß. Nach Abs. 3 hat der Gutachterausschuß auch die **Bodenricht-
werte** zu ermitteln; vgl. hierzu im einzelnen § 196. Der Gutachteraus-
schuß hat weiterhin **sonstige zur Wertermittlung erforderlichen Da-**

ten zu ermitteln. Die Vorbereitung obliegt den Geschäftsstellen. Vgl. hierzu im einzelnen §§ 8–12 WertV: Indexreihen (§ 9 WertV), Umrechnungskoeffizienten (§ 10 WertV), Liegenschaftszinssatz (§ 11 WertV) und Vergleichsfaktoren für bebaute Grundstücke (§ 12 WertV).

18 **5. Wirkung der Gutachten (Abs. 4).** Abs. 4 stellt klar, daß die Gutachten **keine bindende Wirkung** haben. Der Gutachterausschuß übt zwar (auch) mit der Erstattung des Gutachtens eine hoheitliche Tätigkeit aus (vgl. § 192, Rn 2). Das Gutachten enthält jedoch keine Einzelfallregelung auf dem Gebiet des öffentlichen Rechts, die auf unmittelbare Rechtswirkung nach außen gerichtet ist (vgl. § 35 VwVfG). Das Gutachten ist daher **kein Verwaltungsakt** (vgl. BVerwG, DVBl. 1973, 371). Insbesondere bindet es nicht den Antragsteller i. S. des Abs. 1; dies gilt auch für Behörden und Gerichte, die nach Abs. 1 S. 1 Nrn. 1, 2 und 4 und S. 2 ein Gutachten beantragen.

19 Liegt ein Gutachten vor, so hat es gleichwohl eine hohe **faktische Bedeutung.** Insbesondere können die Behörden und Gerichte, die ein Gutachten beantragt haben, von dem Ergebnis des Gutachtens nur abweichen, wenn sie dies spezifiziert begründen.

20 Die Gutachten haben jedoch bindende Wirkung, wenn dies zwischen den Beteiligten ausdrücklich vereinbart ist. Die **Vereinbarung** kann zwischen Privaten in einem Vertrag vereinbart werden. So kann z. B. das Gutachten des Gutachterausschusses in einer Schiedsgutachtervereinbarung (vgl. §§ 317–319 BGB) als für beide Teile verbindlich vereinbart werden. Die bindende Wirkung kann auch in einem öffentlichrechtlichen Vertrag vereinbart werden, z. B. in den Fällen einer Einigung im Enteignungsverfahren (§§ 110, 111).

21 Die Gutachten haben auch dann eine bindende Wirkung, wenn etwas **anderes bestimmt** ist. Diese Wirkung hatte nach früherem Recht lediglich das Gutachten des Gutachterausschusses in den Fällen des gemeindlichen Grunderwerbsrechts nach § 18 StBauFG. Nach § 18 Abs. 2 S. 5, Halbsatz 2 StBauFG war in dem Bescheid über die Ausübung des Grunderwerbsrechts der vom Gutachterausschuß ermittelte Wert (vgl. § 18 Abs. 1 S. 3 StBauFG) festzusetzen. § 18 StBauFG ist jedoch nicht in das BauGB übernommen worden; zum Überleitungsrecht vgl. § 245 Abs. 5 BauGB.

22 Ein Bedürfnis für **Rechtsschutz** gegen Gutachten besteht zumindest insoweit nicht, als die Gutachten keine bindende Wirkung haben. Soweit eine Behörde das Gutachten zur Grundlage ihrer Entscheidungen macht, z. B. hinsichtlich der Höhe einer Enteignungsentschädigung, ist damit nur eine inzidente Überprüfung des Gutachtens möglich. Die Möglichkeit formloser Gegenvorstellungen oder auch einer Dienstaufsichtsbeschwerde bleibt davon unberührt. Aber auch soweit das Gutachten in den Fällen des **§ 18 StBauFG** bindende Wirkung hatte, stellte es weder für den Eigentümer noch für die Gemeinde einen anfechtbaren Verwaltungsakt dar: Für den von der Ausübung des

Grunderwerbs betroffenen Eigentümer entfaltete das bindende Gutachten keine Rechtswirkungen. Rechtswirkungen entfaltete vielmehr allein die Erklärung der Gemeinde nach §18 Abs. 2 S. 5 StBauFG. Das Gutachten des Gutachterausschusses war hinsichtlich des betroffenen Eigentümers ein verwaltungsinterner Vorgang; erst durch die Entscheidung der Gemeinde über die Ausübung des Vorkaufsrechts entfaltete das Gutachten seine Wirkungen (vgl. Dyong, „Gemeindliches Grunderwerbsrecht" im Sanierungsgebiet zugunsten der Gemeinde (§18 StBauFG), Diss. Mainz 1975, 184 ff.). Auch gegenüber der Gemeinde war das Gutachten kein anfechtbarer Verwaltungsakt, insbesondere war die Gemeinde durch das Gutachten nicht gebunden, ob sie das Grunderwerbsrecht ausüben soll oder nicht. Hielt die Gemeinde das Gutachten für falsch, so konnte sie ggf. auch die Enteignung des Grundstücks beantragen (Dyong aaO, 190).

6. Mitteilung des Gutachtens (Abs. 5). Abs. 5 enthält eine Regelung 23
für den Fall, daß das Gutachten nicht vom Eigentümer beantragt wurde, also z. B. von einem anderen Berechtigten i. S. des Abs. 1 S. 1 Nr. 3 oder von den nach Abs. 1 Nrn. 1, 2 und 4 Antragsberechtigten; vgl. auch die Fälle nach §198 Abs. 2. **Abs. 5** stellt sicher, daß der Eigentümer des Grundstücks, das Gegenstand des Wertgutachtens ist, in jedem Fall über das Ergebnis durch Übersendung einer Abschrift in Kenntnis gesetzt wird. Das **BBauG** sah eine weitergehende Mitteilungsregelung vor. Insbesondere bestand eine Übersendungspflicht an sonstige Rechtsinhaber; Personen, soweit sie ein berechtigtes Interesse hieran hatten, konnten gleichfalls eine Abschrift erhalten (vgl. §136 Abs. 5 BBauG). Diese frühere Regelung ist mit dem BauGB aus Gründen des Rechts- und Datenschutzes gestrichen worden.

§194 Verkehrswert

Der Verkehrswert wird durch den Preis bestimmt, der in dem Zeitpunkt, auf den sich die Ermittlung bezieht, im gewöhnlichen Geschäftsverkehr nach den rechtlichen Gegebenheiten und tatsächlichen Eigenschaften, der sonstigen Beschaffenheit und der Lage des Grundstücks oder des sonstigen Gegenstands der Wertermittlung ohne Rücksicht auf ungewöhnliche oder persönliche Verhältnisse zu erzielen wäre.

Übersicht

1 **1. Allgemeines.** Ziel der Wertermittlung ist die Ermittlung des **Verkehrswerts** durch den Gutachterausschuß. Die Vorschrift des **§ 142 Abs. 1 S. 1 BBauG,** nach der der Gutachterausschuß den **„gemeinen Wert"** ermittelt und dabei besondere Vorschriften über die Berücksichtigung oder Nichtberücksichtigung bestimmter Umstände zu beachten hat (Reduktionsklausel), ist aufgehoben worden. Mit der Aufhebung geht keine materielle Änderung des bisherigen Rechts einher. Daß besondere Umstände bei der Verkehrswertermittlung zu berücksichtigen sind (Reduktionsklausel), ergibt sich bereits aus der Verkehrswertdefinition selbst, nach der auch „rechtliche Gegebenheiten" bei der Wertermittlung zu beachten sind. Die Definition des „gemeinen Werts" im Bewertungsrecht (§ 9 BewG) ist trotz unterschiedlichen Wortlauts inhaltlich mit dem in § 194 BauGB definierten Verkehrswert begrifflich identisch (vgl. BGH, BRS 19 Nr. 128). Der „gemeine Wert" unterscheidet sich vom Verkehrswert lediglich hinsichtlich des Wertermittlungsstichtags und der Ermittlungsmethodik; zudem wird er nach dem Steuerrecht (als Einheitswert) mit Rechtswirksamkeit festgesetzt. Die Einheitswerte – Bemessungsgrundlage für alle einheitswertabhängigen Steuern (Grund-, Vermögens-, Erbschafts- und Schenkungssteuer) – werden auf den 1. 1. 1964 festgestellt und finden – außer bei der Grundsteuer – mit einem Zuschlag von 40 % noch heute Anwendung, obwohl zwischenzeitlich erhebliche Werterhöhungen zu verzeichnen waren. Deshalb sowie aufgrund der (notwendigerweise) pauschalierenden Bewertungsmethodik des Steuerrechts müssen die festgestellten Einheitswerte erhebliche Diskrepanzen zu den (im Städtebaurecht) zumeist zeitnah ermittelten Verkehrswerten aufweisen. Hier geht es aber allein um die Frage der Begriffsidentität, denn die tatsächlichen Diskrepanzen ließen sich nicht dadurch überbrücken, daß – in § 194 BauGB der „gemeine Wert" – namentlich hervorgehoben wird. Vielmehr wäre zu fordern, die Begriffsbestimmungen des § 9 BewG – wie im übrigen auch des § 29 Abs. 2 FlurbG – dem § 194 BauGB anzupassen (vgl. zum Vorstehenden Kleiber, in: Kleiber/Simon/Weyers, Theorie und Praxis der Wertermittlung von Grundstücken nach neuem Recht, Bundesanzeiger-Verlag 1987, 3/7).

2 Das Gesetz unterscheidet Verkehrswert und **Preis.** Der Verkehrswert wird danach als ein fiktiver Preis definiert, nämlich als der im gewöhnlichen Geschäftsverkehr unter Ausschluß aller für den Markt nicht charakteristischen Umstände und Verhältnisse erzielbare Preis. Der Preis einer Sache muß jedoch nicht stets auch ihrem Wert entsprechen (BGH NJW 1968, 150). Für die Bestimmung des tatsächlich erzielten Preises können vielmehr die bei der Ermittlung des Verkehrswerts gerade auszuschließenden besonderen Umstände oder Verhältnisse bedeutsam sein.

3 Entfallen ist auch **§ 142 Abs. 1 S. 2 BBauG,** in dem bestimmt wurde, daß bei der Verkehrswertermittlung insbesondere auch **Vorschriften** zu beachten sind, in denen die Berücksichtigung oder Nichtberücksichti-

gung bestimmter Umstände vorgeschrieben ist. Da bei der Ermittlung des Verkehrswerts die „rechtlichen Gegebenheiten" bereits zu berücksichtigen sind, kommt dieser Regelung nur klarstellende Bedeutung zu. Mit der Vorschrift wurde daher vor allem vor Augen geführt, daß bestimmte rechtliche Vorschriften insbesondere im Entschädigungsrecht bei der Ermittlung des für die Entschädigung maßgeblichen Verkehrswerts die Berücksichtigung oder Nichtberücksichtigung bestimmter Umstände vorsehen. Zu nennen ist vor allem § 95 Abs. 2 über die **Nichtberücksichtigung** bestimmter Wertsteigerungen oder Vereinbarungen bei der Festsetzung der Entschädigung. Weiterhin ist auf § 153 Abs. 1 BauGB hinzuweisen, wonach bei der Bemessung von Ausgleichs- und Entschädigungsleistungen Werterhöhungen, die lediglich durch die Aussicht auf die Sanierung, durch ihre Vorbereitung oder ihre Durchführung eingetreten sind, grundsätzlich nicht berücksichtigt werden. Die **Berücksichtigung** bestimmter Umstände schreibt demgegenüber § 153 Abs. 3 BauGB vor, wonach ein Grundstück zu dem Wert zu veräußern ist, der sich durch die rechtliche oder tatsächliche Neuordnung des Sanierungsgebiets ergibt. Für den städtebaulichen Entwicklungsbereich nach BauGB enthält § 169 Abs. 8 S. 1 BauGB eine entsprechende Regelung; für den städtebaulichen Entwicklungsbereich nach BauGB-MaßnahmenG bestimmt dies § 7 Abs. 1 Nr. 8

2. Begriff des Verkehrswerts. Der Verkehrswert ist ein bestimmter 4 Preis. Der Gutachterausschuß hat diesen („einen") Preis zu ermitteln. Der Verkehrswert ist zwar ein fiktiver Preis (Rn 2). Er muß aber z. B. zur Bezeichnung einer Entschädigung exakt bestimmt werden. Dem widerspricht nicht, wenn für die Fälle der Preisprüfung nach § 153 Abs. 2 BauGB eine „Verkehrswertspanne" angenommen wird, weil eine nur unwesentliche Überschreitung des Verkehrswerts eine Versagung der Genehmigung nach § 145 Abs. 2, § 153 Abs. 2 BauGB nicht rechtfertigt (so BVerwGE 57, 87). In dieser Rspr. des BVerwG wird nicht die eindeutige Bestimmtheit und Bestimmbarkeit des Verkehrswerts in Frage gestellt, sondern dem Umstand Rechnung getragen, daß der Geschäftsverkehr, an den sich die Preisprüfung richtet, nicht ohne weiteres den bestimmten Verkehrswert erkennen kann (hiergegen wendet sich aber z. B. Dieterich, ZfBR 1979, 223). An diese Rspr. knüpft im übrigen auch die Regelung in § 3 Abs. 3 S. 1 BauGB-MaßnahmenG hinsichtlich des Kaufpreises beim Außenbereich-Vorkaufsrecht an.

Der Verkehrswert wird durch den Preis bestimmt, der in dem 5 **Zeitpunkt,** auf den sich die Ermittlung bezieht, zu erzielen wäre; sog. „Wertermittlungsstichtag" (§ 3 Abs. 1 S. 2 WertV). Der jeweils maßgebliche Wertermittlungsstichtag kann sich aus dem Gesetz ergeben; so ist für die Enteignungsentschädigung maßgebend der Verkehrswert in dem Zeitpunkt, in dem die Enteignungsbehörde über den Enteignungsantrag entscheidet (§ 95 Abs. 1 S. 2). Nach § 95 Abs. 2 Nr. 3 kann dieser Zeitpunkt im Ergebnis vorverlagert sein, wenn die Gemeinde

dem Eigentümer zur Vermeidung der Enteignung ein Kauf- oder
Tauschangebot mit angemessenen Bedingungen unterbreitet hat. Der
Wertermittlungszeitpunkt kann vom Antragsteller (§ 193 Abs. 1 und 2)
im Hinblick auf den jeweiligen Anlaß und Zweck des Antrags be-
stimmt werden. Fehlt es an einer besonderen Bestimmung des Werter-
mittlungsstichtags, so ist hierfür im Zweifel der Zeitpunkt der Antrag-
stellung maßgebend.

6 Für die Verkehrswertermittlung ist der im **gewöhnlichen Geschäfts-
verkehr** erzielbare Preis maßgebend. Gewöhnlicher Geschäftsverkehr
ist der allgemeine Grundstücksverkehr unter gewöhnlichen Bedingun-
gen, also unter Ausschluß von Umständen und Situationen, die für den
Markt nicht charakteristisch sind. Auch der in der Rechtsprechung
verwendete Begriff des „gesunden Geschäftsverkehrs" entspricht die-
sen Anforderungen. Zu den rechtlichen und tatsächlichen Umständen
sowie ungewöhnlichen und persönlichen Verhältnissen, die vom ge-
wöhnlichen Geschäftsverkehr zu unterscheiden sind, vgl. unten Rn 7 ff.

7 Bei der Wertermittlung sind nach § 194 weiterhin nur solche Kauf-
preise heranzuziehen, bei denen anzunehmen ist, daß sie nicht durch
ungewöhnliche oder persönliche Verhältnisse beeinflußt sind. Kauf-
preise, bei denen anzunehmen ist, daß sie durch ungewöhnliche oder
persönliche Verhältnisse beeinflußt worden sind, dürfen zur Ermittlung
des Verkehrswerts nur dann herangezogen werden, wenn diese Beson-
derheiten in ihrer Auswirkung auf den Preis erfaßt werden und damit
unberücksichtigt bleiben können; vgl. § 4 WertV. Ungewöhnliche oder
persönliche Verhältnisse liegen vor, wenn Kaufpreise und andere Daten
durch Aufwendungen beeinflußt worden sind, die aus Anlaß des
Erwerbs und der Veräußerung entstehen; z. B. Abstandszahlungen,
Ersatzleistungen, Zinsen, Steuern, Gebühren, besondere vertraglich
vereinbarte Entgelte und besondere Zahlungsbedingungen. Unge-
wöhnliche oder persönliche Verhältnisse können insbesondere vorlie-
gen, wenn die Kaufpreise erheblich von den Preisen in vergleichbaren
Fällen abweichen, wenn aus der persönlichen Situation des Veräußerers
oder des Erwerbers ein außergewöhnliches Interesse an dem Verkauf
oder dem Erwerb des Grundstücks bestanden hat, wenn besondere
Bindungen verwandtschaftlicher, wirtschaftlicher oder sonstiger Art
zwischen Vertragsparteien bestanden haben, wenn die Veräußerung
zum Zwecke der Erbauseinandersetzung erfolgt ist oder wenn drin-
gende Gründe für einen alsbaldigen Vertragsabschluß vorgelegen ha-
ben. Eine beispielhafte Aufzählung hierzu enthält § 4 Abs. 3 WertV.

8 Der bei dem Verkehrswert maßgebliche Preis muß darüberhinaus
nach den **rechtlichen Gegebenheiten** im gewöhnlichen Geschäftsver-
kehr erzielbar sein; vgl. hierzu auch Rn 3 und insbesondere § 5 WertV.
Rechtliche Gegebenheiten, die bei der Bestimmung des Verkehrswerts
zu berücksichtigen sind, können sich aus dem **Zivilrecht** ergeben, wie
z. B. die Belastung eines Grundstücks mit einer Dienstbarkeit oder eine

auch auf einen Rechtsnachfolger zu übertragende, ggf. dinglich gesicherte Baubeschränkung.

Von besonderer Bedeutung sind die Vorschriften des öffentlichen **9** Rechts, insbesondere des **öffentlichen Bau- und Planungsrechts.** Sie bestimmen den Entwicklungszustand des Grundstücks. Folgende Entwicklungszustände sind für die Verkehrswertermittlung maßgebliche rechtliche Gegebenheiten; hierzu **§ 4 WertV:**

Flächen der Land- und Forstwirtschaft sind entsprechend genutzte oder nutzbare Flächen, von denen anzunehmen ist, daß sie nach ihren Eigenschaften, der sonstigen Beschaffenheit und Lage, nach ihren Verwertungsmöglichkeiten oder den sonstigen Umständen in absehbarer Zeit anderen als land- oder forstwirtschaftlichen Zwecken nicht dienen werden; vgl. weiterhin § 4 Abs. 1 Nr. 2 WertV.

Bauerwartungsland sind Flächen, die nach ihren Eigenschaften, ihrer sonstigen Beschaffenheit und Lage eine bauliche Nutzung in absehbarer Zeit erwarten lassen; vgl. § 4 Abs. 2 WertV. Dabei ist von einer geordneten städtebaulichen Entwicklung des Gemeindegebiets auszugehen. Im gewöhnlichen Geschäftsverkehr kann sich die Erwartung insbesondere auf eine entsprechende Darstellung dieser Flächen im Flächennutzungsplan oder auf ein entsprechendes Verhalten des Planungsträgers gründen.

Rohbauland sind die für eine bauliche Nutzung bestimmten Flächen, die für die Zulässigkeit eines Vorhabens nach §§ 30, 33 und 34 noch nicht ausreichend erschlossen oder nach Lage, Form oder Größe der Grundstücke für eine bauliche Nutzung unzureichend gestaltet sind; vgl. § 4 Abs. 3 WertV.

Baureifes Land sind Flächen, die nach öffentlich-rechtlichen Vorschriften bebaubar und nach Lage und Beschaffenheit des Grundstücks für eine bauliche Nutzung geeignet sind; vgl. § 4 Abs. 4 WertV.

Bei der Beurteilung von **Art und Maß der baulichen Nutzung** sind die baurechtlichen Festsetzungen oder die in den im Zusammenhang bebauten Ortsteilen (§ 34) zulässige Nutzung zu berücksichtigen. Die hiernach höchstzulässige Nutzung des Grundstücks ist für die Wertermittlung maßgebend, es sei denn in der Umgebung wird hiervon zum Wertermittlungsstichtag regelmäßig abgewichen. Im übrigen sind dabei die allgemeinen Anforderungen an gesunde Wohn- und Arbeitsverhältnisse oder an die Sicherheit der auf dem Grundstück oder im umliegenden Gebiet wohnenden und arbeitenden Menschen zu berücksichtigen.

Auch rechtliche Gegebenheiten, die sich aus anderen **öffentlich-** **10** **rechtlichen Vorschriften** (vgl. § 5 Abs. 1 WertV) ergeben, sind zu berücksichtigen, wie z. B. die Beeinflussung des Grundstückszustandes durch luftverkehrsrechtliche Bauschutzbereiche, durch Natur- und Landschaftsschutzgesetze, durch die Abstandsregelungen der Bauordnungen der Länder oder durch die Vorschriften des Denkmalschutzes.

11 Zu den rechtlichen Gegebenheiten zählt auch der **beitrags- und abgabenrechtliche Zustand** eines Grundstücks; vgl. § 5 Abs. 3 WertV.

12 Für die Ermittlung des Verkehrswerts sind auch **die tatsächlichen Eigenschaften** und **die sonstige Beschaffenheit** zu berücksichtigen; vgl. § 5 Abs. 5 WertV. Hierbei sind vor allem die Grundstücksgröße und Grundstücksgestalt, die Bodenbeschaffenheit, insbesondere die Eignung als Baugrund oder die Bodengüte sowie die Nutzung maßgeblich. Bei bebauten Grundstücken ist vor allem die Beschaffenheit der Gebäude und Außenanlagen hinsichtlich der Gebäudeart, der Bauweise und Baugestaltung, der Größe und Ausstattung, des baulichen Zustands, des Baujahres und der Erträge bestimmend.

13 Auch die **Lage** des Grundstücks ist zu beurteilen insbesondere nach der Verkehrslage, Nachbarschaftslage, Wohn- und Geschäftslage sowie nach den Umwelteinflüssen; vgl. § 5 Abs. 6 WertV.

14 **3. Wertermittlungsverfahren.** Vorschriften über das Wertermittlungsverfahren enthält die noch aufgrund des § 199 Abs. 1 erlassene **WertV (Anhang)**. Ergänzend können die WertR 76 herangezogen werden. Nach § 7 Abs. 1 WertV sind zur Ermittlung des Verkehrswerts das Vergleichswertverfahren (Rn 15), das Ertragswertverfahren (Rn 16), das Sachwertverfahren (Rn 17) oder mehrere dieser Verfahren heranzuziehen. Die Verfahren können vom Gutachter je nach der Art des Gegenstands der Wertermittlung grundsätzlich frei gewählt werden. Sind mehrere Verfahren herangezogen worden, ist der Verkehrswert aus den Ergebnissen der angewandten Verfahren unter Würdigung ihrer Aussagefähigkeit abzuleiten. Der Bodenwert ist nach § 15 Abs. 2, § 21 Abs. 2 allerdings i. d. R. aufgrund des Vergleichswertverfahrens zu ermitteln.

15 Bei Anwendung des **Vergleichswertverfahrens** (§§ 13 und 14 WertV) sind Kaufpreise geeigneter Vergleichsgrundstücke in ausreichender Zahl heranzuziehen. Die Vergleichsgrundstücke sollen hinsichtlich der ihren Wert beeinflussenden Umstände mit dem zu bewertenden Grundstück soweit wie möglich übereinstimmen. Wenn aus dem Gebiet, in dem das Bewertungsgrundstück liegt, keine ausreichende Zahl geeigneter Vergleichspreise vorliegt, so sind Vergleichspreise heranzuziehen, die in Gebieten mit vergleichbarer Struktur für Grundstücke vergleichbaren Zustandes gezahlt werden. Anstelle von Vergleichspreisen können auch geeignete Bodenrichtwerte (§ 196 BauGB) zum Preisvergleich herangezogen worden; vgl. hierzu im einzelnen § 13 Abs. 2 WertV. Zur Bewertung bebauter Grundstücke vgl. § 13 Abs. 3 WertV.

16 Bei Anwendung des **Ertragswertverfahrens** (§§ 15–20 WertV) ist der Wert der baulichen Anlagen, insbesondere der Wert der Gebäude, getrennt von dem Bodenwert auf der Grundlage des Ertrages zu ermitteln (Gebäudeertragswert). Der Ertragswert des Grundstücks ergibt sich aus Bodenwert und Gebäudeertragswert; vgl. § 15 Abs. 3

WertV. Der Bodenwert ist dabei i. d. R. durch Anwendung des Vergleichswertverfahrens zu ermitteln; § 15 Abs. 2 WertV. Zur Ermittlung des Gebäudeertragswertes vgl. im einzelnen §§ 16 ff. WertV.

Bei Anwendung des **Sachwertverfahrens** (§§ 21–25 WertV) ist der **17** Wert der baulichen Anlagen getrennt von dem Bodenwert auf der Grundlage von Herstellungswerten zu ermitteln. Der Bodenwert ist i. d. R. durch Preisvergleich zu ermitteln; § 21 Abs. 2 WertV. Bodenwert und Gebäudesachwert ergeben den Sachwert des Grundstücks; § 21 Abs. 5 WertV. Zur Ermittlung des Sachwerts im einzelnen vgl. §§ 16 ff. WertV.

§ 195 Kaufpreissammlung

(1) **Zur Führung der Kaufpreissammlung ist jeder Vertrag, durch den sich jemand verpflichtet, Eigentum an einem Grundstück gegen Entgelt, auch im Wege des Tausches, zu übertragen oder ein Erbbaurecht zu begründen, von der beurkundenden Stelle in Abschrift dem Gutachterausschuß zu übersenden. Dies gilt auch für das Angebot und die Annahme eines Vertrags, wenn diese getrennt beurkundet werden, sowie entsprechend für die Einigung vor einer Enteignungsbehörde, den Enteignungsbeschluß, den Beschluß über die Vorwegnahme einer Entscheidung im Umlegungsverfahren, den Beschluß über die Aufstellung eines Umlegungsplans, den Grenzregelungsbeschluß und für den Zuschlag in einem Zwangsversteigerungsverfahren.**

(2) **Die Kaufpreissammlung darf nur dem zuständigen Finanzamt für Zwecke der Besteuerung übermittelt werden. Vorschriften, nach denen Urkunden oder Akten den Gerichten oder Staatsanwaltschaften vorzulegen sind, bleiben unberührt.**

(3) **Auskünfte aus der Kaufpreissammlung sind bei berechtigtem Interesse nach Maßgabe landesrechtlicher Vorschriften zu erteilen (§ 199 Abs. 2 Nr. 4).**

1. Kaufpreissammlung (Abs. 1). Die Wertermittlung baut wesent- **1** lich auf **Vergleichspreisen** auf; vgl. vor allem § 194 und WertV. Durch die Kaufpreissammlung soll sichergestellt werden, daß der Gutachterausschuß eine möglichst lückenlose Übersicht über die Grundstückspreise erhält. Nach **Abs. 1 S. 1** sind die beurkundenden Stellen (also vor

allem die Notare) verpflichtet, jeden Vertrag über die entgeltliche
Übertragung des Eigentums an einem Grundstück, einschließlich des
Tausches sowie die Begründung von Erbbaurechten dem Gutachter-
auschuß durch Übersendung einer Abschrift des Vertrags mitzuteilen.
Fälle der unentgeltlichen Übertragung von Eigentum (Schenkung)
fallen nicht unter die Übersendungspflicht. Die Übersendungspflicht
besteht nach **Abs. 1 S. 2 Hs. 1** auch für das Angebot und für die
Annahme eines Angebots, wenn diese getrennt beurkundet werden.

2 Durch **Abs. 1 S. 2 Hs. 2** ist die Übersendungspflicht über die Fälle der
rechtsgeschäftlichen Übertragung von Eigentum hinaus auch auf Ei-
gentumsübertragungen im Rahmen **bestimmter städtebaulicher Ver-
fahren** sowie auf die **Zwangsversteigerung** erweitert worden. Im
einzelnen erstreckt sich die Übersendungspflicht auf folgende Fälle:
Einigung vor einer Enteignungsbehörde (vgl. § 110), Enteignungsbe-
schluß (§ 113), Beschluß über die Vorwegnahme einer Entscheidung im
Umlegungsverfahren (§ 76), Beschluß über die Aufstellung eines Um-
legungsplans (§ 66), Grenzregelungsbeschluß (§ 82) sowie Zuschlag in
einem Zwangsversteigerungsverfahren (§ 82 ZVG).

3 Die Kaufpreissammlungen werden bei den Gutachterauschüssen ein-
gerichtet; vgl. **§ 193 Abs. 3**. Dabei sind neben den Kaufverträgen im
Rechtssinne auch die sonstigen in § 195 Abs. 1 bezeichneten, den
Eigentumsübergang an einem Grundstück oder die Begründung eines
Erbbaurechts betreffenden Rechtsgeschäfts oder Verfügungen zu be-
rücksichtigen. **Aufgabe der Geschäftsstellen** der Gutachterauschüsse
ist es, die Verträge nach den Weisungen des Gutachterausschusses
auszuwerten; vgl. hierzu die näheren Bestimmungen in den Rechtsver-
ordnungen der Länder gemäß § 199 Abs. 2 Nr. 4.

4 **2. Zugänglichkeit der Kaufpreissammlung (Abs. 2).** Die Frage einer
Öffnung der Kaufpreissammlung durch Übermittlung oder Einsicht-
gewährung hat im Rahmen des BauGB-Gesetzgebungsverfahrens eine
bedeutende Rolle gespielt (vgl. A-Ber., S. 137 f.). Dabei ging es insbe-
sondere um die Frage, ob die Kaufpreissammlung lediglich den Gut-
achterausschuß sowie nach Maßgabe des **Abs. 2** den Finanzämtern
sowie ggf. Gerichten oder Staatsanwaltschaften zugänglich ist oder
aber – über das Auskunftsrecht nach **Abs. 3** hinaus – insbesondere auch
den öffentlich bestellten und vereidigten Sachverständigen. Für die
Entscheidung des Gesetzgebers war dabei maßgeblich auch das Volks-
zählungsurteil des **BVerfG** (NJW 1984, 419). In diesem Urteil hat das
BVerfG das **Grundrecht auf „informationelle Selbstbestimmung"**
hervorgehoben. Bereits die Verpflichtung zur Übersendung von Ab-
schriften der Kaufverträge und anderer Verträge i. S. des Abs. 1 stellt
für den Betroffenen eine Beschränkung des Rechts dar. Die Preisgabe
der in einer Datensammelstelle – Kaufpreissammlung – vorhandenen
personenbezogenen Daten darf gegenüber dem Grundrecht auf infor-
mationelle Selbstbestimmung nur zurücktreten, wenn ein überwiegen-
des Allgemeininteresse dies unter Beachtung des Grundsatzes der Ver-

hältnismäßigkeit rechtfertigt. Unter diesem Gesichtspunkt hat der Gesetzgeber eine über die in Abs. 2 vorgesehene Öffnung der Kaufpreissammlung nicht befürwortet: „Ein Einsichtsrecht eines öffentlich bestellten vereidigten Sachverständigen würde in diesem Fall einen unverhältnismäßig vom überwiegenden Allgemeininteresse nicht gerechtfertigten Eingriff in das informationelle Selbstbestimmungsrecht des Bürgers bedeuten. Hieran ändert auch nichts die Tatsache, daß der öffentlich bestellte vereidigte Sachverständige besonders auf Verschwiegenheit und Geheimhaltung verpflichtet ist. Gegenstand des Datenschutzes ist vielmehr die Verwendung personenbezogener Daten schlechthin" (vgl. A-Ber. aaO). Das **BVerwG** (ZfBR 1990, 36/38) hat diese Regelung inzwischen als mit der Verfassung, insbesondere mit Art. 3 Abs. 1 und Art. 12 Abs. 1 GG vereinbar bezeichnet; die Entscheidung erging zu den entsprechenden Regelungen des BBauG, bezog aber die Neuregelung im BauGB ausdrücklich ein. Das BVerwG hat den Ausschluß auf Einsichtnahme in die Kaufpreissammlung als eine zulässige Regelung der Berufsausübung der betroffenen Sachverständigen gewertet.

Nach **Abs. 2 S. 1 „darf"** die Kaufpreissammlung dem zuständigen 5
Finanzamt „für Zwecke der Besteuerung" übermittelt werden. **„Übermitteln"** bedeutet dabei das Bekanntgeben gespeicherter oder durch Datenverarbeitung unmittelbar gewonnener Daten an Dritte in der Weise, daß die Daten durch die speichernde Stelle weitergegeben oder zur Einsichtnahme, insbesondere zum Abruf bereitgehalten werden (vgl. § 2 Abs. 2 Nr. 2 BDSG).

Keine Übermittlungspflicht besteht bezüglich der **staatlichen Bau-** 6
verwaltungen.

Nach **Abs. 2 S. 2** bleiben Rechtsvorschriften unberührt, nach denen 7
Urkunden oder Akten den **Gerichten** oder **Staatsanwaltschaften** vorzulegen sind. Hierbei handelt es sich im datenschutzrechtlichen Sinne nicht um den Fall einer laufenden „Übermittlung" der Kaufpreissammlung, sondern um die Hinzuziehung von Urkunden oder Akten im Einzelfall. Mit dieser Regelung soll sichergestellt werden, daß der Inhalt der Kaufpreissammlung bei gerichtlichen Auseinandersetzungen zugänglich bleibt. Die Kaufpreissammlung ist in diesem Zusammenhang auch öffentlich bestellten Sachverständigen zugänglich zu machen, soweit sie vom Gericht beauftragt wurden. Die Funktionsfähigkeit der Rechtspflege ist von weit überwiegendem Allgemeininteresse und kann deshalb hinter datenschutzrechtlichen Erwägungen zurücktreten. Ohne diese Regelung würde das BauGB als „lex specialis" den Regelungen des Prozeßrechts (vgl. z. B. § 358a Nr. 2, § 273 Abs. 2 Nr. 2, § 432 und § 616 Abs. 1 ZPO; §§ 80, 96, 161 und 221 StPO sowie §§ 96, 99 und 100 VwGO) vorgehen und deren Anwendung ausschließen.

3. Auskünfte aus der Kaufpreissammlung (Abs. 3). Abs. 3 begrün- 8
det bundesrechtlich ein allgemeines Auskunftsrecht aus der Kaufpreis-

sammlung. Maßgebend sind die hierzu erlassenen landesrechtlichen Vorschriften; die Ermächtigung ergibt sich aus § 199 Abs. 2 Nr. 4. Mit diesem Auskunftsrecht soll die Einengung ausgeglichen werden, die sich aus der Beschränkung der Zugänglichkeit der Kaufpreissammlung (vgl. Abs. 2) im übrigen ergibt. Damit soll vor allem dem Informationsbedürfnis der öffentlich bestellten und vereidigten Sachverständigen Rechnung getragen werden.

9 Auskünfte aus der Kaufpreissammlung können nur bei **berechtigtem Interesse** erteilt werden. Welche Anforderungen dabei zu stellen sind, ist in Abs. 3 nicht näher umschrieben. Der A-Ber. (S. 163) hebt darauf ab, daß der Begriff des „berechtigten Interesses" umfassender als der des „rechtlichen Interesses" sei; d. h. im Interesse des Auskunftsbedürfnisses von Sachverständigen soll es ausreichen, daß der Auskunftsbegehrende ein verständiges, durch die Sachlage gerechtfertigtes Interesse verfolgt; vgl. sinngemäß zum Einsichtsrecht in das Grundbuch z. B. BayObLG, Rpfleger 1983, 272. Soweit dies gegeben ist, besteht grundsätzlich ein Rechtsanspruch auf Auskunftserteilung; hierbei ist der Anspruch sachlich auf solche Auskünfte begrenzt, für die ein berechtigtes Interesse besteht. Die Auskünfte aus der Kaufpreissammlung dürfen nur unter Wahrung datenschutzrechtlicher Belange gegeben werden, d. h. stets nur in anonymisierter und in einer solchen Form, die den Eigentümer des betreffenden Grundstücks nicht erkennen läßt. Wird von dem Auskunftsrecht z. B. zur Ermittlung des Verkehrswerts eines bestimmten Grundstücks Gebrauch gemacht, so dürfen dem Auskunftsberechtigten auch nur die einschlägigen Daten bekanntgegeben werden, d. h. Kaufpreise dürfen in diesem Zusammenhang deshalb nur in dem Umfang bekanntgegeben werden, wie sie als Vergleichspreise in Betracht kommen können (Kleiber, in: E/Z/B, § 195, Rn 73).

§ 196 Bodenrichtwerte

(1) **Aufgrund der Kaufpreissammlung sind für jedes Gemeindegebiet durchschnittliche Lagewerte für den Boden unter Berücksichtigung des unterschiedlichen Entwicklungszustands, mindestens jedoch für erschließungsbeitragspflichtiges oder erschließungsbeitragsfreies Bauland, zu ermitteln (Bodenrichtwerte). In bebauten Gebieten sind Bodenrichtwerte mit dem Wert zu ermitteln, der sich ergeben würde, wenn der Boden unbebaut wäre. Die Bodenrichtwerte sind, soweit nichts anderes bestimmt ist, jeweils zum Ende eines jeden Kalenderjahres zu ermitteln. Für Zwecke der steuerlichen Einheitsbewertung des Grundbesitzes sind Bodenrichtwerte zum jeweiligen Hauptfeststellungszeitpunkt zu ermitteln. Auf Antrag der für den Vollzug dieses Gesetzbuchs zuständigen Behörden sind Bodenrichtwerte für einzelne Gebiete bezogen auf einen abweichenden Zeitpunkt zu ermitteln.**

(2) **Hat sich in einem Gebiet die Qualität des Bodens durch einen Bebauungsplan oder andere Maßnahmen geändert, sind bei der nächsten Fortschreibung der Bodenrichtwerte auf der Grundlage der geänderten Qualität auch Bodenrichtwerte bezogen auf die Wertverhältnisse zum Zeitpunkt der letzten Hauptfeststellung der steuerlichen Einheitswerte des Grundbesitzes zu ermitteln. Die Ermittlung kann unterbleiben, wenn das zuständige Finanzamt darauf verzichtet.**

(3) **Die Bodenrichtwerte sind zu veröffentlichen und dem zuständigen Finanzamt mitzuteilen. Jedermann kann von der Geschäftsstelle Auskunft über die Bodenrichtwerte verlangen.**

Übersicht

1. Allgemeines. Nach **Abs. 1 S. 1** sind **Bodenrichtwerte** durch- 1 schnittliche Lagewerte für den Boden, die unter Berücksichtigung des unterschiedlichen Entwicklungszustands zu ermitteln sind. Bodenrichtwerte sind aufgrund der Kaufpreissammlungen (§ 195) zu ermitteln. Die Ermittlung der Bodenrichtwerte im einzelnen regeln gem. § 199 Abs. 2 Nr. 4 BauGB die Landesregierungen durch Rechtsverordnung.

Die Bodenrichtwerte sollen jedermann (vgl. Abs. 3) und jederzeit 2 Auskunft über **wichtige Daten des Bodenmarktes** vermitteln. Die Bodenrichtwerte sind damit ein wichtiges Instrument, die Durchsichtigkeit und Übersichtlichkeit des Bodenmarktes vor allem für den privaten Sektor, aber auch z. B. für die Steuerverwaltung zu verbessern und zu sichern. Vgl. hierzu auch die „Feinabstimmung" mit der steuerlichen Hauptfeststellung gem. Abs. 1 S. 3, Abs. 2. Diesem Zweck dient vor allem die Bekanntmachung der Bodenrichtwerte der Gemeinde und die Mitteilung der Bodenrichtwerte an die Finanzämter sowie das Auskunftsrecht nach Abs. 3.

2. Ermittlung der Bodenrichtwerte. Die Bodenwerte sind, soweit 3 nichts anderes bestimmt ist, **jährlich**, und zwar jeweils zum Ende jedes Kalenderjahres zu ermitteln; Abs. 1 S. 2. Vgl. weiterhin die Sonderregelungen nach **Abs. 1 S. 3** und 4.

Als Bodenrichtwerte sind **durchschnittliche Lagewerte** des Bodens 4 zu ermitteln. Zu ermitteln sind also Bodenwerte für Zonen (Bodenrichtwertzonen) lagetypischer Grundstücke. Die wesentlichen wertbestimmenden Merkmale der Grundstücke, auf die sich die ermittelten Bodenrichtwerte beziehen, insbesondere Nutzungsart, und Nutzungsmaß sowie Entwicklungszustand des Bodens, werden bei der Veröf-

fentlichung der Bodenrichtwerte in der Bodenrichtwertkarte regelmä-
ßig angegeben.

5 Nach **Abs. 1 S. 1** sind durchschnittliche Lagewerte unter Berücksich-
tigung des unterschiedlichen **Entwicklungszustands** zu ermitteln. Der
Entwicklungszustand von Grundstücken bestimmt sich vor allem da-
nach, ob es sich um Flächen der Land- und Forstwirtschaft, um
Bauerwartungsland, um Rohbauland oder um baureifes Land handelt;
vgl. im einzelnen § 194, Rn 9. Mindestens sind durchschnittliche Lage-
werte für erschließungsbeitragspflichtiges oder erschließungsbeitrags-
freies Bauland zu ermitteln. In bebauten Gebieten sind nach **Abs. 1 S. 2**
die Bodenwerte zu ermitteln, die sich ergeben würden, wenn die
Grundstücke unbebaut wären.

6 Nach **Abs. 2** sind Bodenrichtwerte von Grundstücken, deren Quali-
tät (Entwicklungszustand) sich bei der letzten Ermittlung von Boden-
richtwerten geändert hat, nach den **geänderten Qualitätsmerkmalen**
auch bezogen auf die allgemeinen Wertverhältnisse im Zeitpunkt der
letzten Hauptfeststellung des Grundbesitzes zu ermitteln. Die weiterhin
vorgesehene Mitteilung an das Finanzamt dient der Verzahnung der
steuerlichen Bewertung mit der städtebaulichen Wertermittlung; vgl.
hierzu auch Rn 2.

7 **3. Bekanntmachung.** Die Bodenrichtwerte sind nach **Abs. 3 S. 1**
ortsüblich bekanntzumachen. Zu den Ermächtigungen der Landesre-
gierungen zu ergänzenden Verordnungen vgl. § 199 Abs. 2 Nr. 4.

8 **4. Auskunftspflicht.** Die Geschäftsstellen des Gutachterausschusses
müssen gem. **Abs. 3 S. 2** jedermann Auskunft über die Bodenricht-
werte geben. Vgl. hierzu weiterhin die Regelungen in Verordnungen
gem. § 199 Abs. 2 Nr. 4.

§ 197 Befugnisse des Gutachterausschusses

(1) **Der Gutachterausschuß kann mündliche oder schriftliche Aus-
künfte von Sachverständigen und von Personen einholen, die Anga-
ben über das Grundstück und, wenn das zur Ermittlung von Geldlei-
stungen im Umlegungsverfahren, von Ausgleichsbeträgen und von
Enteignungsentschädigungen erforderlich ist, über ein Grundstück,
das zum Vergleich herangezogen werden soll, machen können. Er
kann verlangen, daß Eigentümer und sonstige Inhaber von Rechten
an Grundstücken die zur Führung der Kaufpreissammlung und zur
Begutachtung notwendigen Unterlagen vorlegen. Der Eigentümer
und der Besitzer des Grundstücks haben zu dulden, daß Grundstücke
zur Auswertung von Kaufpreisen und zur Vorbereitung von Gutach-
ten betreten werden. Wohnungen dürfen nur mit Zustimmung der
Wohnungsinhaber betreten werden.**

(2) **Alle Gerichte und Behörden haben dem Gutachterausschuß**

Rechts- und Amtshilfe zu leisten. Das Finanzamt erteilt dem Gutachterausschuß Auskünfte über Grundstücke, soweit dies zur Ermittlung von Ausgleichsbeträgen und Enteignungsentschädigungen erforderlich ist.

Übersicht

1. Allgemeines. Der Gutachterausschuß erhält durch § 197 alle gebotenen Möglichkeiten zur **Sachverhaltsfeststellung** eingeräumt. Die Verpflichtung zur Sachverhaltsfeststellung ergibt sich für den Gutachterausschuß allgemein aus § 24 VwVfG, § 208 BauGB, wonach die mit dem Vollzug des BauGB befaßten Behörden den für die Sachentscheidung bedeutsamen Sachverhalt von Amts wegen zu erforschen haben. § 197 BBauG enthält im übrigen gegenüber den Vorschriften der §§ 208 f. Sonderbestimmungen, ohne daß damit die allgemeinen Vorschriften über das Verwaltungsverfahren ausgeschlossen sind (vgl. die Erl. zu § 208). **1**

2. Auskunftspflicht. Nach **Abs. 1 S. 1** hat der Gutachterausschuß das Recht, Auskünfte einzuholen, und zwar in erster Linie von Sachverständigen. Da der Gutachterausschuß aus Personen besteht, die in der Wertermittlung erfahren sind (§ 192 Abs. 2), kommen zum Einholen von Auskünften vor allem solche Sachverständige in Betracht, die zu Spezialbereichen, die nur am Rande oder außerhalb der eigentlichen Wertermittlung liegen, über besondere Kenntnisse verfügen. Der Gutachterausschuß kann weiterhin Auskünfte von Personen einholen, die Angaben über das Grundstück machen können. Dies können der Eigentümer, Nutzungsberechtigte oder sonstige Personen sein; insoweit geht das Auskunftsrecht des § 197 über die Verpflichtung des § 208 BauGB hinaus, die sich auf Beteiligte beschränkt. **2**

Der Gutachterausschuß kann **mündliche** oder **schriftliche Auskünfte** einholen. Der Sachverständige oder die sonstige für Auskünfte in Betracht kommende Person ist zur Auskunft verpflichtet. Dies schließt ggf. die Verpflichtung ein, vor dem Gutachterausschuß zu erscheinen. Zur Durchsetzung der Auskunftspflicht vgl. unten Rn 6. Die Einholung von Auskünften über Vergleichsgrundstücke (Abs. 1 S. 1 letzter Fall) hat Bedeutung für die Ermittlung von Geldleistungen im Umlegungsverfahren, von Ausgleichsbeträgen und Enteignungsentschädigungen; vgl. hierzu Abs. 2 S. 2 (Rn 7). **3**

3. Vorlagepflicht. Nach **Abs. 1 S. 2** sind Eigentümer und sonstige **4**

dinglich Berechtigte zur **Vorlage von Unterlagen** verpflichtet, die zur Begutachtung notwendig sind. Auch diese Verpflichtung bezieht sich auf alle gesetzlichen Tätigkeiten des Gutachterausschusses, also sowohl auf die Wertermittlungen im Einzelfall als auch auf die jährliche Ermittlung der Bodenrichtwerte. Zu den hierbei in Betracht kommenden Urkunden und sonstigen Unterlagen vgl. § 208 BauGB und die Erläuterungen dazu. Zur Durchsetzung der Vorlagepflicht vgl. Rn 6.

5 **4. Betretungsrecht.** Nach **Abs. 1 S. 3** sind der Grundstückseigentümer und der Grundstücksbesitzer verpflichtet, die **Betretung des Grundstücks** zu dulden. Das Gesetz stellt hierbei ausdrücklich klar, daß sich das Betretungsrecht sowohl auf die Fälle der Vorbereitung von Gutachten im Einzelfall als auch auf die Auswertung von Kaufpreisen bezieht. Die Regelung entspricht § 209 Abs. 1. § 209 Abs. 1 S. 2 ist entsprechend anzuwenden; danach ist den Eigentümern oder Besitzern das Betreten vorher bekanntzugeben. Der Gutachterausschuß hat demgegenüber kein Recht, **Wohnungen** zu betreten. Nach **Abs. 1 S. 4** dürfen Wohnungen nur mit Zustimmung der Wohnungsinhaber betreten werden; vgl. Art. 13 GG sowie auch § 209 Abs. 1 S. 3.

6 **5. Durchsetzung, Rechtsschutz.** Die Rechte nach Abs. 1 stehen dem **Gutachterausschuß insgesamt** zu, nicht aber einzelnen Gutachtern und auch nicht der Geschäftsstelle. Die vom Gutachterausschuß nach Abs. 1 getroffenen Anordnungen, mündliche oder schriftliche Auskünfte zu erteilen sowie vor dem Gutachterausschuß ggf. zu erscheinen (Rn 2), Unterlagen vorzulegen (Rn 4) oder die Betretung des Grundstücks zu dulden (Rn 5) sind **Verwaltungsakte** und können gem. VwGO angefochten werden. Zur Durchsetzung der Anordnungen des Gutachterausschusses nach Abs. 1 kann nach dem Verwaltungsvollstreckungsrecht der Länder verfahren werden. Hinsichtlich der Verpflichtung zum persönlichen Erscheinen unter Vorlage von Unterlagen besteht dabei in § 208 eine Sonderregelung über die Androhung und Festsetzung eines Zwangsgelds; vgl. im einzelnen die Erl. zu § 208 BauGB.

7 **6. Rechts- und Amtshilfe.** Dem Gutachterausschuß steht als Behörde (vgl. § 192, Rn 2) zu, von allen Gerichten und Behörden Rechts- und Amtshilfe im Rahmen der dem Gutachterausschuß obliegenden Aufgaben zu beanspruchen. **Abs. 2 S. 1** hat insoweit eine klarstellende Bedeutung. **Abs. 2 S. 2** begründet eine über die allgemeinen Grundsätze der Amtshilfe hinausgehende Verpflichtung der Finanzämter, dem Gutachterausschuß Auskünfte über Grundstücke zu erteilen. Diese Verpflichtung beschränkt sich jedoch auf jene Fälle, bei denen Auskünfte über Grundstücke zur Ermittlung von Ausgleichsbeträgen und Enteignungsentschädigungen erforderlich sind (vgl. auch Abs. 1 S. 1), also insbesondere auch Auskünfte über Vergleichsgrundstücke.

§ 198 Oberer Gutachterausschuß

(1) **Bei Bedarf können Obere Gutachterausschüsse für den Bereich einer oder mehrerer höherer Verwaltungsbehörden gebildet werden, auf die die Vorschriften über die Gutachterausschüsse entsprechend anzuwenden sind.**

(2) **Der Obere Gutachterausschuß hat auf Antrag eines Gerichts ein Obergutachten zu erstatten, wenn schon das Gutachten eines Gutachterausschusses vorliegt.**

Bei Bedarf können durch Rechtsverordnung der Landesregierungen 1
Obere Gutachterausschüsse gebildet werden; vgl. § 199 Abs. 2 Nr. 1.
Ihre vorrangige Aufgabe ist die **Erstattung von Obergutachten** auf
Antrag eines Gerichts, wenn schon das Gutachten eines Gutachteraus-
schusses vorliegt. Damit soll vor allem der Möglichkeit entgegenge-
wirkt werden, daß das Gutachten eines Gutachterausschusses in einem
Vorverfahren bereits „verbraucht" ist und damit auf andere Erkenntnis-
grundlagen als die der amtlichen Wertermittlung zurückgegriffen wer-
den müßte. Voraussetzung für die Erstattung des Obergutachtens ist
somit, daß der zuständige örtliche Gutachterausschuß bereits ein Gut-
achten erstattet hat. Die Oberen Gutachterausschüsse sind damit auch
nicht als Kontrollinstanz der örtlichen Gutachterausschüsse eingerich-
tet.

Für die **Aufgaben** des Oberen Gutachterausschusses, seine **Rechts-** 2
stellung und die rechtliche Qualität der **Gutachten** gilt im übrigen das
für die Gutachterausschüsse geltende Recht entsprechend.

Den Oberen Gutachterausschüssen können gem. § 199 Abs. 2 Nr. 6 3
weitere Aufgaben übertragen werden.

Auch für den Oberen Gutachterausschuß wird eine **Geschäftsstelle** 4
eingerichtet; vgl. § 199 Abs. 2 Nr. 3.

§ 199 Ermächtigungen

(1) **Die Bundesregierung wird ermächtigt, mit Zustimmung des Bundesrates durch Rechtsverordnung Vorschriften über die Anwendung gleicher Grundsätze bei der Ermittlung der Verkehrswerte und bei der Ableitung der für die Wertermittlung erforderlichen Daten zu erlassen.**

(2) **Die Landesregierungen werden ermächtigt, durch Rechtsver-ordnung**

1. **die Bildung und das Tätigwerden der Gutachterausschüsse und der Oberen Gutachterausschüsse, soweit in diesem Gesetzbuch nicht bereits geschehen, die Mitwirkung der Gutachter und deren Ausschluß im Einzelfall,**

2. die Aufgaben des Vorsitzenden,

3. die Einrichtung und die Aufgaben der Geschäftsstelle,

4. die Führung und Auswertung der Kaufpreissammlung, die Ermittlung der Bodenrichtwerte sowie die Veröffentlichung der Bodenrichtwerte und sonstiger Daten der Wertermittlung und die Erteilung von Auskünften aus der Kaufpreissammlung,

5. die Übermittlung von Daten der Flurbereinigungsbehörden zur Führung und Auswertung der Kaufpreissammlung,

6. die Übertragung weiterer Aufgaben auf den Gutachterausschuß und den Oberen Gutachterausschuß und

7. die Entschädigung der Mitglieder des Gutachterausschusses und des Oberen Gutachterausschusses

zu regeln.

1 **Abs. 1** ermächtigt die **Bundesregierung,** mit Zustimmung des Bundesrates durch Rechtsverordnung Vorschriften über die Anwendung gleicher Grundsätze bei der Ermittlung der Verkehrswerte und bei der Ableitung der für die Wertermittlung erforderlichen Daten zu regeln. Die Ermächtigung tritt an die Stelle des § 144 Abs. 1 BBauG. Die in § 144 Abs. 1 Nr. 2 und 3 BBauG enthaltene Ermächtigung, Regelungen auch über die Fortschreibung und Veröffentlichung dieser Daten sowie die Ermächtigung, Vorschriften über die Zusammenfassung der Übersichten über die Bodenrichtwerte sowie deren Veröffentlichung für die Länder und das Bundesgebiet zu erlassen, ist nicht übernommen worden. Die Bundesregierung hat von der Ermächtigung des § 199 Abs. 1 durch Erlaß der „Verordnung über Grundsätze für die Ermittlung der Verkehrswerte von Grundstücken" (Wertermittlungsverordnung – WertV vom 6. 12. 1988 [BGBl. I S. 2209]) Gebrauch gemacht. Die **WertV** ist im **Anhang** abgedruckt.

2 **Abs. 2** enthält zusammengefaßt die Ermächtigungen an die **Landesregierungen** zum Erlaß von Aus- und Durchführungsverordnungen zum Wertermittlungsrecht des Bundes. Die Erweiterungen der Ermächtigung gegenüber dem bis zum 1. 7. 1987 geltenden Recht ergeben sich vor allem aus der Zurücknahme bisher bundesrechtlicher Regelungen; vgl. hierzu Vorbem. zu den §§ 192–199, Rn 2. Neu ist insbesondere die in **Abs. 2 Nr. 5** eingeführte Ermächtigung der Landesregierungen zum Erlaß von Vorschriften über die Ermittlung von Daten der Flurbereinigungsbehörde. Hierdurch soll es ermöglicht werden, daß der Flurbereinigungsplan mit seinen Grundstücksübertragungen und Grundstückstauschvorgängen einschließlich der Geldabfindungen und Massenlandverkäufen ausgewertet werden kann, so daß sich vor allem in ländlichen Gebieten die Möglichkeit eröffnet, den Grundstücksmarkt mit den teilweise wenigen Verkaufsfällen besser zu erfassen.

Zweiter Teil. Allgemeine Vorschriften; Zuständigkeiten; Verwaltungsverfahren; Wirksamkeitsvoraussetzungen

Vorbemerkung zu den §§ 200 bis 216

1. Der 2. Teil des 3. Kapitels enthält entsprechend dem Wortlaut 1
seiner Überschrift Vorschriften, die ganz unterschiedlichen Zwecken
dienen. Die § 200, 201 sind typische Vorschriften eines Allgemeinen
Teils, die durch redaktionelle Vereinfachungen (§ 200) und eine Legal-
definition der Landwirtschaft (§ 201) den übrigen Gesetzestext entla-
sten. § 202 ist eine ökologische Schutzvorschrift für alle wesentlichen
Veränderungen der Erdoberfläche. Außer durch die im 2. Abschnitt
gesondert aufgeführten Zuständigkeitsregelungen (§§ 203–206) wird
das allgemein in den VwVfG geregelte Verwaltungsverfahren durch
wenige, überwiegend spezielle Vorschriften (§§ 207–212) ergänzt. § 213
erklärt bestimmte gegen das BauGB verstoßende Handlungen zu Ord-
nungswidrigkeiten. Die erstmals durch die Novellen 1976 und 1979
eingeführten Vorschriften über die Wirksamkeitsvoraussetzungen
(§§ 214–216), welche die Rechtskontrolle der Bauleitpläne und sonsti-
ger baurechtlicher Satzungen durch die Gerichte bei formellen und
materiellen Fehlern einschränken, die Rechtskontrolle durch Genehmi-
gungsbehörden jedoch aufrechterhalten, gehören sachlich zum Recht
der Aufstellung der Bauleitpläne und sonstiger baurechtlicher Satzun-
gen.

2. Das BauGB hat die Überschrift des im wesentlichen dem 8. Teil 2
des BBauG (§§ 145–156) entsprechenden zweiten Teils um die Begriffe
Zuständigkeiten und Wirksamkeitsvoraussetzungen erweitert und den
zweiten Teil in die vier in der Überschrift genannten Abschnitte
gegliedert. Ausführlich zur Neufassung durch das BauGB und das
vorangegangene 1. G. z. Bereinigung des Verwaltungsverfahrensrechts
v. 18. 2. 1986, BGBl. I S. 265 Vorauflage Rn 2. Nach ihrem Gehalt am
bedeutungsvollsten sind die im wesentlichen im Sinne der höchstrich-
terlichen Rechtsprechung neu gefaßten §§ 214–216, ergänzt um eine
siebenjährige Frist für die Geltendmachung von Abwägungsfehlern
(§ 215 Abs. 1 Nr. 2) und die Einführung der Nichtvorlagebeschwerde
an das Bundesverwaltungsgericht im Normenkontrollverfahren (§ 42
Abs. 7 VwGO).

3. Wegen der unvollständigen Regelung des Verwaltungsverfahrens 3

in den §§ 200–216 muß das Gesetz durch allgemeine Verfahrensvorschriften ergänzt werden. Allgemeine Gesetze über das Verwaltungsverfahren sind das **VwVfG des Bundes** vom 25. 5. 1976 (BGBl. I S. 1253, geändert durch Gesetz vom 2. 7. 1976, BGBl. I S. 1749) und die **VwVfG der Länder.** Das vor dem Inkrafttreten des VwVfG des Bundes verabschiedete Landesverwaltungsgesetz von Schleswig-Holstein ist an das VwVfG des Bundes angepaßt worden. Die VwVfG von Berlin, Niedersachsen und Rheinland-Pfalz enthalten nur wenige eigene Bestimmungen und verweisen im übrigen auf das VwVfG des Bundes, während die VwVfG der restlichen Länder mit dem VwVfG des Bundes weitgehend wortgleiche Regelungen treffen. Zusammenstellung der VwVfG der Länder bei Kalb, in: E/Z/B BBauG, Vorb. §§ 145–156, Rn 14. In den neuen Bundesländern auf dem Gebiet der ehemaligen **DDR** tritt nach Anlage I, Kap. II, Sachgebiet B, Abschn. III des Einigungsvertrages ebenfalls das BundesVwVfG in Kraft. Nach § 1 VwVfG des Bundes gilt dieses Gesetz auch für die öffentlich-rechtliche Verwaltungstätigkeit der im Gesetz bezeichneten Behörden, wenn die Länder – wie im Falle des BauGB (Art. 74 Nr. 18 i. V. m. Art. 84 GG) – Bundesrecht, das Gegenstand der konkurrierenden Gesetzgebung ist, als eigene Angelegenheit ausführen, soweit nicht Rechtsvorschriften des Bundes inhaltsgleiche oder entgegenstehende Rechtsvorschriften enthalten. Soweit also das BauGB inhaltsgleiche oder entgegenstehende Vorschriften enthält, gehen diese den allgemeinen Vorschriften des VwVfG des Bundes vor – Vorrang des BauGB. Die gem. § 1 Abs. 2 BundesVwVfG ergänzende Geltung dieses Gesetzes gegenüber den fachgesetzlichen Spezialregelungen des BauGB wird durch den von § 1 Abs. 3 BundesVwVfG angeordneten Vorrang der Landesverfahrensgesetze ausgeschlossen. Da alle Länder VwVfG erlassen haben, ergänzen diese landesrechtlichen Vorschriften anstelle des BundesVwVfG vorrangige (abweichende oder inhaltsgleiche) Regelungen des BauGB, allerdings nur insoweit, als die Landesgesetze das Verwaltungsverfahren gleichlautend oder anders als das BundesVwVfG geregelt haben. Ausnahmsweise kann also eine Lücke des VwVfG durch das BundesVwVfG geschlossen werden (s. auch Meyer, in: Kohlhammer-Komm. BBauG, Einf. VIII, Anm. IV 3). Trotz der ergänzenden Geltung des LandesVwVfG werden den nachfolgenden Erläuterungen wegen der weitgehend wörtlichen Übernahme der Regelungen des Bundes VwVfG (durch Verweisung darauf oder durch Anpassung daran), aus Gründen der Vereinfachung grundsätzlich die Vorschriften des BundesVwVfG zugrundegelegt. Mangels ausdrücklicher Verweisung i. S. v. § 63 Abs. 1 VwVfG sind nicht anwendbar die Vorschriften des VwVfG über das förmliche Verwaltungsverfahren (§§ 63–71). Da das BauGB kein fachplanerisches Planfeststellungsverfahren i. S. v. § 72 VwVfG regelt, sind auch die Vorschriften über das Planfeststellungsverfahren (§§ 72–78 VwVfG) unanwendbar.

Erster Abschnitt. Allgemeine Vorschriften

§ 200 Grundstücke; Rechte an Grundstücken

(1) **Die für Grundstücke geltenden Vorschriften dieses Gesetzes sind entsprechend auch auf Grundstücksteile anzuwenden.**

(2) **Die für das Eigentum an Grundstücken bestehenden Vorschriften sind, soweit dieses Gesetzbuch nichts anderes vorschreibt, entsprechend auch auf grundstücksgleiche Rechte anzuwenden.**

Übersicht

1. Viele Vorschriften des Gesetzes beziehen sich ausdrücklich nur auf Grundstücke. Zur redaktionellen Vereinfachung erweitert Abs. 1 den Anwendungsbereich dieser Vorschriften durch ihre entsprechende Anwendung auf Grundstücksteile. Der redaktionellen Vereinfachung soll auch die entsprechende Regelung hinsichtlich der grundstücksgleichen Rechte in Abs. 2 dienen. Abs. 1 ermöglicht es der Verwaltung, die nach dem Gesetz erforderlichen Planungen und Durchführungsmaßnahmen unabhängig von den zivilrechtlichen Eigentumsverhältnissen und den daraus folgenden grundbuchrechtlichen Konsequenzen vorzunehmen, z. B. Enteignung eines Grundstücksteils vor Anlegung eines neuen Grundbuchblattes. **1**

2. a) Das Gesetz definiert den **Begriff des Grundstücks** nicht, weil ihm kein einheitlicher Grundstücksbegriff zugrundeliegt. Wie in anderen Gesetzen auch, sind verschiedene Grundstücksbegriffe zu unterscheiden. **2**

b) Ein **Grundstück im liegenschaftsrechtlichen** (formellen) **Sinn,** Buchgrundstück, Grundstück im Rechtssinn, ist jeder gegen andere Teile räumlich abgegrenzte Teil der Erdoberfläche, der auf einem besonderen Grundbuchblatt unter einer besonderen Nummer im Verzeichnis der Grundstücke eingetragen ist (RGZ 84, 270; BVerwG 44, 251; E 66, 69; BGHZ 49, 147). Von diesem, dem BGB und der GBO generell zugrundeliegenden, vom BVerwG auch als bürgerlich-rechtlicher oder grundbuchrechtlicher bezeichneten Grundstücksbegriff ist im BauGB in der Regel auszugehen, allerdings ohne starre Bindung. Ein Buchgrundstück kann aus einem oder aus mehreren Flurstücken beste- **3**

hen. Das Flurstück ist ein katastermäßig vermessener und bezeichneter Teil der Erdoberfläche (s. Kalb, in: E/Z/B, § 200, Rn 6). Der Begriff des Grundstückes im Rechtssinne ist dort maßgeblich, wo das Grundstück Gegenstand des Rechtsverkehrs ist, also beim Bodenverkehr (§§ 19–23), beim Vorkaufsrecht (§§ 24–28), bei Übernahmeansprüchen i. S. d. §§ 42, 176 Abs. 4, im Umlegungsverfahren (§§ 45–79), im Grenzregelungsverfahren (§§ 80–84) und im Enteignungsverfahren (§§ 85–92). Auch im Erschließungsbeitragsrecht geht das BVerwG in ständiger Rechtsprechung (E 42, 269; 51, 158; NVwZ 1987, 420) i. d. R. vom Begriff des Grundstücks i. S. d. Grundbuchrechtes aus. Würde ein Festhalten an diesem Grundstücksbegriff den Sinn einer bestimmten bau- und bodenrechtlichen Regelung handgreiflich verfehlen, so läßt die Rechtsprechung Ausnahmen zu (einschränkend zur Begründung der Rechtsprechung, Meyer, in: Kohlhammer-Komm. BBauG, § 145, Anm. II 2 b bb; krit. auch Kalb, in: E/Z/B, § 200, Rn 15; Gegenposition: von Mutius, KStZ 1978, 121; ders. in Grundfragen des Erschließungsbeitragsrechts in der kommunalen Praxis, 2. A., 1978, S. 71, der prinzipiell vom Wirtschaftsgrundstück ausgeht; s. auch Rn 4).

4 c) Als **Grundstücke im wirtschaftlichen Sinne** (Wirtschaftsgrundstück, materiellr Grundstücksbegriff) werden solche Bodenflächen bezeichnet, die nach der Verkehrsanschauung eine wirtschaftliche Einheit darstellen. Bei der Entscheidung, ob nach der Verkehrsanschauung eine wirtschaftliche Einheit vorliegt, ist die örtliche Gewohnheit, die tatsächliche Übung, die Zweckbestimmung und die wirtschaftliche Zusammengehörigkeit der einzelnen Wirtschaftsgüter zu berücksichtigen (s. § 70 Abs. 1 i. V. m. § 2 BewertungsG i. d. F. vom 30. 5. 1985, BGBl I, S. 845). Das Wirtschaftsgrundstück kann aus einem oder aus mehreren Buchgrundstücken oder Teilen davon bestehen. Das Gesetz verwendet den Begriff des Wirtschaftsgrundstückes ausdrücklich nur in § 206 und erkennt damit an, daß dieser Begriff neben den liegenschaftsrechtlichen Grundstücksbegriffen maßgeblich sein kann, ohne aber festzulegen, wann dies der Fall ist. Der Begriff des Wirtschaftsgrundstückes ist überall da maßgeblich, wo, wie im Abgabenrecht, Rechtsfolgen an den Wert und die wirtschaftliche Bedeutung von Grundstücken anknüpfen, also z. B. bei der Bestimmung der wirtschaftlichen Zumutbarkeit für die Ausübung der Plangebote (§§ 175 ff.), der Bestimmung der Entschädigung im Planungsschadensrecht (§§ 39 ff.) und im Enteignungsrecht (§§ 93 ff.) – nicht hinsichtlich des Rechtsaktes der Enteignung, s. aber auch § 92 Abs. 3 –, im Wertermittlungsverfahren (§§ 192 ff) und ausnahmsweise im Erschließungsbeitragsrecht (dazu BVerwG, DVBl. 1987, 630), wenn sich Nutzen und Nutzung nach der Verkehrsanschauung nicht auf ein einziges Buchgrundstück (also Ganzes) beziehen (s. o. Rn 3), z. B. Spaltung eines Buchgrundstückes in mehrere wirtschaftliche Grundstückseinheiten (BVerwG NJW 1977, 1549), oder Bildung einer wirtschaftlichen Grundstückseinheit durch

mehrere, ein und demselben Eigentümer bzw. einer Eigentümermehrheit gehörende Buchgrundstücke (BVerwG NJW 1972, 701; NJW 1976, 1908; VGH München, BayVBl. 1985, 243; DÖV 1985, 542).

d) In § 2 Abs. 8 Nr. 1 d, § 9 Abs. 1 Nr. 3 (s. auch § 19 Abs. 3 **5** BauNVO) verwendet das Gesetz den Begriff des Baugrundstückes, ohne ihn jedoch zu definieren. **Baugrundstück im planungsrechtlichen Sinne** ist eine Fläche, auf der nach bauplanungsrechtlichen Vorschriften ein Hauptgebäude zulässig ist. Das Baugrundstück kann, wie regelmäßig, aus einem Buchgrundstück oder aus einem Teil eines Buchgrundstückes oder aus mehreren Buchgrundstücken bestehen. Zum Einfluß topographischer Gründe und öffentlicher sowie notwendiger privater Straßen auf die Bestimmung eines Baugrundstückes s. Praml, DVBl. 1980, 218/222. Ein Baugrundstück im bauplanungsrechtlichen Sinne muß mangels Bebaubarkeit aus bauordnungsrechtlichen Gründen (noch) kein Baugrundstück im bauordnungsrechtlichen Sinne sein (gegen diese Unterscheidung von Schack, DVBl. 1970, 41). Baugrundstücke im bauordnungsrechtlichen Sinne werden gesetzlich z. B. von § 4 Abs. 1 BauONds definiert als Grundstücke i. S. d. Bürgerlichen Rechts, auf dem eine Baumaßnahme durchgeführt wird oder auf dem sich eine bauliche Anlage befindet. Eine bebaute, planungsrechtlich aber künftig nicht mehr bebaubare Fläche ist also ein bauordnungsrechtliches, aber kein bauplanungsrechtliches Baugrundstück. Die nach der Verkehrsanschauung zu bestimmende Anerkennung als Wirtschaftsgrundstück kann sich bei der Qualifikation als Baugrundstück insbesondere auswirken bei der Bemessung des Bauwiches oder der Anerkennung als Baulücke (von Schack, DVBl. 1970, 40; krit. Praml, DVBl. 1980, 218/221).

3. Alle Vorschriften, die das Gesetz für Grundstücke trifft, gelten **6** entsprechend auch für **Grundstücksteile,** ohne daß es im Einzelfall einer weiteren Vorschrift bedarf. Abs. 1 gilt nur für reale Grundstücksteile, nicht für ideelle Anteile an Bruchteilsgemeinschaften (§§ 1008 ff. BGB) oder an Gesamthandsgemeinschaften. Die Erweiterung des Handlungsspielraums der Verwaltung durch Abs. 1 wirkt sich vornehmlich gegenüber Buchgrundstücken aus' z. B. Beschränkung des Übernahmeanspruchs nach § 40 Abs. 2 auf eine Teilfläche (OLG Hamburg, NJW 1974, 801), weniger gegenüber Wirtschaftsgrundstücken, z. B. bei einer Teilbewertung gem. § 193 und gar nicht gegenüber Baugrundstücken.

4. Der vom Gesetz auch in § 61 verwendete Begriff des **grund-** **7** **stücksgleichen Rechts** ist zwar weder im BauGB noch in einem anderen Gesetz definiert, aber seine Bedeutung ist im Liegenschaftsrecht seit jeher vertraut. Gemeint sind die Rechte, die nach der Intensität der Verfügungs- und Nutzungsmacht dem Eigentum nahe kommen und deshalb aufgrund gesetzlicher Regelung im Grundbuch oder einem dem Grundbuch entsprechenden Verzeichnis eingetragen werden (s. Horber/Demharter, GBO, 18. A., 1989, § 3, Anm. 2 A b), wie z. B. das

Erbbaurecht (OLG Hamburg, NJW 1974, 801), das Wohnungserbbau-
recht, das Teilerbbaurecht, das Bergrecht und das Mineralgewinnungs-
recht, nicht aber mangels Belastbarkeit der Nießbrauch (OVG Mün-
ster, MDR 1972, 358) und auch nicht das Wohnungseigentum, das ein
besonders ausgestaltetes Miteigentumsrecht ist (Kalb, in: E/Z/B, § 200,
Rn 24; a. A. hinsichtlich des Sondereigentums an der Wohnung Meyer,
in: Kohlhammer-Komm. BBauG, § 145, Anm. III 2). Zu der gem.
Abs. 2 entsprechenden Geltung der für das Eigentum an Grundstücken
bestehenden Vorschriften für grundstücksgleiche Rechte kommt es
selten, weil das Gesetz in wichtigen Fällen die Geltung der für das
Egentum an Grundstücken bestehenden Vorschriften ausdrücklich,
und nicht nur entsprechend, auch auf grundstücksgleiche Rechte ein-
räumt (z. B. § 48 Abs. 1 Nr. 2, § 61, § 86 Abs. 1 Nr. 2, § 106 Abs. 1
Nr. 2, 3). Die in dem mit „soweit" eingeleiteten Nebensatz getroffene
Einschränkung ist überflüssig (zur Entstehungsgeschichte Meyer, in:
Kohlhammer-Komm. BBauG, § 145, Anm. I 2).

§ 201 Begriff der Landwirtschaft

**Landwirtschaft im Sinne dieses Gesetzbuchs ist insbesondere der
Ackerbau, die Wiesen- und Weidewirtschaft einschließlich der Pen-
sionstierhaltung auf überwiegend eigener Futtergrundlage, die gar-
tenbauliche Erzeugung, der Erwerbsobstbau, der Weinbau, die be-
rufsmäßige Imkerei und die berufsmäßige Binnenfischerei.**

Übersicht

1 **1. a)** Die Legaldefinition soll den Gesetzestext entlasten, indem sie in
all den Vorschriften unmittelbar gilt, in denen das Gesetz den Begriff
der Landwirtschaft verwendet, z. B. § 1 Abs. 5 S. 1 Nr. 8, S. 3, § 5
Abs. 2 Nr. 9 a, § 35. Mittelbar gilt für die Definition auch für die
Vorschriften der Verordnungen, die aufgrund des BBauG erlassen
worden sind, z. B. § 2 Abs. 2 Nr. 1, § 5 BauNVO, was nicht aus-
schließt, daß der Verordnungsgeber die einzelnen landwirtschaftlichen
Betriebszweige unterschiedlich behandelt, z. B. § 4 Abs. 3 Nr. 4
BauNVO; s. Meyer, in: Kohlhammer-Komm. BBauG, § 146, Anm.
1 b bb. Die Vorschrift erfüllt ihren Zweck nur unvollkommen, da die

Aufzählung nicht abschließend ist („insbesondere"). Sie gilt nicht für andere Rechtsgebiete, z. B. Naturschutz (s. OVG Koblenz NuR 1985, 239; Ziegler, DVBl. 1986, 451); übereinstimmend aber § 52 Abs. 1 Nr. 28 b LBO (VGH Mannheim, NuR 1989, 38).

b. Der durch unmittelbare Bodenertragsnutzung aufgrund planmä- **2** ßiger eigenverantwortlicher Bewirtschaftung bestimmte Begriff der Landwirtschaft ist 1976 durch Einfügung der berufsmäßigen Imkerei und der berufsmäßigen Binnenfischerei um zwei weitere, von diesem Merkmal typischerweise nicht bestimmte Zweige der Landwirtschaft erweitert worden. Gegenüber § 147 BBauG hat das BauGB den Begriff der Weidewirtschaft um die Pensionstierhaltung auf überwiegend eigener Futtergrundlage erweitert (krit. dazu aus ökologischen Gründen v. Feldmann/Groth, DVBl. 1986, 652/658; Conradi Pl. Prot. 10/241 S. 18571) und den Begriff Erwerbsgartenbau in Anpassung an § 585 Abs. 1 BGB durch gartenbauliche Erzeugung ersetzt.

2. BVerwG DVBl. 1975, 505 bestimmte den **Begriff der Landwirt-** **3** **schaft** vor der Ergänzung durch die berufsmäßige Imkerei und Fischerei nach dem den gesetzlichen Beispielen gemeinsamen Sachgehalt: Es muß sich um „unmittelbare Bodenertragsnutzung" handeln, bei der „der Boden zum Zwecke der Nutzung seines Ertrages planmäßig eigenverantwortlich bewirtschaftet wird". Trotz der Ergänzung um die berufsmäßige Imkerei und die berufsmäßige Binnenfischerei müssen die übrigen genannten und ungenannten Arten der Landwirtschaft außer der gartenbaulichen Erzeugung (dazu Rn 5) diesen Merkmalen genügen (BVerwG BauR 1978, 118; Weyreuther, S. 290; Kalb, in E/Z/B, § 201, Rn 25; Ziegler, DVBl. 1986, 451; a. A. für Tierzucht und -intensivhaltung Fickert, BauR 1985, 15). Nach der neueren Rechtsprechung des BVerwG, die zutreffend dem Strukturwandel der Landwirtschaft Rechnung trägt, schließt das Erfordernis der unmittelbaren Bodenertragsnutzung es nicht aus, daß der Bodenertragsnutzung folgende Produktions- und Veredelungsstufen innerhalb einer gewissen Bandbreite ebenfalls Landwirtschaft i. S. v. § 201 sind (BVerwG DÖV 1985, 1015; UPR 1985, 424, 426; NVwZ 1986, 201 – reiterliche Erstausbildung; siehe auch Nies, AgrarR 1986, 307; Franke AgrarR 1987, 1; ausführlich Ziegler DVBl. 1986, 451). Für landwirtschaftliche Hilfsbetriebe, wie landwirtschaftliche Lohnbetriebe oder Lohnfuhrunternehmen gilt die Erweiterung nicht. Insoweit gilt das Merkmal der unmittelbaren Bodenertragsnutzung (BVerwG ZfBR 1989, 269). Zum Begriff der Landwirtschaft s. a. Hagemann, AgrarR 1987, 261; krit. dazu Battis, AgrarR 1989, 115. **Erwerbsmäßig** müssen (auch nach der Umformulierung im Baugesetzbuch, siehe Rn 2) nur gartenbauliche Erzeugung und Obstbau betrieben werden, wegen der gesonderten Aufzählung hingegen nicht der sonst dem Obstbau zuzurechnende Weinbau (Weyreuther, S. 292; VGH Mannheim, BRS 39, Nr. 79; s. a. OVG Koblenz, RdL 1985, 292; a. A. Meyer, in: Kohlhammer-Komm. BBauG, § 146, Anm. 3f.). Erwerbsmäßiges Handeln ist auch auf

Nebenerwerbsstellen möglich (a. A. Rabe, BauR 1983, 201 gegen VG Köln Urt. v. 8. 12. 1981 – 2 K 4986/80) Bei einem landwirtschaftlichen Nebenerwerb ist das Verhältnis zwischen Einnahmen aus diesem Betrieb oder den sonstigen Einnahmen des Betriebsinhabers nicht von ausschlaggebender Bedeutung. Es kommt darauf an, ob die Landwirtschaft aus Erwerbsgründen oder aus sonstigen Gründen (Liebhaberei, Eigenbedarfsdeckung) betrieben wird (VGH Mannheim, BRS 36, Nr. 79). Erforderlich ist aber eine ernsthafte Planung, um eine erfolgversprechende Tätigkeit erwarten zu können (BVerwG, RdL 1987, 233). Zu den Voraussetzungen einer „zusammengesetzten" Tätigkeit (Mischbetrieb) als Nebenerwerbsbetrieb s. BVerwG, RdL 1987, 232. **Berufsmäßig** müssen Binnenfischerei und Imkerei betrieben werden, d. h. die Absicht ständiger Gewinnerzielung muß erkennbar im Vordergrund stehen (OVG Münster, NuR 1979, 72), die Betätigung muß in gesicherter Weise auf Dauer angelegt sein und Erträge abwerfen, die bei einer nebenberuflichen Ausübung neben den Einkünften aus dem Hauptberuf noch ein gewisses Eigengewicht haben (VGH München, BayVBl. 1980, 627; Hauptberuflichkeit ist aber nicht erforderlich, BVerwG, BRS 40, Nr. 81; a. A.; Weyreuther, S. 292). Weil das Gesetz in Anlehnung an das Grundstücksverkehrsgesetz Land- und Forstwirtschaft nebeneinander (§ 35 Abs. 1 Nr. 1) und an anderer Stelle (§ 107 Abs. 2, § 135 Abs. 4) die Landwirtschaft allein regelt, ist **Forstwirtschaft** als planmäßige Waldbewirtschaftung durch Anbau, Pflege und Abschlag (s. a. BVerwG BauR 1982, 343/345) keine Landwirtschaft im Sinne von § 201.

4 3. **Tierhaltung** fällt nur dann unter **Ackerbau** oder **Wiesen-** und **Weidewirtschaft,** wenn die Tiere überwiegend durch Futter ernährt werden, das auf den zum Betrieb gehörenden landwirtschaftlichen Grundstücken erzeugt wird. Pensionstierhaltung ist Unterbringung und Fütterung fremder Weidetiere gegen Entgelt (Schink, BauR 1988, 169 – keine Weidetiere sind z. B. Hunde und Katzen). Die engere Rechtsprechung zur Pensionstierhaltung i. S. d. BBauG (s. Voraufl. Rn 4) ist nicht übertragbar. Wegen der Erweiterung des Begriffs der Wiesen- und Weidewirtschaft um die Pensionstierhaltung ist es nicht mehr erforderlich, daß sich die Tierhaltung ausschließlich in der Erzeugung von Tieren (Tierzucht) oder der Gewinnung tierischer Produkte erschöpft (so noch BVerwG AgrarR 1978, 135; VGH Kassel, BRS 42, 201 – Pferdezucht, Abgrenzung zur Liebhaberei; OVG Koblenz, BauR 1979, 407 – Ponys, Rinder, Damwild; zu letzteren auch Heinen, NuR 1978, 58; Schönberg, NuR 1972, 17; OVG Koblenz, NuR 1985, 239 m. krit. Anm. v. Carlsen; OVG Koblenz, NuR 1987, 273). Durch die neue Rspr. des BVerwG zur nachfolgenden Bearbeitungs- und Veredelungsstufe wird der Begriff der landwirtschaftlichen Tierhaltung zusätzlich dahin erweitert, daß Zweck der Tierhaltung außer der eigentlichen Pferdezucht als Veredelungsstufe auch sein kann eine damit verbundene reiterliche Erstausbildung der für den Verkauf vorgesehenen Pferde (s.

Rn 3). Keine Landwirtschaft liegt vor, wenn die Tierhaltung allein auf der Grundlage von Pachtland betrieben wird, es sei denn, daß die der Pacht aus Rechtsgründen eigene Schwäche durch die besonderen tatsächlichen Umstände ohne weiteres und verläßlich ausgeräumt wird (BVerwGE 41, 138/143), so z. B. bei Wanderschäferei (BVerwG DÖV 1983, 816). Keine Landwirtschaft, sondern Gewerbe, u. U. aber in Form des gewerblichen Nebenbetriebs, sind auf Stallhaltung beschränkte Anlagen für Schweine (BVerwG, BauR 1980, 446; OVG Münster, BRS 28, 224; a. A. VGH München, BauR 1978, 46), Geflügel (BVerwG, Buchholz § 35 BBauG Nr. 86; § 146 BBauG Nr. 1; VGH Kassel, BRS 17, 78; 23, 134; BauR 1989, 721 – Intensivhühnerhaltung, für die nur etwa 1/10 des Futters aus eigenem Ackerbau gewonnen wird; VGH Mannheim, BRS 20, 88; OVG Münster E 15, 246; E 20, 87), Pferde (OVG Münster, BRS 22, 107; 27, 103; VGH Mannheim, BRS 27, 100), Schafe (OVG Münster BRS 30, 101; VGH Mannheim, BRS 36, Nr. 79), Tauben (VGH Mannheim, BRS 28, 140), Pelztiere (OVG Bremen AgrarR 1987, 30) oder Schnecken, wenn das Futter überwiegend zugekauft wird. Wird das Futter überwiegend durch unmittelbare Bodennutzung gewonnen, so liegt trotz Zukaufs wesentlicher Futtermengen Landwirtschaft vor (BVerwG, Buchholz 406, 11 § 146 BBauG Nr. 1 – aus Ackerbau gewonnenes Getreide eines Landwirts als Futtergrundlage für Hühnerzucht); ebenso als Nebenerwerbsbetrieb bei 40 Mutterschafen (VGH München, BRS 35 Nr. 65; s. a. OVG Lüneburg, BauR 1983, 345–60 Mutterschafe) oder bei 23 Schafen nebst Hasenzucht (VGH Mannheim, BRS 36, Nr. 79).

4. Die **gartenbauliche Erzeugung** dient der Gewinnung pflanzlicher **5** Erzeugnisse über den Eigenbedarf hinaus zur Gewinnerzielung (OVG Lüneburg, BRS 20, 81; BGH NJW 1960, 1246). Wegen der Ersetzung des Begriffs Erwerbsgartenbau durch gartenbauliche Erzeugung (krit. v. Feldmann/Groth, DVBl. 1986, 652/658) entfällt das Erfordernis der unmittelbaren Bodenertragsnutzung, wie bei Tisch- oder Hydrokulturen, bei denen die Wurzeln nicht in den Boden eindringen (Ziegler, DVBl. 1986, 451/456; Gelzer, BauR 1987, 485; Taegen, in: Berliner Komm. § 201, Rn 5; Kalb, in: E/Z/B § 201, Rn 36; a. A. Dürr, in: Kohlhammer-Komm. § 35, Rn 27). § 201 erfaßt nicht Handelsgärtnereien mit überwiegender Verkaufstätigkeit, wohl aber Baumschulen und Gewächshäuser, sofern diese durch Freilandkulturen ergänzt werden (BGHZ 8, 109) oder die Gewächshäuser nur zur Abschirmung von Umwelteinflüssen dienen, ohne sonst auf die Bodennutzung von wesentlichem Einfluß zu sein (Weyreuther, S. 292; OVG Lüneburg, RdL 1984, 19), mangels erwerbsmäßiger Nutzung nicht aber Dauerkleingärten und Hausgärten. Champignonzucht ist Landwirtschaft, wenn sie unter Verwendung wesentlicher landwirtschaftlicher Erzeugnisse (Stroh, Getreide, Pferdemist) betrieben wird, auch wenn die Aufzucht selbst in überdachten Hallen stattfindet und zahlreiche Arbeitskräfte erfordert (OVG Lüneburg, BauR 1983, 348). Ein mehr als 1 ha großes

mit 120 Obstbäumen bestandenes Grundstück dient mehr als dem Eigenbedarf und damit dem **Erwerbsobstbau** (OLG Celle, NdsRpfl. 1964, 130). Die neuere Rechtsprechung zur Be- und Verarbeitung landwirtschaftlicher Erzeugnisse der Bodenertragsanbauung (Rn 3) gilt auch für die gartenbauliche Erzeugung (BVwG DÖV 1985, 832). Für den **Weinbau** galt bisher schon Entsprechendes (s. „VGH Mannheim BRS 39, 166/168 Weinausbau" dort auch zum Veredeln von Obstbau durch Brennen).

6 **5. Berufsmäßige Binnenfischerei** ist die „Aneignung wildlebender Tiere" in natürlichen Gewässern (Taegen, in: Berliner Komm. § 201, Rn 8), aber bei Erfüllung der ungeschriebenen Tatbestandsmerkmale des Begriffs Landwirtschaft (s. Rn 3) auch Fischzucht (ebenso: Taegen aaO; Dyong, in: E/Z/B § 35, Rn 19; Kalb, in: E/Z/B § 201, Rn 42; enger Weyreuther aaO, S. 292; VGH München, BRS 39, Nr. 77; OVG Lüneburg, BRS 42, Nr. 88; OVG Münster, BRS 33, 149; Gelzer, Rn 1185). Zur Berufsmäßigkeit s. Rn 3. Eine Fischzuchtanlage ist ohne wasser- oder fischereirechtliche Erlaubnis kein landwirtschaftlicher Betrieb (BVerwG, BauR 1978, 121; VGH Mannheim, NuR 1989, 38; s. a. VGH München, BayVBl. 1989, 112). Forellenproduktion in Mastbehältnissen aus Stahl und gemauertem Abfischbassin ist keine Fischerei i. S. v. § 201 (OVG Lüneburg BRS 42, 211). Sportfischerei ist keine Landwirtschaft im Sinne von § 146 (BVerwG BauR 1978, 118). Die restriktive, auf die unmittelbare Bodenertragsnutzung abstellende Rechtsprechung zur **Imkerei** ist nur noch bei berufsmäßiger Imkerei von Bedeutung. Gem. BVerwG DVBl. 1975, 504 ist Landwirtschaft ausnahmsweise zu bejahen, wenn der Boden als wesentliche Futtergrundlage zur Gewinnung bestimmter Honigarten genutzt wird.

§ 202 Schutz des Mutterbodens

Mutterboden, der bei der Errichtung und Änderung baulicher Anlagen sowie bei wesentlichen anderen Veränderungen der Erdoberfläche ausgehoben wird, ist in nutzbarem Zustand zu erhalten und vor Vernichtung oder Vergeudung zu schützen.

1 **1.** § 202 enthält eine dem Umwelt- und Naturschutz (s. a. § 1 Abs. 5 Nr. 7) dienende **bundesrechtliche Vorschrift** zur Erhaltung des Mutterbodens und zum Schutz des Mutterbodens vor Vernichtung und Vergeudung, wenn er bei der Errichtung und Änderung baulicher Anlagen oder bei wesentlichen anderen Veränderungen der Erdoberfläche ausgehoben wird. Zur Lösung des gleichlautenden § 39 S. 1 BBauG aus der zu engen Zuordnung zu Regelungen der baulichen und sonstigen Nutzung und sonstigen Änderungen durch das BauGB s. Vorauflage, Rn 1.

2. Als **Mutterboden** wird die von Luft, Wasser und Humus durch- 2
setzte, von Klein- und Kleinstorganismen belebte, meist dunkler ge-
färbte und durchwurzelte obere Schicht des Bodens bezeichnet (vgl.
hierzu auch die bei Dyong, in E/Z/B, §39, Rn 2, 12–15 nachgewiesenen
Verwaltungsvorschriften sowie die DIN-Normen, VOB, Teil 6, DIN
18320 der allgemeinen technischen Vorschriften für landschaftsgärtne-
rische Arbeiten und VOB Teil 6 DIN 18300, Erdarbeiten.

Zweiter Abschnitt. Zuständigkeiten

§203 Abweichende Zuständigkeitsregelung

(1) Die Landesregierung oder die von ihr bestimmte Behörde kann
daß Einvernehmen mit der Gemeinde durch Rechtsverordnung be-
stimmen, daß die nach diesem Gesetzbuch der Gemeinde obliegen-
den Aufgaben auf eine andere Gebietskörperschaft übertragen wer-
den oder auf einen Verband, an dessen Willensbildung die Gemeinde
mitwirkt.

(2) Durch Landesgesetz können Aufgaben der Gemeinden nach
diesem Gesetzbuch auf Verbandsgemeinden, Verwaltungsgemein-
schaften oder vergleichbare gesetzliche Zusammenschlüsse von Ge-
meinden, denen nach Landesrecht örtliche Selbstverwaltungsaufga-
ben der Gemeinde obliegen, übertragen werden. In dem Landesge-
setz ist zu regeln, wie die Gemeinden an der Aufgabenerfüllung
mitwirken.

(3) Die Landesregierung kann durch Rechtsverordnung die nach
diesem Gesetzbuch der höheren Verwaltungsbehörde zugewiesenen
Aufgaben auf andere staatliche Behörden, Landkreise oder kreisfreie
Gemeinden übertragen.

(4) Unterliegen die Planungsbereiche gemeinsamer Flächennut-
zungspläne (§204) oder von Flächennutzungsplänen und Satzungen
eines Planungsverbandes (§205) der Zuständigkeit verschiedener hö-
herer Verwaltungsbehörden, ist die Oberste Landesbehörde für die
Entscheidung im Genehmigungs-, Anzeige- und Zustimmungsver-
fahren zuständig. Liegen die Geltungsbereiche in verschiedenen Län-
dern, entscheiden die Obersten Landesbehörden im gegenseitigen
Einvernehmen.

Übersicht

1 **1. a)** Damit die den Gemeinden nach dem BauGB obliegenden
Aufgaben wirkungsvoller wahrgenommen werden können, ermächti-
gen Abs. 1 und 2 zu **Einschränkungen der kommunalen Selbstver-
waltung**, insbesondere der Planungshoheit. Im Falle des Abs. 1 wird
die Befugnis der Landesregierung oder der von ihr bestimmten Be-
hörde zur abweichenden Zuständigkeitsregelung dadurch einge-
schränkt, daß die Übertragung nur im Einvernehmen mit der Ge-
meinde erfolgen darf. Im Falle des durch die Novelle 1976 eingefügten
Abs. 2 dürfen die Aufgaben auch gegen den Willen der Gemeinde
übertragen werden, allerdings nur auf einen engeren Kreis von Über-
tragungsempfängern und nur durch Landesgesetz, das auch die Mit-
wirkung der Gemeinde an der Aufgabenerfüllung regeln muß. § 203
Abs. 1, 2 sind spezielle Seitenstücke zum gestuften System interkom-
munaler Zusammenarbeit, wie es sich in § 2 Abs. 2 – Abstimmungs-
pflicht benachbarter Gemeinden – § 4 Abs. 1 – Abstimmungsverfahren
– § 204 – gemeinsamer Flächennutzungsplan – § 205 – Planungsver-
bände und zwar freiwilliger Planungsverband, § 205 Abs. 1 oder als Zwangsver-
band § 205 Abs. 2, 3 darstellt (s. § 2, Rn 7). Das BauGB hat alle über das
Normalverfahren nach §§ 2 Abs. 2, 4 Abs. 1 hinausgehende Formen der
Zusammenarbeit in den §§ 203 (= § 147 BBauG), 204 (= § 3 BBauG),
205 (= § 4 BBauG) zusammengefaßt. § 203 betrifft gebietskörper-
schaftlich organisierte Verbände („kommunalrechtliche Volleinhei-
ten"), § 205 mitgliedschaftlich organisierte (BVerfGE 77, 303). Die
Übertragung nach Abs. 2 ist das speziellere und hinsichtlich der Aufga-
ben umfassendere Institut als die Bildung es nicht auf Dauer angelegten
Zwangsverbandes gem. § 205 Abs. 2. Zur Abgrenzung zur Übertra-
gung nach § 205 Abs. 5 s. § 205, Rn 13. Die Freiwilligkeit der Aufga-
benübertragung hat die Regelung des Abs. 1 gemeinsam mit der Bil-
dung eines freiwilligen Planungsverbandes gem. § 205 Abs. 1. Die
Abs. 1 und 2 werden ergänzt durch § 204, Abs. 2, 3, der Auswirkungen
der Zuständigkeitsveränderungen auf bestehende Flächennutzungs-
pläne, eingeleitete Bebauungsplanverfahren regelt und zum Erlaß vor-
zeitiger Bebauungspläne ermächtigt. Abs. 4 bestimmt nach dem Vor-
bild des § 6 Abs. 5 für Fälle der §§ 204, 205 die Aufsichtsbehörde für
Genehmigungs-, Anzeige- und Abstimmungsverfahren. Um dem Ver-
waltungsaufbau des jeweiligen Landes Rechnung tragen zu können,

vor allem aber zur Entlastung der höheren Verwaltungsbehörde, ermächtigt Abs. 3 die Landesregierung, durch Rechtsverordnung die der höheren Verwaltungsbehörde nach dem Bundesbaugesetz obliegenden Aufgaben auf staatliche und – seit der Novelle 1976 – auf kommunale Behörden zu übertragen. Gemäß §10 Abs. 3 S. 1 **BauGB-MaßnahmenG** (s. Einl., Rn 36) ist die abweichende Zuständigkeitsregelung nach §203 auf das BauGB-MaßnahmenG entsprechend anwendbar. § 10 Abs. 3 S. 2 BauGB-MaßnahmenG stellt sicher, daß die Genehmigung der Entwicklungssatzung (§6 Abs. 5 BauGB-MaßnahmenG) nur durch die höhere Verwaltungsbehörde erfolgt.

b) Zwar ist schon im Gesetzgebungsverfahren zum BBauG (dazu Kalb, in: E/Z/B, §147 Rn 1, 3, 18 f.; BT-Drs. 7/2596 Nr. 75 S. 81) die **Verfassungsmäßigkeit** des Abs. 1, insbesondere aber des Abs. 2, umstritten gewesen (abl. zur Übertragung der Bebauungsplanung nach Abs. 2 Schmidt-Aßmann, VerwArch 1980, 130; Blümel, VerwArch 1982, 341) aber BVerfGE 77, 288 hat die Kompetenz des Bundes zum Erlaß beider Regelungen ausdrücklich bejaht. Zudem hat es das BVerfG bisher offen gelassen, in welchem Umfang die kommunale Planungshoheit zum unantastbaren Kernbereich des Art. 28 Abs. 2 GG zählt (E 56, 298; s. a. E 79, 127, dazu §2, Rn 4, 5).

2. a) Abs. 1 stellt klar, daß die Landesregierung oder eine von ihr bestimmte Behörde die nach dem BauGB der Gemeinde obliegenden Aufgaben auf eine andere Gebietskörperschaft nur durch Rechtsverordnung übertragen darf. Dies galt auch schon nach altem Recht (s. 1. Aufl. §147 Rn 3). Auf welche Behörde die Ermächtigung zum Erlaß der Rechtsverordnung übertragen werden darf, bestimmt sich nach Landesrecht.

b) Die Übertragung gem. Abs. 1 darf nur **im Einvernehmen** mit der Gemeinde erfolgen. Es muß also eine vollständige inhaltliche Willensübereinstimmung zwischen Gemeinde und oberster Landesbehörde hinsichtlich Art, Umfang, Dauer und Empfänger der Übertragung bestehen. Entsprechend der durch Art. 28 Abs. 2 GG gebotenen restriktiven Auslegung des Abs. 1 ist die Gemeinde berechtigt, das Einvernehmen zu widerrufen, wenn die Voraussetzungen der Übertragung weggefallen sind, weil die Gemeinde nunmehr selbst in der Lage ist, die ihr obliegenden Aufgaben wahrzunehmen.

c) Die gemeindlichen Aufgaben können auf (der Landeshoheit unterliegende) **Gebietskörperschaften** übertragen werden, also auf solche Körperschaften, die von ihren durch Wohnsitz (natürliche Personen) oder Sitz (juristische Personen) bestimmten Mitglieder getragen werden (W/B/S II, §84, Rn 24; von Unruh, DVBl. 1975, 1). Gebietskörperschaften im Sinne von Abs. 1 sind andere Gemeinden, die Landkreise, als neue Formen der Bewältigung des Stadt-Umland-Problems (dazu W/B/S II §89a), der Stadtverband Saarbrücken und der Umlandverband Frankfurt, die bayerischen und rheinland-pfälzischen Bezirksverbände (dazu W/B/S II §90), die nds. Samtgemeinden und die rh.-pf. Verbandsgemeinden (zu beiden W/B/S II §88), wobei den Letztgenann-

ten auch nach Abs. 2 gegen den Willen der Gemeinde Aufgaben nach
dem BauGB übertragen werden können (s. Rn 7). Keine Gebietskörperschaften i. S. v. Abs. 1 sind die Länder, die schl.-h. Ämter (dazu
BVerfGE 52, 96), die ebenso wie die nrw. Landschaftsverbände und die
Zweckverbände Bundkörperschaften sind. Übertragungsempfänger
können auch **Verbände** sein, wenn an ihrer Willensbildung die Gemeinde mitwirkt. Der Verband kann öffentlich-rechtlich oder als Beliehener privatrechtlich organisiert sein. Öffentlich-rechtliche Verbände
i. S. v. Abs. 2 sind z. B. Zweckverbände nach den Zweckverbandsgesetzen und bereits bestehende Planungsverbände i. S. v. § 205, denen
aber nach Abs. 2 nur zusätzliche Aufgaben übertragen werden können,
da ihre Gründung sich nach der speziellen Regelung des § 205 richtet.
Die Übertragungsempfänger üben die übertragenen Aufgaben als
Selbstverwaltungsaufgaben aus. Abs. 1 verändert nicht die Rechtsnatur
der Aufgaben. Die Aufsichtsbehörden bleiben auf die Rechtsaufsicht
beschränkt.

6 **3. a) Ohne Einvernehmen** der Gemeinde kann der Landesgesetzgeber durch Gesetz Aufgaben, die der Gemeinde nach dem BauGB
obliegen, übertragen (Abs. 2 S. 1). Das Gesetz muß die Aufgaben
unmittelbar und konkret übertragen. Der Landesgesetzgeber ist verpflichtet, in dem Gesetz zu regeln, welche verfahrensmäßigen und
materiell-rechtlichen Rechte der Gemeinde zur Wahrung ihres Mitwirkens zustehen. Die Regelung nach Abs. 2 S. 2 muß so ausgestaltet sein,
daß sie der kommunalen Selbstverwaltungsgarantie (Art. 28 Abs. 2
GG) genügt. Der Umfang der Übertragung muß dem Grundsatz der
Verhältnismäßigkeit genügen. Durch die Aufgabenverlagerung darf
nach Umfang und Gewicht nicht das herkömmliche Erscheinungsbild,
die Struktur oder der Typus der Gemeinde schlechthin verändert werden
(s. a. Fislake, in: Berliner Komm., § 203, Rn 15; Kalb, in: E/Z/B, § 203,
Rn 22; StGH Ba.-Wü., DÖV 1976, 595 u. 599).

7 **b)** Der Kreis der Übertragungsempfänger i. S. v. Abs. 2 war im
Gesetzgebungsverfahren bis zum Schluß umstritten (dazu Voraufl.,
Rn 7). Während Abs. 1 die Kompetenzübertragung auch auf andere
Gebietskörperschaften im Einvernehmen mit der Gemeinde gestattet,
faßt Abs. 2 den Kreis der möglichen Übertragungsempfänger für den
Fall des Zwangszusammenschlusses wesentlich enger. Nur die im
Rahmen der Gebietsreform geschaffenen **Organisationsformen der
„zweiten Gemeindeebene"** als das gegenüber der Bildung von Einheits-Großgemeinden mildere Mittel sind zulässige Übertragungsempfänger (BVerfGE 77, 307). Anders als die rh.-pf. Verbandsgemeinden
und die ba.-wü. Verwaltungsgemeinschaften bildet der Stadtverband
Saarbrücken keine Organisationsform der „zweiten Gemeindeebene".
Vielmehr nimmt er auf Landkreisebene überörtliche Aufgaben wahr
(BVerfGE 77, 308; ebenso schon VG Saarlouis, UPR 1985, 104; a. A.
Schiedermair/Dörr, Flächennutzungsplanung im Stadtverband Saarbrücken und das Recht der Gemeinden auf Selbstverwaltung, 1985).

Zur Möglichkeit die Flächennutzungsplanung zulässigerweise nach §205 Abs. 6 auf den Stadtverband Saarbrücken zu übertragen s. §205, Rn 12.

4. Bis zur Novelle 1976 konnten die durch das BBauG der höheren **8** Verwaltungsbehörde zugewiesenen Aufgaben nur auf andere staatliche Behörden übertragen werden. Abs. 3 ermächtigt in verfassungsmäßig zulässiger Weise (dazu OVG Lüneburg, ZfBR 1982, 176) zur **Übertragung auf Landkreise und kreisfreie Gemeinden.** Dies gilt auch für die Aufgaben als Enteignungsbehörde, da der diesbezügliche sachliche Vorbehalt des Abs. 2 S. 2 a. F. bereits durch das Zuständigkeitslockerungsgesetz v. 10. 3. 1975 (BGBl I, S. 685) entfallen ist. Dazu bay-ZustVBauG v. 7. 7. 1987, GVBl. S. 209. Nach Ansicht des VGH München, BayVBl. 1979, 679 ist Abs. 3 grundsätzlich einschränkend auszulegen (offengelassen von OVG Lüneburg aaO).

5. Abs. 4 trifft nach dem Vorbild des §6 Abs. 5 Zuständigkeitsrege- **9** lungen, wenn Planungsbereiche gemeinsamer Flächennutzungspläne i. S. v. §204 oder von Flächennutzungsplänen und Satzungen eines Planungsverbandes i. S. v. §205 aufgestellt werden, die Planungsbereiche aber der Zuständigkeit verschiedener höherer Verwaltungsbehörden unterliegen. In diesem Fall entscheidet gem. S. 1 die Oberste Landesbehörde. Liegen die Geltungsbereiche in verschiedenen Ländern, so entscheiden gem. S. 2 die Obersten Landesbehörden in (gegenseitigem) Einvernehmen.

§204 Gemeinsamer Flächennutzungsplan, Bauleitplanung bei Bildung von Planungsverbänden und bei Gebiets- oder Bestandsänderung

(1) Benachbarte Gemeinden sollen einen gemeinsamen Flächennutzungsplan aufstellen, wenn ihre städtebauliche Entwicklung wesentlich durch gemeinsame Voraussetzungen und Bedürfnisse bestimmt wird oder ein gemeinsamer Flächennutzungsplan einen gerechten Ausgleich der verschiedenen Belange ermöglicht. Ein gemeinsamer Flächennutzungsplan soll insbesondere aufgestellt werden, wenn die Ziele der Raumordnung und Landesplanung oder wenn Einrichtungen und Anlagen des öffentlichen Verkehrs, sonstige Erschließungsanlagen sowie Gemeinbedarfs- oder sonstige Folgeeinrichtungen eine gemeinsame Planung erfordern. Der gemeinsame Flächennutzungsplan kann von den beteiligten Gemeinden nur gemeinsam aufgehoben, geändert oder ergänzt werden; die Gemeinden können vereinbaren, daß sich die Bindung nur auf bestimmte räumliche oder sachliche Teilbereiche erstreckt. Ist eine gemeinsame Planung nur für räumliche oder sachliche Teilbereiche erforderlich, genügt anstelle eines gemeinsamen Flächennutzungsplans eine Vereinbarung der beteiligten Gemeinden über bestimmte Darstellungen

in ihren Flächennutzungsplänen. Sind die Voraussetzungen für eine gemeinsame Planung nach Satz 1 und 4 entfallen oder ist ihr Zweck erreicht, können die beteiligten Gemeinden den Flächennutzungsplan für ihr Gemeindegebiet ändern oder ergänzen; vor Einleitung des Bauleitplanverfahrens ist die Zustimmung der höheren Verwaltungsbehörde erforderlich.

(2) Werden Gemeinden in ihrem Gebiet oder Bestand geändert oder geht die Zuständigkeit zur Aufstellung von Flächennutzungsplänen auf Verbände oder sonstige kommunale Körperschaften über, gelten unbeschadet abweichender landesrechtlicher Regelungen bestehende Flächennutzungspläne fort. Dies gilt auch für räumliche und sachliche Teile der Flächennutzungspläne. Die Befugnis und die Pflicht der Gemeinde, eines Verbands oder einer sonstigen Körperschaft, fortgeltende Flächennutzungspläne aufzuheben oder für das neue Gemeindegebiet zu ergänzen oder durch einen neuen Flächennutzungsplan zu ersetzen, bleiben unberührt.

(3) Verfahren zur Aufstellung, Änderung, Ergänzung oder Aufhebung von Bebauungsplänen können nach einer Gebiets- oder Bestandsänderung in ihrem jeweiligen Stand fortgeführt werden. Satz 1 gilt entsprechend bei Bildung von Planungsverbänden und für Zusammenschlüsse nach § 205 Abs. 6. Die höhere Verwaltungsbehörde kann verlangen, daß bestimmte Verfahrensabschnitte wiederholt werden.

Übersicht

1 **1.** Die Vorschrift vereinigt leicht modifiziert die Regelungen der §§ 3 u. 4a BBauG als Teile des gestuften Systems interkommunaler Zusam-

menarbeit (dazu § 2, Rn 9; § 203, Rn 1). § 204 zählt wie § 205 – Planungsverbände – und § 203 Übertragung der Planungsbefugnis auf andere Verbände und Gebietskörperschaften – zu den Vorschriften, die es ermöglichen, über die nachbargemeindliche Abstimmungspflicht (202 Abs. 2) hinausgehend die Planungshoheit (§ 202, Rn 1) der einzelnen Gemeinde zu beschränken, um einem erhöhten Koordinationsbedarf gerecht zu werden. Abs. 1 regelt ergänzt um eine Klarstellung über die Voraussetzungen der Beendigung der gemeinsamen Planung (Abs. 1 S. 5) die besonderen Voraussetzungen für den Erlaß, die Aufhebung, die Änderung oder Ergänzung gemeinsamer Flächennutzungspläne benachbarter Gemeinden, einschließlich der beiden milderen Mittel, des auf Teilbereiche beschränkten Flächennutzungsplans (Abs. 1 S. 3 HS. 2) und der durch öffentlich-rechtlichen Vertrag vereinbarten örtlichen oder sachlichen Teilplanung (Abs. 1 S. 4). Zum Inhalt des gemeinsamen Flächennutzungsplans s. § 5. Zur historischen Entwicklung der verschiedenen Formen der Planungskoordination benachbarter Gemeinden s. Zinkahn in E/Z/B, § 204, Rn 1–5. Gemeinsame Bebauungspläne regelt das BauGB nicht, schließt es aber auch nicht aus (s. Gaentzsch, in: Berliner Komm. § 204, Rn 3). Die Abs. 2, 3 regeln Auswirkungen, die Gemeindeneugliederungen oder die Bildung von Planungsverbänden (§ 205) und sonstigen kommunalen Körperschaften (§ 203) auf bestehende Flächennutzungspläne der betroffenen Gemeinde (Abs. 2) oder auf eingeleitete Bebauungsplanverfahren (Abs. 3) haben. Beide Abs. sollen verhindern, daß die Auswirkungen der nach dem 1. 1. 1977 ergehenden Gemeindeneugliederungen oder Zuständigkeitsverlagerungen ebenso kontrovers behandelt werden wie die entsprechenden Altfälle (dazu vergleichend Hassel, BauR 1984, 593).

2. a) Erste **besondere Voraussetzung** für die Aufstellung eines gemeinsamen Flächennutzungsplans ist, daß die **Gemeinden benachbart** sind. Das sind nicht nur aneinandergrenzende Gemeinden, sondern auch solche, deren örtliche, private oder öffentliche Belange durch die Bauleitplanung einer anderen Gemeinde berührt werden (s. a. Grauvogel, in: Kohlhammer-Komm. § 204, Rn 26). Die Gemeinden können auch in verschiedenen Ländern liegen (s. § 6 Abs. 5).

b) Zweite besondere Voraussetzung ist nach Abs. 1 S. 1 1. Altern., daß die städtebauliche Entwicklung (s. § 1, Rn 10 ff.) der (beiden oder mehreren) benachbarten Gemeinden wesentlich durch gemeinsame Voraussetzungen, z. B. geographische Gegebenheiten und Bedürfnisse, z. B. die des Umweltschutzes, bestimmt wird. Der gleiche Koordinationsbedarf besteht auch dann, wenn anders als in der 1. Altern. die Interessen eher auseinandergehen, z. B. wegen unterschiedlicher Wirtschafts- und Siedlungsstruktur und daher gem. der 2. Altern. des Abs. 1 S. 1 der gemeinsame Flächennutzungsplan einen gerechten Ausgleich (s. § 1 Abs. 7) der verschiedenen Belange ermöglichen soll und kann. Zur Auslegung der vagen unbestimmten Rechtsbegriffe des Satzes 1 gibt S. 2 eine Interpretationshilfe durch nicht abschließenden

Beispielkatalog. Zu den Zielen der Raumordnung s. § 1 Abs. 4, zu den Anlagen des öffentlichen Verkehrs s. § 1, Rn 84, Vorbem. §§ 123–135, Rn 1 ff.; s. dort auch zu den Gemeindebedarfseinrichtungen.

4 **c)** Liegen die besonderen Voraussetzungen des Abs. 1 S. 1, 2 vor, so steht der Aufstellung eines gemeinsamen Flächennutzungsplans nicht entgegen, daß in einer der benachbarten Gemeinden die allgemeinen Voraussetzungen für die Aufstellung eines Flächennutzungsplans i. S. v. § 1 Abs. 3, § 8 Abs. 2 S. 2 nicht erfüllt sind.

5 **3. a)** Liegen die weitgefaßten besonderen Voraussetzungen des Abs. 1 S. 1, 2 ausnahmsweise vor, so entsteht für die benachbarten Gemeinden grundsätzlich die von der oder den höheren Verwaltungsbehörde(n) (§ 6 Abs. 5, § 203 Abs. 4) durchsetzbare **Pflicht zur Aufstellung** eines gemeinsamen Flächennutzungsplans, die die Nachbargemeinde gerichtlich durchsetzen kann. Daß Abs. 1 S. 1 eine Soll-Vorschrift ist, steht dem auch nach der Neufassung des § 2 Abs. 2 (s. § 2, Rn 7) ebensowenig entgegen wie bei dem gleichstrukturierten früheren § 2 Abs. 4 BBauG. Entsprechend dem Grundsatz der Verhältnismäßigkeit enthält Abs. 1 jedoch zwei Einschränkungen.

6 **b)** Ist eine gemeinsame Planung aus den in Abs. 1 S. 1, 2 genannten Gründen nur für räumliche oder sachliche Teilbereiche erforderlich, so können sich die benachbarten Gemeinden damit begnügen, statt einen gemeinsamen Flächennutzungsplan aufzustellen, in öffentlich-rechtlichen Verträgen bestimmte Darlegung in ihren Flächennutzungsplänen zu vereinbaren (Abs. 1 S. 4). Diese der abschließenden Abwägung über den eigenen Flächennutzungsplan vorangehenden **Vereinbarungen** müssen den diesbezüglichen besonderen von BVerwGE 45, 309 entwickelten Anforderungen des § 1 Abs. 6 genügen (dazu § 1, Rn 113 f.). Eine Verletzung einer wirksamen Vereinbarung nach Abs. 1 S. 4 ist von der Aufsichtsbehörde zu beanstanden. Die Nachbargemeinde kann auf Erfüllung klagen.

7 **c)** Keine Ausnahme von der Pflicht zur Aufstellung eines gemeinsamen Flächennutzungsplans, sondern eine Einschränkung seiner Bindungswirkung erlaubt Abs. 1 S. 3 Halbs. 2. Ist eine gemeinsame Planung aus den in Abs. 1 S. 1, 2 genannten Gründen nur für räumliche oder sachliche **Teilbereiche** erforderlich, so können die Gemeinden durch öffentlich-rechtlichen Vertrag vereinbaren, daß sich die Bindung nur auf diese Teilbereiche erstreckt. Gegenüber dieser Vereinbarung ist jenes nach Abs. 1 S. 4 (Rn 6) wiederum das mildere, die kommunale Planungshoheit weniger einschränkende Mittel. Angesichts der geringen praktischen Bedeutung des § 204 ist die zusätzliche Differenzierung des Abs. 1 S. 3 Halbs. 2 entbehrlich.

8 **4. a)** Für das **Verfahren** der **Aufstellung** des gemeinsamen Flächennutzungsplanes gelten die allgemeinen Vorschriften (§§ 2–4, 6; s. a. § 2, Rn 2, 3), bei länderübergreifendem Flächennutzungsplan insbesondere § 203 Abs. 4 (s. § 203, Rn 9), die jede Gemeinde hinsichtlich des ihrer

Planungshoheit unterliegenden Teils des gemeinsamen Flächennutzungsplans anzuwenden hat. Bei der Beteiligung der Träger öffentlicher Belange (§ 4) wird die nachbargemeindliche Abstimmungspflicht des § 2 Abs. 2 (s. § 2, Rn 9) ersetzt durch die aus Abs. 1 S. 1 u. 3 abzuleitende Vereinbarung über den Entwurf eines gemeinsamen Flächennutzungsplans, der die Grundlage bildet für den jeweiligen formellen Beschluß des Gemeinderates über den seiner Planungshoheit unterliegenden Teil des gemeinsamen Flächennutzungsplans. Zu den gem. BVerwGE 45, 309 aus § 1 Abs. 6 folgenden besonderen Anforderungen an diese Vereinbarung s. § 1, Rn 113f. Die Gemeinden können vereinbaren, soweit dies dem gemeinsamen Koordinationsbedarf genügt, daß sich die Bindung des gemeinsamen Flächennutzungsplans nur auf bestimmte räumliche oder sachliche Teilbereiche erstrecken soll (Abs. 1 S. 3 Halbs. 2; s. Rn 7).

b) Da die Gemeinden den gemeinsamen Flächennutzungsplan gemeinsam aufgestellt haben, können sie ihn auch nur in dem entsprechenden Verfahren, also gemeinsam, **aufheben, ändern oder ergänzen.** Dieses schon aus § 2 Abs. 4 (s. § 2, Rn 13) folgende Verfahren stellt Abs. 1 S. 3 Halbs. 1 ausdrücklich klar. Haben die Gemeinden vereinbart, daß sich die Bindung des gemeinsamen Flächennutzungsplans nur auf bestimmte räumliche oder sachliche Teilbereiche erstrecken soll, so können sie die übrigen ihrer Planungshoheit unterliegenden Teile des gemeinsamen Flächennutzungsplans allein aufheben, ändern oder ergänzen (Abs. 1 S. 3 Halbs. 2; s. Rn 7). 9

c) Der vom BauGB neu eingefügte Abs. 1 S. 5 enthält eine Klarstellung für den Fall, daß die Voraussetzungen für eine gemeinsame Planung nach S. 1 u. 4 entfallen sind. Erfordern z. B. die Ziele der Raumordnung und Landesplanungen nicht mehr einen gemeinsamen Flächennutzungsplan, so kann die Gemeinde den gemeinsam erstellten Flächennutzungsplan für ihr Gemeindegebiet gem. den allgemeinen Vorschriften (§ 1 ff.) ändern. Vor Einleitung des Änderungsverfahrens hat die Gemeinde die Zustimmung der höheren Verwaltungsbehörde einzuholen. Die Aufsichtsbehörde hat zu prüfen, ob die Voraussetzungen für einen gemeinsamen Flächennutzungsplan benachbarter Gemeinden entfallen sind. Der gem. S. 5 von einer Gemeinde allein geänderte oder ergänzte Flächennutzungsplan ist anders als der gem. S. 3 geänderte oder ergänzte kein gemeinsamer mehr. 10

5. a) Bis zum Inkrafttreten der Novelle 1976 enthielt das BBauG keine ausdrückliche Regelung über die Weitergeltung von Flächennutzungsplänen der durch kommunale Neuordnungsmaßnahmen betroffenen Gemeinden. Daher konnten die Länder z. B. in den Eingliederungsgesetzen oder die Gemeinden in Eingliederungsverträgen die Fortgeltung regeln. Nachdem das OVG Münster in mehreren Urteilen (z. B. U. v. 7. 1. 1970 – VI A 675/67) in Ermangelung einer speziellen Regelung sich für den Untergang der Flächennutzungspläne, OVG Lüneburg, BauR 1973, 239 sich hingegen für eine Weitergeltung ausge- 11

sprochen hatten, hat BVerwGE 45, 25 (m. Anm. v. Hoppe, DVBl.
1974, 528 und v. Jacob, NJW 1974, 1578; s. a. BVerwGE 40, 173; NJW
1977, 405; zum Ganzen Hassel, BauR 1984, 593/594–600) entschieden,
daß Flächennutzungspläne aus Anlaß kommunaler Gebietsänderungen
nicht schon dann außer Kraft treten, wenn sie infolge der Gebietsände-
rung nicht mehr „für das ganze Gemeindegebiet" (§ 5 Abs. 1) gelten.
Allerdings dürfe der Flächennutzungsplan mit seinen Darstellungen
unter den veränderten Umständen nicht unbrauchbar und nicht als
Folge einer im Ergebnis nunmehr schlechterdings nicht mehr vertret-
baren Abwägung der betreffenden Belange insgesamt unvertretbar
sein. Zum Außerkrafttreten von Bebauungsplänen wegen Funktionslo-
sigkeit s. a. § 2, Rn 9. Da die Abs. 2, 3 ebenso wie § 4 a BBauG nur
kommunale Neugliederungen nach dem 1. 1. 1977 betreffen (OVG
Münster, NVwZ 1983, 748), bleiben für frühere Neugliederungen
etwaige spezielle landesrechtliche Regelungen, z. B. nwG v. 26. 11.
1974, GVBl. S. 474, ndsG v. 26. 3. 1974, GVBl. S. 201, im übrigen
aber die vom BVerwG entwickelten Grundsätze maßgebend.

12 **b)** Abs. 2 knüpft an die Rechtsprechung des BVerwG an, geht aber
im Interesse der Rechtssicherheit zulässigerweise über diese hinaus (s. a.
Gaentzsch, in: Berliner Komm. § 204, Rn 12), indem er die grundsätz-
lich unbefristete Fortgeltung bestehender (OVG Münster, NVwZ
1983, 748) Flächennutzungspläne anordnet, wenn eine Gemeinde in
ihrem Gebiet oder Bestand geändert oder die Zuständigkeit zur Auf-
stellung von Flächennutzungsplänen auf Verbände (§ 205) oder sonstige
kommunale Körperschaften (§ 203) übergegangen ist. Vorrang haben
allerdings abweichende landesrechtliche Regelungen (Abs. 2 S. 1; Rn
11). Darüber hinaus wird die Fortgeltung begrenzt durch die Grund-
sätze des BVerwG zum Außerkrafttreten von Bauleitplänen wegen
Funktionslosigkeit (§ 2, Rn 9). Die von Abs. 2 S. 2 angeordnete Fort-
geltung auch von räumlichen oder sachlichen Teilen des Flächennut-
zungsplanes bezieht sich auf den Fall, daß ein Flächennutzungsplan
gem. § 6 Abs. 3 nur teilweise in Kraft getreten ist. Abs. 2 S. 3 unter-
streicht die Eigenart des Abs. 2 als einer Überleitungsvorschrift, indem
er auf die Befugnisse und Pflichten der Gemeinde oder des sonstigen
neuen Inhabers der Planungshoheit hinweist, fortgeltende Flächennut-
zungspläne aufzuheben, z. B. um Unsicherheiten wegen eines etwaigen
Außerkrafttretens wegen Funktionslosigkeit auszuschließen oder für
das neue Gemeindegebiet zu ergänzen oder durch einen neuen Flächen-
nutzungsplan zu ersetzen. Abs. 2 gilt nicht für Bebauungspläne. Diese
können im Einzelfall wegen Funktionslosigkeit außer Kraft treten. Im
übrigen wird ihre Geltung durch Gebiets- und Beständsänderungen
sowie die Bildung von Planungsverbänden nicht berührt.

13 **6.** Abs. 3 S. 1 entscheidet die frühere Streitfrage (BVerwGE 40, 173;
Grauvogel, in: Kohlhammer-Komm., § 204, Rn 68), daß es nach einer
Gebiets- oder Bestandsänderung innerhalb der planerischen Gestal-
tungsfreiheit (Planungsermessen; s. § 1, Rn 87 ff.) der Gemeinde liegt,

das **Verfahren** zur Aufstellung, Änderung, Ergänzung oder Aufhebung eines **Bebauungsplanes** in seinem jeweiligen Stand fortzuführen. Statt dessen kann die Gemeinde auch einzelne Planungsschritte, z. B. § 3 – Bürgerbeteiligung –, § 4 – Beteiligung der Träger öffentlicher Belange – oder das gesamte Verfahren, z. B. wegen geänderter Situation, wiederholen. Die Gebiets- und Bestandsänderungen allein sind kein Grund zur Wiederholung oder Aufgabe des Verfahrens. Andererseits befreit Abs. 3 S. 1 nicht von etwaigen im Einzelfall aufgrund der neuen Situation geltenden materiellen (§ 1 Abs. 6, Abs. 4) und formellen Anforderungen an den Erlaß eines Bebauungsplans. Dem entspricht es, daß die höhere Verwaltungsbehörde, wie Abs. 3 S. 3 klarstellt, nach Prüfung der Rechtmäßigkeit des Verfahrens und seines Ergebnisses (Bielenberg, in: E/Z/B, § 204, Rn 37) im Einzelfall verlangen kann, daß bestimmte Verfahrensschritte wiederholt werden. Abs. 3 S. 3 schließt es nicht aus, daß die höhere Verwaltungsbehörde aus Rechtsgründen die Wiederholung des gesamten Verfahrens oder dessen Aufgabe verlangt. Die der Funktionsnachfolge Rechnung tragende Regelung des Abs. 3 S. 1 gilt entsprechend auch für Planungsverbände und Zusammenschlüsse nach Zweckverbands- oder sonstigen besonderen Landesrecht (§ 205, Rn 12, 13). In diesen Fällen hat die betroffene verbandsangehörige Gemeinde aber einen Anspruch auf das spezielle Beteiligungsverfahren nach § 205 Abs. 9 (§ 205, Rn 14), auch wenn ein abgeschlossenes Verfahren nach § 4 nicht wiederholt wird. Abs. 3 ist auf Verfahren des Flächennutzungsplans nicht anwendbar.

§ 205 Planungsverbände

(1) **Gemeinden und sonstige öffentliche Planungsträger können sich zu einem Planungsverband zusammenschließen, um durch gemeinsame zusammengefaßte Bauleitplanung den Ausgleich der verschiedenen Belange zu erreichen. Der Planungsverband tritt nach Maßgabe seiner Satzung für die Bauleitplanung und ihre Durchführung an die Stelle der Gemeinden.**

(2) **Kommt ein Zusammenschluß nach Absatz 1 nicht zustande, können die Beteiligten auf Antrag eines Planungsträgers zu einem Planungsverband zusammengeschlossen werden, wenn dies zum Wohl der Allgemeinheit dringend geboten ist. Ist der Zusammenschluß aus Gründen der Raumordnung und Landesplanung geboten, kann den Antrag auch die für die Landesplanung nach Landesrecht zuständige Stelle stellen. Über den Antrag entscheidet die Landesregierung. Sind Planungsträger verschiedener Länder beteiligt, erfolgt der Zusammenschluß nach Vereinbarung zwischen den beteiligten Landesregierungen. Sollen der Bund oder eine bundesunmittelbare Körperschaft oder Anstalt an dem Planungsverband beteiligt werden, erfolgt der Zusammenschluß nach Vereinbarung zwischen der**

Bundesregierung und der Landesregierung, sofern die beteiligte Behörde des Bundes oder der bundesunmittelbaren Körperschaft oder Anstalt dem Zusammenschluß durch die Landesregierung widerspricht.

(3) Kommt eine Einigung über die Satzung oder über den Plan unter den Mitgliedern nicht zustande, stellt die zuständige Landesbehörde eine Satzung oder einen Plan auf und legt sie dem Planungsverband zur Beschlußfassung vor. Einigen sich die Mitglieder über diese Satzung oder diesen Plan nicht, setzt die Landesregierung die Satzung oder den Plan fest. Absatz 2 Satz 4 ist entsprechend anzuwenden. Ist der Bund oder eine bundesunmittelbare Körperschaft oder Anstalt an dem Planungsverband beteiligt, wird die Satzung oder der Plan nach Vereinbarung zwischen der Bundesregierung und der Landesregierung festgesetzt, sofern die beteiligte Behörde des Bundes oder der bundesunmittelbaren Körperschaft oder Anstalt der Festsetzung durch die Landesregierung widerspricht.

(4) Dem Planungsverband können nach Maßgabe der Satzung die Aufgaben der Gemeinde, die ihr nach diesem Gesetzbuch obliegen, übertragen werden.

(5) Der Planungsverband ist aufzulösen, wenn die Voraussetzungen für den Zusammenschluß entfallen sind oder der Zweck der gemeinsamen Planung erreicht ist. Kommt ein übereinstimmender Beschluß über die Auflösung nicht zustande, ist unter den in Satz 1 bezeichneten Voraussetzungen die Auflösung auf Antrag eines Mitglieds anzuordnen; im übrigen ist Abs. 2 entsprechend anzuwenden. Nach Auflösung des Planungsverbandes gelten die von ihm aufgestellten Pläne als Bauleitpläne der einzelnen Gemeinden.

(6) Ein Zusammenschluß nach dem Zweckverbandsrecht oder durch besondere Landesgesetze wird durch diese Vorschriften nicht ausgeschlossen.

(7) Wird die Befugnis zur Aufstellung von Bauleitplänen nach den Absätzen 1 bis 3 übertragen, sind die Entwürfe der Bauleitpläne mit Erläuterungsbericht oder Begründung vor der Beschlußfassung hierüber oder der Festsetzung nach Absatz 3 Satz 2 oder 4 den Gemeinden, für deren Gebiet der Bauleitplan aufgestellt werden soll, zur Stellungnahme innerhalb angemessener Frist zuzuleiten. Auf die Behandlung der von den Gemeinden fristgemäß vorgebrachten Bedenken und Anregungen ist § 3 Abs. 2 Satz 4 und 6 entsprechend anzuwenden.

1. Die im Vergleich zu den Vorgängervorschriften (§ 4 BBauG, § 7 **1**
StBauFG) gekürzte und systematisch mit dem § 203, 204 zusammenge-
faßte Vorschrift regelt mit den Planungsverbänden weitere Formen des
gestuften Systems interkommunaler Zusammenarbeit. Zur Befriedi-
gung eines Koordinationsbedarfs, dem weder die nachbargemeindliche
Abstimmungspflicht (§ 2 Abs. 2; s. § 2 Rn 7, 8) noch ein gemeinsamer
Flächennutzungsplan (§ 204) gerecht wird, kann nach § 205 die kom-
munale Planungshoheit (§ 2, Rn 4, 5) ganz oder teilweise beseitigt
werden, indem die Aufgaben, die der Gemeinde nach dem BauGB
obliegen (Abs. 4), ganz oder für einen Teil des Gemeindegebiets auf
einen Planungsverband übertragen werden. Die Übertragung kann
freiwillig – **freiwilliger Planungsverband,** Abs. 1 – oder zwangsweise
– **Zwangsverband,** Abs. 2, 3 – erfolgen. Der Planungsverband kann
aus Gemeinden und sonstigen öffentlichen Planungsträgern bestehen.
Er kann die Koordination der Bauleitpläne und/oder die Koordination
der Bauleitplanung mit verschiedenen **Fachplanungen** bezwecken.
Hinsichtlich der Koordination von Bauleitplanung und Fachplanung
geht § 205 über die Verfahrensregelungen des § 4 hinaus. Materiell-
rechtlich wird das Verhältnis der Bauleitplanung und der Fachplanun-
gen sonstiger öffentlicher Planungsträger (teilweise) in den §§ 7, 37 u.
38 geregelt. Zur nachrichtlichen Übernahme der Ergebnisse der Fach-
planungen in die Bauleitpläne s. § 5 Abs. 4 (§ 5 Rn 34) und § 9 Abs. 6
(§ 9, Rn 116). Abs. 7 konkretisiert das verfassungsrechtlich gesicherte
(§ 2, Rn 5) Beteiligungsrecht der Gemeinde, wenn ein Planungsver-
band einen sie betreffenden Bauleitplan aufstellt. Abs. 5 regelt die
freiwillige oder zwangsweise Auflösung des Planungsverbands. Abs. 6
läßt die Bildung von Planungsverbänden nach dem **Zweckverbands-
recht** und nach sonstigem Landesrecht zu. Die Planungsverbände nach

§ 205 sind zu unterscheiden von der freiwilligen oder unfreiwilligen
Übertragung von Planungsbefugnissen auf andere Verbände und Ge-
bietskörperschaften gem. § 203, insbesondere dessen Abs. 2 (s. Rn 15 u.
§ 203, Rn 1, 7). § 205 wird ergänzt durch § 204 Abs. 2, 3, die Auswir-
kungen der Bildung von Planungsverbänden auf bestehende Flächen-
nutzungspläne, eingeleitete Bebauungsplanverfahren regeln und zum
Erlaß vorzeitiger Bebauungspläne ermächtigen sowie § 203 Abs. 4, der
die Aufsichtszuständigkeit bei mehreren höheren Verwaltungsbehör-
den regelt.

2 **2. a)** Zu einem **freiwilligen** (VGH Mannheim, DÖV 1983, 76)
Planungsverband können sich gem. Abs. 1 Gemeinden und sonstige
öffentliche Planungsträger zusammenschließen. Dem Planungsverband
müssen mindestens **zwei Gemeinden** angehören (Gaentzsch, in: Berli-
ner Komm. § 205, Rn 8; a. A. Vorauflage, Rn 2; Zinkahn, in: E/Z/B,
§ 205, Rn 5). Die Gemeinden müssen nicht aneinandergrenzen. Es
genügt, daß zwischen ihnen und/oder etwaigen beteiligten öffentlichen
Planungsträgern für die Bauleitplanung relevante Belange ausgleichs-
bedürftig sind. Der Begriff des sonstigen **öffentlichen Planungsträgers**
ist enger als der des Trägers öffentlicher Belange i. S. v. § 4 (s. § 4,
Rn 3). Verbandsfähig sind nur Träger hoheitlicher Fachplanungen,
nicht deren Behörden, also z. B. Bund, Landschaftsverband oder Kreis
als Träger der Straßenbaulast oder der Bund als Träger von Fachpla-
nungen der Bundespost oder der Bundesbahn, öffentlich-rechtliche Was-
ser- und Bodenverbände, öffentlich-rechtliche Zweckverbände als Trä-
ger von Planungen nach dem AbfallbeseitigungsG, aber auch Land,
Kreis oder Gemeinde als Träger der Landschaftsplanung (Zinkahn, in:
E/Z/B § 205, Rn 6; a. A. Grauvogel, in: Kohlhammer-Komm., BBauG,
§ 4, Anm. II 1 d). Keine öffentlichen Planungsträger i. S. v. § 205 sind
die Träger des Landes- einschließlich der Regionalplanung. Andernfalls
würden diese überörtlichen Planungen in unzulässiger Weise mit der
niedrigstufigeren, die überörtliche Planung ausplanenden Bauleitpla-
nung vermischt. Zum Sonderfall des Flächennutzungsplans als Instru-
ment der Landesplanung in den Stadtstaaten und in den nds kreisfreien
Städten s. Bunse, DVBl. 1984, 420. Knemeyer, BayVBl. 1980, 17;
Erbguth, Raumordnungsrecht, Rn 73. Ist der Planungsverband auf die
Aufstellung von Bebauungsplänen beschränkt, so braucht eine Ge-
meinde nur mit einem Teil ihres Gemeindegebietes dem Planungsver-
band anzugehören. Die Mitglieder des Planungsverbandes (Gemeinden
oder/und sonstige öffentliche Planungsträger) können verschiedenen
Ländern angehören, auch wenn dies ausdrücklich nur für den Zwangs-
verband (Abs. 2) geregelt ist (Zinkahn aaO, Rn 7).

3 **b)** Weitere Voraussetzung für den Zusammenschluß ist, daß zwi-
schen den verbandsfähigen Beteiligten durch eine gemeinsame zusam-
mengefaßte Bauleitplanung ein Ausgleich der verschiedenen von ihnen
vertretenen, für die Bauleitplanung relevanten (§ 1 Abs. 5) Belange
erreicht werden kann. Das Tatbestandsmerkmal „zusammengefaßt"

bedeutet keine zeitliche oder sachliche Konzentrationswirkung (Zin-
kahn, in: E/Z/B, §205, Rn 10). Da es sich stets um eine Bauleitplanung
handelt, kann ein Bauleitplan, der von einem Planungsverband aufge-
stellt worden ist, auch wenn ihm Fachplanungsträger angehören, wie
jeder andere Bauleitplan, fachplanerische Planfeststellungsverfahren
nur in den Ausnahmefällen ersetzen, in denen dies in anderen Gesetzen,
z. B. §17 Abs. 3 FStrG, ausdrücklich vorgesehen ist. Als Bauleitplan,
also als Ortsplan, kann der gemeinsame zusammengefaßte Bauleitplan
kein Instrument der Regionalplanung sein (Zinkahn aaO, Rn 25; trotz
gegenteiliger Ansicht des bei der Beratung des §4 BBauG federführen-
den BT-Ausschusses). Es ist nicht erforderlich, daß alle das Verhand-
lungsgebiet betreffenden abwägungsrelevanten Belange durch die Bau-
leitplanung ausgeglichen werden sollen. Es genügt z. B. die Beschrän-
kung auf einen Flächennutzungsplan, so daß die Bebauungspläne in der
alleinigen Kompetenz der Gemeinde verbleiben, oder auf einen Bebau-
ungsplan, der nicht einmal die Mindestfestsetzung des §30 enthält.

c) Der freiwillige Zusammenschluß kommt dadurch zustande, daß 4
die verbandsfähigen Beteiligten durch öffentlich-rechtlichen Vertrag
zweierlei vereinbaren: Erstens den **Zusammenschluß** zu dem Zweck,
durch gemeinsame zusammengefaßte Bauleitplanung den Ausgleich
der verschiedenen Belange zu erreichen, zweitens die **Verbandssat-
zung,** die die Verbandsmitglieder und die dem Verband übertragenen
Aufgaben bezeichnen muß. Beiden Voraussetzungen (Zusammen-
schluß und Verbandssatzung) müssen alle Beteiligten zustimmen. Eine
Mustersatzung enthält Heft 56 der Schriften des Deutschen Verbandes
für Wohnungswesen, Städtebau und Raumplanung, Köln, 1963. S.
dort mit Zinkahn aaO, Rn 34–37 zur wünschenswerten Regelung
der Folgekosten (s. a. Rn 18). Die Satzung kann bestimmen, daß der
Verband die Bauleitpläne nicht einstimmig beschließen muß (Zinkahn
aaO, Rn 35). Die Satzung ist von den beteiligten Gemeinden als
Ortsrecht ortsüblich bekanntzumachen. Darauf, ob nach ihr (wie regel-
mäßig) Bebauungspläne erlassen werden sollen, kommt es insoweit
nicht an (a. A. Zinkahn aaO, Rn 35). Einer Mitwirkung der Aufsichts-
behörde bedarf es nicht. Ein gem. der gesetzlichen Ermächtigung des
Abs. 1 zustandegekommener Planungsverband ist eine Körperschaft
des öffentlichen Rechts.

d) Die **Aufgaben** des Verbandes ergeben sich im Rahmen der gesetz- 5
lichen Ermächtigung aus der Verbandssatzung. Abs. 4 ermöglicht es,
dem Verband alle der Gemeinde nach dem BauGB obliegenden Aufga-
ben zu übertragen, also z. B. zur Durchführung der Bebauungspläne
auch den Einsatz der Veränderungssperre (§§14ff.), der Teilungsge-
nehmigung (§§19ff.), der Zurückstellung von Baugesuchen (§15),
von Vorkaufsrechten (§§24ff.) Ausnahmeregelungen und Befreiungen
(§§31, 33, 36, von bodenordnenden Maßnahmen nach den §§45–84,
die Beantragung von Enteignungen gem. §§85ff., die Durchführung
der Erschließung (§§123ff.), die Vorbereitung und Durchführung von

städtebaulichen Sanierungsmaßnahmen (§§ 136 ff.), den Erlaß von
städtebaulichen Geboten (§§ 175 ff.) oder einer Erhaltungssatzung
(§ 172), bei entsprechender Vereinbarung auch die Herstellung des
Einvernehmens nach § 36 Abs. 1 BauGB (BVerwG, Buchholz 406.11
§ 36 BBauG Nr. 25 steht dem nicht entgegen s. Gaentzsch aaO, Rn 7,
a. A. Vorauflage, Rn 5). Durch die Übertragung der Antragsbefugnis
im Enteignungsverfahren (s. § 105, Rn 1) auf den Verband wird dieser
nicht zum Enteignungsbegünstigten. Entschädigungspflichtig i. S. v.
§ 94 Abs. 2 sind daher die jeweilige Gemeinde oder Dritte. Die Kompe-
tenz zur Erteilung von Bebauungsplänen kann räumlich auf Gemeinde-
teile oder sachlich auf bestimmte Festsetzungen, z. B. Vekehrs- und
Versorgungsflächen beschränkt werden (Grauvogel, in: Kohlhammer-
Komm. BBauG, § 4, Anm. II 1e, dd (3); s. a. Fn 3).

6　　**3. a)** Kommt ein freiwilliger Zusammenschluß nach Abs. 1 zu-
stande, so kann die Landesregierung unter den besonderen Vorausset-
zungen des Abs. 2 Gemeinden und sonstige öffentliche Planungsträger
durch Hoheitsakt zwangsweise zusammenschließen – **Zwangsver-
band.** Angesichts des Vorrangs des freiwilligen Zusammenschlusses
und der Kautelen des Abs. 2 – „zum Wohl der Allgemeinheit dringend
geboten" – kann Abs. 2 S. 1 als ein nach Maßgabe des Verhältnismäßig-
keitsgrundsatzes sachich gerechtfertigter und deshalb i. S. v. BVerwG,
DVBl. 1983, 152 mit Art. 28 Abs. 2 S. 1 GG vereinbarer Aufgabenent-
zug bewertet werden. Laut BVerfGE 56, 298 erlaubt Art. 28 Abs. 2 S. 1
GG dem Staat eine gesetzliche Einschränkung der Planungshoheit
einzelner Gemeinden nur, wenn und soweit sich bei der vorzunehmen-
den Güterabwägung ergibt, daß schutzwürdige überörtliche Interessen
diese Einschränkung erfordern (s. a. § 2, Rn 4, 5; § 203, Rn 2). Zu
dieser Güterabwägung verpflichtet Abs. 2 S. 1. Auch wenn der Ver-
band als Träger der Bauleitplanung zum Ausgleich der örtlichen Be-
lange verpflichtet und gerade kein Instrument der Regionalplanung ist
(s. Rn 2), so sind Abs. 2 S. 1 und ganz eindeutig S. 2 so zu verstehen,
daß auf das örtliche Planungsgebiet nicht beschränkte Belange, sei es
anderer Gemeinden oder sonstiger öffentlicher Planungsträger, zum
Wohle der Allgemeinheit den Zusammenschluß dringend gebieten.

7　　**b)** Erste **besondere Voraussetzung** für einen Zwangszusammen-
schluß ist, daß ein freiwilliger Zusammenschluß zu dem Zweck, durch
gemeinsame zusammengefaßte Bauleitplanung den Ausgleich der ver-
schiedenen Belange zu erreichen (s. Rn 3), versucht worden, aber nicht
zustandegekommen ist. Zweitens muß ein **Antrag** auf Zwangszusam-
menschluß von einem Planungsträger vorliegen, der für den zu bilden-
den Planungsverband verbandsfähig (Rn 2) und verbandswillig ist. Ist
der Zusammenschluß aus Gründen der Raumordnung und Landespla-
nung einschließlich der Regionalplanung geboten, so kann den Antrag
auch die für die Landesplanung zuständige Stelle stellen (Abs. 2 S. 2).
Eines Antrages bedarf es gem. § 166 Abs. 5 nicht, wenn ein Pla-
nungsverband zur Vorbereitung oder Durchführung einer Entwick-

lungsmaßnahme bestimmt werden soll. Mit der besonderen materiellen Voraussetzung, daß der Zwangszusammenschluß **zum Wohl der Allgemeinheit dringend geboten** sein muß, trägt das Gesetz mit einem gerichtlich voll überprüfbaren unbestimmten Rechtsbegriff den Anforderungen Rechnung, die der Grundsatz der Verhältnismäßigkeit i. V. m. Art. 28 Abs. 2 S. 1 GG bei einem Entzug der kommunalen Planungshoheit an eine umfassende Güterabwägung stellt (Rn 6). So kann das Gebot des geringstmöglichen Eingriffs (s. § 87, Rn 4) z. B. verlangen, daß statt eines freiwillig angestrebten oder auch das Gemeinwohl optimal verwirklichenden Vollentzugs der Planungshoheit zwangsweise nur die Kompetenz zur Aufstellung des Flächennutzungsplans auf den Verband übertragen wird (OVG Lüneburg, BRS 28 Nr. 16) oder daß der Planungsverband räumlich oder sachlich auf bestimmte Festsetzungen beschränkt wird (Rn 5), die z. B. die dringend gebotene Abstimmung mit einer Fachplanung gewährleisten. Abs. 2 S. 2 stellt klar, daß auch Gründe der Raumordnung und Landesplanung geeignet sein können, das Tatbestandsmerkmal „zum Wohl der Allgemeinheit dringend geboten" zu erfüllen. Das kann z. B. der Fall sein, wenn zur Verwirklichung der Ziele der Raumordnung und Landesplanung (§ 1 Abs. 4) in einem Verdichtungsraum Maßnahmen zur Strukturverbesserung getroffen werden müssen und die dazu erforderlichen öffentlichen Mittel erst zur Verfügung gestellt werden, wenn durch die Bildung eines Planungsverbandes die Voraussetzungen für einen sachgerechten Bauleitplan gegeben sind (so Zinkahn, in: E/Z/B, § 205 Rn 27).

c) Der Zusammenschluß erfolgt durch Entscheidung der **Landesregierung,** wenn nur Planungsträger eines Landes beteiligt sind (Abs. 2 S. 3). Vor diesem Verwaltungsakt sind die beteiligten Gemeinden zu hören. Gegen den Zusammenschluß kann eine Gemeinde Anfechtungsklage erheben. Eine Verpflichtungsklage auf Zwangszusammenschluß wäre unzulässig. Durch die Ablehnung des allein zum Wohle der Allgemeinheit gebotenen Zusammenschlusses kann die Gemeinde nicht in ihren Rechten verletzt sein (§ 42 Abs. 2 VwGO; H. Schrödter, in: Schrödter, § 4, Rn 5; Zinkahn aaO, Rn 31; a. A. Grauvogel, in: Kohlhammer-Komm. BBauG, § 4, Anm. II 2c). Sind Planungsträger verschiedener Länder oder des Bundes beteiligt, so setzt der Zusammenschluß eine **Vereinbarung** zwischen den jeweiligen Regierungen voraus, bei Beteiligung von bundesunmittelbaren Planungsträgern jedoch nur, soweit diese widersprechen (Abs. 2 S. 4, 5). Aufgrund des Verwaltungsabkommens sind die beteiligten Regierungen verpflichtet, die ihrer Hoheitsgewalt unterworfenen Planungsträger zu einem Planungsverband zusammenzuschließen.

d) Die Entstehung eines Zwangsverbandes setzt ebenso wie beim freiwilligen Planungsverband außer dem Zusammenschluß eine **Verbandssatzung** voraus. Diese können die zwangsweise zusammengeschlossenen Mitglieder freiwillig vereinbaren (dazu Rn 4). Kommt

keine Einigung über die Satzung zustande' so stellt die zuständige
Landesbehörde, i. d. R. die höhere Verwaltungsbehörde, eine Satzung
auf und legt den Entwurf den beteiligten Planungsträgern zur Be-
schlußfassung vor (Abs. 3 S. 1) Fällt das Verbandsgebiet in die Kompe-
tenz verschiedener höherer Verwaltungsbehörden, ist die oberste Lan-
desbehörde (Minister) zuständig. Sind Planungsträger verschiedener
Länder beteiligt, darf der Entwurf erst nach einem Verwaltungsabkom-
men der Regierungen vorgelegt werden (Abs. 3 S. 3 i. V. m. Abs. 2
S. 4). Ist ein bundesunmittelbarer Planträger beteiligt, so bedarf es für
die Aufstellung der Satzung noch keiner Verwaltungsvereinbarung
zwischen der (den) Landesregierung(en) und der Bundesregierung,
denn Abs. 3 S. 4 stellt erst auf die abschließende Entscheidung, die
Festsetzung, ab. Die zuständige Behörde kann den Entwurf einer
Satzung nach Abs. 3 S. 1 auch vorlegen, wenn sich die Beteiligten
freiwillig nur über den Zusammenschluß geeinigt haben. Die Ver-
bandsmitglieder sind an den vorgelegten Entwurf nicht gebunden. Nur
wenn sie sich weder über den vorgelegten noch einen geänderten oder
einen eigenen anderen Entwurf einigen, setzt die Landesregierung die
sogenannte **Zwangssatzung** im Wege der Ersatzvornahme fest (Abs. 3
S. 2). Diese analog §§ 11, 18 ZweckverbandsG im Veröffentlichungs-
blatt der Regierung(en), zumindest aber ortsrechtlich zu veröffentli-
chende Maßnahme kann, obwohl Teil eines Rechtsetzungsakts, vom
Verband, der insoweit Adressat eines an ihn gerichteten Verwaltungs-
aktes ist, angefochten werden. Davon unberührt bleibt die Zulässigkeit
eines Normenkontrollantrags nach § 47 VwGO oder einer Inzident-
kontrolle anläßlich der Klage gegen einen auf dem Verbandsplan beru-
henden Verwaltungsakt. Widerspricht ein beteiligter bundesunmittel-
barer Planungsträger der Festsetzung durch die Landesregierung, so
darf die Satzung nur nach einer Vereinbarung zwischen der Landesre-
gierung und der Bundesregierung festgesetzt werden (Abs. 3 S. 4).

10 **4. a)** Einigen sich die Mitglieder eines freiwilligen Planungsverban-
des oder eines Zwangsverbandes nicht über den satzungsgemäß aufzu-
stellenden Bauleitplan, so ermächtigt Abs. 3 S. 1, 2. Altern. die zustän-
dige Landesbehörde, unter Beachtung der für die Bauleitplanung gel-
tenden materiellen und verfahrensrechtlichen Vorschriften den Plan
aufzustellen und diesen Entwurf dem Planungsverband zur Beschluß-
fassung vorzulegen. Zuständig zur Vorlage ist i. d. R. die höhere Ver-
waltungsbehörde. Soll der Plan im Zuständigkeitsbereich mehrerer
höherer Verwaltungsbehörden gelten, ist die oberste Verwaltungsbe-
hörde (Minister) zuständig. Überschreitet das Plangebiet Landesgren-
zen, so darf der Plan erst nach einem Verwaltungsabkommen zwischen
den Landesregierungen aufgestellt werden. Der Planungsverband ist an
den Vorschlag nicht gebunden.

11 **b)** Einigt sich der Planungsverband weder über den vorgelegten,
u. U. geänderten, noch über einen anderen Plan, so ist die Landesregie-
rung nach Abwicklung des Beteiligungsverfahrens nach Abs. 7 (Rn 14)

befugt, den Plan festzusetzen (Abs. 3 S. 2 2. Altern.). Zu nicht durch-
greifenden verfassungsrechtlichen Bedenken gegen diese besondere Art
der Ersatzvornahme s. H. Schrödter, in: Schrödter, § 4, Rn 11. Der
Beschluß ist entsprechend den für den Flächennutzungsplan bzw.
Bebauungsplan geltenden Vorschriften zu veröffentlichen (§ 6 Abs. 5
S. 1, § 12 S. 1). Obwohl Rechtsetzungsakt kann der Beschluß vom
Verband, nicht aber von den in ihm zusammengeschlossenen Gemein-
den gerichtlich angefochten werden (Gaentzsch, in: Berliner Komm.
§ 205, Rn 34; unzutreffend Voraufl.; s. a. Rn 9). Widerspricht ein ver-
bandsangehöriger bundesunmittelbarer Planungsträger der Festsetzung
des Bauleitplans durch die Landesregierung, so darf der Plan nur nach
einer Vereinbarung zwischen der Landesregierung und der Bundesre-
gierung festgesetzt werden (Abs. 3 S. 4 2. Altern.).

5. a) Als gleichrangige Alternative zur Bildung eines Planungsver- **12**
bandes nach Abs. 1, 2 läßt Abs. 6 einen Zusammenschluß nach dem
Zweckverbandsrecht zu. **Zweckverbände** werden nach dem Zweck-
verbandsG vom 7. 6. 1939, RGBl. 1, S. 979, das als Landesrecht
fortgilt, soweit es nicht durch neuere Regelungen ergänzt oder ersetzt
worden ist, z. B. nwG über kommunale Gemeinschaftsarbeit vom
26. 4. 1961, GVBl S. 190; dazu Oebbecke, Zweckverbandsbildung und
Selbstverwaltungsgarantie, 1982. Anders als der auf die Bauleitplanung
und die sonstigen den Gemeinden nach dem BauGB obliegenden
Aufgaben beschränkte Planungsverband nach § 205 kann der Zweck-
verband jede Aufgabe wahrnehmen, die eine Gemeinde oder ein Ge-
meindeverband zu übernehmen berechtigt oder verpflichtet ist, es sei
denn, daß für die Wahrnehmung dieser Aufgabe besondere Rechtsfor-
men für die Zusammenarbeit vorgeschrieben sind oder daß die gemein-
same Wahrnehmung der Aufgabe ausgeschlossen ist (§ 1 ZwVG, § 1
nwGkG). Auch der Kreis der Mitglieder des Zweckverbandes ist
weiter: neben Gemeinden und Gemeindeverbänden öffentlich-rechtli-
che Körperschaften, Anstalten, Stiftungen und nach besonderer Zulas-
sung auch natürliche und juristische Personen des Bürgerlichen oder
Handelsrechts (§ 3 ZwVG, § 4 nwGkG). Der Erlaß der Satzung und
des Bauleitplans im Wege der Ersatzvornahme ist hingegen beim
Zweckverband nicht möglich. § 205 Abs. 6 erlaubt außer der Grün-
dung eines Zweckverbandes auch, daß Gemeinden und Gemeindever-
bände durch öffentlich-rechtliche Vereinbarung einem der Beteiligten
die Erfüllung einer gemeinsamen Aufgabe übertragen (§ 19 ZwVG; s.
Zinkahn, in: E/Z/B, § 205, Rn 45).

b) Darüber hinaus erlaubt § 205 Abs. 6 als weitere Alternative zu den **13**
Planungsverbänden nach Abs. 1, 2 einen Zusammenschluß **durch be-
sondere Landesgesetze.** Als inzwischen erledigte Beispiele werden
genannt das prG betr. VerbandsO für den Siedlungsverband Ruhrkoh-
len-Bezirk vom 5. 5. 1920, GS S. 286 und das G. über den Verband
Großraum Hannover vom 14. 12. 1962, ndsGVBl. S. 235, i. d. F. v.
11. 12. 1974, ndsGVBl. S. 57; dazu Bielenberg, Informationsbriefe für

RaumOR 4.2.3. Abs. 6 ermächtigt die Länder dazu, unter Wahrung
von Art. 28 Abs. 2 S. 1 GG (Rn 6) nur die in § 205 Abs. 1, 4 vorgese-
nen Aufgaben der Bauleitplanung und ihrer Durchführung durch
Gesetze auf Sonderverbände zu übertragen. Im Unterschied zu den
gebietskörperschaftlich organisierten „kommunalrechtlichen Vollein-
heiten" einer „zweiten Gemeindeebene" i. S. v. § 203 Abs. 2 betrifft
Abs. 6 mitgliedschaftlich organisierte „echte" Planungsverbände, bei
der die Gemeinden entweder selbst Mitglieder sind oder jedenfalls
diejenigen Mitwirkungsrechte haben, die sie in einem echten Verband
hätten, mag der Zusammenschluß ansonsten auch gebietskörperschaft-
lich organisiert sein (so BVerfG E 77, 302). Der Stadtverband Saarbrük-
ken war kein Zusammenschluß i. S. v. Abs. 6. Der Gesetzgeber könnte
aber unter Wahrung der Anforderungen des Abs. 6 die Flächennut-
zungsplanung in die ausschließliche Zuständigkeit eines Planungsrates
übertragen, der Organ des Stadtverbandes sein könnte; s. a. die Ge-
meindekammer im Umlandverband Frankfurt (so BVerfG E 77, 307 f.).

14 **6.** Wird die Befugnis zur Aufstellung von Bauleitplänen auf einen
freiwilligen (Abs. 1, Rn 2–5) oder einen Zwangsverband (Abs. 2, 3, Rn
6–9) oder landesrechtlich nach Abs. 6 (Rn 12, 13) übertragen oder wird
ein Bauleitplan nach Abs. 3 S. 2 oder 4 von der Landesregierung oder
aufgrund einer Vereinbarung zwischen der Bundes- und Landesregie-
rung festgesetzt (Rn 10, 11), so gewährt Abs. 7 der verbandsangehöri-
gen Gemeinde ein gegenüber § 4 **qualifiziertes Beteiligungsrecht** am
Verfahren der Planaufstellung. Vor der Beschlußfassung durch den
Planungsverband ist der Planentwurf nebst Erläuterungsbericht (§ 5
Abs. 5) oder Begründung (§ 9 Abs. 8) allen Gemeinden, für deren
Gebiet der Bauleitplan aufgestellt wird, zuzuleiten. Den Gemeinden ist
eine angemessene Frist für eine vom Gemeinderat zu beschließende
Stellungnahme einzuräumen. Der Planungsverband hat Bedenken und
Anregungen der Gemeinde zu prüfen und das Ergebnis der Prüfung der
Gemeinde mitzuteilen. Legt er den Bauleitplan der höheren Verwal-
tungsbehörde zur Genehmigung vor, so hat der Planungsverband die
nicht berücksichtigten Bedenken und Anregungen der Gemeinde zu-
sammen mit einer eigenen Stellungnahme der Genehmigungsbehörde
vorzulegen.

15 **7. a)** Ein freiwillig oder zwangsweise zustandegekommener Pla-
nungsverband ist **aufzulösen,** wenn die **materiellen Voraussetzungen**
für den Zusammenschluß (Rn 3, 7) entfallen sind, z. B. weil die
vorgesehene Planung infolge der Änderung der Gründe der Raumord-
nung aufgegeben worden ist oder weil der Zweck der gemeinsamen
Planung erreicht worden ist, die Aufgaben des Verbandes (Rn 5) also
erfüllt sind. Abs. 5 S. 1 verdeutlicht, daß Frei- und Zwangsverband
nach § 205 anders als die kommunalrechtlich ausgestalteten Verbände
und Gebietskörperschaften des § 203 Abs. 2 nicht auf Dauer bestehen
und die Planungshoheit der verbandsangehörigen Gemeinde einschrän-
ken sollen (H. Schrödter, in: Schrödter, § 4, Rn 12).

b) Die Auflösung des Frei- wie des Zwangsverbandes setzt als **16**
verfahrensrechtlichen Regelfall nur den übereinstimmenden Beschluß
aller Verbandsmitglieder voraus. Sind die materiellen Voraussetzungen
der Auflösung gem. Abs. 5 S. 1 erfüllt (Rn 15), kommt aber kein
einstimmiger Beschluß zustande, so ist der Verband analog Abs. 2
zwangsweise auf Antrag eines Mitglieds von der Landesregierung
aufzulösen (Abs. 5 S. 2). Die Verbandsmitglieder haben einen gericht-
lich durchsetzbaren Anspruch auf Auflösung (Zinkahn, in: E/Z/B § 205,
Rn 37). Gegen die Zwangsauflösung kann der Verband Anfechtungs-
klage erheben. Sind Planungsträger verschiedener Länder oder des
Bundes Verbandsmitglied, so bedarf der Auflösungsbeschluß einer
diesbezüglichen Vereinbarung der Regierungen, im Falle der Mitglied-
schaft eines bundesunmittelbaren Plantträgers aber nur, wenn dieser der
Auflösung durch die Landesregierung widerspricht (Abs. 5 S. 2 i. V. m.
Abs. 2 S. 4, 5).

c) Nach Auflösung des Planungsverbandes gelten die von ihm auf- **17**
gestellten oder von der Landesregierung im Wege der besonderen
Ersatzvornahme (Rn 11) festgesetzten Pläne als Bauleitpläne der einzel-
nen Gemeinden fort. Die Gemeinde kann sie gem. § 2 Abs. 4 unter
Beachtung insbesondere der §§ 1 Abs. 4, 2 Abs. 2 ändern, ergänzen
oder aufheben.

d) In der Verbandssatzung kann außer der Kostenverteilung bei **18**
Auflösung auch der freiwillige Austritt oder der Ausschluß eines
Mitglieds geregelt sein. Bei Ausscheiden eines nicht notwendigen
Verbandsmitglieds (Rn 2) besteht der Verband fort. Auch ohne Rege-
lung in der Satzung kann eine Kündigung aus wichtigem Grund unter
Berufung auf die clausula rebus sic stantibus möglich sein. Beim
Zwangsverband tritt m. E. an die Stelle der Kündigung der Antrag auf
Entlassung durch die Landesregierung, deren Befugnis nach Abs. 5 S. 2
i. V. m. Abs. 2 als Minus die Entlassung ohne Auflösung des Verbandes
mitumfaßt.

§ 206 Örtliche und sachliche Zuständigkeit

(1) **Örtlich zuständig ist die Behörde, in deren Bereich das betrof-
fene Grundstück liegt. Werden Grundstücke betroffen, die örtlich
oder wirtschaftlich zusammenhängen und demselben Eigentümer
gehören, und liegen diese Grundstücke im Bereich mehrerer nach
diesem Gesetzbuch sachlich zuständiger Behörden, so wird die ört-
lich zuständige Behörde durch die nächsthöhere gemeinsame Be-
hörde bestimmt.**

(2) **Ist eine höhere Verwaltungsbehörde nicht vorhanden, so ist die
Oberste Landesbehörde zugleich höhere Verwaltungsbehörde.**

1. Abs. 1 S. 1 bestimmt die **örtliche Zuständigkeit** der Behörde nach **1**
dem betroffenen Grundstück. Abs. 1 S. 2 soll Zweifel über die örtliche

Zuständigkeit beseitigen, wenn örtlich oder wirtschaftlich zusammen-
hängende Grundstücke eines Eigentümers in den örtlichen Zuständig-
keitsbereich mehrerer Behörden fallen. Die § 148 BBauG entspre-
chende Vorschrift gilt nicht für die Zuständigkeit der Gemeinden,
insbesondere also nicht für die Bauleitplanung, da die gemeindliche
Rechtsetzungshoheit auf den eigenen Gemeindebereich beschränkt ist,
auch dann, wenn örtlich oder wirtschaftlich zusammenhängende
Grundstücke eines Eigentümers das Gemeindegebiet überschreiten.
Abs. 2 trifft eine Sonderregelung für die **sachliche Zuständigkeit** in den
Ländern, in denen keine höhere Verwaltungsbehörde vorhanden ist
und in denen die Sonderregelung des § 246 nicht eingreift. Im übrigen
wird die gegenüber der örtlichen Zuständigkeit vorrangige sachliche
Zuständigkeit nicht durch § 206, sondern in Einzelvorschriften des
Gesetzes (§ 15, Baugenehmigungsbehörde) i. V. m. dem landesrechtli-
chen Organisationsrecht geregelt.

2 **2.** Die Bestimmung der **örtlichen Zuständigkeit** der Behörden nach
der Belegenheit des Buchgrundstücks (§ 200, Rn 3) stimmt überein mit
der Regelung, die § 52 Nr. 1 VwGO für die Verwaltungsgerichtsbarkeit
trifft. Die örtliche Zuständigkeit der Baulandgerichte regelt § 219. Die
Sonderregelung des Abs. 1 S. 2 setzt voraus, daß mehrere Buchgrund-
stücke von einer behördlichen Maßnahme nach dem BauGB, die nicht
zur Rechtsetzung der Gemeinde zählt, betroffen werden, einem Eigen-
tümer gehören und örtlich oder wirtschaftlich (dazu § 200, Rn 4)
zusammengehören. Abs. 1 S. 2 ist analog anzuwenden, wenn ein Buch-
grundstück im Bereich mehrerer Behörden liegt. Nächsthöhere gemein-
same Behörde ist für die Baugenehmigungsbehörden die höhere Ver-
waltungsbehörde, für die höheren Verwaltungsbehörden die oberste
Verwaltungsbehörde. Liegen die Grundstücke in verschiedenen Län-
dern, greift Abs. 1 S. 2 mangels gemeinsamer höherer Behörde nicht
ein. Entsprechend § 3 Abs. 2 letzter Satz VwVfG haben in diesem Fall
die jeweils partiell zuständigen Aufsichtsbehörden die Zuständigkeit
gemeinsam zu bestimmen (Kalb, in: E/Z/B, § 206, Rn 10). Die Ent-
scheidung der nächsthöheren Behörde über die örtliche Zuständigkeit
ist eine die regelnde Entscheidung vorbereitende Verfahrenshandlung
i. S. v. § 44a VwGO und kein selbständig anfechtbarer Verwaltungsakt
(Kalb, in: E/Z/B, § 206, Rn 11; Fislake, in: Berliner Komm. § 206, Rn 7;
Ernst, in E/H, Rn 794; a. A. Meyer, in: Kohlhammer-Komm. BBauG,
§ 148, Anm. III 2e; Obermayer, RiA 1976, 228).

3 **3.** In Schleswig-Holstein und dem Saarland nimmt die Oberste
Landesbehörde gem. Abs. 2 zusätzlich die **Funktion der höheren Ver-
waltungsbehörde** wahr. Abs. 2 schließt es nicht aus, daß in den beiden
Ländern gem. § 203 Abs. 3 die der höheren Verwaltungsbehörde zuge-
wiesenen Aufgaben auf andere Stellen übertragen werden. Für die
Stadtstaaten Berlin, Bremen und Hamburg, in denen auch keine höhere
Verwaltungsbehörde vorhanden ist, gilt als Spezialregelung § 246
Abs. 4.

Dritter Abschnitt. Verwaltungsverfahren

§ 207 Von Amts wegen bestellter Vertreter

Ist ein Vertreter nicht vorhanden, so hat das Vormundschaftsgericht auf Ersuchen der zuständigen Behörde einen rechts- und sachkundigen Vertreter zu bestellen.

1. für einen Beteiligten, dessen Person unbekannt, oder für eine Person, deren Beteiligung ungewiß ist.

2. für einen abwesenden Beteiligten, dessen Aufenthalt unbekannt oder dessen Aufenthalt zwar bekannt, der aber an der Besorgung seiner Vermögensangelegenheiten verhindert ist,

3. für einen Beteiligten, dessen Aufenthalt sich nicht innerhalb des Geltungsbereichs dieses Gesetzbuchs befindet, wenn er der Aufforderung der zuständigen Behörde, einen Vertreter zu bestellen, innerhalb der ihm gesetzten Frist nicht nachgekommen ist,

4. für Gesamthandseigentümer oder Eigentümer nach Bruchteilen sowie für mehrere Inhaber eines sonstigen Rechts an einem Grundstück oder an einem das Grundstück belastenden Recht, wenn sie der Aufforderung der zuständigen Behörden, einen gemeinsamen Vertreter zu bestellen, innerhalb der ihnen gesetzten Fristen nicht nachgekommen sind,

5. bei herrenlosen Grundstücken zur Wahrung der aus dem Eigentum sich ergebenden Rechte und Pflichten.

Für die Bestellung und für das Amt des Vertreters gelten die Vorschriften des Bürgerlichen Gesetzbuchs für die Pflegschaft entsprechend.

Übersicht

1. Die § 149 BBauG entsprechende Vorschrift eröffnet die als 3. **1** Abschnitt zusammengefaßten besonderen Regelungen zum Verwaltungsverfahen (dazu und zur Ergänzung durchdie VwVfG s. Vorb.

§§ 200–216, Rn 2, 3). Die Bestellung eines **Vertreters von Amts wegen**
für bestimmte Fälle dient vornehmlich der Erleichterung und Beschleu-
nigung des Verfahrens, namentlich im Umlegungs- und Enteignungs-
verfahren. Die Vorschrift erlaubt die Bestellung von Vertretern in
weitergehendem Umfang als dies die auch in öffentlich-rechtlichen
Angelegenheiten anwendbaren §§ 1909 ff. BGB für die Bestellung von
Pflegern zulassen. Die Bestellung eines Vertreters gem. § 207 erfolgt
zwar auch wie die Pflegschaft zum Schutze des Vertretenen, in erster
Linie aber im Interesse der Allgemeinheit und der übrigen Beteiligten
zur zügigen Durchführung des Verfahrens. Wenn die in Nr. 1–5 ab-
schließend aufgezählten Voraussetzungen vorliegen, muß das vom
Gesetzgeber wegen seiner Sachkunde und Erfahrung eingeschaltete
Vormundschaftsgericht auf Ersuchen der zuständigen Behörde einen
sach- und rechtskundigen Vertreter bestellen. Ohne Ersuchen kann das
Vormundschaftsgericht gem. §§ 1911, 1913 BGB tätig werden. Für das
Verfahren der Bestellung und die Rechtsstellung des Vertreters gelten
die Vorschriften des BGB über die Pflegschaft entsprechend (S. 2),
soweit nicht ergänzende und zusätzliche Bestimmungen des § 16 Abs. 3
VwVfG vorgehen. Im übrigen gelten die nach dem Vorbild des § 207
ausgestalteten allgemeinen Regelungen des § 16 VwVfG nur subsidiär.

2 **2. a)** Erste Voraussetzung der Bestellung eines Vertreters ist, daß für
einen Beteiligten ein **Vertreter nicht vorhanden** ist. Um Verfahrens-
verzögerungen möglichst zu vermeiden, wird der Begriff des Beteilig-
ten i. S. v. § 207 weiter ausgelegt als z. B. in § 48 Abs. 1 Nr. 3, § 106
Abs. 1 Nr. 3. Beteiligte sind alle Personen, die den zuständigen Stellen
in einem konkreten Verfahren nach dem BauGB gegenübertreten. Ein
Vertreter ist schon vorhanden, wenn jemand für den betreffenden
Beteiligten in dem konkreten Verfahren rechtlich verbindlich auftreten,
handeln und verfügen kann. Vertreter in diesem Sinne sind rechtsge-
schäftlich bestellte oder gesetzliche Vertreter (Eltern oder Organe einer
juristischen Person), aber auch Pfleger nach dem BGB, wenn es sich
zumindest um eine das konkrete Verfahren umfassende Pflegschaft
handelt.

3 **b)** Von den zur Feststellung eines Vertreters zusätzlich erforderlichen
Bestellungsgründen regelt S. 1 Nr. 1 entsprechend § 1913 S. 1 BGB
zwei Fälle, den **unbekannten Beteiligten** und den **ungewissen Betei-
ligten.** Bei der ersten Altern., die § 16 Abs. 1 Nr. 1 VwVfG entspricht,
steht fest, daß ein Beteiligungsverhältnis gegeben ist, während die
Person des Beteiligten nicht feststeht. Trotz der behördlichen Aufklä-
rungspflicht (§ 208) ist nicht sicher, wem das verfahrensrelevante Recht
zusteht. Nr. 1 greift außer bei völliger Ungewißheit über die Person des
Beteiligten auch dann, wenn nicht eindeutig festgestellt werden kann,
welcher von mehreren in Frage kommenden Personen das Recht zu-
steht. Unbekannter Beteiligter kann auch eine Personenmehrheit (Er-
bengemeinschaft) sein. Sind bei einer Personenmehrheit nur einige
Mitglieder unbekannt, braucht nur für diese ein gemeinsamer Vertreter

bestellt werden. Bei der zweiten Altern. kann die möglicherweise beteiligte Person bekannt sein, jedoch ist das Beteiligungsverhältnis unsicher.

c) Bei beiden Altern. der in Nr. 2 ähnlich wie in § 1911 Abs. 1 S. 1, **4** Abs. 2 BGB und § 16 Abs. 1 Nr. 2 VwVfG geregelten **abwesenden Beteiligten** ist die beteiligte Person (Personenmehrheit) bekannt und das Beteiligungsverhältnis steht fest, die Beteiligten sind aber abwesend. Abwesend ist ein Beteiligter, wenn er sich nicht an dem Ort aufhält, an dem er eine Handlung als Beteiligter vornehmen soll (Meyer, in: Kohlhammer-Komm. BBauG, § 149, Anm. III 2a). Das in der zivilrechtlichen Literatur großzügig ausgelegte Merkmal der Abwesenheit ergänzt in beiden Altern. nur je ein weiteres entscheidendes Merkmal. Unbekannt i. S. d. ersten Altern. ist der Aufenthalt einer Person, deren Anschrift nicht bekannt ist und z. B. auch durch Nachforschungen in Meldeämtern oder an der letzten bekannten Adresse nicht ohne unverhältnismäßigen Aufwand ermittelt werden kann. Bei der zweiten Altern. ist der Abwesende an der Besorgung seiner Vermögensangelegenheiten verhindert. **Verhinderung** kann durch die räumliche Entfernung, aber auch durch andere Gründe bedingt sein, z. B. Strafhaft, Krankenhausaufenthalt (s. Kopp, VwVfG, § 16, Rn 8; a. A. Ule/Laubinger, Verwaltungsverfahrensrecht, 3 A., 1986, § 18 II 1: nur wegen räumlicher Entfernung). Ist ein Beteiligter in der Lage, sich einen Vertreter zu bestellen, so ist er nicht verhindert. Eine kurzfristige Verhinderung kann ein Vorgehen nach Nr. 2 ausnahmsweise nur dann rechtfertigen, wenn wegen der Eilbedürftigkeit des Verfahrens nicht gewartet werden kann oder eine Verfahrensverschleppung zu befürchten ist (s. Borgs, in: Meyer/Borgs, VwVfG, § 16, Rn 8).

d) Nr. 3 setzt ebenso wie § 16 Abs. 1 Nr. 3 VwVfG zunächst voraus, **5** daß ein Beteiligter sich außerhalb des Geltungsbereichs des BauGB (tatsächlich) aufhält – verkürzt: **Beteiligter im Ausland.** Das BauGB gilt im Bundesgebiet einschl. des Landes Berlin (§ 246). Benötigt die Behörde den Beteiligten nur zur rechtswirksamen Entgegennahme von Mitteilungen, Ladungen, Zustellungen u. ä., ist es aus Gründen der Verwaltungsvereinfachung angebracht, gem. § 15 VwVfG nur einen Empfangsbevollmächtigten zu bestellen. Sind aber sonstige Verfahrenshandlungen seitens des Beteiligten erforderlich, genügt die Bestellung oder Nennung eines Empfangsbevollmächtigten (durch den Beteiligten) nicht. Nach Nr. 3 muß die Behörde den Beteiligten vergeblich zur Bestellung eines Vertreters aufgefordert haben. Die Aufforderung muß eine die Schwierigkeiten des Auslandsaufenthaltes berücksichtigende angemessene Frist enthalten. Benennt der Beteiligte nach Fristablauf einen Vertreter, so hat die Behörde vor der amtlichen Bestellung eines Vertreters durch das Vormundschaftsgericht ihr Ersuchen zurückzunehmen und eventuelle Kosten dem Beteiligten aufzuerlegen (Borgs, in: Meyer/Borgs, § 16, Rn 9).

e) Nr. 4 verpflichtet die Behörde für den Fall, daß eine **Mehrheit von** **6**

Eigentümern oder Inhabern sonstiger Rechte vorhanden ist, die Beteiligten zunächst aufzufordern, innerhalb einer Frist einen gemeinsamen Vertreter zu bestellen. Die Aufforderung ist an jeden einzelnen Rechtsinhaber zu richten.

7 f) Nr. 5 betrifft wie §§ 119 Abs. 1 Nr. 4 FlurG, 58 ZPO und 787 ZPO **herrenlose Grundstücke** (weiter § 16 Abs. 1 Nr. 5 VwVfG, bewegliche und unbewegliche Sachen). Zum Tatbestand der Herrenlosigkeit s. § 928 Abs. 2 BGB. Der Vertreter hat die sich in Bezug auf die Sache ergebenden Rechte und Pflichten für den künftigen Eigentümer als den künftigen Beteiligten (h. M.; s. Kalb, in: E/Z/B, § 207, Rn 19, a. A. Kopp, VwVfG, § 16, Rn 13: primär für den früheren Eigentümer) zu wahren.

8 g) Ergänzend gilt auch für Verfahren nach dem BauGB die in § 16 Abs. 1 Nr. 4 VwVfG geregelte Bestellung eines Vertreters für den **gebrechlichen Beteiligten**. Da § 16 VwVfG ebenso wie § 207 BauGB vornehmlich der Zügigkeit des Verwaltungsverfahrens und erst in zweiter Linie den Interessen des Beteiligten dient, ist anders als in § 1910 Abs. 3 BGB die Einwilligung des körperlich oder geistig Gebrechlichen nicht erforderlich.

9 3. Der Vertreter wird bestellt auf **Ersuchen der zuständigen Behörde.** Das ist die Behörde, welche das Verfahren durchzuführen hat, in dem die von Ziff. 1–5 und von § 16 Abs. 1 Nr. 4 VwVfG Betroffenen Beteiligte sind. Die Antragstellung steht im Ermessen der Behörde, das durch die Zwecke des § 207 begrenzt wird. Sachlich zuständig für die Bestellung ist das **Amtsgericht** (§ 35 FGG), soweit nicht wie nach Art. 147 EGBGB i. V. m. §§ 66 ff. ba. wü. AG BGB (Bezirksnotare) landesrechtlich anderes bestimmt ist. Anders als § 24 Abs. 2 BauGB regelt das Gesetz die örtliche Zuständigkeit des **Vormundschaftsgerichtes** nicht ausdrücklich. Daher gilt in allen Fällen der Ziff. 1, 2, 3 u. 5, den Regelungen des VwVfG entsprechend (§ 16 Abs. 1 Nr. 1, 2, 3, 5) die Zuständigkeitsregelung des § 16 Abs. 2 VwVfG. Zuständig ist also das Vormundschaftsgericht, in dessen Bezirk die ersuchende Behörde ihren Sitz hat (Kalb, in: E/Z/B, § 207, Rn 26; Fislake, in: Berliner Komm. § 207, Rn 15; a. A. Schrödter, § 149, Rn 6: stets Zuständigkeit der belegenen Sache). Im Fall des körperlich oder geistig Gebrechlichen i. S. v. § 16 Abs. 1 Nr. 4 VwVfG ist das Vormundschaftsgericht zuständig, in dessen Bezirk der Beteiligte seinen Wohnsitz oder bei Fehlen eines solchen seinen gewöhnlichen Aufenthalt hat (§ 16 Abs. 2 VwVfG). Im Fall des § 207 Nr. 4 ist das Vormundschaftsgericht zuständig, in dessen Bezirk das betreffende Grundstück liegt (Kalb, in: E/Z/B, § 207, Rn 27; s. a. OLG Hamm, OLGZ 1977, 191). Die Bestellung eines Vertreters liegt nicht im Ermessen des Vormundschaftsgerichts. Gem. dem über § 207 S. 2 BauGB, § 16 Abs. 4 VwVfG anwendbaren § 12 FGG – Amtsermittlungsgrundsatz – hat das Vormundschaftsgericht jedoch zu prüfen, ob die ersuchende Behörde zuständig ist und die sachlichen Voraussetzungen für die Bestellung eines Vertreters (insbe-

sondere Rechts- und Sachkunde i. S. v. § 207 BauGB) vorliegen. Gegen die Ablehnung des Antrags durch das Vormundschaftsgericht kann nur die ersuchende Behörde gem. § 20 Abs. 2 FGG Beschwerde einlegen, gegen die Bestellung als Vertreter auch dieser und der Beteiligte, für den der Vertreter bestellt worden ist (§ 20 Abs. 1 FGG). Das Vormundschaftsgericht hat die Vertretung auf Antrag oder von Amts wegen aufzuheben, wenn der Grund für die Bestellung weggefallen ist (§ 1919 BGB).

4. Die **Rechtsstellung des Vertreters** bestimmt sich gem. § 207 S. 2 **10** BauGB nach den entsprechend anwendbaren bürgerlich-rechtlichen Vorschriften über die Pflegschaft einschließlich des FGG (Rechtsmittel s. Rn 9) und hinsichtlich der Vergütung nach dem ergänzend anwendbaren § 16 Abs. 3 VwVfG. Während dei Pflegschaft grundsätzlich unentgeltlich geführt wird (§§ 1915, 1836 Abs. 1 S. 1; Ausnahme § 1836 Abs. 1 S. 2 BGB), gibt § 16 Abs. 3 S. 1 VwVfG dem Vertreter statt des bloßen Aufwendungsersatzes gegen den Vertretenen (§ 1835 BGB) einen direkten Anspruch auf angemessene Vergütung und Erstattung seiner baren Auslagen gegen den Rechtsträger der Behörde, die um seine Bestellung ersucht hat. Gem. § 16 Abs. 3 S. 2 VwVfG kann die Behörde von dem Vertretenen Aufwendungsersatz verlangen. Durch Verwaltungsakt bestimmt die Behörde die Höhe der Vergütung und stellt die Auslagen und Aufwendungen fest (§ 16 Abs. 3 S. 3 VwVfG). Jeder Deutsche, der die erforderliche Sach- und Rechtskunde besitzt, ist grundsätzlich zur Annahme des Vertreteramtes verpflichtet (§§ 1915, § 1785 BGB, Ausnahmen §§ 1780–84 BGB, § 1786 BGB; h. M., Meyer-Borgs, § 16 VwVfG, Rn 4; a. A. Leonhardt, in: Stelkens/Bonk/ Leonhardt, VwVfG, § 16, Rn 32). Ordnungsstrafe: § 1788 BGB; Genehmigung für Beamte; § 1784 BGB. Durch die Bestellung (§ 1787 BGB, Bestallungsurkunde, § 1791 BGB) erhält der Vertreter als Inhaber eines öffentlichen Amtes die Rechtsmacht, in dem Verfahren, in dem er bestellt ist, für den Vertretenen tätig zu werden. In den Fällen der §§ 1821, 1822 BGB (Grundstücksgeschäfte etc.) bedarf der Vertreter der Genehmigung des Vormundschaftsgerichts. Solange der Vertreter sein Amt innehat, kann der Beteiligte im Unterschied zur Pflegschaft keinen Einfluß auf das Verfahren nehmen (Meyer-Borgs, VwVfG, § 16, Rn 3). Wenn auch die Vertretung vornehmlich im öffentlichen Interesse erfolgt, so hat der Vertreter doch im Verfahren die Interessen des Vertretenen wahrzunehmen. Zur Haftung s. §§ 1915, 1833 BGB; Rechnungslegung, § 1890 BGB. Wird dem Vertreter auf Antrag der Enteignungsbehörde die Vertretung im Enteignungsverfahren übertragen, fällt darunter zwar eine Einigung nach § 110 BauGB, nicht aber ein privatrechtlicher Verkauf außerhalb des Enteignungsverfahrens zur Abwendung der Enteignung (BGH, NJW 1974, 1374).

§ 208 Anordnungen zur Erforschung des Sachverhalts

Die Behörden können zur Erforschung des Sachverhalts auch anordnen, daß

1. **Beteiligte persönlich erscheinen,**
2. **Urkunden und sonstige Unterlagen vorgelegt werden, auf die sich ein Beteiligter bezogen hat,**
3. **Hypotheken-, Grundschuld- und Rentenschuldgläubiger die in ihrem Besitz befindlichen Hypotheken-, Grundschuld- und Rentenschuldbriefe vorlegen.**

Für den Fall, daß ein Beteiligter der Anordnung nicht nachkommt, kann ein Zwangsgeld bis zu tausend Deutsche Mark angedroht und festgesetzt werden. Ist Beteiligter eine juristische Person oder eine nichtrechtsfähige Personenvereinigung, so ist das Zwangsgeld dem nach Gesetz oder Satzung Vertretungsberechtigten anzudrohen und gegen ihn festzusetzen. Androhung und Festsetzung können wiederholt werden.

1 **1.** Die Vorschrift ist beschränkt auf spezielle Anordnungen zur Erforschung des Sachverhalts, nämlich persönliches Erscheinen der Beteiligten (S. 1 Nr. 1), Vorlage von Urkunden und sonstigen Unterlagen (S. 1 Nr. 2), Vorlage von Grundpfandrechtsbriefen (S. 1 Nr. 3). Soweit diese Anordnungen gegen Beteiligte ergehen, räumen S. 2–4 zusätzlich zu den allgemeinen Regeln des Verwaltungszwanges die Befugnis ein, Zwangsgeld bis zu 1000 DM auch wiederholt anzudrohen und festzusetzen. § 208 wird ergänzt durch zahlreiche besondere Verfahrensvorschriften des BauGB, die der Sachverhaltsermittlung, teilweise aber auch dem Schutz der Beteiligten dienen, wie z. B. §§ 108 Abs. 1, 116 Abs. 1, obligatorische mündliche Verhandlung im Enteignungsverfahren, § 66 Abs. 1, Erörterung über Umlegungsplan, aber auch die an die Behörden der Gemeinden gerichteten § 3, Beteiligung der Bürger an der Bauleitplanung, § 175 Abs. 1, Erörterung und Beratung vor Erlaß von städtebaulichen Geboten sowie § 197, besondere Auskunfts- und Vorlagerechte des Gutachterausschusses und die subsidiär geltenden (s. Vorbem. §§ 200–216, Rn 2) Vorschriften des VwVfG zur Erforschung des Sachverhaltes im einfachen Verwaltungsverfahren: insbesondere § 24, Untersuchungsgrundsatz und § 26, Beweismittel, auch § 25, Be-

ratung, Auskunft, §28, Anhörung Beteiligter, §29, Akteneinsicht. Zur Entstehungsgeschichte der Vorschrift s. Voraufl., Rn 1.

2. Wegen des öffentlichen Interesses an der sachlichen Richtigkeit, 2 insbesondere der Gesetzmäßigkeit des Verwaltungshandelns, verpflichtet der **Untersuchungsgrundsatz** die Behörde, den wahren Sachverhalt ohne Bindung an das Vorbringen und die Beweisanträge der Beteiligten zu ermitteln. Anders als bei dem generell im Zivilprozeß geltenden Verhandlungsgrundsatz (Beibringungsgrundsatz) tragen nicht die Beteiligten, sondern trägt die Behörde die Verantwortung für die Richtigkeit des ermittelten Sachverhaltes (Berg, VerwArch 1976, 162). Der Untersuchungsgrundsatz ist zu unterscheiden von dem in §22 VwVfG geregelten Begriffspaar Dispositionsmaxime (Verfügungsgrundsatz) und Offizialmaxime, also den Grundsätzen, die festlegen, wer die Befugnis hat (Behörde oder Antragsteller), über den Gegenstand des Verfahrens und des Verfahrensverhältnisses zu verfügen, insbesondere durch Einleitung oder Beendigung, z. B. Antragsrücknahme. Der Umfang der Untersuchungspflicht richtet sich nach dem entscheidungserheblichen Sachverhalt. Die Entscheidung über die Klärung der Tatsachen und etwaiger rechtlicher Vorfragen steht im Ermessen der Behörde. Die Bemühungen der Behörde müssen im Verhältnis zum Erfolg vertretbar und zumutbar sein. Dabei sind insbesondere zu beachten: Bedeutung und Schwere der Entscheidung für die Beteiligte und Allgemeinheit, Zweifelhaftigkeit des Vorbringens der Beteiligten oder Bestreiten seitens der Beteiligten (s. Meyer-Borgs, §24, Rn 5), aber auch Effizienz, Wirtschaftlichkeit und Sparsamkeit der Verwaltungsführung (s. Berg, VerwArch 1976, 166; einschr. Kopp, VwVfG, §24, Rn 8). Aus der Geltung des Untersuchungsgrundsatzes folgt, daß es im Verwaltungsverfahren **keine Beweisführungspflicht** (formelle Beweislast) gibt (anders für anmeldungspflichtige Rechtsinhaber im Enteignungsverfahren, §106 Abs. 1 Nr. 3, Abs. 2 u. 3 und im Umlegungsverfahren, §48 Abs. 1 Nr. 3, Abs. 2 u. 3). Kann ein Sachverhalt jedoch trotz sachgemäßer Untersuchung nicht aufgeklärt werden, so geht das zu Lasten dessen, der aus dem Sachverhalt günstige Rechtsfolgen für sich herleitet. Dieser Beteiligte trägt also die **materielle** (objektive) **Beweislast**, es sei denn, ein Rechtssatz ordnet ausdrücklich eine andere Rechtsfolge an. Der aus dem Untersuchungsgrundsatz folgenden Sachverhaltsermittlung nach Ermessen entspricht der **Grundsatz der freien Beweiswürdigung.** Die Behörde ist also nicht an starre Beweisregeln gebunden. Vielmehr hat sie alle entscheidungserheblichen Informationen nach bestem Wissen und Gewissen abzuwägen, um sich ohne Bindung an Sachverständigengutachten (BVerwG, DVBl. 1979, 350) eine eigene Überzeugung zu bilden. Mit dem Untersuchungsgrundsatz ist vereinbar, daß die Beteiligten bei der Ermittlung des Sachverhaltes mitwirken, insbesondere die ihnen bekannten Tatsachen und Beweismittel angeben sollen (§26 Abs. 2 VwVfG). Die Nichterfüllung dieser bloßen verfahrensrechtlichen Obliegenheit (Last) kann bei der freien

Beweiswürdigung, bei Schadensersatzansprüchen als Mitverschulden
(BGH, DVBl. 1964, 146), bei der Beurteilung der Schutzwürdigkeit
i. S. v. § 48 Abs. 2 u. 3 VwVfG, bei der Kostenentscheidung gem. § 155
Abs. 5 VwGO und insoweit berücksichtigt werden, als der Beteiligte,
der seine Mitwirkungsrechte nicht hinreichend wahrnimmt, nicht da-
mit gehört wird, die Behörde habe seine Rechte verletzt (BVerwG,
DÖV 1979, 517). Über die bloße Mitwirkungslast hinaus geht die
bindende Verpflichtung des § 208 S. 1 BauGB.

3 **3. a)** Aus dem Untersuchungsgrundsatz folgt der Grundsatz der sog.
Unbeschränktheit der Beweismittel (§ 26 Abs. 1 VwVfG). Der Katalog
der in § 26 Abs. 1 VwVfG genannten Beweismittel – Einholung von
Auskünften, Anhörung von Beteiligten, Vernehmung von Zeugen und
Sachverständigen oder Einholung deren schriftlicher Äußerung, Bei-
ziehung von Urkunden und Akten sowie Augenscheinseinnahme – ist
nicht abschließend. Ohne den Willen des Eigentümers dürfen die
Behörden Grundstücke nur zu den in § 209 genannten Zwecken (Ge-
genschluß aus § 197 Abs. 1 S. 3), Wohnungen nur mit Zustimmung des
Eigentümers betreten. Da durch Rechtsvorschrift nicht vorgesehen,
sind **Zeugen** weder zum Erscheinen noch zur Aussage (s. § 26 Abs. 2
S. 2 VwVfG) noch zur Abgabe von eidesstattlichen Versicherungen
oder Eidesleistungen verpflichtet (s. § 27 VwVfG). Das Recht, Ge-
richte um **Rechtshilfe** ersuchen zu können Art. 35 Abs. 1 GG, §§ 156 ff.
GVG, § 14 VwGO, begründet ebenfalls keine Zeugnispflicht, denn das
Rechtshilfegericht hat nicht mehr Zwangshilfebefugnisse als die ersu-
chende Behörde. Mangels Regelung im BauGB oder im VwVfG gelten
für die Art und Weise der Vernehmung der Zeugen und Sachverständi-
gen die §§ 394–396, 402 ZPO entsprechend. Gem. § 26 Abs. 3 S. 2
VwVfG sind Zeugen und Sachverständige auf Antrag in entsprechen-
der Anwendung des Gesetzes für Entschädigung von Zeugen und
Sachverständigen zu entschädigen. Die Behörden können (auch im
Wege der **Amtshilfe** §§ 4 ff. VwVfG) **Urkunden, Akten,** aber auch
sonstige Unterlagen wie Pläne und Zeichnungen heranziehen, Urkun-
den grundsätzlich nur mit Zustimmung des Eigentümers oder Besit-
zers (Ausnahmen § 208 S. 1 Nr. 2 u. 3) und im Wege der Amtshilfe oder
Rechtshilfe, soweit sie sich im Besitz anderer Behörden oder Gerichte
befinden.

4 **b)** Zur Ermittlung des Sachverhaltes gewährt S. 1 der Behörde die
Befugnis, wenn dies zur Erforschung des Sachverhaltes erforderlich ist,
in bestimmten Fällen Anordnungen zu treffen, die, soweit sie sich
gegen Beteiligte richten, gem. S. 2–4 zwangsgeldbewehrt sind. Die
Behörde kann das **persönliche** (keine Vertretung) **Erscheinen** der Be-
teiligten anordnen (S. 1 Nr. 1). Mangels gesetzlicher Ermächtigungs-
grundlage kann die Behörde die Erschienenen nicht zur Abgabe irgend-
welcher Erklärungen zwingen (Kalb, in: E/Z/B, § 208, Rn 9; a. A.
Schrödter, § 150, Rn 5). Die Behörde kann anordnen die **Vorlage von
Urkunden und sonstigen Unterlagen** (Pläne, Zeichnungen, Fotogra-

fien), auf die sich ein Beteiligter bezogen hat (S. 1 Nr. 2). Vorlagepflichtig sind nicht nur Beteiligte (Kalb, in: E/Z/B, §208, Rn 10; a. A. Schrödter, §150, Rn 8). Gegen Nichtbeteiligte kann aber kein Zwangsgeld gem. S. 2–4 verhängt werden. Die Behörde kann die Gläubiger von Hypotheken, Grundschulden und Rentenschulden zur Vorlage der in ihrem Besitz befindlichen **Grundpfandrechtsbriefe** verpflichten (S. 1 Nr. 3), ohne daß die Gläubiger Beteiligte sein müsen oder daß sich wie bei Nr. 2 ein Beteiligter auf die Urkunden berufen haben muß. Die Anordnungen gem. S. 1 Nr. 1–3 sind verfahrensrechtliche Verwaltungsakte, die anders als sonstige behördliche Verfahrenshandlungen nicht erst gleichzeitig mit den gegen die Sachentscheidung zulässigen Rechtsmitteln (§44a S. 1 VwGO), sondern als vollstreckbare oder gegen Nichtbeteiligte gerichtete Verfahrenshandlungen selbständig angefochten werden können (§44a S. 2 VwGO; BGH, NJW 1978, 1162). Ergehen die Verwaltungsakte in Verfahren, die von den Baulandgerichten überprüft werden, so sind diese ggf. nach Durchführung eines Vorverfahrens (§212) zuständig, andernfalls die Verwaltungsgerichte nach einem Widerspruchsverfahren (§68 VwGO). Bei der Anwendung des Tatbestandsmerkmals „soweit er für die Entscheidung Bedeutung hat", das zum Ausdruck bringt, daß die Anordnung durch den Ermittlungs- oder Untersuchungszweck gedeckt sein muß, hat BGH, NJW 1978, 1162 der Enteignungsbehörde als sachneutraler Stelle zur eigenverantwortlichen (potentiell) verbindlichen Entscheidung in der Hauptsache einen weiteren Beurteilungsspielraum eingeräumt, insbesondere dahingehend, welche einzelnen Anordnungen die Behörde aufgrund ihres Rechtsstandpunktes in der Hauptsache für erforderlich hält (s. a. Menger, VerwArch 1979, S. 177 ff. sowie §223, Rn 3).

c) Kommt ein Beteiligter einer Anordnung gem. S. 1 Nr. 1–3 nicht 5 nach, so kann die Behörde als Zwangsmittel zur Durchsetzung der Anordnung ein Zwangsgeld festsetzen (S. 2–4). Der eindeutige unterschiedliche Wortlaut der einen Absatz bildenden Sätze – Satz 1 Beteiligte und Nichtbeteiligte/Satz 2 u. 3 nur Beteiligte – schließt es aus, ein Zwangsgeld auch gegen Nichtbeteiligte festzusetzen (Kalb, in: E/Z/B, §208, Rn 17; a. A. Meyer, in: Kohlhammer-Komm. BBauG, §150, Anm. V 1, 2). Als abschließende Regelung schließen S. 2–4 auch den Rückgriff auf andere landesrechtlich geregelte Zwangsmittel wie Ersatzvornahme oder unmittelbaren Zwang aus (Kalb, in: E/Z/B, §208, Rn 27; a. A. Meyer aaO, §150, Anm. VI). Übereinstimmend mit anderen vollstreckungsrechtlichen Regelungen (§13 Abs. 6 BVwVG; zum Landesrecht s. Engelhardt, BVwVG, VwZG, 1979, BVwVG, §13, Anm. 5) kann das Zwangsgeld nach erfolgloser Einziehung jeweils wiederholt angedroht und festgesetzt werden. Die in §16 BVwVG und in einigen Landesvollstreckungsgesetzen geregelte Ersatzzwangshaft bzw. Erzwingungshaft (s. Engelhardt, aaO, §16, Anm. 6) kann mangels gesetzlicher Ermächtigung in §208 nicht verhängt werden (Kalb, in: E/Z/B, §208, Rn 24; a. A. Meyer aaO, §150,

Anm. VI 2a). Kommt ein Beteiligter, der eine juristische Person des Privatrechts oder des öffentlichen Rechts oder eine nichtrechtsfähige Personenvereinigung ist, einer Anordnung nach S. 1 Nr. 1–3 nicht nach, so ist das Zwangsgeld dem nach Gesetz oder Satzung Vertretungsberechtigten anzudrohen und gegen ihn festzusetzen (S. 3; ebenso für Ordnungsgeld § 95 Abs. 2 VwGO). Im übrigen richtet sich das Verfahren der Androhung und Festsetzung des Zwangsgeldes mangels Verweisung auf das BVwVG nach den jeweiligen Vollstreckungsgesetzen der Länder.

§ 209 Vorarbeiten auf Grundstücken

(1) **Eigentümer und Besitzer haben zu dulden, daß Beauftragte der zuständigen Behörden zur Vorbereitung der von ihnen nach diesem Gesetzbuch zu treffenden Maßnahmen Grundstücke betreten und Vermessungen, Boden- und Grundwasseruntersuchungen oder ähnliche Arbeiten ausführen. Die Absicht, solche Arbeiten auszuführen, ist den Eigentümern oder Besitzern vorher bekanntzugeben. Wohnungen dürfen nur mit Zustimmung der Wohnungsinhaber betreten werden.**

(2) **Entstehen durch eine nach Absatz 1 zulässige Maßnahme dem Eigentümer oder Besitzer unmittelbare Vermögensnachteile, so ist dafür von der Stelle, die den Auftrag erteilt hat, eine angemessene Entschädigung in Geld zu leisten; kommt eine Einigung über die Geldentschädigung nicht zustande, so entscheidet die höhere Verwaltungsbehörde; vor der Entscheidung sind die Beteiligten zu hören. Hat eine Enteignungsbehörde den Auftrag erteilt, so hat der Antragsteller, in dessen Interesse die Enteignungsbehörde tätig geworden ist, dem Betroffenen die Entschädigung zu leisten; kommt eine Einigung über die Geldentschädigung nicht zustande, so setzt die Enteignungsbehörde die Entschädigung fest; vor der Entscheidung sind die Beteiligten zu hören.**

1 **1.** Die Vorschrift ergänzt die Regelung des § 208, indem die Behörden zur Vorbereitung der von ihnen nach dem BauGB zu treffenden Maßnahmen bestimmte der Ermittlung der tatsächlichen Gegebenheiten auf dem Grundstück dienende Eingriffsrechte erhalten (Abs. 1 S. 1). Eigentümer und Besitzer haben nach vorheriger Bekanntgabe (Abs. 1 S. 2) diese Vorarbeiten auf dem Grundstück, nicht aber in Wohnungen (Abs. 1 S. 3), zu dulden. Wenn dadurch Schäden entstehen, so nur gegen angemessene Entschädigung, die im Enteignungsverfahren die Enteignungsbehörde, sonst die höhere Verwaltungsbehörde festsetzt (Abs. 2). Die gegenüber § 197 Abs. 1 S. 3 detailliertere Vorschrift gilt ergänzend auch für Gutachterausschüsse (§ 208, Rn 1). Für die Durchführung von bauordnungsrechtlichen Aufgaben gewähren die Landes-

bauordnungen (z. B. § 88 nds, § 77 nwBauO) eigene, hinsichtlich der
Wohnungen z. T. weitergehende Betretungsrechte.

2. Die **Eingriffsrechte** (Betreten des Grundstücks, Vermessungsar- 2
beiten, Boden- und Grundwasseruntersuchungen o. ä. Arbeiten wie
Verdeutlichung von Grenzmarkierungen oder geplanten Trassen), die
der Vorbereitung der nach dem BauGB (nicht nach den Landesbauord-
nungen) zu treffenden Maßnahmen (z. B. Bauleitplanverfahren, Ent-
eignungsverfahren) dienen, müssen entsprechend dem Grundsatz der
Verhältnismäßigkeit notwendig sein (OVG Lüneburg, NJW 1970,
1142). Unerheblich ist, ob der Duldungspflichtige die vorzubereitende
Maßnahme für notwendig hält. Keine Duldungspflicht besteht für über
die Vorbereitung hinausgehende, bereits der Durchführung der Maß-
nahme dienende Arbeiten. Eingriffsberechtigte Beauftragte der zustän-
digen Behörde können außer Behördenbediensteten auch private Sach-
verständige sein. Anders als Grundstücke dürfen Wohnungen, zu denen
wegen des weiten Schutzbereichs von Art. 13 GG auch Geschäfts-,
Arbeits- und Betriebsräume zählen (BVerfGE 32, 54), nicht gegen den
Willen des Wohnungsinhabers betreten werden.

3. Zwingende Voraussetzung für die Zulässigkeit der Vorarbeiten 3
i. S. v. Abs. 1 S. 1 – nicht aber das Betreten des Grundstücks – ist die
vorherige (schriftliche oder mündliche) **Bekanntgabe** der Absicht ge-
genüber Besitzer oder Eigentümer (Abs. 1 S. 2). Neben dem Besitzer
ist auch der Eigentümer zu benachrichtigen, wenn Maßnahmen beab-
sichtigt sind, die der Besitzer ohne Einwilligung des Eigentümers nicht
vornehmen dürfte, z. B. Abholzen von Bäumen. Der Inhalt der Be-
nachrichtigung muß so bestimmt sein, daß sich die Adressaten auf Art,
Umfang und Dauer der Arbeiten einstellen können. Die Benachrichti-
gung über die Inanspruchnahme eines Grundstückes, „um die Achse
der geplanten . . . Straße abzustecken und die für die Herstellung dieser
Straße erforderlichen Probebohrungen durchzuführen", ist zu unbe-
stimmt, da für einen Laien nicht erkennbar ist, welche Arbeiten für das
Abstecken und wie viele Probebohrungen in welchem Ausmaß erfor-
derlich sind (VG Bremen, B. v. 21. 10. 1966 – I V 113/1966, mitgeteilt
v. Kalb, in: E/Z/B, § 209, Rn 16). Die Benachrichtigung ist ein mit
Rechtsbehelfsbelehrung (§ 211) zu versehender Verwaltungsakt, der die
Duldung der Vornahme eines Realaktes (= Vorarbeiten) festsetzt. Die
Bekanntgabe muß so rechtzeitig vorher erfolgen, daß der Betroffene
(Besitzer oder Eigentümer) gegen die sofortige Durchführung der
Vorarbeiten **Rechtsschutz** vor den Verwaltungsgerichten erlangen
kann. Auch wenn Vermessungen die beantragte Enteignung eines
Grundstückes vorbereiten, sind die Verwaltungsgerichte, und nicht in
erweiternder Auslegung des § 217 die Baulandgerichte zuständig
(OVG Lüneburg, NJW 1970, 1142; h. M.; a. A. Schrödter, § 151, Rn 9;
s. a. § 217, Rn 4). Zivilrechtliche Schutz-, Abwehr- und Selbsthilfe-
rechte (§§ 227, 1004, 859 BGB) haben Besitzer und Eigentümer gegen
die öffentlich-rechtliche Duldungspflicht nicht.

4 **4.** Die **Entschädigungspflicht** gem. Abs. 2 besteht nur für eine gem. Abs. 1 zulässige, also rechtmäßige Maßnahme. Bei rechtswidrigen Maßnahmen aufgrund von Abs. 1 bestehen verwaltungsgerichtlich durchsetzbare Unterlassungs- und Folgenbeseitigungsansprüche oder zivilgerichtlich durchsetzbare Ansprüche auf Schadensersatz (§ 839 BGB, Art. 34 GG) oder auf Entschädigung wegen enteignungsgleichen Eingriffs. Die angemessene Entschädigung in Geld für unmittelbare Vermögensnachteile ist kein Schadensersatz. Ausgeglichen werden nur unmittelbare Schäden, nicht mittelbare, wie entgangener Gewinn, und nur Vermögensschäden, nicht immaterielle Schäden. Die Höhe der Entschädigung ist unter Abwägung der Interessen der Allgemeinheit und des Betroffenen zu bestimmen. Anspruchsberechtigt sind Eigentümer oder Besitzer, je nachdem, wer von beiden den Schaden erlitten hat, z. B. bei Abholzen von Bäumen der Eigentümer, bei Beschädigung von Beeten der Besitzer. **Entschädigungsverpflichtet** ist grundsätzlich die Stelle, die den Auftrag erteilt hat (Abs. 2 S. 1). Hat eine Enteignungsbehörde den Auftrag erteilt, ist entschädigungspflichtig der begünstigte Antragsteller, in dessen Interesse die Enteignungsbehörde tätig geworden ist (Abs. 2 S. 2). Entschädigungsverpflichteter und Entschädigungsberechtigter sollen sich wie im Enteignungsverfahren über die Höhe der Entschädigung einigen. Für Streitigkeiten aus diesem öffentlich-rechtlichen Vertrag (§§ 54 ff. VwVfG) sind die Verwaltungsgerichte, nicht die Baulandgerichte zuständig. Kommt keine Einigung zustande, so setzt im Enteignungsverfahren die Enteignungsbehörde, andernfalls die höhere Verwaltungsbehörde (§ 203 Abs. 3) jeweils nach Anhörung der Beteiligten die Entschädigung durch einen gem. § 217 vor den Baulandgerichten anfechtbaren Verwaltungsakt fest. Aus diesem Festsetzungsbescheid kann der Berechtigte nicht vollstrecken (Kalb, in: E/Z/B, § 209, Rn 29; Schrödter, § 151, Rn 6; a. A. Meyer, Kohlhammer-Komm. BBauG, § 141, Anm. IV 3 c). Bei Nichtzahlung muß er statt dessen seinen Entschädigungsanspruch vor den Zivilgerichten einklagen.

§ 210 Wiedereinsetzung

(1) **Wenn ein Beteiligter ohne Verschulden verhindert war, eine gesetzliche oder aufgrund dieses Gesetzbuchs bestimmte Frist für eine Verfahrenshandlung einzuhalten, so ist ihm auf Antrag Wiedereinsetzung in den vorigen Stand zu gewähren.**

(2) **Die nach § 32 Abs. 4 des Verwaltungsverfahrensgesetzes zuständige Behörde kann nach Wiedereinsetzung in den vorigen Stand anstelle einer Entscheidung, die den durch das bisherige Verfahren herbeigeführten neuen Rechtszustand ändern würde, eine Entschädigung festsetzen.**

1. Durch die ursprünglich prozeßrechtliche (§ 233 ZPO, § 60 1
VwGO) Wiedereinsetzung in den vorigen Stand bei schuldloser Ver-
säumung einer gesetzlichen Frist wird der Beteiligte so gestellt, als habe
er die Frist nicht versäumt. § 210 Abs. 1 gibt i. V. m. § 32 Abs. 2
VwVfG dem Beteiligten, der die materiellen und formellen Vorausset-
zungen erfüllt – Fristversäumung ohne Verschulden (§ 210 Abs. 1),
befristet, zu begründender und glaubhaftmachender Antrag (§ 32
Abs. 2 S. 1, 2, Abs. 3 VwVfG), aber Ausnahme nach Abs. 2 S. 4
VwVfG), Nachholen der versäumten Verfahrenshandlung (§ 32 Abs. 2
S. 3 VwVfG) – einen Anspruch auf Wiedereinsetzung. Die für die
Entscheidung über den Antrag zuständige Behörde (§ 32 Abs. 4) kann
nach Wiedereinsetzung, statt den durch die Fristversäumung eingetre-
tenen Rechtszustand zu ändern, eine Entschädigung festsetzen (§ 210
Abs. 2). Durch die Streichung der Vorgängervorschrift, des Abs. 2
BBauG a. F. sind Abweichungen zu § 32 VwVfG beseitigt worden –
2 Wochenfrist statt Monatsfrist, Glaubhaftmachung der Tatsachen der
Begründung, Ausschlußfrist nach einem Jahr. Geblieben ist als bau-
rechtliche Spezialität § 210 Abs. 2 BauGB. Trotz der mißverständlichen
Formulierung (Verwaltungsverfahrensgesetz statt Verwaltungsverfah-
rengesetze, dazu Allesch BayVBl. 1986, 362) wird § 210 BauGB in
beiden Abs. durch § 32 des jeweiligen Landesverwaltungsverfahrensge-
setzes ergänzt (s. Vorb. §§ 200–216, Rn 3). Für das Verfahren vor den
Baulandgerichten gilt § 218, im Widerspruchsverfahren § 60 VwGO
i. V. m. § 70 II VwGO.

2. a) Materielle Voraussetzung ist zunächst, daß eine gesetzliche **Frist** 2
oder eine aufgrund des BauGB bestimmte Frist für eine Verfahrensver-
handlung **versäumt** worden ist. Gesetzliche Fristen für eine Verfahrens-
verhandlung ordnen an §§ 48 Abs. 2, 50 Abs. 2, 97 Abs. 2, S. 4, 98
Abs. 2, 100 Abs. 7, 101 Abs. 2, 102 Abs. 3, 106 Abs. 2, 114 Abs. 2 S. 1.
Dazu zählen nicht die Ausschlußfristen wie in §§ 19 Abs. 3, 21 Abs. 1,
28 Abs. 2 (s. Zusammenstellung bei Meyer, in: Kohlhammer-Komm.
BBauG, § 153, Anm. II 1 c). Aufgrund des BauGB bestimmte Fristen
sind solche, die aufgrund gesetzlicher Ermächtigung in Rechtsverord-
nungen, Satzungen oder auch Verwaltungsakten (anders § 32 VwVfG;
s. Borgs, in: M/B, § 32, Rn 3) für die Vornahme von Verfahrenshand-
lungen vorgesehen sind.

b) Ob ein Beteiligter **ohne Verschulden** verhindert war, ist ebenso 3
wie in § 32 VwVfG, § 60 VwGO, § 233 ZPO zu entscheiden. Es ist auf
die konkreten Verhältnisse des Betroffenen abzustellen – subjektiver
Fahrlässigkeitsbegriff (s. Kopp, VwVfG, § 32, Rn 16). Das Verschul-
den eines Vertreters ist entsprechend § 32 Abs. 1 S. 2 VwVfG zuzurech-
nen.

3. Wiedereinsetzung wird grundsätzlich nur auf **Antrag** gewährt 4
(Abs. 1). Die **Antragsfrist** beträgt gem. § 32 Abs. 2 S. 1 VwVfG zwei
Wochen (nicht mehr wie gem. § 153 Abs. 2 S. 1 BBauG a. F. einen
Monat) nach Wegfall des Hindernisses. Der Antrag ist zu begründen.

Die eine Wiedereinsetzung rechtfertigenden Tatsachen müssen innerhalb der Frist vorgetragen werden. Die Glaubhaftmachung der Tatsachen zur Begründung kann noch während des weiteren Verfahrens erfolgen (§ 32 Abs. 2 S. 2 VwVfG, BVerwG, NJW 1963, 2042; BFH, NJW 1974, 880). Die **versäumte Rechtshandlung** ist innerhalb der Frist **nachzuholen** (§ 32 Abs. 2 S. 3 VwVfG). Wird die gem. § 31 VwVfG zu berechnende Antragsfrist versäumt, kann ebenfalls nach § 210 Wiedereinsetzung beantragt werden (Kopp, VwVfG, § 32, Rn 6; unentschieden BVerwG, NJW 1976, 74 zu § 60 VwGO). Das Antragsrecht erlischt ein Jahr seit dem Ende der versäumten Frist, außer wenn dies infolge höherer Gewalt unmöglich war (§ 32 Abs. 3 VwVfG; anders § 218 Abs. 1 BauGB, § 153 Abs. 2 BBauG a. F.). Höhere Gewalt entspricht den in § 233 Abs. 1 ZPO genannten Merkmalen (BVerwG, JR 1970, 115). Bei der Ausschlußfrist nach § 32 Abs. 3 VwVfG ist keine Wiedereinsetzung möglich. Wird die versäumte Rechtshandlung innerhalb der Antragsfrist wiederholt und ergibt die von Amts wegen vorgenommene Prüfung, daß die Verfahrenshandlung unverschuldet versäumt worden ist, so hat die Behörde auch ohne Antrag des Beteiligten Wiedereinsetzung von Amts wegen zu gewähren (§ 32 Abs. 2 S. 4 VwVfG).

5 **4.** Ob Wiedereinsetzung auf Antrag oder von Amts wegen gewährt wird, entscheidet die Behörde, die über die versäumte Rechtshandlung zu befinden hat, durch gesonderten Bescheid oder i. V. m. der Entscheidung in der Hauptsache (§ 32 Abs. 4 VwVfG). Wiedereinsetzung kann auch stillschweigend gewährt werden, z. B. durch Sachentscheidung (BVerwG, MDR 1965, 602). **Gewährung und Verweigerung der Wiedereinsetzung** sind Verwaltungsakte, für deren gerichtliche Überprüfung in den Fällen des § 217 die Baulandgerichte (VGH Kassel, ESVGH 27, 175; Fislake, in: Berliner Komm. § 210, Rn 10; a. A. Meyer, in: Kohlhammer-Komm. BBauG, § 153, Anm. V 2: nur VG; dagegen Kalb, in: E/Z/B, § 210, Rn 22), sonst die VG zuständig sind. Als Verfahrenshandlung kann die Gewährung von Dritten mit der Anfechtungsklage, die Verweigerung vom Antragsteller mit der Verpflichtungsklage gem. § 44a VwGO nur gleichzeitig mit der Sachentscheidung überprüft werden (a. A.: keine Geltung des § 44a VwGO für Verpflichtungsklage, Meyer, in: M/B, § 97, Rn 22; zust. Kalb aaO, Rn 23; dagegen BVerwG, NJW 1979, 177; VG Köln, NJW 1978, 1397 m. krit. Anm. v. Plagemann, S. 2261).

6 **5.** Nach Wiedereinsetzung kann die Behörde (in einer Entscheidung) aus Gründen der Rechtssicherheit gem. Abs. 2 anstelle einer Entscheidung, die den durch das bisherige Verfahren herbeigeführten neuen Rechtszustand ändern würde, eine **Entschädigung** festsetzen, die sich nach dem Rechtsverlust bemißt, den der Beteiligte erleidet, wenn die Rechtsanwendung unterbleibt. Im Enteignungs- oder Umlegungsverfahren wird häufig schon vor der Entscheidung über den Antrag auf Wiedereinsetzung eine Änderung des Rechtszustandes eingetreten sein,

die nur unter großen Schwierigkeiten rückgängig gemacht werden kann. Etwaige Rechtswidrigkeit der Entscheidung, die aufgrund der Entschädigungsgewährung bestehen bleibt, schließt die Ermessensentscheidung gem. Abs. 2 nicht aus. Gegen die Festsetzung der Entschädigung ist der Rechtsweg zu den Baulandgerichten eröffnet (§ 217 Abs. 1).

§ 211 Belehrung über Rechtsbehelfe

Den nach diesem Gesetzbuch ergehenden Verwaltungsakten ist eine Erklärung beizufügen, durch die der Beteiligte über den Rechtsbehelf, der gegen den Verwaltungsakt gegeben ist, über die Stelle, bei der der Rechtsbehelf einzulegen ist, und über die Frist belehrt wird.

1. Die Vorschrift erweitert die gem. § 59 VwGO für Bundesbehörden bestehende Pflicht, Verwaltungsakte mit einer **Rechtsmittelbelehrung** bestimmten Inhalts zu versehen, auf andere Behörden aus, soweit sie Verwaltungsakte nach dem BauGB erlassen. Die Rechtsfolgen einer fehlenden oder unvollständigen Rechtsmittelbelehrung regelt das Gesetz anders als § 58 VwGO selbst nicht. Für Enteignungsbeschlüsse geht der speziellere § 113 Abs. 1 vor.

2. Die Rechtsmittelbelehrung ist jedem Verwaltungsakt (§ 35 VwVfG) beizufügen, der aufgrund des BauGB oder einer danach erlassenen Rechtsverordnung oder Satzung ergeht, es sei denn, der Verwaltungsakt kann mangels Beschwer nicht angefochten werden (Kopp, VwGO, § 59, Rn 3). § 211 gilt auch für Verwaltungsakte, die gem. § 44a VwGO nur gleichzeitig mit der Sachentscheidung angefochten werden können (Meyer, in: M/B, § 97, Rn 26; a. A. Kopp, VwGO, § 59, Rn 3). Die Belehrung muß nur die in § 211 bezeichneten **Angaben** enthalten: Bezeichnung des Rechtsbehelfs, Stelle, bei der der Rechtsbehelf einzulegen ist, und Sitz der Stelle. Weder braucht auf etwaigen Vertretungszwang hingewiesen zu werden (BVerwGE 52, 232; a. A. Schrödter, § 154, Rn 1) noch auf die (Schrift)Form des Rechtsbehelfs (BVerwG, NJW 1976, 1332), noch gegen wen der Rechtsbehelf zu richten ist (BGH, NVwZ 1983, 570). Durch einen irreführenden oder unrichtigen Zusatz, der geeignet ist, beim Betroffenen einen Irrtum über die Voraussetzungen des Rechtsbehelfs hervorzurufen und ihn dadurch abzuhalten, den Rechtsbehelf (rechtzeitig) einzulegen, wird die Belehrung fehlerhaft (BVerwGE 57, 188/190).

3. Sind die **VG** für die Überprüfung eines Verwaltungsaktes zuständig, so beginnt bei fehlender oder unvollständiger Rechtsbehelfsbelehrung die Rechtsmittelfrist gem. § 58 Abs. 1 VwGO nicht zu laufen. Statt dessen läuft die einjährige Ausschlußfrist des § 58 Abs. 2 VwGO seit Zustellung, Eröffnung oder Verkündung des Verwaltungsaktes,

außer wenn die Einlegung vor Ablauf der Jahresfrist infolge höherer
Gewalt unmöglich war oder eine schriftliche Belehrung dahin erfolgt
ist, daß ein Rechtsbehelf nicht gegeben sei. Bei höherer Gewalt gilt § 60
Abs. 2 VwGO entsprechend (§ 58 Abs. 2 S. 2 VwGO). Bei Verwal-
tungsakten, für deren Kontrolle die **Baulandgerichte** zuständig sind,
gilt § 58 VwGO weder direkt noch analog (a. A. OLG Köln, DVBl.
1971, 229; Schrödter, § 154, Rn 1; Meyer, in: Kohlhammer-Komm.
BBauG, § 154, Anm. III 2; ausführlich Allesch DVBl. 1985, 1041/1047,
außer im Vorverfahren nach § 212 (s. § 212, Rn 3). Statt dessen kann
Wiedereinsetzung in den vorigen Stand gerechtfertigt sein (§ 218;
BGHZ 41, 249; OLG Karlsruhe, MDR 1976, 498; OLG Zweibrücken,
OLGZ 72, 75; OLG München, NVwZ 1988, 1069; Kalb, in: E/Z/B,
§ 211, Rn 9; Fislake, in: Berliner Komm. § 212, Rn 9 f.; offengelassen
von BGH, NJW 1972, 1714 zu § 23 EGGVG).

§ 212 Vorverfahren

(1) **Die Landesregierungen können durch Rechtsverordnung be-
stimmen, daß ein nach dem Vierten oder Fünften Teil des Ersten
Kapitels erlassener Verwaltungsakt durch Antrag auf gerichtliche
Entscheidung nach § 217 erst angefochten werden kann, nachdem
seine Rechtmäßigkeit und Zweckmäßigkeit in einem Vorverfahren
nachgeprüft worden ist; das Vorverfahren ist in Anlehnung an die
Vorschriften der Verwaltungsgerichtsordnung zu regeln.**

(2) **Ist ein Vorverfahren vorgesehen, hat der Widerspruch gegen
eine vorzeitige Besitzeinweisung keine aufschiebende Wirkung. § 80
Abs. 4 und 5 der Verwaltungsgerichtsordnung ist entsprechend anzu-
wenden.**

1 **1.** Abs. 1 ermächtigt die Landesregierungen, der gerichtlichen Über-
prüfung von Bodenordnungs- und Enteignungsmaßnahmen durch die
Baulandgerichte ein **Vorverfahren** vorzuschalten. Das Vorverfahren
dient, ebenso wie das der Anfechtung von Verwaltungsakten vor den
Verwaltungsgerichten vorgeschaltete (§§ 68–73 VwGO), vor allem
dem Rechtsschutz der Betroffenen, aber auch dem Interesse von Ver-
waltung und Gericht, daß vor einer gerichtlichen Entscheidung die
Verwaltung Gelegenheit erhält, ihre Maßnahme noch einmal auf
Rechtmäßigkeit und Zweckmäßigkeit hin zu überprüfen. Die Ermäch-
tigung gilt nur für die nach dem Vierten oder Fünften Teil des Ersten
Kapitels erlassenen Verwaltungsakte, nicht aber für die Entschädigung
unter entsprechender Anwendung der Entschädigungsgrundsätze des
Fünften Teils des Ersten Kapitels. Aufgrund des durch die Beschleuni-
gungsnovelle zusammen mit § 164 BBauG a. F. = § 224 BauGB einge-
fügten Abs. 2 hat der Widerspruch gegen die vorzeitige Besitzenwei-
sung keine aufschiebende Wirkung. Diese Wirkung kann nur in ent-
sprechender Anwendung von § 80 Abs. 4, 5 VwGO hergestellt wer-
den.

2. Von der Ermächtigung des § 155 Abs. 1 BBauG = § 212 Abs. 1 **2**
BauGB haben alle Länder außer Bremen Gebrauch gemacht, allerdings
hinsichtlich der Überprüfung von **Verwaltungsakten aufgrund des
Vierten Teils** des BBauG (= 4. Teil des 1. Kapitels des BauGB),
obwohl die Vorschrift ursprünglich nur für Verwaltungsakte der Ent-
eignungsbehörden gelten sollte. Alle Rechtsverordnungen beschränken
sich darauf, in unterschiedlichem Umfang auf das Vorverfahren nach
§§ 68 ff. VwGO zu verweisen. Anwendbar sind in Ba-Wü §§ 58 Abs. 2
S. 1, 69, 71–73 Abs. 1 S. 1, Abs. 3, 75 S. 3, 4, 80, in Bay. §§ 68 Abs. 1
S. 2 Nr. 2, Abs. 2, 69–73, 75, 76, 80, in Berlin 68 ff., in Hamburg §§ 68
Abs. 1 S. 2 Nr. 2, 69–73 Abs. 1 S. 1, Abs. 3, 80 Abs. 4, in Hess. §§ 58,
71, 75, in Nds. §§ 69–73, in NRW §§ 68–73, 75, 76, 80, in Rh.-Pf.
§§ 68–72, 73, Abs. 3, 79, 80, im Saarland §§ 68–73, 75, 76, 80 Abs. 1–4,
in Schl.H. §§ 69–73 Abs. 1 S. 1, 80; Teilabdruck bei Kalb, in: E/Z/B,
BBauG § 155, Rn 5–14. Für lückenfüllenden Rückgriff auf die §§ 68–73
VwGO Allesch DVBl. 1985, 1041/1047.

3. a) Das Vorverfahren beginnt nach allen Verordnungen dadurch, **3**
daß schriftlich oder zur Niederschrift bei der Stelle, die den Verwal-
tungsakt erlassen hat, **Widerspruch** eingelegt wird. Ein gesondertes
Widerspruchsverfahren ist entbehrlich, wenn von zwei Miteigentü-
mern einer das Vorverfahren durchgeführt hat (Kirchberg, VBlBW
1990, 161/169 m.w.N.). Die **Widerspruchsfrist** beträgt einen Monat
seit Bekanntgabe, bei Zustellung ab der nach Landesrecht erfolgenden
(BVerwGE 39, 257) Zustellung. Wird der Verwaltungsakt gem. §§ 50
Abs. 1, 71, 83 BauGB öffentlich bekanntgegeben, so gilt er gem. § 41
Abs. 4 S. 3 VwVfG erst zwei Wochen nach der ortsüblichen Bekannt-
machung als bekanntgegeben. Erst nach Ablauf der Zwei-Wochen-Frist
läuft die Monatsfrist, so daß im Ergebnis kein Unterschied besteht zur
6-Wochenfrist des ausgeschlossenen § 217 BauGB (s. a. Fislake, in:
Berliner Komm. § 212, Rn 11). Nach Ablauf der Monatsfrist ist der
Verwaltungsakt unanfechtbar, wenn nicht Wiedereinsetzung gem.
§ 210 gewährt wird. Da alle Verordnungen auf § 58 Abs. 2 VwGO
verweisen, beginnt die Monatsfrist – anders als bei sonstigen zur
Zuständigkeit der Baulandgerichte gehörenden Verwaltungsakten (s.
§ 211, Rn 3) – nur dann zu laufen, wenn der Verwaltungsakt eine
vollständige Rechtsmittelbelehrung enthält. LG Karlsruhe, NJW 1973,
2033 hält den Antrag auf gerichtliche Entscheidung nach versäumter
Widerspruchsfrist für unzulässig, auch wenn die Widerspruchsbehörde
den Widerspruchsbescheid sachlich beschieden hat, da die Einhaltung
der Widerspruchsfrist Prozeßvoraussetzung ist und auch dem Schutz
Drittbetroffener diene (s. a. Wallerath, DÖV 1970, 653). Zur Nichtig-
keit der Beschränkung der Wiedereinsetzung auf den Fall höherer
Gewalt durch den bawü Verordnungsgeber s. Kalb, in: E/Z/B, § 153
BBauG, Rn 5. Hält die Behörde, die den Verwaltungsakt erlassen hat,
den Widerspruch für begründet, so hilft sie ihm ab und entscheidet über
die Kosten.

4 **b)** Der Widerspruch hat **aufschiebende Wirkung,** außer bei vorzeiti-
ger Besitzeinweisung (Abs. 2). Auch in Hess. und Hamburg gilt § 80
Abs. 1 VwGO trotz fehlender Verweisung gem. Art. 19 Abs. 4 GG
entsprechend (s. a. Fislake aaO, Rn 13; BVerfGE 35, 382). Die aufschie-
bende Wirkung darf nur ausnahmsweise ausgeschlossen werden, um
unaufschiebbare Maßnahmen im Interesse des allgemeinen Wohls in die
Wege zu leiten (BVerfGE 35, 382). Kalb aaO, Rn 24, verneint für Hess.
und Nds. die Anordnungsbefugnis mangels ausdrücklicher Verwei-
sung auf § 80 Abs. 2 Nr. 4 VwGO. Gegen die Anordnung der soforti-
gen Vollziehung kann der Betroffene entsprechend § 80 Abs. 4 VwGO
bei der Widerspruchsbehörde beantragen, die Vollziehung auszusetzen.
Zusätzlich kann der Betroffene entsprechend § 80 Abs. 5 VwGO beim
Baulandgericht einen Antrag auf Wiederherstellung der aufschiebenden
Wirkung stellen. § 80 Abs. 5 VwGO ist zwar eine Vorschrift des
gerichtlichen Verfahrens und nicht des Widerspruchsverfahrens, auf das
allein die Länder zu verweisen berechtigt sind, aber die neueingefügte
ausdrückliche Verweisung des Abs. 2 auf § 80 Abs. 5 VwGO rechtfer-
tigt eine Analogie nicht nur in den Fällen der vorzeitigen Besitzeinwei-
sung (ebenso Kalb aaO, Rn 25 f.; a. A. Schrödter, § 165, Rn 10; Fislake
aaO, Rn 15, die vorläufigen Rechtschutz analog §§ 707, 712, 713, 719
ZPO gewähren).

5 **c)** Hilft die Behörde dem Widerspruch nicht ab, so erläßt die Wider-
spruchsbehörde einen **Widerspruchsbescheid.** In Bay, Hamburg, Hess,
Nds und SchlHo ist die Widerspruchsbehörde die Stelle, die den
Verwaltungsakt erlassen hat, in Ba-Wü das Regierungspräsidium (be-
schränkt auf die Rechtmäßigkeitsprüfung), in RP die Bezirksregierung,
in Berlin, NRW und dem Saarland der obere Umlegungsausschuß. Die
gegen die in NRW, Rh.-Pf. und dem Saarland staatlichen Wider-
spruchsbehörden eingeräumte Befugnis zur Zweckmäßigkeitskontrolle
eines Verwaltungsaktes, den kommunale Behörden in Erledigung einer
Selbstverwaltungsaufgabe erlassen haben, erhobenen verfassungsrecht-
lichen Bedenken (Art. 28 Abs. 2 GG; Meyer, in: Kohlhammer-Komm.
BBauG, § 155, Anm. 3a, ee (4), (5); Fislake aaO, Rn 19 f.) teilt BGHZ
54, 364 nicht. Der Widerspruchsbescheid ist zu begründen, mit einer
Kostenentscheidung (§ 73 Abs. 3 S. 1 VwGO; s. a. § 228, Rn 2) und
einer Rechtsmittelbelehrung (§ 211) zu versehen und zuzustellen (§ 217
Abs. 2). Gegen den Widerspruchsbescheid kann innerhalb eines Monats
Antrag auf gerichtliche Entscheidung nach § 217 BauGB bei der Be-
hörde gestellt werden, die den Verwaltungsakt erlassen hat. Bei Untä-
tigkeit der Widerspruchsbehörde gilt § 75 VwGO entsprechend, auch
in den Ländern, die nicht ausdrücklich darauf verweisen. § 76 VwGO
(einjährige Ausschlußfrist für die Untätigkeitsklage, ist mit Wirkung
vom 1. 1. 1977 weggefallen (BGBl. I 1976, S. 2437).

6 **4.** Der Widerspruch gegen eine **vorzeitige Besitzeinweisung** (§ 77,
§ 116) hat keine aufschiebende Wirkung, wenn, wie im Umlegungsver-
fahren, nicht aber im Enteignungsverfahren, ein Vorverfahren einge-

führt ist (Abs. 2 S. 1). Der Betroffene kann analog § 80 Abs. 4 VwGO bei der Widerspruchsbehörde die Aussetzung des Vollzugs und bei der Baulandkammer analog § 80 Abs. 5 VwGO die Anordnung der aufschiebenden Wirkung beantragen (Abs. 2 S. 2). Zur Anordnung der aufschiebenden Wirkung eines Antrags auf gerichtliche Entscheidung s. § 224.

§ 213 Ordnungswidrigkeiten

(1) Ordnungswidrig handelt, wer

1. wider besseres Wissen unrichtige Angaben macht oder unrichtige Pläne oder Unterlagen vorlegt, um einen begünstigenden Verwaltungsakt zu erwirken oder einen belastenden Verwaltungsakt zu verhindern;

2. Pfähle, Pflöcke oder sonstige Markierungen, die Vorarbeiten dienen, wegnimmt, verändert, unkenntlich macht oder unrichtig setzt;

3. einer in einem Bebauungsplan nach § 9 Abs. 1 Nr. 25 Buchstabe b festgesetzten Bindung für Bepflanzungen und für die Erhaltung von Bäumen, Sträuchern, sonstigen Bepflanzungen sowie von Gewässern dadurch zuwiderhandelt, daß diese beseitigt, wesentlich beeinträchtigt oder zerstört werden;

4. eine bauliche Anlage im Geltungsbereich einer Erhaltungssatzung (§ 172 Abs. 1 Satz 1) ohne Genehmigung abbricht oder ändert.

(2) Die Ordnungswidrigkeit kann in den Fällen des Absatzes 1 Nr. 1 und 2 mit einer Geldbuße bis zu tausend Deutsche Mark, im Falle des Absatzes 1 Nr. 3 mit einer Geldbuße bis zu zwanzigtausend Deutsche Mark und im Falle des Absatzes 1 Nr. 4 mit einer Geldbuße bis zu fünfzigtausend Deutsche Mark geahndet werden.

1. Abs. 1 enthält die **abschließende Aufzählung** der nach dem BauGB ordnungswidrigen Handlungen, die rechtswidrig und vorsätzlich begangen gem. Abs. 2 mit einer Geldbuße geahndet werden können. Abs. 1 Nr. 1 u. 2 schützen die Behörden bei der Erfüllung der ihnen nach dem BauG obliegenden Aufgaben. Die Nr. 3 und die Nr. 4 schützen spezifische Formen entwickelter Bauleitplanung (Begründungsfestsetzung, Erhaltungsgebot). Zur Entstehungsgeschichte s. Voraufl. Rn 1. § 213 wird ergänzt durch die Vorschriften des OWiG und des StGB.

2. Das **Bußgeldverfahren** regelt das OWiG. Erfüllt eine ordnungswidrige Handlung gleichzeitig den Tatbestand eines Strafgesetzes, z. B. den des Betruges (§ 263 StGB), so ist nur das Strafgesetz anzuwenden (§ 21 Abs. 1 S. 1 OWiG), jedoch kann, wenn eine Strafe nicht verhängt wird, eine Geldbuße verhängt (§ 21 Abs. 2 OWiG) und eine Nebenfolge der Ordnungswidrigkeit (Einziehung) angeordnet werden (§ 21

Abs. 1 S. 2 OWiG). Zur Bindung der Verwaltungsbehörde an die tatsächlichen Festlegungen einer strafrechtlichen Entscheidung § 21 Abs. 2 OWiG. Gem. § 10 OWiG kann nur **vorsätzliches Handeln** geahndet werden, da § 213 nicht ausdrücklich fahrlässiges Handeln mit Strafe bedroht. Die Verjährungsfrist beträgt in Abs. 1 Nr. 1 u. 2 6 Monate, in Abs. 1 Nr. 3 zwei Jahre, in Abs. 1 Nr. 4 drei Jahre (§ 31 Abs. 2 OWiG). Zuständig ist die Verwaltungsbehörde (§ 35–37 OWiG). Gegen den grundsätzlich nach Ermessen (§ 47 Abs. 1 OWiG) – Ausnahme bei öffentlichem Interesse an der Verfolgung (§ 46 OWiG) – erlassenen Bußgeldbescheid ist gem. 67 OWiG der **Einspruch** gegeben, über den das Amtsgericht entscheidet, in dessen Bezirk die Verwaltungsbehörde ihren Sitz hat (§ 68 OWiG). Der Einspruch ist binnen einer Woche nach Zustellung des Bußgeldbescheides bei der Behörde, die den Bußgeldbescheid erlassen hat, schriftlich oder mündlich zur Niederschrift einzulegen.

3 **3.** Abs. 1 Nr. 1 setzt qualifizierten, auf die Erwirkung oder Verhinderung eines bestimmten Verwaltungsaktes gerichteten Vorsatz voraus. Die Tätigkeiten der Gutachterausschüsse schützt die Vorschrift nicht, da diese keine Verwaltungsakte erlassen (OVG Bremen, BauR 1972, 304; BVerwG DVBl. 1973, 371). Nr. 2 bezieht sich nur auf Vorarbeiten gem. § 209, die noch nicht unter § 274 Abs. 1 Nr. 2 StGB fallen.

4 **4.** Die **Geldbuße** beträgt nach Abs. 2 Nr. 1 u. 2. i. V. m. § 17 OWiG zwischen 5 und 1000 DM. Die Höchstbeträge von 1000, 20 000 (Nr. 3) und 50 000 DM (Nr. 4) können nach § 17 Abs. 4 OWiG überschritten werden, wenn der wirtschaftliche Vorteil, den der Täter aus der Ordnungswidrigkeit gezogen hat, größer ist.

Vierter Abschnitt. Wirksamkeitsvoraussetzungen

Vorbemerkung zu den §§ 214 bis 216

Übersicht

1 **1.** Die §§ 214, 215 treffen für Flächennutzungspläne und Satzungen des Städtebaurechts, insbesondere Bebauungspläne eine das herkömmliche Nichtigkeitsdogma **einschränkende Regelung der Folgen von**

formellen und materiellen Fehlern, die beim Erlaß der städtebaulichen Normen begangen worden sind. Gemäß dem Nichtigkeitsdogma ist Rechtsfolge der Rechtswidrigkeit einer Norm ihre Nichtigkeit = Unwirksamkeit (s. Ossenbühl, NJW 1986, 2805; J. Ipsen DV 1987, 475/485). Für bestimmte untergesetzliche städtebauliche Normen beschränken die §§ 214, 215 die gerichtliche Kontrollkompetenz, ohne die verfahrens- und materiellrechtlichen Anforderungen an die Bauleitpläne und Satzungen zu verändern. Die Kontrollkompetenz der Aufsichtsbehörde wird nicht eingeschränkt (§ 216). Die §§ 214, 215 sollen der übergroßen Fehleranfälligkeit von Bauleitplänen und (sonstigen) städtebaulichen Satzungen entgegenwirken. Zur Fehleranfälligkeit s. Scharmer, Bebauungspläne in der Normenkontrolle, 1988; Scharmer/Wollman/Argast, Rechtstatsachenuntersuchung zur Baugenehmigungspraxis, 1985; Schäfer/Schmidt-Eichstaedt, Praktische Erfahrungen mit dem BBauG, 1984; Ziegler, BWVPr 1989, 196; zu Verfahrens- und Formfehlern s. Dolde, NJW 1975, 21, 1097; zu inhaltlichen Fehlern s. Krüger, BauR 1989, 529. Bis zur Novelle 1976 konnten Verletzungen von Verfahrens- und Formvorschriften unbegrenzte Zeit durch Anfechtung eines auf die Norm gestützten Verwaltungsaktes inzidenter oder je nach Landesrecht auch durch Normenkontrollantrag nach § 47 VwGO gerichtlich überprüft werden. Vielfach wurde die Verwaltungsgerichtsbarkeit lediglich in der Hoffnung angerufen, daß das Gericht schon einen Fehler entdecken werde und sei es durch die Entwicklung neuer Anforderungen aus dem Abwägungsgebot.

2. Die §§ 214, 215 beschränken die Fehlerfolgen für **Flächennutzungspläne** und **Satzungen des Städtebaurechts** – Bebauungsplan (§ 10), Veränderungssperre (§ 16), Sicherungssatzung (§ 22 Abs. 2), Vorkaufsrecht (§ 25), Abgrenzungs-, Fortentwicklungs- und Abrundungssatzung (§ 34 Abs. 4), Erschließungsbeitragssatzung (§ 132), Sanierungssatzung (§ 142 Abs. 3), Satzung für Ersatz- und Ergänzungsgebiete (§ 142 Abs. 2), Aufhebungssatzung (§ 162), Satzung für ein Anpassungsgebiet (§ 170), Erhaltungssatzung (§ 172) sowie gem. § 9 Abs. 3 BauGB-MaßnahmenG auch Außenbereichssatzung (§ 4 Abs. 4 BauGB-MaßnahmenG) und städtebauliche Entwicklungssatzung (§ 6 Abs. 5 BauGB-MaßnahmenG) durch die **abschließende Aufzählung** der für die Wirksamkeit **beachtlichen Verfahrens- und Formvorschriften** (§ 214 Abs. 1), eine **Unbeachtlichkeitsklausel** für bestimmte **materielle,** das Verhältnis von Flächennutzungsplan und Bebauungsplan betreffende **Fehler** (§ 214 Abs. 2), eine **Unbeachtlichkeitsklausel** für bestimmte Abwägungsmängel (§ 214 Abs. 3), die Statuierung der Unbeachtlichkeit der Verletzung aller Verfahrens- und Formfehler nach dem Baugesetzbuch mit Ausnahme der nach § 214 Abs. 1 S. 1 Nr. 3 mit Ablauf der **Jahresfrist** des § 215 Abs. 1 Nr. 1 sowie der Unbeachtlichkeit aller Mängel der Abwägung mit Ablauf der **Sieben-Jahres-Frist** des § 215 Abs. 1 Nr. 2 und die Befugnis der Gemeinde, Flächennutzungspläne oder Satzungen, die an einem der in § 214 Abs. 1 bezeichne-

ten oder nach Landesrecht begangenen Form- oder Verfahrensfehler leiden, durch **Behebung des Fehlers** und **Wiederholung** des nachfolgenden Verfahrens ex nunc oder ex tunc in Kraft zu setzen (§ 215 Abs. 3). Die beachtlichen Verfahrens- und Formfehler nach § 214 Abs. 1 werden innerhalb von Nr. 1 und 2 noch einmal durch „**interne Unbeachtlichkeitsklauseln**" (Bielenberg, in: B/K/S, Rn 77) reduziert. Die interne Unbeachtlichkeitsklausel des § 214 Abs. 1 Nr. 2 HS. 1 wird durch eine Auskunftspflicht bei Unvollständigkeit des Erläuterungsberichts oder der Begründung ergänzt (§ 214 Abs. 1 S. 2). Alle Unbeachtlichkeits- und Verfristungsvorschriften greifen nur ein, wenn die Gemeinde bei Erlaß des Flächennutzungsplans oder der Satzung ihre **Hinweispflicht** nach § 215 Abs. 3 erfüllt hat. Letzteres ist zweckmäßigerweise stets als erstes zu **prüfen**, danach, ob eine verletzte **Verfahrens- oder Formvorschrift** nach § 214 Abs. 1 unbeachtlich ist, sei es, weil sie nicht zum Katalog der beachtlichen Fehler zählt, sei es, weil sie von den internen Unbeachtlichkeitsklauseln nach Nr. 1 HS. 2 und Nr. 2 HS. 2 erfaßt wird. Ist der Fehler nach einer dieser Vorschriften unbeachtlich und die Hinweispflicht nach § 215 Abs. 3 erfüllt, scheidet eine Geltendmachung des Fehlers aus. Ist der Fehler nach § 214 Abs. 1 Nr. 3 beachtlich, kann die Gemeinde ihn nach § 215 Abs. 3 beheben. Unterläßt sie dies, bleibt der Fehler beachtlich, da eine Verfristung nach § 215 Abs. 1 Nr. 1 ausgeschlossen ist. Ein nach § 214 Abs. 1 Nr. 1 oder 2 beachtlicher und nicht nach § 215 Abs. 3 behobener Fehler kann hingegen nur geltend gemacht werden, wenn die Frist nach § 215 Abs. 1 Nr. 1 gewahrt wird. Bei **materiell-rechtlichen Fehlern** ist ebenfalls zunächst die Erfüllung der Hinweispflicht nach § 215 Abs. 3 zu **prüfen**. Ist diese verletzt, schließen die § 214, 215 es nicht aus, den Fehler geltend zu machen. Ist die Hinweispflicht erfüllt, ist zu prüfen, ob der Fehler nach § 214 Abs. 2 oder 3 unbeachtlich ist. Ist dies der Fall, scheidet die Geltendmachung des Fehlers aus. Liegt hingegen ein nach § 214 Abs. 2 oder 3 beachtlicher oder ein sonstiger materieller Fehler vor, ist zu prüfen, ob die Sieben-Jahres-Frist des § 215 Abs. 1 Nr. 2 gewahrt ist. Nur bei Fristwahrung kann ein materieller Fehler geltend gemacht werden. Die **Überleitungsvorschrift** des § 244 bestimmt die Rückwirkung der neuen Wirksamkeitsvorschriften. Die Unbeachtlichkeitsklauseln der §§ 214, 215 werden in den Flächenstaaten, außer Bayern, durch **kommunalverfassungsrechtliche Unbeachtlichkeits- und Heilungsklauseln;** der einzelnen Gemeindeordnungen ergänzt (dazu Hill, DVBl. 1983, 1; Wilhelm, NVwZ 1984, 424; krit. Schmidt-Aßmann, VR 1978, 85; Ossenbühl, NJW 1986, 2805/2812: zuweitgehende Verallgemeinerung. H. Meyer, NVwZ 1986, 513/515). Die „Heilungsvorschrift" des § 215 Abs. 3 gilt auch für gegen Landesrecht verstoßende Verfahrens- oder Formfehler. Alle Unbeachtlichkeitsklauseln der §§ 214, 215 gelten hingegen nur für Verstöße gegen das Baugesetzbuch, nicht aber für Verstöße gegen landesrechtliche Verfahrens- und Formvorschriften (OVG Koblenz, NVwZ 1982, 134; Weyreuther, DÖV 1983, 555/578; Bielenberg, in: B/K/S, Rn 78, weiterge-

hend Schmaltz, DVBl. 1981, 329/332 bei landesrechtlichen Vorschriften, die nur eine Teilregelung der nach § 155 a BBauG unbeachtlichen weiterreichenden Verfahrensvorschriften enthielten; dagegen zutreffend unter Hinweis auf die fehlende Gesetzgebungskompetenz des Bundes Roesch, Die Gemeinde (SH), 1982, 128/130).

3. a) Der von der **Novelle 1976** eingeführte § 155 a BBauG a. F. **3** erklärte erstmals die Verletzung von Verfahrens- und Formvorschriften des BBauG und des StBauFG mit Ausnahme der Vorschriften über die Genehmigung oder die Veröffentlichung der Satzung (S. 2) für unbeachtlich, es sei denn, sie sei innerhalb eines Jahres seit Inkrafttreten der Satzung gegenüber der Gemeinde geltend gemacht worden. Die Rechtswirksamkeit eines Bebauungsplanes war gem. S. 4 hinsichtlich der Bürgerbeteiligung allein nach § 2a Abs. 6 und hinsichtlich der Berücksichtigung sozialer Belange allein nach § 1 Abs. 6, 7 zu bestimmen. Zur Entstehungsgeschichte des § 155 a. F. Bielenberg/Söfker, in: E/Z/B BBauG, Vorbem. §§ 155 a–c, Rn 7–11. Zur Kritik s. Schmidt-Aßmann, NJW 1976, 1913/1916; Molodovsky, BayVBl. 1977, 839; Schäfer, NJW 1978, 1292; Pagenkopf, BauR 1979, 1/5; Große-Hündfeld, BauR 1979, 15; Ipsen, DV 1987, 475/488. Art. 3 § 12 ÄnderungsG BBauG 1976 ermächtigte die Gemeinde, für in Kraft getretene Satzungen die Wirkung des § 155 a nachträglich herbeizuführen, indem sie innerhalb von 6 Monaten nach Inkrafttreten des Gesetzes (1. 1. 1977) allgemein oder für einzelne Satzungen durch ortsübliche Bekanntmachung auf die in § 155 a S. 1 und 2 a. F. bezeichneten Rechtsfolgen und Fristen hinwies. Eine nicht ausdrücklich schriftlich gegenüber der Gemeinde gerügte Verletzung von Verfahrens- oder Formvorschriften gem. § 155 a a. F. war auch dann unbeachtlich, wenn vor der Bekanntmachung des Hinweises nach Art. 3 § 12 ÄnderungsG BBauG 1976 hinsichtlich desselben Bebauungsplanes ein Normenkontrollverfahren ohne Bezeichnung der betreffenden Verletzung eingeleitet worden war (BVerwG DÖV 1982, 905; allgemein für eine Rückwirkung auf anhängige Gerichtsverfahren OVG Lüneburg, NJW 1980, 1765; OVG Berlin, ZfBR 1979, 125; a. A. VGH München, BRS 33 Nr. 21; BayVBl. 1979, 151; BayVBl. 1980, 692). Für die Wirksamkeit der Hinweisbekanntmachung nach Art. 3 § 12 BBauG ÄnderungsG 1976 bedurfte es keines Ratsbeschlusses (BVerwG, BauR 1989, 687; ZfBR 1990, 27; a. A. OVG Münster, BRS 38 Nr. 14). Diese Frage bestimmt sich nicht nach irreversiblem Landesrecht (BVerwG aaO gegen BVerwG, DVBl. 1982, 1095). Nach Kommunalverfassungsrecht bejaht für die nachträgliche Bekanntmachung nach Art. 3 § 12 ÄnderungsG BBauG 1976 einen Ratsbeschluß (anders als bei der Bekanntmachung nach § 155 a S. 3 a. F.) auch OVG Münster, DÖV 1981, 880; krit. BT-Drs. 10/6166 S. 135; Harms, StT 1982, 218; ebenso VGH Kassel für Heilung durch Neubekanntmachung nach § 12 BBauG; s. a. OVG Lüneburg, NJW 1981, 1853: kein Rügeverlust bei Verfahrens- und Formfehlern nach § 155 a F. bei Bekanntmachung nach Art. 3 S. 12 ÄnderungsG BBauG

1976 von Satzungen, bei deren Veröffentlichung § 12 BBauG 1960 verletzt worden ist; entsprechend VGH Kassel NVwZ 1984, 803 u. UPR 1986, 392 für Bekanntmachung ohne Hinweis nach § 155 a S. 3 a. F. und Verstoß gegen § 5 Abs. 4 HGO. Die Wirkung des § 155 a BBauG erfaßt grundsätzlich nur die zuletzt bekanntgemachte Fassung eines Plans (BGH, NVwZ 1988, 759; einschränkend OVG Münster, ZfBR 1989, 38, wenn ein neuer Plan anstelle des alten tritt).

4 **b)** Die **Beschleunigungsnovelle** 1979 brachte nicht zuletzt auf Drängen der kommunalen Spitzenverbände mit den §§ 155 a u. b BBauG, ihrem „eigentlichen Kernpunkt" (BT-Drs. 8/2885, S. 32), eine umfassende Erweiterung der Unbeachtlichkeits- und Heilungsklauseln und fügte den inhaltlich mit § 216 übereinstimmenden § 155 c BBauG ein. Zur Entstehungsgeschichte s. Bielenberg/Söfker, in: E/Z/B BBauG, Vorbem. §§ 155 a–c, Rn 12–19. Nach der Übergangsvorschrift des § 183 f BBauG trat eine **beschränkte Rückwirkung** insofern ein, als die §§ 155 a u. b auch vor dem 1. 8. 1979 begangene Fehler erfaßten, wenn die Bekanntmachung nach diesem Zeitpunkt erfolgt war (BVerwGE 66, 116). § 183 f Abs. 1 ermächtigte die Gemeinden, bei alten Flächennutzungsplänen bis zum 31. 1. 1980 durch entsprechende Hinweise die Wirkung des § 155 a Abs. 1–3 nachträglich herbeizuführen. Nach § 183 f Abs. 2 galten die Unbeachtlichkeitsklauseln des § 155 a Abs. 2 und des § 155 b auch für Bauleitpläne, die vor dem 1. 8. 1979 bekanntgemacht worden sind. Zur verfassungsrechtlichen Zulässigkeit der rückwirkenden Heilung nach § 183 f Abs. 2 i. V. m. § 155 b Abs. 1 S. 1 Nr. 5 von vor dem 1. 8. 1979 vorzeitig bekanntgemachten Bebauungsplänen, bei denen zwingende Gründe i. S. v. § 8 Abs. 2 S. 3 BBauG 1960/1976 falsch beurteilt worden sind. BVerwGE 66, 116; DVBl. 1985, 795, a. A. OVG Lüneburg, DVBl. 1981, 413; übereinst. aber OVG Koblenz, ZfBR 1980, 206; BauR 1983, 47; OVG Saarlouis, BauR 1980, 44 u. 441; ebenso BVerwG BauR 1983, 431 gegen OVG Lüneburg, BauR 1980, 439; zur Rückwirkung nach § 183 f Abs. 2 i. V. m. § 155 b Abs. 1 Nr. 8 von vor dem 1. 8. 1979 in Kraft getretenen Bebauungsplänen, bei deren Aufstellung gegen das Parallelverfahren (§ 8 Abs. 3 BBauG) dadurch verstoßen worden ist, daß die Bekanntmachung vor der des Flächennutzungsplanes erfolgt ist; ebenso OVG Lüneburg, NJW 1981, 1057 zur Rückwirkung des § 183 f Abs. 2, wenn bei Inkrafttreten der Beschleunigungsnovelle (1. 8. 1979) das Abwägungsergebnis dem Abwägungsgebot entsprach (gegen Grave, BauR 1980, 205; anders VG Köln, UPR 1982, 135, wenn sich die bei Aufstellung des Bebauungsplanes maßgebende Enscheidungsgrundlage bis zum Inkrafttreten der Beschleunigungsnovelle in wesentlichen Punkten geändert hat). § 183 f Abs. 2 konnte keinen vorher eingetretenen Bestandsschutz beseitigen (BVerwG NJW 1981, 473). § 183 f Abs. 2 i. V. m. § 155 a Abs. 2 stellte entgegen früherer Rspr. klar (z. B. OVG Münster, JZ 1977; 348, anders BVerwG ZfBR 1979, 255) die Rückwirkung auch bei einem Verstoß gegen § 2a Abs. 6 BBauG. Der nach BVerwG, ZfBR 1987, 101 verfas-

sungsrechtlich unbedenkliche § 183 f Abs. 3 erstreckte die nach § 155 a Abs. 5 BBauG mögliche Heilung von Verfahrens- oder Formfehlern durch Nachholung und rückwirkende erneute Inkraftsetzung des Flächennutzungsplans oder der Satzung auch auf Altpläne und erlaubte, beim erneuten Inkrafttreten über den 1. 8. 1979 zurückzugehen. Der Wirksamkeit von Flächennutzungsplänen, die vor dem 1. 8. 1979 unter Herausnahme von Teilen genehmigt worden sind, stand nach der besonderen, auf § 6 Abs. 3, 4 zugeschnittenen überleitenden Unbeachtlichkeitsklausel des § 183 Abs. 2 S. 2 nicht entgegen, daß die Gemeinde die Herausnahme der Teile nicht beantragt hatte (BVerwGE 66, 122; ZfBR 1985, 138). Eine Bekanntmachung nach § 155 a Abs. 4 BBauG darf zugleich die nach einer landesrechtlichen Heilungsvorschrift erforderlichen Hinweise enthalten, nicht aber einen irreführenden, von der Geltendmachung einer Verfahrensrüge abhaltenden Inhalt (BVerwG, ZfBR 1990, 32).

 c) Das **BauGB** hat den Regelungsgegenstand der §§ 155 a–c BBauG **5** systematisch neu gefaßt und unter der Überschrift „Wirksamkeitsvoraussetzungen" als eigenen Abschnitt innerhalb des zweiten Teils des dritten Kapitels (dazu Vorbem. §§ 200–216, Rn 1) aufgewertet. Wesentlichste Neuregelungen sind die Einführung der Sieben-Jahres-Frist für materielle Fehler in § 214 Abs. 1 Nr. 2 und außerhalb des BauGB die Einführung der Nichtvorlagebeschwerde in § 47 Abs. 7 VwGO (s. Arbeitskreis „Baurechtliche und verwaltungsprozessuale Fragen", BBauBl. 1985, 359/364). Weitergehende Forderungen, insbesondere nach der sogen. Verwerfungskompetenz außerhalb des Verfahrens der Aufhebung eines Bauleitplans nach § 2 Abs. 4 (dazu § 2 Rn 9, § 215 Rn 2) hat sich der Gesetzgeber aus grundsätzlichen, insbesondere rechtsstaatlichen Erwägungen verweigert (s. BT.-Drs. 10/6166 S. 135; Bericht des Arbeitskreises „Baurechtliche und verwaltungsprozessuale Fragen", BBauBl. 1985, 359/363 f.). Trotz zahlreicher Änderungen und wesentlicher Ergänzungen in den Ausschußberatungen (BT.-Drs 10/ 6166 S. 94 ff.) entspricht § 214 in großen Teilen dem § 155 b BBauG, § 215 überwiegend dem § 155 a BBauG und § 216 dem § 155 c BBauG. Der größte Teil der zum BBauG einschlägigen Rechtsprechung ist also weiterhin verwertbar. Der Gesetzgeber hat sich streckenweise sogar bemüht, durch Neufassungen den höchstrichterlichen Erkenntnissen besser Rechnung zu tragen, z. B. in § 214 Abs. 1 S. 1 Nr. 2, Abs. 2 Nr. 1–3; s. a. Voraufl.

 d) Das **BauGB-MaßnahmenG** = Art. 2 Wohnungsbau-Erleichte- **6** rungsG (s. Einf., Rn 36 f.) hat in § 9 Abs. 1, 2, auf 5 Jahre befristet, zusätzliche Wirksamkeitsregelungen eingeführt für die Aufstellung, Änderung oder Ergänzung eines Bebauungsplanes, der ein dringendes Wohnbedürfnis der Bevölkerung decken soll. Diese Vorschrift soll die durch weitere Vorschriften im Verfahren der Bauleitplanung (§ 2 BauGB-MaßnahmenGB) beabsichtigte Verfahrensbeschleunigung absichern. Die Vorschrift ist nach Ansicht der Ausschußmehrheit des

federführenden 16. Bundestagsausschusses erforderlich, weil aus Gründen der Praktikabilität notwendigerweise die Gemeinde das Vorliegen des dringenden Wohnbedarfs der Bevölkerung feststellen müsse. Der Gemeinde müsse ein Beurteilungsspielraum eingeräumt werden, um nicht die Bestandskraft des Bebauungsplans zu gefährden (BT-Drs. 11/6636, S. 25). Die völlige Unbeachtlichkeit einer Fehlgewichtung der Deckung eines dringenden Wohnbedarfs und die zusätzliche Unbeachtlichkeit nach § 9 Abs. 2, insbesondere dessen Nr. 3 BauGB-MaßnahmenG, gehen weit über eine bloßen Beurteilungsspielraum hinaus. Die neue Regelung ist ein besonders krasser Fall der Fehlbewertung von selbstgesetzten Verfahrensvorschriften durch den Gesetzgeber. Zum Inhalt der Regelungen s. § 214, Rn 18, 19, § 216, Rn 1. § 9 Abs. 3 BauGB-MaßnahmenG erweitert zusätzlich den **Anwendungsbereich der Wirksamkeitsvorschriften** der §§ 214, 215 auf Außenbereichssatzungen (§ 4 Abs. 4 BauGB-MaßnahmenG) und städtebauliche Entwicklungssatzungen (§ 6 Abs. 5 BauGB-MaßnahmenG). Auf Bebauungspläne, die nach den §§ 1, 2 BauGB-MaßnahmenG zur Deckung eines dringenden Wohnbedarfs der Bevölkerung ergehen, sind zusätzlich zu den Regelungen nach § 9 Abs. 1, Abs. 2 BauGB-MaßnahmenG die Regelungen der §§ 214, 215 anzuwenden (§ 9 Abs. 4 BauGB-MaßnahmenG). Die **Prüfungskompetenz der höheren Verwaltungsbehörde** wird ebenso wenig wie bei sonstigen Bauleitplänen und Satzungen nach dem BauGB inhaltlich eingeschränkt (§ 9 Abs. 4 BauGB-MaßnahmenG unter Hinweis auf § 216 BauGB). In der die höhere Verwaltungsbehörde treffenden Fristverkürzung gem. § 2 Abs. 5 S. 2 i. V. m. § 9 Abs. 2 S. 1 BauGB-MaßnahmenG s. § 214, Rn 19, § 216, Rn 1. Gemäß der **Überleitungsvorschrift** in § 17 BauGB-MaßnahmenG ist § 9 auch auf Bauleitpläne und Satzungen anzuwenden, die unter Anwendung des BauGB-MaßnahmeG aufgestellt, geändert, ergänzt oder aufgehoben worden sind.

7 **4.** Die Abwertung der Verfahrens- und Formvorschriften durch die Vorgängervorschriften der §§ 214, 215, die §§ 155a, b BBauG, eine Erscheinung, die nicht auf das Baurecht beschränkt ist (s. § 3, Rn 4) und die Beschränkung der verwaltungsgerichtlichen Kontrollkompetenz hat zunächst ungewöhnlich heftige **verfassungsrechtliche und verfassungspolitische Kritik** ausgelöst (s. Meyer, in: Kohlhammer-Komm. BBauG, insb. § 155a, Rn 97–103, § 155b, Rn 14; Boecker, BauR 1979, 372; Gubelt, NJW 1979, 2075; Grave, BauR 1980, 205; Geulen, KJ 1980, 170; Kirchhof, NJW 1981, 2382; s. a. Weyreuther, DÖV 1983, 575/578: „schon im Ansatz mißglückt"; Redeker, DVBl. 1982, 130/133 f.; Breuer, NVwZ 1982, 273; Schmidt-Aßmann, DVBl. 1984, 582/585 ff.; Held, Der Grundrechtsbezug des Verwaltungsverfahrens, 1984; Koch/Hosch, Baurecht, S. 173, 178 ff.; Maurer, in Hill (Hgb.), Zustand und Perspektiven der Gesetzgebung, 1989, S. 233/243; Dolde, BauR 1990, 1; s. a. Rn 3 sowie Voraufl., Rn 6). Insbesondere ist die Vereinbarkeit mit der Rechtsschutzgarantie des Art. 19 Abs. 4 GG, aber auch mit

dem Rechtsstaatsprinzip und Art. 14 Abs. 1 GG bezweifelt worden. Für die verfahrensrechtlichen Teile der Neuregelung läßt sich der Gedanke anführen, daß das Verfahren nicht Selbstzweck, sondern nur Mittel auf der Suche nach dem richtigen Ergebnis ist, nur dienende Funktion hat, daß Bebauungspläne nach einem gewissen Zeitablauf nicht ohne Not an Erfordernissen ihres verfahrensfehlerfreien Zustandekommens scheitern sollen (BVerwG DVBl. 1980, 230; Weyreuther, DÖV 1980, 389; krit. aber Schmidt-Aßmann, in: Isensee/Kirchhof, Handbuch des Staatsrechts III, 1988, § 70, Rn 38; dezidiert positive Stellungnahmen bei Bielenberg/Söfker, in: E/Z/B, BBauG, Vorbem. §§ 155a–c, Rn 1–6, 22; Söfker, ZfBR 1979, 191; v. Mutius/Hill, Die Behandlung fehlerhafter Bebauungspläne durch die Gemeinden, 1983; Hill, Das fehlerhafte Verfahren, seine Folgen im Verwaltungsrecht, 1986, S. 154ff.; s. a. Bericht des Arbeitskreises „Baurechtliche und verwaltungsprozessuale Fragen", BBauBl. 1985, 359, 360. Teilweise werden die §§ 155a BBauG als zulässige, aber nicht verallgemeinerungsfähige baurechtliche Spezialität bewertet (so Maurer, FS für Bachof, 1984, S. 215/241; Ossenbühl, NJW 1986, 2805/2812; Pietzcker, VVDStRL 41, 193/226. Zutreffender dürfte sein, die §§ 214, 215 als frühe Erscheinungsformen einer das Nichtigkeitsdogma (Rn 1) modifizierenden Fehlerfolgenlehre für untergesetzliche Normen zu verstehen (s. Schmidt-Aßmann, aaO, Gaentzsch, in: Berliner Komm., § 214, Rn 1, 7; ausführlich Morlok, Die Folgen von Verfahrensfehlern am Beispiel von kommunalen Satzungen, 1988, S. 10ff. „neue Stufe der Dogmatikentwicklung"). Die **Rechtsprechung** hat die Verfassungsmäßigkeit der Unbeachtlichkeits-, Verfristungs- und „Heilungsvorschriften" bestätigt (BGH NVwZ 1982, 210 – § 155b Abs. 1 Nr. 3; BVerwG NVwZ 1983, 30 – § 155b Abs. 1, § 183f Abs. 2; BVerwGE 75, 262 – § 155a Abs. 5, § 183f. Abs. 3; implizit z. B. auch BVerwG DVBl. 1980, 230 und DVBl. 1982, 1100), hinsichtlich der abwägungsbezogenen Unbeachtlichkeitsklausel des § 155b Abs. 2 S. 2 BBauG = § 214 Abs. 3 S. 2 BauGB allerdings im Wege einer verfassungskonformen, den verfassungsrechtlichen Zweifeln Rechnung tragenden restriktiven Auslegung (BVerwGE 64, 33 unter Berufung u. a. auf Weyreuther, DÖV 1980, 392; Götz, Gerichtskontrolle der planerischen Festlegung, Schriftenreihe des nds Städteverbandes, 1981, S. 6; Battis, DÖV 1981, 435; Zuck, Das Recht des Bebauungsplans, 2. A., 1980, S. 8, 237; s. a. Schwerdtfeger, JuS 1983, 270; Redeker, DVBl. 1982, 130/134; Dolde, NJW 1982, 1785/1787). Zur großzügigen Rückwirkungsrechtsprechung s. Rn 4. Die „**Selbstkorrektur der Rechtsprechung**" im Vorfeld des Erlasses des BauGB (s. Schlichter, ZfBR 1985, 107; krit. Dolde, NJW 1986, 815), die „nicht ungefragt in eine Suche nach Fehlern eintreten" will (s. BVerwG, DVBl. 1980, 230) und die formellen und materiellen Anforderungen an die Bauleitplanung bewußt herabgesetzt hat, zeitigte Folgen für eine großzügigere Behandlung der §§ 155a, b BBauG (BVerwG DVBl. 1985, 795 – § 155b Abs. 1 S. 1 Nr. 5; NJW 1985, 1569 – § 155b Abs. 1 Nr. 3; abl. Dolde aaO, S. 821 u. 823; BVerwG ZfBR 1985, 140 – § 155b

Abs. 1 Nr. 8; NVwZ 1985, 485 – § 155b Abs. 1 Nr. 8; DVBl. 1985, 387 – § 155b Abs. 1 Nr. 7; DVBl. 1986, 686 – § 155a Abs. 1; ZfBR 1987, 101 – § 155a Abs. 5; NVwZ 1987, 317 – Genehmigung eines Bebauungsplans mit inhaltsverändernden „Auflagen" – fehlender Beitrittsbeschluß – § 155a Abs. 1, 2; zur restriktiven Instanzjudikatur s. Voraufl., Rn 6. Trotz der großzügigeren Auslegung der §§ 155a, b BBauG durch das BVerwG hat das BauGB wegen „der fortbestehenden hohen Fehleranfälligkeit von Bauleitplänen" (BT-Drs. 10/6166 S. 134f.; s. a. Rn 1), die verwaltungsgerichtliche Kontrollkompetenz und damit den Rechtsschutz der Bürger weiter eingeschränkt. Die **materielle Fehler** betreffende **Rügefrist des § 215 Abs. 1 Nr. 2** richtet sich ausdrücklich dagegen, „daß im gerichtlichen Verfahren zunehmend Abwägungsfehler und damit die Ungültigkeit von Bebauungsplänen angenommen werden" (BT-Drs. 10/6166 S. 134). Dies ist angesichts der verfassungsrechtlichen Begründung des Abwägungsgebotes und seiner gerichtlichen Kontrolle (s. § 1 Rn 87ff.) bedenklich (s. Papier, DÖV 1986, 621/628; Dürr, VBlBW 1987, 201; Weyreuther, UPR 1986, 121/124; für Verfassungswidrigkeit des § 215 I Nr. 2 dezidiert Gern/Schneider, VBlBW 1988, 125; Koch/Hosch aaO, S. 181; Morlok aaO, S. 234; Oldiges, in: Steiner, (Hgb.), Besonderes VwR, 3. A. 1988, S. 475; Dolde, BauR 1990, 1/6; für verfassungskonforme Auslegung: Peine, NVwZ 1989, 637: § 215 Abs. 1 Nr. 2 erfaßt Grundgesetzverstöße, wie gegen Art. 14 oder den Grundsatz der Verhältnismäßigkeit nicht, ist also auf Abwägungsfehler beschränkt, die das einfache Recht verletzen; vermittelnd auch Löhr, NVwZ 1987, 361/368 sowie Gaentzsch aaO, § 215, Rn 5, § 214, Rn 1; weitergehend Schmaltz, DVBl 1990, 77/80). Für die in ihrer Dauer bewußt an die Sieben-Jahres-Frist des Planungsschadensrecht angelehnte Rügefrist spricht, „daß mit zunehmendem Vollzug rechtliche und tatsächliche Verhältnisse geschaffen werden, die zunehmend ein berechtigtes Vertrauen der Planbetroffenen" und zugleich das öffentliche Interesse am Bestand des Bauleitplans wachsen lassen (BT-Drs. aaO). Bielenberg, in: B/K/S, Rn 6 rechtfertigt die Neuregelung unter Hinweis auf die Zulässigkeit der Präklusion bei Planfeststellungen (ähnlich Gaentzsch aaO; dagegen Dolde, BauR 1990, 1/9). Er weist jedoch selbst darauf hin, daß nach der Rechtsprechung zur Präklusion von Einwendungen im Planfeststellungsverfahren es geboten ist, daß schwerwiegende und offensichtliche Fehler unbefristet geltend gemacht werden können. Bei der ungleich vollzugsorientierteren fachplanerischen Planfeststellung könnten eher weitergehende Einschränkungen des Rechtsschutzes hingenommen werden als beim weniger vollzugsorientierten Bebauungsplan oder gar Flächennutzungsplan. Die Abwertung der **Verfahrensvorschriften** widerspricht einer neueren noch durchaus umstrittenen Entwicklung, nämlich der verfahrensspezifisch zu differenzierenden, grundrechtlich begründeten Aufwertung des Verfahrensrechts (s. § 3 Rn 4). Gerade weil das BauGB schwerpunktmäßig durch Vereinfachung des Verfahrens der Bauleitplanung (s. Einleitung Rn 14; BT-Drs. 575/85 Vorbl.) den rechtsstaatlich unbedenklicheren

und auch praktikableren Weg eingeschlagen hat, um die Fehlerquellen einzuschränken, ist es bedenklich, die verbliebenen Verfahrensvorschriften abzuwerten (s. a. H. Meyer, NVwZ 1986, 513/522); noch dazu durch unübersichtliche kasuistische Regelungen, deren Hang zum Perfektionismus deutlich ausgeprägter ist als ihre dogmatische Fundierung. Es besteht die Gefahr, daß der der Planung als primär verfahrensrechtlich gesteuerter Prozeß eigene rechtsverwirklichende Werte zu gering geachtet wird.

§ 214 Beachtlichkeit der Verletzung von Vorschriften über die Aufstellung des Flächennutzungsplans und der Satzungen

(1) Eine Verletzung von Verfahrens- und Formvorschriften dieses Gesetzbuchs ist für die Rechtswirksamkeit des Flächennutzungsplans und der Satzungen nach dem Gesetzbuch nur beachtlich, wenn

1. die Vorschriften über die Beteiligung der Bürger und der Träger öffentlicher Belange nach § 3 Abs. 2 und 3, §§ 4, 13 Abs. 1 Satz 2 und Abs. 2 Satz 2, § 22 Abs. 10 Satz 2 und § 34 Abs. 5 Satz 1 verletzt worden sind; dabei ist unbeachtlich, wenn bei Anwendung der Vorschriften einzelne berührte Träger öffentlicher Belange nicht beteiligt oder bei Anwendung des § 3 Abs. 3 Satz 2 oder des § 13 die Voraussetzungen für die Durchführung der Beteiligung nach diesen Vorschriften verkannt worden sind;

2. die Vorschriften über den Erläuterungsbericht und die Begründung des Flächennutzungsplans und der Satzungen sowie ihrer Entwürfe nach § 3 Abs. 2, § 5 Abs. 1 Satz 2 Halbsatz 2 und Abs. 5, § 9 Abs. 8 und § 22 Abs. 11 verletzt worden sind; dabei ist unbeachtlich, wenn der Erläuterungsbericht oder die Begründung des Flächennutzungsplans oder der Satzungen oder ihrer Entwürfe unvollständig ist.

3. ein Beschluß der Gemeinde über den Flächennutzungsplan oder die Satzung nicht gefaßt, eine Genehmigung nicht erteilt, das Anzeigeverfahren nicht durchgeführt, die Satzung unter Verstoß gegen § 11 Abs. 3 Satz 2 in Kraft gesetzt oder der mit der Bekanntmachung des Flächennutzungsplans oder der Satzung verfolgte Hinweiszweck nicht erreicht worden ist.

Soweit in den Fällen des Satzes 1 Nr. 2 der Erläuterungsbericht oder die Begründung in den für die Abwägung wesentlichen Beziehungen unvollständig ist, hat die Gemeinde auf Verlangen Auskunft zu erteilen, wenn ein berechtigtes Interesse dargelegt wird.

(2) Für die Rechtswirksamkeit der Bauleitpläne ist auch eine Verletzung der Vorschriften über das Verhältnis des Bebauungsplans zum Flächennutzungsplan nach § 8 Abs. 2 bis 4 unbeachtlich, wenn

1. **die Anforderungen an die Aufstellung eines selbständigen Bebau-
 ungsplans (§ 8 Abs. 2 Satz 2) oder an die in § 8 Abs. 4 bezeichneten
 dringenden Gründe für die Aufstellung eines vorzeitigen Bebau-
 ungsplans nicht richtig beurteilt worden sind;**

2. **§ 8 Abs. 2 Satz 1 hinsichtlich des Entwickelns des Bebauungsplans
 aus dem Flächennutzungsplan verletzt worden ist, ohne daß hier-
 bei die sich aus dem Flächennutzungsplan ergebende geordnete
 städtebauliche Entwicklung beeinträchtigt worden ist;**

3. **der Bebauungsplan aus einem Flächennutzungsplan entwickelt
 worden ist, dessen Unwirksamkeit wegen Verletzung von Verfah-
 rens- oder Formvorschriften einschließlich des § 6 sich nach Be-
 kanntmachung des Bebauungsplans herausstellt,**

4. **im Parallelverfahren gegen § 8 Abs. 3 verstoßen worden ist, ohne
 daß die geordnete städtebauliche Entwicklung beeinträchtigt
 worden ist.**

(3) **Für die Abwägung ist die Sach- und Rechtslage im Zeitpunkt
der Beschlußfassung über den Bauleitplan maßgebend. Mängel im
Abwägungsvorgang sind nur erheblich, wenn sie offensichtlich und
auf das Abwägungsergebnis von Einfluß gewesen sind.**

Übersicht

1. a) Abs. 1 bestimmt **abschließend**, welche **Verfahrens- und Form-** 1 **vorschriften** des BauGB für die Wirksamkeit des Flächennutzungsplans, des Bebauungsplans oder einer sonstigen städtebaulichen Satzung (s. Vorbem. §§ 214–216 Rn 2) **beachtlich** sind. Innerhalb der beachtlichen Fehler differenziert das Gesetz in der Weise, daß bestimmte minderschwere Fehler durch „**interne Unbeachtlichkeits- klauseln**" (Nr. 1 HS. 2, Nr. 2 HS. 2) zusätzlich für unbeachtlich erklärt werden, während Fehler nach Nr. 3 als so schwerwiegend bewertet werden, daß sie nicht der **Rügefrist** des § 215 Abs. 1 unterfallen. Die interne Unbeachtlichkeitsklausel des Abs. 1 Nr. 2 HS. 2 wird durch die **Auskunftspflicht** nach Abs. 1 S. 2 ergänzt. Nach Abs. 2 sind bestimmte **materielle Fehler**, die das Verhältnis von Flächennutzungsplan und Bebauungsplan betreffen, unbeachtlich. Abs. 3 S. 1 bestimmt den für die Abwägung maßgeblichen Zeitpunkt der Sach- und Rechtslage. Abs. 3 S. 2 erklärt bestimmte Mängel im **Abwägungsvorgang** für unbeachtlich. Die beachtlichen Fehler nach § 214 Abs. 1 Nr. 1 u. 2 und Abs. 3 können nur innerhalb der einjährigen oder siebenjährigen **Rüge- frist** des § 215 Abs. 1 Nr. 1 u. 2 geltend gemacht werden, sofern die Gemeinde ihre **Hinweispflicht** des § 215 Abs. 2 erfüllt hat. Alle nach § 214 Abs. 1 beachtlichen Verfahrens- und Formfehler kann die Gemeinde **beheben**, um durch **Wiederholung** des nachfolgenden Verfahrens den Flächennutzungsplan oder die Satzung ex nunc oder ex tunc in Kraft zu setzen. Zur internen und externen Systematik der §§ 214–216, zu ihrem Zweck, ihrer Entstehungsgeschichte einschließlich der Ergänzungen durch das BauGB-MaßnahmenG (dazu s. Rn 18, 19) und ihrer Zulässigkeit s. Vorb. §§ 214–216, Rn 1–7, zur zweckmäßigen **Prü- fungsfolge** s. Vorb. §§ 214–215, Rn 2, zur Überleitungsregelung s. § 244.

b) Um die Bestandskraft der Bauleitpläne aber auch sonstiger städte- 2 baulicher Satzungen zu verbessern, geben die §§ 214, 215 für das Städtebaurecht das traditionelle Nichtigkeitsdogma auf, demzufolge die Rechtswidrigkeit einer Norm deren Nichtigkeit = Unwirksamkeit bewirkt (s. Vorb. §§ 214–216, Rn 1). Bei Bauleitplänen und sonstigen städtebaulichen Satzungen führt die Rechtswidrigkeit wegen eines Verfahrens- oder Formfehlers zur **Nichtigkeit** nur in den § 214 Abs. 1 Nr. 3 geregelten Fällen und bei sonstigen beachtlichen Verstößen gegen Verfahrens- und Formvorschriften des BauGB nur, wenn die Gemeinde den Hinweis nach § 215 Abs. 2 unterlassen hat. Ist der Hinweis nach § 215 Abs. 2 erfolgt, so ist der Flächennutzungsplan oder die Satzung wegen eines Verfahrens- oder Formfehlers **rechtswidrig, aber wirk- sam**. Nur wenn nach einem Hinweis der Gemeinde gem. § 215 Abs. 2 ein nach § 214 Abs. 1 Nr. 1 oder 2 beachtlicher Verfahrens- oder Form- fehler unter den Voraussetzungen des § 215 Abs. 1 **gerügt** wird sind die Voraussetzungen für die **gerichtliche Aufhebbarkeit** des (der) rechts- widrigen, aber wirksamen Planes (Satzung) gegeben (Meyer, in: Kohl- hammer-Komm., § 155a, Rn 33; Hill, DVBl. 1983, 1/5; v. Mutius/Hill,

Die Behandlung fehlerhafter Bebauungspläne durch die Gemeinden, 1983, S. 22; Held, Der Grundrechtsbezug des Verwaltungsverfahrens, 1984, S. 217; Dolde, BauR 1990, 1/11; s. a. Morlok, Die Folgen von Verfahrensfehlern am Beispiel von kommunalen Satzungen, 1988, S. 221: „rechtswidrig", aber „lebenspraktisch wirkt die Norm weiter", die „nach herkömmlicher Fehlerfolgenlehre nichtig" ist; a. A. Bielenberg/Söfker, in: E/Z/B, BBauG, § 155a, Rn 26: bei unterbliebener Rüge rechtmäßig und wirksam; s. a. Renck, BayVBl. 1983, 86; für schwebende Unwirksamkeit bis zur Rüge und endgültige Unwirksamkeit = Nichtigkeit durch die Rüge offenbar Gelzer, Rn 440; Molodovsky, BayVBl. 1977, 539/544; für schwebende Wirksamkeit bis zur Rüge und Nichtigkeit durch die Rüge Schäfer, NJW 1978, 1292/1293; Prahl, SKV 1977, 266/268; Neuhausen, Städte- und Gemeindebund, 1980, 69/72; von Heilung statt Verfristung sprechen Hoppe, in: E/H, Rn 331c; Finkelnburg, in: F/O, Bd. I, S. 135; dagegen zutr. Ossenbühl NJW 1986, 2805/2810, der im Anschluß an Maurer, in: F.S.f.Bachof, 1984, S. 215/233f.; ders., in: Hill (Hgb.), Zustand und Perspektiven der Gesetzgebung, 1989, S. 233, 241, den Unbeachtlichkeitsklauseln eine rein verfahrensrechtliche Bedeutung beimißt (ebenso: Ipsen, DV 1987, 475/486; Oldiges, in: Steiner (Hgb.), Besonderes VwR, 3. A., S. 472; Schmaltz, DVBl 1990, 77). Der „glatten" prozessuellen Lösung widerspricht, daß § 216 an der Formulierung Auswirkungen der §§ 214, 215 „auf die Rechtswirksamkeit eines Flächennutzungsplans oder einer Satzung" festhält, daß § 214 anders als § 155a BBauG außer in Abs. 2 auch in Abs. 1 von „Rechtswirksamkeit" spricht und daß die neue Abschnittsüberschrift die Wirksamkeit ausdrücklich im Titel führt. Auch das BauGB-MaßnahmenG verwendet wiederum ausdrücklich den Begriff Rechtswirksamkeit (§ 9 Abs. 1, 2 sowie BT-Dr. 11/5972 S. 15). Aufgrund einer wirksamen Rüge kann die Satzung oder der Flächennutzungsplan wegen des Fehlers in einem **Normenkontrollverfahren** (§ 47 VwGO) mit allgemeinverbindlicher Wirkung aufgehoben werden. Bei einer **inzidenten Kontrolle** ist das VG befugt, nur mit Wirkung inter partes wegen der gerügten Fehler die Satzung und den darauf gestützten Verwaltungsakt aufzuheben (dagegen Schmaltz, DVBl 1990, 77/79). Diese verfassungskonforme, Art. 19 Abs. 4 GG Rechnung tragende Schließung einer Lücke, die der offenbar auf die Heilung nach § 215 Abs. 3 fixierte Gesetzgeber aufgerissen hat, ist der zwar durchaus konsequenten, aber vom Gesetzgeber nicht beabsichtigten Lösung vorzuziehen, wonach dem Rügenden nur das Normenkontrollverfahren bleibt (so aber Meyer aaO, Rn 37; v. Mutius/Hill aaO, S. 22).

3 **2. a)** Abs. 1 bestimmt **abschließend**, welche Verfahrens- und Formvorschriften des BauGB für die Wirksamkeit eines Flächennutzungsplans, eines Bebauungsplans oder einer sonstigen städtebaulichen Satzung (s. Vorbem. §§ 214–216, Rn 2) beachtlich sind. Verfahrensvorschriften i. S. v. Abs. 1 sind alle von der Gemeinde oder ihren Entscheidungsträgern sowie der höheren Verwaltungsbehörde für die Aufstel-

lung von Bauleitplänen und sonstigen städtebaulichen Satzungen zu beachtenden Vorschriften des BauGB, die sich auf den (äußeren) Ablauf des Planungsverfahrens beziehen (BVerwGE 74, 47). Materiellrechtliche Vorschriften betreffen die Zulässigkeit einschließlich der Ermächtigung für den Erlaß und den Inhalt des Bauleitplans oder der sonstigen Satzung (s. a. Gaentzsch, in: Berliner Komm., § 214, Rn 9). Abs. 1 enthält vier Klassen der Beachtlichkeit von Verfahrens- und Formfehlern, nämlich absolut beachtliche (Nr. 3), grundsätzlich beachtliche (Nr. 1 HS. 1, Nr. 2 HS. 2), benannte generell unbeachtliche (Nr. 1 HS. 2, Nr. 2 HS. 2) und die Restklasse der unbenannten generell unbeachtlichen Fehler. Abs. 1 gilt nicht für solche Fehler beim Erlaß von städtebaulichen Normen, die in Anwendung von Landesrecht, insbesondere als kommunalverfassungsrechtliche Verfahrens- und Formvorschriften begangen worden sind. Insoweit können aber landesrechtliche Unbeachtlichkeits-, Evidenz- und Kausalitätsklauseln wie z. B. § 4 Abs. 6 nwGO eingreifen (s. Vorb. §§ 214–216, Rn 2).

b) aa) Nach Abs. 1 Nr. 1 HS. 1 sind grundsätzlich beachtliche Verstöße gegen die Vorschriften über die **Beteiligung von Bürgern** an der Bauleitplanung im förmlichen Auslegungsverfahren nach § 3 Abs. 2, im erneuten Auslegungsverfahren nach § 3 Abs. 3 und im Verfahren der vereinfachten Änderung oder Ergänzung eines Bauleitplans nach § 13 Abs. 1 S. 2, Abs. 2 S. 2. Die fehlerhafte Nichtberücksichtigung der Einwendung eines Betroffenen kann unschädlich sein, wenn die Gemeinde seine Belange kannte und in der Sache einwandfrei gewürdigt hat (BVerwG, BauR 1989, 435). Hat bei einer Änderung eines Bebauungsplanes weder ein erneutes Auslegungsverfahren noch ein eingeschränktes Beteiligungsverfahren nach § 3 Abs. 3 stattgefunden, so kann dies statt zur Nichtigkeit im Einzelfall zur Teilnichtigkeit führen, wenn durch die Änderung die Grundzüge der Planung nicht berührt worden sind. Es muß nach den tatsächlichen Umständen vernünftigerweise ausgeschlossen werden können, bei Vermeidung des Fehlers hätte der Plan auch in seinen übrigen Teilen einen anderen Inhalt bekommen (BVerwG, DVBl. 1989, 1100). Unbeachtlich sind Verstöße gegen die Vorschrift über die frühzeitige Bürgerbeteiligung (§ 3 Abs. 1). Grundsätzlich beachtlich sind Verstöße gegen die Beteiligungsvorschriften beim Erlaß von Sicherungssatzungen nach § 22 Abs. 10 und von Außenbereichssatzungen nach § 34 Abs. 5 S. 1 und Verstöße gegen die Vorschriften über die **Beteiligung der Träger öffentlicher Belange** an der Bauleitplanung (§ 4, § 3 Abs. 2, 3, § 13 Abs. 1 S. 2, Abs. 2 S. 2) und deren Beteiligung beim Erlaß von Sicherungssatzungen nach § 22 Abs. 10 und von Außenbereichssatzungen nach § 34 Abs. 5 S. 1.

bb) Trotz grundsätzlicher Beachtlichkeit ist nach der internen **Unbeachtlichkeitsklausel** von Nr. 1 HS. 2 unbeachtlich, wenn bei Anwendung der Beteiligungsvorschriften **einzelne berührte Träger öffentlicher Belange** nicht beteiligt worden sind, möglicherweise auch des einzigen in Betracht kommenden Trägers öffentlicher Belange

(BVerwG, ZfBR 1988, 91). Die Unbeachtlichkeitsklausel in Nr. 1 HS. 2 erfaßt nicht den materiell-rechtlichen Fehler, der darauf beruht, daß sich die von einem einzelnen nicht beteiligten Träger zu vertretenden Belange der Gemeinde nach Lage der Dinge hätten aufdrängen müssen (dazu BVerwG NJW 1980, 1061) und wegen dieser Nichtberücksichtigung die Abwägung nach § 1 Abs. 5, 6 fehlerhaft i. S. v. § 215 Abs. 3 S. 2 wird. Nach Nr. 1 HS. 2 ist ebenfalls unbeachtlich, wenn die Gemeinde im Verfahren der **vereinfachten erneuten Beteiligung** der Bürger oder der Träger öffentlicher Belange nach § 3 Abs. 3 oder der **vereinfachten Änderung oder Ergänzung** eines Bauleitplans nach § 13 die Voraussetzungen für die Durchführung der Beteiligung nach diesen Vorschriften (dazu § 3, Rn 21, § 13) verkannt hat. Nr. 1 HS. 2 greift aber nicht ein, wenn der Plangeber die Notwendigkeit eines erneuten Beteiligungsverfahrens völlig verkannt hat (VGH Mannheim, NVwZ-RR 1990, 290). Die Gemeinde muß also insbesondere verkannt haben, daß die Grundzüge der Planung nicht berührt werden (Bebauungsplan) oder die Änderung oder Ergänzung im Umfang geringfügig oder von geringer Bedeutung sind (Flächennutzungsplan). Verfahrensfehler bei der erneuten Auslegung des Entwurfs eines Bebauungsplans, die abtrennbare Teilbereiche betreffen, führen regelmäßig nicht zur Nichtigkeit des gesamten Plans (BVerwG, ZfBR 1990, 32).

6 **c) aa)** Nach Abs. 1 Nr. 2 sind grundsätzlich beachtlich Verstöße gegen die Vorschriften über den **Erläuterungsbericht** zum (Entwurf eines) Flächennutzungsplan(es) (§ 3 Abs. 2, § 5 Abs. 1 S. 2 HS. 2 und Abs. 5) oder die **Begründung** (zum Entwurf) eines Bebauungsplans (§ 3 Abs. 2, § 9 Abs. 8) oder die Begründung einer Sicherungssatzung (§ 22 Abs. 11). Das BauGB kodifiziert die Rechtsprechung des BVerwG zum Verfahrenscharakter dieser Vorschriften (BVerwGE 74, 47; s. a. Rn 3). Zwar berührt die Begründung eines Bebauungsplans insoweit die materiell-rechtliche Seite als sie, wenn auch nicht ausschließlich, Hinweise auf die Richtigkeit der Abwägung nach § 1 Abs. 5, 6 geben kann. Das Fehlen einer Begründung oder eines Erläuterungsberichts bleibt jedoch ein Mangel des Planaufstellungsverfahrens, ist also kein materieller Fehler (BVerwG aaO u. BauR 1989, 687; zur überwiegend gegenteiligen Lehre und älteren Rspr. s. Voraufl. u. Lemmel, DVBl. 1981, 318). Eine Verletzung der Verfahrensvorschriften liegt auch vor, wenn Erläuterungsbericht oder Begründung ganz fehlen (BVerwG aaO). I. d. R. ist davon auszugehen, daß eine vorliegende Begründung auch Gegenstand der Beschlußfassung der Gemeinde war (BVerwG NJW 1985, 1569; abl. Dolde, NJW 1986, 815/823).

7 **bb)** Trotz grundsätzlicher Beachtlichkeit ist nach der internen Unbeachtlichkeitsklausel von Nr. 2 HS. 2 unbeachtlich, wenn der Erläuterungsbericht zum (Entwurf eines) Flächennutzungsplan(es) oder die Begründung zum Entwurf (eines Bebauungsplans oder der Sicherungssatzung) unvollständig ist. Während also schwere Verstöße gegen die Verfahrensvorschriften beachtlich aber „heilbar sind", bewertet Nr. 2

HS. 2 die in HS. 2 genannten Fehler als geringfügige und daher unbeachtliche. **Unvollständig** ist eine Begründung dann, wenn entweder zu einer für die Planungskonzeption bedeutenden Regelung nicht alle tragenden Gesichtspunkte behandelt oder wenn zu einzelnen – in diesem Sinne bedeutenden – Regelungen eine Begründung fehlt (BVerwGE 74, 47). Die interne Unbeachtlichkeitsklausel ist unanwendbar, wenn eine Begründung überhaupt nicht beigefügt ist oder wenn sich die Begründung formelmäßig in der Wiederholung einer Vorschrift des BauGB oder in der Beschreibung des Planinhalts erschöpft ohne etwas Konkretes über Ziel und Zweck der Planung darzulegen (BVerwG aaO u. BauR 1989, 687; BGH NVwZ 1982, 210 u. BRS 38 Nr. 16; VGH München BayVBl. 1984, 82). Nach VGH Mannheim NVwZ 1984, 529 muß die Begründung zumindest ansatzweise erkennen lassen, welche städtebaulichen Erwägungen der Aufstellung des Plans zugrundelagen, daß und wie abgewogen wurde (s. a. OVG Koblenz NVwZ 1984, 529). Eine grobe Schätzung der Kosten und allgemeine Aussagen über die Erforderlichkeit bodenordnender Maßnahmen genügen (OVG Lüneburg BRS 42 Nr. 20). Die Begründung ist auch unvollständig, wenn sie zu einzelnen für die Abwägung wesentlichen Beziehungen keine Aussagen enthält; in diesem Fall muß sich die Abwägung aus anderen Unterlagen ergeben (OVG Berlin ZfBR 1984, 100).

cc) Soweit in den Fällen des S. 1 Nr. 2 der Erläuterungsbericht für 8 die Begründung in den für die Abwägung wesentlichen Beziehungen (Rn 3) unvollständig ist, wenn also die interne Unbeachtlichkeitsklausel des S. 1 Nr. 2 HS. 2 eingreift (Rn 7), hat die Gemeinde auf Verlangen **Auskunft** zu erteilen. Diese Auskunftspflicht umfaßt auch, daß die maßgeblichen Unterlagen zur Einsichtnahme vorgelegt werden. Abs. 1 S. 2 setzt voraus, daß der Antragsteller ein berechtigtes Interesse an der Auskunftserteilung darlegt. Auskunftsberechtigt ist nicht wie bei der Bürgerbeteiligung jedermann, sondern nur, wer aufgrund seiner Betroffenheit durch den Plan oder dessen Entwurf ein berechtigtes Interesse darlegen kann, zumindest also derjenige, der nach § 47 Abs. 2 VwGO befugt ist, ein Normenkontrollverfahren anzustrengen (Gaentzsch aaO, Rn 17). Die Auskunftspflicht berechtigt die Gemeinde nicht, vom Gemeinderat nicht erwogene Gründe nachzuschieben (Lemmel, DVBl. 1981, 318/321; Gubelt, NVwZ 1982, 176/178; mißverständlich Grave, BauR 1980, 199/202). Die Auskunftspflicht soll es den Gemeinden ermöglichen, auch durch andere Unterlagen als die Begründung nachzuweisen, daß sie die Anforderungen des § 1 Abs. 5, 6 gewahrt haben (BT-Drs. 8/2451, S. 32).

d) Nach Abs. 1 Nr. 3 sind **absolut beachtlich** Verfahrens- und Form- 9 fehler, die darauf beruhen, daß die Gemeinde keinen Beschluß über den Flächennutzungsplan (§ 5) oder den Bebauungsplan (§ 10) oder eine sonstige städtebauliche Satzung (s. § 16 Abs. 1, 25 Abs. 1, 34 Abs. 5 S. 2, § 142 Abs. 3, § 172 Abs. 1, s. a. Vorb. §§ 214–216, Rn 2) gefaßt

hat, eine Genehmigung von der höheren Verwaltungsbehörde nicht
erteilt (§ 6, § 11 Abs. 1, 2), das Anzeigeverfahren bei der höheren
Verwaltungsbehörde nicht (§ 11 Abs. 1 S. 2, Abs. 3, § 22 Abs. 3 S. 1,
§ 34 Abs. 5 S. 2, § 142 Abs. 1) oder unter Verstoß gegen § 11 Abs. 3 S. 2
durchgeführt worden ist oder der mit der Bekanntmachung des Flä-
chennutzungsplans (§ 6 Abs. 5), des Bebauungsplans (§ 12) oder der
sonstigen Satzung (§ 16 Abs. 2, § 25 Abs. 1 S. 2, § 22 Abs. 3 S. 2, 3, § 34
Abs. 5 S. 2, § 142 Abs. 2, § 172 Abs. 1 S. 2) verfolgte Hinweiszweck
(dazu BVerwG DVBl. 1985, 110, s. a. § 12, Rn 5) nicht erreicht wird.
Mit der Bezugnahme auf die Hinweispflicht schränkt das BauGB die
Rechtsprechung des BVerwG nachzeichnend die absolut beachtlichen
Fehler gegenüber § 155 a Abs. 3 BBauG ein. Die Vorschrift faßt die
Verfahrens- und Formfehler zusammen, die der Gesetzgeber als derart
schwerwiegend ansieht, daß sie schlechterdings beachtlich sind, also
stets und ohne Rüge zur Nichtigkeit des Plans oder der Satzung führen
(BVerwGE 74, 47). Bei diesen Fehlern kann der Plan oder die Satzung
nur dann gültig werden, wenn die fehlerhaften Verfahrensschritte
ordnungsgemäß nach § 215 Abs. 3 nachgeholt werden. Wird beim
Bekanntmachungsverfahren nach § 12 nicht darauf hingewiesen, bei
welcher Stelle der Plan eingesehen werden kann, ist der Bebauungsplan
nichtig (VGH Mannheim, BauR 1989, 434 unter Rückgriff auf
BVerwGE 65, 283; anders BVerwGE 75, 262 u. 271 für „unter Aufla-
gen" genehmigten und mit „Beitrittsbeschluß" versehenen Plan). Nach
BVerwG DVBl. 1985, 387/389 fällt nicht unter § 155 a Abs. 3 BBauG =
§ 214 Abs. 1 Nr. 3 die Konstellation, daß zu Unrecht ein räumlicher
oder sachlicher Teil des Flächennutzungsplans zunächst von der Geneh-
migung ausgenommen worden und der von der Genehmigung ausge-
nommene Teil zusammen mit dem genehmigten Teil materiell geneh-
migungsfähig war und später genehmigt worden ist (a. A.
Hendler, DVBl. 1985, 389/392, der § 155 b Abs. 1 S. 1 Nr. 7 BBauG =
§ 214 Abs. 2 Nr. 3 für anwendbar hält). Zur „Unheilbarkeit" eines nach
§ 12 BBauG 1960 bekanntgemachten Bebauungsplans, wenn zwischen
Bekanntmachung und Auslegung eine Zeitspanne von 11 Tagen liegt
OLG München BayVBl. 1985, 374.

10 **3. a)** Von den in Abs. 2 im wesentlichen übereinstimmend mit
§ 155 b Abs. 1 S. 1 Nr. 5–8 BBauG für unbeachtlich erklärten **materiel-
len Fehlern** eines Bebauungsplans, die durch Verletzung der Vorschrif-
ten über das Verhältnis von Flächennutzungsplan und Bebauungsplan
entstanden sind, betrifft die Nr. 1, die beiden Fälle, daß die Anforde-
rungen an die Aufstellung eines **selbständigen Bebauungsplans** (§ 8
Abs. 2 S. 2) oder an die in § 8 Abs. 4 bezeichneten dringenden Gründe
für die Aufstellung eines **vorzeitigen Bebauungsplanes** nicht richtig
beurteilt worden sind. Nr. 2 privilegiert einen Verstoß gegen das Ent-
wicklungsgebot des § 8 Abs. 2 S. 1. Zum rückwirkenden Überleitungs-
recht s. Vorb. §§ 214–216 Rn 4. Nr. 1 erklärt nur eine unrichtige
Beurteilung der jeweiligen Voraussetzungen des § 8 Abs. 2 S. 2 oder des

§ 8 Abs. 4 für unbeachtlich. Nach BVerwG DVBl. 1985, 795 (zust. Gaentzsch aaO, Rn 25) setzt der inhaltlich übereinstimmende § 155 b Abs. 1 S. 1 Nr. 5 nicht voraus, daß die Gemeinde sich ausdrücklich und im einzelnen mit den Anforderungen an die Aufstellung eines vorzeitigen Bebauungsplanes auseinandergesetzt hat. Weder diese Vorschrift noch § 8 Abs. 3 lege eine subjektivierende Auslegung nahe. Ein nach städtebaulichen Grundsätzen und dem Abwägungsergebnis einwandfreier Bebauungsplan solle unabhängig von den Vorstellungen der Gemeinde nicht daran scheitern, daß er ohne dringenden Grund vor dem Flächennutzungsplan aufgestellt worden ist. Dagegen Dolde, NJW 1986, 815/821 unter Hinweis auf die frühere Rspr. (s. Voraufl.), daß die Unbeachtlichkeit „nur eingreift, wenn die Gemeinde sich der Abweichung vom Flächennutzungsplan bewußt war und versuchte, sie zu rechtfertigen". Nr. 1 soll nicht den Fall privilegieren, daß sich die Gemeinde schlechthin über die Voraussetzungen der §§ 8 Abs. 2 S. 2, 8 Abs. 4 hinwegsetzen wollte (s. BT-Drs. 8/2885, S. 45). Nr. 5 greift nicht, wenn die Gemeinde andere Voraussetzungen des § 8 Abs. 4 verkannt hat als die allein privilegierten „dringenden Gründe" (bei Rückwirkung aber auch die „zwingenden Gründe" des § 8 Abs. 3 a. F.). Nr. 1 greift daher nicht, wenn der Bebauungsplan der beabsichtigten städtebaulichen Entwicklung entgegensteht (BVerwG, NVwZ 1983, 30) oder wenn bei vorliegendem Flächennutzungsplan gegen das Entwicklungsgebot verstoßen worden ist (Bielenberg, in: E/Z/B BBauG, § 8, Rn 9; auch Nr. 6 ist dann nicht analog anwendbar; a. A. Geimer, BauR 1980, 208).

b) Ein Verstoß gegen § 8 Abs. 2, und zwar hinsichtlich des Entwik- **11** kelns des Bebauungsplans aus dem Flächennutzungsplan, ist nach dem gegenüber § 155 b Abs. 1 S. 1 Nr. 6 nur redaktionell angepaßten Abs. 2 Nr. 2 unbeachtlich, wenn hierbei die sich aus dem Flächennutzungsplan ergebende **städtebauliche Entwicklung nicht beeinträchtigt** worden ist. Diese zweite, das Verhältnis von Flächennutzungsplan und Bebauungsplan betreffende Unbeachtlichkeitsklausel sanktioniert solche materielle Abweichungen des Bebauungsplans vom jeweils vorliegenden Flächennutzungsplan, die über das im Rahmen des Entwickelns zulässige Maß (s. § 8, Rn 2–5) hinausgehen (OVG Lüneburg, BauR 1980, 439/441; OVG Bremen, ZfBR 1981, 194). Der Anwendungsbereich ist nicht sonderlich weit, weil Nr. 2 nicht greift, sobald die sich aus dem Flächennutzungsplan ergebende geordnete städtebauliche Entwicklung in Gefahr ist, indes dort, wo die Grundkonzeption des Flächennutzungsplanes gewahrt worden ist (s. § 8, Rn 3), bereits ein Verstoß gegen das Entwicklungsgebot gar nicht vorzuliegen pflegt (so Weyreuther, DÖV 1983, 575/579). Die geordnete städtebauliche Entwicklung ist beeinträchtigt, wenn der über den Bereich des Bebauungsplans hinausgehende Raum und die übergeordneten Darstellungen des Flächennutzungsplanes tangiert sind (VG Köln, UPR 1982, 135; s. a. OVG Bremen aaO). Ein Bebauungsplan ist nicht deshalb unwirksam, weil für einzelne Baugebiete die Grundkonzeption des Flächennut-

zungsplanes aufgegeben wird, indem eine andere Art oder ein unterschiedliches Maß der baulichen Nutzung als ursprünglich vorgesehen verbindlich festgelegt wird, solange die Auswirkungen dieser Abweichung vom Flächennutzungsplan die benachbarten Baugebiete nicht beeinträchtigen und die geordnete städtebauliche Entwicklung des Gemeindegebietes in seiner Gesamtheit nicht gefährden (OVG Koblenz, DÖV 1982, 294; krit. Meyer, in: Kohlhammer-Komm., § 155 b, Rn 49). Die geordnete städtebauliche Entwicklung ist z. B. nicht beeinträchtigt, wenn durch die Festsetzung einer bisher als Grünfläche dargestellten Fläche von 2000 qm für das Parken von Fahrzeugen im innerstädtischen Bereich die Funktion des Flächennutzungsplans als grundlegendes kommunales Instrument zur Steuerung der städtebaulichen Entwicklung nicht unterlaufen wird (OVG Berlin, NVwZ 1983, 416; s. a. VGH Kassel, NVwZ 1988, 541 – Zuordnung von Wohngebieten und Weinbauflächen). Darauf, ob die Gemeinde zu Unrecht angenommen hat, der Bebauungsplan halte die Grenze des Entwickelns ein, kommt es nicht an (Bielenberg aaO, § 8, Rn 10; a. A Grauvogel/Dürr, in: Kohlhammer-Komm., § 8, Rn 22). Das Tatbestandsmerkmal „hinsichtlich des Entwickelns" schließt die Anwendung der Nr. 2 jedoch aus, wenn die Gemeinde sich schlechthin über den Flächennutzungsplan hinwegsetzen wollte.

12 **c)** Die Unbeachtlichkeitsklausel der Nr. 3, die inhaltlich mit § 155 b Abs. 1 S. 1 Nr. 7 übereinstimmt, soll verhindern, daß ein Bebauungsplan nichtig ist, weil er **aus einem nichtigen Flächennutzungsplan entwickelt** worden ist; allerdings nur, wenn erstens die Nichtigkeit des Flächennutzungsplans allein auf der Verletzung von Verfahrens- oder Formvorschriften beruht, zweitens sich nach der Bekanntmachung des Bebauungsplans herausstellt und drittens der Bebauungsplan seinerseits die Grundsätze der Bauleitplanung und die Anforderung an die Abwägung (§ 1 Abs. 5, 6) wahrt. Unbeachtlichkeit nach Nr. 3 liegt auch vor, wenn der Bebauungsplan aus einem Flächennutzungsplan entwickelt worden ist, dessen Unwirksamkeit sich wegen Verletzung landesrechtlicher Verfahrensvorschriften herausstellt (BVerwG, DVBl. 1984, 632), oder wenn der Bebauungsplan aus einem geänderten Flächennutzungsplan entwickelt wurde und die Änderung Form- oder Verfahrensfehler aufweist (VGH Mannheim, NVwZ-RR 1990, 290). Auch wenn der Flächennutzungsplan wegen eines Verfahrens- oder Formfehlers nichtig ist, sanktioniert Nr. 3 einen materiell-rechtlichen Fehler, nämlich den Verstoß gegen das Entwicklungsgebot des § 8 Abs. 2 (Bielenberg aaO, § 8, Rn 11; a. A. Meyer aaO, Rn 50, der einen Verfahrensverstoß annimmt und daraus unzutreffende Konsequenzen (Rn 51) für das Übergangsrecht zieht). Zum Übergangsrecht s. BVerwG, DVBl. 1982, 1100 (dazu Vorb. §§ 214–216, Rn 3, 4). Diese dritte, die Verbindung zwischen Flächennutzungsplan und Bebauungsplan lockernde (so BVerwG aaO) Unbeachtlichkeitsklausel sanktioniert den Verstoß gegen das Entwicklungsgebot nicht, wenn der notwendigerweise bereits genehmigte

Flächennutzungsplan selbst gegen eine materiell-rechtliche Vorschrift verstößt. In Abgrenzung zu § 214 Abs. 1 S. 1 Nr. 3 bezieht Abs. 2 Nr. 3 ausdrücklich die Genehmigungs- und Bekanntmachungstatbestände des § 6 ein. Nr. 3 greift z. B., wenn die Gemeinde gem. § 5 Abs. 1 einen das ganze Gemeindegebiet erfassenden Flächennutzungsplan vorgelegt hat, die Genehmigungsbehörde aber unter Verletzung des § 6 zu Unrecht nur Teilbereiche genehmigt hat (nicht abschließend geklärt v. BVerwG aaO). Die Unwirksamkeit des Flächennutzungsplans hat sich spätestens dann herausgestellt, wenn die Gemeinde durch eine Entscheidung nach § 47 VwGO oder durch eine rechtskräftige Inzidententscheidung davon Kenntnis erlangt hat. Bei nicht rechtskräftigen Entscheidungen, Hinweisen Dritter oder eigener Prüfung durch die Gemeinde ist darauf abzustellen, ob der im konkreten Fall nicht nach § 214 Abs. 1 unbeachtliche Formfehler für einen rechtskundigen objektiven Dritten offenkundig ist. Bloße Zweifel an der Wirksamkeit des Flächennutzungsplans genügen nicht.

d) Die vierte materielle (a. A. Meyer, in: Kohlhammer-Komm., **13** BBauG, § 155 b, Rn 57), das Verhältnis Flächennutzungsplan – Bebauungsplan betreffende Unbeachtlichkeitsklausel ist gegenüber § 155 b Abs. 1 S. 1 Nr. 8 verengt worden. Zum Begriff des **Parallelverfahrens** in § 155 b Abs. 1 S. 1 Nr. 8 BBauG, BVerwGE 70, 171: „Der hier verwendete Begriff „im Parallelverfahren" kann also nicht so verstanden werden, als liege ein Parallelverfahren – begrifflich – nur vor, wenn das Verfahren durchgehend so eingehalten ist, wie § 8 Abs. 3 Sätze 1–3 BBauG es Gemeinde und Genehmigungsbehörde bindend vorgeben; dann wäre nämlich § 155 b Abs. 1 Nr. 8 BBauG sinnlos. Es setzt also gerade voraus und es will dies „heilen", daß gegen die Verfahrensvorschriften des „Parallelverfahrens" verstoßen worden ist." § 214 Abs. 2 Nr. 4 greift bei einer Verletzung der Vorschriften über das Parallelverfahren (§ 8 Abs. 3) nur, wenn die geordnete städtebauliche Entwicklung hierdurch nicht beeinträchtigt worden ist. Diese Einschränkung ist die Folge davon, daß das BauGB die Bindung an den im Parallelverfahren zugleich im Verfahren der Aufstellung, Änderung und Ergänzung befindlichen Flächennutzungsplan gelockert hat (s. § 8, Rn 87). Zur Unbeachtlichkeit der Genehmigung des Bebauungsplans vor der Genehmigung des Flächennutzungsplans nach § 155 b Abs. 1 Nr. 8 BBauG außer BVerwGE 70, 171 auch BVerwG ZfBR 1985, 140. Nach dem BauGB muß nicht mehr die Genehmigung des Flächennutzungsplans abgewartet werden, wenn die „**Planreife**" des Flächennutzungsplans gegeben ist. Abs. 2 Nr. 4 greift also, wenn ohne Planreife des Flächennutzungsplans ein Bebauungsplan in Kraft gesetzt wird und dadurch die geordnete städtebauliche Entwicklung nicht beeinträchtigt worden ist. Dies ist immer dann nicht der Fall, wenn sich der Bebauungsplan im nachhinein doch als aus dem Flächennutzungsplan „entwickelt" erweist (Bielenberg, in: B/K/S, Rn 83). Kein nach Nr. 4 unbeachtlicher Verlust an paralleler Planung liegt vor, wenn mit der Aufstellung oder Änderung des Flächennutzungsplanes erst nach Abschluß der Aufstel-

lung des Bebauungsplanes begonnen wird (Meyer aaO). Zusätzlich zu
Nr. 4 kann auch Nr. 3 anwendbar sein, wenn z. B. ein im Parallelver-
fahren entwickelter Flächennutzungsplan nicht nur gegen § 8 Abs. 3
S. 2 verstößt, sondern bereis an einem Verfahrensfehler leidet, der ohne
die Unbeachtlichkeitsklausel sein späteres Inkrafttreten ausschlösse
(Bielenberg, in: E/Z/B BBauG, § 8, Rn 12; a. A. OVG Lüneburg,
DVBl. 1981, 413; offengelassen von BVerwG, DVBl. 1982, 1099).

14 **4. a)** Der durch die Verfristungsvorschrift des § 215 Abs. 1 Nr. 2
wesentlich ergänzte § 214 Abs. 3 S. 1 legt zur Präzisierung des Abwä-
gungsgebotes (§ 1 Abs. 6) den **maßgebenden Zeitpunkt der Abwä-
gung** fest. Danach ist für die Abwägung allein die Sach- und Rechtslage
im Zeitpunkt der Beschlußfassung über die Bauleitplanung maßgebend
(BVerwG, NVwZ 1988, 916/918). Systematisch gehörte die Vorschrift
als S. 2 in den § 1 Abs. 6 (Meyer, in: Kohlhammer-Komm., BBauG,
§ 155 b, Rn 58). Die Vorschrift soll verhindern, daß nachträgliche Än-
derungen der städtebaulichen Verhältnisse oder von Rechtsvorschrif-
ten, die die Gemeinde bei der Beschlußfassung über den Bauleitplan
noch nicht berücksichtigen konnte, bei der gerichtlichen Kontrolle des
Bauleitplans zugrundegelegt werden (BT-Drs. 8/2885, S. 46). Zugleich
weist der Ausschußbericht jedoch darauf hin, daß die Rspr., soweit sie
auf den Zeitpunkt des Inkrafttretens des Bauleitplans abhebt, unberührt
bleiben soll. Nach der aus dem Rechtsstaatsgebot (BVerwGE 45, 309/
312) abgeleiteten Abwägungsrechtsprechung ist zwischen der Prüfung
des Abwägungsvorganges und der Prüfung des Abwägungsergebnisses
zu unterscheiden. Nach BVerwGE 56, 283/288 (Meyer aaO, Rn 60;
Dolde, NJW 1981, 1929 mwN) ist für den Abwägungsvorgang maßge-
bend der Zeitpunkt der Beschlußfassung über den Bauleitplan, für die
Überprüfung des Abwägungsergebnisses ausnahmsweise die abschlie-
ßende Bekanntmachung, wenn sich nämlich nach der Beschlußfassung
die Sach- und Rechtslage erheblich geändert hat, so daß der Plan diese
Änderungen berücksichtigen muß (s. a. BVerwGE 59, 87/105; Bielen-
berg, in: E/Z/B, BBauG, § 155 b, Rn 20–23; Gaentzsch, in: Berliner
Komm., § 214, Rn 30). Da Abs. 2 S. 1 nach den Gesetzesmaterialien
eine die bisherige Rspr. berücksichtigende Auslegung nicht ausschlie-
ßen soll und der zu weit gefaßte Gesetzestext zu einem solchen Aus-
schluß auch nicht zwingt, ist er verfassungskonform und damit restrik-
tiv i. S. der bisherigen Rspr. auszulegen (im Ergebnis ebenso Meyer
aaO, Rn 64; Bielenberg aaO; Söfker, ZfBR 1980, 153; weitergehend
OVG Lüneburg, ZfBR 1981, 294; NJW 1980, 1765).

15 **b) aa)** Abs. 3 S. 2 erklärt bestimmte **Mängel des Abwägungsvor-
gangs** für unerheblich. „Erheblich" i. S. v. Abs. 3 hat dieselbe Bedeu-
tung wie „beachtlich" in Abs. 1 und mit umgekehrtem Vorzeichen wie
„unbeachtlich" in Abs. 2. Bereits die Vorgängervorschrift sollte das
wichtigste Intrument dazu sein, die verwaltungsgerichtliche Rspr. ein-
zugrenzen (s. BT-Drs. 8/2885, S. 36). Verfassungsrechtlichen Bedenken
Rechnung tragend hat BVerwGE 64, 33 durch eine verfassungskon-

forme Auslegung – Rechtsstaatsprinzip, Art. 19 Abs. 4 GG und vor allem Art. 14 Abs. 1 GG; dazu Schwerdtfeger, JuS 1983, 270/272; krit. Koch, DVBl. 1983, 1125 – die Reichweite der Vorschrift beschnitten (s. Vorb. §§ 214–216, Rn 3). In Kenntnis dieser Rechtsprechung ist die bisherige Fassung beibehalten worden. Allerdings wird Abs. 2 S. 2 durch die Verfristungsvorschrift des § 215 Abs. 1 Nr. 2 nunmehr wesentlich ergänzt. Zur systematischen Stellung des Abs. 3 S. 2 gilt das zu S. 1 Gesagte (s. Rn 14).

bb) Mängel im Abwägungsvorgang (dazu § 1, Rn 95) sind nur erheblich, wenn sie erstens **offensichtlich** sind. Offensichtlich ist alles, „was zur äußeren Seite des Abwägungsvorgangs derart gehört, daß es auf objektiv faßbaren Sachumständen beruht", wie Fehler und Irrtümer, die „die Zusammenstellung und Aufbereitung des Abwägungsmaterials, die Erkenntnis und Einstellung aller wesentlichen Belange in die Abwägung oder die Gewichtung der Belange betreffen und die sich etwa aus Akten, Protokollen, aus der Entwurfs- oder Planbegründung oder aus sonstigen Unterlagen ergeben" (BVerwGE 64, 33/38). Diese objektiv erfaßbaren Umstände sind auch dann offensichtlich, wenn sie erst aufgrund einer Beweiserhebung sichtbar werden. „So wird z. B. ein Gericht auch dem (substantiierten) Vorwurf nachgehen müssen, bei dem einen oder anderen Ratsmitglied hätten Gründe vorgelegen, die nach der jeweiligen Gemeindeordnung zu seinem Ausschluß von der Beratung und Beschlußfassung, z. B. wegen eines Befangenheitsgrundes hätten führen müssen" (BVerwG aaO; krit. zu diesem nicht den Abwägungsfehler betreffenden Beispiel Dolde, NJW 1982, 1785/1787, Fn 32; Gaentzsch aaO, § 216, Rn 33). Nicht offensichtlich ist dagegen, was „zur „inneren Seite" des Abwägungsvorgangs gehört, was also die Motive, die etwa fehlenden oder irrigen Vorstellungen der an der Abstimmung beteiligten Mitglieder des Planungsträgers betrifft" (BVerwG aaO).

cc) Offensichtliche Mängel sind nur **erheblich**, wenn sie zweitens auf das Abwägungsergebnis **von Einfluß gewesen** sind. Das sind sie, wenn nach den Umständen des jeweiligen Falles die **konkrete** Möglichkeit besteht, daß ohne den Mangel im Planungsvorgang die Planung anders ausgefallen wäre (BVerwGE 64, 33/39). Es muß also nicht, wie der Gesetzeswortlaut nahelegt, der Einfluß positiv nachweisbar sein. Im Einzelfall muß nicht feststehen, ob das Abwägungsergebnis ohne den Abwägungsfehler anders ausgesehen haben würde (BVerwGE aaO, S. 38; ebenso h. M. zuvor s. Dolde, NJW 1982, 1785/1787). Es genügt aber nicht, wenn es sich nicht ausschließen läßt, daß der Abwägungsfehler auf das Abwägungsergebnis von Einfluß gewesen sein könnte – abstrakte Möglichkeit der Fehlerrelevanz (Schwerdtfeger, JuS 1983, 270/272). Verfahrensfehler führen nur dann zur Rechtswidrigkeit des Abwägungsvorgangs, wenn sie sich in diesem Vorgang auch ausgewirkt haben können (BVerwG, ZfBR 1988, 88). Ob sich ein Mangel des Aufstellungsverfahrens auf den Abwägungsvorgang aus-

16

17

wirken kann, läßt sich nur im Einzelfall beurteilen (BVerwG, NVwZ 1988, 916/918; s. a. Rn 4). S. a. OVG Münster, NJW 1981, 1466 – vorzeitige Entscheidung für einen Lärmwert unter Außerachtlassung von Abgasbelästigungen und Beeinträchtigung der Anlieger durch Lärmschutz; OVG Bremen, ZfBR 1981, 97 – Fehleinschätzung des Umfangs der Belastung eines geplanten Straßenzuges durch Durchgangsverkehr; OVG Lüneburg, VerwRspr. 32, 562 – Fehlen der abschl. Meinungsbildung über die Erforderlichkeit einer Verbindungsstraße; VGH Mannheim, ZfBR 1981, 251 – Nichtberücksichtigung fristgem. vorgebrachter Bedenken und Anregungen wegen dadurch eintretender Verlängerung der Planentscheidung; VGH Mannheim, ZfBR 1981, 248 – unerhebliche Mängel bei Ausweisung von Gemeinbedarfsflächen; BGH ZfBR 1982, 201 – unerheblicher Fehler bei Übersehen privater Bedenken gegenüber vorrangigem öffentlichen Verkehrsbedürfnis; OVG Münster, RdL 1982, 24 – erhebliches Abwägungsdefizit beim Beitrittsbeschluß nach Erteilung der eingeschränkten Genehmigung durch die höhere Verwaltungsbehörde; OVG Lüneburg, ZfBR 1983, 281 – Verlagerung der immissionsschutzrechtlichen Probleme in das Verfahren nach BImSchG; OVG Münster, BauR 1984, 47 – Sportplatz neben Wohngebiet; OVG Berlin, BauR 1989, 51 – Sommerbad neben Wohnbebauung; OVG Münster, NVwZ 1988, 1138 – En-bloc-Abstimmung; VG Gelsenkirchen, NVwZ 1988, 1060 – Altlasten.

18 **a)** § 9 Abs. 1, 2 **BauGB-MaßnahmenG** = Art. 2 WoBauErlG (dazu Einl. Rn 36 f.; Vorb. §§ 214–216, Rn 6) führt, befristet auf 5 Jahre, zusätzliche Wirksamkeitsregelungen ein für die Aufstellung, Änderung oder Ergänzung eines Bebauungsplans, der ein dringendes Wohnbedürfnis der Bevölkerung decken soll. Gemäß § 9 Abs. 1 BauGB-MaßnahmenG ist für die Rechtswirksamkeit eines Bebauungsplans eine Verletzung der Vorschriften über die Beteiligung der Bürger und der Träger öffentlicher Belange, das Verhältnis des Bebauungsplans zum Flächennutzungsplan und das Anzeigeverfahren nach § 3 Abs. 2 und 3, den §§ 4, 8, 11 Abs. 3 u. 13 Abs. 1 BauGB unbeachtlich, wenn bei Anwendung des § 1 Abs. 2 u. § 2 des BauGB-MaßnahmenG die Voraussetzung, daß durch die Aufstellung, Änderung oder Ergänzung des Bebauungsplans ein dringender Wohnbedarf der Bevölkerung gedeckt wird, nicht richtig beurteilt worden ist. Zur Sicherung der Bestandskraft des Bebauungsplans erklärt die Vorschrift diese Fehler für unbeachtlich, wenn die **Prognose der Gemeinde**, der dringende Wohnbedarf der Bevölkerung werde durch den Erlaß des Bebauungsplans gedeckt, unrichtig war. Unbeachtlich soll nicht nur die unrichtige Beurteilung der Tauglichkeit des Bebauungsplans für die Bedarfsdeckung sein, sondern auch für die vorgelagerte Frage, ob überhaupt ein dringender Wohnbedarf für die Bevölkerung im Gemeindegebiet besteht (BT.-Drs. 11/6636, S. 25; zur Kritik s. Vorb. 214–216, Rn 6; Moench, NVwZ 1990, 918/920). Keine unbeachtliche unrichtige Beurteilung i. S. v. § 9 Abs. 1 liegt allerdings vor, wenn die Gemeinde § 9

Abs. 1 BauGB-MaßnahmenG bewußt mißbräuchlich einsetzt. Zum Überleitungsrecht s. Vorb. §§ 214–216, Rn 6.

b) Gem. § 9 Abs. 2 BauGB-MaßnahmenG ist für die Rechtswirk- 19
samkeit eines nach dem BauGB-MaßnahmenG erlassenen, aufgestellten, geänderten oder ergänzten Bebauungsplan unbeachtlich, wenn die besonderen **Verfahrensvorschriften** des § 2 BauGB-MaßnahmenG verletzt worden sind. Nach § 9 Abs. 2 Nr. 1 ist unbeachtlich, wenn den Bürgern trotz Absehen vom gesonderten Verfahren der frühzeitigen Bürgerbeteiligung ein **Hinweis** auf die statt dessen vorgeschriebene Verbindung der frühzeitigen Bürgerbeteiligung mit dem Auslegungsverfahren nach § 3 Abs. 2 BauGB (dazu § 2, Rn 22) unterblieben ist. Das gleiche gilt gem. § 9 Abs. 2 Nr. 2 BauGB-MaßnahmenG, wenn (mit oder ohne Hinweis nach § 2 Abs. 2 S. 2 BauGB-MaßnahmenG) den Bürgern gem. § 2 Abs. 2 S. 2 BauGB-MaßnahmenG im Auslegungsverfahren nach § 3 Abs. 2 BauGB keine Gelegenheit zur Erörterung gegeben worden ist, die **frühzeitige Bürgerbeteiligung** also ersatzlos **entfallen** ist. Für die Rechtswirksamkeit eines Bebauungsplans ist schließlich unbeachtlich, wenn im Anzeigeverfahren zur Genehmigung eines Bebauungsplans, der der Deckung des Wohnbedarfs der Bevölkerung dienen soll, durch die **höhere Verwaltungsbehörde** gem. § 11 BauGB nach der rechtzeitigen (Monatsfrist) Geltendmachung der Verletzung von Rechtsvorschriften die Frist, von der zuständigen übergeordneten Behörde trotz Antrags der Genehmigungsbehörde und trotz Vorliegens eines wichtigen Grundes nicht verlängert worden ist. Durch § 9 Abs. 2 Nr. 3 BauGB-MaßnahmenG wird erstmals auch die rechtsaufsichtliche Kontrollbefugnis der höheren Verwaltungsbehörde durch eine Unbeachtlichkeitsvorschrift tangiert. Zwar wird nicht der Umfang der Rechtsaufsicht beschränkt, aber der knappe Zeitraum, der für die Ausübung der Rechtsaufsicht zur Verfügung steht, kann sanktionslos verkürzt werden, und zwar für alle Rechtsverstöße, nicht nur solche gegen Vorschriften des BauGB-MaßnahmenG. Dadurch wird zugleich die Rechtsstellung der planbetroffenen Bürger verschlechtert. In der Gesetz gewordenen Fassung bleibt, anders als in der ursprünglichen Fassung (BT.-Drs. 11/5972) ein Verstoß gegen die von einem Träger öffentlicher Belange beantragte Fristverlängerung nach § 2 Abs. 4 S. 2 BauGB-MaßnahmenG, beachtlich. Die schlechtere Behandlung des Antrags der Aufsichtsbehörde ist m. E. trotz der Präklusionswirkung gem § 2 Abs. 4 S. 3 BauGB-MaßnahmenG verfehlt. Zum Überleitungsrecht s. Vorb. §§ 214–216, Rn 6.

§ 215 Frist für die Geltendmachung der Verletzung von Verfahrens- und Formvorschriften sowie von Mängeln der Abwägung, Behebung von Fehlern

(1) **Unbeachtlich sind**

1. eine Verletzung der in § 214 Abs. 1 Satz 1 Nr. 1 und 2 bezeichneten Verfahrens- und Formvorschriften und

2. Mängel der Abwägung,

wenn sie nicht in Fällen der Nummer 1 innerhalb eines Jahres, in Fällen der Nummer 2 innerhalb von sieben Jahren seit Bekanntmachung des Flächennutzungsplans oder der Satzung schriftlich gegenüber der Gemeinde geltend gemacht worden sind; der Sachverhalt, der die Verletzung oder den Mangel begründen soll, ist darzulegen.

(2) Bei Inkraftsetzung des Flächennutzungsplans und der Satzung ist auf die Voraussetzungen für die Geltendmachung der Verletzung von Verfahrens- und Formvorschriften und von Mängeln der Abwägung sowie die Rechtsfolgen (Absatz 1) hinzuweisen.

(3) Die Gemeinde kann einen Fehler, der sich aus der Verletzung der in § 214 Abs. 1 bezeichneten Vorschriften ergibt, oder einen sonstigen Verfahrens- oder Formfehler nach Landesrecht beheben; dabei kann die Gemeinde den Flächennutzungsplan oder die Satzung durch Wiederholung des nachfolgenden Verfahrens in Kraft setzen. Der Flächennutzungsplan und die Satzung können auch mit Rückwirkung erneut in Kraft gesetzt werden.

1 **1.** Abs. 1 Nr. 1 setzt fest eine **einjährige Frist** für die Geltendmachung der Verletzung von solchen **Verfahrens- und Formfehlern,** die nach § 214 Abs. 1 Nr. 1, 2 beachtlich sind, Abs. 1 Nr. 2 eine **siebenjährige Frist** für die Geltendmachung von **Mängeln der Abwägung.** Außerdem regelt Abs. 1 Form, Inhalt und Adressaten der Rüge sowie die Rechtsfolgen der Rüge. Abs. 2 verpflichtet die Gemeinde bei Erlaß eines Flächennutzungsplans, eines Bebauungsplans oder einer sonstigen städtebaulichen Satzung (s. Vorbem. §§ 214–216, Rn 2) auf die Voraussetzungen für die Geltendmachung der formellen und materiellen Fehler und die Rechtsfolgen nach Abs. 1 **hinzuweisen.** Abs. 3 S. 1 ermächtigt die Gemeinde, alle nach § 214 Abs. 1 Nr. 1–3 beachtlichen **Verfahrens- und Formfehler** zu **beheben** und das nachfolgende Verfah-

ren zu **wiederholen.** Abs. 3 S. 2 stellt klar, daß diese **Inkraftsetzung** auch **rückwirkend** geschehen kann. Abs. 3 S. 1 ermächtigt die Gemeinde auch, Verfahrens- oder Formfehler nach Landesrecht zu beheben, um die Bauleitpläne oder die sonstige Satzung durch Verfahrenswiederholung in Kraft zu setzen. Nur wenn die Hinweispflicht des Abs. 2 erfüllt ist, kann die Unbeachtlichkeit formeller oder materieller Fehler nach § 214 eintreten. Ebenfalls im Zusammenspiel der §§ 214, 215 kann durch fristgerechte Rüge von formellen (§ 214 Abs. 1 Nr. 1, Nr. 2, § 215 Abs. 1 Nr. 1) oder materiellen Fehlern (§ 214 Abs. 3, § 215 Abs. 1 Nr. 1) oder materiellen Fehlern (§ 214 Abs. 3, § 215 Abs. 1 Nr. 2) die Nichtigkeit eines Flächennutzungsplans, eines Bebauungsplans oder einer sonstigen städtebaulichen Satzung geltend gemacht werden. Bei formellen Fehlern bleibt aber der Gemeinde die Möglichkeit, der (rückwirkenden) Inkraftsetzung durch Wiederholung des Verfahrens (§ 215 Abs. 3). Zur **Prüfungsfolge** s. Vorb. §§ 214–216, Rn 2. Zur internen und externen Systematik der §§ 214–216 sowie ihrem Zweck, ihrer Entstehungsgeschichte einschließlich des BauGB-MaßnahmenG und ihrer Zulässigkeit s. Vorb. §§ 214–216, Rn 1–7. Zur **Überleitungsregelung** s. § 244.

2. a) Eine Verletzung von nach § 214 Abs. 1 Nr. 1, 2 beachtlichen Verfahrens- und Formvorschriften i. S. v. § 214 Abs. 1 Nr. 1 und 2 (nicht Nr. 3; dazu § 214, Rn 9) ist nur dann **unbeachtlich,** wenn der **Hinweis auf die befristete Geltendmachung** von Verletzungen (§ 215 Abs. 2) erfolgt ist. Durch den Hinweis sollen die Bürger auf die Voraussetzungen für die Geltendmachung der Verletzung von Verfahrens- und Formvorschriften und auf die Rechtsfolgen der Unbeachtlichkeit aufmerksam gemacht werden. Es ist darauf hinzuweisen, daß die Verletzung der in § 214 Abs. 1 Nr. 1 u. 2 bezeichneten Verfahrens- und Formvorschriften nur beachtlich ist, wenn sie innerhalb eines Jahres seit der Bekanntmachung schriftlich unter Angabe des Sachverhalts gegenüber der Gemeinde geltend gemacht worden ist (s. a. Gaentzsch, in: Berliner Komm., § 215, Rn 3). Unterbleibt bei der Bekanntmachung (§ 12) bzw. der sonstigen ordnungsgemäßen Verkündung der Hinweis nach Abs. 2, so berührt das die Wirksamkeit des Planes oder der Satzung nicht. Die Unbeachtlichkeitsklausel des Abs. 1 Nr. 1 greift dann nicht, so daß es beim allgemeinen Grundsatz der Nichtigkeit des Planes oder der Satzung wegen eines Form- oder Verfahrensfehlers bleibt (s. § 214 Rn 2). Der Hinweis nach Abs. 2 kann nach dem Zeitpunkt der ordnungsgemäßen Inkraftsetzung nicht nachgeholt werden (VGH Kassel, BRS 42 Nr. 28). Wird ein(e) wegen eines Verfahrens- oder Formfehlers ungültige(r) Plan oder Satzung unter Behebung des Fehlers erneut in Kraft gesetzt, so kann der Hinweis gem. Abs. 2 nachgeholt werden (VGH Kassel, BRS 46 Nr. 10). Für den Hinweis nach Abs. 2 bedarf es keines Ratsbeschlusses (anders zu § 155 a S. 3 BBauG a. F. OVG Münster, DÖV 1981, 880; s. a. Vorb. §§ 214–216, Rn 3).

3 **b) aa)** Die **Rüge** nach Abs. 1 ist von einem Rügeberechtigten geltend
zu machen. **Rügeberechtigt** ist jedermann, also nicht nur ein tatsäch-
lich oder rechtlich Betroffener (BVerwG DÖV 1982, 905; s. a. VGH
München, NJW 1983, 298). Zu § 215 stellt sich das Problem einer
speziellen Rügebefugnis anders als bei § 155a BBauG a. F. (dazu Schä-
fer, NJW 1978, 1292/1294) nicht.

4 **bb)** Abs. 1 verlangt für die Rüge die **Schriftform**. Darunter fällt
auch die Erklärung zur Niederschrift gegenüber der Gemeinde. Auch
durch die Einreichung eines Schriftsatzes im Verlaufe eines mit der
Gemeinde geführten Rechtsstreites wird die Rüge **gegenüber der Ge-
meinde** geltend gemacht, sobald nämlich diese einseitige empfangsbe-
dürftige Willenserklärung der Gemeinde zugeht (ausf. Kohls, BauR
1982, 126; zust. Dolde, NJW 1982, 1785/1791; Gaentzsch aaO, Rn 8;
a. A. BGH NJW 1980, 751; zust. Gelzer, Rn 443; gegen dieses obiter
dictum auch BVerwG DÖV 1982, 905). Allgemein für die Zulässigkeit
der Geltendmachung der Rüge in einem Rechtsbehelfs- oder Rechts-
mittelverfahren OVG Lüneburg, ZfBR 1980, 99; insoweit zust. Söfker,
ZfBR 1980, 152. Entsprechend dem Zweck des Abs. 1, einzelne Ver-
fahrens- oder Formfehler bei Zustandekommen des Planes oder der
Satzung, die von niemandem gerügt, sondern allgemein hingenommen
worden sind oder jedenfalls bei einjähriger Anwendung des Plans oder
der Satzung keine praktische Bedeutung erlangt haben, nach einer
bestimmten Frist unbeachtlich sein zu lassen (so BVerwG, DÖV 1982,
905), verlangt Abs. 1 HS. 2, daß der Sachverhalt, der die Verletzung
oder den Mangel begründen soll, darzulegen ist. Es genügt keine
vorsorgliche „Generalrüge", sondern die Verletzung ist „in hinreichend
bestimmter Weise konkret" zu bezeichnen (BVerwG aaO). In einer
Art. 19 Abs. 4 GG Rechnung tragenden Auslegung soll die **Sustantiie-
rungspflicht** als Voraussetzung wirksamer Rügen nur so weit gehen,
wie die Fehler eindeutig erkennbar waren (Boecker, BauR 1979, 361/
364; Große-Hündfeld, in: B/B, § 155a, Rn 4). Im Gesetzgebungsverfah-
ren zum insoweit gleichlautenden § 155a BBauG n. F. ist absichtlich
davon abgesehen worden, zugunsten desjenigen, der eine Rüge vorbe-
reitet, ein besonderes **Akteneinsichtsrecht** gesetzlich einzuführen. Der
Rügewillige kann im Planverfahren durch die umfassende Bürgerbetei-
ligung und alle übrigen förmlichen Verfahrensakte hinreichend Kennt-
nis erlangen. Im übrigen kann eine solche Regelung sachgerecht nur
allgemein im landesrechtlichen Kommunalverfassungsrecht geregelt
werden (BT-Drs. 8/2885, S. 44; krit. unter Rückgriff auf Art. 19 Abs. 4
GG Boecker, BauR 1979, 361/364; Pagenkopf, BauR 1979, 1/7). Ein
Einsichtsrecht in die Akten des Flächennutzungsplanes oder der Sat-
zungen besteht erst im gerichtlichen Verfahren (Gelzer, Rn 443).

5 **cc)** Die Rüge ist gem. Abs. 1 Nr. 1 innerhalb eines Jahres seit Be-
kanntmachung des Flächennutzungsplanes (§ 6 Abs. 6), des Bebau-
ungsplanes (§ 12) oder der sonstigen Satzung geltend zu machen.
Maßgebend für die **Frist**wahrung ist der Eingang der Rüge bei der

Gemeinde. Bei Unwirksamkeit der vorhergehenden ist die letzte Be-
kanntmachung maßgebend, auch wenn der Bebauungsplan mit Rück-
wirkung in Kraft gesetzt wurde (OVG Münster, BauR 1982, 137). Die
Jahresfrist des Abs. 1 Nr. 1 ist eine Ausschlußfrist, so daß keine Wieder-
einsetzung in den vorigen Stand zulässig ist. In Überleitungsfällen
beginnt die Jahresfrist mit der nach Art. 3 § 12 ÄnderungsG BBauG
1976, nach § 183f Abs. 1 BBauG oder nach § 244 Abs. 1, 2 BauGB
vorgeschriebenen Bekanntmachung. Mit Rücksicht auf den Gesetzes-
wortlaut und die Rechtssicherheit wahrt eine vor der Bekanntmachung
des Planes oder der sonstigen Satzung, also noch während des vielfach
beeinflußbaren und veränderbaren Planungsverfahrens geltend ge-
machte Rüge die Jahresfrist nicht (a. A. VGH München, BRS 36, 45;
offengelassen von Weyreuther, DÖV 1983, 575/579).

dd) Eine ordnungsgemäße und fristgerechte Rüge bewirkt, daß der 6
gerügte Fehler nicht gem. Abs. 1 unbeachtlich wird. Zur Unbeachtlich-
keit s. § 214 Rn 2. Der gerügte Fehler bleibt in jedem Gerichtsverfahren
beachtlich, wenn ihn nur irgend jemand ordnungsgemäß und fristge-
recht geltend gemacht hat – **absolute** (inter omnes) **Wirkung**
(BVerwG, DÖV 1982, 905). Die Rüge wirkt zeitlich unbeschränkt.
Aufgrund der Rüge muß die Gemeinde auf unbestimmte Zeit damit
rechnen, daß wegen des gerügten Fehlers der Plan oder die Satzung
gerichtlich aufgehoben wird, sofern sie den Fehler nicht nach Abs. 3
heilt. Im Gesetzgebungsverfahren zum insoweit gleichlautenden § 155a
BBauG n. F. ist absichtlich darauf verzichtet worden, die Gemeinde zu
verpflichten, ordnungsgemäße und fristgerechte Rügen zu veröffentli-
chen (BT-Drs. 8/2885, S. 44; für eine de lege ferenda zu befürwortende
Veröffentlichungspflicht Meyer, in: Kohlhammer-Komm., BBauG,
§ 155a, Rn 41; Breuer, NVwZ 1982, 273/280). Meyer aaO, Rn 43 leitet
aus Art. 19 Abs. 4 GG zudem die Verpflichtung der Gemeinde her,
jedem, der ein Interesse daran nachweist, Auskunft zu erteilen über die
Tatsache einer Rüge, den Sachverhalt, der die Verletzung begründen
soll und den Zeitpunkt des Eingangs der Rüge.

3. Mängel der Abwägung sind unbeachtlich, wenn die Hinweis- 7
pflicht nach Abs. 2 erfüllt worden ist und wenn kein Rügeberechtigter
(Rn 3) eine nach Form und Inhalt dem Abs. 1 genügende Rüge (Rn 4)
innerhalb der **Sieben-Jahres-Frist** des Abs. 1 Nr. 2 mit inter-omnes-
Wirkung (Rn 6) erhoben hat. Der Hinweis nach Abs. 2 (s. a. Rn 2) muß
darauf aufmerksam machen, daß Mängel der Abwägung nur beachtlich
sind, wenn sie innerhalb von sieben Jahren seit der Bekanntmachung
schriftlich gegenüber der Gemeinde geltend gemacht worden sind
unter Darlegung des Sachverhalts, der den Mangel der Abwägung
begründen soll. Abs. 1 Nr. 2 gilt nicht wie § 214 Abs. 3 S. 2 nur für
Mängel im Abwägungsvorgang, sondern auch für Mängel im Abwä-
gungsergebnis. Zu dieser Unterscheidung s. § 214 Rn 14; § 1 Rn 95.
Die Sieben-Jahres-Frist ist in Anlehnung an § 42 Abs. 2 gesetzt worden.
Sie soll den mit zunehmendem Vollzug entstehenden rechtlichen und

tatsächlichen Verhältnissen Rechnung tragen, die ein berechtigtes Vertrauen der Planbetroffenen wachsen lassen (BT-Drs. 10/6166 S. 134; s. a. Vorb. §§ 214–216, Rn 7; dort auch zur verfassungsrechtlichen Kritik und zur verfassungskonformen Auslegung und zur dogmatischen Einordnung). Für die Sieben-Jahres-Frist gilt, abgesehen von der Zeit, das zur Jahresfrist nach Abs. 1 Nr. 1 bei Rn 5 Gesagte.

8 **4. a)** Die Ermächtigung der Gemeinde, gem. Abs. 3 einen fehlerhaften Flächennutzungsplan oder eine fehlerhafte Satzung nach dem BauGB (s. Vorb. §§ 214–216, Rn 2) durch Fehlerbehebung und Wiederholung des nachfolgenden Verfahrens den Flächennutzungsplan oder die Satzung in Kraft zu setzen, gilt für verschiedene **Fehlerarten** und zwar für alle Verfahrens- und Formfehler, die **nach § 214 Abs. 1 beachtlich** sind. Dies sind Beteiligungsfehler i. S. v. § 214 Abs. 1 S. 1 HS. 1 (dazu § 214, Rn 4). Erläuterungs- und Begründungsfehler i. S. v. § 214 Abs. 1 S. 1 Nr. 2 HS. 1 (dazu § 214, Rn 6) und die ohne Rüge nach § 215 Abs. 1 absolut beachtlichen Fehler i. S. v. § 214 Abs. 1 S. 1 Nr. 3 (dazu § 214, Rn 9). Anders als § 155a Abs. 5 BBauG hebt § 215 Abs. 3 BauGB die letztgenannte Gruppe der absoluten Fehler, die stets zur Nichtigkeit des Flächennutzungsplans oder der Satzung führen, nicht mehr besonders heraus, um sie gegen die Form- und Verfahrensfehler abzusetzen, die nur bei ordnungsgemäßer und fristgerechter Rüge die Aufhebbarkeit des Flächennutzungsplans oder der Satzung, ohne eine solche Rüge jedoch nur die Rechtswidrigkeit, aber Wirksamkeit des Flächennutzungsplans oder der Satzung bewirken. Die Ermächtigung des Abs. 3 gilt sowohl für alle Fehler nach § 214 Abs. 1 S. 1 Nr. 1 oder 2, die form- und fristgemäß nach § 215 Abs. 1 gerügt worden sind (s. Rn 3–7) wie für solche, die die Gemeinde vor Abrügefrist ohne Rüge als solche erkannt hat. Des Verfahrens nach § 215 Abs. 3 bedarf es nicht bei unbeachtlichen Fehlern, sei es, weil die Fehler nicht im abschließenden Katalog der beachtlichen Form- und Verfahrensfehler des § 214 Abs. 1 enthalten sind (dazu § 214, Rn 3), sei es, weil sie von den internen Unbeachtlichkeitsklauseln des § 214 Abs. 1 S. 1 Nr. 1 HS. 2 (dazu § 214, Rn 5) oder Nr. 2 HS. 2 (dazu § 214 Nr. 7) erfaßt werden. Zum Hinweis nach § 215 Abs. 2 s. Rn 2 u. 7. § 215 Abs. 3 ermächtigt die Gemeinde auch dazu, sonstige Verfahrens- oder Formfehler nach **Landesrecht** zu beheben, z. B. fehlende Ausfertigung (BVerwG, NVwZ 1990, 258; dazu Ziegler, ebd. S. 533; a. A. OVG Koblenz, BauR 1989, 693: kein Verfahrens- sondern materieller Fehler). Zur insoweit zu bejahenden Gesetzgebungskompetenz des Bundes s. Meyer, in: Kohlhammer-Komm., BBauG, § 155a, Rn 88. Aus gesetzessystematischen Gründen – Vergleichbarkeit mit der 1. Gruppe – kommen nur solche Fehler in Betracht, die mindestens zur Rechtswidrigkeit (oder zur Nichtigkeit) des Planes oder der Satzung führen (v. Mutius/Hill, Die Behandlung fehlerhafter Bebauungspläne durch die Gemeinde, 1983, S. 32). Fehler, die aus der Verletzung der Grundsätze der Bauleitplanung oder der Anforderung an die Abwägung resultieren, sind als materielle Fehler nicht nach Abs. 3 behebbar (VGH München, NJW 1983, 297/298).

b) Hat die Gemeinde erkannt, daß ein beachtlicher und behebbarer 9
Fehler vorliegt, so ermächtigt sie Abs. 3 zur Entscheidung, ob und wie
sie den Fehler beheben will. Laut BVerwGE 75, 262 ist das **Ermessen**
der Gemeinde als der rechtlichen Möglichkeit, fehlerhafte Pläne nach
Fehlerbeseitigung mit Rückwirkung in Kraft zu setzen, „häufig in dem
Sinne reduziert sein, daß die Gemeinde im Interesse der Rechtssicher-
heit ihren Plan mit Rückwirkung in Kraft zu setzen hat". Laut
BVerwGE 75, 142 ist die Gemeinde andererseits „nicht nur befugt,
sondern auch gehalten", den als nichtig erkannten Bebauungsplan,
wenn sie die die Nichtigkeit begründenden, behebbaren Fehler nicht
beheben will, nach den Vorschriften über die Aufstellung von Bauleit-
plänen (§§ 2, 3, 4, 10–12) aufzuheben. Statt zu dieser bloßen Aufhe-
bung kann sich die Gemeinde schließlich dazu entschließen, einen
inhaltlich neuen Bauleitplan in dem dafür vorgesehenen Verfahren zu
erlassen. Ob die Gemeinde sich für die Fehlerbehebung nach Abs. 3
oder das Verfahren des Neuerlasses entscheidet, liegt in ihrer durch § 1
determinierten planerischen Gestaltungsfreiheit. Ist die Gemeinde gem.
§ 1 Abs. 3 zur Planung verpflichtet, scheidet das bloße Aufhebungsver-
fahren aus. Rechtswidrig ist es danach in jedem Fall, den als rechtswi-
drig erkannten Plan auf sich beruhen zu lassen und bewußt nichts zu
tun (s. Gaentzsch, aaO, Rn 21). In der Literatur wird stärker das
Ermessen der Gemeinde betont (v. Mutius/Hill aaO, S. 36 ff.; Boecker,
BauR 1979, 361/365 f.; Meyer aaO, Rn 41; Gelzer, Rn 441; Söfker,
ZfBR 1981, 60; Schmaltz, DVBl. 1981, 60/62; Weyreuther, DÖV 1980,
389/390). Ermessensgesichtspunkte sollen sein die weiteren planeri-
schen Erwägungen der Gemeinde, die Möglichkeit einer Feststellung
der Nichtigkeit oder Aufhebbarkeit des Flächennutzungsplanes oder
der Satzung in einem anhängigen oder möglichen Gerichtsverfahren,
mögliche Schadensersatzansprüche, z. B. wegen gemachter Zusagen
oder Auskünfte, mögliche Entschädigungsansprüche wegen zwischen-
zeitlich entstandener, eigentumskräftig verfestigter Anspruchspositio-
nen sowie die Wahrung von Vertrauensschutz für diejenigen, die, ohne
daß die Voraussetzungen des § 39 vorlagen (s. § 39, Rn 6), Aufwendun-
gen gemacht haben und das verfassungsrechtliche Rückwirkungsver-
bot. Die von Abs. 3 erlaubte Rückwirkung ist verfassungsrechtlich
unbedenklich (BVerwGE 75, 262; s.a. Rn 10, 11). Inhaltliche Änderun-
gen aus tatsächlichen, z. B. bei längerem Zeitauflauf, oder rechtlichen
Gründen sind im bloßen Wiederholungsverfahren ausgeschlossen
(OVG Lüneburg, DVBl. 1980, 241; BVerwG DVBl. 1981, 97; VG
Köln, UPR 1982, 135; OLG München, BayVBl. 1985, 374/376; s. a.
Rn 10, 11).

c) Die **Behebung des Fehlers** nach Abs. 3 erfolgt durch Neuvor- 10
nahme der fehlerhaften Verfahrenshandlung durch das zuständige Or-
gan nach den dafür geltenden Vorschriften. Eines Ratsbeschlusses
bedarf es nur, wenn dieser wie beim Beschluß nach § 10 an dieser Stelle
im ordnungsgemäßen Verfahren erforderlich ist (BVerwG, BauR 1989,
692; a. A. OVG Lüneburg, DVBl. 1980, 241; OVG Münster, BauR

1984, 47). Ist der zu behebende Fehler erst nach Abschluß des Verfahrens der Bürgerbeteiligung begangen worden, so bedarf es im Verfahren nach Abs. 3 z. B. keiner Wiederholung der Bürgerbeteiligung. Bei der Verfahrenswiederholung ist eine inzwischen geänderte Fassung der BauNVO nicht zugrunde zu legen (BVerwGE 75, 262; modifizierend Gaentzsch aaO, Rn 17). Soll der Bauleitplan im Verfahren nach Abs. 3 einen anderen Inhalt erhalten, so muß zusätzlich zur bloßen Wiederholung ab der fehlerhaften Handlung das Verfahren ab der Beteiligung der Bürger und der Träger öffentlicher Belange (§ 3 Abs. 2) wiederholt werden. Insbesondere bei längerem Zeitablauf oder bei geänderter Rechtslage wird regelmäßig statt des Verfahrens nach Abs. 3 ein neues Planaufstellungsverfahren nach §§ 2, 3, 4, 10–12 geboten sein (s. a. Gaentzsch aaO, Rn 13; sowie BVerwGE 56, 283; dazu § 214, Rn 14). Anders als z. B. bei der Heilung nach § 45 VwVfG genügt die Behebung des Fehlers allein nicht. Zusätzlich ist von der zu behebenden Verfahrenshandlung an das gesamte **nachfolgende Verfahren zu wiederholen**.

11 **d)** Abs. 3 S. 2 stellt ausdrücklich klar, daß – wie schon nach altem Recht (BVerwGE 75, 262) – der Flächennutzungsplan oder die Satzung **rückwirkend** in Kraft gesetzt werden können. Die Rückwirkung ist verfassungsrechtlich unbedenklich, da sie weder zu einer generellen Heilung, noch dazu mit anderem Plan- oder Satzungsinhalt führt. Die Rückwirkung soll das von den Betroffenen dem Flächennutzungsplan oder der Satzung entgegengebrachte Vertrauen schützen (BVerwG aaO). Nach Ansicht des BVerwG aaO zwingt allein die Rückwirkung nicht zur Bürgerbeteiligung. Die Rückwirkung nach Behebung der Fehler stelle sich nicht als eine materielle Änderung des Bebauungsplans dar, für die (allein) eine Bürgerbeteiligung nach § 3 Abs. 2 geboten wäre. Die Planbetroffenen müßten ohnehin mit der Ersetzung des ungültigen durch den gleichlautenden gültigen Plan rechnen (ebenso Roesch, ZfBR 1980, 101; Söfker, ZfBR 1981, 62; a. A OVG Lüneburg DVBl. 1980, 241; OVG Münster, BauR 1984, 47; Schmaltz, DVBl. 1981, 328; v. Mutius/Hill aaO, S. 86). Nach OLG München BayVBl. 1985, 374 setzt die rückwirkende Inkraftsetzung jedenfalls dann eine erneute Bürgerbeteiligung voraus, wenn zwischen fehlerhafter Inkraftsetzung und Anordnung der Rückwirkung ein Zeitraum von mehr als 10 Jahren liegt und eine Änderung des Abwägungsmaterials nicht auszuschließen ist. Dies ist jedoch keine Frage der Notwendigkeit der Bürgerbeteiligung beim Verfahren nach Abs. 3, sondern eine danach, ob wegen möglicher Veränderung der Sach- oder Rechtslage das Verfahren nach Abs. 3 überhaupt zulässig ist. Soweit ein Bebauungsplan im Verfahren nach Abs. 3 durch Wiederholung zulässigerweise inhaltlich verändert wird (Rn 10), unterliegt die rückwirkende Inkraftsetzung dem verfassungsrechtlichen Verbot rückwirkender Gesetzgebung (Morlok aaO, S. 220; Gaentzsch aaO, Rn 20). Bewertet man das Verfahren nach Abs. 3 als eine bloße Fortführung des ursprünglichen

Verfahrens des Erlasses eines Planes oder einer sonstigen Satzung vom ersten Fehler an (s. a. Gaentzsch aaO, Rn 18), so bedarf auch die rückwirkende Inkraftsetzung keines Ratsbeschlusses (a. A. OVG Münster, BauR 1984, 47; offen gelassen von BVerwG, BauR 1989, 692). Die rückwirkende Inkraftsetzung darf nicht über den Zeitpunkt des ursprünglich vorgesehenen Inkrafttretens zurückwirken (BVerwGE 75, 262). Ist die rückwirkende Inkraftsetzung eines Bebauungsplanes wegen Änderung der Sach- oder Rechtslage ausgeschlossen (Rn 9, 10), so ist es auch ausgeschlossen, dem Plan nachträglich für einen bereits abgelaufenen Zeitraum begrenzte Geltung zu verschaffen (OVG Münster, NVwZ-RR 1989, 529). Die rückwirkende Inkraftsetzung eines Bebauungsplans „heilt" auch die Fehlerhaftigkeit eines aufgrund des fehlerhaften Plans ergangenen und deshalb **rechtswidrigen Verwaltungsakts**, z. B. einer Abbruchverfügung (BVerwGE 75, 262). Abs. 3 S. 2 läßt es auch zu, daß der Flächennutzungsplan oder die Satzung statt rückwirkend (ex tunc) **ex nunc** in Kraft gesetzt wird. Es liegt im Ermessen der Gemeinde, ob der Flächennutzungsplan oder die Satzung ex tunc zu dem Zeitpunkt in Kraft tritt, an dem der Flächennutzungsplan oder die Satzung bei Fehlerlosigkeit zulässigerweise frühestens hätte in Kraft treten können, oder ex nunc oder zwischen diesen beiden Zeitpunkten.

§ 216 Aufgaben im Genehmigungs- und Anzeigeverfahren

Die Verpflichtung der für das Genehmigungs- und Anzeigeverfahren zuständigen Behörde, die Einhaltung der Vorschriften zu prüfen, deren Verletzung sich nach den §§ 214 und 215 auf die Rechtswirksamkeit eines Flächennutzungsplans oder einer Satzung nicht auswirkt, bleibt unberührt.

1. § 216 stellt klar, daß die höhere Verwaltungsbehörde verpflichtet ist, im Genehmigungs- oder Anzeigeverfahren den Flächennutzungsplan oder die Satzung (s. Vorb. §§ 214–216, Rn 2, insbesondere den Bebauungsplan) **ohne Einschränkung** durch die §§ 214, 215 auf seine Rechtmäßigkeit zu überprüfen. Die §§ 214, 215 betreffen insoweit nur das Verhältnis Bürger – Gemeinde als nur der gerichtliche Rechtsschutz des Bürgers durch sie eingeschränkt werden kann (s. Vorb. §§ 214–216, Rn 1, 7; unverständlich insoweit Gaentzsch, in: Berliner Komm., § 216, Rn 1; s. a. dens. § 215, Rn 5). Im Genehmigungs- oder Anzeigeverfahren können diese Beschränkungen sich nicht auswirken (s. a. OVG Saarlouis, BauR 1990, 184). Insoweit betreffen die §§ 214, 215 nicht das Verhältnis Gemeinde – höhere Verwaltungsbehörde. Diese unterschiedliche Behandlung von Gemeinde und Bürger verstößt nicht gegen Art. 19 Abs. 4 GG (BVerwGE 64, 33/40; krit. Schrödter, § 155 c; Große-Hündfeld, in: B/B, § 155 c, Rn 2). Zur rechtspolitischen Einschätzung der entsprechenden Vorgängervorschrift kontrovers: Meyer, in: Kohlhammer-Komm., § 155 c, Rn 1 – „Alibifunktion" – einerseits und

Bielenberg/Söfker, in: E/Z/B, BBauG, § 155 c, Rn 4 – „Pauschalvorurteil". Zur Entstehungsgeschichte s. Vorb. §§ 214–216, Rn 3–5. § 216 betrifft nur das aufsichtsbehördliche Verfahren vor Inkrafttreten eines Flächennutzungsplans oder einer städtebaulichen Satzung. Eine **Verwerfungskompetenz** (der höheren Verwaltungsbehörde oder der Gemeinde) für fehlerhafte, nach Prüfung durch die höhere Verwaltungsbehörde bekanntgemachte Pläne oder Satzungen folgt aus § 216 nicht (dazu § 2, Rn 9; Vorb. §§ 214–216, Rn 5). Die Prüfungspflicht der höheren Verwaltungsbehörde gilt inhaltlich uneingeschränkt auch für Bebauungspläne und sonstige Satzungen, die nach dem **BauGB-MaßnahmenG** aufgestellt, geändert, ergänzt oder aufgehoben werden sollen (§ 9 Abs. 3, 4 BauGB-MaßnahmenG). Allerdings kann gem § 9 Abs. 2 Nr. 3 BauGB-MaßnahmenG erstmals durch eine Unbeachtlichkeitsklausel der für die Ausübung der Rechtsaufsicht zur Verfügung stehende Zeitraum trotz Rechtswidrigkeit sanktionslos verkürzt werden (s. § 214, Rn 19, Vorb. §§ 214–216, Rn 6).

2 **2.** Die höhere Verwaltungsbehörde ist im Genehmigungs- oder Anzeigeverfahren **verpflichtet**, einen Bauleitplan nicht nur im Hinblick auf Verfahrens- und Formfehler, „sondern auch auf den Abwägungsvorgang **ohne jede Einschränkung zu überprüfen**" (BVerwG aaO). Da das Genehmigungs- oder Anzeigeverfahren Bestandteil des Rechtsetzungsverfahrens (bei Bebauungsplänen) bzw. des Planungsverfahrens (bei Flächennutzungsplänen) ist, billigt BVerwG aaO ausdrücklich, daß die Genehmigungsbehörde während dieses noch laufenden Verfahrens auch auf die Vermeidung solcher Abwägungsfehler hinwirkt, die nicht zur Ungültigkeit des Planes führen würden. § 216 bezieht sich also nicht nur auf beachtliche Fehler i. S. v. § 214 (Dolde, NJW 1982, 1785/1786, Fn 35; a. A. Söfker, ZfBR 1979, 191; Schwerdtfeger, JuS 1983, 270/273; Gaentzsch aaO, § 216, Rn 3). Zwar soll auch die höhere Verwaltungsbehörde ebensowenig wie die Gerichte „eine ungefragte Fehlersuche in der Vor- und Entstehungsgeschichte" von Plänen betreiben (BVerwG, DVBl. 1980, 230; s. a. Vorb. §§ 214–216, Rn 7), aber es ist durchaus zulässig, daß die höhere Verwaltungsbehörde aufgrund von Hinweisen von Bürgern auf Fehler stößt, die aus den Akten allein gerade nicht erkennbar sind.

3 **3.** Versagt die höhere Verwaltungsbehörde zu Recht die Genehmigung oder beanstandet sie zu Recht im Anzeigeverfahren wegen eines Verstoßes gegen eine Vorschrift, deren Verletzung sich – im Verhältnis Bürger – Gemeinde – gem. §§ 214, 215 nicht auf die Rechtmäßigkeit des Planes auswirkt, so muß das **Gericht** eine zulässige **Verpflichtungsklage** der Gemeinde abweisen. Das Gericht hat die Rechtmäßigkeit der Entscheidung der Aufsichtsbehörde uneingeschränkt zu prüfen (ebenso Meyer aaO, Rn 5; Gelzer, Rn 448; Gaentzsch aaO, Rn 2; a. A. Söfker, ZfBR 1979, 192). Bei einer Klage gegen die Ablehnung der Genehmigung oder gegen die Beanstandung können auch die nach §§ 214, 215 unbeachtlichen oder behebbaren Fehler zum Gegenstand der gerichtlichen Kontrolle gemacht werden (VGH München, BayBVl. 1982, 497).

Dritter Teil. Verfahren vor den Kammern (Senaten) für Baulandsachen

Vorbemerkung zu den §§ 217 bis 232

1. In dem im 3. Teil (§§ 217–232) geregelten Verfahren vor den **1** Kammern und Senaten für Baulandsachen werden öffentlich-rechtliche Streitigkeiten von in 1. und 2. Instanz atypisch besetzten Spruchkörpern der **ordentlichen Gerichtsbarkeit** in einem besonderen Antragsverfahren entschieden. Die Sonderregelung geht zurück auf Ar. 14 Abs. 3 S. 4 GG, der für die Höhe der Enteignungsentschädigung den Rechtsweg vor den ordentlichen Gerichten (= Zivilgerichten) garantiert. Der Wortlaut von § 14 Abs. 3 S. 4 GG orientiert sich am Wortlaut von Art. 153 Abs. 2 S. 3 WRV. Vor der Einführung der verwaltungsgerichtlichen Generalklausel (1945–47) war hinsichtlich der Zulässigkeit und des Umfangs der Enteignung kein umfassender Gerichtsschutz gewährleistet, sondern i. d. R. nur verwaltungsinterne Kontrolle möglich (s. Kalb, in: E/Z/B, Vorb. §§ 217–232, Rn 2). Entsprechend der alten Fiskustheorie konnte der die Enteignung „duldende" Bürger nur sein „Liquidationsrecht" zivilgerichtlich durchsetzen. Da da GG zur Verwirklichung seiner umfassenden Rechtsschutzgarantie (Art. 19 Abs. 4 GG) die Verwaltungsgerichtsbarkeit gem. Art. 92, 95, 97 GG gleichberechtigt neben der ordentlichen Gerichtsbarkeit als unabhängige Gerichte errichtete, war Art. 14 Abs. 3 S. 4 GG eigentlich entbehrlich. Thomas Dehler, der im Parlamentarischen Rat die Einführung der Rechtswegklausel beantragte, nannte später im Bundestag (Drs. III, Bd. 46, S. 6859) als Grund für die Aufnahme des Art. 14 Abs. 3 S. 4 GG in das Grundgesetz, daß die Zuweisung zu den Zivilgerichten solle eine eigentümerfreundliche Entschädigung durch Zivilgerichte sichern. Die verfassungsrechtlich vorgezeichnete Zweigleisigkeit des Rechtsweges – über die Rechtmäßigkeit der Enteignung entscheiden, sofern keine Sonderregelung besteht, gem. der verwaltungsgerichtlichen Generalklausel (§ 40 Abs. 1 S. 1 VwGO) die verfassungsrechtlich garantierten Verwaltungsgerichte, über die Höhe der Entschädigung gem. Art. 14 Abs. 3 S. 4 GG die Zivilgerichte – ist ein Übel (Porger, in: Berliner Komm. vor § 217, Rn 4), weil ein einheitlicher Entscheidungskomplex zu Lasten aller Beteiligten aufgespalten wird.

2. a) Die §§ 217–232 sollen dieses Übel nach dem Vorbild des Bau- **2** landbeschaffungsG, das vornehmlich zur Verfahrenbeschleunigung ein Baulandverfahren einführte, dadurch lindern, daß sie für alle Verwal-

tungsakte, die in einem Umlegungs-, Grenzregelungs-, Enteignungs-
oder Härteausgleichsverfahren ergehen sowie für alle im BauGB sonst
noch vorgesehenen Verwaltungsakte, denen eine Entschädigungsrege-
lung beizufügen ist, die Teilzuständigkeit der Verwaltungs- und Zivil-
gerichte zusammenfassen und als Gesamtzuständigkeit auf besondere
Kammern für Baulandsachen bei den Landgerichten (§ 217 Abs. 1 S. 4)
und Senate für Baulandsachen bei den Oberlandesgerichten (§ 239)
sowie als Revisionsinstanz auf den BGH (§ 230) übertragen. Die
Spruchkörper der Instanzgerichte bestehen aus jeweils 3 Zivilrichtern
und 2 Verwaltungsrichtern. Der Entscheidung über die Rechtmäßig-
keit der zu entschädigenden Maßnahme sollen besondere Kenntnisse
und Erfahrungen der Verwaltungsrichter zugute kommen. § 217 Abs. 1
bestimmt die Zuständigkeit der Baulandgerichte nach dem **Enumera-
tionsprinzip**. § 232 ermächtigt die Länder, den Baulandgerichten auf
Landesrecht beruhende Enteignungs- und Entschädigungsverfahren
zuzuweisen, um auch insoweit die Zweigleisigkeit des Rechtsweges
einschränken zu können.

3 **b)** Das durch die Novelle 1976 und die Beschleunigungsnovelle,
durch das StBauFG und durch das Entlastungsgesetz und die Vereinfa-
chungsnovelle zur ZPO geänderte, und insbesondere durch § 86 Abs. 2
StBauFG um weitere Zuständigkeiten vermehrte Verfahren vor den
Baulandgerichten (Zusammenstellung bei Kalb, in: E/Z/B, Vorb.
§§ 217—232, Rn 39—47) ist im Baugesetzbuch inhaltlich nur marginal
geändert worden; dazu Voraufl. Rn 3. Die Übernahme des redaktionell
neu durchnumerierten (früher §§ 157—171 a BBauG) Baulandverfahrens
ins BauGB dürfte die rechtspolitische Diskussion des nicht unumstrit-
tenen Verfahrens (s. Paehler, in: B/B, Vorb. vor § 157; Schmitt,
BayVBl. 1973, 35) beendet haben. Alte Forderungen aufgreifend hatte
die Enquetekommission Verfassungsrefom (BT-Drs. 7/5924, S. 240 f.)
gefordert, in Art. 14 Abs. 3 S. 4 GG nur den Rechtsweg zu garantieren,
um so u. a. auch die Baulandgerichte abschaffen zu können. Aber
bereits während des Gesetzgebungsverfahrens zum StHG wurde zwar
die Änderung des Art. 14 Abs. 3 S. 4 GG versucht, auf die zunächst
beabsichtigte Abschaffung der Baulandgerichte jedoch bewußt verzich-
tet.

4 **c)** Im **Baulandverfahren** sind grundsätzlich die für den Zivilprozeß
geltenden Vorschriften der ZPO, des GVG und des GKG entsprechend
anzuwenden, soweit sich nicht aus den §§ 217—231 anderes ergibt (§ 221
I 1). Die besonderen Vorschriften tragen dem öffentlich-rechtlichen
Charakter des Baulandverfahrens Rechnung. Ohne sich ausgeprägt an
die VwGO anzulehnen, dienen sie vornehmlich der **Verfahrensbe-
schleunigung** (S. Genrich, Rechtsschutz in Baulandsachen, Diss. jur.
Berlin, 1973, S. 183). Verwaltungsakte in Baulandsachen können nicht
durch Klage, sondern müssen durch **Antrag auf gerichtliche Entschei-
dung** angefochten werden (§ 217 Abs. 1 S. 1). Der befristete Antrag ist
bei der Behörde zu stellen, die den Verwaltungsakt erlassen hat (§ 217

Abs. 2). Die Behörde hat den Vorgang an das zuständige LG weiterzuleiten (§ 217 Abs. 4). Ziel des Antragsbegehrens ist die Anfechtung eines Verwaltungsaktes oder die Verurteilung zum Erlaß eines Verwaltungsakts, zu einer sonstigen Leistung sowie einer Feststellung (§ 217 Abs. 1 S. 3). Mehrere Anträge können gleichzeitig verhandelt und entschieden werden (§ 221 Abs. 3). Im Baulandverfahren gibt es keine Parteien, sondern nur **Beteiligte** (§ 222 Abs. 1), die auch nicht wie in § 63 VwGO noch nach ihrer Rolle im Prozeß unterschieden werden. Für Beteiligte, die Anträge zur Sache stellen, gilt **Anwaltszwang** (§ 222 Abs. 3 S. 2). Entsprechend dem öffentlich-rechtlichen Charakter der Streitigkeit schwächt § 221 Abs. 2 den Verhandlungsgrundsatz dadurch ab, daß das Gericht von Amts wegen die Aufnahme von Beweisen anordnen und nach Anhörung der Beteiligten solche Tatsachen berücksichtigen kann, die von ihnen nicht vorgebracht worden sind. Die Gestaltungsbefugnis der Baulandgerichte geht insoweit über die der Verwaltungsgerichte hinaus, als sie Enteignungsbeschlüsse ohne Beschränkung auf die Rechtskontrolle erlassen können, auch wenn Streitgegenstand nicht eine Geldleistung ist (§ 226 Abs. 3). Einigen sich die Beteiligten während eines gerichtlichen Verfahrens, das eine Enteignung betrifft, so tritt das Gericht an die Stelle der Enteignungsbehörde (§ 231). Mangels Partei wird für die Kostenentscheidung in bestimmten Fällen eine unterliegende Partei fingiert (§ 228). Weitere Besonderheiten, die vornehmlich der Beschleunigung dienen, sind die Säumnisregelung (§ 227), die eingeschränkte Zulässigkeit von Teilurteilen (§ 226 Abs. 4), die Behandlung der Baulandsachen als Feriensachen (§ 221 Abs. 1 S. 2), im Enteignungsverfahren die begrenzte Spruchgewalt bei vorangehender Wiedereinsetzung (§ 218 Abs. 2), die Anordnung vorzeitiger Ausführung (§ 225).

§ 217 Antrag auf gerichtliche Entscheidung

(1) **Verwaltungsakte nach dem Vierten und Fünften Teil des Ersten Kapitels sowie nach den §§ 18, 21 Abs. 3, § 28 Abs. 3 und 6, den §§ 39 bis 44, § 126 Abs. 2, § 150 Abs. 2, § 181, § 209 Abs. 2 oder § 210 Abs. 2 können nur durch Antrag auf gerichtliche Entscheidung angefochten werden. Satz 1 ist auch anzuwenden auf andere Verwaltungsakte aufgrund dieses Gesetzbuchs, für die die Anwendung des Zweiten Abschnitts des Fünften Teils des Ersten Kapitels vorgeschrieben ist oder die in einem Verfahren nach dem Vierten oder Fünften Teil des Ersten Kapitels erlassen werden, sowie auf Streitigkeiten über Höhe der Geldentschädigung nach § 190 in Verbindung mit § 88 Nr. 7 und § 89 Abs. 2 des Flurbereinigungsgesetzes. Mit dem Antrag auf gerichtliche Entscheidung kann auch die Verurteilung zum Erlaß eines Verwaltungsakts oder zu einer sonstigen Leistung sowie zu einer Feststellung begehrt werden. Über den Antrag entscheidet das Landgericht, Kammer für Baulandsachen.**

(2) **Der Antrag ist binnen eines Monats seit der Zustellung des Verwaltungsakts bei der Stelle einzureichen, die den Verwaltungsakt erlassen hat. Ist die ortsübliche Bekanntmachung des Verwaltungsakts vorgeschrieben, so ist der Antrag binnen sechs Wochen seit der Bekanntmachung einzureichen. Hat ein Vorverfahren (§ 212) stattgefunden, so beginnt die in Satz 1 bestimmte Frist mit der Zustellung des Bescheids, der das Vorverfahren beendet hat.**

(3) **Der Antrag muß den Verwaltungsakt bezeichnen, gegen den er sich richtet. Er soll die Erklärung, inwieweit der Verwaltungsakt angefochten wird, und einen bestimmten Antrag enthalten. Er soll die Gründe sowie die Tatsachen und Beweismittel angeben, die zur Rechtfertigung des Antrags dienen.**

(4) **Die Stelle, die den Verwaltungsakt erlassen hat, hat den Antrag mit ihren Akten unverzüglich dem zuständigen Landgericht vorzulegen. Ist das Verfahren vor der Stelle noch nicht abgeschlossen, so sind statt der Akten Abschriften der bedeutsamen Aktenstücke vorzulegen.**

Übersicht

1 **1.** Abs. 1 S. 1, 2 bestimmt die sachliche Zuständigkeit der Baulandgerichte durch die abschließende Aufzählung der nach dem BauGB ergangenen Verwaltungsakte, die durch Antrag auf gerichtliche Entscheidung angefochten werden können – Enumerationsprinzip. Abs. 2 und 3 regeln Adressaten, Frist, Form und Inhalt des Antrags. Abs. 4 verpflichtet die Behörde, die Adressat des Antrags ist, den Antrag mit ihren Akten unverzüglich dem zuständigen Landgericht – Kammer für Baulandsachen (Abs. 1 S. 4) – vorzulegen. Die Vorschrift regelt nicht, wer zur Stellung des den Rechtsschutz vor den Baulandgerichten eröffnenden Antrags befugt ist und welche Rechtsfolgen der Antrag hat. Die Antragsart (Ziel des Antragsbegehrens) regeln Abs. 1 S. 1 und der neu eingefügte S. 3. Weitere Zuständigkeiten der Baulandgerichte folgen aus § 232 i. V. m. der jeweiligen landesrechtlichen Regelung.

2. a) Da Abs. 1 S. 1, 2 die **sachliche Zuständigkeit** der Baulandge- 2
richte nach dem **Enumerationsprinzip** bestimmt, können vor den
Baulandgerichten von den nach dem BauGB ergangenen Verwaltungs-
akten nur die in dieser Vorschrift angeführten überprüft werden. Für
alle anderen nach dem BauGB ergehenden Verwaltungsakte sind die
VG zuständig (Zusammenstellung bei Porger, in: Berliner Komm.
§ 217, Rn 2–5) mit Ausnahme der Bußgeldbescheide (§ 213: Amtsge-
richt). Da das Tatbestandsmerkmal Verwaltungsakt im BauGB nicht
definiert wird, gilt die gesetzliche Definition des § 35 VwVfG (OLG
München, DÖV 1964, 790; für einen weiteren Begriff nur Schrödter,
§ 157, Rn 3). Behördliche Verfahrenshandlungen, die der Vorbereitung
einer regelnden Entscheidung dienen, sind mangels eigenen Regelungs-
gehaltes keine Verwaltungsakte (BVerwG, NJW 1982, 120; krit. dazu
Stelkens, NJW 1982, 1137; s. a. § 208, Rn 4, § 210, Rn 4).

b) Die Baulandgerichte entscheiden über alle Verwaltungsakte, die 3
im Umlegungs-, Grenzregelungs- und Enteignungsverfahren ergehen,
auch wenn sie keine Entschädigungsregelung treffen (s. Zusammen-
stellung bei Schrödter, § 157, Rn 45), darüber hinaus über die Verwal-
tungsakte, die aus Anlaß einer Veränderungssperre (§ 18), der Versa-
gung einer Baugenehmigung trotz vorzeitiger Genehmigung des Bo-
denverkehrsgeschäftes (§ 21 Abs. 3), der Ausübung des Vorkaufsrechts
(§ 28), nutzungsbeschränkender Planungsmaßnahmen (§§ 39–44), des
Härteausgleichs (§ 181), von erschließungsrechtlichen Duldungspflich-
ten (§ 126 Abs. 2), von Vorarbeiten auf Grundstücken (§ 209 Abs. 2)
sowie der Wiedereinsetzung in den vorigen Stand (§ 210 Abs. 2) erge-
hen. Der Wortlaut des im BauGB redaktionell angepaßten Abs. 1 S. 1, 2
erlaubt es entgegen der ursprünglichen Intention des Gesetzgebers
(BT-Drs. 7/2496, S. 44) nicht, auch gegen die Ausübung der gemeindli-
chen Vorkaufsrechte gem. § 28 Abs. 2 (= § 24 Abs. 4, 5 BBauG)
Rechtsschutz vor den Baulandgerichten (statt vor den Verwaltungsge-
richten) zu gewähren (VGH München, BauR 1980, 249; VGH Kassel,
NVzW 1983, 556; OVG Münster U. v. 1. 9. 1980 – 11 A 138/79, zitiert
Paehler, in: B/B, § 157, Rn 1; Engelken, DÖV 1978, 679; Stich, in: S/S/
T, § 157, Rn 5; Schrödter, § 24, Rn 7; Kalb, in: E/Z/B, § 157, Rn 8; a. A.
Martens/Horn, DVBl. 1979, 146; Amann, DVBl. 1979, 807; Heinze,
BBauG, § 157, Rn 3; Schmidt-Eichstaedt, DÖV 1978, 135). Dem
erweiterten Planungs- und Vollzugsinstrumentarium Rechnung tra-
gend eröffnet der durch die Novelle 1976 eingeführte Abs. 1 S. 2 die
Zuständigkeit der Baulandgerichte erstens für Verwaltungsakte, für die
die Anwendung des Entschädigungsabschnitts im Enteignungsteil
(§§ 93–103) vorgeschrieben ist, z. B. § 176 Abs. 4, § 28 Abs. 6 S. 2, aber
auch § 176 Abs. 5 S. 2, § 179 Abs. 3 S. 3, in denen über § 43 Abs. 2 S. 3
auf den zweiten Abschnitt des 5. Teils des 1. Kapitels verwiesen wird,
zweitens für Verwaltungsakte, die zwar nicht selbst Maßnahmen der
Umlegung, Grenzregelung oder Enteignung sind, für deren Erlaß aber
das Verfahren nach den §§ 45–122 vorgeschrieben ist, z. B. Entschädi-
gungs- und Übernahmeanträge aus Erhaltungsgeboten (§§ 172 f.) und

drittens für Streitigkeiten über die Höhe der Geldentschädigung nach § 190 i. V. m. § 88 Nr. 7, § 89 Abs. 2 FlurbG – Flurbereinigung im Zusammenhang mit städtebaulichen Maßnahmen.

4 **c)** Die Zuständigkeitsregelung des Abs. 1 S. 1, 2 wird im Zweifelsfall **weit ausgelegt** (s. a. Kirchberg, VBlBW 1990, 161/170). Der Rechtsweg zu den Baulandgerichten soll immer dann gegeben sein, wenn ein rechtlicher oder tatsächlicher Zusammenhang zwischen dem angefochtenen Verwaltungsakt und den im 4. und 5. Teil des 1. Kapitels geregelten oder den sonstigen den Baulandgerichten zugewiesenen Materien besteht – **Zuständigkeit kraft Sachzusammenhang** (OLG Düsseldorf, NJW 1966, 208: Festsetzung des Mietausfalls durch den Umlegungsausschuß; zust. Kalb, in: E/Z/B, § 217, Rn 36; Schrödter, § 157, Rn 3a; Ernst, in: E/H, Rn 812; OVG Hamburg, BauR 1970, 167: Bescheid, durch den eine Gebühr für die Entscheidung über die Entschädigung nach §§ 40–44c BBauG = §§ 40–44 BauGB festgesetzt wird; VGH Kassel, ESVGH 27, 175: Entscheidung über einen Antrag auf Wiedereinsetzung in den vorigen Stand gegen die Versäumung der Widerspruchsfrist im Umlegungsverfahren; OLG Celle, EPlaRV OLG Celle 12.77: Wiedereinweisung des Grundstückseigentümers in den Besitz nach Aufhebung des Besitzeinweisungsbeschlusses; s. a. BGH NJW 1986, 933: gesetzlich nicht geregeltes isoliertes Entschädigungsfeststellungsverfahren analog § 111. Eine erweiternde Auslegung zugunsten der Baulandgerichte lehnt ab OVG Lüneburg, NJW 1970, 1142 für die Anfechtung einer eine Enteignung vorbereitenden Duldungsverfügung gem. § 151 BBauG = § 209 BauGB; s. § 209, Rn 3. Für Streitigkeiten über die Wirksamkeit eines öffentlich-rechtlichen Vertrages, der ohne Beteiligung der Enteignungsbehörde zur Abwendung eines Enteignungsverfahrens geschlossen wurde, ist der Verwaltungsrechtsweg gegeben, wenn die rechtlichen Schwerpunkte des Vertrages im Kommunalrecht liegen (VGH Mannheim, VBlBW 1987, 388).

5 **3. a) Ziel des Antrags** auf gerichtliche Entscheidung kann nicht nur entsprechend der Anfechtungsklage der VwGO die **Aufhebung** eines erlassenen Verwaltungsaktes, sondern wie Abs. 1 S. 3 nunmehr klarstellt auch entsprechend der Verpflichtungsklage der VwGO die **Verpflichtung** der Behörde zum Erlaß eines Verwaltungsaktes sein (OVG Lüneburg, NJW 1964, 687). Zulässig ist auch eine Verpflichtungsklage in Form der Untätigkeitsklage i. S. v. § 75 VwGO, wenn die Behörde einen Antrag auf Erlaß eines Verwaltungsaktes nicht bescheidet (BGH, NJW 1966, 1267; NJW 1976, 1264; h. M.; a. A. Zuck, MDR 1964, 1096). Ein der Feststellungsklage entsprechender Antrag auf **Feststellung** des Bestehens oder Nichtbestehens eines Rechtsverhältnisses ist zulässig, wenn der Antragsteller ein berechtigtes Interesse an der baldigen Feststellung hat, z. B. zur Vorbereitung einer zivilgerichtlichen Entschädigungs- oder Schadensersatzklage (BGH, NJW 1977, 716; KG, NJW 1970, 614: Feststellung der Rechtswidrigkeit des Verwaltungsaktes; OLG Hamm, NVwZ 1990, 103 – Unzulässige Feststel-

lungsklage zur Richtigkeit einer Auskunft gem. § 42 Abs. 10). Die Nichtigkeit eines Verwaltungsaktes kann entsprechend § 43 Abs. 2 S. 2 VwGO sowohl durch Anfechtungsantrag (BGHZ 40, 148; BVerwG, NJW 1986, 2845: Nichtigkeit eines Enteignunsbeschlusses) als auch durch Feststellungsantrag geltend gemacht werden. Der allgemeinen Leistungsklage entsprechende **Leistungsanträge** sind aufgrund der weiten Fassung von Abs. 1 S. 3 nicht nur dann statthaft, wenn sie auf den Vollzug eines Verwaltungsaktes der in Abs. 1 genannten Art gerichtet sind (zur früheren Rechtslage: BGHZ 86, 104; Sauer, DVBl. 1974, 133; a. A. OLG Saarbrücken, DVBl. 1974, 131). Zulässig ist auch ein Antrag auf Aufhebung der Vollstreckbarkeit eines Verwaltungsaktes – **Vollstreckungsgegenklage**, § 767 ZPO, i. V. m. § 217 BBauG, § 173 VwGO –, z. B. gegen die Vollstreckbarkeit des Auszugs aus einem Umlegungsverzeichnis (LG Darmstadt, NVwZ 1982, 525) sowie die Klage gegen die Zulässigkeit der Vollstreckung aus einem im Baulandverfahren geschaffenen Titel (BGH, NJW 1975, 829).

b) Die **Antragsbefugnis** hat jede natürliche oder juristische Person, 6 die entsprechend § 42 Abs. 2 VwGO substantiiert geltend machen kann, durch einen Verwaltungsakt i. S. v. Abs. 1 S. 1, durch seine Ablehnung oder Unterlassung in ihren Rechten verletzt zu sein (BGHZ 66, 322). Außer dem Eigentum können auch dingliche oder obligatorische Rechte die Antragsbefugnis begründen. Die Stellung als Beteiligter i. S. v. § 222 Abs. 1 ist ein Indiz für die Antragsbefugnis. Der Umlegungsausschuß, dessen Entscheidung durch Widerspruchsbescheid des oberen Umlegungsausschusses aufgehoben worden ist, ist nicht befugt, eine gerichtliche Entscheidung zu beantragen (OLG Düsseldorf, NJW 1968, 1097).

c) Adressat des Antrags auf gerichtliche Entscheidung ist nicht das 7 Gericht, sondern die Stelle, die den ursprünglichen Verwaltungsakt erlassen hat oder hätte erlassen müssen (Abs. 2 S. 1). Diese vornehmlich der Verfahrensbeschleunigung dienende Regelung gilt auch, wenn ein Widerspruchsverfahren stattgefunden hat (BGHZ 41, 249; 54, 364; OLG Karlsruhe, Die Justiz 1978, 234). Ein Widerspruchsverfahren, das unzulässigerweise von der Gemeinde statt von der Enteignungsbehörde durchgeführt worden ist, erfüllt die Sachurteilsvoraussetzung des Abs. 2 S. 1 nicht (OLG Frankfurt, NVwZ 1989, 398). Wenn die Widerspruchsbehörde teilweise zugunsten des Antragstellers entscheidet und dadurch ein anderer Beteiligter erstmalig beschwert wird, so wird analog § 79 Abs. 1 Nr. 2, § 78 Abs. 2 VwGO vorgeschlagen, daß der durch den Widerspruchsbescheid erstmalig beschwerte Beteiligte seinen Antrag auf gerichtliche Entscheidung bei der Widerspruchsbehörde, der teilweise erfolgreiche Antragsteller seinen Antrag bei der Behörde, die den ursprünglichen Verwaltungsakt erlassen hat, einreichen muß, mit der Folge, daß zwei Baulandkammern zuständig sind, wenn die beiden Behörden (ausnahmsweise) in verschiedenen Baulandkammerbezirken ihren Sitz haben (Schrödter, § 157 Rn 6f; Kalb, in: E/

Z/B, § 217, Rn 60–62; Gelzer, DVBl. 1962, 888; a. A. Lubbe, DÖV 1972, 928; Wex, NJW 1964, 1264).

8 **d)** Die **Antragsfrist** beträgt bei Zustellung des Verwaltungsaktes einen Monat, bei öffentlicher Bekanntgabe sechs Wochen (Abs. 2 S. 1, 2). Maßgebend für die Zustellung ist Landesrecht. An Eheleute ist gesondert zuzustellen (OLG Düsseldorf, NWVBl. 1988, 28). Ist ein Verwaltungsakt sowohl öffentlich bekanntzumachen als auch zuzustellen, so gilt für den, dem der Verwaltungsakt zuzustellen war, die Monatsfrist. Im Fall eines Vorverfahrens beginnt die Monatsfrist mit der Zustellung des Widerspruchsbescheides (Abs. 2 S. 3). Die vorausgegangene Durchführung des Verfahrens vor der höheren Verwaltungsbehörde (§ 212) ist Sachurteilsvoraussetzung, deren Fehlen zur Abweisung wegen Unzulässigkeit führt (BGH NJW 1976, 1264; NJW 1986, 933). Das Unterlassen verfahrensrechtlicher Schritte, z. B. eines Widerspruchs, z. B. gegen Auszug aus dem Umlegungsverzeichnis kann nicht analog § 123 BGB angefochten werden (OLG Frankfurt, NVwZ 1985, 221). Gem. § 221 Abs. 1 S. 1 BauGB i. V. m. § 222 ZPO und § 187 BGB beginnt die Frist mit dem auf die Zustellung bzw. auf den letzten Tag der Bekanntgabe folgenden Tag. Zum Fristablauf s. § 188 Abs. 2 BGB. Der Lauf der Frist wird durch eine fehlende oder unrichtige Rechtsbehelfsbelehrung nicht gehindert (str.; s. § 211, Rn 3).

9 **e)** Der Antrag bedarf der **Schriftform**. Er muß also eigenhändig unterschrieben sein. Er kann auch telegrafisch oder zur Niederschrift bei der Geschäftsstelle eingelegt werden. Abs. 3 S. 1 schreibt zwingend nur die Bezeichnung des Verwaltungsaktes vor. Dabei genügt es, daß aus der Gesamtheit des Antragsvorbringens mit Sicherheit auf einen bestimmten Verwaltungsakt geschlossen werden kann. Die Bestimmtheit und die übrigen Anforderungen an den **Inhalt** des Antrags – Angabe der Gründe, Tatsachen und Beweismittel – sollen nur erfüllt werden. Ihre Nichterfüllung führt nicht zur Prozeßabweisung. Für die Stellung des Antrags bei der Behörde gilt kein Anwaltszwang (BGHZ 41, 249; a. A. LG Berlin, NJW 1964, 673; w. N. bei Kalb, in: E/Z/B, § 217, Rn 82–85). Eine begrenzte Anfechtung muß der Antragsteller zum Ausdruck bringen. Im Zweifel gilt der Verwaltungsakt insgesamt als angefochten (BGH DÖV 1968, 65; BGHZ 72, 51/ s. a. Kalb, in: E/Z/ B, § 217, Rn 74–77).

10 **f)** Die Behörde hat den Antrag unverzüglich, also ohne schuldhaftes Zögern (§ 121 Abs. 1 S. 1 BGB), mit den Akten dem zuständigen **LG** **vorzulegen**. Abs. 4 S. 1 erlaubt der Behörde, den von ihr erlassenen Verwaltungsakt im Rahmen ihrer Zuständigkeit als Herrin des Verwaltungsverfahrens gem. §§ 48–50 VwVfG vor einer Vorlage an das LG aufzuheben oder zu ändern (BGHZ 41, 183/187). Akten sind alle entscheidungserheblichen Unterlagen der Behörde. Die Vorlage von Abschriften genügt gem. Abs. 4 S. 2 in den Fällen, in denen vor dem Erlaß des Verwaltungsaktes, der das Ziel des Verwaltungsverfahrens ist, z. B. Umlegungsplan, eine Zwischenmaßnahme der Behörde ange-

fochten wird, z. B. eine vorzeitige Besitzeinweisung gem §§ 77, 116.

4. Mit Eingang des Antrages bei Gericht tritt **Rechtshängigkeit** ein. 11
Der Antrag hat grundsätzlich aufschiebende Wirkung – **Suspensiveffekt**. Der angefochtene Verwaltungsakt darf also nicht vollzogen werden, wie sich aus dem Umkehrschluß aus § 224 ergibt. Mit der aufschiebenden Wirkung des Antrags ist es vereinbar, daß die Enteignungsbehörde (Umlegungsstelle) nach der Anfechtung des Enteignungsbeschlusses (Umlegungsplan) die vorzeitige Besitzeinweisung anordnet (h. M.; KG, BBauBl. 1963, 81; Dittus, NJW 1963, 793; Kalb, in: E/Z/B, § 217, Rn 45; a. A. Hönn, NJW 1962, 143; Otto, NJW 1962, 622). Zur vorzeitigen Ausführungsanordnung trotz Anfechtung des Enteignungsbeschlusses s. § 225.

§ 218 Wiedereinsetzung in den vorigen Stand

(1) **War ein Beteiligter ohne Verschulden verhindert, die Frist nach § 217 Abs. 2 einzuhalten, so ist ihm auf Antrag vom Landgericht, Kammer für Baulandsachen, Wiedereinsetzung in den vorigen Stand zu gewähren, wenn er den Antrag auf gerichtliche Entscheidung binnen zwei Wochen nach Beseitigung des Hindernisses einreicht und die Tatsachen, die die Wiedereinsetzung begründen, glaubhaft macht. Gegen die Entscheidung über den Antrag findet die sofortige Beschwerde an das Oberlandesgericht, Senat für Baulandsachen, statt. Nach Ablauf eines Jahres, vom Ende der versäumten Frist an gerechnet, kann die Wiedereinsetzung nicht mehr beantragt werden.**

(2) **Ist der angefochtene Verwaltungsakt ein Enteignungsbeschluß und ist der bisherige Rechtszustand bereits durch den neuen Rechtszustand ersetzt (§ 117 Abs. 5), so kann das Gericht im Falle der Wiedereinsetzung den Enteignungsbeschluß nicht aufheben und hinsichtlich des Gegenstands der Enteignung oder der Art der Entschädigung nicht ändern.**

1. Durch die Wiedereinsetzung in den vorigen Stand bei schuldloser 1
Versäumung einer gesetzlichen Frist wird ein Beteiligter so gestellt, als habe er die Frist nicht versäumt. § 218 Abs. 1 S. 1 gibt dem Beteiligten, der die materiellen und formellen Voraussetzungen erfüllt – Versäumung der Antragsfrist gem. § 217 Abs. 2 ohne Verschulden, befristeter und begründeter Antrag, Nachholen des Antrags – einen **Anspruch auf Wiedereinsetzung.** Für den Antrag gelten eine zweiwöchige Antragsfrist und eine einjährige Ausschlußfrist (Abs. 1 S. 1, 3). Abs. 1 S. 2 gewährt gegen den Wiedereinsetzungsbeschluß der Baulandkammer ein Rechtsmittel. Abs. 2 schränkt die Wiedereinsetzungsbefugnis bei der Anfechtung von Enteignungsbeschlüssen aus Gründen der Rechtssicherheit ein. § 218 gilt nur für den Antrag gem. § 217 Abs. 1. Für das

weitere Verfahren vor den Baulandgerichten gilt § 233 ZPO (Kalb, in: E/Z/B, § 218, Rn 2 f.; offengelassen von BGHZ 41, 249; a. A. Schrödter, § 158, Rn 2). Zu § 218 s. a. Kirchberg, VBlBW 1990, 161/171.

2 **2. a)** Nachdem die Beschleunigungsnovelle Abs. 1 S. 1 an den Wortlaut von § 233 ZPO angepaßt hat, ist materiell-rechtliche Voraussetzung für die Gewährung der Wiedereinsetzung, daß der Beteiligte **ohne Verschulden** verhindert war, die Frist für den Antrag nach § 217 Abs. 1 einzuhalten. Zur Frist s. § 217, Rn 8. Ob Verschulden vorliegt, ist ebenso wie in § 233 ZPO, § 60 VwGO, § 210 BauGB, § 32 VwVfG nach einem subjektiven Fahrlässigkeitsbegriff zu bestimmen.

3 **b)** Wiedereinsetzung wird nach Abs. 1 nur auf **Antrag** gewährt. Die **Antragsfrist** beträgt zwei Wochen nach Wegfall des Hindernisses. Innerhalb der Frist sind die Tatsachen, die die Wiedereinsetzung rechtfertigen, vorzutragen. Für ihre Glaubhaftmachung gilt diese Frist nicht (s. § 210, Rn 4). Die Frist wird gem. § 221 Abs. 1 S. 1 BauGB i. V. m. § 222 ZPO, §§ 187 ff. BGB berechnet. Abs. 1 S. 3 setzt wie in § 234 Abs. 3 ZPO eine vom Ende der versäumten Frist gerechnete Ausschlußfrist, gegen die keine Wiedereinsetzung möglich ist (anders § 210 BauGB i. V. m. § 32 Abs. 3 VwVfG bei höherer Gewalt). Der Wiedereinsetzungsantrag ist wie der Antrag nach § 217 Abs. 1 bei der Verwaltungsbehörde einzureichen (offengelassen von BGHZ 41, 249). Es besteht kein Anwaltszwang.

4 **3.** Ob Wiedereinsetzung gewährt wird, entscheidet das Landgericht, Kammer für Baulandsachen. Das **Verfahren** über den Antrag auf gerichtliche Entscheidung ist gem. § 221 Abs. 1 S. 1 BauGB, § 238 Abs. 1 ZPO mit dem Verfahren über die nachgeholte Prozeßhandlung zu verbinden. Das Gericht kann durch End- oder Zwischenurteil entscheiden. Weil Abs. 1 S. 2 gegen die Entscheidung des LG die sofortige Beschwerde an das OLG – Senat für Baulandsachen, klarstellend durch die Novelle 1976 eingefügt – gewährt, ist auch eine gesonderte Entscheidung über den Ersetzungsantrag durch Beschluß möglich. Zum Verfahren der sofortigen Beschwerde s. §§ 567 ff. ZPO. Die Beschwerde ist binnen einer Notfrist von zwei Wochen bei der Kammer oder dem Senat für Baulandsachen einzulegen.

5 **4.** Aus Gründen der Rechtssicherheit enthält Abs. 2 eine Sonderregelung für die **Anfechtung von Enteignungsbeschlüssen.** Im Enteignungsverfahren (§§ 104–122) wird mit dem in der Ausführungsanordnung festgesetzten Tag der bisherige Rechtszustand durch den im Enteignungsbeschluß angeordneten Rechtszustand ersetzt (§ 117 Abs. 5). Das Grundbuch ist nach diesem konstitutiven Hoheitsakt nur noch zu berichtigen (§ 117 Abs. 7). Mit Ausnahme des § 225 kann die Ausführungsanordnung erst erlassen werden, wenn der Enteignungsbeschluß unanfechtbar ist. Um zu verhindern, daß das Gericht im Wege der Wiedereinsetzung die durch den unanfechtbaren Enteignungsbeschluß eingetretenen Rechtsänderungen wieder rückgängig macht, schränkt Abs. 2 die Entscheidungsbefugnis des Gerichts ein: im Falle

der Wiedereinsetzung kann das Gericht den Enteignungsbeschluß nicht aufheben und hinsichtlich des Gegenstandes der Enteignung und der Art der Entschädigung nicht ändern.

§ 219 Örtliche Zuständigkeit der Landgerichte

(1) **Örtlich zuständig ist das Landgericht, in dessen Bezirk die Stelle, die den Verwaltungsakt erlassen hat, ihren Sitz hat.**

(2) **Die Landesregierungen können durch Rechtsverordnung die Verhandlung und Entscheidung über Anträge auf gerichtliche Entscheidung einem Landgericht für die Bezirke mehrerer Landgerichte zuweisen, wenn die Zusammenfassung für eine Förderung oder schnellere Erledigung der Verfahren sachdienlich ist. Die Landesregierungen können diese Ermächtigung auf die Landesjustizverwaltungen übertragen.**

1. Abs. 1 bestimmt die ausschließliche, also nicht durch Vereinbarung änderbare, örtliche Zuständigkeit der Kammern für Baulandsachen. Der Sitz der Widerspruchsbehörde ist für die örtliche Zuständigkeit der Baulandkammer unerheblich (s. a. § 217, Rn 7). Die Klagefrist wird auch durch eine Klage vor dem örtlich unzuständigen Gericht gewahrt (BGH, NJW 1986, 2255 zu § 30 pr EnteignG; gegen RGZ 90, 40). Zur sachlichen Zuständigkeit der Baulandgerichte s. § 217, Rn 2–4. Zur örtlichen Zuständigkeit der Behörde s. § 206, Rn 1, 2. | 1

2. Nach dem Vorbild von § 34 Abs. 2 BaulBG ermächtigt Abs. 2 die Landesregierungen und über diese die Justizverwaltungen, die örtliche Zuständigkeit in Baulandsachen auf ein Landgericht zu konzentrieren. Soweit die Länder die Ermächtigungen nicht ausgeübt haben, bleiben – außer in den Stadtstaaten, die nur je ein Landgericht haben – gem. § 181 die aufgrund von § 34 Abs. 2 BaulBG erlassenen Rechtsvorschriften in Kraft. Zur Verfassungsmäßigkeit des § 34 BaulBG s. BVerfGE 4, 387/408. Zur anwaltlichen Vertretung s. § 222, Rn 4. | 2

§ 220 Zusammensetzung der Kammern für Baulandsachen

(1) **Bei den Landgerichten werden eine oder mehrere Kammern für Baulandsachen gebildet. Die Kammer für Baulandsachen entscheidet in der Besetzung mit drei Richtern des Landgerichts einschließlich des Vorsitzenden sowie zwei hauptamtlichen Richtern der Verwaltungsgerichte. Die Vorschriften über den Einzelrichter sind nicht anzuwenden.**

(2) **Die Richter der Verwaltungsgerichte und die für den Fall ihrer Verhinderung erforderlichen Vertreter werden von der für die Ver-**

waltungsgerichtsbarkeit zuständigen Obersten Landesbehörde auf die Dauer von drei Jahren bestellt.

1 **1.** Aus Abs. 1 folgt die Eigenart der Baulandkammern als atypische Spruchkörper der **ordentlichen Gerichtsbarkeit:** Spruchkörper der Landgerichte (S. 1), besetzt mit drei Richtern der Landgerichte einschließlich des Vorsitzenden sowie zwei hauptamtlichen, gem. Abs. 2 auf drei Jahre bestellten Richtern der Verwaltungsgerichte (S. 2). Abs. 1 S. 3 stellt klar, daß die Vorschriften der ZPO über den Einzelrichter nicht anwendbar sind. Abs. 2 und Abs. 1 S. 3 gelten analog für die gem. § 229 Abs. 1 S. 1 entsprechend besetzten Senate für Baulandsachen. Die Baulandkammern werden mit **zwei Verwaltungsrichtern** besetzt, weil den Entscheidungen über die Rechtmäßigkeit der zu entschädigenden Maßnahmen die besonderen Kenntnisse und Erfahrungen der Verwaltungsrichter zugute kommen sollen. Verfassungsrechtliche Bedenken, die atypisch besetzten Spruchkörper seien keine ordentlichen Gerichte i. S. v. Art. 14 Abs. 3 S. 4 GG, hat BVerfGE 4, 387 hinsichtlich der entsprechenden Regelungen des BauLBG nicht geteilt (s. a. BGH BBauBl. 1964, 96; Kalb, in: E/Z/B, Vorb. §§ 217–232, Rn 19–24; Genrich, Rechtsschutz in Baulandsachen, Diss. jur. Berlin, 1973, S. 164 ff.). Die gemischte Besetzung der Spruchkörper sei solange unschädlich, als durch Vorsitz und Zahl das Übergewicht der Richter der ordentlichen Gerichtsbarkeit gewahrt bleibe.

2 **2.** Praktisch wichtiger als die Ermächtigung des Abs. 1 S. 1, bei jedem Landgericht eine oder mehrere Kammern für Baulandsachen zu errichten, ist § 219 Abs. 2, demzufolge sämtliche Baulandsachen aus verschiedenen Landgerichtsbezirken auf eine Baulandkammer bei einem Landgericht **übertragen** werden können. Zur Rechtsprechung der Kammer für Baulandsachen beim LG Stuttgart s. Nick, BWVPr 1983, 134. Zwischen Baulandkammern und Zivilkammern eines Gerichtes wird weder nach § 17 GVG noch § 281 ZPO verwiesen. Die Akten werden durch prozeßleitende Verfügung in jeder Phase des Verfahrens abgegeben (BGHZ 40, 148; 41, 249). Zur Erledigung eines **Zuständigkeitsstreites** zwischen Bauland- und Zivilkammer s. Kalb, in: E/Z/B, § 220, Rn 2. Geht ein Antrag nach § 217 bei einem Landgericht ein, bei dem gem. § 219 Abs. 2 keine Baulandkammer besteht, so wird nach § 218 ZPO wegen örtlicher Unzuständigkeit verwiesen.

3 **3.** Mit Rücksicht auf Art. 14 Abs. 3 S. 4 GG müssen die **Richter der ordentlichen Gerichtsbarkeit** den stellvertretenden Vorsitzenden stellen (Kalb, in: E/Z/B, § 220, Rn 4; a. A. OLG Frankfurt, DÖV 1973, 280). Die **Verwaltungsrichter** einer Baulandkammer müssen hauptamtliche Richter auf Lebenszeit an einem VG erster Instanz sein. Augeschlossen sind also ehrenamtliche Richter i. S. v. §§ 19 ff. VwGO, Richter im Nebenamt i. S. v. § 16 VwGO, Richter auf Probe und Richter kraft Auftrags, Richter an einem OVG/VGH. Hauptamtliche Richter eines OVG/VGH können aber Mitglied eines Baulandsenates

sein (§ 229 Abs. 1 S. 1). Die Bestellung von Richtern am VG zu Mitgliedern oder Vertretern von Mitgliedern der Baulandkammer auf drei Jahre durch die zuständige Oberste Landesbehörde ist unwiderruflich, auch wenn der Berufene innerhalb des VG befördert wird. Die Bestellung erledigt sich ohne Widerruf, wenn der Richter aus seinem Hauptamt als Richter am VG, z. B. durch Ernennung zum Richter am OVG/VGH ausscheidet. Die Bestellung zum Mitglied einer Baulandkammer ist die Übertragung eines weiteren Richteramtes i. S. v. § 27 Abs. 2 DRiG.

4. Abs. 1 S. 3 wurde durch Art. 6 Nr. 2 des Gesetzes zur Entlastung der LG und zur Vereinfachung des gerichtlichen Protokolls v. 20. 12. 1974, BGBl. I, S. 3651, eingefügt, um klarzustellen, daß zur Förderung des Zusammenwirkens von Zivil- und Verwaltungsrichtern die Vorschriften über den **Einzelrichter** im Baulandverfahren nicht anwendbar sind (fr. str.; s. Kalb, in: E/Z/B, § 220, Rn 15). Zulässig ist aber die Beauftragung eines jeden Mitglieds der Baulandkammer gem. § 361 ZPO (BGHZ 86, 104). **4**

§ 221 Allgemeine Verfahrensvorschriften

(1) In den Sachen, die aufgrund eines Antrags auf gerichtliche Entscheidung bei den Gerichten anhängig werden, sind die bei Klagen in bürgerlichen Rechtsstreitigkeiten geltenden Vorschriften entsprechend anzuwenden, soweit sich aus den §§ 217 bis 231 nichts anderes ergibt. Auf das Verfahren sind die Gerichtsferien ohne Einfluß.

(2) Das Gericht kann auch von Amts wegen die Aufnahme von Beweisen anordnen und nach Anhörung der Beteiligten auch solche Tatsachen berücksichtigen, die von ihnen nicht vorgebracht worden sind.

(3) Sind gegen denselben Verwaltungsakt mehrere Anträge auf gerichtliche Entscheidung gestellt, so wird über sie gleichzeitig verhandelt und entschieden.

(4) Die Vorschriften über die Vorauszahlung der Gebühr für das Verfahren im allgemeinen und der Auslagen für die Zustellung der Klage nach § 65 Abs. 1 Satz 1 und 3 des Gerichtskostengesetzes sind nicht anzuwenden.

1. In Baulandsachen entscheiden in 1. und 2. Instanz atypisch besetzte Gerichte der ordentlichen Gerichtsbarkeit über öffentlich-rechtliche Streitigkeiten. Nicht zuletzt wegen Art. 14 Abs. 3 S. 4 GG (BVerfGE 4, 387/408) bestimmt Abs. 1 S. 1 als verfahrensrechtlichen Grundsatz, daß in Baulandsachen die bei Klagen **in bürgerlichen Rechtsstreitigkeiten geltenden Vorschriften,** also ZPO, GVG und GKG anzuwenden sind. **Ausnahmen** von diesem Grundsatz, die dem **1**

öffentlich-rechtlichen Charakter des Baulandverfahrens Rechnung tragen, müssen sich ausdrücklich aus den §§ 217–231 ergeben (s. Zusammenstellung Vorb. §§ 217–232, Rn 3). Wegen des öffentlich-rechtlichen Charakters des Baulandverfahrens schwächt Abs. 2 den Verhandlungsgrundsatz dadurch ab, daß das Gericht ähnlich wie in § 86 Abs. 1 VwGO in Baulandsachen auch von Amts wegen die Aufnahme von Beweisen anordnen und solche Tatsachen berücksichtigen kann, die von den Beteiligten nicht vorgebracht worden sind. Der im öffentlichen Interesse liegenden **Beschleunigung** dienen Abs. 1 S. 2 – keine Gerichtsferien – und Abs. 3 – gleichzeitige Verhandlung und Entscheidung mehrerer Anträge gegen einen Verwaltungsakt. Abs. 4 schließt wie im Verwaltungsprozeß die für den Zivilprozeß geltende Pflicht zur Vorauszahlung von Verfahrenskosten aus. Abs. 5, der auf § 510 c ZPO – amtsgerichtliche Schiedsurteile – verwies, ist mit der Streichung von § 510 ZPO durch die Vereinfachungsnovelle v. 3. 12. 1976, BGBl. I, S. 3281, entfallen. Über die ausdrücklichen Regelungen der §§ 217–231 hinaus ist die Anwendung der für Klagen in bürgerlich-rechtlichen Streitigkeiten geltenden Vorschriften ausgeschlossen oder eingeschränkt, wenn sie im Einzelfall mit der Eigenart des Baulandverfahrens unvereinbar sind, z. B. weil es unter den Beteiligten keinen echten Beklagten gibt (s. auch Schrödter, § 161, Rn 2; Kalb, in: E/Z/B, § 221, Rn 3–7 m. w. N.). Gutachten der Gutachterausschüsse i. S. v. §§ 136 ff. sind Sachverständigengutachten, auf die jedoch die Vorschriften der §§ 402 ff ZPO nur angepaßt angewendet werden können (BGHZ 62, 93; a. A. früher OLG Frankfurt, NJW 1965, 306 m. Anm. v. Hönn, S. 542; OLG Düsseldorf, NJW 1968, 1095 m. Anm. v. Meyer, S. 1482).

2 **2.** In öffentlich-rechtlichen Streitigkeiten vor den Verwaltungsgerichten gilt wegen der auf dem Spiele stehenden öffentlichen Interessen der Untersuchungsgrundsatz (§ 86 Abs. 1 VwGO). Im Zivilprozeß gilt hingegen der Verhandlungsgrundsatz. Abs. 2 schwächt den gem. Abs. 1 grundsätzlich geltenden Verhandlungsgrundsatz dadurch ab, daß er das Gericht berechtigt, vom Verhandlungsgrundsatz zum **Untersuchungsgrundsatz** überzugehen, sofern ihm dies sachdienlich erscheint (OLG München, BRS 26, Nr. 163). Es steht im Ermessen des Gerichtes, ob es von Amts wegen der Aufnahme von Beweisen anordnet und nach Anhörung der Beteiligten auch solche Tatsachen berücksichtigt, die von ihnen nicht vorgebracht worden sind (Kalb, in: E/Z/B, § 221, Rn 10; Förster, in: Kohlhammer-Komm. BBauG, § 161, Anm. 4 a; Genrich, Rechtsschutz in Baulandsachen, Diss. jur. Berlin, 1973, S. 122 ff.; a. A.: Verpflichtung des Gerichtes, Schrödter, § 161, Rn 3; Stich, in: S/S/T, § 161, Rn 8; Heinze, § 161, Rn 9; Paehler, in: B/B, § 161, Rn 3). Abs. 2 verpflichtet das Gericht aber, die von einem Beteiligten in das Verfahren eingeführten Behauptungen, soweit sie rechtlich erheblich sind, von Amts wegen zu klären (BGH NJW 1974, 947: Revision wegen Nichtberücksichtigung der Behauptung, in einem Umlegungsverfahren sei ein Bebauungsplan durch einen anderen ausgetauscht worden).

3. Ebensowenig wie im Verwaltungsprozeß sind im Baulandverfahren die Vorschriften über die Gerichtsferien (§§ 199–202 GVG) anwendbar. Es werden also **keine Ferienkammern** gebildet (h. M.; a. A. Genrich aaO, S. 121). Auch vom 15. 7. bis zum 15. 9. kann ohne Antrag terminiert werden, wegen dieser Zeit werden keine Fristen unterbrochen. **3**

4. Die **gleichzeitige Verhandlung und Entscheidung** über einen Verwaltungsakt, gegen den mehrere Anträge gem. § 217 gestellt worden sind (Abs. 3), soll widersprechende Entscheidungen vermeiden, wenn, wie häufig im Umlegungs-, Grenzregelungs- und Enteignungsverfahren, mehrere Berechtigte mit unterschiedlichen Anträgen gegen den Verwaltungsakt vorgehen. Zwischen den Anträgen braucht kein innerer Zusammenhang zu bestehen. Wegen der gesetzlichen Verbindung bedarf es keines Beschlusses nach § 147 ZPO (OLG Schleswig, NJW 1969, 1862). Teilurteile sind nur nach § 226 Abs. 4 zulässig (OLG München, BRS 26 Nr. 340). **4**

5. Aufgrund des durch Gesetz v. 20. 12. 1976, BGBl. I S. 3617 berichtigten Abs. 4 entfällt, wie im Verwaltungsprozeß, nur die **Vorschußpflicht** für die Prozeßgebühr, nicht die Vorschußpflicht für Sachverständige und Zeugen (§ 68 GKG; s. a. § 228, Rn 2). **5**

§ 222 Beteiligte

(1) **Wer an dem Verfahren, in dem der Verwaltungsakt erlassen worden ist, Beteiligter war, ist auch in dem gerichtlichen Verfahren Beteiligter, wenn seine Rechte oder Pflichten durch die Entscheidung des Gerichts betroffen werden können. In dem gerichtlichen Verfahren ist auch die Stelle Beteiligte, die den Verwaltungsakt erlassen hat.**

(2) **Der Antrag auf gerichtliche Entscheidung ist den übrigen in Absatz 1 Satz 1 bezeichneten Beteiligten, soweit sie bekannt sind, zuzustellen.**

(3) **Auf die Beteiligten sind die für die Parteien geltenden Vorschriften der Zivilprozeßordnung entsprechend anzuwenden. § 78 der Zivilprozeßordnung gilt in dem Verfahren vor dem Landgericht und dem Oberlandesgericht nur für Beteiligte, die Anträge in der Hauptsache stellen.**

(4) **Die Beteiligten können sich auch durch Rechtsanwälte vertreten lassen, die bei einem Landgericht zugelassen sind, in dessen Bezirk das den Gegenstand des Verfahrens bildende Grundstück liegt. Vor dem nach § 219 Abs. 2 bestimmten Gericht können sie sich ferner durch Rechtsanwälte vertreten lassen, die bei dem Landgericht zugelassen sind, vor das der Antrag auf gerichtliche Entscheidung ohne die Regelung nach § 219 Abs. 2 gehören würde.**

1 1. Im Baulandverfahren gibt es nur **Beteiligte**, keine Parteien. Abs. 1 bestimmt den Kreis der Beteiligten, Abs. 2 die Zustellung des Antrags auf gerichtliche Entscheidung an andere Beteiligte als den Antragsteller und die Behörde, die den Verwaltungsakt erlassen hat. Die Rechtsstellung der Beteiligten folgt grundsätzlich aus den Vorschriften der ZPO über die Parteien (Abs. 3 S. 1). Abs. 3 S. 2 ordnet **Anwaltszwang** an für Beteiligte, die vor den Instanzgerichten Anträge in der Hauptsache stellen. Abs. 4 bestimmt den Kreis der vertretungsberechtigen Anwälte unter Durchbrechung des Lokalisationsprinzips. Der Verzicht auf Parteien, Kläger, Beklagte, Streithelfer und Streitverkündungsgegner wie in der ZPO und auf Kläger, Beklagte und Beigeladene wie in der VwGO, die aber auch den Oberbegriff Beteiligte verwendet, trägt dem Umstand Rechnung, daß das zweipolige Parteienprinzip der vielgestaltigen Rollenverteilung des Baulandverfahrens nicht gerecht wird. Die gerichtliche Kontrolle der Rechtmäßigkeit des Verwaltungsaktes und der Höhe der Entschädigung in einem Verfahren führt zu einem Neben-, Mit- und Gegeneinander von Antragsteller, Behörde und anderen Beteiligten. Die Abkehr vom Parteienprinzip äußert sich auch in der besonderen Kostenregelung des § 228 und der Ausrichtung des Antrags gem. § 217 auf einen Verwaltungsakt.

2 2. Gem. Abs. 1 S. 1 ist **Beteiligter**, wer erstens bereits in dem Verfahren, in dem der Verwaltungsakt erlassen worden ist, Beteiligter gewesen ist, z. B. gem. § 48, §§ 81, 82, § 107, und wer zweitens durch die Entscheidung des Gerichts in seinen Rechten und Pflichten betroffen werden kann (s. a. Kirchberg, VBlBW 1990, 161/173). Dabei kommt es nur auf den möglichen Ausgang des Gerichtsverfahrens an. Die Erfolgsaussichten des Antrags sind nicht zu prüfen (BGHZ 60, 34). Wird der Antrag während des Verfahrens erweitert oder eingeschränkt, so kann sich der Kreis der Beteiligten ändern (BGH NJW 1973, 1750). Die Beteiligten i. S. v. Abs. 1 sind den notwendig Beteiligten i. S. v. § 65 II VwGO gleichzusetzen (zu diesen BVerwGE 51, 275; 57, 35; Kopp, VwGO, § 65, Rn 14). Die Stelle, die den Verwaltungsakt erlassen hat, nicht der hinter ihr stehende Rechtsträger (BGH WM 1968, 1107), ist immer beteiligt (Abs. 1 S. 2). Sie ist auch immer rechtsmittelbefugt (BGH NJW 1975, 1658). Die Widerspruchsbehörde ist nur ausnahmsweise die Behörde, die den Verwaltungsakt erlassen hat (s. § 217, Rn 7) und nur dann beteiligt. Streitig ist, ob die Gemeinde, die nicht als Antragstellerin auftritt, beteiligt ist (bejahend Kalb, in: E/Z/B, § 222, Rn 11; Schrödter, § 162, Rn 2; verneinend Förster, in: Kohlhammer-Komm. BBauG, § 162, Anm. 2c). Nach BGH WM 1968, 1107 kann sie, muß aber nicht beteiligt werden. Die Beteiligteneigenschaft entsteht in allen Fällen kraft Gesetzes und nicht erst durch die von Amts wegen vorzunehmende Zustellung gem. Abs. 2. Sie bedarf keines Gerichtsbeschlusses. Über die Beteiligteneigenschaft kann durch Zwischenurteil entschieden werden.

3 3. Die **Rechtsstellung der Beteiligten** bestimmt sich gem. Abs. 3

S. 1 analog den für die Parteien geltenden Vorschriften der ZPO, soweit
nicht Sondervorschriften der §§ 217–231, wie z. B. Abs. 1 gegenüber
den §§ 59 ff., 64 ff. ZPO oder § 228 (Kosten) vorgehen oder Vorschrif-
ten der ZPO wegen der Eigenart des Baulandverfahrens nicht über-
tragbar sind. So ist z. B. § 269 ZPO (Klagerücknahme) nicht anwend-
bar, da der Antragsteller den gegen einen Verwaltungsakt, nicht gegen
eine Partei gerichteten Antrag jederzeit auch ohne Zustimmung der
anderen Beteiligten zurücknehmen kann. Analog anwendbar sind ins-
besondere die §§ 50 ff. ZPO (Partei- und Prozeßfähigkeit), §§ 91 ff.
ZPO (Kosten), s. a. § 228 BBauG, §§ 114 ff. ZPO (Armenrecht),
§§ 128 ff. ZPO (mündl. Verhandlung), §§ 214 ff. ZPO (Ladungen,
Termine, Fristen), §§ 282 ff. ZPO (Beweismittel).

4. a) Der den **Anwaltszwang** vor den Landgerichten und vor allen **4**
höheren Gerichten regelnde § 78 Abs. 1 ZPO wird von Abs. 3 S. 2 für
das Baulandverfahren in der 1. und 2. Instanz (nicht vor dem BGH)
eingeschränkt. Nur die Beteiligten, die Anträge in der Hauptsache
stellen, müssen durch Rechtsanwälte vertreten sein. Der Antrag, auf
gerichtliche Entscheidung unterliegt nicht dem Anwaltszwang (BGHZ
41, 183; s. § 217, Rn 7), ebensowenig der Antrag, nach Lage der Akten
zu entscheiden (KG, NJW 1970, 614), die Kostenbeschwerde (OVG
Koblenz, NJW 1983, 2036), noch die Einwilligung in die Sprungrevi-
sion (BGH, NJW 1975, 830), wohl aber der für die Schriftsätze, die die
mündliche Verhandlung vorbereiten, soweit sie die Ankündigung von
Anträgen in der Hauptsache enthalten (OLG München, NJW 1968,
2065).

b) Abweichend von dem in § 78 Abs. 1 ZPO enthaltenen Lokalisa- **5**
tionsprinzip bestimmt der durch die Novelle 1976 um den S. 1 erwei-
terte Abs. 4, daß **vertretungsberechtigte Anwälte** die Anwälte sind,
die erstens bei dem LG zugelassen sind, bei dem die Baulandkammer
besteht, zweitens die bei einem LG zugelassen sind, in dessen Bezirk
das den Gegenstand des Verfahrens bildende Grundstück liegt und
drittens die, die im Falle der Bildung einer zentralen Baulandkammer
nach § 219 Abs. 2 bei dem LG zugelassen sind, vor das der Antrag ohne
die Sonderregelung gehören würde. Zur anwaltlichen Vertretung vor
dem OLG s. § 229 Abs. 3.

§ 223 Anfechtung von Ermessensentscheidungen

**Soweit die Stelle, die den Verwaltungsakt erlassen hat, ermächtigt
ist, nach ihrem Ermessen zu handeln, kann der Antrag nur darauf
gestützt werden, daß die Entscheidung rechtswidrig ist, weil die
gesetzlichen Grenzen des Ermessens überschritten sind oder von dem
Ermessen in einer dem Zweck der Ermächtigung nicht entsprechen-
den Weise Gebrauch gemacht worden ist. Dies gilt nicht, soweit in
dem Verwaltungsakt über einen Anspruch auf eine Geldleistung
entschieden worden ist.**

1 **1.** S. 1 begrenzt die Entscheidungskompetenz der Baulandgerichte bei Ermessensentscheidungen der Verwaltungsbehörde. Die sich eng an § 114 VwGO anlehnende Regelung verwirklicht den Grundsatz der Gewaltenteilung (Art. 20 Abs. 3 GG). Sie ist erforderlich, weil es im Zivilprozeß die gerichtliche Kontrolle von Verwaltungsentscheidungen nach Ermessen nicht gibt. S. 2 stellt klar, daß die Gerichte, weil es Art. 14 Abs. 3 S. 4 GG entspricht, über Ansprüche aus Geldleistungen in vollem Umfang entscheiden können.

2 **2.** Eine ermesseneinräumende Norm ermächtigt die Verwaltung, die gesetzliche Rechtsfolgenanordnung im Einzelfall durch weitere Gesichtspunkte, insbesondere durch die sonst bei Rechtsentscheidungen verpönten Zweckmäßigkeitserwägungen zu ergänzen und so für den Einzelfall nach einem teilweise selbst gesetzten Maßstab verbindlich zu entscheiden. **Ermessen** ist nach h. M. stets Handlungsermessen (= Verhaltensermessen). Ermessen ist nur auf der Rechtsfolgenseite eines Rechtssatzes möglich (z. B. § 45 Abs. 2, Einleitung eines Umlegungsverfahrens; BGH, NJW 1974, 947). Verwaltungsermessen ist stets rechtlich, zumindest verfassungsrechtlich, gebundenes und damit gem. Art. 19 Abs. 4 GG gerichtlich kontrollierbares Ermessen. § 223 S. 1 begrenzt die Kontrollbefugnis der Baulandgerichte auf **Ermessensfehler.** Ein Ermessensfehler liegt nur vor, wenn die Behörde die rechtlichen Bindungen des Ermessens nicht beachtet hat. Welche rechtlichen Bindungen zu beachten sind, bestimmt § 40 VwVfG. Die Behörde hat einmal ihr Ermessen entsprechend dem Zweck der Ermächtigung auszuüben, tut sie dies nicht, liegt Ermessensfehlgebrauch (Ermessensmißbrauch, § 223 S. 1 2. Altern.) vor. Zum anderen hat sie die gesetzlichen Grenzen des Ermessens einzuhalten, tut sie dies nicht, liegt eine Ermessensüberschreitung (§ 223 S. 2 1. Altern.) vor. Typisches Beispiel für Ermessensfehlgebrauch ist die Entscheidung aufgrund sachfremder Erwägungen. Bei der Ermessensüberschreitung wird das Ergebnis der Ermessensausübung als solches von der Ermächtigungsnorm nicht getragen. Anders als die Widerspruchsbehörde darf das Gericht nicht die Zweckmäßigkeit einer Ermessensentscheidung überprüfen. Es darf nicht sein Ermessen an die Stelle des behördlichen Ermessens setzen. Zur Rechtmäßigkeitskontrolle einer Ermessensentscheidung gehört die Prüfung, ob die Behörde von zutreffenden Tatsachen ausgegangen ist, das vorgeschriebene Verfahren beachtet und ob sie allgemein gültige Wertmaßstäbe eingehalten hat.

3 **3.** Vom Ermessen sind nach h. M. zu unterscheiden die **unbestimmten Rechtsbegriffe** wie „Wohl der Allgemeinheit" (§ 87 Abs. 1), „zwingende städtebauliche Gründe" (§ 88) im Tatbestand einer Norm. Unbestimmte Rechtsbegriffe räumen den Behörden kein (kognitives, Beurteilungs-, Tatbestands-)Ermessen ein, sondern sind grundsätzlich voll gerichtlich kontrollierbar. Nur in engbegrenzten Ausnahmefällen gewähren die Gerichte den Behörden einen Beurteilungsspielraum, dessen Einhaltung nicht voll, sondern nur entsprechend den zum Ermes-

sen aufgestellten Grundsätzen gerichtlich überprüft wird. Neben den allgemein anerkannten, im Baulandverfahren aber unerheblichen Ausnahmefällen (Prüfungsentscheidungen, dienstliche Beurteilungen, Entscheidungen bestimmter weisungsfreier Ausschüsse; s. Kopp, VwGO, § 114, Rn 25 f; Tettinger, DVBl. 1982, 421/428; zum atomrechtlichen Genehmigungsverfahren: BVerwGE 72, 300) hat BGH, NJW 1978, 1162 der Enteignungsbehörde als „sachneutraler" Stelle hinsichtlich der Überprüfung der einer Aufklärungsanordnung (§ 208) zugundeliegenden Rechtsauffassung einen Beurteilungsspielraum zugesprochen. Der Beurteilungsspielraum der Enteignungsbehörde ist auf die Verfahrenshandlung zu beschränken und nicht auf die der Enteignungsbehörde obliegenden materiell-rechtlichen Entscheidungen zu übertragen (a. A. offenbar Menger, Verw-Arch 1979, 177; s. a. Kalb, in: E/Z/B, § 223, Rn 7). Ein allgemeiner Beurteilungsspielraum der Enteignungsbehörde wäre mit der vom BVerfG (E 35, 348/361; 37, 132/148; 58, 300/322) betonten Bedeutung des Zusammenspiels von Art. 19 Abs. 4 GG und Art. 14 Abs. 1 GG (Bestandsgarantie; s. Vorbem. §§ 85–122, Rn 1 ff.) für den Eigentumsschutz unvereinbar (s. a. § 87, Rn 10).

4. Bei der **gerichtlichen Kontrolle der Bauleitpläne** durften die **4** Baulandgerichte nach der früheren Rechtsprechung nur eingreifen, wenn die Planer bei der Abwägung des Für und Wider ihr Ermessen mißbraucht oder überhaupt keine Abwägung vorgenommen, offensichtlich gefehlt oder rechtswidrig gehandelt hatten (BGH, NJW 1967, 103). BGHZ 66, 322; 67, 320; BauR 1977, 191 hat diese Formel aufgegeben und sich der Judikatur des BVerwG angeschlossen. Danach sind die in § 1 Abs. 5 BauGB enthaltenen Leitsätze unbestimmte Rechtsbegriffe, die der vollen gerichtlichen Kontrolle unterliegen. Nur die Frage, ob die jeweilige Planung das Ergebnis einer gerechten Interessenabwägung i. S. d. § 1 Abs. 6 ist, ist nur beschränkt gerichtlich überprüfbar (BVerwGE 45, 309, s. § 1, Rn 87 ff.). Zur eingeschränkten Gerichtskontrolle fachplanerischer Prognoseaussagen als Grundlage der Planrechtfertigung (BVerwG, DVBl. 1986, 416) oder einer Enteignungsverfügung s. BVerwGE 72, 365/367.

5. Entgegen BGHZ 54, 364 und der Vorstellung des Gesetzgebers **5** bei Erlaß des entsprechenden § 38 Abs. 2 BaulBG (s. Dittus/Zinkahn, § 38, Anm. 1) ist die Entscheidung über die Höhe von **Geldleistungen** im Umlegungs- und Enteignungsverfahren keine Ermessensentscheidung, sondern eine im Falle der Enteignung Art. 14 Abs. 3 GG verwirklichende Rechtsanwendung (Kalb, in: E/Z/B, § 223, Rn 16; offengelassen von Lässig, DVBl. 1981, 483/485). Daher stellt S. 2 klar, daß die Baulandgerichte die Höhe der Geldleistung voll nachprüfen und durch eine eigene Entscheidung ersetzen können. Wenn das Gesetz, wie in § 59 Abs. 5, die Geldleistung neben anderen Arten der Ersatzleistung zur Wahl stellt, so ist die Entscheidung, ob Geldersatz gewährt wird, als Ermessensentscheidung jedoch nicht voll gerichtlich überprüfbar (Kalb aaO, Rn 17; a. A. Porger, in: Berliner Komm. § 224, Rn 12).

§ 224 Anfechtung einer vorzeitigen Besitzeinweisung

Der Antrag auf gerichtliche Entscheidung gegen eine vorzeitige Besitzeinweisung hat keine aufschiebende Wirkung. § 80 Abs. 5 der Verwaltungsgerichtsordnung ist entsprechend anzuwenden.

1 **1.** Der Antrag auf gerichtliche Entscheidung hat grundsätzlich aufschiebende Wirkung (s. § 217, Rn 11). Um die zwangsweise Verschaffung des tatsächlichen Besitzes bei einer vorzeitigen Besitzeinweisung im Umlegungsverfahren (§ 77) und im Enteignungsverfahren (§ 116) zu erleichtern und zu beschleunigen, hat der Antrag auf gerichtliche Entscheidung gegen eine vorzeitige Besitzeinweisung **keine aufschiebende Wirkung**. S. 1 ist in § 164 BBauG = § 224 BauGB zusammen mit § 155 Abs. 2 S. 1 BBauG (= § 212 BauGB) – Ausschluß der aufschiebenden Wirkung des Widerspruchs gegen eine vorzeitige Besitzeinweisung im Umlegungsverfahren (s. § 212, Rn 6) – durch die Beschleunigungsnovelle eingeführt worden. Nach § 164 BBauG a. F. durften Zwangsmaßnahmen zur Verschaffung des tatsächlichen Besitzes nur mit Zustimmung des Gerichts erfolgen, wenn ein Beteiligter gegen eine vorzeitige Besitzeinweisung Antrag auf gerichtliche Entscheidung gestellt hatte. In der geltenden Fassung kann das Gericht Rechtsschutz gewähren, indem es auf Antrag die nach S. 1 ausgeschlossene aufschiebende Wirkung des Antrags auf gerichtliche Entscheidung analog § 80 Abs. 5 VwGO anordnet.

2 **2.** Der Beschluß der Umlegungsbehörde (§ 77) oder der Enteignungsbehörde (§ 116) über die vorzeitige Besitzeinweisung kann irreparable Folgen haben, z. B. Abbruch eines Gebäudes durch den eingewiesenen Besitzer. Der Ausschluß der aufschiebenden Wirkung des Antrags auf gerichtliche Entscheidung, der im Enteignungsverfahren ohne Vorverfahren, im Umlegungsverfahren außer in Bremen nur nach erfolglosem Widerspruch gestellt werden darf, ist daher aus Rechtsschutzgründen kritisiert worden (Paehler, in: B/B, § 164, Rn 2). Auf Antrag kann das Gericht der Hauptsache, in dringenden Fällen der Vorsitzende allein (analog § 80 Abs. 7 S. 1 VwGO; Kalb, in: E/Z/B, § 224, Rn 15; a. A. Porger, in: Berliner Komm., § 224, Rn 9) durch Beschluß nach Abwägung zwischen den Interessen des durch die Besitzeinweisung Begünstigten an der sofortigen Wirksamkeit der vorzeitigen Besitzeinweisung und den Interessen des Eigentümers an der Beibehaltung des bisherigen Rechtszustandes die **aufschiebende Wirkung**, oder wenn die vorzeitige Besitzeinweisung bereits vollzogen ist, die Aufhebung der Vollziehung **anordnen** (analog § 80 Abs. 5 S. 3 VwGO). Die Anordnung kann von der Leistung einer Sicherheit oder anderen Auflagen abhängig gemacht oder befristet werden (analog § 80 Abs. 5 S. 4, 5 VwGO). Die Rechtsprechung zu den **Rechtsmitteln** gegen einen Beschluß entsprechend § 80 Abs. 5 VwGO ist uneinheitlich. OLG Koblenz, NVwZ 1984, 678 u. NVwZ 1986, 336; OLG Oldenburg, ZfBR 1985, 248 (zust. Kalb, in: E/Z/B, § 224, Rn 18)

gewähren dem Rechtsschutzinteresse genügend und unklare Zuständigkeiten vermeidend die sofortige Beschwerde nach §§ 567 Abs. 1, 793 ZPO analog. OLG Stuttgart, NVwZ 1983, 633 u. 1989, 693 (zust. Reisnecker, in: Kohlhammer Komm., § 116, Rn 37; s. a. Kirchberg, VBlBW 1990, 161/173; abl. Kalb aaO, Rn 19) gewähren mit unteschiedlichen Modifikationen die einfache Beschwerde der ZPO. Wird ein Rechtsbehelf gegen einen Beschluß nach § 80 Abs. 5 VwGO, wofür kein Anwaltszwang besteht (einschränkend OLG Stuttgart, NVwZ 1989, 694), nicht beantragt, so entfallen gem. § 839 Abs. 3 BGB etwaige Amtshaftungsansprüche wegen eines amtspflichtwidrigen Erlasses oder Vollzugs eines Besitzeinweisungsbeschlusses (BGHZ 96, 1). OLG Celle, NJW 1974, 2290 läßt im Verfahren auf gerichtliche Entscheidung gegen eine vorzeitige Besitzeinweisung das Baulandgericht gem. §§ 719 Abs. 1, 707 ZPO i. V. m. § 221 Abs. 1 S. 1 BauGB die einstweilige Einstellung der Vollziehung des Besitzeinweisungsbeschlusses anordnen (im Ergebnis ebenso OLG Hamburg, NJW 1968, 2064).

§ 225 Vorzeitige Ausführungsanordnung

Ist nur noch die Höhe einer Geldentschädigung streitig, so kann das Gericht auf Antrag des Enteignungsbegünstigten beschließen, daß die Enteignungsbehörde die Ausführung des Enteignungsbeschlusses anzuordnen hat. In dem Beschluß kann bestimmt werden, daß der Enteignungsbegünstigte für den im Streit befindlichen Betrag Sicherheit zu leisten hat. Die Ausführungsanordnung darf erst ergehen, wenn der Enteignungbegünstigte die festgesetzte Geldentschädigung gezahlt oder zulässigerweise unter Verzicht auf das Recht der Rücknahme hinterlegt hat.

1. Die Vorschrift ergänzt im Interesse des Enteignungbegünstigten **1**
die Regelung des § 117, derzufolge die Eigentumsübertragung durch Enteignung erst dann eintritt, wenn der Enteignungsbeschluß (§ 113) unanfechtbar geworden und die Ausführungsanordnung erlassen worden ist. § 117 setzt voraus, daß der Enteignungsbegünstige die Geldentschädigung gezahlt, im Fall der Vorabentscheidung die nach § 112 Abs. 2 S. 2 festgesetzte Vorauszahlung geleistet oder zulässigerweise unter Verzicht auf das Recht der Rücknahme hinterlegt hat. In einem Baulandverfahren, in dem nur noch die Höhe der Geldentschädigung streitig ist, kann die Kammer oder der Senat auf Antrag des Enteignungsbegünstigten beschließen, daß die Enteignungsbehörde die Ausführungsanordnung zu erlassen hat (S. 1), sofern die allgemeinen Voraussetzungen der Ausführungsanordnung (S. 3) erfüllt sind. Das Gericht kann vom Begünstigten Sicherheitsleistung verlangen (S. 2). § 225 ist auch anwendbar, wenn der Enteignungsbeschluß nach § 113 Abs. 4 ergangen ist, oder wenn die Vorabentscheidung gem. § 112 Abs. 2 angefochten wird (Kalb, in: E/Z/B, § 225, Rn 3, 4; a. A. Porger, in:

Berliner Komm. § 225, Rn 3; Paehler, in: B/B, § 165, Rn 1). Im Umle-
gungsverfahren erfüllt der durch die Beschleunigungsnovelle geänderte
§ 71 Abs. 2 eine § 225 entsprechende Funktion.

2 **2. Erste Voraussetzung** für den Erlaß einer vorzeitigen Ausfüh-
rungsanordnung ist außer bei Anfechtung des Nachtragsbeschlusses
nach § 113 Abs. 4, § 117 Abs. 3, daß nur noch die Höhe einer Geldent-
schädigung oder die Vorauszahlung auf die zu erwartende Entschädi-
gung streitig ist. Unerheblich ist, wie weit der Antrag auf gerichtliche
Entscheidung ursprünglich gefaßt war. Entscheidend ist der Verfah-
rensstand z. Z. der Stellung des Antrags gem. § 225. Den **Antrag** gem.
§ 225 kann nur der Enteignungbegünstigte stellen. Liegen beide Vor-
aussetzungen vor, hat die Kammer oder der Senat zu prüfen, ob der
Erlaß der vorzeitigen Ausführungsanordnung im öffentlichen Interesse
oder im überwiegenden Interesse des Enteignungbegünstigten geboten
ist und ob nach den Aussichten des Verfahrens und den finanziellen
Verhältnissen des Enteignungbegünstigten eine **Sicherheitsleistung**
angebracht ist hinsichtlich des im Streit befindlichen Betrages, wegen S. 3
aber nicht hinsichtlich des nicht im Streit befindlichen Betrages. Bei
Gebietskörperschaften ist die gerichtliche Anordnung der vorzeitigen
Ausführung i. d. R. nicht von einer Sicherheitsleistung abhängig zu
machen (BGH, BRS 34 Nr. 71). Zur Art und Höhe der Sicherheitslei-
stung s. §§ 108–113 ZPO.

3 **3.** Das Gericht erläßt die **Ausführungsanordnung** nicht selbst, son-
dern beschließt, daß die Enteignungsbehörde die Ausführung des
Enteignungsbeschlusses anzuordnen hat sowie ggf., daß der Enteig-
nungsbegünstigte für den im Streit befindlichen Betrag Sicherheit zu
leisten hat. Die weiteren in S. 3 genannten Voraussetzungen der Aus-
führungsanordnung – Zahlung der festgesetzten Geldentschädigung
oder zulässige Hinterlegung unter Verzicht auf das Recht der Rück-
nahme – stimmen mit § 117 überein, dem auch die weiteren Erforder-
nisse und die Rechtsfolgen der Ausführungsanordnung zu entnehmen
sind.

4 **4.** Die **sofortige Beschwerde** (§ 793 ZPO) steht dem Enteignungs-
begünstigten zu, wenn die Baulandkammer seinen Antrag ablehnt,
dem Enteignungsbetroffenen, wenn das Gericht dem Antrag des Ent-
eignungsbegünstigten stattgibt. Gegen die Entscheidung der Baulandse-
nate gibt es kein Rechtsmittel. Die Ausführungsanordnung selbst ist
nur anfechtbar, wenn sie mit dem Beschluß des Gerichtes nicht über-
einstimmt.

§ 226 Urteil

(1) **Über den Antrag auf gerichtliche Entscheidung wird durch
Urteil entschieden.**

(2) **Wird ein Antrag auf gerichtliche Entscheidung, der einen An-
spruch auf eine Geldleistung betrifft, für begründet erachtet, so hat**

das Gericht den Verwaltungsakt zu ändern. Wird in anderen Fällen ein Antrag auf gerichtliche Entscheidung für begründet erachtet, so hat das Gericht den Verwaltungsakt aufzuheben und erforderlichenfalls auszusprechen, daß die Stelle, die den Verwaltungsakt erlassen hat, verpflichtet ist, in der Sache unter Beachtung der Rechtsauffassung des Gerichts anderweit zu entscheiden.

(3) Einen Enteignungsbeschluß kann das Gericht auch ändern, wenn der Antrag auf gerichtliche Entscheidung nicht einen Anspruch auf Geldleistung betrifft. Es darf in diesem Fall über den Antrag des Beteiligten hinaus, der den Antrag auf gerichtliche Entscheidung gestellt hat, den Enteignungsbeschluß auch ändern, soweit ein anderer Beteiligter es beantragt hat; dabei ist eine Änderung des Enteignungsbeschlusses zum Nachteil dessen, der den Antrag auf gerichtliche Entscheidung gestellt hat, nicht statthaft. Wird ein Enteignungsbeschluß geändert, so ist § 113 Abs. 2 entsprechend anzuwenden. Wird ein Enteignungsbeschluß aufgehoben oder hinsichtlich des Gegenstands der Enteignung geändert, so gibt das Gericht im Falle des § 113 Abs. 5 dem Vollstreckungsgericht von seinem Urteil Kenntnis.

(4) Ist von mehreren Anträgen nur der eine oder ist nur ein Teil eines Antrags zur Endentscheidung reif, so soll das Gericht hierüber ein Teilurteil nur erlassen, wenn es zur Beschleunigung des Verfahrens notwendig erscheint.

1. Über den Antrag auf gerichtliche Entscheidung wird durch Urteil **1** entschieden (Abs. 1), auf das nach § 221 Abs. 1 die Vorschriften der ZPO über das Zustandekommen, den Inhalt, die Wirkung und die Vollstreckung von Urteilen (insbesondere §§ 300 ff., §§ 704 ff.) entsprechend anzuwenden sind, soweit nicht die §§ 217–231 BauGB entsprechend der öffentlich-rechtlichen Eigenart und dem Zweck des Baulandverfahrens (s. Vorb. §§ 213–232, Rn 2, 3) Sondervorschriften enthalten. Für den Inhalt der Urteile schreibt § 226 nur teilweise in Anlehnung an § 113 VwGO mehrere **Besonderheiten** vor, nämlich für Aufhebungsurteile (Abs. 2 S. 2), Bescheidungs- und Verpflichtungsurteile (Abs. 2 S. 2 HS 2), Änderungsurteile bei Ansprüchen auf Geldleistung (Abs. 2 S. 1) und besonders ausgestaltet bei Enteignungsbeschlüssen (Abs. 3). Abs. 4 läßt Teilurteile nur zur Verfahrensbeschleunigung zu. Wegen der auf dem Spiele stehenden öffentlichen Interessen schließt § 227 Abs. 3 Versäumnisurteile aus. Ob und inwieweit Zwischenurteile, Vorbehaltsurteile, Feststellungsurteile, Anerkenntnis- und Verzichtsurteile zulässig sind, regelt § 226 nicht. Über die analoge Anwendung der diesbezüglichen Vorschriften der ZPO ist unter Berücksichtigung der öffentlich-rechtlichen Eigenart und des Zweckes des Baulandverfahrens zu entscheiden. Gleiches gilt für die vorläufige Vollstreckbarkeit. Für die Kostenentscheidung bestimmt § 228 eine modifizierte, den Besonderheiten des Baulandverfahrens Rechnung

tragende analoge Anwendung der §§ 91 ff. ZPO. Da aufgrund der Neufassung des § 317 Abs. 1 ZPO sämtliche Urteile aller ordentlichen Gerichte von Amts wegen zugestellt werden müssen, ist der dies früher als Besonderheit des Baulandverfahrens anordnende Abs. 5 durch die Beschleunigungsnovelle gestrichen worden.

2 **2.** Bei der Entscheidung über einen Antrag, in dem es um die Zulässigkeit der Enteignung geht, ist im Urteil der **Sach- und Streitstand** z. Z. der letzten mündlichen Verhandlung vor dem Tatrichter maßgebend (BGH, NJW 1966, 2012). Gleiches gilt für die gerichtliche Entscheidung darüber, ob der Enteignungsantrag des Antragstellers aussichtslos ist (BGHZ 48, 286). Im Baulandverfahren sind die §§ 265, 325, 727 ZPO, nach denen ein während des Verfahrens eingetretener Wechsel der Sachlegitimation keinen Einfluß auf den Prozeß hat, nicht anwendbar (OLG München, MDR 1972, 787; Kalb, in: E/Z/B, § 226, Rn 2; a. A. LG Hannover, Justiz 1977, 123).

3 **3. a)** Ist ein nur gegen einen belastenden Verwaltungsakt gerichteter Antrag ganz oder teilweise begründet, so hebt das Gericht den Verwaltungsakt nebst etwaigem Widerspruchsbescheid ganz oder teilweise auf, wenn er den Antragsteller in seinen Rechten verletzt (§ 226 Abs. 2 S. 2) – **Aufhebungsurteil.**

4 **b)** In den Fällen, in denen der Antragsteller anstelle oder neben der Aufhebung des Verwaltungsaktes den Erlaß eines solchen begehrt, hat das Gericht bei Begründetheit des Antrags die **Verpflichtung** der Behörde auszusprechen, in der Sache unter Beachtung der Rechtsauffassung des Gerichtes anderweitig zu entscheiden (Abs. 2 S. 2). Dies gilt nicht bei Streitigkeiten über Geld und Entscheidungsbefugnisse, bei denen das Gericht gem. Abs. 2 S. 1, Abs. 3 zur Änderung des Verwaltungsaktes befugt ist. In extensiver Auslegung des Abs. 2 S. 2 hat das Gericht wie in § 113 Abs. 4 S. 1 VwGO auch die Befugnis, bei Spruchreife die Behörde zu verpflichten, eine bestimmte Maßnahme zu erlassen (BGHZ 54, 208; OVG Lüneburg, NJW 1964, 687; Schrödter, § 166, Rn 5; einschränkend Kalb, in: E/Z/B, § 226, Rn 9). An der Spruchreife für ein solches Vornahmeurteil wird es jedoch angesichts der zahlreichen Ermessensspielräume der Behörde meistens fehlen.

5 **c)** Betrifft der Antrag auf gerichtliche Entscheidung einen Anspruch auf eine **Geldleistung,** so ist das Gericht bei Begründetheit des Antrags (anders als in § 113 Abs. 2 VwGO) verpflichtet, den Verwaltungsakt selbständig zu ändern und die Geldleistung anderweitig festzusetzen (Abs. 2 S. 1). Die **Änderungsbefugnis** gilt für alle Verwaltungsakte i. S. v. § 217. Sie besteht gem. § 308 Abs. 1 ZPO nur im Rahmen des gestellten Antrags (BGH, NJW 1962, 1441).

6 **d)** Die auf Geldleistungen beschränkte **Änderungsbefugnis** erweitert Abs. 3 für das **Enteignungsverfahren** auf den Enteignungsbeschluß überhaupt. Das Gericht faßt den Enteignungsbeschluß unter Berücksichtigung der Voraussetzungen des § 113 Abs. 2 neu. Es kann z. B. den Ausspruch der Enteignung im Beschluß der Behörde beste-

henlassen und nur die Höhe der Vorauszahlung ändern (BGH, DVBl. 1983, 1147/1149). Das Gericht ist an den Antrag des Antragstellers i. S. v. § 217 nicht gebunden, sondern hat auch Anträge anderer Beteiligter zu berücksichtigen, soweit sie den Antragsteller i. S. v. § 217 nicht benachteiligen – Verbot der reformatio in peius (Abs. 3 S. 2). Ist im Grundbuch die Anordnung der Zwangsversteigerung oder Zwangsverwaltung eingetragen, so muß das Gericht bei Aufhebung oder Änderung des Enteignungsbeschlusses das Vollstreckungsgericht von Amts wegen benachrichtigen (Abs. 3 S. 4).

e) In entsprechender Anwendung von § 113 Abs. 1 S. 4 VwGO **7** ergeht ein **Feststellungsurteil**, wenn der angefochtene Verwaltungsakt sich erledigt hat (KG, NJW 1970, 614).

4. Das Gericht soll ein **Teilurteil** nur erlassen, wenn es zur Beschleu- **8** nigung des Verfahrens notwendig erscheint (Abs. 4). Dies wird auch wegen § 221 Abs. 3 – gemeinsame Entscheidung mehrerer Anträge auf gerichtliche Entscheidung – nur ausnahmsweise der Fall sein, z. B. Teilurteil über die Zulässigkeit der Enteignung, wenn sich ein Antrag eines Eigentümers in erster Linie gegen die Zulässigkeit der Enteignung und hilfsweise gegen die Höhe der Entschädigung richtet (OLG München, BRS 26, Nr. 163); s. a. OLG Hamburg, MDR 1970, 150: Teilurteil über Entschädigung für den Rechtsverlust nach § 95 und weiteres Teil- oder Schlußurteil über Entschädigung anderer Nachteile nach § 96. Schon nach § 301 ZPO ist ein Teilurteil unzulässig, wenn der zu entscheidende Teil des Streitgegenstandes von dem Verlauf des weiteren Prozesses berührt werden kann (BGH, MDR 1978, 125 – Aufhebung eines Umlegungsplanes und Zahlung eines Wertausgleichs). Abs. 4 ist als Sollvorschrift gefaßt, um mit der Konkretisierung des im Baulandverfahren geltenden Beschleunigungsgrundsatzes (BGHZ 61, 128) keinen Revisionsgrund zu schaffen. Abs. 4 steht einem **Grundurteil** über die Zulässigkeit der Enteignung, das nur die Höhe der Entschädigung offenläßt, nicht entgegen (BGH, DVBl. 1983, 627).

5. Zwischenurteile (§ 303 ZPO) sind zulässig, wenn sie der Be- **9** schleunigung dienen, indem sie einen Streitpunkt für die Instanz erledigen (Kalb, in: E/Z/B, § 226, Rn 28–30). Verzichts- (§ 306 ZPO) und Anerkenntnisurteile (§ 307 ZPO) sind zulässig, soweit die Behörde wie bei einem Vergleich über den angefochtenen Verwaltungsakt verfügen darf (s. Kalb, in: E/Z/B, § 221, Rn 6 f).

6. Zur Kostenentscheidung s. § 228. Für die **vorläufige Vollstreck-** **10** **barkeit** gelten gem. § 221 Abs. 1 S. 1 die §§ 708 ff. ZPO entsprechend, soweit Besonderheiten des Baulandverfahrens dies nicht ausschließen. Urteile, in denen eine Geldleistung festgesetzt wird, und Kostenentscheidungen werden für vorläufig vollstreckbar erklärt. Aufhebungs- und reine Abänderungsurteile sind wegen ihrer Gestaltungswirkung nicht vollstreckbar. Verpflichtungsurteile können für vorläufig vollstreckbar erklärt werden. § 167 Abs. 2 VwGO ist nicht analog anzuwenden (Genrich, Rechtsschutz in Baulandsachen, Diss. jur. Berlin,

1963, S. 138 ff.; Kalb, in: E/Z/B, § 226, Rn 34; a. A. Porger, in: Berliner Komm. § 226, Rn 15; Schrödter, § 166, Rn 9; Paehler, in: B/B, § 166, Rn 5). Die **Zustellung** des Urteils erfolgt gem. § 221 Abs. 1 S. 1 i. V. m. § 137 I ZPO von Amts wegen an alle Beteiligten. Mit der Zustellung beginnt die Berufungs- und Revisionsfrist zu laufen (§§ 516, 552 ZPO).

§ 227 Säumnis eines Beteiligten

(1) **Erscheint der Beteiligte, der den Antrag auf gerichtliche Entscheidung gestellt hat, in einem Termin zur mündlichen Verhandlung, so kann auch dann mündlich verhandelt werden, wenn einer der anderen Beteiligten nicht erscheint. Über einen Antrag, den ein nichterschienener Beteiligter in einer früheren mündlichen Verhandlung gestellt hat, kann nach Lage der Akten entschieden werden.**

(2) **Erscheint der Beteiligte, der den Antrag auf gerichtliche Entscheidung gestellt hat, in einem Termin zur mündlichen Verhandlung nicht, so kann jeder andere Beteiligte eine Entscheidung nach Lage der Akten beantragen.**

(3) **Die §§ 332 bis 335, 336 Abs. 2 und § 337 der Zivilprozeßordnung gelten entsprechend. Im übrigen sind die Vorschriften über die Versäumnisurteile nicht anzuwenden.**

1 **1.** Das auf dem Verhandlungsgrundsatz basierende Versäumnisurteil (§§ 330 ff. ZPO) würde den im Baulandverfahren auf dem Spiele stehenden öffentlichen Interessen nicht gerecht werden, die gegen das Versäumnisurteil gegebene Einspruchsmöglichkeit (§ 338 ZPO) würde dem das Baulandverfahren prägenden Beschleunigungsgrundsatz (s. Vorb. §§ 217–232, Rn 3) entgegenwirken. Entsprechend der Abschwächung des Verhandlungsgrundsatzes durch § 221 Abs. 2 schließt § 227 Abs. 3 das Versäumnisurteil im Baulandverfahren aus. § 102 Abs. 2 VwGO bestimmt für den Verwaltungsprozeß, in dem es auch **kein Versäumnisurteil** gibt, daß beim Ausbleiben eines Beteiligten auch ohne ihn verhandelt und entschieden werden kann. Gleiches bezweckt § 227 dadurch, daß er das Säumnisverfahren (§§ 330–347 ZPO), das auch die Entscheidung nach Lage der Akten regelt, den Besonderheiten des Baulandprozesses anpaßt. Abs. 2 regelt die Säumnis des Antragstellers, Abs. 1 die der anderen Beteiligten. Gem. Abs. 3 gelten für den Begriff des Verhandlungstermins § 332 ZPO, für die Beurteilung des Nichtverhandelns oder nur teilweise Verhandelns die §§ 333, 334 ZPO, für die Unanfechtbarkeit der Ablehnung eines Antrags auf Entscheidung nach Lage der Akten § 336 Abs. 2 ZPO. § 227 gilt in allen Rechtszügen (BGH, NJW 1973, 1502).

2 **2.** Erscheint zumindest einer der Beteiligten, die den Antrag gem. § 227 gestellt haben, zur mündlichen Verhandlung, erscheinen andere Beteiligte hingegen nicht, so kann **mündlich verhandelt** werden

(Abs. 1 S. 1). Soweit nicht die Entscheidung nach § 335 ZPO unzulässig ist oder nach § 337 ZPO von Amts wegen vertagt wird, wird bei Spruchreife über den Antrag des erschienenen Beteiligten entschieden. Anträge nicht erschienener Beteiligter werden nach Lage der Akten nur entschieden, wenn sie in einer früheren mündlichen Verhandlung gestellt worden sind (Abs. 1 S. 2).

3. Erscheint der Beteiligte, der den Antrag gem. § 227 gestellt hat, **3** nicht zur mündlichen Verhandlung, so kann zwar nicht mündlich verhandelt werden, aber jeder andere erschienene Beteiligte kann eine **Entscheidung nach Lage der Akten** beantragen (Abs. 2). Diesen Verfahrensantrag kann auch ein nicht anwaltlich vertretener Beteiligter stellen (KG, NJW 1970, 614). Über den Antrag kann das Gericht gem. § 331a ZPO entscheiden, soweit nicht §§ 335, 337 ZPO eingreifen. Da Abs. 3 die Anwendung des auf § 251a Abs. 1 ZPO verweisenden § 331a ausschließt, ist es aus Gründen der Verfahrensbeschleunigung entgegen § 251a Abs. 1 ZPO nicht erforderlich, daß in einem früheren Termin mündlich verhandelt worden ist (BGH, NJW 1973, 1502; KG, NJW 1970, 614).

4. Da § 227 die **Säumnis aller Beteiligten** nicht regelt, greift nicht **4** Abs. 3 ein, so daß das Gericht gem. § 221 Abs. 1 S. 1 BauGB, § 251a Abs. 2 S. 1 ZPO nach Lage der Akten nur entscheiden kann, wenn in einem früheren Termin mündlich verhandelt worden ist.

§ 228 Kosten des Verfahrens

(1) **Soweit der Beteiligte obsiegt, der den Antrag auf gerichtliche Entscheidung gestellt hat, gilt, wenn keiner der Beteiligten dazu im Widerspruch stehende Anträge in der Hauptsache gestellt hat, bei Anwendung der Kostenbestimmungen der Zivilprozeßordnung die Stelle, die den Verwaltungsakt erlassen hat, als unterliegende Partei.**

(2) **Über die Erstattung der Kosten eines Beteiligten, der zur Hauptsache keinen Antrag gestellt hat, entscheidet das Gericht auf Antrag des Beteiligten nach billigem Ermessen.**

1 **1. a)** Anders als im Parteiverfahren der ZPO kann es in dem auf die Rechtmäßigkeit eines Verwaltungsaktes ausgerichteten Baulandverfahren keine unterliegende Partei geben, wenn nur der Beteiligte, der den Antrag auf gerichtliche Entscheidung gestellt hat, obsiegt, die Behörde oder ein anderer Beteiligter jedoch keinen dazu im Widerspruch stehenden Antrag gestellt hat. Um dennoch die Kostenvorschriften der ZPO im Baulandverfahren anwenden zu können, fingiert Abs. 1 in diesem Fall die Behörde als unterliegende Partei. Abs. 2 ermöglicht die Kostenerstattung für Beteiligte, die keine Anträge zur Hauptsache gestellt haben. Soweit sich aus § 228 nichts anderes ergibt, gelten im Baulandverfahren die Kostenvorschriften der ZPO (§§ 91–101, § 269 Abs. 3 –

Antragsrücknahme – OLG Zweibrücken, JurBüro 1973, Sp. 363; OLG
Bamberg, NJW 1966, 60).

2 **b) Kosten des Verfahrens** sind die gerichtlichen und außergerichtli-
chen Kosten, nicht aber die Kosten, die einem Beteiligten im Umle-
gungs-, Grenzregelungs- und Enteignungsverfahren entstanden sind
(dazu §§ 78, 84 Abs. 2, 121). Die **Kosten eines Widerspruchsverfah-
rens** (§ 212) setzt gem. § 73 Abs. 3 S. 2 VwGO die zuständige Wider-
spruchsbehörde nach den dem § 80 VwVfG entsprechenden Landes-
vorschriften (RP, § 19 AGVwGO) fest. Wird der Widerspruchsbe-
scheid aufgehoben oder abgeändert, ist über die Kosten des Wider-
spruchsverfahrens auch im gerichtlichen Verfahren zu entscheiden
(BGH, NJW 1965, 1480; OLG München, NJW 1976, 429; s. a. § 161
Abs. 1 VwGO für den Verwaltungsprozeß). In Enteignungssachen gilt
mangels Widerspruchsverfahren allein § 121.

3 **2.** Gem. § 91 Abs. 1 S. 1 ZPO hat die **unterliegende Partei** die
Kosten des Rechtsstreits zu tragen. Hat nur der Beteiligte, der den
Antrag auf gerichtliche Entscheidung gestellt hat, einen Antrag gestellt
und obsiegt er damit, so trägt die Behörde gem. Abs. 1 die Kosten. Bei
teilweisem Obsiegen gilt § 92 ZPO. Sind zum Antrag des Beteiligten,
der den Antrag auf gerichtliche Entscheidung gestellt hat, dazu im
Widerspruch stehende Anträge gestellt worden, so haben die antrag-
stellenden Beteiligten die Kosten anteilig zu tragen, soweit sie mit ihren
Anträgen unterlegen sind (§ 100 ZPO). Aus Abs. 1 folgt, daß andere
Beteiligte als die Behörde, die den Verwaltungsakt erlassen hat, nur
Kosten zu tragen haben, soweit sie mit einem zur Hauptsache gestellten
Antrag unterlegen sind (OLG München, NJW 1968, 2065). Soweit ein
Beteiligter den gleichen Antrag gestellt hat wie der obsiegende Betei-
ligte, der den Antrag auf gerichtliche Entscheidung gestellt hat, werden
seine Kosten auch von der Behörde getragen, die den Verwaltungsakt
erlassen hat. Bei einer Entscheidung nach § 91 a ZPO kann das Gericht
auch einem Beteiligten, der noch keinen Antrag zur Hauptsache gestellt
hat, die Kosten auferlegen, sofern im weiteren Verlauf des Verfahrens
damit gerechnet werden konnte, daß er einen Antrag zur Hauptsache
stellen würde. § 228 Abs. 1 ist dann nicht anwendbar (OLG München
aaO). Der Behörde, die den angefochtenen Verwaltungsakt erlassen
hat, darf keine Kostenerstattung auferlegt werden, wenn zu der für
erledigt erklärten Hauptsache andere Beteiligte widerstreitende An-
träge gestellt haben (OLG Koblenz, NJW 1983, 2036).

4 **3.** Abs. 2 ermächtigt das Gericht, im Urteil oder im Kostenbeschluß
(§ 91 a ZPO) auf Antrag nach billigem Ermessen zu entscheiden, ob die
Kosten eines Beteiligten, der keine Anträge zur Hauptsache gestellt
hat, zu **erstatten** sind. Die Vorschrift knüpft daran an, daß der Kreis der
Beteiligten gem. § 222 kraft Gesetzes unabhängig vom Willen der
Betroffenen festgelegt wird. Der Antrag kann nur bis zum Schluß der
letzten mündlichen Verhandlung gestellt werden (OLG München, BRS
34 Nr. 196). Da es an einer Regelung wie in § 162 Abs. 3 VwGO fehlt,

können die außergerichtlichen Eigenkosten nicht der Staatskasse, sondern nur dem oder den Unterliegenden oder ausnahmsweise auch dem oder den obsiegenden Beteiligten auferlegt werden.

4. Für die **Anfechtung der Kostenentscheidung** gilt gem. § 221 **5** Abs. 1 S. 1 BauGB § 99 ZPO entsprechend (OLG Bamberg, NJW 1962, 642). Nur gegen selbständige Kostenentscheidungen anläßlich der Erledigung der Hauptsache (§ 91a Abs. 2 ZPO), des Erlasses eines Anerkenntnisurteils (§ 99 Abs. 2 ZPO) und der Antragsrücknahme (§ 269 Abs. 3 ZPO) ist die sofortige Beschwerde zulässig. Der Beteiligte, der zur Hauptsache keine Anträge gestellt hat, kann gegen die Kostenentscheidung nach Abs. 2 dann kein Rechtsmittel einlegen, wenn diese Entscheidung Teil einer Hauptsachenentscheidung ist und gegen diese von keinem Beteiligten ein Rechtsmittel eingelegt wird (OLG Bamberg, NJW 1966, 60).

5. Für die Kosten des Rechtsstreits ist der gem. § 221 Abs. 1 S. 1 **6** BauGB, §§ 3 ff. ZPO, §§ 12 ff. GKG, §§ 7 ff. BRAGO zu berechnende **Streitwert** maßgebend. Grundsätzlich ist der Streitwert in Baulandsachen entsprechend § 3 ZPO festzusetzen. Beim Streit um die Zulässigkeit der Enteignung ist entsprechend § 6 ZPO nach dem objektiven Verkehrswert zu entscheiden (BGHZ 40, 200; E 50, 291; a. A. Gelzer, DVBl. 1962, 890: § 4 GKG); ebenso beim Streit um die Verpflichtung zur Einleitung eines Enteignungsverfahrens (BGH, NJW 1968, 153) und bei der Enteignung einer Teilfläche (BGH, NJW 1963, 2173). Wird nur die Verpflichtung der Gemeinde begehrt, bei der Enteignungsbehörde die Enteignung zu beantragen, so soll nur ein Drittel des Grundstückswerts maßgebend sein (OLG München, JurBüro 1975, Sp. 230). Im Streit um die Höhe der Enteignungsentschädigung ist die Differenz zwischen dem von der Enteignungsbehörde festgesetzten und vom Antragsteller verlangten Entschädigungsbetrag maßgebend. Zusätzlich verlangte Zinsen sind nicht zu berücksichtigen (BGH, BauR 1970, 168; a. A. Schneider, MDR 1971, 116; OLG Köln, MDR 1969, 771). Entsprechend § 3 ZPO ist der Streitwert mit 20% des Wertes der zu enteignenden Fläche zu bemessen, für die eine Abfindung in Land begehrt wird (BGHZ 48, 200), in Besitzeinweisungsstreitigkeiten i. d. R. mit 20% des Gegenstandes, um dessen Besitz es geht (BGH, NJW 1973, 2202; WM 1976, 669; DWW 1978, 123), im Umlegungsverfahren mit 20% des Wertes des Grund und Bodens einschließlich Aufbauten (BGHZ 49, 317; 51, 341; Nachw. abweichender instanzieller Rechtspr. bei Kalb, in: E/Z/B, § 228, Rn 37–44), mit 20% des Wertes des Grund und Bodens der eingeworfenen Fläche bei Streit um die Zustellung eines seine Rechte betreffenden Auszuges aus dem Umlegungsplan (BGH, MDR 1978, 648), mit dem einjährigen Mietzinsertrag als dem Wert der Nutzung eines Jahres bei einem Antrag eines Mieters nach § 80 Abs. 5 VwGO gegen die für sofortig vollziehbar erklärte vorzeitige Besitzeinweisung im Umlegungsverfahren (OLG München, AnwBl. 1972, 54). Beim Streit um die Zulässigkeit einer

Grenzregelung ist der Streitwert hingegen entsprechend § 6 ZPO nach dem Wert der Teilfläche zu bestimmen, die der Antragsteller im Wege einer einseitigen Zustimmung oder eines Flächentausches an einen anderen Eigentümer verlieren soll (BGHZ 50, 291; 51, 341).

§ 229 Berufung, Beschwerde

(1) **Über die Berufung und die Beschwerde entscheidet das Oberlandesgericht, Senat für Baulandsachen, in der Besetzung mit drei Richtern des Oberlandesgerichts einschließlich des Vorsitzenden und zwei hauptamtlichen Richtern eines Oberverwaltungsgerichts. § 220 Abs. 1 Satz 3, Abs. 2 gilt entsprechend.**

(2) **Die Landesregierungen können durch Rechtsverordnung die Verhandlung und Entscheidung über die Berufungen und Beschwerden gegen die Entscheidungen der Kammern für Baulandsachen einem Oberlandesgericht oder dem obersten Landesgericht für die Bezirke mehrerer Oberlandesgerichte zuweisen, wenn die Zusammenfassung für eine Förderung oder schnellere Erledigung der Verfahren sachdienlich ist. Die Landesregierungen können diese Ermächtigung durch Rechtsverordnung auf die Landesjustizverwaltungen übertragen.**

(3) **Vor dem nach Abs. 2 bestimmten Gericht können sich die Beteiligten auch durch Rechtsanwälte vertreten lassen, die bei dem Oberlandesgericht zugelassen sind, das ohne die Regelung des Absatzes 2 zur Entscheidung über die Berufungen und Beschwerden zuständig wäre.**

1 **1.** Abs. 1 bestimmt die **Zuständigkeit der Baulandsenate** bei den Oberlandesgerichten für Entscheidungen über Berufungen und Beschwerden sowie die **Besetzung** der Baulandsenate. Der durch die Novelle 1976 eingefügte Abs. 2 ermächtigt die Landesregierung und über diese die Justizverwaltungen, die **örtliche Zuständigkeit** in Berufungs- und Beschwerdeverfahren bei einem Oberlandesgericht oder dem Obersten Landesgericht zu konzentrieren. Die Vorschrift entspricht § 219 Abs. 2 (dazu § 219, Rn 2). Entsprechend § 222 Abs. 4 (dazu § 222, Rn 4) trifft Abs. 3 eine Sonderregelung, der der Ermächtigung des Abs. 2 Rechnung trägt und verhindert, daß die Konzentration des Rechtsmittelverfahrens den Beteiligten die Möglichkeit nimmt, sich durch einen **Anwalt** vertreten zu lassen, der bei dem an sich zuständigen OLG zugelassen ist.

2 **2.** Die **Berufung** findet gem. den über § 221 Abs. 1 S. 1 entsprechend anzuwendenden §§ 511–544 ZPO gegen die von den Baulandkammern im ersten Rechtszug erlassenen Endurteile statt. Möglich ist auch die Sprungrevision (§ 566 a ZPO). Die Berufungsfrist beginnt mit der von Amts wegen zu bewirkenden Zustellung der Urteile. Zu den Endurtei-

len, gehören, bzw. ihnen gleichgestellt werden Teilurteile, Ergänzungsurteile und Urteile, die einen Ergänzungsantrag abweisen, Prozeßurteile, Vorbehaltsurteile (§§ 302, 599 ZPO), Vorabentscheidungen über den Grund (§ 304 ZPO) und Zwischenurteile über die Zulässigkeit der Klage (§ 280 ZPO). Die Berufungssumme beträgt 700,–DM (§ 511a Abs. 1 ZPO). Den Wert des Beschwerdegegenstandes setzt das Berufungsgericht nach freiem Ermessen fest. Für die Berechnung ist der Zeitpunkt der Einlegung der Berufung maßgebend. Zum Streitwert s. § 228, Rn 6.

3. Seit der Beschleunigungsnovelle stellen Abs. 1 S. 1 und § 218 **3** Abs. 1 BauGB (dazu § 218, Rn 4) klar, daß die Baulandsenate auch über **Beschwerden** (§§ 567–577 ZPO) entscheiden.

4. Der Senat für Baulandsachen entscheidet in der **Besetzung** mit **4** drei Richtern des OLG einschließlich des Vorsitzenden und zwei hauptamtlichen (dazu § 220, Rn 3) Richtern eines OVG oder VGH. Zum verfassungsrechtlichen Hintergrund der Regelung, s. § 220, Rn 1, 3. Die Entscheidung muß stets auch bei Beschwerden der gesamte Spruchkörper in voller Besetzung treffen. Die Vorschriften über den Einzelrichter sind nicht anwendbar (Abs. 1 S. 2 s. a. § 220, Rn 4). Auch die Bestellung eines nur vorbereitenden Einzelrichters (§ 524 Abs. 1, 2 ZPO) ist ausgeschlossen. Wird hiergegen verstoßen, so ist auf diesen Verfahrensmangel § 295 Abs. 1 ZPO anwendbar (BGHZ 86, 104).

§ 230 Revision
Über die Revision entscheidet der Bundesgerichtshof.

1. Über die Revision gegen die in der Berufungsinstanz von den **1** Baulandsenaten erlassenen Endurteile (s. § 229, Rn 2) entscheidet der BGH gem. den über § 221 Abs. 1 S. 1 BauGB anwendbaren §§ 545–566a ZPO. In vermögensrechtlichen Streitigkeiten (s. § 229, Rn 2) ist die Revision nur statthaft, wenn der Wert der Beschwerde 40 000 DM übersteigt, im übrigen muß die Revision vom OLG zugelassen worden sein (§ 546 ZPO). Die Einwilligung für die gem. § 566a ZPO zulässige Sprungrevision von der Baulandkammer zum BGH braucht im gerichtlichen Vorverfahren nicht durch einen vor dem Revisionsgericht oder vor der Baulandkammer postulationsfähigen Anwalt erklärt zu werden (BGH, NJW 1975, 830). Im Hinblick auf § 545 Abs. 2 ZPO ist die Revision unzulässig gegen Urteile, durch die über Anordnung oder Aufhebung einer vorzeitigen Besitzeinweisung entschieden wird (BGHZ 43, 168). Das BayObLG ist für die Entscheidung über Revisionen in Baulandsachen nicht zuständig (BGHZ 46, 190).

2. Der Senat entscheidet in der gem. § 221 Abs. 1 S. 1 BauGB, § 139 **2**

GVG vorgeschriebenen **Besetzung**. Anders als bei den Instanzgerichten (§§ 220, 229) treten zu den Richtern der ordentlichen Gerichtsbarkeit keine Verwaltungsrichter hinzu.

§ 231 Einigung

Einigen sich die Beteiligten während eines gerichtlichen Verfahrens, das eine Enteignung betrifft, so gelten die §§ 110 und 111 entsprechend. Das Gericht tritt an die Stelle der Enteignungsbehörde.

1 **1.** Das Verfahren vor den Baulandgerichten kann durch einen **Vergleich** beendet werden. § 231 erklärt die im Enteignungsverfahren mögliche Einigung (§§ 110, 111) auf das Gerichtsverfahren für entsprechend anwendbar, wenn das Baulandverfahren eine Enteignung i. S. d. §§ 85 ff. zum Gegenstand hat. Für Vergleiche in allen anderen Verfahren vor den Baulandgerichten gelten die allgemeinen Grundsätze.

2 **2.** Bei der entsprechenden Anwendung der die **Einigung** im Verwaltungsverfahren betreffenden §§ 110, 111 und damit auch des § 113 Abs. 2, 5 auf das gerichtliche Verfahren tritt das Gericht an die Stelle der Verwaltungsbehörde. § 231 stellt klar, daß das Gericht im Falle einer vollständigen (§ 110) oder **teilweisen Einigung** (§ 111) alle in diesen Vorschriften aufgestellten formellen und materiellen Anforderungen beachten muß. Nach dem Grundsatz des geringstmöglichen Eingriffs hat die Enteignungsbehörde auf eine Einigung hinzuwirken (§ 110 Abs. 1). Wie im Enteignungsverfahren ist auch vor den Baulandgerichten ein gesondertes Entschädigungsfeststellungsverfahren analog § 111 S. 3 zulässig (s. BGH NJW 1986, 933). Gem. § 231 i. V. m. § 110 Abs. 2 S. 3 muß die Niederschrift von den Beteiligten unterschrieben werden. Die Ausfertigung des Sitzungsprotokolls ersetzt die Unterschrift nicht (h. M.; Kalb, in: E/Z/B, § 231, Rn 3; a. A. Porger, in: Berliner Komm. § 231, Rn 3). Für die Einigung zwischen den Beteiligten vor Gericht müssen die Prozeßbevollmächtigten öffentlich beglaubigte Vollmachten vorlegen (§ 110 Abs. 2 S. 4). Die vom Gericht beurkundete Einigung steht einem nicht mehr anfechtbaren Enteignungsbeschluß gleich (§ 110 S. 3 S. 1). Die Einigung ist Vollstreckungstitel für die in ihr bezeichnete Leistung (§ 122 Abs. 1 Nr. 1). Seit der Neufassung des § 111 durch die Novelle 1976 gilt auch die Teileinigung als Enteignungsbeschluß, für den auch unter den besonderen Voraussetzungen des § 117 Abs. 2 auf Antrag eines Beteiligten eine Ausführungsanordnung erlassen werden kann. Da die Einigung nach § 231 eine Sonderform des gerichtlichen Vergleichs ist, gelten für sie die allgemeinen Grundsätze für Prozeßvergleiche entsprechend.

3 **3.** Ein Baulandverfahren kann in den Fällen, in denen kein Enteignungsverfahren i. S. d. §§ 85 ff. im Streit ist, durch **Prozeßvergleich** unmittelbar oder durch **außergerichtlichen Vergleich** i. V. m. einer

entsprechenden Prozeßhandlung beendet werden. Für Prozeßvergleiche gelten die allgemeinen Grundsätze (dazu Baumbach-Lauterbach, ZPO, Anhang zu § 307, Rn 2 ff.; Kopp, VwGO, § 106). Ein Prozeßvergleich ist unzulässig, wenn die Beteiligten über den Streitgegenstand nicht verfügen können, also zwingendes Recht oder Rechte Dritter – wie häufig im Umlegungsverfahren mangels Zustimmung weiterer Umlegungsbeteiligter – entgegenstehen. Ein wirksamer Prozeßvergleich ist ein Vollstreckungstitel (§ 794 Abs. 1 Nr. 1 ZPO). Für einen außergerichtlichen Vergleich über den Gegenstand des Baulandverfahrens gelten die §§ 54 ff., insbesondere § 55 VwVfG. Das Baulandverfahren wird beendet, indem auf den materiell-rechtlichen Vergleichsvertrag eine prozessuale Handlung folgt, entweder eine Klagerücknahme oder eine beiderseitige Erklärung der Erledigung der Hauptsache.

§ 232 Weitere Zuständigkeiten der Kammern (Senate) für Baulandsachen

Die Länder können durch Gesetz den Kammern und Senaten für Baulandsachen die Verhandlung und Entscheidung über Maßnahmen der Enteignung und enteignungsgleiche Eingriffe, die die in § 86 genannten Gegenstände betreffen und auf Landesrecht beruhen oder nach Landesrecht vorgenommen werden, und über Entschädigungsansprüche übertragen sowie die Vorschriften des Dritten Teils für anwendbar erklären.

1. Die durch die Novelle 1976 eingefügte, im BauGB erweiterte Vorschrift soll gegenüber früher geäußerten Zweifeln (dazu Kalb, in: E/Z/B, § 232, Rn 1) klarstellen, daß die Länder ermächtigt sind, den Baulandgerichten auf Landesrecht beruhende oder nach Landesrecht vorgenommene Enteignungs- und Entschädigungsverfahren durch Gesetz zuzuweisen. Zu der die Zweispurigkeit des Rechtsweges in Enteignungssachen (dazu Vorb. §§ 217–232, Rn 1) vermeidenden Zuweisung sind die Länder nicht verpflichtet.

2. Die Ermächtigung bezieht sich erstens auf Verhandlungen und Entscheidungen über Maßnahmen der Enteignung, die die Grundstücke, grundstücksgleichen Rechte oder Rechte an diesen (s. § 86, Rn 4, 5) betreffen und auf **Landesrecht** beruhen, d. h. die sich unmittelbar aus den Enteignungs- oder z. B. Straßengesetzen der Länder ergibt. Zweitens bezieht sich die Ermächtigung auf Verhandlungen und Entscheidungen über Maßnahmen der Enteignung, die nach Landesrecht vorgenommen werden, also auf Maßnahmen, die ihre eigentliche Grundlage in bundesrechtlichen Vorschriften haben, bei denen sich aber das Enteignungsverfahren nach Landesrecht richtet (s. LG Stuttgart, VBlBW 1983, 382). Soweit bundesrechtlich Enteignungsgesetze

der Länder für anwendbar erklärt werden, wie z. B. in § 19 Abs. 5 FStrG, bedarf es der Ermächtigung des § 232 nicht (Kalb, in: E/Z/B, § 232, Rn 8; a. A. Porger, in: Berliner Komm. § 232, Rn 4). Seit der Neufassung durch das BauGB bezieht sich § 232 drittens auch auf Verhandlungen und Entschädigungen im Vorfeld der Enteignung, die wie z. B. im (bundesgesetzlichen) § 17 Abs. 4 FStrG Einwirkungen unterhalb der Enteignungsschwelle erfassen. Macht ein Land von der Ermächtigung des § 232 Gebrauch, muß es nicht die gesamten Vorschriften des Dritten Teils für anwendbar erklären.

3 **3.** Die Ermächtigung gilt auch für **enteignungsgleiche Eingriffe**, also die Anfechtung der anläßlich des adminsitrativen Enteignungsverfahrens ergehenden rechtswidrigen Eingriffe der öffentlichen Hand. Daß BVerfGE 58, 300 aus der Wiederverengung des verfassungsrechtlichen Enteignungsbegriffes (dazu Vorb. vor §§ 85–122, Rn 2 ff.) verfahrensrechtliche Konsequenzen gezogen und den Vorrang der Anfechtung der rechtswidrigen Maßnahme vor der zivilgerichtlichen Schadloshaltung durchgesetzt hat, wirkt sich auch im Rahmen des § 232 aus. Der Anfechtende darf sich nicht im Anfechtungsverfahren gegen einen „enteignungsgleichen Eingriff", wie früher möglich, darauf beschränken, die Rechtswidrigkeit der Enteignungsmaßnahme zu akzeptieren und nur den Erlaß eines erstmaligen oder eines höheren Entschädigungsbescheides einzuklagen. Hat der gem. §§ 232, 217 Anfechtende Primärrechtsschutz nicht in Anspruch genommen, so steht ihm im Regelfall ein Entschädigungsanspruch für solche Nachteile, die er durch den Primärrechtsschutz hätte abwehren können, in analoger Anwendung von § 254 BGB überhaupt nicht zu (BGHZ 90, 17; 91, 20; Engelhardt, NuR 1986, 185; s. a. Vorb. vor §§ 85–122, Rn 8). § 232 gilt auch für Entschädigungsansprüche gem. § 22 Abs. 1 Hmb. DSchG, mag es sich auch um Ausgleichsansprüche i. S. v. Art. 14 Abs. 1 S. 2 GG handeln (BVerwG, DVBl. 1990, 362; s. a. Vorb. vor §§ 85–122, Rn 2 ff.).

Viertes Kapitel.
Überleitungs- und Schlußvorschriften

Erster Teil. Überleitungsvorschriften

Vorbemerkung zu den §§ 233 bis 245

In den §§ 233–245 sind die Überleitungsvorschriften geregelt. In das 1
BauGB ist – von wenigen Ausnahmen abgesehen (vgl. § 234 Abs. 3,
§ 235 Abs. 4, §§ 238, 242 Abs. 1 und 2) – das **Überleitungsrecht zum
BBauG nicht übernommen** worden. Die bis zum 1. 7. 1987 geltenden
Überleitungsvorschriften waren wie folgt geregelt: In §§ 173–182
BBauG waren die Überleitungsvorschriften zum BBauG 1960 gere-
gelt. In §§ 183–183 g waren die Überleitungsvorschriften zur Novelle
1979 geregelt. Die Überleitungsvorschrift zur Novelle 1976 enthielt
Art. 3 der Novelle 1976. Vgl. jeweils die Erl. in B/K/L. 1. Aufl. Die
Überleitungsvorschriften zum früheren Recht soweit sie noch von
Bedeutung sein könnten sind – verbunden mit Hinweisen darauf, ob
die Vorschriften entfallen sind oder in welche Vorschrift sie aufgegan-
gen sind – in diesem Kommentar **nach § 247 wiedergegeben.**

Aufgehoben wurde auch § 187 Abs. 3 BBauG, wonach die Vorschrif- 2
ten der **Reichsgaragenordnung (RGaO)** mit Inkrafttreten des BBauG
von 1960 nicht aufgehoben wurden, sondern – soweit sie nicht den
Bestimmungen des BBauG entgegenstanden – fortgalten. Die RGaO
enthielt bauordnungsrechtliche Regelungen, die inzwischen in allen
Ländern aufgehoben bzw. durch landesrechtliche Vorschriften ersetzt
wurden. Sie enthielt weiterhin städtebaurechtliche Vorschriften, die
nach § 187 Abs. 3 BBauG fortgalten, nämlich § 11 Abs. 1 S. 1 und
Abs. 2, § 12 Abs. 2 sowie § 13 Abs. 4a und Abs. 5 RGaO (BVerwGE
26, 103; 28, 33). Diese Vorschriften hatten für übergeleitete Bebauungs-
pläne Bedeutung (vgl. B/K/L, 1. Aufl., § 186, Rn 5). Die planungsrecht-
liche Zulässigkeit von Stellplätzen und Garagen für neue Pläne be-
stimmte sich dagegen nach § 12 BauNVO. Nach Art. 2 Nr. 27 des
Gesetzes über das BauGB wurde die Reichsgaragenordnung zum 1. 7.
1987 **aufgehoben.** Soweit die bauplanungsrechtlichen Vorschriften der
RGaO insbesondere in Fällen des § 34 noch Bedeutung hatten, beurteilt
sich die Zulässigkeit von Garagen und Stellplätzen nur nach den dort
bezeichneten allgemeinen Voraussetzungen, insbesondere in bezug auf
die von der Rspr. entwickelten Grundsätze zum Gebot der gegenseiti-
gen Rücksichtnahme (vgl. hierzu Söfker, in: B/K/S, Rn 214).

3 Das Überleitungsrecht zum **BauGB-MaßnahmenG** ist dort in **§§ 13
 bis 18** geregelt; vgl. **Anhang**, Vorbem. zum BauGB-MaßnahmenG,
 Rn 11.

§ 233 Überleitungsvorschriften für die Bauleitplanung

(1) Ist vor dem 1. Juli 1987 mit der Beteiligung der Träger öffentli-
cher Belange nach § 2 Abs. 5 des Bundesbaugesetzes begonnen oder
der Entwurf des Bauleitplans nach § 2a Abs. 6 des Bundesbaugesetzes
öffentlich ausgelegt worden, sind auf ihn die Vorschriften der §§ 1, 2
Abs. 4 und der §§ 5, 9, 9a und 13a Abs. 1 des Bundesbaugesetzes
weiter anzuwenden.

(2) Ist vor dem 1. Juli 1987 mit der Beteiligung der Träger öffentli-
cher Belange nach § 2 Abs. 5 des Bundesbaugesetzes begonnen wor-
den, ist diese Vorschrift weiter anzuwenden. Ist vor dem 1. Juli 1987
mit der Beteiligung der Bürger nach § 2a Abs. 2 bis 4 des Bundesbau-
gesetzes begonnen worden, sind diese Vorschriften weiter anzuwen-
den. Ist vor dem 1. Juli 1987 der Entwurf des Bauleitplans nach § 2a
Abs. 6 des Bundesbaugesetzes öffentlich ausgelegt worden, ist diese
Vorschrift weiter anzuwenden. Ist vor dem 1. Juli 1987 mit der
Beteiligung nach § 2a Abs. 7 des Bundesbaugesetzes begonnen wor-
den, ist diese Vorschrift weiter anzuwenden.

(3) Ist die vereinfachte Änderung oder Ergänzung eines Bebau-
ungsplans vor dem 1. Juli 1987 eingeleitet worden, ist § 13 des Bun-
desbaugesetzes weiter anzuwenden.

(4) Ist die Genehmigung eines Bauleitplans vor dem 1. Juli 1987
beantragt worden, sind die §§ 6, 8 Abs. 3 und die §§ 11 und 12 des
Bundesbaugesetzes weiter anzuwenden.

(5) Das Recht der Gemeinde, das Bauleitplanverfahren erneut ein-
zuleiten, bleibt unberührt. In den Fällen des Absatzes 2 kann die
Gemeinde das jeweilige Verfahren nach den Vorschriften dieses Ge-
setzbuches erneut durchführen.

Übersicht

1 **I. Abs. 1** regelt die Frage, welches **materielle Recht** für den Inhalt
der Bauleitpläne gilt, wenn diese sich bei Inkrafttreten des Baugesetz-

buchs im Aufstellungsverfahren befanden. Hat die Gemeinde vor dem
1. Juli 1987 mit der Beteiligung der Träger öffentlicher Belange nach § 2
Abs. 5 BBauG oder mit der öffentlichen Auslegung des Entwurfs eines
Bauleitplans nach § 2a Abs. 6 BBauG begonnen, sind die materiellen
Vorschriften des BBauG anzuwenden. Hierzu gehören neben §§ 1, 5
und 9 auch § 2 Abs. 4 über die inhaltliche Abstimmung der Bauleit-
pläne benachbarter Gemeinden als Sollvorschrift, sowie die mit dem
BauGB entfallenen §§ 9a und 13a Abs. 1 BBauG.

II. Abs. 2 regelt die Überleitung bestimmter **Verfahrensschritte.** 2
Satz 1 bestimmt, daß für die **Beteiligung der Träger öffentlicher
Belange** § 2 Abs. 5 BBauG weiterhin anzuwenden ist, wenn vor dem
1. Juli 1987 mit der Beteiligung der Träger öffentlicher Belange begon-
nen wurde.

Nach **Satz 2** sind die Vorschriften des § 2a Abs. 2 bis 4 BBauG über 3
die **frühzeitige Bürgerbeteiligung** dann weiter anzuwenden, wenn mit
diesem Verfahrensschritt vor dem 1. Juli 1987 begonnen wurde.

Ist mit der **öffentlichen Auslegung** nach § 2a Abs. 6 BBauG vor dem 4
Inkrafttreten des Baugesetzbuchs begonnen worden, so ist diese Vor-
schrift nach **Satz 3** weiter anzuwenden.

Dasselbe gilt nach **Satz 4** im Hinblick auf § 2a Abs. 7 BBauG, wenn 5
mit der **erneuten Auslegung** nach § 2a Abs. 7 BBauG vor dem Inkraft-
treten des Baugesetzbuchs begonnen wurde.

III. Hat die Gemeinde die **vereinfachte Änderung oder Ergänzung** 6
eines Bebauungsplans vor dem Inkrafttreten des Baugesetzbuchs ein-
geleitet, so ist nach **Abs. 3** auf dieses Verfahren § 13 BBauG anzuwen-
den.

IV. Hat die Gemeinde die **Genehmigung eines Bauleitplans** vor 7
dem 1. Juli 1987 beantragt, erfolgen Genehmigung und Bekanntma-
chung nach bisherigen Vorschriften. Dies gilt insbesondere auch
für § 8 Abs. 3 BBauG, der für das Parallelverfahren grundsätzlich die
vorherige Genehmigung des Flächennutzungsplans erfordert (vgl.
hierzu aber die modifizierende Rechtsprechung des Bundesverwal-
tungsgerichts, § 8, Rn 8 f.).

V. Will die Gemeinde die in den Abs. 1 bis 4 angeordneten Rechts- 8
folgen für laufende Verfahren vermeiden und das materielle und for-
melle Recht des BauGB zur Anwendung bringen, so kann sie nach
Abs. 5 Satz 1 das Bauleitplanverfahren **erneut einleiten.**

Will die Gemeinde nur das Verfahrensrecht des Baugesetzbuchs für 9
bestimmte **Verfahrensschritte** zur Anwendung bringen, kann sie nach
Abs. 5 Satz 2 das jeweilige in Abs. 2 Satz 1 bis 4 genannte Verfahren
erneut durchführen. Dies gilt allerdings nur für das jeweils laufende
Verfahren. Sie kann nicht abgeschlossene Verfahrensschritte für sich
genommen erneut durchführen. In diesem Fall bleibt ihr nur die
Neueinleitung des gesamten Verfahrens nach Satz 1. Umgekehrt be-
deutet dies etwa, daß die Gemeinde nicht die gesamten Verfahrens-

schritte erneut durchzuführen hat, sondern in einem der von Abs. 2
unterschiedenen Stadien erneut beginnen kann, das sie bei Inkrafttreten
des Baugesetzbuchs erreicht hatte. So kann sie also z. B. die nach § 2a
Abs. 7 begonnene erneute Auslegung nach den Vorschriften des § 3
Abs. 3 Satz 2 erneut durchführen, ohne vorher die öffentliche Ausle-
gung nach § 2a Abs. 6 BBauG (§ 3 Abs. 2) wiederholen zu müssen.

10 **VI.** Die **Überleitungsbestimmungen** zum **BBauG 1960** und zu den
Novellen 1976 und 1979 sind im Anschluß an § 247 abgedruckt.

§ 234 Überleitungsvorschriften für Veränderungssperren und für den Bodenverkehr

(1) Ist vor dem 1. Juli 1987 eine Veränderungssperre bekannt ge-
macht worden, kann die Gemeinde durch Änderung der Verände-
rungssperre die Anwendung des § 14 Abs. 1 beschließen.

(2) Ist die Genehmigung einer Veränderungssperre vor dem 1. Juli
1987 beantragt worden, ist § 16 des Bundesbaugesetzes über die Ge-
nehmigung und die Bekanntmachung weiter anzuwenden. Ist die
Zustimmung nach § 17 Abs. 1 Satz 3 des Bundesbaugesetzes vor dem
1. Juli 1987 beantragt worden, ist diese Vorschrift weiter anzuwen-
den.

(3) Ist eine Genehmigung nach § 21 Abs. 2 des Bundesbaugesetzes
vor dem 1. August 1979 versagt worden, ist § 21 Abs. 3 des Bundes-
baugesetzes in der bis zum 31. Juli 1979 geltenden Fassung weiter
anzuwenden.

1 Nach **Abs. 1** kann die Gemeinde für vor dem 1. 7. 1987 bekanntge-
machte Veränderungssperren den in § 14 Abs. 1 erweiterten sachlichen
Wirkungsbereich der Satzung durch Änderung der Satzung zur An-
wendung bringen. Aus dieser Ermächtigung ergibt sich im Umkehr-
schluß, daß ohne entsprechende Satzungsänderung die Erweiterung des
Anwendungsbereichs insbesondere auf die **Nutzungsänderung** bei der
zum Inkrafttreten des BauGB bekanntgemachten Veränderungssperre
nicht zur Anwendung kommt. Vgl. demgegenüber § 245 Abs. 4, wo-
nach die entsprechende Änderung der sanierungsrechtlichen Verfü-
gungs- und Veränderungssperre auch in den vor dem 1. 7. 1987 förm-
lich festgelegten Sanierungsgebieten anzuwenden ist. Für die **Beteili-
gung der höheren Verwaltungsbehörde** an der Satzungsänderung gilt
folgendes: Die Änderung der Veränderungssperre bedarf ebenso wie
der Erlaß einer neuen Veränderungssperre ab 1. 7. 1987 nicht mehr der
Genehmigung der höheren Verwaltungsbehörde; vgl. § 16 Abs. 1 alte
und neue Fassung. Nach § 17 Abs. 1 S. 3 BBauG bedurfte die Verlänge-
rung der Veränderungssperre um ein Jahr der Zustimmung der höheren
Verwaltungsbehörde; dieses Zustimmungsbedürfnis ist mit dem
BauGB entfallen. Ändert die Gemeinde eine am 1. Juli 1987 rechtsver-
bindliche Veränderungssperre gem. Abs. 1 innerhalb der ersten drei

Jahre der Geltungsdauer der Veränderungssperre, so bedarf die Änderung nicht der Genehmigung bzw. Zustimmung der höheren Verwaltungsbehörde. Erst bei der nochmaligen Verlängerung der Veränderungssperre über das dritte Jahr hinaus, ist nach § 17 Abs. 2 die Zustimmung der nach Landesrecht zuständigen Behörde erforderlich; dies gilt entsprechend für die Änderung einer Satzung, die über das dritte Jahr hinaus verlängert ist.

Abs. 2 leitet den Wegfall der Genehmigungspflicht der Veränderungssperre sowie der Zustimmung nach § 17 Abs. 1 S. 3 BBauGB über. Danach gelten die bisherigen Vorschriften über die Genehmigung einer Veränderungssperre und die Zustimmungsbedürftigkeit von Verlängerungen erlassener Veränderungssperren fort, wenn vor dem 1. 7. 1987 eine Genehmigung nach § 16 oder die Zustimmung nach § 17 Abs. 1 S. 3 beantragt worden ist, darüber aber noch nicht entschieden oder die Satzung noch nicht bekanntgemacht worden ist. In diesen Fällen gilt auch die Bekanntmachungsregel des § 16 BBauG fort.

Abs. 3 hat die Überleitungsvorschrift des **§ 183 a Abs. 3 BBauG i. d. F.** 3 der Novelle 1979 übernommen, da möglicherweise Vorgänge noch nicht abgeschlossen sind, für die diese Vorschrift Bedeutung hat. Die Überleitungsbestimmung regelt folgenden Entschädigungsfall: Ist eine Genehmigung nach § 21 Abs. 2 vor Inkrafttreten der Novelle 1979 (1. Aug. 1979) versagt worden, so verbleibt es hinsichtlich der hierfür vorgesehenen Entschädigungsregelung bei § 21 Abs. 3 in der bis zum 31. Juli 1979 geltenden Fassung. Von dieser früheren Fassung unterschied sich § 21 Abs. 3 BBauG 1979 vor allem durch die starke Angleichung an die Entschädigungsvorschriften des Planungsschadensrechts. Wurde eine Genehmigung gem. § 21 Abs. 2 dagegen nach dem 1. Aug. 1979 versagt, dann bestimmt sich die Entschädigung nach § 21 Abs. 3 i. d. F. der Novelle 1979, die – abgesehen von den redaktionellen Anpassungen an die Neufassung des Entschädigungsrechts – der Fassung im BauGB entspricht.

Die **sonstigen bisher geltenden Überleitungsvorschriften** wurden 4 nicht übernommen: **§ 176 BBauG 1960** (Fortgeltung von Bausperren) ist inzwischen wegen Zeitablaufs bedeutungslos geworden. Auch die Überleitungsvorschrift des **Art. 3 § 2 Novelle 1976** dürfte ihre Bedeutung wegen Zeitablaufs verloren haben. Nach Abs. 1 dieser Vorschrift konnte eine bei Inkrafttreten der Novelle 1976 vorhandene Sperre durch Änderung auf den erweiterten Anwendungsbereich des § 14 Abs. 1 Nr. 3, den diese Novelle einführte, erstreckt werden. Wegen Zeitablaufs dürfte auch Art. 3 § 2 Abs. 2 überholt sein, wonach die Bekanntmachungsregel des § 16 Abs. 2 BBauG 1960 weiterhin Anwendung fand, wenn mit der ortsüblichen Bekanntmachung der Veränderungssperre vor Inkrafttreten der Novelle 1976 (1. Jan. 1977) begonnen worden war.

Zur Überleitung der Regelung über die Fristen in § 5 Abs. 2 und 3 5 BauGB-MaßnahmenG vgl. **§ 14 BauGB-MaßnahmenG.**

§ 235 Überleitungsvorschriften für das Vorkaufsrecht

(1) **Bei Verkaufsfällen aus der Zeit vor dem 1. Juli 1987 sind auf das Vorkaufsrecht die bisher geltenden Vorschriften des Bundesbaugesetzes und des Städtebauförderungsgesetzes weiter anzuwenden.**

(2) **§ 24 Abs. 11 Nr. 3 ist auch in Sanierungsgebieten anzuwenden, die vor dem 1. Juli 1987 im vereinfachten Verfahren (§ 5 Abs. 1 Satz 4 des Städtebauförderungsgesetzes) förmlich festgelegt worden sind. Satz 1 ist nicht anzuwenden bei Verkaufsfällen aus der Zeit vor dem 1. Juli 1987.**

(3) **Hat die Gemeinde die Genehmigung einer Satzung nach § 25 des Bundesbaugesetzes vor dem 1. Juli 1987 beantragt, ist § 25 Abs. 2 des Bundesbaugesetzes über die Genehmigung und die Bekanntmachung weiter anzuwenden. Satzungen, die aufgrund von § 25 des Bundesbaugesetzes erlassen worden sind, gelten als Satzungen nach § 25 Abs. 1 Satz 1 Nr. 2 weiter.**

(4) **Bei Verkaufsfällen aus der Zeit vor dem 1. Januar 1977 kann sich die Gemeinde gegenüber demjenigen, der nach dem 31. Dezember 1976 ein Recht an einem Grundstück oder ein Recht an einem solchen Recht erworben hat, auf das Vorkaufsrecht nur berufen, wenn dem Erwerber das Vorkaufsrecht bekannt war. Auf den Zeitpunkt der Kenntnis ist § 892 Abs. 2 des Bürgerlichen Gesetzbuchs entsprechend anzuwenden.**

1 § 235 enthält die Überleitungsvorschrift für die gemeindlichen Vorkaufsrechte. **Abs. 1 bis 3** leiten das BauGB über; **Abs. 4** bezieht sich auf Änderungen der Novelle 1976.

2 **Abs. 1** regelt die Überleitung von Verkaufsfällen aus der Zeit vor dem Inkrafttreten des BauGB. Für diese Fälle ist bestimmt, daß auf das Vorkaufsrecht die Vorschriften des BBauG und des StBauFG weiter anzuwenden sind.

3 **Abs. 2 S. 1** bestimmt, daß mit Inkrafttreten des BauGB ein Vorkaufsrecht auch in denjenigen Gebieten kraft Gesetzes („nachträglich") begründet wird, die von der Gemeinde gemäß § 5 Abs. 1 S. 4 StBauFG im „vereinfachten Verfahren" (Novelle 1984 StBauFG) festgelegt wurden. Zwar hatte in diesen Fällen die Gemeinde in der Satzung die Anwendung des § 17 StBauFG über das Vorkaufsrecht ausgeschlossen. Die Neuregelung des § 24 Abs. 1 Nr. 3 BauGB, wonach der Gemeinde im förmlich festgelegten Sanierungsgebiet das Vorkaufsrecht ausnahmslos zusteht, gilt gemäß § 235 Abs. 2 auch für diese Fälle (vgl. weiterhin Krautzberger, in: B/K/S, Rn 166 und 342 ff.). **Abs. 2 S. 2** nimmt von der Neuregelung – wie Abs. 1 – Verkaufsfälle aus der Zeit vor Inkrafttreten des BauGB aus.

4 **Abs. 3 S. 2** stellt klar, daß die Vorkaufssatzungen, die aufgrund von § 25 BBauG erlassen worden sind, als Satzungen nach § 25 Abs. 1 S. 1 Nr. 2 BauGB weiter gelten. Im Hinblick auf die im einzelnen unterschiedlichen rechtlichen Ausgestaltungen (vgl. §§ 26–28) ist jedoch

auch insoweit § 235 Abs. 1 BauGB zu beachten: Wird das Vorkaufsrecht in einem Satzungsgebiet nach § 25 BBauG/§ 25 Abs. 1, S. 1, Nr. 2
BauGB bei Verkaufsfällen aus der Zeit vor dem Inkrafttreten des
BauGB ausgeübt, so ist das bisherige Recht weiter anzuwenden. Liegt
der Verkaufsfall in der Zeit nach Inkrafttreten des BauGB, so ist das
neue Recht anzuwenden.

Abs. 3 S. 1 leitet die bei Inkrafttreten des BauGB noch nicht abge 5
schlossenen Satzungsverfahren über. Ist die Genehmigung einer § 25-
Satzung vor dem 1. 7. 1987 beantragt worden und ist die Satzung vor
diesem Stichtag noch nicht rechtsverbindlich geworden, so ist auch
nach dem 1. 7. 1987 § 25 Abs. 2 BBauG über die Genehmigung und die
Bekanntmachung anzuwenden.

Was das Vorkaufsrecht in **Bebauungsplangebieten** betrifft, be 6
schränkt es sich mit Inkrafttreten des BauGB auf die in § 24 Abs. 1 S. 1
Nr. 1 bezeichneten Flächen mit öffentlicher Zweckbestimmung. Für
alle übrigen Bebauungsplanflächen besteht demgegenüber kein Vorkaufsrecht mehr. Soweit die Gemeinde von der Möglichkeit des § 25
Abs. 1 S. 1 Nr. 1 – Vorkaufsrecht an unbebauten Grundstücken im
Bebauungsplangebiet – Gebrauch machen will, muß sie zuvor die
erforderliche **Satzung** erlassen.

Abs. 4 entspricht Art. 3 § 4 Abs. 2 Novelle 1976; § 4 Abs. 1 ist 7
dagegen mangels praktischer Bedeutung infolge Zeitablaufs nicht in
das BauGB übernommen worden. Die Überleitung (Abs. 4) regelt die
„Entdinglichung" des Vorkaufsrechts aufgrund der Novelle 1976. Es
kann nicht ausgeschlossen werden, daß diese den Schutz des guten
Glaubens zum Gegenstand habende Regelung noch in Einzelfällen
Bedeutung hat. Das gesetzliche Vorkaufsrecht der Gemeinden hatte
nach der Fassung des **BBauG 1960** dingliche Wirkung, ohne in das
Grundbuch eingetragen zu werden. Die **Novelle 1976** hat das Vorkaufsrecht **„entdinglicht".** Während sich der Erwerber von Rechten an
einem Grundstück nach altem Recht nicht auf seinen guten Glauben
nach § 892 BGB berufen konnte, braucht der Rechtsverkehr die gesetzlichen Vorkaufsrechte, soweit sie nicht aus dem Grundbuch ersichtlich
sind, nicht gegen sich gelten zu lassen. Die Novelle 1976 sah daher in
§ 24 Abs. 4 und 5 vor, daß der Gemeinde jeder Grundstücksverkauf
unverzüglich mitzuteilen ist; § 24 Abs. 5 S. 1. Der Erwerber wird nach
§ 24 Abs. 5 S. 2 in das Grundbuch als Eigentümer nur eingetragen,
wenn ihm die Nichtausübung oder das Nichtbestehen des Vorkaufsrechts nachgewiesen ist („Negativattest"), vgl. jetzt inhaltsgleich § 28
Abs. 1 und 2 BauGB. **Abs. 4** regelt die Überleitung dieser „Entdinglichung" des Vorkaufsrechts.

Die Übergangsvorschrift des **§ 178 BBauG** für das BBauG 1960 8
wurde mit dem BauGB aufgehoben. Die Vorschrift hatte infolge
Zeitablaufs bereits keine praktische Bedeutung mehr.

Zur Überleitung des mit § 3 BauGB-MaßnahmenG eingeführten 9
Vorkaufsrechts vgl. **§ 12 BauGB-MaßnahmenG.**

Krautzberger 1637

§ 236 Überleitungsvorschriften für die Regelung der baulichen und sonstigen Nutzung

(1) Ist vor dem 1. Juli 1987 über die Zulässigkeit eines Vorhabens entschieden worden und ist die Entscheidung noch nicht unanfechtbar geworden, sind die §§ 29, 31 und 33 bis 37 anzuwenden.

(2) Ist die Genehmigung einer Satzung nach § 34 Abs. 2 oder 2a des Bundesbaugesetzes vor dem 1. Juli 1987 beantragt worden, sind diese Vorschriften weiter anzuwenden.

(3) Auf die Zulässigkeit von Vorhaben in Gebieten nach § 34 Abs. 2 und 2a des Bundesbaugesetzes ist § 34 Abs. 1 bis 3 anzuwenden.

1 Die Überleitungsvorschriften aus Anlaß des **BBauG 1960** (§ 175 BBauG), der **Novelle 1976** (Art. 3 § 5 ÄndG) und der **Novelle 1979** (§ 183b BBauG) haben sich durch Zeitablaufs im wesentlichen erledigt. Inhalt des damaligen Überleitungsrechts war, daß die jeweils neuen Vorschriften über die Zulässigkeit von Vorhaben Anwendung fanden, wenn im Zeitpunkt des Inkrafttretens der Rechtsänderung über die Zulässigkeit noch nicht unanfechtbar entschieden worden war.

2 Die Neufassung der Vorschriften über die **Zulässigkeit von Vorhaben** (§§ 29, 31, 33 bis 37) findet mit dem Inkrafttreten des **BauGB** am 1. 7. 1987 Anwendung. Dies gilt auch, wenn vor dem 1. 7. 1987 über die Zulässigkeit eines Vorhabens noch nicht unanfechtbar entschieden worden ist, d. h. gegen eine Entscheidung der Baugenehmigungsbehörde vor dem 1. 7. 1987 Rechtsmittel eingelegt und hierüber noch nicht unanfechtbar entschieden wurde; **Abs. 1.**

3 Die geänderten Vorschriften über die **Satzungen nach § 34** (§ 34 Abs. 4 und 5 BauGB) sind ab 1. 7. 1987 anzuwenden. Für Satzungen, die auf der Grundage des § 34 Abs. 2 oder 2a BBauG vor dem 1. 7. 1987 aufgestellt wurden und für die eine Genehmigung vor diesem Termin beantragt worden ist, gelten die bisherigen Vorschriften (§ 34 Abs. 2 und 2a BBauG) weiter; **Abs. 2.**

4 **Abs. 3** stellt klar, daß die **Zulässigkeitsvorschriften des § 34 Abs. 1 bis 3** auch auf die auf der Grundlage des § 34 Abs. 2 und 2a BBauGB erlassenen Satzungen anzuwenden sind.

5 Die Überleitung der neuen Zulässigkeitsbestimmungen sowie die Bestimmungen für Fristen bei der Erteilung bestimmter Genehmigungen nach §§ 4 und 5 BauGB-MaßnahmenG ist in **§§ 13 und 14 BauGB-MaßnahmenG** geregelt.

§ 237 Überleitungsvorschriften für das Baugebot, das Nutzungsgebot und die Erhaltung baulicher Anlagen

(1) Ist die Enteignung eines Grundstücks von der Gemeinde zugunsten eines Bauwilligen gemäß § 39b Abs. 4 des Bundesbaugesetzes

vor dem 1. Juli 1987 beantragt worden, ist die Enteignung nur zuläs-
sig, wenn sich der Bauwillige bis zum Schluß der mündlichen Ver-
handlung (§ 108) verpflichtet, die Baumaßnahmen innerhalb ange-
messener Frist durchzuführen.

(2) Ist ein Nutzungsgebot vor dem 1. Juli 1987 angeordnet worden,
ist auf das Übernahmeverlangen des Eigentümers § 39c des Bun-
desbaugesetzes weiter anzuwenden.

(3) Hat die Gemeinde die Genehmigung einer Erhaltungssatzung
vor dem 1. Juli 1987 beantragt, ist § 39h Abs. 1 Satz 3 des Bundesbau-
gesetzes über die Genehmigung und die Bekanntmachung weiter
anzuwenden.

(4) Im Geltungsbereich einer Satzung nach § 39h des Bundesbau-
gesetzes bedürfen die Nutzungsänderung (§ 172 Abs. 1 Satz 1) und die
Errichtung baulicher Anlagen (§ 172 Abs. 1 Satz 2) der Genehmi-
gung, wenn die Gemeinde dies durch Änderung der Satzung be-
schließt.

(5) Ist die Genehmigung für den Abbruch, den Umbau oder die
Änderung einer baulichen Anlage vor dem 1. Juli 1987 beantragt
worden, ist § 39h des Bundesbaugesetzes weiter anzuwenden.

Abs. 1 leitet die Neufassung der bisher in **§ 39b Abs. 4 BBauG** **1**
geregelten Baugebots-Enteignung zugunsten eines Bauwilligen über;
vgl. jetzt **§ 87 Abs. 3 S. 2 BauGB.** Die Neuregelung hebt das Erforder-
nis der Verpflichtung des Bauwilligen zur Durchführung der Baumaß-
nahme gegenüber § 39b Abs. 4 BBauG stärker hervor. Hierzu stellt
§ 237 Abs. 1 BauGB für laufende Enteignungsverfahren sicher, daß eine
entsprechende Verpflichtung bis zum Schluß der mündlichen Verhand-
lung des Enteignungsverfahrens (§ 108) abgegeben werden kann.

§ 8 BauGB-MaßnahmenG über das Baugebot hat im wesentlichen **1a**
eine die Rechtslage (insbesondere entsprechend der neuesten Rspr. des
BVerwG) klarstellende Bedeutung; vgl. hierzu die Erl. zu § 176
BauGB. Dies gilt – nach der bereits in den Voraufl. dieses Kommentars
vertretenen Auffassung – für § 8 Abs. 1, Abs. 2, Abs. 3 und Abs. 4 S. 1
BauGB-MaßnahmenG. Eine materielle Neuregelung enthält dagegen
§ 8 Abs. 4 S. 2 BauGB-MaßnahmenG über die Nichtberücksichtigung
von Werterhöhungen in einem Enteignungsverfahren soweit diese nach
Unanfechtbarkeit des Baugebots eingetreten sind. Die Überleitung
hierzu ist in **§ 16 BauGB-MaßnahmenG** geregelt.

Abs. 2 leitet das mit Inkrafttreten des BauGB entfallende Nutzungsge- **2**
bot **(§ 39c BBauG)** über. Der Eigentümer kann danach auch nach dem
1. 7. 1987 die Übernahme des Grundstücks gem. § 39c Abs. 3 BBauG
verlangen, wenn das Nutzungsgebot vor dem 1. 7. 1987 angeordnet
worden ist.

§ 237 Abs. 3 bis 5 enthält die Überleitungsvorschrift zur Erhaltungs- **3**
satzung. Die Überleitungsvorschrift geht davon aus, daß **Erhaltungs-**

satzungen, die aufgrund von § 39h BBauG erlassen worden sind, **als Satzungen nach § 172 fortgelten.** § 237 Abs. 3 enthält eine Überleitungsregelung für folgenden Fall: Die Gemeinde hat vor dem 1. Juli 1987 (Inkrafttreten des Gesetzes) die Genehmigung einer Erhaltungssatzung (als **„sonstige Satzung"**) beantragt; über den Antrag ist vor Inkrafttreten des Gesetzes noch nicht entschieden worden oder die Satzung ist noch nicht bekanntgemacht worden. In diesem Fall ist § 39h BBauG weiter anzuwenden. Dies gilt insbesondere für das Genehmigungsverfahren. Durch die Regelung wird klargestellt, daß die Bestimmungen über die Satzungsgenehmigung und die Bekanntmachung (§ 39h Abs. 1 S. 3) weiter anzuwenden sind. Die Entscheidung der Genehmigungsbehörde erfolgt in diesen Fällen nach § 39h BBauG, der insoweit für die Zwecke eines anhängigen Genehmigungsverfahrens weiter anzuwenden ist. Ist die Regelung gem. § 39h BBauG dagegen in einem **Bebauungsplan** enthalten, so gilt für die Überleitung die (freilich entsprechende) Überleitungsregelung des § 233 Abs. 4.

4 **Abs. 4** leitet die Erweiterung der Genehmigungstatbestände in § 172 Abs. 1 S. 1 und 2 über. Die Vorschrift enthält eine Ermächtigung an die Gemeinde, die durch das BauGB neu eingeführten Genehmigungstatbestände der Nutzungsänderung (§ 172 Abs. 1 S. 1) und der Errichtung baulicher Anlagen (§ 172 Abs. 1 S. 2) im Wege der **Satzungsänderung** einzuführen. Hieraus ergibt sich im Umkehrschluß, daß die neuen Genehmigungstatbestände in einem nach § 39h BBauG förmlich festgelegten Gebiet keine Anwendung finden, sofern die Gemeinde nicht nachträglich eine Satzungsänderung gemäß § 237 Abs. 4 beschließt. Für die Satzungsänderung nach § 237 Abs. 4 gilt das neue Verfahrensrecht; sie bedarf weder der Genehmigung noch der Anzeige.

5 **Abs. 5** regelt den Fall, daß vor Inkrafttreten des BauGB ein Antrag auf Erteilung der Genehmigung eines Vorhabens nach § 39h BBauG gestellt wurde: Rechtsgrundlage für die Entscheidung der Genehmigungsbehörde ist auch hier weiterhin § 39h BBauG.

§ 238 Überleitungsvorschrift für Entschädigungen

Wurde durch Änderung des § 34 des Bundesbaugesetzes durch das Gesetz zur Änderung des Bundesbaugesetzes vom 18. August 1976 die bis dahin zulässige Nutzung eines Grundstücks aufgehoben oder wesentlich geändert, ist eine Entschädigung in entsprechender Anwendung der §§ 42, 43 Abs. 1, 2, 4 und 5 und des § 44 Abs. 1 Satz 2, Abs. 3 und 4 zu gewähren; dies gilt nicht, soweit in dem Zeitpunkt, in dem nach § 44 Abs. 3 bis 5 Entschädigung verlangt werden kann, eine entsprechende Aufhebung oder Änderung der zulässigen Nutzung nach § 34 des Bundesbaugesetzes in der bis zum 31. Dezember 1976 geltenden Fassung hätte eintreten können, ohne daß die Aufhe-

**bung oder Änderung nach § 44 des Bundesbaugesetzes in der bis zum
31. Dezember 1976 geltenden Fassung zu entschädigen gewesen wäre.**

1. Die Vorschrift übernimmt sprachlich und redaktionell angepaßt 1
die Überleitungsvorschrift des Art. 3 § 10 Abs. 2 Satz 1 ÄndG BBauG
1976. Die Novelle 1976 hat das Planungsschadensrecht wesentlich
umgestaltet (dazu Vorbem. §§ 39–44, Rn 4) und § 34 BBauG gegenüber
der Fassung von 1960 eingeengt. Während sich die planungsschadens-
rechtlichen Überleitungsregelungen des Art. 3 § 10 Abs. 1 und Abs. 2
S. 2 durch Zeitablauf erledigt haben, können auch in Zukunft, anläßlich
der beabsichtigten Durchführung von Vorhaben wegen der damaligen
Einengung der Zulässigkeit von Vorhaben innerhalb der im Zusam-
menhang bebauten Ortsteile, Entschädigungsfälle eintreten. Die Aus-
schlußfrist des § 44 Abs. 4 beginnt für ein „34er Gebiet" nicht generell
am 1. 1. 1977 – Inkrafttreten der Novelle 1976 –, sondern nur aufgrund
eines konkreten Eingriffs, z. B. Versagung einer Baugenehmigung
(Vogel, BauR, 1977, 6/10). Daher räumt § 238 dem Eigentümer unter
entsprechender Anwendung der Bestimmungen des Planungsscha-
densrechts einen Entschädigungsanspruch ein.

2. Durch die Einengung des § 34 BBauG wurde die bis dahin zuläs- 2
sige Nutzung eines Grundstücks aufgehoben oder wesentlich geändert.
Das kann zur Folge haben, daß ein Gewerbebetrieb, der 1976 nach § 34
BBauG a. F. zulässig gewesen wäre, nunmehr nach seiner Zerstörung
durch Brand nach § 34 unzulässig ist. Wegen der Ablehnung des
Antrags auf Wiederaufbau ist entsprechend § 42 Abs. 2 zu entschädigen
(s. a. Gaentzsch, in: Berliner Komm., § 238, Rn 5). Ein Entschädi-
gungsanspruch scheidet allerdings aus, soweit in dem Zeitpunkt, in
dem die Entschädigung verlangt werden könnte, eine entsprechende
Aufhebung oder Änderung der zulässigen Nutzung auch nach § 34
BBauG a. F. hätte eintreten können, ohne daß die Aufhebung oder
Änderung nach § 44 BBauG a. F. zu entschädigen gewesen wäre. Das
ist insbesondere der Fall, wenn die bisher zulässige Nutzung den
allgemeinen Anforderungen an gesunde Wohn- und Arbeitsverhält-
nisse oder den Anforderungen an die Sicherheit der auf dem betroffe-
nen Grundstück oder im umliegenden Gebiet wohnenden oder arbei-
tenden Menschen nicht entspricht (dazu § 43, Rn 6). Entschädigungs-
pflichtig ist die Gemeinde (§ 238 HS. 1 i. V. m. § 44 Abs. 1 S. 2).

§ 239 Überleitungsvorschriften für die Bodenordnung

(1) **Ist die Umlegungskarte vor dem 1. Juli 1987 ausgelegt worden
(§ 69 Abs. 1 des Bundesbaugesetzes), sind die §§ 53, 55, 58 Abs. 2, § 59
Abs. 2, § 61 Abs. 1 und die §§ 63, 64 und 68 bis 70 des Bundesbauge-
setzes weiter anzuwenden. Ist vor dem 1. Juli 1987 eine Vorwegregelung
nach § 76 des Bundesbaugesetzes getroffen worden, ist § 55 des Bun-
desbaugesetzes weiter anzuwenden.**

(2) § 57 Satz 4 und § 58 Abs. 1 Satz 1 sind auch anzuwenden, wenn die Umlegungsstelle vor dem 1. Juli 1987 den Umlegungsplan durch Beschluß aufgestellt (§ 66 Abs. 1 des Bundesbaugesetzes) oder eine Vorwegregelung getroffen hat (§ 76 des Bundesbaugesetzes) und die Grundstücke dabei erkennbar in bezug auf die Flächen nach § 55 Abs. 2 des Bundesbaugesetzes erschließungsbeitragspflichtig zugeteilt worden sind.

(3) Hat die Gemeinde den Beschluß über die Grenzregelung vor dem 1. Juli 1987 gefaßt (§ 82 des Bundesbaugesetzes), sind die §§ 80 bis 83 des Bundesbaugesetzes weiter anzuwenden.

Übersicht

1 **I.** War die Umlegung mit der **Auslegung der Umlegungskarte** nach § 69 Abs. 1 BBauG bei Inkrafttreten des BauGB materiell zu einem Abschluß gekommen, sind nach **Abs. 1 Satz 1** das materielle Umlegungsrecht und die Vorschriften über die Einsicht in das Umlegungsverzeichnis und die Zustellung des Umlegungsplans nach BBauG **weiterhin anzuwenden.** Hatte das Verfahren diesen Stand erreicht, so braucht also hieran durch das Inkrafttreten des Baugesetzbuchs nichts geändert zu werden.

2 Hatte das Verfahren noch nicht den in Satz 1 vorausgesetzten Stand erreicht, war aber bereits eine **Vorwegregelung** nach § 76 erfolgt, so bestimmt **Satz 2,** daß **§ 55 BBauG** für dieses Verfahren insgesamt **weiterhin anzuwenden** ist. Damit soll vermieden werden, daß für die von der Vorwegausscheidung betroffenen Grundeigentümer eine günstigere Rechtslage gilt als für die übrigen Eigentümer. Denn die Möglichkeit der Vorwegausscheidung nach § 55 Abs. 2 ist durch das Baugesetzbuch nicht unerheblich ausgeweitet worden (vgl. BT-Drs. 10/4630, S. 159).

3 **II.** Nach **Abs. 2** wirken die neuen Vorschriften des § 57 Satz 4 und des § 58 Abs. 1 Satz 1 über die Möglichkeit der erschließungsflächenbeitragspflichtigen Zuteilung auch auf bei Inkrafttreten des Baugesetzbuchs bereits abgeschlossene Umlegungsverfahren oder Vorwegregelungen zurück, wenn bei den Eigentümern kein schutzwürdiges Vertrauen darauf entstehen konnte, daß sie nicht mehr zu Erschließungsbeiträgen herangezogen werden. Dies setzt voraus, daß es für sie erkennbar war, daß für die Flächen nach § 55 Abs. 2 BBauG noch Erschließungsbeiträge erhoben werden sollten (vgl. BT-Drs. 10/4630, S. 159 f.; im übrigen vgl. § 57, Rn 21; § 58, Rn 12; § 242, Rn 8).

4 **III. Abs. 3** bestimmt, daß das neue **Grenzregelungsrecht** für lau-

fende Grenzregelungsverfahren nicht mehr zur Anwendung kommt,
wenn die Gemeinde bereits den Grenzregelungsbeschluß gefaßt hat.
Dies ist aus Gründen des Vertrauensschutzes und der Verfahrenssicher-
heit notwendig (vgl. BT-Drs. 10/4630).

§240 Überleitungsvorschriften für die Enteignung

(1) §87 Abs. 3 Satz 3 und §88 Satz 2 sind auch in Sanierungsgebie-
ten anzuwenden, die vor dem 1. Juli 1987 im vereinfachten Verfahren
(§5 Abs. 1 Satz 4 des Städtebauförderungsgesetzes) förmlich festge-
legt worden sind.

(2) Für Grundstücke, die die Gemeinde vor dem 1. Juli 1987 erwor-
ben hat, verbleibt es weiter bei der Veräußerungspflicht nach den
§§26 und 89 des Bundesbaugesetzes und §25 des Städtebauförde-
rungsgesetzes. Satz 1 ist entsprechend anzuwenden, wenn die Ge-
meinde nach dem 30. Juni 1987 ein Grundstück nach Maßgabe des
§235 Abs. 1 erworben hat.

1. §240 trifft Überleitungsvorschriften für zwei Neuregelungen im 1
Enteignungsrecht, in Abs. 1 zur Neuregelung des vereinfachten Ver-
fahrens der Sanierung (§142 Abs. 4, §87 Abs. 3 S. 3, §88 S. 2) und in
Abs. 2 zur neu gefaßten Veräußerungspflicht der Gemeinde (§89).
§237 Abs. 1 trifft eine Übergangsregelung für die Enteignung anläßlich
eines Baugebotes (§85 Abs. 1 Nr. 5, §87 Abs. 3 S. 2). Für den neu
eingeführten Enteignungsvermerk trifft das Gesetz keine Übergangs-
regelung. Seit dem 1. 7. 1987 ist die Enteignungsbehörde daher verpflich-
tet, auch bei bereits eingeleiteten Verfahren, das Grundbuchamt um
Eintragung zu bitten. Für städtebauliche Entwicklungsbereiche (§59
StBauFG) gilt das alte Recht gem. §169 Abs. 5–8 BBauG weiter.

2. a) Nach §87 Abs. 3 S. 3 besteht in allen Sanierungsverfahren die 2
Möglichkeit, eine zugunsten der Gemeinde zulässige Enteignung auch
zugunsten eines Sanierungsträgers auszuüben (s. §87, Rn 9). §22
Abs. 2 StBauFG galt gem. §5 Abs. 1 S. 4 StBauFG i. d. F. der Novelle
1984 auch für vereinfachte Verfahren. §240 Abs. 1 schreibt vor, daß
§87 Abs. 3 S. 3 auch in Sanierungsgebieten anzuwenden ist, die vor
dem 1. 7. 1987 **im vereinfachten Verfahren** nach §5 Abs. 1 S. 4
StBauFG förmlich festgelegt worden sind.

b) §22 Abs. 1 S. 1 StBauFG bestimmte, daß **zwingende städtebauli-** 3
che Gründe i. S. v §88 BBauG gegeben sind, wenn ein im förmlich
festgelegten Sanierungsgebiet gelegenes Grundstück zugunsten der
Gemeinde enteignet wird. §88 S. 2 BBauG überträgt diese Fiktion ins
Allgemeine Städtebaurecht für den Fall, daß die Enteignung zugunsten
der Gemeinde oder eines Sanierungsträgers beantragt wird. Abwei-
chend von §87 Abs. 2 genügt dann der Nachweis, daß sich die Ge-
meinde ernsthaft um den freihändigen Erwerb des Grundstücks be-

müht hat. Gleiches gilt nunmehr auch für das vereinfachte Verfahren der Sanierung, und zwar nach § 240 Abs. 1 auch für nach § 5 Abs. 1 S. 4 StBauFG i. d. F. der Novelle 1984 eingeleitete vereinfachte Verfahren; krit. dazu Berkemann, in: Berliner Komm., § 240, Rn 6.

4 **3.** § 240 Abs. 2 S. 1 bestimmt, daß für die **Veräußerungspflicht** der Gemeinde für Grundstücke, die sie vor dem 1. 7. 1987 durch Vorkaufsrechte, Enteignung, Übernahme oder im förmlich festgelegten Sanierungsgebiet zur Durchführung der Sanierung erworben hat, altes Recht gilt, also § 89 BBauG oder § 86 BBauG oder § 25 StBauFG. Hat die Gemeinde nach Inkrafttreten des BBauG ein Grundstück nach Maßgabe des § 235 Abs. 1 – der Überleitungsvorschrift für das Vorkaufsrecht – erworben, ist weiterhin für die Veräußerungspflicht § 26 BBauG maßgeblich. Entsprechendes gilt nach § 240 Abs. 2 S. 2 für Verkaufsfälle in Sanierungsgebieten aus der Zeit vor Inkrafttreten des BauGB, wenn die Gemeinde das Vorkaufsrecht nach § 17 StBauFG ausgeübt hat. Maßgeblich ist dann § 25 StBauFG. Entsprechend der Zwecksetzung des BauGB – Vereinfachung – kann § 240 Abs. 2 S. 1 restriktiv dahin ausgelegt werden, daß nur der Kreis der veräußerungspflichtigen Grundstücke erfaßt wird, nicht aber die Art wie die Pflicht erfüllt wird, z. B. nicht mehr Ausgabe von Immobilienanteilen (Berkemann aaO, Rn 14; a. A. Krautzberger, in: B/K/S, Rn 392).

§ 241 Überleitungsvorschriften für den Härteausgleich

(1) **Hat ein Eigentümer vor dem 1. Juli 1987 unter den in § 85 Abs. 2 Nr. 1 des Städtebauförderungsgesetzes bezeichneten Voraussetzungen ein Grundstück verloren oder übereignet, ist auf einen Antrag auf Gewährung von Härteausgleich § 85 des Städtebauförderungsgesetzes weiter anzuwenden. Satz 1 ist entsprechend auf die Fälle des § 85 Abs. 2 Nr. 2 des Städtebauförderungsgesetzes anzuwenden.**

(2) **Ein Verwaltungsakt nach § 85 Abs. 2 Nr. 1 oder 2 des Städtebauförderungsgesetzes kann nach dem 30. Juni 1987 nur durch Antrag auf gerichtliche Entscheidung nach dem Dritten Teil des Dritten Kapitels angefochten werden.**

1 **1.** Das BauGB hat die Vorschriften des StBauFG (§ 85 Abs. 1 Nr. 1 u. 2) über den Härteausgleich für **Eigentümer und Inhaber dinglicher Gebrauchs- und Nutzungsrechte** nicht übernommen. § 241 Abs. 1 stellt sicher, daß diese aufgehobenen Bestimmungen weiter anzuwenden sind, wenn der den Härteausgleich auslösende Sachverhalt vor dem 1. 7. 1987 eingetreten ist, und zwar auch, wenn der Antrag auf Gewährung eines Härteausgleichs erst nach Inkrafttreten der Neuregelung gestellt worden ist. Entscheidend ist, daß der Rechtsverlust unter der Geltung des alten Rechts eingetreten ist.

2. § 241 Abs. 2 stellt klar, daß wie nach § 86 Abs. 2 S. 1 StBauFG für 2
laufende Verfahren nach § 85 Abs. 1 Nr. 1 u. 2 StBauFG der Rechtsweg
zu den **Baulandgerichten** eröffnet bleibt.

§ 242 Überleitungsvorschriften für die Erschließung

(1) Für vorhandene Erschließungsanlagen, für die eine Beitrags-
pflicht aufgrund der bis zum 29. Juni 1961 geltenden Vorschriften
nicht entstehen konnte, kann auch nach diesem Gesetzbuch kein
Beitrag erhoben werden.

(2) Soweit am 29. Juni 1961 zur Erfüllung von Anliegerbeitrags-
pflichten langfristige Verträge oder sonstige Vereinbarungen, insbe-
sondere über das Ansammeln von Mitteln für den Straßenbau in
Straßenbaukassen oder auf Sonderkonten bestanden, können die
Länder ihre Abwicklung durch Gesetz regeln.

(3) § 125 Abs. 3 ist auch auf Bebauungspläne anzuwenden, die vor
dem 1. Juli 1987 in Kraft getreten sind.

(4) § 127 Abs. 2 Nr. 2 ist auch auf Verkehrsanlagen anzuwenden, die
vor dem 1. Juli 1987 endgültig hergestellt worden sind. Ist vor dem
1. Juli 1987 eine Beitragspflicht nach Landesrecht entstanden, so ver-
bleibt es dabei.

(5) Ist für einen Kinderspielplatz eine Beitragspflicht bereits auf-
grund der vor dem 1. Juli 1987 geltenden Vorschriften (§ 127 Abs. 2
Nr. 3 und 4 des Bundesbaugesetzes) entstanden, so verbleibt es dabei.
Die Gemeinde soll von der Erhebung des Erschließungsbeitrags ganz
oder teilweise absehen, wenn dies aufgrund der örtlichen Verhält-
nisse, insbesondere unter Berücksichtigung des Nutzens des Kinder-
spielplatzes für die Allgemeinheit, geboten ist. Satz 2 ist auch auf vor
dem 1. Juli 1987 entstandene Beiträge anzuwenden, wenn

1. der Beitrag noch nicht entrichtet ist oder
2. er entrichtet worden, aber der Beitragsbescheid noch nicht unan-
 fechtbar geworden ist.

(6) § 128 Abs. 1 ist auch anzuwenden, wenn der Umlegungsplan
(§ 66 des Bundesbaugesetzes) oder die Vorwegregelung (§ 76 des
Bundesbaugesetzes) vor dem 1. Juli 1987 ortsüblich bekanntgemacht
worden ist (§ 71 des Bundesbaugesetzes).

(7) Ist vor dem 1. Juli 1987 über die Stundung des Beitrags für
landwirtschaftlich genutzte Grundstücke (§ 135 Abs. 4 des Bundes-
baugesetzes) entschieden und ist die Entscheidung noch nicht unan-
fechtbar geworden, ist § 135 Abs. 4 dieses Gesetzbuchs anzuwenden.

1 **I. Abs. 1** entspricht § 180 Abs. 2 BBauG. Er bestimmt wie dieser,
daß für **vorhandene Erschließungsanlagen,** für die schon nach dem
vor Inkrafttreten des BBauG geltenden Recht keine Beitragspflicht
entstehen konnte, dies auch nicht nach den Vorschriften des Baugesetz-
buchs geschehen kann (hierzu § 128, Rn 27 ff.; Driehaus, in: BK, § 242,
Rn 2 ff.).

2 **II. Abs. 2** entspricht § 180 Abs. 6 BBauG. Hiernach sind die Länder
ermächtigt, die **Abwicklung von Anzahlungsvereinbarungen** für den
Straßenbau, wie sie unter dem alten Recht verbreitet waren, durch
Gesetz zu regeln. Hiervon hat nur das Land Berlin Gebrauch gemacht
(vgl. Driehaus, aaO, Rn 10).

3 **III. Abs. 3** entspricht § 183 e Satz 1 BBauG, der durch die Novelle
1979 eingeführt wurde. Die Vorschrift hat daher insbesondere Bedeu-
tung für Bebauungspläne, die vor dem 1. August 1979 rechtsverbind-
lich geworden sind. Auch von ihnen kann bei der **Herstellung einer
Erschließungsanlage** im Rahmen des § 125 Abs. 3 abgewichen werden;
ihre planungsrechtliche Bindung reicht also nicht weiter als die neuerer
Pläne (hierzu § 125, Rn 6 ff.).

4 **IV. Abs. 4 Satz 1** bestimmt, daß auch für **Fuß- und Wohnwege,** die
vor dem Inkrafttreten des Baugesetzbuchs endgültig hergestellt wur-
den, Erschließungsbeiträge erhoben werden können (hierzu David, in:
Cholewa/David/Dyong/von der Heide, BauGB, 1987, § 127, Anm. 4 b
a. E.; Driehaus, aaO, § 242, Rn 12 ff.). Da einige Länder in Reaktion auf
die frühere Rechtsprechung des Bundesverwaltungsgerichts eigene
Beitragstatbestände geschaffen haben, bestimmt **Satz 2,** daß Beitrags-
pflichten, die hiernach entstanden sind, durch das Baugesetzbuch nicht
verändert werden (zur Problematik vgl. BT-Drs. 10/4630, S. 161; im
einzelnen vgl. § 127, Rn 25).

5 **V.** Mit dem Baugesetzbuch ist § 127 Abs. 2 Nr. 4 BBauG über die
Beitragsfähigkeit von **Kinderspielplätzen** entfallen (vgl. § 127, Rn 34).
Abs. 5 enthält hierzu eine Überleitungsregelung. **Satz 1** bestimmt zu-
nächst ausdrücklich, daß vor dem Inkrafttreten des Baugesetzbuchs
bereits **entstandene Beitragspflichten unberührt** bleiben. Ist der Bei-

trag jedoch noch nicht entrichtet worden oder ist er entrichtet worden, aber der Beitragsbescheid noch nicht unanfechtbar geworden, so bestimmt **Satz 2,** daß die Gemeinde von der Erhebung des Erschließungsbeitrags ganz oder teilweise absehen soll, wenn dies aufgrund der örtlichen Verhältnisse geboten ist. Die Gemeinde hat also in jedem Einzelfall abzuwägen, ob es nach dessen besonderen Umständen aus Billigkeitsgründen angemessen erscheint, auf eine Beitragserhebung ganz oder teilweise zu verzichten oder nicht. Dabei ist zu bedenken, daß „örtliche Verhältnisse" und „geboten" gerichtlich voll überprüfbare unbestimmte Gesetzesbegriffe sind (OVG Lüneburg, NVwZ 1987, 1108).

Welche Überlegungen dabei anzustellen sind, verdeutlicht das Gesetz **6** durch den ausdrücklich genannten **Beispielsfall,** daß der Kinderspielplatz auch für die Allgemeinheit von besonderem Nutzen ist. Je nachdem, wie weit der tatsächliche Einzugsbereich über den von der Rechtsprechung anerkannten Erschließungsbereich hinausreicht, soll die Gemeinde ganz oder zu einem entsprechenden Anteil von der Beitragserhebung absehen (vgl. hierzu OVG Lüneburg, NVwZ 1987, 1108 f.). Es stellen sich hier also dieselben Probleme wie im Kommunalabgabenrecht, nach dem ebenfalls ein dem Vorteil der Allgemeinheit entsprechender Anteil bei der Beitragserhebung unberücksichtigt bleiben muß (hierzu etwa Driehaus, Rn 818 ff.). Angesichts des eindeutigen Willens des Gesetzgebers, Kinderspielplätze von einer Beitragspflicht freizustellen, ist allerdings im Zweifel, wenn also die Aufteilung der Vorteile auf Anlieger und Allgemeinheit nicht eindeutig erscheint, zugunsten der Anlieger davon auszugehen, daß die Kosten für die Errichtung des Spielplatzes ausschließlich der Allgemeinheit zur Last fallen (im Ergebnis ähnlich Driehaus, Rn 50; VG Köln, U. v. 2. 7. 1987, 7 K 4156/86, S. 6 ff.: Entscheidend ist die Frage der „Billigkeit"). Wer allerdings den Erschließungsbeitragsbescheid über den Kinderspielplatz hingenommen und den Beitrag gezahlt hat, ist von dieser Billigkeitsregelung ausgenommen. Eine **Rückzahlungspflicht** der Gemeinde entsteht nur, wenn der Beitragsbescheid noch nicht unanfechtbar geworden ist. Dies ist vom Gesetzgeber eindeutig so gewollt (vgl. BT-Drs. 10/6166, S. 166).

Von der bundesrechtlichen Beitragsregelung unberührt bleibt die **7** **Beitragspflicht nach den Kommunalabgabengesetzen der Länder.** Hiernach entstehende Beitragspflichten sind also durch die bundesrechtlichen Bestimmungen nicht gesperrt. Allerdings sind die Länder im Ausschußbericht aufgefordert worden, „ihren Teil zur Lösung des Problems beizutragen und durch entsprechende Änderungen des Kommunalabgabenrechts die Hemmnisse für die Errichtung von Kinderspielplätzen zu beseitigen" (vgl. BT-Drs. 10/6166, S. 145).

VI. Abs. 6 enthält die komplementäre Regelung zur rückwirkenden **8** Ermöglichung **erschließungsflächenbeitragspflichtiger Zuteilung in der Umlegung** (vgl. § 239 Abs. 2). Er bestimmt, daß in einem solchen

Fall auch dann Erschließungsbeiträge erhoben werden können, wenn der Umlegungsplan oder die Vorwegregelung vor dem Inkrafttreten des Baugesetzbuchs ortsüblich bekannt gemacht worden sind (hierzu § 128, Rn 7).

9 **VII. Abs. 7** bestimmt, daß § 135 Abs. 4 mit der Pflicht zur **zinslosen Stundung** des Erschließungsbeitrags für **landwirtschaftlich genutzte Grundstücke** auch dann anzuwenden ist, wenn zwar über die Stundung bereits entschieden wurde, diese Entscheidung aber noch nicht unanfechtbar geworden ist. Die Gemeinde muß also in diesem Fall von sich aus unter Beachtung der neuen Rechtslage erneut entscheiden (hierzu vgl. § 135, Rn 12 f.).

§ 243 Überleitungsvorschrift für die Wertermittlung

Die §§ 136 bis 144 des Bundesbaugesetzes sind bis zum Inkrafttreten der in § 199 vorgesehenen Verordnungen, längstens bis zum 1. Januar 1990, weiter anzuwenden.

1 § 243 leitet die Wertermittlungsvorschriften über; die im bisherigen Recht enthaltene Überleitungsvorschrift zur **Novelle 1976** (Art. 3 § 11 ÄndG 1976) ist nicht übernommen worden. Nach § 243 sind die Wertermittlungsvorschriften des BBauG, also **§§ 136–144 BBauG**, bis zum Inkrafttreten der in § 199 vorgesehenen Verordnungen, **längstens bis zum 1. 1. 1990 weiter anzuwenden.** Die Überleitungsregelung des § 243 machte das Inkrafttreten der Neuregelung somit davon abhängig, daß sowohl die Bundesregierung von ihrer Ermächtigung zum Erlaß einer neuen WertV als auch die jeweilige Landesregierung von ihrer Ermächtigung zum Erlaß einer entsprechenden GutachterausschußV Gebrauch gemacht haben müssen, damit die neuen Rechtsvorschriften des BauGB in den einzelnen Bundesländern zur Anwendung kommen können. Spätestens ab 1. 1. 1990 war das neue Recht anzuwenden. Zu den in § 199 vorgesehenen Verordnungen vgl. die Erl. zu § 199. Die aufgrund des § 199 Abs. 1 erlassene **WertV** des Bundes ist im **Anhang** im Wortlaut wiedergegeben.

§ 244 Überleitungsvorschriften für die Wirksamkeitsvoraussetzungen der Flächennutzungspläne und Satzungen

(1) § 241 ist auch auf Flächennutzungspläne und Satzungen anzuwenden, die vor dem 1. Juli 1987 bekanntgemacht worden sind; unberührt bleiben die vor dem 1. Juli 1987 nach § 155a Abs. 1 des Bundesbaugesetzes, Artikel 3 § 12 des Gesetzes zur Änderung des Bundesbaugesetzes vom 18. August 1976 und § 183f Abs. 1 des Bun-

desbaugesetzes geltend gemachten Verletzungen von Verfahrens-
und Formvorschriften.

(2) **Mängel der Abwägung von Flächennutzungsplänen und Sat-
zungen, die vor dem 1. Juli 1987 bekanntgemacht worden sind, sind
unbeachtlich, wenn sie nicht innerhalb von sieben Jahren nach dem
1. Juli 1987 schriftlich gegenüber der Gemeinde geltend gemacht
worden sind; der Sachverhalt, der die Mängel begründen soll, ist
darzulegen. Innerhalb von sechs Monaten nach dem 1. Juli 1987 ist
durch ortsübliche Bekanntmachung in der Gemeinde auf die sich aus
Satz 1 ergebende Änderung der Rechtslage hinzuweisen; dabei ist
über die in Satz 1 bezeichneten Voraussetzungen für die Geltendma-
chung von Mängeln der Abwägung und die Rechtsfolgen zu unter-
richten.**

1. Abs. 1 bestimmt kraft Gesetzes die Rückwirkung der abschließen- **1**
den Regelung der beachtlichen Form- und Verfahrensfehler des § 214
Abs. 1 und der materiellen Unbeachtlichkeitsklauseln des § 214 Abs. 2
auf bestehende Flächennutzungspläne und städtebauliche Satzungen (s.
Vorb. § 214–216, Rn 2). Hinsichtlich der Unbeachtlichkeit bestimmter
Mängel des Abwägungsvorgangs und der Bestimmung des maßgebli-
chen Zeitpunkts unterscheidet sich § 214 Abs. 3 nicht von § 155 b
Abs. 2 BBauG. § 244 Abs. 2 ordnet kraft Gesetzes die in § 215 Abs. 1
Nr. 2 neu eingeführte Verfristung aller beachtlichen Mängel der Abwä-
gung bestehender Flächennutzungspläne und städtebaulicher Satzun-
gen, beginnend mit der ab 1. 7. 1987 laufenden Sieben-Jahresfrist,
sofern die Gemeinde innerhalb von 6 Monaten nach dem 1. 7. 1987
dieses gem. § 244 Abs. 2 S. 2 bekannt gemacht hat. § 244 ist auch
anwendbar auf solche Pläne älteren vor dem BBauG geltenden Rechts,
die als Flächennutzungsplan oder Bebauungsplan fortgelten. Mit diesen
einschneidenden Rückwirkungsregelungen (insbesondere Abs. 2) setzt
das BauBG die mit § 183 f. BBauG begonnene und vom BVerwG
ausdrücklich auch unter verfassungsrechtlichen Gesichtspunkten gebil-
ligte Linie fort (dazu Vorb. § 214–216, Rn 7, BVerwG, BauR 1989, 687/
689 f.). Für die durch § 9 BauGB-MaßnahmenG eingeführte befristete
Unbeachtlichkeitsregelung trifft § 17 BauGB-MaßnahmenG eine ei-
gene Überleitungsregelung.

2. a) Die abschließende und einschränkende Bestimmung der be- **2**
achtlichen Form- und Verfahrensfehler in § 214 Abs. 1, 1–3 (dazu § 214,
Rn 3–9) gilt kraft Gesetzes auch für Flächennutzungspläne, Bebauungs-
pläne und sonstige städtebauliche Satzungen, die vor dem 1. 7. 1987
bekanntgemacht worden sind (s. a. BVerwG aaO). Eines Hinweises der
Gemeinde wie nach § 215 Abs. 2 (dazu § 215, Rn 2) oder einer sonstigen
Bekanntmachung (dazu ausf. BT.-Drs. 10/6166 S. 135) bedarf es nicht.
Auf die Statuierung einer Bekanntmachungspflicht hat der Gesetzgeber
bewußt verzichtet, um einer einengenden, einen Gemeinderatsbeschluß
verlangenden Rechtsprechung vorzubeugen. Frühere Hinweise nach

§ 155a S. 3 BBauG a. F. oder § 155a Abs. 4 BBauG werden durch § 244 Abs. 1 in der Sache eingeschränkt (Bielenberg, in: B/K/S, Rn 95). Abs. 1 HS 2 stellt klar, daß form- und fristgerecht nach altem Recht (§ 155a Abs. 1 BBauG, Art. 3 § 12 ÄndG BBauG, § 183f. Abs. 1 BBauG; dazu Vorb. § 214–216, Rn 3, 4) **erhobene Rügen** wirksam bleiben. § 244 Abs. 1 wirkt sich nicht aus auf fortgeltende Unbeachtlichkeiten und „Heilungen", die auf altem Recht beruhen.

3 **b)** Die von Abs. 1 ebenfalls angeordnete Rückwirkung der Unbeachtlichkeitsklausel des § 214 Abs. 2, die **materielle Fehler** im Verhältnis Flächennutzungsplan/Bebauungsplan betreffen, ist weniger bedeutsam, da diese Unbeachtlichkeitsklauseln bis auf die Nr. 4 – Parallelverfahren – der Regelung des § 155b Abs. 1 S. 1 Nr. 4–8 entsprechen (s. § 214, Rn 10–13). Zur Einbeziehung von § 215 Abs. 3 s. Rn 1.

4 **3.** Die Überleitungsvorschrift des Abs. 2 gilt für alle **Mängel der Abwägung**, also nicht nur für Fehler des Abwägungsvorgangs (s. § 215, Rn 7), die allen Flächennutzungsplänen, Bebauungsplänen oder sonstigen städtebaulichen Satzungen anhaften, die vor dem 1. 7. 1987 bekanntgemacht worden sind. Mängel der Abwägung dieser Flächennutzungspläne, Bebauungspläne und sonstigen Satzungen können nur innerhalb einer Sieben-Jahres-Frist gerügt werden. Diese Frist beginnt kraft Gesetzes und in jedem Fall am 1. 7. 1987. Anders als in Abs. 1 besteht nach Abs. 2 S. 2 die Verpflichtung, durch ortsübliche Bekanntmachung in der Gemeinde auf die Verfristung und den Fristbeginn hinzuweisen. Dies mußte innerhalb von 6 Monaten nach dem 1. Juli 1987 geschehen. Nach Absicht des federführenden BT-Ausschusses (BT-Dr. 10/6166 S. 166) soll die Hinweispflicht nur deklaratorische Bedeutung haben (Bielenberg, in: B/K/S, Rn 95; Söfker, ZfBR 1987, 101; Gaentzsch, in: Berliner Komm., § 244, Rn 4; a. A. Voraufl.; Dolde, BauR 1990, 1/14). Der Zeitpunkt der Bekanntmachung innerhalb der Sechs-Monats-Frist verschiebt nicht den Beginn der Sieben-Jahres-Frist von Abs. 2 S. 1. Die Bekanntmachung muß außer über die Rechtsfolgen auch über die gesetzliche Voraussetzung für die Geltendmachung von Mängeln der Abwägung unterrichten, also darauf hinweisen, daß Mängel der Abwägung von Flächennutzungsplänen und Satzungen, die vor dem 1. 1. 1987 bekanntgemacht worden sind, unbeachtlich sind, wenn sie nicht innerhalb von 7 Jahren nach dem 1. 1. 1987 schriftlich gegenüber der Gemeinde geltend gemacht worden sind. Zugleich ist darauf hinzuweisen, daß der Sachverhalt, der den Mangel begründen soll (schriftlich) darzulegen ist (Abs. 2 S. 2 und S. 1 HS. 2). Der Gesetzgeber hat bewußt darauf verzichtet, in Abs. 2 die Gemeinde als diejenige zu nennen, die die Bekanntmachungspflicht „in der Gemeinde" trifft. Für den Hinweis bedarf es daher keines Ratsbeschlusses (s. a. Vorb. §§ 214–216, Rn 3, § 2, Rn 3).

§ 245 Überleitungsvorschriften für das Städtebauförderungsgesetz

(1) Die Vorschriften dieses Gesetzbuchs über städtebauliche Sanierungsmaßnahmen sind auch anzuwenden, wenn die Gemeinde gemäß § 4 Abs. 3 des Städtebauförderungsgesetzes vor dem 1. Juli 1987 den Beginn der vorbereitenden Untersuchungen beschlossen hat.

(2) Hat die Gemeinde vor dem 1. Juli 1987 ein Sanierungsgebiet im vereinfachten Verfahren förmlich festgelegt (§ 5 Abs. 1 Satz 4 des Städtebauförderungsgesetzes), kann sie durch Änderung der Sanierungssatzung die Genehmigungspflicht nach § 144 insgesamt, nach § 144 Abs. 1 oder nach § 144 Abs. 2 begründen. Hat die Gemeinde die Genehmigungspflicht nach § 144 insgesamt oder nach § 144 Abs. 2 beschlossen, teilt sie dem Grundbuchamt den Beschluß mit; sie hat hierbei die von dem Beschluß betroffenen Grundstücke einzeln aufzuführen. Das Grundbuchamt hat in die Grundbücher dieser Grundstücke einzutragen, daß eine Sanierung durchgeführt wird (Sanierungsvermerk). § 54 Abs. 2 und 3 ist entsprechend anzuwenden.

(3) Hat die Gemeinde vor dem 1. Juli 1987 die Genehmigung einer Sanierungssatzung, in der die Anwendung der §§ 6, 15 bis 23, 41 Abs. 4 bis 11 und des § 42 des Städtebauförderungsgesetzes nicht ausgeschlossen wurde, beantragt, ist § 5 Abs. 2 Satz 1 bis 4 und Abs. 3 des Städtebauförderungsgesetzes anstelle des § 143 Abs. 1 und 2 mit der Maßgabe anzuwenden, daß bei der ortsüblichen Bekanntmachung der Sanierungssatzung auf die §§ 152 bis 156 hinzuweisen ist.

(4) Auf einen vor dem 1. Juli 1987 gestellten Antrag auf Erteilung der Genehmigung nach § 15 des Städtebauförderungsgesetzes ist diese Vorschrift weiter anzuwenden.

(5) Teilt die Gemeinde einem Eigentümer vor dem 1. Juli 1987 nach § 18 Abs. 1 Satz 1 oder 2 des Städtebauförderungsgesetzes mit, daß sie den Erwerb des Grundstücks in Betracht zieht, ist § 18 des Städtebauförderungsgesetzes über das gemeindliche Grunderwerbsrecht weiter anzuwenden. Ein Verwaltungsakt nach § 18 des Städtebauförderungsgesetzes kann nach dem 30. Juni 1987 nur durch Antrag auf gerichtliche Entscheidung nach dem Dritten Teil des Dritten Kapitels angefochten werden.

(6) Die mit der Erhebung von Daten Beauftragten im Sinne des § 3 Abs. 4 des Städtebauförderungsgesetzes sind nach Maßgabe des § 138 Abs. 3 zu verpflichten, soweit sie nicht vor dem 1. Juli 1987 bereits im Sinne dieser Vorschrift verpflichtet worden sind.

(7) Satzungen, die nach den Vorschriften des Städtebauförderungsgesetzes erlassen worden sind, und Rechtsvorschriften aufgrund des § 92 Abs. 2 des Städtebauförderungsgesetzes gelten für Zwecke der Normenkontrolle nach § 47 der Verwaltungsgerichtsordnung als solche nach diesem Gesetzbuch.

(8) Bei den von § 165 erfaßten städtebaulichen Entwicklungsmaß-

nahmen ist § 53 Abs. 5 des Städtebauförderungsgesetzes weiter anzuwenden.

(9) Wird zur zweckmäßigen Durchführung entsprechend den Zielen und Zwecken einer städtebaulichen Entwicklungsmaßnahme, die vor dem 1. Juli 1987 förmlich festgelegt worden ist, eine Änderung des Geltungsbereichs der Entwicklungsmaßnahmeverordnung erforderlich, ist § 53 in Verbindung mit § 1 des Städtebauförderungsgesetzes weiter anzuwenden.

(10) Der Fünfte Teil des Städtebauförderungsgesetzes (§§ 71 bis 75) ist bis zum Ablauf des 31. Dezember 1987 weiter anzuwenden.

(11) § 38 Abs. 2 Satz 2 und 3, die §§ 39, 40, 41 Abs. 1 bis 3, § 43 Abs. 3 und 4 und die §§ 44 bis 49 und 58 des Städtebauförderungsgesetzes sind weiter anzuwenden. Nach dem 31. Dezember 1987 kann Landesrecht an deren Stelle in Kraft treten; dies gilt nicht für die Regelungen über Sanierungs- und Entwicklungsförderungsmittel des Bundes.

Übersicht

1. Anwendung des BauGB (Abs. 1). Mit Inkrafttreten des BauGB zum 1. 7. 1987 wurden gemäß Artikel 2 des Gesetzes über das BauGB das Städtebauförderungsgesetz (Nr. 1), die Ordnungsmaßnahmenverordnung (Nr. 25) und die Ausgleichsbetragsverordnung (Nr. 26) aufgehoben. Zur Überleitung des Sanierungsrechts des StBauFG enthalten die Schlußvorschriften des BauGB mehrere Überleitungsvorschriften; vgl. § 235 Abs. 1 und 2, §§ 240, 241 und – als zentrale Überleitungsregel – 245.

2 Die Vorschriften des BauGB über die Vorbereitung und Durchfüh-

rung der Sanierung entsprechen materiell den früheren Regelungen des StBauFG. Änderungen ergeben sich hinsichtlich einzelner Instrumente, die z. T. nicht übernommen wurden oder hinsichtlich Verfahren, die – vor allem was das vereinfachte Verfahren betrifft – neu geregelt wurden. Die Konzeption für die Überleitung des StBauFG ist entsprechend differenziert: Die generelle Überleitungsvorschrift enthält **§ 245 Abs. 1,** wonach **auf Sanierungsmaßnahmen nach dem StBauFG nunmehr das BauGB anzuwenden** ist. Als Stichtag regelt Abs. 1 den Beschluß der Gemeinde über den Beginn der vorbereitenden Untersuchungen gemäß § 4 Abs. 3 StBauFG. Mit diesem Beschluß beginnt das im StBauFG geregelte Sanierungsverfahren. Abs. 1 stellt somit die Überleitung aller unter dem StBauFG vorbereiteten und eingeleiteten Sanierungsmaßnahmen sicher. Verfahrensschritte, die nach dem StBauFG durchgeführt wurden, brauchen nicht gemäß BauGB wiederholt zu werden. Etwas anderes gilt nur für die in den Überleitungsvorschriften des BauGB ausdrücklich bezeichneten Regelungen, für die sich aufgrund der materiellen Rechtsänderung ein besonderer Handlungsbedarf der Gemeinde ergibt. Zu den durch das BauGB gegenüber StBauFG geänderten Vorschriften ohne besondere Überleitung (z. B. §§ 136, 137, 138, 139) vgl. im einzelnen Krautzberger, in: B/K/S, Rn 382.

2. Vereinfachtes Verfahren (Abs. 2). Das mit der Novelle 1984 3
StBauFG eingeführte vereinfachte Verfahren ist durch das BauGB weitreichend fortentwickelt worden; vgl. insbesondere § 142 Abs. 4. Allerdings kann auch nach neuem Recht das vereinfachte Verfahren so ausgestaltet werden, daß – wie im vereinfachten Verfahren nach StBauFG – die Veränderungs- und Verfügungssperre ausgeschlossen ist (§ 142 Abs. 4). Weitere Unterschiede ergeben sich daraus, daß im neuen vereinfachten Verfahren das sanierungsrechtliche Vorkaufsrecht (früher § 17 StBauFG) und das besondere Enteignungsrecht (früher § 22 StBauFG) stets zur Anwendung kommen: Während nach § 5 Abs. 1 Satz 4 StBauFG die §§ 17 und 22 StBauFG (Vorkaufsrecht, Enteignung) im vereinfachten Verfahren nicht anzuwenden waren, finden die entsprechenden Bestimmungen nach neuem Recht (§ 24 Abs. 1 Nr. 3; § 28 Abs. 4; § 87 Abs. 3 S. 3; § 88 S. 2) in allen Fällen des vereinfachten Verfahrens Anwendung.

Das BauGB leitet die gemäß Novelle 1984 StBauFG eingeleiteten 4
vereinfachten Verfahren wie folgt über: Was die Anwendung der Veränderungs- und Verfügungssperre (bisher § 15 StBauFG, jetzt § 144 BauGB) betrifft, ergibt sich im Umkehrschluß aus **§ 245 Abs. 2,** daß es bei dem Ausschluß der Veränderungs- und Verfügungssperre bleibt. Für die Gemeinden besteht hier also **kein Handlungsbedarf** aufgrund der Neuregelung des vereinfachten Verfahrens. Die Überleitungsvorschrift stellt die Gemeinde jedoch für laufende vereinfachte Verfahren so wie sie nach neuem Recht bei der Einleitung neuer Verfahren stehen würde: Die Gemeinde kann – entsprechend § 142 Abs. 4 – die Anwen-

dung des § 144 insgesamt oder des § 144 Abs. 1 oder Abs. 2 **(nachträglich)** durch Änderung der Sanierungssatzung beschließen. Dagegen
finden die im vereinfachten Verfahren nach StBauFG ausgeschlossenen
Bestimmungen über das sanierungsrechtliche Vorkaufsrecht und die
besonderen Enteignungsbestimmungen mit Inkrafttreten des BauGB
Anwendung; vgl. § 235 Abs. 2, § 240 Abs. 1 (hierzu auch Rn 11 und
12). Die späteren (und höherrangige) Normen des BauGB heben
insoweit nachträglich die in den Sanierungssatzungen gemäß § 5 Abs. 1
Satz 4 StBauFG enthaltenen Ausschlußregelungen auf.

5 **3. Anhängige Satzungsverfahren (Abs. 3) Abs. 3** enthält eine Überleitung für solche Fälle, in denen vor Inkrafttreten des BauGB die
Genehmigung einer Sanierungssatzung gemäß § 5 Abs. 2 Satz 1
StBauFG beantragt ist, jedoch die **Satzung vor Inkrafttreten des
BauGB nicht rechtsverbindlich** geworden ist. Die Überleitung betrifft
also nicht Fälle, in denen die Sanierungssatzung zwar beschlossen, der
Genehmigungsantrag aber nicht gestellt ist. Sie schließt auch jene Fälle
ein, in denen zwar die Genehmigung der Sanierungssatzung erteilt, die
Satzung jedoch noch nicht ortsüblich bekanntgemacht worden ist (§ 5
Abs. 3 StBauFG). Nach **Abs. 3** verbleibt es in diesen Fällen bei der
Durchführung des Genehmigungsverfahrens nach § 5 Abs. 2 Satz 1 bis
4 StBauFG anstelle des Anzeigeverfahrens nach § 143 Abs. 1. In diesen
Fällen verbleibt es auch bei der bisherigen Bekanntmachungsregelung
des § 5 Abs. 3 StBauFG (anstelle § 143 Abs. 2 BauGB). Bei der ortsüblichen Bekanntmachung der Sanierungssatzung ist jedoch abweichend
von § 5 Abs. 3 S. 2 StBauFG und entsprechend § 143 Abs. 2 BauGB
nunmehr auf die Vorschriften des Dritten Abschnitts des BauGB
hinzuweisen (§§ 152 bis 156). Hierdurch wird sichergestellt, daß –
entsprechend dem Grundsatz des Abs. 1 – für die nach Inkrafttreten des
Gesetzes ortsüblich bekanntgemachte Sanierungssatzung bereits das
neue Recht anzuwenden ist.

6 Abs. 3 regelt ausschließlich die Fälle, in denen Sanierungen im „herkömmlichen" Verfahren durchgeführt werden sollen; die Fälle des
vereinfachten Verfahrens sind von der Überleitung ausgenommen:
Abs. 3 bezieht sich nur auf Sanierungssatzungen, in denen die Anwendung der §§ 16, 15 bis 23, 41 Abs. 4 bis 11 und des § 42 StBauFG **nicht**
ausgeschlossen sind; diese Vorschriften sind jedoch gemäß § 5 Abs. 1
S. 4 StBauFG im bisherigen vereinfachten Verfahren ausgeschlossen.
Am 1. 7. 1987 noch nicht genehmigte oder noch nicht bekanntgemachte Satzungen über eine Sanierung im vereinfachten Verfahren
waren daher von der Gemeinde auf das neue Recht umzustellen;
insoweit galt nunmehr das Anzeigeverfahren. Diese Umstellung erschien dem Gesetzgeber im Hinblick auf die lange Zeit zwischen
Verkündung (Dezember 1986) und Inkrafttreten (1. Juli 1987) des Gesetzes zumutbar.

7 **4. Anträge nach § 15 StBauFG (Abs. 4).** Für **Anträge auf Erteilung
der Genehmigung nach** § 15 StBauFG enthält **Abs. 4** eine Überleitungs-

regelung. Danach ist auf einen vor Inkrafttreten des BauGB gestellten Antrag § 15 StBauFG weiter anzuwenden. Durch diese Regelung wird zugleich sichergestellt, daß die Position des Antragstellers im Hinblick auf die Erweiterung der Versagungsgründe um die Fälle der Nutzungsänderung (§ 144 Abs. 1 Nr. 1 i. V. m. § 14 Abs. 1 Nr. 1, § 29 S. 1) nicht während eines anhängigen Verfahrens verschlechtert wird. Aus der Vorschrift ergibt sich im Umkehrschluß, daß die Erweiterung der Genehmigungspflicht um die Fälle der Nutzungsänderung auch für laufende, also vor Inkrafttreten des BauGB eingeleitete Sanierungsmaßnahmen gilt, jedoch beschränkt auf Genehmigungsanträge nach Inkrafttreten des Gesetzbuchs.

5. Grunderwerbsrecht (Abs. 5). § 18 StBauFG über das gemeindliche Grunderwerbsrecht ist in das BauGB nicht übernommen worden. **Abs. 5 S. 1** enthält eine Überleitungsvorschrift für Fälle, in denen das Verfahren nach § 18 StBauFG von der Gemeinde vor Inkrafttreten des BauGB eingeleitet wurde. Hierdurch wird sichergestellt, daß die Gemeinde nicht nach möglicherweise mehrjähriger Verfahrens- und Prozeßdauer das Verfahren nicht nach § 18 StBauFG abschließen kann, sondern nunmehr anstelle des gemeindlichen Grunderwerbsrechts das Enteignungsverfahren betreiben muß. **Abs. 5 S. 2** BauGB sichert für Überleitungsfälle auch den Rechtsweg entsprechend der bisherigen Regelung in § 86 Abs. 2 Satz 1 StBauFG. **8**

6. Auskunftspflicht (Abs. 6). § 3 Abs. 4 StBauFG über die Auskunftspflicht der Sanierungsbetroffenen ist durch § 138 geändert worden. Das neue Recht ist unmittelbar auf die bisher erhobenen Daten anzuwenden. Soweit Daten von einem Beauftragten der Gemeinde erhoben wurden, enthält § 138 Abs. 2 eine den Datenschutz sicherstellenden Weitergaberegelung. Nach § 138 Abs. 3 sind die mit der Erhebung der Daten Beauftragten bei Aufnahme ihrer Tätigkeit darauf zu verpflichten. Nach **Abs. 6** besteht diese Verpflichtung auch für Beauftragte im Sinne des § 3 Abs. 4 StBauFG; die Beauftragten sind also – soweit dies nicht bereits erfolgt ist – nachträglich entsprechend zu verpflichten. **9**

7. Umlegungsvermerk. Keine Überleitungsregelung enthält das BauGB im Hinblick auf den **Wegfall des § 16 Abs. 1 StBauFG.** Nach § 16 Abs. 1 StBauFG entfällt die Eintragung des **Umlegungsvermerks,** wenn die Umlegung in förmlich festgelegten Sanierungsgebiet eingeleitet wird. Da eine spezielle Überleitungsvorschrift nichts anderes bestimmt, ergibt sich auch für laufende Sanierungsumlegungen, daß nach Maßgabe des § 54 Umlegungsvermerke einzutragen sind. **10**

8. Vorkaufsrecht. Für das **Vorkaufsrecht** in der Sanierung enthält § 235 mehrere Überleitungsvorschriften: Nach **§ 235 Abs. 1** ist § 17 StBauFG bei Verkaufsfällen aus der Zeit vor dem Inkrafttreten des BauGB weiter anzuwenden; im Hinblick auf den Ausschluß des § 17 StBauFG im **vereinfachten Verfahren** nach StBauFG (§ 5 Abs. 1 Satz 4 StBauFG) hat die Überleitungsvorschrift nur für „herkömmliche" **11**

Verfahren Bedeutung. Bedeutsam ist die Überleitung in § 235 **Abs. 2** für
das neue Sanierungsvorkaufsrecht des § 24 Abs. 1 Nr. 3 BauGB. An-
ders als in den Sanierungssatzungen für das vereinfachte Verfahren
gemäß § 5 Abs. 1 Satz 4 StBauFG angeordnet – § 17 StBauFG auf das
Vorkaufsrecht ist hiernach im vereinfachten Verfahren ausgeschlossen –
gilt das Sanierungsvorkaufsrecht des § 24 Abs. 1 Nr. 4 BauGB in allen
Sanierungsfällen, insbesondere auch in den vor Inkrafttreten des
BauGB im vereinfachten Verfahren gemäß § 5 Abs. 1 Satz 4 StBauFG
förmlich festgelegten Sanierungsgebieten.

12 **9. Enteignung.** Für die **Enteignung** enthält § 240 zwei Überleitungs-
vorschriften: **Abs. 1** leitete § 22 StBauFG über besondere Vorschriften
über die Enteignung im Hinblick auf die Neukonzeption des verein-
fachten Verfahrens über. Der Regelungsgehalt des bisherigen § 22
StBauFG ist nunmehr in § 87 Abs. 3 S. 3, § 88 S. 2 geregelt. Danach
gelten die besonderen Enteignungsvorschriften künftig für alle Sanie-
rungsverfahren, also **auch für das vereinfachte Verfahren;** dies betrifft
die Fälle des § 22 Abs. 1 S. 1 StBauFG (erleichterte Enteignung; jetzt
§ 88 S. 2 BauGB) und des § 22 Abs. 2 StBauFG (Enteignung zugunsten
eines Sanierungsträgers; jetzt § 87 Abs. 3 S. 3). § 240 Abs. 1 bestimmt,
daß diese enteignungsrechtlichen Sonderbestimmungen auch in Sanie-
rungsgebieten anzuwenden sind, die vor Inkrafttreten des BauGB im
vereinfachten Verfahren förmlich festgelegt worden sind. Das BauGB
hebt insoweit die in den Satzungen gemäß § 5 Abs. 1 S. 4 StBauFG
ausgeschlossene Anwendung des bisherigen § 22 StBauFG auf.

13 **10. Veräußerungspflicht.** Die **Veräußerungspflicht** gemäß § 25
StBauFG ist durch § 240 Abs. 2 übergeleitet: Danach verbleibt es für
Grundstücke, die die Gemeinde vor dem 1. 7. 1987 erworben hat, bei
der differenzierten Neuregelung des § 25 StBauFG. Alle Grundstücke,
die die Gemeinde nach der förmlichen Festlegung des Sanierungsge-
biets und vor dem 1. 7. 1987 zur Durchführung der Sanierung erwor-
ben hat, sind daher in Anwendung des § 25 StBauFG zu veräußern. Die
Neuregelung des § 89 BauGB beschränkt die gesetzliche Veräußerungs-
pflicht bei Erwerbsfällen nach Inkrafttreten des BauGB auf den Grund-
stückserwerb durch Enteignung und Vorkaufsrecht. Für die unter
Inanspruchnahme staatlicher Finanzierungsmittel durchgeführten städ-
tebaulichen Sanierungsmaßnamen dürfte es allerdings aufgrund förde-
rungsrechtlicher Bestimmungen der Länder auch zukünftig bei einer
weiterreichenden Reprivatisierungspflicht – entsprechend § 25
StBauFG – bleiben; die Reprivatisierung von Grundstücken ist eine
wesentliche Refinanzierungsquelle der Sanierung; vgl. im einzelnen
Krautzberger, in: B/K/K, Bd. I B, § 240, dort auch zur weiteren An-
wendung des § 25 StBauFG.

14 **11. Ausgleichsbetrag des Veranlassers.** Keine Überleitungsregelung
enthält das BauGB für die Fälle des § 42 **StBauFG – Ausgleichsbeträge
des Veranlassers.** Die Aufhebung dieser Vorschrift ist mit ihrer prakti-
schen Bedeutungslosigkeit begründet worden (BT-Drs. 10/4630, S. 50,

130), so daß auch für eine Überleitungsregelung kein Bedürfnis gesehen wurde. Die Erhebung der Ausgleichsbeträge des Veranlassers ist im übrigen als Ermessensvorschrift ausgestaltet worden. Sie kommt erst nach Abschluß einer Sanierung in Betracht (§ 42 Abs. 3 i. V. m. § 41 Abs. 6 StBauFG). In eventuellen Überleitungsfällen ist ggf. nach allgemeinen Grundsätzen zu verfahren: Ist ein Ausgleichsbetragsbescheid nach § 42 StBauFG rechtsbeständig geworden, so verbleibt es dabei; andernfalls ist auf die Rechtslage im Zeitpunkt der letzten Behördenentscheidung abzustellen.

12. Härteausgleich. Der Härteausgleich wird in § 241 übergeleitet, **15** und zwar im Hinblick auf die weggefallenen Tatbestände des § 85 Abs. 2 Nr. 1 und Nr. 2 StBauFG.

13. Normenkontrolle (Abs. 7). Abs. 7 knüpft an eine Änderung der **16** VwGO an, die mit dem BauGB wirksam wurde: Durch Art. 2 Nr. 9a des Gesetzes über das BauGB ist in **§ 47 Abs. 1 Nr. 1 VwGO** die Bezugnahme auf Vorschriften des BBauG und StBauFG durch Vorschriften des BauGB ersetzt worden; ebenso ist die Bezugnahme auf Rechtsverordnungen aufgrund des § 188 Abs. 2 BBauG und § 92 Abs. 2 StBauFG durch § 246 Abs. 2 BauGB ersetzt worden. **Abs. 7** stellt hierzu sicher, daß die Normenkontrolle auch künftig gegen Satzungen zulässig ist, die nach dem **StBauFG** erlassen wurden. Hinsichtlich der nach **BBauG** erlassenen Satzungen bedurfte es einer solchen Regelung nicht; das BauGB ist gesetzestechnisch eine BBauG-Novelle unter Änderung der Bezeichnung, so daß die Zulassung der Normenkontrolle für Vorschriften des BauGB die Normenkontrolle gegen Vorschriften des (früheren) BBauG einschließt. Hinsichtlich der Satzungen nach StBauFG oder der nach § 92 Abs. 2 StBauFG in anderer Rechtsetzungsform erlassenen Vorschriften könnte es ohne die in Abs. 7 getroffene Regelung zumindest zweifelhaft sein, ob die Normenkontrolle hiergegen weiter eröffnet wäre. Abs. 7 betrifft ausschließlich die nach StBauFG vorgesehenen Satzungen (einschließlich der gem. § 92 Abs. 2 in anderer Form der Rechtssetzung erlassenen Vorschriften), also der **Sanierungssatzung,** die Satzung über **Ersatz- und Ergänzungsgebiete** und die Satzung über **Anpassungsgebiete.** Abs. 7 betrifft dagegen **nicht** den Fall der Normenkontrolle gegen die nach **§ 53 StBauFG erlassene Verordnung der Landesregierung** über die förmliche Festlegung als Entwicklungsbereich. Die Zulässigkeit der Normenkontrolle bestimmt sich insoweit nach § 47 Abs. 1 Nr. 2 VwGO; sie ist zugelassen, sofern das Landesrecht dies bestimmt (vgl. hierzu die Erl. zu § 165).

14. Entwicklungsvermerk (Abs. 8). Abs. 8 enthält eine Überlei- **17** tungsvorschrift für die Eintragung des sog. **Entwicklungsvermerks:** Nach § 53 Abs. 5 StBauFG ersucht die Gemeinde das Grundbuchamt, in das Grundbuch der im Entwicklungsbereich gelegenen Grundstücke einzutragen, daß eine Entwicklungsmaßnahme durchgeführt wird (Entwicklungsvermerk). Die Eintragung hat nur deklaratorischen Charakter. Das Grundbuchamt hat seinerseits die Grundeigentümer

und die dinglich Berechtigten über die Eintragung zu benachrichtigen
(§ 55 GBO). Das BauGB enthält keine § 53 Abs. 5 StBauFG vergleich-
bare Regelung. Dies erklärt sich damit, daß der Anwendungsbereich
des städtebaulichen Entwicklungsrechts nach § 165 BauGB die nur zum
1. 7. 1987 bereits förmlich festgelegten Gebiete zum Gegenstand hat.
Die Überleitungsvorschrift trägt folgender Fallgestaltung Rechnung:
Es kann nicht ausgeschlossen werden, daß bei einzelnen Grundstücken
in einem förmlich festgelegten Entwicklungsbereich die Eintragung in
das Grundbuch gemäß § 53 Abs. 5 StBauFG bis zum 1. 7. 1987 unter-
blieben ist. Für die Eintragung würde ohne die Überleitungsvorschrift
die Rechtsgrundlage entfallen.

 Zur Überleitung der mit § 6 BauGB-MaßnahmenG wieder einge-
führten städtebaulichen Entwicklungsmaßnahme vgl. § 15 **BauGB-
MaßnahmenG.**

18 **15. Änderung des Entwicklungsbereichs. Abs. 9** trägt dem Um-
stand Rechnung, daß sich nach den Zielen und Zwecken einer städte-
baulichen Entwicklungsmaßnahme nach Inkrafttreten des BauGB (1. 7.
1987) das Erfordernis einer **Änderung des räumlichen Geltungsbe-
reichs der Entwicklungsmaßnahmeverordnung** ergeben kann. Abs. 9
schafft für diesen Fall eine Rechtsgrundlage für die Änderung der
Rechtsverordnung nach § 53 StBauFG (bisher galt für nachträgliche
Änderungen unmittelbar § 53 StBauFG). Die Fortgeltung des § 53
i. V. m. § 1 StBauFG stellt sicher, daß bei künftigen Änderungen von
Entwicklungsmaßnahmeverordnungen die bis zum Inkrafttreten des
BauGB geltenden rechtlichen Maßstäbe fortgelten. Aufgrund des
Abs. 9 kann der Entwicklungsbereich sowohl **erweitert** als auch **einge-
engt** werden. So kann sich aus den Zielen und Zwecken der Maßnahme
ergeben, daß Teilbereiche vorzeitig entlassen werden, ohne daß die
Voraussetzungen über die Teilaufhebung des städtebaulichen Entwick-
lungsbereichs wegen Durchführung der Entwicklungsmaßnahme vor-
liegen (vgl. § 171 BauGB [früher § 63 Abs. 1 S. 2
StBauFG]). Abs. 9 stellt insoweit die Rechtslage für den Fall von
Teilaufhebungen auch für die Fälle klar, in denen die Voraussetzungen
der Durchführung für Teilgebiete nicht vorliegen; eine entsprechende
Klarstellung enthält § 162 Abs. 1 S. 2 für die Teilaufhebung von Sanie-
rungssatzungen.

 Zur Überleitung der mit § 6 BauGB-MaßnahmenG wieder einge-
führten städtebaulichen Entwicklungsmaßnahme vgl. § 15 **BauGB-
MaßnahmenG.**

19 **16. Förderung durch den Bund (Abs. 10).** Eines der mit dem
BauGB angestrebten Ziele war die **Entflechtung der Mischfinanzie-
rung** im Bereich des Städtebaus (vgl. Vorbem. zu den §§ 136 bis 164,
Rn 25). Der Bund hat den Ländern auf der Grundlage des StBauFG seit
1971 Finanzhilfen gem. Art. 104a Abs. 4 GG zur Förderung städtebau-
licher Sanierungs- und Entwicklungsmaßnahmen gewährt; vgl. § 71
Abs. 1 StBauFG. Nach **Art. 104a Abs. 4 GG** kann der Bund den Län-

dern Finanzhilfen für besonders bedeutsame Investitionen der Länder und Gemeinden gewähren, die zur Abwehr einer Störung des gesamtwirtschaftlichen Gleichgewichts oder zum Ausgleich unterschiedlicher Wirtschaftskraft im Bundesgebiet oder zur Förderung des wirtschaftlichen Wachstums erforderlich sind. Gemäß Art. 104a Abs. 4 S. 2 GG werden die Einzelheiten der Finanzhilfe in einem Bundesgesetz oder in einer Verwaltungsvereinbarung geregelt. Eine dementsprechende bundesgesetzliche Regelung enthielt der Fünfte Teil des StBauFG (**§§ 71 bis 75**). Entsprechend den während der Vorbereitung des BauGB politisch verfolgten Ziels des Abbaus der Bundesfinanzhilfen für den Städtebau sieht **Abs. 10** vor, daß die Regelungen über die Förderung durch den Bund (§§ 71 bis 75 StBauFG) noch über das Inkrafttreten des BauGB, jedoch nur bis zum Ablauf des 31. Dezember 1987 weiter anzuwenden sind. Seit 1.1. 1988 wird diese Förderung jedoch aufgrund einer **Verwaltungsvereinbarung** fortgesetzt; vgl. hierzu sowie zur Gewährung von Finanzhilfe aufgrund des zum 1.1. 1989 in Kraft getretenen **Strukturhilfegesetzes** Vorbem. zu §§ 136–164, Rn 25ff. sowie Krautzberger und Koopmann, in: B/K/K, Bd. II, B und I.

17. Finanzierung der Städtebauförderung (Abs. 11). a) Allgemeines. Die Konzeption des Abbaus der Mischfinanzierung bei der Städtebauförderung, die dem BauGB zugrunde liegt, beschränkt sich nicht auf die Finanzhilferegelungen im eigentlichen Sinne, also auf die §§ 71 bis 75 StBauFG. Die Entflechtung hat vielmehr gemäß **Abs. 11** auch Vorschriften zum Gegenstand, die ihre Grundlage in Art. 74 Nr. 18 GG finden (vgl. Vorbem. zu den §§ 136 bis 164, Rn 27). **Abs. 11 S. 2** sieht hierzu vor, daß nach dem 31. 12. 1987 Landesrecht anstelle der bisher bundesrechtlichen Vorschriften über die Finanzierung von Sanierungs- und Entwicklungsmaßnahmen treten kann; unberührt bleiben die Regelungen nur insoweit, als sie Aussagen über Sanierungs- und Entwicklungsförderungsmittel des Bundes enthalten. Die in **Abs. 11 S. 1** bezeichneten Vorschriften des StBauFG **bleiben somit nach dem Inkrafttreten des BauGB weiterhin geltendes Bundesrecht.** Sie bleiben **auch nach dem 31. 12. 1987** Bundesrecht, sofern und soweit nicht Landesrecht „an deren Stelle" in Kraft tritt. Die landesrechtliche Regelung kann auch darin bestehen, daß die bundesrechtliche Regelung in eine landesrechtliche übernommen wird; „an deren Stelle" schließt sie Fälle der unveränderten Übernahme ein. Abs. 11 S. 2 bezeichnet nicht die Normqualität, durch die landesrechtlich das bisherige Bundesrecht in Landesrecht übernommen werden kann. Da es sich um die Übernahme oder Änderung einer bundesgesetzlichen Regelung handelt, bedarf es hierfür eines **Landesgesetzes.** Das Landesgesetz könnte sich jedoch ggf. auf eine Ermächtigung an den Landesverordnungsgeber beschränken, landesrechtliche Bestimmungen anstelle des Bundesrechts treten zu lassen. Die landesgesetzliche Bestimmung i. S. des Abs. 11 S. 2 könnte sich auch auf die Ermächtigung zum Erlaß entsprechender Verwaltungsvorschriften des Landes beschränken. Aufgrund

der Fortführung der Städtebauförderung auch nach dem 1. 1. 1988 ist
die gesetzgeberische Konzeption des § 245 Abs. 11 S. 2 faktisch – und
rechtlich, soweit Finanzhilfen des Bundes gewährt werden, – suspen-
diert worden; vgl. hierzu im einzelnen Krautzberger, NVwZ 1988, 591
sowie ders., in: B/K/K, Bd. II, B.2, Rn 8 ff., 13 ff. m. w. N.

21 Die in § 245 Abs. 11 genannten **Vorschriften des StBauFG** sind also
derzeit und bis zu einem noch nicht absehbaren Zeitpunkt weiter
anzuwenden.

Diese Vorschriften gelten insbesondere auch für die gem. **§ 3 Nr. 4a
Strukturhilfegesetz** mit Bundesfinanzhilfen geförderten Sanierungs-
und Entwicklungsmaßnahmen sowie für die städtebaulichen Entwick-
lungsmaßnahmen nach dem **BauGB-MaßnahmenG**; vgl. dort § 7
Abs. 1 Nr. 21, Abs. 2. Zur Erläut. dieser Vorschriften vgl. im einzelnen
B/K/K, Bd. II, B.4 sowie D, dort zum Förderungsrecht insgesamt.

22 **b) Die fortgeltenden Vorschriften des StBauFG:** Die fortgeltenden
Vorschriften des StBauFG lauten wie folgt:

§ 38 Kosten- und Finanzierungsübersicht

(1) *(entfallen; jetzt: § 149 Abs. 1)*

(2) *(S. 1 entfallen; jetzt: § 149 Abs. 5)*

Die höhere Verwaltungsbehörde kann von der Gemeinde Ergänzun-
gen oder Änderungen der Kosten- und Finanzierungsübersicht verlan-
gen. Sie hat für ein wirtschaftlich sinnvolles Zusammenwirken der
Gemeinde und der anderen Träger öffentlicher Belange bei der Durch-
führung ihrer Maßnahmen zu sorgen und die Gemeinde bei der Be-
schaffung von Förderungsmitteln eines öffentlichen Haushalts zu un-
terstützen.

(2a) *(entfallen; jetzt: § 149 Abs. 4)*

(3) *(entfallen)*

§ 39 Einsatz von Sanierungsförderungsmitteln

(1) Mittel des Bundes, der Länder, Gemeinden und Gemeindever-
bände, die von ihnen zur Förderung der Sanierung bestimmt sind
(Sanierungsförderungsmittel), sollen von den für die Bewilligung zu-
ständigen Stellen zur Deckung der Kosten der Vorbereitung der Sanie-
rung, der Kosten der Ordnungsmaßnahmen, der Kosten der Moderni-
sierungsmaßnahmen und der Kosten der Instandsetzungsmaßnahmen
eingesetzt werden. Sie können auch zur Deckung der Kosten des

Erwerbs von Grundstücken eingesetzt werden sowie zur Deckung sonstiger Kosten der Sanierung, insbesondere auch der durch sie bedingten Gemeinbedarfs- und Folgeeinrichtungen sowie der Baumaßnahmen nach § 13 Abs. 3, wenn sonst der Sanierungszweck nicht erreicht werden könnte. Der Einsatz von Sanierungsförderungsmitteln für den Neubau von Wohnungen und den Bau von Ersatzwohnungen nach § 45 Abs. 2 bis 5 bleibt unberührt.

(2) Sanierungsförderungsmittel des Bundes, der Länder und anderer öffentlicher Haushalte sind der Gemeinde zuzuweisen, soweit sie Maßnahmen selbst durchführt oder zur Kostentragung verpflichtet ist. Zur Förderung sonstiger Maßnahmen bestimmte Sanierungsförderungsmittel eines anderen öffentlichen Haushalts sollen der Gemeinde zur Weiterbewilligung an den die Maßnahme Durchführenden gewährt werden, sofern die zuständige Landesbehörde nicht eine andere Stelle als Bewilligungsstelle bestimmt hat; die andere Stelle soll der Gemeinde vor einer Bewilligung Gelegenheit zur Stellungnahme geben.

(3) Sanierungsförderungsmittel können als Darlehen oder Zuschüsse zur Deckung der Kosten oder zur Verbilligung von anderen Darlehen, die der Deckung der Kosten dienen, gewährt werden. Sie können als Darlehen auch zur Vor- oder Zwischenfinanzierung, als Zuschüsse auch zur Verbilligung von anderen Vor- oder Zwischenfinanzierungsdarlehen, zur Förderung von Modernisierungsmaßnahmen, von Instandsetzungsmaßnahmen oder von Maßnahmen im Sinne des § 43 Abs. 3 Satz 2 auch als Darlehen oder Zuschüsse zur Deckung der erhöhten laufenden Aufwendungen gewährt werden.

(4) Soweit eine andere Stelle als die Gemeinde Kosten für bestimmte durch die Sanierung bedingte oder mit ihr zusammenhängende Maßnahmen auf anderer rechtlicher Grundlage zu tragen verpflichtet ist oder aus anderen als Sanierungsförderungsmitteln trägt oder derartige Maßnahmen fördert, dürfen Sanierungsförderungsmittel mit Zustimmung der anderen Stelle zur Vor- und Zwischenfinanzierung eingesetzt werden, wenn die Ersetzung durch die endgültigen Finanzierungs- oder Förderungsmittel zu erwarten ist.

(5) Sanierungsförderungsmittel können als Vorauszahlung gegeben werden unter Vorbehalt einer späteren Bestimmung, ob sie als Darlehen oder Zuschuß gewährt werden oder durch andere Finanzierungsmittel zu ersetzen oder zurückzuzahlen sind; die vorausgezahlten Mittel sind in der Vorauszahlungszeit zins- und tilgungsfrei.

§ 40 Kosten der Vorbereitung der Sanierung

(1) Zur Deckung der Kosten der Vorbereitung der Sanierung können Sanierungsförderungsmittel auch bereits vor einer förmlichen Festlegung des Sanierungsgebiets eingesetzt werden.

(2) Zu den Kosten der Vorbereitung der Sanierung gehören insbesondere die Kosten der vorbereitenden Untersuchungen, der Verhandlung mit den Beteiligten, der förmlichen Festlegung des Sanierungsgebiets, der Erarbeitung des Sozialplans und der Ausarbeitung von Bauleitplänen. Die Kosten einzelner von der Gemeinde beschlossener Ordnungs- und Baumaßnahmen, die vor einer förmlichen Festlegung des Sanierungsgebiets durchgeführt werden, gelten als Kosten der Vorbereitung der Sanierung, wenn gewährleistet ist, daß diese Maßnahmen den Zielen und Zwecken der Sanierung entsprechen und die Landesregierung oder die von ihr bestimmte Stelle zugestimmt hat.

(3) Sanierungsförderungsmittel können einer Gemeinde auch für Kosten gewährt werden, die ihr aus dem Erwerb von Grundstücken erwachsen, wenn der Erwerb der Sanierung dient.

§ 41 Kosten der Ordnungsmaßnahmen; Ausgleichsbeträge

(1) Die Kosten der Ordnungsmaßnahmen trägt die Gemeinde.

(2) Zu den Kosten der Ordnungsmaßnahmen gehören alle Kosten, die bei der Durchführung der in § 12 Abs. 1 Nr. 1 bezeichneten Ordnungsmaßnahmen entstehen; insbesondere auch

1. Entschädigungen, soweit durch sie kein bleibender Gegenwert erlangt worden ist,
2. Ausgaben für den Härteausgleich,
3. Kosten der Verwirklichung des Sozialplans, soweit sie bei der Durchführung der Ordnungsmaßnahmen entstehen, insbesondere Kosten des Umzugs von Bewohnern und Betrieben.

(3) Zu den Kosten der Ordnungsmaßnahmen gehören nicht die persönlichen und sachlichen Kosten der Gemeindeverwaltung.

(4) bis (11) *(entfallen; jetzt: §§ 154, 155)*

§ 43 Kosten der Modernisierungs- und Instandsetzungsmaßnahmen

(1) *(entfallen; jetzt: § 177 Abs. 4 BauGB)*

(2) *(entfallen; jetzt: § 177 Abs. 5 BauGB)*

(3) Soweit nichts anderes vereinbart ist, gelten die Vorschriften der Absätze 1 und 2 entsprechend, wenn der Eigentümer sich gegenüber der Gemeinde vertraglich verpflichtet hat, bestimmte Modernisierungs- oder Instandsetzungsmaßnahmen im Sinne des § 39e des Bundesbaugesetzes durchzuführen. Hat der Eigentümer eines Gebäudes, das wegen seiner geschichtlichen, künstlerischen oder städtebaulichen Bedeutung erhalten bleiben soll, sich gegenüber der Gemeinde vertrag-

lich verpflichtet, neben bestimmten Modernisierungsmaßnahmen auch bestimmte Maßnahmen durchzuführen, die der Erhaltung, Erneuerung und funktionsgerechten Verwendung des Gebäudes dienen, so gelten auch für die Kosten dieser Maßnahmen die Vorschriften der Absätze 1 und 2 entsprechend.

(4) Ein Zuschuß aus Sanierungsförderungsmitteln darf zur Deckung der Kosten der Modernisierung und Instandsetzung nur insoweit gewährt werden, als diese Kosten nicht vom Eigentümer zu tragen sind.

§ 44 Kosten der Verlagerung oder Änderung von Betrieben

Zur anderweitigen Unterbringung eines von der Sanierung betroffenen gewerblichen Betriebs oder land- oder forstwirtschaftlichen Betriebs können Sanierungsfördermittel eingesetzt werden, soweit eine Entschädigung und eine Förderung aufgrund anderer rechtlicher Grundlagen hierzu nicht ausreichen. Das gleiche gilt, wenn ein solcher Betrieb durch die Sanierung derart beeinträchtigt wird, daß eine wesentliche Änderung baulicher Anlagen erforderlich wird.

§ 45 Kosten der Neubebauung und der Ersatzbauten

(1) Die Kosten der Neubebauung und der Ersatzbauten werden von dem Eigentümer als Bauherrn getragen. Die Gemeinde soll den Eigentümer im Rahmen des Möglichen bei der Beschaffung von Finanzierungsmitteln, insbesondere von Förderungsmitteln aus einem öffentlichen Haushalt, beraten und unterstützen. Hat ein Eigentümer einen Antrag auf Bewilligung derartiger Förderungsmittel nicht über die Gemeinde gestellt, so soll die Bewilligungsstelle vor der Bewilligung der Gemeinde Gelegenheit zur Stellungnahme geben.

(2) Soweit für den Neubau von Wohnungen im Sanierungsgebiet Mittel zur Förderung des sozialen Wohnungsbaus nicht zur Verfügung stehen, können in besonderen Fällen, insbesondere wenn eine begonnene Sanierung sonst nicht abgeschlossen werden könnte, auch Sanierungsförderungsmittel eingesetzt werden.

(3) Soweit für den Bau von Ersatzwohnungen Mittel zur Förderung des sozialen Wohnungsbaus nicht zur Verfügung stehen, können Sanierungsförderungsmittel eingesetzt werden, wenn die Behebung städtebaulicher Mißstände im Sanierungsgebiet, insbesondere ungesunder Wohnverhältnisse, dringend erforderlich ist.

(4) Die Sanierungsförderungsmittel können zum Einsatz für den Neubau von Wohnungen oder den Bau von Ersatzwohnungen zu

öffentlichen Mitteln im Sinne des § 6 Abs. 1 des Zweiten Wohnungs-
baugesetzes bestimmt werden.

(5) Werden die Sanierungsförderungsmittel nicht als öffentliche Mit-
tel im Sinne des § 6 Abs. 1 des Zweiten Wohnungsbaugesetzes einge-
setzt, so gelten für ihren Einsatz die Vorschriften des § 42 Abs. 1 und 2
Satz 1 des Zweiten Wohnungsbaugesetzes entsprechend. Als Baudarle-
hen sollen die Sanierungsförderungsmittel in diesem Fall nur bewilligt
werden, wenn die Gesamtkosten des Neubaus auch bei angemessenem
Einsatz von erststelligen Finanzierungsmitteln, Eigenleistungen des
Bauherrn und sonstigen Finanzierungsmitteln unter Berücksichtigung
der nachhaltig erzielbaren Erträge nicht gedeckt werden können; im
Darlehnsvertrag ist sicherzustellen, daß das Baudarlehen zum Zweck
der Ersetzung aus Kapitalmarktmitteln mit angemessener Frist ganz
oder teilweise gekündigt werden kann. Bei der Bewilligung der Sanie-
rungsförderungsmittel hat der Bauherr sich zu verpflichten, die Woh-
nungen im Falle der Vermietung höchstens zu einem Entgelt zu vermie-
ten oder sonst zum Gebrauch zu überlassen, das die zur Deckung der
laufenden Aufwendungen erforderliche Miete (Kostenmiete) nicht
übersteigt; die Vorschriften des § 88 b Abs. 2 und 3 des Zweiten Woh-
nungsbaugesetzes sowie die dort bezeichneten Vorschriften sind ent-
sprechend anzuwenden. Die Verpflichtung erlischt, wenn entsprechend
die Voraussetzungen vorliegen, unter denen eine öffentlich geförderte
Wohnung ihre Eigenschaft als solche verliert (§§ 15 bis 18 des Woh-
nungsbindungsgesetzes in der Fassung der Bekanntmachung vom
31. Januar 1974 [Bundesgesetzbl. I S. 137], geändert durch Artikel 3 des
Gesetzes zur Förderung von Wohnungseigentum und Wohnbesitz im
sozialen Wohnungsbau vom 23. März 1976 [Bundesgesetzbl. I S. 737]).

§ 46 Überlassung geförderter Wohnungen

(1) Die Bewilligung von Wohnungsbauförderungsmitteln oder von
Sanierungsförderungsmitteln zum Bau von Wohnungen in den Fällen
des § 45 Abs. 2 bis 5 kann mit der Auflage verbunden werden, daß die
Wohnungen nur Wohnungssuchenden zu überlassen sind, die von der
Gemeinde, insbesondere zur Verwirklichung des Sozialplans, benannt
werden.

(2) Ist die Auflage erteilt worden, so hat die Gemeinde dem Verfü-
gungsberechtigten bis zur Bezugsfertigkeit oder bis zum Freiwerden
der Wohnung mindestens drei Wohnungssuchende zur Auswahl zu
benennen; bei einer öffentlich geförderten Wohnung ist auch die Be-
nennung solcher Wohnungssuchenden aus Sanierungsgebieten zulässig,
die nicht die Voraussetzung erfüllen, die zur Erlangung einer Bescheini-
gung nach § 5 des Wohnungsbindungsgesetzes erforderlich wären. Der
Verfügungsberechtigte darf die Wohnung nur einem der benannten
Wohnungssuchenden überlassen.

(3) Soweit die Bindungen nach den Absätzen 1 und 2 für Sanierungs-

maßnahmen nicht mehr erforderlich sind, soll die nach Landesrecht zuständige Behörde den Verfügungsberechtigten hiervon freistellen. Bei öffentlich geförderten Wohnungen bleiben im übrigen die Vorschriften des Wohnungsbindungsgesetzes auch nach dieser Freistellung anwendbar.

(4) §5a des Wohnungsbindungsgesetzes und die aufgrund dieser Vorschrift erlassenen Rechtsverordnungen sind in ihrem jeweiligen Geltungsbereich entsprechend anzuwenden.

§ 47 Einsatz anderer öffentlicher Mittel

Für Maßnahmen im Zusammenhang mit der Sanierung, deren Finanzierung oder Förderung auf anderer gesetzlicher Grundlage beruht, sollen die in den jeweiligen Haushaltsplänen zur Verfügung gestellten Finanzierungs- oder Förderungsmittel so eingesetzt werden, daß die Maßnahmen im Rahmen der Sanierung durchgeführt werden können.

§ 48 Verteilung eines Überschusses

(1) Ergibt sich nach der Durchführung der Sanierung und der Übertragung eines Treuhandvermögens auf die Gemeinde bei ihr ein Überschuß der bei der Vorbereitung und Durchführung der Sanierung erzielten Einnahmen über die hierfür getätigten Ausgaben, so ist dieser Überschuß auf die Eigentümer der im Sanierungsgebiet gelegenen Grundstücke zu verteilen. Maßgebend sind die Eigentumsverhältnisse bei der Bekanntmachung des Beschlusses über die förmliche Festlegung des Sanierungsgebiets. Ist nach diesem Zeitpunkt das Eigentum gegen Entgelt übertragen worden, so steht der auf das Grundstück entfallende Anteil dem früheren Eigentümer und dem Eigentümer, der zu einem Ausgleichsbetrag nach § 41 herangezogen worden ist, je zur Hälfte zu.

(2) Die auf die einzelnen Grundstücke entfallenden Anteile des Überschusses sind nach dem Verhältnis der Werte der Grundstücke zu bestimmen, die sich ergeben würden, wenn eine Sanierung weder beabsichtigt noch durchgeführt worden wäre. Die Bebauung ist dabei nicht zu bewerten.

(3) Die Gemeinde hat bei der Errechnung des Überschusses Zuschüsse abzuziehen, die ihr oder Eigentümern aus Mitteln eines anderen öffentlichen Haushalts zur Deckung von Kosten der Vorbereitung oder Durchführung der Sanierung gewährt worden sind.

§ 49 Gewährung und Verwendung von Entschädigungen

(1) Eine Vereinbarung über den Grund oder die Höhe einer Entschädigung oder eines Härteausgleichs soll unter Beachtung der Vorschriften dieses Gesetzes und des Bundesbaugesetzes getroffen werden, die angewandt würden, wenn es nicht zu einer Einigung käme.

(2) Die Gewährung von Mitteln eines öffentlichen Haushalts zur Förderung der Neubebauung, von Modernisierungsmaßnahmen, Instandsetzungsmaßnahmen, Ersatzbauten oder Ersatzanlagen kann davon abhängig gemacht werden, daß der Bauherr eine Entschädigung für einen Rechtsverlust, die er im Hinblick auf die Sanierung erhält, oder eine entsprechende Ausgleichsleistung aus einem Umlegungsverfahren oder einen entsprechenden Zuschuß als Eigenleistung für die Finanzierung einsetzt.

§ 58 Finanzierung der städtebaulichen Entwicklungsmaßnahme

Mittel des Bundes, der Länder, Gemeinden und Gemeindeverbände, die von ihnen zur Förderung städtebaulicher Entwicklungsmaßnahmen bestimmt sind (Entwicklungsförderungsmittel), können von den für die Bewilligung zuständigen Stellen zur Deckung der Kosten der Vorbereitung und Durchführung der Maßnahmen einschließlich der durch sie bedingten Gemeinbedarfs- und Folgeeinrichtungen eingesetzt werden. Auf den Einsatz der Mittel sind die Vorschriften des § 39 Abs. 2 bis 5 sowie der §§ 40, 43 bis 47 und 49 entsprechend anzuwenden.

Zweiter Teil. Schlußvorschriften

§ 246 Sonderregelungen für einzelne Länder

(1) In den Ländern Berlin und Hamburg entfallen die in § 6 Abs. 1, den §§ 11, 22 und 34 Abs. 5, § 143 Abs. 1, § 162 Abs. 2 und § 190 Abs. 1 vorgesehenen Genehmigungen, Anzeigen oder Zustimmungen; das Land Bremen kann bestimmen, daß diese Genehmigungen, Anzeigen oder Zustimmungen entfallen.

(2) Die Länder Berlin und Hamburg bestimmen, welche Form der Rechtsetzung an die Stelle der in diesem Gesetzbuch vorgesehenen Satzungen tritt. Das Land Bremen kann eine solche Bestimmung treffen. Die Länder Berlin, Bremen und Hamburg können eine von den §§ 12 und 16 Abs. 2, § 22 Abs. 3 Satz 3 und 4, § 143 Abs. 2 und § 162 Abs. 2 Satz 3 bis 5 abweichende Regelung treffen.

(3) Im Land Berlin ist ein vorzeitiger Bebauungsplan nach Maßgabe des § 8 Abs. 4 auch zulässig, bevor der Flächennutzungsplan geändert oder ergänzt ist. Der Flächennutzungsplan ist im Wege der Berichtigung anzupassen.

(4) Die Senate der Länder Berlin, Bremen und Hamburg werden ermächtigt, die Vorschriften dieses Gesetzbuchs über die Zuständigkeit von Behörden dem besonderen Verwaltungsaufbau ihrer Länder anzupassen.

(5) Das Land Hamburg gilt für die Anwendung dieses Gesetzbuchs auch als Gemeinde.

1. Allgemeines. § 246 enthält Sonderregelungen für einzelne Länder. 1 Die Vorschrift ersetzt **§ 188 BBauG** und **§ 92 StBauFG: Abs. 1 und 2** enthalten Sonderregelungen im Hinblick auf den besonderen Status der Stadtstaaten Berlin, Bremen und Hamburg, vgl. früher § 188 Abs. 1 und 2 BBauG, § 92 Abs. 1 und 2 StBauFG; auch Abs. 3 bis 5 enthalten Sonderregelungen für die genannten Länder; vgl. früher § 188 Abs. 2a, 4 und 6 BBauG, § 92 Abs. 4 und 6 StBauFG. Gegenüber dem früheren Recht ist § 188 Abs. 3 BBauG entfallen (Ermächtigung an das Land Bayern zur Festlegung weiterer Versagungsgründe bei Flächennutzungsplänen und Satzungen); auch die in § 188 Abs. 5 BBauG, § 92 Abs. 5 StBauFG vorgesehenen Ermächtigungen an den Siedlungsverband Ruhrkohlenbezirk sind aufgrund der Neuregelungen im Gesetz

über den Kommunalverband Ruhrgebiet (s. Art. 10 des Zweiten Gesetzes zur Funktionalreform vom 18. 9. 79, GV NW 79, S. 552) entfallen.

2 **2. Stadtstaatenklauseln.** Die **Abs. 1 bis 4** tragen verfassungsrechtlichen Besonderheiten der **Länder Berlin, Bremen und Hamburg** Rechnung: Nach Art. 1 Abs. 1 der Verfassung von Berlin vom 1. Sept. 1950 (VBl. I S. 433) ist Berlin ein Land und zugleich eine Stadt. Nach Art. 4 Abs. 1 der Verfassung der Freien und Hansestadt Hamburg vom 6. Juni 1952 (Sammlung des bereinigten hamburgischen Landesrechts 1103-1) werden in Hamburg staatliche und gemeindliche Tätigkeit nicht getrennt. Nach Art. 143 der Landesverfassung der Freien Hansestadt Bremen vom 21. Okt. 1947 (SaBremR 100-a-1) besteht das Land Bremen aus den Gemeinden Bremen und Bremerhaven und bildet einen aus diesen Gemeinden zusammengesetzten „Gemeindeverband höherer Ordnung"; nach Art. 148 sind die gesetzlichen Organe der Stadtgemeinde Bremen weitgehend identisch mit jenen der Freien Hansestadt Bremen. Im einzelnen bestehen folgende Sonderregelungen:

3 Nach **Abs. 1** entfallen in den Ländern **Berlin** und **Hamburg** die in den § 6 Abs. 1, §§ 11, 22, 34 Abs. 5, § 143 Abs. 1, § 162 Abs. 2 und § 190 Abs. 1 vorgesehenen Genehmigungen, Anzeigen oder Zustimmungen der höheren Verwaltungsbehörde. Die Zustimmung nach § 17 Abs. 3 fehlt im Gesetzestext (vgl. § 188 Abs. 1 StBBauG). Es handelt sich um ein offensichtliches Redaktionsversehen (vgl. § 17, Rn 11), so daß wie nach bisherigem Recht auch § 17 zu den entfallenden Zustimmungen zählt. Das Land **Bremen** ist durch Abs. 1 HS 2 zu einer entsprechenden Regelung ermächtigt.

4 **Abs. 2** trägt den sich aus Verfassungsrecht ergebenden Besonderheiten der Stadtstaaten hinsichtlich der Rechtsetzung Rechnung. Nach **Abs. 2 S. 1** ist es der näheren Bestimmung der Länder Berlin und Hamburg überlassen, welche Form der Rechtsetzung (Gesetz oder Verordnung) an die Stelle der im BBauG vorgesehenen Satzungen tritt. Nach **Abs. 2 S. 2** ist das Land Bremen zu einer solchen Bestimmung ermächtigt. **Abs. 2 S. 3** ermächtigt dementsprechend die Stadtstaaten zum Erlaß einer von den Vorschriften über die Bekanntmachung nach §§ 12, 16 Abs. 2, § 22 Abs. 3 S. 3 und 4, § 143 Abs. 2 und § 162 Abs. 2 S. 3 bis 5 abweichenden Regelung. Die Normenkontrolle nach § 47 VwGO ist auch in bezug auf einen als Gesetz erlassenen Bebauungsplan zulässig (BVerfG, NJW 1985, 2315).

5 **Abs. 3** enthält für das Land **Berlin** eine Sondervorschrift für die Fälle des vorzeitigen Bebauungsplans nach § 8 Abs. 4. Nach dieser Bestimmung kann ein Bebauungsplan aufgestellt, geändert, ergänzt oder aufgehoben werden, bevor der Flächennutzungsplan aufgestellt ist, wenn dringende Gründe es erfordern und wenn der Bebauungsplan der beabsichtigten städtebaulichen Entwicklung des Gemeindegebiets nicht entgegenstehen wird. Nach Abs. 3 ist ein vorzeitiger Bebauungsplan in diesen Fällen auch zulässig, bevor der bereits aufgestellte Flächennut-

zungsplan geändert oder ergänzt ist. Der Flächennutzungsplan ist in diesen Fällen nach Abs. 3 S. 2 im Wege der Berichtigung anzupassen.

Abs. 4 trägt den verfassungsrechtlichen Besonderheiten der **Stadt-** **6** **staaten** hinsichtlich des besonderen Verwaltungsaufbaus Rechnung. Die Senate dieser Länder sind zur Anpassung der Vorschriften des BauGB über die Zuständigkeit von Behörden und den Sitz der Gutachterausschüsse (§ 137 Abs. 1) ermächtigt.

Nach **Abs. 5** gilt **Hamburg** für die Anwendung dieses Gesetzes auch **7** als Gemeinde.

§ 246 a Überleitungsregelungen aus Anlaß der Herstellung der Einheit Deutschlands

(1) **Bis zum 31. Dezember 1997 gelten in dem in Artikel 3 des Einigungsvertrages genannten Gebiet* die folgenden Maßgaben:**

1. **(Bauleitplanung; Raumordnung und Landesplanung, Teil-Flächennutzungsplan, Ausarbeitung von Bauleitplänen) § 1 Abs. 4 Satz 2, § 4 Abs. 3 und § 5 Abs. 1 Satz 3 der Bauplanungs- und Zulassungsverordnung der Deutschen Demokratischen Republik vom 20. Juni 1990 (GBl. I S. 739) sind anzuwenden. § 2 Abs. 4 der Bauplanungs- und Zulassungsverordnung der Deutschen Demokratischen Republik ist mit der Maßgabe anzuwenden, daß Satz 2 folgende Fassung erhält: „Das Recht der Gemeinden, andere fachlich geeignete Personen oder Stellen zu beauftragen, bleibt unberührt."**

2. **(Planungspflicht) § 2 Abs. 6 der Bauplanungs- und Zulassungsverordnung der Deutschen Demokratischen Republik ist mit der Maßgabe anzuwenden, daß in Satz 1 „oder die von ihm bezeichnete Stelle" gestrichen wird; die Vorschrift ist auf § 204 Abs. 1 entsprechend anzuwenden.**

3. **(Vorzeitiger Bebauungsplan) § 8 Abs. 2 bis 4 ist in der Fassung des § 8 Abs. 2 bis 4 der Bauplanungs- und Zulassungsverordnung der Deutschen Demokratischen Republik mit der Maßgabe anzuwenden, daß in § 8 Abs. 4 Satz 1 der Satzteil „1. innerhalb einer Frist von fünf Jahren nach dem Inkrafttreten dieser Verordnung", sowie Nummer 2 gestrichen werden.**

4. **(Genehmigungspflicht der Satzungen) Satzungen nach diesem Gesetzbuch einschließlich der Satzungen nach den Nummern 6, 8 und 13 bedürfen der Genehmigung der höheren Verwaltungsbehörde; § 6 Abs. 2 und 4 ist entsprechend anzuwenden. Die**

* Dies sind die (neuen) Länder Brandenburg, Mecklenburg-Vorpommern, Sachsen, Sachsen-Anhalt und Thüringen sowie der Teile des Landes Berlin, in denen das Grundgesetz bisher nicht galt.

Erteilung der Genehmigung des Bebauungsplans ist ortsüblich bekanntzumachen. Andere Satzungen sind zusammen mit der Erteilung der Genehmigung ortsüblich bekanntzumachen; die Bekanntmachung kann auch in entsprechender Anwendung des § 12 Satz 2 bis 5 vorgenommen werden. In den Fällen des § 13 Abs. 1 Satz 1 und des § 143 Abs. 3 bedarf es keiner Genehmigung; im Falle des § 17 Abs. 1 Satz 3, Abs. 2 und 3 bedarf es der Zustimmung der höheren Verwaltungsbehörde.

5. (Veränderungssperre) § 12 Abs. 1 Satz 2 der Bauplanungs- und Zulassungsverordnung der Deutschen Demokratischen Republik ist mit der Maßgabe anzuwenden, daß eine Genehmigung nur versagt werden darf, wenn für die mit dem Rechtsvorgang bezweckte Nutzung eine Ausnahme nach § 14 Abs. 2 nicht erteilt werden könnte. In § 17 Abs. 1 werden in Satz 1 das Wort „zwei" durch das Wort „drei" und in Satz 2 das Wort „Zweijahresfrist" durch das Wort „Dreijahresfrist" ersetzt. In § 18 Abs. 1 Satz 1 wird das Wort „vier" durch das Wort „fünf" ersetzt.

6. (Vorhaben- und Erschließungsplan) § 55 der Bauplanungs- und Zulassungsverordnung der Deutschen Demokratischen Republik ist mit folgenden Maßgaben anzuwenden:

a) In Absatz 1 wird in Satz 1 der Satzteil vor Nummer 1 wie folgt gefaßt: „Die Gemeinde kann durch Satzung die Zulässigkeit von Vorhaben abweichend von den §§ 30, 31 und 33 bis 35 des Baugesetzbuchs bestimmen, wenn". In Absatz 1 Satz 3 wird „Anlage 1 zu dieser Verordnung" durch „aufgrund des § 2 Abs. 5 des Baugesetzbuchs erlassenen Verordnung" ersetzt. § 9 Abs. 8, § 31 Abs. 1 und § 36 dieses Gesetzbuchs sowie § 4 Abs. 3 der Bauplanungs- und Zulassungsverordnung der Deutschen Demokratischen Republik sind entsprechend anzuwenden. Eine Satzung nach § 55 Abs. 1 der Bauplanungs- und Zulassungsverordnung der Deutschen Demokratischen Republik gilt für Zwecke der Teilungsgenehmigung als Bebauungsplan.

b) Die §§ 58 und 59 der Bauplanungs- und Zulassungsverordnung der Deutschen Demokratischen Republik sind auf Satzungen nach § 55 der Bauplanungs- und Zulassungsverordnung der Deutschen Demokratischen Republik mit der Maßgabe anzuwenden, daß § 58 Abs. 1 Satz 1 Nr. 2 der Bauplanungs- und Zulassungsverordnung der Deutschen Demokratischen Republik auch für die Begründung der Satzung nach § 55 Abs. 1 der Bauplanungs- und Zulassungsverordnung der Deutschen Demokratischen Republik gilt; § 216 ist anzuwenden.

c) Beschlüsse nach § 55 Abs. 1 der Bauplanungs- und Zulassungsverordnung der Deutschen Demokratischen Republik sind Entscheidungen im Sinne des § 2 Abs. 1 Satz 1 des Gesetzes über die Umweltverträglichkeitsprüfung; § 17 des Gesetzes

über die Umweltverträglichkeitsprüfung ist entsprechend anzuwenden.

7. (Gesetzliche Vorkaufsrechte der Gemeinde) In den Fällen der §§ 24 und 25 ist abweichend von § 28 Abs. 2 Satz 2 auf den von der Gemeinde zu zahlenden Betrag § 3 Abs. 3 des Maßnahmengesetzes zum Baugesetzbuch vom 17. Mai 1990 (BGBl. I S. 926) entsprechend anzuwenden. Auf Verkaufsfälle vor dem 1. Januar 1998 ist diese Nummer weiter anzuwenden.

8. (Zulässigkeit von Vorhaben) Die § 4 Abs. 2 Satz 1, Abs. 4 und 5, § 9 Abs. 3 und § 10 Abs. 3 Satz 1 des Maßnahmengesetzes zum Baugesetzbuch sind anzuwenden.

9. (Vertrauensschaden) Anstelle des § 39 ist folgende Vorschrift anzuwenden:

„Haben Eigentümer oder in Ausübung ihrer Nutzungsrechte sonstige Nutzungsberechtigte im berechtigten Vertrauen auf den Bestand eines rechtsverbindlichen Bebauungsplans oder die bei Wirksamwerden des Beitritts bestehende Zulässigkeit nach § 34 Vorbereitungen für die Verwirklichung von Nutzungsmöglichkeiten getroffen, die sich aus dem Bebauungsplan oder aus § 34 ergeben, können sie angemessene Entschädigung in Geld verlangen, soweit die Aufwendungen durch die Aufstellung, Änderung, Ergänzung oder Aufhebung eines Bebauungsplans an Wert verlieren. Dies gilt auch für Abgaben nach bundes- oder landesrechtlichen Vorschriften, die für die Erschließung des Grundstücks erhoben wurden. Satz 1 gilt ferner für angemessene Kosten und Gegenleistungen für den Erwerb eines Grundstücks oder eines zur Bebauung berechtigenden sonstigen Rechts, wenn auf dem Grundstück eine Nutzung nach § 34 bei Wirksamwerden des Beitritts zulässig war und sich das Vertrauen auf die Zulässigkeit im Sinne des Satzes 1 auf eine Baugenehmigung, einen Vorbescheid oder eine schriftliche Auskunft der für die Erteilung der Genehmigung zuständigen Behörde stützt. Überschreitet in Fällen des Satzes 3 die Gegenleistung den Verkehrswert in einer dem Rechtsverkehr erkennbaren Weise deutlich, bemißt sich die Entschädigung nach dem Verkehrswert des Grundstücks (§ 194). Die §§ 43 und 44 sind entsprechend anzuwenden."

§ 42 Abs. 1 bis 3 und 5 bis 10 findet auf die bei Wirksamwerden des Beitritts nach § 34 zulässigen Nutzungen keine Anwendung.

10. (Zulässigkeit der Enteignung) Eine Satzung nach Nummer 6 gilt für Zwecke der Enteignung als Bebauungsplan nach § 85 Abs. 1 Nr. 1, um Grundstücke entsprechend den Bestimmungen der Satzung, die im Bebauungsplan als Festsetzungen nach § 9 getroffen werden können, für öffentliche Zwecke zu nutzen oder eine solche Nutzung vorzubereiten.

11. (Erschließung) Anstelle von § 124 ist § 54 der Bauplanungs- und Zulassungsverordnung der Deutschen Demokratischen Republik anzuwenden. Für Erschließungsanlagen oder Teile von Erschlie-

ßungsanlagen, die vor dem Wirksamwerden des Beitritts bereits hergestellt worden sind, kann nach diesem Gesetzbuch kein Erschließungsbeitrag erhoben werden. Bereits hergestellte Erschließungsanlagen oder Teile von Erschließungsanlagen sind die einem technischen Ausbauprogramm oder den örtlichen Ausbaugepflogenheiten entsprechend fertiggestellten Erschließungsanlagen oder Teile von Erschließungsanlagen. Leistungen, die Beitragspflichtige für die Herstellung von Erschließungsanlagen oder Teilen von Erschließungsanlagen erbracht haben, sind auf den Erschließungsbeitrag anzurechnen. Die Landesregierungen werden ermächtigt, bei Bedarf Überleitungsregelungen durch Rechtsverordnung zu treffen.

12. (Städtebauliche Sanierungsmaßnahmen) Ergänzend zu § 141 ist § 28 Abs. 4 der Bauplanungs- und Zulassungsverordnung der Deutschen Demokratischen Republik anzuwenden. § 142 Abs. 4 2. Halbsatz ist nicht anzuwenden.

13. (Städtebauliche Entwicklungsmaßnahmen) Die §§ 165 bis 171 sind in der Fassung der §§ 6, 7, 9 Abs. 3 und § 10 Abs. 3 des Maßnahmengesetzes zum Baugesetzbuch anzuwenden; § 15 Abs. 2 des Maßnahmengesetzes zum Baugesetzbuch ist mit der Maßgabe anzuwenden, daß die Worte „1. Juni 1995" durch die Worte „1. Januar 1998" ersetzt werden.

14. (Erhaltungssatzung) Ergänzend zu § 172 Abs. 1 Satz 1 Nr. 2 ist § 43 Abs 1 Satz 3 der Bauplanungs- und Zulassungsverordnung der Deutschen Demokratischen Republik anzuwenden. § 172 Abs. 4 Satz 2 ist nicht anzuwenden; § 173 Abs. 2 ist auch bei Versagung einer Genehmigung nach § 172 Abs. 4 anzuwenden.

15. (Städtebauliche Gebote) Ergänzend zu § 176 ist § 8 des Maßnahmengesetzes zum Baugesetzbuch anzuwenden; § 16 des Maßnahmengesetzes zum Baugesetzbuch ist mit der Maßgabe anzuwenden, daß die Worte „1. Juni 1995" durch die Worte „1. Januar 1998" ersetzt werden.

16. (Wertermittlung) Bis zum Inkrafttreten einer Rechtsverordnung nach § 199 Abs. 2 in dem jeweiligen Land sind § 50 Abs. 1 und § 51 Abs. 1 und 2 der Bauplanungs- und Zulassungsverordnung der Deutschen Demokratischen Republik weiter anzuwenden; die Landesregierung oder die von ihr bestimmte Behörde kann die Behörden in den jeweiligen kreisfreien Städten und Landkreisen bestimmen, bei denen die Geschäftsstellen einzurichten sind, soweit dies nicht bereits nach § 53 der Bauplanungs- und Zulassungsverordnung der Deutschen Demokratischen Republik geschehen ist.

17. (Verfahren vor den Kammern [Senaten] für Baulandsachen) Die §§ 217 bis 232 sind mit der Maßgabe anzuwenden, daß die Kammern für Verwaltungsrecht bei den Kreisgerichten und die Senate für Verwaltungsrecht bei den Bezirksgerichten zuständig sind. Für das Verfahren gelten die Vorschriften der Vewaltungs-

gerichtsordnung. § 217 ist auch auf Verwaltungsakte nach den Nummern 7 und 9 anzuwenden.

18. (Höhere Verwaltungsbehörde) Die nach diesem Gesetzbuch der höheren Verwaltungsbehörde zugewiesenen Aufgaben werden von den Regierungsbevollmächtigten in den Bezirken wahrgenommen, bis die Landesregierung eine Zuständigkeitsregelung trifft.

Soweit in den nach Satz 1 Nr. 1 bis 18 anzuwendenden Vorschriften der Bauplanungs- und Zulassungsverordnung der Deutschen Demokratischen Republik auf andere Vorschriften dieser Verordnung verwiesen wird, gelten an deren Stelle die inhaltsgleichen Vorschriften dieses Gesetzbuchs; „Aufsichtsbehörde" ist durch „höhere Verwaltungsbehörde", „Minister für Bauwesen, Städtebau und Wohnungswirtschaft" durch „Landesregierung" zu ersetzen. Soweit Vorschriften des Maßnahmengesetzes zum Baugesetzbuch anzuwenden sind, gelten diese Vorschriften abweichend von Artikel 1 des Wohnungsbau-Erleichterungsgesetzes bis zum 31. Dezember 1997. Soweit in diesem Gesetzbuch auf Vorschriften verwiesen wird, die in dem in Artikel 3 des Einigungsvertrages genannten Gebiet* keine Anwendung finden, sind die entsprechenden Vorschriften der Deutschen Demokratischen Republik anzuwenden. Bestehen solche Vorschriften nicht oder würde ihre Anwendung dem Sinn der Verweisung widersprechen, gelten die Vorschriften, auf die verwiesen wird, entsprechend.

(2) Auf Verfahren, die nach den Maßgaben des Absatzes 1 bis zum 31. Dezember 1997 eingeleitet worden sind, sind die Maßgaben weiter anzuwenden. Der nach Absatz 1 Satz 1 Nr. 3 anzuwendende § 8 Abs. 2 und 3 der Bauplanungs- und Zulassungsverordnung der Deutschen Demokratischen Republik ist in bezug auf Teil-Flächennutzungspläne nach dem 31. Dezember 1997 weiter anzuwenden. Der nach Absatz 1 Satz 1 Nr. 8 anzuwendende § 4 Abs. 2 Satz 1 des Maßnahmengesetzes zum Baugesetzbuch ist anzuwenden auf Vorhaben, für die vor dem 1. Januar 1998 bei der zuständigen Behörde ein Antrag auf Genehmigung gestellt wurde und darüber vor dem 1. Januar 1998 noch nicht unanfechtbar entschieden worden ist. Der nach Absatz 1 Satz 1 Nr. 8 und 13 anzuwendende § 9 Abs. 3 des Maßnahmengesetzes zum Baugesetzbuch sowie die nach Absatz 1 Satz 1 Nr. 6b anzuwendenden §§ 58 und 59 der Bauplanungs- und Zulassungsverordnung der Deutschen Demokratischen Republik sind auch nach dem 31. Dezember 1997 auf Satzungen anzuwenden, die unter Anwendung des Absatzes 1 Satz 1 Nr. 6, 8 und 13 erlassen worden sind. Die nach den Maßgaben des Absatzes 1 gefaßten Be-

* Dies sind die (neuen) Länder Brandenburg, Mecklenburg-Vorpommern, Sachsen, Sachsen-Anhalt und Thüringen sowie der Teile des Landes Berlin, iun denen das Grundgesetz bisher nicht galt.

schlüsse und erlassenen Satzungen gelten als solche nach diesem Gesetzbuch.

(3) **Auf Verfahren, die nach der Bauplanungs- und Zulassungsverordnung der Deutschen Demokratischen Republik vor dem Wirksamwerden des Beitritts eingeleitet worden sind, sind die Vorschriften dieses Gesetzbuchs nach den Maßgaben des Absatzes 1 anzuwenden. Die §§ 58 und 59 der Bauplanungs- und Zulassungsverordnung der Deutschen Demokratischen Republik sind auch nach dem Wirksamwerden des Beitritts auf Bauleitpläne und Satzungen anzuwenden, die unter Anwendung der Bauplanungs- und Zulassungsverordnung der Deutschen Demokratischen Republik erlassen worden sind. Beschlüsse und Satzungen, die nach der Bauplanungs- und Zulassungsverordnung der Deutschen Demokratischen Republik gefaßt oder erlassen worden sind, gelten als solche nach diesem Gesetzbuch.**

(4) **§ 64 der Bauplanungs- und Zulassungsverordnung der Deutschen Demokratischen Republik ist mit der Maßgabe anzuwenden, daß in Absatz 3 Satz 1 die Worte „innerhalb einer Frist von sechs Monaten nach dem Inkrafttreten dieser Verordnung" durch die Worte „bis zum 30. Juni 1991" ersetzt werden; Absatz 1 Satz 2 ist anzuwenden.**

Übersicht

1. Überblick; BauZVO. Die städtebauliche Planung war in der 1 DDR in der Vergangenheit in das Gesamtsystem der zentralgeleiteten Wirtschaft eingebunden. Es fehlte an rechtlichen Grundlagen für den Städtebau entsprechend der Rechtsordnung in der Bundesrepublik Deutschland; es bedurfte ihrer im wesentlichen auch nicht, weil es an vergleichbaren Grundlagen der kommunalen Selbstverwaltung, des Privateigentums, der örtlichen und der hierarchisch gegliederten räumlichen Planung fehlte bzw. diese Bereiche nicht demokratisch, rechtsstaatlich, marktwirtschaftlich geordnet waren. Bereits die Einführung der Währungs- und Wirtschaftsunion zum 1. Juli 1990 erforderte daher die Schaffung von Rechtsgrundlagen, die dem BauGB entsprechen. Eine entsprechende Verpflichtung ergab sich aus dem Gemeinsamen Protokoll über Leitsätze zum Staatsvertrag vom 18. 5. 1990 (Abschnitt B III; BGBl. II S. 517ff.). Die DDR ist dieser Verpflichtung durch den Erlaß der **Verordnung zur Sicherung einer geordneten städtebaulichen Entwicklung und der Investitionen in den Gemeinden (Bauplanungs- und Zulassungsverordnung – BauZVO)** vom 20. 6. 1990 (GBl. I S. 739) nachgekommen. Durch die BauZVO ist das Städtebaurecht – inhaltlich insoweit bereits entsprechend BauGB – nicht insgesamt, sondern beschränkt auf für vordringlich erachteten Bereiche geregelt worden, nämlich: Bauleitplanung, Bürgerbeteiligung, Beteiligung Träger öffentlicher Belange, Veränderungssperre, Vorschriften über die Zulässigkeit von Vorhaben, Sanierungsrecht, Erhaltungssatzung, Sozialplan und Härteausgleich, Wertermittlung sowie einige Sonderregelungen u. a. zur Zulassung von Vorhaben und zur Entschädigung; vgl. zur BauZVO die Einführung von Bielenberg/Krautzberger/Söfker, Das neue Städtebaurecht der DDR, Berlin 1990.

Aufgrund des **„Einigungsvertrages"** (Gesetz vom 23. 9. 1990, 2 BGBl. II S. 885, Anlage I Kapitel XIV II. 1, S. 1122) wurde das Baugesetzbuch insgesamt in die bisherige DDR übergeleitet; die Bauplanungs- und Zulassungsverordnung wurde aufgehoben. Hierbei wurden u. a. folgende Teile des BauGB, die bisher in der BauZVO nicht oder nur ansatzweise geregelt waren, auf die bishgerige DDR erstreckt: Teilungsgenehmigung, gesetzliche Vorkaufsrechte der Gemeinde, Entschädigung, Bodenordnung, Enteignung, Erschließung, städtebauliche Entwicklungsmaßnahmen, Wertermittlung insgesamt.

Um den Besonderheiten im Beitrittsgebiet (vgl. Art. 3 des Eini- 3 gungsvertrages) Rechnung zu tragen, wurde in das Baugesetzbuch ein neuer **§ 246a BauGB** eingefügt, in dem die **Maßgaben** zusammengefaßt sind, die anstelle oder ergänzend zu den Vorschriften des Baugesetzbuchs in den neuen Ländern, sowie im Stadtgebiet von Berlin (Ost) anzuwenden sind. Gesetzessystematisch wird dabei an die Sonderregelungen für einzelne Länder in § 246 BauGB angeknüpft.

Alle Maßgaben gelten **befristet bis zum 31. Dezember 1997**. Dem 4 liegt die Annahme zugrunde, daß bis zu diesem Zeitpunkt die Gründe für städtebaurechtliche Sonderregelungen (vgl. Rn 1) entfallen sind. Ab

diesem Zeitpunkt soll das Baugesetzbuch ohne Einschränkung in dem Gebiet der früheren DDR zur Anwendung gelangen.

5 In den Maßgaben werden auch solche Teile des **BauGB-Maßnahmengesetzes** für anwendbar erklärt, die von den Gemeinden der früheren DDR zur Überwindung aktueller städtebaulicher Probleme voraussichtlich benötigt werden. Um diese Vorschriften angesichts eingeschränkter Verwaltungskapazitäten im Beitrittsgebiet voll wirksam werden zu lassen, beträgt deren Geltungsdauer anstelle von fünf Jahren (Art. 1 WoBauErlG) **sieben Jahre.**

6 **2. Bauleitplanung; Raumordnung und Landesplanung, Teil-Flächennutzungsplan, Ausarbeitung von Bauleitplänen (Abs. 1 S. 1 Nr. 1).** Durch **Nr. 1** werden mehrere Vorschriften der BauZVO der DDR als Maßgaben zum BauGB übernommen. Die in Nr. 1 genannten Vorschriften lauten wie folgt (die kursiv wiedergegebenen Textstellen sind ausschließlich aus Gründen der besseren Verständlichkeit – vor allem auch um die Vergleichbarkeit mit dem BauGB zu erleichtern – wiedergegeben; die nicht wiedergegebenen Verweisungen entsprechen den ebenso bezeichneten Bestimmungen des BauGB). Die Änderungen der BauZVO durch § 246 a BauGB sind in den Texten berücksichtigt:

§ 1 Abs. 4 S. 2 BauZVO (Aufgabe, Begriff und Grundsätze der Bauleitplanung):

(4) *Die Bauleitpläne sind den Zielen der Raumordnung und Landesplanung anzupassen.* **Soweit keine Ziele vorhanden sind, sind die aus den Grundsätzen der Raumordnung und aus Raumordnungsverfahren entwickelten sonstigen Erfordernisse der Raumordnung in der Abwägung nach Absatz 6 zu berücksichtigen.**

§ 2 Abs. 4 BauZVO (Verantwortung für die Aufstellung von Bauleitplänen):

(4) Der Minister für Bauwesen, Städtebau und Wohnungswirtschaft kann allgemein Stellen bestimmen, die verpflichtet sind, auf Antrag der Gemeinden Bauleitpläne auszuarbeiten. Das Recht der Gemeinden, andere fachlich geeignete Personen oder Stellen zu beauftragen, bleibt unberührt.

§ 4 Abs. 3 BauZVO (Beteiligung der Träger öffentlicher Belange):

(3) Die Gemeinde hat die Absicht, einen Bauleitplan aufzustellen, der für die Raumordnung und Landesplanung zuständigen Stelle unter allgemeiner Angabe ihrer Planungsabsichten mitzuteilen und anzufragen, welche Ziele der Raumordnung und Landesplanung für den Planbereich bestehen. Äußert sich die für die Raumordnung und Landesplanung zuständige Stelle nicht innerhalb einer Frist von zwei Monaten, kann die Gemeinde davon ausgehen, daß raumordnerische Bedenken nicht erhoben werden.

§ 5 Abs. 1 BauZVO (Inhalt des Flächennutzungsplans):

(1) *Im Flächennutzungsplan ist für das ganze Gemeindegebiet die sich aus*

der beabsichtigten städtebaulichen Entwicklung ergebende Art der Bodennutzung nach den voraussehbaren Bedürfnissen der Gemeinde in den Grundzügen darzustellen. Aus dem Flächennutzungsplan können Flächen und sonstige Darstellungen ausgenommen werden, wenn dadurch die nach Satz 1 darzustellenden Grundzüge nicht berührt werden und die Gemeinde beabsichtigt, die Darstellung zu einem späteren Zeitpunkt vorzunehmen; im Erläuterungsbericht sind die Gründe hierfür darzulegen. **Darstellungen können bis zur Aufstellung des Flächennutzungsplans nach Satz 1 für räumliche und sachliche Teile getroffen werden (Teil-Flächennutzungsplan), wenn dies für die städtebauliche Entwicklung der Gemeinde vordringlich ist; die Verpflichtung nach Satz 1 bleibt unberührt.**

Die Maßgaben bei der Anwendung des BauGB beruhen vor allem auf folgenden Besonderheiten: Wegen des Fehlens von **Zielen der Raumordnung und Landesplanung** sind – entsprechend § 1 Abs. 4 S. 2 und § 4 Abs. 3 BauZVO – die Erfordernisse der Raumordnung und Landesplanung im Rahmen der Abwägung zu berücksichtigen; die für die Landesplanung zuständigen Behörden sind frühzeitig von Planungsabsichten der Gemeinden zu unterrichten. 7

Zur Unterstützung der Bauleitplanung in den oftmals kleinen Gemeinden der früheren DDR kann aufgrund der Anwendung des § 2 **Abs. 4 BauZVO** die Landesregierung **Stellen** bestimmen, die auf Antrag der Gemeinden **Bauleitpläne auszuarbeiten** haben. 8

Das **Recht der Gemeinde**, geeignete Stellen oder Personen mit der Ausarbeitung von Bebauungsplänen zu beauftragen, bleibt unberührt. 9

Im Hinblick auf das weitgehende Fehlen von Flächennutzuungsplänen, die im Regelfall Voraussetzung für die Aufstellung von Bebauungsplänen sind, wird durch die Anwendung des **§ 5 Abs. 1 S. 3 BauZVO** die Aufstellung von **Teil-Flächennutzungsplänen** ermöglicht, wenn dies für die städtebauliche Entwicklung der Gemeinde vordringlich ist. 10

3. Planungspflicht (Abs. 1 S. 1 Nr. 2). Die modifiziert fortgeltende Bestimmung des § 2 Abs. 6 BauZVO lautet – unter Berücksichtigung der Modifizierung durch § 246a BauGB – wie folgt: 11

(6) Ist aus Gründen des Wohls der Allgemeinheit, insbesondere um eine geordnete städtebauliche Entwicklung zu gewährleisten, die Aufstellung eines Bauleitplans geboten, und kommt die Gemeinde ihrer Verpflichtung nach § 1 Abs. 3 nicht nach, kann der Minister für Bauwesen, Städtebau und Wohnungswirtschaft anordnen, daß die Gemeinde den Bauleitplan aufstellt. Leitet die Gemeinde die Aufstellung des Bauleitplans nicht binnen drei Monaten nach Anordnung durch einen Aufstellungsbeschluß ein oder führt sie ein eingeleitetes Verfahren nicht fort, kann die Aufsichtsbehörde anstelle der Gemeinde den Bauleitplan nach den Vorschriften dieser Verordnung aufstellen. Stellt die Aufsichtsbehörde einen Bauleitplan in den Fällen des Satzes 2 auf, ist der Entwurf des Bauleitplans mit Erläute-

rungsbericht oder Begründung vor der Beschlußfassung der Gemeinde zur Stellungnahme innerhalb angemessener Frist zuzuleiten; auf die Behandlung der von der Gemeinde fristgemäß vorgebrachten Bedenken und Anregungen ist § 3 Abs. 2 Satz 4 und 6 entsprechend anzuwenden.

12 § 2 Abs. 6 BauZVO konkretisiert die **Planungspflicht der Gemeinden** und ermöglicht die Anordnung und Ersatzvornahme, ähnlich den Grundsätzen für die Einrichtung eines Planungsverbandes nach § 205 Abs. 2 BauGB. Entsprechend § 2 Abs. 5 BauZVO ist § 2 Abs. 6 BauZVO auch für Fälle gemeinsamer Flächennutzungspläne benachbarter Gemeinden nach § 204 Abs. 1 BauGB für entsprechend anwendbar erklärt worden.

13 **4. Vorzeitiger Bebauungsplan (Abs. 1 S. 1 Nr. 3)** § 8 Abs. 2 bis 4 BauZVO lauten (mit den Änderungen nach § 246 a BauGB) wie folgt:

(2) Bebauungspläne sind aus dem Flächennutzungsplan oder Teil-Flächennutzungsplan zu entwickeln. Ein Flächennutzungsplan ist nicht erforderlich, wenn der Bebauungsplan ausreicht, um die städtebauliche Entwicklung zu ordnen.

(3) Mit der Aufstellung, Änderung, Ergänzung oder Aufhebung eines Bebauungsplans kann gleichzeitig auch der Flächennutzungsplan aufgestellt, geändert oder ergänzt werden (Parallelverfahren). Der Bebauungsplan kann vor dem Flächennutzungsplan oder Teil-Flächennutzungsplan genehmigt und bekanntgemacht werden, wenn nach dem Stand der Planungsarbeiten anzunehmen ist, daß der Bebauungsplan aus den künftigen Darstellungen des Flächennutzungsplans oder Teil-Flächennutzungsplans entwickelt sein wird.

(4) Abweichend von Absatz 2 kann ein Bebauungsplan aufgestellt, geändert, ergänzt oder aufgehoben werden, bevor der Flächennutzungsplan aufgestellt ist, wenn die Aufstellung, Änderung, Ergänzung oder Aufhebung des Bebauungsplans für die geordnete städtebauliche Entwicklung erforderlich ist und wenn der Bebauungsplan der beabsichtigten städtebaulichen Entwicklung des Gemeindegebiets nicht entgegenstehen wird (vorzeitiger Bebauungsplan). In der Begründung des Bebauungsplans ist darzulegen, daß der Bebauungsplan der beabsichtigten städtebaulichen Entwicklung des Gemeindegebiets, insbesondere den künftigen Darstellungen des in Aufstellung befindlichen Flächennutzungsplans oder, wenn ein entsprechender Stand nicht erreicht ist, den Zielen und Zwecken des Flächennutzungsplans nicht entgegenstehen wird.

14 § 8 Abs. 2 und 3 BauZVO sind Folgeänderungen wegen der Einführung von Teil-Flächennutzungsplänen (vgl. Abs. 1 S. 1 Nr. 1). Durch die Anwendung des § 8 Abs. 4 BauZVO wird die Aufstellung von Bebauungsplänen auch ohne Flächennutzungspläne ermöglicht, was wiederum dem weitgehenden Fehlen von Flächennutzungsplänen und

der Dringlichkeit der Aufstellung von Bebauungsplänen Rechnung tragen soll.

5. Genehmigungspflicht der Satzungen (Abs. 1 S. 1 Nr. 4). Diese 15
Maßgabe bedeutet, daß alle städtebaulichen Satzungen (Bebauungs-pläne, Veränderungssperren, Fremdenverkehrsgebietssatzungen, Vor-kaufsrechtssatzungen, § 34 und § 4 Abs. 4 BauGB-MaßnahmenG-Sat-zungen, Sanierungs- und Erhaltungssatzungen) durch die höhere Ver-waltungsbehörde zu genehmigen sind. Diese vom BauGB zum Teil abweichende Regelung wurde mit Rücksicht auf die noch zu schaffende Verwaltungskraft und auf fehlende Vollzugserfahrungen in einer Viel-zahl der Gemeinden der früheren DDR begründet. Soweit nach § 13 Abs. 1 BauGB ein Bebauungsplan im vereinfachten Verfahren ohne Beteiligung der höheren Verwaltungsbehörde erlassen werden darf, bleibt es dabei; Nr. 4 S. 1 ist hingegen in den Fällen des § 13 Abs. 1 S. 3 BauGB anzuwenden.

6. Veränderungssperre (Abs. 1 S. 1 Nr. 5). 16

Durch die Anwendung des **§ 12 Abs. 1 S. 2 BauZVO** kann die Ge-meinde bestimmen, daß sich Veränderungssperren auch auf die Geneh-migungspflicht bestimmter **schuldrechtlicher Vereinbarungen** zum Zwecke der Sicherung der Bauleitplanung erstrecken. Die Vorschrift lautet wie folgt:

§ 12 Abs. 1 S. 2 BauZVO (Veränderungssperre):

(1) Ist ein Beschluß über die Aufstellung eines Bebauungsplans gefaßt, kann die Gemeinde zur Sicherung der Planung für den künftigen Planbereich eine Veränderungssperre mit dem Inhalt beschließen, daß

1. Vorhaben im Sinne des § 15 nicht durchgeführt oder bauliche Anlagen nicht beseitigt werden dürfen;

2. erhebliche oder wesentliche wertsteigernde Veränderungen von Grundstük-ken und baulichen Anlagen, deren Veränderungen nicht genehmigungs-, zustimmungs- oder anzeigepflichtig sind, nicht vorgenommen werden dür-fen.

Die Gemeinde kann in der Veränderungssperre bestimmen, daß Vereinbarungen, durch die ein schuldrechtliches Vertragsverhältnis über den Gebrauch oder die Nutzung eines Grundstücks, Gebäudes oder Gebäudeteils auf bestimmte Zeit von mehr als einem Jahr begründet wird, ihrer Genehmigung bedürfen; dies gilt nicht für Mietverträge über die Nutzung von Wohnraum zu Wohnzwecken.

Die Regelung übernimmt weiterhin die Maßgaben des § 14 Abs. 3 17
S. 1 BauZVO. Wegen zu erwartender Planungsschwierigkeiten ist danach den Gemeinden die Möglichkeit eröffnet, die **Dauer von Ver-änderungssperren** auf bis zu 3 anstelle 2 Jahre zu beschließen. Dem entspricht eine Anpassung der Entschädigungspflicht nach § 18 BauGB.

7. Vorhaben- und Erschließungsplan (Abs. 1 S. 1 Nr. 6). § 55 18
BauZVO enthält mit dem „**Vorhaben- und Erschließungsplan**" ein im

BauGB nicht vorhandenes Instrumentarium. Seine Einführung für die
DDR wurde mit der Absicherung dringend erforderlicher Investitio-
nen in den Bereichen Wohnen, Arbeit und Infrastruktur begründet. Die
Vorschrift sieht ein vereinfachtes Planungsverfahren unter Mitwirkung
des Investors vor. Ebenso wie bei Bebauungsplänen werden die Vor-
schriften des **UVPG** für anwendbar erklärt, auch um beim Vorhaben-
und Erschließungsplan die gleichen umweltrechtlichen Anforderungen
wie beim Bebauungsplan zu sichern.

19 § 55 BauZVO lautet (mit den Änderungen durch § 246 a BauGB) wie
folgt:

§ 55 Vorhaben- und Erschließungsplan

(1) **Die Gemeinde kann durch Satzung die Zulässigkeit von Vorha-
ben abweichend von den §§ 30, 31 und 33 bis 35 des Baugesetzbuchs
bestimmen, wenn**

1. **die Vorhaben ohne Aufstellung eines Bebauungsplans nicht zuge-
lassen werden können,**

2. **die Durchführung der Vorhaben für die Sicherung oder Schaffung
von Arbeitsplätzen, zur Deckung eines Wohnbedarfs der Bevölke-
rung oder für erforderliche Infrastrukturmaßnahmen dringlich
ist,**

3. **der Vorhabenträger auf der Grundlage eines von ihm vorgelegten
Plans zur Durchführung der Vorhaben und der Erschließungs-
maßnahmen (Vorhaben- und Erschließungsplan) bereit und in der
Lage ist und sich zur Durchführung innerhalb einer bestimmten
Frist verpflichtet.**

**Der von der Gemeinde gebilligte Vorhaben- und Erschließungs-
plan wird Bestandteil der Satzung. In der Satzung können ergän-
zende Bestimmungen in entsprechender Anwendung des § 9 und der
aufgrund des § 2 Abs. 5 des Baugesetzbuchs erlassenen Verordnung
getroffen werden.**

(2) **Die Satzung muß mit einer geordneten städtebaulichen Ent-
wicklung, insbesondere mit den Grundsätzen des § 1 vereinbar sein.
§ 2 Abs. 3 ist entsprechend anzuwenden.**

(3) **Vor dem Erlaß der Satzung ist den betroffenen Bürgern und
berührten Trägern öffentlicher Belange Gelegenheit zur Stellung-
nahme innerhalb angemessener Frist zu geben. Die Gemeinde kann
anstelle der Beteiligung nach Satz 1 eine Beteiligung der Bürger und
der Träger öffentlicher Belange in entsprechender Anwendung des
§ 3 Abs. 2 und des § 4 Abs. 1 und 2 durchführen. Auf die Satzung ist
§ 11 Abs. 2 entsprechend anzuwenden. Die Satzung ist zusammen
mit der Erteilung der Genehmigung ortsüblich bekanntzumachen;
die Bekanntmachung kann auch in entsprechender Anwendung des
§ 11 Abs. 3 vorgenommen werden.**

(4) **Im Gebiet der Satzung ist ein Vorhaben zulässig, wenn es der
Satzung nicht widerspricht und die Erschließung gesichert ist.**

(5) **Wird der Vorhaben- und Erschließungsplan nicht innerhalb der Frist nach Absatz 1 Satz 1 Nr. 3 durchgeführt, soll die Gemeinde die Satzung aufheben. Wechselt der Träger des Vorhabens, kann die Gemeinde die Satzung aufheben, wenn Tatsachen die Annahme rechtfertigen, daß die Durchführung des Vorhaben- und Erschließungsplans innerhalb der Frist nach Absatz 1 Satz 1 Nr. 3 gefährdet ist. Für die Aufhebung der Satzung gilt Absatz 3 entsprechend. Aus der Aufhebung der Satzung können Ansprüche gegen die Gemeinde nicht geltend gemacht werden.**

(6) **Der Vorhaben- und Erschließungsplan, der nach Absatz 1 Satz 1 und 2 Bestandteil der Satzung ist, sowie nach Absatz 1 Satz 3 getroffene ergänzende Bestimmungen können durch Satzung geändert werden. Für die Änderung der Satzung gilt Absatz 3 und § 11 Abs. 24 entsprechend.**

(7) **Die Aufstellung eines Bebauungsplan bleibt unberührt.**

Die in Abs. 1 S. 1 Nr. 6 weiterhin in Bezug genommenen Vorschriften der BauZVO lauten wie folgt: **20**

§ 4 Abs. 3 BauZVO (Beteiligung der Träger öffentlicher Belange):

(3) **Die Gemeinde hat die Absicht, einen Bauleitplan aufzustellen, der für die Raumordnung und Landesplanung zuständigen Stelle unter allgemeiner Angabe ihrer Planungsabsichten mitzuteilen und anzufragen, welche Ziele der Raumordnung und Landesplanung für den Planbereich bestehen. Äußert sich die für die Raumordnung und Landesplanung zuständige Stelle nicht innerhalb einer Frist von zwei Monaten, kann die Gemeinde davon ausgehen, daß raumordnerische Bedenken nicht erhoben werden.**

§ 58 BauZVO (Beachtlichkeit der Verletzung von Vorschriften über die Aufstellung des Flächennutzungsplans und der Satzungen):

(1) **Eine Verletzung von Verfahrens- und Formvorschriften dieser Verordnung ist für die Rechtswirksamkeit des Flächennutzungsplans und der Satzungen nach dieser Verordnung nur beachtlich, wenn**

1. **die Vorschriften über die Beteiligung der Bürger und der Träger öffentlicher Belange nach § 3 Abs. 2 und 3, §§ 4, 11 Abs. 4 Satz 2 und § 55 Abs. 3 und 6 verletzt worden sind; dabei ist unbeachtlich, wenn bei Anwendung der Vorschriften einzelne berührte Träger öffentlicher Belange nicht beteiligt oder bei Anwendung des § 3 Abs. 3 Satz 2 oder des § 11 Abs. 4 Satz 2 die Voraussetzungen für die Durchführung der Beteiligung nach diesen Vorschriften verkannt worden sind;**

2. **die Vorschriften über den Erläuterungsbericht und die Begründung des Flächennutzungsplans und der Satzungen sowie ihrer Entwürfe nach § 3 Abs. 2, § 5 Abs. 1 Satz 2 und Abs. 5, § 8 Abs. 4 Satz 2 und § 9 Abs. 8 verletzt worden sind; dabei ist unbeachtlich, wenn der Erläuterungsbericht oder die Begründung des Flächen-**

nutzungsplans oder der Satzungen oder ihrer Entwürfe unvollständig ist;
3. ein Beschluß der Gemeinde über den Flächennutzungsplan oder die Satzung nicht gefaßt, eine Genehmigung nicht erteilt oder der mit der Bekanntmachung des Flächennutzungsplans oder der Satzung verfolgte Hinweiszweck nicht erreicht worden ist.

Soweit in den Fällen des Satzes 1 Nr. 2 der Erläuterungsbericht oder die Begründung in den für die Abwägung wesentlichen Beziehungen unvollständig ist, hat die Gemeinde auf Verlangen Auskunft zu erteilen, wenn ein berechtigtes Interesse dargelegt wird.

(2) Für die Rechtswirksamkeit der Bauleitpläne ist auch eine Verletzung der Vorschriften über das Verhältnis des Bebauungsplans zum Flächennutzungsplan nach § 8 Abs. 2 bis 4 unbeachtlich, wenn

1. die Anforderungen an die Aufstellung eines selbständigen Bebauungsplans (§ 8 Abs. 2 Satz 2) oder an die in § 8 Abs. 4 Satz 1 Nr. 2 bezeichneten dringenden Gründe für die Aufstellung eines vorzeitigen Bebauungsplans nicht richtig beurteilt worden sind;
2. § 8 Abs. 2 Satz 1 hinsichtlich des Entwickelns des Bebauungsplans aus dem Flächennutzungsplan verletzt worden ist, ohne daß hierbei die sich aus dem Flächennutzungsplan ergebende geordnete städtebauliche Entwicklung beeinträchtigt worden ist;
3. der Bebauungsplan aus einem Flächennutzungsplan entwickelt worden ist, dessen Unwirksamkeit wegen Verletzung von Verfahrens- oder Formvorschriften einschließlich des § 6 sich nach Bekanntmachung des Bebauungsplans herausstellt;
4. im Parallelverfahren gegen § 8 Abs. 3 verstoßen worden ist, ohne daß die geordnete städtebauliche Entwicklung beeinträchtigt worden ist.

(3) Für die Rechtswirksamkeit der Satzung nach § 55 ist unbeachtlich, wenn die Anforderung, daß

1. die Vorhaben ohne Aufstellung eines Bebauungsplans nicht zugelassen werden können (§ 55 Abs. 1 Satz 1 Nr. 1),
2. die Durchführung der Vorhaben für die Sicherung oder Schaffung von Arbeitsplätzen, zur Deckung eines Wohnbedarfs der Bevölkerung oder für erforderliche Infrastrukturmaßnahmen dringlich ist (§ 55 Abs. 1 Satz 1 Nr. 2),

nicht richtig beurteilt worden ist.

(4) Für die Abwägung ist die Sach- und Rechtslage im Zeitpunkt der Beschlußfassung über den Bauleitplan maßgebend. Mängel im Abwägungsvorgang sind nur erheblich, wenn sie offensichtlich und auf das Abwägungsergebnis von Einfluß gewesen sind.

§ 59 BauZVO (Frist für die Geltendmachung der Verletzung von Verfahrens- und Formvorschriften sowie von Mängeln der Abwägung, Behebung von Fehlern):

(1) **Unbeachtlich sind**

1. **eine Verletzung der in § 58 Abs. 1 Satz 1 Nr. 1 und 2 bezeichneten Verfahrens- und Formvorschriften und**
2. **Mängel der Abwägung,**

wenn sie nicht in Fällen der Nummer 1 innerhalb eines Jahres, in Fällen der Nummer 2 innerhalb von sieben Jahren seit Bekanntmachung des Flächennutzungsplans oder der Satzung schriftlich gegenüber der Gemeinde geltend gemacht worden sind; der Sachverhalt, der die Verletzung oder den Mangel begründen soll, ist darzulegen.

(2) **Bei Inkraftsetzung des Flächennutzungsplans und der Satzung ist auf die Voraussetzungen für die Geltendmachung der Verletzung von Verfahrens- oder Formvorschriften und von Mängeln der Abwägung sowie die Rechtsfolgen (Absatz 1) hinzuweisen.**

(3) **Die Gemeinde kann einen Fehler, der sich aus der Verletzung der in § 58 Abs. 1 bezeichneten Vorschriften ergibt, oder einen sonstigen Verfahrens- und Formfehler nach anderen Vorschriften, insbesondere der Kommunalverfassung, beheben; dabei kann die Gemeinde den Flächennutzungsplan oder die Satzung durch Wiederholung des nachfolgenden Verfahrens in Kraft setzen. Der Flächennutzungsplan und die Satzung können auch mit Rückwirkung erneut in Kraft gesetzt werden.**

Zur **Umweltverträglichkeitsprüfung** im Rahmen der Bebauungsplanung vgl. im übrigen § 1, Rn 75 a.

8. Gesetzliche Vorkaufsrechte der Gemeinde (Abs. 1 S. 1 Nr. 7). 21
Die Bestimmungen der §§ 24 ff. BauGB sind anzuwenden. Die Bestimmungen des BauGB-MaßnahmenG finden dagegen keine Anwendung; dies erklärt sich vor allem aus dem Anwendungsbereich des Vorkaufsrechts nach § 3 BauGB-MaßnahmenG: Wegen weithin fehlender Flächennutzungspläne würde die Vorschrift bis auf weiteres „leerlaufen". Aus dem BauGB-MaßnahmenG wurde jedoch die Regelung des § 3 Abs. 3 über die Möglichkeit der Herabsetzung des vereinbarten Kaufpreises auf den Verkehrswert übernommen; das BauGB-MaßnahmenG ist im **Anhang** abgedruckt und wird im sachlichen Zusamenhang der §§ 24 ff. BauGB erläutert. Die von § 28 Abs. 2 S. 2 BauGB abweichende Regelung wurde mit den Besonderheiten eines sich erst allmählich entwickelnden Bodenmarktes in der bisherigen DDR begründet.

Eine weitere Abweichung von den Vorkaufsrechtlegungen des 22
BauGB ergibt sich aus § 246a Abs. 1 S. 1 Nr. 4: Danach sind die **Vorkaufsrechtssatzungen** nach § 25 Abs. 1 **genehmigungspflichtig.**

9. Zulässigkeit von Vorhaben (Abs. 1 S. 1 Nr. 8). Die Vorschriften 23
des BauGB über die Zulässigkeit von Vorhaben sind anzuwenden. Darüber hinaus sind die in Abs. 1 S. 1 Nr. 8 aufgeführten Bestimmungen des **BauGB-MaßnahmenG** anzuwenden. Im einzelnen handelt es sich um die Erweiterung des Genehmigungstatbestandes des § 34 Abs. 3 BauGB zugunsten Wohnzwecken dienender Vorhaben (§ 4

Abs. 1 S. 1 BauGB-MaßnahmenG); die Erweiterung des § 34 Abs. 3 BauGB entspricht der bereits in § 19 Abs. 4 BauZVO enthaltenen Regelung. Weiterhin wird die sog. Außenbereichssatzung nach § 4 Abs. 4 BauGB-MaßnahmenG übernommen.

24 Vgl. hierzu weiterhin das im **Anhang** abgedruckte MaßnahmenG sowie die Erläut. hierzu im Zusammenhang mit den §§ 34 und 35 BauGB.

25 **10. Vertrauensschaden (Abs. 1 S. 1 Nr. 9).** Die Regelung enthält eine Modifizierung des Planungsschadensrechts nach §§ 39 ff. BauGB. Sie beziehen sich auf die Fälle der Bauleitplanung in bebauten Gebieten i. S. des § 34 BauGB. Die Regelung beinhaltet im wesentlichen, daß Bodenwertminderungen durch Bauleitplanung nicht nach § 42 entschädigt werden. Statt dessen wird der Vertrauensschadensersatz nach § 39 BauGB auf Gebiete nach § 34 BauGB und auf die Erstattung der Kosten eines Grundstückserwerbs sowie der Kaufpreise erweitert. Von dieser Regelung bleiben Ansprüche aufgrund von Eingriffen in ausgeübte Nutzungen (§ 42 Abs. 4 BauGB) sowie bei Aufhebung der zulässigen Nutzung (§ 40 BauGB) unberührt.

26 **11. Zulässigkeit der Enteignung (Abs. 1 S. 1 Nr. 10).** Die Enteignungsvorschriften nach §§ 85 ff. BauGB sind anzuwenden. Abs. 1 S. 1 Nr. 10 enthält eine tatbestandliche Erweiterung der Enteignungsgründe. Die Regelung trägt dem Umstand Rechnung, daß Enteignungen nach dem Baugesetzbuch insbesondere zulässig sind, um ein Grundstück entsprechend den Festsetzungen eines Bebauungsplans zu nutzen oder eine solche Nutzung vorzubereiten; § 85 Abs. 1 Nr. 1 BauGB. Da dieser Enteignungszweck in der früheren DDR allenfalls in den Fällen der nach § 246a Abs. 4 übergeleiteten Vorschriften und Pläne zur Anwendung kommen könnte und damit zunächst weithin „leerlaufen" müßte, stellt die Regelung eine (sachlich allerdings erheblich eingeengte) ausgleichende Enteignungsmöglichkeit bereit. Danach ist die Enteignung auch im Geltungsbereich einer Satzung nach Abs. 1 Nr. 6 zulässig (sog. „Vorhaben- und Erschließungsplan" nach § 55 BauZVO). Die Satzung wird insoweit (vgl. aber auch § 246a Abs. 1 S. 1 Nr. 6a S. 2) einem Bebauungsplan gleichgestellt (§ 85 Abs. 1 Nr. 1 BauGB), soweit die Bestimmungen der Satzung Festsetzungen i. S. des § 9 BauGB entsprechen. Die Enteignung ist beschränkt auf Grundstücke, die öffentlichen Zwecken zugeführt werden sollen. Eine „privatnützige" Enteignung aufgrund einer Satzung über den Vorhaben- und Erschließungsplan ist danach nicht zulässig.

27 **12. Erschließung (Abs. 1 S. 1 Nr. 11).** Das Recht der städtebaulichen Erschließung nach §§ 123 bis 135 BauGB ist anzuwenden. Abs. 1 S. 1 Nr. 11 enthält folgende Besonderheiten: Nach Nr. 11 S. 1 ist anstelle von § 124 BauGB über den städtebaulichen Vertrag § 54 BauZVO anzuwenden. § 54 BauZVO lautet wie folgt:

§ 54 Erschließungsvertrag; städtebaulicher Vertrag

(1) **Die Gemeinde kann einem Dritten durch Vertrag**

1. **die ihr obliegende Erschließung der nach der geordneten baulichen Entwicklung anstehenden Grundstücke übertragen (Erschließungsvertrag) und**

2. **die Vorbereitung und Durchführung anderer städtebaulicher Maßnahmen übertragen oder hierüber andere Vereinbarungen treffen (städtebaulicher Vertrag).**

Gegenstand eines städtebaulichen Vertrags können insbesondere die privatrechtliche Neuordnung der Grundstücksverhältnisse, die Bodensanierung und Freilegung von Grundstücken, sonstige Maßnahmen, die notwendig sind, damit Baumaßnahmen durchgeführt werden können, und die Ausarbeitung der erforderlichen städtebaulichen Planungen sein; die Aufstellung eines Bebauungsplans kann nicht übertragen werden. § 2 Abs. 3 und die Vorschriften über städtebauliche Sanierungsmaßnahmen bleiben unberührt. Unberührt bleibt auch der Abschluß öffentlich-rechtlicher Verträge über andere als die in Satz 2 genannten Gegenstände, die nicht städtebaulicher Natur sind.

(2) **Bauwillige können sich gegenüber der Gemeinde durch Vertrag verpflichten, Kosten und sonstige Aufwendungen zu übernehmen, die der Gemeinde für städtebauliche Planungen, andere städtebauliche Maßnahmen sowie Anlagen und Einrichtungen, die der Allgemeinheit dienen, entstehen. Auch die Bereitstellung erforderlicher Grundstücke kann vereinbart werden. Die Kosten und Aufwendungen sowie die Planungen, städtebaulichen Maßnahmen, Anlagen und Einrichtungen müssen Voraussetzung oder Folge des vom Bauwilligen geplanten Vorhabens sein. Die vertraglich vereinbarten Leistungen müssen den gesamten Umständen nach angemessen sein; § 49 der Kommunalverfassung bleibt unberührt. Die Vereinbarung einer vom Bauwilligen zu erbringenden Leistung ist unzulässig, wenn er auch ohne sie einen Anspruch auf Erteilung der Genehmigung hätte und sie auch nicht als Nebenbestimmung gefordert werden könnte.**

(3) **Ein Vertrag nach Absatz 1 und 2 bedarf der Schriftform, soweit nicht durch Rechtsvorschriften eine andere Form vorgeschrieben ist.**

§ 54 BauZVO ist eine gegenüber § 124 **BauGB** umfassendere Rege- **28** lung des Erschließungsvertrags und der städtebaulichen Verträge. Ihre Einführung wurde vor allem damit begründet, daß der öffentlich-rechtliche Vertrag für die Gemeinden der DDR ein neuer Weg ist; deshalb sollen in der umfassenden Regelung Zulässigkeit und Grenzen des öffentlich-rechtlichen Vertrags im Städtebau detaillierter aufgezeigt werden.

Abs. 1 S. 1 Nr. 11 S. 2 bis 4 bestimmt, daß Erschließungsbeiträge **29** nach dem BauGB nicht für bereits **fertiggestellte Erschließungsanlagen** erhoben werden können. Etwas anderes gilt für die **im Bau**

befindlichen Anlagen. Wegen der erheblichen rechtlichen Unterschiede gegenüber dem Erschließungsrecht werden die Landesregierungen der Länder der DDR und Berlin ermächtigt, bei Bedarf Überleitungsregelungen durch Rechtsverordnung zu treffen.

30 **13. Städtebauliche Sanierungsmaßnahmen (Abs. 1 S. 1 Nr. 12).** Das Recht der städtebaulichen Sanierungsmaßnahmen war bereits in §§ 23 bis 42 BauZVO geregelt, jedoch mit einigen Modifikationen gegenüber BauGB und insbesondere ohne Übernahme weiter Bereiche des besonderen bodenrechtlichen Instrumentariums der Sanierung. Das Sanierungsrecht ist nunmehr uneingeschränkt anzuwenden. Folgende (überwiegend bereits in der BauZVO enthaltene) Modifizierungen sind in Abs. 1 S. 1 Nr. 12 enthalten.

31 Nach **Nr. 12 S. 1** ist ergänzend zu § 141 BauGB **§ 28 Abs. 4 BauZVO** anzuwenden. Die Vorschrift lautet:

§ 28 Vorbereitende Untersuchungen

(4) **Ist der Beschluß über den Beginn der vorbereitenden Untersuchungen gefaßt und ortsüblich bekanntgemacht, ist § 13 auf einen Antrag auf Durchführung eines Vorhabens und von Teilungen im Sinne von § 31 Abs. 1 Nr. 1 und 3 entsprechend anzuwenden; die Höchstfrist der Zurückstellung beträgt zwei Jahre.**

§ 13 BauZVO entspricht inhaltlich § 15 BauGB. Danach besteht – ähnlich wie bei der Erhaltungssatzung nach § 162 Abs. 2 BauGB – mit dem Beschluß über den Beginn vorbereitender Untersuchungen die Möglichkeit, Baugesuche zurückzustellen. Die Höchstfrist der Zurückstellung beträgt 2 Jahre.

32 Nach **Nr. 12 S. 2** stehen den Gemeinden bei Anwendung des § 142 Abs. 4 je nach den rechtlichen Voraussetzungen entweder das „besondere Verfahren" (vgl. §§ 152 ff. BauGB) oder das „vereinfachte Verfahren" (§ 142 Abs. 4 Hs. 1 BauGB) zur Verfügung. Die Wahlmöglichkeiten innerhalb des vereinfachten Verfahrens nach § 142 Abs. 4 Hs. 2 sind dagegen ausgeschlossen. Dies erklärt sich damit, daß in den Gemeinden der früheren DDR vorrangig die besonders schwerwiegenden städtebaulichen Mißstände im Sinne des § 136 BauGB zu beheben sein werden, die die volle Anwendung des § 144 erfordern.

33 Abweichungen vom Sanierungsrecht des BauGB ergeben sich weiterhin daraus, daß nach § 246a Abs. 1 S. 1 Nr. 4 die Sanierungssatzung (§ 143 BauGB) und die Aufhebungssatzung (§ 162 BauGB) **genehmigungspflichtig** ist. Die vereinfachte Änderung nach § 143 Abs. 3 BauGB bleibt dagegen genehmigungsfrei.

34 **14. Städtebauliche Entwicklungsmaßnahmen (Abs. 1 S. 1 Nr. 13).** Das BauGB regelt das Recht der städtebaulichen Entwicklungsmaßnahmen nur für bereits vor dem 1. Juli 1987 förmlich festgelegte Entwicklungsbereiche; §§ 165 ff. BauGB. Das BauGB-MaßnahmenG läßt dagegen die förmliche Festlegung städtebaulicher Entwicklungsbereiche mit geänderter Aufgabenstellung und zum Teil fortentwickelten

Rechtsinstrumenten für fünf Jahre zu. Daran knüpft Abs. 1 S. 1 Nr. 13 an, erstreckt den Anwendungszeitraum dieses Rechts jedoch – entsprechend den sonstigen Maßgaben des § 246a BauGB – auf sieben Jahre.

15. Erhaltungssatzung (Abs. 1 S. 1 Nr. 14). Das Recht der Erhal- 35 tungssatzung wurde bereits durch §§ 43 bis 45 BauZVO im wesentlichen entsprechend § 172 ff. BauGB eingeführt. Abs. 1 S. 1 Nr. 14 übernimmt die Modifizierung der BauZVO.

Nach **Nr. 14 S. 1** ist in den Fällen der „Milieuschutzsatzung" nach 36 § 172 Abs. 1 S. 1 Nr. 2 BauGB die Regelung des **§ 43 Abs. 1 S. 3 BauZVO** anzuwenden, die folgenden Wortlaut hat:

§ 43 Erhaltung baulicher Anlagen und der Eigenwert von Gebäuden (Erhaltungssatzung):

In den Fällen des Satzes 1 Nr. 2 *(Anm.: entspricht § 172 Abs. 1 S. 1 Nr. 2 BauGB)* **kann die Gemeinde in der Satzung auch bestimmen, daß Vereinbarungen, durch die ein schuldrechtliches Vertragsverhältnis über den Gebrauch oder die Nutzung eines Grundstücks, Gebäudes oder Gebäudeteils auf bestimmte Zeit von mehr als einem Jahr eingegangen oder verlängert wird, der Genehmigung bedürfen; dies gilt nicht für Mietverträge über die Nutzung von Wohnraum zu Wohnzwecken.**

Nr. 14 S. 2 bestimmt, daß in den Fällen der „Milieuschutzsatzungen" 37 die wirtschaftliche Unzumutbarkeit nicht zu einem Anspruch auf Genehmigung führen soll; so aber § 172 Abs. 4 S. 2 BauGB. Vielmehr wird – wie auch in den Fällen nach § 172 Abs. 1 S. 1 Nr. 1 BauGB – ein Übernahmeanspruch begründet; vgl. § 173 Abs. 2 BauGB.

Eine weitere Abweichung gegenüber dem BauGB ergibt sich aus 38 § 246a Abs. 1 S. 1 Nr. 4: Danach ist auch die **Erhaltungssatzung genehmigungspflichtig.**

16. Städtebauliche Gebote (Abs. 1 S. 1 Nr. 15). Durch §§ 46, 47 39 BauZVO wurden die allgemeinen Voraussetzungen für städtebauliche Gebote sowie das Modernisierungs- und Instandsetzungsgebot eingeführt. Die Bestimmungen über die städtebaulichen Gebote (§§ 175 bis 179 BauGB) finden nunmehr uneingeschränkt Anwendung. Ergänzend zu § 176 BauGB über das Baugebot ist § 8 BauGB-MaßnahmenG anzuwenden.

17. Wertermittlung (Abs. 1 S. 1 Nr. 16). Nach § 199 Abs. 2 BauGB 40 sind die Landesregierungen ermächtigt, die Bildung der Gutachterausschüsse, die Aufgaben des Vorsitzenden, die Einrichtung der Geschäftsstelle u. a. zu regeln. **Nr. 16** stellt sicher, daß bis zum Erlaß dieser Rechtsverordnungen die Vorbereitung der Wertermittlung weitergeführt werden kann.

18. Verfahren vor den Kammern (Senaten) für Baulandsachen 41 **(Abs. 1 S. 1 Nr. 17).** Wegen der bei Einführung des BauGB in den Ländern der früheren DDR fehlenden Kammern (Senaten) für Baulandsachen enthält Abs. 1 S. 1 Nr. 17 eine Modifizierung zu §§ 217 bis

232 BauGB. Etwas anderes gilt für Berlin (Ost), auf das zum Beitritt die Gerichtsverfassung unmittelbar eingeführt wird.

42 **19. Höhere Verwaltungsbehörde (Abs. 1 S. 1 Nr. 18).** Die Vorschrift trägt dem Umstand Rechnung, daß es bei Beitritt der DDR an einer höheren Verwaltungsbehörde fehlte. Übergangsweise, d. h. bis zum Erlaß einer landesrechtlichen Regelung obliegt diese Aufgabe den Regierungsbevollmächtigten in den Bezirken; vgl. auch Art. 15 Abs. 1 des Einigungsvertrages.

43 **20. Überleitungsvorschriften (Abs. 1 S. 2 und 3, Abs. 2 und 3).** Nach Abs. 1 S. 1 sind bestimmte Vorschriften der BauZVO weiter anzuwenden. Abs. 1 S. 2 bestimmt hierzu, daß bei Verweisungen auf Vorschriften dieser Verordnung an deren Stelle die inhaltsgleichen Vorschriften des BauGB gelten; Beispiel: Die Verweisung in § 55 Abs. 3 S. 3 und 4 BauZVO auf § 11 Abs. 2 und 3 BauZVO bedeutet eine Verweisung auf § 11 Abs. 1 und 2 sowie § 12 BauGB. Demgegenüber ist z. B. die Verweisung des § 58 Abs. 23 BauZVO auf § 55 BauZVO keine inhaltsgleiche Verweisung auf Vorschriften des BauGB, d. h. insofern Verbleib des bei der Verweisung auf die Vorschrift der Verordnung.

44 **Abs. 1 S. 3** stellt die einheitliche Anwendung der Maßgaben bis zum 31. 12. 1997 auch in Fällen der Anwendung des BauGB-MaßnahmenG sicher. Nach Art. 1 WoBauErlG gilt das BauGB-MaßnahmenG selbst nämlich nur bis zum 31. 5. 1995. **Abs. 1 S. 4** und 5 enthalten Klauseln hinsichtlich der Verweisung auf andere Gesetze.

45 **Abs. 2** enthält das Überleitungsrecht für die nach Abs. 1 S. 1 zeitlich befristeten (31. 12. 1997) Maßgaben.

46 **Abs. 3** regelt das Überleitungsrecht für Verfahren, die nach der BauZVO der DDR eingeleitet worden sind, sowie für Beschlüsse und Satzungen, die auf der Grundlage dieser Verordnung gefaßt worden sind.

47 **21. Überleitung bestehender städtebaulicher Pläne (Abs. 4).** § 64 BauZVO regelt die Überleitung bestimmter städtebaulicher Pläne, die zum Zeitpunkt des Inkrafttretens der BauZVO bestanden, insbesondere bestimmte Generalbebauungspläne, Leitplanungen und Ortsgestaltungskonzeptionen sowie von baurechtlichen Vorschriften und Plänen. Abs. 4 regelt die Überleitung dieser städtebaulichen Pläne in das System des BauGB entsprechend § 64 BauZVO, verlängert jedoch die Frist zur Bestätigung als Bebauungsplan, um den Gemeinden ausreichend Zeit für diesen Vorgang einzuräumen. § 64 BauZVO lautet (mit den Änderungen gemäß § 246 Abs. 4) wie folgt:

§ 64 Überleitung bestehender städtebaulicher Pläne

(1) **Generalbebauungspläne, Leitplanungen und Ortsgestaltungskonzeptionen, die aufgrund bisher geltender Vorschriften aufgestellt worden sind, gelten mit folgenden Wirkungen fort:**

1. **Soweit sie Darstellungen im Sinne des §5 Abs. 1 Satz 1 über die beabsichtigte städtebauliche Entwicklung des Gemeindegebiets in den Grundzügen enthalten, gelten sie als Flächennutzungspläne oder Teil-Flächennutzungspläne im Sinne des §5 Abs. 1 fort;**
2. **soweit sie im übrigen Aussagen über die geordnete städtebauliche Entwicklung enthalten, können sie Anhaltspunkte für die Beurteilung von Maßnahmen nach dieser Verordnung sein.**

(2) **Die Gemeinde kann die in Absatz 1 bezeichneten städtebaulichen Pläne oder räumlichen oder sachlichen Teile dieser Pläne durch Beschluß von der Fortgeltung im Sinne des Absatzes 1 ausnehmen. Der Beschluß bedarf der Genehmigung durch die Aufsichtsbehörde. Die Erteilung der Genehmigung ist ortsüblich bekanntzumachen.**

(3) **Bei Inkrafttreten dieser Verordnung bestehende baurechtliche Vorschriften und festgestellte städtebauliche Pläne gelten als Bebauungspläne, soweit sie verbindliche Regelungen der in §9 bezeichneten Art enthalten und von der Gemeinde bis zum 30. Juni 1991 durch Beschluß bestätigt werden. Der Beschluß nach Satz 1 bedarf der Genehmigung der Aufsichtsbehörde; die Erteilung der Genehmigung ist ortsüblich bekanntzumachen. Sollen nach Satz 1 weitergeltende Vorschriften oder Pläne geändert, ergänzt oder aufgehoben werden, sind die für Bauleitpläne geltenden Vorschriften dieser Verordnung anzuwenden.**

22. **Rechtsverordnungen zum BauGB.** Im Beitrittsgebiet finden – 48 entsprechend der Grundnorm des Artikels 8 des Einigungsvertrages über die Geltung des Bundesrechts in der früheren DDR – die Rechtsverordnungen zum BauGB Anwendung, also die **BauNVO** (vgl. hierzu jedoch die Maßgabe im Einigungsvertrag Anlage I Kapitel XIV I.2 – §26a BauNVO), die **WertV** und die **PlanzV**.

23. **Raumordnungsgesetz; Bundeskleingartengesetz.** In den neuen 49 Ländern gelten auch das **ROG** (Anlage I Kapitel XIV I.3 des Einigungsvertrages mit der Maßgabe des neuen §12a ROG) und das **BKleingG** (Anlage I Kapitel XIV I.4 des Einigungsvertrages mit der Maßgabe des neuen §20a BKleingG).

§247 Berlin-Klausel

Dieses Gesetzbuch gilt nach Maßgabe des §12 Abs. 1 und des §3 Abs. 1 des Dritten Überleitungsgesetzes auch im Land Berlin. Rechtsverordnungen, die aufgrund dieses Gesetzbuchs erlassen werden, gelten im Land Berlin nach §4 des Dritten Überleitungsgesetzes.

Gegenstandslos geworden aufgrund des Sechsten Überleitungsgesetzes vom 23. September 1990 (BGBl. I S. 2106).

Gesetz über das Baugesetzbuch
vom 8. Dezember 1986
(BGBl. I S. 2191)

Das Gesetz über das Baugesetzbuch enthält in 5 Artikeln folgende Regelungen:

Art. 1 über die Erweiterung des Bundesbaugesetzes faßt in Nummer 1 die Überschrift neu mit **„Baugesetzbuch (BauGB)"** und enthält im übrigen die **Neuregelungen** für das Städtebaurecht, insbesondere auch die Zusammenfassung von BBauG und StBauFG.

Art. 2 über die Anpassung sonstigen Bundesrechts regelt in 27 Nrn. Folgeänderungen und sonstige Änderungen, die aufgrund des BauGB im Bundesrecht vorgenommen wurden. In Art. 2 ist insbesondere die Aufhebung des StBauFG (Nr. 1), des Überleitungsrechts zur Novelle 1976 (Nr. 2), der Ordnungsmaßnahmenverordnung (Nr. 25), der Ausgleichsbetragsverordnung (Nr. 26) und der Reichsgaragenordnung (Nr. 27) geregelt. In weiteren 13 Bundesgesetzen sind redaktionelle Folgeänderungen vorgenommen worden. Art. 2 regelt weiterhin die Übernahme der bisher im StBauFG enthaltenen steuerrechtlichen Vorschriften (vgl. §§ 78–84, 90 StBauFG) in die einschlägigen Steuerfachgesetze (Nrn. 7, 15 bis 20 und 24). Diese Regelungen sind, soweit sie von der Neuregelung des Wohnungsgemeinnützigkeitsrechts betroffen waren, zum 1. 1. 1990 z. T. aufgehoben worden. Nr. 9 über die Änderung des § 47 VwGO enthält die neu eingeführte Nichtvorlagebeschwerde in Normenkontrollangelegenheiten. Nr. 24 regelt u. a. die Übernahme des bisherigen § 144e BBauG in das RSiedlG.

Art. 3 ermächtigt den Bundesminister für Raumordnung, Bauwesen und Städtebau zur Bekanntmachung des Wortlauts des BauGB im Bundesgesetzblatt; vgl. die Bekanntmachung des BMBau vom 8. 12. 1986, BGBl. I, S. 2253.

Art. 4 enthält die übliche Berlin-Klausel. – Gegenstandslos geworden aufgrund des Sechsten Überleitungsgesetzes vom 23. September 1990 (BGBl. I S. 2106).

Art. 5 bestimmt als Zeitpunkt für das Inkrafttreten des Gesetzes den 1. Juli 1987.

Überleitungsvorschriften zum
früheren Recht

Vorbemerkung

Im Elften Teil des BBauG waren in §§ 173–182 die Überleitungsvor- **1**
schriften zum **BBauG 1960**, in §§ 183–183 g die Überleitungsvorschrif-
ten zur **Novelle 1979** geregelt. Das Überleitungsrecht zur **Novelle 1976**
war in Art. 3 des ÄndG 1976 (hier nach § 183 g wiedergegeben) enthal-
ten. Die Überleitungsvorschriften zum **StBauFG** sind, da insgesamt
wegen Zeitablaufs ohne Bedeutung, nicht wiedergegeben (vgl. §§ 93
bis 95 StBauFG für das StBauFG 1971; § 95 a StBauFG für das ÄndG
1979 sowie Art. 3 § 12 des ÄndG 1976; für die Novelle 1984 StBauFG
gab es kein gesondertes Überleitungsrecht).

Mit dem **BauGB** sind – von wenigen Ausnahmen abgesehen (vgl. **2**
Vorbem. zu den §§ 233–245, Rn 1) die Überleitungsvorschriften zum
früheren Recht aufgehoben worden. Dies betrifft das Überleitungs-
recht zum BBauG 1960, zum StBauFG 1971 sowie zu den Novellen
BBauG und StBauFG 1976 und 1979. Die Aufhebung dieser Vorschrif-
ten ergibt sich aus der Neuregelung des Überleitungsrechts in §§ 233 ff.
BauGB, das an die Stelle der Überleitungsvorschriften zum BBauG
1960 und zur Novelle 1979 tritt sowie aus dem Gesetz über das BauGB,
das in Art. 2 Nr. 1 das StBauFG (einschließlich des Überleitungsrechts)
und in Art. 2 Nr. 2 das Überleitungsrecht zur Novelle 1976 aufhebt. Im
folgenden werden diese Überleitungsvorschriften, soweit sie noch von
Bedeutung sein können, wiedergegeben, und zwar verbunden mit
Hinweisen, ob sie entfallen oder in anderen Vorschriften aufgegangen
sind. Im übrigen wird auf die Erl. hierzu in B/K/L, 1. Aufl., Bezug
genommen.

Elfter Teil. Überleitungs- und Schluß-
vorschriften

Erster Abschnitt. Überleitungsvorschriften *zum*
BBauG in der Fassung vom 23. Juni 1960

§ 173 Überleitung bestehender Pläne *(entfallen)*

(1) *Bei Inkrafttreten dieses Gesetzes bestehende rechtsgültige Wirtschaftspläne
nach dem Gesetz über die Aufschließung von Wohnsiedlungsgebieten vom 22. Sep-*

tember 1933 (Reichsgesetzbl. I S. 659) in der Fassung des Gesetzes vom 27. September 1938 (Reichsgesetzbl. I S. 1246) – Wohnsiedlungsgesetz – gelten bis zum Ablauf von zwei Jahren nach Inkrafttreten dieses Gesetzes als Flächennutzungspläne im Sinne des § 5, wenn sie nicht vor diesem Zeitpunkt aufgehoben werden. Entsprechen diese Wirtschaftspläne inhaltlich und verfahrensrechtlich im wesentlichen den an einen Flächennutzungsplan gestellten Anforderungen, so können sie von der höheren Verwaltungsbehörde zu unbefristet geltenden Flächennutzungsplänen im Sinne des § 5 erklärt werden.

(2) Die Landesregierungen können durch Rechtsverordnung bestimmen, daß sonstige aufgrund bisher geltender Vorschriften aufgestellte vorbereitende städtebauliche Pläne unverändert oder mit besonderen Maßgaben weitergelten, wenn sie den an einen Flächennutzungsplan gestellten Anforderungen inhaltlich und verfahrensrechtlich im wesentlichen entsprechen.

(3) Bei Inkrafttreten dieses Gesetzes bestehende baurechtliche Vorschriften und festgestellte städtebauliche Pläne gelten als Bebauungspläne, soweit sie verbindliche Regelungen der in § 9 bezeichneten Art enthalten. Dies gilt für Festsetzungen in den Fällen des § 9 Abs. 7 des Bundesfernstraßengesetzes vom 6. August 1953 (Bundesgesetzbl. I S. 903) in der Fassung des § 183 dieses Gesetzes nur, wenn sie unter Mitwirkung des Trägers der Straßenbaulast zustande gekommen sind oder ihnen der Träger der Straßenbaulast nachträglich zugestimmt hat. Soweit die in Satz 1 bezeichneten Vorschriften und Pläne den in § 1 Abs. 3 bis 5 gestellten Anforderungen nicht entsprechen, sind sie zu ändern oder zu ergänzen, wenn dies von einem bei der Bauleitplanung zu beteiligenden Träger öffentlicher Belange (§ 2 Abs. 5) innerhalb eines Monats nach Inkrafttreten dieses Gesetzes beantragt wird.

(4) Die Landesregierungen können durch Rechtsverordnung bestimmen, daß die in Absatz 3 Satz 1 genannten Bebauungspläne längstens für die Dauer von fünf Jahren als Bebauungspläne im Sinne des § 30 gelten, auch wenn sie keine Festsetzungen über die örtlichen Verkehrsflächen enthalten, weil die für diese Festsetzungen erforderlichen vermessungstechnischen Unterlagen nicht vorhanden sind.

(5) Bis zum Inkrafttreten der in § 2 Abs. 10 bezeichneten Rechtsverordnungen sind die entsprechenden landesrechtlichen Vorschriften weiterhin anzuwenden.

(6) Sollen weitergeltende baurechtliche Vorschriften oder städtebauliche Pläne (Absätze 1 bis 3) geändert oder aufgehoben werden, so sind die für Bauleitpläne geltenden Vorschriften dieses Gesetzes anzuwenden, auch wenn nach den landesrechtlichen Vorschriften ein anderes Verfahren vorgeschrieben war.

§ 174 Abwicklung eingeleiteter Verfahren *(Bedeutung entfallen)*

§ 175 Anfechtung von Entscheidungen *(Bedeutung entfallen)*

§ 176 Fortgeltung von Bausperren *(Bedeutung entfallen)*

§ 177 Übergangsvorschriften für den Bodenverkehr
(Bedeutung entfallen)

§ 178 Übergangsvorschriften für das Vorkaufsrecht der Gemeinden *(Bedeutung entfallen)*

§ 179 Übergangsvorschriften für die Rückenteignung
(Bedeutung entfallen)

§ 180 Überleitung des Erschließungsbeitragsrechts
(Abs. 1 bis 5: Bedeutung entfallen,
Abs. 6 in § 242 Abs. 2 BauGB aufgegangen)

(6) *Soweit zur Erfüllung von Anliegerbeitragspflichten langfristige Verträge oder sonstige Vereinbarungen, insbesondere über das Ansammeln von Mitteln für den Straßenbau in Straßenbaukassen oder auf Sonderkonten bestehen, können die Länder ihre Abwicklung durch Gesetz regeln.*

§ 181 Fortgeltung von Rechtsverordnungen (Bedeutung entfallen)

§ 182 Fortbestand von Umlegungsausschüssen (Bedeutung entfallen)

Soweit aufgrund landesrechtlicher Vorschriften vor Inkrafttreten dieses Gesetzes Umlegungsausschüsse und Obere Umlegungsausschüsse eingerichtet worden sind, gelten sie als aufgrund des § 46 Abs. 2 eingerichtet, es sei denn, daß die Landesregierungen durch Rechtsverordnung etwas anderes bestimmen.

Zweiter Abschnitt.
Überleitungsvorschrift zur Novelle 1979

§ 183 Überleitungsvorschriften für die Bauleitplanung (*entfallen*)

(1) *Ist vor dem 1. August 1979 mit der Beteiligung der Träger öffentlicher Belange nach § 2 Abs. 5 begonnen worden, ist die Vorschrift über die Fristsetzung durch die Gemeinde (§ 2 Abs. 5 Satz 3 Halbsatz 1) in der bis zum 31. Juli 1979 geltenden Fassung anzuwenden.*

(2) *Hat die höhere Verwaltungsbehörde vor dem 1. August 1979 über die Genehmigung des Flächennutzungsplans entschieden und ist die Entscheidung noch nicht unanfechtbar geworden, kann sie die Vorschriften über das Ausnehmen von Teilen des Flächennutzungsplans von der Genehmigung (§ 6 Abs. 3 Satz 2) anwenden. Hat die höhere Verwaltungsbehörde vor dem 1. August 1979 Teile des Flächennutzungsplans von der Genehmigung ausgenommen, ist dies für die Rechtswirksamkeit des Flächennutzungsplans unbeachtlich, wenn die Voraussetzungen des § 6 Abs. 3 Satz 2 erfüllt sind.*

(3) *Hat die Gemeinde die vereinfachte Änderung oder Ergänzung des Bebauungsplans vor dem 1. August 1979 beschlossen, ist § 13 in der bis zum 31. Juli 1979 geltenden Fassung anzuwenden. Das Recht der Gemeinde, das Verfahren erneut einzuleiten bleibt unberührt.*

§ 183 a Überleitungsvorschriften für den Bodenverkehr (*Bedeutung entfallen*)

§ 183 b Überleitungsvorschriften für die Regelung der baulichen oder sonstigen Nutzung (*Bedeutung entfallen*)

§ 183 d Überleitungsvorschriften für die Bodenordnung (Bedeutung entfallen)

§ 183 e Überleitungsvorschriften für die Erschließung (in § 242 Abs. 3 BauGB aufgegangen; § 125a Abs. 1a BBauG 1979 ist durch § 125 Abs. 3 BauGB ersetzt worden)

§ 125 Abs. 1a ist auch auf Bebauungspläne anzuwenden, die vor dem 1. August 1979 rechtsverbindlich geworden sind. Dies gilt auch, wenn die Erschließungsanlage vor dem 1. August 1979 hergestellt worden ist.

§ 183 f Überleitungsvorschriften für die Geltendmachung der Verletzung von Vorschriften bei der Aufstellung von Flächennutzungsplänen und Satzungen *(vgl. jetzt § 244 Abs. 1 BauGB)*

(1) *Sind vor dem 1. August 1979 Flächennutzungspläne bekanntgemacht worden, kann für sie die Wirkung des § 155a Abs. 1 und 3 nachträglich herbeigeführt werden, wenn die Gemeinde innerhalb von sechs Monaten nach dem 1. August 1979 durch ortsübliche Bekanntmachung auf die in § 155a Abs. 1 und 3 bezeichneten Voraussetzungen für die Geltendmachung einer Verletzung von Verfahrens- oder Formvorschriften und Rechtsfolgen sowie auf die in § 155a Abs. 1 bezeichnete Frist, die mit der Bekanntmachung beginnt, hinweist.*

(2) *§ 155a Abs. 2 und § 155b sind auch auf Bebauungspläne und Flächennutzungspläne anzuwenden, die vor dem 1. August 1979 bekanntgemacht worden sind.*

(3) *Die Gemeinde kann einen Flächennutzungsplan oder Satzungen, die vor dem 1. August 1979 bekanntgemacht worden sind, unter den Voraussetzungen des § 155a Abs. 5 auch für einen Zeitpunkt vor dem 1. August 1979 rückwirkend erneut in Kraft setzen.*

§ 183 g Überleitungsvorschriften für die vorzeitige Besitzeinweisung *(Bedeutung entfallen)*

Überleitungsvorschriften zur Novelle 1976

(Art. 3 des Gesetzes zur Änderung des BBauG v. 18. 8. 1976,
BGBl. I S. 2221)

Artikel 3. Überleitungs- und Schlußvorschriften

§ 1 Überleitungsvorschriften für die Bauleitplanung und die Sozialplanung *(entfallen)*

(1) *Die Vorschriften über die Entwicklungsplanung (§ 1 Abs. 5 des Bundesbaugesetzes) und über die ortsübliche Bekanntmachung des Aufstellungsbeschlusses (§ 2 Abs. 1 Satz 2 des Bundesbaugesetzes) finden keine Anwendung auf Bauleitpläne, deren Aufstellung, Änderung, Ergänzung oder Aufhebung die Gemeinde vor Inkrafttreten dieses Gesetzes beschlossen hat. Satz 1 gilt auch, wenn die Gemeinde einen gesonderten Beschluß über die Aufstellung, Änderung, Ergänzung oder Aufhebung des Bebauungsplans nicht gefaßt hat, jedoch vor Inkrafttreten dieses Gesetzes mit der Beteiligung der Träger öffentlicher Belange nach § 2 Abs. 5 des Bundesbaugesetzes in der bisher geltenden Fassung begonnen hat.*

(2) *Liegen die Voraussetzungen des Absatzes 1 vor, so finden die Vorschriften über die Grundsätze der Bauleitplanung sowie über die Beteiligung der Träger öffentlicher Belange und der Bürger an der Bauleitplanung in der bisher geltenden Fassung Anwendung; die Vorschrift über die Beteiligung der Gemeinden bei Planungsverbänden (§ 4 Abs. 9 des Bundesbaugesetzes) findet keine Anwendung. Die Gemeinde hat jedoch die Bürger in einer dem Stand der Planung entsprechenden Weise nach § 2a Abs. 2, 3 und 5 des Bundesbaugesetzes zu beteiligen, wenn die Auslegung des Entwurfs des Bebauungsplans bei Inkrafttreten dieses Gesetzes noch nicht ortsüblich bekanntgemacht (§ 2 Abs. 6 des Bundesbaugesetzes) und auch mit der Beteiligung der Träger öffentlicher Belange (§ 2 Abs. 5 des Bundesbaugesetzes) noch nicht begonnen worden ist.*

(3) *Sind die Entwürfe von Bauleitplänen bei Inkrafttreten dieses Gesetzes nach § 2 Abs. 6 des Bundesbaugesetzes öffentlich ausgelegt oder ist mit der Beteiligung der Träger öffentlicher Belange nach § 2 Abs. 5 des Bundesbaugesetzes vor Inkrafttreten dieses Gesetzes begonnen worden, so finden die Vorschriften über den Inhalt des Flächennutzungsplans (§ 5 des Bundesbaugesetzes), über den Inhalt des Bebauungsplans (§ 9 des Bundesbaugesetzes) und über die Genehmigung des Bebauungsplans (§ 11 des Bundesbaugesetzes) in der bisher geltenden Fassung Anwendung. § 9a Abs. 1 bis 7 des Bundesbaugesetzes findet keine Anwendung. Das Recht der Gemeinde, das Bauleitplanverfahren erneut einzuleiten, bleibt unberührt.*

(4) *Hat die Gemeinde den Antrag auf Erteilung der Genehmigung eines Bauleitplans vor Inkrafttreten dieses Gesetzes gestellt, so findet § 6 des Bundesbaugesetzes mit Ausnahme des Absatzes 4 Satz 4 Anwendung. Ist mit der öffentlichen Auslegung nach § 12 des Bundesbaugesetzes vor Inkrafttreten dieses Gesetzes begonnen*

worden, so findet § 12 des Bundesbaugesetzes in der bisher geltenden Fassung Anwendung.

(5) Liegen die Voraussetzungen des Absatzes 1 vor, so finden die Vorschriften über die Grundsätze für soziale Maßnahmen (§ 13a Abs. 1 des Bundesbaugesetzes) keine Anwendung. Die Gemeinde kann abweichend von Satz 1 Grundsätze für soziale Maßnahmen nach § 13a Abs. 1 des Bundesbaugesetzes erarbeiten. Ist ein Bebauungsplan bei Inkrafttreten dieses Gesetzes rechtsverbindlich und beabsichtigt die Gemeinde die Anordnung von Maßnahmen nach den §§ 39b bis 39e des Bundesbaugesetzes, so findet § 13a Abs. 2 und 3 des Bundesbaugesetzes mit der Maßgabe Anwendung, daß der Sozialplan für die davon unmittelbar Betroffenen vor Anordnung der Maßnahmen aufzustellen ist; steht die Verwirklichung des Bebauungsplans durch einen anderen als die Gemeinde bevor, so kann die Gemeinde nach § 13a Abs. 4 des Bundesbaugesetzes verfahren.

§ 2 Überleitungsvorschriften für Veränderungssperren *(Bedeutung entfallen)*

§ 3 Überleitungsvorschriften für den Bodenverkehr *(Bedeutung entfallen)*

§ 4 Überleitungsvorschriften für das Vorkaufsrecht *(Abs. 1: Bedeutung entfallen; Abs. 2: in § 234 Abs. 4 BauGB aufgegangen)*

(2) Gegenüber demjenigen, der nach Inkrafttreten dieses Gesetzes in den Fällen des Absatzes 1 Satz 1 ein Recht an einem Grundstück oder ein Recht an einem solchen Recht erwirbt, kann sich die Gemeinde auf das Vorkaufsrecht nur berufen, wenn dem Erwerber das Vorkaufsrecht bekannt war. Für den Zeitpunkt der Kenntnis gilt § 892 Abs. 2 des Bürgerlichen Gesetzbuchs entsprechend.

§ 5 Überleitungsvorschrift für die Regelung der baulichen und sonstigen Nutzung *(Bedeutung entfallen)*

§ 6 Überleitungsvorschriften für Umlegungen *(nicht übernommen; Abs. 2 ohne Bedeutung)*

(1) Die Vorschriften über Zuteilungen und Abfindungen (§ 59 des Bundesbaugesetzes) finden in der bisher geltenden Fassung Anwendung, wenn die Umlegungsstelle vor Inkrafttreten dieses Gesetzes den Umlegungsplan nach § 66 des Bundesbaugesetzes aufgestellt hat. Ist eine Vorwegentscheidung nach § 76 des Bundesbaugesetzes getroffen worden, so bleiben hierfür die bisher geltenden Vorschriften maßgebend.

§ 7 Überleitungsvorschriften für Enteignungen *(Bedeutung entfallen)*

§ 8 Überleitungsvorschrift für die Veräußerungspflicht der Gemeinde *(Bedeutung entfallen)*

§ 9 Überleitungsvorschriften für Erschließungsbeiträge *(nicht übernommen)*

(1) *Ist vor Inkrafttreten dieses Gesetzes der Beitragsbescheid zugestellt worden, so verbleibt es bei den Vorschriften über den Beitragspflichtigen (§ 134 des Bundesbaugesetzes) in der bisher geltenden Fassung.*

(2) *Sind Kinderspielplätze (§ 127 Abs. 2 Nr. 4 des Bundesbaugesetzes) oder Anlagen zum Schutz gegen schädliche Umwelteinwirkungen (§ 127 Abs. 2 Nr. 5 des Bundesbaugesetzes) bei Inkrafttreten dieses Gesetzes endgültig hergestellt und konnte hierfür eine Beitragspflicht aufgrund der bis zum Inkrafttreten dieses Gesetzes geltenden Vorschriften nicht entstehen, kann auch nach diesem Gesetz kein Beitrag erhoben werden.*

§ 10 Überleitungsvorschriften für Entschädigungen *(Abs. 1 nicht übernommen; Abs. 2 in § 238 BauGB aufgegangen)*

(1) *Ist eine Nutzung im Zeitpunkt des Inkrafttretens dieses Gesetzes zulässig, so beginnt die Frist des § 44 Abs. 2 des Bundesbaugesetzes mit Inkrafttreten dieses Gesetzes. Ist ein Entschädigungsanspruch nach den Vorschriften des § 18 und des Zweiten Abschnitts des Dritten Teils des Bundesbaugesetzes in der bisher geltenden Fassung bereits vor Inkrafttreten dieses Gesetzes entstanden, so finden die Vorschriften des § 18 und dieses Abschnitts des Bundesbaugesetzes in der bisher geltenden Fassung Anwendung; der Anspruch erlischt spätestens drei Jahre nach Inkrafttreten dieses Gesetzes, soweit er nicht nach den bisher über die Verjährung oder das Erlöschen geltenden Vorschriften vorher verjährt oder erlischt.*

(2) *Wird durch die Änderung des § 34 des Bundesbaugesetzes die bis dahin zulässige Nutzung eines Grundstücks aufgehoben oder wesentlich geändert, so ist eine Entschädigung in entsprechender Anwendung der §§ 44, 44a Abs. 1 Satz 2, des § 44b Abs. 1, 2, 4 und 5 sowie des § 44c Abs. 1 und 2 des Bundesbaugesetzes zu gewähren; dies gilt nicht, soweit in dem Zeitpunkt, in dem nach § 44c des Bundesbaugesetzes Entschädigung verlangt werden kann, eine entsprechende Aufhebung oder Änderung der zulässigen Nutzung auch nach § 34 des Bundesbaugesetzes in der bisher geltenden Fassung hätte eintreten können, ohne daß die Aufhebung oder Änderung nach § 44 des Bundesbaugesetzes in der bisher geltenden Fassung zu entschädigen gewesen wäre. Absatz 1 Satz 1 bleibt unberührt.*

§ 11 Überleitungsvorschrift für die Ermittlung von Grundstückswerten *(nicht übernommen)*

§ 12 Überleitungsvorschriften für die Geltendmachung der Verletzung von Verfahrens- und Formvorschriften beim Zustandekommen von Satzungen *(vgl. jetzt § 244 Abs. 1 BauGB)*

Sind vor Inkrafttreten dieses Gesetzes Satzungen nach dem Bundesbaugesetz oder dem Städtebauförderungsgesetz in Kraft getreten, so kann die Wirkung des § 155 a des Bundesbaugesetzes für diese Satzungen nachträglich herbeigeführt werden, wenn die Gemeinde innerhalb von sechs Monaten nach Inkrafttreten dieses Gesetzes allgemein oder für einzelne Satzungen durch ortsübliche Bekanntmachung auf die in § 155 a Satz 1 und 2 des Bundesbaugesetzes bezeichneten Rechtsfolgen und auf die in § 155 a Satz 1 des Bundesbaugesetzes bezeichnete Frist, die mit der Bekanntmachung beginnt, hinweist.

Anhang

Gesetz
zur Erleichterung des Wohnungsbaus im Planungs- und Baurecht sowie zur Änderung mietrechtlicher Vorschriften (Wohnungsbau-Erleichterungsgesetz – WoBauErlG)

– Auszug: BauGB-MaßnahmenG –

Vom 17. Mai 1990 (BGBl. I S. 926)

Der Bundestag hat mit Zustimmung des Bundesrates das folgende Gesetz beschlossen:

Artikel 1. Geltungsdauer

Bis zum 31. Mai 1995 gelten im Rahmen ihres Anwendungsbereichs die besonderen Vorschriften des Ersten Teils des Artikels 2 dieses Gesetzes anstelle der Vorschriften des Baugesetzbuchs oder ergänzend dazu.

Artikel 2. Maßnahmengesetz zum Baugesetzbuch (BauGB-MaßnahmenG)

Erster Teil. Einzelne Vorschriften

§ 1 Grundsätze der Bauleitplanung, Flächennutzungs- und Bebauungsplan. (1) Bei der Aufstellung, Änderung, Ergänzung und Aufhebung von Bauleitplänen nach dem Baugesetzbuch soll einem dringenden Wohnbedarf der Bevölkerung besonders Rechnung getragen werden.

(2) Ein Bebauungsplan, der der Deckung eines dringenden Wohnbedarfs der Bevölkerung dienen soll, kann auch aufgestellt, geändert oder ergänzt werden, bevor der Flächennutzungsplan geändert oder ergänzt

ist; die geordnete städtebauliche Entwicklung des Gemeindegebiets darf nicht beeinträchtigt werden. Der Bebauungsplan bedarf der Genehmigung der höheren Verwaltungsbehörde; für die Genehmigung des Bebauungsplans ist § 6 Abs. 2 und 4 des Baugesetzbuchs entsprechend anzuwenden. Der Flächennutzungsplan ist im Wege der Berichtigung anzupassen.

§ 2 Verfahren der Bauleitplanung. (1) Werden Bebauungspläne zur Deckung eines dringenden Wohnbedarfs der Bevölkerung aufgestellt, geändert oder ergänzt, sind die Absätze 2 bis 7 anzuwenden.

(2) Von der Anwendung des § 3 Abs. 1 des Baugesetzbuchs kann abgesehen werden. Wird von der Anwendung des § 3 Abs. 1 des Baugesetzbuchs abgesehen, ist den Bürgern im Rahmen des Auslegungsverfahrens nach § 3 Abs. 2 des Baugesetzbuchs auch Gelegenheit zur Erörterung zu geben; hierauf ist in der Bekanntmachung nach § 3 Abs. 2 Satz 2 des Baugesetzbuchs hinzuweisen.

(3) Die Dauer der Auslegung nach § 3 Abs. 2 und 3 Satz 1 des Baugesetzbuchs kann bis auf zwei Wochen verkürzt werden.

(4) Den Trägern öffentlicher Belange kann bei Anwendung des § 4 Abs. 1 Satz 3 des Baugesetzbuchs eine Frist von einem Monat gesetzt werden. Auf Verlangen eines Trägers öffentlicher Belange soll die Frist bei Vorliegen eines wichtigen Grundes angemessen verlängert werden. Belange, die von den Trägern öffentlicher Belange nach den Sätzen 1 und 2 nicht fristgerecht vorgetragen wurden, müssen in der Abwägung nach § 1 Abs. 6 des Baugesetzbuchs nicht berücksichtigt werden; dies gilt nicht, wenn später von einem Träger öffentlicher Belange vorgebrachte Belange der Gemeinde auch ohne sein Vorbringen bekannt sind oder hätten bekannt sein müssen. Die beteiligten Träger öffentlicher Belange sind auf die Rechtsfolgen des Satzes 3 hinzuweisen. Wird der Entwurf des Bebauungsplans nachträglich geändert oder ergänzt und werden dadurch Träger öffentlicher Belange berührt, finden insoweit die Sätze 1 bis 4 entsprechend Anwendung.

(5) Die Gemeinde kann anstelle der Fristsetzung nach Absatz 4 Satz 1 einen Anhörungstermin festsetzen, in dem die beteiligten Träger öffentlicher Belange ihre Belange geltend machen müssen. Auf Antrag eines Trägers öffentlicher Belange im Anhörungstermin ist ihm unter angemessener Fristsetzung Gelegenheit für eine abschließende Stellungnahme zu geben. Auf Belange, die von den Trägern öffentlicher Belange in dem Anhörungstermin nach Satz 1 oder in der Stellungnahme nach Satz 2 nicht vorgetragen wurden, ist Absatz 4 Satz 3

entsprechend anzuwenden. Im übrigen ist Absatz 4 Satz 4 und 5 entsprechend anzuwenden.

(6) Im Anzeigeverfahren nach § 11 Abs. 3 des Baugesetzbuchs ist die Verletzung von Rechtsvorschriften innerhalb eines Monats geltend zu machen, wenn in der Anzeige des Bebauungsplans erklärt worden ist, daß der Bebauungsplan der Deckung eines dringenden Wohnbedarfs der Bevölkerung dienen soll. § 6 Abs. 4 Satz 2 und 3 des Baugesetzbuchs ist mit der Maßgabe entsprechend anzuwenden, daß die Frist um höchstens zwei Monate verlängert werden kann.

(7) Die vereinfachte Änderung oder Ergänzung nach § 13 Abs. 1 des Baugesetzbuchs kann auch durchgeführt werden, wenn die Grundzüge der Planung berührt werden.

§ 3 Allgemeines Vorkaufsrecht der Gemeinde. (1) Der Gemeinde steht ein Vorkaufsrecht beim Kauf von Grundstücken im Geltungsbereich eines Flächennutzungsplans zu, soweit es sich um Flächen in Gebieten nach § 19 Abs. 1 Nr. 3 des Baugesetzbuchs (Außenbereich) handelt, für die nach dem Flächennutzungsplan eine Nutzung als Wohnbaufläche oder Wohngebiet dargestellt ist.

(2) § 25 Abs. 2, die §§ 26 und 27 Abs. 1, § 28 Abs. 1, 2, 5 und 6 und § 89 des Baugesetzbuchs sind entsprechend anzuwenden. Die gesetzlichen Vorkaufsrechte der Gemeinde nach den §§ 24 und 25 des Baugesetzbuchs bleiben unberührt; in einem städtebaulichen Entwicklungsbereich nach diesem Gesetz oder dem Baugesetzbuch ist Absatz 1 nicht anzuwenden. Ein Verzicht der Gemeinde nach § 28 Abs. 5 des Baugesetzbuchs erstreckt sich auch auf das Vorkaufsrecht nach Absatz 1.

(3) Der von der Gemeinde zu zahlende Betrag bemißt sich abweichend von § 28 Abs. 2 Satz 2 des Baugesetzbuchs nach dem Verkehrswert des Grundstücks (§ 194 des Baugesetzbuchs) im Zeitpunkt des Verkaufsfalls, wenn der vereinbarte Kaufpreis den Verkehrswert in einer dem Rechtsverkehr erkennbaren Weise deutlich überschreitet. Übt die Gemeinde das Vorkaufsrecht zum Verkehrswert aus, ist der Verkäufer berechtigt, bis zum Ablauf eines Monats nach Unanfechtbarkeit des Verwaltungsaktes über die Ausübung des Vorkaufsrechts vom Vertrag zurückzutreten. Auf das Rücktrittsrecht sind die §§ 346 bis 354 und § 356 des Bürgerlichen Gesetzbuchs entsprechend anzuwenden. Tritt der Verkäufer vom Vertrag zurück, trägt die Gemeinde die Kosten des Vertrags auf der Grundlage des Verkehrswertes. Nach Ablauf der Frist nach Satz 2 ist § 28 Abs. 3 Satz 2 bis 4 des Baugesetzbuchs entsprechend anzuwenden. Führt die Gemeinde das Grundstück nicht

innerhalb einer angemessenen Frist dem mit der Ausübung des Vorkaufsrechts verfolgten Zweck zu, hat sie dem Verkäufer einen Betrag in Höhe des Unterschiedes zwischen dem vereinbarten Kaufpreis und dem Verkehrswert zu zahlen. § 44 Abs. 3 Satz 2 und 3, § 43 Abs. 2 Satz 1 sowie die §§ 121 und 122 des Baugesetzbuchs sind entsprechend anzuwenden.

(4) Verwaltungsakte nach Absatz 3 können nur nach dem Dritten Teil des Dritten Kapitels des Baugesetzbuchs angefochten werden.

§ 4 Zulässigkeit von Vorhaben. (1) Gründe des Wohls der Allgemeinheit im Sinne des § 31 Abs. 2 Nr. 1 des Baugesetzbuchs liegen bei dringendem Wohnbedarf, auch zur vorübergehenden Unterbringung und zum vorübergehenden Wohnen, vor; bei vorübergehender Unterbringung und bei vorübergehendem Wohnen ist die Befreiung nicht auf Einzelfälle beschränkt. Satz 1 ist auf die Befreiung nach § 34 Abs. 2 Halbsatz 2 des Baugesetzbuchs entsprechend anzuwenden.

(2) Nach § 34 Abs. 1 und 2 des Baugesetzbuchs unzulässige Erweiterungen, Änderungen, Nutzungsänderungen und Erneuerungen von zulässigerweise errichteten baulichen und sonstigen Anlagen können im Einzelfall zugelassen werden, wenn das Vorhaben Wohnzwecken dient und städtebaulich vertretbar ist und wenn die Abweichung auch unter Würdigung nachbarlicher Interessen mit den öffentlichen Belangen vereinbar und die Erschließung gesichert ist. Auf § 34 Abs. 3 Satz 1 Nr. 1 des Baugesetzbuchs ist Absatz 1 Satz 1 entsprechend anzuwenden.

(3) § 35 Abs. 4 Satz 1 Nr. 1 des Baugesetzbuchs ist auch anzuwenden auf die Änderung der bisherigen Nutzung einer baulichen Anlage im Sinne des § 35 Abs. 1 Nr. 1 bis 3 des Baugesetzbuchs zu Wohnzwecken, wenn mit der Nutzungsänderung eine wesentliche Änderung verbunden ist; die Änderung muß dabei an einem Gebäude der Hofstelle im Rahmen des am 1. Mai 1990 vorhandenen Bestands, das in einem räumlich-funktionalen Zusammenhang mit dem land- oder forstwirtschaftlichen Wohngebäude steht, vorgenommen werden, und die äußere Gestalt des Gebäudes muß im wesentlichen gewahrt bleiben. Bei Anwendung des Satzes 1 und des § 35 Abs. 4 Satz 1 Nr. 1 des Baugesetzbuchs sind insgesamt höchstens drei Wohnungen je Hofstelle zulässig, wenn die erforderlichen Anlagen der Versorgung und Entsorgung vorhanden oder gesichert sind. § 35 Abs. 4 Satz 3 des Baugesetzbuchs ist nicht anzuwenden.

(4) Die Gemeinde kann für bebaute Bereiche im Außenbereich, die

nicht überwiegend landwirtschaftlich geprägt sind und in denen eine Wohnbebauung von einigem Gewicht vorhanden ist, durch Satzung bestimmen, daß Wohnzwecken dienenden Vorhaben im Sinne des § 35 Abs. 2 des Baugesetzbuchs nicht entgegengehalten werden kann, daß sie einer Darstellung im Flächennutzungsplan über Flächen für die Landwirtschaft oder Wald widersprechen oder die Entstehung oder Verfestigung einer Splittersiedlung befürchten lassen. Die Satzung kann auch auf Vorhaben erstreckt werden, die kleinen Handwerks- und Gewerbebetrieben dienen. In der Satzung können nähere Bestimmungen über die Zulässigkeit getroffen werden. Im übrigen ist auf die Satzung § 34 Abs. 4 Satz 2 und Abs. 5 des Baugesetzbuchs entsprechend anzuwenden. Von der Satzung bleibt die Anwendung des Absatzes 3 sowie des § 35 Abs. 4 des Baugesetzbuchs unberührt.

(5) § 36 Abs. 2 Satz 1 des Baugesetzbuchs ist nach Maßgabe der Absätze 1 bis 4 anzuwenden.

§ 5 Fristen bei der Erteilung von Genehmigungen. (1) In Verfahren über die Erteilung von Genehmigungen für ausschließlich Wohnzwecken dienende Vorhaben in Gebieten mit Bebauungsplänen im Sinne des § 30 Abs. 1 des Baugesetzbuchs sind die Absätze 2 bis 4 anzuwenden. Dies gilt nicht für Gewerbe-, Industrie- und Sondergebiete.

(2) Abweichend von § 19 Abs. 3 Satz 3 des Baugesetzbuchs ist über einen Teilungsantrag innerhalb eines Monats zu entscheiden; § 19 Abs. 3 Satz 4 und 5 des Baugesetzbuchs ist entsprechend anzuwenden.

(3) Abweichend von § 19 Abs. 3 Satz 7 und § 36 Abs. 2 Satz 2 des Baugesetzbuchs gilt das Einvernehmen der Gemeinde als erteilt, wenn es nicht innerhalb eines Monats verweigert wird. Kann die Prüfung des Antrags in dieser Zeit aus wichtigem Grund nicht abgeschlossen werden, kann die Frist von der Gemeinde durch Mitteilung an die Genehmigungsbehörde bis zu einem Monat verlängert werden.

(4) Wird der Antrag auf Genehmigung eines Vorhabens nicht innerhalb von drei Monaten nach Eingang des Antrags bei der Genehmigungsbehörde abgelehnt, darf die Genehmigung nicht nach den §§ 30 und 31 des Baugesetzbuchs versagt werden.

§ 6 Städtebauliche Entwicklungsmaßnahmen. (1) Städtebauliche Entwicklungsmaßnahmen in Stadt und Land, deren einheitliche Vorbereitung und zügige Durchführung im öffentlichen Interesse liegen,

werden nach den Vorschriften dieses Gesetzes vorbereitet und durchgeführt.

(2) Mit städtebaulichen Entwicklungsmaßnahmen nach Absatz 1 sollen Ortsteile und andere Teile des Gemeindegebiets entsprechend ihrer besonderen Bedeutung für die städtebauliche Entwicklung und Ordnung der Gemeinde oder entsprechend der angestrebten Entwicklung des Landesgebiets oder der Region erstmalig entwickelt oder im Rahmen einer städtebaulichen Neuordnung einer neuen Entwicklung zugeführt werden. Die Maßnahmen sollen der Errichtung von Wohn- und Arbeitsstätten sowie von Gemeinbedarfs- und Folgeeinrichtungen dienen.

(3) Die Gemeinde kann einen Bereich, in dem eine städtebauliche Entwicklungsmaßnahme durchgeführt werden soll, durch Beschluß förmlich als städtebaulichen Entwicklungsbereich festlegen, wenn

1. die Maßnahme den Zielen und Zwecken nach Absatz 2 entspricht,
2. das Wohl der Allgemeinheit die Durchführung der Maßnahme nach diesem Gesetz erfordert, insbesondere zur Deckung eines erhöhten Bedarfs an Wohn- und Arbeitsstätten oder zur Wiedernutzung brachliegender Flächen,
3. die zügige Durchführung der Maßnahme innerhalb eines absehbaren Zeitraums gewährleistet ist.

(4) Der städtebauliche Entwicklungsbereich ist so zu begrenzen, daß sich die Entwicklung zweckmäßig durchführen läßt. Einzelne Grundstücke, die von der Entwicklung nicht betroffen werden, können aus dem Bereich ganz oder teilweise ausgenommen werden. Im Zusammenhang bebaute Gebiete können in den städtebaulichen Entwicklungsbereich einbezogen werden, wenn die Flächen, vorhandenen Gebäude oder sonstigen baulichen Anlagen nicht entsprechend der beabsichtigten städtebaulichen Entwicklung und Ordnung genutzt werden. Grundstücke, die den in § 26 Nr. 2 und § 35 Abs. 1 Nr. 6 des Baugesetzbuchs bezeichneten Zwecken dienen, die in § 26 Nr. 3 des Baugesetzbuchs bezeichneten Grundstücke sowie Grundstücke, für die nach § 1 Abs. 2 des Landbeschaffungsgesetzes ein Anhörungsverfahren eingeleitet worden ist, und bundeseigene Grundstücke, bei denen die Absicht, sie für Zwecke der Landesverteidigung zu verwenden, der Gemeinde bekannt ist, dürfen nur mit Zustimmung des Bedarfsträgers in den städtebaulichen Entwicklungsbereich einbezogen werden. Der Bedarfsträger soll seine Zustimmung erteilen, wenn auch bei Berücksichtigung seiner Aufgaben ein überwiegendes öffentliches Interesse an der Durchführung der städtebaulichen Entwicklungsmaßnahme besteht.

(5) Die Gemeinde beschließt die förmliche Festlegung des städtebaulichen Entwicklungsbereichs als Satzung (Entwicklungssatzung). In der Entwicklungssatzung ist der städtebauliche Entwicklungsbereich zu bezeichnen.

(6) Ergeben sich aus den Zielen und Zwecken der städtebaulichen Entwicklungsmaßnahme in einem im Zusammenhang bebauten Gebiet Maßnahmen zur Anpassung an die vorgesehene Entwicklung, kann die Gemeinde dieses Gebiet in der Entwicklungssatzung förmlich festlegen (Anpassungsgebiet). Das Anpassungsgebiet ist in der Entwicklungssatzung zu bezeichnen. Die förmliche Festlegung darf erst erfolgen, wenn entsprechend § 141 des Baugesetzbuchs vorbereitende Untersuchungen durchgeführt worden sind. In dem Anpassungsgebiet sind neben den für städtebauliche Entwicklungsmaßnahmen geltenden Vorschriften mit Ausnahme des § 7 Abs. 1 Nr. 12 und 15 bis 17 die Vorschriften des Baugesetzbuchs über städtebauliche Sanierungsmaßnahmen entsprechend anzuwenden, mit Ausnahme der §§ 136, 142 und 143 Abs. 1, 2 und 4 des Baugesetzbuchs.

(7) Die Entwicklungssatzung bedarf der Genehmigung der höheren Verwaltungsbehörde; dem Antrag auf Genehmigung ist ein Bericht über die Gründe, die die förmliche Festlegung des entwicklungsbedürftigen Bereichs rechtfertigen, beizufügen. § 6 Abs. 2 und 4 des Baugesetzbuchs ist entsprechend anzuwenden.

(8) Die Entwicklungssatzung ist zusammen mit der Erteilung der Genehmigung ortsüblich bekanntzumachen. Hierbei ist auf die Genehmigungspflicht nach den §§ 144, 145 und 153 Abs. 2 des Baugesetzbuchs (§ 7 Abs. 1 Nr. 5 und 8) hinzuweisen. Mit der Bekanntmachung wird die Entwicklungssatzung rechtsverbindlich.

(9) Die Gemeinde teilt dem Grundbuchamt die rechtsverbindliche Entwicklungssatzung mit. Sie hat hierbei die von der Entwicklungssatzung betroffenen Grundstücke einzeln aufzuführen. Das Grundbuchamt hat in die Grundbücher dieser Grundstücke einzutragen, daß eine städtebauliche Entwicklungsmaßnahme durchgeführt wird (Entwicklungsvermerk). § 54 Abs. 2 und 3 des Baugesetzbuchs ist entsprechend anzuwenden.

§ 7 Besondere Vorschriften für städtebauliche Entwicklungsmaßnahmen. (1) Auf städtebauliche Entwicklungsmaßnahmen sind folgende Vorschriften des Baugesetzbuchs entsprechend anzuwenden:

1. § 14 Abs. 4, § 15 Abs. 3, § 17 Abs. 6 und § 19 Abs. 4 Satz 1 Nr. 2 (Wirkungen der förmlichen Festlegung),

2. § 24 Abs. 1 Nr. 3, Abs. 2 und 3, die §§ 26 und 27 Abs. 1 und § 28 (Gesetzliches Vorkaufsrecht der Gemeinde),

3. § 136 Abs. 4 Satz 3 (Abwägung),

4. die §§ 137, 138 und 139 (Beteiligung und Mitwirkung der Betroffenen; Auskunftspflicht; Beteiligung und Mitwirkung öffentlicher Aufgabenträger),

5. die §§ 144 und 145 (Genehmigungspflichtige Vorhaben, Teilungen und Rechtsvorgänge; Genehmigung),

6. § 147 Abs. 2 und § 149 (Durchführung von Ordnungsmaßnahmen durch den Eigentümer; Kosten- und Finanzierungsübersicht),

7. § 151 (Abgaben- und Auslagenbefreiung),

8. § 153 Abs. 1 bis 3 (Bemessung von Ausgleichs- und Entschädigungsleistungen; Kaufpreise),

9. § 154 Abs. 1 Satz 2 und § 156 (Erschließungsbeiträge; Überleitungsvorschriften zur förmlichen Festlegung),

10. die §§ 162 bis 164 (Abschluß der Maßnahme),

11. § 166 Abs. 1 und 2 (Zuständigkeit und Aufgaben der Gemeinde) mit der Maßgabe, daß in Absatz 2 „ein lebensfähiges örtliches Gemeinwesen entsteht, das" durch „ein funktionsfähiger Bereich entsprechend der beabsichtigten städtebaulichen Entwicklung und Ordnung entsteht, der" ersetzt wird,

12. § 166 Abs. 3 (Erwerbspflicht der Gemeinde) mit der Maßgabe, daß Satz 3 Nr. 2 lautet:

 „2. der Eigentümer eines Grundstücks, dessen Verwendung nach den Zielen und Zwecken der städtebaulichen Entwicklungsmaßnahme bestimmt oder mit ausreichender Sicherheit bestimmbar ist, in der Lage ist, das Grundstück binnen angemessener Frist dementsprechend zu nutzen, und er sich hierzu verpflichtet.",

13. § 167 (Entwicklungsträger),

14. § 168 (Übernahmeverlangen),

15. § 169 Abs. 2 bis 6 (Ausschluß von Umlegung und Grenzregelung, Enteignung, Veräußerungspflicht der Gemeinde) mit der Maßgabe, daß in Absatz 6 Satz 1 „glaubhaft machen" durch „sich verpflichten" ersetzt wird,

16. § 169 Abs. 7 (Sicherung der Ziele und Zwecke der städtebaulichen Entwicklungsmaßnahme) mit der Maßgabe, daß Satz 2 lautet:

 „Sie hat weiter sicherzustellen, daß die neu geschaffenen baulichen Anlagen entsprechend den Zielen und Zwecken der städtebaulichen Entwicklungsmaßnahme dauerhaft genutzt werden.",

17. § 169 Abs. 8 (Veräußerung zum Neuordnungswert) mit der Maßgabe, daß § 154 Abs. 5 des Baugesetzbuchs auf den Teil des Kauf-

preises entsprechend anzuwenden ist, der der durch die Entwicklung bedingten Werterhöhung des Grundstücks entspricht,

18. die §§ 180, 181, 182 bis 186 (Sozialplan; Härteausgleich; Miet- und Pachtverhältnisse),

19. § 191 (Vorschriften über den Verkehr mit land- und forstwirtschaftlichen Grundstücken),

20. § 205 Abs. 4 (Übertragung von Aufgaben auf einen Planungsverband),

21. § 245 Abs. 11 (Finanzierungsvorschriften).

(2) Städtebauliche Entwicklungsmaßnahmen und städtebauliche Entwicklungsbereiche nach diesem Gesetz gelten als solche im Sinne des § 4 Abs. 8, des § 6b Abs. 8 und 9 und der §§ 7h, 10f und 11a des Einkommensteuergesetzes, der §§ 82g und 82h der Einkommensteuer-Durchführungsverordnung, des § 7 Abs. 5 des Kapitalverkehrsteuergesetzes, des § 26 Abs. 2 Satz 1 Nr. 1 des Zweiten Wohnungsbaugesetzes, des § 1 Abs. 1a des Reichssiedlungsgesetzes und des § 3 Nr. 4 Buchstabe a des Strukturhilfegesetzes.

(3) Soweit sich aus § 6 und Absatz 1 nichts anderes ergibt, gelten die Vorschriften des Baugesetzbuchs und die auf seiner Grundlage erlassenen Rechtsvorschriften.

§ 8 Baugebot. (1) Bei Anordnung eines Baugebots nach § 176 des Baugesetzbuchs kann im Rahmen städtebaulicher Gründe nach § 175 Abs. 2 des Baugesetzbuchs auch ein dringender Wohnbedarf der Bevölkerung berücksichtigt werden.

(2) Mit dem Baugebot kann die Verpflichtung verbunden werden, innerhalb einer zu bestimmenden angemessenen Frist den für eine bauliche Nutzung des Grundstücks erforderlichen Antrag auf Erteilung einer bauaufsichtlichen Genehmigung zu stellen.

(3) Kommt der Eigentümer der Verpflichtung nach Absatz 2 auch nach Vollstreckungsmaßnahmen aufgrund landesrechtlicher Vorschriften nicht nach, kann das Enteignungsverfahren nach § 85 Abs. 1 Nr. 5 des Baugesetzbuchs auch vor Ablauf der Frist nach § 176 Abs. 1 des Baugesetzbuchs eingeleitet werden.

(4) In dem Enteignungsverfahren ist davon auszugehen, daß die Voraussetzungen des Baugebots vorliegen; die Vorschriften über die Zulässigkeit der Enteignung bleiben unberührt. Bei der Bemessung der Entschädigung bleiben Werterhöhungen unberücksichtigt, die nach Unanfechtbarkeit des Baugebots eingetreten sind, es sei denn, daß der Eigentümer die Werterhöhungen durch eigene Aufwendungen zulässigerweise bewirkt hat.

§ 9 Unbeachtlichkeit der Verletzung von Vorschriften. (1) Für die Rechtswirksamkeit eines Bebauungsplans ist eine Verletzung von Vorschriften über die Beteiligung der Bürger und der Träger öffentlicher Belange, das Verhältnis des Bebauungsplans zum Flächennutzungsplan und das Anzeigeverfahren nach § 3 Abs. 2 und 3, den §§ 4, 8, 11 Abs. 3 und § 13 Abs. 1 des Baugesetzbuchs unbeachtlich, wenn bei Anwendung des § 1 Abs. 2 und des § 2 die Voraussetzung, daß durch die Aufstellung, Änderung oder Ergänzung des Bebauungsplans ein dringender Wohnbedarf der Bevölkerung gedeckt wird, nicht richtig beurteilt worden ist.

(2) Für die Rechtswirksamkeit eines Bebauungsplans ist unbeachtlich, wenn

1. ein Hinweis nach § 2 Abs. 2 Satz 2, nach dem die Bürger im Rahmen des Auslegungsverfahrens nach § 3 Abs. 2 des Baugesetzbuchs Gelegenheit zur Erörterung haben, nicht erfolgt ist;
2. den Bürgern nach § 2 Abs. 2 Satz 2 keine Gelegenheit zur Erörterung gegeben worden ist;
3. eine Verlängerung der Frist im Anzeigeverfahren nach § 2 Abs. 6 Satz 2 nicht erfolgt ist.

(3) Auf die Satzungen nach § 4 Abs. 4 und § 6 Abs. 5 sind § 214 Abs. 1 Satz 1 Nr. 1 und 3 sowie Abs. 3 und die §§ 215 und 216 des Baugesetzbuchs entsprechend anzuwenden.

(4) Die Anwendung der §§ 214 bis 216 des Baugesetzbuchs auf Bebauungspläne, die nach den §§ 1 und 2 aufgestellt, geändert, ergänzt oder aufgehoben werden, bleibt im übrigen unberührt.

§ 10 Allgemeine Vorschriften. (1) Satzungen nach § 4 Abs. 4 und § 6 Abs. 5 gelten für Zwecke der Normenkontrolle nach § 47 der Verwaltungsgerichtsordnung als solche nach dem Baugesetzbuch. Das gleiche gilt für Rechtsverordnungen nach Absatz 3 Satz 1 in Verbindung mit § 246 Abs. 2 des Baugesetzbuchs.

(2) Widerspruch und Anfechtungsklage eines Dritten gegen die bauaufsichtliche Genehmigung eines Vorhabens, das ausschließlich Wohnzwecken dient, haben keine aufschiebende Wirkung.

(3) Die abweichende Zuständigkeitsregelung nach § 203 des Baugesetzbuchs und die Sonderregelungen für einzelne Länder nach § 246 Abs. 1, 2, 4 und 5 des Baugesetzbuchs sind entsprechend anzuwenden. § 203 Abs. 3 des Baugesetzbuchs gilt nicht für die Genehmigung von Satzungen nach § 6 Abs. 7.

Zweiter Teil. Überleitungs- und Schlußvorschriften

§ 11 Überleitungsvorschrift für die Bauleitplanung. (1) § 1 Abs. 2 ist anzuwenden auf Bebauungspläne, für die vor dem 1. Juni 1990 noch kein Beschluß nach § 10 des Baugesetzbuchs gefaßt worden ist.

(2) § 2 Abs. 2 bis 7 ist auch auf Bebauungsplanverfahren, die vor dem 1. Juni 1990 eingeleitet worden sind, anzuwenden, soweit mit den dort bezeichneten Verfahrensschritten vor dem 1. Juni 1990 noch nicht begonnen worden ist. Nach dem 31. Mai 1995 ist § 2 weiter anzuwenden auf Verfahren, in denen vor dem 1. Juni 1995 der Entwurf des Bebauungsplans nach § 3 Abs. 2 des Baugesetzbuchs öffentlich ausgelegt oder mit der Beteiligung der Betroffenen nach § 13 Abs. 1 des Baugesetzbuchs in Verbindung mit § 2 begonnen worden ist.

(3) Das Recht der Gemeinde, das Bauleitplanverfahren erneut einzuleiten, bleibt unberührt.

§ 12 Überleitungsvorschrift für das Vorkaufsrecht. (1) Auf Verkaufsfälle aus der Zeit vor dem 1. Juni 1990 finden die Vorschriften dieses Gesetzes keine Anwendung.

(2) Auf Verkaufsfälle aus der Zeit vor dem 1. Juni 1995 sind die Vorschriften dieses Gesetzes weiter anzuwenden.

§ 13 Überleitungsvorschrift für die Zulässigkeit von Vorhaben. (1) § 4 Abs. 1 bis 3 ist anzuwenden auf Vorhaben,

1. über deren Zulässigkeit vor dem 1. Juni 1990 entschieden worden und die Entscheidung noch nicht unanfechtbar geworden ist,
2. für die nach dem 31. Mai 1990 und vor dem 1. Juni 1995 bei der zuständigen Behörde ein Antrag auf Genehmigung gestellt wurde und darüber vor dem 1. Juni 1995 noch nicht unanfechtbar entschieden worden ist.

(2) § 4 Abs. 4 ist auch auf Satzungen anzuwenden, für die vor dem 1. Juni 1995 das Anzeigeverfahren eingeleitet worden ist.

§ 14 Überleitungsvorschrift für Fristen bei der Erteilung von Genehmigungen. § 5 ist anzuwenden auf Anträge und Ersuchen, die nach dem 31. Mai 1990 und vor dem 1. Juni 1995 bei der zuständigen Behörde eingehen.

**§ 15 Überleitungsvorschrift für städtebauliche Entwicklungs-
maßnahmen.** (1) Ist eine städtebauliche Entwicklungsmaßnahme vor
dem 1. Juli 1987 förmlich festgelegt worden, sind die Vorschriften des
Baugesetzbuchs weiter anzuwenden.

(2) Ist eine städtebauliche Entwicklungsmaßnahme nach dem 31. Mai
1990 und vor dem 1. Juni 1995 förmlich festgelegt worden, sind die
§§ 6 und 7 weiter anzuwenden.

§ 16 Überleitungsvorschrift zum Baugebot. § 8 Abs. 4 ist auf
Enteignungsverfahren nach § 85 Abs. 1 Nr. 5 des Baugesetzbuchs anzu-
wenden, wenn der Eigentümer die Verpflichtung aus einem Baugebot
nicht erfüllt, das nach dem 31. Mai 1990 und vor dem 1. Juni 1995
angeordnet worden ist.

**§ 17 Überleitungsvorschrift zur Unbeachtlichkeit der Verlet-
zung von Vorschriften.** § 9 ist auch nach dem 31. Mai 1995 auf
Bauleitpläne und Satzungen anzuwenden, die unter Anwendung dieses
Gesetzes aufgestellt, geändert, ergänzt oder aufgehoben worden sind.

§ 18 Überleitungsvorschrift zu den Allgemeinen Vorschriften.
(1) § 10 Abs. 1 und 3 ist nach dem 31. Mai 1995 auf Satzungen nach
diesem Gesetz weiter anzuwenden.

(2) § 10 Abs. 2 ist auf Widerspruch und Anfechtungsklage eines
Dritten gegen eine bauaufsichtliche Genehmigung anzuwenden, die
nach dem 31. Mai 1990 und vor dem 1. Juni 1995 erteilt worden ist.

§ 19 Berlin-Klausel. *(gegenstandslos)*[1]

Artikel 3. Änderung des Bürgerlichen Gesetzbuchs
(nicht abgedruckt)

Artikel 4. Änderung der Zivilprozeßordnung
(nicht abgedruckt)

1 Gegenstandslos auf Grund d. Sechsten Überleitungsgesetzes v. 23. 9. 1990
 (BGBl. I S. 2106)

Artikel 5. Änderung der Vorschriften über das Verbot der Zweckentfremdung von Wohnraum
(nicht abgedruckt)

Artikel 6. Änderung des Zweiten Wohnungsbaugesetzes
(nicht abgedruckt)

Artikel 7. Änderung des Wohnungsbaugesetzes für das Saarland
(nicht abgedruckt)

Artikel 8. Saar-Klausel
(nicht abgedruckt)

Artikel 9. Berlin-Klausel
(gegenstandslos)[1]

Artikel 10. Inkrafttreten

Dieses Gesetz tritt am 1. Juni 1990 in Kraft.

1 Gegenstandslos auf Grund d. Sechsten Überleitungsgesetzes v. 23. 9. 1990 (BGBl. I S. 2106)

Verordnung
über die bauliche Nutzung der Grundstücke
(Baunutzungsverordnung – BauNVO)

in der Fassung der Bekanntmachung vom 23. Januar 1990
(BGBl. I S. 132, geänd. durch Anl. I Kap. XIV Abschnitt II EVertr. v.
31. 8. 1990, BGBl. II S. 885, 1124)

Inhaltsübersicht

Erster Abschnitt. Art der baulichen Nutzung

§ 1 Allgemeine Vorschriften für Bauflächen und Baugebiete.

(1) Im Flächennutzungsplan können die für die Bebauung vorgesehenen Flächen nach der allgemeinen Art ihrer baulichen Nutzung (Bauflächen) dargestellt werden als

1. Wohnbauflächen (W)
2. gemischte Bauflächen (M)
3. gewerbliche Bauflächen (G)
4. Sonderbauflächen (S).

(2) Die für die Bebauung vorgesehenen Flächen können nach der besonderen Art ihrer baulichen Nutzung (Baugebiete) dargestellt werden als

1. Kleinsiedlungsgebiete (WS)
2. reine Wohngebiete (WR)
3. allgemeine Wohngebiete (WA)
4. besondere Wohngebiete (WB)
5. Dorfgebiete (MD)
6. Mischgebiete (MI)
7. Kerngebiete (MK)
8. Gewerbegebiete (GE)
9. Industriegebiete (GI)
10. Sondergebiete (SO).

(3) Im Bebauungsplan können die in Absatz 2 bezeichneten Baugebiete festgesetzt werden. Durch die Festsetzung werden die Vorschriften der §§ 2 bis 14 Bestandteil des Bebauungsplans, soweit nicht aufgrund der Absätze 4 bis 10 etwas anderes bestimmt wird. Bei Festsetzung von Sondergebieten finden die Vorschriften über besondere Festsetzungen nach den Absätzen 4 bis 10 keine Anwendung; besondere Festsetzungen über die Art der Nutzung können nach den §§ 10 und 11 getroffen werden.

(4) Für die in den §§ 4 bis 9 bezeichneten Baugebiete können im Bebauungsplan für das jeweilige Baugebiet Festsetzungen getroffen werden, die das Baugebiet

1. nach der Art der zulässigen Nutzung,
2. nach der Art der Betriebe und Anlagen und deren besonderen Bedürfnissen und Eigenschaften

gliedern. Die Festsetzungen nach Satz 1 können auch für mehrere

Gewerbegebiete einer Gemeinde im Verhältnis zueinander getroffen werden; dies gilt auch für Industriegebiete. Absatz 5 bleibt unberührt.

(5) Im Bebauungsplan kann festgesetzt werden, daß bestimmte Arten von Nutzungen, die nach den §§ 2, 4 bis 9 und 13 allgemein zulässig sind, nicht zulässig sind oder nur ausnahmsweise zugelassen werden können, sofern die allgemeine Zweckbestimmung des Baugebiets gewahrt bleibt.

(6) Im Bebauungsplan kann festgesetzt werden, daß alle oder einzelne Ausnahmen, die in den Baugebieten nach den §§ 2 bis 9 vorgesehen sind,

1. nicht Bestandteil des Bebauungsplans werden oder
2. in dem Baugebiet allgemein zulässig sind, sofern die allgemeine Zweckbestimmung des Baugebiets gewahrt bleibt.

(7) In Bebauungsplänen für Baugebiete nach den §§ 4 bis 9 kann, wenn besondere städtebauliche Gründe dies rechtfertigen (§ 9 Abs. 3 des Baugesetzbuchs), festgesetzt werden, daß in bestimmten Geschossen, Ebenen oder sonstigen Teilen baulicher Anlagen

1. nur einzelne oder mehrere der in dem Baugebiet allgemein zulässigen Nutzungen zulässig sind,
2. einzelne oder mehrere der in dem Baugebiet allgemein zulässigen Nutzungen unzulässig sind oder als Ausnahme zugelassen werden können oder
3. alle oder einzelne Ausnahmen, die in den Baugebieten nach den §§ 4 bis 9 vorgesehen sind, nicht zulässig oder, sofern die allgemeine Zweckbestimmung des Baugebiets gewahrt bleibt, allgemein zulässig sind.

(8) Die Festsetzungen nach den Absätzen 4 bis 7 können sich auch auf Teile des Baugebiets beschränken.

(9) Wenn besondere städtebauliche Gründe dies rechtfertigen, kann im Bebauungsplan bei Anwendung der Absätze 5 bis 8 festgesetzt werden, daß nur bestimmte Arten der in den Baugebieten allgemein oder ausnahmsweise zulässigen baulichen oder sonstigen Anlagen zulässig oder nicht zulässig sind oder nur ausnahmsweise zugelassen werden können.

(10) Wären bei Festsetzung eines Baugebiets nach den §§ 2 bis 9 in überwiegend bebauten Gebieten bestimmte vorhandene bauliche und sonstige Anlagen unzulässig, kann im Bebauungsplan festgesetzt werden, daß Erweiterungen, Änderungen, Nutzungsänderungen und Erneuerungen dieser Anlagen allgemein zulässig sind oder ausnahmsweise zugelassen werden können. Im Bebauungsplan können nähere

Bestimmungen über die Zulässigkeit getroffen werden. Die allgemeine Zweckbestimmung des Baugebiets muß in seinen übrigen Teilen gewahrt bleiben. Die Sätze 1 bis 3 gelten auch für die Änderung und Ergänzung von Bebauungsplänen.

§ 2 Kleinsiedlungsgebiete. (1) Kleinsiedlungsgebiete dienen vorwiegend der Unterbringung von Kleinsiedlungen einschließlich Wohngebäuden mit entsprechenden Nutzgärten und landwirtschaftlichen Nebenerwerbsstellen.

(2) Zulässig sind

1. Kleinsiedlungen einschließlich Wohngebäude mit entsprechenden Nutzgärten, landwirtschaftliche Nebenerwerbsstellen und Gartenbaubetriebe,
2. die der Versorgung des Gebiets dienenden Läden, Schank- und Speisewirtschaften sowie nicht störenden Handwerksbetriebe.

(3) Ausnahmsweise können zugelassen werden

1. sonstige Wohngebäude mit nicht mehr als zwei Wohnungen,
2. Anlagen für kirchliche, kulturelle, soziale, gesundheitliche und sportliche Zwecke,
3. Tankstellen,
4. nicht störende Gewerbebetriebe.

§ 3 Reine Wohngebiete. (1) Reine Wohngebiete dienen dem Wohnen.

(2) Zulässig sind Wohngebäude.

(3) Ausnahmsweise können zugelassen werden

1. Läden und nicht störende Handwerksbetriebe, die zur Deckung des täglichen Bedarfs für die Bewohner des Gebiets dienen, sowie kleine Betriebe des Beherbergungsgewerbes,
2. Anlagen für soziale Zwecke sowie den Bedürfnissen der Bewohner des Gebiets dienende Anlagen für kirchliche, kulturelle, gesundheitliche und sportliche Zwecke.

(4) Zu den nach Absatz 2 sowie den §§ 2, 4 bis 7 zulässigen Wohngebäuden gehören auch solche, die ganz oder teilweise der Betreuung und Pflege ihrer Bewohner dienen.

§ 4 Allgemeine Wohngebiete. (1) Allgemeine Wohngebiete dienen vorwiegend dem Wohnen.

(2) Zulässig sind

1. Wohngebäude,
2. die der Versorgung des Gebiets dienenden Läden, Schank- und Speisewirtschaften sowie nicht störenden Handwerksbetriebe,
3. Anlagen für kirchliche, kulturelle, soziale, gesundheitliche und sportliche Zwecke.

(3) Ausnahmsweise können zugelassen werden

1. Betriebe des Beherbergungsgewerbes,
2. sonstige nicht störende Gewerbebetriebe,
3. Anlagen für Verwaltungen,
4. Gartenbaubetriebe,
5. Tankstellen.

§ 4a Gebiete zur Erhaltung und Entwicklung der Wohnnutzung (besondere Wohngebiete). (1) Besondere Wohngebiete sind überwiegend bebaute Gebiete, die aufgrund ausgeübter Wohnnutzung und vorhandener sonstiger in Absatz 2 genannter Anlagen eine besondere Eigenart aufweisen und in denen unter Berücksichtigung dieser Eigenart die Wohnnutzung erhalten und fortentwickelt werden soll. Besondere Wohngebiete dienen vorwiegend dem Wohnen; sie dienen auch der Unterbringung von Gewerbebetrieben und sonstigen Anlagen im Sinne der Absätze 2 und 3, soweit diese Betriebe und Anlagen nach der besonderen Eigenart des Gebiets mit der Wohnnutzung vereinbar sind.

(2) Zulässig sind

1. Wohngebäude,
2. Läden, Betriebe des Beherbergungsgewerbes, Schank- und Speisewirtschaften,
3. sonstige Gewerbebetriebe,
4. Geschäfts- und Bürogebäude,
5. Anlagen für kirchliche, kulturelle, soziale, gesundheitliche und sportliche Zwecke.

(3) Ausnahmsweise können zugelassen werden

1. Anlagen für zentrale Einrichtungen der Verwaltung,
2. Vergnügungsstätten, soweit sie nicht wegen ihrer Zweckbestimmung oder ihres Umfangs nur in Kerngebieten allgemein zulässig sind,
3. Tankstellen.

(4) Für besondere Wohngebiete oder Teile solcher Gebiete kann,

wenn besondere städtebauliche Gründe dies rechtfertigen (§ 9 Abs. 3 des Baugesetzbuchs), festgesetzt werden, daß

1. oberhalb eines im Bebauungsplan bestimmten Geschosses nur Wohnungen zulässig sind oder
2. in Gebäuden ein im Bebauungsplan bestimmter Anteil der zulässigen Geschoßfläche oder eine bestimmte Größe der Geschoßfläche für Wohnungen zu verwenden ist.

§ 5 Dorfgebiete. (1) Dorfgebiete dienen der Unterbringung der Wirtschaftsstellen land- und forstwirtschaftlicher Betriebe, dem Wohnen und der Unterbringung von nicht wesentlich störenden Gewerbebetrieben sowie der Versorgung der Bewohner des Gebiets dienenden Handwerksbetrieben. Auf die Belange der land- und forstwirtschaftlichen Betriebe einschließlich ihrer Entwicklungsmöglichkeiten ist vorrangig Rücksicht zu nehmen.

(2) Zulässig sind

1. Wirtschaftsstellen land- und forstwirtschaftlicher Betriebe und die dazugehörigen Wohnungen und Wohngebäude,
2. Kleinsiedlungen einschließlich Wohngebäude mit entsprechenden Nutzgärten und landwirtschaftliche Nebenerwerbsstellen,
3. sonstige Wohngebäude,
4. Betriebe zur Be- und Verarbeitung und Sammlung land- und forstwirtschaftlicher Erzeugnisse,
5. Einzelhandelsbetriebe, Schank- und Speisewirtschaften sowie Betriebe des Beherbergungsgewerbes,
6. sonstige Gewerbebetriebe,
7. Anlagen für örtliche Verwaltungen sowie für kirchliche, kulturelle, soziale, gesundheitliche und sportliche Zwecke,
8. Gartenbaubetriebe,
9. Tankstellen.

(3) Ausnahmsweise können Vergnügungsstätten im Sinne des § 4a Abs. 3 Nr. 2 zugelassen werden.

§ 6 Mischgebiete. (1) Mischgebiete dienen dem Wohnen und der Unterbringung von Gewerbebetrieben, die das Wohnen nicht wesentlich stören.

(2) Zulässig sind

1. Wohngebäude,
2. Geschäfts- und Bürogebäude,
3. Einzelhandelsbetriebe, Schank- und Speisewirtschaften sowie Betriebe des Beherbergungsgewerbes,

4. sonstige Gewerbebetriebe,
5. Anlagen für Verwaltungen sowie für kirchliche, kulturelle, soziale, gesundheitliche und sportliche Zwecke,
6. Gartenbaubetriebe,
7. Tankstellen,
8. Vergnügungsstätten im Sinne des § 4a Abs. 3 Nr. 2 in den Teilen des Gebiets, die überwiegend durch gewerbliche Nutzungen geprägt sind.

(3) Ausnahmsweise können Vergnügungsstätten im Sinne des § 4a Abs. 3 Nr. 2 außerhalb der in Absatz 2 Nr. 8 bezeichneten Teile des Gebiets zugelassen werden.

§ 7 Kerngebiete. (1) Kerngebiete dienen vorwiegend der Unterbringung von Handelsbetrieben sowie der zentralen Einrichtungen der Wirtschaft, der Verwaltung und der Kultur.

(2) Zulässig sind

1. Geschäfts-, Büro- und Verwaltungsgebäude,
2. Einzelhandelsbetriebe, Schank- und Speisewirtschaften, Betriebe des Beherbergungsgewerbes und Vergnügungsstätten,
3. sonstige nicht wesentlich störende Gewerbebetriebe,
4. Anlagen für kirchliche, kulturelle, soziale, gesundheitliche und sportliche Zwecke,
5. Tankstellen im Zusammenhang mit Parkhäusern und Großgaragen,
6. Wohnungen für Aufsichts- und Bereitschaftspersonen sowie für Betriebsinhaber und Betriebsleiter,
7. sonstige Wohnungen nach Maßgabe von Festsetzungen des Bebauungsplans.

(3) Ausnahmsweise können zugelassen werden

1. Tankstellen, die nicht unter Absatz 2 Nr. 5 fallen,
2. Wohnungen, die nicht unter Absatz 2 Nr. 6 und 7 fallen.

(4) Für Teile eines Kerngebiets kann, wenn besondere städtebauliche Gründe dies rechtfertigen (§ 9 Abs. 3 des Baugesetzbuchs), festgesetzt werden, daß

1. oberhalb eines im Bebauungsplan bestimmten Geschosses nur Wohnungen zulässig sind oder
2. in Gebäuden ein im Bebauungsplan bestimmter Anteil der zulässigen Geschoßfläche oder eine bestimmte Größe der Geschoßfläche für Wohnungen zu verwenden ist.

Dies gilt auch, wenn durch solche Festsetzungen dieser Teil des Kerngebiets nicht vorwiegend der Unterbringung von Handelsbetrieben

sowie der zentralen Einrichtungen der Wirtschaft, der Verwaltung und der Kultur dient.

§ 8 Gewerbegebiete. (1) Gewerbegebiete dienen vorwiegend der Unterbringung von nicht erheblich belästigenden Gewerbebetrieben.

(2) Zulässig sind

1. Gewerbebetriebe aller Art, Lagerhäuser, Lagerplätze und öffentliche Betriebe,
2. Geschäfts-, Büro- und Verwaltungsgebäude,
3. Tankstellen,
4. Anlagen für sportliche Zwecke.

(3) Ausnahmsweise können zugelassen werden

1. Wohnungen für Aufsichts- und Bereitschaftspersonen sowie für Betriebsinhaber und Betriebsleiter, die dem Gewerbebetrieb zugeordnet und ihm gegenüber in Grundfläche und Baumasse untergeordnet sind,
2. Anlagen für kirchliche, kulturelle, soziale und gesundheitliche Zwecke,
3. Vergnügungsstätten.

§ 9 Industriegebiete. (1) Industriegebiete dienen ausschließlich der Unterbringung von Gewerbebetrieben, und zwar vorwiegend solcher Betriebe, die in anderen Baugebieten unzulässig sind.

(2) Zulässig sind

1. Gewerbebetriebe aller Art, Lagerhäuser, Lagerplätze und öffentliche Betriebe,
2. Tankstellen.

(3) Ausnahmsweise können zugelassen werden

1. Wohnungen für Aufsichts- und Bereitschaftspersonen sowie für Betriebsinhaber und Betriebsleiter, die dem Gewerbebetrieb zugeordnet und ihm gegenüber in Grundfläche und Baumasse untergeordnet sind,
2. Anlagen für kirchliche, kulturelle, soziale, gesundheitliche und sportliche Zwecke.

§ 10 Sondergebiete, die der Erholung dienen. (1) Als Sondergebiete, die der Erholung dienen, kommen insbesondere in Betracht

Wochenendhausgebiete,

Ferienhausgebiete,
Campingplatzgebiete.

(2) Für Sondergebiete, die der Erholung dienen, sind die Zweckbestimmung und die Art der Nutzung darzustellen und festzusetzen. Im Bebauungsplan kann festgesetzt werden, daß bestimmte, der Eigenart des Gebiets entsprechende Anlagen und Einrichtungen zur Versorgung des Gebiets und für sportliche Zwecke allgemein zulässig sind oder ausnahmsweise zugelassen werden können.

(3) In Wochenendhausgebieten sind Wochenendhäuser als Einzelhäuser zulässig. Im Bebauungsplan kann festgesetzt werden, daß Wochenendhäuser nur als Hausgruppen zulässig sind oder ausnahmsweise als Hausgruppen zugelassen werden können. Die zulässige Grundfläche der Wochenendhäuser ist im Bebauungsplan, begrenzt nach der besonderen Eigenart des Gebiets, unter Berücksichtigung der landschaftlichen Gegebenheiten festzusetzen.

(4) In Ferienhausgebieten sind Ferienhäuser zulässig, die aufgrund ihrer Lage, Größe, Ausstattung, Erschließung und Versorgung für den Erholungsaufenthalt geeignet und dazu bestimmt sind, überwiegend und auf Dauer einem wechselnden Personenkreis zur Erholung zu dienen. Im Bebauungsplan kann die Grundfläche der Ferienhäuser, begrenzt nach der besonderen Eigenart des Gebiets, unter Berücksichtigung der landschaftlichen Gegebenheiten festgesetzt werden.

(5) In Campingplatzgebieten sind Campingplätze und Zeltplätze zulässig.

§ 11 Sonstige Sondergebiete.

(1) Als sonstige Sondergebiete sind solche Gebiete darzustellen und festzusetzen, die sich von den Baugebieten nach den §§ 2 bis 10 wesentlich unterscheiden.

(2) Für sonstige Sondergebiete sind die Zweckbestimmung und die Art der Nutzung darzustellen und festzusetzen. Als sonstige Sondergebiete kommen insbesondere in Betracht

Gebiete für den Fremdenverkehr, wie Kurgebiete und Gebiete für die Fremdenbeherbergung,
Ladengebiete,
Gebiete für Einkaufszentren und großflächige Handelsbetriebe,
Gebiete für Messen, Ausstellungen und Kongresse,
Hochschulgebiete,
Klinikgebiete,
Hafengebiete,

Gebiete für Anlagen, die der Erforschung, Entwicklung oder Nutzung erneuerbarer Energien, wie Wind- und Sonnenenergie, dienen.

(3) 1. Einkaufszentren,

2. großflächige Einzelhandelsbetriebe, die sich nach Art, Lage oder Umfang auf die Verwirklichung der Ziele der Raumordnung und Landesplanung oder auf die städtebauliche Enwicklung und Ordnung nicht nur unwesentlich auswirken können,

3. sonstige großflächige Handelsbetriebe, die im Hinblick auf den Verlauf an letzte Verbraucher und auf die Auswirkungen den in Nummer 2 bezeichneten Einzelhandelsbetrieben vergleichbar sind,

sind außer in Kerngebieten nur in für sie festgesetzten Sondergebieten zulässig. Auswirkungen im Sinne des Satzes 1 Nr. 2 und 3 sind insbesondere schädliche Umwelteinwirkungen im Sinne des § 3 des Bundes-Immissionsschutzgesetzes sowie Auswirkungen auf die infrastrukturelle Ausstattung, auf den Verkehr, auf die Versorgung der Bevölkerung im Einzugsbereich der in Satz 1 bezeichneten Betriebe, auf die Enwicklung zentraler Versorgungsbereiche in der Gemeinde oder in anderen Gemeinden, auf das Orts- und Landschaftsbild und auf den Naturhaushalt. Auswirkungen im Sinne des Satzes 2 sind bei Betrieben nach Satz 1 Nr. 2 und 3 in der Regel anzunehmen, wenn die Geschoßfläche 1200 m² überschreitet. Die Regel des Satzes 3 gilt nicht, wenn Anhaltspunkte dafür bestehen, daß Auswirkungen bereits bei weniger als 1200 m² Geschoßfläche vorliegen oder bei mehr als 1200 m² Geschoßfläche nicht vorliegen; dabei sind in bezug auf die in Satz 2 bezeichneten Auswirkungen insbesondere die Gliederung und Größe der Gemeinde und ihrer Ortsteile, die Sicherung der verbrauchernahen Versorgung der Bevölkerung und das Warenangebot des Betriebs zu berücksichtigen.

§ 12 Stellplätze und Garagen. (1) Stellplätze und Garagen sind in allen Baugebieten zulässig, soweit sich aus den Absätzen 2 bis 6 nichts anderes ergibt.

(2) In Kleinsiedlungsgebieten, reinen Wohngebieten und allgemeinen Wohngebieten sowie Sondergebieten, die der Erholung dienen, sind Stellplätze und Garagen nur für den durch die zugelassene Nutzung verursachten Bedarf zulässig.

(3) Unzulässig sind

1. Stellplätze und Garagen für Lastkraftwagen und Kraftomnibusse sowie für Anhänger dieser Kraftfahrzeuge in reinen Wohngebieten,

2. Stellplätze und Garagen für Kraftfahrzeuge mit einem Eigengewicht

über 3,5 Tonnen sowie für Anhänger dieser Kraftfahrzeuge in Kleinsiedlungsgebieten und allgemeinen Wohngebieten.

(4) Im Bebauungsplan kann, wenn besondere städtebauliche Gründe dies rechtfertigen (§ 9 Abs. 3 des Baugesetzbuchs), festgesetzt werden, daß in bestimmten Geschossen nur Stellplätze oder Garagen und zugehörige Nebeneinrichtungen (Garagengeschosse) zulässig sind. Eine Festsetzung nach Satz 1 kann auch für Geschosse unterhalb der Geländeoberfläche getroffen werden. Bei Festsetzungen nach den Sätzen 1 und 2 sind Stellplätze und Garagen auf dem Grundstück nur in den festgesetzten Geschossen zulässig, soweit der Bebauungsplan nichts anderes bestimmt.

(5) Im Bebauungsplan kann, wenn besondere städtebauliche Gründe dies rechtfertigen (§ 9 Abs. 3 des Baugesetzbuchs), festgesetzt werden, daß in Teilen von Geschossen nur Stellplätze und Garagen zulässig sind. Absatz 4 Satz 2 und 3 gilt entsprechend.

(6) Im Bebauungsplan kann festgesetzt werden, daß in Baugebieten oder bestimmten Teilen von Baugebieten Stellplätze und Garagen unzulässig oder nur in beschränktem Umfang zulässig sind, soweit landesrechtliche Vorschriften nicht entgegenstehen.

(7) Die landesrechtlichen Vorschriften über die Ablösung der Verpflichtung zur Herstellung von Stellplätzen und Garagen sowie die Verpflichtung zur Herstellung von Stellplätzen und Garagen außerhalb der im Bebauungsplan festgesetzten Bereiche bleiben bei Festsetzungen nach den Absätzen 4 bis 6 unberührt.

§ 13 Gebäude und Räume für freie Berufe. Für die Berufsausübung freiberuflich Tätiger und solcher Gewerbetreibender, die ihren Beruf in ähnlicher Art ausüben, sind in den Baugebieten nach den §§ 2 bis 4 Räume, in den Baugebieten nach den §§ 4 a bis 9 auch Gebäude zulässig.

§ 14 Nebenanlagen. (1) Außer den in den §§ 2 bis 13 genannten Anlagen sind auch untergeordnete Nebenanlagen und Einrichtungen zulässig, die dem Nutzungszweck der in dem Baugebiet gelegenen Grundstücke oder des Baugebiets selbst dienen und die seiner Eigenart nicht widersprechen. Soweit nicht bereits in den Baugebieten nach dieser Verordnung Einrichtungen und Anlagen für die Tierhaltung zulässig sind, gehören zu den untergeordneten Nebenanlagen und Einrichtungen im Sinne des Satzes 1 auch solche für die Kleintierhal-

tung. Im Bebauungsplan kann die Zulässigkeit der Nebenanlagen und Einrichtungen eingeschränkt oder ausgeschlossen werden.

(2) Die der Versorgung der Baugebiete mit Elektrizität, Gas, Wärme und Wasser sowie zur Ableitung von Abwasser dienenden Nebenanlagen können in den Baugebieten als Ausnahme zugelassen werden, auch soweit für sie im Bebauungsplan keine besonderen Flächen festgesetzt sind. Dies gilt auch für fernmeldetechnische Nebenanlagen sowie für Anlagen für erneuerbare Energien, soweit nicht Absatz 1 Satz 1 Anwendung findet.

§ 15 Allgemeine Voraussetzungen für die Zulässigkeit baulicher und sonstiger Anlagen. (1) Die in den §§ 2 bis 14 aufgeführten baulichen und sonstigen Anlagen sind im Einzelfall unzulässig, wenn sie nach Anzahl, Lage, Umfang oder Zweckbestimmung der Eigenart des Baugebiets widersprechen. Sie sind auch unzulässig, wenn von ihnen Belästigungen oder Störungen ausgehen können, die nach der Eigenart des Baugebiets im Baugebiet selbst oder in dessen Umgebung unzumutbar sind, oder wenn sie solchen Belästigungen oder Störungen ausgesetzt werden.

(2) Die Anwendung des Absatzes 1 hat nach den städtebaulichen Zielen und Grundsätzen des § 1 Abs. 5 des Baugesetzbuchs zu erfolgen.

(3) Die Zulässigkeit der Anlagen in den Baugebieten ist nicht allein nach den verfahrensrechtlichen Einordnungen des Bundes-Immissionsschutzgesetzes und der auf seiner Grundlage erlassenen Verordnungen zu beurteilen.

Zweiter Abschnitt. Maß der baulichen Nutzung

§ 16 Bestimmung des Maßes der baulichen Nutzung. (1) Wird im Flächennutzungsplan das allgemeine Maß der baulichen Nutzung dargestellt, genügt die Angabe der Geschoßflächenzahl, der Baumassenzahl oder der Höhe baulicher Anlagen.

(2) Im Bebauungsplan kann das Maß der baulichen Nutzung bestimmt werden durch Festsetzung

1. der Grundflächenzahl oder der Größe der Grundflächen der baulichen Anlagen,
2. der Geschoßflächenzahl oder der Größe der Geschoßfläche, der Baumassenzahl oder der Baumasse,

3. der Zahl der Vollgeschosse,
4. der Höhe baulicher Anlagen.

(3) Bei Festsetzung des Maßes der baulichen Nutzung im Bebauungsplan ist festzusetzen

1. stets die Grundflächenzahl oder die Größe der Grundflächen der baulichen Anlagen,
2. die Zahl der Vollgeschosse oder die Höhe baulicher Anlagen, wenn ohne ihre Festsetzung öffentliche Belange, insbesondere das Orts- und Landschaftsbild, beeinträchtigt werden können.

(4) Bei Festsetzung des Höchstmaßes für die Geschoßflächenzahl oder die Größe der Geschoßfläche, für die Zahl der Vollgeschosse und die Höhe baulicher Anlagen im Bebauungsplan kann zugleich ein Mindestmaß festgesetzt werden. Die Zahl der Vollgeschosse und die Höhe baulicher Anlagen können auch als zwingend festgesetzt werden.

(5) Im Bebauungsplan kann das Maß der baulichen Nutzung für Teile des Baugebiets, für einzelne Grundstücke oder Grundstücksteile und für Teile baulicher Anlagen unterschiedlich festgesetzt werden; die Festsetzungen können oberhalb und unterhalb der Geländeoberfläche getroffen werden.

(6) Im Bebauungsplan können nach Art und Umfang bestimmte Ausnahmen von dem festgesetzten Maß der baulichen Nutzung vorgesehen werden.

§ 17 Obergrenzen für die Bestimmung des Maßes der baulichen Nutzung.

(1) Bei der Bestimmung des Maßes der baulichen Nutzung nach § 16 dürfen, auch wenn eine Geschoßflächenzahl oder eine Baumassenzahl nicht dargestellt oder festgesetzt wird, folgende Obergrenzen nicht überschritten werden:

1	2	3	4
Baugebiet	Grund-flächen-zahl (GRZ)	Ge-schoß-flächen-zahl (GFZ)	Bau-massen-zahl (BMZ)
in Kleinsiedlungsgebieten (WS)	0,2	0,4	–
in reinen Wohngebieten (WR) allgemeinen Wohngebieten (WA) Ferienhausgebieten	0,4	1,2	–
in besonderen Wohngebieten (WB)	0,6	1,6	–
in Dorfgebieten (MD) Mischgebieten (MI)	0,6	1,2	–
in Kerngebieten (MK)	1,0	3,0	–
in Gewerbegebieten (GE) Industriegebieten (GI) sonstigen Sondergebieten	0,8	2,4	10,0
in Wochenendhausgebieten	0,2	0,2	–

(2) Die Obergrenzen des Absatzes 1 können überschritten werden, wenn

1. besondere städtebauliche Gründe dies erfordern,
2. die Überschreitungen durch Umstände ausgeglichen sind oder durch Maßnahmen ausgeglichen werden, durch die sichergestellt ist, daß die allgemeinen Anforderungen an gesunde Wohn- und Arbeitsverhältnisse nicht beeiträchtigt, nachteilige Auswirkungen auf die Umwelt vermieden und die Bedürfnisse des Verkehrs befriedigt werden, und
3. sonstige öffentliche Belange nicht entgegenstehen.

Dies gilt nicht für Wochenendhausgebiete und Ferienhausgebiete.

(3) In Gebieten, die am 1. August 1962 überwiegend bebaut waren, können die Obergrenzen des Absatzes 1 überschritten werden, wenn

städtebauliche Gründe dies erfordern und sonstige öffentliche Belange nicht entgegenstehen. Absatz 2 Satz 1 Nr. 2 ist entsprechend anzuwenden.

§ 18 Höhe baulicher Anlagen. (1) Bei Festsetzung der Höhe baulicher Anlagen sind die erforderlichen Bezugspunkte zu bestimmen.

(2) Ist die Höhe baulicher Anlagen als zwingend festgesetzt (§ 16 Abs. 4 Satz 2), können geringfügige Abweichungen zugelassen werden.

§ 19 Grundflächenzahl, zulässige Grundfläche. (1) Die Grundflächenzahl gibt an, wieviel Quadratmeter Grundfläche je Quadratmeter Grundstücksfläche im Sinne des Absatzes 3 zulässig sind.

(2) Zulässige Grundfläche ist der nach Absatz 1 errechnete Anteil des Baugrundstücks, der von baulichen Anlagen überdeckt werden darf.

(3) Für die Ermittlung der zulässigen Grundfläche ist die Fläche des Baugrundstücks maßgebend, die im Bauland und hinter der im Bebauungsplan festgesetzten Straßenbegrenzungslinie liegt. Ist eine Straßenbegrenzungslinie nicht festgesetzt, so ist die Fläche des Baugrundstücks maßgebend, die hinter der tatsächlichen Straßengrenze liegt oder die im Bebauungsplan als maßgebend für die Ermittlung der zulässigen Grundfläche festgesetzt ist.

(4) Bei der Ermittlung der Grundfläche sind die Grundflächen von

1. Garagen und Stellplätzen mit ihren Zufahrten,
2. Nebenanlagen im Sinne des § 14,
3. baulichen Anlagen unterhalb der Geländeoberfläche, durch die das Baugrundstück lediglich unterbaut wird,

mitzurechnen. Die zulässige Grundfläche darf durch die Grundflächen der in Satz 1 bezeichneten Anlagen bis zu 50 vom Hundert überschritten werden, höchstens jedoch bis zu einer Grundflächenzahl von 0,8; weitere Überschreitungen in geringfügigem Ausmaß können zugelassen werden. Im Bebauungsplan können von Satz 2 abweichende Bestimmungen getroffen werden. Soweit der Bebauungsplan nichts anderes festsetzt, kann im Einzelfall von der Einhaltung der sich aus Satz 2 ergebenden Grenzen abgesehen werden

1. bei Überschreitungen mit geringfügigen Auswirkungen auf die natürlichen Funktionen des Bodens oder
2. wenn die Einhaltung der Grenzen zu einer wesentlichen Erschwerung der zweckentsprechenden Grundstücksnutzung führen würde.

§ 20 Vollgeschosse, Geschoßflächenzahl, Geschoßfläche. (1) Als Vollgeschosse gelten Geschosse, die nach landesrechtlichen Vorschriften Vollgeschosse sind oder auf ihre Zahl angerechnet werden.

(2) Die Geschoßflächenzahl gibt an, wieviel Quadratmeter Geschoßfläche je Quadratmeter Grundstücksfläche im Sinne des § 19 Abs. 3 zulässig sind.

(3) Die Geschoßfläche ist nach den Außenmaßen der Gebäude in allen Vollgeschossen zu ermitteln. Im Bebauungsplan kann festgesetzt werden, daß die Flächen von Aufenthaltsräumen in anderen Geschossen einschließlich der zu ihnen gehörenden Treppenräume und einschließlich ihrer Umfassungswände ganz oder teilweise mitzurechnen oder ausnahmsweise nicht mitzurechnen sind.

(4) Bei der Ermittlung der Geschoßfläche bleiben Nebenanlagen im Sinne des § 14, Balkone, Loggien, Terrassen sowie bauliche Anlagen, so weit sie nach Landesrecht in den Abstandsflächen (seitlicher Grenzabstand und sonstige Abstandsflächen) zulässig sind oder zugelassen werden können, unberücksichtigt.

§ 21 Baumassenzahl, Baumasse. (1) Die Baumassenzahl gibt an, wieviel Kubikmeter Baumasse je Quadratmeter Grundstücksfläche im Sinne des § 19 Abs. 3 zulässig sind.

(2) Die Baumasse ist nach den Außenmaßen der Gebäude vom Fußboden des untersten Vollgeschosses bis zur Decke des obersten Vollgeschosses zu ermitteln. Die Baumassen von Aufenthaltsräumen in anderen Geschossen einschließlich der zu ihnen gehörenden Treppenräume und einschließlich ihrer Umfassungswände und Decken sind mitzurechnen. Bei baulichen Anlagen, bei denen eine Berechnung der Baumasse nach Satz 1 nicht möglich ist, ist die tatsächliche Baumasse zu ermitteln.

(3) Bauliche Anlagen und Gebäudeteile im·Sinne des § 20 Abs. 4 bleiben bei der Ermittlung der Baumasse unberücksichtigt.

(4) Ist im Bebauungsplan die Höhe baulicher Anlagen oder die Baumassenzahl nicht festgesetzt, darf bei Gebäuden, die Geschosse von mehr als 3,50 m Höhe haben, eine Baumassenzahl, die das Dreieinhalbfache der zulässigen Geschoßflächenzahl beträgt, nicht überschritten werden.

§ 21 a Stellplätze, Garagen und Gemeinschaftsanlagen. (1) Garagengeschosse oder ihre Baumasse sind in sonst anders genutzten Gebäuden auf die Zahl der zulässigen Vollgeschosse oder auf die

zulässige Baumasse nicht anzurechnen, wenn der Bebauungsplan dies festsetzt oder als Ausnahme vorsieht.

(2) Der Grundstücksfläche im Sinne des § 19 Abs. 3 sind Flächenanteile an außerhalb des Baugrundstücks festgesetzten Gemeinschaftsanlagen im Sinne des § 9 Abs. 1 Nr. 22 des Baugesetzbuchs hinzuzurechnen, wenn der Bebauungsplan dies festsetzt oder als Ausnahme vorsieht.

(3) Soweit § 19 Abs. 4 nicht entgegensteht, ist eine Überschreitung der zulässigen Grundfläche durch überdachte Stellplätze und Garagen bis zu 0,1 der Fläche des Baugrundstücks zulässig; eine weitergehende Überschreitung kann ausnahmsweise zugelassen werden

1. in Kerngebieten, Gewerbegebieten und Industriegebieten,
2. in anderen Baugebieten, soweit solche Anlagen nach § 9 Abs. 1 Nr. 4 des Baugesetzbuchs im Bebauungsplan festgesetzt sind.

(4) Bei der Ermittlung der Geschoßfläche oder der Baumasse bleiben unberücksichtigt die Flächen oder Baumassen von

1. Garagengeschossen, die nach Absatz 1 nicht angerechnet werden,
2. Stellplätzen und Garagen, deren Grundflächen die zulässige Grundfläche unter den Voraussetzungen des Absatzes 3 überschreiten,
3. Stellplätzen und Garagen in Vollgeschossen, wenn der Bebauungsplan dies festsetzt oder als Ausnahme vorsieht.

(5) Die zulässige Geschoßfläche oder die zulässige Baumasse ist um die Flächen oder Baumassen notwendiger Garagen, die unter der Geländeoberfläche hergestellt werden, insoweit zu erhöhen, als der Bebauungsplan dies festsetzt oder als Ausnahme vorsieht.

Dritter Abschnitt. Bauweise, überbaubare Grundstücksfläche

§ 22 Bauweise. (1) Im Bebauungsplan kann die Bauweise als offene oder geschlossene Bauweise festgesetzt werden.

(2) In der offenen Bauweise werden die Gebäude mit seitlichem Grenzabstand als Einzelhäuser, Doppelhäuser oder Hausgruppen errichtet. Die Länge der in Satz 1 bezeichneten Hausformen darf höchstens 50 m betragen. Im Bebauungsplan können Flächen festgesetzt werden, auf denen nur Einzelhäuser, nur Doppelhäuser, nur Hausgruppen oder nur zwei dieser Hausformen zulässig sind.

(3) In der geschlossenen Bauweise werden die Gebäude ohne seitlichen Grenzabstand errichtet, es sei denn, daß die vorhandene Bebauung eine Abweichung erfordert.

(4) Im Bebauungsplan kann eine von Absatz 1 abweichende Bauweise festgesetzt werden. Dabei kann auch festgesetzt werden, inwieweit an die vorderen, rückwärtigen und seitlichen Grundstücksgrenzen herangebaut werden darf oder muß.

§ 23 Überbaubare Grundstücksfläche. (1) Die überbaubaren Grundstücksflächen können durch die Festsetzung von Baulinien, Baugrenzen oder Bebauungstiefen bestimmt werden. § 16 Abs. 5 ist entsprechend anzuwenden.

(2) Ist eine Baulinie festgesetzt, so muß auf dieser Linie gebaut werden. Ein Vor- oder Zurücktreten von Gebäudeteilen in geringfügigem Ausmaß kann zugelassen werden. Im Bebauungsplan können weitere nach Art und Umfang bestimmte Ausnahmen vorgesehen werden.

(3) Ist eine Baugrenze festgesetzt, so dürfen Gebäude und Gebäudeteile diese nicht überschreiten. Ein Vortreten von Gebäudeteilen in geringfügigem Ausmaß kann zugelassen werden. Absatz 2 Satz 3 gilt entsprechend.

(4) ist eine Bebauungstiefe festgesetzt, so gilt Absatz 3 entsprechend. Die Bebauungstiefe ist von der tatsächlichen Straßengrenze ab zu ermitteln, sofern im Bebauungsplan nichts anderes festgesetzt ist.

(5) Wenn im Bebauungsplan nichts anderes festgesetzt ist, können auf den nicht überbaubaren Grundstücksflächen Nebenanlagen im Sinne des § 14 zugelassen werden. Das gleiche gilt für bauliche Anlagen, soweit sie nach Landesrecht in den Abstandsflächen zulässig sind oder zugelassen werden können.

Vierter Abschnitt.

§ 24 (weggefallen)

Fünfter Abschnitt. Überleitungs- und Schlußvorschriften

§ 25 Fortführung eingeleiteter Verfahren*. Für Bauleitpläne, deren Aufstellung oder Änderung bereits eingeleitet ist, sind die dieser

* Diese Vorschrift betrifft die Fortführung eingeleiteter Verfahren bei Inkrafttreten der Baunutzungsverordnung (1. August 1962) in der ursprünglichen Fas-

Verordnung entsprechenden bisherigen Vorschriften weiterhin anzuwenden, wenn die Pläne bei dem Inkrafttreten dieser Verordnung bereits ausgelegt sind.

§ 25 a Überleitungsvorschriften aus Anlaß der zweiten Änderungsverordnung. (1) Für Bauleitpläne, deren Aufstellung oder Änderung bereits eingeleitet ist, gilt diese Verordnung in ihrer bis zum Inkrafttreten der Zweiten Verordnung zur Änderung dieser Verordnung vom 15. September 1977 (BGBl. I S. 1757) gültigen Fassung, wenn die Pläne bei Inkrafttreten der zweiten Änderungsverordnung nach § 2a Abs. 6 des Bundesbaugesetzes oder § 2 Abs. 6 des Bundesbaugesetzes in der bis zum 1. Januar 1977 geltenden Fassung ausgelegt sind.

(2) Von der Geltung der Vorschriften der zweiten Änderungsverordnung über gesonderte Festsetzungen für übereinanderliegende Geschosse und Ebenen sowie sonstige Teile baulicher Anlagen sind solche Bebauungspläne ausgenommen, auf die § 9 Abs. 3 des Bundesbaugesetzes in der ab 1. Januar 1977 geltenden Fassung nach Maßgabe des Artikels 3 § 1 Abs. 3 des Gesetzes zur Änderung des Bundesbaugesetzes vom 18. August 1976 (BGBl. I S. 2221) keine Anwendung findet. Auf diese Bebauungspläne finden die Vorschriften dieser Verordnung über gesonderte Festsetzungen für übereinanderliegende Geschosse und Ebenen und sonstige Teile baulicher Anlagen in der bis zum Inkrafttreten der zweiten Änderungsverordnung gültigen Fassung weiterhin Anwendung.

§ 25 b Überleitungsvorschrift aus Anlaß der dritten Änderungsverordnung. (1) Ist der Entwurf eines Bebauungsplans vor dem Inkrafttreten der dritten Änderungsverordnung nach § 2a Abs. 6 des Bundesbaugesetzes öffentlich ausgelegt worden, ist auf ihn § 11 Abs. 3 Satz 3 in der bis zum Inkrafttreten der dritten Änderungsverordnung geltenden Fassung anzuwenden. Das Recht der Gemeinde, das Verfahren zur Aufstellung des Bebauungsplans erneut einzuleiten, bleibt unberührt.

sung vom 26. Juni 1962 (BGBl. I S. 429). Für die Fortführung eingeleiteter Verfahren bei Inkrafttreten der Änderungsverordnung (1. Januar 1969) bestimmt Artikel 2 der Verordnung zur Änderung der Baunutzungsverordnung vom 26. November 1968 (BGBl. I S. 1233):
„Für Bauleitpläne, deren Aufstellung oder Änderung bereits eingeleitet ist, gilt die Verordnung in der bisherigen Fassung, wenn die Pläne bei Inkrafttreten dieser Verordnung bereits nach § 2 Abs. 6 des Bundesbaugesetzes ausgelegt sind."

(2) Auf Bebauungspläne, auf die § 11 Abs. 3 in der Fassung der Bekanntmachung vom 15. September 1977 Anwendung findet, ist § 11 Abs. 3 Satz 4 entsprechend anzuwenden.

§ 25 c Überleitungsvorschrift aus Anlaß der vierten Änderungsverordnung. (1) Ist der Entwurf eines Bauleitplans vor dem 27. Januar 1990 nach § 3 Abs. 2 des Baugesetzbuchs öffentlich ausgelegt worden, ist auf ihn diese Verordnung in der bis zum 26. Januar 1990 geltenden Fassung anzuwenden. Das Recht der Gemeinde, das Verfahren zur Aufstellung des Bauleitplans erneut einzuleiten, bleibt unberührt.

(2) Wird in Gebieten mit Bebauungsplänen, auf die § 20 Abs. 2 Satz 2 in einer früheren Fassung anzuwenden ist, die zulässige Geschoßfläche durch Flächen von Aufenthaltsräumen in anderen als Vollgeschossen überschritten, kann die Überschreitung zugelassen werden, wenn öffentliche Belange nicht entgegenstehen.

(3) Die Vorschriften dieser Verordnung über die Zulässigkeit von Vergnügungsstätten in den Baugebieten sind auch in Gebieten mit Bebauungsplänen anzuwenden, die auf der Grundlage einer früheren Fassung dieser Verordnung aufgestellt worden sind; besondere Festsetzungen in diesen Bebauungsplänen über die Zulässigkeit von Vergnügungsstätten bleiben unberührt. In den im Zusammenhang bebauten Gebieten, auf die § 34 Abs. 1 des Baugesetzbuchs Anwendung findet, können in einem Bebauungsplan aus besonderen städtebaulichen Gründen Bestimmungen über die Zulässigkeit von Vergnügungsstätten festgesetzt werden, um eine Beeinträchtigung

1. von Wohnnutzungen oder
2. von anderen schutzbedürftigen Anlagen, wie Kirchen, Schulen und Kindertagesstätten oder
3. der sich aus der vorhandenen Nutzung ergebenden städtebaulichen Funktion des Gebiets

zu verhindern; in Gebieten mit überwiegend gewerblicher Nutzung können solche Bestimmungen nur zum Schutz der in Nummer 2 bezeichneten Anlagen oder zur Verhinderung einer städtebaulich nachteiligen Massierung von Vergnügungsstätten festgesetzt werden. Von den Sätzen 1 und 2 unberührt bleiben am 27. Januar 1990 vorhandene, baurechtlich genehmigte Vergnügungsstätten einschließlich notwendiger Änderungen, die sich aus behördlichen Auflagen oder gewerberechtlichen Bestimmungen ergeben.

§ 26 Berlin-Klausel. *(gegenstandslos)*[1]

§ 26 a Überleitungsregelungen aus Anlaß der Herstellung der Einheit Deutschlands. (1) In dem in Artikel 3 des Einigungsvertrages genannten Gebiet ist § 17 Abs. 3 auf Gebiete anzuwenden, die am 1. Juli 1990 überwiegend bebaut waren.

(2) Soweit in dieser Verordnung auf Vorschriften verwiesen wird, die in dem in Artikel 3 des Einigungsvertrages genannten Gebiet keine Anwendung finden, sind die entsprechenden Vorschriften der Deutschen Demokratischen Republik anzuwenden. Bestehen solche Vorschriften nicht oder würde ihre Anwendung dem Sinn der Verweisung widersprechen, gelten die Vorschriften, auf die verwiesen wird, entsprechend.

§ 27 (Inkrafttreten)

1 Gegenstandslos auf Grund d. Sechsten Überleitungsgesetzes v. 23. 9. 1990 (BGBl. I S. 2106)

Verordnung
über Grundsätze für die Ermittlung der Verkehrswerte von Grundstücken (Wertermittlungsverordnung – WertV)

Vom 6. Dezember 1988 (BGBl. I S. 2209)

Auf Grund des § 199 Abs. 1 des Baugesetzbuchs in der Fassung der Bekanntmachung vom 8. Dezember 1986 (BGBl. I S. 2253) verordnet die Bundesregierung:

Erster Teil. Anwendungsbereich, allgemeine Verfahrensgrundsätze und Begriffsbestimmungen

§ 1 Anwendungsbereich. (1) Bei der Ermittlung der Verkehrswerte von Grundstücken und bei der Ableitung der für die Wertermittlung erforderlichen Daten sind die Vorschriften dieser Verordnung anzuwenden.

(2) Absatz 1 ist auf die Wertermittlung von grundstücksgleichen Rechten, Rechten an diesen und Rechten an Grundstücken entsprechend anzuwenden.

§ 2 Gegenstand der Wertermittlung. Gegenstand der Wertermittlung kann das Grundstück oder ein Grundstücksteil einschließlich seiner Bestandteile, wie Gebäude, Außenanlagen und sonstige Anlagen sowie des Zubehörs, sein. Die Wertermittlung kann sich auch auf einzelne der in Satz 1 bezeichneten Gegenstände beziehen.

§ 3 Zustand des Grundstücks und allgemeine Wertverhältnisse.
(1) Zur Ermittlung des Verkehrswerts eines Grundstücks sind die allgemeinen Wertverhältnisse auf dem Grundstücksmarkt in dem Zeitpunkt zugrunde zu legen, auf den sich die Wertermittlung bezieht (Wertermittlungsstichtag). Dies gilt auch für den Zustand des Grundstücks, es sei denn, daß aus rechtlichen oder sonstigen Gründen ein anderer Zustand des Grundstücks maßgebend ist.

(2) Der Zustand eines Grundstücks bestimmt sich nach der Gesamtheit der verkehrswertbeeinflussenden rechtlichen Gegebenheiten und

tatsächlichen Eigenschaften, der sonstigen Beschaffenheit und der Lage des Grundstücks. Hierzu gehören insbesondere der Entwicklungszustand (§ 4), die Art und das Maß der baulichen Nutzung (§ 5 Abs. 1), die wertbeeinflussenden Rechte und Belastungen (§ 5 Abs. 2), der beitrags- und abgabenrechtliche Zustand (§ 5 Abs. 3), die Wartezeit bis zu einer baulichen oder sonstigen Nutzung (§ 5 Abs. 4), die Beschaffenheit und Eigenschaft des Grundstücks (§ 5 Abs. 5) und die Lagemerkmale (§ 5 Abs. 6).

(3) Die allgemeinen Wertverhältnisse auf dem Grundstücksmarkt bestimmen sich nach der Gesamtheit der am Wertermittlungsstichtag für die Preisbildung von Grundstücken im gewöhnlichen Geschäftsverkehr für Angebot und Nachfrage maßgebenden Umstände, wie die allgemeine Wirtschaftssituation, der Kapitalmarkt und die Enwicklungen am Ort. Dabei bleiben ungewöhnliche oder persönliche Verhältnisse (§ 6) außer Betracht.

§ 4 Zustand und Entwicklung von Grund und Boden. (1) Flächen der Land- und Forstwirtschaft sind entsprechend genutzte oder nutzbare Flächen,

1. von denen anzunehmen ist, daß sie nach ihren Eigenschaften, der sonstigen Beschaffenheit und Lage, nach ihren Verwertungsmöglichkeiten oder den sonstigen Umständen in absehbarer Zeit nur land- oder forstwirtschaftlichen Zwecken dienen werden,

2. die sich, insbesondere durch ihre landschaftliche oder verkehrliche Lage, durch ihre Funktion oder durch ihre Nähe zu Siedlungsgebieten geprägt, auch für außerlandwirtschaftliche oder außerforstwirtschafliche Nutzungen eignen, sofern im gewöhnlichen Geschäftsverkehr eine dahingehende Nachfrage besteht und auf absehbare Zeit keine Entwicklung zu einer Bauerwartung bevorsteht.

(2) Bauerwartungsland sind Flächen, die nach ihrer Eigenschaft, ihrer sonstigen Beschaffenheit und ihrer Lage eine bauliche Nutzung in absehbarer Zeit tatsächlich erwarten lassen. Diese Erwartung kann sich insbesondere auf eine entsprechende Darstellung dieser Flächen im Flächennutzungsplan, auf ein entsprechendes Verhalten der Gemeinde oder auf die allgemeine städtebauliche Entwicklung des Gemeindegebiets gründen.

(3) Rohbauland sind Flächen, die nach den §§ 30, 33 und 34 des Baugesetzbuchs für eine bauliche Nutzung bestimmt sind, deren Erschließung aber noch nicht gesichert ist oder die nach Lage, Form oder Größe für eine bauliche Nutzung unzureichend gestaltet sind.

(4) Baureifes Land sind Flächen, die nach öffentlich-rechtlichen Vorschriften baulich nutzbar sind.

§ 5 Weitere Zustandsmerkmale. (1) Art und Maß der baulichen Nutzung ergeben sich in der Regel aus den für die städtebauliche Zulässigkeit von Vorhaben maßgeblichen §§ 30, 33 und 34 des Baugesetzbuchs unter Berücksichtigung der sonstigen öffentlich-rechtlichen und privatrechtlichen Vorschriften, die Art und Maß der baulichen Nutzung mitbestimmen. Wird vom Maß der zulässigen Nutzung am Wertermittlungsstichtag in der Umgebung regelmäßig nach oben abgewichen oder wird die zulässige Nutzung nicht voll ausgeschöpft, ist die Nutzung maßgebend, die im gewöhnlichen Geschäftsverkehr zugrunde gelegt wird.

(2) Als wertbeeinflussende Rechte und Belastungen kommen solche privatrechtlicher und öffentlich-rechtlicher Art, wie Dienstbarkeiten, Nutzungsrechte, Baulasten und sonstige dingliche Rechte und Lasten, in Betracht.

(3) Für den beitrags- und abgabenrechtlichen Zustand des Grundstücks ist die Pflicht zur Entrichtung von öffentlich-rechtlichen Beiträgen und nichtsteuerlichen Abgaben maßgebend.

(4) Die Wartezeit bis zu einer baulichen oder sonstigen Nutzung eines Grundstücks richtet sich nach der voraussichtlichen Dauer bis zum Eintritt der rechtlichen und tatsächlichen Voraussetzungen, die für die Zulässigkeit der Nutzung erforderlich sind.

(5) Die Beschaffenheit und die tatsächlichen Eigenschaften des Grundstücks werden insbesondere durch die Grundstücksgröße und Grundstücksgestalt, die Bodenbeschaffenheit (z. B. Bodengüte, Eignung als Baugrund, Belastung mit Ablagerungen), die Umwelteinflüsse, die tatsächliche Nutzung und Nutzbarkeit bestimmt. Bei bebauten Grundstücken wird die Beschaffenheit vor allem auch durch den Zustand der baulichen Anlagen hinsichtlich der Gebäudeart, des Baujahrs, der Bauweise und Baugestaltung, der Größe und Ausstattung, des baulichen Zustands und der Erträge bestimmt.

(6) Lagemerkmale von Grundstücken sind insbesondere die Verkehrsanbindung, die Nachbarschaft, die Wohn- und Geschäftslage sowie die Umwelteinflüsse.

§ 6 Ungewöhnliche oder persönliche Verhältnisse. (1) Zur Wertermittlung und zur Ableitung erforderlicher Daten für die Wertermittlung sind Kaufpreise und andere Daten wie Mieten und Bewirtschaf-

tungskosten heranzuziehen, bei denen anzunehmen ist, daß sie nicht durch ungewöhnliche oder persönliche Verhältnisse beeinflußt worden sind. Die Kaufpreise und die anderen Daten, die durch ungewöhnliche oder persönliche Verhältnisse beeinflußt worden sind, dürfen nur herangezogen werden, wenn deren Auswirkungen auf die Kaufpreise und die anderen Daten sicher erfaßt werden können.

(2) Kaufpreise und andere Daten können durch ungewöhnliche oder persönliche Verhältnisse beeinflußt werden, wenn

1. sie erheblich von den Kaufpreisen in vergleichbaren Fällen abweichen,
2. ein außergewöhnliches Interesse des Veräußerers oder des Erwerbers an dem Verkauf oder dem Erwerb des Grundstücks bestanden hat,
3. besondere Bindungen verwandtschaftlicher, wirtschaftlicher oder sonstiger Art zwischen den Vertragsparteien bestanden haben oder
4. Erträge, Bewirtschaftungs- und Herstellungskosten erheblich von denen in vergleichbaren Fällen abweichen.

(3) Eine Beeinflussung der Kaufpreise und der anderen Daten kann auch vorliegen, wenn diese durch Aufwendungen mitbestimmt worden sind, die aus Anlaß des Erwerbs und der Veräußerung entstehen, wenn diese nicht zu den üblicherweise vertraglich vereinbarten Entgelten gehören, namentlich besondere Zahlungsbedingungen sowie die Kosten der bisherigen Vorhaltung, Abstandszahlungen, Ersatzleistungen, Zinsen, Steuern und Gebühren.

§ 7 Ermittlung des Verkehrswerts. (1) Zur Ermittlung des Verkehrswerts sind das Vergleichswertverfahren (§§ 13 und 14), das Ertragswertverfahren (§§ 15 bis 20), das Sachwertverfahren (§§ 21 bis 25) oder mehrere dieser Verfahren heranzuziehen. Der Verkehrswert ist aus dem Ergebnis des herangezogenen Verfahrens unter Berücksichtigung der Lage auf dem Grundstücksmarkt (§ 3 Abs. 3) zu bemessen. Sind mehrere Verfahren herangezogen worden, ist der Verkehrswert aus den Ergebnissen der angewandten Verfahren unter Würdigung ihrer Aussagefähigkeit zu bemessen.

(2) Die Verfahren sind nach der Art des Gegenstands der Wertermittlung (§ 2) unter Berücksichtigung der im gewöhnlichen Geschäftsverkehr bestehenden Gepflogenheiten und der sonstigen Umstände des Einzelfalls zu wählen; die Wahl ist zu begründen.

Zweiter Teil. Ableitung erforderlicher Daten

§ 8 Erforderliche Daten. Die für die Wertermittlung erforderlichen Daten sind aus der Kaufpreissammlung (§ 193 Abs. 3 des Baugesetzbuchs) unter Berücksichtigung der jeweiligen Lage auf dem Grundstücksmarkt abzuleiten. Hierzu gehören insbesondere Indexreihen (§ 9), Umrechnungskoeffizienten (§ 10), Liegenschaftszinssätze (§ 11) und Vergleichsfaktoren für bebaute Grundstücke (§ 12).

§ 9 Indexreihen. (1) Änderungen der allgemeinen Wertverhältnisse auf dem Grundstücksmarkt sollen mit Indexreihen erfaßt werden.

(2) Bodenpreisindexreihen bestehen aus Indexzahlen, die sich aus dem durchschnittlichen Verhältnis der Bodenpreise eines Erhebungszeitraums zu den Bodenpreisen eines Basiszeitraums mit der Indexzahl 100 ergeben. Die Bodenpreisindexzahlen können auch auf bestimmte Zeitpunkte des Erhebungs- und Basiszeitraums bezogen werden.

(3) Die Indexzahlen der Bodenpreisindexreihen werden für Grundstücke mit vergleichbaren Lage- und Nutzungsverhältnissen aus den geeigneten und ausgewerteten Kaufpreisen für unbebaute Grundstücke des Erhebungszeitraums abgeleitet. Kaufpreise solcher Grundstücke, die in ihren wertbeeinflussenden Merkmalen voneinander abweichen, sind nach Satz 1 zur Ableitung der Bodenpreisindexzahlen nur geeignet, wenn die Abweichungen

1. in ihren Auswirkungen auf die Preise sich ausgleichen,
2. durch Zu- oder Abschläge oder
3. durch andere geeignete Verfahren berücksichtigt werden können.

Das Ergebnis eines Erhebungszeitraums kann in geeigneten Fällen durch Vergleich mit den Indexreihen anderer Bereiche und vorausgegangener Erhebungszeiträume überprüft werden.

(4) Bei der Ableitung anderer Indexreihen, wie für Preise von Eigentumswohnungen, sind die Absätze 2 und 3 entsprechend anzuwenden.

§ 10 Umrechnungskoeffizienten. (1) Wertunterschiede von Grundstücken, die sich aus Abweichungen bestimmter wertbeeinflussender Merkmale sonst gleichartiger Grundstücke ergeben, insbesondere aus dem unterschiedlichen Maß der baulichen Nutzung, sollen mit Hilfe von Umrechnungskoeffizienten erfaßt werden.

(2) Umrechnungskoeffizienten werden auf der Grundlage einer ausreichenden Zahl geeigneter und ausgewerteter Kaufpreise für bestimmte Merkmale der Abweichungen abgeleitet. Kaufpreise von Grundstücken, die in mehreren wertbeeinflussenden Merkmalen voneinander abweichen oder von den allgemeinen Wertverhältnissen auf dem Grundstücksmarkt unterschiedlich beeinflußt worden sind, sind geeignet, wenn diese Einflüsse jeweils durch Zu- oder Abschläge oder durch andere geeignete Verfahren berücksichtigt werden können.

§ 11 Liegenschaftszinssatz. (1) Der Liegenschaftszinssatz ist der Zinssatz, mit dem der Verkehrswert von Liegenschaften im Durchschnitt marktüblich verzinst wird.

(2) Der Liegenschaftszinssatz ist auf der Grundlage geeigneter Kaufpreise und der ihnen entsprechenden Reinerträge für gleichartig bebaute und genutzte Grundstücke unter Berücksichtigung der Restnutzungsdauer der Gebäude nach den Grundsätzen des Ertragswertverfahrens (§§ 15 bis 20) zu ermitteln.

§ 12 Vergleichsfaktoren für bebaute Grundstücke. (1) Zur Ermittlung von Vergleichsfaktoren für bebaute Grundstücke sind die Kaufpreise gleichartiger Grundstücke heranzuziehen. Gleichartige Grundstücke sind solche, die insbesondere nach Lage und Art und Maß der baulichen Nutzung sowie Größe und Alter der baulichen Anlagen vergleichbar sind.

(2) Die Kaufpreise nach Absatz 1 sind auf den nachhaltig erzielbaren jährlichen Ertrag (Ertragsfaktor) oder auf eine sonstige geeignete Bezugseinheit, insbesondere auf eine Raum- oder Flächeneinheit der baulichen Anlage (Gebäudefaktor), zu beziehen.

(3) Soll bei der Ermittlung des Verkehrswerts bebauter Grundstücke nach dem Vergleichswertverfahren der Wert der Gebäude getrennt von dem Bodenwert ermittelt werden, können nach Maßgabe des Absatzes 2 auch die auf das jeweilige Gebäude entfallenden Anteile der Kaufpreise gleichartig bebauter und genutzter Grundstücke auf den nachhaltig erzielbaren jährlichen Ertrag oder auf eine der sonstigen geeigneten Bezugseinheiten bezogen werden.

Dritter Teil. Wertermittlungsverfahren

Erster Abschnitt. Vergleichswertverfahren

§ 13 Ermittlungsgrundlagen. (1) Bei Anwendung des Vergleichswertverfahrens sind Kaufpreise solcher Grundstücke heranzuziehen, die hinsichtlich der ihren Wert beeinflussenden Merkmale (§§ 4 und 5) mit dem zu bewertenden Grundstück hinreichend übereinstimmen (Vergleichsgrundstücke). Finden sich in dem Gebiet, in dem das Grundstück gelegen ist, nicht genügend Kaufpreise, können auch Vergleichsgrundstücke aus vergleichbaren Gebieten herangezogen werden.

(2) Zur Ermittlung des Bodenwerts können neben oder anstelle von Preisen für Vergleichsgrundstücke auch geeignete Bodenrichtwerte herangezogen werden. Bodenrichtwerte sind geeignet, wenn sie entsprechend den örtlichen Verhältnissen unter Berücksichtigung von Lage und Entwicklungszustand gegliedert und nach Art und Maß der baulichen Nutzung, Erschließungszustand und jeweils vorherrschender Grundstücksgestalt hinreichend bestimmt sind.

(3) Bei bebauten Grundstücken können neben oder anstelle von Preisen für Vergleichsgrundstücke insbesondere die nach § 12 ermittelten Vergleichsfaktoren herangezogen werden. Der Vergleichswert ergibt sich durch Vervielfachung des jährlichen Ertrags oder der sonstigen Bezugseinheit des zu bewertenden Grundstücks mit dem nach § 12 ermittelten Vergleichsfaktor; Zu- oder Abschläge nach § 14 sind dabei zu berücksichtigen. Bei Verwendung von Vergleichsfaktoren, die sich nur auf das Gebäude beziehen (§ 12 Abs. 3), ist der getrennt vom Gebäudewert zu ermittelnde Bodenwert gesondert zu berücksichtigen.

§ 14 Berücksichtigung von Abweichungen. Weichen die wertbeeinflussenden Merkmale der Vergleichsgrundstücke oder der Grundstücke, für die Bodenrichtwerte oder Vergleichsfaktoren bebauter Grundstücke abgeleitet worden sind, vom Zustand des zu bewertenden Grundstücks ab, so ist dies durch Zu- oder Abschläge oder in anderer geeigneter Weise zu berücksichtigen. Dies gilt auch, soweit die den Preisen von Vergleichsgrundstücken und den Bodenrichtwerten zugrunde liegenden allgemeinen Wertverhältnisse von denjenigen am Wertermittlungsstichtag abweichen. Dabei sollen vorhandene Indexreihen (§ 9) und Umrechnungskoeffizienten (§ 10) herangezogen werden.

Zweiter Abschnitt. Ertragswertverfahren

§ 15 Ermittlungsgrundlagen. (1) Bei Anwendung des Ertragswertverfahrens ist der Wert der baulichen Anlagen, insbesondere der Gebäude, getrennt von dem Bodenwert auf der Grundlage des Ertrags nach den §§ 16 bis 19 zu ermitteln.

(2) Der Bodenwert ist in der Regel im Vergleichswertverfahren (§§ 13 und 14) zu ermitteln.

(3) Bodenwert und Wert der baulichen Anlagen ergeben den Ertragswert des Grundstücks, soweit dieser nicht nach § 20 zu ermitteln ist.

§ 16 Ermittlung des Ertragswerts der baulichen Anlagen.

(1) Bei der Ermittlung des Ertragswerts der baulichen Anlagen ist von dem nachhaltig erzielbaren jährlichen Reinertrag des Grundstücks auszugehen. Der Reinertrag ergibt sich aus dem Rohertrag (§ 17) abzüglich der Bewirtschaftungskosten (§ 18).

(2) Der Reinertrag ist um den Betrag zu vermindern, der sich durch angemessene Verzinsung des Bodenwerts ergibt. Der Verzinsung ist in der Regel der für die Kapitalisierung nach Absatz 3 maßgebende Liegenschaftszinssatz (§ 11) zugrunde zu legen. Ist das Grundstück wesentlich größer, als es einer den baulichen Anlagen angemessenen Nutzung entspricht und ist eine zusätzliche Nutzung oder Verwertung einer Teilfläche zulässig und möglich, ist bei der Berechnung des Verzinsungsbetrags der Bodenwert dieser Teilfläche nicht anzusetzen.

(3) Der um den Verzinsungsbetrag des Bodenwerts verminderte Reinertrag ist mit dem sich aus der Anlage zu dieser Verordnung ergebenden Vervielfältiger zu kapitalisieren. Maßgebend ist derjenige Vervielfältiger, der sich nach dem Liegenschaftszinssatz und der Restnutzungsdauer der baulichen Anlagen ergibt.

(4) Als Restnutzungsdauer ist die Anzahl der Jahre anzusehen, in denen die baulichen Anlagen bei ordnungsgemäßer Unterhaltung und Bewirtschaftung voraussichtlich noch wirtschaftlich genutzt werden können; durchgeführte Instandsetzungen oder Modernisierungen oder unterlassene Instandhaltung oder andere Gegebenheiten können die Restnutzungsdauer verlängern oder verkürzen. Entsprechen die baulichen Anlagen nicht den allgemeinen Anforderungen an gesunde Wohn- und Arbeitsverhältnisse oder an die Sicherheit der auf dem betroffenen Grundstück wohnenden oder arbeitenden Menschen, ist dies bei der Ermittlung der Restnutzungsdauer besonders zu berücksichtigen.

§ 17 Rohertrag. (1) Der Rohertrag umfaßt alle bei ordnungsgemäßer Bewirtschaftung und zulässiger Nutzung nachhaltig erzielbaren Einnahmen aus dem Grundstück, insbesondere Mieten und Pachten einschließlich Vergütungen. Umlagen, die zur Deckung von Betriebskosten gezahlt werden, sind nicht zu berücksichtigen.

(2) Werden für die Nutzung von Grundstücken oder Teilen eines Grundstücks keine oder vom Üblichen abweichende Entgelte erzielt, sind die bei einer Vermietung oder Verpachtung nachhaltig erzielbaren Einnahmen zugrunde zu legen.

§ 18 Bewirtschaftungskosten. (1) Bewirtschaftungskosten sind die Abschreibung, die bei gewöhnlicher Bewirtschaftung nachhaltig entstehenden Verwaltungskosten (Absatz 2), Betriebskosten (Absatz 3), Instandhaltungskosten (Absatz 4) und das Mietausfallwagnis (Absatz 5); durch Umlagen gedeckte Betriebskosten bleiben unberücksichtigt. Die Abschreibung ist durch Einrechnung in den Vervielfältiger nach § 16 Abs. 3 berücksichtigt.

(2) Verwaltungskosten sind

1. die Kosten der zur Verwaltung des Grundstücks erforderlichen Arbeitskräfte und Einrichtungen,
2. die Kosten der Aufsicht sowie
3. die Kosten für die gesetzlichen oder freiwilligen Prüfungen des Jahresabschlusses und der Geschäftsführung.

(3) Betriebskosten sind die Kosten, die durch das Eigentum am Grundstück oder durch den bestimmungsgemäßen Gebrauch des Grundstücks sowie seiner baulichen und sonstigen Anlagen laufend entstehen.

(4) Instandhaltungskosten sind Kosten, die infolge Abnutzung, Alterung und Witterung zur Erhaltung des bestimmungsgemäßen Gebrauchs der baulichen Anlagen während ihrer Nutzungsdauer aufgewendet werden müssen.

(5) Mietausfallwagnis ist das Wagnis einer Ertragsminderung (§ 17), die durch uneinbringliche Mietrückstände oder Leerstehen von Raum, der zur Vermietung bestimmt ist, entsteht. Es dient auch zur Deckung der Kosten einer Rechtsverfolgung auf Zahlung, Aufhebung eines Mietverhältnisses oder Räumung.

(6) Die Verwaltungskosten, die Instandhaltungskosten und das Mietausfallwagnis sind nach Erfahrungssätzen anzusetzen, die unter Berücksichtigung der Restnutzungsdauer den Grundsätzen einer ordnungsgemäßen Bewirtschaftung entsprechen. Die Betriebskosten sind

unter Berücksichtigung der Grundsätze einer ordnungsgemäßen Bewirtschaftung im üblichen Rahmen nach ihrer tatsächlichen Höhe unter Einbeziehung der vom Eigentümer selbst erbrachten Sach- und Arbeitsleistung zu ermitteln. Soweit sie sich nicht ermitteln lassen, ist von Erfahrungssätzen auszugehen.

§ 19 Berücksichtigung sonstiger wertbeeinflussender Umstände. Sonstige den Verkehrswert beeinflussende Umstände, die bei der Ermittlung nach den §§ 16 bis 18 noch nicht erfaßt sind, sind durch Zu- oder Abschläge oder in anderer geeigneter Weise zu berücksichtigen. Insbesondere sind die Nutzung des Grundstücks für Werbezwecke oder wohnungs- und mietrechtliche Bindungen sowie Abweichungen vom normalen baulichen Zustand zu beachten, soweit sie nicht bereits durch den Ansatz des Ertrags oder durch eine entsprechend geänderte Restnutzungsdauer berücksichtigt sind.

§ 20 Ermittlung des Ertragswerts in besonderen Fällen. (1) Verbleibt bei der Minderung des Reinertrags um den Verzinsungsbetrag des Bodenwerts nach § 16 Abs. 2 kein Anteil für die Ermittlung des Ertragswerts der baulichen Anlagen, so ist als Ertragswert des Grundstücks nur der Bodenwert anzusetzen. Der Bodenwert ist in diesem Fall um die gewöhnlichen Kosten zu mindern, insbesondere Abbruchkosten, die aufzuwenden wären, damit das Grundstück vergleichbaren unbebauten Grundstücken entspricht, soweit diese im gewöhnlichen Geschäftsverkehr berücksichtigt werden.

(2) Wenn das Grundstück aus rechtlichen oder sonstigen Gründen alsbald nicht freigelegt und deshalb eine dem Bodenwert angemessene Verzinsung nicht erzielt werden kann, ist dies bei dem nach Absatz 1 Satz 2 verminderten Bodenwert für die Dauer der Nutzungsbeschränkung zusätzlich angemessen zu berücksichtigen. Der so ermittelte Bodenwert zuzüglich des kapitalisierten aus der Nutzung des Grundstücks nachhaltig erzielbaren Reinertrags ergeben den Ertragswert. Der für die Kapitalisierung des nachhaltig erzielbaren Reinertrags maßgebende Vervielfältiger bestimmt sich nach der Dauer der Nutzungsbeschränkung und dem der Grundstücksart entsprechenden Liegenschaftszinssatz.

(3) Stehen dem Abriß der Gebäude längerfristig rechtliche oder andere Gründe entgegen und wird den Gebäuden nach den Verhältnissen des örtlichen Grundstücksmarkts noch ein Wert beigemessen, kann der Ertragswert nach den §§ 15 bis 19 mit einem Bodenwert ermittelt

werden, der von dem Wert nach § 15 Abs. 2 abweicht. Bei der Bemessung dieses Bodenwerts ist die eingeschränkte Ertragsfähigkeit des Grundstücks sowohl der Dauer als auch der Höhe nach angemessen zu berücksichtigen.

Dritter Abschnitt. Sachwertverfahren

§ 21 Ermittlungsgrundlagen. (1) Bei Anwendung des Sachwertverfahrens ist der Wert der baulichen Anlagen, wie Gebäude, Außenanlagen und besondere Betriebseinrichtungen, und der Wert der sonstigen Anlagen, getrennt vom Bodenwert nach Herstellungswerten zu ermitteln.

(2) Der Bodenwert ist in der Regel im Vergleichswertverfahren (§§ 13 und 14) zu ermitteln.

(3) Der Herstellungswert von Gebäuden ist unter Berücksichtigung ihres Alters (§ 23) und von Baumängeln und Bauschäden (§ 24) sowie sonstiger wertbeeinflussender Umstände (§ 25) nach § 22 zu ermitteln. Für die Ermittlung des Herstellungswerts der besonderen Betriebseinrichtungen gelten die §§ 22 bis 25 entsprechend.

(4) Der Herstellungswert von Außenanlagen und sonstigen Anlagen wird, soweit sie nicht vom Bodenwert miterfaßt werden, nach Erfahrungssätzen oder nach den gewöhnlichen Herstellungskosten ermittelt. Die §§ 22 bis 25 finden entsprechende Anwendung.

(5) Bodenwert und Wert der baulichen Anlagen und der sonstigen Anlagen ergeben den Sachwert des Grundstücks.

§ 22 Ermittlung des Herstellungswerts. (1) Zur Ermittlung des Herstellungswerts der Gebäude sind die gewöhnlichen Herstellungskosten je Raum- oder Flächeneinheit (Normalherstellungskosten) mit der Anzahl der entsprechenden Raum-, Flächen- oder sonstigen Bezugseinheiten der Gebäude zu vervielfachen. Einzelne Bauteile, Einrichtungen oder sonstige Vorrichtungen, die insoweit nicht erfaßt werden, sind durch Zu- oder Abschläge zu berücksichtigen.

(2) Zu den Normalherstellungskosten gehören auch die üblicherweise entstehenden Baunebenkosten, insbesondere Kosten für Planung, Baudurchführung, behördliche Prüfungen und Genehmigungen sowie für die in unmittelbarem Zusammenhang mit der Herstellung erforderliche Finanzierung.

(3) Die Normalherstellungskosten sind nach Erfahrungssätzen anzusetzen. Sie sind erforderlichenfalls mit Hilfe geeigneter Baupreisindexreihen auf die Preisverhältnisse am Wertermittlungsstichtag umzurechnen.

(4) Ausnahmsweise kann der Herstellungswert der Gebäude ganz oder teilweise nach den gewöhnlichen Herstellungskosten einzelner Bauleistungen (Einzelkosten) ermittelt werden.

(5) Zur Ermittlung des Herstellungswerts der Gebäude kann von den tatsächlich entstandenen Herstellungskosten ausgegangen werden, wenn sie den gewöhnlichen Herstellungskosten entsprechen.

§ 23 Wertminderung wegen Alters. (1) Die Wertminderung wegen Alters bestimmt sich nach dem Verhältnis der Restnutzungsdauer zur Gesamtnutzungsdauer der baulichen Anlagen; sie ist in einem Vomhundertsatz des Herstellungswerts auszudrücken. Bei der Bestimmung der Wertminderung kann je nach Art und Nutzung der baulichen Anlagen von einer gleichmäßigen oder von einer mit zunehmendem Alter sich verändernden Wertminderung ausgegangen werden.

(2) Ist die bei ordnungsgemäßem Gebrauch übliche Gesamtnutzungsdauer der baulichen Anlagen durch Instandsetzungen oder Modernisierungen verlängert worden oder haben unterlassene Instandhaltung oder andere Gegebenheiten zu einer Verkürzung der Restnutzungsdauer geführt, soll der Bestimmung der Wertminderung wegen Alters die geänderte Restnutzungsdauer und die für die baulichen Anlagen übliche Gesamtznutzungsdauer zugrunde gelegt werden.

§ 24 Wertminderung wegen Baumängeln und Bauschäden. Die Wertminderung wegen Baumängeln und Bauschäden ist nach Erfahrungssätzen oder auf der Grundlage der für ihre Beseitigung am Wertermittlungsstichtag erforderlichen Kosten zu bestimmen, soweit sie nicht nach den §§ 22 und 23 bereits berücksichtigt wurde.

§ 25 Berücksichtigung sonstiger wertbeeinflussender Umstände. Sonstige nach den §§ 22 bis 24 bisher noch nicht erfaßte, den Wert beeinflussende Umstände, insbesondere eine wirtschaftliche Überalterung, ein überdurchschnittlicher Erhaltungszustand und ein erhebliches Abweichen der tatsächlichen von der nach § 5 Abs. 1 maßgeblichen Nutzung, sind durch Zu- oder Abschläge oder in anderer geeigneter Weise zu berücksichtigen.

Vierter Teil. Ergänzende Vorschriften

§ 26 Wertermittlung nach § 153 Abs. 1, § 169 Abs. 1 Nr. 7 und § 169 Abs. 4 des Baugesetzbuchs. (1) Zur Wertermittlung nach § 153 Abs. 1 des Baugesetzbuchs sind Vergleichsgrundstücke und Ertragsverhältnisse möglichst aus Gebieten heranzuziehen, die neben den allgemeinen wertbeeinflussenden Umständen (§§ 4 und 5) auch hinsichtlich ihrer städtebaulichen Mißstände mit dem förmlich festgelegten Sanierungsgebiet vergleichbar sind, für die jedoch in absehbarer Zeit eine Sanierung nicht erwartet wird. Aus dem förmlich festgelegten Sanierungsgebiet oder aus Gebieten mit Aussicht auf Sanierung dürfen Vergleichsgrundstücke und Ertragsverhältnisse nur herangezogen werden, wenn die entsprechenden Kaufpreise oder Ertragsverhältnisse nicht von sanierungsbedingten Umständen beeinflußt sind oder ihr Einfluß erfaßt werden kann.

(2) Absatz 1 ist entsprechend auf städtebauliche Entwicklungsbereiche anzuwenden. In Gebieten, in denen sich kein vom Verkehrswert für Flächen im Sinne des § 4 Abs. 1 Nr. 1 abweichender Verkehrswert gebildet hat, ist der Verkehrswert aus Gebieten maßgebend, die insbesondere hinsichtlich der Siedlungs- und Wirtschaftsstruktur sowie der Landschaft und der Verkehrslage mit dem städtebaulichen Entwicklungsbereich vergleichbar sind, in denen jedoch keine Entwicklungsmaßnahmen vorgesehen sind.

§ 27 Wertermittlung nach § 153 Abs. 4 und § 169 Abs. 8 des Baugesetzbuchs. (1) Zur Ermittlung des Verkehrswerts nach § 153 Abs. 4 und § 169 Abs. 8 des Baugesetzbuchs ist der Zustand des Gebiets nach Abschluß der Sanierungs- oder Entwicklungsmaßnahme zugrunde zu legen.

(2) Soweit die nach § 153 Abs. 4 und § 169 Abs. 8 des Baugesetzbuchs zu berücksichtigende rechtliche und tatsächliche Neuordnung noch nicht abgeschlossen ist, ist die Wartezeit bis zum Abschluß der vorgesehenen Maßnahmen zu berücksichtigen.

§ 28 Wertermittlung für die Bemessung der Ausgleichsbeträge nach § 154 Abs. 1 und § 166 Abs. 3 des Baugesetzbuchs. (1) Für die zur Bemessung der Ausgleichsbeträge nach § 154 Abs. 1 und § 166 Abs. 3 Satz 4 des Baugesetzbuchs zu ermittelnden Anfangs- und Endwerte sind die §§ 26 und 27 entsprechend anzuwenden.

(2) Die nach Absatz 1 maßgebenden Anfangs- und Endwerte des Grundstücks sind auf denselben Zeitpunkt zu ermitteln. In den Fällen des § 162 des Baugesetzbuchs ist der Zeitpunkt des Inkrafttretens der Satzung, mit der die Sanierungssatzung aufgehoben wird, in den Fällen des § 171 Abs. 1 des Baugesetzbuchs ist der Zeitpunkt des Inkrafttretens der Rechtsverordnung, mit der die Entwicklungsbereichsverordnung aufgehoben wird, und in den Fällen des § 163 Absätze 1 und 2 sowie des § 171 Abs. 3 des Baugesetzbuchs ist der Zeitpunkt der Abschlußerklärung maßgebend.

(3) Bei der Ermittlung des Anfangs- und Endwerts ist der Wert des Bodens ohne Bebauung durch Vergleich mit dem Wert vergleichbarer unbebauter Grundstücke zu ermitteln. Beeinträchtigungen der zulässigen Nutzbarkeit, die sich aus einer bestehenbleibenden Bebauung auf dem Grundstück ergeben, sind zu berücksichtigen, wenn es bei wirtschaftlicher Betrachtungsweise oder aus sonstigen Gründen geboten erscheint, das Grundstück in der bisherigen Weise zu nutzen.

§ 29 Berücksichtigung sonstiger Vermögensnachteile bei der Wertermittlung. Wird bei einer Enteignung, im Falle von Übernahmeansprüchen oder bei Nutzungsbeschränkungen auf Grund gesetzlicher Vorschriften oder bei freihändigem Erwerb zur Vermeidung einer Enteignung neben dem Rechtsverlust (§ 95 des Baugesetzbuchs) auch die Höhe der Entschädigung für andere Vermögensnachteile (§ 96 des Baugesetzbuchs) ermittelt, sollen beide voneinander abgegrenzt werden. Vermögensvorteile sind zu berücksichtigen.

Fünfter Teil. Schlußvorschriften

§ 30 Berlin-Klausel. *(gegenstandslos)*[1]

§ 31 Inkrafttreten und abgelöste Vorschriften. Diese Verordnung tritt im einzelnen Bundesland zugleich mit dessen nach § 199 Abs. 2 des Baugesetzbuchs erlassener Verordnung, spätestens jedoch am 1. Januar 1990 in Kraft. Gleichzeitig tritt dort jeweils die Verordnung über Grundsätze für die Ermittlung des Verkehrswertes von Grundstücken (Wertermittlungsverordnung – WertV) in der Fassung der Bekanntmachung vom 15. August 1972 (BGBl. I S. 1416) außer Kraft.

1 Gegenstandslos auf Grund d. Sechsten Überleitungsgesetzes v. 23. 9. 1990 (BGBl. I S. 2106).

Stichwortverzeichnis

– Die Zahlen beziehen sich auf die Randnummern –

1751

Stichwortverzeichnis

Stichwortverzeichnis

Stichwortverzeichnis

Stichwortverzeichnis

Stichwortverzeichnis

Stichwortverzeichnis

Stichwortverzeichnis

Stichwortverzeichnis

Stichwortverzeichnis

Stichwortverzeichnis

Stichwortverzeichnis

Stichwortverzeichnis

Stichwortverzeichnis

1778

Stichwortverzeichnis

Stichwortverzeichnis

Buchanzeigen

Nicklisch/Weick

Verdingungsordnung für Bauleistungen Teil B

Erläutert von Dr. Fritz Nicklisch, o. Professor an der Universität Heidelberg, und Dr. Günter Weick, o. Professor an der Universität Gießen

2., völlig neubearbeitete Auflage. 1991
XVII, 1030 Seiten. In Leinen DM 89,–
ISBN 3-406-33381-8

Die Allgemeinen Vertragsbedingungen für die Ausführung von Bauleistungen in der VOB/Teil B haben nicht nur für öffentliche Bauaufträge, sondern für das gesamte Bauvertragsrecht eine zentrale Bedeutung. Dieses praxisnahe und verständliche Werk wird den speziellen Problemen des Bauvertrags (Langzeitvertrag, differenzierte Risikoverteilung, Planausführung und -änderung) in besonderer Weise gerecht.

Die Kommentierung der einzelnen Paragraphen zeigt zum besseren Verständnis zunächst den Zweck der Regelung auf. Sodann werden Inhalt der Bestimmung und zusammenhängende Fragen, z. B. zur Beweislastverteilung, präzise und umfassend erläutert. Beispielhaft angeführte Fälle aus der Rechtsprechung helfen bei der Klärung von Problemen. Die Verbindung zum gesetzlichen Werkvertragsrecht wird durchgehend hergestellt.

Die Neuauflage berücksichtigt u. a. die Neufassung der VOB vom 19. 7. 1990, die für die §§ 16 und 17 VOB/B wichtige Veränderungen gebracht hat. Auch die Entwicklung in Rechtsprechung und Literatur führte zu teilweise grundsätzlichen Neuerungen, die in die Kommentierung eingearbeitet wurden.

Weitere Ergänzungen betreffen
– die Anwendbarkeit der VOB/B auf Leistungen, die keine Bauleistungen sind
– die Auswirkungen des am 1. 1. 1990 in Kraft getretenen Produkthaftungsgesetzes
– die FIDIC-Conditions für internationale Bauverträge;
– die vierte Fassung des „Red Book" und des „Yellow Book"; sie sind jeweils in ihrem Teil I im Anhang abgedruckt.

Die Benutzer: Der Kommentar wendet sich vorwiegend an Juristen, Bauunternehmer, Architekten, Bauherren und die öffentliche Verwaltung.

Verlag C. H. Beck München

Werner/Pastor/Müller

Lexikon des Baurechts

– öffentliches und privates Baurecht –

Von Dr. Ulrich Werner, Rechtsanwalt in Köln,
Lehrbeauftragter an der Technischen Hochschule in Aachen,
Dr. Walter Pastor, Richter am Oberlandesgericht Köln,
Dr. Karl Müller, Oberrechtsrat, Köln

5., neubearbeitete und stark erweiterte Auflage. 1988
XXVII, 589 Seiten. In Leinen DM 58,–
ISBN 3-406-31462-7

Rechtsfragen begleiten jedes Bauvorhaben **von der Planung bis zur Abnahme.** Dieses Baurechtslexikon beantwortet sie alle. In mehr als 400 Stichworten werden die wichtigsten Begriffe und Probleme auf dem Gebiet des privaten und öffentlichen Baurechts erläutert. Dabei wurde in der 5., völlig überarbeiteten und erheblich erweiterten Auflage

- die Darstellung des öffentlichen Baurechts nach Inkrafttreten des **Baugesetzbuches** stark erweitert
- die Entwicklung des **Architekten- und Ingenieurhonorarrechts** anhand der jüngsten Rechtsprechung besonders ausführlich dargestellt sowie
- der verstärkte Einfluß des **AGB-Gesetzes** auf das Baurecht berücksichtigt.

Bewährtes wurde beibehalten:
- die praxisnahe und sachbezogene Darstellung
- der leicht verständliche Erläuterungsstil
- die weitgehenden Hinweise auf grundlegende Entscheidungen und neuere Literatur
- das handliche Format.

Damit ermöglicht dieses **umfassende Nachschlagewerk** eine rasche und zuverlässige Orientierung im gesamten Baurecht. Die Verfasser, kompetente Kenner das Baurechts, gewährleisten dies.

Verlag C. H. Beck München